ISBN 0-900689-82-x

MANUFACTURED IN THE UNITED STATES OF AMERICA

נדפס בדפוס האחים גרויס

Printed in U.S.A. GROSS BROS. Printing Co. Inc.
3125 SUMMIT AVENUE UNION CITY, N J 07087
Tel. (201) 865-4606

HEBREW-ENGLISH EDITION OF
THE BABYLONIAN TALMUD

SEDER MO'ED

ROSH HASHANAH
BEẒAH
SHEḲALIM

מסכתות

ראש השנה • ביצה
שקלים

תלמוד בבלי

מסכת

ראש השנה

עם פירוש רש״י ותוספות
ובצירוף תרגום ופירוש והערות באנגלית

על ידי
משה סימון ז״ל

בעריכת
יחזקאל (איזידור) אפשטיין ז״ל

דפוס שונצינ
שנת להחזיר העטרה ליושנה לפ״ק
לונדון

HEBREW-ENGLISH EDITION OF
THE BABYLONIAN TALMUD

ROSH HASHANAH

TRANSLATED INTO ENGLISH
WITH NOTES, GLOSSARY AND INDICES BY

MAURICE SIMON, M.A.

UNDER THE EDITORSHIP OF

RABBI DR I. EPSTEIN, B.A., PH.D., D.LITT.

LONDON
THE SONCINO PRESS
1983

PUBLISHERS' NOTE

This HEBREW-ENGLISH EDITION of THE SONCINO TALMUD is being published to facilitate the easier reference to the original text by scholars and students.

The Soncino Press is privileged to be able to include the Novellae of Rabbi Moshe Feinstein on Tractate Rosh Hashanah (© Copyright 1973 Judaica Press Ltd), and we wish to thank Judaica Press Ltd for permission to include this original material.

The Publishers wish to express their sincere thanks to Rabbi Dr. A. Melinek, B.A., Ph. D., for his painstaking care in examining the texts and making the necessary corrections for the preparation of these Tractates.

It has been necessary to duplicate some of the original Hebrew-Aramaic pages in this Tractate where the text has been of such length as to require more than one page of English translation.

THIS VOLUME IS DEDICATED BY
THE SONCINO PRESS
TO THE MEMORY OF THE LATE
RABBI DR. M. GINSBERG, M.A., PH.D.
TRANSLATOR OF TRACTATE BEẒAH
WHOSE INVALUABLE WORK ENABLED MANY OF THE
TRACTATES IN THIS SERIES TO BE PRODUCED

INTRODUCTION

The two main subjects of the Tractate Rosh Hashanah (lit., 'head, or beginning, of the year') are the calendar—especially the fixing of the New Moon— and the service of New Year, especially the blowing of the *shofar*. The connection between the two lies of course in the fact that New Year falls on a New Moon—the first of Tishri. In Scripture this holy day is designated 'day of memorial of blowing the trumpet' or 'day of blowing the trumpet', but by the time of the Rabbis popular usage had substituted for this the designation 'New Year'. There were in fact, as the Tractate informs us, a number of dates known as 'New Year'—each for its own purpose or purposes, but the 'day of blowing the trumpet' became known as New Year *par excellence*, and this name also replaced the Scriptural one. The reason for this is to be found in the dictum of R. Naḥman b. Isaac in explaining why the Mishnah calls the first of Tishri 'the new year for years' [2*a*]. He says: 'from the beginning of the year' (in this case the first of Tishri) 'sentence is passed as to what is to be up to the end of it' [8*a*]. This idea was a cardinal point of Rabbinic doctrine, and the elaboration of it on fol. 16*a*ff is one of the outstanding features of the Tractate, and indeed one of the most important homiletical passages in the whole of the Talmud. Equally interesting, on the historical side, is the account of the process of proclaiming the New Moon, with the light it throws on the one hand on the authority exercised by the Rabbis, and on the other hand on their astronomical notions. (V. Appendix).

The Tractate commences by specifying the dates when the year is reckoned to begin for various purposes—for dating the years of reigns, for festivals, for the *Shemiṭṭah* (v. Glos.), for tithes, for vows, etc. The greater part of Chapter I [2*a*-15*b*] is occupied with this subject, included in which is the determination of leap years [7*a*], and it also contains digressions on the characters of some of the Persian kings [3*a*-*b* and 4*a*] and on the historical significance of the first of Nisan and the first of Tishri [10*b*-12*a*]. The next Mishnah [16*a*] specifies the four periods at which the world is judged for various purposes, with special reference to the judgment passed on New Year, and this leads to a long discussion in the Gemara on the ethical aspects of the divine judgment [16*a*-18*b*]. At this point the Tractate takes up the problem of the fixing of New Moon, dealing first with the sending of messengers to the Diaspora [18*a*], with a digression on fast days [18*b*, 19*a*], and then with the question whether the thirtieth or the thirty-first day should be made New Moon [19*b*-21*a*]. Next come the regulations for the witnesses who report having seen the new moon [21*b*-24*a*]—with a digression on cedar trees and coral raising [23*a*]—and the methods of testing their reliability [23*b*-25*a*], with a digression on the making of artistic representations [24*b*] and an account of the quarrel between R. Joshua and Rabban Gamaliel [25*a* and *b*].

CHAPTER III opens with the method of proclaiming the New Moon [25*b*]. It then gives the regulations regarding the making and the blowing of the *shofar* [25*b*-30*b*].

CHAPTER IV then goes back to the subject of the witnesses who saw the new moon, with digressions on the daily psalms and the departure of the *Shechinah* from the Temple [30*b*-31*b*]. The remainder of the Tractate deals for the most part with the special prayers for New Year.

The best thanks are due to Professor Selig Brodetsky for his valuable help in elucidating the astronomical points raised by the Tractate.

M. SIMON

The Indices of this Tractate have been compiled by Judah J. Slotki, M. A.

PREFATORY NOTE BY THE EDITOR

The Editor desires to state that the translation of the several Tractates, and the notes thereon, are the work of the individual contributors and that he has not attempted to secure general uniformity in style or mode of rendering. He has, nevertheless, revised and supplemented, at his own discretion, their interpretation and elucidation of the original text, and has himself added the footnotes in square brackets containing alternative explanations and matter of historical and geographical interest.

ISIDORE EPSTEIN

ROSH HASHANAH

CHAPTER I

a *MISHNAH.* THERE ARE FOUR NEW YEARS.[1] ON THE FIRST OF NISAN[2] IS NEW YEAR FOR KINGS[3] AND FOR FESTIVALS.[4] ON THE FIRST OF ELUL[5] IS NEW YEAR FOR THE TITHE OF CATTLE.[6] R. ELEAZAR AND R. SIMEON, HOWEVER, PLACE THIS ON THE FIRST OF TISHRI.[7] ON THE FIRST OF TISHRI[8] IS NEW YEAR FOR YEARS,[4] FOR RELEASE AND JUBILEE YEARS,[9] FOR PLANTATION[10] AND FOR [TITHE OF] VEGETABLES.[11] ON THE FIRST OF SHEBAT[12] IS NEW YEAR FOR TREES,[13] ACCORDING TO THE RULING OF BETH SHAMMAI; BETH HILLEL, HOWEVER, PLACE IT ON THE FIFTEENTH OF THAT MONTH.

GEMARA. FOR KINGS. Why this law?[14]—R. Ḥisda said: For
b dealing with documents,[1] as we have learnt: 'Bonds if antedated are invalid,[2] but if postdated are valid'.

Our Rabbis learnt: If a king ascended the throne on the twenty-ninth of Adar, as soon as the first of Nisan arrives[3] he is reckoned to have reigned a year. If on the other hand he ascended the throne on the first of Nisan, he is not reckoned to have reigned a year till the next first of Nisan comes round.

The Master has said, 'If a king ascends the throne on the twenty-ninth of Adar, as soon as the first of Nisan arrives he is reckoned

a (1) I.e., the year is reckoned to commence at different dates for different purposes, as the Mishnah goes on to specify. (2) The first month of the Jewish calendar (in Biblical times known as 'the month of Abib', or the springing corn), commencing in the latter half of March or the earlier part of April. (3) If a document is dated with a certain year in a king's reign, the year is reckoned to have commenced in Nisan, no matter in what month the king came to the throne. The Gemara discusses what kinds of kings are meant—whether Israelitish or other. (4) The meaning of this is discussed *infra* in the Gemara. (5) The sixth month of the Jewish calendar. (6) For purposes of tithe it was necessary to specify the year in which cattle were born, because cattle born in one year could not be given as tithe for cattle born in another, v. Lev. XXVII, 32. (7) So that according to these authorities there were only three New Years. (8) The seventh month. (9) I.e., from the first of Tishri in these years ploughing and similar operations were forbidden. V. Lev. XXV, 4, 11. (10) For reckoning the years of 'uncircumcision'. V. Lev. XIX, 23. (11) I.e., those gathered after this date could not be used as tithe for those gathered before. Cf. n. 6. (12) The eleventh month. (13) For tithing the fruit. V. notes 6 and 11. (14) Why should we not be content to reckon the year of the king from the day on which he ascended the throne?

b (1) I.e., to enable us to determine which are antedated. (2) If a man borrowed money in Tishri and the bond was dated in Tammuz (the fourth month of the Jewish calendar) the bond is invalid and does not give the lender any right to seize property which the borrower may have sold even subsequent to Tishri. This is a fine for having conspired to seize by means of the bond property which had been sold prior to the making of the loan. Now if the reigning king came to the throne some time between Tammuz and Tishri, then if we reckoned his years from the date of his accession, Tishri would always come before Tammuz, and the document should therefore be valid. To prevent this leading to confusion, it was consequently ordained that the king's year should always be regarded as commencing with Nisan. Tosaf. point out that it is very difficult to conceive of an instance where this might actually lead to confusion, as scribes can usually be trusted to remember the year of the reign; the example Tosaf. give is where the king came to the throne on the first of Nisan and a scribe has to write a document on the first of Nisan in the following year. In such a case the scribe might easily think that the king came to the throne on the second of Nisan, and so, but for the regulation, might date the document a whole year wrong. (3) I.e., on the next day.

ארבעה ראשי שנים

ארבעה ראשי שנים הם *באחד בניסן ר"ה למלכים ולרגלים *באחד באלול ראש השנה למעשר בהמה ר' אלעזר ור"ש אומרים **באחד בתשרי באחד בתשרי ראש השנה לשנים [ב]ולשמיטין [ג]וליובלות [ד]לנטיעה [ה]ולירקות *באחד בשבט ראש השנה לאילן כדברי בית שמאי בית הלל אומרים [ו]בחמשה עשר בו: **גמ'** *למלכים למאי הלכתא אמר רב חסדא לשטרות דתנן *[ז]שטרי חוב המוקדמין פסולין [ח]והמאוחרין כשרין תנו רבנן מלך שעמד בעשרים ותשעה באדר כיון שהגיע אחד בניסן עלתה לו שנה ואם לא עמד אלא באחד בניסן אין מונין לו שנה עד שיגיע ניסן אחר אמר מר מלך שעמד בעשרים ותשעה באדר כיון שהגיע אחד בניסן עלתה לו שנה הא קמ"ל

רש"י

ארבעה ראשי שנים: **למלכים.** רגילים היו למנות זמן שטרותיהם לשנות המלך משנה שעמד בה המלך כדאמרינן במסכת גיטין (ד' פ.) משום שלום מלכות וקבעו חכמים אחד בניסן לתחלת שנתו ואפילו עמד בשבט או באדר כלתה שנתו משהגיע ניסן ויתחילו למנות לו שנה שניה: **ולרגלים.** מפרש בגמרא (ד' ד): **למעשר בהמה.** שאין מעשרין מן הנולדים בשנה זו על הנולדים בחבירתה דכתיב (דברים יד) עשר תעשר את כל תבואת זרעך היוצא השדה שנה שנה ואמר מר בבכורות בפרק מעשר בהמה (דף נג:) בשני מעשרות הכתוב מדבר אחד מעשר בהמה ואחד מעשר דגן: **לשנים.** מפרש בגמ' (דף ח.): **לשמיטין וליובלות.** משנכנס תשרי אסור לחרוש ולזרוע מן התורה: **לנטיעה.** למנין שני ערלה ואפילו נטעה באב כלתה שנתה הראשונה לסוף אלול ובכולהו מפרש טעמא בגמרא: **לירקות.** למעשר ירק שאין תורמין ומעשרין מן הנלקט לפני ר"ה על של אחר ר"ה: **לאילן.** לענין מעשר שאין מעשרין פירות האילן שחנטו קודם שבט על שחנטו לאחר שבט שהאילן הולך אחר חנטה ובגמ' מפרש מאי שנא שבט: **גמ' למאי הלכתא.** כלומר למה הוקבע יום מיוחד למנין המלכים הימא שעל כל מלך ומלך תתחיל שנתו מיום שעמד בו: **לשטרות.** להבחין איזה שטר חוב מוקדם ואיזה מאוחר: **דתנן.** במסכת שביעית (פ"י מ"ה): **שטרי חוב המוקדמין** פסולין. לפי שרוצה לטרוף לקוחות שלקחו שדה מן הלוה מזמן שבשטר ושלא כדין הוא שהרי קדמה מכירה להלואה ובשטר מעיד שהלואה קדמה לפיכך קנסוהו מלגבות בו (א) ולא יטרוף אפילו מזמן המלוה ואינו אלא כמלוה על פה שאינו גובה מן המשועבדים ואם לא קבעו יום לתחילת שנות המלך אלא כל מלך ומלך לפי יום שעמד אין להבחין אם השטר מוקדם או מאוחר כגון אם כתוב בו בכסליו בשנה שלישית לוה פלוני מפלוני מנה והעדים אמרו כשחתמנו בו לא ראינו שהלוהו אלא הלוה אמר לנו חתמו עלי שאני חייב לפלוני מנה כאותה ששנינו (ב"ב ד' קסז:) כותבין שטר ללוה אע"פ שאין מלוה עמו ואין אנו יודעין אם הלוהו קודם לכן או אחר כן אבל ראינו שהלוהו בתמוז בשנה שלישית למלך פלוני ואם אין הדיינין יודעין באיזה חדש עמד המלך אין להבחין אם תמוז קודם לכסליו אם כסליו קודם לתמוז אם שנתו מתחלת בין תמוז לכסליו (ב) נמצא כסליו קודם לתמוז בכל שנותיו ושטר מוקדם הוא ואם עמד בין כסליו לתמוז שלאחריו נמצא תמוז קודם לכסליו בכל שנותיו ושטר מאוחר הוא ועכשיו שקבעו ניסן ר"ה לעולם תמוז קודם לכסליו: **עלתה לו שנה.** כלומר כלתה לו שנתו ומעתה מונין לו שנה שניה:

מאי

תוספות

ארבעה ראשי שנים הן. בכל דוכתי תני הן כדאשכחן הכא ובפ' בתרא דשבועות (ד' מט.) ארבעה שומרים הן ובפ"ק דחולין (ד' יז:) ג' פגימות הן ובפ' אין מעמידין (ע"ז ד' לו.) ג' ייטות הן ובפ' כל הצלמים (שם ד' מז:) ג' בתים הן ג' אבנים הן ג' אילנות הן אבל בריש ב"ק (ד' ב. ושם) תנן ארבעה אבות נזיקין ולא תני הן משום דקאי אבתריה כלומר ארבעה אבות נזיקין הללו לא ראי זה כראי זה ותדע דבגמרא במתניתא דרבי חייא ורבי אושעיא תני הן*: **למלכים.** פי' בקונטרס משום שלום מלכות ואינו דהכא למלכי ישראל קמיירי ודוקא גבי גיטין אמרינן הכי פרק הזורק (גיטין ד' פ. ושם) אמר עולא מפני מה תקנו מלכות בגיטין משום שלום מלכות וגבי גיטין פסולין ודאי אפי' מלכות שאינה הוגנת כמלכות מדי ויון אבל מתני' דהכא פירוש לשטרות ובפ"ק דע"ז (ד' י.) אמרינן דבגולה אין מונין (ג) אלא למלכי יון בלבד ומסקינן נמי התם דלמלכים דהכא למלכי ישראל וכן אמרינן לקמן (ד' ג.) בגמ' לא שנו אלא למלכי ישראל אבל למלכי אומות העולם מתשרי מנינן וצריך לפרש דאין צריך שלום מלכות אלא בגט אשה לפי שהוא דבר גדול ומילתא דחשיבות לפי שעל ידי גט מותרת לכל אדם וחשיב משאר שטרות: **לשטרות** דתנן שטרי חוב המוקדמים. פירש בקונטרס שאם לא קבעו יום לתחילת שנת המלך אלא לכל מלך לפי מה שעמד פעמים שאין להבחין כגון אם כתוב בו בכסליו בשנה שלישית ובאו עדים ואמרו כשחתמנו לא ראינו שהלוהו אלא הלוה אמר לנו חתמו כאותה ששנינו כותבין שטר ללוה אע"פ שאין המלוה עמו ואין אנו יודעין אם הלוהו קודם לכן או אחר כך אבל ראינו שהלוהו בתמוז שנת שלש למלך ואם אין הדיינין יודעין באיזה חדש עמד המלך אין להבחין אם תמוז קודם לכסליו ואם כסליו קודם לתמוז אם שנתו מתחלת בין תמוז לכסליו נמצא כסליו קודם לתמוז בכל שנותיו ואם עמד בין כסליו לתמוז נמצא תמוז קודם לכסליו בכל שנותיו ועכשיו שקבעו ניסן ר"ה לעולם תמוז קודם לכסליו וצריך לפרש שהודו המלוה והלוה שהלואה אחת היא דאי לאו הכי מנא ידעי והשתא משמע לפי' הקונטרס מספק הייט חושבין אותו מוקדם אי לאו דקבעו ניסן ר"ה שע"י כן אנו יודעין בו שהוא מאוחר ואי אפשר לומר כן דאין לנו לפסול שום שטר מספק כדמוכח בריש אחד דיני ממונות (סנהדרין דף לב. ושם) דקאמר שטר שזמנו כתוב באחד בניסן בשמיטה ובאו עדים ואמרו היאך אתם מעידים על שטר זה והלא באותו יום עמנו הייתם שטר כשר ועדיו כשרים חיישינן שמא אחרוהו וכתבוהו הרי שאנו תולין להכשיר מספק וכן בגט פשוט (ב"ב דף קעא. ושם) דקאמר שטר שזמנו כתוב בשבת או בי' בתשרי כשר אני אומר אחרוהו וכתבוהו ומיהו יכול לפרש פירוש איפכא שיפרש שכתוב בשטר בתמוז בשנת שלש והעדים החתומים אומרים שבכסליו בשנת ג' היתה המלוה והייתי מכשיר מספק וע"י שקבעו בניסן ר"ה אנו יודעין שהוא מוקדם דלעולם תמוז קודם לכסליו ומיהו עיקר פירושו תימה גדולה שעשו תקנה פן ישכחו כל העולם מתי עמד המלך וכן סופר שכותב כל היום שטרות האיך ישכח ועוד דא"כ הוי מצי למימר דנפקא מינה טובא לכל שטרות שלא ידעו מה לכתוב בו ביום דאין יודעין מתי מתחלת שנת המלך ועוד דכי האי גוונא לאו מוקדם לאביי דאמר בפ"ק דב"מ (דף יג. ושם) עדיו בחתומיו זכין לו ולרב אסי דפליג עליה למה הוצרכו לעשות תקנה זו הא אמרינן אין כותבין שטר ללוה אא"כ מלוה עמו אלא בשטרי הקנאה ונראה דנפקא מינה לשטרי חוב(ד) המוקדמין היינו כגון אם עמד המלך באחד בניסן כשיגיע אחד בניסן אחר ישכח הסופר ויסבור דאשתקד עמד המלך בשנים בניסן דעביד איניש דטעי חד יומא ויכתוב באחד בניסן בשנה ראשונה למלך ונמצא שטר זה מוקדם שנה שלימה שהיא שנה שניה וכתוב ראשונה ונמצאו ב"ד טורפין מן הלקוחות של שנה זו שלא כדין אבל עכשיו שקבעו ניסן ר"ה תו לא אתי לידי תקלה דאפי' עמד אשתקד בשנים בניסן כשמגיע ניסן אחר מתחילין למנות לו שנה אחרת וא"ת אכתי אתי לידי תקלה דאם עמד בכ"ט באדר בשנה ראשונה למלך כשיגיע כ"ט אחר יטעה הסופר ביום אחד ויסבור שעמד באחד בניסן ויכתוב עכשיו בכ"ט באדר (בשנה ראשונה למלך) ונמצא מוקדם שנה שלימה לאו פירכא היא דכשעמד בכ"ט באדר מיד שיגיע לאחד בניסן מתחיל למנות שנה שניה ויודע הסופר שכל השנה כתב בכל השטרות שנה שניה הלכך לא טעי ויש שיטה אחרת בירושלמי בין מ"ד מניסן מנינן בין מ"ד מתשרי מנינן מה ביניהן א"ר ילחק שטרות יוצאות ביניהן לוה באייר וכתב ביה שנה שניה למלכות מכר מכירה במרחשון וכתב בו שנה שניה למלכות מ"ד מניסן מנינן מלוה קדמה מ"ד מתשרי מנינן מכירה קדמה ומילתא אחריתי היא ולא אתי לפרושי מאי טעמא קבעו ניסן ראש השנה: **שטרי** חוב המוקדמין פסולין. בשלהי איזהו נשך (ב"מ ד' עב. ושם) פי' בקונטרס פסולין לגבי משעבדי אבל מבני חרי גבי ולא יתכן וכמו שפירשנו שם (ד"ה שטר):

אבל

רבינו חננאל

ארבעה ראשי שנים הם באחד בניסן ר"ה למלכים ולרגלים. ואמרינן למלכים למאי הלכתא בעינן למידע ר"ה שלהן. אמר רב חסדא לשטרות כלומר כיון שזמן השטרות למנין שנות המלכים מונין כדאמרינן בשנת כך וכך לינאי המלך בשנת כך וכך ליוחנן כ"ג. צריכין אנו לידע ר"ה שלהן איזה יום ואיזה חודש הוא. שאם יצא לפנינו שטר יודעין כמה שנים יש לו ומאותו הזמן שנכתב השטר נשתעבדו לו כל הנכסים של לוה ואם מכר הנכסים אח"כ בעל חוב בא וטורף ומוציא מידו. וכיון שר"ה של מלכים ניסן עד ניסן אחר תשלום השנה וכסדר הזה מונין והולכין וכן שני שטרות היוצאין על אדם אחד מן הזמן של זה ושל זה מתברר איזה קודם ולזה משפט לטרוף הנכסים קודם. ואם ילוה אדם לחבירו מעות בניסן בשנת ה' לינאי המלך ויקדים זמן השטר ויכתוב בניסן בשנת ד' לינאי המלך. אם נתברר בב"ד כי העדים הקדימו זמנו של אותו השטר פסול הוא כדתנן בסוף מס' שביעית שטרי חוב המוקדמין פסולין דאתי למיטרף לקוחות שלא כדין אבל המאוחרין כשרין. מלך שעמד בכ"ט באדר כיון שהגיע יום אחד בניסן עלתה לו שנה

עין משפט נר מצוה

א א מיי' פ"ז מהל' בכורות הלכה ו סמג עשין ריב:

ב ב ג מיי' פ"ד מהל' שמיטין הל' ט ופ"י הל' ד סמג עשין קמח ולאוין רסח:

ג ד מיי' פ"ט מהל' מעשר שני הל' ח סמג עשין קלו טוש"ע י"ד סימן רלד סעיף ד:

[לפנינו שם ליתי' מלת הן. וע"ע תוס' ב"ק ב: ד"ה ארבעה]

ד ה ו מיי' שם פ"א הל' ב ופ"ה מהל' תרומות הל' יא סמג עשין קלו טוש"ע י"ד סימן שלא סעיף כז וסעיף קכה:

ה ז מיי' פכ"ג מהל' מלוה ולוה הל' א סמג עשין צד טוש"ע ח"מ סימן מג סעיף ז:

ו ח מיי' שם הלכה ב טוש"ע שם סעיף יב ויג:

מסורת הש"ס

[ולקמן ח.]

ע"ז י.

[בכורות נז:]

[שם נח:]

[ע' בפרש"י לקמן יד: בפיסקא]

[ע"ז י.]

ב"מ יז: שם עב: סנהדרין לב: שביעית פ"י מ"ה ב"ב קעא: שם

[לקמן ח.]

הגהות הב"ח

(א) רש"י ד"ה שטרי חוב המוקדמין כו' (ולא יטרוף אפי' וכו' עד מן המשועבדים) תא"מ ונ"ב מדברי התוס' משמע שלא היה לפניהם לשון זה בפי' רש"י: (ב) בא"ד בין תמוז לכסליו שלאחריו נמצא: (ג) תוס' ד"ה למלכים וכו' דבגולה אין מונין. נ"ב פי' לשטרות אין מונין: (ד) ד"ה לשטרות וכו' ונראה דנפקא מינה לשטרי חוב. נ"ב ויש להקשות אמאי לא פי' התוס' דרך זה על פי פירש"י בטעות הדיינין דנפקא מינה כגון שעמד המלך בא' בניסן וההלואה היתה בא' בניסן בשנה שלישית דשטר מאוחר הוא והדיינין יטעו ביום א' ויסברו שהמלך עמד בב' בניסן ונמצא דא' בניסן היא סוף שנה שלישית לו משנותיו ושטר מוקדם הוא וי"ל דאם כן לאחר שתקנו דר"ח ניסן ר"ה למלכים נמי איכא למיחש לטעות הדיינין דאם עמד המלך בר"ח ניסן וכתיבת השטר בסוף שנה בכ"ט באדר בשנה ראשונה ועדים מעידים שהלואה עכשיו בכסליו לפני אדר דשטר מאוחר הוא יטעו הדיינין ביום א' ויסברו שהמלך עמד בכ"ט באדר ומיד שיגיע ניסן מתחיל שנה שניה ונמצא שכתיבת השטר בכ"ט באדר בשנה ראשונה היתה מקמי הלואה שבכסליו שהיה שנה שניה אבל לפי' דלא חיישינן לטעות של סופר ניחא:

קמ"ל דניסן ר"ה למלכים *ויום אחד בשנה חשוב שנה ואם לא עמד אלא באחד בניסן אין מונין לו שנה עד שיגיע ניסן אחר פשיטא לא צריכא דאימנו עליה מאדר מהו דתימא נימנו ליה תרתין שנין קמ"ל ת"ר *מת באדר ועמד אחר תחתיו באדר מונין שנה לזה ולזה מת בניסן ועמד אחר תחתיו בניסן מונין שנה לזה ולזה מת באדר ועמד אחר תחתיו בניסן מונין ראשונה לראשון ושניה לשני אמר מר מת באדר ועמד אחר תחתיו באדר מונין שנה לזה ולזה פשיטא מהו דתימא שתא לבי תרי לא מנינן קמ"ל מת בניסן ועמד אחר תחתיו בניסן מונין שנה לזה ולזה פשיטא מהו דתימא כי אמרינן יום אחד בשנה חשוב שנה בסוף שנה אבל בתחלת שנה לא אמרינן קמ"ל מת באדר ועמד אחר תחתיו בניסן מונין ראשונה לראשון ושניה לשני פשיטא לא צריכא דאימנו עליה מאדר ומלך בן מלך הוא מהו דתימא נימנו לי' תרתין שנין קמ"ל א"ר יוחנן מנין למלכים שאין מונין להם אלא מניסן שנאמר *°ויהי בשמונים (מ"א ו) שנה וארבע מאות שנה לצאת בני ישראל מארץ מצרים בשנה הרביעית בחדש זיו הוא החדש השני למלך שלמה על ישראל מקיש מלכות שלמה ליציאת מצרים מה יציאת מצרים מניסן אף מלכות שלמה מניסן ויציאת מצרים גופה מנלן דמניסן מנינן דילמא מתשרי מנינן לא סלקא דעתך דכתיב °ויעל אהרן הכהן אל הר ההר על (במדבר לג) פי ה' וימת שם בשנת הארבעים לצאת בני ישראל מארץ מצרים בחדש החמישי באחד לחדש וכתיב °ויהי בארבעים שנה (דברים א) בעשתי עשר חדש באחד לחדש דבר משה וגו' מדקאי באב וקרי לה שנת ארבעים וקאי בשבט וקרי לה שנת ארבעים מכלל דר"ה לאו תשרי הוא בשלמא היאך *מפרש דליציאת מצרים אלא האי ממאי דליציאת מצרים דילמא להקמת המשכן *כדאמר רב פפא שנת עשרים שנת עשרים לגזרה שוה הכא נמי שנת ארבעים שנת ארבעים לגזרה שוה מה כאן ליציאת מצרים אף כאן ליציאת מצרים וממאי דמעשה דאב קדים דילמא מעשה דשבט קדים לא ס"ד דכתיב °אחרי הכותו את סיחון וכי נח (שם) נפשיה דאהרן אכתי הוה סיחון קיים דכתיב

וישמע

מאי קמ"ל לא גרסי' אלא (א) קמ"ל ניסן ר"ה למלכים וכו': דאימנו עליה · נמנו וגמרו השרים למנותו: לזה ולזה · הבא לכתוב שטר באדר לאחר שעמד השני אם רצה לכתוב בשטר בשנת פלוני למלך שמת כותב ואם רצה כותב בשנה ראשונה למלך פלוני שעמד: מת בניסן ועמד אחר תחתיו בניסן · והוא הדין אם עמד באחד מכל החדשים שעד ניסן הבא ורוצה למנות בכל השטרות שיכתבו משעמד השני למנין שנות הראשון מונה והרוצה כותב בשנה ראשונה למלך שעמד: ושניה לשני · הבא לכתוב משעמד זה לא ימנה שנה שניה למלך שמת שאין שנה זו שלו ולא ימנה את הראשונה לשני לקרות שנה שעמד בה שניה אלא שניה זו ראשונה לשני: שתא לבי תרי לא מנינן · משנכנס בה המלך שמת אפי' יום אחד לא יכתבו כל שנה זו בשטר למנין מלך העומד אלא למלך המת: בסוף שנה · כגון מלך העומד באדר כלתה לו שנה כשיצא אדר ותשוב לו יום שבסוף שנה זו כשנה שלימה להיות שנה הבאה נקראת שנה שניה: אבל יום אחד בתחילת שנה · לא יחשוב לו יום אחד שנה ולא יכתבו שטר בשנה זו לשמו משמת: ומלך בן מלך הוא · דאי משום דאימנו עליה לא איצטריך לאשמעינן דשמעינן לה מרישא אבל השתא דאיכא תרתי אימא נימנו ליה מקמייתא קמ"ל וטעמו של דבר °לפי שהמלכות ירושה היא דכתיב (דברים יז) למען יאריך ימים על ממלכתו הוא ובניו: בחדש זיו · הוא אייר כדמפרש קרא הוא החדש השני ואמרינן לקמן (ד' ז') ניסן ר"ה לסדר מנין החדשים: למלך שלמה על ישראל · אשנה רביעית קאי ומקרא מסורס הוא בשנה רביעית למלך שלמה על ישראל בחדש זיו הוא החדש השני ה"נ כתיב קרא אחרינא לקמן ויחל לבנות בחדש השני [בשני] בשנת ארבע למלכותו (דה"ב ג): מקיש מלכות שלמה · לענין מנין השנים ליציאת מצרים שהרי המקרא הזה מנה שנה זו שנת ד' מאות ושמונים ליציאת מצרים ובשנת ארבע למלוך שלמה: מה יציאת מצרים · מנין השנים שמונין לה מתחילין מניסן אף מלכות שלמה מניסן: אימא מתשרי · אע"פ שיצאו בניסן משהגיע תשרי קראו לו שנה שניה לפי שתשרי ר"ה לשנים הגמנים לבריאת עולם והוא הדין ליציאת מצרים: ויהי בארבעים שנה הואיל משה באר את התורה · מכלל דתשרי לאו ר"ה דאי תשרי ר"ה הוא הוה ליה בשבט שנת מ"א: דילמא להקמת המשכן · שהיה בשנה השנית: כדאמר רב פפא · לקמיה: שנת עשרים שנת עשרים לגזרה שוה · רב פפא כולהו שנת שבפסוק דצריכי ללמוד זה מזה כולהו גמר להו רב פפא מרבו ללמוד סתום מן המפורש על ידי דין גזירה שוה: דילמא מעשה דשבט קדים · ובתשרי שלפניו נכנסה שנת ארבעים: אחרי הכותו את סיחון · נאמר במשנה תורה:

אלא

אבל בתחלת שנה לא · וא"ת ולאו קל וחומר הוא כדאמרינן לקמן (ד' י') בפרקין ומה נדה שאין תחלת היום עולה לה בסופה סוף יום עולה לה בתחלתה שנה שיום אחד עולה בסופה אינו דין שיום א' עולה לה בתחלתה לאו פירכא היא אדרבה (כ"ש הכא דהכי ניחא טפי)דדין הוא בעומד (ס"א ל"ג) (ומונה לו) אחר תחתיו באדר דמונין לו שנה בשביל יום אחד דהיינו בתחלת שטתיו כעין נדה שסוף היום עולה לה בתחלתה אבל מת בניסן לא ימנה לו שנה בשביל יום אחד כיון דהיינו סוף שטתיו כמו נדה שאין תחלת היום עולה לה בסופה:

דאימנו עליה מאדר ומלך בן מלך · אע"ג דלעיל סגי לה בטעמא דאימנו עליה מאדר הכא לא סגי ליה בהכי דמההוא דלעיל שמעינן ליה והך רישא והך גבי הדדי מתניין ואפילו לא מתניין גבי הדדי כדאשכחן בפרק גט פשוט (ב"ב ד' קסו· וסס) גבי הא דתניא כסף בדינרין אין פחות מב' דינרין זהב כסף והדר תני באידך זהב בדינרין אין פחות מבשני דינרין כסף זהב ופריך אבתריה דילמא (למימר) דהבא פריכי בתרי (ח"מ מ"ז) דינרי קאמר ליה ומשני אביי יד בעל השטר על התחתונה ופריך אי הכי רישא נמי כלומר בההיא דכסף בדינרין נמי הוה ליה למימר שיהא יד בעל השטר על התחתונה ובשני דינרי כסף כספא פריכא קאמר ליה ואע"ג שהם ב' ברייתות קרי ליה רישא דקים ליה דגבי הדדי מיתנו (ורב) [צ"ל ורבינו] שמואל דחק לפרש שם בענין אחר:

בחדש זיו הוא החדש השני · משמע הכא דהיינו אייר כיון דמניסן מנינן למלכים ולקמן (דף יא·) משמע דניסן הוא חדש זיו שנולדו בו אבות העולם שהם זיותני עולם מיהו בקונטרס פי' לקמן דהכי קאמר כשנתחדש אייר כבר נולדו זיותני עולם בניסן א"כ זימנין דניסן דתקופה נמשך בתוך אייר של לבנה:

מקיש מלכות שלמה ליציאת מצרים · מפשטיה דקרא לא מצי למילף (ב) משום דנולדו בו זיותני עולם דדילמא מאדר מנינן ולניסן קרי ליה חדש זיו ואפי' אי הוה (הכי) קרי ליה לאייר חדש זיו משום (רס"א מ"ז) דאית ביה זיוא לאילני אין להוכיח דאלמא מניסן מנינן משלמה דקרי ליה חדש שני משום דהכי הוה מעשה שמלך בניסן:

מה יציאת מצרים מניסן · ומאי דיליף יציאת מצרים מויעל אהרן לא מצי למילף דבאחד בניסן ר"ה דדילמא מט"ו בניסן מנינן אבל למאי דיליף מויהי בחדש הראשון וגו' ניחא:

בחדש החמישי · על כרחך שהוא אב דמדקרי בקרא בחדש ניסן ראשון הוא לכם מכלל דכל חדשים האחרים הנרמזים אמרינן חמישי ששי שביעי במנייתו למנין הראשון מנינן: בשלמא האיך קרא מפרש דליציאת מצרים · פי' קרא דויעל וכו' אבל קרא דויהי לא מפרש ליציאת מצרים:

וישמע

רבינו חננאל

דקי"ל יום אחד בשנה חשוב שנה ומונין לו מניסן שנה שניה · ואם לא עמד אלא בא' בניסן אע"ג שהסכימו והמליכו מאדר אין מונין לו שנה שניה אלא בניסן אחר · ת"ר מת המלך באדר ועמד אחר תחתיו באדר מונין שנה לזה ולזה כלומר אם היתה זו השנה שנה עשירית למלכותו מונין עשר שנים למלך פלוני ושנה למלך שעמד ובניסן מונין שנה שניה לזה המלך ושטר היוצא בניסן שנת שתים למלך פלוני יודעין שזה השטר זמנו י"א שנה · מת בניסן ועמד אחר תחתיו בניסן מונין שנה לזה שמת אע"פ שלא חי משנה זו שנכנסה אלא יום אחד עלתה לו שנה ולזה שעמד מונין לו שנה עד ניסן הבא · ובניסן הבא כותבין שנת שניה למלך פלוני · מת באדר ועמד אחר תחתיו בניסן מונין עד תשלום אדר לראשון ומניסן לשני ואע"פ שהוא בן מלך וגם נמנו השרים והסכימו להמליכו מאדר אין מונין לו אלא משעה שעמד · א"ר יוחנן מנין שאין מונין למלכי ישראל אלא מניסן שנאמר ויהי בשמנים שנה וארבע מאות שנה לצאת בני ישראל מארץ מצרים וגו' מקיש מלכות שלמה ליציאת מצרים וגו' ויציאת מצרים גופה ממאי דמניסן מנינן דכתיב ויעל אהרן וימת שם בשנת הארבעים לצאת בני ישראל מארץ מצרים בחדש החמישי באחד לחדש · וכתיב ויהי בארבעים שנת בעשתי עשר חדש באחד לחדש · וגמר ארבעים ארבעים לג"ש מה התם ליציאת מצרים אף האי ליציאת מצרים מדקאי באב במיתת אהרן וקרי ליה שנת ארבעים ואשכחן כי מת אהרן ועדיין סיחון הוה קיים כדכתיב

מסורת הש"ס

[לקמן ז: יוד נדה מד]

[תוספת' ס"א]

הגהות הב"ח

(א) רש"י ד"ה מאי קמ"ל ל"ג אלא כא קמ"ל דניסן: (ב) תוס' ד"ה מקיש כו' לא מצי למילף דדילמא מאדר מנינן ולניסן קרי ליה חדש זיו משום דנולדו בו זיותני עולם ואפילו אי הוה קרי ליה:

מכילתא ס' בא

גליון הש"ס

רש"י ד"ה ומלך בן מלך כו' לפי שהמלכות כו'. כריתות ה ע"ב:

[קרא]

[לקמן ג:]

תורה אור

to have reigned a year.' This [2*b*] teaches us that Nisan is the New Year for kings, and that one day in a year is reckoned as a year. 'But if he ascended the throne on the first of Nisan he is not reckoned to have reigned a year till the next first of Nisan comes round'. This surely is self-evident?—It had to be stated in view of the case where his election to the throne was determined upon[4] in Adar. You might think that in that case we should reckon him [by the next first of Nisan] to have reigned two years. We are therefore told [that this is not so].

Our Rabbis learnt: If [a king] died in Adar and was succeeded
a **by another in Adar, we can designate [the rest of] the year [up to the first of Nisan] as belonging to either.[1] If he died in Nisan and was succeeded by another in Nisan, we can date the year by either.[2] If he died in Adar and was succeeded by another in Nisan, the earlier year is dated by the first and the later by the second.**

The Master has here said, 'If he died in Adar and was succeeded by another, we can date the year by either'. Surely this is obvious?—You might think that we never date the same year by two kings;[3] hence we are told [that this can be done]. 'If the first died in Nisan and was succeeded by another in Nisan, the year may be dated by either'. This also seems to be obvious?—You might think that when we lay down that a day in the year is reckoned as a year we mean only at the end of the year but not at the beginning;[4] therefore we are told [that this is not so]. 'If the first died in Adar and he was succeeded by another in Nisan, the earlier year is dated by the first and the later by the second'. This surely is obvious?—It had to be stated in view of the case where his election was determined upon from Adar and he is succeeding his father.[5] In that case you might think that we should reckon two years to him. We are therefore told [that this is not so].

R. Johanan said: How do we know [from the Scripture] that the years of kings' reigns are always reckoned as commencing from Nisan? Because it says, ***And it came to pass in the four hundred and eightieth year after the children of Israel were come out of the land of Egypt, in the fourth year of Solomon's reign over Israel, in the month of Ziv which is the second month.***[6] **Here Solomon's reign is put side by side with the exodus from Egypt,[7] [to indicate that] just as [the years from] the exodus from Egypt are reckoned from Nisan, so [the years of] Solomon's reign commenced with Nisan.**

But how do we know that the years from the exodus from Egypt itself are reckoned as commencing with Nisan? Perhaps we
b reckon them from Tishri?[1]—Do not imagine such a thing. For it is written, *And Aaron the priest went up into Mount Hor at the commandment of the Lord, and died there, in the fortieth year after the children of Israel were come out of the land of Egypt, in the fifth month,*[2] *on the first day of the month,*[3] and it is further written, *And it came to pass in the fortieth year, in the eleventh month,*[4] *on the first day of the month, that Moses spoke, etc.*[5] Now since the text when referring to Ab places it in the fortieth year and again when referring to [the following] Shebat places it also in the fortieth year, we may conclude that Tishri is not the beginning of the year.[6] [This, however] is not conclusive. I grant you that the former text states explicitly that [the year spoken of was] *'from the going forth from Egypt'*; but how do we know that [the year mentioned in] the latter text is rekoned from the exodus?[7] Perhaps it is from the setting up of the Tabernacle?[8]—[We may reply to this] on the model of R. Papa, who said [in another connection][9] that the occurrence of the expression *'twentieth year'* in two contexts provides us with a *gezerah shawah:*[10] so here, [I may say that the occurrence of] the expression *'fortieth year'* in the two contexts provides us with a *gezerah shawah,* [showing that] just as in the one case[11] [the date is reckoned] from the Exodus, so in the other case[12] also.

But how do you know that [in respect of these two incidents] that of Ab was prior? Perhaps that of Shebat was prior?[13]—Do not imagine such a thing. For it is written [in connection with the latter], *'After he had smitten Sihon';*[14] and when Aaron died Sihon

(4) By the notables of the State. Lit. 'they (i.e., their votes) have been counted for him'.
a (1) I.e., we can regard the remaining days of the year as belonging either to the last year of the late king or the first year of the new king. (2) And similarly if the second ascended the throne in any other month of the year. (3) But reckon the whole as belonging to the one who has died. (4) E.g., if the first king died after only reigning a few days in the year. (5) This point is mentioned here because we have already been told above that his mere election does not affect the dating. (6) I Kings, VI, 1. (7) I.e., the event recorded is dated by both of them.
b (1) Which is the beginning of years reckoned from the creation. (2) Ab. (3) Num. XXXIII, 38. (4) Shebat. (5) Deut. I, 3. (6) As otherwise Ab and Shebat would fall in different years. (7) As it simply says *'In the fortieth year'*, without specifying from when. (8) Which was in Nisan of the second year of the exodus. (9) V. *infra 3b*. (10) V. Glos. (11) The death of Aaron. (12) The address of Moses. (13) I.e., the address of Moses was prior to the death of Aaron, the fortieth year having commenced with the Tishri preceding Moses' address. (14) Deut. I, 4.

was still alive, as it is written [3a] *And the Canaanite the king of Arad*
a *heard.*[1] What was the report that he heard? He heard that Aaron had died and that the clouds of glory had departed, and he judged that it was now permitted to attack Israel; and this is intimated in the verse, *And all the congregation saw* [wa-yiru] *that Aaron was dead,*[2] [commenting on which] R. Abbahu said, Do not read *wa-yiru,* but *wa-yerau* [and they were seen],[3] [the next word[4] being translated] in accordance with the dictum of Resh Laḳish; for Resh Laḳish said, *Ki* has four significations—'if', 'perhaps', 'but', 'for'.[5] [In objection to this it may be asked], Are the two things alike?[6] [The verse] there speaks of Canaan, whereas [here] it [speaks of] Sihon?—It has been taught: Sihon, Arad, and Canaan are all one. He was called Sihon as resembling a *sayyaḥ* [foal] of the wilderness, he was called Canaan after his kingdom; and as for his real name, this was Arad. According to other authorities, he was called Arad as resembling an *'arad* [wild ass] of the wilderness, and Canaan after his kingdom, while as for his real name, this was Sihon.

But can I not suppose that New Year is in Iyar?[7]—Do not imagine such a thing. For it is written, *And it came to pass in the first month in the second year on the first day of the month that the tabernacle was reared up,*[8] and it is written elsewhere, *And it came to pass in the second year in the second month . . . that the cloud was taken up from over the tabernacle of the testimony.*[9] Seeing that the text when referring to Nisan places it in the second year and when referring to Iyar places it also in the second year, we may conclude that Iyar is not New Year. Can I suppose then that New Year is in
b Sivan?[1]—Do not imagine such a thing. For it is written, *In the third month after the children of Israel were gone forth out of the land of Egypt;*[2] and if Sivan is New Year, it should say, 'In the third month in the second year after the children of Israel etc.' But why not say that New Year is in Tammuz,[3] in Ab,[4] in Adar?[5]—Rather, said R. Eleazar, we learn [that Nisan is New Year] from here: *And he began to build in the second month in the second*[6] *in the fourth year of his reign.*[7] What [is here meant by] *'in the second'?* Does not [the superfluous word] mean the second by which his reign is reckoned? Rabina strongly demurred to this. Why not, [he said], suppose it to mean the second day of the month?—In that case it would have said distinctly, 'on the second day of the month'.[8] But may I not suppose it means on the second day of the week? [This cannot be for two reasons.] One is that we never find the second day of the week mentioned in Scripture, and the other is that the second *'sheni'* [second] is put on the same footing as the first *sheni,* [indicating that] just as the first *sheni* refers to a month, so the second *sheni* refers to a month.

It has been taught in accordance with R. Joḥanan: How do we know [from the Scripture] that the years of kings' reigns are always reckoned as commencing from Nisan? Because it says, *'And it came to pass in the four hundred and eightieth year after the children of Israel were come out of the land of Egypt* etc.,' and it is further written, *'And Aaron the priest went up to Mount Hor at the commandment of the Lord,* etc.,' and it is further written, *And it came to pass in the fortieth year in the eleventh month',*[9] and it is further written, *'After he had smitten Sihon* etc.,' and it is further written, *'And all the congregation saw that Aaron was dead* etc.,' and it is further written, *'And it came to pass in the first month in the second year* etc.,' and it is further written, *'And it came to pass in the second year in the second month* etc.,' and it is further written, *'In the third month after the children of Israel were gone forth out of the land of Egypt* etc.,' and it is further written, *'And he began to build* etc.'

R. Ḥisda said: The rule [that New Year for kings is in Nisan] was only meant to apply to the kings of Israel, but the years of
c non-Israelitish kings are reckoned from Tishri,[1] as it says, *The words of Nehemiah the son of Hachaliah. Now it came to pass in the month of Kislev,*[2] *in the twentieth year*[3] etc., and it is written further, *And it came to pass in the month of Nisan in the twentieth year of Artaxerxes.*[4] Now since when speaking of Kislev he places it in the twentieth year and when speaking of Nisan he places it also in the twentieth, we may conclude that New Year is not in Nisan. [This, however, is not conclusive]. In the latter text, it is true, it is expressly stated that [it was the twentieth year] of Artaxerxes, but in the former how do we know that the reign of Artaxerxes is referred to?

a (1) Num. XXXIII, 40. (V. Tosaf. s.v. וישמע). The text continues in the E.V., *of the coming of the children of Israel,* but the Talmud renders (more in accordance with the original), *'when* the children of Israel came'. The text thus does not state what he heard and so leaves room for the exposition which follows. (2) Num. XX, 29. (3) I.e., became visible, the clouds of glory having previously served as a screen to them. (4) In the original. (5) And here if we read *wa-yerau, 'ki'* means 'for'. Apparently Resh Laḳish means that these four significations are in addition to the usual one of 'that', which must be the meaning here if we keep the reading *wa-yiru.* (6) Viz., your exposition and your argument. (7) The second month. (8) Ex. XL, 17. (9) Num., X, 11.

b (1) The third month. (2) Ex. XIX, 1. (3) The fourth month. (4) The fifth month. (5) The twelfth month. The months between Ab and Adar have already been excluded above where it was shown that Ab and Shebat must be in the same year. (6) E.V., *'on the second day'.* (7) II Chron. III, 2. (8) This being the usual formula of the text. (9) This citation is inserted in the text on the authority of Maharsha. It is certainly necessary.

c (1) The seventh month. (2) The ninth month. (3) Neh., I, 1. (4) Ibid, II, 1.

וישמע הכנעני מלך ערד מה שמועה שמע שמע שמת אהרן ונסתלקו ענני כבוד וכסבור ניתנה רשות להלחם בישראל והיינו דכתיב ויראו כל העדה כי גוע אהרן וא"ר אבהו אל תקרי ויראו אלא וייראו כדריש לקיש *דאמר ר"ל כי משמש בד' לשונות אי דילמא אלא דהא מי דמי התם כנען הכא סיחון תנא הוא סיחון הוא ערד הוא כנען סיחון שדומה *לסייח במדבר כנען על שם מלכותו ומה שמו ערד שמו איכא דאמרי ערד שדומה לערוד במדבר כנען על שם מלכותו ומה שמו סיחון שמו ואימא ר"ה אייר לא סלקא דעתך דכתיב ויהי בחדש הראשון בשנה השנית באחד לחדש הוקם המשכן וכתיב ויהי בשנה השנית בחדש השני (א) נעלה הענן מעל משכן העדות מדקאי בניסן וקרי לה שנה שנית וקאי באייר וקרי לה שנה שני' מכלל דר"ה לאו אייר הוא ואימא ר"ה סיון לא ס"ד דכתיב בחדש השלישי לצאת בני ישראל מארץ מצרים ואם איתא בחדש השלישי בשנה השנית לצאת וגו' מיבעי ליה ואימא תמוז ואימא אב ואימא אדר אלא אמר ר"א מהכא ויחל לבנות בחדש השני בשני בשנת ארבע למלכותו מאי שני לאו שני לירח שמונין בו למלכותו מתקיף לה רבינא ואימא שני בחדש א"כ שני בחדש בהדיה הוה כתיב ביה ואימא בשני בשבת חדא דלא אשכחן שני בשבת דכתיב ועוד מקיש שני בתרא לשני קמא מה שני קמא חדש אף שני בתרא חדש תניא כוותיה דר' יוחנן מניין שאין מונין להם למלכים אלא מניסן שנא' ויהי בשמונים שנה וארבע מאות שנה לצאת בני ישראל מארץ מצרים וגו' וכתיב ויעל אהרן הכהן אל הר ההר על פי ה' וגו' [וכתיב ויהי בארבעים שנה בעשתי עשר חדש] וכתיב אחרי הכותו את סיחון וגו' ואומר וישמע הכנעני וגו' ואומר ויראו כל העדה כי גוע אהרן וגו' ואומר ויהי בחדש הראשון בשנה השנית וגו' ואומר ויהי בחדש השני וגו' ואומר בחדש השלישי לצאת בני ישראל וגו' ואומר ויחל לבנות וגו' א"ר חסדא *לא שנו אלא למלכי ישראל אבל למלכי אומות העולם מתשרי מנינן שנא' דברי נחמיה בן חכליה ויהי בחדש כסליו שנת עשרים וגו' וכתיב ויהי בחדש ניסן שנת עשרי' לארתחשסתא וגו' מדקאי בכסליו וקרי ליה שנת עשרים וקאי בניסן וקרי ליה שנת עשרים מכלל דר"ה לאו ניסן הוא בשלמא היאך מפרש דלארתחשסתא אלא האי ממאי דלארתחשסתא דילמא למניינא

רש"י

אלא וייראו · נתגלו : כדריש לקיש · כי גוע נתינת טעם הוא לדבר שלפניו נתגלו העדה לפי שגוע אהרן שלשון כי בד' לשונות משמש במקרא פעמים בא במקום אם פעמי' בא במקום דילמא שמא פעמי' בא במקום דהא שנותן טעם לדבר פעמים בא במקום אלא וסותר את דבור שלפניו כי יהיה להם דבר (שמות יח) כי תפגע (שם כג) כי יקרא קן (דברים כב) כולן לשון אם הם וכן כי תבאו (שמות יב) כי תלכון (שם ג) כי תכלה (דברים כו) כי תשא (שמות ל) וכל המשמשין במקום כאשר ובמקום אשר כולן לשון אם הם שמצינו בכמה מקומות אם משמש לשון כאשר ולשון אשר כמו ואם יהיה היובל (במדבר לו) שהרי בודאי יהיה ואם תקריב מנחת בכורים (ויקרא ב) הרי זה וכאשר תקריב שהרי חובה הוא וכן אם כסף תלוה (שמות כב) אם יבלענו ממקומו (איוב ח) המדבר בשלות רשעים דילמא כגון כי תאמר בלבבך (דברים ז) שמא תאמר רבים הגוים האלה לא תאמר כן לא תירא מהם כי תאמרו מה נרדף לו (איוב יט) וכי תאמרו מה נאכל בשנה השביעית (ויקרא כה) כי תראה חמור שונאך וחדלת (שמות כג) (כי תראה והתעלמת) והרבה כאלו לשון שמא הן לא צחקתי כי יראה (בראשית יח) ה"ז לשון דהא לפי שיראה ויאמר לא כי צחקת (שם) ה"ז לשון אלא כי גוע אהרן כשאתה קורא וייראו הרי זה לשון דהא הודו לה' כי טוב (תהלים קיח) שהרי טוב לא תקפוץ את ידך וגו' (דברים טו) אלא פתוח תפתח : סייח · עייר בן סוס : ערוד · חמור הבר : ואימא אב ואימא אדר · דכל חדשים שבין אב לשבט פקע לן לעיל מדקאי באב וקרי ליה שנת ארבעים כו' : מאי שני · דהדר כתב פעם אחרת בקרא בשני מהכא שמעי' דשני לירח שמונין בו למלכים : שני בחדש בהדיא הוי כתיב ביה · כדכתיב בכמה מקומות באחד לחדש וכתיב בשנה השלישית בעשור לחודש : שני בשבת לא אשכחן דכתיב ביה קרא · דהדר ביה קרא בשני : תניא כוותיה דר' יוחנן · בכולי קראי דאייתי לעיל : ויבא

תוספות

וישמע הכנעני מלך ערד · במדרש* אמרינן דהיינו עמלק כמו שיסד הפייט בפזמון של פרשת זכור כסות ולשון שינה היות כמלך ערד אבל מ"מ דייק שפיר דהוה סיחון קיים מדשינה עמלק עצמו לבא כדמותו ונראה דמההוא דמסיני קא דריש דאי מההיא דחקת הא מפרש דשמע כי בא ישראל דרך האתרים ורש"י לא דק בפי' חומש :

אלא וייראו כדר"ל · כלומר שנתגלו לפי שמת אהרן והיינו בלשון דהא דאי אמרת וייראו לשון ראייה א"מ אין מתיישב לפרש האי כי בשום [אחד] מהנך בארבע לשונות מיהו קשיא דילמא לשון כאשר (ב) כלומר ויראו כאשר גוע אהרן כמו ויראו אחי יוסף כי מת אביהם ויאמרו לו ישטמנו (בראשית נ) ויראו פלשתים כי מת גבורם (שמואל א יז) ושמא אין מתישב כאן כמו בהני והא דמפרשינן קראי בלשון כאשר כמו כי בא סוס פרעה (שמות טו) כי תרבו ופריתם (ירמיה ג) אין זה לשון חמישי כדפירש בקונטרס דכי תבא וכי תלכון כי תשא כי תכלה וכל המשמשין בלשון כאשר לשון אם הם משמשין שמצינו בכמה דוכתי אם משמש בלשון כאשר כמו ואם יהיה היובל הרי זה כאשר יהיה שהרי ודאי יהיה וכן ואם תקריב מנחת בכורים ה"ז כאשר תקריב שהרי הוא חובה ומה שפי' כאן בקונטרס כל המשמש בלשון אשר לשון אם הם לא יתכן ובסוף המגרש (גיטין דף צ.) פירש בקונטרס שהם לשון דהא וכן עיקר :

אי דילמא אלא דהא · כי ימצא כי יקרא כי תראה כי תפגע כולם ל' אם הם וכן רובם כי תאמר בלבבך אין שייך לפרש בלשון אם דהוה משמע לשון אם תאמר לא תירא הא אם לא תאמר תירא וע"כ לשון דילמא הוא כלומ' שמא תאמר בלבבך רבים הגוים [איוב יט] וגו' לא תאמר כן וכן כי תאמר מה נרדף לו וכי תאמרו מה נאכל כי תראה חמור שונאך כי גוע אהרן דמשמע לשון דהא והיינו לשון אשר :

ערד שמו · ופשטיה דקרא ערד שם המדינה או שם עירו :

וקאי באייר וקרי ליה שנה השנית · ואין לומר דקרא דאייר להקמת המשכן הוא דקחשיב ולעולם ר"ה אייר דאמר שנה השנית לג"ש כדאמר לעיל גבי שנת מ' ושנת כ' ומיהו הוה מצי לאתויי קרא דפרשת במדבר סיני ולא הוה צריך לגזרה שוה זו דמפרש ביה קרא באחד לחדש [השני] בשנה השנית לצאתם מארץ מצרים (במדבר א) :

שני בשבת לא אשכחן · והא דכתיב ויהי בוקר יום שני (בראשית א) מפרש בירושלמי אין למדין מברייתו של עולם כלומר דלאו אשבת קאי אלא שהיה יום שני לברייתו של עולם :

תניא כותיה דר' יוחנן · לאו לאפוקי דר' אלעזר דהא מייתי נמי דר' אלעזר בהך ברייתא ובקרא דר' אלעזר לא סגי דהוה אמינא דלשלמה ודאי הוי שני לירח שמונין לו למלכותו לפי שעמד בניסן אבל לשאר מלכים לא להכי צריך נמי דמקיש ליציאת מצרים :

מכלל דניסן לאו ראש השנה · אע"פ שיש כמה חדשים בין ניסן לתשרי שיש לומר שהם ראש השנה מ"מ הואיל דאפיקתיה מניסן אוקמיה אתשרי דאשכחן דהוה ראש השנה לכמה דברים לשמיטין וליובלות (ג) :

למניינא

רבינו חננאל

וישמע הכנעני מלך ערד ותנא הוא ערד הוא סיחון ומה שמועה שמע · שמע כי מת אהרן ונסתלקו ענני הכבוד וכתיב ויהי בארבעים שנה בעשתי עשר חדש וגו' אחרי הכותו את סיחון ש"מ אחר מיתתו של אהרן זה המעשה · וקאי בשבט וקרי לה שנת ארבעים ש"מ דראש השנה שמונים ליציאת מצרים לאו תשרי הוא · ואימא ר"ה אייר ודחינן לא ס"ד כו' · ואימא סיון ודחינן לא ס"ד כו' · ואקשינן ואימא תמוז ואימא אב ואימא אדר ולמה הניח אלול ותשרי ומרחשון וכסליו וטבת לפי שבפי' דחאם המקרא הוא שאמרנו מדקאי באב במיתת אהרן וקרי לה שנת ארבעים וקאי בשבט וקרי לה שנת ארבעים ש"מ כי מאב ועד שבט אין אחד מהן ר"ה · שאילו היה אחד מהן ר"ה בארבעים ואחת הוה ליה למכתב אלא ודאי בהני כולי (האי) ליכא לספוקא בחד מינייהו דהוא ר"ה ובתמוז ובאב ובאדר לא מצא פסוק לדחות · ואמר ר' אלעזר מהכא ויחל לבנות בחדש השני בשני בשנת ארבע למלכותו · מקיש שני בתרא לשני קמא מה שני קמא חדש אף שני בתרא חדש ש"מ · מדאייר הוא חדש שני שמונין בו למלכותו ר"ה למלכותו ניסן · תניא כותיה דר' יוחנן מנין למלכים שאין מונין להן אלא מניסן שנא' ויהי בשמונים שנה וארבע מאות שנה וגו' · אמר רב חסדא לא שנו אלא למלכי ישראל אבל למלכי אומות העולם מתשרי מנינן דכתי' דברי נחמיה בן חכליה ויהי בחדש כסליו [שנת עשרים] וגו' · וכתיב ויהי בחדש ניסן שנת עשרים לארתחשסתא המלך

מסורת הש"ס

גיטין צ. תענית ט: שבועות מט: [פסחים נג:] · [פי' שהוא קל כרגליו ערוך] · [לקמן ח:] · נחמיה א · שם ב

הגהות הב"ח

(א) גמ' בחדש השני בעשרים בחדש נעלה הענן: (ב) תוס' ד"ה אלא כו' דילמא לשון כאשר הוא כלומר: (ג) ד"ה מכלל כו' לשמיטין וליובלות לנטיעה ולירקות וכס"ד:

למנינא אחרינא הוא אמר רב פפא *שנת עשרים שנת עשרים לגזירה שוה מה התם לארתחשסתא אף הכא לארתחשסתא ומאי דמעשה דכסליו קדים דילמא מעשה דניסן קדים לא ס"ד דתניא דברים שאמר חנני לנחמיה בכסליו אמרן נחמיה למלך בניסן דברים שאמר חנני לנחמיה בכסליו שנאמר °דברי נחמיה בן חכליה ויהי בחדש כסליו שנת עשרים ואני הייתי בשושן הבירה ויבא חנני אחד מאחי הוא ואנשים מיהודה ואשאלם על היהודים הפליטה אשר נשארו מן השבי ועל ירושלם ויאמרו לי הנשארים אשר נשארו מן השבי שם במדינה ברעה גדולה ובחרפה וחומת ירושלם מפורצת ושעריה נצתו באש אמרן נחמיה למלך בניסן שנאמר °ויהי בחדש ניסן שנת עשרים לארתחשסתא המלך יין לפניו ואשא את היין ואתנה למלך ולא הייתי רע לפניו ויאמר לי המלך מדוע פניך רעים ואתה אינך חולה אין זה כי אם רע לב ואירא הרבה מאד ואומר למלך המלך לעולם יחיה מדוע לא ירעו פני אשר העיר בית קברות אבותי חרבה ושעריה אוכלו באש ויאמר לי המלך על מה זה אתה מבקש ואתפלל אל אלהי השמים ואומר למלך אם על המלך טוב ואם ייטב עבדך לפניך אשר תשלחני אל יהודה [אל] עיר קברות אבותי ואבננה ויאמר לי המלך והשגל יושבת אצלו עד מתי יהיה מהלכך ומתי תשוב וייטב לפני המלך וישלחני ואתנה לו זמן מתיב רב יוסף °ביום עשרים וארבעה לחדש בששי בשנת שתים לדריוש וכתיב °בשביעי (בשנת שתים) בעשרים ואחד לחדש ואם איתא בשביעי בשנת ג' מיבעי ליה אמר ר' אבהו כורש מלך כשר היה לפיכך מנו לו כמלכי ישראל מתקיף לה רב יוסף חדא דא"כ קשו קראי אהדדי דכתיב °*ושיציא ביתא דנא עד יום תלתא לירח אדר די היא שנת שית למלכות דריוש מלכא ותניא *באותו זמן לשנה הבאה עלה עזרא מבבל וגלותו עמו וכתיב °ויבא ירושלם בחדש החמישי היא שנת השביעית למלך ואם איתא שנת השמינית מיבעי ליה ועוד מי דמי התם כורש הכא דריוש תנא הוא כורש הוא דריוש הוא ארתחשסתא כורש שמלך כשר היה ארתחשסתא על שם מלכותו ומה שמו דריוש שמו מ"מ קשיא א"ר יצחק לא קשיא כאן קודם שהחמיץ כאן לאחר שהחמיץ מתקיף לה רב כהנא ומי החמיץ והכתיב ומה

למנינא אחרינא · לשום מעשה שהיה ובירושלמי דוחה דלעולם מניסן מנינן והאי דקאי בכסליו וקרי ליה שנת עשרים וקאי בניסן כו' (א) בירושלמי גרס התיב ר' יצחק והכתיב ויהי באחת ושש מאות שנה וגו' (בראשית ח) ותני עלה שנת המבול אינה עולה מן המנין תפתר כר"א דאמר בתשרי נברא העולם והכתיב (נחמיה ב) ויהי בחדש ניסן שנת עשרים ונאמר (שם א) ויהי בחדש כסליו שנת עשרים תפתר כר"א דאמר כל שנה שלא נכנסו לה ל' יום אין מונין אותה שנה שלימה ופריך והא כתיב (שמות מ) ויהי בחדש הראשון בשנה השנית באחד לחדש הוקם המשכן וא"ת שנה שלישית היא ולא מנאה אלא שניה ע"י שלא נכנסו לה שלשים יום דאין מונין אותה שנה שלימה כלומר אם תרצה לדחות שנה שלישית היתה ולא מנאה אלא שניה שלא נכנסו לה ל' יום והכתיב (במדבר י) ויהי בשנה השנית בחדש השני [בעשרים בחדש] נעלה הענן מעל משכן והא איתא בשתא חמשין יומין ואין מונין אותה שנה שלימה: שנת עשרים לארתחשסתא המלך יין לפניו · פשטיה דקרא משמע דהאי עובדא דנחמיה בפני ארתחשסתא המלך (ב) היה דהוא דריוש בן אסתר שנבנה הבית בימיו אבל אי אפשר לומר כן דהא בשנת שיתא למלכות דריוש נבנה הבית כדכתיב ושיציא ביתא דנא ובסמוך מייתי לה והך עובדא דהכא בשנת עשרים הוה [דכבר היו ישראל בהשקט ובבטחה] ועוד דבסמוך פריך רב יוסף לר' אבהו דאמר מניסן מנינן למלכי ישראל א"כ קשו קראי אהדדי הוה ליה לאקשויי מהאי קרא גופיה דשנת עשרים לחדש (ג) תשרי קא חשיב וצריך לפרש דהכי קאמר קרא שנה עשרים לארתחשסתא דהוא כורש ראשון של פקידת המלך דריוש הבית יין לפניו דהוא דריוש בן אסתר ומעשה הזה בשנה שלישית למלכותו כדכתיב (עזרא ד) באדין בטלת עבידת בית אלהא וגו' עד שנת תרתין לדריוש מלך פרס ובשנת שלש למלכו דבר נחמיה לפני המלך על חומת ירושלים המפורצת כדכתיב בעזרא והיא היתה שנת עשרים לכורש הראשון כדאי' במגילה פרק קמא (דף יא:) תלת דכורש ותריסר דאחשורוש ושתים דדריוש בן אסתר ובשלישית בקש נחמיה על בנין העיר ומיהו יש לפרש דקרא כפשטיה דבשנת שתים לדריוש התחילו לבנות הבית ונגמר הבנין בשנת שש למלכותו ולא בנו חומת העיר ושעריה כי אם בנין בית המקדש לבדו והיו נתונים ברעה גדולה ובחרפה לפי שהעכו"ם (ד) שוללים אותם עד שנת עשרים לדריוש שבקש על חומת העיר עד שעלתה ארוכה לחומת ירושלים כדמוכחי קראי אך בבנין הבית לא נתעסקו שכבר היו בנוי: ביום עשרים וארבעה לחדש בששי בשנת שתים לדריוש (ה) ובשביעית בעשרים ואחד לחדש היה דבר ה' · תרי קראי נינהו זה אחר זה מיד בנבואה של חגי ואין מפורש שם מה היה בעשרים וארבעה לחודש בששי ואע"פ שהוא תחלת פרשה צ"ל דקאי אפרשה קמייתא דכתיב לעיל מינה ויבאו ויעשו מלאכה בבית ה' (ו) אלהיהם כלומר ביום עשרים וארבעה לחודש בששי דבאותו יום התחילו לסתת באבנים ולנסר בעצים (ז) ובשביעית בעשרים ואחד לחדש היה דבר ה' אל חגי לזרוז להתחזק על המלאכה: באותו זמן לשנה הבאה עלה עזרא מבבל וגלותו עמו · דהכי מוכחי קראי כדכתיב (עזרא ו) ושיציא ביתא דנא לירח אדר וכתיב בתריה לעבדו חנוכת הבית ואחר כך עבדו פסח (ואמר) [ואי מניסן מנינן] כשעשה פסח היה שנה שביעית וכתיב בתריה אחר הדברים האלה במלכות ארתחשסתא וכתיב (שם ז) הוא עזרא עלה מבבל וכתיב ויבא ירושלם בחודש החמישי היא שנת השביעית למלך וכתיב (שם) באחד לחדש הראשון הוא יסוד המעלה מבבל והיינו באותו הזמן לשנה הבאה וסמוך לאדר היה ואי מניסן מנינן על כרחך היה שנה שמינית: הוא כורש הוא דריוש הוא ארתחשסתא · שלשתן כתובים בחד קרא לעיל מקרא דושיציא ביתא דנא והכי כתיב ושבי יהודאי בנין ומצלחין בנבואת חגי נביאה וזכריה בר עדוא ובנו ושכללו מן טעם אלהא ישראל ומטעם כורש ודריוש וארתחשסתא מלך פרס וכתיב ושיציא ביתא דנא עד יום תלתא לירח אדר דהיא שנת שית לדריוש מלכא: וארתחשסתא על שם מלכותו · ואף כורש הראשון שנקרא ארתחשסתא כדפרישית לעיל כמו כן היינו על שם מלכותו:

ויבא חנני · מירושלים בא שכבר עלו בני הגולה מימות כורש והיו שם בימיו ובימי אחשורוש וארתחשסתא זהו דריוש שאחר אחשורוש שנבנה הבית בשנת שתים לדריוש והרבה נשארו בבבל ונחמיה בן חכליה היה שר המשקים למלך בשושן הבירה: בששי בשנת שתים · תורה אור שניהם בנבואת חגי נבדק במקרא ולא נמצא כתוב בפסוק שני בשנת שתים אך י"ל שלפסוק של מעלה הימנו קאי שכתוב בו בשנת שתים: כורש מלך כשר היה · כלומר על שם שהיה כשר קראוהו כורש ושמו מעיד עליו לפיכך מנו לו כמלכי ישראל: חדא · דאם מניסן מנינן קשו קראי אהדדי: באותו זמן לשנה הבאה · ע"כ שביעית היא לו ממה נפשך: וכתיב בעזרא ויבא ירושלם בחדש החמישי היא שנת השביעית למלך · ואי מנו לו מניסן שמינית היא: ועוד · אכן בדריוש קיימינן ואת אמרת כורש מלך כשר היה: הוא כורש כו' · אף דריוש שאחר אחשורוש נקרא כורש: החמיץ · נעשה רשע כשעלה עזרא כבר החמיץ: ומי החמיץ · כשעלה עזרא: והכתיב · באגרת ששלח ביד עזרא לפחות שהיו לו בארץ יהודה: ומה

נשביל

וגמר שנת עשרים שנת עשרים לג"ש מה זה שנת עשרים לארתחשס' אף זה שנת עשרים לארתחשסתא ומדקאי בכסליו וקרי לה שנת עשרים וקאי בניסן וקרי לה שנת עשרים מכלל דר"ה שלהם לא ניסן דאי לא שנת עשרים ואחת הוה ליה למכתב *) י"ב ופשוטה היא · מותיב רב יוסף ביום כ"ד לחדש בששי בשנת שתים לדריוש המלך. [וכתיב] בשביעי בעשרים ואחד לחדש היה דבר ה' אל חגי וגו' ואם איתא דמתשרי מנינן להו בשביעי בשנת שלש מיבעי ליה למימר ופריק ר' אבהו כורש מלך כשר הוה ומנו לו כמלכי ישראל מניסן · ואתקיף רב יוסף על הא דר' אבהו חדא דא"כ מפני שהיה מלך כשר מנו לו כמלכי ישראל מניסן קשו קראי אהדדי **) וכי פעם מונין לו מניסן ופעם מונין לו מתשרי דהא הני קראי דקא מפרש רב חסדא מראין כי מתשרי מנו לארתחשסתא והוא דריוש והכא קא אמרת מניסן מנו ליה וקשו קראי אהדדי ועוד כתיב לגבי דריוש עצמו ושיציא בית' דנא עד יום תלתא לירח אדר דהיא שנת שית למלכו' דריוש מלכא · ותני עלה באותו הזמן כלומר באדר לשנה הבאה עלה עזרא מבבל וגלותו עמו · וכתיב ויבא ירושלם בחדש החמישי היא שנת השביעית למלך ואם איתא דמניסן מנינן ליה קאי באדר בשנת שית הגיע ניסן הנה נכנסה שנה שביעית בניסן אחר עוד נכנסה שנת שמינית ואם איתא דמניסן מנינן לדריוש עצמו בחדש החמישי שנה שמינית הוה ליה למכתב ועוד מי דמי התם כורש כלומר הוא היה מלך כשר ולו לכורש מנו (לא) מניסן כמלכי ישראל הכא דריוש · ופרקינן תנא הוא כורש הוא דריוש הוא ארתחשסתא · מ"מ קשו קראי אהדדי ופריק ר' יצחק ל"ק כאן קודם שהחמיץ כלומר שלש [או] ארבע שנים מנו לו מניסן ומשנה ששית ולמעלה כיון שהחמיץ מנו לו מתשרי · ואתקיף עלה רב כהנא והא הני קראי מפרשי דבבנין הבית הוו עסקי ומי החמיץ קודם שיבנה הבית והא כתיב

*) נראה דחסר וצ"ל וממאי דמעשה דכסליו קדים וכו' לא ס"ד וכו' ופשוטה היא.
**) נראה מזה כי רבינו היה גורס חדא דא"כ קשו קראי אהדדי ועוד דכתיב ושיציא ביתא וכו' ועי' בתוס' כאן ד"ה שנת ודו"ק:

[לעיל ג:]

הגהות הב"ח

(א) תוס' ד"ה למנינא כו' וקאי בניסן כו' וה"ג בירושלמי התיב וכו' ושש מאות שנה בראשון באחד לחדש וגו' ותני עלה:
(ב) ד"ה שנת כו' בפני ארתחשסתא המלך דהוא דריוש כו' הבית בימיו היה אבל א"א:
(ג) בא"ד דשנת עשרים לחדש דמתשרי קא חשיב:
(ד) בא"ד ובחרפה לפי שהאומות היו שוללים אותם:
(ה) ד"ה ביום כו' בשנת שתים לדריוש בשביעי בעשרים:
(ו) בא"ד מלאכה בבית ה' צבאות אלהיהם:
(ז) בא"ד ולנסר בעצים ובשביעי כצ"ל:

[פי' סוף תשלום בנין הבית]
[ערכין יג:]

Perhaps [3b] some other system of dating is adopted?—R. Papa replied: The occurrence in each text of the expression *'twentieth year'* provides us with a *gezerah shawah*,[5] [indicating that] just as in the latter case it means *'of the reign of Artaxerxes'*, so in the former. But how do you know that the incident of Kislev was prior? Perhaps the incident of Nisan was prior?[6]—Do not imagine such a thing, since it has been taught: The things that Hanani told Nehemiah in Kislev were related by Nehemiah to the king in Nisan. 'The things that Hanani told Nehemiah', as we read, *The words of Nehemiah the son of Hachaliah. Now it came to pass in the month of Kislev, in the twentieth year, as I was in Shushan the castle, that Hanani, one of my brethren, came out of Judah, he and certain men; and I asked them concerning the Jews that had escaped, that were left of the captivity, and concerning Jerusalem. And they said unto me: The remnant that are left of the captivity there in the province are in great affliction and reproach; the wall of Jerusalem also is broken down, and the gates thereof are burned with fire.*[7] These things 'were related by Nehemiah to the king in Nisan,' as we read, *And it came to pass in the month Nisan, in the twentieth year of Artaxerxes the king, when wine was before him, that I took up the wine and gave it unto the king. Now I had not been beforetimes sad in his presence. And the king said unto me, Why is thy countenance sad, seeing thou are not sick? This is nothing else but sorrow of heart. Then I was very sore afraid. And I said unto the king, Let the king live for ever; why should not my countenance be sad, when the city, the place of my fathers' sepulchres, lieth waste and the gates thereof are consumed with fire? Then the king said to me: For what dost thou make request? So I prayed to the God of heaven. And I said unto the king: If it please the king and if thy servant have found favour in thy sight, that thou wouldst send me unto Judah, unto the city of my fathers' sepulchres, that I may build it. And the king said unto me, the queen also sitting by him, For how long will thy journey be and when wilt thou return? So it pleased the*
a *king to send me; and I set him a time.*[1]

R. Joseph sought to disprove [the statement that the years of non-Israelitish kings are reckoned from Tishri, as follows]: [It is written], *In the four and twentieth day of the month, in the sixth month, in the second year of Darius the king,*[2] and it is further written, *In the seventh month in the second year in the one and twentieth day of the month.*[3] Now if it is [as you say], then we should have here 'in the seventh month *in the third year'!*—R. Abbahu replied: Cyrus was a worthy king,[4] and therefore they reckoned his years like those of the kings of Israel.[5]

R. Joseph demurred strongly against this [last notion]. For one thing [he said, if this is so,] then there is a contradiction between two biblical texts. For it is written, *And the house*[6] *was finished on the third day of the month of Adar, which was the sixth year of Darius the king,*[7] and in connection with this it has been taught: 'At that period, in the year following,[8] Ezra went up from Babylon along with his band of exiles'. Now it is written further, *And he* [Ezra] *came to Jerusalem in the fifth month, which was in the seventh year of the king;* and if it is [as you say], it should be 'in the *eighth* year'? Further, is there any connection [between your answer and the
b question]? You speak of Cyrus and the text[1] speaks of Darius! —It has been taught: 'Cyrus,[2] Darius, and Artaxerxes[3] were all one. He was called Cyrus because he was a worthy king;[4] Artaxerxes after his realm;[5] while Darius was his own name. All the same, the contradiction still remains?[6]—There is no contradiction. The one verse[7] speaks of him before he degenerated,[8] the other after he degenerated.

R. Kahana strongly demurred to this [saying], Did he indeed

(5) V. Glos. (6) And the year might therefore commence with Nisan. (7) Neh., I, 1-3.

a (1) Neh. II, 1-6. It is not clear why the last three verses are quoted. (2) Hag. I, 15. (3) Ibid. II, 1. This verse follows immediately on the one just quoted and it is assumed that it refers to the same year as the preceding verse; therefore the words *'in the second year'*, which appear in the quotation as given in the Talmud in brackets, are not found in this verse (Rashi). (4) The Hebrew word is *kasher*, which contains the same consonants as the name *Koresh* (Cyrus). (5) I.e., commenced them with Nisan. (6) The Second Temple. (7) Ezra, VI, 15. (8) Which would be the seventh year of Darius.

b (1) In Haggai. (2) The Second. (3) Mentioned together in Ezra, VI, 14. (4) V. *supra*, n. a4. (5) [The Persian Artakhshathra means 'by whom empire is perfected']. (6) Between the statements in Haggai and in Ezra. (7) In Haggai, which reckons his years from Nisan. (8) Lit., 'fermented', a metaphor either from wine turning to vinegar or from flour becoming leaven. The 'evil imagination' is often compared by the Sages to a 'leaven'.

degenerate? Is it not written, [4a] *And that which they have need of, both young bullocks and rams and lambs, for burnt-offerings to the God of heaven, wheat, salt, wine and oil, according to the word of the priests that are in Jerusalem, let it be given them day by day without fail?*[9]—Said R. Isaac to him: [Here is something] out of your own package:[10] *That they may offer sacrifices of sweet savour unto the God of heaven, and pray for the life of the king and of his sons.*[11] But even so, is not the action still a meritorious one, seeing that it has been taught: 'If a man says, I offer this *sela'* for charity in order that my children may live and in order that through it I may merit the future world, he may still be a wholly righteous man?'—There is no contradiction; this statement applies to Israelites, there we speak of heathens.[12]

Alternatively I may say that we know he deteriorated because it is written, *With three rows of great stones and a row of new timber,*
a *and let the expenses be given out of the king's house.*[1] Why did he make these conditions? He thought to himself, If the Jews revolt against me, I will burn it with fire. But did not Solomon do the same thing, as it is written, *three rows of hewn stone and a row of cedar beams?*[2]—Solomon placed the wood above and he placed it below; Solomon sunk it in the building and he did not sink it in the building; Solomon plastered it over and he did not plaster it over.

R. Joseph, (or, as some say, R. Isaac) said: Whence do we know that he deteriorated? From here: *And the king said unto me, the* shegal *also sitting by him.*[3] What is '*shegal*'? Rabbah b. Lema said in the name of Rab, a she-dog.[4] But if that is so, what are we to make of the verse, *But hast lifted up thyself against the Lord of heaven, and they have brought the vessels of His house before thee, and thou and thy lords, thy* shegaloth *and thy concubines have drunk wine in them.*[5] Now how can '*shegal*' here be a dog? Do dogs drink wine?—This is no difficulty, as [we can suppose that] it was taught to drink. But what of the verse where it is written, *Kings' daughters are among thy favourites, at thy right hand doth stand the* shegal *in gold of Ophir?*[6] Now if '*shegal*' is a dog, what promise is the prophet bringing to Israel?—What he means is this: Because the Torah is as dear to Israel as a '*shegal*' to the heathens, you have earned as your reward the gold of Ophir. Alternatively I may say that '*shegal*' does as a rule mean 'queen', but in this case Rabbah b. Lema had a tradition [that it means 'dog'], and the reason why [in the text] it is called '*shegal*' is because it was as dear to him[7] as a queen; or, possibly, because he put it on the queen's seat.

Alternatively I may say that we know he deteriorated from here: *Unto a hundred talents of silver and to a hundred measures of wheat and to a hundred baths of wine and salt without prescribing how much.*[8] At first there was no limit, but now he made a limit. But perhaps at first he simply had not decided on the limit? The truth is that the best explanation is that which was given first.

AND FOR FESTIVALS. How can [New Year] for the festivals
b be on the first of Nisan? It is surely on the fifteenth of Nisan?[1]—R. Ḥisda said: What it means is that the festival which occurs in it is the New Year for the festivals. The legal import of this rule is for determining when one who makes a vow transgresses the precept of 'not delaying',[2] and R. Simeon is here followed, as it has been taught: Whether a man makes a vow, or sanctifies,[3] or makes a valuation,[4] as soon as three festivals elapse [before he carries out his word], he transgresses the precept of 'not delaying'. R. Simeon says: The three festivals must be in order, with Passover first. So too R. Simeon b. Yoḥai used to say: The festivals [referred to] are sometimes three [in number], sometimes four, sometimes five. For instance, if a man made a vow before Passover, they are three, if before Pentecost five, if before Tabernacles four.

Our Rabbis taught: Those who are liable for a money valuation,[5] for a valuation,[6] for a *ḥerem*,[7] for consecrations,[8] for sin-offerings, trespass-offerings, burnt-offerings and peace-offerings, charity contributions, tithes, firstborn and tithe of cattle, paschal lamb,

(9) Ezra, VI, 9.
(10) I.e., the next words in the same passage confute you. (11) Which would show that his motives were not pure. (12) And therefore the king's action was not meritorious. [Heathens are assumed to regret the good deed should the attached condition not be realized (Rashi and Tosaf.)].

a (1) Ezra, VI, 4. These words occur in the rescript issued by the first Cyrus authorizing the building of the Temple. We must suppose therefore that Darius intended at first to allow them to build it wholly of stone, but on consulting the rescript changed his mind. V. Tosaf. s.v. ונדבך. (2) I Kings, VI, 36. (3) Neh. II, 6. (4) For immoral purposes. (5) Dan. V, 23. (6) Ps. XLV, 10. (7) Artaxerxes. (8) Ezra VII, 22, referring to the appropriations for the builders of the Temple.

b (1) The first day of Passover, the first of the festivals. (2) Deut. XXIII, 22: *When thou shalt vow a vow to the Lord thy God, thou shalt not delay to pay it.* (3) I.e., dedicates an object to the Sanctuary. (4) Saying, 'I dedicate to the sanctuary the value of such-and-such a person'. V. Lev. XXVII, 1-8. (5) By saying, 'I dedicate to the Sanctuary my own price'. (6) V. *supra*, n. 4. (7) Something devoted. V. Lev. XXVII, 28, 29. (8) Objects dedicated to the Sanctuary.

ומה חשחן ובני תורין ודכרין ואמרין לעלון לאלה שמיא חנטין מלח חמר ומשח כמאמר כהניא די בירושלם להוא מתיהב להם יום ביום די לא שלו אמר לו רבי יצחק רבי *מטונך די להון מהקרבין ניחוחין לאלה שמיא ומצלין לחיי מלכא ובנוהי ומאן דעבד הכי לאו מעליותא היא והתניא *האומר סלע זו לצדקה בשביל שיחיו בני ובשביל שאזכה בה לחיי העולם הבא הרי זה צדיק גמור לא קשיא כאן בישראל כאן בעובדי כוכבים ואיבעית אימא מנלן דאחמיץ דכתיב °נדבכין די אבן גלל תלתא ונדבך די אע חדת ונפקתא מן בית מלכא תתיהב למה ליה דעבד הכי סבר אי מרדו בי יהודאי איקלייה בנורא אטו שלמה לא עבד הכי והכתיב °שלשה טורי גזית וטור כרתות ארזים שלמה עבד מלמעלה ואיהו עבד מלמטה שלמה שקעיה בבנינא איהו לא שקעיה בבנינא שלמה סדייה בסידא איהו לא סדייה בסידא (אמר) רב יוסף ואיתימא רבי יצחק* מנלן דאחמיץ מהכא °ויאמר לי המלך והשגל יושבת אצלו מאי שגל אמר רבה בר לימא משמיה דרב כלבתא אלא מעתה הא דכתיב °ועל מרא שמיא התרוממת ולמאנייא די ביתיה היתיו קדמך ואנת ורברבניך שגלתך ולחנתך חמרא שתין בהון ואי שגל כלבתא היא כלבתא בת משתיא חמרא היא הא לא קשיא דמלפא לה ושתייא אלא מעתה דכתיב °בנות מלכים ביקרותיך נצבה שגל לימינך בכתם אופיר ואי שגל כלבתא היא מאי קא מבשר להו נביא לישראל הכי קאמר בשכר שחביבה תורה לישראל כשגל לעובדי כוכבים זכיתם לכתם אופיר ואיבע"א לעולם שגל מלכתא היא ורבה בר לימא גמרא גמיר לה ואמאי קרי לה שגל שהיתה חביבה עליו כשגל אי נמי שהושיבה במקום שגל איבעית אימא מנלן דאחמיץ מהכא °עד כסף ככרין מאה ועד חנטין כורין מאה ועד חמר בתין מאה ועד בתין משח מאה ומלח די לא כתב וגו' מעיקרא בלא קיצותא והשתא בקיצותא ודילמא מעיקרא לא הוה קים ליה בקיצותא אלא מחוורתא כדשניין מעיקרא: ולרגלים: רגלים באחד בניסן הוא בחמשה עשר בניסן הוא אמר רב חסדא רגל שבו ראש השנה לרגלים נפקא מינה לנודר למיקם עליה בבל תאחר ורבי שמעון היא דתניא *אחד הנודר ואחד המקדיש ואחד המעריך אכיון שעברו עליו ג' רגלים עובר בבל תאחר ר"ש אומר *ג' רגלים כסדרן וחג המצות תחילה* °וכן היה ר"ש בן יוחי אומר רגלים פעמים ג' פעמים ד' פעמים חמשה כיצד נדר לפני הפסח ג' לפני עצרת חמשה לפני החג ארבעה ת"ר *חייבי הדמין והערכין החרמין וההקדשות חטאות ואשמות עולות ושלמים צדקות ומעשר בכור ומעשר ופסח לקט

רש"י

ומה חשחן · כלומר כל מה שחפלים הכהנים תנו להם משלי : מטונך · ממשאך שבאת עלינו להשיבנו אני משיבך תשובה ראה מה כתוב בה די להון מהקרבין וגו' ומצלין לחיי מלכא למדת שלא לשם שמים עשה כי אם להנאתו : הרי זה צדיק גמור · אם רגיל בכך : כאן בישראל · שלבו לשמים ואם מריעין לו בחייו אינו תורה אור קורא לו תגר אלא תולה היסורין בעונו אבל עובד כוכבים אם אין מטיבין לו כגמולו קורא תגר : נדבכין די אבן גלל · כתב ששלח ביד עזרא כתוב בו שורות של אבני שיש שלש בחומות הבית והרביעי של עץ : כלבתא · למשכב ובני נח הוזהרו על כך שנאמר (בראשית ב) והיו לבשר אחד יצאו בהמה וחיה ועוף שאינן נעשין בשר אחד שאין יולדין מן האדם : בנות מלכים ביקרותיך · מיקרות אותך לעתיד לבא : לעולם שגל · דעלמא מלכתא היא : ורבה בר לימא · להאי שגל דהכא גמרא גמר לה מרביה דכלבתא הואי : עד כסף ככרין מאה · תנו להם לבוני הבית : רגל שבו ר"ה לרגלים · רגל שהוא בחדש הנכנס באחד בניסן הוא ראש השנה לרגלים : נפקא מינה · דהאי ר"ה : לענין נדר · שהוא מוזהר בבל תאחר ותלה הכתוב איחורו שלשה רגלים ואשמועי' מתניתין שאינו עובר עד שיהא פסח ראשון לשלשתן שאם עברו עליו שלא כסדרן אינו עובר : אחד הנודר · האומר דמי עלי שמין אותו כעבד : ואחד המקדיש · דבר לבדק הבית : ואחד המעריך · שאמר ערכי עלי שהערך קצוב בתורה כפי שניו : פעמים שלשה · פעמים שהוא בבל תאחר בשלשה רגלים : פעמים חמשה · דבעינן כסדרן : חייבי הדמין · אמר דמי עלי : והחרמין · חרמי גבוה : בכור ומעשר · מעשר בהמה : מכדי

תוספות

בשביל שיחיו בני · והא דתנן פרק קמא דמסכת אבות(מ"ג) אל תהיו כעבדים המשמשין את הרב על מנת לקבל פרס *הייני באומות העולם שתוהין על הראשונות :

ונדבך די אע · האי קרא במגילת כורש הראשון כתיב כדאיתא בספר עזרא כשלוה דריוש לבקר ולחפש כדכתיב (עזרא ו) באדין דריוש מלכא שם טעם ובקרו בבית ספריא די גנזיא ומכל מקום כיון דעל פי אותה מגילה צוה לבנות דייק מינה שפיר דהחמיץ ומיהו קשיא לעיל מינה דבתחילת מלכות אחשורוש כתבו שטנה וכתיב באדין בטילת עבידת בית אלהא די בירושלם והות בטלא עד שנת תרתין למלכות דריוש מלך פרס וקראי דנבואת חגי שמנו לו מניסן בשנת שתים לדריוש כתיב בהו ועוד טובא דלא מייתי הכא אלמא מנו לו מניסן אע"פ שכבר החמיץ ושמא לא נתברר להם הדבר עד אחרי כן :

שלמה עבד מלמעלה ואיהו עבד מלמטה · לאו מקרא דריש אלא קבלה היתה בפיהם :

עד כסף ככרין מאה · בשנת שבע למלך היה כשעלה עזרא מבבל :

שלשה רגלים כסדרן · ומתניתין דניסן ר"ה ר"ש היא והכי אמרינן לקמן (דף ז:) :

והחרמין · בין חרמי גבוה בין חרמי כהנים ר"ת פסק דלדקה שפוסקים ליתן ביד גבאי ישנה בבל תאחר מלמוסרה לגבאי ואין הגבאי בבל תאחר מלחלקה אבל מה שאדם נודר ביד עצמו לכשירצה אינה בבל תאחר :

צדקות ומעשרות · והא דאמר רבא לקמן (דף ו·) ולדקה מיחייב עלה לאלתר ה"מ דקיימי עניים אבל לא מיחייב להדורי בתרייהו כל זמן שלא עברו שלשה רגלים והא דפריך פשיטא ומשני מהו דתימא הואיל ובענייא דקרבנות כתיב עד דעברו עליה שלשה רגלים כקרבנות הייני אפילו היכי דקיימי עניים ואין לפרש דהא דקאמר עובר לאלתר הייני עשה כדאשכחן באחריני דברגל אחד עובר בעשה דא"כ הוה ליה למימר עד דעבר עליה רגל אחד כקרבן :

ומעשרות · כגון מעשר ראשון ומעשר שני ומעשר עני ומה שקבע עליהם הכתוב זמן ביעור כדכתיב (דברים יד) מקצה שלש שנים תוציא וגו' ותנן בפרק ה'(מ"ו) דמעשר שני ערב יום טוב הראשון של פסח של רביעית ושל שביעית היה ביעור דהתם אע"פ שלא הפריש חייב להפריש ובלבד שבאו לעונת מעשר כדתנן התם וכל זמן שלא הפריש לא קאי בבל תאחר אבל משהפריש קאי בבל תאחר אף על פי שלא הגיע לזמן הביעור ותדע לקמן* דרשינן תרי קראי לכולהו חד דאמר ולא אפריש וחד דאפריש ולא אקריב אבל מעשרות לא אשכחן אלא חד קרא ועוד משכחת לה כשנתמרח בכרי בין רגל לביעור דהא פשיטא כל זמן שלא נתמרח לא מיחייב אגודי ועוד דאפילו את"ל חייב אתא קרא דביעור [א] לעבור עליו בשני לאוין דכוותה אשכחן פ"ק דנדרים (דף ג:) וקצת תימה דלא חשיב הכא תרומה ובכורים דכי היכי דמרבי לקמן (ד' ה:) מעשר נרבי נמי תרומה ובכורים ושמא בכלל מעשר איתנהו כמו בכל דוכתי דקתני חייב ולתרומה ולבכורים ומיהו לבכורים אין לחוש דאין דינם בשלשה רגלים אלא מעצרת ועד החג בקריאה ומחג עד חנוכה בלא קריאה : לקט

רבינו חננאל

ומה חשחן ובני תורין ודכרין ואמרין לעלון לאלה שמיא וגו' אמר ליה ר' יצחק דמטונך כלומר מן המקרא שהבאת מוכיח שהחמיץ שנאמר די להון מהקרבין ניחוחין לאלה שמיא ומצלין לחיי מלכא ובניהי · הנה לא נתנדב לשם שמים אלא להנאתו · ואמרינן ומאן דעבד כי האי גוונא לאו מעליותא היא · והתניא האומר סלע זו לצדקה בשביל שיחיו בני ובשביל שאזכה לעוה"ב הרי זה צדיק גמור · ויש שמפרשין הרי זו צדקה גמורה ושנינן ה"מ לישראל אבל בעובדי כוכבים לא · ואיבעית אימא מנ"ל דאחמיץ מהכא נדבכין די אבן גלל תלתא ונדבך די אע וגו' למה לי' למעבד נדבך דאע אלא אמר אי מרדו בן יהודאי אקליה בנורא · והא שלמה נמי עבד הכי כו' ואיבעית אימא מנ"ל דאחמיץ מהכא שנאמר ויאמר לי המלך והשגל יושבת אצלו מאי שגל אמר רבה בר לימא כלבתא · ואסיקנא לעולם שגל מלכתא היא · ורבה בר לימא גמרא גמיר כו' איבעית אימא מנ"ל דאחמיץ דכתיב עד כסף ככרין מאה ועד חמר בתין מאה וגו' מעיקרא בלא קיצותא והשתא בקיצות' כו' · ירושלמי מה בין דאמר מניסן מנינן למ"ד מתשרי מנינן א"ר יונה *)שטרות היו יוצאין נפק שטר מלוה וכתיב ביה באייר שנה · שניה למלכות פלוני · מ"ד מניסן מנינן ר"ה למלכי' מלוה קדמה · מ"ד מתשרי מנינן חשנה למלכים מכירה קדמה · ירושלמי היו מונין ליציאת מצרים שנאמר ויהי בשמונים שנה וארבע מאות שנה לצאת בני ישראל מארץ מצרים וגו' נבנה הבית היו מונין לבניינו שנא' ויהי מקץ ארבעים שנה אשר בנה שלמה וגו' לא זכו מנו לחורבן הבית שנאמר בעשרים וחמש שנה לגלותנו וגו' לא זכו נתחייבו למנות לאוה"ע שנאמר בשנת שתים לדריוש בשנת שלש לכורש : מתני' ולרגלים · אוקמה רב חסדא רגל שבו ראש לרגלים · נפקא מינה לנודר כלומר אם יתנדב אדם ויעברו עליו ג' רגלים וחג המצות תחלה עובר עליו בבל תאחר ומני ר' שמעון היא דתניא אחד הנודר כו' · ופשוטה היא עד הרי כאן ארבעה : ת"ר חייבי הדמין והערכים והחרמים וההקדשות חטאות ואשמות עולות ושלמים צדקות ומעשרות בכור מעשר ופסח

*) לשון הירושלמי כאן כך הוא א"ר יונה שטרות יוצאות בניסן לוה מלוה באייר וכתב בה שנייה למלכות. מכר מכירה במרחשון וכתב בה שנייה למלכות מ"ד מניסן מנינן וכו'. כ"ה בירושלמי.

עין משפט נר מצוה

ז א מיי' פי"ד מהל' מעשה הקרבנות הל' יג סמג לאוין שלג : [פי' מה שכתב התוס' י"ט שם בכוונת דברי תוס' אלו וע' בתוס' ע"ז יע' ד"ה על מנת כו' וכן בפסחים ח: ד"ה שמזכה]

מסורת הש"ס

עזרא ו · [חולין קלג: זבחים לב:] · פסחים ח: ב"ב י: · מ"א · נחמיה ב · דניאל ה · תהלים מה · עזרא ז · [תוספ' פ"א] · [פילס יט:] [ברכ אלפס] · [ערכין] [תוספ' פ"ג] · [דף ו·] · [אמר]

גליון הש"ס

גמ' וכן היה ר"ש בן יוחי אומר · כעין זה ב"ב לג ע"ב נדה מז ע"ב:

הגהות מהר"ב רנשבורג

[א] תוס' ד"ה ומעשרות וכו' לעבור עליו בשני לאוין וכו' · כ"ב לאו דוקא ב' לאוין אלא לאו ועשה וכמ"ש סרשב"א · דהא קרא דביעור עשה הוא · וכ"כ בעל יד דוד :

אי' וכך היה רבי שמעון אומר וכו' וכ"ה הגיר' בתוספ' [ספינו]

ח א מיי' פי"ד מהל' מעשה הקרבנות הל' יג סמג לאוין שנא:
ט ב מיי' פי"א מהל' שגגות הל' ט:
י ג מיי' פ"א מהל' חגיגה הל' ז:
יא ד מיי' פ"י מהל' תמידין הל' ה והל' יג:
יב ה מיי' פ"א מהל' חגיגה הל' ד ופ"ב הל' ה:
יג ו מיי' שם פ"א הל' ז:

לקט שכחה ופאה כיון שעברו עליהן שלשה רגלים עובר בבל תאחר רבי שמעון אומר שלשה רגלים כסדרן *וחג המצות תחלה ר' מאיר אומר כיון שעבר עליהן רגל אחד עובר בבל תאחר רבי אליעזר בן יעקב אומר כיון שעברו עליהן שני רגלים עובר בבל תאחר רבי אלעזר ברבי שמעון אומר *כיון שעבר עליהן חג הסוכות עובר עליהן בבל תאחר מאי טעמא דתנא קמא מכדי מינייהו סליק למה לי למהדר ומיכתב °בחג המצות ובחג השבועות ובחג הסוכות שמע מינה לבל תאחר *ורבי שמעון אומר אינו צריך לומר בחג הסוכות שבו דיבר הכתוב למה נאמר לומר שזה אחרון ורבי מאיר מ"ט דכתיב °ובאת שמה והבאתם שמה ורבנן ^אההוא לעשה ורבי מאיר כיון דאמר ליה רחמנא אייתי ולא אייתי ממילא קם ליה בבל תאחר ורבי אליעזר בן יעקב מאי טעמא דכתיב °אלה תעשו לה' במועדיכם מיעוט מועדים שנים ורבנן ההוא לכדרבי יונה דאמר *רבי יונה הוקשו כל המועדים כולם זה לזה ^בשכולן מכפרים על טומאת מקדש וקדשיו ורבי אלעזר ברבי שמעון מאי טעמא דתניא *רבי אלעזר בר' שמעון אומר לא יאמר חג הסוכות שבו דיבר הכתוב למה נאמר לומר שזה גורם ורבי מאיר ורבי אליעזר בן יעקב האי בחג המצות ובחג השבועות ובחג הסוכות מאי דרשו ביה מיבעי להו לכדרבי אלעזר אמר ר' אושעיא *דאמר ר' אלעזר אמר ר' אושעיא ^גמניין לעצרת שיש לה תשלומין כל שבעה תלמוד לומר בחג המצות ובחג השבועות ובחג הסוכות מקיש חג השבועות לחג המצות מה חג המצות יש לו תשלומין כל שבעה אף חג השבועות יש לו תשלומין כל שבעה ו^דליקש לחג הסוכות מה להלן שמונה אף כאן שמונה *שמיני רגל בפני עצמו הוא אימור דאמרינן שמיני רגל בפני עצמו לענין ^הפז"ר קש"ב אבל ^ולעניין תשלומין דברי הכל תשלומין דראשון הוא דתנן *^ז מי שלא חג יום טוב הראשון של חג חוגג את כל הרגל ויום טוב האחרון של חג *תפשת מרובה לא תפשת תפשת מועט תפשת אלא למאי הלכתא כתביה רחמנא לחג הסוכות לאקושיה לחג המצות

מה

מכדי מינייהו סליק · כשאמר הכתוב שלש פעמים בשנה יראה כל זכורך בחג המצות וגו' מהם היה עולה כבר כתוב למעלה בענין שמור את חדש האביב שבעה שבועות תספר לך חג הסוכות תעשה לך: למה לי למיהדר · ולמינקטינהו בפרשת חג הסוכות: שמע מינה לבל תאחר · דה"ק היו נראין לפניו לשלם נדריכם ולא תבאו ריקם: אין צריך לומר חג הסוכות · אף כשחוזרין לבל תאחר לא היה צריך להזכירו שהרי הענין עסוק בו: ה"ג שבו דיבר הכתוב למה נאמר לומר שזה אחרון · עד שיעבור אותם כסדר הזה: ההוא לעשה · דמצות עשה עליו להביאו ברגל ראשון: ורבי מאיר · אמר לך כיון דאמר ליה רחמנא אייתי ברגל ראשון זהו זמן שקבע לו ואם איחרו מן המועד הוה איחור וממילא קם ליה בבל תאחר: הקישא דר' יונה · במסכת שבועות (ד' י') איצטריך לומר שכל שעירי הרגלים מכפרים על טומאת מקדש וקדשיו דילפינן משעיר דר"ח דכתיב ביה לשאת את עון העדה (ויקרא י): מניין לעצרת · דאילו בחג הסוכות ובחג המצות נפקא לן (חגיגה ד' ט.) מוחגותם אותו חג לה' שבעת ימים יכול יהא חוגגין כל ז' ת"ל אותו אותו אתה חוגג ואי אתה חוגג כל ז' אם כן למה נאמר ז' לתשלומים שאם לא חג חגיגתו בראשון יקריבנה בשני: פז"ר קש"ב · כבר פירשתיו במס' יומא [ד' ג·] ומסכת סוכ' [ד' מח.] שטעון פיים לפר הבא בשמיני ואינו קרב לפי סדר המשמרות ששנו ושלשו בפרי החג חוץ משתים ששנו ולא שלשו ופר של שמיני אין אחת מאותן שתים מקריבתו אלא כל המשמרות מפיסות וטעון זמן ורגל לעצמו שאין שם חג הסוכות עליו וקרבן לעצמו שאין קרבנו כשאר ימי החג שהפרים מתמעטים בהם אחד אחד וזה אינו אלא פר אחד ושאר הימים שני אילים וארבעה עשר כבשים וזה איל אחד וז' כבשים ושיר לעצמו אין שירו שוה לשל סוכות שאומר על הדוכן ולא נתפרש לנו שירו ובמסכת סופרים* נמצא שירו הוא למנצח על השמינית ברכה לעצמה מברכין היו את המלך זכר לחנוכת הבית שנא' (מ"א ח) ביום השמיני שלח את העם ויברכו את המלך כך מפורש בתוספתא דסוכה (פ"ד):

טעון

לקט שכחה ופאה · חייב להניח בשדה דאי שקיל להו עבר בלא תעשה דכתיב לא תלקט (ויקרא יט) ולא תשוב (דברים כד) ולא תכלה (ויקרא שם) וכתיב (שם) לעני ולגר תעזוב °והיכא דעבר ונטלם חייב להחזיר וליתן דאי עביד לא מהני כדאיתא פ"ק דתמורה (דף ו') ואם לא הפריש פאה מן הקמה מפריש מן העמרים או מן הכרי ואיכא בבל תאחר ועוד יש לפרש דשקל בהיתר כגון דליכא עניים ואז איכא בבל תאחר והא דאמרינן בסוף הזרוע (חולין ד' קלד:) לוי זרע בכישור לא הוו עניים למשקל לקט אתא לקמי' דרב ששת אמר לעני ולגר תעזוב אותם ולא לעורבים ולא לעטלפים לא קאמר דלישקול לנפשיה אלא דלא עבר אם כונס בתוך ביתו ומיהו מדפריך התם מתרומה דאם אין שם כהן שוכר פרה ומביאה ופריך נמי ממתני' דאם אין שם כהן מעלין אותם בדמים ומשני שאני התם דנתינה כתיב בהו משמע דבלקט שכחה ופאה שקיל לנפשיה ולפי' קמא קשיא דאי בדאיכא עניים ועבר ונטלם הרי עובר לאלתר בבל תאחר דדוקא היכא דליכא עניים אין עובר בבל תאחר אלא ברגלים אבל היכא דקיימי עניים קא עבר לאלתר כמו לצדקה ויש לפרש כגון במלקט לצורך עניים כי ההיא דתנן בפ"ד דפאה (משנה ט) מי שמלקט ואמר הרי זה לפלוני עני ר"א אומר זכה לו וחכ"א יתננה לעני הנמצא ראשון והא דלא חשיב הכא פרט ועוללות כיון דתני הני לא חש להני:

ואין צריך לומר חג הסוכות שבו הכתוב מדבר למה נאמר לומר שזה אחרון · זו היא גירסת הקונט' והשתא ר' אלעזר ור"ש דורשין בענין אחד אלא דמר סבר שזה גורם ומר סבר שזה אחרון ורבינו חננאל גרים אין צריך לומר בחג המצות שבו פתח הכתוב תחילה למה נאמר לומר שזה ראשונה: אלה תעשו לה' במועדיכם · ומיעוט מועדים שנים ואע"ג דהאי קרא בקרבנות חובה הוא דכתיב הא כתיב ביה נמי לבד מנדריכם ונדבותיכם:

פז"ר קש"ב · פירש הקונטרס רגל בפני עצמו שאין שם חג הסוכות עליו ורוצה לומר דבברכת המזון ותפלה מזכירין שמיני עצרת ולא סוכות וברכה לעצמה פי' בקונטרס שמברכין היו המלך זכר לחנוכת הבית דכתי' בספר מלכים (א' ח') ביום השמיני שלח את העם ויברכו את המלך כדתניא בתוספתא דסוכה [פ"ד] י"מ האחרון של חג פיים בפני עצמו זמן לעצמו קרבן שיר וברכה לעצמו שנאמר ביום השמיני שלח את העם ויברכו את המלך ובפרק לולב וערבה (סוכה ד' מז· ושם) אין משמע כך דתניא התם כשם ששבעת ימי החג טעונים קרבן שיר וברכה ולינה כך שמיני טעון כו' ורוצה לומר מאי ברכה זמן ופריך זמן כל שבעה מי איכא ומסיק מאי ברכה ברכת המזון ותפלה ודומה לההוא דמפרש ר"ת ההיא דהכא ורגל לעצמו שטעונה לינה ורבינו חננאל פירש לענין אבילות משום דאמרי' במועד קטן בפרק בתרא (ד' יט·) הקובר מתו שבעה ימים קודם לרגל בטלה ממנו גזירת שלשים וזימנין דליכא שבעה קודם הרגל ואפי' הכי בטלה ממנו גזירת שלשים משום שמיני עצרת ור"ת עלמו יסד במעריב שלו קודש לינה ושלשים ידחה כאשר אבלים ינחם ומיהו אי אפשר לומר שידחה לגמרי דהא אמרינן בפרק בתרא דמועד קטן (ד' כד: ושם) יום אחד לפני החג והחג ושמיני שלו הרי כאן אחד ועשרים יום ומההיא דסוכה אין כאן ראיה אם אין ברכה דהכא כי ההוא דהתם והתם לא הוה מצי לאוקומי בברכת המלך משום דליתיה בשבעת ימי החג שיר אומר ר"ת שהיו אומרים בבית הכנסת מזמור שלם מה שאין כן בכל שאר ימי החג שלא היו אומרים מזמור שלם אלא חציו ביום אחד וחציו ביום אחר כדאיתא פרק החליל (סוכה ד' נה· ושם) וסימניך הומבה"י ובמסכת סופרים משמע שהיו אומרים בבית הכנסת למנצח על השמינית ושמא כמו כן היו הלוים אומרים בבית המקדש:

תפשת מרובה לא תפשת · לא דמי להא דדרשינן* ימים שנים רבים שלשה דהתם ניחא טפי שאם באת להוסיף יותר משנים אין לדבר סוף אבל הכא יש לדבר סוף דטפי משמונה לא ובתורת כהנים תניא *ימים שנים יכול ימים הרבה אמר רבי עקיבא כל שמשמעו מרובה ומשמעו מועט תפשת מרובה לא תפשת ר' יהודה בן בתירא אומר שתי מדות אחת כלה ואחת אינה כלה מודין במדה כלה ולא במדה שאינה כלה אמר רבי נחמיה וכי למה בא הכתוב לפתוח או לנעול ט' ובריש סוכה (ד' ה: ושם) היא כתובה:

מה

רבינו חננאל

לקט שכחה ופאה כיון שעברו עליהן ג' רגלים עובר בבל תאחר רבי מאיר אומר כו' מ"ט דת"ק מכדי מינייהו סליק כלומר הלא המקרא מפרש המועדים ועולה מהן · היה לו לכתוב שלש פעמים האלה בשנה יראה כל זכורך למה חזר ופרטן פסח שבועות וסוכות אלא ללמד כי אם יעברו עליו ג' רגלים מכל מקום בענין הזה ולא יביא הנדר שנדר ויקריבנו עובר בבל תאחר לשלמו׳ ור' שמעון מ"ט דתניא ר"ש אומר למה פתח הכתוב בחג המצות תחלה לומר שזה ראשון׳ זה הלשון המדוקדק והכי קאמר מכדי קרא *) בחג המצות סליק הוה ליה לאתחולי מההוא דקאי עליה למה ליה למיהדר ולאתחולי מפסח למדכר סדר הרגלים זמנא אחריתי אלא ללמד שלעולם פסח ראש לרגלים ולא מחייב בבל תאחר עד שיעברו עליו ג' רגלים וחג המצות ראשון · נמצאו פעמים ג' רגלים פעמים ד' פעמים ה' וטעמא דר' מאיר דמחייב במאחר נדרו אפילו רגל אחד דכתיב ובאת שמה והבאתם שמה · ש"מ כי בעת שיבא לחוג חייב להביא נדרו ואפי' ברגל ראשון · ורבנן ה"ש ההוא לעשה כלומר כיון שיעבור ברגל אחד ולא הביא עובר בעשה ואינו עובר בבל תאחר עד שיעברו ג' רגלים וטעמא דר' אליעזר בן יעקב שנאמר אלה תעשו לה' במועדיכם מיעוט מועדים שנים מחייבתו התורה לעשות נדריו בשני המועדים הראשוני' מעת שנדר ואחר שני המועדים באיזה נדר שיפגע תחלה ולא הקריבו עובר בשני המועדים **) הראשונים בעשה · ואם יתאחר יותר עובר בלאו ורבנן אמרי לך זה המקרא לכדר' יונה בא · דא"ר יונה במס' שבועות פ"א בענין כפרת השעירים אמר קרא אלה תעשו לה' במועדיכם הוקשו כל המועדים כולן זה לזה · וטעמא דר' אלעזר בר' שמעון מדכתיב חג המצות חג השבועות וחג הסוכות ואמר לך לא היה צריך לכתוב חג הסוכות והא מיניה סליק היה לו לומר בו ובחג המצות ובחג השבועות יראה כל זכורך · בחג הסוכות שכתב למה בא לומר שזה גורם משכחת לה לר"א בר"ש · פעמים שאינו עובר בבל תאחר אלא עד שיעבור עליו ג' רגלים כגון דאקדשיה קודם חג המצות ואם הקדישו אחר חג המצות ב' רגלים ואחר עצרת רגל אחד והוא סוכות ללמד שאינו חייב לבל תאחר עד שיעבור חג הסוכות ולא יקריבנו ור' מאיר דנפקא ליה מובאת שמה · ור' אליעזר בן יעקב דנפקא ליה מאלה תעשו לה' במועדיכם האי קרא בחג המצות ובחג השבועות ובחג הסוכות מאי דרשי ביה · ואסיקנא ר' מאיר ור' אליעזר סבירא להו דכי אתאי האי קרא לאקשי חג השבועות לחג המצות מה חג המצות יש לה תשלומין כל שבעה אף חג השבועות יש לה תשלומין כל שבעה · כלומר מי שלא חג חגיגתו בי"ט של עצרת יש לו לחוג עד ז' ימים כחג המצות דהא כתיב ז' ימים תחוג וגו' · ומה ***) ת"ל תחגהו מלמד שיום אחרון תשלומין לראשון · מי שלא חג בי"ט הראשון חוגג כל הרגל כו' · אי הכי דמשום אקשי שבועות לחג המצות לתשלומין הוא ואהא חג הסוכות

*) נראה דצ"ל מחג הסוכות סליק . **) לשון רבינו צ"ע דהא בעשה עובר מיד ברגל אחד . ואולי דצ"ל ואחר שעבר מועד אחד מהמועדים ולא הקריבו עובר בעשה ואם יתאחר אחר שני המועדים עובר בלאו . וסובר צ"ע .
***) כ"ה בלשון ג"כ בירושלמי בפ"א דחגיגה ס"ז אבל עפ"ש וצ"ל תחוגו אותו והוא קרא דויקרא כ"ד הנאמר גבי חג הסוכות .

[כילה יט:]
[תוספ' דערכין פ"ג]
כילה יט:
[שבועות י·]
[כילה יט:]
חגיגה יח· מ"ק כד:
[פי"ס הל' ב]
יומא ג· חגיגה יז· סוכה מח·
כילה כ: חגיגה ט: [יז· יומא ג·] מגילה ט·
[גיטין מד·]
[כפ"ב דכתיב ויקרא טו כי יזוב אב ושם]
[ימים רבים]

גליון הש"ס
תום' ד"ה לקט וכו' והיכא דעבר ונטלם · עיין יומא לו ע"ב סד"ס נאו דנכילה:

[4b] gleanings, forgotten sheaves and corners of the field,[9] as soon as three festivals have elapsed transgress the precept of 'not delaying'. R. Simeon said: The three festivals must be in order, with Passover first. R. Meir said: As soon as one festival has passed, he transgresses the precept of 'not delaying'. R. Eliezer b. Jacob said: As soon as two festivals have elapsed, he transgresses the precept of 'not delaying'. R. Eleazar son of R. Simeon said: As soon as the feast of Tabernacles has passed, he transgresses the precept of 'not delaying'.

a What is the reason of the First Tanna?[1]—Let us see, [he says]: The text[2] has been speaking of them[3] [the three festivals]. Why then does it repeat,[4] *on the feast of unleavened bread, on the feast of weeks, and on the feast of tabernacles?* We must understand it to be laying down the rule for 'not delaying'.[5] R. Simeon again says that there was no need [even so] to repeat *'on the feast of tabernacles'*, of which the text was just speaking.[6] Why then was it mentioned? To show that this one must be the last. What is R. Meir's reason?[7] —Because it is written, *And thither thou shalt come and thither ye shall bring.*[8] What do the Rabbis [say to this]?—They say that this constitutes only a positive injunction.[9] What has R. Meir [to say to this]?—[He says that] since the All-Merciful told him to bring and he did not bring, automatically he has transgressed the precept of 'not delaying'. What is the reason of R. Eliezer b. Jacob?[10] Because it is written, *These ye shall offer unto the Lord in your appointed seasons;*[11] the minimum of *'seasons'* is two. What do the Rabbis [say to this]?—[They say] that this word is required for the exposition of R. Jonah; for R. Jonah said,[12] All the festivals are put on the same footing with one another, to show that all[13] atone for the uncleanness of the Sanctuary and its holy things. What is the reason of R. Eleazar son of Simeon?[14] As it has been taught: R. Eleazar son of Simeon said: There was no need for the feast of Tabernacles to be mentioned in this verse,[15] as the text was already speaking of it. Why then was it mentioned? To show that this one is the determining factor. What exposition then do R. Meir and R. Eliezer b. Jacob give of the words 'on the feast of unleavened bread and on the feast of weeks and on the feast of tabernacles'?—They require them for the same purpose as R. Eleazar b. Oshaia. For R. Eleazar b. Oshaia said: How do we

b know that [a sacrifice due but not brought on] Pentecost[1] can be made up for during the next seven days? Because it says, *On the feast of unleavened bread and on the feast of weeks and on the feast of tabernacles.* Just as [a sacrifice not brought on the first day of] the feast of Passover can be made up for during the next seven days,[2] so [a sacrifice not brought on] the Feast of Weeks can be made up for during the next seven days.

But why should not the [Feast of Weeks] be put on the same footing [in this respect] as the feast of Tabernacles, so that just as in that case [the duration of the festival is] eight days, so here eight days [should be allowed]?—The eighth day [of Tabernacles] is a separate festival.[3] I can still say that we call the eighth day a separate festival in respect of *P'Z'R' Ḳ'SH'B'*,[4] but that in the matter of compensation all agree that this can be made on it for the first day, as we have learnt: If one did not bring his festival sacrifice on the first day of Tabernacles, he can bring during the whole of the festival, including the last day of the festival?—If you

c grasp a lot you cannot hold it, if you grasp a little you can hold it.[1]

But what injunction then[2] did the All-Merciful indicate by mentioning the festival of Tabernacles [in this verse]?—[It is mentioned] in order to be put on the same footing as the feast

(9) If an owner took these, he has to restore them to the poor.

a (1) Who requires three festivals in any order. (2) Viz., Deut. XVI. (3) Lit. 'he set out from these'. (4) In v. 16, after saying, *three times a year shall all thy males appear*, etc. (5) As much as to say, 'Come before God to pay your vows, and do not come empty-handed.' (6) In vv. 13-15. (7) For requiring only one festival. (8) Deut. XII, 5, 6. As much as to say, 'each time you come, bring your vows'. (9) And if he does not carry it out, he is still not guilty of 'delaying'. (10) Who requires two festivals. (11) Num. XXIX, 39. The *'these'* here strictly refers to obligatory sacrifices, but as the text goes on, *besides your vows and free will-offerings*, these can also be included in the rule. (12) Sheb. 10a. (13) The he-goats for sin-offering brought on festivals; v. Num. XXVIII and XXIX. (14) Who says that Tabernacles must be the last. (15) Viz., Deut. XVI, 16.

b (1) *'Azereth.* (2) This is learnt from the words, *And ye shall keep it as a feast to the Lord . . . seven days* (Ex. XII, 14, 15). V. Ḥag. 9a. (3) Standing in the same relation to Tabernacles as Pentecost to Passover. (4) P = *payyes* (casting lots); on the eighth day the twenty-four *mishmaroth* (wards) of the priests cast lots to see which should officiate, but not on the preceding days, when all officiated in order. Z = *zeman* (time); the blessing *sheheḥeyanu* (who has kept us alive) is said on the eighth day, as on the first days of other festivals. R = *regel* (festival); the eighth day is no longer termed 'Tabernacles' but is known as 'the eighth day of solemn assembly'. Ḳ = *Ḳorban* (offering); the sacrifice of the day (one bullock, one ram and seven sheep) was quite different from that of the days of Tabernacles. SH = *shir* (song); the psalm chanted by the Levites was not the same as that for Tabernacles. B = *berakah* (blessing); on this day, in the time of the Monarchy, a blessing was said for the king, in memory of the dedication of the Temple, when, as we read, *on the eighth day the people blessed the king* (I Kings, VIII, 66) Cf. Yoma 3a, Suk. 48a.

c (1) A proverbial saying, indicating here that Pentecost should be put on a level in this respect with Passover which has the smaller number of days, not with Tabernacles. (2) If the Feast of Weeks is not to be put on the same footing as Tabernacles.

of Passover [in this respect]: [5a] just as on the feast of Passover [the celebrant is] required to stay overnight[3] [in Jerusalem], so on the feast of Tabernacles he is required to stay overnight. How do we know this in the case of Passover?—Because it is written,[4] *And thou shalt turn in the morning and go unto thy tents.*[5]

But whence then do the First Tanna and R. Simeon[6] derive the rule of compensation for the Feast of Weeks?—They derive it from the statement of Rabbah b. Samuel; for Rabbah b. Samuel stated: The Torah said, Count days[7] and sanctify the new moon,[8] count days and sanctify the Feast of Weeks,[9] [indicating that] just as the new moon [is sanctified for the period corresponding with the unit of time] by which it is counted,[10] so the Feast of Weeks [is sanctified for the period corresponding with the unit of time] by which it is counted.[11] [In that case] I should say that [the compensation period of] the Feast of Weeks is only one day?[12]—Raba replied: Do we count only days to the Feast of Weeks and not weeks [also]? Has not a Master said, It is a *mizwah* to count days and it is also a *mizwah* to count weeks?[13] And further, we read in the text, *'the feast of* weeks'.[14]

a But can the paschal lamb[1] be offered on any of the festivals? The paschal lamb [surely] has a fixed date:[2] if it is brought then, well and good, but if not, it is rejected?[3]—R. Hisda replied: The paschal lamb is mentioned incidentally. R. Shesheth said: 'Paschal lamb' here means the peace-offering [brought] in lieu of the paschal lamb.[4] But if that is so, this is covered by the term 'peace-offerings'?[5]—Our authority mentions the peace-offering [which is brought] in lieu of the paschal lamb and he also mentions the peace-offerings which are brought for their own sake. You might be inclined to think that [the former] being brought in lieu of the

(3) I.e., the first night of the intermediate days (Rashi). (4) In connection with the paschal lamb. (5) Deut. XVI, 7. The morning of the first day of the festival obviously cannot be meant, as on that day the celebrant had to bring his festival offering. (6) Who require the whole of this verse for the rule of 'not delaying'. (7) As it is written. *Ye shall not eat it one day, nor two days, nor five days, nor ten days, nor twenty days, but a whole month* (Num. XI, 19, 20). (8) By sacrifices, v. Num. XXVIII, 11. (9) V. Lev. XXIII, 15. [Read with R. Hananel, Count weeks and sanctify the Feast of Weeks, v. Lev. XXIII, 15]. (10) It is counted by days and is sanctified for one day. (11) It is counted by weeks and is sanctified for one week. (12) Since it also says, '*Ye shall count fifty days*'. Ibid. 16. (13) To say, e.g., 'seven days which are one week to the '*omer*'. (14) Deut. XVI, 16.

a (1) Mentioned above (4a) among the objects to which the rule of 'not delaying' applies. (2) Viz., the fourteenth of Nisan. (3) Lit., 'pushed away'. (4) Lit., 'peace-offerings of the paschal lamb'. If the paschal lamb was not brought at the proper time through being lost, another was declared to be a peace-offering in its place, and this came under the rule of 'not delaying'. (5) Which also occurs in the Baraitha quoted.

מה חג המצות *טעון לינה אף חג הסוכות טעון לינה והתם מנלן דכתיב °ופנית בבקר והלכת לאהליך ות"ק ורבי שמעון (בן אלעזר) תשלומין לעצרת מנא להו נפקא להו מדתני רבה בר שמואל דתני *רבה בר שמואל אמרה תורה ^ב^מנה ימים וקדש חדש מנה ימים וקדש עצרת מה חדש למנויו אף עצרת למנויו אימא עצרת חד יומא אמר רבא *אטו עצרת יומי מנינן שבועי לא מנינן והאמר מר *^ג^מצוה למימני יומי ומצוה למימני שבועי ועוד חג שבועות כתיב ופסח בר מיקרב ברגלים הוא ^ד^פסח זימנא קביעא ליה אי אקרביה אקרביה ואי לא אקרביה אידחי ליה אמר רב חסדא פסח *כדי נסבה רב ששת אמר *מאי פסח שלמי פסח אי הכי היינו שלמים תנא שלמים הבאין מחמת פסח ותנא שלמים הבאין מחמת עצמן סלקא דעתך אמינא *הואיל ומחמת פסח קאתו כפסח

תורה אור: דברים טז

רש"י

טעון לינה · ליל חולו של מועד : ופנית בבקר · בי"ט לא קאמר קרא שהרי הוא יום שחייבו ליראות בעזרה : ות"ק ורבי שמעון · דדרשי ליה האי קרא לבל תאחר דאילו ר' אלעזר בר' שמעון לא קשיא מידי דאיהו יליף בל תאחר מחג הסוכות לחודיה ואייתר ליה חג המצות וחג השבועו' להקישא לתשלומין : מנה ימים · שנא' (במדבר יא) עד חדש ימים: וקדש חדש · בקרבנות מה חדש קדושו אחד ממנויו ביום ראש חדש הוא מקריבן זמן הוקבע להם אחד מן הימים שהוא נמנה על ידם : אף עצרת · הבאת קרבנותיה באחד ממנייה והרי היא נמנית על ידי שבועים שנאמר (ויקרא כג) שבע שבתות תמימות תהיינה : אימא חד יומא · דכתיב תספרו חמשים יום (שם) : ופסח בר מיקרב ברגלים הוא · דקאמר ליה תנא לעיל בבל תאחר דשלש רגלים והרי אינו יכול להקריבו אלא בי"ד בניסן: שלמי פסח · בשלא קרב בזמנו שאבד ונתכפר באחר הוא נעשה שלמים כדנפקא לה בפסחים (דף עג:) ואותן שלמים אם איחרן ג' רגלים עובר :

[חגיגה יז: מנחות סה: ע"ש] [חגיגה יז:] [שם: ע"ש מנחות סו. ע"ש] [קדושין ס: סוטה יט: ב"מ כז: זבחים לו. לט: מנחות פג. חולין כב:]

תוספות

מה חג המצות טעון לינה · לא שילין בירושלים כל ז' ימי הפסח ולאחר ימי הפסח ישכים וילך לו דבכל דוכתי דמרבינן לינה כגון לשמיני עצרת ולבכורים ולפסח שני ולכל הקרבנות בסיפרי בפרשת ראה אנכי לא מרבינן לינה אלא לילה אחד והאי קרא דמייתי בגופיה דפסח כתיב בפרשת ראה תזבח הפסח בערב וכתיב ובשלת ואכלת ופנית בבקר ומיהו לאו בבקר ממש דהוא י"ט אלא כדפי' בקונט' דטעון לינה ליל חולו של מועד דבי"ט לא קאמר קרא שהרי הוא יום שחייב לראות בעזרה וכן חג הסוכות דטעון לינה היינו לילה אחד והאי דמשמע בפ' לולב וערבה (סוכה ד' מז·) גבי חג דאיכא לינה כל שבעה מדלא פריך לינה כל שבעה מי איכא כדפריך גבי זמן היינו שאם לא יבא ברגל בירושלים ביום ראשון רק ביום שני או באחד מימי החג טעון לינה לילה של אחריו וכן אם בא באחד מז' ימי הפסח ותימה דתיפוק ליה דטעונין לינה משום שלמי שמחה דהוו כל שמונה כדתנן ההלל והשמחה שמונה בפ' לולב וערבה (שם ד' מב:) ואפי' בשאר ימות השנה אם מביא קרבן טעון לינה כדתניא בסיפרי ופנית בבקר והלכת לאהליך מלמד שטעונין לינה כלומר כל הזבחים דומיא דפסח אין לי אלא אלו בלבד מנין לרבות עופות ומנחה יין ולבונה ועצים ת"ל ופנית כל פינות שאתה פונה מן הבקר ואילך ובפסח שני פליגי תנאי בפ' לולב וערבה (דף מז: ושם) ובפרק מי שהיה טמא (פסחים ד' צה: ושם) ובסיפרי מפרש טעמא דמ"ד טעון לינה דהרי הוא כעצים ולבונה וי"ל דמשכחת לה דלא מייתי קרבן ביום שבא לירושלים כגון דשלח שלמיו מאתמול דנאכלין לשני ימים ועוד בפ"ק דחגיגה (ד' ח· ושם) אמר (ואכלת) ושמחת לרבות כל מיני שמחות לשמחה ואמרינן בפ' אלו דברים (פסחים ד' עא·) אפי' בכסות נקיה ויין ישן דבעינן אחר לא משכחת לה שמחה שמונה כשחל י"ט הראשון להיות בשבת מאחר דבעינן זביחה בשעת שמחה וכי האי גוונא אשכחן בירושלמי פרק שני (*דבכורות) דתנן וטעונין לינה א"ר (יונתן) הדא דתימא בשאין עמהם קרבן אבל יש עמהם קרבן בלא כך טעונין לינה מחמת הקרבן ובפ' דם חטאת (זבחים ד' צז: ושם) משמע קצת שטעון לינה ז' ימי פסח שכולם חשובין כלילה אחת גבי הא דתנן ר' טרפון אומר אם בישל בו מתחילת הרגל יבשל בו כל הרגל ואמרינן בגמרא מ"ט דר' טרפון א"ר ינחק דאמר קרא ופנית בבקר והלכת לאהליך הכתוב עשאן כולם בקר אחד ואע"ג דלא קיימא הכי דפריך עלה וכי אין פגול ברגל וכי אין נותר ברגל מ"מ לענין לינה יתכן שעשאן בקר אחד כפשטיה דקרא דאחר הרגל ישוב לביתו וניחא השתא דשמיני עצרת ובכורים דטעונין לינה בפ' לולב וערבה (סוכה ד' מז·) וכל שאר הקרבנות מתרבו מדכתיב ופנית ולחג הסוכות אצטריך היקישא דאי מופנית הוה אמינא לילה אחת ואתיא היקישא לאשמועינן דאסור לצאת כל שבעת ימי הרגל שכל הרגל חשוב בקר א' כחג המצות וניחא נמי הא דקאמר פ' לולב וערבה (ג"ז שם) דשבעת ימי החג טעונין לינה : **אמרה** תורה מנה ימים וקדש חדש מנה ימים וקדש עצרת · כי האי גוונא אמרינן במנחות פרק רבי ישמעאל (ד' סה: ושם) גבי ביתוסים שהיו אומרים עצרת לאחר השבת ויליף לה ר' יהושע מהא דאמרה תורה מנה ימים וקדש חדש מנה ימים וקדש עצרת מה חדש שסמוך לביאתו ניכר אף עצרת שסמוך לביאתו ניכר כלומר לביאת חשבונו ניכר מאימתי התחיל למנות דהיינו מתשעה ועשרים יום משעת מולד הלבנה אף עצרת סמוך למנין החמשים ניכר להם יום קבוע שיתחילו למנות בו דהיינו ביום ששה עשר בחדש ממחרת י"ט הראשון שאם ממתינין עד אחר השבת בראשית אין שם היכר יום קבוע דפעמים שמתחילין למנות בי"ו פעמים בי"ז פעמים בי"ח פעמים בי"ט כמו שפי' שם בקונטרס ור"ת מפרש מה חדש שסמוך לביאתו של חדש ניכר מתי יהיה ראש חדש דמיד דמכסי סיהרא ידעי כולי עלמא שיהיה מולד ולמחר יקדשו ב"ד החדש אף עצרת צריך שיהא ניכר וידוע לעולם זמן קידוש סמוך לביאתו דהיינו אם מתחילין למנות בששה עשר בניסן שיתנו עיניהן כמה הלבנה גדולה בחמשה לחדש וכשראוה בסיון באותה שיעור ידעו שלמחר יתקדש עצרת ופריך התם במנחות (דף סו·) דלמא בי"ט אחרון קאי ויתנו עיניהם בשנים עשר בסיון וה"ר משולם גריס הכא והתם מנה שנים וקדש יובל משום דמנה ימים וקדש חדש נפקא לן בפ"ק דמגילה (ד' ה·) מדכתיב עד חדש ימים ימים אתה מונה לחדשים ולא שעות והוא מדרש חכמים ז"ל ולא שייך למימר אמרה תורה אלא בדבר שהצדוקים מודין כי ההוא דתני בתר הכי אמרה תורה הבא עומר בפסח ושתי הלחם בעצרת דבהדיא כתיב וכן ספירת יובל כתיב בהדיא וסמוך לביאתו התחלת חשבונו ניכר שלעולם מתחילים למנות למחרת שנת חמשים אף עצרת סמוך לביאת התחלת חשבונו יהא ניכר שלעולם מתחילים למנות למחרת יום קבוע שזה יהיה למחרת י"ט ראשון ולא ישתנה לעולם וקשיא דמגיה לקמן בפירקין (ד' טז·) אמרה תורה נסכו מים לפני בחג אע"פ שאין הצדוקים מודים בו שרגמוהו באתרוגיהם ולא מסתברא לחלק משום דהתם קאמר מפני מה אמרה תורה ועוד אשכחן (לקמן ד' ז·) דדרשינן עולת חדש בחדשו אמרה תורה חדש והבא מתרומה חדשה ואין צדוקים מודים בו שהיו אומרים משל יחיד הם מביאים כדתניא פ"ק דמגילת תענית והתם במנחות מייתי לה מ"מ יש סעד לדבריו דלאפוקי מדבריהם של ביתוסים היה רבי יהושע מביא דרשה זו ואי לא מודו בה מה תשובה היא זו אבל אין למחוק בשביל כן ספרים ועוד נראה דהכי יליף עצרת למנויו מחדש דאשכחן לקמן בפירקין (ד' י·) מדיום אחד בחדש חשוב חדש שלשים יום בשנה חשובים שנה וחדש נמנויו כשנה למנוייה ועוד דאי מיובל יליף כי פריך ואימא עצרת חד יומא מאי קא משני אטו עצרת יומי מנינן שבועי לא מנינן יובל נמי מנינן שנים ושמיטין ואפ"ה הוי למנויו של שנים דהוא מנין מועט והכי נמי עצרת נימא חד יומא דתפסת מועט תפסת אבל אי יליף מחדש ניחא דהא ליכא לאקשויי נילף מיובל דהא קרבן מקרבן יליף שמקדשין חדש למנויו להבאת קרבנותיו כדפירש בקונטרס וכי תימא אכתי תפסת מועט תפסת חד יומא כיון דמחדש ילפינן אמרינן עצרת לכל מנייה עוד י"ל מה חדש סמוך לביאתו ניכר שעה ע"י חשבון השוה מתי יבא שלעולם כשעברו שלשים יום מר"ח מקדשין חדש אף עצרת סמוך לביאתו ניכר ע"י חשבון השוה יש להכיר מתי יבא עצרת שלעולם לאחר חמשים עצרת ולדברי הצדוקים אינה ניכרת שלפעמים יש יותר : **ואי** לא אקרביה אדחי ליה · והרי מיד עובר עליו : **שלמי** פסח · שאבד ונתכפר באחר ואח"כ נמצא הראשון דקרב שלמים ואותן שלמים אם עבר שלשה רגלים עובר ובפרק כל הפסולין (זבחים ד' לו·) דמרבה שלמי נזיר ושלמי פסח שנאכלים ליום ולילה פירש שם בקונט' חגיגת י"ד ולא יתכן דחגיגת י"ד נאכלת לשני ימים ולילה אחד (*כדתניא) בפסחים פרק אלו דברים (ד' סט: ושם) ואע"ג דלבן תימא משמע התם (ד' ע·) דנאכלת ליום ולילה איהו יליף מדאיתקש לפסח דדריש זבח חג זו חגיגה הפסח כמשמעו ובפ' כל הפסולים יליף לה מדכתיב תודת שלמיו לכך נראה דבמותר הפסח איירי התם כדפירש בקונטרס האי דהכא וניחא השתא הא דאמר בפסחים פרק האשה (ד' פט· ושם) וניתי משום מותר הפסח דמותר הפסח נאכל ליום ולילה היינו מדכתיב תודת שלמיו ומיהו התם פ"ק דזבחים (דף ט· ושם) כמי דרשינן אם כשב להביא פסח שעברה שנתו ושלמים הבאים מחמת פסח לכל מלות שלמים הנהו שלמים הבאים מחמת פסח לא יתכן לפרש אלא בחגיגת י"ד דכל ענייני מותר הפסח דריש התם מתלתא קראי חד לעברה שנתו

[זבחים נט:] [שם] [נ"ל דבכורים] [נ"ל כדתנן] [יומא כג"ל]

עין משפט נר מצוה

יד א סמג עשין רכז :
טו ב מיי' פ"ח מהל' קידוש החדש הל' א סמג עשין ע :
טז ג מיי' פ"ז מהל' תמידין הל' כב סמג עשין ר טוש"ע א"ח סי' תפט סעי' א [רב אלפס סוף ע"פ דף קמא] :
יז ד מיי' פ"ה מהל' קרבן פסח הל' א ·

רבינו חננאל

הסוכות למה בא ללמוד מחג המצות מה חג המצות טעון לינה כלומר אין לך רשות לצאת ללכת לאהליך לילי כ"ב בניסן אלא בבקר שנאמר ופנית בבקר והלכת לאהליך· אף חג הסוכות טעון לינה ובבקר יש לך רשות לילך · סו"ר קש"ב פירוש ב' ברכת שמברכין בו יום ש"ע וכבר פירשנוהו במס' סוכה · ות"ק ור"ש דמפקי ליה להאי קרא בחג המצות ובחג השבועות ובחג הסוכות לדרשה אחרינא כדפרשינן מעמידהו תשלומין לעצרת כל שבעה מנא להו · ואמרינן נפקא להו מהא דתני רבה בר' שמואל אמורה תורה מנה ימים וקדש חדש כדכתיב החודש הזה לכם ראש חדשים וכתיב לא יום אחד תאכלון ולא יומים וגו' עד חודש ימים · וכתיב החודש הזה · ודרשינן כזה ראה וקדש כלומר קדש אותו היום· וכר' אלעזר דאמר (לקמן י') כתיב [בראשון] באחד לחודש. דאכתי יום אחד [הוא דעייל] (על) כו' · הנה מניתה החודש ימים וקדשתה יום אחד · וכן אמורה תורה מנה שבעה שבועות וקדש עצרת כשם שאתה מונה לעצרת שבועות כך קדש לה שבוע לתשלומין שיהיו ימים הללו חשובין כימות החג להקריב קרבן של עצרת אם לא הקריבו בי"ט יקריבנו באלו הימים ואע"ג דכתיב תספרו חמשים יום הנה גם לעצרת מונין ימים האמר אביי מצוה למימני יומי מצוה למימני שבועי · ועוד חג שבועות כתיב. והני תשלומין דעצרת פירוש בפרק אין דורשין בעריות· ואקשינן ופסח בר מקרב ברגלים הוא דקתני בברייתא מבור מעשר ופסח לקט שכחה ופאה כיון שעברו עליהן ג' רגלים עובר בבל תאחר · והלא אין זמן הפסח אלא בי"ד בניסן בלבד · ואם עבר זמנו אסור לשוחטו לשום פסח בשאר ימות השנה שכבר נדחה . ופריק רב חסדא *) פסוק ניביה כלומר התוך זכרו מנו הברי'. ורב ששת אמר

*) עי' בערוך ערך כדי א' שכתב בשי' ר"ח כתיב ופריק רב חסדא פיסוק ניביה [נ"ל דצ"ל פסוק ניביה] כלומר מתוך זכרו מנו הברייתא עכ"ל וכן צ"ל בפירוש רבינו כאן .

כפסח דמו קמ"ל מנהני מילי דתנו רבנן °כי תדור נדר אין לי אלא נדר נדבה מנין נאמר כאן נדר ונאמר להלן(א) °אם נדר או נדבה מה להלן נדבה עמו אף כאן נדבה עמו °לה' אלהיך אלו הדמין הערכין והחרמין וההקדשות °לא תאחר לשלמו הוא ולא חילופיו °כי דרוש ידרשנו *אלו חטאות ואשמות עולות ושלמים °ה' אלהיך אלו צדקות ומעשרות ובכור °מעמך *זה לקט שכחה ופאה °והיה בך חטא ולא בקרבנך חטא אמר מר לא תאחר לשלמו הוא ולא חילופיו חילופי מאי אי חילופי עולה ושלמים מקרב קרבי אי חילופי חטאת למיתה אזלא אלא מאי חילופיו חילופי תודה דתני *רבי חייא תודה שנתערבה בתמורתה ומתה אחת מהן חברתה אין לה תקנה היכי ליעביד ליקרבה וליקריב לחם בהדה דלמא תמורה היא ליקרבה בלא לחם דלמא תודה היא והא כיון דלאו בת הקרבה היא קרא למעוטי למה לי אמר רב ששת לעולם למעוטי חילופי עולה ושלמים והכא במאי עסקינן כגון שעברו עליו שני רגלים והומם וחיללו על אחר ועבר עליו רגל אחד סלקא דעתך אמינא הואיל ומכח קמא קאתי כמאן דעברו עליו ג' רגלים דמי קמ"ל ולרבי מאיר דאמר כיון שעבר עליו רגל א' עובר בבל תאחר מאי איכא למימר אמר רבא הכא במאי עסקינן כגון שהומם בתוך הרגל וחיללו (ג) ועבר עליו הרגל סלקא דעתך אמינא הואיל ומכח קמא קאתי כמאן דעבר עליה כוליה רגל דמי קמ"ל והיה בך חטא ולא בקרבנך חטא והא מהכא נפקא מדאחרים נפקא דתניא *אחרים אומרים יכול יהא בכור שעברה שנתו כפסולי המוקדשין ויפסל תלמוד לומר °ואכלת לפני ה' אלהיך מעשר דגנך תירושך ויצהרך ובכורות בקרך וצאנך מקיש בכור למעשר מה מעשר אינו נפסל משנה לחברתה אף בכור אינו נפסל משנה לחברתה איצטריך סלקא דעתך אמינא הני מילי בכור דלאו בר הרצאה הוא אבל קדשים דבני הרצאה נינהו אימא לא לירצו קא משמע לן ואכתי

מדבן

תורה אור: דברים כג | ויקרא ז | דברים כג | שם | שם | שם | שם | שם | שם יד

[מנחות פ.] [מנחות עט:] [נ"ע וכל וה"כ]

רש"י

כפסח דמו · וברגל ראשון יעבור עליהן : מנא הני מילי · דאכל הנך דתניא במתניתא לעיל איכא בל תאחר : נדר · הרי עלי : נדבה · הרי זו : נאמר להלן נדר · ואם נדר או נדבה וגו' : אלו הדמין והערכין כו' · שהן קדשי בדק הבית וכולן לה' ואין לכהנים בהן כלום : הוא ולא חילופיו · עליו אתה עובר ולא על חילופיו ולקמיה מפרש לה : אלו חטאות ואשמות · שהן נדרשין ממך שהרי חובה הם מוטלין עליך : ועולות ושלמים · כגון עולת ראיה ושלמי חגיגה שהן חובה דאלו דנדר ונדבה ברישא דקרא כתיבי וה"ה נמי לבכור *ולמעשר ופסח שהן חובה : ה' אלהיך אלו צדקות ומעשרות · דהא קרא יתירא הוא דהוה ליה למכתב כי דרוש ידרשנו וכבר ה' כתוב למעלה במקרא נדרוש ביה לאתויי צדקות ומעשרות (ג) שכתוב בהן שם זה ולך תהיה צדקה לפני ה' אלהיך (דברים כד) ואכלת לפני ה' אלהיך מעשר דגנך (שם יד) : מעמך זה לקט שכחה ופאה · שהן חלקו של עני דכתיב ביה את העני עמך (שמות כב) : ולא בקרבנך חטא · אין הקרבן נפסל בכך : חילופי עולה · כגון אבדה והפריש אחרת תחתיה (ד) נמצאת הראשונה ונתכפר בה : מקרב קרבי · וכיון דקרבה הרי היא קרבן לעצמה ולשלמו קרינא ביה : חילופי חטאת · שכיפרו בעליה מחמש חטאות המתות היא ופשיטא דלא עבר עליה בבל תאחר : חילופי תודה · וכגון שנתערבה בראשונה וקי"ל *על זבח התודה חלות התודה טעונה לחם ולא חליפתה ולא תמורתה טעונין לחם : ומתה אחת מהן · שאם היו שתיהן קיימות מביאן ומביא ארבעים חלות כמשפט התודה ואומר הרי הלחם הזה לשם אותה שהיא תודה ושחיטת התודה תקדש ארבעים כמשפטה אבל מתה אין לחברתה תקנה (והיכי) [נ"ל והכי] ממעט קרא מבל תאחר : וחללו על אחר · אמר זה תחת זה ובעל מום יוצא לחולין : סלקא דעתך כו' · והכי קאמר קרא אם על האחד עבר זמן איחור חייב ולא שילטרפו הוא וחילופיו לג' רגלים : שעברה שנתו · מלותו בתוך שנתו שנאמר (דברים טו) לפני ה' אלהיך תאכלנו שנה בשנה : כפסולי המוקדשים · כבעל מום : ויפסל · הואיל ועבר עליו ואיחרו [א] שהרי אין שנה בלא שלשה רגלים ברוב שנים : מקיש בכור למעשר · במעשר דגן קא משתעי קרא : מה מעשר אינו נפסל כו' · דכתיב (שם יד) מקצה שלש שנים וגו' אם שהה מעשרותיו שנה ראשונה ושניה : (ה) הרצאה · אם לכפרה אם לדורון : אימא לא לירצו · מאחר שהביאן בעבירה :

אותו

תוספות

שנתו וזמנו וחד לעבירה (ו) שנתו ולא זמנו וחד ללא עברה לא שנתו ולא זמנו ומיהו ההוא נמי יש ליישב דאיירי במותר הפסח שדרך התנאים שמסמיכין אחד קרא אע"ג דנפקי מתרי קראי כדאשכחן בפרק אלו מליאות (ב"מ ד' ל:) גבי והתעלמת מהם דדריש מיניה כהן והוא בבית הקברות זקן ואינו לפי כבודו או שהיתה שלו מרובה משל חבירו אע"ג דנפקי מתרי קראי דלא אתי קרא אלא לחד כדמסיק התם וכן פ"ק דחגיגה (דף ד') רגלים פרט לבעלי קבין והאי קרא גופיה דאם כשב דרשינן ליה בפרק מי שהיה טמא (פסחים צו: ושם) לרבות תמורת הפסח אחר הפסח שקרבה שלמים ומוקי לה בנמצא אחר שחיטה והמיר בו אחר שחיטה וקרא אסמכתא בעלמא דפשיטא היא ולא צריכא קרא :

ונאמר להלן אם נדר או נדבה · הוה מצי לאתויי מהאי ענייא גופיה דכתיב ביה (דברים כג) כאשר נדרת נדבה :

ערכין וחרמין והקדשות · בכולהו כתיב לה' גבי ערכין כתיב בערכך נפשות לה' (ויקרא כז) ובחרמין כתיב (שם) קדש קדשים הוא לה' וגבי חרמי כהן נמי דריש ליה בבכורות בר"פ כל פסולי המוקדשים (ד' לב:) ובהקדשות כתיב (שם) איש כי יקדיש את ביתו קדש לה' וא"ת מהאי טעמא נמי תיפוק ליה חטאת ואשם ועולה ושלמים כדדרשינן כמי לקמן במתניתין מדכתיב לה' אלהיך בקרא דמוצא שפתיך תשמור וי"ל [דלקמן דאית ליה קרא אחרינא לקדשי בדק הבית מאשר נדרת מוקי ליה קרא דלה' אלהיך לחטאות ואשמות דמסתבר אבל הכא] אי לאו דכתיב דרוש ידרשנו בחטאת ואשם הוה מוקמינן בהו האי קרא ולא הוה שמעינן ערכין חרמין והקדשות [וליכא למלפינהו כמי מדרוש ידרשנו דלא משמע אלא שבא על חטא] :

אלו חטאות ואשמות · שהן נדרשין ממך שהרי הם מוטלין חובה עליך ועולות ושלמים כגון עולת ראיה ושלמי חגיגה שהם חובה דאלו נדרים ונדבות מכי תדור נדר נפקי ותימה שלמי חגיגה וראיה זמנא קביעא להו דעבר הרגל ולא חג אינו חייב באחריותו וא"כ אם אקרביה אקרביה וכו' כדאקשינן לעיל גבי פסח וי"ל דמ"מ היכא דהופרשו ולא הקריבם קאי עלייהו בבל תאחר כיון שלא נפסלו בכך וי"מ דנפקא להו חטאת מדכתיב לשון דרישה גבי חטאת דכתיב (ויקרא י) דרש דרש משה ואשם עולה ושלמים דאיתקוש בהיקישא דזאת התורה בסוף התודה (מנחות דף פב: ושם) ולא יתכן דא"כ נדרים ונדבות נמי ובכור ומעשר ופסח נמי תיפוק מהתם דכולהו איתקוש :

ומעשרות ובכור · מעשר ובכור מכי דרוש ידרשנו לא נפקא דלא דמי חובה דידהו לחובה דחטאת ואשם דהאי לית ליה בכור ומעשר לא מיחייב בהו ופסח לא גרסינן הכא דהאי בשלמי פסח כרב ששת מהיכא דנפקא שלמים נפקא להו ומיהו יש לחלק :

אי חליפי חטאת למיתה אזלא · ואי חליפי אשם לרעייה אזלא דקי"ל (נזיר כה:) כל שבחטאת מתה באשם רועה ולר"ת דמפרש* דמן הדין באשם קרב עולה א"כ מקרב קרבי :

שהומם בתוך הרגל · ואין בל תאחר אלא בכל הרגל :

מה מעשר אינו נפסל משנה לחברתה · פירש בקונטרס דכתיב מקצה שלש שנים תוציא את כל מעשר תבואתך אם שהה מעשרות שנה ראשונה ושניה ואפילו למאי דפרישית לעיל דאיכא בבל תאחר במעשר שהופרש ולא נתנו וקרא דשנת הביעור אצטריך לאותו שלא הופרש מ"מ בכולהו משתעי קרא דמתבער וקצת תימה בכולה שמעתין מהיכא תיתי לן דנפסל דאיצטריך קרא דאינו נפסל וכן אותו בלא ירצה ואין מאחר נדרו בלא ירצה למה לי :

קדשים דבני הרצאה נינהו · דעולה מכפרת על חייבי עשה כדאמרינן בפרק קמא דזבחים (דף ז: ושם) :

מדבן

עין משפט נר מצוה

יח א מיי' פי"ד מהל' מעשה הקרבנות הל' טו סמג לאוין שלא :
יט ב מיי' פי"ב מהל' פסולי המוקדשין הל' יגג :
כ ג מיי' פי"ד מהל' מעשה הקרבנות הל' יד :
כא ד מיי' פ"א מהל' בכורות הל' יג :

רבינו חננאל

אמר מאי פסח שלמי פסח כו' · ופשוטה היא מנהני מילי מי שידור ולא ישלים עובר בבל תאחר שנאמר כי תדור נדר וכתוב אחר אומר ואם נדר או נדבה מה זה הנדר נדבה עמו אף זה הנדר נדבה עמו · והוה ליה לקרא למכתב כי תדור נדר ודיו למה ליה לשכתב לה' אלהיך · אלא כל דבר שיתן אדם לה' לרבות הדמין כגון אם יאמר אדם דמי עלי חייב לשלם דמי שווין · אבל אם יאמר אדם ערכי עלי בין נאה בין כעור מעריכין אותו כפי שניו כדכתיב מבן עשרים ועד בן ששים ערכו של זכר נ' שקל כסף בשקל הקדש · והחרמין כדכתיב אך כל חרם אשר יחרים וגו' · וההקדשות כמשמען · לא תאחר לשלמו הוא הנדר עצמו ולא חליפיו כלומר אינו עובר בחליפין ואוקימנה חליפי עולה ושלמים · וכגון שנדר עולה או שלמים והפרישן קודם חג המצות ועברו חג המצות וחג השבועו' ולא הקריבן · ואחר חג השבועות נפל בהן מום וחיללן על אחרים ואמר אלו חליפי אלו · ועבר חג הסוכות ולא הקריב אלו שהעמידן תחת הבעלי מום' והייתי אומ' מאחר שאלו מכח הראשונים הם באים כמי שעברו עליהן ג' רגלים דמו וליחייבו בבל תאחר קמ"ל · כי דרוש ידרשנו אלו חטאות ואשמות עולה ושלמים · לה' אלהיך אלו צדקות ומעשר' בכור ומעשר ופסח · מעמך זה לקט שכחה ופאה · והיה בך חטא בךחטא ולא בקרבנך חטא · כלומר הקרבן המאוחר זמן כשר הוא · ואקשינן האי סברא מדאחרי' נפקא דתניא יכול יהא בכור שעברה שנתו פסול כפסולי המוקדשים ת"ל ואכלת לפני ה' אלהיך מעשר דגנך תירושך ויצהרך וגו' מקיש בכור למעשר כו' מה מעשר אינו נפסל' כלומר כיון דכתיב לפני ה' אלהיך תאכלנו שנה בשנה אם עיבר שנתו נפסל מקיש בכור למעשר מה מעשר אינו נפסל משנה לחברתה אף בכור נמי אינו נפסל משנה לחברתה ופרקינן [סר"א] ח"ם שאינו נפסל

מאוחר זמן בכור דלא בר הרצאה הוא אבל קדשים כגון עולות והטאות וכיוצא בהן דבני הרצאה נינהו אימא לא לירצו קמ"ל בך חטא ולא בקרבנך חטא ואכתי מאחר נדרו שהוא כשר ומרצה מדבן עזאי נפקא דתניא

מסורת הש"ס

[עי' מהרש"א] [נדרים ד:] [לקמן ו: נדרים ז:] [תמורה כא:] [זבחים כט: תוספתא סנהדרין פ"ג] [פסחים עג: ד"ה אשם]

הגהות הב"ח

(א) גמ' ונאמר להלן נדר ואם נדר או נדבה: (ב) שם שהומם בתוך הרגל וחיללו על אחר ועבר עליו הרגל : (ג) רש"י ד"ה ה' אלהיך כו' לדקות ומעשרו' ובכור שכתוב בהן כו' מעשר דגנך ובכורות בקרך וצאנך ושם"ד : (ד) שם ד"ה חילופי עולה כו' ונתכפר בה וא"כ נמצאת הראשונה : (ה) שם ד"ה דבני הרצאה נינהו אם לכפרה : (ו) תוס' בריש העמוד וחד לעבירה זמנו ולא שנתו וחד ללא עברה :

הגהות מהר"ב רנשבורג

[א] רש"י ד"ה ויפסל הואיל ועבר עליו ואיחרו·כ"כ עי' טורי אבן ויד דוד וס"י :

paschal lamb [5b] is on the same footing as the paschal lamb.[6] Therefore we are told [that this is not so].

What is the authority [in the Scripture] for these rules?—As our Rabbis have taught: '*When thou shalt vow a vow:*[7] this tells me only [the rule for] a vow; how do I know that a freewill-offering[8] is also included? We have here the term '*vow*' and in another place[9] we find the expression *if a vow or a freewill-offering;* just as there a freewill-offering goes with the vow, so here, a freewill-offering goes with it. *To the Lord thy God:* this indicates money valuations, valuations, devoted things, and consecrated things.[10] *Thou shalt not be slack to pay it:* it, but not its substitute.[11] *For he will surely require it:* this indicates sin-offerings, trespass-offerings, burnt-offerings and peace-offerings.[12] *The Lord thy God:* this indicates
a charity contributions, tithes and firstborn.[1] *From thee:* this indicates gleanings, forgotten sheaves and corners of the field. *And it will be sin in thee;* but not sin in thy offering.[2]

The Master has [just] said: '"*Thou shalt not be slack in paying it*"; it and not its substitute'. Substitute for what? If the substitute for a burnt-offering or a peace-offering is meant, this is actually offered.[3] If the substitute for a sin-offering, this is allowed to perish.[4] How then are we to understand 'its substitute'?—The substitute for a thanksgiving-offering, as R. Ḥiyya taught: If a thanksgiving offering became mixed up with its substitute and one of them died, there is no remedy for the other.[5] For what is he [the owner] to do? Shall he offer it and offer the bread[6] with it? Perhaps it is the substitute.[7] Shall he offer it without the bread? Perhaps it is the original thank-offering. But [if that is so,] seeing that it cannot be offered, why do I require a text to exclude it?—R. Shesheth replied: In point of fact, [the intention of the verse is] to exclude the substitutes for burnt-offerings and peace-offerings, and we are dealing here with the case of one which was kept over during two festivals and then became blemished and the owner made it profane by substituting another and this was kept over one festival. You might imagine in this case that since it takes the place of the first, it is as if it had been kept over for three festivals; therefore we are told that this is not so. But on the view of R. Meir who said that as soon as one festival has been allowed to elapse there is a transgression of the precept 'not to delay', what can be said?—Raba replied: Here we are dealing with a case where the animal became blemished during the festival and he declared it profane [by substituting another], and this was kept over the festival. You might imagine that since it takes the place of the first it is as if it had been kept over during the whole of the festi-
b val.[1] Therefore we are told [that this is not so].

'"*And it will be sin in thee,*" but not sin in thy offering'. Do we derive this lesson from here? Surely it is derived from the text adduced by the 'Others', as it has been taught: 'Others say, I might say that a firstling after a year has passed[2] is like consecrated things that have become disqualified[3] and so is disqualified. Therefore it says, *And thou shalt eat before the Lord thy God the tithe of thy corn and of thy wine and of thine oil, and the firstlings of thy herd and of thy flock.*[4] Here firstling is mentioned alongside of tithe, [to indicate that] just as tithe is not disqualified by being kept from one year to another,[5] so a firstling is not disqualified by being kept from one year to another.'—It was still necessary [to learn the lesson in the other way]. For you might have imagined that this applies only to a firstling, which is not for appeasement, but consecrated[6] things which are for appeasement[7] will not appease [if kept over]. Therefore I am told that this is not so.

(6) And the transgression of 'not delaying' is incurred with the passing of one festival (Rashi). (7) Deut. XXIII, 22. (8) In making a vow a man said, 'I undertake to bring such-and-such an offering'; in making a freewill-offering he said, 'I undertake to bring this animal as an offering'. (9) Lev. VII, 16. (10) V. *supra 4a* nn. b5-8. Because all these went for the repair of the Temple and not to the priests. (11) This is explained below. (12) All these as distinct from the vow and freewill-offerings were an obligation the fulfilment of which could be demanded. The burnt-offerings and peace-offerings referred to are those which were brought as an additional offering on the festival. If they had been already set aside, they could be brought on a subsequent festival (V. Tosaf., s.v. אלו).

a (1) The words '*the Lord thy God*' here are strictly speaking superfluous, and can therefore be used for an exposition. (2) I.e., the offering is not disqualified thereby. (3) If the original animal was lost and another substituted and then the first was found, both are offered and the substitute also comes under the rule of 'not delaying'. (4) And never offered. (5) I.e., it must be allowed to perish. (6) V. Lev. VII, 12, 13. (7) And according to Men. 79b, bread was not to be brought with the substitute of a thanksgiving-offering.

b (1) And thus, according to R. Meir, is the rule of 'not delaying' transgressed. (2) A firstling has to be sacrificed within its first year, v. Deut. XV, 20. (3) For being offered on the altar. (4) Deut. XIV, 23. (5) Because it says, *At the end of every three years thou shalt bring forth all the tithe* etc., Deut. XIV, 28. (6) E.g., burnt- and sin-offerings. (7) Heb. לרצנו Lev. I, 3 *et al.* E.V. '*that he (it) may be accepted.*'

But still [I may object that] [6a] the lesson is derived from the exposition of Ben 'Azzai, as it has been taught: Ben 'Azzai said: What is the point of the word *otho* [it]?[8] Since it says, *Thou shalt not be slack in paying it,*[9] I might think that a vow which is delayed also fails to appease. Therefore it says, *'it'*: this one fails to appease, but a delayed vow does not fail to appease!—No; [what we must say is], '"*in thee a sin*", but not in thy wife a sin'. For you might think that, since R. Johanan [or, as some say, R. Eleazar] has said, 'A man's wife dies only because money is [rightfully] demanded of him and he has it not,[10] as it says, *Why should he take thy bed from*
a *under thee'?*[1] and so I would say that his wife will die also because of this transgression of 'not delaying'. We are therefore told [that this is not so].

Our Rabbis taught: *'That which is gone out of thy lips:*[2] this is an affirmative precept.[3] *Thou shalt observe:* this is a negative precept. *And do:* this is an injunction to the Beth din to make thee do, *According as thou hast vowed:* this means a vow. *To the Lord thy God:* this means sin-offerings and trespass-offerings, burnt-offerings and peace-offerings.[4] *A freewill-offering:*[5] this has its literal meaning. *Even that which thou hast promised:* this means things sanctified for the repair of the Temple. *With thy mouth:* this means charity.'

The Master has here said that '"*that which is gone out of thy lips*" implies an affirmative precept'. Why do I require the words for this purpose? This lesson can be derived from the words, *and thither thou shalt come and thither ye shall bring.*[6] '"*Thou shalt observe*"; this implies a negative precept'. Why do I require these words? This lesson can be derived from *'thou shalt not be slack in paying it'*.[7] '"*And do*": this is an injunction to the Beth din to make thee do'. Why do I require these words? This lesson can be derived from *he shall bring it,*[8] as it has been taught: *He shall bring it:* this teaches us that he is to be constrained[9] [if necessary]. I might say, even against his will. Therefore it says, *of his own will.*[10] What is to be done then? We constrain him until he says 'I am willing'. [What is the answer?]—The one [set of texts[11] deal with the case] where he had pledged himself but had not yet set aside the animal, the other with the case where he had set it aside but had not yet offered it. And both are required. For if the rule had been laid down only for the case where he had pledged himself but had not yet set aside the animal, [I might say that the reason is] because he has not yet carried out his word, but where he has set it aside but not yet offered it I might argue that wherever it is, it is in the treasury of the All-Merciful. These texts therefore were necessary. And if again the rule had been laid down only for the cases where he has set the animal aside but not yet offered it, I might say that the reason is because he is keeping it by him, but if he has pledged himself without having yet set it aside I might argue that his mere word counts for nothing. Therefore these texts are also necessary.

But how can you say that [one set of texts is] where he has pledged himself but not yet set aside, seeing that 'freewill-offering' is mentioned, and we have learnt, What is a vow? When a man says, I pledge myself to bring a burnt-offering. What is a freewill-offering? Where a man says, I declare this to be a burnt-offering. What is the difference [in practice] between a vow and a freewill-offering? If [an animal set aside to perform] a vow dies or is stolen, he has to replace it, but if a freewill-offering dies or is stolen he is not bound to replace it!—Raba replied: You can find a freewill-
b offering of this kind[1] in the case where he said, 'I pledge myself to bring a burnt-offering on condition that I shall not be obliged to replace it'.

'"*With thy mouth*": this is charity'. Raba said: For [paying] charity-offerings one becomes liable at once. What is the reason? Because the poor are waiting.[2] Surely this is obvious?—[Not so, since] you might think that, as charity is mentioned in the passage dealing with offerings, [it need not be paid] till three festivals have elapsed, as in the case of offerings. We are therefore told that this is not so. Only the others [the offerings] were made by the All-Merciful dependent on the festivals, but this [charity] is not so, because the poor are waiting.[3]

Raba said: As soon as one festival has elapsed, he transgresses an affirmative precept. The following objection was raised:[4] R. Joshua and R. Pappias testified regarding the offspring of a peace-offering[5] that it should also be brought as a peace-offering. R. Pappias said: I testify that we had a heifer which was sacrificed as a peace-offering, and we ate it on Passover, and we ate its young
c as a peace-offering on the Festival.[1] Now I can understand why it was not offered on Passover, the ground being that it was still too short-lived.[2] But how could the young be kept over Pentecost, which would involve the transgression of an affirmative precept?

(8) In Lev. VII, 18, *If any of the flesh . . . be eaten on the third day, it shall not be accepted, neither shall it be imputed unto him that offereth it.* The word *otho* could be dispensed with. (9) Deut. XXIII, 22. (10) E.g., if he vows without having the wherewithal to pay.

a (1) Prov. XXII, 27, referring to those who go surety. (2) Deut. XXIII, 24. (3) Because we understand the word 'carry out'. (4) V. *supra*, 4a (5) Heb. נדבה E.V., *'freely'*. (6) Deut. XII, 5, 6. V. **4b** n. a 8. (7) Which occurs just above in Deut. XXIII, v. 22. (8) Lev. I, 3. (9) By physical force. (10) לרצנו E.V., *'that he may be accepted'*. (11) Explicitly in Deut. XXIII, verse 24, and by derivation in verse 22; v. *supra* p. 5b (Rashi).

b (1) One in respect of which he has pledged himself without setting aside. (2) Lit., 'are standing'. (3) Lit., 'are to be found'. MS.M. omits, 'Only . . . waiting'. (4) 'Ed. 7,6. (5) If the animal was consecrated when pregnant, or became pregnant subsequently, and gave birth before being sacrificed.

c (1) Heb. חג, which usually designates Tabernacles. (2) Lit. 'deficient in time'. I.e., not yet eight days old. V. Lev. XXII, 27.

מדבן עזאי נפקא דתניא* בן עזאי אומר °אותו מה ת"ל לפי שנא' °לא תאחר לשלמו שומע אני אף מאחר נדרו בבל ירצה ת"ל אותו אותו בלא ירצה *ואין מאחר נדרו בלא ירצה אלא בך חטא ולא באשתך חטא סד"א הואיל וא"ר יוחנן ואי תימא ר' אלעזר *אין אשתו של אדם מתה אא"כ מבקשין ממנו ממון ואין לו שנאמר °אם אין לך לשלם למה יקח משכבך מתחתיך אימא בהאי עון דבל תאחר נמי אשתו מתה קמ"ל ת"ר °מוצא שפתיך זו מצות עשה תשמור זו מצות לא תעשה ועשית אזהרה לב"ד שיעשוך כאשר נדרת זה נדר לה' אלהיך אלו חטאות ואשמות עולות ושלמים נדבה כמשמעו אשר דברת אלו קדשי בדק הבית בפיך *זו צדקה אמר מר מוצא שפתיך זו מצות עשה למה לי °מובאת שמה והבאתם שמה נפקא תשמור זו מצות לא תעשה למה לי מלא תאחר לשלמו נפקא ועשית אזהרה לב"ד שיעשוך למה לי מיקריב אותו נפקא דתניא* °יקריב אותו מלמד שכופין אותו יכול בעל כרחו ת"ל °לרצונו הא כיצד *כופין אותו עד שיאמר רוצה אני *חד דאמר ולא אפריש וחד אפריש ולא אקריב וצריכא דאי אשמעינן אמר ולא אפריש משום דלא קיימיה לדיבוריה אבל אפריש ולא אקריב דקא מצית אמרת דאמר ולא אפריש והא נדבה כתיבא ותנן *אי זהו נדר האומר הרי עלי עולה ואי זו היא נדבה האומר הרי זו עולה ומה בין נדר לנדבה נדר מת או נגנב חייב באחריותו נדבה מתה או נגנבה אינו חייב באחריותה אמר רבא משכחת לה בכגון דאמר הרי עלי עולה על מנת שאיני חייב באחריותה בפיך זו צדקה אמר רבא וצדקה מיחייב עלה לאלתר מ"ט דהא קיימי עניים פשיטא מהו דתימא כיון דבעניינא דקרבנות כתיבא עד דעברי עלה ג' רגלים כקרבנות קמ"ל התם הוא דתלינהו רחמנא ברגלים אבל הכא לא דהא שכיחי עניים אמר רבא *כיון שעבר עליו רגל אחד עובר בעשה מיתיבי *) העיד ר' יהושע ור' פפיים °על ולד שלמים שיקרב שלמים אמר ר' פפיים אני מעיד שהיתה לנו פרה של זבחי שלמים ואכלנוה בפסח ואכלנו ולדה שלמים בחג בשלמא בפסח לא אקרבוה אימור דמחוסר זמן הוה אלא ולדה בעצרת היכי משהי לה ועברי עליה בעשה אמר רב זביד משמיה דרבא *כגון שהיה

רש"י

אותו מה ת"ל · בתורת כהנים תני לה גבי פיגול לא ירצה המקריב אותו לא יחשב : מוצא שפתיך זו מצות עשה · דמשתמע הכי אמר קרא מוצא שפתיך קיים : תשמור זו מצות לא תעשה · שלא תאחר כדר' אבין א"ר אילעי כל מקום שנאמר השמר פן ואל כו' (*מנחות דף לס:) : ועשית · על כרחך מכאן אזהרה לב"ד : לה' אלהיך · קרא יתירא הוא לדרשה לרבות דבר שבחובה : בפיך זו לדקה · קרא יתירא דריש : יקריב אותו אל פתח אהל מועד · יקריב אותו קרא יתירא הוא דהא כתיב ברישיה יקריבנו : חד דאמר · עלי ולא אפרשה : והא נדבה כתיבא · ובקרא דבל תאחר כמי רבינן ליה בגזירה שוה : מת או נגנב · אם הפרישו לאחר זמן : משכחת לה · דאמר ולא הפריש והויא נדבה : כגון דאמר הרי עלי עולה על מנת. שכשאפרישנה לא אתחייב באחריותה : כיון דבענייגא דקרבנות כתיבא · לבל תאחר : עובר בעשה · על הקרבן דכתיב ובאת שמה והבאתם : על ולד שלמים · שהפריש בהמה מעוברת או עיברה לאחר הקדישה : מחוסר זמן · שמה לא עברו עליו שמונה ימים :

שהיה

תוספות

מדבן עזאי נפקא · בסוף פ"ב דזבחים (דף כט.) פליג ר' אלעזר אבן עזאי ודריש דאותו בזבח הוא מדבר ואינו מדבר בכהן אבל רוצה ליישב כאן אליבא דבן עזאי וכולה סוגיא מסיק התם כמו בשמעתין וק"ק שהרי התם דוחק ליישב מילתא דאחרים אליבא דבן עזאי ובתמורה בסוף אלו קדשים (דף כא: ושם) גבי ר' יוסי היה אומר ג' דברים משום ג' זקנים משמע דבן עזאי דמוקי היקישא דמעשר לבכור מה בכור אינו נאכל אלא לפנים מן החומה אף מעשר אינו נאכל אלא לפנים מן החומה לית ליה דאחרים וקאמר ולרבנן דמפקי ליה לטעמא אחרינא בכור שאינו נפסל משנה לחברתה מנא להו ומיהו אין לחוש אם הש"ס הולך ומיישב בכל ענין :

אא"כ מבקשים ממנו ממון ואין לו · בסוף פרק שני דזבחים (דף כט:) פי' בקונט' ממון של גזל אבל נראה דמיירי בנדר כדמוכח בפרק במה מדליקין (שבת דף לב: ושם) דתניא ר' נתן אומר בעון נדרים מתה אשתו של אדם שנאמר אם אין לך לשלם למה יקח משכבך מתחתיך והא דדריש הכא בך חטא ולא באשתך חטא מיירי במשלם אח"כ אלא שעבר בבל תאחר : זו מצות עשה · דכתיב והיוצא מפיכם תעשו (במדבר לב) :

תשמור זו מצות לא תעשה · תימה הא אמרינן בפ' המוצא תפילין (עירובין דף לו. ושם) גבי הא דמוקים ושמרת את החקה הזאת (א) דמוקי ר"ע בפסח דאפ"ה פסח זו מצות עשה משום דהשמר דעשה עשה וכן בפרק בתרא דיומא (דף פא·) גבי הא דאמר ר"ל מפני מה לא נאמר אזהרה בעינוי משום דלא אפשר דהיכי ליכתוב ופריך ולכתוב השמר בעינוי ומשני השמר דעשה עשה והאי נמי השמר דעשה הוא שישלם מה שנדר ועשה מוצא שפתיך וי"ל דתפלין לאחר שקיעת החמה דקאי אעשה דהנחת תפלין הוי עשה אבל תשמור דהכא קאי אלא תאחר דלעיל מינה שישמור שלא יאחר ולר' יוחנן דאמר בסוף הקומץ רבה (מנחות דף לו: ושם) גבי מניח תפלין לאחר שקיעת החמה דהשמר דעשה לאו הוא ההיא דפסח ומילה מצות עשה ע"כ דלא כר"ע וההיא דר"ל דיומא לא קיימי ומיהו לא יתכן כלל לאוקמיה דלא כר"ע דמשנה היא בפ"ק דכריתות (דף ג.) וסוגיא דשמעתא משמע בגמ' (דף ג:) דאתיא כר"ע דקתני אוב ולא קתני ידעוני (ב) וצריך לחלק בההיא דר' יוחנן דלא דמיא לשאר השמר דעשה :

בפיך זו צדקה · דכתיב יצא מפי צדקה (ישעיה מה) : יקריב אותו מלמד שכופין אותו · כל מצות עשה נמי כופין כדאמר בפרק *נערה שנתפתתה (כתובות דף מט: ושם) מכין אותו עד שתצא נפשו והא דאיצטריך קרא הכא משום דסלקא דעתא דאין כופין כאן לפי שכתוב לרצונו וא"ת הא דתנן פרק האומר משקלי (ערכין דף כא.) חייבי חטאות ואשמות אין ממשכנין אותן חייבי עולות ושלמים ממשכנין אותן ה"ד אי מקמי דאתא לידי בל תאחר אפי' עולות ושלמים נמי לא ואי דעבר בבל תאחר אפי' חטאות ואשמות נמי וי"ל דלעולם בשלא עבר עדיין אלא דחזינן שהוא מתעצל להביא [ומוציא הוצאות חנם שלא לצורך כדי שלא ישאר בידו מה לקנות] ולהכי ממשכנין ואם אין מוצאין במה למשכנו אז כופין כדקאמר הכא וא"ת והעולות מ"ט א] (לא) בעי למשכוני טפי מחטאות ואשמות והא בפ"ק דזבחים (דף ו.) אמר דעולות נמי מכפרים אחייבי עשה י"ל כיון דאמרינן בעלמא (יומא דף פו·) שאם עשה תשובה לא זז משם עד שמוחלין לו הרי בתשובה מתכפר ולא דמי לחטאות ואשמות* :

חד דאמר ולא אפריש · נראה לי דמשני כך שהרי הקשה מעשה ומלא תעשה ומעשוי נראה בכל חד רוצה ב' פסוקים ותרי למה לי ומשני לריכי בכל חד תרי קראי דחד קרא אתא גלל אמר ולא אפריש וקרא השני אתא גלל אפריש ולא אקריב ופריך מי מצית אמרת דאמר ולא אפריש והא נדבה כתיבא ביה ותנן כו' פירושו כך נ"ל היאך מוקמת העשה והלא תעשה והעשוי אנדבה דקראי דאמר ולא אפריש הא אותן ג' ענינים עשה ולא תעשה ועשוי נראה דקאי לנדבה כמו לנדר שהרי באותו קרא כתיב נדבה כדאמר לעיל נדבה כמשמעה ואיך מצי הויות קאי אמר ולא אפריש לנדבה הא זה איפכא מזה שהרי אמר ולא אפריש אינו אומר הרי זו אדרבה הוא כאומר הרי עלי (ג) כזה כדר שהרי אינו מפריש אז ונדבה פירושה היא דאמר הרי זו ומפריש באותה שעה כדתנן איזהו וכו' ומשני משכחת לה תרתי אפי' בנדבה כגון דאמר הרי עלי עולה על מנת שלא אתחייב באחריותה כשאומר הרי עלי הוא כמו נדר ורוצה לעשות נדבה כשמבאר בו דין נדבה באומר דאינו חפץ להתחייב באחריותה (ד) אלא דמשכחת לה דאמר ולא אפריש כמו האומר הרי עלי ועל כל זאת היא כנדבה שהרי רוצה שלא יתחייב באחריותה כנדבה :

איזהו נדר · °משנה היא בפ"ק (משנה א') דקינין : על מנת שלא אתחייב באחריותה · לא דמי למתנה על מה שכתוב בתורה :

שהיה

רבינו חננאל

דתניא בן עזאי אומר כתיב אם האכול יאכל מבשר זבח שלמיו ביום השלישי לא ירצה וכתיב ביה המקריב אותו אותו בלא ירצה . כלומר זה הפיגול הוא בלא ירצה דדייק המקריב *) בכאן פירוש בלא ירצה . אבל בכל מקום המקריב שהוא הזובח הוא החייב ולא הזבח . ופרקינן לא תימא בך חטא ולא בקרבנך חטא . אלא אימא בך חטא ולא באשתך חטא . פי' בעון בל תאחר אין אשתו של אדם מתה . ת"ר מוצא שפתיך תשמור ועשית כו' אמר מר מוצא שפתיך תשמור זו מצות עשה למה לי והלא כבר אפיקנה מובאת שמה והבאתם שמה . תשמור זו מצות ל"ת כדקיי"ל כל מקום שנאמר השמר פן ואל אינו אלא בל"ת. למה לי הא בהדיא כתיב לא תאחר לשלמו. ועשית אזהרה לב"ד. שיעשוך הא מיקריב אותו לרצונו נפקא . דתניא הא כיצד כופין אותו עד שיאמר רוצה אני. ופרקינן חדא קרא בדאמר הרי עלי כך וכך ולא הפריש שכופין אותו להפריש ואחר שהפריש ולא הקריב שכופין אותו להקריב . והני תרתי למה לי . צריכא דאי אשמעינן אמר הרי עלי ולא הפריש שכופין אותו משום דלא קיימיה לדיבוריה כו' ומי מצית אמרת דאמר ולא הפריש והא נדבה כתיב ביה ותנן איזהו נדר האומר הרי עלי עולה וכו' ופריק רבא כגון דאמר הרי עלי עולה ע"מ שאיני חייב באחריותה . בפיך זו צדקה שנא' בי נשבעתי יצא מפי צדקה . אמר רבא וצדקה מיחייב עלה לאלתר דהא קיימי עניים אמר רבא כיון שעבר עליו רגל אחד עובר בעשה . מיתיבי אמר רב פפיים מעידני שהיתה לנו פרה של זבחי שלמים ואכלנוה בפסח ואכלנו ולדה שלמים בחג . ואמרי' בשלמא בפסח לא אקרבוה איסור לא סלו ליה תמניא יומי אלא בעצרת היכי משהי לה ועברי בעשה . ופריק רב זביד כגון שהיו הבעלים חולין בעצרת ולא עלו ולא חגגו . ופריק רב אשי פירוק אחר ופשוט הוא . אמר רבא כיון שעבר עליו ג' רגלים בכל יום ויום עובר בבל תאחר . ואותבינן עליה סהא אחד בכור ואחד כל הקדשים כיון שעברו עליהן שנה בלא רגלים או רגלים

בלא

*) נראה דצ"ל דדייק המקריב אותו פירוש בכאן בלא ירצה אבל בכל מקום וכו' .

עין משפט נר מצוה

כב א ב מיי' פי"ד מהל' מעשה הקרבנות הל' טו סמג לאוין שלח:

כג ג ד מיי' שם הל' טז סמג לאוין שלח :

כד ה מיי' שם הלכה ד ופ"א מהל' נדרים הל' ג סמג עשין קכג :

כה ו מיי' שם הלכה ו (ופ"א מהל' נדרים שם) סמג שם :

כו ז מיי' פ"ח מהלכות מתנות עניים הל' א טוש"ע יו"ד סי' רנז סעי' ג [רב אלפס כאן ובב"ק פ"ד דף כ.] :

כז ח מיי' פי"ד מהלכות מעשה הקרבנות הל' יג סמג עשין קפד :

כח ט מיי' פ"ד מהלכות תמורה הל' א סמג לאוין שמה :

מסורת הש"ס

[ערכין כא.]

זבחים כט.

זבחים שם. סנהדרין כב.

[נדרים ז.]

דברים יב

יבמות קו. קדושין מט: ב"ב מח. ערכין כא.

[חולין קלט.]

מגילה ח. קינין פ"א מ"א חולין קלט.

[תמורה יח.]

*) עדיות פ"ו מ"ז תמורה יח.

[תמורה שם:]

[כ"ל כתובות מו.]

פי'

[וע"ע תוס' ב"ב מח. ד"ה יקריב]

הגהות הב"ח

(א) תוס' ד"ה תשמור כו' את החקה הזאת בתפלין דמוקי לה ר"ע : (ב) בא"ד וצריך לחלק. נ"ב ועי' בתוס' פרק המוצא תפלין מבואר החילוק : (ג) ד"ה חד כו' הוא כאומר הרי עלי נדר כו' כצ"ע ותיבת כזה נמחק : (ד) בא"ד להתחייב באחריותה אלמא דמשכחת לה :

גליון הש"ס

תוס' ד"ה איזהו נדר. משנה היא. וכוונתם בזה עי' בב"ק דף סב ע"ב תד"ה מי קתני :

הגהות מהר"י לנדא

א] בתוס' ד"ה יקריב וכו' והעולות מ"ט בעי למשכוני כצ"ל ועי' בתוס' מס' כריתות דף יב ע"א בד"ה או דלמא :

שהיה חולה בעצרת רב אשי אמר מאי ואכלנו ולדה שלמים בחג דקתני חג השבועות ואידך כל היכא דתני פסח תני עצרת (*אמר) רבא *כיון שעברו עליו ג' רגלים בכל יום ויום עובר בבל תאחר מיתיבי *אחד בכור ואחד כל הקדשים כיון שעברו עליהם שנה בלא רגלים רגלים בלא שנה עובר בבל תאחר והאי מאי תיובתיה אמר רב כהנא °מאן דקא מותיב שפיר קא מותיב מכדי תנא אלאוי קא מהדר ליתני בכל יום ויום עובר בבל תאחר ואידך תנא למיקבעיה בלאו קא מהדר בלאוי יתירי לא קא מהדר גופא אחד בכור ואחד כל הקדשים כיון שעברו עליהם שנה בלא רגלים רגלים בלא שנה עובר בבל תאחר בשלמא רגלים בלא שנה משכחת לה אלא שנה בלא רגלים היכי משכחת לה הניחא למאן דאית ליה כסדרן משכחת לה אלא למאן דלית ליה כסדרן היכי משכחת לה בשלמא לרבי משכחת לה בשנה מעוברת התניא* °שנה תמימה רבי אומר מונה ג' מאות וששים וחמשה יום כמנין ימות החמה וחכ"א מונה י"ב חדש מיום ליום ואם נתעברה שנה נתעברה לו משכחת לה לרבי דאקדשה בתר חג המצות דכי מטא שילהי אדר בתראה שנה מליא רגלים לא מלו אלא לרבנן היכי משכחת לה כדתני רב שמעיה עצרת פעמים ה' פעמים ששה פעמים שבעה הא כיצד שניהן מלאין חמשה שניהן חסרין שבעה אחד מלא ואחד חסר ששה ומאן תנא דפליג עליה דרב שמעיה אחרים היא דתניא *אחרים אומרים אין בין עצרת לעצרת אין בין ר"ה לר"ה אלא ד' ימים בלבד ואם היתה שנה מעוברת *חמשה בעי ר' זירא יורש מהו בבל תאחר °כי תדור נדר אמר רחמנא והא לא נדר או דלמא °ובאת שמה והבאתם שמה והא מיחייב ת"ש דתני רבי חייא °מעמך פרט ליורש והאי מעמך מיבעי ליה *זה לקט שכחה ופאה קרי ביה עמך וקרי ביה מעמך בעי ר' זירא אשה מה היא בבל תאחר מי אמרינן הא לא מיחייבא בראיה או דלמא הא איתה בשמחה א"ל אביי ותיפוק ליה דהא איתה בשמחה ומי אמר אביי הכי *והאמר אביי אשה בעלה משמחה לדבריו דר' זירא קאמר איבעי' להו *בכור מאימתי מונין לו שנה אביי אמר משעה שנולד רב אחא בר יעקב אמר משעה שנראה להרצאה ולא פליגי הא בתם

הא

תורה אור

שהיה חולה. הולד : כל היכא דקתני פסח. דבעי למיתני בתריה שבועות תני עצרת ולא חג : שנה בלא רגלים. לקמיה מפרש : למיקבעיה בלאו קא מהדר. להודיעך כל לידי זמן התחלת בל תאחר שבו : אלאוי יתירי לא מהדר. להודיעך לאוין הרבים שבו : הניחא למאן דבעי כסדרן משכחת לה. דעברה שנה ולא עברו רגלים כסדרן ולמדך דכיון דעברה שנה אע"פ שלא עברו רגלים כסדרן חייב וסבר לה כר"ש בחדא ופליג עליה בחדא : בשלמא לרבי. דאמר חדש העיבור אינו מן השנה חוץ מי"א יום ששנת חמה יתירה על הלבנה משכחת לה בשנה מעוברת : שנה תמימה. האמורה בבתי ערי חומה מונה שס"ה ימים ואפי' בשנה פשוטה ואף בשנה מעוברת כיון שעברו ג' מאות וששים וחמשה ימים משמכרה נחלט לו : מיום ליום. מט"ו בניסן לחמשה עשר בניסן אם מכרה בט"ו בניסן נתעברה לו למוכר ועל כרחו של לוקח אינו נחלט עד שיגיע ט"ו בניסן : בתר חג המצות. בתוך הרגל ואית דאמרי לאחר הרגל °ושילהי אדר בתרא לאו דוקא אלא לאחר שילא אדר קאמר : שנה מליא. ג' מאות וששים וחמשה ימים : פעמים ששה. שהוא ששה בסיון יום החמשים לעומר : שניהם מלאים. ניסן ואייר הרי ט"ו ימים מניסן ול' דאייר מלא להו חמשים בחמשה בסיון : א' מלא כו'. ומשכחת לה שנה בלא רגלים כגון שניהם מלאים ואירע עצרת בה' בסיון והקדישה למחרת בו' בסיון ולשנה הבאה היו שניהן חסרים ואירע עצרת בז' בסיון והשנה מלאה ביום ו' בסיון משהקדישה ועדיין לא עבר עצרת עליו : מאן תנא כו'. ת"ק דלא איירי בשנה בלא רגלים : אלא ד' ימים. קסברי לעולם כל חדשי השנה אחד מלא ואחד חסר ואין מעברין ואין מחסרין שום חדש לצורך והויא לה שנה שנ"ד ימים כמלאת כל השנה שבועים שלמים חוץ מד' ימים והן הדוחין קביעות השנה מקביעות חברתה : ואם היתה שנה מעוברת חמשה. קסבר חדש עיבור לעולם חסר ואינו דוחה את המועדות אלא יום אחד שהוא יתר על ד' שבועות : יורש מהו בבל תאחר. על נדר אביו : קרי ביה עמך ומעמך. ודריש בה תרתי דעמך משמע ליה חלקו של עני ומ' יתירא למעוטי יורש : מי אמרי' הא לא מיחייבא בראיה. דכתיב (דברים טז) כל זכורך וכיון דלא מיחייבא למיסק לא שייך בה זמן רגלים לבל תאחר או דלמא מיחייבא למיסק משום שמחה דכתיב (שם) ושמחת בחגך ואמר מר (פסחים ד' קט.) בזמן שבית המקדש קיים אין שמחה אלא בבשר שלמים שנאמר וזבחת שלמים ואכלת שם (ואכלת) ושמחת : בעלה משמחה. בבבל בבגדי צבעונין בא"י בבגדי פשתן המגוהצין הכי איתא בקדושין (ד' לד:): הא בתם. דקאי להרצאה משנראה להרצאה :

בעל

שהיה חולה בעצרת. דפסול להקרבה כדתנן בבכורות (דף מא.) זקן חולה ומזוהם ובפרק כל האסורים (תמורה דף כח:) דרשינן ליה מדכתיב מן הצאן מן הכבשים ומן העזים ועוד כתיב (מלאכי א) כי תגישו פסח וחולה אין רע : אחד בכור ואחד כל הקדשים. להכי נקט בכור דעיקר שנה בבכור כתיב *מדכתיב כל הבכור אשר יולד (דברים טו) מלמד שהבכור נאכל כל שנתו כלומר דכתיב ביה תאכלנו שנה בשנה ושאר הקדשים דריש התם *מדכתיב כל : בשלמא רגלים בלא שנה משכחת לה. כגון דאקדשה ערב פסח (א) כך הפי' *הניחא למ"ד דבעי כסדרן משכחת לה כגון דאקדשיה בתר חג המצות : שנה בלא רגלים היכי משכחת לה. דאי באקדשיה בתוך הרגל דכי מטיא שתא אכתי ליכא שלש רגלים דשלימים בעינן כדלעיל ה"נ איכא רגלים שלימים דסוף רגל ראשון דאשתקד מצטרף (על) תחלת רגל דהשתא ובירושלמי מפרש תפתר כגון דאקדשיה כשהיה מחוסר זמן בפסח ולקמן אין משמע כן דאמרינן אין מונין שנה לבכור אלא משעה שראוי להרצאה: בשלמא לרבי משכחת לה בשנה מעוברת. לר"מ דאמר לעיל ברגל אחד ולר"א בן יעקב דאמר שני רגלים לא משכחת לה אלא בחולה ברגלים והוא הדין דהוה מצי לשטויי הכא לרבי ולרבנן : כמנין ימות החמה. ופי' בקונט' וה"ה בכל שנים סתם לרבי דילפינן מתמימה דבתי ערי חומה כדמוכח בפרק (*שני) דערכין (דף לא:) : בתר חג המצות. לאו דוקא דהוא הדין בתוך חג המצות כדמוכח לעיל* דכולי רגל בעי : יורש מהו בבל תאחר. דיורש חייב להביא כדתנן במסכת קינין (פ"ב משנה ה) ומייתי לה בכמה דוכתי האשה שהביאה חטאתה ומתה יביאו יורשים עולתה ומשמע בפ"ק דקדושין (דף יג:) דלמ"ד שעבודא לאו דאורייתא כשהפרישה מחיים ולמ"ד דאורייתא אע"פ שלא הפרישה מחיים ובסוף יש בכור (בכורות דף נא:) נמי אמר מה להלן יורשים חייבים בעולת ראיה של אביהן : הא ליתא בראיה. והוא הדין זקן וחולה ומי שאין לו קרקע וכל הפטורים מן הראיה : דהא איתה בשמחה. וקרינא בה ובאת שמה והבאתם שמה : אשה בעלה משמחה. פי' בקונט' בבבל בבגדים [צבעונים] ובא"י בכלי פשתן המגוהצין כדאיתא בקדושין (ד' לד: ושם) וקשיא לר"ת דהני מילי בזמן הזה אבל בזמן שבית המקדש קיים אין שמחה אלא בבשר כדאמר בע"פ (פסחים ד' קט. ושם) ועוד אמרי' פ"ק דחגיגה (ד' ו. ושם) אמתני' דאיזה קטן כל שאינו יכול לאחוז בידו [של אביו] לעלות מירושלים להר הבית עד הכא מאן (ב) אתייה ומשני עד הכא מיחייבה אמיה בשמחה משמע שזקוקה לעלות משום שלמי שמחה ומפרש ר"ת בעלה משמחה שהחיוב על בעלה ולא עליה לפיכך לא קרינא בה ובאת שמה והא דקאמר בחגיגה דמיחייבה אמיה משום בעלה ולא משום היא ומיהו אשכחן בפסחים פ' אלו דברים (ד' עא.) אפי' בזמן שבהמ"ק קיים היכא דלא אפשר משמחה בכסות נקיה ויין ישן כגון היכא דחל יו"ט ראשון של חג להיות בשבת דבעינן זביחה בשעת שמחה:

הא

כט א מיי' פי"ד מהל' מעשה הקרבנות הלכה טו :

כתיב ביה תאכלנו כו' מדכתיב כל כצ"ל

[בספרי פרשת ראה]

כך הניחא הוא התחלת דבור תוס' אחר

ל ב מיי' פי"ב מהלכות שמיטין הל' ח והל' ט ופ"ה מהל' בכורות הל' יב סמג עשין ריא טוש"ע יו"ד סי' שו סעיף י :

גי' רש"א עם

לא ג סמג עשין מו :

לב ד ה מיי' פי"ד מהל' מעשה הקרבנות הלכה יד :

לג ו מיי' פ"א מהלכות בכורות הל' ח סמג עשין ריד טוש"ע יו"ד סי' שו סעי' ז :

[צ"ל בתרא] אמנם בפ"ב שם ע: מוכח ג"כ

[דף ס:]

[צ"ל ואמר]

[תוס' דערכין פ"ג]

הגהות הב"ח

(א) תוס' ד"ה בשלמא רגלים כו' ערב פסח וכך הפירוש בהא דקאמר הניחא למ"ד: (ב) ד"ה אשה כו' עד הכא מאן איתייה ומשני עד הכא דמחייבת איהי בשמחה איתיתים מצמע

ערכין ט: [יומא סה:]

לקמן כ: שבת פו: סוכה מג: ערכין ט: [תוס' שם ס"ה] [עמ"ש תוס' לקמן כ. ד"ה ואם סיהס]

[לעיל ס:]

קדושין לד:

[עי' תוס' ערכין יח: ד"ה שנתו]

גליון הש"ס

גמ' אמר רב כהנא מאן דקא מתיב. כעין זה שבת קכג ע"א כתובות יח ע"ב:

רש"י ד"ה בתר חג המצות וכו' ושילהי אדר בתרא לאו דוקא. עיין יומא סס ע"ב בת"י ד"ה דתניא :

רבינו חננאל

בלא שנה עובר בבל תאחר . ודייקינן מדלא קתני בכל יום ויום עובר בבל תאחר ש"מ דבלאו אחד בלבד הוא דעבר . ופרקינן למיקבעיה בלאו קמיהדר בלאוי יתירי כלומר בכל יום ויום עובר בלאו לא קא מחזר . פי' בשלמא רגלים בלא שנה משכחת לה ואפילו למאן דבעי כסדרן כגון שנולד בתחלת ניסן דכד מטי ליה שלהי תשרי הרי ג' רגלים מלו להו פסח ועצרת וסוכות . שנה לא מליא . אלא שנה בלא רגלים היכי משכחת לה . בשלמא למאן דאית ליה כסדרן משכחת לה כגון דאקדשה באייר דכי מטי ליה אייר אחרינא שנה מליא ועדיין רגלים לא מלו דהא לא עבר עליו אלא חג המצות בלבד וצריך לעבור עליו עוד עצרת וחג הסוכות ואח"כ יעבור בבל תאחר אלא למאן דלית ליה כסדרן היכי משכחת לה . בשלמא אליבא דר' דתני ואם לא יגאל עד מלאת לו שנה תמימה ודייק הלשון דכתיב תמימה ואמר שנה תמימה מונה ימים כמנין ימות החמה משכחת לה כגון דאקדשיה בתר יום חג המצות והוא ביום ט"ז בניסן דכי מטא שלהי אדר בתראה והוא יום (כ"ה) [כ"ז] באדר שני מלאו לה שס"ה ימים ולא עברו עליו אלא עצרת וסוכות בלבד ועדיין נשאר פסח למלאות שלש רגלים וזהו שנה מליא . רגלים לא מלאו . הנה זה אליבא דר' . לרבנן דא' מונה י"ב חודש מיום ליום ואם נתעברה השנה נתעברה לו היכי משכחת לה ואמרינן משכחת לה כגון דהוה עצרת דההיא שתא בה' בסיון ואקדשיה בו' בסיון דהוא בתר חג עצרת ובשנה הבאה חל עצרת להיות בז' בסיון הנה בששה בסיון שלמה שנה ועדיין ג' רגלים לא מלאו להן כדרב שמעי' . דתני עצרת פעמים בה' בסיון [פעמים בו' בסיון] פעמים בז' בסיון . כיצד שניהם מלאין ניסן ואייר עצרת בה' בסיון . ניסן מלא אייר חסר עצרת בו' בסיון ניסן ואייר חסרים עצרת בז' בסיון. (בירושלמי) אם הם שניהן מלאין מתחילין ספירת העומר מי"ו בניסן הנה ט"ו בניסן ול' מאייר. הנה מ"ה ימים בה' בסיון תשלום נ' יום והוא יו"ט של עצרת . ואקדשיה בששה בסיון דהוא אחר עצרת ובשנה הבאה חל עצרת להיות בז' בסיון כו' ופרשוהו בתלמוד א"י שנה בלא רגלים היכי [משכחת] לה. א"ר אבדימי שהיתה עצרת בה' בסיון ונולד הבכור בו' בסיון והיתה העצרת של שנה הבאה בז' בסיון כי מטי ו' בסיון שלמו לו י"ב חודש מיום ליום (ואם נתעברה השנה נתעברה לו). ועדיין לא עברו עליו אלא ב' רגלים בלבד סוכות ופסח והנה שנה מליא . אבל ג' רגלים לא מלו . מאן תנא דפליג עליה על רב שמעיה ואמרינן אחרים היא דתניא אין בין עצרת לעצרת ואין בין ר"ה לר"ה אלא ד' ימים בלבד. ואם היתה שנה מעוברת ה' . פירוש אחרים אין לו זו הסברא שניהן מלאין או חסרין אלא לעולם אחד מלא ואחד חסר שעולין י"ב חדש שנ"ד ימים . כשתשליכם ז"ז נשארו ד' ובשנה מעוברת מוסיפין לו אדר שני שהוא כ"ט יום כ"ח יוצאין ז"ז נשאר יום אחד וד' שנשארו מן השנ"ד ימים הרי ה' ימים במעוברת . נמצא בר פלוגתיה דרב שמעי' אחרים . בעי ר' זירא יורש מהו בבל תאחר . ואפשיטא דיורש אינו עובר בבל תאחר . בעי ר' זירא אשה מהו בבל תאחר . א"ל אביי ותיפוק לי מהא דהא איתא בשמחה ושמחת אתה וביתך וקי"ל ביתו זו אשתו . ואקשינן ומי אמר אביי הכי כי אשה איתה בשמחה . והא אמר אביי במסכת קדושין [כפ"א ד' ל"ד] אשה בעלה משמחה כלו' אזהרה על הבעל לשמח את אשתו ברגל ואין האשה מוזהרת. ופרקינן לדבריו דר' זירא דאסר או דלמא הא איתא בשמחה קאמר וליה לא סבירא ליה . איבעיא להו בכור מאימתי מונין לו שנה . כלו' כיון דכתיב לפני ה' אלהיך תאכלנו שנה בשנה בעינן שנה שלמה שיהיה ראוי לאכילה או לא . ואסיקנא בבכור תם בעינן שנה משנראה להרצאה והוא מיום השמיני והלאה עד מלאת לו שנה תמימה . ובכור בעל מום משעה שנולד שראוי לאכילה והוא דקים ליה בגויה שכלו לו חדשיו . מונין לו שנה משעה שנולד .

כאחד

—R. Zebid said in the name of Raba: It may have been [6b] that it was sick on Pentecost. R. Ashi said: What is meant by the statement 'we ate its young as a peace-offering on the Festival'? It means, the Feast of Weeks. What says the other to this?—[He says that] wherever [Pentecost] is mentioned in connection with Passover, it is called 'Assembly' ['*azereth*].[3]

Raba said: As soon as three festivals have elapsed, he transgresses every day the precept of 'not delaying'. The following was cited in objection to this: [The rule] both for a firstling and for all consecrated animals is that so soon as they have been kept back a year [even] without three festivals,[4] or three festivals even if less than a year, the precept of 'not delaying' is transgressed. What objection is there here?[5]—R. Kahana said: The objection is a sound one.[6] See now: the Tanna is looking for prohibitions; let him then state, 'he transgresses the precept of "not delaying" every day'.[7] What says the other to this?—[He says that] the Tanna is only anxious to stamp the act as forbidden;[8] he does not look for extra prohibitions.[9]

[To revert to] the [above] text: '[The rule] both for a firstling and for all consecrated animals is that so soon as they have been kept back a year even without three festivals or three festivals even if less than a year, the precept of "not delaying" is transgressed'. I grant that three festivals without a year are possible; but how is a year possible without three festivals? And I still grant that this is possible for one who requires the three festivals to be in order, but for one who does not require them to be in order how is it possible? And I still grant that this is possible for Rabbi in
a a leap year, since it has been taught, [It is written] '*a complete year*'[1]: Rabbi says, he [the seller] reckons three hundred and sixty-five days, which is the number of days in the solar year, while the Sages say that he reckons twelve months from day to day,[2] and if it is a leap year he gets the benefit.[3]—It is possible for Rabbi [to have a year without three festivals] in the case where one sanctified the animal after[4] the festival of Passover, since when the end of the next second Adar[5] comes round the year is completed but the number of festivals is not completed. But for the Rabbis how is it possible?—[It is possible] on the basis of what R. Shemaiah learnt: Pentecost is sometimes on the fifth of the [third] month, sometimes on the sixth, and sometimes on the seventh. For instance, if both of them[6] are full,[7] it is on the fifth;[8] if both of them are defective,[9] it is on the seventh; if one is full and the other defective, it is on the sixth.[10] Who is the Tanna who takes a different view from R. Shemaiah?[11] It is the 'Others', as it has been taught: Others say that between Pentecost and Pentecost, between New Year and New Year there is always an interval of four days [of the week],[12] or, in a leap year, five.[13]

b R. Zera asked: Does the rule of 'not delaying' apply to an heir?[1] [Do we reason that] the All-Merciful has said '*When* thou *shalt vow a vow*', and he has not made a vow, or [perhaps we apply the text], *and thither thou shalt come and thither shall ye bring*,[2] and he also is liable?[3]—Come and hear, since R. Ḥiyya has taught: '*From thee* [me'imak]':[4] this excludes the heir. But this '*me'imak*' is required to bring under the rule gleanings, forgotten sheaves, and corners of the field?[5]—I expound '*imak*, and I expound *me'imak*.[6]

R. Zera also asked: Does the rule of 'not delaying' apply to a woman? Do we reason that she is not obliged to appear [at Jerusalem on the festivals][7] or perhaps do we reason that she is enjoined to rejoice?[8]—Abaye replied: Is not the answer provided by the fact that she is enjoined to rejoice? But could Abaye say this, seeing that Abaye has said that a woman is made joyful by her husband?[9]—Abaye was answering R. Zera on his own premises.

The question was raised: From what day is the year of the firstling reckoned?—Abaye said, From the hour of its birth; R. Aḥa b. Jacob said, From the time when it can be used for appeasement.[10] Nor is there any conflict of opinion between them; one speaks

(3) The Rabbinic term for Pentecost; and therefore חג here must mean Tabernacles. (4) This statement is discussed *infra*. (5) There is no contradiction between this statement and that of Raba. (6) Lit., 'he who raises the objection objects well'. (7) And since he does not say so, we presume that he is in disagreement with Raba. (8) Lit., 'to fix it in a prohibition'. (9) But all the same he would agree with Raba.

a (1) Within which a house sold in a walled city could be compulsorily redeemed. Lev. XXV, 29. (2) Which in an ordinary year is only 354 days according to the Jewish calendar. (3) The year in this case being 383 days. (4) Strictly speaking it must be during Passover, since 365 days would not elapse from after Passover till the end of the next Adar sheni. Or 'the end of Adar' may be used loosely to signify the days between then and Passover. (5) The second Adar in a leap year. (6) The months of Nisan and Iyar. (7) I.e., contain thirty days. (8) This being the fiftieth day from the second day of Passover. (9) I.e., contain only 29 days. (10) Hence if Pentecost is in one year on the fifth and he sanctifies on the sixth, and the next year Pentecost is on the seventh, a full twelvemonth can pass without three festivals. (11) And would not count a year without three festivals. (12) They held that the months are full and defective in strict rotation, and the twelvemonth consequently has 354 days, which is four days over 50 weeks. On this view, Pentecost must always be on the sixth of Sivan. (13) It being assumed that the intercalary month consists always of twenty-nine days, i.e., four weeks and a day.

b (1) Whose father made a vow which he had not fulfilled before his death. (2) V. *supra* p. 12, n. 8. (3) To 'come' and consequently to '*bring*'. (4) Deut. XXIII, 22. (5) V. *supra* p. 11. (6) "*Imak*' means 'from thee', and this would be sufficient for the rule; we therefore derive an additional lesson from the form *me 'imak* (lit., 'from with thee'). (7) Since it says, *shall all thy males appear* (Deut. XVI, 16). (8) Which implies partaking of the peace-offerings, v. Pes. 109*a*, and as she must go to Jerusalem for this purpose, she must also 'not delay' the vow. (9) With fine clothes, v. Ḳid. 34*b*. (10) I.e., sacrifice, viz., on the eighth

of an animal without blemish,[11] [7a], the other of an animal with a blemish.[12] Can a blemished animal be eaten [on the day of birth]?[13] [We speak of one] of which we know for certain that it has not been born prematurely.[14]

Our Rabbis taught: On the first of Nisan is New Year for
a months,[1] for leap-years,[2] and for the offering of *shekalim*;[3] some say, also for the renting of houses.[4]

'New Year for months': whence do we know this?—Because it is written, *This month shall be unto you the beginning of months, it shall be the first month of the year to you. Speak ye unto all the congregation of Israel saying, In the tenth day of this month they shall take unto them every man a lamb, according to their fathers' houses, a lamb for a household . . . and ye shall keep it until the fourteenth day of the same month, and they shall kill it*[5] etc. It is also written [elsewhere],[6] *Observe the month of Abib*[7] [springing corn]. Now which is the month in which there is springing corn? You must say, this is Nisan; and this is called '*first*'. But cannot I say that it is Iyar?—We require 'springing corn', and there is none. But cannot I say that it is Adar?—We require the bulk of the springing corn, and this we have not [in Adar]. But does the text say, 'the *bulk* of the springing corn'? Rather, said R. Ḥisda; we learn it from here: *Howbeit on the fifteenth day of the seventh month, when ye have gathered in the fruits of the land.*[8] What is the month in which there is 'gathering in'?[9] You must say that this is Tishri, and the text calls it 'seventh'. But cannot I say that it is Marheshvan, and by 'seventh' is meant the seventh to Iyar?—We require 'gathering in', and this we have not [in Marheshvan]. But cannot I say that it is Elul, and by 'seventh' is meant seventh to Adar?—We require the bulk of the ingathering, which we have not [in Elul]. But does the text say, 'the *bulk* of the ingathering'?—The fact is, said Rabina, that we cannot learn this from the Torah of Moses our teacher, but we have to learn it from the later Scriptures,[10] [viz.,] *Upon the four*
b *and twentieth day of the eleventh month, which is the month Shebat.*[1] Rabbah b. 'ulla said, [We learn it] from here: *So Esther was taken unto king Ahasuerus into his house royal in the tenth month which is the month Tebeth.*[2] R. Kahana said: [We learn it] from here, *In the fourth day of the ninth month, even in Kislev.*[3] R. Aha b. Jacob said, [We learn it] from here: *Then were the king's scribes called at that time in the third month which is the month of Sivan.*[4] R. Ashi said, [We learn it] from here: *They cast pur, that is, the lot, before Haman from day to day and from month to month to the twelfth month, which is the month Adar.*[5] If you prefer, I can learn it from here: *In the first month which is the month Nisan.*[6] Why did not all the others derive it from here?[7]—Perhaps 'first' here means, 'first in relation to his [Haman's] affair'.[8]

Why did not our Tanna[9] [reckon the first of Nisan as the New Year for months]?—Our Tanna speaks only of years, he does not speak of months.

'For leap years'. Do we reckon [a New Year] for leap years from Nisan?[10] Has it not been taught: 'A leap year is not decreed[11] before New Year,[12] and if such a decree is issued it is not effective. In cases of emergency,[13] however, the decree may be issued immediately after New Year, and even so the intercalary month must be [the second] Adar'![14]—R. Naḥman b. Isaac replied: What is meant here by 'leap years'? The closing of a leap year, as we have learnt: 'They[15] testified that the year may be declared a leap year throughout the whole of Adar, since others asserted that this
c could be done only until Purim.'[1] What was the reason of those who held that this could be done only until Purim?—Since a Master has stated that 'enquiries are made regarding the laws of Passover for thirty days before Passover,[2] people might be led into neglecting the rules of leaven.[3] What says the other to this?—He says that people know that a leap year depends on calculation, and they say to themselves that the Rabbis have only now got the calculation right.[4]

What of our Tanna?[5]—He speaks only of commencements, not of terminations.

'And for the offering of *shekalim*'.[6] How do we know this [from Scripture]?—R. Josiah said: The Scripture says, *This is the burnt-offering of each month in its month throughout the months of the year.*[7] The Torah here enjoins:[8] 'Renew [the year] and bring an offering from the new contributions'. That the '*year*' here commences with Nisan is learnt by analogy with the text,[9] *It is the first to you of the months of the* year.[10] But why not suppose it is Tishri from the analogy of, *From the beginning* of the year?[11]—To a year with which months are mentioned we apply the analogy of a year with which months are mentioned, but to a year with which months are mentioned, we do not apply the analogy of a year with which months are not mentioned.

Rab Judah said in the name of Samuel: It is proper to bring the congregational sacrifices that are offered on the first of Nisan from the new contributions. If, however, they are brought from the
d old, the duty has been performed,[1] but not in the most appropriate manner.[2] It has been taught to the same effect: 'It is proper to bring the congregational sacrifices which are offered on the first of Nisan from the new contributions; if, however, they were brought from the old, the duty has been performed, but not in the most appropriate manner. If a private person has offered them from his own property, they are unexceptionable, provided he hands them over to the congregation'. Surely this is self-evident?—You might think that we should have some scruples [in accepting

day, v. Lev. XXII, 27. (11) Which can be sacrificed on the eighth day. (12) Which can be eaten as ordinary non-sacrificial flesh. (13) Perhaps it has been born prematurely and cannot survive, v. Shab. 135*b*. (14) Lit., 'that its months have been completed'.

a (1) I.e., the order of months commences with Nisan. (2) V. *infra*. (3) For first using for the purchase of congregational sacrifices the *shekalim* that were collected in Adar. Cf. Meg. 29*b*. (4) V. *infra*. (5) Ex. XII, 2-6. Only the first of these verses need have been quoted. (6) In connection with the Passover. (7) Deut. XVI, 1. (8) Lev., XXIII, 39. (9) When the produce is brought in from the fields to save it from the approaching rain. (10) Lit., 'words of *Kabbalah*' (tradition), a name given in the Talmud to the Prophetical writings and the Hagiographa, v. B.Ḳ., (Sonc. ed.) 2*b* n. a3.

b (1) Zech. I, 7. (2) Esth. II, 16. (3) Zech. VII, 1. (4) Esth. VIII, 9. (5) Ibid., III, 7. (6) Ibid. (7) Since Nisan is mentioned explicitly. (8) With regard to the others also it might be asked why more than one quotation is needed. Perhaps the idea was to show that there had been no change in the names of the months since the time of '*kabbalah*'. V. however, Tosaf. s.v. מדברי. (9) The Tanna of our Mishnah. (10) I.e., can the Beth din even in Nisan declare that the year just begun is to be a leap year? (11) In the time of the Second Temple the calendar was not fixed, but the Beth din declared any year a leap year (i.e., inserted an intercalary month) according as they judged necessary, subject to certain rules. (12) Beacuse if this were done, by the time Adar came round people might forget. (13) E.g., if they were afraid that they might be prevented from issuing the decree later. (14) V. Sanh., (Sonc. ed.) 12*b* notes. (15) R. Joshua and R. Pappias. Sanh. 87*a* 'Ed. VII, 7.

c (1) And once Purim had passed, the next month had to be Nisan of the next year and not the second Adar of the present year. (2) I.e., the emissaries of the Beth din instructed the public on the matter during this time. (3) If in the interval Passover was postponed for a month, they would not observe the new date of the Passover. (4) Lit., 'this calculation had not been completed by the Rabbis till now'. (5) Why does he not include leap years. (6) In Adar a *shekel* had to be contributed by every Israelite for the purchase of congregational sacrifices during the coming year. (7) Num. XXVIII, 14. (8) By the superfluous expression, '*throughout the months of the year*'. (9) 'And we derive (the meaning of) "year" from "year" (commencing) with Nisan'. (10) Ex. XII, 2. (11) Deut. XI, 12, referring to the rainfall.

d (1) In respect of the sacrifice itself. (2) Lit. 'he has omitted a precept'.

הא בבעל מום מי מצי אכיל ליה דקים ליה ביה שכלו לו חדשיו ת"ר באחד בניסן ראש השנה לחדשים ולעיבורין ולתרומת שקלים וי"א אף לשכירות בתים לחדשים מנלן דכתיב °החדש הזה לכם ראש חדשים ראשון הוא לכם לחדשי השנה דברו אל כל עדת ישראל לאמר בעשור לחדש הזה ויקחו להם איש שה לבית אבות שה לבית והיה לכם למשמרת עד ארבעה עשר יום לחדש הזה ושחטו אותו וגו' וכתיב °שמור את חדש האביב איזהו חדש שיש בו אביב הוי אומר זה ניסן וקרי ליה ראשון ואימא אייר בעינא אביב וליכא ואימא אדר בעינא רוב אביב וליכא מידי רוב אביב כתיב אלא אמר רב חסדא מהכא °אך בחמשה עשר יום לחדש השביעי באספכם את תבואת הארץ איזהו חדש שיש בו אסיפה הוי אומר זה תשרי וקא קרי ליה שביעי ואימא מרחשון ומאי שביעי שביעי לאייר בעינא אסיף וליכא ואימא אלול ומאי שביעי שביעי לאדר בעינא רוב אסיף וליכא מידי רוב אסיף כתיב אלא אמר רבינא דבר זה מתורת משה רבינו לא למדנו מדברי קבלה למדנו °ביום עשרים וארבעה לעשתי עשר חדש הוא חדש שבט רבה בר עולא אמר מהכא °ותלקח אסתר אל המלך אחשורוש אל בית מלכותו בחדש העשירי הוא חדש טבת רב כהנא אמר מהכא °בארבעה לחדש התשיעי בכסלו רב אחא בר יעקב אמר מהכא °ויקראו סופרי המלך בעת ההיא בחדש השלישי הוא חדש סיון רב אשי אמר מהכא °הפיל פור הוא הגורל לפני המן מיום ליום ומחדש לחדש שנים עשר הוא חדש אדר ואיבעית אימא מהכא °בחדש הראשון הוא חדש ניסן וכולהו מאי טעמא לא אמרי מהאי דלמא מאי ראשון ראשון למילתיה ותנא דידן בשנים קמיירי בחדשים לא קמיירי: ולעיבורין: לעיבורין מניסן מנינן והתניא *[א]אין מעברין השנה לפני ר"ה ואם עיברוה אינה מעוברת אבל מפני הדחק מעברין אותה אחר ר"ה מיד [ב]ואעפ"כ אין מעברין אלא אדר אמר רב נחמן בר יצחק מאי עיבורין [ג]הפסקת עיבורין דתנן *הן העידו [ד]שמעברין השנה כל אדר שהיו אומרים עד הפורים מ"ט דמאן דאמר עד הפורים כיון דאמר מר *[ה]שואלין בהלכות הפסח קודם לפסח שלשים יום אתי לזלזולי בחמץ ואידך מידע ידיע דשתא מעברתא בחושבנא תליא מלתא וסברי חושבנא הוא דלא סליק להו לרבנן עד האידנא ותנא דידן בהתחלה קמיירי בהפסקה לא קמיירי: ולתרומת שקלים: מנלן א"ר יאשיה אמר קרא °זאת עולת חדש בחדשו לחדשי השנה *[ו]אמרה תורה חדש והבא קרבן מתרומה חדשה וגמרי שנה שנה מניסן דכתיב °ראשון הוא לכם לחדשי השנה ולגמור שנה שנה מתשרי דכתיב °מראשית השנה דנין *שנה שיש עמה חדשים משנה שיש עמה חדשים ואין דנין שנה שיש עמה חדשים משנה שאין עמה חדשים *אמר רב יהודה אמר שמואל קרבנות צבור הבאין באחד בניסן מצוה להביא מן החדש [ז]ואם הביא מן הישן יצא אלא שחיסר מצוה תנ"ה *קרבנות צבור הבאין באחד בניסן מצוה להביא מן החדש ואם הביא מן הישן יצא אלא שחיסר מצוה [ח]ויחיד שהתנדב משלו כשרין בלבד שימסרם לצבור *פשיטא מהו דתימא ליחוש שמא

לא

תורה אור: שמות יב; דברים טז; ויקרא כג; זכריה א; אסתר ב; זכריה ז; אסתר ח; שם ג; שם; במדבר כח; שמות יב; דברים יא

רש"י

בעל מום. שנולד במומו ועומד ליאכל במומו לכך ומונין לו משנולד: מי מצי אכיל ליה. ביום שנולד דלמא נפל הוה ואין שחיטה מטהרתו עד שיהא שמונה ימים דשוב נפק ליה מכלל נפל דתניא (שבת ד' קלה:) רשב"ג אומר כל ששהה שלשים יום באדם אינו נפל ובבהמה שמונה ימים: לחדשים. למנין חדשי השנה: לעיבורין. קא ס"ד לישב ב"ד ולעיין אם השנה הבאה צריכה להתעבר: ולתרומת שקלים. (א) להקריב ראשון קרבנות הלקוחים מתרומת קופות של שקלי שנה זו: אף לשכירות בתים. המשכיר בית לחבירו ואמר לשנה זו כלתה שנתו באחד בניסן ואפי' לא דר בו אלא חדש אחד: החדש הזה לכם. ומנלן דניסן דכתיב ויקחו להם שה לפסח וכתיב קרא אחרינא שהפסח בחדש האביב שיש בו אביב שהתבואה בכירה בו להיות מבושלת בגמר בישולה: בעינא אביב וליכא. שכבר נגמרה מניסן ואי איכא זרעא אפילה אין זה בכיר אלא אפיל: ואימא אדר. דאיכא זרעא חרפא המתבכר מאדר: רוב אביב. שיהו רוב תבואות מתבכרות בו: שיש בו אסיפה. שמכניסין בו פירות לבית מפני הגשמים וכל הקיץ הן עשויות גדישין לייבש: ראשון למילתיה. למעשה המן: ותנא דידן. דלא תנא במתני' ר"ה לחדשים: עיבורים מניסן מנינן. בתמיה וכי רשאין ב"ד לישב ולעיין בצורכי עיבור א] ר"ה בניסן: אין מעברין. אין מעיינין בצורכי לבור להודיע לגולה שעיברו ב"ד את השנה שלא ישתכח הדבר עד אדר הבא: אבל מפני הדחק. שמפחידין שלא יגזרו נכרים מלישב ב"ד או שצריך הנשיא לאגר המלך ואין מעברין אא"כ ירצה נשיא כדאמר בסנהדרין (דף יא.): ואעפ"כ אין מעברין אלא אדר. אין מוסיפין חדש על השנה אלא אדר דכתיב שמור את חדש האביב חדש הסמוך לאביב עבר שיבא אביב בזמנו: הפסקת עיבורין. שכיון שקדשו את החדש לשם ניסן פסקה שנה שעברה מלהיות מעוברת עוד שאין רשאין לעשות ניסן אדר שכבר נכנסה שנה אחרת לענין עיבור: הם העידו. רבי יהושע ור' פפיים שמעברים את השנה כל אדר אם ראו ב"ד לאחר הפורים שהשנה צריכה להתעבר מעברין אותה: שהיו אומרים עד הפורים. לפי שהיו חכמים אומרים שאין מעברין אא"כ נתישבו בדבר לפני הפורים לכך הוזקקו לעדות זו: אתי לזלזולי בחמץ. שכבר מן הפורים ואילך התחילו הדרשנים לדרוש ברבים בהלכו' הפסח הוזקקו השומעים לעשות פסח לסוף ל' יום ואם יעברו ב"ד את השנה לא יתקבלו דברי שלוחי ב"ד לשומעין לדחות את הפסח שכבר שמעו מן הדרשני': בהפסק' לא קא מיירי. בראשי שנים דהפסקה לא קא מיירי: חדש בחדשו לחדשי. חדשי יתירא לדרשה:

[סנהדרין יב. תוס' שם פ"ב] [סנהדרין פז. עדיות פ"ז מ"ז] [פסחים ו. מגילה כט: סנהדרין יב: ע"ז ה. תוספ' מגילה פ"ג בכורות נח.] [יומא סה: מגילה כט:ע"ש] [לקמן ח: ט:] [יומא סה:] [תוספתא פ"א] [יומא נה: ב"מ קיח.]

תוספות

הא בבעל מום. בעל מום מעיקרו דהס ונעשה בעל מום כיון דלא חזי לאכילה מונים לו משעת הרלאה ואין לדקדק מכאן שיהיה שייך בל תאחר בנתינה לכהן דהכא לענין להאכילו בתוך שנתו דלריך כדאיתא פרק [עד כמה] (בכורות דף כו:) :

מדברי קבלה למדנו. לא מצי למילף מכאן מינייהו כלל אם לא נאמר שהיתה קבלה בידם סדר שמות החדשים זה אחר זה והכי אמר בירושלמי שמות החדשים עלו בידם מבבל בראשונה בירח האיתנים שבו נולדו אבות בירח בול שבו כל העולם נובל והארץ עשויה בולות בולות שבו בולים לבהמה בבתיהם בירח זיו שבו זיו האילנות מכאן ואילך ויהי בחדש ניסן שנת עשרים ויהי בחדש כסלו שנת עשרים בחדש העשירי הוא חדש טבת:

בשנים קא מיירי. וקשיא דהא קא אמר לרגלים ואמר לעיל כיון שעברה עליו שנה בלא רגלים ורגלים בלא שנה י"ל מכל מקום בחדשים לא קא מיירי:

הם העידו. משנה היא בעדיות (פ"ז משנה ז) ופ"ק דסנהדרין (ד' יב: ושם) גבי *עברוה ביום ל' של אדר דאמר רב נחמן מעובר וקדוש ומקשי ליה רבא מכדי מפורים לפסח תלתין יומין הוי ומפורים דרשינן בהלכות הפסח וכי מטי ריש ירחא ומרחקים להו אתי לזלזולי ה"נ ה"מ לאקשויי אמתניתין דעדיות:

[נ"ל קידשו]

בהפסקה לא קא מיירי. לקמן (ד' יב.)(ב) גבי אחד בתשרי ר"ה לירקות ולא קתני לנדרים כדקתני בברייתא משום דמתניתין בהפסקה לא קא מיירי:

מראשית השנה. לקמן (ד' ח.) אמרינן דזה תשרי:

שמא לא ימסרם יפה יפה. פלוגתא דתנאי היא בסוף פרק הבית והעליה (ב"מ ד' קיח.) גבי שומרי ספיחים בשביעית אי מתנדב שומר חנם וקלת תימה דפריך הכא פשיטא במילתא דהויא פלוגתא דתנאי ושמא יש לחלק דהכא °ליכא למיחש כולי האי כמו בשומר:

עין משפט נר מצוה

לד א מיי' פ"ד מהל' קדוש החדש הלכה יג סמג עשין מו:
לה ב מיי' שם הלכה א סמג שם:
לו ג ד מיי' שם הל' יד:
לז ה טוש"ע או"ח סי' תכט סעיף א:
לח ו ז מיי' פ"ד מהל' שקלים הל' יא סמג עשין מה:
לט ח מיי' פ"ח מהל' כלי המקדש הל' ז:

רבינו חננאל

באחד בניסן ר"ה לחדשים כו' מנ"ל דכתיב ראשון הוא לכם לחדשי השנה. ונדחה. ופירש רב חסדא ונדחו דבריו. ואמר רבינא דבר זה אינו מפורש בתורה אבל מפורש הוא בדברי קבלה. ביום עשרים וארבעה לעשתי עשר חדש הוא חדש שבט וגו'. ואסיקנא ומתניתין דלא קתני לחדשים לא פליג אלא בשנים קא מיירי בחדשים לא קא מיירי. ולעיבורין ואוקימנא להפסקת עיבורין כלומר כיון שהגיע ניסן נפסק עבור משנה זו. כדתנן הן העידו שמעברין את השנה כל אדר שהיו אומרים עד הפורים. ואם נשלם אדר ולא עיברוה נפסק העיבור ושוב אין מעברין שנה זו. ותנא דידן בהתחלת השנים מיירי בהפסקת עיבור מזו השנה לא מיירי. ולתרומת שקלים פירוש' בשלשה פרקים בשנה תורמין את הלשכה. ובג' קופות של ג' ג' סאין היו תורמין הלשכה. והתרומה הראשונה של תרומת שקלים היתה באחד בניסן כו' מכי דאמר קרא זאת עולת חדש בחדשו לחדשי השנה. חדש והבא קרבן מתרומה חדשה. וכתיב ביה בניסן ראשון הוא לכם לחדשי השנה. וגמר שנה שנה מניסן. וכי הא דתניא קרבנות הצבור הבאות באחד בניסן מצוה להביא מן החדש. ואם הביא מן הישן יצא אלא שחיסר [מצוה] ויחיד שהתנדב משלו כשרין ובלבד שימסרם לצבור. ותנא דידן כיון דקתני אם הביא יצא לא פסיקא ליה. וי"א אף לשכירות בתים ראש השנה ניסן.

הגהות הב"ח

(א) רש"י ד"ה ולתרומת שקלים. ראשון להקריב קרבנות הלקוחים מתרומה שלא קופות: (ב) תוס' ד"ה בהפסקה כו' לקמן גבי אחד. נ"ב נראה דקשיא להו אמאי [לא פריך הש"ס גבי] לירקות ולנדרים בברייתא לקמן דף י"ב [ותנא דידן אמאי לא חשיב נדרים אלא] דס"ל לתלמודא תנא ושייר אם כן הכא נמי לא הוי ליה למימר בהפסקה לא קמיירי אלא דתני ושייר [והא קאמרי דלקמן נמי סמך אתירוצא] דהכא בהפסקה לא קמיירי:

גליון הש"ס

תוס' ד"ה שמא וכו' ליכא למיחש כולי האי. עיין יומא נט ע"ב תוס' ד"ה ניתש:

הגהות הר"ב רנשבורג

א] רש"י ד"ה עיבורין מניסן מנינן כו' ולעיין בצרכי עיבור השנה בניסן כצ"ל:

לא ימסרם לצבור יפה יפה קא משמע לן ותנא דידן כיון דקתני אם הביא יצא לא פסיקא ליה: ויש אומרים אף לשכירות בתים: תנו רבנן המשכיר בית לחבירו לשנה מונה שנים עשר חודש מיום ליום ואם אמר לשנה זו אפילו לא עמד אלא באחד באדר כיון שהגיע יום אחד בניסן עלתה לו שנה ואפילו למאן דאמר *יום אחד בשנה חשוב שנה שאני הכא דלא טרח איניש למיגר ביתא לבציר מתלתין יומין ואימא תשרי סתם *כי אגר איניש ביתא לכולהו ימות הגשמים אגר ותנא קמא דברייתא ותנא דידן בניסן נמי מישכח שכיח קיטרי: באחד באלול ר"ה למעשר בהמה: מני רבי מאיר היא (*דתניא) *ר"מ אומר באחד באלול ראש השנה למעשר בהמה ולרגלים מני רבי שמעון היא אימא סיפא ר' אלעזר ור"ש אומרים באחד בתשרי רישא וסיפא ר"ש ומציעתא ר"מ אמר רב יוסף *רבי היא ונסיב לה אליבא דתנאי ברגלים סבר לה כר"ש ובמעשר בהמה סבר לה כר"מ אי הכי ארבעה חמשה הוו אמר רבא ארבעה לדברי הכל לר"מ ארבעה דל רגלים לר"ש ארבעה דל מעשר בהמה רב נחמן בר יצחק אמר ארבעה חדשים ובהן כמה ראשי שנים מיתיבי [א]ששה עשר בניסן ראש השנה לעומר [ב]ששה בסיון ראש השנה לשתי הלחם לרבא ליתני ששה לר"נ בר יצחק ליתני חמשה אמר רב פפא כי קא חשיב מידי דחייל מאורתא מידי דלא חייל מאורתא לא קא חשיב והרי רגלים דלא חיילי מאורתא וקחשיב (א) כיון שצריך לאיתויי מעיקרא מיחייב וקאי והרי יובלות דלא חיילי מאורתא וקחשיב ר' ישמעאל בנו של ר' יוחנן בן ברוקא היא דאמר *מראש השנה חייל יובל רב שישא בריה דרב אידי אמר כי קא חשיב מידי דלא תלי במעשה מידי דתלי במעשה לא קא חשיב והרי רגלים מידי דתלי במעשה וקא חשיב בל תאחר ממילא חייל

והרי

רש"י

יפה יפה. בלב שלם : ותנא דידן. דלא תניא במתני' : כיון דקתני אם הביא יצא לא פסיקא ליה . מילתא דליחשבה בראשי שנים : הכי גרסינן תנו רבנן המשכיר בית לחבירו כו'. ולא גרסינן מנלן דלאו מקראי יליף דמדרבנן הוא : אלא באחד באדר . אבל בבציר מהכי לא אמרינן עלתה לו שנה ודר בה שנה שלימה דליכא למימר דאדעתא דההיא שתא אגרה דלא טרח איניש למיגר ביתא לבציר מתלתין יומין : ואימא תשרי . ר"ה לשכירות בתים אם לא עמד אלא באחד באלול כיון שהגיע תשרי עלתה לו שנה : ומשני כי אגר איניש ביתא . סמוך לתשרי לכולהו ימי הגשמים אגר : ות"ק דברייתא . דלא אמר לשכירות בתים : קיטרי . עבים מתקשרין וגשמים יורדין והוי כימות הגשמים : ולרגלים מני ר"ש . דהא אליביה אוקימנא דאית ליה כסדרן לבל תאחר : סיפא ר' אלעזר ור"ש אומרים בא' בתשרי : רבי היא . הוא אמרה למתני' ונסיב מילתיה חדא כחד תנא וחדא כחד תנא: אי הכי . דחד גברא אמרה למתני' ונסיב מילתיה חדא כחד תנא חמשה ראשי השנים נינהו אחד בניסן וט"ו בניסן ואחד באלול ואחד בתשרי וט"ו בשבט הא ניחא אי מוקמת לה לרישא כר"ש שפיר דלדידיה ארבעה נינהו דלית ליה אחד באלול אלא אי חד תנא אמרינהו קשיא : אמר רבא . לעולם רבי היא והכי קאמר אנא חמשה סבירא לי ומיהו הכל מודים לי בארבעה : לר"מ . דאית ליה אחד באלול דל רגלים דלדידיה ברגל אחד עובר בבל תאחר כדתניא בברייתא דלעיל (ד' ד:): ולר' שמעון דל מעשר בהמה . דליתיה אלא באחד בתשרי ובלאו מעשר נמי ראש השנה הוא : ובהן כמה ראשי שנים . הלכך ניסן דאית ביה תרי חד קחשיב ליה : ר"ה לעומר . לאכול מן החדש מכאן ואילך : ר"ה לשתי הלחם . נתחדשה השנה להביא מנחות מן החדש שהעומר מתיר במדינה ושתי הלחם במקדש : לרבא . דאמר ארבעה לדברי הכל ליתני מתניתין שיתא : לרב נחמן . דאמר חדשים קא חשיב ניתני ה' דהא לא תנן סיון במתני': מאורתא. משקדש היום: מידי דלא חייל מאורתא. כגון בט"ז בניסן לא נתחדשה שנה מן החדש מערב עד למחר לאחר שקרב העומר וכן בששה בסיון : והרי רגלים . דקתני מתניתין לענין בל תאחר דקס"ד זמן בל תאחר לאו מאורתא הוא כשקדש היום חייל [אלא] עד שתבא שעה שהיא ראויה להביא נדרים ונדבות ואין זאת עד שיקריב תמיד של שחר שאין קרבן קודם לו ומשנינן לאתויי מעיקרא מחייב וקאי להביא קרבן נדרו מחייב ועומד משעה שנדר והיה לו להקריבו מערב הרגל ולא הוקבעו רגלים לבל תאחר לענין הקרבת קרבן אלא לענין מיחל עליה בל תאחר ומאורתא כמי חייל : והרי יובלות . דקתני בראשי שנים דמתני' דלא חיילי אלא על ידי תקיעת שופר דב"ד ואינה אלא ביום דכתיב ביום הכפורים תעבירו שופר (ויקרא כה) : רבי ישמעאל כו' . לקמן בפירקין (דף ח:) : מראש השנה חייל . ואינו תלוי בתקיעה הלכך מאורתא דר"ה חייל : דלא תלי במעשה . כניסת ראש השנה שלהן אינה תלוי במעשה אלא משהגיע היום הוה ראש השנה ומתחדשת השנה למילתיה : מידי דתלי במעשה . כגון ראש השנה דעומר ושתי הלחם אין השנה מתחדשת להתיר חדש במדינה או במקדש אלא בהקרבת העומר וכבשי עצרת : והרי רגלים . קא סלקא דעתך שאין בל תאחר חל עד שתבא שעה הראויה להבאת קרבן נדרו נמצא שהוא תלוי בתמיד של שחר : ממילא קא חייל . משקדש היום :

והרי

תוספות

לא פסיקא ליה . צריך לדקדק אי הוה מצי לשנויי כדמשני לקמן כי קא חשיב מידי דלא תלי במעשה : עלתה לו שנה . ולא אמרינן הדמים מודיעים* והרי המעות מתנה או פקדון* : ולרגלים מני . פי' והא דאמרי' ברישא באחד בניסן ר"ה לרגלים דהיא משנית סתמא ומני היא ומשני ר"ש היא ופריך רישא דאמר ארבעה ראשי שנים הן ראש השנה למלכים ולרגלים וסיפא הא דאמרי רבי אלעזר ור"ש אחד בתשרי ופריך רישא וסיפא ר' שמעון ומציעתא רבי מאיר רבי היא פי' רבי תנא מתני' ושנאה אליבא דתנאי וסתם לה כוותייהו אי הכי דחד תנא כמו רבי שנאה מתני' תסיב לה אליבא דתנאי א"כ מה זה דאמר ארבעה ראשי שנים הן חמשה הוו דבשלמא אי ר"ש הוה תני בהדיא ברישא לא הוה רק ארבעה דאיהו ר"ש לא סבר אחד באלול ר"ה לבהמה אבל (ב) הא דאמרת דרבי נסיב לה אליבא דתנאי ותנא אחד באלול בשביל ר"ה א"כ חמשה ר"ה הוו ומשני אמר רבא ארבעה לד"ה לר"מ ארבעה דל רגלים לר"ש ארבעה דל מעשר בהמה : והרי רגלים דלא חיילי מאורתא . אפילו ביום לא חיילי עד יום שני למאן דאמר נדרים ונדבות אין מקריבין ביו"ט ומשני לאתויי מעיקרא מחייב וקאי בקונטרס פירש להביא קרבן מחויב ועומד הוא משעה שנדר והיה לו להקריבו מערב הרגל ולא הוקבעו רגלים לענין הקרבת הקרבן אלא לענין בל תאחר ומאורתא כמי חייל ולא פי' כן בשביל שיעבור בבל תאחר משנכנס רגל שלישי בתחלת הלילה דהא לר"מ דאמר לעיל ברגל אחד אינו עובר עד שיעבור כל הרגל וה"ה לרבנן עד שיעברו שלשה רגלים ובפרק ב' דביצה (ד' יט: ושם) אמר דאין מביאין תודה בחג המצות ובעצרת אלא בחג הסוכות משמע דאם הביא בחג הסוכות בחול המועד דלא עבר והא דפירש כאן בקונטרס דמאורתא חייל היינו לענין דאם מחויב ועומד לפני הרגל איכא כוליה רגל ואם נכנס רגל וקא נדר אפי' ליל ראשון ליכא כוליה רגל ואינו עולה למנין שלשה רגלים : מידי דתלי במעשה . ולמאן דאמר (במנחות דף סח.) אפילו בזמן שבית המקדש קיים האיר המזרח מתיר מ"מ עד יום הביאכם למצוה כדאמרינן במנחות פרק רבי ישמעאל (שם) :

והרי

עין משפט נר מצוה

[ב"ב עח. וע"ש בתוס']

[עיין קדושין מו: ב"מ מו.]

כ א מיי' פ"ז מהלכות תמידין הל' ג סמג עשין קלט טוש"ע יו"ד סי' רנג סעיף א :

כא ב מיי' שם פ"ח הל' א סמג עשין יא יב :

רבינו חננאל

דתניא המשכיר בית לחברו לשנה מונה י"ב חדש מיום ליום. ואם א' לשנה זו אפי' לא עמד אלא באחד באדר כיון שהגיע יום אחד בניסן ושלמו לו שלשים יום עלתה לו שנה. דאפילו למ"ד יום אחד בשנה חשוב שנה שאני הכא דלא טרח אינש ואגר ביתא לבציר מל' יומין. ואקשינן ואימא ר"ה לשכירות בתים תשרי. ודחינן התם בתשרי כי אגר אינש ביתא לכלהו ימות הגשמים אגר. ותנא דידן ות"ק דברייתא בניסן נמי שכיחי קיטרי ולא אגר *) לתלתין יומין ותו לא. ובאחד באלול ר"ה למעשר בהמה. ר' אלעזר ור' שמעון אומרים באחד בתשרי. ואוקימנא לר' מאיר דתנן בבכורות פרק מעשר בהמה ר' מאיר אומר באחד באלול ר"ה למעשר בהמה ואקשינן והא אוקימנא רישא ר' שמעון דאמרינן ולרגלים מני ר' שמעון הוא נפקא מיניה לנודר כו'. רישא ר' שמעון כדאמרינן וסיפא נמי ר' שמעון דקתני סיפא ר' אלעזר ור' שמעון אומרים באחד בתשרי ומציעתא ר' מאיר. ופריק רב יוסף (לעולם) מתני' רבי הוא ונסב ליה למתניתין אליבא דתנאי. וברגלים סבר לה כר' שמעון ובמעשר בהמה סבר לה כרבי מאיר. ובמה דשביק ר' עקיבא דדייקי דבריו בבכורות פר' מעשר בהמה באחד בתשרי ר"ה למעשר בהמה וסתים לן סתמא כר' מאיר דפליג עליה קשיא לן טובא. חדא דר"מ תלמיד דר"ע הוא. ועוד קי"ל בכל מקום הלכה כר' עקיבא אפי' מחברו. ואשכחנא בהדיא תמן אמר ר' יוחנן מפי שמועה אמרה מפי חגי זכריה ומלאכי ולפיכך לא דחאה בן עזאי לגמרי אלא אמר האלולין מעשרין בפני עצמן. אי הכי אמאי קתני ארבעה והא חמשה הוו למלכים ולרגלים שנים שזה בא' בניסן והוא ר"ה למלכים. אבל לרגלים בחמשה עשר בניסן הוא ובאחד באלול ובאחד בתשרי ובט"ו בשבט הרי (זה) [ה'] ופריק רבא [ארבעה] לדברי הכל. לר' מאיר דל רגלים כלומר חסר רגלים מן המשנה לגמרי נשארו לו [ארבע] אחד בניסן למלכים. ואחד באלול [ר"ה] למעשר בהמה. ואחד בתשרי ר"ה לשנים [ובט"ו] בשבט ר"ה לאילן הרי ארבעה. לר' שמעון דל מעשר בהמה כו' חסר מעשר בהמה מאחד באלול נשארו למלכים ולרגלים שנים ובאחד בתשרי ובט"ו בשבט הרי ד' אבל מעשר בהמה בפירוש חולק עם ר' מאיר במס' בכורות פרק מעשר בהמה. וסבר ר"ה למעשר בהמה באחד בתשרי. רב נחמן בר יצחק פריק ואמר הכי קתני ד' חדשים והם ניסן ואלול ותשרי ושבט. ובהן כמה ראשי שנים. למלכים ולרגלים בחדא חשיב להו ואותבינן עליה מהא דתניא ט"ו בניסן ר"ה לעומר. ו' בסיון ר"ה לשתי הלחם. לרבא ליתני ששה ד' דמתני' ועומר ושתי הלחם ששה. לרב נחמן דמוקים לה למתני' בד' חדשים ליתני ה' דהא סיון ליתא במתני' ופריק רב פפא תנא דידן לא חשיב ד' אלא מאי דחייל מאורתא כגון הא דקתני למלכים ואוקימנא לשטרות. כלומר משיחשיך השמש ונכנס אחד בניסן אם יכתב שטר חוב וכותב זמנו שנה שניה כותב אע"פ שעדיין לא האיר היום. אבל העומר ושתי הלחם שאין מצותן אלא ביום ולא בלילה לא קתני ואקשינן והלא רגלים דקתני במתניתין ולא אוקימנא אלא למעבר בלא תאחר מפני שלא הקריב נדרו. והקרבנות ביום הן ולא בלילה וקתני. (ואקשינן והלא רגלים דקתני במתני' ולא אוקימנא אלא למעבר בלא תאחר) **) מפני דהקרבה לית' אלא ביממא הלתא הקרבן לירושלים בליליא מי ליתא אלא כיון דאתא לחג ולא אייתי איחייבי ליה כאילו עבר עליה מעיקרא. ואקשינן והרי יובלות דקתני ביוה"כ תעבירו שופר וגו' דהוא ביום ולא בלילה וקתני במתני' ופרקינן מתני' ר' (שמעון) [ר"י בנו של ריב"ב] היא דאמר מר"ה חייל יובל ור"ה מאורתא הוא דחייל לא פריק כי קחשיב תנא דידן מידי דלא תלי במעשה אלא כיון דחל הזמן נוהג כגון הללו ד' דמתני'. אבל עומר ושתי הלחם דתליין במעשה כגון עומר דתלי בקצירה ושתי הלחם בלישה ואפייה (הא) לא קא חשיב. והרי רגלים דאוקימנא לר"ש ולחייבו לנודר בבל תאחר והקרבת הנדר מידי דתלי במעשה הוא וקתני. ופרקינן בל תאחר ממילא קא חייל כלומר אינו מתחייב בבל תאחר אלא אם לא יביא הקרבן ואיחור הבאת הקרבן אינו מעשה.

והרי

*) נראה מזה דמפרש כפי' הרשב"א ז"ל בחידושיו כאן ועי' היטב בש"ך ובשעה"מ בח"מ סי' ש"ב והדו"ק. **) אולי צ"ל ומשני נהי דהקרבה ליתא אלא ביממא שבאת הקרבן בירושלים בלילה וכו'.

מסורת הש"ס

[לעיל ב: וש"נ]

[ב"מ קא: ע"ש]

[נ"ל דתנן]

[בכורות נז:]

[מגילה ט: שבועות ד. חולין פד. קד.]

[לקמן ח:]

הגהות הב"ח

(א) גמ' דלא חיילי מאורתא וקחשיב (כיון שצריך) תא"מ ונ"ב רש"י לא גרס לה וכן הוא בתוס' : (ב) תוס' ד"ה ולרגלים כו' אבל בהא דאמרת דרבי :

them], in case [7b] he has not transferred them with all his heart.[3] We are told therefore [that this is not necessary].

Why does our Tanna [not reckon New Year for *shekalim*]?—Since it is laid down that if the sacrifices are brought [from the old contributions] the duty is still performed, he was not certain [whether this should be counted a New Year].

'Some say, Also for the renting of houses'. Our Rabbis have taught: 'If a man lets a house to another for a year, he reckons it as twelve months from day to day.[4] If, however, he stipulates "for this year", then even if the tenant only entered into occupation[5] on the first of Adar, as soon as the first of Nisan arrives,[6] a year has been completed.' And even according to those who say that one day in the year is reckoned as a year, this does not apply here, because a man would not trouble to rent a house for less than thirty days. But why should I not say that Tishri [is the New Year for letting houses]?[7]—It is taken for granted that when a man takes a house [in Tishri], he takes it for the whole of the rainy season. Why do the first Tanna of the Baraitha and our Tanna [not reckon the renting of houses]?—In Nisan also there is often cloudy weather.[8]

ON THE FIRST OF ELUL IS NEW YEAR FOR THE TITHE OF CATTLE. Who is the authority for this?—It is R. Meir, as it has been taught: 'R. Meir says, On the first of Elul is New Year for the tithe of cattle'. Who is the authority in respect of festivals?
a It is R. Simeon.[1] Now look at the succeeding clause: R. ELEAZAR AND R. SIMEON SAY, ON THE FIRST OF TISHRI. [Am I to say that] the first and third statements here follow the authority of R. Simeon and the middle one that of R. Meir?—R. Joseph said: The authority here is Rabbi, and he decides now in accordance with one, now with another Tanna. In respect of festivals he concurs with R. Simeon, and in respect of tithe of cattle he concurs with R. Meir. If that is so, how can he say FOUR [New Years]? There are five?[2]—Raba replied: There are four according to all authorities. There are four according to R. Meir, excluding the festivals,[3] and four according to R. Simeon, excluding the tithe of cattle.[4] R. Naḥman b. Isaac said: [The meaning of our Mishnah is], There are four months in which there are a number of New Years.[5]

An objection was raised: 'The sixteenth of Nisan is the New Year for the *'Omer*;[6] the sixth of Sivan is the New Year for the two loaves'.[7] Now [this being so], according to Raba the Mishnah should say six, and according to R. Naḥman b. Isaac five?—R. Papa said: In fixing the number, [the Tanna] reckons only such [New Years] as commence with the evening,[8] he does not reckon those that do not commence with[9] the evening.[10] But what of festivals which [in respect of vows] do not commence with the evening[11] and yet are reckoned?—Since he has to bring [his vow], he becomes guilty [of 'delaying'] from the very commencement
b [of the festival].[1] But what of Jubilees which do not commence with the evening,[2] and yet are reckoned in?—This follows the view of R. Joḥanan b. Ishmael the son of R. Joḥanan b. Beroḳa, who said that the Jubilee commences with the New Year. R. Shisha the son of R. Idi said: In fixing the number, [the Tanna] reckoned only New Years that are not inaugurated with some ceremony,[3] but he does not reckon those that are inaugurated with a ceremony.[4] But what of festivals, which [in respect of vows] are inaugurated with a ceremony,[5] and yet are not reckoned?—The

(3) Lit., 'very well'. (4) I.e., from a date in one month to the same date in the same month next year. (5) Lit., 'stood'. (6) I.e., as soon as thirty days have passed. (7) So that, if a man rents a house on the first of Elul for a year, he takes it only to the first of Tishri. (8) And therefore at no time would a man if he took a house for a year mean merely thirty days.

a (1) As explained above, that R. Simeon requires three festivals in order in the matter of vows, and he is therefore the authority for the first statement in the Mishnah, that there is a New Year for festivals. (2) The New Year for festivals being on the fifteenth of Nisan. (3) Since R. Meir is of the view that the transgression is involved after the lapse of one festival. V. *supra* 4b. (4) I.e., the first of Elul as a separate New Year; since R. Simeon places it on the first of Tishri which is in any case a new year. (5) There being two in Nisan, and these are counted as one. (6) I.e., for making permissible the new corn. Lev. XXIII, 14. (7) For bringing meal-offerings from the new corn. Ibid. 17. (8) E.g., the New Year for kings commences with the evening of the first of Nisan. (9) Lit. 'full'. (10) As instanced presently. (11) It being assumed that the precept of 'not delaying' is not transgressed till the hour arrives when the animal vowed may be offered, i.e., till the perpetual offering of the morning is brought.

b (1) Even though he is unable to bring the sacrifice till the morning. (2) But which are ushered in with a blast of the *shofar* on the Day of Atonement, in the daytime. (3) Lit. 'depend on an act'. I.e., the New Years which begin with the advent of the day itself. (4) The prohibition of the new corn for personal consumption and for offerings respectively is raised only by the offering of the *Omer* and the two loaves. (5) No sacrifice could be offered before the bringing of the daily morning sacrifice.

[transgression of] 'not delaying' comes automatically.[6] [8a] But what of Jubilees?[7]—This follows the authority of R. Ishmael the son of R. Johanan b. Beroka. R. Ashi said: [The meaning of our Mishnah is,] There are four New Years which fall on four firsts of the month.[8] [Do you then reckon] the first of Shebat [as one and so] follow Beth Shammai?[9]—He [R. Ashi] meant it in this way: There are three according to all authorities; with regard to the first of Shebat there is a difference of opinion between Beth Shammai and Beth Hillel.

R. ELEAZAR AND R. SIMEON SAID, ON THE FIRST OF TISHRI. R. Johanan said: They both based their opinions on the same verse, viz., *The rams have mounted the sheep*[10] *and the valleys also are covered over with corn, they shout for joy, yea, they sing.*[11] R. Meir reasoned: When do the rams mount the sheep? At the time when the valleys are covered over with corn. And when are the valleys covered over with corn? In Adar. The sheep conceive in Adar
a and bear in Ab,[1] and their New Year is in Elul. R. Eleazar and R. Simeon said: When do the rams mount the sheep? At the time when they [the ears of corn] shout for joy and sing.[2] When do the ears of corn burst into song? In Nisan. They conceive in Nisan and bear in Elul, and their New Year is in Tishri. How then does the other [R. Meir] account for the words, *'they shout for joy, yea they sing'?*—This refers to the late ones, whose conception takes place in Nisan. But how then does the other [R. Eleazar] account for the words, *the valleys are covered with corn?*—That refers to the early ones, whose conception takes place in Adar. Now according to R. Meir, there is no difficulty; the text says, *'The rams mount the sheep'*, to wit, at the time when *'the valleys are covered with corn'*, but there are some also [which do not conceive till] *'they shout aloud and sing'*. But on the view of R. Eleazar and R. Simeon, the clauses should be reversed, thus: *'The rams mount the sheep'*, to wit, at the time when the ears of corn *'shout for joy and sing'*, but there are some which do so [already] *'when the valleys are covered with corn'?*—The fact is, said Raba, that all authorities hold that the rams mount the sheep at the time when the valleys are covered with corn, which is in Adar, but where they differ is in the exposition of the following text, viz., *Thou shalt surely tithe,*[3] [in regard to which we have learnt that] the Scripture speaks of two tithes, the tithe of cattle and the tithe of corn. Now R. Meir was of opinion that the tithe of cattle is put on the same footing as the tithe of corn in this way: just as corn becomes liable to tithe, soon after it reaches completion,[4] so cattle becomes liable to tithe soon after it reaches completion.[5] R. Eleazar and R. Simeon again held that the tithe of cattle is put on the same footing as the tithe of corn in this way: just as the New Year for the tithe of corn is in Tishri, so the New Year for the tithe of cattle is in Tishri.

ON THE FIRST OF TISHRI IS NEW YEAR FOR YEARS. What legal bearing has this?—R. Papa said: For [determining the validity of] documents, as we have learnt, 'Bonds if antedated are invalid,
b but if postdated are valid'.[1] But we have learnt, ON THE FIRST OF NISAN IS NEW YEAR FOR KINGS, and we asked, What is the legal bearing of this, and R. Ḥisda replied, For [determining the validity of] documents?[2]—There is no contradiction; the one statement refers to kings of Israel, the other to kings of other nations. What then of the dictum of R. Ḥisda, 'This statement refers only to the kings of Israel, but for the kings of other nations we reckon from Tishri'; was R. Ḥisda telling us only something that we already know from a Mishnah?—No; R. Ḥisda wanted to tell us the import of some Scriptural verses.[3] If you like I can say that R. Ḥisda explains the Mishnah here in the same way as R. Zera, since R. Zera said [that it[4] means], for reckoning cycles,[5] in this following the view of R. Eleazar, who said that the world was created in Tishri.[6] R. Naḥman b. Isaac [explained the Mishnah to refer] to the Divine judgment, as it is written, *From the beginning of the year to the end of the year,*[7] [which means], From the beginning of the year sentence is passed as to what shall be up to the end of it. How do we know that this takes place in Tishri?—Because it is written, *Blow the horn at the new moon, at the covered time* [keseh][8]

(6) As soon as the Festival sets in. (7) V. n. 2. (8) And for this reason the New Year for the *Omer* and the two loaves are not included in our Mishnah. (9) V. Mishnah. (10) E.V., *'The meadows are clothed with flocks'*. (11) Ps. LXV, 14.

a (1) Six months being allowed for pregnancy. (2) A poetic description of the rustling of the ears. It is doubtful whether we can find here an allusion to the idea that 'all creatures sing a certain chant before the Holy One, blessed be He'. (3) Lit., *'tithing thou shalt tithe'*, Deut., XIV, 22. (4) I.e., after it has become thoroughly dried in the fields, in Elul, v. *infra* 12a. (5) I.e., after it is born, in Ab.

b (1) V. *supra*, 2a n. b2. (2) Which shows that the year for documents is dated from Nisan and not Tishri. (3) I.e., he was telling us that we can learn from the Scriptures that the years of non-Israelitish kings are reckoned from Tishri. V. *supra* 3b. (4) The statement ON THE FIRST OF TISHRI IS THE NEW YEAR FOR YEARS. (5) I.e., the cycle of Tishri is the first of the four cycles of the year, v. *infra* p. 43, n. 9. The year is divided into four cycles called *Tekufoth*, the *Tekufah* of Nisan (Vernal Equinox); Tammuz (Summer Solstice); Tishri (Autumn Equinox); Tebeth (Winter Solstice). The term *Tekufah* is also applied to the season itself. (6) V. *infra* 10b. (7) Deut. XI, 12. The verse continues, *the eyes of the Lord thy God are always upon it* (the land of Canaan). (8) E.V., *'appointed time'*, or 'full moon'. (9) Ps. LXXXI, 4.

והרי יובלות ר' ישמעאל בנו של רבי יוחנן בן ברוקה היא (א) ורב אשי אמר ארבע ראשי השנים הם שהן בארבע ראשי חדשים באחד בשבט כב"ש ה"ק שלשה לדברי הכל באחד בשבט מחלוקת ב"ש וב"ה: ר' אלעזר ור"ש אומרים באחד בתשרי: א"ר יוחנן ושניהם מקרא אחד דרשו שנאמר °לבשו כרים הצאן ועמקים יעטפו בר יתרועעו אף ישירו ר"מ סבר אימתי לבשו כרים הצאן בזמן שעמקים יעטפו בר ואימתי עמקים יעטפו בר באדר מתעברות באדר ויולדות באב ר"ה שלהן אלול ר' אלעזר ור"ש אומרים אימתי לבשו כרים הצאן בזמן שיתרועעו אף ישירו אימתי שבלים אומרות שירה בניסן מתעברות בניסן ויולדות באלול ר"ה שלהן תשרי ואידך נמי הא כתיב יתרועעו אף ישירו ההוא באפלתא דהויין בניסן ואידך נמי הכתיב ועמקים יעטפו בר ההוא בהרפייתא דאתיין מאדר בשלמא לר"מ כדכתיב לבשו כרים הצאן בזמן שעמקים יעטפו בר ואיכא נמי יתרועעו אף ישירו אלא לרבי אלעזר ור"ש איפכא מיבעי ליה לבשו כרים הצאן בזמן שיתרועעו אף ישירו ואיכא נמי דעמקים יעטפו בר אלא אמר רבא דכ"ע לבשו כרים הצאן בזמן שעמקים יעטפו בר באדר והכא בהאי קרא קמיפלגי °עשר תעשר *בשני מעשרות הכתוב מדבר אחד מעשר בהמה ואחד מעשר דגן ר"מ סבר מקיש מעשר בהמה למעשר דגן מה מעשר דגן סמוך לגמרו עישורו אף מעשר בהמה סמוך לגמרו עישורו ורבי אלעזר ור"ש סברי מקיש מעשר בהמה למעשר דגן מה מעשר דגן ר"ה שלו תשרי אף מעשר בהמה ר"ה שלו תשרי: באחד בתשרי ר"ה לשנים: למאי הלכתא אמר רב *פפא לשטרות דתנן *שטרי חוב המוקדמין פסולין והמאוחרין כשירין והתנן באחד בניסן ר"ה למלכים *למאי הלכתא ואמר רב חסדא לשטרות לא קשיא כאן למלכי ישראל כאן למלכי אומות העולם אלא הא דאמר רב חסדא *לא שנו אלא למלכי ישראל אבל למלכי אומות העולם מתשרי מנינן רב חסדא *מתניתין אתא לאשמועינן לא רב חסדא קראי אתא לאשמועינן ואיבעית אימא רב חסדא כרבי זירא מתני לה דרבי זירא אמר לתקופה ור"א היא דאמר *בתשרי נברא העולם רב נחמן בר יצחק אמר *לדין דכתיב °מראשית השנה ועד אחרית שנה מראשית השנה נידון מה יהא בסופה ממאי דתשרי הוא דכתיב °תקעו בחדש שופר בכסה ליום חגנו *איזהו חג שהחדש

תהלים סה · דברים יד · דברים יא · תהלים פא

רש"י

והרי יובל · שהוא תלוי בתקיעה: רב אשי אמר · האי דלא חשיב במתניתין אלא ארבעה לפי שלא מנה אלא ראשי שנים הבאים בראשי חדשים ואין רגלים מן המנין אלא כדאמרינן רגל שבו ולהכי לא תני נמי ר"ה דעומר ושתי הלחם: ופרכינן א"כ באחד בשבט · סתם לן תנא ברישא כב"ש דאי כב"ה הא אמרי בט"ו בו: ה"ק כו' · תנא דמתניתין סתם ברישא אחד בשבט בראשי שנים והדר פריש ואזיל בסיפא באחד בשבט ר"ה לאילן דברי ב"ש למימרא דהא דסתם ברישא ארבעה ראשי שנים בראשי חדשים לאו דברי הכל היא אלא אב"ש קאי: [שלשה לדברי הכל · לאו דוקא] דהא אחד באלול נמי פלוגתא היא דר"א ור"ש אומרים באחד בתשרי [אלא אב"ה קאי]: לבשו כרים הצאן · מקרא הוא בספר תהלים לבשו כרים הצאן ועמקים יעטפו בר יתרועעו אף ישירו לבשו כרים הצאן מתלבשות הכבשים שמתעברות: יעטפו בר · שהזריעה צומחת וניכרת יפה: יתרועעו אף ישירו · בניסן כשיגיע זמן הקציר והתבואה בקשים שלה והרוח מנשבת והן נוקשים זו על זו כשמע הקול ונראות כמשוררות: זמן עיבור בהמה דקה חמשה חדשים*: ר"ה שלהן אלול · דסמוך לגמרו (ב) זמן חדש וישן שלהן לחידוש השנה: בזמן שיתרועעו · השיבולים: ההוא באפלתא · יש לך צאן המעטיפות ומתאחרות לקבל זכר עד ניסן אבל רובן מאדר הוו: בשלמא לר"מ · דדריש קרא כדכתיב לבשו כרים: ואיכא נמי · מיעוטא שאין מתלבשות כרים עד שיתרועעו השיבולים: אלא לר"א · דאמר רובא בניסן ומיעוטא באדר איפכא מיבעי ליה למיכתב: מעשר דגן סמוך לגמרו עישורו · ר"ה למעשרות תשרי דהכי תני ליה לקמן (דף יב·) בברייתא ותשרי סמוך לגמרו הוא דכל ימות החמה מניחם ליבש בגרנות שבשדות: בא' בתשרי ר"ה לשנים למאי הלכתא לשטרות · לתחילת שנות מלכים כדפרישית בריש פרקין (דף ב·): קראי אתא לאשמועינן · (ג) כדאמרן בריש פרקין (דף ג:) דברי נחמיה בן חכליה: ואי בעית אימא · רב חסדא דאיצטריך לאשמועינן כדאמרן דמלכי אומות בתשרי לית ליה הא דרב פפא דפריש ר"ה לשנים דהכא לשטרות אלא כר' זירא מתני לה לפירושא דלשנים דמתני' דר' זירא מתני ר"ה לשנים לתקופת חמה ולבנה לומר שמונין לברייתן והילוכן [של] תקופת החמה ומולדות הלבנה מתשרי: ור"א היא דאמר בתשרי נברא העולם · לקמן בפרקין (דף י:): רב נחמן בר יצחק אמר · ר"ה לשנים דתנן הכא לדין תנא שהקב"ה דן בתשרי את כל באי העולם כל הקורות אותם עד תשרי הבא: דכתיב עיני ה' אלהיך בה מראשית השנה · הגגזרות עליה: שהחדש

תוספות

והרי יובלות · יש תימה מאי ס"ד הא לא מיתוקמינן כלל אלא לרבי ישמעאל בנו של ר"י ב"ב לקמן: [באחד בשבט כבית שמאי · פי' בתמיה]: שלשה לדברי הכל ואחד בשבט מחלוקת · הא לא מתוקמא כר"ש דלית ליה אחד באלול אלא כר"מ אתיא [ואכתי] צריכי למימר דנסיב לה אליבא דתנאי דלרגלים לא מיתוקמא כר"מ: לבשו כרים הצאן · מתרגמינן יעלון דוכרייא עילוי ענא והוא לשון נקיה *ובקונט' מפרש לקמן (ד' יא·) לגבי הא דאמר רבי יהושע בניסן נברא העולם דקאמרינן באותו הפרק זמן בהמה וחיה שמזדווגים זה עם זה ובכאן לא פירש כן: סמוך לגמרו עשורו · ואע"ג דתנן בפ"ק דמעשרו' (מ"ג) התבואה והזיתים משיביאו שליש מ"מ אין דרך ללקטם אלא כשנגמרו: מה מעשר דגן ר"ה שלו תשרי · כדתנן בפירקין (דף ב·) ולירקות דהיינו למעשר כך מפרש בגמ' (דף יב·) ומיהו לא מפרש מנלן ושמא נפקא לן מדכתיב עשר תעשר את כל תבואת זרעך היוצא השדה שנה שנה וגמר שנה שנה מתשרי דכתיב מראשית השנה כדלקמן (ע"ב) גבי לשמיטין [ועי"ל דטעמא דבתשרי כדפירש רש"י פ"ב דכתובות (דף כה·) דלא נתחייבו ישראל במעשר עד שהתחילו למנות שמיטין א"כ מעשר בשמיטין תלה רחמנא ושמיטין הוי תשרי ר"ה]: רב חסדא כר' זירא · דמוקים ליה למתני' לתקופות והא דלא תנא תשרי ר"ה למלכי אומות העולם משום דבאומות העולם לא קמיירי: לתקופות כר"א דאמר בתשרי נברא העולם · ומונין מולד הלבנה והתקופה מאחד בתשרי ורבי יהושע מונה מניסן ויש נפקותא מרובה בדבר במה שקודם מנין של זה למנין של זה תלי שנה והא דקיימא לן פרק כילד מעברין (עירובין ד' נו: וסם) דאין תקופת ניסן נופלת אלא בארבעה רבעי היום אם בתחילת היום וכו' היינו משום דהתם כולהו כר' יהושע דתניא בברייתא כוותיה דשמואל סבר כר' יהושע דלר"א בכ"ה באלול נברא העולם ולר' יהושע בכ"ה באדר הייט דכשנברא אדם בששי קדש החדש וזה טעם למחשבי העבור לאחר שגרפו כל השעות (ד) והקפה של כל מחזורים שמסירין ז"ט תרמ"ב פי' ז' ימים תשע שעות תרמ"ב חלקים דרגילים לומר לפי שהיתה הלבנה נזופה ע"י שקטרגה ונהגה נזיפה בעצמה ז"ט תרמ"ב ולא מצינו טעם זה בכל מקום אלא זהו הטעם לפי שהמונה מבריאת העולם לא מונה ר"ה עד יום ששי שנברא אדם הראשון ובשעה תשיעית נצטווה כדאמר פרק אחד דיני ממונות (סנהדרין' לח:) ומסתמא אז קדש החדש ומקדש החדש ע"כ היה המולד ו' שעות קודם דשית שעי מכסי סיהרא ונמצא המולד בתחילת

רבינו חננאל

והרי יובלות שיש להן מעשה תקיעת שופר ושלוח עבדים וחזרת ממכר ופרקינן מתני' ר' ישמעאל היא דאמר מר"ה (שנא') חייל יובלי והני כולהו אינן אלא ביום הכפורים ופריק רב אשי פירוק אחר ואמר הכי קתני ד' ראשי שנים הן ג' לדברי הכל שהן ראשי חדשים באחד בניסן ובאחד באלול ובאחד בתשרי · אבל הרביעי באחד בשבט מחלוקת ב"ש וב"ה · ר' אלעזר ור' שמעון אומרי' באחד בתשרי א"ר יוחנן ושניהן מקרא אחד דרשו לבשו כרים הצאן וגו' עד אימתי נעשה הצאן מלבוש לכרים שהן הטלאים כלומ' מתעברות בזמן שהעמקים יעטפו בר · ואימתי מתכסים העמקים מצמחי התבואה באדר הלכך מתעברות באדר ויולדות באב לה' חדשים · ר"ה שלהן אלול · ור"א ור"ש אומרים בזמן ששבולת אומרת שירה מתעברות כלומר שהתבואה גדולה ונעשית קמה · ובזמן שהרוח מנשבת בהן נשמע מתוכה בקול הברה וזו היא כעין שירה · ואימתי מגיעות בזה הגבול בניסן · הלכך מתעברות בניסן ויולדות באלול · ר"ה שלהן תשרי · פירוש חרפתא · הבכירות · אפלתא · האפילות · בשלמא האי קרא דייקא כר' מאיר שמתעברות באדר בזמן שהעמקים יעטפו בר באדר ומשתכחי נמי *) באדר· בכירות שעומדות קמה ואומרות שירה · אלא לר"א ולר"ש איפכא הוא והכי הוה ליה למכתב לבשו כרים הצאן יתרועעו אף ישירו · ועמקים יעטפו בר כלומ' מתעברות בניסן בזמן שיתרועעו אף ישירו · ואיכא נמי עמקים [יעטפו] בר (באפליאתא) [בחרפייתא]. ופריק רבא לדברי הכל באדר מתעברות כדמפרש קרא ובאקושי מעשר בהמה למעשר דגן פליגי ופשוטה היא · באחד בתשרי ר"ה לשנים ואוקמה רב חסדא כר' זירא [מתני לה] דאמר ר"ה לחשבון תקופות · ור' אליעזר הוא דאמר כדבעינן למימר לקמן בתשרי נברא העולם · רב נחמן בר יצחק אמר ר"ה לדין · דכתיב מראשית השנה עד וגו' מראש נידון מה יהא בסופה · וממאי דתשרי הוא דכתיב תקעו בחודש שופר וגו' ופשוטה היא · ולשמיטין

*) נראה דל"ל יעטפו בר באדר ומשתכחי נמי אפילות שעומדות קמה בניסן ואומרות שירה.

עין משפט נר מצוה

מב א מיי' פ"ג מהל' תשובה הל' ג:

והוא תלמוד ערוך וכת"י אינו · סעתק מחילופי גרסאות

מסורת הש"ס

[כתובות ה: ד"ה] · [בכורות נג:] · [עי' ז' וסם איתא רב חסדא אכן מתירוצו ואיבעית אימא ר"ח כרבי זירא וכו' מוכחת דליתא ובר"ף והכא ר"ח דהכא איתא רב פפא] · [פסחים קה: כתובות יז:] · [לקמן י: כו: ע"ז ה·] · [לקמן יב·] · [לקמן לד·] · ביצה טז· סנהדרין יח·

הגהות הב"ח

(א) גמ' בנו של ריב"ב היא רב אשי אמר: (ב) רש"י ד"ה ר"ה שלהן אלול· דסמוך נגמרו הוא זמן: (ג) ד"ה קראי אתא לאשמועי' דברי נחמיה בן חכליה דאמרן בריש פרקין הס"ד: (ד) תוס' ד"ה לתקופות כו' לאחר שגרפו כל השעות סימים של כל:

עין משפט
נר מצוה

מג א מיי' פ"י מהל' שמיטין הל' יד סמג עשין קלא קלב ולאוין רסח :

רבינו חננאל

ולשמיטין מנ"ל דכתיב ובשנה השביעית שבת שבתון וגו' וגמר שנה שנה מתשרי דכתיב מראשית השנה וליובלות אוקימנ' כר' ישמעאל דסבר האי דכתיב וקדשתם את שנת החמשים שנה וגו' מלמד שמתקדשת שנת היובל מתחלתה כלומר מר"ה ודייק מלישנא יתירא מאחר דכתיב וקדשתם את שנת החמשים שנה למה בא אלא ללמד שקידוש שנת היובל מר"ה · ורבנן שחולקין על ר' ישמעאל אומרים לפה בא שנה ללמדך כי היובל שנים אתה מקדשו ולא חדשים · תניא אידך יובל היא שנת החמשים שנה מת"ל לפי שנאמר וקדשתם את שנת החמשים שנה שיכול בכניסתה תהא מתקדשת בר"ה ויציאתה תהא מושכת והולכת עד יוה"כ שכן מוסיפין מחול על קודש ת"ל יובל היא שנת החמשים שנה תהיה לכם אין קדושתה אלא עד ר"ה ·

תורה אור

שהחדש מתכסה בו הוי אומר זה ר"ה וכתיב °כי חק לישראל הוא משפט לאלהי יעקב ת"ר כי חק לישראל הוא משפט לאלהי יעקב מלמד שאין ב"ד של מעלה נכנסין לדין אא"כ קידשו ב"ד של מטה את החדש תניא אידך כי חק לישראל הוא אין לי אלא לישראל לאומות העולם מנין ת"ל משפט לאלהי יעקב א"כ מה ת"ל כי חק לישראל מלמד שישראל נכנסין תחילה לדין כדרב חסדא *דאמר רב חסדא מלך וציבור מלך נכנס תחילה לדין שנאמר °משפט עבדו ומשפט עמו מאי טעמא אי בעית אימא לאו אורח ארעא למיקם מלכא אבראי ואיבעית אימא מקמי דליפוש חרון אף : ולשמיטין : מנלן דכתיב °ובשנה השביעית שבת שבתון יהיה לארץ וגמר שנה שנה מתשרי דכתיב °מראשית השנה ולגמור שנה שנה מניסן דכתיב °ראשון הוא לכם לחדשי השנה *דנין שנה שאין עמה חדשים משנה שאין עמה חדשים ואין דנין שנה שאין עמה חדשים משנה שיש עמה חדשים : וליובלות : יובלות באחד בתשרי הוא יובלות בי' בתשרי הוא דכתיב °ביום הכפורים תעבירו שופר הא מני *רבי ישמעאל בנו של רבי יוחנן בן ברוקא היא דתניא °וקדשתם את שנת החמשים שנה מה ת"ל לפי שנאמר ביוה"כ יכול לא תהא מתקדשת אלא מיוה"כ ואילך ת"ל וקדשתם את שנת החמשים מלמד שמתקדשת והולכת *מתחילתה מכאן אמר ר' ישמעאל בנו של ר' יוחנן בן ברוקא *מר"ה עד יוה"כ לא היו עבדים נפטרין לבתיהן ולא משתעבדין לאדוניהם אלא אוכלין ושותין ושמחין ועטרותיהן בראשיהן כיון שהגיע יוה"כ *תקעו ב"ד בשופר נפטרו עבדים לבתיהן ושדות חוזרות לבעליהן ורבנן *שנים אתה מקדש ואי אתה מקדש חדשים תניא אידך יובל היא מה תלמוד לומר לפי שנאמר וקדשתם את שנת החמשים יכול כשם שמתקדשת והולכת מתחילתה כך מתקדשת והולכת בסופה ואל תתמה שהרי מוסיפין מחול על קדש תלמוד לומר °יובל היא שנת החמשים שנת החמשים אתה מקדש ואי אתה מקדש שנת החמשים ואחת

ורבנן

שהחדש מתכסה בו · לרחוקים כגון שחרית לבני מערב וערבית לבני מזרח לפי שקטנה היא סמוך לחידושה : אלא אם כן קדשו החדש כו' · וה"ק אם קבעו ישראל את חק החדש יהא משפט להקב"ה: מלך וציבור · כשהקב"ה דן אותם מלך נכנס תחילה : משפט עבדו · שלמה קאמר ליה : דליפוש חרון אף · בשביל עוות לבור : מנלן · שנת שמיטה מקודשת מר"ה ואסור בעבודת הקרקע : וקדשתם שנת החמשים מה ת"ל · מכיון שאמר שבע שבתות שנים והעברת שופר (א) בחדש השביעי יודע אני שהיא שנת החמשים: לא נפטרים לבתיהם · דכתיב תעבירו שופר והדר וקראתם דרור : ולא משתעבדין · דכתיב וקדשתם את שנת החמשים : ועטרותיהן בראשיהן · אם רצה לשום עטרה בראשו להראות שילא חפשי : שנים אתה מקדש · כשנת יובל נכנסה מלוה על ב"ד לומר מקודשת השנה : ואי אתה מקדש שום חדש · כר"א בר"ש דאמר לקמן בפרק שני (ד' כד·) בין שנראה בזמנו בין שלא נראה בזמנו אין מקדשין אותו ויליף טעמא מהכא : לפי שנאמר וקדשתם את שנת החמשים · דילפינן מיניה שמתקדשת מתחלתה: יכול כדמתקדשת בסופה · אחר ראש השנה ותמשוך עד יום הכפורים : ואל תתמה · אם משמרין אותה בתוך שנה שלאחריה : שהרי מוסיפין מחול על קודש · כדאמרינן לקמן בשמעתין: ת"ל יובל היא · מיעוטא היא :

בתחילת שעה ט"ו דהיא שעה שלישית של יום וסימן וי"ד פי' ביום ו' בסוף שעה י"ד היה המולד מאחר שלא היה ר"ה עד יום ו' שקידם אדם הראשון החדש נמצא שנברא העולם בכ"ה באלול ואותה שנה של תוהו שמונין משום דיום אחד בשנה חשוב שנה וכשתדקדק על מולד ניסן של תוהו שלפני תשרי של ייטוב שבו נברא אדם תמצא מולד ניסן ברביעי בתשע שעות תרמ"ב חלקים שאתה צריך להשליך ב' ד' תל"ח לאחריו ב' ימים ד' שעות תל"ח חלקים ומולד תשרי של תוהו שלפניו שנמצא ב' ה' ר"ד ולתקופה מניסן של תוהו מונין שהיתה התקופה בתחילת ליל ארבעה ונמצאת תקופת תשרי של ייטוב של אחריו ביום ד' ט"ו שעות כדאמרינן בפרק כילד מעברין* אין בין תקופה לתקופה אלא תשעים ואחד יום וז' שעות ומחצה נמצא דשתי תקופות ט"ו שעות ונמצא דקדמה תקופת תשרי למולד א' כ"ג פי' יום אחד כ"ג שעות ונמצא דקדמה תקופת ניסן את המולד ז' ט' תרמ"ב דל חצי (שעה) עודפת התקופה על המולד ה' י' תרמ"ב פי' ה' ימים י' שעות תרמ"ב חלקים וכשתצרף ה' י' תרמ"ב עם א' כ"ג עולה ז' ט' תרמ"ב והרי עכשיו נוהגין למנות מתשרי של תוהו שנות העולם כדפי' דיום אחד בשנה חשוב שנה (ב) ותקופת ניסן מונין מולד תשרי ב' ה' ר"ד וזקוקים להסיר ז' ט' תרמ"ב ודבר תימה הוא במה נחלקו ר"א ור' יהושע דתניא לקמן (דף יא·) מונין לתקופה מניסן ולמולדות מתשרי והלא היו יכולים לברר הדבר דכ"ד שעות מיכסי סיהרא בין חדתא לעתיקא כדאיתא* בסוף פ"ק דערכין (דף ט: ושם) והם מרחיקין המולד זה מזה ב' ד' תל"ח טולי האי אין ראוי לטעות דאיך יטעו בו שני ימים :
שהחדש מתכסה בו · שאין הלבנה נראית לרחוקים כגון שחרית לבני מערב וערבית לבני מזרח לפי שקטנה היא סמוך לחדושה כפי' הקונטרס והביא ר"ת ראיה מויקרא רבה בפרשת אמור אל הכהנים דקאמר התם תקעו בחדש שופר בכסה ליום חגנו והלא ניסן חדש ונכסה ויש בו חג אלא זה שחגו בו ביום ואין לך חדש שהוא נכסה ויש בו חג וחגו ביומו אלא תשרי ועוד מפרש ר"ת מתכסה מזומן כמו ליום הכסא יבא ביתו דבפרק חלק (סנהדרין דף צו:) גבי עמון ומואב שיבבי בישי דארעא דישראל הוו וכו' °והר"ר משולם מפרש שהחדש מתכסה בו שאין חטאת ר"ח קרב בראש השנה כדכתיב מלבד עולת החדש ומנחתה ולא כתיב מלבד חטאת ועולה והקשה לו ר"ת דברים תוספתא דשבועות תניא (ד"ל) שעירים מקריבים ישראל בכל שנה וחשיב י"ב בראשי חדשים ובאופן דמוסף דר"ה וחיות אשר הגה מרובעות יסד ר"א הקליר מוספי חדש עשתי עשרה דהייט פרים בני בקר שנים ואיל אחד כבשים בני שנה שבעה ושעיר לכפר והשיב לר"ת שלא אמר שאין בו מוסף אלא מתכסה שלא הזכיר הכא חטאת בקרא דמלבד כמו שהזכיר עולה ועוד פי' מתכסה שאין מזכירין מוסף של ר"ח בתפלה משום דאמרי' רשב"ג ה"ל בריה דבסים קליה עייל קמי תיבותא כי מטי לראשי חדשים אישתיק ולא רצה לאמרו (ג) פי' דמוטב שיבא זכאי ויכפר על החייב ואל יבא חייב ויכפר על הזכאי פירוש ההוא דר"ח קרוי חייב משום דאמרי'* אמר הקב"ה הביאו כפרה וכו' עכ"ל ור"ת רגיל להזכיר ולומר מלבד עולת החדש ולסיים ושני שעירים לכפר חד דר"ח וחד דר"ה* : בעשרה בתשרי הוא · לרב אשי דאמר לעיל ארבעה ראשי השנה בד' ראשי חדשים *פריך (ד) הא דא"ל רב חסדא לעיל רגל שבו ר"ה לרגלים (ה) הוה כמי מלי לשטיי הכא הכי : ורבנן שנת חמשים אתה מונה · לרבנן כיון דאינה מתקדשת מתחילתה איצטריך ליה קרא להכי ולא איצטריך למעוטי סופה מחמת דמוסיפין מחול על הקדש דהשתא מבגיר בליר אסופי מבעיא וא"ת אדרבה כ"ש דצריך טפי משום דכתיב בקרא שנה ואין כאן שנה שלימה אא"כ תמשך עד יוה"כ אחר ויש לומר דכיון דלא שייך טעמא דתוספה ממילא בלא שום יתור ממעטא מקרא דוקדשתם דמשמע דוקא שנת החמשים :

ואי

מסורת הש"ס

[לקמן טו] ע"ז ג:
[לעיל ז: לקמן ט:]
[ערכין כח:]
[קדושין מ:]
[לעיל ז:]
שבת קלא:
[לקמן כד:]
[ועי' תוס' ביצה סו: ד"ה איתו]
[שבועות ט: חולין ס:]
[עי' רש"א]

הגהות הב"ח

(א) רש"י ד"ה וקדשתם כו' והעברת שופר תרועה בחדש : (ב) תוס' ד"ה ולתקופות · כדפי' דיום אחד בשנה חשוב שנה ולתקופה מניסן מונין ומולד תשרי בכר"ד : (ג) תוס' ד"ה שהחדש כו' ולא רצה לאומרו דמוטב כצ"ל ותיבת פי' נמחק : (ד) ד"ה בעשרה כו' פריך דהא אמר רב חסדא כצ"ל : (ה) בא"ד לרגלים והכא נמי מלי לשטיי הכי :

גליון הש"ס

תד"ה שהחדש וכו' · והר"ר משולם מפרש · עיין יומא ג ע"א תד"ה אלא נמ"ד :

for our feastday.[9] Which is the feast [8*b*] on which the moon is covered over [*mithkaseh*]? You must say that this is New
a Year;[1] and it is written [in this connection], *For it is a statute for Israel, an ordinance for the God of Jacob.*[2]

Our Rabbis taught: '*For it is a statute for Israel, an ordinance for the God of Jacob*': this teaches that the heavenly Beth din does not assemble for judgment until the Beth din on earth has sanctified the month'.

Another [Baraitha] taught: '*For it is a statute for Israel*'; this tells me only that Israel [are judged]; how do I know that this applies also to the [other] nations of this world? Because it is written, '*an ordinance for the God of Jacob*'. If that is the case, what is the point of saying, *For it is a statute for Israel?*[3]—It teaches that Israel are brought up for trial first. And this is in harmony with the [following] saying of R. Ḥisda. For R. Ḥisda said: Where a king[4] and a community appear together, the king is brought up for judgment first, as it says, *the judgment of his servant* [*Solomon*] *and the judgment of his people.*[5] What is the reason?—If you like I can say, because it is not seemly that the king should stand outside, and if you like I can say, [the king is tried] before [the Divine] wrath becomes really fierce.[6]

FOR RELEASE YEARS. How do we know this [from the Scripture]?—Because it is written, *And in the seventh year shall be a sabbath of solemn rest for the land,*[7] and that this commences with Tishri we learn from the analogy with the word 'year'[8] in *from the beginning of the year.*[9] But let us learn that it is Nisan from analogy with the word 'year' in the text, *It is the first to you of the months of the year?*[10]—We draw an analogy to a year with which months are not mentioned from a year with which months are not mentioned, but we do not draw an analogy to a year with which months are not mentioned from a year with which months are mentioned.[11]

AND FOR JUBILEE YEARS. [Is the New Year for] Jubilees on the first of Tishri? Surely [the New Year for] Jubilees is on the tenth of Tishri, as it is written, *On the day of atonement shall ye make*
b *proclamation with the horn?*[1]—What authority is here followed? R. Ishmael the son of R. Joḥanan b. Beroḳa, as it has been taught: *And ye shall hallow the fiftieth year.*[2] What is the point of these words? [It is this]. Since it says, *On the day of atonement* [*ye shall make proclamation*],[1] I might think that the year is sanctified only from the Day of Atonement onwards. Therefore it says, *And ye shall sanctify the fiftieth year.* This teaches that it is sanctified from its inception. On this ground R. Ishmael the son of R. Joḥanan b. Beroḳa laid down that from New Year to the Day of Atonement slaves were neither dismissed to their homes nor subjected to their masters, but they ate and drank and made merry, wearing garlands on their heads.[3] When the Day of Atonement came, the Beth din sounded the horn; slaves were dismissed to their homes and fields returned to their original owners. And the Rabbis [—what do they make of this verse]?—[They say it teaches that] you are to sanctify years but not months.[4]

Another [Baraitha] taught: '*It is a Jubilee.*[5] What is the point of these words?—Since it says, *And ye shall hallow the fiftieth year,*[2] I might think that, just as it is sanctified from its inception onwards, so it remains sanctified [for a time] after its termination. And there would be nothing to wonder at in this, seeing that we [regularly] add from the profane on to the holy.[6] Therefore it says, *It is a Jubilee to you, the fiftieth year,* [to show that] you are to sanctify

a (1) The only feast which takes place when the moon is hidden. (2) Ibid. 5. (3) For if the other nations are judged, *à plus forte raison* Israel. (4) Israel being regarded as a king in relation to the other nations. (5) I Kings, VIII, 59. (6) Being inflamed by the sins of the community. (7) Lev. XXV, 4. (8) And he derives (the meaning of) 'year' from 'year' (commencing) with Tishri. (9) Deut. XI, 12, which refers to Tishri. (10) Ex. XII, 2. (11) V. *supra* p. 7*a*.

b (1) Lev. XXV, 9, referring to the Jubilee. (2) Ibid 10. These words are apparently superfluous, it having already been said, *and thou shalt number forty-nine years.* (3) In sign of their approaching freedom. (4) Cf. *infra* 24*a*. (5) Lev. XXV, 11. (6) V. *infra*.

the fiftieth year, but not the fifty-first year.[7] [9a] And the Rabbis [—what do they make of these words]?[8]—[They say]: You are to count the fiftieth year, but you are not to count the fifty-first,[9] to exclude the view of R. Judah, who said that the fiftieth year is
a reckoned both ways.[1] We are here told that this is not so.

And how do we know [from the Scripture] that we add from the profane on to the holy?[2]—As it has been taught: *In plowing time and in harvest time thou shalt rest.*[3] R. Akiba, [commenting on this,] said: There was no need [for Scripture] to specify the ploughing and harvest of the Sabbatical year, since this has already been mentioned [in] *thy field thou shalt not sow* etc.[4] What must be meant therefore is the ploughing of the year before the seventh which is passing into the seventh,[5] and the harvest of the seventh year which is continuing into the period after the seventh year.[6] R. Ishmael said: Just as ploughing is optional,[7] so the harvest [here referred to] is an optional one, excluding the harvesting of the '*Omer*, which is a religious duty.[8] Whence then does R. Ishmael derive the rule that an addition is to be made from the profane on to the holy?—From what has been taught: *And ye shall afflict your souls on the ninth day:*[9] I might think [literally] on the ninth day. It therefore says, *In the evening.*[10] If in the evening, I might think, after dark? It therefore says, '*on the ninth day*'.[11] What then am I to understand? That we begin fasting while it is yet day; which shows that we add from the profane on to the holy. I know this [so far] only in regard to the inception [of the holy day]; how do I know it in regard to its termination? Because it says, *from evening to evening.*[10] So far I have brought only the Day of Atonement under the rule; how do I know that it applies to Sabbaths also? Because
b it says, *ye shall rest.*[1] How do I know that it applies to festivals? Because it says, *your Sabbath.*[1] How am I to understand this? That wherever there is an obligation to rest, we add from the profane on to the holy.

What then does R. Akiba make of this, '*and ye shall afflict your souls on the ninth day*'?—He requires it for the lesson learnt by R. Ḥiyya b. Rab from Difti.[2] For R. Ḥiyya b. Rab from Difti learnt: '*And ye shall afflict your souls on the ninth day*'. Do we then fast on the ninth day? Is it not on the tenth day that we fast? [We do]; but [the use of this word] indicates that if a man eats and drinks

(7) The word '*it*' being specific. (8) They have no need of this lesson, seeing that they do not consider the year sanctified from its inception. (Cf. Tosaf. s.v. ורבנן 8*b*). (9) Lit. 'the year fifty and first'. So our texts, the meaning being, according to Rashi, that you are not to reckon the fiftieth year as fiftieth to the Jubilee and first to the next septennate. Tosaf., by a slight change of wording, renders: 'You are to count the fiftieth year (as fiftieth to the Jubilee), but you are not to count the fiftieth year as one (to the following septennate)', which is a smoother reading.

a (1) As fiftieth to the Jubilee and first to the next septennate. (2) I.e., add a little from the ordinary week-day on to the holy day. (3) Ex. XXXIV, 21. (4) Lev. XXV, 4. (5) Ploughing under trees in the sixth year which will benefit them in the seventh. (6) Stuff which grows of itself and reached a third of its growth in the seventh year. (7) As there is no ploughing, which is considered a religious duty. (8) R. Ishmael takes the words '*in plowing time* etc.' to refer to the Sabbath, and learns from them that the '*Omer* to be brought on the second day of Passover may be reaped on Sabbath, v. Mak. 8*b*. (9) Lev. XXIII, 32. (10) Ibid. (11) And after dark would be on the tenth.

b (1) Lev. XXIII, 32. (2) Dibtha, below the Tigris, S.E. of Babylon.

ורבנן *שנת חמשים אתה מונה ואי אתה מונה שנת חמשים ואחת לאפוקי מדר' יהודה *דאמר שנת חמשים עולה לכאן ולכאן קא משמע לן דלא ודמוסיפין מחול על קדש מנלן דתניא* °בחריש ובקציר תשבות ר"ע אומר אינו צריך לומר חריש וקציר של שביעית שהרי כבר נאמר °שדך לא תזרע וגו' אלא חריש של ערב שביעית הנכנס לשביעית וקציר של שביעית היוצא למוצאי שביעית ר' ישמעאל אומר *מה חריש רשות אף קציר רשות יצא קציר העומר שהוא מצוה ורבי ישמעאל מוסיפין מחול על קדש מנ"ל נפקא ליה מדתניא° *ועניתם את נפשותיכם בתשעה יכול בתשעה תלמוד לומר בערב אי בערב יכול משתחשך ת"ל בתשעה הא כיצד מתחיל ומתענה מבעוד יום מלמד שמוסיפין מחול על קדש אין לי אלא בכניסתו ביציאתו מנין ת"ל °מערב עד ערב אין לי אלא יוה"כ שבתות מנין ת"ל תשבתו ימים טובים מנין ת"ל שבתכם הא כיצד °כל מקום שיש בו שבות מוסיפין מחול על קדש ור"ע האי ועניתם את נפשותיכם בתשעה מאי עביד ליה מיבעי ליה לכדתני חייא בר רב מדפתי *)דתני חייא בר רב מדפתי ועניתם את נפשותיכם בתשעה וכי בתשעה מתענין והלא בעשירי מתענין אלא לומר לך כל האוכל ושותה בתשיעי מעלה עליו הכתוב כאילו

*) ברכות ח: פסחים סח: יומא פא:

ורבנן · דלא ילפי מוקדשתם שתתקדש מתחילתה ולא אילטריך היא למעוטי סופה דרשי ליה הכי שנת החמשים אתה מונה ואי אתה מונה שנת היובל שנת חמשים לסוף יובל שעבר ואחת למנין יובל הבא ואי אתה מונה שנת היובל הבא אלא משנה שלאחר היובל: ולאפוקי מדר' יהודה · דאמר במסכת נדרים שנת חמשים עולה לכאן ולכאן שנת היובל ושנה ראשונה לשמטה הבאה: אין צריך לומר חריש וקציר של שביעית · דעל כרחך אע"ג דרישא דקרא בשבת קאי דכתיב ששת ימים תעבוד סיפיה אשביעית קאי דאי אשבת חריש וקציר הוא דאסור שאר מלאכות מי שרו: חריש של ערב שביעית · שלא יחרוש שדה אילן ערב שביעית חריש שיועיל לשביעית: וקציר של שביעית · כגון תבואה שהביאה שליש בשביעית °אתה נוהג בה מנהג שביעית בשמינית: ר' ישמעאל אומר מה חריש רשות כו' · ולא דבר הכתוב אלא לענין שבת כדכתיב ביה וביום השביעי תשבות בחריש ובקציר תשבות בא ללמדך מה חריש אין לך חריש של מצוה ואפילו לזרוע לצורך עומר ושתי הלחם שהרי אם מצא חרוש אינו חורש ואני אוסרו לך בשבת אף קציר שאני אוסר לך בשל רשות אני אוסר לך: יצא קציר העומר שהוא מצוה · שאפי' מצא קצור מצוה לקצור ויש לך ללמוד מכאן שדוחה את השבת: עד ערב · לילה הוא ועד בכלל: כל האוכל ושותה כו' · דהכי קאמר קרא ועניתם בתשעה אכילת תשעה אני קורא עינוי וכיון דאכילתו עינוי חשיבה כל דמפיש באכילה ושתייה טפי עדיף דהא מדקאמר בערב על כרחך לא מקפיד אעינוי דתשעה וכי קרי עינוי בתשעה אכילה ושתיה דידיה קרי עינוי:

ואי אתה מונה שנת החמשים אחת · בלא ו"י גרס דאין שנת חמשים ראשונה לשביעית הבאה:

ולאפוקי מדר"י · אומר ר"י אפ"ה הלכה כרבי יהודה דאמר שנת החמשים עולה לכאן ולכאן מדאמרינן בפרק קמא דע"ז (דף ט: ושם) בשמעתא דתנא דבי אליהו גבי מאן דלא ידע בכמה שני בשבוע קאי נשקול מכל מאה תרתי ושדי אפרטי וכל הסוגיא כדבריו ועוד דסתם מתניתין דהכא אוקמא כרבי ישמעאל דפליג ארבנן דפליגי על רבי יהודה ועוד דלר' ישמעאל מקדשין חדשים ואנן קי"ל בכוליה הש"ס שמקדשין חדשים ור' יוסי נמוקו עמו קאי כרבי ישמעאל בפ"ק [דקדושין] (דף מ:) דאית ליה דיובל בתחילתו משמט ובערכין בסוף [המקדיש שדהו] (דף כח:) מוכח דמאן דאית ליה מתחילתו משמט סבר לה כרבי ישמעאל דאמר מר"ה חיילא יובל [אבל לא נראה דהא אומר התלמוד הכא ובפ' (*אין נערכין) (ערכין דף יב ושם) לאפוקי מדרבי יהודה] ומיהו אין ראיה גמורה מהא דקאמר הכא ובערכין לאפוקי מדרבי יהודה דאשכחן בפרק המגרש (גיטין דף פה:) אתקין רבא בגיטין מן יומא דנן ולעלם לאפוקי מדרבי יוסי דאמר זמנו של שטר מוכיח עליו אע"ג דרבא גופיה פסק כוותיה ביש נוחלין (ב"ב דף קנו·) וכן בפ"ק דכתובות (דף י·) לאפוקי דרשב"ג דאמר כתובה דאורייתא וקיימא לן כ"מ ששנה רשב"ג במשנתנו הלכה כמותו והיא משנה בפרק בתרא דכתובות (דף קי:*) : **שהרי** כבר נאמר שדך לא תזרע · תימה הא אילטריך למאן דאמר בריש מועד קטן (דף ג·) (א) דחורש בשביעית לא לקי דקאמר מכדי זמירה בכלל זריעה ובצירה בכלל קצירה למאי הלכתא כתבינהו רחמנא למימר דהני תולדות מחייב אאחרנייתא לא מחייב אלמא אפי' תולדות דכתיבי אבות דידהו לא מחייב אלא אהנך דכתיבי בהדיא וא"כ צריך לכתוב חרישה לאשמועינן דאסירא וי"ל דעיקר דיוקא מקציר ומדקצירה לתוספת חרישה נמי לתוספת* : **וקציר** של שביעית · פי' הריב"א בקציר ספיחים שהביאו שליש בשביעית דאי דנזרע ביד בשביעית מלא תזרע נפקא ואכתי קשיא דהאי נמי מהן לא נזרע נפקא לן בפרק מקום שנהגו (פסחים ד' נא: ושם) לפי' ר"ת דאסר ספיחים אפילו קודם ביעור כדין נזרע ביד ואף באכילה תרי קראי בספיחים למה לי ולפירוש רש"י דהתם ניחא וי"ל דספיחים לא אזלינן בתר הבאת שליש וכי אסרינן ספיחין מהן לא נזרע היינו דנלקטין בשביעית קמ"ל בחריש ובקציר ואי מהכא לא הייתי אוסר לאכילה אלא לסחורה קמ"ל הן לא נזרע : **וקציר** של שביעית היוצא למוצאי שביעית · דוקא כי אורחיה אסור לקצור אבל ע"י שינוי מותר אפילו בשביעית כדאיתא בת"כ דדריש ואת ענבי נזירך לא תבצור כדרך בוצרין מכאן אמרו תאנה של שביעית אין קוצין אותה *במוקצה אבל קוצה אותה בחרבה וה"נ תנן בפ"ח דשביעית (משנה ו) והא דתניא בתורת כהנים מן המשומר אי אתה בוצר °אבל אתה בוצר מן המופקר נמי כדרך בצירה אסור וע"י שינוי שלא כדרך בצירה מופקר שרי ומשומר אפילו שלא כדרך בצירה נמי אסור ושומרי ספיחים בשביעית דפרק הבית והעליה (ב"מ דף קיח·) שומרי ספיחים בשביעית נוטלין שכרן משום עומר ושתי הלחם א"כ אסור כיון דמשומר ואמאי לא אמרינן מן המותר לישראל י"ל דלא היה שמירה ממש דלא היו צריכים לשומרה מבני אדם דמאיליהן היו פורשין כשהיו יודעין שהן לצורך עומר ולא היו שומרין אותן אלא מבהמה וחיה ועוף : **ורבי** ישמעאל מוסיפין מחול על הקודש מנא ליה · תימה לר"ת הא אמרינן פ"ק דמועד קטן (דף ד·) (ב) הלכתא לרבי ישמעאל קראי לר"ע דעשר נטיעות הלכה למשה מסיני וכיון דהלכתא למשרי ילדה ממילא זקנה אסורה ותירץ ר"ת דהכא מיבעי ליה בתוספת של אחר שביעית מנא ליה ובחנם דחק דכיון דשביעית גופה מהלכה לא ילפינן מינה שבת ויוה"כ וי"ט דאין דנין ק"ו מהלכה והשתא לר' ישמעאל אילטריך קרא משום שבת וי"ט ואילטריך הלכתא למשרי ילדה והא דלא משני הכי במו"ק* לר"ע דאילטריך קרא ללמד על שבת וי"ט ויוה"כ משום דמהלכה לא ילפי' דא"כ לא הוי ליה למכתב קראי גבי שביעית כיון דלשביעית גופיה לא צריך אלא ללמד על אחריני : **כל** מקום שנאמר שבות · ואתא לרבות שביעית : **ורבי** עקיבא האי ועניתם מאי עביד ליה · דר"ע הוה יליף כולהו משביעית שבת וי"ט ויוה"כ דכולהו מודו דתוספת יוה"כ דאורייתא כדאמרינן בפרק שואל (שבת דף קמח:) ובפרק המביא (ביצה דף ל·) וק"ק דבפ' מקום שנהגו (פסחים דף נד: ושם) בעי למימר דהא דיוה"כ ספקו אסור בבין השמשות שלו איירי ואמאי הא אפילו ודאי יום סמוך לחשיכה אסור בכניסתו או ודאי לילה סמוך ליום ביציאתו משום תוספת וכמו כן קשיא בפרק במה מדליקין (שבת דף לד·) דתנן ספק חשכה אין מדליקין ושמא משום משהו דסגי בתוספת משהו נקיט הכי ועוד דרבן גמליאל דפרק קמא דמו"ק (דף ג:) לית ליה תוספת כלל דקאמר התם נמנו על שני פרקים הללו והתירום כלומר פסח ועצרת ומפרש בירושלמי בריש מסכת שביעית בשעה שהתירו למקרא סמכו ששת ימים תעבוד ועשית כל מלאכתך מה ערב שבת בראשית אתה מותר לעשות עד שתשקע החמה אף כל ערב (*שבת) אתה מותר לעשות עד שתשקע החמה וטעם זה נמי איתא בריש מו"ק (ד' ד·) יליף שבת שבתון משבת בראשית מה להלן היא אסורה לפניה ולאחריה מותר כו' אלא דלא קאי במסקנא הכי אלא דגמירי הלכתא בזמן שבהמ"ק קיים דומיא דניסוך המים ולפי אותה מסקנא יתכן לפרש הלכתא כר"ע וקראי לבזמן שאין ב"ה קיים ומיהו לרבי דאמר שביעית בזמן הזה דרבנן לא אפשר :

*) [וע"ע תוס' ע"ז ט: ד"ה מאן]

כאילו

הגהות מהר"י לנדא א] בליוני עין משפט אות ו' חסר מיי' פ"ג מהלכות נדרים הלכה ט' ועי' בכ"מ שם: ביוה"כ ושבת מנלן תוספת בשארי מלאכות וצ"ע: רש"י ד"ה וקציר וכו' אתה נוהג בה מנהג: תוס' ד"ה וקציר של שביעית היוצא וכו' אבל אתה בוצר מן המופקר - עיין סוכה ד' לט ע"ב תוס' ד"ה בד"א:

*) אולי צ"ל שמשביתין כמו קציר של שנה השביעית

עין משפט
נר מצוה

מד א מיי' פ"י מהל' שמיטין הלכה ז טור י"ד סי' שלא:
מה ב מיי' פ"ג מהל' שמיטה הל' א ופ"ד הל' ט:
מו ג מיי' פ"ד שם הל' יג:
מז ד מיי' פ"ז מהל' תמידין הלכה ו סמג עשין קלט:
מח ה מיי' פ"א מהל' שביתת עשור הל' ו סמג לאוין מה ועשין לב טוש"ע א"ח סי' תרח סעיף א:
מט ו א] טוש"ע א"ח סימן תרד סעיף א:

[מנחו' עב·]

יומא פא:

[נראה שצ"ל המוכר שדהו דף לג· וע"ש]

רבינו חננאל

ולאפוקי מדר' יהודה דאמר שנת החמשים עולה למנין היובל ועולה למנין ז' שביעית כלומר זורעין ה' שנים· והיובל עולה למנין ששית ומשמיטין השביעית · ופשטינא דמוסיפין מחול על קדש מהא דכתיב בחריש ובקציר תשבות וא"ר עקיבא חריש של ערב שביעית שנכנס בשביעית וקציר של שביעית כלומר הספיחין שצמחו בשביעית ולא הספיק לתלשן ונכנסו למוצאי שביעית שמשביתין*) בשנת השביעית · ור' ישמעאל אומר לא בא זה הכתוב אלא להקיש קציר לחריש ולאסור קציר של רשות כמו חריש של רשות · וממילא שמעינן כי קציר העומר שהוא מצוה מותר אבל שמוסיפין מחול על הקדש מהא נפקא מדתניא ועניתם את נפשותיכם בתשעה לחודש יכול בתשעה ת"ל בערב · [אי בערב] יכול [וכו'] עד מקום שנאמר שבות מוסיפין מחול על הקודש . ור"ע האי ועניתם את נפשותיכם מיבעי ליה לכדתני חייא בר רב מדפתי דתני וכו' ·

גליון הש"ס

גמ' כ"מ שיש בו שבות ק"ל לרע"ק דלא דריש כן ויליף משביעית. הא מזה לא מלינן למילף רק דין תוספת לענין איסור מלאכה אבל לענין עינוי ביוה"כ מנ"ל דהא אין ללמוד עינוי ממלאכה במה מצינו דמה למלאכה דנוהג בשבתות וי"ט ולע"ג · וביותר ק' אפילו לענין מלאכה הא בשביעי' אינו אסור בתו' מדאורייי' רק חרישה וקצירה אבל לא נטיעה כמ"ש תוס' ד"ה ומותר לקיימן וא"כ צ"ע בה·עיין לקמן ד' יב ע"ב תד"ה ... ד' לט ע"ב תוס' ד"ה בד"א:

מסורת הש"ס

נדרים סא·
ערכין יב: לג·

שביעית פ"א
מ"ד מו"ק ג:
מכות ח:

הגהות הב"ח

(א) תוס' ד"ה שהרי כו' דהורש בשביעי' נ"ב פי' הולדה דחורש דהיינו משקה מים לזרעים כדאיתא התם להדיא בדף ג' לגבי חורש דאב מלאכה הוא דלקי עליה בשביעית דאבות אסר רחמנא ועיין בתוס' דף יב ע"ב וכמ"ש לשם:
(ב) שם ד"ה ור' ישמעאל כו' פ"ק דמועד קטן דעשר נטיעות הלכה למשה מסיני והלכתא לר' ישמעאל קראי לר"ע וכיון דהלכתא:

[וע"ע תוס' מ"ק ג: ד"ה שהרי]

גירסת רש"א במקצע

[דף ג:]

[נ"ל שבתות שנים]

עין משפט נר מצוה

נ א מיי' פ"י מהל' שמיטין הל' יג סמג עשין קנב :

נא ב מיי' שם הל' ח :

כאילו התענה תשיעי ועשירי · כלומר כמו שלוהו הקב"ה להתענות והתענה אבל השתא ודאי אסור להתענות כדאמרינן בפסחים פרק אלו דברים (ד' סח:) מר בריה דרבינא כולי שתא הוה יתיב בתעניתא לבר מעצרתא ופוריא ומעלי יומא דכפורי וסבר לה כר"ע דאי כר' ישמעאל לית ליה הך דרשה ובהכי ניחא הא דלא קאמר התם הכל מודים בערבי יום הכפורים דבעינן נמי לכם כדקאמר התם אעצרת :

יובל היא · להיות אסור בזריעה וקצירה כדכתיב (ויקרא כה) לא תזרעו ולא תקצרו ואע"פ שלא שמטו השמטת קרקע שדות החוזרות לבעלים ביובל :

מקרא נדרש לפניו ולא לפני פניו ולאחריו · פירוש מיעוטא דהיא מוקמינן אקריאת דרור שהיא לפניו ולא אתקיעה דלפני פניו ולא אהשמטה דלאחריו דכתיב בתריה ושבתם איש אל אחוזתו ואיש אל משפחתו תשובו והא דמוקמי' ריבוי דיובל לפני פניו ולאחריו משום דבעלמא נמי דריש הכי אלא דהכא מוקי מיעוטא בדדמי אי נמי ריבוי דיובל משמע שריבה הכתוב שבכל ענין הוא יובל [וע"ע תו' זבחים כ"ד: ד"ה במקרא] :

דאפילו בחוצה לארץ · ר' יוסי מודה מדקאמר לעיל א"א דליכא חד בסוף העולם ושמא נפקא ליה מקרא אחרינא :

מבריך · כופף היחור בארץ ומכסהו בעפר וקוצץ באמצע כפיפתו ואותו היחור יוצא לצד אחר כפוף מעט מעיקר האילן :

מרכיב · הוא המרכיב אילן בחבירו ומשמע דמבריך ומרכיב חייב בערלה וקשיא דבפ"ק דערלה (משנה ה) משמע דהרכבה פטור מן הערלה ותניא נמי בתורת כהנים ונטעתם פרט למבריך ומרכיב מכאן אתה אומר ספוק גפנים וספוקן וספוק ספוקן אע"פ שהבריכן בארץ מותר ולשון ספוק בגפנים כלשון [הרכבה] באילן ומה שמבריך בשנה זו ומוליא זמורות וחזר והבריכן לשנה אחרת זהו ספוק ספוקן וי"ל דהתם כשלא נפסקה מאביה ובאילן זקן והכא כשנפסקה מאביה כדמוכח [לקמיה דמונין לו משעת נטיעתו] ת"י (בפ"ק דערלה) וצריך לדקדק אי הוה שייך לשנויי הכי בפרק משוח מלחמה (סוטה דף מג:) גבי חוזר מעורכי המלחמה משום מבריך ומשני כאן בהרכבת איסור כאן בהרכבת היתר* :

ומותר לקיימן בשביעית · לא הוה צריך למיתני בשביעית כיון דתנא רישא ערב שביעית ומתוך כך מדקדקין דאפילו לכתחילה שרי ליטע ותדע דלקמן מוקמינן לה כר"מ ובפ' הנזקין (גיטין נג:) שמעינן לר"מ דאמר בנוטע בשביעית בין בשוגג ובין במזיד יעקר והיינו טעמא דמפרש התם דנחשדו על השביעית אבל אי לאו הכי מותר לקיים כדאמר התם א"כ אם היה כאן שום איסור לא היה מתיר לקיים ולקמן נמי קתני אין נוטעין פחות משלשים יום [הא שלשים יום נוטעין לכתחלה] והיא דלדברי האומר שלשים צריך שלשים ושלשים מוקי לה ר"ת לענין ערלה ולא לענין שביעית כמו שאפרש ומדקאמר מותר לקיימו הוה משמע דלכתחלה אסור ליטע דאי לכתחלה שרי מה שייך מותר לקיימו ושמא איידי דבעי למיתני סיפא אסור לקיימו תנא רישא מותר לקיימו ותימה דבפ"ב דשביעית (משנה א) תנן ומייתי לה בפ"ק דמו"ק (דף ג:) שחורשין בשדה הלבן עד פסח ובשדה האילן עד עצרת וכיון דאפילו ליטע בתחילה שרי שלשים יום לפני ר"ה אמאי אסור לחרוש לשתרי נמי להרוש עד לפני ר"ה שלשים יום ואור"ת דלא החמירו בנטיעה כמו בחרישה משום דאין תוספת שביעית דאורייתא בנטיעה אלא בחרישה דכתיב ביה קרא כדדרשינן לעיל(ע"א)מבחריש ובקציר תשבות ועוד יש ליתן טעם משום דכל חורש ערב שביעית הוי להועיל בשביעית אבל אין לאסור ערב שביעית ליטע מחמת שהאילן גדל בשביעית דכל האילנות נמי מיגדל גדלי בשביעית וא"כ לא יטע לעולם ובירושלמי מפרש טעמא אחרינא ברים מסכת שביעית דגרסינן התם ולמה עד עצרת עד כאן הוא יפה לפרי מכאן ואילך מנבל פירותיו והא תניא אחד אילן סרק ואחד אילן מאכל עד כאן מעבה הקורות מכאן ואילך מתיש כחן ולפי טעם זה ניחא דכיון דאין מועיל לאילן מכאן ואילך מיחזי כמתקן שדהו לצורך שביעית : ופירות

כאילו התענה תשיעי ועשירי ת"ר ◦יובל היא (א) אע"פ שלא שמטו אע"פ שלא תקעו יכול אע"פ שלא שלחו ת"ל היא דברי רבי יהודה רבי יוסי אומר יובל היא אע"פ שלא שמטו אע"פ שלא שלחו יכול אע"פ שלא תקעו ת"ל היא וכי מאחר שמקרא אחד מרבה ומקרא אחד ממעיט מפני מה אני אומר יובל (ב) היא אע"פ שלא שלחו ואין יובל אא"כ תקעו לפי שאפשר לעולם בלא שילוח עבדים ואי אפשר לעולם בלא תקיעת שופר דבר אחר זו מסורה לב"ד וזו אינה מסורה לבית דין מאי דבר אחר וכי תימא אי אפשר דליכא חד בסוף העולם דלא משלח זו מסורה לב"ד וזו אינה מסורה לב"ד בשלמא לרבי יוסי כדקאמר טעמיה אלא לרבי יהודה מ"ט אמר קרא ◦וקראתם דרור בארץ ◦וקסבר *מקרא נדרש לפניו ולא לפני פניו דכולי עלמא דרור לשון חירות מאי משמע דתניא אין דרור אלא לשון חירות א"ר יהודה מה לשון דרור כמדייר בי דיירא ומוביל סחורה בכל מדינה אמר ר' חייא בר אבא א"ר יוחנן זו דברי ר' יהודה ור' יוסי אבל חכמים אומרים אשלשתן מעכבות בו קסברי מקרא נדרש לפניו ולפני פניו ולאחריו והכתיב יובל ההוא דאפילו בחוצה לארץ והכתיב בארץ ההוא *בבזמן שנוהג דרור בארץ נוהג בחוצה לארץ בזמן שאינו נוהג בארץ אינו נוהג בחוצה לארץ : ולנטיעה : מנלן דכתיב ◦שלש שנים ערלים וכתיב ◦ובשנה הרביעית ויליף שנה שנה מתשרי דכתיב ◦מראשית השנה וליגמר שנה שנה מניסן דכתיב ◦ראשון הוא לכם לחדשי השנה *דנין שנה שאין עמה חדשים משנה שאין עמה חדשים ואין דנין שנה שאין עמה חדשים משנה שיש עמה הדשים : ת"ר *אחד הנוטע אחד המבריך ואחד המרכיב ערב שביעית שלשים יום לפני ראש השנה עלתה לו שנה ומותר לקיימן בשביעית פחות משלשים יום לפני ראש השנה לא עלתה לו שנה ואסור לקיימן בשביעית ופירות

יובל היא יובל אע"ג שלא שמטו כו' · יובל היא תהיה לכם לעיל מיניה כתיב והעברת שופר וקדשתם את שנת החמשים שנה וקראתם דרור והדר כתיב יובל היא תהיה לכם וקרא יתירא הוא לדרשה והכי תדרשנה יובל היא לכם מ"מ ואפי' לא נעשו בו דברים הללו העברת שופר ולשוב אל אחוזה דהיינו שמיטת קרקעות שקנו זה מזה דכתיבא בתר האי קרא ושבתם איש אל אחוזתו אעפ"כ שם היובל עליו להיות אסור בזריעה ובצירה וקצירה כדכתיב לא תזרעו וגו' : יכול אע"פ שלא שלחו · עבדים יהא יובל: ת"ל היא· אם עשית דברים הללו היא יובל ואם לאו אינו יובל ולקמיה מפרש ויובל מאי חזי דתלי בקריאת דרור : שאפשר לעולם בלא שילוח עבדים· פעמים שאין עבד עברי בישראל שיטעון שילוח : ואי אפשר · שלא יהא שופר מצוי בעולם לפיכך יש לנו לומר כשתלה הכתוב לא תלה אלא בדבר המצוי לעולם : ד"א תקיעת שופר מסורה לב"ד · לצוות לשלוחם לתקוע ושילוח עבדים מסורה ליחידים ואם ימאן יבטל היובל הלכך לא תלאו הכתוב בו : אמר קרא וקראתם דרור · וסמיך ליה יובל היא : מקרא נדרש לפניו · מיעוטא דהיא אקריאת דרור קאי דסליק מיניה ולא אתקיעת שופר הכתובה לפני פניו : כמדייר בי דיירא · מי שהוא ברשותו לגור בכל מלון שירצה : ולאחריו · שמיטת קרקעות דכתיב בתריה ושבתם איש אל אחוזתו : והכתיב יובל · לרבות במשמע יובל מ"מ : ולנטיעה מנלן · דר"ה שלה תשרי : מבריך · כופף את הזמורות בארץ שקורין פרופיג"א : מרכיב · אילן בחבירו שקורין אונישטי"ר : עלתה לו שנה · כיון שהגיע יום אחד בתשרי עלתה לו שנה למנין שני ערלה : פחות משלשים יום לא עלתה לו שנה · עד תשרי הבא אם איכה ערב שביעית ואם ערב שביעית היא אסור לקיימו משום תוספת שביעית שמוסיפין מחול על קודש : ופירות

רבינו חננאל

ת"ר יובל אע"פ שלא השמיטו הקרקעות ואע"פ שלא תקעו בשופר · יכול אע"פ שלא שלחו את העבדים ת"ל היא · כלו' וקראתם דרור ושלחתם את העבדים יובל היא ואם לאו אינה יובל דברי ר"י ר' יוסי אומר יובל אע"פ שלא שמטו ואע"פ שלא שלחו את העבדים יכול אע"פ שלא תקעו ת"ל היא אפילו לא קיימו בה אלא מצוה אחת יובל היא · א"ר יוסי וכי מאחר שהכתוב תולה אותה בתקיעת שופר · פי' דכתיב תעבירו שופר בכל ארצכם וקדשתם את שנת החמשים שנה כלומר כיון שתקעתם נתקדשה השנה' ומקרא אחר תולה אותה בשילוח עבדים שנאמר וקראתם דרור יובל היא מפני מה אני מרבה התקיעה בלבד לפי שאפשר לעולם בלי שילוח עבדים · כלומר אם אין בכל ישראל עבד עברי מה יעשו ואי אפשר לעולם בלא תקיעת שופר דהא משתכחן בכל עידן ולא עוד אלא שהתקיעה מסורה לב"ד' ושילוח עבדים והשמטת קרקע מסורין לכל אדם· הנה ר' יוסי פריש טעמיה · אלא ר' יהודה מאי טעמיה · קסבר מקרא א' נדרש לפניו · ולא לפני פניו · פי' כתיב יובל היא ולמעלה מזה כתיב וקראתם דרור דורשין יובל היא על וקראתם דרור · וזהו מקרא נדרש לפניו ואין דורשין יובל היא על והעברת שופר שהוא קודם וקראתם דרור · נמצא וקראתם דרור לפניו ונמצא והעברת לפני פניו · לשון דרור חירות· כמדייר בי דיירא ומוביל סחור'לכל מדינה· א"ר יוחנן זו דברי ר' יהודה ור' יוסי אבל חכ"א שלשתן מעכבין קסברי מקרא נדרש לפניו ולפני פניו תקיעת שופר ושילוח עבדים כדאמרן ולאחר השמטת קרקעות שנאמר יובל היא תהיה לכם ושבתם איש אל אחוזתו · ואקשינן והכתיב יובל היא למעט ופרקינן האי יובל לא אתא למעט אלא ללמד שתהא יובל נוהגת בחוצה לארץ האי בהדיא כתיב וקראתם דרור בארץ לכל יושביה · ודחינן ההוא דרור בארץ לכל יושביה יובל היא · ללמד בזמן שאתה קורא דרור בארץ אתה קורא דרור בחוצה לארץ · ולנטיעה. פי' שני הערלה מתשרי מנינן מנ"ל דכתיב שלש שנים יהיה לכם ערלים וכתיב ובשנה הרביעית ויליף שנה שנה מתשרי · ת"ר אחד הנוטע ואחד המבריך ואחד המרכיב ערב שביעית שלשים יום עלתה

מסורת הש"ס

[שבת לג. קידושין טו: ב"מ פסי זבחים כד: חולין קיח:]

[לעיל ז: ח.]

[תוספ' פ"א ותוספ' שביעית פ"ב]

רש"א מ"ז [וע"ע תוס' קידושין לו: ד"ה כל מצוה]

רש"א

הגהות הב"ח

(א) גמ' ת"ר יובל היא אף ע"פ שלא שמטו כו' ר' יוסי אומר יובל היא אע"פ:

(ב) שם מפני מה אני אומר יובל היא תיבת היא נמחק:

גליון הש"ס

גמ' וקסבר מקרא נדרש לפניו · עיין סוטה לב. ע"ב תד"ה ורבי : [שם ע"א]

on the ninth day, the Scripture accounts it to him [9*b*] as if he fasted on both the ninth and the tenth days'.[3]

Our Rabbis taught: *It is a Jubilee*[4]—'*A Jubilee*'[5] even though they did not observe the release of fields, even though they did not observe the blowing of the trumpet.[6] I might say [that it is still a Jubilee] even though they did not observe the dismissal of slaves. Therefore it says, '*it is*'.[7] So R. Judah. R. Jose said: '*It is a Jubilee*',—'*A Jubilee*'[5] even though they did not release fields, even though they did not dismiss slaves. I might think [that it is still a Jubilee] even if they did not blow the trumpet. It therefore says, '*it is*'. Now[8] since one text brings some cases under the rule and another text excludes others from it, why should I expound: '*A Jubilee*',[9] even though they did not dismiss, but it is not a Jubilee unless they blew the trumpet'? Because it is possible that there should be no [opportunity for][10] dismissing slaves, but it is not possible that there should be no [opportunity for] blowing the trumpet.[11] Another explanation is that the performance of the latter depends on the Beth din, but the per-
a formance of the former does not depend on the Beth din.[1] What need is there for the alternative explanation?—Because you might argue that it is impossible that there should not be someone in some part of the world who has not a slave to dismiss. Therefore I say that the one depends on the Beth din but the other does not depend on the Beth din.

I understand R. Jose's point of view, his reason being as he stated. But what is R. Judah's reason?—The text says, *And ye shall proclaim liberty throughout the land*,[2] and he holds that a text may be expounded in connection with the clause immediately preceding it, but not with the one before that.[3]

All authorities agree that the word *deror*[4] means freedom. What does this tell us?—As it has been taught: The word *deror* means freedom. R. Judah said: What is the significance of the word *deror*? [The freedom of] one who dwells [*medayyer*] where he likes[5] and can carry on trade in the whole country.

R. Ḥiyya b. Abba said in the name of R. Johanan: The views given above are those of R. Judah and R. Jose, but the Sages say that [the neglect of] any of these three ceremonies renders the Jubilee inoperative. Their view was that a text can be expounded in connection both with the clause immediately preceding it and with the one before that and with the one that follows it.[6] But it is written '*Jubilee*'?[7]—This is to show that it must be kept even outside of Palestine. But it is written '*throughout the land*'?[8]—This means that when liberation is carried out in the land it is carried out abroad, and when it is not carried out in the land it need not be carried out abroad.

AND FOR PLANTATION. How do we know this [from the Scripture]?—Because it is written, *Three years [it shall be] un-*
b *circumcised*,[1] and it is written, *and in the fourth year*,[2] and we learn that this year commences with Tishri from the analogy of the word 'year' in the text *from the beginning of the year*.[3] But why not conclude that it commences with Nisan from the analogy of the word 'year' in *It is the first to you of the months of the year*?—We draw an analogy to a year with which months are not mentioned from a year with which months are not mentioned, but we do not draw an analogy to a year with which months are not mentioned from a year with which months are mentioned.

Our Rabbis taught: 'If one plants or bends over[4] or grafts a tree in the year before[5] the Sabbatical year thirty days before New Year—in all three cases, [by New Year] a year has passed for him,[6] and he can preserve the growth during the seventh year. [If he does so] less than thirty days before New Year, the interval [up to New Year] does not count as a year for him and

(3) Because the eating and drinking on the ninth day is called in the text 'fasting'. (4) Lev. XXV, 11. (5) Added by BaḤ. (6) The superfluous word '*Jubilee*' shows that even in these cases the year is observed as a Jubilee for the abstaining from sowing etc. (7) היא This word having a limiting force. (8) This is a continuation of R. Jose's statement. (9) So BaḤ; cur. edd. '*It is a Jubilee*'. (10) Lit., 'it is possible for the world'. E.g., if no Israelite had a slave. (11) It is hardly possible that there should be no trumpet.

a (1) Because the Beth din may not be able to compel all persons to dismiss their slaves. (2) Just before the words '*it is a Jubilee*'. (3) Hence we apply the limiting force of the words '*it is*' to the dismissal of slaves, but not to the blowing of the trumpet, which does not immediately precede. (4) In Lev. XXV, 10. E.V. '*liberty*'. (5) [בי דיירא, Lit., 'in a dwelling place'. MS.M.; דיירא (carrier). As a carrier carries (or, goes round with) his load everywhere he likes]. (6) Viz., '*and ye shall return everyone unto his possession*'. (7) This should cancel the limiting force of '*it is*'. (8) So how can you say that it should be kept outside of Palestine?

b (1) Lev. XIX, 23. (2) Ibid. 24. (3) V. *supra* 8*b* (4) A branch from a tree and plants it in the ground without separating it from the parent tree. (5) Lit., 'in the eve of'. (6) I.e., the thirty days count as one of the years of 'uncircumcision'.

he may not preserve the growth in the Sabbatical year [10a]. The fruit of such a plantation is forbidden until the fifteenth of Shebat,[7] whether as "uncircumcised" in [the year of] "uncircumcision", or as fourth year fruit in the fourth year'.[8] What is the ground for this ruling?—R. Ḥiyya b. Abba said in the name of R. Joḥanan (though some trace it back to the authority of R. Jannai): Scripture says, *And in the fourth year . . . and in the fifth year.*[9] There are occasions when fruit appears in the fourth year and it is still forbidden on account of 'uncircumcision', and there are occasions when fruit appears in the fifth year and it is still forbidden on account of 'fourth year'.

Shall I say that that is not [in agreement with] R. Meir,[10] since R.
a Meir has affirmed[1] that one day in the year is reckoned as a year, as it has been taught: '*Par* [bullock] is mentioned in the Torah without further qualification and means an animal twenty-four months and one day old. So R. Meir. R. Eleazar says, it means an animal twenty-four months and thirty days old. For R. Meir used to say: Wherever *'egel* [calf] is mentioned in the Torah without further qualification, it means of the first year; [*'egel*][2] *ben baḳar* [young ox] means, of the second year; *par* [bullock] means, of the third year'!—You may still say [it is in agreement with] R. Meir. When R. Meir said that one day in a year is counted as a year, he meant at the end of a period,[3] but not at the beginning.[4]

Raba said: Cannot we apply here an argument *a fortiori*,[5] [to wit]: Seeing that in the case of a *niddah*,[6] though the beginning of the [seventh] day is not reckoned as concluding her period,[7] the end of the [first] day yet counts for the beginning of her period,[8] in the case of [a period of] years where one day is counted [as a

(7) Although three years are reckoned to have been completed by the previous New Year. (8) Tosef. Sheb. I. (9) Ibid. 24, 25. Stress is laid in the exposition on the word 'and'. (10) The view that thirty days are required to count as a year.

a (1) Lit., 'for if like R. Meir, surely he said'. (2) But *par ben baḳar* means 'of the third year'. V. Tosaf. s.v. עגל. (3) E.g., the three-yearly period of the *par*. (4) E.g., of the three-yearly period of *'uncircumcision'*. (5) To show that it makes no difference whether the day is at the beginning or the end of the period. (6) A menstruous woman. (7) Her period of uncleanness ending only at nightfall on the seventh day, and not at any hour earlier in the day. (8) I.e., if she begins counting in the middle of a day, as soon as nightfall arrives she is reckoned as having completed one day. [The reference here is to *Niddah* who according to Biblical law was allowed to cleanse herself when seven days had passed from her first menstrual flow, provided it ceased on the seventh day before sunset. This law was later replaced by the more stringent Rabbinic rule necessitating a period of seven clean days after a single blood issue.]

ופירות נטיעה זו אסורין עד ט"ו בשבט אם לערלה ערלה ואם לרבעי רבעי מה"מ א"ר חייא בר אבא א"ר יוחנן ומטו בה משמיה דר' ינאי אמר קרא °ובשנה הרביעית ובשנה החמישית פעמים שברביעית ועדיין אסורה משום ערלה ופעמי' שבחמישית ועדיין אסורה משום רבעי לימא דלא כר"מ דאי ר"מ הא אמר *יום אחד בשנה חשוב שנה דתניא פר האמור בתורה סתם בן עשרים וארבעה חדש ויום אחד דברי ר"מ ר' אלעזר אומר בן עשרים וארבעה חדש ול' יום שהיה ר"מ אומר [ג]כל מקום שנאמר עגל בתורה סתם בן שנה בן בקר בן שתים פר בן שלש אפילו תימא ר"מ כי קאמר ר"מ יום אחד בשנה חשוב שנה בסוף שנה אבל בתחלת שנה לא אמר רבא ולאו ק"ו הוא ומה נדה שאין תחילת היום עולה לה בסופה סוף היום עולה לה בתחלתה שנה שיום אחד עולה לה בסופה

אינו

(ויקרא יט)

רש"י

ופירות נטיעה זו אסורים כו'. ואף על פי שאמרת עלתה לו שנה אם חנטו בה פירות לאחר ר"ה של שנה (א) שלישית מיד עדיין אסורין הן עולמית משום ערלה שאע"פ שר"ה תשרי לנטיעה ט"ו בשבט ר"ה לאילן וזו כבר נעשית אילן לפיכך אין שנתה מתחדשת לצאת מידי ערלה עד ט"ו בשבט אבל משם ולהלן אם יחנטו בה פירות דין רבעי עליהם לאכול בירושלים ובט"ו לשנה הבאה יצאו מידי רבעי פירות החנוטים בה מכאן ואילך לכך הועילו לה ל' שלפני ר"ה שממהר התירה מט"ו בשבט ועד ר"ה: מנא הני מילי. ששנות ערלה ורבעי נמשכין לאסור פירות החנוטים קודם ט"ו בשבט לאחר שכלו שלשת שני ערלה: ומטו בה. יש מטין ומכריעין בשמועה זו לאומרה משמיה דרבי ינאי: ובשנה הרביעית. וי"ו מוסיף על ענין ראשון יהיה לכם ערלים אף בתוך שנה הרביעית: ובשנה החמישית. תאכלו את פריו מוסיף על ענין רבעי דסליק מיניה: פעמים שברביעית. כגון אם מיהר פירותיו להנוט ברביעית לפני שבט ועדיין אסורים משום ערלה אסורין בהנאה עולמית: פעמים שבחמישית כו'. כגון פירות שחנטו בה קודם שבט טעונין חלול אבל אם היתה הניטעה עד לאחר ט"ו בשבט אין בהן איסור: לימא. הא דקתני לעיל פחות מל' יום לא עלתה לו שנה דלא כרבי מאיר: עגל בן שנה. דכתיב (ויקרא ט) עגל וכבש בני שנה: בן בקר. של שמיני למלואים שנאמר (שם) קח לך עגל בן בקר לחטאת: בן שתים. שנאמר קח לך עגל בן בקר ואיל לעולה תמימים והכי תניא לה בתורת כהנים השוה בן בקר ואיל לעולה תמימים אף בשנים (ב): פר. אפילו כתב פר בן בקר לא נקרא פר בפחות מג' שנים: כי קאמר ר"מ בסוף שנים. כגון יום אחד בשנה שלישית שהוא סוף הכשר שנותיו של פר: אבל בתחילת שנים. כגון שנה ראשונה של נטיעה שהיא תחילת מנין שני ערלה לא אמר: ומה נדה שאין תחלת היום עולה לה בסופה. שנאמר (שם טו) שבעת ימים תהיה בנדתה תהא בנדתה כל ז' ולא תאמר מקצת יום שביעי ככולו ותטבול ביום: סוף היום עולה לה בתחלתה. שאם ראתה סמוך לשקיעת החמה עולה לה יום זה בז' ימי נדה ואינה צריכה למנות אלא ו' והוא ובנדה דאורייתא קאמר שאינה זקוקה לנקיים שלא הצריכה תורה ספירת ז' נקיים אלא לזבה אבל לנדה אפי' ראתה כל ז' ופסקה עם שקיעת החמה טובלת לערב ומיהו עכשיו החמירו בנות ישראל על עצמם להחזיקן בספק זיבות לטעון ז' נקיים בלא דם ואין יום שפוסקת בו עולה לה למנין ז' והרבה טעו בשמועה זו ללמוד מכאן לספור יום שפוסקת בו למנין ז' נקיים שהיו מפרשים סוף היום עולה לה בתחלתה דסוף יום שפוסקת בו עולה לה ראשון לז' נקיים וזו מדת בנות כותיים הוא ששנינו בהן (נדה דף לג.) יום שפוסקת בו סופרת למנין ז': ה"ג שנים שיום אחד עולה להם בסופו כו'. שנים הקצובין לכל דבר שיום אחד עולה להן בתחלת שנה אחרונה בסוף שנים הקצובות לדבר:

אינו

תוספות

ופירות נטיעה זו אסורין עד ט"ו בשבט. דנהי דלנטיעה ר"ה תשרי לענין ערלה לאילן מיהא ט"ו בשבט כדדריש רבי ינאי מדכתיב ובשנה הרביעית ובשנה החמישית והא דקבעי שבט ר"ה האיל ויצאו רוב גשמי שנה כדאמרינן לקמן (דף יד.) מ"מ נפקא מינה במאי דתשרי ר"ה לענין נוטע ל' יום לפני ר"ה דעלתה לו שנה ולא אזלינן בתר ט"ו בשבט למנות ל' יום לפני ט"ו בשבט ויש הלכות גדולות שכתוב בהם ופירות שנה רביעית בתר דפריק להו אסורין עד דנפקא ועיילא חמישית ושבוש הוא דבהכי לא איירי במתניתין כלל דאותן שחנטו ברביעית קודם ט"ו בשבט אסורין לעולם והחנוטין ברביעית אחר ט"ו בשבט שרו לאחר פדייה לאלתר *ובהג"ה של אספמיא כתוב ופירי דפרדס דשנת ארבע אסירי עד דפריק להו:

הא *אמרי' יום אחד בשנה חשוב שנה. השתא לא ידע הא דמסקינן לבסוף דל' לקליטה:

בן כ"ד חדש ויום אחד. סתם פר בן שלש כדקתני סיפא והאי יום אחד משום דיום אחד בשנה חשוב שנה ולר"א ל' וכל אותו יום ל' אין דינו לא כבן בקר ולא כפר מידי דהוה אפלגס בסוף פ"ק דחולין (ד' כג. ושם) דאיצטריך או לרבויי ובמאי התם שאני מדקתני בפ"ק דפרה (משנה ג) דבן י"ג חדש אינו כשר לא לאיל ולא לכבש ולא קתני הכי גבי פר ולא לכל מילי אמרינן דיום אחד בשנה חשוב שנה דיש דברים דאפילו מעט לעת בעינן כדתנן בפ' יוצא דופן (נדה ד' מה.) בן ט' שנים ויום אחד בן י"ג שנה ויום אחד בת י"ב שנה ויום אחד דאותו יום אחד כדי להשלים מעת לעת דבבת ג' שנים ויום אחד פליגי תנאי בגמ' (שם ד' מד:) דלר"מ אפי' בבת שתי שנים ויום אחד מתקדשת בביאה דבבת ג' שלימות דמיא דיום אחד חשוב שנה וחכמים בעו בת ג' ויום אחד דמעת לעת בעינן:

עגל סתם בן שנה בן בקר בן שתים פר בן ג'. ע"כ בן בקר בן שתים דקאמרינן היינו עגל בן בקר ולא פר בן בקר כדמוכח בתורת כהנים גבי פר כהן משיח דתניא פר יכול אפילו זקן ת"ל בן אי בן יכול קטן ת"ל פר הא כיצד בן ג' כדברי חכמים ר"מ אומר אף בן ארבע בן חמש כשרים ותימה דתנן בפ"ק דפרה (משנה ג) ר' יוסי הגלילי אומר פרים בני שתים שנאמר ופר שני בן בקר תקח לחטאת וחכ"א אף בני ג' ר"מ אומר אף בני ארבעה וחמשה כשרים אלמא מכשיר ר"מ בפר אפילו בני שתי שנים דהא מוסיף ארבי יוסי הגלילי והכא משמע מדעגל בן בקר לר"מ בן שנים פר בן בקר בן ג' אבל פחות מבן ג' לא וי"ל דהא דקאמר ר"מ במסכת פרה (שם) ארבנן קאי ולא אר' יוסי הגלילי ובתורת כהנים מתני דר' יוסי הגלילי בתר מילתא דר"מ וחכמים ורבנן דהתם לאו רבנן דפרה:

ולאו ק"ו הוא ומה נדה. מריש פירקין ל"ק מידי כדפרישית התם (ד' ב: ד"ה אבל):

שנים שיום אחד עולה להם בתחילתן אינו דין שיום אחד עולה להם בסופן. האי תחילתן היינו תחילת שנה וסוף חשבון והאי סופן היינו סוף שנה ותחילת חשבון וא"ת זבה תוכיח שהיא איפכא מנדה שאין סוף היום עולה לה בתחילתה שזהו מנהג כותים כדאיתא בריש פרק בנות כותים (נדה ד' לג. ושם) דיום שפוסקת בו סופרתו למנין ז' דאע"ג דפריך עלה אנן נמי נספריה לא קיימא לן הכי מדפריך בפרק בתרא דנדה (ד' סט.) ורב כבותאי אמרה לשמעתיה ואפ"ה תחילת היום עולה בסופה לר' יוסי בפרק כילד צולין (פסחים ד' פא.) דאמרינן מקצת היום ככולו דלא מצי למשכח טומאת התהום דזבה משום דאין סותרת למפרע ואינה מטמאה אלא מכאן ולהבא וזבה גדולה נמי לא משכחת אלא בשופעת או ברואה שני בין השמשות וי"ל דהאי ק"ו דהכא לרבנן ולא לרבי יוסי מיהו אפילו לרבנן קשיא דהכי נמי דלכי חזיא בשביעי מטמאה למפרע מ"מ כיון דשריא לשמש לאחר טבילה מיד מדאורייתא אי לאו משום דאסרו רבנן שמא תבא לידי ספק כדאמרינן בפרק בתרא דנדה (ד' עב. ושם) ע"כ עולה לה תחלת היום דאי לאו הכי וספרה לה ז' ימים ואחר תטהר אמר רחמנא (ויקרא טו) ולילה ונראה דלא דמיא זבה להני דהא אימים נקיים קפיד רחמנא והיאך יעלה סוף היום והרי אין יום זה טהור דכבר ראתה ואע"פ דבשומרת יום סוף היום עולה כמו שאפרש שאני התם דספירת אחד לאחד נפקא לן בסוף נדה (דף עג.) מדכתיב יהיה אבל הכא אחר תטהר כתיב דדרשינן שלא תהא טומאה מפסקת אבל תחלת היום דין הוא שיעלה בסופה דכל כמה דלא ראתה הרי הוא טהור וא"ת ואמאי דחיק לאשכוחי זבה גמורה לר' יוסי ברואה בשתי בין השמשות הא משכחת לה ברואה בלילות דספירה היא כדאיתא בפ"ב דמגילה (ד' כ. ושם) וי"ל דדחיק אזבה בימימי משום דכתיב כל ימי זובה דמהאי טעמא א"ל ר' שמעיה לר' אבא בסוף נדה (שם) אימא בימימי תהוי זבה בלילות תהוי נדה ובפ"ק דהוריות (ד' ד.) נמי גבי לדוקים דאמר זבה לא הוי אלא ביממא ומיהו לא יתכן דאם כן הוה ליה לפרושי ולימא זבה ביממי היכי משכחת לה ועוד דכי משני

ברואה

רבינו חננאל

עלתה לו שנה ומותר לקיימן בשביעית. פחות מכאן לא עלתה לו שנה ואסור לקיימן בשביעית ופירות נטיעה זו אסורין עד יום ט"ו בשבט אם לערלה ערלה אם לרבעי רבעי. מנ"ל דכתיב שלש שנים יהיה לכם ערלים לא יאכל. ובשנה הרביעית יהיה כל פריו. מדקא מסיק לא יאכל ובשנה הרביעית ולא מפסיק הי ניהו שמעינן מינה פעמים שבא רביעית ואסורין משום ערלה. כגון שנטע פחות ל' יום לפני ר"ה. והא דתנו רבנן דלא כר' מאיר. דאי ר' מאיר האמר יום אחד בשנה חשוב שנה. דתניא פר האמור בתורה סתם בן עשרים וארבעה חדש ויום אחד דברי ר' מאיר. ודחינן אפילו תימא ר"מ לא אמר ר"מ יום אחד בשנה [חשוב] שנה אלא בסוף שנה כגון בן כ"ד חדש ויום אחד תחשוב לו יום להשלימו שלש שנים. אבל בתחלת שנים כגון האי נטיעה וכיוצא בה שלשים יום בעי לעלות לו שנה. אמר רבא [ולאו] ק"ו ומה נדה שאין תחלת היום עולה לה בסופה. פי' יום שביעי לנדתה (כל שבעה *) כל יום השביעי ולא אמרינן מקצת היום ככולו. ואמרינן מקצת היום ככולו בתחלת נדתה שאם ראתה שעה אחת מן היום משלמת ו' ימים אחרים וטהורה היא שיום אחד עולה לה **) בסוף שניו

*) אולי צ"ל דכתיב שבעת ימים תהיה בנדתה תהא בנדתה כל שבעה כל יום כו'.

**) נראה דחסר כאן וצ"ל עולה לה בסופה שנים שיום אחד עולה לה בסוף השנים וכו'.

עין משפט נר מצוה

נב א מיי' פ"ט מהל' נטע רבעי הל' ו הל' י סמג עשין קלח טוש"ע י"ד סי' רצד סעי' ד ה:

נג ב מיי' פ"א מהל' מעשה הקרבנות הל' יד סמג עשין קפב:

הגהות הב"ח

(א) רש"י ד"ה ופירות כו' של שנה שלישית מיד. נ"ב כלומר קודם ט"ו בשבט:

(ב) ד"ה בן שתים כו' אף בשנים. נ"ב פי' מדלא כתיב תמים בכל אחד ואחד וכתיב תמימים משמע שהשוה אותם לגמרי דכשם שהשוה אותם בתמות השוה אותם אף בשנים ואיל בן שתי שנים דמדכבש בן שנה איל בן שתי שנים הוא אף עגל בן בקר בן שתים וכ"א להדיא בתורת כהנים תמים תמימים אף בשנים ע"ש:

[לעיל ב: וש"נ]

נ"א וכה"ג

נ"א אמר

אינו דין שיום אחד עולה בתחלתה ואלא מאי ר״א שלשים ושלשים בעי דתנן *אין נוטעין ואין מבריכין ואין מרכיבין ערב שביעית פחות מל׳ יום לפני ר״ה ואם נטע והבריך והרכיב יעקור (*דברי ר׳ אליעזר) ר״י אומר *כל הרכבה שאינה קולטת בג׳ ימים שוב אינה קולטת רבי יוסי ור״ש אומרים שתי שבתות ואמר רב נחמן אמר רבה בר אבוה לדברי האומר ל׳ צריך ל׳ ושלשים לדברי האומר שלשה צריך שלשה ושלשים לדברי האומר ב׳ שבתות צריך שתי שבתות ושלשים יום וא״נ כר׳ יהודה ס״ל ג׳ ושלשים בעי אלא לעולם ר״מ וכי קאמר ל׳ לקליטה אי הכי ל״א בעי קא סבר יום ל׳ עולה לכאן ולכאן א״ר יוחנן ושניהן מקרא אחד דרשו °ויהי באחת ושש מאות שנה בראשון באחד לחדש ר״מ סבר מדאכתי יום אחד הוא דעייל בשנה וקא קרי לה שנה שמע מינה יום אחד בשנה חשוב שנה ואידך אי כתיב בשש מאות ואחת שנה כדקאמרת השתא דכתיב באחת ושש מאות שנה אשש מאות קאי ומאי אחת אתחלתא דאחת קאמר ור״א מ״ט דכתיב בראשון באחד לחדש מדאכתי יום אחד הוא דעייל בחדש וקא קרי ליה חדש ש״מ יום אחד בחדש חשוב חדש ומדיום אחד בחדש חשוב חדש *ה״ל יום בשנה חשובין שנה וחדש למנויו ושנה למנוייה (מכלל דתרוייהו סבירא להו בניסן נברא העולם) תניא *רבי אליעזר אומר בתשרי נברא העולם בתשרי נולדו אבות בתשרי מתו אבות בפסח נולד יצחק *בראש השנה נפקדה שרה רחל וחנה בראש השנה יצא יוסף מבית האסורין בר״ה

תורה אור: בראשית ח

אינו דין · שיעלה יום אחד בסוף שנה ראשונה לתחילת קלבת שנים הקלוטים לכך : אלא מאי · כמאן תוקמה למתניתא דלעיל דאמר בנוטע פחות מל׳ לא עלתה לו שנה : כר״א · תוקמה בתמיה : שלשים ושלשים בעי · ל׳ יום לקליטה שתהא נשרשת בארץ ושלשים יום לחשיבת שנה וימי הקליטה אין עולין לה דכמאן דמנח בביתא דמיא כל זמן שלא קלטה : דתנן · דאין נטיעה קולטת בפחות מל׳ יום : יעקר · לפי שקלטה בשביעית : דברי ר״מ לא גרס : לדברי האומר ל׳ יום · לקליטה : צריך שלשים ושלשים · שלשים לקליטה ול׳ לתוספת כר״א : לעולם · ברייתא דלעיל ר״מ היא וכי קאמר שלשים לקליטה קאמר שתהא הנטיעה ל׳ יום לפני ר״ה כדי שתהא נקלטת ערב ר״ה וקא סבר ר״מ דלא יהיבנא לתוספת ל׳ יום אלא יום אחד: שלשים ואחד בעי · שתהא יום הקודם לר״ה חשוב לשנה ראשונה של ערלה כדקתני עלתה לו שנה : ושניהם · ר״מ ור׳ אלעזר : ויהי באחת ושש מאות שנה לסוף עשתי עשר חדש שהתחיל מבול לירד לדברי האומר בתשרי נברא העולם ומבול ירד בי״ז במרחשון כדלקמן (דף יא:) הוי האי בראשון באחד לחדש בתשרי דא״א להיות בניסן שהרי מ׳ יום מבול וחמשים ומאת יום שגברו המים מאליהן (א) משכו עד סיון ואח״כ היו הלוך וחסור עד חדש העשירי והוא אב שהיה עשירי לירידת גשמים ואז נראו ראשי ההרים ומאחד באב עד אחד בתשרי נבלעו המים והיינו דכתיב ויהי באחת ושש מאות שנה בראשון באחד לחדש חרבו המים ולדברי האומר באייר ירד המבול הוה ליה האי בראשון בניסן ובין למר ובין למר תחלת שנת שש מאות ואחת לא נכנסו בה אלא יום אחד דכתיב באחד לחדש וקרי ליה שנה כדכתיב באחת ושש מאות שנה : כדקאמרת · דקרי ליה שנה : וקרי ליה חדש · דכתיב באחד לחדש : חדש למנויו · אחד מן המנויין שלו חשוב חדש שהחדש נמנה בימים דכתיב עד חדש ימים (במדבר יא) : ושנה אחד למנוייה · חשוב שנה והיא נמנית בחדשים דכתיב (שמות יב) לחדשי השנה: מכלל דתרוייהו וכו׳ · ר״מ ור״א דהא תרוייהו מודו שזו היתה תחלת שנה ולי נראה דלא גרסינן ליה דדלמא כר׳ אליעזר סבירא להו והאי דראשון לאו ניסן אלא תשרי ומפני שהוא ראשון לבריאת עולם ולמנין השנים קרי ליה ראשון ובסדר עולם תניא בהדיא דלר״א האי בראשון תשרי הוא : תניא ר׳ אליעזר אומ׳ כו׳ · מקרא יליף לה לקמן (דף יא·) :
טלדו

דרואה שני בין השמשות הל״ל שלש בין השמשות ומיהו בסוף פרק שני דנזיר (ד׳ טז· וסס) גרסי׳ בכל הספרים כגון דחזא שלשה בין השמשות סמוך לשקיעת החמה דלא הוי שהות ביום לסליק ליה למניינא ונראה לפרש דלכך לא קאמר ברואה בלילות משום דר׳ יוסי כי היכי דתחילת היום סליק לה שימור ה״נ סוף היום סליק לה שימור ובסוף פ״ב דנזיר (נז״ס) מוכיח כן (ב) דגרים התם כיון דחזאי בפלגי דיומא ואידך פלגי דיומא סליק לה שימור ואע״ג שר״ת מפרש דאידך פלגא דיום של אחריו קאמר לא משמע כן וגם מתוך שטייא דמשני דלא הוה שהות ביום ואין זה מנהג טותים דסופרת יום שפוסקת דהתם בזבה גמורה דצריכה ז׳ נקיים (ג)ויום שפוסקת לאו נקי הוא אבל בשומרת יום לא כתיב טהרה אלא מרבוייא דקרא אתי כדפרישית ועוד דבסופרת ז׳ *הוג. סוף היום בתחלת ספירה אבל בשומרת יום הוי בסוף ספירה דסגי ליה בחד יומא* :

אין נוטעין · משנה היא פ״ב דשביעית (משנה ו) :

שלשים ושלשים · פי׳ בקונטרס שלשים לקליטה ושלשים לתוספת שביעית דבעינן שלא תהא נקלטת בתוספת שביעית וקשיא לר״ת חדא דבלשון המשנה אין משמע כן(ד) פי׳ דלא איירי בתוספת שביעית כלל אלא בקליטה ועוד דא״כ מאי קשיא ליה אי אוקמה להא ברייתא דלעיל כר״א הא כי היכי דבמתני׳ דשביעית קתני ל׳ ומוקמי ליה בקליטה בלא שלשים של תוספת ה״נ נימא דשלשים דברייתא דלעיל בשלשים של קליטה בלאו הנך של תוספת ועוד לקמן (ד׳ יג:) גבי אורז ודוחן ופרגין ושומשמין דמחלק לענין שביעית בין השרישו לפני ר״ה להשרישו לאחר ר״ה משמע דלא חיישינן במה שהשרישו בתוספת דקתני שביעית דומיא דמעשר ומפרש ר״ת דה״ק ר״נ לדברי האומר ל׳ לקליטה בשביעית צריך שלשים ושלשים לענין ערלה פי׳ ולא אתי לפרושי מתני׳ אלא מערלה אבל לענין שביעית לא חיישינן אלא שלא תקלוט בשביעית עצמה ולר׳ יהודה דקולטת בג׳ ימים מותר לקיים כיון דלא נקלט בשביעית אע״פ שנטעה באיסור בתוספת שביעית ג׳ ימים לפני ר״ה ואורז ודוחן ופרגין ושומשמין שזריעתן באיסור מלאכה דאורייתא כדכתיב (ויקרא כה) לא תזרע ואסירי בתוספת שביעית מ״מ לא חיישינן ובלבד שישרישו לפני ר״ה והא דמייתי בסוף הערל (יבמות דף פג·) הא דר״נ גבי הלכה כר׳ יוסי באנדרוגינוס ובהרכבה לאו משום דאתי ר״נ לפרושי מתני׳ אשביעית דלא מייתי לה אלא למימר דאף לענין ערלה הלכה כר׳ יוסי :

יום שלשים עולה לכאן ולכאן · בפרק הנזקין (גיטין דף נד·) גבי הא דאמר ר״מ נוטע בשביעית בין בשוגג בין במזיד יעקור קאמר וכי תימא שבת נמי זימנין דמקלע יום שלשים בשבת דאי נטע בההוא יומא סלקא ליה שתא ואי לא לא סלקא ליה שתא לא נקט ל׳ משום דנבעי שלשים לחשוב שנה דהא לר״מ ביום א׳ סגי ומשום קליטה נקט ל׳ ומיהו בפרק יוצא דופן (נדה דף מה·) משמע קצת דאיכא תנא לר״מ דאמר ל׳ :

מדאכתי יום אחד הוא דעייל וקא קרי ליה שנה · דא״א לומר דשנה שנית למבול היתה ולא חשיב ליה שנה משום דאכתי לא עייל אלא יום א׳ דהכתיב קרא אחרינא (בראשית ח) ובחדש השני בשבעה ועשרים יום לחדש ולא כתיב בשתים ושש מאות אע״פ שנכנסו לה שלשים ובירושלמי דייק מדכתיב ויהי בחדש הראשון בשנה השנית באחד לחדש הוקם המשכן דלא עייל אלא יום אחד וקרי ליה שנית דאי אמרת שלישית היתה ומשום דלא עייל אלא יום אחד לא חשיב לה והא כתיב ויהי בשנה השנית בחדש השני בעשרים לחדש נעלה הענן מעל המשכן :

מכלל דתרווייהו · ר״מ ור״א סבירא להו בניסן נברא העולם דהא תרווייהו מודו שזו היתה תחילת השנה פירוש דהכל מודים דבראשון הוא ניסן דניסן אקרי ראשון דכתיב (שמות יב) החדש הזה לכם וגו׳ ראשון ופי׳ בקונטרס דלא גרסי׳ ליה דדלמא כר״א סבירא להו והאי ראשון לאו ניסן הוא אלא תשרי ומפני שהוא ראשון לבריאת עולם ולמנין השנים קרי ליה ראשון ובסדר עולם תניא בהדיא דלר״א האי ראשון תשרי ונראה דלעולם גרסי׳ ליה ודייק מהא דאם איתא דסברי בתשרי נברא העולם דלמא האי ראשון ניסן וקרי ליה ראשון לפי שהוא ראשון לחדשים ועמד מבול שנה וחצי ותו לא תידוק מיניה יום אחד בשנה חשוב שנה :
ברלש

עין משפט נר מצוה

נד א מיי׳ פ״ג מהל׳ שמיטין הל׳ יא סמג לאוין רסו :

נה ב ג מיי׳ וסמג שם ומיי׳ פ״ט מהל׳ נטע רבעי סמג עשין קלז טוש״ע י״ד סי׳ רצד סעיף ד :

נו ד מיי׳ פ״ט מהל׳ נטע רבעי הל׳ ח טוש״ע שם :

[במשנה דשביעית וכן ביבמות פג· ליתא דברי ר׳ אליעזר]

ל״ל אלא סוף

[וע״ע תוס׳ פסחים פא· ד״ה א״נ וכו׳]

רבינו חננאל

לא כ״ש שיהיה יום אחד עולה לו בתחלת שניו · אלא זו הברייתא למי הוא לר׳ אלעזר דאמר פר האמור בתורה בן כ״ד חדש (ושלשה) [ושלשים] יום׳ *) שלשים ושלשים בעי דתניא אין נוטעין ואין מרכיבין ערב שביעית פחות משלשים יום לפני ר״ה · ואם נטע והבריך והרכיב יעקור ר׳ יהודה אומר כל הרכבה שאינה קולטת לג׳ ימים שוב אינה קולטת · ר׳ יוסי ור׳ שמעון אומר׳ ב׳ שבתות ואמר רב נחמן לדברי האומרים שלשים לקליטה כלומר שישרש הנטע צריך אחר שישריש שלשים יום אחרים לעלות לו שנה · עכשיו ר׳ אלעזר אי סבר לה כת״ק דאמר בעינן ל׳ יום לקליטה בעי ל׳ יום אחרים לעלות לו שנה · ואי כרבי יהודה ס״ל ל״ג הוו ליה למיתנא כו׳ · אלא לעולם הא דת״ר אחד הנוטע ואחד המבריך כו׳ ר׳ מאיר היא · וכי קתני שלשים לפני ר״ה עלתה לו שנה לקליטה · אבל (א׳)לעלות לו שנה בשני ערלה יום אחד די לו · והא דלא קתני ל״א יום דסבר יום שלשים עולה לכאן ולכאן · א״ר יוחנן שניהם מקרא אחד דרשו ויהי באחת ושש מאות שנה בראשון באחד לחדש ר׳ מאיר סבר מדאכתי יום אחד הוא דעל בשנה וקרי ליה שנה יום אחד בשנה חשוב שנה · ור׳ אלעזר אי כתב בשש מאות ואחת שנה כדקאמרת כו׳. אלא אחת אשש מאות קאי ומדיום אחד בחדש חשוב חדש ש״מ דחדש בשנה חשוב שנה · חדש למנויו ושנה למנוייה ·

מסורת הש״ס

שביעית פ״ב מ״ו יבמות פג ·

[פסחים סד:]

[מכות ג: נדה מד: מה.]

[לעיל ח. לקמן כז. ע״ז ח.]

[כריתות כד: יבמות סד.]

הגהות הב״ח

(א) רש״י ד״ה ויהי באחת כו׳ המים מאליהן נמשכו עד סיון : (ב) תוס׳ (בע״א) ד״ה שנים כו׳ מוכיח כן דפריך התם : (ג) בא״ד דצריכה ז׳ נקיים ויום : (ד) ד״ה שלשים כו׳ (פירוש דלא איירי בתוספת שביעית כלל אלא בקליטה) תא״מ וכ״ב סגה״ס :

מכלל דר׳ מאיר ור׳ אלעזר כר׳ יהושע סבירא להו דאמר בניסן נברא העולם תניא ר׳ אליעזר אומר בתשרי נברא העולם בתשרי נולדו אבות בתשרי מתו אבות בפסח נולד יצחק בר״ה נפקדה שרה רחל וחנה בר״ה

*) מלה דל״ל ופרכינן אי הכי שלשים וכו׳.

whole year] at the end,[9] [10b] does it not follow that one day should be counted [as a year] at the beginning?—What then? Will you say [that the passage quoted[10] follows] R. Eleazar? [How can this be, seeing that] R. Eleazar requires thirty days and thirty days,[11] as we have learnt: 'It is not allowed to plant nor to bend over nor to graft in the year before the Sabbatical year less than thirty days before New Year, and if one did plant or bend over or graft, he must uproot the plant. So R. Eleazar. R. Judah said: If a grafting does not take within three days, it will not take at all. R. Jose and R. Simeon said that it takes two
a weeks',[1] and [commenting on this] R. Naḥman said in the name of Rabbah b. Abbuha: On the view that thirty days are the period [for taking] we require thirty days and thirty;[2] on the view that three days are the period, thirty-three days are required; on the view that two weeks are the period, two weeks and thirty days are required. Now even if [we accept the view of] R. Judah, thirty-three days are required?—The truth is [that the statement in question follows] R. Meir, and when it says thirty days, it means the thirty days of taking. In that case it should say thirty-one days?[3]—He held that the thirtieth day counts both ways.

R. Joḥanan said: Both of them [R. Meir and R. Eleazar] based their views on the same verse, viz., *And it came to pass in the one and six hundredth year, in the first month, on the first day of the month.*[4] R. Meir reasoned: Seeing that the year was only one day old and it is still called a year, we can conclude that one day in a year is reckoned as a year. What says the other to this?—[He says that] if it were written, 'In the six hundred and first year', then it would be as you say. Seeing, however, that it is written, *'In the one and six hundredth year'*, the word *'year'* refers to *'six hundred'*, and as for the word *'one'*, this means 'the beginning of one'.[5] And what is R. Eleazar's reason?—Because it is written, *'In the first month on the first day of the month*. Seeing that the month was only one day old and it is yet called *'month'*, we can conclude that one day in a month is reckoned as a month; and since one day in a month is reckoned as a month, thirty days in a year are reckoned as a year, a month being reckoned by its unit and a year by its unit.

(We infer from what has just been said that both [R. Meir and R. Eleazar] were of opinion that the world was created in Nisan.)[6]

It has been taught: R. Eliezer says: In Tishri the world was
b created; in Tishri the Patriarchs[1] were born; in Tishri the Patriarchs died; on Passover Isaac was born; on New Year Sarah, Rachel and Hannah were visited;[2] on New Year Joseph went forth from

(9) As in the case of the *par*. (10) Where it says that less than thirty days does not count for planting etc. (11) To elapse before a year is completed for 'uncircumcision'—thirty days for the 'taking' and thirty for the addition from the profane on to the holy (Rashi).

a (1) Sheb. II, 6. (2) To count for a year of 'uncircumcision'. V. *supra* n. a11. (3) Thirty days for taking and one for the addition. (4) Gen. VIII, 13. (5) I.e., it merely gives the date, but gives no indication that a day can be counted as a year. (6) Because both agree that *'the first day of the first month'* in the text marks the beginning of another year. Rashi points out that both might equally well hold that the 'first month' here means Tishri, it being so called as first month to the creation and he therefore rejects this sentence. But v. Tosaf. s.v. מכלל.

b (1) Abraham and Jacob. (2) I.e., remembered on high.

prison [11a]; on New Year the bondage of our ancestors in Egypt ceased;[3] in Nisan they were redeemed and in Nisan they will be redeemed in the time to come. R. Joshua says: In Nisan the world was created; in Nisan the Patriarchs were born; in Nisan the Patriarchs died; on Passover Isaac was born; on New Year Sarah, Rachel and Hannah were visited; on New Year Joseph went forth from prison; on New Year the bondage of our ancestors ceased in Egypt; and in Nisan they will be redeemed in time to come.

It has been taught: 'R. Eliezer says: Whence do we know that the world was created in Tishri? Because it says, *And God said, Let the earth put forth grass, herb yielding seed, and fruit-tree.*[4] Which is the month in which the earth puts forth grass and the trees are full of fruit? You must say that this is Tishri. That time was the season of rainfall,[5] and the rain came down and the plants sprouted, as it says, *And a mist went up from the earth.*[6]

R. Joshua says: Whence do we know that the world was created in Nisan? Because it says, *And the earth brought forth grass, herb yielding seed after its kind, and tree bearing fruit.*[7] Which is the month in which the earth is full of grass and trees [begin to] produce fruit? You must say that this is Nisan. That time was the period when cattle, beasts and fowls copulate with one another, as it says, *The rams have mounted the sheep* etc.[8] And how does the other explain the text, *'tree bearing fruit'*?—This signifies a blessing for future generations. And what does the other make of the words *'fruit-tree'*?—This is to be explained in accordance with the dictum of R. Joshua b. Levi; for R. Joshua b. Levi said: All creatures of the creation were brought into being with their full stature, their full capacities, and their full beauty, as it says, *And the heaven and the earth were finished, and all the host of them* [ẓeba'am]. Read not *ẓeba'am*, but *ẓibyonam* [their beauty].

R. Eliezer said: Whence do we know that the Patriarchs were born in Tishri? Because it says, *And all the men of Israel assembled*
a *themselves unto King Solomon, at the feast in the month Ethanim;*[1] that is, the month in which the mighty ones [*ethanim*] of the world were born. How do you know that this word *ethan* means 'mighty'?—Because it is written, *Thy dwelling-place is firm* [ethan],[2] and it also says, *Hear, ye mountains, the Lord's controversy, and ye mighty rocks* [ethanim] *the foundations of the earth.*[3] It also says, *The voice of my beloved, behold he cometh, leaping upon the mountains, skipping upon the hills,*[4] [where] *'leaping upon the mountains'* means, for the merit of the patriarchs, and *'skipping upon the hills'* means, for the merit of the matriarchs.

R. Joshua said: Whence do we know that the patriarchs were born in Nisan? Because it says, *And it came to pass in the four hundred and eightieth year after the children of Israel were come out of the land of Egypt, in the fourth year in the month of Ziv*[5]—that is, the month in which the brilliant ones [*zewthane*] of the world were born.

But how does he explain the expression *'month of Ethanim'*?—It means, [the month] which is strong in religious duties.[6] What does the other make of the expression *'in the month of Ziv'*?—It means, the month in which there is splendour for the trees, for so Rab Judah has said: When a man goes abroad in the days of Nisan and sees trees blossoming, he should say, 'Blessed is He that hath not left His world short of anything and has created therein goodly creatures and goodly trees to rejoice mankind'.

He who holds that they were born in Nisan holds that they died in Nisan, and he who holds that they were born in Tishri holds that they died in Tishri, as it says, *I am a hundred and twenty years*
b *old this day.*[1] The word *'this* day' seems here superfluous. What then is the point of it? [As much as to say], This day my days and years have reached full measure, which teaches that the Holy One, blessed be He, sits and completes the years of the righteous from day to day and from month to month, as it says, *The number of thy days I will fulfil.*[2]

Whence do we know that Isaac was born on Passover?—Because it is written, *On the* [*next*] *festival*[3] *I will return unto thee.*[4] Now when was he [the angel] speaking?[5] Shall I say [he was speaking] on Passover and referring to Pentecost? Could she bear in fifty days?[6] Shall I say then that [he was speaking on] Pentecost and was referring to Tishri? Even in five months could she bear? I must suppose then that he was speaking on Tabernacles and referring to Passover.[7] Even so, could she bear in six months?—It has been taught that that year was a leap year. All the same, if the Master deducts the days of uncleanness,[8] the time is too short?—Mar Zuṭra replied: Even those who hold that when a woman bears at nine months she does not give birth before the month is complete[9] admit that if she bears at seven months she can give birth before the month is complete, as it says, *And it came to pass after the cycle of days;*[10] the minimum of cycles is two, and the minimum of days is two.

'On New Year Sarah, Rachel and Hannah were visited'. Whence do we know this?—R. Eliezer said: We learn it from the two occurrences of the word 'visiting', and the two occurrences of the word 'remembering'. It is written concerning Rachel, *And*
c *God remembered Rachel,*[1] and it is written concerning Hannah, *And the Lord remembered her,*[2] and there is an analogous mention of 'remembering' in connection with New Year, as it is written, *a solemn rest, a remembering of the blast of the trumpet.*[3] The double mention of visiting [is as follows]. It is written concerning Hannah, *For the Lord had visited Hannah,*[4] and it is written concerning Sarah, *And the Lord visited Sarah.*[5]

'On New Year Joseph went forth from the prison'. Whence do we know this?—Because it is written, *Blow the horn on the new*

(3) Six months before the redemption. (4) Gen. I, 11. (5) Lit., 'fructification'. (6) Gen. II, 6. This is supposed to have been at the time of the creation, and is therefore a proof that the world was created in Tishri. (7) Gen. I, 12. 'Bearing fruit' is taken to mean, 'about to bear fruit'. (8) Ps. LXV, 14. '*The meadows are clothed with flocks*'. This Psalm is supposed to refer to the creation.

a (1) I Kings VIII, 2. The verse continues, 'which is the seventh month'. (2) Num. XXIV, 21. (3) Micah VI, 2. (4) Cant. II, 8. This verse is adduced to show that '*mountains*' can refer to the Patriarchs. (5) I Kings VI, 1. The text says that this was the second month, but sometimes the Nisan *tekufah* (vernal equinox) is late in occurring, in which case the month of Iyar may according to solar calculation still be Nisan (Rashi). (6) As a number of festivals occur in it.

b (1) Deut. XXXI, 2. (2) Ex. XXIII, 26. (3) Heb. למועד E.V. '*at the set time*'. (4) Gen. XVIII, 14. Said by the angel to Abraham with reference to the birth of Isaac. (5) Lit., 'standing'. (6) The interval between Passover and Pentecost. (7) According to another tradition (based on the words, *knead and prepare unleavened cakes*), the angels appeared to Abraham on Passover. Cf. Tosaf. s.v. אלא. (8) According to tradition, Sarah became *niddah* (v. Glos.) on that day. (9) Lit., 'defective (months)'. I.e., less than twenty-nine or thirty days. (10) I Sam. I, 20 (E.V. '*when the time was come about*'). This is taken as proof by the Talmud that Hannah bore after six months and two days.

c (1) Gen. XXX, 22. (2) I Sam. I, 19. (3) Lev. XXIII, 24. (4) I Sam. II, 21. (5) Gen. XXI, 1.

נו א מיי' פ"י מהלכות ברכות הל' יג סמג עשין כז טוש"ע א"ח סימן רכו :

טלדו אבות · אברהם ויעקב : נפקדה שרה · באו זכרונם לטובה ונגזר עליהן הריון : בטלה עבודה מאבותינו · ששה חדשים לפני גאולתם פסק השעבוד : תדשא הארץ · תתכסה ותתלבש בדשאין : עץ פרי · שנגמר פריו : ואותו הפרק זמן רביעה הוא · כלומר וראיה לדבר שבתשרי נברא העולם שהרי לגשמים היו צריכין ותשרי זמן רביעה היא : ותוצא הארץ · ולא כתיב ותדשא הארץ : ועץ עושה פרי · ולא עץ פרי גמור : ואותו הפרק זמן · הוא לבהמה וחיה להיזקק זה לזה ולכך היו צריכין וראיה היא שבניסן נברא העולם : לבשו כרים · בזמן שיתרועעו שבלים בניסן (ד) אלמא ניסן זמן זיווג בהמה הוא : ברכה לדורות · עושה פרי לדורות ומיהו השתא עץ פרי הוו : בקומתן נבראו · והייט עץ פרי ראוי היה לטעון פרי מיד : לדעתם · שאלם אם חפצין להבראות ואמרו הן : בצביונם · בטעם (ה) אחד ואחד ובדפוס כל אחד : ואומר שמעו הרים את ריב ה' והאיתנים · אלמא הם איתנים הם הרים ואשכחן דנקראו אבות הרים שנאמר מדלג על ההרים ודילג את הקץ בשביל ההרים : בחדש זיו · (ו) אייר הוא : שנולדו בו זיותני עולם · כשנתחדש אייר נולדו כבר בניסן אי נמי זימנין דניסן דתקופה נמשך בתוך אייר של לבנה : להתנאות · להנות : דתקיף במצות · שופר יוה"כ וסוכה לולב וערבה וניסוך המים (וערבה) : למועד אשוב אליך · לי"ט הבא ראשון ולשרה בן וכל מה שאתה יכול להרחיק יום הבשורה מיום הלידה הרחיקם כדי למלאת ימי עיבור הוולד בין שניהם ואין אתה יכול להרחיקו אלא ממועד למועד כשתאמר שנתבשר במועד זה ושתלד למועד הבא : כי מדלי מר ימי טומאה · טומאת נדה דקיי"ל (ב"מ דף פז·) שרה אמנו אותו היום פירסה נדה לפיכך ויקח חמאה וחלב ובן הבקר אבל לא העוגות שלשתה היא בטומאה : אפילו למ"ד · במסכת נדה (דף לח·) אינה יולדת למקוטעין אלא לחדשים שלימים של שלשים יום :

בראש השנה בטלה עבודה מאבותינו במצרים· רבי יהושע מודה בהא ברוב ספרים ואע"פ שהתחילו המכות מניסן דמשפט המצרים י"ב חדש כדתנן בעדיות (פ"ב משנה י) מ"מ לא פסקה עבודה עד תשרי : **לקומתן** לדעתם לצביונם · לצביונם לשון יופי כמו לעטרת צבי (ישעיה כח) דדרך בהמה חיה ועוף כשגדלים [גדלים] בטוי בכח בדעת ובקומה וכל זה היה במעשה בראשית בתחלת יצירתם וכולהו נפקי מדכתיב צבאם* : **שנולדו** בו זיותני עולם· דאע"ג דאייר קרי ליה זיו צ"ק מידי כדפי' בריש פירקין (דף ב: ד"ה בחדש זיו) : **את** מספר ימיך אמלא· בסוף החולץ (יבמות דף ס· ושם) אמר אלו שני דורות : **אלא** דקאי בחג וקאמר לה בניסן · סוגיא דשמעתא מוכח דבתשרי נמול אברהם אבינו דבפרק השוכר את הפועלים (ב"מ דף פו:) אמר בשלישי של מילה באו אלו מלאכים ואז נאמר לו למועד אשוב אליך כעת חיה ובפרקי דרבי אליעזר *נמי אמרינן דביוה"כ נמול א"א והשתא הא דאמר בחג לאו דוקא דשני ימים לפני החג הוה כיון דנמול ביוה"כ ואע"ג דמשמע הכא למועד ראשון הכי קאמר למועד ראשון אחר החג זה דקיימא ביה דכאילו קיימי בחג דמי כיון דלא הוה בו כי אם שני ימים לפניו [א] ולמאי דמסקינן דיולדת לשבעה יולדת למקוטעין לא הוה צריך לשטויי שנה מעוברת היתה דכי מדלית נמי ימי טומאה סגלה נמי בליל חמישי לחג ואפשר דילדה ביום אחרון של פסח אלא משום דאמרינן בסדר עולם ובמכילתא בפרשת ויסעו בני ישראל מרעמסס (אמרי') דבט"ו בניסן נולד יצחק. [ומיהו פליגי אדהכא דקאמר נמי בט"ו בניסן דבר הקב"ה עם אברהם בט"ו בניסן באו מלאכים לבשרו] ורבי מאיר שליח צבור יסד במעריב של פסח ומצות אפה ויאכלו בלילי חג פסח ואמרי' בבראשית רבה לושי ועשי עוגות הדא אמרת שפסח היה וכל הגי לא ס"ל דלמועד אשוב אליך כעת חיה אמועד ראשון אלא כלומר למועד כזה שהוא פסח וכן תרגם אונקלוס כעת חיה כעת דאתון קיימין והשתא הא דכתיב בפרשת מילה אשר תלד לך שרה למועד הזה בשנה האחרת (בראשית יז) ואמרינן [במדרש תנחומא]* מלמד ששרט לו שריטה בכותל לשנה האחרת על כרחך דבט"ו בניסן נאמר וגו ביום נמול וגו ביום באו מלאכים בשנה זו תימה דכל הגי דאמרי בתשרי הוה היכי מקיים ההוא קרא דלמועד הזה בשנה האחרת ואיך יתכן לומר שנלטוה בפסח ולא נמול עד תשרי והלא זריזין מקדימין למצות ועוד הכתיב בעצם היום הזה (שם) בו ביום שנצטוה מל ואומר ר"ת דהני דאמרי בתשרי סבירא להו כרבי יהושע דאמר בניסן נברא העולם (ז) ולהכי הדר לפסח שנה אחרת למועד הזה היינו למועד אחר דביום הכפורים אמר לו וקרוב לסוכות כלומר למועד הזה ראשון של שנה אחרת :

[ועי"ע תוס' חולין ס· ד"ה אל תקרי וכו' מ"ש בשם סערון]

תורה אור

בר"ה בטלה עבודה מאבותינו במצרים בניסן נגאלו בתשרי עתידין ליגאל ר' יהושע אומר *בניסן נברא העולם בניסן נולדו אבות בניסן מתו אבות בפסח נולד יצחק *בר"ה נפקדה שרה רחל וחנה בר"ה יצא יוסף מבית האסורין בר"ה בטלה עבודה מאבותינו במצרים בניסן נגאלו בניסן עתידין ליגאל תניא ר"א אומר מנין שבתשרי נברא העולם שנאמר °ויאמר אלהים תדשא הארץ דשא עשב מזריע זרע עץ פרי איזהו חדש שהארץ (א) מוציאה דשאים ואילן מלא פירות הוי אומר זה תשרי ואותו הפרק זמן רביעה היתה וירדו גשמים וצימחו שנא' °ואד יעלה מן הארץ ר' יהושע אומר מנין שבניסן נברא העולם שנא' °ותוצא הארץ דשא עשב מזריע זרע ועץ עושה פרי איזהו חדש שהארץ (ב) מליאה דשאים ואילן מוציא פירות הוי אומר זה ניסן ואותו הפרק זמן בהמה וחיה ועוף שמזדווגין זה אצל זה שנאמר °לבשו כרים הצאן וגו' ואידך נמי הא כתיב עץ עושה פרי ההוא לברכה לדורות הוא דכתיב ואידך נמי הא כתיב עץ פרי ההוא כדר' יהושע בן לוי *דא"ר יהושע בן לוי כל מעשה בראשית (*לקומתן) נבראו לדעתן נבראו לצביונן נבראו שנא' °ויכלו השמים והארץ וכל צבאם אל תקרי צבאם אלא צביונם ר"א אומר מנין שבתשרי נולדו אבות שנא' °ויקהלו אל המלך שלמה כל איש ישראל בירח האיתנים בחג ירח שנולדו בו איתני עולם מאי משמע *דהאי איתן לישנא דתקיפי הוא כדכתיב °איתן מושבך ואומר °שמעו הרים את ריב ה' והאיתנים מוסדי ארץ ואומר °קול דודי הנה זה בא מדלג על ההרים מקפץ על הגבעות מדלג על ההרים בזכות אבות מקפץ על הגבעות בזכות אמהות ר' יהושע אומר מנין שבניסן נולדו אבות שנאמר °ויהי בשמונים שנה וארבע מאות שנה לצאת בני ישראל מארץ מצרים בשנה הרביעית בחדש זיו בירח שנולדו בו זיותני עולם (*ואידך נמי הכתיב בירח האיתנים התם (ג) דתקיפי במצות ואידך נמי הכתיב בחדש זיו ההוא דאית ביה זיוא לאילני *דאמר רב יהודה °האי מאן דנפק ביומי ניסן וחזי אילני דמלבלבי אומר ברוך שלא חיסר מעולמו כלום וברא בו בריות טובות ואילנות טובות להתנאות בהן בני אדם מ"ד בניסן נולדו בניסן מתו מ"ד בתשרי נולדו בתשרי מתו שנאמר °ויאמר אליהם בן מאה ועשרים שנה אנכי היום *שאין ת"ל היום ומה ת"ל היום היום מלאו ימי ושנותי ללמדך שהקב"ה יושב וממלא שנותיהם של צדיקים מיום ליום מחדש לחדש שנאמר °את מספר ימיך אמלא בפסח נולד יצחק מנלן כדכתיב °למועד אשוב אליך אימת קאי אילימא בפסח וקאמר ליה בעצרת בחמשין יומין מי קא ילדה אלא דקאי בעצרת וקאמר ליה בתשרי אכתי בחמשה ירחי מי קא ילדה אלא דקאי בחג וקאמר לה בניסן אכתי בשיתא ירחי מי קא ילדה תנא אותה שנה מעוברת היתה סוף סוף כי מדלי מר יומי טומאה בצרי להו *אמר מר זוטרא אפילו למ"ד יולדת לתשעה אינה יולדת למקוטעין יולדת לשבעה יולדת למקוטעין שנאמר °ויהי לתקופות הימים *)מיעוט תקופות שתים ומיעוט ימים שנים בראש השנה נפקדה שרה רחל וחנה מנלן א"ר אלעזר אתיא פקידה פקידה אתיא זכירה זכירה כתיב ברחל °ויזכור אלהים את רחל וכתיב בחנה °ויזכרה ה' ואתיא זכירה זכירה מראש השנה דכתיב °שבתון זכרון תרועה פקידה פקידה כתיב בחנה °כי פקד ה' את חנה וכתיב בשרה °וה' פקד את שרה בראש השנה יצא יוסף מבית האסורין מנלן **)דכתיב °תקעו בחדש שופר (*בכסא) ליום חגנו כי חק לישראל הוא וגו' עדות

*) [עמ"ש בס"ד על הגליון נדה לח· בשם סרד"ק] **) ביצה טז· סנהדרין יא·

רבינו חננאל

בראש השנה יצא יוסף מבית האסורים · בר"ה בטלה עבודה מאבותינו במצרים · בניסן נגאלו בתשרי עתידין ליגאל · תניא ר' אליעזר אומר מנין שבתשרי נברא העולם שנאמר ויאמר אלהים תדשא הארץ דשא עשב מזריע זרע עץ פרי איזהו חדש שהארץ מוציאה דשאים ואילן מלא פירות כדכתיב עץ פרי הוי אומר זה תשרי · ואותו הפרק זמן רביעה היה וירדו גשמים עליהן וצימחו שנאמר ואד יעלה מן הארץ והשקה את כל פני האדמה · ר' יהושע אומר מנין שבניסן נברא העולם שנאמר ותוצא הארץ וגו' איזהו חדש שהארץ מליאה דשא ואילן מוציא פירות הוי אומר זה ניסן כו' ר' אליעזר דייק מעץ פרי כלומר אילן [מלא] פירות והאי דכתיב עץ עושה פרי לברכה . כלומר שיהו עושין פירות לעולם. ור' יהושע דייק מעץ עושה והאי דכתיב עץ פרי לכדריב"ל דאמר בפרק אלו טרפות כל מעשה בראשית בקומתן נבראו כלומר גדולים ומלאים לדעתן נבראו לא כו עת התינוקות אלא כדעת הגדולים לצביונם נבראו · לתוארם ביופיותם שנאמר וכל צבאם · ופרשינן לצביונם · ר' אליעזר אומר בירח האיתנים ירח שנולדו בו איתני עולם הם היסודות · שמעו הרים את ריב · והם מלשון התורים האבות והאיתנים מוסדי ארץ כלומר הם היסודות · ר' יהושע אומר בירח זיו שנולדו בו איתני עולם ולדברי הכל בחודש שנולדו · בו בחדש מתו שהקב"ה ממלא שנות הצדיקים מיום ליום שנאמר את מספר ימיך אמלא בפסח נולד יצחק שנאמר למועד אשוב אליך כעת חיה ולשרה בן · ואוקימנא בחג בתשרי הוה קאי ואותה שנה מעוברת היתה · ואמ' ליה למועד אשוב אליך והוא מועד הפסח אמר מר זוטרא אפילו למ"ד יולדת לתשעה אינה יולדת למקוטעין אלא לט' חדשים שלאין מיום ליום' היולדת לז' יולדת למקוטעין דקיי"ל ביום שבישרה המלאך אותה שעה פרסה נדה וישבה ז' ימים בנדתה וילדה בפסח נמצאת שילדה לז' חדשים פחות *) ימים . בר"ה נפקדה חנה · גמר זכירה זכירה בחנה כתיב ויזכרה ה' וכתיב בר"ה שבתון זכרון תרועה · מה זכרון זה בר"ה אף זכירה שנאמר בחנה בר"ה · ותמרו שתיהן שרה ורחל מחנה · תמרה רחל מחנה בזכירה זכירה ותמרה שרה מחנה

*) אולי צ"ל פחות ז' ימים ועי' בתוס' כאן בד"ה אלא.

הגהות הב"ח

(א) גמ' איזהו חדש שהארץ מליאה דשאים וכו': (ב) שם שהארץ מוציאה דשאים: (ג) שם בירח האיתנים התם דתקיף במצות: (ד) רש"י ד"ה לבשו כרים כו' בניסן · נ"ב ס"א וגבי בריאת העולם כתיב דכתיב לעיל מיניה מכין הרים בכחו: (ה) ד"ה בצביונם בטעם כל אחד ואחד ובדפוס כל אחד ואחד בס"ד: (ו) ד"ה בחדש זיו הוא אייר שנולדו כו' זימנין דתקופת ניסן נמשך לתוך אייר של לבנה · ר"ב ס"א וקרי ליה זיו ע"ש ניסן של חמה שנולדו בו זיותני עולם : (ז) תוס' ד"ה אלא כו' נברא העולם ולכי הדר לפסח שנה אחרת כו"א ולמועד הזה היינו למועד שאחר זה דביוה"כ :

הגהות מהר"ב רנשבורג

[א] תוס' ד"ה אלא וכו' ולמאי דמסקינן וכו' · נ"ב עיין מהרש"א ח"א וביפה תואר בראשית רבה פרשה מ"ז סימן ז' בד"ה אמה שנה וכו' וביפ"ת שם פרשה נ"ג ד"ה לס' חדשים וד"ה לשבעה וכו' ועיין גם בנזר הקודש בפרשיות הנ"ל · ועי' ב"ש באה"ע סי' ד' ס"ק י"ט :

נח א טור א"ח סי' תפו וש"ע סי' תפא סעיף ב בהגה"ה :

תורה אור

עדות ביהוסף שמו בצאתו וגו' בר"ה בטלה עבודה מאבותינו במצרי' כתיב הכא °והוצאתי (שמות ו) אתכם מתחת סבלות מצרים וכתיב התם °הסירותי מסבל שכמו (תהלים פא) בניסן נגאלו כדאיתא בתשרי עתידין ליגאל אתיא שופר שופר כתיב הכא תקעו בחדש שופר וכתיב התם °ביום (ישעיה כז) ההוא יתקע בשופר גדול ר' יהושע אומר בניסן נגאלו בניסן עתידין ליגאל מנלן אמר קרא °ליל שמורים (שמות יב) ליל המשומר ובא מששת ימי בראשית ואידך *אלילה המשומר ובא מן המזיקין ואזדו לטעמייהו דתניא* °בשנת (בראשית ז) שש מאות שנה לחיי נח בחדש השני בשבעה עשר יום לחדש רבי יהושע אומר אותו היום י"ז באייר היה יום שמזל כימה שוקע ביום ומעינות מתמעטין ומתוך ששינו מעשיהן שינה הקב"ה עליהם מעשה בראשית והעלה מזל כימה ביום ונטל שני כוכבים מכימה והביא מבול לעולם ר' אליעזר אומר אותו היום י"ז במרחשון היה יום שמזל כימה עולה ביום ומעינות מתגברים ומתוך

עדות ביהוסף שמו · בתריה דההוא קרא כתיב דהי חק לישראל: הסירותי מסבל שכמו · ביוסף כתיב בתר עדות ביהוסף: המשומר ובא · לגאולה: ואזדו לטעמייהו · רבי אליעזר ור' יהושע דלר' אליעזר (א) בתשרי נברא העולם דמתשרי מתחילין מנין שני הדורות לפיכך מבול על כרחך במרחשון ירד וי"ב חדש היה ובחדש השני בשבעה ועשרים שיבשה הארץ במרחשון היה לשנה הבאה ובתשרי שלפניו חרבו המים מעל הארץ שנעשית הארץ כמין גריד ולא יבשה לגמרי ובו התחלת שנת שש מאות ואחת שנה כדכתיב ויהי באחת ושש מאות שנה בראשון באחד לחדש והוא תשרי ומדלא קרי ליה אחת ושש מאות עד השתא שמע מינה אין מנין הדורות מניסן שאם מניסן מתחילין למנותן היה לו לכתוב ותנח התיבה באחת ושש מאות שנה בחדש השביעי על הרי אררט שכבר נתחדשה שנה מניסן שהרי אותו חדש שביעי סיון היה והוא שביעי להפסקת גשמים כמו ששנינו בסדר עולם וההיא ר"א היא שכשאתה מונה משבעה עשר במרחשון מאה ותשעים יום ארבעים לימי הגשמים ומאה וחמשים שגברו על הארץ נמצאו כלים באחד בסיון ואותו יום התחילו לחסור שנאמר ויחסרו המים מקצה חמשים ומאת יום והיו הלוך וחסור עד חדש העשירי והוא אב שהוא עשירי לירידת גשמים ובאחד באב נראו ראשי ההרים בשני חדשים חסרו ט"ו אמה שהיו ההרים מכוסים מים שנאמר (בראשית ז) חמש עשרה אמה למדת שחסרה אמה לארבעה ימים והתיבה היתה משוקעת במים אחת עשרה אמה ולא היתה לפה על ראש ההר אלא ד' אמות גובה לפיכך נחה בי"ז בסיון ולר' יהושע דאמר בניסן נברא העולם וממנו מתחילין מנין שני הדורות ירד המבול באייר ושביעי שנחה בו התיבה הוא כסליו ולא מנה לך הכתוב חדוש שנה לפי שאין השנה מתחדשת אלא בניסן ויש פותרין ואזדו לטעמייהו מדאמר ר"א בחדש שני מרחשון אית ליה בתשרי נברא העולם ואי מרחשון שני לחדש שהתחילו בו שנת שש מאות דאי לאו הכי למאי קרי ליה שני אם לסדר חדשים הא אמרינן ניסן ר"ה לחדשים ולאו מילתא היא דאי מדקרי ליה שני שמעינן דבתשרי נברא העולם א"כ מאי פריך לקמיה בשלמא לר' יהושע היינו דכתיב שני אלא לרבי אליעזר מאי שני הא מהכא יליף שני לבריאת עולם *הכי גרסינן בסדר עולם ר' יהושע ברישא והדר ר' אליעזר ר' יהושע אומר אותו היום י"ז באייר היה יום שמזל כימה שוקע ביום ר"א אומר אותו היום י"ז במרחשון היה יום שמזל כימה עולה ביום גלגל חמה עגול הוא חציו למעלה מן הקרקע וחציו למטה מן הקרקע ושנים עשר מזלות קבועין בו וזה סדרן טלה שור תאומים סרטן אריה בתולה מאזנים עקרב קשת גדי דלי דגים וסימניך טש"ת סא"ב מע"ק גד"ד ששה מהן שקועין למטה וששה מהם למעלה וכשהגלגל מגלגל זה עולה מלד זה והראשון שבצד האחר שוקע וכן לעולם ושתי שעות שוהה המזל בעלייתו וכן שכנגדו בשיקועו שיהו כולן משמשין בכ"ד שעות של יום ובניסן לעולם טלה מתחיל לעלות לאור הבקר מע"ק גד"ד למעלה בלילה טש"ת סא"ב למטה לאור הבקר מתחיל טלה לעלות ומאזנים לשקוע לסוף ב' שעות טלה כולו עולה ומאזנים כולו שוקע אחר שתי שעות מתחיל שור לעלות ועקרב לשקוע וכן כולן כל חדש ניסן באייר שור מתחיל לשמש ביום כל ימי אייר ובשתי שעות הראשונות גומר עלייתו שניות תאומים שלישית סרטן רביעית אריה חמישית בתולה וששית מאזנים וכן כולן נמצא טלה עולה בשתי שעות אחרונות בלילה וכל היום הוא שוקע וכימה הוא זנב טלה והמבול ביום ירד והדרך נקב שתי כוכבים שנטלו מכימה שהוא מזל שיש בו כוכבים הרבה ומניין שהמבול התחיל לירד ביום שנאמר בעצם היום הזה בא נח (בראשית ז) והוא מקטני אמנה היה ולא נכנס לתיבה עד שירדו מים ודחקוהו ליכנס שנאמר מפני מי המבול והולך

הגה"ה שמעתי דודאי המלאכים באו בפסח כדפי' רש"י בחומש אבל אותו למועד אשוב אליך שאמר לו הקב"ה היה בתשרי ומאותו למועד דריש הכא דבסוכות הוה קאי וקאמר ליה למועד שאחר זה אשוב והיינו בפסח אבל המלאכים הם סרחו סריחה בכותל בפסח וא"ת א"כ מאי פריך הכא א"כ כי מדלית ימי טומאה בגרי להו והא לא אשכחן שפרסה נדה בסוכות אלא בפסח שעבר כשבאו המלאכים שהרי לא הביאה העוגות כדפירש רש"י וי"ל אין הכי נמי (ב) דאחר סוכות שאמר לו הקב"ה למועד אשוב היתה נדה מדכתיב ותצחק שרה בקרבה וגו' פי' אשר אחר שזקנתי יחזור לי עדן ושת לדם נדות מכלל שאין אשה יכולה להתעבר אא"כ יחזור לה עדן ושת וכשאמר לו הקב"ה היפלא מה' דבר (בראשית יח) והתרעם עליה על שצחקה עדיין לא היה לה עדן ושת וכשנתעברה נתפשטו הקמטים ונתעדן הבשר וחזר לה ושת וא"ת מביאת המלאכים הרי חזר לה וראיה מן העוגות כדפרש"י ליתא דודאי מה שפרסה נדה אז לא היה אלא אקראי בעלמא ולא חזר לה ושת גמור עד שאמר לו הקב"ה למועד וראיה שלא היה אלא אקראי שהרי אחר שאכלו המלאכים כתיב חדל להיות לשרה אורח כנשים הלכך (כי) פריך כי מדלי מר וכו' · עכל"ה :

לילה המשומר ובא מן המזיקין · ורבי יהושע תרתי שמעת מינה דכולהו מודו דמשומר מן המזיקין כדמוכח בערבי פסחים (פסחים דף קט:) דתקון ד' כוסות ולא חייש אזוגות: יום שמזל כימה שוקע ביום · גרסינן במילתיה דרבי אליעזר גבי י"ז במרחשון ושינה הקב"ה עליהן מעשה בראשית והעלה כימה ביום ובמילתיה דרבי יהושע גבי י"ז באייר גרס יום שמזל כימה עולה ובקונטרס גרים איפכא ואין הסדר כן דבניסן טלה עולה בתחלת היום ושוהה שתי שעות עם חלק אחד *משלשים בשעה אחריו שור שתי שעות שכן דרך כל מזל שוהה שתי שעות כדמשמע בפרק המקבל (ב"מ דף קו: ושם) דקא אמרינן עד אימת עד דאתו אריסי מדברא וקיימא כימה להדי רישייהו ויש שש מזלות אחרות כנגדן מע"ק גד"ד די"ב מזלות יש שקבועין בגלגל ששה למטה ששה למעלה והגלגל סובב וכשמתחיל האחד לעלות מתחיל שכנגדו לשקוע וכל חדש ניסן טלה עולה לאור הבקר או מראשו או מזנבו ומאזנים שוקע כנגדו ושור שאחר טלה משמש באייר וכל ימי אייר עולה בתחלת היום ועקרב שוקע כנגדו וכן הולך סדר כולם דכל אחד משמש חדש ואמר בפרק הרואה (ברכות דף נח:) דכימה זנב טלה וכיון דשור מתחיל לעלות באייר בתחלת היום מכלל דכבר טלה עולה כולו עד כימה הבא בזנבו ובמרחשון עקרב עולה מתחלת היום מתחיל שור שכנגדו לשקוע ונמצא שכבר שקע טלה כולו עם הבא בזנבו ולפי זה הסדר קיימי כימה ארישייהו דפרק המקבל (ב"מ דף קו:) היינו שבט ולא כמו שפי' שם בקונטרס דהיינו אדר וגבי מרחשון גרסינן מעינות מתמעטין וגבי אייר מתגברין דאע"פ שרביעה ראשונה יורדת במרחשון מ"מ הכי אורחייהו כדכתיב (יהושע ג) והירדן מלא על כל גדותיו כל ימי קציר ואמר בפרק במה אשה (שבת דף סה· ושם) ובפרק בתרא דנדה (דף סז· ושם) אבוה דשמואל עביד לבנתיה מקוואות ביומי דניסן ומפלי ביומי דתשרי [וגרסי' בסמוך בשלמא לר"א היינו דשינה אלא לר' יהושע מאי שינה]: אלא

[עי' תשובת תוס יאיר סי' ריט דף רו:]

פ"י

רבינו חננאל

בפקידה פקידה · בר"ח בטלה עבודה מאבותינו במצרים שנאמר בו ביוסף הסירותי מסבל שכמו · ואוקימנא כי בר"ה יצא יוסף מבית האסורין וכתיב באבות והוצאתי אותם מתחת סבלות מצרים וגמר סבילה סבילה · ואזדו ר' אליעזר ור' יהושע לטעמייהו דתניא בשנת שש מאות שנה לחיי נח בחדש השני בשבעה עשר יום לחדש · ר' אליעזר אומר אותו היום י"ז במרחשון היה כו' מדקרי ליה חדש שני מכלל דבניסן נברא העולם · ואקשינן הניחא לר' יהושע אשכחינן ניסן דאקרי ראשון לחדשים נמצא אייר שני לחדשים · אלא לר' אליעזר אמר מרחשון למה נקרא שני · ושנינן שני לדין · דתנן בד' פרקים העולם נידון חג אחד מהן · בר"ה כל באי עולם עוברין לפניו כבני מרון. כלומר מרחשון הוא שני לחדש שנגמר עליהן הדין ·

פסחים קט:

[בסוף מסכת זו דף לה: איתא גירסת ברייתא זו ופירושה]

הגהות הב"ח

(א) רש"י ד"ה ואזדו לטעמייהו כו' דלר"א דבתשרי נברא העולם מתשרי מתחילין : (ב) בהגה"ה שמעתי מפי' וי"ל אפ"ע דלאחר כך בסוכות כשאמר לו הקב"ה :

moon, on the covering day for our festival . . . [11b] *He appointed it for Joseph for a testimony when he went forth*[6] etc.

'On New Year the bondage of our ancestors ceased in Egypt'. It is written in one place, *And I will bring you out from under the burdens of the Egyptians,*[7] and it is written in another place, *I removed his shoulder from the burden.*[8] 'In Nisan they were delivered', as Scripture recounts. 'In Tishri they will be delivered in time to come'. This is learnt from the two occurrences of the word 'horn'. It is written in one place, *Blow the horn on the new moon,*[9] and it is written in another place, *In that day a great horn shall be blown.*[10] 'R. Joshua says, In Nisan they were delivered, in Nisan they will be delivered in the time to come'. Whence do we know this?—Scripture calls [the Passover] '*a night of watchings*',[11] [which means], a night which has been continuously watched for from the six days of the creation. What says the other to this?—[He says it means], a night which is under constant protection against evil spirits.[12]

[R. Joshua and R. Eliezer] are herein consistent [with views expressed by them elsewhere], as it has been taught: '*In the sixth hundredth year of Noah's life, in the second month, on the seventeenth day of the month.*[13] R. Joshua said: That day was the seventeenth day of Iyar, when the constellation of Pleiades sets at daybreak and the fountains begin to dry up, and because they [mankind] perverted their ways, the Holy One, blessed be He, changed for them the work of creation and made the constellation of Pleiades rise at daybreak and took two stars from the Pleiades and brought a flood on the world. R. Eliezer said: That day was the seventeenth of Marheshvan, a day on which the constellation of Pleiades rises at daybreak, and [the season] when the fountains begin to fill

(6) Ps. LXXXI, 4-6. (7) Ex. VI, 6. (8) Ps. LXXXI, 7 in reference to Joseph. (9) Ibid. 4. (10) Isa. XXVII, 13. (11) Ex. XII, 42.

(12) I.e., on this night they are not allowed to roam as on other nights. (13) Gen. VII, 11.

[12a], and because they perverted their ways, the Holy One, blessed be He, changed for them the work of creation, and caused the constellation of Pleiades to rise at daybreak and took away
a two stars [from it] and brought a flood on the world'.[1] Now accepting the view of R. Joshua, we can understand why the word '*second*' is used;[2] but on R. Eliezer's view, what is meant by 'second'?—[It means], the second to [the day of] judgment.[3] Again, on R. Joshua's view we see what change there was in the work of creation; but on R. Eliezer's view what change was there?[4] —The answer is found in the dictum of R. Ḥisda; for R. Ḥisda said: With hot liquid they sinned and with hot liquid they were punished. 'With hot liquid they sinned', namely, in [sexual] transgression. 'With hot liquid they were punished': it is written here[5], *and the waters assuaged*,[6] and it is written elsewhere, *and the wrath of the king was assuaged*.[7]

Our Rabbis taught: 'The wise men of Israel follow R. Eliezer in dating the Flood[8] and R. Joshua in dating the annual cycles,[9] while the scholars of other peoples follow R. Joshua in dating the Flood also'.

AND FOR VEGETABLES. A Tanna taught: 'For vegetables and for tithes and for vows'. What is meant by vegetables? The tithe of vegetables? But this is the same as 'tithes'?—[The Tanna] mentions first a tithe prescribed by the Rabbis and then those
b prescribed by the Torah.[1] But let him mention those prescribed by the Torah first?—Since he was specially pleased with the others,[2] he mentions them first. And our Tanna [—why does he not mention tithes]?—He mentions a tithe prescribed by the Rabbis,[3] and [leaves us to infer] *a fortiori* those prescribed by the Torah. Why does not the Tanna here say simply 'tithe' [in the singular]?—He desires to include both the tithe of cattle and the tithe of cereals. Then why does he not say 'vegetable' [in the singular]?—He refers to two kinds of vegetables, as we have learnt: '[Tithe is to be given from] vegetables which are commonly made up into bundles, from the time they are so made up, and from those which are not commonly so made up, from the time when he fills a vessel with them'.

Our Rabbis taught: If one[4] gathered herbs on the eve of New

a (1) There seems to be some confusion in the text here. To make it astronomically correct we should read (with the Seder Olam) in the dictum of R. Joshua, 'When Pleiades *rises* at daybreak', and in the dictum of R. Eliezer, '*sets* at daybreak'. (2) Because we find Nisan called the first month in the Torah. (3) Which is also recognized by Scripture as the beginning of a year in the text, '*The eyes of the Lord are upon it* (*the Land of Israel*) *from the beginning of the year*'. (4) Seeing that it was the season of rain. (5) In connection with the Flood. (6) Gen. VIII, 1. (7) Esth. VII, 10. (8) I.e., the years of Noah and the calendar from Tishri; Tishri being the New Year for years. (9) They hold that the world was created in Nisan, v. *supra* 8a n. b5.

b (1) Tithes for all other kinds of produce apart from vegetables are derived by the Rabbis from biblical texts. But v. Tosaf. s.v. תנא. (2) Because they were a rabbinic innovation. (3) I.e., tithes for vegetables. (4) Apparently a non-Jew is meant (Tosaf.).

ומתוך ששינו מעשיהם שינה הקב"ה עליהם מעשה בראשית והעלה מזל כימה ביום ונטל שני כוכבים (א) והביא מבול לעולם בשלמא לר' יהושע היינו דכתיב שני אלא לר"א מאי שני *שני לדין בשלמא לרבי יהושע היינו דשינה אלא לר"א מאי שינה כדרב חסדא דאמר רב חסדא *ברותחין קלקלו וברותחין נידונו ברותחין קלקלו בעבירה וברותחין נידונו כתיב הכא וישכו המים וכתיב התם וחמת המלך שככה ת"ר חכמי ישראל מונין למבול כר"א ולתקופה כר' יהושע חכמי אומות העולם מונין אף למבול כר' יהושע: ולירקות: תנא לירקות ולמעשרות ולנדרים לירקות מאי נינהו מעשר ירק היינו מעשרות תנא דרבנן וקתני דאורייתא וליתני דאורייתא ברישא *איידי דחביבא ליה אקדמה ותנא דידן תנא דרבנן וכל שכן דאורייתא וליתני מעשר אחד מעשר בהמה ואחד מעשר דגן וליתני תרי גווני ירק דתנן **ירק הנאגד משיאגד ושאינו נאגד משימלא את הכלי ת"ר *ליקט ירק ערב ראש השנה עד שלא תבא השמש וחזר וליקט משתבא

(ב) והולך לשנות סדר בראשית והעלה זנב כימה ביום ונטל שני כוכבים ממנו ומעיינות מתמעטין בחמה ימות החמה ופסקו הגשמים ושינה סדר בראשית ונתגברו המעיינות ושטפו: יום שמזל כימה עולה ביום · שבמרחשון עולה עקרב בתחלת היום ואחריו קשת נמצא טלה עולה בסוף היום: שינה עליהם תורה אור כו' · לקמן פריך מאי שינה: היינו דכתיב שני · שהרי אייר שני לחדשים: שני לדין · שנגזרה גזירה עליהן בתשרי שלפניו: הכי גרסינן בשלמא לר' יהושע היינו דשינה · דהעלה מזל כימה ביום ועוד שינה לתגבורת מעייעות: וחמת המלך שככה · וסתם חמה רותחת היא כדכתיב וחמתו בערה בו: חכמי ישראל מונין למבול כר' אליעזר · מונין שנות נח ובריאת עולם ושנות הדורות כר' אליעזר מונין מתשרי תחלת השנים ולא משום דסבירא להו בתשרי נברא העולם אלא דתשרי ראש השנה לשנים ובניסן נברא העולם כדקתני: ולתקופה כרבי יהושע · כשמונין תקופת החמה והלבנה מונין מניסן לומר שמניסן נברא ובתחלת ליל רביעי שמשה חמה בניסן לפיכך אין תקופת ניסן טפלת אלא בד' רביעי היום לפי שלעולם יום ורביע בין תקופת שנה זו לתקופה שכנגדה לשנה הבאה וכן מולדות הלבנה מונין מולד ניסן ראשון בליל רביעי בתשעה שעות ותרמ"ב חלקים: אף למבול · כלומר למנין שנות הדורות מתחילין מניסן למנות ומבול באייר ירד (ג) ע"כ משתאמר באחת ושם מאות בראשון שחרבו המים ניסן הוא שהרי משפט דור המבול שנים עשר חדש: ולירקות · מעשר ירק לענין חדש וישן שאין תורמין מירק הנלקט ערב ר"ה על הנלקט אחר ר"ה: ולנדרים · לקמן (ע"ב) מפרש: תנא דרבנן · השמיעך שיש ר"ה קבוע לענין חדש וישן במעשר ירק דרבנן והדר תנא מעשר דגן שאף לו יום קבוע לחדש וישן שלו: ותנא דידן · דתנא לירקות ולא תנא למעשרות: תנא דרבנן · ואשמועינן דיום קבוע לו כ"ש דאורייתא: ירק הנאגד · שדרכו באגודות: משיאגד · הוי גורנו למעשר ואסור לאכול ממנו עראי עד שיעשר: ליקט ירק · אשמועינן דירק בתר לקיטה אזיל לענין מעשר ואף על פי שגדל בשנה אחת אם נלקט בשתי שנים הוי חדש וישן שאין תורמין מן החדש על הישן דכתיב (דברים יד) שנה שנה:

שניה

אלא לרבי אליעזר מאי שני · ואע"ג דלרבי אליעזר בתשרי נברא העולם (ד) דהכי דלענין השנים ראוי למנות ממנו לענין מנין החדשים אין מונין ממנו לקרות מרחשון שני דלחדשים ניסן ראשון: למבול כרבי אליעזר · אע"ג דסבירא להו כרבי יהושע דבניסן נברא העולם מדמונין לתקופה כרבי יהושע מ"מ מונין שנות נח ובריאת עולם (ס) ושנות החמה מתשרי משום דתשרי ראש לשנים ולשמיטין וליובלות: ולירקות ולנדרים · ומתניתין דלא קתני לנדרים בהפסק' לא איירי כדפרישית לעיל (דף ז. בד"ה בהפסקה) גבי ולנטיעות: תנא דרבנן · מדתנן לירקות יותר משאר כל פירות משמע דכל שאר פירות מעשרן דאורייתא וכן משמע בריש מסכת מעשרות בירושלמי דדריש כולהו מקרא חוץ מירקות ומסיק דמעשר ירקות מדבריהם והכי איתא התם עשר תעשר את כל תבואת זרעך כלל ופרט אין בכלל אלא מה שבפרט אין לי אלא תבואה קטנית מנין ת"ל וכל מעשר הארץ מזרע הארץ לרבות זרע שום וגרגיר יכול שאני מרבה זרע לוף העליון זרע כרשין זרע לפת ולפת ושאר זרעוני גנה שאינם נאכלין ת"ל מזרע הארץ ולא כל זרע הארץ פרי העץ לרבות כל פירות האילן יכול שאני מרבה חרובי שיטה וצלמוני וחרובי גדירה ת"ל מפרי העץ ולא כל פרי העץ ירקות מנין איסי בן עקיבא אומר המעשרות לירקות מדבריהם והכי נמי איתא בירושלמי בסוף חלה רבותינו שבגולה היו מפרישין תרומות ומעשרות עד שבאו הרובים ובטלום מאן אינון הרובים תרגמוניה ר' זעירא רב יהודה בשם שמואל חלה בחו"ל ותרומת חו"ל אוכל והולך ואח"כ מפריש רבי אבא בשם שמואל אומר לא חשו אלא לדגן ותירוש ויצהר רבי אילא בשם שמואל אמר לא חשו אלא לתרומה גדולה בלבד אבל לירקות אפילו לתרומה לא חשו דתני איסי בן עקיבא המעשרות לירקות מדבריהם מכל הני משמע דשאר כל פירות דאורייתא אבל אי אפשר לומר כן דלקמן בפירקין (דף טו:) אמרו מעשר חרובין דרבנן ובפרק כיצד מברכין (ברכות דף לו.) מעשר צלף מדרבנן ובפרק אלו עוברין (פסחים דף מד.) מעשר תבלין דרבנן ואפילו תאנים ורמונים ותמרים דכתיבי בקרא דארץ חטה פטורין מן המעשרות דלא מחייב מדאורייתא אלא דגן ותירוש ויצהר כדאמרינן בפ' מעשר בהמה (בכורות דף כד. ושם) תירוש ודגן מקיש *משקין דקדשים דתרומת (דגן) תירוש ויצהר אין מידי דאורייתא שאר מינים מדרבנן ובפרק העור והרוטב (חולין דף קכ: ושם) אחריגא לא וממעט דבש תמרים ויין תפוחים ובריש בילה (דף ג: ושם) האי תנא תנא דלטרא קליעות הוא דאמר כל דבר שבמנין אפילו בדרבנן לא בטיל והא דמשמע בסוף הערל (יבמות דף פא. ושם) דעיגול בעיגולין איטו עולה אי תרומה בזמן הזה דאורייתא אע"ג דלעולם תרומת תאנים דרבנן מ"מ כעין דאורייתא תקון והא דתניא בפרק אלו הן הלוקין (מכות דף יט:) גבי כהן שעלתה בידו תאנה של טבל דכהן שאכלה לוקה אחת וזר שאכלה לוקה שתים וכן הא דתנן במסכת פרה פ' לטוחית שנגיחה וכו' (פי"א מ"ג) גבי דבילה של תרומה שנפלה למי חטאת דהאוכלה במיתה כל הני לסימני בעלמא ונפקא מינה לתרומה דאורייתא אי נמי מכת מרדות ומיתה לקוברו בין רשעים גמורים והא דאמרינן בפרק הנודר מן הירק (נדרים דף נה.) דדגן מידי דמדגן משמע אפי' קטנית הייט בלשון בני אדם והא דקאמרינן בירושלמי ירקות מדבריהם הייט שאין להם סמך מן הפסוק ואע"ג דבתורת כהנים בסוף פרשת בחקותי ובספרי בפרשת עשר תעשר תניא זרע הארץ לרבות שום ושחלים וגרגר והדר תני מנין לרבות הירקות למעשרות ת"ל וכל מעשר משום דלא משתמע שפיר מקרא לא חשיב ליה אסמכתא גמורה אי נמי ברייתא דאיסי בן עקיבא פליגא:

איידי דחביבא ליה אקדמה · ובפ"ק דפאה (משנה ה) תנן לענין פאה האגוז והחרובין מדאורייתא לא מחייבי בפאה אלא זיתים וגפנים דכתיבי בקרא כדדריש בפרק הזרוע (חולין דף קלא.) ארבע שבכרם שתים שבאילן כגון זיתים והשתא אי משום דחביבא ליה מילתא דרבנן אקדים אגוז וחרובין ליתני זיתים וגפנים לבסוף כדפריך בריש יבמות (דף ג. ושם) ליתנייה לאחות אשה לבסוף והתם שנתן בסירוגין ובאמצע וי"ל דהתם בפאה לא אתא אלא לפרושי אלו שלקיטתן כאחד הלכך לא חייש למתניינהו על הסדר אע"ג האחרון אחרון אין לקיטתן כאחד כולי האי כמו הראשון שלפניו ופאה שייך בדבר שלקיטתן כאחד ותני לא זו אף זו:

אחד מעשר בהמה ואחד מעשר דגן · כר"ש דאמר במתניתין אחד בתשרי ראש השנה למעשר בהמה ותימה דה"מ לשנויי ד"ה ולפרושי מעשרות כגון מעשר ראשון ומעשר שני ומעשר עני כדתנן בריש מסכת מעשרות ולעיל נמי בפירקין (דף ז.) גבי כל תאגר קתני מעשרות וקתני נמי בכור ומעשר דהייט מעשר בהמה ועוד קשיא דאי מהדר לאקשויי אמאי תני מעשרות לשון רבים ברישא הו"ל לאקשויי אירקות דהא תנא ירקות ברישא והדר מעשרות ונראה לי דלאו אברייתא פריך אלא אמתניתין קאי דקתני ולירקות משום מעשרות דהם מדרבנן דליתני מעשר סתם והוה ידענא דבכל מעשר איירי בין בירק בין בדגן ומשני משום דהוה משמע אחד מעשר בהמה ואחד מעשר דגן סתם כר' שמעון והדר דייק אמאי תנא ירקות לשון רבים וה"ה דהוה מצי לאקשויי אשמיטין ואיובלות ומה שיכול למצוא טעם מפרש: **ירק** הנאגד משיאגד · לענין גורן למעשרות מיתני בפ"ק דמעשרות (משנה ה) אבל לענין חדש וישן תלוי בלקיטה: **משימלא** את הכלי · בסיפא קתני ואם איט ממלא את הכלי משילקט כל צרכו:

משתבא

עין משפט נר מצוה

נג א מיי' פ"ג מהל' מעשר הלכה ט סמג עשין קלג:

נד ב מיי' פ"ה מהל' תרומות הלכה יא ופ"ד מהלכות שמיטה הלכה יב סמג עשין קלו טוש"ע י"ד סימן שלא סעיף נו:

רבינו חננאל

ואקשינן תוב בשלמא לר"א דאמר מנהג העולם להיות מזל כימה שוקע ביום ועולה בלילה ושינה הקב"ה והעלהו ביום במזרח היינו דאיכא שינוי · אלא לר' יהושע במאי שינה ופרקינן שהוריד עליהן גשמים רותחין מן השמים שלא כדרך כל הגשמים · מנ"ל שנא' וישוכו המים פי' נחו מרתיחתן · ת"ר חכמי ישראל מונין למבול והוא חשבון הלבנה מתשרי כרבי אליעזר דאמר בתשרי נברא העולם ולתקופה והוא חשבון השמש כרבי יהושע וחכמי אה"ע מונין אף ללבנה מניסן כר' יהושע ולירקות פיר' תנא מעשר ירק דהוא מדרבנן ופיר' ר"ה שלו תשרי וכ"ש מעשר דגן (ומעשר) [ובברייתא] תנא לירקות ולמעשרות ולנדרים ואוקימנא דלא קתני ירק אלא קתני ולירקות משום דאית תרי גווני ירק בתורת מעשר ירק כדתנן במעשרות פרק א' ירק הנאגד משיאגד פי' מי שדרכו להאגד אגודות משיאגד נגמרה מלאכתו והגה נתחייב במעשר ושאין נאגד משימלא את הכלי · ואיידי דתנא ירקות תנא מעשרות · ת"ר ליקט ירק כו' ערב ר"ה עד שלא תבא השמש וחזר וליקט נכרי

נ"ל מה משקין

גליון הש"ס

גמרא אלא לר"א מאי שני · עיין ברד"ק מ"א ח ב בשם תרגום יונתן שם דלפני הזמן שיצאו ממצרים היה תשרי חדש ראשון כי בתשרי נברא עולם ומשיצאו ישראל ממצרים ניסן הוא ראש לחדשים ע"ש א"כ מאי פרכינן הכא אלא לר"א מאי שני הא מקודם היה תשרי ראשון לחדש ושפיר קרו למרחשון שני לחדשים:

מסורת הש"ס

[לעיל ח.]

סנהדרין קח: זבחים קיג:

[יבמות ב: וש"נ]

מעשרות פ"א מ"ה חולין ז.

[תוספתא פ"א ע"ש ותוספתא דתרומות פ"ב ע"ש]

[וע"ע תוספות בכורות כד. ד"ה וקני ותו' ע"ז נח: ד"ה בלר ותוס' חולין ז: ד"ה ושפיר]

הגהות הב"ח

(א) גמ' ונטל שני כוכבים מכימה וכו': (ב) רש"י ד"ה העמוד והולך לשנות סדר בראשית נמחק וכצ"ל יום שמזל כימה שוקע ביום ומעיינות מתמעטין מחום ימות החמה ופוסקים הגשמים ושינה עליהן סדר בראשית והעלה זנב כימה ביום ונטל שני כוכבים ממנו ונתגברו המעיינות ושטפו: (ג) ד"ה אף למבול כו' ומבול באייר ירד וע"כ כשתאמר באחת: (ד) תוס' ד"ה אלא כו' נברא העולם מכל מקום נמי דלענין: (ס) ד"ה למבול כו' שנות נח ובריאת עולם מתשרי כצ"ל ותיבות ושנות החמה נמחק:

משתבא השמש אין תורמין ומעשרין מזה על זה לפי שאין תורמין ומעשרין לא מן החדש על הישן ולא מן הישן על החדש אם היתה שניה נכנסת לשלישית שניה מעשר ראשון ומעשר שני שלישית מעשר ראשון ומעשר עני מנה"מ אמר ריב"ל °כי תכלה לעשר את כל מעשר תבואתך בשנה השלישית שנת המעשר שנה שאין בה אלא מעשר אחד הא כיצד מעשר ראשון ומעשר עני ומעשר שני יבטל או אינו אלא אף מעשר ראשון נמי יבטל ת"ל °ואל הלוים תדבר ואמרת אליהם כי תקחו מאת בני ישראל את המעשר אשר נתתי לכם מאתם בנחלתכם הקישו הכתוב לנחלה מה נחלה אין לה הפסק אף מעשר ראשון אין לו הפסק (*תניא אידך) כי תכלה לעשר וגו' שנה שאין בה אלא מעשר אחד הא כיצד מעשר ראשון ומעשר עני ומעשר שני יבטל יכול אף מעשר ראשון נמי יבטל ת"ל °ובא הלוי כל זמן שבא תן לו דברי ר' יהודה רבי אליעזר בן יעקב אומר אינו צריך הרי הוא אומר ואל הלוים תדבר ואמרת אליהם כי תקחו מאת בני ישראל את המעשר אשר נתתי לכם מאתם בנחלתכם הקישו הכתוב לנחלה מה נחלה אין לה הפסק אף מעשר ראשון אין לו הפסק: ולנדרים וכו': °ת"ר *המודר הנאה מחבירו לשנה מונה שנים עשר חודש מיום ליום ואם אמר לשנה זו אפילו לא עמד אלא בעשרים ותשעה באלול כיון שהגיע יום אחד בתשרי עלתה לו שנה אפי' *למאן דאמר יום אחד בשנה אינו חשוב שנה לצעוריה נפשיה קביל עליה והא אצטער ליה ואימא ניסן *בנדרים הלך אחר לשון בני אדם *תנן התם התלתן משתצמח התבואה והזיתים משיביאו שליש מאי משתצמח משתצמח לזרעים (א) התבואה והזיתים משיביאו שליש מנה"מ אמר רב אסי א"ר יוחנן ומטו בה משמיה דרבי יוסי הגלילי אמר קרא °מקץ שבע שנים במועד שנת השמטה בחג הסוכות שנת השמטה מאי עבידתיה בחג הסוכות שמינית היא אלא לומר לך כל תבואה שהביאה שליש בשביעית לפני ראש השנה אתה נוהג בו מנהג שביעית בשמינית אמר ליה ר' זירא לרב אסי ודלמא

דברים טו | במדבר יח | רפ"א מ"ג | דברים יד | דברים לא

רש"י

שניה · מה שנלקט בשנה שניה של שמיטה מעשר ראשון ללוי ומעשר שני בירושלים ומה שנלקט בשנה שלישית מעשר ראשון ומעשר עני: מנא הני מילי · דבשלישית ליתא נוהג בה מעשר שני: שנה שאין נוהג בה אלא אחד · מן המעשרות שנהגו בשתי שנים שלפניה: הא כיצד מעשר ראשון · יתן כדרך שנתן עד הנה: ומעשר עני · יוסיף במקום מעשר שני כדכתיב (דברים טו) לגר ליתום ולאלמנה והוא מעשר עני: או אף מעשר ראשון יבטל · ושנת המעשר חד קאמר ההיא דמפרש ואזיל ללוי לגר ליתום ולאלמנה והוא מעשר עני שאף לוי בכלל עני שאין לו חלק בארץ: ובא הלוי · למעשר ראשון כל זמן שבא וכו' והא בשנה שלישית כתיב מקצה שלש שנים וגו' ובא הלוי וגו': ה"ג ת"ר המודר הנאה וכו' · ולא גרסינן מכלן: לשון בני אדם · שאין אדם נודר אלא על לשון שהוא רגיל לדבר ודרך בני אדם לקרות תשרי ר"ה: התלתן · מין תבלין (ב) פינגר"ך: משתצמח · אחר שנת צמיחתו הוא מתעשר ולא אחר שנת לקיטתו: משתצמח לזרעים · שהזרע צומח בתוכו: התבואה · דגן ותירוש קרויין תבואה דכתיב (במדבר יח) כתבואת גורן וכתבואת יקב: והזיתים · יהר משיביאו שליש מתעשרין אחר שנה שהגיעו בו לשליש בישולם אם שניה אם שלישית: מנא הני מילי · אתבואה ואזיתים קאי דמעשר דידהו דאורייתא ומנלן דבתר שליש אזלי דאילו ירק דאזיל ביה רבנן בתר לקיטה ואילן דאזיל בתר חנטה מעשר דידהו מדרבנן ולא מבעיא בהו מנלן ולקמן (דף יד.) מפרש בהו טעמייהו ירק משום דגייזו ליה כל שעתא והדר צמח וגדל על מי גשמים של שנת לקיטתו אזיל ביה בתר לקיטה אילן גדל על מי שנה שחנטה בה שעד"ש שרף שבא באילן לפני חנטה פירותיו חונטין ובו נגמרין ששרף האילן עולה ונכנס בפרי תמיד וממנו גדל: מאי עבידתיה · לקרות חג הסוכות שבסוף שבע שנים שנת השמיטה הרי כבר יצאה השמיטה מר"ה וכבר נכנסת שמינית: אלא לומר לך ט' · וה"ק קרא יש לך דבר שהוא של שמינית והוא אסור כשביעית ואיזו זו תבואה שהביאה שליש ולקמן פריך ממאי דבדעייל שליש קאמר: ודלמא

[ת"ל תניא נמי הכי] | [תוספ' פ"א] | [לעיל י:] | [נדרים ס: וש"נ] מעשרות פ"א מ"ג

תוספות

משתבא השמש · בירושלמי מוקי לה בנכרי: **משתצמח** לזרעים · פירש בקונטרס שהזרע צומח בתוכו ואינו משמע כן בירושלמי דמעשרות פ"ק דאמרי' מתני' כדי שתזרע ותצמח כיצד הוא בודק ר' שמואל בר נחמני בשם רבי יונתן נוטל מלא קומצו ונותן לתוך הספל של מים אם שקע רובה חייבת ואם לאו פטורה ר' יונה בעא מעתה מה ששקע יהא חייב ומה שלא שקע יהא פטור אלא ברוב כל פרידה ופרידה את אמרת משמע משתצמח לזרעים היינו שנגמר בישולם כל כך שאם תולשין אותן וזורעין אותן במקום אחר מצמיח: **התבואה** · פי' בקונטרס דגן ותירוש קרויין תבואה דכתיב כתבואת גורן וכתבואת יקב ואי אפשר לומר כן חדא דאם כן לא ליתני זיתים וליהוו בכלל תבואה כמו ענבים דתרווייהו בכלל תבואת יקב נינהו ועוד דשיעור אחר תנא גבי ענבים בפ"ק דמעשרות (משנה ב) דתנן הענבים והבאושים משיבאישו ובאושים מין ענבים הוא מלשון ויעש באושים (ישעיה ה) (ג) ואית דגרסי הבאושים ובירושלמי גרסינן הענבים והבאושים משיבאישו ר' זירא בשם ר' יסא משיקרא באושא וצריך טעם למה לא אזלינן בענבים בתר שליש כמו בתבואה וזיתים מהאי קרא גופיה דמייתי הכא ומנלן כל הנך שיעורין המפורשין בכל אחד ואחד גבי פירות בפ"ק דמעשרות (שם) בתאנים וענבים ורמונים וטובא דחשיב התם ואי לאו ענבים אכולהו אחרינא לא הוה חיישינן דלאו דאורייתא אלא ענבים דאורייתא ניניהו דכתיב תירוש ויצהר ונראה לי דכל אותן שיעורין הוא הבאת שליש שלהם והא דלא קתני משיביאו שליש כדקתני גבי תבואה וזיתים משום דבכולהו אפשר ליתן בהם סימן חוץ מתבואה וזיתים וכן משמע בירושלמי דגבי התלתן משתצמח דריש לה רבי זעירא מדכתיב עשר תעשר את כל תבואת זרעך כו' דבר שהוא נזרע ומצמיח יצא פחות משליש שאינו נזרע ומצמיח רבי חנינא בשם רבי אמר זיתים וענבים שלא הביאו שליש משקין היוצא מהן אינן מכשירין וא"ת והיכי ילפינן הכא חיוב מעשר משביעית והלא כל אילנות הולכין לשביעית בתר חנטה וענבים נמי בכלל כדאמרינן לקמן אמרי רבנן אילן בתר חנטה ירק בתר לקיטה תבואה וזיתים בתר שליש ואפ"ה לענין להתחייב במעשר שיעור אחר המפורש בפ"ק דמעשרות (משנה ג) ויש לומר דבכולהו ניחא דחזו כשיעור המפורש בהם אבל תבואה וזיתים קודם הבאת שליש נמי חזו כדאמרינן פרק המוציא יין (שבת דף פ:) אנפיקינון שמן זית שלא הביא שליש שמשיר השער ומעדן הבשר ואמרינן בפרק אלו עוברין (פסחים דף מב:) עמילן של טבחים פת תבואה שלא הביאה שליש ומהאי טעמא ניחא דקשיא ליה טפי אהנך מנלן דאזלינן בתר שליש כיון דמקודם לכן חזו ומייתי ראיה משביעית דאפילו לשביעית לא משערינן עד הבאת שליש כ"ש להתחייב במעשר דהא שאר אילנות דאזלינן לשביעית בתר חנטה אפ"ה לא מחייבי במעשר עד דמטו לשיעור המפורש בהם: **מנהג** שביעית בשמינית · תימה דלעיל (דף ט.) נפקא לן מבחריש ובקציר תשבות קציר של שביעית היוצא למוצאי שביעית ופירש בקונטרס כגון תבואה שהביאה שליש בשביעית אתה נוהג בה מנהג שביעית בשמינית וי"ל (דהאי דהכא איצטריך ללמד על חריש שהוא לתוספת כדפירש' לעיל (ד) ועוד כ"ל) דאי מהכא הוה אמינא דהא דנוהג בה מנהג שביעית בשמינית היינו דקדושת שביעית נוהגת בהם לאסירא בסחורה וחייבין בביעור ושאר דיני פירות שביעית אבל לחרוש ולקצור ולעדור אותה תבואה לא הייתי אוסר דדבר התלוי בעבודת הארץ כיון דנפקא שביעית שריא אפילו לצורך פירות שביעית להכי איצטריך ההוא קרא וניחא השתא דדריש מיניה תוספת שייך בפירות שגדלו בשביעית דאי לאו הכי מה תוספת שייך בפירות שגדלו בשביעית במאי דאסירי בשמינית: אלא

עין משפט נר מצוה

סא א מיי' פ"א מהל' נטע רבעי הלכה ד סמג עשין קלו טוש"ע י"ד סי' שלא סעיף קכו:

סב ב מיי' פ"ו מהל' מתנות עניים הלכה ד ופ"א מהל' מ"ש הלכה א סמג עשין קלו קסא טוש"ע י"ד סימן שלא סעיף יט:

סג ג מיי' פ"י מהלכות נדרים הלכה ד סמג לאוין רסא טוש"ע י"ד סימן רכ סעיף ז:

סד ד מיי' שם טוש"ע שם סעיף ו:

סה ה מיי' פ"ט מהל' נדרים הלכה א יג סמג לאוין רסב טוש"ע י"ד סימן ריז סעיף א:

סו ו מיי' פ"ב מהלכות מעשר הלכה ה ופ"ב מהלכות תרומה הלכה ח והלכה י סמג עשין קלו ולאוין רסח טוש"ע י"ד סימן שלא סעיף טו:

רבינו חננאל

משתבא השמש כו' · פירוש תורת המעשרות שנה ראשונה של שבוע מפריש מעשר ראשון ונותנו ללוי ומפריש מעשר שני ומעלהו ואוכלו בירושלים · וכן בשנה השניה אבל בשנה שלישית מפריש מעשר ראשון ונותנו ללוי · ותמורת מעשר שני מפריש מעשר עני ונותנו לעניים לפיכך זה הירק שנלקט מקצתו בערב ר"ה וחזר וליקט נכרי מקצתו משתבא השמש והיתה שניה נכנסת לשלישית · מה שליקט ישראל דינו כדין שנה שניה *) מעשר ראשון ומעשר עני בענין הזה סיניא דשמעתא כולה מדכתיב שנת המעשר שנה שאין בה אלא מעשר אחד · וזהו מעשר ראשון · פרט מעשר שני שאינו נוהג בשנה השלישית ואינן יכולין לומר מעשר שני שהרי הכתוב אומר לעני ולגר אבל מעשר ראשון הקישו הכתוב לנחלה · מה נחלה אין לה הפסק אף מעשר ראשון אין לו הפסק ולנדרים כדתניא המודר הנאה מחבירו לשנה מונה י"ב חודש מיום ליום · ואם פירש לשנה זו אפילו לא נדר אלא ביום כ"ט לאלול כיון שהגיע יום אחד בתשרי עלתה לו שנה נשלם נדרו · וכיון שנכנס תשרי אפילו יום אחד הותר · ואפילו למאן דלא סבר יום [א'] בשנה חשוב שנה הכא מודה דלצעורי נפשיה קא מיכוין והא אצטער ליה . ואימא ר"ה לנדרים ניסן ומשני הלך אחר לשון בני אדם · ובני אדם אין קורין ר"ה אלא תשרי · תנן בתחלת מעשרות התלתן משתצמח פי' חשוב הוא פרי ואוקימנ' משתצמח לזורעים פי' שאם יזרע יצמח · ופירשוהו בתלמוד א"י כיני מתניתא כדי שתזרע ותצמח · כיצד בודק ר' שמואל בש"ד יונתן נוטל מלא קומצו ומטיל לתוך ספל של מים שקעה לה [רובה] חייבת ואוקמנא ברוב כל פרידה ופרידה כלומר כיון ששקעה יש בה עיקר פרי על כן היא **) בכירה · התבואה והזיתים משיביאו שליש פי' כגון הפרי כשיגמר יש בו משקל ג' סלעים כיון שהביא משקל סלע והתחיל חייב במעשר מנ"ל א"ר זירא [ירושלמי שם] עשר תעשר את כל תבואת זרעך כלומר עשר מדבר שאם תורעהו תעשר ממנו כגון דבר שזורע וצומח פרט לפחות משליש (א') שאינו [נורע וצומח] . ומפרשינן לה מהאי קרא מקץ שבע שנים במועד שנת השמטה בחג הסוכות כלומר כל תבואה שהביאה שליש בשביעית שנאמר בה מקץ שבע שנים במועד וגו' · ***) והיא יכולה לחקצר במועד והוא חג הסוכות זו התבואה משנת השמטה נחשבת מאחר שהביאה שליש בשנת השביעית

*) נראה דחסר כאן וצ"ל ומה שליקט הנכרי משתבא השמש דינו כדין שנה שלישית. **) נראה דצ"ל בכירה. ***) נראה דצ"ל והיינו תבואה שהיא ימולה.

הגהות הב"ח

(א) גמ' משתצמח לזרעים (התבואה והזיתים משיביאו שליש) תא"מ ונ"ב מפרש"י מבואר דלא הוי גרס ליה: (ב) רש"י ד"ה התלתן מין תבלין · נ"ב ובמס' ב"ק דף פא ע"א פרש"י שהוא מין קטנית וצ"ע לדינא לענין הנודר מן תבלין אם הוא בכלל: (ג) תוס' ד"ה התבואה כו' ואית דגרסי הבאושים · נ"ב כיון דגרסי הענבים הבאושים למימר דהתם ענבים משיבאישו שליש אבל בשאר מין ענבים דהיינו באושים יש להם שיעור אחר אבל בירושלמי גרס הענבים והבאושים בוא"ו אלמא דתרוייהו שיעורן משיבאישו: (ד) וכו' שהוא לתוספת כדפרישית לעיל · נ"ב פי' דבחריש בא ללמד על תולדס דחורש דלא תימא הני אסור אהרכייתא לא וכדכתבו התוספות לעיל דף ט' בד"ה שכרי ע"ש וקרא דשנת השמטה בא ללמד על התבואה שליש לפני ר"ה שאתה נוהג בו מנהג שביעית א"כ מהכא שמעינן קצירה וקרא דבחריש ובקציר תשבות בעל כרחך כיון דקציר לא איצטריך לגופיה לקצירה דתוספת ותיקרא דהכא נפקא לן צריך לומר דהא לא הוי דבקצירה אסור הנכנס למ"ש ה"ע בחרישה של ערב שביעית הנכנס לשביעית וזה שכתבו ללמד על חרישה לתוספת:

גליון הש"ס

גמרא ת"ר המודר הנאה מחבירו לשנה · עיין נדרים דף ס ע"ב איבעיא לנו אמר קונם יין שאני טועם · ועיין בתשובת מהרי"ל סימן כא:

Year before sunset, and then gathered some more [12b] after sunset, *terumah*[5] and tithe are not given from one lot for another, because *terumah* and tithe are not given from the new for the old nor from the old for the new. If it was at the meeting point of the second and third years[6] [of the septennial cycle], from that [which is plucked in] the second year first and second tithe[7] [have to be given], [and from that which was plucked in] the third year, first tithe and the tithe of the poor.

Whence this rule?—R. Joshua b. Levi says: [It is written], *When thou hast made an end of tithing all the tithe of thine increase in*
a *the third year, which is the year of the tithe.*[1] This means the year in which there is only one tithe.[2] How is then one to act? [He gives] the first tithe and the tithe of the poor, and the second tithe is omitted. Is this correct, or should the first tithe also be omitted? —[Not so], because it says, *Moreover thou shalt speak unto the Levites and say unto them, When ye take of the children of Israel the tithe which I have given you from them for your inheritance.*[3] The text here compares the tithe [of the Levites] to an inheritance, [to signify that] just as an inheritance is to be held uninterruptedly, so their tithe is to be given without interruption. It has been taught to the same effect: '*When thou hast made an end of tithing* etc.' [This means] a year in which there is only one tithe. How is one to act? [He gives] first tithe and tithe of the poor, and the second tithe is omitted. Should perhaps the first tithe also be omitted?—[Not so], because it says, *and the Levite shall come,*[4] which means to say, every time he comes give him.[5] So R. Judah. R. Eliezer b. Jacob says: We have no need [to appeal to this text].[6] It says, *Moreover thou shalt speak unto the Levites and say unto them, When ye take from the children of Israel the tithe which I have given you from them for your inheritance.* The text here compares the tithe to an inheritance, to signify that just as an inheritance is held uninterruptedly, so the tithe is to be given without interruption.

AND FOR VOWS. Our Rabbis taught: If one is interdicted by vow to have no benefit from another person for a year, he reckons twelve months from day to day. If he said 'for this year', then even if he made the vow on the twenty-ninth of Elul, as soon as the first of Tishri arrives a year is completed for him; and this even on the view of those who say that one day in a year is not counted as a year. For he undertook to mortify himself, and he has mortified himself. But why not say [that his year ends in] Nisan?—In respect of vows, follow the ordinary use of language.[7]

b We have learnt elsewhere: 'Fenugrec[1] [becomes liable to tithe] from the time when it grows;[2] produce[3] and olives, from the time when they have grown a third'. What is meant by 'from the time when it grows'?—From the time when it grows sufficiently for resowing.[4] 'Produce and olives from the time when they are a third grown'. Whence this rule?—R. Assi said in the name of R. Johanan (some trace it back to the name of R. Jose the Galilean): Scripture says: *At the end of every seven years, in the set time of the year of release, in the feast of Tabernacles.*[5] Now how comes the year of release to be mentioned here? The feast of Tabernacles is already the eighth year? It is in fact to intimate to us that if produce has grown a third in the seventh year before New Year, the rules of the seventh year are to be applied to it in the eighth year.[6]

(5) V. Glos. (6) Lit., 'if the second entered into the third'. In the second year a tithe was taken to Jerusalem to be consumed there, in the third year a tithe was given to the poor, but not taken to Jerusalem. The first tithe which went to the Levites was given every year, v. *infra.* (7) I.e., tithe of the Levites and tithe for Jerusalem.

a (1) Deut. XXVI, 12. (2) I.e., one of the two regular tithes. (3) Num. XVIII, 26. (4) Deut. XIV, 29. (5) In the third year also. (6) R. Eliezer apparently was not completely satisfied with the proof from this text, because it speaks of the Levite as in the category of the poor. (7) And men ordinarily talk of the year as beginning in Tishri.

b (1) Or 'fenugreek', a leguminous plant allied to clover. (2) I.e., its year is determined by the time of its growth and not of its gathering, as in the case of vegetables. (3) התבואה It is a question whether this includes grapes or not. V. Tosaf. (4) Cf. Tosaf. s.v. משתצמח. (5) Deut. XXXI, 10. (6) Tosaf. (s.v. מנהג) points out that this would seem to come under the rule already given above of adding from the profane on to the holy, and answers that from this verse we should learn only that the produce if harvested must be treated as seventh-year produce e.g., in respect of trading interest, but not that it is forbidden to harvest it.

Said R. Zera to R. Assi: [13*a*] But perhaps even though it has not begun to ripen at all, the All-Merciful has still laid down that it is to be left alone until the feast of Tabernacles?—Do not imagine such a thing. For it is written, *and the feast of ingathering* [asif] *at the end of the year.*[7] Now what is *'ingathering'?* Shall I say it means the feast which comes at the time of ingathering? This is already signified in the words *when thou gatherest in.*[8] What then must be meant here by *asif?* Harvesting;[9] and the Rabbis take it for granted that all produce which is harvested by Tabernacles must have grown to a third by New Year, and Scripture applies to it the words *at the end of the year.*[10] Said R. Jeremiah to R. Zera: And were the Rabbis certain that there is this distinction between a
a third and less than a third?[1] He replied to him: Am I not always telling you not to let yourself go beyond the established rule? All the measurements laid down by the Sages are of this nature. In forty *se'ahs* [of water] a ritual bath may be taken; in forty *se'ahs* less a *kurtub*[2] it may not be taken. [A quantity of food equal to the] size of an egg can be rendered unclean as foodstuff; if it is short of that quantity by a grain it cannot be rendered unclean. [A piece of cloth] three handbreadths by three can be rendered unclean by being trodden on,[3] less than this quantity by one hair is not so rendered unclean. R. Jeremiah subsequently said: What I said is of no account. For R. Kahana was asked by members of the college, Whence did the Israelites bring the *omer* which they offered on their entry into the Land [of Israel]? If you say, it grew[4] while still in the possession of the heathen, [this cannot be, since] the All Merciful prescribed *your harvest*[5] and not the harvest of the stranger. (But how do we know that they [the Israelites] offered it at all? Perhaps they did not offer it at all?—Do not imagine such a thing. For it is written, *And they did eat of the produce of the land on the morrow after the Passover.*[6] On the morrow after the Passover they ate, but not before, [which shows that] they brought the *omer* and only then ate. Whence then did they obtain it?)—He [R. Kahana] replied to them: All that had not grown to a third while in the possession of the stranger [was fitting for their use]. Now [it might be argued here also that] perhaps it had grown [in the possession of the stranger] and they were not certain. The fact, however, [that they ate it] shows that they were certain. So here,[7] the Rabbis are certain. But perhaps [the Israelites brought the *omer* from] corn which had not commenced to grow [when they entered the land], but where it had grown to a quarter they were not certain about the difference between a third and
b less than a third?[1]—Do not imagine such a thing. For it is written, *And the people went up from the Jordan on the tenth of the month.*[2] Now if you assume that by then the corn had not grown at all, could it become ripe in five days? But [on your assumption] that it had grown to a fourth or a fifth, could [such corn] become ripe in five days? What you consequently have to answer [even on this assumption] is that the land of Canaan is called *'the land of the hind'*;[3] so [on the other assumption] you can answer that it is called *'the land of the hind'*.

R. Ḥanina objected strongly to the statement made above. Can you, he said, maintain that this *'asif'* is 'harvesting', seeing that it is written, *when thou gatherest in* from *thy threshing floor and* from *thy wine press,*[4] and [commenting on this] a Master has said, The verse speaks of the waste of the threshing floor and the wine press?[5] Said R. Zera: I thought I was sure of this,[6] and now R. Ḥanina has come and put a spoke in my wheel.[7] How then do we know [this rule about a third]?—As it has been taught: R. Jonathan b. Joseph says: *And it shall bring forth produce for the*

(7) Ex. XXIII, 16. (8) Ibid. (9) The verse meaning that the harvest gathered in at this season belongs to the year going out. (10) Which shows that it is regarded as belonging to the year which is going out.

a (1) Viz., that what is grown to a third belongs to one year, and what is less grown to another year. This seems to R. Jeremiah rather arbitrary. (2) A small liquid measure equal to $\frac{1}{64}$ of a *log*. (3) By one who had a flux. (4) A third (Rashi). (5) *Ye shall bring the sheaf of the firstfruits of* your harvest *unto the priest.* Lev. XXIII, 10. (6) Josh. V, 11. (7) With reference to the corn that is harvested at the season of Tabernacles.

b (1) And it was not from such corn that they brought the *omer*. (2) Josh. IV, 19. (3) Dan. XI, 16 (E.V. *beauteous land*). The Sages say that the Land of Israel is compared to a hind on account of its swiftness in bringing its products to maturity. Keth. 112*a*. (4) Deut. XVI, 13. *'From'* is taken in the partitive sense. (5) To show that it may be used for covering the *sukkah*; and the phrase, Festival of *'asif'* (*'ingathering'*) here too has the same signification—the festival that comes at the time when people *'gather in'* the waste products for the *sukkah*. (6) Lit., 'this thing was in our hand'.

גמרא

ודלמא לא עייל כלל וקאמר רחמנא תשמט
ותיזיל עד חג הסוכות לא סלקא דעתך דכתיב
שמות כג °וחג האסיף בצאת השנה מאי אסיף אילימא
חג הבא בזמן אסיפה הכתיב באספך אלא
*מאי אסיף קציר °וקים להו לרבנן דכל תבואה
שנקצרה בחג בידוע שהביאה שליש לפני
ראש השנה וקא קרי לה בצאת השנה א"ל
ר' ירמיה לר' זירא וקים להו לרבנן בין שליש
לפחות משליש א"ל *לאו אמינא לך °לא
תפיק נפשך לבר מהלכתא כל *מדות חכמים
כן הוא [א]בארבעים סאה הוא טובל בארבעים
סאה חסר קורטוב אינו יכול לטבול בהן
[ב]כביצה מטמא טומאת אוכלין כביצה חסר
שומשום אינו מטמא טומאת אוכלין [ג]שלשה על
שלשה מטמא מדרס שלשה על שלשה חסר
נימא אחת אינו מטמא מדרס הדר א"ר ירמיה
לאו מילתא היא דאמרי דבעו מיניה חברייא
מרב כהנא עומר שהקריבו ישראל בכניסתן
לארץ מהיכן הקריבוהו אם תאמר דעייל ביד
ויקרא כג נכרי °קצירכם אמר רחמנא ולא קציר נכרי
וממאי דאקריבו דלמא לא אקריבו לא ס"ד
יהושע ה דכתיב °ויאכלו מעבור הארץ ממחרת הפסח
*ממחרת הפסח אכול מעיקרא לא אכול
דאקריבו עומר והדר אכלי מהיכן הקריבו
אמר להן כל שלא הביא שליש ביד נכרי
ודלמא עייל ולא קים להו °אלא קים
להו הכא נמי קים להו ודלמא לא עייל
כלל אבל היכא דעייל ריבעא בין שליש
לפחות משליש לא קים להו לא סלקא דעתך
שם ד דכתיב °והעם עלו מן הירדן בעשור לחדש
ואי ס"ד דלא עייל כלל בחמשה יומי מי קא
מליא אלא מאי דעייל רבעא או דנקא אכתי
בחמשה יומי מי קא מליא אלא מאי אית לך
דניאל יא למימר *°ארץ צבי כתיב בה ה"נ ארץ צבי
כתיב בה מתקיף לה רבי חנינא ומי מצית
דברים טז אמרת דהאי אסיף קציר הוא והכתיב °באספך
מגרנך ומיקבך ואמר מר *בפסולת גורן ויקב
סוכה יב. הכתוב מדבר א"ר זירא הא מילתא הואי
בידן ואתא רבי חנינא שדא ביה *נרגא
אלא מנלן כדתניא רבי יונתן בן יוסף
ויקרא כה אומר °ועשת את התבואה לשלש השנים
אל

רש"י

ודלמא לא עייל כלל. ואפילו לא התחילו להתבשל בשביעית קאמר רחמנא מצות שביעית לימשך איסורה עד חג הסוכות מלחרוש ולקצור: לא ס"ד. דלשתעי קרא אלא כשהביאו שליש דמוכח קרא אחרינא: וחג האסיף בצאת השנה מאי חג האסיף. אילימא דהאי שם סוכות ומשום דבא בזמן אסיפה למה לי דכתב בחד קרא תרי זימני הא כתיב בההוא קרא גופיה באספך את מעשיך: אלא מאי אסיף קציר. וה"ק וחג אשר הוא באספך את מעשיך מן השדה אסיף אשר אתה קוצר בו איזו משנה הנכנסת אלא משנה היוצאת ולמדך כאן שקציר החג הולך אחר שנה שעברה וקים להו לרבנן שאמרו התבואה אחר שליש דכל תבואה שנקצרת בחג בידוע שהביאה שליש לפני ר"ה: וקא קרי ליה בצאת השנה. שהיא משנה היוצאת אלמא תבואה אחר שליש: וקים להו לרבנן. בתמיה וכי בקיאין הן בטיב גידול התבואה לדעת שאין התבואה ראויה לקצור בחג אא"כ הביאה שליש בשנה שעברה: לא תפיק נפשך בר מהלכתא. לפקפק בשיעור חכמים: כל מדותם כך הוא. מצומצמת: חסר קורטוב. מדה קטנה אחד מאחד מס' בשמינית בלוג: כביצה(א) אוכלים. וקים להו לרבנן שאין בית הבליעה מחזיק לא פחות ולא יותר מביצת תרנגולת וכתיב בטומאת אוכלין (ויקרא יא) מכל האוכל אשר יאכל אוכל הנאכל בבת אחת: שלשה טפחים על שלשה טפחים מטמאים מדרס. שיערו חכמים שבשיעור הזה ראוי לישיבה: לאו מילתא היא דאמרי. שהקשתי לומר וקים להו רבנן בין שליש לפחות משליש דודאי קים להו: דעייל ביד נכרי. שנתבשל עד שלא באו לארץ: קצירכם. ראשית קצירכם ומשראוי לקצור היא קרויה קציר: ממחרת הפסח. הוא יום הקרבת העומר ממחרת יום הראשון של פסח: ודלמא עייל ולא קים להו. מסקנא דמילתיה דר' ירמיה הוא ואי ס"ד לא קים להו דלמא עייל ביד נכרי ולא הוה קים להו: ה"נ. גבי תבואה הנקצרת בחג: קים להו. שהביאה שליש לפני ר"ה: ודלמא לא עייל כלל. בדקו עד שמצאו מתבואה עד שלא התחילה ליבשל כלל וממנו הביאו: ארץ צבי. מה צבי קל ברגליו מכל החיות אף א"י קלה לבשל פירותיה מכל הארצות הכי מפרש לה במס' כתובות בפרק בתרא (דף קיב.): מי מצית אמרת דהאי אסיף קציר. דקאמרת דהאי אסיף יתירא למידרשיה לשון קציר הוא: והא כתיב. בעלמא באספך מגרנך ומיקבך: ואמר מר. שלמדך הכתוב לעשות סכך של סוכה בפסולת גורן ויקב כגון קשין וזמורות דבר שאין מקבל טומאה וגידולו מן הארץ והאי חג האסיף נמי דקאמרת יתירא הוא משום דכתיב גבי באספך את מעשיך לאו יתירא הוא אלא זהו שם החג על שם שהסוכה מסוככת בפסולת גורן ויקב וה"ל כמאן דכתב וחג הסוכות בצאת השנה באספך מעשיך בזמן שהאדם אוסף אל הבית תבואה שבשדות: הא מילתא הוה בידן. הייתי סבורין שנלמוד מכאן שהתבואה אחר שליש: ואתא ר' חנינא שדא ביה נרגא. לומר דהאי אסיף שפיר משמע בלישנא דקרא ולאו יתירא הוא: ועשת את התבואה לשלש השנים אל תקרי לשלש אלא לשליש. שעשתה כשהיא בשליש בישולה לגופיה

תוספות

אלא מאי אסיף קציר. אבל מקום פשטיה דקרא חג הבא בזמן אסיפה א]: וקרי ליה בצאת השנה. מ"מ בהאי קרא לחודיה לא סגי אי לאו במועד שנת השמטה בחג הסוכות: חסר קורטוב. אחד משמונה בשמינית כדאיתא בפרק המוכר את הספינה (ב"ב צ.) ומדה הפחותה נקט ולאו דוקא דאפילו פחות מכאן ואפילו חסר טיפה אינו טובל: ולא קציר נכרי. ואף על גב דירושה היא להם מאבותיהם כדאיתא בע"ז פרק רבי ישמעאל (דף נג:) דאמר רחמנא ואשריהם תשרפון באש מכדי ירושה היא להם מאבותיהם ואין אדם אוסר דבר שאינו שלו מ"מ יש לו במה שזורע ומ"מ (*דייק) התם שפיר משום אשרות שמדורות הראשונים:

דאקריבו עומר והדר אכול. הקשה ר' אברהם אבן עזרא הא ממחרת הפסח היינו ט"ז בניסן שהוא מחרת שחיטת הפסח הנשחט בי"ד כדכתיב בפרשת מסעי ממחרת הפסח יצאו בני ישראל ביד רמה וזה היה בט"ו והשיב לו ר"ת דה"ק קרא ויאכלו מעבור הארץ ממחרת הפסח כלומר מן הישן מצות וקלוי דהוא חדש אכלו בעצם היום הזה דהיינו ט"ז דאקריבו עומר והדר אכול וה"נ אשכחן ט"ז דאקרי בעצם היום הזה כדכתיב ולחם וקלי וכרמל לא תאכלו עד עצם היום הזה *וא"ת ולמאי איצטריך למכתב שאכלו מן הישן הא פשיטא דמצות אכלו בלילה הראשונה ויש לומר דההיא אכילה לא חשיבה דסגי בכזית להכי אתא קרא למימר דעיקר אכילה היתה מן הישן ואתא קרא לספר שבחו של מן דכתי' (ב) ולא היה עוד לבני ישראל מן דאמרינן במדרש משל לתינוק שאכל פת שעורין מפני שאין לו פת חטין ומקודם לכן היו יכולין לאכול מן הישן כשעלו מן הירדן בעשור לחדש אלא שבמן היו חפצים יותר כל זמן שלא פסק להם ומיהו קשיא דבתוספתא דסוטה (פי"א) ובפ"ק דקדושין (דף לח. ושם) אמרינן שהיו מסתפקין במן שבכליהם עד ט"ז בניסן דכתיב וישבות המן ממחרת באכלם מעבור הארץ שמע מינה משאכלו חדש פסק וע"כ י"ל דט"ז נמי קרי ממחרת הפסח לפי שהוא יום מחרת אכילתו דנאכל בליל ט"ו ובפ' שני דחלה בירושלמי פלוגתא היא דאמוראי והכי איתא התם ר' יונה בעא קמיה דר' ירמיה בשעה שנכנסו ישראל לארץ ומצאו קמה לחה מהו שתהא אסורה משום חדש אמר ליה למה לא עד כדון לחה אפילו יבשה אמר ליה ואפילו יבשה ואפילו קצורה מעתה ואפילו חיטין בעלייה כך אנו אומרים לא אכלו ישראל מצה בלילי הפסח א"ר יונה מאן דנפקית תהית דלא א"ל שנייה היא שמצות עשה דוחה ל"ת על דעת ר' יונה דאמר מצות עשה דוחה ל"ת אע"פ שאינו כתוב בצדה ניחא על דעת ר' יוסי דאמר אין מצות עשה דוחה לא תעשה אלא א"כ כתוב בצדה ממה שהיו תגרי נכרים מוכרין להם וכרבי ישמעאל דא"ר ישמעאל כל ביאות שנאמרו בתורה לאחר י"ד נאמרו שבע שכבשו ושבע שחלקו התיב ר' בון בר כהנא הא כתיב ויאכלו מעבור הארץ ממחרת הפסח לאו בט"ז התיב ר' אלעזר בר יוסי קמיה דר' דוסא והכתיב ממחרת הפסח יצאו בני ישראל לאו בחמשה עשר יצאו: ומהיכן הקריבו. משמע דאי לא הקריבו היו אסורין כל היום ודלא כמ"ד במנחות פ' ר' ישמעאל (דף סח.) דאף בזמן שבהמ"ק קיים האיר המזרח מתיר: ה"נ ארץ צבי. ובחמשה יומי קא מלו והא דאמר לעיל תבואה שנקצרת בחג בידוע שהביאה שליש לפני ר"ה לענין שתהא ראויה לקצור איכא ממהרת להתבשל בחמשה יומי אבל הכא לענין עומר דכתי' (ויקרא כג) כרמל רך ומלא (ג) ועוד דלאחר גמר בישולה מאחרין אותן בשדות כדי שתתבשל יפה כדמשמע גבי (*רבה) בפ' איזהו נשך (ב"מ עד:)

[צ"ל רבא]

עין משפט נר מצוה

סז א מיי' פ"ד מהל' מקוואות הלכה א סמג עשין רמח טוש"ע י"ד סי' רא סעיף א:

סח ב מיי' פ"ד מהל' טומאת אוכלין הלכה א:

סט ג מיי' פכ"ב מהל' כלים הלכה א:

[דמי כנ"ל וכן הוא בפרשת דרכים בדרך הקדש]

[ועי' תוס' קדושין לז: ד"ה ממחרת]

[קידושין לז:]

רבינו חננאל

השביעית שנאמר וחג האסיף בצאת השנה וקיי"ל דהאי אסיף קציר הוא. וכן פירושו כל קציר הנקצר בחג הסוכות בצאת השנה כלומר מן השנה היוצאת הוא חשוב וקים לרבנן דכל תבואה שנקצרת בחג הסוכות בידוע שהביאה שליש לפני ר"ה וקרי ליה בצאת השנה. ואמרינן ומי קים להו לרבנן בין פחות שליש לשליש. ופרקינן לא תוקי ותפיק נפשך לבר מהלכתא כלומר אין לאדם להוציא עצמו מן ההלכה. ולדקדק איך יתכן דבר זה. דהא כל מדות חכמים כן הן במ' סאה טובל במ' סאה חסר קורטוב אינו טובל. פי' קורטוב אחד מח',,,,,בשמינית. ופסול בתתקמ"ט מים שהן שיעור המקוה אם חסרו חלק אחד מח' בשמינית. וכן כביצה מטמאה טומאת אוכלין כו'. אלמא קים להו בהני כולהו בין שליש לפחות משליש וכן נמי קים להו. ואתא ר' ירמיה למידק ולפרושי הא סברא דקים להו לרבנן בין שליש לפחות משליש. מן העומר שהקריבו ישראל בכניסתן לארץ שנאמר ויאכלו מעבור הארץ ממחרת הפסח מצות וגו' ש"מ מדכתיב ממחרת הפסח הוא דאכלו. אחר שהקריבו העומר אבל מקודם לכן לא אכלו. ואי אפשר להביא העומר ממה שהביא שליש ביד נכרי אלא ממה שהביא בעת שנכנסו ישראל

לארץ פחות משליש ואח"כ נתמלא אלמא קים להו ונדחת זו הדוקיא ואף זו שדקדקנו כי כל תבואה שהביאה שליש לפני ר"ה מן השנה שעברה היא חשובה מהאי קרא וחג האסיף בצאת השנה. ואוקמנא
מאי

מסורת הש"ס

סנהדרין יג:

[סוטה מז:]

כתובות קד. מנחות קג:

[כתובות קיב. מגילה ו.]

[פי' התכה כתיבה אינן נגררין עכון]

הגהות הב"ח

(א) רש"י ד"ה כביצה מטמאה אוכלין וקים להו (ב) תוס' ד"ה דאקריבו כו' דכתיב. כתריס וישבות המן ממחרת באכלם (ג) ד"ה ה"נ כו' כרמל רך ומלא סגי בה' יומי ועוד כו' בשדות כדי שתייבש יפה:

הגהות מהר"ב רנשבורג

א] תוס' ד"ה אלא וכו' בזמן אסיפה. נ"ב וכפרש"י בד"ה אלא מאי אסיף וכו':

גליון הש"ס

גמ' וקים כו'. עי' יומא עט ע"א: שם לא תפיק כו'. סוטה מז ע"ב: שם אלא קים להו ה"נ קים להו. תמוה לי דאיך דומה זו לזו דלעיל שלא ראינו התבואה קודם ר"ה אלא עתה כשקוצרים אותה [illegible] שליש וכזה בקיאין מה שאין לראיים [illegible] דבזה בקיאין:

אל תקרי לשלש אלא לשליש והא מיבעי ליה לגופיה כתיב קרא אחרינא °וזרעתם את השנה השמינית ואכלתם מן התבואה ישן עד השנה התשיעית (ויקרא כה) תנן התם **האורז והדוחן והפרגין והשומשמין שהשרישו לפני ר"ה מתעשרין לשעבר ומותרין בשביעית ואם לאו אסורין בשביעית ומתעשרין לשנה הבאה אמר רבה אמור רבנן ב אילן בתר חנטה ג תבואה וזיתים בתר שליש ד ירק בתר לקיטה הני כמאן שוינהו רבנן הדר אמר רבה מתוך שעשויין פרכין פרכין אזלי רבנן בתר השרשה א"ל אביי ויצבור גורנו לתוכו ונמצא תורם מן החדש שבו על החדש שבו מן הישן שבו על הישן שבו מי לא תניא *רבי יוסי בן כיפר אמר משום ר"ש שזורי ה פול המצרי שזרעו לזרע מקצתו השריש לפני ר"ה ומקצתו השריש לאחר ר"ה אין תורמין ומעשרין מזה על זה לפי שאין תורמין ומעשרין לא מן החדש על הישן ולא מן הישן על החדש כיצד הוא עושה צובר גורנו לתוכו ונמצא תורם ומעשר מן החדש שבו על החדש שבו ומן הישן שבו על הישן שבו א"ל ר"ש שזורי קאמרת ר"ש שזורי סבר *יש בילה ורבנן סברי אין בילה א"ר יצחק בר נחמני אמר שמואל *הלכה כרבי יוסי בן כיפר שאמר משום ר"ש שזורי מתקיף לה רבי זירא ומי אמר שמואל הכי והאמר שמואל לכל אין בילה חוץ מיין ושמן אשתמיטתיה הא דאמר שמואל ו הכל הולך אחר גמר פרי וצריכא

רש"י

לגופיה. תשובה על מה נאכל בשנה השביעית: האורז והדוחן כו'. מיני קטניות הן דוחן מילי"ו: פרגין. מק"ו בלע"ז: מתעשרין לשעבר. במעשרות שנה שעברה אם שניה מעשר שני ואם שלישית מעשר עני: ומותרין בשביעית. אם השרישו ערב שביעית לפני ר"ה: ומתעשרים לשנה הבאה. בשנת לקיטתן אם מאחר שני שבוע היא שאינה שביעית: בתר הנטה. לקמן (דף טו:) תנא לה בפירקין אילן שחנטו פירותיו קודם ט"ו בשבט שהוא ר"ה לאילנות מתעשר לשנה שעברה: ירק בתר לקיטה. כדאמרן לעיל (ד' יב.) ליקט ירק ערב ר"ה כו': הני. קטניות כמאן שויוהו שהלכו בהן אחר השרשה: מתוך שעשויין פרכין פרכין. מתוך שגורנן עשוי מעט מעט. שאין נלקטין כאחד אלא היום לוקטין ומפרכין מעט ולמחר מעט ונמצאו חדש וישן מעורבין יחד הנפרכין לפני ר"ה עם הנפרכין לאחר ר"ה אם הולכין בהן אחר לקיטה כשאר ירק כשיהא מפריש מעשרותיו ה"ל מעשר מן החדש על הישן ומן הישן על החדש אזלי בהו בתר השרשה שבשנה אחת משרשת כל השדה שהרי בבת אחת זורעין אותן ומעשר פירות האילן וקטניות וירק מדרבנן הן ויכולת ביד החכמים לקבוע זמן לפי דעתם לכל אחד ואחד: פרכין פרכין. לשון זה נופל בקטניות כדאמרי' במסכת ביצה (דף יג:) מוללין מלילות ומפרכין קטניות בי"ט: ויצבור גורנו לתוכו. ומה בכך אם ישן וחדש מעורבין יצבור את כל הגורן לתוכו כלומר באמצעיתו שיהא הכל נבלל יחד יפה ונמצא כשיתרום ויעשר יהא מן החדש במעשר לפי מה שיש חדש בגורן ומן הישן לפי מה שיש ישן: מי לא תניא. דסמכינן אבילה לומר יפה נבלל ונמצא תורם מן החדש לפי מה שיש חדש ומן הישן לפי מה שיש ישן: פול המצרי. מין קטנית פאזול"י ודרכן לזורען לירק ולזרע והזורע לירק מתעשר אחר לקיטה והזורע לאכול את זרעו תורת קטניות עליו ומתעשר אחר השרשה וזה שזרעו לזרע והשריש מקצתו לפני ר"ה ומקצתו לאחר ר"ה: אין תורמין מזה. שמכירין בו שזרעוהו באחרונה על הנזרע בראשונה ולא מן הראשון על האחרון: כיצד הוא עושה. טורח לתת זה בעצמו וזה בעצמו: צובר גורנו לתוכו. יבלול אותו יפה לאחר שנתן מן הראשון בזוית זו ומן השני בזוית זו יחזור ויצברע לאמצע הגורן שיהא כולו כאחד ונמצא תורם מן החדש שבו כו': יש בילה. יש לסמוך על הבילה לומר שיש משניהן בתוך המעשר לפי החשבון: אין בילה. אין סומכין על כך שיש לומר לא נבלל יפה ורובו של מעשר מן החדש או רובו מן הישן: חוץ מיין ושמן. המערב יין חדש עם הישן או שמן חדש עם הישן תורם ומעשר ממנו ויש במעשר שניהם כפי החשבון שדבר לח נבלל יפה אבל יבש אין סומכין בו על הבילה: אשתמיטתיה. לר' זירא הא דאמר שמואל הכל הולך אחר גמר פרי ותו אמרינן ואי אשמועינן הכל הולך אחר גמר פרי הוה אמינא אפילו תבואה וזיתים נמי קמ"ל הלכה כר' שמעון שזורי במאי דפליגי דבתבואה וזיתים לא פליגי (א) ולא אזלינן בהו אחר גמר פרי אבל במיני קטניות פליגי דר' שמעון אזיל בתר השרשה ורבנן לא אזלי למדנו דהשתא שמואל תנא דלא אזיל בתר השרשה בקטניות אלא אחר גמר פרי ועליה סמיך לפלוגי עליה דר' שמעון שזורי ועליה דהא מתניתין דתנינן לעיל האורז והדוחן והפרגין והשומשמין שהשרישו כו' ואני לא ידעתי מאן הוא ההוא תנא: אשתמיטתיה לר' זירא הא דאמר שמואל הכל הולך אחר גמר פרי. ואף הקטניות לא הלכו בהן אחר השרשה וכי אמר שמואל הלכה כר' שמעון שזורי לא מטעמיה דאמר דלאו רבי שמעון שזורי טעמיה משום בילה וטעמא דשמואל משום דכוליה חדש הוא שגדל ונגמר אחר ראש השנה:

וצריכא

תוספות

אל תקרי לשלש אלא לשליש. כלומר עשייתה כשהוא שליש בשולה ותימה דהדרא קושיא לדוכתיה דקאמר לעיל ודלמא לא עייל כלל וקאמר רחמנא תשמיט ותיזיל עד חג הסוכות וי"ל דהאי תנא לית ליה דרשה דלעיל: מתוך שעשויין פרכין. מתוך שגורנן מעט מעט שאין נלקטין ביחד אלא היום נלקטין ונפרכין מעט ולמחר מעט ונמצא חדש וישן מעורבין יחד אם הלכו בהם אחר לקיטה כשאר ירק לכך אזיל בהו בתר השרשה שבשנה אחת משרשת כל השדה שהרי בבת אחת זורעים אותם ומעשר פירות האילן וקטנית וירק מדרבנן הם ויכולת ביד חכמים לקבוע זמן לכל אחד לפי דעתם כך פירש הקונטרס ותימה תינח מעשר דרבנן אלא שביעית דאורייתא הואי דינם בתר לקיטה כשאר ירק היכי אזלינן בתר השרשה להתיר בשביעית כשהשרישו בששית ושמא בשביעית בזמן הזה ורבי היא כדאמר גבי פרוזבול בפרק השולח (גיטין דף לו. ושם) א"נ כדתניא בת"כ מנין לאורז ודוחן ופרגין ושומשמין שהשרישו לפני ר"ה שנוכסין אותן בשביעית ת"ל ואספת את תבואתה בשביעית יכול אע"פ שלא השרישו ת"ל שש שנים תזרע ואספת שנה זורעים ושנה אוספים ולא שנה זורעים ושבעה אוספים: ויצבור גורנו לתוכו. כלומר וכיון דיכול לתקן אמאי אזיל בתר השרשה ומסיק דרבנן סברי אין בילה ותימה מאי קא משני אכתי תקשי לר"ש שזורי דסבר יש בילה ואזיל בתר השרשה כדקתני בהדיא מקצתן השרישו ובסיפא דהך משנה נמי תנן בפרק ב' דשביעית (מ"ח) אר"ש שזורי פול המצרי שזרעו לזרע בתחלה כיוצא בהן כלומר בתר השרש' כאורז ודוחן ועוד מאי קשי' ליה ויצבור גורנו לתוכו נהי דמועיל לצבירת גורן לענין חדש וישן לענין שניה הנכנסת לשלישית לא מהני דשניה מעשר שני שלישית מעשר עני וכן חמישית הנכנסת לששית ומיהו זה יכול לתקן שיפריש מעשר אחד ויחלל על מעות ויאכל המעות בירושלים והמעשר יחלק לעניים וקצת משמע בירושלמי דשביעית דשני מעשרות מעשר על ידי צבור גורנו: פול המצרי שזרעו כו'. סיפא דהיא דהאורז והדוחן היא ומוסיף אדרבנן שאף בפול המצרי הולכין בתר השרשה: אמר רבי יצחק בר נחמני אמר שמואל הלכה כר"ש שזורי. ברוב ספרים גרסינן בהקומץ רבה (מנחות נ: ושם) ר' שמואל בר נחמני א"ר יונתן ולא יתכן כדמוכח כאן דפריך ומי אמר שמואל הכי ועוד דא"כ קשיא דר' יונתן אדר' יונתן לפי הספרים דגרס התם א"ר יונתן הלכה כר"ש שזורי במסוכן ובתרומת מעשר של דמאי דמשמע בהני דוקא כדמוכח בבהמה המקשה (חולין עה:) ואע"פ שיש ספרים דגרסי' בההיא אמר ר' יוחנן ולא יתכן במסכת כתובות בריש פרק אע"פ (דף נה.): חוץ מיין ושמן. לענין מעשר איירי והוא הדין מים לענין הזאה בפ' התערובות (זבחים פ.): אחר גמר פרי. אין זה אחר לקיטה דזמנין דנגמר לפני ר"ה ונלקט אחר ר"ה וכל ירק נמי הולכין בו אחר גמר פרי אלא דנקיט בכל דוכתי בתר לקיטה משום דלקיטה תכף לגמר פרי אבל הני אין לקיטתן בגמר פרי שממתין להן עד שיתייבשו ואין לקיטתן כאחד דמתייבשין פרכין פרכין אבל גמר פרי כאחת ולכך מותר לעשר לשמואל אף על גב דסבר אין בילה ותימה שמואל דאמר כמאן הא בין ר' שמעון שזורי בין רבנן מודו דאזלינן בתר השרשה דלפני ראש השנה כדפי' והוה ליה ישן ושמואל דאזיל בתר גמר פרי דלאחר ראש השנה הוה ליה חדש:

הוה

עין משפט נר מצוה

ע א מיי' פ"ד מהל' שמיטה הלכה יא ופ"א מהל' מ"ש הל' ח סמג עשין קלו ולאוין רסה:

עא ב מיי' פ"ב מהלכות בכורים הלכה ז סמג עשין קלו וקלז טוש"ע י"ד סי' רלד סעיף ד:

עב ג מיי' פ"ב מהל' תרומות הל' י ופ"ב מהל' מעשר הלכה ה סמג עשין קלג קלה:

עג ד מיי' פ"ה מהל' תרומות הל' יא ופ"א מה' מ"ש הל' ג והל' ד ופ"ד מה' שמיטה הל' יב סמג עשין קלה:

עד ה ו מיי' פ"א מה' מ"ש הל' ח:

רבינו חננאל

מאי אסיף קציר. דהאה ר' חנינא ושדא בה נרגא כלומר חתכו בחתיכת אילן בגרזן ופשטנה מהא דתניא ר' נתן בן יוסף אומר מה ת"ל ועשת את התבואה לשלש השנים. א"ת לשלש אלא לשליש. פי' אני מצוה הברכה בשנה הששית שאפילו התבואה שהיא שליש מליאתה בשאר השנים עכשיו היא נחשבת מן השנה הששית ואינה מתבערת בשביעית וקראה הכתוב תבואה. תנן התם בשביעית פ"ב האורז והדוחן והפרגים והשומשמין שהשרישו קודם ר"ה מתעשרין לשעבר כו'. פי' בירושלמי אמר רב הונא שאי אפשר לעמוד על אלו מתי יביאו שליש. לפיכך אמרו כי השרשתו כמין פירי. אמר רבה אמור רבנן אילן בתר חנטה. דתנו רבנן אילן שחנטו פירותיו קודם ט"ו בשבט מתעשר לשנה שעברה. תבואה וזיתים בתר שליש כדאמרינן. ירק בתר לקיטה נמי כדאמרינן הני דתנינן בהו בתר השרשה כמאן. לא כאילן ולא כתבואה ולא כירק. הדר אמר רבה מתוך שעשויין *) פרגין פרגין פירוש משארי משארי ומשארא זו מתמלאה ומביאה שליש ועדיין זו לא (לי) נתמלאה. הכל לפי שומן המקום כיון שהשרשתם של כל הערוגות כאחת אמור רבנן חיובם במעשר בשעת השרשת' אם שנה שניה שניה אם שלישית שלישי' לפי שזמן השרשה [בקטנית] ידוע הוא כנגד הקליטה באילן. ואקשי עליה אביי ויצבור גורנו בתוכו. כלומר יעקרם הפרגין כלם כאחד ויערב אותם ויעשה הכל גורן אחד. ואע"פ שזו הערוגה הביאה שליש קודם זו הערוגה ויוציא מעשרותיו מתוכו שנמצא מעשר מן החדש על החדש שבו ומן הישן שבו על הישן שבו. כר' יוסי בן כיפר שאמר משום ר' שמעון שזורי בענין פול המצרי שזרעו לזרע. ופי' ר"ש שזורי **) פול המצרי זרעו לזרע מתעשר לשעבר זרעו לירק מתעשר להבא. זרעו לזרע הוא חי ממי שנה שעברה זרעו לאכלו כירק הוא חי ממי שנה הבאה. ופריק רבה ר"ש שזורי קא אמרת. ר"ש שזורי סבר יש בילה ונעשה כולו אחד. ומתני' דקתני האורז והדוחן כו' לרבנן דפליגי עליה וסברי אין בילה. ואמר משמא דשמואל הלכתא כר"ש שזורי ואתקיפו עלה איני והאמר שמואל לכל אין בילה חוץ מיין ושמן מכלל שהפירות אין להם בילה ואמרינן אשתמיטתיה כלומר נעלמה ממנו הא דאמר שמואל הכל הולך אחר גמר פירי ולא [ס"ל] שמואל הלכה כר"ש שזורי משום דקסבר יש בילה דהא לית ליה לשמואל בילה בפירות אלא משום שהלך אחר גמר פירי.

*) עי' היטב בערוך ערך פרכין. **) ר"ל דר"ש שזורי פירש בתוספתא פ"ב דשביעית דאם זרעו לזרע וכו' וע"ש היטב.

מסורת הש"ס

שביעית פ"ב מ"ז

מנחות נ: [תוס' שביעית פ"ב]

[זבחים פ.]

[מנחות נ: ע"ש]

הגהות הב"ח

(א) רש"י ד"ה אשתמיטתיה כו' דבתבואה וזיתים לא פליגי וכולי מודים דלא אזלינן:

three years;[8] [13*b*] read not *lishlosh* [for three], but *lishlish* [to a third].[9] But this text is required for its literal meaning?[10]—It is written in another verse, *And ye shall sow for the eighth year and eat of the produce, the old store, until the ninth year.*[11]

We have learnt elsewhere:[12] 'Rice, millet, hanie[13] and sesame,[14] if they have taken root by New Year, are for purposes of tithe
a counted[1] as belonging to the year before [the New Year],[2] and are permitted in the seventh year.[3] Otherwise they are forbidden in the seventh year,[3] and are reckoned for tithe as belonging to the next year.[4] Rabbah said: The Rabbis have laid down that [the tithe year of] a tree is determined by its blossoming, that of produce and olives by their becoming a third grown, that of vegetables by their ingathering. In which class have these been placed by the Rabbis?—Rabbah answered himself by saying: Since they are gathered for shelling as required,[5] the Rabbis made the taking root the determining factor.[6]

Said Abaye to him: Can he not collect the whole crop in a heap,[7] so that *ex post facto* he will have set aside from the new crop in it for the new crop in it, and from the old crop in it for the old crop?[8] Has it not been taught:[9] 'R. Jose b. Ḳippar says in the name of R. Simeon Shezuri: If Egyptian beans have been sown for seed and part takes root before New Year and part after, *terumah* and tithe must not be given from one lot for another, because *terumah* and tithe are not given from the new for the old nor from the old for the new. How then is one to manage? He collects the whole crop in a heap, so that in the end he gives *terumah* and tithe from the new crop in the heap for the new crop in the heap, and from the old crop in the heap for the old crop in the heap!—He replied to him: You cite R. Simeon Shezuri. R. Simeon Shezuri held that
b mixing can be relied on,[1] whereas the Rabbis held that mixing cannot be relied on.

R. Isaac b. Naḥmani said in the name of Samuel: The *halachah* follows the ruling given by R. Jose b. Ḳippar in the name of R. Simeon Shezuri. R. Zera strongly demurred to this. Did Samuel, he asked, really say this? Has not Samuel said: Mixing is not relied on for anything save wine and oil?—R. Zera overlooked the following dictum of Samuel: The determining factor is in all

(7) Lit., 'has thrown into it an axe'. (8) Lev. XXV, 21. (9) Meaning that it is considered ripe when it has grown a third. (10) And how therefore can you use it for a deduction? (11) Ibid. 22. This shows that the produce of the sixth year will last three years, and therefore the other verse is not required to tell us this and may be used for a deduction. (12) Sheb. II, 7. (13) A species of millet. (14) These are all counted as varieties of pulse.

a (1) In an ordinary year. (2) Second or third as the case may be. V. 12*b* n. b6. (3) Viz., those that take root in the sixth. (4) V. Sheb. II, 7. (5) I.e., some before New Year and some after. [The phrase עשוין פרכין פרכין is difficult. Rashi renders: They (their gathering) are made (as they are needed) for shelling. R. Ḥananel reads פרגין ('beds') and renders, They ripen (at different times) in different beds, even though they may 'take' at the same time]. (6) Because otherwise it would be difficult to keep the old and the new separate for tithing purposes without great inconvenience. (7) Lit., 'heap up his threshing-floor in the middle of it'. (8) Abaye holds that if the whole crop, old and new, is well mixed together, then when he sets aside *terumah* and tithe from it, the proportion of old and new in the *terumah* and tithe will be the same as the proportion of old and new in the whole crop. (9) Tosef. Sheb. II.

b (1) To produce old and new in proper proportions in the tithe. Lit., 'there is mixing'.

cases the full ripening.[2] [14a] And all three dicta of Samuel are necessary.[3] For if he had told us only that the law follows R. Simeon b. Shezuri, I should have said that his reason was because we can rely on mixing; he tells us therefore that mixing is not to be relied on for anything. And if he had told us that mixing is not to be relied on for anything, I should have said that he holds with the Rabbis;[4] therefore he tells us that the *halachah* follows R. Simeon Shezuri. If again we had only these two dicta, I should have said that Samuel contradicts himself;[5] he therefore tells us that the determining factor is in all cases the full ripening.[6] And if he had told us [only] that the determining factor is in all cases the full ripening, I should have said that this applies also to produce and olives. Therefore he tells us that the *halachah* follows R. Simeon Shezuri where he expresses a different view.[7] [But if so], let him indicate [only] these two points; why does he tell us that mixing is not in all cases to be relied on?—His object is to tell us that for wine and oil mixing is to be relied on.

It has been taught: R. Jose the Galilean says: *After that thou hast*
a *gathered in from thy threshing-floor and from thy wine press:*[1] [this tells us that] just as the [produce brought to the] threshing floor and the wine press have this special feature, that they are nurtured by the waters[2] of the outgoing year and are [consequently] tithed for the outgoing year, so all products which are nurtured by the waters of the outgoing year are tithed for the outgoing year. This excludes vegetables, which are nurtured by the waters of the current year[3] and are [consequently] tithed for the current year. R. Akiba said: '*After that thou hast gathered in from thy threshing-floor and thy wine press:*' just as [the products brought to the] threshing-floor and wine press have this special feature that they are nurtured by rain water[4] and [consequently] are tithed for the outgoing year, so all products that are nurtured by rain water are tithed for the outgoing year. This excludes vegetables, which are nurtured by all kinds of water[5] and are consequently tithed for the current year. Where do they [R. Jose and R. Akiba] differ in practice?—R. Abbahu said: They take different views with regard to seedless onions and Egyptian beans, as we have learnt:[6] Seedless onions and Egyptian beans which have been kept without water for thirty days before New Year [and are gathered after New Year] are tithed for the outgoing year and are permitted in the Sabbatical year. Otherwise they are forbidden in the Sabbatical year and are tithed for the current year.[7]

ON THE FIRST OF SHEBAT IS NEW YEAR FOR TREES. What is the reason?—R. Eleazar said in the name of R. Oshaia: Because
b [by then] the greater part of the year's rain has fallen[1] and the greater part of the cycle[2] is still to come. What is the sense of this? What it means is this: 'Although the greater part of the cycle is still to come, yet since the greater part of the year's rain has fallen, [therefore etc.]'.

Our Rabbis taught: 'It is recorded of R. Akiba that he once plucked a citron tree on the first of Shebat and gave two tithes

(2) And therefore in fact tithe is given from Egyptian beans all together, whether they took root in the outgoing or in the incoming year, which is as R. Simeon Shezuri said, in so far that the two crops can be tithed together, although according to each for a different reason. For on the view of Samuel the whole is regarded as belonging to the incoming year, which is not what R. Simeon said. (3) For making clear to us his point of view. (4) So that if old and new have become mixed together, tithe for both parts of the mixture must proportionately be given from some other quarter. (5) By saying on the one hand that the law follows R. Simeon, which would imply that mixing can be relied on, and on the other that mixing cannot be relied on. (6) And this is the reason why the law follows R. Simeon. (7) From the Rabbis. That is, only in the case of beans etc. but not of produce, where Samuel would hold that the decisive factor is the growth of a third. [R. Ḥananel reads 'where they (R. Simeon b. Shezuri and the Rabbis) differ'].

a (1) Deut. XVI, 13. (2) This apparently includes both rain water and irrigation. (3) Lit., 'the year that covers'. The year in which they are gathered. (4) Lit., 'most (kinds of) water'. (5) Including irrigation. (6) Sheb. II, 9. (7) Rashi gives two views as to what is implied in this. According to one opinion, if these vegetables have been kept without water for the last thirty days of the outgoing year, then R. Jose would hold that they must have been nurtured by the rain water of that year, and so are to be tithed for that year; whereas R. Akiba would hold that their growth is due in part to irrigation, and so they would be tithed for the next year; and the Mishnah quoted follows R. Jose. The other opinion is that as they have not been irrigated for thirty days, it is R. Akiba and not R. Jose who would hold that they have been nurtured by the rain of the outgoing year, and the Mishnah therefore follows R. Akiba. It was customary to withhold water from these two species for thirty days before plucking them so as to harden them.

b (1) And the trees now begin to blossom. (2) The cycle of Tebeth; i.e., the winter season beginning at the winter solstice. V. *supra* 8a n. b5.

עה א מיי' פ"ד מהל' שמיטין הלכה יז ופ"א מהל' מ"ש הל"ש

תורה אור

וצריכא דאי אשמעינן הלכה כר"ש שזורי ה"א משום דקסבר יש בילה קמ"ל לכל אין בילה ואי אשמעינן לכל אין בילה ה"א כרבנן ס"ל קמ"ל הלכה כר"ש שזורי ואי אשמעינן הני תרתי ה"א קשיא דשמואל אדשמואל קמ"ל הכל הולך אחר גמר פרי ואי אשמעינן הכל הולך אחר גמר פרי הוה אמינא אפילו תבואה וזיתים נמי קמ"ל הלכה כר' שמעון שזורי במאי דפליג ולשמעינן הני תרתי לכל אין בילה למה לי הא קמ"ל דליין ושמן יש בילה תניא רבי יוסי הגלילי אומר °באספך מגרנך ומיקבך מה גורן ויקב מיוחדין שגדילין על מי שנה שעברה ומתעשרין לשנה שעברה אף כל שגדילין על מי שנה שעברה מתעשרין לשנה שעברה יצאו ירקות שגדילין על מי שנה הבאה ומתעשרין לשנה הבאה ר"ע אומר באספך מגרנך ומיקבך מה גורן ויקב מיוחדין שגדילין על רוב מים ומתעשרין לשנה שעברה אף כל שגדילין על רוב מים מתעשרין לשנה שעברה יצאו ירקות שגדילין על כל מים ומתעשרין לשנה הבאה מאי בינייהו א"ר אבהו בצלים הסריסין ופול המצרי איכא בינייהו דתנן* *בצלים הסריסין ופול המצרי שמנע מהן מים שלשים יום לפני ר"ה מתעשרין לשעבר ומותרין בשביעית ואם לאו אסורין בשביעית ומתעשרין לשנה הבאה: באחד בשבט ר"ה לאילן: מ"ט אמר רבי אלעזר א"ר אושעיא הואיל ויצאו רוב גשמי שנה ועדיין רוב תקופה מבחוץ מאי קאמר ה"ק אע"פ שרוב תקופה מבחוץ הואיל ויצאו רוב גשמי שנה ת"ר *מעשה בר"ע שליקט אתרוג באחד בשבט ונהג בו שני עישורין אחד

דברים טז

וצריכא · הני תלת דשמואל הלכה כר"ש שזורי ולכל אין בילה והכל הולך אחר גמר פרי: כרבנן סבירא ליה · ואין תורמין ממנו ואין לו תקנה לחדש וישן שנתערבו אלא א"כ תורמין עליו ממקום אחר לפי חשבון מחדש על החדש ומישן על הישן: קשיא דשמואל אדשמואל · הכא אמר שמואל הלכה כר"ש דיש בילה והכא אמר אין בילה: קמ"ל הכל הולך כו' · למימרא דכוליה חדש הוא והלכה כר"ש ולאו מטעמיה: במאי דפליג · במיני קטנית אמר שמואל דמערבין הנשרשין לפני ר"ה בנשרשין לאחר ר"ה ויהיב טעמא למלתיה משום דהולכין בהן אחר גמר פרי אבל תבואה וזיתים אחר שליש: ולשמעינן הני תרתי · ומדאמר שמואל הכל הולך אחר גמר פרי אשמעינן דהאי דקאמר הלכה כר"ש לאו משום בילה אלא משום דכוליה חדש אבל בילה לית ליה דאי אית ליה בילה אמאי אשמעינן הכל הולך אחר גמר פרי: באספך מגרנך ומיקבך · מכאן סמכו חכמים לקבוע זמן מעשר ירק דדבריהם אחר לקיטה לאסמכתא בעלמא כל אסיף שלך יהא כתרומת גורן ויקב שהלכה בהן תורה אחר שנה שהביאה שליש הרי שהלכה בהן אחר שנה שגדלו במימיה שהבאת שליש שלהן היא גדילתן שמאותה שעה ראויה ליקצר בדוחק: אף כל כו' · לכך הלכו באילן אחר חנטה שכל גדילת פירותיו ע"י שהעלאת שרף האילן לפני חנטה הוא: יצאו ירקות שגדילין על מי שנה הבאה · והיינו שנת לקיטתן שהרי גוזזין אותה והיא חוזרת וגדילה: רוב מים · הם מי גשמים שרוב זרעים גדילים על ידם: על כל מים · אף על שאובין שדולין ומשקין אותן תמיד כענין שנאמר (דברים יא) והשקית ברגלך כגן הירק סתם גן הירק דרכו בהשקאה: בצלים הסריסים · ליפול"י בלע"ז שאין נעשין גדולין כשאר בצלים: ופול המצרי שזרעו לירק · דאי זרעו לזרע קטנית הוא ולא הלכו בו אלא אחר השרשה: איכא בינייהו · כגון שמנע מהם מים ולא השקו שלשים יום לפני ר"ה ולקטן אחר ר"ה וכי הא מתני' דתנן במס' שביעית (פ"ב מ"ט) בצלים הסריסים כו' ר"י הגלילי אית ליה הא מתנית' דכיון דמנע (א) מים שלשים יום לפני ר"ה כמלאו גדילין על מי שנה שעברה ולר"ע הרי גדילין על כל מים ומתעשרין להבא בפי' רומיי"ס מפרש איפכא ר"ע אית ליה הא מתני' שמנע מהן מים שלשים יום לפני ר"ה מתעשר לשעבר ומפרש טעמיה בתלמוד ירושלמי א"ר מנא מכיון שמנע מהן מים שלשים יום לפני ר"ה נעשו כבעל כלומר זמן חיובן למעשר בר"ה [דהס] לא נסתפקו מכל מים שהן מים שאובין זה שלשים יום כי אם ממי גשמים יצאו מתורת ירקות הגדילין על כל מים ונכנסו בתורת שדה הבעל דמסתפק במי גשמים ומתעשרין לשעבר דרכן של בצלים הסריסין ופול המצרי למנוע מהן מים שאובין פרק אחד לפני לקיטתן כדי להקשותן לפיכך חילקום חכמים משאר ירקות אבל שאר ירקות שאין דרכן בכך אפילו מנע מהן לא יצאו מדין ירק ובטלה דעתו בצלים הסריסים מסתפקין לשנה בהשקאה אחת לשלשים יום ויותר לפיכך אם השקן בתוך שלשים יום לפני ר"ה נמצאת השקאה זאת מועלת להם בשביעית לפיכך אסורין בשביעית ולענין מעשר נמי הוו להו כגדילין על מי שנה הבאה שעדיין לחלוחית השקאתן קיימת אבל ירק שדרכו ליגזז צריך להשקותו תמיד ואפילו מנע ממנו שלשים יום לפני ר"ה בטלה דעתו אצל כל אדם ולא נתנו בהן חכמים חילוק לפי שאין דרכן בכך ומלתא דלא שכיחא היא: *באחד בשבט ר"ה לאילן · ואין תורמין מפירות אילן שחנטו פירותיו קודם לכן על פירות האילן שחנטו לאחר מכאן: הואיל ויצאו רוב גשמי שנה · שכבר עבר רוב ימות הגשמים שהוא זמן רביעה ועלה השרף באילנות ונמצאו הפירות חונטין מעתה: ועדיין רוב תקופת טבת מבחוץ · עדיין רוב התקופה לבא: מאי קאמר · ועדיין רוב תקופה מבחוץ כל שכן דכיון דרוב תקופה מבחוץ עדיין לא הגיע זמן החנטה ולא היה להם לקבוע ר"ה עד אדר: שליקט אתרוג · פירות אילן אתרוג: שני עישורים · מעשר שני *בשנה שניה ומעשר עני בשנה שלישית שהיתה שניה נכנסת לשלישית:

אחד

הוה אמינא כרבנן סבירא ליה · תימה והא ודאי כרבנן סבירא ליה טפי מר' שמעון שזורי דרבנן דפליגי עליה בפ"ב דשביעית (משנה ט) סבירא להו דפול המצרי בתר לקיטה וטפי (ב) [הוה] ליה לשמואל לפסוק כרבנן דר"ש שזורי ואפילו אם תמצא לומר דאיכא רבנן בברייתא דס"ל פול המצרי בתר השרשה וליתנהו לזכר גרעו מ"מ לימא הלכה כרבנן דמתני' דשביעית והוי ניחא טפי מדר"ש שזורי וי"ל דשמואל בא לפסוק כר"ש שזורי בכל דבר אפילו באורז ודוחן ופרגין ושומשמין ולא מטעמיה דטעמיה דר"ש (ג) משום דזכר גרעו דיש בילה ושמואל סבר אין בילה אלא משום דהכל הולך אחר גמר פרי ואף ע"ג דבהקומץ רבה (מנחות דף נ:) מייתי ההוא דפול המצרי ולא מייתי ההיא דאורז ודוחן ופרגין כלל מ"מ נפקא מינה לגבי ההיא: מה גורן ויקב · אסמכתא בעלמא דמעשר ירק דרבנן ועיקר קרא לפסולת גורן ויקב כדלעיל (דף יג·) לענין סוכה א"נ משום שביעית דאורייתא איצטריך קרא*: בצלים הסריסים · מפרש בירוש' בפרק שני דשביעית בוצלי קופראי דלא עבדין זרע: ופול המצרי שזרעו לירק · דאי זרעו לזרע הא תנן בפ' שני דשביעית (מ"ח) כיוצא בהן דבתר השרשה ואפי' לא מנע מהם מים והך משנה פירש בקונטרס דאתיא כרבי יוסי הגלילי אבל איפכא נראה דאתיא כר"ע ולא כרבי יוסי הגלילי דאמר עלה בירושלמי א"ר מנא מכיון שמנע מהן מים שלשים יום לפני ר"ה נעשו כבעל כלומר יצאו מתורת ירקות הגדילים על כל מים ונעשו כשדה בית הבעל שמסתפקת במי גשמים ומתעשרין לשעבר: באחד בשבט מ"ט · מפרש נמי לב"ה כמו לב"ש אלא קמא נקט דלמר זמן חניטתה של גשמי שנה זו באחד בשבט ולמר בט"ו בשבט וכל החנוטים קודם זמן הזה היינו על גשמי שנה שלפני תשרי והא דלא אזיל באילנות בתר תשרי כמו בשליש בתבואה משום דדרשינן לעיל (דף י') פעמים שברביעית ועדיין אסורין משום ערלה: ונהג בו שני עישורים · אם שני עישורים ממש הפריש לא היה מתוקן אלא מפרש בירושלמי שהפריש מעשר א' למעשר שני ופדאו וחלקו לעניים:

לרבעי

הגה"ה
ונהג בו שני עישורים. אם שני מעשרות ממש הפריש לא היה מתוקן דהמרבה במעשרות הן מקולקלין ובירושל' מפרש שניה הנכנסת לשלישית היתה והפריש מעשר שני ופדאו והלקו לעניים והמעות אכל בירושלים. ע"כ:

[ועי' תוס' קידושין ג. ד"ה מה ירק]

הגהות הב"ח

(א) רש"י ד"ה איכא בינייהו כו' דכיון דמנע מהן מים ל' יום כו' הא מתני' דכיון שמנע:

(ב) תוס' ד"ה הוה אמינא כו' וטפי ניחא ליה לשמואל:

(ג) בא"ד דטעמיה דר"ש דזוכר גורעו משום דיש בילה:

שביעית פ"ב מ"ט

עירובין ז. יבמות טו. [תוס' שביעית סוף פ"ג]

נ"ל בשנה שניה ומעשר עני בשנה כו'

רבינו חננאל

ומצאנו לשמואל שלש שמועות. א' הלכתא כר"ש שזורי. ב' הכל הולך אחר גמר פרי. ג' לכל אין בילה חוץ מיין ושמן. וצריכי דאי אמר הכל הולך אחר גמר פרי הייתי אומרים אפילו תבואה וזיתים בתר גמר פרי ולית ליה שליש לפיכך אמר הלכתא כר"ש שזורי בהנך דפליגי והוא פול המצרי שזרעו לזרע שהשרשתו היא במדתו מכוון וכיוצא בו. וא' עוד כי אין בילה להודיע כי ליין ושמן יש בילה. תניא ר' יוסי הגלילי אומר באספך מגרנך ומיקבך מה גורן ויין מיוחדין שגדילין על מי שנה [שעברה] והן מתעשרין לשנה שעברה כו' ופשוטה היא. לדברי הכל ירק עישורו בשעת לקיטתו. כל הנלקט קודם ר"ה עישורו כשנה היוצאה. וכל הנלקט אחר ר"ה עישורו כשנה הנכנסת. ריה"ג דייק כל פירות הגדילין על מי שנה שעברה ולא צריכין למי שנה הבאה מתעשרין לשעבר כגון התבואה וכיוצא בה אבל הירקות שצריכין מים בכל יום מתעשרין להבא. ור"ע סבר לאחר רוב מים אזלינן וכל הפירות הגדילין על רוב מים אע"פ שעדיין אם יורדין עליהן גשמים מועלין להן כגון התבואה וכיוצא בה מתעשרין לשעבר. ואמרינן מכדי לד"ה התבואה וכיוצא בה מתעשרין לשעבר והירקות מתעשרין להבא מאי בינייהו. וא"ר אבהו בצל הסריסין ופול המצרי. פי' בצלין סריסין כגון שמיעך זרעה קודם שהוקשו כדי להתגדל ראשיהן. לר"ע דאמר כל הפירות הגדילין על רוב מים מתעשרין לשעבר *) לריה"ג דאמר הגדילין על מי שנה שעברה הללו כירקות דמי דתנן בצלים הסריסין ופול המצרי שמנע מהן מים ל' יום לפני ר"ה מתעשרין לשעבר ומותרין בשביעית כו' הדא מתני' כר"ע: בא' בשבט ר"ה לאילן דברי ב"ש. בה"א בט"ו כו' ואוקימנא מ"ם דאע"ג שרוב תקופה מבחוץ הואיל ויצאו רוב גשמי שנה מתעשרין לשעבר. פי' מצאנו זמן הגשמים המועילין ומתענין בהם שירדו מי"ז במרחשון עד סוף ניסן. כמפורש בפרק מאימתי מזכירין גבורות גשמים הנה אליבא דב"ה דאמרי בט"ו בשבט יצאו מימות הגשמים (י"ג) [י"ז] במרחשון וכסלו וטבת וט"ו משבט הרי ג' חדשים פחות ג' ימים ונשארו מימות הגשמים (ט"ו בשבט) [חצי שבט] ואדר וניסן הרי ב' חדשים וחצי הנה יצאו רוב גשמי שנה זו. ואע"פ שרוב תקופת טבת עדיין מבחוץ שנשאר חצי שבט ואדר ומקצת מניסן לא משגחינן בתקופה למימרא שעדיין רוב התקופה של שנה הבאה היא אלא מתעשר לשעבר: ת"ר מעשה בר' עקיבא שליקט אתרוג בא' בשבט ונהג בו שני

*) לכאורה נראה דצ"ל הני נמי מתעשרין לשעבר לריה"ג וכו'.

גועי' תוספות קדושין כ: ד"ה אתרוג]

עו א מיי' פ"א מהל' מ"ש הלכה ה ופ"ד מהל' שמיטין הלכה יב טוש"ע י"ד סי' שלא סעיף קכו :

עז ב מיי' פ"ה מהל' תרומות הלכה יא טוש"ע שם סעיף כז :

עח ג מיי' פ"א מהל' מ"ש הלכה ב טוש"ע י"ד סי' שלא סעיף קכו :

לרבעי. הך משנה אתיא כמאן דתני נטע רבעי ברים כ"מ (ברכות דף לה.*): **ולשביעית** · ירק נמי אית ביה שביעית אלא מפרש בירושלמי דביכורים פרק ב' כגון אתרוג בת ששית הנכנסת לשביעית הרי היא לבעלים כאילן בתר חנטה ופטור ממעשר כירק דבתר לקיטה והא דלא תנא שוה לאילן לענין כלאים דלא הוי כלאים בכרם משא"כ בירק ולענין ר"ה שלו שבט כאילן כדאמר בשמעתין לא תניא הכא אלא מידי דבהאי אזלי בתר חנטה ובהאי בתר לקיטה וא"ת אמאי לא אזלינן באתרוג בתר לקיטה לכל דבר כיון שגדל על כל מים כירק למאי דפרישית לעיל (א) דהיא דרשה לריכא בשביעית דאורייתא וי"ל משום דדרשינן לעיל (דף י.) גבי ערלה פעמים שברביעית ועדיין אסורין משום ערלה וא"ת דהכא משמע דאזלינן בירק בתר לקיטה לענין שביעית ובמסכת שביעית (פ"ט מ"א) תנן כל הספיחין מותרין חוץ מספיחי כרוב ופירש הר"ש שם ע"פ הירושלמי דאיירי בספיחי ששית הנכנסת לשביעית ומתרץ בהכי ההיא דפרק מקום שנהגו (פסחים דף נא:ושם) דתניא איפכא כולם אסורין חוץ מספיחי כרוב ונראה לפרש דהא דאמר בירק בתר לקיטה היינו כשלא נגמר גדולם בששית אבל נגמר גדולם בששית שרו בין לר"ע בין לר' יוסי הגלילי מידי דהוה אבצלים הסריסים דלעיל שמנע מהם מים שלשים יום לפני ר"ה דאפי' מאן דפליג התם הכא מודה דלר' יוסי הגלילי כיון דנגמר גדולם כמלאו גדילים על מי שנה שעברה ותו לא גדלי על מי שנה הבאה ולר"ע נמי כיון דתו לא גדלי על כל מים יולאין מתורת ירקות הגדילים על כל מים כדאמרי' בירושלמי כדמפרש לעיל גבי בצלים דנעשו כשדה הבעל שמסתפקת במי גשמים ומתעשרים לשעבר וכן לעיל (דף יג:) גבי אורז ודוחן דיהיב להו שמואל דין ירק דבתר לקיטה וקאמר הכל הולך אחר גמר פרי אלמא גמר פרי עיקר אלא דנקט בכל דוכתי לקיטה משום דדרך ללקט בתר גמר פרי והנהו גמרי פריים ביחד אלא שאין מתייבשין ביחד כדאמרי' דעשויין פרכין פרכין ומיהו קשה מאתרוג דבסמוך דאמר הכא באתרוג שחנטו פירותיו קודם ט"ו דאידך שבט ומשמע משום דמספקא ליה אי אזלינן בתר חנטה באתרוג כר"א או בתר לקיטה כר"ג נהג בו שני עישורין אלמא דאזלי' בתר לקיטה אף על גב דנגמר הפרי (נמי) דהרי חנט בשבט של שנה שעברה ולא נלקט עד שבט אחר ושמא אתרוג חלוק משאר פירות לפי שדרכו לעמוד באילן שתים ושלש שנים וכל זמן שמתקיים באילן גדל בכל שנה ושנה אי נמי אף על פי שחנט בשבט זמנין דאין נגמר גדולו עד שבט אחר וניחא השתא דנקט רבי יוחנן לקמן (דף טו:) גבי אתרוג אפילו כזית ונעשית ככר כלומר דעל ידי מי שנה הבאה גדילה ומיהו כזית ודאי לאו דוקא דהא ר' יוחנן בתר חנטה אזיל ושמא לא חשיב חנטה באתרוג בפחות מכזית: **הכסיל** בחשך הולך. אפילו יודע כמאן הלכה ומחמיר על עצמו ולא בעי לשנויי דר"ע מספקא ליה הלכתא כמאן ועבד לחומרא דמסתמא יודע היה דהלכה כב"ה :

אחד כדברי ב"ש ואחד כדברי ב"ה ר' יוסי
בר יהודה אומר לא מנהג ב"ש וב"ה נהג
בה אלא מנהג רבן גמליאל ור' אליעזר נהג
בה דתנן* אאתרוג שוה לאילן בג' דרכים
ולירק בדרך אחד שוה לאילן בג' דרכים
לערלה ולרבעי ולשביעית ולירק בדרך אחד
שבשעת לקיטתו עישורו דברי ר"ג ר' אליעזר
אומר אתרוג שוה לאילן לכל דבר ומי עבדינן
כתרי חומרי והתניא *לעולם הלכה כדברי
ב"ה והרוצה לעשות כדברי ב"ש עושה
כדברי ב"ה עושה מקולי ב"ש ומקולי ב"ה
רשע מחומרי ב"ש ומחומרי ב"ה עליו הכתוב
אומר °הכסיל בחשך הולך אלא אי כב"ש
בקוליהון ובחומריהון אי כב"ה בקוליהון
ובחומריהון *ר"ע גמריה אסתפק ליה ולא ידע
אי ב"ה באחד בשבט (*אומר) אי בט"ו
בשבט (*אומר) ר' יוסי בר יהודה אומר לא
מנהג ב"ש וב"ה נהג בה אלא מנהג ר"ג ורבי
אליעזר נהג בה באחד בשבט כבית שמאי
נהג בה א"ר חנינא ואיתימא ר' חנניא הבא
באתרוג שחנטו פירותיו קודם ט"ו דאידך
שבט עסקינן ובדין הוא אפילו קודם לכן
*ומעשה שהיה כך היה רבינא אמר כרוך
ותני לא אחד בשבט היה אלא ט"ו בשבט
היה ולא מנהג בית שמאי ובית הלל נהג
בה אלא מנהג רבן גמליאל ור' אליעזר נהג
בה אמר רבה בר רב הונא השתא דאמר רבן
גמליאל אתרוג אחר לקיטתו עישורו כירק
ראש השנה שלו תשרי מיתיבי ר' שמעון בן
אלעזר אומר *בליקט אתרוג ערב ט"ו בשבט
עד שלא תבוא השמש וחזר וליקט משתבוא
השמש אין תורמין ומעשרין מזה על זה לפי
שאין תורמין ומעשרין לא מן החדש על הישן
ולא מן הישן על החדש גהיתה שלישית
נכנסת לרביעית שלישית מעשר ראשון
ומעשר עני רביעית מעשר ראשון ומעשר שני
מאן

תורה אור
קהלת ב

אחד כדברי ב"ש· שאמרו נתחדשה שנה וכבר נכנסת שלישית משחשיכה: ואחד כדברי ב"ה· דאומרין לא נתחדשה שנה עד חמשה עשר בו: לא מנהג ב"ש כו'· שני עישורין שנהג בה לאו משום ספק כב"ש ספק כב"ה אלא משום ספק הלכה כרבן גמליאל דאמר אתרוג אחר לקיטה כירק משום דדרכו ליגדל על כל מים והרי נלקט בשלישית או שמא כר"א דאמר אחרי חנטה הלכו בו כשאר אילנות והרי חנט בשניה ולקמיה פריך א"כ פשיטא ליה דכבר נכנסה שלישית כב"ש: שוה לאילן. לילך אחר חנטה לענין ערלה ורבעי ושביעית: שבשעת לקיטתו עישורו. שאם חנטה בשניה ונלקטת בשלישית מתעשר כדת שנה שלישית בירק לפי שאף הוא דרכו ליגדל על כל מים הכי מפרש לה בשמעתא קמייתא דקדושין: והרוצה לעשות וכו'. בעלמא (עירובין ו:) פרכינן סיפא ארישא ומשנינן כאן קודם בת קול כאן לאחר בת קול: מקולי ב"ש כו'. בעירובין מפרש לה במחלוקת אחת שב"ש מקום שנוטין בה דברי בית שמאי להקל ויש מקום שנוטין בה דברי בית הלל להקל כגון כמה חסרון בשדרה שלא תטמא באהל ב"ש אומרים ב' חוליות וב"ה אומרים חוליא אחת וכן לטרפה נמצאו דברי ב"ש מקילין בטריפה ואומר עד שתחסר שתי חוליות וב"ה מחמירין בה ומקילין לענין טומאה לומר שכיון שחסרה חוליא אחת אינה מטמאה והאוחז בזו קולי ב"ש וקולי ב"ה רשע שהרי דבריו סותרין זה את זה כדי להקל והאוחז בחומרי שניהם כסיל בחשך הולך הוא שאינו יודע להבחין על מי לסמוך אבל בב' מחלוקות שהקילו אלו בזו ואלו בזו אין כאן לא משום רשע ולא משום סכלות דסבירא ליה בהא כב"ש ובהא כבית הלל: אי כבית שמאי בקוליהון ובחומריהון. אי לענין טומאה לא חשיב לה חסרון בחוליא אחת לענין טריפה נמי לאו חסרון הוא: ואי כב"ה. דאמרו חסרון הוא ליחשבה חסרון הכא והכא והך דר"ע נמי כתרן אהדדי דקא חשיב ליה שניה וקא חשיב ליה שלישית: גמרא אסתפק ליה וכו'. כב"ה בעא למעבד: כב"ש נהג בה. לר' יוסי בר יהודה דאמר משום דנהג בה מנהג רבן גמליאל עישרה במעשר עני כדין שלישית א"כ כב"ש ס"ל דנתחדשה שנה היום דאי כב"ה לקיטתה וחנטתה בשנה אחת הוה: דאידך שבט. דאשתקד שהאתרוג דר באילנו שתים ושלש שנים ובט"ו בשבט דאשתקד נכנסה שנה שלישית ועדיין לא יצאת שלישית נמצאת שחנטה בשניה ונלקטה בשלישית: ובדין הוא. דאם לקטה קודם לכן או בכסליו או בטבת נמי הוה נוהג בה ב' עישורין משום מנהג ר"ג ור"א: אלא מעשה שהיה. בא' בשבט היה: כרוך ותני. כפול את דברי ר' יוסי ושנה בה שתי מחלוקות: לא אחד בשבט היה. שאין בה חידוש שנה: אלא ט"ו בשבט היה. לדברי הכל נתחדשה שנה: ר"ה שלו תשרי. כדין ירק ולענין מעשר קאמר: שלישית נכנסת לרביעית. לקמן פריך מ"ש דלא תנא ואם היתה שניה נכנסת לשלישית כדתניא לעיל (דף יב:) גבי ליקט ירק :
מאן

סוכה לט: קידושין ב: ביכורים פ"ב מ"ו
עירובין ו: חולין מג: [תוס' סוכה פ"ב ותוס' עדיות פ"ב ותוס' יבמות פ"א]
[עירובין ז.]
[נ"ל אמרו]
[נ"ל אמרו]
[עירובין סה: וש"נ]
[תוספ' פ"א ותוספ' תרומות פ"ב ע"ש]

רבינו חננאל

שני עישורין כו' : פי' לערלה ולרבעי ולשביעי' שוה האתרוג לאילן דאזיל בתר חנטה . כל הענין פשוט הוא ונתברר בדרך קצרה מתלמוד א"י דגרסי' [התם] מעשה בר"ע שליקט אתרוג ונתן עליו חומרי ב"ש וב"ה . ולמה לי אתרוג אפילו שאר כל אילן תני חומרי ר"ג וחומרי ר' אליעזר . ור"ג ור"א לא על דב"ה אינון היו . א"ר יוסי ב"ר אבין תיפתר שנחנטו פירותיו קודם ט"ו בשבט של שנה שניה ונכנסה שלישית על דעתיה דר"ג מעשר עני על דעתיה דר"א מעשר שני . מה עשה עישר וקרא מע"ש ופדאו ונתנו לעניים :

הגהות הב"ח

(א) תוס' ד"ה לשביעית כו' למאי דפרישית לעיל . נ"ב בדף ז ע"א בד"ה מה גורן :

אי

from [14b] it,[3] one[4] in accordance with the ruling of Beth Shammai and one[5] in accordance with the ruling of Beth Hillel.[6] R. Jose b. Judah said: He did not follow the [two] rulings of Beth Shammai and Beth Hillel, but the [two] rulings of Rabban Gamaliel and R. Eliezer, as we have learnt:[7] 'A citron tree follows the rule of a tree in three respects and of a vegetable in one respect. It follows the rule of a tree in three respects—for 'uncircumcision,'[8] for fourth-year fruit, and for the Sabbatical year. It follows the rule of a vegetable in one respect, its tithe [year] being determined by its plucking. So Rabban Gamaliel. R. Eliezer, however, says that a citron follows the rule of a tree in all respects.[9]

But is it right to adopt the harder rule from both sides?[10] Has it not been taught: 'As a general principle, the *halachah* follows Beth Hillel. If one prefers, however, to adopt the rule of Beth Shammai, he may do so, and if he desires to adopt the rule of Beth Hillel he may do so. One, however, who adopts the more lenient rulings of both Beth Shammai and Beth Hillel [on the same subject] is a bad man, while to one who adopts the more stringent rulings of both Beth Shammai and Beth Hillel may be applied the verse,
a *But the fool walketh in darkness.*[1] No; either one must follow Beth Shammai both where they are more severe and more lenient or Beth Hillel both where they are more severe and more lenient'? —[The answer is that] R. Akiba was doubtful about the tradition, and did not know whether Beth Hillel fixed [the New Year for trees] on the first of Shebat or on the fifteenth of Shebat.[2]

'R. Jose b. Judah said: He did not adopt the two rulings of Beth Shammai and Beth Hillel, but of Rabban Gamaliel and R. Eliezer', [But would R. Jose hold that] in respect of the first of Shebat he adopted the ruling of Beth Shammai?[3]—R. Ḥanina (or some say R. Ḥananiah) said: The case here is one of a citron which had blossomed before the fifteenth of Shebat of the previous year,[4] and R. Akiba might equally well have done the same thing at an earlier date,[5] but this happened to be the actual date. Rabina said: Combine[6] the two statements. It was not the first of Shebat but the fifteenth of Shebat,[7] and he [R. Akiba] did not adopt the two rulings of Beth Shammai and Beth Hillel but of Rabban Gamaliel and R. Eliezer.

Rabbah son of R. Huna said: Seeing that Rabban Gamaliel has said that the tithe year of a citron tree is determined by its plucking like that of a vegetable, its New Year [like that of a vegetable] must be the first of Tishri. The following was cited in objection to this: 'R. Simeon b. Eleazar says: If a man plucked the fruit of a citron tree on the eve of the fifteenth of Shebat before sunset, and then plucked some more after sunset, *terumah* and tithe must not be given from one lot for the other because *terumah* and tithe are not given from the new for the old nor from the old for the new. [If it was at the meeting point of the third and] fourth years, [from the fruit of] the third year he gives first tithe and the tithe of the poor, and from the fruit of the fourth year the first

(3) The second tithe for the second year and the poor tithe for the third. (4) The poor tithe. (5) The second tithe. (6) Who say that the New Year begins only on the fifteenth of Shebat. (7) Bek. II, 6. (8) *'Orlah*, v. Glos. (9) And its tithe-year is determined by its blossoming. Being in doubt whether to follow R. Gamaliel or R. Eliezer, R. Akiba gave two tithes. (10) Where two authorities give each two rulings with regard to a certain subject, one being more stringent in respect of one point and the other in respect of the other. For instance, Beth Shammai rule that the lack of one vertebra in a human spine still leaves it capable of defiling by 'overshadowing' (v. Glos. s.v. *ohel*) but does not make an animal *ṭrefa* (v. Glos.) whereas Beth Hillel says that it makes an animal *ṭrefa* but leaves it incapable of defiling by overshadowing. Here Beth Shammai are more stringent in the matter of defilement and Beth Hillel in the matter of *ṭrefa* (v. 'Er. 6b). So here, R. Akiba took on himself two burdens when one would have sufficed.

a (1) Eccl. II, 14. (2) And he followed Beth Hillel only. (3) [For according to Beth Hillel, even if the tithe is determined by the blossoming, he would still not be liable to the tithe of third year, which would not begin before the fifteenth of Shebat.] (4) When the third year began, and the fruit had been left on the tree. A citron can remain on the tree for several years. (5) R. Akiba following Beth Hillel and the two rulings of R. Gamaliel and R. Eliezer, the blossoming having taken place in the second year. (6) In R. Jose's statement. (7) When unquestionably a New Year would have commenced for trees.

a tithe and the second tithe'.[1] [15a] Now which authority is reported to make plucking the determining factor? Rabban Gamaliel; and he says here Shebat?[2]—The statement should have been reported differently,[3] [thus]: Rabbah b. bar Huna said: Although Rabban Gamaliel said that [the tithe-year of] a citron tree is determined by its plucking like [that of] a vegetable, yet its New Year is Shebat.

Why in the former statement[4] is the expression used, 'if it was the meeting point of the second and third years', and in this statement the expression, 'if it was the meeting point of the third and fourth years'?—This points out to us incidentally that the citron tree suffers from being handled, and since everybody handles it in the seventh year,[5] it does not yield fruit till the third year [after blossoming].

R. Johanan inquired of R. Jannai: When is the New Year of the citron tree?—He replied: In Shebat. Do you mean [he asked further] Shebat of the calendar[6] or Shebat of the cycle?[7]—He replied: Shebat of the calendar.[8]

Raba inquired of R. Naḥman (or, according to others, R. Johanan inquired of R. Jannai): Suppose it was a leap year,
b what is the rule?[1]—He replied: Do as in ordinary years.[2]

Rabbah said: A citron tree which has blossomed in the sixth year and ripened in the seventh[3] is not liable to tithe and not liable to clearance;[4] while one which has blossomed in the seventh year and produced fruit in the eighth is not liable to tithe but is liable to clearance. Said Abaye to him: Your second clause is unobjectionable, because [you can say that] you take the more stringent view.[5] But your first clause [surely involves a contradiction]? [For you say], 'It is not liable to clearance'. Why so? Because we say, Make the blossoming the determining factor.[6] But if so, it should surely be liable to tithe?—He replied to him: Everybody handles it, and you say it should be liable to tithe! R. Hamnunah, however, said: A citron tree which blossoms in the sixth year and ripens in the seventh is always reckoned as belonging to the sixth, and one which blossoms in the seventh and ripens in the eighth is always regarded as belonging to the seventh. The following was cited in objection: 'R. Simeon b. Judah said in the name of R. Simeon: A citron tree which blossoms in the sixth year and ripens in the seventh is not liable to tithe and not liable to clearance, since no fruit is liable to tithe which has not both grown and been plucked in a period of liability.[7] A citron tree which blossoms in the seventh year and ripens in the eighth year is not liable either to tithe or to clearance, since no fruit is liable to clearance which has not both grown and been plucked in the seventh year'. Now the first part of this statement seems to contradict R. Hamnunah,[8] and the second part both Rabbah
c and R. Hamnunah?[1]—There is a difference of Tannaim on this point,[2] as it has been taught: 'R. Jose said: Abtolmus testified in the name of five elders that a citron is determined by its plucking in the matter of tithe. Our teachers, however, took a vote in Usha and decided that it is determined by its plucking for purposes both of tithe and of Sabbatical year'. How does Sabbatical year come

a (1) Tosef., R.H.I., cf. *supra* 12b nn. b6-7. (2) And not Tishri. (3) Lit., 'if the statement was made it was stated thus'. (4) In the Tosef. quoted on 12a *ad fin.* (5) Since, like all other trees, it is common property in that year. (6) I.e., the lunar month Shebat-thirty days from the first of Tebeth. (7) Thirty days from the *cycle* of Tebeth (Winter Solstice, usually Dec. 22). (8) In spite of the fact that fructification is due to the action of the sun.

b (1) Do we make the New Year in Shebat which comes next to Tebeth, or in First Adar which takes the place of Shebat in this year? (2) Lit., 'follow most of the years'. I.e., adhere to Shebat. (3) Lit., 'the daughter of the sixth which enters into the seventh'. (4) In the third and sixth years of the Septennate. V. Deut. XXVI, 13. (5) I.e., the view which is more stringent in this case, viz., that we go by the blossoming and not by the plucking. And since we do this for purposes of clearance, we also do it for purposes of tithes, although this means taking the more lenient view. (V. Tosaf. s.v. בשלמא). (6) And so it belongs to the sixth year. (7) And the seventh year is not a period of liability for tithe. (8) Who holds that if it blossoms in the sixth it is liable to tithe.

c (1) Who both hold that if it blossomed in the seventh year it is liable to clearance. (2) As to whether we go by the plucking or the blossoming for purposes of the Sabbatical year.

מאן שמעת ליה דאזיל בתר לקיטה ר"ג וקתני שבט אלא אי אתמר הכי אתמר אמר רבה בר רב הונא אע"ג דאמר רבן גמליאל אתרוג אחר לקיטה כירק ראש השנה שלו שבט מאי שנא התם דקתני אם היתה שניה נכנסת לשלישית ומאי שנא הכא דקתני אם היתה שלישית נכנסת לרביעית מילתא אגב אורחיה קמ"ל דאתרוג קשיא ליה ידא ואיידי דממשמשי ביה כולי עלמא בשביעית לא טעין פרי עד תלת שנין בעא מיניה ר' יוחנן מרבי ינאי אתרוג ר"ה שלו אימתי א"ל שבט שבט דחדשים או שבט דתקופה א"ל דחדשים בעא מיניה רבא מרב נחמן ואמרי לה ר' יוחנן מרבי ינאי היתה שנה מעוברת מהו א"ל הלך אחר רוב שנים אמר רבה אתרוג בת ששית שנכנסה לשביעית פטורה מן המעשר ופטורה מן הביעור ובת שביעית שנכנסה לשמינית פטורה במעשר וחייבת בביעור א"ל אביי בשלמא סיפא לחומרא אלא רישא פטורה מן הביעור אמאי דאמרינן זיל בתר חנטה אי הכי תיחייב במעשר א"ל יד הכל ממשמשין בה ואת אמרת תיחייב במעשר ורב המנונא אמר [א]בת ששית שנכנסת לשביעית לעולם ששית ובת שביעית הנכנסת לשמינית לעולם שביעית מיתיבי ר"ש בן יהודה אומר משום ר"ש אתרוג בת ששית שנכנסת לשביעית פטורה מן המעשר ופטורה מן הביעור שאין לך דבר שחייב במעשר אא"כ גדל בחיוב ונלקט בחיוב ובת שביעית שנכנסת לשמינית פטורה מן המעשר ופטורה מן הביעור שאין לך דבר שחייב בביעור אא"כ גדל בשביעית ונלקט בשביעית רישא קשיא לרב המנונא סיפא קשיא בין לרבה בין לרב המנונא תנאי היא דתניא *אמר רבי יוסי אבטולמוס העיד משום חמשה זקנים אתרוג אחר לקיטתו למעשר ורבותינו נמנו באושא ואמרו [ב]אחר לקיטתו בין למעשר בין לשביעית שביעית מאן דכר שמיה

חסורי

רש"י

מאן שמעת ליה כו'. אלמא ר"ש בן אלעזר כרבן גמליאל סבירא ליה: אתרוג קשיא ליה ידא. קשה לעץ האתרוג ידים ממשמשות בו: שבט דחדשים. של לבנה: או שבט דתקופה. חמה לסוף שלשים של תקופת טבת נכנס שבט של חמה: היתה שנה מעוברת מהו. אימתי ר"ה שבט הסמוך לטבת או אדר הראשון שהוא במקום שבט: אחר רוב שנים. מי שמנו שבט: אמר רבה אתרוג בת ששית. שחנטה בששית: פטורה מן המעשר. לקמיה מפרש טעמא דכולה מילתא: א"ל אביי בשלמא סיפא. דקא אמרת בת שביעית שנכנסה לשמינית פטורה מן המעשר אלמא נהגה בה קדושת שביעית ומיחייב לאפקורה והפקרא פטורה מהמעשר דמשמע דאזלת בה בתר חנטה לענין הפקר שביעית ולענין ביעור נמי כדקאמרת חייבין בביעור כל הך סיפא אע"ג דסתרא לה לרישא דקאמרת בת ששית שנכנסה לשביעית פטורה מן המעשר דהפקר הוא משום שביעית אלמא בתר לקיטה אזלת בה לענין שביעית דאי לאו דשביעית נהגא בה לא הוה מפטרא דהפקרא דשביעית פטר לה ממעשר כדתניא במכילתא ואכלו אביוני עמך ויתרם תאכל חית השדה מה חיה אוכלת ופטורה מן המעשר אף אדם פטור הא לא הוה קשיא לי דאמינא ספוקי מספקא לך אי אזלינן באתרוג בתר חנטה לענין שביעית או בתר לקיטה כמו במעשר ואזלת לחומרא דשביעית דאורייתא היא וספיקא דאורייתא לחומרא: אלא רישא. דסיימת בה פטורה מן הביעור דקולא הוא: אמאי דאמרינן זיל בתר חנטה. אשמע' לן בה דלא מספקא לך ומסקנא דרישא וכולה סיפא חד טעמא הוא דפשיטא לך דבתר חנטה אזלינן: אי הכי. דלא מספקא ולא נהגא שביעית באתרוג בת ששית: תתחייב במעשר. דלאו הפקר הוא: יד הכל ממשמשים בה. נהי דלא מחייב לאפקורה דלא נהגא בה שביעית מיהו כל שדות ופרדסות הפקר הן בשביעית ואין אתרוג זה נשמר בה לבדו ועל כרחו הכל ממשמשין בו והפקר פטור מן המעשר: רב המנונא אמר לעולם ששית. חייב במעשר דכיון דשביעית לא נהגא בה ולאו הפקרא דמלכא היא משמוש יד הכל שבה אינו אלא גזל ואין הפקר כזה פטורה מן המעשר: מיתיבי ר"ש בן יהודה אומר כו'. הכי גרסינן לה בתוספתא שאין לך שחייב במעשר אלא אם כן גדל בחיוב ונלקט בחיוב ובסיפא גרסי' שאין לך שחייב בביעור אא"כ גדל בשביעית ונלקט בשביעית ברישא דמילתיה יהיב טעמא לפטורא דמעשר לפי שהוליכו מכלל שאר אילנות שהלכו בם אחר חנטה לפיכך הוזקק ליתן טעם לדבריו ואשמועי' כרבה דאע"ג דלאו הפקר דמלכא הוא כיון דסוף סוף יד הכל ממשמשין בה פטורה מן המעשר דלפטורא דביעור לא אצטריך למכתב טעמא דלא אפקיה מדין שאר אילנות דאזלינן בה בתר חנטה וסיפא יהיב טעמא לפטורא דביעור דלפטורא דמעשר הא אשמעינן טעמא דלא חייבוה חכמים במעשר אא"כ גדל בחיוב ונלקט בחיוב וזה לא גדל בחיוב: אא"כ גדל בשביעית ונלקט בשביעית. דכי כתיב לבהמתך ולחיה אשר בארצך (ויקרא כה) דילפינן מינה ביעור בשביעית כתיב ולא בשמינית: סיפא קשיא בין לרבה בין לרב המנונא. דהא תרוייהו בתר חנטה אזלי בשביעית ובת שביעית שנכנסת לשמינית חייבת בביעור דהא לא פליג רב המנונא אדרבה אלא בבת ששית שנכנסת לשביעית: תנאי היא. האי תנא פליג עלייהו ותנא אחרינא קאי כוותייהו: דתניא כו'. הכי גרסי' בתוספתא דמסכת שביעית (פ"ג) א"ר יוסי אבטולמוס העיד משום חמשה זקנים אתרוג אחר לקיטה למעשר ורבותינו נמנו באושא וגמרו אתרוג אחר לקיטה בין למעשר בין לשביעית: שביעית מאן דכר שמיה. דקאמר דאימנו עלה רבותינו אלמא איכא מאן דפליג:

חסורי

תוספות

או שבט דתקופה. אמתני' נמי דקתני באחד בשבט קא בעי אע"ג דשאלו באתרוג* (וקשיא אמאי לא בעי באחד באלול ר"ה למעשר בהמה או בקמייתא בו' בסיון ר"ה לשתי הלחם ובאינך): דחדשים. אע"ג שבישול הפירות הולך אחר החמה שנאמר (דברים לג) ממגד תבואות שמש ה"נ כתיב (שם) ממגד גרש ירחים וגם ישראלים מונין ללבנה:

בשלמא סיפא לחומרא. תימה מאי חומרא הרי קולא היא לענין מעשר וחומרא לענין שביעית ואי הוה אזיל לחומרא בתרוייהו הוה שייך חומרא אבל השתא הוה ליה למימר בשלמא סיפא בתר חנטה וי"ל דהכי קאמר בשלמא סיפא אפילו מטעם ספק דבתר חנטה או בתר לקיטה אזלא לחומרא לענין ביעור וניחא הא דפטורה מן המעשר מאחר דחייבו חכמים להפקיר:

יד הכל ממשמשים בו ואת אמרת תתחייב במעשר. לא נקט האי טעמא אלא למאן דאמר לעיל (דף יד:) שוה לאילן לכל דבר כשאר אילנות דכולהו מודו דבתר חנטה אפי' הכי פטורין מן המעשר מטעם יד הכל ממשמשין דלמאי דסבר אבטולמוס משום חמשה זקנים דאתרוג אחר לקיטה למעשר ואחר חנטה לשביעית (א) לא הוה צריך לטעם זה דבין לענין חדש וישן בין לענין מעשר שני ועני אזיל בתר לקיטה ובהכי איירי לקמן דאבטולמוס דהייט מתני' דבכורים (פ"ב מ"ו) דאתרוג שוה לאילן בג' דרכים ולירק בדרך אחד:

שאין דבר שחייב במעשר אא"כ גדל בחיוב ונלקט בחיוב. לענין חדש וישן מעשר שני ועני לא בעי גדל ונלקט בשנה אחת ואזלינן בתר חנטה והכא פטור משום יד הכל ממשמשין:

שאין לך דבר שחייב בביעור אא"כ גדל בשביעית ונלקט בשביעית. וא"ת ומאי קשיא ליה סיפא בין לרבה בין לרב המנונא הא כולהו תנאי פליגי אדר"ש בהא דהא מילתא דפשיטא דבכל דוכתי בין למעשר בין לשביעית אילן בתר חנטה ירק בתר לקיטה תבואה וזיתים בתר שליש ועוד קשיא דבפ' מקום שנהגו (פסחים נג:) קאמר רבי שמעון גופיה כל הספיחים אסורין חוץ מספיחי כרוב שמעמידה רב נסים גאון בשל שביעית היוצאים בשמינית ונראה הני מילי לענין שאר דיני שביעית חוץ מלענין ביעור ועוד נראה דלא איירי הכא אלא באתרוג דוקא ושמא שום טעם יש ומיתוקמא שפיר השתא כרבי שמעון היא דבנות שוח שביעית שלהן שניה (שביעית פ"ה מ"א):

ורבותינו

עין משפט נר מצוה

נתי' איט רשי"א

עט א מיי' פ"א מהל' מ"ש הלכה ו ופ"ד מהל' שמיטה הלכה יב:

פ ב מיי' שם הל"ט:

מסורת הש"ס

[סוכה מ. תוספתא שביעית סוף פ"ג]

הגהות הב"ח

(א) תוס' ד"ה יד הכל כו' לא הוה צריך לטעם זה. נ"ב פי' דבששית הנכנס לשביעית דפטורה מן המעשר[דאזלי' בתר לקיטה] ופטורה מן הביעור דאזלי' בתר חנטה ובשביעית הנכנס לשמיני' חייבת בביעור דאזלינן בתר חנטה ואע"ג דנלקט בשמיני' כיון דהפקרא דמלכא הוא דאזלינן בתר חנטה לביעור פטור מן המעשר:

רבינו חננאל

מ"ש התם*) בהוויה דתנן ולירקות דקתני ואם היתה שניה נכנסת לשלישית ומ"ש הכא גבי אתרוג דקתני אם היתה שלישית נכנסה לרביעית כו' ופשוטה היא. פי' שבט דחדשים הוא מנין ימות הלבנה שנ"ד ימים לי"ב חדש שבט דתקופה לחשבון חמה והם שס"ה ימים לי"ב חדש. ושבט של חמה נקרא צוארום בלשון יון פעמים שבאים ט"ו של שבט**) שנת הלבנה ביותר מחציו ומרובו של שבט שנת החמה. ופשטנה. שבט של חדשי הלבנה ואפילו אם היא שנה מעוברת ר"ה שלו שבט דבתר רוב שנים אזלינן. אמר רבה אתרוג בת ששית שנכנסת בשביעית פטור מן המעשר בתר לקיטה אזלינן לענין מעשר מפני יד הכל ממשמשין בה. והפקר פטור מן המעשר ופטורה מן הביעור דאזלינן בתר חנטה. והא בת ששית היא מיקל במעשר ובביעור. ובת שביעית שנכנסת לשמינית חייבת בביעור ופטורה מן המעשר ואוקימנא לחומרא. ורב המנונא אמר בת ששית שנכנסת לשביעית לעולם ששית. פי' שחייבת במעשר. ובת שביעית שנכנסת לשמינית לעולם שביעית ואותבינן הא דתני ר"ש בן יהודה משום ר"ש אתרוג בת ששית שנכנסת לשביעי' פטורה מן המעשר ומן הביעור. שאין דבר חייב במעשר אלא הגדל והנלקט בחיוב ובת שביעית שנכנסת לשמינית פטורה מן המעשר ומן הביעור שאין לך דבר שחייב בביעור אלא הגדל והנלקט בפטור. [סיפא] קשיא לרבה ולרב המנונ' דאמר לעולם בתר חנטה אזלינן קשיא ליה רישא וסיפא. רישא קתני אתרוג בת ששית שנכנסת בשביעית פטור מן המעשר הנה בתר לקיטה [אזלינן] שאין לך נלקט בשביעית וחייב במעשר. וסיפא נמי דקתני בת שביעית שנכנסת לשמינית פטור מן הביעור גם זו בתר לקיטה אזלינן שאין לך נלקט בשמינית וחייבת בביעור. ולא מצא פירוק. סיפא קשיא לרבה דאמר בת שביעית שנכנסת לשמינית חייבת בביעור [דאזלינן] אחר חנטה ומתניתא תני פטורה מן הביעור קשיא ליה. ופריק רבה תנאי היא. דתניא א"ר יוסי אבטולמוס העיד משום ה' זקנים [אתרוג] אחר לקיטתו למעשר ואחר חנטה לשביעית כרבה. ורבותינו שנמנו באושא חלקו בזה ופשוטה היא:

*) נראה דצ"ל מ"ש התם בברייתא דתני לעיל גבי ירקות דקתני וכו'. **) לכאורה צ"ל להיפך פעמים שבאים ט"ו של שבט שנת החמה ביותר וכו' של שבט של שנת הלבנה וצ"ע.

פא א מיי' פ"א מהל' מ"ש הל' ו ופ"ד מהל' שמיטין הלכה יב טוש"ע י"ד סי' שלא סעיף קכו:

פב ב מיי' פ"א מהל' מ"ש הלכה ב טוש"ע שם סעיף קכה:

פג ג מיי' שם הלכה ג:

פד ד מיי' פ"ד מהל' שמיטין הלכה טו:

חסורי מיחסרא והכי קתני אתרוג אחר לקיטתו למעשר ואחר חנטה לשביעית ורבותינו נמנו באושא (א) אחר לקיטתו בין למעשר בין לשביעית איתמר רבי יוחנן וריש לקיש אמרי תרוייהו אתרוג בת ששית שנכנסה לשביעית לעולם ששית כי אתא רבין אמר רבי יוחנן אתרוג בת ששית שנכנסה לשביעית אפילו כזית ונעשית ככר חייבין עליה משום טבל ת"ר אילן שחנטו פירותיו קודם ט"ו בשבט מתעשר לשנה שעברה אחר ט"ו בשבט מתעשר לשנה הבאה אמר רבי נחמיה בד"א באילן שעושה שתי בריכות בשנה שתי בריכות ס"ד אלא אימא כעין שתי בריכות אבל אילן העושה בריכה אחת כגון דקלים וזיתים וחרובין אע"פ שחנטו פירותיהן קודם ט"ו בשבט מתעשרין לשנה הבאה אמר רבי יוחנן נהגו העם בחרובין כרבי נחמיה איתיביה ריש לקיש לרבי יוחנן *בנות שוח שביעית שלהן שניה מפני שעושות לשלש השנים אישתיק א"ל ר' אבא הכהן לרבי יוסי הכהן אמאי אישתיק לימא ליה אמינא לך אנא רבי נחמיה ואת אמרת לי רבנן משום דא"ל שבקת רבנן ועבדת כרבי נחמיה ולימא ליה קאמינא לך נהגו ואת אמרת לי איסורא דא"ל במקום איסורא כי נהגו שבקינן (*ליה) ולימא ליה כי אמינא לך אנא מעשר חרובין דרבנן ואת אמרת לי שביעית דאורייתא אלא אמר רבי אבא הכהן תמיהני אם השיבה ריש לקיש לתשובה זו אם השיבה הא אותבה אלא אימא אם קיבלה רבי יוחנן אם לא קיבלה:

מתני'

רש"י

חסורי מיחסרא והכי קתני א"ר יוסי אבטולמוס העיד משום חמשה זקנים אתרוג אחר לקיטה למעשר אחר חנטה לשביעית ורבותינו נמנו באושא וגמרו אתרוג אחר לקיטה בין למעשר בין לשביעית · והכי פירושה אתרוג אחר לקיטה למעשר לענין חדש וישן ולענין שניה נכנסת לשלישית או שלישית לרביעית ואחר חנטה לשביעית בין להפקר בין לביעור כשאר אילנות ובת שביעית הנכנסת לשמינית הפקרה הוא פוטרה מן המעשר דאילו לענין מעשר בשאר שני שבוע אזול ביה רבנן בתר לקיטה לגבי חדש וישן ומעשר שני ומעשר עני משום דדרכו ליגדל על כל מים כירק והכי מפרש בשמעתא קמייתא דקדושין (דף ג.) אבל לשאר דבריו שוה לאילן בתר חנטה ורבה ורב המנונא סבירא להו כאבטולמוס דאמר בתר חנטה לשביעית הלכך בת שביעית שנכנסת לשמינית חייבת בביעור ובת ששית הנכנסת לשביעית פטורה מן הביעור דאזיל בתר חנטה ומיפלג פליגי רבה ורב המנונא במילתיה דאבטולמוס בהא רב המנונא סבר כיון דפטורה מן הביעור חייבת במעשר דלאו הפקרא דמלכא היא ורבה סבר סוף סוף יד הכל ממשמשין ומודה אבטולמוס דפטורה מן המעשר: לעולם ששית · חייבת במעשר ופטורה מן הביעור: אפילו כזית · אפילו לא גדלה בששית אלא מעט ורובה גדלה בשביעית עד שנעשית ככר חייבת משום טבל דבתר חנטה אזלינן: שתי בריכות ס"ד · אין לשון זה נופל אלא בעופות כדתנן (ב"ב דף פ.) הלוקח פירות שובך מפריח הבריכה ראשונה: כעין שתי בריכות · שאין פירותיו נגמרין כאחת כגון תאנים כדאמרן (לעיל דף יג:) גבי קטניות מתוך שעשוין פרכין: אבל אילן · שפירותיו נלקטין כאחד בתר לקיטה אזלינן בהו: בנות שוח · מפרש במסכת ע"ז (דף יד.) תאיני חיורתא: שביעית שלהן שניה · שביעית שלהן נוהגת בשנה שניה של שמטה כדמפרש טעמא: מפני שעושות לשלש שנים · פירות החונטים בה בשביעית אין נגמרין עד שנה שניה של שמטה ואנן בתר חנטה אזלינן ונהגא בהו שביעית: ואת אמרת לי איסורא · דאסור למיזל בהו בתר לקיטה אלא נמי מודינא דאסור אלא נהגו כך: שבקינן להו · בתמיה: אם קיבלה · והאי דאישתיק משום דלא ידע להשיב אם לא קיבלה והאי דאישתיק משום דלא איכפת ליה דלא דמי מעשר פירות האילן דרבנן לאחמורי ביה כשביעית דאורייתא:

מתני'

תוספות

ורבותינו נמנו באושא · אית דגרסי אתרוג אחר חנטה בין למעשר בין לשביעית דסברי לה השתא כר"א דלעיל (דף יד:) ולא נראה דבהדיא מוכח בפ' לולב הגזול (סוכה דף מ:) דגרסינן אחר לקיטה וג' מחלוקת בדבר: שתי בריכות ס"ד · דלא שייך לשון בריכה *באלו אלא ביונים כדפי' בקונטרס כדתנן בפרק המוכר את הספינה (ב"ב דף פ.) הלוקח פירות שובך מפריח בריכה ראשונה ואין לפרש דפריך משום דאין אילן טוען שתי פעמים בשנה דהא אשכחן דיופירא ברים עושין פסין (עירובין דף יח.) ומיהו י"ל משום דקשיא ליה דכיון דלא שכיח אין לנו לחלק מדרבנן: כגון הדקלים והזיתים · בחנם נקט זיתים דמודה בהו ת"ק דתבואה וזיתים אחר שליש ולא אחר חנטה: נהגו העם בחרובין כרבי נחמיה · לאו דוקא נקט חרובים דהוא הדין דקלים וזיתים וכל אילנות *העשויות בריכה אחת בשנה מדפריך ליה ריש לקיש מבנות שוח וא"ת והא בנות שוח מפרש בפרק כיצד מברכין (ברכות דף מ:) תאיני חיורתא ובריש כלל גדול (שבת דף סח. ושם) אמרינן לקיטתו כאחד למעוטי תאנה ואע"פ שיש לחלק בין סתם תאנים לתאיני חיורתא הא בפ"ק דפאה (מ"ה) חשיב אילנות שלקיטתן כאחד ולא חשיב בנות שוח ושמא תנא ושייר: בנות שוח · בפרק כיצד מברכין (ברכות דף מ:) אמר רבה בר בר חנה תאיני חיורתא ופרי גרוע הוא כדמשמע בריש מסכת דמאי דלא נחשדו עליהם עמי הארץ דתנן הקלין שבדמאי השיתין הרימין והעוזרדין ובנות שוח וכן משמע בפ"ק דע"ז (דף יד. ושם) דאמרינן גבי שביעית הוסיפו עליהן מוכססין ובנות שוח אבל מעיקרא לא נהגו בהם שביעית שלא היה חשוב בעיניהם וקשיא דבפ"ק דשבועות (דף יב: ושם) משמע שהוא פרי חשוב גבי מותרות קיץ למזבח כבנות (*שבע) לאדם כל שאוכלין אותו בקיעת סעודה והיינו בנות שוח דאמרינן בבראשית רבה גבי עץ שאכל אדם הראשון דקרו ליה בנות שוח לפי שגרמו שוחה לאדם ואיכא דקרו ליה בנות שבע לפי שגרמו שבעת ימי אבילות ובפרק ארבעה נדרים (נדרים כז.) גבי נודר מן הכלכלה והיו בהן בנות (*שבע) ואמר אלו הייתי יודע שבנות (ב) (*שבע) בתוכה משמע נמי דפרי טוב הוא ולרבי יוחנן דפטר בירושלמי בריש דמאי אפילו בודאי ומאי דמתניתין לאו דוקא לפי שרוב מינין (ג) אינם באין אלא מן ההפקר הוה מצי למימר דפרי הוא הגדל ביערים שהוא מקום הפקר ופטור מן המעשר אע"פ שהוא טוב כעין אגוזים קטנים שלנו וכגון ערמונים והא דלא נהגו ביה שביעית מעיקרא לאו משום גריעותא הוא אלא משום דעושות לשלש שנים כדאמרינן הכא והוו סברי דלא אזלינן בהו בתר חנטה *אלא בתר לקיטה כיון דעיקרן אינם נגמרין בשנה שחונטים בה אבל לריש לקיש דירושלמי דמחייב בודאי ופטרי בדמאי לפי שלא נחשדו משמע משום גריעותא הוא ושיטתיה דהש"ס כוותיה בפ' כ"מ (ברכות מ:) דאמרינן דמאי הוא דלא בעי עשורי הא ודאי בעי עשורי ועוד קשיא דהתם ובפ"ק דע"ז (דף יד.) תאיני חיורתא קרי ליה ובפ' ארבעה נדרים (דף כז.) אמרי' דאין זה לא תאנים שחורות ולא תאנים לבנות וצריך לומר דשלשה מיני תאנים הן שחורות ולבנות הן סתם תאנים ובנות שוח הם תאנים רעות כגון הנך דדמאי ובפ"ק דע"ז וקראום בנות שוח לפי שתולין הקלקלה במקולקל אבל בנות שבע דשבועות ונדרים הן (ד) חשובות שגרמו שבעת ימי אבילות ומסתמא מן הטובות אכל שנאמר (בראשית ג) ונחמד העץ להשכיל ואית דגרסי בפ"ק דע"ז מוכססין בנות שוח בלא וי"ו שהוא פרי אחד שכך שמו כדמוכח בפ"ק דבכורות (דף ח: ושם) דאמרי' הזהב והארי והדוב והנמר והברדלס לשלש שנים וכנגדו באילנות בנות שוח נחש לשבע שנים ולאותו רשע לא מצי חבר ויש אומרים כנגדו *מוכססין בנות שוח ופי' שם בקונטרס מוכססין של בנות שוח ולא בנות שוח ממש ועוד י"ל דמשמע נטיעת האילן של בנות שוח אין טוען פירות עד שבע שנים והכי מייתי לה גבי נחש וכי האי גוונא קאמר התם אפעה לשבעים שנה וכנגדו באילן חרוב וחרוב זה משעת נטיעתו עד שעת גמר פירותיו שבעים שנה אבל גבי זהב וארי דלשלש שנים היינו משעת חניטתו עד גמר פרי כדאמרינן הכא: שבקת רבנן ועבדת כרבי נחמיה · עדיפא מיניה הוה ליה לאקשויי דרבי יוחנן אית ליה *הלכה כסתם משנה: משום דאמר ליה שבקת רבנן ועבדת כרבי נחמיה · נראה לי כך פי' לכן לא א"ל הכי כדקאמרת דאי הוה א"ל הכי הוה משיב לו ריש לקיש וכי שבקינן רבנן ונעביד כרבי נחמיה דלא אמרת כרבי נחמיה קאמינא לך: וכי נהגו שבקינן להו · בתמיה דלשון נהגו משמע בפרק בתרא דתענית (דף כו:) דאי עביד לא מהדרינא והכא כיון דליכא אסורא דהלכה כרבנן אית לן לאהדורי ובריש ערבי פסחים (דף קג.) גבי הא דאמר רבי יוחנן נהגו העם כב"ה ואליבא דרבי יהודה משמע קצת דלכתחילה עבדי הכי מדמברך רבא אבשמים ברישא והדר אמאור ובכל ענין מתיישב כאן ומכאן סותרים מה שפירש רש"י בפ"ק דפסחים (דף נ:) אסורים בעשיית מלאכה במקום שנהגו דכיון דתני אסורין לא תלינן במנהגא [וע"ע תוספות ברכות נב: ד"ה נהגו ותוס' פסחים קג. ד"ה ואמר]:

בפסח

רבינו חננאל

ת"ר אילן שחנטו פירותיו קודם ט"ו בשבט מתעשרין לשנה שעברה. ושחנטו אחר ט"ו בשבט מתעשרין בשנת(שעברה)[הבאה]. א"ר נחמיה בד"א באילן העושה ב' בריכות בשנה פי' ב' בריכות דיופרין אילן שטוענין ב' פירות בשנה כגון תאנה שעושה פירות בקיץ ובחורף. אבל אילן העושה בריכה אחת כגון הדקלין והזיתים והחרובין אע"פ שחנטו פירותיהן קודם ט"ו בשבט מתעשרין לשנה הבאה. וקיי"ל כרב המנונא. דר"י ור"ש בן לקיש קיימינן*) א"ר יוחנן כוותיה נהגו העם בחרובין כר' נחמיה אע"ג דחנטו קודם ט"ו בשבט מתעשרין לשנה הבאה. איתיביה רשב"ל לר' יוחנן הא דתנן בשביעית בתחלת פ"ה בנות שוח שביעית שלהן שניה שעושות לג' שנים ע"ש שעשו בשביעית יהו שביעית. כלומר הנה בנות שוח שחנטו קודם ט"ו בשבט ותונטין עוד אחר ט"ו בשבט בכל השנה ומה שחנטו בשנת השמטה אחר ט"ו בשבט נוהגין בהן דין שביעית בשנה השניה של שבוע שמתאחרין בנות שוח הללו באילן ג' שנים. אבל מה שחנטו קודם ט"ו בשבט בשביעית מן הששית הן חשובין ומותרין בשנה הראשונה של שבוע. הנה בנות שוח אינם כגון ב' בריכות בשנה לפי שאין עושין אלא בריכה אחת בכל שנה ושנה. והנה מה שחנטו קודם ט"ו בשבט חשובין משנה ששית. ושחנטו אחר ט"ו בשבט חשובין משנה השביעית ומתבערין בשנה השניה של שבוע שהיא שנה שלישית לחנטתו. והיאך א"ר יוחנן כו' כי החרובין מפני שעושין בריכה אחת בשנה. בין מה שחנטו קודם ט"ו בין אח"כ מתעשרין לשנה הבאה אשתיק כו': ירושלמי (פ"ב דשביעית) א"ר אבא בר כהנא ותמיהני איך מותיב רשב"ל ומקבל ר' יוחנן מיניה ושתיק ליה ויתיבניה אנא אמינא חרובין ואת אמרת בנות שוח. אנא אמינא מנהג ואת אמרת הלכה. אנא אמינא ר' נחמיה ואת אמרת רבנן. פי' בנות שוח הללו תאנים לבנות הן כדאמרינן (בע"ז יד) בענין דברים האסורים למכור לנכרים בנות שוח בפטוטרותיהן. ואמרי' (בגמ') אמר רבה בר בר חנה תאיני חוורתא והן בנות שוח' בנות שבע וכלונסין כולן מיני תאנים וכבר פירשנום במס' ע"ז. וכן דרך בנות שוח הללו שחונטין בשנה הראשונה הן פגין ובשניה בוחל ובשלישית נגמרין והן צמל ובכל שנה הן חונטין. וכך סידורן. מה שחונטין בשנה הראשונה של שבוע נגמרין בשלישית. ומה שחנטו בשניה נגמרין ברביעית. ומה שחנטו בשלישית נגמרין בחמישית. ונוהגין בהן מעשר עני. דקיי"ל אילן בתר חנטה. ואילו שנגמרו בחמישית בשלישית חנטו לפיכך הן פירות שלישית ושחנטו ברביעית נגמרין בששית ושחנטו בחמישית שנגמרין בשנה של שמטה מותרין הן כי פירות חמישית הן. ושחנטו בששית נגמרו בשמינית ונוהגין בהן מעשר עני. ושחנטו בשנת השמטה בשביעית נגמרין בשנה התשיעית שהיא שניה של שבוע הנכנס. ונוהגין בהן דין שביעית ומתבערין. כי בשביעית היתה חניטתן. וכך דרך סידורן לעולם. כל הפירות של בנות שוח שחונטין בשביעית נוהגין בהן דין שביעית בשנה השניה של שבוע והיא שנת גמירת הפרי הנחנט בשביעית עצמה. נמצאו בכל שנה ג' מיני פירות בזה האילן מקצתן צמל והן שחנטו מקודם לכן בשנתים. ומקצתן בוחל והן שחנטו מדאשתקד ומקצתן פגין והן בזו השנה. וכענין שפירשנו הן מפורשין בתלמוד א"י בגמרא דהא מתניתא מהו בנות שוח פיטיראה. פי' פיטיריאה בלשון יון. ואמרו מין תאנים כאשר אמרנו. מה בכל שנה הן עושות או אחת לשלש שנים. ופירשו בכל שנה עושות אלא אין פירותיהן נגמרין אלא עד ג' שנים. כיצד יודע. איך יודעות פירות של כל שנה ושנה. ר' יונה אומר קושרין בחוט. פי' אלו בחוט לבן ואלו בחוט אדום ואלו בחוט שחור. תני(נמטא)[שמואל] תוחב בהן קסמין גם זה כענין הראשון כולי. תני רשב"א מהוצאת העלין עד חנטת הפגין נ' יום. ומן הפגין עד השיתין הנובלות נ' יום. ומן השיתין עד התאנים נ' יום. ליקט תאנה ואינו יודע מתי חנטה. א"ר יונה מונה ק' יום למפרע. אם חל בתוכן ט"ו בשבט הוא יודע מתי חנטה. א"ל והוא עמי בסבריא ועושות לשנה אחת א' להן והרי עמכם בציפורי ועושות לג' **) שנים כו'. פי' מעשר חרובין דרבנן.

*) מלות, וקי"ל כר"ה דר"י ורשב"ל קיימינן כוותיה' שייכים למעלה בראש העמוד וכאן צ"ל א"ר יוחנן נהגו. **) בירו' שם בפ"ב דשביעית סוף הלכה א' וכן בתוספתא שם רפ"ד איתא וכן עושות לשתי שנים ·

הגהות הב"ח

(א) גמ' ורבותינו נמנו באושא וגמרו אחר לקיטתו: (ב) תוס' ד"ה בנות שוח כו' שבנות שבע בתוכה לא הייתי נודר משמע כמי דפירי: (ג) בא"ד לפי שרוב מינין שלנו אינם באין: (ד) בא"ד דשבועות ונדרים הן טובות בעצמן:

צ"ל באילן · אולי צ"ל העושות · שביעית מ"א · צ"ל לחוד

[כשבועות א' שוח וכ"ל שם בתוס' ד"ה כבנות שוח וכו'] · [בכל הסוגיא דשם דף שוח וע"ש בפירוש הרא"ש] · אולי צ"ל ולא בתר וכו' וכן בתוס' ע"ז יד. ד"ה בנות שוח · לפנינו בבריתא מוכססין לחוד וכן פי' גירסת רש"י שם · [שבת מז. וכשאר דוכתי סוגיא]

to be mentioned here?—[15b] There is an omission in the statement, which should read as follows: '[Abtolmus testified that] a citron tree is determined by its plucking for purposes of tithe and by its blossoming for purposes of the Sabbatical year.[3] Our teachers, however, took a vote in Usha and decided that it is determined by its plucking for purposes both of tithe and of Sabbatical year'.

It has been stated: R. Johanan and Resh Lakish both lay down that a citron tree which blossoms in the sixth year and ripens in the seventh year is always reckoned as belonging to the sixth year.[4] When Rabin came [from Palestine], he said in the name of R. Johanan: A citron which blossomed in the sixth year and ripened in the seventh, even though [at the beginning of the seventh] it was no bigger than an olive and it subsequently became as big as a loaf, can render one guilty of breaking the rule of *tebel*.[5]

Our Rabbis taught: If the fruit of a tree blossoms before the fifteenth of Shebat, it is tithed for the outgoing year; if after the fifteenth of Shebat, it is tithed for the incoming year. R. Nehemiah said: This rule applies only to trees which produce two broods in a year.[6] (Two broods,[7] do you say?—He should say, *as it were*
a two broods).[1] Trees, however, which produce only one brood, like date trees, carob trees and olive trees, even though they blossom before the fifteenth of Shebat are tithed for the incoming year.

R. Johanan said: In regard to carob trees, it has become the general custom to follow the rule of R. Nehemiah. Resh Lakish sought to confute R. Johanan from the following: 'As regards wild fig-trees, their seventh year is the second year [of the Septennate], because [after blossoming] their fruit takes three years to grow'.[2]—He made no answer.[3] Said R. Abba the priest to R. Jose: Why did he make no answer? He could have said to him, I give the view of R. Nehemiah, and you bring against me the view of the Rabbis!—[He could not have answered him thus], because Resh Lakish could have retorted: Do you abandon the Rabbis and follow R. Nehemiah?—But he could have said to him, I speak to you of the general custom, and you speak to me of a prohibition?[4]—[He could not answer thus], because he could have said to him: Where a prohibition applies, even if there is a general custom, do we allow it?—But he could have said to him: I speak to you of the tithe of carobs, which is Rabbinical, and you speak to me of the Sabbatical year, which is Pentateuchal!—The truth is, said R. Abba the priest, I wonder whether Resh Lakish put this question. Whether he put this question? But we are distinctly told that he did so!—What R. Abba should say is, whether he [R. Johanan] admitted the difficulty or not.[5]

(3) And this is the view taken by Rabbah and R. Hamnunah in respect of the law of clearance. [For the purposes of tithes, however, Rabbah is of the opinion that although Abtolmus makes the plucking the decisive factor, he would nevertheless exempt from tithe a citron tree which blossomed in the sixth year and ripened in the seventh, for the reason that it is handled by everybody (Rashi)]. (4) Whether for purposes of the Sabbatical year or tithes. (5) V. Glos. If it was consumed before tithe was given for it, R. Johanan being of the opinion that we go by the blossoming. (6) R. Nehemiah's statement is here interrupted while the use of the strange word 'broods' is explained. (7) Heb. בריכות, a word strictly applicable only to broods of birds.

a (1) I.e., their fruit is not all gathered at one time; e.g., figs; cf. *supra* 13b, the rule in the case of beans. (2) Sheb. V, 1. Which would show that the blossoming is the determining factor in all trees, even those which are all plucked at one time. (3) Lit., 'he was silenced'. (4) The prohibition to determine the year by the plucking. (5) I.e., whether his silence was due to the fact that he had no answer, or to the fact that he thought it obvious that tithe of carobs, which is Rabbinical, could not be put on the same footing as produce of the Sabbatical year which is Pentateuchal.

[16a] *MISHNAH*. AT FOUR SEASONS [DIVINE] JUDGMENT IS PASSED ON THE WORLD:[6] AT PASSOVER IN RESPECT OF PRODUCE; AT PENTECOST IN RESPECT OF FRUIT; AT NEW YEAR ALL CREATURES PASS BEFORE HIM [GOD] LIKE CHIL-
a DREN OF MARON,[1] AS IT SAYS, 'HE THAT FASHIONETH THE HEART OF THEM ALL, THAT CONSIDERETH ALL THEIR DOINGS';[2] AND ON TABERNACLES JUDGMENT IS PASSED IN RESPECT OF RAIN.

GEMARA. Which produce is referred to? Shall I say, the produce which is already grown?[3] If so, then when were the hardships decreed which it has already suffered? It must be then the produce which is to be sown later.[4] You assume then that only one judgment is passed. But it has been taught: 'If some calamity or misfortune[5] happens to produce before Passover, it is in virtue of a judgment passed on the previous Passover, if after Passover, of a judgment passed at the Passover which has just gone.[6] If a calamity or misfortune happens to a man before the Day of Atonement, it is in virtue of a judgment passed on the last Day of Atonement, if just after the Day of Atonement, of a judgment passed on the one just gone'!—Raba replied: This shows that two judgments are passed on the produce.[7] Abaye remarked: Therefore if a man sees that the slow-maturing seed[8] is doing well he should sow the quick-maturing seed[9] in good time, so that it may be well grown before the time comes to judge it.[10]

Our Mishnah seems to agree neither with R. Meir nor with R. Judah nor with R. Jose nor with R. Nathan. For it has been
b taught: 'All are judged[1] on New Year and their doom is sealed on the Day or Atonement. So R. Meir. R. Judah says: All are judged on New Year and the separate dooms are sealed each in its time—on Passover in respect of produce, on Pentecost in respect of fruit, on Tabernacles judgment is passed in respect of rain, and man is judged on New Year and his doom is sealed on the Day of Atonement. R. Jose says: Man is judged every day, as it says, *And thou dost visit him every morning*.[2] R. Nathan says: Man is judged every moment, as it says, *Thou dost try him every moment*'.[3] Should you maintain that it is after all in accordance with Rabbi Judah, [the seasons] mentioned in our Mishnah referring to the final doom, we may retort that if so there is a difficulty with the case of man![4]—Raba replied: This Tanna [of our Mishnah] follows the Tanna of the school of R. Ishmael, since it has been taught in the school of R. Ishmael: 'At four seasons judgment is passed on the world, on Passover in respect of produce, on Pentecost in respect of fruit, on Tabernacles judgment is passed in respect of rain, and man is judged on New Year and his doom is sealed on the Day of Atonement'. The statements of the Mishnah must then be taken to refer to the preliminary judgment.

R. Hisda said: What is the reason of R. Jose?—[How can you ask this?] Surely it is as he has stated, [viz., the text], '*And thou dost visit him every morning*'!—What we mean is this: What is his reason for not taking the same view as R. Nathan?—'Trying' merely means scrutinizing. But 'visiting' also merely means scrutinizing? The truth is, said R. Hisda, that R. Jose's reason is to be found in this text: *To do the judgment of his servant and the judgment of his people Israel, as every day shall require*.[5]

R. Hisda further said: If a king and a people present themselves together, the king stands his trial first, as it says, *To do the judgment of his servant and the judgment of his people Israel*.[5] What is the reason?—If you like, I can say, because it is not proper that a king should remain outside, or if you like I can say, [so that he
c may be judged] before the [divine] anger waxes hot.[1]

R. Joseph said: Whose authority do we follow nowadays in praying [daily] for the sick and for the ailing?[2]—Whose authority? That of R. Jose.[3] Or if you like I can say that it is after all that of the Rabbis,[4] but that at the same time we follow the counsel of R. Isaac. For R. Isaac said: Supplication[5] is good for a man whether before the doom is pronounced or after it is pronounced.[6]

It has been taught: R. Judah said in the name of R. Akiba: Why did the Torah enjoin on us to offer an *'Omer* on Passover? Because Passover is the season of produce. Therefore the Holy One, blessed be He, said, Bring before Me an *'Omer* on Passover so that your produce in the fields may be blessed.[7] Why did the Torah enjoin on us to bring two leaves on Pentecost? Because Pentecost is the season for fruit of the tree. Therefore the Holy One, blessed be He, said: Bring before Me two loaves on Pentecost so that the fruit of your trees may be blessed.[8] Why did the Torah enjoin on us to pour out water on Tabernacles?[9] The Holy One, blessed be He, said, Pour out water before Me on Tabernacles, so that your rains this year may be blessed. Also recite before Me on New Year [texts making mention of] kingship, remembrance, and the *shofar*—kingship, so that you may proclaim Me king over you; remembrance, so that your remembrance may rise favourably before Me; and through what? Through the *shofar*.[10]

R. Abbahu said: Why do we blow on a ram's horn? The Holy One, blessed be He, said: Sound before Me a ram's horn so that I may remember on your behalf the binding of Isaac the son of
d Abraham,[1] and account it to you as if you had bound yourselves before Me.

R. Isaac said: Why do we sound the horn on New Year?—[You ask], why do we sound? The All-Merciful has told us to sound![2] —What he means is, why do we sound a *teru'ah?*[3] [You ask] why do we sound a *teru'ah?* The All-Merciful has proclaimed '*a memorial of teru'ah!*[4]—What he means is, why do we sound a *teki'ah* and

(6) In accordance with its actions during the preceding year. By the 'world' here is probably meant only the people of Israel.

a (1) The general sense of this obscure expression is 'one by one', 'in single file'. Its precise meaning is discussed in the Gemara *infra* p. 18a q.v. (2) Ps. XXXIII, 15. (3) Having been sown in the previous autumn. (4) In the coming autumn. (5) קרי או אונס. The former by an 'act of God', the latter by an 'act of man', *Aruch*. (6) Lit., 'to come'. I.e., the Passover after which it had been sown. (7) I.e., the same produce is judged in two years. (8) Wheat and cummin, which are sown in October. (9) Barley, which is sown in January or February. (10) At the next Passover, and meanwhile it profits from the favourable judgment of the preceding Passover.

b (1) This means apparently, 'all judgments are passed'. (2) Job VII, 18. (3) Ibid. Tosef. R.H. I. (4) Whose judgment according to the Mishnah is on New Year. (5) I Kings VIII, 59.

c (1) Cf. *supra* 8b. (2) V. *P.B.* p. 47. (3) Who holds that man is judged daily; v. Ned. 49a. (4) I.e., our Mishnah. (5) Lit., 'crying'. (6) So that daily prayer for the sick is of some effect though judgment has already been pronounced on New Year. (7) Passover being the season when judgment is pronounced on the produce. (8) The connection between the loaves and fruit lies in the fact that firstfruits were not brought to the Temple before Pentecost. (9) The ceremony of water-pouring on Tabernacles (v. Suk. 48a) was derived by the Rabbis from hints in the Pentateuch, though it is not expressly mentioned there (V. Ta'an 2b-3a). (10) V. *infra* 34b.

d (1) Because eventually Abraham offered a ram in place of Isaac. (2) In the verse *Sound* (tik'u) *the horn on the New Moon, on the appointed day of our festival*. Ps. LXXXI, 4. (3) Because the word *tik'u* implies only the *teki'ah* sound. For *teru'ah* and *teki'ah* v. Glos. (4) Lev. XXIII, 24. E.V. '*a memorial proclaimed with the blast of horns*'.

מתני' בארבעה פרקים העולם נידון בפסח על התבואה *בעצרת על פירות האילן [א]בר"ה כל באי עולם עוברין לפניו כבני מרון שנאמר °היוצר יחד לבם המבין אל כל מעשיהם *ובחג נידונין על המים: גמ' הי תבואה אילימא הא תבואה דקיימא כל הני הרפתקי דעדו עלה אימת איתדון אלא תבואה דמזדרעא למימרא דחד דינא מתדנא והתניא תבואה שאירע בה *קרי או אונס קודם הפסח נידונית לשעבר לאחר הפסח נידונית להבא אדם שאירע בו קרי או אונס קודם יוה"כ נידון לשעבר לאחר יוה"כ נידון להבא אמר רבא ש"מ תרי דיני מתדנא(א) אמר אביי הלכך כי חזי איניש דמצלח זרעא אפלא ליקדים וליזרע חרפא דעד דמטי למדייניה קדים סליק מני מתני' לא ר"מ ולא ר' יהודה ולא ר' יוסי ולא ר' נתן דתניא *הכל נידונים בר"ה וגזר דין שלהם נחתם ביוה"כ דברי ר"מ ר' יהודה אומר הכל נידונין בר"ה וגזר דין שלהם נחתם כל אחד ואחד בזמנו בפסח על התבואה בעצרת על פירות האילן בחג נידונין על המים ואדם נידון בר"ה וגזר דין שלו נחתם ביוה"כ ר' יוסי אומר אדם נידון בכל יום שנאמר °ותפקדנו לבקרים רבי נתן אומר אדם נידון בכל שעה שנא' °לרגעים תבחננו וכי תימא לעולם ר' יהודה היא וכי קתני מתניתין אגזר דין אי הכי קשיא אדם אמר רבא האי תנא דבי ר' ישמעאל היא דתנא דבי ר' ישמעאל בארבעה פרקים העולם נידון בפסח על התבואה בעצרת על פירות האילן בחג נידונין על המים ואדם נידון בר"ה וגזר דין שלו נחתם ביוה"כ וכי קתני מתני' אתחלת דין אמר רב חסדא מ"ט דר' יוסי כדקאמר טעמיה ותפקדנו לבקרים אנן הכי קאמרינן מ"ט לא אמר כר' נתן בחינה עיוני בעלמא היא פקידה נמי עיוני בעלמא היא אלא א"ר חסדא טעמיה דר' יוסי מהכא °לעשות משפט עבדו ומשפט עמו ישראל דבר יום ביומו וא"ר חסדא *מלך וצבור מלך נכנס תחלה לדין שנאמר לעשות משפט עבדו (ב) ומשפט עמו ישראל מ"ט איבעית אימא לאו אורח ארעא למיתב מלכא אבראי ואיבעית אימא מקמי דליפוש חרון אף א"ר יוסף *כמאן מצלינן האידנא אקצירי ואמריעי כמאן כר' יוסי ואיבעית אימא לעולם כרבנן וכדר' יצחק דא"ר יצחק *יפה צעקה לאדם בין קודם גזר דין בין לאחר גזר דין תניא א"ר יהודה משום ר"ע *מפני מה אמרה תורה הביאו עומר בפסח מפני שהפסח זמן תבואה הוא אמר הקב"ה הביאו לפני עומר בפסח כדי שתתברך לכם תבואה שבשדות ומפני מה אמרה תורה הביאו שתי הלחם בעצרת מפני שעצרת זמן פירות האילן הוא אמר הקב"ה הביאו לפני שתי הלחם בעצרת כדי שיתברכו לכם פירות האילן ומפני מה אמרה תורה נסכו מים בחג א)אמר הקדוש ברוך הוא נסכו לפני מים בחג כדי שיתברכו לכם גשמי שנה *ואמרו לפני בראש השנה מלכיות זכרונות ושופרות מלכיות כדי שתמליכוני עליכם זכרונות כדי שיעלה זכרוניכם לפני לטובה ובמה בשופר אמר רבי אבהו ב)למה תוקעין בשופר של איל אמר הקדוש ברוך הוא תקעו לפני בשופר של איל כדי שאזכור לכם עקידת יצחק בן אברהם ומעלה אני עליכם כאילו עקדתם עצמכם לפני (*ואמר) רבי יצחק ג)למה תוקעין בר"ה למה תוקעין רחמנא אמר תקעו אלא למה מריעין מריעין רחמנא אמר זכרון תרועה ד)אלא למה תוקעין ומריעין כשהן יושבין ותוקעין

א) [גי' רי"ף ורא"ש מפני שהחג זמן גשמי שנה הוא אמר וכו'] . ב) עי' רי"ף ורא"ש שהיו לפניהם גרסאות אחרות .

זכרונות כדי שיעלה זכרוניכם לפני בטובה · ובמה בשופר וא"ר אבהו בשופר שאזכור לכם עקידת יצחק מעלה עליכם כאלו עקדתם עצמכם לפני א"ר יצחק למה תוקעין ומריעין

רש"י

מתני' בארבעה פרקים · בשנה העולם נידון כו' : כבני מרון · מפרש בגמ' : שנאמר היוצר יחד לבם וגו' · בגמ' מפרש ליה : גמ' אילימא הא תבואה דקיימא · השתא במחובר ומוכנת לקצור: הרפתקי · מקרות : דעדו עלה · שעברו עליה : דמזדרעא · שעתיד לזרוע במרחשון הבא : דחד דינא · פעם אחת : קרי · כגון ברד או שדפון (ג) : נידונית לשעבר · קודם שנזרעה דהיינו פסח של אשתקד : נידונת להבא · בפסח שאחר זריעתה : נידון לשעבר · וביוה"כ של אשתקד נגזר עליו : להבא · ביוה"כ שעבר עכשיו בקרוב וכן לשון משנה במסכת נדרים (דף ס.) קונם יין שאיני טועם חדש זה אסור בכל החדש כולו ור"ח להבא הוא ר"ח שעבר עתה בקרוב ומשום דקרי לההוא אשתקד שעבר קרי להאי דלקמיה להבא : (ד) תרי דיני מיתדנא · קודם זריעתה וסמוך לקציר : כי חזי איניש דמצלח זרעא אפלא · חטה וכוסמת שנזרעין במרחשון שאין ממהרין להתבשל : ליקדים וליזרע חרפא · השעורה ממהרת להתבשל וזורעים אותה בשבט ואדר דכיון דאפלא מצלח שמע מינה לטובה נידון בפסח שעבר לפיכך ימהר לזרוע (ה) בזריעה שניה : דעד דמטי למידייניה · בפסח הבא : קדים סליק · וגדל קצת ואינו ממהר שוב להתקלקל : וכי קתני מתניתין · ארבעה פרקים אגזר דין (ו): קשיא אדם · דתני מתני' בר"ה ורבי יהודה ביוה"כ אמר : וכי קתני מתניתין · ארבעה פרקים : אתחילת דין · אבל אגזר דין דאדם ביוה"כ : אנן הכי קאמרינן · הכי קשיא לן : כרבי נתן מ"ט לא אמר · משום דקסבר בחינה אין זה דין אלא בודק במעשיו הלכך בדידיה נמי תיקשי לך פקידה עיוני בעלמא הוא : אקצירי ואמריעי · מפרש במסכת נדרים (דף מט:) קצירי חולים מריעי ת"ח שהן תשושי כח : כר' יוסי · דאמר אדם נידון בכל יום ויתפלל שידונו אותו לזכות ולא יקנסוהו מיתה דאי כרבנן דאמרי אין נידון אלא בר"ה הרי כבר נקנסה עליו : שהפסח זמן תבואה הוא · זמן שהתבואה נידונת בו : שתי הלחם · ירצו על פירות האילן שהן מתירין להביא בכורים שאין מביאין בכורים קודם לעצרת דכתיב (שמות לד) בכורי קציר חטים ואני שמעתי דרבי יהודה לטעמיה דהא אזלא כמאן דאמר בסנהדרין (דף ע:) עץ שאכל אדם הראשון חטה היתה : כדי

תוספות

בפסח על התבואה · בפ' מי שמתו (ברכות דף יח:) גבי חסיד שהקניטתו אשתו ערב ר"ה משמע דבר"ה שמע שתי רוחות שמספרין זו את זו ששמעו מאחורי הפרגוד שכל הזורע ברביעה ראשונה ברד מלקה אותו ושמא בשמים בר"ה היו מזכירים דין הנגזר בפסח אי נמי כר' יהודה דאמר הכל נידונים בר"ה וגזר דין בפסח על התבואה:

שאירע בה קרי · מקרה לשון אולי יקרה (במדבר כג) אי נמי לשון קושי כמו אם תלכו עמי בקרי (ויקרא כו) :

כמאן מצלינן האידנא אקצירי ואמריעי כרבי יוסי · וא"ת לרבנן נמי מי לא מצלינן רפאנו וברכת השנים ועוד (ז) רבי יהודה דאמר הכא אדם נידון בר"ה וגזר דין שלו נחתם ביוה"כ הא אמר* בפ"ק דשבת (דף יב:) הנכנס לבקר החולה אומר המקום ירחם עליך ועל חולי עמו ישראל ואומר ר"ת דשלא יחלה ודאי לא מצלינן אלא לר' יוסי אבל שיתרפא מצלינן אליבא דכולי עלמא דמתי יחלו נגזר מתי יתרפאו לא נגזר ואמר בריש הנודר מן המבושל (נדרים דף מט.) אהך דרב יוסף קצירי קצירי ממש מריעי רבנן והשתא מצלינן אקצירי שיתרפאו (ח) ואמריעי היינו רבנן שלא יחלו (ט) ומה שמתפללין ברכת השנים היינו כדלקמן בפרקין (דף יז:) שאם פסקו גשמים מועטין שיורידם המקום בזמנן ועוד י"ל דתפלה דרבים שאני דגזר דינם נקרע כדלקמן (שם) והיא דשבת דר' יהודה נמי יש ליישב כהאי גוונא דדמיא לרבים דהוה מללי בהדיה על כל חולים :

בשופר של איל · בפרק ראוהו ב"ד (לקמן דף כו.) תנן דרבי יוסי מכשיר אף בשל פרה אבל קיימא לן כרבי יהודה דתוקעין בשל אילים כפופים כדפסקינן התם בגמרא (דף כו:) :

ותוקעים

רבינו חננאל

מתני' בד' פרקים העולם נידון בפסח על התבואה · פי' הרפתקי כגון רוחות ברקים וגשמין וכיוצא בהן שעברו עליהן מתי אתדון. למימר' דתבואה חד דינא מתדנא · והתניא תבואה שאירע בה קרי או אונס קודם הפסח נידונת לשעבר כו' · אמר רבא ש"מ תרי דיני מתדנא · מני מתניתין · ואוקימנא כתנא דבי שמואל דתני בד' פרקים העולם נידון בפסח על התבואה בעצרת על פירות האילן בחג על המים · ואדם בר"ה וגזר דינו נחתם ביוה"כ · וכי קתני מתני' אתחלת דין · אמר רב. יוסף כמאן מצלינן האידנא אקצירי ומריעי כל יומא כר' יוסי דאמר אדם נידון בכל יום איבעית אימא לעולם כרבנן וכר' יצחק דאמר יפה צעקה לאדם בין קודם גזר דין בין לאחר גזר דין : ירושלמי מלתא דרב אמר הכל נידונין בר"ה וגזר דין הכל נחתם בר"ה · דתני בתקיעתא דבי רב זה היום תחלת מעשיך וכו' ודלא כר' יוסי דאמר אדם נידון בכל שעה שנאמר [ותפקדנו לבקרים] לרגעים תבחננו · ותפקדנו לבקרים זו פרנסתו · לרגעים תבחננו זו אכילתו (גזר דין בין לאחר גזר דין) · תניא ר' יהודה אומר משום ר' עקיבא אמר הקב"ה הפסח הוא זמן תבואה הביאו לפני העומר כדי שתתברך לכם תבואה שבשדות וכן שתי הלחם בעצרת שהוא זמן פירות האילן וכן ניסוך המים בחג כדי שיתברכו גשמי השנה · וכן בר"ה אמרו מלכיות שתקבלו מלכותי

עין משפט נר מצוה

פה א מיי' פ"ג מהל' תשובה הל' ג :
פו ב סמג עשין מב טוא"ח סי' תקפו :
פז ג סמג שם טוא"ח סי' תקפה :

מסורת הש"ס

תענית ב: מגילה לא: · תענית ב: · [קרי בידי שמים כמו מקרה לילה ... בידי אדם ... ערך קרי] · [תוס' פ"א] · לעיל ח: ע"ז ג: · נדרים מט: [וסם איתא רבא] · [תוס' פ"א תוספ' סוכה פ"ג] · לקמן לד: · [נ"א אמר]

הגהות הב"ח

(א) גמ' מתדנא שתא אמר : (ב) שם עבדו והדר ומשפט : (ג) רש"י ד"ה קרי וכו' שדפון או אונס ע"י כגון חיילות הס"ד : (ד) ד"ה להבא כו' להבא הס"ד ואח"כ מה"ד ומתרץ הכא ש"מ תרי דיני מיתדנא מתני' קאי קודם זריעתה : (ה) ד"ה ליקדים וכו' ימהר לזרוע ברביעה שניה הס"ד : (ו) ד"ה קדים וכו' להתקלקל הס"ד ואח"כ מה"ד וכי קתני וכו' אגזר דין קתני דנידון משמע תחלת דין וגזר דין הוא סוף דין הס"ד : (ז) תוס' ד"ה כמאן וכו' וברכת השנים ועוד הא ר' יהודה : (ח) בא"ד מללינן אקצירי שיתרפאו · נ"ב פי' לדברי הכל : (ט) בא"ד שלא יחלו · נ"ב פי' לר' יוסי :

ותוקעין ומריעין כשהן עומדין כדי לערבב השטן וא"ר יצחק כל שנה שאין תוקעין לה בתחלתה מריעין לה בסופה מ"ט דלא איערבב שטן וא"ר יצחק כל שנה שרשה בתחלתה מתעשרת בסופה שנא' °מראשית השנה מרשית כתיב ועד אחרית *סופה שיש לה אחרית וא"ר יצחק אין דנין את האדם אלא לפי מעשיו של אותה שעה שנאמר °כי שמע אלהים אל קול הנער באשר הוא שם וא"ר יצחק *ג' דברים מזכירין עונותיו של אדם אלו הן קיר נטוי ועיון תפלה ומוסר דין על חבירו דא"ר (*אבין) *כל המוסר דין על חבירו הוא נענש תחלה שנאמר °ותאמר שרי אל אברם חמסי עליך וכתיב °ויבא אברהם לספוד לשרה ולבכותה °וא"ר יצחק ד' דברים מקרעין גזר דינו של אדם אלו הן צדקה צעקה שינוי השם ושינוי מעשה צדקה דכתיב °וצדקה תציל ממות צעקה דכתיב °ויצעקו אל ה' בצר להם וממצוקותיהם יוציאם שינוי השם דכתיב °שרי אשתך לא תקרא את שמה שרי כי שרה שמה *וכתיב וברכתי אותה וגם נתתי ממנה לך בן שינוי מעשה דכתיב °וירא האלהים את מעשיהם וכתיב °וינחם האלהים על הרעה אשר דבר לעשות להם ולא עשה וי"א אף שינוי מקום דכתיב °ויאמר ה' אל אברם לך לך מארצך והדר ואעשך לגוי גדול ואידך ההוא זכותא דא"י הוא דאהניא ליה *וא"ר יצחק חייב אדם להקביל פני רבו ברגל שנאמר °מדוע את הולכת אליו היום לא חדש ולא שבת מכלל דבחדש ושבת איבעי לה למיזל וא"ר יצחק חייב אדם לטהר את עצמו ברגל שנאמר °ובנבלתם לא תגעו תניא נמי הכי ובנבלתם לא תגעו יכול יהו ישראל מוזהרין על מגע נבילה תלמוד לומר °אמור אל הכהנים בני אהרן בני אהרן מוזהרין בני ישראל אין מוזהרין והלא דברים קל וחומר ומה טומאה חמורה כהנים מוזהרין ישראלים אינן מוזהרין טומאה קלה לא כל שכן אלא מה ת"ל ובנבלתם לא תגעו ברגל א"ר כרוספדאי א"ר יוחנן שלשה ספרים נפתחין בר"ה אחד של רשעים גמורין ואחד של צדיקים גמורין ואחד של בינוניים צדיקים גמורין נכתבין ונחתמין לאלתר לחיים רשעים גמורין נכתבין ונחתמין לאלתר למיתה בינוניים תלויין ועומדין מר"ה ועד יוה"כ זכו נכתבין לחיים לא זכו נכתבין למיתה א"ר אבין מאי קרא °ימחו מספר חיים ועם צדיקים אל יכתבו ימחו מספר זה ספרן של רשעים גמורין חיים זה ספרן של צדיקים ועם צדיקים אל יכתבו זה ספרן של בינוניים ר"נ בר יצחק אמר מהכא °ואם אין מחני נא מספרך אשר כתבת מחני נא זה ספרן של רשעים מספרך זה ספרן של צדיקים אשר כתבת זה ספרן של בינוניים *) תניא ב"ש אומרים ג' כתות הן ליום הדין אחת של צדיקים גמורין ואחת של רשעים גמורין ואחת של בינוניים צדיקים גמורין נכתבין ונחתמין לאלתר לחיי עולם רשעים גמורין נכתבין ונחתמין לאלתר לגיהנם שנאמר °ורבים מישני אדמת עפר יקיצו אלה לחיי עולם ואלה לחרפות לדראון עולם בינוניים יורדין לגיהנם ומצפצפין

*) [תוספתא דסנהדרין פי"ג]

רש"י

כדי לערבב · שלא ישטין כשישמע ישראל מחבבין את המצות מסתתמין דבריו: שרשה בתחלתה · שישראל עושין עצמן רשין בר"ה לדבר תחנונים ותפלה כענין שנאמר תחנונים ידבר רש (משלי יח): של אותה שעה · ואפי' הוא עתיד להרשיע לאחר זמן: שנאמר באשר הוא שם · ומלינו בבראשית רבה אמרו מלאכי השרת לפני הקב"ה רבש"ע מי שעתידין בניו להמית את בניך בצמא אתה מעלה לו באר שנא' (ישעיה כא) משא בערב וגו' לקראת צמא התיו מים שהיו מוליאין לקראת הגולים מיני מלוחים ונודות נפוחים וכו' כדאיתא התם אמר להם השתא צדיק הוא או רשע אמרו לו צדיק אמר להם באשר הוא שם איני דן את העולם אלא בשעתו: קיר נטוי · ועובר תחתיו מזכיר עונותיו שאומר כלום ראוי זה ליעשות לו נס ומתוך כך הוא נבדק: ועיון תפלה · סומך על תפלתו (א) שתהא נשמעת ומתאמן לכוין לבו: מוסר דין · כמו ישפוט ה' ביני וביניך (בראשית טז) אומרים כלום ראוי הוא שיענש חבירו על ידו: ויבא אברהם וגו' · הוא קבר אותה: שינוי מעשה · שב מרעתו: ובנבלתם לא תגעו · וברגל משתעי קרא כדמפרש ואזיל לקמיה בברייתא: של שה ספרים · ספרי זכרון של מעשה הבריות: ליום הדין · כשיחיו המתים: רשעים גמורים · רובם עונות: בינוניים · מחצה על מחצה: ומלפלפים

תוספות

ותוקעים ומריעין כשהן עומדין · תימה הא קעבר משום בל תוסיף וכי תימא כיון דבבר יצא הוה ליה שלא בזמנו דלא עבר הא אמרינן בסוף ראוהו ב"ד (לקמן דף כח: ושם) גבי ברכת כהנים דאין מוסיף ברכה אחת משלו משום דלא עבר עליה זימניה כיון דאילו מתרמי ליה צבורא אחריגא הדר מברך להו ה"נ אי מתרמי ליה צבורא הדר תקע להו וי"ל דאין שייך בל תוסיף בעשיית מצוה אחת ב' פעמים כגון כהן אם מברך וחוזר ומברך אותו צבור עצמו או נוטל לולב וחוזר ונוטל וכן תוקע וחוזר ותוקע וגבי מתנות בכור נמי אם נותן בקרן אחד ב' פעמים אין זה בל תוסיף: **כדי** לערבב את השטן · פירש בערוך* [כדאיתא] בירושל' בלע המות לנצח וכתיב והיה ביום ההוא יתקע בשופר גדול כד שמע קל שיפורא זימנא חדא בהיל ולא בהיל וכד שמע תניין אמר ודאי זהו שיפורא דיתקע בשופר גדול ומטא זימניה למתבלע ומתערבב ולית ליה פנאי למעבד קטגוריא: **שאין** תוקעין בתחלתה מפרש בהלכות גדולות לאו דמיקלע בשבתא אלא דאיתיליד אונסא: **שרשה** בתחלתה · שמתוך שישראלים רשים לבם נשבר ומרחמים עליהם מן השמים:

ועיון תפלה · אומר ר"ת עיון תפלה דהכא כי ההוא דגט פשוט (ב"ב דף קסד: ושם) דג' דברים אין אדם ניצול מהן בכל יום וקא חשיב עיון תפלה כלומר שאין מכוין לבו בתפלתו כדאמר בירושלמי דברכות פרק היה קורא* א"ר חייא רבא מן יומא לא כוונית אלא חד זמן בעית מכוונת והרהרית בלבי ואמרי מאן עלל קומוי מלכא קדמוי אלקפטא או ריש גלותא שמואל אמר אנא מנית פרחייא ר' בון בר חייא אמר אנא מנית דומסיא א"ר מנא מחזיק אנא טיבו לרישיה דכי מטי למודים הוה כרע מגרמיה ומתוך שאדם מתפלל ואין מתכוין לבו עבירותיו נזכרין ומיהו לא יתכן לפרש כן כלל אלא *אדרבה מיירי במתאמץ לכוין לבו ובוטח שתהא תפלתו נשמעת כי ההיא דפ' אין עומדין (ברכות דף לב:) המאריך בתפלתו ומעיין כדמוכח בריש הרואה (שם דף נד:) דאמר רב יהודה אמר רב ג' דברים מאריכים ימיו של אדם וחשיב המאריך בתפלתו ופריך למימרא דמעליותא היא והא א"ר חייא בר אבא המאריך בתפלתו ומעיין בה סוף בא לידי כאב לב שנאמר תוחלת ממושכה מחלה לב כלומר מעיין בה אומר בלבו שיעשו בקשתו לפי שהתפלל בכוונה ובא לידי כאב לב שאין בקשתו נעשית תוחלת לשון תפלה ומלשון ויחל משה (שמות לב) וא"ר יצחק (שם דף נה.) שלשה דברים מזכירים עונותיו של אדם קיר נטוי ועיון תפלה ומוסר דין על חבירו מפשפשין במעשיו לומר בוטח הוא בזכיותיו ונראה מה הם ומשני הא דלא מעיין בה והא דמעיין והשתא הוו כל הני מענין אחד קיר נטוי שבוטח בזכותו ועובר מוסר דין על חבירו שבוטח בזכותו שיענש חבירו על ידו:

ונחתמין לאלתר לחיים · מדקא חשיב בינוניים משמע דלצדיקים (ב) קרי למי שזכיותיו מרובים ורשעים גמורים למי שעונותיו מרובים ופעמים הצדיקים נחתמין למיתה ורשעים גמורים לחיים כדכתיב ומשלם לשונאיו אל פניו להאבידו (דברים ז) דאמרינן בסוף פ"ק דקדושין (דף לט: ושם) מי שזכיותיו מרובין מעונותיו דומה כמי ששרף את כל התורה כולה ולא שייר ממנה אות אחת ואי עונותיו מרובין מזכיותיו דומה כמי שקיים כל התורה כולה ולא חיסר אות אחת וכל זה דקרי הכא גבי רשעים מיתה וגבי צדיקים חיים כלומר לחיי העולם הבא: **ליום** הדין · כשיחיו המתים כדמוכח קרא ואע"פ שכבר נדונו אחר מיתתן בגן עדן או בגיהנם מפני הנפש עדיין יהיה דין אחר אם יזכהו °לחיי העולם הבא שהוא קיים לעולם ויש שכבר קבלו דינם בגיהנם ומתוך כך שמא יזכו: ועליהם

*) מדברי רבינו ז"ל אלו נראה בהדיא דהיה לו גי' אחרת בגמ' וע"פ גירסתו נסתלק מה שהעירו המפרשים כאן וק"ל.

עין משפט נר מצוה

פח א סמג עשין מב וטוש"ע סי' תקפה:
פט ב מיי' פ"ב מהל' תשובה הל' ד' סמג עשין טז טור ש"ע י"ד סי' רמו סעיף ד:
צ ג מיי' וסמג שם טוש"ע י"ד סי' רמב סעיף י בהגה"ה:
צא ד מיי' פ"ה מהל' ת"ת הל' ז:
צב ה ו מיי' פט"ז מהל' טומאת אוכלין הל' י סמג עשין רמו:
צג ז מיי' פ"ג מהל' תשובה הל' ג סמג עשין טז:
צד ח מיי' שם הל' ה:

[וכן פי' בערוך ע' קר ח]

רבינו חננאל

ותוקעין ומריעין כשהן עומדין כדי לערבב השטן פי' כיון שמצאנו כי אם יש מלאך מליץ אחד אשר פודה מרדת שחת כן יש מלאך משטין ומכוונין ישראל את לבם ואומר שמא יעמוד משטין עלינו · נדקדק במצות · וכיון שרואה המשטין שמחבבין המצות מיושב ומעומד כאלו מתעכב מלהשטין · א"ר יצחק אין דנין לאדם אלא לפי מעשיו של אותה שעה שנאמר כי שמע אלהים אל קול הנער באשר הוא שם · ואע"פ שגלוי וידוע כי כשיגדל יצא לתרבות רעה: ירושלמי ריב"ל אמר מהאי קרא (איוב ח) אם זך וישר היית אין כתיב [כאן] אלא אם [זך] וישר אתה עכשיו · ג' דברים מזכירין עונותיו של אדם קיר נטוי ליפול כלומר רעוע והולך זה ויושב תחתיו סומך בזכיותיו להנצל וכן המעיין בתפלה שתתקבל ותבוא שאלתו וסומך בצדקתו · וכן המוסר דין על חבירו כלומר אני צדיק ומוסר דינו להפרע מחברו · אלו כולן מזכירי עונותיו של אדם · שאומרים לפניו מה זכיותיו של זה שעושה כך והלא יש בידו עון כך וכך · ד' דברים מקרעין גזר דינו של אדם ואלו הן צדקה שנאמר וצדקה תציל ממות · צעקה שנאמר ויצעקו אל ה' בצר להם וגו' · שנוי השם דכתיב לא תקרא את שמה שרי כי שרה שמה · וברכתי אותה וגם נתתי ממנה לך בן וברכתיה · שנוי מעשה דכתיב וירא אלהים את מעשיהם כי שבו מדרכם הרעה · וי"א אף שנוי מקום שנאמר ויאמר ה' אל אברם לך לך מארצך וממולדתך וגו' והדר ואעשך לגוי גדול· ואידך כו'· חייב אדם להקביל פני רבו ברגל שנאמר ויאמר אליה מדוע את הולכת אליו היום לא חדש ולא שבת וגו' מכלל דבחדש ושבת חייב · *) ואקשינן והא ברגל אמרנו · ופרקינן אם רבו שרוי במקום קרוב לו חייב להקביל פניו בכל חדש ושבת ואם הוא במקום רחוק חייב להקבילו ברגל · כתיב אמור אל הכהנים בני אהרן ואמרת אלהם וגו' מלמד שהכהנים הוזהרו שלא להטמאות ולא ישראל · ואפי' הכהנים לא הוזהרו אלא בטומאת מת שהיא חמורה אבל בטומאה קלה לא הוזהרו שאילו הוזהרו בטומאה קלה לא היה למקרא לפרש להם אזהרה בטומאה קלה וכ"ש בטומאה חמורה אלא ודאי מדכתיב אזהרתם בטומאת מת שהיא חמורה בטומאה קלה לא הוזהרו · ואם הכהנים לא הוזהרו בטומאה קלה ק"ו ישראל · ומת"ל ובנבלתם לא תגעו אלא ש"מ שכל ישראל הוזהרו להטהר אפי' מטומאה קלה ברגל · מיכן אמרו חכמים שחייבין ישראל לטהר עצמם ברגל בבואם ליראות לפני ה' · א"ר יוחנן ג' ספרים נפתחין בר"ה אחד של צדיקים גמורין ומיד נכתבין לאלתר לחיים · ואחד של רשעים גמורין נכתבין לאלתר למיתה · ואחד של בינונים תלוי מר"ה עד יוה"כ · זכו ועשו תשובה נכתבין לחיים לא זכו לעשות תשובה נכתבים למיתה · א"ר אבין מהאי קרא ימחו מספר חיים כלומר אפי' אם היו צדיקים ונכתבו לחיים והזרו לרשעתם ימחו מאותו הספר של חיים שנכתבו בכלל הספר של צדיקים · ועם צדיקים מהם אל יכתבו זה ספר בינונים אלא יכתבו בספר המחויים והן הרשעים · תניא בש"א ג' כתות ליום הדין כו' עד ועליהם אמרה חנה ה' ממית ומחיה · ממית הרשעים ומחיה הצדיקים · מוריד שאול ויעל הבינונים אינם צדיקים · פירוש לגבי הרשעים

הגהות הב"ח

(א) רש"י ד"ה ועיון תפלה וכו' תפלתו ובטוח שתשמע: (ב) תוס' ד"ה ונחתמין וכו' משמע דלצדיקים קרי למי וכו' ורשעים גמורים נמחק:

גליון הש"ס

גמ' וא"ר יצחק ד' דברים מקרעין וכו'. בתשו' כנה"ג סוף כלל יז הביא הנוסח' ג' דברים מבטלין הגזירה וכו' אף שינוי השם: תוס' ד"ה ליום הדין כו' לחיי העולם הבא. עי' תוס' ריש פ' חלק דסנהדרין:

teru'ah sitting [16*b*] and then again sound a *teki'ah* and *teru'ah* standing?—It is so as to confuse the Accuser.[5]

R. Isaac further said: If the *shofar* is not sounded[6] at the beginning of the year, evil will befall at the end of it. Why so? Because the Accuser has not been confused.

R. Isaac further said: Every year which is poor[7] at its opening becomes rich before it ends, as it says, *From the beginning of the year*—where the word is spelt *meroshith*[8]—*'unto the end'*; such a year is destined to have a 'latter end'.[9]

R. Isaac further said: Man is judged only according to his actions up to the time of judgment,[10] as it says, *God hath heard the voice of the lad as he is there.*[11]

R. Isaac further said: Three things call a man's iniquities to
a mind, namely, a shaky wall,[1] the scrutinizing of prayer,[2] and calling for [Divine] judgment on one's fellow man. For R. Abin said: He who calls down [Divine] judgment on his neighbour is himself punished first [for his own sins], as it says, *And Sarai said unto Abram, My wrong be upon thee,*[3] and it is written later, *And Abraham came to mourn for Sarah and to weep for her.*[4]

R. Isaac further said: Four things cancel the doom of a man, namely, charity, supplication, change of name and change of conduct. Charity, as it is written, *And charity delivereth from death.*[5] Supplication, as it is written, *Then they cried unto the Lord in their trouble, and he delivered them out of their distresses.*[6] Change of name, as it is written, *As for Sarai thy wife, thou shalt not call her name Sarai, but Sarah shall her name be;*[7] and it continues, *And I will bless her and moreover I will give thee a son of her.* Change of conduct, as it is written, *And God saw their works,* and it continues, *and God repented of the evil which he said he would do unto them and he did it not.*[8] Some say that change of place [also avails], as it is written, *Now the Lord said unto Abram, Get thee out of thy country,* and it proceeds, *and I will make of thee a great nation.*[9] And the other [—why does he not reckon this]?—In that case it was the merit of the land of Israel which availed him.

R. Isaac further said: It is incumbent on a man to go to pay his respects to his teacher on festivals, as it says, *Wherefore wilt thou go to him today? It is neither new moon nor sabbath,*[10] from which we infer that on New Moon and Sabbath[11] one ought to go.[12]

R. Isaac further said: A man should purify himself for the festival,
b as it says, *and their carcasses ye shall not touch.*[1] It has been taught to the same effect: *'And their carcasses ye shall not touch'.* I might think that [ordinary] Israelites are cautioned not to touch carcasses. Therefore it says, *Say unto the priests the sons of Aaron;*[2] [which shows that] the sons of Aaron are cautioned but ordinary Israelites are not cautioned. May we not then argue *a fortiori*: Seeing that in the case of a serious uncleanness,[3] while the priests are cautioned Israelites are not cautioned, how much less [are they likely to be cautioned] in the case of a light uncleanness![4] What then am I to make of the words, *'and their carcasses ye shall not touch'?*—On the festival.

R. Kruspedai said in the name of R. Johanan: Three books are opened [in heaven] on New Year, one for the thoroughly wicked,[5] one for the thoroughly righteous, and one for the intermediate. The thoroughly righteous are forthwith inscribed definitively in the book of life; the thoroughly wicked are forthwith inscribed definitively in the book of death;[6] the doom of the intermediate is suspended from New Year till the Day of Atonement; if they deserve well, they are inscribed in the book of life; if they do not deserve well, they are inscribed in the book of death. Said R. Abin, What text tells us this?—*Let them be blotted out of the book of the living, and not be written with the righteous.*[7] *'Let them be blotted out from the book'*—this refers to the book of the wicked. *'Of life'*—this is the book of the righteous. *'And not be written with the righteous'*—this is the book of the intermediate. R. Nahman b. Isaac derives it from here: *And if not, blot me, I pray thee, out of thy book which thou hast written,*[8] *'Blot me, I pray thee'*—this is the book of the wicked. *'Out of thy book'*—this is the book of the righteous. *'Which thou hast written'*—this is the book of the intermediate.

It has been taught: Beth Shammai say, There will be three groups
c at the Day of Judgment[1]—one of thoroughly righteous, one of thoroughly wicked, and one of intermediate. The thoroughly righteous will forthwith be inscribed definitively as entitled to everlasting life; the thoroughly wicked will forthwith be inscribed definitively as doomed to Gehinnom, as it says, *And many of them that sleep in the dust of the earth shall awake, some to everlasting life and some to reproaches and everlasting abhorrence.*[2] The intermediate will

(5) Heb. 'Satan'. The devotion of the Jews to the precepts nullifies Satan's accusation against them (Rashi). [The *Shofar* on New Year is blown twice: once at the close of the morning prayer and the reading of the Law when the congregation is seated, and again during the *Musaf* prayers when the people stand. According to J.R.H. IV, 8 the *Shofar* was originally blown only at the morning service, whence it was transferred to a later hour in the *Musaf* because their enemies on one occasion took the *Shofar* blasts early in the morning as a call to arms, whereupon they attacked the Jews. The custom of blowing the *Shofar* at *Musaf* service was retained even after the rite had been restored to the morning service]. (6) [This does not apply where New Year falls on Sabbath, in which case the *Shofar* may not be blown, but where the rite was omitted through some other cause (Tosaf.)]. (7) I.e., in which Israel humble themselves and make themselves poor in spirit. (8) Defectively, and can be read מֵרָשִׁית 'from the poverty of'. (9) Apparently there is an allusion here to the verse, *'for the latter end of that man is peace'*. P XXXVII, 37. (10) And not in view of those which he is likely to commit at some later time. Lit., 'of that hour'. (11) Gen. XXI, 17. Stress is laid on the words *as he is there* (E.V. *'where he is'*); Ishmael was still righteous, whatever he was destined to become in the future.

a (1) By passing under a shaky wall a man, as it were, 'tempts Providence'. (2) Lit., 'speculation in prayer'. To see whether it produces an effect or not. [Or, 'expectation of the immediate grant of one's request'. The offence lies in the presumption of claiming that God must answer prayer of any kind whatsoever. V. Abrahams, I, *Pharisaism and Gospels* II, 78ff]. (3) Gen. XVI, 5. (4) Which shows that Sarah died first. Ibid. XXIII, 2. (5) Prov. X, 2 (E.V. *'righteousness'*). (6) Ps. CVII, 6. (7) Gen. XVII, 15. (8) Jonah III, 10. (9) Gen. XII, 1, 2. (10) II Kings IV, 23. (11) Which is a generic name for all holy days. (12) [R. Hananel's text reads on 'But we have said (only) on festivals (whereas the verse speaks of New Moon and Sabbaths)?—If the teacher resides near him he must go to pay him his respects every Sabbath and New Moon; if he resides at a long distance, he must go to pay him his respects (only) on Festivals].

b (1) Lev. XI, 8. (2) Lev. XXI, 1. The text continues, *there shall none defile himself for the dead among his people.* (3) That of a dead body. (4) That of an animal carcass. (5) I.e., those whose bad deeds definitely outweigh their good. (6) The life and death in the future world (i.e., of the soul) is meant. V. Tosaf. s.v. ונחתמין. (7) Ps. LXIX, 29. (8) Ex. XXXII, 32.

c (1) When the dead will arise in the flesh. V. Tosaf. s.v. ליום. (2) Dan. XII, 2.

go down to Gehinnom [17a] and squeal[3] and rise again, as it says, *And I will bring the third part through the fire, and will refine them as silver is refined, and will try them as gold is tried. They shall call on my name and I will answer them.*[4] Of them, too, Hannah said, *The Lord killeth and maketh alive, he bringeth down to the grave and bringeth up.*[5] Beth Hillel, however, say: He that abounds in grace inclines [the scales] towards grace,[6] and of them David said, *I love that the Lord should hear my voice and my supplication,*[7] and on their behalf David composed the whole of the passage, *I was brought low and he saved me.*[8]

Wrongdoers of Israel who sin with their body[9] and wrongdoers of the Gentiles who sin with their body go down to Gehinnom and are punished there for twelve months. After twelve months their body is consumed and their soul is burnt and the wind scatters them under the soles of the feet of the righteous, as it says, *And ye shall tread down the wicked, and they shall be as ashes under the soles of your feet.*[10] But as for the *minim*[11] and the informers
a and the scoffers,[1] who rejected the Torah and denied the resurrection of the dead, and those who abandoned the ways of the community,[2] and those who 'spread their terror in the land of the living',[3] and who sinned and made the masses sin, like Jeroboam the son of Nebat and his fellows—these will go down to Gehinnom and be punished there for all generations, as it says, *And they shall go forth and look upon the carcasses of the men that have rebelled against me*[4] etc. Gehinnom will be consumed but they will not be consumed, as it says, *and their form shall wear away the nether world.*[5] Why all this? Because they laid hands on the habitation [*zebul*], as it says, *that there be no habitation* [zebul] *for Him,*[6] and *zebul* signifies the Temple, as it says, *I have surely built thee a house of habitation* [zebul].[7] Of them Hannah said, *They that strive with the Lord shall be broken to pieces.*[8] R. Isaac b. Abin said: And their faces shall be black like the sides of a pot. Raba added: Among them are the most handsome of the inhabitants of Maḥuza, and they shall be called 'sons of Gehinnom'.[9]

The Master said [above]: 'Beth Hillel say, He that abounds in grace inclines [the scales] towards grace'. [How can this be], seeing that it is written, *And I shall bring the third part through the fire?*[10] —That refers to wrongdoers of Israel who sin with their body. Wrongdoers of Israel who sin with their body! But you said that
b there is no remedy for them?[1]—There is no remedy for them when their iniquities are more numerous [than their good deeds]. We now speak of those whose iniquities and good deeds are evenly balanced, but whose iniquities include that which is committed by sinners of Israel with their body. In that case they cannot escape the doom of '*I shall bring the third through the fire*', but otherwise, [in regard to them], 'He that is abundant in grace inclines towards grace', and of them David said, *I love that the Lord should hear.* [On this verse] Raba discoursed as follows: What is meant by the words, *'I love that the Lord should hear'?* The Community of Israel exclaimed before the Holy One, blessed be He: Sovereign of the Universe, when am I beloved in thy sight? At the time when thou hearest the voice of my supplications. *'I was brought low* [dalothi] *and he saved me'*: although I am poor [*dallah*] in the performance of religious duties, yet it is fitting to save me.

What is meant by 'wrongdoers of Israel who sin with their body'?—Rab said: This refers to the cranium which does not put on the phylactery.[2] Who are 'the wrongdoers of the Gentiles who sin with their body'?—Rab said: This refers to [sexual] sin. 'Who have spread their terror in the land of the living': [who are these]?—R. Ḥisda said: This is a communal leader[3] who makes himself unduly feared by the community for purposes other than religious.[4] Rab Judah said in the name of Rab: Any communal leader who makes himself unduly feared by the community for purposes other than religious will never have a scholar for a son, as it says, *Therefore if men fear him, he shall not see* [among his sons] *any wise of heart.*[5]

'Beth Hillel say: He that abounds in grace inclines [the scales] to grace'. How does He do?—R. Eliezer[6] says: He presses down [the scale of merit], as it says, *He will again have compassion on us,*
c *he will press down our iniquities.*[1] R. Jose b. Ḥanina says: [He does so] by raising [the scale of iniquities], as it says, *Raising*[2] *iniquity and passing by transgression.*[3] In the school of R. Ishmael they taught: He puts aside every first iniquity;[4] and herein lies the attribute [of grace]. Raba said: The iniquity itself is not obliterated, and if there is an excess of iniquities,[5] [God] reckons it with the others.[6]

Raba said: He who forgoes his right [to exact punishment][7] is forgiven all his iniquities, as it says, *Forgiving iniquity and passing by transgression.* Who is forgiven iniquity? One who passes by transgression [against himself] R. Huna the son of R. Joshua was once ill. R. Papa went to inquire about him. He saw that he was very ill[8] and said to those present, Make ready provisions for his [everlasting] journey.[9] Eventually, however, he [R. Huna] recovered, and R. Papa felt ashamed to see him. He said to him, What did you see [in your illness]? He replied, It was indeed as you thought, but the Holy One, blessed be He, said to them [the angels]: Because he does not insist upon his rights, do not be particular with him, as it says, *Forgiving iniquity and passing by transgression.* Who is forgiven iniquity? He who passes by transgression. [The verse continues], *'to the remnant of his heritage'.* R. Aḥa son of R. Ḥanina said: We have here a fat tail with a thorn in it:[10] *'for the remnant of his inheritance'*, but not for all his inheritance.

(3) On account of their punishment. *Al.* 'struggle and rise'. [Ginzberg L.: 'be singed', i.e., by the fires of the Gehinnom, and after this experience arise thence and be healed. V. Moore S.F. *Judaism* III, p. 198]. (4) Zech. XIII, 9. (5) I Sam. II, 6. (6) And does not doom them to Gehinnom. (7) Ps. CXVI, 1. Further on we read, *The cords of death compassed me* (v. 3). (8) Ibid. 6. (9) This is explained *infra.* (10) Mal. III, 21. (11) V. Glos. The reference is probably to the Judeo-Christians, as the Sadducees would be included under 'those who denied the resurrection'.

a (1) אפיקורסים; those who treat the Rabbis and students of the Torah with disdain. If this is meant, then we should insert with MS.M. the words 'and those' before the word 'who'. (2) Rashi deletes these words, on the ground that they do not designate a separate class, but are a general description of all the classes mentioned. (3) A phrase borrowed from Ezek. XXXII, 23. It is explained *infra.* (4) Isa. LXVI, 24. (5) Ps. XLIX, 15. (6) Ibid. (E.V. *'for it'.* [It is through the sins of such as these that the Temple has been destroyed (Rashi). If the reference is to Jewish Christians it may allude to their repudiation of the claims of the Temple as the place where alone true and perfect worship could be offered, V. Herford, *Christianity in Talmud* p. 135]. (7) I Kings VIII, 13. (8) I Sam. II, 10. (9) [The passage is difficult. Read with MS.M. 'The Master said (above) "Of them (of the intermediate class) Hannah said *The Lord killeth and maketh alive, he bringeth down to the grave and bringeth up*". R. Isaac b. Abin said, And their faces (that is, of the intermediate class) shall (on rising from Gehinnom) be black like the sides of the pot. Raba added, And yet (despite this disfigurement) they shall be more beautiful than the most handsome men of Maḥuza who shall be called the sons of Gehinnom'. V. D.S. a.l.] (10) Which was explained above to refer to the intermediate.

b (1) I.e., that after passing through the fire they become dust. (2) Even this in an Israelite is sufficient to merit Gehinnom. (3) Heb. *Parnas.* (V. Giṭ. [Sonc. ed.] 60a n. 9). (4) I.e., not merely to make them keep the commandments. (5) Job XXXVII, 24. E.V. *Men do therefore fear Him; He regardeth not any that are wise of heart.* (6) [Read with MSM. R. Eleazar].

c (1) I.e., press down the scale of merit against our iniquities, Micah VII, 19. (2) E.V. *'that pardoneth'.* (3) Ibid. 18. (4) Rashi and Asheri explain this to mean that if without the first iniquity the good deeds are in excess, then the first iniquity is not put back in the scale. (5) I.e., if even so the iniquities just balance the merits. (6) So as to count him guilty. (7) Lit., 'passes by his measures'. (8) Lit. 'the world (life) was getting weak for him'. (9) I.e., prepare shrouds. (10) A certain breed of sheep in the East have very long tails which are esteemed a great delicacy, but as they trail on the ground they often pick up thorns. Hence the proverbial expression, 'a tail with a thorn in it' for a good thing containing a snag.

זכריה יג ומצפצפין ועולין שנאמר °והבאתי את השלישית באש וצרפתים כצרוף את הכסף ובחנתים כבחון את הזהב הוא יקרא בשמי
שמואל א ב ואני אענה אותו ועליהם אמרה חנה °ה' ממית ומחי' מוריד שאול ויעל ב"ה אומרים ורב חסד
תהלים קטז מטה כלפי חסד ועליהם אמר דוד °אהבתי כי ישמע ה' את קולי ועליהם אמר דוד כל הפרשה כולה דלותי ולי יהושיע פושעי ישראל בגופן ופושעי אומות העולם בגופן יורדין לגיהנם ונידונין בה י"ב חדש לאחר י"ב חדש גופן כלה ונשמתן נשרפת ורוח מפזרתן
מלאכי ג *(א) תחת כפות רגלי צדיקים שנא' °ועסותם רשעים כי יהיו אפר תחת כפות רגליכם אבל המינין והמסורות והאפיקורסים שכפרו בתורה ושכפרו בתחיית המתים ושפירשו מדרכי צבור ושנתנו חיתיתם בארץ חיים ושחטאו והחטיאו את הרבים כגון ירבעם בן נבט וחביריו יורדין לגיהנם °ונידונין בה
ישעיה סו לדורי דורות שנאמר °ויצאו וראו בפגרי האנשים הפושעים בי וגו' גיהנם כלה והן
תהלים מט אינן כלין שנאמר °וצורם לבלות שאול (מזבול לו) וכל כך למה מפני שפשטו ידיהם בזבול שנאמר מזבול לו ואין זבול אלא
מלכים א ח בית המקדש שנאמר °בנה בניתי בית זבול
שמואל א ב לך ועליהם אמרה חנה °ה' יחתו מריביו א"ר יצחק בר אבין ופניהם דומין לשולי קדירה ואמר רבא ואינהו משפירי שפירי בני מחוזא ומקריין בני גיהנם אמר מר ב"ה אומרים ורב חסד מטה כלפי חסד והכתיב והבאתי את השלישית באש התם בפושעי ישראל בגופן פושעי ישראל בגופן והא אמרת לית להו תקנתא כי לית להו תקנה ברוב עונות הכא מחצה עונות ומחצה זכיות ואית בהו נמי עון דפושעי ישראל בגופן לא סגיא ליה דלאו והבאתי את השלישית באש ואם לאו ורב חסד מטה כלפי חסד ועליהן אמר דוד אהבתי כי ישמע ה' *דרש רבא מאי דכתיב אהבתי כי ישמע ה' אמרה כנסת ישראל לפני הקב"ה רבש"ע אימתי אני אהובה לפניך בזמן שאתה שומע קול תחנוני דלותי ולי יהושיע אע"פ שדלה אני מן המצות לי נאה להושיע פושעי ישראל בגופן מאי נינהו אמר רב קרקפתא דלא מנח תפלין פושעי אומות העולם בגופן אמר רב בעבירה ושנתנו חיתיתם בארץ חיים אמר רב חסדא זה פרנס המטיל אימה יתירה על הצבור שלא לשם שמים א"ר יהודה אמר רב °כל פרנס המטיל אימה יתירה על
איוב לז הצבור שלא לשם שמים אינו רואה בן תלמיד חכם שנאמר °לכן יראוהו אנשים לא יראה כל חכמי לב *בית הלל אומרים ורב חסד מטה כלפי חסד
מיכה ז היכי עביד רבי *)אליעזר אומר כובשו שנאמר °ישוב ירחמנו יכבוש עונותינו ר' יוסי בר חנינא אמר נושא
שם שנאמר °נושא עון ועובר על פשע תנא דבי רבי ישמעאל מעביר ראשון ראשון וכן היא המדה אמר רבא
יומא כג: מגילה כח: ועון עצמו אינו נמחק דאי איכא רובא עונות מחשיב בהדיידהו **)(רבא אמר) *כל המעביר על מדותיו מעבירין לו על כל פשעיו שנאמר נושא עון ועובר על פשע למי [א] נושא עון למי שעובר על פשע רב הונא בריה דרב יהושע חלש על רב פפא לשיולי ביה חזייה דחליש ליה עלמא אמר להו
[נ"ל להו] צביתו ליה זוודתא לסוף איתפח הוה מיכסיף רב פפא למיחזייה א"ל מאי חזית אמר (*ליה) אין הכי הוה ואמר להו הקב"ה הואיל ולא מוקים במיליה לא תקומו בהדיה שנאמר נושא עון ועובר על פשע למי נושא
מיכה ז עון לעובר פשע °לשארית נחלתו אמר רבי אחא בר חנינא אליה וקוץ בה לשארית נחלתו ולא לכל נחלתו

למי

*) [ערכין ח: ושם איתא ר' אלעזר] **) [נ"ל אמר רבא וכ"א בע"י]

רש"י

ומלפלפים · צועקים ובוכים מתוך יסורין שעה אחת ועולין : מטה כלפי חסד · הואיל ומחצה על מחצה הם מטה את ההכרע לצד זכות ואין יורדין לגיהנם : בגופן · לקמיה מפרש : המינין · האנשים אשר הפכו דברי אלהים חיים לרעה כגון צדוקים וביתוסים : והמסורות · מלשינים שמוסרים ממון ישראל ביד העובדי כוכבים : אפיקורוס · מבזה תלמידי חכמים* : שכפרו בתורה · האומרים אין תורה מן השמים : שפירשו מדרכי ציבור לא גרסינן דהיינו כל הני דלעיל והך מתני' בסדר עולם והכי גרסינן ליה התם שפירשו מדרכי הצבור כגון המינין והמסורות כו' מדרכי צבור מדרכי ישראל : ושנתנו חיתיתם · לקמן מפרש : ועוסם · כמו ועורתם : שפשטו ידיהם בזבול · שהחריבו בהמ"ק בעונם : בני מחוזא · מעונגים ושמינים היו : ומקריין בני גיהנם · כך יקראו להם : והאמרת לית לה תקנתא · דנעשין אפר והכא וצרפתים כצרוף את הכסף שימרקו יסוריהן את עונם : דלה אני במצות · כגון בינוניים שאין זכיותיהן מכריעין לתלות להם בזכותם : ולי יהושיע · להטות כלפי חסד : אמר רב יהודה · גרסינן ולא גרסינן דאמר : כובש · את כף המאזנים של זכות ומכריעין את העונות : יכבוש עונותינו · יכרעו בו : נושא · מגביה כף מאזנים של עון : מעביר ראשון ראשון · עון שבראשונים הבאים לחתם לכף מעבירו ושומטו שאם היו מחצה על מחצה כיון שחסר אחד מהן יכרעו הזכיות וכך היא המדה : ועון עצמו אינו נמחק · אלא מונח לצד אחד דאי איכא רובא עוונות (ב) בהדיה ההוא עון מתחשב בהדייהו למנות עם רשעים גמורים : המעביר על מדותיו · שאינו מדקדק למדוד מדה למצערים אותו ומניח מדותיו והולך לו כמו אין מעבירין על המצות (יומא דף לג·) אין מעבירין על האוכלין (עירובין דף סד:) מניחן והולך לו : מעבירין לו על כל פשעיו · אין מדת הדין מדקדקת אחריהן אלא מנחתן והולכת : צביתו ליה זוודתא · הכינו לו צדה לדרך מה היא לידת המתים תכריכין : איתפח · נתרפא : הכי הוה · מיתה נקנסה עלי : לא מוקים במיליה · אינו מעמיד על מדותיו : לא תקומו בהדיה · לא תדקדקו אחריו : אליה · שמינה יש כאן וקוץ בה כלומר דבר תנחומין יש כאן אבל יש בתוכה דבר קשה שאינו שוה לכל* :

למי

תוספות

ועליהם אמר דוד אהבתי · דכתיב ביה אפפוני חבלי מות וכתיב דלותי ולי יהושיע כשהוא דל במצות רב חסד מטה ומושיע כדדרשינן לקמן אי נמי מלשון דלה דלה לנו (שמות ב) שמעלהו מבור עמוק וכתיב בתריה (תהלים קטז) שובי נפשי למנוחיכי וגו' והדר אתהלך בארצות החיים :

המינים · פליגי בה רב אחא ורבינא בפרק אין מעמידין (ע"ז כו:) (מהו מין) [ס"א]:

כי לית להו תקנה ברוב עונות · ואית בהו עון דפושעי ישראל בגופן והא דאמר לעיל רשעים דהיינו רובן עונות נכתבים ונחתמים לאלתר לגיהנם אע"ג דכתיב בקרא לדראון עולם לא שלא יהא להם תקנה אלא נדונים שנים עשר חדש ועולים והא דאמר בפרק הזהב (ב"מ דף נח: ושם) שלשה יורדים ואינם עולים היינו לאלתר והא דאמר ריש לקיש בסוף חגיגה (דף כז· ושם) פושעי ישראל אין אור של גיהנם שולט בהן הא אמר עלה בריש עושין פסין (עירובין דף יט· ושם) דנחית אברהם ומסיק להו :

קרקפתא דלא מנח תפלין · אם עוסק בתורה כמניח תפלין דמי דאמר במכילתא העוסק בתורה פטור מן התפלין ורבינו תם מפרש דהכא כשהמצוה בזויה עליו שמגונות עליו רצועות של תפלין שבראשו אבל אם ירא להניח משום דבעינן גוף נקי כאלישע בעל כנפים כדאיתא בריש במה טומנין (שבת דף מט· ושם) והוא דואג כל שעה שמא לא יוכל להזהר לשמרה בטהרה ובקדושה הא ודאי אין עליו דין פושעי ישראל בגופן וכל הני דשמעתין בשלא עשה תשובה אבל עשה תשובה אמרינן ביומא (דף פו·) דתשובה תולה ומיתה ממרקת :

אמר רב בעבירה · בעריות שכן בן נח מוזהר עליו כדאיתא בפ' ארבע מיתות (סנהדרין דף נו·) :

בתחלה

עין משפט נר מצוה

צה א מיי' פ"ג מהל' תשובה הל' ו :
צו ב מיי' שם הל' ה :
צז ג מיי' פכ"ה מהל' סנהד' הל' א סמג לאוין רח טוש"ע ח"מ סי' ח סעיף ד :

רבינו חננאל

הבינונים צדיקים מהן הן · ובה"א בינונים אין יורדין לגיהנם אלא רב חסד מטה כלפי חסד · מכריע החסדים על העונות · כלומר מרבה החסדים והוא מטה כלפי חסד כלומר אם עונותיו כנגד זכיותיו מחצה ומחצה · ובמחצה של עונות אין בכלל עון פושעי ישראל בגופן והן שלא לבשו תפלין לעולם בהן הקב"ה מטה כלפי חסד · אבל אם יש בכללם זה העון לא סגיא להו מגיהנם ועליהם נאמר והבאתי את השלישית באש וגו' ואם רב עונות ובכללם עון פושעי ישראל בגופן והן קרקפתא דלא מנח תפלין מעולם ואפילו פעם א' נידונים בגיהנם י"ב חודש · ואח"כ גופן כלה תם נשמתן נשרפת ורוח מפזרתן תחת כפות רגלי הצדיקים שנא' ועסותם רשעים כי יהיו אפר תחת כפות רגליכם · אבל המינין והמוסרין והאפיקורסין ושכפרו בתורה ובתה"מ ושפרשו מדרכי צבור ושנתנו חתיתם בארץ החיים והן הפרנסין שמטילין אימה יתירה על הצבור שלא לשם שמים ושחטאו והחטיאו את הרבים כגון ירבעם וחביריו וכו' · אמר רב פרנס המטיל אימה יתירה על הצבור שלא לש"ש אינו רואה בן חכם · שנאמר לכן יראוהו אנשים · כלומר אם הוא נותן יראתו על אנשים ועל הנשים והן מתייראין ממנו לא יראה כל חכמי לב · מטה כלפי חסד היכי עביד . ר' אליעזר אומר כובש כלומר משקעו כדכתיב יכבוש עונותינו ותשליך · ריב"ח אומר נושא · כלומר נושא העונות ומכריעין הזכות שנאמר נושא עון ר' יוחנן אומר מעבירין שנא' ועובר על פשע . תניא דבי ר' ישמעאל מעביר ראשון ראשון וכך היא המדה · פי' אדם ישר תמים בדרכיו אם נכשל בחטא ועדיין לא בא חטא על ידו *) מעידו אותו החטא אין הקב"ה כותבו עליו מעבירו · וכן מדתו של הקב"ה שלא לחייבו מבתחלה כדכתיב פעמים שלש עם גבר · אמר רבא ועון עצמו אינו נמחק כלומר אלא תלוי ועומד עד שעת מיתתו ואם נמצאו זכיותיו מרובין על עונותיו עברו כל עונותיו ראשון ראשון והלך במחיצתן של צדיקים · ואם רוב עונות נמצאו תחשב גם הראשון התלוי ועומד בכלל העונות שעשה אח"כ וקיי"ל דהני כולהו בזמן שמת בלא תשובה אבל אם מת בתשובה לא **) פי' וכן היא המדה · היא המדה הששית שבפרשת ויעבור שנקראו י"ג מדות היא שכתוב ורב חסד בה"א רב חסד מטה כלפי חסד · ופי' דבי רבי ישמעאל מעביר עון ראשון ראשון ומתרבה החסד · אמר רבא ועון עצמו אינו נמחק אלא עומד ואם עשה תשובה גמורה אין מזכירין לו עונותיו שנאמר ורשעת הרשע לא יכשל בו ביום שובו מרשעו אלא הקב"ה מוחל לו כל עונותיו ונותנו במחיצתן · אמר רבא המעביר על מדותיו מעבירין לו על פשעיו שנאמר נושא עון למי נושא

עון

*) נ"א מעודו אותו החטא אין הקב"ה כותבו עליו אלא מעבירו כצ"ל וכ"ה להדיא ברי"ף כאן . **) ברב אלפס כאן מבואר דפי' אחר הוא ואולי דצ"ל כאן פי' אחר לגאון וכמו דאיתא ברי"ף ועיין בר"ן .

הגהות הב"ח

(א) גמרא ממזרחן ונעשין אפר תחת : (ב) רש"י ד"ה ועון עצמו וכו' רובא עוונות זכיות עכשיו ויהיו מחצה על מחצה נמצא רבו עוונות כוס בהדיה ההוא :

הגהות הגר"א

[א] גמ' נושא עון למי שעובר (רשום עליו אות א' · ר"ל דצ"ל להיפך למי שעובר על פשע למי נושא עון) :

גליון הש"ס

גמ' ונידונין בה לדורי דורות · עיין

[פסחים קיח:]

בתחלה כי אתה תשלם · והכי קאמר קרא ולך ה' החסד ליכנס לפנים משורת הדין כשאתה רואה שאין העולם מתקיים כשתשלם לאיש כמעשהו :
שלש עשרה מדות · אומר רבינו תם דשני שמות הראשונים הם שני מדות* כדאמרינן הכא אני ה' קודם שיחטא לרחם עליו ואני מרחם לאחר שיחטא אם ישוב ה' מדת רחמים הוא ולא כאלהים שהוא מדת הדין עון ופשע וחטאה ונקה הם נמנים בד' כדאית' ביומא בפ'* שני שעירים (דף לו: ושם) דעונות אלו זדונות פשעים אלו המרדים וחטאות אלו השגגות ובמגלת סתרים דרבינו נסים אין מונה שם הראשון שיש פסיק בין השמות משום דהכי קאמר קרא הקב"ה ששמו ה' קרא ה' רחום וחנון ונוצר חסד לאלפים מונה בשתי מדות דנוצר חסד הייני מדה אחת לאלפים מדה אחרת שמדה טובה מרובה חמש מאות על מדת פורענות דהתם כתיב על רבעים והכא כתיב לאלפים :
ושב ורפא לו · סליחת העון קרא רפואה כדאיתא פרק שני דמגילה (דף יז:) :
אשר לא ישא פנים · פשטיה דקרא אפני אדם קאי שאין נושא פנים בשביל גדולתו ועושרו או באדם זקן ונשוא פנים כדכתיב (דברים כח) אשר לא ישא פנים לזקן אבל ישא ה' פניו אליך אפני שכינה קאי שיראה לך פנים שוחקות ולא פנים של כעס והא דלא פריך הכא מדכתי' (איוב מב) וישא ה' את פני איוב וכתיב (שם) כי אם פניו אשא משום דהתם [הם] בשביל נדקו : [עי' תוס' נדה ע : ד"ה כתוב וכו' הניחו בקושיא] רש"א

הגה"ה
והכי איתא בפסיקתא ותאמר ציון עזבני ה' וה' שכחני אותן שתי מדות עזבוני ומכל מקום קשיא כיון דשניהם של רחמים אין כאן שתי מדות לכך נראה שהן מדה אחת ואחת מהן שם התואר שכך מזכירין אותו על אדנותו לפי שהוא אדון על כל כמו מלך על שם מלכותו ואותו כנוי מדת רחמים הוא שלפי שהוא אדון על כל צריך להתנהג עם כל במדת רחמים אל הוא מדת חוזק כי ביד חזקה הוא מכין מזון לכל הבריות כדכתי' (תהלים קד) הכפירים שואגים לטרף ולבקש מאל אכלם רחום גם הוא מדת רחמים ולא כמדת ה' כי הרחמי' חלוקים כדאמרינן הכא קודם תשובה ואחר תשובה וחנון גם הוא מענין אחר כי מדת רחמים היא שלא בעת צרה כי בטרם תגיע הצרה הוא מרחם שלא תבא אבל חנון הוא שחונן בעת הדחק לגאול הצועק כדכתי' (ישעיה ל) חנון יחנך לקול זעקך ומדה זו כביכול שבעל כח יש לו לחון על הצועק אף שלא כדין כדכתיב (שמות כב) והיה כי יצעק אלי ושמעתי כי חנון אני כלומר אע"פ שבדין בא העבוט לידך כי הלוית עליו מעותיך אף על פי כן תשיבנו לו כי אם יצעק אלי המדה היא כך שאשמע צעקתו לפי שחנון אני ואיני יכול לראות בעניו וגם יש בלשון חנון מתנת חנם כדאמרינן בברכות (דף ז.) וחנותי את אשר אחון אע"פ שאינו הגון ארך אפים *לצדיקים ולרשעים והם שתי מדות לפי שהן משני עניני בני אדם והיא מדה טובה שהקב"ה מאריך אפו ובתוך כך חוזרין בתשובה ובירושלמי מתרגמין מרחיק רגז שהוא מרחק ממנו לגיונות כדכתיב (ירמיה נ) פתח ה' את אוצרו ויוצא את כלי זעמו (ישעיה יג) באים מארץ מרחק ורב חסד ואמת הן שתים כדדרשינן כתיב רב חסד וכתיב ואמת הא כיצד בתחלה באמת וכשרואה שאין העולם מתקיים בחסד נוצר חסד אחת נושא עון ופשע וחטאה הם שלש ונקה לשבים כך פי' הרב ז"ל · ע"כ לשון הגה"ה :

תורה אור

*למי שמשים עצמו כשירים רב הונא רמי כתיב °צדיק ה' בכל דרכיו וכתיב וחסיד בכל מעשיו בתחלה צדיק ולבסוף חסיד רבי אלעזר רמי כתיב °ולך ה' חסד וכתיב כי אתה תשלם לאיש כמעשהו בתחלה כי אתה תשלם כמעשהו ולבסוף ולך ה' חסד אילפי ואמרי לה אילפא רמי כתיב °ורב חסד וכתיב ואמת בתחלה ואמת ולבסוף ורב חסד ויעבור ה' על פניו ויקרא א"ר יוחנן °אלמלא מקרא כתוב אי אפשר לאומרו מלמד *שנתעטף הקב"ה כשליח צבור והראה לו למשה סדר תפלה אמר לו כל זמן שישראל חוטאין יעשו לפני כסדר הזה ואני מוחל להם ה' ה' אני הוא קודם שיחטא האדם ואני הוא לאחר שיחטא האדם ויעשה תשובה אל רחום וחנון אמר רב יהודה ברית כרותה לי"ג מדות שאינן חוזרות ריקם שנאמר °הנה אנכי כורת ברית אמר ר' יוחנן גדולה תשובה שמקרעת גזר דינו של אדם שנא' °השמן לב העם הזה ואזניו הכבד ועיניו השע פן יראה בעיניו ובאזניו ישמע ולבבו יבין ושב ורפא לו א"ל רב פפא לאביי ודלמא לפני גזר דין א"ל ורפא לו כתיב איזהו דבר שצריך רפואה הוי אומר זה גזר דין מיתיבי השב בינתים מוחלין לו לא שב בינתים אפילו הביא כל אילי נביות שבעולם אין מוחלין לו לא קשיא אהא ביחיד הא בצבור מיתיבי °עיני ה' אלהיך בה עתים לטובה עתים לרעה עתים לטובה כיצד הרי שהיו ישראל רשעים גמורין בראש השנה ופסקו להם גשמים מועטים לסוף חזרו בהן להוסיף עליהן אי אפשר שכבר נגזרה גזרה אלא הקב"ה מורידן בזמנן על הארץ הצריכה להן הכל לפי הארץ עתים לרעה כיצד הרי שהיו ישראל צדיקים גמורין בר"ה ופסקו עליהן גשמים מרובין לסוף חזרו בהן לפחות מהן אי אפשר שכבר נגזרה גזרה אלא הקב"ה מורידן שלא בזמנן על הארץ שאינה צריכה להן לטובה מיהא ליקרעיה לגזר דינייהו ולוסיף להו שאני התם דאפשר בהכי ת"ש °יורדי הים באניות עושי מלאכה במים רבים המה ראו מעשי ה' וגו' ויאמר ויעמד רוח סערה ותרומם גליו יחוגו וינועו כשכור וגו' ויצעקו אל ה' בצר להם וגו' יודו לה' חסדו וגו' עשה להן סימניות כאכין ורקין שבתורה לומר לך צעקו קודם גזר דין נענין צעקו לאחר גזר דין אינן נענין הני נמי כיחידין דמו ת"ש שאלה בלוריא הגיורת את רבן גמליאל כתיב *בתורתכם *)°אשר לא ישא פנים וכתיב °ישא ה' פניו אליך נטפל לה רבי יוסי הכהן אמר לה אמשול לך משל למה הדבר דומה לאדם שנושה בחבירו מנה וקבע לו זמן בפני המלך ונשבע לו בחיי המלך הגיע זמן ולא פרעו בא לפייס את המלך ואמר לו עלבוני מחול לך לך ופייס את חבירך הכא נמי כאן בעבירות שבין אדם למקום כאן בעבירות שבין אדם לחבירו עד שבא ר"ע ולימד כאן

*) [ברכות כ: נדה ע: ע"ש]

למי שמשים עצמו כשירים : צדיק · במשפט אמת : חסיד · נכנס לפנים מן השורה : ולבסוף · כשרואה שאין העולם מתקיים בדין : ה' ה' · מדת רחמים אני מרחם קודם שיחטא ואני מרחם אחר שיחטא אם ישוב : ברית כרותה לשלש עשרה מדות · הללו שאם יזכירום ישראל בתפלת תעניתם אין חוזרות ריקם : הנה אנכי כורת ברית · על האמור למעלה : בינתים · בין ראש השנה ליום הכפורים : עתים לטובה כו' · פעמים שהעתים הכתובים לסוף השנה לטובה היא להקל עליה מן הפורענות הנגזר עליה בר"ה : ופעמים שהוא לרעה · לפחות מן הטובה שפסקו לה : על הארץ שצריכה להם · על השדות ועל הכרמים ועל הגנות : שלא בזמנן · לפני הזריעה : ועל הארץ שאינה צריכה להם · ביערות ובמדברות : סימניות · בין פסוק לפסוק יש סימנין הפוכין כזה] : אכין ורקין · באין לדרשה למעט את הדיבור כאכין ורקין שהן מיעוטין לומר לא בכל שעה שיצעקו אל ה' בצר להם יוציאם ממצוקותיהם אלא אם כן צעקו קודם גזר דין :

רבינו חננאל
עון למי שעובר על פשע לרעהו (עובר על פשע) לשארית נחלתו . למי שמשים עצמו כשיריים כמו אדם נופל ולא כעיקר · רב הונא חלש' ואמר רב פפא צביתו ליה זוודתא כלומר תכינו לו תכריכין · לסוף נתרפא והוה רב פפא מיכסיף לראותו מפני שהזכיר עליו צורכי המתים · א"ל אין הכי הוו · כלומר חשוב למיתה הייתי מיהו בקשתי רחמים ונאמר מלפני הקב"ה למלאך המות בשביל זו הוספנו לו שנים לחיות כיון שהוא מעביר במדותיו וזו ממדות הבורא שגזר גזרה על האדם ואם ישוב מרעתו ויעשה תשובה שלימה הקב"ה מקבלו ומבטל הגזרה ואינו עומד על מדותיו אף א"ה תעשה כך · ויעבור ה' על פניו ויקרא ה' ה' אל רחום וחנון וגו' א"ר יוחנן אלמלא מקרא כתוב אי אפשר לאומרו · מלמד שנתעטף הקב"ה · פי' צוה למלאך להתעטף כש"ץ היורד לפני התיבה והראהו למשה וא"ל כ"ז שישראל חוטאים לפני עשה לפני כסדר הזה · ואני מוחל להם · ה' ה' אני הוא קודם שיחטא האדם שכתוב בספר איים · ואני ה' לאחר שיחטא האדם וישוב בתשובה שמקבלו כאלו לא חטא · ברית כרותה לי"ג מדות שאינה חוזרת ריקם שנאמר הנה אנכי כורת ברית וגו' · א"ר יוחנן גדולה תשובה שמקרעת גזר דינו של אדם שנאמר ושב ורפא לו · איזהו דבר שצריך רפואה הוי אומר זה גזר דין · מיתיבי השב בינתים מוחלין לו כו' · פי' מי שאינו לא זכאי ולא רשע אלא בינוני אם שב בין ר"ה ליוה"כ קודם שיחתם גזר דינו מוחלין לו אבל אם שב לאחר גזר דין אין מוחלין לו · ופריק ר' יוחנן הא ביחיד וכי קאמינא אנא שהתשובה מקרעת הגזר דין של צבור · מיתיבי תמיד עיני ה' אלהיך בה עתים לטובה עתים לרעה · כיצד הרי שהיו ישראל רשעים גמורים כו' · הנה צבור ולא מקרע גז"ד · ופריק שני התם לגבי גשמים דאפשר בהכי · ת"ש יורדי הים באניות וגו' ויצעקו אל ה' בצר להם וגו' · עשה להם הקב"ה סימניות כאכין ורקין שבתורה · פי' אכין ורקין מיעוטין נינהו כגון אך פדה תפדה כלומר מיעט בכור בהמה טהורה מפדיון · וכן נמי רק קדשיך אשר יהיו לך ונדריך מיעט בעלי מומין הכי נמי עשה בספר תהלים נונין הפוכין כדין אך ורק צעקו קודם גז"ד יענו מיעוטי הסימניות הללו כי אפילו זעקו כמה לאחר גזר דין אין נענין ודומה כמו שאמר ויצעקו אל ה' בצר להם ממצוקותיהם יושיעם לאחר גזר דין · אך אם צעקו לאחר גז"ד אינו מושיען · נמצא סימניות הללו מלמדין מיעט כאכין ורקין שבתורה שממעטין · לאחר גזר דין אין נענין · ופריק הני נמי כיחידים דמו

צח א מיי' פ"ב מהל' תשובה הל' ו סמג עשין יז :

[כשאלתות פרשת ויקהל סי' סו ליתא תיבת בתורתכם]

[מגילה טו: סנהדרין קיא.] תהלים קמה · שם סב · שמות לד · שם · ישעיה ו · דברים יא · תהלים קז · דברים י · במדבר ו · [כדאיתא עירובין כב.]

גליון הש"ס גמ' אלמלא מקרא כתוב · מגילה כא ע"ל סוטה יג ע"ב

[17b] [What it means is], for him who makes himself a mere remnant.[11]

R. Huna contrasted [two parts of the same verse]. It is written, *The Lord is righteous in all his ways,* and then it is written, *and gracious*
a *in all his works.*[1] [How is this]?[2]—At first righteous and at the end gracious.[3] R. Eleazar [similarly] contrasted two texts. It is written, *Also unto thee, O Lord, belongeth mercy,* and then it is written, *For thou renderest to every man according to his work.*[4] [How is this]?—At first, *'Thou renderest to every man according to his work'*, but at the end, *'unto thee, O Lord, belongeth mercy'*.

Ilfi (or, as some report, Ilfa) [similarly] contrasted two texts: It is written, *abundant in goodness,* and then it is written, *and in truth.*[5] [How is this]?—At first, *'truth'*, and at the end *'abundant in goodness'*.

And the Lord passed by before him and proclaimed [etc.].[6] R. Johanan said: Were it not written in the text, it would be impossible for us to say such a thing; this verse teaches us that the Holy One, blessed be He, drew his robe round Him like the reader[7] of a congregation and showed Moses the order of prayer. He said to him: Whenever Israel sin, let them carry out this service before Me,[8] and I will forgive them.

'The Lord, the Lord': I am the Eternal[9] before a man sins and the same[9] after a man sins and repents. *'A God merciful and gracious:'* Rab Judah said: A covenant has been made with the thirteen attributes[10] that they will not be turned away empty-handed,[11] as it says, *Behold I make a covenant.*[12]

R. Johanan said: Great is the power of repentance that it rescinds[13] a man's final sentence, as it says, *Make the heart of this people fat and make their ears heavy and shut their eyes, lest they seeing with their eyes and hearing with their ears and understanding with their heart*
b *return and be healed.*[1] Said R. Papa to Abaye: Perhaps this was before the final sentence?—He replied: It is written, *'and he be healed'*. What is that which requires healing? You must say, the final sentence.

An objection [against this view] was raised [from the following]: 'If one repents in the interval,[2] he is forgiven; if he does not repent in the interval, should he even offer [subsequently] all the rams of Nebayoth,[3] he is not forgiven'!—There is no contradiction: the latter statement refers to an individual, the former to a community.

A further objection was raised [from the following]: *'The eyes of the Lord thy God are upon it* [the land of Israel],[4] sometimes for good, sometimes for evil. How sometimes for good? Suppose Israel were [in the class of] the thoroughly wicked at New Year,[5] and scanty rains were decreed for them, and afterwards they repented. [For God] to increase the supply of rain is impossible, because the decree has been issued. The Holy One, blessed be He, therefore sends down the rain in the proper season on the land that requires it,[6] all according to the district. How sometimes for evil? Suppose Israel were [in the class of] the thoroughly virtuous on New Year, and abundant rains were decreed for them, but afterwards they backslided. To diminish the rains is impossible, because the decree has been issued. The Holy One, blessed be He, therefore sends them down not in their proper season and on land that does not require them'.[7] Now, [if the decree can be rescinded], for good at any rate, let the decree be rescinded and let the rains be increased?—There is a special reason there, namely, that this[8] is sufficient.

Come and hear [a further objection]: *'They that go down to the sea in ships, that do business in great waters, they saw the works of the Lord . . . For he commanded and raised the stormy wind which lifted up the waves thereof . . . they reeled to and fro and staggered like a drunken man . . . They cried unto the Lord in their trouble . . . let them give thanks*
c *unto the Lord for his mercy*[1] etc. [The Psalmist] inserted here signs[2] having the same force as the 'buts' and 'onlys' of the Torah,[3] to indicate that if they cried before the final sentence they were answered, but if they cried after the final sentence they were not answered'!—These also are on the same footing as individuals.

Come and hear [again]: 'Bluria[4] the proselyte put this question to Rabban Gamaliel: It is written in your Law, [she said], *who lifteth not up the countenance,*[5] and it is also written, *The Lord shall lift up his countenance upon thee.*[6] R. Jose the priest joined the conversation and said to her: I will give you a parable which will illustrate the matter.[7] A man lent his neighbour a *maneh* and fixed a time for payment in the presence of the king, while the other swore to pay him by the life of the king. When the time arrived he did not pay him, and he went to excuse himself to the king. The king, however, said to him: The wrong done to me I excuse you, but go and obtain forgiveness from your neighbour. So here: one text speaks of offences committed by a man against God, the other of offences committed by a man against his fellow man. [This explanation was generally accepted] until R. Akiba

(11) I.e., who is self-effacing.

a (1) Ps. CXLV, 17. (2) How can God be both righteous (i.e., just) and gracious at the same time? (3) When He sees that in strict justice the world cannot endure. (4) Ps. LXII, 13. (5) Ex. XXXIV, 6. (6) Ibid. (7) Lit., 'emissary'; the one appointed to lead the congregational prayers. It is usual for such a one to draw his robe over his head. (8) I.e., read from the Torah the passage containing the thirteen attributes. (9) Lit., 'He'. The Divine name YHWH (E.V. *'the Lord'*) designates the divine attribute of mercy (Rashi). (10) Enumerated in this verse. According to one reckoning, 'The Lord, the Lord' count as two, according to another reckoning only the second of these counts as an attribute, and the expressions *'keeping mercy'* and *'unto the thousandth generation'* count as two attributes. V. Tosaf., s.v. שלש. (11) I.e., that Israel will not be turned away empty-handed when they recite them. (12) Ibid. 10. (13) Lit., 'tears up'.

b (1) Isa. VI, 10. (2) Between New Year and the Day of Atonement. (3) Cf. Isa. LX, 7. (4) Deut. XI, 12. (5) I.e., at New Year their evil deeds in the past clearly exceeded their good deeds. (6) E.g., gardens and orchards. (7) E.g., on barren land. (8) Sending the rain in the proper place and time.

c (1) Ps. CVII, 23-31. (2) In the Hebrew text an inverted *nun* (נ) is inserted before the verses 23-28 of this passage. (3) It was a principle of R. Akiba that wherever the words אך (but) and רק (only) occur in the Pentateuch, they are meant to except something which is not explicitly mentioned in the text. (4) Valeria. (5) Deut. X, 17. E.V. *'who regardeth not persons'*, *'countenance'* referring to man's. It is here, however, taken as referring to God's in the sense of 'who shows not favour', as in the passage next quoted. (6) Num. VI, 26. (7) Lit., 'to what the thing is like'.

came and taught [18a]: One text speaks of God's attitude before the final sentence, the other of his attitude after the final sentence!'—Here too the case is that of an individual.

On the question of the final sentence of an individual there is a difference between Tannaim, as it has been taught: R. Meir used to say: Two men take to their bed suffering equally from the same disease, or two men are before a criminal court to be judged[8] for the same offence; yet one gets up[9] and the other does not get up, one escapes death and the other does not escape death. Why does one get up and the other not? Why does one escape death and the other not? Because one prayed and was answered, and the other prayed and was not answered. Why was one answered
a and the other not? One prayed with his whole heart[1] and was therefore answered, the other did not pray with his whole heart and was not answered. R. Eleazar, however, said: The one man was praying before his final sentence had been pronounced [in heaven], the other after his final sentence had been pronounced.

R. Isaac said: Supplication[2] is good for a man whether before the final sentence has been pronounced or after.

But can the final sentence on a community be rescinded? Have we not one text which says, *Wash thy heart from wickedness*,[3] and another which says, *For though thou wash thee with nitre and take thee much soap, yet thine iniquity is marked before me*,[4] and does not the one text apply before the final sentence is pronounced and the other after?—No; both apply after the final sentence has been pronounced, yet there is no contradiction; in the one case the final sentence has been accompanied by an oath, in the other it has not been accompanied by an oath. This accords with the dictum of R. Samuel b. Ammi. For R. Samuel b. Ammi (or, as some say R. Samuel b. Naḥmani) said in the name of R. Jonathan: How do we know that a final sentence accompanied by an oath is never rescinded? Because it says, *Therefore I have sworn unto the house of Eli that the iniquity of Eli's house shall not be expiated with sacrifice nor offering*.[5] Raba said: With sacrifice and offering it cannot be expiated, but it can be expiated with Torah. Abaye said: With sacrifice and offering it cannot be expiated, but it can be expiated with Torah and charitable deeds. Rabbah[6] and Abaye were of the house of Eli. Rabbah who devoted himself to the Torah lived forty years, Abaye who devoted himself both to the Torah and to charitable deeds lived sixty years.[7]

The Rabbis taught: There was a family in Jerusalem the members of which used to die at the age of eighteen. They came and told Rabban Joḥanan b. Zaccai. He said to them, Perhaps you are of the family of Eli, to whom it was said, *and all the increase of thy house*
b *shall die young men*.[1] Go and study the Torah and you may live. They went and studied the Torah and lived, and they used to call that family the family of Rabban Joḥanan after his name.

R. Samuel b. Inia said in the name of Rab: Whence do we know that the final sentence on a community is never sealed?—Never sealed, [you say]? Is it not written, *Thine iniquity is marked before me?*[2] What he should say is, [How do we know that] although it is sealed it can yet be rescinded? Because it says, *as the Lord our God is whenever we call upon him*.[3] But it is written, *Seek ye the Lord while he may be found?*[4]—This verse speaks of an individual, the other of a community. When can an individual [find God]?—Rabbah b. Abbuha said: These are the ten days between New Year and the Day of Atonement.

And it came to pass after the ten days that the Lord smote Nabal.[5] How come these ten days here?—Rab Judah said in the name of Rab: They correspond to the ten dishes which Nabal gave to the servants of David.[6] R. Naḥman said in the name of Rabbah b. Abbuha: These are the ten days between New Year and the Day of Atonement.

ON NEW YEAR ALL MANKIND PASS BEFORE HIM LIKE CHILDREN OF MARON.[7] What is the meaning of the expression 'like children of Maron'?—In Babylon it was translated, 'like a flock of sheep'.[8] Resh Lakish said: As [in] the ascent of Beth Maron.[9] Rab Judah said in the name of Samuel: Like the troops of the
c house of David.[1] Rabbah b. Bar Ḥanah said in the name of R. Joḥanan: [All the same] they are all viewed with a simple glance. R. Naḥman b. Isaac said: We also have learnt the same idea: *He that fashioneth the hearts of them all, that considereth all their doings*.[2] What does this mean? Shall I say that it means this that [God] has created all creatures and unites all their hearts together? But we see that this is not so! No; what it means is this: 'The Creator sees[3] their hearts together and considereth all their doings'.

MISHNAH. THERE ARE SIX NEW MOONS TO REPORT WHICH[4] MESSENGERS GO FORTH [FROM JERUSALEM[5] TO THE DIASPORA]. [THE NEW MOON] OF NISAN ON ACCOUNT OF PASSOVER,[6] OF AB[7] ON ACCOUNT OF THE FAST,[8] OF ELUL ON ACCOUNT OF NEW YEAR,[9] OF TISHRI FOR THE ADJUSTMENT OF THE FESTIVALS,[10] OF KISLEV ON ACCOUNT OF ḤANUKAH,[11] AND OF ADAR ON ACCOUNT OF PURIM.[12] WHEN THE TEMPLE STOOD, THEY USED ALSO TO GO FORTH TO REPORT IYAR ON ACCOUNT OF THE LESSER PASSOVER.[13]

GEMARA. Why should they not also go forth to report

(8) [So Rashi: *Aliter:* 'ascend the scaffold to be punished'.] (9) Lit., 'comes down', i.e., from the bed.
a (1) Lit., 'a perfect prayer'. (2) Lit., 'cry'. (3) Jer. IV, 14. (4) Ibid. II, 22. (5) I Sam. III, 14. (6) Bar Naḥmani, the colleague of R. Ḥisda. V. Tosaf. s.v. רבה. (7) [Forty and sixty are mere round figures, as there is evidence that Rabbah lived more than forty years. The main thing the Talmud wishes to point out is that Abaye lived longer than Rabbah for the reason stated. V. Funk. S., *Die Juden in Babylonien II*, Note I and cf. A.Z. (Sonc. ed.) **19b** n. a6.]
b (1) I Sam. II, 33. (2) Jer. II, 22. (3) Deut. IV, 7. (4) Isa. LV, 6. This implies that God cannot always be found. (5) I Sam. XXV, 38. The question is suggested by the use of the definite article with the word 'ten'. (6) David sent to Nabal ten young men (I Sam. XXV, 5), and Nabal according to tradition gave them each one meal. This hospitable act secured for him some respite. (7) מרון. (8) Passing through a wicket to be counted one by one. The word 'maron' is here connected with the Aramaic אמרא, a sheep. (9) *Var. lec.* Beth Horon. A narrow pass where wayfarers had to proceed in single file.
c (1) Which pass in review one by one. The word 'maron' is here connected with מרות, 'lordship'. [Cf. the reading of the Vienna MS.: נומרין (*numerus*), i.e., a troop of soldiers]. (2) Ps. XXXIII, 15. (3) This word being supplied from 'beholdeth' in v. 13. (4) I.e., to report whether the Beth din in Jerusalem have made the New Moon on the thirtieth or the thiry-first day after the preceding New Moon. Lit., 'for six months'. (5) As soon as the New Moon has been declared, on the twenty-ninth or the thirtieth day as the case may be. (6) So that before Passover arrives the Jews in the Diaspora will know which day is the fifteenth. (7) There is no need for them to go on Sivan, because the date of Pentecost is known from the counting of the '*Omer*. (8) The ninth of Ab. (9) Knowing the New Moon of Elul, the Jews of the Diaspora will fix New Year thirty days later, Elul usually having twenty-nine days, though there is still a risk that the Beth din may in any particular year declare Elul to have thirty. (10) Viz., the Day of Atonement and Tabernacles, about which they could not be any more sure than about New Year. (11) Which commences on Kislev 25. (12) Adar the 14th. (13) The Passover for the unclean, kept on the fourteenth of Iyar. V. Num. IX, 1-14.

צט א מיי' פ"ב מהל' תשובה הלכה ו סמג עשין טז :
ק ב מיי' פ"ג מהל' קידוש החדש הל' ע:

כאן קודם גזר דין הכא נמי ביחיד וגזר דין דיחיד תנאי היא דתניא היה רבי מאיר אומר שנים שעלו למטה וחוליין שוה וכן שנים שעלו לגרדום לידון ודינן שוה זה ירד וזה לא ירד זה ניצל וזה לא ניצל מפני מה זה ירד וזה לא ירד זה ניצל וזה לא ניצל זה התפלל ונענה וזה התפלל ולא נענה מפני מה זה נענה וזה לא נענה זה התפלל תפלה שלימה נענה וזה לא התפלל תפלה שלימה לא נענה ר' אלעזר אמר כאן קודם גזר דין כאן לאחר גזר דין רבי יצחק אמר *יפה צעקה לאדם בין קודם גזר דין בין לאחר גזר דין וגזר דין דצבור מי מיקרע והא כתוב אחד אומר °כבסי מרעה לבך וכתיב °כי אם תכבסי בנתר ותרבי לך בורית נכתם עונך לפני מאי לאו כאן קודם גזר דין כאן לאחר גזר דין לא אידי ואידי לאחר גזר דין ולא קשיא כאן בגזר דין שיש עמו שבועה כאן בגזר דין שאין עמו שבועה כדרב שמואל בר אמי דאמר רב שמואל בר אמי ואמרי לה אמר רב שמואל בר נחמני אמר רב יונתן *מנין לגזר דין שיש עמו שבועה שאינו נקרע שנאמר °[ו]לכן נשבעתי לבית עלי אם יתכפר עון בית עלי בזבח ובמנחה אמר *רבא בזבח ובמנחה אינו מתכפר אבל מתכפר בתורה אביי אמר בזבח ומנחה אינו מתכפר אבל מתכפר בתורה ובגמילות חסדים *רבה ואביי מדבית עלי קאתו רבה דעסק בתורה *חיה ארבעין שנין אביי דעסק בתורה ובגמילות חסדים חיה שיתין שנין תנו רבנן משפחה אחת היתה בירושלים שהיו מתיה מתין בני י"ח שנה באו והודיעו את רבן יוחנן בן זכאי אמר להם שמא ממשפחת עלי אתם דכתיב ביה °וכל מרבית ביתך ימותו אנשים לכו ועסקו בתורה וחיו הלכו ועסקו בתורה וחיו והיו קורין אותה משפחת *רבן יוחנן על שמו אמר רב שמואל בר איניא משמיה דרב מניין לגזר דין של צבור שאינו נחתם אינו נחתם והכתיב °נכתם עונך לפני אלא אע"ג שנחתם נקרע שנאמר °כה' אלהינו בכל קראנו אליו והכתיב °דרשו ה' בהמצאו *התם ביחיד הכא בצבור *) ביחיד אימת אמר רבה בר אבוה *אלו עשרה ימים שבין ר"ה ליוה"כ °ויהי כעשרת הימים ויגף ה' את נבל [י' ימים] מאי עבידתייהו אמר רב יהודה אמר רב כנגד עשר לגימות שנתן נבל לעבדי דוד (*אמר) רב נחמן אמר רבה בר אבוה אלו י' ימים שבין ר"ה ליוה"כ : בר"ה כל באי העולם עוברין לפניו כבני מרון : מאי כבני מרון הכא תרגימו כבני אמרנא ריש לקיש אמר כמעלות בית *מרון (*אמר) רב יהודה אמר שמואל כחיילות של בית דוד אמר רבב"ח א"ר יוחנן וכולן נסקרין בסקירה אחת אמר ר"נ בר יצחק אף אנן נמי תנינא °היוצר יחד לבם המבין אל כל מעשיהם מאי קאמר אילימא ה"ק דברנהו לכולי עלמא ומייחד לבייהו כהדדי והא קא חזינן דלאו הכי הוא אלא לאו הכי קאמר היוצר רואה יחד לבם ומבין אל כל מעשיהם :

מתני' *על ששה חדשים השלוחין יוצאין על ניסן מפני הפסח על אב מפני התענית על אלול מפני ר"ה על תשרי מפני תקנת המועדות על כסליו מפני חנוכה ועל אדר מפני הפורים וכשהיה בהמ"ק קיים יוצאין אף על אייר מפני פסח קטן : **גמ'** וליפקו נמי אתמוז וטבת דאמר

רש"י

לגרדום · בית וועד שדנים בו נפשות להריגה : ודינם שוה · שניהם נתפסו על דבר אחד : זה ירד · מן המטה : זה ניצל · מן הוועד: תפלה שלימה · נתכוון : אביי ורבא מדבית עלי אתו · כך שמעתי ובשחיטת חולין פרק הזרוע (דף קלג.) אשכחן דרבא לאו כהן הוא ושמא אמו מבית עלי היתה ויש גורסין רבה ואביי ומפרשי לה ברבה בר נחמני : ויחיד אימת · מצוי לו דכתיב בהמצאו: כנגד עשרה לגימות· עשרה עבדים שלח לו דוד כדמפרש בקרא (ש"א כה) ונתן להם סעודה אחת לפיכך נתלו לו עשרה ימים : רבנחמן אמר אלו עשרה ימים כו' · שהמתין לו הקב"ה שישוב ולא שב : בר"ה כל באי עולם כו' כבני אמרנא· ככבשים שמונין אותן לעשרן ויוצאין זה אחר זה בפתח קטן שאין יכולין לצאת כאחד : כמעלות בית מרון · הדרך קצר ואין שנים יכולין לילך זה בצד זה שהעמק עמוק משני צידי הדרך : ה"ג ורב יהודה אמר שמואל כחיילות של בית דוד והדר גרסינן אמר רבה בר בר חנה כו' : כחיילות של בית דוד · וכבני מרון כבני חיילות של מלך מרון לשון מרות ואדנות וכך היו מונין אותם יוצאים זה אחר זה בצאתם למלחמה : וכולן נסקרין וכו' · ואע"פ שעוברין זה אחר זה : אף אנן נמי תנינא · דכולן נסקרים בסקירה אחת מדכתיב תנא דידן תלמודא למלתיה מהאי קרא היוצר יחד לבם : ולבייהו מייחד כי הדדי · כלבו של זה כך לבו של זה : הכי קאמר היוצר רואה יחד לבם . ואקרא דלעיל מיניה קא מהדר השגיח אל כל יושבי הארץ היוצר אותם השגיח יחד את לבם : **מתני'** על ששה חדשים שלוחים יוצאים · שקדשו ב"ד החדש ע"פ עדים כשראו את החדש ומודיעים השלוחין לגולה יום שקדשוהו אם ביום שלשים וחדש שעבר חסר או ביום ל"א וחדש שעבר מלא : מפני הפסח · והולכין השלוחין עד הפסח חוץ מן השבתות: ועל אב מפני התענית · והולכין כל שמונת הימים חוץ מן השבת : על אלול מפני ר"ה · מודיעים מתי התחיל אלול ועושין ר"ה ביום שלשים לאלול בגולה דרוב שנים אין אלול מעובר ואע"פ שספק הוא בידם שמא יעברוהו ב"ד אי אפשר להן לדעת ועל כרחן הולכין אחר רוב שנים ואם לא ידעו מתי התחיל אלול לא ידעו יום שלשים שלו : ועל תשרי מפני תקנת המועדות · לאחר שקדשוהו ב"ד לתשרי השלוחין יוצאין ליום המחרת והולכין עד מקום שיכולין להגיע עד החג ומודיעים אם עיברו ב"ד את אלול ואם לאו כדי שלא יהא לבם נוקפן ביוה"כ וסוכות : פסח קטן · פסח שני לטמא ושהיה בדרך רחוקה בראשון : **גמ'**

תוספות

כאן קודם גזר דין · בפרק בתרא דנדה (דף ע: ושם) משני נמי הכי והוה מצי לשנויי כדאמר להו קב"ה למלאכי השרת בפ' מי שמתו (ברכות דף כ:) ולא אשא פנים לישראל אני אמרתי ואכלת ושבעת וברכת והם דקדקו עד כזית עד כביצה ומיהו גם זה אמת שאף לישראל אינו נושא פנים אלא קודם גזר דין : **רבה** ואביי מדבית עלי קאתו · רבא חבירו של אביי לא הוה כהן כדמוכח בפ' הזרוע (חולין דף קלג·) והכא רבה חבירו של רב חסדא וכן משמע נמי בפרק בתרא דמו"ק (דף כח· ושם) דאמר רבא חיי בני ומזוני לא בזכותא תליא מילתא אלא במזלא תליא מילתא דהא רבה ורב חסדא תרוייהו צדיקים גמורים הוו מר מצלי ואתי מיטרא ומר מצלי ואתי מיטרא רבה חיה ארבעין שנין ורב חסדא חיה תשעין *שנין וא"ת מנא ליה דמשום מזלא הוה דלמא משום דרבה אתא מדבית עלי וי"ל דאפ"ה אי לאו מזלא הוה מגין עליו זכות תורה וא"ת דהכא משמע דרבה לא היה לו זכות של גמילות חסדים והא אמרינן בפ' חלק (סנהדרין דף צט:) אמר ליה אביי לרבה מר הא תורה הא גמילות חסדים וי"ל דמ"מ אביי עסק טפי מיניה* : **על** ניסן מפני הפסח · אבל על סיון מפני עצרת לא צריך דבעומר הדבר תלוי כדאמרי' לעיל (דף ו:) דתני רב שמעיה עצרת פעמים חמשה פעמים ששה פעמים שבעה : **ועל** אלול מפני ר"ה · מודיעים מתי מתחיל אלול ועושין ר"ה ביום שלשים לאלול בגולה וגם למחרתו כדמשמע בפ"ק דביצה (דף ה·) ובפ' בכל מערבין (עירובין דף לט· ושם) שהיו עושין שני ימים טובים של ר"ה מספק דלמא עברוה לאלול מ"מ אם לא ידעו מתי מתחיל אלול לא ידעו יום שלשים : הואיל

רבינו חננאל

ואסיקנא גז"ד דיחיד נמי שאינו נקרע אע"פ שעשה תשובה תנאי היא כלומר יש מי שאומר והוא ר' מאיר שהתשובה מבטלת אפילו גז"ד דיחיד . ור' אלעזר חולק עליו . פי' גרדום *) מושב השופט כשיושב לשפוט. ר' יצחק אמר לעולם יפה צעקה לאדם בין לפני גז"ד בין לאחר גז"ד . ואקשינן וגזר דין דצבור מי מיקרע והכתיב כבסי מרעה לבך ירושלים למאן תושעי וכתוב אחד אומר כי אם תכבסי בנתר וגו' מאי לאו האי דכתיב נכתם עונך לפני**) בגז"ד שיש עמו שבועה דאמר מניין לגזר דין שיש עמו שבועה שאינו נקרע שנאמר ולכן נשבעתי לבית עלי אם יתכפר עון בית עלי וגו' אמר רבה בזבח ובמנחה אינו מתכפר אבל מתכפר בדברי תורה . אביי אמר מתכפר נמי בגמילות חסדים רבה בר נחמני ואביי תרווייהו מדבית עלי קאתו וכתיב בבית עלי וכל מרבית ביתך ימותו אנשים כלום אינם מאריכין שנים יותר מעשרים . רבה דעסק בתורה חיה מ' שנים אביי דעסק בתורה ובגמילות חסדים חיה שיתין שנין . ומשפחה אחרת היתה מבית עלי שהיו מתים בן י"ח שנה והלכו ועסקו בתורה וחיו כו' אמרו משמיה דרב מנין לגז"ד של צבור דאע"פ שנחתם מתקרע שנאמר אשר לו אלהים קרובים אליו . איני והכתיב קראוהו בהיותו קרוב ביחיד ואימתי הוא קרוב ליחיד בעשרה ימים שבין ר"ה ליוה"כ . ויהי כעשרת הימים ויגוף ה' את נבל. אמר רב כנגד י' לגימות שנתן נבל לעבדי דוד. ובר"ה כל באי עולם עוברין לפניו כבני מרון שנאמר היוצר יחד לבם המבין אל כל מעשיהם . הכא תרגימו כבני אימרנא (כבני אימרונא) פי' כבני כבשים העוברים ע"י מונה אר"י וכולן נסקרין בסקירה אחת פי' מביט כל באי עולם ומביט להם בהבטה אחת ומבין כל מעשיהן . אמר רנב"י תנינא להא דר"י דתנן כל באי עולם עוברין לפניו כבני מרון שנאמר היוצר יחד לבם ופירוש היוצר רואה יחד לבם של כל באי עולם ומבין אל כל מעשיהם . ודן אותם כל אחד לפי מעשיו : **מתני'** על ששה חדשים שלוחין יוצאין

מסורת הש"ס: ירמי' ד | שם ב | הכי' ש"א ג | שם ב | ירמיה ב | דברים ד | ישעיה נה | ש"א כה | תהלים לג | [לעיל טז.] | יבמות קה. | [רבה צ"ל כה' עי' תוס' שבת כג: ד"ה גזרה ובדף ע:ב תוס' ד"ה נודע וכו' וביבמות קה. איתא על נכון] | [מו"ק כח.] | [כתו' וביבמות קה. ליתא מלת רבן] | [יבמות מט: קה.] | *) [שם וע"ש] | [בילקוט ליתא] | [גי' ע"י הערוך וכן בהרא"ש וברב אלפס ועי' סנהדרין לג: ועירובין כב:] | [לקמן כח:] | [ותרתין] | [וע"ע תוס' יבמות קה. ד"ה רבה ותוס' בכורות כז. ד"ה רבה]

*) פי' בערוך ערך גרדום שכתב ס"א גרדין פי' מעלות שעושין לדיינין שיושבין עליהן כו'. ובלעז מעלה גראדין עכ"ל ונראה דלזה כוון רבינו ג"כ. **) חסר וצ"ל לאחר גז"ד ופרקינן דהתם בגז"ד כו'

קא א ב ג מיי' פ"ה מהל' תענית הל' ב ג סמג עשין דרבנן ג טוש"ע א"ח סימן תקמט :

[וכא מתרץ שם בתענית כח:]

תורה אור

דאמר רב חנא בר ביזנא אמר ר"ש חסידא מאי דכתיב °כה אמר ה' צבאות צום הרביעי וצום החמישי וצום השביעי וצום העשירי יהיה לבית יהודה לששון ולשמחה *קרי להו צום וקרי להו ששון ושמחה בזמן שיש שלום יהיו לששון ולשמחה אין שלום צום אמר *רב פפא הכי קאמר בזמן שיש שלום יהיו לששון ולשמחה יש גזירת המלכות צום אין גזרת המלכות ואין שלום רצו מתענין רצו אין מתענין אי הכי ט"ב נמי אמר רב פפא שאני ט' באב הואיל והוכפלו בו צרות דאמר מר **בט' באב חרב הבית בראשונה ובשניה ונלכדה ביתר ונחרשה העיר תניא *אמר ר"ש ארבעה דברים היה ר"ע דורש °ואני אין דורש כמותו °צום הרביעי זה ט' בתמוז שבו הובקעה העיר שנאמר °(ברביעי) בתשעה לחדש ויחזק הרעב בעיר ולא היה להם לעם הארץ ותבקע העיר ואמאי קרי ליה רביעי רביעי לחדשים צום החמישי זה תשעה באב שבו נשרף בית אלהינו ואמאי קרי ליה חמישי חמישי לחדשים צום השביעי זה ג' בתשרי שבו נהרג גדליה בן אחיקם ומי הרגו ישמעאל בן נתניה הרגו ללמדך ששקולה מיתתן של צדיקים כשריפת בית אלהינו ואמאי קרי ליה שביעי שביעי לחדשים צום העשירי זה עשרה בטבת שבו סמך מלך בבל על ירושלים שנאמר °ויהי דבר ה' אלי בשנה התשיעית בחדש העשירי בעשור לחדש לאמר בן אדם כתב לך את שם היום את עצם היום הזה סמך מלך בבל אל ירושלם ואמאי קרי ליה עשירי עשירי לחדשים והלא היה ראוי זה לכתוב ראשון ולמה נכתב כאן כדי להסדיר חדשים כתיקנן ואני איני אומר כן אלא צום העשירי זה חמשה בטבת שבו באת שמועה לגולה שהוכתה העיר שנאמר °ויהי בשתי עשרה שנה בעשירי בחמשה לחדש לגלותנו בא אלי הפליט מירושלם לאמר הוכתה העיר ועשו יום שמועה כיום שריפה ונראין דברי מדבריו שאני אומר על ראשון ראשון ועל אחרון אחרון והוא אומר על ראשון אחרון ועל אחרון ראשון *אלא שהוא מונה לסדר חדשים ואני מונה לסדר פורעניות איתמר *רב ורבי חנינא אמרי בטלה מגילת תענית רבי יוחנן וריב"ל אמרי לא בטלה מגילת תענית רב ורבי חנינא אמרי בטלה מגילת תענית הכי קאמר בזמן שיש שלום יהיו לששון ולשמחה אין שלום צום והנך נמי כי הני רבי יוחנן ורבי יהושע בן לוי אמרי לא בטלה מגילת תענית הני הוא דתלינהו רחמנא בבנין אבל הנך כדקימי קימי מתיב רב כהנא מעשה וגזרו תענית בחנוכה בלוד וירד ר"א ורחץ ורבי יהושע וסיפר ואמרו להם צאו והתענו על מה שהתעניתם אמר רב יוסף שאני חנוכה דאיכא מצוה א"ל אביי ותיבטיל איהי ותיבטל מצותה אלא אמר רב יוסף שאני חנוכה דמיפרסם ניסא מותיב רב אחא בר הונא בתלתא בתשרי בטילת אדכרתא מן שטרייא שגזרה מלכות יון גזרה שלא להזכיר שם שמים על פיהם וכשגברה מלכות חשמונאי ונצחום התקינו שיהו מזכירין שם שמים אפילו בשטרות וכך היו כותבים בשנת כך וכך ליוחנן כהן גדול לאל עליון וכששמעו חכמים בדבר אמרו למחר זה פורע את חובו ונמצא שטר מוטל באשפה וביטלום ואותו היום עשאוהו יו"ט ואי סלקא דעתך בטלה מגילת תענית קמייתא בטול אחרנייתא מוסיפין הכא במאי עסקינן בזמן שבית המקדש קיים
ותיפוק

זכריה ח | ירמיה נב | יחזקאל כד | שם לג

הואיל והוכפלו בו הצרות · ביום שבעה עשר בתמוז נמי אירע חמשה דברים כדתנן בפרק בתרא דתענית (דף כו:) אבל חורבן בית המקדש תקיפא טובא ועוד לא דמי לט' באב דצרה אחת הוכפלה בו : זה תשעה בתמוז שבו הובקעה העיר · *היינו בראשונה אבל בשניה הובקעה בי"ז ומשום הכי עבדינן בי"ז תענית והך ברייתא מתניא בירושלמי וגרסי' בה י"ז בתמוז ואע"ג דכתיב בקרא בתשעה לחדש קלקול חשבונות היו שם ופליג אש"ס דידן ורוצה לומר דמתוך טרדתם טעו בחשבונם ולא רצה הפסוק לשנות מכמו שהיו סבורים : זה תשעה באב שבו נשרף · בפרק בתרא דתענית (דף כט·) רמי קראי אהדדי דבסוף מלכים כתיב דנשרף בשבעה ובספר ירמיה כתיב בעשור לחדש וישרוף וגו' ומשני דבז' לחדש נכנסו אויבים להיכל ואכלו ושתו בו [שביעי] שמיני ותשיעי עד שפנה היום לעתותי ערב הציתו בו האש ונשרף עד שקיעת החמה בעשור : וירד רבי אליעזר ורחץ · ממתני' דעל כסליו מפני חנוכה לא הוה ליה לאקשויי דלעולם לא חשיב יו"ט ואפילו הכי מדליקין נרות זכר לנס :
ותיפוק

דאמר רב חנא בר ביזנא כו'. דכולהו ימי תענית נינהו בזמן הזה שאין בהמ"ק קיים ומתניתין בזמן הזה קא איירי מדקתני וכשהמקדש קיים כו': שיש שלום. שאין יד העובדי כוכבים תקיפה על ישראל: יהיו לששון ולשמחה. ליאסר בהספד ובתענית: יש גזרת המלכות צום · חובה להתענות בהן: רצו אין מתענין · וכיון דרשות הוא לא מטרחינן שלוחים עלייהו : ארבעה דברים הללו כו' · וזו אחת מהן והג' שנויין בתוספתא *דסוטה ובסיפרי בן אדם יושבי החרבות וגו' הצאן והבקר ישחט וגו' ותרא שרה את בן הגר המצרית וגו' : סמך מלך בבל · התחיל לצור עליה : שמועה לגולה · לגלות יכניה שגלו לבבל אחת עשרה שנה לפני החורבן : שאני אומר על ראשון · שבסדר מקרא : ראשון · לפורענות בתחלה הובקעה העיר ואח"כ נשרף הבית בתשעה באב ובתשרי שלאחריו נהרג גדליה ובטבת שלאחריו באתה השמועה : והוא אומר על ראשון · שבפסוק אחרון לפורענות : ועל אחרון · שבמקרא ראשון לפורענות שהרי תחילה סמך ואח"כ הובקעה כמנא י"ז בתמוז שהוא ראשון במקרא אחרון לסמיכת בבל שהוא מאוחר במקרא : אלא שהוא מונה לסדר חדשים · ואמר שלא הקפיד המקרא אלא על סדר החדשים לכך מנה תמוז קודם לטבת ואני מונה אף לסדר פורענות : בטלה מגילת תענית · ימים טובים שקבעו חכמים ע"י נסים שאירעו בהם ואסרום בתענית ויש מהן אף בהספד וכתובים במגילה אתה אלין יומיא דלא להתענאה בהו כו' עכשיו שחרב הבית בטלו ומותרין בהספד ובתענית: אין שלום צום · ואע"ג דבזמן הבית קרינהו מועדים טובים : והנך נמי · דמגילת תענית כי הני משוין להו כי היכי דהני בטלי הני נמי בטלי : דתלינהו בבנין · דע"י החורבן הוקבעו לצום ועל ידי הבנין הוקבעו ליום טוב שכשנבנה בית שני שלחו בני הגולה האבכה בחדש החמישי הנזר כאשר עשיתי זה כמה שנים מיום החורבן כמו שנאמר שם (זכריה ז) שהשיבם הקב"ה כי צמתם וספוד בחמישי ובשביעי וזה שבעים שנה וגו' ומכאן ואילך יהיו לששון ולשמחה ולמועדים טובים : וירד ר' אליעזר כו' · ורבי אליעזר ורבי יהושע אחר חורבן הבית הוו דבימי רבן יוחנן בן זכאי רבם חרב הבית : התענו · כלומר עשו תשובה : דמפרסם ניסא · כבר הוא גלוי לכל ישראל ע"י שנהגו בו המצות והחזיקו בו כשל תורה ולא נכון לבטלו : בתלתא בתשרי כו' · כך כתוב במגילה לשון ארמי בטילת אדכרתא ביטלו אזכרת שם שמים מן השטרות ובקושי יכלו לבטל שכבר נהגו העם וכששמעו חכמי' ובטלום הוכשר הדבר בעיניהם ונחשב להם לנס ועשאוהו י"ט :
ותיפוק

[סי"ו] | [פי' ע"ז תמלה בב"י א"ח ריש סי' תקנ] | [ג"י הטור א"ח סי' תקנ רבא] | תענית כה | [תוספ' דסוטה ס"ו] | [נ"ל בחודש הרביעי]

גליון הש"ס

גמ' ואני אין דורש כמותו. עיין בספר ברכי יוסף יו"ד סי' רמב סעיף ג :

רש"י גרס רב הונא ורב חיננא

רבינו חננאל

יוצאין על ניסן מפני הפסח וכו'. ואקשינן וליפקו שלוחין נמי בתמוז ובטבת מפני הצומות שיש בהן ופריק רב פפא הכי קאמר בזמן שיש שלום כלומר כל זמן שבית המקדש קיים יהיה לששון ולשמחה. יש גזרה צום אין גזרה ואין שלום כגון עתה בזמן הזה רצו מתענין רצו אין מתענין וכיון שאם רצו שלא להתענות בהן אין חובה עליהן לפיכך אין שלוחין יוצאין בהן אי הכי ומפני מה יוצאין באב ופרקינן משום שהוכפלו בו צרות מפני שחרב בו הבית בראשונה ובשניה ונלכדה ביתר ונחרשה העיר קבלו עליהם' באב צום לעולם בגלות ואע"פ שאין שם סכנה בזמן הזה לפיכך יוצאין באב תניא ארשב"י ד' דברים היה ר' עקיבא דורש ואלו הן. א' ותרא שרה את בן הגר המצרית וגו'. ב' הצאן ובקר ישחט להם וגו'. ג' בן אדם יושבי החרבות על אדמת ישראל וגו'. ד' כה אמר ה' צום הרביעי וגו'. ואלו ד' דברים מפורשין בספרי דבי רב (בפרשת ואתחנן) ובתוספתא במסכת סוטה (פ"ו) וארשב"י זה אחד מן ד' דברים שהיה ר' עקיבא דורש ואף אני דורש כמותו ולא חלפתי על דבריו אלא בצום העשירי בלבד שהוא אומר עשרה בטבת שבו סמך מלך בבל על ירושלים ואני אומר צום העשירי זה ה' בטבת שבאתה שמועה לגולה כי נחרבה העיר ונשרף הבית ונראין דברי מדבריו שהוא אומר בתמוז הובקעה העיר ובאב נלכדה העיר. ובתשרי נהרג גדליהו בן אחיקם ובטבת סמך מלך בבל נמצאו הדברים הללו שלא על הסדר כי אחרי שנלכדה העיר ונשרף הבית מזכיר סמיכת החיילות על ירושלים ואע"פ שהוא על הסדר לסדר החדשים שמחשב רביעי תמוז. ואב חמישי ותשרי שביעי וטבת עשירי הפורעניות אינן על הסדר שמאחר הסמיכה מן השרפה ואני מונה לסדר חדשים ולסדר פורעניות על הסדר. בחדש הרביעי הובקעה העיר ובחמישי נלכדה ובשביעי נהרג גדליה בן אחיקם ובעשירי באת שמועת הפורענות הללו בגולה בבבל ועשו יום שמועה כיום שרפה : איתמר רב ור' חנינא אמרו בטלה מגלת תענית פי' כל הכתוב במגילת תענית די לא להתענאה בהון כי הם כמו ימים טובים שאסור להתענות בהן בטלה וכל הרוצה להתענות בהן מתענה וראיה אלו ג' תעניות י"ז בתמוז ג' בתשרי וי' בטבת בזמן שיש שלום הם כימים טובים ואסור להתענות בהן כדכתיב יהיה לבית יהודה לששון ולשמחה וגו'. אין שלום צום ושאר הימים הכתובים במגילת תענית בזמן הבית היו ימים טובים ואסורים בתענית עכשיו בטלה. ור' יוחנן וריב"ל אמרי לא בטלה הני ג' צומות הוא דתלינהו רחמ' בבנין הבית אבל הני כדקיימא באיסור הכי קיימי עד עכשיו שאסור ומתיב רב כהנא על מאן דאמר בטלה מגילת תענית מעשה וגזרו תענית בחנוכה בלוד ואמר להן ר' יהושע צאו והתענו על מה שהתעניתם*) כלומר עברתם ופרקי' שני חנוכה דאיכא מצות הדלקת נר ונדחה אלא משום דמפרסים ניסא דחנוכה. ואותבון תוב מיהא בתלתא בתשרי בטילת אדכרתא מן שטרייא כו' פי' היו כותבין בשטרות בשנת כך וכך ליוחנן כ"ג שהוא כהן לא-ל עליון ואמרו חכמים למחר פורע זה את חובו ונמצא שטר קרוע מושלך באשפה ושם עליון כתוב בו וגזרו שלא להזכיר שם שמים בשטר כלל ובטלוהו ואותו היום שגזרו כך ג' בתשרי היה ועשוהו וקבעוהו כמו י"ט שאסור בתענית ואי ס"ד בטלה מגילת תענית וכל הרוצה להתענות מתענה הראשונות בטלו האחרונות מחדשין ופרקי' זה שקבעוהו לג' בתשרי י"ט בזמן שהיה הבית קיים וכי אמרינן אנן דבטלה מגילת תענית אחר חרבן הבית
ואקשינן

*) נראה דצ"ל עברתם על דברי חכמים.

a Tammuz and Tebeth[1] [18b] seeing that R. Ḥanah b. Bizna has said in the name of R. Simeon the Saint: 'What is the meaning of the verse, *Thus had said the Lord of Hosts: The fast of the fourth month and the fast of the fifth and the fast of the seventh and the fast of the tenth shall be to the house of Judah joy and gladness?*[2] The prophet calls these days both days of fasting and days of joy, signifying that when there is peace they shall be for joy and gladness, but if there is not peace they shall be fast days'!—R. Papa replied: What it means is this: When there is peace they shall be for joy and gladness; if there is persecution,[3] they shall be fast days; if there is no persecution but yet not peace, then those who desire may fast and those who desire need not fast.[4] If that is the case, the ninth of Ab also [should be optional]?—R. Papa replied: The ninth of Ab is in a different category, because several misfortunes happened on it, as a Master has said: On the ninth of Ab the Temple was destroyed both the first time and the second time, and Bethar was captured[5] and the city [Jerusalem] was ploughed.[6]

It has been taught: R. Simeon said: There are four expositions among those given by R. Akiba with which I do not agree. [He said]:[7] *'The fast of the fourth month'*—this is the ninth of Tammuz, on which a breach was made in the walls of the city,[8] as it says, *On the fourth month on the ninth of the month the famine was sore in the city, so that there was no bread for the people of the land, and a breach was made in the city.*[9] Why is it called fourth? As being fourth in the order of months. *'The fast of the fifth month'*: this is the ninth of Ab, on which the House of our God was burnt. Why is it called fifth? as being fifth in the order of months. *'The fast of the seventh month'*: this is the third of Tishri on which Gedaliah the son of
b Ahikam was killed.[1] Who killed him? Ishmael the son of Nethaniah killed him; and [the fact that a fast was instituted on this day] shows that the death of the righteous is put on a level with the burning of the House of our God. Why is it called the seventh? As being the seventh in the order of months. *'The fast of the tenth month'*: this is the tenth of Tebeth on which the king of Babylon invested Jerusalem, as it says, *And the word of the Lord came unto me in the ninth year in the tenth month, in the tenth day of the month, saying, Son of man, write thee the name of the day, even of this selfsame day; this selfsame day the king of Babylon hath invested Jerusalem.*[2] Why is it called the tenth? As being the tenth in the order of months. [It might be asked], should not this have been mentioned first?[3] Why then was it mentioned in this place [last]? So as to arrange the months in their proper order. I, however, [continued R. Simeon], do not explain thus. What I say is that *'the fast of the tenth month'* is the fifth of Tebeth on which news came to the Captivity that the city had been smitten, as it says, *And it came to pass in the twelfth year of our captivity, in the tenth month, in the fifth day of the month, that one who had escaped out of Jerusalem came to me saying, The city is smitten,*[4] and they put the day of the report on the same footing as the day of burning. My view is more probable than his, because I make the first [mentioned by the prophet] first [chronologically] and the last last,[5] whereas he makes the first last and the last first, he, however, following [only] the order of months I [also follow] the order of calamities.

It has been stated [elsewhere]: Rab and R. Ḥanina hold that the *Megillath Ta'anith*[6] has been annulled,[7] whereas R. Joḥanan and Resh Laḳish hold that the *Megillath Ta'anith* has not been annulled. Rab and R. Ḥanina hold that the *Megillath Ta'anith* has been annulled, interpreting the words of the prophet thus: 'When
c there is peace, these days[1] shall be for joy and gladness, but when there is no peace, they shall be fasts', and placing the days mentioned in the *Megillath Ta'anith* on the same footing. R. Joḥanan and Resh Laḳish hold that the *Megillath Ta'anith* has not been annulled, maintaining that it was those others [mentioned by the prophet] that the All-Merciful made dependent on the existence of the Temple,[2] but these [mentioned in *Megillath Ta'anith*] remain unaffected.

R. Kahana cited the following in objection: 'On one occasion a fast was decreed in Lydda on Ḥanukah[3] and R. Eliezer went down there and bathed and R. Joshua had his hair cut,[4] and they said to the inhabitants, Go and fast in atonement for having fasted [on this day]'![5]—R. Joseph said: Ḥanukah is different, because there is a religious ceremony [attached to it].[6] Said Abaye to him: Let it be abolished and its ceremony with it?[7]—R. Joseph thereupon [corrected himself and] said: Ḥanukah is different because it commemorates publicly a miracle.[8]

R. Aha b. Huna raised an objection [from the following]: 'On the third of Tishri the mention [of God] in bonds was abolished:[9] for the Grecian[10] Government had forbidden the mention of
d God's name[1] by the Israelites, and when the Government of the Hasmoneans became strong and defeated them, they ordained that they should mention the name of God even on bonds, and they used to write thus: 'In the year So-and-so of Joḥanan, High Priest to the Most High God', and when the Sages heard of it they said, 'To-morrow this man will pay his debt and the bond will be thrown[2] on a dunghill', and they stopped them, and they made that day a feast day.[3] Now if you maintain that the *Megillath Ta'anith* has been annulled, [is it possible that] while the former [prohibitions of fasting] have been annulled, new ones should be added?—With what are we here dealing? With the period when

a (1) On account of the fasts of the seventeenth of Tammuz and the tenth of Tebeth. (2) Zech. VIII, 19. (3) Lit., 'decrees of the Government'. (4) Since these fasts were at the time of this Mishnah optional, no messengers were sent forth on their account. (5) In the war of Bar Cochba. (6) V. Ta'an. 26b. (7) In expounding the verse from Zechariah quoted above. (8) [The fast of Tammuz observed nowadays on the seventeenth of the month is in commemoration of the same calamity at the Second Destruction; v. Ta'an. 26b. Sifre on Deut. VI, 4 reads, 'on the seventeenth' following J. Ta'an. IV, 8 that also the first time the breach was made on the seventeenth, the *'ninth'* mentioned in the text being due to miscalculation caused by the confusion of the time, v. Tosaf. s.v. זה]. (9) Jer. LII, 6, 7.

b (1) V. Jer. XLI, 1, 2. (2) Ezek. XXIV, 1, 2. (3) The event commemorated being chronologically the first of those mentioned. (4) Ezek. XXXIII, 21. This is one of the four expositions in which R. Simeon differed from his teacher, R. Akiba. The other three are found in the Tosefta of Soṭ. VI and Sifre on Deut. VI, 4. (5) The fast of the fourth month. (6) Lit., 'Scroll of Fasting': a record of days on which it was prohibited to fast in memory of some joyful event which had happened on that date. It dates back in part before the destruction of the Second Temple (v. Shab. 13b). Its present form dates from the days of Hadrian. (7) Apparently we have to supply, 'since the destruction of the Temple'.

c (1) The four days mentioned by Zechariah. (2) So that when the Temple is restored and there is peace these fasts are abolished. (3) One of the Festivals mentioned in *Megillath Ta'anith.* (4) R. Eliezer and R. Joshua were disciples of R. Joḥanan b. Zaccai, and became authorities only after the destruction of the Temple. Bathing and haircutting were prohibited on fast days. (5) And if it was prohibited to fast on Ḥanukah, so also on the other days mentioned in *Megillath Ta'anith.* (6) Viz., the kindling of the lights. (7) Seeing that it is purely Rabbinical. (8) By the kindling of lights, and the people regard its ceremony like one ordained in the Torah. (9) This is a sentence from *Megillath Ta'anith*, which the Baraitha explains. (10) I.e., Syrian.

d (1) Lit., 'the name of heaven'. [Cf. Gen. Rab. II, 4: 'The Jews were ordered by the Greeks to write on the horn of the ox, "We have no share in the God of Israel"']. (2) Lit., 'it is found that the name of heaven is lying about'. (3) [Geiger, *Urschrift*, p. 34 places this in the last days of John Hyrcanus when the Pharisees turned against him; Graetz, *Geschichte* III, 2 p. 572 during the reign of Queen Salome when the Pharisees were in power. For other views, v. Lichtenstein, H, *HUCA*, pp. 283ff].

the Temple was still standing [19*a*]. But [if that is so], cannot the prohibition [of the third of Tishri] be derived from the fact that it was the day on which Gedaliah the son of Ahikam was killed?[4] —Rab replied: Its [insertion in the *Megillath Ta'anith*] was required only to prohibit the day before it also.[5] But the prohibition of the day before it can also be derived from the fact that it is the day after New Moon?[5]—New Moon is ordained by the Written Law, and the ordinances of the Written Law do not require reinforcement, as it has been taught: 'These days which are mentioned in *Megillath Ta'anith* are forbidden [for fasting on] along with both the day before them and the day after them. As to Sabbaths and New Moons, they themselves are forbidden, but the days before and after them are permitted. What is the difference between one set and the other? The one set are ordained by the Torah,[6] and the words of the Torah require no reinforcement, whereas the other are laid down by the Scribes, and the words
a of the Scribes require reinforcement'.[1] But cannot the prohibition [of the second of Tishri] be derived from the fact that it is the day before the day on which Gedaliah the son of Ahikam was killed?[2]—R. Ashi replied: The fast of Gedaliah the son of Ahikam is laid down in the later Scriptures,[3] and the words of the later Scriptures are on the same footing as those of the Torah.

R. Tobi b. Mattenah raised the following objection [against the statement that *Megillath Ta'anith* has been annulled]: '"On the twenty-eighth thereof [of Adar] came glad tidings to the Jews that they should not abandon the practice of the Law". For the Government [of Rome] had issued a decree that they should not study the Torah and that they should not circumcise their sons and that they should profane the Sabbath. What did Judah b. Shammu'a and his colleagues do? They went and consulted a certain matron whom all the Roman notables used to visit.[4] She said to them: "Go and make proclamation [of your sorrows] at night time". They went and proclaimed at night, crying, "Alas, in heaven's name, are we not your brothers, are we not the sons of one father and are we not the sons of one mother? Why are we different from every nation and tongue that you issue such harsh decrees against us?" The decrees were thereupon annulled, and that day was declared a feast day'.[5] Now if you maintain that the *Megillath Ta'anith*[6] was annulled, [is it possible that] after the earlier prohibitions had been annulled they should add new ones? And should you reply that this also was in the period when the Temple was still standing, [this cannot be], because Judah b. Shammu'a was the disciple of R. Meir, and R. Meir was after the destruction of the Temple. We know [that R. Judah was R. Meir's disciple] because it has been taught: 'If holes were made in a vessel of glass and filled up with lead, R. Simeon b. Gamaliel reports that R. Judah b. Shammu'a in the name of R. Meir declares

(4) On which, as established above, fasting was prohibited in the period of the Temple. (5) V. *infra*. (6) The Pentateuch.

a (1) And the days before and after are prohibited lest one should come to fast on the actual day. (2) Cf. 18*b* n. a1. (3) Viz., Zechariah. Lit., 'words of *Kabbalah*. V. *supra* 7*a* n. a10. (4) [Probably the widow of Tineius Rufus (v. A.Z. 20*a*) whose home was in Caesarea, (Graetz, *Geschichte* IV, p. 169)]. (5) [Graetz, loc. cit. refers this to the withdrawal of the Hadrianic edicts by his successor Antonius Pius in 139-140. For other views v. Lichtenstein op. cit. p. 279]. (6) I.e., those days that were inserted in the list before the destruction of the Temple.

ותיפוק ליה כו' · אי בית המקדש הוה קיים בלאו הכי הוי יום טוב דהיינו נס גדליה וקריא רחמנא מועדים טובים בזמן הבית: לא נצרכה · הא דהדר קבעוה במגילת תענית על דבר זה אלא לאסור אתמול גם הוא בתענית כדאמרינן לקמיה הימים האלה הכתובים במגילה הם ולפניהם ולאחריהם אסורין: ראש חדש · מועד דאורייתא: ודאורייתא לא בעי חיזוק · לאסור לפניו ולאחריו אבל ימי מגילת תענית דרבנן וצריכין חיזוק כי היכי דלא ליתי להתענות בי"ט עצמו: יום שלפני כו' · וההוא לאו דאורייתא הוא ובעי חיזוק: בעשרין ותמניא ביה · באדר קאי במגילת תענית: דלא יעידון מן אורייתא · שלא יכטרטו לנתק עצמן מן התורה: הפגינו · צעקו בשוקים וברחובות כדי שישמעו השרים וירחמו עליכם: אי שמים · כלומר למען הקב"ה: ורבי מאיר בתר חורבן הוה · כמה דורות דהא בימי רבן יוחנן בן זכאי חרב הבית ור' אליעזר תלמידו היה ור' עקיבא תלמידו של ר' אליעזר כדאמרינן בשלהי ארבע מיתות (סנהדרין דף סח·) ור' מאיר תלמידו של ר"ע כדאמרי' בפרק קמא דעירובין (דף יג·) כל מקום שאתה מוצא משום ר' ישמעאל אמר תלמיד אחד לפני ר' עקיבא אינו אלא ר' מאיר: *דתנן כו' · ר' יהודה בן שמוע תלמידו של ר' מאיר הוה: כלי זכוכית שנקבו · שנטמאו ונקבן לטהרן מטומאתן: אבר · עופרת לסתום את הנקב: יהודה בן שמוע מטמא · לומר שחזרו לטומאתן ישנה ואע"פ שלא נגעו שוב בטומאה ואע"פ שאין כלי זכוכית חוזרין לטומאתן ישנה כדאמר בפ"ק דשבת (דף טז·) שלא גזרו חזרת טומאה ישנה אלא בכלי מתכות הני נמי הואיל והאבר מעמידו ככלי מתכות דמו דהכל הולך אחר המעמיד: וחכמים

תענית יז: · [יבמות סה:] · [סב] · תענית יח. · נ"ל דפליג · שבת טו: ע"ש · ייג רשב"א

ותיפוק ליה דהוה ליה יום טוב דהוה ליה יום שנהרג גדליה בן אחיקם · שהוא לששון ויום טוב בזמן שבית המקדש קיים ולמאן דאמר [לא] בטלה מגילת תענית היינו לאחר חורבן: **אסורין** בין לפניהם בין לאחריהם · היינו להתענות אבל בהספד מותר כדמוכח בפרק סדר תעניות כילד (תענית דף יז:) דתניא מריש ירחא דניסן ועד תמניא ביה איתוקם תמידא דלא למספד בהון ופריך נימא מתרי בניסן ור"ח גופיה אסור ומשני לאסור יום שלפניו דמשום ר"ח דאורייתא לא מתסר דלא בעי חיזוק ותו פריך ותיפוק ליה דהוה יום דבתר עשרים ותמניא באדר ומשני לה רב *אשי כל שלאחריו בתענית אסור בהספד מותר וזה הואיל ומוטל בין שני י"ט עשאוהו כי"ט עצמו משמע דאי לאו הכי לא הוה נאסר בהספד אע"ג דהוא יום שלפני ריש ירחא דניסן דאיתוקם תמידא דלא למספד ולאו דווקא נקט רב אשי כל שלאחריו דהוא הדין כל שלפניו בהספד מותר אלא משום דקאי אשל אחריו נקטיה ויש לדקדק מתוך כך דהא דקתני שבתות וימים טובים הם אסורים לפניהם ולאחריהם מותרין בתענית איירי ואתאי כך ברייתא כר' יוסי דאמר בסוף בכל מערבין (עירובין דף מא· ושם) דע"ש מתענה ומשלים א"כ כרבנן ובלא השלמה וא"ת אי בלא השלמה אפי' בי"ט עצמו שרי כדמוכח התם דאמר ר' אלעזר בר לדוק אני הייתי מבני סנאב בן בנימין וחל ט"ב להיות בשבת ודחינוהו עד לאחר השבת והתענינו בו ולא השלמנוהו מפני שי"ט שלנו היה וי"ל דשאני ט' באב דחמיר תדע דהא קאמר התם שאני יום טוב דדבריהם הואיל ומתענין בו שעות משלימין בו ערבית והכא אסרינן בין לפניהם בין לאחריהם אלא התם בט' באב דחמיר והא דמייתי התם ראיה מתשעה באב שחל להיות בע"ש דאמר ר' יוסי מתענה ומשלים אגב בי רב דיתבי בתעניתא במעלי שבתא דשרי לאשלומי אף על פי שחלקו בין שאר תעניות לתשעה באב מכל מקום מייתי שפיר דלא חשיב תענית מה שנכנס לשבת כשהוא מעונה דהא שבת דוחה תשעה באב ואם היה חשוב תענית היה אסור אלא ודאי לא חשיב כמתענה בשבת ואם כן אף בתענית יחיד מותר נמי להשלים: **הא** ר' יהודה בן שמוע תלמידו של ר' מאיר · תימה בפ' סדר תעניות כילד (תענית דף יח.) פריך עשרים ותשעה נמי מאי איריא דהוה ליה יומא דבתר עשרין ותמניא מאי קושיא ההיא דאיתוקם תמידא זה היה בזמן שבית המקדש קיים ועובדא דעשרים ותמניא היה בימי ר' יהודה בן שמוע תלמידו של ר' מאיר וי"ל [א] דמ"מ רבי שסדר המשנה לא הוה ליה למתני מריש ירחא דניסן כיון דבימיו היה שלא לצורך: **יהודה** בן שמוע מטמא וכו' וחכמים מטהרין · תימה אמאי מטהרין לכל הפחות ליטמא משום כלי זכוכית שגזרו עליו טומאה כדאיתא בפ"ק דשבת (דף טו: ושם) ופי' בקונטרס דלענין טומאה ישנה פליגי יהודה בן שמוע מטמא לומר שחזרו לטומאתן ישנה אע"פ שלא נגעו בשום טומאה ואע"פ שכלי זכוכית אין חוזרין לטומאתן ישנה כדאמרינן בפ"ק דשבת (שם טז·) שלא גזרו חזרת טומאה ישנה אלא בכלי מתכות הני נמי הואיל והאבר מעמידו ככלי מתכות דמו דהכל הולך אחר המעמיד וחכמים מטהרין דעיקרו כלי זכוכית הן ולא אזלינן בתר מעמיד כן פי' הקונטרס וקשיא כיון דטומאה קדמה לאבר מה מועיל הטפת אבר לבסוף עוד פי' בקונט' לשון אחר ר' יהודה בן שמוע מטמא כדין כלי מתכות דאורייתא אם נגעה בהן טומאה דהכל הולך אחר המעמיד וחכמים מטהרין מטומאת כלי מתכות דאורייתא אלא משום טומאת כלי זכוכית דרבנן ולפירוש זה קשיא לשון מטהרין דמשמע מטהרין לגמרי ורבינו שמואל פירש דפליגי בהא אי הטפת אבר חשיב סתימה מעלייתא או לא ובפ"ק דשבת (שם) כתוב ור' מאיר היא דאמר הכל הולך אחר המעמיד גרים רבינו שמואל ר' מאיר היא ותו לא ולא גרסינן הכל הולך אחר המעמיד ולא יתכן כדמוכח בסוף תוספתא דכלים דתניא כוס של אבן שנקב והטיף לתוכו אבר ר' יוסי משום ר' יוחנן בן נורי אומר טמא משום כלי זכוכית רבי שמעון בן גמליאל אומר יהודה בן שמוע היה מטמא משום ר' מאיר משמע בהדיא כלשון אחרון שבקונטרס ורבנן היינו ר' יוחנן בן נורי ולא לגמרי מטהרין אי נמי רבנן דהכא אית להו בכלי אבן כר"מ דמטמא ככלי מתכות והא דלא מטמאין בכלי זכוכית משום כלי מתכות כמו בכלי אבן משום דכלי אבן לית ליה טומאה אוקמוה אטומאת כלי מתכות אבל כלי זכוכית שיש להם טומאה בעולם לא רצו לשנותן מטומאתן וריב"א פי' דחכמים מטהרין לגמרי משום דכלי זכוכית ככלי חרס דמו כדאמרינן פ"ק דשבת (דף טו:) ותניא בתוספתא דכלים (בב"ק) בפרק שני דכלי חרס שטהר שעה אחת אין לו טומאה לעולם ולא יתכן נמי פירוש זה כדמוכח בסוף תוספתא דלאו לגמרי מטהרין כדפרישית ועוד א"כ מנא ליה דטעמא דר"מ משום דהכל הולך אחר המעמיד דלמא משום דלית ליה ההיא סברא ואפי' נסתם בזפת היה מטמא דבהדיא בתוספתא דכלים פליגי עליה פרק מחט וטבעת ועוד רבנן לא אמרי הך סברא אלא בחתיכת חרס שפרשה מן החבית ויש בה כשיעור ונקבה וסתמה בזפת ולא בכלי שלם שנקב וסתמו כמו שפירש [בתוספתא] דפרק ב' דכלים ועוד דהא לא קיימא מסקנא הכי בפ"ק דשבת (טז.) דמסקינן הואיל ונשברו יש להם תקנה ככלי מתכות דמו:

ותיפוק ליה דהוה ליה יום שנהרג בו גדליה בן אחיקם אמר רב לא נצרכה אלא לאסור את שלפניו שלפניו נמי תיפוק ליה דהוה ליה יום שלאחר ר"ח ר"ח דאורייתא ודאורייתא לא בעי חיזוק דתניא *הימים האלה הכתובין במגילת תענית אסורין בין לפניהם בין לאחריהם שבתות וימים טובים הם אסורים לפניהן ולאחריהן מותרין מה הפרש בין זה לזה הללו דברי תורה *ואין דברי תורה צריכין חיזוק הללו דברי סופרים *ודברי סופרים צריכין חיזוק ותיפוק ליה דהוה ליה יום שלפני יום שנהרג בו גדליה בן אחיקם א"ר אשי גדליה בן אחיקם דברי קבלה הוא ודברי קבלה כדברי תורה דמו מתיב רב טובי בר מתנה *בעשרים ותמניא ביה אתת בשורתא טבתא ליהודאי דלא יעידון מאורייתא שגזרה המלכות גזרה שלא יעסקו בתורה ושלא ימולו את בניהם ושיחללו שבתות מה עשה יהודה בן שמוע וחביריו הלכו ונטלו עצה ממטרוניתא אחת שכל גדולי רומי מצויין אצלה אמרה להם בואו והפגינו בלילה הלכו והפגינו בלילה אמרו אי שמים לא אחיכם אנחנו ולא בני אב אחד אנחנו ולא בני אם אחת אנחנו מה נשתנינו מכל אומה ולשון שאתם גוזרין עלינו גזירות קשות וביטלום ואותו היום עשאוהו יום טוב ואי ס"ד בטלה מגילת תענית קמייתא בטול אחרנייתא מוסיפין וכי תימא הכא נמי בזמן שבית המקדש קיים והא יהודה בן שמוע תלמידו של רבי מאיר ור"מ בתר הכי הוה *דתנן *כלי זכוכית שניקבו והטיף לתוכן אבר אמר *רשב"ג יהודה בן שמוע מטמא משום ר"מ וחכמים

רבינו חננאל

ואקשינן אם בזמנשהיה הבית קיים ג' בתשרי הוא יום שנהרג בו גדליה בן אחיקם והוא אחד מן הד' צומות שכתובין בהן יהיו לבית ישראל לששון ולשמחה ולמועדים טובים והנה הוא עצמו י"ט היה באותה העת מה הוסיפו בו ופריק רב לאסור היום שקודם לג' בתשרי והנה יום ב' בתשרי גם הוא אסור בתענית שצום גדליה אינו אסור בתענית יום שלפניו שהוא מדברי קבלה והם מדברי הנביאים ודברי קבלה כדברי תורה דמו ואין צריכין חיזוק כדבעינן למימר לקמן שכל דבר שהוא אסור בתענית בו מדאורייתא כגון שבתות וי"ט וכן ר"ח מותר להתענות לפניהן ולאחריהן ואינו אסור אלא אותו היום בלבד. ומה שקראו חכמים יו"ט אסור להתענות לפניהן ולאחריהן לפיכך הוצרכו לקבוע ג' בתשרי י"ט דרבנן לאסור היום שלפניו בתענית כדתניא הימים האלו הכתובים במגלת תענית אסורין בין לפניהן בין לאחריהן שבתות וימים טובים הן אסורין לפניהם ולאחריהן מותרין. ומה הפרש כו' ואסיקנא ודברי קבלה כדברי תורה דמו. תוב אותבינן מהא בכ"ח באדר אתת בשורתא טבא ליהודאי דלא יעידון מן אורייתא כו' ואותו היום עשאוהו יו"ט וכי תימא הכא נמי בזמן שבהמ"ק הוה. והא ע"י יהודה בן שמוע בטלה הגזרה ויהודה בן שמוע תלמיד דר"מ הואי. דתנן כלי זכוכית שניקבו והטיף לתוכו אבר · פי' סתם הנקבים באבר ואין המשקין שבתוכן שותתין מן הנקבים ההם שכבר נסתמו באבר שהטיף לתוכן יהודה בן שמוע משום ר' מאיר מטמא דסבר כלים שלימין הן וחכמים מטהרין כלומר בחזקת שבורין הן ור' מאיר הוא תלמיד דר"ע ור"ע תלמיד דר' אליעזר ור' יהושע הללו תלמידי ריב"ז שחרב הבית בימיו הנה דבר ברור כי יהודה בן שמוע לאחר חרבן הבית היה

הגהות מהר"ב רנ'שבורג

[א] תוס' ד"ה הא רבי יהודה וכו' דמ"מ רבי וכו'. נ"ב עיין תענית דף כא ע"א רש"י ד"ה דכי ר"מ ור' אושעיא ושי' הדי"ק:

*) שפירשתי בפ"ב דכלים כצ"ל וכוונת סתום' לגי' סר"ש בפ"ב דכלים.

קב א מיי' פ"ב מהל' כלים הלכה יג :

קג ב [מיי' פ"ב מהל' מגילה וחנוכה הל' יג ופ"ג ה"ג] טוש"ע א"ח סי' תקעג סעיף א [רב אלפס כאן ובתענית פ"ב ובמגילה סוף פ"א]:

קד ג מיי' פ"ד מהלכות קידוש החדש הל' א:

קה ד מיי' שם פ"א הלכה ה :

וחכמים מטהרין תנאי היא דתניא הימים האלו הכתובין במגילת תענית בין בזמן שבית המקדש קיים בין בזמן שאין בהמ"ק קיים אסורין דברי ר"מ רבי יוסי אומר בזמן שבהמ"ק קיים אסורין מפני ששמחה היא להם אין בית המקדש קיים מותרין מפני שאבל הוא להם והלכתא בטלו והלכתא לא בטלו קשיא הלכתא אהלכתא לא קשיא כאן בחנוכה ופורים כאן בשאר יומי : על אלול מפני ר"ה ועל תשרי מפני תקנת המועדות : כיון דנפקי להו אאלול אתשרי למה להו וכי תימא דלמא עברוה לאלול *והאמר רבי חיננא בר כהנא א"ר מימות עזרא ואילך לא מצינו אלול מעובר לא מצינו דלא איצטריך הא איצטריך מעברינן ליה הא מיקלקל ר"ה מוטב תיקלקל ראש השנה ולא יתקלקלו כולהו מועדות דיקא נמי דקתני על תשרי מפני תקנת המועדות ש"מ : ועל כסליו מפני חנוכה ועל אדר מפני הפורים : ואילו נתעברה השנה יוצאין אף על אדר שני מפני הפורים לא קתני מתניתין דלא כר' דתניא *רבי אומר אם נתעברה השנה יוצאין אף על אדר השני מפני הפורים לימא בהא קמיפלגי דמר סבר *כל מצות הנוהגות בשני נוהגות בראשון ומר סבר כל מצות הנוהגות בשני אין נוהגות בראשון לא דכולי עלמא מצות הנוהגות בשני אין נוהגות בראשון והכא בעיבור שנה קמיפלגי דתניא *כמה עיבור שנה ל' יום רשב"ג אומר חדש מאי שנא ל' דידעי חדש נמי ידעי א"ר פפא *מ"ד חדש רצה חדש רצה שלשים יום העיד ר' יהושע בן לוי משום קהלא קדישא דירושלים על שני אדרים שמקדשין אותם ביום עיבוריהן למימרא דחסרין עבדינן מלאין לא עבדינן לאפוקי מדדרש רב נחמן בר חסדא *העיד רבי סימאי משום חגי זכריה ומלאכי על שני אדרים שאם רצו לעשותן שניהן מלאין עושין שניהן חסרין עושין אחד מלא ואחד חסר עושין וכך היו נוהגין בגולה ומשום רבינו אמרו לעולם אחד מלא ואחד חסר עד שיוודע לך שהוקבע ר"ח בזמנו שלחו ליה למר עוקבא *אדר הסמוך לניסן לעולם חסר מתיב רב נחמן *על שני חדשים מחללין את השבת על ניסן ועל תשרי אי אמרת בשלמא זמנין מלא וזמנין חסר משום הכי מחללינן אלא

וחכמים מטהרין · דעיקרו כלי זכוכית הן ולא אזלי בתר המעמיד ע"א כלי זכוכית טהורין שניקבו והטילו לתוכן אבר יהודה בן שמוע מטמאן טומאת כלי מתכות דאורייתא אם נגע בהן טומאה דהכל הולך אחר המעמיד וחכמים מטהרים מטומאת כלי מתכות דאורייתא אלא משום טומאת כלי זכוכית דרבנן שאין כלי מתכות טמאין דאורייתא אלא המנויין בפרשה (במדבר לא) הזהב והכסף והנחשת והברזל וגו' : תנאי היא · אי בטלה מגילת תענית: הא איצטריך · אי משום ירקא אי משום מתיא כדלקמן (דף כ.) : והא קמקלקלא ר"ה · דנמצא שלא עשאוה בני הגולה כהלכה אם מעברין אלול : דיקא נמי · דלהכי חשו רבנן דלא ליקלקלו שאר מועדות והתירו שיהא ר"ה מקולקל לגולה : ואלו אם נתעברה השנה · לאחר שנכנס אדר הראשון והלכו השלוחים ישבו ב"ד ועיינו ועיברוה לעשות אדר השני אחר זה : נוהגות בראשון · ויצאו ידי חובתן בפורים שעשו בראשון : כמה עיבור השנה · ימי אדר הראשון שאותו עושין עיבור לשנה : חדש · קא סלקא דעתך כ"ט ימים : מאי שנא · למאן דאמר שלשים דאין צריך לחזור ולשלוח שלוחים על יום קידוש אדר השני : דידעי · בני הגולה שלעולם אדר הראשון מעובר וביום ל"א נתקדש : למאן דאמר חדש נמי · אין צריך להודיע דהא ידעי דלעולם חסר וביום שלשים נתקדש : רצו חדש רצו שלשים · לפיכך צריכין להודיע אם עשאוהו מלא או חסר : שמקדשין אותן ביום עיבוריהן · יום שלשים קרי יום עיבור שאותו עושין עיבור לחדש כשמעברין אותו שמקדשין יום שלשים של שניהם לר"ח הנכנס יום ל' לאדר הראשון הוא ר"ח לאדר השני ויום ל' של אדר השני הוא ר"ח ניסן : למימרא דחסירין עבדינן כו' · בניחותא: אחד מלא ואחד חסר · דוקא קאמר ראשון מלא ושני חסר : משום רבינו · רב : שהוקבע ר"ח בזמנו · עד שאמרו לך הבאים מארץ ישראל קדשו ב"ד ר"ח אדר השני ביום ל' לאדר הראשון ועשו את הראשון חסר : מחללין את השבת · עדים שראו את הלבנה בחידושה מחללין את השבת לצאת חוץ לתחום לבא לב"ד להעיד לפניהן לפי שהמועדין כולן תלויין בשני חדשים הללו וקס"ד חילולא דשרא רחמנא משום דקביעת ירחא לפי ראיית הלבנה הוא אם מלא מלא אם חסר חסר : משום הכי מחללין · אם ראוהו ביום ל' שאם לא יבאו ויעידו שראוהו היום לא יקדשוהו ב"ד עד מחר ויעשו את החסר מלא : אלא

מימות עזרא ואילך לא מצינו אלול מעובר · משמע דבימי עזרא היה מעובר וסמך קלא לדבר דכתיב (נחמיה ז) ויגע החדש השביעי וגו' וכתיב (שם ח) ויביא עזרא הכהן את התורה וכתיב (שם) ביום אחד לחדש השביעי וכתיב (שם) ויקרא בו וכתיב ביה (שם) היום קדש וכתיב (שם) ביום השני נאספו ראשי האבות לכל העם הכהנים והלוים אל עזרא הסופר ולהשכיל אל דברי התורה משמע שעשו שני ימים טובים של ר"ה וקרי ליה שני למילתיה וכתיב נמי (שם ט) ביום עשרים וארבעה לחדש נאספו כל ישראל בצום ובשקים וגו' משמע לפי שאז היה מוצאי סוכות נאספו ואי לאו דעברוהו ועשו סוכות בט"ו בו א"כ י"ד דירחא וח' דסוכות הרי כ"ב ויום כ"ג מוצאי סוכות ואין לומר דשבקוה לתעניתייהו משום מחרת י"ט ומשום כך המתינו עד כ"ד בו דמאז לא היו נוהגין בו ועוד שהרי דבר שבצבור היה אלא ש"מ דעברוה לאלול : ואל יתקלקלו כולהו מועדות · למאן דאמר לקמן (דף כ.) שמעברין משום ירקיא ניחא דשייך אכולהו אבל למאן דאמר משום מתיא קשיא דליכא קלקול אלא מיוה"כ לחודיה ועוד כיון דידעי קביעות אלול אמאי תתקלקל ר"ה הא ידעי דתדחה מפני אד"ו ונראה דלאו משום אד"ו קאמר הא איצטריך מעברינן ליה אלא משום דזמנין דלא ראו עדים הלבנה ביום שלשים ואין מקדשין עד יום ל"א משום דמצוה לקדש ע"פ הראייה ופריך הא מקלקלא ר"ה שיעשו שני ימים מספק ומשני מוטב תתקלקל ר"ה ואל יתקלקלו כל המועדות יוה"כ וסוכות ושמיני עצרת אם יעשו ע"פ היום העדים לא על פי הראייה : מתני' דלא כר' · וא"ת ולתנא דידן כיון דלא נפקי על אדר השני היאך ידעו שנתעברה השנה בשלמא אם עיברוה קודם אדר יכולין להודיעם ע"י שלוחי אדר אבל אם עברוה אחר כך היכי ידעי דהא מעברינן השנה כל אדר ולכל הפחות עד פורים וי"ל כיון דשלוחים יוצאין על ניסן ממילא ידעי כשיגיע ר"ח ואין שלוחין יוצאין א"כ השנה מעוברת : דמר סבר כל המצות הנוהגות בראשון נוהגות בשני ומר סבר אין נוהגות · וטעמייהו מפרש מקראי בפ"ק דמגילה (דף ו: ושם) וברוב ספרים הגירסא איפכא דמר סבר כל המצות הנוהגות בשני נוהגות בראשון ומר סבר אין נוהגות כו' ובפ"ק דמגילה (שם) כתיב כן בכל הספרים גבי פלוגתא דרבנן ורבי אלעזר ברבי יוסי ורשב"ג ויש ליישב שתי הגירסות : אדר הסמוך לניסן לעולם חסר · תימה א"כ אמאי יוצאין על ניסן מפני הפסח ומיהו לבסוף מסקינן תיובתא ואף על פי כן אנו נוהגין כן דשמא בימיהן שהיו מקדשים על פי הראייה מסקינן דזמנין מלא זמנין חסר אבל לדידן טוב למלאות הראשון דהוא חדש העיבור שניתוסף על השנה אף על גב דאמרינן דשנה מתעברת בסופה ובירושלמי דמגילה* איכא פלוגתא דקאמרינן התם עוקבא אשכח תרין איגרין בחדא כתיב וספר באנפוי ובאנפי חברוי מוסיפין על שתא תלתין יומין ובחדא כתיב וספר באנפי ובאנפי חברוי מוסיפין על שתא ירח יומין מאן דאמר תלתין יומין אדר הראשון תוספת מ"ד ירח יומין אדר השני תוספת ולבסוף דחו לה דקסבר רצו שלשים רצו ירח : מאי

רבינו חננאל

ופרקינן תנאי היא דתניא הימים הכתובים במגלת תענית בין בזמן הבית בין אחר חרבן הבית אסורין בתענית דברי ר"מ דסבר לא בטלה מגלת תענית ר' יוסי אומר בזמן הבית אסורין בתענית שימי שמחה היא להן אחר חרבן מותרין בתענית מפני שימי אבל הן . כלומר אחר חרבן הבית בטלה מגלת תענית והא ר' יהודה בן שמוע כר"מ רביה הוא דעבד . ואסיקנא והלכת' בטלו . ומותר להתענות בכל הימים הכתובים במגלת תענית זולתי חנוכה ופורים דלא בטלו ואסור להתענות בהן : על אלול מפני ר"ה כו' . ואקשינן וכיון דנפקו באלול ונקבעה ר"ה בתשרי עוד למה צריכין השלוחין לצאת דבר ידוע הוא די' בתשרי יוה"כ בט"ו בו סוכות . וכי תימא חיישינן דלמא עברוה לאלול והא קי"ל דמימות עזרא לא נתעבר אלול מראין הדברים דבימות עזרא עברוה לאלול במסורת שהיתה בידם . וכי עברן אלול עזרא חגי זכריה ומלאכי כי כולן בזמן אחד היו וכבר פירשנוהו במס' יו"ט . אם כן כי נתעבר אלול והמדינות הרחוקות מב"ד לא ידעו נתקלקלה ר"ה שעשו ר"ה ביום ל' של אלול כ"ט ימים וכיון שאלול נתעבר נמצא יום ל' לחדש אלול [הוא] והם קבעוהו תשרי ואמרינן מוטב תקלקל ר"ה ולא יתקלקלו המועדים כולן. ידייקינן הכי דר"ה ודאי נתקלקלה ולא חיישינן אלא לתקנת המועדות מדוקיא דמתניתין דקתני ועל תשרי מפני תקנת המועדות להודיע לכל ישראל שהרשות ביד ב"ד לעבר ואע"פ שלא היה לעולם . ועל כסליו לידע מתי נקבע לעשות בכ"ה חנוכה . ועל אדר לעשות ביום י"ד בו פורים ואוקימנא דלא כר' דאמר אם נתעברה שנה יוצאין אף על אדר השני מפני הפורים וכ"ע כל מצות הנוהגות בשני [אין] נוהגות בראשון ובעיבור שנה פליגי תנא דידן סבר לה כת"ק דברייתא דתניא עיבור שנה ל' יום ור' סבר לה כרשב"ג דאמר חדש ואוקימנא רצו חדש רצו ל' יום . העיד ריב"ל על ב' אדרין שמקדשין אותן ביום עבוריהן פי' מקדשין ר"ח אדר שני ביום ל' של אדר הראשון שהוא יום ויום ל' של אדר שני מקדשין אותו ר"ח ניסן למימרא דשני אדרין לעולם חסרין הן . ולאפוקי מדרב נחמן בר רב חסדא . דדרש העיד ר' סימאי משום חגי זכריה ומלאכי על ב' אדרין שאם רצו ב"ד לעשותן שניהן חסרין או שניהן מלאין או אחד מלא ואחד חסר עושין וכך היו נוהגין בגולה והיא פומבדיתא ואמרו משום רבינו לעולם אחד מלא ואחד חסר עד שיודע שהוקבע ר"ח בזמנו העדות שהעיד ר' סימאי משום חגי זכריה ומלאכי סוגיין דשמעתין סלקא . וגרסינן בבכורות פרק מעשר בהמה דקאי ר' עקיבא בשיטתייהו ואמר אדר הסמוך לניסן זמנין מלא וזמנין חסר ובן עזאי היא דסבר אדר הסמוך לניסן לעולם חסר כר"ע וכן הא דגרסינן הכא בהאי עניינא דשלחו ליה למר עוקבא אדר הסמוך לניסן לעולם חסר עלתה בתיובתא מדתנן וכשהמקדש קיים יוצאין אף על כולן מפני תקנת קרבן מדכל החדשים כולן לאו משום לקדש על הראיה ניסן ותשרי נמי לאו משום דמצוה לקדש על הראיה אלא משום תקנת המועדות אי אמרת בשלמא זמנין מלא וזמנין חסר משום הכי מחללינן אלא אי אמרת לעולם חסר [אמאי מחללינן] וגם

ביצה ו. ע"ש כב: ע"ש לקמן לב. ע"ש

[תוספ' פ"א]

[מגילה ו:]

סנהדרין יא. ערכין ט:

[סנהדרין יא]

[דדריש ר"נ בר חסדא כצ"ל]

[בכורות נח.]

לקמן כא:

[פ"א ה"ה]

a it unclean,[1] [19b] whereas the Sages declare it clean'!—There is a difference of opinion between Tannaim [as to whether the *Megillath Ta'anith* has been annulled], as it has been taught: 'These days which are mentioned in the *Megillath Ta'anith* are prohibited [to be kept as fast days] whether in the period when the Temple is standing or in the period when the Temple is not standing. So R. Meir. R. Jose says: In the period when the Temple is standing they are prohibited, because they [Israel] have cause for rejoicing; in the period when the Temple is not standing they are permitted, because they have cause for mourning'. The law is that these prohibitions are annulled and the law is that they are not annulled. There is a contradiction, is there not, between these two laws? —There is no contradiction: the one[2] relates to Ḥanukah and Purim, the other to the other days.

OF ELUL ON ACCOUNT OF NEW YEAR, OF TISHRI FOR THE ADJUSTMENT OF THE FESTIVALS. Once the messengers have gone forth to report [the new moon of] Elul, why should they be required to do so for Tishri? Should you reply that [the reason is because] perhaps Elul has been prolonged,[3] [this cannot be], because R. Ḥinena b. Kahana has said in the name of Rabbi: 'From the days of Ezra onwards we have found no instance of Elul being prolonged'!—[Exactly so]: 'We find no instance', because there was no reason [to prolong it]; where, however, there is a special reason,[4] we do prolong it. But in that case New Year is interfered with?[5]—It is better that New Year should be interfered with than that all the festivals should be interfered with. There is also an indication [that this view is correct in the language of the Mishnah], which states, OF TISHRI FOR THE ADJUSTMENT OF THE FESTIVALS. This is clear proof.

OF KISLEV ON ACCOUNT OF ḤANUKAH AND OF ADAR ON ACCOUNT OF PURIM. [The Mishnah], however, does *not* say,
b 'When the year is prolonged,[1] messengers go forth to report [the new moon of] the second Adar also on account of Purim'. [This shows that] our Mishnah does not agree with Rabbi, since it has been taught: 'Rabbi says that if the year has been prolonged, messengers go forth to report also regarding the second Adar on account of Purim'. Shall we say that the point on which they join issue is this, that one authority holds that all the ceremonies observed in the second Adar[2] are observed also in the first,[3] while the other holds that the ceremonies observed in the second are not observed in the first?[4]—No. Both hold that the ceremonies observed in the second are not observed in the first, and here they differ on the question of the prolongation of the year,[5] as it has been taught: 'How long is the period of the prolongation of the year? Thirty days. Simeon b. Gamaliel, however, says a month'.[6] But why should only [the one who says] thirty days [require no messengers to be sent]? Because, you say, people in this case know when the month ends?[7] If the period is a month, they also know!—R. Papa said: The one who said 'a month' holds that [the Beth din may prolong the year] either by thirty days or by a month at their option.[8]

R. Joshua b. Levi testified on behalf of the holy community of Jerusalem[9] concerning the two Adars, that they are sanctified on
c the day of their prolongation.[1] This is equivalent to saying that we make them defective but we do not make them full, and excludes the statement made in a discourse by R. Nahman b. Ḥisda; [for R. Nahman b. Ḥisda stated in a discourse]: 'R. Simai testified in the name of Haggai, Zechariah and Malachi concerning the two Adars that if they [the Beth din] desired they could make both of them full, and if they desired they could make both of them defective, and if they desired they could make one full and the other defective; and such was their custom in the Diaspora. In the name of our teacher,[2] however, they said: One is always to be full and the next defective, unless you have been informed that New Moon has been fixed at its proper time'.[3]

They sent [from Palestine] to Mar 'Uḳba to say: The Adar which precedes Nisan is always defective. R. Naḥman raised an objection [from the following]: 'For the fixing of two New Moons the Sabbath may be profaned,[4] for those of Nisan and of Tishri'. Now if you say that [the Adar before Nisan] is sometimes full and sometimes defective, I can understand how occasions arise

a (1) Supposing it had been unclean, it now reverts to the uncleanness which it had lost when it was broken, v. Shab. 15b. Or it may mean 'becomes capable of receiving uncleanness'. V. Rashi a.l. and Tosaf. s.v. יהודה. (2) That fasting is prohibited. (3) I.e., made to last thirty days, and therefore the Diaspora may make a mistake about the Day of Atonement and Tabernacles. (4) The 'special reason' is discussed *infra*, 20a. (5) Lit., 'spoilt'. The Diaspora will keep it one day too soon.

b (1) I.e., made to consist of thirteen months, by the insertion of a second Adar. (2) Including in particular Purim. (3) And therefore the observance of Purim in the first Adar is really sufficient for religious purposes, and so there is no need to send out messengers to fix the date of the second. (4) And therefore it is important that Purim in the second Adar should be kept on the right day, v. Meg. 6b. (5) I.e., the days of the month of the *first* Adar which is inserted to prolong the year (Rashi). (6) I.e., twenty-nine days. This is apparently the opinion of Rabbi also. (7) When the first Adar ends and the second Adar begins. (8) And therefore it is necessary to keep the public informed. (9) [Regarded by some as a survival of an Essene community, v. *J.E.* V. p. 226].

c (1) The thirtieth day is known as the day of prolongation (יום עיבור) as it is the day which is added to make the preceding month full (v. *supra* 6b n. a7). In the case of the two Adars the thirtieth day of each is sanctified as the New Moon of the next month. (2) Rab. (3) I.e., that the Beth din in Jerusalem fixed the New Moon of Adar II on the thirtieth day of the first Adar, the thirtieth day always being regarded as the 'proper time' of New Moon. (4) By the watchers for the new moon, who are allowed to exceed the two thousand cubit limit in order to report their observation to the Beth din in Jerusalem. V. *infra* 23b.

for profaning the Sabbath [20a]. But if it is always defective, why should they profane it?[5]—Because it is a religious duty to sanctify [the New Moon] on the strength of actual observation.[6] According to another version, R. Naḥman said: We also have learnt: 'For the fixing of two New Moons the Sabbath may be profaned, for those of Nisan and of Tishri'. Now if you say that [the Adar which precedes Nisan] is always defective, there is no difficulty; the reason why Sabbath may be profaned is because it is a religious duty to sanctify [the New Moon] on the strength of actual observation. But if you say that it is sometimes full and sometimes defective, why should [the Sabbath] be profaned? Let us prolong
a [the month] today and sanctify [the New Moon] to-morrow?[1]—If the thirtieth day happens to be on Sabbath, that is actually what we do. Here, however, we are dealing with the case where the thirty-first day happens to fall on Sabbath [and we allow the Sabbath to be profaned because] it is a religious duty to sanctify on the strength of actual observation.[2]

R. Kahana raised [against the instruction sent to Mar 'Uḳba] the following objection: 'When the Temple stood, Sabbath was profaned for the fixing of all the months, for the sake of the adjustment of the sacrifice'.[3] Now since the reason [for allowing the profanation of the Sabbath] was not in the case of all the other [months] because it is a religious duty to sanctify on the strength of actual observation, neither is the reason in the case of Nisan and Tishri because it is a religious duty to sanctify on the strength of actual observation.[4] Now if you say that [the Adar preceding Nisan] is sometimes full and sometimes defective, there is no difficulty: for the reason mentioned we allow the profanation of the Sabbath. But if you say that it is always defective, why should we allow the profanation?[5]—This is unanswerable.[6]

When 'Ulla came [from Palestine to Babylon], he said: They have prolonged Elul.[7] Said 'Ulla thereupon: Do our Babylonian colleagues recognize what a boon we are conferring on them? What was the boon?—'Ulla said: On account of the vegetables;[8]
b R. Aḥa b. Ḥanina said: On account of the [unburied] dead.[1] What difference does it make [in practice which view we adopt here]?—There is a difference, in the case of a Day of Atonement coming just after Sabbath. According to him who says that the reason is because of the [unburied] dead, we prolong Elul [so as to prevent this], but according to him who says that it is because of vegetables, [we do not do so, because] when are the vegetables required? For the evening [after the Day of Atonement]; and in the evening we can get fresh ones. But even if we accept the view that the reason is because of vegetables, we should still prolong Elul because of the unburied dead?— We must therefore say that the practical difference is in the case of a festival which comes just before or just after Sabbath. In such a case, according to him who says the reason is because of vegetables,[2] we prolong Elul [to prevent this], but according to him who says it is because of the [unburied] dead, [we do not do so], because they can be attended to by heathens. But even if we accept the view that it is because of the [unburied] dead, let us still prolong Elul on account of the vegetables?—Vegetables can be [freshened by being put] in hot water. If that is the case, why is it a boon only for us [in Babylon]? Why not also for them [in Palestine] —We suffer from oppressive heat, they do not suffer from oppressive heat.[3]

Is all this correct,[4] seeing that Rabbah b. Samuel has learnt: I might think that just as the year is prolonged in case of emergency,[5] so the month may be prolonged to meet an emergency; therefore it says, *This month is for you the head of months,*[6] [which implies], See [the moon] like this and then sanctify![7]—Raba replied: There is no contradiction: in the one case we speak of prolonging the month, in the other of sanctifying it,[8] and what [the above teaching] meant is this: I might say that just as the year is prolonged to meet an emergency, so the month may be sanctified to meet an emergency, therefore it says, *'This month is for you';* See [the moon] like this, and then sanctify. This is illus-
c trated by the dictum of R. Joshua b. Levi: 'Witnesses[1] can be intimidated [to withhold the report of] the new moon which has appeared in its due time[2] in order that the month may be prolonged,[3] but they may not be intimidated into reporting the new moon which has not appeared in its proper time in order that a New Moon may be sanctified [on the thirtieth]'. Is this so? Did not R. Judah the Prince[4] send to R. Ammi a message saying: Know that when R. Joḥanan was alive he used to teach us that witnesses may be intimidated into reporting [on the thirtieth day] the new moon which has not appeared in its due time, in order that the New Moon may be sanctified, and even though they have not seen it they may say, We have seen it?—Abaye said: There is no contradiction: the one rule[5] holds good for Nisan and Tishri, the other for the other months of the year.[6] Raba said: This teaching which Rabbah b. Samuel learnt follows the 'Others', as it has been taught: 'Others say that between one Pentecost and another and between one New Year and another there are always four days [of the week] difference, or, if it was a leap year, five'.[7] R. Dimi from Nehardea reports the teaching in the reverse form: 'Witnesses can be intimidated to report [on the thirtieth day] the appearance of the moon which has not appeared in its proper time, in order that the month may be sanctified, but they may not be intimidated to withhold the report of the new moon which has been seen at its proper time in order that the month may be pro-

(5) Since the New Moon can be fixed without actual observation. (6) Even though the observation is not necessary for the purpose.

a (1) I.e., in all such cases we can make Adar thirty days, and if the watchers have seen the new moon on Sabbath, they need not report till the next day. (2) Hence we do not make New Moon on the thirtieth day, the new moon not yet having been observed, and it is not permitted to make it on the thirty-second. (3) I.e., so that the sacrifice for New Moon should be offered at the proper time. (4) But, as in the case of all the others, to secure that the New Moon offering should be brought on the proper day. (5) Seeing that the observation makes no difference. (6) Lit., 'this is a confutation'. (7) So as to prevent Sabbath and a festival falling on successive days. (8) Which would become stale if kept over two days. Vegetables eaten raw are referred to, and of course, there could be no plucking on Sabbath or Festivals.

b (1) Which would commence to decompose if kept over two days. (2) Which would be required on the second of the holy days. (3) Lit., 'the world is oppressive for us'. In Palestine vegetables or dead bodies could be kept for two days. (4) That a month may be prolonged to prevent inconvenience to the public. Lit. 'It is not so?' (5) E.g., to make Passover fall in the season of new corn., v. Sanh. 11b. (6) Ex. XII, 2. (7) The word '*this*' is interpreted to mean that God showed Moses the new moon as a model for all future time (8) V. *infra*.

c (1) Men sent out by the Beth din to watch for the appearance of the new moon from points of vantage. (2) I.e., on the thirtieth day. (3) Over the thirtieth day and the next New Moon declared on the thirty-first, which shows that the month can be prolonged in case of need. (4) The grandson of Rabbi. (5) That the month may be sanctified to meet a special need. (6) A 'special need' might arise in the other months of the year if, for instance, eight months in a year (which was the maximum) had already been made 'full' and in the next month the moon did not appear on the thirtieth: v. 'Ar. 8b. (7) V. *supra* 6b nn. a12—13. For this to happen the months would have to follow the moon strictly.

מסורת הש"ס: לקמן כה: · [תוס' ערכין פ"א] לעיל ו: שבת פו: סוכה נד: ערכין ט:

הגהות הב"ח: (א) רש"י ד"ה איכא דאמרי כו' קס"ד חילול שבת משום מצוה: (ב) ד"ה נעבריה האידנא ביום שלשים זה:

עין משפט נר מצוה:
קו א מיי' פ"א מהל' קידוש החדש הל' א:
קז ב ג מיי' פ"ג (וס"ס) מהל' קידוש החדש הלכה טו יז יח:
[עיין של"ס דף יח: ד"ס קסלא]
צ"ל דשני ויומא דתלתין
[הלח"מ פ"ג דין פ"ו לקס"ת סעתיק אמר רב כו']

אלא אי אמרת לעולם חסר אמאי מחללינן משום דמצוה לקדש על הראייה איכא דאמרי א"ר נחמן אף אנן נמי תנינא על שני חדשים מחללין את השבת על ניסן ועל תשרי אי אמרת בשלמא לעולם חסר משום הכי מחללין דמצוה לקדש על הראייה אלא אי אמרת זמנין מלא זמנין חסר אמאי מחללין נעבריה האידנא ונקדשיה למחר אי דאקלע יום שלשים בשבת ה"נ הכא במאי עסקינן דאקלע יום שלשים ואחד בשבת דמצוה לקדש על הראייה מתיב רב כהנא *כשהמקדש קיים מחללין אף על כולן מפני תקנת הקרבן מדכולהו לאו משום דמצוה לקדש על הראייה ניסן ותשרי נמי לאו משום דמצוה לקדש על הראייה אי אמרת בשלמא זמנין מלא וזמנין חסר משום הכי מחללין אלא אי אמרת לעולם חסר אמאי מחללין תיובתא כי אתא עולא אמר עברוה לאלול אמר עולא ידעי חברין בבלאי מאי טיבותא עבדינן בהדייהו מאי טיבותא עולא אמר משום ירקיא רבי אחא בר חנינא אמר משום מתיא מאי בינייהו איכא בינייהו יוה"כ שחל להיות אחר השבת מאן דאמר משום מתיא מעברינן ומאן דאמר משום ירקיא לאימת קא בעי להו לאורתא לאורתא טרח ומייתי ולמ"ד משום ירקיא לעבריה משום מתיא אלא איכא בינייהו יו"ט הסמוך לשבת בין מלפניה בין מלאחריה מ"ד משום ירקיא מעברינן ומאן דאמר משום מתיא אפשר בעממי ולמ"ד משום מתיא לעבריה משום ירקיא אפשר בחמימי אי הכי מאי שנא לדידן נמי לדידן חביל לן עלמא לדידהו לא חביל להו עלמא איני והתני רבה בר שמואל *יכול כשם שמעברין את השנה לצורך כך מעברין את החדש לצורך ת"ל (שמות יב) החדש הזה לכם ראש חדשים כזה ראה וקדש אמר רבא לא קשיא כאן לעברו כאן לקדשו והכי קאמר יכול כשם שמעברין את השנה ואת החדש לצורך כך מקדשין את החדש לצורך תלמוד לומר החדש הזה לכם כזה ראה וקדש וכי הא דאמר רבי יהושע בן לוי מאיימין על העדים על החדש שנראה בזמנו לעברו ואין מאיימין על העדים על החדש שלא נראה בזמנו לקדשו איני והא שלח ליה רבי יהודה נשיאה לרבי אמי הוו יודעין שכל ימיו של רבי יוחנן היה מלמדנו מאיימין על העדים על החדש שלא נראה בזמנו לקדשו אע"פ שלא ראוהו יאמרו ראינו אמר אביי לא קשיא הא בניסן ותשרי הא בשאר ירחי רבא אמר הא דתני רבה בר שמואל אחרים היא דתניא *אחרים אומרים אין בין עצרת לעצרת ואין בין ראש השנה לראש השנה אלא ד' ימים בלבד ואם היתה שנה מעוברת חמשה רב דימי מנהרדעא מתני איפכא מאיימין על העדים על החדש שלא נראה בזמנו לקדשו ואין מאיימין על העדים על החדש שנראה בזמנו לעברו מ"ט

האי

רש"י

אלא אי אמרת לעולם חסר · ואי נמי לא אתו עדים מקדשין ליה האידנא למה להן לחלל: על הראיה · על פי עדים דכתיב (שמות יב) החדש הזה לכם ראש חדשים כזה ראה וקדש: איכא דאמרי כו' · קא סלקא דעתיה חילול (א) משום מצוה לקדש על הראייה הוא: משום הכי מחללין · שאם לא יחללו נמצא שיתקדש החדש בלא עדים: אלא אי אמרת זמנין מלא וזמנין חסר · מכדי בב"ד תליא כדאמרינן לקמן (דף כה.) אתם אפילו מזידים: אמאי מחללין · ליתקנו ב"ד שימתינו עד יום שלשים ואחד שלא לחלל עליו את השבת וילכו ויעידו למחר ויקדשו על פיהם: נעבריה האידנא · (ב) מיום ל' זה יעברו את אדר: אי דאקלע יום שלשים בשבת · וראו בו את הלבנה: ה"נ · דמעברינן ולא מחללינן: הכא · דקתני מחללין כגון דאקלע יום שלשים ואחד בשבת ולא נראה החדש אתמול אלא היום דאי נמי לא אזלי מקדשי ליה בית דין האידנא דאין לך חדש יותר על שלשים ומקדשי ליה שלא על פי עדים הלכך מחללין לקדש על הראייה: מפני תקנת קרבן · מוספי ר"ח שיקרבו בזמנן: ניסן ותשרי נמי לאו משום דמצוה לקדש על הראייה · הוי חילול שבת דידהו אלא שיהו המועדות בזמנן לפי תולדות הלבנה: אלא אי אמרת לעולם חסר אמאי מחללינן · בלאו דידהו נמי האידנא מקדשינן ליה: ידעי חברין בבלאי · כלומר נותנין לב להכיר טובה שעושין עמהם בני ארץ ישראל שעיברו את אלול: משום ירקיא · להפריד שבת ויום טוב זה מזה כדי שלא יכמושו ירקות הנאכלות כשהן חיין בשבת שאחר יו"ט או ביו"ט שאחר שבת: משום מתיא · להפריד שבת ויום הכפורים זה מזה שלא יסריח מת שימות באחד מהן שיהא ראשון ולא יקבר לא היום ולא למחר: מאי בינייהו · תרווייהו איתנהו: יום הכפורים שחל להיות אחר שבת · אם לא יעברוהו: מ"ד משום מתיא מעברין · ודחינן ליום הכפורים ליום שני בשבת: אימת בעי לה · לירקות: לאורתא · למוצאי יום הכפורים: לאורתא טרח ומייתי · ואין צריך ללקט ע"ש הלכך לא מעברינן: אפשר בעממי · דאמר מר (ביצה דף ו.) מת בי"ט ראשון יתעסקו בו עממין: בחמימי · שורים בחמין וחוזרות לקדמותן: לדידן חביל לן עלמא · אנו בני בבל חם לנו העולם ויש לנו הבל לפי שבבל עמוקה היא ואינה ארץ הרים וגבעות כא"י ואין שולט בה אויר ואין בני ארץ ישראל צריכין לעבר משום מתיא ומשום ירקיא אלא בשבילנו: איני · וכי מעברינן חודש לצורך: כשם שמעברין את השנה לצורך · מפני האביב והתקופה ופירות האילן כדאיתא בפרק קמא דסנהדרין (דף יא:): כזה ראה וקדש · כיון שתראה קדש בו ביום: לעברו · לעשות את החסר מלא לצורך מותר: לקדשו · ביום שלשים והלבנה לא נראית ואם ימתינו עד יום מחר יהא שבת ויוה"כ סמוכין אין מקדשין לצורך: וה"ק יכול כשם שמעברין לצורך כך מקדשין לצורך ת"ל כזה ראה וקדש · ראה תחלה ואח"כ קדש אבל כשאתה מעברו ראה וקדש הוא: מאיימין על העדים על החדש שנראה בזמנו · ביום שלשים שיחזירו בשביל לעברו: ואין מאיימין · ביום שלשים על העדים שלא ראוהו ואנו צריכין לקדשו היום כדי להפריד שבת מיום הכפורים שיאמרו ראינו ויעידו שקר: היה מלמדנו מאיימין כו' · אם אנו צריכין לעשותו חסר: בניסן ותשרי · שהמועדות תלויין בהן מקדשין לצורך: בשאר ירחי לא · ואם תאמר מה צורך לנו בשאר חדשים לחסר ולעבר כגון אותה ששנינו במסכת ערכין (דף ח:) אין פוחתין מארבעה חדשים המעוברין בשנה ולא נראה לעבר יותר על שמונה והתם מפרשינן הטעם ואם עיברו שמונה וזה לא נראית ביום שלשים נמצא שאנו צריכין לאיים עליהן לומר ראינו בשביל לקדש: הא דתני רבה · שאין מעברין ולא מקדשין לצורך: אחרים היא · דאמרי לעולם כל החדשים אחד מלא ואחד חסר כסדר מולד הלבנה שמתחדשת לעולם בסוף כ"ט ימים ומחצה שהן חמשים ותשעה לשני חדשים: ארבעה ימים · אם נקבע עכשיו באחד בשבת יהא לשנה הבאה בחמישי בשבת שזה חשבון שנים עשר חדש אחד מלא ואחד חסר עולה לשנ"ד ימים והשלש מאות וחמשים כולם שבועים נמצא נדחה להלן ארבעה ימים: ואם היתה שנה מעוברת ה' · שמוסיפין עליה חדש חסר שדוחה להן מן שבועים שלימים יום אחד:

האי

תוספות

מאי טיבותא (עבדינן) · שמעברים אלול דמוטב שלא יעברו כדי שלא יהא תרי יומין מספק:

בין מלפניה בין מלאחריה · רבינו תם לא גרס מלפניה דאם חל ראש השנה וסוכות מלפניה תיפוק ליה משום מתיא דמקלע יום הכפורים באחד בשבת:

שלח ליה ר' יהודה נשיאה לרבי אמי · אין זה רבי יהודה נשיאה שהתיר השמן בפרק אין מעמידין (ע"ז דף לו. ושם) שהיה בימי רב ושמואל דההוא בנו של ר"ג בן רבי יהודה הנשיא והאי דהכא תלמידו של ר' יוחנן דהוה כייף לרב ושמואל*:

הא בניסן ובתשרי · פי' בקונטרס שהמועדות תלויין בהן מקדשין לצורך בשאר ירחי לא וי"מ איפכא:

ואם היתה שנה מעוברת חמשה · בערכין (דף ט:) פריך והא איכא יומא *דתלתין שנין משום דכל שנה עודפת ארבעה ימים שמונה שעות תתע"ו חלקים ואותן חלקים מצטרפין ליום שלם לסוף שלשים שנה ומשני משום דליתיה בכל שנה לא קחשיב:

צריך

רבינו חננאל

וגם לעדות רבי יהושע בן לוי דאמר לעולם ב' אדרין חסרין הא מתני' תיובתא עליה ולא עמדה אלא עדות ר' סימאי משום חגי וזכריה ומלאכי · כי אתא עולא אמר עברוה לאלול · כלומר אצטריך כפי המסורת שהיתה ביד ב"ד ועברוה לאלול · מפני שקראו סוד העבור מפני שב"ד לא היו מגלין אותו אלא למוזמנים לעיין בדבר זה והיה אותה שנה יום ל' לאלול יום הסמוך לשבת בין מלפניה בין מלאחריה · וכיון שראה עולא כי עברו ב"ד לאלול נדמה לו שב"ד מעברין על צורך השעה שלא יבא ר"ה בע"ש ולא באחד בשבת · שלא לחבר ב' קדושות כאחד מפני כבוד מתים · או כגון שמחת י"ט בתענוג ירקות וכיוצא בהן · וחלילה לעבר אלא על המסורת שמסורה בידם ממשה רבינו · אבל משלא נתגלו העקרים · מדומים כי על כל צורך מעברין · ועל זה אמר עולא אין שם צורך לדבר אלא משום ירקיא · ורבי אחא אמר משום מיתיא · פי' מ"ד משום מיתיא דהיכא דאקלע כ"ט באלול בשבת ואם חל כ"ט באלול יום חמישי מקלע ר"ה בע"ש · ולא יתכן ב' קדושות כאחת · עולא אמר מעברין לאלול חשב בדעתו משום מיתיא דלא אסרחון · כלומר אם ישאר המת ב' ימים יסריח · *) וכן יוה"כ שחל להיות באחד בשבת או בע"ש כיוצא בו · אבל משום ירקיא לא מעברינן אפשר בחמימי · פי' אע"ג דהיימין ירקיא אפשר למיכל מיניהון · וי"א למישלקינהו ולבשולינהו ולמשבקינהו בחמימי דאביל להן במוצאי יוה"כ ומ"ד משום ירקיא אמר מיתיא אפשר לקברן עממי והן נכרים . ודברים הללו שאמר עולא ור' אחא איכא למימר שעשו אותן ב"ד סעד למסורת שבידם שבהן מעברין כענין שעיקר עיבור השנה באביב. ותנינן (בסנהדרין יא) אין מעברין השנה לא מפני גדיין ולא מפני טלאין ולא מפני גוזלות שלא יפריחו. אבל עושין אותו סעד לשנה · והסמך של עיבור [הוא] עיבור האביב · כדגרסינן [התם] דזמן אביבא לא ממא. ואקשינן עליהן אם נראה החודש בזמנו.והוא ליל ל' מעברין ליה לאלול משום צורך שנתראה לב"ד לעבר. והתני רבה בר שמואל יכול כשם שמעברין את השנה לצורך מפני האביב כך מעברין את החודש ת"ל החודש היה לכם · כזה ראה וקדש ופריק רבה אין מקדשין לצורך אבל מעברין החדש לצורך ותריץ להא דרבה בר שמואל יכול כשם שמעברין את השנה על האביב ואת החדש לצורך השעה כך מחסרין ומקדשין את החדש לצורך ת"ל החודש הזה לכם כזה ראה וקדש · וכי הא דריב"ל מאיימין עלייהו כדי לחזור בהן ולא יתקיימו דבריהן ויעברוהו אי אצטריך לב"ד · ואין מאיימין על העדים על החדש שלא נראה בזמנו והוא ליל ל' כלומר אין מאיימין אותן לומר להן הזהרו והעידו כי ההוא שנראה לכם כעין כוביתא הלבנה היתה ומקדשין אותו יום שלשים אם הוצרכו ב"ד לחסורי אלא לא מרחינן עלייהו כדי לקדשו בעת שלא נראה בזמנו כלומר מעברין ולא מחסרין · ואקשינן לרבה איני והא שלח ליה ר' יהודה נשיאה לר' אמי הוו יודעין שכל שנותיו של ר' יוחנן היה מלמדינו מאיימין על העדים על חדש שלא נראה בזמנו לקדשו שאע"פ שלא ראו בעליל אלא כעין כוביתא יעידו כי ראינו · ופריק אביי ואמר הכי הא דריב"ל קיימא בכל החדשים זולתי ניסן ותשרי · ור' יוחנן קיימא בניסן ותשרי זולתי שאר ירחי ונתברר לנו דברי אביי כי כך הם כאשר פירשנו מתלמוד א"י דשקלי וטרי בהאי מלתא · בתחלת פרק ראוהו ב"ד וכל ישראל ואסקוה הכי ולא פליג מה דמר ר' זעירא בשם ריב"ל אין מעמעמין על שלא נראה לקדשו בשאר ירחי · ומה דמר רבא מעמעמין על שלא נראה לקדשו ואין מעמעמין על שנראה לעברו על ניסן ועל תשרי. רבא אמר הא דתני רבה בר שמואל אחרים היא דלית ליה עבור בחדשין כלל · דתניא אין בין ר"ה לר"ה ואין בין עצרת לעצרת אלא ד' ימים בלבד · ואם היתה שנה מעוברת חמשה · פי' אין בשנה לעולם אלא אחד מלא ואחד חסר והן שנ"ד ימים · יוצאין [נ' שביעיות] ישארו ד' ימים · ואם היא מעוברת חדש העבור כ"ט ימים הוא כ"ח ימים יוצאין [ד' שביעיות] נשאר יום הרי ה' ימים · רב דימי מתני אפכא מאיימין על העדים על חדש שלא נראה בזמנו לקדשו דאמרינן החיא כוביתא שראיתם לבנה היתה דלא מתחזי כשיקרא ואין מאיימין על העדים על חדש שנראה בזמנו לעברו כי מאחר שאמר ראיתי יחזור ויאמר לא ראיתי

*) מדברי רבינו ז"ל אלו נראה דגי' אחרת היה לו בגמ' דלמ"ד משום ירקיא לא חיים משום מיתיא כלל משום דאפשר בעממי אבל צ"ע דהא ביוה"כ א"א בעממי .

תורה אור

האי מיחזי כשקרא האי לא מיחזי כשקרא אמר שמואל יכילנא לתקוני לכולה גולה אמר ליה אבא אבוה דרבי שמלאי לשמואל ידע מר האי מילתא דתניא בסוד העיבור נולד קודם חצות או נולד אחר חצות א״ל לא אמר ליה מדהא לא ידע מר איכא מילי אחרנייתא דלא ידע מר כי סליק רבי זירא שלח להו צריך שיהא לילה ויום מן החדש וזו שאמר אבא אבוה דר׳ שמלאי מחשבין את תולדתו נולד קודם חצות בידוע שנראה סמוך לשקיעת החמה לא נולד קודם חצות בידוע שלא נראה סמוך לשקיעת החמה למאי נפקא מינה אמר רב אשי *לאכחושי סהדי אמר רבי זירא אמר רב נחמן כ״ד שעי מכסי סיהרא לדידן שית מעתיקא ותמני סרי מחדתא לדידהו שית מחדתא ותמני סרי מעתיקא למאי נפקא מינה אמר רב אשי °לאכחושי סהדי אמר מר צריך שיהא לילה ויום מן החדש מנלן ר׳ יוחנן אמר °מערב עד ערב ריש לקיש אמר °עד יום האחד ועשרים לחדש בערב מאי בינייהו אביי אמר משמעות דורשין איכא בינייהו רבא אמר חצות לילה איכא בינייהו אמר רבי זירא אמר רב נחמן כל ספיקא לקמיה שדינן *למימרא דחמיסר ושיתסר עבדינן ארביסר לא עבדינן וליעבד נמי ארביסר דלמא חסרוה לאב וחסרוה *לאלול

תרי

ויקרא כג

שמות כב

האי מיחזי כשקרא · כשנראית בזמנה ואינן מעידין הרבה אחרים יש שראוהו ונראה שעל שקר עברוהו אבל כשלא ראוהו ואמרו ראינו אין שקר טדע : יכילנא לתקוני · בלא ראיית עדים כי בקי אני בתולדות הלבנה והילוכה וסדר המזלות : סוד העיבור · ברייתא שנויה ברמזים : נולד קודם חצות או לאחר חצות · כך שנוי בה ורמז בעלמא הוא לומר קודם חצות חלוק מנולד לאחר חצות : ידע מר · מה חילוק יש : כי סליק רבי זירא שלח להו · לחביריו שבבבל שני דברים שלמד כאן : צריך שיהא לילה ויום מן החדש · היום הולך אחר הלילה להיות היום מן החדש שהיה בו ליל שלפניו למדנו שאם נראית הלבנה הישנה משחשיכה יום עשרים ותשעה שהוא ליל שלשים אין מקדשין אותו ביום שלשים וא״ת פשיטא דאין מקדשין שהרי לא תראה החדשה ביום שלשים דקיימא לן עשרים וארבעה שעי מכסי סיהרא כדאמרינן לקמן איצטריך למ״ד מאיימין על העדים על החדש שלא נראה בזמנו לקדשו ואשמעינן דאם נראית הישנה בלילה אין מאיימין שהרי הכל ראו שהלילה מן החדש שעבר : וזו שאמר אבא אבוה דר׳ שמלאי · לפני שמואל ולא ידע לפרשה מה חילוק בין נולד קודם חצות לנולד לאחר חצות אני מפרשה לכם : מחשבין · את מולד הלבנה : נולד קודם חצות · היום בידוע שנראה היום קודם שתשקע החמה שאין הלבנה מתכסה מבני א״י שהם במערב (א) אלא שש שעות אחר חדושה מתוך קוטנה שהלבנה לעולם בשש שעות לאחר חדושה בקרן מערבית דרומית ונראית להם : [לא] נולד [עד] אחר חצות · בידוע שלא יראה היום שהיא קטנה כל שש שעות ונעלמת מעין כל : למאי נפקא מינה · למיחשב הרי על פי עדים אנו מקדשין : לאכחושי סהדי · אם נולד אחר חצות ואמרו ראינו החדשה לפני שקיעת החמה כדי לקדשו היום עדי שקר הם : כ״ד שעי מכסי סיהרא · סמוך לחידושה מלפניו ומאחריו היא מתכסה מן העין מתוך קוטנה שש שעות לפני חדושה ושש שעות לאחר חדושה נעלמת מכל אדם קודם לכן ולאחר מכאן שתים עשרה שעות שהיא במזרח נראית לבני מזרח ולא לבני מערב מתוך קוטנה וכשהיא במערב נראית לבני מערב ולא לבני מזרח והיא לעולם לפני חדושה בקרן מזרחית דרומית ולאחר חדושה בקרן מערבית דרומית כך ראיתי ביסודו של רבי סעדיה ז״ל הילכך כשהישנה מתכסה במזרח אין החדשה נראית לבני מזרח עד כ״ד שעות וכשמתכסה מבני מערב אין החדשה נראית להן עד כ״ד שעות : לדידן · לבבל דקיימין במזרח: מכסיא שית מעתיקא · ולא יותר מה טעם מפני שהלבנה הישנה שלפני חדושה בקרן דרומית מזרחית ורואין אותה בני בבל הסמוכים למזרח ונעלמת מהן מכאן ואילך מתוך קוטנה ולסוף שש שעות של חדושה היא עומדת בקרן דרומית מערבית ורואין אותה בני א״י הסמוכין למערב ולא בני בבל וכן כל י״ב שעות הראשונות הרי שמתכסה החדשה מבני בבל י״ח שעות ולאחר י״ח שעות כבר גדולה היא ונראית בכל מקום : לדידהו שית מחדתא · כמו שפירשתי שלבסוף שש נראית לבני מערב : ותמניסר מעתיקא · כמו שפירשתי שהישנה בסוף תכליתה לעולם במזרח וכל שמונה עשרה שעות של ישנה מתוך קוטנה לא נראית במערב אבל קודם לכן גדולה היתה ונראית למרחוק : לאכחושי סהדי · אם יאמרו ראינו הישנה והחדשה בתוך עשרים וארבע שעות שקר העידו : עד ערב תשבתו · למדנו שהיום הולך אחר הלילה לענין המועדות : עד יום האחד ועשרים בערב · למדנו יציאת המועד בערב הרי שהלך היום אחר הלילה : חצות לילה איכא בינייהו · מאן דיליף מיום הכפורים הולך אחר תחילת הלילה דכתיב מערב עד ערב ולדידיה אם נראית הישנה אפילו בתחילת ליל שלשים שוב אין החדש מתקדש ביום שלשים ולמאן דיליף ממצות אין היום הולך אחר תחילת הלילה שהרי מצות לילה הראשון של פסח עד יום האחד ועשרים אכילת מצה רשות ובלבד שלא יאכל חמץ כדאמרינן בשילהי ערבי פסחים (דף קכ:) ומצות לילה ראשון חלוק מהם ונמשך עם הפסח הנשחט בארבעה עשר שהמצה נאכלת עמו חובה ולדידיה אפילו נראית הישנה בתחילת הלילה מאיימין למחר על העדים לומר ראיתוהו אם צריכין אנו לקדשו ביום שלשים להרחיק יום הכפורים משבת : כל ספיקא לקמיה שדינן · אין אנו צריכין להקדים פסח או סוכות בי״ד ליום שלשים של אדר ושל אלול מחמת ספק שמא קדשו בית דין את החדש ביום עשרים ותשעה אבל צריכין אנו לעשות יום טוב שני ביום ט״ז מספק שמא עיברו ב״ד את האדר וקבעו ניסן ביום שלשים ואחד וכן באלול : למימרא דחמיסר ושיתסר כו׳ · בניחותא כלומר אשמעינן רב נחמן הכי : דלמא חסרו לאב · ומלאו יום עשרים ותשעה באלול שלנו שעיברו את אב היה יום שלשים שלהן וקבעו בו ראש השנה וכן לענין ניסן דלמא חסרו לשבט :

תרי

צריך שיהא לילה ויום מן החדש כו׳ · הא דמאיימין על העדים על החדש שלא נראה בזמנו לומר ראינו אע״פ שלא ראו הני מילי כשיום שלשים לילה ויום מן החדש :

חצות לילה איכא בינייהו · פי׳ בקונטרס שראה ביסודו של רבי סעדיה שהלבנה לעולם לפני חדושה בקרן מזרחית דרומית ולאחר חדושה בקרן מערבית דרומית וכשהיא במזרח נראית לבני מזרח ולא לבני מערב וכשהיא במערב נראית לבני מערב ולא לבני מזרח ולכך הלבנה הישנה לבני בבל שבמזרח אינה מתכסה אלא שש שעות ולבני ארץ ישראל הרחוקים מתכסה י״ח שעות והחדשה אינה מתכסה לבני ארץ ישראל שבמערב כי אם שש שעות ולבני בבל הרחוקים מתכסה י״ח שעות ולמאן דיליף מיום הכפורים היום הולך אחר תחלת הלילה ואם נראתה הישנה בתחלת הלילה שוב אין מקדשין החדש ביום ולמאן דיליף מפסח לא חיישינן אלא שלא תראה מחצות הלילה ואילך ולפי שיטת הקונטרס משמע דלא חיישינן כלל בבני בבל אלא בבני ארץ ישראל דאע״ג דחזו בני בבל הישנה בלילה מקדשין בני א״י את החדש למחרתו ביום ולא חיישינן ובני בבל מונין יום הכפורים וכל המועדות מאותו היום שראו בני א״י החדשה אע״פ שהם ראו הישנה בלילה וזהו תימה ממאי דקרא קפיד אבני א״י ולא קפיד אבני בבל ועוד משהלבנה מתחלת להתחסר לעולם לא תראה עוד בתחלת הלילה עד שתתחדש שכך סדרה בתחלת לידתה יוצאה מביום ונראית בתחלת הלילה מעט ושוקעת ובלילה שלאחריו שוהה מעט יותר לשקוע ומוספת בכל לילה עד שתתמלא ואז יוצאה בתחילת הלילה וזורחת כל הלילה עד היום ושוקעת לאור הבקר ואח״כ מתחלת להתחסר ומאז שוהה לצאת תחלת כל הלילה ומוספת בכל לילה לשהות מלצאת יותר ויותר עד סוף החדש וכל מה שהיא מחסרת מן הלילה היא משלמת מן היום בין בתחלת החדש בין בסופו ויותר היה נראה לפרש דמיירי הכא לענין המולד דצריך שיהא לילה ויום מן החדש שיהיה המולד מבערב של עשרים ותשעה באופן שיהא יום שלשים ולילו הכל מן המולד החדש אבל אין המנהג כן דלא פסלינן מולד זקן אלא כשנולד אחר שמונה עשר וי״א דצריך לילה ויום מן החדש כלומר צריך שיהא סדר הקידוש לילה ויום ולא יום ולילה דאם היה המולד ביום קודם חצות וקדשוהו ב״ד נתקדשה לילה שלפניו ואם נולד אחר חצות ולא נראית ביום אין החדש מתקדש אלא למחר ואין יום זה שלפניו מתקדש עמו והיינו דאבוה דר׳ שמלאי ולפירוש זה לא ניחא הא דקאמר איכא בינייהו חצות לילה דליכא מאן דאמר שמשחשכה לא חייל יום טוב וראש חדש :

לוי

ראיתי מחזי כשיקרא · אמר שמואל יכילנא לתקונה לכולה גולה כלומר יש בי כח לחשוב חשבון השנים ולתקן איזו שנה צריכה עיבור וכן בחדשים איזה חדש צריך להתעבר עד ביאת הגואל ויתישב הסנהדרין · א״ל אבא אבוה דר׳ שמלאי ידע מר הא דתני בסוד העיבור נולד קודם חצות או אחר חצות · פי׳ המסורות שהיא עכשיו בידינו שהנולד עד חצות וענין ד״ד וה״ח והצ״א ותרצ״ה ותקפ״ט שאלו הן עקרי החשבון לקבוע השנים ידע להו מר · ואם הדחיות שיזן גטר״ד ובה״ו *) תקפ״ט · א״ל לא ידענא · א״ל ומדהא מר לא ידע איכא מילי אחרנייתא דתליין במסורתו ולא בחשבון בלבד ולא ידעינהו מר שמואל · פירוש שאם נולד קודם חצות מפני שלא יתכן להראות הלבנה לבני אדם בו ביום שלשים · ויש מי שאומר אלו כולםגם נ״ם ר״ד שאם נדחות [בשני] הפשוטות ובה״י תקפ״ט לאחר העיבור כילו היה שמואל בקי בהן ודברים אחרים התלוין בחשבון שאמר לא ידענא והוא כגון זה שאמר מחשבין את תולדתו נולד קודם חצות בידוע שנראה סמוך לשקיעת החמה כו׳ וביוצא בו דברים אחרים כמו זה · אמר לו אבא אבוה דר׳ שמלאי דאי לא תימא הכי מה בין חצות לאחר חצות · כי סליק ר׳ זירא בא״י שלח להו צריך שיהא לילה ויום מן החדש · כלומר אין קובעין ר״ח בו ביום של מולד אלא אם היה המולד שעה ראשונה מן הלילה שנמצא היום והלילה כולו מן הלבנה החדשה · אבל אם היה המולד אח״כ אין קובעין ר״ח אלא למחר · וזה שאמר מחשבין את תולדתו נולד קודם חצות בידוע שנראה סמוך לשקיעת החמה נולד אחר חצות אינו נראה בו ביום כלל · ובא רב אשי ודחה וא׳ מסורת זה לאכחושי סהדי · פי׳ שאם נתברר מן החשבון שנולד אחר חצות ובאו עדים ואמרו שראינוהו בו ביום עדי שקר הן שאי אפשר כלל להראות בו ביום ולאו לקובעו ר״ח בו ביום הוא דשלח להו נולד קודם חצות כי הא דאמר ר׳ זירא אמר רב נחמן כ״ד שעי מכסי סיהרא לדידן שית(שית) מעתיקא וי״ח מחדתא · לדידהו שית מחדתא וי״ח מעתיקא · למאי נפקא מיניה · אמר רב אשי לאכחושי סהדי בו · גם זה שאמר אבוה דר׳ שמלאי נולד קודם חצות וזה שאמר ר׳ זירא כ״ד שעי מיכסי סיהרא דבר זה לא נתברר אצלנו יפה לפיכך לא כתבנו בו פירושו **) · אמר מר צריך שיהא יום ולילה מן החדש כמו שאמרנו · כלומר היום שקובעין אותו ר״ח צריך להיות כ״ד שעה מן הלבנה החדשה · קרא מנא לן ר׳ יוחנן אמר מערב עד ערב · ר׳ שמעון בן לקיש אמר מהכא עד יום האחד ועשרים לחדש בערב · מאי בינייהו אמר אביי משמעות דורשין איכא בינייהו כלומר זה דורש מזה הפסוק וזה דורש מזה הפסוק ושניהן דבר אחד אמרו · זה אין צריך פירוש · רבא אמר חצות לילה איכא בינייהו · ר׳ יוחנן שאמר מערב עד ערב סבר אם נולדה הלבנה בתחלת שעה ראשונה של לילה קובעין בו ביום ר״ח דהא איכא מערב עד ערב · ור׳ שמעון בן לקיש כתיב שבעת ימים מצות תאכלו וכתיב בערב תאכלו מצות עד יום האחד ועשרים לחדש בערב · וכתיב בפסח ואכלו את הבשר בלילה הזה · וכתיב ועברתי בארץ מצרים בלילה הזה · וקיי״ל דהוא חצות לילה שנאמר ויהי בחצי הלילה · וגמר הלילה הזה של אכילת פסח מן הלילה הזה של עברת מצרים מה זה חצות לילה אף זה חצות לילה וכתיב בפסח על מצות ומרורים יאכלוהו ש״מ שאכילת מצה אפי׳ עד חצות יצא י״ח · והנה לא אכל המצה ביום הראשון אלא מקודם חצות כמעט ונחשב לו יום שלם שנאמר שבעת ימים מצות תאכלו · ש״מ שאם נולד הלבנה עד חצי הלילה יום שלם הוא ונמצא היום והלילה מן החדש וראוי אותו היום לקבעו ר״ח · וזהו פירושו חצות לילה איכא בינייהו ר׳ יוחנן בעי כ״ד שעות מן החדש · וריש לקיש אמר לך אפילו מחצי הלילה כשר: ירושלמי בסוף פרק אם אינן מכירין אותו משקיעת החמה אתה מונה ללבנה · א״ר סימון והיו לאותות ולמועדים ע״י זה וע״י זה כלומר זה יוצא וזה נכנס · א״ר יוחנן ויהי ערב ויהי בקר יום אחד

ר״ל

[בכורות כח:]

[בשאלתות ליתא]

[בשאלתות איתא לשבת וכן כתבו מפרש״י ד״ס דלמא וכ״כ רש״י לקמן כא: ד״ה תרי]

הגהות הב״ח

(א) רש״י ד״ה נולד קודם כו׳ שהם במערב מתוך קוטנה אלא שש שעות אחר חדושה שהלבנה לעולם:

גליון הש״ס

גמ׳ לאכחושי סהדי. עיין לקמן כד ע״ב תד״ה ראיתיהו:

*) נראה דצ״ל ובט״ו תקפ״ט וכ״ה בטור או״ח סי׳ תכ״ח ע״ש או דצ״ל ובה״י וכמו שכתב לקמן והיינו קך **) עיין בבעל המאור מ״ש על זה.

longed. What is the reason? [20b] —The latter statement would be
a seen to be false,[1] the former statement is not seen to be false.[2]

Samuel said: I am quite able to make a calendar[3] for the whole of the Diaspora. Said Abba the father of R. Simlai to Samuel: Does the Master know [the meaning] of this remark which occurs in [the Baraitha known as] the secret of the Calendar?[4] 'If the new moon is born before midday or after midday'?—He replied: I do not. He then said to him: Since the Master does not know this, there must also be other things which the Master does not know.

When R. Zera went up [to Palestine], he sent back word to them [in Babylon]: It is necessary that there should be [on New Moon] a night and a day of the new moon.[5] This is what Abba the father of R. Simlai meant: 'We calculate [according to] the new moon's birth. If it is born before midday, then certainly it will have been seen shortly before sunset. If it was not born before midday, certainly it will not have been seen shortly before sunset'. What is the practical value of this remark?—R. Ashi said: To [help us in] confuting the witnesses.[6]

R. Zera said in the name of R. Naḥman: The moon is invisible for twenty-four hours [round about new moon]. For us [in Babylon] six of these belong to the old moon and eighteen to the new;[7] for them [in Palestine] six to the new and eighteen to the old.[8] What is the practical value of this remark?—R. Ashi said: To confute the witnesses.

The Master has just said: It is necessary that there should be [on New Moon] a night and a day of the new moon. Whence is this rule derived?—R. Joḥanan said: [From the text], *From evening*
b *to evening;*[1] Resh Laḳish said: [From the text], *Until the twenty-first day of the month in the evening.*[2] What practical difference is there between them?—Abaye said: The difference between them is only one of exegesis.[3] Raba said: They differ in regard to [the hours up to] midnight.[4]

R. Zera said in the name of R. Naḥman: Wherever [an extra day is kept] out of doubt, we make it the succeeding day.[5] This means to say that we keep [Passover and Tabernacles] on the fifteenth and sixteenth but not on the fourteenth.[6] But should not the fourteenth also be kept, in case both Ab and Elul[7] have

a (1) Because other people might have seen the new moon. (2) Because it could not be proved that they had not seen it (Rashi). [R. Ḥananel: Provided they had seen a semblance of the new moon]. (3) Heb. עיבור lit., 'taking across': the word used for the prolonging of the year and the month. (4) This was a Baraitha made up of enigmatic sentences like the one which follows. (5) I.e., that there should be no appearance of the old moon in this period, viz., after the closing of the twenty-ninth day; otherwise New Moon cannot be proclaimed on the thirtieth. (6) Because if the conjunction is calculated to have been after midday and they claim to have seen the new moon before nightfall, they are not telling the truth. (7) Which would imply that in Babylon the new moon is not visible till eighteen hours after its birth (Rashi). (8) Which would imply that in Palestine the new moon is visible six hours after its birth (Rashi).
b (1) Lev. XXIII, 32, in connection with fasting on the Day of Atonement. This shows that the day follows the night in reference to the festivals. (2) Ex. XII, 18, in connection with eating unleavened bread on Passover. This shows that the festivals end at even. (3) Lit., 'the interpretation of exegeses'. (4) According to R. Joḥanan, the '*night*' referred to is on the same footing as the night of the Day of Atonement which commences at nightfall. But according to Resh Laḳish, it is on a par with the first night of Passover, which, in relation to the Paschal lamb, was a continuation of the afternoon before. Hence Resh Laḳish holds that even if the old moon was seen in the early part of the evening, the next day may still be declared New Moon. (5) Lit., 'wherever there is a doubt, we cast it forward'. (6) I.e., that we reckon fifteen days from the thirtieth day, and also from the thirty-first day of the previous Adar or Elul, out of doubt, but in no case from the twenty-ninth. This dictum would seem to be superfluous, as in no circumstances was New Moon proclaimed on the twenty-ninth day after the previous New Moon. (7) Rashi reads 'Shebat'.

been declared short?[8] [21a]—If two [successive] months[9] are declared short, the thing becomes known.

Levi once arrived in Babylon on the eleventh of Tishri.[10] He said [to the people there]: How good and sweet is the dish of the Baby-
a lonians on the great day of the West.[1] They said to him, Testify [that this is the tenth day].[2] He replied: I did not [personally] hear the Beth din [in Jerusalem proclaim] 'sanctified'.[3]

R. Johanan issued a proclamation: 'In all those places which can be reached by the messengers sent out in Nisan but not by those sent out in Tishri,[4] two days should be kept [on Passover],[5] Nisan being included so that there should be no mistake as to Tishri'.[6]

R. Aibu b. Nagri and R. Ḥiyya b. Abba once arrived at a certain place which had been reached by the messengers sent out in Nisan but not by those sent out in Tishri, and though the inhabitants kept only one day [of Passover] they did not reprove them. When R. Johanan heard this he was annoyed and said to them: Did I not tell you that in places which have been reached by the messengers sent out in Nisan but not by those sent out in Tishri they should keep two days, Nisan being included so that no mistake should be made in Tishri?

Rabbah was accustomed to fast two days [on the Day of Atonement].[7] Once he was found to be right.[8] R. Naḥman had once fasted the whole of the Day of Atonement, when in the evening a man came and told him, To-morrow is the great day in the West.
b He said to him, Whence are you? He replied, From Damharia.[1] 'Blood will be his latter end'[2] he ejaculated, applying to himself the verse, *Swift were our pursuers*.[3]

R. Huna b. Abin sent an instruction to Raba: When you see that the cycle of Tebeth[4] extends to the sixteenth of Nisan,[5] declare that year[6] a leap year and have no scruples,[7] since it is written, *Observe the month* [ḥodesh] *of Abib*,[8] which signifies, See to it that the Abib of the cycle[9] should commence in the earlier half [*hodesh*][10] of Nisan.

R. Naḥman said to those who were going to sea: As you will not know when New Moon is fixed, [I will tell you what to do]. When you see the moon ceases shining with daylight,[11] clear away leaven [for Passover]. When does it so shine? On the fifteenth [of the month]. But we clear away leaven on the fourteenth?—For them, as they had a clear view,[12] the moon commenced to shine into the day from the fourteenth.

(8) And in this case, what we suppose to have been the twenty-ninth day of Adar or of Elul would really have been the first of Nisan or of Tishri. (9) Viz., (apparently) Ab and Elul, or Tebeth and Shebat. Rashi: Tebeth and Tammuz are always, according to the principles of fixed calendar, defective, and if Shebat which follows Tebeth, Ab and Tammuz were also to be defective, it would have become known to the Diaspora before the advent of the festivals. (10) I.e., according to the reckoning of the Babylonians who were not aware that the previous month had been prolonged in Palestine by one day. He either came from near the frontier or just before nightfall, before they had broken their fast (v. Tosaf. s.v. ילו).

a (1) I.e., this is the Day of Atonement in Palestine, and you are eating, or you are ready to break your fast, cf. *supra* n. b10. (2) And we will keep this day too. (3) I.e., that the day was sanctified as New Moon and therefore he could not testify, although he knew from independent sources that this was only ten days before, v. *infra* 21b. [MS.M.: '(proclaim)', 'prolonged' מעובר instead of מקודש]. (4) The messengers sent out from Jerusalem to announce the New Moon of Nisan would be able to travel further by Passover than the messengers sent out in Tishri would be able to travel by Tabernacles, because the latter would lose two days on New Year and the Day of Atonement, when it was forbidden to travel. (5) Although the inhabitants would know when the New Moon of Nisan had been proclaimed. (6) I.e., if they kept Passover only one day, they might come to keep Tabernacles only one day. (7) Being uncertain whether the month of Elul, which normally consisted of twenty-nine days, had not been prolonged by the Beth din in Jerusalem. (8) Lit., 'it was found (to be) according to him'.

b (1) [Damar S.W. of Sura. V. Obermeyer p. 298.] (2) Heb. *DaM teHi AḥaRItho*—a play on the name Damharia. (3) Lam. IV, 19. (4) V. *supra* 8a n. b5. (5) Inclusive. V. Tosaf. s.v. (6) In other words, if the vernal equinox is known by calculation to fall after the sixteenth of Nisan a leap year is proclaimed. (7) Although this follows the view only of an individual authority, as recorded in Sanh. 13b. (8) Deut. XVI, 1. (9) I.e., the beginning of the vernal equinox. The day on which the vernal equinox begins is called *Abib* because on that day the corn begins to ripen by the effects of the sun (Rashi). V. Sanh. (Sonc. ed.) 13b notes. (10) I ., 'newness'. I.e., the first fourteen days. The New Moon of Nisan must be timed so that this can take place. (11) Lit., 'completing (its course) by day'. (12) Lit., 'as the world was revealed to them'.

תרי ירחי חסירי קלא אית להו לוי אקלע לבבל בחדסר בתשרי אמר *בסים תבשילא דבבלאי ביומא רבה דמערבא אמרי ליה אסהיד אמר להו לא שמעתי מפי ב"ד מקודש [א]מכריז ר' יוחנן כל היכא דמטו שלוחי ניסן ולא מטו שלוחי תשרי ליעבדו תרי יומי גזירה ניסן אטו תשרי רבי אייבו בר נגרי ור' חייא בר אבא איקלעו להההוא אתרא דהוה מטו שלוחי ניסן ולא מטו שלוחי תשרי ועבדי חד יומא ולא אמרו להו ולא מידי שמע רבי יוחנן ואיקפד אמר להו לאו אמרי לכו היכא דמטו שלוחי ניסן ולא מטו שלוחי תשרי ליעבדו תרי יומי גזירה ניסן אטו תשרי רבא הוה רגיל דהוה יתיב בתעניתא תרי יומי זימנא חדא אשתכח כוותיה ר"נ יתיב בתעניתא כוליה יומי דכיפורי לאורתא אתא ההוא גברא א"ל למחר יומא רבה במערבא א"ל מהיכא את א"ל מדמהריא א"ל דם תהא אחריתו קרי עליה °קלים היו רודפינו (איכה ד) [ב]שלח ליה רב הונא בר אבין לרבא כד חזית דמשכה תקופת טבת עד שיתסר בניסן עברה להההיא שתא ולא תחוש לה דכתיב *°שמור את חדש האביב (דברים טז) שמור אביב של תקופה שיהא בחדש ניסן אמר להו רב נחמן להנהו נחותי ימא אתון דלא ידעיתו בקביעא דירחא כי חזיתו סיהרא דמשלים ליומא בעירו חמירא אימת משלים בחמיסר והא אנן מארביסר מבערינן לדידהו דמגלו להו עלמא מארביסר משלים:

מתני' על

רש"י

תרי ירחי חסירי קלא אית להו · דשמא היסרו ממה שפסק כסדר הלבנה באחד מלא ואחד חסר ואם היתה דחסרוהו לשבט כבר יצא הקול לפני הפסח ובא אצלנו אף למקום שאין שלוחי ב"ד של ניסן מגיעין וכן בתשרי אם חסרו תמוז ואב שהרי תמוז תמיד חסר : בסים תבשילא דבבלאי · אכלו לחם למועדים ביוה"כ שבא"י שהרי ב"ד עיברו את החדש א] והיו מתענים : אסהיד · ונקבל עליו ולא נאכל : לא שמעתי מפי ב"ד מקודש · לא אעיד לכם דהא אמרי' לקמן בפרקין (ע"ב) על ששה חדשים שלוחים יוצאים מבערב כגון אם לא קדשוהו ביום ל' יוצאין השלוחים לערב לומר מעובר הוא אבל על ניסן ותשרי אע"פ שיודעין שיקדשוהו למחר ביום ל"א שהרי אין ר"ח נדחה לשלשים ושנים אפ"ה אין יוצאין עד שישמעו מפי ב"ד מקודש ואני לא שמעתי מפי ב"ד שלא הייתי במקום שישבו סנהדרין שם : דמטו שלוחי ניסן · שב"ד שולחין לגולה להודיע יום שקדשוהו וכל מה שהם יכולין לילך הם הולכין עד הפסח וכן בתשרי עד סוכות חוץ משבתות וימים טובים שלא ניתנו לחלל לשלוחין כדתניא בפרקין (לקמן ע"ב) על קריאתם אתה מחלל ואי אתה מחלל על קיומם לפיכך שלוחי ניסן מגיעין למקום שאין שלוחי תשרי מגיעין שהרי אין ימים טובים בינתים לעכבם ובתשרי יש ר"ה ויוה"כ שאין השלוחין הולכין בו : ליעבדו תרי יומי יטבי ואע"פ שהגידו להם השלוחים יום קביעתו : גזירה ניסן אטו תשרי · שאם תנהיגם לעשות בניסן יום אחד ינהגו כן בתשרי שלא ע"פ שלוחים ופעמים שיטעו : רבי אייבו ור' חייא בר אבא · תלמידי דר' יוחנן היו ושמעו מפיו לכך הקפיד כנגדם : עבדו יומא חדא · בני המקום : יתיב בתעניתא תרי יומי · עם לילותיהם שמא עיברו ב"ד את החדש ויום אחד עשר שלנו הוא עשירי שלהן : דם תהא אחריתו · הריני מת על ידך שתזקיקני להתענות ב' ימים וב' לילות דם תהא אחריתו נוטריקון של מדהריא : כי חזית דמשכה תקופת טבת עד שיתסר בניסן · שאין תקופת ניסן נופלת עד יום ט"ז וקיימא לן דיום התקופה מתחיל כר' יוסי דאמר הכי בפ"ק דסנהדרין (ד' יג·) כמלאת תקופת טבת מושכת עד שיתסר בניסן ולא עד בכלל : עברה להאי שתא · כאחרים דאית להו הא סברא בפ"ק דסנהדרין (שם:) : ולא תחוש לה · למימר יחידאה היא ולא נעביד כוותייהו אלא ודאי כאחרים נעביד דמסייע להו קרא דכתיב (א) את חדש האביב שיהא בחידוש ואביב הוא יום תקופת ניסן שניסן של חמה נכנס בו וניסן קרוי אביב על שם בישול התבואה ובישול התבואה אינו אלא לחשבונה של חמה שהקיץ והחורף אחר חשבון החמה הם והזהיר הכתוב לשומרו שיהא בחידוש ואין לשון חידוש נופל אלא בלבנה שהיא מתחדשת בתולדותיה והשמיענו קרא שיהא ניסן של חמה בתוך י"ד יום למולד הלבנה שהוא עדיין מחידוש הלבנה דמיום י"ד ואילך ישנה היא ואילו היה תקופת ניסן ביום ט"ו לא הייתו צריכין לעבר את השנה אלא נעבר אדר ונדחה את ניסן יום אחד ותפול התקופה ביום י"ד אבל כשהיא באה ביום ט"ז בניסן לא די לן בעיבורו של אדר וצריכה השנה להתעבר ותפול התקופה באדר שני נמצא ניסן של חמה מושך בתוך חדש ניסן הלבנה הכי מפרשינן לה בסנהדרין (שם) אליבא דאחרים דכי מטיא בט"ו מעברין את אדר וכי מטיא לט"ז מעברין את השנה : שמור אביב של תקופה · דהיינו ניסן של חמה שיהא בחידוש ניסן הלבנה : סיהרא דמשלים ליומא · שהירח משלים מאורו עם הנץ החמה שאינו מחשיך עד שעת זריחה :

מתני'

תוספות

לוי אקלע לבבל בחדסר בתשרי · אחד עשר היה לבני בבל ועשירי לבני ארץ ישראל דעברוה לאלול ומתוך התמוה בא דהא יוה"כ הוה א"נ ביוה"כ של בני בבל בא סמוך לחשכה והוא היה ערב יוה"כ לבני א"י ואמרו לו אסהיד לן כלומר ונאסור לאכול גם עתה דיוה"כ הוא אמר להם לא שמעתי מפי ב"ד מקודש שילא ביום ל' של אלול סמוך לחשכה שלא היה שהות ביום לבא ולקבל עדותן וידע שלא יקדשוהו עד למחר ביום ל"א אבל לא המתין עד למחר שישמע שיקדשוהו ואין מעידין עד שישמע מב"ד מקודש כדלקמן (ע"ב) אע"פ שידוע שלמחר יקדשוהו וא"ת והיאך יניחם לאכול ויש כאן ודאי איסור כרת דאורייתא וי"ל דהתנן לקמן בפרק שני (דף כה· ושם) אשר תקראו אתם מקראי קדש בין בזמנן בין שלא בזמנן ואמרינן בגמ' אתם אפי' שוגגים אתם אפי' מזידים ואפי' מוטעין והא דאמרינן בפרק גיד הנשה (חולין דף קא: ושם) גבי שגג ביוה"כ פטור דגזירה הוה ויוה"כ דההיא שתא שבתא הוה ולא אמרינן אתם אפילו מזידין התם הוקבע להם החדש בזמנו ומפני הגזרה לא עשו יוה"כ בעשירי ועשאוהו ביום השבת שלא ישתכח ואין יוה"כ אלא בעשרה בתשרי אבל הכא להם היה עשירי ולא דמי נמי להא דפ"ק דסנהדרין (דף יב: ושם) שבקש חזקיה רחמים על עצמו דכתיב כי אכלו הפסח בלא ככתוב וגו' ומפרש שעיברו השנה ביום ל' של אדר ואסור הואיל וראוי לקובעו ניסן ולא אמרינן אתם אפי' שוגגים כו' משום דלא שייך אלא כגון יום ל' או יום ל"א כשקובעין באחד מהן ר"ח לחסרו או לעברו שלא כדין או על פי עדות שקר : כי חזית דמשכה תקופת טבת עד שיתסר בניסן · שתקופת ניסן נופלת ביום ט"ז וקיימא לן (סנהדרין דף יג·) יום תקופה מתחיל כמלאת תקופת טבת מושכת עד שיתסר ולא שיתסר בכלל עברה להההיא שתא משום דכתיב שמור את חדש האביב אביב של תקופה שיהא בחדש ניסן ומיום י"ד ואילך ישנה היא ואילו היתה תקופת ניסן נופלת ביום ט"ו לא הייתו צריכין לעבר השנה אלא נעבר אדר ונדחה ניסן יום אחד ותפול התקופה בי"ד כך פי' בקונטרס (והתם בסנהדרין (דף יג:) בתקופת תשרי איירי דפליגי התם אי בעינן כולה אסיף בתקופה חדשה או מקלתו) ושמעתין דהכא אתיא כאחרים דאמרינן התם אחרים בתקופת ניסן (הוו) קיימי ומייתי דרשה דהכא וקשיא לפירוש הקונט' דבפ' היו בודקין (שם דף מא:) משמע דיום ט"ו של חדש הוי מן החדש דקאמר עד מתי מברכין על החדש נהרדעי אמרי עד י"ו לכך צריך לפרש דהכא קאמר עד דמשכה שיתסר אפילו ע"י עיבור אדר א"כ דמשכה עד שיתסר ושיתסר בכלל הייט כגון דנפלה תקופת ניסן בשבסר דכי מעברת נמי לאדר הרי היא נופלת בשיתסר ואין כאן אביב כלל בחדש ניסן ואין להקשות דלעבריה לאדר ולשבט*) דהתנן בפרק אין נערכין (ערכין ד' ח: ושם) אין פוחתין מד' חדשים מעוברין בשנה ולא יותר מח' ומפרש בגמ' (שם דף ט·) דלא נראה לעבר יתר על שמונה ומוקי לה בשנה מעוברת אבל בפשוטה יותר על שבעה : עברה להההיא שתא ולא תחוש לה · תימה דתניא בפ"ק דסנהדרין (דף יא: ושם) על ג' סימנין מעברין השנה על האביב ועל פירות האילן ועל התקופה על שנים מהן מעברין על אחד אין מעברין ורשב"ג דאמר התם על התקופה איבעי לן על התקופה שמחין או דילמא מעברין וקיימא בתיקו וי"ל דהתם בתקופת תשרי איירי אבל הכא בתקופת ניסן דעליה לבדה מעברין וצריך טעם כיון דמקרא קא דרשי הכא והכא מאי שנא :

*) אולי צ"ל ולטבת

עין משפט נר מצוה

קח א מיי' פ"ג מהל' קידוש החדש הל' יב :
קט ב מיי' שם פ"ד הלכה ג :

מסורת הש"ס

[פי' תוס' שבת כג: ד"ה רבי נתן]

סנהדרין יג:

הגהות הב"ח

(א) רש"י ד"ה ולא תחוש כו' דמסייע להו קרא דכתיב שמור את חדש:

הגהות מהר"ב לנדא

א] רש"י ד"ה בסים כו' שהרי ב"ד עיברו את אלול כצ"ל

כת"י אינו

רבינו חננאל

ר"ל אמר החדש הזה שיהא כולו מן החדש וגמר הזה הזה א) היכי תקשי לן דר"ל אדר"ל איכא ספיקא לקמיה (כי) שדינן פשוטה היא · לוי אקלע לבבל בי"א בתשרי · פי' בא ברוגית או כביצית בי"א בתשרי בבבל וא' בסים תבשילא דבבלאי כלומר תבשילם נודף · והוא היום יום כפור · כלומר כי עברו אלול שנמצא י"א בבבל עשירי לירושלים · ועל זה הענין נעשה סוכות · אמרו לו תעיד ונשלים הצום היום · אמר להם לא שמעתי מב"ד מקודש · כלומר שמעתי להם כי רצונם לעבר אלול ולוי דאקלע בבבל בי' במרחשון ואמר להו היידנא יומא רבא במערבא · פי' שנה מעוברת היתה שנמצאת עשרה במרחשון כי הן עשרה בתשרי · והיום יום כפור · ואמרי ליה ג) העידו שעיברו השנה הזאת ואמר לא שמענו מב"ד מקודש . ואמרינן שמא לא עיברו שלוחי ניסן מהלכין לא פחות מי"ב יום · ושלוחי תשרי פעמים שאין מהלכין אלא עשרה ימים מפני כי שובתין בר"ה וביוה"כ ובשבת נמצאו אלו שלוחי ניסן מגיעין למקומות רחוקים מה שאין שלוחי תשרי מגיעין בהן · רבה הוה רגיל יתיב בתעניתא תרי יומי זימנא חדא אשתכח כוותי' כי עיברו ליה לאלול והיה יום כפור בי"א בתשרי דהוה מחמר אנפשיה ונקיט תרי יומי ומלתא יתירתא עבד ולא חובה הוא עליו שלא היה לו לחוש · ואם חשש מדה יתירתא עשה ולא שיבח בה · רב נחמן יתיב תעניתא ביומא דכפורי לאורתא אתא ההוא גברא א"ל למחר צומא רבא במערבא כו' · פשוטה היא · שלח ליה רב הונא בר אבין לרבא כי מצית דמשכה תקופת טבת עד ט"ז בניסן עברה להההיא שתא ולא תחוש לה · דכתיב שמור את חדש האביב ותנ' שמור חדשו של אביב · שתהא נופלת בו · כלומר לא יהא אביב קרב אלא בתקופה חדשה זה הדבר היה נוהג בזמן שבית המקדש קיים · וזה אחד מן הדברים המסורים בידי ב"ד בזמן שהיה האביב קרב' אבל עכשיו שאין אביב לא חיישינן להא דשלח רב הונא · ואע"ג דלית לן ספק בזמן הזה

א) נ"ל דצ"ל כי סיכי דלא תקשה לן מדר"ל אדר"ל . וכוונת רבינו בזה דדרשה שאמר בירושלמי אליבא דר"ל ודרשה דילן אליביה הכל אחד וסייעו דגמר בזה מסה ממסה ודו"ק · ג) בפירוש על ר"ה המיוחס להרמב"ם ז"ל איתא דאמרו ליה דאסהיד דביום י' בתשרי ע"ש .

עין משפט נר מצוה

קי א ב מיי' פ"ג מהל' קידוש החדש הל' ג :
קיא ג מיי' שם הלכ' י:
קיב ד מיי' שם הלכה ח:
קיג ה מיי' שם הל' ד:

מתני' *על שני חדשים מחללין את השבת על ניסן ועל תשרי שבהן שלוחין יוצאין לסוריא ובהן מתקנין את המועדות *וכשהיה בית המקדש קיים מחללין אף על כולן מפני תקנת הקרבן : גמ' על ב' חדשים ותו לא *ורמינהו על ו' חדשים השלוחין יוצאין אמר אביי ה"ק על כולן שלוחין יוצאין מבערב על ניסן ועל תשרי עד שישמעו מפי ב"ד מקודש תניא נמי הכי על כולן יוצאין מבערב על ניסן ועל תשרי עד שישמעו מפי ב"ד מקודש ת"ר מנין שמחללין עליהן את השבת ת"ל °אלה מועדי ה' אשר תקראו אותם במועדם (ויקרא כג) יכול כשם שמחללין עד שיתקדשו כך מחללין עד שיתקיימו ת"ל אשר תקראו אותם על קריאתם אתה מחלל ואי אתה מחלל על קיומן: וכשהיה בהמ"ק קיים מחללין אף על כולן מפני תקנת הקרבן: ת"ר בראשונה היו מחללין אף על כולן משחרב בית המקדש אמר להן רבן יוחנן בן זכאי וכי יש קרבן התקינו שלא יהו מחללין אלא על ניסן ועל תשרי בלבד : מתני' *בין שנראה בעליל בין שלא נראה בעליל מחללין עליו את השבת רבי יוסי אומר אם נראה בעליל אין מחללין עליו את השבת מעשה שעברו יותר מארבעים זוג ועיכבם ר"ע בלוד שלח לו ר"ג אם מעכב אתה את הרבים *נמצאת מכשילן לעתיד לבא : גמ' מאי משמע דהאי עליל לישנא דמיגלי הוא א"ר אבהו אמר קרא °אמרות ה' אמרות טהורות כסף צרוף בעליל לארץ מזוקק שבעתים (תהלים יב) *רב ושמואל חד אמר נ' שערי בינה נבראו בעולם וכולן ניתנו למשה *חסר אחד שנאמר °ותחסרהו מעט מאלהים (שם ח) °בקש קהלת למצוא דברי חפץ בקש קהלת להיות כמשה יצתה בת קול ואמרה לו וכתוב יושר דברי אמת (קהלת יב) °ולא קם נביא עוד בישראל כמשה (דברים לד) וחד אמר בנביאים לא קם במלכים קם אלא מה אני מקיים בקש קהלת למצוא דברי חפץ בקש קהלת לדון דינין שבלב שלא בעדים ושלא בהתראה יצתה ב"ק ואמרה לו וכתוב יושר דברי אמת °על פי שנים עדים וגו' (שם יז):

מעשה

רש"י

מתני' על שני חדשים מחללין את השבת · עדים שראו את החדש: שבהם שלוחים · ב"ד שולחין לסוריא להודיע לגולה יום קביעותם הלכך חשיבי ומן התורה מחללין על כולן אבל רבנן אסרו לפי שאין תיקון המועדות תלוי בהם ולא איכפת למלאן ולחסרן ע"פ עדים אך שני חדשים אלו העמידום על דין תורה שכל המועדות תלויין בהן : תקנת קרבן · של ר"ח שיקריב בזמנו : גמ' ותו לא · נפקי שלוחים (יוצאים) אלא אהני דקתני שבהן שלוחים יוצאים לסוריא : שלוחין יוצאין מבערב · כגון נראה בעליל ביום כ"ט או בליל שלשים דודאי יקדשוהו ב"ד מחר א"נ בחדש מעובר דפשיטא לן שביום ל"א יתקדש (א) משלא נתקדש בזמנו שלוחין יוצאין מב"ד ואין ממתינין עד למחר שישמעו מקודש מפי ב"ד כדאמרינן לקמן (דף כד·) ראש ב"ד אומר מקודש ויעידו לגולה : על ניסן ועל תשרי · אין שלוחין יוצאין עד שישמעו מפי ב"ד מקודש הלכך בשאר חדשים אין חילול שבת של עדים ממהרת יציאת השלוחין שאין השלוחין מחללין שבת לצאת היום וכשלא יבאו העדים היום יתעבר החדש והכל יודעין שהם קדשוהו למחר והשלוחים יצאו משתחשך לומר שעיברו את *אלול אבל בניסן ותשרי אם לא יבאו העדים היום ויתעבר החדש לא יצאו השלוחים עד מחר שאין ב"ד מקדשין בלילה נמצאו ממעטין את הלוכן מהלך לילה ויותר כיצד אם יבאו העדים ויעידו ויקדשוהו בשבת ויהא פסח בשבת יש זמן לשלוחים מהלך י"ב יום שלימים שהרי למ"ש יצאו וילכו כל ימי החול של ב' שבועות הללו שלימים ואם לא באו העדים היום לא יצאו השלוחים עד מחר ועל כרחם שבת של ערב הפסח ישבותו נמצא שלא הלכו י"ב ימים שלימים וא"ת היאך הוא תולה טעם חילול העדים ביציאת השלוחים הרי השלוחים עצמן לא ניתן להם לחלל טעם החילול כדי שיתקדש החדש בזמנו הוא כדקתני ובהן מתקנין את המועדות דרחמנא אמר אשר תקראו אותם במועדם (ויקרא כג) אפי' בשבת ויציאת השלוחים דקתני אינו אלא לייפות וליישב את טעם החילול אף בשביל זאת דיש דברים שאין הטעם תלוי בהם והם נעשים סעד לדבר ליישבו ולייפותו כאותה ששנינו בסנהדרין (דף יא·) אין מעברין את השנה מפני הגדיים והטלאים אבל עושין אותן סעד לשנה כיצד מהודעין אנחנא לכון דגוזלייא רכיכין ואמריא דערקין כו' : אשר תקראו אותם במועדם · הזהירם שלא יעבור המועד של זמן קריאתן מקרא קודש היינו קדוש ב"ד : יכול כשם שמחללין · העדים כדי שיתקדשו בזמנן : כך מחללין · השלוחים עד שיתקיימו המועדות בזמנן : מתני' *נראה בעליל אין מחללין · לפי שאין צורך : ארבעים זוג · שני עדים זוג אחר זוג : גמ' בעליל לארץ · גלוי לכל : חמשים שערי בינה כו' · סיפיה דהאי קרא דרשי רב ושמואל מזוקק שבעתים שבע שביעיות והם חמשים חסר אחת שנמסרו למשה למדנו שחמשים נבראו שהרי מעט נחסר מאלהים: דכתיב ותחסרהו מעט מאלהים וגו' · במזמור מה אנוש כי תזכרנו :

מעשה

תוספות

על שני חדשים מחללין את השבת · פי' בקונטרס ומן התורה מחללין על כולן אבל רבנן אסרו לפי שאין תיקון המועדות תלוי בהן לא איכפת לן אי למלאן אי לחסרן ע"פ עדים וקשיא דבגמרא תניא מנין שמחללין את השבת ת"ל אלה מועדי ה' והאי קרא בניסן ותשרי כתיב וי"ל דמ"מ כל ר"ח איתרבי מדאיקרי מועד כדאיתא בפ' כיצד צולין (פסחים דף עז·) גבי דחיית שבת וטומאה שעירי ראש חדש איצטריכא ליה סלקא דעתך אמינא הא לא כתיב בהו מועד קמ"ל דר"ח נמי מועד איקרי וכדאביי :

על ניסן ותשרי עד שישמעו מפי ב"ד מקודש · והשתא מתניתין דקתני שבהן שלוחין יוצאין היינו לאחר שישמעו מפי ב"ד מקודש ונתינת טעם הוא דלכך מחללין עליה השבת עדים שראו את החדש ופירש בקונטרס דבשאר חדשים אין חילול שבת של עדים ממהרת יציאת שלוחין שאין מחללין השלוחין לצאת בשבת היום וכשלא יבואו עדים היום יתעבר החדש והכל יודעים (*שיום) קדשו למחר והשלוחים יוצאים משתחשך לומר שעברו את החדש אבל בניסן ותשרי אם לא יבאו עדים ויתעבר החדש לא יצאו השלוחים עד מחר שאין ב"ד מקדשין בלילה נמצאו ממעטים הלוכן מהלך לילה ויותר ודבר תימה פירושו שתלה טעם חילול העדים ביציאת השלוחים הא כי מקלע יום שלשים דאלול בשבת וראו עדים את החדש על כרחן צריכין לחלל ולבא בשבת דאי מאחרים עד אחד בשבת היה מקלע יום ערבה בשבת ודחינן ליה משום ערבה כדאמרי' בפ' (החליל נד) [לולב וערבה] (סוכה מג·) ומיהו אניסן ודאי צריך טעם ובמתניתין פי' הקונטרס שבהן שלוחין יוצאים הלכך חשיבי כלומר לפי שהשלוחים יוצאים בהן משום תקנת מועדות ראוי לעדים לחלל עליהם שבת כדי שיקבעו מועדות בזמנן וכאן נמי פי' הקונטרס עדיין טעם החילול שיתקדש החדש בזמנו כדקתני ובהן מתקנין את המועדות דרחמנא אמר אשר תקראו אותם אפי' בשבת ויציאת שלוחין דקתני אינו אלא לייפות וליישב טעם החילול בשביל זאת שיש דברים שאין הטעם תלוי בהן והן נעשין סעד לדבר לייבשו ולייפותו כאותה ששנינו בפ"ק דסנהדרין (ד' יא·) אין מעברין השנה מפני הגדיים והטלאים אבל עושין אותן סעד לשנה כיצד מהודעין אנחנא לכון דגוזלייא רכיכין ואם תאמר ומה טעם דמתניתין לניסן ותשרי עד שישמעו מפי בית דין מקודש בשלמא היכא דנראה בעליל ביום כ"ט או בליל ל' אע"ג דודאי יקדשוהו ב"ד למחר אין יוצאין עליו לאלתר חיישינן דלמא מימלכי ב"ד ומעברי ליה ואתי לקלקולי מועדות אלא היכא דלא קדשוהו ביום ל' ליפקו ביום ל"א שא"א לדחותו יותר מיום ל"א ויש לומר דגזרו האי [אטו האי] משום דבשאר חדשים יוצאים אזה וזה מבערב :

ופסלו

רבינו חננאל

חוה עבדינן כי הא דמיפרשא בתחלת י"ט דלא נקטינן האידנא תרי יומי אלא משום אל תשנו מנהג אבותיכם : מתני' על ב' חדשים מחללין את השבת על ניסן כו' · סוד העיבור שהיה מסור לב"ד להקריב מוסף ר"ח על הראייה וכיון שמוסף ר"ח קרב אפי' בשבת לפיכך הותרה שבת גבי עדי החדש לבוא מחוץ לתחום ולהעיד כדי להקריב מוסף החדש בזמנו בכל חדשי שנה · וזה בזמן שהיה בהמ"ק קיים אבל עתה אין מחללין אלא על ניסן ועל תשרי בלבד שצריכין לקרוא המועדים שכתוב בהן במועדם · וכ"מ שכתוב בתורה במועדו בין בחול בין בשבת הוא · וכתיב אשר תקראו אותם במועדם · פי' ולמה באלו ב' החדשים מחללין עליהן עדי החדש את השבת מפני שאע"פ שאין בהן בזמן הזה קרבן יש בהן קריאת המועדים · שנאמר אלה מועדי ה' מקראי קדש אשר תקראו אותם במועדם · וכל מקום שכתוב בתורה במועדו כגון הפסח והתמיד שכתב בהן במועדו ומחללין עליהן השבת · קריאת המועדים כיון שכתוב בהן במועדם מחללין עליהן השבת · בא וראה בקריאתם שכתוב במועדם מחללין אבל בקיומן שאין כתוב בהן במועדם אין מחללין · וכן פירשו חכמים בקריאתם אתה מחלל ואי אתה מחלל על קיומן · וכן אין שלוחין יוצאין אלא באלו ב' חדשים בלבד על ניסן ועל תשרי מפני שמחללין השבת עליהן · העדים שראו הלבנה לילי שבת שבאין בשבת להעיד והתנן על ו' חדשים שלוחין יוצאין ופריק אביי על אלו ו' חדשים השלוחין יוצאין מבערב על ניסן ועל תשרי (מפני שמחללין) עד שישמעו מפי ב"ד מקודש · תניא נמי הכי כו' · ת"ר מניין שמחללין עליהן השבת ת"ל אלה מועדי ה' מקראי קדש אשר וגו' פי' כיון שפירש הכתוב בקריאת המועדים הללו במועדם מחללין עליהן את השבת · כשם שמחללין את השבת על התמיד ועל שחיטת הפסח דכתיב בהן במועדו כן דרשינן על המועדים · דכל היכא דכתיב ביה במועדו דרשינן ביה במועדו ואפי' בשבת' וקריאת המועדים א) בכל עת הוא בשני החדשים הללו בהקרבת הקרבן בכ' ולא משום שראיית החדש עיקר אלא אפי' בזמן שידוע לב"ד כגון בזמן הזה התורה התירה להן הלא תראה ב) שהיו אחר חורבן הבית מחללין על כל החדשים אמר להן ריב"ז וכי יש עכשיו קרבן התקינו שלא יהו מחללין אלא על ניסן ותשרי בלבד · פי' בעליל בפרהסיא כדכתיב בעליל לארץ · כלומר מפורסם לעם הארץ כתיב אמרות ה' אמרות וגו' · פי' כמו כסף צרוף מזוקק שבעתים · כל מה שתצרפנו מוסיף זיקוק פי' שבעתים שבעה פעמים שבע הרי מ"ט וניתנו לו למשה אמרות ה' מזוקקין מ"ט שערי בינה וכיון דכתיב ותחסרהו מעט מאלהים אין מעט פחות משער אחד לפיכך אמרו נ' שערי בינה נבראו בעולם למלאכי האלהים וכולן ניתנו לו למשה חוץ מאחד מהן ופשוטה היא · בקש קהלת למצוא דברי חפץ · בקש להיות כמשה · שנאמר ה' חפץ למען צדקו וגו' נמצאת גדולת התורה אינו אלא במשה · בקש זה להיות כמותו יצתה ב"ק וא"ל כתוב יושר דברי אמת · כלומר כתיב בספר הישר ולא קם נביא עוד בישראל כמשה לא בנביא ולא במלכים · ומ"ד במלכים קם · בקש קהלת למצא [דברי הפץ] בקש לדון דינין שבלב · בלא עדים ובלא התראה · יצתה ב"ק כו' :

[צ"ע שיום]

[וידיעת ס' על אמיתתו כדכתיב ותחסרהו מעט מאלהים · כ"כ הר"ן]

מסורת הש"ס

לעיל יט:
לעיל כ:
לעיל יט·
ס"א החדש מנחות סד· שבת קלג:
[לקמן לא:]
[נדרים לח ע"ב]

הגהות הב"ח

(א) רש"י ד"ה שלוחין יוצאין כו' שביום ל"א יתקדש כשלא נתקדש בזמנו כו' ויעידו לגולה על ניסן כו' הוא דבור אחד :

א) אולי צ"ל וקריאת המועדים בשני החדשים הללו הוא כהקרבת הקרבן בכל עת ולא מבו' וכו . ב) שאפילו אחר חורבן וכו' או דצ"ל הלא תראה דגם בזמן הב"ד שהיו אחר חורבן הבית וכו'.

MISHNAH. [21b] FOR THE SAKE OF TWO MONTHS SABBATH MAY BE PROFANED,[13] NAMELY, NISAN AND TISHRI, SINCE IN THEM MESSENGERS GO FORTH TO SYRIA AND IN THEM THE DATES OF THE FESTIVALS ARE FIXED.[14] WHEN THE TEMPLE WAS STANDING THEY USED TO PROFANE SABBATH FOR ALL THE MONTHS, IN ORDER THAT THE SACRIFICE [OF NEW
a MOON] MIGHT BE OFFERED ON THE RIGHT DAY.[1]

GEMARA. [Do messengers go forth] for two months only? The following was cited as conflicting with this: 'Messengers go forth to proclaim six months'![2]—Abaye replied: What is meant is this: For all [the other months] the messengers set out while it is still night,[3] but for Nisan and Tishri they do not set out till they have heard the Beth din proclaim, 'sanctified'.[4]

It has been taught to the same effect: 'For all [the other months] they [the messengers] went forth while it was still night, but for Nisan and Tishri not until they had heard the Beth din proclaim 'sanctified'.

Our Rabbis taught: How do we know [from the Scripture] that Sabbath may be profaned on account of these? Because it says, *These are the appointed seasons of the Lord . . . which ye shall proclaim in their appointed season.*[5] I might say then that just as it may be profaned until they [the months] are sanctified, so it may be profaned [further] until they are promulgated?[6] Not so, since it says, '*which ye shall proclaim*:' for their proclamation you may profane the Sabbath, but not for their promulgation.[7]

WHEN THE TEMPLE WAS STANDING THEY USED TO PROFANE SABBATH FOR ALL THE MONTHS, IN ORDER THAT THE SACRIFICE MIGHT BE OFFERED ON THE RIGHT DAY. Our Rabbis taught: Originally the Sabbath could be profaned for all of them. When the Temple was destroyed, Rabban Joḥanan b. Zakkai said to them [the Beth din], Is there then a sacrifice [waiting to be brought]? They therefore ordained that Sabbath should not
b be profaned save for Nisan and Tishri alone.[1]

MISHNAH. WHETHER [THE NEW MOON] HAS BEEN SEEN CLEARLY[2] OR HAS NOT BEEN SEEN CLEARLY, SABBATH MAY BE PROFANED ON ACCOUNT OF IT. R. JOSE SAYS, HOWEVER, THAT IF IT HAS BEEN SEEN CLEARLY SABBATH IS NOT TO BE PROFANED ON ACCOUNT OF IT.[3] IT HAPPENED ONCE THAT MORE THAN FORTY PAIRS OF WITNESSES WERE ON THEIR WAY[4] [TO JERUSALEM] AND R. AKIBA DETAINED THEM IN LYDDA. R. GAMALIEL THEREUPON SENT TO HIM SAYING: IF YOU PREVENT THE MULTITUDE [FROM COMING TO GIVE EVIDENCE] YOU WILL PROVE TO BE THE CAUSE OF THEIR STUMBLING IN THE TIME TO COME.[5]

GEMARA. How do we know that the word '*alil* here means 'clear'?—R. Abbahu replied: Because the Scripture says, *The words of the Lord are pure words, as silver tried in the clear sight* [ba-'alil] *of the earth, refined seven times.*[6]

Rab and Samuel [gave different interpretations of a certain text]. One said: Fifty gates of understanding were created in the world, and all were given to Moses save one, as it says, *Yet thou hast made him but little lower than a God,*[7] Now, *Koheleth sought to find out words of delight.*[8] [That is to say,] Koheleth sought to be like Moses, but a *bath kol*[9] went forth and said to him, *It is written uprightly even words of truth,*[10] '*There arose not a prophet again in Israel like Moses*'.[11] The other said: Among the prophets there arose not, but among the kings there did arise. How then do I interpret the words, *Koheleth sought to find out words of delight?* Koheleth sought
c to pronounce verdicts from his own insight,[1] without witnesses and without warning,[2] whereupon a *bath kol* went forth and said, *It is written uprightly even words of truth, 'At the mouth of two witnesses'* etc.[3]

(13) By witnesses who have seen the new moon, in order that they may give information in Jerusalem at the earliest possible moment. V. *supra.* (14) It is difficult to see what reason this furnishes for allowing the witnesses to break the Sabbath. Rashi explains that if the witnesses are not allowed to bring the news on Sabbath, the New Moon will not be sanctified till Sunday, and so the messengers instead of setting out as soon as Sabbath is over will not set out till several hours later, and this might make them late in some places in giving notice of the date of Passover. V. Rashi and Tosaf.

a (1) Lit., 'for the proper adjustment of the sacrifice'. (2) I.e., whenever the month is lengthened to thirty days. (3) On the thirty-first day, since it is already certain that New Moon will be on this day. (4) Which would be at some hour in the daytime. (5) Lev. XXIII, 4. Stress is laid on the words '*in their appointed season*'. (6) I.e., to the Diaspora, by the messengers. (7) I.e., the witnesses may profane, but not the messengers.

b (1) On account of their extra sanctity. (2) Lit., 'in an '*alil*'. V. Gemara *infra.* (3) There being no necessity, as many people will have seen it. (4) Lit., 'were passing'. (5) As people will be reluctant to come to give evidence. (6) Ps. XII, 7. E.V. '*in a crucible*'. (7) Ps. VIII, 6. E.V. '*than the angels*'. (8) Eccl. XII, 10. (9) A voice from heaven, V. Glos. (10) Ibid. (11) Deut. XXXIV, 10.

c (1) Lit., 'that are in the heart'. [Omitted in MS.M.]. (2) The forewarning required by law for the punishment of an offender. (3) Deut. XIX, 15.

[22a] IT HAPPENED ONCE THAT MORE THEN FORTY PAIRS [OF WITNESSES] WERE ON THEIR WAY [TO JERUSALEM] AND R. AKIBA DETAINED THEM etc. It has been taught: R. Judah said: Far be it from us to think that R. Akiba detained them. It was Shazpar the head of Geder[4] who detained them, and Rabban Gamaliel thereupon sent and they deposed him from his office.[5]

MISHNAH. IF A FATHER AND A SON HAVE SEEN THE NEW MOON, THEY SHOULD BOTH GO [TO JERUSALEM], NOT THAT THEY CAN ACT AS JOINT WITNESSES[6] BUT SO THAT IF ONE OF THEM IS DISQUALIFIED[7] THE OTHER MAY JOIN WITH SOME OTHER WITNESS. R. SIMEON, HOWEVER, SAYS THAT A FATHER AND SON AND ALL RELATIVES ARE ELIGIBLE TO TESTIFY TO THE APPEARANCE OF THE NEW MOON. R. JOSE SAID: IT HAPPENED ONCE WITH TOBIAH THE PHYSICIAN THAT HE SAW THE NEW MOON IN JERUSALEM ALONG WITH HIS SON AND HIS EMANCIPATED SLAVE, AND THE PRIESTS ACCEPTED HIS EVIDENCE AND THAT OF HIS SON AND DISQUALIFIED HIS SLAVE, BUT WHEN THEY APPEARED BEFORE THE BETH DIN THEY ACCEPTED HIS EVIDENCE AND THAT OF HIS SLAVE AND DISQUALIFIED HIS SON.

GEMARA. R. Levi said: What is the reason of R. Simeon?—Because it is written, *And the Lord spoke unto Moses and Aaron in the land of Egypt, saying, This month shall be* unto you *the beginning*
a *of months,*[1] which implies, 'this testimony shall be valid [when given] by you'.[2] And the Rabbis?—[It implies], this evidence shall be entrusted to you.[3]

R. JOSE SAID, IT HAPPENED ONCE WITH TOBIAH THE PHYSICIAN etc. R. Ḥanan b. Raba said: The law[4] is as stated by R. Simeon. Said R. Huna to R. Ḥanan b. Raba, We have R. Jose and an incident [on the other side], and you say that the law is as stated by R. Simeon!—He replied: Many times I said in the presence of Rab, 'The law is as stated by R. Simeon', and he did not correct me.[5] He then asked him, How did you repeat[the Mishnah]?—He [R. Ḥanan] replied [I repeated it to him with the names] reversed.[6] He [R. Huna] thereupon said to him, That was the reason why Rab did not correct you. Tabi said in the name of Mari Tabi who had it from Mar 'Uḳba: The law is as stated by R. Simeon.

MISHNAH THE FOLLOWING ARE INELIGIBLE: GAMBLERS,[7] USURERS, PIGEON-FLYERS,[8] THOSE WHO TRAFFIC IN PRODUCE OF THE SABBATICAL YEAR,[9] AND SLAVES. IT IS A GENERAL RULE THAT FOR ANY TESTIMONY FOR WHICH A WOMAN IS DISQUALIFIED THESE ALSO ARE DISQUALIFIED.

GEMARA. I infer from this that any testimony which a woman is qualified to give[10] they are also qualified to give. R. Ashi said: This is equivalent to saying that one who is Rabbinically[11] accounted a robber is qualified to give the same evidence as a woman.

MISHNAH. IF ONE WHO HAS SEEN THE MOON IS NOT ABLE TO GO ON FOOT, HE MAY BE BROUGHT ON AN ASS OR EVEN IN A LITTER [ON SABBATH]. IF THEY [THE WITNESSES]
b ARE LIKELY TO BE WAYLAID,[1] THEY MAY TAKE CUDGELS [TO DEFEND THEMSELVES].[2] IF THE DISTANCE IS GREAT [TO JERUSALEM], THEY MAY TAKE PROVISIONS WITH THEM, SINCE FOR AS MUCH AS A NIGHT AND A DAY'S JOURNEY[3] THEY WERE ALLOWED TO PROFANE SABBATH AND GO FORTH TO TESTIFY TO THE APPEARANCE OF THE NEW MOON, AS IT SAYS: THESE ARE THE APPOINTED SEASONS OF THE LORD ... WHICH YE SHALL PROCLAIM IN THEIR APPOINTED SEASON.[4]

CHAPTER II

c *MISHNAH.* IF THAT ONE[1] IS NOT KNOWN TO THEM [THE BETH DIN IN JERUSALEM], THEY [THE BETH DIN OF HIS OWN PLACE] SEND ANOTHER WITH HIM TO CERTIFY HIM [AS RELIABLE]. ORIGINALLY TESTIMONY WITH REGARD TO [THE APPEARANCE OF] THE NEW MOON WAS RECEIVED FROM ANYONE. WHEN, HOWEVER, THE BOETHUSIANS[2] ADOPTED EVIL COURSES, IT WAS ORDAINED THAT TESTIMONY SHOULD BE RECEIVED ONLY FROM PERSONS KNOWN [TO THE BETH DIN].

GEMARA. What is meant by ANOTHER? [I would naturally

(4) [Gederah in Judah. V. Josh. XV, 36]. (5) Lit., 'greatness'. (6) Near relatives being disqualified from offering evidence together. (7) I.e., found by the Beth din to be unreliable.
a (1) Ex. XII, 1, 2. (2) Even if you are near relatives. (3) The communal leaders, to sanctify the month on the strength of it. Nothing, however, is implied about relatives. (4) [MS.M. 'the *Halachah*' and so in all other cases in this passage]. (5) Lit., 'he did not say anything to me'. (6) I.e., saying that R. Jose declared a father and son to be eligible, and that R. Simeon related the incident. (7) Lit., 'those who play with dice'. (8) For wagers. (9) V. Sanh. (Sonc. ed.) 24b n. b3-5. (10) E.g., to testify the death of a husband so as to enable the widow to remarry. (11) Like those mentioned above, who are not accounted robbers according to the strict letter of the Pentateuch, since although they acquire money wrongfully they do not take anything by force: v. Yeb. 25a
b (1) Lit., 'if there are lyers-in-wait for them'. (2) Although it was forbidden to carry on Sabbath. (3) If the distance was much larger there would be no point in their evidence since in the absence of witnesses the New Moon is on the first day. (4) Lev. XXIII, 4. V. *supra*, 21b n. a5.
c (1) V. Gemara, *infra*. (2) The followers of a certain Boethus, who seems to have lived in the second century B.C.E. Like the Sadducees, they rejected the Oral Law and opposed the Rabbis. [MS.M. '*Minim*' (v. Glos. s.v. *Min*.)]

מעשה שעברו יותר מארבעים זוג ועיכבן ר"ע כו' : תניא אמר רבי יהודה ח"ו שר"ע עיכבן אלא שזפר ראשה של גדר עיכבן ושלח רבן גמליאל והורידוהו מגדולתו : **מתני'** [א]אב ובנו שראו את החדש ילכו לא שמצטרפין זה עם זה אלא שאם יפסל אחד מהן יצטרף השני עם אחר ר"ש אומר אב ובנו וכל הקרובין כשרין לעדות החדש א"ר יוסי מעשה בטוביה הרופא שראה את החדש בירושלים הוא ובנו ועבדו משוחרר וקבלו הכהנים אותו ואת בנו ופסלו את עבדו וכשבאו לפני בית דין קבלו אותו ואת עבדו ופסלו את בנו : **גמ'** א"ר לוי מאי טעמא דר"ש דכתיב °ויאמר ה' אל משה ואל אהרן בארץ מצרים לאמר החדש הזה לכם עדות זו תהא כשרה בכם ורבנן עדות זו תהא מסורה לכם : א"ר יוסי מעשה בטוביה הרופא כו' : אמר רב חנן בר רבא הלכתא כר"ש א"ל רב הונא לרב חנן בר רבא רבי יוסי ומעשה ואת אמרת הלכתא כר"ש אמר לו *והא זמנין סגיאין אמרית קמיה דרב הלכתא כר"ש ולא אמר לי ולא מידי א"ל היכי תנית א"ל אפכא א"ל משום הכי לא אמר לך ולא מידי אמר טבי בריה דמרי טבי אמר מר עוקבא אמר שמואל *הלכתא כר"ש : **מתני'** * [ב]אלו הן הפסולין המשחק בקוביא ומלוי ברבית ומפריחי יונים וסוחרי שביעית [ג]ועבדים זה הכלל כל עדות שאין האשה כשירה לה אף הן אינן כשירין לה : **גמ'** הא אשה כשירה לה אף הן כשירין לה אמר רב *אשי זאת אומרת * [ד]גזלן דדבריהם כשירין לעדות אשה : **מתני'** [ה]מי שראה את החדש ואינו יכול להלך מוליכים אותו על החמור אפי' במטה ואם צודה להם לוקחין בידן מקלות ואם היתה דרך רחוקה לוקחין בידם מזונות שעל מהלך לילה ויום מחללין את השבת ויוצאין לעדות החדש שנאמר °אלה מועדי ה' אשר תקראו אותם במועדם :

(שמות יב) (ויקרא כג)

הדרן עלך ארבעה ראשי שנים

אם [ו]אינן מכירין אותו משלחין עמו אחר להעידו [ז]בראשונה היו מקבלין עדות החדש מכל אדם משקלקלו הביתוסים התקינו שלא יהו מקבלין אלא מן המכירין : **גמ'** מאי אחר חד וחד

רש"י

מעשה ועברו יותר מארבעים זוג וכו' : שזפר · כך שמו : **מתני'** אב ובנו שראו את החדש כו' : שאם יפסל · יכשל בפיו כשיבדקוהו כדלקמן (דף *כג:) : **גמ'** תהא כשרה בכם · ואע"פ שהם אחים : תהא מסורה לכם · לחשובי הדור אני מוסר שיקבלו העדות ויקדשו החדש ולא להכשיר קרובים בה : היכי תנית · מתניתין קמיה דרב מי המכשיר ומי הפוסל : איפכא · תנינא ר' יוסי אומר אב ובנו וכל הקרובים כשירין אר"ש מעשה בטוביה כו' : א"ל משום הכי · דאפכת דר"ש לרבי יוסי לא אמר לך מידי כי אמרת הלכה כרבי (*יוסי) דהייט דר' (*שמעון) : **מתני'** אלו הן הפסולין כו' : בקוביא · חתיכות של עצם שמשחקין בערבון ואמור רבנן אסמכתא לא קניא והרי הן גזלנין מדרבנן דמדאורייתא *איטו קרוי גזלן אלא החוטף מיד איש כדכתיב (שמואל ב כג) ויגזל את החנית מיד המצרי : ומלוי ברבית · לאו גזלן דאורייתא הוא למפסליה משום אל תשת עד חמס (שמות כג) דהא מנפשיה יהיב ליה : מפריחי יונים · היינו נמי כעין קוביא אי תקדמיה יונך ליוני : וסוחרי שביעית · שעושין סחורה בפירות שביעית דרחמנא אמר (ויקרא כה) לאכלה ולא לסחורה (ע"ז ס"ב.) ולפי שנחשדו כל אלו לעבור על דת מחמת ממון חשדום להיות מעידים שקר ע"י ממון ושוחד : והעבדים · פסולי דאורייתא הוא ק"ו מאשה כדאמרן בב"ק (דף פח.) : **גמ'** הא אשה כשרה לה · כגון להעיד על מיתת אדם להשיא את אשתו ועל סוטה שנטמאת בסתירה שלא תשתה : לעדות אשה · להתירה להנשא ודוקא גזלן דדבריהם אבל גזלן דאורייתא דחליף לעבור בפרהסיא לא הכשירו חכמים לעדות אשה ואע"פ שהכשירו את העבד ואת האשה דפסולי דאורייתא : **מתני'** מי שראה את החדש כו' : מרכיבין אותו · אף בשבת : ואם צודה להם · אם יש אורבים בדרך כמו ואתה צודה את נפשי (שמואל א כד) והביתוסים והכותים הם היו אורבים להם לעכבם כדי להטעות את חכמים :

הדרן עלך ארבעה ראשי שנים

אם אין מכירין אותו · אם אין ב"ד מכירין את העד אם נאמן וכשר הוא : משלחין · ב"ד שבעירו : אחר עמו · להעיד עליו לפני ב"ד הגדול (שמקדש) את החדש : משקלקלו הביתוסים · מפרש בגמרא : **גמ'** וחד

[ת"א כד.] [נ"א שמעון] [ת"א יוסי] [ב"ק עט:] [ב"ב סה. ע"ש בפירוש הרשב"ם] סנהדרין כד: [כז: עירובין פב.] [גי' הרי"ף והרא"ש בסוף יבמות רב מנשה וכ"א ביבמות כה. עי' תוספות חולין י ד"ס מכניס] [נ"א שמקדשין]

תוספות

ופסלו את עבדו · סברי לה כר"ש דמכשיר בקרוב והחדש הזה לכם היינו בכם ודרשינן נמי כשרין ומיוחסין למעוטי גר וממזר כדדרשינן מאתך בדומין לך בפ' אחד דיני ממונות (סנהדרין דף לו:) : **אלו** הן הפסולין · בגמרא משמע שכל הפסולים דמתניתין דרבנן דאמרי' עלה זאת אומרת גזלן דדבריהם כשר לעדות אשה והשתא משחק בקוביא למ"ד בפרק זה בורר (סנהדרין דף כד:) לפי שאין עוסקין בישובו של עולם ניחא ולמ"ד נמי משום דהויא אסמכתא אין נחשב גזלן בעיניו כיון דמדעתו נותן ומלוה ברבית שאינה קצוצה דרבנן ואפי' ברבית קצוצה נמי לא משמע ליה לאינש איסורא כשנותן לו מדעתו אלא א"כ ממשכנו על כרחו ומפריחי יונים למ"ד אי תקדמיה יונך ליוני היינו משחק בקוביא ולמ"ד ארא אין בהן גזל אלא מפני דרכי שלום בעלמא וסוחרי שביעית מיירי בשביעית בזמן הזה ור' היא כדאשכחן בפרק השולח (גיטין דף לו.) א"נ בסחורה דרבנן כי ההיא דזה בורר (סנהדרין דף כו.) גבי ממליאי מעות לעניים ואזלי עניים ואספו ומייתי שאין זו סחורה גמורה דאזלי בשליחותייהו והא דמשמע בפרק לולב הגזול (סוכה דף לט. ושם) דמותר למכור פירות שביעית לע"ה גבי מבליע לו דמי אתרוג בלולב משום דאין מוסרין דמי פירות שביעית לע"ה אבל משום סחורה לא אסור ובפרק זה בורר (סנהדרין דף כו.) נמי פריך וגזבניהו לכהן בדמי תרומה גבי סאה תרומה שנפלה לפחות ממאה של שביעית וי"ל בדבר המלקט ע"מ לאכול והותיר מותר למכור וכן פורע חובו בפרק בתרא דע"ז (דף סב. ושם) דאסור משום לאכלה ולא לסחורה משמע כדפרשינן ואפשר דלוקח ע"מ לאכול לא חשיב סחורה אא"כ לוקח בזול ע"מ למכור ביוקר שקונה להרויח ובמסכת שביעית (פ"ח משנה ד) פירש *דין סחורה ע"פ הירושלמי ועבדים בפרק זה בורר (סנהדרין דף כד:) לא תני להו דפסולין דאורייתא אבל הכא איצטריך למיתני דלא תימא כיון דלא מחמת עבירה מיפסלי מכשרי לעדות החדש מידי דהוה אקרובים לר"ש : **מחללין** את השבת · עדים שראו את החדש ואפילו עדים המעידים עליהם בשאין ב"ד מכירין עדי החדש מחללין את השבת להעיד עליהם כדמוכח בריש פרק שני שהלך ר' נהוראי אצל העד באושא בשבת להעיד עליו :

[נ"א ר"ש צ"ל]

הדרן עלך ארבעה ראשי שנים

משלחין עמו אחר להעידו · ואותו אחר נמי מחלל עליו את השבת כדפירשנו לעיל בסוף פרק ראשון :

וחד

עין משפט נר מצוה

קיד א מיי' פ"ב מהל' קידוש החדש ה"ח:
קטו ב מיי' פ"י מהל' עדות הלכה ד סמג לאוין ריד טור וש"ע ח"מ סי' לד סעי' י וסעי' טז:
קטז ג מיי' שם פ"ט הלכה א טוש"ע שם סעיף יט :
קיז ד מיי' פי"ב מהל' גירושין הלכה טז סמג עשין נ טוש"ע אה"ע סימן יז סעיף ג :
קיח ה מיי' פ"ג מהל' קידוש החדש ה"ד:
א ו מיי' שם הלכה ג :
ב ז מיי' שם פ"ב ה"ב :

רבינו חננאל

מתני' מעשה שעברו יותר מם' זוג כו' : ירושלמי וכל המעכב את הרבים מעשות מצוה [צריך] נדוי : [מתני'] **אב** ובנו שראו את החדש כו' עד ר"ש אומר אב ובנו וכל הקרובין כשרין לעדות החדש ומ"ט דר' שמעון דכתיב ויאמר ה' אל משה ואל אהרן בארץ מצרים לאמר החדש הזה לכם וגו' כלומר עדות החדש תהא כשרה בכם ואע"פ שאתם קרובין ורבנן עדות זו מסורה לכם וקי"ל דכ"ל הקרובין *) וכל הפסולין לעדות החדש: [מתני'] **ואלו** הן הפסולין השוחק בקוביא כו' זה הכלל כל עדות שאין האשה כשרה לה אף אלו כולן אינן כשרין לה וכיון שהאשה פסולה לעדות החדש · אף אלו הזכורין במשנתנו וכיוצא בהן פסולין לעדות החדש ודייקינן מינה הא עדות שהאשה כשרה לה כגון מיתת הבעל שאפילו הנשים כשרות כדתנן באחרית יבמות הוחזק להיות משיאין עד מפי עד ומפי אשה כו' גם הפסילין הללו כשרין להעיד כי מת בעלה של זו ותנשא על פיהן וא"ר מנשה זאת אומרת כלום'נתברר לנו מדיוקא של משנה כי גזלן דרבנן כגון משחק בקוביא וכיוצא בהן שהן פסולין מדרבנן כשרין להעיד כי מת בעלה של אדתא הנשים נאמנות בעדות זו ואוקימנא בפרק דיני ממונות בשלשה לר"מ דאמר עד זומם פסול לכל התורה והלכתא כוותיה : [מתני'] מי שראה את החדש כו'· לא מיתוקמא בזמן הזה אלא בניסן ותשרי בלבד:

הדרן עלך ארבעה ראשי שנים

אם אין מכירין אותו משלחין עמו אחר להעידו כו' . אוקימנה מאי אחר דתני במתנית'

*) נראה ברור דצ"ל וקיי"ל דכל שקרובין פסולין לעדות כתודש

ג א מיי׳ פ״ג מהלכות קידוש החדש הלכה ג:
ד ב מיי׳ שם הל׳ יד:
ה ג מיי׳ שם פ״ג הל׳ ח:
ו ד מיי׳ שם פ״ב ה״ח:

תורה אור

וחד מי מהימן והתניא מעשה שבא הוא ועדיו עמו להעיד עליו אמר רב פפא מאי אחר זוג אחר ה״נ מסתברא דאי לא תימא הכי אם אינן מכירין אותו מאי אותו אילימא אותו חד וחד מי מהימן °משפט כתיב ביה (תהלים פא) אלא מאי אותו אותו הזוג ה״נ מאי אחר זוג אחר וחד לא מהימן והתניא *מעשה ברבי נהוראי שהלך אצל העד להעיד עליו בשבת באושא אמרי רבי נהוראי *°סהדא אחרינא הוה בהדיה והא דלא חשיב ליה משום כבודו של רבי נהוראי רב אשי אמר רבי נהוראי סהדא אחרינא הוה באושא ואזל רבי נהוראי לאצטרופי בהדיה אי הכי מאי למימרא מהו דתימא מספיקא לא מחללינן שבתא אקמ״ל כי אתא עולא אמר קדשוה לירחא במערבא אמר רב כהנא לא מיבעיא עולא דגברא רבה הוא דמהימן באלא אפי׳ איניש דעלמא נמי מהימן מ״ט *כל מילתא דעבידא לאגלויי לא משקרי בה אינשי תניא נמי הכי בא אחד (א) בסוף העולם ואמר קדשו ב״ד את החדש נאמן: בראשונה היו מקבלין עדות החדש מכל אדם וכו׳: תנו רבנן מה קלקול קלקלו הבייתוסין *גפעם אחת בקשו בייתוסין להטעות את חכמים שכרו שני בני אדם בד׳ מאות זוז אחד משלנו ואחד משלהם שלהם העיד עדותו ויצא שלנו אמרו לו אמור כיצד ראית את הלבנה אמר להם עולה הייתי במעלה אדומים וראיתיו שהוא רבוץ בין ב׳ סלעים ראשו דומה לעגל אזניו דומין לגדי קרניו דומות לצבי וזנבו מונחת לו בין ירכותיו והצצתי בו ונרתעתי ונפלתי לאחורי ואם אין אתם מאמינים לי הרי מאתים זוז צרורין לי בסדיני אמרו לו מי הזקיקך לכך אמר להם שמעתי שבקשו בייתוסים להטעות את חכמים אמרתי אלך אני ואודיע להם שמא יבואו בני אדם שאינם מהוגנין ויטעו את חכמים אמרו לו מאתים זוז נתונין לך במתנה והשוכרך ימתח על העמוד באותה שעה התקינו שלא יהו מקבלין אלא מן המכירין:

מתני׳ * דבראשונה היו משיאין משואות משקלקלו הכותים התקינו שיהו שלוחין יוצאין כיצד היו משיאין משואות מביאין כלונסאות של ארז ארוכין וקנים ועצי שמן ונעורת של פשתן וכורך במשיחה ועולה לראש ההר ומצית בהן את האור ומוליך ומביא ומעלה ומוריד עד שהוא רואה את חבירו שהוא עושה כן בראש ההר השני וכן בראש ההר השלישי ומאין היו משיאין משואות מהר המשחה לסרטבא ומסרטבא לגרופינא ומגרופינא לחוורן ומחוורן לבית בלתין ומבית בלתין לא זזו משם אלא מוליך ומביא ומעלה ומוריד עד שהיה רואה כל הגולה לפניו כמדורת האש:

גמ׳ מאי משמע דמשיאין לישנא דיקוד הוא דכתיב °*וישאם דוד ואנשיו (שמואל ב ה) ומתרגמינן ואוקדינון דוד ת״ר *אין משיאין משואות אלא על החדש שנראה בזמנו לקדשו ואימתי משיאין לאור עיבורו למימרא דאחסר עבדינן אמלא לא עבדינן מ״ט א״ר זירא גזירה משום ר״ח חסר שחל להיות בערב שבת אימת עבדי באפוקי שבתא (ג) דאי אמרת נעביד נמי אמלא אתו למיטעי

רש״י

וחד מי מהימן · להכשירו לזה בחזקת נאמן: מעשה שבא · העד לפני ב״ד בשבת להעיד על החדש: ועדיו עמו · להחזיקו נאמן: חד מי מהימן · לעדות החדש: משפט כתיב ביה · כי חק לישראל הוא משפט וגו׳: באושא · כשישבה סנהדרין שם ושם היו מקדשין את החדש: משום כבודו דרבי נהוראי · שהרי לא הוזכר ר׳ נהוראי אלא ללמוד ממנו שאדם גדול כמותו נהג היתר בדבר ואין כבודו שנביא את ראיותיו אף מחבירו הקטן ממנו: סהדא אחרינא הוה באושא · המכיר את העד הזה: מספיקא · שמא אין אותו העד בביתו: להטעות את החכמים · שאירע יום ל׳ של אדר בשבת ולא נראה חדש בזמנו והבייתוסין מתאוין שיהא יום ראשון של פסח בשבת כדי שתהא הנפת העומר באחד בשבת ועצרת באחד בשבת לפי שהן דורשין ממחרת השבת יניפנו ממחרת שבת בראשית כמשמעו ושכרו שני בני אדם להעיד שראו את החדש היום: אחד משלנו · ולא הכירוהו: מאתים זוז נתונים לך במתנה · ותהא רשאי לעכבן ואע״פ שלא השלמת תנאי שלך לשוכרך דיש רשות לב״ד לקנוס ממון ולעשותו הפקר כדאמרינן ביבמות (דף פט:) מניין שהפקר ב״ד הפקר שנאמר וכל אשר לא יבא לשלשת הימים וגו׳ יחרם כל רכושו וגו׳ (עזרא י): ימתח על העמוד · למלקות כדאמרינן במסכת מכות (דף כב:) טופח שתי ידיו על העמוד: מתני׳ בראשונה היו משיאין משואות · לאחר שקדשו החדש ולא היו צריכין לשטור שלוחים לשלוח לגולה להודיע כי המשואות מודיעים אותן: משקלקלו הכותים · והשיאו גם הם משואות שלא בזמן החדש להטעות ישראל וב״ד לא היו משיאין משואות אלא בחדש שנתקדש ביום ל׳ כדאמרינן בפירקין וכשלא היו משיאין לערב של יום ל׳ הכל יודעין שהחדש מעובר ופעם אחת עיברו ב״ד את החדש ולא השיאו משואות לערב ל׳ והכותים השיאו בהרים שלהם והטעו את בני הגולה לעשותו חסר: כלונסות · פירטקי״ש בלע״ז: ארוכים · כדי שיראו למרחוק: וקנים ועצי שמן ונעורת של פשתן · כל אלו מרבים שלהבת: וכורכן במשיחה · לונל״י בלע״ז קושרן בחוט של משיחה בראשי הכלונסיות: ומאין היו משיאין משואות · מה שם ההרים: מהר המשחה · מתחילין הוא הר הזיתים שלפני ירושלים עד שרואין שעושין כן בהר סרטבא: לחוורן וכו׳: את הגולה · בני בבל אנשי פומבדיתא והמה מודיעין לכל בני מדינת בבל: כמדורת אש · מפרש בגמרא מדורת אש לשון היסק גדול: גמ׳ לקדשו · להודיען שנתקדש: לאור עיבורו · לערב יום שלשים נהי ל״א יום שלשים קרוי יום עיבורו כדאמרינן לעיל (דף יט:) על שני אדרים שמקדשין אותם ביום עיבוריהם ועל שם שממנו מעברין את חדש היוצא קרוי יום עיבור: ר״ח חסר · ר״ח הנקבע ביום שלשים שהחדש היוצא נמצא עכשיו חסר: שחל להיות בע״ש · ולא נוכל לחלל שבת (ג) לאורו להשיא משואות ונשיא אותם למ״ש: ואי אמרת · שנהא רגילין בין אחסר בין אמלא אתו

תוספות

וחד מי מהימן · תימה כי לא מהימן נמי מחלל את השבת וילך שם שמא יצטרף עם אחר כדתנן בפ״ק (לעיל ע״א) גבי אב ובנו דילכו לא מפני שיצטרפו זה עם זה אלא שאם יפסל האחד שיצטרף השני עם אחר ונראה דלא מקשה היאך אחר מחלל שבת כיון דלא מהימן לחודיה אלא מקשה על לישנא דמתני׳ דנקט אחר דמשמע דחד מהימן:

אלא מאי אותו אותו זוג · תימה מאי קאמר אני יכול לומר אחד מאותו הזוג:

סהדא אחרינא הוה · י״ל דמיירי בעד אחד שראה החדש שהלך רבי נהוראי להצטרף עמו ולהעיד נמי על החדש והא דקתני בברייתא להעיד עליו אחדש קאי אבל בירו׳ ובתוספתא (פ״א) מוכח בהדיא דבהכרת העד מיירי שהלך ר׳ נהוראי להעיד עליו דכשר וכן פרש״י וקאי פירכא דאי הכי אתרי שיטיי:

להטעות את חכמים · שאירע יום ל׳ של אדר בשבת ולא נראה החדש בזמנו וביתוסין מתאוין שיהא יום א׳ של פסח בשבת כדי שתהא הנפת העומר באחד בשבת ועצרת באחד בשבת לפי שהיו דורשין ממחרת השבת שבת בראשית כמשמעו כך פי׳ בקונטרס וא״ת ומה מרויחים והלא מתקלקלין לענין פסח וי״ל דלא חשיבי ליה קלקול משום דדרשי *אתם ואפי׳ מזידים: [לקמן כה.]

מוליך ומביא מעלה ומוריד · בירושלמי משמע כדי שלא יטעו לומר שהוא כוכב דא״ר אסי חזינא כוכבא דנחית וסליק חזינא כוכבא דאזיל ואתי:

גזירה משום ר״ח חסר שחל להיות בע״ש · ה״ל הוה מצי למימר משום ר״ח מלא שחל להיות בשבת מהני טעמי דמפרש: והא

רבינו חננאל

בא אחר להעיד על העד שראה את החדש כי כשר הוא לקבל ממנו העדות ולעולם צריכין ב׳ עדים להעיד על כל אחד ואחד · כי אתא עולא אמר קדשו לירחא ואמר רב כהנא אפילו איניש מעלמא כי אתא ואמר קדשו לירחא מהימן מ״ט דכל מילתא דעבידא לאגלויי לא משקרי בה אינשי · תניא נמי הכי בא אחד מסוף העולם ואמר קידשו ב״ד את החדש הרי זה נאמן · בראשונה היו מקבלין עדות החדש מכל אדם משקלקלו המינין ושכרו עדים להטעות את החכמים התקינו שלא יהו מקבלין אלא מן המיודעין כשרים להעיד · תנו רבנן מה קלקול קלקלו המינים כו׳: [מתני׳] בראשונה היו משיאין משואות משקלקלו הכותים והשיאו משואות שלא בזמנו והטעו לבני המדינות הרחוקות התקינו שיהו שלוחין יוצאין

[תוספתא פ״א] [גיטין כ:] [יבמות פט: קמ. בכורות לו.] [תוספתא פ״א] [ביצה ד:]

הגהות הב״ח
(א) גמ׳ תנ״ה בא אחד מסוף העולם ואמר: (ב) שם לאפוקי שבתא ולאי אמרת: (ג) רש״י ד״ה שחל להיות כו׳ לחלל שבת לאור עיבורו להשיא משואות:

גליון הש״ס
גמרא סהדא אחרינא הוה · עיין כתובות דף כ ע״א ובגיטין דף ס ע״א סנהדרין דף יד ע״א:

suppose], one other person. [22b] But [is the word of] one person to be taken? Has it not been taught, 'On one occasion he came accompanied by the witnesses[3] who were to testify to his bona fides'?—R. Papa replied: What is meant by ANOTHER? Another pair. This view too is borne out by an examination [of the language of the Mishnah]. For should you hold otherwise, [consider the words] IF THAT ONE [OTHO] IS NOT KNOWN TO THEM. Now what is referred to by THAT ONE? Shall I say, a single person? But is [the word of] one person accepted,[4] seeing that the word *judgment*[5] is used in connection with it? But in fact what is meant by THAT ONE? That pair. So here, what is meant by ANOTHER? Another pair.

But is not the word of one witness taken [in this matter]? Has it not been taught, 'On one occasion R. Nehorai accompanied
a the witness to testify to his bona fides on Sabbath in Usha'?[1]—I can reply that there was another witness along with R. Nehorai, and the reason why he was not mentioned was out of respect for R. Nehorai.[2] R. Ashi said: In R. Nehorai's case there was [already] another witness in Usha,[3] and R. Nehorai went to join his testimony with his. If that is the case, what is the point of the statement?[4]—You might think that we do not allow the Sabbath to be profaned [by one witness] where there is any doubt [about the other].[5] Hence we are told [that this is not so].

When 'Ulla came [to Babylon], he announced that they had sanctified the New Moon [on a certain day] in the West [Palestine]. Said R. Kahana: Not only [in such a case] do we take the word of 'Ulla who is a great man, but we take the word of any ordinary man. What is the reason? Because whenever a thing is bound to come to light later on, men do not lie about it. It has been taught to the same effect: If a man comes from the other end of the world and says, The Beth din have sanctified the New Moon, his word is taken.

ORIGINALLY TESTIMONY WITH REGARD TO THE APPEARANCE OF THE NEW MOON WAS RECEIVED FROM ANYONE. Our Rabbis taught: What evil course did the Boethusians[6] adopt? Once the Boethusians sought to mislead the Sages.[7] They hired two men for four hundred *zuzim*, one belonging to our party and one to theirs. The one of their party gave his evidence and departed. Our man [came and] they said to him: Tell us how you
b saw the moon. He replied: I was going up the ascent of Adumim[1] and I saw it couched between two rocks, its head like [that of] a calf, its ears like [those of] a hind, and its tail lying between its legs, and as I caught sight of it I got a fright and fell backwards, and if you do not believe me, why, I have two hundred *zuzim* tied up in my cloak. They said to him: Who told you to say all this?[2] He replied: I heard that the Boethusians were seeking to mislead the Sages, so I said [to myself], I will go myself and tell them, for fear lest untrustworthy men should come and mislead the Sages. They said: You can have the two hundred *zuzim* as a present,[3] and the man who hired you shall be laid out on the post.[4] There and then they ordained that testimony should be received only from persons who were known to them.

MISHNAH. ORIGINALLY THEY USED TO LIGHT[5] BEACONS.[6] WHEN THE CUTHEANS [SAMARITANS] ADOPTED EVIL COURSES,[7] THEY MADE A RULE THAT MESSENGERS SHOULD GO FORTH. HOW DID THEY LIGHT THE BEACONS? THEY USED TO BRING LONG POLES OF CEDAR AND REEDS AND OLIVE WOOD AND FLAX FLUFF WHICH THEY TIED TO THE POLES WITH A STRING, AND SOMEONE USED TO GO UP TO THE TOP OF A MOUNTAIN AND SET FIRE TO THEM AND WAVE THEM TO AND FRO AND UP AND DOWN UNTIL HE SAW THE NEXT ONE DOING THE SAME THING ON THE TOP OF THE SECOND MOUNTAIN; AND SO ON THE TOP OF THE THIRD MOUNTAIN. WHENCE DID THEY CARRY THE [CHAIN OF] BEACONS? FROM THE MOUNT OF OLIVES [IN JERUSALEM] TO SARTABA, AND FROM SARTABA TO GROFINA, AND FROM GROFINA TO HAU-
c RAN, AND FROM HAURAN TO BETH BALTIN.[1] THE ONE ON BETH BALTIN DID NOT BUDGE FROM THERE BUT WENT ON WAVING TO AND FRO AND UP AND DOWN UNTIL HE SAW THE WHOLE OF THE DIASPORA[2] BEFORE HIM LIKE ONE BONFIRE.[3]

GEMARA. How do we know that the word *massi'in*[4] connotes 'burning'?—Because it is written in the Scripture, wa-yisa'em, *David and his men*,[5] and we translate[6] 'and David burnt them'.

Our Rabbis taught: 'Beacon fires are lit only for the new moon which has been seen at its proper time,[7] [to announce that] it has been sanctified. When are they lit? On the night following its announcement.[8] This means to say that we light beacons for defective months but not for full months. What is the reason?—R. Zera said: It is a precaution on account of a defective month which ends on Friday. [In that case] when do we light? On the termination of Sabbath; and if you were to insist that we should

(3) This would show that at least two were required. (4) In giving evidence regarding the New Moon. (5) In the verse, *For it is a statute for Israel, a judgment for the God of Jacob*. Ps. LXXXI, 5. '*Judgment*' could be delivered only on the evidence of at least two witnesses.

a (1) At the time when the Beth din was in Usha. (2) I.e., so as not to put him on the same footing as R. Nehorai. Cf. Giṭ. 5b for a similar incident. (3) This witness may have been either one who had seen the new moon, or one who could testify to the bona fides of the man who has seen it. V. Tosaf. s.v. סהדא. (4) What reason was there why R. Nehorai should not have gone on Sabbath, seeing that the Mishnah permits this? (5) Who might disappear in the interval. (6) [MS.M.: *Minim*, v. *supra* 22a n. c2]. (7) By making them believe that the new moon had been seen on the thirtieth of Adar, which was a Sabbath, when in fact it had not, so that the second day of Passover might be on a Sunday and the counting of the '*Omer* might commence literally 'on the morrow of the Sabbath', according to their interpretation of the words (Rashi).

b (1) V. Josh. XV, 7. (2) Lit., 'who compelled you to all this'. (3) Beth din having the right to expropriate. [On the reading *Minim*, if the reference is to Jewish Christians, their desire to have the first day of Passover fall on Friday and Pentecost on Sunday as was the case in the year of the crucifixion, would supply them with a reason for tampering with the Calendar, V. Herford, *Christianity in the Talmud*, p. 330.] (4) For a flogging. (5) The Hebrew word is *massi'in*, which literally means '*raise up*'. (6) To convey the news of the New Moon to the diaspora in Babylon. (7) And lit beacons on the thirtieth day, so as to mislead the Babylonians.

c (1) [There is no general agreement about the identification of these places. Obermeyer (p. 17ff) locates them as follows: Sartaba = Karn Sartaba, five km from the western bank of the Jordan; Grofina (or 'Agrufina, v. D.S.) 'Arafun, a hill situated among the Gilead range of mountains; Hauran south of Damascus, cf. Ezek. XLVII, 18. Beth Baltin = Beiram (v. *infra*) some miles N.W. of Pumbeditha. For other views, v. Horowitz *Palestine*, p. 125]. (2) I.e., the district of Pumbeditha. V. Gemara. [Rashi omits 'the whole of'.] (3) Because, as explained *infra* in the Gemara, the inhabitants on seeing the beacon fire used to light torches. (4) V. *supra* n. b5. (5) 2 Sam. V, 21 in reference to the idols captured from the Philistines. E.V. '*took them away*'. (6) In the authorized Aramaic version. (7) I.e., on the thirtieth day of the outgoing month. (8) יום עיבור, Lit., 'the day of the prolongation'. V. *supra*, 19b n. c1.

light up also for full months, this might give rise [23a] to confusion, since people would say: This month may be defective, and the reason why beacons were not lit yesterday is because it was impossible,[9] or perhaps it is full and they are lighting up at the proper time. But why should we not light up whether for a full month or a defective month, and when New Moon is on Friday not light up at all, so that since we do not light at the termination of Sabbath, in spite of the fact that we usually light for a full month, people will know that it is defective?—This nevertheless may lead to errors, since people will say, This month is full, and the reason
a why they have not lit up is because they have been prevented.[1] But why not light up for the full months and not at all for the defective months?—Abaye replied: So as not to deprive the public of two working days.[2]

HOW DID THEY LIGHT THE BEACONS? THEY USED TO BRING LONG POLES etc. Rab Judah said: There are four kinds of cedar—cedar, *kedros*,[3] pinewood[4] and cypress. [What is] *kedros* ?—R. Idra stated that in the school of R. Shila it was defined as *mabliga*,[5] though others held that it is *gulmish*. He [Rab Judah] differs herein from Rabbah son of R. Huna; for Rabbah son of R. Huna reported that in the school of Rab it was stated that there are ten kinds of cedar, as it says, *I will plant in the wilderness* erez, shiṭah, *and* hadas *and oil-tree, I will set in the desert* berosh, tidhor *and* teashur *together*.[6] '*Erez*' is cedar; '*shiṭah*' is pine; '*hadas*' is myrtle; 'oil-tree' is balsam; *berosh* is cypress; *tidhor* is teak;[7] *teashur* is larch.[8] This makes seven. When R. Dimi came, he said: To these were added *alonim, almonim*, and *almugim*. '*Alonim*' are terebinths; *almonim* are oaks; *almugim* are coral-wood. According to others it should be *aronim*, '*armonim*, and *almugim*. *Aronim* are bay-trees; '*armonim* are planes; *almugim* are coral-wood.

Neither shall gallant ship pass thereby.[9] Rab said: This refers to
b the great ship.[1] How is it carried out?[2] They bring there six thousand men for twelve months (or according to others twelve thousand men for six months) and load the boat with sand until it rests on the sea-bottom.[3] Then a diver goes down and ties a rope of flax to the coral while the other end is tied to the ship, and the sand is then taken and thrown overboard, and as the boat rises it pulls up the coral with it. The coral is worth twice its weight in silver. There were three ports, two belonging to the Romans[4] and one belonging to the Persians. From the Roman side they brought up coral, from the Persian side pearls. This [the Persian] one was called the port of Mashmahig.[5]

R. Joḥanan said: Every acacia tree that was taken by the invaders from Jerusalem will be restored to it by the Holy One, blessed be He, in time to come, as it says, *I will plant in the wilderness the cedar, the acacia tree*,[6] and '*wilderness*' means Jerusalem, as it is written, *Zion is become a wilderness*[7] etc.

R. Joḥanan further said: One who studies the Torah but does not teach it is like the myrtle in the wilderness.[8] Others report [the saying thus]: One who studies the Torah and teaches it in a place where there is no [other] *talmid ḥakam*[9] is like the myrtle in the wilderness, which is precious.

R. Joḥanan also said: Alas for the idol-worshippers since they have no means of remedy,[10] as it says, *For brass I will bring gold, and for iron I will bring silver, and for wood brass and for stones iron*.[11] But what can they bring to replace R. Akiba and his companions? Of them the Scripture says, *Though I cleanse them* [of
c other transgressions] *from their blood I shall not cleanse them*.[1]

WHENCE DID THEY CARRY THE CHAIN OF BEACONS etc.? FROM BETH BALTIN. What is Beth Baltin?—Rab said: This

(9) On account of Sabbath.

a (1) Through having drunk too much on Sabbath and become intoxicated (Rashi). (2) It was customary to abstain from work on New Moon (v. Tosaf. s.v. משום). In this case the thirtieth day would always he kept as New Moon from doubt, and if the actual day fixed was the thirty-first, there would be two days New Moon. (3) Heb. קדרום or קתרום prob. = κέδρος. (4) Lit., 'oil (i.e., resinous) wood'. (5) Prob. connected with the root זלג 'to drip'. (6) Isa. XLI, 19. E.V. *I will plant in the wilderness the cedar, the acacia tree, and the myrtle and the oil-tree, I will set in the desert the cypress, the plane-tree and the larch together*. The Talmud proceeds to give the Aramaic equivalents of the Hebrew words. (7) The Aramaic is *shaga*, of which the precise meaning is unknown. (8) Aramaic *shuribna*, of which also the precise meaning is unknown. (9) Isa. XXXIII, 21.

b (1) Heb. בורני prob. a corruption of Λίβυρνις, a light fast-sailing Liburnian vessel. [Supply here from MS.M.: 'For what purpose is it made?—To raise with it corals']. (2) Viz., the coral fishing in the Persian Gulf. (3) The water being here rather shallow. (4) [בי רומאי so MS.M.; cur. edd. בי ארמאי Be Armae, the Hebrew equivalent of Suristan (the land of the Syrians) the name given to Babylon by the Sasamans; v. Funk, *Monumenta*, p. 16 and Obermeyer p. 74]. (5) [Rashi: 'the port of the kingdom'. Fleischer (notes to Levy's Dictionary): 'name of an island in the Persian Gulf between 'Oman and al-Baḥrin.] (6) Isa. XLI, 19. (7) Ibid. LXIV, 9. (8) The fragrance of which is wasted. (9) V. Glos. (10) I.e., they will not be able to save themselves by remedying the wrong they have done. (11) Isa. LX, 17.

c (1) Joel IV, 21. E.V., *And I will hold as innocent their blood that I have not held as innocent*.

למיטעי אמרי האי חסר הוא והאי דלא עביד מאתמול משום דלא אפשר או דלמא מלא הוא ובזמנו עבדו וליעביד בין אמלא בין אחסר וכי מקלע ר"ח בע"ש לא ליעביד כלל וכיון דלא עבדינן מוצאי שבת ועבדינן אמלא מידע ידעי דחסר הוא אפילו הכי אתו למיטעי אמרי האי מלא הוא והאי דלא עבדי איתנוסי הוא דאיתנוסי וליעביד אמלא ולא ליעביד אחסר כלל אמר אביי משום ביטול מלאכה לעם שני ימים: כיצד היו משיאין משואות מביאין כלונסות כו': אמר רב יהודה ד' מיני ארזים הן ארז קתרום עץ שמן וברוש קתרום אמר רב אדרא *דבי רבי שילא אמרי מבליגא ואמרי לה זו גולמיש ופליגא דרבה בר רב הונא דאמר רבה בר רב הונא אמרי בי רב *עשרה מיני ארזים הם שנאמר °אתן במדבר ארז שטה והדס ועץ שמן אשים בערבה ברוש תדהר ותאשור יחדו ארז ארזא שטה תורניתא הדס אסא עץ שמן אפרסמא ברוש ברתא תדהר שאגא תאשור שוריבנא הני שבעה הוו כי אתא רב דימי אמר הוסיפו עלידם אלונים אלמונים אלמוגין אלונים בוטמי אלמונים בלוטי אלמוגין כסיתא א"ד ארונים ערמונים אלמוגין ארונים ערי ערמונים דולבי אלמוגין כסיתא °וצי אדיר לא יעברנו אמר רב *זו בורני גדולה היכי עבדו מייתו שית אלפי גברי בתריסר ירחי שתא ואמרי לה תריסר אלפי גברי בשיתא ירחי שתא וטעני לה חלא עד דשכנא ונחית בר *אמוראי וקטר אטוני דכיתנא בכסיתא וקטר להו בספינתא ונטלי חלא ושדו לבראי וכמה דמדליא עקרא ומתיא ומחליף על חד תרין בכספא תלת פרוותא הויין תרתי בי ארמאי וחדא דבי פרסאי דבי ארמאי מסקן כסיתא דבי פרסאי מסקן מרגנייתא ומקרייא פרוותא דמשמהיג א"ר יוחנן כל שיטה ושיטה שנטלו נכרים מירושלים עתיד הקב"ה להחזירן לה שנאמר °אתן במדבר ארז שטה ואין מדבר אלא ירושלים שנאמר °ציון מדבר היתה (א) וגו' ואמר רבי יוחנן כל הלומד תורה ואינו מלמדה דומה להדס במדבר *איכא דאמרי כל הלומד תורה ומלמדה במקום שאין ת"ח דומה להדס במדבר דחביב *וא"ר יוחנן אוי להם לעובדי כוכבים שאין להם תקנה שנא' °תחת הנחשת אביא זהב ותחת הברזל אביא כסף ותחת העצי' נחשת ותחת האבנים ברזל תחת ר"ע וחביריו מאי מביאין ועליהם הוא אומר °ונקיתי דמם לא נקיתי: ומאין היו משיאין משואות כו' ומבית בלתין: מאי בית בלתין אמר רב

זו

תורה אור: ישעיה מא; שם לג; שם מא; שם סד; יואל ד

אתו למיטעי · השתא בני הגולה אמרי כו' אבל השתא דלא עבדינן אלא אחסר כי עבדינן למוצאי שבת ידעי דחסר הוא: ועבדינן אמלא · ואנן רגילין לעשות כל שאר המלאין (ב): מידע ידעי דחסר הוא · ומחמת איסור שבת שאירע בליל משואותיו נמנעו מלהשיא: דאיתנוסי · בשכרות של משתה השבת: וליעביד אמלא ולא אחסר · וכי מקלע ר"ח חסר בערב שבת ולא עבדינן מידע ידעי דחסר הוא ולא אתו בשכרות אלא במידי דשכיח דכל חדשים חסרין לא עבדינן והאי נמי לא עבוד: אמר אביי משום ביטול מלאכה כו' · ולא גרסינן גזירה אי אמרת נעביד אמלא ולא אחסר אין לך ר"ה שאין מתבטלין בני הגולה ממלאכה שני ימים יום ל' שמא היום ר"ה ויום שלשים ואחד שמא עיברו את החדש והיום ר"ה אבל כי עבדינן משואות אחסר לאור יום ל' ידעי שביום שלשים נקבע ויעשו מלאכה למחר ואין בטלין שני ימים אלא במעובר: כיצד היו משיאין כו': אמר רב אדרא · כך שם האילן כדאמרינן במסכת בילה (דף סו:) יטע בהן אדר: תורניתא · פיניי"א בלע"ז: ברתא · בוס"ו בלע"ז: שאגא · ש"פ בלע"ז: בוטמי · אולמ"י בלע"ז: בלוטי · לירקוו"ה בלע"ז שגדילין בו פירי שקורין גלאנד"ה: כסיתא · מין עץ העולה בקרקע הים ושמו קורא"ל: ערי · לויר"ו שם האילן ואת פריו קורין ביי"ש: דולבי · קסטאניי"א: וצי אדיר לא יעברנו · לנחל שעתיד לצאת מבית המקדש: זו בורני גדולה · ספינה שקורין דרומונ"ט: היכי עבדי · אותה בורני גדולה למאי עבידא: חלא · חול: עד דשכנא · שוליה שוכנים בקרקעית הים ועודנה נראית למעלה מן המים דבמקום שהאלמוגים גדילים בים אין הים עמוק כל כך: בר אמוראי · מלומד לשוט בנהרות: וקטר אטוני דכיתנא · חבילי פשתן שהן קשין לינתק וקושר ראשו אחד בשורש האילן וראשו אחד בבורני: ושקלי · הנך גברי חלא דספינתא ושדו לאבראי והיא עולה מתוך המים ועוקרת שרשי האילן: פרוותא · פורט"ו בלע"ז ובלשון משנה נמל: מסקן מרגנייתא · מקרקעית הים על ידי בר אמוראי: ומקרייא פרוותא דמשמהיג · אותה של פרסיים נקראת נמל של מלוכה: ונקיתי דמם לא נקיתי · אם באתי לנקות את העכו"ם מאשר עוונות לא (ג) אנקם מדמם של ישראל:

אף

והא דלא עביד במוצאי שבת איתנוסו · וא"ת והשתא נמי דלא עבדו אמלא כלל כי מיחל ר"ח מלא בשבת יאמרו האי חסר הוא והאי דלא עביד למוצאי שבת איתנוסו וי"ל דהיכא דודאי עבדי לעולם משואות בין אמלא בין אחסר כי לא עבדי כלל ודאי תלו באונס אבל השתא דזימנין עבדי וזימנין לא עבדי כי לא עבדי השתא במוצאי שבת לא תלו באונס אלא במילתא דשכיחא:

משום בטול מלאכה לעם שני ימים · פירש בקונטרס אין לך ר"ה שאין מתבטלין בני גולה ממלאכה ב' ימים בין אמלא בין אחסר אבל כי עבדי אחסר ידעי שביום שלשים נקבע ויעשו מלאכה למחר ולאגס דחק לפרש ר"ה דאכל ר"ח קאי כי לא היו רגילין לעשות מלאכה בר"ח כדאמרינן בפרק הקורא את המגילה עומד (מגילה דף כב:) ושאין בו ביטול מלאכה לעם כגון ר"ח וחולו של מועד קורין ארבעה ורגילין לומר שהוסיף המקום י"ט לנשים בר"ח בשכר שלא נתרצו על מעשה העגל כשאמר להם אהרן (שמות לב) פרקו נזמי הזהב אשר באזני נשיכם וגו' ויתפרקו כל העם וגו' אשר באזניהם אבל דנשיהם לא הביאו שלא רצו הנשים ליתן *:

ארבעה מיני ארזים · תימה דבפרק לולב הגזול (סוכה דף לז. ושם) א"ר יהודה סוכה אינה נוהגת אלא בארבעה מינים שבלולב ופריך עלה מהא דמכשר ר"י לסכך בנסרים של ארז שאין בהם [ארבעה על ארבעה] ומשני מאי ארז הדס כדאמר רבה בר רב הונא י' מיני ארזים הן והשתא לרב יהודה אמר רב דאמר ארבעה והו לא מאי איכא למימר ושמא הכא לענין מקח וממכר פליגי אבל כולהו מודו דעשרה מיני ארזין הן °ובירושלמי חשיב עשרים וארבעה:

שטה תורניתא · בפ"ק דע"ז (דף יד. ושם) דאמר מאי אצטרובלין תורניתא לאו הייני תורניתא דהכא דההוא אין לו *עיקר כדמשמע התם והאי דהכא שהוא מין ארז ודאי יש לו שורש ועוד תורניתא הוא דלא מזבן הא שאר אילנות מזבני והתנן (ע"ז דף יט:) אין מוכרים להן במחובר לקרקע דכי האי גונא דייק התם *גבי דקל טב לכך נראה דההיא דהתם מין אדמה כעין טבריאה דפרק ר"א עקיבא (שבת דף ל.) ובפ' האשה שהיא עושה (נדה דף סג.) דאכולהו מייתי לה ההיא דכל שאין לה עיקר:

עץ שמן אפרסמון · והא דכתיב (מלכים א ו) ויעש כרובים עצי שמן ומתרגמינן אעי דזיתא תרי גווני עץ שמן דאפרסמון לאו עץ זית הוא דכתיב בעזרא (נחמיה ח) צאו ההר והביאו עלי זית ועלי עץ שמן ובמסכת תמיד (פ"ב משנה ג) עץ זית פסול למערכה עץ שמן כשר:

ערמונים דולבי · פי' בקונטרס קסטניי"ר וקשיא דבפרק לולב הגזול* גבי ענפיו חופין את *רובו פריך ואימא דולבא ואנן קא חזינן דלאו הכי הוא ומיהו התם נמי פי' בקונט' קסטניי"ר:

זו

רבינו חננאל

עשרה מיני ארזים הן שנאמר אתן במדבר ארז ושטה וגו' א"ר יוחנן כל המלמד תורה ומלמדה במקום שאין בו תורה דומה להדס במדבר כל דאתי שקיל מיניה: אוי להן לעובדי כוכבים שאין להן תקנה שנאמר תחת הנחשת אביא זהב וגו' תחת ר' עקיבא וחביריו מי מביאין והיינו דכתיב ונקיתי דמם לא נקיתי

הגהות הב"ח

(א) גמ' ציון מדבר היתה ירושלים שממה ואמר רבי יוחנן: (ב) רש"י ד"ה ועבדינן וד"ה מידע ידעי הד"א: (ג) ד"ה ונקיתי דמם כו' מאשר עונות לא אנקה מדמם:

גליון הש"ס

תוס' ד"ה ארבעה מיני ארזים וכו' ובירושלמי חשיב כ"ד · וכן הוא במ"ר שמות פרשה לה:

[סנהדרין קח:] [תענית כה: סוכה לז. ב"ב פ:] [יומא עז: ע"ש] [סוכה לב: ושם]

ס"א דליכא דליתהני מיניה

ס"א לכל ומאן דשקיל מיניה שקיל

[וכ"כ רש"י במגלה כב: ד"ה ראשי חדשים ע"ש וקצ"ע אפרש"י דסכא ועיע תוס' חגיגה יח. ד"ה חוה"מ ותוס' שבת כד: ד"ה דלמא]

[גי' הערוך בערך מד ב' אמודאי פי' בלשון יון איש בקי לצלול במים אדירים עד הגיעו אל תוך אשר בקרקע הים]

פי' רש"י שבת ל. ד"ה שיש לו עיקר ומה שרשמנו שם על הגליון

[נדה סג.] [וע"ע]

ז א מיי' פ"ב מהלכות קדוש החדש הלכה ז:
ח ב ג מיי' פכ"ז מהל' שבת הלכה א' סמג לאוין סה טוש"ע א"ח סימן תו סעיף א וסעיף ב:
ט ד מיי' פ"ב מהלכות קדוש החדש הלכה ז:
י ה מיי' שם הלכה ד:
יא ו מיי' שם הלכה ז:

זו בירם מאי גולה אמר רב יוסף זו פומבדיתא מאי כמדורת האש תנא כל אחד ואחד נוטל אבוקה בידו ועולה לראש גגו [א] תניא ר"ש בן אלעזר אומר אף חרים וכייר וגדר וחברותי' איכא דאמרי ביני וביני הוו קיימי א"ד להך גיסא דארץ ישראל הוו קיימי מר חשיב דהאי גיסא ומר חשיב דהאי גיסא א"ר יוחנן בין כל אחת ואחת שמונה פרסאות כמה הוו להו תלתין ותרתין והא האידנא טובא הוו אמר אביי °אסתתומי אסתתום להו דרכי דכתיב °לכן הנני שך את דרכך בסירים (ה) א] רב נחמן בר יצחק אמר מהכא דכתיב °נתיבותי עוה: **מתני'** חצר גדולה היתה בירושלים ובית יעזק היתה נקראת ^א ולשם כל העדים מתכנסין ובית דין בודקין אותם שם וסעודות גדולות עושין להם בשביל שיהו רגילין לבא בראשונה *לא היו זזין משם כל היום ^ב התקין רבן גמליאל הזקן שיהו מהלכין אלפים אמה לכל רוח ולא אלו בלבד ^ג אלא אף חכמה הבאה ליילד והבא להציל מן הדליקה ומן הגייס ומן הנהר ומן המפולת הרי אלו כאנשי העיר ויש להם אלפים לכל רוח: **גמ'** איבעיא להו בית יעזק תנן או בית יזק תנן בית יעזק תנן לישנא מעליא הוא דכתיב °ויעזקהו ויסקלהו או דלמא בית יזק תנן לישנא דצערא הוא כדכתיב °והוא אסור באזיקים אמר אביי ת"ש סעודות גדולות היו עושין להם שם כדי שיהו רגילים לבוא דלמא תרתי הוו עבדי בהו: **מתני'** ^ד כיצד בודקין את העדים זוג שבא ראשון בודקין אותו ראשון ומכניסין את הגדול שבהן ואומרין לו אמור כיצד ראית את הלבנה ^ה לפני החמה או לאחר החמה לצפונה או לדרומה כמה היה גבוה ולאין היה נוטה וכמה היה רחב אם אמר לפני החמה לא אמר כלום ^ו ואח"כ היו מכניסין את השני ובודקין אותו אם נמצאו דבריהם מכוונים עדותן קיימת ושאר כל הזוגות שואלין אותן ראשי דברים לא שהיו צריכים להם אלא כדי שלא יצאו בפחי נפש בשביל שיהו רגילים לבוא: **גמ'** היינו לפני החמה היינו לצפונה היינו לאחר החמה היינו לדרומה אמר אביי פגימתה לפני החמה או לאחר החמה אם אמר לפני החמה לא אמר כלום דא"ר יוחנן מאי דכתיב °המשל ופחד עמו עושה שלום במרומיו מעולם לא ראתה חמה פגימתה של לבנה ולא פגימתה של קשת פגימתה של לבנה דחלשה דעתה פגימתה של קשת דלא לימרו עובדי החמה גירי:

תורה אור: הושע ב | איכה ג | ישעיה ה | ירמיה מ | איוב כה

רש"י

אף חרים וכייר וגדר · היו משיאין המשואות בראשי הרים שלהן: ביני ביני · דהנך דמתני' הוו קיימין הנך: באידך גיסא · [של] א"י לצד בבל שני לצדים של א"י כמשכין לצד בבל: בין כל אחת ואחת · דהנך דמתניתין: אסתתום דרכי · ואחזו ההולכין דרך עקלתון: בסירים · קוצים: **מתני'** חצר גדולה היתה בירושלים כו' כל העדים מתכנסין · ביום השבת שחללוהו לבוא ולהעיד: לא היו זזין משם · לפי שיצאו חוץ לתחום והיוצא חוץ לתחום אין לו אלא ד' אמות: מן הנהר · שהוא גדל ושוטף את בני העיר ואת הילדים: **גמ'** ויעזקהו · סייגו בגדר אבנים סביב בעיגול כמו טבעת: לישנא דצערא · על שם שאסורין כאלו בזיקין שאין זזין משם כל היום: סעודות גדולות · אלמא לא הוה להו צערא: **מתני'** כיצד בודקין את העדים כו' לפני החמה · החמה הולכת לעולם ממזרח לדרום ומדרום למערב וממערב לצפון שנאמר (קהלת א) הולך אל דרום וסובב אל צפון והלבנה אינה נראית ביום שלשים לעולם אלא סמוך לשקיעת החמה שמתוך שהיא דקה וקטנה אינה נראית בעוד שהחמה בגבורתה מדלא קתני למזרחה או למערבה שמע מינה אין נראית להם בדרום וקא ס"ד שהיו שואלין את העדים אם ראוה מהלכת לפני החמה או לאחריה לצפונה של חמה ראיתם אותה או לדרומה של חמה ובגמרא פריך לפני החמה היינו לצפונה שהרי אין נכון לבדוק ולשאול אם לדרומה (ב) אלא בזמן שבניהן החמה והלבנה במערב שאם הם בדרום אינה יכולה להיות לא לצפונה ולא לדרומה אלא או למזרחה או למערבה ובשהן במערב אם לפני החמה היא זהו לצפונה שהרי לצד לפון הם הולכין ואם לאחריה היא הרי זה לצד דרום: כמה היה גבוה · מן הארץ לפי ראיית עיניכם: לאין היה נוטה · ראשי הפגימה לאיזה צד נוטין לצד צפון כזה (.) או לצד דרום כזה (): אם אמר לפני החמה לא אמר כלום · מפרש בגמרא: **גמ'** היינו לפני החמה היינו לצפונה · הא חדא מילתא היא כדפרישית לעיל: פגימתה לפני החמה · פונה לצד החמה או לצד אחר ועלה קתני סיפא אם אמר לפני החמה לא אמר כלום דמעולם לא ראתה חמה פגימתה של לבנה: דלא לימרו עובדיה · העובדין את החמה:

תוספות

זו בירם · משמע כאן שהוא מארץ ישראל וכן מפרש ר"ת בקדושין (דף עג.) גבי מיחסי דפומבדיתא מבירם נסבי:
כמה הוו להו תלתין ותרתין · תימה בזמן שבית המקדש קיים כמי מרחקי טובא כדמוכח בפ"ק דתענית (דף י.) שהיה מהלך ט"ו יום מירושלים עד סופה של כל א"י גבי כדי שיהא מגיע האחרון שבא"י לנהר פרת וזה היה לצד בבל דפרת לצד בבל הוא ואין לחלק בין מקדש ראשון למקדש שני כדמשמע בפרק אלו מציאות (ב"מ דף כח. ושם) וצריך לומר דרצועה נפקא לא"י מצד אחד עד פרת חוץ מבבל וקשה היאך אפשר שירושלים הויא טבור של א"י שהיא ד' מאות פרסה על ד' מאות לכל צד הרי מהלך שני מאות לכל צד הרי מהלך עשרים ימים לאחרון שבירושלים ממהלך עשר פרסאות (ג) ועוד הרי ירדן מן המזרח מהלך יום אחד מן המזרח לירושלים והוא קצה א"י*:
לא היו זזים משם · לפי שהיוצא חוץ לתחום אין לו אלא ד' אמות וכל החצר חשובה כד' אמות כדתנן בפרק מי שהוציאוהו (עירובין דף מא:) נתנוהו בדיר וסהר וכו' והא דמשמע בההוא פירקא (דף מז: ושם) גבי דיכריא דאתו למברכתא שכל העיר חשובה להם כד' אמות היינו בעיר המוקפת מחיצות והכא בירושלים לאחר שפרצו בה יונים פרצות דחשיב' כרשות הרבים כדאיתא פרק המוצא תפילין (עירובין דף קא.) ומיהו אשכחן עיר דחשובה כד"א אף בלא מחיצות כדתנן בפרק כיצד מעברין (שם דף נז.) נותנין קרפף לעיר עוד תנן (שם דף ס.) הנותן עירובו בתוך עיבורה של עיר לא עשה ולא כלום ואם לענין יוצא חוץ לתחום כמי נותנין לו כל העיר כולה עם עיבורה כד' אמות אם כן בלא מחיצות כמי תחשיב כולה כד' אמות: **שיהו** מהלכין אלפים אמה לכל רוח · הא דלא חשיב לה בפ"ק דביצה (דף יא:) גבי דברים שהתירו סופן משום תחילתן משום דבהך לא קשה לן מידי דמתניתין היא °דהכל הני דהתם פריך תנינא ומשני להו: **או** דילמא לישנא דצערא · פירש בקונטרס משום שעל שם שאסורין כאילו בזיקין שאינן זזים משם כל היום כולו והייתו קודם דהתקין רבן גמליאל שיהו מהלכין אלפים אמה לכל רוח וקשיא מאי מייתי מסעודות גדולות הא ע"כ קודם ר"ג הכי הוה לכך נראה דמיבעי ליה אי אותו מקום צר להם או מרווח ומייתי ראיה דמרווח ואם תאמר כיון דאיסור שבת עלייהו היאך יוצאין מחצר לחצר י"ל כיון דקודם דפרצו בה היו יכולים ללכת בכל העיר גם עתה משנפרצה אלא כמה מבואות וחצרות פתוחים לאותו חצר שהיו [רשאין] להלך בהן כארבע אמות:

[ועי' תוס' ב"מ כח. ד"ה תחומה עשר]

רבינו חננאל

וגו': בלתין זו בירם גולה זו פומבדיתא ומוליך ומביא ומעלה ומוריד עד שיתברר לרואה שהן משואות ולא היו זזין עד שהיו רואין בני פומבדיתא שעושין בגגותיהן כך · תניא בראשונה היו משיאין משואות בראש ההרים הגבוהין בהר המשחה ובסרטבא ובגרופינא ובתבור ובחורן ובלתין ר' שמעון בן אלעזר אומר אף חרים וכייר וגדר וחברותיה איכא דאמרי ביני ביני הוו קיימי . ר' שמעון בן אלעזר חשיב להו על הסדר · ת"ק לא חשיב הני דביני ביני · איכא דאמרי הר המשחה סרטב' והני כולהי דת"ק קיימי בחד גיסא דא"י והני דתני ר' שמעון קיימי באידך גיסא ות"ק חשיב באידך גיסא ורבי שמעון בן אלעזר דתני אף חרים כו' חשיב דהאי גיסא ודהאי גיסא א"ר יוחנן ובין כל אחד ואחד ח' פרסי · ל"ב מילי והאידנא טובא איכא בינייהו אמר אביי איסתומי איסתתום כלו' הדרך הנכוחה נסתתמה שנאמר הנני שך את דרכך בסירים וכתיב נתיבותי עוה: מתני' כיצד ראית את הלבנה לפני החמה או לאחר החמה לצפונה או לדרומה כו' ואקשינן לפני החמה היינו לצפונה וכיון שפני החמה לצפונה אחר החמה לדרומה · ופריק אביי תנא אפגימת הלבנה קאי · והכי קאמר פגימת הלבנה לפני החמה היתה ורואה החמה פגימתה או לא ואם אמר לפני החמה היתה והפגימה כנגד החמה היא עד שקר הוא כר' יוחנן דאמר מ"ד עושה שלום במרומיו מעולם [לא] ראתה חמה פגימתה של לבנה משום חלישות דעתה ואם אמר פגימתה אחר החמה דבריו קיימין וכן הלכתא הקשת אין פגימתה אחר החמה והיא היתה מכוונת כנגד החמה שלא יאמרו המזלות

הגהות הב"ח

(א) גמרא לכן הנני שך את דרכך בסירים וגדרתי את גדרה ונתיבותיה לא תמצא. ר"נ ב"י אמר מהכא דכתיב גדר דרכי בגזית נתיבותי עוה: (ב) רש"י ד"ה כיצד בודקין כו' ולשאול אם לדרומה או לצפונה אלא בזמן שבניהן: (ג) תוס' ד"ה כמה כו' ממהלך עשר פרסאות ליום ועוד הרי:

[עירובין מה.]

הגהות הגר"א

[א] תנא רשב"א הרי מכייר כצ"ל והן בין ערי יהודה ביהושע יד [לא מצאתי שם וצ"ל דכצ"ל תני רשב"א אומר אף הרי מכוור וגדור וכו' וכ"ה בירושלמי דפרקין ובירושלמי פ"ט דשביעית ע"ש] [בהגהות כת"י אשר לפנינו סגהה זו ליתא]

הגהות מהר"י לנדא

א] גמ' דכתיב לכן הנני שך את דרכך בסירים וגו' כצ"ל:

גליון הש"ס

גמ' אסתתומי אסתתום. ע' פסחים נג ע"ב תוס' ד"ה רב יהודה אמר: תוספות ד"ה שיהו מהלכין וכו'. דהכל הני דהתם פריך. עיין יומא עז ע"ב מו"ק ז ע"א:

is [23b] Biram.[2] What is meant here by DIASPORA [GOLAH]?—R. Joseph said: This is Pumbeditha. What is meant [then] by LIKE ONE BIG BONFIRE?—A Tanna taught: 'Every inhabitant [of Pumbeditha] takes a torch in his hand and goes up on to his roof'.[3] It has been taught: 'R. Simeon b. Eleazar says: [Beacon fires were lit] also on Ḥarim and Kayir and Geder and the neighbouring places'.[4] Some say that these places are between [those mentioned in the Mishnah].[5] Others say that they are on the further side from the Land of Israel, and that one authority [the Mishnah] reckons the places on one side,[6] and the other reckons the places on the other.[7] R. Joḥanan said: Between each one and the next[8] there were eight *parasangs*.[9] How many [*parasangs*] then were there altogether? Thirty-two.[10] But to-day there is much more?—Abaye said: The [direct] roads have been closed,[11] as it is written, *Therefore behold, I will hedge up thy way with thorns* [etc.].[12] R. Naḥman b. Isaac said: It is stated in this verse, viz., *He hath made my paths crooked*.[13]

MISHNAH. THERE WAS A LARGE COURT IN JERUSALEM CALLED BETH YA'AZEḲ. THERE ALL THE WITNESSES USED TO ASSEMBLE AND THE BETH DIN USED TO EXAMINE THEM.
a THEY USED TO ENTERTAIN THEM LAVISHLY THERE[1] SO THAT THEY SHOULD HAVE AN INDUCEMENT[2] TO COME. ORIGINALLY THEY USED NOT TO LEAVE THE PLACE THE WHOLE DAY,[3] BUT RABBAN GAMALIEL THE ELDER INTRODUCED A RULE THAT THEY COULD GO TWO THOUSAND CUBITS FROM IT IN ANY DIRECTION. THESE WERE NOT THE ONLY ONES [TO WHOM THIS CONCESSION WAS MADE]. A MIDWIFE WHO HAS COME [FROM A DISTANCE] TO HELP IN CHILDBIRTH OR ONE WHO COMES TO RESCUE FROM A FIRE OR FROM BANDITS OR FROM A RIVER IN FLOOD OR FROM A BUILDING THAT HAS FALLEN IN—ALL THESE ARE ON THE SAME FOOTING AS THE RESIDENTS OF THE TOWN, AND MAY GO TWO THOUSAND CUBITS [ON SABBATH] IN ANY DIRECTION.

GEMARA. The question was raised: Do we read here *Beth Ya'azeḳ* or *Beth Ya'zeḳ*? Do we read *Beth Ya'azeḳ*, regarding the name as an *elegantia*[4] based on the Scriptural expression, *And he ringed it round and cleared it of stones?*[5] Or do we read *Beth Ya'zeḳ*, taking the name to connote constraint,[6] as it is written, *being bound in chains?*[7]—Abaye said: Come and hear [a proof that it is the former]: THEY USED TO ENTERTAIN THEM LAVISHLY THERE SO THAT THEY SHOULD HAVE AN INDUCEMENT TO COME. [This is not conclusive], as perhaps they treated them in both ways.[8]

MISHNAH. HOW DO THEY TEST THE WITNESSES? THE PAIR WHO ARRIVE FIRST ARE TESTED FIRST. THE SENIOR OF THEM IS BROUGHT IN AND THEY SAY TO HIM, TELL US HOW YOU SAW THE MOON—IN FRONT OF THE SUN OR BEHIND
b THE SUN?[1] TO THE NORTH OF IT OR THE SOUTH? HOW HIGH WAS IT, AND IN WHICH DIRECTION WAS IT INCLINED?[2] AND HOW BROAD WAS IT? IF HE SAYS [HE SAW IT] IN FRONT OF THE SUN, HIS EVIDENCE IS REJECTED.[3] AFTER THAT THEY WOULD BRING IN THE SECOND AND TEST HIM. IF THEIR ACCOUNTS TALLIED, THEIR EVIDENCE WAS ACCEPTED, AND THE OTHER PAIRS WERE ONLY QUESTIONED BRIEFLY,[4] NOT BECAUSE THEY WERE REQUIRED AT ALL, BUT SO THAT THEY SHOULD NOT BE DISAPPOINTED, [AND] SO THAT THEY SHOULD NOT BE DISSUADED FROM COMING.[5]

GEMARA. 'IN FRONT OF THE SUN' is surely the same as 'TO THE NORTH OF IT', and 'BEHIND THE SUN' is surely the same as 'TO THE SOUTH OF IT'?[6]—Abaye said: [It means], whether the concavity of the moon is in front of the sun or behind the sun.[7] If he says, in front of the sun, his evidence is rejected, since R. Joḥanan has said: What is meant by the verse, *Dominion and fear are with him, He maketh peace in his high places?*[8] Never did the sun behold the concavity of the new moon nor the concavity of the rainbow. It never sees the concavity of the moon, so that she should not feel humiliated.[9] It never sees the concavity of the rainbow so that the worshippers of the sun should not say,

(2) Apparently some place between Syria and Mesopotamia; v. *supra* 22b n. c1. (3) To spread the news throughout Babylon. (4) [These places are likewise difficult to identify. For various attempts v. Horowitz loc. cit. Graetz, *Geschichte* p. 67, n. 1 emends on the basis of the Tosef. a.l. חרים וכייר וגדר into הרי מכוור וגדר the mountains of Macherus (in the south) and Gedera in the north. 'The neighbouring places' will include Tabor which is also mentioned in the Tosef.] (5) And therefore in Palestine. (6) Perhaps those nearer to Jerusalem. (7) Perhaps those nearer to Babylon. This reference in both cases is uncertain; v. Horowitz, *Palestine*, loc. cit. (8) Of those mentioned in the Mishnah. (9) About forty miles. (10) [Apparently from Mount of Olives to Beth Baltin, the last station in Palestine.] (11) And travellers are obliged to take a round-about route. (12) Hos. II, 8. The verse continues, *that she shall not find her paths*. (13) Lam. III, 9.

a (1) Lit., 'they made for them large banquets'. (2) Lit., 'become accustomed to come'. (3) If they came on Sabbath, as they had already exceeded the limit of two thousand cubits. (4) Lit., 'an elevated' or 'refined expression', i.e., not belonging to the language of everyday life. (5) Isa. V, 2. E.V. '*and he digged it and cleared it*'. The Heb. is ויעזקהו which the Talmud connects with the Aramaic עזקא 'a ring', so that *Beth Ya'azek* would refer to the stone wall round the court. (6) In allusion to the fact that they were (originally) confined to the courtyard the whole of the day. But cf. Tosaf. s.v. אי. (7) Jer. XL, 1. The Hebrew word is באזיקים. (8) I.e., both kindly and rigorously.

b (1) The meaning of this is discussed in the Gemara. (2) I.e., in which direction were the horns turning. (3) Lit., 'he has not said anything'. (4) Lit., 'with heads of subjects'. (5) Lit., 'so that they should (still) be accustomed to come'. (6) The new moon can be seen only about sunset, close to the sun, when the sun is travelling towards the north. We should therefore naturally take 'in front of the sun' to mean 'to the north of the sun', and 'behind the sun' to mean 'to the south of the sun'. (7) I.e., whether the rim of the moon visible from the earth is concave or convex in relation to the sun. By 'in front of' Abaye understands 'turned towards', and by 'behind', 'turned away from'. (8) Job XXV, 2. (9) And in this way God keeps the peace between the sun and the moon.

[24*a*] He is shooting arrows [at those who do not worship him].[10]

HOW HIGH WAS IT AND IN WHICH DIRECTION WAS IT INCLINED. One Tanna taught: [If he says], To the north, his evidence
a is accepted; [if he says], To the south, his evidence is rejected.[1] But it has been taught to the opposite effect: '[If he says], To the south, his evidence is accepted; [if he says], To the north, his evidence is rejected'?—There is no contradiction; one statement speaks of the dry season,[2] the other of the rainy season.[3]

The Rabbis taught: If one[4] says that it was two ox-goads high[5] and the other three,[6] their evidence is accepted. If one, however, says that it was three and the other five, their evidence is nullified, only each of them can be joined with another witness.[7]

Our Rabbis taught: '[If they say], We saw it in water, we saw it in a mirror, we saw it through the clouds, they are not allowed to testify concerning it. [If they say], We saw half of it in water, half of it through the clouds, half of it in a mirror, they are not allowed to testify concerning it'. Since you disallow them [when they see] the whole, can there be any question [when they see] only half?—In fact the statement should run as follows: '[If they say they saw] half of it in water and half in the sky, half of it through the clouds and half in the sky, half of it in a mirror and half in the sky, they are not allowed to testify.'

Our Rabbis taught: [If they say], We saw it [once], but did not see it again, they are not allowed to testify concerning it. [Why so?] Are they to go on seeing it the whole time?—Abaye
b replied: What is meant is this. [If they say], We saw it by chance,[1] but when we came to look for it deliberately[2] we could not see it, they are not allowed to testify concerning it. What is the reason? Because I might say, they saw only a circular disc in the clouds.

MISHNAH. THE HEAD OF THE BETH DIN SAYS, 'SANCTIFIED', AND ALL THE PEOPLE REPEAT AFTER HIM, 'SANCTIFIED, SANCTIFIED'. WHETHER THE NEW MOON IS SEEN AT ITS PROPER TIME[3] OR NOT AT ITS PROPER TIME, IN EITHER CASE [THE NEW MOON] IS SANCTIFIED.[4] R. ELEAZAR B. ZADOK, HOWEVER, SAYS THAT IF IT IS NOT SEEN AT ITS PROPER TIME [THE NEW MOON] IS NOT [FORMALLY] SANCTIFIED, BECAUSE HEAVEN HAS ALREADY SANCTIFIED IT.

GEMARA. THE HEAD OF THE BETH DIN etc. What is the Scriptural warrant for this?—R. Ḥiyya b. Gamda said in the name of R. Jose b. Saul, who had it from Rabbi: The Scripture says, *And Moses declared the appointed seasons of the Lord;*[5] from this we learn that the head of the Beth din says, 'sanctified'.

AND ALL THE PEOPLE REPEAT AFTER HIM, 'SANCTIFIED, SANCTIFIED'. Whence do we learn this?—R. Papa said: Scripture says, *which ye shall proclaim* [them].[6] [For *otham*] read *attem*.[7] R. Naḥman b. Isaac said, [we learn it from here]: *Even these* [hem] *are my appointed seasons;*[8] [which implies], *they* shall say, my seasons.[9]

SANCTIFIED, SANCTIFIED: why twice?—Because it is written, *holy convocations*.[10]

R. ELEAZAR B. ZADOK SAYS THAT IF IT IS NOT SEEN AT ITS PROPER TIME IT IS NOT SANCTIFIED. It has been taught: Polemo
c says: If seen at its time it is not sanctified,[1] if seen out of its time it is sanctified. R. Eleazar b. Simeon says: In either case it is not sanctified, since it says, *And ye shall sanctify the fiftieth year*,[2] which shows that you are to sanctify years, but are not to sanctify months.

Rab Judah said in the name of Samuel: The *halachah* is as laid down by R. Eleazar b. Zadok. Abaye said: We have also learnt to the same effect: 'If the Beth din and all Israel saw it,[3] and if the witnesses had been tested, but they had no time to say 'sanctified' before it grew dark, the month is prolonged', which implies that it is prolonged[4] but that [the new month] is not sanctified [later in the day]. [This is not conclusive, since] there was a special reason for mentioning the prolonging. You might think that since the Beth din and all Israel saw it [the new moon] everyone knew that it had appeared and therefore the month should not be prolonged. Therefore we are told [that this is not so].

MISHNAH. R. GAMALIEL USED TO HAVE A DIAGRAM OF PHASES OF THE MOON ON A TABLET [HUNG] ON THE WALL OF HIS UPPER CHAMBER, AND HE USED TO SHOW THEM TO THE UNLEARNED AND SAY, DID IT LOOK LIKE THIS OR THIS?

GEMARA. Is this allowed, seeing that it is written, *Ye shall not make with me*,[5] which we interpret, 'Ye shall not make the likeness of my attendants'?—Abaye replied: The Torah forbade only those attendants of which it is possible to make copies,[6] as it has been taught: A man may not make a house in the form of the Temple, or an exedra in the form of the Temple hall,[7] or a court corresponding to the Temple court, or a table corresponding to the [sacred] table or a candlestick corresponding to

(10) The rainbow in this case having the appearance of a bow bent by the sun against the earth.

a (1) Reading this sentence in its present context, we must suppose it to mean, 'if he says, (it was inclined) to the north' etc. This is very difficult to understand, and it is much more natural to suppose that the words to be supplied are 'that he saw it', and that this sentence is to be connected with the words in the Mishnah TO THE NORTH OF IT OR TO THE SOUTH. So apparently it is taken by Rashi. V. Maharsha, ad loc. (2) Lit., 'the days of the sun': the summer months. (3) The new moon always appears due west. Hence in the summer months when the sun sets in the north-west it is south of the sun, and similarly in the winter months north of the sun. (4) Apparently this means here, one of a pair of witnesses. (5) I.e., above the horizon. (6) If the preceding paragraph related to the inclination of the moon, it obviously should have followed this paragraph, which is another reason for transferring the last Mishnah heading to the beginning of this paragraph. V. n. 1. (7) Who gives the same version as he does.

b (1) Lit., 'of ourselves'. (2) I.e., with the object of testifying. (3) I.e., on the thirtieth day. (4) On the thirtieth or the thirty-first day, as the case may be. (5) Lev. XXIII, 44. (6) Ibid. 4. Heb. אותם. (7) Lit., '*you*', implying that the public should join in the proclamation. (8) Ibid. 2. (9) The word הם 'they', being superfluous. (10) Ibid. The Hebrew word is מקראי, lit., 'callings' or 'proclaimings', the plural implying at least two.

c (1) Since there is no need to impress its sanctity on the public. (2) Lev. XXV, 10. (3) On the thirtieth day. (4) I.e., New Moon is not declared till the thirty-first day. (5) Ex. XX, 20. (6) Lit., 'like them'. Out of the same or other materials. (7) *Ulam*, the hall leading to the interior of the Temple, v. Mid. IV, 7. An exedra had only three sides, but since the fourth side of the Temple hall had a very wide entrance it is not counted. V. Tosaf. a.l.

תורה אור

גירי קא משדייא: כמה היה גבוה ולאין היה נוטה כו': תנא חדא לצפונה דבריו קיימין לדרומה לא אמר כלום והתניא *איפכא לדרומה דבריו קיימין לצפונה לא אמר כלום לא קשיא כאן בימות החמה כאן בימות הגשמים ת"ר *אחד אומר גבוה ב' מרדעות ואחד אומר ג' עדותן קיימת אחד אומר ג' ואחד אומר ה' עדותן בטילה אבל מצטרפין לעדות אחרת ת"ר ראינוהו במים ראינוהו בעבים ראינוהו בעששית אין מעידין עליו חציו במים חציו בעבים חציו בעששית אין מעידין עליו השתא כולו אמרת לא חציו מבעיא אלא ה"ק חציו במים חציו ברקיע חציו בעבים חציו ברקיע חציו בעששית חציו ברקיע אין מעידין ת"ר ראינוהו ושוב לא ראינוהו אין מעידין עליו כל הכי חזו לה ואולי אמר אביי ה"ק ראינוהו מאלינו ושבנו לראותו מדעתנו ולא ראינוהו אין מעידין עליו מאי טעמא אימור *כוביתא דעיבא בעלמא הוא דחזו: **מתני'** ראש ב"ד אומר מקודש וכל העם עונין אחריו מקודש מקודש בין שנראה בזמנו בין שלא נראה בזמנו מקדשין אותו *ר"א בר' צדוק אומר אם לא נראה בזמנו אין מקדשין אותו שכבר קידשוהו שמים: **גמ'** ראש ב"ד וכו': מנהני מילי א"ר חייא בר גמדא א"ר יוסי בן שאול אמר רבי אמר קרא וידבר משה את מועדי ה' מכאן שראש ב"ד אומר מקודש: וכל העם עונין אחריו מקודש מקודש: מנלן אמר רב פפא אמר קרא אשר תקראו אותם קרי ביה אתם ר"נ בר יצחק אמר אלה הם מועדי הם יאמרו מועדי מקודש מקודש תרי זימני למה לי דכתיב מקראי קודש: ר"א בר' צדוק אומר אם לא נראה בזמנו אין מקדשין אותו: תניא *פלימו אומר בזמנו אין מקדשין אותו שלא בזמנו מקדשין אותו ר"א [בר"ש] אומר בין כך ובין כך אין מקדשין אותו שנאמר וקדשתם את שנת החמשים א) *שנים אתה מקדש ואי אתה מקדש חדשים א"ר יהודה אמר שמואל הלכה כר' אלעזר בר' צדוק אמר אביי אף אנן נמי תנינא *ראוהו בית דין וכל ישראל נחקרו העדים ולא הספיקו לומר מקודש עד שחשיכה הרי זה מעובר אין מקודש לא מעובר איצטריכא ליה ס"ד אמינא הואיל וראוהו בית דין וכל ישראל איפרסמא ולא ליעברוה קמ"ל: **מתני'** *דמות צורות לבנה היו לו לרבן גמליאל בטבלא ובכותל בעלייתו שבהן מראה את ההדיוטות ואומר הכזה ראית או כזה: **גמ'** ומי שרי והכתיב לא תעשון אתי לא תעשון כדמות שמשיי אמר אביי לא אסרה תורה אלא שמשין שאפשר לעשות כמותן כדתניא *לא יעשה אדם בית תבנית היכל אכסדרה תבנית אולם חצר כנגד עזרה שלחן כנגד שלחן מנורה כנגד מנורה אבל עושה של

ויקרא כג / שם / שם / ס"א / שם כה

רש"י

גירי קא משדייא. החמה הזאת חצים היא יורה להלחם בכופרין בה שהיורה בקשת נותן פגימת הקשת לצד פניו: כאן בימות החמה כאן בימות הגשמים. בימות החמה כגון ביום ארוך של תקופת תמוז חמה שוקעת לסוף מערב לצד צפון כדתניא בעירובין (דף נו.) חמה יוצאת ביום ארוך ושוקעת ביום ארוך זהו פני צפון חמה יוצאת ביום קצר ושוקעת ביום קצר זהו פני דרום ניסן ותשרי חמה יוצאת בחצי מזרח ושוקעת בחצי מערב תקופת ניסן היום והלילה שוין חמה יוצאת בחצי מזרח ומהלכת חצי מזרח וכל דרום וחצי מערב ושוקעת ובלילה סובבת למעלה מן הכיפה חצי מערב וכל צפון וחצי מזרח וזורחת ולמחרת התחיל היום להיות זורח מעט מכנגד חצי מזרח לצד צפון ושוקע להלן מחצי מערב לצד צפון וכן כל יום ויום נמשכת מעט בין בזריחה בין בשקיעה וכשמגיע יום תקופת תמוז היא זורחת בקרן מזרחית צפונית ומהלכת ג' רוחות ושוקעת בקרן צפונית מערבית ומשם ואילך הימים מתמעטין והחמה נמשכת מעט מעט בזריחתה ובשקיעתה לצד דרום וכשמגיע תקופת תשרי יוצאת בחצי מזרח ושוקעת בחצי מערב והיום והלילה שוין ועוד מושכת והולכת לצד דרום עד תקופת טבת ואותו היום יוצאת בקרן מזרחית דרומית ושוקעת בקרן דרומית מערבית ומשם ואילך נמשכת לאחוריה לצד צפון לזריחתה מרבה הילוכה לצד צפון מעט ושוקעת וכן תמיד עד תקופת ניסן שיוצאת בחצי מזרח ושוקעת בחצי מערב נמצאת בימות החמה מהלכת רוב רוח מערבית לפני שקיעתה ופעמים כולה וכל ימות הגשמים אינה מהלכת אלא מיעוט מערב ופעמים שאינה נכנסת בו אלא דבר מועט והלבנה לעולם בחידושה בקרן מערבית דרומית הלכך בימות הגשמים שאין החמה נכנסת למערב אלא בשקיעתה הלבנה קודמת לתוך המערב נמצאת לבנה בצפון ובימות החמה שהחמה במערב הרבה היא קודמת הלבנה ברוב החדשים לצד צפון נמצאת לבנה בדרום: אבל מצטרפין לעדות אחרת. אחד מהן מצטרף עם עד אחר שיאמר כמותו: ראינוהו במים. תוך נהר או מעין ראינו דמותה של לבנה: בעבים. יום המעונן היה וראינוה מאירה דרך עוביו של עב: עששית. קנדיל"ה בלע"ז: כל הכי חזו ואזלי. בתמיה מאחר שראוהו למה לא יעידו וכי לעולם הם צריכים לראותו: מדעתנו. כדי להעיד עליו: כוביתא דעיבא. עיגול של עב לבן: **מתני'** *ראש ב"ד אומר מקודש כו': **גמ'** מקראי קדש. תרי זימני משמע: ר' אלעזר בר' צדוק אומר כו': בזמנו אין מקדשין אותו. שאינו צריך חיזוק: מעובר אין. דמשמע משחשיכה נתעבר: אבל מקודש לא. קתני הרי זה מתקדש למחר: מעובר איצטריכא ליה. כלומר לעולם למחר בעי קידוש והאי דלא תנייה משום דאיצטריכא לאשמועינן מעובר: דהואיל ובזמנו ראוהו. סד"א לא ליעברוה ואי תנא הרי זה מתקדש למחר הוה אמינא לעולם מיומא קמא מתקנינן מועדותיה: **מתני'** *דמות צורות לבנה: **גמ'** לא תעשון אתי. צורות העומדים אתי: של

תוספות

גירי קא משדייא. בלבנה אין לחוש אם רואה פגימת הקשת דאין קשת אלא ביום ואז הלבנה כשרגא בטיהרא ולא אמרי עובדיה גירי קא משדייא: **תני** חדא לצפונה דבריו קיימין. קשה לי דדריש ר' יוחנן לעיל (דף כג:) עושה שלום במרומיו מעולם לא ראתה חמה פגימתה של לבנה וכשהלבנה לפני החמה ופגימת הלבנה בחידושה לעולם כלפי מזרח ובו רואה החמה פגימותיה ור' אליא בר שלמה מגורגו"ש הראני דבשני גלגלים [הם] חמה ולבנה ויכולה להיות ראיית הלבנה לפני החמה וחמה אינה רואה פגימותיה שגלגל הלבנה למטה מגלגל החמה שהוא למעלה ממנו ולחכמי המזלות זה פשוט:

אבל מצטרפין לעדות. למ"ד (שבועות דף מז:) בב' כתי עדים המכחישות זו את זו זו באה בפני עצמה ומעידה וזו באה בפני עצמה ומעידה ניחא דמצטרפין לעדות ממון אבל למ"ד בהדי סהדי שקרי למה לי היאך מצטרפין לשום עדות אפילו לעדות החדש לכן דחק בקונט' לפרש אחד מהן מצטרף עם אחר שיאמר כמותו ובעדות של חדש זה איירי והא דקתני לעדות אחרת היינו כלומר דמצטרף עם אחרים דנעשה עדות אחרת והכי מפרש לה בהדיא בסוף פרק כל הנשבעין (שם דף מח.) משום דהוה ליה חד ואין דבריו של חד במקום שנים:

בדמות שמשיי. בהיכל ואולם מוקי לה ול"ג המשמשין לפני במרום: **אכסדרה** תבנית אולם. שהם אכסדרה אין בו כי אם ג' מחיצות ורביעית פרוצה במלואה כדמשמע בפ' לא יחפור (ב"ב דף כה. ושם) דקאמר עולם דומה לאכסדרה ורוח צפונית אינה מסובבת והא דקתני אכסדרה תבנית אולם לפי שהיתה פתחו גדולה קרי ליה אכסדרה אע"פ שלא היה במלואה דה"ל גיפופי ט"ו אמה מכאן וט"ו אמה מכאן וכדתנן במדות (פ"ד מ"ז) ושמא לפי שהיה שם בית החליפות וכותל מפסיק במלואו בפנים:

יב א ב מיי' פ"ב מהל' קידוש החודש הלכה ה:

יג ג מיי' שם הלכה ו:

יד ד ה ו מיי' שם הלכה ח:

טו ז מיי' פ"ג מהלכות ע"ז הלכה יא סמג לאוין כב טור י"ד סי' קמא:

טז ח מיי' פ"ז מהלכות בית הבחירה הלכה י טור וש"ע י"ד סי' קמא סעיף ח:

רבינו חננאל

מורין בחצים. תני חדא לצפונה דבריו קיימין לדרומה לא אמר כלום. ותניא איפכא. ופרקינן ל"ק כאן בימות החמה כאן בימות הגשמים. פי' דרך השמש ביום מהלך בדרו' וסובב בצפון בלילה שנאמר הולך אל דרום וסובב אל צפון. וגרסינן בעירובין פרק כיצד מעברין את הערים כיצד חמה יוצאה ביום ארוך ושוקעת ביום ארוך זהו פני צפון. חמה יוצאה ביום קצר ושוקעת ביום קצר זהו פני דרום בתקופת ניסן ובתקופת תשרי חמה יוצאה בחצי מזרח ושוקעת בחצי מערב. ש"מ כי מתקופת טבת עד תקופת תמוז חמה מהלכת ביום *) מקרן מזרחית צפונית וכלפי מזרחית דרומית ולעולם אין הלבנה חדשה נראת אלא אחר שקיעת החמה וכשעולה כלפי דרום אחר החמה צפונה. וזו היא דתני לצפונה דבריו קיימין מתקופת תמוז עד תקופת טבת חוזרת החמה ועולה והולכת**) מרוח דרומי' כלפי רוח צפונית וזו היא דתני לדרומה דבריו קיימין. ומצאנו דברים הללו מפורשים בתלמוד א"י כלשון הזה מאן דתני לצפונה דבריו קיימין מטבת ועד תמוז. ומאן דתני לדרומה דבריו קיימין מתמוז ועד טבת ועל זה תדרך מקשה שבתחלת השמועה לפני החמה היינו לצפונה לאחר החמה היינו לדרומה. תני רשב"י הרקיע של מים וכוכבים של אש ודרין זה עם זה ואין מזיקין זה לזה. א"ר בון המלאך חציו אש וחציו מים ואית ביה ה' גפין וגוייתו כתרשיש היינו עושה שלום במרומיו. תני רב ראינוהו במים פי' היו מים לפניו וראה בהן צורת לבנה והרים ראשו לראות הלבנה בשמים ולא ראה כלום. או ראה חציה במים וחציה ברקיע וכן בעבים וכן בעששית אין מעידין עליו עד שיראו אותה ברקיע כדורתה. אבל אם נראה לחם ותאם כעין צורת הלבנה וכוונן לראות ראיית עיקר ולא ראה כלום אין מעידין עליו. מ"מ אמרינן כוכיתא בעלמא הוא דחזא. כתיב וידבר משה את מועדי ה'. מיכן שראש ב"ד אומר מקודש. אשר תקראו אותם מיכן שעונין אחריו (הן) מקודש. דבעינן תרי זמני מקודש מקודש מניין. מדכתיב מקראי קדש ולא כתיב מקרא קדש. בין שנראה בזמנו לילי ל' בין שלא נראה בזמנו אלא לילי ל"א מקדשין אותו. ר' אלעזר ב"ר צדוק אומר אם לא נראה בזמנו אין מקדשין אותו שכבר קידשוהו שמים. אמר רב יהודה אמר שמואל הלכתא כר' אלעזר ב"ר צדוק: [מתני'] דמות צורות לבנות היו לו לרבן גמליאל כו'. ואקשינן ומי שרי למעבד צורת לבנת והכתיב לא תעשון אתי לא תעשון כדמות שמשיי. ופריק אביי לא אסרה תורה [אלא] שמשין שאפשר לעשות כמותן כמו בית תבנית היכל ואכסדרה תבנית אולם

*) אולי צ"ל מקרן מזרחית דרומית וכלפי מזרחית צפונית וכו'. **) אולי צ"ל מרוח מזרחית צפונית כלפי מזרחית דרומית.

[תוספתא פ"א] / [שם] שבועות מח. / הגהות מהר"י לנדא: א) גמ' שנים אתה מקדש כנ"ל: / [ג' הערוך כוביתא פירוש של ענן שהוא דומה ללבנה] / סנהדרין י: / שם ע"ש / [לעיל ח:] / לקמן כה: / ע"ז מג. / שם / [מיותר] [מנחות כח:] / [מיותר]

עין משפט
נר מצוה

יז א טוש"ע י"ד סי' קמא סעיף ד:

יח ב מיי' פ"ג מהלכות ע"ז הלכה י סמג לאוין כב טור ש"ע י"ד סי' קמא סעיף ו:

יט ג ד ה מיי' שם והלכה יא סמג שם טור ש"ע שם סעיף ד:

כ ו מיי' פ"ג מהלכות ע"ז הלכה יא טוש"ע י"ד שם סעיף ה:

כא ז טוש"ע שם סעיף ד בהג"ה

כב ח טור ש"ע שם סעיף ז:

כג ט טור ש"ע שם סעיף ד:

[וע"ע אריכות תוספות יומא נד. ד"ה כרובים]

*של חמשה ושל ששה ושל שמונה ושל שבעה לא יעשה אפי' של שאר מיני מתכות רבי יוסי בר יהודה אומר אף של עץ לא יעשה כדרך שעשו מלכי בית חשמונאי אמרו לו *משם ראייה שפודין של ברזל היו וחיפום בבעץ העשירו עשאום של כסף חזרו העשירו עשאום של זהב ושמשין שאי אפשר לעשות כמותן מי שרי והתניא* °לא תעשון אתי לא תעשון כדמות שמשיי המשמשין לפני במרום אמר אביי *לא אסרה תורה אלא *דמות ארבעה פנים בהדי הדדי אלא מעתה פרצוף אדם לחודיה תשתרי אלמה תניא ׳כל הפרצופות מותרין ׳חוץ מפרצוף אדם א"ר *הונא בריה דרב אידי מפרקיה דאביי שמיעא לי לא תעשון אתי לא תעשון אותי ושאר שמשין מי שרי והא תניא לא תעשון אתי לא תעשון כדמות שמשיי המשמשין לפני במרום ׳כגון אופנים ושרפים וחיות הקודש ומלאכי השרת אמר אביי לא אסרה תורה אלא שמשין שבמדור העליון ושבמדור התחתון מי שרי והתניא °אשר בשמים לרבות חמה ולבנה כוכבים ומזלות ממעל לרבות מלאכי השרת כי תניא ההיא לעבדם אי לעבדם אפילו שלשול קטן נמי אין ה"נ דתניא °אשר בארץ לרבות הרים וגבעות ימים ונהרות אפיקים וגאיות מתחת לרבות שלשול קטן ועשייה גרידתא מי שרי והתניא ׳לא תעשון אתי לא תעשון כדמות שמשיי המשמשין לפני כגון חמה ולבנה כוכבים ומזלות שאני ר"ג דאחרים עשו לו והא רב יהודה דאחרים עשו לו וא"ל שמואל לרב יהודה *שיננא סמי עיניה דדין התם חותמו בולט הוה ומשום חשדא כדתניא ׳טבעת חותמו בולט אסור להניחה ומותר לחתום בה חותמו שוקע מותר להניחה ואסור לחתום בה ומי חיישינן לחשדא והא ההיא בי כנישתא דשף ויתיב בנהרדעא דהוה ביה אנדרטא והוו עיילי רב ושמואל ואבוה דשמואל ולוי ומצלו התם ולא חיישי לחשדא ׳רבים שאני והא ר"ג יחיד הוא כיון דנשיא הוא שכיחי רבים גביה איבעית אימא ׳דפרקים הוה ואיבעית אימא להתלמד עבד וכתיב °לא תלמד לעשות *אבל אתה למד להבין ולהורות: **מתני׳** מעשה שבאו שנים ואמרו ראינוהו שחרית במזרח וערבית

של חמשה. נרות: ושל ששה. נרות: ואפילו של שאר מיני מתכות. לפי שכיולא בהן כשירה לפנים כדתניא (מנחות דף כח:) ועשית מנורת זהב טהור פרט מקשה תיעשה חזר וכלל מה הפרט מפורש של מתכת אף כל של מתכת: אף של עץ לא יעשה. שכיולא בה כשירה לפנים דר' יוסי בר' יהודה דריש ליה לקרא ברבוי ומעוטי מאי רבי רבי כל מילי ומאי מיעט מיעט חרס והכי מפרש לה במנחות (שם): כדרך שעשו מלכי בית חשמונאי. כשגברה ידם על היונים והוציאום מירושלים וטיהרו את המקדש והיו עניים ולא יכלו לעשותה של זהב: בבעץ. שטייג"ו בלע"ז: דמות ארבעה פנים. לגוף אחד כעין חיות הקדש דהייתו אתי שכסא כבוד רכוב עליהן: פרצוף אדם לחודיה תשתרי. שהרי הוא אחד מהן בחיות ואפ"ה אמר עד דאיכא כולהו בהדי הדדי: שבמדור העליון. ברקיע שביעי דדייקינן אתי אבל חמה ולבנה וכוכבים ומזלות במדור התחתון הן ברקיע השני כדאמרינן במסכת חגיגה (דף יב:): שלשול. תולעת: אפיקים. מוצאי מים ביברי"ש בלע"ז: אחרים. נכרים: והא רב יהודה. שהיתה לו צורה בטבעתו ואחרים עשאוה וא"ל שמואל דנישקליה מיניה: סמי עיניה. כלומר השחת צורתו: ומשום חשדא. שלא יאמרו ע"ז היא לו: אסור להניחה. באצבעו: ומותר לחתום בה. שחתימתה שוקעת: וכשחותמה שקוע. חתימה בולטת חותמה בולט המתכת חרות סביב סביב והצורה עומדת כמות שהיא חותמה שוקעת שהצורה חקוקה וחרותה במתכת: דשף ויתיב בנהרדעא. מקום הוא ויש פותרין שחרב וחזר ונבנה ותמיד היתה שכינה מטיה שם ויכניה וגלותו בנאוהו שנשאו עמהם מאבני ירושלים ועליהם נאמר (תהלים קב) כי רצו עבדיך את אבניה: אנדרטא. צלם דמות המלך: והא ר"ג יחיד הוא. וניחוש נמי לחשדא: **מתני׳** מעשה שבאו שנים כו': ראינוהו שחרית במזרח. את הישנה: וערבית

שפודים של ברזל. הא דקרי ליה שפודים משום שלא היו גביעים כפתורים ופרחים אלא א"כ באה זהב כדאי' בהקומץ רבה (מנחות דף כח. ושם): **חוץ** מפרצוף אדם. תימה מאי קושיא דלמא הכא במולא וכדרבא דמוקי לה כר' יהודה בפ' כל הצלמים (ע"ז דף מג. ושם) אבל עשייה שריא וי"ל דסוגיא דהכא כאביי ולית ליה דרבא ומוקי לה בעושה ולפ"ז מותר לעשות צורת אדם דקיימא לן כרבא לגבי דאביי ומיהו אין ראיה דבלא שום קושיא יכול רבא לדרוש לא תעשון אותי וכן תניא לקמן טבעת שחותמה שקוע אסור לחתום בה: **לא** תעשון אתי. וא"ת ומאי קאמר אלא דמות ארבעה פנים תיפוק ליה משום צורת אדם לחודיה וי"ל כי איכא שאר פרצופין עם אדם שרי טפי א"נ אם מלא צורת אדם אסור להשלים לד' פנים ומיהו קשיא דפרצוף אדם לחודיה תיפוק ליה מכרובים שעל הכפורת וי"ל דלא מקרו שמשיי וכרובים שבשמים לא נתברדה צורתם*: **לא** אסרה תורה אלא שמשין שבמדור העליון. הני תלת מילי דאביי לא הדר ביה בכל זמנא דכולה אמת וה"ק לא אסרה בשמשין של מטה אלא בית תבנית היכל ואכסדרה תבנית אולם ובשמשין התחתונים אסרה חמה ולבנה וכוכבים ובמדור העליון דמות ד' פנים: **ממעל** לרבות מלאכי השרת. למאי דסליק אדעתיה דאיירי בעשייה הוה מצי לאקשויי דמות שמשיי מלא תעשון נפקא: **שאני** ר"ג דאחרים עשו. ואע"ג דבכל מילי אמירה לנכרי שבות כדמוכח בפ"ב דמו"ק (דף יב.) ואפילו בדרבנן איכא שבות ובפרק השוכר את הפועלים (ב"מ דף צ.) יש בעיא אי איכא שבות בלאו או לא גבי חוסם פרה ודש בה הכא לא גזור משום מצוה וצריך ליזהר כשלוין לנכרים ומחתמין החוב בחותם של שעוה שתלוי באגרת דלא סמכינן אדרבא כדפרישית דלא פליג רבא ואם הנכרי מביא לו חותם מעצמו מותר: **סמי** עיניה דדין. אלמא אסור להשהותו שמא יחשדוהו שעשה ועבר על לא תעשון ור"ג נמי ליתסר ומשני כיון דחותמו בולט חיישינן לחשדא שמא יאמרו ע"ז הוא לו אבל אחשדא דלא תעשון לא חיישינן ומפרש בה"ג דההיא דרב יהודה בצורת דרקון משום דתנן בפרק כל הצלמים (ע"ז דף מב:) מלא כלים ועליהם צורת חמה צורת לבנה דרקון יוליכם לים המלח ומפרש התם משום דהני חשיבי להו וה"נ חשיב טפי חשדא מאחר: **והא** רבן גמליאל יחיד. תימה והא צורה דר"ג לא היתה בולטת וי"ל דמ"מ שייך בה חשדא דגבי לבנה אין חילוק כיון דאינה בולטת ברקיע: **ראינוהו** במזרח. הישנה וערבית במערב את החדשה עדי שקר הם דקיימא לן (לעיל כ:) כ"ד שעי מיכסי סיהרא כך פירש בקונטרס בשם רבותיו והקשה מדקתני בברייתא פעמים שבא בארוכה ואין לשון ארוכה וקצרה נופל כאן שהרי מתוך קוטנה הישנה נכסית מבני מערב כשהיא במזרח לפני חדושה ופירש בקונטרס דעל החדשה העידו ועדי שקר דקאמר רבי יוחנן בן נורי לפי שבי"ב שעות שביום אין ממהרת לבא מתוך המזרח לתוך המערב וע"ז קאמר פעמים שבא בארוכה ושוהה לבא ודבר תימה הוא מאי ס"ד דר' יוחנן בן נורי למה לא תוכל לילך בי"ב שעות כל רוח דרומית ועדיין מקצה רוח מזרחית ומערבית עמו ובירושלמי משמע כלישנא קמא דקאמר רבי שמלאי טעמא דרבי יוחנן בן נורי כל חדש שנראית קודם ו' שעות אין כח בעין לראות את הישן נראה ישן שחרית לא נראה חדש בין הערבים חדש בין הערבים לא נראה ישן שחרית א"ר חייא בר אבא ולמה קבלם ר"ג שכן מסורת הוא מאבותיו פעמים שבא בארוכה ופעמים מהלך בקצרה ותימה מי פליג המסורת מאבותיו דר"ג אהא דאמר לעיל בסוף פ"ק (דף כ:) כ"ד שעי מיכסי סיהרא למאי נפקא מינה לאכחושי סהדי ושמא יש לחלק בשעות דיש שעות קטנות ביום כגון בתקופת טבת ויש שעות ביטניות כגון בימי ניסן ותשרי ויש גדולות כגון בתקופת תמוז ואי בקטנות או בביטניות מיכסי סיהרא לבני א"י תמני סרי מעתיקא ושית מחדתא מן הגדולות פעמים מכסיא פורתא כגון דבא בארוכה פעמים דלא מכסיא כגון דבא בקצרה: לאורתא

רבינו חננאל

אולם וחצר תבנית עזרה ושלחן תבנית שלחן שבהיכל. ומנורה תבנית מנורה בשבעה קנים. אבל עושה של ששה של שמונה. של שבעה לא יעשה אפילו של שאר מיני מתכות. אבל דמות לבנה שאי אפשר לו לאדם לעשות לבנה לא אסרה תורה. ואקשינן תוב והתניא לא תעשון אתי לא תעשון כדמות שמשיי המשמשין לפני במרום וכי אפשר לאדם לעשות דמות חיות הקודש. ופריק אביי לא אסרה תורה אלא דמות ד' פנים כאחד. אי הכי פרצוף אדם לחודיה לשתרי אלמה תניא כל הפרצופות מותרין חוץ מפרצוף אדם. ואסיקנא לא תעשון אתי. פי' לא תעשון אותי כגון דמות אדם שאני מראה לנביאים בחזיונם. כדכתיב ביחזקאל דמות כמראה אדם עליו מלמעל' (אתי). והתניא בהדיא אשר בשמים לרבות חמה ולבנה כו' ודחינן [כי] תניא היא לעבדם היא דתניא ואשר במים מתחת לארץ לא תשתחוה להם ולא תעבדם לרבות שלשול קטן. ועשייה בלא לעבדם שרי והתניא לא תעשון אתי פי' כל שמשין שאתי כגון חמה ולבנה כו'. ופרקינן הוא עצמו אסור לעשות אבל אחרים לא ור"ג אחרים עשו לו. ואסיקנא אם הוא כגון טבעת וחותמו בולט אסור משום חשדא. ומי חיישינן לחשדא והא ההוא אנדרטא. פירוש צורת איש דהוה קאי בכנישתא דשף יתיב בנהרדעא והוו עיילי רב ושמואל ואבוה דשמואל ולוי ומצלי התם. ופרקינן רבים שאני. כלומר במקום שיש רבים לא חיישינן לחשדא. ור"ג נמי כיון דנשיא הוא רבים שכיחי גביה ולאו יחיד הוא. איכא דאמרי דמות צורת לבנה של חוליות היתה איכא דאמרי להתלמד מותר שנאמר לא

תורה אור

שמות כ

שם

שם

דברים יח

ע"ז מג. מנחות כח

[שבת כא: וש"נ]

ע"ז מג.

[שם כל הסוגיא]

[בע"ז מג: אית' רב יהודה בריה דרב יהושע מפירקי' דרבי יהושע שמיע לי וע"ש מג: ובר"ה]

[ברכות ל. וש"נ]

[שבת עה. סנהדרין סח. ע"ז יח.]

the [sacred] candlestick, but he may make one [24b] with five or six or eight lamps, but with seven he should not make, even
a of other metals.[1] R. Jose b. Judah said: He should not make one even of wood, this being the way in which the kings of the house of the Hasmoneans made it.[2] They said to him: Can you adduce this as a proof? The spits[3] were of iron and they overlaid them with tin.[4] When they grew richer they made them of silver. When they grew richer still, they made them of gold.

But is it allowed [to make likenesses] of attendants of which it is impossible to make copies, seeing that it has been taught: '*Ye shall not make with me*': [this implies], ye shall not make the likeness of My attendants who minister before Me on high?'—Abaye replied: The Torah forbade only the likeness of the four faces[5] all together. If that is so, the portrait of a human being by himself should be allowed; why then has it been taught: All portraits are allowed, save the portrait of man?—R. Huna the son of R. Idi replied: From a discourse of Abaye I learnt: '*Ye shall not make with me*' [implies], ye shall not make Me.[6]

Still, are the other attendants permitted, seeing that it has been taught: '"*Ye shall not make with me*": ye shall not make the likeness of My attendants who serve before Me on high, such as *Ofanim* and *Seraphim* and holy *Ḥayyoth* and ministering angels'?—Abaye replied: The Torah forbade only the attendants in the upper sphere.[7] But are those in the lower sphere[8] permitted? Has it not been taught: '*Which are in the heaven:*[9] this brings under the rule the sun, the moon, the stars and constellations; "*above*":[10] this brings under the rule the ministering angels?'—That statement refers to the prohibition of [making a likeness] for serving them. If for serving, then the tiniest worm should also [be prohibited]?
b —Yes, that is so, as it has been taught: ***Which are in the earth:***[1] this brings under the rule mountains, hills, seas, rivers, streams and valleys. ***Beneath:***[2] this brings under the rule the tiniest worm.

But is the mere making allowed? Has it not been taught: '"*Ye shall not make with me*": ye shall not make a likeness of My attendants who minister before Me, such as the sun, the moon, the stars and constellations'?—R. Gamaliel's case was different, because others[3] made for him. But what of Rab Judah who [had a figure on a seal which] others had made for him, and yet Samuel said to him, ***Shinena,***[4] put out that fellow's eye?[5]—In that case the seal was projecting, and [Samuel forbade it] so that it should not arouse suspicion,[6] as it has been taught: 'A ring of which the seal projects must not be worn on the finger, but it is permitted to sign with it. If the seal is sunk in, it is permitted to wear it but forbidden to sign with it'. But does it matter if we do arouse suspicion? Was there not a synagogue which 'moved and settled' in Nehardea[7] and in it was a statue [of a king] and Rab and Samuel and the father of Samuel used to go in there to pray, and were not afraid of arousing suspicion?—Where a whole body of persons is concerned it is different. But Rabban Gamaliel was an individual? —Since he was the Nasi,[8] a large company was always with him. If you like I can say that it was [drawn] in sections,[9] or if you like I can say that he did it for purposes of study, and it is written, *Thou shalt not learn to do,*[10] which implies that you may learn to understand and to teach.

MISHNAH. ON ONE OCCASION TWO WITNESSES CAME

a (1) Since a candlestick of other metal besides gold would have been permissible in the Temple. V. Men. 28. (2) When they first recaptured the Temple from the Syrians, and were still too poor to provide a gold candlestick. (3) I.e., the branches of the candlestick, so called because they had no ornaments. V. Tosaf. s.v. (4) [MS.M.: with wood]. (5) V. Ezek. I, 10. (6) [And since man was made in God's image (Gen. I, 27), the reproduction of the human face is not allowed.] (7) In the seventh heaven. (8) E.g., the second heaven, that of the sun and moon. V. Hag. 12. (9) Ex. XX, 4 in the Ten Commandments. (10) Ibid.

b (1) Ex. XX, 4. (2) Ibid. (3) Non-Jews. (4) You clever person. Lit., 'sharp-toothed'. V. B.B. (Sonc. ed.) 133b n. b14. (5) Deface the image. This shows that the fact that it had been made by others does not render it permissible. (6) That he used it for idolatrous purposes. (7) Rashi states that according to a legend this synagogue was originally built by King Jeconiah with stones brought from Jerusalem; v. Meg. (Sonc. ed.) 29a n. a5. (8) Lit., 'the Prince', the President of the Sanhedrin. (9) And so was not a complete likeness. (10) Deut. XVIII, 9.

AND SAID, WE SAW IT IN THE MORNING IN THE EAST [25*a*]
a AND IN THE EVENING IN THE WEST.[1] R. JOHANAN B. NURI THEREUPON SAID, THEY ARE FALSE WITNESSES.[2] WHEN, HOWEVER, THEY CAME TO JABNEH RABBAN GAMALIEL ACCEPTED THEM. ON ANOTHER OCCASION TWO WITNESSES CAME AND SAID, WE SAW IT AT ITS PROPER TIME,[3] BUT ON THE NIGHT WHICH SHOULD HAVE BEEN NEW MOON[4] IT WAS NOT SEEN, AND RABBAN GAMALIEL [HAD ALREADY] ACCEPTED THEIR EVIDENCE.[5] RABBI DOSA B. HARKINAS SAID: THEY ARE FALSE WITNESSES. HOW CAN MEN TESTIFY THAT A WOMAN HAS BORN A CHILD WHEN ON THE NEXT DAY WE SEE HER BELLY STILL SWOLLEN?[6] SAID R. JOSHUA TO HIM: I SEE [THE FORCE OF] YOUR ARGUMENT. THEREUPON RABBAN GAMALIEL SENT TO HIM TO SAY, I ENJOIN UPON YOU TO APPEAR BEFORE ME WITH YOUR STAFF AND YOUR MONEY ON THE DAY WHICH ACCORDING TO YOUR RECKONING SHOULD BE THE DAY OF ATONEMENT.[7] R. AKIBA WENT [TO R. JOSHUA] AND FOUND HIM IN GREAT DISTRESS.[8] HE SAID TO HIM: I CAN BRING PROOF [FROM THE SCRIPTURE] THAT WHATEVER RABBAN GAMALIEL HAS DONE IS VALID, BECAUSE IT SAYS, THESE ARE THE APPOINTED SEASONS OF THE LORD, HOLY CONVOCATIONS, WHICH YE SHALL PROCLAIM IN THEIR APPOINTED SEASONS,[9] [WHICH MEANS TO SAY THAT] WHETHER THEY ARE PROCLAIMED AT THEIR PROPER TIME OR NOT AT THEIR
b PROPER TIME, I HAVE NO APPOINTED SEASONS SAVE THESE.[1] HE [R. JOSHUA] THEN WENT TO R. DOSA B. HARKINAS, WHO SAID TO HIM: IF WE CALL IN QUESTION [THE DECISIONS OF] THE BETH DIN OF RABBAN GAMALIEL, WE MUST CALL IN QUESTION THE DECISIONS OF EVERY BETH DIN WHICH HAS EXISTED SINCE THE DAYS OF MOSES UP TO THE PRESENT TIME. FOR IT SAYS, THEN WENT UP MOSES AND AARON, NADAB AND ABIHU AND SEVENTY OF THE ELDERS OF ISRAEL.[2] WHY WERE NOT THE NAMES OF THE ELDERS MENTIONED? TO SHOW THAT EVERY GROUP OF THREE WHICH HAS ACTED AS A BETH DIN OVER ISRAEL IS ON A LEVEL WITH THE BETH DIN OF MOSES.[3] HE [R. JOSHUA] THEREUPON TOOK HIS STAFF AND HIS MONEY AND WENT TO JABNEH TO RABBAN GAMALIEL ON THE DAY ON WHICH THE DAY OF ATONEMENT FELL ACCORDING TO HIS RECKONING. RABBAN GAMALIEL ROSE AND KISSED HIM ON HIS HEAD AND SAID TO HIM: COME IN PEACE, MY TEACHER AND MY DISCIPLE—MY TEACHER IN WISDOM AND MY DISCIPLE BECAUSE YOU HAVE ACCEPTED MY DECISION.

GEMARA. It has been taught: Rabban Gamaliel said to the Sages: This formula has been handed down to me from the house of my father's father: Sometimes it [the moon] traverses [the heavens][4] by a long course and sometimes by a short course.[5] R. Johanan said: What is the reason of the house of Rabbi?[6] Because it is written, *Who appointest the moon for seasons, the sun knoweth his going down.*[7] It is the sun which knows its going down, but the moon does not know its going down.[8]

R. Hiyya once saw the [old] moon in the heavens on the morning
c of the twenty-ninth day.[1] He took a clod of earth and threw it at it, saying, Tonight we want to sanctify you,[2] and are you still here! Go and hide yourself.[3] Rabbi thereupon said to R. Hiyya, Go to En Tob[4] and sanctify the month,[5] and send me the watchword, 'David king of Israel is alive and vigorous'.[6]

Our Rabbis taught: Once the heavens were covered with clouds and the likeness of the moon was seen on the twenty-ninth of the month. The public were minded to declare New Moon, and the Beth din wanted to sanctify it, but Rabban Gamaliel said to them: I have it on the authority of the house of my father's father that the renewal of the moon takes place after not less than twenty-nine days and a half and two-thirds of an hour and seventy-three *halakin*.[7] On that day the mother of Ben Zaza died, and Rabban Gamaliel made a great funeral oration over her, not because she had merited it, but so that the public should know that the Beth din had not sanctified the month.[8]

R. AKIBA WENT AND FOUND HIM[9] IN GREAT DISTRESS. The question was asked, Who was in distress? Was R. Akiba in distress or was R. Joshua in distress?—Come and hear, since it has been taught: 'R. Akiba went and found R. Joshua while he was in great distress. He said to him, Master, why are you in distress? He replied: Akiba, it were better for a man[10] to be on a sick-bed for twelve months than that such an injunction should
d be laid on him.[1] He said to him, [Master,] will you allow me to tell you something which you yourself have taught me? He said to him, Speak. He then said to him: The text says, *'you'*, *'you'*, *'you'*, three times,[2] to indicate that *'you'* [may fix the festivals] even if you err inadvertently, *'you'*, even if you err deliberately, *'you'*, even if you are misled.[3] He replied to him in these words: 'Akiba, you have comforted me, you have comforted me'.[4]

HE THEN WENT TO R. DOSA B. HARKINAS etc. Our Rabbis taught: Why were not the names of these elders mentioned? So that a man should not say, Is So-and-so like Moses and Aaron? Is So-and-so like Nadab and Abihu? Is So-and-so like Eldad and Medad?[5] Scripture also says, *And Samuel said to the people, It is the Lord that made Moses and Aaron*,[6] and it says [in the same passage], *And the Lord sent Jerubaal and Bedan and Jepthah and Samuel.*[7] Jerubaal is Gideon. Why is he called Jerubaal? Because he contended with Baal. Bedan is Samson. Why is he called Bedan?

a (1) We should naturally suppose this to mean that they saw the old moon in the morning and the new moon in the evening. (2) Presumably because according to what has been stated above (20*b*) the old moon is never visible for twenty-four hours before the new appears. But v. *infra* at the beginning of the Gemara and notes. (3) Apparently this must have been on the thirtieth day shortly before nightfall. (4) Lit., 'the night of its carry-over', i.e., after the nightfall with which the thirty-first day begins, when it should have been clearly visible. (5) And declared the thirtieth day New Moon. (6) Lit., 'between her teeth'. Similarly the old moon would still be 'between the teeth' of the new. (7) The New Moon in question was that of Tishri, and consequently the Day of Atonement according to R. Joshua would fall a day later than according to R. Gamaliel. (8) Because he had been ordered to profane the Day of Atonement. (9) Lev. XXIII, 4.

b (1) V. *supra* 21*b*. (2) Ex. XXIV, 9. (3) Seeing that most of the members of that Beth din also bore no names of distinction. (4) Lit., 'it comes (to its setting place)'. (5) This would seem to show that (in the first case mentioned in the Mishnah) the witnesses said that they saw the new moon on both occasions, and R. Johanan b. Nuri rejected them on the ground that it could not go from east to west so quickly, while R. Gamaliel held that it could. V. Rashi s.v. עדי שקר in the Mishnah. (6) Rabbi was a descendent of Rabban Gamaliel. (7) Ps. CIV, 19. (8) I.e., its speed varies.

c (1) Which was a sign that the new moon would not appear for at least twenty-four hours. (2) So that the Day of Atonement should not be on Sunday. (3) [Before nightfall, so that there should be no appearance of the old moon after the closing of the twenty-ninth day, which would prevent the thirtieth day from being proclaimed New Moon (Rashi); v. *supra* 20*b* n. a5]. (4) A place in Judah where the Beth din used to meet to sanctify the month. V. Tosaf. s.v. ליו. (5) Disregarding what you have seen. (6) I.e., the moon is reborn. The expression is based on Ps. LXXXIX, 38. (7) Lit., 'parts' (*sc.* of one hour), i.e., $\frac{73\frac{1}{3}}{1080} \times 60$ m $= 4$ m $3\frac{1}{3}$ sec. The new moon, therefore, could not be seen on the twenty-ninth day. (8) As a funeral oration would not be delivered on New Moon, which was regarded as a holy day. (9) [MS.M. omits 'HIM' which explains the question which follows]. (10) [*Var. lec.* 'me'. V. Maharsha.]

d (1) *Var. lec.* 'on me'. V. Maharsha. (2) I.e., the word אֹתָם (them) in Lev. XXII, 31, XXIII, 2 and XXIII, 4 is read אַתֶּם (you) for homiletical purposes. (3) By the witnesses. (4) By showing me that Rabban Gamaliel was within his rights. V. Maharsha ad loc. (5) I.e., if a man does say so about the Beth din in his own time, we can answer him that they may be at least like the seventy elders who are unknown by name. (6) 1 Sam. XII, 6. (7) Ibid. 11. These are here put on a par with Moses and Aaron.

גמרא

וערבית במערב א"ר יוחנן בן נורי עדי שקר הם כשבאו ליבנה קיבלן רבן גמליאל ועוד באו שנים ואמרו ראינוהו בזמנו ובליל עיבורו לא נראה וקיבלן ר"ג אמר רבי דוסא בן הורכינס עדי שקר הן היאך מעידים על האשה שילדה ולמחר כריסה בין שיניה אמר לו רבי יהושע רואה אני את דבריך שלח לו ר"ג גוזרני עליך שתבא אצלי במקלך ובמעותיך ביוה"כ שחל להיות בחשבונך הלך ומצאו ר"ע מיצר אמר לו יש לי ללמוד שכל מה שעשה ר"ג עשוי שנאמר (ויקרא כג) אלה מועדי ה' מקראי קדש אשר תקראו אתם בין בזמנן בין שלא בזמנן אין לי מועדות אלא אלו בא לו אצל ר' דוסא בן הורכינס אמר לו אם באין אנו לדון אחר בית דינו של ר"ג צריכין אנו לדון אחר כל בית דין ובית דין שעמד מימות משה ועד עכשיו שנאמר (שמות כד) ויעל משה ואהרן נדב ואביהוא ושבעים מזקני ישראל ולמה לא נתפרשו שמותן של זקנים אלא ללמד שכל שלשה ושלשה שעמדו בית דין על ישראל הרי הוא כבית דינו של משה נטל מקלו ומעותיו בידו והלך ליבנה אצל ר"ג ביום שחל יוה"כ להיות בחשבונו עמד ר"ג ונשקו על ראשו אמר לו בוא בשלום רבי ותלמידי רבי בחכמה ותלמידי שקבלת את דברי:

גמ' תניא אמר להם ר"ג לחכמים כך מקובלני מבית אבי אבא פעמים שבא בארוכה ופעמים שבא בקצרה א"ר יוחנן מ"ט דבי רבי דכתיב (תהלים קד) עשה ירח למועדים שמש ידע מבואו שמש הוא דידע מבואו ירח לא ידע מבואו רבי חייא חזייא לסיהרא דהוה קאי בצפרא דעשרים ותשעה שקל קלא פתק ביה אמר לאורתא בעינן לקדושי בך ואת קיימת הכא זיל איכסי א"ל רבי לר' חייא זיל לעין טב וקדשיה לירחא ושלח לי סימנא דוד מלך ישראל חי וקים ת"ר פעם אחת נתקשרו שמים בעבים ונראית דמות לבנה בעשרים ותשעה לחדש כסבורים העם לומר ר"ח ובקשו ב"ד לקדשו אמר להם ר"ג כך מקובלני מבית אבי אבא אין חדושה של לבנה פחותה מעשרים ותשעה יום ומחצה ושני שלישי שעה וע"ג חלקים ואותו היום מתה אמו של בן זזא והספידה ר"ג הספד גדול לא מפני שראויה לכך אלא כדי שידעו העם שלא קידשו ב"ד את החדש: הלך ר"ע (ומצאו) מיצר כו': איבעיא להו מי מיצר ר"ע מיצר או רבי יהושע מיצר ת"ש דתניא הלך ר"ע ומצאו לרבי יהושע כשהוא מיצר אמר לו [רבי] מפני מה אתה מיצר אמר לו (רבי) עקיבא ראוי לו שיפול למטה י"ב חדש ואל יגזור עליו גזירה זו א"ל רבי תרשיני לומר לפניך דבר אחד שלמדתני אמר לו אמור אמר לו הרי הוא אומר (ויקרא כג) אתם אתם אתם ג' פעמים אתם אפילו שוגגין אתם אפילו מזידין אתם אפילו מוטעין בלשון הזה אמר לו עקיבא נחמתני נחמתני: בא לו אצל רבי דוסא בן הורכינס כו': ת"ר למה לא נתפרשו שמותם של זקנים הללו שלא יאמר אדם פלוני כמשה ואהרן פלוני כנדב ואביהוא פלוני כאלדד ומידד ואומר (ש"א יב) ויאמר שמואל אל העם ה' אשר עשה את משה ואת אהרן ואומר (שם) וישלח ה' את ירובעל ואת בדן ואת יפתח ואת שמואל ירובעל זה גדעון ולמה נקרא שמו ירובעל שעשה מריבה עם הבעל בדן זה שמשון ולמה נקרא שמו בדן דאתי מדן יפתח כמשמעו ואומר

רש"י

וערבית במערב. את החדשה: עדי שקר הם. דקיימא לן (לעיל דף כ:) עשרים וארבעה שעי מכסי סיהרא כך פירשו רבותי ולבי טוקפי מדקתני בברייתא פעמים שבא בארוכה פעמים שבא בקצרה ואין לשון ביאת ארוכה וקצרה נופל כאן שהרי מתוך קוטנה הישנה היא נכסית מבני מערב כשהיא במזרח לפני חידושה ונראה לי דעל החדשה העידו ועדי שקר דקאמר רבי יוחנן בן נורי לפי שאינה ממהרת לרוץ בי"ב שעות שביום מתוך המזרח לתוך המערב (א) וע"ז קאמר פעמים שבא בדרך ארוכה ושוהה לבא: ועוד באו שנים ואמרו ראינוהו בזמנו. ביום שלשים: וליל שלשים. שהיו מצפין ב"ד והעם שתהא מגולה ויראוה מאחר שהעדים ראוה ביום לא נראה להם: רואה אני את דבריך. לעבר את החדש: הלך ומצאו. הלך ומצאו ר"ע לר' יהושע מיצר על שהנשיא גזר עליו לחלל יום הכפורים: אשר תקראו. בקריאת בית דין תלאו הכתוב: בא לו. ר' יהושע אצל רבי דוסא: למה לא נתפרסמו שמותן כו'. שאם בא אדם לדון אחר בית דין שבימיו ולומר וכי בית דין זה כמשה ואהרן כאלדד ומידד אומרים לו שמא חשוב הוא כשלשה מן השאר שלא נתפרשו שמותם: **גמ'** דחזי' לסיהרא. ישנה: שקל קלא. פיסת רגבים מוט"א בלע"ז: לאורתא בעינן לקודשיך. צריכין אנו לעשות הלילה יום טוב של ראש השנה להסר את אלול ולאיים על העדים לומר ראינוהו בזמנו לקדשו למחר ואף על פי שלא ראוהו לפי שהיה עיבור החדש דוחה את יום הכפורים אלא שבת: ואת קיימת הכא. ואם תהא נראית ערבית שוב לא יקדשו את החדש למחר כדאמרן לעיל פרק קמא (כ:) צריך שיהא לילה ויום מן החדש שאם נראית הישנה לאור כ"ט אין מקדשין מחר את החדש: זיל לעין טב וקדשיה. דואג היה שלא ירגנו עליו בני עירו כשיקדשו למחר לפי שראו הישנה כל יום כ"ט וסלק הלוותם מעלי ומורי פירש שגזרו גזרה במקומו שלא יקדשו את החדש: דוד מלך ישראל. נמשל כלבנה שנאמר בו (תהלים פט) כסאו כשמש נגדי כירח יכון עולם: (ונראית דמות לבנה בעשרים ותשעה): שידעו שלא קדשו בית דין את החדש. שאין מספידין ביום טוב: אתם אתם אתם. שלשה זמנין כתיב אשר תקראו אותם בפרשת שור או כשב וקרי ביה תקראו אתם: שוגגין. מאליהן כסבורין שהוא ראוי להתעבר וטועין: מוטעין. על ידי עדי שקר: שלא יאמר אדם. על בית דין שבימיו וכי פלוני כמשה ואהרן שאשמע לו עכשיו שלא נתפרשו אמור לו אם אינו כמשה ואהרן הרי הוא כאחד משאר זקנים שאינך יודע מי הם: ואומר ה' אשר עשה את משה ואת אהרן. שמואל הנביא אמר לישראל הקדוש ברוך הוא עשה לכם נסים על ידי ששה זקנים הללו משה ואהרן ירובעל ובדן ויפתח ושמואל:

ואומר

תוספות

לאורתא מקדשין לך ואת קיימת הכא. תימה הא שפיר אפשר שיהא המולד ביום ל' קודם י"ח שעות שיכולה לראות ביום ותראה הישנה ביום כ"ט שחרית אפילו לבני מערב שמא לא היה כל כך שחרית שכבר יצא שמש בגבורתו שלא היתה ראויה לבני מערב ובקונטרס פי' ואת קיימת הכא ואם תהא נראית ערבית שוב לא יקדשו החדש למחר כדאמר בפ' קמא (דף כ: ושם) וצריך שיהא לילה ויום מן החדש שאם נראית הישנה לאור עשרים ותשעה אין מקדשין מחר את החדש וזה אי אפשר להיות כדפרישית בפ"ק (שם ד"ה חזות): **זיל** לעין טב וקדשיה. שם היו קבועים לקדש את החדש כדאי' בפסיקתא בפסוק תקעו בחדש שופר למה בית דין מקדשין החדש בעין טב לפי שהוא בית הועד אמר הקב"ה בית מועד של כל העולם שנאמר (ישעיה ב) כי מציון תצא תורה ואמרי' בירושלמי כשם שתוקעים ביבנה כך תוקעים בעין טב משמע שהיה שם בית דין קבוע דומיא דיבנה:

שהימים

עין משפט נר מצוה

כד א ב מיי' פ"ב מהלכות קידוש החדש הלכה ו:

כה ג מיי' שם הלכה י:

כו ד מיי' שם פי"ז הלכה כד:

כז ה מיי' שם פ"ח הלכה א:

כח ו מיי' שם פ"ב הלכה י:

הגהות הב"ח

(א) רש"י ד"ה עדי שקר כו' לתוך המערב ושפיר נופל כאן פעמים שבא כו' ושוהה לבא ופעמים שבא בדרך קצרה וכו"ד:

מסורת הש"ס / הערות

[פסחים סב: שבועות יח:] — ס"א ואולה ואכסי — ס"א דכ"ם בירחא — [ומצאו ר"ע] — ס"א — ס"א אינו — [תוספתא פ"א] — ס"א אינו

רבינו חננאל

לא תלמד לעשות אבל אתה למד להבין ולהורות: **מתני'** מעשה שבאו שנים ואמרו ראינוהו שחרית במזרח כו'. תניא אר"ג לחכמים כך מקובלני מבית אבי אבא פעמים שבא בארוכה פעמים שבא בקצרה ועכשיו בא בקצרה אמר ר' יוחנן מהאי קרא עשה ירח למועדים כלומר לפי מה שיודמן לו. אבל שמש לא אלא ידע מבואו. ר' חייא [חזייא] לסיהרא בצפרא דכ"ט בירחא דקאי במזרח שקל אבנא רמא ביה לאורתא מקדשינן לך על חשבון המולד ולא תראם הלילה במערב זיל בדרך קצרה. מצינו שנמשלה מלכות בית דוד כירח שנאמר כירח יכון עולם ועד בשחק וגו'. לפיכך א"ר לר' חייא זיל לעין טב וקדשיה לירחא ושלח לי סימנא דוד מלך ישראל חי וקים כלומר נתקיימה ראיית הלבנה בעולם. ת"ר פעם אחת נתקשרו שמים בעבים. ודימו בני אדם שהחשיך וראו דמות לבנה ביום כ"ט לחדש אמר להו ר"ג כך מקובלני מבית אבי אבא שאין חדשה של לבנה פחותה מכ"ט ימים ומחצה וב' שלישי שעה וע"ג חלקים ואותו היום מתה אמו של בן זזא והספידה ר"ג להודיע לכל שלא נתקדש החדש. ועוד באו שנים ואמרו ראינוהו בזמנו כו'. פי' באו שנים שאמרו ראינוהו ליל ל' ולילי ל"א לא נראתה וקיבלן ר"ג וקבע ראש השנה יום שלשים. ואמר ר' דוסא עדי שקר וראוי להיות ר"ה למחר והודה ר' יהושע לדבריו כו'. עד א"ל רבי עקיבא לר' יהושע ר' תרשני לומר לפניך ממה שלמדתני. א"ל אמור. א"ל היה לו לכתוב אלה מועדי ה' מקראי קדש ודיי. למה כתיב אשר תקראו אתם ג' פעמים. אלא ללמד שאין מועדים עד שתקראו יום פלוני מועד. ולמה ג' פעמים כתיב תקראו ללמד אפילו שוגגים מוטעין ואפי' מזידין אין מועד אלא מה שתקראו. א"ל עקיבא נחמתני. בא לו ר' יהושע אצל ר' דוסא: ת"ר למה לא נתפרשו שמותן של זקנים צדיקים שלא יאמר פלוני כמשה ואהרן. פלוני כאלדד ומידד. ואומר ויאמר שמואל אל העם ה' אשר עשה את משה ואת אהרן וגו'

שקל

ואומר °משה ואהרן בכהניו ושמואל בקוראי שמו שקל הכתוב שלשה קלי עולם כשלשה חמורי עולם לומר לך ירובעל בדורו כמשה בדורו בדן בדורו כאהרן בדורו יפתח בדורו כשמואל בדורו ללמדך שאפילו קל שבקלין ונתמנה פרנס על הצבור הרי הוא כאביר שבאבירים *ואומר °ובאת אל הכהנים הלוים ואל השופט אשר יהיה בימים ההם וכי תעלה על דעתך שאדם הולך אצל הדיין שלא היה בימיו הא אין לך לילך אלא אצל שופט שבימיו ואומר °אל תאמר מה היה שהימים הראשונים היו טובים מאלה: נטל מקלו ומעותיו בידו: תנו רבנן כיון שראה אותו עמד מכסאו ונשקו על ראשו אמר לו שלום עליך רבי ותלמידי רבי שלמדתני תורה ברבים ותלמידי שאני גוזר עליך גזירה ואתה מקיימה כתלמיד אשרי הדור שהגדולים נשמעים לקטנים קל וחומר קטנים לגדולים קל וחומר חיובא הוא אלא מתוך שהגדולים נשמעים לקטנים נושאין קטנים קל וחומר בעצמן:

הדרן עלך אם אינן מכירין

*ראוהו ^א בית דין וכל ישראל נחקרו העדים ולא הספיקו לומר מקודש עד שחשיכה הרי זה מעובר ראוהו ב"ד בלבד יעמדו שנים ויעידו בפניהם ויאמרו מקודש מקודש *ראוהו שלשה והן בית דין יעמדו השנים ויושיבו מחביריהם אצל היחיד ויעידו בפניהם ויאמרו מקודש מקודש שאין היחיד נאמן על ידי עצמו: **גמ'** למה לי למיתנא ראוהו בית דין וכל ישראל איצטריך סד"א הואיל וראוהו בית דין וכל ישראל איפרסמא לה ולא ליעברוה קמ"ל וכיון דתנא ליה ראוהו ב"ד וכל ישראל נחקרו העדים למה לי ה"ק א"נ נחקרו העדים ולא הספיקו לומר מקודש עד שחשיכה הרי זה מעובר וכיון דתנא עד שחשיכה הרי זה מעובר למה לי למיתנייה חקירת העדים כלל איצטריך סד"א תיהוי חקירת עדים כתחילת דין ומקודש כגמר דין ולקדשי בליליא מידי דהוה אדיני ממונות דתנן *^ג דיני ממונות דנין ביום וגומרין בלילה הכא נמי מקדשין בליליא קמ"ל ואימא הכי נמי אמר קרא °כי חק לישראל הוא משפט לאלהי יעקב איתקש חק למשפט... אימת הוי חק בגמר דין וקא קרי ליה רחמנא משפט *מה משפט ביום ^נ אף הכא נמי ביום: ^ד ראוהו בית דין יעמדו שנים ויעידו בפניהם: ואמאי לא תהא שמיעה גדולה מראייה א"ר זירא ^ה כגון שראוהו בלילה: ראוהו שלשה והן בית דין יעמדו שנים ויושיבו מחביריהם אצל היחיד: אמאי הכא נמי נימא לא תהא שמיעה גדולה מראייה וכי תימא ה"נ כגון שראוהו בלילה היינו הך סיפא איצטריכא ליה דאין היחיד נאמן על ידי עצמו דסלקא דעתך אמינא הואיל (*ותנן) ^ו דיני ממונות בשלשה ואם היה מומחה *)לרבים דן אפילו ביחיד הכא נמי ניקדשיה ביחידי ^ז קמ"ל ואימא הכא נמי אין לך מומחה לרבים בישראל יותר ממשה רבינו וקאמר ליה הקב"ה עד דאיכא אהרן בהדך דכתיב °ויאמר ה' אל משה ואל אהרן בארץ מצרים לאמר החדש הזה לכם למימרא דעד נעשה דיין לימא מתני' דלא כר"ע דתניא *סנהדרין שראו אחד שהרג את הנפש מקצתן

שהימים הראשונים היו טובים מאלה. ולכך יש לשמוע לראשונים יותר מן האחרונים אל תאמר כך דאין לך אלא שופט שהיה בימיו: הדרן עלך אם אינן מכירין

ראוהו ב"ד בלבד. פי' ב"ד של כ"ג ולכך פירש בקונטרס דהיה להם שהות דאי לא היה להם שהות מאי פריך בגמ' ולא תהא שמיעה גדולה מראייה ולקדשוה מיד שראוהו הא לא היה להם שהות לקדש: **אימת** הוי חק בגמר דין. דהאי קרא דכי חק לענין ראש השנה דרשינן ליה בפ' קמא (דף ח:) והוא הדין בכל חדשים: **לא** תהא שמיעה גדולה מראייה. פירש בקונטרס דהא גבי עדות החדש לא כתיב עדות אלא כזה ראה וקדש ובחנם דחק דאפילו בדיני נפשות אמרינן הכי בפרק החובל (ב"ק דף צ: ושם) אם ראוהו ביום: **כגון** שראוהו בלילה. דאין יכולין לקדש על פי ראייה בלילה דא"כ היתה ראייה בלילה מקום קבלת עדות ואין קבלת עדות אלא ביום אפילו בדיני ממונות כדאמרינן לעיל דקרי חקירת עדות כתחילת דין: **עד** דאיכא אהרן בהדך. ואין בית דין שקול מוסיפין עליהן עוד אחד וסוגיא דהכא כמאן דאמר בשמעתא קמייתא דסנהדרין (דף ג.) דבר תורה חד נמי כשר דכתיב בצדק תשפוט מדאיצטריך ליה הכא עד דאיכא אהרן בהדך דלמאן דבעי מדאורייתא שלשה מומחין וכדי שלא תנעול דלת הכשירו בשלשה הדיוטות גבי עדות החדש אין להכשיר ואם כן לא צריך קרא: דרחמנא

ואומר. בספר תהלים משה ואהרן בכהניו ושמואל בקוראי שמו קוראים אל ה' והוא יענם הרי ששקל הכתוב שמואל עם משה ואהרן ובכתובים הראשונים כתוב ירובעל בדן ויפתח עם משה ואהרן ושמואל שלשה קלים עם שלשה חמורים: הא אין לך לילך כו'. הרי לימדך הכתוב כאן שאין לך לבקש אלא שופט שהיה בימיך: אל תאמר מה היה שהימים הראשונים היו טובים מאלה. כי לא מחכמה שאלת על זה לפי שהדורות היו טובים וצדיקים מן אחרונים לפיכך היו הימים הראשונים טובים מאלה שאי אפשר שיהו אחרונים כראשונים:

הדרן עלך אם אינן מכירין

ראוהו בית דין וכל ישראל ונחקרו העדים. מפרש בגמרא אי נמי נחקרו העדים: ראוהו בית דין בלבד. שאין מי שיעיד אלא הם ולאו ארישא קאי בסמוך לחשיכה אלא שהיה שהות לקדש: יעמדו שנים ויעידו בפניהם. ואע"פ שכולן ראוהו ובגמרא פריך לא תהא שמיעה גדולה מראייה: ויעידו בפניהם. השנים: שאין היחיד נאמן. לומר מקודש בפני עצמו לכך צריך להושיב מחביריהן אצלו: **גמ'** למה לי למיתני כל ישראל. הרי ראוהו בית דין: איפרסמא ליה מילתא. דביום שלשים נראה לקדשו: נחקרו העדים למה לי. חקירתן אחרי שהכל ראו: למה לי למתנייה לחקירה כלל. כיון דאשמועינן דכי ראוהו בית דין וכל ישראל אפילו הכי מעברין ליה כל שכן נחקרו העדים: סלקא דעתך אמינא. היכא דאיכא חקירת עדים ביום תו לא ניעברוה אלא יגמרו הדבר בלילה ויקדשוהו ביום שלשים לענין תיקון המועדות: משפט. היינו תחילת דין: כי חק הוא. בקידוש החדש דרשינן ליה בפ' קמא (דף ח:): משפט ביום. נפקא לן בסנהדרין (דף לד:) מוהיה ביום הנחילו את בניו ביום אתה מפיל נחלות כו': ואמאי. יעמדו שנים ויעידו הלא ראוהו כולן יקדשוהו בראייתם דלא תהא שמיעה ששומעין מפי עדים גדולה מראייה דהא גבי עדות החדש לא כתיב עדות אלא כזה ראה וקדש: שראוהו בלילה. הלכך למחר אי לאו שמיעה על מה יקדשו: למימרא דעד נעשה דיין. מי שראוי להיות עד בדבר נעשה דיין ואלו כולן ראוים להיות עדים שהרי כולם ראוהו:

רבינו חננאל

שקל הכתוב ג' קלי עולם כג' חמורי עולם לומר לך ירובעל שהוא גדעון בדורו כמשה בדורו. בדן בדורו כאהרן בדורו. יפתח בדורו כשמואל בדורו ללמדך שאפי' קל שבקלים ונתמנה פרנס הרי הוא כגדול שבחבירי' וכתיב ובאת אל הכהנים הלוים ואל השופט וגו' וכי תעלה על דעתך שא"ם הולך אצל שופט שלא היה בימיו. הא אין לך לילך [אלא] אצל שופט שבימיך נטל מקלו ומעותיו והלך ליבנה אצל ר"ג ביום שחל יוה"כ להיות בחשבונו: **ירושלמי** ראש בית דין אומר מקודש ומוקים לה רשב"י מאי מקודש מקוים. תני לעיבור שנה מתחילין מן הצד וכבר נכנס ר' יוחנן והוא היה הקטן שבהן. אמרו לו אמור הרי השנה המקודשת בעיבור. א"ר יוחנן ראה לשון שלימדנו בן הנפח אלו אמר בעיבור הייתי אומר אלו י"א ימים שהחמה יתירה על הלבנה אלא בעיבור שהוסיפו לה חכמים והן ל' יום ועיברוה. ריש לקיש חשש על הדא דמר ר' אלעזר והיתה ידי אל הנביאים החוזים וגו' בסיד עמי לא יהיו. זה סוד העיבור. ובכתב בית ישראל לא יכתבו זה המינוי ואל אדמת ישראל לא יבא כמשמעו. ר' אלעזר כד סלק להכא אמר אית גבי חדא. כד מנוני אמר אית גבי תרתי. כד על לעיבורא אמר אית גבי תלת. א"ר שמלאי טעמא דר"י בן נורי דאמר עדי שקר הן כלומר סבר כיון שנראתה שחרית במזרח וערבית במערב המולד בחצי היום. וכל חדש שנולד (לו) [קודם שש] שעות אין כח בעין לראות הישן. ותני כן נראה בשחרית לא נראה החדש בין הערבים נראה החדש בין הערבים לא נראה הישן שחרית. ור"ג אומר מסורת בידי מאבותי פעמים בא בארוכה פעמים בא בקצרה מי שילח למי. ואסיקנא ר"ג שלח לר' יהושע ע"י ר' עקיבא. א"ר יוסי יודעין היו שאלו קדשו בלא עדים שהוא מקודש. ומה בא להעיד אלא אם קדשוהו ואח"כ נמצאו העדים זוממין שהוא מקודש: הדרן עלך אם אינן מכירין

פ"ג ראוהו ב"ד וכל ישראל עמו וכו'. ואע"פ שנתפרסמה הלבנה לכל או נחקרו העדים ולא הספיקו ב"ד לקדשו עד חשכה הרי זה מעובר. ואוקימנא איצטריך סד"א תהוי חקירת עדים כתחלת דין וקידוש החדש גמר דין וליקדשוה בלילה. כדתנן דיני ממונות דנין ביום וגומרים בלילה קמ"ל דלא שנאמר תקעו בחדש שופר וגו' כי חוק לישראל הוא משפט לאלהי יעקב. חק תקיעת שופר וכי היום מקרא קדש. אימת הוי בגמר דין וקא קרי ליה משפט כלומר עיקר המשפט בקידושו. ומשפט לא הוי אלא ביום. ראוהו ב"ד *) ואמאי צריכין להעיד בפניהם. א"ר זירא שראוהו בלילה שלא יתכן להן לקדשו בלילה לפיכך צריכין להעיד בפניהם. פי' שאין היחיד נאמן ע"י עצמו אין נאמן **) דמלתא דשייך ביה סד"א הואיל ותנן דיני ממונות בג' ואם היה מומחה לרבים דן אפי' ביחידי הכא נמי אי איכא יחיד מומחה ליקדשוה ביחידי קמ"ל ויושיבוהו מחבריהן אצל היחיד שאין מוסחה לרבים כמרע"ה. וכתיב ויאמר ה' אל משה ואל אהרן בארץ מצרים לאמר. החדש הזה לכם ראש חדשים כלומר לא תקדש החדש עד דאיכא אהרן בהדך. שמעינן ממתניתין דקתני ראוהו ב"ד בלבד יעמדו שנים ויעידו בפניהם כו'. עד נעשה דיין לימא מתני' דלא כר' עקיבא. דתניא סנהדרין שראו

*) ואמאי לא תהא שמיעה גדולה מראיה ואמאי צריכין וכו'. **) דלכאורה מלתא דפשיטא הוא דאין נאמן סד"א כו'.

א א מיי' פ"ב מהלכות קידוש החדש הלכה ח:
ב ב מיי' פ"ג מהלכות סנהדרין הלכה ד ופי"א הלכה א טוש"ע ח"מ סי' ס סעיף ב:
ג ג מיי' פ"ב מהלכות קידוש החדש הלכה ח:
ד ד מיי' שם הלכה ט:
ה ה מיי' פ"ב מהלכות סנהדרין הלכה י סמג עשין לז טור ש"ע ח"מ סי' ג סעיף א ב:
ו ו מיי' פ"ב מהלכות קידוש החדש הלכה ט:

קדושין סו: ע"ש סנהדרין כח: | לעיל כד. | כתובות כא: | סנהדרין לד. | [מגילה כא. סנהדרין יח:] | [נ"ל ותניא *)סנהדרין ס. | שמות יב | ב"ק צ:

Because he came from Dan. Jepthah is Jepthah [25b]. It says also: *Moses and Aaron among his priests and Samuel among them that call on his name.*[8] [We see therefore that] the Scripture places three of the most questionable characters[9] on the same level as three of the most estimable characters,[10] to show that Jerubaal in his generation is like Moses in his generation, Bedan in his generation is like Aaron in his generation, Jepthah in his generation is like Samuel in his generation, [and] to teach you that the most worthless, once he has been appointed a leader[11] of the community, is to be accounted like the mightiest of the mighty. Scripture says also: *And thou shalt come unto the priests the Levites and to the judge* a *that shall be in those days.*[1] Can we then imagine that a man should go to a judge who is not in his days? This shows that you must be content to go to the judge who is in your days. It also says, *Say not, How was it that the former days were better than these.*[2]

HE TOOK HIS STAFF AND HIS MONEY IN HIS HAND. Our Rabbis taught: When he [Rabban Gamaliel] saw him, he rose from his seat and kissed him on his head, saying, Peace to thee my teacher and my disciple—my teacher, because thou hast taught me Torah publicly, my disciple because I lay an injunction on thee and thou dost carry it out like a disciple. Happy is the generation in which the greater defer to the lesser, and all the more so the lesser to the greater! [You say] 'All the more so'! It is their duty![3]—What it means is that because the greater defer to the lesser, the lesser apply the lesson to themselves with all the more force.[4]

CHAPTER III

b *MISHNAH.* IF THE BETH DIN AND ALL ISRAEL SAW IT,[1] IF THE WITNESSES WERE TESTED[2] AND THERE WAS NO TIME LEFT TO SAY 'SANCTIFIED' BEFORE IT GREW DARK, THEN THE MONTH IS PROLONGED.[3] IF THE BETH DIN[4] ALONE HAVE SEEN IT,[5] TWO OF THEM SHOULD COME FORWARD AND TESTIFY BEFORE THEM, AND THEN THEY CAN SAY, 'SANCTIFIED, SANCTIFIED'. IF THREE PERSONS SAW IT, THEY [THEMSELVES] CONSTITUTING THE BETH DIN, TWO [OF THEM] SHOULD COME FORWARD AND THEY SHOULD ASSOCIATE SOME OF THEIR COLLEAGUES WITH THE ONE LEFT, AND THEY [THE TWO] SHOULD TESTIFY BEFORE THEM AND THEY CAN THEN SAY, 'SANCTIFIED, SANCTIFIED'. [THIS MUST BE DONE] BECAUSE AN INDIVIDUAL IS NOT AUTHORIZED [TO SAY 'SANCTIFIED'] BY HIMSELF.

GEMARA. What need is there to state IF THE BETH DIN AND ALL ISRAEL SAW IT?[6]—It is necessary. You might think that since the Beth din and all Israel have seen it everyone knows about it and therefore they should not prolong the month.[7] Therefore we are told [that this is not so].

But when once it has been stated IF THE BETH DIN AND ALL ISRAEL SAW IT, why should it further say, IF THE WITNESSES HAVE BEEN TESTED?[8]—What it means is, '*Or* if the witnesses had been tested and there was no time left to say "sanctified" before it grew dark, then the month must be prolonged'.

But when once it has been stated if IT GREW DARK THEN THE MONTH IS PROLONGED, why should the testing of the c witnesses be mentioned at all?[1]—It is necessary. For you might suppose that the testing of the witnesses is regarded as the commencement of a suit in court, and the pronouncement of 'sanctified', 'sanctified' as the end of the suit, and therefore they should sanctify at night, on the analogy of money suits, as we have learnt, 'Money suits are heard by day and concluded [if necessary] at night'; so here we should sanctify at night. Therefore we are told [that this is not so]. But cannot I say that this actually is the case?[2]—Scripture says, *For it is a statute for Israel, a judgment for the God of Jacob.*[3] When does the word '*statute*'[4] apply? To the conclusion of the suit; and the All-Merciful calls it '*judgment*'. [Therefore we reason], Just as judgment is delivered by day,[5] so here [the pronouncement must be] by day.

IF THE BETH DIN [ALONE] HAVE SEEN IT, TWO OF THEM SHOULD COME FORWARD AND TESTIFY BEFORE THEM. Why so? Surely hearing should not carry greater weight than seeing?[6]—R. Zera said, [It is necessary if] for instance, they saw it at night.[7]

IF THREE PERSONS SAW IT, THEY [THEMSELVES] CONSTITUTING THE BETH DIN, TWO [OF THEM] SHOULD COME FORWARD AND THEY SHOULD ASSOCIATE SOME OF THEIR COLLEAGUES WITH THE ONE LEFT. Why so? Here too we can argue that hearing should not carry greater weight than seeing? And should you reply that here too [it is necessary] if, for instance, they saw it at night, then this is the same case as the one [preceding]?—It was necessary to state the last clause[8] [viz.]: BECAUSE AN INDIVIDUAL IS NOT AUTHORIZED [TO SAY 'SANCTIFIED'] BY HIMSELF. For you might have thought that since it has been taught, 'Money suits must be tried before d three, but one who is a recognized legal expert[1] can try them even alone', so here too one might sanctify the month single-handed. Therefore we are told [that this is not so]. But cannot I say that this actually is the case?[2]—There was no more universally recognized expert in Israel than Moses, and yet the Holy One, blessed be He, said to him, [Do not sanctify the month] until Aaron is with thee, as it is written, *And the Lord said unto Moses and Aaron in the land of Egypt saying, This month is to you.*[3]

This implies that a witness[4] may act as judge. Shall we say then that our Mishnah does not agree with R. Akiba, since it

(8) Ps. XCIX, 6. This shows that Samuel is on a par with Moses and Aaron. (9) Lit., 'light ones of the world'. (10) Lit., 'heavy ones of the world'. (11) Hebr. *Parnas*. V. Giṭ (Sonc. ed,) 60b n, c9.

a (1) Deut. XVII, 9. (2) I.e., had better judges than these. Eccl. VII, 10. (3) We naturally suppose the words to mean, 'all the more so where the lesser defer to the greater', which would imply that such a thing is not ordinarily to be expected. (4) I.e., they say, 'how much more should we defer to the greater'.

b (1) On the thirtieth day, shortly before nightfall. (2) The meaning of this is explained *infra* in the Gemara. (3) I.e., the thirty-first day becomes New Moon and not the thirtieth. (4) Of twenty-three members. (5) Not necessarily on the thirtieth day. (6) I.e., why mention Israel as well as the Beth din? (7) But reckon that same day as New Moon. (8) Why are witnesses needed if all the people have seen it?

c (1) Since this case can be inferred *a fortiori* from the previous one. (2) I.e., what reason is there why in general the pronouncement should not be made at night? (3) Ps. LXXXI, 5. (4) The Hebrew word is חק, which is taken by the Talmud in the sense of 'decision', 'verdict'. (5) V. Sanh. 32a. (6) I.e., the report of the witnesses should not carry greater weight than what they have seen with their own eyes. (7) Hence on the next day they must rely on a report. (8) I.e., this sentence merely leads up to the next.

d (1) Heb. *Mumḥe* (v. Glos.). (2) That one expert may sanctify. (3) Ex. XII, 1, 2; cf. *supra* 22a. (4) I.e., one who is competent to act as witness, as here the Beth din.

has been taught: 'If the Sanhedrin saw a man slay a person [26a], some of them act as witnesses and some as judges. This is the view of R. Tarfon. R. Akiba says: They all act as witnesses, and a witness cannot act as a judge'?—You may say that our Mishnah agrees even with R. Akiba. R. Akiba meant this rule to apply only to capital cases, in regard to which the All-Merciful enjoined, *the congregation shall judge . . . and the congregation shall deliver*[5] and since they have seen him slay a person, they cannot find any defence for him. But in this case even R. Akiba would agree [that a witness may act as judge].

MISHNAH. ALL KINDS OF SHOFAR[6] MAY BE USED EXCEPT [ONE MADE FROM THE HORN] OF A COW, BECAUSE IT IS [PROPERLY] ḲEREN.[7] SAID R. JOSE: ARE NOT ALL SHOFARS CALLED 'ḲEREN', AS IT SAYS, WHEN THEY MAKE A LONG
a BLAST WITH THE RAM'S ḲEREN [HORN]?[1]

GEMARA. R. Jose was surely quite right. What can the Rabbis reply?—That all *shofars* are called both *shofar* and *ḳeren*, whereas that of a cow is called *ḳeren* but is not called *shofar*, as it is written, *His firstling bullock, majesty is his, and his horns* [karnaw] *are as the horns of a* re'em.[2] What says R. Jose to this?—He can reply that that of a cow is also called *shofar*, as it is written, *And it shall please the Lord better than a bullock* [shor par][3] *that hath horns and hoofs*.[4] Now if '*shor*' is mentioned here why '*par*', and if '*par*' why '*shor*'?[5] The fact is that *shor par* is equivalent to *shofar*.[6] And the Rabbis?—They adopt the explanation of R. Mattenah; for R. Mattenah said: What is meant by *shor par?* A *shor* which is as full-grown as a *par*.[7] 'Ulla said: The reason of the Rabbis is to be found in the saying of R. Ḥisda; for R. Ḥisda said: Why does not the High Priest enter the inner precincts[8] in garments of gold[9] to perform the service there? Because the accuser may not act as defender.[10] Is that so? What of the blood of the bullock?[11]—Seeing that this has been transformed,[12] the objection to it is removed.[13] But what of the ark, with the mercy-seat and the cherub?[14]—What we say is that the sinner should not bring near the offering. But what of the
b spoon and the censer?[1]—What we say is that the sinner should not adorn himself. But what of the garments of gold [which he wore] in the outer sanctuary?—We speak of [ministrations in the] inner precincts. The *shofar* also is [used] in the outer precincts?—Since its purpose is to awaken remembrance, it is as if it were [used] within.

But the Tanna says BECAUSE IT IS [PROPERLY] ḲEREN?—He mentioned [only] an additional reason:[2] one reason is because the accuser cannot act as defender, and the other is because it is *ḳeren*. What says R. Jose to this?—His answer is: Your statement that the accuser cannot act as defender applies only to the inner precincts, and this *shofar* is [used] in the outer precincts. And as for your statement that this *shofar* is *ḳeren*, all *shofars* are likewise called *ḳeren*.

Abaye said: The reason of the Rabbis is that the All-Merciful prescribed 'a *shofar*', and not two or three *shofars*, and the one made from a cow's horn being in layers[3] looks like two or three *shofars*. But the Tanna says, BECAUSE IT IS PROPERLY ḲEREN?—He stated [only] an additional reason:[2] one reason is that the All-Merciful prescribed one *shofar*, and not two or three *shofars*, and another reason is that it is *ḳeren*. What then says R. Jose to this?—He can reply: With regard to your statement that the All-Merciful prescribed one *shofar* and not two or three *shofars*, since the layers are closely joined together, it is really one, and as for your statement that it is *ḳeren*, all *shofars* are likewise called *ḳeren*.

What proof is there that the word *yobel* here[4] means ram?—As it has been taught: R. Akiba said: When I went to Arabia, they used to call a ram *yobla*. R. Akiba further said: When I went to Gallia, they used to call a *niddah*[5] '*galmudah*'.[6] How *galmudah?*—[As much as to say], *gemulah da* [this one is isolated] from her husband. R. Akiba further said: When I went to Africa, they used to call a *ma'ah*[7] '*ḳesiṭah*'. What is the practical importance of this?—For explaining [the Scriptural expression] *a hundred*
c *ḳesiṭah;*[1] it means, a hundred *danḳi*.[2]

Rabbi said: When I went to the sea-ports, they called *mekirah* [selling] '*kirah*'. What is the practical importance of this?—To explain [the Scriptural expression] *asher karithi*.[3] R. Simeon b. Laḳish said: When I went to the district of Ken Nishraya,[4] they used to call a bride *ninfe* and a cock *sekvi*. 'A bride *ninfe*':[5] where do we find this in Scripture? Yefeh nof,[6] *the joy of the whole earth*.[7] 'A cock *sekvi*': Rab Judah said in the name of Rab, or, if you prefer,[8] of R. Joshua b. Levi: Where do we find this in the Scripture? *Who hath put wisdom in the* tuḥoth,[9] *or who hath given understanding to the* sekvi?[10] 'Who hath put wisdom in the *tuḥoth*'—these are the reins; 'or who hath given understanding to the *sekvi*'—this is the cock.

In a certain place which Levi happened to visit, a man came before

(5) Num. XXXV, 25, 26. The word '*deliver*' is taken by R. Akiba to mean 'find a defence for'. (6) A kind of trumpet made of the horn of certain animals. Scripture prescribes (Lev. XXV, 9) that a *shofar* should be used for proclaiming the Jubilee. The Psalmist also says (Ps. LXXXI, 4), *Blow ye the* shofar *on the new moon*. (7) I.e., all kinds of horns may be used for making a *shofar* except that of a cow, because an instrument made from a cow's horn, though similar to a *shofar* in all respects, is properly called *ḳeren* (lit. 'horn')
a (1) Josh. VI, 5. This is identified by the Talmud with the *shofar* mentioned in the same verse (*when ye hear the sound of the shofar*). (2) Deut. XXXIII, 17. We see here that the horn of a bullock is called *ḳeren*. (3) שׁור פר, lit., 'ox bullock'. (4) Ps. LXIX, 32. (5) Either of these expressions would be sufficient by itself. (6) [With ו inserted as is found in many Hebrew nouns, Strashun.] (7) The name *shor* could be applied to the animal at birth; the name *par* not till it entered its third year. V. *supra*, 10a, (8) The Holy of Holies, on the Day of Atonement. (9) The High Priest entered the Holy of Holies wearing garments of linen only. V. Lev. XVI, 4, 23. (10) 'Gold' is called the accuser in reference to the Golden Calf. The garments worn by the High Priest in the Holy of Holies and all his other appurtenances there were regarded as propitiatory. (11) Sprinkled by the High Priest on the Day of Atonement. A bullock could be regarded as an 'accuser' for the same reason as gold. (12) It is no longer recognizable as a bullock. (13) Lit., 'since it has been changed, it has been changed'. (14) In all of which there was an abundance of gold.
b (1) Which the High Priest took with him into the Holy of Holies and which were also of gold. (2) Lit., 'he says one and again'. (3) As a separate layer grows each year. (4) In Josh. VI, 5. (5) V. Glos. (6) Lit., 'desolate'. (7) A small coin.
c (1) Gen. XXXIII, 19: the price paid by Jacob for the field he bought at Shechem. (2) One sixth of a *denar* (v. Glos.). (3) Gen. L, 5. To be rendered, 'which I have bought for myself'. E.V. '*which I have digged for myself*'. (4) [Kennesrin, south of Aleppo; Obermeyer p. 114]. (5) = νύμφη. (6) E.V. '*beautiful in elevation*'. (7) Ps. XLVIII, 3. (8) [Read with MS.M.: 'or as some say'.] (9) E.V. '*inward parts*'. (10) E.V. '*mind*'. Job. XXXVIII, 36.

מקצתן נעשו עדים ומקצתן נעשו דיינין דברי רבי טרפון רבי עקיבא אומר כולן נעשין עדים *ואין עד [א]נעשה דיין אפילו תימא רבי עקיבא עד כאן לא קאמר רבי עקיבא התם אלא בדיני נפשות דרחמנא אמר °ושפטו העדה והצילו העדה וכיון דחזיוהו דקטל נפשא לא מצו חזו ליה זכותא אבל הכא אפילו ר' עקיבא מודה: **מתני'** [ב]כל השופרות כשרים חוץ משל פרה מפני שהוא קרן אמר רבי יוסי והלא כל השופרות נקראו קרן שנאמר °*במשוך בקרן היובל: **גמ'** °שפיר קאמר רבי יוסי ורבנן כל השופרות אקרו שופר ואקרו קרן דפרה קרן אקרי שופר לא אקרי דכתיב °בכור שורו הדר לו וקרני ראם קרניו ור' יוסי אמר לך דפרה נמי אקרי שופר דכתיב °ותיטב לה' משור פר אם שור למה פר ואם פר למה שור אלא מאי שור פר משופר ורבנן כדרב מתנה דאמר רב מתנה מאי שור פר שהוא גדול כפר עולא אמר היינו טעמא דרבנן כדרב חסדא דאמר רב חסדא מפני מה אין כהן גדול נכנס בבגדי זהב לפני ולפנים לעבוד עבודה לפי *שאין קטיגור נעשה סניגור ולא והא איכא דם פר הואיל ואשתני אשתני והא איכא ארון וכפורת וכרוב חוטא בל יקריב קאמרינן והא איכא כף ומחתה חוטא בל יתנאה קא אמרינן והא איכא בגדי זהב מבחוץ מבפנים קא אמרינן שופר נמי מבחוץ הוא כיון דלזכרון הוא כבפנים דמי והא תנא מפני שהוא קרן קאמר חדא ועוד קאמר חדא דאין קטיגור נעשה סניגור ועוד מפני שהוא קרן ור' יוסי אמר לך דקא אמרת אין קטיגור נעשה סניגור הני מילי מבפנים והאי שופר מבחוץ הוא ודקא אמרת מפני שהוא קרן כל השופרות נמי אקרו קרן אביי אמר היינו טעמייהו דרבנן שופר אמר רחמנא ולא שנים ושלשה שופרות והא דפרה כיון דקאי גילדי גילדי מיתחזי כשנים ושלשה שופרות והא תנא מפני שהוא קרן קאמר חדא ועוד קאמר חדא דשופר אחד אמר רחמנא °ולא שנים ושלשה שופרות ועוד מפני שהוא קרן ורבי יוסי אמר לך דקאמרת שופר אחד אמר רחמנא ולא שנים ושלשה שופרות כיון דמחברי אהדדי חד הוא ודקאמרת מפני שהוא קרן כל השופרות נמי אקרו קרן מאי משמע דהאי יובלא לישנא דדכרא הוא דתניא אמר רבי עקיבא כשהלכתי לערביא היו קורין לדכרא יובלא ואמר ר"ע כשהלכתי לגליא היו קורין לנדה גלמודה *מאי גלמודה גמולה דא מבעלה ואמר ר"ע כשהלכתי לאפריקי היו קורין למעה קשיטה למאי נפקא מינה לפרושי °מאה קשיטה דאורייתא מאה דנקי אמר רבי כשהלכתי לכרכי הים *היו קורין למכירה כירה למאי נפקא מינה לפרושי °*אשר כריתי לי אמר ר"ש בן לקיש כשהלכתי לתחום קן נשרייא היו קורין לכלה נינפי ולתרנגול שכוי מאי קרא °יפה נוף משוש כל הארץ ולתרנגול שכוי אמר רב יהודה אמר רב ואיבעית אימא ריב"ל מאי קרא °מי שת בטוחות חכמה או מי נתן לשכוי בינה מי שת בטוחות חכמה אלו כליות או מי נתן לשכוי בינה זה תרנגול לוי איקלע לההוא אתרא אתא גברא לקמיה אמר ליה

קבען

רש"י

מקצתן נעשין עדים. ויעידו בפני חבריהם דגבי דיני נפשות עדות בעינן דכתיב (דברים יז) על פי שנים עדים יומת המת לא יומת וגו': ומקצתן נעשין דיינים. אבל המעידים לא ישבו וידונו עמהם דהראוי להעיד אית ליה לרבי טרפון נעשה דיין אבל עד עצמו לית ליה דנעשה דיין וגבי עדות החדש גופה נמי לא אכשרנא במתני' להיות העדים נעשים דיינים דאם כן למה לי יושיבו מחבריהם יעידו בפני יחיד ואחר כך ישבו הם עמו ויקדשו והכי אמרינן ליה בפרק שני דכתובות (דף כא:): כולן עדים הם. ראוים להעיד: והצילו העדה. יהפכו בזכותו: **מתני'** כל השופרות. בין של איל בין של יעל: שהוא קרן. אינו קרוי שופר וגבי יוה"כ שופר כתיב (ויקרא כה) והעברת שופר תרועה ובפרק בתרא (דף לד.) גמרינן ר"ה מיובל: בקרן היובל. ויובל דיכרא הוא כדמפרש בגמ': **גמ'** אקרו קרן ואקרו שופר. אקרו קרן כדאמרן ואקרו שופר דכתיב במתן תורה (שמות יט) במשוך היובל וגו' וכתיב ויהי קול השופר (א): וקרני ראם קרניו. של בכור שורו קרן אשכחן דאקרי: ותיטב לה'. תפלתי משופר ובשור קא משתעי קרא: שור שהוא (ב) פר. ביום שנקרא שור היה גדול כפר זהו שור של מעשה בראשית שביום שנברא נברא *בקומתו ושור בן יומו *קרוי שור שנאמר (ויקרא כב) שור או כשב או עז ופר אינו נקרא עד בן שלש: אין קטיגור. זהב העגל ושופר של פרה נמי קטיגור דעגל הוא: הואיל ואישתני. להיות דם ואין מראית הפר ניכר: חוטא בל יקריב. האדם לא יקריבנו הלוס שהוא חטא בו: חוטא בל יתנאה. להתקשט בו בקרבו הלוס: כיון דלזכרון קא אתי כלפנים דמי. שופר נמי אע"ג דלית ביה משום חוטא בל יקריב ולית ביה משום חוטא בל יתנאה כיון דלזכרון קא אתי כבגדי כהן גדול שלפנים דמי: גילדי גילדי. בכל שנה ושנה ניכרת תוספתו והוא כמין גלד מוסיף על גלד ראשון בתכליתו של ראשון תחילת השני: גמולה. מובדלת: טוחות. לשון חלוקות: שכוי. לשון ראיה כמו וישקף (בראשית יט) ומתרגמינן ואיסתכי:

תוספות

דרחמנא אמר ושפטו העדה והצילו העדה. תימה דבפרק אלו הן הגולין (מכות דף יב.) נפקא ליה מקרא אחרינא דאמר מנין לסנהדרין שראו באחד שהרג את הנפש שאין הורגין אותו עד שיעמוד בב"ד תלמוד לומר עד עמדו לפני העדה למשפט ויש לומר דעיקר דרשה מהתם וקרא דהכא איצטריך דלא יליף מהתם לשאר דינין להצריך ב"ד אחר דשאני התם דאמר רחמנא והצילו העדה ומיהו הוא הדין לענין מכה חבירו כדמוכח בפ' החובל (ב"ק דף צ: ושם) ובעד נעשה דיין יש דינים חלוקים כמו שפירשנו בפ' ב' דכתובות (כא: ושם ד"ה הנח) דבעדות החדש דאורייתא עד הרואה הוא דנעשה דיין ובקיום שטרות דרבנן אפילו עד המעיד נעשה דיין ובדיני נפשות אפילו עד הרואה אין נעשה דיין*:

חוץ משל פרה. הא דלא קתני נמי חוץ משל ראם דשל ראם נמי איקרי קרן דכתי' (דברים לג) וקרני ראם קרניו וכתיב (תהלים כב) ומקרני רמים עניתני ושמא אינם חלולים ואינם ראוים לשופר: **והיה** במשוך בקרן היובל. תימה דלא מייתי קרא דיצחק דכתיב (בראשית כב) בסבך בקרניו ואע"ג דההוא קרא מחיים דה"נ מייתי לה בגמרא בכור שורו הדר לו וקרני ראם קרניו וי"ל דנראה ליה לאתויי האי משום דכתיב ביה שופר: **אקרו** קרן ואקרו שופר. פירש רש"י אקרו קרן כדאמרן ואקרו שופר דכתיב במשוך היובל וכתיב ויהי קול השופר יש מקשין אמאי לא הביא האי קרא דמתניתין במשוך בקרן היובל בשמעכם קול השופר להוכיח דכל שופרות אקרו שופר שטות להקשות וקל להבין דאדרבה מהאי קרא מוכח דשופר אקרי קרן ועוד צריך להוכיח דבעלמא *שופרות אקרו שופר:

חוטא בל יתנאה קאמרינן. וגבי שופר מתנאה נמי בקול תקיעתו: **כיון** דלזכרון קאתי. תימה אפוד וחשן נמי לזכרון קאתו כדכתיב בקרא וי"ל דהשבטים זכרון הם: **ולא** שנים ושלשה שופרות. ולא דמי למניח שופר *בתוך שופר כדפירש בקונטרס דעל גלד ראשון אתוסף גלד שני שפת השני בתכליתו של ראשון והקול יוצא דרך כולם:

לנדה גלמודה. ונפקא מינה כדדרשינן בסוטה (דף מב.) כי עדת חנף גלמוד (איוב טו): גלוגלוגות

רבינו חננאל

שראו אחד שהרג את הנפש מקצתן נעשו עדים ומקצתן נעשו דיינים דברי ר"ט רע"א כולן עדים הן ואין עד נעשה דיין ודחינן כי אמר ר' עקיבא בדיני נפשות אבל בענין ר"ח אפי' ר"ע מודה: ירושלמי ר' חונא הוה חכים שהדי לחד בר נש אזל בעי מידון קומיה וכפר ביה כו'. ואסיקנא ושרא רב חונא גרמיה מן ההוא דינא ואזיל ואסהיד עלוי קומי ב"ד חורין: קידשוהו קודם לזמנו או לאחר עיבורו יום אחד יכול יהא מקודש ת"ל תקראו אותם אלה הם מועדי. כלומר אם תקראו אותם בזמנן הן מועדי ואם לאו אין מועדי. קודם לזמנו יום כ"ט לחדש. לאחר עיבורו יום ל"ב. ביומי דר' ברכיה אישתקן. אמר לון שמעתין דאתקדש ירחא וארכנון בראשיהון וקבלון: **מתני'** כל השופרות כשרין חוץ משל פרה מפני שהוא קרן. ואמרינן שפיר קאמר ר' יוסי לרבנן כל השופרות נקראו קרן כו' ורבנן כל השופרות נקראו שופרות היובלין ואקרו קרן של פרה קרן אקרי שופר לא אקרי כו'. מאי שור פר שהוא מפר. כלומר שור הנולד מפר שהוא חזק ואמיץ בכחו לפיכך הוא חזק ושמן מובחר שבשוורים ולא משור זקן שכבר כחש כחו. קטיגור מלשון רכיל. פירוש סניגור מליץ יושר. פי' חוטא בל יתנאה. אדם שחטא לא יתגאה בכלי שחטא בו ויכנס לפני ולפנים. קרן של פרה כיון דהוא גילדי גילדי כשנים ושלשה שופרות זה בתוך זה נזדמן והתורה אמרה שופר אחד לא שנים ושלשה שופרות. כתיב והיה במשוך בקרן היובל ופי' ר' יוסי האיל לפיכך אמר מאי משמע דהאי יובל דכתיב בהאי קרא איל הוא שכן בערבייא קורין לאיל יובלא. מאה קשיטה. מאה מעה. שכן באפריקא *) קורין לכלה נינפי והוא לשון יוני. מי שת בטוחות חכמה

*) אולי דחסר בדברי רבינו וצ"ל קורין למעה קשיטה ובתחום קן נשרייא קורין לכלה כו'.

מסורת הש"ס

כתובות כא: גיטין ה: ב"ק ל: ב"ב קיד. סנהדרין לד:

[בשמעכם את קול השופר כך איתא ברי"ף וברא"ש]

לעיל יח. [ב"ק סה:]

[ברכות נט. קדושין ס.]

[וע"ע תוס' ב"ב קיד. ד"ה אבל וד"ה ואין]

[עי' מהרש"א ופ"ע בתי"ט הפתיק בזה"ל ועוד צריך להוכיח דבעלמא אקרי שופרות בלא קרן]

[לקמן כז:]

סוטה מב. בראשית לג [סוטה יג.] בראשית נ [חולין נג.] תהלים מח איוב לח

הגהות הב"ח

(א) רש"י ד"ה אקרו קרן כו' קול השופר הס"ד ואח"כ מה"ד קרן דאקרי דכתיב וקרני ראם קרניו של בכור שורו הס"ד: (ב) ד"ה שור שהוא פר כו' כפר ביום כו' או עז כי יולד ופר אינו נקרא:

גליון הש"ס

גמ' שפיר קאמר ר' יוסי. עיין זה פסחים דף כח ע"ב: שנים ולא שנים ושלשה שופרות. עי' סוטה דף יז ע"ב תד"ה ותכסה על שני:

עין משפט נר מצוה

ז א מיי' פ"ט מהלכות עדות הלכה ח סמג עשין קט טוש"ע ח"מ סי' ז סעיף ה:

ח ב סמג עשין מב טוש"ע א"ח סי' תקפו סעיף א:

קבען פלניא לא הוה ידע מאי קאמר ליה אתא שאיל בי מדרשא (*אמר) ליה גזלן אמר לך דכתיב °היקבע אדם אלהים *וגו' א"ל רבא מברניש לרב אשי אי הואי התם הוה אמינא ליה היכי קבעך במאי קבעך ואמאי קבעך וממילא הוה ידעינא ואיהו סבר מילתא דאיסורא קאמר ליה לא הוו ידעי רבנן מאי *סירוגין שמעוה לאמתא דבי רבי דחזתנהו רבנן דהוו עיילי פסקי פסקי אמרה להו עד מתי אתם נכנסין סירוגין סירוגין לא הוו ידעי רבנן מאי חלוגלוגות יומא חד שמעוה *לאמתא דבי רבי דחזית להההוא גברא דקא מבדר פרפחיניה אמרה ליה עד מתי אתה מפזר חלוגלוגך לא הוו ידעי רבנן מאי °סלסלה ותרוממך יומא חד שמעוה לאמתא דבי רבי דהוות אמרה לההוא גברא דהוה קא מהפך בשעריה אמרה ליה עד מתי אתה מסלסל בשערך לא הוו ידעי רבנן מאי °וטאטאתיה במטאטא השמד יומא חד שמעוה לאמתא דבי רבי דהוות אמרה לחבירתה שקולי טאטיתא וטאטי ביתא לא הוו ידעי רבנן מאי °השלך על ה' יהבך והוא יכלכלך אמר רבה בר בר חנה יומא חד הוה אזלינא בהדי ההוא טייעא והוה דרינא טונא ואמר לי שקול יהביך ושדי אגמלאי:

מתני' שופר של ראש השנה של יעל פשוט ופיו מצופה זהב ושתי חצוצרות מן הצדדין שופר מאריך וחצוצרות מקצרות שמצות היום בשופר ובתעניות בשל זכרים כפופין ופיהן מצופה כסף ושתי חצוצרות באמצע שופר מקצר וחצוצרות מאריכות שמצות היום בחצוצרות *שוה היובל לר"ה לתקיעה ולברכות רבי יהודה אומר בר"ה תוקעין בשל זכרים וביובלות בשל יעלים:

גמ' א"ר לוי מצוה של ר"ה ושל יוה"כ בכפופין ושל כל השנה בפשוטין והתנן שופר של ר"ה של יעל פשוט הוא דאמר כי האי תנא דתניא רבי יהודה אומר בר"ה היו תוקעין בשל זכרים כפופין וביובלות בשל יעלים ולימא הלכתא כרבי יהודה אי אמרת הלכתא כר' יהודה הוה אמינא אפילו של יובל נמי כר' יהודה סבירא ליה קא משמע לן במאי קמיפלגי מר סבר בר"ה כמה דכייף איניש דעתיה טפי מעלי וביום הכפורים כמה דפשיט איניש דעתיה טפי מעלי ומר סבר בראש השנה כמה דפשיט איניש דעתיה טפי מעלי (א) *ובתעניות כמה דכייף איניש דעתיה טפי מעלי:

ופיו

רש"י

קבען פלניא. גזלני פלוני: במה קבענוך. המעשר והתרומה אתם קובעים אותי: מאי סירוגין. ששנינו במגילה (דף יז·) קראה סירוגין (סירוגין): פסקי. לפרקים שאינן נכנסין יחד: מאי חלוגלוגות. ששנינו בפ"ק דיומא (דף יח·) כל שבעת הימים לא היה אוכל השום והחלוגלוגות: פרפחיני. ירק שקורין פורקל"י: סלסלה. חפוש והפך במטמונים של תורה: והוה דרינא טונא. נושא משוי: **מתני'** שופר של ראש השנה של יעל פשוט. מפרש טעמא בגמרא דמידי דתפלה בעי פשיטות: יעל. שטיי"ן בו"ק: ופיו מצופה זהב. בשל מקדש קאמר: שופר מאריך. לאחר שחצוצרות פוסקין תקיעתן נשמע קול השופר: ובתעניות. דאמרינן במס' תענית (דף טו:) תקעו הכהנים תקעו: בשל זכרים. אילים שסתמן כפופין: ושתי חצוצרות באמצע. שני שופרות להן אחד מכאן ואחד מכאן והן באמצע: שמצות היום בחצוצרות. דלכנופיא בעלמא נינהו וכל כנופיא בחצוצרות דכתיב (במדבר י) והיו לך למקרא העדה: שוה היובל לראש השנה לתקיעה. בפשוטין ואף על גב דתקיעתו ביובל לא לתפלה ולא לזכרון אלא לסימן שילוח עבדים והשמטת מכירת שדות אפילו הכי כדר"ה בעי למעבדי' דגמרינן לה לגזירה שוה שביעי שביעי בפ' בתרא (דף לד.): ולברכות. דבעי למימר תשע ברכות ביום הכפורים של יובל: ר' יהודה אומר כו'. טעמא מפרש בגמ': וביובלות בשל יעלים. וגזירה שוה לא גמיר: **גמ'** ושל כל השנה. של תעניות: קמ"ל. בר"ה אית ליה כרבי יהודה אבל ביובל לית ליה משום גזירה שוה: במאי קמיפלגי. תנא קמא ורבי יהודה: כמה דכייף איניש. בתפלתו פניו כבושין לארץ טפי עדיף משום והיו עיני ולבי שם (מלכים א ט) הלכך בראש השנה דלתפלה ולהזכיר עקידת יצחק בא בעינן כפופין ויובלות שהן לקרוא דרור בעינן פשוטין וגזירה שוה לית ליה: כמה דפשיט טפי עדיף. משום נשא לבבנו אל כפים (איכה ג) הלכך בראש השנה בפשוטין דלתפלה הוא ודיוה"כ נמי (ב) משום דשוייה בגזירה שוה ובתענית דלכנופיא לא איכפת לן ועבדינן כפופין להכירא ולר' לוי אית ליה כר' יהודה דלתפלה בעינן כפופים וביום הכפורים סבירא ליה דשוה היובל לראש השנה כרבנן הלכך תרווייהו בעינן כפופים:

ופיו

תוספות

חלוגלוגות. ונפקא מינה לזב בפ"ק דיומא (דף יח.) דאמרינן אין מאכילין אותו דברים המביאים לידי טומאה כגון חלוגלוגות:

של יעל פשוט. פירש בקונטרס חיה שכן שמה וקורין אותה אשטנבו"ק ובערוך פי' היא כשבה נקבה וקרן הכשבה רגיל להיות פשוט וכפירש הקונטרס נראה דיעל חיה דכתיב (תהלים קד) הרים הגבוהים ליעלים ואקו ודישן (דברים יד) מתרגמינן ויעלא ורמא ומצוה בשל יעל פשוט כדמשמע בגמ' דכמה דפשיט טפי עדיף משום נשא לבבנו אל כפים ומיהו אין הלכה כן אלא כר' יהודה דאמר בר"ה בשל זכרים כפופים דהיינו של איל ור' לוי קאי כוותיה בגמ' דאמר מצוה של ר"ה ויוה"כ בכפופים דקסבר כמה דכייף איניש טפי עדיף משום והיו עיני ולבי שם וכדאמר ר' אבהו בפ"ק (דף טז·) למה תוקעין בשופר של איל אמר הקב"ה תקעו לפני בשופר של איל כדי שאזכור לכם עקידת יצחק ומיהו נראה דלא פליגי אלא לכתחילה אבל כולהו מודו דיוצא בדיעבד בין בשל איל בין בשל יעל כדקתני רישא כל השופרות כשרים חוץ משל פרה והיכא דלא מצא של איל יוצא בשל רחל או בשעיר עזים תדע דלמצוה פליגי דהא ר' לוי מצוה קאמר ועוד אטו פשוט וכפוף כתיב בקרא תעבירו שופר כתיב ביובל (ויקרא כה) וילפינן ר"ה מיניה וכיון דכולהו אקרו שופר חוץ משל פרה למה לא יצא ועוד משמע דפלוגתא דרבנן ור' יוסי בפני עצמן ופלוגתא דרבנן ור' יהודה בפני עצמן ולאו חדא פלוגתא היא ואם תמצא לומר דדוקא איירי אם כן הויא חדא פלוגתא דלתנא קמא כולהו כשרין בין בראש השנה בין ביוה"כ בין בתעניות חוץ משל פרה ור' יוסי אומר אף של פרה ולאידך רבנן ר"ה ויוה"כ בשל יעל ותעניות של זכרים ולר' יהודה ר"ה של זכרים וביובל בשל יעלים ומיהו קשה קצת דהא ר' לוי דאמר מצוה של ר"ה ויוה"כ היינו משום דילפינן גזרה שוה זה מזה בשביעי שביעי כדאמרינן בפ' בתרא (דף לד·) וכדתנן שוה יובל לר"ה לתקיעה ואי הוה טעמא משום מצוה בעלמא כדאמרינן דכמה דכייף איניש טפי עדיף היינו דוקא בראש השנה שהתקיעה לתפלה ולזכרון אבל יובל אין התקיעה אלא סימן שלוח עבדים והשמטות שדות החוזרות לבעלים לכך היה נראה לי מתוך זה דאינו יוצא אלא בכפוף פירוש דצריך להיות כפוף אי לא לא וגמרינן יובל מיניה:

ושתי חצוצרות באמצע. שתי שופרות היו להן אחד מכאן ואחד מכאן כדי שיהיו החצוצרות באמצע משום דמצות היום בחצוצרות:

רבי יהודה אומר בר"ה בשל זכרים וביובלות בשל יעלים. לית ליה לרבי יהודה שוה יובל לר"ה והא דבעינן שופר בראש השנה לאו משום דילפינן מיובל אלא כאידך תנא דיליף בפ' בתרא (ג"ז שם דף לד·) מדכתיב תקעו בחדש שופר ומיהו ההוא תנא נמי יליף ר"ה מיובל בגזרה שוה כדקאמרינן שלש תרועות נאמרו בר"ה ומייתי קרא דוהעברת שופר תרועה דכתיב ביובל וביום ולא בלילה נמי יליף מיובל כדקאמר התם והא דאיצטריך ליה קרא דתקעו בחדש שופר משום דיליף נמי ראש השנה ממדבר והוה אמינא דבחצוצרות כמדבר לכך נראה דמודה רבי יהודה דשוה יובל לר"ה אלא לענין הך מילתא אין שייך להשוותם להיות בשל זכרים כשל ר"ה דטעמא דר"ה מסברא בעלמא דכמה דכייף איניש טפי עדיף שהוא יום הדין ולהזכיר עקידה אבל יובל דלשלוח עבדים ושדות החוזרות לבעלים אין לחוש אלא שיהא שם שופר עליו אע"ג דר' לוי נמי משוה להו לענין זה משום גזרה שוה יש לומר דבהא פליגי:

בתורה

עין משפט נר מצוה

ט א מיי' פ"א מהלכות שופר הלכה ב סמג עשין מב:

י ב מיי' פ"א מהלכות תענית הלכה ד:

יא ג מיי' פ"א מהלכות שופר הלכה א ופ"י והלכות שמיטין הלכה א ופ"ג מהלכות תפלה הלכה ח:

יב ד מיי' פ"א מהלכות שופר הלכה א סמג עשין מב טוש"ע א"ח סי' תקפו סעיף א:

רבינו חננאל

חכמה. אלו הכליות. או מי נתן לשכוי בינה זה תרנגול. פי' קבען פל' גזלני פל'. כדכתיב היקבע אדם אלהים וגו' פי' סירוגין פסקי פסקי. חלוגלוגות פירוש פרפחינן. פי' מהפך במזייה. מסלסל בשערו. פי' טאטיתהא. מכבד שמכבדין בו את הבית. פי' יהבך משואך: [מתני'] שופר של ר"ה של יעל כו'. א"ר לוי מצוה של ר"ה ושל יוה"כ והיא היובל בכפופין ושל ימות השנה כגון תענית בפשוטין. ור' לוי בר"ה בלבד הוא דאמר כר' יהודה דתנן ר' יהודה אומר בר"ה תוקעין בשל זכרים וביובלות בשל יעלים. וקיימא לן כר' לוי בר"ה ויוה"כ במאי פליגי ת"ק ור' יהודה. ר' יהודה סבר בר"ה במאי דכייף איניש טפי עדיף וביוה"כ במאי דפשיט איניש דעתיה טפי מעלי.

מסורת הש"ס

מגילה יח.

ז"ל אמרו

[מהרש"י ד"ה במה קבענוך המעשר וכו' נראה דהיה גרסתו בגמ' דמייתי גם סיפא דהך קרא ואמרתם במה קבענוך המעשר והתרומה]

[מגילה יח. נזיר ג.]

לקמן כט. ב [ערכין ג:]

הגהות הב"ח

(א) גמ' דפשיט איניש דעתיה טפי מעלי וביום הכפורים נמי דגמר גזירה שוה ובתעניות כמה דכייף:

(ב) רש"י ד"ה כמה דפשיט כו' ודיוה"כ נמי דשוה הוא משום גזירה שוה ובתעניות כו' כצ"ל:

him and said [26b], So-and-so has *kaba*'ed[11] me. He did not know what he meant, so he went and enquired in the Beth Hamidrash. They said to him: He wanted to say to you, 'has robbed me', as it is written, *Will a man rob* [yikba'] *God?*[12] Raba from Barnish[13] said to R. Ashi: Had I been there, I should have said to him, How did he *kaba'* you, in what did he *kaba'* you, why did he *kaba'* you, and so I should have found out [from his answers]. The other [Levi], however, thought that he meant some kind of offence.[14]

The Rabbis did not know what was meant by *serugin*[15] till one day they heard the maidservant of Rabbi's household, on seeing the Rabbis enter at intervals, say to them, How long are you going to come in by *serugin?*

a The Rabbis did not know what was meant by *haluglugoth*[1] till one day they heard the handmaid of the household of Rabbi, on seeing a man peeling portulaks, say to him, How long will you be peeling your *haluglugoth?*

The Rabbis did not know what was meant by 'salselehah' *and it shall exalt thee.*[2] One day they heard the handmaid of the household of Rabbi say to a man who was curling his hair, How long will you be *mesalsel*[3] with your hair?

The Rabbis did not know what was meant by we-ṭeṭethia bemaṭaṭe *of destruction,*[4] till one day they heard the handmaid of the household of Rabbi say to her companion, Take the *ṭaṭitha* [broom] and *ṭaṭi* [sweep] the house.

The Rabbis did not know what was meant by *Cast upon the Lord thy* yehab *and he shall sustain thee.*[5] Said Rabbah b. Bar Hanah: One day I was travelling with an Arab[6] and was carrying a load, and he said to me, *Lift* up your *yehab* and put it on [one of] the camels.[7]

MISHNAH. THE SHOFAR USED ON NEW YEAR[8] WAS OF AN ANTELOPE'S HORN AND STRAIGHT, AND ITS MOUTH WAS OVERLAID WITH GOLD. THERE WERE TWO TRUMPETS, ONE ON EACH SIDE OF IT. THE SHOFAR GAVE A LONG BLAST AND THE TRUMPETS A SHORT ONE, SINCE THE PROPER CEREMONY OF THE DAY WAS WITH THE SHOFAR.[9] ON [COMMUNAL] FAST DAYS THEY USED [TWO] CURVED SHOFARS OF RAMS, THE MOUTHS OF WHICH WERE OVERLAID WITH SILVER. THERE WERE TWO TRUMPETS BETWEEN THEM; A SHORT BLAST WAS MADE WITH THE SHOFARS AND A LONG ONE WITH THE TRUMPETS, BECAUSE THE RELIGIOUS DUTY OF THE DAY WAS [TO
b BE PERFORMED] WITH THE TRUMPETS.[1] THE JUBILEE IS ON A PAR WITH NEW YEAR FOR BLOWING THE HORN AND FOR BLESSINGS.[2] R. JUDAH SAYS: ON NEW YEAR THE BLAST IS MADE WITH A SHOFAR OF RAMS AND ON JUBILEES WITH ONE OF ANTELOPES.

GEMARA. R. Levi said: The religious duty of New Year and of the Day of Atonement is performed with a curved *shofar*, and on other days in the year with a straight *shofar*. But we learn, THE SHOFAR OF NEW YEAR WAS A STRAIGHT ONE OF ANTELOPE'S HORN?—Levi followed the view of the following Tanna, as it has been taught: 'R. Judah says, On New Year they used to blow with curved *shofars* of rams' horns and on jubilees with *shofars* of antelopes' horns'. Why then did not he [Levi] say that the law[3] follows the view of R. Judah?[4]—If you were to say that the law follows R. Judah, I should say that in the case of the Jubilee also he was of the same opinion as R. Judah. Now we know [that this is not so]. What is the ground of the difference [between R. Judah and the First Tanna]?—One authority [R. Judah] holds that on New Year the more a man [so to speak] bends his mind the more effective [is his prayer], while on the Day of Atonement [of the Jubilee] the more a man elevates[5] his mind the better is the effect.[6] The other authority holds that on New Year the more a man elevates his mind the better the effect, and on fast

(11) קבע.
(12) Mal. III, 8. (13) [Near Sura, v. Obermeyer, p. 297.] (14) [Lit., 'a matter of prohibition', the nature of which could not be ascertained from the answers, v. Maharsha.] (15) Found e.g., in Meg. 17a, 'if he reads it by *serugin*', i.e., not in order.

a (1) Found in Yoma 18a. (2) Prov. IV, 8. E.V. '*extol her*'. (3) I.e., adorning. (4) Isa. XIV, 23. E.V. '*I will sweep it with the besom of destruction*'. (5) Ps. LV, 23. E.V. '*burden*'. (6) [Heb. *Ta'ya*, name of an Arab tribe which name came finally to be applied to Arabs in general, as the name of a part is often given to a whole.] (7) On this passage v. Meg. 18a. (8) In the Temple. (9) Hence the sound of the *shofar* was allowed to be heard after that of the trumpets.

b (1) As it says, (Num. X, 2), *Make thee two trumpets of silver . . . for the calling of the congregation*, and on fast days the public were summoned to assemble. (2) I.e., nine blessings have to be said over the *shofar* as on New Year. (3) [Read with MS.M.: 'the *halachah* is'.] (4) As expressed in the Mishnah. (5) Lit., 'straightens', with the idea of freedom. (6) On the analogy of the words, *Let us lift up our hearts to our hands unto God in the heavens* (Lam. III, 41).

days the more he bends his mind the better the effect. [27a]

AND ITS MOUTH WAS OVERLAID WITH GOLD. But has it not been taught: 'If it was overlaid with gold at the place where the mouth is applied, it is not valid;[7] if not at the place where the mouth is applied, it is valid'?—Abaye replied: When this statement is made in our Mishnah, it also refers to the place where the mouth is not applied.

THERE WERE TWO TRUMPETS, ONE ON EACH SIDE OF IT.
a But can two distinct sounds be caught at once?[1] Has it not been taught:[2] '"*Remember*" and "*observe*" were spoken in a single utterance,[3] a thing which transcends the capacity of the [human] mouth to utter and of the [human] ear to hear'?—It was for this reason that the blast of the *shofar* was prolonged. This implies that if one heard the end of the blast without the beginning he has performed his duty;[4] and from this it would follow that if he heard the beginning of the blast without the end he has equally performed his duty. Come now and hear [a refutation of this idea]: 'If he blew *teki'ah* at the beginning [of the service] and prolonged the second so as to make it equal to two, this only counts as one'.[5] Why should this be? Why should not it [the second blast] be counted as divided into two?[6]—We do not divide a *teki'ah* into two.

Come and hear [another objection]: If one blew into a pit or a cistern or a barrel, if the sound of the *shofar* came out [pure], he has performed his duty, but if an echo came out [with it], he has not performed his duty.[7] Why should this be? Cannot he have performed his duty [by hearing] the beginning of the blast, before the sound is confused [with the echo]?—The truth is that two utterances proceeding from one man cannot be distinguished, but proceeding from two men they can be distinguished.[8] But if they proceed from two men can they be distinguished? Have we not learnt: 'In the recital of the Torah [in synagogue]
b one may read and another translate;[1] what is not allowed is that[2] one should read[3] and two translate'.[4]—The fact is that our case resembles that mentioned in the next clause [of this quotation]: 'In the recital of Hallel and the Megillah[5] even ten may read'.[6] This shows that since an interest is taken in these,[7] the hearer pays close attention. So here, since an interest is taken, he pays close attention and hears [the two sounds]. Why then is the blast of the *shofar* prolonged?—So that people should know that the proper ceremony of the day is with the *shofar*.

ON FAST DAYS THEY USED CURVED SHOFARS OF RAMS' HORNS THE MOUTHS OF WHICH WERE OVERLAID WITH SILVER. Why in the other case should gold have been used and here silver?—If you like I can reply that for all public gatherings silver is used, as it is written, *Make thee two trumpets of silver*,[8] or if you like I can say that the Torah wished to spare Israel unnecessary expense.[9] [If that is so], we should use silver in the other case also?—Even so, this consideration is outweighed by that of paying respect to the holyday.

R. Papa b. Samuel was minded to follow the instructions of the Mishnah,[10] but Raba said to him, These instructions were laid down only for the Sanctuary. It has been taught to the same effect: Where do these rules apply? To the Sanctuary; but in the provinces, where the trumpets are in place[11] there is no *shofar*, and where the *shofar* is in place[12] there are no trumpets. R. Ḥalafta adopted the same custom in Zepphoris and R. Ḥananiah b. Teradion in Sikni,[13] and when this was reported to the Sages they said: This was not the practice save only in the gates of the
c East and the Mount of the Temple.[1] Said Raba—or it may be R. Joshua b. Levi: What is the Scriptural warrant for this?—Because it is written, *With trumpets and the sound of the* shofar *shout ye before the king, the Lord*:[2] before the king, the Lord,[3] we require trumpets and the sound of the *shofar*, but elsewhere not.

THE JUBILEE IS ON A PAR WITH THE NEW YEAR FOR BLOWING THE HORN AND FOR BLESSINGS. R. Samuel b. Isaac asked: What authority do we follow in saying nowadays [on New Year] the prayer, 'This day is the beginning of thy works, the commemoration of the first day'?[4] What authority? R. Eliezer, who said that the world was created in Tishri. R. 'Ena raised an objection [against this view]: [It is stated], THE JUBILEE IS ON A PAR WITH THE NEW YEAR FOR BLOWING THE TRUMPET AND FOR BLESSINGS. [Now how can this be on your view] seeing that there is [the prayer], 'This day is the beginning of thy works, the commemoration of the first day'?[5] —The statement of the Mishnah refers to the other [features]. R. Shisha the son of R. Idi reported the discussion thus. 'R. Samuel b. Isaac said: This statement of our Mishnah, THE JUBILEE IS ON A PAR WITH THE NEW YEAR FOR BLOWING THE HORN AND FOR BLESSINGS. —which authority does it follow? Not that of R. Eliezer. For if you were to say it follows R. Eliezer, seeing that he holds that the world was created in Tishri, what would you make of "This day is the commencement of thy works, the commemoration of the first day", which is said on New Year and is not said on the Jubilee?—[The answer is that] the Mishnah speaks only of the other [features]'.

MISHNAH. A SHOFAR WHICH HAS BEEN SPLIT AND STUCK TOGETHER IS NOT VALID.[6] IF FRAGMENTS OF SHOFARS ARE STUCK TOGETHER [TO MAKE ONE], IT IS NOT VALID.

(7) Because the blast has to be made with a *shofar*, and not with gold.

a (1) As much as to say, if the *shofar* and the trumpets are blown together, the sound of the *shofar* will not be distinguished. (2) B.B. 64a. (3) In the version of the Ten Commandments in Ex. XX, the fourth commandment commences with the words *Remember the Sabbath day*, whereas in Deut. V it commences with '*Observe*'; and the Rabbis explain the discrepancy in this way. (4) Seeing that in this case he hears distinctly only the end of the *shofar* blast, after the trumpets have ceased. (5) This is a quotation from the Mishnah on 33b, where an explanation will be found in the notes. (6) So that the beginning would count as the end of the first series of *teki'ah teru'ah teki'ah*, and the end of it would count as the beginning of the second series. (7) V. *infra* 28a. (8) And so the *shofar* and the trumpets can be distinguished here.

b (1) It was usual in ancient times to read after each verse of the Torah the authorized Aramaic translation (*targum*) of it. (2) Lit., 'only one should not'. (3) So in Meg. loc. cit. Our texts have here 'two should read and two translate'. (4) Meg. 21b. (5) The book of Esther. (6) V. loc. cit. for notes. (7) Lit., 'endeared'. I.e., a greater interest than in the Torah, since they come more rarely. (8) Num. X, 2. V. *supra*. (9) Lit., 'had mercy on the money of Israel'. (10) I.e., to use both *shofar* and trumpets. (11) I.e., on fast days. (12) I.e., on New Year and Jubilees. (13) Perhaps Sogana in Galilee mentioned in Josephus, *Vita*, 51.

c (1) I.e., the gates of the East on the Temple Mount. According to some, however, the 'gates of the East' were in the Women's Court (v. Rashi). (2) Ps. XCVIII, 6. (3) I.e., in the Temple. (4) In the *Musaf 'Amidah* for New Year, v. *P.B.*, p. 250. (5) Which cannot be said on the Day of Atonement of the Jubilee. (6) Because it is like two *shofars*.

ופיו מצופה זהב : והתניא *ציפהו זהב במקום הנחת פיו פסול שלא במקום הנחת פיו כשר אמר אביי כי תנן נמי מתניתין שלא במקום הנחת פה תנן : ושתי חצוצרות מן הצדדים : ותרי קלי מי משתמעי והתניא *זכור ושמור בדיבור אחד נאמרו מה שאין הפה יכולה לדבר ואין האוזן יכולה לשמוע לכך מאריך בשופר למימרא דכי שמע *סוף תקיעה בלא תחילת תקיעה יצא וממילא תחילת תקיעה בלא סוף תקיעה יצא ת"ש תקע *בראשונה ומשך בשניה כשתים אין בידו אלא אחת אמאי תיסלק ליה בתרתי פסוקי תקיעתא מהדדי לא פסקינן ת"ש *התוקע לתוך הבור או לתוך הדות או לתוך הפיטס אם קול שופר שמע יצא ואם קול הברה שמע לא יצא אמאי ליפוק בתחילת תקיעה מקמי דליערבב קלא °אלא תרתי קלי מחד גברא לא משתמעי מתרי גברי משתמעי ומתרי גברי מי משתמעי והא תניא* בתורה אחד קורא ואחד מתרגם ובלבד שלא (*יהו שנים קורין) ושנים מתרגמין הא לא דמיא אלא לסיפא בהלל ובמגילה אפילו עשרה קורין אלמא כיון דחביב יהיב דעתיה הכא נמי כיון דחביב יהיב דעתיה ושמע אלא למה מאריך בשופר לידע שמצות היום בשופר : ובתעניות בשל זכרים כפופין ופיו מצופה כסף : מאי שנא התם דזהב ומ"ש הכא דכסף איבעית אימא כל כינופיא דכסף הוא דכתיב °עשה לך שתי חצוצרות כסף ואיבעית אימא *) התורה חסה על ממונן של ישראל התם נמי נעביד דכסף אפילו הכי כבוד יו"ט עדיף רב פפא בר שמואל סבר למיעבד עובדא כמתניתין אמר ליה רבא לא אמרו אלא במקדש תניא נמי הכי במה דברים אמורים במקדש אבל בגבולין מקום שיש חצוצרות אין שופר מקום שיש שופר אין חצוצרות וכן הנהיג רבי חלפתא בציפורי ורבי חנניא בן תרדיון בסיכני וכשבא (א) דבר אצל חכמים אמרו לא היו נוהגין כן אלא בשערי מזרח ובהר הבית בלבד אמר רבא ואיתימא רבי יהושע בן לוי מאי קראה דכתיב °בחצוצרות וקול שופר הריעו לפני המלך ה' לפני המלך ה' הוא דבעינן חצוצרות וקול שופר אבל בעלמא לא : שוה היובל לר"ה לתקיעה ולברכות כו' : א"ר שמואל בר יצחק כמאן מצלינן האידנא זה היום תחלת מעשיך זכרון ליום ראשון כמאן כרבי אליעזר דאמר *בתשרי נברא העולם מתיב רב עינא שוה יובל לר"ה לתקיעה ולברכות והא איכא זה היום תחלת מעשיך זכרון ליום ראשון דבר"ה איתא וביובל ליתא כי קתני אשארא רב שישא בריה דרב אידי מתני הכי א"ר שמואל בר יצחק הא דתנן שוה היובל לר"ה לתקיעה ולברכות כמאן דלא כרבי אליעזר דאי רבי אליעזר כיון דאמר בתשרי נברא העולם הא איכא זה היום תחלת מעשיך זכרון ליום ראשון דבר"ה איתא וביובל ליתא כי קתני אשארא : **מתני'** שופר שנסדק ודבקו פסול דיבק שברי שופרות פסול

ניקב

רש"י

ופיו מצופה זהב כו' במקום הנחת פה פסול. שהתקיעה בזהב ולא בשופר : לכך מאריך בשופר. תירוצא הוא : וממילא כו'. דמה לי סוף בלא תחילה ומה לי תחילה בלא סוף ומשום דבעי לאותובי אתרוייהו דייק הך דיוקא : תקע בראשונה. בפשוטה שלפני התרועה : ומשך בשניה כשתים. לפי שהיה צריך לתקוע כאן ב' תקיעות רצופות אחת לפשוטה לאחריה דמלכיות ואחת לפשוטה לפניה דזכרונות : בור ודות. חדא נינהו *אלא שהבור בחפירה והדות בבניין על הקרקע ליסטרנ"א בלע"ז : פיטס. חבית גדולה פונטי"ן בלע"ז : מחד גברא. דומיא דזכור ושמור : הא לא דמיא. הא מילתא דשופר לא דמיא אלא לסיפא : י' קורין. וי' קולות יש כאן שאי אפשר להם לנמלם דיבורם בתיבה אחת שלא יהא אחד לאחור ואחד לפנים : דחביבה עליה. חדשה היא לו : התורה חסה. דכתיב (ויקרא יד) וצוה הכהן ופנו את הבית שלא יטמאו כלי חרס שבתוכו שאין להם טהרה במקוה : למיעבד עובדא. בחצוצרות ושופר : מקום שיש שופר. כגון ר"ה ויובל : מקום שיש חצוצרות. כגון תעניות : וכן הנהיג. כמשנתינו שופר וחצוצרות : בשערי מזרח ובהר הבית. חדא מילתא היא בשערי מזרח בהר הבית וי"א בשערי מזרח בעזרת נשים : **מתני'** שופר שנסדק ודבקו. בדבק שקורין גלו"ד : פסול. דהוה ליה כשני שופרות :

העמידו

תוספות

בתורה אחד קורא. פירוש לבדו ואחרי כן המתרגם מתרגם לבדו ולא שנים קורין יחד ומתרגמין יחד :

אבל שנים לא. והא דאמרינן בפ"ק דב"ב (דף טו. ושם) שמונה פסוקים שבתורה יחיד קורא אותם לא שלא יקרא אחר עמו דא"כ כל התורה נמי אלא שלא יחלקום לשנים זה ארבעה וזה ארבעה ומה שנהגין לקרות שנים בתורה סמכו אמתני' דפרק בתרא דבכורים* (משנה ז) דתנן בראשונה כל מי שיודע לקרות קורא וכל מי שאינו יודע לקרות מקרין אותו נמנעו מלהביא בכורים התקינו שיהיו מקרין את מי שהוא יודע ואת מי שאינו יודע :

כמאן מצלינן זה היום תחלת מעשיך. תימה הא קי"ל כרבי יהושע כדאמרינן בפ"ק (דף יב.) לתקופה כר' יהושע ואומר ר"ת דקי"ל כרב עינא דפריך משוה יובל ורב עינא ה"ק והא איכא זה היום תחלת מעשיך דאיתיה בראש השנה וליתיה ביובל אלא ודאי הא דאמרינן ליה לאו משום ברייתו של עולם אלא משום תחלת מעשה דין שהעולם נדון בו להתקיים או לאו וזה שייך נמי ביוה"כ דיובל דהוקש לר"ה כדלקמן בפרק בתרא (דף לג.) (אבל בשאר יומי לא) ואע"ג דמשני ליה שפיר רב עינא לא הדר ביה ומיהו לאידך לישנא קשיא דקאמר מתני' דלא כר"א הוה ליה לשנויי דזה היום תחלת מעשיך לאו אבריאת עולם קאי ומה שיסד ר"א הקליר בגשם דשמיני עצרת כר"א דאמר בתשרי נברא העולם ובשל פסח יסד כר' יהושע אומר ר"ת דאלו ואלו דברי אלהים חיים ואיכא למימר דבתשרי עלה במחשבה לבראות ולא נברא עד ניסן ודכוותה אשכחן בפרק עושין פסין (עירובין דף יח. ושם) גבי אדם שעלה במחשבה לבראות שנים ולבסוף לא נברא אלא אחד :

כמאן דלא כר' אליעזר. תימה הא ע"כ לא שוו לכל מילי דהתניא לקמן בפרק בתרא (דף ל.) שוה יובל לר"ה לתקיעה ולברכות אלא שביובל תוקעין בין בב"ד שקדשו את החדש בין בב"ד שלא קדשו את החדש וכל יחיד ויחיד חייב לתקוע :

שופר שנסדק ודבקו פסול. פי' בקונטרס דהוה ליה כשני שופרות משמע שר"ל שנסדק לגמרי שנחלק לב' חתיכות שאם היה מחובר מצד אחד אין זה שני שופרות ותימה דאם נחלק לגמרי היינו דבק שברי שופרות ולכך נראה דנסדק מצד אחד לארכו על פני כולו ולפי שאין שם שופר עליו וכ"ש דבק שברי שופרות אלא זו ואין צריך לומר זו קתני א"נ יותר סופו להפרד כשנסדק מצד אחד ודבקו משאם עשה שופר אחד של חתיכות והוי שם שופר עליו טפי קא משמע לן ודבק שברי שופרות נמי לא מיפסיל מטעם שנים ושלשה שופרות אלא דאין זה קרוי שופר אי נמי משום דכתיב (ויקרא כה) והעברת דרך העברתו כי היכי דפסלינן הפכו ותקע בו משום דבעינן דרך העברתו ואפילו נפסל מטעם שנים ושלשה שופרות אין קשיא כלום :

ניקב

עין משפט נר מצוה

יג א מיי' פ"א מהלכות שופר הלכה ו טוש"ע א"ח סי' תקפו סעיף טז :

יד ב ג מיי' פי"ב מהל' תפלה הלכה יא טור ש"ע א"ח סי' קמא סעיף ג :

טו ד טוש"ע א"ח סי' תפח סעיף ג וסי' תרמד סעיף ג :

מכאן ראיה שפרק אנדרוגינוס אינו מן המשנה ודלא כסמ"ג עי' בהגהת מהגרי"ב סוף בכורים

טז ה מיי' פ"ב מהלכות מגילה הלכה ז טור ש"ע א"ח סי' תרל ס"ב :

יז ו מיי' פ"א מהלכות תענית הלכה ד :

יח ז מיי' פ"א מהלכות שופר הלכה ה סמג עשין מב טוש"ע א"ח סי' תקפו סעיף ח :

לקמן כח.

יט ח מיי' וסמג שם טוש"ע שם סעיף י :

רבינו חננאל

ות"ק סבר אדרבה איפכא מסתברא ופיו: של שופר מצופה זהב . ואוקימנא שלא במקום הנחת פה אבל במקום הנחת פה פסול הוא אותו השופר : ושתי חצוצרות מן הצדדין כו' . ואקשינן ותרי קלי מי משתמעי כלומר אפשר לאדם לשמוע שני קולות בבת אחת והתניא שמור וזכור בדבור אחד נאמרו מה שאין הפה יכול לדבר ולא אוזן יכול לשמוע . ופרקינן לכך מאריך בשופר כדי לצאת החובה בקול השופר ואקשי' הנה *) כיון שהאריך בשופר סוף תקיעה בלא תחלת תקיעה למימרא דשמע סוף תקיעה בלא תחלת תקיעה יצא . והתנן תקע בראשונה ומשך בשניה כשתים אין בידו אלא אחת . פי' תקע תר"ת תקיעה תרועה תקיעה ועוד רצה להתחיל תר"ת אחר . נמצא תקיעה של סוף תר"ת הראשון ותקיעה שהיא התחלת תר"ת השני סמוכות להדדי . עכשיו אם משך בסוף התקיעה האחרונה שבתר"ת הראשון כשיעור ב' תקיעות אין בידו אלא אחת כי אין מפסיקין הסופמן התחלה ולא עלה בידו אלא תר"ת אחת. ופרקי' פסוקי תקיעתא חדא לתרתי לא פסקי ולעולם שמע תחלת תקיעה בלא סוף תקיעה או סוף תקיעה בלא תחלת תקיעה יצא . וי"א היה צריך תר"ת ותקע תקיעה ומשך בתרועה כדי תרועה ותקיעה אין בידו אלא תקיעה אחת . ותלמוד ... מסייע לזה הפירוש . ת"ש התוקע לתוך הבור או לתוך הדות כו' . ושנינן תרי קלי מחד כגון שמור וזכור שנאמרו מפי הגבורה תרי כחדא לא משתמעי אלא הני כאות ומופת אבל תרי קלי מתרי משתמעי כדתניא בהלל ובמגילה אפי' י' קורין וי' מתרגמין אלמא כיון דחביב עליה יהיב דעתיה ושמע הכא נמי גבי שופר וחצוצרות יהיב דעתיה ושמע . א"כ למה מאריך בשופר להודיע שמצות היום בשופר ש"מ דשופר ביד אחד וחצוצרות ביד אחרים ותוקעין בהן . והני מילי במקדש כדתניא בד"א במקדש אבל בגבולין מקום שיש שופר אין בו חצוצרות ומקום שיש חצוצרות אין שופר כו' מהאי קרא בחצוצרות וקול שופר הריעו לפני המלך ה'. בעינן בחצוצרות וקול שופר אבל בגבולין לא . שוה יובל לר"ה לתקיעה ולברכות פי' בעינן פ' תקיעות וברכות מלכיות וזכרונות ושופרות **) כך מתפללין ביובל ביוה"כ . כמאן מצלינן בר"ה זה היום תחלת מעשיך כר' אליעזר דאמר בתשרי נברא העולם ומותבינן והא תנן שוה יובל לר"ה לתקיעות ולברכות . והאיכא זה היום תחלת מעשיך . ר' יהודה אומר

בראש

*) לכאורה נ"ל כיון דמה שהאריך בשופר אינו אלא סוף תקיעה וכו'. **) אולי נ"ל וזכרונות ושופרות שמתפללין בר"ה כך מתפללין.

מסורת הש"ס

[ב"ב סד.] [שבועות כ:] [לקמן כח.] [לקמן כח. לג:] מגילה כא: [ע"ע יהא אחד קורא כך ליתא במגילה] במדבר י *) [יומא לט.] תהלים צח [לעיל ח. י: ע"ז ח.]

הגהות הב"ח

(א) גמ' ור"ח בן תרדיון בסיכני וכשבא דבר אצל חכמים :

גליון הש"ס

גמ' אלא תרתי קלי כו' מתרי גברי. עי' סוטה דף לט ע"ב תד"ה עד שיכלה :

עין משפט
נר מצוה

כ א מיי' פ"א מהלכות שופר הלכה ז טוש"ע א"ח סי' תקפו סעיף יג :
כא ב מיי' שם טוש"ע שם סעיף יד :
כב ג ד מיי' שם הלכה ו טוש"ע שם סעיף טו :
[סתוי"ט לא גרס מלת וכן]
כג ה מיי' שם טוש"ע שם סעיף כ :
כד ו מיי' שם טוש"ע שם סעיף יב :
כה ז מיי' שם טוש"ע שם סעיף יא :
כו ח ט מיי' שם הלכה ה טוש"ע שם סעיף ז :
כז י מיי' שם טוש"ע שם סעיף ח :
כח כ ל מיי' שם טוש"ע שם סעיף ט :
כט מ מיי' שם הלכה ז טוש"ע שם סעיף ו :
ל נ מיי' שם הלכה ה טוש"ע שם סעיף טו :
לא ס מיי' שם הלכה ח טוש"ע א"ח סי' תקפז סעיף א :

ניקב וסתמו אם מעכב את התקיעה פסול ואם לאו כשר *התוקע לתוך הבור או לתוך הדות או לתוך *הפיטס אם קול שופר שמע יצא ואם קול הברה שמע לא יצא *וכן *מי שהיה עובר אחורי בית הכנסת או שהיה ביתו סמוך לבית הכנסת ושמע קול שופר או קול מגילה אם כוון לבו יצא ואם לאו לא יצא אע"פ שזה שמע וזה שמע זה כוון לבו וזה לא כוון לבו : **גמ'** תנו רבנן [א]ארוך וקצרו כשר [ב]גרדו והעמידו על גלדו כשר [ג]ציפהו זהב במקום הנחת פה פסול שלא במקום הנחת פה כשר [ד]ציפהו זהב מבפנים פסול מבחוץ אם נשתנה קולו מכמות שהיה פסול ואם לאו כשר ניקב וסתמו אם מעכב את התקיעה פסול ואם לאו כשר [ה]נתן שופר בתוך שופר אם קול פנימי שמע יצא ואם קול חיצון שמע לא יצא ת"ר גרדו בין מבפנים בין מבחוץ כשר גרדו והעמידו על גלדו כשר הניח שופר בתוך שופר אם קול פנימי שמע יצא ואם קול חיצון שמע לא יצא [ו]הפכו ותקע בו לא יצא אמר רב פפא לא תימא דהפכיה ככתונא אלא שהרחיב את הקצר וקיצר את הרחב מ"ט כדרב מתנה דאמר *רב מתנה °והעברת דרך העברתו בעינן : דיבק שברי שופרות פסול : ת"ר [ז]הוסיף עליו כל שהוא בין במינו בין שלא במינו פסול ניקב וסתמו בין במינו בין שלא במינו פסול ר' נתן אומר [ח]במינו כשר שלא במינו פסול אמר רבי יוחנן [ט]והוא שנשתייר רובו מכלל דשלא במינו אע"פ שנשתייר רובו פסול איכא דמתני לה אסיפא שלא במינו פסול א"ר יוחנן והוא שנפחת רובו מכלל דבמינו אע"פ שנפחת רובו כשר ציפהו זהב מבפנים פסול מבחוץ אם נשתנה קולו מכמות שהיה פסול ואם לאו כשר [י]נסדק לאורכו פסול [כ]לרוחבו אם נשתייר בו שיעור תקיעה כשר ואם לאו פסול *[ל]וכמה שיעור תקיעה פירש רשב"ג כדי שיאחזנו בידו ויראה *לכאן ולכאן [מ]היה קולו דק או עבה או *צרור כשר שכל הקולות כשירין [בשופר] שלחו ליה לאבוה דשמואל קדחו ותקע בו יצא פשיטא כולהו נמי מיקדח קדחו להו אמר רב אשי [נ]שקדחו בזכרותו מהו דתימא מין במינו חוצץ קמ"ל : התוקע לתוך הבור או לתוך הדות כו' : אמר רב *הונא °לא שנו אלא לאותן העומדים על שפת הבור אבל אותן העומדין בבור יצאו תניא נמי הכי התוקע לתוך הבור או לתוך הדות יצא והתנן לא יצא אלא לאו שמע מינה כדרב הונא ש"מ °איכא דרמי להו מירמא תנן התוקע לתוך הבור או לתוך הדות לא יצא והתניא יצא אמר רב הונא לא קשיא כאן לאותן העומדין על שפת הבור כאן לאותן העומדין בבור אמר *רבה

שמע

[לקמן כט.]

גמ' העמידו על גלדו . גלד דק: מבפנים פסול. שהתקיעה בזהב : אם קול חיצון שמע לא יצא . דאיכא מחילות הפנימי מפסקת התקיעה : ככתונא . כהפיכת חלוק לעשות פנימי חיצון : שקיצר את הרחב . ברותחין : והעברת . דרך העברתו כדרך שהאיל מעבירו בראשו בבהמה מחיים : דיבק שברי שופרות כו' : במינו כשר. אם אינו מעכב את התקיעה : נסדק . כולו וכן נסדק לרחבו כל רחבו להקיפו : אם נשתייר בו . מן מקום הסדק עד מקום הנחת פה שיעור תקיעה כשר חשיב ליה כמאן דאשתקיל כוליה והוה ליה ארוך וקצרו : צרור . לשון יבש רו"יש בלע"ז : קדחו . נקבו וקס"ד נקב הנחת פה קאמר : שקדחו בזכרותו . כשהוא מחובר בבהמה עצם בולט מן הראש ונכנס לתוכו ומוציאין אותו מתוכו וזה לא הוציאו אלא נקב את הזכרות : אותן העומדין בבור יצאו . שהן קול השופר לעולם שמעו : איכא דרמי להו מירמא . יש תלמידים שאין שונין להא דרב הונא בענין לא שנו לפרושי מתניתין אלא רמו מירמא מתניתין ובריייתא אהדדי ועלה קאי רב הונא ומשני :

[מלשון בעלי פטסין בכילה טו:]

[לקמן לד.]

[נדה כו. ע"ש]

[ג"י סערוך צרוד וכ"א כרש"י חולין נו. ד"ה צריך טו' ע"ש]

ג"י סרא"ש רב יהודה

[ג"י סרא"ש רבא]

ניקב וסתמו אם מעכב את התקיעה פסול ואם לאו כשר . אם נפרשה דאיירי לאחר הסתימה לפי שלא הוחלקה סתימת הנקב אין הרוח יוצא בפשיטות ומעכב את הקול קשיא כיון דכל הקולות כשרין בשופר כדאמרינן בגמרא מה לי מעכב מה לי אינו מעכב ונראה דאיירי קודם סתימה דקודם שנסתם היה הנקב מעכב את הקול שהיה הקול משתנה מחמת הנקב וכשסתמו חזר לכמות שהיה ובירושלמי גרס בהדיא אם היה מעכב קודם שסתמו פסול כשסתמו וטעמא דפסול כיון דסתימה זו מסייעה לקול משום דשופר אחד אמר רחמנא שלא יסייע דבר אחר לקול כמו לפהו זהב דאם נשתנה קולו פסול אבל אם לא היה מעכב את התקיעה שלא נשתנה קולו מתחילה מחמת הנקב הרי הוא כאילו לא ניקב ואין לחוש במה שסתמו והיכא דלא סתמו קאמר בהדיא בירושלמי דכשר משום דכל הקולות כשרין בשופר והשתא רבי נתן דקאמר בגמרא במינו כשר שלא במינו פסול ע"כ אהיה מעכב את התקיעה קאי דאפ"ה כשר במינו דהא ר' יוחנן קאמר עלה בגמרא והוא שנשתייר רובו והוא שנפחת רובו ואי אפשר לנקב גדול כל כך שלא יעכב את התקיעה ומתני' כרבנן א"כ כר' נתן ובשלא במינו ללישנא קמא דרבי יוחנן ומיהו לאידך לישנא דרבי יוחנן דקאמר שלא במינו פסול והוא שנפחת רובו משמע אבל במינו אף על פי שנפחת רובו כשר קשיא מתני' כמאן דע"כ הא דאמרי רבנן בין במינו בין שלא במינו פסול יעמיד כמו כן רבי יוחנן כשנפחת רובו דמאי שנא לרבי נתן מלרבנן כמו שדומה לו לרבי נתן סברת דלא נפחת רובו כשר אפילו שלא במינו למה לא יאמר כמו כן לרבנן דכולה ברייתא בנפחת רובו מיתוקמא ואע"פ שלא נפחת אלא מיעוטו אי אפשר שלא יעכב הנקב את התקיעה אם לא נסתם ואפילו הכי כשר ולכך נראה ודאי לפרש מ"מ דאם מעכב את התקיעה לאחר שסתמו קאמר ובירושלמי קתני במילתיה דרבנן בין במינו בין שלא במינו אם מעכב התקיעה פסול ואם לאו כשר וכן בתוספתא (פ"ב) ואפילו הכי קאמרי בירושלמי דמתני' ר' נתן ומסקנא דשמעתא °והלכה למעשה נראה דשופר שניקב וסתמו במינו וחזר לקולו לכמות שהיה מתחילתו קודם שנקב לית דין ולית דיין דכשר אפילו היה מעכב התקיעה קודם שנסתם דפי' זה עיקר דאם מעכב את התקיעה לאחר שנסתם קאמר ולא סתמו כלל כשר אפילו מעכב הנקב את התקיעה כדקאמרינן בירושלמי דכל הקולות כשרין בשופר : **ארוך** וקצרו כשר . איצטריך לאשמועינן דלא תימא דפסול משום דכתיב והעברת : **צפהו** זהב במקום הנחת הפה . היה נראה לפרש דעובי השופר במקום שמניח פיו קרי מקום הנחת הפה ושלא במקום הנחת פה היינו מבחוץ אבל א"כ היינו צפהו זהב מבחוץ ואם נפרש דשלא במקום הנחת הפה היינו ראשו האחד לצד הרחב הא אמרינן בסמוך הוסיף עליו כל שהוא בין במינו בין שלא במינו פסול והיינו יכולין לפרש דהתם בשאין בין הכל אלא שיעור שופר ודוחק : **צפהו** מבפנים פסול . לפי שאין קול שופר אלא קול זהב וכן מבחוץ כיון דנשתנה קולו : **אם** קול חיצון שמע לא יצא . שהקול יוצא באויר שבין חיצון לפנימי והיינו ב' או ג' שופרות : **נסדק** לארכו פסול . לא תני הכא אם נשתייר בו שיעור תקיעה כשר כדקתני גבי נסדק לרחבו משום דלארכו לא מיפסל אא"כ נסדק על פני ארכו מראשו ועד סופו : **ושמע** קול שופר או קול מגילה אם כוון לבו יצא . הא דאמרינן בפ' כל גגות (עירובין דף נב: ושם) ליבור בקטנה ושליח ליבור בגדולה אין יוצאין ידי חובתן שאני התם דליכא עשרה עם שליח ליבור והא דאמרינן בשילהי כילד צולין (פסחים פה: ושם) מן האגף ולחוץ כלחוץ ואמר רב וכן לתפלה ורבי יהושע בן לוי אמר אפילו מחילה של ברזל אינה מפסקת בין ישראל לאביהם שבשמים קשה במאי קא מיירי אי לענין לצרוף כגון לצבור ושליח לצבור או ט' ויחיד אם כן הויא סוגיא דכל גגות דלא כרבי יהושע בן לוי וכוותיה קיימא לן דהא הני נשי קיימי לחודייהו *כדמוכח בסוטה בפ' ואלו נאמרין (דף לח: ושם) דמייתי מינה ראייה לברכת כהנים דאין מחילה מפסקת ואי לענין לצאת איירי אם כן קשיא מתניתין לרב ויש לומר דאיירי לענין לענות עם הצבור קדושה ויהא שמיה רבא משום דאמרינן (ברכות דף כא:) כל דבר שבקדושה לא יהא פחות מי' אבל בתקיעה ומגילה מודו :

בשופר

רבינו חננאל

בראש השנה תוקעין בשל זכרים וקיי"ל כוותיה : [מתני'] שופר שנסדק ודבקו פסול כו' . ת"ר ארוך וקצרו כשר . גרדו והעמידו על גלדו כשר. ציפהו זהב מבפנים פסול . מבחוץ אם נשתנה קולו מכמות שהיה פסול ואם לאו כשר נתן שופר בתוך שופר ותקע בו אם קול פנימי שמע יצא . ואם קול חיצון שמע לא יצא . ת"ר גרדו בין מבפנים בין מבחוץ וכן אם גרדו והעמידו על גלדו כשר הפכו כגון שהרחיב את הקצר והוא ראש הקרן או קצר הרחב והוא מקום הדבוק לראש של בהמה ותקע בו לא יצא כדרב מתנה דא' והעברת שופר תרועה בעינן דרך העברתו בשעה שתוקע ימריע . דיבק שברי שופרות פסול . הוסיף עליו כל, שהוא בין במינו בין שלא במינו פסול ר' נתן אומר במינו כשר שלא במינו פסול . מדחזינן ר' יוחנן דמתרץ אליבא דר' נתן ש"מ הלכתא כותיה והוא שנשתייר רובו של שופר שלם והני מילי שסתמו בקרן שהוא מינו אבל אפילו נשתייר רובו שלם פסול . אע"ג דלישנא בתרא לאו הכי הוא *) אתברירא לן דהו מינייהו לישנא בתרא הלכך עבדינן לחומרא . נסדק לאורכו פסול . לרחבו אם נשתייר בו שלם למעלה מהסדק שיעור תקיעה והוא טפח שוחק כשר . דאמרינן כאילו מקום הסרק החתוך הוא והנותר הוא השופר . ואם נשתייר פחות מזה השיעור פסול וכמה שיעור תקיעה פי' רשב"ג כדי שיאחזו[נו בידו ויראה לכאן] ולכאן . שיערו חכמים טפח שוחק . כדגרסינן בנדה פרק ג' תני אושעיא זעירא דמן חבריא ה' שיעורן טפח ואלו הן שיליא ושופר ושדרו של לולב ואזוב ודופן סוכה . היה קולו עבה או דק או צ[רור כשר שכל] הקולות כשרין בשופר . שלחו ליה [לאבוה] דשמואל קדח בזכרותו כלומר נקבו במקדח בזכרותו שבתוך הקרן כשר . מהו דתימא מין במינו חוצץ קמ"ל **) דאין במינו חוצץ . התוקע [לתוך הבור או לתוך הדות] או לתוך הפיטום אם קול שופר שמע יצא ואם קול הברה שמע לא יצא . ואוקמה רב הונא באותן בני אדם העומדין על שפת הבור . אבל העומדים בבור יצאו . תני נמי א[...]

גליון הש"ס גמ' איכא דרמי להו . כעין זה סוכה דף טז ע"א . ב"ב דף יט ע"א . ודף לב ע"ב . ודף כו ע"א : תוס' ד"ה ניקב כו' . והלכה למעשה . תמוה לי למה דוקא במינו הא בירושלמי מו[...] כר"נ וא"כ מיירי מתני' באינו מינו ואפ"ה אם אינו מעכב כשר וכזה לא פליגי רבנן אלא דס"ל דמעכב אף במינו פסול אבל מה דכשר לר"נ באינו מינו ס"ג לרבנן :

*) נראה דצ"ל מ"מ כיון דלא אתברירא וכו' ועי' בר"ן . **) קמ"ל דמינו אינו חוצץ .

[27b] IF A HOLE IN A SHOFAR HAS BEEN STOPPED UP, IF IT INTERFERES WITH THE BLOWING IT IS NOT VALID, BUT OTHERWISE IT IS VALID.[1] IF ONE BLOWS INTO A PIT OR A CISTERN[2] OR A BARREL, IF HE CAN HEAR THE SOUND OF THE SHOFAR [PURE] HE HAS PERFORMED HIS DUTY, BUT IF HE HEARS THE ECHO [ALSO], HE HAS NOT PERFORMED HIS DUTY. SIMILARLY IF ONE WAS PASSING BEHIND A SYNAGOGUE OR IF HIS HOUSE WAS ADJOINING THE SYNAGOGUE AND HE HEARD THE SOUND OF THE SHOFAR OR OF THE MEGILLAH[3] [BEING READ], IF HE LISTENS WITH ATTENTION[4] HE PERFORMS THE RELIGIOUS PRECEPT [BY SO HEARING], BUT OTHERWISE HE DOES NOT; ALTHOUGH ONE HEARS EQUALLY WITH THE OTHER, [YET THERE IS A DIFFERENCE, BECAUSE] THE ONE LISTENED WITH ATTENTION WHILE THE OTHER DID NOT LISTEN WITH ATTENTION.

GEMARA. Our Rabbis taught: 'If the horn was too long and it has been shortened, it is valid. If it has been scraped till it becomes thin like a wafer,[5] it is valid. If it is overlaid at the spot where the mouth is applied, it is not valid, if not at the spot where the mouth is applied,[6] it is valid. If it is overlaid with gold on the inside, it is not valid,[7] if on the outside, if the sound is thereby changed from what it was before, it is not valid, but otherwise it is valid. If it had a hole which has been stopped up, if this interferes with the blast it is not valid, but otherwise it is valid.[8] If one *shofar* is put inside another *shofar*, if one can hear the sound of the inner one he thereby performs his religious duty, but if he hears the sound of the outer one he does not thereby perform his religious duty.[1]

Our Rabbis taught: If it was scraped whether on the inside or the outside, it is valid. If it was scraped till it became [thin like] a wafer, it is valid. If one *shofar* is placed within another, if one hears the sound of the inner one he thereby performs his religious duty, but if he hears the sound of the outer one he does not thereby perform his religious duty. If he turns it inside out[2] and blows it, he does not thereby perform his religious duty. Said R. Papa: Do not take this to mean [merely], 'if he turned it inside out like a coat', but even if he widened the narrow part and narrowed the wide part. What is the reason?—As stated by R. Mattenah; for R. Mattenah said: *And thou shalt carry along:*[3] we require [the horn to be] of the shape in which it is carried along.[4]

Our Rabbis taught: 'If the least quantity is added to it whether of its own material or of another material, it is not valid. If there was a hole in it and it is stopped up, whether with its own material or another material, it is not valid. R. Nathan, however, says, if with its own material it is valid, but if with another material it is not valid'.[5] 'If with its own material it is valid': Said R. Johanan: This is the case only if the greater part of the original is left. From this we infer that if it is stopped with another material, even though the greater part of the original was left it may not be used. Some attach R. Johanan's remark to the latter clause: 'If with another material it is not valid': Said R. Johanan: This is the case only if the greater part of the original was removed. From this we infer that if the stoppage is made with the same material, even though the greater part of the original is gone it is valid.[6] 'If it was overlaid with gold on the inside it is not valid, if on the outside, if its sound becomes different from what it was before, it is not valid, but otherwise it is valid. If it is split lengthwise it is not valid, but if breadthwise, if enough is left to produce a blast it is valid, but otherwise it is not valid.'[1] How much is enough to produce a blast?—R. Simeon b. Gamaliel explained: Enough to allow of it being held in the hand and leaving something showing on either side. 'If its sound is thin or thick or dry, it is valid, since all sounds emitted by a *shofar* can pass muster'.[2]

They sent to inform the father of Samuel: If one pierced it [the horn] and blew with it, he has performed his religious duty. Is not this obvious? All *shofars* are pierced![3]—R. Ashi explained: [It means], if he pierced the inset bone.[4] You might think that although it is of the same material it makes a partition; we are therefore told [that this is not so].

IF ONE BLOWS INTO A PIT OR A CISTERN etc. R. Huna said: This rule applies only to those standing on the edge of the pit, but those standing in the pit perform their religious duty thereby. It has been taught to the same effect: 'If one blows into a pit or a cistern, he performs his religious duty'. But have we not learnt, HE DOES NOT PERFORM HIS RELIGIOUS DUTY? You must therefore understand it in the sense of R. Huna's dictum. Some put the two statements in opposition, [thus]: We have learnt, IF ONE BLOWS INTO A PIT OR A CISTERN HE DOES NOT PERFORM HIS RELIGIOUS DUTY. But has it not been taught, 'He *does* perform his religious duty'?—R. Huna replied: There is no contradiction; the one statement speaks of those standing on the edge of the pit, the other of those standing in the pit.

a (1) The Talmud Yerushalmi reads here, 'If it (the hole) interfered with the blowing before it was closed, the *shofar* is not valid after it was closed'. Our version, however, rather implies that if the stoppage restores the *shofar* to its original condition, it may be used. V. Tosaf. s.v. ניקב. (2) Heb. דות, a pit faced with cement. (3) V. Glos. (4) Lit., 'if he applies his heart'. (5) Lit., 'he reduced it to its coating'. (6) This apparently means, on the top opposite the exact spot to which the mouth is applied. V. Tosaf. s.v. צפהו. (7) Because the blast is then made by gold. (8) V. *supra* n. 1.

b (1) Because as the sound comes from the air between the two *shofars*, it is as if made by two or three *shofars*. V. Tosaf. s.v. אם. (2) By means of softening it with hot water. (3) וְהַעֲבַרְתָּ Lev. XXV, 9. E.V. *Then shalt thou make proclamation with*. Lit., 'cause to pass'. (4) By the ram when alive. (5) The quotation is here interrupted with a gloss on the last clause. (6) The quotation from the Baraitha is here resumed.

c (1) The quotation is again interrupted. (2) Lit., 'are valid'. (3) I.e., the horn is pierced to make a *shofar*. (4) A bone which grows from the animal's head inside the horn, and which is usually removed to make the *shofar*.

Rabbah[5] said: [28a] If one heard part of the blast in the pit and part of the blast on the edge of the pit,[6] he has performed his religious duty. If he heard part of the blast before the dawn[7] and part of the blast after dawn he has not performed his religious duty. Said Abaye to him: Why this difference? Because in the latter case we require the whole of the blast [which he hears] to
a be obligatory and this requirement is not fulfilled?[1] In the former case also we require the whole of the blast to be obligatory, and this requirement is not fulfilled![2]—Are the two cases parallel? In the latter, night is a time to which the obligation does not apply at all, but in the former, the pit is a place to which the obligation does apply for those who are in the pit.[3]

I infer from this that Rabbah was of opinion that if one heard the end of a blast without the beginning he has performed his religious duty,[4] and that from this it follows that if he heard the beginning without the end, he has likewise performed his religious duty. Come now and hear [an objection to this]: 'If one blew a *teki'ah* at the beginning [of the series] and prolonged the second one so as to be equal to two, it still counts as only one'. Why should this be? Let it be counted as divided into two?—We do not divide *teki'ahs*.[5] Come and hear [another objection]: 'If one blows into a pit or a cistern or a barrel, if he hears the sound of the *shofar* [pure] he has performed his religious duty, but if he hears the echo he has not performed his religious duty'. Why should this be? Let him have performed his religious duty with the beginning of the blast, before the sound is confused [with the echo?]—Rabbah was speaking of one who blows [for himself] and as he blows steps out of the pit.[6] If that is so, what is the point of his remark?[7]—You might argue that sometimes he puts his head out while the *shofar* is still in the pit and so the sound is confused. We are therefore told [that this makes no difference].

Rab Judah said: One should not blow with a *shofar* taken from a burnt-offering,[8] but if he did so[9] he has performed his religious duty. One should not blow with a *shofar* taken from a peace-offering, and if he did so he has not performed his religious duty. What is the reason? A burnt-offering is subject to the rule of
b trespass,[1] and once trespass has been committed with it, it becomes unhallowed. Peace-offerings, on the other hand, not being subject to the rule of trespass,[2] are still saddled with their prohibition,[3] (and do not become unhallowed).[4] Raba strongly demurred to this. When [he said], is the trespass committed? *After* he has blown; but *when* he blows, he does so with something prohibited.[5] No, said Raba: alike in one case and the other, he has not performed his religious duty. Later, however, he said: Alike in one case and in the other he has performed his religious duty, because religious precepts are not meant to provide physical enjoyment.[6]

Rab Judah said: One should not blow with a *shofar* which has been used for idolatrous purposes,[7] but if he does so, he has performed his religious duty.[8] One should not blow with a *shofar* from a devoted city,[9] and if he does so he has not performed his religious duty. What is the reason? In a devoted city nothing is [presumably] left of proper size.[10]

Raba said: If one is interdicted by vow to have any benefit[11] from his neighbour, the other may yet perform the ritual blowing of the *shofar* for him.[12] One, too, who is interdicted by vow to have any enjoyment from a *shofar* may yet perform with it the ritual blowing. Raba further said: If one is interdicted by vow to have any benefit from his neighbour, the other may yet sprinkle
c on him the water of the sin-offering[1] in the rainy season, but not in the summer time. One who has vowed to have no enjoyment from a fountain may take a ritual bath in it in the rainy season[2] but not in the summer time.

They sent to inform the father of Samuel: If a man is compelled by force to eat unleavened bread [on Passover], he thereby performs his religious duty.[3] Compelled by whom? Shall I say, by an evil spirit? But has it not been taught, 'If a man is sometimes in his sound senses and sometimes crazy, when he is in his senses he is regarded as a sane man in all particulars, and when he is crazy he is regarded as insane in all particulars'?[4]—R. Ashi said: [It means], if the Persians compelled him. Said Raba:[5] This would imply that if one blew the *shofar* simply to make music, he has performed his religious duty. Is not this obvious?[6] This is just what has been said![7]—You might argue that in the previous case the All-Merciful has prescribed that unleavened bread should be

(5) *Var. lec.* Raba. (6) We naturally suppose this to speak of one who steps out of the pit while he hears someone else blowing in the pit. (7) [Lit., 'before the pillar of the dawn went up'. This is the legal dividing line between night and day.]

a (1) It is obligatory to hear the *shofar* only by day but not by night. (2) One who is on the edge of the pit does not fulfil his obligation by hearing one blow in the pit. (3) And he fulfils his obligation with the part he heard in the pit. (4) V. *supra*. (5) V. *supra*, and notes. (6) And he hears both the beginning and the end of the blast clearly. (7) As it is obvious. (8) Made from the horn of a living animal which has been consecrated for a burnt-offering. After it has been offered and the blood thereof sprinkled the law of trespass does not apply to its horns, v. *infra*. (9) Unwittingly. V. Tosaf. s.v. בשופר.

b (1) Heb. מעילה, the using of holy things for secular purposes, v. Lev. V, 15ff. (2) I.e., even while still alive. After it had been offered and the blood sprinkled the law of trespass applied to certain portions of the flesh assigned for the altar. (3) Even if they have been accidentally used for secular purposes, they remain hallowed and must not be further used for such purposes. (4) These words in the text are bracketed. (5) Even in the case of the burnt-offering. (6) And since he derives no physical enjoyment from the act, he does not commit trespass. (7) Because no benefit may be derived from articles which have been used for idolatrous purposes, v. A.Z. 51*b*. (8) Because such performance is not intended to give any enjoyment. This reason is based on the opinion of Raba and not of Rab Judah; perhaps therefore we should read here 'Raba said', not 'Rab Judah said'. V. Tosaf. s.v. אמר רב יהודה. (9) V. Deut. XIII, 13-17. (10) Lit., 'its measurements are cut to pieces'. Everything in it was supposed to be burnt. (11) Heb. הנאה which can mean either 'benefit' or 'enjoyment'. (12) For this is no physical enjoyment.

c (1) Of the red heifer, to cleanse him from the pollution of a dead body. (2) I.e., when it is cold. (3) Even though he had no intention of performing it. (4) And we cannot speak of the performance of religious duties in connection with an insane person. (5) *Var. lec.* Rabbah. (6) Viz., that this is the implication of R. Ashi's remark. (7) Lit., 'this is that'.

[א]שמע מקצת תקיעה בבור ומקצת תקיעה על שפת הבור יצא [ב]מקצת תקיעה קודם שיעלה עמוד השחר ומקצת תקיעה לאחר שיעלה עמוד השחר לא יצא אמר ליה אביי מאי שנא התם דבעינא כולה תקיעה בחיובא וליכא הכא נמי בעינא כולה תקיעה בחיובא וליכא הכי השתא התם לילה לאו זמן חיובא הוא כלל הכא בור מקום חיובא הוא לאותן העומדין בבור למימרא דסבר רבה *שמע סוף תקיעה בלא תחילת תקיעה יצא וממילא תחילת תקיעה בלא סוף תקיעה יצא ת"ש *[ג]תקע בראשונה ומשך בשניה כשתים אין בידו אלא אחת ואמאי תסלק לה בתרתי פסוקי תקיעתא מהדדי לא פסקינן ת"ש *התוקע לתוך הבור או לתוך הדות או לתוך הפיטם אם קול שופר שמע יצא ואם קול הברה שמע לא יצא ואמאי ליפוק בתחילת תקיעה מקמי דליערבב קלא [ד]כי קאמר רבה בתוקע ועולה לנפשיה אי הכי מאי למימרא מהו דתימא זמנין דמפיק רישיה ואכתי שופר בבור וקא מיערבב קלא קמ"ל אמר רב יהודה בשופר של עולה לא יתקע ואם תקע יצא *[ה]בשופר של שלמים לא יתקע ואם תקע לא יצא מ"ט עולה בת מעילה היא כיון *דמעל בה נפקא לה לחולין שלמים דלאו בני מעילה נינהו איסורא הוא דרכיב בהו [ולא נפקי לחולין] מתקיף לה רבא אימת מעל לבתר דתקע כי קא תקע באיסורא תקע אלא אמר רבא אחד זה ואחד זה לא יצא הדר אמר רבא [ו]אחד זה ואחד זה יצא *[ז]מצות לאו ליהנות ניתנו אמר רב יהודה *[ח]בשופר של ע"ז לא יתקע ואם תקע יצא [ט]בשופר של עיר הנדחת לא יתקע ואם תקע לא יצא מ"ט עיר הנדחת כתותי מיכתת שיעוריה אמר רבא [י]המודר הנאה מחבירו מותר לתקוע לו תקיעה של מצוה [כ]המודר הנאה משופר מותר לתקוע בו תקיעה של מצוה ואמר רבא המודר הנאה מחבירו מזה עליו מי חטאת בימות הגשמים אבל לא בימות החמה [ל]המודר הנאה ממעין טובל בו טבילה של מצוה בימות הגשמים אבל לא בימות החמה שלחו ליה לאבוה דשמואל [מ]כפאו ואכל מצה יצא כפאו מאן אילימא כפאו שד והתניא *עתים *חלים עתים שוטה כשהוא חלים הרי הוא כפקח לכל דבריו כשהוא שוטה הרי הוא כשוטה לכל דבריו אמר רב אשי שכפאוהו פרסיים אמר *רבא זאת אומרת *התוקע לשיר יצא פשיטא היינו הך מהו דתימא התם אכול מצה אמר רחמנא והא אכל אבל

רש"י

שמע מקצת התקיעה בבור כו'. קא סלקא דעתך דהכי קאמר היה עומד הוא בשפת הבור וחבירו תוקע בבור ויצא לחוץ (א) בחלי התקיעה ואשמעינן הכא דבקצת נמי יוצא: קודם עמוד השחר. לאו זמניה הוא כדאמרינן במסכת מגילה (דף כ:) כל היום כשר לתקיעת שופר ויליף טעמא מיום תרועה יהיה לכם יום ולא לילה: הכי גרסינן למימרא דסבר רבא דכי שמע איניש סוף תקיעה בלא תחילת תקיעה יצא וממילא כו': תקע בראשונה. פשוטה שלפני תרועת המלכיות: ומשך בשניה. בפשוטה של אחריה כשתים ונתכוין לצאת בה אף ידי פשוטה שלפני תרועת הזכרונות שעתיד עליו לתקוע תיכף לזו: אם קול שופר שמע. בלא קול הברה יצא: אם קול הברה שמע. עם קול השופר לא יצא: בתוקע ועולה לנפשיה. ואין אחר עמו לצאת בו אלא תוקע ועולה הוא דלדידיה תחילתה וסופה בהכשר דבתחילה הוא והשופר בבור ואמרן לעיל (דף כז:) אותן העומדים בבור יצאו: של עולה. ותלשו מחיים דאילו לאחר זריקה אין מעילה לא בעורה ולא בקרניה שהכל לכהנים כדאמרינן במנחות (דף פג.) ובזבחים (דף פו.) נאמר לו יהיה בעולה ונאמר לו יהיה באשם מה אשם עצמותיו מותרין אף עולה עצמותיה מותרין: שלמים לאו בני מעילה ניהו. דאין מעילה בקדשים קלים אלא באימורים ולאחר זריקה כשהוברר לחלק גבוה: לאו ליהנות ניתנו. לישראל להיות קיומם להם הנאה אלא לעול על צואריהם ניתנו: בשופר של ע"ז. שנשתמשו בו לע"ז ונאסר בהנאה כדתניא במסכת ע"ז (דף נא:) אבד תאבדון את כל המקומות בכלים שנשתמשו בהן לע"ז הכתוב מדבר: ואם תקע יצא. דמצות לאו הנאה נינהו: כתותי מיכתת שיעוריה. דהא לשריפה קאי וכשרוף דמי ושופר בעי שיעור כדאמרינן לעיל (דף כז:) כדי שיאחזנו בידו ויראה לכאן ולכאן: מותר לתקוע לו. טעמא דכולהו משום דמצות לאו ליהנות ניתנו: מזה עליו בימות הגשמים. שאין כאן אלא הנאת קיום המצוה ומצות לא ניתנו ליהנות: אבל לא בימות החמה. דאיכא הנאת הגוף: שכפאוהו פרסיים. ואע"ג שלא נתכוון לצאת ידי חובת מצה בליל ראשון של פסח יצא: התוקע לשיר. לשורר ולזמר כך שמעתי מפי מורי הזקן ויסודו של מורי רבי יצחק בן יהודה ראיתי התוקע לשד להבריח רוח רעה מעליו: פשיטא. דזאת אומרת כן: מהו דתימא התם אכול מצה קאמר רחמנא והא אכל. ונהנה באכילתו הלכך לאו מתעסק הוא שהרי אף לענין חיוב חטאת אמרינן (כריתות דף יט:) המתעסק בחלבים ובעריות חייב שכן נהנה: קא

תוספות

בשופר של עולה לא יתקע. כלומר במזיד ואם תקע כלומר בשוגג יצא דבשוגג מעל ונפיק לחולין אבל במזיד אין מעילה ולא נפיק לחולין וכשמחלק בין עולה לשלמים היה יכול לחלק בעולה גופה בין מזיד לשוגג אבל השתא מחלק בשוגג גופיה: אמר רב יהודה בשופר של ע"ז לא יתקע ואם תקע יצא. תימה מאי שנא משלמים דלא יצא משום דמצות ליהנות ניתנו ורבינו חננאל גריס הכא רבא *ותימה דבסוף כסוי הדם (חולין דף פט. ושם) תניא תקע לא יצא וכן קשיא אההיא מהא דאמר רבא בפרק מצות חליצה (יבמות דף קג: ושם) חלצה בסנדל שאינו שלו ובסנדל של ע"ז חליצתה כשרה ולא אמרינן מכתת שיעוריה ופרישית כולה בשלהי כסוי הדם ופ' לולב הגזול (סוכה דף לא: בד"ה באשרה): המודר הנאה משופר מותר לתקוע בשופר של מצוה. בפרק ב' דנדרים (דף טז:) מחלק אביי בין הנאת סוכה עלי לאומר שלא אהנה מן הסוכה דיכול לאסור הסוכה עליו שאינה משועבדת לו אבל אין יכול לאסור עצמו על הסוכה שהוא משועבד לה ופריך עלה רבא וכי מצות ליהנות ניתנו אלא אמר רבא הא דאמר ישיבת סוכה עלי הא דאמר שבועה שלא אשב בסוכה ולדברי רבא היה משמע דכאן נמי אי אמר הנאת שופר עלי מותר לתקוע בשופר של מצוה דמצות לאו ליהנות ניתנו אבל אם אמר תקיעת שופר עלי אסור לתקוע בשופר של מצוה אפי' לרבא כמו דאמר גבי סוכה אם לא נחלק משום דגבי סוכה בלאו מצוה יש הנאה בישיבה אבל שופר אי לאו מצוה אין הנאה בתקיעה דאינו מכוון לשיר ועל סוגיא דהתם קשיא דמשמע דוקא כשאמר שבועה שלא אשב בסוכה הוא דאינו יכול לאסור עצמו על סוכה לפי שהוא משועבד לה אבל אם אמר ישיבת סוכה עלי בשבועה אסור כמו בקונם וא"כ מאי חומר בנדרים מבשבועות דקתני התם הא שניהם חלין בענין אחד ויש לומר דנדרים חלין בכל ענין דשייכי דהיינו האסרת חפץ כדאמרינן בריש מסכת נדרים (דף ב:) דנדרים וחרמים מידי דמיתסר חפצא עליה לאפוקי שבועה דקאסר נפשיה מן חפצא ולכן חלים הנדרים בכל ענין שיאמר חוץ מהיכא דהזכיר הנאה משום דמצות לאו ליהנות ניתנו ומה שמחלק שם בין אמר ישיבת סוכה עלי לשבועה שלא אשב לא בא אלא לומר שיש חילוק בין נדר לשבועה לפי שהנדר בכל ענין שיאמר מיתסר חפציו עליה ובשבועה בכל ענין שיאמר קאסר נפשיה מן חפציו: המודר הנאה ממעיין. הא דאיצטריך לאשמועינן מודר הנאה מחבירו ומשופר וממעיין דס"ד אמינא דוקא במודר מחבירו הוא דשרינן לתקוע לו ולהזות משום דסתם מודר מחבירו אין דעתו על דבר מצוה כשאין מפרש בהדיא אבל אם פירש בהדיא ממעיין ומשופר אסור קמ"ל: אמר רבא זאת אומרת התוקע לשיר יצא. דמצות אין צריכות כוונה בפ' ערבי פסחים (פסחים דף קיד:) משמע דהוי פלוגתא גבי הביאו לפניו מטבל בחזרת דקתני בגמ' אכלו דמאי יצא אכלו בשלא מתכוין יצא ובאידך ברייתא תניא ר' יוסי אומר אע"פ שטבל בחזרת מצוה להביא לפניו (מצה) חזרת וחרוסת ודייק התם ע"כ לאו משום היכרא הוא מדקתני מצוה אלא משום דמצות צריכות כוונה והשתא מה שהוצרך רבא לדקדק מכאן ולא הביא מברייתא דהתם דקתני בהדיא דהוה אמינא הייט בירקות דרבנן אבל מצות דאורייתא בעי כוונה ומה שמקשה עליו מברייתות דלקמן ולא פריך מרבי יוסי דהתם דהוה מצי לדחויי דלעולם מצוה משום היכרא: אבל

רבינו חננאל

אמר רבה שמע מקצת תקיעה בבור ומקצת תקיעה על שפת הבור יצא הואיל ובור מקום תקיעה הוא לאותן העומדים בבור. אבל מקצת תקיעה קודם שעלה עמוד השחר ומקצת אחר שיעלה עמוד השחר כיון שהלילה לאו זמן חיובא הוא לאו יצא. למימרא דסבר רבה שמע סוף תקיעה בלא תחלת תקיעה או תחלת תקיעה בלא סוף תקיעה יצא. והתנן תקע בראשונה ומשך בשניה כשתים אין בידו אלא אחת כו'. ודחינן כי קאמר רבה בתוקע ועולה שנמצאת התקיעה ששמע אחרי עלותו מן הבור תקיעה שלימה. אי הכי מאי למימרא כו' אמר רב יהודה בשופר של עולה לא יתקע ואם תקע יצא. בשופר של שלמים לא יתקע ואם תקע לא יצא. ותריץ לה רבא הכי אחד שופר של עולה ואחד שופר של שלמים יצא מ"ט מצות לאו ליהנות ניתנו. בשופר של ע"ז לכתחלה לא יתקע ואם תקע יצא בשופר של עיר הנדחת אפי' דיעבד לא יצא. מ"ט כתותי מכתת שיעוריה. אמר רבא המודר הנאה מחבירו חבירו מזה עליו מי חטאת בימות הגשמים אבל לא בימות החמה. וכן המודר הנאה ממעיין טובל בו טבילת מצוה בימות הגשמים אבל לא בימות החמה. שלחו ליה לאבוה דשמואל כפאו ואכל מצה בפסח יצא ופירשה רב אשי כשכפאוהו פרסיים ש"מ מצות אינן צריכות כוונה. פשיטא מהו דתימא התם

כוונה. אמר רבא זאת אומרת התוקע לשיר יצא כגון הא דכתיב הללוהו בתקע שופר שתוקעין להללו וכיוצא בו אם תקע כסדרן אע"פ שהוא לשיר השומע יצא כי מצות אין צריכות כוונה

עין משפט נר מצוה

לב א טוש"ע א"ח סי' תקפז סעיף ב:
לג ב שם סעיף ג וסי' תקפח סעיף א:
לד ג מיי' פ"ג מהלכות שופר הל' ד טוש"ע א"ח סי' תקל סעיף ו:
לה ד טוש"ע א"ח סי' תקפו סעיף ב:
[ועי' תוספות חולין פט. ד"ה והתניא]
לו ה ו מיי' פ"א מהל' שופר הלכה ג:
לז ז מיי' שם טוש"ע א"ח סי' תקפו סעיף ג:
לח ח מיי' שם:
לט ט טוש"ע א"ח סי' תקפט סעיף ז וטוש"ע י"ד סי' רכא סעיף יב:
מ י מיי' שם טוש"ע א"ח סי' תקפו סעיף ה וטוש"ע י"ד סי' רכא סעיף יג:
מא כ טוש"ע י"ד שם:
מב ל מיי' פ"ו מהל' חמץ ומצה הלכה ג טוש"ע א"ח סי' תעה סעיף ד:
מג מ מיי' שם טוש"ע שם סעיף ה:

מסורת הש"ס

[לעיל כז.]
לעיל כז: [לקמן לג:]
לעיל כז:
[ערכין ה.] חולין פט.

הגהות הב"ח
(א) רש"י ד"ה שמע מקצת כו' תוקע בבור ויצא לחוץ בחצי התקיעה:

גליון הש"ס
[עי' תוס' זבחים פו. ד"ה סתם ותוספות בכורות כו. ד"ה סתולע]

*[פי' בריא כדכתיב ותחלימני והחייני. ערוך ערך חלם ג]
[גי' הרא"ש רבה]

עין משפט נר מצוה

כד א מיי' פ"ב מהל' ק"ש הלכה א סמג עשין יח טוש"ע א"ח סי' ס סעיף ה:

דומיא דשומע לעצמו יקרי ליה נתכוון שומע ומשמיע דילא אלמא וכו' כצ"ל

מה ב מיי' פ"ב מהל' שופר הל' ד טוש"ע א"ח סי' תקפט סעיף ח:

מו ג מיי' פי"ד מהלכות נשיאות כפים הלכה יב טוש"ע א"ח סי' קכח סעיף כז [רב אלפס פ' הקורא את המגילה דף רעג]:

מז ד ה מיי' פ"ב מהל' פסולי המוקדשין הלכה יא:

תוספות

אבל הכא · תוקע לשיר מתעסק בעלמא הוא ולקמן בפרק בתרא (דף לג:) תנן המתעסק לא יצא: **אבל** נתכוון שומע ולא נתכוון משמיע היכי משכחת לה · *לא הוה מצי למימר כגון שלא נתכוון משמיע להוציא השומע דמשמע ליה כדדייק בסוף סוגיא משמיע לעצמו *דומיא דשומע לעצמו אלמא [לא] בעי כוונה:

דקא מנבח נבוחי · פי' בקונט' דאינו תוקע כשיעור תקיעה המפורש במשנתנו וקשיא דאם כן אפילו נתכוון נמי לא נפיק ונראה לי מנבח נבוחי שאין מתכוין לתקוע שיעור תקיעה ותקע שיעור תקיעה ושמא כך רוצה לומר בקונט' אי נמי כעין שפירש בקונט' לקמן בפרק בתרא (דף לג:) מתעסק שהיה נופח בשופר ועלתה לו בידו תקיעה:

ומנא תימרא דתנן · גבי זריקת דם תימה מאי אולמיה דהך מהיא דכהן שעולה לדוכן ויש לומר דגבי כהן שמתכוין לברך ולהוסיף יכול להיות שעובר אע"ג דלאו זמניה הוא אבל כאן שאין מתכוין להוסיף ואינו עושה אלא מחמת ספק אין לו לעבור אי לאו משום דחשיב זמניה אלא ודאי אמרינן דחשיב זמניה משום זמנין דאי מתרמי ליה בוכרא הדר מזה מיניה והוא הדין גבי כהן מהאי טעמא וא"ת הא דאמר בפ"ק (דף טז: ושם) למה תוקעין ומריעין כשהן יושבין ותוקעין ומריעין כשהן עומדין כדי לערבב את השטן והא עבר משום בל תוסיף ועוד אמר בפרק בתרא (דף לד·) שלש תרועות נאמרו בר"ה שנים מדברי תורה ואחת מדברי סופרים ואיכא למאן דאמר ב' מדברי סופרים והשתא עבר משום בל תוסיף אע"ג דכבר עבר ויצאו מכל מקום אי אתרמי ליה צבורא אחרינא הדר ותקע וחשיב זמניה ועוד דאפי' לאו זמניה כיון דמתכוין לשם מצוה עובר משום בל תוסיף דמסיק רבא בסמוך לעבור שלא בזמנו בעי כוונה וי"ל כדפרישית בפ"ק (דף טז: ושם) דלא שייך בל תוסיף בעשיית המצוה שתי פעמים וברכת כהנים נמי אפי' מברכין כמה פעמים לצבור אחד אין זה בל תוסיף אלא אם כן מוסיף ברכה אחת כגון יוסף (ה') עליכם ככם (דברים א) או כיוצא בה וכן אם נטל לולב כמה פעמים ביום או אוכל בפסח כמה זיתים של מצה אין זה בל תוסיף וכל הניתנים במתנה אחת אם נתן כמה פעמים במקום אחד אין זה בל תוסיף אלא אם כן נותן במקום אחר וכן בהדס וערבה שבלולב אפילו נותן כמה הדסים וכמה ערבות בלולב אין זה בל תוסיף אפילו למ"ד לריך אגד אלא אם כן מוסיף מין אחר ומיהו תימה דלפי' זה אם היה נותן כמה חוטין בציצית וכמה פרשיות בתפלין בבית אחד לא היה עובר משום בל תוסיף ומסוכה אין להביא ראיה כאן מה שאין עובר בעשה ד' מחיצות אע"ג דאמרינן שתים כהלכתן ושלישית אפי' טפח דכל שכן כשעושה ד' מחיצות טפי עדיף דהוי תשבו כעין תדורו: **מתן** ארבע במתן אחת כגון דם בכור שהוא מתן אחת בדם עולה ושלמים שהם שתי מתנות שהן ארבע ולא בדם חטאת שהן ארבע מתנות בד' קרנות דהוא למעלה מחוט הסקרא והני למטה: **לא** נאמר בל תוסיף אלא כשהוא בעלמו · והלכך טוב שלא יגרע המצוה: **לא** נאמר בל תגרע אלא כשהוא בעלמו · והלכך כיון דיולא באחד למה נזקקו ליתן ארבע ועוד טפי עדיף באחד מארבע כמו שמפרש: **דלמא** קסבר רבי יהושע מצות עובר עליהן שלא בזמנן · והישן בשמיני בסוכה ילקה לרבי יהושע ובשמיני ספק שביעי לא יתיב ומיהו לא קיימא מסקנא הכי: **הכא** אי בעי מברך · משמע מכאן דכיון דעלה לדוכן פעם אחת ביום שוב אינו עובר בעשה דאמור להם (במדבר ו) כל היום דהא קאמר אי בעי לא מברך:

גמרא

אבל הכא °זכרון תרועה כתיב והאי מתעסק בעלמא הוא קמ"ל אלמא קסבר רבא *מצות אין צריכות כוונה איתיביה *היה קורא בתורה והגיע זמן המקרא אם כוון לבו יצא ואם לאו לא יצא מאי לאו כוון לבו לצאת לא לקרות לקרות הא קא קרי ^אבקורא להגיה ת"ש *היה עובר אחורי בית הכנסת או שהיה ביתו סמוך לבית הכנסת ושמע קול שופר או קול מגילה אם כוון לבו יצא ואם לאו לא יצא מאי לאו אם כוון לבו לצאת לא לשמוע לשמוע והא שמע סבור חמור בעלמא הוא איתיביה ^בנתכוון שומע ולא נתכוון משמיע משמיע ולא נתכוון שומע לא יצא עד שיתכוון שומע ומשמיע בשלמא נתכוון משמיע ולא נתכוון שומע כסבור חמור בעלמא הוא אלא נתכוון שומע ולא נתכוון משמיע היכי משכחת לה לאו בתוקע לשיר דלמא דקא מנבח נבוחי א"ל אביי אלא מעתה *הישן בשמיני בסוכה ילקה אמר לו שאני אומר מצות אינו עובר עליהן אלא בזמנן מתיב רב שמן בר אבא ^גמנין לכהן שעולה לדוכן שלא יאמר הואיל ונתנה לי תורה רשות לברך את ישראל אוסיף ברכה אחת משלי כגון °ה' אלהי אבותיכם יוסף עליכם ת"ל °לא תוספו על הדבר והא הכא כיון דבריך ליה עברה ליה זמניה וקתני דעבר הכא במאי עסקינן בדלא סיים והתניא סיים סיים ברכותיו שאני הכא כיון דאילו מתרמי ליה צבורא אחרינא הדר מברך כוליה יומא זמניה הוא ומנא תימרא דתנן *^דהניתנין במתנה אחת שנתערבו בניתנין מתנה אחת ינתנו מתנה אחת מתן ד' במתן ד' ינתנו במתן ד' מתן ד' במתן אחת ר"א אומר ינתנו במתן ד' רבי יהושע אומר ^הינתנו במתן אחת אמר לו ר"א הרי הוא עובר על בל תגרע אמר לו ר' יהושע הרי הוא עובר על בל תוסיף א"ל ר"א לא נאמר בל תוסיף אלא *כשהוא בעצמו אמר לו ר' יהושע לא נאמר בל תגרע אלא כשהוא בעצמו ועוד אמר רבי יהושע כשלא נתת עברת על בל תגרע ולא עשית מעשה בידך כשנתת עברת על בל תוסיף ועשית מעשה בידך והא הכא כיון דיהיב ליה מתנה מבכור עברה ליה לזמניה וקתני דעבר משום בל תוסיף לאו משום דאמרינן כיון דאילו מתרמי ליה בוכרא אחרינא הדר מזה מיניה כוליה יומא זמניה [ממאי] דלמא קסבר ר' יהושע מצות עובר עליהן אפי' שלא בזמנן אנן הכי קאמרינן רב שמן בר אבא מ"ט שביק מתני' ומותיב מברייתא לותיב ממתניתין מתניתין מ"ט לא מותיב כיון דאילו מתרמי ליה בוכרא אחרינא בעי מזה מיניה כוליה יומא זמניה הוא ברייתא נמי כיון דאי מתרמי צבורא אחרינא הדר מברך כוליה יומא זמניה ורב שמן בר אבא התם לא סגי דלא יהיב הכא אי בעי מברך אי בעי לא מברך רבא אמר לצאת לא בעי כוונה לעבור בעי כוונה והא מתן דמים לרבי יהושע דלעבור ולא בעי כוונה אלא אמר רבא לצאת לא בעי כוונה לעבור בזמנו לא בעי כוונה °שלא בזמנו בעי כוונה *אמר ליה ר' זירא לשמעיה איכוון

רש"י

קא משמע לן · דאע"ג דמתעסק הוא יצא דמצות אין צריכות כוונה: זמן המקרא · של קריאת שמע והוא היה קורא בתורה פרשת שמע: קורא להגיה · אף קרייה אין כאן אלא מגמגם: דקא מנבח נבוחי · ואינו תוקע כשיעור תקיעה המפורש במשנתנו בפ' אחרון (דף לג:): תורה אור אלא מעתה · דשאין מתכוין למצוה כמתכוין דמי: הישן בשמיני בסוכה · שלא לשם מצוה: ילקה · שהרי מוסיף על מצוה ועובר משום בל תוסיף: מצות אין עובר עליהן · בבל תוסיף אלא בזמנן כגון חמשת המינין בלולב וה' טוטפות בתפלין חמש ציציות בטלית אבל תוספת יום על ימים או שעה על שעה אין זה מוסיף: בשלא סיים · אלא הוסיפה באמצע: והא סיים קתני · בברייתא: הניתנין במתנה אחת · כגון דם בכור שנתערב בדם בכור חבירו או בדם מעשר: ינתנו מתנה אחת · והרי יש בה משניהן ועולה לשניהן: מתן ארבע · שלמים ואשם ועולה ותודה: דלמא קסבר רבי יהושע כו' · ומתרתי הנך ממתני' ומברייתא איכא לאותובי לרבא: אנן הכי אמרינן · אנן דמייתינן סייעתא מהא דטעמא משום דאי הדר מתרמי ליה כו' הכי קאמרינן ליה לרב שמן: מאי טעמא שבק מתניתין כו' · שבק מתניתין הניתנין במתנה אחת משנה היא בשחיטת קדשים: לותיב ממתניתין · דאלימא לאקשויי: לא סגי דלא יהיב · אי הדר מתרמי ליה דקדשים לא מפסיד: לצאת לא בעי כוונה · דבלאו מתכוין יוצא ידי חובתו: לעבור בעי כוונה · שיתכוין לשום מצוה ואי לא לא עבר: והא מתן דמים כו' · שאין מתכוין בשאר מתנותיו לשם בכור וקאמר רבי יהושע הרי הוא עובר על בל תוסיף:

רבינו חננאל

התם תאכלו מצות אמר רחמנא והא אכליה אבל הכא בענין תקיעות כוונת הלב בעינן וליכא קמ"ל מצות אין צריכות כוונה. איתיביה היה קורא בתורה בענין ק"ש והגיע זמן ק"ש אם כוון לבו למצות ק"ש יצא ואם לא כוון לא יצא. ודחינן מתניתין בקורא להגיה. שאינו קורא התיבות בקריאתן אלא ככתיבתם החסרות והיתירות כמות שהן כתובות. לפיכך אם כוון לבו וקרא כמסורת יצא ואם לאו לא יצא ת"ש מהא דתנן הכא במתני' היה עובר אחורי ביהכ"נ או שהיה ביתו סמוך לכנסת ושמע קול שופר או קול מקרא מגילה אם כוון לבו יצא ואם לאו לא יצא אע"פ שזה שמע וזה שמע זה כוון לבו וזה לא כוון לבו מאי כוון לבו לצאת וש"מ מצות צריכות כוונה. ודחינן כוון לבו לשמוע ולהבחין אם הוא תקיעת בן אדם או צהלת סוס. איתיביה נתכוון *) משמיע לא יצא הא היכי משכחת לה לאו בתוקע לשיר קשיא לרבה ופריק לא דקא מנבח נבוחי כלומר אינה תקיעה שלימה אלא כמין נבוח הוא ולפיכך לא יצא אבל אם היתה תקיעה אע"פ שלא נתכוון יצא. אי הכי כי המצות [אין] צריכות כוונה התורה אמרה בסכות תשבו שבעת ימים ואין לך להוסיף על שבעת הימים אי הכי הישן בשמיני בסוכה ילקה על שעבר בבל תוסיף אף על פי שלא נתכוון לישן בסוכה משום מצוה. ודחינן שאני אומר מצות אין עובר עליהן משום בל תוסיף אלא בזמנן. מותיב רב שימי בר אבוי מנין לכהן שיעלה לדוכן שלא יאמר הואיל וניתנה לי רשות לברך את ישראל אוסיף אני ברכה אחת משלי כגון ה' אלהי אבותיכם יוסף עליכם וגו' ת"ל לא תוספו על הדבר אשר אנכי מצוה אתכם. (ודחינן כיון דאילו מתרמי ליה צבורא אחרינא) [וכיון] דסיים כל הברכות עברה לה זמן המצוה וקתני דעובר אם יוסיף ודחינן כיון דאילו מתרמי ליה צבורא אחרינא הדר מברך להו כולה יומא זמניה הוא. ומנא תימרא דאמרינן כי האי גוונא דכוליה יומא זמניה הוא דתנן בשחיטת קדשים פ"ח הניתנין מתנה אחת שנתערבו בניתנין מתן אחת ינתנו במתן אחת כו' והא הכא כיון דיהיב ליה כבכור מתנה אחת והיא מצותו כדתנן בפרק איזהו מקומן של זבחים הבכור והמעשר והפסח קדשים קלים שחיטתן בכ"מ בעזרה ודמן טעון מתנה אחת כו' הנה כיון שהזה מדם הבכור מתנה אחת גמר מצותו ועברה ליה זמניה וקתני ר' יהושע כשנתת עברת על בל תוסיף ועשית מעשה בידך לאו משום דאמר כיון דאלו מיתרמי בכור אחר הוי מדי מיניה כולהי יומא זמנו הוא ודחינן ודלמא ר' יהושע סבר מצות עובר עליהן אפי' שלא בזמנן אנן הכי קאמרי' רב שימי גופיה היכי שביק מתניתין אמאי לא מותיב מהא מתני' דסבר מתני' כיון דאילו מתרמי ליה בכור אחר הוה (כל) [מזה מיניה כוליה] יומא זמניה הוא ברייתא נמי נימא כיון דאילו מתרמי ליה צבורא אחרינא הדר מברך כולי יומא זמניה הוא כלומר טעמא חדא נינהו אמאי מותיב מהאי. ופרקינן רב שימי סבר התם גבי בכור לא סגי דלא מדי הלכך זמניה הוא הכא אי בעי מצלי אי בעי לא מצלי ואסיקנא אלא אמר רבא לצאת ידי חובה מצות

מסורת הש"ס

[פסחים קיד:]

ברכות יג

[לעיל כז: לקמן כט. תוספ' פ"ב]

[עירובין לו:]

[דברים ד]

ערובין ק. זבחים פ.

[פי' כשהדבר עומד בעלמו ולא כשיש בו דבר אחר. תוי"ע פ"ח דזבחים מ"י]

ס"א

[לקמן לג:]

גליון הש"ס

גמ' שלא בזמנו בעי כוונה. עיין תוס' ישנים יומא דף כז ע"א ד"ה נותן: תוס' ד"ה אבל נתכוון כו' לא הוי מצי לומר. עיין תשובת מהריב"ל ספר שני סי' סב:

*) נ"ל נתכוון שומע ולא נתכוון משמיע לא יצא.

דתנן

eaten, and he has eaten[8] [28b], whereas in this case it is written *a memorial of blowing the trumpet*[9] and this man is merely amusing himself.[10] Therefore we are told [that this argument does not apply].

We conclude from this that in Raba's opinion religious precepts do not need to be performed with deliberate intention. The following objection was raised against this view: 'If a man was reading the [passage of the *shema'*] in the Torah and the time of reading [the *shema'*] arrived, if he put his mind to it, he has performed his religious duty'. Does this not mean, 'put his mind to perform his religious duty'?—No; it means, [put his mind] to read [distinctly]. To read? But he is reading!—We speak of
a one who is reading to correct [the scroll].[1]

Come and hear: 'IF HE WAS PASSING BEHIND THE SYNAGOGUE, OR IF HIS HOUSE WAS ADJOINING THE SYNAGOGUE, AND HE HEARD THE SOUND OF THE SHOFAR OR OF THE READING OF THE MEGILLAH, IF HE PUT HIS MIND TO IT HE THEREBY PERFORMED HIS RELIGIOUS DUTY, BUT IF NOT HE DID NOT PERFORM HIS RELIGIOUS DUTY'. Does not this mean, 'if he put his mind to perform his religious duty'?—No; [it means, if he put his mind] to hear. To hear? But he is hearing!—He may think, it is merely an ass braying. The following objection was raised against this view: 'If the hearer [of the *shofar*] put his mind to the act but not the performer,[2] or the performer put his mind but not the hearer, he did not perform his religious duty; [he does not do so] until both hearer and performer put their minds to the act'. I understand the case where the performer put his mind but not the hearer, as the latter may have thought it was merely an ass braying. But that the hearer should put his mind and not the performer— how can this happen? Is it not where the latter blows merely to make music?[3]—Perhaps [it refers to a case] where he merely [as it were] barks.[4] Said Abaye to him:[5] But if that is so, then one who sleeps in the *Sukkah*[6] on the eighth day should be flogged?[7]—He replied: [Not so], because I maintain that commandments cannot be transgressed [by adding to them] save in their proper season.

R. Shaman b. Abba raised the following objection against this view: 'Whence do we learn that a priest who mounts the platform[8] should not say, "Because the Torah has given me permission to bless Israel, I will add a blessing of my own, as for instance, *The*
b *Lord, the God of your fathers, add unto you*"?[1] Because it says, *Ye shall not add unto the word*'.[2] Now here, since he has finished blessing them,[3] the time of the precept has passed, and yet it states that he transgresses?—Here we are dealing with the case where he has not yet finished the blessings. But the statement runs, 'he has finished'?—That means, he has finished one blessing.[4] But it states, 'he finished all his blessings'?—There is a special reason in this case; seeing that, if he comes across another congregation, he may bless again, the whole day is reckoned as the proper time.[5]

But what is your ground for saying so?—Because we have learnt: If blood which has to be sprinkled [on the altar] once[6] has been mixed with other blood which has to be sprinkled once, the whole should be sprinkled once. If blood which has to be sprinkled four times[7] has been mixed with other blood which has to be sprinkled four times, the whole must be sprinkled four times. If blood which has to be sprinkled four times is mixed with blood which has to be sprinkled once, R. Eleazar says the whole should be sprinkled four times. R. Joshua says it should be sprinkled once. Said R. Eleazar to him: By doing so he transgresses the precept of *'thou shalt not diminish'!*[8] To which R. Joshua retorted, By doing your way, he transgresses the precept of *thou shalt not add.*[9] Said R. Eleazar to him: The precept *'thou shalt not add'* applies only when the act is repeated on the same subject.[10] To which R. Joshua replied: The precept *'thou shalt not diminish'* applies only where the act is withheld from the same subject.[10] R. Joshua said further to him: If you do not sprinkle [four times], you transgress the rule of *'thou shalt not diminish'*, but you do not perform any positive
c action.[1] When you do sprinkle, you transgress the rule of *'thou shalt not add'* and you do perform a positive action.[2] Now here, as soon as he has made one sprinkling for the firstborn, its time is past, and yet it says that he transgresses the precept of *'thou shalt not add'*; and is not the reason for this because we say that since, if he gets hold of another firstborn he can sprinkle its blood, the whole day is reckoned its proper time?—[No.] Perhaps R. Joshua was of opinion that precepts may be transgressed even out of their proper time.[3] We argue thus.[4] Why does R. Shaman b. Abba leave the Mishnah and bring his objection from the Baraitha? Let him bring his objection from the Mishnah! What is the reason why he does not adduce the Mishnah? On the ground that, if he [the priest] gets hold of another firstborn he can sprinkle its blood, the whole day is its proper time. But in the case mentioned in the Baraitha also, seeing that, if he comes across another congregation he may bless again, the whole day is the proper time! What says R. Shaman b. Abba to this?—In that case [of the blood], he is bound to sprinkle;[5] in this case, if he likes he may bless, and if he likes he need not bless.

Raba says: For the performance of his religious duty, he does not require to put his mind to it. For transgression [by adding to the precept], he does require to put his mind. But what of the sprinkling of blood, where, according to R. Joshua, he transgresses though he does not put his mind to it?[6]—Raba therefore [corrected himself and] said: For the performance of the religious duty he does not require to put his mind to it; for [being accounted to have committed a] transgression [by adding to the precept] if [the act is done] in proper time, he does not require to put his mind to it; if it is not done in its proper time he does require to put his mind to it.

(8) And has obtained some physical benefit. (9) Lev. XXIII, 24. (10) Lit., 'occupying himself'. And we are told *infra* that one who blows merely to pass the time does not fulfil his obligation.

a (1) And only mumbles the words. (2) Lit., 'he who causes to hear'. (3) And in such a case he does not perform the precept of blowing the *shofar*, which would show that such performance requires intention. (4) I.e., produces only half the requisite sound. (5) Raba. (6) V. Glos. (7) Because the commandment is to sleep there only seven days, and he is adding to the commandment even if he does not mean to, v. Deut. IV, 2. (8) Heb. דוכן.

b (1) Deut. I, 11. (2) Ibid. IV, 2. (3) Before he adds his own blessing. (4) Of the three priestly blessings. (5) And we may still hold that commandments cannot be transgressed by adding to them save in their proper time. (6) E.g., the blood of the firstborn of cattle when brought as a sacrifice. Lit., 'has to be given in a single gift'. (7) E.g., the blood of burnt-offerings and peace-offerings which had to be sprinkled on four corners of the altar. (8) Because he sprinkles in one instalment blood which should be sprinkled in four. (9) Because he sprinkles in four instalments blood which should be sprinkled in one. (10) Lit., 'when it (the instrument of the religious act) is by itself'.

c (1) I.e., the sin is one of omission only. (2) I.e., the sin is one of commission, v. Zeb. 80*a*. (3) So that this Mishnah affords no support for the distinction made above in regard to the blessing of the priest and thus the objection against Raba stands. (4) In trying to bring support from the Mishnah to the above distinction. (5) Lit., 'there is no way of not giving'; if he gets other blood. (6) He does not intend to sprinkle the blood of the firstborn in the last three instalments.

R. Zera said to his attendant: [29a] Put your mind to it and blow [the *shofar*] for me. I gather from this that in his opinion the
a performer requires to put his mind to it.[1] The following was raised in objection against this view: IF HE WAS PASSING BEHIND THE SYNAGOGUE, OR IF HIS HOUSE WAS ADJOINING THE SYNAGOGUE AND HE HEARD THE SOUND OF THE SHOFAR OR THE READING OF THE MEGILLAH, IF HE PUT HIS MIND TO IT HE THEREBY PERFORMED HIS RELIGIOUS DUTY, BUT IF NOT HE DID NOT. And if he did put his mind to it, what difference does it make [on your theory], seeing that the other [the performer] was not consciously performing for him?—We are here speaking of a congregational reader who performs consciously for all.

Come and hear: 'If the hearer put his mind to it but not the performer, or if the performer put his mind to it but not the hearer, he did not perform his religious duty; [he does not do so] until both the hearer and the performer put their mind to it'. Here he mentions the performer in the same breath with the hearer, [to indicate that] just as the hearer hears for himself, so the performer performs for himself, and [in such a case] he states that 'he did not perform his religious duty'?[2]—There is a difference on this point between Tannaim, as it has been taught: The hearer hears for himself, and the performer performs for all and sundry.[3] R. Jose said: This applies only to a congregational reader, but an ordinary individual does not perform his religious duty until both the hearer and the performer put their mind to it.

MISHNAH. [IT IS WRITTEN] AND IT CAME TO PASS, WHEN MOSES HELD UP HIS HAND THAT ISRAEL PREVAILED, ETC.[4] NOW DID THE HANDS OF MOSES WAGE WAR OR CRUSH THE
b ENEMY?[1] NOT SO; ONLY THE TEXT SIGNIFIES THAT SO LONG AS ISRAEL TURNED THEIR THOUGHTS ABOVE AND SUBJECTED THEIR HEARTS TO THEIR FATHER IN HEAVEN THEY PREVAILED, BUT OTHERWISE THEY FELL. THE SAME LESSON MAY BE TAUGHT THUS. [IT IS WRITTEN], MAKE THEE A FIERY SERPENT AND SET IT UP ON A POLE, AND IT SHALL COME TO PASS THAT EVERYONE THAT IS BITTEN, WHEN HE SEETH IT, SHALL LIVE.[2] NOW DID THE SERPENT KILL OR DID THE SERPENT KEEP ALIVE? NO; [WHAT IT INDICATES IS THAT] WHEN ISRAEL TURNED THEIR THOUGHTS ABOVE AND SUBJECTED THEIR HEARTS TO THEIR FATHER IN HEAVEN, THEY WERE HEALED, BUT OTHERWISE THEY PINED AWAY.[3]

A DEAF-MUTE, A LUNATIC AND A MINOR CANNOT PERFORM A RELIGIOUS DUTY ON BEHALF OF A CONGREGATION.[4] THIS IS THE GENERAL PRINCIPLE: ONE WHO IS NOT HIMSELF UNDER OBLIGATION TO PERFORM A RELIGIOUS DUTY CANNOT PERFORM IT ON BEHALF OF A CONGREGATION.

GEMARA. Our Rabbis taught: 'All [males] are under obligation to blow the *shofar*, Priests, Levites and lay Israelites, proselytes and emancipated slaves, *ṭumṭum*[5] and *androgynus*,[6] and one who is half slave and half free.[7] A *ṭumṭum* cannot perform [a religious duty] either for a fellow-*ṭumṭum* or for anyone else.[8] An *androgynus* can perform [a religious duty] for a fellow-*androgynus*[9] but nor for anyone else. One who is half a slave and half free can perform [a religious duty] neither for one in the same condition nor for anyone else'.[10]

The Master has here said, 'All are under obligation to blow the *shofar*, Priests, Levites and lay Israelites'. Is not this self-evident? If these have not the duty, who has?—This had to be stated. For you might have argued, Seeing that it is written,
c *A day of blowing the trumpet it shall be to you*,[1] this obligation devolves upon those who have not to blow save on one day a year, but since these priests participate in the blowings all through the year, as it is written, *And ye shall blow with your trumpets over your burnt-offerings*,[2] I might think that they are not bound [to observe this blowing]. Therefore we are told [that this is not so]. Is there any analogy? You cite trumpets and we speak of *shofar*! No; [what you must say is], This had to be stated. For I might argue that since we have learnt, 'The Jubilee is on the same footing as New Year in respect of blowing the *shofar* and blessings',[3] those to whom the injunction of the Jubilee applies have to keep the precept of New Year, and since these priests do not come under the obligations of the Jubilee, as we have learnt, 'Priests and Levites may sell at any time and redeem at any time',[4] therefore they are not bound to keep the precept of New Year. Therefore we are told [that this is not so].

'One who is half a slave and half free can perform [a religious duty] neither for one who is in the same condition nor for anyone else'. R. Huna said: He may, however, perform [the duty] for himself. Said R. Naḥman to R. Huna: What is the reason why he may not perform [it] for others? Because the side of slavery [in himself] cannot perform [the duty] for the side of freedom [in others]. In regard to himself similarly, the side of slavery should not be able to perform [the duty] for the side of freedom in himself? No, said R. Naḥman; he cannot perform [the duty] for himself either. It has been taught to the same effect: One who is half a slave and half free cannot perform the [religious duty] even for himself.

Ahabah the son of R. Zera learnt: Any blessing which one has already recited on behalf of himself, he can recite
d again on behalf of others,[1] save the blessing over bread and the blessing over wine.[2] These if he has not yet recited on behalf of himself[3] he may recite on behalf of others,[4] but if he has already recited them for himself he cannot recite them on behalf of others.[5]

a (1) I.e., to perform consciously for the benefit of the hearer. (2) [This is difficult, v. Marginal Glosses, Bezaleel Ronsburg. Read with MS.M.: 'and it states (in such a case, i.e., where the performer performs for himself provided the hearer puts his mind to it) he performed his duty.] (3) Lit., 'according to his way'; i.e., he need not consciously perform for the benefit of the listener. (4) Ex. XVII, 11.

b (1) Lit., 'break war'. (2) Num. XXI, 8. (3) This disquisition in the Mishnah is suggested by the references above to 'religious intention' (v. Maharsha). (4) Lit., 'cannot take the public out of the power of their obligation'. (5) One of uncertain sex. (6) A hermaphrodite. (7) E.g., a slave of two masters, one of whom has released him. (8) Because possibly the *ṭumṭum* is a female and has no obligation. Lit., 'either for his own species or not for his own species'. (9) In virtue of the male part common to both of them. (10) As the slave side of the performer cannot delegate for the free side of the hearer.

c (1) Num. XXIX, 1. (2) Ibid. X, 10. (3) V. *supra* 26*b*. (4) 'Ar. 33*b*. A better reading is, 'may sanctify at any time and redeem etc'. (v. Tosaf. s.v. ןנתי), the reference being to the right of a priest or Levite to sanctify or redeem at any time a field even if it has been sold by the treasurer of the sanctuary, which was not permissible to a lay Israelite; v. 'Ar. 26*b* and 33*b*.

d (1) Lit., 'in respect of all other blessings, though he emerged from his responsibility, he can bring (others) forth'. The blessings referred to are those said over the performance of religious precepts, and the reason is that all Israelites are responsible for one another in regard to the performance of religious precepts. (2) This includes blessings over food and scents generally, which are only said because it is forbidden to enjoy the goods of this world without a blessing, not because the partaking is a religious duty. (3) Lit., 'if he does not emerge (from his responsibility)'. (4) Lit., 'he brings forth (from their responsibility)'. (5) Because, as there is no religious duty involved, he is not responsible for their partaking.

תורה אור

איכוון ותקע לי אלמא קסבר משמיע בעי כוונה מיתיבי *היה עובר אחורי בית הכנסת או שהיה ביתו סמוך לבית הכנסת ושמע קול שופר או קול מגילה אם כוון לבו יצא ואם לאו לא יצא וכי כוון לבו מאי הוי היאך לא קא מיכוין אדעתא דידיה *הכא בשליח ציבור עסקינן דדעתיה אכוליה עלמא ת"ש נתכוון שומע ולא נתכוון משמיע נתכוון משמיע ולא נתכוון שומע לא יצא עד שיתכוון שומע ומשמיע קתני משמיע דומיא דשומע מה שומע שומע לעצמו אף משמיע משמיע לעצמו [א] וקתני לא יצא תנאי היא דתניא שומע שומע לעצמו ומשמיע משמיע לפי דרכו אמר רבי יוסי *בד"א בשליח צבור אבל ביחיד לא יצא עד שיתכוין שומע ומשמיע: **מתני'** (שמות יז) והיה כאשר ירים משה ידו וגבר ישראל וגו' וכי ידיו של משה עושות מלחמה או שוברות מלחמה אלא לומר לך כל זמן שהיו ישראל מסתכלין כלפי מעלה ומשעבדין את לבם לאביהם שבשמים היו מתגברים ואם לאו היו נופלים ביוצא בדבר אתה אומר (במדבר כא) עשה לך שרף ושים אותו על נס והיה כל הנשוך וראה אותו וחי וכי נחש ממית או נחש מחיה אלא בזמן שישראל מסתכלין כלפי מעלה ומשעבדין את לבם לאביהם שבשמים היו מתרפאין ואם לאו היו נימוקים חרש שוטה וקטן אין מוציאין את הרבים ידי חובתן זה הכלל *כל שאינו מחוייב בדבר אינו מוציא את הרבים ידי חובתן: **גמ'** ת"ר *הכל חייבין בתקיעת שופר כהנים ולוים וישראלים גרים ועבדים משוחררים וטומטום ואנדרוגינוס מי שחציו עבד וחציו בן חורין טומטום אינו מוציא לא את מינו ולא את שאינו מינו אנדרוגינוס מוציא את מינו אבל לא את שאינו מינו מי שחציו עבד וחציו בן חורין אינו מוציא לא את מינו ולא את שאינו מינו אמר מר *הכל חייבין בתקיעת שופר כהנים לוים וישראלים פשיטא אי הני לא מיחייבי מאן מיחייבי כהנים אצטריכא ליה ס"ד אמינא הואיל וכתיב (במדבר כט) יום תרועה יהיה לכם מאן דליתיה אלא בתקיעה דחד יומא הוא דמיחייב והני כהנים הואיל ואיתנהו בתקיעות דכל השנה דכתיב (שם י) ותקעתם בחצוצרות על עולותיכם אימא לא ליחייבו קמ"ל מי דמי התם חצוצרות והכא שופר אלא אצטריך סד"א הואיל ותנן *שוה היובל לר"ה לתקיעה ולברכות מאן דאיתיה במצות היובל איתיה במצוה דראש השנה והני כהנים הואיל וליתנהו במצוה דיובל דתנן* כהנים ולוים מוכרין לעולם וגואלין לעולם אימא במצוה דראש השנה נמי לא ליחייבו קמ"ל: מי שחציו עבד וחציו בן חורין אינו מוציא לא את מינו ולא את שאינו מינו: אמר רב הונא ולעצמו מוציא א"ל רב נחמן לרב הונא מאי שנא לאחרים דלא דלא אתי צד עבדות ומפיק צד חירות לעצמו נמי לא אתי צד עבדות דידיה ומפיק צד חירות דידיה אלא אר"נ אף לעצמו אינו מוציא תניא נמי הכי מי שחציו עבד וחציו בן חורין אף לעצמו אינו מוציא תני אהבה בריה דר' זירא *כל הברכות כולן אע"פ שיצא מוציא חוץ מברכת הלחם וברכת היין שאם לא יצא מוציא ואם יצא אינו מוציא בעי *רבא

ברכת

רש"י

איכוון ותקע לי · תתכוון לתקוע בשמי להוציאני ידי חובתי: משמיע בעי כוונה · להוציא השומע: **מתני'** והיה כאשר ירים משה ידו וגו': **גמ'** ועבדים משוחררין · אבל עבדים לא דכל מצוה שאין האשה חייבת בה אין העבד חייב בה: וטומטום ואנדרוגינוס · שמא זכר הוא: מי שחציו עבד · משום צד חירות שבו: טומטום אינו מוציא את מינו · טומטום כמותו שמא תוקע זה נקבה וחבירו זכר: אנדרוגינוס מוציא מינו · אנדרוגינוס כמותו דאי בתר זכרות אזלת שניהם חייבין ואי בתר נקבות אזלת שניהן פטורין: מי שחציו עבד כו' · דלא אתי צד עבדות דמשמיע ומפיק צד חירות דשומע: ה"ג כהנים ולוים מקדישין לעולם וגואלין לעולם זו היא גירסת רבינו יצחק הלוי ושאר רבותי גורסין מוכרין לעולם וגואלין לעולם ושתיהן משניות הן במסכת ערכין (דף כו: ודף לג:) ובין מקדישין ובין מוכרין תרוייהו משנה יתירה נינהו אלא איידי דתנא התם גבי ישראל (שם דף כד·) אין מקדישין לפני היובל פחות משתי שנים ולא גואלין אחר היובל פחות משנה תנא גבי כהנים מקדישין וגואלין ואיידי דתנא גואלין ומקדישין גבי הדדי תנא נמי גבי גואלין דמכירה מוכרין לעולם והכי מוקים במסכת ערכין (דף כז·) ומאי גואלין לעולם לפי שנאמר בישראל במוכר בית בערי חומה (ויקרא כה) ואם לא יגאל עד מלאת לו שנה תמימה נחלט אבל בלוים גאולת עולם תהיה ללוים ולפי שנאמר בישראל המוכר שדה אחוזה (שם) במספר שני תבואות ימכר לך שאינו מותר לגאול פחות משתי שנים אבל לוים גואלין מיד לפי שנאמר במקדיש שדה אחוזה (שם כז) ואם לא יגאל את השדה בעלים ומכר גזבר את השדה לאיש אחר לא יגאל עוד אלא יוצאה לכהנים ביובל הלוים גואלין לעולם והאי דאמרי הכא ליתנהו במצות יובל קאי אמקדיש שדה אחוזה ולא גאלה ומכרה גזבר שאין יובל מפקיע מיד המקדיש אם לוי הוא כדרך שמפקיע מיד ישראל: קמ"ל גרסי' ולא גרסינן נהי דליתנהו בהשמטת קרקעות כו' דהא ודאי איתנהו בין שלקחו הם מישראל מחזירין ביובל דלא נפקי לוים מכלל כל מצות והדינן בין שלקחו ישראל מהן מן האלפים אמה שניתנו לחוץ לעריהם יוצא ביובל ואפי' בתי ערי חומה שאין חוזרין לישראל ביובל חוזרין להם דכתיב (שם כה) ואשר יגאל מן הלוים וגו': אע"פ שיצא מוציא · שהרי כל ישראל ערבין זה בזה למצות: חוץ מברכת הלחם והיין · ושאר ברכת פירות וריחני שאינן חובה אלא שאסור ליהנות מן העולם הזה בלא ברכה ובזו אין כאן ערבות שאינו חובה על האדם לא ליהני ולא ליבריך:

ברכת

תוספות

דתנן כהנים ולוים מקדישים לעולם וגואלים לעולם · פירש בקונטרס שזו היא גי' ר"י הלוי ושאר רבותיו גורסין מוכרין לעולם וגואלין לעולם ושתיהן משניות הן במסכת ערכין (דף כו: ודף לג:) ובין מקדישין ובין מוכרין תרוייהו משנה יתירה נינהו אלא איידי דתנן התם גבי ישראל (שם דף כד.) אין מקדישין לפני היובל פחות משתי שנים ואין גואלין אחר היובל פחות משנה תנא סיפא נמי מקדישין וגואלין ואיידי דתני מקדישין וגואלין גבי הדדי תנא נמי גבי גואלים דמכירה מוכרין לעולם הכי מוקים לה במס' ערכין (דף כז.) וגואלין לעולם היינו לפי שנאמר בישראל המוכר שדה אחוזה במספר שני תבואות ימכר לך שאינו מותר לגאול פחות משתי שנים אבל לוים גואלין מיד וגואלים לעולם ומקדיש היינו לפי שנאמר במקדיש שדה אחוזה לא יגאל עוד אלא יוצאה לכהנים ביובל והלוים גואלין לעולם ועתה גי' רבינו יצחק הלוי ניחא שאין היובל מפקיע מיד המקדיש אם הוא לוי כמו בישראל אבל מכירה וגאולה שגואל מיד א"כ בבתי ערי חומה שאינן נחלטות לסוף שנה מה ענין זה למצוה דיובל אע"ג דאין זה נוהג אלא בזמן שהיובל נוהג מ"מ לא משמע הכי לישנא דליתנהו במצות דיובל ועוד שמשנה ראשונה הוה ליה לאיתויי דההיא דמקדישין לעולם שהיא בפרק אין מקדישין (שם דף כו:) ולא ההיא דמוכרין לעולם דמתניתין היא בפרק בתרא דערכין (דף לג:):

קא משמע לן נהי דליתנהו בהשמטת קרקע בהשמטת כספים ושלוח עבדים מיהא איתנהו · כך כתוב ברוב ספרים ובקונטרס גרס קא משמע לן ותו לא ולא גרס נהי דליתנהו בהשמטה דודאי איתנהו בין שלקחו הם מישראל מחזירין דלא נפקי מכלל המצות בין שלקח ישראל מהן מן האלפים אמה שנתנו להם חוץ לעריהם יוצא ביובל ואפילו בתי ערי חומה שאין חוזרין לישראל ביובל חוזרין להם שנאמר ואשר יגאל מן הלוים כן הקשה בקונטרס ואין זו קושיא גמורה שהרי יש לפרש דהשמטת קרקע קרי מקדיש שדה אחוזה ולא גאלה ומכרה גזבר שאין יובל מפקיעה מיד מקדיש אם הוא לוי כדרך שמפקיעה אם הוא ישראל שיוצאה לכהנים ביובל ונהי דליתנהו בהשמטת קרקע דקאמר היינו בכל דין השמטת קרקע אבל זה ודאי קשיא דהוה ליה למימר בהשמטת קרקע דמכירה מיהא איתנהו כגון מכרו להם שדה או מכרו הם לאחרים כי היכי דחשיב בהשמטת כספים ושלוח עבדים ועוד מה ענין השמטת כספים אצל יובל הא בהדיא תנא בספרי בפרשת ראה דשביעית משמטת כספים ואין יובל משמט כספים דממעט ליה מוזה דבר השמיטה שמוט שמיטה משמט כספים ולא יובל וזה דוחק לומר דנקטיה לרבי דלרבי תלויה השמטת כספים ביובל כדאמר בהשולח (גיטין דף לו. ושם) דבזמן שהיובל נוהג השמטת כספים נוהגת:

ברכת

עין משפט נר מצוה

מח א מיי' פ"ב מהל' שופר הלכה ה טור ש"ע א"ח סי' תקפט סעיף ט:

מט ב מיי' שם וטור ש"ע שם סעיף ח:

נ ג ד מיי' שם הל' ב וטוש"ע שם סעיף א ב:

נא ה מיי' שם הל' א:

נב ו ז מיי' שם הל' ג וטור ש"ע שם סעיף ד:

נג ח מיי' פ"ד מהלכות ערכין הלכה כא:

נד ט מיי' פ"ב מהלכות שופר הלכה ג טור וש"ע א"ח סי' תקפט סעיף ה:

נה י מיי' פ"א מהלכות ברכות הלכה י טור א"ח סי' תרלב:

נו כ מיי' שם טוש"ע א"ח סי' קסז סעיף יט וסי' ריג סעיף ב וסימן רעג סעיף ד [רב אלפס כאן ובפ' ע"פ דף קס]:

רבינו חננאל

מצות לא בעו כונה לעבור במתכוין להוסיף על מה שכתוב בזמנן לא בעי כונה אמר רבי זירא לשמעיה איכוין ותקע לי אלמא קסבר משמיע בעי כונה והתנן היה עובר אחורי בית הכנסת ושמע קול שופר או קול מגילה כו' ודחי' הכא בש"צ עסקינן דדעתיה להשמיע לכ"ע. ת"ש נתכוין שומע ולא נתכוין משמיע כו' ופשוטה היא ואסיקנא כתנאי דתניא התוקע תוקע לפי דרכו ושומע שומע לעצמו ויצא א"ר יוסי בד"א בש"צ אבל ביחיד לא יצא עד שיתכוון שומע ומשמיע לו: מתניתין זה הכלל כל שאינו מחוייב בדבר אינו מוציא את הרבים י"ח. ת"ר הכל חייבין בתקיעת שופר כהנים לוים וישראלים גרים ועבדים משוחררים טומטום ואנדרוגינוס ומי שחציו עבד וחציו בן חורין טומטום אינו מוציא טומטום כמותו שמא נקיבה היא ואותו הטומטום זכר אנדרוגינוס מוציא מינו מי שחציו עבד וחציו בן חורין אינו מוציא לא מינו ולא שאינו מינו. אמר מר כהנים לוים וישראלים חייבים פשיטא ואסיקנא כהנים איצטריכא ליה סד"א הואיל ותנן שוה היובל לראש השנה לתקיעה ולברכות מאן דאיתיה במצוה דיובל איתיה במצוה דראש השנה. והני כהנים הואיל וליתנהו במצוה דיובל דתנן כהנים ולוים מוכרין לעולם וגואלין לעולם אימא במצוה דר"ה לא מיחייבי קמ"ל נהי דליתנהו בהשמטת קרקע בהשמטת כספים ושילוח עבדים מיהא איתנהו. מי שחציו עבד וחציו בן חורין. אמר רב נחמן אף לעצמו אינו מוציא. תניא נמי הכי כו'. תני אהבה בריה דר' זירא כל הברכות כולן אע"פ שיצא מוציא חוץ מברכת הלחם המוציא לחם מן הארץ וברכת היין בורא פרי הגפן שאם לא יצא מוציא ואם יצא אינו מוציא:

מסורת הש"ס

[לעיל כז: כח: תוספתא פ"ב]

[ברכות כ:]

[ערכין ג: תוספתא פ"ב]

ערכין ג: ע"ש

לעיל כז:

ערכין לג:

[גי' הרי"ף כרב"א וזהבא]

הגהות מהר"ב רנשבורג

א] גמ' וקתני לא יצא וכו' כ"ב ר"ל לא יצא אם לא כוון להשמיע לעצמו לצאת אבל אם כוון לעצמו יצא אף שלא נתכוון להוציא השומע וקשה לר"ן. והגאון מהר"א מווילנא זצ"ל פי' מדקתני לא יצא בלשון יחיד ולא קתני בלשון רבים לא יצאו ש"מ דרק המשמיע לא יצא אבל השומע יצא אף דלא נתכוין לו המשמיע והיא היא שדברי הגאון פשוטים קצת יותר והבן ודו"ק:

ירושלמי בברכות פרק מי שמתו מוטל לפניו תני כל מצות שאדם פטור אדם מוציא את הרבים י"ח חוץ מברכת המזון והתנינן כל שאינו מחוייב בדבר אינו מוציא הרבים ידי חובתו הא מחוייב אע"פ שיצא מוציא

ברכת הלחם של מצה וברכת היין של קידוש היום מהו כיון דחובה הוא מפיק או דלמא ברכה לאו חובה היא ת"ש דאמר רב אשי כי הוינן בי רב פפי הוה מקדש לן וכי הוה אתי אריסיה מדברא הוה מקדש להו ת"ר לא יפרוס אדם פרוסה לאורחין אלא אם כן אוכל עמהם אבל פורס הוא לבניו ולבני ביתו כדי לחנכן במצות ובהלל ובמגילה אף על פי שיצא מוציא:

הדרן עלך ראוהו בית דין

יום טוב של ר"ה שחל להיות בשבת במקדש היו תוקעין אבל לא במדינה משחרב בהמ"ק התקין רבן יוחנן בן זכאי שיהו תוקעין בכל מקום שיש בו ב"ד אמר רבי אלעזר לא התקין רבן יוחנן בן זכאי אלא ביבנה בלבד אמרו לו אחד יבנה ואחד כל מקום שיש בו בית דין ועוד זאת היתה ירושלים יתירה על יבנה שכל עיר שהיא רואה ושומעת וקרובה ויכולה לבוא תוקעין וביבנה לא היו תוקעין אלא בב"ד בלבד: **גמ'** מנה"מ אמר רבי לוי בר להמא אמר רבי חמא בר חנינא כתוב אחד אומר שבתון זכרון תרועה וכתוב אחד אומר יום תרועה יהיה לכם לא קשיא כאן ביו"ט שחל להיות בשבת כאן ביום טוב שחל להיות בחול אמר רבא אי מדאורייתא היא במקדש היכי תקעינן ועוד (א) הא לאו מלאכה היא דאצטריך קרא למעוטי דתנא דבי שמואל כל מלאכת עבודה לא תעשו יצתה *תקיעת שופר ורדיית הפת שהיא חכמה ואינה מלאכה אלא אמר רבא מדאורייתא מישרא שרי ורבנן הוא דגזור ביה כדרבה דאמר רבה הכל חייבין בתקיעת שופר ואין הכל בקיעין בתקיעת שופר גזירה *שמא יטלנו בידו וילך אצל הבקי ללמוד ויעבירנו ד' אמות ברה"ר והיינו טעמא דלולב והיינו טעמא דמגילה: משחרב בהמ"ק התקין רבי יוחנן בן זכאי כו': תנורבנן פעם אחת חל ראש השנה להיות בשבת [והיו כל הערים מתכנסין] אמר להם רבן יוחנן בן זכאי לבני בתירה נתקע אמרו לו נדון אמר להם נתקע ואחר כך נדון לאחר שתקעו אמרו לו נדון אמר להם כבר נשמעה קרן ביבנה ואין משיבין לאחר מעשה: אמר רבי אלעזר לא התקין רבן יוחנן בן זכאי אלא ביבנה בלבד אמרו לו אחד יבנה ואחד כל מקום שיש בו ב"ד: אמרו לו היינו ת"ק איכא בינייהו בי דינא דאקראי: אמרו לו אחד יבנה ואחד כל מקום שיש בו ב"ד: אמר רב הונא
ועם

רש"י

ברכת הלחם · של אכילת מצה שמברכין (*לפני) המוציא: וברכת היין · שמברכין לפני קידוש: מהו · על אכילת מצה ומקדש ישראל לא תיבעי לך דחובה נינהו ומפיק אלא ברכת המוציא וברכת היין מיבעיא לן שאין באות אלא לפי שהמברך צריך שיטעום ואי אפשר ליהנות בלא ברכה אי נמי לא טעים איהו אי אפשר דלא יהיב ליה לחד מינייהו למטעם ובעי ברכה מאי: כיון דחובה היא · אכילת מצה חובה עליו וכן קידוש היום חובה עליו ואי אפשר שלא בהנאה והנאה אי אפשר בלא ברכה נמצאת המצוה תלויה בברכת הנאה ומפיק: או דלמא · ברכת ההנאה לאו חובה למצוה אתיא שאף בכל ההניות היא נוהגת: לא יפרוס. ברכת המוציא כדאמרינן לעיל שאינה חובה עליהם לא יאכלו ולא יברכו:

הדרן עלך ראוהו בית דין

יום טוב של ראש השנה שחל להיות בשבת במקדש היו תוקעין · בגמרא מפרש לה: אבל לא במדינה · לא בירושלים ולא בגבולין: אלא ביבנה · שהיתה שם סנהדרי גדולה בימיו וכן בכל מקום שגלתה סנהדרין אבל לא בבית דין של עשרים ושלשה: ועוד זאת היתה ירושלים · בעודה בבנינה יתירה בתקיעת שבת על יבנה: שכל עיר שרואה · את ירושלים: ושומעת ויכולה לבא כו' · מפרש בגמרא מאי תנא דקאמר ועוד: **גמ'** זכרון תרועה · ולא תרועה ממש אלא מקראות של תרועה יאמרו: מלאכה היא · בתמיה: גזירה שמא יטלנו וכו' · ובמקדש לא גזור דאין איסור שבות דרבנן במקדש: (ב) והיו כל הערים · שסביבות יבנה: מתכנסים · לשם לשמוע תקיעה משלוחי בית דין לפי שהיו רגילין כן בירושלים: בני בתירה · גדולי הדור היו: נדון · אם יש לגזור אף במקום בית דין שמא יטלנו: ואין משיבין לאחר מעשה · גנאי הוא שנוליא לעז טועים על עצמינו: בית דין דאקראי · לתנא קמא תקעינן ותנא דאמרו לו סבר אחד יבנה ואחד כל מקום שיש בו בית דין קבוע דומיא דיבנה:
ועם

תוספות

ברכת הלחם · דמלה וברכת היין דקידוש מבעיא ליה דוקא מהו כיון *דלא הנאותן הן:

הדרן עלך ראוהו בית דין

אבל לא במדינה · לא בירושלים ולא בגבולים כדפירש בקונטרס והא דקתני כל עיר שרואה ושומעת תוקעין בה היינו לאחר חורבן שתיקן רבן יוחנן בן זכאי וא"ת ומ"ש מלולב שהיה ניטל אפילו בגבולין בזמן שבהמ"ק קיים כדמשמע בלולב (הגזול) [וערבה] (סוכה ד' מג· וסם) שהיו מוליכין לולביהן לבהכ"נ וי"ל דשאני לולב שאינו אלא טלטול בעלמא הואיל ואשתרי במקדש לא החמירו במדינה אבל תקיעת שופר מעשה חכמה ומיהו קשיא דלאחר חורבן הבית הקילו טפי בשופר מבלולב שתיקן רבן יוחנן בן זכאי שיהו תוקעין בכל מקום שיש ב"ד אבל לולב לא אשתרי כדמשמע התם דמוקי לה ההיא דמוליכין לולביהן בזמן בית המקדש ובגבולין משמע דבזמן שאין בית המקדש קיים לא הותר בשום מקום וי"ל דשופר שהוא להעלות זכרוניהם של ישראל לאביהן שבשמים לא רצו לבטל לגמרי וכיון דתקון בחד ב"ד תקון בכל מקום שיש ב"ד אע"פ שבזמן הבית לא היה אלא במקדש דוקא ועוד י"ל דבדין הוא דלולב יהיה דוחה בגבולין יותר משופר שבראש השנה לא היה ידוע קביעות החדש אלא בירושלים אבל יום ראשון דלולב היה ידוע בגבולין:

הא לאו מלאכה היא דאיצטריך כו' · קשיא אדרבה אי מלאכה לא איצטריך קרא דהא א) מכל מלאכה לא תעשו נפקא ומשום דלאו מלאכה היא איצטריך קרא ונראה לי דאי לאו מלאכה היא הא פשיטא דליכא למיסרה אבל אי מלאכה היא איצטריך קרא סלקא דעתך אמינא תשתרי משום דכתיב יום תרועה יהיה לכם ואפילו בשבת ולהכי איצטריך קרא למיסרה ויום תרועה מוקי לה בחול:

כל מלאכת עבודה לא תעשו · בי"ט כתיב והוה מצי לאתויי א) כל מלאכה לא תעשו דאף ביום שבת לא איתסר אע"ג דלא כתיב ביה עבודה ב): **רדיית** הפת · פירש רבינו חננאל רדייה דהכא לאחר אפייה ושרי לכתחילה ורדייה דריש מסכת שבת (דף ג:) דהתירו לו לרדות קודם שיבא לידי אפייה דאיסור סקילה או לא התירו דמשמע דאסור מדרבנן ברודה הפת בעוד שהיא עיסה דהוא כעין גם שמרככו כשרודהו בידו ובחנם דחק דהך דהכא נמי לא שריא אלא מדאורייתא כדמוכח בפרק כל כתבי (שבת דף קיז:) גבי מציל פת מן התנור שמציל מזון שלשה סעודות דקאמר כשהוא רודה לא ירדה במרדה אלא בסכין וכן תקיעת שופר אסור מדרבנן כדמוכח בפ' כסוי הדם (חולין דף פד:) דקאמרינן תקיעת שופר בגבולין תוכיח שספיקה דוחה יו"ט ואין ודאה דוחה שבת ואפילו הכי לא היו אוסרין אי לאו משום דרבה שמא יעבירנו*: **שמא** יטלנו ויעבירנו ארבע אמות · הא דלא נקט שמא יוליאנו מרשות היחיד לרשות הרבים פי' בקונט' בסוכה (דף מג·) משום דלא פסיקא דאם הגביהו על מנת להצניעו ונמלך והוציאו פטור וקשיא דגבי העברת ד' אמות נמי לא מיחייב אלא א"כ הגביהו על מנת להעבירו ד' אמות ונראה דמרשות היחיד לר"ה אית ליה הכירא וליכא למיגזר אבל ברשות הרבים זימנין דלאו אדעתיה ומעביר ארבע אמות: [ועיין תוספות מגילה ד: ותוס' סוכה מג· ותוספות ביצה יח·]
וביבנה

א) [אולי צ"ל לא תעשה כל מלאכה שמות כ] ב) [ועי' תוס' שבת קיז: ד"ה התנא]

עין משפט נר מצוה

כ"א דלהנאתן

נז א ב מיי' פ"א מהל' ברכות הלכה י סמג עשין כז טור ש"ע א"ח סי' קסז סעיף כ וסי' רעג סעיף ד וסימן תפד סעיף א:
נח ג טוש"ע שם סי' קסז סעיף יט:
נט ד טוש"ע שם סי' תרלב סעיף ג:
א ה מיי' פ"ב מהלכות שופר הלכה ו סמג עשין מב טור ש"ע א"ח סימן תקפח סעיף ה:
ב ו ז מיי' שם הלכה ח והלכה ט:
ג ח מיי' פכ"ג מהלכות שבת הלכה א:
ד ט מיי' פ"ב מהלכות שופר הלכה ו:

רבינו חננאל

מוציא. א"ר אילא שאני בברכת המזון דכתיב ואכלת ושבעת וברכת מי שאכל הוא יברך. בעי רחבא ברכת הלחם של מצה שצריך לברך המוציא ועל אכילת מצה. וברכת היין של קדוש היום שצריך לברך ברכת היין וברכת קדוש היום מהו מי אמרינן כיון דחובה היא מפיק או דלמא ברכה לאו חובה היא. ופשטי לה מהא דאמר רב אשי כי הוינן בי רב פפי הוה מקדש לן וכי הוו אתו אריסיה מדברא הוה מקדש להו שמעינן מינה שאע"פ שיצא מוציא וה"ה לברכת הלחם של מצה: ת"ר לא יפרוס אדם פרוסה לאורחין אא"כ אוכל עמהן אבל פורס לבניו ולבני ביתו כדי לחנכן במצות בהלל ובמגילה אע"פ שיצא מוציא פשוטה היא:

הדרן עלך ראוהו בית דין

יו"ט של ראש השנה שחל להיות בשבת במקדש היו תוקעין אבל לא במדינה משחרב בהמ"ק התקין ריב"ז כו' אוקמה רבא דמדאורייתא אפילו בגבולין שרי למתקע ביו"ט של ר"ה שחל להיות בשבת דהא תנן דבי ר' ישמעאל כל מלאכת עבודה לא תעשו יצא תקיעת שופר ורדיית הפת שהיא חכמה ואינה מלאכה ומפני מה אסורה גזירת שמא יטלנה מי שאינו בקי וילך אצל בקי ללמוד ויעביר השופר ד' אמות לרה"ר והיינו טעמא דלולב והיינו טעמא דמגילה. ת"ר פעם אחת שחל ר"ה להיות בשבת. אריב"ז לבני בתירה נתקע אמרו ליה נדון אמר להו נתקע ואח"כ נדון. לאחר שתקעו אמרו לו נדון אמר להו כבר נשמעה קרן ביבנה ואין משיבין אחר מעשה: מתני' אמרו לו אחד יבנה ואחד כל מקום שיש בו בית דין גם הת"ק כך אמר התקין ריב"ז שיהו תוקעין בכל מקום שיש בו ב"ד ופרקינן איכא בינייהו בי דינא דאיקראי כלומר מקום שאין שם חכמים קבועין לב"ד ועכשיו נזדמן לחכמים ב"ד ובאו שם עוברי דרך · ת"ק סבר אין תוקעין ותנא דאמרו לו סבר תוקעין דגרסינן בגמרא דהמוכר פירות לחבירו ולא צימחו (דף צג ע"א) כל תנא בתרא לטפויי מלתא אתי לפיכך אמרנו כי התנא דאמרו לו דהוא תנא בתרא אית ליה בי דינא דאקראי. כל מקום שיש בו ב"ד. אמר רב הונא
ועם

הגהות הב"ח

(א) גמ' במקדש היכי תקעינן ועוד (הא לאו) תא"מ וכ"ב בפי' רש"י משמע דלא גרסינן להו אלא כ"ג ועוד מלאכה היא פי' בתמיה: (ב) רש"י ד"ה גזירה שמא כו' במקדש הס"ד ואח"כ נ"ל ד"ה בני בתירה כו' וד"ה נדון וכו' שמא יטלנו הס"ד ואח"כ מה"ד כבר נשמעה קרן ביבנה שהיו כל העריס שסביבות יבנה מתכנסים לשם הס"ד ואח"כ מה"ד ואין משיבין:

מסורת הש"ס

[נ"ע לפניה]
ויקרא כג
במדבר כט
במדבר כט
[שבת קיז: קלג:]
[פסחים סט: ביצה יז: סוכה מב: מגילה ד:]
ס"א
[ועי' תוס' שבת נג: ד"ה התירו וכו' ועי' בערוך ערך רד ד]

Raba inquired: [29b] What is the rule with regard to the blessing for bread said over the *mazzah* and the blessing for wine said in the sanctification?[6] Do we say that since [the partaking of these] is obligatory, he can perform [the duty] for others, or have we here perhaps only an [optional] blessing, not an obligation?[7]—Come and hear, since R. Ashi said: When we were at the house of R. Papi, he used to say the sanctification for us, and when his tenants came from the fields he used to make the sanctification for them.[8]

Our Rabbis taught: A man should not break bread[9] for visitors unless he eats with them, but he may break bread for his children and the members of his household so as to train them in the performance of religious duties. In the reciting of [the blessing over] Hallel and the Megillah, even though he has already performed [the duty] for himself, he may perform it for others.

CHAPTER IV

MISHNAH. IF THE FESTIVE DAY OF NEW YEAR FELL ON A SABBATH, THEY USED TO BLOW THE SHOFAR IN THE TEMPLE
a BUT NOT IN THE COUNTRY:[1] AFTER THE DESTRUCTION OF THE TEMPLE, RABBAN JOHANAN BEN ZACCAI ORDAINED THAT IT SHOULD BE BLOWN [ON SABBATH] IN EVERY PLACE WHERE THERE WAS A BETH DIN. R. ELIEZER SAID: RABBAN JOHANAN BEN ZACCAI LAID DOWN THIS RULE FOR JABNEH ONLY.[2] THEY SAID TO HIM: IT APPLIES EQUALLY TO JABNEH AND TO ANY PLACE WHERE THERE IS A BETH DIN. JERUSALEM HAD THIS FURTHER[3] SUPERIORITY OVER JABNEH, THAT IN EVERY CITY FROM WHICH IT COULD BE SEEN OR HEARD AND WHICH WAS NEAR AND FROM WHICH IT WAS ACCESSIBLE THEY USED TO BLOW [ON SABBATH],[4] WHEREAS IN JABNEH THEY USED TO BLOW IN THE BETH DIN ONLY.[5]

GEMARA. Whence [in the Scripture] is this rule[6] derived?—R. Levi b. Lahma said: One verse says, *a solemn rest, a memorial of blast of horns*,[7] while another verse says, *it is a day of blowing the horn unto you*![8] [Yet] there is no contradiction, as one refers to a festival which falls on Sabbath[9] and the other to a festival which falls on a weekday. Raba said: If the prohibition [on Sabbath] is from the Written Law, how comes the *shofar* to be blown in
b the Temple? And besides, [the blowing] is no work[1] that a text should be needed to except it.[2] For it was taught in the school of Samuel:[3] [When it says], *Ye shall do no servile work* [*on New Year*],[4] this excludes the blowing of the *shofar* and the taking of bread from the oven,[5] these being kinds of skill and not work!—No, said Raba. According to the Written Law it is allowed, and it is the Rabbis who prohibited it as a precaution, as stated by Rabbah; for Rabbah said, All are under obligation to blow the *shofar* but not all are skilled in the blowing of the *shofar*. [Hence] there is a danger that perhaps one will take it in his hand [on Sabbath] and go to an expert to learn and carry it four cubits in public domain.[6] The same reason applies to the *lulab* and the same reason to the *Megillah*.[7]

AFTER THE DESTRUCTION OF THE TEMPLE RABBAN JOHANAN BEN ZACCAI ORDAINED etc. Our Rabbis taught: Once New Year fell on a Sabbath [and all the towns assembled],[8] and Rabban Johanan said to the Bene Bathyra,[9] Let us blow the *shofar*. They said to him, Let us discuss the matter.[10] He said to them, Let us blow and afterwards discuss. After they had blown they said to him, Let us now discuss the question. He replied: The horn has already been heard in Jabneh, and what has been done is no longer open to discussion.[11]

R. ELIEZER SAID: RABBAN JOHANAN BEN ZACCAI LAID DOWN THIS RULE FOR JABNEH ONLY. THEY SAID TO HIM: IT APPLIES EQUALLY TO JABNEH AND TO ANY PLACE WHERE THERE IS A BETH DIN. [What] THEY SAID TO HIM is the same
c as the dictum of the first Tanna?[1]—There is a difference between them, namely, in the case of a temporary Beth din.[2]

THEY SAID TO HIM: IT APPLIES EQUALLY TO JABNEH AND TO ANY PLACE WHERE THERE IS A BETH DIN. R.

(6) The eating of unleavened bread on the first night of Passover and the sanctification of Sabbaths are religious duties and as such have to be prefaced with blessings. In addition, the ordinary blessing is said over the *mazzah* and the wine as articles of physical enjoyment. Raba's question relates to these latter blessings. (7) I.e., is the blessing on this occasion on a par with the blessing on other occasions when the partaking is optional? (8) This would show that in this case the one who recites the blessing over bread and wine, though he had already recited it for himself, can recite it again for others. (9) I.e., recite the blessing.

a (1) Including Jerusalem (Rashi). [Maim.: excluding Jerusalem]. (2) Where there was a 'Great Beth din' or Sanhedrin of seventy-two members. [A small town on the N.W. border of Judah, the Jabneel of Josh. XV, 11. It was a seat of learning as early as the days of R. Gamaliel the Elder. At the request of R. Johanan b. Zaccai it was spared by Vespasian at the time of the destruction of the Temple, when the Great Sanhedrin removed there and was presided over by R. Johanan b. Zaccai.] (3) The meaning of this expression is discussed in the Gemara. (4) After the destruction of the Temple. (5) And not in the surrounding towns. (6) That the *shofar* should not be blown on Sabbath. (7) Lev. XXIII, 24. (8) Num. XXIX, 1. How reconcile the two texts? (9) When there is to be only a '*memorial*' or mention of the blowing of the *shofar*, not actual blowing.

b (1) [Read with MS.M. and Rashi: 'Is it work that etc.'.] (2) From the general prohibition of work on Sabbath. (3) [*Var. lec.*, R. Ishmael.] (4) Num. XXIX, 1. (5) After it is baked. V. Tosaf., s.v. רדיית. (6) But this carrying was not forbidden in the Temple. (7) V. Glos. (8) To Jabneh in order to hear the blowing of the *shofar* by the representatives of the Beth din. The brackets appear in the text. (9) Descendants of the leaders of the Sanhedrin who resigned their position in favour of Hillel. V. Pes. 66a. (10) Whether the prohibition should be extended to a place where there is a Beth din. (11) Lest we should have to stigmatize ourselves as having committed an error.

c (1) That R. Johanan b. Zaccai ordained that the *shofar* should be blown on Sabbath wherever there was a Beth din.

Huna said [30a], [The *shofar* on Sabbath is blown only] with the Beth din. What is meant by 'with the Beth din'?—In the presence of the Beth din, [and he means] to except [from the permission] any blowing [on Sabbath] not in the presence of the Beth din.

Raba raised the following objection against this view: JERUSALEM HAD THIS FURTHER SUPERIORITY OVER JABNEH etc. What does THIS FURTHER imply? Shall I say that [the text] is to be taken as it stands?[3] Then it should have said THIS simply![4] Again, should it imply that in Jerusalem private individuals used to blow and in Jabneh private individuals did not blow, [I would ask,] but did not private individuals blow in Jabneh? When R. Isaac b. Joseph came, did he not report that when the congregational reader had finished blowing in Jabneh, a man could not hear his own voice[5] for the noise of the blowing [of individuals]?[6] What then must be said is that in Jerusalem the *shofar* was blown whether during the hours when the Beth din sat[7] or the hours when they did not sit, but in Jabneh it was blown during the hours when they sat but not when they did not sit. You admit then that during the hours when the Beth din sat at any rate they blew away from the Beth din?[8]—No; [what it implies[9] is that] in Jerusalem they blew whether in the presence of the Beth din or not in their presence, but in Jabneh they did blow in the presence of the Beth din, but otherwise not.

Some attach R. Huna's dictum to [the exposition of] the text, *On the day of Atonement ye shall cause a shofar to pass through all your*
a *land,*[1] [thus]: This teaches that every individual is under obligation to blow. R. Huna said: It must be with the Beth din. What is meant by 'with the Beth din'? At the time when the Beth din sits,[2] to exclude [from the permission] the time when the Beth din does not sit. Raba raised the following objection: The blowing of the *shofar* on New Year and Jubilee overrides Sabbath in the country[3] [for] a man and his house. What is meant by 'a man and his house'? Shall I say it means a man and his wife? Has then a woman to perform this duty, seeing that it is a duty for which there is a specific time,[4] and women are not liable to perform any duties for which there is a specific time? What it therefore must mean is, 'every man *in* his house', and even [I presume] during the hours when the Beth din does not sit?—No; it means in fact during the hours when the Beth din does sit.

R. Shesheth raised the following objection [against this view]: 'The Jubilee is on the same footing as New Year for blowing the *shofar* and for blessings, only on the Jubilee they blew [on Sabbath] alike in a Beth din in which the New Moon had been sanctified and in a Beth din in which the New Moon had not been sanctified, and every individual was under obligation to blow, whereas on New Year they blew only in a Beth din in which the New Moon had been sanctified and private individuals were not under obligation to blow'. What is meant by 'private individuals were not under obligation to blow'? Shall I say that on the Jubilee individuals used to blow a *shofar* and on New Year individuals did not blow? [This cannot be], because when R. Isaac b. Joseph came he said that when the congregational reader in Jabneh finished blowing a man could not hear his own voice for the noise [of the blowings] of individuals. It must mean then that on the Jubilee they blow both during the hours when the Beth din sits and also when ◁

(2) The latter authority requires that the Beth din should be a permanent one like that of Jabneh. (3) I.e., that there is no omission to be supplied. (4) Because no superiority has so far been mentioned. (5) Lit., 'ears'. [MS.M.: 'voice in his ears'.] (6) In the text the words 'of individuals' are in brackets. (7) I.e., till six hours (midday)—Rashi. (8) Which refutes R. Huna's statement that in Jabneh the permission to blow on Sabbath was only in the *presence* of the Beth din. (9) As to the superiority of Jerusalem.

a (1) Lev. XXV, 9. (2) And not, as above, in the presence of the Beth din, this being excluded by *through all your land* including places where there is no Beth din. (3) Lit., 'the borders', i.e., outside the Sanctuary. (4) Lit., 'which time causes (its observance)'.

◁ *For the continuation of the English translation of this page see overleaf.*

ועם בית דין מאי ועם ב"ד אבפני בית דין לאפוקי שלא בפני בית דין דלא מתיב רבא ועוד זאת היתה ירושלים יתירה על יבנה וכו' מאי ועוד זאת אילימא כדקתני זאת מיבעי ליה אלא דבירושלים תוקעין יחידין וביבנה אין תוקעין יחידין וביבנה אין תוקעין יחידין והא כי אתא רב יצחק בר יוסף אמר כי מסיים שליחא דציבורא תקיעה ביבנה לא שמע איניש קל אוניה מקל תקועיא [דיחידאי] אלא לאו דבירושלים תוקעין בין בזמן ב"ד ובין שלא בזמן ב"ד וביבנה בזמן ב"ד אין שלא בזמן ב"ד לא הא בזמן ב"ד מיהא תוקעין ואפילו שלא בפני ב"ד לא דאילו בירושלים תוקעין בין בפני ב"ד בין שלא בפני בית דין וביבנה בפני ב"ד אין שלא בפני ב"ד לא איכא דמתני להא דרב הונא אהא דכתיב (ויקרא כה) ביום הכפורים תעבירו שופר בכל ארצכם מלמד בשכל יחיד ויחיד חייב לתקוע אמר רב הונא ועם בית דין מאי ועם ב"ד גבזמן ב"ד לאפוקי שלא בזמן ב"ד דלא מתיב רבא תקיעת [א] ראש השנה ויובל דוחה את השבת בגבולין איש וביתו מאי איש וביתו אילימא איש ואשתו דאיתתא מי מיחייבא והא מצות עשה שהזמן גרמא היא הוכל מצות עשה שהזמן גרמא נשים פטורות אלא לאו איש בביתו ואפילו שלא בזמן ב"ד לא לעולם בזמן ב"ד מתיב רב ששת ושוה היובל לראש השנה לתקיעה ולברכות אלא שביובל תוקעין בין בב"ד שקידשו בו את החדש ובין בב"ד שלא קידשו בו את החדש וכל יחיד ויחיד חייב לתקוע ובר"ה לא היו תוקעין אלא בב"ד שקידשו בו את החדש ואין כל יחיד ויחיד חייב לתקוע מאי אין תוקעין יחידין והא כי אתא רב יצחק בר יוסף אמר כי הוה מסיים שליחא דציבורא תקיעתא ביבנה לא שמע איניש קל אוניה מקל תקועיא [דיחידאי] אלא לאו [דאילו] ביובל תוקעין בין בזמן ב"ד בין שלא בזמן ב"ד ובר"ה בזמן ב"ד אין שלא בזמן ב"ד לא קתני מיהת ביובל בין בזמן ב"ד בין שלא בזמן ב"ד לא לעולם בזמן בית דין והכי קתני ביובל בין בזמן ב"ד תוקעין בין בפני בית דין בין שלא בפני ב"ד בר"ה תוקעין בזמן ב"ד ובפני ב"ד איתמר נמי א"ר חייא בר גמדא א"ר יוסי בן שאול אמר רבי אין תוקעין אלא כל זמן שבית דין יושבין בעי ר' זירא ננערו לעמוד ולא עמדו מהו ב"ד יושבין בעינן והא איכא או דלמא זמן ב"ד בעינן וליכא תיקו: ועוד זאת היתה ירושלים יתירה על יבנה וכו': רואה פרט ליושבת בנחל שומעת פרט ליושבת בראש ההר קרובה פרט ליושבת חוץ לתחום ויכולה לבוא פרט למפסיק לה נהרא:

מתני' *בראשונה היה הלולב ניטל במקדש שבעה ובמדינה יום אחד משחרב בית המקדש התקין רבן יוחנן בן זכאי שיהא לולב ניטל במדינה שבעה זכר למקדש *ושיהא יום הנף כולו אסור:

גמ' *ומנלן דעבדינן זכר למקדש דאמר קרא כי אעלה ארוכה לך וממכותיך ארפאך נאם ה' כי נדחה קראו לך ציון היא דורש אין לה מכלל דבעיא דרישה: ושיהא יום הנף כולו אסור: מ"ט מהרה יבנה בית המקדש ויאמרו אשתקד מי לא אכלנו בהאיר מזרח עכשיו נמי ניכול ולא ידעי דאשתקד לא הוה עומר האיר מזרח התיר השתא דאיכא עומר עומר מתיר דמיבני אימת אילימא דאיבני בשיתסר הרי האיר מזרח התיר אלא דאיבני בחמיסר מחצות היום ולהלן לישתרי דהא תנן *הרחוקין מותרין מחצות היום ולהלן לפי שאין ב"ד מתעצלים בו לא נצרכא דאיבני *)בחמיסר סמוך לשקיעת החמה אי נמי דאיבני בליליא (אמר) רב נחמן בר יצחק *רבן יוחנן בן זכאי
בשיטת

*) [נסרש"י דהכא ותוס' סוכה דף מא· ד"ה אי נמי מוכח דלא היה גרסתם בחמיסר]

רש"י

ועם בית דין · הוא דתקעינן : אלא דאילו יחידים שאינן שלוחי ב"ד והא מילתא חסרה ממתניתין ומיבעי לן לתרוצה הכי : בין בזמן בית דין · עד שם שעות שהיו בית דין יושבין : בין שלא בזמן בית דין · שהלכו לבתיהן : איכא דמתני לה וכו' · מאי ועם בית דין (בפני ב"ד) דקאמר רב הונא בזמן ב"ד דהא ליכא לפרושי האי ועם ב"ד בפני ב"ד דהא בכל ארצכם כתיב (ויקרא כה) : ובר"ה לא היו תוקעין · כשחל להיות בשבת אלא בב"ד הגדול של סנהדרין הגדולה המקדשין את החדשים ורבי אליעזר היא : כי מסיים שליחא דציבורא כו' · ואף בי"ט שחל להיות בשבת דלהכי נקט יבנה : אלא לאו דאילו ביובל תוקעין · היחידים בין בזמן בית דין כו' : לא לעולם בזמן ב"ד · והכי קאמר ביובל כל יחיד ויחיד תוקע בזמן ב"ד אפי' שלא בפני ב"ד ובר"ה בפני ב"ד אין שלא בפני ב"ד לא : איתמר נמי · כרב הונא : אין תוקעין · יחידים ביוה"כ ביובל אלא בזמן שב"ד יושבין במקומן והתוקעין תוקעין בכל העיר : ננערו לעמוד · נעקרו ממושבם כדי לעמוד ולילך :

מתני' בראשונה היה לולב ניטל במקדש שבעה · דכתיב (שם כג) ושמחתם לפני ה' אלהיכם שבעת ימים ובמדינה יום אחד דכתיב (שם) ולקחתם לכם ביום הראשון : ושיהא יום הנף כולו אסור · יום הנפת עומר כולו אסור לאכול מן החדש ומדאורייתא משהאיר מזרח מותר כדאמרינן במנחות (דף סח·) כתוב אחד אומר עד עצם היום הזה וכתוב אחד אומר עד הביאכם וגו' הא כיצד בזמן הבית עומר מתיר ובזמן שאין עומר עצם היום מתיר :

גמ' כי אעלה ארוכה לך וגו' · סיפיה דקרא ציון היא דורש אין לה : מאי טעמא · גזר עליה : דאיבני אימת · שיהא לנו לחוש עכשיו לכך : הרי האיר מזרח התיר · דהא לא היה מזבח : אלא דאיבני בחמיסר · שהיה שהות לקצור במוצאי י"ט ולהביאו למחר כמצותו : מחצות היום ולהלן לישתרי · השתא ולא לגזור עליה רבן יוחנן אלא עד חצות היום ואי נמי מהרה יבנה ויאמרו אשתקד מי לא אכלנו מחצות היום ולהלן השתא נמי ניכול שפיר אכלי ואפי' הרחוקים מירושלים שלא ראו הקרבתו יש להסירמי' לסמוך דודאי קרב כבר דאמר מר הרחוקין היו מותרין בזמן הבית מחצות היום ולהלן כו' : לא נצריכא דאיבני סמוך לשקיעת החמה דחמיסר אי נמי דאיבני בלילה · רבן יוחנן חושש לשמא יבנה (א) לשקיעת החמה או בליל ששה עשר בחצי הלילה או סמוך לבקרו שלא יהא שהות לקצירתו והבהובו באבוב של קלאין וטחינתו והרקדתו והקרבתו עד חצות ואי הוו רגילי למיכל חדש מחצות היום בזמן הזה אתי למיכל נמי ההוא יומא הכי ועבדי איסורא ואם תאמר היכי משכחת לה דאיבני בחמיסר בי"ט ודאיבני בליליא והא קיימא לן במסכת שבועות (דף טו:) דאין בנין בהמ"ק לא בי"ט ולא בלילה הני מילי בנין בידי אדם אבל בנין העתיד לבא בידי שמים הוא :
בשיטת

תוספות

וביבנה בפני בית דין אין שלא בפני ב"ד לא · והא דלא שמע איניש קל אוניה מקל תקיעה דיחידאי הייט שהיו באין לתקוע בפני בית דין שלא שמעו תקיעת בית דין דאותן שילאו אסור להם לחזור ולתקוע דיש איסור שבות בדבר לתקוע בחנם בשבת :

לא לעולם בזמן בית דין · תימה דמכל מקום קשיא לליסנא דרב הונא לא אמר אלא בפני בית דין והכא קתני איש בביתו וי"ל שיפרש דהא דקתני בגבולין איש בביתו איובל קאי ולא אראש השנה ומיהו אי גרים בגבולין בלא וי"ו ולא גרסינן ובגבולין לא יתכן לומר כן ושמא יפרש דהאי בגבולין איירי בירושלים דוקא ומיהו מבכל ארצכם (ויקרא כה) בכל מקום שבארץ ישראל איירי :

אין תוקעין אלא בזמן שב"ד יושבין · פי' בקונטרס ביובל ונראה שאף בר"ה אתא לאשמועינן דאפי' בפני ב"ד אין תוקעין אלא כל זמן שיושבין : ונתקלקלו

מסורת הש"ס

[קדושין כט· וש"נ]

לעיל כו: [וש"נ]

סוכה מא·

שם מנחות סח·

[סוכה מא· ע"ש]

ירמיה ל

עירובין לב·

[נ"ל אמר רבן]

הגהות הב"ח

(א) רש"י ד"ה לא נריכא כו' חושש לשמא יבנה סמוך לשקיעת החמה:

הגהות הגר"א

[א] גמ' תקיעת יובל דוחה כו'· נ"ל :

עין משפט נר מצוה

ה א מיי' פ"ב מהל' שופר הל' ט וס"י מהל' שמטה ויובל הל' יג :

ו ב מיי' פ"י מהל' שמטה הלכה י :

ז ג מיי' שם הל' יא :

ח ד מיי' פ"ב מהל' שופר הל' א טוש"ע א"ח סי' תקפט סעיף ג :

ט ה מיי' פ"ב מהל' ע"ז הל' ג טוש"ע א"ח סי' לח סעיף ג וסי' תקפט סעיף ג :

י ו מיי' פ"י מהל' שמיטין הל' יא :

יא ז מיי' שם הל' יב ופ"ב מהל' שופר הלכה ט :

יב ח מיי' פ"י מהל' שמיטין הל' יג :

יג ט מיי' פ"ב מהל' שופר הל' ט :

יד י מיי' פ"ז מהלכות לולב הלכה יג וטו סמג עשין מד טוש"ע א"ח סימן תרנח סעיף א:

טו כ מיי' פ"י מהלכות מאכלות אסורות הל' ב סמג לאוין קמב טוש"ע י"ד סי' רצג סעיף א :

טז ל מיי' שם :

רבינו חננאל

ועם ב"ד כלומר זו התקיעה שחל להיות בשבת אינה אלא בפני [ב"ד] בלבד זולתי בירושלים מותיב רבא ועוד זאת היתה ירושלים יתירה על יבנה שכל עיר שהיא רואה או שומעת כו' · פירושא לא תני ועוד אלא שיש שם דבר אחר שירושלים יתירה על יבנה זולתי זה לפיכך תני ועוד ואמרי' איזהו אם תאמר שהיו בירושל' תוקעין יחידאין וביבנה לא · והאמר ר' יצחק כי הוה מסיים ש"ץ תקיעתא ביבנה לא הוה שמע איניש קל אוניה מקל תקיעתא דיחידאי פי' שהיו תוקעין יחידאין ביבנה כל מי שלא שמע התקיעות מפי ש"ץ שבא מאחר שסיים היה כל יחיד ויחיד תוקעין יחיד י כדי לצאת ידי חובה שלא שמעו התקיעות מפי ש"ץ ואסיקנא כי היו תוקעין בזמן ב"ד ואפי' שלא בפני ב"ד · קשיא לרב הונא ופריק הכי קאמר בירושלים היו תוקעין בין בפני בית דין בין שלא בפני בית דין וביבנה לא היו תוקעין אלא בפני בית דין · ועוד זאת היתה ירושלי' יתירה על יבנה כו' · איכא דמתני הכי ביוה"כ תעבירו שופר מלמד שכל יחיד ויחיד חייב לתקוע · אמר רב הונא ועם ב"ד בזמן בית דין בלבד · מותיב רבא תקיעות יובל ור"ה דוחין את השבת בגבולין איש וביתו ותריצנא בגבולין איש בביתו · ואמרינן איש בביתו דוקא ואפי' שלא בזמן ב"ד ודחינן לא לעולם איש וביתו ובזמן ב"ד · אבל שלא בזמן ב"ד לא . מותיב רב ששת שוה חיובל לר"ה לתקיע' ולברכות אלא שביובל היו תוקעין בין בב"ד שקידשו את החדש כו' עד אלא לאו הכי קאמר הא קמ"ל דאילו ביובל תוקעין היו בין בזמן ב"ד ובין שלא בזמן ב"ד קשיא לרב הונא . ודחינן לא ח"ק ביובל היו תוקעין בין בפני ב"ד בין שלא בפני ב"ד · ובר"ה לא היו תוקעין אלא בפני ב"ד · ולעולם זה וזה בזמן ב"ד · איתמר משמיה דר' לעולם אין תוקעין אלא בזמן שב"ד יושבין · בעי ר' זירא ננערו ב"ד לעמוד ונזדמן דבר לעיין בו וחזרו ונתישבו והאריכו בישיבה מאי תוקעין אי לא · ב"ד יושבין בעינן והא איכא · או דילמא זמן ב"ד בעינן וכבר עבר ועלתה בתיקו · ועוד זאת היתה ירושלים כו' : ת"ר רואה פרס ליושבת בנחל · כלומר הנחל מקום נמוך ואינה נראית מן הכרך · שומעת פרס ליושבת בראש ההר שאע"פ שנראית אינה שומעת · קרובה פרס ליושבת חוץ לתחום · ויכולה לבא פרס דפסיק ליה נהרא שאע"פ שהיא קרובה אינה יכולה לבוא · ירושלמי והוא שיהו כל הדרכים האלו בה · רואה ואינה שומעת כגון ירושלים מלמעלן והעיר מלמטן שומעת ואינה רואה ההר מפסיק · רואה ושומעת וקרובה ואינה יכולה לבוא הנחל מפסיק : [מתני'] בראשונה היה לולב ניטל במקדש שבעה ובמדינה יום אחד משחרב הבית התקין ריב"ז שיהא ניטל הלולב במדינה ז' ימי חג זכר למקדש שנא' כי נדחה קראו לך ציון היא דורש אין לה

Continuation of translation from previous page as indicated by ◁

the Beth din does not sit; but on New Year they blow when the Beth din sits but not when the Beth din does not sit. Now it states here at any rate that on the Jubilee [it is blown] whether
b when the Beth din is sitting or when it is not sitting?[1]—No; what indeed is meant is, when the Beth din sits, and the statement should be understood thus: On the Jubilee [it is blown] during the hours when the Beth din sits whether in the presence of the Beth din or not in the presence of the Beth din; but on New Year it is blown only when the Beth din sits and in the presence of the Beth din. It has also been stated [elsewhere]: R. Ḥiyya b. Gamda said in the name of R. Jose b. Saul, who had it from Rabbi: The *shofar* is blown only during the hours that the Beth din sits.

R. Zera inquired: If they have made ready[2] to rise, what is the rule? Is it necessary that the Beth din should be still seated, and this condition is fulfilled, or is it necessary that it should be during the sitting of the Beth din, and this condition is not fulfilled?—This question is left undecided.

JERUSALEM HAD THIS FURTHER SUPERIORITY OVER JABNEH etc. FROM WHICH IT COULD BE SEEN: this excludes one situated in a valley. OR HEARD: this excludes one situated on the top of a mountain. OR NEAR: this excludes one situated beyond the Sabbath limit.[3] OR FROM WHICH IT WAS ACCESSIBLE: this excludes one separated from it by a river.

MISHNAH. ORIGINALLY THE LULAB WAS SHAKEN[4] IN THE SANCTUARY DURING SEVEN DAYS AND IN THE COUNTRY ONLY ONE DAY.[5] WHEN THE TEMPLE WAS DESTROYED RABBAN JOḤANAN B. ZACCAI ORDAINED THAT THE LULAB SHOULD BE SHAKEN IN THE COUNTRY SEVEN DAYS, IN REMEMBRANCE OF THE SANCTUARY. [HE] ALSO [ORDAINED] THAT DURING
c THE WHOLE OF THE DAY OF THE WAVING [OF THE 'OMER][1] THE NEW CORN SHOULD BE FORBIDDEN.

GEMARA. What is our warrant for doing things in remembrance of the Temple?—Because the Scripture says, *For I will restore health unto thee and I will heal thee of thy wound, saith the Lord, because they have called thee an outcast, 'she is Zion, there is none that inquireth after her'*.[2] From this we gather that she ought to be inquired after.

THAT THE WHOLE OF THE DAY OF WAVING THE 'OMER THE NEW CORN SHOULD BE FORBIDDEN. What is the reason?—The Temple, [let us hope], will speedily be rebuilt, and [the Jews] will [then] say, 'Last year did we not eat [the new corn] from daybreak?[3] Now too let us eat', they not knowing that last year when there was no [waving of the] *'omer* it was daybreak which rendered the new corn permissible, but now that there is the *'omer* it is the *'omer* which renders it permissible. When [are we supposing] it will be built? Shall I say it will be built on the sixteenth [of Nisan]? Then daybreak [of the sixteenth] will render the new corn permissible.[4] Shall I say then that it will be built on the fifteenth?[5] Then let [the new corn] become permissible from midday [on the sixteenth], since we have learnt: 'Those who are at a distance [from the Temple] are allowed to eat [the new corn] from midday, because the Beth din do not procrastinate [with the *'omer*]'![6]—The rule is necessary in case the Temple will be built on the fifteenth shortly before sunset,[7] or also in case it will be built by night.[8]

R. Naḥman b. Isaac [however] said: Rabban Joḥanan b. Zaccai

b (1) Which is contrary to the opinion of R. Huna as explained above. (2) Lit., 'shaken themselves'. (3) I.e., more than two thousand cubits from the wall of Jerusalem. (4) Lit., 'taken', 'lifted up'. On *lulab* v. Glos. (5) V Suk. 41a.

c (1) I.e., the sixteenth of Nisan; v. Glos. s.v. (2) Jer. XXX, 17. (3) The text says, *Ye shall not eat bread . . . until this selfsame day, until ye have brought the offering* (of the *'omer*).—Lev. XXIII, 14. The Rabbis learn from this (Men. 68), that when the *'omer* is brought the new corn may be eaten as soon as it is brought, and when it is not brought the new corn may be eaten from daybreak on the sixteenth of Nisan. (4) The Temple not yet having been built. (5) [I.e., it will have been built by the fifteenth so that there would be time to make all the preparation necessary for the offering of the *'omer* v. Rashi Suk. 41a.] (6) And it may be safely assumed that they have brought it by midday. (7) [The law that the building of the Temple does not override the Sabbath (v. Sheb. 15b) does not apply to the future Temple which will be wrought by

ועם בית דין מאי ועם ב"ד א בפני בית דין לאפוקי שלא בפני בית דין דלא מתיב רבא ועוד זאת היתה ירושלים יתירה על יבנה וכו' מאי ועוד זאת אילימא כדקתני זאת מיבעי ליה אלא דבירושלים תוקעין יחידין וביבנה אין תוקעין יחידין וביבנה אין תוקעין יחידין והא כי אתא רב יצחק בר יוסף אמר כי מסיים שליחא דציבורא תקיעה ביבנה לא שמע איניש קל אוניה מקל תקועיא [דיחידאי] אלא לאו דבירושלים תוקעין בין בזמן ב"ד ובין שלא בזמן ב"ד וביבנה בזמן ב"ד אין שלא בזמן ב"ד לא הא בזמן ב"ד מיהא תוקעין ואפילו שלא בפני ב"ד לא דאילו בירושלים תוקעין בין בפני ב"ד בין שלא בפני בית דין וביבנה בפני ב"ד אין שלא בפני ב"ד לא איכא דמתני להא דרב הונא אהא דכתיב °ביום הכפורים תעבירו שופר בכל ארצכם ויקרא כה מלמד ב שכל יחיד ויחיד חייב לתקוע אמר רב הונא ועם בית דין מאי ועם ב"ד ג בזמן ב"ד לאפוקי שלא בזמן בית דין דלא מתיב רבא תקיעת [א] ראש השנה ויובל דוחה את השבת בגבולין איש וביתו מאי איש וביתו אילימא איש ואשתו ד איתתא מי מיחייבא והא מצות עשה שהזמן גרמא היא *ה וכל מצות עשה שהזמן גרמא נשים פטורות אלא לאו איש בביתו ואפילו שלא בזמן ב"ד לא לעולם בזמן ב"ד מתיב רב ששת *ו שוה היובל לראש השנה לתקיעה ולברכות אלא שביובל תוקעין בין בב"ד שקידשו בו את החדש ובין בב"ד שלא קידשו בו את החדש וכל יחיד ויחיד חייב לתקוע ז ובר"ה לא היו תוקעין אלא בב"ד שקידשו בו את החדש ח ואין כל יחיד ויחיד חייב לתקוע מאי אין כל יחיד ויחיד חייב לתקוע אילימא דביובל תוקעין יחידין ובראש השנה אין תוקעין יחידין והא כי אתא רב יצחק בר יוסף אמר כי הוה מסיים שליחא דציבורא תקיעתא ביבנה לא שמע איניש קל אוניה מקל תקועיא [דיחידאי] אלא לאו [דאילו] ביובל תוקעין בין בזמן ב"ד בין שלא בזמן ב"ד ובר"ה בזמן ב"ד אין שלא בזמן ב"ד לא קתני מיהת ביובל בין בזמן ב"ד בין שלא בזמן ב"ד לא לעולם בזמן בית דין והכי קתני ביובל בזמן ב"ד תוקעין בין בפני בית דין בין שלא בפני ב"ד בר"ה תוקעין בזמן ב"ד ובפני ב"ד איתמר נמי א"ר חייא בר גמדא א"ר יוסי בן שאול אמר רבי אין תוקעין אלא כל זמן שבית דין יושבין בעי ר' זירא נגערו לעמוד ולא עמדו מהו ב"ד יושבין בעינן ט והא איכא או דלמא זמן ב"ד בעינן וליכא תיקו: ועוד זאת היתה ירושלים יתירה על יבנה וכו': רואה פרט ליושבת בנחל שומעת פרט ליושבת בראש ההר קרובה פרט ליושבת חוץ לתחום ויכולה לבוא פרט למפסיק לה נהרא: **מתני'** *י בראשונה היה הלולב ניטל במקדש שבעה ובמדינה יום אחד משחרב בית המקדש התקין רבן יוחנן בן זכאי שיהא לולב ניטל במדינה שבעה זכר למקדש *כ ושיהא יום הנף כולו אסור: **גמ'** *ומנלן דעבדינן זכר למקדש דאמר קרא °כי אעלה ארוכה לך וממכותיך ארפאך נאם ה' כי נדחה קראו לך ציון היא דורש אין לה ירמיה ל מכלל דבעיא דרישה: ושיהא יום הנף כולו אסור: מ"ט מהרה יבנה בית המקדש ויאמרו אשתקד מי לא אכלנו בהאיר מזרח עכשיו נמי ניכול ולא ידעי דאשתקד לא הוה עומר האיר מזרח התיר השתא דאיכא עומר עומר מתיר דמיבני אימת אילימא דאיבני בשיתסר הרי האיר מזרח התיר אלא דאיבני בחמיסר מחצות היום ולהלן לשתרי דהא תנן* ל הרחוקין מותרין מחצות היום ולהלן לפי שאין ב"ד מתעצלים בו לא נצרכא דאיבני *)בחמיסר סמוך לשקיעת החמה אי נמי דאיבני בליליא (אמר) רב נחמן בר יצחק *רבן יוחנן בן זכאי בשיטת

*) [בפרש"י דהכא ובתוס' סוכה דף מא: ד"ה אי נמי מוכח דלא היה גרסתם בחמיסר]

רש"י

ועם בית דין · הוא דתקעינן: אלא דאילו בירושלים · תוקעין בשבת יחידים שאינן שלוחי ב"ד והא מילתא חסרה ממתניתין ומיבעי לן לתרוצה הכי: בין בזמן בית דין · עד שם שעות שהיו בית דין יושבין: בין שלא בזמן בית דין · שהלכו לבתיהן: איכא דמתני לה וכו' · מאי ועם בית דין (בפני ב"ד) דקאמר רב הונא בזמן ב"ד דהא ליכא לפרושי האי ועם ב"ד בפני ב"ד דהא בכל ארצכם כתיב (ויקרא כה): ובר"ה לא היו תוקעין · כשחל להיות בשבת אלא בב"ד הגדול של סנהדרין הגדולה המקדשין את החדשים ורבי אליעזר היא: כי מסיים שליחא דציבורא כו' · ואף בי"ט שחל להיות בשבת דלהכי נקט יבנה: אלא לאו דאילו ביובל תוקעין · היחידים בין בזמן בית דין כו': לא לעולם בזמן ב"ד · והכי קאמר ביובל כל יחיד ויחיד תוקע בזמן ב"ד אפי' שלא בפני ב"ד ובר"ה בפני ב"ד אין שלא בפני ב"ד לא: איתמר נמי · כרב הונא: אין תוקעין · יחידים ביוה"כ ביובל אלא בזמן שב"ד יושבין במקומן והתוקעין תוקעין בכל העיר: נגערו לעמוד · נעקרו ממושבם כדי לעמוד ולילך:

מתני' בראשונה היה לולב ניטל במקדש שבעה · דכתיב (שם כג) ושמחתם לפני ה' אלהיכם שבעת ימים ובמדינה יום אחד דכתיב (שם) ולקחתם לכם ביום הראשון: ושיהא יום הנף כולו אסור · יום הנפת עומר כולו אסור לאכול מן החדש ומדאורייתא משהאיר מזרח מותר כדאמרינן במנחות (דף סח.) כתוב אחד אומר עד עצם היום הזה וכתוב אחד אומר עד הביאכם וגו' הא כיצד בזמן הבית עומר מתיר ובזמן שאין עומר עצם היום מתיר:

גמ' כי אעלה ארוכה לך וגו' · סיפיה דקרא ציון היא דורש אין לה: מאי טעמא · גזר עליה: דאיבני אימת · שיהא לנו לחוש עכשיו לכך: הרי האיר מזרח התיר · דהא לא היה מזבח: אלא דאיבני בחמיסר · שהיה שהות לקצור במוצאי י"ט ולהביאו למחר כמצותו: מחצות היום ולהלן לישתרי · השתא ולא לגזור עליה רבן יוחנן אלא עד חצות היום ואי נמי מהרה יבנה ויאמרו אשתקד מי לא אכלנו מחצות היום ולהלן השתא נמי ניכול שפיר אכלי ואפי' הרחוקים מירושלים שלא ראו הקרבתו יש להסירמי' לסמוך דודאי קרב כבר דאמר מר הרחוקין היו מותרין בזמן הבית מחצות היום ולהלן כו': לא צריכא דאיבני סמוך לשקיעת החמה דחמיסר אי נמי דאיבני בלילה · רבן יוחנן חושש לשמא יבנה (א) לשקיעת החמה או בליל ששה עשר בחצי הלילה או סמוך לבקרו שלא יהא שהות לקצירתו והביאו באבוב של קלאין וטחינתו והרקדתו והקרבתו עד חצות ואי הוו רגילי למיכל חדש מחצות היום בזמן הזה אתי למיכל נמי ההוא יומא הכי ועבדי איסורא ואם תאמר היכי משכחת לה דאיבני בחמיסר בי"ט ודאיבני בליליא והא קיימא לן במסכת שבועות (דף טו:) דאין בנין בהמ"ק לא בי"ט ולא בלילה הני מילי בנין בידי אדם אבל בנין העתיד לבא בידי שמים הוא:

תוספות

וביבנה בפני בית דין אין שלא בפני ב"ד לא · והא דלא שמע איניש קל אוניה מקל תקיעה דיחידאי הייט שהיו באין לתקוע בפני בית דין שלא שמעו תקיעת בית דין דאותן שילאו אסור להם לחזור ולתקוע דיש איסור שבות בדבר לתקוע בחנם בשבת:

לא לעולם בזמן בית דין · תימה דמכל מקום קשיא ללישנא דרב הונא לא אמר אלא בפני בית דין והכא קתני איש בביתו וי"ל שיפרש דהא דקתני בגבולין איש בביתו איובל קאי ולא אראש השנה ומיהו אי גרים בגבולין בלא וי"ו ולא גרסינן ובגבולין לא יתכן לומר כן ושמא יפרש דהאי בגבולין איירי בירושלים דוקא ומיהו מבכל ארצכם (ויקרא כה) בכל מקום שבארץ ישראל איירי:

אין תוקעין אלא בזמן שב"ד יושבין · פי' בקונטרס ביובל ונראה שאף בר"ה אתא לאשמועינן דאפי' בפני ב"ד אין תוקעין אלא כל זמן שיושבין: ונתקלקלו

ה א מיי' פ"ב מהל' שופר הל' ט ופ"י מהל' שמטה ויובל הל' יג:
ו ב מיי' פ"י מהל' שמטה הלכה י:
ז ג מיי' שם הל' יא:
ח ד מיי' פ"ב מהל' שופר הל' א טוש"ע א"ח סי' תקפט סעיף ג:
ט ה מיי' פי"ב מהל' ע"ז הל' ג טוש"ע א"ח סי' לח סעיף ג וסי' תקפט סעיף ג:
י ו מיי' פ"י מהל' שמיטין הל' יא:
יא ז מיי' שם הל' יב ופ"ב מהל' שופר הלכה ט:
יב ח מיי' פ"י מהל' שמיטין הל' יג:
יג ט מיי' פ"ב מהל' שופר הל' ט:
יד י מיי' פ"ז מהלכות לולב הלכה יג וטו סמג עשין מד טוש"ע א"ח סימן תרנח סעיף א:
טו כ מיי' פ"י מהלכות מאכלות אסורות הל' ב סמג לאוין קמב טוש"ע י"ד סי' רצג סעיף א:
טז ל מיי' שם:

רבינו חננאל

ועם ב"ד כלומר זו התקיעה שחל להיות בשבת אינה אלא בפני [ב"ד] בלבד וזולתי בירושלים מותיב רבא ועוד זאת היתה ירושלים יתירה על יבנה שכל עיר שהיא רואה או שומעת כו' · פירושא לא תני ועוד אלא שיש שם דבר אחר שירושלים יתירה על יבנה וזולתי זה לפיכך תני ועוד ואמרי' איזהו אם תאמר שהיו בירושלי' תוקעין יחידאין וביבנה לא · והאמר ר' יצחק כי הוה מסיים ש"ץ תקיעתא ביבנה לא הוה שמע איניש קל אוניה מקל תקיעתא דיחידאי פי' שהיו תוקעין יחידאין ביבנה כל מי שלא שמע התקיעות מפי ש"ץ שבא מאחר שסיים היה כל יחיד ויחיד תוקעין יחידי כדי לצאת ידי חובה שלא שמעו התקיעות מפי ש"ץ ואסיקנא כי היו תוקעין בזמן ב"ד ואפי' שלא בפני ב"ד · קשיא לרב הונא ופריק הכי קאמר בירושלים היו תוקעין בין בפני בית דין בין שלא בפני בית דין וביבנה לא היו תוקעין אלא בפני בית דין · ועוד זאת היתה ירושלי' יתירה על יבנה כו' · איכא דמתני הכי ביוה"כ תעבירו שופר מלמד שכל יחיד ויחיד חייב לתקוע · אמר רב הונא ועם ב"ד בזמן בית דין בלבד · מותיב רבא תקיעות יובל ור"ה דוחין את השבת בגבולין איש וביתו ותריצנא בגבולין איש בביתו · ואמרינן איש בביתו דוקא ואפי' שלא בזמן ב"ד ודחינן לא לעולם איש וביתו ובזמן ב"ד · אבל שלא בזמן ב"ד לא. מותיב רב ששת שוה היובל לר"ה לתקיע' ולברכות אלא שביובל היו תוקעין בין בב"ד שקידשו את החדש כו' עד אלא לאו הכי קאמר הא קמ"ל דאילו ביובל תוקעין היו בין בזמן ב"ד ובין שלא בזמן ב"ד קשיא לרב הונא. ודחינן לא ח"ק ביובל היו תוקעין בין בפני ב"ד בין שלא בפני ב"ד · ובר"ה לא היו תוקעין אלא בפני ב"ד · ולעולם זה וזה בזמן ב"ד · איתמר משמיה דר' לעולם אין תוקעין אלא בזמן שב"ד יושבין · בעי ר' זירא נגערו ב"ד לעמוד ונזדמן דבר לעיין בו וחזרו ונתישבו והאריכו בישיבה מאי תוקעין אי לא · ב"ד יושבין בעינן והא איכא · או דילמא זמן ב"ד בעינן וכבר עבר ועלתה בתיקו · ועוד זאת היתה ירושלים כו': ת"ר רואה פרט ליושבת בנחל · כלומר הנחל מקום נמוך ואינה נראית מן הכרך · שומעת פרט ליושבת בראש ההר שאע"פ שנראית אינה שומעת · קרובה פרט ליושבת חוץ לתחום · ויכולה לבא פרט דפסיק ליה נהרא שאע"פ שהיא קרובה אינה יכולה לבוא · ירושלמי והוא שיהו כל הדרכים האלו בה · רואה ואינה שומעת כגון ירושלים מלמטן והעיר מלמעלן שומעת ואינה רואה ההר מפסיק · רואה ושומעת וקרובה ואינה יכולה לבוא הנחל מפסיק: [מתני'] בראשונה היה לולב ניטל במקדש שבעה ובמדינה יום אחד משחרב הבית התקין ריב"ז שיהא ניטל הלולב במדינה ז' ימי חג זכר למקדש שנא' כי נדחה קראו לך ציון היא דורש אין לה

[קדושין כט. וש"נ]
לעיל כו: [וש"נ]
סוכה מא.
שם
מנחות סח.
[סוכה מא: ע"ש]
ערכין לב:
[ז"ל אמר רבן]

הגהות הב"ח

(א) רש"י ד"ה לא צריכא כו' חושש לשמא יבנה סמוך לשקיעת החמה:

הגהות הגר"א

[א] גמ' תקיעת יובל דוחה כו'. כצ"ל:

יז א מיי' פ"י מהלכות מאכלות אסורות הל' ב:
יח ב מיי' פ"ג מהל' קידוש החדש הל' ה:
יט ג ד מיי' שם הל' ו:
כ ה מיי' שם הל' ה:
כא ו ז ח מיי' פ"ו מהל' תמידין הל' ט:

תורה אור

בשיטת ר' יהודה אמרה דאמר °עד עצם היום הזה עד עצמו של יום וקסבר *עד ועד בכלל ומי סבר לה כוותיה והא מפליג פליג עליה דתנן *משחרב בית המקדש התקין רבן יוחנן בן זכאי שיהא יום הנף כולו אסור א"ר יהודה והלא מן התורה הוא אסור [דכתיב עד עצם היום הזה] התם ר' יהודה הוא דקא טעי איהו סבר רבן יוחנן בן זכאי מדרבנן קאמר ולא היא מדאורייתא קאמר והא התקין קתני מאי התקין דרש והתקין: **מתני'** בראשונה *היו מקבלין עדות החדש כל היום פעם אחת נשתהו העדים מלבוא ונתקלקלו הלוים בשיר התקינו שלא יהו מקבלין אלא עד המנחה ואם באו עדים מן המנחה ולמעלה נוהגין אותו *היום קודש ולמחר קודש *משחרב בית המקדש התקין רבן יוחנן בן זכאי שיהו מקבלין עדות החדש כל היום: **גמ'** מה קלקול קלקלו הלוים בשיר הכא תרגימו שלא אמרו שירה כל עיקר רבי זירא אמר שאמרו שירה של חול עם תמיד של בין הערבים אמר לו רבי זירא לאהבה בריה פוק תני להו התקינו שלא יהו מקבלין עדות החדש אלא כדי שיהא שהות ביום להקריב תמידין ומוספין ונסכיהם ולומר שירה שלא בשיבוש אי אמרת בשלמא אמור שירה דחול היינו דאיכא שיבוש אלא אי אמרת לא אמור כלל מאי שיבוש איכא כיון דלא אמור כלל אין לך שיבוש גדול מזה מתיב רב אחא בר הונא תמיד של ראש השנה שחרית קרב כהלכתו ובמוסף מהו אומר °הרנינו לאלהים עוזנו הריעו לאלהי יעקב במנחה מהו אומר °קול ה' יחיל מדבר ובזמן שחל ראש השנה להיות בחמישי בשבת ששירה שלו הרנינו לאלהים עוזנו לא היה אומר בשחרית הרנינו מפני שחוזר וכופל את הפרק אלא מהו אומר °הסירותי מסבל שכמו ואם באו עדים אחר תמיד של שחר אומר הרנינו אע"פ שחוזר וכופל את הפרק אי אמרת בשלמא כל היכא דמסתפקא אמרינן שירה דחול היינו דקאמר אומרו וכופלו אלא אי אמרת לא אמור כלל מאי אומרו וכופלו

שאני

ויקרא כג · תהלים פא · שם פא

רש"י

בשיטת ר' יהודה אמרה · דאמר מן התורה אסור כל היום בזמן הזה דקסבר עד ועד בכלל: א"ר יהודה גרסי' ולא גרסי' אמר לו ר' יהודה שהרי לא ראהו מימיו אבל תמה בדורו על תקנת רבן יוחנן בן זכאי ואמר מה חידוש חידש ר' יוחנן בן זכאי והלא מן התורה אסור: מדרבנן קאמר · כלומר הוא בא לגזור עליו משום ההוא טעם דלעיל דשמא יבנה: דרש והתקין · דרש להם המקרא והתקין שינהגו איסור לפי שעד עכשיו היה היתר בדבר משקרב העומר שהעומר מתיר: **מתני'** בראשונה היו מקבלין עדות החדש כו': הלוים בשיר · בגמרא מפרש: נוהגים אותו היום קודש · בר"ה קאי דמשחשכה לילי עשרים ותשעה נהגו בו קודש שמא יבואו עדים מחר ויקדשוהו ב"ד ונמצא שהלילה הזה ליל י"ט הוא וכן למחר כל היום עד המנחה ואם באו עדים קודם המנחה ב"ד מקדשים את החדש ונודע שיפה נהגו בו קודש ואם מן המנחה ולמעלה באו אע"פ שאין ב"ד מקבלין אותן לקדשו היום ויעברו את אלול ויקדשוהו למחר אעפ"כ גומרים אותו בקדושה ואסור במלאכה דלמא אתי לזלזולי ביה לשנה הבאה ויעשו בו מלאכה כל היום ויאמרו אשתקד נהגנו בו קודש חנם ומן המנחה ולמעלה חזרנו ונהגנו בו חול: **גמ'** ה"ג מאי קלקול קלקלו הלוים כו' · ולא גרסינן ת"ר: הכא תרגימו · בבבל: שלא אמרו שירה כל עיקר · בתמיד של בין הערבים לפי שלא ידעו מה שיר יאמרו שמא עוד סוף העדים לבוא היום ושיר של י"ט יש לומר או לא יבואו ונמצא שהוא חול אבל בתמיד של שחר אין ספק שמתוך שברוב השנים אין העדים באין קודם תמיד של שחר וספק יתקדש היום ספק לא יתקדש לא תקנו שיר של י"ט שחרית בר"ה כדתני לקמן תמיד של ר"ה שחרית קרב כהלכתו אבל לתמיד של בין הערבים תקנו שיר של י"ט שכבר באו העדים לפיכך אותה שנה שנשתהו לבא לא ידעו מה יאמרו: פוק תני להו · לבני בבל האומרים לא אמרו שירה כל עיקר את להם ברייתא זו שממנה ילמדו שאמרו שיר של חול: קרב כהלכתו · אומרים הלוים על נסכיו שיר של חול כמשפט היום כמו ששנו שונים במסכת תמיד (פ"ז משנה ד) השיר שהלוים היו אומרים בבית המקדש ביום הראשון כו': (א) הריעו לאלהי יעקב · וכל המזמור והוא שיר של חמישי בשבת בשחרית בחול ואומרין אותו על מוספי ר"ה לפי שהוא יום תרועה: קול ה' יחיל מדבר · כדי להזכיר בר"ה זכות קול שופרות של מתן תורה: ואם חל ר"ה בחמישי בשבת · ובאו עדים קודם תמיד של שחר: לא היו אומרים שחרית · שיר של חול דהיינו הרנינו מפני שחוזר וכופלו שניה במוסף: הפרק · המזמור: הסירותי מסבל שכמו · משום דבר"ה יצא יוסף מבית האסורים: ואם באו עדים · בחמישי בשבת אחר תמיד של שחר דבשעת שיר של תמיד לא היו יודעין אם יתקדש היום וי"ל הסירותי או שמא חול הוא ושירו הרנינו יאמרו [הרנינו] מספק ויחזרו ויאמרו אותו במוסף ונמצא שכפלוהו: אע"פ שהפרק שלו אומרו וכופלו · אע"פ שהפרשה של מזמור זה תהא אמורה וכפולה היום:

שאני

תוספות

ונתקלקלו הלוים בשיר · בתמיד של בין הערבים כדמפרש בגמרא אבל בתמיד של שחר לא תקנו שיר של י"ט כדפירש בקונטרס לפי שברוב השנים אין העדים באין קודם תמיד של שחר וספק יתקדש היום ספק לא יתקדש וא"ת ואמאי לא חשיב קלקול של מוסף שלא הקריבו מוסף של ר"ח שאחר התמיד אין יכולין להקריבו כדדרשינן עליה השלם בפ' תמיד נשחט (פסחים ד' נח: ושם) וכי תימא דמעלה ומלין בראשו של מזבח דעליה השלם לא שייך אלא בהקטרה ואין מקטיר עד למחר הניחא למאן דאמר בפ' המזבח מקדש (זבחים דף פז·) אין לינה מועלת בראשו של מזבח אבל למאן דאמר מועלת מאי איכא למימר וכי תימא דהקריבו כבש אחד על תנאי דאם יבואו עדים יהא מוסף ואם לא יבואו עדים יהא תמיד דא"כ במאי קלקלו בתמיד דאי משום דהיו סבורים שלא יבאו עדים ואמרו שיר של חול זהו הקלקול לא היה בתמיד אלא במוסף של ר"ח שאמרו עליו שיר של תמיד של חול ועוד למ"ד שלא אמרו שירה כל עיקר היינו לפי שהיו ממתינין כל שעה ושעה שמא עדיין יבאו עדים ולא היו יודעין מה שיר יאמרו והשתא אם באו עדים ולא היה להם שהות ביום לומר שיר א"כ עדיין נתקלקלו יותר בשאר קרבנות שלא קרבו מיהו אפשר לומר כשלא באו לפיכך לא היה להם קלקול אלא בשיר וי"ל דאחר התמיד יכול להקריב מוסף של ר"ח משום דאתי עשה דרבים ודחי עשה דהשלמה כדאמרינן פרק השולח (גיטין דף לח:) גבי שחרר עבדו והשלימו לעשרה מצוה דרבים שאני וגבי עשה דהשלמה אמרי' נמי בפרק תמיד נשחט (פסחים דף נט· ושם) שנדחה מקמי עשה דפסח שיש בו כרת ובפ' שלוח הקן (חולין ד' קמא·) נמי אמרי' דעשה דמצורע דוחה עשה דשלוח משום שלום בין איש לאשתו ומיהו יש לתמוה אמאי נתקלקלו בשיר והלא בשעת נסכים היה השיר כדאמרינן בכל דוכתא (ברכות דף לה·) אין אומר שירה אלא על היין ואיתא בפרק שני דערכין (דף יב· ושם) ויכול להמתין מלהביא נסכים עד הלילה או עד למחר כדאיתא בהקומץ זוטא (מנחות דף טו:) דמביא אדם זבחו היום ונסכו מכאן ועד עשרה ימים ובפ"ב דתמורה (דף יד·) מנחתם ונסכיהם אפילו בלילה מנחתם ונסכיהם עד למחר ונראה לי דלכתחלה יש להביא נסכים עם הזבח דאי מביא בלילה אין יכול לומר שירה כדאמרינן בפ' שני דערכין (דף יא·) מה כפרה ביום אף שירה ביום ולמחר נמי אם מביאה מבעיא לן התם (דף יב·) אם טעונין שירה דאיבעיא להו נסכין הבאים בפני עצמן כלומר שהביא קרבן לבור היום ונסכין למחר טעונין שירה או אינן טעונין שירה ולא איפשט והא דאמר ר"מ התם (דף יא.) דשיר מעכב הקרבן היינו בנסכים הבאין עם הזבח שקרבו בשעת שחיטת הזבח דאין קרבין אלא ביום כדאמרינן בפ' שני דתמורה (דף יד·) ואותן טעונין שירה ואפי' אם תמצי לומר דבאין בפני עצמן טעונין שירה מ"מ טוב שיביאם עם הזבח כדי שיאמרו אאכילה ושתיה כדאמר התם בערכין (דף יב·) או דלמא אאכילה ושתיה אמרה אשתיה לחודיה לא אמרה והיא דמביא אדם זבחו היום ונסכו מכאן עד י' ימים משמע דלכתחלה יכול לעשות כן הני מילי בקרבן יחיד דאין טעון שירה דאין אומרים שירה אלא על קרבן לבור הקבוע להם זמן כדמוכח התם בערכין (דף יא:):

הזי"ו

רבינו חננאל

לה מכלל דבעיא דרישה · ושיהא יום הנף כולו אסור פי' שיהא יום הנפת העומר והוא יום ט"ז בניסן אסור לאכול מן החדש כדכתיב ולחם וקלי וכרמל לא תאכלו עד עצם היום הזה וגו' ותנן העומר היה מתיר במדינה ושתי הלחם במקדש · ובזמן שהיה בהמ"ק קיים היו יוצאין לילי יום ט"ז בניסן והיו קוצרין ומביאין ומקריבין העומר והיו הקרובים מירושלי' מותרין לאכול החדש אחרי הקרבת העומר מיד והרחוקין היו מותרין מחצות היום ולהלן · שדבר ברור הוא שאין ב"ד מתעצלין ולא בא חצי היום אלא כודאי נקרב העומר ועכשיו שאין עומר אם יתירו להן החדש כשיאור מזרח חיישינן אם ישארו העם במנהגם ויבנה בית המקדש לילי י"ו בניסן או סמוך לשקיעת החמה יום ט"ו בניסן נתחייבו להקריב ולא יהי' סיפוק לצאת ולקצור בלילה. מפני שלא נבנה אלא בשעה דחוקה · וצריכין לצאת ולקצור ולהביא ביום ט"ז ולהכין ולהניף ולהקריב ושמא לא יספיקו להקריב העומר אלא סמוך לשקיעת החמה · ומאחר שנבנה הבית אסורין כל ישראל לאכול חדש ואינן מותרין בו אלא אחרי הקרבת העומר · לפיכך התקין להן שיהא יום י"ו בניסן כולו אסור שלא יכשלו כשיבנה הבית פי' דנפיש *) הוה בהמ"ק כל מקום שצריך לומר לא היה בית המקדש מחלף ותאני נפיש הוה כענין דקרי לסומא סגי נהורא · ושאר השמועה פשוט' היא · מיהו הוצרכנו להודיע כי זו המשנה ששנינו משחרב בית המקדש התקין ריב"ז כו' · עד אמר ר' יהודה והלא מן התורה הוא אסור שנאמר עד עצם היום הזה וגו' זו המשנה היא במסכת מנחות פרק ר' ישמעאל אומר העומר היה בא בשבת מג' סאין כו': בראשונה היו מקבלין עדות החדש כל היום כו' · ת"ר מה קלקול קלקלו הלוים בשיר ששנינו במשנתנו ונתקלקלו הלוים בשיר הכא תרגימו שלא אמרו שירה כל עיקר · ר' זירא א' שאמרו שירה של חול על תמיד של בין הערבים ולא אמרו קול ה' יחיל מדבר שהיא שירת ר"ה במנחה וא' ר' זירא לאהבה בריה צא אמור להן להללו דתרגימו שלא אמרו שירה כל עיקר · והתניא התקינו שלא יהו מקבלין עדות החדש אלא אם יש שהות ביום כדי להקריב קרבן תמידין ומוספין ונסכיהן וכדי שיאמרו שירה שלא בשיבוש בשלמא לדידי כו' ודחו כיון דלא אמרו כלל אין שיבוש גדול מזה · ועוד מותבינן עליהן תמיד של ר"ה בשחרית קרב כהלכתו · כלומר אם חל להיות בשני אומרים בתמיד של שחר גדול ה' ומהולל מאד שהיא שירה של יום שני · וכן בשאר הימים בתמיד של שחר אומרים שירה של אותו היום אבל במוסף אומרים הרנינו לאלהים עוזנו וגו' במנחה אומרים על התמיד של בין הערבים שירה קול ה' יחיל מדבר וגו'. ובזמן שחל ר"ה להיות בחמישי שהשירה שלו הרנינו לאלהים עוזנו אינו אומר כשאר הימים הרנינו מפני שנמצא אומרו וכופלו. אלא אמר על תמיד של שחר הסירותי מסבל שכמו וגו'. ואם באו עדים אחר תמיד של שחר אע"פ שאמרו על תמיד של שחר הרנינו לאלהים עוזנו חוזר ואומר על המוסף הרנינו' עכשיו לדברים שאתם אומרים כל היכא דאיכא חשש שמא יבואו עדים היום אין אומרים שירה של חול כלל · אמאי תני אע"פ שחוזר וכופלו לאו מכלל שאו' שירה של חול **) לפיכך אומר אותה ואפי' בשחרית אבל זולתי יום חמישי היכא דאיכא חשש

*) נראה מזה דאיזה גי' אחרת היה לו לרבינו בסוגיא זו וצ"ע. **) נראה דחסר כאן וצ"ל ומשני דשאני התם דשיר דיומיה הוא לפיכך וכו':

[ברכות כז: וש"נ] · סוכה מא· [מנחות סח·] · ביצה ד: · [ע' תוספ' מנחות ק: ד"ה שני] · [ביצה ה·]

הגהות הב"ח

(א) רש"י ד"ה קרב כהלכתו כו' ביום הראשון כו' הס"ד ואח"כ מה"ד הרנינו לאלהים עוזנו הריעו לאלהי יעקב:

[30b] based his rule on the view enunciated [later] by R. Judah, who
a said: [*Ye shall neither eat bread . . .*] *until this selfsame day*:[1] this means, until the termination[2] of the day, and he was of the opinion that the expression '*until*' is inclusive [of its object]. But did Rabban Joḥanan concur with him [R. Judah]? Did he not join issue with him, as we have learnt:[3] 'When the Temple was destroyed, Rabban Joḥanan b. Zaccai ordained that during the whole of the day of waving the '*omer* the new corn should be forbidden. Said R. Judah: Is it not forbidden from the Torah, [as it is written, *until this selfsame day*]?[4]—On that occasion it was R. Judah who made a mistake. He thought that Rabban Joḥanan b. Zaccai declared it only Rabbinically forbidden, but this is not the case: he declared it forbidden from the Pentateuch. But it is stated that '*he ordained*'?[5]—What is meant [here] by 'ordained'? It means, 'he expounded [the text] and ordained'.[6]

MISHNAH. ORIGINALLY THEY USED TO ACCEPT TESTIMONY WITH REGARD TO THE NEW MOON DURING THE WHOLE OF THE DAY. ON ONE OCCASION[7] THE WITNESSES WERE LATE IN ARRIVING, AND THE LEVITES WENT WRONG IN THE DAILY HYMN.[8] IT WAS THEREFORE ORDAINED THAT TESTIMONY SHOULD BE ACCEPTED [ON NEW YEAR] ONLY UNTIL THE AFTERNOON SACRIFICE, AND THAT IF WITNESSES CAME
b AFTER THE AFTERNOON SACRIFICE THAT DAY[1] SHOULD BE KEPT AS HOLY[2] AND ALSO THE NEXT DAY. AFTER THE DESTRUCTION OF THE TEMPLE RABBAN JOḤANAN B. ZACCAI ORDAINED THAT TESTIMONY WITH REGARD TO THE NEW MOON SHOULD BE RECEIVED DURING THE WHOLE OF THE DAY.

GEMARA. How did the Levites go wrong in the daily Psalm?[3]—Here [in Babylon] it was explained that they did not say any psalm at all.[4] R. Zera, however, said that they recited the weekday psalm along with the regular sacrifice of the afternoon.[5] Said R. Zera to Ahabah his son: Go and cite to them [the Babylonians] [the following Baraitha]: 'They made a rule that testimony with regard to the new moon should not be received unless there was still time left to offer the regular sacrifices and the additional sacrifices and their drink-offerings and to recite the psalm without confusion'.[6] Now if you hold that they said the weekday psalm, we understand how there is a possibility of confusion, but if they did not say any psalm at all, how could there be confusion?—Since they did not say a psalm at all, there could be no confusion[7] greater than this.

R. Aḥa b. Huna raised the following objection [against this latter view]: The regular morning sacrifice on New Year is offered
c in the usual way.[1] Over the additional sacrifice what psalm is said? [The one commencing], *Sing aloud unto God our strength, make a* teru'ah[2] *unto the God of Jacob*.[3] At the afternoon sacrifice what did they say? [The psalm containing the words], *The voice of the Lord shaketh the wilderness*.[4] When New Year fell on a Thursday, for which the regular psalm is '*Sing aloud unto God our strength*',[5] they did not say '*Sing aloud*' at the morning service because the same section was afterwards repeated. What then did they say? *I removed his shoulder from the burden*.[6] If, however, witnesses came after the regular morning sacrifice,[7] they said '*Sing aloud*', although the verse might afterwards have to be repeated'. Now if you hold that wherever there is a doubt we say the weekday psalm, we understand the statement here that 'it might be repeated'. But if you hold that they said no psalm at all, what is meant by

the hands of Heaven (Rashi). MS.M. (v. also Tosaf. Suk. 41*a* s.v. 'אי) omit fifteenth, the reference being to the fourteenth day before sunset when there would not be ample time to provide for many of the preliminaries to the offering of the '*omer*, which had to be attended to on the eve of the Festival (v. Men. 65*b*).] (8) And in such a case there will not be time to bring the '*omer* by midday, and if the Jews should eat the new corn then they will transgress.

a (1) Lev. XXIII, 14. (2) Heb. עצמו של יום lit., 'the very self of the day'. (3) Men. 68*b*. (4) These words in the text are bracketed. (5) Heb. התקין a term usually applied to ordinances of the Rabbis not derived from the written text. (6) That henceforth they should be forbidden to eat the new corn the whole of the sixteenth, this being an injunction of the Scripture. (7) On the occasion of a New Year (Rashi). (8) The meaning of this is discussed *infra* in the Gemara.

b (1) I.e., the thirtieth day of the month. (2) In point of fact it had already been kept as holy from the previous sunset, out of doubt. The rest of it was now to be kept as holy, although the New Moon would not be sanctified till to-morrow, the thirty-first day, which naturally would also be holy. The reason why the rest of the thirtieth day was declared holy was as a precaution lest, if the public were allowed to keep this part as a weekday, they might in future years keep the whole day as a weekday. on the assumption that after all the witnesses would not come, or not come till late (Rashi). (3) Lit., 'song'. It was the custom for the Levites to chant a psalm while the drink-offering accompanying the daily sacrifices was being offered, as explained in the Gemara *infra*. (4) Being in doubt whether to recite the festival psalm or that of the weekday, v. *infra*. (5) Whereas, since the day was eventually declared holy, they should have recited the festival psalm. [No special psalm was instituted to be recited in connection with the morning sacrifice on New Year as witnesses rarely came so early.] (6) The Hebrew word is שיבוש which R. Zera apparently understands in the sense of 'gabbling'. (7) The word שבוש being taken in the sense of 'error'.

c (1) I.e., it is accompanied by the weekday psalm, v. *supra*. n. a5. (2) E.V. 'shout'. (3) Ps. LXXXI, 2. The words 'make a *teru'ah*' were of course appropriate to the day of *teru'ah*,—New Year. (4) Ps. XXIX, 8. This verse is reminiscent of the *shofar* blown at the giving of the Law. (5) V. *infra*, in the list of the daily psalms. (6) Ps. LXXXI, 7. This verse was said because it refers to Joseph who was supposed to have been liberated on New Year (v. *supra* 11*a*). Apparently the latter half of this psalm was said with the morning sacrifice and the first half with the additional sacrifice. (7) So that at the time of the sacrifice they did not yet know if the day would be holy.

'repeating it'?—[31a] There the case is different, because it is the psalm of the day.[8]

It has been taught: 'R. Judah said in the name of R. Akiba: On the first day [of the week] what [psalm] did they [the Levites] say? [The one commencing] *The earth is the Lord's and the fulness thereof,*[9] because He took possession and gave possession[10] and was [sole] ruler in His universe.[11] On the second day what did they say? [The one commencing], *Great is the Lord and highly to*
a *be praised,*[1] because he divided His works[2] and reigned over them like a king.[3] On the third day they said, *God standeth in the congregation of God,*[4] because He revealed the earth in His wisdom and established the world for His community.[5] On the fourth day they said, *O Lord, Thou God, to whom vengeance belongeth,*[6] because He created the sun and the moon and will one day punish those who serve them. On the fifth day they said, *Sing aloud to the God of our strength,*[7] because He created fishes and birds to praise His name.[8] On the sixth day they said, *The Lord reigneth, He is clothed in majesty,*[9] because He completed His work and reigned over His creatures. On the seventh day they said, *A psalm, a song for the Sabbath day,*[10] to wit, for the day which will be all Sabbath.[11] Said R. Nehemiah: What ground had the Sages[12] for making a difference between these sections?[13] No. On the first day [the reason for the psalm said is] because He took possession and gave possession and was [sole] ruler in His world; on the second day because He divided and ruled over them; on the third day because He revealed the earth in His wisdom and established the world for His community; on the fourth day, because He created the sun and the moon and will one day punish those who serve them; on the fifth day because He created birds and fishes to praise His name; on the sixth day because He completed His work and reigned over His creatures; on the seventh day, because He rested. The point at issue between them[14] is whether to accept or not the dictum of R. Kattina; for R. Kattina said: The world is to last six thousand years, and one thousand it will be desolate, as it says, *And the Lord*
b *alone shall be exalted in that day.*[1] Abaye, however, said: It will be desolate two thousand, as it says, *After two days He will revive us.*[2]

At the additional sacrifice of Sabbath what did they say?—R. Anan[3] b. Raba said in the name of Rab: *HaZYW LaK.*[4] R. Ḥanan b. Raba said also in the name of Rab: As these sections are divided here, so they are divided [when read on Sabbath] in the synagogue.[5] At the afternoon sacrifice of Sabbath what did they say?—R. Joḥanan said: *Then sang,*[6] and *Who is like thee,*[7] and *Then sang.*[8]

The question was raised: Were all these portions said on each Sabbath, or was only one said on every Sabbath?—Come and hear, since it has been taught: 'R. Jose said: By the time the first of these sections[9] has come round once, the second has come round twice'.[10] This shows that each Sabbath one portion was said: and this may be taken as proved.

R. Judah b. Idi said in the name of R. Joḥanan: The Divine Presence [so to speak] left Israel by ten stages[11]—this we know from references in Scripture—and the Sanhedrin correspondingly wandered to ten places of banishment[12]—this we know from tradition. 'The Divine Presence left Israel by ten stages—this we know from references in Scripture': [it went] from the Ark-cover to the Cherub[13] and from the Cherub to the threshold [of the Holy of Holies], and from the threshold to the court, and from
c the court to the altar,[1] and from the altar to the roof [of the Temple], and from the roof to the wall, and from the wall to the town, and from the town to the mountain, and from the mountain to the wilderness, and from the wilderness it ascended and abode in its own place,[2] as it says, *I will go and return to my place.*[3] 'From the Ark-cover to the Cherub[4] and from the Cherub to the threshold', as it is written, *And there will I meet with thee ... from above the ark-cover,*[5] and it is written, *And the glory of the Lord was gone up from the cherub whereupon it was to the threshold of the house.*[6] 'And from the threshold to the court', as it is written, *And the house was filled with the cloud, and the court was full of the brightness of the Lord's glory,*[7] 'From the court to the altar', as it is written, *I saw the Lord standing on the altar.*[8] 'And from the altar to the roof', as it is written, *It is better to dwell in a corner of the housetop* [*than in a house in common with a contentious woman*].[9] 'From the roof to the wall', as it is written, *Behold, the Lord stood by a wall made by a plumbline.*[10] 'From the wall to the town', as it is written, *The voice of the Lord crieth unto the city.*[11] 'And from the city to the mountain', as it is written, *And the glory of the Lord went up from the midst of the city and stood upon the mountain which is on the east side of the city.*[12] 'And from the mountain to the wilderness', as it is written, *It is better to dwell in a desert land* [*than with a contentious woman*].[13] 'And from the wilderness it went and abode in its own place', as it is written, *I shall go and return to my place until they acknowledge their guilt.*[14]

R. Joḥanan said: The Divine Presence tarried for Israel in the wilderness six months in the hope that they would repent. When [it saw that] they did not repent, it said, Let their soul expire, as it says, *But the eyes of the wicked shall fail and they shall have no*
d *way to flee and their hope shall be the expiry of the soul.*[1]

'Correspondingly the Sanhedrin wandered to ten places of banishment, as we know from tradition', namely, from the Chamber of Hewn Stone[2] to Ḥanuth,[3] and from Ḥanuth to Jerusalem, and from

(8) And therefore was said in spite of the doubt. (9) Ps. XXIV, 1. (10) To the sons of men (Rashi), cf. Ps. CXV, 16. Maharsha: He made something which could subsequently be acquired, as it says, *'Who shall go up in the Mount of the Lord' etc.* (11) I.e., without angels, who were created on the second day.

a (1) Ps. XLVIII, 2. (2) I.e., the upper and lower worlds. (3) This apparently means, reigned over the lower world from the heavens, referred to in the psalm as *'beautiful in elevation in the city of a great king'*. [R. Ḥananel: Thus did He set aside Jerusalem to become *'the city of our God, the mountain of his holiness'*.] (4) Ps. LXXXII. (5) Cf. Gen. I, 9. (6) Ps. XCIV. (7) Ps. LXXXI, 2. (8) I.e., to manifest His glory. (9) Ps. XCIII. (10) Ps. XCII. (11) When God shall be alone, between the end of the world and the resurrection of the dead (Rashi). (12) *Var. lec.*, 'R. Akiba', who in any case is meant. (13) Viz., the psalms for the first six days, all of which they take to refer to the past, and that for the seventh day, which they take to refer to the future. (14) R. Akiba and R. Nehemiah.

b (1) Isa. II, 11. A 'day' of God is reckoned as a thousand years, on the basis of Ps. XC, 4, *'For a thousand years in thy sight are but as yesterday'*; v. Sanh. 97a. (2) Hos. VI, 2. Cf. p. 146, n. 11, R. Nehemiah holds with Abaye, and therefore cannot refer to this period as a Sabbath *day*. (3) *Var. lec.* Ḥanan. (4) Mnemonic (lit., 'the splendour of thine'). I.e., *Ha'azinu*, (give ear), *Zekor*, (remember), *Yarkibehu* (He made him ride), *Wayar* (and he saw), *Lule* (but that), *Ki* (when), the first words of verses 1, 7, 13, 19, 27 and 36 in Deut. XXXII, the 'Song of *Ha'azinu*'. (5) I.e., the divisions of the *sidra* are at the same verses. (6) The 'song of Moses', Ex. XV, up to v. 9. (7) The rest of the song of Moses. (8) The 'song of the well', Num. XXI, 17ff. (9) I.e., *Ha'azinu*. (10) Because the first had six portions and the second three. (11) Lit., 'made ten journeys', before the destruction of the first Temple. (12) Before and after the destruction of the second Temple. (13) The text here incorrectly inserts, 'and from one cherub to the other'.

c (1) Of sacrifice. (2) I.e., heaven. (3) Hos. V, 15. (4) The text here incorrectly inserts, 'and from one cherub to the other'. (5) Ex. XXV, 22. This shows that the original abode of the *Shechinah* was over the ark-cover. The text here inserts, 'and it is written, *And he rode upon a cherub and did fly*' (II Sam. XXII, 11), which is omitted by Rashi. (6) Ezek. IX, 3, describing the departure of the divine glory from the Temple. (7) Ibid. X, 4. (8) Amos IX, 1. These words were spoken long before the destruction of the Temple, but they are taken by the Talmud as prophetic. (9) Prov. XXI, 9. These words are put by the Talmud in the mouth of the *Shechinah*, the 'contentious woman' being the idol which was placed in the Temple. (10) Amos VII, 7. Cf. *supra* n. 8. (11) Micah VI, 9. Cf. *supra* n. 8. (12) Ezek. XI, 23. (13) Prov. XXI, 19. Cf. *supra* n. 9. (14) Hos. V, 15.

d (1) Job. XI, 20. (2) [*Lishkath ha-Gazith* in the inner court of the Temple, v. *J.E.* XII, p. 576]. (3) Lit., 'shop', 'bazaar', to which the Sanhedrin removed when they ceased to judge capital cases. [Ḥanuth was a place on the Temple Mount outside the Chamber of Hewn Stone. Derenbourg, *Essai* p. 467, identifies it with the Chamber of the Sons of Hanan (a powerful priestly family, cf. Jer. XXXV, 4) mentioned in J. Pe'ah I, 5.]

עין משפט נר מצוה

כב א ב מיי' פ"ו מהל' תמידין הל' ט :
כג ג מיי' שם [וסי"ג מהל' תפלה דין ה' טוש"ע א"ח סי' תכח סעיף ה רב אלפס פ' הקורא את המגילה עומד ד' ער]
כד ד ה מיי' פ"ו מהל' תמידין הלכה ט :
כה ו מיי' פי"ד מהל' סנהדרין הלכה יב :

שאני התם דשירה דיומיה היא תניא *רבי יהודה אומר משום ר"ע °בראשון מה היו אומרים °לה' הארץ ומלואה על שם שקנה והקנה ושליט בעולמו בשני מה היו אומרים °גדול ה' ומהולל מאד על שם שחילק מעשיו ומלך עליהן (א) בשלישי היו אומרים °אלהים נצב בעדת אל על שם שגילה ארץ בחכמתו והכין תבל לעדתו ברביעי היו אומרים °אל נקמות ה' על שם שברא חמה ולבנה ועתיד ליפרע מעובדיהן בחמישי היו אומרים °הרנינו לאלהים עוזנו על שם שברא עופות ודגים לשבח לשמו בששי היו אומרים °ה' מלך גאות לבש על שם שגמר מלאכתו ומלך עליהן בשביעי היו אומרים °מזמור שיר ליום השבת ליום שכולו שבת א"ר נחמיה (ב) מה *ראו חכמים לחלק בין הפרקים הללו אלא בראשון שקנה והקנה ושליט בעולמו בשני שחילק מעשיו ומלך עליהם (ג) בשלישי שגילה ארץ בחכמתו והכין תבל לעדתו ברביעי שברא חמה ולבנה ועתיד ליפרע מעובדיהן בחמישי שברא עופות ודגים לשבח לשמו בששי שגמר מלאכתו ומלך עליהם בשביעי על שם ששבת וקמיפלגי בדרב קטינא *דאמר רב קטינא שיתא אלפי שני הוה עלמא וחד חרוב שנאמר °ונשגב ה' לבדו ביום ההוא (אמר אביי) תרי חרוב שנאמ' °יחיינו מיומים במוספי דשבתא מה היו אומרים אמר רב *ענן בר רבא אמר רב הזי"ו ל"ך ואמר רב חנן בר רבא אמר רב כדרך שחלוקים כאן כך חלוקין בבית הכנסת במנחת' דשבתא מה היו אומרי' אמר רבי יוחנן אז ישיר ומי כמוך ואז ישיר איבעי' להו הני כולהו בחד שבתא אמרי להו או דלמא כל שבתא ושבתא אמרי חד תא שמע דתניא א"ר יוסי עד שהראשונה אומרת אחת שניה חוזרת שתים שמע מינה כל שבתא ושבתא אמרי חד שמע מינה אמר רב יהודה בר אידי א"ר יוחנן *עשר מסעות נסעה שכינה מקראי וכנגדן גלתה סנהדרין מגמרא *עשר מסעות נסעה שכינה מקראי מכפרת לכרוב א)(ד) ומכרוב לכרוב ומכרוב למפתן וממפתן [א] לחצר ומחצר למזבח וממזבח לגג ומגג לחומה ומחומה לעיר ומעיר להר ומהר למדבר וממדבר עלתה וישבה במקומה שנאמר °אלך אשובה אל מקומי מכפורת לכרוב מכרוב לכרוב ומכרוב למפתן דכתיב °ונועדתי [לך שם ודברתי] אתך מעל הכפורת (ה) וכתיב א) וירכב על כרוב ויעף וכתיב °וכבוד אלהי ישראל נעלה מעל הכרוב אשר היה עליו אל מפתן הבית וממפתן לחצר דכתיב °וימלא הבית את הענן והחצר מלאה את נגה כבוד ה' מחצר למזבח דכתיב ג) ראיתי את ה' נצב על המזבח וממזבח לגג דכתיב °טוב לשבת על פנת גג מגג לחומה דכתיב ג) והנה ה' נצב על חומת אנך מחומה לעיר דכתיב °קול ה' לעיר יקרא ומעיר להר דכתיב ד) ויעל כבוד ה' מעל תוך העיר ויעמד על ההר אשר מקדם לעיר ומהר למדבר דכתיב °טוב שבת בארץ מדבר וממדבר עלתה וישבה במקומה דכתיב ה) אלך אשובה אל מקומי (ו) וגו' א"ר יוחנן ששה חדשים נתעכבה שכינה לישראל במדבר שמא יחזרו בתשובה כיון שלא חזרו אמר תיפח (ז) עצמן שנאמר °ועיני רשעים תכלינה ומנוס אבד מנהם ותקותם מפח נפש וכנגדן גלתה סנהדרין מגמרא מלשכת הגזית לחנות ומחנות לירושלים ומירושלים ליבנה ומיבנה

תורה אור: תהלים כד · שם מח · שם פב · שם צד · שם פא · שם צג · שם צב · ישעיה ב · הושע ו · הושע ה · שמות כה · יחזקאל ט · שם י · עמוס ט · משלי כא · מיכה ו · משלי כא · איוב יא

מסורת הש"ס: תמיד פ"ז [מ"ד אבות דר"נ פ"א] · ס"א ראה ר"ע · ע"ז ט: [סנהדרין צז:] · [ס"א אביי אמר] · ס"א חנן · [אבות דר"נ פל"ד ע"ש על דרך דברה תורה כלשון בני אדם] · [פ"ע ב' ע"ש]

א) ומכרוב לכרוב אינו מן המנין עשרה וכאמת בע"י לא גריס לה כלל : א) שמואל ב כב ב) עמוס ט ג) עמוס ז ד) יחזקאל יא ה) הושע ה

שאני התם דשירה דיומיה היא · דלעולם כל היכא דמספקא מילתא כגון במנחה דאי היום קודש לא שייך למימר דחול ואי הוא חול לא שייך למימר דקודש לא אמרינן כלל והכא הייט טעמא דאמר שירה דחול בחמישי בשבת דשירה דיומיה היא שיר הראוי ליאמר היום הוא ואפי' בר"ה השנה נאמרת שירת החול בכל תמידי השחר אלא בחמישי בשבת היו מחלפין אותו משום כפילה הלכך כי מספקא לן משום ספק כפילה לא מבטלינן שיר של תמיד : לה' הארץ · כל המזמור : שקנה · שמים וארץ : והקנה . תבל ליושבי בה כלומר קונה כדי להקנות : ושליט בעולמו · יחידי שלא נבראו המלאכים עד יום שני : שחילק מעשיו · הבדיל רקיע בין עליונים לתחתונים ונתעלה וישב במרום דוגמת שכנו בעירו והר קדשו : שגילה ארץ · מקום מצב עדתו שנאמר (בראשית א) ותראה היבשה בשלישי נאמר: שברא חמה · ברביעי : שברא עופות ודגים לשבח לשמו · כשאדם רואה עופות משונים זה מזה נותן שבח למי שבראם : ליום שכולו שבת · שעתיד העולם להיות חרב ואין אדם וכל המלאכות שובתות על אותו יום אומרים שיר של שבת : מה ראה ר' עקיבא לחלק בין הפרשיות הללו · שכל ששת ימים נאמרין הפרקים הללו על שם שעבר ושל (ח) שבת על שם להבא : וקא מיפלגי בדרב קטינא · ר' נחמיה לית ליה דרב קטינא אלא דאביי הלכך ליכא למימר על שם יום אחד שכולו שבת דהא תרי ניניהו : במוספי דשבתא · מאי שיר אמרי : הזי"ו ל"ך · פרשת שירת האזינו חולקים אותה לששה פרקים הראשון האזינו השני זכור ימות עולם השלישי ירכבהו על במותי ארץ הרביעי וירא ה' וינאץ עד כאן ששה פסוקים לפרק ומכאן ואילך שמונה פסוקים לפרק החמישי לולי כעס אויב אגור הששי כי ידין ה' עמו : כדרך שחלוקין · פירקי השירה הזאת כאן : כך חלוקין בבית הכנסת · כך קוראין אותה ששה הקוראין בספר תורה והשביעי קורא מן השירה ולהלן: אז ישיר · שירת הים עד מי כמוכה : ומי כמוכה · עד סוף השירה : ואז ישיר · ישראל עלי באר (במדבר כא) : כולהו בחד שבתא אמרי להו · הלוים והיו חולקים הפרקי' בנעימת הקול להפסיק ובמחלפות כלי שיר ובתקיעת חצוצרות :

או דלמא · כל פרק ופרק לשבת אחת פרק אחד: עד שהראשונה · שירת המוספין(ט) חוזרת חלילה פעם אחת: שנייה · שירת המנחה של תמיד (י) הערבים : חוזרת שתים · דהתם שית פירקי והכא תלתא האזינו בשבת אחת זכור בשבת שניה וכן כולם : עשר מסעות כו' · משום דאיירי מתני' בתקנות של יבנה נקט לה הכא למימר ששם גלתה סנהדרין בימי רבן יוחנן שהיה גלות ראשונה שגלו מירושלים: נסעה שכינה · להסתלק מעל ישראל מעט מעט כשחטאו : מכפרת · שהיתה רגילה לשכון שם נסתלקה על אחד מן הכרובים שעשה שלמה העומדין בארץ אחד לצפון הארון ואחד לדרום : ומכרוב למפתן · הבית : וממפתן הבית לחצר · לעזרה בין האולם ולמזבח : ומחצר למזבח · החיצון : וממזבח לגג (כ) ומגג לחומת העזרה ומחומה לעיר · לירושלים: ומעיר להר · הזיתים וכל סלוקים הללו לפי שבקושי היה מסתלק ומצפה שישובו : וירכב על כרוב לא גרסינן דההוא בגילוי אגדים קאמר והכי גרסינן מכפרת לכרוב ומכרוב למפתן דכתיב ונועדתי לך שם וגו' (ל) וכבוד אלהי ישראל נעלה מעל הכרוב אשר היה עליו אל מפתן הבית למדנו שתחילת עיקר שכינה היתה על הכפרת ובימי יחזקאל נסתלקה משם לכרוב ושהתה שם כמה ימים כדכתיב נועל הכרוב אשר היה עליו (ומשם) למפתן : וימלא הבית וגו' · ביחזקאל כתיב אחר סילוק מן הכרוב אל המפתן : נצב על המזבח · ואע"ג דהאי קרא עמוס קאמר ליה ועמוס מקמי יחזקאל דורות הרבה (מ)היה מתנבא על העתיד ועל כרחך סילוקו כסדרן היו דרך יציאת חוץ: טוב לשבת על פנת גג · מאשת מדנים ובית חבר על השכינה אמרו שלמה המלך טוב לה להסתלק אל גג משבת עם אשת מדני' כנסת ישראל שהעמידה צלם בהיכל ובית חבר בית שחברו בו את הסמל עם השכינה : טוב לשבת בארץ מדבר · סיפיה דקרא מאשת מדנים [וכעס] : עד אשר יאשמו · שיחזיקו את עצמם אשמים: ומנוס אבד מנהם · מעוזם נסתלק מהם : מלשכת הגזית לחנויות · חנויות עשו להם בהר הבית וישבו שם לומר שלא דנו דיני נפשות דחזו דנפישי רוצחים כדאמרי' בסנהדרין (דף מא·) וכל הנך גליות דסנהדרין דבית שני קאמר ומסעות דשכינה בבית ראשון קאמר : ומיבנה

רבינו חננאל

שמא יבואו עדים שמא אין אומרים שירה כללי תניא ר' יהודה אומר משום ר' עקיבא בראשון מהו אומר לה' הארץ ומלואה וגו' · דביום ראשון נבראו שמים וארץ על שם שקנה דכתיב קונה שמים וארץ · והקנה שנאמר והארץ נתן לבני אדם · והוא שלים בעולמו שנאמר לה' הארץ ומלואה תבל ויושבי בה· בשני אומר בעיר אלהינו הר קדשו על שם שחילק מעשיו שנאמר ויהי מבדיל בין מים למים · כך חילק הקב"ה ובחר בירושלים· ונקראת עיר אלהינו ושכינתו בה · בשלישי אומרי' אלהים נצב בעדת אל וגו' על שם שגילה ארץ בחכמתו כדכתיב ותראה היבשה והכינה לעדתו שקיבלו משפטיו כדכת' אם לא בריתי יומם ולילה חקות שמים וארץ לא שמתי · פי' אילולי ישראל שקיבלו בריתי להגות בה יומם ולילה לא שמתי שמים וארץ · רביעי וחמישי וששי פשוטין הן הללו כולן השירות על שם מעשיו של הקב"ה · בשביעי מזמור שיר ליום השבת ליום שעתיד להיות כולו שבת· כלומר אלף שנה שהוא יומו של הקב"ה · ואח"כ תחיית המתים· אמר ר' נחמיה מה ראו חכמים לחלק בין הפרקים הללו · כלומר ששה ימים על שם מעשיו של הקב"ה · ויום השביעי ליום שכולו שבת · אלא גם יום שביעי על שם מעשיו הוכנה השירה הזאת · וכן פירשוה מזמור שיר ליום השבת על שם ששבת כדכתיב ויברך אלהים את יום השביעי ויקדש אותו כי בו שבת וגו' וקמיפלגי ר' נחמיה ורבנן בהאי סברא · חכמים סברי שיתא אלפי שני הוי עלמא וחד אלפא חרבן· *) שנא' יחיינו מיומים ביום השלישי יקימנו ונחיה לפניו : במוספי דשבתא מאי אמר · הזי"ו ל"ך · פי' מהאזינו עד זכור ימות עולם · וקורין אותה שירה במוסף של שבת · ובשבת אחרת קורין מזכור עד ירכבהו וכן בכל שבת ושבת קורין אחת·נמצאו שקורין שש שבתות בשירת האזינו· וכשישלימו שש שבתות חוזרין כך לעולם · ובמנחה בשבתות אומר· שבת ראשונה במנחה אומר אז ישיר משה · שנייה מי כמוכה באלים עד שתשלים שירת האזינו שלישית אז ישיר ישראל וכשישלימו חוזרין · נמצאת שירת האזינו נקראת בשש שבתות ואח"כ חוזרין · ואלו שלש שבתות חוזרין · נמצאת שירת אז ישיר ישראל חוזרין בה פעמים עד שתשלים שירת האזינו לחזור · וזהו פי' עד שהראשונה והיא שירה האזינו חוזרת אחת · שנייה שירת המנחה בשבת חוזרת שתים ש"מ דהני שלש כל שבת אומר אחת מהן במנחה · אמר רבא כדרך שחולקין בפסוקים של שירת האזינו כאן כמו שאומר הזי"ו ל"ך כך חולקים בקריאם בס"ת בכנסת · הראשון קורא מהאזינו עד זכור והשני מזכור עד ירכבהו · השלישי ירכבהו · הרביעי וירא ה' וינאץ · החמישי לו חכמו הששי כי ידין ה' עמו · עד סוף השירה כן כל אחד ואחד · א"ר יהודה בר אידית עשר מסעות נסעה שכינה מקראי · אחד מכפורת לכרוב שנאמר ונועדתי לך שם ודברתי אתך מעל הכפרת ואח"כ מבין שני הכרובים · מכרוב לכרוב·וירכב על כרוב ויעף וגו' כו' עד וממדבר עלתה למקומה שנאמר אלך ואשובה אל מקומי עד אשר יאשמו ובקשו פני בצר להם ישחרונני · אמר ר' יוחנן ששה חדשים נתעכבה שכינה לישראל במדבר שמא יחזרו בתשובה · ולא חזרו כיון שלא חזרו אמר תיפח עצמן · שנאמר ועיני רשעים תכלינה ומנוס אבד מנהם ותקותם מפח נפש · וכנגדן גלתה סנהדרין עשר גליות מגמרא · מלשכת הגזית לחנות · ומן החנות לירושלים כו' · ועוד

*) שנא' ונשגב ה' לבדו ביום ההוא ור' נחמיה סבר דהוי תרוב שנאמר יחיינו מיומים וכו' .

הגהות הב"ח

(א) גמ' שחילק מעשיו ומלך עליהן ונתעלה וישב במרום בשלישי היו אומרים : (ב) שם אמר רבי נחמיה וכי מה ראה ר"ע להלק: (ג) שם ומלך עליהם ונתעלה וישב במרום בשלישי שגילה: (ד) שם מכפרת לכרוב ומכרוב למפתן כו' כצ"ל ותיבות ומכרוב לכרוב נמחק : (ה) שם אתך מעל הכפורת (וכתיב וירכב על כרוב ויעף) תא"מ וכ"כ רש"י לא גרס להו : (ו) שם אלך אשובה אל מקומי עד אשר יאשמו א"ר יוחנן : (ז) שם אמר נפשן שנאמר : (ח) רש"י ד"ה מה ראה כו' שעבר ושל יום שבת : (ט) ד"ה עד שהראשונה שירת המוספין אומרת פעם אחת : (י) ד"ה שניה כו' של תמיד בין הערבים חוזרת חלילה שתים דהתם כו' כצ"ל וה : (כ) ד"ה וממזבח לגג ההיכל ומגג : (ל) ד"ה וירכב כו' ונועדתי לך שם וגומר וכתיב וכבוד : (מ) ד"ה נצב על כו' דורות הרבה מתנבא היה על העתיד :

הגהות הגר"א

[א] גמרא וממפתן לגג ומגג לחצר ומחצר למזבח וממזבח לחומה כו' · כצ"ל :

עין משפט נר מצוה

כו א מיי' פ"ו מהל' סנהדרין הלכה ו סמ"ג עשין עד טוש"ע ח"מ סי' יד סעיף א :

כז ב מיי' פי"ד מהל' נשיאות כפים הלכ' ו סמ"ג עשין כ טוש"ע א"ח סימן קכח סעיף ה [רב אלפס פ' הקורא את המגילה עומד ד' רעד:] :

כח ג ד מיי' פי"ג מה' איסורי ביאה הלכה ה סמ"ג לאוין קטז :

כט ה ו מיי' פ"ט מה' מעשר שני הלכה ה סמ"ג עשין קלו :

ל ז מיי' פ"ג מהלכות עבודת יוה"כ הל' ז :

גמרא

ומיבנה לאושא ומאושא ליבנה ומיבנה לאושא ומאושא לשפרעם ומשפרעם לבית שערים ומבית שערים לצפורי ומצפורי לטבריא וטבריא עמוקה מכולן שנאמר °ושפלת מארץ תדברי (א) רבי אלעזר אומר ש[ישעיה כט] שש גלות שנאמר °כי השח יושבי מרום [שם כו] קריה נשגבה ישפילנה ישפילה עד ארץ יגיענה עד עפר א"ר יוחנן ומשם עתידין ליגאל שנאמר °התנערי מעפר קומי שבי : [שם נב]

מתני' אמר ר' יהושע בן קרחה ועוד זאת התקין רבן יוחנן בן זכאי שאפילו ראש בית דין בכל מקום שלא יהו העדים הולכין אלא למקום הוועד : **גמ'** *ההיא איתתא דאזמנוה לדינא קמיה דאמימר בנהרדעי אזל אמימר למחוזא ולא אזלה בתריה כתב פתיחא עילווה אמר ליה רב אשי לאמימר והא אנן תנן אפילו ראש בית דין בכל מקום שלא יהו העדים הולכין אלא למקום הוועד א"ל הנ"מ לענין עדות החדש דא"כ *נמצאת מכשילן לעתיד לבא אבל הכא °עבד לוה לאיש [משלי כב] מלוה ת"ר *ב אין כהנים רשאין לעלות בסנדליהן לדוכן וזו אחד מתשע תקנות שהתקין ריב"ז שית דהאי פירקא וחדא דפירקא קמא ואידך *דתני' גר שנתגייר בזמן הזה צריך שיפריש רובע לקינו אמר רשב"א דכבר נמנה עליה רבן יוחנן וביטלה מפני התקלה ואידך פלוגתא דרב פפא ורב נחמן בר יצחק רב פפא אמר כרם רבעי רב נחמן בר יצחק אמר לשון של זהורית רב פפא אמר כרם רבעי (*דתניא) *הכרם רבעי היה עולה לירושלים מהלך יום לכל צד וזו היא התוחמה אילת מן *(הצפון) [צ"ל הדרום] ועקרבת מן *(הדרום) [צ"ל הצפון] לוד מן המערב וירדן מן המזרח ואמר עולא ואיתימא רבה *בר עולא א"ר יוחנן מה טעם כדי לעטר שוקי ירושלים בפירות ותניא וכרם רבעי היה לו לרבי אליעזר במזרח לוד בצד כפר טבי וביקש ר' אליעזר להפקירו לעניים אמרו לו תלמידיו רבי כבר נמנו חבריך עליו והתירוהו מאן חבריך רבן יוחנן בן זכאי רב נחמן בר יצחק אמר לשון של זהורית דתניא *בראשונה היו קושרין לשון של זהורית על פתח אולם מבחוץ הלבין היו שמחין לא הלבין היו עצבין התקינו שיהו קושרין אותו על פתח אולם מבפנים ועדיין היו מציצין ורואין הלבין היו שמחין לא הלבין היו עצבין 'התקינו שיהו קושרין אותו חציו בסלע וחציו בין קרניו של שעיר המשתלח רב נחמן בר יצחק מאי טעמא לא אמר כרב פפא אמר לך אי סלקא דעתך רבן יוחנן בן זכאי חבריו דרבי אליעזר מי הוה רבו הוה ואידך כיון דתלמידים הוו לאו אורח ארעא למימרא ליה לרביה רבך ורב פפא מאי טעמא לא אמר כרב נחמן בר יצחק אמר לך אי ס"ד רבן יוחנן בן זכאי בימי רבן יוחנן בן זכאי מי הוה לשון של זהורית* והתניא *כל שנותיו של רבן יוחנן בן זכאי מאה ועשרים שנה מ' שנה עסק בפרקמטיא מ' שנה למד מ' שנה לימד ותניא *מ' שנה קודם שנחרב הבית לא היה לשון של זהורית מלבין אלא מאדים ותנן משחרב הבית התקין רבן יוחנן בן זכאי ואידך אותם ארבעים שנה דלמד תלמיד יושב לפני רבו הוה ואמר מילתא ואסתבר טעמיה וקבעיה

רש"י

ומיבנה לאושא · כשהיה הנשיא דר (ב) בו כיון שהיתה סנהדרין עמו וכשמסתלק הוא או בנו למקום אחר גולה הישיבה אחריו יבנה בימי רבן יוחנן אושא בימי רבן גמליאל וחזרו מאושא ליבנה ובימי רבן שמעון בנו חזרו (ג) כדתניא לקמן בפרקין (דף לא:) וכשקידשו בית דין ט': בית שערים וציפורי וטבריא כולן בימי רבי הוו כדאמרי' (סנהדרין דף לב:) אחרי רבי לבית שערים וכשחלה הוליכוהו לציפורי כדאמרינן בכתובות (דף קג:) ובטבריא היה בימי אנטונינוס : וטברי' עמוקה מכולן · שפלים היו אז מכל המסעות שגלו: שש גלות · השח חדא ישפילנה תרי ישפילה תלת עד ארץ ארבע יגיענה חמשה עד עפר שש דמצי למימר ישפילנה עד ארץ ולעפר :

מתני' אמר רבי יהושע בן קרחה כו' שאפי' ראש בית דין בכל מקום · שנצרך לפרוש ממקום הוועד למקום אחר שהרי עיקר החדש תלויה בו כדתנן בפרקין דלעיל (דף כד·) ראש ב"ד אומר מקודש וילפינן מקראי: לא יהו · צריכין עדי החדש להלך אחריו : אלא למקום הועד · של ישיבה ילכו וסנהדרין יקדשוהו בלא ראש ב"ד : **גמ'** פתיחא · שטר שמתא : דא"כ · אם אתה מטריחן : אין הכהנים רשאין לעלות בסנדליהן לדוכן · שנושאין כפיהן ובמסכת סוטה מפרש טעמא בפרק ואלו נאמרין (דף מ·) : שית דהאי פירקא · חדא (ד) האי וחמש דמתני' התקין שיהו תוקעין ושיהא לולב ניטל שבעה ושיהא יום הנף כולו אסור ושיהו מקבלין כל היום ושלא יהו עדים הולכין אלא למקום הוועד : וחדא דפירקא קמא · (דף כא:) שלא יהו מחללין (ה) אלא על ניסן ותשרי בלבד : צריך שיפריש רובע לקינו · רובע שקל דהיינו חצי דינר והן הן דמי קן כדתנן (כריתות דף ח·) עמדו קינין בו ביום ברבעתים שהגר חייב בקרבן כדתניא (שם דף ט·) ככם כגר יהיה כאבותיכם מה אבותיכם לא נכנסו לברית אלא במילה וטבילה והרצאת דמים *והזאת דמים דכתיב ויקח משה את הדם ויזרוק וגו' ואין הזאה בלא טבילה והרצאת דמים דכתיב ואלי הדם זרק על המזבח אף הם לא יכנסו אלא במילה וטבילה והרצאת דמים כו' במסכת כריתות בראש פרק ארבעה מחוסרי כפרה (שם) מסיק מילתא דסגי ליה בעולת העוף הלכך יפריש רובע לקינו שמא יבנה בית המקדש בימינו ויקריבנו : מפני התקלה · דלמא אתי לאתהנויי מיניה : היה עולה לירושלים · הפירות עצמן אע"ג דמן התורה בין מעשר שני בין כרם רבעי נפדים ומתחללים בפסיעה אחת חוץ לחומה רבנן גזור בכל מהלך של יום אחד שיעלום ויאכלום שם כדי לעטר שוקי ירושלים: במזרח לוד · היינו בין לוד לירושלים שהרי ירושלים למזרחה של לוד היא : להפקירו לעניים · שיטלו שם פירות ויאכלום שם שהיה עליו טורח להעלותן: והתירוהו · לפדותן ולהעלות הדמים דכיון דחרבה ירושלים לא חשו לה חכמים לעטרה מעתה: מי הוה לשון של זהורית מלבין · בימים שהיה רבן יוחנן מורה הוראות ומתקן תקנות: ותנן משחרב בהמ"ק התקין · תקנות אלמא לאחר החורבן היה שנה או שתים וכיון דארבעים שנה קודם חורבן לא הלבין הלשון ביום הכפורים נמצא שלא הלבין בתוך שנותיו האחרונים שלימד בהם לאחרים ותיקן תקנות :

וקבעיה

תוספות

רובע לקינו · פי' בקונטרס רובע שקל דהיינו חצי דינר וכן משמע לכאורה ביומא בפ' הוציאו לו (דף נה: ושם) דלאורחא דמילתא הכי הוי דקאמר ונשקול ארבע זוזי ונשדי בנהרא והיינו ארבע זוזי פשיטי חצי דינר צורי דדינר מדינה אחד משמונה בדינר צורי ומיהו בפ' שני דכריתות (דף י: ושם) מוכח בהדיא דהוי רובע דינר על ההיא דעמדו קנים ברבעתים דחס רחמנא עליה דדלות ולא מייתי אלא חד משיתסר בעשירות דהיינו כבש בסלע וסלע ארבע דינר הרי דאחד משש עשרה הוא רובע דינר והא דנקט ביומא ארבע זוזי נקט לפי היוקר שרגילין להתייקר פעמים עד כך: [וע"ע בתוס' מנחות קז: ד"ה כבש] :

וביקש ר"א להפקירו לעניים · בפ"ב דשבועות (דף טז: ושם) מספקא לן בר"א אי סבר קדושה ראשונה קדשה לשעתה כו' או לא קדשה ומהכא לא מצינו למיפשט מידי דהוצרך להעלותו משום דהוי דבר שבמנין כדאמרינן בפ' קמא דביצה (דף ה: ושם) וא"ת ואם לא קדשה מה היו מרויחים עניים הרי לא יוכלו לאכול בירושלים אם בטלה קדושתה ויש לומר דיכולין לחלל שוה מנה על שוה פרוטה כדאמרינן (ב"מ דף נז·) הקדש שוה מנה שחללו על שוה פרוטה מחולל ואע"ג דבפרק הזהב (שם) פליגי בשחללו אי דיעבד או לכתחילה הא מסקינן בסוף המקדיש שדהו (ערכין דף כט·) דבזמן הזה אפילו לכתחילה ומיהו אין ראיה מהקדש למעשר שני וכרם רבעי דפ' התקבל (גיטין דף סה·) גבי מערימין על מעשר שני דמשני הכא במאי עסקינן במעשר שני בזמן הזה דרבנן ופריך ואמה הערמה בזמן הזה מי איכא הוה לי' לאקשויי ממעשר שני בזמן הזה מה הערמה צריך והלא על שוה פרוטה יכול לחלל הכל קרן וחומש ומיהו בהלכות גדולות ובשאלתות דרב אחאי* פסקו דבמעשר שני ובכרם רבעי יכול לחלל שוה מנה על שוה פרוטה והיא דהתקבל שפיר הוה מצי פריך עלה* :

מהחיל

מסורת הש"ס

[לעיל כט:] · סוטה מ: · כריתות ט. · ביצה ה: מעשר שני פ"ה מ"ב · [צ"ל דתנן] · [פ' קדושים סי' ק] · [וע"ע תוס' מגילה יודי ד"ה דכ"ע] · יומא סח. · סנהדרין מא: · [מלבין כ"א גרס"י] · [יומא לט:]

הגהות הב"ח

(א) גמ' ושפלת מארץ תדברי ומעפר כשח אמרתך ר' אלעזר אומר שש גליות גלו שנאמר כו' מעפר קומי שבי ירושלים : (ב) רש"י ד"ה ומיבנה כו' דר בו שיתה סנהדרין כו' כצ"ל ותיבת כיון נמחק : (ג) בא"ד חזרו לאושא כדתניא : (ד) ד"ה שית דהאי פירקא חדא האי דברייתא וחמש : (ה) ד"ה וחדא כו' שלא יהו מחללין שבת אלא על ניסן :

רבינו חננאל

ועוד זאת התקין ריב"ז שאפילו ראש ב"ד בכל מקום לא יהו עדי החדש הולכין אלא למקום הועד · אבל זולתי עדי החדש אלא מזומנין לדין הולכין בכל מקום שהוא ב"ד שם · כגון דההיא איתתא דאזמנוה לדין קמיה דאמימר ואזל אמימר למחוזא ולא אזלא איהי בתריה · וכתבו עלה פתיחא וכדין עשו דעבד לוה לאיש מלוה · ולא אמרו במקום הועד אלא בעדות החדש בלבד · ת"ר אין הכהנים רשאין לעלות בסנדליהן לדוכן · וזו מט' תקנות שהתקין ריב"ז · חדא הא וחמש בהאי פירקא · ראשונה שיהו תוקעין בכל מקום שיש בו ב"ד · שנייה שיהא לולב ניטל במדינה ז' · ג' שיהא יום הנף כולו אסור · ד' שיהו מקבלין עדות החדש כל היום · ה' שלא יהו עדים הולכין אלא למקום הועד · וחדא בפירקא קמאה הא דת"ר בראשונה היו מחללין על כולן · משחרב הבית אמר להן ריב"ז וכי יש קרבן התקין שלא יהו מחללין אלא על ניסן ועל תשרי בלבד · ואידך הא דאמירא בכריתות פרק ארבעה מחוסרי כפרה · דתניא גר שנתגייר בזמן הזה צריך להפריש רובע לקינו · ארשב"ג יש מי ששונה אמר ר' שמעון בן אלעזר . כבר נמנה עליה ריב"ז ובטלה מפני התקלה שמא יוציאנה לחולין · הנה ח' תקנות אידך מאי רב פפא א' כרם רבעי דתנן בפרק האחרון במעשר שני כרם רבעי היה עולה לירושלים · מהלך יום אחד לכל צד כו' · עד כבר נמנו עליך חבירך והתירוהו · מאן חבירך ריב"ז רב נחמן בר יצחק אמר לשון של זהורית · דתניא התקינו שיהו קושרין אותו חציו בסלע וחציו בקרני שעיר המשתלח וכן התקין ריב"ז · ואקשינן ומי הוה בימיו לשון של זהורית · והתניא כל שנותיו של ריב"ז ק"כ שנה מ' שנה עסק בפרקמטיא · ומ' שנה למד ומ' שנה לימד ותניא מ' שנה קודם חורבן הבית לא היה הלשון מלבין אלא מאדים · וריב"ז אחר חורבן הבית הוה · דתניא משחרב הבית התקין ריב"ז · ופרקינן אותו מ' שנה שלמד תלמיד יושב לפני רבו הוה ואמר מילתא ואיסתבר טעמו וקבעה רביה בשמיה · *) סדר ברכות אומר אבות וגבורות כו' ואקשינן עלה לר' יוחנן בן נורי אם אינו תוקע למלכות למה מזכיר עשר מלכיות לכתחלה ובדיעבד שלש · דתניא אין פוחתין מעשרה מלכות מעשרה זכרונות מעשרה שופרות · ר' יוחנן בן נורי אמר אם אמר שלש שלש יצא נימא הואיל ואישתני שאין תוקעין בהן כשם שתוקעין בזכרונות ובשופרות כך אישתני מעשר ולא איפריקא ונדחו דברי ר' יוחנן מאחר שלא מצא תשובה ·

*) שייך לדף לב ע"א

Jerusalem to Jabneh,[4] [31b] and from Jabneh to Usha,[5] and from Usha [back] to Jabneh, and from Jabneh [back] to Usha, and from Usha to Shefar'am,[6] and from Shefar'am to Beth She'arim, and from Beth She'arim to Sepphoris, and from Sepphoris to Tiberias;[7] and Tiberias is the lowest-lying of them all,[8] as it says, *And brought down thou shalt speak out of the ground.*[9] R. Eleazar says: There were six banishments, as it says, *For he hath brought down them that dwell on high, the lofty city, laying it low, laying it low even to the ground, bringing it even to the dust.*[10] Said R. Johanan: And from there they are destined to be redeemed, as it says, *Shake thyself from the dust, arise.*[11]

MISHNAH. R. JOSHUA B. KORHA SAID: THIS FURTHER REGULATION DID R. JOHANAN B. ZACCAI MAKE, THAT SHOULD THE HEAD OF THE BETH DIN BE IN SOME OTHER PLACE THE WITNESSES SHOULD STILL PROCEED ONLY TO THE PLACE
a OF THE ASSEMBLY.[1]

GEMARA. A certain woman was summoned to appear before Amemar in Nehardea. Meanwhile Amemar went to Mahuza, but she did not follow him. He accordingly wrote out a summons [under the penalty of the ban][2] against her. Said R. Ashi to Amemar: [Is this right] seeing that we have learnt: SHOULD THE HEAD OF THE BETH DIN BE IN SOME OTHER PLACE THE WITNESSES SHOULD STILL PROCEED ONLY TO THE PLACE OF THE ASSEMBLY?—He replied: This refers only to the testimony with regard to the new moon, and [the reason for it is that] if this[3] [were to be insisted on], the result might be to put a stumbling block in their way for the future;[4] but in this case, *the borrower is a servant to the lender.*[5]

Our Rabbis have taught: 'The priests are not permitted to ascend the *duchan*[6] in their sandals, and this is one of the nine regulations laid down by Rabban Johanan b. Zaccai'. [What are these nine?]—Six mentioned in this chapter[7] and one in the preceding chapter[8] and the following one, as it has been taught: 'One who becomes a proselyte at the present time[9] must set
b aside a quarter[1] for a nest of pigeons'.[2] Said R. Simeon b. Eleazar: Rabban Johanan took a vote on it and annulled this rule, because it may lead to wrongdoing.[3] As to the last,[4] there is a difference of opinion between R. Papa and R. Nahman b. Isaac. R. Papa said it was [the regulation] regarding a vine of the fourth year, whereas R. Nahman b. Isaac said it was the one regarding the thread[5] of scarlet. 'R. Papa said it was the regulation regarding the vine of the fourth year', for we have learnt: [The fruit of] a vine in the fourth year was taken to Jerusalem from any point within a day's journey on all sides.[6] The boundary of this area was as follows: Elath on the north, Akrabath on the south,[7] Lydda on the west, and Jordan on the east'. [In reference to this] 'Ulla (or as some say, Rabbah b. 'Ulla) said in the name of R. Johanan: What was the reason? To decorate the streets of Jerusalem with fruit.[8] It has been further taught: 'R. Eliezer had a vine in its fourth year east of Lydda[9] at the side of Kefar Tabi, and R. Eliezer had a mind to declare it free to the poor,[10] but his disciples said to him, Rabbi, your colleagues have already taken a vote on it and declared it permitted'.[11] Who are his 'colleagues'?—Rabban Johanan b. Zaccai.

'R. Nahman b. Isaac said it was the tongue of scarlet', as it has been taught: 'Originally they used to fasten the thread of scarlet
c on the door of the [Temple] court on the outside.[1] If it turned white the people used to rejoice,[2] and if it did not turn white they were sad. They therefore made a rule that it should be fastened to the door of the court on the inside. People, however, still peeped in and saw, and if it turned white they rejoiced and if it did not turn white they were sad. They therefore made a rule that half of it should be fastened to the rock and half between the horns of the goat that was sent [to the wilderness]'. Why did not R. Nahman b. Isaac accept the view of R. Papa?—He could reply: If you assume that it was R. Johanan b. Zaccai [who made the rule about the vine], was he the *colleague* of R. Eliezer? He was his teacher! [What replies] the other [to this]?—Since they were his disciples [who reported the rule to him], it was not polite of them to say to their teacher, 'your teacher'. Why did not R. Papa accept the view of R. Nahman b. Isaac?—He could reply: If you assume it was R. Johanan b. Zaccai [who made the rule], was there in the days of R. Johanan b. Zaccai a thread of scarlet [which turned white]? Has it not been taught: 'R. Johanan b. Zaccai lived altogether a hundred and twenty years. For forty years he was in business, forty years he studied, and forty years he taught', and it has further been taught: 'For forty years before the destruction of the Temple the thread of scarlet never turned white but it remained red'.[3] Further, the statement of the Mishnah is, '*After* the destruction of the Temple R. Johanan b. Zaccai made a rule'.[4] [What says] the other [to this]?—During those forty years that he studied[5] his status was that of a disciple sitting before his teacher, and he would offer a suggestion and make

(4) Jamnia, in Judea. This was in the time of R. Johanan b. Zaccai. (5) This was in the time of Rabban Gamaliel II. (6) The last three in the time of R. Simeon b. Gamaliel. [The Sanhedrin met at Usha mostly after the Hadrianic persecutions, and apparently ceased functioning during the reign of Verus, and re-established in Shefar'am under Marcus Aurelius; v. Horowitz, *Palestine*, p. 34.] (7) The last three were in the time of Rabbi. (8) Being on Lake Galilee below sea-level. This is a figurative way of saying that at Tiberias the authority of the Sanhedrin sank to its lowest level. (9) Isa. XXIX, 4. (10) Ibid. XXVI, 5. The six are (i) *he hath brought down*, (ii) *laying it low*, (iii) *laying it low*, (iv) *even to the ground*, (v) *bringing it*, (vi) *even to the dust.* (11) Ibid. LII, 2.

a (1) And the Beth din should declare the New Moon hallowed without the head, though by rights this was his privilege, v. *supra* 24a. (2) Heb. פתיחא lit., 'opening' of legal proceedings. (3) Viz., that they should go after the head. (4) As the messengers will refrain from going to all this trouble in order to give evidence. (5) Quoted from Prov. XXII, 7. (6) V. Glos. (7) Viz., (i) that the *shofar* should be blown on Sabbath wherever there is a Beth din, (ii) that the *lulab* should be taken in the provinces seven days, (iii) that new corn should be forbidden the whole of the sixteenth of Nisan, (iv) that testimony with regard to the new moon should be received the whole day, (v) that witnesses should go only to the place of assembly, (vi) and that the priests should not ascend the *duchan* in their sandals. [Read with R. Hananel: 'One, the one (first stated), five in this chapter'.] (8) That the witnesses should be allowed to profane Sabbath only for Nisan and Tishri, v. *supra* 21b. (9) I.e., when there is no Temple.

b (1) It is not certain whether this means a quarter of a shekel (= half a *denar*) or a quarter of a *denar*. V. Tosaf. s.v. רובע. (2) While the Temple stood a new convert had to bring a sacrifice (v. Ker. 9a), a couple of pigeons being the smallest, and after the destruction of the Temple the Rabbis still insisted on his bringing them in case the Temple should be rebuilt. (3) Because the money set aside might be used for secular purposes. (4) Lit., 'and the other'. (5) Lit., 'tongue'. The explanation follows immediately. (6) According to Lev. XIX, 24 fruit produced by a tree in its fourth year was to be *'holy for giving praise to the Lord'* and the Rabbis interpreted this to mean that it was to be consumed in Jerusalem. If, however, the tree was not in the Jerusalem district, the money value of the fruit could be taken to Jerusalem instead of the fruit itself. (7) [Mishnah M.Sh. V, 2 reverses: Elath on the south, Akrabath on the north. Akrabath is perhaps the modern Akrabah twenty-five miles north of Jerusalem, and Elath is identified with (*a*) Eleutheropolis (Horowitz, *Palestine*, p. 41) (*b*) Beth Elonim near Hebron (Klein, *E.J.* s.v.).] (8) Hence all this area was put by the Rabbis under the same rule as Jerusalem itself. (9) I.e., between Lydda and Jerusalem. (10) So as not to have the trouble of taking it to Jerusalem. (11) Because as there was no longer a Temple, there was no point any more in decorating the streets of Jerusalem.

c (1) After the High Priest had performed the service on the Day of Atonement. V. Yoma, 67a. (2) This being a sign that their sins had been forgiven. (3) When then could R. Johanan have had an opportunity of making this rule? (4) This applies presumably to all his rules and regulations. (5) While the Temple still existed.

good his reasons [32a] and his teacher would make it a definite rule in his name.

MISHNAH. THE ORDER OF BLESSINGS [IN THE MUSAF
a 'AMIDAH[1] IS AS FOLLOWS]: [THE READER SAYS THE BLESSING OF] THE PATRIARCHS,[2] [THAT OF] MIGHTINESS[3] AND THAT OF THE SANCTIFICATION OF THE NAME[4] AND INCLUDES THE KINGSHIP-VERSES[5] WITH THEM AND DOES NOT BLOW THE SHOFAR. HE THEN SAYS THE SANCTIFICATION OF THE DAY[6] AND BLOWS, THE REMEMBRANCE-VERSES[5] AND BLOWS, AND THE SHOFAR-VERSES[5] AND BLOWS; AND HE THEN SAYS THE BLESSING OF THE TEMPLE SERVICE[7] AND THE ONE OF THANKSGIVING[8] AND THE BLESSING OF THE PRIESTS.[9] THIS IS THE VIEW OF R. JOḤANAN B. NURI. SAID R. AKIBA TO HIM: IF HE DOES NOT BLOW THE SHOFAR FOR THE KINGSHIP-VERSES, WHY SHOULD HE SAY THEM? NO; [THE RULE IS AS FOLLOWS]. HE SAYS [THE BLESSING OF] THE PATRIARCHS AND OF THE RESURRECTION AND OF THE SANCTIFICATION OF THE NAME, AND SAYS THE KINGSHIP-VERSES ALONG WITH THE SANCTIFICATION OF THE DAY AND BLOWS THE SHOFAR, THEN HE SAYS THE REMEMBRANCE-VERSES AND BLOWS, AND THE SHOFAR-VERSES AND BLOWS. THEN HE SAYS THE TEMPLE SERVICE BLESSING AND THE THANKSGIVING AND THE BLESSING OF THE PRIEST.

GEMARA. SAID R. AKIBA TO HIM, IF HE DOES NOT BLOW THE SHOFAR FOR THE KINGSHIP-VERSES, WHY DOES HE SAY THEM? [He asks], Why does he say them! But the All-Merciful enjoined that they should be said![10]—What he really means is,
b why say ten verses? Why not only nine,[1] because if there is a difference [in one particular][2] so there may as well be a difference [in another]?[3]

Our Rabbis taught: Whence do we learn in the Scripture that we are to say [the blessing of] the Patriarchs? Because it says, *Ascribe unto the Lord, O ye sons of might.*[4] And whence do we learn that we say the blessing of mightiness? Because it says, *Ascribe unto the Lord glory and strength.*[5] And whence that we say sanctifications? Because it says, *Ascribe unto the Lord the glory of his name, worship the Lord in the beauty of holiness.*[6] Whence do we learn that we are to say kingship, remembrance and *shofar*[7] [verses]? R. Eliezer says: Because it is written, *a solemn rest, a memorial proclaimed with the blast of trumpets, a holy convocation.*[8] '*A solemn rest*'; this indicates the sanctification of the day. '*A memorial*': this indicates remembrance verses. '*Proclaimed with the blast of horns*': this indicates *shofar* verses. '*A holy convocation*': sanctify it by [abstaining from] the doing of work. Said R. Akiba to him: Why should we not interpret '*a solemn rest*' to apply to the abstention from work, seeing that the text placed this first?[9] No; [we should interpret thus]: '*A solemn rest*': sanctify it by [abstaining from] the doing of work. '*A memorial*': this indicates the remembrance verses. '*Proclaimed with the blowing of horns*': this indicates *shofar*-verses. '*A holy convocation*': this indicates the sanctification of the day. Whence [then] do we learn that we say kingship-verses?—It has been taught: Rabbi says, *I am the Lord your God,*[10] [and immediately afterwards], *In the seventh month;*[11] this [juxtaposition][12] indicates kingship-verses. R. Jose b. Judah said: There is no need [of such an interpretation]. For Scripture says, *And they* [the trumpets] *shall be to you for a memorial before your God.*[13] This makes superfluous [the succeeding words], *I am the Lord your God.* What then is the point of the words, '*I am the Lord your God*'? This creates a general
c pattern[1] for all places where we say remembrance verses, [to show] that kingship verses should accompany them.

Where is the blessing of the sanctification of the day to be said?—It has been taught: Rabbi says, It should be said with the kingship verses. For just as on every other occasion[2] we find ◁

a (1) On New Year, v. *P.B.* pp. 245-254; on *Musaf* and '*Amidah*, v. Glos. (2) The one ending, 'Blessed art thou, O Lord, shield of Abraham'. (3) Lit., 'mightinesses': the one ending 'Blessed art thou, O Lord, who revivest the dead'. (4) The one ending, 'the holy king'. These are the first three benedictions of every '*Amidah*. V. *P.B.* pp. 44-45. (5) Ten verses, v. *infra*. (6) The passage ending, 'Blessed art thou, O Lord, who dost sanctify Israel and the day of memorial'. (7) The passage ending, 'Blessed art thou . . . who restorest thy divine presence to Zion'. (8) The one ending, 'Blessed art thou . . to thee it is fitting to give thanks'. (9) Which precede the last benediction of every '*Amidah*, v. *P.B.* p. 53. (10) As explained *infra*.

b (1) I.e., three each from the Torah, the Prophets and the Writings. (2) Viz., in the blowing of the *shofar*. (3) So as to have nine verses instead of ten. (4) Ps. XXIX, 1. By '*the sons of might*' the Patriarchs are understood. (5) Ibid. (6) Ibid. 2. (7) Heb. *Malkeyoth, Zikronoth, Shoferoth*. (8) Lev. XXIII, 24. (9) And abstention from work is the first mark of the day. (10) Lev. XXIII, 22. (11) Ibid. 24. (12) The intervening words, *And the Lord spoke unto Moses saying, Speak unto the children of Israel saying*, are not counted. (13) Num. X, 10.

c (1) Lit., 'this builds a father'. (2) I.e., in the '*Amidah* of the other festivals.

◁ *For the continuation of the English translation of this page see overleaf.*

וקבעיה רביה בשמיה: **מתני'** °סדר ברכות אומר אבות וגבורות וקדושת השם וכולל מלכיות עמהן ואינו תוקע קדושת היום ותוקע זכרונות ותוקע שופרות ותוקע ואומר עבודה והודאה וברכת כהנים דברי ר' יוחנן בן נורי אמר לו ר"ע אם אינו תוקע למלכיות למה הוא מזכיר [א]אלא אומר אבות וגבורות וקדושת השם וכולל מלכיות עם קדושת היום ותוקע זכרונות ותוקע שופרות ותוקע ואומר עבודה והודאה וברכת כהנים: **גמ'** אמר לו ר"ע אם אינו תוקע למלכיות למה הוא מזכיר רחמנא אמר אידכר אלא למה עשר לימא תשע דהואיל ואשתני אשתני תנו רבנן *[ב]מנין שאומרים אבות שנאמר °הבו לה' בני אלים ומנין שאומרים גבורות שנאמר הבו לה' כבוד ועוז ומנין שאומרים קדושות שנאמר הבו לה' כבוד שמו השתחוו לה' בהדרת קדש ומנין שאומרים מלכיות זכרונות ושופרות ר"א אומר דכתיב °שבתון זכרון תרועה מקרא קדש שבתון זה קדושת היום זכרון אלו זכרונות תרועה אלו שופרות מקרא קדש קדשהו בעשיית מלאכה אמר לו רבי עקיבא מפני מה לא נאמר שבתון שבות שבו פתח הכתוב תחילה אלא שבתון קדשהו בעשיית מלאכה זכרון אלו זכרונות תרועה אלו שופרות מקרא קדש זו קדושת היום מנין שאומרים מלכיות תניא רבי אומר °אני ה' אלהיכם (א) ובחדש השביעי זו מלכות רבי יוסי בר יהודה אומר אינו צריך הרי הוא אומר °והיו לכם לזכרון לפני אלהיכם שאין תלמוד לומר אני ה' אלהיכם ומה תלמוד לומר אני ה' אלהיכם זה בנה אב לכל מקום שנאמר בו זכרונות יהיו מלכיות עמהן והיכן אומרה לקדושת היום תניא *רבי אומר עם המלכיות אומרה מה מצינו בכל מקום ברביעית אף כאן ברביעית רשב"ג אומר עם הזכרונות אומרה מה מצינו בכל מקום באמצע אף כאן באמצע וכשקידשו ב"ד את השנה באושא ירד ר' יוחנן בן ברוקא לפני רשב"ג ועשה כר' יוחנן בן נורי אמר לו רבן שמעון לא היו נוהגין כן ביבנה ליום השני ירד רבי חנינא בנו של רבי יוסי הגלילי ועשה כר"ע אמר רשב"ג כך היו נוהגין ביבנה למימרא דרבי שמעון בן גמליאל כר' עקיבא ס"ל והא אמר ר"ע מלכיות עם קדושת היום אמר להו ורשב"ג אומר קדושת היום עם הזכרונות אמר להו א"ר זירא לומר שתוקעין למלכיות ליום השני ירד רבי חנינא מאי שני אילימא יו"ט שני למימרא דעברוה לאלול *והאמר רבי חנינא בר כהנא (ב) מימות עזרא ואילך לא מצינו אלול מעובר אמר רב חסדא מאי שני ליום שני לשנה הבאה: **מתני'** [ג]אין פוחתין מעשרה מלכיות מעשרה זכרונות מעשרה שופרות ר' יוחנן בן נורי אומר [ד]אם אמר ג' ג' מכולן יצא: **גמ'** הני עשרה מלכיות כנגד מי אמר (*רבי) כנגד עשרה הלולים שאמר דוד בספר תהלים הלולים טובא הוו הנך דכתיב בהו °הללוהו בתקע שופר רב יוסף אמר כנגד עשרת הדברות שנאמרו לו למשה בסיני *ר' יוחנן אמר כנגד עשרה מאמרות שבהן נברא העולם הי נינהו ויאמר (*ויאמר) דבראשית ט' הוו בראשית נמי מאמר הוא דכתיב °בדבר ה' שמים נעשו: ר' יוחנן בן נורי אומר אם אמר שלש שלש מכולן יצא: איבעיא להו היכי קתני שלש מן התורה שלש מן הנביאים ושלש מן הכתובים דהוו תשע ואיכא בינייהו חדא או דלמא אחד מן התורה ואחד מן הנביאים ואחד מן הכתובים דהוין להו שלש ואיכא בינייהו טובא ת"ש דתניא אין פוחתין מעשרה מלכיות מעשרה זכרונות מעשרה שופרות ואם אמר שבע מכולן יצא כנגד שבעה רקיעים רבי יוחנן בן נורי אמר הפוחת לא יפחות משבע ואם אמר שלש מכולן יצא כנגד תורה נביאים וכתובים ואמרי לה כנגד כהנים לוים וישראלים אמר *)רב הונא אמר שמואל הלכה כר' יוחנן בן נורי: **מתני'** [ה]אין מזכירין **)(זכרון מלכות ושופר) של פורענות מתחיל בתורה ומשלים בנביא ר' יוסי אומר אם השלים בתורה יצא:

גמ'

*) [גי' הרי"ף רב המנונא אמר שמואל וגי' הרא"ש ר"נ אמר שמואל]. **) [מלכות זכרונות ושופרות כצ"ל וכ"א בהרי"ף והרא"ש וכמשנה שבירושלמי]

תורה אור: תהלים כט · ויקרא כג · שם · במדבר י · תהלים קנ · שם לג

רש"י

וקבעיה בשמיה · למנותה עם שאר תקנותיו ולהכי תנא תשע תקנות: **מתני'** סדר ברכות אומר אבות וגבורות כו' וקדושת היום ותוקע כו' · דמצוה בשלש תקיעות של שלש שלש כדתניא לקמן בפירקין (דף לג:): **גמ'** רחמנא אמר אידכר · לימא תשע דהואיל ואשתני · מלכיות מזכרונות לענין תקיעה שאין תוקעין בהן אשתנו נמי לפחות מהן: בני אלים · לישנא דתקיפי כמו ואת אילי הארץ לקח (יחזקאל יז): הבו לה' · הזכירו לפניו האיתנים: מפני מה לא נאמר שבתון שבות שהרי פתח בו הכתוב תחילה · והוא בא להזהיר על המלאכה שהיא עיקר וכך יפה לדרוש הואיל והוא ראשון במקרא והשביתה ראשונה לכולם: אני ה' אלהיכם · דלעני ולגר תעזוב וסמיך ליה בחדש השביעי זכרון תרועה: אני ה' אלהיכם · הוא לשון אני אדון לכם: אף כאן באמצע · והיום תשע ברכות הן והאמצעית בחמישית: ירד רבי יוחנן בן ברוקא לפני התיבה · לפי שמצוה להתפלל במקום נמוך קתני ירד: כר' יוחנן בן נורי · דמתניתין: לא כך היו נוהגין ביבנה · בימי אבא כשהיתה סנהדרין שם: **מתני'** אין פוחתין מעשרה מלכיות כו': **גמ'** הנך דכתיב בהו הללוהו בתקע שופר · הנך דהללו אל בקדשו: כנגד עשרת הדברות · דכתיב בהו נמי שופר ולא שמעתיה אלא ראיתיה ביסוד רבינו יצחק בן יהודה: עשרה מאמרות שהעולם נברא בהן · בראש הספר: בראשית נמי מאמר הוא · ואף על גב דלא כתיב ביה ויאמר יהי שמים כמאן דכתיב דמי דבאמירה נמי איברי ולא בידים דכתיב (תהלים לג) בדבר ה' שמים נעשו: היכי קתני · האי דר' יוחנן בן נורי האי מכולם דקאמר אמאן קאי אתורה נביאים וכתובים קאי דהא מכולהו אמר כדתנן מתחיל בתורה ומשלים בנביא והכי קאמר אם אמר שלש מן התורה ושלש מן הנביאים ושלש מן הכתובים מכל אחת ואחת יצא ולא פליג אדרבנן אלא אחדא דאינהו אמרי עשרה ואיהו אמר תשעה: או דלמא · האי ג' ג' אמלכיות וזכרונות ושופרות קאי שלש למלכיות ושלש לזכרונות ושלש לשופרות דהוו להו אחת מן התורה ואחת מן הנביאים ואחת מן הכתובים: לא יפחות משבע וכו' · ואי סלקא דעתך שלש מן התורה ושלש מן הנביאים ושלש מן הכתובים לכל (ג) אם כן שבע נמי שבע מן התורה ושבע מן הנביאים ושבע מן הכתובים הוה ליה רבי יוחנן בן נורי מוסיף: **מתני'** אין מזכירין זכרון כו': גמ'

תוספות

מתחיל בתורה ומסיים בנביא · וא"ת דבכל דוכתא משמע דנביאי עדיף מכתובים כדאמר (מגילה דף לא·) כתוב בתורה ושנוי בנביאים ומשולש בכתובים וה"ק קראי דכתיבי בכתובי ברישא והדר בנביאי וי"ל משום דקראי דתהלים משלי ואיוב קדמו לנביאים ומה שאנו נוהגים להשלים בתורה דעבדינן כרבי יוסי כדאמרינן בגמרא המשלים בתורה זריז ומשובח וכן היו וותיקין עושין:

בשעת

רבינו חננאל

ת"ר מניין שאומרי' אבות שנאמר הבו לה' בני אלים כלומר בני הגדולים כדכתיב ואת אילי הארץ לקח. גבורות שנאמר הבו לה' כבוד ועוז קדושות שנאמר הבו לה' כבוד שמו השתחוו לה' בהדרת קדש. ומניין שאומרים קדושת היום והוא אתה בחרתנו מכל העמים ומלכיות וזכרונות ושופרות דתניא ר' אליעזר אומר שבתון זכרון תרועה גו' שבתון זו קדושת היום כו'. א"ל ר' עקיבא מפני מה לא נאמר שבתון שבות שהרי בו פתח הכתוב תחלה אלא שבתון שבות קדשהו בעשיית מלאכה זכרון אלו זכרונות תרועה אלו שופרות מקרא קדש זו קדושת היום. ומנין שאומרים מלכיות עמהן שנאמר והיו לכם לזכרון לפני אלהיכם. (א') שאין ת"ל אני ה' אלהיכם ולמה עוד כתוב אני ה' אלהיכם זה בנה אב כל מקום שנאמרו זכרונות יהיו מלכיות עמהן. הנה מצאנו מן התורה שצריך להזכיר זכרונות שופרות ומלכיות ולקדושת היום עוד באו לפרש היאך סידורו תניא ר' אומר קדושת היום שהיא אתה בחרתנו אומרה עם המלכיות בברכה רביעית מה מצאנו כל מקום בשבתות ובימים טובים ברביעית פי' אבות. גבורות. קדושת השם ואחריהן קדושת היום וכיון שעמד רבי כר' עקיבא דמתניתין הלכת' כוותייהו ואפי' רשב"ג דפליג על רבי אמר כר' עקיבא דמתניתין שהיו נוהגין ביבנה שתוקעין למלכיות והא דתניא לשני ירד ר' חנינא בנו של ר' יוסי הגלילי ועשה כר' עקיבא אוקמה רב חסדא מאי לשני לשנה הבאה והלכה כר' עקיבא דאמר אומר אבות וגבורות וקדושת השם וכולל מלכיות עם קדושת היום ותוקע זכרונות ותוקע שופרות ותוקע ואומר עבודה והודאה וברכת כהנים ושים שלום: ירושלמי ר' בא בשם ר' אבא ב"ר ירמיה בתפלה הוא אומר אלהי דוד ובונה ירושלים ובנביא הוא אומר אלהי דוד ומצמיח קרן ישועה. יום ר"ה שחל להיות בשבת ר' אומר פותח בשבת *) וחותם בשבת וי"ט בינתים ר"י בן פזי בשם ריב"ל הלכה כרבי: [מתני'] אין פוחתין מעשרה מלכיות מעשרה זכרונות מעשרה שופרות הני עשר כנגד מי כנגד עשרה הללו אל בקדשו כו' רב יוסף אמר כנגד עשר דברות ר' יוחנן אמר כנגד עשר מאמרות והן ויאמר ויאמר דבראשית שבראשית נמי מן המניין כי מאמר הוא שנא' בדבר ה' שמים נעשו: ירושלמי הני עשר מלכיות כנגד עשר קילוסין שאמר דוד בהללויה הללו אל בקדשו וגו' עד כל הנשמה תהלל יה עשרה זכרונות כנגד עשרה וידוין שאמר ישעיה רחצו הזכו מה כתיב בתריה למדו היטב דרשו משפט אשרו חמוץ לכו נא ונוכחה: י' שופרות כנגד י' שופרות ופר ואיל ושעיר ר' יוחנן בן נורי אמר **) אם אמר ג' מן התורה ג' מן הכתובים וג' מן הנביאים יצא דהוו להו ט' ואיכא ביניהן חדא או דילמא אחת מן התורה אחת מן הנביאים ואחת מן הכתובים ואיכא בינייהו שבע בכל אחת מהן ת"ש דתניא ר' יוחנן בן נורי אומר לא יפחות משבע ואם אמר שלש מכולן יצא כנגד תורה נביאים וכתובים ואמרי לה כנגד כהנים

*) עי' ביצה יז וצ"ע. **) נראה דחסר כאן וצ"ל אם אמר ג' ג' מכולן יצא ואיבעיא לן היכי קתני שלש וכו'.

עין משפט נר מצוה

ל א מיי' פ"ג מהל' שופר הל' ז סמג עשין מב טור ש"ע א"ח סי' תקצא סעיף א:

לא ב טור א"ח סי' קיג:

לב ג מיי' פ"ג מהל' שופר הלכה ח טוש"ע א"ח סי' תקצא סעיף ד:

לג ד מיי' שם טור שם:

לד ה מיי' שם הל' ט טוש"ע שם סעיף ה:

מסורת הש"ס

מגילה יז:

[תוספת' פ"ב]

לעיל יט: [וש"נ ע"ש] ביצה ו. כב:

[נ"ל רבי לוי כ"א במגילה כא: ובע"י הכא]

מגילה כח: [ליתא במגילה]

הגהות הב"ח

(א) גמ' תניא רבי אומר אני ה' אלהיכם זכתיב ובחדש: (ב) שם והאמר רבי חנינא בר כהנא אמר רב מימות עזרא: (ג) רש"י ד"ה לא יפחות כו' מן הכתובים לכל אחד ואחד א"כ שבע נמי:

גליון הש"ס

מתני' סדר ברכות. עיין סנהדרין דף מט ע"ב תוס' ד"ה אף:

Continuation of translation from previous page as indicated by ◁

that it comes fourth [in the order of blessings], so here it should come fourth. Rabban Simeon b. Gamaliel says: It should be said with the remembrance verses. Just as we find that on all other occasions it is said in the middle,[3] so here it should be in the middle.[4]

When the Beth din sanctified the New Moon in Usha, R. Johanan b. Beroka went down [before the ark][5] in the presence of Rabban Simeon b. Gamaliel, and read as prescribed by R. Johanan b. Nuri.[6] Rabban Simeon said to him: That was not the way they used to do in Jabneh.[7] On the second day, R. Hanina the son of R. Jose the Galilean went down and read as prescribed by R. Akiba.[8] Rabban Simeon b. Gamaliel said: So they used to do in Jabneh. This would seem to show that R. Simeon b. Gamaliel was of the same opinion as R. Akiba. But [how can this be seeing that] R. Akiba said that the kingship verses are to be joined with the sanctification of the day, whereas R. Simeon b. Gamaliel said that the sanctification of the day is to be joined with the remembrance verses?—R. Zera replied: What it indicates is that [in R. Simeon's opinion] the *shofar* is blown with the kingship verses.

'On the second day R. Hanina went down'. What is meant by 'second'? Shall I say, the second day of the holyday, which would
d imply that Elul had been prolonged?[1] [But this cannot be] seeing that R. Hanina b. Kahana has said that from the time of Ezra there has been no case known of Elul being prolonged?—R. Hisda replied: What is meant by 'second'? It means the same holyday in the next year.

MISHNAH. THERE SHOULD BE RECITED NOT LESS THAN TEN KINGSHIP VERSES, TEN REMEMBRANCE VERSES, AND TEN SHOFAR VERSES. R. JOHANAN B. NURI SAID: IF THE READER SAYS THREE FROM EACH SET[2] HE HAS FULFILLED HIS OBLIGATION.

GEMARA. To what do these ten kingship verses correspond?—R. Levi said, To the ten praises that David uttered in the book of Psalms. But there are a large number of praises there?—It means, those among which occurs, *Praise him with the blowing of the shofar.*[3] R. Joseph said: To the ten commandments that were spoken to Moses on Sinai.[4] R. Johanan said: To the ten Utterances by means of which the world was created.[5] Which are they? The phrase *'and he said'* occurs in the account of the creation only nine times?—The words *'in the beginning'* are also an utterance, as it is written, *By the word of the Lord the heavens were made.*[6]

R. JOHANAN B. NURI SAID: IF HE SAYS THREE OF EACH SET HE HAS FULFILLED HIS OBLIGATION. The question was raised: How is this to be understood? Three from the Pentateuch, three from the Prophets and three from the Writings, which would make nine [for each set], so that there is a difference of one between the two authorities, or is it one from the Pentateuch, one from
e the Prophets and one from the Writings,[1] making three for each set, so that they differ considerably?—Come and hear, since it has been taught: 'There must be recited not less than ten kingship verses, ten remembrance verses, and ten *shofar* verses, but one who said seven of all of them has fulfilled his obligation, these corresponding to seven firmaments. R. Johanan b. Nuri said: The lowest number one should say is seven,[2] but if he said [even] three of them he has fulfilled his obligation, these corresponding to the Torah, the Prophets and the Writings, or, as others report, to Priests, Levites, and lay Israelites'. R. Huna said in the name of Samuel: The *halachah* is as laid down by R. Johanan b. Nuri.

MISHNAH. NO MENTION IS MADE OF KINGSHIP, REMEMBRANCE AND SHOFAR VERSES THAT SIGNIFY PUNISHMENT. IT IS PROPER TO BEGIN WITH THE TORAH[3] AND CONCLUDE WITH THE PROPHETS. R. JOSE SAID: IF ONE CONCLUDES WITH THE TORAH HE HAS FULFILLED HIS OBLIGATION.

(3) I.e., it is the fourth out of seven blessings that constitute the *'Amidah* of the festivals except the one in question. (4) I.e., it should be the fifth, as the New Year *Musaf 'Amidah* has nine blessings. (5) To act as reader. (6) I.e., he joined the kingship verses with the third blessing and did not blow the *shofar* after them. V. Mishnah. (7) In the days of his father Rabban Gamaliel, when the seat of the Sanhedrin was in Jabneh. (8) I.e., he joined the kingship verses with the sanctification of the day and blew the *shofar* after them. V. Mishnah.

d (1) So that the thirtieth day was kept as New Moon out of doubt, but the new month was not sanctified till the thirty-first. (2) The meaning of this is discussed *infra* in the Gemara. (3) Ps. CL, 3. (4) Because these were prefaced by the blowing of the *shofar*. (5) New Year being the anniversary of the creation. (6) Ps. XXXIII, 6. Hence the first verse of Genesis is equivalent to 'In the beginning God said, Let there be heaven and earth'.

e (1) And we translate in the Mishnah, 'three in all', i.e., in each set of the kingship, remembrance and *shofar* verses. (2) Obviously this means seven altogether in each set. (3) Pentateuch.

מסורת הש"ס

וקבעיה בשמיה · למנותה עם שאר תקנותיו ולהכי תנא תשע תקעות : **מתני'** סדר ברכות אומר אבות וגבורות כו' וקדושת היום ותוקע כו' · דמצוה בשלש תקיעות של שלש שלש כדתניא לקמן בפירקין (דף לג:) : **גמ'** רחמנא אמר אידכר · כדתניא בברייתא לקמן : לימא תשע דהואיל ואשתני · מלכיות תורה אור מזכרונות לענין תקיעה שאין תוקעין בהן אשתנו נמי לפחות מהן : בני אלים · לישנא דתקיפי כמו ואת אילי הארץ לקח (יחזקאל יז) : הבו לה' · הזכירו לפניו האיתנים : מפני מה לא נאמר שבתון שבות שהרי פתח בו הכתוב תחילה · והוא בא להזהיר על המלאכה שהיא עיקר וכך יפה לדרוש הואיל והוא ראשון במקרא והשביתה ראשונה לכולם : אני ה' אלהיכם · דלעני ולגר תעזוב וסמיך ליה בחדש השביעי זכרון תרועה : אני ה' אלהיכם · הוא לשון אני אדון לכם : אף כאן באמצע · והיום תשע ברכות הן והאמצעית בחמישית : ירד רבי יוחנן בן ברוקא לפני התיבה · לפי שמצוה להתפלל במקום נמוך קתני ירד : כר' יוחנן בן נורי · דמתניתין : לא כך היו נוהגין ביבנה · בימי אבא כשהיתה סנהדרין שם : **מתני'** אין פוחתין מעשרה מלכיות כו' : **גמ'** הנך דכתיב בהו הללוהו בתקע שופר · הנך דהללו אל בקדשו : כנגד עשרת הדברות · דכתיב בהו נמי שופר ולא שמעתיה אלא ראיתיה ביסוד רבינו יצחק בן יהודה : עשרה מאמרות שהעולם נברא בהן · בראש השנה : בראשית נמי מאמר הוא · ואף על גב דלא כתיב ביה ויאמר יהי שמים כמאן דכתיב דמי דבאמירה נמי איברי ולא בידים דכתיב (תהלים לג) בדבר ה' שמים נעשו : היכי קתני · האי דר' יוחנן בן נורי האי מכולם דקאמר אמאן קאי אתורה נביאים וכתובים קאי דהא מכולהו אמר כדתנן מתחיל בתורה ומשלים בנביא והכי קאמר אם אמר שלש מן התורה ושלש מן הנביאים ושלש מן הכתובים מכל אחת ואחת יצא ולא פליג אדרבנן אלא אחדא דאינהו אמרי עשרה ואיהו אמר תשעה : או דלמא האי ג' אמלכיות וזכרונות ושופרות קאי שלש למלכיות ושלש לזכרונות ושלש לשופרות דהוו להו אחת מן התורה ואחת מן הנביאים ואחת מן הכתובים : לא יפחות משבע וכו' · ולי סלקא דעתך שלש מן התורה ושלש מן הנביאים ושלש מן הכתובים לכל (ג) אם כן שבע נמי שבע מן התורה ושבע מן הנביאים ושבע מן הכתובים הוה ליה רבי יוחנן בן נורי מוסיף : **מתני'** אין מזכירין זכרון כו' : גמ'

מתחיל בתורה ומסיים בנביא · וא"ת דבכל דוכתא משמע דנביאי עדיף מכתובים כדאמר (מגילה דף כז.) כתוב בתורה ושנוי בנביאים ומשולש בכתובים וה"ק קראי דכתיבי בכתובי ברישא והדר בנביאי וי"ל משום דקראי דתהלים משלי ואיוב קדמו לנביאים ומה שאנו נוהגים להשלים בתורה דעבדינן כרבי יוסי כדאמרינן בגמרא המשלים בתורה זריז ומשובח וכן היו ותיקין עושין : בשעת

מתני' °סדר ברכות אומר אבות וגבורות וקדושת השם וכולל מלכיות עמהן ואינו תוקע קדושת היום ותוקע זכרונות ותוקע שופרות ותוקע ואומר עבודה והודאה וברכת כהנים דברי ר' יוחנן בן נורי אמר לו ר"ע אם אינו תוקע למלכיות למה הוא מזכיר ^א^אלא אומר אבות וגבורות וקדושת השם וכולל מלכיות עם קדושת היום ותוקע זכרונות ותוקע שופרות ותוקע ואומר עבודה והודאה וברכת כהנים : **גמ'** אמר לו ר"ע אם אינו תוקע למלכיות למה הוא מזכיר רחמנא אמר אידכר אלא למה עשר לימא תשע דהואיל ואשתני אשתני תנו רבנן *^ב^מנין שאומרים אבות שנאמר °הבו לה' בני אלים ומנין שאומרים גבורות שנאמר הבו לה' כבוד ועוז ומנין שאומרים קדושות שנאמר הבו לה' כבוד שמו השתחוו לה' בהדרת קדש ומנין שאומרים מלכיות זכרונות ושופרות ר"א אומר דכתיב °שבתון זכרון תרועה מקרא קדש שבתון זה קדושת היום זכרון אלו זכרונות תרועה אלו שופרות מקרא קדש קדשהו בעשיית מלאכה אמר לו רבי עקיבא מפני מה לא נאמר שבתון שבות שבו פתח הכתוב תחילה אלא שבתון קדשהו בעשיית מלאכה זכרון אלו זכרונות תרועה אלו שופרות מקרא קדש זו קדושת היום מנין שאומרים מלכיות תניא רבי אומר °אני ה' אלהיכם (א) ובחדש השביעי זו מלכות רבי יוסי בר יהודה אומר אינו צריך הרי הוא אומר °והיו לכם לזכרון לפני אלהיכם שאין תלמוד לומר אני ה' אלהיכם ומה תלמוד לומר אני ה' אלהיכם זה בנה אב לכל מקום שנאמר בו זכרונות יהיו מלכיות עמהן והיכן אומרה לקדושת היום תניא *רבי אומר עם המלכיות אומרה מה מצינו בכל מקום ברביעית אף כאן ברביעית רשב"ג אומר עם הזכרונות אומרה מה מצינו בכל מקום באמצע אף כאן באמצע וכשקידשו ב"ד את השנה באושא ירד ר' יוחנן בן ברוקא לפני רשב"ג ועשה כר' יוחנן בן נורי אמר לו רבן שמעון לא היו נוהגין כן ביבנה ליום השני ירד רבי חנינא בנו של רבי יוסי הגלילי ועשה כר"ע אמר רשב"ג כך היו נוהגין ביבנה למימרא דרבי שמעון בן גמליאל כר' עקיבא ס"ל והא אמר ר"ע מלכיות עם קדושת היום אמר להו ורשב"ג אומר קדושת היום עם הזכרונות אמר להו א"ר זירא לומר שתוקעין למלכיות ליום השני ירד רבי חנינא מאי שני אילימא יו"ט שני למימרא דעברוה לאלול *והאמר רבי חנינא בר כהנא (ב) מימות עזרא ואילך לא מצינו אלול מעובר אמר רב חסדא מאי שני ליום שני לשנה הבאה : **מתני'** ^ג^אין פוחתין מעשרה מלכיות מעשרה זכרונות מעשרה שופרות ר' יוחנן בן נורי אומר ^ד^אם אמר ג' ג' מכולן יצא : **גמ'** הני עשרה מלכיות כנגד מי אמר (*רבי) כנגד עשרה הלולים שאמר דוד בספר תהלים הלולים טובא הוו הנך דכתיב בהו °הללוהו בתקע שופר רב יוסף אמר כנגד עשרת הדברות שנאמרו לו למשה בסיני *ר' יוחנן אמר כנגד עשרה מאמרות שבהן נברא העולם הי נינהו ויאמר (*ויאמר) דבראשית ט' הוו בראשית נמי מאמר הוא דכתיב °בדבר ה' שמים נעשו : ר' יוחנן בן נורי אומר אם אמר שלש שלש מכולן יצא : איבעיא להו היכי קתני שלש מן התורה שלש מן הנביאים ושלש מן הכתובים דהוו תשע ואיכא בינייהו חדא או דלמא אחד מן התורה ואחד מן הנביאים ואחד מן הכתובים דהויין להו שלש ואיכא בינייהו טובא ת"ש דתניא אין פוחתין מעשרה מלכיות מעשרה זכרונות מעשרה שופרות ואם אמר שבע מכולן יצא כנגד שבעה רקיעים רבי יוחנן בן נורי אמר הפוחת לא יפחות משבע ואם אמר שלש מכולן יצא כנגד תורה נביאים וכתובים ואמרי לה כנגד כהנים לוים וישראלים אמר *)רב הונא אמר שמואל הלכה כר' יוחנן בן נורי : **מתני'** ^ה^אין מזכירין **)(זכרון מלכות ושופר) של פורענות מתחיל בתורה ומשלים בנביא ר' יוסי אומר אם השלים בתורה יצא : גמ'

*) [גי' הרי"ף רב המנונא אמר שמואל וגי' הרא"ש ר"נ אמר שמואל]. **) [מלכות זכרונות ושופרות כצ"ל וכ"א בהרי"ף והרא"ש ובמשנה שבירושלמי]

היום ותוקע זכרונות ותוקע שופרות ותוקע ואומר עבודה והודאה וברכת כהנים ושים שלום : ירושלמי ר' בא בשם ר' אבא ב"ר ירמיה בתפלה הוא אומר אלהי דוד ובונה ירושלים ובנביא הוא אומר אלהי דוד ומצמיח קרן ישועה. יום ר"ה שחל להיות בשבת ר' אומר פותח בשבת *) וחותם בשבת ויו"ם בינתים ר"י בן פזי בשם ריב"ל הלכה כרבי : [מתני'] אין פוחתין מעשרה מלכיות מעשרה זכרונות מעשרה שופרות הני עשר כנגד מי כנגד עשרה הללו אל בקדשו כו' רב יוסף אמר כנגד עשר דברות ר' יוחנן אמר כנגד עשר מאמרות והן ויאמר ויאמר דבראשית שבראשית נמי מן המנין כי מאמר הוא שנא' בדבר ה' שמים נעשו : ירושלמי הני עשר מלכיות כנגד עשר קילוסין שאמר דוד בהללויה הללו אל בקדשו וגו' עד כל הנשמה תהלל יה עשרה זכרונות כנגד עשרה וידוין שאמר ישעיה רחצו הזכו מה כתיב בתריה למדו היטב דרשו משפט אשרו חמוץ לכו נא ונוכחה : י' שופרות כנגד י' שופרות ופר ואיל ושעיר ר' יוחנן בן נורי אמר **) אם אמר ג' מן התורה ג' מן הכתובים וג' מן הנביאים יצא דהוו להו ט' ואיכא ביניהן חדא או דילמא אחת מן התורה אחת מן הנביאים ואחת מן הכתובים ואיכא בינייהו שבע בכל אחת מהן ת"ש דתניא ר' יוחנן בן נורי אומר לא יפחות משבע ואם אמר שלש מכולן יצא כנגד תורה נביאים וכתובים ואמרי לה כנגד כהנים

*) עי' ביצה יז וצ"ע. **) נראה דחסר כאן וצ"ל אם אמר ג' ג' מכולן יצא ואיבעיא לן היכי קתני שלש וכו'.

עין משפט נר מצוה

ל א מיי' פ"ג מהל' שופר הל' ז סמג עשין מב טור ש"ע א"ח סי' תקצ"ב סעיף א :

לא ב טור א"ח סי' קי"ג:

לב ג מיי' פ"ג מהל' שופר הלכה ח טוש"ע א"ח סי' תקצ"א סעיף ד :

לג ד מיי' שם טור שם :

לד ה מיי' שם הל' ט טוש"ע שם סעיף ס :

רבינו חננאל

ת"ר מניין שאומרי' אבות שנאמר הבו לה' בני אלים כלומר בני הגדולים כדכתיב ואת אילי הארץ לקח. גבורות שנאמר הבו לה' כבוד ועוז קדושות שנאמר הבו לה' כבוד שמו השתחוו לה' בהדרת קדש. ומניין שאומרים קדושת היום והוא אתה בחרתנו מכל העמים ומלכיות וזכרונות ושופרות דתניא ר' אליעזר אומר שבתון זכרון תרועה גו' שבתון זו קדושת היום כו'. א"ל ר' עקיבא מפני מה לא נאמר שבתון שבות שהרי בו פתח הכתוב תחלה אלא שבתון שבות קדשהו בעשיית מלאכה זכרון אלו זכרונות תרועה אלו שופרות מקרא קדש זו קדושת היום. ומנין שאומרים מלכיות עמהן שנאמר והיו לכם לזכרון לפני אלהיכם.(א') שאין ת"ל אני ה' אלהיכם ולמה עוד כתוב אני ה' אלהיכם זה בנה אב כל מקום שנאמרו זכרונות יהיו מלכיות עמהן. הנה מצאנו מן התורה שצריך להזכיר זכרונות שופרות ומלכיות ולקדושת היום עוד באו לפרש היאך סידורו תניא ר' אומר קדושת היום שהיא אתה בחרתנו אומרה עם המלכיות בברכה רביעית מה מצאנו כל מקום בשבתות ובימים טובים ברביעית פי' אבות. גבורות. קדושת השם ואחריהן קדושת היום וכיון שעמד רבי כר' עקיבא דמתניתין הלכת' כוותייהו ואפי' רשב"ג דפליג על רבי אמר כר' עקיבא דמתניתין שהיו נוהגין ביבנה שתוקעין למלכיות והא דתניא לשני ירד ר' חנינא בנו של ר' יוסי הגלילי ועשה כר' עקיבא אוקמה רב חסדא מאי לשני לשנה הבאה והלכה כר' עקיבא דאמר אומר אבות וגבורות וקדושת השם וכולל מלכיות עם קדושת

מגילה יז:

הגהות הב"ח

(א) גמ' תניא רבי אומר אני ה' אלהיכם זכתיב ובחדש : (ב) שם והאמר רבי חנינא בר כהנא אמר רב מימות עזרא : (ג) רש"י ד"ה לא יפחות כו' מן הכתובים לכל אחד ואחד א"כ שבע נמי :

[תוספת' פ"ב]

גליון הש"ס

מתני' סדר ברכות. עיין סנהדרין דף מט ע"ב תוס' ד"ה אף :

לעיל יט: [וש"נ ע"ש] ביצה ו. כב:

[נ"ל רבי לוי כ"א במגילה כא: ובעי"י הכא]

מגילה כא: [ליתא במגילה]

תהלים כט

ויקרא כג

שם

במדבר י

תהלים קנ

שם לג

עין משפט נר מצוה

לה א ב מיי' פ"ג מהל' שופר הלכה ט טור ש"ע א"ח סי' תקצא סעיף ה :
לו ג מיי' שם טור א"ח סי' תקצא :
לז ד ה ו טור א"ח שם :
לח ז ח ט י מיי' שם הל' ח טור א"ח שם :
לט כ [מיי' שם הל' י] טוא"ח סי' תקפה :
מ ל מיי' פ"ג מהל' חנוכה הל' ו טוש"ע א"ח סי' תקפד סעיף א :
מא מ מיי' פ"א מהל' שופר הל' ד טוש"ע א"ח סי' תקפו סעיף כח :
מב נ מיי' שם טוש"ע שם סעי' כג :
מג ס מיי' פ"ב שם הל' ז טוא"ח סי' תקפח :
מד ע פ מיי' שם הלכה ד טוש"ע שם סי' תקפט סעיף ח :

גמ' מלכיות כגון חי אני נאם ה' [אלהים] אם לא ביד חזקה ובזרוע נטויה ובחמה שפוכה אמלוך עליכם ואע"ג *דא"ר נחמן כל כי האי ריתחא לירתח קודשא בריך הוא עלן וליפרוקינן כיון דבריתחא אמור אדכורי ריתחא בריש שתא לא מדכרינן זכרון כגון ויזכור כי בשר המה וגו' שופר כגון תקעו שופר בגבעה וגו' אבל אם בא לומר מלכות זכרון ושופר של פורענות של עובדי כוכבים אומר מלכות כגון ה' מלך ירגזו עמים וכגון ה' מלך עולם ועד אבדו גוים מארצו זכרון כגון זכור ה' לבני אדום וגו' שופר כגון וה' אלהים בשופר יתקע והלך בסערות תימן וכתיב ה' צבאות יגן עליהם אין מזכירין זכרון של יחיד ואפילו לטובה כגון זכרני ה' ברצון עמך וכגון זכרה לי אלהי לטובה *פקדונות הרי הן כזכרונות כגון וה' פקד את שרה וכגון פקוד פקדתי אתכם דברי ר' יוסי ר' יהודה אומר אינן כזכרונות ולר' יוסי נהי נמי דפקדונות הרי הן כזכרונות וה' פקד את שרה פקדון דיחיד הוא כיון דאתו רבים מינה כרבים דמיא שאו שערים ראשיכם והנשאו פתחי עולם ויבוא מלך הכבוד מי (הוא) זה מלך הכבוד ה' עזוז וגבור ה' גבור מלחמה שאו שערים ראשיכם ושאו פתחי עולם ויבא מלך הכבוד מי הוא זה מלך הכבוד ה' צבאות הוא מלך הכבוד סלה ראשונה שתים שניה שלש דברי ר' יוסי ר' יהודה אומר ראשונה אחת שניה שתים זמרו אלהים זמרו זמרו למלכנו זמרו כי מלך כל הארץ אלהים שתים דברי ר' יוסי ר' יהודה אומר אחת ושוין במלך אלהים על גוים אלהים ישב על כסא קדשו שהיא אחת זכרון שיש בו תרועה כגון שבתון זכרון תרועה מקרא קדש אומרה עם הזכרונות ואומרה עם השופרות דברי ר' יוסי ר' יהודה אומר אינו אומרה אלא עם הזכרונות [בלבד] מלכות שיש עמו תרועה כגון ה' אלהיו עמו ותרועת מלך בו אומרה עם המלכיות ואומרה עם השופרות דברי ר' יוסי רבי יהודה אומר אינו אומרה אלא עם המלכיות בלבד תרועה שאין עמה לא כלום כגון יום תרועה יהיה לכם אומרה עם השופרות דברי רבי יוסי רבי יהודה אומר אינו אומרה כל עיקר: מתחיל בתורה ומשלים בנביא רבי יוסי אומר אם השלים בתורה יצא: אם השלים דיעבד אין לכתחילה לא והתניא ר' יוסי אומר המשלים בתורה ה"ז משובח אימא משלים והא אם השלים קתני דיעבד אין לכתחילה לא הכי קאמר מתחיל בתורה ומשלים בנביא ר' יוסי אומר משלים בתורה ואם השלים בנביא יצא תניא נמי הכי אמר רבי אלעזר ברבי יוסי וותיקין היו משלימין אותה בתורה בשלמא זכרונות ושופרות איכא טובא אלא מלכיות תלת הוא דהויין ה' אלהיו עמו ותרועת מלך בו ויהי בישורון מלך ה' ימלוך לעולם ועד וליכא אמר רב הונא א) ת"ש ב) שמע ישראל ה' אלהינו ה' אחד מלכות דברי ר' יוסי ר' יהודה אומר אינה מלכות וידעת היום והשבות אל לבבך כי ה' הוא האלהים אין עוד מלכות דברי ר' יוסי ר' יהודה אומר אינה מלכות אתה הראת לדעת כי ה' הוא האלהים אין עוד מלבדו מלכות דברי ר' יוסי ר' יהודה אומר אינה מלכות:

מתני' העובר לפני התיבה ביו"ט של ר"ה השני מתקיע ובשעת ההלל הראשון מקרא את ההלל:

גמ' מאי שנא שני מתקיע משום ברוב עם הדרת מלך אי הכי הלל נמי נימא בשני משום ברוב עם הדרת מלך אלא מאי שנא הלל דבראשון משום *דזריזין מקדימין למצות תקיעה נמי נעביד בראשון משום דזריזין מקדימין למצות אמר רבי יוחנן בשעת גזרת המלכות שנו: מדקאמר בשעת הלל הראשון מכלל דבראש השנה ליכא הלל מ"ט *אמר רבי אבהו אמרו מלאכי השרת לפני הקב"ה רבש"ע מפני מה אין ישראל אומרים שירה לפניך בר"ה וביום הכפורים אמר להם אפשר מלך יושב על כסא דין וספרי חיים וספרי מתים פתוחין לפניו וישראל אומרים שירה:

מתני' שופר של ר"ה אין א) מעבירין עליו את התחום ואין מפקחין עליו את הגל לא עולין באילן ולא רוכבין ע"ג בהמה ולא שטין על פני המים ואין חותכין אותו בין בדבר שהוא משום שבות ובין בדבר שהוא משום לא תעשה אבל אם רצה ליתן לתוכו מים או יין יתן *אין מעכבין את התנוקות מלתקוע [א] אבל מתעסקין עמהן עד שילמדו והמתעסק לא יצא והשומע מן המתעסק לא יצא:

גמ' מ"ט שופר עשה הוא ויו"ט עשה ולא תעשה ואין עשה דוחה את לא תעשה ועשה: לא עולין באילן ולא רוכבין על גבי בהמה כו': השתא דרבנן אמרת לא דאורייתא מיבעיא ג) זו ואין צריך לומר זו קתני: ואין

א) ס"א תנא וכן הגי' נכרא"ש ב) [תוספתא פ"ב] ג) [לקמן לג. עירובין עו. יבמות יג. ל: כתובות נח. נדרים יד: הוריות ב: כריתות יז:]

תוספות

בשעת גזרת המלכות שנו · ואע"פ שבטלה גזרת המלכות לא עבדינן כדמעיקרא אע"ג דזריזין מקדימין למצות דחיישינן שמא יחזור דבר לקלקולו ולפירוש הירושלמי ניחא טפי דמפרש שם שדמו האויבים שנתאספו לתקוע תרועת מלחמה ועמדו עליהם והרגום ולכך תקנו תקיעות וברכות במוסף דכי חזו דקרו בקריאת שמע ומתפללין וקורין בתורה וחוזרין ומתפללין ותוקעין אמרי בנימוסייהו איטון עסקין כלו' בחוקיהם ובתורתם : הא

רש"י

גמ' דרבים אתו מינה · בההיא פקידה : רבי יהודה אומר ראשונה אחת שניה שתים · מי הוא זה מלך הכבוד לאו ממנייתא : זמרו למלכנו · לא קא חשיב רבי יהודה דלא אמליכתיה אלא על אומה אחת : ושוין במלך אלהים כו' · דלא מנינן ישב על כסא קדשו בלשון תורה אור מלכות : איט אומרה אלא עם הזכרונות · תרועה לאו לשון שופרות הוא עד דמזכיר שופר בהדיא : ומתחיל בתורה ומשלים בנביאים · והכתובים בינתיים : היו משלימין בתורה · דהוו להו ארבע מן התורה שלש בתחלה ואחת בסוף : ואנן בעינן עשר · וארבע מהן תורה דקאמר רבי יוסי משלים בתורה : מתני' העובר לפני התיבה כו' השני מתקיע · המתפלל תפלת מוספין מתקיע : גמ' בשעת גזרת המלכות שנו · אויבים גזרו שלא יתקעו והיו אורבין להם כל שש שעות תפלת שחרית לכך העבירוה לתקוע במוספין : מתני' שופר של ראש השנה אין מפקחין עליו וכו' ואין מעבירין עליו את התחום · לילך חוץ לתחום לשמוע תקיעה : ואין חותכין אותו · מפרש בגמרא : אם רצה ליתן לתוכו מים כו' · ולא אמרינן קא מתקן מנא : גמ' השתא דרבנן אמרת לא · איסור תחומין ופיקוח הגל דליכא למגזר אטו דאורייתא אמרת לא : דאורייתא · רוכבין דאיכא למימר שמא יחתוך זמורה ועולה באילן דאיכא למימר שמא יתלוש דאורייתא מיבעיא ויש גמגום בדבר ונראה בעיני דלא גרסינן לה : ואין

מסורת הש"ס: סנהדרין קה. · [תוספ' פ"ב] · שם כט. · פסחים ד. יומא כח: · ערכין יא: · עירובין מו: ערכין ג.

הגהות הגר"א: [א] בשעת מלתקוע ומתעסקין עמהן כו' כצ"ל וכ"ה ברי"ף ורא"ש:

רבינו חננאל

כהנים לוים וישראלים: אמר שמואל הלכה כר' יוחנן בן נורי ש"מ אחת מן [התורה ואחת מן] הנביאים ואחת מן הכתובים ומצאנו מפורש בתלמוד א"י הוינן סברין מימר שלש מכל אחת ואחת אשכח תני אפי' שלש מכולן יצא . אין מזכירין של פורענות . מלכות כגון אם לא ביד חזקה ובחמה שפוכה אמלוך עליכם זכרון כגון ויזכור כי בשר המה רוח הולך ולא ישוב שופר כגון תקעו שופר בגבעה חצוצרות ברמה וגו' אבל פורענות של עובדי כוכבים אם בא להזכיר מזכיר כגון ה' אלהים בשופר יתקע והלך בסערות תימן . אין מזכירין של יחיד אפי' לטובה כגון *) זכר לי אלהים לטוב זכרני ה' ברצון [עמך] פקדונות הרי הן כזכרונות [כגון] וה' פקד את שרה כיון דאתו מינה רבים אם בא להזכירו עם הזכרונות מזכיר דברי ר' יוסי ר' יהודה אומר אינו מזכיר שאו שערים ראשיכם וגו' ראשונה שתים שניה שלש דברי ר' יוסי ר' יהודה אומר אחת . מלכיות שיש עמה תרועה כגון ותרועת מלך בו . בחצוצרות וקול שופר הריעו לפני המלך ה' . אומר עם המלכיות ואומר עם השופרות דברי ר' יוסי ר' יהודה אומר אינו אומר אלא עם המלכיות בלבד . משלים בתורה ומשלים בנביא ר' יוסי אומר אם השלים בתורה יצא ואקשי' עלה וכי ר' יוסי דאי עבד קתני והתניא ר' יוסי אומר המשלים בתורה הרי זה זריז ומשובח ותריצה למתני' הכי ר' יוסי אומר מתחיל בתורה ומשלים בנביא ואם השלים בתורה יצא תניא נמי הכי ר' אלעזר בר' יוסי אומר וותיקין היו משלימין בתורה אמר רב הונא תנא שמע ישראל ה' אלהינו ה' אחד מלכות .· וכן וידעת היום והשבות אל לבבך כי ה' הוא האלהים וגו' מלכות וכן אתה הראת לדעת כי ה' הוא האלהים וגו' אלו כולן מלכות דברי ר' יוסי ר' יהודה אומר אינה מלכות וקי"ל כר' יוסי : העובר לפני התיבה ביו"ט של ר"ה השני מתקיע כלומר במוסף שהוא יורד שליח צבור שנית . אמר ר' יוחנן בשעת גזרה שנו : ירושלמי ר' יעקב בר אחא בשם ר' יוחנן מעשה פעם אחת תקעו בתפלת שחרית והיו השונאים סבורים שמא עליהן הן הולכין ועמדו עליהן והרגום . עמדו לתקוע ותיקנו בתפלת המוסף ומינו דאינון חמיין לון דקרו ק"ש ומצלו וקרו באורייתא ומצלו והדר תקעין אמרין בנימוסיהון אינון עסיקן. ריב"ל שמע להא מהכא שמעה ה' צדק זו ק"ש הקשיבה רנתי זו רנון תורה האזינה תפלתי זו תפלה . בלא שפתי מרמה זו מוסף . מה כתיב בתריה מלפניך משפטי יצא אמר ר' תנחומא קרייה אמרה כן יום תרועה ועשיתם עולה . כלומר התרועה במוסף בעשיית העולה ר' אלעזר בר' יוסי אומר בכל הקרבנות כתיב והקרבתם וכאן כתיב ועשיתם אמר להן הקב"ה כיון שהכנסתם בר"ה לפני בדין ויצאתם בשלום מעלה אני עליכם כאילו נעשיתם בריה חדשה בכל הקרבנות בשעיר הקרב בכל המועדים [כתיב] חטאת ובעצרת כתיב שעיר עזים אחד לכפר עליכם ולא כתיב חטאת אמר להן הקב"ה כיון שקבלתם עליכם על תורה מעלה אני עליכם כאילו לא חטאתם מימיכם. מדקתני במתני' ובשעת ההלל הראשון מקרא את ההלל מכלל דבר"ה לא אמרי הלל . מ"ט א"ר אבהו אמרו מלאכי השרת לפני הקב"ה רבש"ע מפני מה אין אומרים ישראל לפניך בר"ה וביוה"כ הלל אמר להן אפשר מלך יושב על כסא דין וספרי חיים וספרי מתים נפתחין לפניו וישראל אומרים הלל . שופר של ר"ה אין מפקחין עליו את הגל כו' מ"ט דתקיעת שופר דהוא יום תרועה יהיה לכם עשה הוא ואין עשה דוחה עשה ולא תעשה של ר"ה שנאמר בחדש השביעי באחד לחדש יהיה לכם שבתון שבות כלומר שב ולא תעשה וכתיב נמי כל מלאכת עבודה לא תעשו : ולא עולין לאילן ולא רוכבין כו' ואקשינן השתא לא עולין לאילן שהוא משום שבות דרבנן דתנן אלו הן משום שבות לא עולין לאילן באלו אמרי'

*) אולי שס"ב וצ"ל כמו בגמ' זכרה לי אלהי לטובה . א) גי' הרי"ף והרא"ש אין מפקחין קודם אין מעבירין כגי' רש"י .

[32b] *GEMARA.* [What are] KINGSHIP VERSES [signifying punishment]?—For instance, *As I live, saith the Lord God, surely with a mighty hand and with an outstretched arm and with fury poured out will I be king over you,*[4] and although R. Naḥman said, Let the Holy One, blessed be He, be as furious as all this with us so only that He [finally] redeem us, yet since this was spoken in wrath, we do not call wrath to mind at the beginning of the year. REMEMBRANCE VERSES, as for instance, *And he remembered that they were flesh*[5] etc. SHOFAR VERSES, as for instance, *Blow ye the horn in Gibeah*[6] etc. If, however, he desires to recite kingship, remembrance and *shofar* verses mentioning the punishment of idolaters, he may do so. 'Kingship verses', as for instance, *The Lord reigneth, let the peoples tremble,*[7] or, *The Lord is king for ever and ever, the nations*
a *are perished out of his land.*[1] 'Remembrance verses', as for instance, *Remember, O Lord, against the children of Edom*[2] etc. '*Shofar* verses', as for instance, *And the Lord God will blow the horn and will go with whirlwinds of the south,*[3] and the text continues, *The Lord of hosts will defend them.*[4] [On the other hand] a verse mentioning the remembrance of an individual is not recited, even if it is for good, as for instance, *Remember me, O Lord, when thou favourest thy people,*[5] or, *Remember unto me, O my God, for good.*[6] 'Visitation' is equivalent to 'remembrance', as, for instance, in the verse, *And the Lord visited Sarah,*[7] or, *I have surely visited you.*[8] This is the view of R. Jose; R. Judah, however, says that 'visitation' is not equivalent to 'remembrance'. Now on R. Jose's view, even granting that 'visitation' is equivalent to 'remembrance', the text, '*And the Lord visited Sarah*' refers to the visitation of an individual,[9] [does it not]?—Since a multitude issued from her,[10] it is as good as a multitude.

[In the text], *Lift up your heads, O ye gates, and be ye lifted up, ye everlasting doors, that the king of glory may come in. Who is the king of glory? The Lord strong and mighty, the Lord mighty in battle, Lift up your heads, O ye gates, yea, lift them up, ye everlasting doors, that the king of glory may come in. Who is the king of glory? The Lord of hosts, he is the king of glory,*[11] the first [apostrophe] contains two mentions [of God's kingship][12] and the second three. So R. Jose; R. Judah, however, says that the first contains one and the second two.[13] [In the text], *Sing praises to God, sing praises; sing praises unto our king, sing praises. For God is the king of all the earth,*[14] there are two mentions [of God's kingship]; so R. Jose. R. Judah, however, says there is only one.[15] They agree, however, that in the verse, *God reigneth over the nations, God sitteth upon his holy throne,*[16] there is only one.

A remembrance verse which also mentions blowing [*teru'ah*], as for instance, *a memorial proclaimed with the blast of horns, a holy convocation* may be recited either with the remembrance verses or with the *shofar* verses; so R. Jose. R. Judah, however, says
b that it may be recited only with the remembrance verses.[1] A kingship verse which also contains mention of blowing, as, for instance, *The Lord his God is with him and the shouting* [teru'ath] *for the king is among them,*[2] may be recited either with the kingship verses or with the *shofar* verses; so R. Jose. R. Judah, however, says that it may be recited only with the kingship verses.[3] A verse mentioning simply blowing of the trumpet, as for instance, *it is a day of blowing the horn* [teru'ah] *unto you,*[4] may be recited with the *shofar* verses; so R. Jose. R. Judah, however, says that it may not be recited at all.[5]

IT IS PROPER TO BEGIN WITH THE TORAH AND CONCLUDE WITH THE PROPHETS. R. JOSE SAID: IF ONE CONCLUDES WITH THE TORAH HE HAS FULFILLED HIS OBLIGATION. 'IF ONE CONCLUDES' [HE HAS FULFILLED]: that is to say, the deed having been done; but he should not do so in the first instance. [Is this correct] seeing that it has been taught: 'R. Jose says, *He who* concludes with the Torah verses, he is to be commended'?—Read, 'He concludes'. But it states [distinctly], IF HE CONCLUDES [etc.], [which implies that] what is done is done, but in the first instance it should not be done?—What is meant is this: 'It is proper to commence with the Torah and conclude with the Prophets. R. Jose said: It is proper to conclude with the Torah, but if one concluded with the Prophets, he has fulfilled his obligation'. It has been taught to the same effect: 'R. Eleazar b. R. Jose said: The *wethikin*[6] used to conclude with the Torah'.

We can understand this being done with the remembrance ◁

(4) Ezek. XX, 33. (5) Ps. LXXVIII, 39. (6) Hos. V, 8. (7) Ps. XCIX, 1.
a (1) Ps. X, 16. (2) Ibid. CXXXVII, 7. (3) Zech. IX, 14. (4) Ibid. 15. (5) Ps. CVI, 4. (6) Neh. V, 19. (7) Gen. XXI, 1. Heb. פקד. (8) Ex. III, 16. (9) Which has just been declared inadmissible. (10) Through this visitation. (11) Ps. XXIV, 7-10. (12) I.e., the expression '*the king of glory*'. (13) R. Judah does not reckon the question 'who is the king of glory'. (14) Ps. XLVII, 7, 8. (15) R. Judah does not reckon 'Our King', as this does not declare God king over the whole world. (16) Ibid. 9.
b (1) Because the mention of *teru'ah* is not equivalent to the mention of *shofar*. (2) Num. XXIII, 21. (3) V. n. 1. (4) Num. XXIX, 1. (5) V. n. 1. (6) Lit., 'ancients': a name given to certain men of exceptional piety in the days of the Second Temple. [These are identified by some with the Essenes, v. *J.E.* V. p. 226. Others regard them as a community of priests who held a service in common; v. Blau, *REJ*, XXXI, pp. 184ff.]

◁ *For the continuation of the English translation of this page see overleaf.*

בשעת גזרת המלכות שנו · ואע"פ שבטלה גזרת המלכות לא עבדינן כדמעיקרא אע"ג דזריזין מקדימין למצות דחיישינן שמא יחזור דבר לקלקולו ולפירוש הירושלמי ניחא טפי דמפרש שם שדמו האויבים שנתאספו לתקוע תרועת מלחמה ועמדו עליהם והרגום ולכך תקנו תקיעות וברכות במוסף דכי חזו דקרו בקריאת שמע ומתפללין וקורין בתורה וחוזרין ומתפללין ותוקעין אמרי בנימוסייהו איתן עסקין כלו׳ בחוקיהם ובתורתם:

גמ׳ דרבים אתו מינה · בההיא פקידה: רבי יהודה אומר ראשונה אחת שניה שתים · מי הוא זה מלך הכבוד לאו ממניינא: זמרו למלכנו · לא קא חשיב רבי יהודה דלא אמליכתיה אלא על אומה אחת: ושוין במלך אלהים כו׳ · דלא מנינן ישב על כסא קדשו בלשון תורה אור מלכות: אינו אומרה אלא עם הזכרונות · תרועה לאו לשון שופרות הוא עד דמזכיר שופר בהדיא: ומתחיל בתורה ומשלים בנביאים · והכתובים בינתיים: היו משלימין בתורה · דהוו להו ארבע מן התורה שלש בתחלה ואחת בסוף: ואנן בעינן עשר · וארבע מהן תורה: דקאמר רבי יוסי משלים בתורה: **מתני׳** העובר לפני התיבה כו׳ השני מתקיע · המתפלל תפלת מוספין מתקיע: **גמ׳** בשעת גזרת המלכות שנו · אויבים גזרו שלא יתקעו והיו אורבין להם כל שש שעות שלכך תפלת שחרית לכך העבירוה לתקוע במוספין: **מתני׳** שופר של ראש השנה אין מפקחין עליו וכו׳ ואין מעבירין עליו את התחום · לילך חוץ לתחום לשמוע תקיעה: ואין חותכין אותו · מפרש בגמרא: אם רצה ליתן לתוכו מים כו׳ · ולא אמרינן קא מתקן מנא: **גמ׳** השתא דרבנן אמרת לא · איסור תחומין ופיקוח הגל דליכא למגזר אטו דאורייתא אמרת לא: דאורייתא · רוכבין דליכא למימר שמא יחתוך זמורה ועולה באילן דליכא למימר שמא יתלוש דאורייתא מיבעיא ויש גמגום בדבר ונראה בעיני דלא גרסינן לה: ואין

גמ׳ מלכיות כגון חי אני נאם ה׳ [אלהים] אם לא ביד חזקה ובזרוע נטויה ובחמה שפוכה אמלוך עליכם ואע"ג *דא"ר נחמן כל כי האי ריתחא לירתח קודשא בריך הוא עלן וליפרוקינן כיון דבריתחא אמור אדכורי ריתחא בריש שתא לא מדכרינן זכרון כגון ויזכור כי בשר המה וגו׳ שופר כגון תקעו שופר בגבעה וגו׳ אבל אם בא לומר מלכות זכרון ושופר של פורענות של עובדי כוכבים אומר מלכות כגון ה׳ מלך ירגזו עמים וכגון ה׳ מלך עולם ועד אבדו גוים מארצו זכרון כגון זכור ה׳ לבני אדום וגו׳ שופר כגון וה׳ אלהים בשופר יתקע והלך בסערות תימן וכתיב ה׳ צבאות יגן עליהם אין מזכירין זכרון של יחיד ואפילו לטובה כגון זכרני ה׳ ברצון עמך וכגון זכרה לי אלהי לטובה *פקדונות הרי הן כזכרונות כגון וה׳ פקד את שרה וכגון פקוד פקדתי אתכם דברי ר׳ יוסי ר׳ יהודה אומר אינן כזכרונות ולר׳ יוסי נהי נמי דפקדונות הרי הן כזכרונות וה׳ פקד את שרה פקדון דיחיד הוא כיון דאתו רבים מינה כרבים דמיא שאו שערים ראשיכם והנשאו פתחי עולם ויבוא מלך הכבוד מי (הוא) זה מלך הכבוד ה׳ עזוז וגבור ה׳ גבור מלחמה שאו שערים ראשיכם ושאו פתחי עולם ויבא מלך הכבוד מי הוא זה מלך הכבוד ה׳ צבאות הוא מלך הכבוד סלה ראשונה שתים שניה שלש דברי ר׳ יוסי ר׳ יהודה אומר ראשונה אחת שניה שתים זמרו אלהים זמרו זמרו למלכנו זמרו כי מלך כל הארץ אלהים שתים דברי ר׳ יוסי ר׳ יהודה אומר אחת ושוין במלך אלהים על גוים אלהים ישב על כסא קדשו שהיא אחת זכרון שיש בו תרועה כגון שבתון זכרון תרועה מקרא קדש אומרה עם הזכרונות ואומרה עם השופרות דברי ר׳ יוסי ר׳ יהודה אומר אינו אומרה אלא עם הזכרונות [בלבד] מלכות שיש עמו תרועה כגון ה׳ אלהיו עמו ותרועת מלך בו אומרה עם המלכיות ואומרה עם השופרות דברי ר׳ יוסי רבי יהודה אומר אינו אומרה אלא עם המלכיות בלבד תרועה שאין עמה לא כלום כגון יום תרועה יהיה לכם אומרה עם השופרות דברי רבי יוסי רבי יהודה אומר אינו אומרה כל עיקר: מתחיל בתורה ומשלים בנביא רבי יוסי אומר אם השלים בתורה יצא: אם השלים דיעבד אין לכתחילה לא והתניא ר׳ יוסי אומר המשלים בתורה ה"ז משובח אימא משלים והא אם השלים קתני דיעבד אין לכתחילה לא הכי קאמר מתחיל בתורה ומשלים בנביא ר׳ יוסי אומר משלים בתורה ואם השלים בנביא יצא תניא נמי הכי אמר רבי אלעזר ברבי יוסי ותיקין היו משלימין אותה בתורה בשלמא זכרונות ושופרות איכא טובא אלא מלכיות תלת הוא דהויין ה׳ אלהיו עמו ותרועת מלך בו ויהי בישורון מלך ה׳ ימלוך לעולם ועד ואנן בעינן עשר וליכא אמר רב הונא (ת"ש ג) שמע ישראל ה׳ אלהינו ה׳ אחד מלכות דברי ר׳ יוסי ר׳ יהודה אומר אינה מלכות וידעת היום והשבות אל לבבך כי ה׳ הוא האלהים אין עוד מלכות דברי ר׳ יוסי ר׳ יהודה אומר אינה מלכות אתה הראת לדעת כי ה׳ הוא האלהים אין עוד מלבדו מלכות דברי ר׳ יוסי ר׳ יהודה אומר אינה מלכות:

מתני׳ העובר לפני התיבה ביו"ט של ר"ה השני מתקיע ובשעת ההלל הראשון מקרא את ההלל: **גמ׳** מאי שנא שני מתקיע משום ברוב עם הדרת מלך אי הכי הלל נמי נימא בשני משום דברוב עם הדרת מלך אלא מאי שנא הלל בראשון משום *זריזין מקדימין למצות תקיעה נמי נעביד בראשון משום דזריזין מקדימין למצות אמר רבי יוחנן בשעת גזרת המלכות שנו: מדקאמר בשעת הלל מכלל דבראש השנה ליכא הלל מ"ט *אמר רבי אבהו אמרו מלאכי השרת לפני הקב"ה רבש"ע מפני מה אין ישראל אומרים שירה לפניך בר"ה וביום הכפורים אמר להם אפשר מלך יושב על כסא דין וספרי חיים וספרי מתים פתוחין לפניו וישראל אומרים שירה: **מתני׳** שופר של ר"ה אין א) מעבירין עליו את התחום ואין מפקחין עליו את הגל לא עולין באילן ולא רוכבין ע"ג בהמה ולא שטין על פני המים ואין חותכין אותו בין בדבר שהוא משום שבות ובין בדבר שהוא משום לא תעשה אבל אם רצה ליתן לתוכו מים או יין יתן *אין מעכבין את התנוקות מלתקוע [א] אבל מתעסקין עמהן עד שילמדו והמתעסק לא יצא והשומע מן המתעסק לא יצא: **גמ׳** מ"ט שופר עשה הוא ויו"ט עשה ולא תעשה ואין עשה דוחה את לא תעשה ועשה: לא עולין באילן ולא רוכבין על גבי בהמה כו׳: השתא דרבנן אמרת לא דאורייתא מיבעיא ג) זו ואין צריך לומר זו קתני: ואין

ה) ס"א תנא וכן הגי׳ בכה"ש ב) [תוספתא פ"ב] ג) [לקמן לג. ערכין טו. יבמות יג. ל: כתובות נח. נדרים יד: הוריות ג: כריתות יז:]

ההתניא ר׳ יוסי אומר המשלים בתורה הרי זה זריז ומשובח ותריצה למתני׳ הכי ר׳ יוסי אומר מתחיל בתורה ומשלים בתורה ואם השלים בנביא יצא תניא נמי הכי ר׳ אלעזר בר׳ יוסי אומר ותיקין היו משלימין בתורה אמר רב הונא תנא שמע ישראל ה׳ אלהינו ה׳ אחד מלכות. וכן וידעת היום והשבות אל לבבך כי ה׳ הוא האלהים וגו׳ מלכות וכן אתה הראת לדעת כי ה׳ הוא האלהים וגו׳ אלו כולן מלכות דברי ר׳ יוסי ר׳ יהודה אומר אינה מלכות וקי"ל כר׳ יוסי: **העובר** לפני התיבה ביו"ט של ר"ה השני מתקיע כלומר במוסף שהוא יורד שליח צבור שנית. אמר ר׳ יוחנן בשעת גזרה שנו: **ירושלמי** ר׳ יעקב בר אחא בשם ר׳ יוחנן מעשה פעם אחת תקעו בתפלת שחרית והיו השונאים סבורים שמא עליהן הן הולכין ועמדו עליהן והרגום. עמדו לתקוע ותיקנו בתפלת המוסף ומינו דאינון חמיין לון דקרו ק"ש ומצלו וקרו באורייתא ומצלו והדר תקעין אמרין בנימוסיהון אינון עסיקין. ריב"ל שמע להא מהכא שמעה ה׳ צדק זו ק"ש הקשיבה רנתי זו רנון תורה האזינה תפלתי זו תפלה. בלא שפתי מרמה זו מוסף. כלומר התרועה במוסף בעשיית העולה ר׳ אלעזר בר׳ יוסי אומר בכל הקרבנות כתיב והקרבתם וכאן מה כתיב בתריה מלפניך משפטי יצא אמר ר׳ תנחומא קרייה אמרה כן יום תרועה ועשיתם עולה. [כתיב] חטאת ובעצרת כתיב שעיר עזים אחד כתיב ועשיתם אמר להן הקב"ה כיון שהכנסתם בר"ה לפני בדין ויצאתם בשלום מעלה אני עליכם כאילו נעשיתם בריה חדשה בכל הקרבנות בשעיר הקרב בכל המועדים לכפר עליכם ולא כתיב חטאת אמר להן הקב"ה כיון שקבלתם עליכם על תורה מעלה אני עליכם כאילו לא חטאתם מימיכם. מדקתני במתני׳ ובשעת ההלל הראשון מקרא את ההלל מכלל דבר"ה לא אמרי הלל מ"ט א"ר אבהו אמרו מלאכי השרת לפני הקב"ה רבש"ע מפני מה אין אומרים ישראל לפניך בר"ה וביוה"כ הלל אמר להן אפשר מלך יושב על כסא דין וספרי חיים וספרי מתים נפתחין לפניו וישראל אומרים הלל. שופר של ר"ה אין מפקחין עליו את הגל כו׳ מ"ט דתקיעת שופר דהוא יום תרועה יהיה לכם עשה הוא ואין עשה דוחה עשה ולא תעשה של ר"ה שנאמר בחדש השביעי באחד לחדש יהיה לכם שבתון שבות כלומר שב ולא תעשה וכתיב נמי כל מלאכת עבודה לא תעשו: ולא עולין לאילן ולא רוכבין כו׳ ואקשינן השתא לא עולין לאילן שהוא משום שבות דרבנן דתנן אלו הן משום שבות לא עולין לאילן ... אמרי׳

*) אולי שם"ב וצ"ל כמו בגמ׳ זכרה לי אלהי לטובה. א) גי׳ הרי"ף והרא"ש אין מפקחין קודם אין מעבירין כגי׳ רש"י.

Continuation of translation from previous page as indicated by ◁

and *shofar* verses, because there are numbers of them [in the Pentateuch], but of kingship verses there are only three, viz., *The Lord his God is with him and the shouting for the King is among c them,*[1] *And he was king in Jeshurun,*[2] and *The Lord shall reign for ever and ever,*[3] and we require ten verses [in all][4] and [in this way] we cannot find them?[5] — R. Huna replied: Come and hear. *Hear, O Israel, the Lord our God the Lord is one;*[6] this is a kingship verse according to R. Jose, though R. Judah says it is not a kingship verse. *And thou shalt know on that day and lay it to thy heart that the Lord he is God, there is none else,*[7] is a kingship verse according to R. Jose, though R. Judah says it is not a kingship verse, *Unto thee it was shown that thou mightest know that the Lord he is God, there is none else beside him*[8] is a kingship verse according to R. Jose, though R. Judah says it is not a kingship verse.

MISHNAH. OF THOSE WHO PASS BEFORE THE ARK[9] ON THE HOLYDAY OF NEW YEAR, THE SECOND[10] BLOWS[11] THE SHOFAR. ON DAYS WHEN HALLEL IS SAID,[12] THE FIRST[13] READS ALOUD THE HALLEL.[14]

GEMARA. What special reason is there for the second to blow? [You must say], because of the maxim, *In the multitude of people is the king's glory.*[15] But if that is so, Hallel should also be recited by the second because *'in the multitude of people is the king's glory'?* Should you say, however, that there is a special reason why Hallel is said by the first, because the zealous come early for the performance of religious duties, then let the blowing of the *shofar* be performed by the first because the zealous come early for the performance of religious duties! — R. Johanan replied: They made this rule at a time when the Government had forbidden [the blowing of the d *shofar*].[1]

Since it says, ON DAYS WHEN HALLEL IS SAID, we infer that on New Year Hallel is not said. What is the reason? — R. Abbahu

replied: The ministering angels said in the presence of the Holy One, blessed be He: Sovereign of the Universe, why should Israel not chant hymns of praise before Thee on New Year and the Day of Atonement? He replied to them: Is it possible that the King should be sitting on the throne of justice with the books of life and death open before Him, and Israel should chant hymns of praise?

MISHNAH. [FOR THE SAKE OF] THE SHOFAR OF NEW YEAR IT IS NOT ALLOWED TO DISREGARD THE DISTANCE LIMIT[2] NOR TO REMOVE DEBRIS NOR TO CLIMB A TREE NOR TO RIDE ON AN ANIMAL NOR TO SWIM ON THE WATER. IT MUST NOT BE SHAPED[3] EITHER WITH AN IMPLEMENT THE USE OF WHICH IS FORBIDDEN ON ACCOUNT OF SHEBUTH[4] OR WITH ONE THE USE OF WHICH IS FORBIDDEN BY EXPRESS PROHIBITION.[5] IF ONE, HOWEVER, DESIRES TO POUR WINE OR WATER INTO IT HE MAY DO SO.[6] CHILDREN NEED NOT BE STOPPED FROM BLOWING; ON THE CONTRARY, THEY e MAY BE HELPED[1] TILL THEY LEARN HOW TO BLOW. ONE WHO BLOWS MERELY TO PRACTISE[2] DOES NOT THEREBY FULFIL HIS RELIGIOUS OBLIGATION, NOR DOES ONE WHO HEARS THE BLAST MADE BY ANOTHER WHEN PRACTISING.

GEMARA. What is the reason [why these things may not be done]? — The blowing of the *shofar* is [based on] a positive precept,[3] whereas the observance of the holyday is [based both on] a positive[4] and a negative precept,[5] and a positive precept cannot override both a positive and a negative precept.

NOR TO CLIMB A TREE NOR TO RIDE ON AN ANIMAL etc. Seeing that you have not allowed even Rabbinical [prohibitions to be broken],[6] need you mention Pentateuchal ones?[7] — The Mishnah adopts the style of 'A, and needless to say B'.

c (1) Num. XXIII, 21. (2) Deut. XXXIII, 5. (3) Ex. XV, 18. (4) V. *supra* 32a. (5) As the Torah verses come last, they should be four out of the ten. (6) Deut. VI, 4. (7) Ibid. IV, 39. (8) Ibid. 35. (9) Lit., 'he who passes etc.'. I.e., who read the service before the congregation. These were said to 'pass' or, more correctly, to 'go down before the Ark', because they stood in front of the Ark on a level lower than the Ark itself and the rest of the congregation. (10) I.e., the one who reads the *Musaf* service (v. Glos.). (11) [מתקיע. Hai Gaon takes it literally, 'he causes to blow', 'he orders the blowing'. I.e., he recites the prayers introductory to the blowing, v. *supra* 32a, but the blowing itself is performed by another to avoid confusing the reader; cf. Ber. 34a.] (12) Lit., 'at the time of Hallel': e.g., on the festivals. (13) I.e., the one who reads the *shaharith* service (v. Glos.). (14) V. Glos. (15) Prov. XIV, 28. The larger the congregation, the greater the honour paid to God. The implication is that there will be more persons present at the later than at the earlier service.

d (1) And the blowing was less likely to be noticed if it was postponed to the second half of the service. Once made the rule was not altered even when the reason for it had disappeared, v. *supra* 16b n. 5. (2) Lit., 'to pass the limit'. I.e.,

to travel more than the permitted two thousand cubits in order to hear the *shofar* blown. (3) Lit., 'cut'. (4) I.e., merely to make a distinction between Sabbath (or holydays) and weekdays, and not because any 'work' in the strict legal sense is involved. For *shebuth*, v. Glos. (5) Found in or based on the Pentateuch. (6) And we do not say that he is carrying out repairs, which is forbidden on the Sabbath or holydays.

e (1) Lit., 'we occupy ourselves with them'. (2) Lit., 'one who occupies himself'. (3) Num. XXIX, 1. *It shall be a day of blowing the horn unto you.* (4) Lev. XXIII, 24: *In the seventh month . . . shall be a solemn rest unto you.* (5) Ibid. 25: *Ye shall do no manner of servile work.* (6) The prohibitions to exceed the Sabbath limit and to remove debris are purely Rabbinical, without basis in the Pentateuch. (Rashi). (7) Riding and climbing are forbidden because they might lead to the cutting or plucking of a branch, which is forbidden by the Pentateuch. The argument is very forced, and Rashi is inclined to regard the whole sentence as spurious. [R. Hananel takes the prohibitions regarding the Sabbath limit and removing the debris to be the Biblical prohibitions referred to.]

[33a] IT MUST NOT BE SHAPED EITHER WITH AN IMPLEMENT THE USE OF WHICH IS FORBIDDEN ON ACCOUNT OF SHEBUTH OR WITH ONE THE USE OF WHICH IS FORBIDDEN BY EXPRESS PROHIBITION. 'An instrument the use of which is forbidden on account of *shebuth*'—as for instance, a sickle.[8] 'An implement which is forbidden by express prohibition'—as for instance, a knife. Seeing that you disallow an implement prohibited on account of *shebuth*, need you mention one disallowed by express prohibition?[9]—The Mishnah adopts the style of 'A and needless to say B'.

IF ONE, HOWEVER, DESIRES TO POUR WINE OR WATER INTO IT HE MAY DO SO. Wine or water he may, but urine he may not. Which authority does our Mishnah follow?—That of Abba Saul, as it has been taught: 'Abba Saul says, Wine or water is permissible, these serving to clean it, but urine is forbidden, as
a showing disrespect'.[1]

CHILDREN NEED NOT BE STOPPED FROM BLOWING. This would imply that women are stopped. [But how can this be], seeing that it has been taught: 'Neither children nor women need be stopped from blowing the *shofar* on the Festival'?—Abaye replied: There is no discrepancy; the one statement follows R. Judah, the other R. Jose and R. Simeon, as it has been taught: '*Speak unto the children* [bene] *of Israel*:[2] [this indicates that] the "*sons*" [bene] of Israel lay on hands but not the "daughters" of Israel. So R. Judah, R. Jose and R. Simeon say that women also have the option of laying on hands'.[3]

ON THE CONTRARY, THEY MAY BE HELPED UNTIL THEY LEARN HOW TO BLOW. R. Eleazar said: Even on Sabbath. It has been taught to the same effect: 'They may be helped till they learn how to blow even on Sabbath, and children are not stopped from blowing on Sabbath, and needless to say on a [weekday] holyday'. This statement itself involves a contradiction. You say first, 'They may be helped till they learn how to blow, even on Sabbath', from which I should infer that we may actually tell them in the first instance to blow. Then it states, 'They are not stopped', which would indicate that we do not go so far as to stop them, but we do not tell them in the first instance to blow!

(8) To cut ordinary articles with a scythe or sickle on Sabbath is not regarded legally as 'work' because the implement is not being used for its proper purpose. The Rabbis, however, forbade it on account of *shebuth*. (9) The sanction for which is Pentateuchal and not merely Rabbinical.

a (1) Lit., 'because of respect'. (2) Lev. I, 2, introducing the regulations of the sacrifice. (3) Similarly R. Jose and R. Simeon hold that although women are not commanded to blow the *shofar* (this being a precept for which a definite time is fixed), they have the option of doing so, and therefore may practise.

ואין חותכין אותו בין בדבר שהוא משום שבות ובין בדבר שהוא משום לא תעשה: *משום שבות מגלא לא תעשה סכינא השתא משום שבות אמרת לא לא תעשה מיבעיא *זו ואין צריך לומר זו קתני: אבל אם רצה ליתן לתוכו מים או יין יתן: מים או יין אין מי רגלים לא מתני' מני אבא שאול היא דתניא אבא שאול אומר מים או יין מותר כדי לצחצחו *אמי רגלים אסור מפני הכבוד: אין מעכבין את התינוקות מלתקוע: הא נשים מעכבין והתניא *באין מעכבין לא את הנשים ולא את התינוקות מלתקוע ביום טוב אמר אביי ל"ק הא רבי יהודה הא רבי יוסי ורבי שמעון *דתניא °דבר אל בני ישראל *)בני ישראל סומכין גואין בנות ישראל סומכות דברי *רבי יהודה רבי יוסי ורבי שמעון אומרים נשים סומכות רשות: אבל מתעסקין בהם עד שילמדו: אמר רבי אלעזר דאפילו בשבת תנ"ה *מתעסקין בהן עד שילמדו אפילו בשבת ואין מעכבין התינוקות מלתקוע [א] בשבת ואין צריך לומר ביום טוב הא גופא קשיא אמרת מתעסקין בהן עד שילמדו ואפילו בשבת [ב] אלמא לכתחלה אמרינן תקעו והדר תנא אין מעכבין עכובא הוא דלא מעכבין הא לכתחלה לא אמרינן תקעו לא קשיא כאן בקטן

°ויקרא א

*) [קדושין לו.] וכם איתא בני ישראל וסמך ב"י סומכין וכו'

רש"י

ואין חותכים אותו · אם בא לתקנו לא בדבר שהוא משום שבות כלי שאין דרכו לחתוך בו שופרות כגון מגלא שרפ"א בלע"ז דתיקון כלאחר יד הוא ואין בו אלא משום שבות: סכינא · דדרכו בכך והוי מלאכה גמורה: תינוקות הוא דלא מעכבין · דבעי לחנוכייהו: הא נשים מעכבין · דפטורות לגמר, דמצות עשה שהזמן גרמא הוא וכי תקעי איכא בל תוסיף*: בני ישראל סומכין · דבר אל בני ישראל ואמרת אליהם אדם כי יקריב מכם וגו' וכתיב בההוא ענין וסמך ידו וגו': סומכות רשות · אלמא אף על גב דפטירנהו קרא ליכא איסורא וה"ה למצות עשה שהזמן גרמא:

תורה אור

תוספות

הא רבי יהודה הא רבי יוסי · אומר ר"ת אע"ג דכתם מתניתין כרבי יהודה הלכה כר' יוסי דנימוקו עמו ומעשה רב דהמוצא תפלין (עירובין דף צו. ושם) מיכל בת שאול היתה מנחת תפלין ואשתו של יונה שהיתה עולה לרגל והההוא עובדא דפרק אין דורשין (חגיגה דף טז: ושם) דהבאנוהו לעזרת נשים וסמכו עליו נשים כדי לעשות נחת רוח לנשים °ומותרות לברך על מצות עשה שהזמן גרמא אע"ג דפטורות מן דבר המצוה ההיא ומתעסקות בהן כמו מיכל בת כושי שהיתה גם מברכת ותדע דאמרינן פרק החובל (ב"ק דף פז.) אמר רב יוסף מעיקרא אמרי מאן דאמר הלכה כרבי יהודה עבדינא יומא טבא לרבנן דלא מיפקדנא ועבידנא ואם במקום דפטור מן הדבר ועושהו אסור מלברך אם כן אמאי עבידנא יומא טבא והלא היה מפסיד ברכות ציצית ולולב ותפילין ומגילה ונר חנוכה וסוכה והבדלה וקדוש היום וברכות של ק"ש שחרית וערבית וכל הברכות כולן ואמרינן בפ' המניח (שם דף ל.) הא מאן דבעי למיהוי חסידא ליקיים מילי דברכות ועוד אמרינן פרק ערבי פסחים (פסחים דף קטז:) סומא פטור מלומר ההגדה ופריך מרב יוסף ורב ששת דהוי אמרי אגדתא כל חד וחד בביתיה ומדמוציא אחרים ידי חובתן שמע מינה דמחייבין ומשני משום דקסברי מצה בזמן הזה דרבנן אבל ממה שהיו מברכין לא מדקדק מידי שמע מינה היכי דפטירי שרי לברוכי ומשום דמברך ברכה שאינה צריכה וקעבר משום בל תשא ליכא דההיא דרשה דרבנן דהא אמר בפרק מי שמתו (ברכות דף כא.) ספק קרא אמת ויציב ספק לא קרא חוזר וקורא ולא אסרינן מספק משום לא תשא ומוציא שם שמים לבטלה דאסרינן בפ"ק דתמורה (דף ג: ד.) מדכתיב את ה' אלהיך תירא הני מילי בלא ברכה ומיהו אין כל כך ראיה מסומא לאשה °דאע"ג דסומא פטור מדאורייתא מדרבנן מיהו חייב כדמוכח ההיא דערבי פסחים דמשני קסברי רב ששת ורב יוסף מצה בזמן הזה דרבנן ולכך היו יכולין להוציא אחרים ש"מ דאיכא נמי מדרבנן וכיון דמחייבי מדרבנן יכולין לברך כמו בנר הטכה וכל מצות דרבנן ומיהו יש לדחות דרשות יכול להוציא בר חובה דרבנן כמו קטן דמברך לאביו בפרק מי שמתו (ברכות דף כ:) ועולה למנין שבעה ומוציא אחרים ידי חובתן במגילה לר' יהודה כדתנן במגילה (דף יט.) אבל יש לדקדק מדתנן בפרק הקורא את המגילה עומד (שם דף כד. ושם) ר' יהודה אומר כל שלא ראה מאורות מימיו לא יפרוס על שמע משמע הא ראה אף על גב דנכתמו עיניו פורס ואמאי והא פוטר רבי יהודה סומא מכל המצות שבתורה בפרק החובל (ב"ק דף פז.) אבל אי מדרבנן חייב ניחא ומש"ה היה שמח רב יוסף במאי דמדאורייתא לא מיפקד ועביד משום הכי היה יכול לברך בכל מצות ויכול לומר וצונו כיון דמחייב מדרבנן כדקאמר בפ' במה מדליקין (שבת דף כג.) היכן צונו מלא תסור אבל אשה אפילו מדרבנן לא מיחייב' אמצות עשה שהזמן גרמא כדמוכח בפרק מי שמתו (ברכות דף כ:) גבי נשים חייבות בקדוש היום דבעי למימרא מדרבנן ופריך עלה [דא"כ] כל מצות עשה שהזמן גרמא ניחייבו מדרבנן ולענין סוכה מוכח בהדיא בריש סוכה (דף ב:) דאפילו מדרבנן לא מיחייבא היכי אמרה וכו' ומיהו בירושלמי משני שינויא אחרינא אקושיא דרבי יהודה הדר' יהודה דכל שלא ראה מאורות דפריך לה בירושלמי ומשני לה ביושב בבית אופל כך אני אומר היושב בבית אופל לא יפרוס על שמע משמע שר"ל שלא ראה מאורות מימיו שנולד במערה ואינו סומא ובמגילה כמו פריך לה בירושל' עלה דההיא ואין גרסת הירושל' מכוונת לא במכות ולא במגילה ומיהו בגמ' דידן במגילה (דף כד:) לא משמע הכי אלא משמע דמיירי בסומא ממש דמפרש טעמא דר' יהודה משום דאינו נהנה מן המאורות ומפרש ורבנן אית ליה הנאה כר' יוסי שראה סומא ואבוקה בידו ואמר לו בני אבוקה זו למה אמר לו כל זמן שאבוקה זו בידי רואין אותי בני אדם ומצילים אותי מן הפחתים ומן הברקנים ובאדם שרואה יפה אלא שנולד במערה ולא ראה מאורות מעולם לא שייך האי טעמא ולפי מה שפי' דסומא חייב מדרבנן ואשה פטורה יש ליתן טעם בדבר דהחמירו רבנן בסומא משום דהוי מינה דבר חיובא ועוד שלא יראה כנכרי דאם פטרת ליה בכל מצות נמצא דאינו נוהג בתורת ישראל כלל אבל אשה אי פטרת לה בכל מצות עשה שהזמן גרמא יש עדיין מצות דמחייבת בהו ור"י ב"ר יהודה מביא ראיה דנשים מברכות על כל מצות עשה שהזמן גרמא מדאמרינן (מגילה דף כג.) הכל עולה למנין שבעה ואפי' אשה ואפי' קטן ואע"ג דאשה אינה מצווה לעסוק בתורה כדאמר בפרק קמא דקדושין (דף לד.) ובריש בכל מערבין (עירובין מ.) ואור"ת דאין זו ראיה דברכת התורה לפניה ולאחריה לאו משום תלמוד תורה שאפילו ברך ברכת הערב נא או נפטר באהבה רבה חוזר ומברך תדע במקום שאין לוי כהן קורא במקום לוי ומברך אע"פ שכבר ברך בקריאה ראשונה ועוד דאיכא למימר דהא דאשה עולה הייט באמצע שלא היו רגילים לברך כדאיתא בפרק הקורא את המגילה עומד (דף כא.) תנא פותח מברך לפניה וחותם מברך לאחריה והאידנא כולהו מברכין גזירה משום הנכנסים ומשום היוצאים ומיהו עולין למנין שבעה משמע בסוף שבעה ומקטן דמברך ברכת המזון אף על פי שהוא פטור אין ראיה לאשה דקטן בא לכלל חיוב וחייב לחנכו ואינו מוזהר על לא תשא*:

תניא נמי הכי מתעסקים בהם · שני גרסות כתובים ומתוך פ"ה משמע שכך היה הגירסא מתעסקין בהן עד שילמדו אפילו בשבת ואין מעכבין התינוקות מלתקוע בשבת ואין צריך לומר בי"ט הא גופא קשיא אמרת מתעסקין עד שילמדו אפילו בשבת אלמא לכתחילה אמרי' [תקעו] והדר תני אין מעכבים עיכובי הוא דלא מעכבין הא לכתחילה לא אמרינן זילו תקעו ל"ק כאן בקטן שהגיע לחינוך כאן בקטן שלא הגיע לחינוך ופי' בקונטרס שהגיע לחינוך מתעסקים בהן עד שילמדו וכ"ש שאין מעכבים ודבר תימה הוא היאך יכול לומר דבקטן שהגיע לחינוך מתעסקים ואפילו בשבת והלא אין מצות היום בשופר ועוד דגבי קטן שלא הגיע לחינוך קתני אין מעכבים מלתקוע בשבת אבל לכתחילה לא ואמאי הא אפילו בהגיע לחינוך שרי להתעסק בו כדי שילמדו ומיהו י"ל לפי' דהאי לכתחילה לא אמרי' להו תקעו היינו דאין צריך לומר להם תקעו דלא מחייב ללמדו כיון דלא הגיעו לחינוך אבל איסורא ליכא ונראה לי איפכא דקטן שהגיע לחינוך אין מעכבים בשבת אבל לכתחילה לא אמרינן להו תקעו כיון דליכא איסורא דרבנן ומכל מקום לא מחייב להפרישו דהאי לא שבת היא מצות היום בשופר וקטן שלא הגיע לחינוך מתעסקים כלומר שרי להתעסק אפילו בשבת ולאו משום דמחייב להתעסק וגירסא אחרת הכתוב בספרים מוכחא כפירוש זה שכתוב בהן עד שילמדו אפילו בשבת ואין מעכבין את התינוקות מלתקוע בי"ט הא בשבת מעכבים הא אמרת רישא אפי' בשבת אין מעכבים ל"ק כאן בקטן שהגיע לחינוך כאן בקטן שלא הגיע לחינוך ואע"ג דתניא ביבמות בפ' חרש (דף קיד.) לא יאמר אדם לתינוק הבא לי מפתח הבא לי חותם אלא מניחו תולש ומניחו זורק ומוקי לה אביי תולש בעציץ שאינו נקוב וזורק בכרמלית דרבנן כי היכי דלא תפשוט מינה דקטן אוכל נבילות אין ב"ד מצווין להפרישו משמע דאיסורא דרבנן נמי לא ספינן ליה בידים מכל מקום שרי להתעסק בו לתקוע אפי' בשבת כיון דזמנין איכא מצוה בתקיעת שופר ולא דמי לנאכל איסורים וכמו שפי' מוכח בריש ערכין (דף ג: ושם) דההיא דמעכבים מתוקמא בהגיע לחינוך דאמרינן התם הכל חייבים בתקיעת שופר לאתויי קטן שהגיע לחינוך דתנן אין מעכבין התינוקות לתקוע:

שיעור

רבינו חננאל

אמרי' דלא פיקוח הגל והעברת התחום שהן איסור מן התורה הוצרך לומר דלא ופרקי הכי נמי קתני אין מפקחין עליו את הגל כלומר לא פיקוח הגל וכיוצא בו שהוא איסור מן התורה אלא אפי' דבר שמשום שבות לא דחי. ואין חותכין אותו כו' אוקימנה הכי אין חותכין השופר בדבר שהוא משום שבות כגון מסר או סכינא כיוצא בה וכ"ש בדבר שהוא משום ל"ת כגון מגל שהוא עשוי לקצור בו והקצירה היא מאבות מלאכות שודאי אסור אבל אם רצה לתת לתוך שופר מים או יין יתן כאבא שאול דאמר מים או יין מותר כדי לצחצחו מי רגלים אסור מפני הכבוד הא דתניא אין מעכבין לא את התינוקות ולא את הנשים מלתקוע בי"ט ר' יוסי ור' שמעון היא דאמר נשים סומכות רשות והא דתנן [אין] מעכבין את התינוקות מלתקוע *) כרבי יהודה דאמר דבר אל בני ישראל בני ישראל סומכין ואין בנות ישראל סומכות. אבל מתעסקין בהן עד שילמדו. א"ר אלעזר ואפי' בשבת. ואוקימנא מלמדין אותן לתקוע אפי' בשבת ודוקא להתלמד אבל שלא להתלמד לא בקטן שהגיע לחינוך.

*) נראה דצ"ל אין מעכבין את התינוקות מלתקוע הא נשים מעכבין כרבי יהודה וכו'.

הגהות הגר"א

[א] גמ' (בשבת ואין צריך לומר) תא"מ (לגירסת הרי"ף והגאונים): [ב] שם (אלמא כו' עד לא אמרינן תקעו) תא"מ וכ"כ והדר תני ביום טוב בי"ט אין בשבת לא כ"ה גירסת הרי"ף והגאונים:

עין משפט נר מצוה

מו א מיי' פ"א מהל' שופר הל' ד טוש"ע א"ח סי' תקפו סעיף כג:

מז ב מיי' פ"ב שם הל' ז טוש"ע א"ח סי' תקפט סעיף ו:

מח ג מיי' פ"ג מהל' מעשה הקרבנות הל' ח סמג עשין קפג:

[גירסת הרי"ף והרא"ש שבות סכינא לא תעשה מגלא]

מט ד מיי' פ"ב מהל' שופר הלכה ז טור א"ח סי' תקפח:

[כתוספות דעירובין צו: ד"ה וכתם ספרא לא גרסו דברי ר"י ע"ם]

מסורת הש"ס

[פי' מהרש"א ועיין בתוס' עירובין צו. ד"ה מיכל בת שאול]

[לעיל לב: וש"נ]

עירובין צו:

ג"ז שם חגיגה טז: חולין פה.

[תוספ' פ"ב]

[ועיין תוס' עירובין צו. ד"ה דלמא]

רש"א

גליון הש"ס

גמ' ואין בנות ישראל סומכות. עיין מנחות דף צג ע"ב תד"ה ידו: תוס' ד"ה הא ר"י וכו' ומותרות לברך על מ"ע שהז"ג. עיין בהגהת אשר"י ספ"ג דסוכה: בא"ד דאע"ג דסומא פטור מדאורייתא מדרבנן מיהא חייב. עיין מגילה דף כד ע"א תד"ה מי שלא ראה:

עין משפט
נר מצוה

נ א מיי' פ"ג מהלכות שופר הל' ז טור א"ח סי' תקפט:
נא ב טוש"ע א"ח סי' תקפט סעיף ח:
נב ג מיי' פ"ג מהלכות שופר הלכה א טוש"ע א"ח סי' תקצ סעיף א:
נג ד ה מיי' שם הל' ד טוש"ע א"ח שם סעיף ג:
נד ו מיי' שם טוש"ע א"ח שם סעיף ו:
נה ז מיי' פ"ח מהלכות תפלה הל' ט טוש"ע א"ח סי' קכד סעיף א וטור א"ח סי' תקצא:
נו ח מיי' פ"ג מהלכות שופר הל' א טוש"ע א"ח סי' תקצ סעיף א:

רבינו חננאל

כר' יוחנן דאמר והוא בן עשר ובני"א ואין מעכבין אותן מלתקוע ודייקי' הני מילי דיעבד אבל לכתחלה לא בקטן שלא הגיע לחינוך אין מעכבין אותן מלתקוע בי"ט ואפילו שלא להתלמד: [מתני'] סדר תקיעות שלש של שלש שלש. פי' ג' תקיעות ובכל אחת ג' נמצאו כולן ט'. וקי"ל דאית לן לאורוכי בתרועות כל טה דבעי וכך מנהג בכל ישראל. פי' ג' יבבות. ג' תרועות זו אחר זו דבוקות וג' שברים הן בניחותא ומעט הפסק בינתים נמצא שיעור ג' שברים יותר מג' יבבות. לפיכך אמר אביי בהא ודאי פליגי והן תר"ת תר"ת תר"ת שיעור תקיעה כג' תרועות ואקשי' עלה והתניא שיעור תקיעה כתרועה ופרקי' תנא דידן קא חשיב דכולהו בבי והכי קתני שיעור ג' תקיעות כג' תרועות נמצאת דכל תקיעה אחת כתרועה וליכא פלוגתא בינייהו ותוב תנינן שיעור תרועה ג' יבבות והתניא שיעור תרועה ג' שברים פי' יבבות זו אחר זו שברים בניחותא והפסק ביניהן אמר אביי בהא ודאי פליגי דכתיב יום תרועה ומתרגמי' יום יבבא. וכתיב באימיה דסיסרא בעד החלון נשקפה ותיבב אם סיסרא וחלקו בבירור לשון הקדש מאי משמע ותיבב ושואה רבנן להאי ותיבב כגון סימן תנא דידן סבר ילולי ילילה אם סיסרא ותנא ברא ספר גנוחי גנחא ולא נתברר הדבר

הגהות הב"ח

(א) גמ' והמתעסק לא יצא הא תוקע: (ב) רש"י ד"ה ומשך בשניה כו' שהיה צריך לעשות זו אחר פשוטה שלאחריה: (ג) ד"ה תנא דידן כו' וה"ק שיעור שלש תקיעות כשיעור שלש תרועות: (ד) תוס' ד"ה שיעור וכו' ספי' בערך ערב דהלין דמחמרין ותוקעין שלשים כדיתבין:

שיעור תרועה כשלש יבבות · פירש בקונטרס שלשה קולות בעלמא כל שהוא ולקמן (דף לד·) אמרינן דאתקין רבי אבהו בקסרי קשר"ק קש"ק קר"ק משום דמסופק בתרועה דקרא אי תרועה ממש מה שאנו קורין תרועה דהוא ילולי יליל או שברים דגנחי גנח או שברים ותרועה שניהם צריך לתרועה דדלמא גנוחי גנח וילולי יליל וצריך ליזהר בשברים שלא יהא מאריך על כל אחד בפני עצמו כג' יבבות של שלשה קולות כל שהוא דאם כן נעשה תקיעה ולא שברים דהא שיעור תקיעה כתרועה ושיעור תרועה כג' יבבות ונראה שחייב אדם להאריך בתקיעה של קשר"ק יותר משל קש"ק ובשל קש"ק יותר משל קר"ק דהא שיעור תקיעה כתרועה וקשר"ק אנו עושים משום ספיקא דגנוח ויליל נמצא שצריך להאריך בתקיעות של קשר"ק כשיעור שלשה שברים וג' יבבות ובתקיעות של קש"ק כשיעור ג' שברים דהא עבדינן קש"ק משום ספיקא דגנחי גנח ובתקיעות של קר"ק כשיעור תרועה שהוא ילולי יליל ומיהו אם מאריך בכל התקיעות כתקיעות קשר"ק אין לחוש דיכול להאריך כמו שירצה כדתנן ומשך בשניה כשתים אין בידו אלא אחת ומטעם זה נמי אין לחוש אם עשה ארבעה וחמשה שברים שהשברים במקום תרועה והוי לה תרועה אריכתא כמו שאנו מאריכין ביבבות וריב"א והר"י בן הר"ר מאיר מפרשים דיבבא היא שלש כחות של כל שהוא נמצאת תרועה תשע כחות ושיעור תקיעה כך היא ולפירושם אין לחוש אם מאריך קצת בשברים וצריך למשוך לתקיעה של קשר"ק לפירושם כשיעור ג' שברים ותשע כחות ומי שלא משך התקיעות כשיעור הזה ומשך קצת בשברים לא קיים מצוה לא כמר ולא כמר ורבינו חננאל פי' כפירוש הקונטרס ועכשיו נוהגין לתקוע בישיבה לאחר קריאת התורה שלשים קולות ג' קשר"ק וג' קש"ק וג' קר"ק ובתפלה תוקעין אמלכיות קשר"ק ואזכרונות קש"ק ואשופרות קר"ק ולפום סוגיא דכולה פירקין היה ראוי לתקוע בשעת תפלה אמלכיות קשר"ק קש"ק קר"ק וכן אזכרונות וכן אשופרות או לאחר תפלה כולהו אבל קודם תפלה לא אשכחן כדתנן מי שבירך ואח"כ נתמנה לו שופר אלא אשכחן בפרק קמא לעיל (דף טז·) למה תוקעין ומריעין כשהן יושבין ותוקעין ומריעין כשהן עומדין כדי לערבב את השטן והיינו כדעבדינן ומיהו לכאורה נראה לתקוע בתפלה כמו כן אמלכיות זכרונות ושופרות קשר"ק קש"ק קר"ק אכל חד וחד כדי לצאת מספק דרבי אבהו ובערוך פי' שהיו עושין כן ספי' בערך ערב דהלין (ד) דמחמרי [ועבדי] שלשים כדיתבין ושלשים בלחש ושלשים על הסדר כנגד מאה פעיות דפעיא אימיה דסיסרא ואלין [עשרה] אינון כשגומרין כל התפלה קול תקיעא דיחידאי מיתבעי למיהוי [עשרה] תשר"ת תש"ת תר"ת והם מאה ועל מנהג שלנו היה תמיה ר"ת דקשר"ק של מלכיות וקש"ק דזכרונות וקר"ק דשופרות סותרין זה את זה דאי גנח ואי יליל כולהו בעי למיעבד קשר"ק ואי גנח לחוד כולהו בעי למיעבד קש"ק ואי יליל כולהו קר"ק והנהיג רבינו תם במקומינו לתקוע גם אזכרונות ואשופרות קשר"ק כמו במלכיות דהשתא נפיק מכל ספיקי וליכא אלא הפסק ובהכי סגי שלא לשנות המנהג ביותר דהא אמרינן שמע תשע תקיעות בט' שעות ביום יצא ונראה שיש קצת ליתן טעם על המנהג שלנו דסבר לה כמאן דאמר בסמוך אחת מדברי תורה ושתים מדברי סופרים וכיון שעשו בישיבה כל הספיקות של תורה ושל סופרים לא חשו לחזור ולעשות בשעת תפלה אלא ספיקא דאורייתא ובקדושת דאגן הסהר שעשה ר' שמשון ב"ר יונה כתיב נוי ארבעים קולות בהריעו והיינו כמנהגינו וכן בסדר רב עמרם אלא שכתב דבסוף מריע תרועה אחת בלא תקיעה וא"ת אהגך דישיבה היכי נפיק הא תניא בס"פ (דף לג:) תקיעות וברכות של ראש השנה ויום הכפורים מעכבות זו את זו אלמא בעידן לצאת בעי למיעבד לאו פירכא היא דאע"ג דמשמע מתוך פי' הקונטרס *דאם בירך ולא תקע או תקע ולא בירך פירוש בירך מלכיות זכרונות ושופרות אי אפשר לומר כן דהתניא לקמן (שם) שתי עיירות באחת תוקעין ובאחת מברכין כשהוא הולך למקום שמברכין ותנן מי שבירך ואח"כ נזדמנה לו שופר משמע שבלא שופר יכול לברך אלא תקיעות וברכות מעכבות זו את זו היינו שהתקיעות מעכבות זו את זו והברכות זו את זו כשמברך מלכיות זכרונות ושופרות יברך שלשתן או לא יברך כלל וכן תקיעות שברים תרועות אם בקי בשלשתן יתקע ואם לאו לא יתקע וצריך לדקדק באותן שלשים קולות שאנו תוקעין בישיבה שכשמסיים השלשה קשרקי"ס ומתחיל הקשקי"ס או כשמסיים הקשקי"ס ומתחיל הקרקי"ס למה לי שתי תקיעות זו אחר זו ממה נפשך יפטר בתקיעה אחת דאי גנח ויליל הרי יצא בשלשה קשר"ק ואי גנח לחוד אותה תקיעה אחרונה של קשר"ק אחרון תעלה לו למנין קש"ק וכן אם יליל אותה תקיעה אחרונה של קש"ק אחרון תעלה לו למנין קר"ק ושמא כיון שעשו התקיעה לשם פשוטה שאחר התרועה לא רצו שתעלה לשם פשוטה שלפניה ומיהו אשכחן *ומשך בשניה כשתים שהיתה עולה לשתים אי לאו משום דפסוקי תקיעה בתרתי לא מפסקינן:

ניעבריה

קטן שהגיע לחינוך · מתעסקין בהן שילמדו וכל שכן שאין מעכבין: מתעסק הוא דלא · שאינו מתכוין לתקיעה ואפילו דלאו מצוה אלא מגבח נבוחי או שהיה נופח בשופר ועלתה בידו תקיעה אבל תוקע לשיר שמתכוין לתקיעה בעלמא יצא: תנא סיפא נמי מתעסק · ולעולם השומע מן המשמיע לעצמו שלא נתכוון להוציא את השומעין לא יצא: **מתני'** סדר תקיעות שלש כו' · אחת למלכיות ואחת לזכרונות ואחת לשופרות: שלש של שלש שלש · תקיעה ותרועה ותקיעה לכל אחת ואחת: שלש יבבות · שלש קולות בעלמא כל שהוא: תקע בראשונה · פשוטה שלפני התרועה תקע כדרכה: ומשך בשניה · תקיעה של אחר התרועה משך כשתים לצאת בה ידי שתים שהיה צריך לעשות זו (ב) פשוטה שלאחריה דמלכיות ופשוטה שלפניה דזכרונות: אין בידו אלא אחת · דפסוקי תקיעה אחת לשתים לא מפסקינן: מי שבירך · התפלל תפלת מוספין ובירך תשעה ברכות: תוקע ומריע ותוקע שלש פעמים · תוקע ומריע ותוקע בשביל מלכיות וכן בשביל זכרונות וכן בשביל שופרות: **גמ'** תנא דידן קא חשיב דכולהו בבי · והכי קאמר שיעור (ג) שלש תקיעות כשלש התרועות: ותנא ברא קא חשיב דחדא בבא · שיעור התקיעה כשיעור התרועה ותרוייהו חדא מילתא אמרי: שברים · ארוכים מיבבות: אמר אביי בהא ודאי פליגי · אע"ג דאוקימנא דרישא לא פליגי על כרחך בהא סיפא פליגי דלית לשנויי בה מידי והיינו פלוגתא: דמתרגמינן · תרועה יבבא ובאימיה דסיסרא כתיב נמי האי ליבבא ותיבב: מאן דאמר שברים סבר גנוחי גנח · כאדם הגונח מלבו כדרך החולים שמאריכין בגניחותיהן: ילולי יליל · כאדם הבוכה ומקונן קולות קצרים סמוכין זה לזה: שאין

*בקטן שהגיע לחינוך כאן בקטן שלא הגיע לחינוך: והמתעסק לא יצא: (א) *הא תוקע לשיר יצא לימא מסייע ליה לרבא דאמר רבא *התוקע לשיר יצא [ג]דלמא תוקע לשיר נמי מתעסק קרי ליה: והשומע מן המתעסק לא יצא: אבל השומע מן המשמיע לעצמו מאי יצא לימא תיהוי תיובתיה דרבי זירא *דאמר ליה רבי זירא לשמעיה איכוון ותקע לי דלמא איידי דתנא רישא מתעסק תנא סיפא נמי מתעסק: **מתני'** [ג]סדר תקיעות שלש של שלש שלש [ד]שיעור תקיעה כשלש תרועות [ה]שיעור תרועה כשלש יבבות *[ו]תקע בראשונה ומשך בשניה כשתים אין בידו אלא אחת מי שבירך ואחר כך נתמנה לו שופר תוקע ומריע ותוקע שלש פעמים כשם ששליח צבור חייב כך כל יחיד ויחיד חייב רבן גמליאל אומר [ז]שליח צבור מוציא את הרבים ידי חובתן: **גמ'** והתניא *שיעור תקיעה כתרועה אמר אביי תנא דידן קא חשיב תקיעה דכולהו בבי ותרועות דכולהו בבי תנא ברא קא חשיב חד בבא ותו לא: שיעור תרועה כג' יבבות: והתניא *שיעור תרועה כשלשה שברים אמר אביי בהא ודאי פליגי דכתיב °יום תרועה יהיה לכם ומתרגמינן יום יבבא יהא לכון וכתיב באימיה דסיסרא °בעד החלון נשקפה ותיבב אם סיסרא מר סבר גנוחי גנח ומר סבר ילולי יליל תנו רבנן מנין שבשופר ת"ל °והעברת שופר תרועה אין לי אלא ביובל בראש השנה מנין תלמוד לומר בחדש השביעי שאין תלמוד לומר בחדש השביעי ומה תלמוד לומר בחדש השביעי שיהיו כל תרועות של חדש שביעי זה כזה [ח]ומנין שפשוטה לפניה ת"ל והעברת שופר תרועה ומנין שפשוטה לאחריה ת"ל תעבירו שופר ואין לי אלא ביובל בראש השנה מנין ת"ל בחדש השביעי שאין

במדבר כט · שופטים ה · ויקרא כה

מסורת
הש"ס

כפי הנראה מפרש"י חסרים פה תיבות הללו מתעסק הוא דלא יצא

[לעיל כח:]

[לעיל כז. כח.]

[לקמן לד.]

[שם]

[לקמן לד:] ד"ה תקיעות

גליון
הש"ס

מתני' שיעור תרועה כשלש יבבות. אף דתרגום תרועה יבבא צ"ל דאף יבבא דמתני' כיבבא דתרגום ועיין מש דאמרינן לשון תורה לחוד. ולשון גמ' לחוד [חולין דף קלז ע"ב] סרא"ש ברא"ש א יא ד"ה לא דשא לשון משנה

—There is no contradiction: in the one case we speak of [33b] a child old enough to be trained [in the performance of religious precepts],[4] in the other of one not yet old enough to be trained.

ONE WHO BLOWS MERELY TO PRACTISE DOES NOT THERE-
a BY FULFIL HIS RELIGIOUS OBLIGATION:[1] I infer that one who blows to make musical sounds[2] does thereby fulfil his religious obligation. May we say that this supports Raba, for Raba said that one who blows to make musical sounds fulfils his religious obligation?[3]—Perhaps our authority includes 'making music' also under the head of 'practising'.

NOR ONE WHO HEARS THE BLAST MADE BY ANOTHER WHEN PRACTISING. But one who hears the blast from another who is blowing for himself, we are to assume, does fulfil his obligation? If so, this would be a refutation of R. Zera; for R. Zera said to his attendant, 'Blow with intent to clear me[4] also'![5]—Perhaps our authority having mentioned 'practising' in the first clause used the same expression in the second.[6]

MISHNAH. THE ORDER OF THE BLASTS CONSISTS OF THREE SETS[7] OF THREE EACH.[8] THE LENGTH OF A TEKI'AH IS EQUAL TO THREE TERU'AHS,[9] AND THE LENGTH OF A TERU'AH TO THREE YEBABOTH.[10] IF ONE BLEW THE FIRST TEKI'AH[11] [AS USUAL] AND PROLONGED THE SECOND SO AS TO MAKE IT EQUAL TO TWO, IT COUNTS ONLY AS ONE.[12] IF ONE HAS SAID THE [NINE] BLESSINGS[13] AND THEN PROCURES[14] A SHOFAR, HE SOUNDS A TEKI'AH TERU'AH TEKI'AH THREE
b TIMES.[1] JUST AS THE CONGREGATIONAL READER IS UNDER OBLIGATION, SO EVERY INDIVIDUAL IS UNDER OBLIGATION.[2] RABBAN GAMALIEL, HOWEVER, SAID THAT THE CONGREGATIONAL READER CLEARS THE WHOLE CONGREGATION OF THEIR OBLIGATION.

GEMARA. [THE LENGTH OF THE TEKI'AH IS EQUAL TO THREE TERU'AHS]. But it has been taught that the length of a *teki'ah* is equal to a *teru'ah*?—Abaye replied: Our Tanna reckons the *teki'ahs* of all the sets and the *teru'ahs* of all the sets,[3] whereas the external Tanna[4] was reckoning one set and no more.[5]

THE LENGTH OF THE TERU'AH IS EQUAL TO THE LENGTH OF THREE YEBABOTH. But it has been taught, 'The length of the *teru'ah* is equal to three *shebarim*'?[6]—Abaye said: Here there is really a difference of opinion. It is written, *It shall be a day of teru'ah unto you,*[7] and we translate [in Aramaic], a day of *yebaba*, and it is written of the mother of Sisera, *Through the window she looked forth,*[8] [wa-teyabab]. One authority thought that this means drawing a long sigh,[9] and the other that it means uttering short piercing cries.

Our Rabbis taught: 'Whence do we know [that the blowing on New Year must be] with a *shofar?* Because it says, *Thou shalt make proclamation with a shofar of teru'ah.*[10] I know this so far only of the Jubilee; how do I know it of New Year? The text says significantly, *In the seventh month,*[11] when there is no real occasion for the expression, *in the seventh month.*[12] Why then does it say, *in the seventh month?* To show that all the *teru'ahs* of the seventh month should be of the same character. How do we know that there must be a plain blast[13] before it? Because it says, *Thou shalt make*
c *proclamation with a shofar of teru'ah.*[1] How do we know that there must be a plain blast[2] after it? Because it says, *Ye shall make proclamation with the shofar.*[3] I know this only of the Jubilee; how do I learn it of New Year also? It says significantly, *in the seventh*

(4) Such a one we may actually help to learn. So Rashi. Tosaf., however, (s.v. תניא) objects that this would involve telling him to break a Rabbinical prohibition, and therefore explains that it is the other one whom we may help, and this one we simply do not stop.

a (1) Even if accidentally he produces the proper sounds. (2) Without religious intention. (3) V. *supra* 28a. (4) From the obligation of blowing the *shofar*. (5) This would show that in R. Zera's opinion it was not sufficient to hear another blowing merely for himself. (6) But he meant to include one blowing for himself. (7) One set for the kingship, one for the remembrance and one for the *shofar* verses, v. *supra* 32a. (8) A *teki'ah, teru'ah* and *teki'ah* in each set. For *teki'ah* and *teru'ah* v. Glos. (9) V. *infra* in the Gemara. (10) Lit., 'moanings'. The meaning of this word is discussed in the Gemara *infra*. (11) Of one set of three. (12) I.e., he cannot count half for one set and half for the next. (13) Of the *Musaf* prayer. (14) Lit., 'there was assigned to him'.

b (1) For each of the three sets, cf. *supra* n. a7. (2) To say the daily prayers, v. Gemara. (3) And we should translate: 'the length of a *teki'ah* is the same as that of (each of) the three *teru'ahs*'. (4) The Tanna of the Baraitha or 'external' Mishnah. (5) And he meant just the same thing. (6) Lit., 'breakings'. These are somewhat longer than *yebaboth*. (7) Num. XXIX, 1. (8) Jud. V, 28. E.V. '*and peered*'. (9) The one who held that a *teru'ah* is equal to three *shebarim*. (10) Lev. XXV, 9, referring to the Jubilee. E.V. '*blast of the horn*'. (11) Ibid. (12) Because it says immediately after, '*on the day of atonement*'. (13) I.e., a *teki'ah*.

c (1) Which is taken to mean '*shofar* (i.e., *teki'ah*) and *teru'ah*'. (2) I.e., a *teki'ah*. (3) Lev. XXV, 9. The repetition of the word *shofar* points to another *teki'ah*.

month[4] [34a] when there is no real occasion for the expression, *"in the seventh month"*. Why then does it say, *"in the seventh month"?* To indicate that all the *teru'ahs* of the seventh month should be of the same character. How do we know that there must be three sets of three each? Because it says, *Thou shalt make proclamation with the shofar of teru'ah,*[5] and again, *a solemn rest, a memorial of teru'ah,*[6] and again, *a day of teru'ah it shall be to you.*[7] And how do we know that we can utilize what is said in connection with one for purposes of the other and vice versa?[8] The word *"seventh"* occurs twice[9] to provide a *gezerah shawah.*[10] How then is it carried out? There are three [sets] which are nine [blasts]. The length of the *teki'ah* is equal to that of the *teru'ah.* The length of the *teru'ah* is equal to three *shebarim'*.

This Tanna first derives his inference from an analogy[11] and now he derives it from a *gezerah shawah!*[12]—He reasons thus: 'If there were no *gezerah shawah,* I would derive the inference from analogy; now, however, that there is a *gezerah shawah,* I do not require the analogy'.

The following Tanna derives the same lesson from a *gezerah shawah* [with the blowing of the horn ordained] in the wilderness,
a as it has been taught: *And ye shall blow a teru'ah:*[1] this indicates that there shall be a separate *teki'ah*[2] and a separate *teru'ah.* You say, there shall be a separate *teki'ah* and a separate *teru'ah!* But can it not be interpreted differently, namely, that the *teki'ah* and *teru'ah* are all one?[3] When you come to the text, *But when the assembly is to be gathered together ye shall blow a teki'ah but not a teru'ah,*[4] you must conclude that *teki'ah* and *teru'ah* are separate. And how do we know that a plain blast is to precede it [the *teru'ah*]? Because it says, *And ye shall blow a teru'ah.*[1] And how do we know that a plain blast follows it? Because it says, *a teru'ah shall they blow.*[5] R. Ishmael the son of R. Johanan b. Beroka said: This[6] is not necessary. For the text says, *And ye shall blow a teru'ah a second time.*[7] Here the words *'a second time'* are unnecessary.[8] Why then are the words *'a second time'* inserted? This furnishes a general rule[9] that wherever *teru'ah* is mentioned a *teki'ah* should follow it.[10] So far I know this only of the wilderness.[11] On what ground can I apply it to New Year also? Because we find *teru'ah* [in one place] and *teru'ah* [in another place][12] to provide a *gezerah shawah.* Three *teru'ahs* are mentioned in connection with New Year—*'a solemn rest, a memorial proclaimed with teru'ah'; 'a day of teru'ah'*, and *'thou shalt make proclamation with the shofar of teru'ah'*. Each *teru'ah* is accompanied with two *teki'ahs.* We thus learn that three *teru'ahs* and six *teki'ahs* were prescribed for New Year. Two of these are ordained by the Torah and one by the Soferim:[13] [The *teru'ahs* mentioned in] *'a solemn rest, a memorial of teru'ah,'* and in *'thou shalt make proclamation with the shofar of teru'ah'* are ordinances of the Torah; the text *'a day of teru'ah it shall be to you'* is required for its
b own lesson.[1] R. Samuel b. Nahmani said in the name of R. Jonathan: One is ordained by the Torah and two by the Soferim: [That mentioned in] *'and thou shalt make proclamation with the shofar of teru'ah'* is ordained by the Torah. [The texts] *'a solemn rest, a memorial of teru'ah'* and, *'a day of teru'ah it shall be to you'*, are re- ◁

(4) Ibid. (5) Lev. XXV, 9, referring to the Jubilee. E.V. *'blast of the horn'*. (6) Ibid. XXIII, 24. (7) Num. XXIX, 1. (8) Two of the verses quoted occur in connection with the New Year and one in connection with the Jubilee. What right have we then to assume from this that there should be three *teru'ahs* on each? (9) *In the seventh month* (Lev. XXIII, 24) in connection with New Year, and *in the seventh month* (Lev. XXV, 9) in connection with the Jubilee. (10) V. Glos. (11) On the basis of the superfluous *'in the seventh month'*. (12) Heb. *hekkesh.* Having laid down from analogy the principle that all the *teru'ahs* of the seventh month must be of the same character, why does he require a *gezerah shawah* to show that there must be three both on New Year and on the Jubilee?

a (1) Num. X, 5. E.V. *'And when ye blow an alarm'*. (2) The word ותקעתם being taken to signify the blowing of a *teki'ah.* (3) I.e., made in one blast. And the word ותקעתם means simply *'and you shall blow'*. (4) Ibid. 7. E.V. *'ye shall blow but ye shall not sound an alarm'*. (5) Ibid. 6. (6) I.e., to resort to so forced an exposition. (7) Ibid. 6. (8) Because one blowing of an alarm has already been mentioned in v. 5. (9) Lit., 'builds a father'. (10) And we translate, 'and ye shall blow a *teki'ah* as second to the *teru'ah*'. (11) I.e., of the assembling of the people in the wilderness. (12) Viz., in connection both with the wilder ness and the New Year. (13) V. Glos.

b (1) I.e., to provide a *gezerah shawah;* and the third *teru'ah* is an ordinance of the Soferim.

◁ *For the continuation of the English translation of this page see overleaf.*

עין משפט נר מצוה

נז א טוש"ע א"ח סי' תקפח סעיף א:

נח ב מיי' פ"ג מהל' שופר הל' ב טוש"ע א"ח סי' תקצ סעיף ב:

שאין ת"ל בחדש השביעי ומה ת"ל בחדש
השביעי שיהו כל תרועות החדש השביעי
זה כזה ומנין לשלש של שלש שלש ת"ל
והעברת שופר תרועה שבתון זכרון תרועה
יום תרועה יהיה לכם ומנין ליתן את האמור
של זה בזה ושל זה בזה ת"ל שביעי שביעי
לגזירה שוה הא כיצד שלש שהן תשע
שיעור תקיעה כתרועה שיעור תרועה
כשלשה שברים האי תנא מעיקרא מייתי
לה בהיקישא והשתא מייתי לה בגזירה שוה
הכי קאמר *אי לאו גזירה שוה הוה מייתינא
לה בהיקישא השתא דאתיא גזירה שוה
היקישא לא צריך והאי תנא מייתי לה בג"ש
ממדבר דתניא °ותקעתם תרועה תקיעה [במדבר י]
בפני עצמה ותרועה בפני עצמה אתה אומר
*תקיעה בפני עצמה ותרועה בפני עצמה או
אינו אלא תקיעה ותרועה אחת היא כשהוא
אומר °ובהקהיל את הקהל תתקעו ולא [שם]
תריעו הוי אומר תקיעה בפני עצמה
ותרועה בפני עצמה ומנין שפשוטה לפניה
ת"ל °ותקעתם תרועה ומנין שפשוטה [שם]
לאחריה ת"ל °תרועה יתקעו ר' ישמעאל בנו [שם]
של ר' יוחנן בן ברוקא אומר אינו צריך הרי
הוא אומר ותקעתם תרועה שנית שאין ת"ל
שנית ומה ת"ל שנית זה בנה אב שכל מקום
שנאמר תרועה תהא תקיעה שניה לה אין
לי אלא במדבר בר"ה מנין ת"ל תרועה
תרועה לגזירה שוה ושלש תרועות נאמרו
בר"ה °שבתון זכרון תרועה °יום תרועה [ויקרא כג] [במדבר כט]
°והעברת שופר תרועה ושתי תקיעות לכל [ויקרא כה]
אחת ואחת מצינו למדין שלש תרועות ושש
תקיעות נאמרו בר"ה שתים מדברי תורה
ואחת מדברי סופרים שבתון זכרון תרועה
והעברת שופר תרועה מדברי תורה יום
תרועה יהיה לכם לתלמודו הוא בא רבי
שמואל בר נחמני אמר רבי יונתן אחת מד"ת ושתים מדברי סופרים והעברת שופר תרועה מד"ת שבתון
זכרון תרועה ויום תרועה יהיה לכם לתלמודו הוא בא מאי לתלמודו הוא בא מיבעי *ביום ולא בלילה
ואידך ביום ולא בלילה מנא ליה נפקא ליה מביום הכפורים אי (*ביום) הכפורים יליף נגמור נמי מיניה [נ"ל מביום]
לפשוטה לפניה ופשוטה לאחריה והעברת תעבירו לא משמע להו אלא מאי דרשי בהו והעברת כדרב מתנא
דאמר *רב מתנא והעברתו דרך העברתו תעבירו דקאמר רחמנא נעבריה ביד ואידך דרב מתנא מדשני [לעיל כז:]
(א) בדיבוריה תעבירו ביד לא מצית אמרת דגמר עברה עברה ממשה כתיב הכא והעברת שופר
תרועה וכתיב התם °ויצו משה ויעבירו קול במחנה מה להלן בקול אף [שמות לו]
כאן בקול ולהאי תנא דמייתי לה ממדבר אי מה להלן חצוצרות אף כאן
חצוצרות ת"ל °תקעו בחדש שופר בכסה ליום חגנו *אי זהו חג שהחדש [תהלים פא]
מתכסה בו הוי אומר זה ר"ה וקאמר רחמנא שופר *אתקין רבי אבהו
בקסרי תקיעה שלשה שברים תרועה תקיעה מה נפשך אי ילולי יליל לעביד
תקיעה תרועה ותקיעה ואי גנוחי גנח לעביד תקיעה שלשה שברים
ותקיעה מספקא ליה אי גנוחי גנח אי ילולי יליל מתקיף לה רב עוירא ודלמא ילולי הוה וקא מפסיק
שלשה שברים בין תרועה לתקיעה דהדר עביד תקיעה תרועה ותקיעה מתקיף לה רבינא
ודלמא גנוחי הוה וקא מפסקא תרועה בין שברים לתקיעה דהדר עביד תש"ת אלא רבי אבהו
מאי אתקין אי גנוחי גנח הא עבדיה אי ילולי יליל הא עבדיה מספקא ליה דלמא גנח וילל אי הכי
ליעבד נמי איפכא תקיעה תרועה שלשה שברים ותקיעה דלמא יליל וגנח סתמא דמילתא כי מתרע
באיניש מילתא ברישא גנח והדר יליל: תקע בראשונה ומשך בשניה כשתים: אמר רבי יוחנן שמע
תשע

שאין תלמוד לומר בחדש השביעי · דהא כתב לן בכמה מקומות דיום הכפורים בחדש השביעי הוא והכא יוה"כ כתיב: והעברת · פשוטה משמע העברת קול אחד: ביוה"כ תעבירו · הרי העברה תחילה וסוף ותרועה כתיבא בינתים: ומנין שלש של שלש שלש · מנין דהנך פשוטה לפניה ולאחריה ותרועה באמצע עבדינן תלתא זימני למלכיות חדא ולזכרונות חדא ולשופרות חדא: ת"ל . תרועה תלתא זימני לכל אחת פשוטה לפניה ופשוטה לאחריה: ומנין ליתן את האמור של זה בזה כו' · לפי ששלש תרועות הללו לא נאמרו במקום אחד שהשתים נאמרו בראש השנה והאחת ביובל מנין ליתן האמורות בראש השנה ביובל וליתן האמורה ביובל בר"ה שיהו כאן וכאן שלש: שביעי שביעי לג"ש · נאמר בר"ה בחדש השביעי ונאמר ביובל והעברת שופר תרועה בחדש השביעי: ותנא מעיקרא אייתי בהיקישא · ללמוד זה מזה מניין שבשופר ופשוטה לפניה ולאחריה גמר ר"ה מיובל בהיקישא דאין ת"ל בחדש השביעי אלא להקיש כל תרועות של חדש השביעי שיהו שוות: ולסוף גמר בג"ש · ליתן האמור של זה בזה הא נמי תיתי בהיקישא דהאי כדכתיבן שיהו שתים בר"ה ואחת ביובל אין תרועות של חדש השביעי שוות: ה"ק אי לאו ג"ש · אי לא נאמרה ג"ש זו למשה מסיני לדונה הייתי מביא הכל בהיקישא °כלומר מעצמו: והאי תנא מייתי לה ממדבר · שתהא פשוטה לפניה ופשוטה לאחריה: תקיעה בפני עצמה כו' · דלא תימא חדא היא והכי קאמר היו תוקעין תרועה אלא ה"ק ותקעתם תקיעה ואחריה הריעו תרועה: או אינו · אלא אחת היא והכי קאמר היו תוקעין תרועה: כשהוא אומר תתקעו ולא תריעו · מכלל דבמסעות תתקעו ותריעו קאמר ותרועה לא קרי לה תקיעה הרי על כרחך תקיעה בפני עצמה כו':

תלמוד לומר ותקעתם · והדר תרועה: שאין ת"ל שנית · שכבר אמר ותקעתם תרועה ונסעו מחנה פלוני כי הדר אמר ותקעתם תרועה ונסעו מחנה פלוני פשיטא דשנית היא: תהא תקיעה שניה לה · והכי קאמר ותקעתם תקיעה שנית לתרועה: ה"ג ושלש תרועות נאמרו בר"ה שבתון זכרון תרועה והעברת שופר תרועה יום תרועה יהיה לכם ושתי תקיעות לכל אחת ואחת מגיע למדין לר"ה שלש תרועות ושש תקיעות שתים מדברי תורה ואחת מדברי סופרים והעברת שופר תרועה שבתון זכרון תרועה מד"ת יום תרועה יהיה לכם לתלמודו הוא בא רבי שמואל בר נחמני אומר אחת מד"ת ושתים מד"ס והעברת שופר תרועה מד"ת שבתון זכרון תרועה ויום תרועה יהיה לכם לתלמודו הוא בא מאי לתלמודו הוא בא וכו': שתים מד"ת. תרי קראי דרוש למניינא כדקתני ואזיל והעברת שופר תרועה שבתון זכרון תרועה מד"ת כלומר מכאן נלמוד שתים יום תרועה יהיה לכם לא תדרשיה למניינא שהרי לתלמודו הוא בא מופנה לג"ש שדרש תרועה תרועה לג"ש אלא סופרים אמרוה כדי להשוות מלכיות וזכרונות ושופרות לתקיעותיהן: רבי שמואל בר נחמני אומר כו' מאי לתלמודו הוא בא · בשלמא חד לג"ש אידך למאי: לא משמע ליה · למדרש מיניה פשוטה לפניה: דרך העברתו · למעוטי הפכו ותקע בו כדאמרן (לעיל דף כז:): ניעבריה ביד · ואי לאו דהדר כתביה לא הוה משתמע תעבירו לשון תקיעה: מספקא ליה · ועבד תרוייהו: ודלמא גנוחי הוא · ואין לך לעשות תרועות יבבות וקא מפסקא תרועה בין שברים לפשוטה שלאחריה: ודלמא ילולי היא · ואין לנו שברים וקא מפסקי שברים דקשר"ק דר' אבהו בין תקיעה ראשונה לתרועה ואין כאן פשוטה לפניה: ברישא גנוחי גנח · גניחות ארוכות קומפלייני"א בלע"ז: והדר מיליל · רלידי"ר בלע"ז:
תשע

נעבריה ביד · פירוש שיאחזנו בידו ויתקע ולא שיניחנו על גבי שום דבר ויתקע ופירוש הקונטרס עיקר: [לעיל ח. וש"נ]
מתשעה

רבינו חננאל

כדברי אחד מהן . והיו כל ישראל כולן עושין זה וזה דבריר להו דתרווייהו תרועה היא ונהגו העם לעשות תשר"ת תר"ת תש"ת ג' פעמים ובא ר' אבהו ומצא עיירות תוקעין תש"ת ואחרים [תוקעין תר"ת] ואע"פ שגם שלשה שברים תרועה היא . ואחרים היו תוקעין תשר"ת ודומה שמשום ספק עשו כך . שהיו אומרים אם התשר"ת הוא האמת הרי הפסיק בין התשר"ת השני התר"ת והתש"ת . ותיקן שיהו עושין תשר"ת תשר"ת תשר"ת וכן תר"ת תר"ת תר"ת וכן תש"ת תש"ת תש"ת ואמר איזה מהן ודאי עשינוהו בלי הפסקה ביניהן ואע"פ שכולן תרועה הן השלים ביניהן שיהו הכל נוהגין מנהג אחד ולא תראה חלוקה ואמר להן מכל מקום נמצאו תקיעות זו אחר זו בלי הפסק בינתים ולפיכך נהגו הכל כמנהג הזה לתקוע מיושב כמו שתיקן ר' אבהו ועליהן מברך התוקע ברכת התקיעה ואע"פ שאינו על סדר הברכות וצבור צריכין לתקוע על סדר הברכות מיהו ברכות אינן מעכבות אותן התקיעות ומפני שכבר יצאו הצבור ידי חובה לפיכך נהגו לתקוע במלכיות תשר"ת בזכרונות תר"ת בשופרות תש"ת להודיע שהכל אחד הן והכל יצאו ידי חובה ולא נשאר בדבר ספק . והא דאמר ר' יוחנן

[ב"מ סא. סנהדרין מג.] [סוכה נג:]

הגהות הב"ח

(א) גמ' ואידך דרב מתנא מדשני קרא בדיבוריה:

גליון הש"ס

רש"י ד"ה ה"ק אי לאו גזירה שוה כו' כלומר מעצמו. עיין סוכה דף לא ע"א רש"י ד"ה לא מקשינן וצ"ע:

Continuation of translation from previous page as indicated by ◁

quired for their own lessons. What is meant by saying that 'it [the latter] is required for its own lesson'?[2]—It is required to show that [the blowing must be] in the daytime and not at night. Whence does the other authority derive the rule that the blowing must be by day and not by night?—He derives it from the expression *On the* Day *of Atonement.*[3] But if he learns it from '*On the Day of Atonement*', let him also learn from this text the rule that there is to be a plain blast before the *teru'ah* and a plain blast after it?[4]—He does not accept the implication of the expressions '*and thou shalt proclaim*', '*ye shall proclaim*'. How then does he expound these words?—[He expounds] '*and thou shalt proclaim*' in the same way as R. Mattenah; for R. Mattenah said: '*And thou shalt proclaim*': this means, in the usual manner of proclamation.[5] The words '*Ye shall proclaim*' mentioned by the All-Merciful indicate that the *shofar* should be taken in the hand,[6] and the other, [what says he to this?]—The lesson of R. Mattenah you can learn from the fact that the text uses an unusual expression,[7] but that the word means 'taking in the hand' you could not maintain, for one can compare the expression 'passing' here with the expression 'passing' used in connection with Moses.[8] It is written here, *And ye shall cause to pass a shofar of teru'ah,* and it is written elsewhere, *And Moses commanded, and they caused a voice to pass.*[9] Just as there the passing was of a sound, so here it is of a sound.

And to the Tanna who derives the rule [regarding the *teki'ah*] from [the blowing commanded] in the wilderness, [it may be objected that] just as there trumpets were to be used, so here [on New Year] trumpets should be used?—Therefore it is written, *Blow ye the* shofar *at the New Moon, at the concealment for the day of*
c *our festival.*[1] Which is the festival on which the moon is concealed? You must say that this is New Year; and the All-Merciful prescribed the *shofar* [to be used on it].

R. Abbahu prescribed in Caesarea that there should be a *teki'ah*. three *shebarim*, a *teru'ah* and a *teki'ah*. How can this be justified?[2] If [the sound of *teru'ah*] is a kind of wailing, then there should be *teki'ah, teru'ah*[3] and *teki'ah*, and if it is a kind of groaning, there should be *teki'ah*, three *shebarim*, and *teki'ah?*—He was in doubt whether it was a kind of wailing or a kind of groaning.[4] R. 'Awira strongly demurred against this procedure, saying, Perhaps it is a kind of wailing, and the three *shebarim* make an interruption between the *teru'ah* and the [first] *teki'ah?*—We assume that he afterwards blows *teki'ah, teru'ah, teki'ah*. Rabina strongly demurred against this, saying, Perhaps it is a kind of sighing and the *teru'ah* makes an interruption between the *shebarim* and the [second] *teki'ah?*—We suppose that he afterwards blows *teki'ah, shebarim, teki'ah*. What then is the point of R. Abbahu's regulation?[5] If it is a groaning sound, it has already been made,[6] and if it is a wailing sound it has already been made?[7]—He was in doubt whether it does not include both groaning and wailing. If so, the reverse should also be carried out, namely, *teki'ah, teru'ah*, three *shebarim, teki'ah*, since perhaps it is wailing and groaning?—Ordinarily when a man has a pain, he first groans and then wails.

IF ONE BLEW THE FIRST TEKI'AH AND PROLONGED THE SECOND SO AS TO MAKE IT EQUAL TO TWO. R. Joḥanan said:

(2) The *gezerah shawah* being provided by the other text. (3) Lev. XXV, 9. (4) From the texts, *'and thou shalt make proclamation', 'and ye shall make proclamation'*, as *supra* 33*b ad fin.* (5) I.e., the *shofar* must not be held the wrong way up, v. *supra* 27*b*. (6) And not blown. (7) The word והעברת lit., 'and ye shall cause to pass' instead of 'you shall blow'. (8) [This is apparently the meaning of this difficult passage]. (9) Ex. XXXVI, 6.

c (1) Ps. LXXXI, 4. E.V. *'at the full moon for our feast day*, v. *supra* 8*a*. (2) Lit., 'what is your desire?', a formula for posing a dilemma. (3) I.e., what is elsewhere called *yebaba*. (4) And had both sounds blown. (5) If he repeats both *teki'ah, teru'ah, teki'ah*, and *teki'ah, shebarim, teru'ah*. (6) In *teki'ah, teru'ah, teki'ah*. [MS.M.: We are making it.] (7) In *teki'ah, shebarim, teki'ah*. We then have a set containing four blasts.

שאין ת"ל בחדש השביעי ומה ת"ל בחדש השביעי שיהו כל תרועות החדש השביעי זה כזה ומנין לשלש של שלש שלש ת"ל והעברת שופר תרועה שבתון זכרון תרועה יום תרועה יהיה לכם ומנין ליתן את האמור של זה בזה ושל זה בזה ת"ל שביעי שביעי לגזירה שוה הא כיצד שלש שהן תשע שיעור תקיעה כתרועה שיעור תרועה כשלשה שברים האי תנא מעיקרא מייתי לה בהיקישא והשתא מייתי לה בגזירה שוה הכי קאמר *אי לאו גזירה שוה הוה מייתינא לה בהיקישא השתא דאתיא גזירה שוה היקישא לא צריך והאי תנא מייתי לה בג"ש ממדבר דתניא °ותקעתם תרועה תקיעה בפני עצמה ותרועה בפני עצמה אתה אומר *תקיעה בפני עצמה ותרועה בפני עצמה או אינו אלא תקיעה ותרועה אחת היא כשהוא אומר °ובהקהיל את הקהל תתקעו ולא תריעו הוי אומר תקיעה בפני עצמה ותרועה בפני עצמה ומנין שפשוטה לפניה ת"ל °ותקעתם תרועה ומנין שפשוטה לאחריה ת"ל °תרועה יתקעו ר' ישמעאל בנו של ר' יוחנן בן ברוקא אומר אינו צריך הרי הוא אומר ותקעתם תרועה שנית שאין ת"ל שנית ומה ת"ל שנית זה בנה אב שכל מקום שנאמר תרועה תהא תקיעה שניה לה אין לי אלא במדבר בר"ה מנין ת"ל תרועה תרועה לגזירה שוה ושלש תרועות נאמרו בר"ה °שבתון זכרון תרועה °יום תרועה °והעברת שופר תרועה ושתי תקיעות לכל אחת ואחת מצינו למדין שלש תרועות ושש תקיעות נאמרו בר"ה שתים מדברי תורה ואחת מדברי סופרים שבתון זכרון תרועה והעברת שופר תרועה מדברי תורה יום תרועה יהיה לכם לתלמודו הוא בא רבי שמואל בר נחמני אמר רבי יונתן אחת מד"ת ושתים מדברי סופרים והעברת שופר תרועה מד"ת שבתון זכרון תרועה ויום תרועה יהיה לכם לתלמודו הוא בא מאי לתלמודו הוא בא מיבעי *ביום ולא בלילה ואידך ביום ולא בלילה מנא ליה נפקא ליה מביום הכפורים אי (*ביום) הכפורים יליף נגמור נמי מיניה לפשוטה לפניה ופשוטה לאחריה והעברת תעבירו לא משמע להו אלא מאי דרשי בהו והעברת כדרב מתנא דאמר *רב מתנא והעברת דרך העברתו תעבירו דקאמר רחמנא נעבריה ביד ואידך דרב מתנא מדשני (א) בדיבוריה תעבירו ביד לא מצית אמרת דגמר עברה עברה ממשה כתיב הכא והעברת שופר תרועה וכתיב התם °ויצו משה ויעבירו קול במחנה מה להלן בקול אף כאן בקול ולהאי תנא דמייתי לה ממדבר אי מה להלן חצוצרות אף כאן חצוצרות ת"ל °תקעו בחדש שופר בכסה ליום חגנו *אי זהו חג שהחדש מתכסה בו הוי אומר זה ר"ה וקאמר רחמנא שופר ב'אתקין רבי אבהו בקסרי תקיעה שלשה שברים תרועה תקיעה מה נפשך אי ילולי יליל לעביד תקיעה תרועה ותקיעה ואי גנוחי גנח לעביד תקיעה שלשה שברים ותקיעה מספקא ליה אי גנוחי גנח אי ילולי יליל מתקיף לה רב עוירא ודלמא ילולי הוה וקא מפסיק שלשה שברים בין תרועה לתקיעה דהדר עביד תקיעה תרועה ותקיעה מתקיף לה רבינא ודלמא גנוחי הוה וקא מפסקא תרועה בין שברים לתקיעה דהדר עביד תש"ת אלא רבי אבהו מאי אתקין אי גנוחי גנח הא עבדיה אי ילולי יליל הא עבדיה מספקא ליה דלמא גנח ויליל אי הכי ליעבד נמי איפכא תקיעה תרועה שלשה שברים ותקיעה דלמא יליל וגנח סתמא דמילתא כי מתרע באיניש מילתא ברישא גנח והדר יליל: תקע בראשונה ומשך בשניה כשתים: אמר רבי יוחנן שמע תשע

רש"י

שאין תלמוד לומר בחדש השביעי · דהא כתב לן בכמה מקומות דיום הכפורים בחדש השביעי הוא והכא יוה"כ כתיב: והעברת · פשוטה משמע העברת קול אחד: ביוה"כ תעבירו · הרי העברה תחילה וסוף ותרועה כתיבא בינתים: ומנין שלש של שלש שלש · מנין דהנך פשוטה לפניה ולאחריה ותרועה באמצע עבדינן תלתא זימני למלכיות חדא ולזכרונות חדא ולשופרות חדא: ת"ל . תרועה תלתא זימני לכל אחת פשוטה לפניה ופשוטה לאחריה: ומנין ליתן את האמור של זה בזה כו' · לפי ששלש תרועות הללו לא נאמרו במקום אחד שהשתים נאמרו בראש השנה והאחת ביובל מנין ליתן האמורות בראש השנה ביובל וליתן האמורה ביובל בר"ה שיהו כאן וכאן שלש: שביעי שביעי לג"ש · נאמר בר"ה בחדש השביעי ונאמר ביובל והעברת שופר תרועה בחדש השביעי: ותנא מעיקרא אייתי בהיקישא · ללמוד זה מזה מניין שבשופר ופשוטה לפניה ולאחריה גמר ר"ה מיובל בהיקישא דאין ת"ל בחדש השביעי אלא להקיש כל תרועות של חדש השביעי שיהו שוות: ולסוף גמר בג"ש · ליתן האמור של זה בזה הא נמי תיתי בהיקישא דאי כדכתיבן שיהו שתים בר"ה ואחת ביובל אין תרועות של חדש השביעי שוות: ה"ק אי לאו ג"ש · אי לא נאמרה ג"ש זו למשה מסיני לדונה הייתי מביא הכל בהיקישא *כלומר מעצמו: והאי תנא מייתי לה ממדבר · שתהא פשוטה לפניה ופשוטה לאחריה: תקיעה בפני עצמה כו' · דלא תימא חדא היא והכי קאמר היו תוקעין תרועה אלא ה"ק ותקעתם תקיעה ואחריה הריעו תרועה: או אינו · אלא אחת היא והכי קאמר היו תוקעין תרועה: כשהוא אומר תתקעו ולא תריעו · מכלל דבמסעות תתקעו ותריעו קאמר ותרועה לא קרי לה תקיעה הרי על כרחך תקיעה בפני עצמה כו':

תלמוד לומר ותקעתם · והדר תרועה: שאין ת"ל שנית · שכבר אמר ותקעתם תרועה ונסע מחנה פלוני כי הדר אמר ותקעתם תרועה ונסע מחנה פלוני פשיטא דשנית היא: תהא תקיעה שניה לה · והכי קאמר ותקעתם תקיעה שנית לתרועה: ה"ג ושלש תרועות נאמרו בר"ה שבתון זכרון תרועה והעברת שופר תרועה יום תרועה יהיה לכם ושתי תקיעות לכל אחת ואחת מניין למדין לר"ה שלש תרועות ושש תקיעות שתים מדברי תורה ואחת מדברי סופרים והעברת שופר תרועה שבתון זכרון תרועה מד"ת יום תרועה יהיה לכם לתלמודו הוא בא רבי שמואל בר נחמני אומר אחת מד"ת ושתים מד"ס והעברת שופר תרועה מד"ת שבתון זכרון תרועה ויום תרועה יהיה לכם לתלמודו הוא בא מאי לתלמודו הוא בא וכו': שתים מד"ת. תרי קראי דרוש למניינא כדקתני ואזיל והעברת שופר תרועה שבתון זכרון תרועה מד"ת כלומר מכאן נלמוד שתים יום תרועה יהיה לכם לא תדרשיה למניינא שהרי לתלמודו הוא בא מופנה לג"ש שדרש תרועה תרועה לג"ש אלא סופרים אמרוה כדי להשוות מלכיות וזכרונות ושופרות לתקיעותיהן: רבי שמואל בר נחמני אומר כו' מאי לתלמודו הוא בא · בשלמא חד לג"ש אידך למאי: לא משמע ליה · למדרש מיניה פשוטה לפניה: דרך העברתו · למעוטי הפכו ותקע בו כדאמרן (לעיל דף כז:): ניעבריה ביד · ואי לאו דהדר כתביה לא הוה משתמע תעבירו לשון תקיעה: מספקא ליה · ועבד תרווייהו: ודלמא גנוחי הוא · ואין לך לעשות תרועות יבבות וקא מפסקא תרועה בין שברים לפשוטה שלאחריה: ודלמא ילולי היא · ואין לנו שברים וקא מפסקי שברים דקשר"ק דר' אבהו בין תקיעה ראשונה לתרועה ואין כאן פשוטה לפניה: ברישא גנוחי גנח· גניחות ארוכות קומפליינ"א בלע"ז: והדר מיליל · רלידי"ר בלע"ז:

תוספות

נעבריה ביד · פירוש שיאחזנו בידו ויתקע ולא שיניחנו על גבי סוס דבר ויתקע ופירוש הקונטרס עיקר מתשעה

עין משפט נר מצוה

נז א טוש"ע א"ח סי' תקפה סעיף א:

נח ב מיי' פ"ג מהל' שופר הל' ב טוש"ע א"ח סי' תקצ סעיף ב:

רבינו חננאל

כדברי אחד מהן. והיו כל ישראל כולן עושין זה וזה דבריר להו דתרווייהו תרועה היא ונהגו העם לעשות תשר"ת תר"ת תש"ת ג' פעמים ובא ר' אבהו ומצא עיירות תוקעין תש"ת ואחרים [תוקעין תר"ת] ואע"פ שגם שלשה שברים תרועה היא. ואחרים היו תוקעין תשר"ת ודומה שמשום ספק עשו כך. שהיו אומרים אם התשר"ת הוא האמת הרי הפסיק בין התשר"ת השני התר"ת והתש"ת. ותיקן שיהו עושין תשר"ת תשר"ת תשר"ת וכן תר"ת תר"ת תר"ת וכן תש"ת תש"ת תש"ת ואמר איזה מהן ודאי עשינוהו בלי הפסקה ביניהן ואע"פ שכולן תרועה הן השלים ביניהן שיהו הכל נוהגין מנהג אחד ולא תראה חלוקה ואמר להן מכל מקום נמצאו תקיעות זו אחר זו בלי הפסק בינתים ולפיכך נהגו הכל כמנהג הזה לתקוע מיושב כמו שתיקן ר' אבהו ועליהן מברך התוקע ברכת התקיעה ואע"פ שאינו על סדר הברכות וצבור צריכין לתקוע על סדר הברכות מיהו ברכות אינן מעכבות אותן התקיעות ומפני שכבר יצאו הצבור ידי חובה לפיכך נהגו לתקוע במלכיות תשר"ת בזכרונות תר"ת בשופרות תש"ת להודיע שהכל אחד הן והכל יצאו ידי חובה ולא נשאר בדבר ספק. והא דאמר ר' יוחנן

מסורת הש"ס

[כ"מ פח. סנהדרין מג.]

[סוכה נג:]

[ת"י מביום]

[לעיל כז:]

הגהות הב"ח

(א) גמ' ואידך דרב מתנא מדשני קרא בדיבוריה:

גליון הש"ס

רש"י ד"ה ה"ק אי לאו גזירה שוה כו' כלומר מעצמו. עיין סוכה דף לא ע"א רש"י ד"ה לא מקטינן וצ"ע:

תורה אור

במדבר י | ויקרא כג | במדבר כט | ויקרא כה | שמות לו | תהלים פא

*תשע תקיעות בתשע שעות ביום יצא *תניא נמי הכי שמע תשע תקיעות בתשע שעות ביום יצא ממט' בני אדם כאחד [לא יצא] תקיעה מזה ותרועה מזה יצא ואפי' בסירוגין ואפי' כל היום כולו ומי אמר רבי יוחנן הכי והאמר ר' יוחנן משום ר' שמעון בן יהוצדק בהלל ובמגילה אם שהה כדי לגמור את כולה חוזר לראש לא קשיא הא דידיה הא דרביה ודידיה לא *והא ר' אבהו הוה שקיל ואזיל בתריה דר' יוחנן והוה קרי קריאת שמע כי מטא למבואות מטונפות אישתיק בתר דהליף אמר ליה ימהו לגמור א"ל אם שהית כדי לגמור את כולה חזור לראש הכי קאמר ליה לדידי לא סבירא לי לדידך דסבירא לך אם שהית כדי לגמור את כולה חזור לראש ת"ר תקיעות אין מעכבות זו את זו ברכות אין מעכבות זו את זו *תקיעות וברכות של ר"ה ושל יוה"כ מעכבות מ"ט *אמר רבה אמר הקב"ה אמרו לפני בר"ה מלכיות זכרונות ושופרות מלכיות כדי שתמליכוני עליכם זכרונות כדי שיבא לפני זכרוניכם לטובה ובמה בשופר: מי שבירך ואח"כ נתמנה לו שופר תוקע ומריע ותוקע: טעמא דלא הוה ליה שופר מעיקרא הא הוה ליה שופר מעיקרא כי שמע להו אסדר ברכות שמע להו רב פפא בר שמואל קם לצלויי אמר ליה לשמעיה כי נהירנא לך תקע לי אמר ליה רבא לא אמרו אלא בחבר עיר תניא נמי הכי כשהוא שומען *שומען על הסדר ועל סדר ברכות במה דברים אמורים בחבר עיר אבל שלא בחבר עיר שומען על הסדר ושלא על סדר ברכות יחיד שלא תקע חבירו תוקע לו ויחיד שלא בירך אין חבירו מברך עליו ומצוה בתוקעין יותר מן המברכין כיצד שתי עיירות באחת תוקעין ובאחת מברכין הולכין למקום שתוקעין ואין הולכין למקום שמברכין פשיטא הא דאורייתא הא דרבנן לא צריכא דאף על גב דהא ודאי והא ספק: כשם ששליח צבור חייב כך כל יחיד ויחיד וכו': תניא *אמרו לו לרבן גמליאל לדבריך למה צבור מתפללין אמר להם כדי להסדיר שליח צבור תפלתו אמר להם רבן גמליאל לדבריכם למה שליח צבור יורד לפני התיבה אמרו לו כדי להוציא את שאינו בקי אמר להם כשם שמוציא את שאינו בקי כך מוציא את הבקי אמר רבה בר בר חנה אמר ר' יוחנן מודים חכמים לרבן גמליאל ורב אמר עדיין היא מחלוקת שמעה [רבי] חייא בריה דרבה בר נחמני אזל אמרה לשמעתא קמיה דרב דימי בר חיננא אמר ליה הכי אמר רב עדיין היא מחלוקת אמר ליה רבה בר בר חנה נמי הכי קאמר כי אמר רבי יוחנן להא שמעתא אפליג עליה ריש לקיש ואמר עדיין היא מחלוקת ומי אמר רבי יוחנן הכי והאמר רבי חנה ציפוראה אמר רבי יוחנן הלכתא *כרבן גמליאל הלכתא מכלל דפליגי
כי

רש"י

תשע תקיעות · תרועות נמי קאמר : מתשעה בני אדם כאחד לא יצא · תרי קלי לא משתמעי כך פירושה לפי מה שכתוב בספרים ולאו מלתא היא דהא אוקימנא (לעיל דף כז.) תרי קלי מתרי גברי משתמעי (א) וה"ג לה בתוספתא מתשעה בני אדם כאחד יצא ואפי' בסירוגין ואפילו כל היום כולו ולא גרסינן תקיעה מזה ותרועה מזה יצא דהיינו רישא ואי גרסינן לה הכי הוא דגרסי' מט' בני אדם כאחד תקיעה מזה ותרועה מזה יצא ואפי' בסירוגין כו' : אם שהה · בסירוגו כדי לגמור את כולו חוזר : לדידי לא סבירא לי · מה שהפסקת דאית ליה לר' יוחנן במסכת ברכות (דף כד:) היה קורא קריאת שמע והגיע למבואות מטונפות מניח ידו על פיו וקורא ולא סבירא לי כמי דמשום ששהה יהא צריך לחזור: לדידך דסבירא לך · ואתה חולק עלי בשתיקן דכיון דקא בעית מהו לגומרה מכלל דסבירא לך סירוגין מעכבי קרייה ומבעיא לך בכמה הוי סירוגין: תקיעות · וברכות דעלמא כגון תעניות אין מעכבין זו את זו אם בירך ולא תקע : מי שבירך כו' : כי נהירנא לך · לסימן שסיימתי הברכה : אלא בחבר עיר · חבורת צבור אבל יחיד מברך את כולו ואח"כ תוקע תשע תקיעות : דהא ודאי והא ספק · ודאי הוא לו שאם ילך אצל המברכין ימצא שם עשרה ויתפלל ש"צ ויוציאו ידי חובתו ואם ילך אצל התוקעין שמא כבר עמדו והלכו לביתם : כשם שש"צ וכו' : למה צבור מתפללים · בלחש : מודים חכמים · אחר שנחלקו חזרו והודו : אמר ליה · ר' חייא לרב דימי : רבה בר בר חנה נמי · למריה דשמעתא הוא : הכי קאמר · שנחלקו על רבן יוחנן כשאמר כן :

תוספות

מתשעה בני אדם כאחד לא יצא · כך כתוב בספרים והקשה בקונטרס אמאי לא יצא הא אסיקנא לעיל דתרי קלי מתרי גברי משתמעי ופי' דגרסינן בתוספתא מתשעה בני אדם כאחד יצא ואפי' בסרוגין ונראה לקיים גרסת הספרים מתשעה בני אדם כאחד לא יצא משום דאין כאן בתרועה פשוטה לפניה ופשוטה לאחריה כיון שהכל ביחד והשתא גרס שפיר תקיעה מזה ותרועה מזה יצא דהיינו זה אחר זה וסרוגין פי' סרוגין הפסקות הרבה שתוקע ומפסיק ושוהה לעשות התרועה עד לאחר שעה : לדידי לא סבירא לי · כלומר שהוא צריך לחזור לראש כששהה כדי לגמור כולה ולא שיהא צריך להפסיק כשמגיע למבואות המטונפות אלא מניח ידו על פיו וקורא ק"ש כדאמר ר' יוחנן בפרק מי שמתו (ברכות דף כד:) והיה נראה דקי"ל כותיה כששהה כדי לגמור כולה דאין חוזר לראש אע"ג דפליגי עליה רב ושמואל בפרק הקורא את המגילה למפרע (מגילה דף יח:) דקי"ל כרבי יוחנן לגבי רב ושמואל כדמוכח בפ' מי שהוציאוהו (עירובין דף מז:) ומיהו כיון דרבי אבהו פליג היה קצת נראה לפסוק כמותו דהוא בתראה ואע"ג דאשכחנא רב יוסף בההיא דמגילה (שם:) דקאמר נקוט דרב ביבי בידך דרב אמר אין הלכה כרבי מונא ושמואל אמר הלכה כר' מונא לאו משום דלהוי הלכה כרב באיסורי קאמר הכי אלא האמת אומר דשמעינן ליה לשמואל דחייש ליחידאה וגם בפרק מי שמתו (ברכות דף כג:) גבי היה עומד בתפלה ומים שותתין על ברכיו דפליגי רב חסדא ורב המנונא ומסיק רב אשי דכ"ע אם שהה חוזר לראש והכא בדלא שהה *) וקשה הדבר מאד שהצבור בבהכ"נ בי"ט אומרים אמת ויציב וממתינין לש"ץ ושותקים עד שיגמור זולתות ומי כמוך שאומר בגאולה ומיהו היכא דאין שוהין כדי לגמור כולה מתחלתה עד סוף אין לחוש **) (כדאביי) בפ' הקורא את המגילה למפרע (דף יח:) ולא (כרב יוסף) [נ"ל כאביי] דאמר מהיכא דקאי לסיפא דאם כן נהא דצריך לשעורין וצריך לדקדק בתקיעות משום דאמר רב כהנא בפ' החליל (סוכה נג: ושם) אין בין תקיעה לתרועה ותקיעה ולא כלום כרבי יהודה דאמר שלשתן מצוה אחת וכי קאמר התם דוקא באמצע תקיעה תרועה תקיעה אבל בין קר"ק לקר"ק יכול לשהות פחות מכדי לגמור קר"ק ולרבנן דחשבי תקיעה בפני עצמה ותרועה בפני עצמה אין לשהות בין זה לזה כדי תקיעה אחת או תרועה אחת : כך מוציא את הבקי · מכאן פסק בה"ג דיחיד שטעה ולא הזכיר של ראש חדש יכוין לבו לתפלתו של שליח צבור מתחלה עד סוף ויוצא אע"פ שהוא בקי ואין ראיה מכאן דהא מסקינן רשב"ג אומר אינו מוציא אלא עם שבשדות דאניסי במלאכה ואין יכולין להסדיר תפלתם אבל דעיר לא ומיהו בקונטרס משמע לקמן שרוצה לפרש בשלא כוון לבו לבהכ"נ ולא שמע תפלה וכן משמע דומיא דההיא דברכת כהנים ולפירוש זה מגיע למימר דבצבור היכא דשמעו יוצאין וכן משמע בפרק תפלת השחר (ברכות דף כט.) דאמר רב אסי טעה ולא הזכיר גבורות גשמים בתחיית המתים מחזירין אותו שאלה בברכת השנים אין מחזירין אותו וכו' מיתיבי טעה ולא הזכיר כו' שאלה בברכת השנים מחזירין אותו כו' ומשני הא ביחיד הא בצבור אי הכי מפני ששומעה משליח צבור מיבעי ליה ומסיק אידי ואידי ביחיד הא דאידכר קודם שומע תפלה הא דלא אדכר קודם שומע תפלה משמע דבצבור יוצא על ידי ש"צ ואפי' לפי מה שפירש עם שבשדות ששומעין משליח צבור יוצאין אבל דעיר לא יש לחלק בין היכא דהתפלל וטעה להיכא דלא התפלל כלל [וע"ע תוס' ברכות כט: ד"ה טעה] :
אילימא

*) [ועי' תוס' ברכות כג: ד"ה אלא] . **) [נ"ל כרב יוסף] .

עין משפט נר מצוה

נט א ב מיי' פ"ג מהל' שופר הל' ו סמג עשין מב טוש"ע א"ח סימן תקצג סעיף ב [רב אלפס כאן ובמגילה פ"ב דף רסא] :

ס ג מיי' פ"ב מהל' ק"ש הלכה יג סמג עשין יח טוש"ע א"ח סי' סה סעיף א וסי' עח וסי' פה סעיף א :

סא ד מיי' פ"ג מהל' שופר הל' ו והלכה ח טוש"ע א"ח סי' תקצג סעיף א ב :

סב ה מיי' שם הלכה ז טוש"ע א"ח סי' תקצג סעיף א :

סג ו מיי' שם הל' יג טוש"ע שם סעיף ג :

ברכות כד:

סד ז טוש"ע א"ח סי' תקצד :

סה ח מיי' שם הל' יג טור ש"ע א"ח סי' תקצה :

רבינו חננאל

שמע ט' תקיעות בט' שעות יצא מט' בני אדם כאחד לא יצא בזה אחר זה יצא . תקיעה מזה ותרועה מזה זה אחר זה יצא ואפילו בסירוגין ואפי' כל היום כולו . והא דאמר ר' יוחנן משום ר' שמעון בן יהוצדק בהלל ובמגילה אם שהה כדי לגמור את כולה חוזר לראש . דחינן לה הכי ההיא דרביה היא . כלומר ולא סבירא ליה : ת"ר תקיעות אין מעכבות זו את זו כגון תקיעות שבת*) ותקעתם בחצוצרות על עולותיכם וגו' . ברכות כגון ברכות של ק"ש וכיוצא בהן ובהני אמרי' ברכות אינן מעכבות זו את זו תקיעות וברכות של ר"ה ושל יוה"כ של שנת היובל שצ"ל מלכיות זכרונות ושופרות ביובל כדרך שאומרים בר"ה מעכבות זו את זו מ"ט אמר רבא אמר הקב"ה לישראל אמרו לפני בר"ה מלכיות זכרונות ושופרות . מלכיות שתמליכוני עליכם . זכרונות כדי שיבא זכרוניכם לפני לטובה ובמה בשופר . נמצאת למד של ברכות שיש עמהן תקיעות קתני שמעכבות זו את זו . **) מהא דתניא מנין שבשופר ת"ל והעברת שופר תרועה בחדש השביעי שאין ת"ל בחדש השביעי שכבר נאמר ביום הכפורים תעבירו שופר מה ת"ל עוד בחדש השביעי ללמדך שכל תרועות של חדש השביעי בשופר וכתיב ביה בר"ה בחדש השביעי באחד לחדש יהיה לכם שבתון וגו'. ומנין שפשוטה לפניה שנאמר והעברת שופר תרועה לשון העברה היא פשוטה והיא התקיעה וכתיב והעברת שופר ואח"כ תרועה ומנין שפשוטה [לאחריה] כלומר ומנין כי צריך תקיעה לאחר התרועה שנאמר ביום הכפורים תעבירו שופר אחר שכתב והעברת שופר תרועה חור וכתב תעבירו שופר נמצאת כתובה ביובל תרועה ותקיעה לפניה ותקיעה לאחריה ומדכתיב בחדש השביעי ילפינן שכל תרועות בחדש השביעי [שות] והן תרועה של ר"ה כתרועת היובל ובשופר ומנין לשלש של שלש שלש שנאמר והעברת שופר תרועה ובר"ה כתיב שבתון זכרון תרועה ועוד כתיב בענינא דמוספים בר"ד יום תרועה יהיה לכם וגמרי יובל מר"ה ור"ה מיובל שביעי שביעי לגז"ש וכאילו ג' תרועות כתיבי בכל חד וחד וכל תרועה יש תקיעה לפניה ויש תקיעה לאחריה נמצאו בר"ה שלש תרועות וכל תרועה תקיעה לפניה ותקיעה לאחריה . הרי שלש של שלש וכן ביובל חייבין לומר מלכיות זכרונות ושופרות וג' תקיעות בכל אחת ואחת . ואקשינן האי תנא מעיקרא גמר תרועות של ר"ה מן היובל בהיקשא . מה ת"ל בחדש השביעי שיהו כל תרועות של חדש השביעי כזה כדאמרינן והשתא הדר מייתי לה בגז"ש ופרקינן אי לאו גז"ש הוה מייתינא לה בהקישא השתא דאתאי ג"ש שהיא נמרא כדקיימא לן אדם דן ק"ו מעצמו ואין אדם דן גז"ש מעצמו אלא אם קיבל אותה מרבו ג"ש עדיפא מהקישא. והאי תנא מייתי לה כי כל תרועה תקיעה לפניה ותקיעה לאחריה ממדבר ומדכתיב ובהקהיל את הקהל תתקעו ולא תריעו . למדנו שהתקיעות זולתי התרועה . ואין לי שצריך בענין הזה כל תרועה צריכה תקיעה לפניה ותקיעה לאחריה אלא במדבר . בר"ה מנין ת"ל תרועה תרועה לגז"ש נאמר תרועה במדבר ונאמר תרועה בר"ה מה תרועה האמור במדבר תקיעה לפניה ותקיעה לאחריה אף תקיעה האמורה בר"ה כן הא כיצד שלש תרועות בר"ה שתים מדברי תורה ואחת מדברי סופרים שבתון זכרון תרועה והעברת שופר תרועה מדברי תורה ואחת מדברי סופרים יום תרועה יהיה לכם לתלמודו בא ולא סלקא סוגיא רשמעתא בהכי ויש נוסחאות אחרות כך הא כיצד ג' תרועות שהן ט' בר"ה ב' מדברי תורה שבתון זכרון תרועה ויום תרועה יהיה לכם מדברי תורה והעברת שופר תרועה מדברי סופרים כלומר בגז"ש נמר לה מיובל ולא בר"ה עצמה כתוב . ר' שמואל בר נחמני אומר אחת מדברי תורה שבתון זכרון תרועה ושתים מדברי סופרים והעברת שופר תרועה נמי מדברי סופרים היא כראשון אבל יום תרועה יהיה לכם לתלמודו הוא בא ללמד כי תקיעת שופר ביום ולא בלילה ואידך הת"ק דר' שמואל בר נחמני נפקא ליה כי תקיעת שופר בר"ה ביום ולא בלילה מדכתיב ביוה"כ תעבירו שופר בכל ארצכם ואקשי' אי מיום הכפורים יליף לילף מיניה לפשוטה לפניה ולאחריה אמאי יליף לה ממדבר ופריק והעברת תעבירו לא משמע כלומר זה הלשון לא משמע כי פשוטה היא אלא צריך מתנא בא דאמר בעניין הרחיב את הקצר וקיצר את הרחב פסול שנאמר והעברת דרך העברתו בענין בלא שינוי וכבר פירשנוהו שם תעבירו שופר מאי קאמר רחמנא עבריה ביד ותנא דנמר לה בג"ש אמר לך רב מתנא מדשני קרא בדיבוריה הוה ליה לכתוב ותתקע שופר תרועה שינה וכתב והעברת תלמוד מכנה זה וזה אבל תעבירו ביד לא יתכן למימר דתמרינן מהעברה דכתיב ויצו משה ויעבירו קול במחנה לאמר מה להלן העברה בקול היא אף כאן העברת שופר בקול היא ואקשינן תוב האי תנא דמייתי לה ממדבר אי מה במדבר חצוצרות אף בר"ה חצוצרות ת"ל תקעו בחדש שופר בכסא ליום חגנו איזהו חג שהחדש מתכסה בו הוי אומר זה ר"ה וקאמר רחמנא שופר . מי שאינו יודע הברכות ומי שאין לו שופר מברך הברכות תוקע ויוצא ידי חובתו ויוצא ידי חובה דהא בר"ה שחל להיות בשבת מברכין ואין תוקעין . אבל ברכות זו את זו מעכבות . דתניא ברכות של ר"ה ושל יוה"כ מעכבות זו את זו : ירושלמי אי זו היא תרועה ר' חנינא ור' סנא חד אמר כהדין מריטוטא וחד אמר תרין דקיקין ר' חנניא חשש על הדא דר' סנא וד'

מסורת הש"ס

[תוספ' פ"ב] סוכה נד. ערכין י.

[עמ"ש תוס' לעיל לג: סד"ה שיעור]

ס"א נהירנא

[ועי' בפרש"י אצל אלפסי]

[תוספ' פ"ב]

[בכא קו: וש"נ]

הגהות הב"ח

(א) רש"י ד"ה מתשעה בני אדם כאחד כו' מתרי גברי משתמעי . נ"ב סיים בשופר שהוא חביב כדמסיק לעיל דדוקא תרתי בעינן מתרי גברי וגם חביב וק"ל ועיי' לעיל דף כז:

ס"ו) אולי צ"ל כגון תקיעות שבמשכנים ... ואולי צ"ל ג"כ כגון תקיעות שבמשכנים.

*) נראה דרבינו היה גורס בגמרא ותקיעות מעכבות זו את זו מק"ל דכתיב וכו' וכיה בברייתא לעיל ל"ג ע"ב.

If one heard [34b] nine blasts at nine different times of the day, he has performed his religious obligation. It has been taught to the same effect: 'If one heard nine blasts at nine different times of the day, he has performed his religious obligation. If, however, he heard nine different people at once, he has not performed his
a obligation.[1] If he hears a *teki'ah* from one and a *teru'ah* from another, he has fulfilled his obligation, even if the intervals extended over the whole day'.

But could R. Johanan have said this,[2] seeing that R. Johanan said in the name of R. Simeon b. Jehozadok: If in the midst of reciting *Hallel* and the *Megillah*[3] one paused long enough to say the whole, he must go back to the beginning?—There is no contradiction: in one case he was giving his own opinion, in the other that of his teacher. But does not his own opinion [conflict with the above statement]? Was not R. Abbahu once following after R. Johanan reciting the *shema'*,[3] and when he came to some dirty alley-ways he stopped, and after they had passed them he asked R. Johanan whether he should finish, and he replied, If you paused long enough to say the whole, you must start again from the beginning?—What he meant to say to him was this: 'I do not hold this view,[4] but according to you who do hold it,[5] if you have paused long enough to say the whole, you must start afresh'.

Our Rabbis taught: '[On most days][6] the omission of one blast is no bar to another, and the omission of one blessing[7] is no bar to another, but on New Year and the Day of Atonement the omission of one blast or one blessing is a bar to the others'.[8] What is the reason?—Rabbah said: God proclaimed: Recite before Me on New Year kingship, remembrance and *shofar* verses; kingship verses to declare Me king over you; remembrance verses, that the remembrance of you may come before Me for good; and through what? Through the *shofar*.

IF ONE HAS SAID THE [NINE] BLESSINGS AND THEN PROCURES A SHOFAR, HE SOUNDS A TEKI'AH, TERU'AH, TEKI'AH. The reason is that he had no *shofar* to begin with. This shows that if he had a *shofar* to begin with, when he hears the blasts he
b must hear them during the recital of the blessings.[1] R. Papa b. Samuel rose to say his prayer, and at the same time said to his attendant, When I give you a sign,[2] blow the *shofar* for me. Said Raba to him:[3] This rule[4] was laid down only for a congregation.[5] It has been taught to the same effect: 'When he hears the blasts, he must hear them in order, and during the recital of the blessings.[6] When does this hold good? In a congregation; but when not praying with the congregation he must hear them in order but not necessarily during the recital of the blessings. If an individual has not blown [the *shofar*], another may blow it for him, but if an individual has not said the blessings another may not say them for him. It is a greater act of piety to hear the *shofar* than to say the blessings. Hence[7] if there are two towns in one of which the *shofar* is being blown and in the other of which the blessings are being said, one should go rather to the place where they are blowing than to the place where they are saying the blessings'. Surely this is self-evident: the former precept is of Pentateuchal sanction, the latter [only] of Rabbinic!—It was necessary to state the rule, [to show that it still applies] even though he is certain of [finding an opportunity for] the latter and not certain of [finding an opportunity for] the former.[8]

JUST AS THE CONGREGATIONAL READER IS UNDER OBLIGATION, SO EVERY INDIVIDUAL etc. It has been taught: 'They
c said to Rabban Gamaliel: Accepting your view,[1] why do the congregation [first] say the ['*Amidah*] prayer? He replied, So as to give the reader time to prepare his prayer.[2] Rabban Gamaliel then said to them: Accepting your view,[3] why does the reader go down [and stand] before the Ark?[4] They replied: So as to clear from his obligation one who is not familiar [with the prayers]. He said to them: Just as he clears one who is not familiar, so he clears one who is familiar'.[5]

Rabbah b. bar Ḥanah said in the name of R. Johanan: The Sages gave Rabban Gamaliel right. Rab, however, said: The difference of opinion still remains.[6] Ḥiyya the son of Rabbah b. Naḥmani heard the argument [reported] and went and repeated it before R. Dimi b. Ḥinnena. He said to him: Thus said Rab: The difference of opinion still remains. The other said to him: This is what Rabbah b. bar Ḥanah also said, that when R. Johanan made this statement, Resh Lakish joined issue with him, saying: The difference of opinion still remains. But did R. Johanan say this? Has not R. Ḥanah of Sepphoris stated that R. Johanan said that the law[7] follows the view of Rabban Gamaliel, and since he said the law

a (1) According to Tosaf. the reason is because he does not hear a *teru'ah* preceded and followed by a *teki'ah*. Rashi, however, reads: 'If he heard nine people at once, a *teki'ah* from one and a *teru'ah* from another, he has fulfilled his obligation, and even if he heard at intervals' etc. He points out that it has already been laid down above that two different sounds from two different persons can be discerned at once. (2) That it is permissible to hear different blasts at different times. (3) V. Glos. (4) That it is necessary to pause on coming to a dirty place, (V. Ber. 24b) nor, again, that it is necessary to start afresh after a pause. (5) And your difficulty is simply, how long the pause must be. (6) E.g., on fast days. (7) In the '*Amidah*. (V. Glos.). (8) I.e., a *teru'ah* cannot be blown without a *teki'ah* before it, nor can remembrance verses be said unless kingship verses have first been said. V. Tosaf. 33b, s.v. שיעור *sub fin.*

b (1) V. *supra* 32a. (2) As a signal that I have finished a blessing which is to be followed by the blowing of the *shofar*. (3) To reassure him. (4) That the blasts must be heard during the recital of the blessings. (5) חבר עיר v. Meg. (Sonc. ed.) 27b n. a1. (6) Lit., 'on the order of the blessings'. (7) Lit., 'how so?'. (8) He can always find ten men to make a congregation, but he may come too late to hear the *shofar*.

c (1) That the reader may recite on behalf of the congregation. (2) I.e., put himself in the proper frame of mind by thinking over the prayers, which in those days were recited from memory. (3) That each individual must pray for himself. (4) V. *supra* 32b n. c9. (5) If he has accidentally omitted something. V. Tosaf. s.v. כך. (6) [This sentence is rightly omitted in MS.M.] (7) [הלכתא read with MS.M. הלכה.]

is so, we infer that there is a difference of opinion? [35a]. When R. Ammi returned from a sea-voyage,[8] he explained it thus: 'The Sages give Rabban Gamaliel right' in regard to the blessings of New Year and the Day of Atonement; and 'the *halachah* is so', which implies that they differ in regard to the blessings of the rest of the year.[9] But is this so? Did not R. Ḥanah of Sepphoris say in the name of R. Joḥanan, 'The *halachah* follows Rabban Gamaliel in regard to the blessings of New Year and the Day of
a Atonement'?[1]—No, said R. Naḥman b. Isaac. Who is it that gave [Rabban Gamaliel] right? R. Meir;[2] 'and the *halachah* is so', which shows that the Rabbis[3] refer to [the others]. For it has been taught: 'In regard to the blessings of New Year and the Day of Atonement, the reader can clear the congregation of their obligation. So R. Meir. The Sages, however, say: Just as the reader is under obligation to say them, so each individual is under obligation to say them'.

Why should a difference be made in respect of these [blessings]? Should you say it is because they contain many scriptural texts, has not R. Ḥananel said in the name of Rab, As soon as one has said, 'And in thy Law it is written saying',[4] he need not recite any more [texts]?—No; the reason is because there is an extra large number of blessings.[5]

[To revert to] the [above] text—'R. Ḥananel said in the name of Rab, As soon as one has said, "And in thy Law it is written saying", he need not recite any more [texts]'. It was presumed [in the Academy] that this applies only to an individual but not to a congregation. It has been stated, however, [elsewhere]: R. Joshua b. Levi said: [The rule] alike for an individual or a congregation is that as soon as they have said 'And in thy Law it is written saying', they need not recite any more [texts].

R. Eleazar said: A man should always first prepare himself for his prayer[6] and then say it. R. Abba said: The dictum of R. Eleazar appears to be well founded in respect of the blessings of
b New Year and the Day of Atonement and periodical [prayers][1] but not of the rest of the year. Is that so? Did not Rab Judah use always to prepare himself for his prayer before praying?—Rab Judah was exceptional; since he prayed only every thirty days,[2] it was [to him] like a periodical [prayer].

R. Aḥa b. 'Awira said in the name of R. Simeon the Pious: Rabban Gamaliel used to allow even the people in the fields to be cleared [by the reader in the synagogue], and needless to say those in town.[3] On the contrary, [we should have expected the opposite, because] the former are prevented from coming and the latter are not prevented, in the same way as Abba the son of R. Benjamin b. Ḥiyya has stated, 'The people who stand behind the priests are not included in the [priestly] benediction'!—The fact is that when Rabin came [from Palestine] he stated in the name of R. Jacob b. Idi that R. Simeon the Pious said: Rabban Gamaliel allowed only the people in the fields to be cleared [by the reader]. What is the reason? Because they are prevented by their work from coming [to synagogue]. Those in the town, however, are not cleared.[4]

(8) [מימי *Aliter:* From Jammi, a place in Naftali.] (9) And thus both statements of R. Joḥanan might be correct.

a (1) Which shows that even on this point the Sages continued to differ with him. (2) Who agrees with him in regard to the blessings of New Year and the Day of Atonement, and not the Sages, as at first stated in the name of R. Joḥanan. (3) Apart from R. Meir. (4) I.e., the passage which runs in our prayer-book, 'May we offer before thee the additional offerings of this day according to the commandment of thy will as thou hast prescribed for us in thy law'. (5) Viz., nine instead of seven. [In point of fact the blessings on the Day of Atonement are only seven in number. This would lend support to the reading which omits 'blessings' (v. Lewin, *Otzar ha-Geonim, Rosh Hashanah* p. 73; on this reading render: they (the benedictions) are lengthy. Ritba (a.l.) takes the Day of Atonement throughout this passage to refer to the Day of Atonement on the year of Jubilee, v. *supra* 33b]. (6) So as to be fluent and avoid all mistakes, v. *supra* 34b n. c2.

b (1) For feasts, fasts, etc. (2) Being occupied in the intervening period with study. (3) Lit., 'those who are here'. (4) [Rashi: They themselves must say the prayer and not rely on the reader. Alfasi: They are not cleared by the reader unless they attend the synagogue and hear from him the prayers from beginning to end; v. Commentary of R. Nissim a.l.]

כי סליק רבי אבא מימי *פירשה מודים חכמים לרבן גמליאל בברכות של ר"ה ושל יוה"כ *והלכה מכלל דפליגי בברכות דכל השנה איני והאמר ר' חנה ציפוראה א"ר יוחנן הלכה כרבן גמליאל בברכות של ר"ה ושל יוה"כ אלא אמר רב נחמן בר יצחק מאן מודים רבי מאיר והלכה מכלל דפליגי רבנן דתניא ברכות של ר"ה ושל יוה"כ שליח צבור מוציא הרבים ידי חובתן דברי ר"מ וחכ"א כשם ששליח צבור חייב כך כל יחיד ויחיד חייב מאי שנא הני אילימא משום דנפישי קראי והאמר רב חננאל אמר רב כיון שאמר ובתורתך כתוב לאמר שוב אינו צריך אלא משום דאוושי [א] ברכות גופא אמר רב חננאל אמר רב כיון שאמר ובתורתך כתוב לאמר שוב אינו צריך סבור מינה הני מילי ביחיד אבל בצבור לא אהמר אמר ר' יהושע בן לוי אחד יחיד אחד צבור כיון שאמר ובתורתך כתוב לאמר שוב אינו צריך אמר ר"א לעולם יסדיר אדם תפלתו ואח"כ יתפלל אמר רבי אבא מסתברא מילתיה דר' אלעזר בברכות של ר"ה ושל יוה"כ ושל פרקים אבל דכל השנה לא איני והא רב יהודה מסדר צלותיה ומצלי שאני רב יהודה כיון דמתלתין יומין לתלתין יומין הוה מצלי כפרקים דמי אמר רב אחא בר עוירא אמר רבי שמעון חסידא פוטר היה רבן גמליאל אפילו עם שבשדות ולא מיבעיא הני דקיימי הכא אדרבה הני אניסי הני לא אניסי *דתני אבא בריה דרב בנימין בר חייא עם שאחורי כהנים אינן בכלל ברכה אלא כי אתא רבין אמר רבי יעקב בר אידי אמר רבי שמעון חסידא לא פטר רבן גמליאל אלא עם שבשדות מ"ט משום דאניסי במלאכה אבל בעיר *לא:

הדרן עלך יום טוב וסליקא לה מסכת ראש השנה

רש"י

כי סליק רבי אבא מימי · שהפליג בספינה לים וחזר: בברכות של ר"ה · לקמן מפרש מ"ש הני: מאן מודים · לו בברכות של ר"ה ויוה"כ ר"מ: והלכה מכלל דפליגי · דקאמר ר' יוחנן הלכה כרבן [גמליאל] בהך (א) דמשמע מכלל דעמדו במחלוקתן: רבנן · שאר החכמים חוץ מר"מ: אילימא משום דנפישי קראי · דאיכא דמוספי ר"ה ור"ח ומלכיות וזכרונות ושופרות: כיון שאמר ובתורתך כתוב · כלומר כיון שאמר נעשה ונקריב לפניך כמצות רצונך כמו שכתבת עלינו בתורתך: אין צריך · לומר מקראות המוספין: אלא משום דאוושי · שהרי כאן תשע וארוכות ומטעות דאין הכל בקיאין בהן ורבותי מפרשין להא דרב חננאל במלכיות וזכרונות ושופרות וקשיא לי הא דלא כרבנן ולא כר' יוחנן בן נורי דתנן (לעיל דף לב·) אין פוחתין מעשרה מלכיות וכו': ושל פרקים · מועדות: מתלתין לתלתין · שהיה מחזר תלמודו כל שלשים יום: פוטר היה כו' · ש"צ מוליאם: אינן בכלל ברכה · ואע"פ שעם שבשדות בכלל ברכה הני דמלו למיתי קמי כהגים ויפנו כהנים אליהם ויברכום והם לא באו אינן בכלל ברכה: אבל דעיר לא · משום דלא אניסי ויכולין להסדיר תפלתן:

הדרן עלך יום טוב וסליקא לה מסכת ראש השנה

תוספות

אילימא משום דנפישי · פירש בקונטרס דאיכא דמוספי ר"ח ור"ה השנה ומלכיות וזכרונות ושופרות כיון שאמר ובתורתך כתוב לאמר כיון שאמר נעשה ונקריב לפניך כמצות רצונך כמו שכתבת עלינו בתורתך אין צריך לומר מקראות המוספין ובשם רבותיו פירש להא דרב חננאל במלכיות זכרונות ושופרות וקשה הא דלא כרבנן ודלא כר' יוחנן בן נורי דתנן (לעיל לב·) אין פוחתין מעשרה מלכיות ט' ור"ת פירש דהפסוקי דמלכיות זכרונות ושופרות קאי והיכא דהתחיל פליגי דלא יפחות למר כדאית ליה ולמר כדאית ליה אבל יכול לפטור עצמו לגמרי ע"י בתורתך כתוב לאמר אבל מקראות של מוסף צריך להזכיר לעולם שהם במקום הקרבנות אבל מוסף דר"ח אין צריך להזכיר בר"ה אלא שדי לו במה שאמר מלבד עולת החדש ומנחתה שבזה נכלל כל מוספי ר"ח העולות וכדי להזכיר גם השעיר שהוא חטאת יאמר ושני שעירים לכפר ושני תמידים כהלכתן*:

הדרן עלך יום טוב וסליקא לה מסכת ראש השנה

עין משפט נר מצוה

סו א מיי' פ"ח מהל' תפלה הל' י טוש"ע א"ח סי' קכד סעיף א וטור א"ח סי' תקצא:

סז ב מיי' פ"ג מהל' שופר הל' ח טוש"ע א"ח סי' תקצא סעיף ד בהג"ה:

סח ג מיי' פ"ד מהלכות תפלה הל' יט טוש"ע א"ח סי' ק:

סט ד מיי' פט"ו מהל' נשיאות כפים ס"ח טוש"ע א"ח סי' קכח סעיף כד:

ע ה טור א"ח סי' תקצא:

[עי' תוס' לעיל ח: ד"ה שהחדש ותוס' ביצה טז. ד"ה איזהו ותוס' עירובין מ. ד"ה זכרון]

מסורת הש"ס / הגהות

[שבת קו: וש"נ]

הגהות הב"ח

(א) רש"י ד"ה והלכה כו' כרבן גמליאל בהך שמעתין דמשמע:

(ב) בהג"ה ס"ג כו' פעמים בין היום ובין הלילה באייר:

(ג) בא"ד בשלמא לר' אליעזר היינו דשינה וכו' אלא לר' יהושע מאי שינה:

הגהות הגר"א

[א] גמרא דאוושי (ברכות) תז"מ:

סוטה לח:

[פי' אין ש"ץ מוציאן עד דאתו לבי כנישתא ושמעו מש"ץ מתהלה ועד סוף כ"כ הרי"ף וע"ש בר"ן]

הגהה זו שייכא לעיל דף יא ע"ב

הכי גרסינן הלכה זו בפרק ראשון (דף יא:) בראשונה עד שלא הגיה רבינו וכן בספרי רומים וכן הברייתא בסדר עולם וכן עיקר בשנת שש מאות שנה לחיי נח בחדש השני בשבעה עשר יום לחדש ביום הזה נבקעו כל מעינות תהום רבה וארובות השמים נפתחו ר"א אומר אותו היום י"ז במרחשון היה יום שמזל כימה שוקע ומעינות מתמעטין ומתוך ששינו מעשיהם שינה הקב"ה עליהם מעשה בראשית והעלה מזל כימה ביום ונטל שני כוכבים ממנה והביא מבול לעולם · ר' יהושע אומר אותו יום שבעה עשר באייר היה יום שמזל כימה עולה ביום ומעינות מתגברין ומתוך ששינו את מעשיהן שינה הקב"ה עליהם מעשה בראשית ונטל שני כוכבים מכימה והביא מבול לעולם · בשלמא לר' יהושע היינו דכתיב שני אלא לר"א מאי שני שני לדין בשלמא לר"א היינו דשינה אלא לר' יהושע מאי שינה שינה כדרב חסדא. והכין פירושה שנים עשר מזלות קבועין בגלגל ששה מהן למעלה מן *הקרקע וששה למטה כשזה עולה מן הקרקע מלד אחד חבירו שכנגדו שוקע בקרקע בניסן מע"ק גד"ד למעלה בלילה טש"ת סח"ב למטה לאור הבוקר מתחיל טלה לעלות מן הקרקע ומאזנים לשקוע לסוף שעה ראשונה טלה כולו עולה ומאזנים כולו שוקע בארץ שניה שור עולה ועקרב שוקע שלישית תאומים עולה קשת שוקע וכן עושין כל ימי ניסן י"ב מזלות מגלגלין את העולם פעמים בין (ב) ביום ובין בלילה באייר שור עולה בשעה ראשונה של יום ועקרב שוקע שניה תאומים עולה קשת שוקע שלישית סרטן עולה גדי שוקע וכן מגלגלין עד תשלום כל המזלות וחוזרין חלילה פעמים בין היום והלילה וכן עושין השנים עשר מזלות לשנים עשר חדשים לסיון תאומים עולה מן הקרקע בתחילת היום לתמוז סרטן לאב אריה לאלול בתולה לתשרי מאזנים למרחשון עקרב וכן כולם כימה הוא שור ר"א אומר אותו היום שבעה עשר במרחשון היה יום שמזל כימה שוקע ביום כשכימה שהוא שור עולה כבר התחילה חמה לנטות למערב וזהו שקיעתו של כימה שלשעה שביעית של יום עולה שור מן הקרקע שהרי שעה ראשונה של מרחשון עקרב עולה מן הקרקע שניה עולה קשת שלישית גדי רביעית דלי חמישית דגים ששית טלה שביעית שור ובשביעית חמה מתחלת לשקוע לצד מערב ומעינות מתמעטין מחמת הלינה והרוחות ר' יהושע אומר אותו היום שבעה עשר באייר היה יום שמזל כימה עולה מן הקרקע בשעה ראשונה של יום ומעינות מתגברין שבאותו זמן לא חמה ולא לינה להמעיטן בשלמא לר' יהושע היינו דכתיב שני האי בחדש השני היינו אייר שהרי מלינו ניסן נקרא ראשון ראשון הוא לחדשי השנה אלא לר"א דאמר מרחשון היכן מלינו תשרי שנקרא ראשון שני לדין מלינו תשרי שנקרא ראשון לדין מראשית השנה היינו תשרי בשמעתין לעיל והאי ליה מרחשון שני בשלמא לר' (ג) יהושע היינו דשינה שלא היה זמנו של כימה לעלות מן הקרקע עד שעה שביעית ועלה מזל כימה בתחלת היום כדי לעשות בו ארובות ולשפוך עליהן המבול דרך הארובות למהר עליהן פורענות ועוד שינוי אחר שבשאר שנות העולם מעיינות מתמעטין בזה הזמן ועכשיו נתרבו אלא לר"א מאי שינה אין כאן שנוי לא במזל כימה ולא בתגבורת המעיינות שינה כדרב חסדא:

רבינו חננאל

וכן הדא דיתן (וידה) [והיידא] אמרה דאתקע בראשונה ומשך בשניה כשתים אין בידו אלא אחת. (רבא) [ר' אבא] ב"ר זימנא בשם רבי זעירא אפילו אחת אין בידו למה רישא גביה סיפא מצטרף וסיפא גביה רישא מצטרף לא רישא אית לה סיפא ולא סיפא אית לה רישא. והא דוקיא כתרוע' הוא דמשכת לה בג' שברים אבל בתרועה לא משכחת לה. מי שבירך ואח"כ נתמנה לו שופר תוקע ומריע ותוקע כו'. רב פפא בר שמואל קמצלי אמר לשמעיה (בי) [כי] נחירנא לך תקע לי לית הלכתא כוותיה. אלא כי הא דתניא כשהוא שומען שומען על הסדר ועל סדר ברכות בר"א בחבר עיר אבל שלא בחבר עיר שומען על הסדר ולא על סדר ברכות. ויחיד שלא תקע חבירו תוקע לו ויחיד שלא בירך אין חבירו מברך לו ומצוה בתוקעין שהיא מן התורה יותר מן המברכין. כיצד היו לפניו ב' עיירות באחת ודאי מברכין כלומר יש להן שם חזן ומתפללין בודאי ובאחרת יתכן שיתקעו והוא דבר ספק הולך למקום שתוקעין ואע"ש שהוא ספק שהיא מצוה מן התורה. כשם שהש"ץ חייב כך כל יחיד ויחיד חייב. ר"ג אומר ש"ץ מוציא את הרבים י"ח. תניא אמרו לו (לר') [לר"ג] לדבריך כו'. אמר רבה בר בר חנה א"ר יוחנן מודים חכמים לר"ג. ורב הונא ציפוראה אמר ר' יוחנן הלכתא כר"ג ואקשינן אי מודו ליה לר"ג למה ליה לר' יוחנן למימר הלכתא כוותיה. לא אמרינן הלכתא אלא היכא דאיכא פלוגתא. ופריק רב נחמן בר יצחק מאן מודי ליה לר"ג ר' מאיר וחכמים חולקין על זה ועל זה דת"ר ברכות של ר"ה ויוה"כ בלבד. אבל בכל השנה אין הלכה כר"ג ומאי שנא ר"ה ויוה"כ מן השנה כולה. אי לימא משום דנפישי בהו קראי והן עשר מלכיות י' זכרונות ועשר שופרות והאמר רב חננאל אמר רב כיון שאמר ובתורתך כתוב לאמר שוב אינו צריך להזכיר הפסוקין אלא משום דאוושי ברכות כלומר בכל שבת ושבת ומועד מתפללין שבע ובאלו מתפללין תשע כו'. אמר ר' אלעזר לעולם יסדיר אדם תפלתו ואח"כ יתפלל. וא"ר אבא מסתברא בברכות של ר"ה ושל יוה"כ ושל פרקים אבל של כל השנה כולה לא וכן פוניא דשמעתא אמר רב אחא בר רב עוירא אמר ר' שמעון חסידא פוטר היה רבן גמליאל אפי' עם שבשדות כו' ואסיקנא אלא כי אתא רבין אמר ר' יעקב בר אידי אמר ר' שמעון חסידא לא פטר ר"ג אלא עם שבכנסת ושומעין מש"ץ והעם שבשדות והן אנוסין שאינן יכולין לבא אבל הני דשכיחי בעיר ולא אתו לא פטר להו ר"ג: ירושלמי רג"א ש"ץ מוציא את הרבים י"ח ר' חונא רבה דצפורין בשם ר' יוחנן הלכתא כר"ג באלין תקיעתא והוא ששמע מראש התפלה:

הדרן עלך י"ט של ר"ה

סליקו פירושי רבינו חננאל ממסכת ראש השנה. תהלה לשוכן מעונה:

פי' למה תוקעין כשהן יושבין ותוקעין כשהן עומדין כדי לערבב את השטן קל מערבביה דשטן יומאי עירבוביא אלא כתב בירושלמי בלע המות לנצח וכתיב והיה ביום ההוא יתקע בשופר גדול. כי שמע שטן קל שופרא זמנא חדא בהיל ולא בהיל וכי תניין ליה אמר וודיי הוא שופרא דתקיע בשופר גדול מטא זמניה למתבלע ומרתיע ומתערבב ולית ליה פנוי למעבד קטיגוריא ומכאן אנו למדין דבעינן תלתין בעמידה כמו תלתין בישיבה ותלתין דמתמרין ועבדין תלתין כד יתבי ותלתין בלחש ותלתין על הסדר. בירושלמי כתב מאה פעיות פעתה אמיה דסיסרא ואלין עשר (או) אינון כשגומרין כל התפלה קל תקעייא דיהודאה מתבעי למהוי עשרה תשר"ת תש"ת תר"ת והן מאה:

דף ז'. בע"מ מי מצי אכיל ליה. פרש"י דשמא נפל הוה. וקשה הא כשחי יותר מח' ימים איגלאי דאינו נפל והיה באמת מותר לאכול גם ביום שנולד, וא"כ אף בלא היה קים לן שכלו חדשיו יש למנות מיום שנולד דהא עתה איגלאי שכלו חדשיו ורק מחמת שאז היה ספק היה אסור לאכול, ול"ד לתם דאף בודאי כלו חדשיו פסול להרצאה קודם ח' ימים ולכן מונין משעה הראוי להרצאה. ובגמרא היה מקום לפרש דהמקשן היה סבור שא"א לידע שכלו חדשיו ונמצא שלעולם אסור עד ח' ימים ולכן הקשה דיש להחשיב כודאי אינו ראוי לאכילה אף שאגלאי אח"כ דהיה מותר, ומתרץ דכיון דלפעמים מותר כגון בכלו חדשיו שאפשר לידע דבר זה לכן אף שלא ידע מונין משעה שנולד כיון דעתה איגלאי שהיה מותר, אבל הרמב"ם פ"א מבכורות ה"ח ובש"ע סימן ש"ו סעיף מפורש דדוקא בידע שכלו מונין מלי"ד וזה קשה וצ"ע.

Novellae of HaGaon Rabbi Moshe Feinstein

Rosh Hashanah

7a — Rashi: an animal with a blemish—that was born blemished and is ready to be slaughtered outside the Temple. From the day it is born it is fit for that, and we count for it from its birth.

Can [a blemished animal] be eaten on the day of birth? Perhaps it was born prematurely and the shechitah does not purify it until it lives eight days, when it is definitely viable . . .

This is difficult, because after the animal has lived more than eight days, it becomes known retroactively that is was not born prematurely and was, in fact, permissible even on the day of birth. Consequently, even if we did not know for certain that it was not born prematurely, we should count from the day of birth, because now we know that it was not born prematurely, and only because then this fact was unknown to us, were we not permitted to eat it during its first eight days. This bears no analogy to an animal without blemish, which, even if definitely not born prematurely, is not fit for sacrifice before eight days elapse. Therefore, we count from the time it becomes fit for sacrifice.

It would be possible to interpret this passage in the following manner: The one who asked the question thought that it was never immediately possible to ascertain that an animal was not born prematurely. He, therefore, deduced that the animal is never considered fit to eat until eight days have elapsed. Consequently, we must start counting from the eighth day, when, in practice, we may slaughter the animal and eat it, even though theoretically it became permissible from birth. Thereupon, the *Gemara* replies that, since there are sometimes ways of ascertaining immediately that the animal was not born prematurely, even though we do not know it in this case, since it became revealed retroactively that it was permissible, we count from birth.

Rambam, hil. bekoroth 1:8, and *Shulchan Aruch* 306, however, state explicitly that only if we are certain that the animal was not born prematurely, do we count from birth. Hence, the difficulty remains unresolved.

CORRIGENDA

On page 11b lines 21, 25 and 28 for 'at daybreak' read 'by day'.

On page 12a line a3 and note a1 for 'at daybreak' read 'by day'.

On page 16a note c2 for 'V. *P.B.* p. 47' read 'V. *P.B.* (new ed.) p. 49'.

On page 18b line b28 for 'Resh Laḳish' read 'R. Joshua ben Levi'.

On page 18b line c4 for 'Resh Laḳish' read 'R. Joshua ben Levi'.

On page 19b line b17 for 'know when the month ends?'' read 'know [when the month ends]?''.

On page 27a note c4 for 'v. *P.B.*, p. 250.' read 'v. *P.B.* (new ed.) p. 340.'.

On page 27b line b14 for 'Our Rabbis taught:' read 'IF FRAGMENTS OF SHOFARS ARE STUCK ETC. Our Rabbis taught:'.

On page 32a note a1 for 'v. *P.B.* pp. 245–254;' read 'v. *P.B.* (new ed.) pp. 335–345;'.

On page 32a note a4 for 'V. *P.B.* pp. 44–45.' read 'V. *P.B.* (new ed.) pp. 46–47.'

On page 32a note a9 for 'v. *P.B.* p. 53.' read 'v. *P.B.* (new ed.) p. 55.'

APPENDIX AND NOTES

BASED ON INFORMATION KINDLY SUPPLIED BY

PROFESSOR SELIG BRODETSKY

In connection with those parts of Rosh Hashanah which deal with the fixing of the calendar, it is useful to bear in mind the following points:—

1. The size of the moon as seen from the earth changes continuously, waxing and waning alternately. When it is at its maximum, the moon has the shape of a complete circle and is said to be full; when it is at its minimum, it disappears completely, and the moon is said to die and a new one to be born. This point of time is called by Hebrew writers *Molad* (lit., 'birth'), and by modern astronomers *conjunction*. The interval between one conjunction and the next varies considerably, but on the average it is a trifle more than 29 days $12\frac{2}{3}$ hours, and constitutes a *lunar month* in the strict sense of the term.

2. The new moon is never visible till some time after conjunction (which may occur at any hour of the day or night). It is always visible in the first instance at nightfall as a thin crescent on the western horizon. The old moon is never visible for some time before conjunction, and in the end it appears as a thin crescent in the eastern sky shortly before daybreak. According to the Rabbis the moon is never visible for at least 24 hours round about conjunction; according to Maimonides the period is two days. Hence the old moon and the new moon are never both visible within the same twenty-four hours.

3. It was assumed by the Rabbis—nor has it ever been questioned—that the dates for the festivals mentioned in the Bible—e.g., the fifteenth day of the first month, the first day of the seventh month, and also the 'heads of months' on which special sacrifices had to be brought—refer exclusively to *lunar* months. Hence the 'head of the month' mentioned in the Bible must be a day including or following closely on the *molad* or conjunction or new moon, and is therefore called in English 'New Moon'.

4. In the time of the Second Temple, however, the New Moon was fixed—at least ostensibly—not by reference to the *molad* but on the basis of observation; that is to say, it was not declared until a report had been brought to Jerusalem that the new moon had been actually *seen* (provided this was not more than thirty days after the previous New Moon). This practice no doubt dated from a time when the length of the lunar month was not known with accuracy. Even before the destruction of the Second Temple, however, the Rabbis were able to calculate with some degree of precision the moment of conjunction, and could therefore have fixed the New Moon by reference to this, as in fact has been the practice of the Jewish people since the time of Hillel II, a Palestinian Patriarch of the fourth century. Up to his time, however, the old practice was retained, the proclaiming of the New Moon on the basis of observation being regarded by Beth din as a highly important privilege, as well as preserving national unity.

5. It is laid down in Scripture that the first month, in which Passover falls, is to be the period of springing corn. Now the solar year is about eleven days longer than twelve lunar months. Consequently, in order to keep this injunction, it was necessary at frequent intervals to intercalate a month in the year, making it consist of thirteen months instead of twelve. This extra month seems always to have been placed between Adar and Nisan, and to have been called Second Adar. Originally, however, the intervals at which it was inserted were not fixed; the Rabbis decided according to circumstances some time between Tishri and Adar whether the year should be a leap year or not. Later, however, a nineteen-year *tekufah* or cycle—attributed to Adda b. Ahabah—was officially adopted of twelve ordinary and seven leap years, based on the assumption that nineteen solar years are exactly the same as $12 \times 12 + 7 \times 13 = 235$ lunar months. This is more exact than the Julian calendar which reckons the solar year at $365\frac{1}{4}$ days, and which was followed by Samuel in the third century, though it also is not quite correct. Absolute exactness is indeed impossible, since the solar year and the lunar month bear no exact relation to one another, and indeed vary slightly from century to century.

6. The *solar* year was divided by the Rabbis into four seasons, '*tekufoth*', cycles or periods of revolution, fixed by the equinoxes and the solstices, and named after the months in which they commenced, e.g. the *tekufah* of Tebet, etc. In the course of a year the sun appears to travel through the twelve signs of the Zodiac along the ecliptic, being at the vernal or spring equinox late in March, at the summer solstice late in June, at the autumnal equinox late in September, and at the winter solstice late in December. The equinoxes are where the ecliptic or plane of the sun's apparent motion cuts the plane of the earth's equator, from south to north at the spring equinox in March, from north to south at the autumnal in September. The solstices are where the sun is at maximum north or south latitude with reference to the earth's equator, north at the summer solstice in June, south at the winter solstice in December.

Owing to precession of the equinoxes, which means that the plane of the earth's equator rotates with reference to the plane of the ecliptic, the equinoxes and solstices are no longer in the constellations that they were in two thousand years ago; thus at the spring equinox the sun is nowadays really in the constellation Fishes, but two thousand years ago it was at the spring equinox in the constellation Ram.

NOTES

12*a* n. a1. The astronomical point here involved may be explained a little more fully as follows. The Pleiades are a conspicuous group of stars in the constellation Ram—they are called by the Talmud 'the tail of the Ram'—this being one of the signs of the Zodiac, in which two thousand years ago the sun appeared to be located at the time of the spring equinox, March 21. Consequently on Iyar 17, which is usually in the early part of May, the Pleiades, being near the sun, would be *above* the horizon during the day, and below it during the night; and six months later, when the Ram was opposite the sun, the Pleiades would be *below* the horizon by day and above it by night. If therefore the Pleiades appeared in the night sky on Iyar 17, this would be a change in the work of creation; and this is the view which we should ascribe to R. Joshua. But for the Pleiades to be in the night sky in Marheshvan would involve no change in the work of creation; hence the difficulty in R. Eliezer's statement. Both Rabbis apparently imagined the Pleiades to be in some way 'stopping up the windows of heaven', so that their removal would cause a downpour.

20*b* l. 7. The meaning of this enigmatic statement is probably as follows: 'We calculate the conjunction; if this is before midday, then we know that the new moon could be seen round about sunset; if the conjunction is not before midday, then we know that the new moon could not be seen round about sunset.'

20*b* l. 20ff. The statements that the new moon is visible earlier in Palestine than in Babylon and the old moon is visible later in Babylon than in Palestine are peculiar; if they are correct, the fact may be due to climatic conditions.

20*b* n. b4. 'Hence Resh Laḳish holds etc.' This is Rashi's explanation, and it is open to the serious objection that the old moon is in fact never visible in the early part of the night, but only towards sunrise. It is better therefore to adopt the explanation of Tosaf. which is astronomically more correct though it does not fit the text so well, viz., that Raba has in mind the case where true conjunction is between nightfall and midnight; in that case, according to him, Resh Laḳish holds that that night may form part of the day declared as New Moon, whereas R. Joḥanan holds that it may not.

21*a*. When the moon is full, it can still be seen in the western sky after daybreak. This is on the *fifteenth* day after *conjunction*. If the New Moon is fixed by observation, it would ordinarily be at least a day after conjunction, so that full moon would be on the *fourteenth* day of the month so fixed.

24*a* n. a4. This seems to be the only way in which the text can be understood, but one cannot reconcile this statement with astronomical fact. There is no difficulty about understanding the regulation with regard to the ox goads; it is obvious that an untutored countryman, coming home with his oxen from work in the fields, and observing the position of the moon in the sky, would estimate its height above the horizon in terms of the kind of 'yardstick' that he would be carrying in his hand.

25*a*. The fact that Rabban Gamaliel accepted the evidence of witnesses who said that they saw the moon in the morning in the east, and in the evening in the west, which could only mean that they saw the old moon just before sunrise and the new moon just after sunset on the same day, indicates that Rabban Gamaliel relied upon calculation, and decided that the statement that they had seen the moon in the morning in the east was due to an illusion. The explanation given in the Gemara, where Rabban Gamaliel says that the moon sometimes travels by a long course, and sometimes by a short course, hardly seems correct, because even when the moon travels fastest relative to the sun it cannot be visible at both the times suggested by the witnesses. Technically, therefore, Rabbi Joḥanan ben Nuri was justified in saying that the witnesses were false; while Rabban Gamaliel, apparently knowing more about the actual motion of the moon, concluded that the evidence about the moon having been seen before sunrise was simply a mistake. On the other hand, it is perfectly correct that the motion of the moon is decidedly irregular, so that Rabban Gamaliel's statement of the general proposition, while irrelevant to the issue mentioned in the first part of the Mishnah, is nevertheless correct astronomically.

25*a*. The statement by Rabban Gamaliel, that the 'renewal' of the moon takes place after not less than twenty-nine and a half days and two-thirds of an hour and seven hundred and ninety-three 'parts' of an hour, is probably a corruption of the original text. The length of the mean lunar month here given, in accordance with the official calculations decreed later, and actually correct within one half of a second, has nothing to do with Rabban Gamaliel's assertion that what appeared to be a moon, seen on the twenty-ninth evening of the old month, could not be the new moon, since the actual interval must obviously be on occasion less than the mean interval. We must, therefore, with Slonimsky, read: 'the renewal of the moon cannot take place in less than twenty-nine days', omitting the half day and the seven hundred and ninety-three parts of an hour as being an interpolation by a copyist.

GLOSSARY

AGGADAH (Lit., 'tale', 'lesson'); the name given to those sections of Rabbinic literature which contain homiletic expositions of the Bible, stories, legends, folk-lore, anecdotes or maxims. Opposed to *halachah*, q.v.

'AMIDAH (Lit., 'standing'); the Eighteen Benedictions (seven on Sabbaths and Festivals) which the worshipper always recites in a standing posture.

AMORA. 'Speaker', 'interpreter'; originally denoted the interpreter who attended upon the public preacher or lecturer for the purpose of expounding at length and in popular style the heads of the discourse given to him by the latter. Subsequently (pl. Amoraim) the name given to the Rabbinic authorities responsible for the Gemara, as opposed to the Mishnah or Baraitha (v. Tanna).

BARAITHA (Lit., 'outside'); a teaching or a tradition of the Tannaim that has been excluded from the Mishnah and incorporated in a later collection compiled by R. Ḥiyya and R. Oshaiah, generally introduced by 'Our Rabbis taught', or, 'It has been taught'.

BATH ḲOL (Lit., 'daughter of a voice'); (*a*) a reverberating sound; (*b*) a voice descending from heaven (cf. Dan. IV, 28) to offer guidance in human affairs, and regarded as a lower grade of prophecy.

BETH DIN (Lit., 'house of law or judgment'); a gathering of three or more learned men acting as a Jewish court of law.

DENAR. *Denarius*, a silver or gold coin, the former being worth one twenty-fourth (according to others one twenty-fifth) of the latter.

DUCHAN. A raised platform on which the Levites stood when chanting Psalms in divine service.

GEZERAH SHAWAH (Lit., 'equal cut'); the application to one subject of a rule already known to apply to another, on the strength of a common expression used in connection with both in the Scriptures.

HALACHAH (Lit., 'step', 'guidance'), (*a*) the final decision of the Rabbis, whether based on tradition or argument, on disputed rules of conduct; (*b*) those sections of Rabbinic literature which deal with legal questions, as opposed to the *Aggadah*.

HALLEL (Lit., 'Praise'); Psalms CXIII-CXVIII, recited in the morning service on New Moons and Festivals.

LULAB. The palm-branch used in the ceremony of the Feast of Tabernacles (v. Lev. XXIII, 40).

MEGILLAH (Lit., 'Scroll'); a term commonly applied to the Book of Esther.

MIN pl. *minim*, (lit., 'kind', 'species'); (*a*) a heretic, esp. (*b*) a member of the sect of the early Jewish Christians.

MISHNAH (rt. SHaNaH, 'to learn', 'to repeat'), (*a*) the collection of the statements, discussions and Biblical interpretations of the Tannaim in the form edited by R. Judah the Patriarch c. 200; (*b*) similar minor collections by previous editors; (*c*) a single clause or paragraph the author of which was a Tanna.

MUMḤE. 'Skilled', 'qualified', 'experienced'; a scholar well qualified by his attainments to deal with matters of law, such, e.g., as the remission of vows.

MUSAF (Lit., 'addition'); the additional *'Amidah* recited during the morning service on Sabbaths and Holy-days.

NASI. Chief, Patriarch; the chief of the Great Sanhedrin in Jerusalem; after its abolition, the head of Palestinian Jewry.

NIDDAH. A woman in the period of her menstruation.

OHEL (Lit., 'tent'); technical name for the uncleanness conveyed by a dead human body, or part of it, to men or utensils which are under the same tent or roof.

'OMER (Lit., 'sheaf'); the sheaf of barley offered on the sixteenth of Nisan, before which the new cereals of that year were forbidden for use (v. Lev. XXIII, 10).

'ORLAH ('uncircumcized'); applied to newly-planted trees for a period of three years during which their fruits must not be eaten (v. Lev. XIX, 23ff).

SANHEDRIN (συνέδριον); the council of state and supreme tribunal of the Jewish people during the century or more preceding the fall of the Second Temple. It consisted of seventy-one members, and was presided over by the High Priest. A minor court (for judicial purposes only) consisting of twenty-three members was known as the 'Small Sanhedrin'.

SHAḤARITH (Lit., 'morning time'); the morning service.

SHEBUTH (Lit., 'cessation'); an act forbidden by the Rabbis to be performed on the Sabbath.

SHECHINAH (Lit., 'abiding [of God]', 'Divine presence'); the spirit of the Omnipresent as manifested on earth.

SHEMIṬṬAH, pl. SHEMIṬṬIN. Every seventh year, which is the Sabbatical year or the year of release.

SHOFAR (Lit., 'ram's horn'); a horn used as a trumpet for military and religious purposes, particularly in the service of the New Year and at the conclusion of the Day of Atonement.

SOFER (pl. *soferim*); (*a*) scribe, title of the pre-Tannaitic teachers, beginning with Ezra (v. Ezra VII, 11); (*b*) teacher; esp. the authorities on Jewish law who preceded the Tannaim.

SUKKAH. 'Booth'; esp. the festive booth for Tabernacles (Lev. XXIII, 34ff), the roof of which must be made of something that grows from the ground such as reeds, branches or leaves of a prescribed size, quantity and quality.

TALMID ḤAKAM (Lit., 'disciple of the wise'); scholar, student of the Torah.

TANNA (Lit., 'one who repeats' or 'teaches'); (*a*) a Rabbi quoted in the Mishnah or Baraitha (q.v.); (*b*) in the Amoraic period, a scholar whose special task was to memorize and recite Baraithas in the presence of expounding teachers.

ṬEBEL. Produce, already at the stage of liability to the levitical and priestly dues (v. *Terumah*), before these have been separated.

TEḲI'AH (Lit., 'blowing'); the plain blast made with the *Shofar*.

TEḲUFAH (Lit., 'circuit', 'cycle'). The year is divided into four cycles called *Teḳufoth;* the *Teḳufah* of Nisan (Vernal Equinox); Tammuz (Summer Solstice); Tishri (Autumn Equinox); Tebeth (Winter Solstice). The term *Teḳufah* is also applied to the season itself.

TERU'AH (Lit., 'shout'); the tremolo blast made with the *Shofar*.

TERUMAH. 'That which is lifted or separated'; the heave-offering given from the yields of the yearly harvests from certain sacrifices, and from the *shekels* collected in a special chamber in the Temple (*terumath ha-lishkah*). *Terumah gedolah* (great offering): the first levy on the produce of the year given to the priest, (v. Num. XVIII, 8ff). Its quantity varied according to the generosity of the owner, who could give one-fortieth, one-fiftieth, or one-sixtieth of his harvest. *Terumath ma'aser* (heave-offering of the tithe): the heave-offering given to the priest by the Levite from the tithes he receives, (v. Num. XVIII, 25ff).

TISHRI. The seventh month of the Jewish calendar, corresponding to September or October.

TORAH (Lit., 'teaching', 'learning', 'instruction'); (*a*) the Pentateuch (Written Law); (*b*) the Mishnah (Oral Law); (*c*) the whole body of Jewish religious literature.

ṬREFA or ṬEREFA (Lit., 'torn'); (*a*) an animal torn by a wild beast; (*b*) any animal suffering from a serious organic disease, whose meat is forbidden even if it has been ritually slaughtered.

ABBREVIATIONS

Alfasi	R. Isaac b. Jacob Alfasi (1013-1103).
Aruk	Talmudic Dictionary by R. Nathan b. Jeḥiel of Rome (d. 1106).
Asheri	R. Asher b. Jeḥiel (1250-1327).
A.Z.	'Abodah Zarah.
b.	ben, bar: son of.
B.B.	Baba Bathra.
BaḤ.	Bayith Ḥadash, Glosses by R. Joel b. Samuel Sirkes (1561-1640).
Bek.	Bekoroth.
Ber.	Berakoth.
B.Ḳ.	Baba Ḳamma.
B.M.	Baba Meẓi'a.
Cur. ed(d).	Current edition(s).
D.S.	*Diḳduḳe Soferim* by R. Rabbinowicz.
'Ed.	'Eduyyoth.
E.J.	*Encyclopaedia Judaica.*
'Er.	'Erubin.
E.V.	English Version.
Giṭ.	Giṭṭin.
Glos.	Glossary.
Golds.	Translation of the Babylonian Talmud in German by L. Goldschmidt.
Ḥag.	Ḥagigah.
HUCA.	*Hebrew Union College Annual.*
J.E.	*Jewish Encyclopedia.*
J.T.	Jerusalem Talmud.
Jast.	M. Jastrow's Dictionary of the Targumim, the Talmud Bible and Yerushalmi, and the Midrashic Literature.
Ker.	Kerithoth.
Keth.	Kethuboth.
Ḳid.	Ḳiddushin.
Maharsha	R. Samuel Eliezer Halevi Edels (1555-1631).
Maim.	Moses Maimonides (1135-1204).
Mak.	Makkoth.
Meg.	Megillah.
Men.	Menaḥoth.
Mid.	Middoth.
M.Ḳ.	Mo'ed Ḳaṭan.
M.Sh.	Ma'aser Sheni.
MS.M.	Munich Codex of the Talmud.
Ned.	Nedarim.
Obermeyer	Obermeyer J., *Die Landschaft Babylonien.*
P.B.	*The authorized Daily Prayer Book*, S. Singer.
Pes.	Pesaḥim.
R.	Rab, Rabban, Rabbenu, Rabbi.
Rashi	Commentary of R. Isaac Yiẓḥaḳi (d. 1105).
REJ.	*Revue des Etudes Juives.*
R.H.	Rosh Hashanah.
R.V.	Revised version of the Bible.
Sanh.	Sanhedrin.
Shab.	Shabbath.
Sheb.	Shebi'ith.
Shebu.	Shebu'oth.
Sonc. ed.	English Translation of the Babylonian Talmud. Soncino Press, London.
Soṭ.	Soṭah.
Strashun	Annotations* by Samuel Strashun (1794-1872) in the Wilna editions of the Talmud.
Suk.	Sukkah.
Ta'an.	Ta'anith.
T.J.	Talmud Jerusalemi.
Tosaf.	Tosafoth.
Tosef.	Tosefta.
Yeb.	Yebamoth.
Zeb.	Zebaḥim.

TRANSLITERATION OF HEBREW LETTERS

א (in middle of word)	= '
ב	= b
ו	= w
ח	= ḥ
ט	= ṭ
כ	= k
ע	= '
פ	= f
צ	= ẓ
ק	= ḳ
ת	= th

Full particulars regarding the method and scope of the translation are given in the Editor's Introduction in the first Shabbath volume (Mo'ed, Vol. I).

תלמוד בבלי

מסכת

ביצה

תלמוד בבלי

מסכת
ביצה

עם פירוש רש״י ותוספות
ובצירוף תרגום ופירוש והערות באנגלית

על ידי
משה שמעון גנזברג ז״ל

בעריכת
יחזקאל (איזידור) אפשטיין ז״ל

דפוס שונצין
שנת להחזיר העטרה ליושנה לפ״ק
לונדון

HEBREW-ENGLISH EDITION OF
THE BABYLONIAN TALMUD

BEẒAH

TRANSLATED INTO ENGLISH
WITH NOTES, GLOSSARY AND INDICES BY
RABBI DR M. GINSBERG, M.A., PH.D.
UNDER THE EDITORSHIP OF
RABBI DR I. EPSTEIN, B.A., PH.D., D.LITT.

LONDON
THE SONCINO PRESS
1983

PUBLISHERS' NOTE

This HEBREW-ENGLISH EDITION of THE SONCINO TALMUD is being published to facilitate the easier reference to the original text by scholars and students.

The Soncino Press is privileged to be able to include the Novellae of Rabbi Moshe Feinstein on Tractate Beẓah (© Copyright 1973 Judaica Press Ltd), and we wish to thank Judaica Press Ltd. for permission to include this original material. The novellae of Rabbi Moshe Feinstein appear at the end of the tractate, and the additional notes which are on the pages of the text are identified by רמ״פ/R.M.F.

The Publishers wish to express their sincere thanks to Rabbi Dr. A. Melinek, B.A., Ph. D., for his painstaking care in examining the texts and making the necessary corrections for the preparation of this Tractate.

It has been necessary to duplicate some of the original Hebrew-Aramaic pages in this Tractate where the text has been of such length as to require more than one page of English translation.

INTRODUCTION

Beẓah ('Egg'), which derives its name from the initial word of the Tractate,[1] deals with the laws of festivals. Unlike the other Tractates of the Talmud, such as Rosh Hashanah, Yoma, etc., which discuss the laws peculiar to *particular* festivals (e.g., New Year, the Day of Atonement, Tabernacles, Passover, etc.) Beẓah treats of what is permitted and forbidden on festivals in general.

The Bible does not supply us with much data about the general laws governing the festivals. The principal passage is in Ex. XII, 16: *And in the first day there shall be to you a holy convocation and in the seventh day a holy convocation; no manner of work shall be done in them, save that which every man must eat, that only may be done by you.* This actually refers to Passover, but applies to all festivals. By comparing this with what is said about the Sabbath, e.g., in Ex. XX, 10 (*'in it thou shalt not do any manner of work'*), we see that festivals differed from the Sabbath mainly in the preparation of food; and indeed with but few exceptions (e.g., carrying and kindling) this represents the final ruling. Consequently, for the most part, the laws of festivals are the same as those of the Sabbath and are to be studied in the Tractate bearing that name.

The Tractate, though consisting of thirty-nine folios only, contains five chapters. The following is a short *résumé* of its contents:

Chapter I. Laws concerning an egg laid on a festival; the preparation of the dust or powdered earth with which the blood of game and poultry must be covered when these are slaughtered; 'designation' before a Festival of poultry to be eaten on the Festival; the handling of certain utensils required in the preparation of food; carrying; the preparation of condiments and the sending of gifts.

Chapter II. Laws governing festivals occurring immediately before Sabbath; the purification of utensils for festivals when these occur immediately after Sabbath; the bringing of peace-offerings. The chapter ends with a number of miscellaneous discussions on such subjects as the heating of water, setting up a jointed candelabrum, the baking of certain kinds of bread and what attention may be given to animals.

Chapter III. The trapping of animals and the catching of fish; their feeding; animals found trapped; the slaughtering of animals, including firstlings; how and under what conditions food may be purchased.

Chapter IV. The transport of wine or straw from place to place; the use of faggots and their preparation as fuel; the trimming of lamps; certain preparations such as cutting paper for roasting meat on it and the sweeping out of ovens to render them fit for baking; finally, some laws of *mukẓeh* (v. Glos).

Chapter V. Putting fruit through a skylight and protecting it from rain; miscellaneous laws of *shebuth* (v. Glos.), such as riding on animals, swimming, climbing trees, adjudicating in lawsuits, betrothing and consecrating articles; limitation of the area in which articles may be carried; and finally, which animals may be slaughtered for food on festivals.

There is very little narrative (*Aggadah*) in the Tractate; nevertheless, in the discussion on strict *halachah* there is some interesting historical data. Of particular interest is the passage on the origin of keeping Festivals for two days instead of one according to Scripture, which gives us a glimpse of the hostility of the Samaritans and their attempted interference with Jewish practice. The story of how R. Eliezer sat and lectured the whole day of the Festival and the reaction on his hearers, followed by the debate on how the Festivals are to be celebrated, provide us with an insight into how Festivals were actually kept; and one suspects that the view of R. Joshua that half the time was to be spent in the service of God and the other half in material rejoicing with food and drink represented the usual practice. The description of the Sabbath as a precious gift to Israel from God's treasury is a striking refutation of the view that the many restrictions that hedged it about made it a day of gloom—on the contrary, the joy conferred by this precious gift sustained the Jew throughout the six days that followed. And this Introduction may well end with the Rabbinical gem which characterizes the true Jew: 'Whoever is merciful to his fellowmen is certainly of the children of our father Abraham, and whosoever is not merciful to his fellowmen is certainly not of the children of our father Abraham (v. 32*b*)'. Service of God leading to love of man—here Judaism has set up a standard calling forth the noblest faculties of mankind.

M. GINSBERG.

The Indices of this Tractate have been compiled by Judah J. Slotki, M.A.

(1) The Tractate is also known by the name Yom Tob ('Festival').

PREFATORY NOTE BY THE EDITOR

The Editor desires to state that the translation of the several Tractates, and the notes thereon, are the work of the individual contributors and that he has not attempted to secure general uniformity in style or mode of rendering. He has, nevertheless, revised and supplemented, at his own discretion, their interpretation and elucidation of the original text, and has himself added the footnotes in square brackets containing alternative explanations and matter of historical and geographical interest.

ISIDORE EPSTEIN

BEẒAH

CHAPTER I

a *MISHNAH* [2*a*]. [IF] AN EGG IS LAID ON A FESTIVAL-DAY, BETH SHAMMAI[1] SAY: IT MAY BE EATEN [ON THE SAME DAY], BUT BETH HILLEL[1] MAINTAIN: IT MAY NOT BE EATEN [UNTIL THE DAY IS OVER]. BETH SHAMMAI SAY: [THE QUANTITY OF] LEAVEN[2] IS OF THE SIZE OF AN OLIVE[3] AND LEAVENED BREAD IS OF THE SIZE OF A DATE,[4] BUT BETH HILLEL MAINTAIN: BOTH[5] ARE OF THE SIZE OF AN OLIVE. HE WHO SLAUGHTERS GAME OR POULTRY ON A FESTIVAL-DAY, BETH SHAMMAI SAY: HE MAY DIG UP [EARTH] WITH A SHOVEL[6] AND COVER [THE BLOOD],[7] BUT BETH HILLEL MAINTAIN: ONE MAY NOT SLAUGHTER[8] UNLESS HE HAS [LOOSE] EARTH PREPARED FROM THE DAY BEFORE [THE FESTIVAL];[9] BUT THEY AGREE THAT IF HE HAS [ALREADY] SLAUGHTERED, HE MAY DIG UP [EARTH] WITH A SHOVEL AND COVER [THE BLOOD], BECAUSE[10] THE ASHES OF THE HEARTH ARE MUKAN [CONSIDERED AS HAVING BEEN PREPARED].[11]

GEMARA. What[12] are we discussing? If one should say about
b a hen kept[1] for food, what is the reason of Beth Hillel,[2] [seeing that] it is food which has been separated;[3] and [if] about a hen kept for laying eggs, what is the reason of Beth Shammai,[4] [seeing that] it is *mukẓeh?*[5]—But what objection is this? Perhaps Beth Shammai do not accept [the prohibition of] *mukẓeh?* (We are of the opinion that even he who permits *mukẓeh* forbids *nolad;*[6] what then is the reason of Beth Shammai?)—R. Naḥman replied: In truth [we are debating] about a hen kept for laying eggs; but he who accepts [the prohibition of] *mukẓeh* accepts [the prohibition of] *nolad*, and he who rejects [the prohibition of] *mukẓeh* rejects [the prohibition of] *nolad:*[7] Beth Shammai is [of the same opinion] as R. Simeon[8] and Beth Hillel is [of the same opinion] as R. Judah.[9] But did R. Naḥman say thus? Surely we have learnt: Beth Shammai say: One may remove[10] [on the Sabbath] from the table [with the hand] bones and nutshells;[11] but Beth Hillel maintain: One lifts off the whole table-top and shakes it.[12] And R. Naḥman[13] said: As for us, we only hold that Beth Shammai [follow the view] of R. Simeon!—R. Naḥman can reply to you: With
c reference to the Sabbath where the Tanna teaches anonymously[1] according to [the opinion of] R. Simeon—as we have learnt: You may cut up gourds[2] for cattle and a carcass[3] for dogs[4]—Beth Hillel is made to represent the opinion of R. Simeon; but

a (1) For the Schools of Shammai and Hillel v. *J.E.* III, 115ff. (2) On the Feast of Passover, involving penalty; cf. Ex. XII, 19. (3) But not less. (4) A date is considered larger than an olive; but v. Jast. s.v. (5) Leaven and leavened bread. (6) If loose earth is not available. (7) Cf. Lev. XVII, 13. (8) On a Festival-day. (9) In the three cases here mentioned Beth Shammai is more lenient than Beth Hillel. Hence they are taught together though not all are relevant to the subject. (10) The sentence introduced by *because* has no causal relation with what precedes, and *infra* 8*a*, the letter ש = *because*, is emended to ו = *and*. (11) '*Mukan*', 'set in readiness'; v. Glos. The wood having been kindled on the previous day, the ashes accumulated during the Festival are considered as if they were prepared before the Festival, as the house-holder had in his mind that there would be ashes which he could use for covering the blood. (12) Kind of hen that laid the egg.

b (1) Lit., 'standing'. (2) Who say the egg may not be eaten. (3) From the hen. Since the hen was kept to be killed for food, the egg laid is regarded as a separated edible part of the hen. Cf., however, גרשום Ḥul. 14*b* who takes the word אפרח in the sense of פרו ורבו. (4) Who say the egg may be eaten. (5) A thing not mentally intended or set in readiness before the Festival to be used on the Festival is called *mukẓeh;* v. Glos. Since the hen was not 'set in readiness' before the Festival the egg should therefore be forbidden to be eaten or handled on the Festival. (6) Lit., 'born'; i.e., an object which has only come into existence in its present form on a Festival. Such is forbidden to be used on a Festival. (7) There is no fundamental difference between *mukẓeh* and *nolad*, only temporal. (8) Who rejects the prohibition of *mukẓeh*, cf. Shab. 45*b*. (9) The opponent of R. Simeon, ibid. (10) Because they do not accept the prohibition of *mukẓeh*. (11) Bones and nutshells are regarded as refuse and by the law of *mukẓeh* may not be handled. (12) Beth Hillel accept the prohibition of *mukẓeh* and therefore rule that one may not remove the bones and nutshells with his hand but gets rid of them by lifting the table-top. Shab. 143*a*. (13) R. Naḥman, wishing to follow the standard rule that in disputes between Shammai and Hillel the law prevails as Hillel, and also to follow the rule that the law prevails according to the opinion expressed in an anonymous Mishnah, here reverses the teaching of the two Schools.

c (1) A Mishnah taught anonymously without mention of its author indicates that the teaching is the prevailing law. (2) The cutting up of gourds is not regarded as unnecessary labour on Sabbath, for the animals are then better able to feed. (3) Of an animal that dies on a Sabbath and consequently was not intended before the Sabbath to be given to the dogs to feed on. (4) Shab. 156*b*; *infra* 6*b*, 27*b*.

ביצה

*שנולדה ביום טוב בית שמאי אומרים תאכל ובית הלל אומרים *לא תאכל בית שמאי אומרים *שאור בכזית וחמץ בככותבת ובית הלל אומרים זה וזה בכזית *השוחט חיה ועוף ביום טוב בית שמאי אומרים יחפור בדקר ויכסה ובית הלל אומרים לא ישחוט אלא אם כן היה לו עפר מוכן מבעוד יום ומודים שאם שחט שיחפור בדקר ויכסה שאפר כירה מוכן הוא: **גמ'** במאי עסקינן אילימא בתרנגולת העומדת לאכילה מאי טעמייהו דבית הלל אוכלא דאפרת הוא אלא בתרנגולת העומדת לגדל ביצים מאי טעמייהו דבית שמאי מוקצה היא ומאי קושיא דלמא בית שמאי לית להו מוקצה קא סלקא דעתין אפילו מאן דשרי במוקצה בנולד אסר מאי טעמייהו דבית שמאי אמר רב נחמן לעולם בתרנגולת העומדת לגדל ביצים *ודאית ליה מוקצה אית ליה נולד ודלית ליה מוקצה לית ליה נולד בית שמאי כר' שמעון ובית הלל כר' יהודה ומי אמר רב נחמן הכי והתנן בית שמאי אומרים *מגביהין מעל השלחן עצמות וקליפין ובית הלל אומרים מסלק את הטבלא כולה ומנערה ואמר רב נחמן אנו אין לנו אלא בית שמאי כרבי יהודה ובית הלל כר"ש אמר לך רב נחמן גבי שבת *דסתם לן תנא כרבי שמעון דתנן *מחתכין את הדלועין לפני הבהמה ואת הנבלה לפני הכלבים מוקים לה לבית הלל כרבי שמעון אבל גבי

רש"י

ביצה. לא תאכל. בו ביום בגמרא מפרש טעמא: שאור בכזית. משום דהני תלת מילי הוו מקולי בית שמאי ומחומרי בית הלל גבי יו"ט תנא להו גבי הדדי ובגמרא מפרש טעמייהו: בככותבת. תמרה: יחפור בדקר. פיל"א בלע"ז: ומודים שאם שחט כו'. כדמפרש טעמא בגמ' כשיש לו דקר נעוץ מבעוד יום: שאפר כירה מוכן הוא. בגמרא בעי מאי קאמר: **גמ'** העומדת לאכילה. שאינה מוקצת: אוכלא דאפרת. אוכל שנפרד וחבירו *במנחות חבורי אוכלין כמאן דמפרתי דמו וכן בשחיטת חולין (דף עג.): לית להו מוקצה. דדלמא כר' שמעון סבירא להו דאמר בפרק [כירה] (שבת דף מד.) מותר השמן שבנר ושבקערה אסור (*דברי רבי יהודה) ור"ש מתיר: קא סלקא דעתין. להכי פרכינן מאי טעמייהו דבית שמאי דקא סלקא דעתין דאפי' לר' שמעון דשרי במוקצה בנולד אסיר דאילו במוקצה סבירא ליה לא מקצי איניש מדעתיה מידי דחזי ליה אבל נולד לא הוה ידע דנהוי דעתיה עלויה: ומי אמר רב נחמן הכי. דבית הלל כר' יהודה: מגביהין. בשבת מעל השלחן עצמות שאינן ראוין לאכילה וקליפי אגוזים ולא חיישינן למוקצה: ובית הלל אומרים. אין מטלטלין אותן בידים שמוקצה הן: אלא מסלק הטבלא. שיש תורת כלי עליה ומנערה: ואמר רב נחמן אנו אין לנו. בשיטת משנה זו לפי שמוחלפת שיטתה אלא כך שמעתי מרבותינו דבית שמאי כר' יהודה ומחמרי ובית הלל כרבי שמעון: מחתכין דלועין. תלושין לפני הבהמה ולא אמרינן טרחא דלאו צורך הוא: ואת הנבילה לפני הכלבים. ואע"פ שנתנבלה בשבת דבין השמשות לא היתה עומדת לאכילת כלבים אפילו הכי שרי דלית לן מוקצה בשבת הלכך מגביהין מעל השלחן דמיירי בשבת מוקים לבית הלל דנימרו כר' שמעון כי היכי דלא תקשי הלכתא אהלכתא דקיימא לן הלכה כסתם משנה וקיימא [לן] הלכה כבית הלל אבל גבי יום טוב דאשכחן דסתם רבי כרבי יהודה:

דתנן

תוספות

ביצה שנולדה בי"ט בש"א תאכל ובה"א לא תאכל. וא"ת אמאי לא תנא אוסרין ומתירין וכי הימא אוסרין משמע שאסור לעולם זה אינו דאמרינן לקמן (דף ו.) אפרוח שנולד בי"ט אסור והיינו ביומו ועוד דאמרינן (לקמן ל:) מותר שמן שבנר רבי יהודה אוסר והיינו דוקא באותו יום ויש לומר דאי הוה תני אוסרין ומתירין הייתי אומר שמא שמתירין הבילה היינו לטלטל אבל באכילה אסורה והכי אמרינן (לקמן דף כד.) גבי נכרי אחד שהביא דגים לפני רבן גמליאל ואמר מותרים הם אלא שאין רצוני לקבל הימנו ומסיק מאי מותרים לטלטל אבל באכילה אסורים ואם תאמר לבית הלל דאמרי לא תאכל אבל לטלטל שרי והא קי"ל (לקמן ד.) דאף לטלטל אסור לכן פירש ר"י דנקט כי האי לישנא דסתם ביצה לאכילה קיימא עוד יש לומר דנקט לבית שמאי תאכל משום דמשמע אכילה וטלטול דאין אכילה בלא טלטול ובית הלל אסרי אף בטלטול אלא אגב דנקטי ב"ש תאכל נקטי אינהו לא תאכל:

שאור בכזית. לא שייך הכא מידי אלא מייתי כאן תלת מילי גבי יום טוב דבית הלל לחומרא וב"ש לקולא:

אוכלא דאפרת הוא. פירוש אוכל הנפרד מן האוכל הוא דהבילה שנולדה נפרדה היא מן התרנגולת ואי בעי שחיט לה ואכיל כל שבגוה:

דלמא בית שמאי לית להו מוקצה. תימה במתני' קאמר בהדיא דבית שמאי אית להו מוקצה דקתני (לקמן דף י.) לא יטול אלא אם כן נענע מבעוד יום ויש לומר דמוקצה דבעלי חיים חמיר טפי ומוקצה ביותר והתם הוא דאית ליה מוקצה כדחזינא ר"ש דאע"ג דלית ליה מוקצה אית ליה (שבת דף מה.) גבי גרוגרת וצמוקים דאתקצאי טפי:

קא סלקא דעתין דאפי' מאן דשרי מוקצה בנולד אסיר. דלא מקצי איניש מאי דחזי ליה אבל בנולד לא הוה ידע מאתמול ותימה דהא רבי שמעון דשרי במוקצה שרי בנולד כדאמרינן בשבת (דף כט.) רבי יהודה אומר אין מסיקין בשברי כלים ור"ש מתיר אע"ג דהוי נולד וי"ל דלא דמי דהאי נולד דהכא הוי נולד טפי שמתחילה לא היה בעולם אבל התם הכלי היה בעולם רק שנשבר וכן משמע נמי בעירובין (דף מה: ושם) מיא בעיבא מיבלע בליעי ופריך כל שכן דהוי נולד ואסור ומאי פריך ודלמא ההוא כר' שמעון דהא רבי שמעון מתיר בנולד אלא ודאי היינו טעמא כדפרישית דכיון דבליעי לא היו כלל בעולם ואפי' ר' שמעון מודה דהאי נולד אסור:

מגביהין מעל השלחן עצמות וקליפין. פ"ה אע"ג דאין ראוין לא למאכל אדם ולא למאכל בהמה ולא נהירא דהא איכא בסיפא ושער של אפונין ושער של עדשים מפני שהן ראוין למאכל בהמה לכך נ"ל שהם ראוים למאכל בהמה כגון עצמות רכים וקליפי תפוחים ובית הלל סברי כיון דלא חזי למאכל אדם לא*:

ובית הלל אומרים מסלק את הטבלא ומנערה. תימה והלא היא בסיס לדבר האסור דהא לא שכח הואיל והניחם שם מדעתו ויש לומר דלפירוש רבינו תם ניחא דפירש במסכת שבת* דלא הוי בסיס לדבר האסור אלא כשדעתו להניחם שם כל היום אי נמי כיון דהוו שם אוכלין הוה ליה בסיס לדבר האסור ולדבר המותר ושרי כדמוכח פרק נוטל (שם דף קמב.) ועוד דאין זה מניח בכוונה דהא אינו חושש היכן יפלו:

דתנן מחתכין את הדלועין לפני הבהמה ואת כו'. וא"ת היכי דמי אי בדלועין שהיו מחוברין בין השמשות בהא ודאי מודה ר' שמעון גזרה שמא יעלה ויתלוש וי"ל דמיירי בתלושין וסלקא דעתך דאסור דמשוה להו אוכלין לפי שהן קשין והחתוך מרכך אותם:

ואת הנבלה כו'. אנו צריכין לפרש שנתנבלה בשבת ומכל מקום תני להו בהדי הדדי דאע"ג דבדלועין לא הוי טעמא משום מוקצה כמו בנבלה משום דבשניהם שייך לשון מחתכין:

גבי

עין משפט נר מצוה

א א מיי' פ"א מהלכות י"ט הלכה יט סמג לאוין עה טוש"ע א"ח סי' תקיג סעיף א:

ב ב מיי' פ"א מהלכות חמץ ומצה הלכה ב טוש"ע א"ח סי' תמב סעיף ז:

ג ג מיי' פ"ג מהלכות י"ט הל' א סמג לאוין עה טוש"ע א"ח סי' תצח סעיף יד:

ד ד מיי' פכ"ו מהלכות שבת הלכה טז סמג לאוין סה טוש"ע א"ח סי' שח סעיף כז:

ה ה מיי' פכ"א מהל' שבת הלכה יח סמג שם טוש"ע א"ח סי' שכד סעיף ו:

ו ו מיי' שם טוש"ע שם סעיף ז:

רבינו חננאל

אתחיל מסכת ביצה. בעזרת גדול העצה.

ביצה שנולדה ביו"ט ב"ש אומרים תאכל וב"ה אומרים לא תאכל: אוכלא דאפרת. פי' כגון אוכל שנפרד אבר מאבר. מוקצה כל דבר שאינו מוכן נקרא מוקצה. נולד פי' כל דבר שלא היה מאתמול ונעשה היום נקרא נולד. אוקמה רב נחמן למתני' בתרנגולת העומדת לגדל ביצים, וב"ש כר' שמעון דלית ליה מוקצה. וב"ה כר' יהודה דאית ליה מוקצה. ואקשינן ומי אמר רב נחמן ב"ש כר' שמעון וב"ה כר' יהודה והא אפכא שמעינן ליה דתנן בפרק נוטל אדם את בנו. ב"ה אומרים מגביהין מעל השלחן עצמות וקליפין וב"ש אומרים מסלק את הטבלא כו'

מסורת הש"ס

[פסחים פס. כג"ג] | עדיות פ"ד מ"א [ולפנינו שם ליתא] | שם ויומא עט: | [לקמן ס: עדיות פ"ד מ"ב] | שבת מה: | שם קמג. קנז. | [ועי' בתוס' לקמן לח: ד"ה נפחת וביבמות כ: ד"ה סתם] | [דף נח. תד"ה או]

גליון הש"ס

מתני' ובה"א לא ישחוט. עיין בר"ן פרק י"ט דשבת דף נח:

גבי יום טוב *דסתם לן תנא כרבי יהודה דתנן **אין מבקעין עצים מן הקורות ולא מן הקורה שנשברה ביום טוב מוקים לה לב"ה כרבי יהודה מכדי מאן סתמיה למתני' רבי מאי שנא בשבת דסתם לן כר' שמעון ומאי שנא ביו"ט דסתם לן כר' יהודה אמרי *שבת דחמירא ולא אתי לזלזולי בה סתם לן כרבי שמעון דמיקל יום טוב דקיל ואתי לזלזולי ביה סתם לן כרבי יהודה דמחמיר במאי אוקימתא בתרנגולת העומדת לגדל ביצים ומשום מוקצה אי הכי אדמפלגי בביצה לפלגו בתרנגולת להודיעך כחן דב"ש דבנולד שרי ולפלוגי בתרנגולת להודיעך כחן דבית הלל דבמוקצה אסרי וכ"ת *כח דהתירא עדיף ונפלוג בתרוייהו תרנגולת העומדת לגדל ביצים היא וביצתה ב"ש אומרים תאכל וב"ה אומרים לא תאכל אלא אמר רבה לעולם בתרנגולת העומדת לאכילה °וביום טוב שחל להיות אחר השבת עסקינן ומשום הכנה וקסבר רבה כל ביצה דמתילדא האידנא מאתמול גמרה לה *ורבה לטעמיה דאמר רבה מאי דכתיב °והיה ביום הששי והכינו את אשר יביאו חול מכין לשבת וחול מכין ליום טוב °ואין יו"ט מכין לשבת ואין שבת מכינה ליום טוב א"ל אביי אלא מעתה יו"ט בעלמא תשתרי °גזרה משום יו"ט אחר השבת שבת דעלמא תשתרי °גזרה משום שבת אחר יום טוב ומי גזרינן והא תניא *השוחט את התרנגולת ומצא בה ביצים גמורות מותרות לאכלן ביום טוב ואם איתא ליגזר משום הנך דמתילדן ביומיהן א"ל ביצים גמורות במעי אמן מילתא דלא שכיחא היא *ומילתא דלא שכיחא לא גזרו בה רבנן רב יוסף אמר גזרה *משום פירות הנושרין א"ל אביי °פירות הנושרין טעמא מאי גזרה

רש"י

דתנן אין מבקעין עצים · בי"ט לא מן הקורות הסדורות זו על גב זו בקרקע ועומדות לבנין: ולא מן הקורה שנשברה בי"ט · ואע"פ שעומדת מעכשיו להיסק הואיל ובין השמשות לאו להכי קיימא כיון דאתקצאי לבין השמשות אתקצאי לכולי יומא אלמא אית לן מוקצה ביום טוב הלכך מוקי רב נחמן למתני' דאיירי ביום טוב ובית הלל כר' יהודה ובעומדת לגדל ביצים ומשום מוקצה: מאן סתם לן למתני' ר' · הוא סדר המשנה וכשראה דברי חכם וישרו בעיניו שנאן סתם ולא הזכיר שם אומרו עליהן כדי שלא יהו שנויה מפי יחיד ונראין כאילו נשנו מפי המרובים ויעשו כמותן: ולא אתי לזלזולי בה · אי מקילין בה חדא קולא לא אתי לאקולי בה טפי: דהתירא עדיף ליה · טוב לו להשמיענו כח דברי המתיר שהוא סומך על שמועתו ואינו ירא להתיר אבל כח האוסרין אינה ראיה שהכל יכולין להחמיר ואפילו בדבר המותר: ומשום הכנה · (א) דאסרי לה ב"ה כדמפרש ואזיל: דכל ביצה דמתילדא האידנא מאתמול גמרה לה · ואף על גב דבידי שמים הוא אסור דבעינן כל סעודות שבת וסעודות יום טוב שיהו מזומנות ומוכנות מבעוד יום של חול: ורבה · דאסר בהכנה שאינה בידים מנא: לטעמיה דאמר רבה · בפסחים (דף מז:) ויליף מהכא דמוקצה דאורייתא: והכינו · והזמינו כגון מכאן אני אוכל למחר דאי משום הכנה בידים ולומר שיאפו ויבשלו מבעוד יום בהדיא כתיב את אשר תאפו אפו אלא הזמנה בפה קאמר וכתיב ביום הששי וסתם ששי חול הוא ואחשבה רחמנא לסעודת שבת שיזמיננה מבעוד יום ובחול: ואין יום טוב מכין לשבת · ויום טוב נמי קרוי שבת ובעיא סעודתו הזמנה והזמנתה בחול אבל סעודת חול לא חשיבא ולא שייכא בה הזמנה הלכך באחד בשבת בעלמא לית לן למיסר ביצה שנולדה ביה משום דאתכן בידי שמים דסעודת חול לא אצרכה רחמנא זמון מבעוד יום דלא שייך בה מוקצה: יום טוב בעלמא · שאינו אחר שבת: שבת דעלמא · שאינו אחר יום טוב: תשתרי · לגמוע ביצה חיה שנולדה בו: ומי גזרינן · ומי אחמור רבנן בביצה למגזר התירא משום איסורא: [והתניא וכו']. וא"ת הויא לה גזרה לגזרה דהנך דמתילדן ביומיהם נמי אינן אסורות אלא משום גזרה דיום טוב אחר השבת תריץ הא מצי לאוקומי ביום טוב אחר השבת דהשתא איכא למיגזר אטו הנך דמתילדן ביומיהם ואשמועינן הך מתני' דאפי' בי"ט אחר השבת מותרות הואיל ואינם נולדות ומשום הנך דמתילדן ליכא למגזר דמילתא דלא שכיחא הוא בשם רבינו והא דאמרינן בכולי הש"ס שאין גוזרין גזרה לגזרה מהאי קרא נפקא ושמרתם את משמרתי עשו משמרת כלומר גזרה למשמרתי לתורתי ולא משמרת למשמרת שלא יעשו גזרה לגזרה. ואין י"ט מכין לחברו לא גרסינן במלתיה דרבה דהא קרא קא דריש ושני ימים רצופים בתורה לא אשכחן דמספיקא עבדינן להו: רב יוסף אמר · טעמא דביצה בתרנגולת העומדת לאכילה וכדאוקימנא ובית הלל דאסרי משום פירות הנושרין מן האילן בשבת וקא סלקא דעתך השתא גזרה היא משום פירות הנושרין דלא נכלינהו דהא נמי לפירות הנושרין מן האילן דמיא שאף זו פרי הנושר: ויתלוש

תוספות

גבי שבת דסתם לן תנא כרבי שמעון · *ותימה והא הוי סתם ואח"כ מחלוקת דהא פליג ר' יהודה במתניתין ואמר אם לא נתנבלה בערב שבת אסור ואין הלכה כסתם דכי האי גונא חשיב סתם ואח"כ מחלוקת בפרק יש נוחלין (ב"ב דף קל: ושם) גבי מלתיה דרבי יוחנן בן ברוקה דפריך סתם ואחר כך מחלוקת היא וי"ל דהתם סמיך אועוד מאי אלא דפריך בתר הכי וכן פירש שם בקונטרס אבל לעולם מהני הסתם להיות רבים והוי רבים רבי שמעון והוי יחיד רבי יהודה °והלכתא כרבים כת"ק דהיינו רבי שמעון וא"ת גבי שבת נמי סתם לן כרבי יהודה כי האי דתנן (שבת דף מד·) מטלטלין נר חדש אבל לא ישן ור' שמעון מתיר והואיל והוכר מוקצה מחמת מיאוס כל שכן מחמת איסור דהכי אמרינן התם וי"ל דהאי סתמא עדיפא הואיל ושנית משנה בכתם לבסוף פרק מי שהחשיך (שם דף קנו: ושם):

מוקים לב"ה כר"ש · וקשה דמאי אולמיה דהאי סתמא מהאי סתמא וי"ל דבעדיות לא תני לה מקולי ב"ש וחומרי ב"ה:

אין מבקעין עצים לא מן הקורות וכו' · לא מייתי מרישא דאין מבקעין קורות דהא מיירי באוצר של קורות דהוי מוקצה מחמת חסרון כיס ובהא כ"ע מודו אפי' ר' שמעון אלא מייתי מסיפא דלא מן הקורה שנשברה וא"ת והא ר' שמעון אינו מתיר אלא ביושב ומצפה (לקמן ל:) וי"ל דה"נ הואיל ונשברה *בשבת מסתמא היתה רעועה מאתמול והוי כיושב ומצפה מתי תשבר קורתו ותהיה ראויה להסקה: [ל"ל בי"ט]

וכ"ת כח דהתירא עדיף · פי' הקונט' לכך כח דהתירא עדיף כשאדם מתיר סומך על שמועתו וצריך להביא ראיה לדבריו אבל איסורא אדם יכול להחמיר עליו בלא טעם: ונפלוג בתרוייהו · תימה ובכל מקום דקאמר כח דהיתרא עדיף לפרוך הכי *)וי"ל דהכי פריך ונפלוג בתרוייהו שלא יצטרך משום כך ויאמר היא וביצתה אבל בעלמא לא שייך: והיה ביום הששי וגו' · פרש"י וע"כ בא לאשמועינן דאפילו הכנה בידי שמים(ב) ביצה אסורה דאי משום הכנה בידי אדם כלומר שיאפו ויבשלו מבעוד יום הא בהדיא כתיב את אשר תאפו אפו אלא הזמנה בפה קאמר ואין י"ט מכין לשבת כו' ואין שבת מכין לי"ט מכ"ש דכיון דאין י"ט מכין לשבת כ"ש דאין שבת מכין לי"ט והקשה רש"י אם כן ביצה שנולדה באחד בשבת או לאחר י"ט תתסר מכ"ש דשבת וי"ט לא מכינין אהדדי כ"ש דלא מכינין אחול ותירץ דלגבי סעודת חול לא צריך הכנה דאין סעודת חול חשובה אך תימה הואיל והכנה דאורייתא היאך אופין ומבשלין מי"ט לשבת וכ"ת ע"י ערובי תבשילין וכי אתי תקנתא דרבנן וליעקר הכנה דאורייתא ונראה ליישב דרבה גופיה אזיל לטעמיה *דאית ליה הואיל ואי מקלעי אורחין חזי ליה השתא נמי חזי ליה ואפילו לדידן ניחא דכל דבר אפוי ומבושל לא שייך ביה הכנה שאינו מחוסר רק תיקון בעלמא דמעיקרא הוה חזי ליה רק גבי ביצה שהוא דבר חדש שלא היתה בעולם ולא היתה ראויה כלל מעיקרא (*ולאפות ולבשל תקוני מלתא בעלמא) תימה דכאן משמע שהמן לא היה יורד בי"ט כדפי' רש"י הששי הראוי להכנה וזהו בחול והא אמר ויברך ויקדש ברכו במן וקדשו במן שבשבת לא היה יורד מן אבל בי"ט היה יורד וי"ל דמדרשים חלוקין כדאיתא במדרש (מכילתא פ' בשלח) שבת לא יהיה (שמות טז) לרבות יום הכפורים לא יהיה בו לרבות י"ט שלא היה יורד בהן מן ועי"ל דאפי' היה יורד בי"ט מ"מ בי"ט שחל להיות בע"ש לא היה יורד מדכתיב קרא בו ביום הששי ולא כתיב ששי משמע הששי המיוחד שהוא ראוי להכנה ולא בששי שהוא יו"ט: נגזר משום הנך דמתילדן ביומיהן · ואין זה גזרה לגזרה דמותר לאוכלן בי"ט משמע אפילו ביום טוב דלאחר השבת: מלתא דלא שכיחא היא · וקשה דלמא אם לא שחטה היתה נולדת היום ואם כן מאתמול גמרה לה ותאסר בלא גזרה מספק וי"ל דמאחר דלא נולדה ע"י כך לא חשיב גמר ובירושלמי פליג בהא:

*) [עי' בתוס' עירובין עב: ד"ה כח דהתירא]

עין משפט נר מצוה

[עיין בתוס' יבמות מב: ד"ה סתם]

ז א מיי' פ"ב מהלכות יו"ט הלכה יב סמג לאוין עה טוש"ע א"ח סי' תקז סעיף א:

שבת קנו. לקמן לא.

ח ב מיי' פ"א שם הל' יז סמג שם טוש"ע א"ח סי' תצה סעיף ד:

[לקמן לה:]

ט ג ד מיי' שם הל' יט סמג שם טוש"ע א"ח סי' תקג סעיף א וסי' תקיג סעיף ה וסי' תקכז סעיף א:

י ה מיי' שם טוש"ע א"ח סי' תקיג סעיף א:

יא ו מיי' שם טוש"ע א"ח סי' שכב סעיף א ג:

יב ז מיי' פכ"א מהלכות שבת הל' ז סמג לאוין סה טוש"ע שם סעיף ג:

רבינו חננאל

ופרקינן בתר סתמא אזלינן. בשבת דסתם לן תנא כר' שמעון דלית ליה מוקצה וקי"ל כוותיה דהלכתא כסתמא אוקימנא לב"ה כוותיה משום דקיי"ל הלכתא כסתם כי היכי דלא תקשי הלכתא אהלכתא ואקשינן נמי אהא מ"ט דרבי שסתם המשנה דסתם לן ביו"ט חילוף מה שסתם לנו בשבת ופרקינן יו"ט קיל להו לבני אדם דהא אופין ומבשלין בו ועושין בו כל צרכי אוכל נפש ואי שרית להו מוקצה אתו לזלזולי בי' לפיכך החמיר וסתם לן לחומרא אבל שבת דחמיר להו אע"ג דשרית להו מוקצה כגון חתיכת דלועין לפני בהמה וכגון נבלה לפני הכלבים וכיוצא בהן לא אתו לזלזולי בה ומשום הכי לא אחמר בה אלא שנאה בהלכה המסורה בידם. ואקשינן על רב נחמן במאי אוקימתא למתני' בתרנגולת העומדת לגדל ביצים ומשום מוקצה אדמפלגי בביצה נפלגי בתרנגולת גופה [דהיא] (דאי) עצמה מוקצה היא שלא היתה מוכנת מאתמול לאכילה אלא לגדל ביצים. אלא אמר רבה לעולם בתרנגולת העומדת לאכילה והכא ביו"ט שחל אחר השבת עסקינן ומשום הכנה וקסבר כל ביצה דמתילדה האידנא מאתמול גמרה לה ורבה לטעמיה [דאמר רבה] אמר קרא והכינו את אשר יביאו חול מכין לשבת וחול מכין ליו"ט ואין שבת מכינה ליו"ט ואין יו"ט מכין לשבת. אי הכי יו"ט להודיה תשתרי גזירה כו'. ופשוטה היא. רב יוסף אמר גזירה ביצה שנולדה ביו"ט משום פירות שנשרו מן האילן

מסורת הש"ס

[עיין לקמן לא: בתוס' ד"ה ונפחת]

[ברכות ס. וש"נ]

עירובין לח: [וע"ש בתוס' ד"ה אמר רבה]

שמות טז

לקמן ו: [תוספת' פ"א]

[עירובין סג וש"נ] [שם נט:]

הגהות הב"ח

(א) רש"י ד"ה ומשום הכנה הוא דאסרי (ב) תוס' ד"ה והיה וכו' ביד שמים דהיינו ביצה:

גליון הש"ס

גמ' וביו"ט שחל להיות לאחר שבת עסקינן. ה דמשום גזי' אטו י"ט ל שבת. רש"י בשבת דף ק ע"א ד"ה ב במראה של מהכת: תוס' ד"ה שבת וכו' והלכתא כרב עיין יבמות מב ע"ב ד"ה סתם מז ע"א תו ד"ה ודלמ

[ועי' תוס' עירובין ל ד"ה ואין ופסחים ד"ה מה]

[2b] with reference to Festivals, where the Tanna teaches anonymously according to [the opinion of] R. Judah—as we have learnt: You may not [on a Festival] chop up firewood from rafters[5] nor from a beam which was broken on a Festival[6]—Beth Hillel is made to represent the opinion of R. Judah.

Now who taught our Mishnah anonymously, [was it not] Rabbi?[7] Why then is it that with reference to the Sabbath he teaches the Mishnah anonymously according to [the opinion of] R. Simeon, whereas with reference to Festivals he teaches the Mishnah anonymously according to R. Judah?—I will answer. With respect to the *Sabbath* which is stringent so that people will not come to treat it lightly, he taught the Mishnah anonymously according to R. Simeon who is lenient; [with respect to] a *Festival* which is less stringent[8] so that people might come to treat it lightly, he taught the Mishnah anonymously according to R. Judah who is strict.

How have you explained it [the Mishnah]? With respect to a hen kept for laying eggs [the prohibition is] on account of *mukẓeh!* If so, then instead of disputing about an egg,[9] let [the Mishnah state that] they dispute about the hen [itself]![10]—It is in order to inform you of the extent of the opinion[11] of Beth Shammai that [even] *nolad* is permitted. Then let them dispute about the hen [itself] to show you the extent [of the opinion] of Beth Hillel that they forbid [even] *mukẓeh!* And if you reply that information with respect to the extent of the opinion of permitting is to be pre-
a ferred,[1] then let them dispute about both,[2] thus: 'A hen and its egg [laid on a Festival] may be eaten; but Beth Hillel maintain: They may not be eaten'![3]—Therefore, said Rabbah: In reality, it [the Mishnah] refers to a hen kept for food; but we are discussing a Festival which fell on a Sunday,[4] and [the prohibition[5] is] on account of preparation [on a Sabbath].[6] For Rabbah is of the opinion that every egg laid now was completely formed the day before. And Rabbah is consistent with his view;[7] for Rabbah said: What is [the teaching of] that which is written,[8] *and it shall come to pass on the sixth day that they shall prepare that which they bring in?*[9] [It is that] a weekday may prepare[10] for Sabbath, and a weekday may prepare for a Festival; but a Festival may not prepare for Sabbath and Sabbath may not prepare for a Festival.[11] Said Abaye to him [Rabbah]: But if it is so,[12] let [the egg laid on] a Festival in general[13] be permitted![14]—It is a preventive measure out of consideration for a Festival falling on a Sunday.[15] Let [the egg laid on] a Sabbath in general[16] be permitted![14]—It is a preventive measure out of consideration for a Sabbath [immediately]
b following a Festival.[1] But do we enact a preventive measure [in such a case]? Surely it was taught: If one slaughters a hen[2] and finds therein eggs completely formed, they may be eaten on the Festival.[3] Now if this be so,[4] let them[5] be prohibited on account of those [eggs] laid on the same day![6]—He answered him: [The case of] there being in a hen eggs completely formed is a rare occurrence, and the Rabbis do not decree a prohibition with regard to a rare occurrence.

R. Joseph said: It[7] is a preventive measure on account of [the eating of] fruit fallen [from a tree].[8] Said Abaye to him: What is the reason [that] fruit fallen from a tree [on a Festival] is forbidden?

(5) Stacked for building purposes. (6) Before the Festival the beam was not intended to be used for firewood, hence it may not be so used on account of *mukẓeh*, *infra* 31*a*, Shab. 157*a*. (7) Rabbi Judah ha-Nasi. (8) Cf. Ex. XII, 16. (9) Which is forbidden on account of its hen. (10) Whether it may be eaten or slaughtered on the Festival, since it was specifically kept for laying eggs. (11) Lit., 'power'; i.e., how far Beth Shammai maintain their view.

a (1) Because it is an evidence of courage of conviction, while the more rigid opinion may be the outcome of doubt. (2) The hen and its egg. Granted that information respecting the power of permission is preferable, but where, by a slight addition, more information could be given, this addition should be made. (3) And since the Mishnah does not state this, R. Naḥman's explanation of the Mishnah cannot be accepted. (4) Lit., '(immediately) after the Sabbath'. (5) According to Beth Hillel. (6) Though the egg was here prepared by nature, it is none the less forbidden. (7) Expressed elsewhere. 'Er. 38*b*. V. Tosaf. s.v. אמר. (8) This clause is omitted in 'Er.; for such an expression is only used in *Haggadic* passages, cf. *D.S.* (9) Ex. XVI, 5. (10) The preparation needs only be by word of mouth, or even by thought alone. (11) [As a day of rest, a festival is included in the term Sabbath and requires also 'preparation'; but such 'preparation' may not take place on the Sabbath and consequently the egg is prohibited]. (12) Lit., 'from now', where *now* refers to what Rabbah has just stated as the reason for Hillel's view. (13) Except that falling on a Sunday. (14) To be eaten the same day. (15) If it should be permitted in the one case it will be thought that it is also permitted in the other. (16) Except when a Festival falls on a Friday.

b (1) V. *supra* n. a 15. (2) On a Festival. (3) No matter whether the Festival falls on a Sunday or on any other day, *infra* 6*b*. (4) That a measure is enacted in such a case. (5) The eggs found in the hen killed on a Festival falling on a Sunday. (6) Which are forbidden. (7) The prohibition of the egg according to Beth Hillel. (8) On a Festival, which is forbidden. Not eating the egg laid on a Festival is fencing the law of not eating fruit fallen on a Festival.

[3a] It is a preventive measure lest one climbs [a tree] and plucks [its fruit];[9] but this[10] is itself [only] a preventive measure: should we then come and enact one preventive measure to safeguard [another] preventive measure!—Both[11] are one preventive measure.[12]

R. Isaac said: It[7] is a preventive measure on account of [the consuming of] juices exuding [from fruit].[13] Said Abaye to him: What is the reason that juice exuding [from fruit on a Festival] is forbidden? It is a preventive measure lest one [purposely] squeezes out [the juice];[14] [thus] this is itself [only] a preventive measure; should we then come and enact one preventive measure
a against [the breach of] another preventive measure!—Both[1] are one preventive measure.[2]

All [the other Rabbis] do not explain[3] as R. Naḥman does, in accordance with our objection.[4] Likewise they do not explain as Rabbah, because they do not accept [his rule of] *Hakanah*.[5] But why does not R. Joseph explain as does R. Isaac?—He will answer you: An egg is food and fruit is food, excluding juice which is not food [but a beverage]. And why does not R. Isaac explain as does R. Joseph?—He will answer you: An egg is enclosed [in the hen] and juice is enclosed in the fruit, excluding fruit which is exposed all the time.

R. Joḥanan also is of the opinion that it is a preventive measure on account of [the consuming of] juices exuding [from fruit]. For R. Joḥanan pointed out a contradiction between one statement of R. Judah and another statement and [also] reconciled it: We have learnt: You may not squeeze fruit[6] to bring out juice, and [even] if the juice exuded of itself it is [still] forbidden. R. Judah says: If [the fruit was intended] as an eatable, what exudes is permitted; but if [it was kept] for its juice, then what exudes is forbidden.[7] So we see that according to R. Judah [what exudes from] anything [kept] as eatables is [regarded] as food separated.[8] But contrast this with the following: R. Judah further said:[9] One may stipulate on the first day of the [New Year] Festival with respect to a basket of fruit[10] and eat it on the second [day];[11]
b similarly an egg laid on the first [day] may be eaten on the second.[1] Only 'on the second', but not on the first![2] And R. Joḥanan answered: The statement must be reversed.[3] Now since he [R. Joḥanan] contrasts them with each other, infer from this that

(9) An act Biblically forbidden on a Sabbath or Festival, being in the nature of reaping. (10) Prohibition of eating fallen fruit on a Festival. (11) The prohibition of eating the egg laid on a Festival and the fruit fallen from a tree on a Festival. (12) Against the same prohibition of climbing and gathering fruit. In the enactment of the measure against fallen fruit the egg was included, being regarded as a fallen fruit. (13) On a Festival. Not eating the egg laid on a Festival is fencing the law of not consuming juice exuding from fruit on a Festival. (14) An act Biblically forbidden on a Sabbath or Festival, being in the nature of threshing.

a (1) The prohibition of eating the egg and the juice. (2) Against the same prohibition of squeezing juice from fruit on a Festival. In the enactment of the measure against exuding juice the egg was included. (3) Our Mishnah. (4) *Supra* 2b. (5) V. Glos. (6) On a Sabbath or Festival. (7) Shab. 143b. (8) I.e., a part of the whole. (9) With respect to the New Year Festival which even in Palestine was observed for two days. (10) Not yet tithed. (11) It is forbidden to separate the levitical tithe on a Festival (v. *infra* 36b). But since, according to R. Judah, only one of the two days is holy, the owner can make a conditional statement on the first day as follows: If to-day is not the Festival, then let this specified portion be the tithe for the rest; if, on the other hand, *to-day* is the Festival, then let what I have just said be void. On the second day he says likewise: If to-day is not the Festival, then let the specified portion be the tithe; if *to-day* is the Festival, then the specified portion is already tithe. By means of these two conditional statements the owner can, on the second day, proceed to eat the fruit, for it has been tithed either on the first or second day. V. 'Er. 39b.

b (1) For if the first day when the egg was laid was the holy day of the two days, then it can be eaten on the following day; and if the first day was not the holy day then the egg may also be eaten on the second day because it was not laid on a Festival. 'Er. 39b. (2) Because the egg is not regarded as food separated from the hen, and this is contradictory to his statement above with respect to the juice being permitted to be consumed on the Festival itself.—At present it is assumed that the reference here is to a hen kept for food. (3) To remove the contradiction, R. Joḥanan suggests, that in the quoted Mishnah, it is not R. Judah who permits the juice to be consumed but his opponent, the anonymous Tanna.

יג א ב מיי' פכ"א מהל' שבת הל' יב וכו' טוש"ע א"ח סי' שכ סעיף ח: יד ג מיי' פ"א מהלכות יו"ט הלכה כד סמג לאוין סה טוש"ע א"ח סי' תקיג סעיף ה:

גזרה שמא יעלה ויתלוש *היא גופה גזרה ואנן ניקום ונגזור גזרה לגזרה כולה חדא גזרה היא ר' יצחק אמר גזרה *משום משקין שזבו אמר ליה אביי *משקין שזבו טעמא מאי גזרה שמא יסחוט היא גופה גזרה ואנן ניקום ונגזור גזרה לגזרה כולה חדא גזרה היא כולהו כרב נחמן לא אמרי כי קושיין כרבה נמי לא אמרי הכנה לית להו אלא רב יוסף מאי טעמא לא אמר כר' יצחק אמר לך ביצה אוכלא ופירות אוכלא לאפוקי משקין דלאו אוכלא ורבי יצחק מאי טעמא לא אמר כרב יוסף אמר לך ביצה בלועה ומשקין בלועין לאפוקי פירות דמגלו וקיימו ואף רבי יוחנן סבר גזרה משום משקין שזבו דרבי יוחנן רמי דרבי יהודה אדר' יהודה ומשני תנן *אין סוחטין את הפירות להוציא מהן משקין ואם יצאו מעצמן אסורין רבי יהודה אומר אם לאוכלין היוצא מהן מותר ואם למשקין היוצא מהן אסור אלמא כל אוכלין לרבי יהודה אוכלא דאפרת הוא ורמינהו ועוד אמר רבי יהודה *מתנה אדם על הכלכלה של פירות ביום טוב ראשון ואוכלה בשני וכן ביצה שנולדה בראשון תאכל בשני בשני אין בראשון לא ומשני רבי יוחנן *מוחלפת השיטה ומדקא מרמי להו אהדדי שמע מינה חד טעמא הוא
רבינא

רש"י

ויתלוש. דהוה איסורא דאורייתא דהייט קוצר שהוא אב מלאכה : חדא גזרה היא. לא שתהא זו גזרה דלא ליתי לידי פירות הנושרין אלא כשנמנו וגזרו על פירות הנושרין אף ביצה היתה במשמע ואע"ג דלית בה משום תלישה מיהא מכלל גזרת חכמים היתה שאף היא פרי הנושר · משום משקין שזבו. דקי"ל אסורין בו ביום כדתנן ואם יצאו מעצמן אסורין (שבת דף קמג:) וביצה נמי דמיא להו שזבה ויצאת ממקום שהיתה בלועה: שמא יסחוט · וסחיטת פירות תולדה דדש היא שמפרקן מתוך זג שלהן כמפרק תבואה מקש שלה : חדא גזרה היא · כדפרישית כשגזרו על משקין שזבו אף ביצה היתה במשמע : כולהו · רבה דאוקי מתני' משום הכנה ורב יוסף ורבי יצחק דאוקמוה משום גזרה : כרב נחמן לא אמרי · משום מוקצה : כי קושיין · כדפרכינן לעיל ליפלגו בתרווייהו : ומשקין לאו אוכלא · הלכך כשגזרו על משקין שזבו לא היתה ביצה במשמע שהרי אינה משקה אבל בכלל פירות הנושרין היתה : בלועה · בתוך התרנגולת וזבה לחוץ : ומשקין בלועין · בחרצן ויוצאין לחוץ : לאפוקי פירות דמגלו וקיימו · הלכך גזירת הביצה לאו בכלל גזירת הפירות : ואם יצאו מעצמן אסורין · בו ביום גזרה שמא יסחוט : אם לאוכלין · הן מכונסין הפירות הללו היוצא מהן מותר בו ביום דכיון דלא ניחא ליה בהני משקין ליכא למגזר שמא יסחוט : אלמא · מדקאמר אם לאוכלין היוצא מהן מותר כל לאוכלין אמר בדבר היוצא מהן אוכלא דאפרת הוא ואינו בכלל גזרת משקין שזבו : ועוד אמר ר' יהודה · לעיל מיניה תנן במסכת ערובין ראש השנה שהיה ירא שמא תתעבר ויהיו שני ימים טובים מערב אדם שני ערובין כו' דקסבר שתי קדושות הן אחד חול ואחד יום טוב ולא ידעינן הי חול והי יום טוב : מתנה אדם על הכלכלה. להא מילתא (א) הוי שתי קדושות היתה לו כלכלה של פירות טבל ושכח ולא עישר מערב יום טוב ותנן *אין מגביהין תרומות ומעשרות ביו"ט מעשר ביו"ט בתנאי ואומר אם היום חול ולמחר קדש יהיו אלו תרומה ומעשרות על אלו ואם היום קדש אין בדברי כלום ונותן בהן סימן ולמחרת חוזר ואומר כן אם היום חול ואתמול קדש יהיו אלו תרומה על השאר ואם היום קדש ואתמול חול הרי נעשה תרומה מאתמול וממה נפשך נתקט : ואוכלה בשני · אבל לא בראשון דשמא קדש הוא ואין בדבריו כלום : וכן לגבי ביצה · הוו שתי קדושות האחד חול והאחד יו"ט והנולדה בראשון מותרת בשני : בשני אין בראשון לא · אלמא כל מידי דזב ממקומו ביו"ט ואפילו אוכלא אסור: ומשני רבי יוחנן מוחלפת השיטה · שיטת המשנה דאין סוחטין ואיפוך דרבי יהודה לרבנן : ומדקא מרמי · רבי יוחנן משקין שזבו וביצה אהדדי : שמע מינה חד טעמא הוא · ומאן דאסר בהא אסר בהא ודשרי בהא שרי בהא :

תוספות

גזרה שמא יעלה ויתלוש. ותימה לי"ל האי טעמא דלקמן (דף כד:) גבי נכרי שהביא דורון אם יש במינו במחובר אסור פי' רש"י דכיון דאתקלאי לבין השמשות אתקלאי לכולא יומא וכן משמע דטעמא משום מוקצה מדמייתי לה גבי ספק מוכן והשתא תרי טעמי למה לי וי"ל דטעמא דהכא אתיא אליבא דר' שמעון דלית ליה מוקצה ולקמן אתיא אליבא דרבי יהודה ותימה דהא פירש רש"י גופיה לקמן נכרי שהביא דורון כו' אסור הואיל ולא לקטינהו מאתמול אקלינהו והוי כמוקצה דגרוגרות וצמוקים דלפי' ר' שמעון מודה א"כ אתיא נמי כר' שמעון ע"כ י"ל דמיירי הכא כגון בחצר דהוי מוכן לעורבים ומוכן לעורבים הוי מוכן לאדם לכך צריך האי טעמא וא"ת הא אמרי' (שבת דף קכב.) מעמיד אדם בשבת בהמתו על המחובר אבל לא על המוקצה פירוש עשבים שנתלשו היום ואמאי הא הוי מוכן לבהמה דאי בעי אכלה מנפשה וי"ל דמיירי בתרי עברי דנהרא עוד יש לומר דלא שייך מוכן לעורבים רק בפירות האילן שרגילין להשיר מעצמן והוא מצפה לכך אבל תימה אם כן כיון דאמר האי טעמא למה לי טעמא דלקמן ויש לומר *דלקמן מיירי בדבר דבעי מרא וחצינא כגון לפת ובצון דלא שייך שמא יעלה ויתלוש דאדכורי מדכר הואיל ואין יכול בקל לתולשו וראיה לדבר הא דתנן במסכת שבת (דף קכב. ושם) נכרי שהדליק הנר בשביל ישראל אסור להשתמש לאורו אבל בשביל הנכרי מותר ואמאי לא חיישינן שמא ידליקנו ישראל עצמו אלא אדכורי מדכר ומטעם זה אכל רבינו אליעזר ממי"ץ מליח (ב) שצלאו נכרי מעצמו בשבת דלמאי ניחוש הרי לא צלאו בשבילו וכי תימא שמא יצלה הוא עצמו הואיל ואיכא טרחה בדבר אדכורי מדכר ואי משום מוקצה חזי לכוס ולא נהירא דאמרינן במסכת שבת (ג"ז שם) בהדיא אם הביא נכרי מים אסור שמא ירבה בשבילו ואין לחלק ולומר דדוקא גבי מים שייך שמא ירבה בשבילו אבל כאן הנכרי צלאו כבר ולא שייך האי טעמא דהא איכא בתוספתא (דשבת פי"ב) בהדיא במכירו אסור מפני שמרגילו לשבת הבאה ועוד י"ל דדוקא בפירות וענבים שייך שמא יעלה ויתלוש ושמא יסחוט לפי שאדם מתאוה להם ובעודו בכפו יבלענו אך תימה מאי שמא יעלה ויתלוש הא אפי' לכתחילה מותר לתלוש דהא אוכל נפש מותר וגם קשה לקמן (דף כג: ושם) תנן אין צדין דגים מן הביברין ביו"ט ואמאי הא אוכל נפש הוא ואין לומר דכל דבר שיכול לעשותו מערב יו"ט אסור לעשותו ביו"ט עצמו כי לא אעביד ליה מערב יו"ט דהא אמרי' (לקמן כח:) הוא ולא מכשיריו פירוש אוכל נפש ולא מכשיריו כגון לתקן שפוד רבי יהודה אומר לכם לכל צרכיכם והוא לבדו אילטריך לאסור מכשירין שאפשר לתקן מערב יום טוב אלמא דוקא במכשירין יש חילוק בין אפשר לעשותן מערב יו"ט בין אי אפשר אבל באוכל נפש כ"ע מודו דאפילו אפשר לעשותן מערב יו"ט מותר לעשותן ביו"ט וי"א דלכך אין צדין שמא יצוד דגים טמאים שאינם צורך ולא נהירא דאם כן הוי מלאכה שאינה צריכה לגופה דמותרת על כן פירש רבינו נתנאל מקינו"ן דבירושלמי יש אך אשר יאכל לכל נפש וסמיך ליה ושמרתם את המצות אותם מלאכות שמשימור ואילך הם מותרות דהיינו מלישה ואילך אבל שאר מלאכות דמקודם לכן אסורין ועוד דבירושלמי *יש מיעוט אחר אך שלא לקצור [וע' תוספות שבת נה: ד"ה והרודה] : רבי יוחנן אמר מוחלפת השיטה · פירש רש"י מוחלפת ההיא דאין סוחטין ויפה פירש דעל כרחך צריך לפרש הכי דאין לפרש איפוך ההיא דכלכלה דאם כן כ"ש דקשה מדרבי יהודה לדר"י שיאסור ביו"ט שני דהא רבנן דפליגי עליה אמרי קדושה אחת היא וא"כ אי אמרינן איפוך אסור אפילו ביו"ט שני ותימה דהא ר' יוחנן גופה פסיק בפרק חבית (שבת דף קמג: ושם) דהלכה כרבי יהודה (דקאמר רבי יוחנן הלכה כרבי יהודה) בשאר פירות אבל זיתים וענבים לא אלמא דלא סבירא ליה דמוחלפת השיטה וי"ל דרבי יוחנן קאמר לפי דברי אותם האמוראים דלא סברי מוחלפת השיטה לדבריהם הכי הוא והכי נראה לי כמדומה ובשיטת מהיבר"א תירץ דמוחלפת השיטה היא אותה דכלכלה ורבי יהודה לדבריהם דרבנן קאמר להו לדידי אפילו ביום הראשון מותרין דאוכלא דאפרת הוא ולדידכו דאסריתו נולד בההיא דאין סוחטין אפילו ביום טוב השני אסור ואם תאמר אם כן דלדבריהם קאמר להו אמאי קא מחליף השיטה לימא לדבריהם קאמר להו ולא מוחלפת השיטה כרבינא ויש לומר דזה נראה לו דוחק לומר לדבריהם קאמר להו כדלא מוקמינן מוחלפת כו' דהואיל ועדיין לא דברו חכמים כלל מתחילה קודם רבי יהודה לא שייך למימר לדבריהם ורבינא אינו חושש לזה :
אבל

רבינו חננאל

מותרין א"ל אביי ופירות שנשרו מן האילן משום מאי אסורין גזירה שמא יעלה ויתלוש מן הפירות היא גופה גזירה ואנן ניקום ונגזור ביצה שנולדה ביום טוב משום פירות שנשרו שהן גופן אין בהן איסור אלא משום גזרה אסרום נגזור גזרה לגזרה כו' · ר' יצחק אמר גזירה ביצה שנולדה ביו"ט משום משקין שזבו כגון ענבים שזב מהן יין ביו"ט . הרואה שהתרנו לו ביצה יבא להתיר משקין שזבו ואמרינן משקין שזבו עצמן אין אסורין אלא גזרה גזרנו עליהן שלא יבא לסוחטן כו' כולהו (כרבה) [רבה] ורב יוסף ורבי יצחק לא אמרי כרב נחמן דאמר משום מוקצה דעלתה בקושיא דאמרי ליה ונפלגו בתרנגולת העומדת לגדל ביצים היא וביצתה בש"א תאכל כו' : ולא מצא פירוק לדבריו . ומש"ה לא אמרינן כוותיה . כרבה נמי לא אמרינן הכנה לית להו אלא רב יוסף כו'. ואף ר' יוחנן סבר ביצה שנולדה ביו"ט גזרה משום משקין שזבו ביו"ט . מדחזינן ליה דרמו דרבי יהודה אדרבי יהודה (הכי תנן) [דתנן] אין סוחטין פירות להוציא מהן משקין ואם יצאו מעצמן אסורין . רבי יהודה אומר המשקין הללו שיצאו מן הפירות מעצמן אם לאוכלין עומדים הפירות הללו היוצא מותר מ"ט זה המשקה שיצא חשוב הוא כמו שנפרד מקצת מן האוכל הזה והכל בין הנפרד בין הנשאר כמו אוכל הוא ומותר . ואמר איני והאמר ר' יהודה בפ' בכל מערבין מתנה אדם על הכלכלה של פירות ביו"ט האשון ואוכלה ביו"ט שני וכן ביצה שנולדה ביו"ט ראשון תאכל בשני ולא הודו לו חכמים בשני אין בראשון לא מכלל שהמשקין שזבו כביצה שנולדה הן וא"ר יוחנן מוחלפת השיטה כלומר כך היא הצעה של משנה אין סוחטין את הפירות להוציא מהן משקין ואם יצאו מעצמן אסורין דברי רבי יהודה וחכמים אומרים כו' מדקא רמי מביצה לפירות שמע מינה חדא טעמא היא ומפורש בעירובין כיצד מתנה היו לפניו ב' כלכלות של טבל אומר אם היום חול תהא זו תרומה על זו ואם היום קודש אין בדברי כלום ולמחר אומר אם היום חול תהא כלכלה שאמרתי אתמול תרומה על זו ואם היום קודש תקנתיה מאתמול ואוכלה ביו"ט שני מכל מקום .
רבינא

[שבת יט: כה. עירובין ד: לט. יומא יא: מד: סוכה ו: יבמות כא. קט. ע"ז כא. חולין סה: קד. נדה סו:]

[עירובין לט:]

שבת קמג: חולין יד:

עירובין לט.

יש גורסים הכא וי"ל דדוקא בפירות וענבים שייך שמא יעלה ויתלוש ושמא יסחוט לפי שאדם מתאוה להן ובעודו בכפו יבלענו ולקמן מיירי. מהרש"א

[ברכות יז: מט: עירובין לט. פסחים מט: נה. לקמן ט: יד.]

[לקמן ו:]

הגהות הב"ח

(א) רש"י ד"ה מתנה וכו' להא מילתא נמי הוו שתי: (ב) תוס' ד"ה גזירה וכו' ר' אליעזר ממיץ דג מליח שצלאו שפחתו בשבילם בשבת:

גליון הש"ס

גמ' מוחלפת השיטה. לקמן דף ז ע"ב דף ע"א ברכות דף ז ע"ב פסחים דף מט: ודף נה ע"א עירובין דף לח ע"א וכו' שם:

[לקמן על מתני' הכורר קטניות]

רש"ל מוחק זה

עין משפט נר מצוה

טו א מיי' פכ"ה מהל' שבת הלכה כ סמג לאוין סה טוש"ע א"ח סי' שח סעיף ו:
טז ב מיי' פכ"ד מהל' שבת הלכה כ סמג לאוין סה טוש"ע א"ח סי' שי סעיף ד:
יז ג מיי' פ"ב מהל' יו"ט הלכה ג טוש"ע א"ח סי' תקיג סעיף א:
יח ד מיי' פט"ו מהל' מאכלות אסורות הלכה ג טוש"ע יו"ד סי' קי סעיף א:

אבל כופה עליה כלי. פירש רש"י דמהך ברייתא פריך התם לר' יצחק דאמר דאין כלי ניטל אלא לדבר הניטל והוא תירץ בצריך למקומו ומכאן פוסקין דהא דקי"ל דדבר שמלאכתו לאיסור אסור (ג) אינו אלא דוקא שאינו לצורך גופו או לצורך מקומו אבל לצורך גופו או לצורך מקומו שרי ואם התחיל לטלטלו בשביל שצריך לגופו או למקומו מותר להוליכו אפילו בחדרו אם ירצה דהא חזינא הכא דהואיל וצריך למקומו או לגוף הכלי כופהו על הבילה:

לדידי אפי' בראשון נמי שריא. ותימה ר' יהודה דאמר כבית שמאי וכי שביק ב"ה ועביד כב"ש וי"ל דר' יהודה היה אומר לא נחלקו ב"ש וב"ה בדבר זה מעולם:

ואחרות באחרות וכו'. תימה דאם כן אוסר ספק ספיקא ובהתערובות (זבחים דף עד. ושם) (ד) *דקאמר מי איכא דאסר ספק ספיקא באסורי הנאה אמאי לא פשיט ליה מהכא דאסרינן אע"ג דאיכא ספק ספיקא בשלמא ההיא דלעיל דאמר וספיקא אסורה נתערבה באלף כולן אסורות נוכל לפרש כדפירש ר"ת נתערב' באלף האיסור עצמו קאי א"כ הא דלעיל ברייתא היא ומאי אולמא דהך ברייתא דהכא מהך ברייתא דהתם אבל (*מברייתא קשיא למשנה) ע"כ לא גרים ר"ת ואחרות באחרות ורבינו יצחק ב"ר ברוך אומר דגרס ליה שפיר וה"פ שנתערב גם האיסור דסד"א שמותר הואיל ואיכא כעין תרי רובי קא משמע לן ועוד תירץ הר"ר יצחק דגרס ליה שפיר ואעפ"כ לא מצי למיפשט מהכא דקים לן כל דבר שיש לו חשיבות אינו בטל אלא בתרי רובי לכך אינו בטל הכא אבל התם מוכיח ליה מתרי רובי דקאמר אם נתערב רובא בתוך רובא והתניא וכו' אבל הכא אין כאן תרי רובי שהתערובת הראשון היה שוה ובפרק הערל (יבמות דף פא. ושם בד"ה נתערבו) פירשתי: נימא

[שבת דף מג.] [עי' לכרס"ל] [זבחים דף עד. ושם] [יבמות דף פא.]

רבינא אמר לעולם לא תיפוך ורבי יהודה לדבריהם דרבנן קאמר להו לדידי אפילו בראשון נמי שריא דאוכלא דאפרת הוא אלא לדידכו אודו לי מיהת דבשני שריא דשתי קדושות הן ואמרי ליה רבנן לא קדושה אחת היא רבינא בריה דרב עולא אמר הכא בתרנגולת העומדת לגדל ביצים ור' יהודה לטעמיה דאית ליה מוקצה מיתיבי *אחד ביצה שנולדה בשבת ואחד ביצה שנולדה ביו"ט אין מטלטלין אותה לא לכסות בה את הכלי ולא לסמוך בה כרעי המטה אבל כופה עליה את הכלי בשביל שלא תשבר וספיקא אסורה ואם נתערבה באלף כולן אסורות בשלמא לרבה דאמר משום הכנה הוי ספיקא דאורייתא וכל ספיקא דאורייתא לחומרא אלא *לרב יוסף ולר' יצחק דאמרי משום גזרה ספיקא דרבנן היא *וכל ספיקא דרבנן לקולא (*א"ל) סיפא אתאן לספק טרפה אי הכי אימא סיפא נתערבה באלף כולן אסורות אי אמרת בשלמא ספק יו"ט ספק חול הוי *דבר שיש לו מתירין וכל דבר שיש לו מתירין אפילו באלף לא בטיל אלא אי אמרת ספק טרפה דבר שאין לו מתירין היא ותבטל ברובא וכי תימא ביצה חשובה ולא בטלה הניחא למ"ד *כל שדרכו לימנות שנינו אלא למ"ד את שדרכו לימנות שנינו מאי איכא למימר דתנן *מי שהיו לו חבילי תלתן של כלאי הכרם ידלקו נתערבו באחרות ואחרות באחרות כולן ידלקו דברי ר' מאיר וחכמים אומרים יעלו באחת ומאתים שהיה ר' מאיר אומר את שדרכו למנות מקדש וחכמים אומרים אינו מקדש אלא ששה דברים בלבד ר' עקיבא אומר שבעה ואלו הן אגוזי פרך ורמוני באדן וחביות סתומות וחלפי תרדין וקלחי כרוב ודלעת יונית *ר' עקיבא מוסיף אף ככרות של בעל הבית *הראוי לערלה ערלה הראוי לכלאי הכרם כלאי הכרם ואתמר *עלה רבי יוחנן אמר את שדרכו למנות שנינו ור' שמעון בן לקיש אמר כל שדרכו למנות שנינו הניחא לר' שמעון בן לקיש אלא לרבי יוחנן מאי איכא למימר אמר רב פפא האי תנא תנא דליטרא קציעות הוא דאמר כל דבר שבמנין אפי' בדרבנן לא בטיל וכל שכן בדאורייתא *דתנן *ליטרא קציעות שדרסה על פי עגול ואינו יודע באיזה עגול דרסה על פי חבית ואינו יודע באיזו חבית דרסה על פי כורת ואינו יודע באיזו כורת דרסה ר' מאיר אומר ר' אליעזר אומר

רבינא אמר. הא דקאמר ר' יוחנן מוחלפת השיטה לא תיפוך: אוכלא דאפרת הוא. וכיון דמשום סחיטה ליכא משום משקין שזבו נמי ליכא בעומדת לאכילה: לדידכו. דאסריתו לה אף בשני נהי נמי דאית לכו בבילה גזירת משקין שזבו ואפילו בתרנגולת העומדת לאכילה: אודו לי מיהת דבשני שריא. דחד מינייהו חול הוא: קדושה אחת היא. ולא דמו לשאר ימים טובים דהנך לאו משום ספקא אתקון דאף בזמן ב"ד היו עושין אותם שני ימים אם באו עדים מן המנחה ולמעלה כדאמרינן בר"ה (דף ל:): רבינא ברי' דרב עולא אמר. רבי יהודה אדר' יהודה מעיקרא לא תקשי דהא דקאמר בשני אין בראשון לא בעומדת לביצים קאמר ומשום מוקצה ולא משום משקין שזבו: מיתיבי. אהנך אמוראי קמאי דאפלוג בטעמא דבית הלל דמתני': לכסות בה את הכלי. פי' ללוחית: לסמוך בה. זוקפה כנגד חודה וסומך בה: אבל כופה עליה כו'. ואע"ג דהיא אינה ניטלת מטלטלין את הכלי לצורכה ולאפוקי מדר' יצחק דאמר (שבת דף מג.) אין כלי ניטל אלא לדבר הניטל בשבת ואיהו מוקי לה בצריך למקומו של כלי: וספקא. של זו אסורה קא סלקא דעתך ספק נולדה ביו"ט ספק בחול אסורה ביו"ט: ספק דרבנן היא. דאפי' ודאי משום גזירה הוא דאתסר וכי הויא לה ספיקא הוי ספק במידי דאסור מדרבנן: לספק טריפה. ספק נולדה מתרנגולת טרפה ולאו ביו"ט קאי ואיידי דאיירי באיסור בילה איירי נמי בהא: שיש לו מתירין. שיכול לאכלו אחר יו"ט בהיתר גמור: אפילו באלף לא בטיל. ואע"ג דמדאורייתא חד בתרי בטיל דכתיב (שמות כג) אחרי רבים להטות אחמור רבנן הואיל ויש לו מתירין לאחר זמן לא יאכלנו באיסור על ידי ביטול: הניחא למ"ד. לקמן: כל שדרכו למנות שנינו. במשנת ערלה כדלקמן דלא בטיל משמע כל דבר שיש בני אדם המקפידין עליו מפני חשיבותו למוכרו במנין בילה נמי הרבה מוכרין אותה במנין: אלא למאן דאמר את שדרכו. דמשמע את המיוחד לכך שאין אדם מוכרו באומד: מאי איכא למימר. הרי בילה הרבה (א) נמכרת באומד בלא מנין: תלתן. מין קטנית (ב) למתק קדירה פילוג"ר בלע"ז: ידלקו. כדין כלאי הכרם שנאמר (דברים כב) פן תוקדש תוקד אש דאסירי בהנאה: יעלו באחת ומאתים. אם נתערב אחד מהן במאתים של היתר יעלה *אחד מהן וידלק והשאר מותרין וזה שיעור ביטול כלאים וערלה באחד ומאתים: שהיה ר' מאיר אומר. כלומר להכי אמר ר' מאיר כולן ידלקו ולית להו ביטול שהיה ר' מאיר אומר הגאיל ודרכן לימנות אין בטלין ומקדשין לאסור כל המתערבין בהן: וחכמים אומרים. כל פירות שבעולם בטלים חוץ מששה דברים הללו המטיין כאן שהן חשובין מאד: פרך ובאדן. מקומות הן: קולחי. קלחי כרובין גדולים עם עלין שלהן וכרוב של א"י היה גדול כאילן כדאמרינן בכתובות (דף קיא:): הראוי לערלה ערלה. אותן שהן מין אילן וערלה נוהגת בהן מקדשין את עירוביהן משום ערלה: והראוי לכלאי הכרם. כגון חלפי תרדין וקולחי כרוב וככרות שאינן מין אילן מקדשין עירוביהן באיסור כלאי הכרם: את שדרכו לימנות שניט. במילתיה דר' מאיר הניחא לר' שמעון בן לקיש. איכא לאוקמא לברייתא דלעיל דקתני בילה לא בטלה כר' מאיר: האי תנא. דלעיל: תנא. דאיירי גבי ליטרא קציעות הוא דאמר כל דבר שיש בו מנין אפילו במידי דרבנן כגון ליטרא קציעות דאיירי בתרומת פירות דרבנן לא בטיל כדמפרש לקמיה וכ"ש בילה טרפה: ליטרא קציעות. תאנים שנתייבשו בשדה וקוצץ במקצוע והוא שם כלי העשוי לכך וחותכין בו עוקצי התאנים ואחר כך דורסין אותם בכלי עגול והן נדבקין יחד ונעשין כגבינה והוא נקרא עגולי דבילה וכשבאין למוכרן מפרידן במגריפה ומוכרן במשקל ליטרא: שדרסה ע"פ כלי. ששמו עגול שבו עושין העגולין: ואינו יודע באיזה עגול. אבל יודע שעל פיו הוא ולא בתוכו: רבי מאיר אומר. כן נחלקו ר' אליעזר ור' יהושע בדבר זה ר' אליעזר אומר אף על פי שאין לטרות התחתונות בספק דמוע מצטרפות התחתונות אל הפומין של כל העגולין הללו רואין

[לקמן ד. שבת דף מג.] [שבת מב: וש"נ] [טעות וקבלתי במהרש"א] [לקמן לט. יבמות פא. ב"מ נג.] [חולין ק. זבחים עב.] ערלה פ"ג מ"ו יבמות דף פא. [פ"ז עד.] [זבחים עב:]

הגהות הב"ח

(א) רש"י ד"ה מאי איכא למימר כו' ביצה הרבה פעמים נמכרת: (ב) ד"ה תלתן מין קטנית. נ"ב וכן פי' רש"י במנחות דף פא ובמס' ר"ה דף יב פירש שהוא מין תבלין: (ג) תוד"ה אבל וכו' אסור לטלטל אינו אלא דוקא: (ד) ד"ה ואחרות וכו' וכהתערובות דקא מתמה אשמואל דקאמר ספק ספיקא:

גליון הש"ס

גמ' סיפא אתאן לספק טרפה. עי' חולין דף סד ע"א תוד"ה שאם ריקמה ובביצ' מקולק' בב"ק דף מז ע"א ד"ה מאי טעמא:

רבינו חננאל

רבינא אמר לעולם לא תיפוך ור' יהודה לדבריהם דרבנן קאמר להו לדידי אפילו ביו"ט ראשון שריא ואוכלא דאפרת הוא כו'. רבינא בריה דרב עולא אמר (לשלם)[הכא] בעומדת לגדל ביצים ור' יהודה לטעמיה דאית ליה מוקצה ולא דמיא ביצה לפירות. מיתיבי אחת ביצה שנולדה בשבת ואחת שנולדה ביו"ט אין מטלטלין אותה לא לכסות בה כלי ולא לסמוך בה כרעי המטה אבל כופה עליה כלי שלא תשבר וספיקא אסורה. ואם נתערבה באלף כולם אסורות. בשלמא לרבה דאמר משום הכנה כיון דהכנה מדאורייתא היא הוי ספיקא דאורייתא וספיקא דאורייתא לחומרא. אלא לרב יוסף ולר' יצחק דאמרי גזרה משום פירות הנושרים ומשום משקין שזבו כל ספיקא דרבנן לקולא הוא. אמאי ביצה זו אסורה. ופריק רב אידי סיפא דקתני וספיק' אסורה אינה ביצה שנולדה ספק ביו"ט ספק בחול אלא כגון שהיתה שם תרנגולת טרפה ואחרת שלמה ונמצאת בקן ביצה זו ואין יודעין אם הטרפה ילדה אי השלמה ילדה אותה שהיא אסורה. ואקשינן בשלמא ספק יו"ט ספק חול הוי דבר שיש לו מתירין כלומר ביצה זו ביו"ט אסורה אבל למחר מותרת וכל דבר שיש לו מתירין אפי' באלף לא בטיל. לפיכך תני ואם נתערבה באלף כולן אסורות. אלא ספק טרפה דבר שאין לו מתירין לעולם הוא ונבטיל ברובא. וכי תימא ביצה חשובה וכל דבר שהוא חשוב לא בטיל אפי' באלף. הניחא לריש לקיש דאמר כל שדרכו לימנות שנינו. כלומר זה שכתוב במשנה את שדרכו לימנות שנינו מקדש היה ר"ל שונה כל שדרכו לימנות מקדש. וכיון ששונה במשנתנו כל שדרכו שמעינן מינה ואפי' ביצה בכללם שדרכה לימנות אחת אחת אלא לר' יוחנן דאמר את שדרכו שנינו שאין בטלין אפי' באלף [והיינו] אלו השנויין במשנתנו בלבד. והן עשרה דברים. דאשכחן בירושלמי במסכת ערלה דר' יוחנן וריש לקיש חד אמר דברי ר"מ עשרה דברים מקדשין וחד אמר דברי ר"מ כל הדברים מקדשין. ש"מ דאליביה דר' מאיר חולקין ר' יוחנן ור"ל. ואלו הן עשרה השנויין במשנה. ראשון בגד שצבעו בקליפי ערלה ונתערב באחרים כולן ידלקו דברי ר' מאיר. וחכמים אומרים יעלו באחד ומאתים. שני האות מלא הסיט הצבוע בקליפי ערלה וארגו בבגד ונתערב באחרים ואין ידוע איזו היא ר' מאיר אומר הבגד כולו ידלק. וחכמים אומרים יעלו באחד ומאתים. שלישי חבילי תלתן של כלאי הכרם שנתערבו באחרים כולם ידלקו דברי ר' מאיר. וחכמים אומרים יעלו באחד ומאתים. באלו הג' חלקו. והודו לו על השאר. ועל זה שנינו שהיה ר' מאיר אומר את שדרכו לימנות מקדש. וחכמים אומרים אינו מקדש אלא ששה דברים בלבד ואלו הן אגוזי פרך ורמוני באדן. חביות סתומות. חליפות תרדין. קולסי כרוב. ודלעת יוונית. ר"ע מוסיף אף ככרות של בעל הבית. פירוש מפני שהן גדולין. ואינן (במנין) [נמכרין] אלא אחד אחד. הראוי לערלה ערלה. פי' כל מי שהוא מין אילן. כגון אגוזי פרך ורמוני באדן וחביות של יין או של שמן איסורן משום ערלה שנאמר ונטעתם כל עץ מאכל וערלתם ערלתו את פריו. אבל חליפות תרדין וקולסי כרוב ודלעת יוונית שהן ירקות אין איסורן אלא משום כלאים. אבל איסור ערלה אין בהן. וזה ששנינו כי אין בטלין לעולם בזמן שהן שלמים. אבל אם נתפצעו האגוזים או נתפרדו הרמונים וכן כל כיוצא בהן לא הוו ממי שדרכו לימנות אלא עולין באחד ומאתים וראינו רבותינו שחשבו תשלום העשרה שהזכירו בתלמוד א"י כל הזבחים שנתערבו בחטאות מתות כו' והא דביצה וחתיכה של נבלה שנתבשלה עם החתיכות כו'. ומפרש בגמרא [יבמות פ"ב זבחים ע"ב] דבכל שדרכו לימנות ובאת שדרכו לימנות פליגי. (אלא) [ולא] סמכנו על זה דחזינא בה פרכא *) ולא השבנו על זה הפירוש שאין משיבין את הארי שלא בפניו. וחזרנו בעינינו לפרש שמועה זו. הניחא לר"ל דאמר כל שדרכו לימנות מקדש שנינו אליבא דר' מאיר איכא לרבויי אפי' ביצה דהא קתני ביה כל. אלא לר' יוחנן דאמר את שדרכו אפילו לר' מאיר [והיינו] אלו העשרה שפירשנו מאין לנו לרבות ביצה ועמדה הקושיא אליבא דר' יוחנן ופריק רב פפא הכי זה התנא ששנה אחת ביצה שנולדה בשבת כו'. תנא דליטרא קציעות הוא. דסבר **) כל דבר שאין לו מתירין כגון תרומה וכיוצא בה שלא יתכן להיות מותרת לזר לעולם אפילו בדרבנן לא בטיל דתניא ליטרא קציעות שדרסה על פי עיגול ואינו יודע כו':

*) אולי הפרכא הוא דהא בירושלמי מבואר דאף לר"י דאמר את שדרכו למנות שנינו לר"מ מ"ע י' דברים מקדשין וליכא למימר דחתיכות מזבחים שנתערבו בכלל הג' דהא מבואר בגמ' שם דהם אינו בכלל דאת שדרכו למנות ע"ש. **) אולי צ"ל דסבר כל דבר שבמנין אפי' בדבר שאין לו מתירין וכו'.

there is one and the same reason.[4] [3b] Rabina says: In reality you need not reverse [the authorities] for R. Judah was speaking from the point of view of the Rabbis,[5] thus: According to my view [the egg] is permitted even on the first day, because it is food separated [from the hen]; but according to your opinion, you should at least agree with me that it is permitted on the second day, for they[6] are two distinct days of holiness.[7] And the Rabbis answered him: No, [the two days] are one [continuous day of] holiness. Rabina, the son of R. 'Ulla, says: [We are dealing] here with a hen kept for laying eggs, and R. Judah[8] is consistent with his view, for he holds [the interdict of] *mukẓeh*.[9]

An objection was raised: Both an egg laid on a Sabbath and an egg laid on a Festival may not be moved to cover therewith a vessel,[10] nor to support therewith the leg of a bed;[11] but a vessel may be placed over it so that it should not be broken; and if in
a doubt,[1] it is forbidden; and if it got mixed up with [even] a thousand [eggs], they are all forbidden.[2] This is well, according to Rabbah, who says [that it is] 'on account of preparation',[3] [then it is a] doubt with respect to a Biblical prohibition, and every doubt with respect to a Biblical prohibition [must be decided] with stringency. But according to R. Joseph and R. Isaac, who say [that it is] 'a preventive measure', then it is a doubt with respect to a Rabbinical enactment, and every doubt with respect to a Rabbinical enactment [is resolved] with leniency![4]—The last clause [of the text] deals with a doubt of *ṭrefa*.[5] If so, consider the latter clause; 'and if it got mixed up with a thousand [eggs] they are all forbidden'. Now if you say that the doubt is whether [the egg was laid on] a Festival or on a weekday,[6] it is well, because [the egg] is an object which can become [otherwise] permitted,[7] and any object which can become [otherwise] permitted is not neutralized even in a thousand [times its quantity].[8] But if you say that it is a doubt of *ṭrefa*, then [the egg] is an object which cannot become [otherwise] permitted and should therefore] be neutralized by a greater number [than itself].[9] And if you answer 'an egg is valuable and is not neutralized by a greater
b number,' this[1] would be correct according to him who says that we learnt '*whatsoever* one is wont to count'.[2] But according to him who says that we learnt '*that* which one is wont to count', what is to be said?[3] For we have learnt:[4] If one had trusses of fenugreek of *Kil'ayim* of a vineyard[5] they are to be burnt;[6] if they got mixed up with others[7] and these [again] with others,[8] they are all to be burnt. This is the opinion of R. Meir. But the Sages say: [The forbidden trusses] are neutralized in [a majority of the proportion of] one in two hundred. For R. Meir used to say: That which one is wont to count [when selling] disqualifies.[9] But the sages say: Only six things[10] render [the whole] prohibited —R. Akiba says: seven—and they are as follows: The nuts of Perek,[11] and the pomegranates of Baden,[11] casks spigoted, beet-root-tops,[12] cabbage stalks[13] and Greek gourds. R. Akiba adds also the loaves of a householder.[14] Those mixtures which are subject to the law of *'Orlah*, [impart the prohibition of] *'Orlah*,[15] and those which are subject to the law of *Kil'aym* of a vineyard
c [impart the prohibition of] *Kil'ayim* of a vineyard.[1] And it was stated thereon that R. Joḥanan said: We learnt,[2] '*that* which one is wont to count [when selling]'; and Resh Laḳish said: We learnt: '*whatsoever* one is wont to count [when selling].' [Now the text][3] would be well according to the opinion of Resh Laḳish; but according to the opinion of R. Joḥanan, what can be said? R. Papa replied: This Tanna[4] is the author [of the teaching] concerning the '*litra* of dried figs', who says that anything which [is sold] by number, even though [its prohibition is] a Rabbinical enactment, is not annulled, how much more so when it is Biblical.[5] For we have learnt:[6] If a *litra* of dried figs[7] was pressed upon the top of a jar[8] and he does not know on which jar it was pressed, or on the top of a barrel and he does not know on which barrel it was pressed, or on top of a basket[9] and he does not know on which basket it was pressed, R. Meir maintains [that] R. Eliezer

(4) For prohibiting both the egg and the self-exuded juice, viz., it is a preventive measure against the breach of the prohibition of squeezing juice from fruit on a Festival. (5) His opponents. The anonymous opinion is that of the majority of the Rabbis. (6) The two days. (7) Only one of which is really holy, cf. *infra*. (8) Who prohibits the egg to be eaten on the first day. (9) Cf. Shab. 156*b*. (10) A wine glass or a decanter. (11) According to an old tradition an egg standing quite vertically can support a very heavy weight. But cf. *MGWJ* 71, 1927 p. 44; 72, 1928. pp. 391-5, where this Baraitha is discussed, and where it is shown that this was done for magical purposes.

a (1) On the present assumption as to whether the egg was laid on a Festival or not. (2) *Infra* 9*b*; Shab. 43*a*. (3) *Supra* 2*b*. (4) And therefore the egg concerning which a doubt arose whether it was laid on a Festival or not should be permitted. (5) I.e., whether the hen that laid it is *ṭrefa* the prohibition of which is Biblical. V. Glos. (6) Lit., 'common', 'ordinary', i.e., not a Festival-day. (7) After the Festival the egg is in any case permitted, even though no neutralization were to take place. (8) This is a Talmudic principle with respect to the neutralization of an object when intermixed with permitted commodities. Though normally a certain portion of the latter is sufficient to neutralize the former, that does not operate if the former is destined to become permitted without recourse to neutralization. Hence, in our case, where the egg was laid on a Festival-day and is forbidden for that day only, but not after, if that egg got mixed up with no matter how many others on the day it was laid, it is not neutralized, but all are forbidden on that day. Cf. B.M., (Sonc. ed.) 53*a* note a 2. (9) According to the rule based on Ex. XXIII, 3.

b (1) Forbidding to be eaten even though the egg got mixed up with a thousand. (2) When selling is regarded as important and is not neutralized by a greater quantity than itself. For eggs, though occasionally sold in bulk are also sold in units and therefore do not merge in the majority. (3) To explain this statement; for the eggs which are sometimes sold in bulk do not belong to such a category. *Whatsoever* is more comprehensive than *that*. According to the former teaching, neutralization is not permitted in the case of any objects which are regarded as of sufficiently high commercial value to be sold in units rather than in bulk. According to the latter teaching, neutralization is permitted in all cases except those where the objects are of such a high value that they are not sold save by counting single units. V. Yeb., (Sonc. ed.) 81*a* n. c 11. (4) 'Orlah. III, 6; Yeb. 81*a*. Zeb. 72*a*. (5) Cf. Lev. XIX, 19, and Deut. XXII, 9. Lit., 'mixed growths of plantings'. V. Glos. (6) For no benefit or usufruct may be had from such mixed growths. (7) Trusses of fenugreek not of mixed growths of a vineyard. (8) This clause is omitted both in 'Orlah and Yeb. But V. Tosaf. Zeb. 72*a*. s.v. נתערבו. (9) Or renders forbidden the others with its prohibition. For this rendering of the word מקדש v. Jast. p. 1320*a*. V. also Yeb. (Sonc. ed.) 81*b* n. 4 and n. 9. (10) If forbidden and mixed up with others. (11) Perek and Baden are both localities in Samaria N.E. of Shechem (cf. Rashi). Tosaf. Yeb. 81*b*. s.v. פרך takes the former to mean cracknuts. Cf. A.Z. (Sonc. ed.) 74*a* note a 4. (12) For making beverage. (13) For making crude whisky. (14) With reference to the law of leaven during Passover, as distinct from the loaves of a baker. (15) I.e., come under the law of *'Orlah*. Lit., 'circumcision'. V. Lev. XIX, 23-4, where the use of the fruit of young trees is forbidden. The use is wholly forbidden during the first three years.

c (1) The first three belong to *'Orlah*, the others to *Kil'ayim*. (2) In the words of R. Meir. (3) That if the egg got mixed up even in a thousand they are all prohibited. (4) Who made the statement that even if the egg got mixed up with a thousand they are all forbidden. (5) As the egg from the *ṭrefa* hen. (6) Cf. Ter. IV, 10. For var. lec. v. Comm. a.l. (7) Of *terumah* (V. Glos.) which may not be eaten by non-priests. Cf. Lev. XXII, 10. It is the portion (from one sixtieth to one fortieth) that must be given to the priests from the produce of the harvest and can only become neutralized in a quantity 100 times itself. V. Num. XVIII, 8; Deut. XVIII, 4, where *corn*, *wine*, and *oil* are mentioned but not *fruit*. The requirement to give *terumah* of fruit is only a Rabbinical enactment. (8) Which was one among many jars of figs each holding 100 *litras*. (9) In the shape of a beehive.

[4a] said: We regard the upper [layers] as if they are dispersed [among each barrel] and the lower[10] neutralize the upper [*litra* of figs]; [while] R. Joshua says: If there were there a hundred tops [of barrels] they neutralize, but if not, then [all] the top layers are forbidden and [all] the remainders are permitted. [But] R. Judah maintains[11] [that] R. Eliezer said: If there are there a hundred upper layers they neutralize, but if not then [all] the top layers are forbidden and [all] the remainders are permitted; [while] R. Joshua says: Even if there are three hundred tops of barrels
a they do not neutralize.[1] If it[2] was pressed in a jar and he does not know in which jar he pressed it, all agree that they neutralize. [You say], All agree? [Why] this is the point they are disputing! Said R. Papa: This is what he says: If it was pressed in a jar and he does not know in which part of the jar it was pressed, whether northward or southward, all agree that it is neutralized.[3]

R. Ashi said: In reality the doubt is whether [the egg was laid] on a Festival-day or on a weekday,[4] [but] it [the egg] is a forbidden] object which will become permitted,[5] and anything [forbidden] which will become permitted, even though [forbidden] by a Rabbinical enactment[6] is not neutralized.[7]

It was taught: Others say in the name of R. Eliezer: The egg [laid on a Festival] and the hen may be eaten. About what are we discussing? If about a hen kept for food, it is self-evident that the egg and the hen are permitted;[8] and if about a hen kept for laying eggs, then the egg and the hen are forbidden![9]—Answered R. Zera: [It means,] it [the egg] may be eaten in virtue of the hen.[10] What are the circumstances?[11]—Said Abaye: For example when he bought it [the hen] without specifying [for what purpose]; if it is killed then it is [retrospectively] clear that it was
b intended to be kept for food;[1] if it is not killed, then it is evident that it was intended to be kept for laying eggs.[2] R. Mari says: He states an exaggeration.[3] For it was taught: Others say in the name of R. Eliezer: The egg may be eaten, it and its hen, and its chicken and its shell. What is meant by 'its shell'? Shall I say [it means] literally '*shell*', is then the shell [fit for] food?[4] Again, if it should [mean] a chicken *in* its shell, surely the Rabbis dispute with R. Eliezer b. Jacob[5] only when the chicken is actually hatched, but when it has not yet been hatched they do not dispute![6] Therefore 'the chicken and its shell' is an exaggeration,[7] so also here 'it and its hen may be eaten' is an exaggeration.

It was stated: A Sabbath and a Festival [following one another]. Rab says: [An egg] laid on the one is forbidden on the other, but R. Joḥanan maintains: [The egg] laid on the one is permitted on the other. Shall we say that Rab holds that they [a Sabbath and a Festival immediately following] are regarded as one [continuous day of] holiness? But Rab said: The *halachah* is according to the four Elders who decided according to the opinion of R. Eliezer who says [the Sabbath and the Festival] are two [distinct days of] holiness!—Rather they differ here in Rabbah's [law of] *Hakanah;*[8] Rab accepts Rabbah's law of *Hakanah* and R. Joḥanan rejects Rabbah's law of *Hakanah*.

The same is disputed by Tannaim: If it [an egg] is laid on a Sabbath, it may be eaten on a Festival;[9] [if it is laid] on a Festival it may be eaten on a Sabbath.[10] R. Judah says in the name of R. Eliezer: The dispute still continues; for Beth Shammai say: It may be eaten; whereas Beth Hillel maintain: It may not be eaten.[11]

The host of R. Adda b. Ahabah had some eggs from a festival
c [which he wished to prepare] for the Sabbath.[1] He came before him, and asked: Is it permitted to roast them to-day[2] that we may eat them to-morrow? He answered him: What is in your mind: [in a dispute between] Rab and R. Joḥanan the *halachah* is as R. Joḥanan? But even R. Joḥanan only allows [the egg] to be quaffed on the *morrow*, but not on the same day [it was laid];[3] even as it was taught: Whether an egg was laid on a Sabbath or on a Festival, one may not move it to cover therewith a vessel nor to support therewith the leg of a bed.[4]

The host of R. Papa—some say it was another man who came before R. Papa—had some eggs from a Sabbath [which he wished to prepare] on the [immediately following] Festival. He came, asking him: Is it permitted to eat them to-morrow?[5] He answered him: Go away now and come to-morrow: for Rab would not appoint an interpreter for himself from [the first day of] the Festival until [the termination of] its companion[6] on account of

(10) Layers of each barrel. (11) R. Meir and R. Judah differ with respect to the dispute between R. Eliezer and R. Joshua.

a (1) The *litra* of figs, for the top layers of figs are in the category of things that are also sold by number and therefore the quantity of vessels is immaterial. Cf. J. Ter. IV, 7. (2) The *litra* of *terumah* figs. (3) Because not being a complete layer now, it is no longer in the category of being numbered. R. Joshua is then the Tanna who held that anything which is often sold by number is not annulled, and he will be the author of the teaching regarding the mixed egg. (4) And as for the suggestion that in any doubt with respect to a prohibition based on a Rabbinical enactment leniency is required, v. *supra 3b*. (5) After a certain time. The egg will in any case be permitted after the Festival. (6) Concerning which leniency is usually preferred. (7) And we are to proceed with stringency even in case of doubt. (8) That is, in the view of Beth Shammai; and if R. Eliezer intends to rule like Beth Shammai, why mention the hen-mother at all? Rashi. (9) On account of *mukẓeh*. V. *infra 34a*. (10) If the hen is eaten on the Festival so may also the egg be eaten. (11) When it is the actual eating of the hen that renders also the egg permissible.

b (1) And therefore the egg, being part of the hen, may also be eaten. (2) And therefore the egg is not permitted. (3) He uses the figure of speech called hyperbole for the sake of emphasis; i.e., he states the law very emphatically, mentioning more than is necessary. (4) All that was necessary to be said was 'the chicken', for the shell is not classed as food. (5) And say that a chicken just hatched may be eaten even though its eyes were not open. V. *infra 6b*. (6) I.e., they all agree that it may not be eaten. Hence it cannot mean *in* its shell. (7) Saying more than is required. (8) *Supra 2b*. V. Glos. (9) Immediately following the Sabbath. (10) Immediately following the Festival. (11) So that the anonymous Tanna supports R. Joḥanan and R. Judah supports Rab.

c (1) Immediately following the Festival, and he was doubtful. (2) On Friday, the day they were laid. (3) When it is forbidden even to move it. (4) *Supra 3b*. q.v. (5) I.e., on the Sunday. (6) I.e., the second day of the Festival.

גמרא

אומר *רואין את העליונות כאילו הן פרודות והתחתונות מעלות את העליונות ר' יהושע אומר *אם יש שם מאה פומין יעלו ואם לאו הפומין אסורין והשולים מותרין ר' יהודה אומר ר' אליעזר אומר אם יש שם מאה פומין יעלו ואם לאו הפומין אסורין והשולים מותרין ר' יהושע אומר אפילו יש שם שלש מאות פומין לא יעלו דרסה בעגול ואינו יודע באיזה עגול דרסה דברי הכל יעלו דברי הכל היינו פלוגתייהו אמר רב פפא הכי קאמר דרסה בעגול ואינו יודע באיזה מקום עגול דרסה אי לצפונה אי לדרומה דברי הכל יעלו רב אשי אמר לעולם ספק יום טוב ספק חול הוי דבר שיש לו מתירין וכל דבר שיש לו מתירין אפילו בדרבנן לא בטיל תניא *אחרים אומרים משום רבי אליעזר ביצה תאכל היא ואמה במאי עסקינן אילימא בתרנגולת העומדת לאכילה פשיטה דהיא ואמה שריא אלא בתרנגולת העומדת לגדל ביצים היא ואמה אסורה א"ר זירא תאכל אגב אמה היכי דמי °אמר אביי כגון שלקחה סתם נשחטה הוברר דלאכילה עומדת לא נשחטה הוברר דלגדל ביצים עומדת רב מרי אמר גוזמא קתני דתניא *אחרים אומרים משום רבי אליעזר ביצה תאכל היא ואמה ואפרוח וקליפתו מאי קליפתו אילימא קליפה ממש קליפה בת אכילה היא אלא אפרוח בקליפתו עד כאן לא פליגי *רבנן עליה דרבי אליעזר בן יעקב אלא היכא דיצא לאויר העולם אבל היכא דלא יצא לאויר העולם לא פליגי אלא אפרוח וקליפתו גוזמא הכא נמי תאכל היא ואמה גוזמא איתמר *שבת ויום טוב רב אמר נולדה בזה אסורה בזה ור' יוחנן אמר נולדה בזה מותרת בזה נימא קסבר רב קדושה אחת היא *והאמר רב הלכה כארבעה זקנים ואליבא דרבי אליעזר דאמר שתי קדושות הן אלא הכא בהכנה דרבה קמיפלגי רב אית ליה הכנה דרבה ורבי יוחנן לית ליה הכנה דרבה כתנאי *נולדה בשבת תאכל ביו"ט ביום טוב תאכל בשבת ר' יהודה אומר משום ר' אליעזר עדיין היא מחלוקת שב"ש אומרים תאכל וב"ה אומרים לא תאכל אושפיזכניה דרב אדא בר אהבה הוו ליה הנך ביצים מיו"ט לשבת אתא לקמיה אמר ליה מאי לאטווינהו האידנא וניכלינהו למחר א"ל מאי דעתיך רב ור' יוחנן הלכה כר' יוחנן אפילו ר' יוחנן לא קא שרי אלא לגומעה למחר אבל ביומיה לא והתניא *אחת ביצה שנולדה בשבת ואחת ביצה שנולדה ביו"ט אין מטלטלין אותה לא לכסות בה את הכלי ולא לסמוך בה כרעי המטה אושפיזכניה דרב פפא ואמרי לה ההוא גברא דאתא לקמיה דרב פפא הוו ליה הנך ביצים משבת ליום טוב אתא לקמיה א"ל מהו למכלינהו למחר אמר ליה זיל האידנא ותא למחר *דרב לא מוקי אמורא עלויה מיומא טבא לחבריה משום שכרות כי אתא למחר אמר ליה איכו

[לעיל ג: שבת מה.]

רש"י

רואין אותן כאילו הן פרודות. אם אין כאן מאה פומין של היתר שיהא בהן כדי להעלות פי האיסור באחד ומאה רואין כאילו ליטרות של כל הפומין פרודות מעל הפומין ומעורבות בשל שולים ונמצאו כולם בספק הדמוע ומצטרפות התחתונות להעלות את ליטרא שעל הפה דהואיל ותרומת פירות דרבנן מקילים בהעלאתם: ור' יהושע אומר אם יש שם מאה פומין. של היתר לבד פומין של אסור מעלין אותן באחד ומאה ואם לאו הפומין אסורין ואין השולים מועילין לבטל הפומין הואיל ואינן בספק הדמוע: רבי יהודה אומר. לא כן נחלקו ר' אליעזר ור' יהושע אלא כן נחלקו ר' אליעזר אומר כו': ר' יהושע אומר אפילו יש שם שלש מאות פומין. וכולן בכלל הספק אין מעלין את היחיד הואיל ופומי הכלי דבר שיש בו מנין הוא לא בטלי ואפילו בדרבנן אבל דרסה בעגול כו': הכי קאמר דרסה בתוך העגול. דעכשיו אינן נכרות שהרי מדובקות ואינו יודע היכן היא אם בצפונו של עגול או בדרומו הואיל והשתא לאו בת מנין היא ולא מנכרא דברי הכל יעלו ותנא דלעיל ר' יהודה ואליבא דרבי יהושע היא: רב אשי אמר לעולם. הא דקתני וכפקה אסור ספק יום טוב ספק חול קאמר ודקשיא לך לרב יוסף ולרבי יצחק ספק דרבנן הוא ולקולא הכא אזלינן לחומרא הואיל ויש לו מתירין למחר: אפילו בדרבנן. כגון ביצה דגזרת פירות הנושרין היא לא בטלה בתערובתה וכי היכי דבבטולה מחמרינן מהאי טעמא בספקה נמי מחמרינן מהאי טעמא: ביצה תאכל. אם נולדה ביום טוב: פשיטא דהיא ואמה שריא. כלומר אם בא לומר כבית שמאי לשמעינן ביצה אמה למה לי פשיטא דשריא: היא ואמה אסורה. דשמעינן לר' אליעזר דאית ליה מוקצה דתנן בפרק המביא (לקמן דף לד.) ר' אליעזר אומר עומד אדם על המוקצה כו' אלמא הכנה בעי: אגב אמה. אם אוכלין את אמה היום תאכל אף היא: שלקחה סתם. תרנגולת זו קנאה סתם: גוזמא קתני. כאדם שרוצה להחזיק דבריו מדבר יתר ובעומדת לאכילה קאמר ונחלק על בית הלל האוסרים ואמה לא איצטריכא ליה אלא גזים ואמר מילתא יתירה הכל יאכל גם את הלב *גם את האם: דר' אליעזר בן יעקב. אוסר אפרוחים שלא נפתחו עיניהם ופליגי רבנן עליה ולקמן מייתי לה בגמרא: גוזמא. אע"פ דלא אפשר גזים ואמר מילתא דטופייגא גוזמא דבר שטוי שאינו מתקבל: שבת ויום טוב. הסמוכין והוא הדין ליום טוב ושבת: קדושה אחת היא. הרי הן כיום אחד ארוך: ארבעה זקנים אליבא דר' אליעזר. בערובין בפ' בכל מערבין (דף לח:): דאמר שתי קדושות הן. ומערב ליום א' למזרח ולשני למערב: הכנה דרבה. דאמר הכנה בידי שמים מתסרא מיום טוב לשבת דסעודת שבת בעיא הזמנה מיום חול מגזרת הכתוב: עדיין היא מחלוקת. ב"ש וב"ה בזה כשם שנחלקו לנו ביום: אושפיזכניה. בעל הבית: מיו"ט לשבת. היום טלדו והיה רוצה לאכלן למחר בשבת: לאטווינהו. לצלותן האידנא מי אסירי בטלטול בו ביום או לא: מאי דעתיך. דפשיטא לך דלמחר מיהא שרו משום דקיימא לן רב ור' יוחנן הלכה כר' יוחנן מיהו בטלטול האידנא אסירי דאפילו ר' יוחנן לא שרי לצלותה היום אלא לגומעה למחר אם היה יו"ט קודם לשבת אבל ביומיה לא ואפילו בטלטול: והתניא. סייעתא: דרב לא מוקי אמורא עלויה. לא היה מעמיד מתורגמן לפניו לדרוש דרשה לרבים: מיומא טבא לחבריה. כלומר משעשה היום יום טוב דהיינו לאחר סעודה עד מחר: משום שכרות. דרב אורויי היה מורי בדרשה שלו כדאמרינן בכריתות ושכור אסור להורות דכתיב יין ושכר אל תשת (ויקרא י) וכתיב להורות את בני ישראל (שם): איכו

תוספות

נימא קסבר רב קדושה אחת הן. תימה לימא דקסבר שתי קדושות הן אלא הטעם הוי מגו דאתקצאי לבין השמשות דשמא יום שבת הוא אתקצאי לכולי יומא דיום שני וי"ל דלא אמרינן מגו משום יום שהוא לשעבר דדוקא להכא אמרינן הכי כגון בין השמשות דתחילת יום טוב או בין השמשות דשבת שמא שבת הוא ותימה דהא בסוכה (דף י') אמרינן נויי סוכה אסורין עד מוצאי יום טוב האחרון של חג שהוא יום תשיעי שהוא ספק יום שמיני ועל כרחיך טעמא משום דאתקצאי בין השמשות דשמא יום שמיני הוא והיינו לשעבר וי"ל דמוקצה מחמת מצוה שאני כדמפרש טעמא התם דילמא מתרמיא ליה סעודה ואכיל בגוה והתם אמרינן אפילו לשעבר אבל הכא מוקצה דמחמת אסור לא אמרינן הכי:

אלא בהכנה דרבה קמפלגי. ותימה דהא אמרינן *כל היכא דמתילדא אידנא מאתמול גמרה לה ואם כן כשחל יום טוב לאחר השבת והביצה נולדה בשבת היא נגמרת ביום שהוא חול ואם כן מאי הכנה איכא וי"ל דמכל מקום כשנולדה בשבת הרי זו הכנה דגם בשעת לידה שייך הכנה ועוד יש לומר דכיון דאם נולדה ביו"ט הרי זו אסורה אם נאמר כשנולדה בשבת הרי היא מותרת בשביל אותה לידה דשבת אם כן הוי שבת מכין ליום טוב:

רבי יהודה אומר משום ר' אליעזר עדיין היא מחלוקת. ואע"ג דפירשתי לעיל דר' יהודה סבירא ליה דלא נחלקו ב"ש וב"ה בדבר זה מ"מ לא קשיא מהכא דהא דידיה והא דרביה: ותנן

[לעיל ב:]

רבינו חננאל

עד ר' יהושע אומר אפילו יש שם ג' מאות לא יעלו ש"מ כיון דלא בטיל ברוב רבנן הוא דאחמרו עלה. ועלה אמר ר' יהושע אפי' יש שם ג' מאות פומין לא יעלו. דסבר ר' יהושע אפילו מדרבנן לא בטיל וכן ביצת טרפה. דרסה בעיגול ואינו יודע באיזה עיגול דרסה. אוקמה רב פפא בספק ספיקא. ולפיכך קתני דברי הכל יעלו: ירושלמי א"ר בון וצריך להיות בכל עיגול ב' לטרין ועוד קציעות כדי לבטל בכל מקום שהיא אותה ליטרא של תרומה בליטרא ועוד של חולין. ועוד אמרו בתלמוד א"י במס' תרומות הא דתני ר' מאיר משום ר' יהושע אפילו היו שם ג' מאות פומין לא תעלה הדא אמרה פומין עשאום כדרך שדרכו להימנות הדא מסייעא לר' יוחנן [דו] אמר תניין אינון הדא מסייעא למ"ד דברי ר' מאיר כל הדברים מקדשין מסייע למ"ד דלעת אפילו אחת ממאה אוסר. ובא רב אשי ופירק פירוק אחר לעולם ספק יו"ט ספק חול היא מתני' דא ודקאמרת אמאי ספיק' אסורה הא קיי"ל כל ספיקא דרבנן לקולא משום דהוי דבר שמחר (ומחרתים) הוא עצמו מותר. וכל כי האי גוונא אפילו בדרבנן לא בטיל. והא דתניא ביצה תאכל היא ואמה ואפרוח וקליפתו גוזמא. כלומר אינן דברים נכונים דקליפה לאו בת אכילה היא. ודברי הכל אפרוח בקליפתו קודם שיצא לאויר העולם אסור. יו"ט הסמוך בין מלפניה בין מלאחריה. קיי"ל כרב דאמר נולדה בשבת אסורה ביו"ט וכן נולדה ביו"ט אסורה בשבת. ואקשינן לימא קסבר רב קדושה אחת. והאמר רב הלכה כד' זקנים הללו והן רשב"ג ור' ישמעאל ב"ר יוחנן בן בריקה. ור' אלעזר בן שמוע. ור' יוסי ב"ר יהודה. אליבא דר' אליעזר דאמר ב' קדושות הן. ומפורש בפרק בכל מערבין. ופרקינן לשלם קסבר רב ב' קדושות הן והכא סבר לה כרבה דא' והיה ביום הששי והכינו חול מכין לשבת וליו"ט. ואין יו"ט מכין לשבת. ואין שבת מכין ליו"ט. ור' יהודה משום ר' אליעזר מוקים להו לב"ה כרב דאוסר. ואע"ג דר' יוחנן הוא בר פלוגתיה דרב הא רב אדא בר אהבה ורב פפא עבדו כרב. אמר רבא הלכתא כוותיה דרב בהני תלת בין לקולא בין לחומרא. חדא הא דאמרן ואידך ב' י"ט של ר"ה רב אמר נולדה בראשון אסורה אפילו בשני. ואידך ב' י"ט של גליות רב אמר נולדה בראשון מותרת בשני. ורב אסי מספקא ליה והוה עביד לחומרא מבדיל מיומא טבא לחבריה שמא יו"ט שני חול הוא ומקדש שמא אתמול היה חול ועכשיו ביום שני יו"ט. אמר רבה כוותיה דרב אסי מסתברא כו'. והא אביי ואמר כרב מסתברא דתנן בראשונה כו'. ואסיקנא והאידנא דידעינן בקביעא דירחא מ"ט עבדינן בגולה תרי יומי משום דשלחו מא"י הזהרו לעשות שני יו"ט כמנהג אבותיכם

עין משפט נר מצוה

כב א ב ג מיי' פי"ד מהלכות תרומות הלכה ו ז:

כג ד מיי' פ"א מהלכות יו"ט הלכה כ ופ"ב הלכה ו סוש"ע א"ח סי' תקיג סעיף א ובוש"ע י"ד סי' קב סעיף א:

כד ה מיי' פ"א שם הלכה יט סמג לאוין סה עה טוש"ע א"ח סי' שכב סעיף ה וסי' תקיג סעיף ה:

כה ו מיי' פ"ח מהלכות עירובין הלכה ה סמג עשין א טוש"ע א"ח סי' תע"ז סעיף ב:

מסורת הש"ס

השתא משמע דבטל ולעיל גבי תלתן קאמ' ר"מ כל שדרכו למנות לרשב"ג צ"ל הא דידיה הא דרביה. תוס' ישנים

[תוס' דמכלתין פ"א ודעדיות פ"ב]

[תוספ' עדיות פ"ב]

[לקמן ו:]

[עירובין לח:]

שם

[תוספתא פ"א]

ס"א גם את הכן. רש"ל

כריתות יג: זבחים יח. [מס' סופרים פי"ח סוף הלכה ד]

גליון הש"ס

גמ' אמר אביי כגון שלקחה סתם. עי' חולין דף יד ע"א תוס' ד"ה בשמה נר"י:

איכו השתא אשתלאי ואמרי לך רב ורבי יוחנן הלכה כר׳ יוחנן הא אמר רבא *הלכתא כותיה דרב בהני תלת בין לקולא בין לחומרא אמר ר׳ יוחנן אעצים שנשרו מן הדקל בשבת אסור להסיק ביום טוב ואל תשיבני ביצה מ״ט ביצה משום דביומא נמי חזיא לגומעה ולא קא שרי לה עד למחר מידע ידיע דבת יומא אסורה עצים דלא חזו ליומידהו אי שרי להו למחר אתי למימר ביומיידהו נמי שרו ואתמול משום שבת הוא דלא חזו להסקה *אמר רב מתנה בעצים שנשרו מן הדקל לתוך התנור ביו״ט מרבה עליהם עצים מוכנים ומסיקן והא קא מהפך באיסורא כיון דרובא דהיתרא נינהו כי קא מהפך בהיתרא קא מהפך והא קא מבטל איסורא לכתחלה ותנן *גאין מבטלין איסור לכתחלה דהני מילי בדאורייתא אבל בדרבנן מבטלין ולרב אשי דאמר כל דבר שיש לו מתירין אפילו בדרבנן לא בטיל מאי איכא למימר ההני מילי היכא דאיתיה לאיסורא בעיניה הכא מקלא קלי איסורא אתמר שני ימים טובים של גליות רב אמר ונולדה בזה מותרת בזה ורב אסי אמר נולדה בזה אסורה בזה לימא קא סבר רב אסי קדושה אחת היא והא °רב אסי מבדיל מיומא טבא לחבריה רב אסי ספוקי מספקא ליה ועביד הכא לחומרא והכא לחומרא אמר ר׳ זירא כותיה דרב אסי מסתברא דהאידנא ידעינן בקביעא דירחא וקא עבדינן תרי יומי אמר אביי כותיה דרב מסתברא *דתנן יבראשונה היו משיאין משואות משקלקלו הכותים התקינו שיהו שלוחין יוצאין ואילו בטלו כותים עבדינן חד יומא והיכא דמטו שלוחין עבדינן חד יומא והשתא דידעינן בקביעא דירחא מאי טעמא עבדינן תרי יומי משום דשלחו מתם כהזהרו במנהג אבותיכם בידיכם זמנין דגזרי המלכות גזרה ואתי לאקלקולי אתמר שני ימים טובים של ר״ה רב ושמואל דאמרי תרוייהו טנולדה בזה אסורה בזה דתנן *יבראשונה היו מקבלין עדות החדש כל היום (*כולו) פעם אחת נשתהו העדים לבא ונתקלקלו

תוספות

ותנן אין מבטלין איסור לכתחילה. ואע״ג דמדאורייתא חד בתרי בטיל היינו היכא דמיערב ממילא אבל למערבינהו בידים לבטולי אסור דהכי תנן במס׳ תרומות (פ״ה מ״ט) סאה של תרומה שנפלה לתוך תשעים ותשעה של חולין וחזרה ונפלה לתוכן סאה של חולין ורבה עליהן בשוגג מותר במזיד אסור דאין מבטלין איסור לכתחילה ומשני הני מילי בדאורייתא אבל בדרבנן מבטלין ומש״ה הפילה אסור דאין מבטלין איסור לכתחילה אבל הכא לא אמרינן הכי דשפיר מבטלין לכתחלה ואם תאמר לעיל (ג:) גבי עגול דהוי תרומה דרבנן יוסיף עליו ויבטל וי״ל דהא דאמר בדרבנן מבטלין °היינו בדבר שעיקרו מדרבנן כגון מוקצה דעיקרו אינו אלא מדרבנן אבל בדבר שעיקרו מדאורייתא כגון תרומה דאיכא שום דבר דאורייתא כגון דגן תירוש ויצהר אפילו במקום שאינו אלא מדרבנן כגון בשאר פירות אין מבטלין וכן משמע פ׳ גיד הנשה (חולין לח·) גבי ההיא פלגא דזיתא דתרבא דנפל בדקולא סבר מר בר רב אשי לשעריכהו בתלתין פלגי דזיתא א״ל אבוה אל תזלזל בשיעורי כו׳ ואין מבטלין ואמאי לא הוסיף עליהן עד [*ששים] כדי לבטל אותם אלא שמע מינה כיון דעיקר איסורו דאורייתא כגון היכא דאיכא כזית *הכי נמי דליכא כזית וליכא אלא איסור דרבנן אין מבטלין:
ונתקלקלו

רש״י

איכו השתא. אם הוריתי לך אתמול בשכרותי: אשתלאי. שכחתי ושגגתי והייתי מורה בו היתר משום דקיימא לן בשאר דוכתי רב ור׳ יוחנן הלכה כר׳ יוחנן עכשיו יפה דחיתיך עד היום ונזכרתי: הא אמר רבא. לקמן (דף ה:): הלכתא כותיה דרב בהני תלת. שאמר לענין ביצה זו משבת ויום טוב ולקמיה בשני ימים טובים של גליות נחלק להקל והשלישי בשני ימים טובים של ראש השנה נחלק להחמיר: מן הדקל. שנשבר בשבת: אסור להסיק ביום טוב. הסמוך לו: ואל תשיבני ביצה. שאמרתי בה נולדה בזה מותרת בזה דהכא שייך למיסר טפי: ומאי טעמא ביצה כיון דביומא. אי לאו דאסירא משום דנולדה בשבת הוה חזיא לגומעה חיה שיש בני אדם גומעין כן: ולא שרי ליה (מר) עד למחר מידע ידיע. כי שרית ליה למחר ואתמול לא שרית דבת יומא אסירא אבל עצים דשבת כיון דביומייהו בלאו איסור מוקצה נמי לא חזו שאין מבערין אש בשבת: אי שרי להו (מר) למחר אתי למימר. אם נפלו בו ביום נמי שרו ואתמול שלא בערטם משום דשבת לא חזי להסקה: והא קא מהפך באיסורא. כשמוליכן בתנור מזוית לזוית: בהיתרא מהפך. שהאיסור בטל ברוב: והא קמבטל איסור בידים. ותנן אין מבטלין איסור לכתחלה דאע״ג דאיסורא בטיל ברובא הני מילי היכא דאיערב ממילא אבל לאערובי ולבטולי בידים אסור דהכי תנן במס׳ תרומות (פ״ה מ״ט) סאה תרומה שנפלה לתוך תשעים ותשעה וחזרה ונפלה סאה של חולין אם שוגג מותר ואם מזיד הפילה לאותה סאה אחרונה כדי להשלים מאה חולין להעלות את התרומה אסור: בדאורייתא. כגון תרומה: אבל בדרבנן. כגון מוקצה דהכא: של גליות. שאין עושין אותו אלא בני גליות הרחוקים מבית דין ואין השלוחין יכולין להגיע אצלם מראש חדש עד יו״ט להודיעם באיזה יום נקבע החודש אם ביום שלשים אם ביום שלשים ואחד ועושין ב׳ ימים יו״ט מספק ומדאורייתא ביום הראשון שבתון וביום השביעי שבתון ותו לא: מותרת בזה. דחד מינייהו חול הוא וממה נפשך שריא: אסורה בזה. כדמפרש ואזיל: לימא קסבר רב אסי קדושה אחת היא. חכמים קבעום על בני גולה לעשותם לדורות מחמת ספק זה והטילום עליהם כחומר יום ארוך: והא רב אסי מבדיל. ומברך המבדיל בין קדש לחול דקסבר קים לן בקביעא דירחא ויו״ט שני חול גמור הוא משום מנהג אבותינו שלא ידעו בקביעת החדש כמונו ועשאום מספק מאליהן אנחנו עושין אותם: ספוקי מספקא ליה. אם חק חכמים הוא שהוטל על הגליות לדורות ואפילו ירבו בהם חכמים יודעי העתים יהיו עושין אותן שנים א״כ הרי הוא מדברי סופרים כיום ארוך או אם הן עשאום מאליהן מספק וחד מנייהו חול ולמאן דקים ליה בקביעא דירחא בעי אבדולי: כותיה דרב אסי מסתברא. דאסיר: קים לן בקביעא דירחא. על ידי חשבון שמחשבין תולדתו אנו למדים אם נראה ביום שלשים אם לאו: ועבדינן תרי יומי. אלמא חק קבוע הוא מתקנת חכמים על ישראל הרחוקים לעשותן ואפילו בלא ספק הלכך כחד יומא אריכא שוינהו: כותיה דרב מסתברא. שאינו חק אלא מדאגת הספק החמירום עליהם הגליות: בראשונה. קודם שקלקלו הכותים והשיאו הם משואות ביום שלא קבעו בו החודש כדי להטעות את ישראל: משיאין משואות. כמו להעלותם משאת העשן מן העיר (שופטים כ) (סימן) תבערה וברא׳ש השנה מפרש להו ובכן היו יודעין כל בני הגליות הקרובים והרחוקים את קביעת החודש ולא היו עושין אלא יו״ט אחד בכל מקום: שיהו שלוחים יוצאים. ועד מקום שיכול להגיע בתוך חמשה עשר ימים הם מודיעים ועושין יום אחד והשאר עושין שני ימים: ואילו בטלו הכותים. הדרינן ועבדינן משואות בראש ההרים וידעו הכל: ועבדי חד יומא. בכל דוכתא והאידנא נמי היכא דמטו שלוחין קודם יו״ט עבדי חד יומא שמע מינה לא קבעום עליהם בתקנה לדורות: דגזרי המלכות גזרה. שלא יתעסקו בתורה וישתכח סוד העיבור מכם ותעבדו נמי חד יומא ואתי לקלקולי ולעשות חסר מלא ומלא חסר ותאכלו חמץ בפסח: אסורה בזה. שהם ודאי חוק קבוע להיות כיום ארוך מדרבנן שמתחילה לא מחמת ספק התחילו לעשותן: כל היום. יום שלשים של אלול ומבערב היו אסורין במלאכה שמא יתקדש החודש למחר ונמצא שהלילה הזה יו״ט שכן כל היום מצפין לעדות רואי הלבנה אולי יבואו וכל שעה שבאין עד שתחשך היו מקבלין עדותן ומקדשין החודש בו ביום:
ונתקלקלו

עין משפט נר מצוה

כו א ב מיי׳ פ״ב מהל׳ יו״ט הלכה יא סמג לאוין סה עה טוש״ע א״ח סי׳ תקז סעיף ב:

כז ג מיי׳ פט״ו מהל׳ מא״ס הל׳ כה סמג לאוין קמא טוש״ע י״ד סי׳ לט סעיף ה:

כח ד מיי׳ שם הלכה כו טוש״ע שם סעיף ו:

כט ה (מיי׳ פ״ב מהל׳ יו״ט הי״א) טוש״ע י״ד סי׳ קב ס״ד בהג״ה עיין טור א״ח סי׳ תקיג:

ל ו מיי׳ פ״א מהלכות יו״ט הלכה כד סמג לאוין עט טוש״ע א״ח סי׳ תקיג סעיף ה:

לא ז מיי׳ פ״ג מהלכות קידוש החדש הלכה ח:

לב ח מיי׳ שם פ״ה הל״ה ופ״א מהל׳ יו״ט הלכה כא:

לג ט מיי׳ פ״א מהלכות יו״ט הלכה כד סמג לאוין מה טוש״ע שם:

לד י מיי׳ פ״ג מהלכות קידוש החדש הלכה ה:

מאה. רש״ל

הכי נמי היכא דליכא כצ״ל

רבינו חננאל

אבותיכם. דחיישינן שמא יגזרו גזרה וישכחו חשבון הקביעות ויבואו לידי קלקול. א״ר יוחנן עצים שנשרו מן הדקל בשבת אסור להסיק ביו״ט ואל תשיבני ביצה כלומר אל תקשה עלי. ומפני מה [אני] מתיר בביצה שנולדה בשבת כי מותר לאוכלה ביו״ט כו׳. ופשוטה היא. והלכתא כוותיה בעצים ולא בביצה. אמר רב מתנה עצים שנשרו מן הדקל לתנור ביו״ט מרבה עליהן עצים מוכנין ומסיקן דקיי״ל איסור עצים כי האי גוונא גזרה היא מדרבנן שמא יעלה ויתלוש ואע״ג דקיי״ל אין מבטלין איסור לכתחלה *) ביו״ט הני מילי בדאורייתא אבל האי דמדרבנן אסור אפילו לכתחלה שרי. ואפילו לרב אשי דאמר כל דבר שיש לו מתירין כגון הני עצים דלמחר שרו לא בטיל הני מילי היכא דאיתא בעיניה. אבל הני עצים כבר נשרפו. ולפיכך בטלי ושרי למיפא **) בתנור. והאי דאמרי רב ושמואל בב׳ יו״ט של ר״ה נולדה בזה אסורה בזה דתנן בראשונה היו מקבלין

*) אינו מוכן דלבטל איסור לכתחילה אפילו בחול אסור וצ״ע.
**) ומשמע דאי לא בטלי אסור לאפות ועי׳ תוס׳ פסחים ד׳ כ״ו ע״ב ד״ה חדש וצ״ע.

מסורת הש״ס

[לקמן ה:]
שבת כט. ע״ש
[עי׳ ר״ש בפ״ה דתרומות]
ר״ס כב:
שם ל:
[במשנה דר״ה ליתא]

גליון הש״ס

גמ׳ והא רב אסי מבדיל. עיין ריטב״א סוכה דף מו ע״א ד״ה והלכתא: תוס׳ ד״ה ותנן וכו׳ היינו בדבר שעיקרו. עי׳ פסחים דף ל ע״א תוס׳ ד״ה לשהינהו:

inebriety.[7] When he came on the morrow, he said to him: [4b] If [I had given my decision] forthwith, I would have erred, and told you that [in a dispute between] Rab and R. Joḥanan the *halachah* is as R. Joḥanan; whereas Raba has said: In these three [cases][8] the law is as Rab, both when he is lenient and when he is stringent.

R. Joḥanan said: If branches fell off a palm tree on a Sabbath, it is forbidden to burn them [for firewood] on the Festival [immediately following it], and do not seek to refute me [by referring to the case] of the egg.[9] What is the reason? Because the egg is
a fit to be taken raw on the [Sabbath] day [it was laid],[1] and since you do not permit it [to be eaten] until the following day, one will surely know that on the same day [that it was laid] it is prohibited.[2] [But in the case of the] branches which are not fit for the [Sabbath] day [on which they fell],[3] if you permit them to be used on the morrow,[4] one might say that even on the [same] day [they fell off][5] they are also permitted, while [their prohibition] the day before was on account of the Sabbath, when they were not fit for burning.

R. Mattenah said: If branches fell off a palm tree on a Festival into an oven, one may add thereto a larger amount of wood kept in readiness[6] and burn them [together]. But is he not handling a prohibited object?[7]—Since the greater part consists of that which is permitted, when he is handling, he is handling that which is permitted. But he neutralizes a prohibited object at the outset, and we have learnt: One may not [directly] neutralize a prohibited object at the outset![8]—This applies only [where the object is prohibited] according to the Biblical law, but [where it is only] Rabbinically [prohibited] one may [directly] neutralize.[9] But how is it to be explained according to R. Ashi, who says that an object [forbidden] which will become permitted is not neutralized even though [forbidden] by a Rabbinical enactment?[10]—This applies only where the prohibited object remains intact, but here the thing forbidden is indeed burnt up.[11]

It was stated: [With reference to] the two Festival-days of the
b Diaspora,[1] Rab says: [The egg] laid on the one[2] is permitted on the other,[3] and R. Assi maintains: [The egg] laid on the one is forbidden on the other. Shall it be said that R. Assi holds the opinion that [both days] have one continuous holiness? But R. Assi recited the *habdalah*[4] [blessing] between the first and second Festival-days?[5]—R. Assi himself was in doubt, hence he acted in both cases with stringency.[6]

R. Zera said: Logic supports R. Assi; for we are now well acquainted with the fixing of the new moon and, nevertheless,
c we do observe two days.[1] Abaye said: Logic supports Rab; for we have learnt: In early times they used to light bonfires,[2] but on account of the mischief of the Samaritans[3] the Rabbis ordained that messengers should go forth.[4] Now if the [mischief of the] Samaritans ceased[5] we would [all] observe only one day; and [even during the Samaritan mischief] wherever the messengers arrived[6] they observed [only] one day.[7] But now that we are well acquainted with the fixing of the new moon,[8] why do we observe two days?—Because they sent [word] from there [Palestine]:[9] Give heed to the customs of your ancestors which have come down to you; for it might happen that the government might issue a decree[10] and it will cause confusion [in ritual].

It was stated: [With respect to] the two Festival-days of the New Year, Rab and Samuel[11] both say: [An egg] laid on the first day is forbidden on the second day. For we have learnt:[12] In early times they [the Sanhedrin] admitted the testimony about new moon throughout the [whole][13] day.[14] Once, however, the witnesses

(7) Rab was in the habit of appointing an interpreter who would enlarge and expand the teachings he would communicate to him. Rab was so scrupulous that he refrained from communicating teachings and decisions to his interpreter on a feast day lest he should risk giving less than his best through the influence of drinking wine on the Festival. R. Papa would not give on a Sabbath a decision for the same reason. (8) For the three cases v. *infra* 5b. Our case is one of the three. (9) Concerning which I have said that an egg laid on a Sabbath may be eaten on the immediately following Festival-day.

a (1) An egg may not be cooked on a Sabbath, but may be eaten raw because there is no work in sucking eggs. (2) On account of *mukẓeh*. (3) For it is prohibited to kindle fire on a Sabbath. Cf. Ex. XXXV, 3. (4) The following Festival-day. (5) If it were a Festival and not a Sabbath. (6) V. Glos. s.v. *Mukan*. (7) When stoking the fire the fallen branches are prohibited on account of *mukẓeh*. (8) This statement is not found anywhere else so worded, but is inferred from Ter. V, 9, where it is stated that if one *se'ah* of Heave-offering fell into less than 100 *se'ahs* of common produce, and other common produce afterwards fell therein, if it was in error the whole is permitted, but if wantonly, it is forbidden. Cf. ר״ש a.l. (9) And the prohibition of *mukẓeh* is only Rabbinical. (10) V. *supra* 3b. And the wood will in any case be permitted after the Festival. (11) Cf. Tosaf. Pes. 26b. s.v. חרש.

b (1) Outside Palestine every Festival which Biblically is to be observed for one day is kept for two days because of doubt. Since the Festival is fixed for a certain day of the month (for example Passover on the 15th Nisan) it is important to know the exact day the New Moon appears. For the consecration of the New Moon was determined not only by mathematical calculation but by the confirmation of witnesses who had seen it. This applied only to the 30th, but on the 31st, the day would be consecrated even without witnesses, because it would be known that after the 30th the moon should become new even if it were not seen, for the moon renewed itself about every $29\frac{1}{2}$ days. Therefore those in Palestine could easily be informed whether the new moon was consecrated by the Sanhedrin in Jerusalem on the 30th day or on the 31st, thus making the month just passed either full or defective. But those in the Diaspora, not being able to be informed in time whether the new moon was consecrated on the 30th or on the 31st, kept the appointed Festival-day for two days in order to be sure of observing it (for example, in the case of Passover, they kept both the 15th and 16th of Nisan as the 1st day of Passover). Hence *the two Festival-days of the Diaspora*. (2) I.e., the first day. (3) Because only one of the two days is holy. (4) V. Glos. (5) He would not have recited the *habdalah* had he regarded the two Festival-days as one continuous day of holiness. V. Rashi. (6) The observance in the Diaspora of two days instead of one as in Palestine can be regarded from two points of view: (*a*) It was an enactment of the Rabbis that for all time in the Diaspora two days should be kept for each Festival-day (v. *supra* n. 1). From that point of view the two days are regarded as one long day of holiness and the egg might not be eaten on the second day. (*b*) The people in the Diaspora have taken upon themselves the observance of two days instead of one because of their uncertainty; for those however, who were well acquainted with the fixing of the new moon, the first day only is regarded as really holy and the second day as of a minor holiness, requiring the recitation of the *habdalah* between the two, and the egg would be permitted to be eaten on the second day.

c (1) Presumably because the Rabbis have so enacted for us to keep the two days as one continuous day of holiness and it is their ordinances that we observe. (2) They indicated the new moon outside Jerusalem by means of fire-signals whether the day just elapsed was the 30th of the past month or the 1st of the coming month. (3) In lighting beacons at other times to confuse the Jews. For the term *Cuthim* v. *J.E.* vol. IV, p. 398. (4) V. R.H. (Sonc. ed.) 22b n. b 7. (5) And we reverted to the lighting of fire-signals. (6) The distance covered by the travelling messengers was relative, dependent on what day in the month a festival fell, so that sometimes they would cover more territory than at others. (7) Evidently the observance of two days was not an enactment for all time. (8) The calendar was fixed about the beginning of the fourth century. [This has been ascribed to Hillel II, v. Graetz IV, pp. 316-318.] (9) To the Jews in the Diaspora. Cf. Sanh. 17b. [Probably this refers to the message sent by R. Jose (J. 'Er. III) a contemporary of Hillel II, urging the people of the Diaspora not to depart from the ancestral customs despite the calendar which had been introduced by the Patriarch, v. Graetz IV, p. 456.] (10) To destroy all the sacred writings and prevent the study of the Law and thus all knowledge of fixing the calendar would be lost. (11) Who are often opposed in debate. (12) R.H. 30b. (13) The word 'whole' is absent in R.H. (14) The 30th of Ellul, which had already been determined as New Year. The 30th of Ellul, commencing at sunset, was observed as New Year's day in case witnesses should arrive during that day reporting that they had seen the new moon.

a were late in arriving [5a] and the Levites erred in the chant.[1] [In consequence] they enacted that they should only receive witnesses until *Minḥah*,[2] but if witnesses came from *Minḥah* onwards[3] they observed [the remainder of] that day[4] and the following day as holy.[5]

Rabbah said: Since the enactment of R. Joḥanan b. Zakkai, the egg is permitted;[6] for we have learnt:[7] After the destruction of the Temple[8] R. Joḥanan enacted that testimony [concerning the appearance of new moon] should be admitted the [whole] day.[9] Said 'Abaye to him: But have not Rab and Samuel both said that the egg is forbidden [on the second day]?—He replied to him: I quote to you R. Joḥanan b. Zakkai, and you tell me about Rab and Samuel![10] But for Rab and Samuel our Mishnah is a difficulty!—There is no difficulty. This [ruling] applies to us [Babylonians], but that [ruling] applies to them [the Palestinians].[11]

b But R. Joseph[1] says: Even from [the time of] the enactment of R. Joḥanan b. Zakkai and onwards the egg is prohibited [on the second day]. What is the reason? It[2] is a matter which was decided by a majority vote[3] and whatever was [forbidden] by a majority vote, requires another majority vote to permit it.[4] Said R. Joseph: Whence do I infer this?[5] From what is written: *'Go say to them, Return ye to your tents'*.[6] And [Scripture] further says: *'When the trumpet soundeth long, they shall come up to the mount'*.[7] And we have further learnt:[8] The fourth [year] vineyard [fruit][9] was to be brought to Jerusalem [from all places] within a radius of one day's journey [from Jerusalem], and the following are its boundaries:

c Elath[1] on the South,[2] Akrabah[3] on the North, Lydda[4] on the West, and the Jordan on the East.[5] And 'Ulla said—others say Rabba b. Bar Ḥana in the name of R. Joḥanan—What is the reason? [It is] in order to decorate the streets of Jerusalem with fruits. And it was [further] taught: R. Eliezer had trees of the fourth year in a vineyard to the east of Lydda near Kefar Tabi[6]

a (1) They sang the psalm for ordinary days at the eventide sacrifice and it turned out after the arrival of witnesses that it was actually New Year's day. V. Tamid VII, 3-4. (2) The time of the offering of the eventide sacrifice. V. Glos. Cf. Schürer II, 1 pp. 286ff. (3) When there was still some part of the day to run, though their testimony would not be accepted for consecrating the 30th as New Year's day, yet. (4) The end of the 30th from the arrival of the witnesses to the close of the day was also considered holy. (5) Hence it was seen that the Sanhedrin itself under such conditions observed the New Year's Festival for two days even where there was no uncertainty; and the people outside Jerusalem would need to observe both the 30th and the 31st of Ellul as New Year in case of such a contingency, so that the observance of two days for the New Year's Feast was an enactment of the Rabbis from the very beginning making two days one continuous day of holiness, and, therefore, an egg laid on the first day is prohibited even on the second. (6) To be eaten on the second day. (7) R.H. 30*b*. (8) Since the Temple no longer existed the reason for the previous enactment falls away. (9) So that the observance of the two days at the present time could only be on account of doubt, since only one of the two days is holy. For, even if witnesses came towards the end of the 30th, the whole of the 30th would be regarded as New Year and the 31st would be regarded as a weekday. But if no witnesses came on the 30th, the 31st would be New Year's day and the 30th, though observed as a holy day, was in reality an ordinary day; and therefore the egg laid on the 30th in such a case would be permitted on the 31st. (10) R. Joḥanan b. Zakkai was the greater authority. (11) The enactment of R. Joḥanan b. Zakkai could only affect Palestine, where only one day, viz., the 30th, would now be regarded as New Year, however late the messengers came on that day. But in Babylon and all places outside Palestine, the observance of the two days was not affected by the enactment of R. Joḥanan, for there the two days were kept holy by the early Rabbinical enactment, and were regarded as one continuous day of holiness.

b (1) In opposition to Rabbah. (2) The prohibition of the egg on the second day. (3) If witnesses had not come before eventide the Assembly of Sages decided to make the two days one continuous day of holiness. (4) Even though the reason for its prohibition no longer exists, the prohibition still holds until a further vote in Assembly had been taken and declaring it now permissible; and as no such vote had been taken the *status quo* remains, i.e., the prohibition of the egg is still binding. V. Sanh. 59*b*. It is pointed out *infra* 5*b* that the vote of Assembly was not directly dealing with the egg but with the making of the two days one continuous day of holiness. (5) That a prohibition once made by an Assembly is still binding until it has been rescinded by another Assembly. (6) Deut. V, 27. God had previously told them to abstain from women for three days, and this prohibition did not *ipso facto* cease at the expiration of the three days, but required from God direct permission to resume cohabitation. V. Tosaf. 5*a*, s.v. לכ V. also Sanh. (Sonc. ed.) 59*b* n.a 1. (7) Ex. XIX, 13. Here too the prohibition of ascending Mt. Sinai was on account of the Theophany, and at the ceasing of the Theophany it could be inferred that the people might ascend the Mount. Yet it was not left for anyone to infer that they might ascend, but they had to await the express authority of God. (8) M.Sh. V, 2; R.H. 31*b*. (9) Fruit of the first three years of a tree may not be eaten, and the fruit of the fourth year must be eaten before the Lord in Jerusalem, Lev. XIX, 23. If, however, the journey was too great, the fruit might be redeemed and the money expended in Jerusalem. V. Deut. XIV, 24-25. The Rabbis, however, ordained that for a radius of one day's journey from Jerusalem the fruit could not be redeemed but must be brought to Jerusalem.

c (1) V. Neubauer, *La Géographie du Talmud*, p. 19. No place of such a name within one day's journey from Jerusalem has yet been plausibly identified. (2) This is the correct reading as in M.Sh. and not *North*. Cf. *D.S.* a.l. (3) Neubauer, p. 159. Perhaps the modern Akrabah, 25 miles North of Jerusalem. (4) Cf. Neh. VII, 37. V. also Neubauer, p. 76. (5) V. R.H. (Sonc. ed.) 31*b*, notes. (6) Since Lydda was within one day's journey West of Jerusalem, Kefar Ṭabi which was East of Lydda would likewise be within one day's journey from Jerusalem.

ונתקלקלו הלוים בשיר התקינו שלא יהו מקבלים את העדים אלא עד המנחה *ואם באו עדים מן המנחה ולמעלה נוהגין אותו היום קדש ולמחר קדש אמר רבה מתקנת רבן יוחנן בן זכאי ואילך ביצה מותרת דתנן *משחרב בית המקדש התקין רבן יוחנן בן זכאי שיהו מקבלין עדות החדש כל היום א"ל אביי והא רב ושמואל דאמרי תרוייהו ביצה אסורה א"ל אמינא לך אנא רבן יוחנן בן זכאי ואת אמרת לי רב ושמואל ולרב ושמואל קשיא מתניתין לא קשיא *הא לן והא להו ורב יוסף אמר אף מתקנת רבן יוחנן בן זכאי ואילך ביצה אסורה מ"ט הוי דבר שבמנין *וכל דבר שבמנין צריך מנין אחר להתירו אמר רב יוסף מנא אמינא לה דכתיב °לך אמור להם שובו לכם לאהליכם ואומר °במשוך היובל המה יעלו בהר (*ותניא) *כרם רבעי היה עולה לירושלים מהלך יום אחד לכל צד וזו היא תחומה (*עלת) מן *(הצפון) ועקרבת מן (*הדרום) לוד מן המערב וירדן מן המזרח ואמר עולא ואיתימא רבה בר בר חנה א"ר יוחנן מה טעם כדי לעטר שוקי ירושלים בפירות ותניא *כרם רבעי היה לו לר' אליעזר במזרח לוד בצד כפר טבי ובקש

ונתקלקלו הלוים בשיר. תמיד של בין הערבים שאמרו בו שירה של חול שהיו סבורים שלא יבאו עוד והיום חול וכשבאו נמצא שהוא קדש ובשל שחר אין טעות דבתמיד של שחר אפילו הוקדש החדש קודם הקרבתו שיר של חול היו אומרים לפי שברוב השנים אין העדים ממהרים לבא כל כך: עד המנחה. עד הקרבת תמיד של בין הערבים אבל לאחר מכאן אותו היום הרי הוא מעובר ומונין מיום המחרת ליום הכפורים וסוכות ואם באו עדים מן המנחה ולמעלה אע"פ שאין מונין למועדות מהיום לא מזלזלין ביה בהאי שלשים אלא גומרין אותו באיסורו כאשר הוזהרו עד המנחה ממלאכה כן נוהגין וגומרין אותו בקדושתו אלמא תחילת עשייה שני ימים לראש השנה אפילו בבית דין הוה ולא מספק שהרי ודאי שיום טוב למחר ואעפ"כ תקנו לעשותו שמע מינה חק חכמים ומלותן היה לעשותן בבאו עדים אחר המנחה והרחוקים יש עליהם לעשותן בכל שנה שמא יבאו עדים אחר המנחה והרי קדושתו אחת ואין כאן לומר ממה נפשך חד מינייהו חול דשמא אין כאן חול אלא שניהם קדש: אמר רבה גר': מתקנת רבן יוחנן בן זכאי. שהחזיר הדבר ליושנו לקבל עדותן כל היום ולקדש היום נמצא שאין בית דין עושין שני ימים והרחוקים העושים שני ימים אינו אלא מספק שאין יודעין אם נתקדש ביום שלשים אם בשלשים ואחד והרי הן כשאר י"ט של גליות וביצה שנולדה בזה מותרת בזה ממה נפשך לחד מינייהו חול: ולרב ושמואל קשיא מתניתין. דקתני דחזר הדבר ליושנו: הא לן והא להו. לבני א"י שעושין יום אחד מותרת אבל לדידן בני גולה אסורה שהרי עדיין אנו עושין שני ימים ועודנו כבתחילה מפני אותה תקנה ראשונה לא מפני ספק הלכך הואיל ולא פסקו מאללנו משהתחלנו אין להקל ולומר אין מנהגנו זה מפני תקנה ראשונה אלא מפני הספק וביצה מותרת הא לא אמרינן דכיון דלא פסקה אותה תקנה מאללנו שנה אחת לעשות יום אחד עדיין באיסורנו הראשונה עמדנו להיותם כיום ארוך: הוי דבר שבמנין. ביצה זו נאסרת בקבוץ חכמים שנמנו וגמרו לעשותן שני ימים קדושה אחת אם לא באו עדים לפני המנחה וכל העושין שני ימים מחמת כן עשו שמא לא באו עדים לבית דין קודם המנחה: צריך מנין אחר. שימנו לך ויתירוהו ולקמן פרכינן ביצה מי אתסרא במנין והלא לא נמנו אלא על קבלת עדות ובההוא חזר בו רבן יוחנן והתירו: מנא אמינא לה. דכל דבר הנאסר במנין צריך מנין אחר להתירו ואפילו אירע דבר שהתנא יכול להורות בו היתר ולומר אין תקנת מנין הראשון עומדת כי הכא אפילו הכי אסור עד שיתירוהו בפירוש בקבוץ חכמים: לך אמור להם. לקמן מפרש לה היכי יליף: ואומר במשוך היובל. לקמן מפרש: ותניא. כמי דצריך מנין אחר להתירו: כרם רבעי. שאמרה תורה קדש הלולים (ויקרא יט) וגמרינן קדש קדש ממעשר שני דכתיב ביה קדש וכל מעשר הארץ מזרע הארץ מפרי העץ וגו' (שם כז) שצריך להעלות הפירות לירושלים או לפדותן ולהעלות הדמים לירושלים ותקנו חכמים במהלך יום אחד לכל צד שלא יפדוהו אלא הפירות עצמן יעלם ויאכלם שם כדמפרש לקמן כדי לעטר שוקי ירושלים בפירות: במזרח לוד. הייתה בין לוד לירושלים בתוך מהלך יום דהא אמרינן לוד בתוך מהלך יום מן המערב נמצא מזרחה בין לוד לירושלים כבילד מברכין (ברכות דף לה.) יש פלוגתא חד תני נטע רבעי וחד תני כרם רבעי: להפקירו

ונתקלקלו הלוים בשיר. בשיר של בין הערבים מיירי שאמרו שיר של חול שלא היו סבורים שיבאו עדים אותו יום ונהגו אותו יום חול וכשבאו לאחר המנחה נמצא שהוא קדש אבל אינו אומר בשיר של שחרית שאמרו של חול בתמיד של שחרית שהרי אפילו באו קודם הקרבת תמיד של שחרית היו אומרים שיר של חול כדאמרינן בר"ה (דף ל: ושם) לפי שרוב השנים לא היו ממהרין כל כך לבא והקשה ר' פרץ והאיכא קלקול גבי מוספין ואמאי לא חשו אלא על עבודת התמיד דכשבאו עדים מן המנחה ולמעלה כבר הקריבו התמיד א] וא"כ אין יכולין להקריב המוספין דכתיב והקטיר עליה חלבי השלמים ודרשינן (יומא דף לג.) עליה השלם כל הקרבנות כולן שאין קרבן קרב לאחריה ותירץ דאפילו לא באו עד לאחר הקרבת התמיד מכל מקום המוספין קרבין דהיכא דלא אפשר שאני מידי דהוי אמחוסר כפורים בע"פ שמביא כפרתו לאחר הקרבת התמיד של בין הערבים ואוכל פסחו בערב והכי אמרינן בפ' תמיד נשחט (פסחים נט. ושם) *ועוד י"ל דאתי עשה דרבים ודחי עשה דהשלמה משום דאלים טפי דהכי אמרינן בתמיד נשחט (נ"ז שם) דאתי עשה דפסח דענוש כרת ודחי עשה דהשלמה דאינו ענוש כרת ומיהו מפרש' דמעיקרא אייתו התמיד ומתנו אם לא יבאו עדים יהא תמיד ואם יבאו יהא מן המוספין וא"כ יביאו את התמיד ואחר קרבנות ולא נהירא דאיכא בהדיא התם דאמרו שיר של חול עם תמיד של בין הערבים: הא לן והא להו. פי' בקונטרס בני א"י שמקדשין החדש על פי הראייה ואין עושין אלא יום אחד ופעמים עושים שנים כשבאו עדים מן המנחה ולמעלה ואשתני בשביל תקנת רבן יוחנן בן זכאי ואין עושין אלא יום אחד אף כשבאו עדים מן המנחה ולמעלה ואפילו כשהיו עושין שני ימים כגון שלא באו עדים הרי הוא מחמת ספק והרי הן שתי קדושות לפי שאין זה מחמת המנהג לפיכך היתה מותרת להן אבל לבני חוצה לארץ אסור שהרי עדיין הם עושין שני ימים כבתחילה ואם כן לא אשתני להן מפני התקנה הואיל והתחילו לעשות שני ימים ולא פסקו בשום פעם לעשות יום אחד עדיין הם עומדים באיסורן להיותן כיום ארוך דלא נימא דמחמת ספק הן עושין דאין יודעין אם באו עדים אם לאו אלא מחמת המנהג הן עושין כיון דלא נשתנה להן המנהג וא"ת לר' יוסי דאמר בעירובין (דף לט. ושם) גבי שני ימים של ר"ה נולדה בראשון אסורה בשני והא ר' יוסי בא"י הוה לאחר חורבן וא"כ שתי קדושות הן ואמאי ביצה אסורה ואין לומר דהיינו קודם חורבן דהוו קדושה אחת דא"כ מאי נפקא מינה מאי דהוה הוה וכי תימא דהיינו לאחר חורבן והא דביצה אסורה היינו לבני בבל דלדידהו קדושה אחת הן זה אינו דר' יוסי מא"י ונקט מילתא בשביל בבל וי"ל דלעולם ר' יוסי מקודם חורבן קאמר ואין להקשות מאי דהוה הוה הואיל ואשמועינן פסק דגם עתה שייך לאחר חורבן לבני בבל:

כל דבר שבמנין צריך מנין אחר להתירו. יש שהיו רוצין לומר מכאן דאותן חרמות שעושין לזמן עד פסח או עד זמן אחר דכי יגיע הזמן צריך מנין להתיר אף החרם אע"פ שעבר הזמן דהא הכא הקב"ה אסר להם תשמיש בשביל מתן תורה וממילא ידעינן דלאחר שלשה ימים דנתנה תורה דמותרין ואעפ"כ התיר להם ולא היא דהכא אין כאן שום זמן דקרא דהיו נכונים לשלשת ימים וגו' (שמות יט) הזמינו עצמכם לדבר שיהיה לסוף שלשת ימים דאם כתיב היו נכונים שלשת ימים בלא למ"ד של לשלשת ימים הייתי מוכיח שפיר דכי היכי דצריך להתיר תשמיש צריך נמי להתיר החרם ומדלא כתיב הכי שמע מינה גבי תשמיש צריך להתיר משום דכתיב אל תגשו אל אשה וגו' דמשמע עולמית כי היכי דאסר להם קודם מתן תורה שלשת ימים אבל חרמות שמשימין לזמן מכי עבר הזמן ממילא עבר ואין צריך היתר: [ועי' תוספות סנהדרין נט: ד"ה לכל דבר]

עין משפט נר מצוה

לה א ב מיי' פ"ג מהל' קידוש החדש הלכה ו:

לו ג מיי' פ"ב מהלכות ממרים הלכה ב:

לז ד ה מיי' פ"ט מהל' מעשר שני הלכה ה סמג עשין רל:

[עי' מהרש"א]

[צ"ל אילת]

[צ"ל הצפון כך איתא במשנה]

מסורת הש"ס

ר"ה ל:

[ברכות ה: וש"נ]

[סנהדרין נט:]

[צ"ל ותנן]

ר"ה לא: מעשר שני פ"ה [מ"ב]

[צ"ל הדרום]

תורה אור: דברים ה. שמות יט

הגהות מהר"ב רנשבורג

א] בתוס' ד"ה ונתקלקלו וכו' וא"כ אין יכולין להקריב המוספין. כ"ב עי' ראב"ן סי' שיו דף נט ריש ע"ב בד"ה שאני וכו':

רבינו חננאל

עדות כו'. ש"מ מדקתני סיפא אם באו מן המנחה ולמעלה נוהגים אותו היום קדש ולמחר קדש דקדושה אחת היא. פי' שכיון שבבית הועד פעמים היו עושין ר"ה ב' ימים לפיכך החמירו בהן ועשאום קדושה אחת. אמר רבה מתקנה שהתקין ריב"ז שיהו מקבלין עדות החדש כל היום ביצה מותרת דהא כב' קדושות הן. ואסיקנא ל"ק הא לן והא להו. כלומר לבני א"י שהתקין להן ריב"ז להיות מקבלין עדות החדש כל היום כולו הרי הן ב' קדושו'.*)הביצה אסורה מ"ט מפני שלא נמנו עליה ב"ד והתירוה להן דקיי"ל כל דבר שנמנו באיסור' צריך מנין אחר להתירו מדכתיב היו נכונים וגו' הלא ידענו שאחר ג' ימים מותר למה כתב לנו לך אמור להם שובו לכם לאהליכם אלא ללמד שכל דבר שנאסר ע"פ ב"ד אינו מותר עד שיותר בפני ב"ד. ואם תאמר לא בא מקרא זה שובו לכם לאהליכם אלא ללמד קביעות עונה. כלומר שחייב לתת לה עונתה הנה פסוק אחר כתיב השמרו לכם עלות בהר וגו' וכתיב בלוחות האחרונות ואיש לא יעלה עמך וגם איש אל ירא וגו' לאו מכלל שמותר היה לעלות בהר משעה שנסתלקה שכינה משם. במשוך היובל המה יעלו בהר למה לי אלא להתיר עליית ההר ע"פ האוסרה וא"ת איסור ביצה מדרבנן היא ולא בעינן כולי האי. הרי כרם שאיסור פדיונו חוץ לירושלים תקנה דרבנן היא. ואמרו

*) נראה דחסר כאן וצ"ל ב' קדושות והביצה אסורה והא לנו לבני בבל הביצה מותרת ורב יוסף אמר אף וכו' ביצה אסורה מ"ט מפני וכו':

ובקש להפקירו לעניים אמרו לו תלמידיו רבי כבר נמנו עליך חבריך והתירוהו *מאן חבריך רבן יוחנן בן זכאי טעמא דנמנו הא לא נמנו לא מאי ואומר ה"ק מכדי כתיב °היו נכונים לשלשת ימים אל תגשו אל אשה °לך אמור להם שובו לכם לאהליכם למה לי שמע מינה כל דבר שבמנין צריך מנין אחר להתירו וכי תימא למצות עונה הוא דאתא ת"ש °במשוך היובל המה יעלו בהר מכדי כתיב °גם הצאן והבקר אל ירעו אל מול ההר ההוא במשוך היובל למה לי שמע מינה דבר שבמנין צריך מנין אחר להתירו וכי תימא הני מילי בדאורייתא אבל בדרבנן לא ת"ש כרם רבעי והא כרם רבעי דרבנן וקאמרי ליה כבר נמנו עליך חבריך והתירוהו וכי תימא ביצה נמי אמנו עלה רבן יוחנן בן זכאי ושריוה כי אמנו אעדות אביצה לא אמנו א"ל אביי אטו ביצה במנין מי הואי ביצה בעדות תליא מלתא אתסר עדות אתסר ביצה אשתרי עדות אשתרי ביצה רב אדא ורב שלמן תרוייהו מבי כלוחית אמרי אף מתקנת רבן יוחנן בן זכאי ואילך ביצה אסורה מ"ט מהרה יבנה בית המקדש ויאמרו אשתקד מי לא אכלנו ביצה ביום טוב שני השתא נמי ניכול ולא ידעי דאשתקד שתי קדושות הן והשתא קדושה אחת היא אי הכי עדות נמי לא נקבל מ"ט מהרה יבנה בית המקדש ויאמרו אשתקד מי לא קבלנו עדות החדש כל היום כולו השתא נמי נקבל הכי השתא התם *עדות מסורה לב"ד ביצה לכל מסורה רבא אמר אף מתקנת רבן יוחנן בן זכאי ואילך ביצה אסורה מי לא מודה רבן יוחנן בן זכאי שאם באו עדים מן המנחה ולמעלה *שנוהגין אותו היום קדש ולמחר קדש ואמר רבא *הלכתא כותיה דרב בהני תלת בין לקולא בין לחומרא

אמר

תורה אור

שמות יט | דברים ה | שמות יט | שמות לד

להפקירו לעניים. שילקטוהו הם ויעלוהו לירושלים ויאכלוהו שם שהיה עליו טורח להעלות שם הפירות: כבר נמנו עליך חבריך והתירוהו. לפדותו ולהעלות דמיו ואע"ג דלאחר חורבן הוה קסברי קדושה ראשונה קדשה לשעתה וקדשה לעתיד לבא וצריך להעלות הפירות או הדמים: טעמא דנמנו הא לא נמנו לא. ואע"ג דממילא ליתא לתקנתא קמייתא דהא כדי לעטר שוקי ירושלים הוא דהוה וכיון דחרבה מה לנו לעטרה לצורך הנכרים ואפילו הכי צריך מנין: מאי ואומר. כלומר כיצד אנו למדין מן המקרא הראשון ולמה נאמרו שנים: ה"ק. כך למד מן הראשון מכדי כתיב היו נכונים לשלשת ימים אל תגשו אל אשה וממילא איסתרו בתשמיש לאחר שלשה ימים שקבלו את התורה למה ליה למהדר ולמיתן להו רשות לשוב לאהליהם דהיינו תשמיש: ש"מ. הואיל וקודשא בריך הוא אסר בעי למשרייה הוא גופיה בהדיא וה"ה לכל דבר שבמנין: וכי תימא. כלומר וקרא דבמשוך היובל דיליף תנא מיניה להכי הדר ביה ויליף מהתם דהכי קאמר לך וכי תימא דהאי שובו לכם לאו למשרי תשמיש דהא ממילא משתרי אלא לצוותן לשוב במצות המלך על כרחן שלא לגרוע עונת כסותיהן: ת"ש. מהכא במשוך היובל שימשוך בהסתלק שכינה מן ההר ויאריך התוקע את קולו כמנהג התוקע באחרונה לשון אחר במשוך היובל שימשוך התוקע מלתקוע והכי מפרש לה במכילתא במשוך היובל בפסוק היובל: מכדי כתיב. בלוחות האחרונות ואיש לא יעלה עמך וגו' (שמות לד) מסיפיה דקרא יליף אל מול ההר ההוא כל זמן שהוא בהויית קדושתו שהשכינה עליו אסור אבל נסתלק שכינה מותר שמעינן ממילא למה ליה לאדכורי שריותא בהדיא בלוחות הראשונות ולמימר נסתלקה שכינה המה יעלו והלא לא נסתלקה שכינה ממנו מיום מתן תורה עד אחד בחדש שהוקם המשכן ועד בעשרים באייר שנעלה הענן והיה לו ללמוד היתר כשמסתלק מאל מול ההר ההוא ובמסכת תענית (דף כא:) נמי מההוא קרא ילפינן דתניא רבי יוסי אומר לא מקומו של אדם מכבדו אלא הוא מכבד מקומו שכל זמן שהשכינה היתה בהר אמרה תורה גם הצאן והבקר אל ירעו וגו' נסתלקה שכינה אמרה תורה במשוך היובל המה יעלו בהר הלכך למה ליה לכתוב בהדיא המה יעלו ולא איסתרי ממילא מדוקיא דההר ההוא ש"מ צריך מנין אחר להתירו כו': הני מילי בדאורייתא. באיסור שילא מפי הגבורה הוצרכנו לשמוע היתר מפיו אבל במנין דרבנן לא בעינן שריותא בהדיא אלא מכללא: ת"ש כרם רבעי. דהא דהוצרך להעלות פירות עצמן במהלך יום דרבנן הוא וקא בעי מנין ואע"ג דאיכא למשרייה מכלל: וכ"ת ביצה נמי וכו'. השתא הדר רב יוסף לאסוקי מלתא דאמר אף מתקנת רבן יוחנן בן זכאי ואילך ביצה אסורה: ביצה במנין מי הואי. כלום הוזכרה במנין הראשון לאוסרה: מהרה יבנה בית המקדש. ותחזור תקנה ראשונה שלא לקבל עדות אלא עד המנחה: מסורה לב"ד. אין נזקקין להם אלא ב"ד והם יודעין טעמו של דבר ולא יטעו: לכל מסורה. ליד הכל היא באה ואין הכל באין לישאל וסומכין על מנהגן: מי לא מודה כו'. אע"ג דתקן לקבל עדות החדש כל היום להיות מונין למועדות מן הראשון ואפילו באו עדים לאחר המנחה אבל מלעשות י"ט שני לא נעקרה תקנה ראשונה ממקומה:

אמר

ובקש ר' אליעזר להפקירו לעניים. וא"ת אי קסבר קדושה ראשונה קדשה לשעתה ולא קדשה לעתיד לבא א"כ מה הרויחו עניים בזה הא היו צריכין לפדותו קודם אכילה שהרי לא היה חומה לירושלים ולא היו יכולין לאכלו בשום מקום רק לפדותו קודם אכילה וי"ל לפרש"י ניחא דפי' קדושה ראשונה אליבא דרבי אליעזר קדשה לעתיד לבא א"כ יכולין העניים להביא פירות לירושלים ולאכלן שם בלא פדייה אי נמי אפילו ס"ל לא קדשה לעתיד לבא מ"מ היו מרויחין העניים דהא הקדש שוה מנה שחללו על שוה פרוטה מחולל ואפילו לכתחילה בזמן הזה כדאי' בערכין (דף כט.*): מכדי כתיב גם הצאן והבקר אל ירעו וגו'. פירוש מכדי כתיב אל מול ההר ההוא דמשמע כל זמן שהוא בהוייתו בקדושה ששכינה שרויה עליו דוקא אסור אבל נסתלקה שכינה מותר וא"כ במשוך היובל למה לי וא"ת והא אל מול ההר ההוא בלוחות אחרונות כתיב ובמשוך היובל נאמר קודם לכן בלוחות הראשונות ואי לאו במשוך היובל לא שמעינן שריותא בלוחות הראשונות ופירש בקונטרס שלא נסתלקה שכינה ממנו מיום מתן תורה עד יום שהוקם המשכן ועד בעשרים באייר בשנה השנית שנעלה הענן וא"כ שריותא דבמשוך היובל לא הוי עד שנה שניה ואז נאמר כבר אל מול ההר ההוא דמשמע מינה שריותא כדפי' כך שיטת הקונטרס ודוחק הוא דהא במשוך היובל משמע שגם בו ביום דמתן תורה הותרו לעלות כשימשוך היובל שלא היו קולות רק בלוחות הראשונות בסיון וא"כ ליכא למימר שריותא דבמשוך היובל לא היה עד השנה שניה ועוד כיון דמההוא משתמע היתר בהדיא כדפרי' א"כ אין צריך מנין אחר להתירו מידי דהוה אחרמות לאחר הזמן כדפרישית לעיל לכן נראה לי ה"פ ת"ש במשוך היובל וכו' למה לי והלא בלאו הכי יש להתיר מסברא דהא לא אסר להם לעלות אלא משום שכינה וא"כ ממילא משתריין כשנסתלקה השכינה והא דקאמר מכדי כו' זהו שלא תאמר דבמשוך היובל אתי למשרי כשיפסקו הקולות אע"פ שלא נסתלקה שכינה עדיין והאי התירא לא הוה שמעינן ממילא מסברא והשתא לא תפשוט מידי הא לא אפשר לומר דמכדי כתיב גם הצאן והבקר אל ירעו בלוחות האחרונות אע"פ שלא היה שם קולות ומסתמא ה"ה כמידברות הראשונות שנאסרו כל זמן ששכינה בהר אפילו כשיפסקו הקולות כמו באחרונות א"כ במשוך היובל. לא בא להתיר (אלא) כשיפסקו הקולות (*שנסתלקה) שכינה והאי התירא שמעינן ממילא מסברא אלא שמע מינה שצריך מנין אחר להתירו:

מי לא מודה רבן יוחנן בן זכאי כו' דהיום קדש ולמחר קדש. וא"ת והא הוא עצמו תקן לקבל עדות החדש כל היום ופי' הקונטרס הני מילי לענין שמונין המועדות מיום הראשון ואפילו באו לאחר המנחה אבל מלעשות יום שני קדש לא נעקרה תקנה ראשונה ממקומה וקשה דמנין ליה הך סברא דתקינו לענין מועדות לחוד הא לענין יום טוב הוי יום שני נמי קדוש וא"כ תהא הבילה אסורה ואימא כיון שהתקין שיהו מקבלין כל היום א"כ כשהיו עושין שני ימים הם מספק ושתי קדושות נינהו וביצה מותרת לכך נראה כפירוש ר"ח דגרס מי לא מודה שאם לא באו כו' ומ"מ קשה דכיון שלא באו א"כ היו שני ימים מספק וא"כ שתי קדושות נינהו וביצה מותרת וי"ל דה"פ שאם לא באו עדים עד סמוך לחשכה ומיד החשיך ולא היה שהות ביום כדי לקבל עדותם ומ"מ היו יכולין לעשות מעט מלאכה ולא היו עושין אלמא דקדושה אחת נינהו והא דאמר התקינו שיהו מקבלין עדותן כל היום היינו היכא דבאו עדים ביום או קודם המנחה או לאחר מיד והשתא דאתית להכי אין למחוק גרסת הספרים אם באו עדים וכו' כדפי' ומ"מ יש ליישב *פרש"י ודקשיא לך מנא ליה הך סברא ה"פ מי לא מודה רבן יוחנן בן זכאי וכו' כגון קודם חורבן דהוי קדושה אחת ואם כן גם לאחר חורבן נמי כשהיו עושין שני ימים כמו קודם חורבן הם קדושה אחת:

מימות

[ר"ה לא:]

[יבמות כב.]

עירובין נט.
[לעיל ד:]

[וע"ע תוס' ר"ה לא: ד"ה ובקש ותוס' מגילה י' ד"ה דכ"ע ותוס' שבועות טז. ד"ה דכ"ע ותוס' חגיגה ג: ד"ה עמון]

[נ"ל אלא כשנסתלקה]

ס"א יש ליישב פר"ח דגרים אם לא באו כו' ור"ל אם לא באו כלל ביום שלשים ודקשיא לך א"כ היה שני ימים מספק ה"פ מי לא מודה כו'

רבינו חננאל

ואמרו לו תלמידיו לר' אליעזר כבר נמנו חבריך והתירו לפדותן בכל מקום. טעמא דנמנו הא לא נמנו לעולם באיסורו עומד ואע"ג דהיא תקנה דרבנן כו'. רב אדא ורב שלמן. וכן אמר רבא אף מתקנת ריב"ז [ואילך ביצה אסור*)מי לא מודי שאם לא באו עדים עד הערב שנוהגין אותו היום קדש ולמחר קדש. הנה תמצא לריב"ז] נמי ב' י"ט כי האי גוונא כי הן קדושה אחת ש"מ שאפילו בני א"י צריכין להיות עושין ר"ה ב' ימים. אמר רבא הלכתא כרב בהני תלת בין לקולא בין לחומרא כבר פירשנוהו למעלה:

*) עי' בתוס' כאן ד"ה מי לא מודה מה שהקשו על פי' רבינו בזה.

[5b] and he wished to renounce [the vineyard] for the poor.[7] But his disciples said to him: Master, thy colleagues have already taken a vote with respect to your case and permitted it.[8] Who are meant by 'thy colleagues'? R. Joḥanan b. Zakkai [and his school]. Now the reason [why the fruit may be redeemed] is only because they had taken a vote; but if they had not taken a vote, it would not [have been permitted].[9]

What is meant by 'And [Scripture] further says'?[10]—He means thus: Consider: It is written: *Be ready against the third day, come not near a woman.*[11] Then what is the purpose of '*Go say to them, Return ye to your tents*'? Infer therefrom that every prohibition decided by a majority vote requires another majority vote to rescind it. And should you reply, it comes as a command concerning conjugal
a duties,[1] [then] come and hear: '*When the trumpet soundeth long they shall come up to the Mount.*' Now consider: It is written: '*Neither let the flocks nor herds feed before that Mount.*'[2] Then what is the purpose of: '*When the trumpet soundeth long they shall come up to the Mount*'. Conclude therefrom that what has been prohibited by a majority vote requires another majority vote to rescind it.[3] And should you argue, this only applies to the case of a Biblical [prohibition] but not to the case of a Rabbinical [prohibition],[4] [then] come and hear: 'The fourth [year vineyard] fruit, etc.' Now the law concerning the fourth [year vineyard] fruit is a Rabbinical enactment, and yet they said to him: 'Thy colleagues have already taken a vote respecting your case and permitted it!' And if you say[5] that R. Joḥanan b. Zakkai allowed also a vote to be taken concerning an egg and permitted it, [I will reply]: They only took a vote concerning testimony, but concerning the egg they did not take a vote. Said Abaye to him: Has there been then at all a vote taken [at any time] concerning the egg [itself]?[6] The egg is dependent on [the acceptance of] testimony: If the testimony of the witnesses is disallowed, then the egg is forbidden[7] but if the testimony of the witnesses is permitted then the egg is [automatically] permitted.[8]

R. Adda and R. Salmon, both of Be Keloḥith[9] say: Even [from the time of] the enactment of R. Joḥanan b. Zakkai and onwards the egg is prohibited. Why? The Temple may very soon be
b rebuilt,[1] and people would say: 'Did we not eat last year on the second day [of the New Year] the egg [laid on the first day]? Now too, we shall continue to eat it;' and they will not know that in the previous year[2] they [the two days] were of two distinct forms of holiness[3] whereas now[4] they are one [continuous day of] holiness.[5] If so, we should not even accept [the] testimony [of witnesses the whole day]! What is the reason? For the Temple may very soon be rebuilt, and people might say: 'Did we not accept last year testimony concerning the New Moon during the whole day [long]? Now too, we shall [continue to] accept [their testimony]!'?—Where [is the comparison] in this? [The acceptance of] testimony is entrusted to the Beth din[6] [only], but [the case of] the egg is entrusted to all.[7]

Raba says: Even since the enactment of R. Joḥanan b. Zakkai and onwards, the egg is forbidden; [for] does not R. Joḥanan b. Zakkai agree that if witnesses arrive after *Minḥah*, the remainder of that day and the following day is observed as holy?[8] Raba further said: The law [is as] Rab in the foregoing three cases[9] whether he is lenient or stringent.

(7) In order not to have to bring the fruit himself to Jerusalem, but that the poor might gather the fruit for themselves and bring it to Jerusalem. Although R. Eliezer lived after the fall of Jerusalem when the reason for decorating its streets no longer existed, yet he adhered to the ruling that the fruit being within the radius of one day's journey, could not be redeemed but had to be brought to Jerusalem. (8) I.e., the authority you are holding to has been rescinded by another authority and you can therefore redeem the fruits and bring only the money to Jerusalem. (9) [Which proves that whatever has been decided by a majority vote requires another majority vote to abrogate the decision, even where the reason for the original decision no longer operates]. (10) The question here is: How do you infer from the first passage of Scripture the principle that a prohibition once made is absolutely binding until it has been rescinded; and if the inference is satisfactory, why is it necessary to have a second Scripture text? (Rashi.) (11) Ex. XIX, 15.

a (1) But not a cancelling of the previous prohibition of Ex. XIX, 15. (2) Ibid. XXXIV, 3. The expression '*before that Mount*' is interpreted as meaning 'that Mount covered with the cloud of the Divine presence', from which it might be inferred that only as long as the cloud of the Divine presence remained over the mountain no man or beast could draw near, but when the cloud was removed the people might, by their own inference, have thought that they might now ascend the mountain. (3) The reason for the '*trumpet sounding long*' was to indicate that the Divine presence was removed from the mountain. (4) As our case of the egg. (5) R. Joseph resumes here the thread of his remarks which were interrupted by quoting the source of his principle. (6) And if no vote was directly taken, the question of requiring another vote rescinding it does not arise. (7) For the two days are regarded as one continuous day of holiness. (8) For then, in reality, only one of the two days is holy. (9) Or Kaluḥith Chalchitis in Mesopotamia. V. Funk *Monumenta* I, p. 290.

b (1) When the old order of consecrating the new moon through the testimony of witnesses would be restored and the witnesses be received until eventide only. (2) Before the Temple had been restored. (3) For only one day was really holy and the other was observed on account of doubt. (4) The Temple having been rebuilt. (5) As existed before the enactment of R. Joḥanan b. Zakkai. (6) The Ecclesiastical Authorities, and they know the rule to be observed after the building of the Temple. V. Yeb. 22a. (7) The question of the egg is a matter about which anyone may feel he can decide, and decide to eat the egg on the second day after the Temple had been rebuilt as he did before the Temple was rebuilt. (8) In which case the two days of New Year would be regarded as one continuous day of holiness. According to this view, the object of R. Joḥanan's enactment of accepting witnesses throughout the 30th day was for the purpose of fixing the days of the Festivals following New Year; i.e., if witnesses came any time on the 30th, that day would be the first of Tishri, from which the days of the month would be computed. (9) (a) When a Festival-day falls on Friday or on a Sunday; (b) The two Festival-days of the Diaspora; (c) The two days of New Year.

[6a] Raba said: On the first day of a Festival, [only] Gentiles
a may busy themselves with a corpse,[1] [but] on the second day, Israelites may busy themselves with a corpse, and[2] even on the two Festival-days of the New Year, which however is not the case with respect to an egg.[3] The Nehardeans[4] say: The same holds good even with respect to an egg; for what is in your mind: Perhaps [the month of] Ellul will be intercalated?[5] Surely R. Ḥinena b. Kahana said in the name of Rab: From the days of Ezra[6] and onward we do not find Ellul ever intercalated.[7]

Mar Zuṭra said: This[8] was said only when [the corpse] had already been lying for some time,[9] but if it had not lain for a long time, we let it remain.[10] R. Ashi says: Even if it had not lain for a [good] long time we do not let it remain [unburied]. What is the reason? With regard to a dead body the Rabbis have made the second day of a Festival as a weekday even with respect to cutting for it a shroud and cutting for it a [branch of] myrtle.[11] Rabina said: But nowadays when there are Guebers[12] we apprehend.[13]

Rabina was once sitting in the presence of R. Ashi on [one of] the two Festival-days of the New Year,[14] [and] noticing that he was troubled, he said to him: Why is the Master troubled? He
b [R. Ashi] replied: I have not set an *'erub tabshilin*.[1] Said he to him: Let the Master prepare an *'erub tabshilin* now. For did not Raba say: A man may set an *'erub tabshilin* on the first day of a Festival for the second and stipulate?[2]—He replied: Granted that Raba [indeed] said so with respect to the two Feast-days of the Diaspora.[3] But did he then say this also with respect to the two days of the New Year's Festival?[4] But the Nehardeans maintain that even an egg is permitted![5]—R. Mordecai observed to him [to Rabina]: The Master[6] distinctly told me that he does not accept this [teaching] of the Nehardeans.

It was stated: If a chicken was hatched out on a Festival, Rab says: It is forbidden,[7] but Samuel—some say, R. Joḥanan—maintains: It is permitted. Rab says it is forbidden [because] it is *mukẓeh*;[8] but Samuel—some say, R. Joḥanan—maintains it is permitted, since it makes itself permitted through *shechitah*.[9] R. Kahana and R. Assi said to Rab: What difference is there between this and a calf born on a Festival?[10]—He replied to them: [The case of the calf is different] since it was [regarded as] *mukan*[11] by
c virtue of its mother.[1] And what difference is there between this and a calf born [on a Festival] from a *ṭrefa*?[2] Rab remained silent. Said Rabbah—some say [it was] R. Joseph—Why was Rab silent? He should have replied to them: [This calf is permitted] since it is *mukan* for dogs through its [*ṭrefa*] mother.[3]—Abaye

a (1) E.g., the making of a shroud and the digging of a grave. (2) The same holds good. (3) I.e., an egg laid on the first day of the New Year is not permitted on the second day. (4) The scholars of Nehardea, i.e., the School of Samuel. V. Sanh. (Sonc. ed.) 10*b*. (5) I.e., Beth din will insert an extra day in the month of Ellul, in which case the New Year Festival would begin on the second day. (6) Cf. Neh. VIII, 13, where '*second day*' refers to New Year. (7) The only exception was when the witnesses arrived late. (8) Law that Israelites may busy themselves with a dead body on a Festival. (9) And is decomposing and becoming offensive. (10) Until after the Festival. (11) The funeral trappings and the myrtle placed on the coffin were to honour the dead. (12) The fanatical sect of Persian fireworshippers, v. Giṭ. (Sonc. ed.) 17*a* n. a 2. This probably refers towards the close of the Sassanid rule marked by the persecution of the Jews. V. *J.E.* p. 648, c. 1. The Jews had to render to the Guebers compulsory service from which they were exempt on a Festival. (13) Lest through allowing Jews to bury on the second day of a Festival the Guebers might regard that day as an ordinary working day and compel them to work. (14) The New Year Festival fell on Thursday and Friday.

b (1) V. Glos. It is a symbolical act by which meals may be prepared on a Festival occurring on a Friday for the following Sabbath. The method is to prepare a dish on the Thursday for the Sabbath which enables all the cooking done on the Friday to be regarded as a continuation of the cooking begun on the Thursday. (2) If the first of the two days is the real feast-day, then the preparation of the food on the second day should be permitted; and if the second day is the proper feast-day, then preparation of the *'erub* is permissible on the first day, which is not a Festival but a weekday. (3) I.e., observed only in the Disapora where two days are observed on account of doubt. (4) Which are observed also in Palestine where the two days of the New Year are regarded as one continuous holy day. Surely not! (5) On the second day, if laid on the first day of the New Year's Festival thus indicating that only one of the two days is holy. (6) R. Ashi who was R. Mordecai's teacher, v. Soṭ. 46*b*. (7) To be eaten on the day of the Festival. (8) V. *supra* 2*a* n. b 5. (9) V. Glos. Before the chicken is hatched, the act of slaughtering does not permit it to be eaten. It is only when born that the chicken can be eaten through ritual slaughter. And since the hatching out of the chicken (on the Festival) enables it to be eaten through slaughtering, it also frees it from *mukẓeh*; i.e., since it gains permission for itself to be eaten through ritual slaughter, it also gains permission for itself to be free from *mukẓeh*. (10) Which may be eaten on the same day, v. *infra*. (11) V. Glos.

c (1) The calf found in a ritually slaughtered cow may be eaten through the slaughtering of its mother. The calf therefore is valid for provision even before its birth. (2) V. Glos. This calf when found within the mother is not permitted for use by the slaughtering of its *ṭrefa* mother. It must itself be ritually slaughtered before it can be permitted; and yet we do not find anyone prohibiting the eating of a calf born of a *ṭrefa* on a Festival. (3) Immediately before the Festival the mother-cow as *ṭrefa* was intended as food for dogs, and this included the calf within it. The cow and the calf would thus become *mukan* for dogs and therefore the law of *mukẓeh* should not apply to the calf. The same, however, cannot be said of the chicken in the egg.

עין משפט
נר מצוה

לח א מיי' פ"א מהלכות י"ט הלכה כג סמג לאוין עה טוש"ע א"ח סי' תצו סעיף ב וסי' תקכו סעיף א:

לט ב מיי' שם טוש"ע שם סעיף ד:

מ ג ד מיי' שם טוש"ע שם סעי' א וסעיף ד:

מא ה ו מיי' פ"ו מהל' יו"ט הלכה יא יג סמג לאוין עה טוש"ע א"ח סי' תקכז סעיף כב:

מב ז מיי' פ"ה מהלכות מא"ס הלכה טו טוש"ע י"ד סי' יג סעיף ג [וסי' פט סעיף ג]:

מסורת השם

לקמן כב. שבת קלט:

לקמן כב: ר"ה יט: לב.

[למיגז פי' לחתוך וי"א לתפור. ערוך] [אשי כצ"ל וכ"ה ברי"ף והרא"ש]

לקמן יז.

[לקמן כב:]

[עי' תוספ' ב"ב סב. ד"ה ומודה]

*אמר רבא *מת ביום טוב ראשון יתעסקו בו עממים (א) מת ביו"ט שני יתעסקו בו ישראל ואפילו בשני ימים טובים של ר"ה מה שאין כן בביצה נהרדעי אמרי אף בביצה דמה דעתיך דלמא מעברי ליה לאלול הא אמר רב חיננא בר כהנא אמר רב *מימות עזרא ואילך לא מצינו אלול מעובר אמר מר זוטרא לא אמרן אלא דאשתהי אבל לא אשתהי משהינן ליה רב אשי אמר אע"ג דלא אשתהי נמי לא משהינן ליה מ"ט יום טוב שני לגבי מת כחול שוויה רבנן אפילו *למיגז ליה גלימא ולמיגז ליה אסא אמר רבינא והאידנא דאיכא חברי חיישינן רבינא הוה יתיב קמיה דרב (*אסי) בשני ימים טובים של ראש השנה חזייה דהוה עציב אמר ליה אמאי עציב מר א"ל דלא אותיבי עירובי תבשילין אמר ליה ולותיב מר האידנא מי לא *אמר רבא מניח אדם עירובי תבשילין מיו"ט להבירו ומתנה אמר ליה אימר דאמר רבא בשני ימים טובים של גליות בשני ימים טובים של ראש השנה מי אמר והא *אמרי נהרדעי אף ביצה מותרת אמר ליה רב מרדכי בפירוש אמר לי מר דלא סבר להא דנהרדעי אתמר °אפרוח שנולד ביום טוב רב אמר אסור ושמואל ואיתימא ר' יוחנן אמר מותר רב אמר אסור מוקצה הוא ושמואל ואיתימא ר' יוחנן אמר מותר הואיל ומתיר עצמו בשחיטה אמרי ליה רב כהנא ורב אסי לרב וכי מה בין זה לעגל שנולד ביום טוב אמר להו הואיל ומוכן אגב אמו בשחיטה ומה בין זה לעגל שנולד מן הטרפה שתיק רב אמר רבה ואיתימא רב יוסף מ"ט °*שתיק רב לימא להו הואיל ומוכן אגב אמו לכלבים אמר ליה אביי השתא

רש"י

אמר רבא מת בי"ט ראשון כו'. מת המוטל לקבור אם י"ט ראשון הוא וכו': מה שאין כן בביצה. לענין ביצה לא הקלו בי"ט שני דראש השנה להשוות לשל גליות דאלו ר"ה נולדה בזה אסורה בזה: אף בביצה. נולדה בזה מותרת בזה: דמאי דעתיך. לאסרה בשני לרחוקי' מב"ד: דילמא מעברי ליה לאלול. כתקנה הראשונה למנות מיום שני ולעשות שני ימים כגון שלא באו עד יום שלשים ואחד: מימות עזרא ואילך וכו'. ואע"פ שתקנו לא אירע שבאו עדים מן המנחה ולמעלה חוץ מאותה הפעם ועדיין לא נתקנה האי דנקט מימות עזרא משום דבימיו עברוהו דכתיב בעזרא (נחמיה ח) וביום השני ובראש השנה משתעי: לא אמרן. דיתעסקו בו ישראל: אלא דאשתהי. ומתירא שלא יסריח: אסא. הדס היו מניחין על מטת מת לכבודו: דאיכא חברי. אומה רשעה שהיו בימי פרסיים וכופין את ישראל לעשות מלאכתן ובי"ט היו נדחין מהן ע"י שאומרים להם י"ט הוא ואם יראו אותם מקברין מתיהם יכופו אותם למלאכה והאי גלימא דאמרינן לעיל איגו נורך המת שהרי יש לו תכריכין אחרים כל צרכו שאם צריך לו מאי אפילו דקאמר הא אמרינן בי"ט שני יתעסקו בו ישראל ועסק זה חליבת קברו ואתוך תכריכין הלכך על כרחך בגלימא שאינו צריך לו מיירי דומיא דאסא דשרי למגזייה וקמ"ל דאע"ג דטרחא דלא צריך הוא אלא משום כבודו עושין לו יותר מדאי מותר לעשות לו כיון דלגבי מת כחול שויוה רבנן: חזייה. רבינא לרב אשי דהוה עציב: ה"ג אמאי עציב מר: א"ל דלא אותיבי ערובי תבשילין. לא הושבתי כלומר לא הכנתי לי ערובי תבשילין לאפות ולבשל מי"ט לשבת דתנן לקמן (דף טו:) עושה אדם תבשיל מערב י"ט לשם ערוב: האידנא. בי"ט ראשון והוא חמישי בשבת ועל תנאי הוא אומר אם היום הוא חול ולמחר קדש יהא ערוב ואם היום קדש ולמחר חול איני צריך לכך: מי אמר. והרי הם כיום ארוך ושניהם קדש: א"ל רב מרדכי. לרבינא מנהרדעי לא תותביה למר בפירוש שמיע ליה מיניה דלא סבר לנהרדעי רב מרדכי תלמידו של רב אשי היה כדאמרינן בסוטה (דף מו:) גבי לויה לרבו עד פרסה רב מרדכי אלויה לרב אשי כו': הואיל ומתיר עצמו. בלידתו להיות נשחט מה שלא היה לפני לידתו אף מוקצה התיר את עצמו בלידתו דמגו דאתקן להא אתקן להא: לעגל שנולד בי"ט. דתניא לקמן שמותר בו ביום לדברי הכל: מוכן אגב אמו. בעודו בתוך מעיה אם נשחטה האם היה נאכל: הטרפה. בנה אסור אם נמצא בתוכה א] דעובר ירך אמו הוא הואיל ובשחיטת אמו אתה בא לאכלו וכי נולד בי"ט מן הטרפה ליכא למימר הואיל ומוכן אגב אמו ואפ"ה בשחיטת עצמו מותר לשחטו ולאכלו דלא אשכחן מאן דאסיר: לכלבים. דבין השמשות היתה אמו עומדת לכך אבל אפרוח שבקליפה אינו עומד לאכילת כלבים ואף לא היה ראוי הלכך נולד הוא:

תוספות

מימות עזרא ואילך לא מצינו אלול מעובר. וא"ת והאמרינן בערובין (דף לט: ושם) דרבי יוסי אוסר הביצה שנולדה [בראשון ביום] השני וא"כ היכי פליגי נהרדעי אר' יוסי שהוא תנא י"ל דלרבי יוסי אסור אי אתרמי ונהרדעי אמרי דלא אתרמי:

יום טוב שני לגבי מת כחול שויוה רבנן אפילו למיגז ליה גלימא ואפילו למיגז ליה אסא. ותימה דבמועד קטן (דף ח: ושם) אמרינן אין חופרין כוכין במועד והכא משמע דאין זו מלאכה וי"ל כפי' ר"ח דפירש שהיו רגילין לחפור הרבה ביחד כדי שיהיו מזומנות כשיבאו מתים ועל זה קאמר דאין חופרין במועד לצורך אחר המועד: והאידנא דאיכא חברי חיישינן. פרש"י שכופין לישראל לעשות מלאכה וכשהוא י"ט מניחין אותם ואם היו רואין שיקברו מתיהם יכופו אותם לעשות מלאכה והשתא בזמן הזה שאין חברי מותר ואין לומר שצריך מנין אחר להתירו דכיון דזה הטעם משום חששא ועברה החששא עבר הטעם וה"נ אמרינן גבי מים מגולין דאסורין שמא נחש שתה מהן ועכשיו שאין נחשים מצויין בינינו אנו שותין מהן אפילו לכתחילה אע"פ שהוא דבר שבמנין ומ"מ ר"ת היה אוסר ומעשה היה במלאו"ן שמת אדם אחד בי"ט שני ורצו להתעסק בו לקברו וגער בהן ר"ת ושלח להם בני בשכר אין בני תורה ואתם בני תורה כדאיתא בשבת (דף קלט: ושם) שלא לקבור מת בי"ט שני משום דלאו בני תורה נינהו ואתי לזלזולי ביה אבל הר"י אמר דאין זה דמיון דהא לענין הרבה דברים אשכחנא דאינן בני תורה כדאי' ביבמות (דף מו: ושם) חזנהו דקא אכלי תורמוס דשלקי נכרים ואסר להם ופרכינן והא נאכל כמו שהוא חי וכל שהוא נאכל כמו שהוא חי אין בו משום בשולי נכרים ומשני שלא היו בני תורה ואנו אין אנו חוששין בדבר זה דקיימא לן דכל שהוא נאכל כמו שהוא חי אין בו משום בשולי נכרים והר"ר יחיאל אומר דלא דמי דשאני הכא דבלגעה הוא אוכל בביתו ולא הוושא מלתא אבל לקבור מתים בפרהסיא הוושא מלתא ואין נכון להתיר ועוד אמר רבינו תם דבזמן הזה נמי יש יהודים שהן משועבדים למלכות לעשות מלאכה כגון לקבל המס ולהתעסק בצרכיהם הלכך אם יראו שיתעסקו לעשות מלאכה במת יכופו אותם לעשות מלאכה למלכות:

אפרוח שנולד בי"ט וכו'. נראה לומר דאתרמי שנפתחו עיניו היום דאי לא נפתחו עיניו קי"ל דאפילו בחול אסור:

הואיל ומתיר עצמו בשחיטה. פירש רש"י מתיר עצמו בלידתו להיות נשחט אבל קודם לידתו היה אסור וכיון דאתקן לשחיטה אתקן נמי לענין מוקצה ותימה למה להו לשמואל ור' יוחנן הך טעמא תיפוק ליה משום דלית להו מוקצה כדאמרינן פרק מי שהחשיך (שבת דף קנו:) דשמואל וזעירי ור' יוחנן כר' שמעון סבירא להו וי"ל דהכא קאמר טעמא אפילו לרבי יהודה דאית ליה מוקצה שרי מהאי טעמא ולכך נריך האי טעמא אי נמי איצטריך אפילו לרבי שמעון דלית ליה מוקצה דמודה בהאי מוקצה דהכא דהוי כגרוגרות וצמוקין ב] והכי מוכח בשבת (דף מה:): וכי מה בין זה לעגל שנולד מן הטרפה. דהתם לא מצי למימר הואיל ומוכן אגב אמו דהא אמו טרפה והוא מותר ותימה והא מוכן הוא דאמרינן בחולין (דף עה:) דבן פקועה ניתר בארבעה סימנין בשחיטת אמו או בדידיה ואם כן יכול להושיט ידו במעי אמו וישחטנו ויהיה מוכן כהאי גוונא וי"ל דקאמר גמרא אליבא דרבי אושעיא דקמבעיא ליה התם בחולין (דף עד:) אם ניתר בן פקועה בארבעה סימנין אי נמי י"ל הואיל ולכתחילה אין לו לשחטו כי האי גוונא שאינו יכול לראות מידי דהוה אשוחט בלילה (שם דף יג:) דאסור לכתחילה לא מיקרי מוכן ועוד יש לומר דהתם מיירי דאירע שכלו לו חדשיו והכא מיירי בלא כלו לו חדשיו עד היום וא"כ לא הוי מוכן היום הואיל ובין השמשות לא הוה חזי:
השתא

רבינו חננאל

ולגבי מת אע"ג דמת ביו"ט שני דלא אישתהי כלל לא משהינן ליה דקיי"ל כרב אשי דהוא בתרא דאמר יו"ט שני לגבי מת כחול שוויה רבנן. ואפילו ביו"ט שני של ר"ה. אמר רבינא והאידנא דאיכא חברי שאומרים לישראל כיון שאתם קוברים המת שלכם תקברו המת שלנו ביו"ט שלכם חיישינן ומשהינן למחר. והאי דאמר מימות עזרא ואילך לא מצינו אלול מעובר שמעינן מינה מכלל דבימות עזרא עיברוהו מנהני מילי שנאמר ויגע החדש השביעי (וכל) [ובני] ישראל בעריהן. *) ולגבי עירובי תבשילין מניח אדם מיו"ט הראשון שחל פסח או סוכות חמישי וששי בשבת מניח עירובו ביום חמישי. ואומר אם היום יו"ט מחר חול הוא ומותר לבשל בשבת בלא עירוב ואם יום ששי (כגון) הוא יו"ט היום הוא עיו"ט והריני מערב מעיו"ט והני מילי בב' יו"ט של גליות אבל בב' יו"ט של ר"ה לא. אפרוח שנולד ביו"ט רב אסר כי מוקצה הוא אבל עגל שנולד ביו"ט מותר שהיה מוכן מאתמול על גב אמו שהפרה מוכנת היא. ובלבד בידוע שכלו לו חדשיו ואם אינו ידוע אסור עד שמונה ימים. ואפילו בחול. ומפורש בפרק ר' אליעזר במס' שבת.

*) עי' היטב תוס' ר"ה דף יט ע"ב ד"ה מימות עזרא ע"ש:

הגהות הב"ח

(א) גמ' עממים ביו"ט שני כצ"ל ותיבת מת נמחק:

גליון השם

גמ' אפרוח שנולד ביו"ט. עי' תוי"ט פרק ד' משנה ב' דעדיות: שם שתק רב. וכן לקמן דף לז ע"ב סוכה דף ז ע"א וש"נ:

הגהות מהר"ב רנשבורג

א] רש"י ד"ה הטרפה וכו' דעובר ירך אמו הוא. נ"ב ר"ל לענין זה הוי עובר ירך אמו דלא ניתר בשחיטת אמו דטרפה היא אבל בנולד מן הטרפה אדרבה לאו ירך אמו הוא ומותר בשחיטת עצמו כדקיי"ל בי"ד ס"ס ע"ש וכמ"ש תוס' סנהדרין דף פ ע"ב ד"ה עובר וכו' יעוש"ה ודו"ק: ב] תוס' ד"ה הואיל וכו' והכי מוכח בשבת. נ"ב דף מה ע"ב בתוס' ד"ה אית ביה ביצת אפרוח יעוש"ה:

השתא מוכן לאדם לא הוי מוכן לכלבים דתנן *מחתכין את הדלועין לפני הבהמה ואת הנבלה לפני הכלבים רבי יהודה אומר אם לא היתה נבלה מערב שבת אסורה לפי שאינה מן המוכן מוכן לכלבים הוי מוכן לאדם אמר ליה *אין מוכן לאדם לא הוי מוכן לכלבים דמאי דחזי ליה לאיניש לא שדי ליה לכלבים מוכן לכלבים הוי מוכן לאדם דדעתיה דאיניש אכל מידי דחזי ליה תניא כותיה דרב תניא כותיה דשמואל ואיתימא ר' יוחנן תניא כותיה דרב *עגל שנולד ביו"ט מותר ב אפרוח שנולד ביום טוב אסור ומה הפרש בין זה לזה זה מוכן אגב אמו בשחיטה וזה אינו מוכן אגב אמו תניא כותיה דשמואל ואיתימא רבי יוחנן *עגל שנולד ביום טוב מותר *ואפרוח שנולד ביו"ט מותר מאי טעמא זה מוכן אגב אמו וזה מתיר עצמו בשחיטה תנו רבנן אפרוח שנולד ביום טוב אסור *רבי אליעזר בן יעקב אומר [ג] אף בחול אסור לפי שלא נתפתחו עיניו כמאן אזלא הא דתניא* °לכל השרץ השורץ על הארץ לרבות אפרוחים שלא נתפתחו עיניהם כמאן כר' אליעזר בן יעקב אמר רב הונא אמר רב ביצה עם יציאתה נגמרה מאי עם יציאתה אילימא עם יציאתה נגמרה ומותרת לאכלה בחלב הא והתניא ד השוחט את התרנגולת ומצא בה ביצים גמורות מותרות לאכלן בחלב אלא עם יציאתה נגמרה ומותרת לאוכלה ביום טוב הא במעי אמה אסורה לאכלה ביום טוב והא תניא *ד השוחט את התרנגולת ומצא בה ביצים גמורות מותרות לאכלן ביום טוב וכי תימא קמ"ל בברייתא מאי דלא אשמעינן במתניתין הא נמי תנינא ביצה שנולדה ביו"ט ב"ש אומרים תאכל וב"ה אומרים לא תאכל ועד כאן לא פליגי ב"ש וב"ה אלא בנולדה אבל במעי אמן דברי הכל שריין וכי תימא בית הלל אפילו במעי אמן נמי אסרי והא דקתני נולדה להודיעך כחן דב"ש דאפילו נולדה נמי שרו אלא הא דתניא השוחט את התרנגולת ומצא בה ביצים גמורות מותרות לאכלן ביום טוב מני לא ב"ש ולא ב"ה אלא עם יציאתה נגמרה ומגדלת אפרוחים במעי אמה אינה מגדלת אפרוחים למאי נפקא מינה למקח וממכר כי ההוא דאמר להו ביעי דפחיא

רש"י

מוכן לאדם לא הוי מוכן לכלבים. למאן דאית ליה מוקצה דהא נתנבלה מטבת לר' יהודה אתמול בין השמשות היתה עומדת לאדם וקא חשיב ליה מוקצה* (א) בהא לגבי כלבים: אכל מידי דחזי ליה. ועובר שבמעי טרפה ראוי לו לכשיולד הלכך מאתמול דעתיה עלויה אם יולד יאכלנו: לפי שלא נתפתחו עיניו. ואתרבי לאיסורא מכל השרץ השורץ על הארץ כדלקמן: עם יציאתה נגמרה. כשיצאה נגמרה ברייתה אבל מקמי הכי לא חשיבא בילה גמורה ולקמיה מפרש ואזיל למאי הלכתא: לאכלה בחלב. דהשתא הוה בילה ולא בשר אבל הנמצאת במעי אמה אינה בילה ואסורה לאכלה בחלב: בילים גמורות. ואפילו בלא קליפה לבנה אלא שהחלמון לבדו גמור ואע"פ שמעורה עדיין בגידין שריא כדלקמן מדפליג ר' יעקב עליה ואמר אם היו מעורות בגידין אסורות: בי"ט. וה"ק ילתה ודאי מבעוד יום מותר כי ודאי הוא דנגמרה בחול אבל לא ילתה לא נגמרה בחול ואסורה משום הכנה דרבה: וכי תימא. אין הלכה כברייתא זו דאשמועינן בה מאי דלא אשמעינן במתני' ובשום משנה לא סתם לן רבי הכי ואם רבי לא שנה רבי חייא מניין לו: אלא הא דתניא כו'. הך ברייתא דלעיל מאן קתני לה: לא בית שמאי ולא ב"ה. לא ב"ש דמאי איריא במעי אמה אפילו נולדה בי"ט שריא ולא ב"ה דאפילו במעי אמן אסירי: ומגדלת אפרוחים. ולענין דין מקח וממכר אתמר דאם נולדה נגמר בשולה וראויה לגדל ממנה אפרוחים אבל נמלאת במעי אמה אינה מגדלת אפרוחים ואם תבעוהו למכור בילים לגדל אפרוחים אם מכר אלו הוי מקח טעות ובטל מקח: דפחיא

תוספות

השתא מוכן לאדם לא הוי מוכן (ג) לבהמה דתנן מחתכין וכו' ר' יהודה כו' לפי שאינו מוכן. והימה היכי הוי מוכן לאדם אדרבה לא הוי מוכן לאדם דבין השמשות לא מלי שחיט לה דשמא הוא שבת והיכי מוכח מהכא דמוכן לאדם לא הוי מוכן לכלבים על כן נראה להר"י דגרס אם לא היתה נבלה מעיו"ט ולא נראה דהא בהדיא אמרינן לעיל דגבי שבת מתניא דקאמר *גבי שבת דסתם לן תנא כר"ש וכו' ומייתי הך משנה וי"ל דשפיר מיירי בשבת ומייתי מן היתור דאי לא אשמועינן כי אם גבי שבת לתני רבי יהודה אומר אם לא היתה נבלה מערב שבת אסורה ותו לא והייתי יודע דאסורה משום מוקצה ואמאי היה צריך למיתני לפי שאינו מן המוכן אם אינו ענין לשבת דהא שמעינן ליה תנהו ענין ליו"ט ואפילו הכי אסור ואע"ג דהוה מוכן לאדם בין השמשות משום דמוכן לאדם לא הוי מוכן לכלבים ותימה הא דתנן בשבת (דף מב: ושם) אין נותנין כלי תחת הנר בשבת לקבל בו שמן ואם נתנו מבעוד יום מותר ואין נאותין הימנו לפי שאינו מן המוכן והתם מאי דרשינן מן היתור ולא שייך לרבות י"ט וי"ל דהתם נמי מרבי' מן היתור אע"פ שכבה הנר כבר אסור אחרי כן לפי שאינו מן המוכן והר"ר יעקב מקורבי"ל תירץ דשפיר מיירי דוקא לענין שבת ואעפ"כ מוכח שפיר דמוכן לאדם לא הוי מוכן לכלבים דאי ס"ד מוכן לאדם הוי מוכן לכלבים א"כ בע"ש מבעוד יום אם היה מוכן לאדם היה כמו כן מוכן לכלבים לפי דבריו דמוכן לאדם הוי מוכן לכלבים א"כ כשהחשיך וקדש היום אע"ג דנסתלקה הכנה דאדם שאינה ראויה לאדם עכשיו מ"מ היתה מוכנת לכלבים מבעוד יום וכיון שהיתה מוכנת להם ההכנה לא נסתלקה בקדוש היום: מוכן לכלבים הוי מוכן לאדם דדעתיה דאיניש אכל מידי דחזי ליה. וקשה דא"כ אפרוח נמי יהא מותר שמוכן לכלבים וי"ל דבעינן מוכן ועומד וזה אינו עומד לכלבים: עגל שנולד בי"ט מותר. ותימה מ"מ הוי אסור משום נולד כמו בילה וי"ל דהא דאמר דשייך למיסר נולד הייני דוקא בדבר מאכל דומיא דפירות הנושרין ומשקין שזבו אבל בעלי חיים לא: ביצים גמורות מותרות לאכלן בחלב. וקשה דהא אמרינן בעדיות (פ"ה מ"א) בילת נבלה כל *שכמוה נמכרת בשוק ב"ש מתירין וב"ה אוסרין והכא היכי מותר לאכלן בחלב וי"ל דטעמא משום דבשר עוף בחלב מדרבנן ואפילו ב"ה מודו וקשה דאמרינן בעירובין (דף סב: ושם) אפילו ביעתא בכותחא לא לשרי איניש במקום רביה מאי קמ"ל פשיטא והאיכא בסמוך ר' יעקב דאסר וי"ל דכ"ע מודו דבילים *גמורות מותרות לאכלן בחלב וטעמא דב"ה דאסרי בילת נבלה הייני משום דגזרינן אטו בילת טרפה כדאמרינן בעדיות ומודים בבילת טרפה שהיא אסורה °מפני שהיא גדילה באיסור: [וע"ע תוס' עירובין סב: ד"ה אפילו ובכתובות ס: ד"ה אפילו ובב"ק מז. ד"ה מ"מ ובחולין נח. ד"ה ושוין]: וכי תימא קא משמע לן בברייתא מאי דלא אשמעינן במשנה. פירש רש"י וגילה לנו רבי הואיל ולא סתם לן במשנה הכי דהברייתא משובשת דרבי לא שנאה ר' חייא מנין ליה ותימה אם כן מאי פריך הא טולדה אסורה לא בית שמאי ולא ב"ה ואמאי דחיק נפשיה לאוקומה אליבא דתנאי הואיל ומשובשת היא על כן נריך לפרש הכי וכי תימא קא משמע לן בברייתא מאי דלא אשמעינן במתניתין כלומר מאי דשייר במתני' קתני הברייתא דאי לא תנא אלא מתניתין הייתי אומר שמתירין בית שמאי דוקא כשנולדה אבל במעי אמה היו מודים לאסור *ופריך תנינא לאדרבה טולדה חמורה יותר ממעי אמה ואתיא נמי כבית הלל וכו' דבמעי אמה דברי הכל שריא: מני לא כב"ש ולא כב"ה. ואינו יכול לפרש דקתני בברייתא מה ששייר במתניתין דהא ס"ד עכשיו שנולדה חמורה ממעי אמה: ומלא

עין משפט נר מצוה

מג א מיי' פ"ב מהלכות יו"ט הלכה א סמג לאוין עה טוש"ע א"ח סי' תצה סעיף ה:

מד ב מיי' שם סמג שם טוש"ע א"ח סי' תקיג סעיף ח:

[לעיל ב.]

[מד ב מיי' פ"ג מהל' מא"ס הלכה י טוש"ע י"ד סי' טו סעיף א וברב אלפס פ' אלו טרפות דלא כר"א ב"י]

מה ג מיי' פ"ט מהל' מא"ס הלכה ה סמג לאוין קלב טוש"ע י"ד סי' פ"ז סעיף ה [רב אלפס ורא"ש כאן וחולין פ"ח רל"ו. וברא"ש שם סי' ג]:

מו ד מיי' פ"א מהלכות י"ט הלכה כ סמג לאוין סס טוש"ע א"ח סי' תקיג סעיף ז:

רבינו חננאל

תניא כשמואל ואיתימא ר' יוחנן עגל שנולד ביו"ם מותר מפני שמוכן על גב אמו. אפרוח שנולד ביו"ם מותר מפני שמתיר עצמו בשחיטה: ת"ר אפרוח שנולד ביו"ם אסור. ר' אליעזר אומר [אפי'] בחול אסור לפי שלא נתפתחו עיניו תניא אידך כל השרץ השורץ לרבות אפרוחים שלא נתפתחו עיניהם. סוגיא דשמעתא עגל שכלו לו חדשיו מותר אבל אפרוח שנולד בו ביום אסור. אמר רב הונא אמר רב ביצה עם יציאתה נגמרה ואסיקנא עם יציאתה נגמרת ומגדלת אפרוחים אבל במעי אמן לא למאי נפקא מינה למקח וממכר.

גליון הש"ס

תוס' ד"ה בילים וכו' מפני שהיא גדילה באיסור. עי' שיטה מקובלת ב"ק מז ע"א ד"ה מ"ע:

מסורת הש"ס

ס"א מוקצה שבאה לגבי

לעיל ב. לקמן כז: חולין יד. שבת קנ: פסחים סו:

[בב]

שבת קלו. חולין נח.

[תוספתא פ"א]

[לעיל ד.]

חולין סד.

תורה אור: ויקרא יא

הגהות הב"ח

(א) רש"י ד"ה מוכן וכו' מוקצה לגבי כלבים כצ"ל ותיבת בהא נמחק: (ג) תוס' ד"ה השתא וכו' מוכן לכלבים דתנן מחתכין:

[לעיל ב:]

דסיינו שקליפתה קשה

גמורות שאינם משורות

עיין ברש"א

replied to him: [6b] Seeing that that which is *mukan* for human consumption is not *mukan* for dogs—for we have learnt: One may cut up[4] gourds for cattle and a carcass for dogs;[5] R. Judah says: If [the animal] was not yet *nebelah*[6] on the eve of the Sabbath it is forbidden,[7] for it was not *mukan*[8]—can that which is *mukan* for dogs be considered *mukan* for human beings?—He said to him: It is even so; that which is *mukan* for human consumption is not *mukan* for dogs, for that which is useable for man one does not throw to dogs. [But] that which is *mukan* for dogs is [also] *mukan* for human consumption, for the mind of man is directed to everything which may be fitting for him. [A Baraitha] was taught in accordance with Rab [and a Baraitha] was taught in accordance with Samuel, or as some say, R. Johanan. [A Baraitha] was taught in accordance with Rab: A calf which is born on a Festival is permitted;[9] [but] a chicken which is hatched on a Festival is forbidden. And what difference is there between the one and the other? [The calf] is *mukan* by virtue of its mother through *shechitah*,[10] but [the chicken] is not *mukan* by virtue of its
a mother.[1] [A Baraitha] was taught in accordance with Samuel, or as some say, R. Johanan: A calf which is born on a Festival is permitted; a chicken which is hatched on a Festival is permitted. Why? [The calf] is *mukan* by virtue of its mother and [the chicken] makes itself permitted through slaughter.

Our Rabbis taught: A chicken which is hatched on a Festival is forbidden. R. Eliezer b. Jacob says: It is forbidden even on a weekday since its eyes are not yet open. With whose opinion does the following passage agree: *Even all creeping things that creep upon the earth*,[2] this includes chickens whose eyes are not yet opened?[3] With whose opinion? The opinion of R. Eliezer b. Jacob.

R. Huna said in the name of Rab: An egg is completed on its issue [from the fowl]. What is meant by 'completed on its issue'? If we say, [it means] it is completed on its issue, so that [the egg] may be eaten with milk;[4] [which implies] when it is still within the hen [the egg] may not be eaten with milk? But surely we have learnt: If one kills a hen and finds therein completely formed eggs, these may be consumed with milk! And if [it means] it is completed on its issue so that [the egg] may be eaten on a Festival;[5] [which implies] when [the egg] is still within the hen,[6] it may not be eaten on the Festival?[7] But surely we have learnt: If one kills a hen and finds therein eggs completely formed they are permitted to be eaten on the Festival.[8] And if you say that he informs us in the Baraitha what we do not learn in the Mishnah?[9] This too[10] we have learnt [in a Mishnah]: If an egg is laid on a Festival, Beth Shammai say: It may be eaten [on the same day], but Beth Hillel
b maintain: It may not be eaten [until the day is over].[1] Now Beth Shammai and Beth Hillel dispute thus only about [the egg] that is laid; but if [the egg] is in the hen, all agree that it is permitted! And if you maintain that Beth Hillel prohibit [the egg] even when it is within the hen, and the reason he [the author of the Mishnah] quotes [their dispute with respect to an egg] 'laid' is in order to manifest to you the extent of the opinion of Beth Shammai that even if it is laid it is permitted; then as to that which we have learnt: If one slaughtered a hen and found therein eggs completely formed they are permitted to be eaten on the Festival—who will its author be? Neither Beth Shammai nor Beth Hillel![2] Therefore 'it is completed on its issue' [means] that [the egg] can hatch chickens, [but the egg found] in the body of the hen cannot hatch chickens. What is its practical bearing?—With respect to buying and selling.[3] As once happened when someone called out

(4) On the Sabbath. (5) V. *supra* 2*a* and notes. (6) V. Glos. (7) To be given to the dogs. (8) For dog's consumption before the Sabbath. (9) [The prohibition of *nolad* (V. Glos.) does not apply to living beings. V. Tosaf. s.v. עגל.] (10) The owner of the mother-cow could have intended to kill the cow on the Festival and the cow and the calf that was within it would be *mukan*. The same however cannot be said of a chicken, because the owner could never conceive of an egg within the fowl ready to be hatched, so that in the case of the chicken there is no case of *mukan*.

a (1) Because no egg is ever upon the point of being hatched when the hen is killed. (2) Lev. XI, 42. (3) Hul. 64*a*. (4) And is not regarded as part of the flesh of the fowl. The Biblical rule not to eat meat together with milk (based on Ex. XXIII, 19) is extended by the Rabbis to include fowls. Eggs, however, may be eaten with milk. (5) If the egg was laid before the Festival. (6) Which was slaughtered on the Festival. (7) On account of the law of *Hakanah*, v. *supra* 2*b*. (8) *Supra* 2*b*. (9) I.e., the Baraitha finds no support in the Mishnah, and therefore the Baraitha is not authoritative, so that R. Huna could rule that when the egg is still in the hen it may not be eaten on the Festival. (10) The ruling of the Baraitha.

b (1) *Supra* 2*a*. (2) For Beth Shammai permit even the laid egg and Beth Hillel, according to this theory, prohibit the egg even though it is in the body of the hen. (3) If one sells eggs for hatching then they must be eggs that are really laid and fertile.

[to the salesmen]: Who has eggs [7a] of a cackling hen? When they gave him eggs [found] in a slaughtered hen, he came to R. Ammi [complaining], who said to them: It is an erroneous sale and he can withdraw [from it]. [But] this is self-evident![4]—You might say that this [buyer] really wanted [the eggs] for eating, and the reason he asked [for eggs] of a cackling hen is that [such eggs] are hard-shelled; and that the practical outcome [of] his claim[5] is that he must refund him the difference,[6] so he informs us [that this is not so].[7]

There was once one who said to [the salesmen], 'Who has mated eggs[8] [for sale]? Who has mated eggs?' [When] they gave him
a unmated eggs,[1] he came to R. Ammi who said to them: It is an erroneous sale and he can withdraw [from the transaction]. [But] this is self-evident!—You might say that he needed [the eggs] only for eating,[2] and the reason he asked for mated eggs is that they are richer; and that the practical bearing of this is that they must refund him the difference,[3] so he informs us [that the whole transaction is fraudulent].

Alternatively: What is meant, 'it is completed on its issue'? [It means] it is completed with the coming forth of its *greater* part, and it is in accordance with R. Johanan. For R. Johanan said: If the greater part of an egg issued on the day before the Festival and went back, it may be eaten on the Festival-day.[4] There are some [scholars] who say: What is meant, 'it is completed on its issue'? [It means] it is completed with the [coming forth] of the whole of it. Only with the coming forth of *the whole of it*, but not with its *greater part*,[5] and this is to reject the opinion of R. Johanan.

[To revert to] the main text: If one slaughtered a hen and found therein completely formed eggs, these may be taken with milk.[6] R. Jacob says: If [the eggs] were attached [to the hen] by sinews they are forbidden.[7] Who is the author of that which our Rabbis taught: He who eats of a carcass[8] of a clean bird, of its cluster of eggs, or of its bones, or of its veins, or of its flesh torn off while alive[9] is clean;[10] [but he who eats] of its ovary or of its crop or of its entrails, or if he melted its fat and swallowed it,[11] he is unclean.[12]—Who is the author [of the teaching], '[He who eats] of its cluster of eggs is clean'?—Said R. Joseph: It is not in accordance with R. Jacob. For if it were in accordance with R. Jacob, lo, he says: If [the eggs] were attached by sinews they are forbidden [to be
b taken with milk]![1] Said Abaye to him: Whence [do you say this]? Perhaps R. Jacob regards [these eggs as flesh] only with respect to a prohibition[2] but not with respect to defilement? And if you say that we should enact a preventive measure also in respect to defilement?[3] [I would reply], This would be an extension of [the scope of] defilement, and we do not extend [the scope of] defilement by Rabbinical enactment.[4]

There are some [scholars] who say [thus]: Who is the author [of the teaching that if one eats] 'of its ovary he is unclean'?[5]—Said R. Joseph: It is R. Jacob: For he says, 'If [the eggs] were attached [to the hen] by sinews they are forbidden [to be taken with milk]'. Said Abaye to him: Whence [do you understand] that by the term ovary is meant [the eggs] that are attached to the ovary? Perhaps it means the ovary itself![6] And if you object: What need is there to say this with respect to the ovary? [I would reply]: It is analogous to the crop and the inwards; for although these are [really] flesh,[7] [yet] since there are people who do not eat them, it is therefore necessary to state these; so also here [with respect to the ovary] since there are people who do not eat it, it is necessary to teach it.

Our Rabbis taught: All creatures which copulate during the day are born during the day; all creatures which copulate during the night are born during the night; all creatures which copulate both by day and by night, give birth both by day and by night. 'Those which copulate by day are born by day', this refers to a fowl; 'those which copulate during the night are born during the night', this refers to the bat; 'those which copulate by day and by night give birth by day and by night', this refers to man and whatever is like him.

The Master said [above]: 'Those who copulate by day are born by day refers to a fowl'. What is the practical difference?—With respect to the teaching of R. Mari son of R. Kahana. For R. Mari son of R. Kahana said: If one examined a hen-coop on the eve of the Festival and did not find in it an egg, and on the morrow
c he rose early[1] and found in it an egg, it is permitted.[2] But did he not examine [the nest]?—I say[3] that he did not examine it very carefully, and even if he did examine it very carefully, I would say that [perhaps] the greater part [of the egg] came out [before the Festival] and went back; and [this ruling is] in accordance with [the opinion of] R. Johanan.[4]

But that is not so; for R. Jose b. Saul said in the name of Rab: If one examined a hen-coop on the eve of the Festival and did not find in it an egg and on the morrow he rose early and found an egg in it, it is prohibited?[5]—This [latter passage] refers to eggs laid through friction with the earth.[6] If so,[7] with respect to the teaching of R. Mari, might I not also say [the egg] was laid through friction with the earth?—When there is a cock near her.[8] Even when there is a cock [near her] might I not [still] say that the egg was laid through friction with the earth?—Said Rabina: There is
d a tradition[1] that wherever there is a cock near her she will not fructify [eggs] through friction. And how near [should the cock be]?[2]—R. Gamda replied in the name of Rab: Sufficiently near

(4) That it is a fraudulent sale, since he asked for one thing and was given another. (5) Seeing that he requires them in any case for eating. (6) Between the value of cackling eggs and the eggs received, but the sale is nevertheless valid and cannot be rescinded. (7) But we rather assume that when he asked for eggs of a cackling hen he wanted them for hatching, hence the sale is null. (8) Lit., 'eggs of (a hen paired with) a cock'.

a (1) Lit., 'eggs produced through friction of the body in the earth', but not through contact with a male. (2) And not for hatching. (3) Between the value of mated eggs and the eggs received, but the transaction would still be valid. (4) If subsequently laid on the Festival-day, and the law of *mukzeh* does not apply in this case. (5) Lit., 'with the coming . . . yes, but with . . . no'. (6) V. *supra 6b* n. a 4. (7) Because they are then regarded as flesh. (8) The carcass of a bird not ritually slaughtered does not defile a person through being carried or touched; it is only the eating of its flesh which defiles. Cf. Sifra to Lev. XXII, 8 and Nid. 42*b*. (9) If any part of the bird is cut off while the bird is still living, although it may not be eaten, it does not defile. (10) Because the cluster of eggs, the bones and the veins are not considered as flesh. (11) Drinking is included in this law of defilement. (12) These are considered as part of the flesh.

b (1) Hence they are considered flesh. (2) Not because he regards the eggs as flesh but as a preventive measure to safeguard the breach of eating flesh and milk together. (3) I.e., to pronounce the person unclean when eating only the eggs. (4) The Rabbis did not extend the law of defilement by declaring the man who eats of these eggs unclean, because of the monetary loss that would follow (by his clothes and whatever he touches becoming unclean; v. Lev. XVII, 15). But with respect to the prohibition of eating the eggs with milk, there the eggs themselves are not prohibited; it is only to safeguard the law of eating flesh and milk that the Rabbis instituted a preventive measure, and though the eggs themselves may be eaten, they may not be eaten with milk. In this respect they consider the eggs flesh. (5) And thus considers the eggs flesh. Cf. Tosaf. Men. 70*a*. s.v. ביצי. (6) And that is indeed flesh. (7) And you would understand that they defile.

c (1) Before daybreak. (2) Because it is assumed that the egg was laid the previous day as, by the nature of the case, it could not have been laid during the night. (3) אימר Either Imperf. 1. sing., or Imper. 2. sing. (4) Who regards the egg as having been laid. It may have been deposited during the night of the Festival, but it is not regarded as having been laid during the night. (5) Because we assume the egg was laid during the night of the Festival. (6) Which eggs might be laid even at night. (7) That unmated eggs can be laid at night. (8) Therefore the egg must have been laid during the day.

d (1) Lit., 'they (teachings) are handed down'. (2) That the hen should not lay eggs through friction.

דפחיא למאן יהבו ליה ביעי דשחוטה אתא לקמיה דרבי אמי אמר להו מקח טעות הוא והדר פשיטא מהו דתימא האי לאכילה קא בעי להו והאי דקאמר דפחיא משום דצריבן למאי נפקא מינה למיתבה ליה ביני ביני קמ"ל ההוא דאמר להו ביעי דדכרא למאן ביעי דדכרא למאן יהבו ליה ביעי דספנא מארעא אתא לקמיה דרבי אמי אמר להו מקח טעות הוא והדר פשיטא מהו דתימא האי לאכילה קא בעי להו והאי דקאמר דדכרא משום דשמינן טפי למאי נפקא מינה למיתבא ליה ביני ביני קמ"ל ואי בעית אימא מאי עם יציאתה נגמרה עם יציאת רובה נגמרה וכדרבי יוחנן דא"ר יוחנן **ביצה שיצאה רובה מערב יום טוב וחזרה מותרת לאכלה ביום טוב ואיכא דאמר מאי עם יציאתה נגמרה עם יציאת כולה נגמרה עם יציאת כולה אין אבל רובה לא ולאפוקי מדר' יוחנן גופא השוחט את התרנגולת ומצא בה ביצים גמורות מותרות לאכלן בחלב ר' יעקב אומר אם היו מעורות בגידין אסורות מאן תנא להא דת"ר ג'האוכל מנבלת עוף טהור °מן השלל של ביצים מן העצמות ומן הגידין ומן הבשר שנתלש מן החי טהור מן האשכול של ביצים מן הקורקבן ובני מעיין או שהמחה את החלב וגמעו טמא מאן תנא מן השלל של ביצים טהור אמר רב יוסף דלא כרבי יעקב דאי כר' יעקב האמר אם היו מעורות בגידין אסורות אמר ליה אביי ממאי דלמא עד כאן לא קאמר רבי יעקב התם אלא לענין אסורא אבל לענין טומאה לא וכי תימא (א)לענין טומאה נמי נגזור אפושי טומאה הוא ואפושי טומאה מדרבנן לא מפשינן ואיכא דאמרי מאן תנא מן האשכול של ביצים טמא אמר רב יוסף ר' יעקב היא דאמר אם היו מעורות בגידין אסורות א"ל אביי ממאי דאשכול מהנך דתליא באשכול דלמא אשכול גופיה וכי תימא אשכול גופיה מאי למימרא מידי דהוה אקורקבן ובני מעיין דאע"ג דבשר נינהו כיון דאיכא אינשי דלא אכלי איצטריך לאשמועינן הכא נמי כיון דאיכא אינשי דלא אכלי איצטריך לאשמועינן *ת"ר כל שתשמישו ביום *נולד ביום כל שתשמישו בלילה נולד בלילה כל שתשמישו בין ביום ובין בלילה נולד בין ביום ובין בלילה כל שתשמישו ביום נולד ביום זו תרנגולת כל שתשמישו בלילה נולד בלילה זו עטלף כל שתשמישו בין ביום ובין בלילה אדם וכל דדמי ליה אמר מר כל שתשמישו ביום נולד ביום זו תרנגולת למאי נפקא מינה לכדרב מרי בריה דרב כהנא דאמר רב מרי בריה דרב כהנא ג'בדק בקנה של תרנגולין מערב יום טוב ולא מצא בה ביצה ולמחר השכים ומצא בה ביצה מותרת והלא בדק אימר לא בדק יפה יפה ואפילו בדק יפה אימר יצתה רובה וחזרה הואי וכדר' יוחנן איני והא אמר ר' יוסי בן שאול אמר רב בדק בקנה של תרנגולת מערב יו"ט ולא מצא בה ביצה ולמחר השכים ומצא בה ביצה אסורה התם בדספנא מארעא אי הכי דרב מרי נמי אימא מארעא ספנא בדאיכא זכר בהדה בדאיכא זכר נמי אימא מארעא ספנא אמר רבינא גמירי כל היכא דאיכא זכר לא ספנא מארעא ועד כמה אמר רב גמדא משמיה° *דרב כל היכא

דשמעה

דפחיא. כמו דפעיא הטולדים מן התרנגולת היא שפועה בלידתה: פשיטא. דמקח טעות הוא דהא בהדיא אמר ליה דפחיא: דצריבן. לשון מבושלות כל צרכן כמו צרבת (ויקרא יג) כויה שבשול: ונפקא מינה. בין מאן דבעי להו לאכילה בין מאן דבעי להו לאפרוחים: למיתבא ליה דביני ביני. להחזיר לו דמי מעלה שבין ביעי דפחיא לביעי דשחוטה ואי בעי להו לאכילה אין המקח בטל דהא בני אכילה נינהו אלא שאלו יפים מהם ויחזיר לו דמי מעליותן: קא משמע לן. רבי אמי דסתם מאן דבעי ביעא דפחיא לאפרוחים בעי להו ואין אלו שוין לו כלום: דדכרא. שילדתן תרנגולת מתרגגול ולא נתחממה מן הקרקע לקולטן בלא זכר: דספנא מארעא. מתחממת בקרקע ויולדת ביצים ואותן ביצים אין מגדלות אפרוחים ספנא. קולטת ביצים כשמתעפרת בקרקע ובסמוך לקמן אמר כל היכא דאיכא זכר לא ספנא מארעא כלומר אינה קולטת ביצים מן הקרקע אלא מן הזכר ואינו אלא לשון ספוני טמוני חול (דברים לג): עם יציאת רובה נגמרה. ולענין י"ט אתמר דאם יצתה רובה מערב י"ט וחזרה בתוך מעיה וילדתה בלילה מותרת דהויא ליה כאילו טולדה מאתמול: כדרבי יוחנן. דאמר לקמן הכי: ואי בעית אימא. רב לאפוקי מדר' יוחנן אתא ועם יציאתה דקאמר עם יציאת כולה ולמעוטי יציאת רובה: מעורות. מחוברות: נבלת עוף טהור. מטמאה האוכלה לטמא בגדים שהוא לבוש בשעת בליעתה ואין לה טומאת מגע ומשא ובמסכת נדה (דף מא.) ילפינן לה והאוכל אחד מן הדברים הללו ממנה: מן השלל של ביצים. כשהן כבושין ושלולין וקבועין בשדרה כלומר האוכל אותם ביצים בעודן מעורין בגידין: מן הגידין. וקסבר אין בגידין בנותן טעם: שלל. בשט"א כמו שלל של כובסין (שבת דף מח:): בשר שנתלש מן החי. לאו נבלה היא: מן האשכול. מבשר השדרה שהביצים אדוקים שם: שהמחה את החלב. התיך את השומן וגמעו טמא ובהעור והרוטב (חולין דף קכ.) פרכינן והא אכילה כתיבה ביה ואמר רבי שמעון בן לקיש הנפש לרבות את השותה והכא כתיב ונפש אשר תאכל נבלה ובנבלת עוף טהור מתוקם בת"כ: מאן תנא מן השלל של ביצים טהור. אלמא לאו בשר הוא דלא כר' יעקב: אלא לענין אסורא. דאע"ג דלאו בשר נינהו אסר לה מדרבנן הואיל וקרובים להיות בשר ואיכא למגזר משום בשר בחלב אבל לענין טומאה לא דלאו בשר נינהו דלטמו: וכי תימא לענין טומאה (א) נגזור. דלטמו מדרבנן כי היכא דגזרינן לענין אסורא: אפושי טומאה הוא. דאיכא הפסד טהרות: ואפושי טומאה מדרבנן לא מפשינן. ואע"פ שגזרו בטומאות במקומות הרבה ליכא למימר הכא נמי נגזר דלא ניחא לן דלפשו בטומאות: ואיכא דאמרי. דאשכול דסיפא הוה משמע ליה לרב יוסף ביצים המעורות בגידין ושלל הוה משמע ליה שאינן מעורות כל כך כמו אותן הגמורות קרובות לבא בהן קליפה הלבנה שאינם דבקות יפה אלא מעט: מאשכול גופיה. בשר הדבוק בשדרה והביצים אדוקין בו: נולד ביום. נקבותיו יולדות ביום: עטלף. קנב"א שור"ץ בלע"ז: מערב יום טוב. בין השמשות דשוב לא ילדה אלא בלילה: השכים. קודם עלות השחר והאי דנקט בדק רבותא קמ"ל דאע"ג דבדק ולא מצא דליכא למתלייה בטולדה בחול אפילו הכי מותרת דסמכינן אברייתא דקתני כל שתשמישו ביום טולד ביום והא ודאי לא ילדתו בלילה: אימר יצתה רובה וחזרה הואי. ואע"ג דמילתא דלא שכיחא היא מגו דפשיטא לן דאינה יולדת בלילה תלינן בה: בדספנא מארעא. והיא יולדת אף בלילה: אי הכי. דיש יולדת בלילה: דרב מרי. היכי שריא אימא מארעא ספנא וילדה בליל יום טוב:

דשמעה

ומצא בה ביצים גמורות וכו' ר' יעקב אומר אם היו מעורות בגידין אסורות. תימה כיון דגמורות כילד היו מעורות ופירש הקונטרס דגמורות קאי אחלמון אבל לא נתקשה עדיין השפופרת מבחוץ רק הקרום על כן קאי רבי יעקב וקאמר אם היו מעורות ולפי הספרים דלא גרסי גמורות ניחא והכי גרסינן ומצא בה ביצים מותרות לאכלן בחלב רבי יעקב אומר כו':

דשמעה

עין משפט נר מצוה

מז א טוש"ע א"ח סי' תקיג סעיף ו:

מח ב מיי' פ"ג מהל' שאר אבות הטומאה הלכה י:

מט ג טוש"ע א"ח סי' תקיג סעיף ו:

מסורת הש"ס

[תוספתא פ"א]

נכורות ח.

[בכורות איתא יולד וכן בכל נולד דהכא איתא שם יולד]

הגהות הב"ח

(א) רש"י ד"ה וכי תימא לענין טומאה נמי נגזור:

גליון הש"ס

גמ' מן השלל של ביצים. עיין מנחות דף ע ע"א תוס' ד"ה ביצי נבילות: שם אמר רב גמדא משמי' דרב. נ"ל רבא. ע"ל סדר הדורו' בהקדמ' אות ד':

[נ"ל רבא עיין בב"ק עב ע"א וכן הגיה בעל סדה"ד]

רבינו חננאל

כי ההוא דאמר ביעי דפעיא למאן והבו ליה ביעי דשחוטה. ואמר ר' אמי מקח טעות הוא והדר. ואמרינן פשיטא מהו דתימא האי לאכילה בעי להו והאי דקאמר דפעיא משום דצריבן טפי למאי נפקא מינה למיתבא ליה דביני ביני קמ"ל. ההוא דאמר ביעי דדיכרא למאן יהבו ליה ביעי דספנא מארעא. וא"ר אמי מקח טעות הוא והדר. איכא דאמרי מאי עם יציאתה נגמרה עם יציאת כולה אין עם יציאת רובה לא ולאפוקי מדר' יוחנן דאמר ביצה שיצאתה רובה מעיו"ט וחזרה מותרת לאוכלה ביו"ט. תניא השוחט תרנגולת ומצא בה ביצים גמורות מותרות לאוכלן ביו"ט. גופא השוחט את התרנגולת ומצא בה ביצים גמורות מותרות לאוכלן בחלב. ר' יעקב אומר אם היו מעורות בגידין אסורות פי' כלומר בשר הן. והתניא האוכל מנבלת עוף טהור מן השלל של ביצים מן העצמות ומן הגידים ומן הבשר שנתלש מן החי טהור. הנה השלל של ביצים אע"פ שהוא מעורה בגידים טהור. כלומר אינו בשר. ואוקימנא דלא כר' יעקב. אבל האוכל מן האשכול של ביצים ומן הקרקבן ומבני מעים או שהמחה את החלב וגמעו טמא. ופשוטה היא. אפושי פי' להרבות. ת"ר כל שתשמישו ביום יולד ביום התרנגולת. תשמישו בלילה יולד בלילה עטלף. תשמישו בין ביום ובין בלילה יולד בין ביום בין בלילה. אדם וכל מילי. למאי נ"מ לכדרב מארי דאמר בדק בקינה של תרנגולת מעיו"ט ולא מצא בה ביצים. ובשחר השכים ומצא בה ביצים מותרות. אימר יצתה רובה וחזרה הואי. וכר' יוחנן

נ א ב טוש"ע א"ח סי' תקיג סעיף ו :

נא ג מיי' פ"א מהל' רוצח הלכה ח טור י"ד סי' קיו [רב אלפס ע"ז פ"ב דף מח. וברא"ש שם סי' יג] :

נב ד מיי' פי"ד מהל' שחיטה הלכה יד סמג עשין כד טור ש"ע י"ד סי' כח סעיף ה :

נג ה מיי' פ"ב מהלכות י"ט הלכה יח סמג לאוין עה טוש"ע א"ח סי' תקח סעיף יד :

תורה אור

דשמעה קליה בימממא עבד רב מרי עובדא עד שתין בתי ואי איכא נהרא לא עברא ואי איכא מברא עברא ואי איכא מיצרא לא עברא הוה עובדא ועברא אמיצרא במאי אוקימתא בדספנא מארעא מאי איריא בדק כי לא בדק נמי כי לא בדק אימא מאתמול הואי אי הכי כי בדק נמי אימא יצתה רובה והזרה היא וכדר' יוחנן דרבי יוחנן לא שכיח ואמר רבי יוסי בן שאול אמר רב האי תומא שחיקא סכנתא לגלויא : בית שמאי אומרים שאור בכזית : *מאי טעמיהו דב"ש א"כ לכתוב רחמנא חמץ ולא בעי שאור ואנא אמינא ומה חמץ שאין חמוצו קשה בכזית שאור שחמוצו קשה לא כל שכן שאור דכתב רחמנא למה לי לומר לך שיעורו של זה לא כשיעורו של זה ובית הלל צריכי דאי כתב רחמנא שאור הוה אמינא משום דחמוצו קשה אבל חמץ דאין חמוצו קשה אימא לא צריכא ואי כתב רחמנא חמץ משום דראוי לאכילה אבל שאור שאין ראוי לאכילה אימא לא צריכא ובית שמאי לית להו דרבי זירא דאמר רבי זירא פתח הכתוב בשאור וסיים בחמץ לומר לך זהו שאור זהו חמץ לענין אכילה כולי עלמא לא פליגי כי פליגי לענין ביעור בית שמאי סברי לא ילפינן ביעור מאכילה ובית הלל סברי ילפינן ביעור מאכילה אתמר נמי א"ר יוסי בר חנינא מחלוקת לענין ביעור אבל לענין אכילה דברי הכל זה וזה בכזית תניא נמי הכי °ולא יראה לך (*שאור) ולא יראה לך (*חמץ) זהו מחלוקת שבין בית שמאי וב"ה שב"ש אומרים שאור בכזית וחמץ בככותבת וב"ה אומרים זה וזה בכזית : השוחט חיה ועוף ביו"ט וכו' : השוחט דיעבד אין לכתחלה לא אימא סיפא וב"ה אומרים לא ישחוט מכלל דת"ק סבר ישחוט הא לא קשיא לא ישחוט ויכסה קאמר אימא סיפא ומודים שאם שחט שיחפור בדקר ויכסה מכלל דרישא לאו דיעבד הוא אמר רבה הכי קאמר השוחט שבא לימלך כיצד אומר לו ב"ש אומרים אומר לו שחוט חפור וכסה ובית הלל אומרים לא ישחוט אא"כ היה לו עפר מוכן מבעוד יום רב יוסף אמר ה"ק השוחט שבא להמלך כיצד אומר לו ב"ש אומרים אומר לו לך חפור שחוט וכסה וב"ה אומרים לא ישחוט אא"כ היה לו עפר מוכן מבעוד יום א"ל אביי לרב יוסף לימא מר ורבה בדרבי זירא אמר רב קא מפלגיתו דא"ר זירא אמר רב *השוחט צריך שיתן עפר למטה ועפר למעלה שנאמר °ושפך את דמו וכסהו בעפר עפר לא נאמר אלא בעפר מלמד שהשוחט צריך שיתן עפר למטה ועפר למעלה דמר אית ליה דרבי זירא ורבה לית ליה דרבי זירא א"ל בין לדידי בין לרבה אית לן דרבי זירא והכא בהא קא מפלגינן רבה סבר אי איכא עפר למטה אין אי לא לא חיישינן דלמא ממליך ולא שחיט ולדידי (*אדרבה) הא עדיפא דאי לא שרית ליה אתי לאמנועי משמחת יום טוב : ומודים שאם שחט שיחפור בדקר ויכסה : אמר רבי זריקא אמר רב יהודה והוא שיש לו דקר נעוץ מבעוד יום והא קא עביד כתישה אמר רב חייא בר אשי אמר רב

בעפר

שמות יג | ויקרא יז | רס"ג מ"ז

תוספות

דשמעה קליה בימממא. ובלילה משמיעין קולם למרחוק יותר מביום ולא נקט בלילה משום דתשמישו ביום : כי לא בדק אימר מאתמול הואי. וא"ת והא ביצה דבר שיש לו מתירין (א) א"כ ספקא להומרא וי"ל דשאני הכא משום דגם כי ספנא מארעא שכיח דיולדת ביום יותר מבלילה : לומר לך שיעורו של זה לא כשיעורו של זה. פירש רש"י דאי לא כתב שאור הייתי אומר דיו לבא מן הדין להיות כנדון ודוקא בככותבת וא"ת מנלן דשיעור חמץ בככותבת אימא בכזית או כשיעור אחר ופ"ה דהלכתא גמירי לה דהוי ככותבת ולא נהירא דא"כ קרא למה לי ע"כ נראה פירוש (*אחר) הואיל וידענא דשיעורו של זה לא כשיעורו של זה נוקים ליה שיעורו כדאשכחנא בעלמא גבי יום כפור (יומא דף עט: ושם) דהוי בככותבת* : דאמר רבי זירא פתח הכתוב בשאור וסיים בחמץ וכו' ובית הלל סברי ילפינן ביעור מאכילה. ואם תאמר למה ליה צריכותא דלעיל הא ידענא שפיר [דחמץ] בכזית מהכא וי"ל שלא תטעה לומר הואיל וחלקן הכתוב בשני לאוין ולא יראה לך (*שאור) ולא יראה לך (*חמץ) ודאי אין שיעורן שוה דזה בככותבת וזה בכזית קמ"ל הצריכותא וא"ת הואיל ואית להו הצריכותא למה להו דר' זירא י"ל לא הייתי מפיס כרת אלא בחמץ דכתיב ביה כרת :

[נ"ל ראשון] [ועי' תוס' יומא עט: ד"ה לומר] [נ"ל חמץ] [נ"ל שאור]

רש"י

דשמעה קליה בימממא. שהקול אינו נשמע ביום כבלילה : עובדא. דבדק מעי"ט ולא מצא והשכים ומצא ולא היה תרנגול זכר עד ששים בתים וסמך רב מרי על התרנגול והתיר את הביצה : מברא. גשר : מיצרא. חבל קשור בראשי שתי יתדות אחת תקועה בשפת הנהר מזה ואחת תקועה בשפת הנהר מזה ועץ קצר מוטל לרוחב הנהר ועוברין בו בדוחק על ידי שאוחזין בחבל ועוברין : במאי אוקימתא. לדרבי יוסי ב"ר שאול : אימא מאתמול הואי. דכיון דרובא בימממא ילדן אי לא בדק תלינן בימממא: דרבי יוחנן לא שכיחא. הלכך בדאיכא זכר כיון דקים לן דאינה יולדת בלילה תלינן כרבי יוחנן אבל בדספנא מארעא לילד בלילה שכיח טפי מילתה רובה : תומא שחיקא. שומין שחוקין : לגלויא. הנחש שותה ממנו אם מוצאו מגולה ומטיל בו ארס . אם כן. דחד שיעורא לתרוייהו : שיעורו של זה כו'. להכי לא יליף שאור מחמץ משום דחמץ בככותבת °דלא תימא דיו לבא מן הדין להיות כנדון ושאור נמי בככותבת להכי כתביה בהדיא לשעורי בשיעורא זוטא ושיעורא רבא ולהכי נקט כותבת דבהכי הוי יתובי דעתא כדמפרש טעמא ביומא (דף עט.) אי נמי שיעורין הלכה למשה מסיני : לית להו דרבי זירא. בתמיה והא קרא בהדיא כתיב : פתח הכתוב בשאור. שאור לא ימצא בבתיכם (שמות יב) : וסיים בחמץ. כי כל אוכל [מחמצת] והוה ליה למכתב כי כל אוכל שאור כו' דהא אתיא עונשו עם אזהרתו : זהו שאור וכו'. כזה כן זה : לענין אכילה כולי עלמא לא פליגי. דאפילו ב"ש מודו דחמץ חייב בכזית כשאור באכילתו וכדר' זירא אבל לביעור לב"ש לא השוו מדאיצטריך קרא למכתבינהו לתרווייהו לא יראה לך חמץ ולא יראה לך שאור לא ילפינן למימר כי היכי דבאכילה השוה הכתוב אכילת חמץ לביעור שאור אף לביעורו השוה לו דמדאיצטריך למכתבינהו יש חלוק בשיעורן : תניא נמי הכי. דבביעור הוא דפליגי ולא באכילה : השוחט דיעבד. דאי שחט משמע אבל לכתחילה לא שרי ליה בית שמאי לשחוט אא"כ יש לו עפר מוכן תיחוח : מכלל דת"ק סבר ישחוט. בתמיה והא השוחט קאמר : הא לא קשיא. לא ישחוט דב"ה אכסוי לחודיה קא מהדרי והכי קאמר לא יגמור מעשה השחיטה דהיינו הכסוי : לא ישחוט ויכסה. אע"פ ששחט לא יגמור : השוחט שבא לימלך. אע"ג דהשוחט דעלמא דיעבד על כרחך הכא לכתחלה השוחט שבא לשחוט (בהמה) ובא לימלך לנו מה יעשה אם ישחוט אם לאו הואיל ואין לו עפר תיחוח ב"ש אומרים כו' : רב יוסף אמר כו'. ולקמיה מפרש במאי קמפלגי רבה ורב יוסף אליבא דב"ש : בעפר. משמע שהוא נבלל וטמון בעפר קודם הכסוי : וכסהו עפר. הוי משמע דלא קפיד אלא אכסוי : אית לן דר' זירא. ובעינן עפר למטה והכי קאמר רבה אם יכולין לומר לו שחוט מיד שיש לו כבר עפר למטה שרינן ליה אבל אם אנו צריכין לומר לו חפור תחלה לא נתיר לו : דלמא. לאחר חפירה ממליך ולא שחיט נמצא שחופר בחנם : הא עדיפא. דלא תגזור הכי : והא קא עביד כתישה. לרב יהודה פריך דאמר והוא שיש לו דקר נעוץ אלמא דטעמא דמתניתין לאו משום דאתי עשה דוכסהו בעפר ודחי את לא תעשה כל מלאכה אלא משום דכבר חפור ועומד הוא והא קא עביד כתישה שעדיין רגבים מדובקים הם ואינן ראוין לכסוי אלא אם כן כותשן וכותש תולדה דטוחן הוא ומלאכה היא :

והא

[יומא עט:] [נ"ל שאור] חולין [לא.] פג: ע"ש

הגהות הב"ח

(א) תוס' ד"ה כי לא וכו' מתירין הוא אפי' כן :

גליון הש"ס

רש"י ד"ה שיעורו של כו' דלא תימא דיו. ועיין זה רש"י בב"מ לב ע"א ד"ה לומר לך :

רבינו חננאל

יוחנן. איני והאמר ר' יוסי בן שאול אמר רב בדק בקנה של תרנגולת מעיו"ט ולא מצא בה ביצים ובשחר השכים ומצא בה ביצים אסורות ואוקימנא התם בדספנא בארעא. אמר רבינא נמידי כל היכא דאיכא זכר ואפילו בחצר אחרת ושמעה קליה בימממא לא ספנא מארעא. עבד רב מארי עובדא עד שיתין בתי ואי איכא נהרא לא עברא כו'. א"ר יוסי בן שאול אמר רבי האי תומא שחיקא סכנתא לגילויא. בש"א שאור בכזית וחמץ ככותבת ובה"א זה וזה בכזית. תוספתא איזהו שאור המחמיץ אחרים ואיזהו חמץ שנתחמץ מאחרים. מאימתי קרוי שאור משיפסל מלאכול לכלב : מתני' השוחט חיה או עוף ביו"ט כו'. ואקשינן וכי ב"ש ישחוט לכתחלה קאמרי דקתני בה"א לא ישחוט ופרקינן הא דקתני לא ישחוט לא יכסה הוא. וכך היא הצעה של משנה אמרו ב"ש אם שחט דאיעבד יכסה לכתחלה ואמרי בית הלל לא יכסה. ודחינן להאי פירוקא מדקתני סיפא ומודים שאם שחט שיחפור בדקר ויכסה. מכלל דרישא לכתחלה הוא. ופריק רבה פירוק אחר דהאי דקאמר השוחט כלומר הרוצה לשח[ט] שבא לימלך כיצד אומרים לו. בש"א אומרים לו שחוט מקודם ואח"כ חפור וכסה. ובה"א לא ישחוט כו'. ואסיקנא דכ"ע אית להו דר' זירא דאמר בשחיטת חולין השוחט צריך שיתן עפר למטה וישח[ט] עליו ואח"כ יכסהו בעפר מלמעלה ובהא פליגי רבה סבר אי איכא עפר מוכן מאתמול למטה ישחוט ואם לאו לא יחפור ויתן עפר למטה כדי שישחוט עליו. חיישינן דלמא ממליך ולא שחיט ואתי למיעבר. ורב יו[סף] אמר הא עדיפא דאי לא שרית ליה למיחפר זמנין דלית ליה עפר ואתי לאימנועי משמחת יו"ט וקיי"ל כב"ה דאמר לא ישחוט אא"כ היה לו עפר מוכן וכרבה. ומודים שאם שחט שיחפור בדקר ויכסה. [...] דקר כמן יתד וכמן נגר. ואוקמה רב יהודה והוא שיש לו דקר נעוץ מאתמול. ואקשינן והא עביד כתישה כלומר כשסומך על הדקר מכתש את העפר כדכתיב אם תכתוש את האויל במכתש. ואמר

בעפר

[7b] that [the hen] can hear his crowing in the daytime.[3] R. Mari gave a decision [in a case where the cock was] at a distance of sixty houses.[4] But if there is a river [between them] she [the hen] does not cross over, but if there is a bridge,[5] she crosses over; if there is a plank she does not cross over. It happened once that [a hen] crossed over even a plank.

How have you explained it;[6] with respect to unmated eggs? Then why particularly teach when he examined [the hen-coop]; b even if he had not examined, it should also [be prohibited]!—If he did not examine it, I might say [the egg] was from yesterday. If so, even if he had examined it, I might still say that the greater part [of the egg] came out [yesterday] and went back and [should therefore be permitted] in accordance with R. Johanan!—The contingency stated by R. Johanan is rare.

R. Jose b. Saul further said in the name of Rab: This pulverized garlic is a danger to be left exposed.[7]

BETH SHAMMAI SAY: [THE QUANTITY OF] LEAVEN IS OF THE SIZE OF AN OLIVE, AND LEAVENED BREAD IS OF THE SIZE OF A DATE. What is Beth Shammai's reason?—If so,[8] the Divine Law should only have written about leavened bread and not about leaven and I should have said: If leavened bread, the acidity of which is not very great, [is forbidden] at the size of an olive, how much more should leaven, the acidity of which is very great [be forbidden] at the size of an olive: then why does the
a Divine Law need to state leaven? In order to teach that the standard of the one is not like the standard of the other.[1] And Beth Hillel?—It is necessary [for the Divine Law to state both]. For if the Divine Law had written only about leaven I might have said that the reason [leaven is forbidden to be seen] is that its acidity is very great, but leavened bread, the acidity of which is not great, I might have said is not [forbidden to be seen at all]. It is therefore necessary [to state leavened bread]. And if the Divine Law had stated leavened bread, [I might have said that] the reason [leavened bread is forbidden to be seen] is that it is fit for food, but leaven which is not fit for food, I might have said is not [forbidden to be seen at all]. Therefore both are necessary.

Shall we say that Beth Shammai does not agree with what R. Zera had said? For R. Zera said: The Scripture [verse][2] begins with the term *'leaven'* and concludes with the term *'leavened bread'* in order to teach that *'leaven'* and *'leavened bread'* are alike?—With respect to eating, no one differs [about the size].[3] They only differ with respect to the removal [of the leaven from the house]; Beth Shammai is of the opinion that we do not learn [the law of] 'removal' from [that of] 'eating', while Beth Hillel maintain that we do learn 'removal' from 'eating'.[4]

Likewise it was stated: R. Jose b. Ḥanina said: The dispute is only with respect to the 'removal', but with respect to 'eating' all agree that both [leavened bread and leaven] are [forbidden] of the size of an olive. Likewise it was also taught: *'And there shall no leavened bread be seen with thee neither shall there be leaven seen with thee'*;[5] herein lies the dispute between Beth Shammai and Beth Hillel, where Beth Shammai say that leaven is of the size of an olive and leavened bread is of the size of a date, but Beth Hillel maintain that both are of the size of an olive.

HE WHO SLAUGHTERS GAME OR POULTRY ON A FESTIVAL, etc. HE WHO SLAUGHTERS [implies] only if he has done so,[1] but not [that it may be done] at the very outset. Then consider the subsequent clause: BUT BETH HILLEL MAINTAIN: HE MUST NOT SLAUGHTER [etc.], whence it follows that the first Tanna holds that he may slaughter [at the outset]!—This is no difficulty. He means, 'HE MUST NOT SLAUGHTER AND COVER [etc.]'.[2] But consider the final clause: BUT THEY AGREE THAT IF HE SLAUGHTERED HE MAY DIG WITH A SHOVEL AND COVER; whence it follows that the first clause does not mean '[only] if he has done it'!—Answered Rabbah: This is what [the Mishnah] says: 'The slaughterer who comes to ask advice[3] how should one answer him? Beth Shammai say: One answers him: Slaughter, dig and cover; but Beth Hillel maintain: He must not slaughter unless he had [loose] earth set in readiness before the Festival'. R. Joseph says: This is what [the Mishnah] says: 'The slaughterer who comes to ask advice, how should one answer him? Beth Shammai say: One answers him: Go [and] dig, slaughter and cover; but Beth Hillel maintain: He may not dig unless he had [loose] earth set in readiness from before the Festival'.

Said Abaye to R. Joseph: Shall it be said that you, Sir, and Rabbah disagree with respect to the teaching of R. Zera in Rab's name? For R. Zera said in the name of Rab: The slaughterer [of game or poultry] must put earth beneath [to receive the blood] and earth above, for it is said: *'He shall pour out the blood thereof, and cover it with dust'*.[4] It does not say 'earth' but *'in earth'*,[5] teaching that the slaughterer must put earth beneath and earth above. You, Sir, [therefore] accept the teaching of R. Zera and Rabbah rejects the teaching of R. Zera. He answered him: Both I and Rabbah accept the teaching of R. Zera and our dispute here is as follows: Rabbah is of the opinion that he may [only slaughter] if there is [already] earth beneath [to receive the blood]; but if
c not, he may not slaughter,[1] for we apprehend that he might change his mind and not slaughter.[2] But according to my view, it is better,[3] for if you will not permit him [to dig] he will come to be deprived of the joy of the Festival.[4]

BUT THEY AGREE THAT IF ONE HAS [ALREADY] SLAUGHTERED, HE MAY DIG UP [EARTH] WITH A SHOVEL AND COVER [THE BLOOD]. R. Zerika said in the name of Rab Judah: This only holds good when the shovel had [already] been sticking [in the earth] since the previous day.[5] But does he not cause crumbling of the earth?[6]—Answered R. Ḥiyya b. Ashi in the name of Rab:

b (3) The crowing does not reach so far during the day-time as at night. (4) The cock was removed sixty houses from the hen yet R. Mari maintained that there was copulation and permitted the egg. (5) Or 'ferry'. (6) The saying of R. Jose b. Saul. (7) Any exposed liquid is forbidden for use lest a snake has drunk therefrom. The same applies to pulverized garlic. (8) That the prohibition of both leaven and leavened bread were of the size of an olive.

a (1) I.e., leavened bread is of the size of a date, for food of such a size is estimated by the Rabbis sufficient to make one 'come to', (cf. Yoma 79a), and leaven is of the size of an olive which is the minimum. (2) Ex. XII, 19. (3) I.e., even Beth Shammai agree that both leaven and leavened bread of the size of an olive are forbidden to be eaten. (4) Ex. XII, 19 deals with the prohibition and penalty of eating anything leavened. Ex. XIII, 7 deals with the removal of anything leavened from the house. From the fact that Ex. XIII, 7 mentions both *'leaven'* and *'leavened bread'* Beth Shammai infer that the size of the *'leavened bread'* with respect to removal is not that of an olive but that of a date. (5) Ex. XIII, 7.

b (1) For otherwise, the Mishnah should state that a man may slaughter etc. HE WHO SLAUGHTERS, however, implies that the law which follows holds good only if he has already slaughtered. (2) Beth Hillel's point is made with reference to the covering of the blood, not with reference to the killing at all; and therefore a deduction as to the view of the first Tanna can likewise be made only with reference to the covering. (3) Whether he may slaughter, having no earth. (4) Lev. XVII, 13. (5) The preposition ב here means *in* rather than *with*, indicating that dust is to be put on all sides. V. Nachmanides a.l. for reason of covering the blood.

c (1) For he may not dig to obtain the earth to place beneath. (2) He would then have dug earth unnecessarily. (3) That he should be allowed to dig. (4) For he will not be able to slaughter, v. Deut. XVI, 14. (5) So that there is no violation of the law of digging on the Festival; for digging requires both the sticking in of the shovel as well as the lifting of it with the earth in it. (6) Granted there is no digging, but this crumbling of the earth is also forbidden, being in the nature of *grinding*.

[8a] [We are dealing with a case] where the soil is loose.[7] But does he not make a hole?[8]—This is according to R. Abba; for R. Abba said: If one digs a hole on the Sabbath and only requires its soil, he is guiltless in regard to it.[9]

BECAUSE THE ASHES OF THE HEARTH ARE MUKAN [CONSIDERED AS HAVING BEEN PREPARED]. Who is speaking here of the
a ashes of the hearth?[1] Answered Rabbah: Read thus: 'AND[2] THE ASHES OF THE HEARTH ARE MUKAN'. Rab Judah said in Rab's name: They only taught this[3] when it [the fire] had been kindled on the day of the Festival; but if it had been kindled on the Festival [itself] it is forbidden;[4] but if [the ashes] are suitable[5] to roast an egg therein, it is permitted.[6] Likewise it was also taught: When they said [that] the ashes of the hearth are *mukan*, they only said so when it [the fire] had been kindled before the Festival; but if it had been kindled on the Festival it is forbidden; but if they are suitable to roast an egg therein it is permitted. If one had brought earth into his garden or into his waste land [before the Festival] one may cover the blood therewith.[7]

Rab Judah further said in the name of Rab: A man may bring a basket-full of earth [into his house] and may use it for whatever is necessary.[8] Mar Zuṭra pointed out in the name of Mar Zuṭra the Great: This only holds good if he had appointed a special corner for it.[9]

An objection was raised: One may not slaughter a *koy*[10] on a Festival, and if he did slaughter it, he may not cover its blood.[11] Now if this were so[12] let him cover it [the blood] in accordance with the opinion of Rab Judah?[13]—But even according to your point of view, let him cover the blood with ashes of the hearth,
b or with earth in which a shovel was stuck?[1] Therefore you must needs say that we are dealing here with a case where he has not [any of these];[2] so also explain that we are dealing with a case where he has not [a basket-full of earth in the house]. If so[3] then why particularly with respect to [an animal about which there is] a doubt [whether its blood requires covering]; even with respect to an animal about which there is no doubt one also may not [cover the blood by digging]?[4]—He uses the expression 'not only but also': not only may he not slaughter [in the case of an animal about which there is no doubt],[5] but even in the case of an animal about which there is a doubt, where I might have said that because of the joy of the Festival he should be allowed to slaughter without covering the blood, he informs us [that he

(7) As for example gravel or sand. (8) When he takes it out, which is forbidden, being in the nature of '*building*'. (9) Since it was not his intention to make the hole, the presence of the hole is only a disfigurement and for such an act of impairing or disfiguring one is not considered guilty of a breach of the Sabbath law; and although such an act is forbidden *ab initio*, yet for the sake of the joy of the Festival it has been permitted.

a (1) Lit., 'who has mentioned its name previously (that you are referring to it now)?' (2) Changing the letter ש for ו. V. *supra* 2a n. a 10. (3) That the ashes of the hearth are considered *mukan*. (4) On account of *mukẓeh*. (5) Hot enough. (6) To use such ashes for covering the blood even though the fire was kindled on the Festival itself, because since the ashes may be used for baking they cannot be regarded as *mukẓeh* and may therefore be used, when in such a state, for any other purpose. (7) Since it was prepared for any purpose. (8) And it is not regarded as a part of the earth of the house and thus be prohibited from being handled. (9) I.e., he did scatter over the ground, thereby indicating that it was for his use. (10) A bearded deer or antelope (τραγέλαφος) Jast. V. however Ḥul. 79b where it is defined as a cross between a goat and a gazelle. V. also B.Ḳ. (Sonc. ed.) 78a n. a 6. A doubt prevails regarding this animal whether it is in the category of cattle the blood of which need not be covered, or in the category of game the blood of which is to be covered. Cf. Lev. XVII, 13. (11) Perchance it is *cattle* and he would be handling earth unnecessarily. V. Ḥul. 83b, 79b. (12) That earth thus brought could be used in any way. (13) By using the basket-full of earth. Even if it were definitely *cattle*, the earth could still be used without infringing the law not to do any work on a Festival.

b (1) From before the Festival, which is stated in our Mishnah to be *mukan*. (2) Viz., ashes or a shovel of earth. (3) That we are dealing with a case where he has no earth except through digging. (4) Since we accept the decision of Beth Hillel according to which it is forbidden to dig earth on a Festival for covering blood. (5) Since he has no earth in readiness.

בעפר תיחוח והא קא עביד גומא כדר' אבא *דאמר ר' אבא החופר גומא בשבת ואינו צריך אלא לעפרה פטור עליה: שאפר כירה מוכן הוא: אפר כירה מאן דכר שמיה אמר רבה הכי קאמר ואפר כירה מוכן הוא אמר רב יהודה אמר רב לא שנו אלא שהוסק מערב יו"ט אבל הוסק ביום טוב אסור ואם ראוי לצלות בו ביצה מותר תניא נמי הכי כשאמרו אפר כירה מוכן הוא לא אמרו אלא שהוסק מערב יו"ט אבל הוסק ביום טוב אסור ואם ראוי לצלות בו ביצה מותר הכניס עפר לגנתו ולחורבתו מותר לכסות בו *ואמר רב יהודה מכניס אדם מלא קופתו עפר ועושה בה כל צרכו דרש מר זוטרא משמיה דמר זוטרא רבה והוא שייחד לו קרן זוית מיתיבי *כוי אין שוחטין אותו ביו"ט ואם שחטו אין מכסין את דמו ואי איתא לכסיה כדרב יהודה ולטעמיך לכסייה באפר כירה או בדקר נעוץ אלא דלית ליה הכא נמי דלית ליה אי הכי מאי איריא ספק אפילו ודאי נמי לא לא מבעיא קאמר לא מבעיא ודאי דלא לשחוט אבל ספק אימא משום שמחת יו"ט לשחוט ולא לכסייה קמ"ל

והא

והא קא עביד גומא · וחייב משום בנין: פטור עליה · כדמפרש טעמא בפ"ק דחגיגה דכיון דאינו צריך אלא לעפרה ולא לגומא אינו בונה ולא חורש אלא מקלקל וכל המקלקלים פטורים: מאן דכר שמיה · דקאמר שאפר כו' דמשמע דיהיב טעמא למילתיה דלעיל: שהוסק מערב י"ט · מאתמול דעתיה עלויה לכל מילי: אבל הוסק ביו"ט · דליכא למימר דעתיה עלויה מאתמול אסור: ואם ראוי לצלות בו ביצה · שיש עדיין רמץ חם: מותר · דמאתמול בעודם עצים היו מוכנים להסק ולבשל ולצלות, ועודנו בתשמישו זה ואיידי דחזי להפוכי ביה מידי לצליית ביצה שקיל ליה נמי ומנח ליה על הדם: הכניס עפר · הרבה במקום אחד לצורך גנתו או לצורך חורבתו לשוטחן בהן מותר לכסות בו דכל זמן שהוא צבור דעתיה עלויה לכל צרכיו: מכניס אדם מלא קופתו עפר · בסתם ונותנו במקום אחד ועושה בה כל צרכיו ולא אמרינן בטלה לה לגבי קרקע הבית איידי דזוטרא: והוא שיחד לה כו' · ולא שטחה דמוכחא מילתא דלצרכיו קא בעי לה ובעפר תיחוח קאמר שאינו מחוסר לא חפירה ולא כתישה אלא הכנה: כוי · ספק חיה ספק בהמה: אין שוחטין אותו ביו"ט · משום דשמא חיה הוא וצריך כסוי והוא אינו יכול לכסותו ביו"ט כדקתני: ואם שחטו אין מכסין את דמו דשמא בהמה הוא ואין בו מצות כסוי ואין מטלטלין העפר לכך: ואם איתא · דיש עפר שמוכן לכל צרכי אדם אפי' הוא בהמה לכסייה: כדרב יהודה · אם הכניס קופת עפר: ה"ג ולטעמיך לכסייה בדקר נעוץ או באפר כירה · דהא בהדיא תנא במתני' דמוכן הוא: אפילו ודאי נמי · דהא כב"ה קי"ל דאסרי ואפילו דיעבד בלא דקר נעוץ: לא מבעיא קאמר · הא דנקט כוי אין שוחטין כל שכן חיה גמורה הטעונה כסוי והוא אינו יכול ולרבותא אשמעינן כוי ולא מיבעיא ודאי:

בעפר תיחוח והא קא עביד גומא · תימה דמשמע דשייך גומא אף בעפר תיחוח ובשבת פרק כירה (דף לט. ושם) אמרי' אין טומנין ביצה בחול (*רב) אמר גזרה שמא יטמין ברמץ (*ור' זירא) אמר גזרה שמא יזיז עפר ממקומו* מאי בינייהו איכא בינייהו עפר תיחוח פירוש למ"ד שמא יטמין ברמץ איכא למגזר אבל למ"ד שמא יזיז אין כאן משום שמא יזיז וי"ל דהתם מיירי שכל המקום סביב עפר תיחוח וכשמגביה הביצה אז נופל הקרקע ואין ניכר כאן שיש גומא אבל הכא מיירי שהוא קשה סביב והעפר תיחוח באמצע וא"כ כשמגביה(א) (*הביצה) ניכרת הגומא: ואינו צריך אלא לעפרה פטור · משום *דהוי מלאכה שאינה צריכה לגופה ופטור עליה ותימה דא"כ פטור אבל אסור לכתחלה וי"ל דמשום שמחת י"ט מותר אפילו לכתחלה וא"ת אם כן למה לי דקר נעוץ וי"ל דמ"מ בעינן שיהא מוכן מערב יום טוב: הכי קאמר ואפר כירה מוכן הוא · ותימה דאמרי' בפרק כסוי הדם (חולין דף פח: ושם) ב"ש אומרים אין מכסין באפר דאפר לא מקרי עפר והיכי *קאמר הכא דאפר מוכן הוא לעשות כסוי לכ"ע דהא קתני ליה גבי ושוין במתני' וי"ל דמלתא דהכא באפי נפשה קאמר רבה כלומר ואפר הכירה מוכן הוא לענין טלטול שאר דברים כגון לכסות בו צואה וכיוצא בו אבל לא קאי אכסוי דלעיל כלל א"נ י"ל דהתם מיירי באפר אוכלין דאינו מגדל צמחין הלכך הואיל ואינו מגדל צמחין אין מכסין בו אבל הכא מיירי באפר עצים דמגדל צמחין ואע"פ דלא מקרי עפר מכסין בו דקאמר דבר המגדל צמחין אע"ג דלא אקרי עפר ואי אקרי עפר בשום מקום אע"ג דלא מגדל צמחין מכסין בו דתניא היה הולך במדבר ואין לו עפר לכסות שוחק דינר זהב ומכסה בו היה הולך בספינה ואין לו עפר לכסות שורף טליתו ומכסה בו ופריך אשכחן אפר דמקרי עפר שנאמר ולקחו לטמא מעפר שרפת החטאת ולכך שורף טליתו ומכסה בו אלא דינר זהב מנא ליה ומשני דכתיב ועפרות זהב לו (איוב כח) ועל כרחך עפרות זהב ושריפת טלית לא מגדלי צמחים ולכך הוצרך הפסוק לומר דמקרו עפר דכל דבר המגדל צמחים מרבינן התם מקרא דוכסהו (ויקרא יז) אע"ג דלא אקרו עפר כגון נסורת של חרשים דקה ונעורת של פשתן דקה ושחיקת כלי מתכות וא"כ אפר הכירה וחול הדק ונעורת של פשתן וסיד ומגופה שכתשן מותר לכסות: אמר רב יהודה לא שנו אלא שהוסק מערב י"ט וכו' · נראה דהכי הלכתא דהא מייתי ליה סייעתא מברייתא ועוד דליכא מאן דפליג דאפי' ר"ש מודה דהאי דהוסק בי"ט דהוי נולד גמור דמעיקרא עצים והשתא אפר והויא כמיא בעיבא מבלע בליעי (עירובין דף מה:*) דמודה ר"ש וא"ת ואנו היאך אנו מסלקין אפר הכירה בי"ט לאפות הפשטיד"א אע"ג שאין ראוי לצלות בו ביצה ואומר הר"ר יצחק דמוקצה אינו אסור לטלטל בי"ט בשביל אוכל נפש ושמחת י"ט וראיה מדלקמן פרק אין צדין (דף כח:*) ובירושלמי מפרש דהכא מיירי בשלא שחט אבל שחט שרי אע"ג שהוסק בי"ט שלא לעקור מצות כסוי: ואמר רב יהודה מכניס אדם מלא קופתו עפר וכו' · וא"ת מה בא להוסיף על הברייתא דקתני אפי' הכניס לגנתו או לחורבתו וכ"ש מלא קופתו וי"ל דלפי' רש"י ניחא דכשהכניס עפר לגנתו מיירי שהכניס הרבה ביחד וכל זמן שהוא צבור דעתו עליו לכל צרכו ואינו בטל אגב קרקע אבל הכא מיירי שלא הכניס הרבה רק מלא קופתו מעט (מפני) עפר וס"ד דיבטל אגב קרקע א"נ י"ל דהתם לא מיירי רק לכסות בו אבל שאר צרכיו לא והכא אשמועינן דהואיל ומלא קופתו עפר עביד בו כל צרכו: ואי איתא לכסייה כדרב יהודה · משמע דקאי אסיפא וכן פי' רש"י בסמוך בהדיא דקאי אסיפא-ועל כרחך צ"ל דקאי אסיפא דאי קאי ארישא מאי פריך לכסייה בדקר נעוץ הא ב"ה סבירא להו דלכתחילה לא ישחוט וכו' וכי פריך הש"ס ולעביד כב"ש אבל תימה מדפריך בסמוך והא סיפא וכו' מכלל דעד השתא איירי ברישא וי"ל דלעולם קאי ארישא ולא גרסינן בדקר נעוץ אלא גרס לכסייה באפר כירה עוד י"ל דלמה שפירש ר"ת לקמן (דף ט: ד"ה אמר ר"י) ניחא דפירש שמוחלפת השיטה דבית הלל אומרים יחפור בדקר ויכסה וב"ש אומרים לא ישחוט והשתא פריך אליבא דבית הלל: אי הכי מאי איריא ספק אפי' ודאי נמי · תימה מאי אי אמרת בשלמא שייך הכא *אפי' כי ליתא דרב יהודה שייך להקשות הכא לכסייה בדקר נעוץ וכו' וצריך לשנויי דלית ליה וי"ל דהכי פי' אי אמרת בשלמא דלית ליה דרב יהודה לא קשיא ליה אברייתא דאיכא למימר דלית ליה דקר נעוץ ואפר כירה דבני אדם לא שכיחי שיש להם דקר נעוץ ואפר כירה שהוסק מערב י"ט ודרב יהודה אית ליה שיש לו עפר מזומן דשכיח הוא טפי ומ"מ אין לכסות כדרב יהודה בעפר דליתא לדרב יהודה ואין הלכה כרב יהודה ואין להקשות מאי איריא ספק וכו' הואיל וליתא לדרב יהודה ודקר נעוץ לית ליה דהא ודאי איתא לדרב יהודה לענין שמכסה בו כשהוא ודאי חיה או עוף אבל מה שאמר רב יהודה ועושה בו כל צרכו לא סבירא לן סתיה ולא שרי לכסויי בו כוי אבל כיון דאיתא לדרב יהודה צריך ליה לשנויי דלית ליה כל הני ואפי' עפר מזומן אין לו ואם כן אפי' ודאי נמי:

יהא

שבת עג: חגיגה י.

הגהות הב"ח
(א) תוס' ד"ה בעפר וכו' כשמגביה הבילה ניכרת הגומא:

שבת ג.

חולין עט: פג: [בכורים פ"ב מ"ט]

[ועי' תוס' שם מו. ד"ה כ"ש] [וגם בד"ה גריפת . ועי"ע תוס' לקמן לא: ד"ה אמר ר' זירא]

[נ"ל רבה]
ופרש"י שם משום דקא עביד גומא

נד א מיי' פ"ב מהל' יו"ט הלכה יח סמג לאוין עה טוש"ע א"ח סי' תצח סעיף יד:

נה ב מיי' פ"א מהל' שבת הלכה יז:

נו ג מיי' פ"ב מהלכות יו"ט הלכה יח סמג שם טוש"ע שם סעיף טו:

[הדקר כצ"ל]

[ועי' תוס' פסחים מז: ד"ה כתישה ביו"ט]

נז ד טוש"ע שם סעיף טז:

נח ה ו מיי' שם ופ' כ"ה מהלכות שבת הלכה כב טוש"ע א"ח שם סעיף יז וסי' שח סעיף לח:

נט ז מיי' פ"ג מהלכות יו"ט הלכה א טוש"ע שם סי' תצח סעיף יח:

והיכי קאמר רבה הכא כצ"ל

רבינו חננאל

בעפר תיחוח כלומר עפר מת שאינו מכתש. והא עביד גומא . כלומר משיתלוש הדקר נעשית גומא . ופרקינן מתני' כר' אבא דאמר בחגיגה פרק. ראשון החופר גומא ואין צריך אלא לעפרה פטור עליה: פיסקא ואפר הכירה מוכן הוא . תניא כשאמרו אפר כירה מוכן לא אמרו אלא שהוסק מעיו"ט אבל אם הוסק ביו"ט אסור. ואם ראוי לצלות בו ביצה מותר . הכניס עפר לגנתו ולחורבתו מותר לכסות בו · אמר רב יהודה מכניס אדם מלא קופתו עפר ועושה בו כל צרכיו . ואסיקנא והוא שייחד לו קרן זוית ואותבינן עליה מיהא כוי אין שוחטין אותו ביו"ט ואם שחט אין מכסין את דמו . ואם איתא ליכסייה כדרב יהודה כלומר בעפר שהכניס . ודחינן ולטעמיך ליכסייה בדקר נעוץ או באפר הכירה אלא דלית ליה אחד מהן לא עפר ולא דקר נעוץ ולא אפר הכירה . אי הכי אפילו צבי או עוף ודאי לא ישחוט שאין לו במה לכסות את

[עי' תוס' שבת קכ: ד"ה א"כ]

עין משפט נר מצוה

ס א מיי׳ פ״א מהלכות יו״ט הלכה ב סמג עשין לג לא עד :

סא ב מיי׳ פ״ג שם הלכה א טוש״ע א״ח סי׳ תקח סעיף יח :

סב ג ד מיי׳ שם הל׳ ב טוש״ע שם סעיף יט :

סג ה מיי׳ שם טוש״ע שם סעיף כ :

והא מדקתני סיפא ואם שחטו אין מכסין את דמו מכלל (דרישא) בדאית ליה עסקינן אלא אמר *רבה אפר כירה מוכן לודאי ואין מוכן לספק מאי טעמא לא דקא עביד גומא ודאי נמי קא עביד גומא אלא כדר׳ אבא הכא נמי כדר׳ אבא אלא ספק מאי טעמא דלמא עביד כתישה ודאי נמי נגזור משום כתישה ודאי כי קא עביד כתישה אתי עשה ודחי את לא תעשה אימר דאמרינן *אתי עשה ודחי את לא תעשה כגון מילה בצרעת א״נ סדין בציצית דבעידנא דקא מעקר לאו קא מוקים לעשה הכא בעידנא דקא מעקר לאו לא מוקים עשה הא לא קשיא דבהדי דכתיש קא מכסי סוף סוף *יום טוב עשה ולא תעשה הוא ואין עשה דוחה את לא תעשה ועשה א״א אמר רבא אפר כירה דעתו לודאי ואין דעתו לספק ואזדא רבא לטעמיה דאמר רבא הכנים עפר לכסות בו צואה מותר לכסות בו דם צפור דם צפור אסור לכסות בו צואה נהרבלאי אמרי אפילו הכנים עפר לכסות בו דם צפור מותר לכסות בו צואה אמרי במערבא פליגי בה ר׳ יוסי בר חמא ור׳ זירא ואמרי לה רבא בריה דרב יוסף בר חמא ור׳ זירא חד אמר כוי הרי הוא כצואה וחד אמר כוי אינו כצואה תסתיים דרבא הוא דאמר כוי הרי הוא כצואה דאמר רבא הכנים עפר לכסות בו צואה מותר לכסות בו דם צפור דם צפור אסור לכסות בו צואה תסתיים רמי בריה דרב ייבא אמר [ב]כוי היינו טעמא דלא מכסינן גזירה משום התרת חלבו אי הכי אפילו בחול נמי בחול אמרי לנקר חצרו הוא צריך שחט באשפה מאי איכא למימר בא לימלך מאי איכא למימר אלא בחול [אי נמי] מספקא אמרי ליה רבנן זיל טרח וכסי ביום טוב אי מספקא מי אמרי ליה רבנן זיל טרח וכסי תני רבי זירא [ג]לא כוי בלבד אמרו אלא אפילו שחט בהמה חיה ועוף ונתערבו דמן זה בזה אסור לכסותו ביום טוב אמר רבי יוסי בר יאסיניאה [ד]לא שנו אלא שאין יכול לכסותו בדקירה אחת אבל יכול לכסותו בדקירה אחת מותר פשיטא מהו דתימא נגזור דקירה אחת אטו שתי דקירות קמ״ל אמר *)רבה [ה]שחט צפור מערב יו״ט אין מכסין אותו ביו״ט

גלגל

*) [יש ספרים דגרסי רב עי׳ ברא״ש]

רש״י

והא מדקתני סיפא ואם שחטו וכו׳ · ואם תאמר אמאי לא פריך אי לית ליה פשיטא דאין שוחטין דבמאי יכול לכסות ופירש הקונט׳ דאי קאי ארישא הוה אמינא דלשחוט ולא לכסייה משום שמחת יו״ט אלא אסיפא דקתני אין מכסין אי דלית ליה חדא מהני אילטריך למימר אין מכסין אותו השתא ודאי אין אנו מכסין כב״ה דאסרי אפי׳ דיעבד בלא דקר נעוץ ספק מבעיא אלא שמע מינה בדאית ליה דודאי מכסין אבל ספק לא והדר קושיא לדוכתין לכסייה כדרב יהודה או באפר כירה: סוף סוף יו״ט עשה ולא תעשה אלא אמר רבא וכו׳ · ותימה דהכא משמע לרבא דאית ליה עשה ולא תעשה מדחיק נפשיה לשנויי ובפרק במה מדליקין (שבת דף כה: ושם) אמר רבא הוא ולא מכשיריו לבדו ולא מילה שלא בזמנה ורב אשי אמר יום טוב עשה ולא תעשה וכו׳ משמע דרבא לית ליה ההוא טעמא וי״ל דגמרא דחיק נפשיה לאוקומי מילתא דרבא אליבא דהלכתא די״ט עשה ולא תעשה אע״ג דרבא עצמו לית ליה האי סברא*:

תני ר׳ זירא לא כוי בלבד אמרו וכו׳ · ואת״ל וכי יש כח ביד חכמים לעקור דבר שהוא מן התורה דהא כסוי דאורייתא דכתיב וכסהו בעפר וי״ל דאין הכי נמי דשב ואל תעשה יש כח בידם* :

[עי׳ תוס׳ שבת כד: בד״ה ולא]

[כדאיתא יבמות צ.]

גלגל

כלומר בשלמא אין שוחטין דרישא אילטריך כדקאמרת דלא תימא נשחוט משום כבוד יום טוב בלא כסוי אלא סיפא דקתני אין מכסין אי דלית ליה חדא מהני לכסות מאי אילטריך לאשמועינן השתא ודאי אין מכסין ספק מבעיא אלא שמע מינה בדאית ליה דלגבי ודאי מכסין ואשמועינן דספק לא וקשיא לן אמאי אין מכסין אי כדרב יהודה אי באפר הכירה: מוכן לודאי ואין מוכן לספק · קא ס״ד דהכי קאמר אע״ג דדעתיה לכל מילי הכנסתו מועלת לודאי ואינה מועלת לספק ופרכינן וכיון דדעתיה עלויה ומשום דאקלה ליכא ספק מ״ט לא מכסינן משום דקא עביד גומא בתמיה: אלא כדר׳ אבא · ודאי מ״ט שרית כדר׳ אבא דאמר לעיל מקלקל הוא ופטור עליה: דלמא קא עביד כתישה · גרסינן שמא יהו שם רגבים ויכתשם: ודאי נמי נגזור משום כתישה · ומשני כיון דרוב פעמים אין צריך לכתוש לא גזור רבנן משום כתישה דאי נמי אתו לידי כך לאו איסורא דאורייתא איכא דאתי עשה דוכסהו בעפר ודחי לא תעשה מלאכה דקיימא לן בפרק קמא דיבמות (דף ד׳) עשה דוחה את לא תעשה: מילה בצרעת · דכתיב (דברים כד) השמר בנגע הצרעת ותניא בקוצץ בהרתו הכתוב מדבר ותניא בגמרא דאם לא הביא כלי במסכת שבת (קלג:) ימול בשר ערלתו אפי׳ במקום בהרת יקוץ: אי נמי ציצית בכלאים דכתיב (דברים כב) לא תלבש שעטנז וסמיך ליה גדילים תעשה לך דבשעת מילה או בשעת לבישת הטלית מעקר לאו ומקיים עשה אבל עשה זה כשהוא כותש עובר בלאו והעשה אינו מקיים עד שיכסה: עשה ולא תעשה הוא · דכתיב (ויקרא כג) ביום הראשון שבתון דמשמע שבות: ואין דעתו לספק · הלכך איסור מוקצה איכא והוא הדין לדרב יהודה: ואזדא רבא לטעמיה · דאמר מי שדעתו לודאי לא רמי אנפשיה לאזמוני למידי דספק: הכנים עפר לכסות בו צואה · ביום טוב שיש לו תינוק ויורא שמא יטיל רעי ביו״ט לפניו: מותר *לכסות דם צפור · שיש לו לשחוט ביום טוב דכיון שהזמינו לספק כל שכן לודאי: אסור לכסות בו צואה · אם יש לו תינוק קטן והטיל צואה ביום טוב מאי טעמא דם צפור ודאי היה לו שישחוט ויהא צריך כסוי אבל הצואה ספק הוא אם יארע במקום המאוס לו ודעתו לודאי ולא לספק: מותר לכסות בו צואה · כיון דאזמניה אזמניה דהא נמי קרוב לודאי: נהרבלאי אמרי · בסנהדרין (דף יז:) מפרש דהוא רמי בר *בריבי: כוי הרי הוא כצואה · המכנים עפר לכסות בו צואה מותר לכסות בו דם כוי דזה וזה ספק: וחד אמר אינו כצואה · והמכנים עפר לכסות צואה אסור לכסות בו דם כוי דכוי לגבי צואה כספק ודאי דצואת תינוק שכיחא וקרובה לודאי: תסתיים דרבא הוא דאמר · צואה כספק וכוי מותר בהזמנת צואה: דאמר רבא הכנים עפר לכסות בו צואה מותר לכסות בו דם צפור דם צפור אסור לכסות בו צואה · אלמא ספק הוא: משום התרת חלבו · דאי שרית לכסוייה אתי למימר חיה הוא: בחול אמרי לנקר חצרו כו׳ · הרואה אומר לא מפני שטעון כסוי אלא כדי לנקר חצרו מכסהו: לא גרסינן וליטעמיך אלא הכי גרסינן בא לימלך מאי איכא למימר · מי שיש לו כוי ובא לימלך לחכמים אם צריך לכסותו ובחול והם מורים לו שצריך כסוי: מאי איכא למימר · איהו גופיה אתי למימר חיה הוא דהא מצרכו ליה כסוי: אלא לא גרסינן: בחול אי נמי ספקא הוא כו׳ · כלומר בחול זה שהורוהו לכסות לא מחזיק ליה בחיה ודאית דמימר אמר אי נמי מספקא להו לרבנן אי חיה אי בהמה אמרי ליה זיל טרח וכסי כו׳ אמרי ליה גר׳: לא כוי בלבד אמרו · דאין מכסין ביום טוב דדין הוא שלא יכסוהו שמא בהמה היא וטרח טרחא דלא מצוה ואפילו באפר הכירה: אלא אפי׳ שחט כו׳ · דאיכא חד דטעון כסוי אפי׳ הכי אין מכסין משום דקא טרח נמי בשל בהמה: פשיטא · דהא לא טרח בשביל בהמה מידי: אין מכסין אותו ביו״ט · דהיה לו לכסות מבעוד יום ומשום אמנועי משום שמחת יום טוב ליכא דמשום דלא מכסי דם לא מתסר לפור באכילה :

גלגל

[שבת קלג: כתובות מ.]

רבינו חננאל

הדם*) ודייקינן מסיפא מדקתני אם שחטו אין מכסין את דמו מכלל דאית ליה במה לכסות. ופריק רבה אפר כירה מוכן הוא לכסות בו דם של ודאי ולא דם של כוי שהוא ספק חיה. מ״ט דלמא אתי למעבד כתישה אי הכי ודאי נמי נגזור דלמא אתי למיעבד כתישה ודחינן ודאי אפילו אי עבד כתישה שרי. מ״ט אתי עשה דושמתת בחגך ודחי את לא תעשה כל מלאכה. ואקשינן איסור דאמרינן אתי עשה ודחי לא תעשה כגון מילה בצרעת או סדין בציצית דבעידנא דמיעקר לאו מקיים עשה. לאו בצרעת מנין דכתיב השמר בנגע כו׳ וכל השמר לאו הוא ובקציצת הצרעת בערלה מתקיימת המילה וביום השמיני ימול בשר ערלתו שהוא עשה אבל הכא בעידנא דעקר ליה לאו דלא תעשה כל מלאכה וכתישה היא מלאכה בעצמה לא מקיים עשה דכיסוי. ופרקינן הא ל״ק בהדי דכתיש מכסה כלומר שוחט וכותש והדם שתת סביבות הדקר ואקשינן עוד סברי י״ט עשה ולא תעשה הוא כלומר עשה שבתון ולאו כל מלאכת עבודה לא תעשו **) ושמחת יו״ט עשה בלבד הוא ואין עשה דוחה את לא תעשה ועשה ופרקינן אלא אמר רבא לעולם כשיש לו אפר כירה וכיוצא בה מיהו הני מוכנין הן לודאי מ״ט דדעתו לודאי ולו הכינן ואין דעתו לספק לפיכך אין מכסין בו דם הכוי באפר הכירה ואזדא רבא לטעמא דכל מידי דדעתיה עליה ולו הכינו שרי. דאמר רבא הכנים עפר לכסות בו צואה מותר לכסות בו דם צפור. מ״ט דהא לנקות חצרו בעי כ״ש הכא דאינון תרתי ניקוי ומצות כסוי אבל הכניסו לכסות בו דם צפור אסור לכסות בו צואה נהרבלאי אמרי כו׳ ופשוטה היא. רמי בריה דרב ייבא אמר כוי היינו טעמא דלא מכסין גזרו גזירה מפני הרואה שאם תתיר לו לכסות דם הכוי ביו״ט הרואה אומר ודאי חיה היא ויתיר חלבו · וא״ת בחול נמי בחול ליכא למיחש בהאי מלתא דאמרי ספק הוא ומפני הספק אמרו רבנן טרח וכסה אבל ביו״ט מספק לא אמרו טרח וכסה שמצוה הבאה בעבירה היא הלכך לא גזרינן כסוי דם הכוי בחול. תני ר׳ חייא לא כוי בלבד אמרו אלא שחט בהמה חיה ועוף ונתערב דמן אסור לכסותן ביו״ט ואם יכול לכסות כל הדם של אלו בדקירה אחת מותר ולא גזרינן דקירה אחת אטו ב׳ דקירות. אמר רבה שחט צפור מעיו״ט ופשע ולא כסהו אין מכסהו ביו״ט. שכל דבר שאפשר לו לעשותו מערב יום טוב ולא עשאו אינו דוחה את יום טוב

גלגל

*) נראה דחסר כאן וצ״ל ושנינן דלא מיבעיא קאמר וכו׳ והו דייקינן מסיפא וכו׳. **) לכאורה נראה פשוט דהך עשה דקאמרינן דהאי לנ״ת היינו עשה דכיסוי הדם וכמו שפרש״י ודברי רבינו צ״ע וצע״ק כספק נמי איכא עשה זו ומצוה ליישב.

[כ״א רבא]

[שבת כה.]

[לכסות בו כצ״ל]

[ס״א בריבי וכ״ה בגי׳ הערוך]

may not slaughter]. [8*b*] But surely since he teaches at the end [of the clause] 'and if he did slaughter it, he may not cover its blood', understand from this that [we are] speaking of a case where he has [earth in readiness]![6]—Therefore answered Rabbah: The ashes of the hearth[7] are regarded as *mukan* for [the covering of blood of] animals about which there is no doubt, but they are not regarded as *mukan* with respect to animals about which there is some doubt [whether their blood requires covering]. Why are they not [considered *mukan* in respect of the blood of the animal] about which there is a doubt? because he would be making a hole [in the ashes on the Festival]! Then in the case of an animal [game] about which there is no doubt, he would also be making a hole? But [why would it not be regarded as making a hole in the ashes]? because
a it is in accordance with R. Abba![1] Then here also it is in accordance with R. Abba![2] And if [you say that] the reason [why he may not use them to cover the blood of an animal about which there is] a doubt is that he may cause a crumbling [of the earth],[3] we should enact a preventive measure on account of crumbling of the earth even in the case of definite [game]?—In the case of [animals] about which there is no doubt, even if he crumbles the earth [it is permitted]; for the positive command [to cover the blood] comes and overrides the negative command.[4] But when do we say that a positive command overrides[5] a negative command, [only in cases] like 'circumcision in leprosy'[6] or 'a linen garment with [woollen] fringes',[7] where the infringement of the negative command is at the same time as the fulfilment of the positive command![8]—This presents no difficulty, for simultaneously with the crumbling of the earth he covers the blood. But after all, [in] a Festival there exists both a positive and a negative command,[9] and a positive command cannot override both a positive and negative command!—Therefore answered Raba: ashes of the hearth [or anything like it] are intended for a definite case of game but not for a doubt.[10] And Raba follows [here] his opinion [expressed elsewhere]. For Raba said: If one brought in earth [before the Festival] to cover therewith excrement [of a child],
b he may cover therewith the blood of a bird;[1] [to cover therewith] the blood of a bird he may not cover therewith the excrement [of a child].[2] The Neharbeleans[3] say: Even if one brought in earth to cover therewith the blood of a bird, he may [also] cover therewith the excrement [of a child].[4]

In the West[5] they say: R. Jose b. Ḥama and R. Zera—some say, Raba the son of R. Jose b. Ḥama and R. Zera—differ therein; one says: *koy* is analogous to excrement,[6] and the other says: *koy* is not analogous to excrement.[7] It may be proved that it was Raba who said that *koy* is analogous to excrement; for Raba said: If one brought in earth to cover therewith excrement [of a child], he may cover therewith the blood of a bird, [but if he brought in earth to cover therewith] the blood of a bird, he may not cover therewith the excrement [of a child].[8] Conclude from this [that it was Raba].

Rami the son of R. Yabba said: The reason why we are not allowed to cover [the blood of] a *koy* is that it is a preventive measure against permitting the use of its suet.[9] If it is so, [it should be prohibited] even on a weekday!—On a weekday people will
c say because he wants to clean his court.[1] What is there to be said if he slaughtered [the *koy*] on a dust-heap?[2] [And further] what will you say if one comes to ask advice?[3]—On a weekday even if there is any doubt the Rabbis would tell him: Go, take trouble and cover [the blood]; but on a Festival, if there is a doubt, would the Rabbis tell him: Go, take trouble and cover [the blood]![4] R. Zera learnt: It is not only with respect to a *koy* that the Rabbis said [thus]; but even if one slaughtered cattle, game and poultry and their blood became mingled, it is [also] prohibited to cover [such mingled blood] on a Festival.[5]

Said R. Jose b. Jasiniah: This was only said when one cannot cover it [the mingled blood] with one thrust of the shovel;[6] but if one can cover it with one thrust of the shovel, it is permitted. But is not this self-evident?[7]—You might assume that we should prohibit [even] one shovelful lest perchance [he might go on to use] two shovelfuls, so he informs us [that one is allowed]. Rabbah said: If one slaughtered a bird on the eve of the Festival [and omitted to cover the blood], one may not cover it on the Festi-

(6) For otherwise there would be no point in stating the law, seeing that where no earth in readiness is available he may not cover the blood of an animal which certainly requires covering. The original question therefore remains, viz., why should he not cover the blood of the *koy* either according to the teaching of Rab Judah or with the ashes of the earth? (7) The same applies to the basket-full of earth.

a (1) Who does not regard this as digging a pit; v. *supra 6a*. (2) Therefore the reason cannot be on account of making a hole. (3) [It is possible that the ashes contain cinders, or the basket-full of earth clods. V. *supra 7b*. n. c6]. (4) Not to do any work on a Festival. (5) Lit., 'positive command comes and overrides etc.' (6) It is forbidden to remove a leprous spot by an operation. Deut. XXIV, 8. The command to circumcise however (Gen. XVII, 10ff) has to take place even though a leprous spot is on the foreskin. (7) Woollen fringes (Deut. XXII, 12) may be inserted in a garment of linen in spite of the prohibition not to wear a garment of heterogeneous materials. (8) For the act of crumbling the earth precedes the action of covering the blood. (9) In addition to the negative command 'not to do any work', cf. Lev. XXIII, 7, 8, 21, 35, there is also a positive command of 'resting', cf. ibid. XXIII, 39. (10) [They are not considered *mukan* in respect of animals about which there is a doubt, not because of the infringement of any prohibition involved, but because it is assumed that he had intended to use them only for such animals as definitely require the covering of their blood].

b (1) In the case of a child's excrements the need is only a probable one, but with respect to the blood, he decided beforehand to kill on that day. Therefore if he prepared the earth to use for a contingency, how much more should he be permitted to use it for that which he definitely decided. (2) For the earth was set in readiness only for a certain definitely determined object and therefore cannot be used in case of contingency. (3) I.e., Rami b. Berabi or Beroki. V. Sanh. (Sonc. ed.) 17*b*. Neharbel identified with Nehar Bil, east of Bagdad, Obermeyer, p. 269. (4) Because the contingency of the excrement is almost a certainty. (5) I.e., Palestine. The Babylonians, when alluding to Palestine, called it the West, as Palestine was to the west of Babylon. Cf. Ber. 2*b*. But V. Sanh. 17*b*. (6) I.e., if one brought earth to cover dung, he could cover therewith the blood of the *koy*, for the contingency of the dung is similar to the uncertainty with respect to the *koy*. (7) Because the contingency of the dung is almost a certainty, and is therefore regarded as definite in comparison with *koy* which is absolutely uncertain. (8) Hence Raba regards the contingency of requiring the earth for dung as *remote* and not as almost a *certainty*. (9) *Ḥeleb* (V. Glos.). Suet is disallowed in the case of oxen and sheep but not in the case of game. If therefore you allow to cover its blood, people might regard it as game.

c (1) And not because the *koy* is regarded as game. On a Festival work is forbidden with the exception of the preparation of food. The cleansing of a court is no exception. (2) Where you cannot say that the covering of the blood is in order to keep the dust-heap clean. (3) Whether, if he slaughters a *koy* on a weekday he should cover its blood? Is there not the possibility of the one asking the question, on being told that he is to cover its blood, himself coming to the conclusion that he may regard the *koy* as game and thus eat its suet. (4) Surely not! Therefore people might come to a wrong inference. (5) Because in so doing, he would be doing unnecessary work in covering the blood of the cattle. (6) Which would be sufficient to cover the blood of the game and poultry; so that anything more than one shovelful would be unnecessary work. (7) The one shovelful is required for the game and poultry, so that no extra work is done on account of the blood of the cattle. (8) Because that which could be done before the Festival may not be done on the Festival. The bird, however, could be eaten in spite of the breach of the positive command to cover the blood. (9) The priestly portion of dough. V. Glos.

val;[8] [9a] if one prepared dough on the eve of the Festival, he may separate from it its *ḥallah*[9] on the Festival.[10] The father of Samuel says: Even if one prepared dough on the eve of the Festival,
a he may not separate from it *ḥallah* on the Festival.[1] Shall it be said that Samuel disputes with his father? For Samuel said: With respect to *ḥallah* outside Palestine, one may go on eating [of the dough] and separate the priestly portion at the end![2]—Answered Raba: Does then not Samuel agree that if one designated it by name[3] that it is forbidden to be eaten by laymen?[4]

MISHNAH. BETH SHAMMAI SAY: ONE MAY NOT CARRY A LADDER [ON A FESTIVAL] FROM ONE DOVECOTE TO ANOTHER,[5] BUT HE MAY INCLINE IT FROM ONE PIGEON-HOLE TO ANOTHER. BUT BETH HILLEL PERMIT [THIS].

GEMARA. R. Ḥanan b. Ammi said: The dispute refers only to public ground, when Beth Shammai is of the opinion that whoever sees [him carrying the ladder] might say that he needed it for [plastering his roof];[6] Beth Hillel hold, his dovecote proves his intention; but in private ground, all agree that it is permitted. But it is not so. For Rab Judah said in the name of Rab:[7] Wherever the sages have forbidden anything because of appearances, it is forbidden even in the most innermost chambers![8]—It is [a controversy of] Tannaim. For it was taught: One may spread them out
b in the sun, but not in the presence of people.[1] R. Eleazar and R. Simeon forbid this.[2]

Others say [thus]: R. Ḥanan b. Ammi said: The dispute refers to private ground; for Beth Shammai accept the teaching of Rab Judah in the name of Rab, and Beth Hillel reject the teaching of Rab Judah in the name of Rab; but on public ground all agree that it is forbidden. Shall it be said that Rab ruled as Beth Shammai?![3]—It is [a controversy of] Tannaim.[4] For it was taught: 'He may spread them out in the sun, but not in the presence of people. R. Eleazar and R. Simeon forbid this' [9b].

(10) For the decree of the Rabbis 'not to separate tithes on a Festival' (*infra* 36b) did not include *dough*, since it is permitted to make dough, which cannot be eaten until the priestly portion of the dough has been taken.

a (1) When the Rabbis permitted the separation of *ḥallah* on a Festival, it only referred to a dough that was made on the Festival. (2) Thus showing that the separation of *ḥallah* is not essential, since the eating of the dough does not depend upon the separation of *ḥallah;* and since one may eat of the dough before the separation one should be allowed to separate the *ḥallah* on the Festival, since the separation cannot be regarded as making the dough legally fit for use; cf. *infra* 36b. (3) If one designated the separated part by the name *ḥallah*, it automatically assumes the name of *terumah* (V. Glos.). (4) Hence such *ḥallah* is called *terumah* and can therefore be included in the Rabbinical enactment forbidding tithing on a Festival. (5) To bring down the pigeons that are to be slaughtered. (6) A man must avoid even the appearance of transgression. (7) The authority of Rab as head of the Babylonian Community was not to be disputed by an Amora like R. Ḥanan, for he was regarded as enjoying the authority of a Tanna. Cf. Sanh. 83b; 'Er. 50b; etc.; cf. also Tosaf. B.M. 46b. (8) If therefore on public ground it is forbidden because of appearances, it should also be forbidden even on private ground.

b (1) This refers to clothes which were accidently wetted on the Sabbath. For they might say that work had been done in washing. Hence there is an opinion that in private ground where the question of *because of appearances* does not apply it is permitted. (2) Shab. 64b; 146b. (3) This explanation would make Rab appear to side with Beth Shammai against Beth Hillel. But Rab would not go against the standard rule that the *halachah* prevails according to the opinion of Beth Hillel. (4) The dispute between Beth Shammai and Beth Hillel according to R. Ḥanan is similar to the dispute between the anonymous Tanna and Rabbis Eleazar and Simeon. Rab, however, must explain the dispute of the Mishnah as in the first stage of the argument, and Beth Hillel, according to him, permit even on public ground because the dovecote proves the intention.

גלגל עיסה מערב יו"ט מפריש ממנה חלתה ביום טוב אבוה דשמואל אמר אפילו גלגל עיסה מערב יום טוב *אין מפריש ממנה חלתה ביו"ט לימא פליגא דשמואל אדאבוה (דשמואל) דאמר שמואל *בחלת (א) חוצה לארץ אוכל והולך ואח"כ מפריש אמר רבא מי לא מודה שמואל שאם קרא עליה שם שאסורה לזרים : **מתני'** ב"ש אומרים אין מוליכין את הסולם משובך לשובך אבל מטהו מחלון לחלון וב"ה מתירין : **גמ'** אמר רב חנן בר אמי ג מחלוקת ברשות הרבים דב"ש סברי הרואה אומר להטיח גגו הוא צריך וב"ה סברי דשובכו מוכיח עליו אבל ברשות היחיד דברי הכל מותר איני והא *אמר רב יהודה אמר רב הכל מקום שאסרו חכמים מפני מראית העין אפילו בחדרי חדרים אסור תנאי היא דתניא *שוטחן בחמה אבל לא כנגד העם ר' (*אליעזר) ור' שמעון אוסרין איכא דאמרי אמר רב חנן בר אמי מחלוקת ברשות היחיד דב"ש אית להו דרב יהודה אמר רב וב"ה לית להו דרב יהודה אמר רב אבל ברשות הרבים דברי הכל אסור לימא רב דאמר כב"ש תנאי היא דתניא שוטחן בחמה אבל לא כנגד העם רבי (*אליעזר) ור"ש אוסרין

מתניתין

רש"י

גלגל עיסה מערב י"ט מפריש ממנה חלתה בי"ט · ואע"ג דתנן לקמן (דף לו:) אלו הן משום שבות אין מגביהין תרומות ומעשרות בי"ט והא נמי כתרומת דגן דמיא שהיה יכול להפרישה מערב י"ט אפילו הכי מפריש שלא גזרו על תרומת עיסה שהרי מותר לגלגלה בי"ט ולאפותה כדי לאכול פת חמה :

אין מפריש הימנה · דלא התירו להפריש חלה אלא בעיסה שנתגלגל בי"ט אבל זו היה לו להפריש מערב יו"ט כתרומת דגן ופירות : (ב) חלת [ח"ל]. חלה טורטי"ל חלה שמרימין מן העיסה שבחוצה לארץ הואיל ואינה מן התורה כדקיימא לן בקדושין (דף לו:) כל מצוה התלויה בפירות הגדלים בארץ אינו נוהג אלא בארץ : אוכל והולך · כל הפת ומשייר כדי חלה ומפרישה באחרונה אלמא הפרשתה שלא לצורך היא ולא הויא הפרשה והמפריש בי"ט אינו כמתקן דליתסר כשאר הגבהת תרומה דגזור בה רבנן מפני שנראה כמתקן : מי לא מודה שמואל · אע"פ שאינו צריך להפרישה שאם קרא עליה שם שחל עליה שם חלה ואסורה לזרים אלמא שם תרומה עליה ואיתא בכלל אין מגביהין תרומות ומעשרות ביו"ט :

מתני' אין מוליכין את הסולם · קס"ד סולם המיוחד לכך וניכר שהוא של שובך וטעמא דב"ש (ג) מפרש בגמרא דאסרי ואע"פ שהוא בא ליטול גוזלות לשמחת י"ט : מחלון לחלון · באותו שובך עצמו שכן דרך שובך להיות בו מחיצות הרבה קן לכל זוג וזוג וחלון לכל קן וקן :

גמ' הרואה · שהוא מוליכו אומר להטיח גגו הוא צריך והרי הוא עושה מלאכה ביום טוב : להטיח · שהיו טחין גגותיהן בטיט לפי שלא היו משופעין אלא עשויין כמין תקרת עליה ומשתמשין בהן לפיכך טחין אותן ומשפעין הטיח לצד הכתלים שיזובו מימיו : שובכו מוכיח עליו. שובכו של סולם מוכיח שהוא ניכר שהוא של שובך : מותר · שהרי אין אדם רואהו : והאמר רב יהודה אמר רב כו' · וקשיא דרב אדרב חנן ואע"ג דרב אמורא הוא מקשי מיניה מפני שרבן של כל בני הגולה היה בדורו חוץ משמואל : תנאי היא · איכא תנא דקאי כוותיה : שוטחן בחמה · מי שנשרו כליו בדרך במי גשמים שוטחן בחמה והן נוגבין מאליהן : אבל לא כנגד העם · שלא יאמרו כבסן בשבת אלמא מידי דמשום מראית העין מותר במקום צנוע : לימא רב דאמר כב"ש · לרב חנן קא פריך דאוקי לה בית הלל ברה"ר אסרי וברשות היחיד שרו א"כ לרב חנן רב דאמר כל מקום שאסרו כו' דאמר כב"ש בתמי' הא ודאי לא שביק ב"ה ועביד כב"ש ועל כרחך לבית הלל אפי' ברשות הרבים מותר משום דשובכו נוכיח עליו דאי ברה"ר אסור וברשות היחיד שרי לא הוה אמר רב להא שמעתא : תנאי היא · כלומר אמר לך רב חנן ודאי רב סבר דבית הלל אפילו בר"ה שרו ופליג עלי והנא דאמרי כי האי תנא דאמר שוטחן בחמה דלית ליה דרב וההוא תנא מוקי בית הלל כוותיה דלא התירו אלא ברשות היחיד ורבי אליעזר ור"ש דסבירא להו כרב מוקמי שריותא דבית הלל דמתניתין ואפי' ברה"ר דקא סברי שובכו מוכיח עליו וב"ש לית להו שובכו מוכיח עליו ואסרי אפי' בחדרי חדרים וי"מ דלרב קא פריך ואמר לך רב תנאי היא ולאו מלתא היא דמאי רבותייהו דרבי אליעזר ור' שמעון במקום בית הלל הא ב"ש נמי טובא הוו ואין הלכה כמותן :

מ"מ פריך שפיר כיון דרב גדול היה בדורו וראש ישיבה לישראל חוץ משמואל אין סברא °דרב חנן פליג עליה : **ורב** כבית שמאי · פרש"י ומקשה לרב חנן דמוקי דבית הלל לית להו דרב וברה"ר דברי הכל אסור ואפילו ב"ה אסרי וברשות היחיד שרו (ואדרבה) רב לא יאמר הכי דלא יאמר דלא כהלכתא אלא יאמר דב"ה שרו אפילו ברה"ר דשובכו מוכיח עליו ודלא כוותך ומשני תנאי היא כלומר רב חנן אמר לך אין הכי נמי דרב סבר דבית הלל שרו ברה"ר ופליג עלי והנא דאמרי כי ההוא תנא דשוטחן דלית ליה דרב וההוא תנא מוקי לה בית הלל כוותיה דלא התירו אלא ברשות היחיד וי"מ דלרב קא פריך ואמר לך רב תנאי היא דסבירא להו כב"ש והנא סבירא לי כהני תנאי דרבי אליעזר ור"ש לגבי בית הלל הא ב"ש טובא הנאי הוו ולא נראה דמאי אולמייהו ואע"פ כן אין הלכה כמותם :

ולא

תוספות

גלגל עיסה מערב י"ט מפריש חלה בי"ט · פרש"י דאע"ג דאין מגביהין תרומות ומעשרות בי"ט והא נמי כתרומת גורן דמיא שהוא היה יכול להפריש מעי"ט דהא מאתמול התחיל זמנה להפריש דתנן (חלה פ"ג) מאימתי חיוב חלה משגלגל אפילו הכי מפרישין לה שלא גזרו על תרומת עיסה שהרי מותר לגלגל בי"ט ולאפות כדי לאכול פת חמה ואז מותר להפריש ממנה חלה כיון שבי"ט נלושה א"כ לא היה הפרשת חלה בכלל איסור הגבהת תרומה ואפי' כשגלגלה מבעוד יום עי"ל דלפי הירושלמי ניחא דקמיירי שלא גמר הלישה מעי"ט ואע"ג דסוף סוף היה יכול להפריש מבעוד יום משעת גלגול מכל מקום אחר שנגמרה הלישה בי"ט הוה ליה כאילו נעשית כל הלישה בי"ט שרגילות שלא להפריש חלה עד גמר הלישה ולעולם הפרשת חלה הוי בכלל הגבהת תרומה היכא דהיה לו להפריש מאתמול אבל לא מצי למימר דלהכי מחלק בין כסוי משום דגבי כסוי לא ממנע משמחת י"ט דאין הכסוי מעכב האכילה אבל הפרשת חלה מעכב אכילה דזה אינו דהא מיירי הכא בחוצה לארץ כדאמר בסמוך וא"כ אוכל ואחר כך מפריש דמשמע דליכא מאן דפליג בזה ובתוספתא פי' דטעמא דרבה דמיירי בחוצה לארץ ולא מחזי כמתקן כיון שבלאו הכי יוכל לאכול אבל בא"י מודה רבה ואין נראה דמשמע בסמוך דלא שייך כלל לומר זה הטעם דקאמר מי לא מודה שמואל שאם קרא וכו' א"כ כיון דשם חלה עליה מיחזי כמתקן ומשמע לפי הלשון דסברא זו פשוטה ולכך נראה עיקר כדפי' לעיל דאפי' בא"י מתיר רבה ואבוה דשמואל אסר אפי' בחו"ל ותדע דהא ודאי הירושלמי מיירי בא"י ואפילו הכי לא קא אסר אלא היכא דלש אבל ערס שרי דהיינו גלגל ונראה דהלכה כרבה דהוא בתרא ודוקא גלגל שלא נגמרה לישתה לגמרי דאי נגמרה לגמרי אפילו רבה מודה דאין מפרישין אותה בי"ט והכי (ד) נמי איתא בירושלמי כל הלש עיסה מעי"ט אין מפרישין חלתה בי"ט וקאמר לש אין ערס לא וה"פ דוקא לש דנגמרה מערב י"ט אין מפרישין אבל ערס לא דלא נגמרה הלישה מערב י"ט מפריש והכא נמי מיירי בגלגל שהוא כמו ערס והיכא דשכח ולא הפריש מן הפת מעי"ט קי"ל דחלת חו"ל אוכל והולך ואח"כ מפריש וא"כ ישייר מן הפת מכל אחד ואחד ואוכל השאר ולמחר יפריש חלה וצריך שתהא גדולה כדי שיהיה לה הכירא אחר הפרשה דכתיב (במדבר טו) ראשית דבעינן שיהיו שיריה ניכרין והיכא דאפה עריבה מלאה עיסה מערב י"ט ושכח ולא הפריש חלה מערב י"ט ישייר פת אחת בשביל כולם עד למחר מפני שנבלן כאחד אבל במצות בערב הפסח אם שכח ולא הפריש צריך לשייר מכל אחת ואחת מפני שניבולן כל אחת ואחת בפני עצמה ולמחר יניח כל החתיכות בסל אחד ומצרפן לחלה ויפריש מן כולם אחת ומיהו אם ירצה לעשות דבר קל יעשה מצה אחת ויאפה אותה ויצרפם ויפריש [מאחת על] כל האחרות אגב אותה מפני שחיובה בא עכשיו :

אין מוליכין הסולם · תימה אפי' הכין אותם מאתמול מ"מ אית בהו משום צידה כדאמרינן לקמן (דף כד.) האי יוני שובך [ויוני עליה] חייב וי"ל דמיירי בקטנים שלא פרחו* :

והאמר רב יהודה אמר רב · אף על גב דרב היה אמורא

עין משפט נר מצוה

סד א מיי' פ"ג מהל' יו"ט הלכה ח סמג לאוין עה טוש"ע א"ח סי' תקו סעיף ג :

סה ב מיי' פ"ה מהלכות בכורים הלכה יב טוש"ע י"ד סי' שכג :

סו ג ד מיי' פרק ס מהל' יו"ט הלכה ד טוש"ע א"ח סי' תקיח סעיף ד :

סז ה ו מיי' פכ"ב מהלכות שבת הל' כ ופ"ה מהלכות יו"ט שם סמג לאוין סה טוש"ע א"ח סי' שא סעיף מה ·

רבינו חננאל

גלגל עיסה מערב יו"ט מפריש ממנה חלתה ביו"ט אבוה דשמואל אוסר להפריש חלה ביום טוב מן העיסה שגלגלה מעיו"ט מ"ט שהיה לו להפריש חלתה בעת שגלגל . כדתנן אוכלין עראי מן העיסה עד שתגלגל בחטים ותטמטם בשעורים גלגלה בחטים ותטמט' בשעורים האוכל ממנה חייב מיתה כיון שנותנת המים מגבהת חלתה . וכבר אמרנו כל שאפשר לו לעשותו מערב יו"ט אינו דוחה את יו"ט ופליגא עליה שמעתא דשמואל בריה דאמר במסכת בכורות פרק עד כמה ישראל חייבין כו'. אמר שמואל תרומת חוצה לארץ אוכל והולך ואח"כ מפריש והנה כיון שיש לו עדיין רשות לאכול בלא הפרשת חלה כאלו לא נתחייב ומתמהינן מי לא מודי שמואל שאם הפריש חלה וקרא עליה שם חלה קודם שיאכל חלת אסורה לזרים . וכיון שאילו עשה כך היתה חלתו חלה אפשר לעשותו מערב יו"ט קרינא ביה ולפיכך אין מפרישין אותה ביו"ט : ירושלמי תיפתר בעיסה טמאה שאינו יכול להפריש חלתה אלא [לבסוף : מתני' בש"א אין מוליכין את הסולם משובך לשובך כו'. עד וב"ה מתירין. אמר רב חנן מחלוקת ברה"ר אבל ברשות] היחיד דברי הכל מותר *) ואקשינן לימא רב דאמר כל מקום שאסרו חכמים מפני מראית העין אסור כגון זה שהרואה אותו מוליך הסולם ברה"ר אומר להטיח גגו הוא צריך אפילו בחדרי חדרים ברה"י אסור כב"ש אמרה לשמעתיה דהא ב"ה ברה"ר אסרי אבל ברה"י שרו ובית שמאי הוא דאסרי ברה"י. ופרקינן תנאי היא . כלומר לא אמר רב על כל החכמים אלא על אותן שאוסרין משום **) מראית העין א' שאוסרין אפילו בחדרי חדרים ועל זולתם לא אמר דתניא שוטחן בחמה הבגדים שנשרו

*) ד' רבינו נכון דאמר ואקשינן קאי אלישנא בתרא דברה"י פליגי אבל

מסורת הש"ס

[מסורת כז. ע"ש]

[שבת סד: קמו:] ע"ז יב.

שבת סה. קמו:

[נ"ל אלעזר]

[נ"ל אלעזר]

הגהות הב"ח

(א) גמ' דאמר שמואל חלת תרומה בחוצה לארץ : (ב) רש"י ד"ה חלת תרומה חלה : (ג) ד"ה אין מוליכין וכו' וטעמא דב"ש דאסרי מפרש בגמרא ואע"פ שהוא כנ"ל: (ד) תוס' ד"ה גלגל וכו' והכי איתא בירושלמי כנ"ל ותיבת נמי נמחק :

גליון הש"ס

תוס' ד"ה והאמר רב יהודה אמר רב וכו' דרב חנן פליג עליה . עי' בר"ת דף מו ע"ב תוס' ד"ה פרי נמי :

ברה"ר דברי הכל אסור . **) פי' רבינו שלם ס"מ שברש"י ותוס' .

עין משפט נר מצוה

[וע"ע תוס' עירובין פא: ד"ה ה"ג וכו']

סח א מיי' פכ"ו מהל' שבת הלכה ז ופ"ה מהל' יו"ט הל' ד טוש"ע א"ח סי' תקיח סעיף ד :

מסורת הש"ס

מתניתין דלא כי האי תנא דתניא *אמר רבי שמעון בן אלעזר מודים ב"ש וב"ה שמוליכין את הסולם משובך לשובך לא נחלקו אלא להחזיר שב"ש אומרים אין מחזירין וב"ה אומרים אף מחזירין אמר רבי יהודה במה דברים אמורים בסולם של שובך *אבל בסולם של עליה דברי הכל אסור ר' דוסא אומר מטהו מחלון לחלון אחרים אומרים משום רבי דוסא אף מדדין בו *בני רבי חייא נפוק לקרייתא כי אתו אמר להו אבוהון כלום מעשה בא לידכם אמרו לו סולם בא לידינו והתרנוהו אמר להם צאו ואסרו מה שהתרתם אינהו סבור מדקא אמר רבי יהודה בסולם של עליה לא פליגי מכלל דתנא קמא סבר פליגי ולא היא רבי יהודה טעמיה דתנא קמא קא מפרש ממאי מדקתני מוליכין את הסולם משובך לשובך ואי סלקא דעתך בסולם של עליה פליגי האי מוליכין את הסולם משובך לשובך מוליכין את הסולם לשובך מבעי ליה אלא לאו הכי קאמר של שובך אין של עליה לא ואידך מי קתני סולם של שובך משובך לשובך קתני ואפי' לכמה שובכין איכא דאמרי אמרו לו הטוי סולם של עליה בא לידינו והתרנוהו אמר להם צאו ואסרו מה שהתרתם אינהו סבור מאי דקא אסר תנא קמא קא שרי רבי דוסא ולא היא מאי דקא שרי תנא קמא קא אסר רבי דוסא : אבל מטהו מחלון לחלון וכו' : אלמא גבי שמחת יו"ט ב"ש לחומרא וב"ה לקולא ורמינהי *השוחט חיה ועוף ביום טוב ב"ש אומרים יחפור בדקר ויכסה וב"ה אומרים לא ישחוט אא"כ היה לו עפר מוכן מבעוד יום אמר רבי יוחנן מוחלפת השיטה ממאי דלמא עד כאן לא קאמרי ב"ש התם אלא היכא דאיכא דקר נעוץ אבל היכא דליכא דקר נעוץ לא ואי נמי עד כאן לא קאמרי בית הלל הכא אלא דשובכו מוכיח עליו אבל התם לא אלא אי קשיא הא קשיא בית שמאי אומרים *לא יטול אלא אם כן נענע מבעוד יום וב"ה אומרים עומד ואומר זה וזה אני נוטל אלמא גבי שמחת יו"ט ב"ש לחומרא וב"ה לקולא ורמינהי השוחט חיה ועוף ביו"ט אמר רבי יוחנן מוחלפת השיטה ודלמא לא היא עד כאן לא אמרי ב"ש אלא היכא דאיכא דקר נעוץ אבל

[תוספתא פ"א] [נדה כד. בע"ז מז. כי רש"י ד"ה בני ר' חייא יהודה וחזקיה שמן] לעיל ג. לקמן י.

רש"י

מתניתין · דקתני בהולכת סולם פליגי לאו כי האי תנא דקתני בהולכה מודו מפני שצורך י"ט היא : אבל של עליה אסור · דההוא ודאי אמרי להטיח גגו הוא צריך : מדדין בו · אם החלון רחוק ואין ראש הסולם מגיע שם (א) בה בהטיה מדדין רגליו של סולם מעט מעט : לקרייתא · לכפרים לראות שדותיהן : סולם בא לידינו · הולכת סולם של עליה לשובך : מכלל דת"ק סבר · בשל עליה פליגי בחזרה ומודים בהולכה : טעמיה דת"ק קא מפרש · ובשל עליה ליכא למאן דשרי : ממאי מדקתני · במלתיה דת"ק משובך לשובך אלמא בסולם המיוחד לשובכין קאי : מי קתני סולם של שובך · דנהוי משמע דבשל שובך קאי : משובך לשובך קתני · ולעולם בשל עליה ורבותא אשמועינן דיוליכנו מעליה לשובך ראשון וממנו לכמה שובכין : הטוי סולם של עליה · והוליכו לשובך מבעוד יום ועכשיו בא להטותו מחלון לחלון : מאי דקא אסר ת"ק · דרבי דוסא דהוא ר' יהודה דאמר בסולם של עליה אסור להוליך קא שרי רבי דוסא מיהא להטות : ולא היא מאי דקא שרי ת"ק · דהיינו של שובך להוליך קא אסר ר' דוסא ואתא למימר הולכה אסור הטיה שרי ובשל עליה לא איירי כלל : מוחלפת השיטה · כאן הוחלפה שיטתן וצריך להפוך דבריהם : וממאי דמוחלפת · ומאי קשיא ליה לר' יוחנן דלמא טעמייהו דב"ש התם משום דאיכא דקר נעוץ וליכא לד איסור : אבל היכא דליכא דקר נעוץ · דאיכא לד רמז חפירה לא שרו ואפי' בעפר תיחוח שהוא כחפור ועומד והכא נמי לא שנא דהא איכא חשדא דלהטיח גגו : אבל התם לא · דגזרי משום כתישה דלמא זמנין דבעי כתישה : אלא אי קשיא · מתניתין אהדדי שהוצרך רבי יוחנן להחליף שיטתן וצריך להפוך דבריהם : הא קשיא · (ב) על זו החליפה : לא יטול · מן הגוזלות בי"ט : אא"כ נענע מבעוד יום · ולא סגי בהזמנה בדבור בעלמא כדמפרש לקמן טעמא דלמא למחר כי שקיל להו חיים עלייהו וממליך : אבל

תוספות

ולא היא דר"י טעמא דת"ק מפרש · וא"ת והא כל מקום דתני במה לחלוק וי"ל דהיינו במשנה אבל לא בברייתא* : מאי דקא שרי ת"ק קא אסר רבי דוסא · דאפי' בשאר סולמות לא שרי אלא הטוי ותימה רבי דוסא דאמר כמאן דלכ"ע שרי הולכה בשאר סולמות וי"ל דר' דוסא יאמר דלא נחלקו ב"ש וב"ה בדבר זה משמע דקי"ל כר' דוסא ותימה דאמר בעירובין פרק חלון (דף עז: ושם) מטלטלין את הסולם ובכולי שמעתין משמע דאסור לטלטל סולם של עליה ור' דוסא אוסר אפי' סולם של שובך וי"ל דשני מיני סולמות הן וכן משמע בהדיא פ' חלון (שם דף עז:) והתם איירי בקטנים *והכא איירי בגדולים והר"ר אברהם מבורגו"ל פירש דהתם איירי בשבת דמאי טעמא אסרי לטלטל הסולם משום דמחזי דלהטיח גגו הוא צריך ובשבת ליכא חששא שאסור להוציאו לחוץ אבל הכא איירי ביום טוב דמותר להוציאו לחוץ וא"כ איכא הך חששא ולפי זה אסור לטלטל הסולם שלנו בי"ט ואפילו בביתו דשמא הלכה כרבי דוסא וצ"ע : אלמא גבי שמחת י"ט ב"ש לחומרא וכו' · וא"ת אמאי לא פריך מביצה שנולדה ופי' הקונט' משום דגבי ביצה לא שייך שמחה שאין בה שמחת י"ט כ"כ ומה שמתירין ב"ש היינו מטעם דלית להו הכנה ומטעם דלא דמי לפירות הנושרים ולמשקין שזבו : אמר ר' יוחנן מוחלפת השיטה · פירוש ההיא דתריסין דב"ה סברי אין נוטלין התריסין בי"ט וכל הנך משניות דמייתי מחליף ואותה דהשוחט כדקאי קאי וקשה טובא להדא פי' דא"כ מתוקמא לפי המסקנא כל הני שנויי דחיקי דלעיל דמייתי הואיל ולא מחליף בשום פנים אותה דהשוחט ועוד קשה מאי קאמר גבי עור משום דמחזי למזגא עליה הא מפרש טעמא לקמן (דף יא:) דהתירו סופן משום תחלתן וע"ק דא"כ דאותה דהשוחט נשארת במקומה א"כ רבה ורב יוסף שקלו וטרו (לעיל דף ז:) אליבא דב"ש וזהו דוחק גדול ועוד קשה כיון דמוחלפת ההיא דתריסין סבירא להו לב"ה דאין מסלקין משום דיש בנין וסתירה בכלים ובריש פרק כל הכלים (שבת דף קכב: ושם) סתים לן תנא דאין בנין וסתירה בכלים לכך פר"ת דמוחלפת השיטה היינו ההיא דהשוחט דב"ה סברי יחפור בדקר ויכסה וכו' והשתא ניחא הכל ואומר ר"ת תמיה אני על מה הצריכו העולם הכנה וזכור אני דבימי נערותי לא הוי מצריכין כלל אך עתה לפי מה שטעו דסבורים דמוחלפת לא קאי אהשוחט וכו' וב"ה לחומרא לפיכך מצריכין הכנה ומיהו זה אינו דלפי פירושו נמי לכל הפחות סברי ב"ה מאי דסברי ב"ש מעיקרא וב"ש בעו דקר נעוץ ואפי' בעפר תיחוח בעו הכנה מדקאמר הכא עד כאן לא קאמרי ב"ש התם אלא דאיכא דקר נעוץ משמע אפילו בעפר תיחוח בעו ב"ש דקר נעוץ מבעוד יום משום הכנה כדפ"ה ותדע דאל"כ הא דקאמר רב יהודה לעיל והוא שיש לו דקר נעוץ לאו אליבא דב"ה הוא לפי המסקנא דאמרי ב"ה שיחפור בדקר לכתחלה וישחוט ואע"ג דמייתי מלתיה דרב יהודה גבי ומודים מכל מקום קאי אכולה מתניתין כדפרישית וסברא היא דלא פליגי ב"ש וב"ה אלא בהא דבכה"ג דשרו ב"ש בדיעבד שרו ב"ה לכתחילה ולעולם בעו דקר נעוץ משום הכנה ועוד ראיה מדקאמר רב יהודה גופיה לעיל (דף ח·) *ממלא קופתו ועושה בה כל צרכו משמע דבעינן הכנה לפי האמת ואע"פ שיש לפרש דבשאר צרכים מיירי כגון לכסות בו צואה אבל לכסוי דם לא בעינן הכנה לא משמע הכי לעיל לפי המסקנא וגם עתה דאמר מוחלפת השיטה אין להחליף פירוש דברי האמוראין וא"כ יפה נהגו העולם שלא לכסות רק בעפר מוכן שהוא תיחוח כגון מלבור של אפר או שראוי לגלות בו בילה ולא מעפר תיחוח שע"ג קרקע שהוא בטל אגב קרקע ולא מאפר הכירה שהוסקה בי"ט אם אינו ראוי לגלות בו בילה ותימה א"כ דמוחלפת קאי אההיא דהשוחט ובית שמאי לחומרא היכי מונה לה במסכת עדיות גבי הנך דב"ש לקולא ובית הלל לחומרא וי"ל דמונה לה לפי הטעות דנשנית קודם דמוחלפת השיטה : בית

וכגון סולמות של בית

[ממלא קופתו עפר ועושה כנ"ל]

הגהות הב"ח

(א) רש"י ד"ה מדדין וכו' שם בהטיה כנ"ל ותיבת בה נמחק: (ב) ד"ה הא קשיא זו החליפה כנ"ל ותיבת על נמחק:

רבינו חננאל

אבל לא כנגד העם דאתי למימר היום רחצם ר' אלעזר ור' שמעון אוסרין ורב לדברי אלו קאמר. ומתני' דמפרש דבמוליכין פליגי ב"ש וב"ה דלא כר' שמעון בן אלעזר דתני דבמוליכין את הסולם משובך לשובך לא פליגי אלא דברי הכל שרי. כי פליגי להחזיר הסולם ממקום שלקחו ממנו שב"ש אוסרין וב"ה מתירין. בד"א שחולקין בסולם של שובך אפילו ב"ה שמתירין משום דשובכו מוכיח עליו אבל בסולם של עלייה דברי הכל אסור. רבי דוסא אומר מטה' מחלון לחלון. דק' בני ר' חייא מדקתני ר' יהודה אומר בסולם של עלייה לא פליגי אלא דברי הכל אסור מכלל דרבי שמעון בן אלעזר סבר דאפילו בסולם של עליי' חולקין להוליכו לשובך וב"ה מתירין והורו להוליך סולם של עלייה לשובך כב"ה אליבא דר' שמעון בן אלעזר דהוא ת"ק דר' יהודה ואמר להן ר' חייא אביהן צאו ואסרו מה שהתרתם שטעיתם ולא דקדקתם יפה. פי' ר' יהודה שדקדקתם שחולק על ר' שמעון בן אלעזר בסולם של עלייה אינו חולק עליו אלא אדרבה איכא למידק הכי מדלא קתני מוליכין את הסולם לשובך סתם דאיכא למימר מ"מ בין מן השובך ובין מן העלייה מן הכל ב"ה מתירין אלא קתני במה דברים אמורים דמוליכין את הסולם משובך לשובך בסולם של שובך אבל בסולם של עלייה דברי הכל אסור שמעינן מינה דר' יהודה מפרש דברי ר' שמעון בן אלעזר. איכא דאמרי לא הורו אלא להטות סולם של עלייה מחלון לחלון דקדקי ואמרינן מאי דאסר ת"ק והיא הולכת הסולם ואפילו הטיית סולם של עלייה. וא"ר דוסא אע"פ שאין מוליכין מותר להטות והורו כר' דוסא. ואמר להם אביהם טעיתם לא כי כי ר' דוסא אינו חולק על ר' יהודה בסולם של עלייה כלל. אלא בסולם של שובך שמתיר ר' יהודה להוליכו. אוסר ר' דוסא בהולכה ואינו מתיר אלא בהיטוי. מדקתני מחלון לחלון ש"מ לא שרי ר' דוסא אלא היטוי מ באותו שובך. אבל משובך לשובך להוליכו לא וכ"ש של עלייה : דייקינן מתני' דקתני ב"ש אומרים אין מוליכין וב"ה אומרים מוליכין אלמא בשמחת יו"ט ב"ש לחומרא וב"ה לקולא ורמינהו השוחט ב"ש

Our Mishnah is not in agreement with the following Tanna. For it was taught: R. Simeon b. Eleazar said: Beth Shammai and Beth Hillel agree that one may carry the ladder from one dovecote to [another] dovecote;[5] they dispute only about bringing it back, Beth Shammai saying: One may not bring it back, and Beth Hillel maintaining: One may even bring it back. R. Judah said: These words apply only to a dovecote ladder;[6] but with respect to a loft-ladder all agree that it is forbidden.[7] R. Dosa says: One may incline it [the ladder] from one pigeon-hole to another. Others say in the name of R. Dosa: One may even move it with [short] hop-like steps.[8]

The sons of R. Ḥiyya[9] went out to the villages [to inspect the fields]. When they came back their father asked them: Has any legal question come before you? They replied to him: A case of [carrying] a loft-ladder came before us and we permitted it. He said to them: Go and forbid what you have permitted. They were of the opinion: Since R. Judah said that they [Beth Shammai and Beth Hillel] do not dispute with respect to a loft-ladder, it
a follows that the first Tanna holds that they do differ [even there].[1] But this is not so; R. Judah is only explaining the view of the first Tanna.[2] Whence [is this known]?—Since [the first Tanna] states: 'One may carry a ladder from one dovecote to another dovecote.' If therefore you maintain that they differ with respect to a loft-ladder [instead of] this [phrase], 'One may carry a ladder from one dovecote to another dovecote,'[3] he should say, 'One may carry a ladder to a dovecote.'[4] [Evidently] this is what he means: only [the ladder] of a dovecote but not that of a loft. And the other?[5]—Does it then state 'a ladder of a dovecote'? It [only] states 'from one dovecote to another dovecote', [indicating] even to any number of dovecotes.[6]

Others say: A case of inclining a loft-ladder came before us and we permitted it. He said to them: Go and forbid what you have permitted. They were of the opinion that what the first Tanna[7] forbids, R. Dosa permits.[8] But it is not so. [Rather is it] what the first Tanna permits,[9] R. Dosa forbids.

BUT HE MAY INCLINE IT FROM ONE PIGEON HOLE TO ANOTHER etc. Accordingly [we see] that Beth Shammai is stringent
b in regard to the joy of the Festival[1] and Beth Hillel is lenient, but the following contradicts this: If one slaughters game or poultry on a Festival, Beth Shammai say: He may dig up [earth] with a shovel and cover [the blood], but Beth Hillel maintain: One may not slaughter unless he has [loose] earth prepared from the day before [the Festival]![2]—R. Johanan replied: The authorities should be reversed.[3] Whence [does this follow]?[4] Perhaps Beth Shammai say thus there[5] only when there is [already] a shovel sticking in the earth,[6] but not where there is no shovel sticking in the earth.[7] Or perhaps Beth Hillel permit here[8] only because the dovecote makes it evident,[9] but there[10] it is not permitted![11] Rather, if there is a difficulty,[12] the following is the difficulty. Beth Shammai say,[13] One may *not* take [pigeons][14] unless he stirred [them] up[15] the day before. But Beth Hillel say: He stands and declares, 'This one or that one shall I take'.[16] Accordingly [we see] that Beth Shammai is stringent in regard to the joy of the Festival and Beth Hillel is lenient; but the following contradicts this: If one slaughters game or poultry on a Festival [etc.]!—R. Joḥanan replied: The authorities should be reversed. Whence [does this
c follow]?[1] Perhaps Beth Shammai [permit] only when there is

(5) In order not to be deprived of the joy of the Festival. (6) As his intention is then unmistakeable. (7) For the sake of appearance, as it may certainly be thought that he wishes to repair the roof. (8) If the top of the ladder does not reach a particular pigeon-hole otherwise. (9) Judah and Hezekiah.

a (1) And, of course, Beth Hillel's view is law. (2) Thus none permit the use of the ladder of the loft, since R. Judah does not state a separate view. (3) Which signifies a ladder only used for dovecotes. (4) The word משובך should have been omitted. (5) I.e., R. Ḥiyya, what was the meaning of the text to him? (6) The expression from 'one dovecote to another dovecote' is not asserting that it was a dovecote ladder, but rather that the ladder may be moved to several dovecotes. (7) The first Tanna of R. Dosa is R. Judah who forbids the carrying of a loft-ladder. (8) The loft-ladder at any rate to be inclined from one pigeon hole to another. (9) R. Judah permits the carrying of a dovecote ladder while R. Dosa forbids carrying and only permits inclining the ladder which had been brought to the dovecote before the Festival. But a loft-ladder would be forbidden even to incline.

b (1) Beth Shammai do not give a more lenient decision out of regard for the joy of the Festival. (2) *Supra 2a*. In this case Beth Shammai is more lenient than Beth Hillel. (3) Rashi: The authorities in the second Mishnah are to be reversed; Tosaf.: The authorities of the first Mishnah are to be reversed. (4) There is no need to change the authorities for the attitude of each school in the second Mishnah can be in harmony with their attitude in the first Mishnah. (5) That it is permissible to dig up earth with a shovel. (6) Before the Festival when there is no likelihood of breaking any law on the Festival. (7) Even if the earth is loose, for in sticking in the shovel it would appear as if he were digging on a Festival. Similarly in the second Mishnah an onlooker might think that he was intending to repair his roof. (8) Not out of consideration for the joy of the Festival. (9) That no forbidden work is intended to be performed. (10) In the first Mishnah. (11) To dig even though the shovel was already sticking in the earth because he may cause a crumbling of the earth which is in the nature of grinding and the possibility of an infringement of the law by digging takes precedence over the consideration of the joy of the Festival. (12) Which led R. Johanan to reverse the authorities. (13) *Infra 10a*. (14) For slaughtering on a Festival. (15) V. *infra 10a*. (16) Preparing them for the following day.

c (1) So *D.S.* as *supra*. Cur. edd. 'perhaps it is not so'.

[already] a shovel sticking in the earth [10a] but not when there is no shovel sticking in the earth;[2] or perhaps Beth Hillel rule thus only here because since it is *mukẓeh*,[3] it is sufficient if he stands and declares, 'This one or that one shall I take';[4] but there [they do] not [rule thus]! Rather, if there is a difficulty, the following is the difficulty: Beth Shammai say: One may not take a pestle[5] to cut up meat thereon; but Beth Hillel permit [it].[6] Accordingly [we see] that Beth Shammai is stringent in regard to the joy of the Festival and Beth Hillel is lenient, but the following contradicts this: If one slaughters game or poultry [on a Festival] Beth Shammai etc.!—R. Joḥanan replied: The authorities should be reversed. Whence [does this follow]? Perhaps it is not so? [Perhaps] Beth Shammai rule [thus] only there where there is [already] a shovel sticking in the earth, but not when there is no shovel sticking in the earth. Or perhaps Beth Hillel rule thus only here, because it [the pestle] bears the designation of *utensil*;[7] but there [they do] not [rule thus]! Rather, if there is a difficulty, the following is the difficulty: Beth Shammai say: One may not lay out a hide[8] for treading on[9] and one may not lift it up unless it has [sticking to it] flesh [as much as] an olive;[10] but Beth Hillel permit.[11] Accordingly [we see] that Beth Shammai is stringent in regard to the joy of the Festival and Beth Hillel is lenient, but the following contradicts this: If one slaughters game or poultry on a Festival etc.!—R. Joḥanan replied: The authorities should be reversed. Whence [does this follow]? Perhaps it is not so; [perhaps Beth Shammai rule thus only there, where there is [already] a shovel sticking in the earth, but not when there is no shovel sticking in the earth. Or perhaps Beth Hillel rule thus only here because it [the hide] is fit for sitting thereon,[1] but there [they do] not [rule thus]! Rather, if there is a difficulty, the following is the difficulty: Beth Shammai say: One may not take down shutters[2] on a Festival, but Beth Hillel permit them even to be put back.[3] Accordingly [we see] that Beth Shammai is stringent in regard to the joy of the Festival and Beth Hillel is lenient, but the following contradicts this: If one slaughters game or poultry on a Festival etc.! It is well [that the rulings of] Beth Shammai are not contradictory: there [it is permitted only] when there is [already] a shovel sticking in the earth but here there is no shovel sticking in the earth.[4] But [the views of] Beth Hillel are contradictory!—Said R. Joḥanan: The authorities should be reversed. [Why reverse the authorities]?[5] Perhaps Beth Hillel rule thus only here because building and pulling down do not apply to utensils,[6] but there [they do] not [rule thus].

MISHNAH. BETH SHAMMAI SAY:[7] ONE MUST NOT TAKE [PIGEONS] UNLESS HE HAS STIRRED[8] [THEM] UP THE DAY BEFORE [THE FESTIVAL]: BUT BETH HILLEL SAY: HE STANDS AND DECLARES: 'THIS ONE OR THAT ONE WILL I TAKE'.

GEMARA. R. Ḥanan b. Ammi said: The dispute is only with
b respect to the first brood[1] when Beth Shammai is of the opinion that[2] we preventively prohibit,[3] lest he may come to change his mind;[4] whereas Beth Hillel is of the opinion: We do not prohibit as a precautionary measure; but with respect to the second brood all agree that it is sufficient when he stands and declares, 'This one or that one will I take'.[5]

Now according to Beth Hillel, why must he declare, 'This one or that one will I take', let him [rather] say, 'Of these will I take [one] to-morrow'?[6] And if you reply that Beth Hillel do not accept [the law of] *Bererah*,[7] surely we have learnt:[8] If a corpse [lay] in a room[9] which has many doors[10] they are all unclean;[11] if one of these [doors] was opened,[12] it alone is unclean[13] and all the others are clean.[14] If he formed the intention to take it [the corpse] out through one of them, or through a window which
c [measures] four handbreadths square,[1] this gives protection to all the other doors.[2] Beth Shammai say: Providing that he had formed his intention to take it out[3] before the person died;[4] but Beth Hillel say: [It holds good] even [if his intention was formed] after the person died![5]—But has it not already been stated thereon: Rabbah said: [The statement of Beth Hillel is] with respect to the cleansing of the entrances from now onwards.[6] R. Oshaia also said: [The statement of Beth Hillel is] with respect to the cleansing of the entrances from now onwards; only 'from now onwards' but not 'retrospectively'.[7] Raba says: In reality [the statement of Beth Hillel is even in respect of cleansing] retrospectively,[8] and here[9] the reason[10] is lest he might take up [a pigeon] and put it down again, take up [a pigeon] and put it down again and thus come to take one which is not fit for him.[11] But you say it is sufficient if he stands and says *this* or *that* will I take![12]—This

(2) Similarly they do not permit to take a pigeon on a Festival unless he had specified before the Festival the particular pigeon he intended to slaughter, for after handling one he might change his mind and decide upon another and thus the handling of the first pigeon would be regarded as unnecessary work on a Festival. (3) Viz., the prohibition of taking pigeons without previous preparation. (4) This constitutes sufficient preparation. (5) Used for the pounding of groats and therefore reserved for work forbidden on a Festival and so must not be handled. (6) *Infra* 11a. (7) Lit., 'the law of a utensil is upon it', and one may always handle a utensil on a Festival. (8) Flayed on the Festival. (9) Whereby it becomes tanned. (10) The minimum to be used as a meal and what is needful for food may be carried about on a Festival. (11) Cf. *infra* 11a.

(1) They used to sit cross-legged upon rugs. (2) For it is of the nature of building and pulling down. V. *infra* 11b n. a 2. (3) Although such work is not directly for the sake of the Festival, *infra* 11b. (4) I.e., in this case there is nothing corresponding to the shovel sticking in the earth in order to permit. (5) Cf. MS.M. Cur. ed. 'or'. [The text is in disorder: *D.S.* a.l. on the basis of different MSS. reconstructs it as follows: 'On a Festival etc.'—Said R. Joḥanan: The authorities are reversed. But whence (does this follow)? Perhaps Beth Shammai rules thus only there . . . but here there is no shovel . . . earth. Or perhaps Beth Hillel rule thus only here because building etc.'—following the same line of argument as in the preceding cases]. (6) The forms of the utensils are not changed but are only used for a different purpose. (7) *Supra* 9b. q.v. (8) To *stir up* means to examine properly what sort of bird it was.

c (1) It is usual to leave the first brood as company for the parent birds. (2) If he did not 'stir' them before the Festival. (3) Taking any on the Festival. (4) About slaughtering that particular pigeon and put it back. He would thus have handled and moved the pigeon unnecessarily. If, however, he 'stirred' them before the Festival and chose one for slaughter, then he has definitely made up his mind to have that bird. (5) For there is no question of putting the bird back, since it is only the first brood that is left with the parent birds. (6) Since a verbal preparation is sufficient to remove the prohibition of *mukẓeh*, it should be assumed that the bird chosen on the Festival is retrospectively the same one about which he spoke the day before. (7) Retrospective selection. A legal term to denote that a present selection shall have retrospective validity. The selection of a particular dove on the Festival from a number that have been generally designated before the Festival (when it was intended to take one only) shall rank as though that dove itself has been selected before the Festival. (8) *Infra* 37b; 'Er. 68a; Oh. VII, 3. (9) A corpse in a room defiles not only the vessels inside the room but even those standing just outside the door beneath the lintel of the entrance through which the corpse is to be carried out. If there is more than one entrance to the room the same rule applies to them all unless it has been specifically determined to carry it through one particular entrance. Such determination protects the other entrances. (10) All of which are closed or open. (11) The doors themselves and even the vessels outside under the same lintels; because the corpse may be carried out through any one of them. (12) After the person's death. (13) For it is assumed that the corpse will be taken out through the open door. (14) I.e., all vessels placed subsequently in the remaining entrances. With respect to those vessels placed there prior to the opening of the one door v. the immediately following hypothetical dispute between Beth Shammai and Beth Hillel.

(1) The minimum opening through which a whole corpse could be carried out. (2) His intention or determination is regarded as if he had actually opened the entrance. (3) Through a particular door. (4) But if only after death, then those vessels which had been placed in the same entrance prior to his determination would be unclean. (5) It ranks as though that door had been designated for that purpose immediately at death; hence we see that Beth Hillel accept the rule of *Bererah*. (6) I.e., from the time subsequent to his determination. According to Beth Shammai, when there has been no determination before the death, all the entrances are unclean and the subsequent determination

אבל היכא דליכא דקר נעוץ לא אי נמי עד כאן לא קאמרי ב"ה הכא אלא כיון דמוקצה הוא בעומד ואומר זה וזה אני נוטל סגי אבל התם לא אלא אי קשיא הא קשיא *ב"ש אומרים אין נוטלין את העלי לקצב עליו בשר וב"ה מתירין אלמא גבי שמחת יו"ט ב"ש לחומרא וב"ה לקולא ורמינהי השוחט חיה ועוף ב"ש וכו' אמר רבי יוחנן מוחלפת השיטה ממאי דלמא לא היא עד כאן לא קאמרי ב"ש התם אלא היכא דאיכא דקר נעוץ אבל היכא דליכא דקר נעוץ לא אי נמי עד כאן לא קאמרי ב"ה הכא אלא דאיכא תורת כלי עליו אבל התם לא אלא אי קשיא הא קשיא *ב"ש אומרים אין נותנין את העור לפני הדורסן ולא יגביהנו אלא אם כן יש עליו כזית בשר וב"ה מתירין אלמא גבי שמחת יום טוב ב"ש לחומרא וב"ה לקולא ורמינהי השוחט חיה ועוף ביום טוב וכו' אמר רבי יוחנן מוחלפת השיטה ממאי דלמא לא היא עד כאן לא קאמרי ב"ש התם אלא היכא דאיכא דקר נעוץ אבל היכא דליכא דקר נעוץ לא אי נמי עד כאן לא קאמרי ב"ה הכא אלא *דחזי למזגא עלויה אבל התם לא אלא אי קשיא הא קשיא ב"ש אומרים *אין מסלקין את התריסין ביום טוב וב"ה מתירין אף להחזיר אלמא גבי שמחה יו"ט ב"ש לחומרא וב"ה לקולא ורמינהי השוחט חיה ועוף ביו"ט וכו' בשלמא ב"ש אב"ש שמאי לא קשיא התם דאיכא דקר נעוץ הכא ליכא דקר נעוץ אלא ב"ה אב"ה קשיא אמר רבי יוחנן מוחלפת השיטה (*אי נמי) עד כאן לא קאמרי בית הלל הכא אלא משום *דאין בנין בכלים ואין סתירה בכלים אבל התם לא:

מתני' ב"ש אומרים א) לא יטול אא"כ נענע מבעוד יום וב"ה אומרים ב) *עומד ואומר זה וזה אני נוטל: **גמ'** אמר רב חנן בר אמי מחלוקת בבריכה ראשונה דב"ש סברי גזרינן דלמא אתי לאמלוכי וב"ה סברי לא גזרינן אבל בבריכה שניה דברי הכל בעומד ואומר זה וזה אני נוטל סגיא וב"ה למה ליה למימר זה וזה אני נוטל לימא מכאן אני נוטל למחר וכי תימא ב"ה לית להו ברירה *והתנן ג)המת בבית ולו פתחים הרבה כולן טמאים נפתח אחד מהן הוא טמא וכולן טהורין חשב להוציאו באחד מהן או בחלון שיש בו ארבעה על ארבעה מצלת על כל הפתחים כולן ב"ש אומרים והוא שחשב להוציאו עד שלא ימות המת ובית הלל אומרים ג)אף משימות המת הא אתמר עלה אמר רבה לטהר את הפתחים מכאן ולהבא וכן אמר רבי *אושעיא לטהר את הפתחים מכאן ולהבא אין למפרע לא רבא אמר לעולם למפרע והכא היינו טעמא דלמא מטלטל ושביק מטלטל וקא מטלטל מידי דלא חזי ליה והא אמרת בעומד ואומר זה וזה אני נוטל סגיא ד)הני מילי מערב יו"ט אבל

does not remove the uncleanness except by the actual act of opening. Not so Beth Hillel. But Beth Hillel will not accept the rule of *Bererah*. (7) I.e., those vessels placed in the entrances from the time of death until the forming of his intention all agree are unclean. (8) Because Beth Hillel accept the rule of *Bererah*. (9) In our Mishnah. (10) That Beth Hillel say that he must specify *this* or *that*.

(11) On account of *mukzeh*; for his intention was to take only what was necessary for him. If, however, he said 'this or that I will take,' he will definitely take those designated. (12) Why not apprehend here too lest he will pick and choose since he did not 'stir' them before the Festival?

אבל ביום טוב אסור דזימנין דמשתכחי שמנים כחושים וכחושים שמנים וקמטלטל מידי דלא חזי ליה אי נמי זימנין דמשתכחי כלהו כחושים ושביק להו ואתי לאמנועי משמחת יום טוב: **מתני'** זמן שחורים ומצא לבנים לבנים ומצא שחורים שנים ומצא שלשה אסורים שלשה ומצא שנים מותרים בתוך הקן ומצא לפני הקן אסורין ואם אין שם אלא הם הרי אלו מותרים: **גמ'** פשיטא אמר רבה הכא במאי עסקינן *כגון שזמן שחורים ולבנים והשכים ומצא שחורים במקום לבנים ולבנים במקום שחורים מהו דתימא הני אינהו נינהו ואתהפוכי אתהפוך קמ"ל הנך אזדו לעלמא והני אחריני נינהו לימא מסייע ליה לר' חנינא דאמר ר' חנינא *רוב וקרוב הלך אחר הרוב כדאמר אביי *בדף הכא נמי בדף: שנים ומצא שלשה אסורין: מה נפשך אי אחריני נינהו הא אחריני נינהו ואי לא אחריני נינהו הא איכא חד דמערב בהו: שלשה ומצא שנים מותרין: מ"ט הני אינהו נינהו וחד מנייהו אזל לעלמא לימא מתני' רבי היא ולא רבנן *דתניא הניח מנה ומצא מאתים חולין ומעשר שני מעורבין זה בזה דברי רבי וחכ"א הכל חולין הניח מאתים ומצא מנה מנה מונח ומנה מוטל דברי רבי וחכ"א הכל חולין אפילו תימא רבנן הא אתמר עלה ר' יוחנן ור"א דאמרי תרווייהו שאני גוזלות הואיל ועשויין לדדות והא אתמר עלה דההיא דרבי יוחנן ור' אלעזר חד אמר בשני כיסין מחלוקת אבל בכיס אחד דברי הכל חולין וחד אמר בכיס אחד מחלוקת אבל בשני כיסין דברי הכל מנה מונח ומנה מוטל בשלמא למ"ד בשני כיסין מחלוקת היינו דאיצטריך לשנויי הכא שאני גוזלות הואיל ועשויין לדדות אלא למ"ד בכיס אחד מחלוקת אבל בשני כיסין דברי הכל מנה מונח ומנה מוטל השתא למה לי לשנויי עלה הא אמרת בשני כיסין לא פליגי אמר רב אשי הכא בגוזלות מקושרים *וכיסים מקושרים עסקינן גוזלות מנתחי אהדדי כיסין לא מנתחי אהדדי ורבי אמר לך כיסין נמי זמנין דמתעבל

אבל בי"ט · כשבא לברכן בי"ט כלומר שלא ברר דבריו מבעוד יום וסומך על בדיקת מחר שיבדוק את כולן: דזימנין דמשתכחי שמנים כחושין וכחושין שמנים · אותם הנראים שמנים למראה עיניו כמלאים כחושין במשמושן והכחושים כמלאים שמנים: מידי דלא חזי ליה · כל אותן שטלטל יותר על צרכו מוקצים היו: אי נמי גרסינן אי נמי זימנין דמשתכחי כלהו כחושין וקא ממנע משמחת י"ט וכל זה על ידי שלא ברר אתמול דבריו לפיכך סמך על שקר לומר אי אפשר שלא יהו שנים או שלשה טובים ולמחר נמלאו כולם רעים אבל כשאתה מזקיקו לברר שוב אינו סומך אלא על אלו בין היו שמנים או כחושין ולדעת כן זמנן ובא ונטלן ולא ממנע: **מתני'** זמן שחורים · ולא היה שם עוד ולמחר מלא הכל לבנים ודאי המזומנים הלכו להם ואלו אחרים דאתו להו מעלמא לשובך וכן שנים ומלא שלשה ואינו מכיר את המוכנים כולם אסורים: שלשה ומלא שנים מותרים · האחד הלך והשנים נשארו ולא אמרינן הואיל והאחד הלך כן הלכו כולם ואלו אחרים הם: זמן בתוך הקן ומלא לפני הקן · ובתוך הקן לא מלא כלום הרי אלו אסורים ובגמרא מפרש לה: **גמ'** כגון שזמן שחורים ולבנים בשני קנין וכל הקנין מובדלין במחילות ועליות כדרך כל שובכין עשויין עליות הרבה וכל עליה יש בה מחילות הרבה: והשכים ומלא כו' · והכי קאמר זמן שחורים בקן זה ומלא בו לבנים ולבנים זמן בשני ומלא בו שחורים: דרבי חנינא · בבבא בתרא בלא יחפור: רוב וקרוב · אם בא מעשה לפניו ויש לתלותו בדבר הקרוב לו להתיר או לאסור ויש לתלותו אחר הרוב לענין אחר חלוף הקרוב הלך אחר הרוב ומתני' נמי הכי אמר דהא איכא למתלינהו להנך שחורים באותם שהיו אתמול בקן שבצדו וכן הלבנים ולומר נהפכו ולא תלינן אלא אמרינן מעלמא אתו ומרובא פירשו: כדאמר אביי · לקמן: בדף · שיש דף לפני השובך בולט ויוצא ממנו ושם באין ויושבין יונים דמעלמא תדיר שיראים ליכנס לקן מפני שאותן שבקן מגרשים את כל הבא אליהן וכשיוצאין משובך אלו נכנסין הלכך חיישינן שמא מן הדף באו לקינין הלכך אסורים דהוו להו כלהו קרובים שבדף ושבקן הלכך זיל בתר רובא: מה נפשך כו' · פירושא דמתני' היא כלומר להכי אסורים דמה נפשך להתירם: [*לימא מתני' רבי היא · הא מתני' סתמא היא והלכה כסתם משנה ולכן קי"ל (*כתובות דף כא·) הלכה כרבי מחבירו ולא מחביריו]: הניח מנה · ממעות מעשר שני בתיבה: חולין ומעשר שני מעורבין זה בזה · האחד חולין ואינו יודע איזהו ונוטל היפה שבהן ואומר אם (*היא זו) של מעשר הרי יפה ואם חולין היא תהא חברתה מחוללת עליה: הכל חולין · הואיל ולא מלא כמו שהניח תולין להקל ולומר נטל את הראשון והניחו במקום אחר והניח שוב את אלו ושכח שאין אדם מניח מעות חולין ומעות מעשר ביחד: מנה מוטל · ונשאר הך מנה ממעשר: הכל חולין · הואיל ולא העלהו לירושלים לא הפרידן זה מזה ושניהם נטלן והניחם במקום אחר וזה חולין הוא שהניח הלום אחרי כן ושכח: שאני גוזלות · להכי איכא למימר האחד הלך וחבריו נשארו: הואיל ועשויין · רגילים הן להיות מדדין אחד אחד ויולאין ונכנסין אבל מנה לא הלך מאליו אא"כ נטלו וכשנטל נטל שניהם: ולמה לי לשנויי עלה · רבי יוחנן ורבי אלעזר מה דוחקין לתלות טעם משנתנו במדדים הא לדידהו מתוקמת שפיר כרבנן בלאו האי טעמא דהא איכהו אפליגו בההיא דמעשר חד אמר מחלוקת במונחין שני המנין בכיס אחד בההוא הוא דקאמרי רבנן דכשנטל כל הכיס נטל אבל בשני כיסים מודו דהאחד נטל והניח השני וחד אמר מחלוקת בב' כיסין בההוא הוא דקאמר רבי מנה מונח ומנה מוטל: האי מאי לא גרסינן: בשלמא למ"ד כו' · המקשה סיומי מסיים למילתיה ומפרש קושייתו בשלמא מאן דמוקי פלוגתייהו בב' כיסין דהיינו כדומיא דמתני' דהוו שני גוזלות לריך לשנויי דתקום מתני' כרבנן מהאי טעמא הואיל ועשויין לדדות אלא למ"ד בשני כיסין מודו רבנן השתא למה לי לשנויי משום דעשויין לדדות הא בשני כיסים נמי הכי קאמרינן: השתא ומה כו' לא גרסינן אלא ה"ג אלא למ"ד בכיס אחד מחלוקת אבל בשני כיסים דברי הכל מנה מונח ומנה מוטל השתא למה לי לשנויי עלה האמר בשני כיסים לא פליגי וחד מהני רבנן או רבי יוחנן או רבי אלעזר אוקמה הכי ולעיל אמאי שנו תרווייהו הואיל ועשויין לדדות: אמר רב אשי הכא בגוזלות כו' · מ"ד בכיס אחד מחלוקת בשני כיסין כעין כיס אחד קאמר דהייתו שני כיסין מקושרין ודקאמר אבל בשני כיסין דברי הכל מנה מונח ומנה מוטל בשאין מקושרין ומתני' אפי' בגוזלות מקושרין משמע דהנותרין מותרין ולא אמרי' אותן שזמן נטלו כולם ואלו אחרים הלכך אי לא דשאני גוזלות הואיל ועשויין לדדות לא הוה מתוקמא כרבנן דהא בכיסים מקושרין אמרי רבנן הכל חולין והשתא אגב האי שנויא מתוקמא שפיר כרבנן דגוזלות דמדדין מנתחי אהדדי ואיכא למתלי לקולא דחד מנייהו הוא דאזל ליה אבל כיסים לא מנתחי ואדם בא ונטלן וכיון דמקושרים הם שניהם נטל:

איכא חד דמערב בהו · וא"ת ולבטיל ברובא וי"ל דבעלי חיים לא בטלי דחשיבי אי נמי ה"ל דבר שיש לו מתירין לאחר יו"ט וכל דבר שיש לו מתירין אפי' באלף לא בטיל: חד מנייהו אזל לעלמא · וא"ת וכי תלינן לקולא בדבר שיש לו מתירין ויש לומר דהואיל ונשארו שנים במקומם ודאי בכה"ג תלינן לקולא: חולין ומעשר שני מעורבין זה בזה · פ"ה בורר מנה היפה שבשניהם ויאמר אם זה של מעשר מוטב ואם האחר של מעשר הרי זה מחולל על זה ותימה דמפרש בפרק הזהב (ב"מ דף מה.) דאין מחללין כסף על כסף ולא מעות על מעות לכך נראה דמחלל בתחלה המנה של מעשר על פרוטות של נחשת ואח"כ מחללו על מנה היפה שבשניהם*: הכל חולין · שאני אומר הוא לקח מעות של מעשר שני והני אחריני נינהו ותימה דהא לא אמרי' שאני אומר להקל אלא כשהוא מדרבנן כדאיתא בפסחים (דף י') דקאמר שאני תרומה דרבנן לפיכך אני תולה להקל לומר שאני אומר וכו' וי"ל דכיון שאין אדם מניח חולין אלל מעשר תלינן שפיר לקולא ואמרי' ודאי לקח אלו משם ושכח ואחר כך הניח אלו שם: פשיטא

עב א מיי' פ"ב מהל' יו"ט הלכה ו טוש"ע א"ח סי' תצז סעיף יב:

עג ב מיי' פט"ו מהל' גזילה הל' יח טוש"ע חו"מ סי' רס סעיף ח:

עד ג מיי' פ"ב מהל' יו"ט הלכה ו טוש"ע א"ח סי' תצז סעיף יב:

עה ד מיי' שם טוש"ע שם סעיף יג:

[עי' רש"י ותוס' פסחים ז. ד"ה חולין וכו' שחליפו שיטתם]

רבינו חננאל

למחר סניא יאמר בידעתו כל השובך היכנתי לי ומותר לי ליטול איזה שאברור וחיישינן דלמא מטלטל ושביק כדי לבחור לו השמנים אי נמי משתכחי כולהו כחושים כו': [מתני'] זימן שחורים ומצא לבנים כו'. אוקמא רבא כגון שזימן שחורים בצד מזרחי ולבנים בצד מערבי ובא ביו"ט ומצא לבנים במזרח ושחורים במערב וכגון דאיכא בדף ההוא אחרים הרבה שחורים ולבנים שלא זימן אותן דחיישינן שמא מאותן שלא זימן מהן שהן רוב ואין עוד בדף אחר עמהן שהן קרובין נמצאו האסורין מרובין וקרובין לפיכך גם הן אסורים. ג' ומצא ב' הרי אלו מותרים ואוקימנא דסבר האי תנא חד מינייהו אזל לעלמא ואשתיירו תרי והן הן שזימן ואמרינן מתני' רבי היא דתניא הניח מאתים זוז ממעות מעשר שני ומצא מנה מנה מונח ומנה נוטל. כלומר מי שנטל לא רצה ליטול הכל ונטל מנה והניח מנה וזה המנה מעשר שני הן וחכמים אומרים הכל חולין. כלומר מעות מעשר שני כולן ניטלין ואלו אחרים הן ופריק רב אשי לעולם משנתנו אפילו לרבנן והכא בג' גוזלין מקשרין קמפלגי זימן וכן הניח ב' כיסין מקשרין בכל כיס מנה גוזלין עבידי דמנתחי ואפילו רבנן מודו דחד מינייהו ניתח ועריק ואשתיירו הני תרי והן הן ולפיכך מותרים. אבל כיסין דלא מנתחי ליכא למימר הכי לפיכך מי שלקח הכל לקח. ואלו אחרים הן ורבי אמר לך כיסין נמי זמנין

ב"ב כג.
[לקמן יא.]
פסחים י. [הוספתא מ"ש פ"ס]
[גיטין נה.]
גי' רש"ל
[עירובין מז: פסחים כז.]
[נ"ע זו היא]

only applies on the eve of the Festival,[13] [10b] but[14] on the Festival a [itself][1] it is forbidden;[2] for sometimes the [seemingly] fat ones are found [to be] lean, and the [seemingly] lean ones are found [to be] fat, and [thus] he handles [birds] which are not fit for him; or else, sometimes they may all be found lean, and he will leave them and thus come to refrain from the joy of the Festival.[3]

MISHNAH. IF HE DESIGNATED[4] BLACK [DOVES][5] BUT FOUND WHITE, WHITE BUT FOUND BLACK, TWO BUT FOUND THREE, THEY ARE [ALL] FORBIDDEN;[6] THREE BUT FOUND TWO, THEY ARE PERMITTED. [IF HE DESIGNATED DOVES] INSIDE THE NEST AND FOUND THEM IN FRONT OF THE NEST, THEY ARE FORBIDDEN; BUT IF NONE EXCEPT THESE WERE THERE, THEY ARE PERMITTED.

GEMARA. Is not this self-evident?—Said Rabbah: We are dealing here with a case where he had designated black and white,[7] and on the following morning he found black ones in the place of the white and white ones in the place of the black; you might say they are the very same [doves] and they had only exchanged [their nests], so he informs us[8] that those[9] are gone away and these are different ones. Shall it be said that [this Mishnah] supports the view of R. Ḥanina? for R. Ḥanina said:[10] [If] majority and proximity [are in opposition][11] you follow the majority?[12]—As b Abaye has explained,[1] when there is a board,[2] likewise also here [explain] when there is a board.

[IF HE DESIGNATED] TWO [DOVES] BUT FOUND THREE THEY ARE [ALL] FORBIDDEN. Whichever way you take it [they are forbidden]; if these[3] are other [doves], then they are indeed others;[4] if they are the same, then there is [another] one mixed up with them.[5]

[IF HE DESIGNATED] THREE [DOVES] BUT FOUND TWO THEY ARE PERMITTED. What is the reason?—They are indeed the same[6] and one of them has flown away. Shall it be said that the Mishnah is according to Rabbi and not according to the Sages? For we have learnt: If one deposited one hundred [zuz][7] and found two hundred,[8] [it is assumed that] there is *ḥullin* [money][9] and second tithe [money] mixed together. This is the opinion of Rabbi. But the Sages say: The entire sum is *ḥullin* [money].[10] If he deposited two hundred [zuz] and found one hundred, [it is assumed that] one hundred has been left[11] and one hundred has been taken away. This is the opinion of Rabbi. But c the Sages say: The entire sum is *ḥullin* [money].[1]—You can even say [that it is] in accordance with the Sages, for it was stated thereon: R. Joḥanan and R. Eleazar both say:[2] Doves are different since they are used to hop about.[3] But why is it necessary[4] to explain here, 'doves are different since they are used to hop about'? Surely it has already been stated with respect to this [very Baraitha] that [there is a dispute between] R. Joḥanan and R. Eleazar; one says: The controversy [between Rabbi and the Sages] is when there were two purses,[5] but when there is [only] one purse all agree that the entire sum is *ḥullin*.[6] And the other says: The dispute is when there is one purse,[7] but when there are two purses all agree that [we are to assume] one hundred had been left and one hundred taken away! It is well according to the view that the dispute relates to two purses; hence it is necessary to explain here 'it is different with doves since they are used to hop about.' But according to the view that 'the dispute is [only] with respect to one purse but when there are two purses all agree that one hundred had been left and one hundred taken' why is it necessary to answer it [as above]; surely you have said indeed that they do not dispute with respect to two purses?[8]—Said R. Ashi: We are dealing here with doves tied together and with purses d fastened together;[1] doves pull themselves apart from one another, but purses do not pull themselves apart from one another.[2] And Rabbi?[3]—He will answer you: In the case of purses too, it occurs

(13) I.e., If he makes this declaration on the eve of the Festival to remind him that he may not pick and choose on the Festival on account of *mukẓeh*. (14) If he has to make up his mind.

a (1) I.e., if he only said 'of these will I take to-morrow'. (2) To take any bird. (3) But had he specifically designated which to take, he would not change his mind. (4) For eating on the Festival. (5) That were in the nest. (6) In the first case they are definitely strange doves and in the second case since he cannot recognize the doves he designated they are all forbidden. (7) In two separated nests. (8) That we are to suppose. (9) Doves that have been designated for slaughter on the eve of the Festival. (10) B.B. 23*b*. (11) I.e., If a case can be decided one way on the ground of *majority* and another way on the ground of *nearness*. For *majority* and *nearness*, cf. Ex. XXIII, 2 and Deut. XXI, 3 respectively. V. also B.B. (Sonc. ed.) 23*b* n. a 2. (12) Here too it is probable that the doves are the same and that the nests have been exchanged owing to their close proximity. On the other hand it is possible to imagine these doves as part of the great majority of birds which do not belong to him and which had not been pre-determined on.

b (1) With reference to another case, *infra* 11*a*. (2) In front of the dovecote upon which strange birds settle. Accordingly it is also probable that as soon as the old doves left their dovecote (quitted their nest), these strange doves took their place. The question of *proximity* therefore applies equally to the strange doves as well as to the doves that were originally in the nest in which case no one disputes that *majority* decides. (3) All three. (4) They are therefore forbidden, for these have not been designated before the Festival. (5) And since it is not known which is the new one they are all forbidden. (6) I.e., two of the three previously designated. (7) I.e., one case of a hundred *zuz* of the second tithe which had to be taken to Jerusalem, but which owing to the distance was converted into money. This money had to be spent in Jerusalem. V. Deut. XIV, 22-26. (8) I.e., two one-hundred *zuz* pieces. (9) I.e., ordinary, unconsecrated, not of the second tithe. (10) He must therefore select the finest coin for the second tithe and say: If this was originally the second tithe coin, then it is well; if, on the other hand, the other coin was originally the second tithe, then let this one be exchanged for the other. (11) For he would not have put away *ḥullin* money together with second tithe money; and since two coins were found instead of one, it is to be assumed that the one-hundred *zuz* piece of the second tithe had been taken out and put in another place, while this two-hundred is ordinary money subsequently put in the same place.

c (1) Because the owner would not have separated one second tithe coin from the other except to take it to Jerusalem; hence the Sages assume that he had taken out the two hundred *zuz* which he put somewhere away, replacing them by the hundred *zuz* of ordinary money, but that he had forgotten the whole matter. Similarly according to the Sages it would follow that the three doves had flown away and two others came in their place. V. Pes. 10*a*. (2) In explanation of this seeming contradiction. (3) Therefore one of them may have hopped away and the two left are of the original ones. But the same cannot be said with respect to money. (4) For both R. Joḥanan and R. Eleazar. (5) Each containing one hundred *zuzim*. It is then that Rabbi says that one hundred was left and one hundred taken away. (6) For if he took aught of such money he would have taken the lot. (7) It is then that the Sages assume that the entire two hundred second tithe money had been taken out and placed elsewhere. (8) The contradiction shown between the Mishnah and the view of the Sages was removed by both R. Joḥanan and R. Eleazar by explaining that there was a difference between doves and coins. But since one of the same two Rabbis maintains that in the case of two purses each containing one hundred *zuzim* the Sages agree that the hundred left is part of the original, which is in agreement with the statement in the Mishnah, then why was he a party to that explanation of the contradiction?

d (1) The expression 'One purse containing two hundred *zuzim*' means two purses, each containing one hundred *zuzim*, tied together and regarded as one purse; likewise 'two purses' would mean when they are not tied together. In the former case the Sages hold that the purse left is not one of the original two that were tied together. This view is contradictory to the Mishnah which says that the two doves found are of the original three that were tied together from which one had torn itself away. This contradiction is overcome by drawing a distinction between live birds and inanimate purses. (2) And therefore the purse left may not be of the original two tied together. (3) Surely this is a logical distinction!

[11a] that their knot becomes worn out.

WITHIN THE NEST AND FOUND THEM IN FRONT OF THE NEST THEY ARE FORBIDDEN. Shall it be said that this[4] supports the view of R. Ḥanina? For R. Ḥanina said:[5] [If] majority and proximity [are in opposition] you follow the majority?—Said Abaye: When there is a board.[6] Raba says: We are treating here of two nests one above the other;[7] and it goes without saying that if he designated [doves] in the lower [nest] and did not designate [those] in the upper, and [on the morrow] finds [doves] in the lower [nest] and none in the upper they are forbidden, for we assume that those of the lower [nest] had flown away and these[8] had indeed hopped down; but even if he designated [doves] in the upper [nest] and did not designate [those] in the lower and he came and found [some] in the upper and did not find [any] in the lower, these too are forbidden, for we assume that those[9] had flown away and these had indeed fluttered up.[10]

BUT IF NONE EXCEPT THESE WERE THERE THEY ARE PERMITTED. What are the circumstances? If you say that [this refers] to those which can fly, then it is possible to assume that those had flown away and these are different ones? And if [this refers]
a to those which can [only] hop,[1] then if there is [another] nest within fifty cubits, they might indeed have hopped away;[2] and if there is no [other] nest within fifty cubits, it is obvious that they are permitted, for Mar 'Uḳba b. Ḥama said: Whatever hops does not hop more than fifty cubits!—In truth [it means] where there is [another] nest within fifty cubits, but e.g., it is situated round a corner; you might say that they had indeed hopped away,[2] so it[3] informs us that they only hop along as long as by turning they see their nest,[4] but if not,[5] they do not hop away.

MISHNAH. BETH SHAMMAI SAY:[6] YOU MAY NOT TAKE A PESTLE[7] TO CUT UP MEAT THEREON,[8] BUT BETH HILLEL PERMIT [IT]. BETH SHAMMAI SAY: ONE MAY NOT PLACE A HIDE[9] FOR TREADING ON[10] NOR MAY HE LIFT IT UP UNLESS THERE IS AS MUCH AS AN OLIVE OF FLESH WITH IT,[11] BUT BETH HILLEL PERMIT IT.

GEMARA. A Tanna taught: And they [both] agree that if he had already cut up meat thereon, it [the pestle] may not be moved.[12]

Abaye said: The dispute is [only] with respect to a pestle, but in the case of a butcher's block[13] all agree that it is permitted. This is obvious: we learnt, A PESTLE![14]—You might say that
b the same applies even to a butcher's block[1] and the reason it states PESTLE is in order to inform you of the extent of the view of Beth Hillel that even an object specially made for work which is forbidden[2] is also permitted; hence he informs us [that it is not so]. Others state; Abaye [himself] replied:[3] It is only necessary [to teach] that even a new butcher's block [is permitted]. You might say: He may change his mind and not cut up [meat] on it,[4] so he informs us [that this is not so]. Do then Beth Shammai not fear [the possibility of] one changing his mind?[5] Surely it was taught: Beth Shammai say: One may not lead the slaughterer[6] and the knife to the animal [to be slaughtered][7] nor the animal to the slaughterer and the knife; but Beth Hillel say: One may bring the one to the other. Beth Shammai say: One may not carry spices or a pestle to the mortar, nor the mortar to the spices or the pestle; but Beth Hillel say: One may bring the one to the other!—What comparison is this? [With respect to] an animal it is well: he may come to change his mind saying, let us leave this lean animal and I will bring another animal which is fatter than this; [with respect to] a dish too he may come to change his mind, saying, let us leave this dish which requires spices and I will bring another [dish] which does not require spices. [But] here what are we to suppose? He will change his mind and not cut up [the meat]? Since he has already slaughtered [the animal], it has to be cut up.

BETH SHAMMAI SAY: ONE MAY NOT PLACE A HIDE. A Tanna taught: And they [both] agree that one may salt upon it meat for roasting.[8] Abaye said: It was taught only [when it is] for
c roasting but not for boiling.[1] This is obvious: We learnt[2] 'for roasting'?—This he [Abaye] informs us that even for roasting [to salt it almost as much] as for boiling is [also] forbidden.

Our Rabbis taught: One may neither salt[3] pieces of suet[4] nor turn them about.[5] They reported in the name of R. Joshua: One may spread them out in the air on pegs [of wood]. R. Mattenah said: The *halachah* is as R. Joshua. Others state: R. Mattenah said: The *halachah* is not as R. Joshua. This is well according to the version, 'the *halachah* is as R. Joshua', [then it is necessary]: For I might say, [when] an individual and a majority [are in dispute] the *halachah* is as the majority: [hence] he informs us that [here] the *halachah* is as the individual. But according to the version 'the *halachah* is not as R. Joshua', it is obvious: [for when] an individual and a majority [are in dispute], the *halachah* is as the majority!—You might think that the opinion of R. Joshua is logical, for if you will not permit him[6] he will altogether forbear to slaughter,[7] so he informs us.[8] And why is this different from the case of placing

(4) Statement of the Mishnah in assuming that the doves now found in front of the nest are not those that were originally within the nest. (5) *Supra* 10b; B.B. 23b. (6) Before the dovecote upon which strange doves settle. V. *supra* 10b n. b 2. (7) And the reason they are forbidden is on account of *mukẓeh* and not that we regard them as part of the great majority of birds. (8) At present in the lower nest. (9) First mentioned. (10) From the nest below.

a (1) I.e., young ones that cannot yet fly. (2) From their own cote and settle here. (3) The Mishnah. (4) I.e., so long as their nest is within sight. (5) If by turning they cannot see their own nest. (6) *Supra* 10a. (7) Normally used for pounding grain, a work forbidden on a Festival. (8) Work permitted on a Festival. (9) Flayed on a Festival. (10) Or, 'before the treading place', i.e., to be walked on as a door-mat whereby it becomes tanned; v. 10a. (11) I.e., clinging to it. (12) For the purpose for which it was needed had already been done. (13) Lit., 'bone-breaker'. (14) But not a butcher's block.

b (1) I.e., Beth Shammai prohibits this too, lest after taking it he changes his mind and does not use it at all. (2) On a Festival; v. *supra* n. a 7. (3) To the question 'is it not obvious?' (4) In order to spare it so as not to spoil it; hence it should be forbidden; cf. n. 1. (5) For we have just said according to Abaye that Beth Shammai agree that a new butcher's block may be moved for cutting up meat thereon, and they do not take into consideration the possibility of changing the mind. (6) V. Marg. note; cf. also *D.S.* (7) If they are distant from one another lest the slaughtering might not take place, and unnecessary toil is forbidden on a Festival. (8) Although salt assists the tanning, because very little salt is used when the meat is to be roasted.

c (1) Where much salt is required. (2) The word תנן is used here loosely as it refers to a Baraitha. (3) On a Festival. (4) In order to preserve them for use after the Festival. Suet may not be eaten but may be used for making candles, etc. (5) To prevent them decaying. (6) To spread the pieces of suet on pegs. (7) And thus be deprived of the joy of the Festival. (8) That we do not follow the opinion of R. Joshua.

מסורת הש"ס

[שייך למשנה דלעיל יוד:]

[לעיל יוד: ב"ב כג:]

ב"ב כג:

שבת קכג. [לעיל יוד]

[שבת קכג. קכד. תוספתא פ"א]

[בתוספתא א' בש"א מוליכין טבח וסכין אצל בהמה אבל אין מוליכין בהמה אצל טבח וסכין וכ"ה ברא"ש דהכא סימן יז ודע שהרב אלפס לא הביא כל זה אבל הר"ן כתב גרסינן בגמרא בש"א אין מוליכין וכו' וע"ש פירושו שכתב לב"ה דאמרי מוליכין וכו' ועי' פרש"י ד"ה אין מוליכין וכו' ואולי איתרמי טעות בתוספ' וכן ברא"ש וצ"ל אין מוליכין וכו']

גליון הש"ס

גמ' רבא אמר בשני קנין. עיין לקמן דף כט ע"א רש"י ד"ה ומלא:

דמתעכל קטרייהו : *בתוך הקן ומצא לפני הקן אסורין : לימא מסייע ליה לר' חנינא דאמר ר' חנינא *רוב וקרוב הלך אחר הרוב אמר אביי בדף *רבא אמר בשני קנין זו למעלה מזו עסקינן ולא מבעיא זמן בתחתונה ולא זמן בעליונה ומצא בתחתונה ולא מצא בעליונה דאסירן דאמרינן הנך אזלו לעלמא והנך אשתרבובי אשתרבוב ונחות אלא אפילו זמן בעליונה ולא זמן בתחתונה ובא ומצא בעליונה ולא מצא בתחתונה הנך נמי אסירי דאמרינן הנך אזלו לעלמא והנך סרוכי סריך וסליקו : ^ג ואם אין שם אלא הן הרי אלו מותרין : היכי דמי אילימא במפורחין איכא למימר הנך אזלו לעלמא והני אחריני נינהו אלא ^ג במדדין אי דאיכא קן בתוך חמשים אמה אדדויי אדדו ואי דליכא קן בתוך חמשים אמה פשיטא דמותרין דאמר מר עוקבא בר חמא ^ד כל *המדדה אין מדדה יותר מחמשים אמה ^ה לעולם דאיכא קן בתוך חמשים אמה וכגון דקיימא *בקרן זוית מהו דתימא אדדויי אדדו קמ"ל כל היכא דמדדה והדר חזי לקניה מדדה ואי לא לא מדדה : **מתני'** *ב"ש אומרים אין נוטלים את העלי לקצב עליו בשר ^ו וב"ה מתירין בית שמאי אומרים אין נותנין את העור לפני הדורסן ולא יגביהנו אלא אם כן יש עמו *כזית בשר ^ז ובית הלל מתירין : **גמ'** תנא *^ח ושוין שאם קצב עליו בשר שאסור לטלטלו אמר אביי מחלוקת בעלי אבל בתברא גרמי דברי הכל מותר פשיטא עלי תנן מהו דתימא הוא הדין דאפי' תברא גרמי נמי והאי דקתני עלי להודיעך כחן דב"ה דאפי' דבר שמלאכתו לאיסור נמי שרו קמ"ל איכא דאמרי אמר אביי לא נצרכא אלא אפילו תברא גרמי חדתי מהו דתימא ממלך ולא תבר עלה קמ"ל וב"ש לא חיישי לאמלוכי והתניא *בית שמאי אומרים *אין מוליכין *טבח וסכין אצל בהמה ולא בהמה אצל טבח וסכין ובית הלל אומרים ^ט מוליכין זה אצל זה בית שמאי אומרים אין מוליכין תבלין ומדוך אצל מדוכה ולא מדוכה אצל תבלין ומדוך וב"ה אומרים מוליכין זה אצל זה הכי השתא בשלמא בהמה אתי לאמלוכי דאמר נשבק האי בהמה כחושה ומייתינא בהמה אחריתי דשמינה מינה קדרה נמי אתי לאימלוכי דאמר נשבק האי קדרה דבעיא תבלין ומייתינא אחריתי דלא בעיא תבלין הכא מאי איכא למימר ממלך ולא תבר כיון דשחטה לתבירא קיימא : בית שמאי אומרים אין נותנין את העור : תנא *^י ושוין שמולחין עליו בשר לצלי אמר אביי לא שנו אלא לצלי אבל לקדרה לא פשיטא לצלי תנן הא קמ"ל ^י דאפי' לצלי כעין קדרה אסור ת"ר ^מ אין מולחין את החלבים ואין מהפכין בהן משום ר' יהושע אמרו שוטחן ברוח ע"ג יתידות אמר רב מתנה הלכה כר' יהושע איכא דאמרי אמר רב מתנה ^נ אין הלכה כר' יהושע בשלמא למ"ד הלכה כר' יהושע אצטריך סד"א יחיד ורבים הלכה כרבים קמ"ל הלכה כיחיד אלא למ"ד אין הלכה פשיטא *יחיד ורבים הלכה כרבים מהו דתימא מסתבר טעמיה דר' יהושע דאי לא שרית ליה ממנע ולא שחיט קא משמע לן ומ"ש מעור לפני הדורסן

התם

[תוספתא פ"א] [גיטין ל: ע"ש] [ברכות ט. ע"ש]

רש"י

דמתעכל קטרייהו · ניתר הקשר שלהם ומתפרק מאליו והבא וכשל שמא לא מקושרין מאחם וחטף האחד והלך לו : *לפני הקן · דרך כל שובכין להיות מעט מן דף העליה בולט חוץ למחיצה של כל קן וקן ושם היונים יוצאים לאויר ונחים שם כרגונס וחוזרים לקן : הלך אחר הרוב · כי הכא דלא אמרי' אלו אותן שזמן בתוך הקן שהוא קרוב ללפני הקן אלא אמרי' מעלמא אתו : בדף · דכלהו קרוב נינהו הלכך הלך אחר הרוב דאיכא תרתי : רבא אמר · הא לא אצטריך לאשמועינן אלא בשני קנין זו למעלה מזו ובשניהם גוזלות וזמן את שבזו ולא זמן את שבזו ולמחר בא ולא מצא בתוך הקן שזמן אלא לפניו ובאותו שלא זמן לא מצא לא לפניו ולא לתוכו הלכך אסירי ולא משום חששא דיוני דעלמא אלא מאחר שלא מצאן במקומן ועוד שבקן האחר המוקצה לא מצא כלום יש לחוש שמא אלו שמצא לפני הקן המוכן לא מתוכו יצאו אלא מתוך המוקצה : ולא מיבעיא קאמר לא גרסי' אלא ה"ג ולא מיבעיא זמן בתחתונה ולא זמן בעליונה כו' · כלומר ותנא דאצטריך לאשמועינן אסורים לאו כשזמן את של תחתונה ולמחר מצא בתחתונה לפניה ולא בתוכה ולא מצא בעליונה כלום אצטריך למימר דאסירי דחיישינן דלמא הני דאזמין אזדו להו והנך שמצא לפניה משל עליונה באו ואשתרבובי אשתרבוב למטה ונחתו הא לא אצטריך דאפי' זמן בעליונה בתוכה ולא זמן את של תחתונה ולמחר מצא בעליונה לפניה ולא בתוכה ולא מצא בתחתונה כלל אסירי ולא תימא לאו אורחייהו למסרך ומיסק בעודן קטנים אלא אמרינן סרוכי סרוך מן התחתונה המוקצה וסליקו לפני העליונה : א) ואם אין שם אלא הן · אם אין סביבותיהם אתמול אלא הן : ב) הרי אלו מותרים · דודאי אלו הן שהזמין בתוך הקן ובאו לפניה : מפורחים · גדולים ופורחים למרחוק : אדדויי אדדו · מאותו קן ואתו להכא כדמפרש ואזיל דעד חמשים אמה מדדה : בקרן זוית · שזוית הבית בולט להלאה מן השובך וקן זה שזמן בו עומד לגדדין דאי הוה אתי להכא לא הוה חזי לקניה שהזוית של בית

עומדת לפניו : **מתני'** עלי · מלאכתו לאיסור לכתוש במכתשת משום הכי אסרי ליה בית שמאי : **גמ'** שאסור לטלטלו · דאתעביד ליה טורך י"ט : בתברא גרמי · המיוחדת לקצב עליה בשר : מהו דתימא · הוא הדין דאפילו תברא גרמי אסרי ב"ש דלמא בתר דטלטלה ממליך ולא תבר ואשתכח דטרח בכדי : איכא דאמרי אמר אביי כו' · כי אותביה פשיטא עלי תנן שני אביי גופיה הכי לא נצרכא הא דאמרינן אבל תברא גרמי דברי הכל מותר אלא לתברא גרמי חדתי שלא קצב עליה מעולם דאיכא למיחש דהיים עלה וממלך : לא חיישי לאמלוכי · בתמיה ופריך לאביי : אין מוליכין טבח וסכין וכו' · אם היו רחוקים זה מזה דלמא [בתר] דטריח ממליך : מדוך · בוכנא שדוכין בו תבלין במדוכה : נשבק האי קדרה · מין תבשיל זה שיהא צריך תבלין כגון בשר ובללים : ואעבד קדרה דלא בעיא תבלין · כגון כרוב ולפת : מאי איכא למימר גרסי' קמ"ל לא גרסינן : שמולחין עליו · ואע"פ שהמלח מועיל לעבוד : לצלי · דאין מולחין אותו יפה : הא קא משמע לן דאפי' לצלי כעין קדרה אסור · האי אבל לקדרה דקאמר אביי לצלי כעין קדרה קאמר כגון אדם המולח לצלי יפה יפה קרוב למליחת בשר שצריך קדרה דלא תימא כל צלי שרי : אין מולחין את החלבים · ביום טוב כדי שלא יסריחו ואפי' נשחטה הבהמה בי"ט : ומאי שנא מעור לפני הדורסן · דשרו בית הלל משום דאי לא שרית ליה ממנע ולא שחיט :

א) [שייך למשנה דלעיל י:] ב) [גם זו שם]

תוספות

*) **פשיטא** דמותרין דאמר מר עוקבא כל המדדה וכו' וקשה וכי מייתי ראיה ממר עוקבא שהוא אמורא וי"ל דע"כ אנו צריכין לומר כדמר עוקבא דאם לא כן לא מתוקמא מתניתין דלא יתפור (ב"ב דף כג:) : **אין** טולין העלי · ותימה הא צריך לגופה וכל כלי שצריך לגופו או למקומו אפילו מלאכתו לאסור טולין אותו ביום טוב וי"ל דבפרק כל הכלים (שבת דף קכג· ושם) מוקמינן ליה במוקצה שיש בו חסרון כיס דכ"ע מודו דאסור כגון סיכי זירי ומזורי דקפיד עלייהו וב"ה שמתירין היינו דוקא משום שמחת י"ט כדמפרש בגמרא: **ושוין** שמולחין עליו בשר לצלי · לאו משום דצריך מליחה לצלי כדמפ' בחולין (דף קיא·) אלא משום שנהגו למלחו כדי ליתן טעם [ועי' תוספות חולין יד. ד"ה ונסבין] :

מערים

עין משפט נר מצוה

*) [אמר אביי בדף. תימה דלא אמר לעיל הרישא] ת"י כ"י :

עו א ב ג מיי' פ"ב מהלכות יו"ט הל' ו טוש"ע א"ח סי' תצז סעיף יד :

עז ד מיי' שם ופט"ו מהל' גזילה הל' יח טוש"ע שם וטוש"ע ח"מ סי' רס סעיף ח :

עח ה מיי' פ"ב מהל' יו"ט הלכה ו טוש"ע א"ח שם סעיף יד :

עט ו טוש"ע א"ח סי' תצט סעיף ה :

פ ז מיי' פ"ג מהלכות יו"ט הל' ד סמג לאוין עה טוש"ע שם סעיף ג :

פא ח טוש"ע שם סעיף ה :

פב ט טוש"ע א"ח סי' תצה סעיף ג :

פג י טוש"ע א"ח סי' תקד סעיף ג :

פד כ ל מיי' פ"ג שם הלכה ד טוש"ע א"ח סי' תצט סעיף ג :

פה מ נ מיי' שם הל' ה טוש"ע שם סעיף ד :

[בקרן זוית מאי אמרת אדדויי אדדו כל היכא דמדדה והדר כו' כצ"ל מהרש"ל]

בירושל' ל"ג תיבת כזית

[תוספתא' פ"א]

[עיין שבת דנקט עמ"ש בש"י א"ח סי' תצח ד"ה ויכול להוליך]

רבינו חננאל

דמתעכל קטריהן ומיפרדי מהדדי ולקח אחד ונשאר אחד· פי' אשתרבובי כמין ירידה הוא וסריכה כמו תפיסה כדכתיב שממית בידים תתפש: ואם אין שם אלא הן מותרין. אוקימנא במדדין ולא במפריחין כלומר אין בהן כח לפרוח. ומתמהינן אי הכי פשיטא ודאי הן הן. ואמרינן כגון דאיכא קן אחד בתוך נ' אמה שיש שם אפרוחים שלא זימן מהן וקאי בקרן זוית מהו דתימא ניחוש דלמא מן הקן ההוא באו קמ"ל אע"ג דקיי"ל כמר עוקבא דאמר בפ' לא יחפור כל המדדה אין מדדה יותר מחמשים אמה כיון דקאי האי קן בקרן זוית (דלפי) [דאי] מדדה לא יכול למיהדר ומחזי לקניה לא מדדה הלכך ליכא למיחש להכי ושרי: *) פי' תרסין הקרשין שנועלין בהן פתחי החנויות וב"ה מתירין לסלקם ולפתוח ולהחזירם כדי לסגור: פי' העלי בוכנא שכותש בו הדיסא והפואה וכיוצא בה באסיתא. (והוא) מלאכת החול ואינו עומד לכתוש בו מיני מאכל׳ לפיכך אמרו כי זה העלי הוא דבר שמלאכתו לאיסור ואעפ"כ ב"ה מתירין לטלטלן ולקצב עליו בשר ולשבר עצמות. וכן תברא גרמא שהיא חתיכה של קורה שהתקינה לשבר עליה עצמות והיא עדיין חדשה מותרת וכ"ש ישנה וכן להוליך תבלין אצל מדוכה ומדוכה אצל תבלין אלו כולן ב"ה מתירין **) להגביה עור של בהמה ששחטה ביום טוב ולשוטחו ולדורסו בני אדם וב"ה מתירין ושוין ב"ש וב"ה שמולחין ע"ג העור בשר לצלי שאין צריך מלח הרבה אבל בשר לתבשיל שצריך מלח הרבה לא שנמצא מולח את העור: ת"ר אין מולחין את החלבים ביו"ט ולא מהפכין בהן משום ר' יהושע אמרו שוטחן ברוח ע"ג יתידות. אמר רב מתנה הלכתא כר' יהושע איכא דאמרי אין הלכה כו'

אמר

*) נראה דלפני רבינו הי' הגי' כאן בש"א אין מסלקין את התרסין וכו' קודם דין דאין מעלים את העלי. **) נראה דחסר כאן וצ"ל וכן אוסר ב"ש להגביה וכו'.

התם לא מוכחא מלתא *משום דחזי למזגא עליה הכא אתי למימר מ"ט שרו לי רבנן כי היכי דלא לסרח מה לי למשטחינהו מה לי לממלחינהו אמר רב יהודה אמר שמואל [א]מולח אדם כמה חתיכות בשר בבת אחת אע"פ שאינו צריך אלא לחתיכה אחת רב אדא בר אהבה מערים ומלח גרמא גרמא :

מתני' ב"ש אומרים *אין מסלקין את[שם] התריסין ביום טוב וב"ה [ב]מתירין אף להחזיר :

גמ' מאי תריסין אמר עולא תריסי חנויות ואמר עולא [ס]שלשה דברים התירו סופן משום תחלתן ואלו הן עור לפני הדורסן ותריסי חנויות וחזרת רטיה במקדש ורחבא אמר רבי יהודה אף הפותח חביתו ומתחיל בעיסתו על גב הרגל ואליבא דרבי יהודה דאמר יגמור עור לפני הדורסן תנינא מהו דתימא טעמיהו דב"ה משום דחזי למזגא עלייהו ואפילו מערב יום טוב נמי קמ"ל [ג]התירו סופן משום תחלתן דיום טוב אין דערב י"ט לא תריסי חנויות נמי תנינא [וב"ה מתירין אף להחזיר] מהו דתימא טעמיהו דב"ה משום *דאין בנין בכלים ואין סתירה בכלים ואפילו דבתים נמי קמ"ל [ד]התירו סופן משום תחלתן דחנויות אין דבתים לא חזרת רטיה במקדש נמי תנינא* [ה]מחזירין רטיה במקדש אבל לא במדינה מהו דתימא טעמא מאי משום דאין שבות במקדש אפילו כהן דלאו בר עבודה הוא קמ"ל התירו סופן משום תחלתן דבר עבודה אין דלאו בר עבודה לא פותח את חביתו נמי *תנינא הפותח את חביתו ומתחיל בעיסתו על גב הרגל ר' יהודה אומר יגמור וחכמים אומרים [ו]לא יגמור מהו דתימא טומאת עם הארץ ברגל כטהרה שויוה רבנן ואע"ג דלא התחיל נמי קמ"ל התירו סופן משום תחלתן התחיל אין לא התחיל לא ועולא מאי טעמא לא אמר הא בפלוגתא לא קא מיירי הנך נמי פלוגתא נינהו *בית שמאי במקום בית הלל אינה משנה מתניתין דלא כי האי תנא דתניא *אמר רבי שמעון בן אלעזר מודים בית שמאי ובית הלל שמסלקין את התריסין ביום טוב לא נחלקו אלא להחזיר שבית שמאי אומרים אין מחזירין ובית הלל אומרים אף מחזירין במה דברים אמורים בשיש להן ציר אבל אין להן ציר דברי הכל מותר והתניא בד"א בשאין להן ציר אבל יש להן ציר דברי הכל אסור אמר אביי [ז]בשיש להן ציר מן הצד דברי הכל אסור אין להן ציר כל עיקר דברי הכל מותר כי פליגי בשיש להן ציר באמצע

מר

רש"י

התם לא מוכחא מילתא · שתהא שטיחתו לצורך עבוד דמימר אמר האי דשרו ליה רבנן לתתו לפני הדריסה מפני צורך יום טוב התירו אלא שטיחתו צורך י"ט דחזי למזגא עליה אבל הכא גבי חלבים כי שרית לשוטחן מוכחא מלתא שלתקון החלבים התרתו ואתי נמי לממלחינהו ומליחה מאבות מלאכות היא בדבר שיש בו עבוד דתנן (שבת דף עג·) והמולחו והמעבדו : בבת אחת. דחד טרחא לכלהו : מערים · לאחר שמלח זו לאכלה היום אומר חברתה ערבה עלי לאכלה היום וחוזר ומולחה : חנויות · כמו תיבות הן ועומדות בשוק ואינן מחוברו' לקרקע: תריסין · דלתות פתחיהן : התירו סופן · שאינו לצורך יום טוב : משום תחלתן · שהוא לצורך יום טוב ואי לא שרית סופן לא עביד תחלתן : עור לפני הדורסן · הותרה שטיחתן משום שחיטתן : תריסי חנויות · הותרה חזרתן משום סלוקן:(א)וחזרת רטיה· בשבת. פרק כלל גדול (דף עה:) אמרו הממרח רטיה בשבת חייב משום ממחק : במקדש · לכהן שלקה בידו וצריך לעבוד עבודה וליטול רטיה מעל ידו שלא תהא חציצה בין ידו לעבודה מחזיר הרטיה לאחר עבודה דאי לא שרית ליה להחזירה לא שקיל ליה מעיקרא : ורחבא אמר רבי יהודה · י"מ ספק משמיה דרבי יהודה נשיאה ספק משמיה דרב יהודה ואני אומר לא ראה רחבא את רבי יהודה נשיאה דהא מפומבדיתא הוה ולא מצינו שעלה לא"י ועוד כי אמרי' בעלמא *דדייק וגמר שמעתת' מפומיה דרביה כרחבא דפומבדיתא הוה לן למימר דאפילו ספיקי דגברי גרים כדאמרינן בדרב יהודה בהכל שוחטין (חולין יח:) ונראה בעיני משום דרבו מובהק היה ולא היה לומד מרב אחר הוה קרי ליה רבי דלא נספקיה בדרב יהודה אחרינא : אף הפותח את חביתו · חבר כשהתחיל למכור יינו או ככרו לעולי רגלים ברגל וממשמשי בה יד הכל וטומאת עם הארץ ברגל טהורה כל ימות הרגל ובמה שנשאר לאחר הרגל נחלקו רבי יהודה וחכמים בפרק חומר בקדש (חגיגה דף כו·) רבי יהודה אומר יגמור וימכרנה לחברים ולכל אדם ויזהר שלא יגע עם הארץ עוד וחכמים אומרים לא יגמור ולא ימכרנה עוד משום דנטמאת ברגל במגע עם הארץ ונהי דכל ימות הרגל אשתראי שלא לביישם מיהו לאחר הרגל חלה למפרע ואשמעינן רחבא דרבי יהודה לא אמר יגמור אלא משום תחילתן דאי לא שרית ליה לא פתח ליה מעיקרא : תנינא · במתניתין ובית הלל מתירין ומעולא מאי נפקא לן : ואפילו מעי"ט · שהופשט מבעוד יום : דערב יום טוב לא · דליכא למיגזר משום תחילתן דאי נמי לא שרית ליה איהו נמנע מלשחוט מעי"ט (ב) דהא יכול לשוחטו מבעוד יום : תנינא · במתניתין : וב"ה מתירין אף להחזיר גרסינן : דאין בנין בכלים · אין איסור בנין וסתירה בכלים אלא בבתים דנחייב בבנין כל דהו והעושה כלי או גומרו בי"ט או בשבת משום מכה בפטיש הוא דמחייב שהוא חיוב לכל גמר מלאכה או אם הוא דבר שהוא מחליקו חייב משום ממחק ואם צריך קלוע חייב משום מחתך וכן אורג או מסך או תופר אבל בנין וסתירה לא שייך בהו לאחיובי בסלוק וחזרה דהא דתנן (שבת דף קב:) הבונה כל שהוא בבתים תנן והלכך בית הלל אפילו בתיבות הבית שרו לסלק דלתותיהן ולהחזיר ואע"ג דלאו לשמחת י"ט קמ"ל עולא דאע"ג דאין בנין וסתירה בכלים קאסרי ליה ב"ה מדרבנן אי לאו משום תחלתן דחנויות שהן צרכי רבים אין אבל תריסי כלי הבית לא : תנינא · בעירובין מחזירין רטיה במקדש אבל לא במדינה : מהו דתימא טעמא · דהתירא משום דלא גזרו על השבות שבמקדש ולקשור רטיה וכן כל דבר רפואה שאין מלאכה אלא שבות הוא שגזרו חכמים בכל רפואות גזירה משום שחיקת סמנין : תנינא · בחגיגה : כטהרה שויה רבנן · דאסמכוה אקרא כאיש אחד חברים (שופטים כ) וטעמא דרבי יהודה משום דלא הדרה חיילא ואע"ג דלא התחיל על גב הרגל למוכרה ואירע שנגע בה עם הארץ ברגל קאמר נמי רבי יהודה דאין מגעו מטמאה ואפי' לאחר הרגל קמ"ל רחבא דמשום תחלתן הוא : בפלוגתא לא קא מיירי · והא פליגי רבנן עלה : מתניתין · דקתני בסלוק נמי פליגי לאו כי האי תנא : בשיש להן ציר · ידות לשני ראשין דדומות לבנין : והתניא · בשאין להן ציר הוא דשרי ב"ה אבל בשיש כו' : אמר אביי · דכולי עלמא תרוייהו הנך תנאי דברייתא דפרשי לן פלוגתא דב"ש וב"ה : *דברי הכל אסור · ובשאין להן ציר כל עיקר דברי הכל ב"ש וב"ה : בשיש להן ציר באמצע · כעין פליט"א ותוחבין אותו בחור שבאמצע דופן פתח התיבה :

תוספות

מערים ומלח גרמא גרמא · וכן רגילין העולם שמערימין (ג) ואוכלין מעט מן התרנגולת ואוכלין הכבד ומיהו ה"ר שמואל היה אומר הייני דוקא קודם אכילה אבל אחר אכילה לא* :

אמר רחבא אמר ר' יהודה · פי' רש"י יש מפרשים דלהכי קאמר האי לישנא משום שהיה מסופק אם שמע שמועה זאת מרבי יהודה הנשיא או מרב יהודה ולא נהירא דרחבא היה בפומבדיתא ולא מצינו שעלה לא"י ועוד מצינו בפסחים (דף נב:) דדייק וגמר שמעתא מפומיה דרביה כרחבא דפומבדיתא כו' ואם כן שהיה מסופק ממי שמע שמועה היה לו לומר דאפילו ספיקי דגברי גרים כדאמר בחולין (דף יח:) בשמעתין דמוגרמת לכך נראה לי דלכך אמר רבי יהודה משום שהיה רבו מובהק והא דקאמר וגמר שמעתא מפומיה (ד) קאי אהא דקאמר סטיו לפנים מסטיו ולא קאמר *אסטוונית דאותו לשון שמע מרבו ולא רצה לשנותו :

מהו דתימא טעמייהו דב"ה דאין בנין וסתירה כו' · דקי"ל אין בנין וסתירה כשהוא מהדק ומפרק כי אם בעושה כלי שהוא חייב משום מכה בפטיש או בבונה על גבי קרקע כדאמרינן בשבת (דף קב:) הבונה כל שהוא חייב קמ"ל ותימה הא קיימא לן אין בנין וסתירה בכלים י"ל מ"מ אסור (ה) שמא יתקע :

השוחט

עין משפט נר מצוה

[וע"ע תוספות לקמן יח: ד"ס ונלבד]

פו א מיי' פ"א מהלכות יו"ט הל' יוד סמג לאוין עה טוש"ע א"ח סי' תק סעיף ה :

פז ב מיי' שם פ"ד הל' יב סמג שם טוש"ע א"ח סי' תקיט סעיף א :

פח ג מיי' פ"ג שם הלכה ד :

פט ד מיי' שם פ"ד הלכה יב טוש"ע שם :

צ ה מיי' פכ"א מהלכות שבת הלכה כו סמג לאוין שה טוש"ע א"ח סי' שכח סעיף כח :

צא ו מיי' פי"א מהל' מטמאי משכב ומושב הלכה י :

כ"א אלטבא

צב ז מיי' פ"ד מהלכות יו"ט הל' יב טוש"ע א"ח סי' תקיט סעיף א :

רבינו חננאל

אמר רב יהודה אמר שמואל מולח אדם כמה חתיכות כאחת אע"פ שאינו צריך אלא לחתיכה אחת. רב אדא בר אהבה מערים ומלח ליה גרמא גרמא כגון דמלח האי חתיכה ואימלך ואמר לא בעינא האי אחריתי בעינא : ירושלמי מערים ומלח הכא עד דמלח טולה. כלומר היה ממלח ע"ג העור מעט מעט. וישאל מאי תריסין אמר עולא תריסי חנויות. והני מילי חנויות אבל בתים לא. ג' דברים התירו סופן משום תחלתן ואלו הן תריסי חנויות משום להוציא תבלין ומיני מאכל התירו לו. ואם תאמר לו אסור לסגור בהן כי יש בנין בכלים מתחלה לא יפתח. וכן עור לפני הדריסה. אם לא תתיר לו להניחו במקומו שמא לא ישחום תחלה. וכן החזרת רטיה במקדש כמפורש בסוף עירובין ורב יהודה אמר אף עם הארץ הפותח חביתו ברגל והמתחיל עיסתו ברגל יגמור לאחר הרגל כר' יהודה. ואע"ג דקיי"ל מגע ע"ה בחזקת טומאה הוא הכא אם לא תטהר לו לא אתי למיעבד לכתחלה ושקלינן וטרינן בענין תריסי חנויות ואסקה אביי בשיש לה ציר מן הצד דברי הכל אסור. כדתנן מחזירין ציר התחתון במקדש אבל לא במדינה. באין לה ציר כל עיקר דברי הכל מותר. כי פליגי בשיש לה ציר באמצע

מסורת הש"ס

[לעיל יח.]

[שם וש"נ]

עירובין קב.

[ברכות לג.]

חגיגה כו.

[ברכות לו: יבמות מ:] [תוספ' פ"א]

[ר"ל קך ד"ס אסור וכו' בשאין להם ציר ד"ה מותר קאי אב"ש וב"ה]

הגהות הב"ח

(א) רש"י ד"ה וחזרת רטיה וכו' משום ממחק במקדש) תא"מ וכ"ב וחזרת רטיה בשבת במקדש לכהן כו': (ב) ד"ה ערב יום טוב וכו' דהא יכול לשוחטו מבעוד יום: (ג) תוס' ד"ה מערים וכו' שמערימין ואוכלין מעט מן התרנגולת כמו הכבד: (ד) ד"ה אמר וכו' מפומיה דרביה קאי אהא: (ה) ד"ה מהו וכו' מ"מ אסור מדרבנן שמא יתקע:

גליון הש"ס

גמ' שלשה דברים התירו סופן. עיין ר"ש דף כג ע"ב תוס' ד"ה שיהו מהלכים ועיין יומא דף עז ע"ב ומו"ק דף ז ע"א:

---

(8) Which states the dispute between Beth Shammai and Beth Hillel with respect to taking down shutters.

d (1) In which case replacing appears more in the nature of building. (2) Both Beth Shammai and Beth Hillel. (3) Because it is more difficult to put them back.

a hide before the treading place?[9] [11b]—There it is not manifest,[10] since it [the hide] is fit to be used as a mat to sit on. Here [however] he will be led to argue: What is the reason [that] the Rabbis permitted me [to spread it on pegs]: so that it should not become offensive: what difference is there whether I spread them or salt them? Rab Judah in the name of Samuel said: A man may salt [on a Festival] several pieces of meat together even though he needs only one piece.[11] R. Adda b. Ahabah made use of an artifice and salted piece after piece.[12]

a *MISHNAH*. BETH SHAMMAI SAY:[1] ONE MAY NOT TAKE DOWN SHUTTERS ON A FESTIVAL,[2] BUT BETH HILLEL PERMIT EVEN TO PUT THEM BACK AGAIN.

GEMARA. What [kind of] shutters?—Said 'Ulla: The shutters of a [shopkeeper's] stall.[3] 'Ulla further said: There are three cases where [the Rabbis] allowed the completing [of the action][4] on account of its beginning,[5] and they are as follows: [The placing of] the hide for people to tread on;[6] [the taking down of] shutters from stalls[7] and the replacing of a plaster[8] in the Temple. And Rehaba said in the name of Rabbi Judah:[9] Also he who opens his cask [of wine] or commences [cutting] into his dough for the requirements of the Festival[10] and according to R.
b Judah who says: He may finish [selling them after the Festival].[1]

'[The placing of] the hide for people to tread on'; we have [already] learnt it![2]—You might say that the reason of Beth Hillel[3] is because it is fit to be used as a mat and therefore even though [the hide was flayed] before the Festival it is also [permitted]; so he informs us [that] they permitted its completion for the sake of the beginning: [therefore if flayed] on the Festival it is [permitted], before the Festival it is not [permitted].

'[THE TAKING DOWN OF] SHUTTERS FROM STALLS' we have also learnt, [viz., but Beth Hillel permit even to put them back again]:—You might say that the reason of Beth Hillel is that building or demolishing does not apply to utensils and [therefore] even [the lids of chests in] houses are also permitted,[4] so he informs us that they only permitted its completion on account of the beginning; therefore of stalls only [is it permitted] but not of [chests in] houses.[5]

'The replacing of a plaster in the Temple' we have also learnt [viz.]:[6] One may replace[7] a plaster [on a wound] in the Temple but not in the country:[8]—You might say, what is the reason? Because there is no *shebuth*[9] in the Temple and [therefore] even a priest not performing a Temple service [may also replace a plaster], so he informs us that they [only] permitted its completion on account of the beginning, [therefore it is permitted] only in the case of [a priest] performing a Temple service, but not when not performing a Temple service.

c '[The case of] opening a cask', we have also learnt[1] [viz.]: He who opens his cask [of wine] or commences cutting into his dough for the requirements of the Festival, R. Judah says: He may finish [selling them after the Festival]; but the Sages say: He may not finish!—You might say that the Rabbis regarded the uncleanness of an *'am ha-areẓ* during the [period of the] Festival as cleanness and [therefore] even though he had not commenced[2] it is also [permitted];[3] so he informs us that they only permitted its completion on account of the beginning, [therefore] only if he had commenced [to sell them during the Festival] but not if he had not commenced.[4] And 'Ulla: What is the reason that he does not state this?[5]—He does not deal with [cases] where there is a dispute. But there is a dispute concerning those too![6]—The [opinion of] Beth Shammai against that of Beth Hillel is regarded as having no authority.[7]

Our Mishnah[8] is not according to the following Tanna; for it was taught: R. Simeon b. Eleazar says: Beth Shammai and Beth Hillel agree that one may take down the shutters on a Festival; they dispute only about replacing, Beth Shammai maintaining: One may not replace [them]; while Beth Hillel rules: One may even replace [them]. When is this said? Where they [the shutters]
d have hinges,[1] but if they have no hinges all agree that it is permitted [even to replace them]. But it was taught: This applies only if they have no hinges, but if they have hinges all agree that it is forbidden!—Said Abaye: When they have hinges on the side all[2] agree that it is forbidden;[3] they only dispute where there

(9) Which Beth Hillel permit for the reason that if you will not allow him to do this he will omit slaughtering altogether. (10) That the spreading of the hide is for tanning. (11) For this is not doing extra work, for there is one act of salting whether it be for one or for several pieces. (12) After salting one piece for eating on the same day, he took another under the pretence that it was preferable, and so on until the whole was salted. The object was to preserve the meat in better condition for the days following the Festival.

a (1) *Supra* 10a. (2) For it is of the nature of building and pulling down, work forbidden on a Festival. (3) Although general trading is prohibited on a Festival, yet things necessary for the full enjoyment of the Festival may be sold on trust, no payment being made on the day of the Festival. One or two shutters were taken down to show that such goods might be obtained. (4) Which was not necessary for the Festival and in an ordinary way would have been prohibited. (5) The beginning of the action was necessary for the enjoyment of the Festival and so the ending is permitted for the sake of the beginning. If it were forbidden, it might cause the neglect of beginning certain work which was necessary for the full enjoyment of the Festival. (6) If he would not be allowed to use the skin in this way he would not kill. (7) If he will not be allowed to close he will not open to give food. (8) To apply a plaster on the Sabbath is forbidden. If, however, a priest having a plaster on a wound on his hand by reason of which he may not perform the Temple service (because nothing may adhere to his hand during the Temple service) has removed same, then he may replace it after the Temple service is over. (9) [The reference is to *Rab* Judah, whom Rehaba designated as 'Rabbi' ('my teacher') because he was his teacher (Rashi). V. *D.S.* a.l.] (10) To retail these to the pilgrims during the Festival among whom may be some of the עמי הארץ who do not observe the law of purification and who may have come into contact with the wine or bread thus rendering them unclean. According to R. Judah, the remainder also may after the Festival be bought by or sold to anyone however scrupulous he may be. V. *infra*, n. c 1. Here, too, if we do not allow him to sell after the Festival, he will not commence opening for the Festival.

b (1) This is explained *infra*. (2) *Supra* 11a. Then why mention it again? (3) In permitting the hide to be trodden on. (4) To be taken off and to be put back again. (5) I.e., even Beth Hillel hold that building or demolishing with respect to utensils is Rabbinically prohibited, but here they permit only on account of the enjoyment of the Festival. (6) 'Er. 102b. (7) On a Sabbath. (8) מדינה (country) used here as opposed to מקדש (Sanctuary, Temple precincts). (9) A Rabbinical Statute concerning the true keeping of the Sabbath; an act forbidden by the Rabbis on a Sabbath as being out of harmony with the celebration of the day. The replacing of a plaster on a Sabbath, like other medicinal remedies, is forbidden by the Rabbis as a preventive measure against pounding spices. The prohibition of acts as *shebuth*, however, did not apply to Temple duties. V. Glos.

c (1) Hag. 26b. Wine or dough which has been touched by an *'am ha-areẓ* may not be bought by or sold to persons who are scrupulous about purification, for the *'am ha-areẓ* is suspected of being unclean. If an *'am ha-areẓ* comes into contact with the wine or the dough during the Festival, they are not contaminated and may be bought by or sold to anybody during the Festival, even the most scrupulous. Should any wine or dough remain after the Festival, R. Judah and the Sages dispute whether these may continue to be bought by or sold to scrupulous people. If, however, wine or dough not for sale during the Festival came in contact with an *'am ha-areẓ*, such may not be bought by or sold to the scrupulous after the Festival even according to R. Judah. (2) To sell during the Festival. (3) To the most scrupulous according to R. Judah, even though an *'am ha-areẓ* had come into contact with these. (4) The uncleanness of an *'am ha-areẓ* was regarded as clean only with respect to things that were started to be sold, but if an *'am ha-areẓ* touched a thing that had not been started to be sold, he contaminated them. (5) Additional case of Rehaba. (6) For Beth Shammai dispute the three cases he mentions. (7) Lit., 'Beth Shammai('s view), in the place of Beth Hillel is not a Mishnah', since the *halachah* is determined according to Beth Hillel. Cf. Ber. 36b, Yeb. 9a.

is a hinge in the middle: [12a] One master[4] holds that we preventively prohibit a hinge in the centre on account of a hinge at the side;[5] and the other master[6] is of the opinion we do not preventively prohibit.[7]

MISHNAH. BETH SHAMMAI SAY: ONE MAY NOT CARRY OUT AN INFANT[8] OR A LULAB[9] OR A SCROLL OF THE LAW[10] INTO PUBLIC GROUND,[11] BUT BETH HILLEL PERMIT [IT].

GEMARA. A Tanna taught before R. Isaac b. Abdimi: He who slaughters a freewill burnt-offering on a Festival is flagellated.[12] Said he to him: He who taught you this held the opinion of Beth Shammai who maintain: We do not say, 'Since carrying out is permitted for what is [actually] necessary [for the preparation
a of food], it is also permitted for that which is not necessary'.[1] For if [he held the opinion of] Beth Hillel, surely they maintain: 'Since carrying out is permitted where it is necessary, it is also permitted where it is not necessary', so also here, since slaughtering is permitted where it is necessary[2] it is also permitted where it is not necessary.[3] To this Rabbah demurred: Whence do you know that Beth Shammai and Beth Hillel differ on this [point]; perhaps they differ as to whether [the laws of] *'erub* and carrying out apply to Sabbath, but [the laws of] *'erub* and carrying out do not apply to a Festival?[4] One Master is of the opinion, *'Erub* and [the laws of] carrying out apply to both the Sabbath and the Festival,[5] and the other Master maintains, *'Erub* and [the laws of] carrying out apply to Sabbath but *'erub* and [the laws of] carrying out do not apply to the Festival, as it is written, *Neither carry forth a burden out of your houses on the Sabbath day,*[6] only on the Sabbath day but not on the Festival![7] To this R. Joseph demurred [in turn]: If so,[8] let them[9] dispute with respect to stones![10] Since, however, they do not dispute about stones, infer from it that they differ with respect to carrying
b out [things] that are not necessary [in the preparation of food].[1]

R. Johanan is also of the opinion that they differ in whether [we say], 'Since carrying out is permitted for what is necessary [in the preparation of food] it is also permitted for what is not necessary [in the preparation of food]'; for a tanna recited before R. Johanan:[2] He who boils the thigh sinew on a Festival[3] in milk and eats it is flagellated on five counts, for [unnecessarily] cooking the sinew on a Festival,[4] for eating the sinew, for boiling meat

(4) I.e., Beth Shammai. (5) If the former is permitted, one will think that the latter, too, is permitted. (6) I.e., Beth Hillel. (7) And therefore permit even to put them back again. The two Baraithas therefore are not contradictory, for each refers to a different case. (8) On a Festival, even to circumcise it. The circumcision ceremony was usually performed in a synagogue, hence the need to carry the infant out. (9) Lit., 'palm-branch', which bound together with myrtles and willows was carried, together with a citron, during the Feast of Tabernacles. V. Lev. XXIII, 40. Beth Shammai prohibit the carrying out of the *lulab* even for the purpose of fulfilling this command. (10) For the purpose of reading it. (11) For only such work as is necessary in the preparation of food may be done on a Festival. (12) The only offering which an individual may bring on a Festival is one part of which he may eat. But a burnt-offering is entirely consumed by fire on the altar; hence he does unnecessary work on the Festival. Obligatory (i.e., public) burnt-offerings are however permitted, as are all public sacrifices, both on the Sabbath and on Festivals, but voluntary offerings can be offered after the Festival.

a (1) As follows from our Mishnah. (2) For his own food during the Festival. (3) As the freewill burnt-offering. (4) The carrying of articles from one domain to another is forbidden, yet by means of an *'erub* it is permitted. *'Erub* is a symbolical act by which is established the legal fiction of joining one private estate with another private estate, thus extending the area in which things could be carried. (5) Just as it is not permitted on a Sabbath to carry from one domain to another without an *'erub*, so on a Festival. (6) Jer. XVII, 22. (7) Thus Beth Hillel too may hold that we do not say, 'Since a certain labour is permitted in the preparation of food, it is also permitted in other cases too', their reason in the Mishnah being that they do not regard carrying out as a labour at all *vis à vis* Festivals. (8) That Beth Hillel hold that the prohibition of carrying without an *'erub* does not apply to Festivals. (9) Beth Shammai and Beth Hillel. (10) Which it is altogether unnecessary to carry out; whether these may be carried out on Festivals into a public domain, v. Tosaf. s.v. ה״ג and R. Hananel.

b (1) But for the carrying out of which there is nevertheless some reason as the examples quoted in the Mishnah, v. loc. cit. (2) Mak. 21*b*; Pes. 47*b*. In Mak. the reading is slightly different. (3) Forbidden in Gen. XXXII, 33. (4) Since the sinew may not be eaten, the work of cooking it is unnecessary and consequently punishable by flogging. The same applies to the work of kindling a fire.

מר סבר גזרינן ציר באמצע אטו ציר מן הצד ומר סבר לא גזרינן: **מתני'** *בית שמאי אומרים אין מוציאין לא את הקטן ולא את הלולב ולא את ספר תורה לרשות הרבים ובית הלל [א]מתירין: **גמ'** תני תנא קמיה דרבי יצחק בר אבדימי השוחט עולת נדבה ביו"ט לוקה א"ל דאמר לך מני בית שמאי היא *דאמרי לא אמרינן מתוך שהותרה הוצאה לצורך הותרה נמי שלא לצורך דאי בית הלל [ב]הא אמרי מתוך שהותרה הוצאה לצורך הותרה נמי שלא לצורך הכא נמי מתוך שהותרה שחיטה לצורך הותרה נמי שלא לצורך מתקיף לה רבה ממאי דב"ש ובית הלל בהא פליגי דלמא בערוב והוצאה לשבת ואין ערוב והוצאה ליו"ט קא מיפלגי מ"ס *ערוב הוצאה לשבת וערוב הוצאה ליו"ט ומר סבר [ג]ערוב הוצאה לשבת ואין ערוב הוצאה ליו"ט כדכתיב °ולא תוציאו משא מבתיכם ביום השבת בשבת אין ביו"ט (ירמיה יז) לא מתקיף לה רב יוסף אלא מעתה ליפלגו באבנים אלא מדלא מפלגי באבנים ש"מ בהוצאה שלא לצורך פליגי ואף ר' יוחנן סבר במתוך שהותרה הוצאה לצורך הותרה נמי שלא לצורך פליגי דתני תנא קמיה דר' יוחנן *המבשל גיד הנשה בחלב ביו"ט ואכלו לוקה חמש לוקה משום *מבשל גיד ולוקה משום אוכל גיד ולוקה משום מבשל בשר בחלב ולוקה משום אוכל בשר בחלב ולוקה משום

רש"י

מר סבר · בית שמאי: ומר סבר · בית הלל והך מתניתא לא אפלוג אלא מר אשמעינן חדא ומר אשמעינן חדא ולא פליגי מתניתא קמייתא הכי קאמר במה דברים אמורים בשיש להן ציר באמצע אבל אין להם ציר כל עיקר דברי הכל מותר ותנא בתרא ה"ק במה דברים אמורים דנחלקו בשאין להם ציר מן הצד אבל בשיש להם ציר מן הצד דברי הכל אסור: **מתני'** לא את הקטן · כל מילי דלאו לצורך אכילה: **גמ'** עולת נדבה · דאילו עולת חובת היום רחמנא שריא אבל זו יש להקריבה לאחר יום טוב: לוקה · משום (*לא תעשה כל מלאכה) (שמות כ): לצורך · אך אשר יאכל לכל נפש: בערוב הוצאה · אם נאסרה הוצאה ביו"ט ונתקנו הלכות ערובי חצירות ליו"ט אם לאו: ואין ערוב והוצאה כו' · ואע"ג דעיקר הוצאה מויעבירו קול במחנה נפקא לן (שבת דף צו:) בא ירמיה ופירש שלא נאסרה אלא בשבת משום הכי קא שרו אבל שחיטה שהיא אב מלאכה ובכלל לא תעשה כל מלאכה היא אימא לך אפילו לב"ה אם הותרה לצורך לא הותרה שלא לצורך והך מתניתין אפי' ב"ה: מתקיף לה רב יוסף · אהך התקפתא דרבה: אלא מעתה · דסבירא להו לב"ה אין אסור הוצאה ליו"ט: ליפלגו באבנים · אי אין אסור הוצאה אין אסור טלטול שלא נאסר טלטול אלא משום הוצאה ומה שלא גזרו על כל טלטולים אפילו על אוכלים וכלים משום דאין גוזרין גזרה על הצבור אא"כ רוב צבור יכולין לעמוד בה: אלא מדלא אפלוג באבנים · ש"מ דלכולי עלמא יש הוצאה ליו"ט אלא שמן התורה הותרה לצורך וב"ה אית להו כיון דהותרה לצורך הותרה מן התורה לגמרי אלא רבנן גזור במידי דהוי טרחא דלא צריך כגון אבנים אבל בקטן וספר תורה דצריכין להו ביו"ט לא גזור ובית שמאי לית להו מיגו ומידי דלצורך אכילה שהתורה התירתו הותר ושאינו לצורך אכילה באסורו עומד מן התורה: ואף ר' יוחנן סבר במתוך גרסינן: פליגי · ב"ש וב"ה ודכולי עלמא יש אסור הוצאה ליו"ט מויעבירו קול במחנה דישנה בשאר מלאכות וירמיה היה מזהירן על השבתות שהן חמורין והלוים ישמעו: לוקה משום מבשל גיד · שהבשול אב מלאכה הוא ובשול גיד דבר האסור ואינו ראוי לאכילה ועומד באסור לא תעשה כל מלאכה דלא הותר אלא לצורך: ולוקה משום מבשל בשר בחלב · לאו משום יום טוב דמלקות דבשול יו"ט הא תנא ליה אלא אפילו הוא חול לוקה משום מבשל בשר בחלב דכתיב לא תבשל גדי בחלב שלש פעמים אחד לאסור אכילה ואחד לאסור הנאה ואחד לאסור בשול:

תוספות

השוחט עולת נדבה ביום טוב לוקה וכו' · וה"ה דמצי למימר ר"ע היא *דלית ליה מתוך אלא ניחא ליה למנקט ב"ש דסבירא להו הכי בהדיא טפי ותימה הוא"ל ומוקמינן לה אליבא דב"ש אם כן לימא השוחט עולת חובה בי"ט לוקה דהא ב"ש אית להו לקמן (דף יט·) על עולת ראייה דלוקה דדרשינן וחגותם חגיגה אין עולת ראייה לא וי"ל משום דיוקא נקטיה דאי הוה נקט עולת חובה הוה אמינא עולת חובה מחייבי אבל שלמי חובה כיולא בו פטור הואיל והם חובה וגם יש בהן צורך האדם אבל שלמי נדבה חייב הואיל והיה יכול להקריבן למחר והשתא דנקט עולת נדבה אשמעינן רבותא דדוקא עולת נדבה חייב דכולה כליל אבל שלמי נדבה פטור אע"ג שאינו חייב בהן והיה יכול להמתין עד למחר הואיל ויש בהן צורך הדיוט וא"ת והא אפילו ב"ה מודו דלוקה דסבירא להו לקמן (שם) דנדרים ונדבות אין קרבים בי"ט ואמאי מוקים לה אליבא דב"ש וי"ל דמהיכא אית ליה דנדרים ונדבות אין קרבים בי"ט מלכם ולא לגבוה וא"כ הוי לאו הבא מכלל עשה דאין לוקין עליו וא"ת כיון דאהדריה אהדריה לאסורא קמא דהא אמרי* גבי גוזז פסולי המוקדשין דלוקה אע"ג דלא ידעינן אסור גזיזה רק מדכתיב (דברים יב) תזבח ולא גיזה דהיינו לאו הבא מכלל עשה דאין לוקין אלא ש"מ כיון דאהדריה אהדריה לאסורא קמא כלומר ללאו שהיה בו קודם שנפסל וגם גבי נדרים ונדבות נימא הכי דאהדריה לאסורא קמא ולוקה וי"ל דשאני גיזה שלא הותרה בפסולי המוקדשין כלל בהדיא וא"כ הואיל ואשתכח סמך בהו לאסורא מוקמינן ליה באיסורא קמא אבל הכא גבי יו"ט דאוכל נפש הותר דכתיב אשר יאכל וגו' (שמות יב) וה"ה בנדרים ונדבות מתוך שהותרה וכו' וא"כ אשכחנא דהותרו בהדיא וכיון דאשכחנא דהותרו בהדיא לא אמרי' אהדרי' לאסור' קמא אלא למאי דאהדריה אהדריה ולמאי דלא אהדריה לא אהדריה וקאי דוקא בעשה:

דלמא בערוב והוצאה קמפלגי · פי' רש"י ערובי חצרות וקשה מאי צריך עירובי חצרות גבי י"ט הא בלאו הכי מותר לטלטל מחצר לחצר לצורך לכ"נ להר"ר חיים כהן דגרסינן ערוב הוצאה בלא וי"ו *והכי פירושו אם אסור הוצאה מעורב בו בין שאר מלאכות אע"ג שהיא מלאכה גרועה ואם שייכא אסור הוצאה אם לא קמפלגי ומיהו יש ליישב דגרסינן שפיר ערוב והוצאה דצריך ערוב שיוכל להוציא דברים שאינן לצורך יו"ט כלל (*ואין ערוב והוצאה ליו"ט דשאני הוצאה דגרועה היא מכל שאר מלאכות ויש ספרים דגר' קרא דירמיה ולא תוציאו משא מבתיכם ביום השבת בשבת אין ביו"ט לא דממעט לה בהדיא מטעם דהוצאה גרועה היא):

ה"ג רש"י אלא מעתה לפלגו באבנים ומדלא מיפלגי באבנים ש"מ וכו' והכי פירושו אלא מעתה דב"ה לית להו אסור הוצאה לפלגו בטלטול אבנים ולשמעינן רבותא דלית להו בהן אסור הוצאה דהא לא נאסר בשום דבר טלטול אפי' דבר שמלאכתו לאסור וגם אינו צורך י"ט כלל אלא גזרה שמא יוציא כדאיתא בהדיא פרק כל הכלים (שבת דף קכד:) ואפי' דבר שהוא צורך יו"ט כגון כלי הצריך לו היה ראוי לאסור גזירה שמא יוציא אלא שאין גוזרין גזירה על הצבור אא"כ רוב הצבור יכולין לעמוד בה ומדלא קמפלגי באבנים שמע מינה בהוצאה וכו' דב"ה סברי מתוך וא"ת כיון דב"ה אית להו מתוך אמאי אין מתירין אפי' טלטול אבנים וכל דבר אפילו אינו צורך יום טוב ויש לומר דודאי אין ה"נ דמדאורייתא הואיל והותרה הותרה לגמרי אלא רבנן גזור על דבר שאינו צורך יו"ט דכיון דעיקר הוצאה נאסרה יש לאסור בדבר שאין לצורך יום טוב כלל ע"כ פי' רש"י ולא רצה לגרוס כמו שיש בספרים אלא מעתה הוציא אבנים לב"ה ה"נ דלא מחייב מלקות דא"כ הוה מסיק לפי' זה הוציא אבנים לב"ה דחייב ורש"י קים ליה דב"ה סבירא להו הואיל והותרה הותרה לגמרי אלא רבנן הוא דגזור בדבר שאינו צורך יו"ט כלל וקשה חדא דאמרי' בפסחים (דף מו:) האופה מיו"ט לחול לוקה ולא אמרינן מתוך וכו' ואפילו לרבה דלא לקי היינו מטעם הואיל ואי אתרמי ליה אורחים אבל מטעם מתוך לא קאמר ועוד דמוחק גירסת הספרים לכן נראה לפר' דגרסי' כגירסת הספרים אלא מעתה הוציא אבנים לב"ה ה"נ דלא מחייב פי' מדאורייתא מלקות וכ"ת ה"נ א"כ לפלגו באבנים אלא ודאי מדלא קמפלגי וכו' ודוקא בהוצאה שיש בה צורך יו"ט קא אמרינן מתוך שהותרה לצורך יו"ט דכל אוכל נפש מותר הותרה נמי שלא לצורך אוכל נפש הואיל ואיכא צורך מקצת (א) שיש צורך יו"ט אבל שלא לצורך יו"ט כלל ודאי דאסור מן התורה כגון אופה מיו"ט לחול ומוציא אבנים דליכא לא צורך נפש ולא שמחת יו"ט חייב מדאורייתא וכי פליגי ב"ש וב"ה בדברים שאינן לצורך אוכל נפש ואיכא בהן צורך יו"ט קצת כגון קטן למולו דהמצוה נקראת צורך יום טוב ולולב ליטול בו וס"ת לקרות בו וכן פי' רבינו חננאל אבל*ליתא פירושן דלאו דוקא קטן למולו דה"ה שלא למולו דשרי גם (ב) טיול דהא אשכחן נמי דמשחקין בכדור שקורין פלוט"א בלע"ז ביו"ט ברה"ר אע"ג דליכא אלא טיול וא"ת השוחט עולה מה צורך יש לו בה יש לומר דהכא נמי איכא שמחת יו"ט שלא יהא שלחנך מלא ושלחן רבך ריקן כדמוכח לקמן (דף כ:): הכא

רבינו חננאל

ב"ה סברי לא גזרינן ומותר להחזיר: [מתני'] בש"א אין מוציאין לא את הקטן כו' · נקטינן לולב למצותו וקטן למולו וס"ת לקרות בו · וב"ה מתירין להוציאן אפילו לרה"ר · ומשום הכי אמרי' בגמרא הא דתני השוחט עולת נדבה ביו"ט לוקה · ואע"פ שעושה מצוה · ב"ש היא ולא ב"ה דשמעינן להו לב"ה דאמרי מתוך שהותרה הוצאה לצורך שנאמר אך אשר יאכל וגו' הותרה נמי הוצאת לולב וס"ת שאינן לצורך אכילה · הכא נמי כיון שהותרה השחיטה לצורך אכילה הותרה נמי שלא לצורך · אלא מתני' מני ב"ש היא · ודחינן להאי סברא מאי דבהאי טעמא פליגי ב"ש וב"ה דלמא בעירוב והוצאה פליגי ב"ש [סברי] יו"ט בדברים שאינן לצורך אוכל נפש כשבת·מה שבת אין מוציאין מרשות לרשות אלא ע"י עירוב כך ביו"ט · ומה שבת אין מוציאין בה [לר"ה] כך [ביו"ט] אין מוציאין · וב"ה סברי אין עירוב והוצאה ליו"ט · דכי כתיב ולא תוציאו משא מבתיכם ביום השבת הוא דכתיב ולפיכך הוצאה ביו"ט שרי · אבל לשחיטה שלא לצורך אפילו ב"ה אסרי ודחי רב יוסף [ד]אי הכי שאין הוצאה אסורה ביו"ט לדברי ב"ה אם יוציא אבנים לרה"ר פטור הוא · אלא מדלא תנינן דפליגי באבנים אלא בדברים שיש בהן צד מצוה · ש"מ במתוך שהותרה לצורך אכילה הותרה נמי שלא לצורך [אכילה] · וכן נמי מדחזינן לר' יוחנן דאמר לתנא דהוה תני קמיה · המבשל גיד הנשה בחלב ואכלו לוקה ה' לוקה משום אוכל גיד ומשום מבשל גיד · שבישל ביו"ט דבר שאינו בר אכילה · וה"ה למבשל בשר בחלב כו' וא"ל

מסורת הש"ס

שבת ד' קכד: לקמן לז·

[כל מלאכה לא יעשה בהם שמות יב]

*גי' רש"ל דאסרי ולא

[ז"ל הערוך ערך ערב מר סבר עירוב הוצאה לשבת עירוב הוצאה ליו"ט פי' י"ט לדברים שאינן צורך אוכל כשבת מה שבת אין מוציאין מרבות לרבות אלא ע"י עירוב כך ביו"ט]

מכות כא: פסחים מז: [מבשל גיד ביו"ט כצ"ל]

הגהות הב"ח

(א) תוס' ד"ה ה"ג רש"י וכו' ואיכא צורך מקצת אבל שלא לצורך כצ"ל ותיבת שיש צורך י"ט נמחק: (ב) בא"ד דשרי גם בשביל טיול:

רש"ל גורס ליתא להאי פירושא וי"ג אבל ר"ת פירש

עין משפט נר מצוה

[פסחים ה:]

צג א ב מיי' פ"א מהל' י"ט הל' ד ופ"ס הלכה א סמג לאוין עה טוש"ע א"ח סי' תקיח סעיף א:

צד ג מיי' פ"א מהל' עירובין הלכה ד סמג לאוין עה טוש"ע א"ח סי' תקכח סעיף א:

[עי' תוס' חולין לח: ותוס' ע"ז סז: סד"ס אמר ר' יוחנן]

[וע' תוספות כריתות יד: ד"ה עירוב]

רש"ל מוחק כל זה

משום הבערה א"ל **פוק תני לברא הבערה ובשול אינה משנה ואם תמצא לומר משנה ב"ש היא דאמרי לא אמרינן מתוך שהותרה הוצאה לצורך הותרה נמי שלא לצורך ה"נ לא אמרינן מתוך שהותרה הבערה לצורך הותרה נמי שלא לצורך דאי ב"ה כיון דאמרי מתוך שהותרה הוצאה לצורך הותרה נמי שלא לצורך הכא נמי *מתוך שהותרה הבערה לצורך הותרה נמי שלא לצורך:

מתני' ב"ש א אין מוליכין חלה ומתנות לכהן ביום טוב בין שהורמו מאמש בין שהורמו מהיום וב"ה מתירין אמרו להם ב"ש גזרה שוה חלה ומתנות מתנה לכהן ותרומה מתנה לכהן כשם שאין מוליכין את התרומה כך אין מוליכין את המתנות אמרו להם ב"ה לא אם אמרתם בתרומה שאינו זכאי בהרמתה תאמרו במתנות שזכאי בהרמתן:

גמ' קא סלקא דעתך שהורמו מהיום ושנשחטו מהיום ושהורמו מאמש ושנשחטו מאמש מני מתני' לא רבי יוסי ולא ר' יהודה אלא אחרים דתניא *אמר רבי יהודה לא נחלקו בית שמאי ובית הלל על המתנות שהורמו מערב יו"ט שמוליכין עם המתנות שהורמו מהיום ושנשחטו מהיום לא נחלקו אלא להוליכן בפני עצמן שב"ש אומרים אין מוליכין ובית הלל אומרים מוליכין וכך היו בית שמאי דנין חלה ומתנות מתנה לכהן ותרומה מתנה לכהן כשם שאין מוליכין את התרומה כך אין מוליכין את המתנות אמרו להם ב"ה לא אם אמרתם בתרומה שאינו זכאי בהרמתה תאמרו במתנות שזכאי בהרמתן אמר רבי יוסי לא נחלקו ב"ש וב"ה על המתנות שמוליכין לא נחלקו אלא על התרומה שב"ש אומרים אין מוליכין וב"ה אומרים מוליכין וכך היו ב"ה דנין חלה ומתנות מתנה לכהן ותרומה מתנה לכהן כשם שמוליכין את המתנות כך מוליכין את התרומה אמרו להם ב"ש לא אם אמרתם במתנות שזכאי בהרמתן תאמרו בתרומה שאין זכאי בהרמתה אחרים אומרים לא נחלקו ב"ש וב"ה על התרומה שאין מוליכין לא נחלקו אלא על המתנות שב"ש אומרים אין מוליכין ובית הלל אומרים מוליכין לימא אחרים היא ולא רבי יהודה אמר רבא מי קתני שהורמו מהיום ושנשחטו מהיום שהורמו קתני ולעולם שחיטתן מאמש לימא רבי יהודה היא ולא אחרים אפילו תימא אחרים ובהנך דנשחטו מאמש אי הכי היינו ר' יהודה איכא בינייהו טפלה: אמר רב יהודה אמר שמואל הלכה כרבי יוסי רב טובי בריה דרב נחמיה הוה ליה גרבא דחמרא דתרומה אתא לקמיה דרב יוסף אמר לו מהו לאמטויי לכהן האידנא א"ל הכי אמר רב יהודה אמר שמואל הלכה כרבי יוסי אושפיזכניה דרבא בר רב חנן הוה ליה אסורייתא דחרדלא א"ל מהו לפרוכי ומיכל מנייהו ביו"ט לא הוה בידיה אתא לקמיה דרבא א"ל מוללין מלילות ומפרכין קטניות ביו"ט איתיביה אביי **המולל מלילות מע"ש למחר מנפח מיד ליד ואוכל אבל לא בקנון ולא בתמחוי המולל מלילות מערב יו"ט למחר מנפח על יד על יד ואוכל אפילו בקנון ואפי' בתמחוי אבל לא בטבלא ולא בנפה ולא בכברה מערב יו"ט אין ביו"ט לא אפילו תימא ביו"ט ואיידי דתנא רישא מע"ש תנא סיפא נמי מערב יו"ט א"כ מצינו תרומה שזכאי בהרמתה ותנן לא אם אמרתם בתרומה שאינו זכאי בהרמתה וכו' לא קשיא הא

רש"י

משום הבערה · שהיא מלאכה לעצמה וקא סבר יש חלוק מלאכות ליום טוב ללקות שתים על שתי מלאכות משום יום טוב: הבערה ובשול · דיום טוב אינה משנה ללקות עליהן דמתוך שהותרו לצורך הותרו נמי שלא לצורך מן התורה: אינה משנה · לא נשנית מעולם בבית המדרש: ואם תמצא לומר משנה · אם יאמרו תנאים שנשנית ודאי בית שמאי שנאוה: **מתני'** אין מוליכין חלה · אע"פ שמותר בהפרשתה לא שרו ליה הולכתה אלא תקון לתקן עיסתו התירו לו ולא יותר: מתנות · הזרוע והלחיים והקיבה אף הן הרמתן הותרה לו שהרי נצטוה להרימן והיאך יאכל שאר הבשר ואע"פ שאין טובלין כשאר טבל לאסור הבשר באכילה מיהו אם לא פירש שאר הבשר מהן הרי הוא אוכלן ועובר בעשה הלכך הרמתן התירו ולא הולכתן וכולן משום גזרה דאין מגביהין (א) אותם: גזרה שוה · לאו דוקא דכולה מדרבנן גזור אלא דומיא דגזרה שוה בדרבנן: מתנה לכהן · מעשרים וארבע מתנות כהונה הן: כשם שאין מוליכין · דבהא מודיתו לן שהרי מאתמול הוגבהה: שאינו זכאי · רשאי לא נתנו חכמים לאדם כח וזכות בהפרשתה: **גמ'** לא ר' יוסי ולא רבי יהודה אלא אחרים גרסינן: שמוליכין אותן כו' · ומתניתין קתני בין שהורמו מהיום וקס"ד דבנשחטו היום קא מיירי ואסר: על המתנות שמוליכין · הואיל וזכאי בהרמתן והוא הדין לחלה וחד מינייהו נקט: אלא על המתנות · ואפילו נשחטו מהיום משמע כי מתניתין: לימא אחרים היא ולא ר' יהודה · כלומר כר' יוסי ודאי לא אפשר לאוקמא כרבי יהודה מאי מי מלינן למימר דמתניתין נמי דוקא בשל אמש קאמר ומתוקם אליביה או נזקק על כרחנו לומר דלא כרבי יהודה: מי קתני · מתני' בין שהורמו *ונשחטו מהיום ולעולם שחיטתן מאמש אבל בהנך דנשחטו ביום טוב מודו: לימא רבי יהודה היא ולא אחרים · כיון דמתניתין דוקא בדשל אמש קאי מדלא קתני נשחטו היום נימא דלא כאחרים דהא אחרים על המתנות קאמרי: בהנך דנשחטו מאמש · על המתנות דקאמרי אחרים בשל אמש קמיירי: טפלה · ר' יהודה מתיר לטפל ולהוליך של אמש עם של היום ואחרים סברי דאפי' לטפל נמי אסרי ב"ש ומתני' דלא איירי בטפלה כלל איכא למימר כרבי יהודה ואיכא למימר כאחרים: הלכה כרבי יוסי · ואליבא דב"ה דאפי' תרומה נמי מותר להוליך: אסורייתא · חבילות של חרדל בשרביטין והזרע בתוכן: מהו לפרוכי · השרביטין ולהוציא הזרע ביום טוב מי שרי ביו"ט כשחיטה ובישול או דלמא כיון דאפשר מערב יו"ט לא דתולדת דישה הוא: מוללין מלילות · דהא כלאחר יד הוא ואפילו בשבת לאו דאורייתא הוא אלא מדרבנן וביום טוב לא גזור: מלילות · של חטין שמולל בידיו כשהן רכים: גבי שבת גרסי' מיד ליד וגבי יום טוב גרסי' על יד על יד: מיד ליד · שלא כדרך חול: קנון · כלי הוא ראשו אחד רחב והשני עשוי כעין מרזב קצר ונותן הקטניות בתוך הרחב ומנענע והאוכל מתגלגל דרך המרזב והפסולת נשאר בכלי: תמחוי · קערה גדולה: על יד על יד · מעט מעט: אבל לא בטבלא כו' · דמחזי כמאן דעביד לצורך מחר שאין דרך לעשות בכלים הללו אלא הרבה: מערב יום טוב אין · המולל מערב יו"ט קתני ולא קתני המולל ביו"ט: אם כן · דמוללין מלילות ביו"ט מצינו תרומה שזכאי בהרמתה דהשתא שבלין לא מפרישין תרומה עד שיעשו דגן והמוללן ביו"ט לאכלן מפריש מהן תרומה על כרחו: הא

תוספות

הכא נמי כיון שהותרה הבערה לצורך וכו' · וא"ת ומה צורך איכא במבשל גיד כיון שהוא אסור יש לומר כיון שהיה בדעתו של זה לאכלו הייתו צורך יום טוב:

אין מוליכין חלה ומתנות לכהן כו' · פי' לאו דוקא מוליכין דה"ה אם יבא הכהן לביתו לא יתנם לו וכן משמע בירושלמי דדמאי פרק הלוקח פירות בהדיא דקאמר התם מי שקרא שם לתרומת מעשר דמאי ולמעשר עני של ודאי לא יטלם בשבת אבל אם כהן ועני (ב) רגילים לאכול אצלו באין ואוכלין ובלבד שיודיעם פי' מאתמול וקאמר עלה דההוא דקאמר לא יטלם היינו מתניתין לא יתנם ומייתי מהך דהכא אין מוליכין וכו' ומסיק ילפי' הוא מההיא וההיא ילפינן מהוא הוא יו"ט היא שבת פי' ה"ק דהיא דבשבת ילפינן מההוא דאין מוליכין דמיירי ביו"ט והוא ילפינן מהיא דוקא מה שמתירין ב"ה היינו דוקא כשרגילין לאכול אצלו ואותה של ירושלמי קרי היא אלמא דאם אין למדין לאכול אצלו לא יתנם אפי' אם יבא הכהן לביתו משום דלא סלקא אדעתא דבר איניש למיכל פיסתיה בביתא דחבריה ויסברו העולם שהוא תרם אותם ביום טוב ולכך הוא אוכל בביתו:

עין משפט נר מצוה

צה א מיי' פ"א מהל' י"ט הל' ד ופ"ד הל' ב סמג לאוין עה טוש"ע א"ח סימן תצה סעיף א:
צו ב ג ד מיי' פ"ד מהל' י"ט הלכה כו טוש"ע א"ח סימן תקו סעיף ג:
צז ה מיי' פ"ג שם הל' כו סמג לאוין עה טוש"ע א"ח סי' תקי סעיף א:
צח ו מיי' פכ"א מהל' שבת הל' יד ויז סמג לאוין סה טוש"ע א"ח סי' שיט סעיף ז:
צט ז ח מיי' פ"ג מהל' יו"ט הלכה טו סמג לאוין עה טוש"ע א"ח סי' תקי סעיף א:

רבינו חננאל

וא"ל ר' יוחנן לתנא הבערה ובישול אינה משנה כלומר אינו חייב בהן אליבא דב"ה דמתוך שהותרה הבערה לצורך כו': מתני' בש"א אין מוליכין חלה ומתנות לכהן ביו"ט כו' וב"ה מתירין · קס"ד הורמו מאמש שנשחטו מאמש ושהורמו היום דקתני במתני' שנשחטו היום · נמצא חלוקתם אפילו נשחטו היום והורמו היום · ב"ש אוסרים וב"ה מתירים · מני מתני' לא ר' יהודה ולא ר' יוסי אלא אחרים. ר' יהודה לא דהא שמענן ליה דתני לא נחלקו אלא להוליך המתנות ששחטו מאמש ושהורמו מאמש להוליכן בפ"ע ב"ש אוסרין אבל לעשות טפלה ולהוליכן עם המתנות שנשחטו היום והורמו היום שמותר ומתני' קתני הללו והללו דב"ש אוסרין · וכך ב"ש דנין כו' · אי ר' יוסי האמר כל מתנות שאפילו הורמו מאמש מותר להוליכן בפני עצמן · כ"ש אותן שהורמו היום · לא נחלקו אלא על התרומה כו' · ואלא לאחרים דתני לא נחלקו אלא על המתנות סתם כלומר כל מתנות בין אוסרין וב"ה מתירין · ורבינא לאוקמא למתני' אפילו לר' יהודה דמי קתני בפירוש במתני' שנשחטו מהיום. אתה הוספתה שנשחטומהיו'. מתנות שהורמו מהיום קתני. ולעולם בבהמה שנשחטה מאמש ולא הורמו מתנותיה אתמול והורמו היום הן שאוסרין ב"ש ומתירין ב"ה אבל בבהמה שנשחטה היום ביו"ט והורמו מתנותיה ביו"ם דברי הכל מוליכין ואפילו אותן שהורמו אמש עושין אותן טפלה לאלו שנשחטו היום · וכיון שהעמדנו משנתנו על זה הדרך מקשינן אי הכי לימא מתני' דלא כאחרים · ופשוטה היא · ופרקינן הא דאמרי אחרים סתם כי על המתנות נחלקו ב"ש אוסרין וב"ה מתירין באותן שנשחטו מאמש' אבל באותן שנשחטו היום דברי הכל מוליכין' אי הכי היינו דר' יהודה ומה אחרים באו ללמדנו. ופרקינן איכא בינייהו טפלה · פי' ר' יהודה סבר שנשחטו מאמש אין מוליכין [בפ"ע אבל טפלה שרי] · ואחרים אומרים לא בפ"ע ולא טפלה · ולדברי הכל תרומה אינו זכאי בהרמתה · אמר רב יהודה אמר שמואל הלכה כר' יוסי דאמר על המתנות לא נחלקו אלא דברי הכל מוליכין ולא נחלקו אלא על התרומה שאע"פ שאינו זכאי בהרמתה מותר לו להוליכה לכהן וכן הורה רב טובי לאשפיזכניה להוליך דחמרא דתרומה בי"ט כר' יוסי · וכן התיר רבא לפרוכי מאסורייתא דחרדלא ביו"ט מיהא מוללין ומפרכין קטנית בי"ט ומותיב עליה אביי המולל מלילות מע"ש למחר מנפח על יד ועל יד ואוכל · מלילות מעיו"ט למחר מנפח על יד ועל יד ואוכל וכו' · ומקשינן מעיו"ט אין ביו"ט לא · ומשני אפילו ביו"ט שרי למלל מלילות · ואיידי דתנא רישא מע"ש דבשבת ודאי אסור · תנא סיפא נמי מעיו"ט · אם מוללין מלילות ביו"ט ודאי לא יתירו לו למלול ביו"ט · וכיון דסבילי אי אפשר לאכול מהן בלא תרומה והנה מצינו שזכאי בהרמת תרומה ביו"ט · ואנו שנינן לדברי הכל אין זכאי ב[הרמתה] · ופרקינן

מסורת הש"ס

[שבת קו. וש"נ] · [פסחים מ: כתובות ז:] · [תוספתא פ"א] · ונשחטו מהיום שהורמו מהיום קתני ולעולם שחיטתן מאמש כצ"ל · [תוספתא שם]

הגהות הב"ח

(א) רש"י ד"ה אין מוליכין וכו' דאין מגביהין תרומה בי"ט · (ב) תוס' ד"ה אין וכו' ועני רגילים למודים לאכול:

גליון הש"ס

גמ' פוק תני לברא. שבת דף קו ע"א עירובין דף ס ע"א יומא דף מג ע"ב יבמות דף עז ע"ב

in milk,[5] for eating meat with milk,[5] and [12b] for kindling fire.[6] Said he [R. Joḥanan] to him: Go, teach [this] outside [the Academy]; [what you have said with respect to] kindling and cooking has no authority, and if you say that it has an authority, [that authority] must be Beth Shammai who maintain that we do not say, 'Since carrying out [on a Festival] is permitted for what is necessary[7] it is also permitted for what is not necessary', likewise [they maintain] here that we do not say, 'Since the kindling of fire is permitted [on a Festival] for what is necessary, it is also permitted for what is not necessary'. For according to Beth Hillel, since they maintain [that we do say] 'Since carrying out is permitted for what is necessary, it is also permitted for what is not necessary', so also they would maintain here [that we say], 'Since the kindling of fire is permitted for what is necessary, it is also permitted for what is not necessary'.[8]

MISHNAH. BETH SHAMMAI SAY: YOU MAY NOT TAKE TO
a THE PRIEST ḤALLAH[1] OR PRIESTLY DUES[2] ON A FESTIVAL WHETHER THEY WERE SEPARATED ON THE DAY BEFORE OR ON THE SAME DAY. BUT BETH HILLEL PERMIT IT. SAID BETH SHAMMAI TO THEM: AN ANALOGY [SUPPORTS OUR VIEW]: ḤALLAH AND PRIESTLY DUES ARE A GIFT TO THE PRIEST AND TERUMAH[3] IS [LIKEWISE] A GIFT TO THE PRIEST; JUST AS ONE MAY NOT TAKE [TO THE PRIEST] TERUMAH[4] SO ONE MAY NOT TAKE [TO HIM] PRIESTLY DUES. BETH HILLEL REPLIED TO THEM: NO! IF YOU SAY[5] IN THE CASE OF TERUMAH WHICH HE HAS NOT THE RIGHT TO SEPARATE,[6] WILL YOU SAY [THE SAME] WITH RESPECT TO PRIESTLY DUES WHICH HE IS PERMITTED TO SEPARATE?[7]

GEMARA. Now it was assumed that [the Mishnah means where] they were [both] separated on that day *and* slaughtered on that day, and [where] they were [both] separated the day before *and* slaughtered the day before. Who is [the authority for] our Mishnah: It is neither R. Jose nor R. Judah but the 'Others'![8] For it was taught: R. Judah said: Beth Shammai and Beth Hillel did not differ concerning the dues which were separated on the eve of the Festival, [both agreeing] that you may take them together with the dues which were separated and killed on the same day [viz., the Festival]![9] They differ only whether one may take them[10] by themselves, when Beth Shammai say: You may not take [them], and Beth Hillel maintain: You may take [them]. And this is how Beth Shammai argued: *Ḥallah* and Priestly Dues are a gift to the priest and *terumah* is a gift to the priest; just as you may not take *terumah*, so may you not take Priestly Dues. Beth Hillel replied to them: No! If you say [thus] of *terumah* which he has not the right to set apart [on a Festival], would you say [the same] of Priestly Dues which he has the right to set apart! R. Jose said: Beth Shammai and Beth Hillel do not differ about the Priestly ◁

(5) The prohibition of boiling meat with milk or eating of the same as well as making any use thereof is derived from the three passages of Scripture (Ex. XXIII, 19; XXXIV, 26; Deut. XIV, 21) forbidding to seeth a kid in its mother's milk. (6) V. Ex. XII, 16 and cf. n. 4. (7) As in the preparation of food. (8) This proves that R. Joḥanan is also of the opinion that the dispute between Beth Shammai and Beth Hillel is whether we say, 'Since carrying out is permitted etc.'
a (1) Dough-offering. V. Num. XV, 17-21. Although *ḥallah* may be taken from the dough in order to enable the dough to be eaten, it may not be carried to the priest. (2) For the different parts of a slaughtered animal which fall to the share of the priest, v. Deut. XVIII, 3. (3) Heave-offering. V. Num. XVIII, 11ff and Glos. (4) To the priest on a Festival, since it could have been taken to the priest before the Festival when it was separated. (5) That one may not bring to the priest on a Festival. (6) On a Festival; cf. *infra* 36b. (7) Since slaughtering is permitted on a Festival. Surely not! (8) *'Others'* usually refers to R. Meir; Hor. 13b. (9) He regards the latter as axiomatic, and permits the former because no extra work is involved. (10) The Priestly Dues separated before the Festival.

◁ *For the continuation of the English translation of this page see overleaf.*

הכא נמי כיון שהותרה הבערה לצורך וכו' · וא"ת ומה צורך איכא במבשל גיד כיון שהוא אסור יש לומר כיון שהיה בדעתו של זה לאכלו היינו צורך יום טוב:

אין מוליכין חלה ומתנות לכהן כו' · פי' לאו דוקא מוליכין דה"ה אם יבא הכהן לביתו לא יתנם לו וכן משמע בירושלמי דדמאי פרק הלוקח פירות בהדיא דקאמר התם מי שקרא שם לתרומת מעשר דמאי ולמעשר עני של ודאי לא יטלם בשבת אבל אם כהן ועני (ג) רגילים לאכול אצלו באין ואוכלין ובלבד שיודיעם פי' מאתמול וקאמר עלה דההיא דקאמר לא יטלם היינו מתניתין לא יתנם ומייתי מהך דהכא אין מוליכין וכו' ומסיק ילפי' הוא מההיא והיא ילפינן מהוא הוא יו"ט היא שבת פי' ה"ק היא דשבת ילפינן מהוא דאין מוליכין דמיירי ביו"ט והוא ילפינן מהיא דוקא מה שמתירין ב"ה היינו דוקא כשרגילין לאכול אצלו ואותה של ירושלמי קרי היא אלמא דאם אין למדין לאכול אצלו לא יתנם אפי' אם יבא הכהן לביתו משום דלא סלקא אדעתא דבר הינם למיכל פיסתיה בביתא דחבריה ויסברו העולם שהוא תרם אותם ביום טוב ולכך הוא אוכל בביתו:

משום הבערה א"ל *פוק תני לברא הבערה ובשול אינה משנה ואם תמצא לומר משנה ב"ש היא דאמרי לא אמרינן מתוך שהותרה הוצאה לצורך הותרה נמי שלא לצורך ה"נ לא אמרינן מתוך שהותרה הבערה לצורך הותרה נמי שלא לצורך דאי ב"ה כיון דאמרי מתוך שהותרה הוצאה לצורך הותרה נמי שלא לצורך הכא נמי *מתוך שהותרה הבערה לצורך הותרה נמי שלא לצורך:

מתני' ב"ש אין מוליכין חלה ומתנות לכהן ביום טוב בין שהורמו מאמש בין שהורמו מהיום וב"ה מתירין אמרו להם ב"ש גזרה שוה חלה ומתנות מתנה לכהן ותרומה מתנה לכהן כשם שאין מוליכין את התרומה כך אין מוליכין את המתנות אמרו להם ב"ה לא אם אמרתם בתרומה שאינו זכאי בהרמתה תאמרו במתנות שזכאי בהרמתן:

גמ' קא סלקא דעתך שהורמו מהיום ושנשחטו מהיום ושהורמו מאמש ושנשחטו מאמש מני מתני' לא רבי יוסי ולא ר' יהודה אלא אחרים דתניא *אמר רבי יהודה לא נחלקו בית שמאי ובית הלל על המתנות שהורמו מערב יו"ט שמוליכין עם המתנות שהורמו מהיום ושנשחטו מהיום לא נחלקו אלא להוליכן בפני עצמן שב"ש אומרים אין מוליכין ובית הלל אומרים מוליכין וכך היו בית שמאי דנין חלה ומתנות מתנה לכהן ותרומה מתנה לכהן כשם שאין מוליכין את התרומה כך אין מוליכין את המתנות אמרו להם ב"ה לא אם אמרתם בתרומה שאינו זכאי בהרמתה תאמרו במתנות שזכאי בהרמתן אמר רבי יוסי לא נחלקו ב"ש וב"ה על המתנות שמוליכין לא נחלקו אלא על התרומה שב"ש אומרים אין מוליכין וב"ה אומרים מוליכין וכך היו ב"ה דנין חלה ומתנות מתנה לכהן ותרומה מתנה לכהן כשם שמוליכין את המתנות כך מוליכין את התרומה אמרו להם ב"ש לא אם אמרתם במתנות שזכאי בהרמתן תאמרו בתרומה שאין זכאי בהרמתה אחרים אומרים לא נחלקו ב"ש וב"ה על התרומה שאין מוליכין לא נחלקו אלא על המתנות שב"ש אומרים אין מוליכין ובית הלל אומרים מוליכין לימא אחרים היא ולא רבי יהודה אמר רבא מי קתני שהורמו מהיום ושנשחטו מהיום שהורמו קתני ולעולם שחיטתן מאמש לימא רבי יהודה היא ולא אחרים אפילו תימא אחרים ובהנך דנשחטו מאמש אי הכי היינו ר' יהודה איכא בינייהו טפלה: אמר רב יהודה אמר שמואל *הלכה כרבי יוסי רב טובי בריה דרב נחמיה הוה ליה גרבא דחמרא דתרומה אתא לקמיה דרב יוסף אמר לו מהו לאמטויי לכהן האידנא א"ל הכי אמר רב יהודה אמר שמואל הלכה כרבי יוסי אושפיזכניה דרבא בר רב חנן הוה ליה אסורייתא דחרדלא א"ל מהו לפרוכי ומיכל מנייהו ביו"ט לא הוה בידיה אתא לקמיה דרבא א"ל *מוללין מלילות ומפרכין קטניות ביו"ט איתיביה אביי *המולל מלילות מע"ש למחר מנפח מיד ליד ואוכל אבל לא בקנון ולא בתמחוי *המולל מלילות מערב יו"ט למחר מנפח על יד על יד ואוכל אפילו בקנון ואפי' בתמחוי אבל לא בטבלא ולא בנפה ולא בכברה מערב יו"ט אין ביו"ט לא אפילו תימא *ביו"ט ואיידי דתנא רישא מע"ש תנא סיפא נמי מערב יו"ט א"כ מצינו תרומה שזכאי בהרמתה ותנן לא אם אמרתם בתרומה שאינו זכאי בהרמתה וכו' לא קשיא הא

משום הבערה · שהיא מלאכה לעצמה וקא סבר יש חלוק מלאכות ליום טוב לנקות שתים על שתי מלאכות משום יום טוב: הבערה ובשול · דיום טוב אינה משנה לנקות עליהן דמתוך שהותרו לצורך הותרו נמי שלא לצורך מן התורה: אינה משנה · לא נשנית מעולם בבית המדרש: ואם תמצא לומר משנה · אם יאמרו תנאים שנשנית ודאי בית שמאי שנאוה: מתני' אין מוליכין חלה · אע"פ שמותר בהפרשתה לא שרו ליה הולכתה אלא תיקון לתקן עיסתו התירו לו ולא יותר: מתנות · הזרוע והלחיים והקיבה אף הן הרמתן הותרה לו שהרי נצטוה להרימן והיאך יאכל שאר הבשר ואע"פ שאין טובלין כשאר טבל לאסור הבשר באכילה מיהו אם לא פירש שאר הבשר מהן הרי הוא אוכלן ועובר בעשה הלכך הרמתן התירו ולא הולכתן וכולן משום גזרה דאין מגביהין (א) אותם: גזרה שוה · לאו דוקא דכולה מדרבנן גזור אלא דומיא דגזירה שוה בדרבנן: מתנה לכהן · מעשרים וארבע מתנות כהונה הן: כשם שאין מוליכין · דהכא מודיתו לן שהרי מתחמול הוגבהה: שאינו זכאי · רשאי לא נתנו חכמים לאדם כח וזכות בהפרשתה: גמ' לא ר' יוסי ולא רבי יהודה אלא אחרים גרסינן · שמוליכין אותן כו' · ומתניתין קתני בין שהורמו מהיום וקס"ד דבנשחטו היום קא מיירי ואסר: על המתנות שמוליכין · הואיל וזכאי בהרמתן והוא הדין לחלה וחד מינייהו נקט: אלא על המתנות · ואפילו נשחטו מהיום משמע כי מתניתין: לימא אחרים היא ולא ר' יהודה · כלומר כר' יוסי ודאי לא אפשר לאוקמא כרבי יהודה מאי מי מצינן למימר דמתניתין נמי דוקא בשל אמש קאמר ומתוקם אליביה או נזקק על כרחנו לומר דלא כרבי יהודה: מי קתני · מתני' בין שהורמו *ונשחטו מהיום ולעולם שחיטתן מאמש אבל בהנך דנשחטו ביום טוב מודו: לימא רבי יהודה היא ולא אחרים · כיון דמתניתין דוקא בדשל אמש קאי מדלא קתני נשחטו היום נימא דלא כאחרים דהא אחרים על המתנות קאמרי: בהנך דנשחטו מאמש · על המתנות דקאמרי אחרים בשל אמש קמיירי: טפלה · ר' יהודה מתיר לטפל ולהוליך של אמש עם של היום ואחרים סברי דאפי' לטפל נמי אסרי ב"ש ומתני' דלא איירי בטפלה כלל איכא למימר כרבי יהודה ואיכא למימר כאחרים: הלכה כרבי יוסי · ואליבא דב"ה דאפי' תרומה נמי מותר להוליך: אסורייתא · חבילות של חרדל בשרביטין והזרע בתוכן: מהו לפרוכי · השרביטין ולהוציא הזרע ביום טוב מי שרי בי"ט כשחיטה וכיבשול או דלמא כיון דאפשר מערב יו"ט לא דתולדה דישה הוא: מוללין מלילות · דדש כלאחר יד הוא ואפילו בשבת לאו דאורייתא הוא אלא מדרבנן וביום טוב לא גזור: מלילות · של חטין שמולל בידיו כשהן רכים: גבי שבת גרסי' מיד ליד וגבי יום טוב גרסי' על יד על יד: מיד ליד · שלא כדרכו בחול: קנון · כלי הוא ראשו אחד רחב והשני עשוי כעין מרזב קצר ונותן הקטניות בתוך הרחב ומנענע והאוכל מתגלגל דרך המרזב והפסולת נשאר בכלי: תמחוי · קערה גדולה: על יד על יד · מעט מעט: אבל לא בטבלא כו' · דמחזי כמאן דעביד לצורך מחר שאין דרך לעשות בכלים הללו אלא הרבה: מערב יום טוב אין · המולל מערב יו"ט קתני ולא קתני המולל ביו"ט: אם כן · דמוללין מלילות ביו"ט מצינו תרומה שזכאי בהרמתה דהשתא שבלין לא מפרישין תרומה עד שיעשו דגן והמוללן ביו"ט מפריש מהן תרומה על כרחו: הא

עין משפט נר מצוה

צה א מיי' פ"א מהל' י"ט הל' ד ופ"ד הל' ב סמג לאוין עה טוש"ע א"ח סימן תקז סעיף א:

צו ב ג ד מיי' פ"ד מהל' י"ט הלכה כ טוש"ע א"ח סימן תקו סעיף ג:

צז ה מיי' פ"ג שם הל' כו סמג לאוין עה טוש"ע א"ח סי' תקי סעיף א:

צח ו מיי' פכ"א מהל' שבת הל' יד ופ"ג מהל' יו"ט הלכה טו סמג לאוין סה טוש"ע א"ח סי' שיט סעיף ז:

צט ז ח מיי' פ"ג מהל' יו"ט הלכה טו סמג לאוין עה טוש"ע א"ח סי' תקי סעיף א:

רבינו חננאל

וא"ל ר' יוחנן לתנא הבערה ובישול אינה משנה כלומר אינו חייב בהן אליבא דב"ה דמתוך שהותרה הבערה לצורך כו': מתני' ב"ש אין מוליכין חלה ומתנות לכהן ביו"ט כו' וב"ה מתירין · קס"ד הורמו מאמש שנשחטו מאמש ושהורמו היום דקתני במתני' היום · נמצא חלוקתם אפילו נשחטו היום והורמו היום · ב"ש אוסרים וב"ה מתירים · מני מתני' לא ר' יהודה ולא ר' יוסי אלא אחרים. ר' יהודה לא דהא שמענן ליה דתני לא נחלקו אלא להוליך המתנות ששחטו מאמש ושהורמו מאמש להוליכן בפ"ע ב"ש אוסרין אבל לעשות טפילה ולהוליכן עם המתנות שנשחטו היום והורמו היום שמותר ומתני' קתני הללו והללו דב"ש אוסרין וב"ה מתירין · וכך ב"ש דנין כו' · אי ר' יוסי האמר כל מתנות שאפילו הורמו מאמש מותר להוליכן בפני עצמן · ב"ש אותן שהורמו היום · לא נחלקו אלא על התרומה כו' · ואלא לאחרים דתני לא נחלקו אלא על המתנות סתם כלומר כל מתנות ב"ש אוסרין וב"ה מתירין · ובא רבינא לאוקמא למתני' אפילו לר' יהודה דמי קתני בפירוש במתני' שנשחטו מהיום · אתא הוספתה שנשחטו מהיו'. מתנות שהורמו מהיום קתני · ולעולם בבהמה שנשחטה מאמש ולא הורמו מתנותיה אתמול והורמו היום הקשוהו ב"ש ומתירין ב"ה אבל בבהמה שנשחטה היום ביו"ט והורמו מתנותיה ביו"ט דברי הכל מוליכין אפילו אותן שהורמו אמש עושין אותן טפלה לאלו שנשחטו היום · וכיון שהעמדנו משנתנו זו זה הדרך מקשינן אי הכי לימא מתני' דלא כאחרים · ופשוטה היא · ופרקינן הא דאמרי אחרים סתם כי על המתנות נחלקו ב"ש אוסרין וב"ה מתירין באותן שנשחטו אמש אבל באותן שנשחטו היום דברי הכל מוליכין · אי הכי היינו דר' יהודה ומה אחרים באו ללמדנו.

ופרקינן איכא בינייהו טפלה · פי' ר' יהודה סבר שנשחטו מאמש אין מוליכין [בפ"ע אבל טפלה שרי] · ואחרים אומרים לא בפ"ע ולא טפלה · ולדברי הכל תרומה אינו זכאי בהרמתה · אמר רב יהודה אמר שמואל הלכה כר' יוסי דאמר על המתנות לא נחלקו אלא על התרומה שאע"פ שאינו זכאי בהרמתה מותר לו להוליכה לכהן וכן הורה רב טובי לאשפיזכניה להוליך לכהן גרבא דחמרא דתרומה ב"ה כר' יוסי · וכן התיר רבא לפרוכי מאסורייתא דחרדלא ביו"ט מיהא מוללין ומפרכין קטניות ביו"ט ומותיב עליה אביי המולל מלילות מע"ש למחר מנפח מיד ליד ואוכל וכו' ומקשינן מע"ש אין ביו"ט לא · ומשני אפילו ביו"ט שרי למלל מלילות · ואיידי דתנא רישא מע"ש דבשבת ודאי אסור · תנא סיפא נמי מעיו"ט ואקשינן אם מוללין מלילות ביו"ט ודאי לא יתירו לו למלול ביו"ט אלא שיאכל מהן ביו"ט · וכיון דטבלי אי אפשר לאכול בלא תרומה והנה מצינו שזכאי בהרמת תרומה ביו"ט · ואנו שנינו לדברי הכל אין זכאי בהרמתה ופרקינן

מסורת הש"ס: [שבת קיז: וש"נ] [פסחים ה: כתובות ז'] [תוספתא פ"א] [תוספתא שם]

ונשחטו מהיום שהורמו מהיום ולעולם שחיטתן מאמש כצ"ע

הגהות הב"ח

(א) רש"י ד"ה אין מוליכין וכו' דאין מגביהין תרומה הס"ד: (ב) תוס' ד"ה אין וכו' ועני למודים לאכול:

גליון הש"ס

גמ' פוק תני לברא. שבת דף קו ע"א עירובין דף ס ע"א יומא דף מג ע"ב יבמות דף עז ע"ב:

Continuation of translation from previous page as indicated by ◁

b Dues, [both agreeing] that you may take [them];[1] they dispute only with respect to *terumah* when Beth Shammai say: You may not take [it],[2] and Beth Hillel maintain: You may take [it]. And this is how Beth Hillel argued: *Ḥallah* and Priestly Dues are a gift to the priest and *terumah* is a gift to the priest; just as you may take the Priestly Dues [to the priest] so may you take *terumah* [to him]. Beth Shammai replied to them: No! If you say [thus] of Priestly Dues which he has the right to separate [on a Festival], would you say [the same] of *terumah* which he has not the right to separate! Others say: Beth Shammai and Beth Hillel do not differ about *terumah*, [both agreeing] that you may not take [it]; they dispute only with respect to the Priestly Dues, when Beth Shammai say: You may not take [them] and Beth Hillel maintain: You may take [them]. Now shall it be said that it [the Mishnah] is [the ruling of] *'Others'* and not [the ruling of] R. Judah?[3]—Said Raba: Does it then say, *'Which were separated that day and killed that day'?* It [only] says, 'WHICH WERE SEPARATED [etc.'] but in reality they were slaughtered the day before. [Accordingly] shall it be said that it [the Mishnah] is according to R. Judah and not according to the *'Others'?*[4]—You can even say, [It agrees with] the *'Others'*, for [they speak of Priestly Dues separated on a Festival] from those [animals] slaughtered the day before. If so they are identical with R. Judah!—They differ in

c respect of being brought together with other Priestly Dues.[1]

Rab Judah said in the name of Samuel: The *halachah* is as R. Jose.[2] R. Tobi the son of R. Nehemiah had a jug of wine of *terumah*. He came to R. Joseph asking him: May I carry it now [on the Festival] to the priest? He answered him: Thus did Rab Judah say in the name of Samuel: The *halachah* is as R. Jose.

The host[3] of Rab, son of R. Ḥanan had bundles of mustard-stalks [and] he asked him: Is it permissible to crush it on the Festival and eat of it?[4] He could not answer.[5] He went to Raba who replied: You may rub ears of corn together[6] and crumble pods[7] on a Festival.[8] Abaye raised an objection: He who rubs ears of corn on the eve of the Sabbath may winnow them on the following day [Sabbath] from hand to hand and eat, but [he may] not [winnow them] with a reed-basket nor with a dish. He who rubs ears of corn on the eve of a Festival may winnow them on the following day [the Festival] little by little[9] and eat, even with a reed-basket and even with a dish, but not with a tray nor with a winnowing fan nor in a sieve.[10] [Now] only 'on the eve of the Festival' [is rubbing of corn stated to be permitted] but not on the Festival [itself]![11]—You may even say [that it may be done] on the Festival [itself], but because he states in the first part [of the passage] 'on the eve of the Sabbath', he also states in the concluding part 'on the eve of a Festival'. If so,[12] we find that one has the right to separate [on a Festival][13] and we have learnt: NO! IF YOU SAY THAT WITH RESPECT TO TERUMAH WHICH HE HAS NO RIGHT TO SEPARATE etc.!—This is no difficulty:

b (1) The same holds good with respect to *ḥallah*. (2) To the priest on a Festival. (3) The Mishnah can certainly not agree with R. Jose; but can it agree with R. Judah? (4) For according to the present explanation, even Beth Shammai permit taking to the priest the Priestly Dues of animals slaughtered on the Festival. But the *'Others'* represent Beth Shammai as prohibiting the bringing of Priestly Dues from both an animal slaughtered before or on the day of the Festival.

c (1) Which were separated on the Festival itself. In R. Judah's opinion Beth Shammai permit them to be taken in conjunction with similar gifts separated on the day of the Festival. (2) Who hold that Beth Hillel permits even *terumah* to be taken to the priest on a Festival. (3) I.e., Innkeeper. (4) Is crushing prohibited since it is possible to do this before the Festival? (5) Lit., 'it was not in his hand'. (6) To separate the grain from the chaff; v. *infra* 13b. (7) To get the seeds out. (8) Since rubbing ears of corn is different from the usual manner of threshing and does not involve culpability on a Sabbath it is altogether permitted in the case of a Festival. (9) Lit., 'upon the hand', v. Jast. s.v. יד. (10) Such vessels are used for large quantities and it would appear as if he was preparing for the following day. (11) Which contradicts Rab b. R. Ḥanan. (12) That one may rub ears of corn on a Festival. (13) Corn is liable for tithing only after it has been threshed, winnowed and piled up in a heap, after which nothing may be eaten until *terumah* is taken. But before it is subject to tithe a light meal is permitted. By allowing a man on a Festival to rub ears of corn and eat the grain it follows that he must also be permitted to take *terumah* which he would not have done before, as *terumah* is generally not separated in the ears of corn until they have been turned into grain.

a [13a] one[1] is [according to] Rabbi and the other[2] is [according to] R. Jose son of R. Judah.[3] For it was taught: If he brought in ears of corn[4] to make dough therefrom, he may eat a slender repast[5] thereof and it is exempt [from *terumah*]; [if however he brought in the ears of corn] in order to rub them together,[6] Rabbi declares them liable [to *terumah*][7] and R. Jose son of R. Judah exempts them.[8] But [even] according to R. Jose son of R. Judah, it[9] may also occur when, for example, one has brought in ears of corn to make dough therefrom[10] and on the Festival changed b his mind [deciding] to rub them,[1] so that they become *ṭebel*[2] on the day [of the Festival]![3]—Rather what does *terumah* [mentioned in the Mishnah] mean? *Terumah* [as separated] in most cases.[4]

Abaye said: The dispute[5] is only with respect to ears of corn,[6] but in the case of grain of pulse all agree that when in bundles they are *ṭebel*.[7] Shall it be said that the following supports him? [For we have learnt]: He who had bundles of fenugreek of *ṭebel*, must beat out [the seeds] and estimate how much seed there is in them and separate [*terumah*] on the seed, but he does not separate [*terumah*] on the stalks.[8] Is not the author of this R. Jose son of R. Judah who says there[9] that it is not *ṭebel*, yet here[10] it is *ṭebel*?[11]—No, it is in accordance with the opinion of Rabbi.[12] If it is in accordance with Rabbi, [then] why state fenugreek; even ears of corn too [are liable to be tithed]?—What then: [it is according to] R. Jose son of R. Judah? Let [the text] inform us of other kinds c of pulse[1] and [I would infer] how much more [is it true of] fenugreek? But he [the Tanna] needs [to teach it about] fenugreek; for I might have thought that since the stalks have the same taste as the fruit, he should also give tithe on the stalks,[2] so he informs us [that it is not so].

Others state: Abaye said: The dispute is only with respect to ears of corn,[3] but as for grain of pulse all agree that when in bundles they are not *ṭebel*.[4] An objection is raised: He who had bundles of fenugreek of *ṭebel*, he must beat out [the seeds] and estimate how much seed there is in them and separate [*terumah*] on the seed but not on the stalks. Does not *ṭebel* connote that it is *ṭebel* in respect of *terumah*?[5]—No, [it means] *ṭebel* in respect of the *terumah* of the tithe,[6] and it is in accordance with R. Abbahu's dictum in the name of R. Simeon b. Laḳish. For R. Abbahu said in the name of R. Simeon b. Laḳish: The first tithe [levitical] which one anticipated while the corn was yet in the ears,[7] its designation renders it *ṭebel* in respect of the *terumah* of the tithe.[8] Why must he [the Levite] beat out [the seeds]? Let him say [to the priest]: Just d as they have given them to me so will I give them to you![1]—Said Raba: This is a penalty.[2] Likewise has it been taught: A Levite to whom his tithes were given while the corn was still in the ear, must[3] make it [fit for] a barn;[4] [if it is] grapes, he must make them into wine; if olives, he must turn them into oil; [only] then does he separate the *terumah* of [the] tithe and give same to the priest.

a (1) The Baraitha allowing the corn to be rubbed and eaten on the Festival. (2) Our Mishnah. (3) Both agree that rubbing ears of corn on a Festival is allowed. They only dispute whether *terumah* must then be separated. Rabbi maintains that it is required; consequently *terumah* may in such a case be separated on a Festival. R. Jose, however, holds that it is unnecessary; hence *terumah* may never be separated on a Festival. (Rashi). Tosaf: This, i.e., the Mishnah, is according to Rabbi, for since Rabbi holds that the bringing in of the ears for eating raw constitutes the final stage for tithing, *terumah* could and should have been separated before the Festival; and it is a general rule that whatever could be done before the Festival may not be done on the Festival. But the Baraitha is according to R. Jose b. R. Judah: for since he holds that the bringing in of the ears for eating raw does not constitute the final stage for tithing, there was no obligation to tithe them before the Festival; hence if he decides on the Festival to make a full meal of them, he must first separate *terumah*; since there was no obligation before, it is regarded as something which could not be done earlier, and therefore it is permitted on a Festival. (4) Not yet ready for tithing. (5) V. 12*b* n. c 13. (6) And to eat the grain raw little by little. (7) According to Rabbi, the bringing in of corn into the house for the purpose of eating raw grain corresponds to the finishing touch of the corn brought into the barn and makes it liable for tithing even for a light meal. (8) He draws a distinction between the two purposes. For the Biblical expression דגן (Num. XVIII, 27) signifies corn which has been threshed and levelled out in a heap, and as this corn was brought in the ears, it has not had the finishing touch making it ready for tithing. (9) The taking of *terumah* on a Festival. (10) After the usual threshing and winnowing.

b (1) And eat them raw. On the interpretation of Tosaf. (v. *supra* n. a 3) the question should read, 'But even according to *Rabbi* . . . therefrom' (when no obligation rested upon him to tithe before the Festival), 'and on the Festivals . . . to rub them', when he may not eat of these except after tithing, so that we find *terumah* being authorized to be set apart on a Festival. (2) Grain from which the priestly and Levitical dues have not been taken. V. Glos. (3) The fact that he brought in the ears of corn to make dough therefrom after the normal threshing and winnowing made them liable for *terumah*, and by changing his mind to rub the ears together to eat them raw not only cannot remove the liability for tithing, but, on the contrary, takes the place of the finishing touch in the barn, so that not even a light meal may be had without first taking *terumah*. (4) Viz., when the corn is levelled out in heaps in a barn, as above. But the case which is now discussed is exceptional and therefore generally disregarded. The Mishnah can therefore agree both with Rabbi and R. Jose. (5) Between Rabbi and R. Jose b. Judah. (6) It is then that R. Jose exempts from tithing. (7) V. Glos. Because pulse is frequently tied up in bundles to be threshed in small quantities as required, and consequently the bringing in of a bundle of pulse in the house corresponds to the finishing touch of grain in a barn. (Rashi). (8) Ter. X, 6. (9) In the case of ears of corn. (10) In the case of pulse. (11) The statement 'bundles of fenugreek of *ṭebel*' presupposes a liability for tithing, because the tying up into bundles is the finishing preparation for tithing. (12) Who maintains that even ears of corn are also liable for tithing when brought into the house for use.

c (1) Which are not tied up into bundles, like peas or beans. (2) For the stalks together with its fruit are used for seasoning. The Baraitha can therefore on this argument be in accordance with Rabbi, so that it affords no support to Abaye. (3) It is then that Rabbi says that they are liable to be tithed, because many take bundles of corn into the house to eat them raw or roasted without having been stored and prepared for tithing in a barn. (4) Because pulse becomes liable for tithing only after it has been made into a stack. (5) Consequently we see that although yet in bundles they are already liable for tithing. (6) The proper order of tithing, after the corn has first been levelled out in the barn, is this: First *terumah* is separated for the priest (called the great *terumah*) and one-tenth of the remainder (called tithe) for the Levite, who in turn, separates one-tenth of his tithe for the priest which is designated *terumah* of the tithe. The great *terumah*, or simply *terumah* as it is generally referred to, varies from one-fortieth to one-sixtieth. It is also called the 'great *terumah*' because this portion is greater than that received from the Levite. (7) I.e., the Israelite separated it before separating the great *terumah*. (8) Although had he not separated tithe it would not be regarded as *ṭebel*, and a light meal would be permissible. Similarly in the Baraitha, although pulse does not become liable to *terumah* before it has been made into a stack, once the Levite anticipated and received his share when in bundles, it becomes liable also to *terumah* of the tithe.

d (1) If it referred to the *terumah* of an Israelite he would have to beat out the grain because the expression דגן (Num. XVIII, 27) signifies that the priest is to be given tithe only when the corn is threshed; V. Rashi. (2) For taking the tithe before the great *terumah* was rendered, against the prescribed order. (3) Before giving his *terumah* to the priest.

הא רבי הא ר' יוסי בר' יהודה דתניא *הכנים שבלין לעשות מהן עיסה °אוכל מהן עראי ופטור ג'למוללן במלילות רבי מחייב ור' יוסי ברבי יהודה פוטר ולרבי יוסי ברבי יהודה נמי משכחת לה כגון שהכנים שבלין לעשות מהן עיסה ונמלך עליהן למוללן ביום טוב דטבלא ביומיה אלא מאי תרומה רוב תרומה אמר אביי מחלוקת בשבלין אבל בקטניות דברי הכל אסורייתא טבלא לימא מסייע ליה *ג'מי שהיו לו חבילי תלתן של טבל הרי זה כותש ומחשב כמה זרע יש בהם ומפריש על הזרע ואינו מפריש על העץ מאי לאו רבי יוסי בר' יהודה היא דאמר התם לא טבלא הכא טבלא לא רבי היא אי רבי היא מאי איריא תלתן אפי' שבלין נמי אלא מאי רבי יוסי בר' יהודה לשמעינן שאר מיני קטניות וכ"ש תלתן אלא תלתן אצטריכא ליה סד"א הואיל וטעם עצו ופריו שוה לפרוש נמי אעצו קמ"ל איכא דאמרי אמר אביי ד'מחלוקת בשבלין אבל בקטניות דברי הכל אסורייתא לא טבלא מיתיבי מי שהיו לו חבילי תלתן של טבל הרי זה כותש ומחשב כמה זרע יש בהן ומפריש על הזרע ואינו מפריש על העץ מאי לאו טבל טבול של תרומה ה'לא טבל טבול של תרומת מעשר וכדר' אבהו א"ר שמעון בן לקיש דאמר רבי אבהו אמר רבי שמעון בן לקיש מעשר ראשון שהקדימו בשבלין ו'שמו טובלו לתרומת מעשר כותש למה לי לימא ליה כי היכי דיהבו לי הכי יהיבנא לך אמר רבא ז'קנסא תניא נמי הכי בן לוי שנתנו לו שבלין במעשרותיו עושה אותן גורן ענבים עושה אותן יין זיתים עושה אותן שמן ומפריש עליהם תרומת מעשר ונותנן לכהן שכשם שתרומה גדולה אינה ניטלת אלא

רש"י

הא רבי הא ר' יוסי ברבי יהודה · לעולם מוללין מלילות לדברי הכל ודקשיא לן אם כן מצינו תרומה שזכאי בהרמתה אין ודאי מצינו אליבא דרבי דאמר יש תרומה במלילות ומתניתין דקתני לא מצינו ר' יוסי ברבי יהודה היא דאמר אין תרומה במלילות : אוכל מהן עראי · כל זמן שלא דשן ומרחן בכרי לא נגמרה מלאכתן לתרומה : למוללן במלילות · הכניסן לאכלן מעט מעט ע"י מלילות: רבי מחייב · בתרומה שלא יאכל מהן עראי עד שיפריש לפי שהכנסתן בשבלין היא גמר מלאכתן שאין סופן לבא לידי גורן אחר וזהו גרנן : ורבי יוסי בר' יהודה פוטר · דגנך כתיב והיינו מרוח דאין דגן אלא קבון בכרי : ופרכינן לרבא דאמר מוללן לר' יוסי ברבי יהודה נמי אי שרית למוללן ביו"ט משכחת לה על כרחיך שזכאי בהרמתה במלילות שהכניסן לעשות עיסה בדישה ומרוח ונמלך עליהן למוללן להכניסן כולן למלילות דעל כרחיך מודה בהו רבי יוסי דטבלן ביום שנמלך עליהן דכיון דהכניסן לשם גורן גמור ירדה להן תורת תרומות ומעשרות וכשנמלך למוללן נעשית הכנסתו גורן והמוללן ביו"ט על כרחו(א) קדים תרומתן : אלא מאי תרומה רוב תרומה גרסינן · ולא גרס אלא מאי אית לך למימר אלא לא תימא הא רבי הא רבי יוסי דבין לרבי בין לרבי יוסי מתוקמא ומאי תרומה דתנן מתניתין אינו זכאי בהרמתה ברוב תרומות קאמר שישנן על ידי דישה ומרוח והן מערב יום טוב : מחלוקת בשבלין · בהנהו הוא דפטר ר' יוסי דרובן לדישה ואין גרנן אלא במרוח : אבל קטניות · יש בני אדם הרבה שאין חובטין אותן יחד אלא כדי קדרתן לפיכך הכנסתן בחבילין זהו גרנן : תלתן · מין קטנית הוא ומעט נותנין בקדרה ליתן טעם : כותש · זהו דרך דישתן : ומחשב · מאומד : ואין מפריש על העץ · אין צריך להפריש מן הקשים ואף על פי שטעם עצו ופריו שוה לא חייבוהו חכמים במעשרות מדקתני חבילין של טבל אלמא אסורייתא טבלא : לשמעינן שאר מיני קטניות · דטבלו בחבילי ואף על פי שהרבה עושין מהן כרי ומרוח וכ"ש תלתן שהוא נותנו מעט מעט בקדרה למתק ונותנו בעצו : אלא תלתן אצטריכא ליה גרסינן · ולעולם רבי היא וה"ה לשבלין ולא תסייעי' מהכא : איכא דאמרי אמר אביי מחלוקת בשבלין · בהנהו מחייב רבי לפי שהרבה כונסין אותן למלילות וקליות שהן גרנן אבל בקטניות סתם הכנסתם למרוח ואסורייתא לא טבלא : מאי לאו בטבל טבול לתרומה · כלומר מאי לאו גבי ישראל קרי ליה טבל ועדיין לא נקרא עליו שם בפה ומסתמא קרוי טבל וחייב בתרומה שהיא תחלה לכל המעשרות דכתיב בה ראשית : לא בטבל טבול לתרומת מעשר · לעולם אין חבילין גמר מלאכה ואילו גבי ישראל הוא לא הוה מקרי טבל אלא בבן לוי קאי שקדם והלך אצל ישראל ונטל מעשר ראשון ממנו בחבילין והואיל וחל על חבילין הללו שם מעשר נעשו טבל אצלו להפריש מהם תרומת מעשר מן המעשר שעל הלוי להפריש והיא במיתה וכל תורת תרומה עליה דתרומה קרייה רחמנא : שהקדימו בשבלין · שהקדימו לתרומה גדולה : שמו טובלו · שם מעשר שנקרא עליו טובלו ואוסרו באכילת עראי ובמיתה כדין טבל עד שיריס תרומת מעשר שלו ולקמיה יהיב טעמא : כותש למה לי · אי בבן לוי מוקמינן ליה למה מוטל עליו לעשותו דגן אי אמרת בשלמא בישראל קאי ואסורייתא טבלא שפיר תנא כותש דכתיב דגנך ודרבנן דומיא דאורייתא תקון : קנסא · על שהקדים וגרם להעדים לעבור על דברי תורה שהמשנה סדר המעשרות עובר בלאו מלאתך ודמעך לא תאחר (שמות כג) דהכי קאמר לא תאחר תרומה להקדים לה מעשר : יעשה אותו גורן גרסינן :

תוספות

הא רבי יוסי · פרש"י ומה (ב) מצינו דזכאי בהרמתה היינו אליבא דרבי דאמר יש תרומה במלילות דסבר דהכנסתן דמלילות היינו גרנן וגמר מלאכה אבל מתני' דקתני לא מצינו היינו ר' יוסי ברבי יהודה דאמר אין תרומה במלילות דאדגן קפיד רחמנא ואין זה אלא קבון בעלמא ובסמוך גרסינן ולרבי יוסי בר' יהודה נמי משכחת לה וכו' משמע לפי' דלר' יוסי אפי' אכילת קבע יכול לאכול בלא מעשר דאם היה מחייב באכילת קבע משכחת לה לר' יוסי בר' יהודה דזכאי בהרמתה באכילת קבע ותימה דהלשון לא משמע כן דהא קאי על אכילת עראי הכניס שבלין לעשות מהן עיסה אוכל מהן עראי ופטור ועלה מסיק למוללן במלילות רבי מחייב מעראי ור' יוסי בר' יהודה פוטר מעראי וע"ק לרבי נמי היכי מצינו (הוא) שזכאי בהרמתה ביו"ט הואיל דאית ליה דהכנסתן למלילות זהו גרנן וגמר מלאכתן אם כן נתחייבו מאתמול מעיו"ט ואם כן אין יכול להפריש ביו"ט לכן נ"ל דהא דקאמר דכהן זכאי בהרמתה אתיא אליבא דר' יוסי ברבי יהודה דפוטר דכיון דסבר דהכנסתן לאו זהו גרנן ואם כן כי מללן ביו"ט *בא לו חיוב השתא וא"כ זכאי בהרמתה והא דאמר דאינו זכאי בהרמתה אתי אליבא דרבי דס"ל דהכנסתן זו היא גרנן והיה להם לתרום מאתמול וא"כ אינו זכאי בהרמתה ובסמוך גרסי' ולרבי משכחת לה וכו' : איכא דאמרי מחלוקת בשבלים אבל בקטניות ד"ה לא טבלא · והקשה הר"ר שמשון מקוצי דבכל התלמוד לא מצינו איכא דאמרי כה"ג שהוא להפך מן הראשון דודאי מצינו בשאר מקומות לישנא קמא דברי הכל ואיכא דאמרי בהא נמי פליגי או איכא דאמרי בהא פליגי ובהא דלישנא קמא דברי הכל אבל כה"ג לא דכל הפחות הוה לי' למימר דבקטניות מחלוקת אבל בשבלין כ"ע מודו ותירץ דה"ק לישנא קמא מחלוקת בשבלין היכא שפירש בהדיא שהכניסן לשבלין אבל בקטנית שפירש למוללן ד"ה טבלא וה"ה דפליגי בקטניות סתם ובשבלין סתם ולאיכא דאמרי ה"ק מחלוקת בשבלין סתם שלא פירש למוללן אבל בקטניות סתמא כ"ע מודו דלא טבלו וה"ה בקטניות שהכניסן למוללן פליגי וכן בשבלין פליגי והשתא ניחא דלא הוי להיפך לגמרי דהא דקאמר לישנא קמא דפליגי מסיק הכא בדאיכא דאמרי ד"ה [לא] טבלא וא"ת והא לא מיירי כלל בפלוגתיה רק במפרש שהכניסן לשבלים יש לומר דמה דקתני סיפא למוללן במלילות משום דמסתמא כמו למוללן במלילות דכל שלא פיר' דהוו לעשות מהן עיסה הוי כמו למוללן במלילות בשבלים אבל תימה להאי פירושא דמקשה בסמוך מאי לאו בטבל וכו' מאי פריך לשני ליה דמיירי בדמפרש והכא מיירי בסתם ויש לומר דמשמע דמיירי בכל ענין אפילו בסתמא ועוד דבעי (ג) אליבא דכלהו תנאי :

עין משפט נר מצוה

ק א מיי' פ"ג מהל' מעשר הל' ה :
קא ב מיי' שם ופ"ה מהל' תרומות הל' י :
קב ג מיי' פ"ג מהלכות תרומות הל' יד סמג עשין קלד טור י"ד סי' שלא :
קג ד מיי' פ"ג מהל' מעשר הל' ה :
קד ה מיי' פ"ג מהל' תרומות הל' יד סמג עשין קלד טור י"ד סי' שלא :
קה ו מיי' פ"ג מהלכות מעשר הלכה יט· טוש"ע י"ד סי' שלא סעיף קי וסעיף קל :
קו ז מיי' פ"ג מהל' תרומות הל' יד סמג עשין קלד טור י"ד סי' שלא :

[פי' לאכול קבע רש"ל]

רבינו חננאל

ופרקינן לא קשיא הא דתני מוללין ומפרכין ביו"ט לר' יוסי בר' יהודה שפוטר המלילות מן התרומה והא דתני המולל מלילות מעיו"ט ואמרינן מעיו"ט אין ביו"ט לא · לר' דתניא הכנים שבלין לעשות מהן עיסה אוכל מהן עראי ופטור למוללן במלילות רבי מחייב ור' יוסי בר' יהודה פוטר . ר' סבר כיון שחישב עליהן למוללן הוקבעו למעשר ולתרומה וכיון שהיה לו לעשר מאתמול ולא עישר מוקצה הוא ואסור למוללן ביו"ט ור' יוסי בר' יהודה סבר אין חייב אא"כ עשאן כעין גורן · אבל המכנים למלילות פטור הוא בחול כ"ש בי"ט לפיכך מוללין ביו"ט · ואמרינן ולר' *) נמי משכחת לה הא דתניא · ואוקימנא ר' יוסי ב"ר יהודה דמחייב ביו"ט במלתא דלא הוה אפשר לו לעשותו מעיו"ט · וכל מלאכה [שהוא] צורך אוכל [נפש] שאי אפשר לעשותה מעיו"ט מותר לעשותה ביו"ט · והוא כגון הלש עיסה מעיו"ט אין מפריש ממנה חלתה ביו"ט · והלש ביו"ט מפריש חלתה ביו"ט · הכא נמי כגון שהכנים שבלין לעשות עיסה דאפילו ר' מתיר לאכול מהן עראי בין בחול בין ביו"ט · ונכנס ביו"ט ואח"כ נמלך עליהן ואמר איני עושה מהן עיסה אלא מלילות אני עושה אותן כולן שנמצאו היום ביו"ט מתחייבין ולא היה בהן חיוב מאתמול כגון האי הכי נמי דאיבעי כו' למיכל סינייהו אסור אלא

מאי אית לך למימר מתקנן ואוכל : ירושלמי מטלטלין את האיסתנוסין דר' ירמיה הורי לבר נירונמי אסיא מטעיניה בסדינה מיעול מבקרא בישיא בשובתא · מיישא בר בריה דריב"ל מטען בסדיניה מיעול מדרש בציבורא בשבתא לא סוף דבר שצורך הרבים כו' · אלא שמא יצטרכו לו רבים · תני לא את המפתח וב"ה מתירין · הדא דמתירין ב"ה מפתח של אוכלין אבל מפתח של כלים לא שרא · והא ר' אבהו הוה יתיב ומתני ומפתחא של פלמטירין בידיה פלפלין הוה ליה בגווה · תני הלש עיסה ביו"ט מפריש חלה ביו"ט מעיו"ט ושכח ולא הפריש חלתה אסור לטלטלה כו' 'תיפתר בעיסה טמאה שאינו יכול להפריש חלתה אלא לבסוף · ובדין הוה בעיסה טהורה שלא יפרישנה אלא בסוף תקנה תקנו להפרישה בתחלה שלא תטמא את העיסה. והא דתנן אין זכאי בהרמתה רוב תרומה היא ולא כל התרומה ויתבו **) לפרקי' שיזדמן כגון ו' ויש לו להרים התרומה ביו"ט אם צריך לאכול מהן כגון אפייה ובישול שהן מותרין וכגון הלש עיסה ביו"ט מפריש ממנה חלתה ביו"ט הכא נמי אפילו לר' יוסי בר' יהודה מאי תרומה דתנינן לא אם אמרתם בתרומה שאינו זכאי בהרמתה רוב תרומה 'אמר אביי מחלוקת ר' ור' יוסי בר' יהודה בשבלין של תבואה אבל בקטניות דברי הכל איסורייתא טבלא לימא מסייעא מי שהיו לו חבילי תלתן של טבל כו' · איכא דאמרי אמר אביי מחלוקת בשבלין אבל בקטניות דברי הכל איסורייתא לא טבלא ומותבינן עליה מהא דתנן בתרומות פ"ט מי שהיו לו חבילי תלתן של טבל הרי זה כותש ומחשב כמה זרע יש בהן ומפריש על הזרע ואין מפריש על העץ מאי לאו תרומה היא זו דקתני ומפריש על הזרע 'והנה מצינו כי נתחייב בחבילות שהן איסורייתא להפריש מהן תרומה ואיך[אמר]איסורייתא דברי הכל לא טבלי 'כלומר אין חייבין עד שיפרשר ודחה לא זה ששנינו ומפריש תרומת מעשר היא ולא תרומה גדולה · פי' כגון שיש לו לבעל הבית אלף חבילי תלתן ונתן מאה מהן מעשר ללוי · חייב הלוי להפרש מעשר מן המעשר · יותר

תרומות פ"י מ"ו

הגהות הב"ח

(א) רש"י ד"ה ופרכינן וכו' על כרחו מרים תרומתן הס"ד: (ב) תוס' ד"ה הא וכו' ומה שמצינו וכו' דהא דקאמר שזכאי כצ"ל ותיבת דכהן נמחק :(ג) ד"ה איכא וכו' ועוד דבעי לאוקמא אליבא :

גליון הש"ס

גמ' אוכל מהן עראי · עיין מנחות דף סז ע"ב תוס' ד"ה כדי שתהא :

**) אולי צ"ל ומצינו לפרקים כו'.

אלא מן הגורן ומן היקב כך תרומת מעשר אינה ניטלת אלא מן הגורן ומן היקב מחשב הא מדידה בעי הא מני אבא אלעזר בן גימל היא דתניא *אבא אלעזר בן גימל אומר °ונחשב לכם תרומתכם בשתי תרומות הכתוב מדבר אחת תרומה גדולה ואחת תרומת מעשר כשם *שתרומה גדולה ניטלת באומד ובמחשבה כך תרומת מעשר ניטלת באומד ובמחשבה גופא א"ר אבהו א"ר שמעון בן לקיש מעשר ראשון שהקדימו בשבלין שמו טובלו לתרומת מעשר מאי טעמא אמר רבא הואיל ויצא עליו שם מעשר: *אמר ר"ש בן לקיש מעשר ראשון שהקדימו בשבלין פטור מתרומה גדולה שנא' °והרמותם ממנו תרומת ה' מעשר מן המעשר מעשר מן המעשר אמרתי לך ולא תרומה גדולה ותרומת מעשר מן המעשר *א"ל רב פפא לאביי אי הכי אפילו הקדימו בכרי נמי אמר ליה עליך אמר קרא °מכל (*מעשרותיכם) תרימו את כל תרומת ה' ומה ראית האי אדגן והאי לא אדגן: *תנן התם *המקלף שעורין מקלף אחת אחת ואוכל ואם קלף ונתן לתוך ידו חייב אמר רבי אלעזר וכן לשבת איני והא רב מקלפא ליה דביתהו כסי כסי ור' חייא מקלפא ליה דביתהו כסי כסי אלא אי אתמר אסיפא אתמר *המולל מלילות של חטים מנפח על יד על יד ואוכל ואם נפח ונתן לתוך חיקו חייב אמר רבי אלעזר °וכן לשבת מתקיף לה רבי אבא בר ממל ורישא למעשר אין לשבת לא ומי איכא מידי דלענין שבת לא הוי גמר מלאכה ולמעשר הוי גמר מלאכה מתקיף לה רב ששת בריה דרב אידי ולא והא גרנן למעשר דתנן *איזהו גרנן למעשר הקשואין והדלועין משיפקסו ושלא פקסו משיעמיד ערמה ותנן נמי גבי בצלים *משיעמיד ערמה ואילו גבי שבת העמדת ערמה פטור אלא מאי אית לך למימר *מלאכת מחשבת אסרה תורה הכא נמי מלאכת מחשבת אסרה תורה: כיצד מולל אביי משמיה דרב יוסף אמר הדא אחדא ורב אויא משמיה דרב יוסף אמר הדא אתרתי רבא אמר °כיון דמשני אפילו הדא אכולהו נמי כיצד מנפח אמר רב אדא בר אהבה אמר רב מנפח

מקשרי

תורה אור: ונחשב לכם תרומתכם (במדבר יח) · והרמותם ממנו תרומת ה' מעשר מן המעשר (במדבר יח) · מכל מתנותיכם תרימו את כל תרומת ה' (במדבר יח)

רש"י

אלא מן הגורן ומן היקב · שנגמר כולה דכתיב דגן תירוש ויצהר (במדבר יח): מחשב הא מדידה בעי · בשלמא אי בישראל מוקמת לה ובתרומה גדולה איכא למיתני מחשב דניטלת באומד שתרומה גדולה לא נתנה בה התורה שיעור דכתיב ראשית דגנך (דברים יח) ורבנן הוא דאמרי שיעור עין יפה ובינונית ורעה הלכך באומד סגי דאי נמי לא יהיב כשיעור חטה אחת פוטרת כל הכרי אבל גבי לוי מעשר מן המעשר כתיב (במדבר יח) וצריך למדוד: אבא אלעזר בן גימל גרסי': ונחשב לכם תרומתכם · בלוים כתיב: בשתי תרומות הכתוב מדבר · דכתיב כדגן מן הגורן זו תרומה גדולה תרומתכם זו תרומת מעשר: מה תרומה גדולה ניטלת באומד · כדפרישי' דלא כתיב בה שיעור · ובמחשבה · נותן עיניו בצד זה ואוכל בצד אחר דכתיב ונחשב ואתרוייהו קאי והאי דקא יליף לה מתרומה גדולה משום אומד נקט לה: הואיל ויצא עליו שם מעשר · ורחמנא אמר והרמותם ממנו מעשר מן המעשר משנקרא מעשר הזקוקים לתרומתו: פטור מתרומה גדולה · שהיה לו לכהן ליטול תרומה גדולה תחלה שהרי קרויה ראשית והלוי אחריו מעשר במה ששייר וזה שנטל מעשר תחלה ונמצא שלא הורמה תרומה גדולה ממעשרו וישראל לא יתן לכהן אלא אחד מחמשים במה ששייר נמצא כהן מפסיד פטור הלוי מתרומה גדולה שבמעשר זה שנאמר והרמותם ממנו תרומת ה' ופירש ומה היא התרומה מעשר מן המעשר: אפילו הקדימו · לתרומה בכרי משנתמרח נפטר לוי מהאי קרא: עליך אמר קרא · כדי שלא תאמר כן: מכל (*מעשרותיכם) תרימו את כל תרומת ה' · ובלוים כתיב והכי כתיב כל למימר דכל לך תרומה המוטלת בו יתן: ומה ראית · דהאי כל דמרבי שדית ליה אהקדימו בכרי ואידך אהקדימו בשבלים אימא איפכא: האי אדגן · הקדימו בכרי כבר נעשה דגן ומשבא לכלל דגן חלה עליו חובה כהן דכתיב ראשית דגנך הלכך מסתברא דהאי קרא דזוטותא דכהן אכרי תשדייה: המקלף שעורים · לאוכלן קלופים חיים: ואוכל · ופטור מן המעשר דכי האי גוונא אכילה עראי היא ובשלא נתמרחו קאי שמקלפן מתוך שבולת שלהן: חייב · במעשר דהוה ליה קבע: וכן לשבת · אחת אחת לא הוי מפרק תולדה דדש דכלאחר יד הוא אבל משקבלן בידו הויא תולדת דישה וחייב: כסי כסי · מלא כוסות (א): ואוכל · בלא מעשר: לתוך חיקו · בשולי בגדיו שקורין פאל"ן: והרי גרנו של מעשר · כלומר הרבה מלאכות שאמרו שהן קובעות גורן למעשר לאסרו באכילת עראי ומותרות בשבת: איזהו גרנן למעשר · לעיל מינה איירי בפירות וקאמר אימתי גמר מלאכתן ליקבע למעשר: משיפקסו · משניטל פקס שלהן והוא כמין פרח בראשו כמו שיש בתפוחים ונופל מאליו כשמתיבש: ושלא פקסו משיעמיד ערמה · כלומר ואם עד שלא פקסו העמיד ערמה מהן כמין כרי הוקבעו אלמא העמדת ערמה הויא גמר מלאכה למעשר ולענין שבת משהביא בצלים לביתו אין העמדת ערמה מלאכה: אלא מאי אית לך למימר · אע"ג דלמעשר הויא מלאכה לשבת (ב) מלאכת מחשבת שהיא מלאכת אומנות אסרה תורה שנסמכה פרשת שבת למלאכת המשכן בויקהל והתם מלאכת מחשבת כתיב: כיצד מולל · ביום טוב דאמרן לעיל מוללין מלילות והא ודאי שינוי בעי מעובדא דחול: חדא אחדא · בין גודל לאצבע: כיצד מנפח: דאמרינן לעיל למחר מנפח מיד ליד בשבת:

מקשרי

תוספות

כשם שתרומה גדולה ניטלת וכו' · ואם תאמר מה צריך למילף תרומת מעשר מתרומה גדולה דניטלת במחשבה תיפוק ליה דבהדיא כתיב בה ונחשב דקאי אתרומת מעשר וכו' ופ"ה דלאו דוקא נקט מחשבה אלא אומד דוקא נקט ועי"ל אי לאו דילפינן תרומת מעשר מתרומה גדולה לא הייתי אומר דתרומת מעשר ניטלת במחשבה דהוי משום קרא דונחשב דכתיב גבי מעשר מוקמינן לה בתרומה גדולה דה"ק בירושלמי כל התורה למדה ומלמדה חוץ מתרומת מעשר דמלמדה ואינה למדה דהא ממנו דכתיב גבי תרומת מעשר דמיניה נפקא מוקף דדרשינן ממנו מן הסמוך לו ומוקמינן לה בתרומה גדולה דבעינן מוקף אבל בתרומת מעשר מדאורייתא לא בעינן מוקף אלמא גבי ממנו דכתיב במעשר מוקמינן ליה בתרומה גדולה והכא נמי ונחשב נימא כדפרישית:

ומה ראית האי אדגן והאי לא אדגן · ותימה היכי אסיק אדעתיה דמקשה לומר אפכא דבשבלין יהא חייב ובהקדימן בכרי יהא פטור אם הוא חייב בשבלים כ"ש בכרי שכל מה שאחרי כן יהא חייב ואומר הר"י דה"ק מה ראית לחייב מכל לדין הקדימו בכרי ופטור בשבלין אימא דבין חיוב ובין פטור בהקדימו בכרי פטור קודם ראיית פני הבית וחיוב לאחר ראיית פני הבית ומשני האי אדגן פירוש בהקדימו בכרי וא"כ דין הוא שיהא חייב מכל לד:

ואם קלף ונתן לתוך ידו חייב · פרש"י ואם קלף מתוך השבלין וכו' ותימה היכי מקלפא לרב דביתהו כסי כסי האמר לעיל דמולל מלילות מערב שבת וכו' משמע הא בשבת אסור ויש לומר דהתם מיירי לתלוש מן השבלים שהוא מפרק והוי תולדה דדש שהוא אב מלאכה והכא מיירי בשכבר נתלשו מע"ש מן השבלין אבל עוד הן בקליפתן החיצונה ולכך שרי ומה שפרש"י הכא דאם קלף ונתן לתוך ידו חייב משום דהוי מפרק קשה לר"י דבסמוך משמע שהטעם מפני שהוא גמר מלאכה אלא אומר ר"י דהיינו דגנו:

כיצד מולל · פי' ביו"ט ובשבת אסור למלול וכיצד מנפח ר"ל בשבת דביו"ט שרי אף בקנון ובתמחוי:

כיצד מנפח וקאמר בין קשרי אצבעותיו · ותימה דלעיל אמר המולל מלילות מע"ש למחר מנפח מיד ליד כו' אבל לא בקנון וכו' ויש לומר דלעיל הוי פירוש בין קשרי אצבעותיו וקנון ותמחוי דנקט משום י"ט נקט ליה:

בית

רבינו חננאל

והוא שנקרא תרומת מעשר כדכתיב והרמותם ממנו תו' · ומחשב כלומר מחשב בדעתו של אלו החבילות יש בהן זרע עשרים סאה כותש מהן מאתים ונותן לכהן זו הכתישה קנס קנסו ללוי שלא היה לו לקבל חבילות עד שיכתשם ישראל ויתקנ' וכריש לקיש דאמר שמו טובלו כלומר כיון שנקרא מעשר חייב להפריש ממנו תרומת מעשר · והוא פי' שמו טובלו לתרומת מעשר ומחשב באומד דעתו כמה זרע יש בהן כמה שפירשנו ונותן לכהן תרומת מעשר כאבא אלעזר בן גימל דתני ונחשב לכם תרומתכם בב' תרומות הכתוב מדבר אחת תרומה גדולה ואחת תרומת מעשר · מה תרומה גדולה ניטלת באומד ובמחשבה כדכתיב ונחשב לכם כלומר אפילו בלא מדידה אלא במחשבה בלבד דיי כך תרומת מעשר · אמר ר"ל אם נתן ישראל ללוי מעשר ראשון שלו שבלין קודם שיפריש תרומה גדולה שהיא עין בינונית אחד מחמשים אין חייב בן לוי לתת לכהן אלא תרומת מעשר בלבד כאשר פירשנו אחד מי' אבל תרומה גדולה שהיא אחד מחמשים פטור עליה מ"ש מן המעשר חייבה תורה לבן לוי ולא תרומה גדולה ותרומת מעשר · ואקשינן אי הכי אפילו אם הקדימו בכרי יהיה הלוי פטור מתרומה גדולה · ואסיקנא האי דבכרי אידגן ונתחייב בתרומה גדולה ולבן לוי לא פקע חיוב תרומה מינה לפיכך חייב לוי לתת לכהן תרומה גדולה אבל שבלין דלא אידגן ולא נתחייב פטור מתרומה גדולה:

עין משפט נר מצוה

קז א מיי' פ"ג מהלכות תרומות הל' ד:
קח ב מיי' שם הלכה יג טור י"ד סי' שלא:
קט ג ד מיי' פ"א מהל' מעשר הלכה יג טוש"ע י"ד סי' שלא סעיף פז:
קי ה מיי' פכ"א מהל' שבת הלכה יז טוש"ע א"ח סי' שיט סעיף ו:
קיא ו מיי' פ"ג מהל' מעשר הלכה ח:
קיב ז מיי' שם הלכה יב:
קיג ח מיי' פ"א מהל' שבת הלכה ט:
קיד ט מיי' פכ"א מהל' שבת הלכה יז טוש"ע א"ח סי' שיט סעיף ו:

מסורת הש"ס

בכורות נח: ע"ש מנחות כד: ע"ש גיטין לא: ע"ש
שבת קכז: ע"ש עירובין לא: ע"ש פסחים לה: ע"ש
[תמורה ה:]
[נ"א מתנותיכם]
מעשרות פ"ד מ"ה
ג"ז שם
[מתנותיכם]
ב"מ פח: מעשרות פ"א מ"ה
[מעשרות פ"א מ"ו]
[חגיגה יוד: ב"ק כו: סנהדרין סב: זבחים מז: כריתות יט:]

הגהות הב"ח

(א) רש"י ד"ה כסי כסי מלא כוסות בשבת ואוכל כצ"ל וה"א: (ב) ד"ה אלא וכו' לשבת לא הוי מלאכה דמלאכת מחשבת שהיא:

תנן התם במעשרות פרק ד' המקלף שעורים מקלף אחת אחת ואוכל ואם קילף ונתן לתוך ידו חייב · א"ר אלעזר וכן לשבת · איני והא רב ור' חייא מקלפי להו דביתהו כסי כסי · אלא לקלף פי' [illegible] · והמולל מלילות של חטים מנפח על יד על יד ואוכל ואם נפח ונתן לתוך חיקו חייב · א"ר אלעזר וכן לשבת · ואקשינן ארישא דהא מתני' [illegible] גרנן למעשר דתנן במעשרות פרק א' איזהו גרנן למעשר הקשואין והדלועין משיפקסו ושלא פקסו משיעמיד ערמה · [illegible] מלאכה למעשר והוא גמר מלאכה לשבת · אלא בשבת מלאכת מחשבת אסרה תורה [illegible]

For just as the great *terumah* is taken [13b] only from the threshing-floor and from the wine-press,[5] so also is the *terumah* of the tithe to be taken only from the threshing-floor and from the wine-press.

[It is stated above]: 'He estimates!' Surely it requires [exact] measuring![6]—The author of this is Abba Eleazar b. Gimal. For it was taught: Abba Eleazar b. Gimal says: '*And your heave-offering shall be reckoned unto you*'.[7] Scripture speaks of two heave-offerings,[8] one [being] the great *terumah* and the other the *terumah* from the [Levite's] tithe; just as the great *terumah* may be separated by estimation[9] and by mental determination[10] so may the *terumah* from the [Levite's] tithe be separated by estimation and by mental determination.

The text [above stated]: R. Abbahu said in the name of R. Simeon b. Laḳish: The first tithe which one anticipated while the corn was yet in the ears, its designation renders it *ṭebel* in respect of the *terumah* from the [Levite's] tithe. What is the reason?—Said Raba: Because it already bears the name tithe.

R. Simeon b. Laḳish said: The First Tithe which was anticipated while the corn was yet in the ears is exempt from the great *terumah*, for Scripture says: *Then ye shall offer up an heave-offering of it for*
a *the Lord, a tithe of the tithe;*[1] *a tithe of the tithe* have I commanded you, but not 'the great *terumah* and a tithe of the tithe'. Said R. Papa to Abaye: If so, even if he anticipated it[2] at the barn too?—He replied to him: It is for your sake that Scripture states: *Out of all your gifts ye shall offer every heave-offering of the Lord.*[3] What [reason] do you see?[4]—In the one case,[5] it is already corn;[6] in the other, it is not already corn.

We have learnt elsewhere:[7] He who hulls barley,[8] may hull it grain by grain and eat it;[9] but if he hulls [it] and lays [the grains] in his hand, he is liable [to give tithe].[10] Said R. Eleazar: And it is likewise with respect to the Sabbath.[11] But this is not so! For Rab's wife hulled for him cupfuls, and likewise R. Ḥiyya's wife hulled cupfuls for him! Rather if this [statement of R. Eleazar] has been said, it was said with respect to the second clause: He who rubs ears of wheat may winnow them from one hand to the other and eat them [without tithing]; but if he winnows them and lays them on his lap he is liable. Said R. Eleazar: And it is likewise with respect to the Sabbath. R. Abba b. Mamel demurred to this: And [in] the first clause, [is he liable] in respect to tithe but not in respect to Sabbath? Is there then any action which with respect to the Sabbath does not rank as the final act,[12] whereas
b with respect to tithe it is regarded as the final act?[1] To this R. Shesheth the son of R. Idi demurred: Is there not? Surely there is [the case of what constitutes] their threshing-floor in respect of tithing;[2] for we have learnt,[3] When is their harvesting time for tithing?[4] In the case of cucumbers and gourds after their coils of blossom have dropped,[5] and if they have not dropped, then as soon as they have been made a heap. And we learnt likewise of onions:[6] [They are liable for tithing] as soon as he [their owner] sets up a heap. Yet with respect to the Sabbath the setting up of a heap does not involve culpability? Therefore you must needs say that [with respect to the Sabbath] the Torah forbade work of craftsmanship;[7] so also here[8] [say] the Torah forbade work of craftsmanship.

How should one rub them?[9]—Abaye in the name of R. Joseph says: One [finger] against one [finger].[10] But R. 'Awia in the name of R. Joseph says: One [finger] against two [fingers].[11] Raba [however] says: So long as he does it in an unusual way it is permitted even between the thumb and all the fingers.

How should one winnow [them on a Sabbath]?—Said R. Adda

(4) When it would have received the last preparation for tithing. (5) V. Num. XVIII, 27. (6) If the text referred to the great *terumah*, the expression 'estimate' would be correct, since according to Scripture no definite percentage is required, for even a single grain can exempt the whole of the crop, while the giving of one-fortieth—one-sixtieth is only a Rabbinical enactment. But now that we explain that it means the *terumah* from the Levite's tithe, it definitely says (Num. XVIII, 27) that this must be one-tenth. (7) Num. XVIII, 27. (8) The Massoretic text has תרומתכם in the singular, but many MSS. including the Samaritan Version read תרומותיכם in the plural. (9) It was not necessary to measure out the fiftieth part usually given for the *terumah*. (10) One can mentally determine to take *terumah* from one side of the heap of corn and may then eat from the other side before the *terumah* had been actually set apart.

a (1) Num. XVIII, 26. (2) I.e., if he tithed it before separating the great *terumah*. (3) Num. XVIII, 29, indicating that even the great *terumah* has to be given by the Levite to the priest if it was not already given by the Israelite. (4) To make this distinction between the corn in the ear and the corn in the barn. (5) When the corn is already in the barn. (6) And the great *terumah* is due to the priest. Therefore he is entitled to recover the great *terumah* from the Levite.

(7) Ma'as. IV, 5. (8) In order to eat it raw. (9) For this is regarded as a scanty meal and he is exempt from tithing. (10) For this is regarded as a full meal. (11) If he hulls it into the hand it is regarded in the nature of threshing and he is guilty of desecrating the Sabbath. (12) To make one guilty of a breach of the Sabbath. The finishing touch to a work on a Sabbath involves culpability.

b (1) To make him liable for tithing. (2) The word גֹּרֶן 'threshing-floor' is used as a technical term meaning harvesting time or the final act making cereals or vegetables liable to tithe. (3) Ma'as I, 5. (4) So that it may be regarded as *ṭebel* and a light meal would not be permissible. (5) I.e., after they have been trimmed up and made neat. (6) Ma'as I, 6. (7) מלאכת מחשבת Ex. XXXI, 4-5 speaks of the work of craftsmanship of the Tabernacle and is immediately followed by the laws respecting the Sabbath, indicating that the work forbidden on the Sabbath is similar to the craftsmanship there referred to. But the placing of the vegetables in a heap is not considered a work of craftsmanship. But v. R. Ḥananel a.l. (8) In the case of the laying of the grains in his hand. (9) On a Festival to distinguish from the rubbing on any other day, which was to rub with the finger of one hand on the palm of the other. (10) I.e., between the thumb and the first finger. (11) I.e., between the thumb and the two fingers.

b. Ahabah in the name of Rab: He should winnow [14a] from the joints of the fingers upwards.[12] They laughed at it in the West:[13] so long as he does it in an unusual manner [it is permitted to be done] even with the whole palm! But said R. Eleazar: He should winnow vigorously with one hand.[14]

MISHNAH. BETH SHAMMAI SAY: SPICES MAY BE POUNDED
a WITH A WOODEN PESTLE[1] AND SALT IN A SMALL CRUSE OR WITH A WOODEN LADLE;[2] BUT BETH HILLEL MAINTAIN: SPICES MAY BE POUNDED AFTER THEIR USUAL FASHION WITH A STONE PESTLE AND SALT WITH A WOODEN PESTLE.[3]

GEMARA. All agree at any rate that [the pounding of] salt must be done in an unusual manner; what is the reason?—R. Huna and R. Ḥisda [differ]. One says: [Because] all dishes require salt,[4] but not all dishes require spices; and the other says: [Because] all spices lose their flavour,[5] but salt does not lose its flavour. Wherein do they differ?—The difference between them is when he knew [on the eve of the Festival] what dish he will cook [on the morrow],[6] or in the case of saffron.[7]

Rab Judah said in the name of Samuel: Everything which is pounded may be pounded in the usual way, even salt.[8] But surely you have said that salt must be [pounded] in an unusual way!—He rules as the following Tanna, for it was taught: R. Meir says: Beth Shammai and Beth Hillel do not differ over [commodities] which are pounded, [agreeing] that they may be pounded in the usual way, and salt with them;[9] they differ only with respect to pounding it [salt] alone, when Beth Shammai say: Salt [may be pounded] in a small cruse and with a wooden ladle only for roasting[10] but not for boiling, and Beth Hillel maintain: [It may be pounded] with everything. 'With everything'!—Can you think
b so?[1]—Say rather, *for* everything.[2]

R. Aḥa Bardela said to his son: When you pound [salt], incline [the mortar] sideways and pound. R. Shesheth heard[3] the sound of a mortar and pestle; [then] said he: This is not [coming] from my house. Perhaps it was done sideways?[4]—He heard a shrill noise.[5] Perhaps it was spices?[6]—Spices produce a dull sound.

Our Rabbis taught: One may not prepare pearl-barley[7] nor pound anything in a mortar. [You state] two [contradictory rulings]?[8]—This is what it means to say: What is the reason that you may not prepare pearl-barley? Because you may not pound [anything] in a mortar. Then it should have [only] stated: 'One may not pound [anything] in a mortar'!—If it stated [only], 'One may not pound anything in a mortar', I would say, that is only in a big mortar; but in the case of a small mortar [I would say], It is well; so it informs us [that this is not so]. But it was taught: One may not pound in a big mortar but one may pound in a small mortar!—Said Abaye: When the teaching[9] was taught,

(12) But not in his palm. (13) I.e., the scholars of Palestine. V. Sanh. (Sonc. ed.) 17b. (14) Not just throw it up a little.

a (1) Although the pounding of spices is permitted on a Festival it should be done in a somewhat different way from ordinary days. (2) The pounding of salt must be done in an entirely unusual way, both with regard to the vessel in which, and also with regard to the vessel with which, it is pounded. (3) According to Beth Hillel it is sufficient if the vessel with which it is pounded is different. (4) He should therefore have prepared the salt before the Festival. (5) Therefore it must be prepared on the day it is required. (6) According to the first reason, even the pounding of spices must be done in an unusual manner since it could have been prepared previously. (7) Which likewise does not lose its flavour, so that according to the second reason it is the same as salt. (8) Or, Even salt! But etc. (9) I.e., pounding them both on the same occasion, by preparing the salt immediately after the spices (Rashi as explained by Rashal). (10) When a small quantity only is required.

b (1) Even with a utensil which may not be handled at all on the Sabbath? (2) I.e., for every purpose, whether for roasting or boiling—and that in the usual way; Rab Judah thus has a Tanna in support for his ruling. (3) On a Festival. (4) In which case it is permissible. (5) Whereas if the mortar were inclined there would be a heavy, dull noise. (6) Which may be pounded in the usual way. (7) On a Festival, because it requires toilsome pounding. (8) The first ruling forbids toilsome pounding only, whereas the second forbids all pounding. (9) [I]ntroduced by, 'Our Rabbis taught'.

גמרא

מקשרי אצבעותיו ולמעלה *מחכו עלה במערבא כיון דמשני אפי' בבולה ידא נמי אלא א"ר אלעזר *מנפח בידו אחת ובבל כחו: **מתני'** בית שמאי אומרים תבלין נדוכין במדוך של עץ והמלח בפך ובעץ הפרור וב"ה אומרים תבלין נדוכין כדרכן במדוך של אבן והמלח במדוך של עץ: **גמ'** דכולי עלמא מיהת מלח בעיא שנוי מ"ט רב הונא ורב חסדא חד אמר כל הקדרות כולן צריכות מלח ואין כל הקדרות צריכות תבלין וחד אמר כל התבלין מפיגין טעמן ומלח אינה מפיגה טעמה מאי בינייהו איכא בינייהו דידע מאי קדרה בעי לבשולי אי נמי במוריקא אמר רב יהודה אמר שמואל כל הנדוכין נדוכין כדרכן ואפילו מלח והא אמרת מלח בעיא שנוי הוא דאמר כי האי תנא דתניא אמר רבי מאיר לא נחלקו בית שמאי וב"ה על הנדוכין שנדוכין כדרכן ומלח עמהן לא נחלקו אלא לדוכה בפני עצמה שבית שמאי אומרים מלח בפך ובעץ הפרור לצלי אבל לא לקדרה וב"ה אומרים בכל דבר בכל דבר סלקא דעתך אלא אימא לכל דבר (א) א"ל רב אחא ברדלא לבריה כי דייכת אצלי אצלויי ודוך רב ששת שמע קל בוכנא אמר האי לאו מגוויה דביתאי הוא ודלמא אצלויי אצלי דשמעיה דהוה צליל קליה ודלמא תבלין הוו תבלין נבוחי מנבח קליהו תנו רבנן אין עושין טיסני ואין כותשין במכתשת תרתי הכי קאמר מה טעם אין עושין טיסני לפי שאין כותשין במכתשת ולימא אין כותשין במכתשת אי תני אין כותשין במכתשת הוה אמינא ה"מ במכתשת גדולה אבל במכתשת קטנה אימא שפיר דמי קמ"ל והתניא אין כותשין במכתשת גדולה אבל כותשין במכתשת קטנה אמר אביי כי תניא נמי מתניתא מכתשת גדולה תניא

רבא

רש"י

מקשרי אצבעותיו · ולא בכפו: **מתני'** מדוך · הוא בוכנא (ב) שמכין בו כדרכו ואין צריך *שנוי אבל במלח במקום שיש מלח גסה בפך של חרס ידוכנו ולא במדוכה: או בעץ פרור · כף גדולה שקורין פוקי"א דמלח בעי שנוי ובגמרא מפרש טעמא: והמלח במדוך של עץ · שנוי בעי אבל סגי בהאי שנוי זוטא: **גמ'** כל הקדרות · כל מיני תבשיל צריכות מלח הלכך מאתמול הוה ידע דאיבעי ליה לדוכה: ואין כל הקדרות צריכות תבלין · ואדם אינו יודע מה יעלה בלבו לאכול מחר: מפיגין טעמן · ממירין טעמן אם ידוכן מאתמול ריחו לא נמר (ירמיה מח) מתרגמינן לא פג: דידע מאתמול מאי קדרה בעי בשולי · ללישנא קמא בעי שנוי ללישנא בתרא לא בעי שנוי: אי נמי · תבלין של מוריקא איכא בינייהו שיש קדרה שמתבלין אותה בכרכום ואינו מפיג טעמו אם נדוך מבעוד יום והוא לא היה יודע מה יבשל מחר ללישנא בתרא בעי שנוי ללישנא קמא לא בעי שנוי: עמהם · מלח ותבלין *כאחד: לא נחלקו אלא לדוכה בפני עצמה · כדרכה כשאר תבלין: בפך ובעץ הפרור · על ידי שנוי ולא כדרכה ואגב דהיינו דבר מועט: בכל דבר סלקא דעתך · ואפי' בדבר שאין ניטל בשבת: לכל דבר · ואפי' לקדרה ועל כרחך כדרכה אמרי ככל דרך שיטת הש"ס דעל מה נחלקו דומיא דלא נחלקו קאמר לא נחלקו על התבלין ומלח כאחד שנדוכין כדרכן על מה נחלקו לדוך כדרכה על מלח בפני עצמה שב"ש אומרים בפך בשנוי ועוד מחמיר לצלי ולא לקדרה וב"ה אומרים לכל דבר נדוכית כדרכה ולא הוצרך לפרש שכבר פירש: כי דייכת · מלח: אצלי אצלויי ודוך · הטה המדוכה על לדה דסבר כשמואל דאמר נידוכת כדרכה במדוך של אבן ומיהו שנוי זוטא בעי לשנויי: קל בוכנא · במדוכת מלח: האי לאו מגויה דביתאי הוא · יודע אני שאין זה בתוך ביתי שאסרתי עליהם לדוך במדוך של אבן בלא שנוי: דהוה צליל קליה · ואילו מכה (ג) בהשמטה באלכסון לא היה קולו צלול: ודילמא תבלין הוו · שאינן צריכין שנוי: נבוחי מנבח · (ד) כשהן משברין הגרעינים נשמע קולו במדוכה כמנבחים קרויש"ט: אין עושין טיסני · בי"ט שטורח גדול הוא שכותש החטין עד שנחלקים א' לארבעה כדאמרי' במו"ק (ד' יג:): תרתי · שני דברים יש כאן לא זה דומה לזה קתני אין עושין טיסני הא חלקא ודייסא שפיר דמי דאין טרחן מרובה והדר תני אין כותשין כלל: ולימא אין כותשין · ואגא ידענא דהו לא מתעביד טיסנא: סתם מכתשת היינו גדולה: אבל קטנה אימא שפיר דמי · אפילו טיסני: קא משמע לן · אין עושין טיסני כלל לפי שאין כותשין שום כתישה במכתשת והך מכתשת על כרחיך לא שנא גדולה ולא שנא קטנה מדתני רישא אין עושין טיסני כלל: אבל כותשין בקטנה · דהוי כלאחר יד דאינה אלא לתבלין: כי תניא נמי מתני' · דלעיל מכתשת גדולה תניא ולא תימא מה טעם קאמר אלא תרתי קתני וה"ק אין עושין טיסני כלל אפי' בקטנה ואין כותשין שאר כתישות במכתשת כגון דייסא וסתם מכתשת בגדולה קא מיירי:

רבא

במכתשת גדולה תניא · פירוש (ו) והשתא נימא דתרתי קאמר והכי קאמר ... דברים בגדולה אבל בקטנה כותשין הכל חוץ מטיסני משום ...

תוספות

בית הלל אומרים תבלין נידוכין במדוך של אבן · ותימה דמשמע הכא דתבלין מותר לדוך בלא שנוי ובמסכת שבת (דף קמא. ושם) קאמר פלפלין בקתא דסכינא חדא חדא שרי תרי תרי אסיר וכי תימא דיש חילוק בין פלפלין לתבלין זה אינו דבהדיא קאמר בתוספתא עלה דהכא פלפלין הרי הוא כתבלין וי"ל דהתם מיירי בשבת ותדע דשמעתא דהתם מיירי בשבת (א) דאם רוצה לומר בי"ט היה לו לפרש *כדפירש ר"ח והכא מיירי בי"ט וא"כ שרי כדרכו ואפי' במדוך של אבן אבל מלח של ים צריך שינוי לדוך אותו גרעין גרעין אבל *שליניוכ"ש אין צריך שנוי הואיל והוא עשוי בידי אדם:

איכא בינייהו דידע כו' בעי לבשולי · דללישנא קמא בעי שנוי וללישנא בתרא לא בעי שנוי אי נמי בהאי שאינו מפיג טעמו ולא ידע דללישנא בתרא צריך שנוי וללישנא קמא לא צריך שנוי ופסק ר"י שיש לאסור בכל ענין דאזלינן לחומרא אע"ג דבשל סופרים הלך אחר המיקל הואיל ולכל אחד ואחד יש קולא וחומרא מכל לד עבדינן לחומרא ומיהו שומין מותר לתקנם בי"ט בלא שנוי מפני שמתקלקלין ביותר אם יעשה אותן מערב יו"ט ועוד דאמרינן *דרוח רעה שורה עליהן כשנשתכין בלילה ומיהו מהאי פיסקא לא נפיק לן מידי דהא קי"ל כשמואל בסמוך דכל הנדוכין נדוכין כדרכן וכדתניא דמייתי בר ממלח שגרי' אלצויי דהך שנוי מעט וכן פסק רב אלפס דהואיל (ה) ואזלי וגרסי אמוראי אליבא דהאי ברייתא אע"ג דבמתני' פליגא עלה קיימא לן כברייתא וכן פסק רב יהודאי גאון בהלכות פסוקות וכן יש מנהג הלכה למעשה דהך מלתא תליא בהשלי דרבוותא ומ"מ אסור לטחון פלפלין ברחים שלהם משום דמחזי כעובדא דחול כשטוחנין ברחים שקורין מולינ"ש בלע"ז כדאיתא בפ"ב (דף כג.) אבל במדוך של אבן מותר לדוכן בלא שנוי ואף *לפירוש התוספות דאזלינן לחומרא מכל מקום שמא דפלפלין מותרין היכא דלא ידע מאי קדרה בעי לבשולי לפי שהן מפיגין טעמן ופלפלין נמי מפיג טעמן מדלא קאמר איכא בינייהו פלפלין אבל לפי מה שפירש בשם הגדולים דקי"ל דכל הנדוכין נדוכין כדרכן יש להתיר אפי' כי ידע מאי קדרה בעי לבשולי ואפילו לא מפיג טעמו והמחמיר לדוכן מעי"ט הרבה ביחד יתברך באלהים ובשם המיוחד:

בבל דבר ס"ד · פי' ואפילו בדבר שאין ניטל בשבת כגון סיכי זיירי ומזורי *דמודי בהו ר' שמעון אלא אימא לכל דבר ואפילו לקדרה ואם תאמר ואכתי מאי מייתי דילמא לעולם בעי שנוי וי"ל כדפ"ה דשיטת התלמוד כך היא דדומיא דלא נחלקו קאמר דנחלקו וכי היכי דלא נחלקו על התבלין ומלח עמהן שנדוכין כדרכן ביחד בלא שנוי דומיא דהכי נחלקו בית שמאי וב"ה על מלח בפני עצמה לדוכה כדרכה בלא שנוי:

תרתי · כלומר למה לי למימר תרתי דסתרי אהדדי אין עושין טיסני הא חלקא ודייסא שפיר דמי דאין טרחא מרובה והדר תני אין כותשין כלל כדפ"ה: **כי** תניא נמי במתניתא ... קאמר אין עושין טיסני כלל אפי' במכתשת קטנה ואין כותשין שאר ... משום דהאי דליכא רק לתבלין הוי כתישה כלאחר יד:

רבא

עין משפט נר מצוה

קטו א מיי' פ"ג מהל' יו"ט הלכה ט"ו סמג לאוין עה טוש"ע א"ח סימן תקי סעיף א:

קטז ב ג ד מיי' שם הלכה יב סמג שם טוש"ע א"ח סימן תקד סעיף א:

[ודלא כדפירש' רבינו חננאל כנ"ל ועי' בתוס' שבת קמא. ד"ה סני]

ס"א שלנו

[שבת קמא.]

רבינו חננאל

על שאר אצבעותיו שפיר דמי ור' אלעזר אומר מנפח בידו אחת ובכל כחו: **מתני'** בש"א תבלין נידוכין במדוך של עץ כו' אמר רב יהודה אמר שמואל הלכתא כל הנידוכין נידוכין כדרכן ואפילו מלח דקיי"ל כר' מאיר דאמר לא נחלקו על כל הנידוכין דנידוכין כדרכן ומלח עמהן לא נחלקו אלא לדוך המלח בפני עצמן שבש"א בפך ובעץ הפרור לצלי אבל לא לקדירה ובה"א נידוך בכל ולכל דבר · ואפי' לקדירה א"ל רב לרב אחא אצלי ודוך כלומר עשה שנוי הטה אסיתא על צדה ודוך · רב ששת שמע קל בוכנא דהוה ציל קליה ואמר כיון דציל קליה לא אצלו ודכו ותבלין מנבח קליהו והאי לא מנבח קליה לאו מביתי הוא: ת"ר אין עושין טיסני ואין כותשין במכתשת תרתי קתני אין עושין טיסני אבל במכתשת כותשין והדר תני אין כותשין במכתשת קשיין אהדדי ופרקינן הכי קתני אין עושין טיסני מ"ט לפי שאין כותשין במכתשת ופריק רבא ואמר היא דתניא אין כותשין במכתשת גדולה אבל כותשין במכתשת קטנה לדידן אבל לבני א"י אפילו במכתשת קטנה לא כדתניא אין עושין טיסני ואין כותשין במכתשת

מסורת הש"ס

ס"א אלא שנוי זוטא

[סנהדרין יז: וש"נ]

פי' ולא כנת אחת אלא בפעם אחת זה אחר זה · רש"ל

הגהות הב"ח

(א) גמ' אמר ליה רב אחא · נ"ב ס"א א"ל רב לרב אחא ברדלא כי דייכת כו': (ב) רש"י ד"ה מדוך הוא בוכנא ומכין בו במדוכה כדרכו: (ג) ד"ה דהוה צליל קליה ואלו מכה בהטייה באלכסון: (ד) ד"ה נבוחי מנבח כשהגרעינין מתשברין נשמע קולן כנ"ל: (ה) תוס' ד"ה איכא בינייהו דידע מאי קדרה בעי לבשולי וכו' רב אלפס דהואיל דשקלו וטרו אמוראי אליבא וכו': (ו) ד"ה כי תניא וכו' והשתא ניחא דתרתי:

הגהות מהרי"ל לנדא

א] תוס' ד"ה בית הלל וכו' [illegible]

קיז א מיי' פ"ג מהל' יו"ט הלכה יג סמג לאוין ע"ה טוש"ע א"ח סימן תקד סעיף ג:

קיח ב ג מיי' פ"ג מהלכות יו"ט הלכה טו טז טוש"ע א"ח סימן תקי סעיף ב:

קיט ד מיי' פ"כ מהל' יו"ט הלכה ז סמג לאוין עה טוש"ע א"ח סימן תקטז סעיף א:

קכ ה ו ז מיי' שם הל' ח טוש"ע שם סעיף ב:

קכא ח טוש"ע שם סעיף ג:

קכב ט מיי' שם הלכה ו:

ג"ו שם ע"ש

דאפילו פסולת יהיה אסור כצ"ל

קכג י כ מיי' פ"י מהל' כלאים הלכה יב סמג לאוין רפג טוש"ע י"ד סימן שא סעיף א:

[דקאמר]

גרס מפני מה אמרו וילון אסור כצ"ל

וא"כ היאך אמרו מפני מה אמרו כו' כ"ה בחלופי גרסאות

רבא אמר · לעולם מה טעם קאמר ושום כתישה לא שריא ואפילו בקטנה ומיירי להו לבני א"י שיש להם עבדים שמזלזלים בדבר כך פירש הקונטרס:

הבורר קטניות ביו"ט בית שמאי אומרים בורר אוכל ואוכל · ולאו היינו ברירה וכו' ותימה דבמסכת שבת (דף קלח.) קאמר מה דרכו של בורר נוטל האוכל ומניח הפסולת והכא משמע שאין ברירה בכך דקרי ליה שנוי וי"ל דהתם ה"פ נוטל האוכל עצמו ומניח הפסולת פירוש יזרוק אותו ומכל מקום פסולת מתוך האוכל הוי ברירה אי נמי התם שהפסולת מרובה על האוכל ואז ודאי הוי אוכל מתוך הפסולת דרך ברירה אבל הכא מיירי שהאוכל מרובה על הפסולת דאז הוי פסולת מתוך האוכל דרך ברירה ובגמ' דפריך דפסולת מרובה על האוכל מי איכא מאן דשרי פי' אפי' בטלטול יהא אסור היה יכול להקשות דזהו דרך בורר הלא דעדיפא מניה פריך *דאפילו טלטול יהא אסור דבטל מעוטא לגבי רובא והוי ככוליה פסולת:

מפני מה אמרו וילון טמא מפני שהשמש מתחמם כנגדו · וא"ת והא בפרכת המשכן אמר בפרק גיד הנשה (חולין דף ל: ושם) דמקבל טומאה (*וקאמר) ושלש מאות כהנים וכו' ואף על גב דהאי טעמא לא שייך בהו ויש לומר דשאני פרכת הואיל דמיכפכייפי עלויה דארון הוי הוא אהל ומטמא במת ומ"מ קשה דהיאך מטמאה בולד הטומאה דאמר במסכת שקלים (דף יב:) פרכת שנטמאה בולד הטומאה ומיירי במשקה דזב וזבה דאי לאו הכי לא מטמו כלי וי"ל כיון שנעשה אהל יש להם תורת כלי ומטמאים אף בולד הטומאה ועוד אומר הר"ר שמואל מאייבר"א כשהיו נושאים הפרכת ממקום למקום נותן הכלים לתוכה א"כ יש תורת כלי עליהם ובה"ג *גרס וילון אסור ויש לפרש אסור לעשותו מכלאים מפני שהשמש מתחמם כנגדו ול"נ דלא אשכחנא בשום מקום לא בברייתא ולא במשנה דיהא אסור וילון מכלאים *בשלמא טומאה אשכחנא כדתנן סדין שהיה טמא מדרס ועשאו וילון טהור מן המדרס אבל טמא מגע· (כלים פרק כ"ז מ"ט):

תורה אור

רבא אמר ״לא קשיא *הא לן והא להו רב פפי אקלע לבי מר שמואל אייתי ליה דייסא ולא אבל ודלמא במכתשת קטנה עבדוה דחזייה דהוה דייק טפי ודלמא מאתמול עבדוה דחזייה דהוה קליף צהריה ואי בעית אימא שאני בי מר שמואל דאיכא פריצותא דעבדי: **מתני'** *הבורר קטניות ביום טוב בית שמאי אומרים בורר אוכל ואוכל ובית הלל אומרים ׳בורר כדרכו בחיקו *בקנון ובתמחוי אבל לא בטבלא ולא בנפה ולא בכברה רבן גמליאל אומר אף מדיח ושולה: **גמ'** *תניא אמר *רבן גמליאל ׳בד"א כשהאוכל מרובה על הפסולת אבל פסולת מרובה על האוכל דברי הכל נוטל את האוכל ומניח את הפסולת פסולת מרובה על האוכל מי איכא מאן דשרי לא צריכא *דנפיש בטרחא וזוטר בשיעורא: רבן גמליאל אומר אף מדיח ושולה: תניא *אמר רבי אלעזר בר' צדוק כך היה מנהגן של בית ר"ג שהיו מביאין דלי מלא עדשים ומציפין עליו מים ונמצא אוכל למטה ופסולת למעלה והתניא איפכא לא קשיא הא בעפרא הא בגילי: **מתני'** בית שמאי אומרים אין משלחין ביום טוב אלא מנות וב"ה אומרים ׳משלחין בהמה חיה ועוף בין חיין בין שחוטין משלחין יינות שמנים וסלתות *וקטניות אבל לא תבואה ורבי שמעון מתיר בתבואה: **גמ'** תני רב יחיאל ׳ובלבד שלא יעשנו בשורה ׳תנא אין שורה פחותה משלשה בני אדם בעי רב אשי ׳תלתא גברי ותלתא מיני מאי תיקו: רבי שמעון מתיר בתבואה: תניא *רבי שמעון מתיר בתבואה כגון חטין לעשות מהן לודיות שעורים ליתן לפני בהמתו עדשים לעשות מהן רסיסין: **מתני'** *׳משלחין כלים בין תפורין בין שאינן תפורין ואע"פ שיש בהן כלאים *והן לצורך המועד אבל לא סנדל המסומר ולא מנעל שאינו תפור ר' יהודה אומר אף לא מנעל לבן מפני שצריך אומן ׳זה הכלל כל שנאותין בו ביו"ט משלחין אותו: **גמ'** בשלמא תפורין חזו למלבוש שאין תפורין נמי חזו לכסויי אלא °כלאים למאי חזו וכי תימא חזו למימך תותיה *והתניא °לא יעלה עליך ׳אבל אתה יכול להציעו תחתיך אבל אמרו חכמים אסור לעשות כן שמא תכרך לו נימא על בשרו וכ"ת דמפסיק מידי ביני ביני והאמר ר' שמעון בן פזי א"ר יהושע בן לוי אמר ר' יוסי בן שאול אמר רבי משום קהלא קדישא דבירושלים ׳אפי' עשר מצעות זו על גבי זו וכלאים תתתיהן אסור לישן עליהם (*משום שנאמר לא יעלה עליך) אלא בוילון והאמר עולא מפני מה אמרו וילון טמא מפני שהשמש מתחמם כנגדו

אלא

ויקרא יט

ירושלמי ליתא בקנון

ירושלמי ליתא וקטניות

רבא אמר · לעולם מה טעם קאמר ובקטנה נמי קאי וקאמר אין כותשין כלל ודרמינן עלה אבל כותשין כו': הא לן · דלית לן עבדי דמזלזלי: הא להו · דאית להו עבדי דמזלזלי ועושין בגדולה ואומרים בקטנה עשינו: קליף צהריה · זוהר מראיתו היה קלוף ולבן: **מתני'** מדיח · במים: ושולה · מפרש בגמרא שולה הפסולת שלף למעלה כמו משישלה בחביות (ע"ז דף נו.) דהיינו נמי שנוטל הרלנים הצפים ע"פ החביות: **גמ'** בד"א · דשרו ב"ה ליטול פסולת ממש ולהשליך: מי איכא מאן דשרי · ואפי' לטלטלו והא בטילי ליה מיעוטא לגבי רובא והוה ליה ככוליה פסולת ולא חזי: דנפיש בטרחא · שישנו דק והכי קאמר בד"א בזמן שטורח האוכל מרובה על של פסולת הוא דקא אמרי ב"ה נוטל פסולת דמעוטי בטרחא עדיף אבל אם טורח הפסולת מרובה על של האוכל דברי הכל כו': ומציפין עליו מים · ונותנים בו מים עד שצפים על האוכל: איפכא · אוכל למעלה ופסולת למטה: עפרא · למטה מן האוכל: גילי · קש למעלה מן האוכל: **מתני'** אין משלחין · דורון איש לרעהו: אלא מנות · דבר המוכן ואינו עשוי להניחו למחר כגון חתיכות בשר חתוכות לפני האורחים וכן דגים: אבל לא את התבואה · שאינה ראויה היום שאין טוחנים ביום טוב שהיה לו לטחון מאתמול ולא תפיג טעמה: ורבי שמעון מתיר בתבואה · שמא יבשלם בקדרה ויכתשם במכתשת קטנה: **גמ'** שלא יעשנו בשורה · לא ישלח הדורון ע"י אנשים הרבה דאוושא מלתא ונראים כמוליכים למכור בשוק: תלתא גברי · שלוחים עם תלתא מיני: מאי · מי אזלינן בתר כל מין ומין ושרי כי היכא דיכול לשלוח איש אחד עם כל מין זה בלא זה השתא נמי שרי או דלמא השתא מיהא אוושא מלתא: לודיות · מאכל חטין: רסיסין · מאכל העשוי מן העדשים: **מתני'** משלחין כלים. בגדים: והן לצורך המועד · ובגמרא מפרש למאי חזו: אבל לא סנדל · של עץ מלופה עור ומסמרות קבועין בו שגזרו חכמים עליו שלא לנעלו בשבת וביום טוב משום מעשה שהיה שנהרגו הרוגים בשבת על ידיו במסכת שבת (דף ס.): ולא מנעל שאינו תפור · דלא חזי למידי: אף לא מנעל לבן · שלא היה דרכו לנעלו: שצריך אומן · להשחירו: שנאותין · מתקשטין: **גמ'** למימך · לכפול: שמא תכרך לו נימא · ויש נימים גדולים וגסים כגון של דלופקרין שקורין קו"ט ומחממת במקומה ועובר משום לא תלבש שעטנז א"כ נימא בעלמא כיון דעיקר הבגד מהנהו ומחממו מלמטה הויא לה הא לבישה דאית בה הנאה: דמפסיק מידי · שנותן בגד אחר ביניהם: אסור לישן עליהם · מדרבנן: בוילון · שראוי לפרסו כנגד הפתח: מפני מה אמרו וילון טמא · מקבל טומא' ולא עשאוהו כא' ממחיצו' הבית שאינן מקבלות טומאה: מפני שהשמש מתחמם כנגדו · מתעטף בוילון לפיכך יש תורת כלי עליו וכיון דמתחממים כנגדו אסור לעשותו כלאים:

בקשין

[ברכות מ: וש"נ]

שבת קמב.

רשב"ג כצ"ל

[ע' תוס' שבת קמב: סד"ה שאוכל]

[תוספתא פ"א]

גליון הש"ס

גמרא כלאים למאי חזו · ע' יבמות דף ד ע"א תוספות ד"ה דכתיב:

[תוספתא שם ע"ש]

[שבת ס:]

נ"ע ואע"פ שאין לצורך המועד וכן הובא במתני' בירושלמי (וע' ביאור הגר"א לא"ח סימן תנ"ט ס"ק ס)

יומא סט. תמיד כז:

[ליתא ביומא ובתמיד]

רבינו חננאל

רב פפי לא אכל דייסא בבית מר שמואל משום פריצותא דעבדי: מתני' הבורר קטניות ביום טוב · עד בה"א בורר כדרכו בחיקו ובתמחוי אבל לא בטבלא כו' · תניא רשבג"א מחלוקת בשהאוכל מרובה על הפסולת בזה בה"א בורר כדרכו אבל אם הפסולת מרובה על האוכל כגון דנפיש בטרחא וזוטר בשיעורא פי' פסולת כגון אבנים דקות והאוכל גסים אחד מן האוכל כנגד שנים מן הפסולת דברי הכל בזה בורר ונוטל האוכל ומניח הפסולת במקומו ר"ג אומר אף מדיח ושולה · וכך היו נוהגין מביאין דלי מלא עדשים ומציפין עליו מים אם הפסולת כגון תבן וכיוצא בו נמצא הפסולת צפה והאוכל למטה · ואם הוא עפר נמצא האוכל למעלה והעפר למטה: ירושלמי הבורר והטוחן ומרקיד בשבת נסקל ביו"ט סופג הארבעים והתנינן בורר כדרכו [ואוכל] ובתמחוי ההיא דר"ג היא דתני אף מדיח ושולה והתני שבית ר"ג שוחקין פלפלין ברחים שלהן מותר לשחוק ואסור לבור: [מתני'] בה"א משלחין ביו"ט בהמה וחיה ועוף *) ושוחטין יינות שמנים וסלתות וקטנית אבל לא תבואה תני ובלבד שלא יעשה בשורה ואין שורה פחותה מג' בני אדם · בעי רב אשי תלתא גברי בתלתא מיני מאי תיקו · תניא ר' שמעון מתיר בתבואה **) של חטין לעשות מהן עססיות שעורין לעשות מהן רסיסן: מתני' משלחין כלים בין תפורין כו' · ואמרינן תפורין חזו למלבוש שאין תפורין נמי חזו לכסויי אלא כלאים למאי חזו וכי תימא חזו להצניעו ולישן עליהן · והתניא לא יעלה עליך אבל מותר להצניעו מתחתיו · אבל אמרו חכמים אסור לעשות כן שמא מיכרך לן נימא על בשרו וכי תימא דמפסיק מצע אחר בינו ובין מצע של כלאים והאמרינן אפילו עשר מצעות זו ע"ג זו וכלאים תחתיהן אסור לישן עליהם · אלא הכלאים שהתירו לשלחו ביו"ט הוא וילון פי' פרוכת · ואקשינן וכי מותר להשתמש בוילון של כלאים · והאמר עולא וילון טמא מפני שהשמש

*) נ"ל בין חיין בין שחוטין. **) כ"ה בתוספתא תעין לעשות מהן עסיסיות אכן בבכורים איתא שם כגי' דילן בגמרא ליתן לפני בהמתו ואולי דרבינו היה לו גירסא אחרת.

it too was taught of a large mortar.[10] [14b] Raba says: There is no difficulty: this [Baraitha[11] refers] to us,[12] and the other [Baraitha[13] refers] to them.[14]

R Papa visited Mar Samuel.[15] They set before him pearl-barley broth and he did not eat of it. Perhaps they prepared it in a small
a mortar?[1]—He noticed that it was very fine.[2] Perhaps they prepared it the day before [the Festival]?—He saw that it [the pearl-barley] was still bearing the polish from the husking.[3] Or you can say: It is different in the case of the house of Mar Samuel, on account of the laxity of the servants.[4]

MISHNAH. IF ONE SELECTS PULSE ON A FESTIVAL, BETH SHAMMAI SAY: HE MUST SELECT THE EDIBLE PARTS AND EAT [THEM FORTHWITH]; BUT BETH HILLEL SAY: HE MAY PICK OUT AS USUAL[5] [FROM A SMALL QUANTITY] IN HIS LAP OR IN A BASKET OR IN A DISH; BUT NOT ON TO A BOARD OR IN A SIFTER OR IN A SIEVE.[6] RABBAN GAMALIEL SAYS: HE MAY EVEN RINSE THEM [IN WATER] AND SKIM OFF [THE REFUSE].

GEMARA. It was taught: Rabban Gamaliel said: This was [only] stated when the edible part is more than the refuse;[7] but if the refuse is more than the edible part, all agree that he must pick out the edible part and leave the refuse. If the refuse is more than the edible part, is there anyone who permits it [to be picked]?[8]—This refers to a case where the work [of picking out the refuse] is great though the quantity [of the refuse] is small.[9]

RABBAN GAMALIEL SAYS: HE MAY EVEN RINSE THEM AND SKIM OFF [THE REFUSE]: It was taught: R. Eleazar son of R. Zadok said: This was the practice in the house of Rabban Gamaliel; they brought a bucket-full of lentils and poured water over them with the result that that which was edible remained below and
b the refuse [floated] on top. But has not the opposite been taught?[1] —There is no contradiction: The one applies to sand, the other applies to chaff.[2]

MISHNAH. BETH SHAMMAI SAY: ONE MAY SEND [GIFTS TO A NEIGHBOUR] ON A FESTIVAL ONLY PORTIONS [READY FOR EATING],[3] BUT BETH HILLEL SAY: ONE MAY SEND CATTLE, GAME AND POULTRY WHETHER ALIVE OR SLAUGHTERED. ONE MAY [ALSO] SEND WINE, OIL, FLOUR OR PULSE BUT NOT GRAIN.[4] BUT R. SIMEON PERMITS [ALSO] GRAIN.[5]

GEMARA. R. Jeḥiel taught: Provided that he does not send it [the present] by a company [of men].[6] A Tanna taught: A company consists of not less than three persons. R. Ashi put the question: What [is the law] with respect to three persons with three varieties [of gifts]?[7] This question is undecided.

R. SIMEON PERMITS [ALSO] GRAIN. It was taught: R. Simeon allows grain: e.g., wheat, to prepare thereof food for gladiators;[8] barley, to give to his cattle; [and] lentils to prepare thereof groats.[9]

MISHNAH. ONE MAY SEND CLOTHES, WHETHER SEWN UP OR NOT YET SEWN UP EVEN THOUGH THERE IS KIL'AYIM[10] IN THEM, PROVIDED THEY ARE NECESSARY[11] FOR THE FES-
c TIVAL; BUT [ONE MAY] NOT [SEND] HOB-NAILED SANDALS[1] NOR UNSTITCHED SHOES. R. JUDAH SAYS: NOT EVEN WHITE SHOES BECAUSE THEY [STILL] REQUIRE AN ARTISAN [TO BLACKEN THEM]. THIS IS THE GENERAL RULE: WHATEVER MAY BE USED ON A FESTIVAL MAY [ALSO] BE SENT [ON A FESTIVAL].

GEMARA. As for sewn [articles] it is well: they are fit for garments; [likewise] unsewn [articles] too, [as] they are fit for a covering. But for what are *kil'ayim* fit? And if you say they can be used to fold under him,[2] surely it was taught: *Neither shall there come upon thee [a garment of two kinds of stuff mingled together]*,[3] but you may spread it beneath you. But the Sages said: It is forbidden to do so lest a thread might cling to his body! And if you say [that it is permissible] if there is anything interposing between them,[4] surely R. Simeon b. Pazzi said in the name of R. Joshua b. Levi, who said in the name of R. Jose b. Saul, who said in the name of Rabbi in the name of the Holy Community at Jerusalem:[5] Even if ten mattresses lie one on top of the other and [some material of] *kil'ayim* is beneath them, it is forbidden to sleep thereon! And if [you say] it refers to a curtain, surely 'Ulla said: Why did [the Sages] say a curtain is unclean[6] because the attendant warms him-

(10) The two statements are not contradictory. The first statement forbidding the pounding of pearl-barley refers even to a small mortar, and the second statement refers to a big mortar. Only pearl-barley is forbidden to be pounded in a small mortar but other things may be. (11) Permitting the pounding in a small mortar. (12) Babylonians, who have no domestics. (13) Forbidding pounding even in a small mortar. (14) Palestinians, who have domestics who are inclined to laxity; these might pound in a large mortar and say they have used a small one; hence small ones too were forbidden. (15) On a Festival.

a (1) Which is permitted in Babylon. (2) This cannot be attained in a small mortar. (3) Its sheen was too fresh for it to have been prepared the day before. (4) Mar Samuel, although in Babylon, had servants who might disregard the observance of the rules. (5) I.e., pick out the refuse and the bad ones that are not edible. (6) Because it might seem he was preparing for the next day. (7) It is then that Beth Hillel permit to pick out the refuse. (8) Since the lesser part is lost in the greater it is forbidden even to be handled on the Festival. (9) By the expression 'if the refuse is more' is to be understood not that the refuse is greater in quantity but rather that the trouble of picking out the refuse was greater.

b (1) That the edible parts float on top and the refuse sinks to the bottom. (2) Sand sinks to the bottom and chaff floats on top. (3) Which will be eaten at once and not kept. (4) Which must be ground, and consequently may not be used. (5) For they can be cooked as they are or may be ground in a small mortar. (6) Lest it should appear as if the food were being sent to a public sale. (7) Are they regarded as individuals or does the variety of gifts make no difference. (8) The wheat was not ground but prepared whole for their special diet. (9) Which may be done on a festival. (10) V. Glos. So that one may not wear them. V. Lev. XIX, 19, Deut. XXII, 11; cf. Shab. 60b. (11) [Var. lec. 'Although they are not necessary'].

c (1) V. *infra*. (2) To be used as a cushion or mat. (3) Lev. XIX, 19. (4) Between the garment of *kil'ayim* and the body. (5) V. R. H. (Sonc. ed.) 19b n. a 9. (6) I.e. it can become unclean.

self beside it![7] [15a]—Rather, [this refers] to hard material;[8] just as R. Huna the son of R. Joshua said: The coarse felt-mattresses [coming] from Naresh[9] are permitted [to sit on].[10] R. Papa said: Slippers[11] are not [forbidden] on account of *kil'ayim*. Raba said: These money-bags do not come under [the law of] *kil'ayim*,[12] but
a seed-bags do come under [the law of] *kil'ayim*.[1] R. Ashi said: Neither money-purses nor seed-bags are subject to [the law of] *kil'ayim*, because it is not the usual practice to warm oneself with these.

BUT NOT HOB-NAILED SANDALS: What is the reason that hob-nailed sandals may not [be sent]? Because of the incident that occurred.[2] Abaye said: Hob-nailed sandals may not be worn [during a Festival] but they may be handled. 'They may not be worn' on account of the incident that happened; 'but they may be handled', since it teaches ONE MAY NOT SEND; for if you maintain that it is forbidden to handle, now if it is forbidden to handle, need sending [be taught]?[3]

NOR UNSTITCHED SHOES. This is obvious!—It is necessary even when it is fastened with wooden pins.[4]

R. JUDAH SAYS: NOT EVEN WHITE SHOES. It was taught: R. Judah permits black [sandals] and forbids white because they [still] require a clod containing silicate of iron.[5] R. Jose forbids black [sandals] because they [still] require to be smoothed. And they do not differ, the one Master [ruling] according to his district and the other Master according to his district. In the district of the one Master [the sandal was finished] with the flesh [side of the leather] inside, [and] in the district of the other Master [they finished the sandals] with the flesh [side] outwards.[6]

THIS IS THE GENERAL RULE: WHATEVER MAY BE USED ON A FESTIVAL. R. Shesheth permitted scholars to send *tefillin*[7] on a Festival. Abaye said to him: But we have learnt: WHATEVER MAY BE USED ON A FESTIVAL MAY BE SENT:[8] —This is what he
b means to say: Whatever one uses on a weekday[1] may be sent on a Festival.

Abaye said: Since we are now dealing with *tefillin*, we would say something thereon. If one was on his way [home],[2] wearing *tefillin* on his head,[3] and the sun was setting upon him, he should place his hand upon them[4] until he reaches his house. If he was sitting in the Academy[5] with *tefillin* on his head and the holiness of the day [the Sabbath] came in, [then] he must place his hand upon them until he reaches his house.[6] R. Huna the son of R. Iḳa raised an objection: If one was on his way [home] with *tefillin* on his head and the holiness of the day [the Sabbath] came in, [then] he must place his hand upon them until he reaches a house situated near the wall [of the city].[7] If he was sitting in the Academy [with *tefillin* on his head] and the holiness of the day came in, he must place his hand upon them until he reaches the house nearest to the Academy.[8]—There is no contradiction. The one treats of a case when it [the house] is guarded,[9] the other when it is not guarded. If it is not guarded, [then] why particularly 'on his head'; even if they [the *tefillin*] were [found] lying on the ground he should also [be allowed to carry them to this house]: For we have learnt: He who finds *tefillin* [on a Sabbath] may bring them in in pairs![10]—This is no difficulty: The one[11] treats of a case when it is guarded against thieves and against dogs, the other[12] when it is guarded against dogs but it is not guarded against thieves.[13] You might think that the majority of robbers [in that district]
c are Israelites[1] who would not handle them disrespectfully; hence he informs us [that it is not so].

(7) An ordinary partition does not receive defilement, being regarded as part of the house, but a curtain can become defiled, because it is also used as a wrap for warming; and since a curtain may be used as a wrap it may not be made of *kil'ayim*. (8) Which does not warm and upon which it is permitted to sit. (9) Identical with Nahras or Nahr-sar, on the canal of the same name, on the east bank of the Euphrates, Obermeyer p. 307. Cf. B.M. (Sonc. ed.) 81*b* n. a3; 93*b* n. a7. (10) Although they are manufactured from *kil'ayim*. (11) Home-shoes or a kind of socks. (12) Because the purses become hard through the coins they contain and therefore do not warm.

a (1) And therefore may not be placed on one's lap. (2) The event is recorded in Shab. 60*a*. This particular sandal could be worn with the heel in front, giving the appearance that the one who had entered had gone out. When men hiding in a cave from the Romans saw what appeared as signs of someone having left they became panic-stricken lest the Romans should by this means find them in their hiding-place, and in their attempt to escape more were killed through the panic than might have been killed by the Romans. (3) Surely not! (4) Or even in the case when only a few stitches were put in, (Rashi.) (5) Used for blacking leather. (6) It had therefore to be smoothed and polished. (7) Phylacteries, v. Glos. (8) But *tefillin* are not used on a Festival. V. 'Er. 96*a*.

b (1) I.e. a thing that is properly finished, which includes *tefillin*. (2) On the eve of the Sabbath. (3) In Talmudic times *tefillin* were worn all day and in the street not merely at the morning service as now. (4) The Sages allowed him to carry the *tefillin* into the city after the manner of a garment and not to leave them unguarded, out of respect for the *tefillin*. (5) Which was in the field, and therefore an unguarded place. (6) The *tefillin* could not be left in the Academy for fear of being lost. (7) And leave the *tefillin* there, but he may not carry them into the city. (8) But he may not carry them to his own house. (9) And therefore the *tefillin* must be left in the house nearest the city wall or the Academy. (10) In the manner they are worn on weekdays, one on the arm and one on the forehead. V. Shab. 62*a*; 'Er. 95*a*. (11) The Baraitha that states they must be left in the house nearest the city wall. (12) Abaye. (13) [MS.M. adds, 'and one when it is guarded neither against dogs nor thieves', the reference being to the Mishnah in 'Er. 95*a* that he may bring them in in pairs].

c (1) Cf. A.Z. 70*b*; Tosaf. B.B. 55*b*, s.v. רבי אליעזר. This refers to large Jewish settlements. The Rabbis were broad-minded enough to realize that in a town containing an overwhelming Jewish population the majority of thieves would be Jewish.

אלא *בקשין וכי הא דאמר רב הונא בריה דרב יהושע *האי נמטא גמדא דנרש שריא אמר רב פפא ערדלין אין בהן משום כלאים אמר רבא הני צררי דפשיטי אין בהם משום כלאים דבוזרני יש בהם משום כלאים רב אשי אמר אחד זה ואחד זה אין בהן משום כלאים לפי שאין דרך חמום בכך: אבל לא סנדל המסומר: סנדל המסומר מ"ט לא משום מעשה שהיה אמר אביי סנדל המסומר אסור לנעלו ומותר לטלטלו אסור לנעלו משום מעשה שהיה ומותר לטלטלו מדקתני אין משלחין דאי ס"ד אסור לטלטולי השתא לטלטולי אסור משלחין מבעיא: ולא מנעל שאינו תפור: פשיטא לא נצרכא דאע"ג דנקיט בסיכי: ר' יהודה אומר אף לא מנעל לבן: תניא *ר' יהודה מתיר בשחור ואוסר בלבן מפני שצריך ביצת הגיר ר' יוסי אוסר בשחור מפני שצריך לצחצחו ולא פליגי *מר כי אתריה ומר כי אתריה באתריה דמר בשרא לתחת באתריה דמר בשרא לעיל: זה הכלל כל שנאותין בו ביום טוב: רב ששת *שרא להו לרבנן לשדורי תפלין ביומא טבא אמר ליה אביי והא אנן תנן כל שנאותין בו ביום טוב משלחין אותו הכי קאמר *כל שנאותין בו בחול משלחין אותו ביום טוב אמר אביי תפלין הואיל ואתו לידן נימא בהו מילתא *היה בא בדרך ותפלין בראשו ושקעה עליו חמה מניח ידו עליהם עד שמגיע לביתו היה יושב בבית המדרש ותפלין בראשו וקדש עליו היום מניח ידו עליהן עד שמגיע לביתו מתיב רב הונא בריה דרב איקא היה בא בדרך ותפלין בראשו וקדש עליו היום מניח ידו עליהן עד שמגיע לבית הסמוך לחומה היה יושב בבית המדרש וקדש עליו היום מניח ידו עליהן עד שמגיע לבית הסמוך לבית המדרש *לא קשיא הא דמנטרא הא דלא מנטרא אי דלא מנטרא מאי איריא בראשו אפילו מחתן בארעא נמי דהא תנן *המוצא תפלין מכניסן זוג זוג לא קשיא הא *דמנטרא מחמת גנבי ומחמת כלבי הא דמנטרא מחמת כלבי ולא מנטרא מחמת גנבי מהו דתימא *רוב לסטים ישראל נינהו ולא מזלזלי בהו קמ"ל:

הדרן עלך ביצה

רש"י

בקשין · בגדים קשין שאין מחממים מותר ליסב עליהן: נמטא · בגד שקורין פלטר"א בלע"ז: גמדא · קשה כמו גמוד מסאני (פסחים דף קיא.) דבר שהוא כווץ נעשה קשה: דנרש · מקום: שריא · לישיבה שאינו מחמם: ערדלין · ראיתי בתשו' הגאונים שרגילין ללבשן תחת מנעליהן (*ותולים) עליהם עור של תישים מעובדין תחת קרקעיתן וכנגד העקב של רגל יש עושין אותן של צמר וקורין אותן (א) נמטי: אין בהם משום כלאים · דקשין הן: צררי דפשיטי אין בהן משום כלאים · בגד כלאים שצרורין בו מעות מותר לתתן בחיקו שהמעות מקשין אותו ואינו מחמם: דבוזרני · שצרור בהם זרעים: יש בהם משום כלאים · ואסור לתתן בתוך חיקו: אסור לנעלו · ביו"ט: ומותר לטלטלו · דכלי הוא: מעשה שהיה · במסכת שבת פרק במה אשה יוצאה (דף ס.): בסיכי · יתדות קטנות של עץ וי"א תופר שתי תפירות באמצעו ושתים בראשו ושתים בעקבו: ביצת הגיר · גיר מין קרקע המשחיר · ביצת כל דבר הגלוש ונעשה עב קרוי ביצת מטונ"ש בלע"ז: לצחצחו · להחליקו כדמפרש לקמיה שבמקומו היו הופכים מקום בשר מבחוץ ומקום שער מבפנים ודרך מקום בשר להיות בו מרטים וקליפות קליפות: באתריה דר' יהודה בשרא לתחת · לפנים הלכך א"צ לצחצחו: והאנן תנן כו' · ותפילין אין נאותין בהן ביו"ט כדאמר בערובין (דף צו.) יצאו שבתות וימים טובים שהן עצמן אות: כל שנאותים בו בחול · שהוא מתוקן כל צרכו: משלחין אותו ביום טוב · דהאי ביום טוב דקתני מתני' לאו אנאותין דלקמיה קאי אלא אמשלחין דבתריה ולאתויי תפילין אתא דאי נמי מנח להו ביו"ט ליכא אסורא ומיהו סנדל המסומר לא דלא לימא מדשרו רבנן לשלחו ש"מ מותר לנעלו: היה בא בדרך · בע"ש: מניח ידו עליהם · שלא יראום וחכמים התירו לו להכניס לעיר דרך מלבוש דהיא העברה כלאחר יד ומשום בזיון: בבהמ"ד · בשדה היה ואינו משתמר: לבית הסמוך לחומה · משנכנס לעיר יתנם בבית הראשון ולא יוליכם עד ביתו: הא דמנטרא · באותו בית הסמוך לבהמ"ד אם נשמרים הם בו יתנם שם: מאי איריא בראשו · שכבר היה מלובש בהן מבעוד יום דקא נקיט אביי: אפי' מחתן בארעא נמי · אפילו לאחר שקדש היום מצאן מונחים בקרקע התירו לו חכמים להניחן בראשו ולהכניסן: המוצא גרס ולא גרסינן המוציא: המוצא תפילין · בשבת בשדה: מכניסן · לעיר: זוג זוג · נותן בראשו אחד ואחד בזרועו כדרך הנחתן בחול ומכניסן וחוזר והולך ולובש זוג אחר ומכניסן: תפילין של ראש ושל זרוע קרי זוג זוג: ולא מנטרא מחמת גנבי · ואשמעינן אביי דהואיל ולא מנטרא מחמת גנבי מאחר שהן בראשו יוליכם עד ביתו אבל אם מצאן שם במקום שהן נשמרין מן הכלבים לא יזיזם ממקומן:

הדרן עלך ביצה

תוספות

אלא בקשין · משמע הכא דלדבר קשה אין בו משום כלאים וכן משמע ביומא (דף סט. ושם) דקאמר שהכהנים היו מקפלים בגדיהם תחת ראשיהם ופריך הא קא מתהנו מכלאים וכו' וכללא דסוגיא איתא התם כדאיתא הכא ואמר רב אשי שאני בגדי כהונה דקשין הן ותימה דאמר בערכין (דף ג:) הכל חייבין בציצית כהנים לוים וישראלים ופריך פשיטא משום דכהנים הן יהיו פטורים ומשני מהו דתימא הואיל וכתיב לא תלבש שעטנז גדילים תעשה לך אימא כל שישנו בלא תלבש שעטנז ישנו בכלל גדילים תעשה לך והני כהני הואיל ואשתרו כלאים לגבייהו אימא לא לחייבו בציצית קמ"ל דכהנים חייבין והשתא תימה מאי קאמר הואיל ואשתרו כלאים לגבייהו דשאני בגדיהם שהיו קשין לכ"ע דדוקא להציע תחתיהם דהואיל דברכים ליכא אלא איסור דרבנן להציע בקשין לא גזור ומייתי כי ההיא וכו' נמטא גמדא דנרש שריא גמדא שמתקשה מותר להציע תחתיו כן פרש"י אבל רכים אסורים כדאמר התם דלבדין אסורין מפני שהן שוע ול"נ דשריא משמע אפי' ללבוש ויש לומר דאה"נ דשריא אפילו ללבוש ואם תאמר מאי מייתי מהא גמדא דנרש וכו' והא פירש דקשין מותרין דוקא להציע תחתיו אבל ללבוש אסורין וי"ל דגבי [*בגדי כהונה] מיירי שהוא שוע טווי ונוז ואז יש בו איסור כלאים מדאורייתא וכיון שהן אסורין מן התורה א"כ אפילו קשין אסורין בלבישה ובהעלאה אבל גמדא אינו אלא דרבנן כדאמרינן בנדה (דף סא: ושם) דמדאורייתא בעינן שיהא שוע טווי ונוז והא דקאמר הלבדים אסורים מיירי דוקא דרבנן וכיון דרכים ליכא אסורא אלא דרבנן אפי' בלבישה בקשין לא גזור והני פורפויינטי"ש שקורין באשכנז דמזיל"ש שאנו לובשים דפעמים שיש בהן צמר יש לומר הואיל ואם עושין קרע קטן מוציאין אותו דרך הקריעה דחד מסרך סריך לחבירו שרי אבל אם היו משימין בהן חתיכות קטנות של בגד צמר ודאי (ב) שיהא אסור: הכי קאמר כל שנאותין בחול וכו' · ואתי לאתויי תפלין דמשלחין אותן דהא אפילו אם מניח אותן ליכא אסורא אבל לא תני לאתויי סנדל המסומר דודאי יהא אסור לשלחו דאי שרית לשלחו אתי לנעלו דאיכא איסורא בדבר זה *) אבל תפלין *(נהי דשבת ויום טוב לאו זמן תפלין הן) מכל מקום ליכא איסורא *להניחן: היה בא בדרך ותפילין בראשו ושקעה עליו חמה וכו' או יושב בבית המדרש וכו' · פרש"י דתרוייהו מיירי בערב שבת דשבת לאו זמן תפלין וכי בא בדרך ושקעה עליו חמה התירו לו להביאם לעיר הואיל ומביאם כלאחר יד ולפ"ז קשה דא"כ אמאי נקט גבי בא בדרך ושקעה ולגבי יושב בבית המדרש וקדש היום כיון דטעמא דתרווייהו שוין אמאי שני בלישניה לכ"ע ובא בדרך ושקעה מיירי בחול והואיל ושקעה חמה יש לו לסלקן וקמ"ל דלילה לאו זמן תפלין הוא ואם תאמר אי מיירי בחול אמאי אינו מביא אותם בידו וי"ל דלמא משתלפי ליה מידיה והיא דיושב בבית המדרש נקט וקדש היום דבע"ש מיירי וקמ"ל דשבת לאו זמן תפלין הוא:

*)[וע"ע תוס' שבת ס. ד"ה לא בסנדל]

הדרן עלך ביצה

מסורת הש"ס

[וטולין]

יומא סט.

[תוספתא פ"א ע"ב]

[פסחים ג. וש"נ]

שבת סב. עירובין לה.

[ע"ז ע. ע"ש וע' מ"ש תוס' ב"ב נה: ד"ה רבי אליעזר]

הגהות הב"ח

(א) רש"י ד"ה ערדלין וכו' וקורין אותן ערדלין הס"ד: (ב) תוס' סד"ה אלא וכו' צמר ודאי אסור כצ"ל ותיבת שיהא נמחק:

גליון הש"ס

גמרא רבי יהודה מתיר בשחור · עיין בב"ק דף נט ע"ב תוס' ד"ה דסוס סייס:

עין משפט נר מצוה

קכד א מיי' פ"י מהל' כלאים הלכה יג סמג לאוין רפג טוש"ע י"ד סי' שא סעיף א:

קכה ב מיי' שם הלכה יט וסמג שם טוש"ע שם סעיף יד:

קכו ג מיי' פי"ט מהל' שבת הלכה ב [לא מצאתי ברמב"ם דאסור לנעלו ועי' תוי"ט ד"ה סנדל]

קכז ד ה מיי' פ"ה מהלכות יו"ט הל' ו סמג לאוין עה טוש"ע א"ח סי' תקטז סעיף ג:

קכח ו ז מיי' פי"ט מהלכות שבת הל' כו סמג לאוין סה טוש"ע א"ח סימן רסו סעיף י [רב אלפס הל' תפלין דף עד: וברא"ש שם סימן יז ועירובין פ"י דף קכב. וברא"ש שם סימן ב]:

קכט ח מיי' שם הלכה כג וסמג שם טוש"ע שם סימן שא סעיף מב:

ס"א וילון

ס"א הא דלא מנטרא מחמת גנבי ומחמת כלבי והא דמנטרא מחמת כלבי ולא מחמת גנבי [מהר"ס]

[ומתוך דברי התוי"ט ד"ה כל שנאותין וכו' תראה שאינו מוחק וכתב ע"ז פי' נכון ע"ש]

רבינו חננאל

שהשמש מתחמם כנגדו ופרקינן אלא האי כלאים ששנינו שמותר לשלחם ביו"ט מצעות קשות הן וכדרב הונא דאמר נמטא דנרש שריא · פי' הלבדין שעושין בנרש · אע"פ שהן כלאים מותר להשתמש בהן מפני שהן חזקים · ואין נימא נמשכת מהן: וסוגיין ערדלין וצררי דפשיטי ודבוזרני אין בהן משום כלאים לפי שאין דרך חימום בכך · אמר אביי סנדל המסומר אסור לנעלו משום מעשה שהיה ומפורש בשבת בפרק במה אשה ומותר לטלטלו מדתנינן אין משלחין אותו ביו"ט דאי ס"ד אסור לטלטלו שלוחי מיבעי למיסר · ולא מנעל שאינו תפור אע"ג דנקיט בסיכה פי' תפוש ביתדות · תניא ר' יהודה אוסר (לנ"מ שלו שליחי מבעי"א) במנעל לבן כמנהג מקומו מפני שצריך ביצת הגיר ור' יוסי אוסר במנעל שחור כמנהג מקומו שהיו מצחצחין אותו באתריה דר' יוסי *) (בדבשהין) במקום השיער ואין צריך אלא צחצוה בלבד ובאתריה דר' יהודה בדבשרא וצריך ביצת הגיר ללבנו: ירושלמי תני אין מפרקין את המנעל מן האימום ביו"ט אבל מפרקין בחולו של מועד מהו להעמיד חלב אם אתה אומר אף הוא חולב ומעמיד מיו"ט לחול · תני ר' חלפתא בן שאול תכשיטין אסור לשלחן עד כדין תכשיטין של זהב ואפילו תכשיטין של כסף · **) א"ר חזקיה פליין דקיקן הוון מתרבין ברדתיה דרבי ירמיה אתא שאול לר' זעירא א"ל לא תיאסר ולא תשתרי זה הכלל כל שנאותין משלחין אותו ביו"ט רב ששת שרא להו לרבנן לשדורי להדדי תפלין ביו"ט ואמר כך פי' המשנה כל שנאותין בו בחול משלחין אותו ביו"ט · אמר אביי היה בא בדרך ותפלין בראשו ושקעה החמה מניח ידו עליהן עד שמגיע לביתו · היה יושב במדרש ותפלין בראשו וקידש עליו היום מניח ידו עליהן עד שמגיע לביתו מיתיבי היה בא בדרך ותפלין בראשו וקדש עליו [היום] מניח ידו עליהן עד שמגיע לבית הסמוך לחומה היה יושב במדרש ותפלין בראשו וקידש עליו היום [מניח ידו עליהן] עד שמגיע לבית הסמוך לבית המדרש · ופרקינן לא קשיא הא דתני עד שמגיע לבית הסמוך לחומה ולבית הסמוך לבית המדרש מקום שמשתמרין מחמת גנבי וכ"ש מפני כלבים · והא דאמר אביי עד שמגיע לביתו בשאין שם בית סמוך לבית המדרש אלא מקום שהוא בית שימור מפני הכלבים · אבל מפני הגנבים לא מהו דתימא גנבי גופייהו לא מזלזלי בתפילי יניחם לשם קמ"ל דלא:

הדרן עלך ביצה שנולדה ביום טוב

*) בערוך ערך גר י"ב איתא באתריה דר"י בר בישרא לתחת וכלפי שיער לחוץ ושוי חלק בעצמו ואינו צריך לחוט באתריה דרבי יוסי בר בישרא לעיל ולא הוי חלקו וצריך לצחצחו. **) בירושלמי איתא אמרין בשם ר' ירמיה אסור ואמרין משמיה דר' ירמיה מותר א"ר חזקי' אנא וכו' פליין דקיקין וכו'.

עין משפט נר מצוה

א א מיי' פ"ו מהלכות יו"ט הלכה א סמג לאוין ע"ה טוש"ע א"ח סימן תקכז סעיף א :

ב ב מיי' שם הלכה ג טוש"ע שם ס"ב :

ג ג מיי' שם הלכה ה טוש"ע שם סעיף טו :

ד ד מיי' שם הלכה א :

ה ה מיי' שם הלכה יט סמג שם טוש"ע א"ח סימן תקכט סעיף א :

ו ו טוש"ע שם סימן תקכז סעיף ז :

[קיג. קיג. ובשבת קיח.]

כלומר אא"כ יזול מן הצדקה אבל הכא איירי שיש לו משכנות כדי לפרוע ואין לו מעות לכך אמר לוו עלי · רש"ל

[שבת י. לג: תענית כח.]

[לשון הערוך בערך אדר פירוש אדיר במרום ה' ויעשה מהן צדקה שהיא חשובה לפני ה' במרום כדכתיב אמת מארץ תצמח וצדק משמים נשקף]

יום טוב ‏°שחל להיות ערב שבת לא יבשל בתחלה מיום טוב לשבת אבל מבשל הוא ליום טוב ואם הותיר הותיר לשבת ועושה תבשיל מערב יו"ט וסומך עליו לשבת בית שמאי אומרים שני תבשילין ובית הלל אומרים‏ג תבשיל אחד ושוין בדג וביצה שעליו שהן שני תבשילין ‏ג אכלו או שאבד לא יבשל עליו בתחלה ואם שייר ממנו כל שהוא סומך עליו לשבת : **גמ'** מנה"מ אמר שמואל דאמר קרא °זכור את יום השבת לקדשו זכרהו מאחר שבא להשכיחו מאי טעמא אמר רבא כדי שיברור מנה יפה לשבת ומנה יפה ליום טוב רב אשי אמר ‏ד כדי שיאמרו אין אופין מיום טוב לשבת קל וחומר מיום טוב לחול תנן עושה תבשיל מערב יום טוב וסומך עליו לשבת בשלמא לרב אשי דאמר כדי שיאמרו אין אופין מיום טוב לשבת היינו דמערב יום טוב אין ביום טוב לא אלא לרבא מאי איריא מערב יום טוב אפילו ביום טוב נמי אין הכי נמי אלא גזרה שמא יפשע ותנא מייתי לה מהכא °את אשר תאפו אפו ואת אשר תבשלו בשלו מכאן אמר ר' *אלעזר אין אופין אלא על האפוי ואין מבשלין אלא על המבושל מכאן סמכו חכמים לערובי תבשילין מן התורה ת"ר מעשה ברבי אליעזר שהיה יושב ודורש כל היום כולו בהלכות יום טוב יצתה כת ראשונה אמר הללו בעלי פטסין כת שניה אמר הללו בעלי חביות כת שלישית אמר הללו בעלי כדין כת רביעית אמר הללו בעלי לגינין כת חמישית אמר הללו בעלי כוסות התחילו כת ששית לצאת אמר הללו *בעלי מארה נתן עיניו בתלמידים התחילו פניהם משתנין אמר להם בני לא לכם אני אומר אלא להללו שיצאו *שמניחים חיי עולם ועוסקים בחיי שעה בשעת פטירתן אמר להם °לכו אכלו משמנים ושתו ממתקים ושלחו מנות לאין נכון לו כי קדוש היום לאדונינו ואל תעצבו כי חדות ה' היא מעוזכם אמר מר שמניחין חיי עולם ועוסקין בחיי שעה והא שמחת יום טוב מצוה היא רבי אליעזר לטעמיה דאמר שמחת יום טוב רשות דתניא *רבי אליעזר אומר אין לו לאדם ביום טוב אלא או אוכל ושותה או יושב ושונה ר' יהושע אומר ‏ה חלקהו חציו לה' וחציו לכם אמר רבי יוחנן ושניהם מקרא אחד דרשו כתוב אחד אומר °עצרת לה' אלהיך וכתוב אחד אומר °עצרת תהיה לכם הא כיצד רבי אליעזר סבר או כולו לה' או כולו לכם ורבי יהושע סבר חלקהו חציו לה' וחציו לכם מאי לאין נכון לו אמר רב חסדא למי שלא הניח עירובי תבשילין איכא דאמרי מי שלא היה לו להניח עירובי תבשילין ‏ו אבל מי שהיה לו להניח עירובי תבשילין ולא הניח פושע הוא מאי כי חדות ה' היא מעוזכם אמר ר' יוחנן משום ר' אליעזר בר' שמעון אמר להם הקב"ה לישראל בני לוו עלי וקדשו קדושת היום והאמינו בי ואני פורע ואמר ר' יוחנן משום ר' אליעזר בר' שמעון הרוצה שיתקיימו נכסיו יטע בהן אדר שנאמר *°אדיר במרום ה' אי נמי אדרא כשמיה כדאמרי אינשי מאי אדרא דקיימא לדרי דרי תניא נמי הכי שדה שיש בה אדר אינה נגזלת ואינה נחמסת ופירותיה משתמרין תני רב תחליפא אחוה דרבנאי חוזאה

כל

(שמות כ) (שם טז) (נחמיה ח) (דברים טז) (במדבר כט) (תהלים צג)

רש"י

יום טוב · לא יבשל בתחלה · להיות תחלת בשולו ועיקרו לשם שבת אלא לשם יו"ט יהא תחלת בשולו והמשויר יהא לשבת כדקתני וחזיל אבל מבשל הוא ליו"ט ובלא הערמה כדקתני לקמן : עושה תבשיל · לשם ערוב : וביצה שעליו · שהיו טחין ביצה על הדג כשצולין אותו : אכלו או שאבד · קודם שבשל כל צרכי שבת : סומך עליו · לבשל בשבילו : **גמ'** מנא הני מילי · לאו דוקא מקרא יליף דערובי תבשילין דרבנן והכי קא מבעיא ליה אהיכא אסמכוה רבנן : זכור · אין זכירה אלא בדבר המשתכח : זכרהו מאחר שבא להשכיחו · כשבא יו"ט בערב שבת קרוב שבת להשתכח מחמת יו"ט שמרבה בסעודת היום ואינו מניח לשבת כדי כבודו והזהירך הכתוב לזכרו וכשמערב ערובי תבשילין נמצא שזוכרו שהרי אינו עושה אלא מחמת שבת : מ"ט · למה תקנו ערוב קרא ודאי לאו בערוב משתעי ולאו ערוב משתמע מניה ואסמכתא בעלמא הוא וכי אתא קרא לקדוש היום אתא כדתניא בפסחים (דף קו.) זכרהו על היין וערוב מדרבנן ומה ראו לתקן : אמר רבא כדי שיברור כו' · מתוך שמערב זוכר את השבת ואינו מכלה את הכל ליו"ט ובורר מנה לזה ומנה לזה : רב אשי אמר · לא לכבוד שבת תקנוהו אלא לכבוד יום טוב : כדי שיאמרו אין אופין מיום טוב לשבת · אלא א"כ התחיל מבעוד יום דאינו אלא כגומר והולך אבל אתחולי לא : ק"ו דמיום טוב לחול · לגמרי לא : בשלמא לרב אשי · דאמר לכבוד יו"ט תקנוהו כדי שיאמרו אסור להתחיל בשולי שבת ביו"ט היינו דמערב יו"ט הוצרך לעשותו : אלא לרבא · דאמר כדי שיברור : אפי' ביו"ט · יעשהו לפני סעודת יו"ט יש כאן זכירת שבת לברור מטעמיו : שמא יפשע · ישכח ולא יערב משום דטריד: ותנא מייתי לה מהכא · כן דרך שיטת התלמוד כשמתחילין האמוראין להוציא טעם מן המקרא ויש תנא של ברייתא למד אותו ממקום אחר נקט הכי כלומר האמוראין למדוהו מכאן והתנא למד מכאן : את אשר תאפו אפו · הוה ליה למכתב היום אפו ובשלו אלא רמז הוא שיש לך יום ששי שאין אופין לצורך מחר : אלא על האפוי · בחמישי בשבת : אופין · פת : מבשלין · תבשיל : שהיה יושב ודורש · ביום טוב : יצתה כת ראשונה · לסעוד סעודת יום טוב והניחוהו דורש : בעלי פטסין · חביות גדולות הכינו להם *באטמלין ומסך משתאות לפיכך מהרו לצאת כלומר בעלי נפש הן ואינן יגעין לשמוע תורה : הללו בעלי מארה · שהיה בית המדרש מתרוקן מאד וגנאי הדבר וקשה בעיניו : עד מתי הם יושבים ל"ג : התחילו פניהם משתנין · כסבורין שכועס על כת ששית מפני שאחרו לצאת וכ"ש עלינו : חיי שעה · סעודה : אכלו משמנים · מקרא הוא בספר עזרא עד כי חדות ה' היא מעוזכם : שלא היה לו להניח · כגון שאבדה לו אבדה מערב יו"ט ומחזר כל היום אחריה : חדות ה' · שמחה שאתם עושים בשביל הקב"ה הרי היא מעוזכם היא תעזור אתכם לשלם הקפותיכם ומלוותיכם שתלוו בשבילה : שיתקיימו לו נכסיו · שלא יהא אדם חומסן וגוזל שדות ממנו : יטע בהן אדר · אילן חשוב הוא יש לו שם למרחוק ואומרים פלוני יש לו אדר בשדהו ומתוך כך היא נקראת על שמו ואם הולך למדינת הים ובא אחר והחזיק בה יש לו עדים הרבה שהיתה שלו ואילו מכרה היה הקול יוצא להיות נקראת על שמו של שני : שנאמר אדיר במרום · כלומר שאדר לשון קיום וחוזק ולכך נקרא אדר : כשמיה · כשמו שמפרשין בני אדם את שמו : נחמסת · חמסן יהיב דמי* אלא שלוקח בכח ויש קול לדבר והיום או מחר מזמינו לבית דין : ופירותיה משתמרין · לא ידענא מאי היא וי"מ שטוענין אותו על הגבולים ויש לו ענפים הרבה והוא לשדה לגדר ולי נראה שהוא מין עשב חשוב וזרעו מתערב עם הפירות ובשדה לבן קאמר ומשמרת התבואה מן הכנימה והתולעים שריח אותו זרע מבריחן והורגן כדאמר בתומסין שמשמר התבואה במסכת שבת (דף לא.):

כל

תוספות

אן אוכל ושותה ‏א או יושב ושונה · ואע"ג דלעיל קאמר לתלמידיו אכלו משמנים ושתו ממתקים משום דסיים הדרשה הוא דהא בשאר ימים נמי היו אוכלים אחר הדרשה ומ"מ אמר להו אכלו משמנים ושתו ממתקים משום שמחת יום טוב : **לוו** עלי ואני פורע · והא דאמר (פסחים דף קיב.*) עשה שבתך חול ואל תצטרך לבריות ה"מ כשאין *לו [א] לפרוע:

כל

רבינו חננאל

יו"ט שחל כו' לא יבשל בתחלה מיו"ט לשבת כו' · מנא לן שעושה תבשיל וסומך עליו לשבת אמר שמואל מדכתיב זכור את יום השבת כלומר זכרהו מקודם יום טוב שבא להשכיחו · ואמר רבא כיון שיודע כי מחר צריך לבשל לשבת בפ"ע אף הוא מתכוין לברר מנה יפה לשבת שלא יבשל הכל ליו"ט · רב אשי אמר למה אין מבשלין מיו"ט לשבת אלא ע"י עירוב כדי שיאמרו אין מיו"ט לשבת ק"ו מיו"ט לחול · ואקשינן עליה אי משום האי למה לי מעיו"ט אפילו ביו"ט נמי · ומשנינן אלא גזרה שמא יפשע ביו"ט ונמצא אופה ומבשל בלא עירובי תבשילין · ותנא מפרש דמתני' מהכא את אשר תאפו אפו ואת אשר תבשלו בשלו וגו' כלומר אם אפיתם מאתמול אפו גם עתה · וכן אם יש לכם כבר מבושל בשלו והאי אי אפשר לאוקמי בחול אלא מיו"ט לשבת ומפרש אופין אלא על האפוי ואין מבשלין אלא על המבושל · מיכן סמכו לעירובי תבשילין מן התורה · פי' בעלי פטסין הם בעלי חביות גדולות כלומר יש להן הרבה ומשכימין שיספק להם היין עד הערב לגינין פחות מן הכדים הכוסות פחות מן הלגין *) בת השפיות . אמר להן [הללו] בעלי מארה כלומר אין להם כלום לא קיימו שמחת יו"ט ולא מצות ביהמ"ד שכבר יצאו . ואסיקנא כל מי שהיה יכול להניח ע[ירובי] תבשילין ולא עירב פושע הוא · מאי כי חדות ה' היא מעוזכם · אמר הקב"ה לישראל לוו עלי ושמחו היום וקדשוהו והאמינו בי ואני פורע כלומר קיימו מצות חדות ה' שאמר הקב"ה ושמחת ב[...] והאמינו אזמין לכם ברכה במעשה ידיכם כדי שתפרעו מה שלקחתם בהלואה · וא"ר יוחנן הרוצה שיתקיימו נכסיו יטע בהן אדר שנאמר אדיר במרום ה' · כלומר יעשה מהן צדקה חשובה לפני ה' במ[רום] כדכתיב אמת מארץ תצמח וצדק משמים נשקף · ומפורש בפרק השותפין במעשה דמונבז המלך שאמר אני גנזתי למעלה כלומר הצדקה שפרשתי לעניים הנה היא גנוזה לי ל[מעלה] במרום כדכתיב מלוה ה' חונן דל · איכא דאמרי אדרא כשמיה והוא מאילני סרק והוא גדול ומשלח פארות וענפים הרבה · ואם **) מסיין בו הכרם אין חיה יכולה ליכנס לתוכו ומשתמר לעולם ·

כל

מסורת הש"ס

[נ"ל אליעזר וכ"מ בתוס' לקמן יז: ד"ה אמר רבא]

[הערוך בערך פט פי' בעלי מארה אין להם כלום לא קיימו שמחת יו"ט ולא מצות בית המדרש שכבר יצאו]

פסחים סח: ע"ש

[ב"ק סב.]

הגהות הגר"א

[א] תוספות ד"ה לוו כשאין לו מה ללוות · כצ"ל

פי' יין פלפל ודבש

*) אולי צ"ל כשהתחילו כת ששית לצאת . **) ואם מסייג בו הכרם וכו' וכ"ה בערוך ערך אדר .

CHAPTER II

MISHNAH. [15b] [IF] A FESTIVAL FELL ON THE EVE OF SABBATH, ONE MAY NOT AT THE OUTSET COOK ON THE FESTIVAL FOR THE SABBATH, BUT HE MAY COOK FOR THE FESTIVAL AND IF ANY IS LEFT OVER IT REMAINS FOR THE SABBATH;
a AND HE MAY PREPARE A DISH ON THE EVE OF THE FESTIVAL[1] AND RELY UPON IT [TO PREPARE FOOD] FOR THE SABBATH.[2] BETH SHAMMAI SAY: TWO DISHES [ARE REQUIRED FOR THIS PURPOSE], WHILE BETH HILLEL SAY: ONE DISH. YET THEY [BOTH] AGREE THAT A FISH AND AN EGG UPON IT ARE [CONSIDERED AS] TWO DISHES. [IF] HE ATE IT[3] OR IT WAS LOST, HE MAY NOT IN THE FIRST PLACE COOK [IN RELIANCE] ON IT, BUT IF HE LEFT OVER ANY [SMALL] PORTION OF IT, HE MAY RELY ON IT [TO COOK] FOR THE SABBATH.

GEMARA. Whence do we know this?[4]—Said Samuel: Because the Scripture says: *Remember the Sabbath day to keep it holy,*[5] remember it in view of another[6] Festival which comes to make it forgotten.[7] What is the reason [for the institution of the *'erub*]?[8]—Said Raba: In order that he may choose a fine portion for the Sabbath and a fine portion for the Festival.[9] R. Ashi said: In order that people might say, 'You may not bake on a Festival for the Sabbath, how much the more [is it forbidden] on a Festival for
b a weekday'.[1]

We have learnt: HE MAY PREPARE A DISH ON THE EVE OF THE FESTIVAL AND RELY UPON IT [TO PREPARE FOOD] FOR THE SABBATH. It is well according to R. Ashi who says, 'In order that people might say you may not bake on a Festival for the Sabbath [etc.]': hence it is only ON THE EVE OF THE FESTIVAL but not on the Festival. But according to Raba, why particularly on the eve of the Festival; even on the Festival [itself] too [let it be permitted]?[2]—It is even so, but it is a preventive decree lest he be negligent.[3] Now a Tanna deduces it from the following: *Bake that which ye will bake, and seethe that which ye will seethe;*[4] from this R. Eliezer concluded [that] you may bake only [in dependence] upon what is [already] baked and you may cook only [in dependence] upon what is [already] cooked.[5] Herein the Sages found a Biblical support for *'erub tabshilin.*[6]

Our Rabbis taught: It happened that R. Eliezer was once sitting and lecturing the whole day [of the Festival] on Festival laws. [When] the first group left [the lecture hall] he said: These are people of butts;[7] [when] the second group [left] he said: These are people of casks; [when] the third group [left] he said: These are people of pitchers;[8] [when] the fourth group [left] he said: These are people of flasks: [when] the fifth group [left] he said: These are people of beakers.[9] [When] the sixth group began to go out he said: These are the people of the curse.[10]
c He cast his eyes at his disciples[1] and their faces began to change,[2] [whereupon] he said to them: My sons, not of you said I this, but of those who have gone out, who put aside life eternal and occupy themselves with the life temporal [or ephemeral]. When they were taking their leave[3] he said to them: *Go your way, eat the fat, and drink the sweet, and send portions unto him for whom nothing is prepared: for this day is holy unto our Lord: neither be ye grieved; for the joy of the Lord is your [strength] stronghold.*[4] The Master said: 'Who put aside life eternal and occupy themselves with the life temporal'. But the enjoyment of the Festival is a religious duty!—R. Eliezer is consistent with his [own] view, for he said: Rejoicing on the Festival is optional. For it was taught: R. Eliezer says: On a Festival a man has nought [to do] save either eat and drink or sit and learn. R. Joshua says: Divide it, half of it for the Lord, [and] half of it for yourselves. R. Joḥanan said: Both drew their inference from the same Scripture verse[s]. One verse states: *A solemn assembly to the Lord thy God,*[5] and another verse reads: *Ye shall have a solemn assembly.*[6] How is this [to be reconciled]? R. Eliezer is of the opinion: Either the whole of it is for the Lord or the whole of it is for yourselves; while R. Joshua is of the opinion: Divide it; half of it is for the Lord and half of it is for yourselves. What means 'for whom nothing is prepared'?—R. Ḥisda said: For him who did not set [i.e., prepare] an *'erub tabshilin.* Others say: He who had not the opportunity to set an *'erub tabshilin;* but he who had the opportunity to set an *'erub tabshilin* and did not set is a transgressor. What means *'for the joy of the Lord is your strength'?*—R. Joḥanan said in the name of R. Eleazar son of R. Simeon: The Holy One, blessed be He, said unto Israel: My children, borrow on My account and celebrate the holiness of the day, and trust in Me and I will pay.

d R. Joḥanan [further] said in the name of R. Eleazar son of R. Simeon: He who desires his property to be preserved for him, should plant therein an *adar,*[1] for it says: *The Lord on high is mighty;*[2] alternatively, *adara,*[3] [implies] what its name [indicates]; for people say: Why [is it called] *adara?* Because it lasts from generation to generation.[4] It was similarly taught: A field in which there is an *adar* can neither be robbed nor forcibly purchased and its fruits are protected.[5]

R. Taḥlifa, the brother of Rabinai of [Be] Ḥozae[6] learnt: [16a]

a (1) V. *supra 6a* n. b1. (2) The dish prepared on the eve of the Festival is regarded as the basis upon which the right to cook on the Festival for the Sabbath depends. (3) The dish intended for the *'erub*. (4) That he may cook for the Sabbath in virtue of a special dish (*'erub*). (5) Ex. XX, 8. (6) Lit., 'from another'. (7) The interest in the Festival preceding the Sabbath might cause one to forget about the Sabbath. The *'erub* counteracts this possibility. [*Aliter:* 'Remember it since one might forget it' (v. Rashi)—a rendering supported by MS.M. which reads לאחר for מאחר cf. cur. edd.] (8) Actually it is not based upon any Biblical verse, but is only a Rabbinical enactment, the verse being a mere support. (9) He will not consume all the good things on the Festival, but will leave some for the Sabbath.

b (1) The *'erub* is instituted not in honour of Sabbath but in honour of the Festival. (2) For on the Festival itself he can still choose a fine portion for the Sabbath. (3) And omit to prepare it altogether. (4) Ex. XVI, 23. (5) On the Friday which is a Festival, you may bake and cook only in virtue of the baking and cooking of the previous day. (6) This phrase indicates that the present deduction too is merely in support, not the actual source of the law, which is Rabbinical only. (7) I.e., very rich, counting their wine by butts. They have left thus early because of the large quantities of food and drink waiting for them. These are gluttons. (8) I.e., less rich than the second but wealthier than the next group. (9) Less keen on their pleasures. (10) The emptiness of the Lecture Hall roused his ire.

c (1) Who had remained behind. (2) I.e., to turn pale, because they thought he was angry with them for not leaving earlier—apparently they thought that he considered himself bound to go on as long as he had hearers. (3) At the close of the lecture. (4) Neh. VIII, 10. (5) Deut. XVI, 8. (6) Num. XXIX, 35. The first verse implies that it may be devoted to God's service, whereas the second intimates that it is meant for man.

d (1) A kind of cedar, high and majestic. Such a tree is known, and in case of his having to go abroad, he will be remembered as possessor, for his name will be coupled with the *adar* tree. (2) Ps. XCIII, 4. The word אדיר is linked with the אדר tree. The planting of the *adar* tree will strengthen his claim to the property. (3) The Aramaic form of *adar*. (4) *Dora dora;* a play on words. (5) The pollen of this tree is a vermicide, Rashi. (6) The modern Khuzistan, province S. W. Persia, Obermeyer, op. cit. pp. 204ff. cf. B.M. (Sonc. ed.) 88a n. a2.

The entire sustenance of man [for the year] is fixed for him from New Year's [Festival] to the Day of Atonement,[7] except the expenditure for Sabbaths and the expenditure for Festivals and the expenditure for the instruction of his children in the Law; if he [spent] less [for any of these] he is given less and if he [spent] more he is given more. Said R. Abbahu:[8] What verse of Scripture [supports this]? *'Blow the horn at the new moon at the full moon for our feast-day'*.[9] Which is the Festival on which the moon is concealed? Say, it is New Year;[10] and it is written [with respect to this Festival]: *'For it is a statute* [ḥoḳ] *for Israel, an ordinance of the God of Jacob'*.[11] How is it implied that [the word] *ḥoḳ* connotes sustenance? For it is written: *'And did eat their portion* [ḥuḳḳam] *which Pharaoh gave them'*.[12] Mar Zuṭra says, [It is inferred] from here: *'Feed me with mine allotted* [ḥuḳḳi][13] *bread'*.

It was taught: They related concerning Shammai the Elder [that] all his life he ate in honour of the Sabbath. [Thus] if he found a well-favoured animal he said, Let this be for the Sabbath. [If afterwards] he found one better favoured he put aside the second

a [for the Sabbath] and ate the first.[1] But Hillel the Elder had a different trait, for all his works were for the sake of heaven,[2] for it is said: *Blessed be the Lord, day by day.*[3] It was likewise taught: Beth Shammai say: From the first day of the week [prepare] for the Sabbath;[4] but Beth Hillel say: *Blessed be the Lord, day by day.*[3]

R. Ḥama b. Ḥanina said: He who makes a gift to his neighbour need not inform him, for it says, *'And Moses knew not that the skin of his face sent forth beams'*.[5] An objection was raised: *'That ye may know I am the Lord who sanctify you'*,[6] The Holy One, blessed be He, said unto Moses: Moses, I have a precious gift in my treasury and its name is Sabbath and I wish to give it to Israel; go and tell them. Hence R. Simeon b. Gamaliel said: He who gives a child [a piece of] bread must inform its mother!—There is no difficulty. The one treats of a gift which will naturally become known, and the other treats of a gift which does not naturally become known. But the Sabbath too is a gift which would have naturally become known!—Its reward[7] would not naturally be known.[8] The Master said: 'Hence R. Simeon b. Gamaliel said: He who gives a child [a piece of] bread must inform its mother'. What should he do to it [the child]?[9]—He smears it with oil or puts rouge on it. But now that we are afraid of witchcraft, what [is to be done]?[10]—R. Papa said: He must smear it [the child] with some of that very substance [he put on the bread].[11]

R. Johanan said in the name of R. Simeon b. Yoḥai: Every commandment which the Holy One, blessed be He, gave unto Israel, He gave to them publicly, except the Sabbath which He bestowed upon them in secret, for it is said: *'It is a sign between Me and the*

b *children of Israel for ever'*.[1] If so, idolators should not be punished on its account![2]—The Sabbath He indeed made known to them [the idolators] but its reward He did not make known to them. Or you can say: Its reward too He made known to them [but] the enlarged soul,[3] He did not make known to them; for R. Simeon b. Laḳish said: On the eve of the Sabbath the Holy One, blessed be He, gives to man an enlarged soul and at the close of the Sabbath He withdraws it from him, for it says: *He ceased from work and rested:*[4] once it [the Sabbath] has ceased[5] woe that the [additional] soul is lost![6]

A MAN MAY PREPARE A DISH ON THE EVE OF THE FESTIVAL. Abaye said: They taught this only of a dish[7] but not of bread.[8] Why is bread different that it is not [fit for an *'erub*]? If I were to say something used as a relish is required, then what of pearl-barley which is also not a relish—for R. Zera said: These Babylonians are fools for they eat bread with bread[9]—and [yet] R. Naḥumi b. Zecharaiah said in the name of Abaye: One may set an *'erub* of pearl-barley broth!—Rather, we require [for an *'erub* dish] something which is not common, and bread is common, whereas pearl-barley broth is not common.[10]

Others teach: Abaye said: They taught this only of a dish but not of bread. What is the reason? If I were to say something which is not common is required whereas bread is common, then what of pearl-barley broth, which is also not common and [yet] R. Naḥumi b. Zecharaiah said in the name of Abaye: One may not set an *'erub* with pearl-barley broth!—Rather, something used as a relish is required and bread is not used as a relish and pearl-barley broth too is not used as a relish for R. Zera said: These Babylonians are fools for they eat bread with bread.

c R. Ḥiyya taught: The lentils at the bottom of the pot[1] can be relied upon as an *'erub tabshilin*, providing that they amount to as much as an olive. R. Isaac son of Rab Judah said: One may scrape off the fat which is upon the knife and rely upon it as an *'erub tabshilin*, providing that it amounts to as much as an olive.

R. Assi said in the name of Rab: Small salted fish are not subject to [the interdict against] the cooking of a heathen.[2] R. Joseph said: And if a heathen grilled them one may rely upon them as [or for] an *'erub tabshilin*,[3] but if a heathen made them into a pie of fish-hash it is prohibited.[4] This is obvious!—You might think

(7) Between the first and the tenth of Tishri. These days are known as the ten days of Penitence. (8) In Sanh. 11*b*, R. Abba. (9) Ps. LXXXI, 4; he connects כסה (E.V. *full moon*) with the same root meaning *to cover*, and translates: 'at the concealed (moon)'. (10) The remaining Festivals fall during the middle of the month near full moon. (11) Ps. LXXXI, 5. The word חק (E.V. *statute*) is taken to mean sustenance which is allotted to Israel on New Year. (12) Gen. XLVII, 22. (13) Prov. XXX, 8.

a (1) So that he was always eating in honour of the Sabbath. (2) He trusted in God that he would obtain something worthy for the Sabbath. (3) Ps. LXVIII, 20. (4) In Aramaic the saying rhymes and is a cue to prompt people to think of the coming Sabbath. (5) Ex. XXXIV, 29. (6) Ex. XXXI, 13. (7) Lit., 'the gift of its reward'. (8) God informed Israel, through Moses, the reward for keeping the Sabbath. (9) In order to let the mother know. (10) Sorcerers or witches used these in the practice of their occult arts. (11) Whether butter, jam or fat (dripping). These do not suggest witchcraft.

b (1) Ex. XXXI, 17. The word לְעֹלָם is written defectively as if derived from עלם to hide, conceal. (2) V. A.Z. 2*b*, where it is implied that the idolator will be punished for rejecting the Torah when it was offered to him. But in respect of the Sabbath, at least, there should be no punishment, seeing that it was offered even to Israel in secret only. (3) Lit., 'additional soul'. By this term the Talmud indicates the spiritual ennoblement conferred by the Sabbath. (4) Ex. XXXI, 17. (5) The verb שבת *'he ceased from work'* is translated: He ceased keeping the Sabbath (because of its expiration). *Malter*, Ta'anit, 27*b*. (6) This is a play on the word וינפש which is taken to stand for וי אבדה נפש (Goldschmidt suggests the reading וי אינה נפש 'the soul is no longer (here)', which is nearer the Hebrew word וינפש.) (7) A cooked meal. (8) Bread cannot be an *'erub*. (9) Concerning the Babylonians who eat pearl-barley broth with bread, v. Ned. 49*b*. (10) Bread is eaten at every meal, whereas pearl-barley is not.

c (1) Left over unintentionally on the eve of the festival. (2) The Rabbis forbade food cooked by heathens, to prevent over-familiarity leading to intermarriage. But things which can be eaten raw do not come under this prohibition even if they are cooked, because the cooking of such things could hardly be considered a favour. These salted small fish can be eaten raw. (3) Since they can be eaten raw. (4) Because the dough could not be eaten unbaked (i.e. uncooked).

ז א ב מיי' פ"ו מהל' יו"ט הלכה ג סמג לאוין עה טוש"ע א"ח סימן תקכז סעיף ד:

ח ג ד מיי' שם טוש"ע שם סעיף ט ו:

ט ה מיי' פי"ז מהל' מאכלות אסורות הלכה טו סמג לאוין קמח טוש"ע יו"ד סימן קיג סעיף יב:

י ו מיי' פ"ו מהלכות יו"ט הלכה ד סמג לאוין עה טוש"ע א"ח סימן תקכז סעיף ט:

כל מזונותיו של אדם קצובים לו מראש השנה (א) ועד יום הכפורים חוץ מהוצאת שבתות והוצאת י"ט והוצאת בניו לתלמוד תורה שאם פחת פוחתין לו ואם הוסיף מוסיפין לו א"ר אבהו מאי קראה תקעו בחדש שופר (*בכסא) ליום חגנו *איזהו חג שהחדש מתכסה בו הוי אומר זה ראש השנה וכתיב כי חק לישראל הוא משפט לאלהי יעקב מאי משמע דהאי חק לישנא דמזוני הוא דכתיב ואכלו את חקם אשר נתן להם פרעה מר זוטרא אמר מהכא הטריפני לחם חקי תניא אמרו עליו על שמאי הזקן כל ימיו היה אוכל לכבוד שבת מצא בהמה נאה אומר זו לשבת מצא אחרת נאה הימנה מניח את השניה ואוכל את הראשונה אבל הלל הזקן מדה אחרת היתה לו שכל מעשיו לשם שמים שנאמר ברוך ה' יום יום תניא נמי הכי בית שמאי אומרים מחד שביך לשבתיך ובית הלל אומרים ברוך ה' יום יום *א"ר חמא ברבי חנינא הנותן מתנה לחברו אין צריך להודיעו שנאמר ומשה לא ידע כי קרן עור פניו מיתיבי לדעת כי אני ה' מקדשכם אמר לו הקב"ה למשה משה מתנה טובה יש לי בבית גנזי ושבת שמה ואני מבקש ליתנה לישראל לך והודיע אותם מכאן אמר רבן שמעון בן גמליאל הנותן פת לתינוק צריך להודיע לאמו לא קשיא הא במתנה דעבידא לאגלויי הא במתנה דלא עבידא לאגלויי שבת נמי מתנה דעבידא לאגלויי מתן שכרה לא עבידא לאגלויי: אמר מר מכאן אמר רשב"ג הנותן פת לתינוק צריך להודיע לאמו *מאי עביד ליה שייף ליה משחא ומלי ליה כוחלא והאידנא דחיישינן לכשפים מאי אמר רב פפא שייף ליה מאותו המין א"ר יוחנן משום ר' שמעון בן יוחי כל מצות שנתן להם הקב"ה לישראל נתן להם בפרהסיא חוץ משבת שנתן להם בצנעא שנאמר ביני ובין בני ישראל אות היא לעולם אי הכי לא לענשו נכרים עלה שבת אודועי אודעינהו מתן שכרה לא אודעינהו ואי בעית אימא מתן שכרה נמי אודעינהו נשמה יתירה לא אודעינהו *דאמר ר' שמעון בן לקיש נשמה יתירה נותן הקב"ה באדם ערב שבת ולמוצאי שבת נוטלין אותה הימנו שנאמר שבת וינפש כיון ששבת ווי אבדה נפש: עושה אדם תבשיל מערב יום טוב: אמר אביי *לא שנו אלא תבשיל אבל פת לא מאי שנא פת דלא אילימא מידי דמלפת בעינן ופת לא מלפתא והא דייסא נמי דלא מלפתא דאמר ר' זירא *הני בבלאי טפשאי דאכלי נהמא בנהמא ואמר רב נחומי בר זכריה משמיה דאביי מערבין בדייסא אלא מידי דלא שכיח בעינן ופת שכיחא ודייסא לא שכיחא איכא דאמרי אמר אביי לא שנו אלא תבשיל אבל פת לא מאי טעמא אילימא דמידי דלא שכיח בעינן ופת שכיחא והא דייסא לא שכיחא ואמר רב נחומי בר זכריה משמיה דאביי אין מערבין בדייסא אלא מידי דמלפת בעינן ופת לא מלפתא ודייסא נמי לא מלפתא דאמר ר' זירא הני בבלאי טפשאי דאכלי נהמא בנהמא תני ר' חייא עדשים שבשולי קדרה סומך עליהן משום ערובי תבשילין וה"מ דאית בהו כזית אמר רב יצחק בריה דרב יהודה שמנונית שעל גבי הסכין גוררו וסומך עליו משום ערובי תבשילין והני מילי דאית בהו כזית אמר רב אסי אמר רב *דגים קטנים מלוחים אין בהם משום בשולי נכרים אמר רב יוסף ואם צלאן נכרי סומך עליהם משום ערובי תבשילין ואי עבדינהו נכרי כסא דהרסנא אסור פשיטא מהו דתימא

הרסנא

רש"י

כל מזונותיו של אדם · כל מה שעתיד להשתכר בשנה שיהא זמן משם קצוב לו כך וכך ישתכר בשנה זו ויש לו ליזהר מלעשות יציאה מרובה שלא יוסיפו לו שכר למזונות אלא מה שפסקו לו: חוץ מהוצאת שבתות · אותה לא פסקו לו מה ישתכר לצרכה ומהיכן תבואהו אלא לפי מה שרגיל מגלגלים לו לשעה או לאחר שעה: פוחתין לו · כלומר ממציאין לו שכר מועט: מאי קראה · שקוצבין מזונות בראש השנה: שהחדש מתכסה בו · שהלבנה מתכסה בו שאינה נראית לכל אדם אלא שחרית ליושבי מזרח וערבית ליושבי מערב כדאמר בר"ה (דף כ:) עשרים וארבע שעות מתכסה סיהרא: הוי אומר זה ר"ה · דהלא שאר י"ט כבר נתמלאה הלבנה במקצת ונראית בכל מקום: בכסא ליום חגנו · אבחדש קאי תקעו בחדוש הלבנה שופר בשעה שמתכסה ביום חגנו: ואוכל את הראשונה · נמצא אוכלה לזו כדי שתהא היפה נאכלת בשבת דהויא לה אכילתה של הראשונה לכבוד שבת: לשם שמים · בוטח שתזדמן לו נאה לשבת: מחד שביך לשבתיך · מאחד בשבת שלך קן לכך לשבת הבאה: יום יום · יעמס לנו את צרכינו ועזרתנו: אינו צריך להודיעו · לומר לו שלא יהא זה יושב ותוהה מהיכן בא אליו דבר זה: ומשה לא ידע · אלמא נתן לו הקב"ה קרון עור פנים ולא הודיעו: לדעת כי אני ה' וגו' · רישיה דקרא אך את שבתותי תשמרו ומאי לדעת רוצה אני שתודיעם מה מתנה חשובה אני מבקש ליתן להם: צריך להודיע את אמו · לעשות לו אות וסימן שאם יאכלנו קודם שיבא לאמו תראה את האות ותשאלנו מי עשה לך כך והוא יאמר פלוני וגם נתן לי פת ומתוך כך ידעו אביו ואמו שהוא אוהבם ותרבה אהבה ורעות בישראל: דעבידא לגלויי · כגון קרון פנים דמשה שהודיעוהו הרואין לא צריך הנותן להודיעו: ומלי ליה כוחלא · נותן כחול סביבות עיניו: לא (*נענשו) נכרים עלה · ולא אשכחן* שחזר הקב"ה להענישן על התורה ועל המצות דכתיב וזרח משעיר למו הופיע מהר פארן (דברים לג) וכתיב אלוה מתימן יבא (חבקוק ג): נשמה יתירה · רוחב לב למנוחה ולשמחה ולהיות פתוח לרווחה ויאכל וישתה ואין נפשו קצה עליו: וינפש · דרשינן ליה ווי על הנפש שהלכה לה: לא שנו · דהוי ערוב: דמלפת · לפתן בעינן דמוכחא מלתא שעשוי לשבת: ופת לא מלפתא · הלכך לא מוכחא מלתא היא שהרי בכל יום יש לחם: בשולי קדרה · שנשארו בלא מתכוין: סומך עליהם · מערב יום טוב לשם ערוב ולא אמרינן לא חשיבי ובטלי: גוררו · מערב יום טוב: אין בהם משום בשולי נכרים · שגזרו חכמים בבשולי נכרים משום התנות ועל שנאכל כמו שהוא חי לא גזרו על בשולו דכיון שנאכל כמו שהוא חי ליכא בשול · דלא אהני מידי ואלו נאכלין על ידי מלחן חיים: סומך ישראל עליהן · דהא שרו באכילה: כסא דהרסנא · מטוגן בשומן קרבי דגים וקמח: אסירי · דקמח אין נאכל כמו שהוא חי לפיכך יש בו משום בשולי נכרים:

תוספות

כל מזונותיו של אדם קצובים כו' והוצאת בניו לתלמוד תורה · פר"י הכל נפקי מקרא דלעיל מזונותיו דשבת דאמר לוו עלי ואני פורע תורה דכתיב חדות וחדות היא תורה דכתיב פקודי ה' ישרים משמחי לב (תהלים יט):

איזהו חג שהחדש מתכסה בו וכו' · פרש"י שהלבנה אינה נראית וקשה לפי' זה דהוה ליה למימר שהלבנה מתכסה לכך *פר"ת [שר"ת] מזדמן בו כלומר שרגיל לבא בו וכסא לשון זמן כמו ליום הכסא יבא ביתו (משלי ז) ורבינו משולם פירש מתכסה שלא היה שעיר של ר"ח קרב בו והקשה רבינו תם דבתוספתא *קאמר דקחשיב (*ל"ו) שעירים בשנה וקא חשיב י"ב שעירים דראשי חדשים ולא מנינו י"ב אם לא היה שעיר דר"ח דר"ה והשיב לו רבינו משולם דלא עלה על לבו לומר כן אלא היתה דעתו דלא מפרש קרא בהדיא של ראש חדש דראש השנה דכתיב בפינחס מלבד עולת החדש ומנחתה לא הזכיר וי"מ מתכסה שאין מזכירין אותו במוסף דראש השנה ור"ת היה אומר דאדרבה הואיל והיה קרב מזכירין אותו במוסף דראש השנה ותקן ר"ת לומר במוסף מלבד עולת החדש וגו' וכן תקן לומר שני שעירים כהלכתן וגו' שעיר אחד של ראש חדש ושעיר אחד של ר"ה:

[ועי' תוס' ר"ה ח: ד"ה שהחדש]
ר"ה ח. סנהדרין יח: ע"ש
[ל"ו]
[וע"ע תוספות ערכין י. ד"ה זכרון ותוספות ר"ה ח: ד"ה שהחדש ועוד שם בתוספות לב. ד"ה אליבא]
[עי' תוספות לקמן יז: ד"ה אמר רבא]

נ"ל בכסה
שבת י:
[שם ע"ש]
תענית כז: [נענשו]
[ע"ז ב: ע"ש]
נדרים מט:
ע"ז לח.

הגהות הב"ח

(א) גמ' קצובין לו מר"ה (ועד יום הכפורים) תא"מ ונ"ב ס"א ועד ראש השנה:

רבינו חננאל

כל מזונותיו של אדם של כל השנה קצובין לו מראש השנה חוץ מהוצאת שבתות והוצאת ימים טובים והוצאת בניו לת"ת שאם פיחת פוחתין לו ואם הוסיף מוסיפין לו ואמרינן מהאי קרא תקעו בחדש וגו' כי חק לישראל הוא והאי חק מזונות הן כדכתיב הטריפני לחם חקי וכתיב ואכלו את חקם · שמאי הזקן כל ימיו אוכל לכבוד שבת · הלל הזקן מדה אחרת היתה בו שהיו כל מעשיו לשמים · שנאמר ברוך ה' יום יום · תניא בש"א מחד שבא לשבתא · וב"ה ברוך ה' יום יום · הנותן מתנה לחבירו מלתא דעבידא לאיגלויי היא וא"צ להודיעו כדכתיב ומשה לא ידע כי קרן עור פניו ואע"ג דכתיב בשבת לדעת כי אני ה' מקדשכם משמע דהנותן צריך להודיעו משום דמתן שכרה לא עבידא לאיגלויי היא וכל מצוה נתנה בפרהסיא חוץ מן השבת שנתנה בצנעא שנאמר ביני ובין בני ישראל ואסיקנא השבת ומתן שכרה אודעינהו נשמה יתירה לא אודעינהו כדריש לקיש דאמר נשמה יתירה נותן הקב"ה באדם בע"ש שנאמר כי ששת ימים עשה ה' את השמים ואת הארץ וביום השביעי כלומר כל שנבראו בעולם להתענג מהן נשלמו ביום השביעי נבראו ומתחווית ומתגדלות בשבת וכיון ששבת ווי אבדה נפש כלומר נתמעטה הנשמה · והנותן פת לתינוק צריך להודיע לאמו כלומר שייף לו מאותו המין · זו ששנינו ועושה תבשיל מעיו"ט לא שנו אלא תבשיל אבל פת לא דבעינן מידי דמלפת ופת דלא מלפתא דאמר ר' זירא הני בבלאי טפשאי אכלי נהמא בנהמא כלומר הדייסא פת היא · תני ר' חייא עדשין שבשולי קדרה סומך עליו משום עירובי תבשילין והוא דאית ביה כזית ושמנונית. שע"ג הסכין · אם יש בה כזית גורדה וסומך עליה משום עירובי תבשילין וכזית שאמרו בין לאחד בין למאה והאי דתנינן תבשיל זה אפילו שלוק או צלי או מבושל ואפילו קוליים האספנין שנתן עליו חמין מעיו"ט והחלתו וסופו אין לו שיעור · אוקימנא אין לו שיעור למעלה אבל יש לו שיעור למטה פי' לא יהיה פחות מכזית אבל למעלה כלומר ביותר מכזית אפילו אלף ויותר אין לו שיאמר דיי · ואמרינן דגים קטנים מלוחים אין בהם משום בישולי נכרים כלומר מליחתם היא בישולם והנכרי לא בשל כלום כי כבר מבושלין הן וקי"ל כל שאינו עולה על שלחן מלכים ללפת בו את הפת וזה מפורש בפרק אין מעמידין וכן

הגהות מהר"ב רנשבורג

א] גמרא מהוצאת שבתות והוצאת יו"ט · כ"ב עיין במדרש רבה פ' אמור ריש פ' ל' ושם נאמר גם ר"ח · והש"ס שלא הזכירו אולי כללו בהוצאת יו"ט דר"ח איקרי מועד כדאיתא בפסחים עז ע"א · ועיין בטור א"ח סימן תמ"ע ובב"י ובב"ח ומג"א שם · ותמיהני שלא הזכירו המדרש הזה דלדבריו אולא דחיית הרב"י וצ"ע:

עין משפט
נר מצוה

יא א ב מיי' פ"ו מהל' יו"ט הלכה ג סמג לאוין עה טוש"ע א"ח סימן תקכז סעיף ג :

יב ג מיי' שם הלכה ד טוש"ע שם סעיף ה:

יג ד ה מיי' שם הלכה ז טוש"ע שם סעיף ט:

יד ו מיי' שם טוש"ע שם ס"ז :

טו ז מיי' פ"ו שם הלכה טו ופ"ח מהלכות עירובין הלכה יד סמג לאוין עה טוש"ע א"ח סימן תקכח ס"ב :

הרסנא עיקר קמ"ל קמחא עיקר אמר ר' אבא ערובי תבשילין צריכין כזית איבעיא להו כזית אחד לכלן או דלמא כזית לכל אחד ואחד ת"ש דאמר רבי אבא אמר רב ערובי תבשילין צריכין כזית בין לאחד בין למאה : תנן אכלו או שאבד לא יבשל עליו בתחלה שייר ממנו כל שהוא סומך עליו לשבת מאי כל שהוא לאו אע"ג דליכא כזית לא דאית ביה כזית : ת"ש *תבשיל זה צלי ואפילו כבוש שלוק ומבושל וקוליים האספנין שנתן עליו חמין מערב יו"ט תחלתו וסופו אין לו שיעור מאי לאו אין לו שיעור כלל לא אין לו שיעור למעלה אבל יש לו שיעור למטה אמר רב הונא אמר רב ערובי תבשילין צריכין דעת פשיטא דעת מניח בעינן דעת מי שהניחו לו בעינן או לא בעינן תא שמע דאבוה דשמואל מערב אבולה נהרדעא רבי אמי ורבי אסי מערבו אבולהו טבריא: מכריז רבי יעקב בר אידי מי שלא הניח ערובי תבשילין יבא ויסמוך על שלי ועד כמה אמר רב נחומי בר זכריה משמיה דאביי עד תחום שבת : ההוא סמיא דהוה מסדר מתניתא קמיה דמר שמואל חזייה דהוה עציב אמר ליה אמאי עציבת אמר ליה דלא אותיבי ערובי תבשילין אמר ליה סמוך אדידי לשנה חזייה דהוה עציב אמר ליה אמאי עציבת אמר ליה דלא אותיבי ערובי תבשילין אמר ליה פושע את לכולי עלמא שרי לדידך אסור ת"ר *יום טוב שחל להיות בערב שבת אין מערבין לא ערובי תחומין ולא ערובי חצרות רבי אומר מערבין ערובי חצרות אבל לא ערובי תחומין מפני שאתה אוסרו בדבר האסור לו ואי *אתה אוסרו בדבר המותר לו אתמר רב אמר הלכה כתנא קמא ושמואל אמר הלכה כרבי : איבעיא להו הלכה כרבי לקולא או לחומרא פשיטא דלקולא קאמר משום דשלח רבי אלעזר לגולה לא כשאתם שונין בבבל רבי מתיר וחכמים אוסרין אלא רבי אוסר וחכמים מתירין מאי תא שמע דרב תחליפא בר אבדימי עבד עובדא כותיה דשמואל ואמר רב תחלת הוראה דהאי צורבא מרבנן לקלקולא אי אמרת בשלמא לקולא קאמר היינו קלקולא אלא אי אמרת לחומרא מאי קלקולא איכא כיון דמקלקלי בה רבים

היינו

הרסנא עיקר · שומן הדגים : בין לאחד בין למאה · די להם בכזית : לא דאית ביה כזית · ולגבי ככר שלם קרי ליה כל שהוא: תבשיל זה · של ערוב : כבוש · בחומץ ובחרדל ומיני ירקות : שלוק · מבושל הרבה מאד : מבושל · כהלכתו : קוליים האספנין · דג מליח הוא ורך ונאכל כמו שהוא חי אלא שנותנין עליו חמין וזה בשולו כדתנן במסכת שבת (דף לט.*) שהדחתו זו היא גמר מלאכתו : שנתנו עליו חמין גרסינן שעשו לו מערב יו"ט בשול הראוי לו : תחלתו · כשעשה התבשיל אין לו שיעור כמה יהא בו : סופו · אכלו או שאבד ושייר ממנו קצת : מאי לאו אין לו שיעור כלל · לא לרב ולא למעט : לא אין לו שיעור למעלה · לומר שלא יוסיף בו על כך וכך : למטה · לא יפחות מכזית : צריכים דעת · שידעו שלשם כך נעשו ורב הונא לא פירש דעת מי ומפרשינן לה הכא ואמרינן הא ודאי פשיטא לן דכי אמר רב הונא צריכים דעת דעתו דמניח מיהא בעי דאיהו עדיף שעושהו לשם כך מיהו מבעיא לן דעת מי שהניחו לצרכו כגון דעשאו זה לצורך חברו כלום צריך שימלך בו תחלה לעשותו על פיו : עד תחום שבת · ולעומדים חוץ לתחום לא היה דעתו של מניח עליהם ולא עלו על לבו לזוכרן : מסדר מתניתא · שהיה יודע משניות בגרסא ומחזר עליהן לפני מר שמואל שהיו סדורות בפיו כעיקרן : סמוך אדידי · דמערבנא אבולה נהרדעא שהיא עירו : לשנה · לשנה אחרת °וראש השנה היה שאין יכול להניח ולהתענות : לדידך אסור · שאין דעתי על המזידין והפושעים שאינם חרדים לדברי חכמים : לא ערובי חצרות · לטלטל מחר דנראה כמתקן דבר : שאתה אוסרו בדבר האסור לו · כח יש בידך לאסור עליו מלעשות לצרך מחר דבר שהוא אסור בו ביום והיינו תחומין שאף ביו"ט אסור לצאת מן התחום : ואי אתה אוסרו · אין כח בידך לאסור לו מלתקן למחר דבר שהוא מותר בו ביום ואסור טלטול חצרות ליתיה ביום טוב : משום דשלח רבי אלעזר כו' · לפיכך הוצרכו לשאול לקולא קאמר שמואל או לחומרא משום דשלח ר' אלעזר לחומרא ואנו שונין דרבי לקולא לפיכך שואלים אנו שמואל שקבע הלכה כרבי היכי מתני לפלוגתייהו : ואמר רב תחלת הוראה וכו' · דרב פליג עליה ואמר הלכה כת"ק : כיון דמקלקלי בה רבים · ששוכחין ומטלטלין בלא ערוב:

היינו

אמר רבי אבא ערובי תבשילין צריך שיהא בהן כזית · וג' דינים יש בהלכות ערוב ערובי תחומין צריך שתי סעודות לכל אחד ואחד והכי מסיק בהדיא בעירובין (דף פ:) ערובי חצרות צריכין כגרוגרת לכל אחד ואחד והכי מסיק בהדיא בעירובין (דף פב:) עד שיהא ב' סעודות ואם יש שם מזון ב' סעודות אינו צריך יותר ואפילו מאה יכולין לסמוך עליו ערובי תבשילין בין לאחד בין למאה אינו צריך אלא כזית לכל מין ומין :

[נעיל] **דגים** קטנים מלוחים אין בהם משום בשולי נכרים · דהא נאכלים כמו שהן חיין הואיל ומלוחים אבל אם לא היו מלוחים יש בהם משום בשולי נכרים ותימה דאמר במס' ע"ז פרק אין מעמידין (דף לח.) כל שאינו עולה על שלחן מלכים ללפת בו את הפת אין בו איסור משום בשולי נכרים וקאמר עלה כגון דגים קטנים וי"ל דהתם בקטנים טפי איירי והכא איירי בדגים שאין קטנים כל כך שפעמים שהן עולין על שלחן מלכים ללפת בו את הפת :

קמ"ל קמחא עיקר · מכאן אנו סומכין ליקח מן הנכרים פת הגלוש מן הביצים שקורין קנטויי"ש ואובליאז"ש דמאי נחוש אי משום פת עצמו התירו חכמים אי משום ביצים שבלקו בה הא אמרינן קמחא עיקר ואין לחלק ולומר דשאני הכא לחומרא כלומר דקמחא שהוא מן שלקות שבלילתו רכה אסור אבל בעלמא שהוא עב והוי מעשה תנור אף שהיתר עיקר לא אזלינן לקולא אי אפשר לומר כן דהא קאמר הכא מהו דתימא הרסנא עיקר כלומר היה לנו להתיר אלמא היכא דהיתר עיקר אזלינן בתריה אפי' לקולא אי לאו דאסיק דקמחא עיקר ואין לחוש שמא הביצים מעופות טמאים דהא אינן מצויין בינינו ושמא יש דם בביצים רובם אין בהם דם ומה שבודקים הביצים בשעה שמשימין אותם ברוטב אם יש בהן דם זהו חומרא בעלמא דהא אם לא נבדקו מותרין וגם אין לחוש משום ביצי נבלות או טרפות משום דאזלינן בתר הרוב וא"ת והא יש לחוש שמא נלושו בביצים טרופות דאמר בחולין (דף סד. ושם) דאין לוקחין ביצים טרופות מן הנכרי וי"ל ה"מ בעינייהו משום דאית בהו ריעותא דמוכחא מלתא ממה שהן טרופות דמנבלות וטרפות אתו וזבנהו ישראל לנכרי אבל הכא שנלושו דליכא שום ריעותא לא חיישינן לשום דבר ויש לומר שנלושו מביצים שלמות ומיהו פשטיי"ן של דגים שאפאו נכרי אין להתיר דיש בהם משום בשולי נכרים הואיל ונבלע שומן הדגים בתוך העיסה והדגים אסורין משום בישולי נכרים א"כ אף העיסה שמבחוץ אסורה ונעשה כולו בשולי נכרים אע"פ שהעיסה אין בה משום ב"נ דהא התירו את הפת וגם מה שנבלע בעיסה היה בעין והיה נאסר ונמצא שהעיסה *נלושה מן האיסור דרבנן ויש (א) שמסירין השומן ואוכלים אותן בכה"ג ואותן גלייי"ש מדלא מברכין עלייהו ברכת המוציא יש בהן משום ב"נ ומיהו אומר הר"ר יחיאל דאין בהם משום ב"נ כיון דדרך אפיית פת עביד להו ועוד דאי קבע סעודתיה עלייהו מברך ברכת המוציא אלמא פת נינהו* :

רבי אומר מערבין ערובי חצרות אבל לא ערובי תחומין · תימה הא רבי ס"ל בפרק בכל מערבין (עירובין דף לח: ושם) דשבת ויו"ט קדושה אחת היא וא"כ היכי מערבינן ערובי חצרות מי"ט לשבת ויש לומר דאדרבה היינו טעמא הכא דרבי דהא דאית ליה קדושה אחת הן היינו בדבר האסור לעשות ביו"ט כגון תחומין אסור לעשותם ביו"ט בשביל שבת דהא קדושה אחת הן אבל בשביל שקדושה אחת היא לא אסרינן דבר המותר לעשות ביו"ט עצמו כגון לטלטל בחצרו לעשות ערוב בשביל שבת :

אין

רבינו חננאל

אסצלאו נכרי סימך עליהן משום עירובי תבשילין ואי עבדינהו נכרי כסא דהרסנא כלומר בישל הדגים הללו עם הקמח אסור משום בישולי נכרים מאי [טעמא] קמחא עיקר ולדברי הכל אינו נאכל כמות שהוא חי ועולה על שלחן [מלכים] לאכול בו פת ולא דמי לדייסא . אמר רב עירובי תבשילין צריכין דעת · אוקימנא ודאי המניח צריך לומר כי לפלוני ופלוני אני מערב כשמואל דהוה מערב אבולה נהרדעא ור' אמי ור' אסי מערבי אבולה טבריא · אבל דעת מי שהניחו א"צ להיות יודע בשעת עירוב אלא אפילו אח"כ ואפילו ביו"ט עצמו אם נודע לו שאחרים ערבו עליו מותר לו לבשל כר' יעקב בר אידי דהוה מערב ומוכיר הריני מערב זה על כל מי ששכח ולא עירב ואח"כ היה מכריז כל מי שלא עירב יבא ויסמוך על עירוב שלי ואמרינן עד כמה ואסיקנא עד כדי תחום שבת בא ושואלו וסומך עליו וכההוא סומא דאמר ליה מר שמואל ביו"ט קא סמוך אדידי בשנה אחרת נמי חזייה ביו"ט דהוה עציב · וא"ל פושע הוא לכ"ע שרי וליה אסור אוקימנא להא מתניתא הכי : ת"ר יו"ט שחל בע"ש אין מערבין לא עירובי תחומין ולא עירובי חצרות דברי רבי וחכמים מתירין וכן שלח ר' אלעזר לגולה ואסיקנא הלכה כרבי דאמר שאין מערבין ולא חיישינן למאי דתנינן אין מערבין עירובי תחומין ביו"ט שאתה אוסרו בדבר האסור לו כו' · כלומר ביו"ט דאסיר לצאת חוץ לתחום כן לערב ביו"ט לצאת בשבת חוץ לתחום אסור אבל טלטול בחצרות שמותר ביו"ט יש לו לערב ביו"ט כדי לטלטל בשבת אע"ג דמסתבר טעמיה לא חיישינן ליה והלכתא כרבי שאין מערבין לא לתחומין ולא לחצרות : *) ת"ר יו"ט שחל בשבת [וכו'] בה"א מתפלל ז' מתחיל בשל שבת ומסיים בשל שבת ואומר קדושת היום באמצע פי' מתפלל ג' ראשונות וג' אחרונות ואומר אתה בחרתנו באמצע מתחיל בשל שבת ואומר ותתן לנו ה' אלהינו את יום המנוח ומסיים בשל שבת בשמחה ובששון הנחלתנו ושבתות ומועדי קדשך · רבי אומר אף חותם במקדש ישראל והשבת והזמנים ותרציה רבינא הכי מקדש השבת וישראל והזמנים דשבת לאו ישראל מקדשי לה דהא מיקדשא וקיימא · אמר רב יוסף הלכתא כרבי וחותם בה וכדמתרץ רבינא ברוך מקדש השבת

*) שייך לדף י"ז ע"א

מסורת הש"ס
[ודף קמה:]
[תוספתא פ"ב]
[תוספתא שם]
[ועיין תוספו' כתובות ז. ד"ה מתוך]
נ"א בלועה ועיין רש"א
[ועי' תוספות ע"ז מ. ד"ה אמר רבא ותו' חולין סד. ד"ה סימנין]

הגהות הב"ח
(א) תוס' ד"ה קמ"ל וכו' ויש שמסירין השומן · נ"ב ס"א ויש שמתירין השומן :

גליון הש"ס
רש"י ד"ה לשנה · ור"ה היה · עיין תשובת ח"צ סימן ק"ל :

[16*b*] [that] the fish-hash is the principal element;[5] hence he informs us that the flour is the principal element.

R. Abba said: An *'erub tabshilin*[6] must be the size of an olive.[7] The Scholars asked: [Does that mean] one olive for all [the participants together] or an olive for each one separately?—Come and hear: For R. Abba said in the name of Rab: An *'erub tabshilin* requires to be the size of an olive whether for one or for one hundred.

We have learnt: [IF] HE ATE IT OR IT WAS LOST, HE MAY NOT IN THE FIRST PLACE COOK [IN RELIANCE] ON IT, BUT IF HE LEFT OVER ANY [SMALL] PORTION OF IT, HE MAY RELY ON IT [TO COOK] FOR THE SABBATH. What does 'ANY' [SMALL] PORTION mean? Does it not mean although it is not as much as
a an olive?[1]—No, when it is as much as an olive.

Come and hear: This dish[2] [can be] grilled or pickled or stewed[3] or boiled; and the Spanish colias[4] [can be used] when he had poured hot water over it[5] on the eve of the Festival; [for] its commencement and its end[6] there is no standard [in quantity]. Does it not [surely] mean there is no standard [fixed] at all?—No, there is no upper [i.e., maximum] standard,[7] but there is a downwards [i.e., minimum] standard.[8]

R. Huna said in the name of Rab: The *'erub tabshilin* requires cognizance.[9] It is certain that the cognizance of him who deposits [the dish] is required but do we require the cognizance of him for whom it is deposited, or do we not require [it]?—Come and hear: For the father of Samuel used to set the *'erub* for the whole of Nehardea; R. Ammi and R. Assi used to set the *'erub* for the whole of Tiberias.[10] R. Jacob b. Idi proclaimed: He who has not set an *'erub tabshilin*, let him come and rely upon mine. And how far?[11]—R. Naḥumi b. Zecharaiah said in the name of Abaye: As far as the Sabbath limit.[12]

There was a certain blind man who used to recite Baraithas in the presence of Mar Samuel. When he noticed that he was gloomy he asked him: Why are you gloomy? Because I have not set an *'erub tabshilin*,[13] replied he. Then rely upon mine, he rejoined. The following year he [again] noticed that he was gloomy. Said he to him: Why are you gloomy? He answered him: Because I have not set an *'erub tabshilin*. [Then] said he to him: You are
b a transgressor: to everybody else it is permitted,[1] but to you it is forbidden.[2]

Our Rabbis taught: If a Festival falls on the eve of Sabbath one may neither set [on the Festival] a boundary *'erub*[3] nor an *'erub* of courts.[4] Rabbi says: One may set a court *'erub* but not a boundary *'erub*, for you can forbid him[5] what is forbidden to him [on a Festival][6] but you cannot forbid him what is allowed to him [on a Festival].[7] It was stated: Rab says: The *halachah* is as the first Tanna, and Samuel says: The *halachah* is as Rabbi.

The Scholars asked: Is the *halachah* as Rabbi [meant] leniently or stringently?—Of course he [Samuel] meant it leniently![8]—[The question was raised] because R. Eleazar sent word to the Diaspora [to wit]; Not as you teach in Babylon that Rabbi permits and the Sages forbid, but [rather] Rabbi forbids and the Sages permit. How is it now?[9]—Come and hear: For R. Taḥlifa b. Abdimi decided a case according to Samuel, and Rab remarked [thereon:] The first decision of this young scholar is harmful.[10] [Now] if you say that he [Samuel] meant [his teaching] to be lenient it is well, hence this is harmful. But if you say [he meant] stringently, what harmful [teaching] is there!—Since many come to error[11] [17*a*]

(5) And therefore the dough is disregarded altogether. (6) The Hebrew employs the plural. (7) But not less.

a (1) Which contradicts Rab. (2) Of the *'erub*. (3) *Shaluk*, translated 'stewed', means very much boiled. (4) A very small fish of the tunny type. V. Krauss *TA* II, pp. 91 and 506. (5) The pouring of hot water on the tunny fish is its preparation for eating. (6) I.e., both when it is first made for an *'erub* and when part has been eaten or lost. (7) I.e., as regards its greatness. (8) Below which it cannot constitute an *'erub*. (9) That it has been set for the purpose of *'erub*. (10) It is evident from this that the cognizance of all the Jewish residents of Nehardea and Tiberias was not required. (11) I.e. within what area. (12) *Teḥum*, v. Glos. (13) The Festival referred to here was New Year when an *'erub* cannot be set conditionally.

b (1) To rely upon my *'erub*. (2) I only had intended those who had unwittingly forgotten to rely on my *'erub*, but not where the forgetfulness is through sheer negligence. (3) Enabling him to go on the Sabbath from one township to another. (4) Enabling him to carry on the Sabbath from one court to another, because he would thereby join the courts in a legal sense, making them all as one. This ranks as the repairing of an object and constitutes work. (5) To effect on a Festival that a certain action should be permitted on the Sabbath. (6) The prohibition of going from one township to another applies both to Sabbaths and Festivals. (7) Carrying out from one private court to another is permitted on a Festival, without an *'erub*. (8) For Rabbi allows a court *'erub* to be set on a Festival. (9) Did Samuel mean that the *halachah* is as Rabbi taught in Babylon or as taught in Palestine. (10) I.e. leading to a breach of the law. (11) By forgetfully carrying on the Sabbath following the Festival from one court to another though no *'erub* could be set on the Festival.

a this is harm.[1] Raba said in R. Ḥisda's name who said in the name of R. Huna: The *halachah* is as Rabbi, viz., that it is forbidden.[2]

Our Rabbis taught: If a Festival fell on a Sabbath, Beth Shammai say: He must pray eight [benedictions][3] and recite [the benediction] of the Sabbath separately and of the Festival separately; but Beth Hillel say: He must pray seven [benedictions][4] beginning with the Sabbath [formula] and ending with the Sabbath [formula],[5] and he makes mention of the holiness of the day in the middle.[6] Rabbi says: He should also conclude it [the benediction] 'Who sanctifieth the Sabbath, Israel and the Seasons.' A tanna recited in the presence of Rabina: 'Who sanctifieth Israel and the Sabbath[7] and the Seasons.' He said to him: Does then Israel sanctify the Sabbath?[8] The Sabbath has already been sanctified [from the creation] and so continues! Say rather: 'Who sanctifieth the Sabbath, Israel and the Seasons.' R. Joseph said: The *halachah* is as Rabbi and as Rabina explained it.

Our Rabbis taught: If a Sabbath falls on a New Moon or on the intermediate days of a Festival,[9] at the evening, morning and afternoon services he prays seven [benedictions][10] and makes mention of the nature of the day[11] in the *'Abodah*,[12] and if he did
b not recite [it], he is made to turn back;[1] R. Eliezer says: [He alludes to the day] in the Thanksgiving [benediction],[2] while in the Additional Services[3] he begins with the Sabbath [formula] and closes with the Sabbath [formula], and makes mention of the holiness of the day in the middle.[4] R. Simeon b. Gamaliel and R. Ishmael son of R. Johanan b. Beroka say: Whenever one is obliged to say seven benedictions[5] he begins with the Sabbath [formula] and closes with the Sabbath [formula] and mentions the holiness of the day in the middle. Said R. Huna: The *halachah* is not as that pair [of scholars].[6]

R. Ḥiyya b. Ashi in Rab's name said: A man may prepare a boundary *'erub* on the first day of a Festival[7] for the second and stipulate.[8] Raba said: A man may prepare an *'erub tabshilin* on the first day of a Festival for the second and stipulate.[9] He who states a boundary *'erub*, all the more an *'erub tabshilin;* while he who states an *'erub tabshilin*, but not a boundary *'erub*. What is the reason? Because one may not acquire a [Sabbath] residence on a 'Sabbath'.[10]

Our Rabbis taught: One may not bake on the first day of a Festival for the second. In truth they said:[11] A woman may fill the whole pot with meat although she only needs one portion; a baker may fill a barrel with water although he only needs one
c ladleful,[1] but as for baking he may bake only what he needs. R. Simeon b. Eleazar says: A housewife may fill the entire oven with loaves, because bread is baked better in a full oven. Said Raba: The *halachah* is as R. Simeon b. Eleazar.

The scholars asked: He who did not set an *'erub tabshilin* is he forbidden [to bake for the Sabbath] and [likewise] his flour is forbidden,[2] or perhaps only he is forbidden, but his flour is not forbidden? What is the practical difference?—Whether he must give up his flour to others.[3] If you say that [both] he is forbidden and [likewise] his flour is forbidden, then he must give his flour to others,[4] but if you say, he is forbidden but his flour is not forbidden, [then] he need not give up his flour to others. What [is the law]?—Come and hear: He who has not set an *'erub tabshilin* may neither bake nor cook nor store [food] away[5] neither for himself nor for others; nor may others bake or cook for him. What should he do? He gives up his flour to others [and these] bake and cook for him. Conclude therefrom that he is forbidden and [likewise] his flour is forbidden. It is thus concluded.

The scholars asked: What if he transgressed and baked?[6]—Come and hear: He who has not set an *'erub tabshilin* what is he to do? He gives up his flour to others and [these] others bake and

a (1) Had he permitted the *'erub* to be set on the Festival they could have carried without transgressing the law. (2) To set on a Festival either a boundary *'erub* or a court *'erub*. (3) The first three and the last three are the same as that of the ordinary *'Amidah* (v. Glos). (4) One middle benediction sufficing for both the Sabbath and the Festival, but must commence and end with the Sabbath formula. (5) And no more, not as we end with the additional words 'Israel and the Seasons' cf. *P.B.* p. 229. (6) The middle benediction is from אתה בחרתנו to מקדש ישראל and the allusion to the specific prayer is found in ותתן לנו, v. *P.B.* p. 228. (7) Mentioning Israel before Sabbath. (8) Festivals are consecrated by Israel in accordance with the fixing of the New Moon, but the sanctity of the Sabbath is independent and absolute. (9) Lit., 'the non-sacred portion of the Festival'. In the case of Passover and Tabernacles the first and last days only are holy, the intermediate days enjoying a semi-sanctity. (10) As on an ordinary Sabbath. (11) Whether it be New Moon or an intermediary day of a Festival. (12) *'Abodah* (lit., 'service') is the designation of the benediction commencing with רצה, so called because it is a prayer for the restoration of the sacrificial service. A passage commencing with יעלה ויבא in which specific mention of New Moon or of the Intermediate Days is made, is inserted in the middle of this benediction. Cf. *P.B.* p. 50.

b (1) I.e., start again at רצה. (2) Viz., in the benediction commencing with מודים ('we give thanks'). *P.B.* p. 51. (3) On Sabbaths, Festivals, and New Moons an additional service is read after the morning service, corresponding to the additional sacrifices which were offered in the Temple on those days. V. *J.E.* IX, p. 116. (4) In the passage ותתן לנו cf. *P.B.* p. 233. (5) Even in the first-named prayers. (6) [But as the first Tanna in so far as the nature of day at the evening, morning and afternoon services is to be mentioned in the *'Abodah*. His ruling, however, that the close at the Additional Service is only with the Sabbath formula, is not adopted as *halachah*, for in that respect the *halachah* is as Rabbi that the conclusion is, 'Who sanctifieth the Sabbath, Israel and the seasons (or the New Moon)'—Rashi.] (7) If he forgot to set the *'erub* on the eve of the Festival which fell on Thursday and Friday. (8) For the Sabbath immediately following the second day. For the condition v. *supra* 6a n. b2. (9) V. *supra* 6a. (10) The term שבתא here means *Festival*. An *'erub tabshilin*, however, was allowed in honour of the Sabbath. (11) For this expression v. B.M. 60a.

c (1) With the same labour he can fill the entire vessel as well as partly fill it, but with respect to bread every loaf requires extra labour. (2) To be baked on the Sabbath, even by others. (3) Before they may bake it. (4) By giving it to them as a present. (5) In such a manner that it retains its heat. (6) May he eat it on the Sabbath or not?

היינו קלקולא אמר רבא אמר רב חסדא אמר רב הונא הלכה כרבי ולאסור תנו רבנן *יום טוב שחל להיות בשבת בית שמאי אומרים מתפלל שמנה [ואומר] של שבת בפני עצמה ושל יו"ט בפני עצמה וב"ה אומרים מתפלל שבע מתחיל בשל שבת ומסיים בשל שבת ואומר קדושת היום באמצע רבי אומר אף חותם בה *מקדש השבת ישראל והזמנים תני תנא קמיה דרבינא מקדש ישראל והשבת והזמנים אמר ליה אטו שבת ישראל מקדשי ליה והא שבת מקדשא וקיימא אלא אימא מקדש השבת ישראל והזמנים אמר רב יוסף [א]הלכה כרבי וכדתריץ רבינא : *ת"ר שבת *שחל להיות בר"ח או בחולו של מועד [ב]ערבית ושחרית ומנחה מתפלל שבע ואומר מעין המאורע בעבודה [ג]ואם לא אמר מחזירין אותו רבי אליעזר אומר בהודאה [ד]ובמוספין מתחיל בשל שבת ומסיים בשל שבת ואומר קדושת היום באמצע רשב"ג ורבי ישמעאל בנו של רבי יוחנן בן ברוקא אומרים כל מקום שהוזקק לשבע מתחיל בשל שבת ומסיים בשל שבת ואומר קדושת היום באמצע אמר רב הונא אין הלכה כאותו הזוג אמר רב חייא בר אשי אמר רב מניח אדם עירובי תחומין מיום טוב לחברו ומתנה אמר רבא *[ה]מניח אדם עירובי תבשילין מיום טוב לחבירו ומתנה מאן דאמר עירובי תחומין כל שכן עירובי תבשילין ומאן דאמר עירובי תבשילין [ו]אבל עירובי תחומין לא מאי טעמא דלמקני שביתה בשבתא לא תנו רבנן *[ז]אין אופין מיום טוב לחברו באמת אמרו ממלאה אשה כל הקדרה בשר אע"פ שאינה צריכה אלא לחתיכה אחת [ח]ממלא נחתום חבית של מים אע"פ שאינו צריך אלא לקיתון אחד אבל לאפות אינו אופה אלא מה שצריך לו ר' שמעון בן אלעזר אומר **ממלאה אשה כל התנור פת מפני שהפת נאפת יפה בזמן שהתנור מלא אמר רבא [ט]הלכה כרבי שמעון בן אלעזר איבעיא להו מי שלא הניח עירובי תבשילין הוא נאסר וקמחו נאסר או דלמא הוא נאסר ואין קמחו נאסר למאי נפקא מינה לאקנויי קמחו לאחרים אי אמרת הוא נאסר וקמחו נאסר צריך לאקנויי קמחו לאחרים ואי אמרת הוא נאסר ואין קמחו נאסר לא צריך לאקנויי קמחו לאחרים מאי תא שמע [י]מי שלא הניח עירובי תבשילין הרי זה לא יאפה ולא יבשל ולא יטמין לא לו ולא לאחרים ולא אחרים אופין ומבשלין לו כיצד הוא עושה מקנה קמחו לאחרים ואופין לו ומבשלין לו ש"מ הוא נאסר וקמחו נאסר ש"מ איבעיא להו [כ]עבר ואפה מאי ת"ש מי שלא הניח עירובי תבשילין כיצד הוא עושה מקנה קמחו לאחרים ואחרים אופין לו ומבשלין לו

זאי

היינו קלקולא · אם היה מותר נערב אתמול והוא אסר : מתחיל בשל שבת · ברכה אחת לשניהם ומתחיל להזכיר שבת תחילה ותתן לנו את יום המנוחה הזה ואת יום חג פלוני הזה : ומסיים · הברכה בשל שבת מקדש השבת ותו לא : ואומר קדושת היום באמצע · ותתן לנו ה' אלהינו את יום המנוחה הזה ואת יום חג פלוני הזה : תני תנא קמיה דרבינא · במילתיה דרבי מקדש ישראל והשבת והזמנים : אטו שבת ישראל מקדשי ליה · שקדמת קדושת ישראל לשל שבת בשלמא זמנים צריך להקדים קדושת ישראל לקדושתן שעל ידי קדושת ישראל נתקדשו הם ואילו לא נתקדשו ישראל לא היו קובעים חדשים וקוראין מועדים בבית דין : אלא שבת מקדשא וקיימא · מששת ימי בראשית ואינה תלויה בקביעות דראש חדש : מתפלל שבע · כשאר שבתות כי היכי דבחול אין לו למועד ברכה קבועה בשלש תפלות הללו אף בשבת אין צריך לקבוע לו ברכה לבית שמאי ולא לכללו לבית הלל : מעין המאורע · ראש חדש או מועד : בעבודה · כגון יעלה ויבא בברכת עבודה : בהודאה · כמו שאומר על הנסים בחנוכה ופורים : כל מקום שזקוק לשבע · ואפי' ערבית ושחרית ומנחה : אין הלכה כאותו הזוג גרסינן אלא כתנא קמא דאמר ערבית שחרית ומנחה מתפלל שבע ואומר מעין המאורע בעבודה מיהו לאו הלכתא כוותיה בהא דקאמר ובמוספין מתחיל כו' אלא בהא הלכתא כרבי דאמר אף חותם בה מקדש השבת ישראל והזמנים או ראשי חדשים בראש חדש : מיום טוב לחבירו · אם נזכר ביו"ט ראשון ואלו שני ימים טובים חמישי וערב שבת ומתנה אם היום חול ומחר קדש עירובי עירוב ואם חלוף איני צריך לערב לתבשילין ובתחומין יאמר אם היום(א) קדש אין בדברי כלום ולמחר יאמר כמו כן בשל תחומין ובאותה הפת עצמה דממה נפשך הוי עירוב אבל בשל תבשילין אין צריך לשנות ולחזור את תנאו למחר : דלמקני שביתה בשבתא · לאו דוקא שבתא נקט אלא יו"ט קרי שבתא לא התירו לו לקנות שביתה ביום טוב ואפי' מספק ואם התירו בעירובי תבשילין התם משום כבוד שבת התירו : אין אופין · פת : ממלאה אשה כו' · דבחד טרחא סגי וכן בנחתום לגבי מלוי : אבל לאפות · כל ככר וככר צריכה אפיה ורדיה לעצמה : בזמן שהתנור מלא · שתנורים קטנים היו ומדביקין פת בדפנות ומתוך שהוא מלא מתמעט חללו ואין מקום לחמימותו להתפשט והפת נאפת יפה : הוא נאסר · לאפות : וקמחו נאסר · שלא יהו אחרים אופין קמחו בעודו שלו : לאקנויי קמחו · אם צריך לתת במתנה את קמחו שיהו אחרים מותרים לאפותו ולתת לו : בשלמא לא גרס : ולא יטמין · כדרך שמטמינין תבשיל שבת : עבר ואפה · מאי מהו שיאכל בשבת :

ואי

אין הלכה כאותו הזוג · וא"ת אמאי לא קאמר הלכה כתנא קמא וי"ל דאי הוה אמר הלכה כתנא קמא הוה משמע אכל דבריו אף ממה שאמר מסיים בשל שבת והא ליתא דהא קי"ל דהלכתא כרבי דאמר חותם ברוך מקדש השבת ישראל והזמנים* :

מאי טעמא למקני שביתה בשבתא לא · וא"ת למה לי האי טעמא האיכא טעמא דהכנה כדאמרי' בפ' בכל מערבין (עירובין דף לח: ושם) מיו"ט לשבת מאי טעמא לא משום הכנה וי"ל דאי לאו ההיא טעמא דמקני שביתה בשבתא משום טעמא דקאמר משום הכנה לא אסרינן הואיל ויש שם ספק דשמא חול הוא לגמרי מכל מקום קשה דהתם בעירובין למה לי טעמא דהכנה תיפוק ליה משום דמקני שביתה בשבתא לא ויש לומר דהתם מיירי בעירובי חצרות ולא שייך למקני שביתה ומכל מקום קשה מההוא דגטין פרק הזורק (דף ע"ז:) גבי שכיב מרע דקאמר איהי תזיל ותחוד ותפתח והתם מיירי בשבת דשרי לעשות קנין והכא אסר למקני שביתה אפי' ביו"ט וי"ל דשכיב מרע שאני דהתירו עליו שלא תטרף דעתו ותדע דיש חלוק בין שכיב מרע לאיש אחר דהא התירו לו לגרש בשבת ואין אנו מקדשין ואין מגרשין ואע"ג דלא קאמר לקמן* אין מגרשין מכל מקום למה יש לחלק בין קדושין לגרושין ועוד דבתוספתא אמרינן בהדיא אין מקדשין ואין מגרשין ולי נראה מדקאמר התם אי אתה מודה משמע דלא פליג שום אדם עליה והא פליג רבי עליה לעיל דאמר מערבין עירובי חצרות לכך נראה לפרש דטעמא דהכא יש לומר משום הכנה וה"ק אסור למקני שביתה בשבתא משום דהיינו הכנה ואין מכינין מיום טוב לשבת וא"ת לרבי יוחנן דאמר לעיל (דף ד.) נולדה בזה מותרת בזה וקאמר טעמא לעיל משום דלית ליה הכנה וכי פליג רבי יוחנן אכל הני תנאי ואמוראי דהכא(ג) ויש לומר דהתם מיירי בהכנה שנעשה בידים כגון עירובי תחומין ואפי' רבי יוחנן מודה אבל מה שמתיר ר' יוחנן היינו גבי בילה דהוי הכנה בידי שמים שנעשית מאליה :

אי אמרת הוא נאסר וקמחו נאסר צריך לאקנויי קמחו לאחרים ואי אמרת אין קמחו נאסר אין צריך לאקנויי קמחו · ותימה הואיל וקמחו נאסר מה מועיל הקנייה לאחרים מי יכול לסלק האיסור שבו כדי שיאכל הוא עצמו אחר (כך) שנאסר ועוד קשה כיון שהוא נאסר מאיזה טעם יהא מותר שאחרים אופין (לשבת) בשבילו וכי אחרים יכולים לעשות בשבילו מה שהוא עצמו אינו יכול לעשות בשביל עצמו לכן נראה לי כגי' *דה"ג אי אמרת הוא נאסר ואין קמחו נאסר מאי לאקנויי קמחו לאחרים ולא מועיל הקנין ואי אמרת הוא נאסר וקמחו נאסר לא מאי לאקנויי קמחו לאחרים דהא לא מועיל הקנין ובסמוך גרס ש"מ הוא נאסר ואין קמחו נאסר :

ובלבד

עין משפט
נר מצוה

טז א מיי' פ"ב מהלכות תפלה הלכה ה סמג עשין יט טוש"ע א"ח סי' תפז סעיף א :

[ועי' תוספות מנחות לו: ד"ה והא]

יז ב מיי' שם הלכה יא סמג שם טוש"ע א"ח סימן תכה סעיף א וסימן תל סעיף ט :

יח ג שם סימן תל סעיף ב :

יט ד מיי' שם טוש"ע שם וסימן תכה סעיף ג :

כ ה מיי' פ"ו מהלכות יו"ט הלכה יא סמג לאוין ע"ה טוש"ע א"ח סימן תקכז סעיף כב :

כא ו מיי' פ"ח מהל' עירובין הלכה יד טוש"ע א"ח סימן תקכח סעיף ב :

גבי יו"ט נקט איפכא יו"ט שחל להיות בשבת משום דביו"ט מתפלל כסדר של יו"ט אבל ר"ח מתפלל כסדר של שבת · מהרש"א בשם תוספות ישנים

[דף לו: ועי' תוספות שם ד"ה והא מנוה]

כב ז מיי' פ"א מהלכות יו"ט הלכה ט סמג שם טוש"ע א"ח סימן תקז סעיף א :

כג ח מיי' שם הלכה י טוש"ע שם סעיף ב:

[לעיל ו:]

כד ט מיי' וסמג שם טוש"ע א"ח סימן תקז סעיף ו :

כה י מיי' פ"ו שם הל' ט סמג שם טוש"ע או"ח סי' תקכז סעיף כ:

כו כ מיי' שם הלכה י טוש"ע שם סעי' כג:

רבינו חננאל

השבת וישראל והזמנים דישראל מקדשי להו לזמנים הלכך מקדמינן קדושתן דישראל דאינון מקדשי להו לזמנים : ת"ר שבת שחלה להיות בר"ח או בחולו של מועד · ערבית ושחרית ומנחה מתפלל שבע ואומר אלהינו ואלהי אבותינו יעלה ויבא וגו' ומזכיר מעין המאורע אם הוא ר"ח אומר של ר"ח ואם חולו של מועד אם פסח אומר של פסח ואם סוכות של סוכות · בעבודה והיא רצה ה' אלהינו בעמך ישראל וכו' · ואם לא אמר מחזירין אותו והכי הלכתא ובמוספין מתחיל בשל שבת ומסיים בשל שבת ואומר קידוש היום באמצע וחותם מקדש השבת וישראל והזמנים והכי הלכתא רשב"ג ור' ישמעאל בנו של רבי יוחנן בן ברוקה אומר לא במוספין לבד אלא כל מקום שזקוק לשבע בין ערב בין שחרית בין מנחה מתחיל בשל שבת ומסיים בשל שבת ואומר קידוש היום באמצע · אמר רב הונא אין הלכה כאותו הזוג והן רשב"ג ור' ישמעאל בנו של ר' יוחנן בן ברוקה הללו . אמר רבא מניח אדם עירובי תחומין מיו"ט לחבירו ומתנה וכ"ש עירובי תבשילין ומשמיה דרב אמר מניח עירובי תבשילין מיו"ט לחבירו ומתנה אבל עירובי תחומין לא דלמקנא שביתה ביו"ט לא והני מילי בב' יו"ט של גליות שהן ב' קדושות שמתנה ואומר אם היום קדש ולמחר חול הוא אינו צריך לעירוב ואם מחר הוא יו"ט היום עיו"ט הנה אני מערב מעיו"ט ליו"ט וקיי"ל כרבא דהוא בתראה : ת"ר אין אופין מיו"ט לשבת ק"ו מיו"ט לחול · באמת אמרו ממלאה אשה קדרה בשר אפילו שאינה צריכה אלא לחתיכה אחת וכן נחתום ממלא ומחמם קומקומוס מים אע"פ שא"צ אלא לקיתון אחד כו' · ר' שמעון בן אלעזר אומר אף ממלאה אשה תנור פת מפני שהפת [נאפת] יפה בשעה שהתנור מלא · אמר רבא הלכה כר' שמעון בן אלעזר וקיי"ל מרבותינו ובלבד שלא יערים : איבעיא להו מי שלא הניח עירובי תבשילין הוא נאסר וקמחו נאסר · ואין לו תקנה אא"כ יקנה קמחו לאחרים אלא הוא שנאסר *) דכמה דלא מקני ליה לא הוא אפי' ליה ולא אחרים אפו ליה או דלמא הוא נאסר אבל קמחו לא נאסר ולא צריך לאקנויי קמחו לאחרים אלא הוא שנאסר לא אפי' אחריני אפו ליה · ופשטנא הוא נאסר וקמחו נאסר ואין לו תקנה אלא אם יקנה קמחו לאחרים וימסרנו להן נעשה כשלהן ומותר להן לאפות

*) נראה דצ"ל אלא הוא שנאסר לא אפי' ליה אבל כל כמה דלא מקני כו'.

מסורת הש"ס

תוספ' ברכות פ"ג

[ברכות מט.]

ערובין מ: תוספ' ברכות פ"ג ע"ש שינוי בכרי"ו

תוספ' פ"ב

[עי' תוספות פסחים מו. ד"ה עד שתאפה]

הגהות הב"ח

(א) רש"י ד"ה מיום טוב וכו' ובתחומין יאמר אם היום קדש ולמחר קדש עירובי עירוב ... היום קדש: (ב) תוס' ד"ה מאי טעמא וכו' תנאי ואמוראי דהכא ... התם ויש לומר דהתם ... מיירי :

גליון הש"ס

גמ' רשב"א אומר ממלאה אשה תנור פת: עיין לקמן דף כ ע"ב ברש"י ד"ה וב"ה ... עירובין ובתוס' שם :

כז א מיי' פ"ו מהל' יו"ט הל' ה טוש"ע א"ח סי' תקכז סעיף טז:
[לעיל יח:]
כח ב מיי' שם הלכה י סמג לאוין עה טוש"ע א"ח סימן תקכז סעיף כד:
כט ג מיי' פכ"ג מהל' שבת הלכה טו טוש"ע א"ח סימן שלט סעיף ד:
ל ד מיי' שם הלכה ח סמג לאוין סה:
לא ה מיי' שם פ"ו הלכה כג טוש"ע א"ח סי' שיח סעיף א:
לב ו מיי' פ"ו מהלכות יום טוב הלכה ה טוש"ע א"ח סימן תקכז סעיף יז:
[וכן הוא בתוספתא פ"ב]
לג ז מיי' פכ"ג מהל' שבת הלכה ח סמג לאוין סה:
לד ח מיי' וסמג שם טוש"ע א"ח סימן שכו סעיף ח:
[נ"ל ת"ש]
תרומות פ"ב מ"ג גיטין נד.
לה ט מיי' פ"ו מהל' יו"ט הלכה יז:
ב"ק עא. חולין טו. גיטין נג: תרומות פ"ב מ"ג עיין שם [שבת לח.] כתובות לד.

ובלבד שלא יערים · פרש"י בשתי קדרות שיאמר אני צריך להזמין אורחים או יבאו לי אורחים אבל בקדרה אחת מותר להערים ולהרבות דהא חזינן לעיל דאפי' מיום טוב לחברו שרי בכך ואם תאמר מאי שנא מההיא דרב אדא* דמערים ומלח גרמא גרמא וי"ל דשאני התם דהוי עבוד אוכלין בעלמא ומשום שמחת יום טוב התירו דאי לאו הכי חייש שמא יסריח הבשר וממנע ולא שחיט אבל הכא מיירי בבשול דחמור וגם היה יכול לעשות תקנה על ידי עירובי תבשילין מבעוד יום:

על מה נחלקו על דג וביצה שעליו שב"ש אומרים שני תבשילין · ודג וביצה שעליו אינו חשוב אלא תבשיל אחד וב"ה אומרים תבשיל אחד כלומר תבשיל אחד כי האי גוונא כגון דג וביצה שעליו חשוב שני תבשילין וקשה דלישנא לא משמע הכי לכך נראה לי דגרס איפכא *ב"ש אומרים תבשיל אחד פירוש דג וביצה שעליו אינו חשוב אלא תבשיל אחד וצריך עוד תבשיל אחר ובית הלל אומרים שני תבשילין פירוש דג וביצה שעליו חשוב שני תבשילין:

אמר רבא הלכתא כתנא דידן ואליבא דב"ה · פירש רש"י ואליבא דבית הלל דקאמר תבשיל אחד ואע"ג דלאפיה צריך לערב גם בפת ואינו יכול לאפות על ערוב תבשיל (ג) אחד דהא קיימא לן כרבי אליעזר דאמר אין אופין אלא על האפוי ואין מבשלין אלא על המבושל מדקא מייתי סתמא דגמ' כוותיה לעיל* [דף טו:] בריש פרקין דקאמר ותנא מייתי לה מהכא והא דקאמרי ב"ה לעיל מניח אדם ערוב תבשיל אחד ועושה בו כל צרכו קאי אמאי דקאמר בית שמאי אין טומנין את החמין אלא אם כן היו לו חמין טמונין מבעוד יום וכו' וסברי דאפי' בשלשה תבשילין צריך שיהא לכל אחד ואחד כנגדו ועל זה קא מיירי ב"ה ואמרי דעל תבשיל אחד עושה בו כל צרכו כלומר כל מיני תבשילין כגון חמין וכיוצא בו והא דקאמר אביי לא שנו אלא תבשיל אחד אבל פת לא הייתי דווקא היכא דאינו רוצה לאפות אבל אם היה רוצה לאפות היה צריך פת ולא נהירא להר"ר יצחק יחדא דמכל הני משמע דלא צריך אלא תבשיל אחד לכל דבר בין לאפות בין לבשל ומה שמביא הש"ס לעיל דר' אליעזר לאו משום דהלכתא כוותיה אלא אסמכתא בעלמא מייתי על עירובי תבשילין אלא אדרבה קיימא לן כרבי יהושע לגבי דרבי אליעזר משום דרבי אליעזר שמותי הוא ורבי יהושע פליג עליה בירושלמי ואמר אופין ומבשלין על המבושל ומ"מ אור"י לא מלאני לבי לעבור על דברי דודי וצריך שני תבשילין פת ותבשיל וכן עמא דבר*:

* [וע"ע תוספות ע"ז לז: ד"ה והשלקות]

ואי איתא ליתני עבר ואפה מותר אמר רב אדא בר מתנה תנא תקנתא דהיתרא קתני תקנתא דאסורא לא קתני ת"ש מי שהניח עירובי תבשילין הרי זה אופה ומבשל ומטמין *ואם רצה לאכול את עירובו הרשות בידו אכלו עד שלא אפה עד (א) שלא הטמין הרי זה לא יאפה ולא יבשל ולא יטמין לא לו ולא לאחרים ולא אחרים אופין ומבשלין לו אבל מבשל הוא ליו"ט ואם הותיר הותיר לשבת ובלבד שלא יערים ג]ואם הערים אסור אמר רב אשי הערמה קא אמרת שאני הערמה דאחמירו בה רבנן טפי ממזיד רב נחמן בר יצחק אמר הא מני חנניה היא ואליבא דבית שמאי דתניא *חנניה אומר בית שמאי אומרים אין אופין אלא אם כן ערב בפת ואין מבשלין אא"כ ערב בתבשיל ואין טומנין אלא אם כן היו חמין טמונין מערב יום טוב ובית הלל אומרים מערב בתבשיל אחד ועושה בו כל צרכו (*תנן) *המעשר פירותיו בשבת בשוגג יאכל במזיד לא יאכל לא צריכא דאית ליה פירי אחריני ת"ש *המטביל כליו בשבת בשוגג ישתמש בהן במזיד לא ישתמש בהן לא צריכא דאית ליה מאני אחריני א"נ אפשר בשאלה ת"ש *המבשל בשבת בשוגג יאכל במזיד לא יאכל אסורא דשבת שאני: בית שמאי אומרים שני תבשילין: מתניתין דלא כי האי תנא דתניא *אמר רבי שמעון בן אלעזר מודים בית שמאי ובית הלל על שני תבשילין שצריך על מה נחלקו על דג וביצה שעליו שב"ש אומרים שני תבשילין ובית הלל אומרים תבשיל אחד ושוין שאם פרפר ביצה ונתן לתוך הדג או שרסק קפלוטות ונתן לתוך הדג שהן שני תבשילין אמר רבא הלכתא כתנא דידן ואליבא דב"ה: אכלו או שאבד הרי זה לא יבשל עליו וכו': אמר אביי *נקטינן התחיל בעיסתו ונאכל עירובו גומר: **מתני'** חל להיות אחר השבת בית שמאי אומרים מטבילין את הכל מלפני השבת וב"ה אומרים כלים מלפני השבת ואדם בשבת ושוין *שמשיקין את המים בכלי אבן לטהרן אבל לא מטבילין ומטבילין מגב לגב ומחבורה לחבורה: **גמ'** דכולי עלמא מיהת כלי בשבת לא מאי טעמא אמר רבה *גזרה שמא

ואי איתא · דעבר ואפה מותר מכדי תנא אתקנתא קא מהדר נתני נמי הך תקנתא בהדי הך דמקנה קמחו: תקנתא דהיתרא · העשויה בהיתר: שלא יערים · לאחר שבשל לצורך (ב) לומר עוד אני צריך להזמין אורחים ויבשל תבשילין אחרים ויותירם לשבת אבל בקדרה אחת אם ירבה לשבת הא אמר דאפי' לכתחלה שרי כדלעיל ממלאה אשה קדרה בשר ואע"פ שאינה צריכה אלא לחתיכה אחת: ואם הערים אסור · לאכול דאחמור רבנן בהא מילתא שלא לעקור תורת עירוב ולא דמי להערמה *דרב אדא בר אהבה דמלח גרמא גרמא דאין עבוד באוכלין °ואי משום טרחא הא עדיפא דלמא חס שלא יסריח הבשר וממנע ולא שחיט וקס"ד דהוא הדין לעבר ואפה: שאני הערמה כו' · לעולם עבר ואפה מותר והערמה אינה ראיה לכאן דשאני הערמה ממזיד דאיכא למימר אחמור בה רבנן בהערמה טפי ממזיד דאלו מזיד רשע הוא לעבור על דברי חכמים ואין אחרים למדים הימנו והוא עצמו משים אל לבו ושב הלכך לא מעקרא תורת עירוב אבל מערים סבור לעשות בהיתר הלכך לא ישיב אל לבו לחזור בו ואחרים למדין הימנו ומעקרא תורת עירוב הלכך קנסוהו רבנן: הא מני · דקתני אם הערים אסור: חנניה היא · דשמעינן ליה דמחמיר בעירובי תבשילין ואליבא דבית שמאי: במזיד לא יאכל · שעבר על השבות דאין מגביהין תרומות ומעשרות ביו"ט אלמא אחמור רבנן במילתייהו ואפי' גבי עונג שבת: דאית ליה פירי אחריני · לשבת: המטביל כליו · במקוה שיש לו בחצרו ועבר אדרבנן דאמרי במתניתין מטבילין כלים מלפני השבת דנראה כמתקן: ישתמש בהן · בו ביום: אפשר בשאלה · לשאול כלים מחברו ולהשתמש: אסורא דשבת · בשול שבת מאבות מלאכות הוא ואיסור סקילה הוא הלכך קנסוה רבנן למזיד אבל עבר ואפה ביום טוב לשבת אסורא דרבנן הוא דעבד: על מה נחלקו על דג וביצה שעליו · שבית שמאי אומרים שני תבשילין · צריך וזה כתבשיל אחד שמחובר בו ובטיל לגביה וב"ה אומרים דיו בתבשיל אחד כזה: ושוין שאם פרפר ביצה · מבושלת ונתן לתוכו דלחודיה קאי שהן שני תבשילין: שרסק · מינצ"ר בלעז: קפלוטות · כרתי פורי"ש בלעז: כתנא דידן · דמתני' דקתני ב"ה שרו בתבשיל אחד: אם התחיל בעיסתו · לתקנה ולאפותה ע"י עירובו:

מתני' מטבילין את הכל · כל הצריך טבילה בין אדם בין כלים: מלפני השבת · דקי"ל בר"ה (דף טז:) חייב אדם לטהר את עצמו ברגל דכתיב ובנבלתם לא תגעו (ויקרא יא) ומוקים לה ברגל הלכך יטביל מערב שבת דאסור להטביל בשבת וביו"ט: ובית הלל אומרים כו' · והא דנקט שבת רבותא אשמועינן לב"ה דאפי' בשבת שרו באדם ובגמרא מפרש מאי טעמא דכלים אסורים: ושוין שמשיקין את המים · מי שיש לו מים יפין לשתות ונטמאו ממלא מהן כלי אבן ונותנם במקוה מים מלוחים עד שמשיק מים למים ונמצאו אלו זרועים ומחוברים למי המקוה ובטלי אגבייהו וטהרו ואין עוד טהרה במקוה לכל אוכל ומשקה אלא למים ולא בתורת טבילה אלא בתורת זריעה כדאמרינן בפסחים בפרק כל שעה (דף לד:): אבל לא מטבילין · בגמרא מפרש שאין נותנין אותן בכלי עץ טמא הצריך טבילה להשיקן בו כדי להעלות טבילה לכלי אגב השקת המים: ומטבילין מגב לגב · ביום טוב: ומחבורה לחבורה · בגמרא מפרש לה: **גמ'** ויעבירנו

[לעיל יח:]
[לקמן כב.]
תרומות פ"ב [מ"ג ע"ש] גיטין נד.
[ועי' תוספ' גיטין נד. ד"ה המעשר]
[תוספ' פ"ב]
[עי' פרש"י עירובין ס. ד"ה והאמר ר"נ נקטינן]
[עיין תוספ' לקמן יח: ד"ה ושוין]
[פסחים סס. ר"ס כט: סוכה מג: מגילה ה:]

רבינו חננאל

לאפות ולהאכילו איבעיא להו זה שנאסר אם עבר ואפה מאי כלומר קנסינן ליה ומנעינן ליה לאכול מה שאפה אי לא · ת"ש מי שהניח עירובי תבשילין הרי זה אופה ומבשל ומטמין ואם רצה לאכול עירובו הרשות בידו אכלו עד שלא אפה ועד שלא בישל ועד שלא הטמין הרי זה לא יאפה ולא יבשל ולא יטמין ולא אחרים אופין ומבשלין לו · אבל מבשל ליו"ט ואם הותיר הותיר לשבת · ובלבד שלא יערים ואם הערים אסור · ודחה רב אשי ואמר אחמור· רבנן במערים טפי מבמזיד רב נחמן בר יצחק אמר הא מתני' לחנני' היא אליבא דב"ש · (דתנן) [דתניא]אין אופין אא"כ עירב בפת ואין מבשלין אא"כ עירב בתבשיל כו' ובה"א מניח אדם עירובי תבשילין ועושה בו כל צרכו כלומר אופה ומבשל וטמן את החמין.ואתינן למפשטא לבעיין מן המעשר בשבת במזיד לא יאכל כלומר הנה זה עבר ועישר וקתני לא יאכל ש"מ עבר ואפה נמי לא יאכל. ודחינן התם לענין שבת משום דאפשר ליה להתענג בפרי אחריני . וכן בענין המטביל כליו במזיד בשבת לא ישתמש בהן'. ודחינן שאני התם דאית ליה כלי אחריני. אפשר לו לשא[ול] כלים ולהשתמש בהן . וכן המבשל בשבת במזיד לא יאכל הנה קנסינן ליה אם עבר ובישל ודחינן איסורא דשבת שאני : מתני' בש"א ב' תבשילין ובה"א תבשיל אחד ומודין ב"ש בדג וביצה שעליו שו[ב] ב' תבשילין · אכלו או שאבד כו' מתני' דלא כי האי תנא דתניא אר"ש לא נחלקו בית שמאי ובית הלל· על ב' תבשילין שצריך כו' · אמר רבא הלכתא כתנא דידן ואליבא דבית הלל דאמר תבשי[ל] אחד · אכלו או שאבד לא יבשל עליו בתחלה · שייר הימנו כל שהוא סומך עליו לשבת · אמר אביי נקטינן התחיל בעיסתו או שאבד ונאכל עירובו הרי זה גומר · חל יום טוב להיות אח[ר] השבת מטבילין כלים מלפני השבת ואדם בשבת · כלים דלאו בני סחיטה נינהו בשבת מאי טעמא דלא מטבילינן להו · אמר רבה אפילו מי שיש לו בור בחצרו גזרינן שלא יטבילן לכליו בחצרו גזר[ה] שמא

הגהות הב"ח

(א) גמ' אכלו עד שלא אפה עד שלא בשל עד שלא הטמין: (ב) רש"י ד"ה שלא יערים וכו' לצורך יו"ט לא יערים לומר עוד וכו' אם ירבה בשביל שבת:(ג) תום' ד"ה אמר רבא וכו' על עירוב תבשיל דהא קיי"ל כצ"ל ותיבת אחד נמחק:

גליון הש"ס

רש"י ד"ה ואם הערים · ואי משום טרחא · משמע דליכא שום איסור רק טרחא וקשה לי הא אף שאין עיב[וד] באוכלין מ"מ מדרבנן אסור כדאיתא בסוגיא דשבת וכדהוכיח הר"ן פ"ק דחולין בסוגיא דהשוחט בשבת

cook for him. [17b] Now if there is [this possibility],[7] let him state: If he transgressed and baked it is permissible!—Said R. Adda b. Matena: [The Tanna] teaches a legal remedy; an illegal remedy he does not teach.

Come and hear: He who has set an *'erub tabshilin* may bake and cook and store, and if he wishes to eat his *'erub* he is at liberty to do so. If he ate it [the *'erub*] before he had baked [or] before he had stored, then he may not bake nor cook nor store away neither for himself nor for others, nor may others bake or cook for him; but he may cook for the Festival and if he leaves [anything] he has left it for the Sabbath, provided that he does not
a [intentionally] resort to an artifice;[1] and if he has resorted to an artifice it is forbidden![2]—Said R. Ashi: You speak of an artifice? An artifice is different, for the Rabbis have treated it more rigorously than an intentional transgression.[3]

R. Naḥman b. Isaac says: This[4] represents the opinion of Ḥananiah and according to Beth Shammai. For it was taught:[5] Ḥananiah says that Beth Shammai maintain: One may bake only if he set an *'erub* of bread, and one may cook only if he set an *'erub* of cooked food, and one may store only if he had already warm water stored on the eve of the Festival; but Beth Hillel affirm: One may set an *'erub* with one dish and prepare all his requirement [in reliance] thereon.[6]

Come and hear: He who tithed his fruits on the Sabbath,[7] if [he acted] in error he may eat [of them], if deliberately, he may not eat [of them].[8]—This treats of a case where he has other fruits.[9]

Come and hear: If one purified his [unclean] vessels on the Sabbath,[10] if in error he may use them, if deliberately he may not use them![11]—This treats of a case where he has other vessels, or [the reason may be because] it is possible to borrow [vessels from others].

Come and hear: He who has cooked on the Sabbath, if in error
b he may eat [of it], if deliberately, he may not eat [of it]![1]—The prohibition with respect to Sabbath is different.[2]

BETH SHAMMAI SAY TWO DISHES. Our Mishnah is not in accordance with the following Tanna; for it was taught: R. Simeon b. Eleazar says: Beth Shammai and Beth Hillel agree that two dishes are necessary;[3] they differ only about a fish and the egg thereon,[4] when Beth Shammai say: Two [separate] dishes [are necessary] and Beth Hillel maintain: [This] one dish [is sufficient]. But they agree that if one crumbles a [hardboiled] egg and puts it inside the fish or if he shreds a head of leek[5] and puts it inside the fish, they [count as] two dishes. Raba said: The *halachah* is according to our Tanna[6] [in his representation] of the view of Beth Hillel.[7]

IF HE ATE IT OR IF IT WERE LOST, HE MAY NOT . . . Abaye said: We have a tradition; if his *'erub* was eaten up after he had begun to prepare the dough, he may finish it.[8]

MISHNAH. IF IT [THE FESTIVAL] FELL ON THE DAY AFTER THE SABBATH, BETH SHAMMAI SAY: ONE MUST IMMERSE EVERYTHING [UNCLEAN] BEFORE THE SABBATH;[9] BUT BETH HILLEL MAINTAIN; VESSELS [MUST BE IMMERSED] BEFORE THE SABBATH BUT MEN ON THE SABBATH. THEY AGREE [HOWEVER] THAT ONE MAY EFFECT SURFACE CONTACT FOR [UN-
c CLEAN] WATER IN A STONE VESSEL,[1] BUT ONE MAY NOT IMMERSE [IT];[2] AND ONE MAY IMMERSE[3] [TO CHANGE] FROM ONE INTENTION TO ANOTHER[4] OR FROM ONE COMPANY TO ANOTHER.[5]

GEMARA. All incidentally agree that a vessel may not [be immersed] on a Sabbath: What is the reason?—Said Rabba: It is

(7) Of being able to eat, viz., by transgressing.

a (1) Evasion of the law by purposely cooking much more than he requires. (2) And presumably the same is true if he transgressed and cooked! (3) Deliberate transgression is recognized as such and will not entice others whereas an evasion may be regarded as wholly permitted and set an evil example for others too. (4) The teaching if he has resorted to an artifice it is forbidden. R. Naḥman does not admit the possibility that an artifice may be treated more stringently than deliberate transgression, for the latter is certainly a graver fault intrinsically. (5) *Infra* 22b. (6) Consequently we see that Ḥananiah is very stringent with reference to an *'erub tabshilin*, and therefore the same applies to an artifice, but our problem is based on Beth Hillel's more lenient ruling. (7) This is forbidden by the Rabbis. V. *infra* 36b. (8) Ter. II, 3. Hence we may infer that if he deliberately baked without an *'erub*, he may not eat of it. (9) To eat on the Sabbath, so that there is no hindering of the enjoyment of the Sabbath. The problem here is when he has no other provision. (10) In order to cleanse them, which is forbidden by the Rabbis since it is equivalent to repairing a utensil. V. *infra* 18a. (11) Ibid.

b (1) V. *infra* 18a. (2) Cooking on the Sabbath is Biblically forbidden, the penalty for which may be stoning. Therefore the Rabbis have been rigorous in the treatment of such intentional breach. But with respect to cooking on a Festival without an *'erub*, where the prohibition is mere Rabbinical, it is possible that the Rabbis are more lenient and would allow him to eat on the Sabbath. (3) As an *'erub*. (4) I.e., the egg in which the fish is smeared before cooking. (5) קפלוטות κεφάλωτον = a head of leek. V. Krauss *T.A.* II, pp. 560–561. (6) I.e., Our Mishnah. (7) Viz., that an *'erub* may consist of one dish only. (8) Even to baking it. (9) But not on the Sabbath, because it is equivalent to repairing or reconditioning the vessel, and the same applies to man.

c (1) Which cannot be defiled. The stone vessel containing the unclean water is placed in a *mikweh* (ritual bath) and immersed until the two waters make contact. Other liquids and foods once unclean cannot be made ritually clean. V. Mik. VI, 8. (2) Viz., the unclean water in a *defiled* vessel in order to cleanse the vessel at the same time. (3) On a Festival. (4) I.e., if the vessels were immersed before the Festival to be put to a particular use and on the Festival he decided to use them for another purpose which requires higher sanctity, he may immerse them on the Festival, for the second immersion is not regarded as reconditioning the vessels. V. Ḥag. II, 6, 7. (5) If he performed an immersion before Passover with the intention of eating the Paschal Lamb with one company, and then determined to join another company which required a higher degree of sanctity, he may immerse again on the Festival itself.

a preventative measure [18a] lest he take it in his hand and carry it four cubits in a public ground.[6] Abaye said to him: How is it to be explained when there is a pit[7] in his courtyard?[8] He answered him: A pit in his courtyard is preventively forbidden on account of a pit in public ground. This is well with respect to Sabbath, but with respect to Festivals[9] how is it to be explained?—They forbade [it on] Festivals on account of [the] Sabbath. Do we then preventively forbid?[10] Surely we have learnt: THEY AGREE THAT [ON A FESTIVAL] ONE MAY EFFECT SURFACE CONTACT FOR [UNCLEAN] WATER IN A STONE VESSEL BUT ONE MAY NOT IMMERSE [IT]; and if this is so, let us forbid surface contact on account of immersion!—Now is that logical? If he has [other] clean water, then why effect surface contact for this [water]? Therefore [this treats of a case] where he has no [other clean water], and since he has no [other clean water] he will be very
a careful with it.[1]

He raised an objection to him: One may draw [water] with a [ritually] unclean bucket and it [the bucket] becomes clean;[2] Now if it is so, let us preventively forbid lest he come to immerse it by itself!—It is different there; since he is permitted [to immerse it] by means of drawing water only he will remember.[3] He raised an objection to him: A vessel which became defiled on the eve of a Festival, one may not immerse it on the Festival; [if it became defiled] on the Festival one may immerse it on the Festival: Now if it is so, let us forbid [that which became defiled] on the Festival on account of [that which became defiled] on the eve of the Festival?—Defilement on a Festival is a rare occurrence and [with regard to] a thing of rare occurrence the Rabbis did not enact a preventative measure.[4]

He raised an objection to him: A vessel which became defiled[5] through a father of uncleanness,[6] one may not immerse it on a Festival;[7] [but if it became defiled] through a derivative uncleanness,[8] one may immerse it on a Festival.[9] Now if it is so, let us forbid one because of the other!—How is a derivative uncleanness possible?[10] [Only] in the case of priests,[11] [and] priests are careful.[12]

Come and hear: For R. Ḥiyya b. Ashi said in Rab's name:
b A *niddah*,[1] who has no [ritually clean] clothes,[2] may use guile and immerse herself in her clothes.[3] Now if it is so, let us forbid this lest she come to immerse [her clothes] by themselves!—It is different there; since it is permitted to her only in her clothes, she will remember.[4]

R. Joseph says: It[5] is a preventive measure on account of wringing [the clothes].[6] Said Abaye to him: This is well [with respect to] apparel, which can be wrung; [but with respect to] vessels, which cannot be wrung, what is there to be said?—He replied to him: These have been forbidden on account of those. He raised all the above mentioned objections and he answered him [the same] as we have answered.

R. Bibi says: It[5] is a preventive measure, lest he delay.[7] It was taught as R. Bibi: A vessel which became defiled on the eve of the Festival, one may not immerse it on the Festival lest he delay.

Raba says: [The immersion of vessels is forbidden] because it looks like repairing the vessel.[8] If it is so, a man too [should likewise] be forbidden?[9]—[In the case of] a man it looks as if he were cooling himself.[10] This is well in the case of clear water;[11] but what will you say with respect to turbid water?—Said R. Naḥman b.

(6) The minimum distance involving culpability. (7) I.e., a *mikweh*. (8) When there is no need to carry the vessel out of private ground at all. (9) When carrying is permitted. (10) I.e., enact one preventative measure lest another preventative measure be violated.

a (1) Not to allow it to become defiled. Accordingly the water becoming defiled is a rare occurrence and such is disregarded; cf. *infra*. (2) Because the real purpose of the immersion is not patent, for people would think that his purpose was to draw water. (3) That immersion itself is forbidden on a Festival. (4) V. 'Er. 63*a*. (5) On the eve of the Festival. (6) I.e., a primary uncleanness, a person or object that touched a dead body. For the various degrees of defilement v. Pes. 14*a*. (7) For a father of uncleanness defiles the vessel by Biblical law, hence the immersion of the vessel would be regarded as reconditioning it on a Festival. (8) I.e., anything which itself became unclean through contact with a 'father of uncleanness'; which Biblically is incapable of transmitting uncleanness to the vessel. (9) Since by Biblical law the vessel is still clean, the immersion is not regarded as reconditioning it. (10) That it should defile a vessel (11) Who eat consecrated food which would be contaminated by this vessel. (12) To distinguish between a vessel that became defiled through a primary cause or through a secondary cause. Or, they are careful not to permit their vessels to become unclean, which makes such defilement rare: v. *supra*.

b (1) V. Glos. (2) To put on after performing *tebillah*, while, on account of the Festival, she is unable to immerse the clothes she wears. (3) Which cleanses both herself and her clothes. This is permitted for the same reason that you may draw water in an unclean bucket, as people will think that she is performing it for herself. (4) As above. (5) The prohibition of immersing vessels and clothes on Sabbath and Festivals. (6) Wringing is prohibited both on Sabbath and Festivals. (7) Their immersion until the Festival when he has more time and in the meantime uses the defiled vessels for consecrated food. (8) Since this makes it useable. (9) Since *tebillah* makes him fit to eat sacred food, such as flesh of sacrifices. (10) And that he was not taking a ritual bath. (11) Where one may wash oneself.

שמא יטלנו בידו ויעבירנו ארבע אמות ברשות הרבים א"ל אביי יש לו בור בחצירו מאי איכא למימר א"ל גזירה בור בחצרו אטו בור ברשות הרבים התינח שבת ביו"ט מאי איכא למימר גזרו יו"ט אטו שבת ומי גזרינן והא תנן ושוין שמשיקין את המים בכלי אבן לטהרן אבל לא מטבילין ואי איתא נגזור השקה אטו הטבלה ותסברא אי אית ליה מים יפים הני למה לי למעבד להו השקה אלא דלית ליה וכיון דלית ליה מזהר זהיר בהו איתיביה מדלין בדלי טמא והוא טהור ואי איתא נגזור דלמא אתי לאטבוליה בעיניה שאני התם מתוך שלא הותרה לו אלא ע"י דליו זכור הוא איתיביה כלי שנטמא מעיו"ט אין מטבילין אותו ביו"ט ביו"ט מטבילין אותו ביום טוב ואם איתא נגזור דיום טוב אטו דערב יום טוב טומאה ביום טוב מלתא דלא שכיחא היא *ומלתא דלא שכיחא לא גזרו בה רבנן איתיביה *כלי שנטמא באב הטומאה אין מטבילין אותו ביום טוב בולד הטומאה מטבילין אותו ביום טוב ואם איתא נגזור הא אטו הא ולד הטומאה היכי משכחת לה גבי כהנים *כהנים זריזין הם ת"ש דאמר רב חייא בר אשי אמר רב נדה שאין לה בגדים מערמת וטובלת בבגדיה ואם איתא נגזור דלמא אתי לאטבולי בעיניידו שאני התם מתוך שלא הותרה לה אלא על ידי מלבוש זכורה היא רב יוסף אמר גזרה משום סחיטה אמר ליה אביי תינח כלים דבני סחיטה נינהו כלים דלאו בני סחיטה נינהו מאי איכא למימר א"ל גזרה הני אטו הני איתיביה כל הני תיובתא ושני ליה כדשנינן רב ביבי אמר גזרה שמא ישהא תניא כוותיה דרב ביבי כלי שנטמא מערב יום טוב אין מטבילין אותו ביום טוב גזרה שמא ישהא רבא אמר מפני שנראה כמתקן כלי אי הכי אדם נמי *אדם נראה כמיקר הא תינח מים יפים מים רעים מאי איכא למימר אמר רב נחמן בר יצחק פעמים שאדם בא בשרב

רש"י

ויעבירנו ארבע אמות ברשות הרבים · ממקומו עד המקוה : ומי גזרינן · ומי אמור רבנן כולי האי בהך תקנתא דטבילת כלים למגזר התירא אטו אסורא וגזרה לגזרה : ותסברא · דהא קושיא הוא : מזהר זהיר בהו · שלא יטמאו וכיון דזהיר בהו הויא להו טומאתן מלתא דלא שכיחא ולא גזרו בה רבנן : מדלין · מים : בדלי טמא והוא טהור · מאליו והא לא דמי למטביל כלי ע"ג מימיו דמתני' דאסור דהתם כל עצמו לא בא אלא לטהר בין מים בין כלי הלכך מוכחא מילתא דטבילה וטעמא דטבילה אסורה משום דנראה כמתקן כלי והאי מחזי אבל הכא אין הכל יודעים שהדלי טמא והרואה אומר לשאוב מים הללו היה צריך : נגזור דלמא אתי לאטבוליה בעיניה · בלא שאיבת מים : מתוך שלא הותרה לו · טבילה זו אלא ע"י דליו בשאיבתו שאין כן דרך שאר טבילות : זכור הוא · שהטבילה אסורה בי"ט : כלי שנטמא מערב י"ט · ובאב הטומאה כדלקמן : אין מטבילין אותו בי"ט · הואיל והיה לו להטבילו מבעוד יום : בי"ט מטבילין אותו בי"ט · וישתמש בו היום חולין שאין צריכין הערב שמש : דלא שכיחא · שהרי הכל מטהרין ברגל וכל שכן שזהירין מלהטמא : כלי שנטמא באב הטומאה · מערב י"ט כדלעיל : אין מטבילין אותו בי"ט · דכיון דטמא מן התורה הוה ליה כמתקן : בולד הטומאה · אין כאן תקון דמדאורייתא טהור מעליא הוא שאין כלי טמא אלא באב הטומאה כדתניא (*בהכל שוחטין (דף כה·) אוכל ומשקה מטמאין מאויר כלי חרס ואין כל הכלים מטמאין מאויר כלי חרס משום דהוה ליה ולד הטומאה שמה שבתוכו אין מיטמא מחמת השרץ אלא מחמת אויר כלי יש מפרשים כלי שנטמא באב הטומאה אפילו נטמא בי"ט אין מטבילין אותו בי"ט וטעמא משום דבעי הערב שמש דטומאה דאורייתא צריכה הערב שמש הלכך הואיל ואינו ראוי היום לתשמיש לא יטבילנו וקשי' לי הרי ראוי להשתמש בו חולין שאין הערב שמש אלא לתרומה וקדשים כדתנן טבל ועלה אוכל במעשר העריב שמשו אוכל *בקדשים (נגעים פרק יד מ"ג*) : ולד הטומאה היכי משכחת לה · מי הוא הצריך להטבילו אינו אלא כהן דהא ולד הטומאה ראשון וכלי שנטמא בו שני ומותר לחולין שאין שני עושה שלישי בחולין וא"צ להטבילו אלא לתרומה : זריזין הן · ולא אתו למשרי דאב הטומאה אי נמי זריזין מלבא טומאה לכליהן והויא מלתא דלא שכיחא : שאין לה בגדים · טהורים להחליף וללבוש אחר טבילתה והיום י"ט ואינה יכולה להטביל את אלו שעליה : מערמת וטובלת · כשהיא לבושה וסלקא לה טבילה אף לכלים ולא מוכחא מלתא שהיא מתקנת דלטבילת עצמה נכנסה ואדם מותר לטבול כב"ה דנראה כמיקר כדלקמן : רב יוסף אמר · טעמא דמתני' דטבילת כלים בשבת וי"ט אסירא משום סחיטת בגדים שאף הן בכלל כלים : שמא ישהא · אי שרית ליה לאטבולינהו בי"ט משהי להו עד י"ט שהוא פנוי ואתי בהו בתוך כך לידי תקלה להשתמש בהן תרומה : רבא אמר · טעמא דמתני' מפני שנראה כמתקן כלי ודמיא לתקנת מלאכה וגזור עלה מדרבנן : תינח מים יפין · שדרך לרחוץ בהן : בשרב

תוספות

שמא יעבירנו ארבע אמות ברשות הרבים · תימה אמאי לא קאמר שמא יוציאנו מרשות היחיד לרשות הרבים וי"ל שיש היכרא בפתח ובגפופי החלר* :

גזרה י"ט אטו שבת · ולא הוי גזרה לגזרה די"ט ושבת אחת היא : נגזור השקה אטו הטבלה · וקשה לפרוך נגזור משום שמא יעבירנו ארבע אמות ברשות הרבים להשיקן וי"ל דגבי הטבלת כלי צריך למגזר שמא יעבירנו לפי שלהוט להטבילו אבל בהשקת מים אין להוט כל כך להשיקן דאפשר במים אחרים וכן בסמוך בולד הטומאה לא פריך נגזור שמא יעבירנו לפי שאינו להוט כל כך להטבילו כיון דליכא אלא טומאה דרבנן :

מדלין בדלי טמא והוא טהור · מאליו תימה דבמתניתין אמר אין מטבילין כלי על גבי מימיו לטהרו וי"ל דהתם מיירי שהוא מלא מים ויש בו הוכחה דלאטבולי קבעי ואסור להטביל כלי דמחזי כמתקן אבל הכא אין הכל יודעין שהדלי טמא וא"כ הרואה יהא סבור דלשאוב הוא צריך :

כלי שנטמא באב הטומאה אין מטבילין אותו בולד הטומאה מטבילין אותו וכו'· פירש רש"י דמיירי שנטמא מערב י"ט דאי בי"ט אפילו באב הטומאה מטבילין אותו והא דאמרינן לעיל· מערב י"ט אין מטבילין אותו בי"ט מיירי שנטמא באב הטומאה וטעמא דאב הטומאה אין מטבילין אותו משום דטומאה דאורייתא היא דנראה כמתקן אבל בטומאה שנטמא במשקין אינו טמא כי אם מדרבנן ולא מחזי כמתקן ועוד פירש פירוש אחר דמיירי שנטמא בי"ט עצמו ובאב הטומאה ומ"מ אין מטבילין אותו בי"ט הואיל וצריך הערב שמש ואין מטבילין לצורך חול אבל בולד הטומאה אינו צריך הערב שמש ומטבילין אותו בי"ט והא דאמרינן נטמא ביום טוב מטבילין אותו בי"ט מיירי שנטמא בולד הטומאה ולא נהירא ליה לרש"י דאכתי מ"מ הרי ראוי להשתמש בו חולין שאינו צריך הערב שמש אלא תרומה והר"י פי' דניחא לפי המסקנא דאיירי בתרומה דשם צריך הערב שמש ואינו נראה להר"ר יצחק דאטו פסיקא ליה דכהנים לית להו חולין ומיהו קשה היאך הוא מותר להטביל כלי שנטמא בולד הטומאה דאם רוצה להשתמש בחולין ובמעשר א"צ טבילה ואי משום תרומה הא בעי הערב שמש וא"כ לצורך חול הוא מטביל ויש לומר דלפירוש אחר שפירש רש"י ניחא דבטבילה דרבנן כמו זו לא בעיא הערב שמש *כדתנן במסכת פרה (פי"א משנה ה) כל הטעון ביאת מים מדברי חכמים לאחר ביאתו מותר בכולן :

היכי משכחת לה בכהנים · וא"ת בישראל נמי משכחת לה דכל הפוסל תרומה מטמא משקין להיות תחלה וי"ל דמיירי בכלי שאינו ראוי להשתמש בתוכו מים כגון כלי מנוקב :

מערמת וטובלת בבגדיה · תימה הייתו שרייה ושרייה אסורה מפני שהוא מכבס ומלבן דאמרי' שרייתו זו היא כבוסו וי"ל דהואיל דהוי דרך מינוף שרי ותדע דהאיך אנו מנגבים ידינו במפה בשבת הא הוי שרייה ואסור מפני שהוא מכבס ומלבן אלא כיון דהוי דרך מינוף שרי הכא נמי נימא הכי*) : גזרה שמא ישהא · פי' עד י"ט שהוא פנוי ויבא לידי תקלה להשתמש בהן תרומה אבל אדם אין משהא עצמו מלטבול ועוד לא שייך למיחש לידי תקלה כל כך :

הדר

*) [ועי' תוס' שבת קיא· ד"ה כאי ותו' זבחים לד· ד"ה מקנחב]

רבינו חננאל

שמא ישלם בחצר אחרת מי שאין לו בור בחצרו יעבירם ברה"ר וגזרינן נמי יו"ט להטביל הכלים אטו שבת ומתמהינן ומי גזרינן והתנן ושוין שמשיקין את המים · פי' משקיען כלי אבן זה שיש בו מים מתוקן כדי שנטמאו משקיען אותן במקוה הכלי כולו ובלבד שלא יצופו מן המשקה על הכלי אלא יהיה משוקע במלא בכלי אבן לטהר אותן המים אבל לא מטבילין שיצופו המים ויעלו למעלה מן הכלי כדי שיהא הכלי וטומיו משוקעין במים אלא הכלי כולו צריך להיות משוקע במים ויהיו המים הטמאין שבתוך הכלי משיקין עם מי המקוה · ואי גזרינן גזור השקה אטו הטבלה ונאמר הרואה שמשקין יטביל · ודחינן טומאת המים היפין בזמן שאין לו זולתם מיזהר זהיר בהו · וטומאתם מלתא דלא שכיח היא ומלתא דלא שכיח לא גזרו בה רבנן · ולמה בכלי אבן משום דלא מקבלי טומאה · כדקי"ל כלי גללים כלי אבנים כלי אדמה לא מקבלי טומאה · ופירשנוה בתחלת יומא · ומותבינן עלה מדלין בדלי טמא · [כמו] וגם דלה דלה לנו · כלומר ממלאין בו מים מן הבור והוא טהור מאליו כלומר אמאי לא גזרינן דלמא אתי לאטבולינהו · ודחינן מתוך שלא הותרה לו אלא ע"י מילוי זכור הוא שאסור להטבילו ולא אתי לאטבוליה · וכן כלי שנטמא ביו"ט מטבילין אותו ביו"ט · ולא גזרינן דלמא אתי לאטבולי כלי שנטמא מעיו"ט · מ"ט ביו"ט מזהר זהירי אינשי בכלים שלהן וטומאת הכלים ביו"ט מלתא דלא שכיחא היא דהא זהירי בה · וכל מלתא דלא שכיחא לא גזרו בה רבנן · ומותבינן עלה כלי שנטמא באב הטומאה כו' · ושנינן ולד הטומאה לא משכחת לה דצריך טבילה לטהוריה שלא יטמא אלא גבי כהנים דאכלי תרומה ושני עושה שלישי והן זריזין ולא אתי לאטבולי כלים שנטמאו באב הטומאה אבל וולד הטומאה אינו מטמא דאין שני עושה שלישי בחולין ואי משתמשי בכלי שננגע ולד הטומאה *) שרי ליה דהא לא מטמא כדקי"ל אין שני עושה שלישי בחולין וכן נדה שאין לה בגדים ללבוש מערמת ביו"ט וטובלת בבגדיה ונמצאו בגדיה מוטהרין עמה. משנינן בה מתוך שלא היתרתיה לה להטביל ...יה אלא ע"י מלבוש זכורה היא ולא אתיא לאטבולי בגדיה בפני עצמן·ורב יוסף אמר מתני' גזירה משום סחיטה כו' ופשוטה היא רב ביבי [אמר] גזירה שמא ישהא פי' כל כלים שנטמאו לו יאמר הנה ביו"ט שאין ...י עושה מלאכה נטבילם עכשיו טרוד אני במלאכתי ונמצא משהא אותם ביו"ט · תניא כוותיה דרב ביבי כו' רבא אמר מפני שנראה כמתקן כלי פי' אתמול לא היה יכול להשתמש בו עכשיו ביו"ט משתמש בו נמצא ...אילו היום תיקנו ואקשינן אי הכי אדם נמי נראה כמתקן עצמו שאתמול היה טמא ועכשיו ניזהר וניתקן ושנינן אדם נראה כמיקר פי' כיורד במים להצטנן בהן ולא להיתקן כו' ואקשינן התינח שבת דאיכא למימר ...נסן הוא דרחיצה בשבת שריא אלא יוה"כ שאסור ברחיצה מאי איכא למימר דליכא למימר נראה כמיקר למה טובל והא נראה כמתקן עצמו ומשני רבא הואיל ובשבת שרי ביוה"כ נמי שרי דליכא מידי דבשבת שרי.

*) תרומה שרינו ליה לאטבולי ביו"ט דהא כו' כנ"ל

עין משפט נר מצוה

[ועי' תוס' ר"ה כט: ד"ה שמא ובסוכה מב. ד"ה ויעבירנו ובמגילה ד: ד"ה ויעבירנו]

לו א מיי' פ"ד מהל' י"ט הל' יח:

לז ב מיי' שם הל' יז:

לח ג ד מיי' שם הל' יח:

לט ה מיי' שם הל' יז:

מסורת הש"ס

[עירובין סג: וש"נ] [תוספ' פ"ב] [שבת כ: וש"נ] [שבת קלח:] [פס נג:] [...ם הביא אוכל] [עי' בר"ש בנג"ב]

גליון הש"ס

גמ' נראה כמיקר · עיין יבמות דף מ"ז ע"ב תוס' ד"ה תקוני גברא:

בשרב ורוחץ אפילו במי משרה תינח בימות החמה בימות הגשמים מאי איכא למימר אמר רב נחמן בר יצחק פעמים שאדם בא מן השדה מלוכלך בטיט ובצואה ורוחץ אפילו בימות הגשמים תינח בשבת ביוה"כ מאי איכא למימר אמר רבא מי איכא מידי דבשבת שרי וביוה"כ אסור אלא הואיל ובשבת שרי ביוה"כ נמי שרי ומי אית ליה לרבא הואיל *והתנן החושש בשניו *לא יגמע בהן את החומץ אבל מטבל הוא כדרכו ואם נתרפא נתרפא ורמינן עלה *לא יגמע ופולט אבל מגמע ובולע ואמר אביי [ב]כי תנן נמי מתני' מגמע ופולט תנן ורבא אמר אפי' תימא מגמע ובולע ולא קשיא כאן קודם טבול כאן לאחר טבול ואם איתא נימא הואיל וקודם טבול שרי לאחר טבול נמי שרי הדר ביה רבא מההיא וממאי דמההיא הדר ביה דלמא מהא הדר ביה לא סלקא דעתך *דתניא [ג]כל חייבי טבילות טובלין כדרכן בין בתשעה באב בין ביוה"כ: ושוין שמשיקין את המים בכלי אבן וכו': מאי אבל לא מטבילין אמר שמואל אין מטבילין את הכלי על גב מימיו לטהרו ביום טוב מני מתניתין לא רבי ולא רבנן דתניא *אין מטבילין את הכלי על גב מימיו לטהרו ואין משיקין את המים בכלי אבן לטהרן דברי רבי וחכמים אומרים [ד]מטבילין כלי על גב מימיו לטהרו ומשיקין את המים בכלי אבן לטהרן מני אי רבי קשיא השקה אי רבנן קשיא הטבלה *איבעית אימא רבי איבעית אימא רבנאי בעית אימא רבי רישא דברייתא ביום טוב וסיפא בשבת וכולה מתניתין ביו"ט ואיבעית

רש"י

בשרב · חום: מי המשרה · שמורין הפשתן בהן: ביום הכפורים · שאסור ברחילה משום ענוי ומותר בטבילת מצוה כדלקמן: מאי איכא למימר · הא ודאי מוכחא מלתא דלטבילה מתכוין ולא כמיקר: מי איכא מידי · דמלאכה דבשבת שרי וליכא איסור דרבנן משום דדמיא למלאכה: וביום הכפורים אסור · משום מלאכה כי הא דבעית למסרי עליה משום דנראה כמתקן: כיון דבשבת · דחמירא במלאכה שרי משום טעמא דמיקר: ביום הכפורים נמי שרי · ואע"ג דלא נראה כמיקר שלא תחמיר לענין מלאכה ביום הכפורים משבת: ומי אית ליה הואיל · באיסורי שבת כה"ג משום דשרי בהא לא תשרי בהא: לא יגמע בהן את החומץ · לרפואה דכל רפואה בשבת גזור בה רבנן משום שחיקת סממנין שהיא אב מלאכה טוחן: אבל מטבל הוא · בו מאכלו כדרכו: לא יגמע ופולט · דמוכחא מלתא דלרפואה עביד: ואמר אביי גרסינן: ורבא אמר גרסינן: קודם טבול · קודם אכילה מגמע ובולע דלא מוכחא מלתא דלרפואה דסברי חומץ אהני ליה למיכל: לאחר טבול · לאחר אכילה וטבל מאכלו בחומץ דמוכחא מלתא דלאו חומץ בעי למטעם אלא משום רפואה ואמאי הרי קודם אכילת שבת היה מותר ובאכלי שבת אתה אוסרו ובאכלי שבת אתה מתירו: נימא הואיל · וקודם אכילה שרי דנראה כחפץ בבליעת חומץ לאחר אכילה נמי שרי שאין חלוק בשיעור של שבת: הדר ביה רבא מההיא · דחומץ ושנייה כאביי ואתא זו דטבילה דאית ליה הואיל אמר לאחר חזרה: דלמא מהאי · דטבילה דיוה"כ הדר ביה ושל חומץ אמר באחרונה: לא ס"ד · למיסר טבילה ביוה"כ: בין בתשעה באב בין ביום הכפורים · ואע"פ שאסורין ברחילה: אין מטבילין כלי · הצריך טבילה על גב השקת מימיו לטהרו: הכי גרסינן דתניא אין מטבילין את הכלי על גבי מימיו לטהרו ואין משיקין את המים בכלי אבן לטהרן דברי רבי וחכמים אומרים מטבילין כלי על גב מימיו לטהרו ומשיקין את המים בכלי אבן לטהרן מני אי רבי קשיא השקה אי רבנן קשיא הטבלה אי בעית אימא רבי אי בעית אימא רבנאי בעית אימא רבי מתניתא רישא בי"ט וסיפא בשבת וכולה מתני' בי"ט ואי בעית אימא רבנן וכולה מתני' בשבת·וה"פ אי רבי קשי' השקה דרבי אסר ומתני' תנן משיקין·אי רבנן קשיא הטבלה דאינהו שרו להטביל ומתני' קתני אין מטבילין ומשני רישא דמתניתא דמלתא דרבי דאיירי בהטבלה לאוסרה הא השקה שריא איירי בי"ט וסיפא דמלתיה דאסר אף השקה איירי בשבת וכן רבנן נמי רישא איירי בי"ט וסיפא איירי בשבת והכי קאמר מטבילין כלי על גב מימיו לטהרו בי"ט וכל שכן דמשיקין ומשיקין את המים בכלי אבן בשבת השקה אין הטבלה לא ובתוספתא דבילה* ודשבת* בהדיא תני בה הכי אין מטבילין את הכלי על גבי מימיו לטהרו בי"ט ואין משיקין את המים בכלי אבן לטהרן בשבת דברי רבי וחכמים אומרי' כו' והשתא דברייתא מתוקמא הכי אי בעית אימא מתני' רבנן היא וכולה מתני' בשבת הלכך הטבלה אסירא והשקה שריא כרבנן דאמרי משיקין את המים בכלי אבן לטהרן בשבת השקה הוא דשריא הא הטבלת כלים אסירא:

ואי

תוספות

הדר ביה רבא מההיא · פי' מההיא שנויא דקא משני כאן קודם כו' לא ס"ד דאמר כל חייבי טבילות כו' ותימה מנא ליה דרבא הדר ביה מההיא שנויא לעולם אימא לך דהדר משנויא דהואיל דמאי מזיקיו להווא טעמא דהואיל דקמשני מתני' משום דנראה כמתקן ואימא דהדר ביה מההיא שנויא והדר ביה נמי מההיא שנויא דהואיל והא דכלים אסורים מההיא טעמא דשניי אמוראי דלעיל משום שמא יעבירנו או ישהא או יסחוט וי"ל דסמי חדא מקמי תרתי ההיא שנויא דהכא כאן קודם טבילה מקמי תרתי שנויי דמשני משום מתקן כלי והואיל ולא נהירא חדא דהא בהא תליא דהא מה דמשני רבא הואיל ושבת כו' היה טלו להעמיד שנויא משום דנראה כמתקן ועוד דהיה לו לפרש האי מקמי תרתי לכך נראה לי דקים ליה לגמרא דלא היה יכול לעקור מפני שנראה כמתקן כיון דמתרץ ליה עלה דמתני' אבל היה סבור לעקור שנויא דהואיל ומהא נמי מייתי ראיה דאין יכול לעקור [וע"ע תוס' שבת קיא. ד"ה נא]:

כל חייבי טבילות טובלין כדרכן בין בתשעה באב בין ביום הכפורים · היינו דוקא להני שטובלין טבילת מצוה בזמנה אבל השתא שכל טבילות שבשותינו טובלות היינו טבילה שלא בזמנה דהן סופרות ז' נקיים מספק שהן זבות אין טובלות בט' באב וביוה"כ ומיהו יש לחלק כדאמר ביומא (דף פח.) נדות ויולדות טבילתן בלילה זבין וזבות טבילתן ביום בעל קרי טובל והולך עד המנחה כדי שיתפלל תפלת המנחה בטהרה אבל לאחר המנחה לא יטבול ומפרש התם טעמא דאי משום תפלת נעילה היה יכול להמתין עד הלילה ויטבול ויתפלל תפלת נעילה בלילה ואמאי אינו טובל ביום כדי שתהא הטבילה בזמנה אלמא ש"מ דקסבר ההוא תנא דטבילה בזמנה לאו מצוה היא ואפילו הכי שריא ביוה"כ ומיהו בתשעה באב אין טובלין כר' חנינא בן אנטיגנוס דאמר *כדאי בית אלהינו לאבד טבילה אחת בשנה וקאמר עלה בירושלמי הורה ר' לוי כר' חנינא בן אנטיגנוס ולית הלכתא כהך משנה דקאמר כל חייבי טבילות וכו' ועוד אומר ר"י דבזמן הזה אין טובלין לא ביוה"כ ולא בט' באב דדוקא הם שהיו עוסקין בטהרות היה צריך לטבול מיד כדי שלא יטמאו הטהרות אבל השתא דהטבילה אינה באה אלא לטהרה לבעלה יכולה היא לרחוץ ולחוף ערב יוה"כ כדי שתסרוק שערה וחופפת מעט למוצאי יום הכפורים משום דצריך חפיפה סמוך לטבילה וכן בט' באב דהא אפי' תטבול ביום הכפורים ובט' באב אסורה *לבעלה:

*ושוין שמשיקין המים בכלי אבן לטהרן · אבל לא בכלי עץ לפי שהוא מקבל טומאה מן המשקין וכמלא שהוא מטביל כלי וא"ת אמאי אין מטבילין אותו הא איכא תרתי לטיבותא חדא דנטמא בי"ט ועוד דלא נטמא כי אם בולד הטומאה וכולי עלמא מודים דמטבילין לכל הפירושים דלעיל ולמאן דמוקי מתניתין בשבת וכרבנן ניחא אבל למאן דמוקי לה בי"ט וכו' קשיא וי"ל דמ"מ אין לגרום הטומאה לכלי בידים כדי שיטבילנו דדוקא כשנטמא כבר בולד הטומאה הוא דמטבילין אותו אבל אסור לטמאותו על מנת להטבילו בי"ט:

אין מטבילין את הכלי על גבי מימיו לטהרו ואין משיקין וכו' · הכי גריס רש"י הטבלה קודם השקה בין בדברי רבי בין בדברי' חכמים ובספרים היה כתוב אפכא השקה קודם הטבלה והכל אחד אלא שגרסת הספרים גרס רישא בשבת וסיפא בי"ט ולגירסת רש"י רישא בי"ט וסיפא בשבת ועל פי התוספתא הגיה רש"י הגירסא ולפי מה שכתוב בספרים השקה קודם הטבלה לא תוכל לפרש רישא בי"ט וסיפא בשבת אלא אם כן תפרש שאמתניתין קאי דקתני משיקין אבל לא מטבילין ושבוש הוא כדפירש רש"י:

אמר

עין משפט נר מצוה

מ א ב מיי' פכ"א מהל' שבת הל' כד סמג לאוין סה טור ש"ע או"ח סי' שכח סעיף לב:

מא ג מיי' פ"ג מהל' שביתת עשור הלכה ב טוש"ע או"ח סי' תקנד סעיף ח:

מב ד מיי' פ"ד מהלכות י"ט הל' יז:

[תענית יג. וסם איתא ר"ח סגן הכהנים]

[וע"ע תוס' נדה סח: ד"ה הא דאפשר]

[דיבור זה שייך אמשנה דלעיל יז: ולע"ק]

רבינו חננאל

שרי וביוה"כ אסור ומקשינן ומי אית ליה לרבא הואיל והתנן החושש בשניו לא ינמע בהן חומץ אבל מטבל כדרכו ואם נתרפא נתרפא ורמינן עלה והתניא אינו מגמע ופולט אבל מגמע ובולע · ואמר רבא ל"ק ואוקמה למתניתין לא ינמע ויבלע לאחר טיבול ומתניתא דקתני מגמע ובולע (לאחר) [קודם] טיבול ואם איתא דאית ליה לרבא הואיל לימא הואיל מקודם טיבול שרי לאחר טיבול נמי שרי אלא ודאי לית ליה הואיל ופרקינן הדר ביה רבא לגבי אביי [מההיא] והודה דמתני' לא י... ויפלוט היא מהא דתניא כל חייבי טבילות טובלין כדרכן בין בט' באב בין ביוה"כ ש"מ דטובלין ביוה"כ ומפורש בפרק שמנה שרצים : ירושלמי תני כל חייבי טבילות טובלין כדרכן בין בט' באב ... ביוה"כ א"ר חנינא סגן הכהנים כדיי הוא בית אלהינו לאבד עליו הכהנים טבילה אחת דריש ר' לוי בר' חנינא סגן הכהנים ואדם בשבת שכן אדם טובל לקריו בשבת ושוין שמשיקין את המים ... אבן דוקא של אבן שאינו מקבל טומאה אלא לטהר המים בלבד משיקין אבל לא מטבילין את הכלים ע"ג מימיהן לטהרם·ואמרי' מתניתין לא ר' היא ולא רבנן · ופרקינן איבעית אימא ר' היא וכולה מתנ... ביו"ט היא שנוייה שמשיקין אבל לא משיקין אותן בשבת ואע"פ שמשיקין את המים ביו"ט לטהרן אין מטבילין כלים ע"ג מימיהן לטהרן אפי' ביו"ט וכן דברי ר' מפורשים בלשון הזה בברייתא אבע"א רבנן היא ו... מתנית' בשבת והכי קתני ושוין שמשיקין את המים בכלי לטהרן בשבת אבל לא מטבילין כלי ע"ג מימיו לטהרן בשבת אבל ביו"ט מטבילין אפי' כלי ע"ג מימיו לטהרן ביו"ט פי' ומשיקין מלשון ותשק ידי...

וכן

מסורת הש"ס

שבת דף קיא. ע"ז דף כח. [שבת שם] שבת דף קיא. תענית דף יג. [יומא פח.] [תוספתא ותוספתא פ"ז]

Isaac: It happens that one comes [home] [18b] in hot weather and bathes even in water used for soaking [dirty linen]. This is well in summer;[12] what will you say of winter? R. Nahman b. Isaac replied: A man sometimes returns [home] from the field besmeared with mud and filth and bathes even in winter. This is well on a
a Sabbath;[1] but on the Day of Atonement[2] what is there to be said?—Said Raba: Is there then any[thing] which on a Sabbath is permitted[3] and on the Day of Atonement is forbidden?[4] But *since* it [bathing] is permitted on the Sabbath, it is also permitted on the Day of Atonement. Does then Raba accept the argument of 'Since'?[5] Surely we have learnt: He who has toothache must not rinse them with vinegar[6] [on the Sabbath],[7] but he may dip [his food] in vinegar in his usual manner, and if it becomes better, it becomes better.[8] And we pointed out a contradiction: He must not rinse and expectorate[9] but he may rinse and swallow? And Abaye answered: When we learnt our Mishnah,[10] we learnt it also [as referring to] rinsing and expectorating. Raba however answered: You may even say [the Mishnah refers to] rinsing and swallowing, and [still] there is no contradiction: in the one case [it means] before the dipping [of the food into the vinegar][11] and in the other case [it means] after the dipping [of the food in the vinegar]. Now if it is so,[12] let us say, *Since* it is permitted before the meal, it is also permitted after the meal!—Raba retracted from that [statement].[13] How do you know that he retracted from that [statement]; perhaps he changed his mind with respect to the present one?[14]—You cannot suppose this, for it was taught: Everyone who is required to take a ritual bath[15] may bathe in the usual way, both on the [fast of the] Ninth of Ab and on the Day of Atonement.[16]

BUT THEY BOTH AGREE THAT [ON A FESTIVAL] YOU MAY EFFECT SURFACE CONTACT FOR [UNCLEAN] WATER IN A STONE VESSEL etc. What does BUT ONE MAY NOT IMMERSE [IT] mean?—Said Samuel: One may not on a Festival immerse the [unclean] vessel on account of its water in order to
b cleanse it![1]

Who is the author of our Mishnah? It is neither Rabbi nor the Sages! For it was taught: One may not immerse the [unclean] vessel on account of its water in order to cleanse it, nor may one effect surface contact for [unclean] water in a stone vessel in order to cleanse it; this is the opinion of Rabbi. But the Sages say: One may immerse the vessel on account of its water in order to cleanse it, and one may effect surface contact for [unclean] water in a stone vessel in order to cleanse it.[2] Who now is [the author of our Mishnah]? If Rabbi, [the ruling on] surface contact is a difficulty;[3] if the Sages, [the ruling on] immersion[4] is a difficulty?—If you like I can say [the author of the Mishnah is] Rabbi; alternatively, it is the Sages. If you like I can say it is Rabbi; the first clause of the Baraitha[5] concerns Festivals and the concluding clause[6] concerns the Sabbath, whereas the whole of our Mishnah[7] deals

(12) When one may bathe to cool oneself.

a (1) When it is permissible to wash. (2) When it is forbidden to wash oneself. (3) On the score of work. (4) Surely not! (5) As stated, even where there may be a reason for prohibiting it on the Day of Atonement which does not apply to the Sabbath, as in the present instance. (6) Lit., 'suck vinegar into them'. (7) Healing, except in the case of danger, is forbidden, lest he crush the ingredients on the Sabbath. V. Shab. 111a; A.Z. 28a. (8) I.e., there is no harm done; he has not broken the law. (9) Because it is then evident that he is taking it as medicine. (10) On toothache. (11) Then he may rinse and swallow for it is regarded as a part of the meal, being his first meal, the aperitif, the *hors d'oeuvre*. (12) That Rab accepts the argument of 'Since'. (13) Concerning toothache, and his statement about bathing on the Day of Atonement was made subsequently. (14) Viz., *re* bathing on the Day of Atonement. (15) E.g., a woman after menstruation or confinement. (16) When washing oneself is forbidden. V. Ta'an. 13a; Shab. 111a.

b (1) One may not put unclean water for surface contact in an unclean wooden vessel which itself requires immersion, so that through the surface contact the vessel is automatically immersed. (2) For var. lec. v. *D.S.* (3) Whereas Rabbi forbids it our Mishnah permits it. (4) Which the Sages allow, while our Mishnah forbids. (5) In which Rabbi forbids immersion, implying that surface contact is permitted. (6) In which Rabbi forbids even surface contact. (7) Which forbids immersion and permits surface contact. For var. lec. v. Rashi and *D.S.*

with Festivals. [19a] Alternatively, I can say it is the Sages and the whole of our Mishnah deals with the Sabbath.

Our Rabbis taught: A vessel which became defiled on the eve of a Festival one may not immerse at twilight.[8] R. Simeon Shezuri says: Even on a weekday one may not immerse it [then], because it requires [waiting until] sunset.[9] And does not the first Tanna
a require [waiting until] sunset?[1] Said Raba: I found the disciples of the Academy who sat and said: They differ whether his intention is to be recognized from his acts. How so? If, for example, he is holding a vessel in his hand and running along [about] twilight [time][2] to immerse it; one Master is of the opinion that the reason he is running along is that he indeed knows that he requires [to wait until] sunset;[3] and the other Master is of the opinion that he is running on account of his work.[4] Then said I to them: None dispute that his intention is recognized from his acts;[5] they differ [only] when [another] vessel[6] became defiled through [part of a reptile] less than the size of a lentil,[7] and he[8] came before the Rabbis to ask whether [having come into contact with part of a reptile] less than the size of a lentil it has become defiled or not.[9] One Master is of the opinion: Since he does not know this he also does not know that;[10] and the other Master is of the opinion: This [only] he does not know,[11] but [with the requirement of] sunset he is well acquainted.[12]

AND ONE MAY IMMERSE [TO CHANGE] FROM ONE INTENTION TO ANOTHER. Our Rabbis taught: How is, FROM ONE INTENTION TO ANOTHER, meant? He who wishes to make his wine
b press out of his olive press[1] or his olive press out of his wine press may do so.[2] What means 'FROM ONE COMPANY TO ANOTHER'? If he intended to eat with one company,[3] and [now] wishes to eat with another company,[4] he may do so.[5]

MISHNAH. BETH SHAMMAI SAY: ONE MAY BRING PEACE-OFFERINGS[6] [ON FESTIVALS] BUT MAY NOT LAY [HANDS] THEREON;[7] BUT ONE MAY NOT BRING BURNT-OFFERINGS[8] [ON A FESTIVAL]; BUT BETH HILLEL MAINTAIN: ONE MAY BRING PEACE-OFFERINGS AND BURNT-OFFERINGS AND ALSO LAY HANDS THEREON.

GEMARA. 'Ulla said: The dispute is only with respect to the laying on [of hands] on Festival peace-offerings[9] and the sacrificing
c of the pilgrimage burnt-offerings,[1] when Beth Shammai hold: '*And ye shall keep* [weḥagothem] *it a Feast* [ḥag] *unto the Lord*',[2] implies only Festival peace-offerings [*ḥagigah*][3] but not the pilgrimage burnt-offerings; and Beth Hillel maintain: '*unto the Lord*' [implies] all [sacrifices offered] unto the Lord;[4] but all agree that vows and freewill-offerings[5] may not be offered on a Festival.[6] And thus did R. Adda b. Ahabah say: Vows and freewill-offerings may not be offered on a Festival.

An objection was raised: R. Simeon b. Eleazar said: Beth Shammai and Beth Hillel do not differ concerning a burnt-offering which is not for the Festival,[7] [both agreeing] that it may not be offered on a Festival,[8] and concerning peace-offerings of the Festival[9] that they may be offered on the Festival;[10] they only differ concerning a burnt-offering which is for the Festival and concerning peace-offerings which are not for the Festival, when Beth Shammai say: He may not bring [them] and Beth Hillel maintain: He may bring [them][11]!—Reconcile it by saying thus: R. Simeon b. Eleazar said: Beth Shammai and Beth Hillel do not differ concerning a burnt-offering or peace-offering which are not connected with the Festival that they may not be offered on the Festival and concerning peace-offerings connected with the Festival that they may be offered on the Festival; they differ only concerning a burnt-offering connected with the Festival, when Beth Shammai say: He may not bring [it], and Beth Hillel maintain: He may bring [it]. R. Joseph said:[12] You quote Tannaim at random.[13] There is a dispute of Tannaim. For it was taught: [As to] peace-
d offerings which are offered[1] on account of the Festival, Beth Shammai say: He lays [hands] on them on the eve of the Festival and slaughters them on the Festival; but Beth Hillel maintain: He lays [hands] on them on the Festival and slaughters them on

(8) Because it may already be the Festival. Twilight is a period after sunset which it cannot exactly be determined whether it is day or night. (9) I.e., if a person is seen to attempt to immerse a vessel at twilight he is stopped: the person immersing the vessel at twilight evidently intends to use it immediately after immersion. But the vessel immersed at twilight would still be unclean until sunset of the following day; cf. Lev. XI, 32.

a (1) Before it is ritually clean. Surely a person who has ritually cleansed an unclean vessel by immersion must wait until the sun sets before he may use it. (2) [I.e., before sunset. The bracketed words must be added if the word 'twilight' which MS.M. omits is retained with cur. edd.] (3) Before he can use it. Therefore on a weekday he is allowed to proceed because when, on reaching the ritual bath, he finds that the sun has already set, he will immerse it and wait until the following sunset before using it. But on the eve of a Festival he may not immerse it in case it is already the Festival. But v. Goldschmidt, n. a.l. (4) I.e., he is in a hurry to get on with his work. Such action does not show intention and it is therefore to be apprehended lest he will come to use it after immersing it. (5) We may certainly deduce his intention from his acts. (6) In addition to the one already defiled, Rashi. V. n. 9. (7) The minimum size to cause defilement. (8) This man who was seen running before sunset to immerse the vessel. (9) [R. Ḥananel reads: 'Became defiled through (a part of a reptile) of the size of a lentil, and he came before the Rabbis to ask whether a reptile of the size of a lentil defiles' (he not knowing the law that it does). On this reading the vessel which he was rushing to immerse was the very vessel about which he enquired of the Rabbis and which he was told that it required immersion; v. n. 6.] (10) Viz., that sunset is required. (11) For it is not specifically written in Scripture that it must be of the size of a lentil. [On the reading of R. Ḥananel (note 9): For it is not specifically stated in Scripture that a reptile (or part of it) bigger than a lentil defiles.] (12) Scripture distinctly states that sunset is required cf. Lev. XI, 32.

b (1) If one immersed his defiled vessel in order to use it for his olive press and then changed his mind and wished to use it for his wine press. בד is the smaller vessel for oil. [MS.M. reads בד 'Olive press'.] (2) Without requiring further immersion. If therefore the owner takes it upon himself to immerse again the vessel, such immersion may be performed on a Festival, for he is not thereby reconditioning the vessel. (3) And performed immersion with this intention. (4) He can only change his mind *before* the animal is sacrificed. (5) Without requiring further immersion. The extra immersion is therefore permissible on a Festival. (6) Because part thereof is eaten by their owners. (7) Beth Shammai forbid this as a *shebuth* (v. Glos.), as it was performed with all one's strength and is regarded as being in the nature of riding an animal which is expressly forbidden by the Rabbis (Rashi). [V. however, *infra* 20a where Beth Shammai are said to hold that the law of laying on of hands does not apply at all to obligatory offerings. Rashi's explanation follows, however, that of R. Joḥanan, Ḥag. 16b; v. Tosaf. *infra* 20a s.v. דלא.] (8) I.e., *private* voluntary burnt-offerings. (9) Which are obligatory. V. Lev. XXIII, 41, and the eating of meat was considered an essential part of the festival enjoyment.

c (1) V. Ex. XXIII, 15. Lit., 'the appearance (in the Temple before the Lord)'. (2) Lev. XXIII, 41. (3) *We-ḥagothem* being grammatically connected with *ḥag* and *ḥagigah*. (4) Which includes the pilgrimage burnt-offering. (5) I.e., private sacrifices. (6) Since they do not belong to the Festival and can be offered on any other day. (7) E.g., a burnt-offering as a vow or a freewill-offering. (8) Because (*a*) none of the sacrifice is eaten by the owners; and (*b*) it can be brought after the Festival. (9) I.e., the Festival peace-offerings. (10) Because (*a*) They are eaten by the owners, thus increasing the joy of the Festival; (*b*) They belong to the Festival and cannot be brought after the Festival. (11) Thus Beth Hillel maintain that peace-offerings not connected with the Festival may be brought on the Festival, which contradicts 'Ulla. (12) There is no need to amend the Baraitha. (13) You quote the view of one Tanna (viz., R. Simeon b. Eleazar) while disregarding the possibility that another Tanna may have a different opinion.

d (1) Lit., 'come'.

ואיבעית אימא רבנן וכולה מתניתין בשבת: תנו רבנן כלי שנטמא מערב יום טוב אין מטבילין אותו בין השמשות רבי שמעון שזורי אומר אף בחול אין מטבילין אותו מפני שצריך הערב שמש ותנא קמא לא בעי הערב שמש אמר רבא אשכחתינהו לרבנן דבי רב דיתבי וקא אמרי *במחשבתו נכרת מתוך מעשיו קמפלגי והיכי דמי כגון דנקיט מנא בידיה ורהיט ואזיל בין השמשות לאטבוליה מר סבר האי דקא רהיט ואזיל מידע ידע דבעי הערב שמש ומר סבר מחמת מלאכתו הוא דקרהיט ואמינא להו אנא במחשבתו נכרת מתוך מעשיו דכולי עלמא לא פליגי כי פליגי כגון דאיטמי בפחות מכעדשה ואתא לקמיה דרבנן לשיולי בפחות מכעדשה איטמי אי לא מר סבר מדהא לא גמיר הערב שמש נמי לא גמיר ומר סבר הא הוא דלא גמיר הא הערב שמש גמיר: ומטבילין מגב לגב: *תנו רבנן כיצד מגב לגב הרוצה לעשות גתו על גב *כדו וכדו על גב גתו עושה כיצד מחבורה לחבורה היה אוכל בחבורה זו ורוצה לאכול בחבורה אחרת הרשות בידו: **מתני'** *ב"ש אומרים מביאין שלמים ואין סומכין עליהן אבל לא עולות ובית הלל אומרים *מביאין שלמים ועולות °וסומכין עליהן: **גמ'** אמר עולא מחלוקת בשלמי חגיגה לסמוך ועולת ראייה ליקרב דבית שמאי סברי °וחגותם אותו חג לה' חגיגה אין עולת ראייה לא ובית הלל סברי לה' *כל דלה' °אבל נדרים ונדבות דברי הכל אין קריבין ביו"ט וכן אמר רב אדא בר אהבה *נדרים ונדבות אין קריבין ביו"ט מתיבי אמר רבי שמעון בן אלעזר לא נחלקו בית שמאי ובית הלל על עולה שאינה של יו"ט שאינה קרבה ביום טוב ועל שלמים שהן של יום טוב שקריבין ביו"ט על מה נחלקו על עולה שהיא של יום טוב ועל שלמים שאינן של יו"ט שבית שמאי אומרים לא יביא ובית הלל אומרים יביא תרי"ץ ואימא הכי אמר ר' שמעון בן אלעזר לא נחלקו בית שמאי ובית הלל על עולה ושלמים שאינן של יו"ט שאין קריבין ביום טוב ועל שלמים שהן של יום טוב שקריבין ביו"ט על מה נחלקו על עולה שהיא של יו"ט שבית שמאי אומרים לא יביא ובית הלל אומרים יביא *רב יוסף אמר תנאי שקלת מעלמא תנאי היא דתני' שלמים הבאים מחמת יו"ט ביום טוב בית שמאי אומרים סומך עליהן מערב יו"ט ושוחטן ביו"ט ובית הלל אומרים סומך עליהן ביום טוב ושוחטן ביום טוב אבל

תורה אור: ויקרא כג

דא"כ ליתני קילתא ושמעינן חמירתא לשמעינן הטבלה דמותרת בי"ט ולהכי אמינא דכל שכן השקה אבל השתא דאשמעינן משיקין איכא למימר דוקא קתני אבל הטבלה לא וכן לענין שבת דאשמעינן אבל לא מטבילין אי הוה הדין להשקה סבירא ליה הוה ליה לאשמועינן אין משיקין ושמעינן כל שכן דאין מטבילין אבל השתא דאשמעינן אין מטבילין איכא למימר הא השקה שרי וסייג לדברי ספר התוספתא דכך מליט בו במסכת שבת ובמסכת ביצה: אין מטבילין אותו בין השמשות · מפני שהוא ספק לילה ונמצא מטביל בי"ט: אף בחול · אם אנו רואין אדם המטביל כלי בין השמשות אנו צריכין להחזירו ולמחות בידו מפני שצריך הערב שמש וזה המטביל כלי בלילה ודאי דעתו להשתמש בו מיד ולא להמתין הערב שמש דלמחר: ותנא קמא לא בעי כו' · בתמיה: אשכחתינהו לרבנן דבי רב · לתלמידים שבבית המדרש: מעשיו · דקא רהיט במרוצה: מידע ידע דבעי הערב שמש · והיינו דרהיט כסבור להספיק קודם יציאת היום וכשיראה שלא יספיק הואיל ובא למקוה גומר טבילתו וממתין מלהשתמש בו עד שיעריב שמשו למחר הלכך בין השמשות די"ט אסור משום דמטביל בי"ט שלא לצורך אבל בחול לא מחינן ביה דמחשבתו ניכרת שלהערב שמשו הוא מתכוין מתוך מעשיו של מרוצתו: דכולי עלמא לא פליגי · דודאי ניכרת באיניש דעלמא והאי גברא דאפליג ביה רבי שמעון שזורי ואמר דלא אמרינן ביה מחשבתו ניכרת מתוך מעשיו: כגון דא יטמי ליה · מנא אחרינא בפחות מכעדשה מן השרץ ואתא לשיולי וכו': הא הוא דלא גמיר · דלא כתיב בהדיא בכעדשה אבל הערב שמש דבהדיא כתיב מגמר גמיר ובכהן עסקינן דמשתמש בו תרומה: הרוצה לעשות גתו על גב כדו · מי שהיו כליו טמאין והטבילן לדעת דריכת זיתיו ונמלך לעשות גתו: עושה · גתו על גב טבילה זו שהטביל לשם כדו וא"צ לחזור ולהטביל לשם גת והאי טבילה שניה הבא להחמיר על עצמו ולהטביל קתני מתני' שהוא מטביל בי"ט שאין כאן תקון כלי ואינה טבילה שהרי אינה צריכה: בחבורה זו · על פסחו והיה טמא או כליו טמאין וטבל לדעת כן: הרשות בידו · וא"צ לחזור ולטבול וקאמרה מתני' דאם בא להחמיר ולהטביל כליו לשם חבורה האחרת מטביל ביום טוב:

מתני' מביאין שלמים · בי"ט לפי שיש בהן אכילת אדם: ואין סומכין עליהן · שהסמיכה אסורה משום שבות שבכל כחו היה סומך והוי ליה משתמש בבעלי חיים ותנן אין רוכבין על גבי בהמה (לקמן דף לו:): אבל לא עולות · אין מביאין עולות חוץ מתמידין ומוספין שהן קרבן לבור וזמנן קבוע אבל עולת יחיד לא יביא לפי שאין בה אכילת הדיוט וכתיב (שמות יב) יעשה לכם ולא לגבוה:

גמ' מחלוקת בשלמי חגיגה לסמוך ועולת ראייה ליקרב · מתני' דמודו תרוייהו בשלמים להביא ולא אפלוג בהו אלא בסמיכתן בשלמי חגיגה מודו ב"ש בהבאתן מפני שהן חובת היום כדאמרינן בחגיגה (דף ט·) מוחגותם אותו חג ועולה שנחלקו אף בהבאתן בעולת ראייה נחלקו והיא הוא דקא שרו ב"ה מפני שהיא של יום טוב דנפקא לן מולא יראו פני ריקם (שמות כג): אבל נדרים ונדבות · הואיל ואין זמנן היום כלל דברי הכל אין קרבין ואפי' שלמים וכ"ש עולות דיכול להביאן לאחר זמן ואף על גב דחגיגה וראייה יש להן תשלומין כל שבעה שרו בה שמא יאנס ולא יקריבנה בשאר הימים ותנן עבר הרגל ולא חג אינו חייב באחריותו והכי מפרש בברייתא לקמן *דמשום האי טעמא שרו לה: שאינה של יום טוב · כגון נדר ונדבה: שאינה קרבה · דאית בה תרתי לאסורא אין בה אכילת אדם ואפשר לאחר זמן: ועל שלמים שהן של י"ט · כגון חגיגה ושלמי שמחה: שקרבין · דאיכא תרתי להתירא אכילת אדם והן זמנן ברגל ואם יעבור הרגל בטל קרבנו: ועל שלמים שאינן וכו' · אלמא שלמים דנדרים ונדבות לבית הלל קרבין וקשיא לעולא: תנאי שקלת מעלמא · וכי לא משכחת תנא דאמר כעולא דתימא עולא כי ההוא סבירא ליה דאיצטריכא לך לשבושה להך מתני' ולתרוצה: תנאי היא · אשכחן תנא אחרינא דקאי כעולא: מחמת יום טוב · חגיגה ושמחה: אבל

ואי בעית אימא רבי קתני לה וכולה מתני' בי"ט כדאמרינן אין מטבילין את הכלי על גב מימיו לטהרו בי"ט הטבלה הוא דלא הא השקה בכלי אבן שפיר דמי ובספרים שלנו נחלפה רישא לסיפא וסיפא לרישא דכתיב בהו ברישא אין משיקין והדר אין מטבילין ועל כן רוב התלמידים שגו בפירושה של סוגיא זו ואין אדם יכול לישבה על כנה וגורסין מפני דוחק ומתני' רישא בי"ט וסיפא בשבת ומפרשין רישא דקתני משיקים בי"ט קאמר ותנא השקה והוא הדין להטבלה וסיפא דקתני אבל לא מטבילין איירי בשבת ותנא הטבלה והוא הדין להשקה ואין ראוי לפרש כן לדרדקי דבי רב

אמר עולא מחלוקת כו' · וא"ת לב"ש למה להו למימר טעמא משום וחגותם הא קאמרינן לקמן משום לכם ולא לגבוה וי"ל משום דלא תטעה לומר לה' כל דלה' ומ"מ קשיא לב"ה למה להו למימר כל דלה' תיפוק ליה משום דאית להו לב"ה מתוך וכו' והוי שפיר צורך קצת משום שלא יאמרו שלחן שלך מלא ושל רבך ריקן כדפרישית לעיל פ"ק (ד' יב· וסד"ה ה"ג) וי"ל משום שלא תטעה לומר וחגותם חג חגיגה אין עולה לא:

מג א מיי' פ"א מהל' חגיגה הל' ח:
מד ב מיי' שם הל' ט:
מה ג מיי' שם הלכה ח והלכה י:

[כתוספתא' איתא בדו ובדו על גב גתו וכן איתא בערוך ערך גב ע"ש]:

[חולין יג·]
[תוספת' פ"ב]
חגיגה דף ז: ודף יז· מגילה דף ס·
[לקמן כ:]
סנהדרין לו· [לקמן כ: שבת קיד· פסחים לח· מנחות ק:]
[פסחים מה: וש"נ]
[דף כ:]

רבינו חננאל

וכן והשיקו היקבים: ת"ר כלי שנטמא מעיו"ט · אין מטבילין אותו בי"ט בין השמשות ר' שמעון שזורי אומר אף בחול אסור מפני שצריך הערב שמש אמרו רבנן דבי רב במחשבתו ניכרת מתוך מעשיו פליגי היכי דמי דנקיט מנא טמא בידיה בין השמשות ורהיט לאטבולי רבנן סברי מדרהיט ידע דבעי הערב שמש כלומר לא יטהר הכלי הטמא אלא עד שיעריב עליו השמש בתר טבילה ולפי' רהיט לאטבוליה קודם ביאת השמש ובחול שפיר דמי ובי"ט הוא דאסור שנמצא מתקן מנא בי"ט לחול כי בעת שיערב השמש ונטהר חול הוא ור' שמעון שזורי סבר האי דרהיט בין השמשות לאו משום דידע דלא מיטהר אלא בהערב השמש אלא משום דטרוד במלאכתו הוא ולפי' ממהר. ואמר להו רבא במחשבתו ניכרת מתוך מעשיו דברי הכל דלאו כלום הוא והכא בכלי שנגע בו כעדשה מן השרץ ואינו יודע אם כעדשה מטמא אי אינו מטמא ובא לשאל מן החכמים ואמרו לו טמא דקי"ל שכן החומט תחלת ברייתו בכעדשה: *)וחזינן ליה להאי נברא דאזיל לאטבולי להוא מנא דאיטמי בכעדשה מן השרץ שאינו מפורש בתורה הוא שנסתפק לו אבל הערב שמש שכתב בפירוש בתורת ובא השמש וטהר מידע ידע ליהור"ש שזורי סבר ידע הא נמי לא ידע: [פיסקא] ומטבילין מגב לגב ומחבורה לחבורה: ירושלמי כיצד מטבילין מגב לגב רצה לעשות עיסתו על גב נתו או נתו ע"ג עיסתו מטביל את כליו׳ מחבורה לחבורה היה אוכל **) וביקש עוד לאכול בחבורה אחרת שלמים וכיוצא בהן הרשות בידו והני מילי ביו"ט ***) אבל בחול לא כדתנן הטובל לתרומה והוחזק לתרומה אסור לקודש כיוצא גתו וכדו אחד מהן תרומה והשני ...ה בי"ם זו ע"ג זו: **מתני'** בש"א מביאין שלמים ואין סומכין עליהן אבל לא עולות ובה"א מביאין שלמים כו' אמר עולא מחלוקת בשלמי חגיגה לסמוך דבש"א מביאין חגיגה ואין סומכין עליהן ועולת ...מקריבין כל עיקר ביו"ט ובה"א מביאין שלמים וסומכין ומקריבין עולת ראייה דכתיב לא יראו פני ריקם אבל נדרים ונדבות דברי הכל אין קריבין בי"ט: ירושלמי בש"א הותרה סמיכה שלא כדרכה ובה"א לא הותרה ...שלא כדרכה מאתמול א"ר זעירא הכל מודים באשם מצורע שסמך עליו מאתמול שלא יצא שלמי נדבה שסמך עליהן מאתמול יצא מה פליגי בשלמי חגיגה ב"ש עבדי לה כשלמי נדבה וב"ה עבדי לה כאשם מצורע ...ר' יוסף הא דתנינן נדרים [ונדבות] אין קרבין בי"ט תנאי היא ר"ש בן אלעזר תני שלמים שאינן של י"ט בש"א לא יביא ובה"א יביא והאי תנא תני שלמים הבאין מעי"ט בש"א סומך עליהן מעיו"ט ושוחטן ביו"ט

*) נ"ל דת"ק סבר דאף דחזינן ליה להאי גברא דאזיל לשיולי לההוא מנא וכו' מן השרץ אי מיטמא או לא היינו משום שאינו מפורש. **) בחבורה זו תרומה וביקש עוד כו' כצ"ל וכ"ה בס"ס בפ"ד מהל' ...רבינו ז"ל. ***) דברי רבינו אינו מובן לכאורה דהא ע"י טבילה שנית אפי' בחול שרי ועי' בערוך ערך גב ב'

תורה אור

אבל נדרים ונדבות דברי הכל אין קריבין ביום טוב והני תנאי כי הני תנאי *דתניא אין מביאין תודה בחג המצות מפני חמץ שבה ולא בעצרת מפני שהוא יו"ט אבל מביא אדם תודתו בחג הסוכות ר' שמעון אומר הרי הוא אומר °בחג המצות ובחג השבועות (דברים טז) ובחג הסכות כל שבא בחג המצות בא בחג השבועות ובחג הסוכות וכל שלא בא בחג המצות אינו בא בחג השבועות ובחג הסוכות ר"א בר"ש אומר *מביא אדם תודתו בחג הסוכות ויוצא בה ידי חובתו משום שמחה ואין יוצא בה משום חגיגה אמר מר אין מביאין תודה בחג המצות מפני חמץ שבה פשיטא *אמר רב אדא בריה דרב יצחק ואמרי לה רב שמואל בר אבא ב‍הבא בארבעה עשר עסקינן וקסבר *אין מביאין קדשים לבית הפסול ולא בעצרת מפני שהוא יו"ט קסבר נדרים ונדבות אין קריבין ביום טוב אבל מביא אדם תודתו בחג הסוכות אימת אילימא ביום טוב עצמו והא אמרת ולא בעצרת מפני שהוא יום טוב אלא בחולו של מועד ר"ש אומר הרי הוא אומר בחג המצות ובחג השבועות ובחג הסוכות כל שבא בחג המצות בא בחג השבועות ובחג הסוכות וכל שלא בא בחג המצות אינו בא בחג השבועות ובחג הסוכות מתקיף לה ר' זירא השתא סלותי מסלתינן נדרים ונדבות מבעיא אמר אביי ג‍בהקרבה כולי עלמא לא פליגי דשרי כי פליגי למיקם עליה בבל תאחר ת"ק סבר ד‍שלש רגלים אמר רחמנא אפילו שלא כסדרן *ור' שמעון סבר כסדרן אין שלא כסדרן לא רבי אלעזר בר' שמעון אומר מביא אדם תודתו בחג הסוכות אימת אילימא בחולו של מועד היינו ת"ק אלא ביו"ט וקסבר נדרים ונדבות קריבין ביו"ט ומאי שנא חג הסוכות דנקט רבי אלעזר בר' שמעון לטעמיה דתניא* רבי שמעון אומר לא יאמר חג הסוכות שבו הכתוב מדבר למה נאמר לומר שזה אחרון רבי אלעזר ברבי שמעון אומר לומר שזה גורם: ויוצא בה משום שמחה ואינו יוצא בה משום חגיגה: פשיטא דבר שבחובה הוא *ה‍וכל דבר שבחובה אינו בא אלא מן החולין לא צריכא דאף על גב דפריש כדבעא מניה רבי שמעון בן לקיש מר' יוחנן האומר הרי עלי תודה ואצא בה ידי חגיגה הריני נזיר ואגלח

רש"י

אבל נדרים ונדבות כו' · ועולה דקאמר כי האי תנא : והני תנאי · דלקמן פליגי כי הני תנאי דלעיל בנדרים ונדבות : מפני חמץ שבה · על חלות לחם חמץ וגו' (ויקרא ז) : ולא בעצרת מפני שהוא יום טוב · ותודה נדרים ונדבות היא : בחג הסוכות · בחולו של מועד : רבי שמעון אומר כו' · לקמיה מפרש לה : מביא אדם תודתו בחג הסוכות · לקמיה מפרש אפילו ביום טוב קאמר ויוצא בה משום שלמי שמחה ואף על פי שמחויב בתודה זו ועומד דתניא במסכת חגיגה (דף ח·) ושמחת בחגך לרבות כל מיני שמחות של בשר לשמחה מדלא כתיב והבאת שלמים ואכלת שם ושמחת ומיהו פשיטא לן דכל זמן שבית המקדש קיים אין שמחה אלא בבשר שנאמר (דברים כז) וזבחת שלמים ואכלת שם ושמחת והאי קרא בהר גרזים כתיב ולא בשלמי שמחת י"ט כתיב דשמחת י"ט אם יש לו בכורות ומעשר בהמה אין צריך להביא שלמים : ואין יוצא בה משום חגיגה · דדבר שבחובה הוא וכל דבר שבחובה אינו בא אלא מן החולין ותודה זו כבר מחויב הוא בה ואין זו מן החולין שיהא פוטר בה חגיגתו : אמר מר · השתא מהדר אמילתיה לפרושי מאי דאמר לעיל בהקרבת נדרים ונדבות פליגי : לבית הפסול · שממעט זמן אכילתן שאינו יכול לאכול חמץ אלא עד ארבע שעות ומתוך כך חמץ שבה בא לידי נותר : ר"ש אומר כו' · קס"ד למיסר נדרים ונדבות בחולו של מועד אתא : השתא · לרבי שמעון דאסר הכי : סלותי מסלתינן · לוקטין עצים בשדה מן המחובר בחולו של מועד דתניא במועד קטן (דף יב:) קוצצין עצים מן המחובר במועד לצורך המועד: אמר אביי בהקרבה כ"ע ל"פ דשרי · בחולו של מועד : כי פליגי למיקם עליה בבל תאחר · וכולה הך מתני' לענין בל תאחר איירי תנא קמא סבר כל המאחר נדרו שלש רגלים אפילו שלא כסדרן עובר בבל תאחר וטעמא יליף בר"ה (דף ד:) מהאי קרא שלש פעמים בשנה וגו' למה לי למיכתב בחג המצות ובחג השבועות ובחג הסוכות כיון דכתיב שלש פעמים פשיטא דהני נינהו דהא מינייהו קסליק דלעיל מיניה כתיב שמור את חדש האביב שבעה שבועות תספר לך חג הסוכות תעשה לך ש"מ לבל תאחר לומר אלה קבעתי לך לתשלום מתנותיך ונדריך והיינו דקא אתא לאשמועינן עלה טובה כל מי שיש עליו תודה יביאנה בחג הסוכות ואפילו הוא רגל ראשון אחר נדרו שאם לא יביאנה עכשיו יצטרך לבא בשבילה לירושלים שהרי בעלותו ברגל בפסח לא יביאנה מפני חמץ שבה ולא בעצרת מפני שהוא יום טוב נמצא שאיחרה ג' רגלים שלא כסדרן ואתא ר"ש למימר הרי הוא אומר כו' כסדרן אין שלא כסדרן לא הלכך הטודרה לפני סוכות יש לו שהות עד לשנה הבאה וה"ק כל שבא בחג המצות כגון שנדר קודם הפסח והיה עליו להביאה בחג המצות בא בחג השבועות שלאחריו או בחג הסוכות ואין לו עוד שהות וכל שאינו בא בחג המצות שלא היתה עליו להביאה בפסח כגון שנדר אחר הפסח אינו בא °כלומר אינו צריך להביאה לא בחג השבועות שלאחריו ולא בחג הסוכות שיש לו שהות עד חג הסוכות של שנה הבאה שעברו שלש רגלים כסדרן : אלא ביום טוב וקסבר כו' · והיינו תנאי : לא יאמר חג הסוכות · כשהחזיר הכתוב להזכירן לשלש רגלים לבל תאחר לא היה צריך לכתוב ובחג הסוכות כיון שכתוב שלש פעמים בשנה וכתב בחג המצות ובחג השבועות דממילא ידענא דבו היה הכתוב מדבר שבפרשת סוכות הוא עסוק ובו נכתב כתוב זה : שזה אחרון · דבעינן כסדרן : שזה גורם · את בל תאחר שאפילו נדר לפני החג כיון שעבר עליו חג הסוכות עובר : דבר שבחובה הוא · דכתיב וחגותם : מן החולין · ולא ממעות מעשר שני ולא מנדרים ונדבות שהוא מחויב ועומד בהן : דאף על גב דפריש · דכשנדר התודה פירש על מנת שיוצא בה ידי חגיגתו : ואגלח

תוספות

רבי שמעון אומר הרי הוא אומר בחג המצות וגו' כל שבא בחג המצות בא בחג השבועות ובחג הסוכות · כך משמע מתוך פירוש הקונטרס דלקמן דגרים הכי וא"כ לפירוש זה מעיקרא דס"ד שבא לומר דנדרים ונדבות אין קרבין בחול המועד ה"פ כל שאינו בא בחג המצות כגון תודה וכיוצא בה דאליבא דתנא קמא תודה אינה קרבה בחג המצות ואפי' בחול המועד וזהו דוחק דהיכי משמע ממלתיה דנדרים ונדבות חוץ מתודה אינן באין בחג המצות וכי תימא כל שאינו בא בחג המצות ר"ל ביום טוב אם כן לא הוי דומיא דחג הסוכות ועוד דאם כן אמאי כתב בחג השבועות לומר שאינן באין בחג השבועות והא אף בחול המועד דסוכות אינן באין ועוד כי גם לפי המסקנא לא אתי שפיר דקאמר לענין בל תאחר קאמר וה"ק כל שראוי לבא בחג המצות שנתחייב בו קודם חג המצות בא בחג השבועות ובחג הסוכות שלא יאחר מלהביאו או בעצרת או בסוכות ועתה איך יביאנו והלא אין בו חול המועד וכי תימא דנדרים ונדבות קרבין בי"ט הא משמע דבהני תנאי ליכא מאן דסבר קרבין בי"ט רק רבי אלעזר בר' שמעון ודוחק הוא לפרש בא בחג השבועות שכשיבא לרגל יביאנו או קודם לכן ולאו בי"ט קאמר על כן נראה דגרס הכי כל הבא בחג המצות ובחג השבועות בא בחג הסוכות וכו' והשתא מעיקרא סלקא דעתך כל שאינו בא בחג המצות כגון תודה וכן שאר נדרים ונדבות שאינן באין בחג השבועות כדקאמר תנא קמא בהדיא אינן באין בחג הסוכות ואפילו בחול המועד ולפי המסקנא ה"ק כל שבא בחג המצות ובחג השבועות כלומר שראוי לבא בזמן שניהם כלומר שעברו שני רגלים כסדרן בא בחג הסוכות פירוש צריך שיביאנו בחול המועד של סוכות וכל שאינו בא וכו' כלומר שאינו ראוי לבא בשניהם רק בעצרת ולא בחג המצות אינו חייב להביאו בחג הסוכות זה ורישא דוקא פירוש בא בחג הסוכות כלומר חובה להביאו משום בל תאחר וסיפא לאו דוקא פי' סיפא דאינו בא ר"ל אם לא ירצה שהרי הוא יכול להמתין עד סוכות של שנה הבאה אבל לעולם אם ירצה יקריב בחול המועד וקל להבין : נזיר

רבינו חננאל

ביו"ט ובה"א סומך עליהן בי"ט ושוחטן בי"ט אבל נדרים ונדבות דברי הכל אין קריבין ביו"ט והני תנאי כהני תנאי דתניא אין מביאין תודה בי"ד בניסן מפני חמץ שבה שאין מביאין קדשים לבית הפסול · כלומר שהן מרובין ונפסלין בלינה ואין מביאין קדשים לכתחלה ליפסל ולא בעצרת מביא תודה מפני שהוא יו"ט אבל מביא תודתו בחוש"מ בחג הסוכות ואם לא הביא עובר בבל תאחר · ור' שמעון אומר הרי הוא אומר בחג המצות ובחג כו' ואוקימנה לר' שמעון בחוש"מ סלותי מסלתינן כלומר *) עושה אדם מלאכה כגון סלין וכיוצא בהן הקרבה מיבעיא דודאי (אין)מקריבין כי פליגי למיקם בבל תאחר ת"ק סבר שלש רגלים אמר רחמנא אפי' שלא כסדרן כיון שעברו עליו ג' רגלים ולא הקריבו עובר במה שכתב כי תדור נדר לה' אלהיך לא תאחר לשלמו וגו' ור' שמעון סבר בעינן ג' רגלים כסדרן כדכתיבי באורייתא חג המצות חג השבועות וחג הסכות ר' שמעון לטעמיה דדייק **)חג המצות ואמר לא היה צריך לכתוב בפסוק חג המצות כאשר לא כתב בפרשת ראה אתה אומר אלי אלא הזכיר חג שבועות וחג האסיף ואמר שלש פעמים למה לא היה צריך מפני שבו פתח הכתוב תחלה וכתב שמור את חדש האביב ועשית פסח וגו' וכתיב בחג המצות לומר שזה ראשון לג' רגלים ואם הקדישו אחר הפסח אינו עובר עליו בבל תאחר עד שיעברו עליו אחר עצרת ואחר סוכות ג' רגלים כסדרן ור' אלעזר בר' שמעון אומר מביא אדם תודתו בחג הסכות ואוקימנה בי"ט עצמו ושמעינן מינה דקסבר נדרים ונדבות קרבין בי"ט ותוב ש"מ (דלא רבי) [דר'] אלעזר בר' שמעון [לטעמיה דס"ל] דחג הסכות לבדו הוא הגורם דאי ס"ד משום י"ט הוא ליתני עצרת מ"ט שביק עצרת ותני סוכות ללמד שזה גורם כלומר בין קודם הפסח הקדישו בין לאחר הפסח כיון שעבר עליו חג הסכות ולא הקריבו עובר עליו בבל תאחר ודייק מחג הסכות · ואמר לא יאמר בחג הסכות דמיניה סליק למה נאמר לומר שזה גורם : ויוצא בתודה זו שמקריבה משום שמחה ואין יוצא בה משום חגיגה אע"פ שאמר בשעה שנדר הרי עלי תודה ואצא בה ידי חגיגה אסיקנ' המפריש בענין זה נדור ואינו יוצא כלומר נתחייב בנדרו וקידשה ושלמי חגיגה שהן עליו חובה שנאמר וחגותם אותו חג לה' ז' ימים אינן באין אלא מן החולין (וכיון) [וכמו] שאמר ר' יוחנן לר"ל האומר הרי עלי תודה ואצא בה ידי חגיגת הריני

*) עי' בערוך ערך סלת **) עי' בתוס' ר"ה ד: ד"ה ול"ל לומר

עין משפט נר מצוה

מו א ב מיי' פ"ב מהל' חגיגה הל' י והלכה יג :
מז ג מיי' שם פ"א הלכה י :
מח ד מיי' פי"ד מהל' מעשה הקרבנות הלכה יג סמג לאוין שלא :
מט ה מיי' פ"ב מהל' חגיגה הלכה ח :

מסורת הש"ס

פסחים יג: [תוספ' חגיגה פ"א]
[פסחים יג:]
[שם וש"נ]
[ר"ה ד:]
ר"ה ד:
[פסחים עא- וש"נ]

גליון הש"ס

רש"י ד"ה כי פליגי למיקם עליה בבל תאחר וכו' כלומר א"צ להביאה · עיין טורי אבן ר"ה בהגהי שם סד"ה כיון שעבר ובתשובת ח"צ סי' י"ב :

the Festival, [19b] but all agree that vows and freewill-offerings may not be offered on a Festival.[2]

And the following Tannaim [are engaged in the same controversy][3] as these [aforementioned] Tannaim. For it was taught: One may not bring a thank-offering[4] on the Feast of Unleavened Bread on account of the leaven which it contains;[5] nor on Pentecost, because it is a Festival;[6] but one may bring his thank-offering on the Feast of Tabernacles.[7] R. Simeon says: Lo, Scripture says, *on the Feast of Unleavened Bread, and on the Feast of Weeks, and on the Feast of Tabernacles*,[8] [teaching] whatever may be brought on the Feast of Unleavened Bread may [also] be brought on the Feast of Weeks and on the Feast of Tabernacles, and whatever may not be brought on the Feast of Unleavened Bread may not be brought on the Feast of Weeks and on the Feast of Tabernacles [either]. R. Eleazar son of R. Simeon says: A man may bring his thank-offering[9] on the Feast of Tabernacles and may therewith fulfil his obligation in respect of the joy [of the Festival],[10] but does not fulfil his obligation therewith in respect of the Festival sacrifices.[11]

a The Master said:[1] 'One may not bring a thank-offering on the Feast of Unleavened Bread on account of the leaven which it contains'. This is obvious!—Said R. Adda son of R. Isaac, some say R. Samuel b. Abba: We are treating here of the fourteenth [of Nisan] and he holds: You must not bring consecrated meat to the place of disqualification.[2] 'Nor on Pentecost, because it is a Festival'; he is of the opinion [that] vows and freewill-offerings may not be offered on a Festival.[3]

'But a man may bring his thank-offering on the Feast of Tabernacles'. When? If it should mean on the Festival itself, but you say, 'Nor on Pentecost because it is a Festival'.—Therefore [it must mean] on the Intermediary days of the Festival.

R. Simeon says: Lo, Scripture says: 'on the Feast of Unleavened Bread, and on the Feast of Weeks, and on the Feast of Tabernacles', [teaching] whatever may be brought on the Feast of Unleavened Bread may [also] be brought on the Feast of Weeks and on the Feast of Tabernacles, and what may not be brought on the Feast of Unleavened Bread may [also] not be brought on the Feast of Weeks and on the Feast of Tabernacles.[4] To this R. Zera demurred: Seeing that we may [even] gather firewood can there be a question about vows and freewill-offerings![5]—Said Abaye: None dispute that the offering [of the thank-offering] is permitted:[6] they differ only as to whether he is subject to *'Thou shalt not delay'*[7] on its account. The first Tanna holds: The Divine Law said *'Three Festivals'*,[8] even not in their order of
b sequence;[1] while R. Simeon is of the opinion; only in their order of sequence [he transgresses] but not when they are not in order of sequence.

'R. Eleazar son of R. Simeon says: One may bring the thank-offering on the Feast of Tabernacles'. When? If [it means] on the intermediary days of the Festival, then it is the same as the first Tanna. Therefore [it means] on the Festival [itself], and he is of the opinion that vows or freewill-offerings may be offered on Festivals.[2] And why does he teach this particularly of the Feast of Tabernacles?—R. Eleazar son of R. Simeon follows his view [expressed elsewhere]. For it was taught: R. Simeon says: Scripture[3] need not have mentioned *'the Feast of Tabernacles'* for the passage is dealing with it.[4] Why [then] is it mentioned? To teach that this is the last.[5] R. Eleazar son of R. Simeon says: To teach that this [Festival of Tabernacles alone] brings it about.[6]

'And may therewith fulfil his obligation concerning the joy [of the Festival], but does not fulfil his obligation therewith concerning the Festival sacrifices.' This is obvious; for this is indeed
c an obligatory sacrifice[1] and any obligatory sacrifice can only be brought of unconsecrated [animals or money]![2]—It is necessary to teach this even if he explicitly stipulated.[3] As R. Simeon b. Laḳish asked R. Joḥanan: What if one said, 'I vow a thank-offering that I may therewith fulfil my obligation of *ḥagigah;*' [or] 'I take

(2) This Tanna corroborates the statement of 'Ulla. (3) With respect to vows and freewill-offerings (4) V. Lev. VII, 12–15. (5) The thank-offering requires leaven (V. Lev. VII, 13) and naturally cannot be offered on Passover. (6) And a thank-offering like vows and freewill-offerings may not be offered on a Festival. (7) I.e., during the Intermediary days of the Festival. (8) Deut. XVI, 16. (9) I.e., one which he had *previously vowed.* (10) It is obligatory to rejoice on the Festivals (v. Deut. XVI, 14), and this rejoicing requires meat (v. *supra* 19a n. b9). The thank-offering can be brought for this purpose. (11) These are obligatory and such must be brought from unconsecrated animals (i.e., animals which are not due on account of a previous vow); hence the thank-offering is ineligible for this purpose.

a (1) The Talmud proceeds to a discussion of the Baraitha in the course of which there emerges the Tannaitic controversy referred to. (2) For the ten loaves of leaven which accompany the thank-offering could hardly be eaten by about 10 a.m. when leaven becomes forbidden, and the rest would have to be burnt as *nothar* (v. Glos.). (3) This is the statement referred to above of the Tanna who differs and maintains that vows and freewill-offerings may not be offered on Festivals. (4) It was wrongly assumed that the statement forbids the bringing of the thank-offering even on the Intermediary days of the Festival, hence the following objection. (5) This certainly may be brought. (6) On the Intermediary Days of the Festival of Tabernacles. (7) Deut. XXIII, 22. (8) Ex. XXIII, 14. In R.H. 4b it is deduced that one violates this if three festivals pass without his fulfilling his vow.

b (1) If the vow to bring the thank-offering is made before Tabernacles, the first Tanna counsels the vower to bring it at the immediately following Feast of Tabernacles. Because, according to him, the three Festivals just mentioned need not be in order of sequence commencing with Passover. Therefore unless he brings it on the immediately following Tabernacles he will have to make a special journey to Jerusalem to offer it, since he cannot bring it either on Passover or the Pentecost, whilst he must not delay beyond them. R. Simeon, however, maintains that he transgresses only if three Festivals, taken in order of sequence starting from Passover, pass without his fulfilling the vow. Hence this is what he means: Whatever comes 'on the Feast of Unleavened Bread', i.e., whatever was vowed *before* the Feast of Passover, so that there was already an obligation by Passover, must be brought either at Pentecost or Tabernacles immediately following: but 'Whatever does not come on the Feast of Unleavened Bread,' i.e., if there was no obligation then, as he vowed *after* Passover, need not be brought on the immediately following Festivals of Pentecost or Tabernacles, since he will still have till the Tabernacles of the following year without transgressing the prohibition of 'delaying'. (2) V. *supra* n. a3. (3) Deut. XVI, 16. (4) Viz., Tabernacles. V. verse 13. (5) I.e., that the three Festivals must, for the transgression of 'delaying' follow in that order—Passover, Pentecost and Tabernacles. (6) The transgression of the Command. If he vowed before Tabernacles and did not fulfil the vow until Tabernacles elapsed he has transgressed. Cf. R.H. 4b.

c (1) V. *supra* n. 11. (2) But not of second tithe money which is already consecrated, nor of animals already dedicated as vows and freewill-offerings. V. Pes. 71a. (3) When he vowed the thank-offering he stipulated that it should take the place of the Festival sacrifice.

upon myself to become a Nazirite [20a] [on condition] that I shave with the second tithe money?[4] He replied to him: He is under a vow, but he cannot discharge [his *ḥagigah* obligation therewith]: he is a Nazirite, but he cannot shave [as he stipulated].[5]

A certain man declared,[6] Give four hundred *zuz* to So-and-so and let him marry my daughter. R. Papa said: The four hundred *zuz* he receives, and as for the daughter, if he wishes he may marry [her] [and] if he wishes he need not marry [her].[7] The reason is because he said: 'Give him and he shall marry;[8] but if he had said, 'Let him marry and give him', [then] if he marries her, he receives [the money]; but if he does not marry [her], he does not receive [it].

Meremar was sitting and stated this ruling[9] in his own name. Said Rabina to Meremar: You are teaching this thus,[10] [but] we teach it as a question directed by Resh Lakish to R. Johanan.

A tanna recited before R. Isaac b. Abba: *'And he presented the burnt-offering; and offered it according to the ordinance'*,[11] [i.e.,] according to the ordinance of a freewill burnt-offering;[12] this teaches that the obligatory burnt-offering requires laying on of hands.[1] Said he to him: He who told you this did so in accordance with Beth Shammai[2] who do not learn obligatory peace-offerings from freewill peace-offerings;[3] for it is according to Beth Hillel, since they learn obligatory peace-offerings from freewill peace-offerings, the obligatory burnt-offering too does not require a Scripture text, for they infer it from the freewill burnt-offering.[4] But whence do you know that Beth Hillel[5] learn obligatory peace-offerings from freewill peace-offerings; perhaps they learn it from the obligatory burnt-offering,[6] while the obligatory burnt-offering itself requires a Scripture text?[7]—Why [would you say that] they do not infer it from freewill peace-offerings: because they are frequent?[8] Then they could not infer it from an obligatory burnt-offering either, since it is wholly consumed![9]—It is inferred from both of them.[10]

But does Beth Shammai maintain that obligatory peace-offerings do not require the laying on of hands. Surely it was taught: R. Joseph said: Beth Shammai and Beth Hillel do not differ about
b the laying on of hands itself, [both agreeing] that it is necessary;[1] they dispute only whether the [act of] slaughtering must immediately follow the laying on of hands, when Beth Shammai hold: It is not necessary,[2] and Beth Hillel maintain: It is necessary!—He[3] teaches according to the following Tanna. For it was taught: R. Jose son of R. Judah said: Beth Shammai and Beth Hillel do not differ that the slaughtering must immediately follow the laying on of hands, they dispute only about the laying on of hands itself,[4] Beth Shammai ruling: It is not necessary, while Beth Hillel maintain: It is necessary.

Our Rabbis taught: It once happened that Hillel the Elder brought his burnt-offering into the Temple Court on a Festival for the purpose of laying hands thereon. The disciples of Shammai the Elder gathered around him and asked: What is the nature of this animal? He replied to them: It is a female[5] and I brought it as a peace-offering. [Thereupon] he swung its tail for them[6] and they went away. On that day Beth Shammai got the upper hand over Beth Hillel[7] and wished to fix the *halachah* according to their ruling.[8] But an old man of the disciples of Shammai the Elder was there named Baba b. Buṭa, who knew that the *halachah* is as Beth

(4) I.e., that I purchase the sacrifice due on the day that I cut my hair (v. Num. VI, 13ff) with second tithe money. (5) Although the condition on which he made his vow is invalid, he is still bound to fulfil his vow. (6) As his last will and testament. (7) This decision of R. Papa has some analogy with that ruling of the Baraitha that precedes, hence its inclusion here. (8) In this order. (9) *Supra* 19*b* bottom and the ruling on same. (10) In your own name. (11) Lev. IX, 16. This verse refers, according to Rashi, to the obligatory burnt-offering brought by Aaron on the eighth day of his consecration (v. Lev. IX, 2), and according to Tosaf. to the communal burnt-offering (v. Lev. IX, 15). (12) For the Bible does not state a rule about the obligatory burnt-offering. Hence this verse must mean that the same rules that apply to a freewill burnt-offering apply to an obligatory burnt-offering. V. Lev. I, 3ff.

(1) The law of laying on of hands is prescribed only for freewill-offerings v. Lev. I, 3ff (burnt-offerings), III, 2 (peace-offerings). (2) In our Mishnah 19*a*. (3) In regard to the necessity of laying on of hands (v. *supra* note 1). Similarly with respect to burnt-offerings Beth Shammai will not infer obligatory burnt-offerings from freewill burnt-offerings; hence a special Scripture text is required that obligatory burnt-offerings require laying on of hands. V. Lev. III, 2. (4) The inference is as follows: Just as we find that a freewill burnt-offering, because it is a burnt-offering, requires laying on of hands, so also an obligatory burnt-offering, since it is likewise a burnt-offering. This principle of exegesis is called *Binyan Ab*, v. Glos. Beth Shammai, however, does not admit this inference as there is no analogy between freewill burnt-offerings that can be brought at any time and obligatory burnt-offerings which are only brought at stated times. (5) Who permit the laying of hands on obligatory offerings on a Festival. (6) Perhaps Beth Hillel too reject this inference (v. n. 4) of obligatory from freewill offerings. (7) [I.e., Lev. IX, 16 from which is derived the law that the obligatory burnt-offering requires laying on of hands, so that the cited Baraitha can be in accord with Beth Hillel as well as Beth Shammai.] (8) I.e., they can be brought at any time. (9) V. Lev. I, 9. (10) So that if an objection is raised with regard to one that the rule of laying on hands applies there because of a certain characteristic which is not found in the case of obligatory peace-offerings, reference can be made to the other where the same characteristic is lacking and yet the rule of laying on hands is not dependent on the presence of that characteristic.

b (1) Save that Beth Shammai maintain that the laying on of hands in the case of obligatory peace-offerings must be performed before the Festival and not on the Festival itself. (2) Hence it can be done before the Festival, and therefore it may not be done on the Festival. (3) The author of our Mishnah. (4) In the case of obligatory peace-offerings. (5) And such is not offered as a burnt-offering. V. Lev. I, 3. He wanted to avoid a quarrel and told them what was not true for the sake of peace. (6) In order to make them believe it was a female. (7) I.e., they forced the majority. (8) Viz., that obligatory burnt-offerings do not require laying on of hands.

ואגלח ממעות מעשר שני מהו א"ל נדור ואינו יוצא נזיר ואינו מגלח: ההוא גברא דאמר להו הבו ליה ארבע מאה זוזי לפלוני ולנסיב ברתי אמר רב פפא ארבע מאה שקיל וברתיה אי בעי נסיב אי בעי לא נסיב טעמא דאמר הבו ליה ולנסיב אבל אי אמר לנסיב והבו ליה אי נסיב שקיל ואי לא נסיב לא שקיל: יתיב מרימר וקאמר להא שמעתא משמיה דנפשיה א"ל רבינא למרימר אתון הכי מתניתו לה אנן כדבעא מיניה ריש לקיש מר' יוחנן מתנינן לה: *תני תנא קמיה דר' יצחק בר אבא ויקרב את העולה ויעשה כמשפט כמשפט עולת נדבה למד *על עולת חובה שטעונה סמיכה א"ל דאמר לך מני בית שמאי היא דלא גמרי שלמי חובה משלמי נדבה דאי בית הלל כיון דגמרי שלמי חובה משלמי נדבה עולת חובה נמי לא תבעי קרא דגמרי מעולת נדבה וממאי דבית הלל שלמי חובה משלמי נדבה גמרי דלמא מעולת חובה גמרי ועולת חובה גופא בעיא קרא מאי שנא משלמי נדבה דלא גמרי שכן מצויין מעולת חובה נמי לא גמרי שכן כליל (*אלא) אתיא מבינייא וסברי בית שמאי שלמי חובה לא בעו סמיכה והתניא אמר רבי יוסי לא נחלקו בית שמאי ובית הלל על הסמיכה עצמה שצריך על מה נחלקו על *תכף לסמיכה שחיטה שבית שמאי אומרים אינו צריך ובית הלל אומרים צריך הוא דאמר כי האי תנא דתניא אמר רבי יוסי בר' יהודה לא נחלקו בית שמאי ובית הלל על תכף לסמיכה שחיטה שצריך על מה נחלקו על הסמיכה עצמה שבית שמאי אומרים אינו צריך ובית הלל אומרים צריך: ת"ר *מעשה בהלל הזקן שהביא עולתו לעזרה לסמוך עליה ביו"ט חברו עליו תלמידי שמאי הזקן אמרו לו מה טיבה של בהמה זו אמר להם נקבה היא ולזבחי שלמים הבאתיה כשכש להם בזנבה והלכו להם ואותו היום גברה ידם של בית שמאי על בית הלל ובקשו לקבוע הלכה כמותן והיה שם זקן אחד מתלמידי שמאי הזקן ובבא בן בוטא שמו שהיה יודע שהלכה כבית הלל ושלח והביא

[ויקרא ט]

רש"י

ואגלח ממעות מעשר שני · קרבנות שנזיר עליו הכתוב ביום תגלחתו אקנה ממעות מעשר שני : נדור · על התודה ואינו יוצא בה ידי חגיגה : נזיר ואינו מגלח · ממעות מעשר אלא מן החולין דכיון דאמר הרי עלי נתחייב דאמירה לגבוה כמסירה להדיוט וכי הדר אמר על מנת לאו מילתא היא: ההוא גברא · מלוה מחמת מיתה היה : להא שמעתא · דהאומר הרי עלי תודה ולא בה ידי חגיגה : משמיה דנפשיה · ולא אמר לה בלשון בעיא אלא מאליו אמרה האומר הרי עלי תודה ולא בה ידי חגיגה הריני נזיר ואגלח ממעות מעשר שני נדור ואינו יוצא נזיר ואינו מגלח : אתון הכי מתניתו לה · מאליה ולא משמיה דר' יוחנן : אנן כדבעא מיניה ריש לקיש מר' יוחנן מתניק לה · דאהדר ליה ר' יוחנן הכי : ויקרב את העולה. עולת יום שמיני של מלואים שהטיל הכתוב על אהרן חובה ליום קח לך עגל בן בקר לחטאת ואיל לעולה תמימים (ויקרא ט) : ויעשה כמשפט. מה משפט האמור בעולת חובה על כרחיך כמשפט המפורש בעולת נדבה בויקרא קאמר שכל משפטי עולה ושלמים שם נאמרו ובשל נדבה דבר הכתוב דכתיב אדם כי יקריב מכם משמע לכשירצה יקריב וכתיב התם וסמך ידו ואתא האי כמשפט דכתיב בעולת חובה ללמד עליה שתטעון סמיכה *כשאר משפטי נדבה : אמר ליה · ר' יצחק לתנא : דאמר לך מני · הא דאיצטריך קרא להכי ולא גמר לה בבנין אב דמה מצינו בנדבה שהיא עולה וטעונה סמיכה אף חובה שהיא עולה כמותה תטעון סמיכה : ב"ש היא · דאמר במתניתין מביאין שלמים של י"ט שהן חובה ואין סומכין עליהן וטעמא מאי משום דסמיכה בויקרא כתיב בשלמי נדבה ואם זבח שלמים קרבנו וסמך ידו וגו' וקא סברי לא גמרינן חובה מנדבה דפרכינן מה לנדבה שכן מצויה בכל שעה שירצה יתנדב ויביא תאמר בחובה שאינה אלא לכשיתחייב הלכך *לא דחיא סמיכה דידהו יום טוב הלכך עולת חובה נמי אי לאו דפרט בה קרא כמשפט לא הוה בעיא סמיכה דחובה מנדבה לא גמרי' : וממאי דבית הלל כו' · דלמא לעולם חובה מנדבה לא גמרינן אלא בית הלל חובה מחובה גמרי שלמי חובה מעולת חובה הלכך עולת חובה בעיא האי קרא דכמשפט להיות מפורש בה ואי לא לא הוה ידעינן סמיכה לא בעולה ולא בשלמים דחובה והך מתניתא דברי הכל היא : אתיא מבינייא · לעולם מתני' דתני תנא דברי הכל היא ואפי' לב"ה בעיא קרא ומאחר דקי"ל סמיכה בעולת חובה מהאי קרא אתו להו שלמי חובה מתרווייהו משלמי נדבה ומעולת חובה במה מצינו בשלמי נדבה שטעונין סמיכה אף שלמי חובה שהן שלמים כמותן יטעונו סמיכה וכי פרכת מה לשלמי נדבה שכן מצויין עולת חובה תוכיח שאינה מצויה וטעונה סמיכה אף אני אביא שלמי חובה שאע"פ שאינן מצויין יטעונו סמיכה וכי פרכת מה לעולת חובה שכן כליל תאמר בשלמי חובה שאינם כליל שלמי נדבה יוכיחו וחזר הדין לא ראי זה כראי זה ולא ראי זה כראי זה לא ראי עולת חובה כראי שלמי נדבה לתלות טעם הסמיכה בראייה שכן מצוין דהך ראייה בעולת חובה ליתא ולא ראי שלמי נדבה כראי עולת חובה לתלות טעם הסמיכה בראייה שכן כליל דהא ליתא בשלמי נדבה וכתיב בהו סמיכה הצד השוה שבהן על כרחך תתלה טעם סמיכתן בטעם הצד השוה שבשניהם שקרבן יחיד הן וטעונין נסכים [וסמיכה] אף אני אביא כל הטעון נסכים והוא קרבן יחיד שיטעון סמיכה ואתו להו שלמי חובה מהאי טעמא : לא נחלקו על הסמיכה · בשלמי חובה שצריך אלא כך היו בית שמאי אומרים סומך עליהן מערב יום טוב ושוחטן ביום טוב ולא אמרינן תכף לסמיכה שחיטה : הוא דאמר כי האי תנא כו' על תכף לסמיכה שחיטה שצריך. בדבר הטעון סמיכה כדכתיב וסמך ושחט : על הסמיכה עצמה · אם טעונין שלמי חובה סמיכה : נקבה היא · שאין עולה נקבה : ולזבחי שלמים הבאתיה · מרוב ענותנותו של הלל היה משנה מפני השלום : כשכש להם בזנבה · כדי להטעותן שיהיו סבורים שהיא נקבה :

תוספות

נזיר ואינו מגלח · ודוקא דקאמר הכי אבל אם אמר אפלא על מנת שאלא משום חגיגה הרי עלי תודה לא וכן בנזיר וכן משמע בסמוך דקאמר דטעמא דאמר הבו ליה ולנסיב כו' וכן פי' בקונט' שפירש טעמא משום דכיון דאמר הרי עלי נתחייב דאמירה לגבוה כמסירתו להדיוט וכי אמר ע"מ לאו מילתא היא :

ויקרב את העולה וכו' · פירש רש"י דקאי אעולה של אהרן שנאמר בפ' שמיני ולא נהירא דהא קאי אעולת צבור דהכתיב שעיר העם ומיד אח"כ כתיב ויקרב את העולה ועולה של אהרן מפורשת בפסוק אחר בפרשה לכך נראה דאין הכי נמי דקאי אעולה של צבור :

למד על עולת חובה שטעונה סמיכה . ותימה דאמר התם דאין טעונין סמיכה בקרבנות צבור אלא בשתי קרבנות וזו אינה מן המנין אלא (*פר) של ע"ז ופר של העלם דבר ולפי' רש"י דפירש דהכא מיירי בקרבן של אהרן שהוא קרבן יחיד ניחא וי"ל דהא דקאמר דאין צריכין סמיכה אלא בב' קרבנות היינו דוקא בקרבנות שהן לדורות אבל הכא מיירי בקרבן המלואים שהיה לפי שעה ומ"מ קשה דהיכי ילפינן דורות משעה דקא למד על עולת חובה שטעונה סמיכה ועוד היכי ילפינן יחיד מצבור דהא פי' דקרא דויעשה כמשפט מיירי בקרבן צבור ולפי' רש"י ניחא ועוד י"ל שעיא השוה לשניהם הואיל וגלה לנו קרא דויקרב את העולה וגו' דילפינן שעה מדורות וקרבן צבור מקרבן יחיד דכתיב אדם כי יקריב לדורות וה"ה דלילפי דורות משעה ויחיד מצבור ועוד אמר הר"מ דיש ליישב פי' רש"י ולעולם פשטיה דקרא דויקרב העולה מיירי בקרבן צבור ואי קשיא הא אינה טעונה סמיכה כדקאמר ב' סמיכות בצבור י"ל דאין ה"נ אלא אם אינו ענין לקרבנות צבור דהא קי"ל דאין טעונין סמיכה אלא בשתי קרבנות צבור וזו אינה מן המנין תנהו ענין לקרבנות אהרן שהוא קרבן יחיד :

דלא גמרי שלמי חובה כו' · השתא אית ליה לרבי יצחק בר אבא דטעמא דב"ש דאמרי אין סומכין היינו משום דאין טעונין סמיכה ולא כרבי יוסי דקאמר בסמוך דפליגי בתכף כו' ורש"י פי' במתני' טעמא משום שבות שמשתמש בבעלי חיים ויפה פי' א] דבפ' אין דורשין (חגיגה דף טז:) משמע דבהכי פליגי לרבי יוחנן :

דלמא מעולת חובה גמרי · ואם תאמר והא הוי דבר הבא מן ההיקש דעולת חובה לא ידעינן אלא מנדבה דכמשפט ודבר הלמד בהיקש אינו חוזר ומלמד בבנין אב וי"ל דבעיא היא בזבחים (דף נ:) אם חוזר ומלמד בבנין אב ואם לאו והכא קאמר אם תמצי לומר חוזרין ומלמדין בבנין אב דבר הלמד בהיקש מעולת חובה גמירי לה דחובה מחובה ילפינן :

עין משפט נר מצוה

נ א מיי' פ"ב מהל' חגיגה הלכה יד :

נא ב מיי' פ"ח מהל' נזירות הלכה יד :

נב ג מיי' פי"א מהל' זכיה הלכה כ סמג לאוין פב טוש"ע ח"מ סי' רנג סעיף יב [רב אלפס ב"ב פ"ט דף נג ע"ב] :

נג ד ה מיי' פ"ג מהל' מעשה הקרבנות הל' ו סמג עשין קפג :

נד ו מיי' שם הל' יב :

רבינו חננאל

הריני נזיר ואגלח ממעות מעשר שני נדור ואינו יוצא נזיר ואינו מגלח. הזכיר מעשה שדומה לו. ההוא דאמר הבו ת' זוז לפלוני ולינסוב ברתי אמר רב פפא ת' זוז שקיל דהא אמר הבו ליה ת' זוזי ברתיה אי בעי שקיל ואי בעי לא שקיל ודייקינן מינה טעמא הבו ליה ולינסיב אבל אי פריש ואמר לינסיב והבו ליה אי נסיב ברתיה שקול ואי לא נסיב לא שקיל . תני תנא קמיה דר' יצחק מאי דכתיב ויקרב את העולה ויעשה כמשפט כמשפט עולת נדבה מה עולת נדבה כתיב בה אם עולה קרבנו מן הבקר וגו' וכתיב בה וסמך ידו על ראש העולה כו' כך עולת חובה טעונה סמיכה א"ל זו לב"ש היא דאע"ג דכתיב סמיכה בשלמי נדבה שנאמר ואם זבח שלמים קרבנו וגו' וסמך ידו על ראש קרבנו כיון דבשלמי חובה לא כתיבא סמיכה לא ילפי הני מהני ולפיכך שנו ב"ש במשנתנו מביאין שלמים ואין סומכין דאי ב"ה כיון דגמרי שלמי חגיגה משלמי נדבה לפיכך שנו במשנתנו מביאין שלמים וסומכין עליהן בעולת חובה לב"ה לא היה צריך לכתוב כמשפט וללמוד הימנו סמיכה בעולת חובה אלא אפילו בלא פסוק יליף עולה מעולה כמה דילפי שלמי חובה משלמי נדבה ודחינן וממאי דב"ה זה ששנינו סמיכה בשלמי חובה משלמי נדבה למדו אותה דלמא חובה מחובה למדו שלמי חובה מעולת חובה למדה ועולת חובה גופה בעיא קרא מפורש שיש בה סמיכה ולפיכך אתא כמשפט לומר שעולת חובה טעונה סמיכ' ואמרי' מה ראית(*) שלא ילמדו סמיכה לשלמי חובה משלמי נדבה דאיכא למיפרך מה לשלמי נדבה שכן מצויין בכל השנה כולה ולפיכך טעונין אבל שלמי חובה שאינן אלא בימים טובים בלבד לא עולת חובה נמי איכא למיפרך מה לעולה שכן כליל תאמר בשלמי חובה שאין עולה מהן למזבח אלא דם וחלב בלבד ופרקינן אלא אתיא מבינייא כלומר אתיא משתיהן מעולת חובה ושלמי נדבה. ושלמי חובה לב"ש לא בעי סמיכה והתניא א"ר יוסי לא נחלקו ב"ש וב"ה על שלמי חובה שטעונין כו' : ת"ר מעשה בהלל שהביא עולה לעזרה לסמוך כו' תניא

*) אולי צ"ל ואמרינן דיש לדחות .

מסורת הש"ס

[מנחות צג:]

[עי' תוספות זבחים נ. ד"ה אם]

ס"א ושאר רש"ל מ"ז

[ברכות מב. זבחים לג. מנחות צג.]

[תוספתא דחגיגה פ"ב]

גליון הש"ס

גמ' אמר רב פפא ארבע מאה שקיל . עי' נדרים מח ע"א בר"ן ד"ה לא שנו: רש"י ד"ה ב"ש כו' לא דחינן סמיכה דידהו וק"ל לפי מה דקיימינן עתה דב"ש ל"ל סמיכה כ"כ בשלמי חובה גם כתול אסור דהוי עבודה בקדשים דהא גם ביו"ט לא מיקרי משתמש בבע"ח רק הוא סמיכה בכל כחו כמ"ש רש"י במתניתין ולע"ע:

הגהות מהר"ב רנשבורג

א] תוס' ד"ה דלא גמרי וכו' דבפ' אין דורשין משמע דבהכי פליגי לר"י . נ"ב עי' פסחים פ"ט ע"א תוס' ד"ה ואלו וכו' :

והביא כל צאן קדר שבירושלים והעמידן בעזרה ואמר כל מי שרוצה לסמוך יבא ויסמוך ואותו היום גברה ידן של בית הלל וקבעו הלכה כמותן ולא היה שם אדם שערער בדבר כלום : שוב מעשה בתלמיד אחד מתלמידי ב"ה שהביא עולתו לעזרה לסמוך עליה מצאו תלמיד אחד מתלמידי ב"ש אמר לו *מה זו סמיכה אמר לו מה זו שתיקה שתקו בנזיפה והלך לו אמר אביי הלכך האי צורבא מרבנן דאמר ליה חבריה מלתא לא להדר ליה מלתא טפי ממאי דאמר ליה חבריה דאיהו אמר ליה מה זו סמיכה וקא מהדר ליה מה זו שתיקה : תניא *אמרו להם בית הלל לבית שמאי ומה במקום שאסור להדיוט מותר לגבוה מקום שמותר להדיוט אינו דין שמותר לגבוה אמרו להם בית שמאי נדרים ונדבות יוכיחו שמותר להדיוט ואסור לגבוה אמרו להם בית הלל מה לנדרים ונדבות שאין קבוע להם זמן תאמר בעולת ראייה שקבוע לה זמן אמרו להם בית שמאי אף זו אין קבוע לה זמן דתנן **אמי שלא חג ביום טוב ראשון של חג חוגג והולך כל הרגל כולו ויום טוב האחרון של חג אמרו להם בית הלל אף זו קבוע לה זמן דתנן *בעבר הרגל ולא חג אינו חייב באחריותו אמרו להם בית שמאי והלא כבר נאמר *לכם ולא לגבוה אמרו להם בית הלל והלא כבר נאמר לה' *כל דלה' אם כן מה תלמוד לומר לכם *גלכם ולא לכותים לכם ולא לכלבים : *אבא שאול אומרה בלשון אחרת ומה במקום שכירתך סתומה כירת רבך פתוחה במקום שכירתך פתוחה אינו דין שכירת רבך פתוחה וכן בדין *שלא יהא שולחנך מלא ושולחן רבך ריקן במאי קא מפלגי מר סבר נדרים ונדבות קרבין ביום טוב ומר סבר *דאין קרבין ביום טוב אמר רב הונא *לדברי האומר נדרים ונדבות אין קרבין ביום טוב א] לא תימא מדאורייתא מחזא חזו ורבנן הוא דגזרי בהו גזירה שמא ישהה אלא אפילו מדאורייתא נמי לא חזו *דהא שתי הלחם דחובת היום נינהו וליכא למגזר שמא ישהה ואינו דוחה לא את השבת ולא את יו"ט : איבעיא להו לדברי האומר נדרים ונדבות אין קרבין בי"ט עבר ושחט מאי רבא אמר זורק את הדם על מנת להתיר בשר באכילה רבה בר רב הונא אמר זורק את הדם על מנת להקטיר אימורין לערב מאי בינייהו איכא בינייהו נטמא בשר או שאבד לרבא לא זריק לרבה בר רב הונא זריק מיתיבי *וכבשי עצרת ששחטן שלא לשמן או ששחטן בין לפני זמנן בין לאחר זמנן הדם יזרק והבשר יאכל ואם היתה שבת לא יזרוק ואם זרק הורצה

רש"י

לאן קדר · מעולים היו : שוב מעשה כו' · לאחר המעשה הזה היה מעשה בתלמיד אחד כו' : מה זו סמיכה · שאתה רוצה לסמוך ולעבור על דברי ב"ש והלא אנו חלוקין עליכם : אמר לו מה זו שתיקה · שהיה לך לשתוק ואינך שותק : שתקו בנזיפה · בגערה : מקום שאסור להדיוט · שבת שאסור לעשות להדיוט כלום מותר לגבוה תמידין ומוספין : מקום שמותר להדיוט · י"ט דכתיב (שמות יב) הוא לבדו יעשה לכם כל צד צרכי אכילה : אינו דין שמותר לגבוה · כל צרכי אכילת מזבח ואפילו עולת ראייה : נדרים ונדבות יוכיחו · שי"ט מקום המותר להדיוט הוא ואתם מודים לנו שאסורים להקריב והן צרכי גבוה : אף זו קבוע לה זמן כו' · ויש לחוש שמא יפשע או יאנס בשאר ימי המועד ולא יביא : והלא כבר נאמר לה' · וחגותם אותו חג לה' : אומרה בלשון אחרת · להאי קל וחומר דבית הלל דלעיל : כירה · יש לה בית קבול לקבל שתי קדרות ושייך למימר בה סתומה ופתוחה : במאי קמפלגי · אבא שאול ותנא קמא אבא שאול דלא אמר אמרו להם בית שמאי נדרים ונדבות יוכיחו סבירא ליה נדרים ונדבות קרבין לבית הלל : לא תימא מדאורייתא מחזא חזו · דלה' משמע כל דלה' אפילו נדרים ונדבות : שמא ישהה · עד המועד שיהא לו בשר מלוי ברגל ושמא כשיבא המועד יארע לו אונס ונמלא מאחר נדרו : מדאורייתא נמי · סבירא ליה דאסור דכי כתיב לה' דומיא דוחגותם קאמר עולות הדומות לחגיגה זמן קבוע ברגל כמותה : דהא שתי הלחם · דעצרת דחובת היום הן ואינן ראויין לבא קודם לכן דלגזר בהו שמא ישהה הואיל ויכול לאפותן מערב י"ט אמור רבנן במסכת מנחות (דף נה:) דאין דוחין לא שבת כו' באפייתן דלאו דומיא דחגיגה הוא שזמן שחיטתה קבוע ברגל ואינו יכול להקדים ולאחר : עבר ושחט מאי · מהו שיזרוק את הדם : על מנת להתיר בשר באכילה · כלומר אם הבשר קיים שתהא זריקתו צורך י"ט שיאכל הבשר היום זורק ואם לאו אינו זורק : על מנת להקטיר אימורין לערב · אפילו אין כאן אלא לצורך הכשר קרבן להכשיר קרבן שאין יכול לזרוק בלילה והקטרת האימורין כשרה כל הלילה וימתין עד שתחשך ויקטירה : לרבא לא זריק · אף על גב דלאו מלאכה היא גזור בה משום שבות : כבשי עצרת · הבאים עם שתי הלחם כדכתיב בפרשת שור או כשב בעצרת ועשיתם שעיר עזים אחד לחטאת ושני כבשים וגו' (ויקרא כג) : שלא לשמן · שצריך לשחטן לשם שלמי צבור ושחטן לשם עולה : לפני זמנן · קודם עצרת והם הופרשו לשם כבשי עצרת : הדם יזרק והבשר יאכל. דקיימא לן כל הזבחים שנזבחו שלא לשמן כשרים ליקרב ונאכלין אלא שלא עלו לבעלים לשם חובה : ואם היתה שבת לא יזרוק · שהרי אסור לבשל וללנות היום ולא יאכל מן הבשר : ואם זרק · ולא נמלך : הורצה

תוספות

והביא כל צאן קדר בעזרה · ותימה הא *אין מביאין חולין בעזרה ויש לומר דלאו דוקא בעזרה אלא בהר הבית :

*שכירתך פתוחה · פ"ה לשון כירה ממש ונראה דר"ל כמו ויכרה להם כירה גדולה (מלכים ב ו) :

נדרים ונדבות יוכיחו · פ"ה שמותר להדיוט במקום שמותרים להדיוט לעשות כל צרכו כגון ביום טוב אסורין ליקרב לגבוה אפילו שלמים וכל שכן עולות במאי קא מפלגי (א) מר סבר נדרים ונדבות אין קרבין פרש"י ת"ק דאמר נדרים ונדבות יוכיחו ומר סבר אבא שאול נדרים ונדבות קרבין בי"ט מדלא קאמר נדרים ונדבות יוכיחו והר"ר שמואל היה מפרש פירוש אחר נדרים ונדבות יוכיחו במקום שיש חלק להדיוט כגון שלמים ואסורי' לגבוה כגון עולות במאי קמפלגי ת"ק סבר נדרים ונדבות קרבין ביום טוב מדקאמר במקום שמותר להדיוט כגון שלמים דהוו נדרים ונדבות אלמא דס"ל לת"ק דנדרים ונדבות קרבין ביו"ט ואסורין לגבוה כגון עולה אבל אבא שאול *דאמר ומה במקום שכירתך סתומה כו' משמע אפילו דשלמים אלמא דס"ל דנדרים ונדבות אין קרבין בי"ט וקשה להאי פי' דבפ' אלו עוברין (פסחים דף מז. ושם) אמר בהדיא וסבר לה כאבא שאול דאמר לכם ולא לנכרים משמע אבל נדרים ונדבות קרבין בי"ט מדלא מוקי ה לומר לכם ולא לגבוה אלמא דסבירא ליה לאבא שאול דנדרים ונדבות קרבין בי"ט לכ"ע כפי' ראשון:

לכם ולא לנכרים · ב"ה נמי דרשי לכם ולא לגבוה למעוטי נדרים ונדבות כדפי' בפ"ק (דף יב: בד"ה השוחט) אלא נקט כותים וכלבים דפסיקא ליה :

מאי בינייהו כגון שנטמא · וא"ת נימא דאיכא בינייהו כגון שנטמאו אימורים או שנאבדו דלרבא זריק הואיל ואיכא בשר ולרבה בר רב הונא לא זריק כיון שנטמאו האימורין ותי' הר"ר שמשון מקוצ"י דרבה בר רב הונא מודה להא דרבא דזורק את הדם על מנת להתיר (ב) באכילה דהוי צורך אוכל נפש ושמחת יום טוב אבל הוא מוסיף עליה דקאמר אפילו נטמא בשר זורק את הדם ע"מ להקטיר אימורין לערב אבל קשה היאך יהא הבשר מותר באכילה הא אמר *התם אימורין כל כמה דלא מקטרי בשר לא מתאכיל [פסחים נט:] דהא דהקטרת אימורין לא מעכבא ה"מ היכא דליתנהו שנטמאו או נאבדו אבל היכא דאיתנהו מעכבי ויש מתרצים דהכא מיירי שנטמאו או נאבדו ולא נהירא דאם כן לימא דאיכא בינייהו דהכל קיים דלרבא לא זרק ולרבה זריק ועוד דבסמוך משמע אע"ג דאיתנהו דקאמר כבשי עצרת וכו' הדם יזרק והבשר יאכל ואם היתה שבת לא יזרוק ואם זרק הורצה ע"מ להקטיר וכו' אלמא דמיירי דאיתנהו ואעפ"כ בי"ט הדם יזרק והבשר יאכל וי"ל דהכא הואיל ואין יכול להקטיר האימורין מבעוד יום הוי כאילו נאבדו או נטמאו : אבל

רבינו חננאל

תניא אמרו ב"ה לב"ש ומה בעת שאסור להדיוט בשבת מותר לגבוה שנאמר וביום השבת שני כבשים וגו' בעת שמותר להדיוט ביו"ט שנאמר אך אשר יאכל לכל נפש וגו' אינו דין שמותר לגבוה כו' אמר רבינא לדברי האומר נדרים ונדבות אין קרבין ביו"ט ולא תימא דמדאורייתא חזו לאיקרובי ביו"ט ורבנן הוא דגזרו בהו גזירה שמא ישהה אותן כלומר יאמר בשאר ימות השנה אני טרוד במלאכה איני יכול לעלות ולהקריב קרבן הנה כשאעלה לחוג ביו"ט אקריב נדרי לפיכך גזרו שלא יקרבו נדרים ונדבות ביו"ט אלא אפי' מדאורייתא נמי לא חזו דהא שתי הלחם חובת היום הן וליכא למגזר שמא ישהה ואין עשייתו דוחה לא שבת ולא יו"ט ומיבעיא לן לדברי האומר אין קרבין ביו"ט עבר ושחט נדרים ונדבות ביום טוב מאי רבה אמר זורק את הדם להתיר בשר לאכילה ואם נטמא הבשר או שאבד אינו זורק רבה בר רב הונא אמר זורק הדם להקטיר אמורין לערב ואע"פ שנטמא הבשר זורק ואותבינן עליה מהא כבשי עצרת ששחטן שלא לשמן שהן שלמי צבור כדכתיב ושני כבשים לזבח שלמים או ששחטן לשמן קודם עצרת או לאחר עצרת הדם יזרוק והבשר יאכל ואם היתה שבת לא יזרוק ואם זרק הורצה ע"ש

עין משפט נר מצוה

[עי' תוס' פסחים דף סו: ד"ה מביאה]

שייך לקמן קודם ד"ה מאי

נה א מיי' פ"א מהל' חגיגה הלכה ז :

נו ב מיי' שם הלכה ו :

נז ג מיי' פ"א מהלכות י"ט הלכה יג סמג לאוין עה טוש"ע א"ח סי' תקיב סעיף א וסעיף ג :

נח ד מיי' פ"א מהלכות חגיגה הלכה ח :

נט ה מיי' פ"ח מהל' תמידין ומוספין הלכה ח :

ס ו מיי' פ"ב מהל' שגגות הלכה יד וע"ש בכ"מ :

סא ז מיי' פט"ו מהל' פסולי המוקדשין הלכה יט :

זב"ש אהדרו ליה נדרים ונדבות יוכיחו שכירתך פתוחה וכירת רבך סתומה משמע אפילו דשלמים. מהר"מ

מסורת הש"ס

[הא שלא שאל מה זו עולה עי' תוס' חגיגה ז: ד"ה מביאין]

[תוספתא חגיגה פ"ב]

חגיגה ט. יז. ר"ה ד: יומא ג. מגילה ה:

ג"ז שם

[פסחים מז.]

[לעיל יט.]

[פסחים מז. לקמן כח: כח: מגילה ז:]

[חגיגה ז.]

[לעיל יט. וש"נ]

[מנחות ק: ע"ש]

מנחות ק:

נזיר כח: ע"ש מנחות מח. ע"ש

הגהות הב"ח

(א) תוס' ד"ה נדרים וכו' במאי קא מיפלגי פרש"י דמר סבר ת"ק דאמר נדרים ונדבות יוכיחו נדרים ונדבות אין קריבין ומר סבר אבא שאול כצ"ל : (ב) ד"ה מאי וכו' להתיר הבשר באכילה דהוי צורך :

הגהות מהר"ב רנשבורג

א] גמ' אמר ר"ה וכו' לא תימא מדאורייתא מחזא חזו . נ"ב עיין מהרש"א ומ"ש עליו בשער המלך פ"א מהל' חגיגה הלכה ח דף סד ע"א בד"ה ודע :

Hillel[9] and he sent [20b] and fetched all the sheep of Kedar[10] that were in Jerusalem and put them into the Temple Court and said: Whoever wishes to lay on hands let him come and lay on hands; and on that day Beth Hillel got the upper hand and established the *halachah* according to their opinion and there was no one there
a who disputed it.[1]

It happened again with a certain disciple of the disciples of Beth Hillel who brought his burnt-offering into the Temple Court for the purpose of laying hands thereon. A certain disciple of the disciples of Beth Shammai found him and said to him: Why the laying on of hands?[2] He replied: Why [not keep] silence? He silenced him with a rebuke and he went away. Said Abaye: Therefore a young scholar to whom his colleague says anything should not answer back more than the former had spoken to him; for the one said to the other, Why the laying on of hands? and the other replied, [correspondingly] Why [not keep] silence?

It was taught; Beth Hillel said to Beth Shammai: If, when it is forbidden [to slaughter to provide food] for a layman,[3] it is permitted [to slaughter] for the Most High,[4] then where it is permitted on behalf of a layman,[5] it is surely logical that it is permitted for the Most High.[6] Beth Shammai replied to them: Let vows and freewill-offerings prove [the contrary], for they are permitted for a layman and yet forbidden for the Most High.[7] Beth Hillel said to them: As for vows and freewill-offerings, that is because there is no fixed time for them; will you say [the same] with respect to a pilgrimage burnt-offering seeing that it has a fixed time![8] Beth Shammai replied to them: Even [for] this [sacrifice] there is no [strictly] fixed time. For we have learnt:[9] He who did not bring his Festival offering on the first day of the Festival, may bring it during the whole of the remaining days of the Festival, even on the last day. Beth Hillel replied to them: Even [for] this there is indeed a time fixed, for we have learnt:[9] If the Festival passes and he has not brought his Festival offering, he bears no
b [further] liability [on its account].[1] Beth Shammai said to them: Surely it is said '[*That only may be done*] *for you*',[2] [implying] but not for the most High God? Beth Hillel replied to them: Surely it is said: '[*And ye shall keep it as a feast*] *unto the Lord*',[3] [implying] whatever is for the Lord! If so, why then does the text say: '*For you*'?—for you but not for heathens,[4] for you, but not for dogs.

Abba Saul taught the same in another form: If when thy hearth is closed,[5] the hearth[6] of the Master is open,[7] how much the more must the hearth of thy Master be open when thy hearth is open.[8] And that is logical that thy table should not be full and the table of thy Master empty. In what do they differ?[9]—One Master[10] holds: Vows and freewill-offerings may be offered on a Festival and the other Master holds they may not be offered on a Festival.

R. Huna said: On the view that vows and freewill-offerings may not be offered on a Festival, say not, Biblically they are indeed permitted[11] and only the Rabbis preventively forbade them lest one delay,[12] but even Biblically they are not permitted; for the two loaves of bread[13] which are obligatory for that day[14] so that we need not apprehend delay, yet [their preparation] does not override either the Sabbath or a Festival.[15]

The scholars asked: On the view that vows and freewill-offerings may not be offered on a Festival what is the law if one transgressed and did slaughter?[16] Raba says: He sprinkles the blood in order to permit the flesh to be eaten for food.[17] Rabbah son of R. Huna says: He sprinkles the blood in order to burn their inwards at
c eventide.[1] What [difference] is there between them?—They differ when the flesh was defiled or lost; according to Raba he must not sprinkle [the blood],[2] according to Rabbah son of R. Huna he does sprinkle.

An objection was raised: If one slaughters the lambs of the Feast of Weeks[3] for another purpose[4] or if one slaughters them before or after their [fixed] time, the blood is to be sprinkled and the flesh is to be eaten; but if it was the Sabbath, he may not

(9) I.e., that Beth Shammai's ruling is only a stringency, but not based on Biblical law. (10) I.e., the best, cf. Isa. LX, 7.

a (1) Cf. Büchler, *Types*, p. 74. (2) Seeing that we forbid it. (3) Viz., on the Sabbath. (4) Public sacrifices being offered on that day. (5) Viz., on a Festival. (6) Whatever is required for the altar, even the pilgrimage burnt-offering. (7) I.e., vows and freewill-offerings may not be offered on a Festival, yet animals may be killed for ordinary food then. (8) Surely not! (9) Ḥag. 9a, 17a; R.H. 4b; Meg. 5a.

b (1) Therefore he should be allowed to bring it on the first day of the Festival lest, by postponing, he be prevented from bringing it at all. (2) Ex. XII, 16. (3) Lev. XXIII, 41. (4) Lit., '*kuthim*', but this is probably a censor's substitute for heathen. For these no food may be cooked on Festivals. (5) I.e., when you may not prepare food, viz., Sabbath. (6) The altar. (7) For sacrifice. (8) Viz., on a Festival. (9) Abba Saul and the first Tanna. (10) Abba Saul who does not quote in his version the reply of Beth Shammai that vows and freewill-offerings prove the contrary. (11) For Beth Hillel's interpretation '*unto the Lord*' = whatever is for the Lord is the correct one. (12) To offer them until the Festival when he may be prevented from offering them at all. (13) V. Lev. XXIII, 17. (14) I.e., The Feast of Weeks. (15) They may not be baked on the Festival, since that can be done prior thereto. (16) May the blood be sprinkled? (17) On the day of the Festival.

c (1) Sprinkling may only be performed during the day but the burning of the inwards takes place at night. (2) Though sprinkling is no labour, it is forbidden as *shebuth* (v. Glos.). (3) V. Lev. XXIII, 19. (4) I.e., as burnt-offerings instead of peace-offerings.

sprinkle,[5] and if he did sprinkle[6] [21a] it is acceptable[7] on condition that the inwards are burnt at eventide.[8] [Now] 'If he did sprinkle' indicates only if it was [already] done, but [it may] not [be done] at the outset. According to Raba it is well, but on Rabbah b. R. Huna's view there is a difficulty?—That is indeed a difficulty. Alternatively you can answer: The *shebuth*[9] of Sabbath is different from the *shebuth* of a Festival.[10] R. Awia the Elder asked R. Huna: Is it permissible to slaughter on a Festival an animal half of which belongs to a heathen and half to an Israelite?—He said to him: It is permitted. The other said: What difference is there between this [case] and the case of vows and freewill-offerings?[11]—A raven flies,[12] he retorted. When he left, his son Rabbah said to him: Was this not R. Awia the Elder whom you, sir, have praised as a great man?[13]—What then was I to do with him? answered he; I am to-day [in the condition of the lover who said] *'Stay ye me with dainties, refresh me with apples'*,[14] and he asked me things which require reasoning.[15] And what is [really] the reason?[16]—An animal half of which belongs to a heathen and half to an Israelite may be slaughtered on a Festival, because it is impossible [to
a eat] as much as an olive of flesh without slaughtering;[1] but vows and freewill-offerings may not be slaughtered on a Festival because when the priests receive their portion,[2] they receive it from the table of the Most High.[3]

R. Ḥisda said: An animal half of which belongs to a heathen and half to an Israelite is permitted to be slaughtered on a Festival, because as much as an olive of flesh is unattainable without slaughtering; [but] dough belonging half to a heathen and half to an Israelite may not be baked on a Festival for it is possible to divide it at the kneading. R. Ḥana b. Ḥanilai raised an objection: Dogs' dough,[4] if the shepherds eat of it, is subject to *ḥallah*,[5] and one may prepare an *'erub*[6] therewith, effect a partnership[7] therewith, pronounce a blessing over it,[8] and say grace after it,[9] and it may be baked on a Festival,[10] and a man can fulfil his obligation therewith on Passover.[11] But why [may it be baked on a Festival]? Surely it is possible for him to divide it during the kneading!—Dogs' dough is different since it is possible to appease them [the dogs] with carrion.[12]

Does then R. Ḥisda accept the argument of 'Since'?[13] Surely it was stated: He who bakes on a Festival for the weekday, R. Ḥisda says: He is flagellated; whereas Rabbah maintains: He is not flagellated. R. Ḥisda says: He is flagellated, [for] we do not say, *Since* if visitors came to him, it is fit for him [on the festival], it is even now[14] [considered] fit for him; Rabbah maintains: He is not flagellated, [for]
b we do maintain [the argument of] 'Since'?[1]—Rather, do not say, '*Since* it is possible [etc.]', but when, for example, he [the shepherd] has a carcass, so that it is definitely possible to satisfy them [the dogs] therewith.[2] They asked of R. Huna: May the [Jewish] inhabitants of the valley[3] who are obliged to supply bread[4] for the troops, bake [it] on a Festival?—He replied to them: We see. If they can give some bread [thereof] to a child and they [the soldiers] do not object, then every [loaf] is fit for a child; hence it is permitted; but if not,[5] it is forbidden. But surely it was taught: It once happened that Simeon the Temanite did not come to the Academy on the eve [of the Festival]. In the morning Judah b. Baba found him and asked: Why did you not attend yesterday [evening] at the Academy? He replied to him: A troop of soldiers came into our town and wished to plunder the entire city; so we killed a calf for them and fed them and let them depart in peace. Said [Judah] to him: I should be surprised if your gain is not counterbalanced by your loss,[6] for surely the Torah said *'for you'*[7] but not for heathens. But why so: the [calf] was fit to be eaten [by them]?[8]—Said R. Joseph: It was a *ṭrefa* calf.[9] But it was fit for dogs?—Tannaim differ on this; for it was taught: *'Save that which every soul*[10] *must eat, that only may be done by you'*.[7] From the implication of the expression *'every soul'* I might assume also that the soul of cattle is included[11] as it is said, *'And he that smiteth a soul of a beast mortally shall make it good'*;[12] the text therefore says,

(5) For the flesh cannot be eaten on the Sabbath since cooking is prohibited. (6) Without consulting. (7) I.e., a valid act. (8) V. Nazir 28b; Men. 48a. (9) V. Glos., cf. n. 2. (10) On a Sabbath it is more stringent. (11) Which the owners likewise share, as it were with God. (12) A well-known phrase eluding a question or making an evasive reply. (13) Why then did you dismiss him insultingly? (14) Cant. II, 5. He had just finished lecturing and was anticipating the joy of the festive meal. (15) And I did not feel equal to the task. (16) This the Talmud proceeds to ask.

a (1) Therefore the animal may be slaughtered for the sake of the portion belonging to an Israelite. (2) The breast and thigh. V. Lev. VII, 34. (3) As invited guests, without having in the sacrifice any proprietary rights. Therefore the slaughtering of the sacrifice is entirely for God, and hence forbidden. (4) Which is to be baked for dogs. (5) For it is called bread. V. Num. XV, 19ff. (6) I.e., a court *'erub*. (7) For an alley *'erub*. (8) Before eating it. (9) Cf. *P.B.* pp. 279–280. (10) On account of the portion which the shepherds are to eat. (11) With unleavened bread prepared from such dough. V. Ḥal. I, 8. (12) So that it *may* all be for the shepherds, though in fact it will not be. (13) Since a thing is permitted under certain conditions it is permitted even where these conditions are absent, for in actual fact he has no carrion available and the dough will be eaten in part by the dogs. (14) Though he has no visitors.

b (1) If guests were coming etc. (2) [With the result that the whole dough will be for the shepherds. So according to cur. edd. R. Ḥananel omits 'possible', reading: 'For he will certainly satisfy them therewith'. On his reading render, 'Do not say etc. but (say that we speak of) a case when (the shepherd) has etc.' cf. MS.M.] (3) Or (Jewish) villages. (4) Lit., 'flour'. (5) If the soldiers do object. (6) I.e., the punishment for transgressing the Festival. (7) Ex. XII, 16. (8) The owners could have eaten a part of it. (9) Which is forbidden to Israelites. (10) So literally. E.V. *'man'*. (11) For the word *'soul'* is found in connection with cattle. (12) Lev. XXIV, 18.

מסורת הש"ס

עין משפט נר מצוה

הורצה על מנת להקטיר אימורין לערב אם זרק דיעבד אין לכתחלה לא בשלמא לרבא ניחא אלא לרבה בר רב הונא קשיא קשיא ואיבעית אימא שאני שבות שבת משבות י"ט: בעא מיניה רב אויא סבא מרב הונא בהמה חציה של נכרי וחציה של ישראל מהו לשחטה בי"ט אמר ליה מותר *אמר ליה וכי מה בין זה לנדרים ונדבות אמר ליה *עורבא פרח כי נפק אמר ליה רבה בריה לאו היינו רב אויא סבא דמשתבח ליה מר בגויה דגברא רבה הוא אמר ליה ומה אעביד ליה *אני היום °סמכוני באשישות רפדוני בתפוחים ובעא מינאי מלתא דבעיא טעמא וטעמא מאי בהמה חציה של נכרי וחציה של ישראל מותר לשחטה בי"ט דאי אפשר לכזית בשר בלא שחיטה אבל נדרים ונדבות אסור לשחטן בי"ט דכהנים *כי קא זכו משלחן גבוה קא זכו: אמר רב חסדא בהמה חציה של נכרי וחציה של ישראל מותר לשחטה ביום טוב דאי אפשר לכזית בשר בלא שחיטה עיסה חציה של נכרי וחציה של ישראל אסור לאפותה בי"ט דהא אפשר ליה למפלגה בלישה מתיב רב חנא בר חנילאי *עיסת כלבים בזמן שהרועין אוכלין ממנה חייבת בחלה ומערבין בה ומשתתפין בה ומברכין עליה ומזמנין עליה ונאפת בי"ט ואדם יוצא בה ידי חובתו בפסח ואמאי והא אפשר ליה למפלגה בלישה שאני עיסת כלבים הואיל ואפשר לפייסן בנבלה ומי אית ליה לרב חסדא הואיל והא אתמר *האופה מי"ט לחול רב חסדא אמר לוקה רבה אמר אינו לוקה רב חסדא אמר לוקה לא אמרינן הואיל ומקלעי ליה אורחים חזי ליה השתא נמי חזי ליה רבה אמר אינו לוקה אמרי' הואיל אלא לא תימא הואיל ואפשר אלא כגון דאית ליה נבלה דודאי אפשר לפייסן בנבלה: בעו מיניה מרב הונא הני בני באגא דרמו עלייהו קמחא דבני חילא מהו לאפותה בי"ט אמר (*ליה) חזינא אי יהבי ליה רפתא לינוקא ולא קפדי כל חדא וחדא חזיא לינוקא ושרי ואי לאו אסור והתניא *מעשה בשמעון התימני שלא בא אמש לבית המדרש בשחרית מצאו [ר'] יהודה בן בבא אמר לו מפני מה לא באת אמש לבית המדרש אמר לו בלשת באה לעירנו ובקשה לחטוף את כל העיר ושחטנו להם עגל והאכלנום ופטרנום לשלום אמר לו תמה אני אם לא יצא שכרכם בהפסדכם שהרי אמרה תורה *לכם ולא לעובדי כוכבים ואמאי הא חזי למיכל מיניה אמר רב יוסף עגל טרפה הואי והא חזי לכלבים תנאי היא דתניא °אך אשר יאכל לכל נפש הוא לבדו יעשה לכם (שמות יב) ממשמע שנאמר לכל נפש °שומע אני אפילו נפש בהמה במשמע (ויקרא כד) כענין שנאמר °ומכה נפש בהמה ישלמנה תלמוד לומר לכם לכם

רש"י

הורצה על מנת להקטיר כו' · כלומר ויקטיר אימורין לערב ולא יקטירם היום: לכתחלה לא · הואיל ולא יאכל בשר היום: שאני שבות שבת · החמירו חכמים בדבריהם בשבת מביום טוב: מה בין זה לנדר ונדבה · שאין לו ואין לגבוה ואסור לשוחטן מפני חלק גבוה: עורבא פרח · עורב הפורח למעלה השיאו לדבר אחר: כי נפק · רב אויא: אמר ליה רבה בריה · דרב הונא לאבוה: לאו היינו כו' · ולמה דחיתו והלך לו בכלימה: אני היום סמכוני באשישות · י"ט הוא ודרשתי לרבים ולאיתי מטורח הדרשה וקורא אני עלי סמכוני באשישות הביאו לי סעודה ואסעוד: דבעיא טעמא · וצריך אני להרהר ולעיין בה: וטעמא מאי · סוגיא דגמרא הוא: כהנים משלחן גבוה קא זכו · בחזה ושוק וה"ה לבעלים בשאר הבשר כעבד הנוטל פרס מבית רבו נמצאת כל השחיטה לשם גבוה: חייבת בחלה · דלאדם קרינא ביה: ומערבין בה · ערובי חצרות להוציא מבתים לחצר שהבתים רשות לכל יחיד ויחיד והחצר רשות כולן וצריכים ערוב להוציא כל אחד מביתו לחצר: ומשתתפים בה · שתוף קרי במבוי שחצירות הרבה פתוחין לו וכל חצרות שבש"ם לפני הבתים ויוצאים דרך חצר לרשות הרבים או למבוי: ומברכין עליה · המוציא: ומזמנים עליה · שלשה שאכלו כאחת: ונאפת בי"ט · משום חלק הרועים: ואדם יוצא בה ידי חובתו בפסח · לילה הראשון של פסח שהוא מצוה לאכול מצה דכתיב בערב תאכלו מצות (שמות יב) ושאר הימים אם רצה לאכול שאר דברים בלא לחם הרשות בידו: לפייסן בנבלה · ונמצאת כולה נאכלת לאדם: ומי אית ליה הואיל · סוף סוף מפרנס הכלבים ממנה שהרי אין לו נבלה ומשום אסמכתא דהואיל ואילו היה לו נבלה קא שרית לה: מי"ט לחול · לאחר שסעד אפה דהא ודאי לחול הוא: בני באגא · ישראל הדרים בכפרים: דרמו עלייהו קמחא דבני חילא · המלך הטיל עליהם לאפות ולבשל לבני חילו אנשי מלחמתו: כל חדא וחדא כו' · ופליג רב הונא אדרב חסדא דאמר חציה של נכרי וחציה של ישראל אסור לאפותה: התימני · מתמנת היה כדכתיב (שופטים טו) שמשון חתן התימני מתמנת: אמש · כלומר בין הערבים של יו"ט: בלשת · חיל גדול של גדודי נכרים שמחפשים ובולשין לשלול שלל: יצא שכרכם · שנשתכרתם בממון יצא ואבד בשביל הפסד עונש שתענשו על חלול יו"ט: ולא לכלבים לא גרסינן: והא חזי למיכל מניה · ולא יקפידו שהרי משלהן היה: היינו דקאמר ליה כו' לא גרס והכי גרס והא חזי לכלבים: תנאי היא · דאיכא תנא דאסר לכלבים: לכל נפש · אך אשר יאכל לכל נפש:

הני

תוספות

אבל נדרים ונדבות כי קא זכו משלחן גבוה קא זכו · כהנים בחזה ושוק וישראל בבשר משלחן גבוה כעבד שנוטל פרס מרבו כן פרש"י ואפי' לרבי יוסי הגלילי דקאמר קדשים קלים ממון בעלים הן בב"ק (דף יב:) ואפי' לאחר *זריקה קאמר דממון בעלים הם רק במתנות כהונה מ"מ אותו ממון זכה משלחן גבוה דהא עיקר הקרבן בשביל גבוה והלכך נהי דהוי ממונו לקדש בו את האשה מ"מ כל העבודות לצורך גבוה הם עושים: עיסה חציה של נכרי וחציה של ישראל · ואם תאמר והאמר לעיל* רבי שמעון בן אלעזר אומר ממלאה אשה תנור פת ואע"פ שאינה צריכה אלא לפת אחת מפני שהפת נאפית יפה בזמן שהתנור מלא ושרי לאפות בי"ט אפי' לכתחילה וכי תימא דאתיא לת"ק והא הלכתא כר' שמעון דמתיר *ויש לומר דשאני התם דכל הפת של ישראל שהרשות בידו לאכול כל אחד ואחד או זה או זה ועוד דלמא מקלעי ליה אורחים אבל הכא דחציה של נכרי אסור לאפותה בי"ט: חזינן אי יהבינן (א) לינוקא ולא קפדי כל חדא וחדא וכו' · פרש"י ופליגא אההיא דלעיל דרב חסדא דקאמר עיסה חציה של נכרי וכו' דאפשר למפלגה בלישה ואומר ר"י דלא פליגי דשאני עיסה דחציה של נכרי וחציה של ישראל דישראל מצי למפלגה ולאפות חלקו אבל הכא מיירי שהיה הקמח לבני חילא אלא שטורח אפייה הוה רמי אבני באגא הלכך לא היו יכולין ליקח כלל מן הקמח קודם האפייה לאפותו לצורך התינוק אבל אח"כ שאפו בשביל החיל אז לא קפדי וכן בעגל דבסמוך לא שייך אפשר למפלגיה שנתנו משלהם ומש"ה אם היו לוקחין ממנו היו מקפידין אם לא ע"י טורח הבשול כדרך מבשלים שאוכלין מעט מן הבשול להכי פריך אדרב הונא מהכא: הואיל ומקלעי אורחים וכו' · ותימה הא אמר בשבת פרק המצניע (דף צה· ושם) הרודה חלות דבש ביום טוב סופג ארבעים ואמאי לוקה לרבה דאמר הכא הואיל וכו' התם נמי נימא הואיל דמקלעי אורחים וכו' ואין לומר דשאני התם דאפשר לעשותו מעי"ט דלענין אוכל נפש אין לחלק בין אפשר ללא אפשר כדפריש בריש מכילתין (דף ג·) גבי רב יוסף דאמר משום פירות הנושרין ויש לומר דמיירי שהדבש ואינו ראוי לאכילה אלא לכתישה דגמלי א"נ שתלש חלות דבש סמוך לחשכה ולא היה שהות אפי' באו אורחים לאכלן:

לכם

עין משפט נר מצוה

סב א מיי' פ"א מהל' י"ט הלכה יד סמג לאוין עה טוש"ע א"ח סי' תלא סעיף יא:

נ"ל שחיטה. מהרש"א

סג ב מיי' שם סמג שם טוש"ע א"ח סי' תקו סעיף ו:

סד ג מיי' פ"ו מהלכות בכורים הלכה ח טוש"ע י"ד סי' של סעיף ט:

[דף יז.]

סה ד מיי' פ"א מהל' י"ט הלכה יד סמג שם טוש"ע א"ח סי' תקיב סעיף ג:

סו ה מיי' פ"ו מהלכות מלה הל' ה טוש"ע א"ח סי' תנד סעיף ג:

[ועי' תוס' פסחים מו. סד"ה עד שתאפה וכו' יתיישב קושית תוספות דהכא]

סז ו ז מיי' פ"א מהל' י"ט הלכה טו:

סח ח מיי' שם הל' יד טוש"ע א"ח סי' תקיב סעיף ג:

רבינו חננאל

ע"מ להקטיר אימורין לערב דייקינן מינה דאי עבד אין דקתני אם זרק הורצה אבל לכתחלה לא בשלמא לרבה דאמר זורק הדם כדי להתיר בשר לאכילה כיון דבשבת לאו בר אכילה הוא לפיכך אינו זורק לכתחלה אלא לרבה בר רב הונא דאמר זורק הדם כדי להקטיר אימורין לערב אמאי אינו זורק לכתחלה הלא יקטיר אימורין לערב ועלתה לו בקושיא איבעית אימא אמר לך רבה בר רב הונא כי קאמינא בשבות דיו"ט שהוא קל לפיכך זורק אפילו לכתחלה אבל שבות דשבת דחמירא לא. עורבא פרח לשון נגאי ופחיתות היא כלומר דעת זו דעת נערים ששוחקין בעורבין. היום סמכוני באשישות כלומר היום סמכו אותי בישיבה. ואסיקנא לדברי רב חסדא בהמה חציה של נכרי וחציה של ישראל מותר לשוחטה ביו"ט דאי אפשר לאכול ממנה כזית בלא שחיטה ולא דמיא לנדרים ונדבות דהני משלחן גבוה זכו. אבל עיסה חציה של נכרי וחציה של ישראל אסור לאפותה ביו"ט מ"ט אפשר דפלגו לה בליש' ומותבינן עליה מהא עיסת כלבים בזמן שהרועים אוכלין ממנה חייבין בחלה ומערבין ומשתתפין בה ומברכין ומזמנין עליה ונאפת ביו"ט ואדם יוצא בה י"ח בפסח ואמאי נאפת אותה עיסה חלק הכלבים ביו"ט הא אפשר לחלק העיסה וליטול מנת הרועים ולהניח מנת הכלבים ופריק רב חסדא שאני כלבים הואיל אם נזדמנה לו נבילה אפשר להאכילם ונמצאת כל העיסה לרועים בלבד ואקשינן ומי אית ליה לרב חסדא הואיל והא איתמר האופה מיו"ט לחול רב חסדא אמר לוקה לא אמרינן הואיל ואי מיקלעי ליה אורחין חזו ליה האי נהמא כוליה ורבה אמר אינו לוקה אמרינן הואיל ופרקינן לא שריא הדא מתניתין אלא בדאית ליה נבילה מוטלת דוודאי מפיים להו לכלבים בה שנמצאת העיסה כולה לרועים: בעו מיניה מרב אי שדו בני החיילות של נכרים קמח על היהודים לאפות אותו ביו"ט להם מותר או אסור ואמר להם אם כשיתנו מאותה הפת לתינוקות של יהודים לא קפדי עליהן הני בני חיילא כל חדא וחדא חזיא לינוקא ושרי אבל אי קפדי נמצאו כי לנכרים עושין ואסור ומותבינן עליה מהא דתניא שאמר שמעון התימני לר' יהודה בן בבא בולשת באה לעירנו לילי יו"ט ובקשו לחטוף את כל העיר ושחטנו להן עגל והאכלנום וא"ל ר' יהודה בן בבא והרי אמר' התורה לכם ולא לעובדי כוכבים לכם ולא לכלבים מכלל שלא עשו כהלכה אמאי והא עגל זה ראוי היה שיאכלו גם הם ממנו התיכה והנכרים אין ממחין ולא קפדי כי של ישראל היה ופריק רב יוסף עגל טריפה הואי דלא חזי לישראל כלל: לכם ולא לכלבים תנאי היא יש תנא דהוא ר"ע שאומר מותר ביו"ט לעשות

מסורת הש"ס

[עי' תוס' חולין קכב: ד"ה עור וכו'] [חולין קכד:]

[פי' אותו היום סמכוהו בישיבה והושיבוהו בראש. ערוך ערך סמך]

[קידושין נב: ב"ק יב: ערכין כד: חולין קכ.]

חלה פ"א מ"ח

פסחים מו: סב.

[נ"ל להו]

[תוספת' פ"ב]

הגהות הב"ח

(א) תוס' ד"ה חזינן אי יהבינן רפתא לינוקא:

גליון הש"ס

גמ' שומע אני אפי' נפש בהמה. עיין נזיר דף מ"ח ע"א ועיין בר"ש פרק יא מ"ט דתרומות וצ"ע:

עין משפט נר מצוה

סט א מיי' פ"א מהל' י"ט הל' יג טוש"ע א"ח סי' תקיב סעיף ג: [עירובין מו:]
ע ב טוש"ע א"ח סי' קעא סעיף א:
עא ג מיי' פ"א מהל' י"ט הל' יג טוש"ע א"ח סי' שכה סעיף א: [נ"ל בסיפא]
עב ד מיי' שם טוש"ע א"ח סי' תקיב סעיף א:
עג ה מיי' פכ"ו מהל' שבת הלכה יג טוש"ע א"ח סי' שי סעיף ח:
עד ו מיי' שם ופכ"ה הלכה כד טוש"ע א"ח סי' שח סעיף לו וסי' שלח סעי' ח:
עה ז מיי' פ"א מהל' י"ט הל' טו טוש"ע א"ח סי' תקיב סעיף א: [שבת קמג.]
[שם קכח: ע"ש ובתוספות ד"ה בשר תפוח וכו' וקל"ע]
לחתכן ולרככן דהוי מלאכה · מהר"מ
עו ח מיי' שם הל' טז סמג לאוין עה טוש"ע א"ח סי' תקיא סעיף ב:
עז ט מיי' שם הל' ד טוש"ע שם סעיף א:
עח י טוש"ע א"ח סימן תקכז סעיף כ:

גמרא

א**לכם ולא לכלבים דברי רבי יוסי הגלילי ר"ע אומר אפילו נפש בהמה במשמע אם כן מה תלמוד לומר לכם *לכם ולא לעובדי כוכבים ומה ראית לרבות את הכלבים ולהוציא את העובדי כוכבים מרבה אני את הכלבים ב שמזונותן עליך ומוציא אני את העובדי כוכבים שאין מזונותן עליך: אמר ליה אביי לרב יוסף ולרבי יוסי הגלילי דאמר לכם ולא לכלבים הני סופלי לחיותא היכי שדינן להו ביום טוב אמר ליה הואיל וחזו להסקה תינח ביבישתא ברטיבתא מאי איכא למימר אמר ליה חזו להיסק גדול תינח בי"ט בשבת מאי איכא למימר מטלטלינן להו אגב ריפתא כדשמואל *דאמר שמואל ג עושה אדם כל צרכו בפת ופליגא דרבי יהושע בן לוי דאמר רבי יהושע בן לוי ד מזמנין את הנכרי בשבת ה ואין מזמנין את הנכרי ביום טוב גזרה שמא ירבה בשבילו רב אחא בר יעקב אמר אפילו בשבת נמי לא משום שיורי כוסות אי הכי דידן נמי דידן חזו לתרנגולין דידהו נמי חזו לתרנגולין דידהו איסורי הנאה נינהו ולטלטלינהו אגב כסא מי לא אמר רבא *ו מטלטלין כנונא אגב קטמיה אע"ג דאיכא עליה שברי עצים התם לאו איסורי הנאה נינהו הכא איסורי הנאה נינהו: אמר ליה רב אחא מדפתי לרבינא ולהוי כגרף של רעי אמר ליה *ז וכי עושין גרף של רעי לכתחלה: *אדבריה רבא למר שמואל ודרש מזמנין את הנכרי בשבת ואין מזמנין את הנכרי בי"ט גזרה שמא ירבה בשבילו: מרימר ומר זוטרא כי הוה מקלע להו נכרי בי"ט אמרו ליה אי ניחא לך במאי דטריחא לן מוטב ואי לא טרחא יתירא אדעתא דידך לא טרחינן:

מתני' *ב"ש אומרים לא יחם אדם חמין לרגליו אלא אם כן ראויין לשתיה וב"ה ח מתירין ט עושה אדם מדורה ומתחמם כנגדה:

גמ' איבעיא להו האי מדורה מאן קתני לה לדברי הכל היא ושני להו לבית שמאי בין הנאת כל גופו להנאת אבר אחד או דלמא ב"ה קתני לה אבל ב"ש לא שני להו ת"ש ב"ש אומרים לא יעשה אדם מדורה ויתחמם כנגדה וב"ה מתירין:

מתני' שלשה *)דברים רבן גמליאל מחמיר כדברי ב"ש אין טומנין את החמין י לכתחלה ביום טוב ואין זוקפין את המנורה ביום טוב ואין אופין פתין גריצין אלא רקיקין אמר רבן גמליאל מימיהן של בית אבא לא היו אופין פתין גריצין אלא רקיקין אמרו לו מה נעשה לבית אביך שהיו מחמירין על עצמן ומקילין לכל ישראל להיות אופין פתין גריצין וחררין:

גמ' היכי דמי אי דאנח עירובי תבשילין מאי טעמא דב"ש ואי דלא אנח עירובי תבשילין מאי טעמא דב"ה אמר רב הונא לעולם אימא לך שלא הניח עירובי תבשילין וכדי חייו שרו ליה רבנן ורב הונא לטעמיה דאמר רב הונא מי שלא הניח עירובי תבשילין אופין לו פת (א) אחת ומבשלין לו קדרה אחת ומדליקין

*) [עי' תוס' ע"ז כח: ד"ה מ"ט]

רש"י

הני סופלי · גרעיני תמרין: היכי שדינן להו · כיון דלאדם לא חזו ומאכל לבהמה לא משתרי אסירי בטלטול: עושה אדם כל צרכו בפת · ומטלטל ע"י הפת ולא חיישינן לבזיון דאוכלין: ופליגא דרבי יהושע בן לוי · הא דרב הונא דלעיל דאמר אי כי יהבינן רפתא לינוקא כו': שיורי כוסות · של יין ששרה בהן פתו ומטלטלן השמש להצניע הכוס: דידן נמי · הא לא חזו דמאיסי: כנונא · כלי שמשימים בו הגחלים: אגב קטמיה · שהיינו צריכין לאפרו והוכן מעי"ש לכסות רוק או צואה: ואע"ג דאיכא עליה שברי עצים · דלא חזו מטלטל להו עם כנונא: הכא איסורי הנאה נינהו · ומוקצי טפי: ולהוי כגרף של רעי · שמותר לטלטלו ולפנותו לאשפה מחמת מאוס כדאמרינן בפרק בתרא (דף לו:): וכי עושין גרף של רעי לכתחילה · נהי דכי איתיה קמן מסלקינן ליה אבל לאתויי קמן או למיזל אנן לגביה כי היכי דנמאס עלן ונסלקיה מי שרי: **מתני'** לא יחם אדם חמין · לרחוץ רגליו אוכל נפש התיר הכתוב ולא להבעיר אור בשביל רחיצה: מדורה · היסק גדול: **גמ'** הנאת כל גופו · דמיא לאוכל נפש: **מתני'** ג' דברים כו' · מפ' טעמא בגמרא: אין זוקפין · משמע אם נפלה מנורה של מתכת אין זוקפין ומשיבין אותה: פתין גריצין · ככרות עבים משום טרחא: חררין · שאופים על הגחלים: **גמ'**
שערב

תוספות

לכם ולא לכלבים דברי ר' יוסי הגלילי · אומר הר"ר שמואל מאייבר"א בשם אחיו הר"ר משה דהלכה כר' יוסי הגלילי ואף ע"ג דקיימא לן* דהלכה כרבי עקיבא מחברו דהא אשכחנא סתמא דמשנה כותיה במס' חלה (פ"א מ"ח) בההיא דמייתי לעיל עיסת כלבים בזמן שהרועים אוכלין ממנה נאפית ביום טוב ודוקא בזמן שהרועים אוכלין ממנה הא לאו הכי לא והכי איתא (*בספרי) בהדיא אבל אין הרועים אוכלין ממנה אין אופין אותה בי"ט: **הני** סופלי לחיותא היכי שדינן · ואם תאמר מאי מספקא ליה דאמאי היה לו לאסור אי משום טרחא מהא לא משני מידי דמה בכך משום דחזיא להסקה והאיכא טרחא יתירא ואי בעי לאסרו משום מוקצה דאית להו דמאכל לבהמה מוקצה הוא לא היא דאם כן תיקשי היאך אנו נותנין תבן לבהמה ועוד תנן* מטלטלין שער של אפונים הואיל שהוא ראוי למאכל בהמה ועוד דאמר* בשר תפוח מטלטלים אותו מפני שהוא ראוי למאכל כלבים ויש לומר דהכי גרסי' תמרה אינן ראוין לבהמה אלא על ידי תקון גדול* לחתכן ומדרבנן הויא מלאכה ומ"מ ראויין כמו שהם על ידי הדחק והואיל ואינן ראויין להיות עיקר מאכל בהמה אלא על ידי תקון גדול היכי שדינן להו למאן דדריש לכם ולא לכלבים משום דהויא מלאכה ומשני דמותרין לטלטל ליתנם לחיות מפני דחזו להסקה:

עושה אדם כל צרכו בפת · ותימה דאמר בשבת (דף קמג:) דלא אמרו היתר ככר או תינוק אלא למת בלבד ויש לומר בדבר שיכול לעשות מבעוד יום אמר התם דלא אמר היתר אלא למת בלבד אבל הני סופלי לא היה יכול לעשותם מערב יו"ט:

כנונא אגב קטמיה אף על גב דאיכא עליה שברי עלים · וא"ת מאי מייתי מהכא דלמא שאני הכא שיש בו דבר המטלטל כגון קטמא שראוי לכסות בו צואה או רוק אבל בלא קטמא לא שרי משום דהוי בסיס לדבר האסור וא"כ הכא בכוס שיש בו דבר שאסור לטלטלו לא ויש לומר דה"נ מדמה שבכל אחד יש בו חדא לטיבותא וחדא לריעותא והכא הכוס שרי לטלטל ומה שיש בתוכו אסור וגבי כנונא יש בתוכו דבר המותר והכנונא עצמו אסור לטלטל דמלאכתו לאיסור וה"פ כי היכי דמטלטל כנונא אגב קטמא הכי הוה לן לטלטל השיורין עם הכוס ואין נראה דלפום רהיטא משמע דהא דקאמר מטלטלין כנונא אגב קטמיה לאו מכח הקטמא אלא היינו לצורך גופו ולצורך מקומו ולא דמי לכוס ואם כן אף כי הוי מלאכתו לאיסור שרי לטלטל אלא נראה דטיבותא דכוס הוי משום דשיורי כוסות גריעי טפי וראויין להתבטל אגב הכוס כמו שברי עלים אגב קטמא ור"ת פי' דלא מקרי בסיס לדבר מועט שאינו נקבע כגון שברי עלים ושיורי כוסות ודאמרינן דבעינן קטמא היינו משום שמטלטל שברי עלים תוך הכנונא והיה לו לנערם אבל אי איכא קטמא לא היה יכול לנערם שלא יפול הקטמא וכ"ש שיורי כוסות אף על גב דליכא היתר עמהן מ"מ שרו לטלטל אגב כסא לפי שאי אפשר לנערם:

לא יחם אדם חמין אא"כ ראויין לשתיה · וא"ת מאיזה טעם שרו ב"ש ואפילו ראויין לשתיה הא לית להו מתוך* וי"ל דמיירי כגון ששותה ומרבה לרחוץ רגליו והכי איתא בהדיא בירושלמי דלב"ש צריך לשתות מהן וב"ה מתירין ודוקא לרגליו אבל לכל גופו מודה דאסור דדבר השוה לכל נפש בעינן וזה אינו ראוי אלא לבני אדם מעונגין אבל ידיו ורגליו שוה לכל נפש:

רבינו חננאל

לעשות מלאכה לכלבים דכתיב לכל נפש ואפי' נפש בהמה במשמע ור' יוסי הגלילי אוסר שנא' לכם ולא לעובדי כוכבים ולא לכלבים ואמרי' לר' יוסי הגלילי סופלי פי' גרעינין איך מטלטלין אותן ומשליכין אותן לפני בהמות ביו"ט והלא אמר לכם ולא לכלבים ופריק משום דאפילו רטיבתא חזיין להסקה גדולה אבל בשבת לא מטלטלינן להו אלא אגב ריפתא כשמואל דאמר עושה אדם כל צרכיו בפת. והא דאמר רב כל מידי דחזי ליה לישראל שרי ליה למיעבדיה לנכרים פליגא עליה הא דריב"ל דאמר מזמנין נכרי בשבת ואין מזמנין נכרי ביו"ט גזירה שמא ירבה בשבילו ופשוטה היא רב אחא בר יעקב אמר אפי' בשבת אסור לזמוני לנכרי משום שיורי כוסות גזירה שמא ישתה וישייר מן היין בכוס ונעשה יין נסך והוא מאיסורי הנאה ואסור לטלטלו בשבת וא"ת ליהוי כגרף של רעי קי"ל אסור לעשות גרף של רעי לכתחלה בשבת ולא דמי נמי לכנונא דמטלטל אגב קיטמיה ואע"ג דאיכא עליה שברי עצים דכנונא לאו איסורי הנאה היא. מרימר ומר זוטרא כי הוו מיקלעי להו נכרי ביו"ט הוו אמרין ליה אי ניחא לך במאי דטריח לן מוטב ואי לא טרחא יתירא מדעתא דידך לא טרחינן וקיימא לן כוותייהו דבתרא' נינהו וקיימי כריב"ל ונדחת שמועה דרב: [מתני'] ב"ה מתירין לרגליו אע"פ שאינן ראויין לשתיה וכן אם צריך להתחמם עושה מדורה ביו"ט ומתחמם כנגדה ובית שמאי אוסרין: מתני' שלשה דברים ר"ג מחמיר כדברי ב"ש אין טומנין את החמין מיום טוב לשבת
תירשה

מסורת הש"ס

לעיל כ: מגילה ז:
[לעיל כ: וש"נ]
[ברכות כ:] שבת כ: קמג
שבת מז. ע"ש
לקמן לו: [שבת קמג.] [עי' פרש"י לקמן כט. ד"ה אדבריה]
שבת לט:
עדיות פ"ג מ"י ע"ש [במשנה שבמשניות ליתא ע"ש]
[לעיל יב.]

הגהות הב"ח

(א) גמ' אופין לו פת אחת ומזמנין לו קדרה:

גליון הש"ס

גמ' שמזונותן עליך. עיין שבת דף יט ע"א תוס' ד"ה נותנין: שם מזמנין את הנכרי. עיין בר"ן פ"ק דשבת בדף הספר ז' ע"ב:

'for you' [21b] [intimating] but not for dogs. This is the opinion of R. Jose the Galilean. R. Akiba says: Even the soul of cattle is included; if so, then why does the text say *'for you'?* For you, but not for heathens. And what reason do you see to include dogs and to exclude heathens? I include dogs, since you are responsible for their food, and I exclude heathens because you are not re-
a sponsible for their food.[1]

Abaye said to R. Joseph: Now according to R. Jose the Galilean who says *'for you'* but not for dogs, how can we throw date stones [as fodder] to cattle on a Festival?[2]—Said he to him: Because they are fit for fuel. This is well when they are dry, but how is it to be explained when they are moist?—They are fit for a big fire.[3] This is well on a Festival, but what will you say with respect to the Sabbath.[4]—We may handle them in virtue of bread,[5] in accordance with Samuel; for Samuel said: A man may do all he needs in virtue of bread.[6]

But he[7] disagrees with R. Joshua b. Levi; for R. Joshua b. Levi said: One may invite a heathen [to a meal] on a Sabbath, but one may not invite a heathen on a Festival as a preventive measure, lest he may [cook] more on his [the heathen's] account. R. Aḥa b. Jacob says: Not even on a Sabbath, on account of what is left at the bottom of the cups.[8] If so, even [the remains of] our own [wine] too?[9]—Ours is fit for fowls.[10] Theirs too is fit for fowls?—Theirs is forbidden for any use.[11] Let him remove them in virtue of the cups! Did not Raba say: You may remove the brazier on account of the ashes,[12] although it contains fragments of wood![13]—There[14] they are not prohibited for use, but here[15] they are prohibited for use. R. Aḥa b. Difti said to Rabina: Let it be like a
b vessel for excrement![1]—He answered him: May we make excrement at the outset?[2] Raba accompanied[3] Mar Samuel who lectured: One may invite a heathen [to a meal] on a Sabbath, but one may not invite a heathen on a Festival as a preventive measure lest he will [cook] more on his account. When a heathen visited Meremar and Mar Zuṭra on a Festival they would say to him: If you are content with that which we have prepared for ourselves it is well; but if not we cannot take extra trouble for your sake.

MISHNAH. BETH SHAMMAI SAY: A MAN MAY NOT HEAT WATER FOR HIS FEET[4] UNLESS IT IS ALSO FIT FOR DRINKING;[5] BUT BETH HILLEL PERMIT IT. A MAN MAY MAKE A FIRE AND WARM HIMSELF AT IT.

GEMARA. The scholars asked: Who taught this [ruling] about fire? Is it the opinion of all, Beth Shammai drawing a distinction between the benefit of the whole body[6] and the benefit of a single limb;[7] or does Beth Hillel teach this, while Beth Shammai do not differentiate?[8]—Come and hear: Beth Shammai say: A man may not make a fire to warm himself at it; but Beth Hillel permit it.

MISHNAH. IN THREE THINGS RABBAN GAMALIEL WAS STRINGENT, IN ACCORDANCE WITH THE RULING OF BETH SHAMMAI: ONE MAY NOT STORE AT THE OUTSET WARM WATER ON A FESTIVAL [FOR THE SABBATH],[9] AND ONE MAY NOT SET UP[10] A CANDLESTICK ON A FESTIVAL, AND ONE MAY NOT
c BAKE BREAD IN LARGE LOAVES[1] BUT ONLY IN THIN WAFERS. RABBAN GAMALIEL SAID: NEVER DID MY FATHER'S HOUSEHOLD BAKE BREAD IN LARGE LOAVES BUT ONLY IN THIN WAFERS. SAID THEY TO HIM: WHAT CAN WE DO WITH YOUR FATHER'S HOUSEHOLD, WHO WERE STRINGENT TOWARDS THEMSELVES AND LENIENT TO ALL ISRAEL, [PERMITTING THEM] TO BAKE BREAD BOTH IN LARGE LOAVES AND THICK CAKES.

GEMARA. What are the circumstances? If he has set an *'erub tabshilin*, what is the reason of Beth Shammai?[2] And if he had not set an *'erub tabshilin*, what is the reason of Beth Hillel?[3]—Said R. Huna: In truth I can say that he did not set an *'erub tabshilin* but the Rabbis[4] permitted him [to prepare][5] what is necessary for his sustenance; and R. Huna follows his view: for R. Huna said: He who did not set an *'erub tabshilin*, others[6] may bake one

a (1) Thus R. Akiba permits the preparation of animal's food, while R. Jose forbids it. (2) Since they are not fit for human consumption, they should not be allowed to be handled. (3) A big fire can burn even damp fuel. (4) When it is forbidden to kindle a fire. (5) I.e., together with bread. (6) I.e., handle an article forbidden in itself along with bread, and it does not show disrespect to food. (7) R. Huna, who permits baking for heathens if a part thereof can be given to a child. (8) The wine left by the Jew in his cup may be used, and therefore it may be removed, whereas the wine in the cup of the heathen must not be used, and consequently may not be handled either. (9) May not be removed, because it is unseemly. (10) By putting pieces of bread into it. (11) Lest they performed some idolatrous libation therewith. (12) Which he intended before the Festival to use on the Festival for covering up anything unseemly. (13) Which are not usable and may not be handled. (14) With respect to the pieces of wood. (15) The dregs in the wine cups.

b (1) Which may be removed on account of its repulsiveness. (2) I.e., may we make an object repulsive so as to be permitted to remove it? Surely not! (3) ארבריה, v. Ta'an (Sonc. ed.) 13b n. b5. (4) [Rashi: 'To wash them': R. Ḥananel: 'To warm them'.] (5) Kindling on a Festival is permitted for food but not for the purpose of washing. (6) Regarding this as equivalent to food. (7) I.e., heating water for his feet. (8) Between the whole body and a single limb. (9) Storing counts as cooking. (10) This appears to mean that if a metal candelabrum fell down, it must not be put up again, this being regarded as building.

c (1) Such loaves involve burdensome labour. (2) Who prohibit. (3) Who permit. (4) Adopting Beth Hillel's ruling. (5) V. n. 7. (6) [Lit., 'they'. Others take 'they' as referring to the household, including the master himself, v. Asheri.]

loaf for him and cook one dish for him [22*a*] and light [one] candle for him. It was said in the name of R. Isaac: They may also grill a small fish for him. It was taught likewise: He who did not set an *'erub tabshilin*, one may bake one loaf for him and store one dish for him and light [one] candle for him and heat one jug of water for him, while some maintain: They may also grill a small fish for him.[7] Raba says: In truth it treats of a case where he did set [an *'erub tabshilin*], but storing [hot water] is different for it is evident that he is doing it for the sake of the Sabbath.[8] Abaye raised an objection:[9] Ḥananiah says [that] Beth Shammai maintain: One may bake only if he set an *'erub* of bread and one may cook only if he set an *'erub* of cooked food, and one may store only if he had already warm water stored on the eve of the Festival. But if he had stored water, it is [as implied] at any rate allowed, even though it is evident that he is doing it for the sake of the Sabbath!
a Therefore said Abaye: [It[1] treats of a case] when for example he set an *'erub* for the one[2] and did not set an *'erub* for the other,[3] and the author is Ḥananiah according to Beth Shammai.

AND ONE MAY NOT SET UP A CANDLESTICK: What does he do?[4]—Said R. Ḥinena b. Bisna: We are dealing with [a jointed] candlestick composed of parts, [the reason being] because it looks like building;[5] for Beth Shammai hold:[6] Building applies [also] to utensils and Beth Hillel maintain: Neither building nor pulling down apply to utensils. 'Ulla visited Rab Judah and his attendant arose and set up the lamp[7] [on the Festival]. Rab Judah raised an objection to 'Ulla: He who puts oil in a [burning] lamp [on a Sabbath] is culpable on account of kindling, and he who draws supplies from it is culpable on account of extinguishing.[8]—He replied: I was not paying attention to it.

Rab said: Snuffing [the wick] is permitted [on a Festival]. Abba b. Martha asked Abaye: May one extinguish the lamp for something else?[9]—He replied: It is possible [to take place] in another room. What if he has no other room?—It is possible to make a partition. What if he has nothing wherewith to make a partition?—It is possible to cover it [the light] with a vessel. What if he has no vessel?—He replied: It is forbidden.[10] He raised an objection: One may not extinguish a log in order to save it,[11] but it is permitted [to extinguish it] so that a room or a pot does not become smoky![12]—He replied: This is the opinion of R. Judah,[13] but I am speaking according to the view of the Rabbis.[14]

Abaye asked Rabbah: May one extinguish a conflagration on a Festival? When danger of life is involved I do not ask, for [this] is permitted even on a Sabbath; I only ask when a loss of money [alone] is involved: What is the law?—He replied: It is forbidden. He raised an objection: One may not extinguish a log in order to save it, but it is permitted [to extinguish it] so that the room
b or a pot does not become smoky![1]—This is the opinion of R. Judah, but I am speaking according to the view of the Rabbis.

R. Ashi asked Amemar: May one [medically] paint the eyes on a Festival? When there is a danger, for example of discharge, pricking [pain], congestion, watering, inflamation or the first stages of sickness, I do not ask, for [then] it is permissible even on the Sabbath;[2] I only ask when the sickness is almost cured and it [the painting] is only to give brightness to the eyes:[3] What is the law?—He replied: It is forbidden. He raised the objection: 'You may not extinguish a log [etc.]' and he answered the same as we have answered.[4]

Amemar permitted the eye to be painted [medically] by a heathen on a Sabbath. Some say: Amemar himself allowed his eye to be painted by a heathen on a Sabbath. R. Ashi said to Amemar: What is your opinion, because 'Ulla the son of R. Illai said: All that a sick man needs may be performed by a heathen on a Sabbath? And R. Hamnuna [further] said: In all cases where there is no danger one may tell a heathen to do it? But this is only when he does not himself help him, but you, Sir, assist him by closing and opening the eye!—He replied: R. Zebid made the same objection and I answered him: Helping is of no consequence.

Amemar permitted to paint the eyes on the second day of the New Year's Feast. R. Ashi said to Amemar: But Raba said: On the first day of a Festival Gentiles [only] may busy themselves with a corpse, [but] on the second day Israelites may do it, and

(7) [According to the rendering adopted here (cf. n. 6) only others are permitted by Beth Hillel to prepare food for him, v. R. Nissim a.l.] (8) Whereas cooking, even when intended for the Sabbath, may nevertheless appear to be for the Festival. (9) V. *supra* 17*b*.
a (1) Our Mishnah which prohibits storing. (2) I.e., he baked and cooked before the Festival for the purpose of *'erub*. (3) I.e., he did not store any hot water before the Festival. (4) Surely this is not a prohibited labour! (5) If it is put together. (6) V. *supra* 10*a*, 11*b*. (7) [Alfasi and Rashi: He inclined it backwards so as to draw off the oil from the wick and caused the light to go out.] (8) Because the light goes out sooner, and extinguishing is likewise forbidden on a Festival. (9) A euphemism for marital intercourse. (10) To put out the light. (11) I.e., for the sake of thrift. (12) Consequently we see that in order to derive benefit on a Festival, it is permissible to extinguish. (13) V. *infra* 28*b* where R. Judah maintains that . . . *'for you'* (Ex. XII, 16) means for all your (permitted) needs. (14) Who differ from R. Judah. V. ibid.
b (1) A conflagration likewise gives forth smoke and causes great inconvenience. (2) V. A.Z. 28*b* (Sonc. ed.) 28*b*. (3) I.e., to make the eyes sparkle. (4) Viz. the Baraitha is according to R. Judah.

ומדליקין לו את הנר משום רבי יצחק אמרו אף צולין לו דג קטן תניא נמי הכי מי שלא הניח עירובי תבשילין אופין לו פת אחת וטומנין לו קדרה אחת ומדליקין לו את הנר ומחמין לו קיתון אחד ויש אומרים אף צולין לו דג קטן רבא אמר לעולם שהניח ושאני הטמנה דמוכחא מלתא דאדעתא דשבתא קעביד איתיביה אביי *חנניה אומר בית שמאי אומרים אין אופין אלא אם כן ערב בפת ואין מבשלין אלא א"כ ערב בתבשיל ואין טומנין אלא אם כן היו לו חמין טמונין מערב יו"ט הא היו לו חמין טמונין מיהא עביד ואע"ג דמוכחא מלתא דאדעתא דשבת קעביד אלא אמר אביי כגון שערב לזה ולא ערב לזה וחנניה היא ואליבא דב"ש: ואין זוקפין את המנורה: מאי קא עביד אמר רב הונא בר ביסנא הכא במנורה של חליות עסקינן דמחזי כבונה דב"ש סברי יש בנין בכלים (א) וב"ה סברי **אין בנין בכלים ואין סתירה בכלים עולא איקלע לבי רב יהודה קם שמעיה זקף לה לשרגא איתיביה רב יהודה לעולא [ב]הנותן שמן בנר חייב משום מבעיר והמסתפק ממנו חייב משום מכבה א"ל *[ג]לאו אדעתאי: אמר *) רב *קנבא [ד]שרי: בעא מיניה אבא בר מרתא מאביי [ה]מהו לכבות את הנר מפני דבר אחר אמר לו [ו]אפשר בבית אחר אין לו בית אחר מאי אפשר לעשות לו מחיצה אין לו לעשות מחיצה מאי אפשר לכפות עליו את הכלי אין לו כלי מאי אמר ליה *[ז]אסור איתיביה *) אין מכבין את הבקעת כדי לחוס עליה ואם בשביל שלא יתעשן הבית או הקדרה מותר אמר ליה ההיא רבי יהודה היא כי קאמינא אנא לרבנן בעא מיניה אביי מרבה מהו לכבות את הדלקה ביו"ט היכא דאיכא סכנת נפשות לא קא מבעיא לי דאפילו בשבת שרי כי קמבעיא לי משום אבוד ממון מאי א"ל אסור איתיביה אין מכבין את הבקעת כדי לחוס עליה ואם בשביל שלא יתעשן הבית או הקדרה מותר ההיא רבי יהודה היא כי קאמינא אנא לרבנן בעא מיניה רב אשי מאמימר מהו לכחול את העין ביו"ט היכא דאיכא סכנה *כגון רירא דיצא דמא דמעתא וקדחתא ותחלת אוכלא לא מבעיא לי [י]דאפי' בשבת שרי כי קמבעיא לי סוף אוכלא ופצוחי עינא מאי א"ל [ח]אסור איתיביה אין מכבין את הבקעת ושני ליה כדשנין אמימר [ט]שרי למכחל עינא מנכרי בשבתא איכא דאמרי *אמימר גופיה כחל עינא מנכרי בשבתא אמר ליה רב אשי לאמימר מאי דעתיך *דאמר עולא בריה דרב עילאי כל צרכי חולה עושין ע"י נכרי בשבת ואמר רב המנונא *[י]כל דבר שאין בו סכנה *אומר לנכרי ועושה הני מילי היכא דלא מסייע בהדיה אבל מר קא מסייע בהדיה דקא עמיץ ופתח אמר ליה *איכא רב זביד דקאי כותך ושניי ליה *) [כ]מסייע אין בו ממש [ל]אמימר שרא למכחל עינא ביו"ט שני של ראש השנה אמר ליה רב אשי לאמימר **) והאמר רבא מת ביום טוב ראשון יתעסקו בו עממין ביום טוב שני יתעסקו בו ישראל ואפילו בשני ימים טובים של ראש השנה

מה

*) שבת לג. **) לעיל ו. שבת קלט:

רש"י

שערב לזה ולא ערב לזה · אפה ובשל מבעוד יום לשם ערוב ולא טמן חמין: במנורה של חליות · וכשנפלה נפרדו חליותיה: יש תורת בנין בכלים · ובונה חייב בכל שהוא: אין תורת בנין בכלים · ואינו חייב אלא אם כן עשה בו מלאכה כגון ממחק או מחתך או אורג או תופר שהן אבות מלאכות לעצמם אבל חזרת חליות שאין בה אלא משום בנין אין בונה אלא בבתים ואהלים: קם שמעיה · דעולא: זקף לשרגא · שהיה רואה שיסתלק השמן לאחוריו ולא ימשך אחר הפתילה ותכבה: שרגא · נר של חרס קרויזו"ל בלעז: הנותן שמן בנר · בשבת: המסתפק · הנוטל ממנו ואוכל: חייב משום מכבה · וכבוי בי"ט לא אשתרי: לאו אדעתאי · עשה השמש מה שעשה: קנבא · למחוט (ב) ראש הפתילה שנעשה פחם שקורין מוקיי"ר בלעז: מפני דבר אחר · לשמש מטתו: לעשות מחילה · בסדין: בקעת · אשטיל"א: כדי לחוס עליה · שאין כבוי זה לורך י"ט ואני שמעתי דהוי ליה סותר ע"מ לבנות במקומו: מותר · אלמא לצורך יום טוב שיהנה היום שרי: ר' יהודה · דאמר לקמן* מכשירי אוכל נפש שרו ודריש יעשה לכם לכל צרכיכם והאי נמי לצרכיכם הוא וכן תשמיש ואנא דאסרנא כרבנן דדרשי הוא לבדו: איתיביה כו' · ואין לך עשון בית גדול מן הדלקה וצורך י"ט הוא לכבותה שלא ילטרך לישב בשרב ובגשמים: למכחל עינא · לשום בו כחול לרפואה: רירא · שעושה ריר ביב"א והוא שקורין קליד"ה בלע"ז שהוא עושה ריר *שמגליד תמיד: דילא · פי' שנוקב כמו מחט כמו דן ביה מידי (חולין דף נג:): דמא · שנקנ"ר: דמעתא · מדמעת תמיד: קדחתא · לשון קדחה באפי (דברים לב) שורפת והוא שקורין אישקלפיישו"ן: תחלת אוכלא · תחלת החולי של כל אלו: דאפילו בשבת שרי · כדאמרינן במסכת ע"ז (דף כח:) שורייני דעינא באוכמתא דלבא תלו: סוף אוכלא ופצוחי עינא · שקרוב להתרפאות הוא ואינו כוחל אלא להגיה מאורו: איתיביה בקעת · שמותר להנאת הגוף שלא יתעשן: כדשנין · רבי יהודה היא דאמר לכל צרכיכם: עמיץ ופתח · סוגר ופותח ריסי עיניו להכניס הכחול: איכא רב זביד · שהיה מקשה לי כמותך: ושניי ליה · ופרקתי לו: מסייע אין בו ממש · מי שאינו עושה מלאכה ממש אלא מסייע מעט כי האי ובלאו הוא מתעבדא אין בו ממש והכי אמר במסכת שבת בהמלניע (דף צג·) גבי זה יכול וזה אינו יכול יכול חייב ושאינו יכול פטור ואע"ג דקמסייע בהדיה מסייע אין בו ממש:

תוספות

ומדליקין לו נר · מכאן משמע שלריך להזכיר בברכת עירובי תבשילין יהא שרי לבשולי ולאפויי ולאדלוקי וכו' ואם בשביל הדלקה לא התנה משמע הכא דיהא אסור להדליק לו רק נר א' מדחזינן דהולרך להזכיר אדלוקי הנר משמע דאסור למי שלא הניח להדליק לו רק נר אחד:

ובית הלל סברי אין בנין וסתירה בכלים · וא"ת והא בשבת (דף מו·) במנורה של חליות כ"ע לא פליגי דאסור וי"ל דהתם איירי בשבת והכא איירי בי"ט ולא החמירו חכמים הואיל ואין בנין בכלים א"נ נמי י"ל דהתם איירי שכולה של חליות ומפרקין אותה אברים אברים אבל הכא איירי שאין חסר כאן רק להקימה קלת ואינה בעלת אברים דסולה מחוברת היא* :

והמסתפק ממנו חייב משום מכבה · אינו ר"ל מפני שממהר כבוי דלא הוי אלא גרם כבוי וגרם כבוי ביום טוב שרי אע"פ שממהר כבויה ובשבת נמי אינו חייב אלא היינו טעמא הואיל דבאותה שעה שהוא מסתפק ממנה מכבה קלת ומכסה אורו דלא יכול לאנהורי כולי האי כי איכא שמן מועט בנר ולכך נראה ככבוי ומכאן יש להתיר קנדיל"א של שעוה גדולה לחתוך למטה ממנה כיון דבשעה שחותך אותה אינו מכחיש מאור שלה כלל אע"ג שהוא גורם לגרום כבויה שרי ודוקא לחתוך אותה באור אבל בסכין אסור אליבא דכולי עלמא דאמר לקמן במתני' (דף לג·) חותכה באור בפי שתי נרות:

קנבא שרי · פי' רש"י מוקיי"ר בלעז למחוט ראש הפתילה ועושה פחם ולא נהירא דלקמן פרק המביא (דף לב:) קרי ליה מוחטין את הנר מאי מוחטין עדויי חושכא ולא קאמר הכא כי ההיא לישנא דהתם לכ"ע דתרי חטויי יש אחד בשעה שדולק והיינו ההוא דלקמן ויש אחד לאחר שכבה שמתקנין אותה כדי שידליק מהר ומסיר הפחס שבראש הפתילה ובכך נוחה כשידליק אותה והיינו ההוא דהכא דשרי:

אין מכבין את הבקעת וכו' · מכאן יש למחות את הנשים שרגילות להסיר הפתילה מתוך השמן כשהיא דולקת ומשימין אותה על הקרקע וכן שלא לכסות את האור ומה שנהגו העולם להדליק הנר מי"ט לחברו ואין מדקדקין אם הוא לילה ולעיל פירשתי דהוי הכנה ואין י"ט מכין לחבירו י"ל דאע"ג שאינו לילה מ"מ הוא סמוך לחשיכה ואף באותו יום לורך הוא אותה הדלקה:

ההיא רבי יהודה היא · דאית ליה לכל לרכיכם ואנן עבדינן כרבנן ואם תאמר והא אנן פסקינן לקמן הלכה כר' יהודה וי"ל דמסיק עליה ואין מורין כן אי נמי י"ל דהא דשרינן מדרשה דלכם הייני [שבת דוקא] בדבר שהוא אוכל נפש אבל [קכט·] בדבר שאינו אלא לתשמיש בעלמא וכן שלא תתעשן הקדרה אסור:

דנפישא

עין משפט נר מצוה

עט א מיי' פ"ד מהלכות יו"ט הל' יג ופכ"ב מהלכות שבת הלכה כו סמג לאוין עה טוש"ע א"ח סי' תקיט סעיף ג וסי' שיד סעיף א:

פ ב מיי' פי"ב מהלכות שבת הלכה ב סמג לאוין סה טוש"ע א"ח סי' רסה סעיף א:

פא ג מיי' פ"ד מהל' יו"ט הלכה ג סמג לאוין עה טוש"ע א"ח סי' תקיד סעיף ג:

פב ד מיי' שם טוש"ע א"ח סי' תקיד סעיף ד:

פג ה ו מיי' שם כל ד טוש"ע שם סעיף א:

[ועי' תוס' שבת מו. ד"ה דחוליות]

פד ז מיי' פ"ב מהלכות שבת הלכה ג סמג לאוין סה טור ש"ע א"ח סי' שכח סעיף ט:

פה ח מיי' שם טוש"ע א"ח סי' תלו סעיף ג:

פו ט מיי' שם הל' י:

פז י מיי' שם טוש"ע שם סי' שכח סעיף יז:

פח כ מיי' פ"א שם הל' טו טוש"ע א"ח שם בהג"ה:

פט ל מיי' פ"א מהל' יו"ט הלכה כד טור ש"ע א"ח סי' תלו סעיף ג:

רבינו חננאל

פירשה אביי הא דתנן [דאין טומנין את החמין] כדברי ב"ש אליבא דחנניה היא דתני בש"א אין אופין אא"כ עירב בפת ואין מבשלין אא"כ עירב בתבשיל ואין טומנין חמין אא"כ היו חמין טמונין מעיו"ט וכגון שעירב לאפייה ולבישול ולא היו לו חמין טמונין היה ר"ג אוסר להטמין כב"ש וכדתני חנניה משמו· ואין זוקפין המנורה אוקימנא במנורה של חוליות משום דמחזי כבונה וב"ש לטעמייהו דאמרי יש בנין וסתירה בכלים ובה"א אין בנין בכלים ואין סתירה בכלים (נמי) וקי"ל כב"ה ותנא [בתוספתא פ"ב] של בית ר"ג לא היו זוקפין המנורה ביו"ט ומעשה שנפלה המנורה בלילי יו"ט ברומי בפני ר"ג והזקנים ועמד ר' עקיבא וזקפה א"ל ר"ג עקיבא מה לך שאתה מכניס ראשך בין המחלוקות א"ל למדתנו רבינו אחרי רבים להטות אע"פ שאתה אוסר הן מתירין והלכה כמרובים. א"ר יהודה משום ר"ג מטלטלין מנ'רה ביו"ט אבל לא זוקפין: עולא איקלע לבי רב יהודה בלילי יו"ט קם שמעיה זקף שרגא כלומר זקפה ונתקבץ השמן לאחוריה כדי שתכבה מהרה וישאר השמן ונמצא כאילו מכבה ביו"ט. אותיב רב יהודה לעולא מהא דתניא בשבת הנותן שמן בנר חייב משום מבעיר והמסתפק ממנו חייב משום מכבה נמצא שמעת שזוקף הנר וקיבץ השמן אחורי הנר כאילו נסתפק ממנו וחייב משום מכבה וכיון דבשבת חייב פשטינן מינה דביו"ט נמי הזוקף כמסתפק הוא והמסתפק אסור משום מכבה וכיבוי אפי' ביו"ט אסור א"ל עולא לאו אדעתאי כלומר לא עשה השמש דבר זה על דעתי וכן אמר אביי אסור לכבות הנר ביו"ט אפילו אם צריך לשמש מטתו ואין לו בית אחר ולא דבר לעשות לו מחיצה ולא כלי לכפותו על הנר ומותבינן עליה אין מכבין הבקעת בשביל לחוס עליה ואם בשביל שלא יתעשן הבית או קדירה מותר ופריק ההיא ר' יהודה דתני יעשה לכם לכל צרכיכם כי קאמינא דאסור אליבא דרבנן דאסרי וכן א"ל רבה לאביי אין מכבין דליקה ביו"ט [משום] איבוד ממון אבל אם הוא סכנת נפשות מכבין בשבת וכ"ש ביו"ט איתיביה אין מכבין את כו' ופריק האי ר' יהודה כי קאמינא לרבנן אמר רב יהודה *) וקנינא שרי פי' יש מי שאומר כגון אבוקה שהיא עשויה מחתיכות עצים קטנים אם נטל ביו"ט מאותן העצים שלא אחוה בהן האור שרי: בעא מיניה רב אשי מאמימר מהו לכחול עין ביו"ט כגון רירא דיצא דמא דמעתא קדחא ותחלת אוכלא לא מבעיא לי דאפילו בשבת שרי כי קא מיבעיא לי סוף אוכלא (דפכוחי) [ופתוחי] ינא מאי א"ל אסור איתיביה בקעה כו' ושני ליה האי ר' יהודה היא כי קאמינא אסורא ליבא דרבנן ומצאנו חלוקת ר' יהודה ורבנן ביוה"כ רבנן הוו אמרי אם היה כ"ג זקן או איסטניס מחמין לו חמין ומטילין לתוך הצונן כדי שתפוג צינתן ותניא ר' יהודה אומר עששיות של ברזל היו מרתיחין מערב יוה"כ ומטילין בצונן כדי שתפוג צינתן אמר רב ביבי שלא תגיע לצירוף אביי אמר אפילו תימא תגיע לצירוף לר' יהודה דבר שאין מתכוין מותר ומי אמר אביי הכי והא אמר אביי כו' אמימר כחל מנכרי בשבת א"ל רב אשי כמאן כעולא דאמר כל צורכי חולה נעשין ע"י נכרי בשבת ואמר רב המנונא כל דבר שאין בו סכנה אומר לנכרי ועושהו הני מילי היכא דלא מסייע בהדיה הכא מסייע בהדיה דעמיץ ופתח עיניה א"ל רב זביד אמר לי כותיך ואמרי ליה מסייע אין בו ממש אמימר שרא למיכחל עינא

*) נ"ל קנסא וכ"ה הגי' ברי"ף וכן בספ' שאילת רבינו הובא גם ברי"ף כאן וע"ש היטב.

מסורת הש"ס

לעיל יז:

[דף כח:]

[לעיל יח. שבת קכו: עירובין לה:]

[ברכות כו. וש"נ]

*) [גרס' רי"ף והרא"ש א"ר יהודה]

[עי' תוספות כתובות ז. ד"ה אמר]

*) [תוספתא פ"ג]

[ע"ז כח:]

[עי' תוס' שבת לג. ד"ה א"ר זביד]

שבת קכט.

[עי' רש"י גיטין ח: ד"ה כדאמר]

[עי' תוס' שבת לג: ד"ה אמר רב זביד]

הגהות הב"ח

(א) גמ' יש בנין בכלים ויש סתירה בכלים וב"ה סברי:

(ב) רש"י ד"ה קנבא למחוט. נ"ב כדאיתא בדף לב ע"ב:

גליון הש"ס

גמ' מהו לכבות את הנר. עיין כתובות דף ז ע"א תוס' ד"ה אמר ליה:

מה שאין כן בביצה אמר ליה אנא כנהרדעי סבירא לי דאמרי אף בביצה (א) ומאי דעתיך דלמא מעברי ליה לאלול *האמר רב חיננא בר כהנא מימות עזרא ואילך לא מצינו אלול מעובר: ואין אופין פתין גריצין אלא רקיקין: *תנו רבנן ב"ש אומרים אין אופין פת עבה בפסח וב"ה מתירין *וכמה פת עבה אמר רב הונא טפח שכן מצינו בלחם הפנים טפח מתקיף לה רב יוסף אם אמרו בזריזין יאמרו בשאינן זריזין אם אמרו בפת עמלה יאמרו בפת שאינה עמלה אם אמרו בעצים יבשים יאמרו בעצים לחים אם אמרו בתנור חם יאמרו בתנור צונן אם אמרו בתנור של מתכת יאמרו בתנור של חרס אמר רב ירמיה בר אבא שאלית את רבי ביחוד ומנו רב מאי פת מרובה איכא דאמרי אמר רב ירמיה בר אבא אמר רב שאלית את רבי ביחוד ומנו רבינו הקדוש מאי פת עבה פת מרובה ואמאי קרו ליה פת עבה משום דנפישא בלישה אי נמי באתריה דהאי תנא פת מרובה פת עבה קרו ליה מכדי משום דקטרח טרחא דלא צריך הוא מאי אריא פסח אפי' בשאר ימים טובים נמי אין הכי נמי ותנא ביו"ט דפסח קאי תניא נמי הכי ב"ש אומרים אין אופין פת *מרובה ביום טוב וב"ה מתירין: **מתני'** *אף הוא אמר שלשה דברים להקל מכבדין בית המטות ומניחין את המוגמר ביו"ט ועושין גדי מקולס בלילי פסחים *וחכמים אוסרין: **גמ'** אמר רב אסי מחלוקת לגמר אבל להריח דברי הכל מותר מיתיבי אין מכבדין בית המטות ביום טוב *ושל בית רבן גמליאל מכבדין אמר רבי אליעזר בר צדוק פעמים הרבה נכנסתי אחר אבא לבית רבן גמליאל ולא היו מכבדין בית המטות ביום טוב אלא מכבדין אותן מערב יום טוב ופורסין עליהם סדינין למחר כשאורחים נכנסין מסלקין את הסדינין ונמצא הבית מתכבד מאליו אמרו לו אם כן אף בשבת מותר לעשות כן ואין מניחין את המוגמר ביו"ט ושל בית רבן גמליאל מניחין אמר רבי אליעזר בר צדוק פעמים הרבה נכנסתי אחר אבא לבית רבן גמליאל ולא היו מניחין את המוגמר ביום טוב אלא מביאין ערדסקאות של ברזל ומעשנין אותן מערב יום טוב ופוקקין נקביהן מערב יום טוב למחר כשאורחים נכנסין פותחין את נקביהן ונמצא הבית מתגמר מאליו אמרו לו א"כ אף בשבת מותר לעשות כן אלא אי אתמר הכי אתמר אמר רב אסי ימחלוקת להריח אבל לגמר אסור איבעיא להו מהו לעשן רב ירמיה בר אבא אמר רב אסור ושמואל אמר ימותר רב הונא אמר אסור מפני שמכבה אמר ליה רב נחמן ונימא מר מפני שמבעיר א"ר יהודה על גבי גחלת אסור
על

רש"י

מה שאין כן בביצה · דקדושה אחת הן ולא הקלו ביו"ט שני של ראש השנה אלא לענין מת בלבד: בפסח · קא סלקא דעתך שאינו יכול לשמרה מהחמיץ: וכמה פת עבה · שהתירו בית הלל: שכן מצינו בלחם הפנים · שהוא מצה כדאמרינן בכל המנחות באות מצה (מנחות דף נז·) ועביו טפח כשמו לחם הפנים יש לו פנים ואין פנים פחותין מטפח*: בזריזין · של בית גרמו שהיו אומנים וזריזים בדבר: פת עמלה · ברייתא בלגז שהיה טעון ג' מלות שיפה ששפוף בידו וחמש מלות בעיטה באגרוף שף אחת בועט שתים שף שתים בועט שלש במנחות (דף שי): עצים יבשים · מט"ו באב היו פוסקין מלכרות עצים למערכה במסכת תענית (דף לא·) ומעלי לשבת העצים היו אופין ומבשלים כל צרכי מקדש: בתנור חם · שמסיקין אותו בכל יום הן למנחות הן ללני: מתכת · במס' זבחים (דף נה:) אמרי' תנור של מקדש של מתכת היה משום שתי הלחם ולחם הפנים שאפייתן וקדושתן בתנור הוה ליה כלי שרת וכלי שרת דחרס לא עבדינן: ביחוד · ביני לביני: והיכא דלאמרי · רב גופיה אמר שאלית את רבי ביחוד: ומנו · רבו דרב רבינו הקדוש לשון אחר ביחוד בברור כדתנן בשקלים (פ"ו מ"ב) וידעו ביחוד ששם ארון נגנז: פת מרובה · ולאו משום חמוץ הוא אלא משום דטרח טרחא יתירא למחר וליום אחר: וב"ה מתירין · כדאמרינן* שהפת נאפה יפה כשהתנור מלא: תניא נמי הכי · דבשאר יום טוב נמי פליגי: **מתני'** מכבדין בית המטות · בית המסיבה שאוכלין שם שהיו מסובין ואוכלין על גבי המטות: מוגמר · לבונה על גבי גחלים: מקולס · כרעיו *ובני מעיו תלויין חוצה לו בלשון כשצולהו והיו עושין זכר למקדש שכתוב בו על כרעיו ועל קרבו ומקולס לשון גבור מזויין שכלי זיינו תלוין לו בלדו כדמתרגמינן וכובע נחשת וקולסא דנחשא (שמואל א יז): וחכמים אוסרין · בשלשתן בכבוד משום אשווי גומות ובמוגמר משום דלאו צורך כל נפש הוא ומהאי טעמא אסרינן ליה בכתובות בפרק ראשון (דף ז·) אשר יאכל לכל נפש דבר השוה לכל נפש וזה אינו אלא למפונקים או למי שריחו רע ובגדי מקולס מפני שדומה לקדשים ויאמרו מותר להקדיש ולאכול קדשים בחוץ: **גמ'** מחלוקת לגמר · כשאסרו חכמים לא אסרו אלא כשמניחו כדי לגמר בו כלים שנותן המחתה עם הלבונה והגחלים תחת הבגדים להכנים בהן ריח דלאו להנאת הגוף הוא אלא להכשיר כלים אבל מניח לבונה על גבי גחלים להריח ריח מותר שהנאת הגוף הוא ולאוכל נפש דמי והשתא למאי דקאמר רב אסי לא הוי טעמא דרבנן משום דבר השוה לכל נפש כדפרישית לעיל אלא משום דלקשוט כלים הוא מכוין ולקמן הדר ביה מחמת קושיא: כשאורחים נכנסין · שהן קרויין לסעודת הנשיא לכבוד יום טוב: ערדסקאות · אנגלייר"ש והם כבושים ומנוקבים: ופוקקין נקביהן · לשמור העשן והריח שלא יצא: אם כן · לא היו חבירו חלוקין עליו דאף בשבת מותר לעשות כן אלא ודאי ביום טוב היו מניחים ולפיכך נחלקו עליו מכל מקום גמרינן מינה דלאו לגמר הוא אלא להריח ולכבוד האורחין ואפלוג רבנן עליה למיסר להניחו ביום טוב אליבא דתנא קמא ולר"א בר צדוק אפי' רבן גמליאל לא התיר ואת אמרת דברי הכל מותר: מחלוקת להריח · התם הוא דשרי רבן גמליאל להניח ביום טוב כדי להריח כתנא קמא דרבי אליעזר בר צדוק ורבנן אסרי דבעינן דבר השוה לכל נפש: מהו לעשן · פירות בעשן בשמים לקלוט טעם הבושם: אסור · דהפסוק יתירא הוא ואין שוה לכל נפש אלא לאיסטניס והאי עשן מיהא אב מלאכה כדמפרש רב הונא טעמיה דרב מפני שהוא מכבה הגחלים כשנותן אבקת הבשמים עליהן: ושמואל אמר מותר · דאוכל נפש הוא ולאו אף לעניים אלא שאינו מצוי להם ודמי לנזדמן לו צבי ביו"ט כדאמרינן בכתובות (שם): מפני שמכבה · כדפרישית איט שוה לכל נפש לפיכך אסור לעשות אב מלאכה בשבילה: ונימא מר מפני שמבעיר · הבשמים וגם זה אב מלאכה: אמר ליה תחלתו מכבה וסופו מבעיר · ותרוייהו הוו ביה ואנא קמא קמא נקטי: על גבי גחלת אסור · דהוכה מכבה ומבעיר:
על

תוספות

דנפישא בלישה · פירש רש"י וב"ה מתירין משום דלאמר ר"ש בן אלעזר* ממלאה אשה תנור פת וכו' ולא נהירא חדא דאם כן ה"ל לאתויי הא דר' שמעון בן אלעזר כיון דפלוגתייהו בהכי ועוד דלא דמי כלל לפתין גריצין ולמאי דאיתיהו הכא לכן נראה לי דפת מרובה *דקאמר היינו פתים גדולים ביותר ועושה לצורך חול הואיל ואין בו טורח כל כך והכי משמע בירושלמי שאתה מינעו ממנעו ואין עושה אלא כדי צרכו דפת קטן יש בו טורח יותר בעריכת כל אחד ואחד ובין גריצין ובין רקיקין היינו כדי צרכו בלבד וגם הן שוין בעביין אלא דגריצין היינו גדולות ורקיקין קטנות והא דקאמר בסמוך משום דקא טרח טרחא דלא צריך הכי קאמר מתוך שעושה ככרות גדולות אתי למעבד יותר מצורך יו"ט: [ועי' תוספות פסחים לז· ד"ה וב"ה:]
על

עין משפט נר מצוה

צ א מיי' פכ"א מהל' שבת הל' ג ופ"ד מהל' יו"ט ופ"ח מהל' חמץ הל' יא טוש"ע א"ח סי' שלג סעיף ג וסי' תקב וסי' תקיא סעיף ד וסי' תעו סעיף א:

צא ב ג מיי' פ"ד מהל' יו"ט הל' ו טוש"ע א"ח סי' תקיא סעיף ד:

רבינו חננאל

עינא ע"י ישראל ביו"ט שני ואפי' בב' יו"ט של ר"ה א"ל רב אשי והא אמר רבא מת ביו"ט ראשון יתעסקו בו עממין ביו"ט שני יתעסקו בו ישראל מה שאין כן בביצה א"ל כנהרדעי סבירא לי דאמרי אף ביצה מותרת. מאי איכא למיחש דלמא עברוה לאלול הא אמר [רב חיננא בר כהנא] משמיה דר' מימות עזרא לא מצינו אלול מעובר' ואין אופין פתין גריצות אלא רקיקין מ"ט כיון דרקיקין נפיש טרחייהו אף הוא אינו אופה אלא כדי מה שיאכל ביו"ט בלבד וכך מפורש בירושלמי: ת"ר בש"א אין אופין פת עבה בפסח וב"ה מתירין ואוקמה כמה פת עבה טפח שכן מצינו בעובי לחם הפנים טפח ואתקיף לה רב יוסף אם התירו עובי טפח בלחם הפנים שכן עשייתן ע"י כהנים שזריזין הן ואין מניחין אותו להחמיץ והן פת עמילה בשיפה ובבעיטה ונעשים בתנור של מתכת בעצים יבשין ובתנור חם יאמרו בפת של הדיוט שאין בה אחת מכל אלו. משום רבינו הקדוש אמרו מאי פת עבה פת מרובה כלומר נפישא בלישה ומשום טירחא יתירא אמרו ב"ש ולא תימא בפסח בלבד אלא בכל יו"ט כדתניא בש"א אין אופין פת עבה ביו"ט וב"ה מתירין: **מתני'** אף הוא אמר ג' דברים להקל מכבדין המטות · תניא אין מכבדין את המטות. של בית ר"ג היו מכבדין א"ר אלעזר ב"ר צדוק פעמים הרבה נכנסתי אחר אבא לבית ר"ג ולא היו מכבדין ביו"ט אלא מכבדין מעיו"ט ופורסין עליהן סדין ולמחר כשאורחין נכנסין היו מסלקים את הסדינים ונמצא הבית מתכבד אמרו לו זה אף בשבת מותרין לעשות כן. אין מניחין את המוגמר ביו"ם של בית ר"ג היו מניחין א"ר אלעזר בר' צדוק לא היו מניחין מוגמר אלא ערדיסקות של ברזל היו מעשנין מעיו"ם ופוקקים נקבים שלהן ולמחר כשאורחים נכנסים היו פותחין נקביהן ונמצא הבית מתגמר מאליו אמרו לו זה אף בשבת מותר לעשות כן א"ר אסי מחלוקת לגמר הבית אבל לגמר להריח דברי הכל מותר יש נוסחא אחרינא דברי הכל להריח אסור איבעיא להו מהו לעשן פי' לעשן פירות שהוא מכשירי אוכל נפש ר' ירמיה א"ר רב אסור מפני שתחלתו מכבה וסופו מבעיר אמר רב יהודה על גבי גחלת אסור שהוא מכבה ומבעיר אוכל נפש.

מסורת הש"ס

[לעיל יז.]

[סוכה ה.]

לעיל ו. ע"ש ר"ה יט: ע"ש לג. ע"ש

פסחים לז.

[שם]

[פסחים לז· עבה]

[עדיות פ"ג מ"י]

[תוספתא פ"ב]

[לעיל יז.]

הגהות הב"ח

(א) גמ' דמאי דעתיך:

גליון הש"ס

רש"י ד"ה מקולס. ובני מעיו תולה לו. עיין כרש"י פסחים נג ע"א ד"ה מקולס ובדף עד ע"א ד"ה מקולס:

even on the two Festival days of the New Year [22b] which how-
a ever is not the case with respect to an egg?[1]—He replied: I hold as the Nehardeans who say: [The same holds good] even with respect to an egg; for what is in your mind: perhaps [the month of] Elul will be intercalated?[2] Surely R. Ḥinena b. Kahana said:[3] From the days of Ezra and onward we do not find Elul ever intercalated.

AND ONE MAY NOT BAKE BREAD IN LARGE LOAVES BUT ONLY IN THIN WAFERS: Our Rabbis taught: Beth Shammai say: One may not bake thick bread on Passover,[4] but Beth Hillel permit it; and how much is regarded as thick bread?—Said Rab Huna: A handbreadth, for so we find with respect to the Shewbread [that the loaves were] a handbreadth [in thickness].[5] To this Rab Joseph demurred: If they allowed[6] this for experts,[7] did they also permit it to non-experts?[8] If they allowed it in the case of well-kneaded bread,[9] are they also to allow it with respect to bread which is not well-kneaded?[10] If they allowed it in the case of dry wood,[11] would they allow it in the case of moist wood?[12] If they allowed it in the case of a hot oven,[13] would they allow it in the case of a cold oven?[14] If they allowed it in the case of a metal oven,[15] would they allow it in the case of a clay oven?[16] Said R. Jeremiah b. Abba: I asked my teacher (viz., Rab) privately, what is meant by 'thick bread' [and he replied:] a large quantity
b of bread.[1] Others say: R. Jeremiah b. Abba said in Rab's name: I asked my teacher (viz., Rabbi the Holy),[2] privately, what is meant by 'thick bread', [and he replied:] a large quantity of bread. And why do they call it 'thick bread'?—Because there is more kneading to be done.[3] Alternatively: In the district of this Tanna they called a large quantity of bread thick bread. Consider: [the reason is] that he labours unnecessarily.[4] [Then] why teach [particularly] about Passover, this should hold good of other Festivals as well?—It is even so, only the Tanna was dealing with Passover. It was taught likewise: Beth Shammai say: One may not bake a large quantity of bread on a Festival, but Beth Hillel permit it.

MISHNAH. HE[5] FURTHERMORE GAVE THREE LENIENT RULINGS:[6] ONE MAY SWEEP A DINING-ROOM[7] AND PUT THE SPICES[8] [ON THE FIRE] ON A FESTIVAL, AND ONE MAY PREPARE A 'HELMETED' KID ON PASSOVER NIGHT.[9] BUT THE SAGES FORBID THESE.[10]

GEMARA. R. Assi said: The dispute is [only with respect] to perfuming [clothes],[11] but when it is for smelling all agree that it is permitted. An objection was raised: One may not sweep a dining-room on a Festival, but in the house of Rabban Gamaliel they did sweep. R. Eleazar b. Zadok said: Frequently I accompanied my father to the house of Rabban Gamaliel and [observed that] they did not sweep the dining-room on a Festival but they swept it on the eve of the Festival and covered it with sheets. On the morrow when guests came they removed the sheets with the result that the room was automatically swept. They said to him: If so, it is permitted to do the same even on the Sabbath. And one may not put the spices [on the fire] on a Festival, but in the house of Rabban Gamaliel they did put. Said R. Eleazar b. Zadok: Frequently I accompanied my father to the house of Rabban Gamaliel and [observed that] they did not put the spices [on the fire] on a Festival, but they used to bring in iron censers and fill them with the perfume of the incense on the eve of the Festival and stop up the vent-holes on the eve of the Festival. On the morrow when guests came they opened the vent-holes with the result that the room was automatically perfumed. They said to
c him: If so, it is permitted to do the same even on a Sabbath.[1] But if stated it was thus stated: R. Assi said: The dispute is when it is for smelling, but when it is for perfuming [clothes] it is forbidden. The scholars asked: May one fumigate[2] [fruits] on a Festival? R. Jeremiah b. Abba in Rab's name says: It is forbidden;[3] but Samuel says: It is permissible. R. Huna says: It is forbidden because he extinguishes [the charcoal].[4] Said R. Naḥman to him: Let the Master say because he kindles[5] [the spices]?—He answered him: At first he extinguishes and afterwards he kindles.[6] Rab

a (1) The egg laid on the first day may not be eaten on the second. V. *supra 6a*. (2) In which case the New Year's Festival will begin on the second day. (3) V. *supra 6a* where the words 'in the name of Rab' are added. (4) It was presumed that the reason is lest the dough become leavened during its preparation. (5) V. Men. 57*a*. (6) Lit., 'said'. (7) I.e., priests who were acquainted with the preparation of the Shewbread. Cf. Yoma 38*a*. (8) Inexperienced bakers might allow the thick dough to become leavened. (9) Such as was essential for the Shewbread (Men. 76*a*). Well-kneaded dough does not easily become sour. (10) There is no guarantee that the dough in private houses would be well-kneaded. (11) Such as was used in the Temple (v. Ta'an 31*a*) and which gives a clear fire and bakes quickly. (12) Which smoulders and does not give forth much heat. (13) The oven in the Temple was heated daily and never got quite cold. (14) I.e., an oven that was allowed to get cold and afterwards heated. (15) Such as was used in the Temple (v. Zeb. 95*b*) and which gives forth good heat and keeps the heat long. (16) Surely not!—In the Temple all these favourable conditions were present but they might be absent elsewhere.

b (1) More than is necessary for the Festival, thus doing more work than he should. (2) For this title of Rabbi Judah, the Prince, cf. Shab. p. 118*b*. (3) Lit., 'there is increase in kneading it'. (4) And not because the dough might become leaven as previously presumed. (5) Rabban Gamaliel. (6) Lit., 'said three things for leniency'. (7) Lit., 'couches' used as dining tables. (8) For the purpose of perfuming the room. V. Ber. (Cohen) p. 279 n. 6. (9) I.e., a kid roasted whole with its knees and inwards hanging outside. The Passover-offering was roasted in that manner in the days of the Temple; consequently the Sages forbade this after the destruction of the Temple, since sacrifices might not be brought then. Rabban Gamaliel, however, permits it. (10) They forbid sweeping because of the filling up of cavities, and they forbid spices because this only applies to epicureans or to people possessing repugnant odours, cf. Keth. 7*a* (Rashi). (11) It is then that the Sages prohibit because the perfuming of the clothes is not directly one's personal pleasure.

c (1) The Rabbis would never have disagreed in such a case. Since they do disagree, however, R. Gamaliel must have permitted the putting of spices on the fire on the Festival. They must then have assumed either that R. Eleazar b. Zadok's memory was at fault or that R. Gamaliel, while in truth holding that it was permitted, did not act on his view out of deference to the Sages who were in a majority. Incidentally we see that the Sages prohibit it even for smelling. (2) For eating purposes, by placing them over spices on burning coals. (3) Because it is only an epicurean luxury. (4) When sprinkling the spices over it. (5) And kindling is forbidden unless it is for the general preparation of food. (6) The first effect of his action is to extinguish (i.e. dim) the coals; that is followed by the spices catching fire; R. Naḥman quoted the first only.

a Judah says: On charcoal fire it is forbidden,[1] [23a] on [hot] sherds[2] it is permitted;[3] but Rabbah maintains: On [hot] sherds it is also forbidden because he generates a fragrance [in the sherd].[4] Rabba and R. Joseph both say: It is forbidden to invert a box [of aromatics] on silken garments on a Festival, because he is producing a fragrance [in the garments]. And why is [this case] different from [the Baraitha]: One may rub it [aromatic wood] and smell it and one may nip off a bit of it and smell it?[5]—There the fragrance is indeed present and one only increases the smell, [whilst] here he produces a fragrance [in the garments].

Raba [however] says: On charcoal too it is permitted, [for it is] just as roasting meat on a charcoal [fire].[6] R. Gebiha from Be Kathil[7] expounded at the door of the Exilarch: *Kiṭṭura*[8] is allowed. Amemar said to him: What [is meant by] *Kiṭṭura?* If it means the plaiting of sleeves, [creasing of garments] then it is a craftsman's work;[9] and if [it means] to fumigate, it is [surely] forbidden for he indeed extinguishes!—Said R. Ashi to him: In truth [it means] to fumigate, but it is analogous to roasting meat on a charcoal fire. Some teach: Amemar said to him: What is [meant by] *Kiṭṭura?* If it means the plaiting of sleeves, then it is a craftsman's work; and if [it means] to fumigate, it is [surely] forbidden, for he produces a perfume!—Said R. Ashi: I told it to him, and in the name of a great man did I tell it to him: In truth [it means] to fumigate, but it is analogous to roasting meat on a charcoal fire.

AND ONE MAY PREPARE A 'HELMETED' KID: It was taught: R. Jose said, Theodosius of Rome introduced among the community of Rome the practice of eating a helmeted kid on Passover night. They [the Rabbis] sent [word] to him: If you were not Theodosius, we would have condemned you to excommunication, for you are causing the children of Israel to eat consecrated [animals] outside of Jerusalem. Do you really mean consecrated
b [animals]?[1]—Say rather: [That which is] similar to consecrated [animals].[2]

MISHNAH. THREE THINGS R. ELEAZAR B. AZARIAH PERMITTED AND THE SAGES FORBADE: HIS COW WAS LED OUT [ON A SABBATH] WITH A LEATHER STRAP BETWEEN HER HORNS,[3] AND [HE ALSO RULED THAT] ONE MAY CURRY CATTLE ON A FESTIVAL,[4] AND ONE MAY GRIND PEPPER IN A PEPPER MILL.[5] R. JUDAH SAYS: ONE MAY NOT CURRY CATTLE ON A FESTIVAL BECAUSE IT MAKES A WOUND THEREBY, BUT ONE MAY COMB;[6] BUT THE SAGES SAY: ONE MAY NEITHER CURRY NOR COMB.

GEMARA. Shall it be said that R. Eleazar b. Azariah had [only] one cow, surely Rab—some say, Rab Judah in Rab's name—said: R. Eleazar b. Azariah had given as tithe thirteen thousand calves yearly from his herd?—It was taught: It was not his cow but of a neighbouring lady, and because he did not restrain her, it [is referred to as his].[7]

AND ONE MAY CURRY CATTLE ON A FESTIVAL. Our Rabbis taught: What is currying and what is combing? Currying is done with a small toothed [comb] and causes wounds; combing is done with a larged toothed [comb] and does not cause wounds; and there are three views with respect to this: R. Judah maintains: An unintentional act[8] is forbidden, but currying is done with fine teeth and causes wounds, [while] combing is done with large teeth and does not cause wounds, and we do not preventively prohibit combing on account of currying. The Sages are likewise of R. Judah's opinion that an unintentional act is forbidden, but they preventively prohibit combing on account
c of currying;[1] and R. Eleazar b. Azariah holds as R. Simeon who says: An unintentional act is permitted, [hence] both currying and combing is allowed.

Raba in the name of R. Naḥman in the name of Samuel said: —some say, R. Naḥman himself said —the *halachah* is as R. Simeon, since R. Eleazar b. Azariah agrees with him. Said Raba to R. Naḥman: Let the Master say the *halachah* is as R. Judah since the Sages agree with him?—He replied to him: I hold as R. Simeon, and furthermore R. Eleazar b. Azariah agrees with him.

a (1) For there is both extinguishing and kindling. (2) Lit., 'on a fragment of pottery'. (3) For extinguishing does not apply here and the kindling is performed in an *unusual* way, which is not prohibited Biblically (Rashi). (4) I.e., he creates something new in the sherd which was absent before, and this the Rabbis forbade. (5) *Infra* 33b. (6) Which is permitted, although here too there is extinguishing and kindling while the odour of the meat enters the coals. (7) On the Tigris, N. of Bagdad. Obermeyer, p. 143. (8) The word has two meanings (*a*) plaiting (*b*) perfuming and he did not specify what he meant. (9) Which is certainly forbidden.

b (1) But they were not consecrated. (2) V. 22b n. b9. (3) Because he regarded such halter as an ornament. The Sages, however, regarded it as a burden. (4) With a fine comb. (5) Lit., 'in their mill'. (6) Rashi: with a blunt-toothed wooden comb or scraper. (7) Lit., 'is called by his name'. (8) As the causing of a wound through the combing.

c (1) If the former is permitted, people will do the latter too.

על גבי חרס מותר ורבה אמר על גבי חרס נמי אסור משום דקא מוליד ריחא רבה ורב יוסף דאמרי תרוייהו *סחופי כסא אשיראי ביומא טבא אסור מ"ט משום דקמוליד ריחא ומ"ש ממוללו ומריח בו וקוטמו ומריח בו התם ריחא מיהא איתא ואוספי הוא דקא מוסיף ריחא הכא אולודי הוא דקמוליד ריחא רבא אמר ב על גבי גחלת נמי מותר מידי דהוה אבשרא אגומרי דרש רב גביהא מבי כתיל אפתחא דבי ריש גלותא קטורא שרי א"ל אמימר מאי קטורא אי *קטורא בידי מעשה אומן הוא ואי לעשן אסור דהא קא מכבה אמר ליה רב אשי לעולם לעשן *מידי דהוה אבשרא אגומרי איכא דאמרי א"ל אמימר מאי קטורא אי קטורא בידי מעשה אומן הוא אי לעשן אסור דקא מוליד ריחא אמר רב אשי אנא אמריתה נהליה ומשמיה דגברא רבה אמריתה נהליה לעולם לעשן ומידי דהוה אבשרא אגומרי: ועושין גדי מקולס: תניא רבי יוסי אומר *תודוס איש רומי הנהיג את בני רומי לאכול גדי מקולס בלילי פסחים שלחו ליה אלמלא תודוס אתה גוזרנו עליך נדוי שאתה מאכיל את בני ישראל קדשים בחוץ קדשים סלקא דעתך אלא אימא כעין קדשים:

מתני' *שלשה דברים רבי אלעזר בן עזריה מתיר וחכמים אוסרים *פרתו יוצאה ברצועה שבין קרניה ומקרדין את הבהמה ביו"ט ושוחקין את הפלפלין ברחיים שלהן *רבי יהודה אומר אין מקרדין את הבהמה ביום טוב מפני שעושה חבורה *אבל מקרצפין וחכמים אומרים אין מקרדין אף לא מקרצפין:

גמ' *למימרא דר' אלעזר בן עזריה חדא פרה הויא ליה והאמר רב ואמרי לה אמר רב יהודה אמר רב תליסר אלפי עגלי הוה מעשר רבי אלעזר בן עזריה מעדריה כל שתא ושתא תנא לא שלו היתה אלא של שכנתו היתה ומתוך שלא מיחה בה נקראת על שמו: ומקרדין את הבהמה ביו"ט: תנו רבנן *איזהו קרוד ואיזהו קרצוף קרוד קטנים ועושין חבורה קרצוף גדולים ואין עושין חבורה *וג' מחלוקות בדבר רבי יהודה סבר *דבר שאינו מתכוין אסור מיהו קרוד קטנים ועושין חבורה קרצוף גדולים ואין עושין חבורה ולא גזרינן קרצוף אטו קרוד ורבנן סברי נמי כר' יהודה דבר שאינו מתכוין אסור וגזרינן קרצוף אטו קרוד ור' אלעזר בן עזריה סבר לה כר' שמעון דאמר *דבר שאינו מתכוין מותר ובין קרוד ובין קרצוף שרי אמר רבא אמר רב נחמן אמר שמואל ואמרי לה אמר רב נחמן לחודיה הלכה כר' שמעון שהרי רבי אלעזר בן עזריה מודה לו אמר ליה רבא לרב נחמן ולימא מר הלכה כר' יהודה שהרי חכמים מודים לו א"ל אנא כר' שמעון ס"ל ועוד שהרי רבי אלעזר בן עזריה מודה לו:

מתני'

*) [וע"ע תוס' שבת נג: ד"ה סוס וכו' ומ"ש שם על הגליון]

רש"י

על גבי חרס. שהסיקו: מותר. דכבוי ליכא והבערה נמי ע"י שיטי היא כלאחר יד וליכא איסורא דאורייתא: דקמוליד ריחא. שנכנס בחרס שלא היה בו ריח ואסור מדרבנן שהמוליד דבר חדש קרוב הוא לעושה מלאכה חדשה: סחופי כסא אשיראי. לכפות כוס מבושם על השיראים של מלבוש להכניס בהן ריח הבושם שבכוס: אסור. דקא מוליד ריח בשיראים: מאי שנא ממוללו ומריח בו. דתניא (*במשילין) גבי עלי בשמים מוללו בין אצבעותיו כדי להוציא ריחו או קוטמו שיהא מקום הקטימה לח ונותן ריח ובתלושין קמיירי: רבא אמר על גבי גחלת נמי מותר. כשמואל דאוכל נפש הוא עשון פירות זה ושוה לכל נפש ואי משום כבוי והבערה ואולודי ריחא מידי דהוה אבשרא אגומרי דאיכא כל הני ושרי: קטורא שרי. כן דרש להם ולא פירש דבריו: אי קטורא בידי. שעושין לבתי שוקים ולבתי ידים של חלוקי הגשים שמקמטין אותן על עץ חלק או על אגודה של קשים וקורין אופרונליי"ר מעשה אומן הוא ואסיר וקטורא לשון קשר: ואי קטורא. לשון קטור הכבשן דהיינו לעשן: אסור משום דמוליד ריח. והיכי דריש דשרי: בשרא אגומרי. מוליד נמי ריח בפחמין: אלמלא תודוס אתה. חכם גדול ונכבד: קדשים סלקא דעתך. מאי קרוב להאכיל קדשים איכא היאך יכולין להיות קדשים ואין אדם מקדישן: אימא כעין קדשים. והכי שלחו ליה שאתה מאכיל את ישראל כעין קדשים והרואה אומר הוקדשו לפסח: **מתני'** פרתו יוצאה. בשבת: ברצועה שבין קרניה. לנוי ואמור רבנן משאוי הוא ואינו תכשיט לה: ומקרדין. אישטריליי"ר במגררת של ברזל ששיניה דקות ואע"ג דעביד חבורה: ברחים שלהן. כעין אותם שלנו: מקרצפים. במגררת של עץ ששיניה גסות ואין עושה חבורה: **גמ'** במאי קא מיפלגי. כולה לישנא לא גרסי' וה"ג ושלש מחלוקות בדבר ר' יהודה סבר דבר שאין מתכוין אסור מיהו קרוד קטנים ועושין חבורה קרצוף גדולי' ואין עושין חבורה ולא גזרינן קרצוף אטו קרוד ורבנן סברי לה כרבי יהודה דאמר דבר שאינו מתכוין אסור וגזרינן קרצוף אטו קרוד ור' אלעזר בן עזריה סבר דבר שאין מתכוין מותר ופירש ר' יהודה סבר חבורה אע"פ שאין מתכוין לה אסור מיהו הך חששא בקרוד איפא הלכך אין מקרדין אבל בקרצוף ליכא למיחש משום חבורה: ורבנן סברי נמי כר' יהודה דדבר שאין מתכוין אסור. ואין מקרדין ומחמירי מיניה דגזרי קרצוף אטו קרוד: ור' אלעזר סבר. הואיל ואין מתכוין לחבורה אף על גב דזמנין דמתרמי שרי הלכך אפי' קרוד שרי: הלכה כר' שמעון. דאמר (שבת כב. מו:) גורר אדם מטה כסא וספסל דדבר שאינו מתכוין מותר:

תוספות

על גבי חרס מותר. פי' רש"י משום שאין כאן כבוי ואי משום הבערה הוי הבערה כלאחר יד ושרי לעשותה ביום טוב והר"ר יצחק פירש דשפיר הוי הבערה כדרכה ומ"מ שריא דקסבר דהבערה שלא לצורך שרי לעשותה ביום טוב וכן משמע בירושלמי [דמשילין] מהו לאדלוק נר של בטלה ביום טוב ר' יוסי אסר ורבנן שרו והטעם מאן דאסר סבר דהבערה לחלק יצתה והוי מלאכה ואסור לעשותה בי"ט ומאן דשרי סבר דללאו יצתה (א) והבערה שלא לצורך מותר לעשותה בי"ט ולא הוי אב מלאכה ומיהו התם קאמר לא תאסור ולא תשרי ומכאן יש ליזהר מלעשות הבערה שלא לצורך כדקאמרינן בירושלמי לא תאסור ולא תשרי ומכל מקום על גבי גחלת אסור לפי שיש כבוי עם הבערה דלכולי עלמא האי לא שרי הואיל דאין זה דבר השוה לכל נפש ואפי' למאן דשרי הבערה שלא לצורך כלל בירושלמי היינו לפי שישנו פעמים לצורך אוכל נפש אבל כבוי דלעולם אינו לצורך תקון אוכל נפש ודאי אסור לכולי עלמא בי"ט ורבא דשרי אף על גבי גחלת היינו משום דחשיב ליה דבר השוה לכל נפש דאם היו עשירים צריכין הן לכך:

תליסר אלפי עגלי הוה מעשר רבי אלעזר בן עזריה וכו'. ותימה והא ר' אלעזר בן עזריה היה אחר חורבן הבית טובא דהא רבן גמליאל היה נשיא קודם ר' אלעזר בן עזריה ורבן גמליאל היה לאחר חורבן הבית דהא רבן יוחנן בן זכאי היה עושה תקנות מיד לאחר חורבן הבית משום דרבן גמליאל לא הגיעו ימיו להיות נשיא כדאמר משחרב בית המקדש התקין רבן יוחנן בן זכאי ואח"כ רבן גמליאל ואחר כך ר' אלעזר ור' אלעזר לא היה כי אם בן שמנה עשרה שנה כשהיה נשיא ונשיאותו לאחר חורבן ואמרינן בבכורות (דף נג.) דלאחר חורבן נתבטל כל מעשר בהמה ויש לומר דלא נתבטל לאלתר כי אם לאחר זמן אי נמי אפטרופוס של רבי אלעזר בן עזריה שהיה בימי הבית היה מעשר אי נמי לאו דוקא מעשר אלא שהיה נותן למלך בכל שנה העשירית*):

ושלש מחלוקות בדבר מר סבר גזרינן קרצוף וכו'. פירש ר"י דהלכה כר' שמעון שמתיר ודוקא במגררת של עץ דאין עושה חבורה אבל במגררת שלנו שהן של ברזל כ"ע מודו דאסור דפסיק רישיה ולא ימות הוא שתולש שערות:

משום

עין משפט נר מצוה

צב א מיי' פ"ד מהל' יו"ט הל' ו טוש"ע א"ח סי' תקי"א סעיף ד בהג"ה:

צג ב מיי' שם טוש"ע שם:

צד ג מיי' פ"א מהל' יו"ט הל' יד טוש"ע א"ח סי' תקיט סעיף ה וסי' תקמא סעיף ג:

צה ד מיי' פ"ד מהלכות י"ט הלכה כ"ז סמג לאוין עה טוש"ע א"ח סי' תקכג סעיף א:

צו ה מיי' שם פ"ג הל' יב טוש"ע א"ח סי' תקד סעיף א:

צז ו מיי' פ"א מהל' שבת הלכה ה סמג לאוין סה טוש"ע א"ח סי' שלז סעיף א:

רבינו חננאל

ר' ירמיה אמר ע"ג חרס מותר רבה ורב יוסף אמרי אפילו ע"ג חרס אסור משום דמוליד ריחא וכן סחופי כסא אשיראי ואקשינן עלייהו מ"ש מהא דתניא מוללו ומריח בו קוטמו ומריח בו ופרקינן גבי הדס ריחא מיהא איתא ואוספי מוסיף עלה הכא מוליד ריחא. רבא אמר ע"ג גחלת לעשן פירות מותר מידי דהוה אצליית בשר ע"ג גחלים שאע"פ שתחלתו מכבה וסופו מבעיר שרי. דרש בר גביהא קיטורא שרי. ואמר אמימר אי קיטורא בידי מעשה אומן הוא ואסור אי לעשן פירות הא מוליד ריחא ואסור. ואסיקנא אמר רב אשי אנא אמריתה ניהליה לרב גביהא ומשמא דגברא רבא אמריתה ניהליה והוא רבא דאמר לעשן שרי מידי דהוה בישרא אגומרי. ומסקנא דשמעתא לגמר את הבית ר"ג מתיר וחכמים אוסרין וקי"ל כחכמים ולעשות מוגמר להריח ולגמר כלים לא איתפריש דשרי והלכתא בכולהי אסור בר מעישון הפירות שהוא מותר. ועושין גדי מקולס בלילי פסחים וחכמים אוסרין: ירושלמי תנא אי זהו גדי מקולס כולו צלי ראשו על כרעיו ועל קרבו מקצתו שלוק מקצתו צלי או מבושל אין זה גדי מקולס לילי י"ט של פסח עושין עגל מקולס לילי עצרת ולילי סכות עושין גדי מקולס. תודוס איש רומי הנהיג את ישראל לאכול גדי מקולס לילי פסחים. שלחו לו חכמים אילולי לאו תודוס אתה גזרני עליך נידוי: תוספתא שהיו קורין אותן פסחים ואמרו לו שהמאכיל לישראל כעין קדשים בחוץ בר נידוי הוא: [מתני'] ג' דברים ר' אלעזר בן עזריה מתיר חכמים אוסרין פרתו היתה יוצאה ברצועה שבין קרניה: ירושלמי רב ושמואל דאמרי תרווייהו אפי' להמשך בה חכמים אוסרין תנא ר' יונה בן פזי דברדיליה אמרו לו או העבר רצועה מפרתך או עמוד מבינותינו אמר רב יוסי ב"ר בון שהיה מתרים כנגדן א"ר חנינא פעם אחת יצאת והשחירו שיניו מפני הצומות. תנא לא היתה שלו של שכינתו היתה וכי נענש אדם על שכינתו א"ר קירים ללמדך שכל מי שספק בידו למחות ולא מוחה קלקלה תלויה בו ומקרדין את הבהמה ביו"ט ת"ר איזהו קירוד כינים של בהמה כגון תולעים קטנים תפוסין בעור הבהמה שאי אפשר להסירם אלא בחבורה קרצוף גדולים ואין עושין חבורה וג' מחלוקות בדבר ת"ק דהוא ר' אלעזר בן עזריה סבר דבר שאין מתכוין מותר וקירוד דעביד חבורה כיון דלא מתכוין הוא שרי כ"ש קרצוף דלא עביד חבורה ור' יהודה סבר דבר שאין מתכוין אסור כו' ורבנן דאמרי אין מקרדין אף לא מקרצפין

מסורת הש"ס

[לקמן בסמוכות דף לג:]
[מו"ק י:] ע"ש תוס' ד"ה קיטורי דגרסי בידי ברי"ש
[שבת קלד.]
פסחים נג. ברכות יט. [תוספת' פ"ב ע"ש]
[עדיות פ"ג מי"ב]
שבת נד:
[פסחים יא:]
שבת נד:
[פסחים יא: תוספ' פ"ב]
[עירובין מה. וש"נ]
[שבת מח: וש"נ]
[שם וש"נ]

הגהות הב"ח

(א) תוס' ד"ה על גבי וכו' ומאן דשרי סבר דללאו יצתה ולא הוי אב מלאכה והבערה שלא לצורך מותר לעשות ביום טוב ומיהו:

גליון הש"ס מתני' אבל מקרצפין. עי' שבת דף נג ע"א תוס' ד"ה מהו ליתן ומו"ק דף י ע"ב תוס' ד"ה ואין מוגין:

מתני' ״הרהים של פלפלין טמאה משום שלשה כלים משום כלי קבול ומשום כלי מתכת ומשום כלי כברה: גמ' ״תנא תחתונה משום כלי קבול אמצעית משום כלי כברה עליונה משום כלי מתכת:

מתני' *״עגלה של קטן טמאה מדרס ונטלת בשבת °ואינה נגררת אלא על גבי כלים ר' יהודה אומר כל הכלים אין נגררין חוץ מן העגלה מפני שהיא כובשת:

גמ' עגלה של קטן טמאה מדרס דהא סמיך עלויה ונטלת בשבת משום דאיכא תורת כלי עלה ואינה נגררת אלא על גבי כלים על גבי כלים אין על גבי קרקע לא מאי טעמא דקא עביד חריץ מני ר' יהודה היא דאמר *דבר שאין מתכוין אסור דאי ר' שמעון האמר *דבר שאין מתכוין מותר (*דתנן) *רבי שמעון אומר ״גורר אדם מטה כסא וספסל ובלבד שלא יתכוין לעשות חריץ אימא סיפא ר' יהודה אומר אין הכל נגררין בשבת חוץ מן העגלה מפני שהיא כובשת מפני שכובשת אין אבל חריץ לא עבדא תרי תנאי ואליבא דרבי יהודה:

[גי' דתניא]

הדרן עלך יום טוב

*אין ״צדין דגים מן הביברים ביו"ט ׳ואין נותנין לפניהם מזונות אבל צדין חיה ועוף מן הביברין ונותנין לפניהם מזונות רשב"ג אומר ׳לא כל הביברין שוין זה הכלל כל המחוסר

רש"י

מתני' טמאה משום שלשה כלים · מקבלת טומאה על שם שלשה כלים נפקא מינה דאי נמי אזל חד שמא מינה טמאה משום אידך ובגמרא מפרש לה: גמ' תחתונה · שמקבלת אבק הפלפלין כשנופל דרך נקבי המכבר: משום כלי קבול · שכלי עץ שיש לו בית קבול הוא: אמצעית · שהיא מקפת את המכבר משום כלי עץ לא מטמאה דאין קבולה קבול אלא חכמים גזרו טומאה על הכברה משום ארוג ואפי' אין המכבר של מתכת מטמאה משום כלי כברה ושלנו שהיא של מתכת ודאי טמאה משום פשוטי כלי מתכות: ועליונה · שמכתשין ושוחקין בה הפלפלין טמאה משום כלי מתכות דמשום כלי עץ ליכא לטמויה דפשוטיהן טהורין אלא משום לפוי התחתון שהוא עיקר והעץ בטל אגלו: מתני' עגלה של קטן · שעושין לו לשחוק ויושב עליה ומטלטלין אותו עליה: טמאה מדרס · אם התינוק זב נעשית העגלה אב הטומאה דמיוחדת לישיבה היא דהא סומך קטן עליה נמצאת שהיא מיוחדת לו לישיבה ואין אומרים לו עמוד ונעשה מלאכתנו דאילו לא מיחדא להכי לא הות אב הטומאה כדתניא יכול כפה סאה ויושב עליה כו' (שבת דף נט·): ונטלת בשבת · דתורת כלי עליה: ואינה נגררת · בשבת: אלא על גבי כלים · על גבי בגדים מפני שעושה חריץ בקרקע וחופר חייב משום חורש: מפני שכובשת · *חריץ הנראה בהלוכה לא על ידי חפירה הוא אלא כובשת ודורסת הקרקע ונדוש תחתיה ונעשה מקומה נמוך אבל אינו זז עפר ממקומה: גמ' לעשות חריץ גרסינן: כובשת אין · כובשת הוי אבל חריץ לא עבדא: תרי תנאי ואליבא דרבי יהודה · חד סבר העגלה כמי כשאר כלים דעושה חריץ בגרירתה שפעמים שאין האופן מתגלגל והוא נגרר וחופר ואידך סבר לא שכיח הכי ואינה אלא כובשת תחת גלגולה:

הדרן עלך יום טוב

אין צדין דגים · אף על גב דשחיטה ואפייה ובשול מאבות מלאכות הן והותרו לצורך יום טוב טעמא משום דאי אפשר מערב יום טוב דשחיטה חיש למכמר בשרא פן יתחמם ויסריח אבל צידה אפשר לצודו מבעוד יום ויניחנו במצודתו במים ולא ימות ולמחר יטלהו: ביברים · של דגים הן בריכות של מים שקורין ויבי"ר ביברין של חיה קרפיפות מוקפין גדר סביב וכונסין לתוכן חיות הבר ויולדות ומגדלות שם: ואין ׳נותנין · לפני הדגים מזונות ואפי' למאן דאמר *נפש בהמה במשמע הני מילי דמזונותן עליך אבל דגים אפשר להם בלא מזונות שהם אוכלים שרשי עשבים וקרקע וגדול אוכל את הקטן: אבל צדין חיה ועוף · המכונסים מאתמול קא סלקא דעתך השתא כיון דמוקפים גדר הוו להו כנלודין ועומדין אבל דגים נשמטין לחורים ולסדקים והויא צידה ביום טוב: ונותנין לפניהם מזונות · בימי החורף צריכין מזונות ואף בימי הקיץ במקום דריסת בני אדם שאין עשבים עולים בו:

המחוסר

תוספות

משום שלשה כלים · פי' ואם נטמא זה לא נטמא זה אפי' בשעת מלאכה שהן כולן יחד הואיל וכל אחד ראוי למלאכה בלבדו ולא דמי למספרים של פרקים ואזמל של רהיטני* דהתם הם מחוברים יותר בשעת מלאכה: משום כלי כברה · פירש רש"י אע"ג שהיא של עץ ואין לה בית קיבול שאין נשאר בה כלל מכל מקום גזרו עליה משום ארוג ולא נראה דלא שייך ארוג במעשה של עץ כי אם [בלמר ופשתים ונראה לפרש] בכברה של סלתות דקאמר בירושלמי כברות של סלתות טמאה משום שיש עליה תורת כלי שמקבלת הסובין שאינן יכולין לצאת דרך נקבים והא דקאמר משום כלי כברה ולא קאמר משום בית קיבול ה"ק משום תורת קבול כלי כברה דחשיב קבול שלה כדפי': עגלה של קטן · פירש הקונטרס שהקטן יושב בתוכה ולא נהירא דמאי קא משמע לן פשיטא הא אין לך כלי מיוחד גדול מזה לכך נראה לי דהייט כלי שעושין לקטנים להתלמד להלוך והיא עומדת על שלשה אופנים ואוחז בה בידיו והיא מתגלגלת לפניו תמיד:

הדרן עלך יום טוב

אין לדין דגים מן הביברין וכו' · פירש רש"י דאע"ג דאוכל נפש מותר הייט דוקא כגון בשול ואפייה ושחיטה דאי אפשר מערב יום טוב דיותר טוב פת חמה וגם בשול בי"ט ושחיטה שמא יסריח אבל צידה אפשר לצודו מערב י"ט ויניחנו במים במצודתו ולא ימות ולא נהירא כדמפרש בריש מכילתין (דף ג· ושם) גבי גזרה שמא יתלוש דאין לחלק באוכל נפש בין אפשר לעשותו מערב יום טוב לאי אפשר אלא דוקא במכשירין יש חלוק לכך נ"ל *) כפר"ח מקיטו"ן שפירש לעיל [דף ג. ס"ה גזרה] משום דדמי לקצירה:

ואין טתנין לפניהם מזונות · פירש רש"י דאין מזונותן עליו דהם אוכלים עשב הגמלא במים וגם פעמים אוכלים עפר וגדולים אוכלים הקטנים ואפילו למאן דשרי מאך אשר יאכל לכל נפש (שמות יב) דמשמע אפילו בהמה מכל מקום דגים לא הואיל ואין מזונותן עליך ותימה דבגמרא פריך ורמינהי ביברין של חיה ועוף אין לדין וכו' ומשני כאן בביבר קטן כאן בביבר גדול והשתא תינח מצידה לצידה תרלת שפיר אלא מזונות מאי תרלת דבמתני' אמרי' ונותנין לפניהם מזונות והתם אמרי' אין נותנין לפניהם מזונות לכך נראה לי דהא תליא בהא אי צידה מותרת מותר נמי ליתן לפניהם מזונות והכי פירושו אין לדין דגים מן הביברין וכו' ואין נותנין לפניהם מזונות גזרה שמא יעודם דהא צידה שלהן אין מותרת ביום טוב והשתא כשמתרץ בגמרא מצידה ממזונות נמי ניחא דהא בהא תליא ומכל מקום קשיא דמשמע הכא דהיכא דצידה שלהן אסורה אפילו לזרוק להם מזונות אסור ובפרק מי שהחשיך (שבת דף קנה: ושם) קאמר גבי דברים שאסור ליקח מהן למשדא קמייהו שפיר דמי ויש לומר דהתם מיירי בשבת דחמיר דאוכל נפש אסור ולא שייך למגזר שמא יקח מהן אבל הכא מיירי ביום טוב דאוכל נפש מותר גזרינן דלמא כשיתן להם מזונות שמא יצוד מהם:

כל

*) כפי' ר' נתנאל כנ"ל

עין משפט נר מצוה

צח א ב מיי' פ"י מהל' כלים הלכה ז:

[שבת מח:]

צט ג מיי' פכ"ה מהל' כלים הלכה טז:

ק ד מיי' פ"א מהלכות שבת הלכה ה סמג לאוין סה טוש"ע א"ח סי' של"ז סעיף א:

א ה מיי' פ"ב מהלכות י"ט הלכה ז סמג לאוין עה טוש"ע א"ח סי' תצ"ז סעיף א:

ב ו מיי' שם הלכה יז טוש"ע שם סעיף ג:

ג ז מיי' שם הל' ז סמג שם טוש"ע שם סעיף ז:

רבינו חננאל

מקרצפין סברי לה כר' יהודה ומחמרי ואסיקנא אמר רב נחמן הלכה כר"ש דסבר דבר שאין מתכוין מותר שהרי ר' אלעזר בן עזריה מודי לו: [מתני'] הרחיים של פלפלין טמאה משום שלשה כו'.*)פי' כלי עץ חקוק ובאמצעיתו טס של ברזל קבוע במסמרים עומדים מלמטה והוא נקוב נקבים דקים כמין כברה והעליון משופה ליכנס בתוך התחתון ומצופה ראשו של עליון ברזל עשוי כמין פספוסין בלוטין קטנים קטנים. ונותן הפלפלין באותו ברזל המתוח באמצע החקוק לאורכו הנקוב ככברה ושוחקין בעליון שראשו מצופה ברזל כמין פספוסין קטנים גסין יותר מעט מן הנקבים ונותן הפלפלין על הברזל העשוי ככברה וטוחן בעליון וכשישחק יורד מן הנקבים למטה ויש בקרקעית התחתון נקב גדול סתום כשרוצה פותח ונוטל הפלפלין השחוקין ומפורש בגמ' שלנו וגם כן בירושלמי התחתון כלי קיבול העליון משום כלי מתכות אמצעי משום כברה: [מתני'] עגלה של קטן טמאה מדרס דהא קסמיך עלה וניטלת בשבת משום דאיכא תורת כלי עליה ואינה נגררת אלא ע"ג כלים אבל על הקרקע לא דעביד חריץ ומשום דאמר דבר שאין מתכוין אסור וסיפא דהא מתניתין תנא אחר אליבא דר' יהודה שהוא שונה כל הכלים אין נגררין חוץ מן העגלה מפני שאינה עושה חריץ אלא כובשת ור' שמעון תני גורר אדם מטה וכסא וספסל בשבת ובלבד שלא יתכוין לעשות חריץ וא"צ לומר ביו"ט. **) דלת הנגררת ומחצלת הנגררת וקנקליה הנגרר פותחין ונועלין בהן בשבת וא"צ לומר ביו"ט: הדרן עלך יום טוב

*) עי' בערוך ערך ריחים.

**) כוא בתוספתא סוכה.

[שבת סו.]

[שבת מח:] וש"נ [שם וש"נ] שם כב. כט: מו: [תוספתא פ"ב פסחי' קא־ מנחות מא:]

[שבת קו:]

[לעיל כא:]

גליון הש"ס

מתני' ואינה נגררת · עיין שבת דף פא ע"ב תוס' ד"ה וכאר"י:

[23b] *MISHNAH.* A PEPPER-MILL IS SUSCEPTIBLE TO DEFILEMENT ON ACCOUNT OF [IT CONSISTING OF] THREE [SEPARATE] UTENSILS;[2] ON ACCOUNT OF A RECEPTACLE,[3] ON ACCOUNT OF A METAL UTENSIL[4] AND ON ACCOUNT OF A SIFTING UTENSIL.[5]

GEMARA. It was taught: The lower part [becomes defiled] as a receptacle; the middle part as a sifting utensil; the upper part as a metal vessel.

MISHNAH. A CHILD'S GO-CART IS SUSCEPTIBLE TO THE DEFILEMENT OF MIDRAS,[6] AND IT MAY BE HANDLED ON SABBATH,[7] AND IT MAY BE PULLED ALONG ONLY ON MAT-
a TING.[1] R. JUDAH SAYS: NO ARTICLES MAY BE DRAGGED [ALONG THE FLOOR] EXCEPT A WAGON BECAUSE IT [ONLY] PRESSES[2] [THE EARTH] DOWN.

GEMARA. A CHILD'S GO-CART IS SUSCEPTIBLE TO THE DEFILEMENT OF MIDRAS, because he [the child] supports himself thereon;[3] AND IT MAY BE HANDLED ON SABBATH, because it is considered a utensil;

AND IT MAY BE PULLED ALONG ONLY ON MATTING; only on matting but not on the earth. What is the reason? Because he makes a rut [furrow];[4] the author of this is [therefore] R. Judah who says: An unintentional act is forbidden; for if it were R. Simeon, surely he maintains: An unintentional act is permitted; for it was taught: R. Simeon says: A man may drag along a bed, stool or bench [on the floor], provided he has no intention of making a furrow. [But] read the last clause: R. JUDAH SAYS: NOTHING MAY BE DRAGGED [ALONG THE FLOOR] ON THE SABBATH EXCEPT A WAGON BECAUSE IT [ONLY] PRESSES [THE EARTH] DOWN; only because it presses it down but it does not make a furrow?—There are two Tannaim[5] who differ as to the opinion of R. Judah.

CHAPTER III

MISHNAH. ONE MAY NOT CATCH FISH FROM A FISH-
b POND ON A FESTIVAL[1] NOR GIVE THEM FOOD,[2] BUT ONE MAY CATCH VENISON OR GAME FROM ANIMAL ENCLOSURES AND ONE MAY PUT FOOD BEFORE THEM. RABBAN SIMEON B. GAMALIEL SAYS: NOT ALL ENCLOSURES ARE ALIKE. THIS

(2) So that even if one part were missing the rest counts as complete utensils and can become unclean (Rashi). Tosaf: if one part became defiled the other parts are not affected. (3) In contrast to flat wooden vessels which have no hollow for receiving and cannot become unclean. V. Kelim. XI, 1. (4) V. Kelim. XI, 2. Even a *flat* metal utensil can become unclean. (5) V. Kelim. XVI, 3, XVII, 4. (6) V. Glos. (7) Since it really is a utensil. That which does not rank as a utensil may not be handled.

a (1) In order not to make a rut. Their floors were earthen. (2) But does not turn it up into a furrow. (3) It is therefore considered a stool. (4) I.e., he breaks the surface of the ground, being in the nature of ploughing. (5) One holds that a go-cart is regarded as any other piece of furniture and may not be dragged along because it may skid and turn up the earth as a plough, and the other holds the wheels only press down the earth but do not make a rut.

b (1) Because this could have been done before the Festival. (2) Because they can look after themselves.

IS THE GENERAL RULE: [24a] WHENEVER CHASING IS STILL NECESSARY[3] IT IS FORBIDDEN[4] BUT WHERE CHASING IS NOT STILL NECESSARY IT IS PERMITTED.

GEMARA. Now the scholars pointed out a contradiction: One may not catch [animals] from enclosures of venison and game on a Festival, nor may one put food before them. Thus the rulings on venison are contradictory and those on game are contradictory. As for the rulings on venison, it is well and there is no difficulty, one agreeing with R. Judah, the other with the Sages. For we have learnt: R. Judah says: If [on a Sabbath] one hunts a bird into a tower-trap or a gazelle into a house he is culpable[5]—(only [if he drives it] into a house is he culpable but not into an enclosure).[6] But the Sages say: [If he drives] a bird into a tower-trap or a gazelle [even] into a garden, a court or an enclosure [he is culpable].[7] But the rulings on game are contradictory! And if you say, this also presents no difficulty, for the one treats of a roofed enclosure and the other of an unroofed enclosure,—surely a house is like a roofed enclosure and [yet] according to both R. Judah and the Sages [he is liable] only [if he drove] a bird into a tower-trap but not into a house!—Said Rabbah b. Huna: We treat
a here[1] of a wild bird which does not submit to taming.[2] For the School of R. Ishmael taught: Why is it called *free-bird*, because it dwells in the house as in the fields.[3] Now that you have come to this [explanation],[4] there is no contradiction in the rulings on venison, [for] the one refers to a small enclosure; the other, to a large enclosure.[5] What is 'a small enclosure' [and] what is 'a large enclosure'?—Said R. Ashi: Whenever one runs after it [the animal] and catches it with one lunge,[6] it is a small enclosure, otherwise it is a large enclosure. Alternatively: If there are many corners [whither it can escape] it is a large enclosure, otherwise it is a small enclosure. Alternatively: whenever the shadow of one wall falls upon the other,[7] it is a small enclosure, otherwise it is a large enclosure.

RABBAN SIMEON B. GAMALIEL SAYS: NOT ALL ENCLOSURES ARE ALIKE etc. R. Joseph said in the name of Rab Judah in the name of Samuel: The *halachah* is as Rabban Simeon b. Gamaliel. Abaye said to him: 'The *halachah* is [etc.],' from which it would follow that they [the Sages] dispute it![8]—He said to him: What practical difference does it make to you?[9]—He replied to him: Is a lesson to be recited as a sing-song?[10]

THIS IS THE GENERAL RULE: WHENEVER CHASING IS STILL NECESSARY, etc.: What is meant by CHASING IS STILL NECESSARY? Said R. Joseph in the name of Samuel: Whensoever one has to say, 'Bring a trap so that we may catch it'.[11] Said Abaye to him: But what of geese and hens where one [also] says, 'Bring a net so that we may catch it', and yet it was taught: He who catches
b geese, hens or Herodian doves[1] he is free!—Said Rabbah son of R. Huna in the name of Samuel: These come at night into their coops [for roosting],[2] but those do not come at night into their coops. But what of doves of a dovecote and doves of a loft which [likewise] come at night into their coops, and yet it was taught: He who catches doves of a dovecote or doves of a loft or birds nesting in nests[3] or in a residence[4] is liable?—Rather, said Rabbah son of R. Huna in the name of Samuel: These come at night into their coops and their feeding is your obligation,[5] but those come at night into their coops but you are not obliged to feed them. R. Mari says: These are in the habit of fleeing, but those make no attempt to flee. But surely all of them make an attempt to flee!—I mean they are wont to flee to their nests.[6]

MISHNAH. IF TRAPS FOR WILD ANIMALS, BIRDS OR FISH WERE SET ON THE EVE OF THE FESTIVAL, ONE MAY NOT TAKE FROM THEM ON THE FESTIVAL UNLESS HE KNOWS THAT THEY WERE [ALREADY] CAUGHT ON THE EVE OF THE FESTIVAL; AND IT ONCE HAPPENED THAT A CERTAIN GENTILE BROUGHT FISH TO RABBAN GAMALIEL WHO SAID: THEY ARE PERMITTED, BUT I HAVE NO WISH TO ACCEPT [THEM] FROM HIM.[7]

GEMARA. You quote an incident to contradict [the teaching of the Mishnah]!—There is a lacuna in the text and learn thus: When a doubt prevails whether it is *mukan*,[8] it is forbidden, but Rabban Gamaliel permits it: AND IT ONCE HAPPENED THAT A CERTAIN GENTILE BROUGHT FISH TO RABBAN GAMALIEL, WHO SAID: THEY ARE PERMITTED BUT I HAVE NO WISH TO ACCEPT [THEM] FROM HIM.

Rab Judah said in the name of Samuel: The *halachah* is not as Rabban Gamaliel. Some recited it [the statement of Samuel] with reference to the [following] teaching: When a doubt prevails whether it was *mukan*, Rabban Gamaliel permits and R. Joshua prohibits. Said Rab Judah in the name of Samuel: The *halachah* is as R. Joshua.

Some [again] recite it with reference to the following teaching:

(3) Lit., 'whenever the hunting is wanting', i.e., if the enclosure is large and great effort in pursuing the game is requisite. (4) Because it is regarded as hunting. (5) For having transgressed the Sabbath because these are now quite caught. Hunting is forbidden on the Sabbath, but liability is not incurred unless the act of hunting is complete and the animal actually caught. (6) For there is still effort required to catch the animal. (7) V. Shab. 106a. Thus all agree that the chasing of a bird into a house does not involve liability, the bird not being regarded as caught.

a (1) With respect to chasing a bird on Sabbath. (2) Even when chased into a house it cannot easily be captured. (3) Even when in the house it is not domesticated. (4) That the apparent contradiction in the rulings on game may be reconciled without assuming a controversy of Tannaim. (5) And both rulings state the view of the Sages. (6) The space being too small to allow escape. (7) The walls were of ordinary height. (8) Which is not the case, for the Sages too draw a distinction between a large enclosure and a small one. (9) Since the *halachah* remains true. (10) Whether correct or not. (11) I.e., means are still required for catching it.

b (1) [Domesticated indoor doves, supposed to have been bred by Herod. V. Krauss, *T.A.* II, p. 138]. (2) Where it is easy to catch them, and therefore they are regarded as permanently caught. (3) Lit., 'pitcher-shaped (vessels)' put up in walls or cornices as birds' nests. V. Jast., s.v. טפיח. (4) [Var. lec. (*a*) 'or residences'; (*b*) 'or pits', v. *infra* 25a n. a 16.] (5) Therefore they are regarded as any domestic animal which is always ready for food. (6) So that great effort is needed before they are caught. (7) Because he did not like the man. (8) I.e., prepared before the Festival. V. Glos.

המחוסר צידה. שצריך לצודו: גמ' הצד צפור. מן החוץ עד שהכניסו למגדל עץ שקורין מישטיי"ר או הצד צבי מן החוץ עד שהכניסו לבית בשבת: חייב. דכיון דהכניס צפור למגדל ונעל לפניו הרי הוא אחוז ועומד ונגמרה צידתו וכן צבי לבית ונעל בפניו אבל צפור שהכניס לבית ונעל בפניו פטור שיוצא לו דרך חלונות ואין כאן צידה או צבי שהכניסו מן החוץ לביבר ונעל לפניו אין זו צידה: וחכמים אומרים צפור למגדל. היא צידתו כאשר אמרת אבל צבי אין צריך עד שיכניסנו לבית דאף לגינה ולחצר ולביבר הוי צידה ומתניתין דקתני צדין מן הביברין ביום טוב רבנן היא דאמרי משנכנס לביבר הוא נצוד ועומד וברייתא ר' יהודה: אלא עופות קשיא. דהא כולהו מודו דאין צידתן אפילו לבית: מקורה. שיש לו גג: הכא. דקתני גבי שבת צפור למגדל ולא לבית: בצפור דרור. שדרה בבית כבשדה שיודעת להשמט בזויות הבית לכל צד ולכך נקראת דרור על שם דירה שדרה בכל מקום: השתא דאתית להכי. דעופות אעופות לא קשו אהדדי ולא דחיקא לאוקומי מתני' בפלוגתא דתנאי חיה אחיה נמי לא תוקמא כתנאי אלא תרוייהו כרבנן ומתניתין בביבר קטן וכן ההיא דשבת וברייתא דקתני אין צדין בביבר גדול ויש לה להשמט ורשב"ג אף בביבר קטן פליג אם צ"ל הבא מצודה אי נמי לאו לאפלוגי אתא אלא לפרושי כדלקמן: בחד שחיא. בפעם אחת שהוא שוחה עליו לתפשו אין לו להשמט ממנו: עוקצי עוקצי. זויות: דנפלי טולא דכתלי אהדדי. מרוב קטנו וקצרו: הלכה מכלל דפליגי. רבנן עליה למימר כל הביברין שוין בתמיה והא אוקימנא בביבר קטן משום דנצוד ועומד: מאי נפקא לך מינה. אי אמינא הלכה כ"ש דאי לא פליגי הלכתא היא: אמר ליה גמרא גמור זמורתא תהא. משל שוטים הוא כמו זבון וזבין תגרא אקרי (ב"מ דף מ:) כך גמרא גמור אומר לתלמיד שוטה למוד הן אמת הן שבוש ויהא לך לזמר ושיר: הבא מצודה. כלומר שצריך לבקש תחבולות לתפשו והייט שיעורא דביבר גדול דלעיל ואידך ביבר קטן ורב אשי שערינהו לעיל בחדא שיעורא ורב יוסף בהאי שיעורא: הרדיסאות. על שם מקומם וי"א ע"ש הורדוס והן הגדלים בבתים: לכלובן. סל שמקננין בו כמו ככלוב מלא עוף (ירמיה ה) אווזין ותרנגולין באין לערב לכלוב ונוח לתפשן שם הלכך הרי הן כנצודין ועומדים ומותר לצודן אפילו חוץ לכלובן: יוני שובך ויוני עלייה. יוני הבר הן ושטין ואוכלין בחוץ: בטפיחין בבירות גרס כמין פכין נותנין בחומות הבירות והמגדלים לקנן שם עופות הבר: ומזונותן עליך. הלכך כבהמה הן וחשיבי מזומן: הני עבידי לרבויי. יוני שובך עשויין להשמט ולברוח מפני בני אדם: לכלובן קאמרינן דעבידי לרבויי. פורחין עד קינן וצריך לעלות אחריהן וגם שם נשמטין ממנו ויורדין: מתני' מותרין הן. בגמ' פריך מעשה לסתור: אלא שאין רצוני לקבל הימנו. שאני שונאו: גמ' מעשה לסתור. בתמיה וכי דרך המדברים לומר דבר ומביאין מעשה אחריו להכחיש דבור הראשון: ספק מוכן. כלומר וזו שאמרנו לא יטול מהן מספק דהייט ספק מוכן וספק מוקצה ואסור לאו דברי הכל היא אלא פלוגתא דרבן גמליאל ור' יהושע היא לקמן בשמעתין מייתינן לה בברייתא: דמתני לה. להא דשמואל דאסר ספק מוכן: אהא. מאן דמתני אמתניתין אמר אין הלכה כר"ג דלא שייך למימר הלכה כר' יהושע משום דלא תני ליה לדר' יהושע במתניתין:

שוחטין

המחוסר צידה אסור ושאינו מחוסר צידה מותר: גמ' ורמינהו *ביברין של חיה ושל עופות אין צדין מהם ביום טוב ואין נותנין לפניהם מזונות קשיא חיה אחיה קשיא עופות אעופות בשלמא חיה אחיה לא קשיא הא ר' יהודה הא רבנן דתנן* ר' יהודה אומר הצד צפור למגדל וצבי לבית חייב לבית הוא דמחייב אבל לביברין לא וחכמים אומרים *צפור למגדל וצבי (א) לגנה ולחצר ולביברין אלא עופות אעופות קשיא וכי תימא הא נמי לא קשיא הא בביבר מקורה הא בביבר שאינו מקורה והא בית דכביבר מקורה דמי ובין לרבי יהודה ובין לרבנן צפור למגדל אין לבית לא אמר רבה בר רב הונא הכא בצפור דרור עסקינן שאינה מקבלת מרות דתנא דבי ר' ישמעאל למה נקרא שמה צפור דרור שדרה בבית כבשדה השתא דאתית להכי חיה אחיה נמי לא קשיא הא בביבר קטן הא בביבר גדול היכי דמי ביבר קטן היכי דמי ביבר גדול אמר רב אשי כל היכא דרהיט אבתרה ומטי לה בחד שחיא ביבר קטן ואידך ביבר גדול אי נמי כל היכא דאיכא עוקצי עוקצי ביבר גדול ואידך ביבר קטן אי נמי כל היכא דנפלי טולא דכתלי אהדדי ביבר קטן ואידך ביבר גדול: רשב"ג אומר לא כל הביברין שוין וכו': *אמר רב יוסף אמר רב יהודה אמר שמואל הלכה כרבי שמעון בן גמליאל *אמר ליה אביי הלכה מכלל דפליגי *אמר ליה ומאי נפקא לך מינה אמר ליה גמרא גמור זמורתא תהא: זה הכלל כל המחוסר צידה וכו': היכי דמי מחוסר צידה אמר רב יוסף אמר רב יהודה אמר שמואל כל שאומר הבא מצודה ונצודנו אמר ליה אביי והא אווזין ותרנגולין שאומרים הבא מצודה ונצודנו ותניא הצד אווזין ותרנגולין ויוני הרדיסאות פטור אמר רבה בר רב הונא אמר שמואל הללו באין לכלובן לערב והללו אין באין לכלובן לערב והרי יוני שובך ויוני עלייה דבאין לכלובן לערב ותניא הצד יוני שובך ויוני עלייה וצפרים שקננו בטפיחין בבירות חייב אלא אמר רבה בר רב הונא אמר שמואל הללו באין לכלובן לערב ומזונותן עליך והללו באין לכלובן לערב ואין מזונותן עליך רב מרי אמר הני עבידי לרבויי והני לא עבידי לרבויי כולהו נמי עבידי לרבויי לכלובן קאמרינן דעבידי לרבויי: מתני' מצודות חיה ועוף ודגים שעשאן מערב יום טוב לא יטול מהן ביום טוב אלא אם כן יודע שנצודו מערב יום טוב ומעשה בנכרי אחד שהביא דגים לרבן גמליאל ואמר מותרין הן אלא שאין רצוני לקבל הימנו: גמ' מעשה לסתור חסורי מחסרא והכי קתני ספק מוכן אסור ורבן גמליאל מתיר ומעשה נמי בנכרי אחד שהביא דגים לרבן גמליאל ואמר מותרין הן אלא שאין רצוני לקבל הימנו אמר רב יהודה אמר שמואל אין הלכה כר"ג ואיכא דמתני לה אהא דתניא ספק מוכן ר"ג מתיר ורבי יהושע אוסר אמר רב יהודה אמר שמואל הלכה כר' יהושע ואיכא דמתני לה אהא דתניא

שוחטין

כל היכא דנפלי טולא מן הכתלים. ושיעור (ב) היה להם גובה בכתלים של ביברין: כל שאומר הבא מצודה ונצודנו כו'. וא"ת והרי אמרינן לעיל שיעור אחר ופ"ה דאידי ואידי חד שיעורא הוא ודוחק הוא דא"כ אמאי מפרש אותו פעם אחרת והלא פירש לעיל היכי דמי ביבר גדול וכו' לכך נ"ל דלעיל מיירי בבהמה וחיה והכא מיירי בעופות ואע"ג דלעיל קאמר הא בביבר מקורה מכל מקום לא פירש שיעור הביבר בכמה לא הוי מחוסר צידה והשתא ניחא דפריך עלה מאווזין ותרנגולין*: ותניא הצד אווזין ותרנגולין ויוני הרדיסאות (ג). וא"ת והא קיימא לן כל פטורי דשבת פטור אבל אסור מדרבנן ומתניתין נמי מודה דפטור אבל אסור מדרבנן וי"ל לפי מה שפירשתי במתניתין ניחא דגזרינן מזונות גזירה שמא יבא לצוד מהן דאם כן ע"כ צריך לומר דאסור מן התורה דאם אינו אסור אלא מדרבנן לא הוה גזרינן ליתן מזונות משום שמא יצודם דהוי גזירה לגזירה אי נמי סמיך אההיא דתנן פ' האורג במסכת שבת (דף קו: ושם) דאמר התם ר"ג מחוסר צידה הצד לתוכו פטור דהא מחוסר צידה [וא"כ] הצד מתוכו חייב והכי פריך הואיל ואוקמת מחוסר צידה דרוצה לומר כל שאומר הבא מצודה ונצודנו א"כ היכי קאמרת הכא הצד אווזין ותרנגולין פטור הא שפיר חשיב מחוסר צידה כיון שצריך לומר הבא מצודה ונצודנו ובמחוסר צידה הצד מתוכו חייב והכא הוי הצד מתוכו: אלא

עין משפט נר מצוה

ד א ב מיי' פ"י מהלכות שבת הלכה יט סמג לאוין סה טוש"ע א"ח סי' שטז סעיף א:

ה ג ד מיי' שם הלכה כ:

ו ה מיי' פ"ב מהל' י"ט הלכה : סמג שם טוש"ע שם סעיף יב וסי' תצז סעיף ז:

[ועי' תוס' שבת קו: ד"ס הלכה]

ז ו מיי' שם הלכה ה טוש"ע שם סעיף ז:

ח ז ח מיי' שם הלכה ח סמג לאוין עה טוש"ע א"ח סי' תצז סעיף ג:

[שבת קו: קיג. עירובין ס. ע"ז לב:]

מסורת הש"ס

שבת קו: [תוספתא פ"ג]

שבת קו. פ"ש

[שבת קו:]

[שם ע"ב]

הגהות הב"ח

(א) גמ' וחכ"א צפור למגדל וצבי לבית לגינה: (ב) תוס' ד"ה כל היכא וכו' ושיעור גובה היה להם בכתלים: (ג) ד"ה ותניא וכו' הרדסיאות פטור וא"ת וכו' דאמר התם רשב"ג מחוסר צידה:

רבינו חננאל

אין צדין דגים מן הביברין ביום טוב כו' אבל צדין חיה ועופות מן הביברין ורמינן עלה הא דתניא ביברין של חיה ושל עופות ושל דגים אין צדין מהן ביו"ט כו' קשיא חיה אחיה קשיא עופות אעופות ומפרקינן לא קשיא מתנית' ר' יהודה היא דתנן בפ' ר' אליעזר אומר כו' ר' יהודה אומר הצד צפור למגדל וצבי לבית חייב ש"מ דר' יהודה כל חיה שהיא בבית נגמרה צידתה כשמכניסה בבית (שצד) אבל צד הצבי והכניסו לביברין פטור שאינה צידה וכיון שלענין שבת פטור שאינו כצדוי אסור לצוד אותו ביו"ט מן הביברין לפיכך שנה בברייתא אין צדין כי הביברין לר' יהודה כיער חשובין ומתניתין דקתני אבל צדין חיה מן הביברין לחכמים הוא דפליגי עליה דר' יהודה ותנן הצד צפור למגדל וצבי לגינה ולחצר ולביברין נגמרה צידתו וחייב בשבת וקתני לחצר ולביברין ביברין דומיא דחצר כאשר כל מה שבחצר מותר לצוד אותו ביו"ט כך כל מה ...ין צדוי הוא קודם לכן ואסיקנא עופות אעופות לא קשיא מתניתין בביבר מקורה והוא כבית ונגמרה צידתו ובריית' בביבר שאינו מקורה שלא נגמרה צידתו כיון שאינו מקורה יתכן שיפרח אחרי שעה שירצה לפיכך אין צדין ואי קשיא לך דהא בין ר' יהודה ובין רבנן הצד צפור לבית בשבת פטור הוא שלא נגמרה צידתו והנה הבית מקורה הוא ואעפ"כ אינה צידה בו וכיון דבשבת פטור אסור לצוד ממנו חלוקתם בצפור דרור הוא ושאני צפור דרור משאר עופות דשאר עופות כיון שנכנסין בביבר מקורה נגמרה צידתן אבל צפור דרור אינה מקבלת מרות ואין נגמרה צידתה אלא במגדל. ...חיא פי' כגון ריצה אחת ואינו צריך לפוש ביני ביני . כל היכא דנפל טולא דכתלין אהדדי פי' בעת שהחמה במזרח צל כותל המערבי מגיע עד כותל המזרחי והוא ביבר קטן. רשב"ג אומר . היכי דמי ואסיק' ואע"פ דבאין לכלובן לערב כגון יוני שובך ויוני עלייה כיון דבעי רבויי להו אסור לצוד מהן ביו"ט אבל אווזים ותרנגולים ויונים הרדסיות אע"ג דצדין אותן כיון דבאין לכלובן לערב ומזונותן ...בוא לכלובן מיהא לא בעו רבויי דבני תרבות הן ואין טורחין מבני אדם אלא כשרואין כי באין לצודן *) צדין מהן ביו"ט אמר רב יהודה אמר שמואל הלכה כרשב"ג דכל מחוסר צידה כענין שאמרנו אסור מחוסר צידה מותר: מתני' מצודות חיה ועופות ודגים לא יטול מהן אא"כ ידוע שנצודו מעיו"ט ספק אסור ומעשה בנכרי שהביא לר"ג כו' אמר רב יהודה אמר שמואל אין הלכה כר"ג איכא דמתני לה אהא דתניא

*) אולי צ"ל כי באין לצודו מניחין עצמן ולפיכך צדין מהן ביו"ט .

עין משפט
נר מצוה

ט א מיי' פ"ב מהל' יו"ט הלכה ח טוש"ע א"ח סי' תלז סעיף ג :

י ב מיי' פ"ב מהל' יו"ט הלכה י סמג לאוין סה עה טוש"ע א"ח סי' תקטו סעיף א :

מסורת הש"ס

[תוספתא פ"ג]

[לעיל יז:]

[שבת פג:]

*ישוחטין מן הגנרין ביו"ט אבל לא מן הרשתות ומן המכמורות רבי שמעון בן אלעזר אומר *בא ומצאן מקולקלין מערב יום טוב בידוע שמערב יום טוב נצודו ומותרין בא ומצאן מקולקלין ביום טוב בידוע שביום טוב נצודו ואסורין הא גופה קשיא אמרת בא ומצאן מקולקלין מערב יום טוב בידוע שמערב יום טוב נצודו טעמא דבא ומצאן מקולקלין הא ספיקא אסורין אימא סיפא בא ומצאן מקולקלין ביום טוב בידוע שביום טוב נצודו טעמא דבא ומצאן מקולקלין הא ספיקא מערב יום טוב נצודו ומותרין הכי קאמר בא ומצאן מקולקלין מערב יום טוב בידוע שמערב יום טוב נצודו ומותרין הא ספיקא נעשה כמי שנצודו ביום טוב ואסורין אמר רב יהודה אמר שמואל הלכה כרבי שמעון בן אלעזר: ואמר מותרין הם: מותרין למאי רב אמר מותרין לקבל ולוי אמר מותרין באכילה אמר רב *לעולם אל ימנע אדם עצמו מבית המדרש אפילו שעה אחת דאנא ולוי הוינן קמיה דרבי כי אמרה להא שמעתא באורתא אמר מותרין באכילה בצפרא אמר מותרין לקבל אנא דהואי בי מדרשא הדרי בי לוי דלא הוה בי מדרשא לא הדר ביה מיתיבי נכרי שהביא דורון לישראל אפילו דגים המפולמין ופירות בני יומן מותרין בשלמא למ"ד מותרין לקבל שפיר אלא למאן דאמר מותרין באכילה פירות בני יומן מי שרו באכילה ולטעמיך פירות בני יומן מי שרו בטלטול אלא בכוורי דאדימי ופירי דכבישי בירקא עסקינן ואמאי קרי להו בני יומן שהן כעין בני יומן אמר רב פפא [ג]הלכתא נכרי שהביא דורון לישראל ביום טוב אם יש מאותו המין במחובר אסור ולערב נמי אסורין בכדי שיעשו ואם אין מאותו המין במחובר תוך התחום מותר
חוץ

רש"י

שוחטין מן הגנרין. שוחטין חיות מן ביברים לפי שנצודים ועומדים ועל שם שעושין שם ניגרי מים וחריצין לשתות החיות שם קרי להו נגרים: אבל לא מן הרשתות. מצא חיה במצודתו ספק נצוד היום ספק נצוד מאתמול: בא מעי"ט. למקום שהיו פרוסים והן בארוך מיל או חצי מיל וכשחיה נופלת בראשו אחד מתוך שמתפרקת ומתנתקת נראת המצודות מתקלקלות כולן וראשו השני נתק ממקום שנתקע וסימן הוא לו שיש חיה בראש האחר: נתקלקלו ביום טוב. ע"כ הכי משמע שודאי נתקלקלו בי"ט וכגון שבדקן משחשכה ולא היו מקולקלין ועכשיו מקולקלין ולהכי פריך הא גופה קשיא: ה"ג טעמא דבא ומצאן הא ספק אסור הכי קאמר כו'. וכולה חדא מילתא היא בא ומצאן שנתקלקלו מערב יום טוב בידוע שמערב יום טוב נצודו ואם יש לחוש ולומר שנתקלקלו ביום טוב כגון שלא בא ומצאן מאתמול מקולקלין הרי הן כאילו ידוע שביום טוב נצודו: הלכה כר' שמעון. דאמר ספק מוכן אסור והיכא דבא ומצאן מקולקלין מאתמול יש לסמוך דנצודו מבעוד יום: לקבל. בטלטול דכולי האי לא אחמור בספק מוכן דלתסרו בטלטול אבל באכילה לא שריניהו רבן גמליאל: ולוי אמר מותרין באכילה. קאמר רבן גמליאל ולאו דסבירא לרב ולוי כותיה אלא מלתיה הוא דמפרשי: מפולמים. לחים אמ"י בלע"ז: מותרין. והא על כרחך רבן גמליאל הוא דמיקל: שפיר. ואע"ג דלאו ספק הוא אלא ודאי מוקצה איכא למימר דמתיר בטלטולו ולקמן פריך עלה פירות בני יומן בטלטול מי שרי נהי דמיקל רבן גמליאל בספק מוכן בודאי שאינו מוכן מי מיקל: אלא בכוורי דאדימי. אדומים שלא נס ליחן והאדמומית שתחת לחייהן שבודקין אותן שם: ופירי דכבישי בירקי. כשלקטום טמנום מיד בירק שלא יברח לחלוחן כבישי טמונין כמו רישא בכבשא (חולין דף נג:) והכי ודאי מוכן ניכהו דניכרין שמעי"ט הן ואשמועינן דאע"ג דדמו לבני יומן לא חיישינן למראית העין ורבותי פירשו כוורי דאדימי מנותחין הן כמו אדמויי אדמוה (ע"ז דף לח:) וקשיא לי א"כ מאי למימרא: אם יש מאותו המין במחובר אסורין. משום מוקצה ואפילו לרבי שמעון יש מוקצה בגרוגרות ולמוקים ומחובר כגרוגרות ולמוקים דמי מדלא לקטן מאתמול אקצינהו מדעתיה ולא תחלוק במחובר בין שלו בין של נכרי: ולערב אסורין בכדי שיעשו. כדי שלא יהנה ממלאכת יו"ט והא דקאמר ולערב אסורים בכדי שיעשו הא לאחר כן מותרים אפילו לערב ראשון נמי אע"ג דליל יו"ט שני הוא ממתין בכדי שיעשו ומותרין ממה נפשך אם הלילה חול הוא הרי המתין בכדי שיעשו ואם קדש הוא נמצא שנלקטו בחול כן דעתי נוטה ויש לי ראיות הרבה מההוא בר טביא דעירובין (דף לט:) ומבילה שנולדה בזה שמותרת בזה (לעיל דף ד:) אלמא האחד חול הוא וממה נפשך מותר ולא זכיתי לשאול את פי רבי' יעקב בדבר זה כי היו נוהגים בו היתר במקומינו והיה לי דבר פשוט ולאחר פטירתו של רבי שמעתי את רבי' יצחק הלוי שהוא אוסר עד ליל מוצאי יו"ט שני וכל אנשי עירו כמותו וגם הלכות גדולות אוסרים כן ודנתי לפניו ולא הועיל לי הדבר וכל טעמו אינו אלא מדנקט בכדי שיעשו בלילה הראויה לעשיה קאמר ואני אומר צריך להמתין בכדי שיעשו משום שמא היום היה קדש והלילה חול ותדע מדלא קאמר לערב של שני אסורים בכדי שיעשו *לערב הראשון קאמר ובתשובת רבי' גרשום מאור הגולה מצאתי כמותי גם עתה בא אלי מכתב מגרמייז"א שבא לשם אדם גדול זקן ויושב בישיבה מן רומא ושמו ר' קלונימוס ובקי בכל הש"ס והורה כן ונחלק עליהן:
חוץ

תוספות

אלא בכוורי דאדימי וכו'. דודאי נצודו מערב י"ט וקרי ליה בני יומן כך פרש"י ולא נהירא דפשיטא דמותרין לטלטל ואתיא כדברי הכל ומשמע דלא אתיא אלא כרבן גמליאל דמתיר ספק מוכן לכן נראה לי דאין ודאי שהוא מערב י"ט אלא ספק והשתא אתיא כרבן גמליאל דמתיר ספק מוכן:

ולערב אסורין בכדי שיעשו. פרש"י כדי שיעור לקיטתן שלא יהנה ממלאכת י"ט ולערב ראשון קאמר דממה נפשך הן מותרין אם היה (א) חול הרי היום נלקטו ואם היה היום קדש הרי הלילה הזה חול ובשני ימים טובים של גליות מיירי והביא ראיה מבילה דלעיל (דף ד: ושם) שנולדה בזה מותרת בזה ומההוא טביא דאתיליד ביום ראשון ואכלו אותו ביום שני בעירובין (דף לט: ושם) כן פרש"י ורבינו יצחק הלוי והגאונים אוסרין עד מוצאי (ב) ליל יום טוב שני ומפרש בכדי שיעשו לילה הראויה לעשיה ומיהו בתשובת רבינו גרשום מאור הגולה מצאתי כמותי וגם רבינו קלונימוס איש רומי בקי בכל הש"ס שלח לי כתב מעיר גרמיז"א כמותי והקשה הר"י לפרש"י דפירש דלכך בעינן כדי שיעשו כדי שלא יהנה ממלאכת יום טוב א"כ המבשל בשבת בשוגג *אמאי יאכל הא נהנה ממלאכת שבת אלא ודאי אין זה הטעם אלא הטעם שמא יאמר לנכרי לך ולקט ומזה הטעם אסורים עד מוצאי י"ט האחרון בכדי שיעשו דאי אמרת דמותרין במוצאי יום טוב ראשון חיישינן שמא יאמר לנכרי בי"ט ראשון לך והביא כדי לאכול מהן בשני ואם כן ע"כ לילה הראויה לעשיה קאמר ומה שהביא רש"י ראיה מבילה וכו' יש לדחות אותה דהתם נולדה מאליה מן השמים וגם ראיה שהביא מההוא טביא דעירובין (דף לט: ושם) יש לומר דמיירי שהיו המצודות פרוסות מעי"ט ומאליו נצודו וכללא הכי הוא דדבר הבא מאליו או דבר מוקצה הבא בידים שהביא נכרי בשביל עצמו או בשביל נכרי אחר ונתנו לישראל בי"ט ראשון מותר בשני אבל אם הביאו בשביל ישראל מן המחובר אסור עד מוצאי יום טוב שני בכדי שיעשו ואם לאו שאין במינו במחובר חוץ לתחום אסורין תוך התחום מותרין ור"י פירש שאין במינו במחובר הבא מחוץ לתחום לא בעינן כדי שיעשו דלא החמירו אלא בדבר שנעשה בו מלאכה דה"נ הקילו שמותר לישראל אחר אפילו בו ביום וקשה לרבי' יהודה דאמרינן בפרק שואל (שבת דף קנא: ושם) הביאו חלילים למת מחוץ לתחום לא יספוד בהן עד מוצאי *יום טוב ומשמע התם בכדי שיעשו ויש לומר דשאני התם דאוושא טפי מילתא דהכל יודעין שהובאו בשבילו ואיכא למגזר טפי ויש חלוק בין מת לדברים אחרים כדאמר התם עשה קבר לאביו בי"ט לא יקבור בו עולמית אע"ג דדברים אחרים מותרים בכדי שיעשו אחר שבת או אחר יו"ט ואומר הר"ר שמואל מאייבר"א דספק חוץ לתחום מותר והביא ראיה מעירובין (דף מה:) גבי מיא בעיבא מיבלע בליעי וכו' וקאמר דהוי ספק אם באו חוץ לתחום *וסיפא דברייתא לקולא ורבי יהודה היה אוסר במחובר ובלידה אפי' לא הביאו בשביל ישראל רק בשבילו או בשביל נכרי אחר ולא משמע כן גבי מרחצת בשבת דשרי (שבת דף קכב.) הואיל ואיכא נכרים בעיר ואין סברא לחלק בין דבר אכילה לדבר אחר ואומר הרר"י די"ט שחל להיות בה' בשבת ובע"ש או בא' בשבת ובב' בשבת הבא ביום ראשון שרי ליום שלישי ולא בעינן הראויה לעשיה דשני ימים קודם לא שייך שמא יאמר לנכרי ויש להחמיר בדבר (*ובכדי שיעשו דאמר לפי' התוס' כדי שיתלשו ויובאו ממקום שלך אותם גם יש לספק אם הביא קופה מלאה פירות אם צריך להמתין כדי שילקטו באדם אחד או בכמה בני אדם):
הבא

הגהות הב"ח
(א) תוס' ד"ה ולערב כו' אם היה היום חול הרי בחול נלקטו ואם היה היום קדש: (ב) בא"ד והגאונים אוסרין עד מוצאי יו"ט שני כצ"ל ותיבת ליל נמחק:

עיין רש"א

וספק דנריהס לסקל כצ"ל :

גליון ועי' מהרש"א

אלמא לערב הראשון כצ"ל

רבינו חננאל

דתניא שוחטין מן הביברין ביו"ט אבל לא מן הרשתות כו' ותריצנא הכי ר' שמעון בן אלעזר אומר בא ומצאן המצודות שנתקלקלו מעיו"ט בידוע שמעיו"ט נצודו הא ספק נעשו כמי שנצודו ביו"ט ואסור אמר רב יהודה אמר שמואל הלכה כר"ש בן אלעזר. מאי מותרין דקתני במתנית' רב אמר מותרין לקבל ולעולם אל ימנע אדם את עצמו מבהמ"ד אפי' שעה אחת דאנא ולוי הוינא יתבי כי אמר ר' מיתרי לאכילה ולצפרא הדר ביה ואמר מותרין לקבל אנא דהוינא בבי מדרשא (שמעתא) [ושמעתיה] והדרי בי לוי לא הוה תמן ולא שמעה מיניה ולא הדר ביה. ומותבינן למאן דאמר מותרין לאכילה מהא דתניא נכרי שהביא דורון לישראל אפילו דגין מפולמין ופירות בני יומן מותרין ואי אמרת מותרין לאכילה בני יומן מי שרו באכילה ולטעמיך בני יומן בטלטול מי שרי אלא הכא בכוורי דאדימי כלומר כגון שנתנן בדבש וכיוצא בה ופירי דכבישי בירקא ואמאי קרי להו בני יומן דאינון כעין בני יומן. אמר רב פפא הלכתא נכרי שהביא דורון לישראל אם יש מאותו [המין] במחובר לקרקע אפילו בערב אסורים לאכול מהן עד שישהא בכדי שיעש
ואם

a [24b] One may slaughter [animals] out of enclosures[1] on a Festival but not out of hunting-nets or gins;[2] R. Simeon b. Eleazar says: If he came on the eve of the Festival and finds them [the nets or gins][3] damaged, [then] it is certain that they were caught on the eve of the Festival and [consequently] they are permitted; but if he came on the Festival and finds them damaged, it is certain that they were caught on the Festival and are [therefore] prohibited. Now this is self-contradictory. [First] you say: If he came on the eve of the Festival and finds them damaged it is certain that they were caught on the eve of the Festival. Hence it is only because he came and found them damaged; but if a doubt exists, they are forbidden. Consider then the latter clause: If he came on the Festival and finds them damaged, it is certain that they were caught on the Festival: Thus it is only because he came and found them damaged [on the Festival]; but if a doubt exists [then I say] they were caught on the eve of the Festival and are [therefore] permitted?—This is what he means: If he came on the eve of the Festival and found them damaged, it is certain that they were caught on the eve of the Festival and are permitted; but if a doubt exists it is regarded as if they had been caught on the Festival and they are forbidden. Said Rab Judah in the name of Samuel: The *halachah* is as R. Simeon b. Eleazar.

WHO SAID: THEY ARE PERMITTED. For what purpose are they b permitted?—Rab says: They are permitted to be received,[1] and Levi says: They are permitted to be eaten. Said Rab: A man should never absent himself from the Academy even for a single hour, for I and Levi were both present when Rabbi taught this lesson. In the evening he said: They are permitted to be eaten; but on the [following] morning he said: They are permitted to be received. I who was present in the Academy retracted, [but] Levi who was not present in the Academy did not retract.

An objection is raised: If a Gentile brings a present to an Israelite, even slimy fish or fruit [gathered] on the same day, they are permitted.[2] This is well on the view that they are permitted to be received.[3] But on the view that they are permitted to be eaten, is then fruit [picked] on the same day permitted to be eaten?[4]—Now even according to your reasoning, is then fruit [gathered] on the same day permitted to be handled? But we treat here of fish that are red at the gills[5] and of fruit preserved in leaves.[6] And why does he call them 'of the same day'? Because they are [as fresh] as [if they had been gathered] on the same day. R. Papa said: The law is: If a Gentile brought a present[7] to an Israelite on a Festival, [then] if there is of that kind still attached to the ground it is prohibited,[8] and in the evening it is also prohibited for as long a time as it takes to gather;[9] but if there is nothing of the same kind attached to the earth, [then] within the *teḥum*[10] it is

a (1) Since they are already there on the eve of the Festival, when they are regarded as fully caught. Lit., 'dykes', so called because they contain pools of water for the animals to drink. (2) Because they may have been caught on the day of the Festival. (3) [I.e., the long ropes or cords to which the nets proper are attached and which tend to become loosened when an animal is caught at the far distant end].

b (1) I.e., to be handled, but not to be eaten. (2) This teaching is evidently in accordance with Rabban Gamaliel. (3) For although it is almost definite that they have been gathered on the Festival, yet he permits them only to be received. (4) Surely not! (5) They are fresh but have been caught for some time. (6) To keep them fresh, but which had really been gathered before the Festival. (7) Of freshly gathered fruit. (8) Since they were possibly gathered on the Festival. (9) In order not to benefit from work performed on the Festival. 10) V. Glos. I.e., if the fruit were brought from within the Sabbath limit.

permitted, [25a] but outside the *teḥum* it is prohibited. And what a is brought [from outside the *teḥum*] for one Israelite[1] is permitted for another Israelite.[2] Rabbah son of R. Huna said in Rab's name: If one stops up a pond [from a stream] on the eve of a Festival[3] and on the following morning he finds fish therein, they are permitted.[4] Said R. Ḥisda: From the words of our Master[5] we learn [that] if a wild beast takes up its abode in an orchard, predetermination [of the young for the Festival] is not necessary.[6] Said R. Naḥman: Our colleague has fallen among the great.[7] (Some say: Rabbah son of R. Huna said: From the words of our Master we learn [that] if an animal takes up its abode in an orchard predetermination is not necessary. Said R. Naḥman: The son of our colleague has fallen among the great—There he has not performed an action[8] [whereas] here he did perform an action.)[9] Does it[10] then not require [special] predetermination?[11] Surely it was taught: If an animal takes up its abode in an orchard it requires predetermination, and a free bird[12] must be tied by her wings[13] so that it should not be mistaken for its mother, and this they averred in the name of Shemaiah and Abtalion!—This is [indeed] a refutation.[14] Does it then require predetermination? Surely it was taught: R. Simeon b. Eleazar said: Beth Shammai and Beth Hillel agree that if he determined on doves within the nest and finds them in front of the nest they are forbidden;[15] this only applies to doves of a dovecote or doves of a loft and birds nesting in nests and pits;[16] but geese, hens and Herodian doves[17] and animals having their abodes in orchards are permitted and do not require predetermination; and a free-bird must be tied by its wings so that it should not be mistaken for its mother; and those that were b tied up and those that have been handled,[1] [if found] in pits, houses, dykes or trenches are permitted,[2] but [if] on trees they are forbidden lest he climb up and pluck [fruit at the same time]; and those that are tied and those that have been handled, wherever they are found[3] are forbidden on account of robbery![4]—Said R. Naḥman: There is no difficulty: the one applies to the young bird,[5] the other to its mother.[6] Is then determination [alone] sufficient for the mother-bird; it still requires to be caught?[7]—Rather said R. Naḥman b. Isaac: Both treat of the young, but the one refers to a garden near the city[8] and the other refers to a garden which is not situated near [the city].

MISHNAH. ONE MAY SLAUGHTER [ON A FESTIVAL] AN ANIMAL AT THE POINT OF DEATH ONLY IF THERE IS TIME ENOUGH ON THAT DAY TO EAT THEREOF AS MUCH AS AN OLIVE OF ROASTED FLESH.[9] R. AKIBA SAYS: EVEN [IF THERE IS ONLY TIME TO EAT] AS MUCH AS AN OLIVE OF RAW FLESH [TAKEN] FROM THE PLACE OF SLAUGHTER.[10] IF HE SLAUGHTERED IT[11] IN THE FIELD, HE MAY NOT BRING IT IN ON A POLE OR A BARROW,[12] BUT HE BRINGS IT IN PIECE BY PIECE IN HIS HAND.

GEMARA. Rami b. Abba said: Flaying and cutting up [is c required] in the case of a burnt-offering,[1] and the same holds good with respect to butchers:[2] the Torah teaches in this good breeding[3] that one should not eat flesh before flaying and cutting up. What does he inform us?[4] If I were to say that it is to reject the opinion of R. Huna, who said: An animal, when alive, stands in the presumption of a forbidden object until you ascertain how it was slaughtered;[5] once it is slaughtered, it stands in the presumption of being permitted until it becomes known to you how it became *ṭrefa*[6]—but surely we have learnt in our Mishnah as R. Huna, for we have learnt: R. Akiba says: EVEN [IF THERE IS ONLY TIME TO EAT] AS MUCH AS AN OLIVE OR RAW FLESH [TAKEN] FROM THE PLACE OF SLAUGHTER; does it not mean literally 'from the place where it is slaughtered'?[7]—No, it [means] 'from the place where it digests the food'.[8] But R. Ḥiyya taught: [It means] literally 'from the place where it is slaughtered'?—Rather,

a (1) Who may not use it (2) Since the law of *teḥum* is only Rabbinical, the Rabbis were lenient (Rashi). (3) So that no fish can come in. (4) Although he did not know before the Festival that they had been trapped, for the fish in the pond are regarded as having been predetermined for use before the Festival. (5) I.e., Rab. (6) [They themselves are however forbidden since they need chasing, Asheri.] (7) He has made a statement about which there is great controversy. (8) The animal took up its abode of its own accord without the owner of the park enclosing it. (9) The act of stopping up. An action is a tacit predetermination. (10) An animal that took up its abode in an orchard. (11) As inferred by R. Ḥisda. (12) Living in a house as well as in a field. (13) [This kind of bird is very small so that the mother and its young are alike, hence a sign is necessary]. (14) Of R. Ḥisda. (15) V. *supra* 11a. (16) So Rashi: Cur. edd.: 'And in a residence'. (17) V. *supra* 24a n. b 1.

b (1) Before the Festival, and their owner recognizes them. (2) On the Festival. (3) On public property, even not on a Festival. (4) For the first person that handled them acquired ownership to them. (5) Which cannot escape. (6) Its mother, which is larger, requires predetermination. (7) And should be forbidden on the Festival. (8) The owner naturally would draw from that, and therefore he is regarded as having tacitly predetermined thereon. (9) Otherwise it would be preparing food on a Festival for the following day, which is forbidden. (10) I.e., from the neck without first having to flay the animal and cut it up. (11) Any animal. (12) This is not a way of paying due regard to the sanctity of the Festival.

c (1) Before the animal is placed on the altar; v. Lev. I, 6. (2) Before they sell the meat the animal must be flayed and cut up. (3) 'The way of the land'. (4) Does he merely teach good manners or state a prohibition? In the latter case, the reason would be that the animal might be found *ṭrefa* (v. Glos.) when cut up, whence it follows that he regards an animal as a doubtful *ṭrefa* even if nothing has been seen to cause this doubt. (5) The flesh is forbidden so long as it is not known that the animal was slaughtered according to prescribed ritual. (6) If a cause of *ṭrefa* is discovered after *shechitah*, e.g., the lung is pierced, and it is not known whether this happened before *shechitah* or after, the animal is permitted. Cf. Ḥul. 9a. Thus he holds that we entertain no doubt at all once the animal is ritually slaughtered. (7) I.e., from the neck where flaying of the animal is not required. Hence we see that it is permissible to eat of the animal before it is flayed and cut up to discover any internal injury. (8) The word טבח has the wider significance 'to destroy and grind up', and under the term בית טביחתה the digestive organs are to be included, and in order to arrive at them, the animal must be cut up.

חוץ לתחום אסור *והבא בשביל ישראל זה מותר לישראל אחר אמר רבה בר רב הונא אמר רב "הסוכר אמת המים מערב יום טוב ולמחר השכים ומצא בה דגים מותרין אמר רב חסדא מדברי רבינו נלמוד חיה שקננה בפרדס אינה צריכה זמון אמר רב נחמן נפל חברין ברברבתא איכא דאמרי אמר רבה בר רב הונא מדברי רבינו נלמוד חיה שקננה בפרדס אינה צריכה זמון אמר רב נחמן נפל בר חברין ברברבתא א] התם לא קא עביד מעשה הכא קא עביד מעשה ולא בעיא זמון והתניא חיה שקננה בפרדס צריכה לזמן וצפור דרור צריך לקשור בכנפיה כדי שלא תתחלף באמה וזו עדות שהעידו מפי שמעיה ואבטליון תיובתא ומי בעיא זמון והתניא *אמר ר"ש בן אלעזר מודים בית שמאי ובית הלל על שהזמינן בתוך הקן ומצא לפני הקן שאסורין במה דברים אמורים "ביוני שובך ויוני עליה וצפרים שקננו בטפיחין ובבירה "אבל אווזים ותרנגולים ויוני הרדסיאות וחיה שקננה בפרדס מותרין ואין צריכין זמון וצפור דרור צריכה לקשר בכנפיה כדי שלא תתחלף באמה והמקושרים והמנוענעין בבורות ובבתים ובשיחין ובמערות מותרין ובאילנות אסורין שמא יעלה ויתלוש "והמקושרין והמנוענעין בכל מקום אסורין משום גזל אמר רב נחמן לא קשיא הא בה הא באמה אמה בזמון סגי לה צידה מעליותא בעיא אלא אמר ר"נ בר יצחק "אידי ואידי בבידה הא בגנה הסמוכה לעיר הא בגנה שאינה סמוכה: **מתני'** *"בהמה מסוכנת לא ישחוט אלא אם כן יש שהות ביום לאכול ממנה כזית צלי ר"ע אומר אפילו כזית חי מבית טביחתה *שחטה בשדה לא יביאנה במוט ובמוטה אבל מביא בידו אברים אברים: **גמ'** אמר רמי בר אבא הפשט ונתוח בעולה והוא הדין לקצבים מכאן למדה תורה דרך ארץ שלא יאכל אדם בשר קודם הפשט ונתוח (לאפוקי) מאי קמ"ל אילימא לאפוקי מדרב הונא *דאמר רב הונא "בהמה בחייה בחזקת איסור עומדת עד שיודע לך במה נשחטה נשחטה בחזקת היתר עומדת עד שיודע לך במה נטרפה והאנן תנן מתניתין כדרב הונא דתנן ר"ע אומר אפילו כזית חי מבית טביחתה מאי לאו מבית טביחתה ממש לא ממקום שטובחת אכילתה והא תני רבי חייא מקום טביחתה ממש אלא רמי בר אבא

אורח

רש"י

חוץ לתחום אסורין. לא שמעתי טעם מקובל בדבר דאי משום מוקצה אמאי מותר לישראל אחר ואי משום שנעשה בו איסור בשבילו א"כ לישראל אחר נמי אסור דנכרי שהדליק את הנר בשבת תנן (שבת דף קכב.) אם בשביל ישראל אסור ולא חלקו בינו לחברו וי"ל דגבי איסור תחומין דרבנן לא אחמור כולי האי ודיין אם אסרוהו על זה (*טעם אחר נראה לי מחוץ לתחום אסורין גזירה שמא ישלח בשבילו והבא בשביל זה מותר לאחר דליכא למגזר בה שאינו מכירו): הסוכר אמת המים. סותמה שלא יכנסו בה דגים מבחוץ משתחשך ואת אלה הכין והזמין על ידי מעשה זה: בפרדס. מקום המשתמר ואין הולד יוצא שאינו יכול לברוח וקל לצודו ואינו צריך זמון דהא הכא מפני שהיא סתומה ואין יכולין לצאת קרי להו מוכנים ולקמיה פריך דזמון גדול הוא זה שעושה מעשה לשם הזמנה: מדברי רבינו. רב דשלשתן רב הונא ורב חסדא ורב נחמן דקרי ליה לרב חסדא חברין תלמידים של רב הוו: נפל חברין. רב חסדא: ברברבתא. נכנס ראשו למחלוקות גדולות שירבו עליו בזאת ולקמיה מסיים קושיא אלא מפסקא מלתא באיכא דאמרי דמחלפי רב חסדא ברבה בר רב הונא: נפל בר חברין. רב הונא חבריה הוה מתלמידיו של רב ורבה בריה קרי בר חברין: וצפור דרור. שזימנה מבעוד יום צריך לקשור בכנפיה להיות סימן לה: ומצא לפני הקן שאסורין. כדמתרגינן לה בפ"ק (דף י:) שהיו שני קנין וזימן את זו ולא זימן את זו ולמחר בא ומצא במזומנת ולא במקומן אלא בדף הבולט לפני הקן ובחברתה לא מצא כלום שאסורין דחיישינן שמא מקן שאינה מזומנת באו לכאן: במה דברים אמורים. דבעינן זמון: צפור דרור. קטנה היא והאם והבת שוות: והמקושרים. בכנפיהם סימן הוא להם: והמנוענעים. מאתמול לשם זמון והוא מכירן: בבתים ובבורות. ובכל מקום שאינו מחובר: מותרים. בי"ט: והמקושרים והמנוענעים. הנמצאים בכל מקום אף בחול אסורין למוצאן משום גזל שהראשון שקשרן או נענען קנאן בהגבהתם שהפקר נקנה בהגבהה: בה. בולד אינו צריך זמון שאינה יכולה לברוח ודעתיה עליה אבל אמה שהיא גדולה צריכה זימון: בדידה. בולד: בסמוכה לעיר. ידע בה ודעתיה עלויה: **מתני'** בהמה מסוכנת. שהוא ירא שתמות ואינו צריך לה שכבר סעד סעודתו אלא מחמת הפסדו הוא שוחט: לא ישחוט אא"כ. יודע שיש שהות ביום לאכול כזית בלי הימנה: מבית טביחתה. שהוא מזומן ומופשט מעורו ועומד: לא יביאנה במוט ובמוטה. בשני בני אדם משום דאוושא מלתא היא ומזלזל בי"ט: **גמ'** הפשט ונתוח. פי' הכתוב בעולה שהיא אכילת גבוה וה"ה יש ללמוד לקצבים באכילת הדיוט: מאי קמ"ל. דרך ארץ או איסור ולמימר דאסור לאכול ממנה עד שינתחה שמא ימצא לה סימן טרפה בסתר והחזיק לנו הבהמות בספק טרפות אף קודם שראה בהן טרפות: לאפוקי מדרב הונא דאמר בהמה בחייה בחזקת איסור. אבר מן החי עומדת ונפקא מינה שאם אירע ספק בשחיטתה נעמידנה על חזקתה ואסורה עד שיודע לך ברור שנשחטה כראוי ומשנשחטה כראוי הרי היא בחזקת היתר דסתם בהמות אינן טרפות ואם נמצא בה נקב בריאה או בבני מעים ויש לתלותו לאחר שחיטה ולהכשיר ובקודם שחיטה ולאסור העמידנה על חזקתה שהיתה בה קודם שנמצא בה ספק זה ומותרת עד שיודע לך אמת שהיא טרפה: מבית טביחתה ממש. קודם הפשט: שטובחת אכילתה. מבני מעיה שהאוכל מתחתך ומתעכל שם:

אורח

תוספות

הבא בשביל ישראל זה מותר לישראל אחר. תימה מה טעם זה אי הוי מוקצה אפילו לישראל אחר אסור ואי אסור לישראל ראשון בשביל שנעשה בהן איסור בשבילו אם כן לישראל אחר נמי אסורין כדאמרי' (שבת דף קכב.) נכרי שהדליק הנר אם בשביל ישראל אסור וליכא חלוק בין אותו ישראל לישראל אחר ותירץ רש"י דשמא גבי איסור תחומין דליכא אסורא אלא מדרבנן לא אחמור כולי האי ודי אי אסרינן על זה שהובאו בשבילו*: **המקושרין** אסורים בכ"מ מפני גזל. פרש"י שהראשון קנה אותן בהגבהה ולא נהירא דלא שייך כאן הגבהה (א) אלא כדאמרי' א]*דהבטה קונה בהפקר הואיל ומתעסק הוא בהן קנאת: **כאן** בשדה הסמוכה וכו'. תימה אמאי לא משני לעיל כן וי"ל אמורא היה לו לפרש דבריו והואיל ולא פירש מיירי בין בסמוכה וכו': **בחזקת** איסור עומדת. פרש"י בחזקת איסור אבר מן החי ולא נהירא דאם כן למה לי עד שיודע במה נשחטה כיון דחזינא שמתה א"כ לא שייך בה איסור אבר מן החי דאיסור אבר מן החי לא שייך אלא מחיים לכן נ"ל דחזקת איסור ר"ל בחזקת שלא נשחטה עד שיודע לך וכו' ומשום איסור שאינה זבוחה דרחמנא אמר תזבח ואכלת שחוט ואכול ובזה ניחא אפילו למ"ד *בהמה בחייה לאו לאברים עומדת*):

אורח

רבינו חננאל

ואם אין במינו במחובר לקרקע. הבאים מתוך התחום מותרים. וחוץ לתחום אסורין והבא בשביל ישראל זה מותר לאכול אותו ישראל אחר. אמר רבה בר רב הונא אמר רב הסוכר אמת המים מעיו"ט ומחר השכים ומצא בה דגים מותרין ואמר רב חסדא מדברי רבינו נלמד חיה שקינתה בפרדס אינה צריכה זימון פי' הבנים שלה הקטנים השרויין בקן מוכנים הן לפיכך אין צריך זימון. אמר רב נחמן נפל חברין ברברבתא דהוא רב חסדא. בר חברין רבה בר רב הונא דרב הונא ורב חסדא חברים היו לרב נחמן והיה קורא לרב הונא הונא חברין. פי' ברברבתא כלומר בקושיות התם בהסוכר אמת המים עשה מעשה וכאילו זימן אותן הדגים הכא גבי חיה שקינתה בפרדס לא עשה מעשה כלום. ועוד התניא עדות מפי שמעיה ואבטליון חיה שקינתה בפרדס צריכה זימון וצפור דרור צריך לקשור בכנפיה כדי שלא תחליף באמה ואיך תפרש לא בעיא זימון. והתניא ר' שמעון בן אלעזר מודין ב"ש וב"ה על שזימן בתוך הקן ומצא לפני הקן שאסורים. בר"א ביוני שובך וביוני עליית וצפרים שקיננו בטפיחין ובבורות. אבל אווזין ותרנגולים יוני הרדסיות מותרין שהן ברשות אדם חיה שקינתה בפרדס מותר. ואינה צריכה זימון. וצפור דרור שאינה מקבלת מרות צריך לקשור בכנפיה שלא תחליף באמה והמקשר והמנענע בבורות בטפיחין בשיחין ובמערות מותרין ובאילנות אסורין גזירה שמא יעלה ויתלוש. המקושרים והמנוענעים בכל מקום אסורין משום גזל. ופרקינן ל"ק הא דתניא אינה צריכה זימון בפרדס הסמוך לעיר משום דחזו לה כל יומא ודעתיה עלויה והא דתני צריכה זימון בפרדס שאינו סמוך לעיר אי זימון אין ואי לא לא דאפוחי מסח דעתיה מינה והני מילי בבת הקטנה אבל באם צידה מעלייתא בעיא: **מתני'** בהמה מסוכנת כו'. פי' כגון נוטפת ... בשר כוס כוס כלומר שחוט מהר קודם שתמות לא ישחוט אותה ביו"ט אלא אם נשאר שהות ביום כדי שיאכל הימנה כזית צלי מבע"י ר' עקיבא אומר אפילו כזית חי מבית טביחתה. אמר רמי בר ... בתורה והפשיט את העולה וגו' למדה תורה דרך ארץ שלא יאכל אדם בשר אלא אחר הפשט וניתוח כשם שאין מקריבין העולה למזבח אלא אחר הפשט ונתוח ואסיק' הני מילי לענין מוסר וד"א ... לא יאכל אדם שום ובצל מראשו שנראה רעבתן אלא מעלין. כיוצא בו כו' אבל איסורא ליכא כדרב הונא דאמר בהמה שנשחטה כהלכתה בחזקת היתר עומדת עד שיודע לך שנטרפה ובמה נטרפה והאוכל ... בו איסור ור' עקיבא קאי כוותיה דתנן ר"ע אומר אפילו כזית חי מבית טביחתה ואוקימנא כדתני ר' חייא מבית טביחתה ממש כלומר קודם הפשט וניתוח. וזה שאמר מקום שטובחת אכילתה כלומר

סעדא

עין משפט נר מצוה

יא א מיי' פ"ב מהלכות יו"ט הלכה ח סמג לאוין עה טוש"ע א"ח סי' תצז סעיף ה:

יב ב מיי' שם הלכה ס טוש"ע שם סעיף ט:

יג ג מיי' שם טוש"ע שם סעיף ו:

[וע"ע תוס' שבת קכב. ד"ה ואם]

יד ד מיי' פט"ו מהל' אבידה הלכה ו סמג עשין עד טוש"ע ח"מ סי' רס סעיף י:

[ב"מ ב. וקיח.]

טו ה מיי' פ"ב מהלכות יו"ט הלכה ז סמג לאוין עה טוש"ע א"ח סי' תצז סעיף ח:

טז ו מיי' פ"א שם הלכה יב סמג לאוין עה טוש"ע א"ח סי' תצח סעיף ו:

יז ז מיי' פ"ב שם הלכה ה סמג שם טוש"ע שם סעיף ז:

יח ח מיי' פ"א מהל' שחיטה הלכה יג סמג עשין סג טוש"ע י"ד סי' כט סעיף א:

[חולין קב:]

*) [ועי' תוס' פסחים לו ד"ה לאוכל ותוס' שבועות כד. ד"ה האוכל ותוס' חולין נז. סד"ה סבתא ועוד שם קב. ד"ה מה לסנך]

מסורת הש"ס

[עירובין מ.] רש"ל מ"ז

[תוספ' פ"א]

פסחים מו:

עי' תוס' שבת כז. ד"ה דכולי ודף קמח. ד"ה אתקין

חולין ס.

הגהות הב"ח

(א) תוס' ד"ה המקושרין וכו' כאן הגבהה. נ"ב כלומר דמשום דיענוע לאו הגבהה היא:

הגהות מהר"י לנדא

א] תוס' ד"ה המקושרין וכו' דהבטה קונה בהפקר. בס"א כתוב דהבטה והוא טעות סופר:

הגהות מהר"ב רנשבורג

א] גמ' אמר ... "נ וכו' התם לא קא עביד מעשה. נ"ב עי' ...

יט א טוש"ע א"ח סי' קע סעיף ח :

כ ב מיי' פ"ה מהלכות יו"ט הלכה ג סמג לאוין עט טוש"ע א"ח סי' תקכב סעיף א :

כא ג ד מיי' שם טוש"ע שם סעיף ג :

[כדאיתא שבת ל:]

אורח ארעא קמ"ל . פי' רש"י ולאו משום איסור טרפה תימה דבסמוך משמע שיש איסור בדבר דקאמר נטיעה מקטע רגליהון דקלביא וי"ל דודאי ליכא איסור דמשנשחטה היא עומדת בחזקת היתר מיהו אם נמצאת טריפה לאחר שאכל הוא נענש כשוגג ולא כאונס שלא היה לו למהר כל כך :

וצלף באילנות . פרש"י ולא ידענא מאי עזותיה ופי' בתוספתא משום דעושה ג' פירות עלין אביונות וקפריסין ועוד שטוען פירות בכל יום *מה שאין כן בשאר אילנות ועוד פי' ר"י דעזותו הוי ממה (א) ששורין ביין מן הקפריסין שהיא עזה כדאמר בפטום הקטרת יין קפריסין למה הוא בא ששורין בו הצפורן כדי שתהא עזה ולא כפרש"י שפירש בכריתות (דף ו·) שהוא יין הבא ממקום קפרס :

שאני ילתא דבעיתא . וא"ת והא לא התירו אלא כי יש בה צורך רבים כדאמרינן לעיל וי"ל דלמא כמי הלכה לצורך רבים שבת ראש הגולה היתה והיו רבים צריכים (ב) ממנה : **בכור** שנפל לבור ר"י אומר וכו' . כ"ל דמיירי בבכור שהיה בו מום קבוע מאתמול אך שלא הראהו לחכם מבעוד יום דאי נפל ביה מומא בי"ט ודאי לא הוה שרי רבי יהודה דהוי מוקצה מחמת איסור דלא הוה דעתיה עליה מאתמול ור' יהודה אית ליה מוקצה והכ"ק בכור שנפל בו מום אך שלא הראהו לחכם מבעוד יום ונפל לבור בי"ט ירד המומחה וכו' דרואין מומין בי"ט ס"ל לרבי יהודה ר"ש אומר אין זה מן המוכן ע"כ

אורח ארעא קמ"ל כדתניא *לא יאכל אדם שום ובצל מראשו אלא מעליו ואם אכל ה"ז רעבתן כיוצא בו *לא ישתה אדם כוסו בבת אחת ואם שתה ה"ז גרגרן *תנו רבנן השותה כוסו בבת אחת ה"ז גרגרן שנים דרך ארץ שלשה מגסי הרוח ואמר רמי בר אבא חצובא מקטע רגליהון דרשיעיא נטיעה מקטע רגליהון דקצביא ודבועלי נדות תורמוסא מקטע רגליהון דשנאיהון של ישראל שנאמר °ויוסיפו בני ישראל לעשות הרע בעיני ה' ויעבדו את הבעלים ואת העשתרות ואת אלהי ארם ואת אלהי צידון ואת אלהי מואב ואת אלהי בני עמון ואת אלהי פלשתים ויעזבו את ה' ולא עבדוהו ממשמע שנאמר ויעזבו את ה' איני יודע שלא עבדוהו ומה ת"ל ולא עבדוהו א"ר אלעזר אמר הקב"ה אפילו כתורמוס הזה *ששולקין אותו שבע פעמים ואוכלין אותו בקנוח סעודה לא עשאוני בני תנא משמיה דר"מ מפני מה נתנה תורה לישראל מפני שהן עזין תנא דבי ר' ישמעאל °מימינו אש דת למו אמר הקב"ה ראויין הללו שתנתן להם דת אש איכא דאמרי דתיהם של אלו אש שאלמלא (*לא) נתנה תורה לישראל אין כל אומה ולשון יכולין לעמוד בפניהם והיינו דאמר ר"ש בן לקיש ג' עזין הן ישראל באומות כלב *בחיות תרנגול בעופות וי"א אף עז בבהמה דקה וי"א אף צלף באילנות : שחטה בשדה לא יביאנה במוט: ת"ר *[ב]אין הסומא יוצא במקלו ולא הרועה בתרמילו ואין יוצאין בכסא אחד האיש ואחד האשה איני והא שלח ר' יעקב בר אידי זקן אחד היה בשכונתינו והיה יוצא בגלודקי שלו ובאו ושאלו את ר' יהושע בן לוי ואמר אם רבים צריכין לו מותר וסמכו רבותינו על דברי אחי שקיא דאמר אנא אפיקתיה לרב הונא מהיני לשילי ומשילי להיני ואמר ר"נ בר יצחק אנא אפיקתיה למר שמואל משמשא לטולא ומטולא לשמשא התם כדאמר טעמא [ג]אם היו רבים צריכין לו מותר א"ל רב נחמן להמא בר אדא שליה ציון כי סלקת להתם אקיף וזיל אסולמא דצור וזיל לגבי דר' יעקב בר אידי ובעי מיניה כסא מה אתון ביה אדאזל להתם נח נפשיה דר' יעקב בר אידי כי סליק אשכחיה לרבי זריקא א"ל כסא מה אתון ביה א"ל הכי אמר ר' אמי ובלבד שלא יכתף מאי ובלבד שלא יכתף אמר רב יוסף בריה דרבא באלונקי איני והא רב נחמן שרא לה לילתא למיפק *באלונקי שאני ילתא דבעיתא אמימר ומר זוטרא [ד]מכתפי להו בשבתא דרגלא משום ביעתותא ואמרי לה משום דוחקא דצבורא : **מתני'** בכור שנפל לבור רבי יהודה אומר ירד מומחה ויראה אם

תורה אור

שופטים י

דברים לג

אורח ארעא . ולא משום איסור טרפה : כדתניא . מצינו אף תנאים שמלמדים הלכות דרך ארץ שלא יראה אדם עצמו על הבריות כרעבתן אף זה הממהר לאכול קודם הפשט נראה כרעבתן : בצל . ציבול"ה : מעליו . מצד העלין : חצובא מקטע רגליהון דרשיעיא . עשב ששרשיו נוקבין ויורדין בעומק ואין מתפשטין לצדדין כלל ונוטעין אותו בין גבולי שדות ובו תיחם יהושע לישראל את הארץ *מקטע רגלי הרשעים ליום הדין שגוזלין וחומסים ומשיגין גבול ואין למדין ממנו : נטיעה מקטע רגליהן דקצביה . נטיעת ערלה שאמרה תורה להמתין שלש שנים מלאכול פירות מקטע רגלי הקצבים הממהרין לאכול קודם הפשט ונתוח ופעמים שנמצאת טרפה וכן דבועלי נדות שממהרין ואינם יכולין להמתין עד שתטבול : תורמוס . מין קטנית עגול כמין עדשה ורחב כמטה קטנה והוא מר מאד עד ששולקין אותו שבע פעמים *ונעשה מתוק וטוב עד שיאכל למטעמים בקנוח סעודה : מקטע רגליהון דשונאי ישראל. דכתיבי שבעה ע"ז בהאי קרא ולבסוף ויעזבו את ה' התורמוס הזה לאחר שהטריח את בעליו שבע פעמים הוא חוזר למוטב והן הטריחו את בוראן להביא עליהן פורעניות והכעיסו בשבעת אלה ולא חזרו בהן : מאי ולא עבדוהו . לשון קבלה הוא שהוא קובל עליהם הקדיחוני והקניטוני שבע פעמים כבשול התורמוס ואחרי כל זאת לא נחשבתי בעיניהם : שהן עזים . ונתנה להם תורה שיעסקו בה והיא מתשת כחם ומכנעת לבם : דתיהן של אלו . מנהגם של אלו אש שהם עזים כאש : מימינו אש דת למו . מימינו נתן להם התורה מפני שאש דת למו והרבה מקראות חסרים כזה : עזים . קשים להגלא אגדרי"ש בלע"ז : צלף באילנות . לא ידעתי מהו עזות שלו : אין הסומא יוצא במקלו . דהוי דרך חול ואיכא זלותא די"ט : ואין יוצאין בכסא . שטוענין אותם בני אדם והם יושבין בקתדרא: בגלודקי . פלדייסטו"ל : צריכין לו . לבית המדרש לדרשה: מותר. להוציאו בו מביתו לבית המדרש : אפיקתיה . בכסא : מהיני לשילי . מקומות סמוכין ואין תחום שבת ביניהם : לחמא בר אדא . כך שמו : שליח ציון . רגיל היה לעלות לירושלים : אקיף . הרבה בשבילי את הדרך להקיף ההר ולך דרך סולם מעלות הר של צור ששם יושב רבי יעקב בר אידי : מה אתון ביה . מה אתם אומרים בו : כי סליק . כלומר כי מטא לא"י לאחר שעבר את צור : אלונקי . שנביאיל"ש בלע"ז שטתן זרועו על כתף חבירו וחבירו על כתפו וזה בכסאו יושב על זרועותם דמתחזי דרך חול ופרהסיא ולהוליך למקום רחוק טפי משמשאים בין ידיהן בכסאו : ילתא . שם אשתו של ר"נ : דבעיתא . ליפול : בשבתא דרגלא . שדורשין : מכתפי להו . בבית המדרש עד מקומם : משום בעתותא דצבורא . שהיו נבעתים מן הצבור העומדים על רגליהם מפניהם והיו יראים ליפול : משום דוחקא . שעומדים על רגליהן וטורח לצבור הוא הלכך מכתפי להו עבדיהם ותלמידיהם ומוליכין אותן מהר למקומן : **מתני'** בכור שנפל לבור . בכור בזמן הזה אין נשחט בלא מום מפני שקדשים הוא דמאליו הוא קדוש והשוחטו כשהוא תם הוי שוחט קדשים בחוץ וענוש כרת: שנפל לבור. וירא פן ימות שם: מומחה. בקי במומין להבחין בין מום קבוע למום עובר: אם

[ד"א רבה פ"ו]

כ"כ ט.

פסחים פו: [מס' ד"א רבה פ"ו]

עי' בכ"ר פי' י"א תורמוסין צריכין להמתי

[ברכות לח·

[עי' תוס' מגילה כח. ד"ה אלמלא]

[עי' תוס' בכורות ח. ד"ה ומאי]

[תוספתא פ"ג

הגהות הב"ח

(א) תוס' ד"ה וצלף וכו' דעזותו הוי ממה ששורין יין מן: (ב) ד"ה שאני וכו' צריכים לה הס"ד : ס"א באלונקי

רבינו חננאל

*) מעדא והוא אחר הפשט וניתוח נדחו דבריו. ועלתה השמועה מקום שביחתה ממש : ת"ר השותה כוסו בבת אחת הרי זה גרגרן. שנים דרך ארץ . שלשה מגסי הרוח : חצובה הוא עשב שבו תיחם יהושע תחומין לישראל את הארץ ובוקע ויורד מכוון דרך נכוחה עד התהום ואם יגזל אחד משדה חבירו חופרין עד שימצאו זו החצובה ומתפרסם הגזלן הנכנס לשדה חבירו ולא למדו מאלו הדברים . לפיכך הוא מקטע רגליהון של רשעים כלומר זה עשב השדה שלא נזהר במצות ואינו נוטה אילך ואילך אלא יורד נכוחו הרשעים נצטוו ומפירין ומניחין דרך ישרה ומעמיקים ועושקים וחומסים. נטיעה מקטעת רגליהון דבועלי נדות וגם לקצבייא כלומר מוציא אדם כמה הוצאות ונוטע כרם וכיוצא בו וממתין לו שני ערלה עד שנת רביעית ואח"כ אוכל ממנו הרי הן בשני ערלה ממתינין דברי צורם והמזהירם ומי שאשתו נדה אינו ממתין לה עד שתטהר ואינו לוקח מוסר מנטיעה זו אלא בועלה בימי נדתה וכן הקצב אין ממתין עד שתכשר בהמתו אלא ממהר ואוכל קודם בדיקתה . תורמוסא מקטע רגליהון דשונאי ישראל . כלומר אע"פ שהוא מר אינן משליכין אותו אלא (הובריו) [הוזרין] ושולקין אותו כמה פעמים עד שתמתיק וישראל לכתהלה פשעו ויצאו היינו דאמר אפילו כתורמוס הזה לא עשו בני כו' מפני מה נתנה תורה לישראל מפני שהן עזין אמר הקב"ה הללו ראויין שתנתן להן דת אש שנאמר מימינו אש דת למו . ג' עזין הן ישראל באומות כו': שחט בהמה ביו"ט בשדה לא יביאנה במוט ובמוטה כדרך שעושה בחול אלא מביאה בידו אברים אברים: ת"ר אין הסומא יוצא במקלו והרועה בתרמילו תרגום ילקוט תרמיל (ש"א יז) ואין יוצאין בכסא אחד איש ואשה איני והא ההוא זקן שהיה יוצא בגלונדקא שלו **)פי' בפיית מכפה . אריב"ל אם רבים צריכין לו מותר . וכן אמר אחי שקיא אנא כתפתיה כלומר אפיקתיה אכתופיי למר שמואל ומשמשא לטולא . ומטולא לשמשא . ואסיקנא הני מילי משום דרבים צריכים להן וכל מי שהרבים צריכים לו שרי . וכסא נמי שרי ובלבד שלא יכתף באלנקי פי' שמענו שהיא מרדעת ש כתפים רב נחמן שרא לילתא אשתו למיפק באלנקי ומשום דבעיתא שמא תפול ולא תייתב דעתה לישיבה אלא באלנקי וכן מר־מר ומר זוטרא הוו מכתפי להו בשבתא דריגלא באלנקי ומשום ביעתותא ודוחקא דצבורא ירושלמי (בפ"א ה"ז) הלכתא ב"ש אומרים אין מוציאין לא את הקטן כו' רב הונא הורי לאינתתיה דריש גלותא למיפק בכסא רב חסדא בעי ולא כן תנן אין יוצאין בכסא אחד נשים ואחד אנשים . אפי' ת"ח אין טוען בדבר זה ורב הונא טועה. מיישא בר בריה דריב"ל מטען בסדיניה מיעול מידרוש לצבורא בשבתא : תוספתא במס' שבת (פ"ו) יוצאין במוך ובספוג שעל המכה ובלבד שלא יכרוך עליהן חוט או משיחה יוצא בקליפת השום ובקליפת בצל שע"ג המכה ואם נפל לא יחזיר וא"צ לומר שלא יתן לכתחלה בשבת יוצאין באגד שע"ג המכה וקושרו ומתירו בשבת אספלנית שפירשה מן האגד מחזירה עם האגד. יוצאין באיספלנית ובמלוגמא וברטייה שע"ג המכה ואם נפל לא יחזיר וא"צ לומר לתת לכתחלה בשבת . סוף עירובין : ת"ר רטייה שפירשה מע"ג המכה מחזירין איתה בשבת ר' יהודה אומר הוחלקה למטה דוחקה למעלה . למעלה דוחקה למטה ומגלה קצת רטייה ומקנח פי המכה ורטייה עצמה לא יקנח מפני שממרח והממרח חייב חטאת אמר רב יהודה הלכה כר' יהודה: **מתני'** בכור שנפל לבור ר' יהודה אומר

*) בערוך ערך סבת איתא שמעכלת את המאכל היינו בבני מעיין שנבדקה כבר ע"ש . **) עי' בערוך ערך גלוגדקא ועיין גלודקיא . ***) אפיקתיה לרב הונא וכו' ואמר רנב"י אני הכתופיי למר שמואל וכו'

Rami b. Abba [25b] merely teaches us good manners, as it was taught:[9] A man should not begin to eat leek or onion from the top side, but from the leaves; and if he did eat, he is a glutton.[10] Likewise, a man should not drink his cup of wine in one draught; and if he did so drink, he is a swiller.

Our Rabbis taught: He who drinks his beaker in one draught is greedy, in two [draughts] is well-mannered, in three [draughts]
a is haughty. Rami b. Abba further said: The ivy[1] cuts off the feet[2] of criminals;[3] the [law concerning] young trees[4] cuts off the feet of butchers[5] and of those cohabiting with menstruous women;[6] the lupine[7] will cut off the feet of the enemies[8] of Israel, for it is said: *'And the children of Israel again did that which was evil in the sight of the Lord, and served the Baalim, and the Ashtaroth, and the gods of Aram, and the gods of Zidon, and the gods of Moab, and the gods of the children of Ammon, and the gods of the Philistines, and they forsook the Lord, and served him not.'*[9] From the implication of *'and they forsook the Lord'*, do I not know that *'they served Him not'?* Then why does the text say, *'and they served him not'?* Said R. Eleazar: The Holy One, blessed be He, said: My children have not even treated Me like the lupine[10] which is boiled seven times and eaten as a dessert.

A Tanna taught in the name of R. Meir: Why was the Torah given to Israel? Because they are impetuous.[11] The School of R. Ishmael taught: *'At His right hand was a fiery law unto them';*[12] the Holy One, blessed be He, said: These are worthy to be given the fiery law. Some say: The laws of these are like fire, for had not the Law been given to Israel no nation or tongue could withstand them. And this is what R. Simeon b. Lakish said: There are three distinguished in strength [fierce]: Israel among the
b nations,[1] the dog among animals, [and] the cock among birds. Some say: Also the goat among small cattle. And some say: Also the caper-bush[2] among shrubs.

IF HE SLAUGHTERED IT IN THE FIELD, HE MAY NOT BRING IT IN ON A POLE. Our Rabbis taught: A blind man may not go out [on a Festival] with his staff,[3] nor a shepherd with his wallet, neither may a man or a woman go out in a palanquin. But it is not so! For R. Jacob b. Idi sent [word]: In our neighbourhood was an old man who was carried in his sedan-chair, and when they came and asked R. Joshua b. Levi [about this], he said: When a number of people need him it is permitted. And our Teachers relied on the words of Aḥi Shaḳia who related: I brought[4] R. Huna from Hini to Shili[5] and from Shili to Hini; and R. Naḥman b. Isaac narrated: I carried Mar Samuel from the sun into the shade and from the shade into the sun?—There it is as the reason stated: When a number of people need him it is permitted.

R. Naḥman said to Ḥanna b. Adda, Zion's messenger:[6] When you go hither make a circuit and go over the Promontory of Tyre[7] and visit R. Jacob b. Idi and ask him: What do you say with respect to a palanquin? Before he came there, R. Jacob b. Idi departed this life. When he arrived, he found R. Zeriḳa. He asked him: How do you rule with respect to a palanquin?—He replied: Thus did R. Ammi say: [It is permissible] provided that he is not carried on the shoulders. What means 'provided that he is not carried on the shoulders'?—Said R. Joseph the son of Raba: By means of *alanḳi*.[8] But it is not so, for R. Naḥman permitted [his wife] Jaltha to be carried in a sedan-chair by means of
c *alanḳi?*—It is different with Jaltha for she was nervous.[1] Amemar and Mar Zuṭra were carried on the shoulders[2] on the Sabbath [preceding] the Festival[3] on account of nervousness, and some say, on account of troubling the public.[4]

MISHNAH. IF A FIRSTLING[5] FELL INTO A PIT,[6] R. JUDAH

(9) For we find even Tannaim giving instructions with respect to good manners. (10) Likewise he who eats from the animal before it is flayed is a glutton.

a (1) Used for boundary marks. The ivy is used for landmarks because its roots go straight down and do not obtrude into neighbouring land. (2) I.e., convicts. (3) Who perpetrate the removal of such landmarks. (4) V. Lev. XIX, 23. (5) Who eat of the flesh before the animal has been flayed and cut up and examined. (6) I.e., before the woman has taken the ritual bath. As patience is required until the fourth year before the fruit is eaten, so we are to have patience and wait until the proper time before enjoying meat or conjugal privilege. (7) The lupine is so bitter that it is not edible until it has been cooked seven times. So Israel has worshipped the seven idols mentioned in the following verse and was seven times chastened without amending. (8) A euphemism for Israel itself. (9) Judg. X, 6. (10) The lupine after seven boilings is sweet, but although Israel has repented seven times and been forgiven, they still rebel and make Me bitter towards them again. (11) The Law was to discipline them. (12) Deut. XXXIII, 2.

b (1) But the Law tempers their strength. (2) Because of its rapid growing, for as soon as it is plucked it grows again. V. Shab. 30b. (3) Because of the disrespect to the Festival, since this is his everyday practice. (4) In a palanquin. (5) Hini and Shili are places in Babylon near Sura situated very close to each other. (6) He was so called because he frequently travelled to Palestine (Rashi). Or, perhaps he was something like our modern משולח. Palestine at this time was in a decaying state and needed support from abroad. (7) I.e., along the sea coast. (8) Poles used to carry burdens on the shoulders of two or more persons, Jast.

c (1) Of falling. (2) In the Beth ha-Midrash, to their seat. [MS.M. adds: by means of *alanḳi*]. (3) When it was customary for them to lecture on the Festival laws. (4) Who would have to stand up and wait until these teachers made their way slowly through the crowd to the platform. But by being carried shoulder high (or by means of *alanḳi*) they were quickly carried through the gathering; cf., however, Sanh. (Sonc. ed.) 7b n. b4. (5) Which may be slaughtered in post-Temple days for consumption by priests only when it has a blemish which would disqualify it for the altar. V. Deut. XV, 19-22. (6) On a Festival, before the condition of its blemish was exactly known, and it is feared lest it die there.

SAYS: LET AN EXPERT GO DOWN AND INSPECT [IT]; [26a] IF IT HAD A BLEMISH[7] HE MAY BRING IT UP AND SLAUGHTER IT,[8] BUT IF NOT, HE MAY NOT SLAUGHTER IT. R. SIMEON SAYS: WHENEVER ITS BLEMISH WAS NOT OBSERVED ON THE DAY BEFORE THE FESTIVAL, IT IS NOT MUKAN.[9]

GEMARA. Wherein do they differ?[10] If we are to say that they differ as to whether one may examine blemishes [on a Festival], R. Judah holding: One may examine blemishes on a Festival, while R. Simeon maintains: One may not examine blemishes on a Festival, then let them dispute whether one may examine blemishes in general [on a Festival]![11] —It is especially necessary [to teach this] with respect to a firstling that fell into a pit; [for] you might have thought that on account of suffering of animals one might have recourse to an artifice and bring it up [from the pit] in accordance with R. Joshua,[1] so he informs us [that it is not so]. If so, instead of HE MAY NOT SLAUGHTER IT, it should be stated, 'He may not bring it up[2] and slaughter it!'—This [teaching] is necessary [only] where he transgressed and brought it [the animal] up; you might think that he may slaughter it, so he informs us [that it is not so]. [But how could he possibly] slaughter it? Surely it is without blemish!—This is necessary [concerning the case] where it received a blemish.[3] But it is *mukzeh!*[4]—Rather, [it treats of a case] where it received a temporary [transient] blemish on the eve of the Festival and now [on the Festival] it turned into a permanent blemish; you might have thought that he [the owner] had set his mind upon it[5] and he may therefore slaughter it; so he informs us[6] [that it is not so]. Our Rabbis taught: A firstling without blemish that fell into a pit, R. Judah the Prince[7] says: Let an expert go down [the pit] and examine it; if it has sustained a blemish, he may bring [it] up and slaughter [it],[8] but if not, he may not slaughter [it]. R. Simeon b. Menasia said to him: They [the Rabbis][9] indeed said: One may not examine blemishes on a Festival. How [is this[10] to be explained]? If it received a blemish on the eve of the Festival,[11] one may not examine it on the Fes-

(7) Rashi: If the firstling sustained a defect before the Festival, but it was not known until now whether the defect was such as to disqualify it for the altar. (8) For its owner probably intended before the Festival to slaughter it on the Festival. (9) I.e., no expert may go down to examine it, because the pronouncing of the blemish by the expert is regarded by R. Simeon as preparing a vessel, since before the examination of the expert it could not be used on the Festival, or as sitting in judgment, which is not permitted on a Festival (Rashi), v. *infra* 36a. (10) It cannot be that they are disputing here with respect to *mukzeh*, because we have previously learnt that R. Judah prohibits *mukzeh* and R. Simeon permits it. (11) Why particularly about a firstling that has fallen into a pit.

a (1) V. Shab. 117b. (2) Since on the present hypothesis this is the main purpose of the teaching. (3) Through its fall. (4) Since the firstling had no blemish before the Festival it may not be slaughtered on the Festival on account of *mukzeh*. V. Glos. (5) On account of its temporary blemish. (6) Since the blemish was of a temporary nature, it is regarded as if the firstling had no blemish at all and cannot be intended to be slaughtered. (7) [Not to be confused with R. Judah in our Mishnah who is R. Judah b. Ila'i]. (8) R. Judah the Prince does not regard the firstling as *mukzeh* (Rashi). (9) Of former generations. (10) [The views of the Rabbis of former generations in which R. Simeon b. Yoḥai the teacher of R. Simeon b. Menasia is included]. (11) And it is not known whether the blemish was of a temporary nature or permanent.

אם יש בו מום יעלה וישחוט ואם לאו לא ישחוט *ר' שמעון אומר כל שאין מומו ניכר מבעוד יום אין זה מן המוכן: **גמ'** במאי קא מפלגי אי נימא ברואין מומין קמפלגי דר' יהודה סבר רואין מומין בי"ט ור' שמעון סבר אאין רואין מומין בי"ט ולפלגו ברואין מומין דעלמא בבכור שנפל לבור אצטריכא ליה סד"א משום צער בעלי חיים לערים ולסקיה *כר' יהושע קמ"ל אי הכי לא ישחוט לא יעלה וישחוט מבעי ליה לא צריכא בדעבר ואסקיה סד"א לשחטיה קמ"ל לשחטיה הא תם הוא לא צריכא דנפל ביה מומא והא מוקצה הוא אלא דנפל ביה מום עובר מערב יום טוב והשתא הוה ליה מום קבוע מהו דתימא דדעתיה עלויה ונשחטיה קמ"ל: ת"ר בכור תם שנפל לבור ר' יהודה הנשיא אומר ירד מומחה ויראה אם יש בו מום יעלה וישחוט ואם לאו לא ישחוט אמר לו ר' שמעון בן מנסיא גהרי אמרו אין רואין מומין ביום טוב כיצד נולד בו מום מערב י"ט אין מבקרין אותו בי"ט נולד בו מום בי"ט

אם יש בו מום. על כרחך ר' יהודה מוקצה אית ליה ובמום הנופל בו ביום טוב לא שרי דלאו דעתיה עלויה מאתמול וה"ק בכור בעל מום שלא הראהו לחכם מבעוד יום להתירו ונפל לבור בי"ט ירד מומחה ויראה מום שהיה בו אתמול אם מום קבוע הוא יעלה וישחוט משום דמוקצה ליכא דמאתמול דעתיה עלויה: אין זה מן המוכן. לאו משום מוקצה אסר ליה דהא לית ליה מוקצה אלא לפי שמתירו בי"ט נראה כמתקנו *דהוה ליה כדן דין דגזור ביה משום שבות וה"ק אין התרתו היתר ואינו מוכן להכשר: גמ' אי נימא ברואין כו'. דהא ודאי משום מוקצה לא הוי טעמייהו דאפכא שמעינן להו אלא משום ראיית מום דר"ש סבר אין רואין כיון דהוה ליה כיושב ודן דין: לפלגו בעלמא. בלא נפל לבור: לערים. לומר ודאי ימצא בו מום: ולסקיה כרבי יהושע. דאמר בפרק משילין (לקמן דף לז.) אותו ואת בנו שנפלו לבור מעלה את הראשון ע"מ לשחוט ואינו שוחט וחוזר ומעלה את השני רצה זה שוחט רצה זה שוחט: אי הכי. דנפילת בור דנקט לאשמועינן דלא יעלהו נקט ליה ואם לאו לא יעלהו מבעי ליה דהא עיקר משום העלאה נקט לה ושחיטה פשיטא לן: לא צריכא דעבר ואסקיה. ומשמעותא דלא לסקיה מרישא ש"מ דקתני ירד המומחה ויראה ולא קתני יעלהו ויראה והדר אשמועינן אחריתי דאי עבר ואסקיה ולא מצא בו מום לא ישחוט: דנפל ביה מומא. השתא וה"ק אם יש בו מום הקבוע מעי"ט יעלה וישחוט ואם לאו דלא היה מעי"ט אלא היום אפילו עבר והעלהו לא ישחוט: והא מוקצה הוא. אי מאתמול לא הוה ביה מום כלל פשיטא דלא ישחוט דהא אשמעינן רבי יהודה בכמה דוכתי דאית ליה מוקצה: קמ"ל. דאי לא הוה קבוע מערב י"ט לא ישחוט משום דמוקצה מחמת איסור הוה אי נמי משום דעבר ואסקיה: בכור תם שנפל לבור גרסינן בברייתא דלית להו מוקצה להנך תנאי בבכור דכל שעתא דעתיה עלויה שמא יפול בו מום: ירד מומחה. ולא נערים ולסקיה: ר' יהודה הנשיא הוא רבי ולאו היינו רבי יהודה דמתניתין דסתם ר' יהודה הוא ר' יהודה בר אלעאי: אם יש בו מום. אפילו נפל בו היום: יעלה וישחוט. דלית ליה מוקצה בבכור: ואם לאו. ועבר ואסקיה לא ישחוט אפילו נפל בו מום לאחר העלאה וקנסא הוא משום דעבר ואסקיה [*ה"ג] לא ישחוט לא יעלה בהערמת שחיטה קאמר דלא ישחוט לא אצטריך דהא תם הוא ומתניתין דלא שנינן הכי משום דמתניתין לא מצינן לאוקומה בתם משום דרבי יהודה מוקצה אית ליה ולא מצי למימר אם יש בו מום שנפל בו בי"ט יעלה וישחוט וכיון דע"כ בבעל מום תוקמה לא אצטריך לשנויי סיפא בשנויא דחיקא ולמימר דלא ישחוט לא יעלה קאמר דהא מצי לשנויא שפיר כדשנינן דאשמעינן ואם לאו דלא היה קבוע מבעוד יום דאפילו עבר ואסקיה לא ישחוט ואע"ג דאתעביד ליה מום קבוע השתא: לשון אחר לא גרס בברייתא בכור תם אלא כי מתני' גרסינן בברייתא בכור שנפל לבור ומתוקמא הכי בכור שנפל לבור ר' יהודה הנשיא אומר ירד מומחה ויראה דלא נערים ונסקיה מעיקרא: אם יש בו מום. אם ימצא בו מום הידוע שהיום לא נעשה יעלהו וישחוט ואם לאו אלא נפל בו מום היום אפילו העלהו לא ישחוט ולרבי יהודה *נשיאה ליכא למפרך כדפרכינן לעיל פשיטא דלא ישחוט דהא מוקצה הוא דהא לדידיה אצטריך דהשתא הוא דאשמעינן דאית ליה מוקצה: א"ל ר' שמעון בן מנסיא הרי אמרו. רבותינו דורות שלפנינו אין רואין מומין דר"ש בן יוחי מדורות שלפניהם היה ורבי תלמידו היה כדאמר במסכת עירובין (דף נא.) ובמסכת שבת (דף קמז:) א"ר כשהיינו לומדים תורה אצל ר' שמעון בתקוע הייתי מעלין לו שמן כו' וקאמר ליה ר' שמעון בן מנסיא לרבי הרי נחלקו בה דורות שלפנינו ונזיל לחומרא: נולד בו מום מעי"ט. רבי שמעון בן מנסיא מפרש מלתיה דר' שמעון בן יוחי וה"ק הרי אמר ר"ש בן יוחי אין רואין מומין כיצד נולד בו מום מערב י"ט אין מבקרין אותו לכתחלה אבל אם עבר ובקרו שוחטו שהרי אינו מתקן כל כך שקרוב היה בין השמשות להיות מתוקן שלא היה מחוסר אלא ראיית חכם:

ע"כ לא בעי למימר דאין זה מן המוכן שהוא מוקצה דהא ר"ש לית ליה מוקצה אלא ה"פ כל שאין מומו ניכר שלא ראהו חכם מעי"ט ולא היה נודע אם היה קבוע אין זה מן המוכן כלומר אין היתרו היתר דאין מוכן להכשיר דאין רואין מומין בי"ט וטעמא משום דנראה כמתקן או כדן את הדין שהוא אסור משום שבות ע"כ פירש רש"י וקשה דאין זה מן המוכן משמע דאפילו בקרו חכם כיון שלא נודע שהוא מום קבוע מאתמול אוסר ר"ש ולפ"ה משמע דוקא דאינו מוכן להכשיר לכתחלה הא דיעבד שפיר דמי וע"ק דבשבת מוכח בהדיא בפרק כירה (שבת דף מו: ושם) דמטעם מוקצה קאמר דפריך מהכא דר"ש אית ליה מוקצה והא לית ליה מוקצה לר"ש לכן נ"ל דמטעם מוקצה קאמר דאין זה מן המוכן ואפילו עבר ובקרו מ"מ אסור משום מוקצה ופליגי ברואין מומין וגם פליגי במוקצה מיתורא דקתני אין זה מן המוכן והא דפריך הכא בגמ' לפלגו ברואין מומין בעלמא ר"ל דלא נפל לבור ולעולם כלישנא דמתניתין דמוקצה וכן הא דקאמר בגמרא מהו דתימא כיון דדעתיה עלויה נשחטיה קמ"ל ר"ל דאסור משום מוקצה ואפילו אם בקרו בדיעבד אף לר' יהודה כיון שלא היה בו מום קבוע מאתמול ור"ש אסר אפילו אם היה בו מום משום מוקצה כדפירש' דלא כאדא בר אוכמי וא"ת מ"ש דבכל דוכתא מחמיר רבי יהודה טפי במוקצה מרבי שמעון וי"ל דטעמא רבה אית ליה הואיל דס"ל דרואין מומין ביום טוב וידוע שמום קבוע היה מאתמול א"כ אין כאן מוקצה דהא מאתמול דעתיה עלויה אבל לר"ש אית ליה דאין רואין מומין הלכך לאו דעתיה עלויה מאתמול על כן אסור אפילו אם בקרו בדיעבד:

תנו רבנן בכור תם שנפל לבור ה"ג. דר' יהודה הנשיא לית ליה מוקצה דקאמר אם יש בו מום קבוע ואפילו אם נפל בי"ט יעלה וישחוט ולית להו להני תנאי מוקצה בבכור דלעולם דעתו עליו שמא יפול בו מום ואם לאו שאין בו מום אליו לא ישחוט וא"ת פשיטא והא תם הוא וי"ל לא יעלה בהערמת שחיטה כדפירש' לעיל ועל ר' יהודה דמתני' לא בעי לשנויי הכא דלא בעי לשנויי שנויא דחיקא ולא יעלה בהערמת שחיטה קאמר הואיל דאית ליה שנויא אחרינא דר' יהודה אית ליה מוקצה בבכור וצריך לאוקומי בבעל מום ע"כ דהא אית ליה מוקצה אבל לרבי יהודה הנשיא דלית ליה מוקצה בבכור דהא בתם שנפל לבור מיירי לא מצי לשנויי הכי שנפל בו מום קבוע בי"ט כדמשני לרבי יהודה במתניתין עוד פרש"י פי' אחר דלא גרס תם בברייתא אלא ה"ג בכור שנפל לבור וכו' אם יש בו מום קבוע שידוע בו מום מערב י"ט ישחוט ואם לאו אלא נפל בו מום היום לא ישחוט אפילו אם העלהו משום דהוי מוקצה ולרבי יהודה נשיאה אית ליה מוקצה ולא פריך הש"ס כדפריך הש"ס לעיל לרבי יהודה דמתני' פשיטא דמוקצה הוא דודאי לרבי יהודה דמתני' פריך שפיר דמאי אצטריך לאשמועינן אי משום מוקצה בהרבה מקומות שמעינן דרבי יהודה דמתני' אית ליה מוקצה אבל ארבי יהודה הנשיא אצטריך לאשמועינן (דרבי יהודה) דאית ליה מוקצה ותימה דבשלהי מכלתין (דף מ.) מספקא ליה לרבי יהודה הנשיא אי אית ליה מוקצה ואמאי לא פשיט ליה מהכא וי"ל דלא פסיק להוכיח מהכא דאיכא לפרושי תרי לישני כדפי' דלחד אית ליה מוקצה ולחד לית ליה מוקצה ומספקא ליה אי כהאי לישנא אי כהאי לישנא לכך לא היה לו להוכיח מהכא: [וע"ע תוספות שבת מה: ד"ה לדבריו]:

אלא

עין משפט נר מצוה

כב א ב ג מיי' פ"ב מהלכות יו"ט הלכה ו סמג לאוין סה טור שו"ע א"ח סי' תצח סעיף ט:

רבינו חננאל

אומר ירד מומחה ויראה אם יש בו כו' אוקימ' ברואין מומין ביום טוב פליגי והאי דקתני נפל לבור איצטריך סד"א משום צער ב"ח ליערים וליסלקיה כר' יהושע דתני אותו ואת בנו שנפלו לבור ר' יהושע אומר מעלה את הראשון ע"מ לשוחטו ואינו שוחטו ומערים ומעלה את השני כו' קמ"ל דלא עבדינן כר' יהושע ולא יעלה הוה צריך למיתנא ואגב חדא קמ"ל תרתי. חדא לא יעלה ואי עבר ואסקיה לא ישחום ואע"ג דנפל ביה השתא מום קבוע והוה ליה מעיו"ט מום עובר. מהו דתימא כיון דהוה ליה מעיו"ט מום עובר והאידנא הוה ליה מום קבוע דעתיה עלויה הוה מאתמול ולאו מוקצה הוא קמ"ל: ת"ר בכור תם שנפל לבור ר' יהודה הנשיא אומר ירד מי שבקי במומין ויראה כו' אמרו לו הרי אמרו אין מבקרין מומין ביו"ט. נולד בו מום מעיו"ט אין מבקרין אותו ביו"ט נולד בו מום ביו"ט רבן שמעון אומר אין זה מן המוכן.

מסורת הש"ס

שבת מו:

או דהוה ליה כצ"ל מהרש"א

[לקמן לז.]

רש"א וע' רש"ל שמחק מן ועבר ואסקי' עד משום דעבר ואסקי'

[צ"ל הנשיא]

בי"ט

עין משפט
נר מצוה

כג א ב מיי' פ"ב מהל' יו"ט הלכה ד טור ש"ע א"ח סי' תלה סעיף ט:

כד ג טוש"ע א"ח סי' שי סעיף ג:

כה ד שם סעיף ד:

כו ה שם סעיף ה:

בי"ט ר' שמעון אומר *אין זה מן המוכן *ושוין שאם נולד הוא ומומו עמו שזה מן המוכן דרש רבה בר רב הונא נולד הוא ומומו עמו מבקרין אותו בי"ט לכתחלה א"ל רב נחמן אבא תני ב אם עבר ובקרו מבוקר ואת אמרת מבקרין אותו לכתחלה אמר אביי כותיה דרבה בר רב הונא מסתברא מדקתני תלתא בבי נולד בו מום מערב יום טוב אין מבקרין אותו ביום טוב לכתחלה הוא דלא הא דיעבד שפיר דמי נולד בו מום ביום טוב ר' שמעון אומר אין זה מן המוכן דאפילו דיעבד נמי לא והדר תני ושוין שאם נולד (א) ומומו עמו שזה מן המוכן דאפילו לכתחלה נמי והא כי אתא רב אושעיא אתא ואייתי מתניתא בידיה בין שנולד בו מום מערב י"ט ובין שנולד בו מום בי"ט חכמים אומרים אין זה מן המוכן ואלא קשיא הך ההיא אדא בר אוכמי היא דמשבש ותני אמר רב נחמן בר יצחק מתני' נמי דייקא דקתני ר' שמעון אומר כל שאין מומו ניכר מערב י"ט אין זה מן המוכן מאי אין מומו ניכר אילימא שאין מומו ניכר כלל פשיטא צריכא למימר אלא דלא אתחזי לחכם מערב י"ט אם מום קבוע אם מום עובר קתני מיהת אין זה מן המוכן שמע מינה בעי מיניה (ב) הלל מרבא °יש מוקצה לחצי שבת או אין מוקצה לחצי שבת היכי דמי אי דאחזי בין השמשות אחזי אי דלא אחזי לא אחזי לא צריכא דאחזי והדר אדחי והדר אחזי מאי א"ל יש מוקצה איתיביה ושוין שאם נולד ומומו עמו שזה מן המוכן ואמאי נימא האי בכור מעיקרא הוה חזי אגב אמיה אתיליד ליה אדחי ליה אחזייה לחכם אשתרי ליה אמר אביי ואיתימא רב ספרא כגון דיתבי דייני התם איכא דאמרי אמר ליה ג אין מוקצה לחצי שבת לימא מסייע ליה ושוין שאם נולד ומומו עמו שזה מן המוכן והא בכור מעיקרא הוה חזי אגב אמיה אתיליד ליה אדחי ליה אחזייה לחכם אשתרי ליה אמר אביי ואיתימא רב ספרא כגון דיתבי דייני התם ת"ש *היה אוכל בענבים והותיר והעלן לגג לעשות מהן צמוקין בתאנים והותיר והעלן לגג לעשות מהן גרוגרות לא יאכל מהן עד שיזמין מבעוד יום וכן אתה מוצא באפרסקין ובחבושין ובשאר כל מיני פירות היכי דמי אי דחזו למה ליה הזמנה אי דלא חזו כי אזמין להו מאי הוי וכי תימא דלא ידע אי חזו אי לא חזו והאמר רב כהנא ד מוקצה שיבש ואין הבעלים מכירין בו מותר אלא לאו דחזו ואדחו והדר אחזו ואי אמרת אין מוקצה למה להו הזמנה אלא מאי יש מוקצה כי אזמין להו מאי הוי ה לא צריכא דאחזו ולא אחזו דאיכא אינשי דאכלי ואיכא אינשי דלא אכלי אזמין גלי דעתיה לא אזמין לא גלי דעתיה אמר רבי זירא ת"ש מפולין ועדשים דהא פולין ועדשים מעיקרא חזו לכוס שדינהו בקדרה אדחו להו
גמר

בי"ט. ואם נולד בו מום בי"ט בזו היה ר"ש בן יוחי אומר אין זה מן המוכן ואפילו עבר ובקרו לא ישחוט שהוא כמתקנו לגמרי: ושוין כו'. אבל בזו היו מודים חולקים שלפנינו ר' יהודה ור"ש שאם נולד היום ומומו עמו שזה מן המוכן שאין בזה משום תקון ומשום דין שלא היתה בו חזקת איסור מעולם וכדמוקי לה לקמן כגון דיתבי דייני התם: אבא תני. על אביו קאמר: מבוקר. ושוחטו לכתחלה: כותיה דרבה מסתברא. דלכתחלה שרי: מדקתני לה בתלתא בבי. בברייתא דלעיל בדרבי שמעון בן מנסיא: אין מבקרין. לכתחלה משמע: אין זה מן המוכן. משמע אפילו דיעבד איכא הכנה ועוד מדפלגינהו לתרי בבי: שזה מן המוכן אפילו לכתחלה. קאמר דמוכן לבקרו דאי בדיעבד קאמר ומאי מוכן מוכן לשוחטו קאמר אמאי פלגינהו לתלתא בבי לתנייה להך סיפא בהדי רישא ולערבינהו ולתנינהו הכי נולד בו מום מערב יום טוב או שנולד הוא ומומו עמו אין מבקרין אותו ביום טוב דלהוי משמע לכתחלה הוא דלא הא דיעבד שפיר דמי: ואייתי מתניתא בידיה *גרסינן: חכמים אומרים אין זה מן המוכן. אפילו דיעבד והא ר' שמעון היא דשמעינן ליה אין רואין מומין וכיון דבהנך תרתי ערב ותני להו איכא למימר דנולד הוא ומומו עמו דשרי דיעבד קאמר כרב נחמן וקשיא לאביי דסייעיה לרבה בר רב הונא מהך: ואלא קשיא ההיא. דלעיל דמסייעא ליה לרבה ואהי מינייהו סמכינן: ההיא. דלעיל: אדא בר אוכמי הוא. חכם אחד שהיו מכירין בו שהיה גורס משניות ומשבח ומשבשן: דיקא. כי הך דאייתי רב אושעיא: אי נימא שאין *מומו מאתמול כלל. שלא היה בו שום מום: צריכא. למימר בתמיה וכי צריך היה רבי שמעון לומר לר' יהודה בן מחלוקתו כן והלא רבי יהודה אית ליה מוקצה ונהי דרואין מומין סבירא ליה האי מיהא אסור דמוקצה הוא: אין זה מן המוכן. אפילו דיעבד ומהשתא על כרחיך ושוין שאם נולד הוא ומומו עמו שזה מן המוכן בדיעבד קאמר: יש מוקצה לחצי שבת. משום חצי שבת אם הוקצה בחציו מי הוי מוקצה לכולי שבת אם לא: היכי דמי. מכדי סתם מוקצה היינו גרוגרות וצמוקין שמעלה אותן על מנת ליבשן ומקצה אותן לכך ומשמתחילין ליבש אין ראוין לאכילה עד שייבשו לגמרי והא חצי שבת דקא אמרת היכי מספקא לך: אי דאחזו. שנגמרה מלאכתן בין השמשות אחזו ואין כאן אפילו חצי שבת בהקצאה כלל: ואי דלא אחזו. בין השמשות ודאי אסורין דאין כאן הכנה מבעוד יום ומאן דאית ליה מוקצה והכנה מבעוד יום בעי כדכתיב ביום הששי והכינו את אשר יביאו (שמות טז): לא צריכא

דאחזו. בין השמשות: ואדחו. בשבת שנפלה עליהן גשמים ותפחו והדר אחזו שנזפתן השמש וקא מיבעיא לן הך שעתא דאתקנו מי אסרה להו כולי יומא או לא: נימא האי בכור מעיקרא. בין השמשות הוה חזי לשחוט את אמו והוא נאכל בין תם בין בעל מום לפי שאין בכור קדוש אלא בלידתו דכתיב אשר יולד בבקרך וגו' (דברים טו): אדחיה ליה. שהיה בחזקת בכור תם ואסור עד שיראה מומו: דיתבי דייני התם. כשנולד וכשפוטרו את הרחם ראו את מומו דלא הוקצה כלל: היה אוכל בענבים והותיר. רבותא נקט דלא תימא כיון דאוכל והולך לא ליבעי הזמנה וכן מפרש בפרק שלישי דשבת בבירה שהסיקוה (דף מה.): ענבים. יבשין קרוין צמוקים ותאנים שנתיבשו קרוין גרוגרות: אפרסקין. פרסקי"ש בלע"ז: חבושין. קרויצ"ן: אי דאחזו. בין השמשות: למה לי הזמנה. הא ודאי כיון דחזא בהו דיבשו דעתיה עלוייהו שהרי לא הוקצה אלא ליבשן: ואי דלא אחזו כי אזמין להו מאי הוי. הא לא חזי לאכילה ולא מהניא להו הזמנה דהוה ליה כמזמין עצים ואבנים לאכילה שאין בריה אוכלתן: וכי תימא דלא ידע אי חזו אי לא חזו. וכי תימא הך הזמנה דקתני כגון דטורח הוא לו לעלות אליהן ולראות אם יבשו אם לאו ואינו יודע אם ראוין אם לא ראוין ומכין בהזמנה ואומר הריני אוכל מהן למחר אם ראוין הן ואשמעינן אי לאו דאזמינהו מאתמול כיון דלא הוה ידע שהן ראוין לא הוה אמרינן דעתיה עלוייהו ואסורים לאכול אפילו מאן ראוין: והאמר רב כהנא מוקצה. של גרוגרות וצמוקין: שיבש. מבעוד יום: ואין הבעלים מכירין בו. אין הבעלים יודעים שיבש שלא בדקוהו מבעוד יום ולמחר מצאוהו שיבש היה מאתמול: מותר. דכי אסקיה מעיקרא לא אקצייה אלא ליבש והרי יבש והוכן מבעוד יום כך פירש רב אחאי בשאלתות *שלו: אלא לאו דאחזו ואדחו והדר אחזו. ע"כ לא מתוקמא הך הזמנה אי לאו להכי דאזמין להו דאם ידחו למחר ויתקנו לבו ביום יאכל מהן: ה"ג אלא מאי יש מוקצה כי אזמין להו מאי הוי. הזמנה דקודם הקצאה מאי מהניא בלאו הזמנה נמי מוכנין ועומדין הן והאיסור בא אחרי כן: ה"ג אלא דאחזו ולא אחזו. בהכי עסקינן שיבשו ולא כל צרכן: דאיכא איניש דאכלי ואיכא דלא אכלי. ואצטריך ליה לגלויי דעתיה אי אכיל אי לא אכיל: תא שמע. דאין מוקצה לחצי שבת: מפולין ועדשים. שאנו מבשלין ביום טוב: דמעיקרא. בין השמשות: חזו לכוס. חיין כל דבר הנאכל חי קרי אכילתו כוסס: אדחו להו. כל זמן שרותחין:
גמר

נ"ל גרסא

מומו ניכר מאתמול כצ"ל

רבינו חננאל

ושוין שאם נולד ומומו עמו שזה מן המוכן. דרש רבה בר רב הונא נולד ביו"ט ומומו עמו מבקרין אותו לכתחלה ביו"ט אמר אביי כוותיה מסתברא מדקתני תלתא בבי בברייתא נולד בו מום מעיו"ט אין מבקרין אותו ביו"ט לכתחלה הא דאיעבד שפיר דמי נולד בו מום ביו"ט ר' שמעון אומר אין זה מן המוכן דאפילו דיעבד נמי לא ושוין שאם נולד ומומו עמו שזה מן המוכן [דאפי' לכתחלה נמי] ודחינן להא מתניתא דאייתי ר' הושעיא ותני בין שנולד בו ביו"ט ובין שנולד בו מעיו"ט חכמים אומרים אין זה מן המוכן ודייק ר' נחמ' ומוקים לה למתני' כוותיה מדקתני ר' שמעון אומר כל שאין מומו ניכר מעיו"ט דליכא למימר האי דקתני כל שאין מומו ניכר דלא הוה ביה מום כלל מעי"ט [דקשיא פשיטא] הוא אלא לעולם דהוה ביה מום בעיו"ט ולא ניכר לחכם אי מום עובר אי מום קבוע הוא וקתני [בלשון] חכמים ש"מ דהלכתא כוותיה ומפורש בתלמוד א"י אתא עובדא קומי ר' אמי וסבר למימר ר' יהודה ור' שמעון הלכה כר' יהודה. אייתי ר' אושעי מתניתא דבר קפרא מדרומא ותנא. וחכ"א כל שאין מומו ניכר מעיו"ט ולא התירו מומחה אלא ביום טוב אינו מוכן וקיבלה וחזר ביה. והא דתניא תלתא בבי אוקימנא לאדא בר אוכמי דמשבש ותני כלו משובשת היא ולא סמכינן עלה: בעא מיניה הלל מרבה יש מוקצה לחצי שבת כגון ענבים שהיו לילי שבת ראויין לאכילה. כמשו ואינן לא ענבים ולא צימוקין ונדחו נשבה בהן רוח כל היום ונע בסוף היום כמו צימוקין וראויין לאכילה מאי כיון שנדחו בתחלת היום הוו להו מוקצה ואע"ג דהא [חזי] השתא אסירי אי לא. אמר ליה יש מוקצה: ירושלמי אין אסור משום מוקצה אלא תאנים וענבים א"ר שמו בר סרטי מפני שמסריחות בינתים. איתיביה ושוין שאם נולד ומומו עמו שזה מוכן. והא האי דבשר היה ראוי אגב אמו נולד ביו"ט נדחה ביקר חכם מומו והתירו חזר וקתני הרי זה מוכן. וא"ת כי יש מוקצ איך הוא מוכן ופירק אביי כגון דיתבי [דייני] במקום שנולד בו זה הבכור ובעת צאתו מרחם אמו ראו זה המום והתירוהו מיד איכא דאמרי אין מוקצה אמר לו נימא מסייע ליה. ושוין שאם נולד ומומו עמו כו' איתיבי היה אוכל בענבים והותיר והעלן לגג לעשות מהן צימוקין לא יאכל מהן בשבת עד שיזמין ויאמר בעת שהותירו יהיו מוכנין לשבת וכן האפרסיקים כו' ולא מיתוקמ' אלא בזמן דאיחזו ואידחו והדר איחזו. וא" כל דבר שהיה ראוי לאכילה אע"פ שנדחה אם חזר ונראה בכשרותו עומד ולא נדחה למה הצריך להזמין אלא מאי יש מוקצה וכי מזמין על דבר שאינו בר אכילה מאי הוי ופרקינן כגון דנדחו ולא נר לגמרי. יש בנ אדם שאוכלי' אותן כמותן שהן עכשיו ויש מי שאינו אוכל אם גילה דעתו לאוכלן כמות שהן [הרי גלי] לא זימן נתברר כי מוקצה הן אצלו. ת"ש מפולין ועדשין כי בעת שהן יבישין ראו
לכוס

מסורת
השי"ס

שבת קלו. חולין נח:

שבת מה.

[פרשת בשלח ס"ם מז]

הגהות
הב"ח

(א) גמ' נולד הוא ומומו עמו כצ"ל וכן בכל העמוד: (ב) שם בעי מיניה רב הלל מרבא יש:

גליון
הש"ס

גמ' יש מוקצה לחצי שבת. עי' שבת מג ע"א תוס' ד"ה בעודן עליו ודף מד ע"ב תוס' ד"ה יש עליה ובחולין דף טו ע"ב תוס' ד"ה כגון:

tival;[12] if it received a blemish [26b] on the Festival, R. Simeon
a [b. Yoḥai] says: This is not *mukan*.[1] But they agree that if it is born [on a Festival] with a blemish it is regarded as *mukan*.[2]

Rabbah son of R. Huna expounded: If it is born with a blemish one may examine it at the outset on a Festival. R. Naḥman said to him: My father taught: If he transgressed and examined it, it is an examination,[3] and you say 'one may examine it at the outset'!

Abaye said: The opinion of Rabbah son of R. Huna[4] is more acceptable, for it [the previous Baraitha] teaches three cases: [viz.,] 'If it received a blemish on the eve of the Festival you may not examine it on the Festival'; it is only at the outset that you may not [examine], but if it has been done it is well and good; 'If it received a blemish on the Festival, R. Simeon says: This is not *mukan*: i.e., even if it has been examined it still may not [be slaughtered]; and then it states, 'But they agree that if it is born [on a Festival] with a blemish it is regarded as *mukan*', [i.e.,] even at the very outset.[5] But surely when R. Oshaia came he brought with him the following teaching: Whether it received the blemish on the eve of the Festival, or whether it received the blemish on the Festival, the Sages[6] say: This is not regarded as *mukan*![7] But then there is a contradiction from the other [Baraitha]![8]—The author of that Baraitha is Adda b. Ucmi who blunders in his teaching.[9] R. Naḥman b. Isaac said: Our Mishnah also proves this;[10] for it states: R. Simeon says: WHENEVER ITS BLEMISH WAS NOT OBSERVED ON THE DAY BEFORE THE FESTIVAL IT IS NOT MUKAN. What means ITS BLEMISH WAS NOT OBSERVED?
b If I were to say that no blemish was visible at all,[1] [then] it is obvious; need this be taught?[2] Therefore [it means] that it was not examined by an expert on the eve of the Festival whether it was a passing blemish or a permanent blemish. Nevertheless it teaches IT IS NOT MUKAN;[3] understand therefrom [that it is so]. [R.] Hillel[4] asked Raba: Does the law of *mukẓeh* apply to a part[5] of the Sabbath or not? How can such a contingency arise? If they [the fruit] were fit at twilight[6] they were fit;[7] and if [at twilight] they were not fit, then they are not fit![8]—It applies to a case where [at twilight] they were fit[9] but afterwards became unfit[10] and then again became fit.[11] What is the law?[12] He replied to him: The law of *mukẓeh* applies. He raised an objection: 'But they agree that if it is born with a blemish it is regarded as *mukan*';[13] but why? Let us say: This firstling was originally[14] fit through its mother;[15] when it was born, it became debarred [from use];[16] on it being shown to an expert it became permitted![17]—Answered Abaye—some say, R. Safra: It means for example that the experts were present there [at the time of birth].[18] Some teach: He replied to him: The law of *mukẓeh* does not apply to a part of the Sabbath. Shall we say [the following] supports him? 'But they agree that if it is born with a blemish it is regarded as *mukan*'; now this firstling was originally fit through its mother; when it was born, it became debarred [from use]; on its being shown to an expert it became permitted!—Answered Abaye—some say, R. Safra: It means for example that the experts were present there [at the time of birth].

Come and hear: If one was eating grapes [on a Sabbath] and left some over, which he carried up on the roof to make from them raisins; [or was eating] figs and left some over which he carried up on the roof to make from them dry figs, he may eat of them [on the Festival] only if he had designated them before
c the Festival;[1] the same is true of peaches, quinces and other kinds of fruit.[2] Now what are the circumstances? If they were fit,[3] why must he designate [them]? If [on the other hand] they were not fit, [then] what even if he does designate them?[4] And if you say that he did not know[5] whether they were fit or not,[6] surely R. Kahana said: [Fruits] set aside [for drying] which had dried [before the eve of the Festival] even if the owners did not know it, are permitted![7] Hence it must surely treat [of a case] where they were fit but [afterwards] became debarred from use and then again became fit: but if you maintain the law of *mukẓeh* does not apply [to such a case] why is it necessary to designate them?—What then: the law of *mukẓeh* does apply? Then what if he does designate them?[8]—Rather it treats of a case where they were only half fit,[9] some people eating them[10] and some not; if he designated them, he made known his mind,[11] [but] if he did not designate them he did not make known his mind. R. Zera said: Come and hear [an argument] from beans and lentils; for beans and lentils are in their
d raw state[1] fit for chewing; by putting them in a pot [for cooking]

(12) At the outset. But if it was examined, it may be slaughtered, since on the eve of the Festival it only lacked the expert's examination.

a (1) And even if an expert did examine it, it still may not be slaughtered. For the reason v. *supra* 26a n. 9. (2) Since the firstling was never in a condition of prohibition but from its birth was ready for use. (3) I.e., his decision is valid. (4) That it may be examined at the outset. (5) If it were otherwise this clause should have been coupled with the first clause. (6) I.e., R. Simeon. (7) So that it is still possible to maintain that the teaching with respect to the firstling being born with a blemish refers only to a case *de facto*. How could then Abaye support the opinion of Rabbah son of R. Huna in face of this Baraitha? (8) Brought in support of Rabbah son of R. Huna. Which of these is the more authoritative? (9) I.e., he is an unreliable authority. (10) As supporting R. Oshaia.

b (1) I.e., that it incurred no blemish at all. (2) Even R. Judah, R. Simeon's disputant, would agree that it may not be slaughtered; for though he may hold that a blemish may be examined on a Festival, yet he maintains the law of *mukẓeh*. (3) Even in the case of *de facto*. Hence the last clause in the Baraitha 'but they agree that if it is born with a blemish it is regarded as *mukan*' also refers only to a case *de facto*. (4) A fourth century Amora. (5) חצי = moiety or a part. (6) Just before the Sabbath commences. (7) And there was no part of the Sabbath during which they became *mukẓeh*. (8) And are certainly forbidden.—The question whether something was fit or not is always decided by its state at twilight. (9) When for example fruits such as figs or grapes have been set apart for drying, i.e., to become dry figs or raisins, (during which process they are not edible) but at the commencement of the Sabbath the drying process had finished. (10) Being swollen and puffed up by rain. (11) The sun having dried them before the end of the Sabbath. (12) Does the unfitness of part of the day render them *mukẓeh* for the rest of the day? (13) V. *supra*. (14) I.e., at twilight. (15) Through the slaughtering of the mother-animal the embryo, though a firstling, is permitted even if it is unblemished. V. Deut. XV, 19. (16) Until an expert will establish the permanency of its blemish. (17) Hence this animal too was forbidden for a part of the day, yet it is not accounted *mukẓeh* for the rest of day. (18) And immediately affirmed that it was a permanent blemish; hence at no time of the day was it *mukẓeh*.

c (1) That if he would set aside fruits on the Sabbath or Festival to be dried, he should be allowed to eat them after they were dried. (2) V. Shab. 45a. (3) I.e., at twilight. (4) It is of no avail, for designation cannot change that which is *mukẓeh* to *mukan*. (5) At twilight. (6) And as it was too much trouble for him to find out, he designated them by declaring, 'I will eat them to-morrow if they are fit'. (7) To be eaten without requiring any designation. (8) Why should they be permitted, since the unfitness intervened later. (9) Lit., 'fit and not fit'. (10) In this half fit condition. (11) That for him they were fit.

d (1) Lit., 'originally'.

they become inedible;[2] [27a] and when their cooking is finished they are [again] fit![3]—Said Abaye to him: Then according to your reasoning,[4] cooked dishes in general present a difficulty; for usually dishes at twilight are seething[5] and [yet] in the evening we eat them![6] But [the truth is] if they [can] become fit through human means, there is no question at all;[7] our question[8] is only when they become fit through heaven.[9] R. Judah the Prince[10] had a firstling and sent it [on the Festival] to R. Ammi.[11] He however did not want to examine it. Said R. Zerika—some say, R. Jeremiah—to him: [In a dispute between] R. Judah and R. Simeon the *halachah* is as R. Judah![12] Afterwards he sent it to R. Isaac the Smith. He [too] did not want to examine it. Said R. Jeremiah—some say, R. Zerika—to him: [In a dispute between] R. Judah and R. Simeon the *halachah* is as R. Judah! Said R. Abba to him: Why did you not allow the Rabbis to act according to R. Simeon? He replied: What support have you?[13]—He said to him: Thus did R. Zera say: The *halachah* is as R. Simeon. A certain person exclaimed: May it fall to my lot to go thither [Palestine] and learn this teaching from the mouth of the Master. When he came thither he met R. Zera and asked him: Did you, Sir, say the *halachah* is as R. Simeon?—He replied to him: No, I [only] said, his view is to be preferred; for since our Mishnah states: R. SIMEON SAYS: WHENEVER ITS BLEMISH WAS NOT OBSERVED BEFORE THE FESTIVAL IT IS NOT MUKAN; and the Baraitha teaches the
a same in the name of the Sages,[1] it follows that his opinion is to be preferred. How then does the law stand?—Said R. Joseph: Come and hear; for it hangs on strong ropes;[2] for R. Simeon b. Pazzi said in the name of R. Joshua b. Levi in the name of R. Jose b. Saul in the name of Rabbi in the name of the Holy Congregation of Jerusalem:[3] R. Simeon [b. Menasiah] and his contemporaries have said: The *halachah* is as R. Meir. They[4] have said! But these[5] are much older[6] than he![7]—Therefore [say], They taught it according to the opinion of R. Meir.[8] For we have learnt: If one slaughtered a firstling and [only] afterwards showed its blemish [to an expert], R. Judah permits[9] [it], but R. Meir says: Since it was slaughtered without the permission of an expert it is forbidden.[10] Consequently R. Meir holds [that] the examination of a firstling is not like the examination of a *ṭrefa*; [for] the examination of a firstling [must take place] during life, [but] the examination of a *ṭrefa* [is done] after slaughtering. Hence [it follows that] the examination of a *ṭrefa* [takes place] even on a Festival, [but] the examination of a firstling [must take place only] on the eve of the Festival.[11] Abaye said to him: Do they[12] then dispute there on the examining of blemishes [on a Festival]; [surely] they
b dispute whether he is to be penalized![1] For Rabbah b. Bar Ḥana said in the name of R. Joḥanan: In the case of a cataract,[2] all agree that it [the animal] is forbidden, because it changes[3] [after slaughter]. They differ only with respect to a blemish in the body,[4] when R. Meir holds: We preventively prohibit a blemish in the body out of regard to a blemish in the eye;[5] while R. Judah is of the opinion: We do not preventively prohibit! Said R. Naḥman b. Isaac: The Mishnah also proves [this]. For it states: R. Meir says, Since it was slaughtered without the permission of an expert it is forbidden; conclude therefrom that [R. Meir merely] penalizes [him]. It is thus concluded.

Ammi of Wardenai[6] used to examine the firstlings in the household of the Prince;[7] one [a blemish] occurred on a Festival, and he did not examine it. They came and told [this] to R. Ammi, who told them: He did right in not examining it. But it is not so! For R. Ammi himself did examine?—R. Ammi indeed examined

(2) So long as they are boiling. Lit., 'rejected (from use)'. (3) Thus they are exactly parallel to the case under discussion, yet they are certainly permitted when cooked. (4) That food on the boil is treated as *mukẓeh*. (5) And therefore unfit to be eaten. (6) [Despite the well-established principle that whatever is *mukẓeh* at twilight remains *mukẓeh* for the whole Sabbath]. (7) About their becoming *mukẓeh* through their momentary unfitness, since it is in his power to make them fit—which explains why the beans and lentils as well as the cooked dishes referred to are not considered *mukẓeh*. (8) Whether *mukẓeh* applies to a part of the Sabbath. (9) I.e., through the heat of the sun over which he has no control. (10) I.e., R. Judah II. (11) To examine whether it had a permanent blemish so that it might be eaten by the priests who ate at the Prince's table. (12) And R. Judah, in one instance, allows to examine blemishes on a Festival. V. 'Er. 46b. (13) To decide the *halachah* according to R. Simeon.

a (1) R. Simeon's opinion is recorded in the Baraitha (*supra 26b*, 'when R. Oshaia came etc.') anonymously in the form of 'the Sages say'—this expression indicates that it is the majority ruling. (2) An idiom meaning, 'it is based on high authority'. The strong ropes are the great authorities. (Cf. the expression, 'It is well moored.') V. A.Z. (Sonc. ed.) 7b n. c5. *Aliter:* High trees (v. Aruch). (3) V. R.H. (Sonc. ed.) 19b n. a9. (4) I.e., R. Simeon b. Menasiah and his contemporaries. (5) The Rabbis who formed the Holy Congregation of Jerusalem. (6) I.e., belong to an earlier generation. (7) I.e. R. Simeon b. Menasiah. And it is very unusual for such to report a *halachah* in the name of a very young man. (8) It is usual for older scholars to commend younger contemporaries by saying that their opinion coincides with the opinion of some great authority. (9) To be eaten if the examination proves the blemish to be permanent. (10) Even though the examination proved the blemish to be permanent. V. Bek. 28a. (11) Because the examination of the firstling is the all-important thing and may not be performed on a Festival. Hence R. Judah is in a minority against the opinions of R. Meir and R. Simeon b. Yoḥai. (12) R. Meir and R. Judah.

b (1) So that even R. Meir may hold that a blemish may be examined on a Festival. (2) I.e., a skin on the pupil of the eye which gradually causes blindness. (3) Had the animal been examined before it was slaughtered, the blemish would have appeared transitory, whilst after slaughter it appears permanent. (4) Which does not vary with the slaughtering of the animal. (5) And this preventive prohibition is really a penalty for having slaughtered it without permission of an expert. (6) [On the Eastern Bank of the Tigris near Bagdad, Obermeyer p. 270.] (7) [In Palestine where Ammi had settled.]

*Rashi s.v. אלמא From here we deduce that viewing a firstling is not as lenient as viewing a *trefah,* in that the Rabbis attributed importance to it, that even the slaughter is prohibited before it is viewed. This is indeed amazing, for what proof is this that the Rabbis attributed importance to the viewing of a firstling? Regarding a firstling, the entire question concerns the slaughter, for [if the animal is not blemished,] slaughtering it is a sin punishable by *kareth,* since he slaughters a hallowed animal outside the Temple court. This does not apply to *trefah,* however, since, in that case, there is no prohibition against slaughtering a *trefah.* The only prohibition is against eating it. He may therefore, ask after the slaughtering [whether it is *trefah*]. We must emend Rashi to read: For even eating it is prohibited if it was slaughtered before he showed it. This question requires closer study (R.M.F.)

גמר בשולייהו חזו להו אמר ליה אביי ולטעמיך תקשי לך קדרות דעלמא דהא סתם קדרות דעלמא בין השמשות רותחות הן ולאורתא אכלינן מינייהו אלא גמרו בידי אדם לא קא מבעיא לן כי קא מבעיא לן גמרו בידי שמים ר' יהודה נשיאה הוה ליה ההוא בוכרא שדריה לקמיה דר' אמי סבר דלא למחזייה א"ל רבי זריקא ואיתימא רבי ירמיה *ר' יהודה ור' שמעון הלכה כר' יהודה הדר שדריה לקמיה דרבי יצחק נפחא סבר דלא למחזייה א"ל ר' ירמיה ואיתימא ר' זריקא ר' יהודה ור' שמעון הלכה כר' יהודה א"ל רבי אבא מאי טעמא לא שבקתינהו לרבנן למעבד עובדא כר' שמעון א"ל ואת מה בידך א"ל הכי אמר ר' זירא הלכה כר' שמעון אמר *מאן דהוא *)אזכי ואסק להתם ואגמרה לשמעתא מפומיה דמרה כי סליק להתם אשכחיה לר' זירא א"ל אמר מר הלכה כרבי שמעון א"ל לא אנא מסתברא אמרי מדקתני במתניתין ר' שמעון אומר כל שאין מומו ניכר מבעוד יום אין זה מן המוכן וקתני לה בברייתא בלשון חכמים ש"מ מסתברא כוותיה מאי הוי עלה אמר רב יוסף ת"ש *דתליא *באשלי רברבי דאמר רבי שמעון בן פזי א"ר יהושע בן לוי א"ר יוסי בן שאול אמר רבי משום קהלא קדישא דבירושלים ר' שמעון וחבריו אמרו הלכה כרבי מאיר אמרו והא אינהו קשישי מניה טובא אלא בשיטת ר' מאיר אמרוה דתנן* השוחט את הבכור ואחר כך הראה את מומו ר' יהודה מתיר ורבי מאיר אומר *הואיל ונשחט שלא על פי מומחה אסור אלמא קסבר ר' מאיר ראיית בכור לאו כראיית טרפה ראיית טרפה אפילו בי"ט ראיית בכור מערב י"ט א"ל אביי אטו התם ברואין מומין פליגי בקנסא פליגי דאמר רבה בר בר חנה אמר רבי יוחנן *בדוקין שבעין כולי עלמא לא פליגי דאסור משום דמשתנין כי פליגי במומין שבגוף רבי מאיר סבר גזרינן מומין שבגוף אטו מומין שבעין ור' יהודה סבר לא גזרינן אמר רב נחמן בר יצחק מתניתין נמי דיקא דקתני ר' מאיר אומר הואיל ונשחט שלא על פי מומחה אסור שמע מינה קנסא הוא דקא קניס שמע מינה אמי ודינאה חזו בוכרא דבי נשיאה הוה ביומא טבא לא הוה חזי אתו ואמרו ליה לרבי אמי אמר להו שפיר קא עביד דלא חזי איני והא רבי אמי גופיה חזי רבי אמי כי חזי מאתמול הוה חזי ובי"ט

רש"י

גמר להו בשולייהו. אשתרו ולא אמרינן שעה אחת היו מוקצות וידחו: ולטעמיך. דמשוית להו לרתיחתן דאין מוקצה לחצי שבת: תקשי לך. מהשתא דלא תוכל לתרץ היאך אנו אוכלים שום קדרות בלילי שבתות דעל כרחך המוקצה לבין השמשות מוקצה לכולי יומא והרי בין השמשות כל הקדרות מסולקות מרותחות מן הכירה ואכלינן מינייהו לאורתא: אלא מידי דגמרו בידי אדם לא קא מבעיא לן. דכיון דבידו לתקנו בו ביום לא אקצה ליה מדעתיה מפני דחייתו הלכך פולין ועדשים אינם ראויה לכאן ומהאי טעמא נמי שרינן קדרות של בין השמשות: כי קא מבעיא לן גמרו בידי שמים. ע"י חמה דכיון שאין בידו לתקנו אסח דעתיה מניה: הוה ליה ההוא בוכרא. והיו לו בביתו כהנים סמוכין על שלחנו ואוכלין בכורות: רבי יהודה ור' שמעון הלכה כרבי יהודה. הכי כיילינן להו בעירובין (דף מו:): אמר ליה ר' זריקא. לר' אבא: ואת מה בידך. דשבקת לרבי יהודה ובעית למעבד כר' שמעון ממי שמעת דהלכה כר' שמעון בזו: אמר מאן דהוא. אחד מן התלמידים מי שהוא ולא נודע שמו: אזכי ואסק. יהי רצון שאזכה לעלות לארץ ישראל למקום שרבי זירא שם דהוא מרה דשמעתא דאמרי משמיה הלכה כר' שמעון ואגמרה לשמעתא מפומיה: אנא מסתברא אמרי. כן אמרתי דמסתברא כרבי שמעון אבל לא שמעתי שהוקבעה הלכה למעשה כמותו: בלשון חכמים. דקתני לעיל אתא ואייתי מתניתא בידיה בין שנולד בו מום מעי"ט בין שנולד בו מום בי"ט חכמים אומרים כו' ור' שמעון הוא דקאמר הכי וקרי ליה חכמים: באשלי רברבי. בחבלים גדולים וגסים שקשין לינתק כלומר חכמים גדולים אמרוה ואין נוחין לבטל דבריהם: ר' שמעון בן מנסיא וחביריו. אותן שאמר עליהן הרי אמרו אין רואין מומין בי"ט: אמרו הלכה כר' מאיר. בבכורות השתא משמע שמעידין קהלא קדישא על ר' שמעון בן מנסיא שאומר עוד דבר זה ומפרש רב יוסף אמרו בתמיה וכי אפשר שקהלא קדישא אומרים דבר זה על ר' שמעון בן מנסיא וחביריו אמרו הלכה כר' מאיר ועבדינן כותייהו: והא איכו קדימי וקשישי מיניה טובא. קהלא קדישא דאמרה רבי להא שמעתא משמייהו קשישי מר' שמעון בן מנסיא טובא דהא ר' שמעון בן מנסיא בימי רבי ובניו היה כדתנן באבות [פ"ו] אמר ר' שמעון בן מנסיא אלו שבע מדות שמנו חכמים בתלמידים כלן נתקיימו ברבי ובבניו ולעיל נמי אפלוג בהדיה והיכי אמרו ההוא קהלא קדישא הלכה משמיה דר' שמעון בן מנסיא דקתני ר' שמעון וחביריו אמרו הלכה כר' מאיר: אלא. הכי אמור קהלא קדישא ר' שמעון בן מנסיא וחבריו שאמרו אין רואין מומין בשיטת ר' מאיר אמרוה וכן אפשר שהזקנים נתנו דעתם על דברי הבחורים ואמרו דברי פלוני נוטין אחר דברי ר' פלוני שהיה לפניו: השוחט את הבכור. קודם שהתירו חכם ואח"כ הראה את מומו לחכם: אלמא קסבר ר' מאיר ראיית בכור. *אינה קלה כראיית טרפה דאחשבוה רבנן וכל עצמה של התרת בכור תלויה בה שאף שחיטתו אסורה קודם שיראנו ואינו דומה לראיית טרפה שהתירו לבדקה אחר שחיטה: ומינה. וממנה למדו ר' שמעון בן מנסיא וחביריו ואמרו כיון דחשיבא כולי האי הוה ליה כמתקן *וכדן דין ואסור לראותו בי"ט ואע"פ שהטרפה נבדקת בי"ט והייט תליא באשלי רברבי שאמרו קהלא קדישא דהא דר' שמעון כר"מ אזלא וקמו להו ר' שמעון בן יוחי ור' מאיר בחדא שיטתא וה"ל ר' יהודה יחיד ואין דבריו של אחד במקום שנים: אמר ליה אביי. לרב יוסף: אטו. ההיא דר"מ דבכור ברואין מומין לאחר שחיטה פליגי ומשום טעמא דחשיבותא אמרה ר"מ למלתיה והא קנסא קניס כדמפרש ואזיל ואלו אדם אחר שחטו וכסבור שהוא ניכר מפני מומחה אפילו ר"מ מודה דרואין: בדוקין. טייל"א כמו הנוטה כדוק שמים (ישעיה מ) אם מום זה דוק שבעין: כולי עלמא. אפילו ר' יהודה מודה דאסור מפני שמשתנה לאחר המיתה ויש דוק שנראה לאחר שחיטה מום קבוע שאלו ראהו לפני שחיטה היה נראה עובר: במומין שבגוף. כגון נקלנה אזנו נשברה ידו דלא נשתנה בשביל השחיטה: מתני'. דבכורות נמי דיקא דמשום גזרה קאסר ליה וקנסא קניס כדי שלא ירגיל עוד מדלא קתני ר"מ אוסר דנהוי משמע דלאסורו תלוי בגופו שאין ראייתו לאחר שחיטה כלום אלא הואיל ועבר ושחטו שמע מינה זהו טעמו של דבר מפני שהקיל לשחטו ותלה ר"מ הדבר ברשעו של כהן זה שהקיל בו: אמי ודינאה. נאה היה ועל שם ורדים היה נקרא* ולי נראה מאותו מקום שמו ורדינה כדאמרינן בעירובין (דף מט.) שנקרא מאגשי ורדינה ואכשים לקניס וגרי עין במזמון היו: מאתמול הוה חזי. אם קבוע אם עובר: ובי"ט

תוספות

אלא גמרו בידי אדם לא מבעיא לן וכו'. וא"ת אמאי אין מוכיח מההיא דכופין את הסל לפני האפרוחין כדי שיעלו וירדו וקאמר [שבת מג:] מותר לטלטלם פי' אחר שירדו מותר לטלטל הסל אע"פ שהיה אסור כשעלו האפרוחים עליו בחצי היום אלמא אין מוקצה לחצי שבת *וי"ל דשאני התם דהוי כמו גמרו בידי אדם שבידו להפריחם מעליו דהא שרינן קדרות אע"ג דבין השמשות רותחות הן ועוד יש לומר דהתם איירי לענין טלטול דפשיטא ליה דאין מוקצה לחצי שבת והכא קא בעי לענין אכילה:

אלא ר' מאיר קנסא קא קניס. ופסיק רבינו יצחק דהלכה כרבי יהודה דקבעי התם בבכורות (דף כח: ושם) כתמא דש"ס אליבא דר' יהודה ואע"ג דר' מאיר ור' יהודה *הלכה כרבי מאיר בגזרותיו היינו ודאי בגזרותיו אבל לא בקנסותיו*: ועל

עין משפט נר מצוה

כז א מיי' פ"ג מהלכות בכורות הלכה ד סמג עשין קיא טוש"ע י"ד סי' שי סעיף א:

וא"ל דשאני התם דהוי כמו גמרו בידי אדם דבידו להפריחם מעליו דהא שרינן קדרות אע"ג דביה"ש רותחות הן דבפ' כירה (שם) קאמר אם היו עליו בה"ש אסור לטלטלו וא"כ לא הוי כגמרו בידי אדם וי"ל דהתם איירי כו' כ"ל מהרש"א

[עירובין מז. כתובות נז.]

[ועי' תוס' יבמות לו. ד"ה מי עביד ותוספות ב"ק ל: ד"ה והכמים ותוס' ב"מ עב. ד"ה קונסין ותוס' ב"ב לד: שילהי ד"ה והכמים ותוס' בכורות כח. ד"ה ר"מ ותוספות זבחים קד. ד"ה אמר ר' עקיבא]

[בערוך פי' מלבון ויטע אשל כלומר אילנות גבוהים וסייט חכמים גדולים כדכתיב כה אשר ארז בלבנון [יחזקאל לא] ובגמרינן פסחים קיב. הרוצה ליחנק יתלה באילן גדול]

מסורת הש"ס

[עירובין מו: בכורות יח.]

[מו"ק כב. חולין כ.] *) [שם ונדה מח.]

[ב"ב נח: ע"ז ז:]

בכורות כח.

[שם ע"ב]

לפי גי' מהר"ם לעיל או כאן דין

עי' גיטין מח. דשם נקרא שפיר נאה

רבינו חננאל

לטוס עודנו בקידרא נרתח מלכוס ועדיין לא נתבשלו ננמר בשולן נראו ואנו מבשלין אותן ביו"ט הנה הן מוקצה א"ל אביי ולטעמיך תקשו לך כל קדירות דבין השמשות דאינון רותחות בין השמשות ואין ראויות לאכילה ולאח'[כך] אוכלין מינייהו אלא כל דבר שנגמרו בידי אדם כגון אילו לא קמיבעיא לן דודאי אין מוקצה כי קמיבעי לן גמרו בידי שמים ולא איפשיטה. ר' יהודה נשיאה הוה ליה בכור שדריה לר' אמי ביו"ט לבקרו סבר דלא למיחזי' א"ל ר' ירמיה והא ר' יהודה תני במתניתין ירד מומחה ויראה ור' יהודה ור' שמעון הלכה כר' יהודה ואוקימנא למתניתין ברואין מומין ביו"ט פליגי ר' יהודה מתיר ור' שמעון אוסר וכן ר' יצחק נפחא לא רצה לבקר מומין ביו"ט ואמר לו ר' ירמיה כמו שאמר לר' אמי א"ל ר' אבא לר' ירמיה למה אינך מניח לר' אמי ור' יצחק נפחא לעשות כר' שמעון דאמר אין רואין מומין א"ל ר' ירמיה ואת מה בידך א"ל הכי אמר זעירא הלכה כר' שמעון

ואסיק' מסתברא קאמר מדקתני לה ר' אושעיא במתניתא דאייתי בהדיה הא דר' שמעון בלשון חכמים ש"מ הלכתא כותיה. מאי הוי עלה ת"ש מדאשכחן ר' שמעון בן מנסיא וחביריו שהקדימו באותו הזמן שהיו קודם ר' מאיר ואמרו הלכה כר' מאיר דתנן בבכורות עד כמה ישראל חייב ליטפל (בבשר): השוחט את הבכור ואח"כ הראה מומו ר' יהודה מתיר ר' מאיר אומר הואיל ונשחט שלא ע"פ מומחה אסור. ודייקינן אלמא קסבר ר' מאיר ראיית בכור לאו כראיית טריפה כו' א"ל אביי אטו התם בראיית מומין ביו"ט פליגי בגזירת מומין שבגוף אטו מומין שבעין פליגי מפני שמשתנין לאחר מיתה וקנסא הוא דקא קניס ר' מאיר התם. (אי) אמי ודינאה לא היה רואה מומי בכור ביו"ט וא"ר אמי שפיר עביד דלא חזי. ר' אמי הוה רואה מומין מעיו"ט ולמחר ביו"ט הוה שואלו איך נפל בו מום וכן

ברש"י ד"ה אלמא ראיית בכור אינה קלה כראיית טרפה דאחשבוה רבנן שאף שחיטתו אסורה קודם שיראנו. ותמוה איזה הוכחה הוא מזה שראיית בכור אחשבוה רבנן הא בבכור עיקר השאלה הוא על השחיטה דהא הוא באיסור כרת דשחוטי חוץ משא"כ בטרפה דליכא איסור לשחוט טרפה וכל הנידון הוא על האכילה דאסור לאכול טרפה דלכן יכול לשאול אחר השחיטה, וצריך להגיה ברש"י לגרוס שאף אכילתו אסורה אם נשחט קודם שיראנו וצ"ע — רמ"פ

וביו"ט שיולי קא משייל היכי הוה עובדא כי הא דההוא גברא דאייתי בוכרא לקמיה דרבא אפניא דמעלי יומא טבא הוה יתיב רבא וקא חייף רישיה דלי עיניה והזייה למומיה א"ל זיל האידנא ותא למחר כי אתא למחר אמר היכי הוה עובדא א"ל הוה שדיין שערי בהך גיסא דהוצא והוה איהו באידך גיסא בהדי דבעי למיכל עייל רישיה ופרטיה הוצא לשפותיה א"ל דלמא את גרמת ליה א"ל לא ומנא תימרא דגרמא אסור *דתניא °מום לא יהיה בו אין לי אלא שלא *יהיה בו מום מניין שלא יגרום לו על ידי דבר אחר שלא יביא בצק או דבלה ויניח לו על גבי האוזן כדי שיבא הכלב ויטלנו ת"ל °כל מום *אמר מום ואמר כל מום : **מתני'** *בהמה שמתה לא יזיזנה ממקומה ומעשה ושאלו את רבי טרפון עליה ועל החלה שנטמאת ונכנס לבית המדרש ושאל ואמרו לו לא יזיזם ממקומם : **גמ'** לימא תנן סתמא דלא כר' שמעון (*דתנן) ר' שמעון אומר *מחתכין את הדלועין לפני הבהמה ואת הנבלה לפני הכלבים *ר' יהודה אומר אם לא היתה נבלה מערב שבת אסורה אפילו תימא ר' שמעון מודה ר' שמעון בבעלי חיים שמתו שאסורין *הניחא למר בר אמימר משמיה *דרבא דאמר מודה היה רבי שמעון בבעלי חיים שמתו שאסורין שפיר אלא למר בריה דרב יוסף משמיה דרבא דאמר חלוק היה רבי שמעון אפילו בבעלי חיים שמתו שמותרים מאי איכא למימר תרגומה זעירי בבהמת קדשים דיקא נמי דקתני עליה ועל החלה שנטמאת מה חלה דקדישא אף בהמה דקדישא אלא טעמא דקדישא הא דחולין שריא הניחא למר בריה דרב יוסף משמיה דרבא דאמר חלוק היה ר' שמעון אף בבעלי חיים שמתו שמותרין שפיר אלא למר בר אמימר משמיה דרבא דאמר מודה היה רבי שמעון בבעלי חיים שמתו שאסורין מאי איכא למימר הכא במאי עסקינן במסוכנת ודברי הכל : **מתני'** *אין נמנין על הבהמה לכתחלה ביו"ט אבל נמנין עליה מערב יום טוב ושוחטין ומחלקין ביניהם : **גמ'** מאי אין נמנין אמר רב יהודה אמר שמואל אין פוסקין דמים לכתחלה על הבהמה ביו"ט היכי עביד אמר רב מביא שתי בהמות ומעמידן זו אצל זו ואומר זו כזו תניא נמי הכי *לא יאמר אדם לחברו הריני עמך בסלע הריני עמך בשתים אבל אומר לו הריני עמך למחצה ולשליש ולרביע :

מתני'

רש"י

וביו"ט שיולי קא משייל. פעמים שהיה טרוד בעיו"ט ומשראה המומין אומר לו לך עכשיו ובא למחר והיה שואלו על המום איך בא לו מפני שנחשדו כהנים על הבכורות להטיל בהם מום כדתנן (בכורות דף לה.) כל המומין הראויים לבא בידי אדם רועי ישראל נאמנים רועי כהנים אין נאמנים וצריך להביא תורה אור עדים שמאליו בא לו : ההוא גברא. כהן היה : דלי עיניה. נשא עיניו : הוצא. גדר של קוצים : הוה שדיין שערי בהך גיסא דהוצא. שעורין היו מושלכים מעבר לגדר והבכור היה לעבר השני : ופרטיה לשפותיה. קרע שפתיו והיא שנויה במומי הבכור שפתו שנפגמה שלעולם הוא ניכר : את גרמת ליה. מדעת נתת השעורים שם שנחשדתם על הבכורות מפני טורח הגדול והאילה שהוטל עליו שישראל אינו מטפל בו אלא שלשה חדשים ונותנו לכהן : לא יהיה. קרי ביה לא יהיה : ה"ג מום לא יהיה בו אין לי אלא כו'. אי כתב מום ולא כתב כל לא היה לו לאסור גרמא אלא נתינת מום ממש אבל עכשיו אמר מום לאסור נתינת מום ממש ואמר כל מום לאסור גרמא : **מתני'** חלה שנטמא'. אינה ראויה לכהן היום דהא באכילה אסורה לעולם ובהסקה או להאכילה לכלבו בי"ט אסור דאין מבערין קדשים טמאים מן העולם ביו"ט ואפילו ע"י אכילת בהמה דקי"ל* שאין שורפין קדשים בי"ט ולא תימא דוקא שריפה משום דהבערה שלא לצורך היא דהא אין מדליקין בשמן שרפה ביו"ט הבערה לצורך היא דהדלקת נר ביו"ט צורך אכילה היא ומותרת אפילו הכי בשמן שרפה לא והוא שמן תרומה שנטמאת דגזרת הכתוב היא שאין קדשים טמאים מתבערים ביו"ט דרחמנא אחשבה להבערתן דכתיב באש ישרף (ויקרא ז) הלכך מלאכה היא : **גמ'** ואת הנבלה לפני הכלבים. וכשנתנבלה בשבת קאמר מפליג רבי יהודה עלה ואמר אם לא היתה נבלה מע"ש אסורה לפי שאינה מן המוכן : בבעלי חיים. בהמה בריאה בין השמשות : שמתו. בי"ט : שאסורים. וכי שריא במסוכנת בין השמשות דדעתיה עלויה להאכילה לכלבים : בבהמת קדשים. שאסורה בהנאה וטעונה קבורה ואינה נפדית דבעיא העמדה והערכה אי נמי אין פודין קדשים להאכיל לכלבים ואפילו למאן דאמר פודין בי"ט לא פרקי לה הלכך לא חזיא : אלא טעמא דקדשים. כיון דדיקא מתני' למתנייה דומיא דחלה על כרחך שמעינן מינה דדוקא בקדשים נקט ופרכינן אלא טעמא דקדשים בתמיה : הא דחולין שריא. לכלבים ולא מתסרא משום מוקצה : הניחא למר בריה דרב יוסף כו'. איכא למימר מתני' דדיקא לאשמועינן דחולין שריא ר' שמעון היא דלית ליה מוקצה · אלא למר בריה דאמימר. מני לא ר' יהודה ולא ר' שמעון : הכא במאי עסקינן במסוכנת. לעולם ר' שמעון היא ומתני' במסוכנת דשרי ר' שמעון בה ואמר מחתכין את הדלועין כו' הלכך טעמא דקדשים לא יזיזנה הא דחולין שריא : **מתני'** אין נמנין. בגמ' מפרש מאי היא : אבל. שוחט הוא הטבח בלא פסוק דמים ומחלקין אותה ביניהם ולמחר יפסוק להם דמיה : **גמ'** °אין פוסקין דמים. דמקח וממכר בשבת וביו"ט אסור *°בספר עזרא (נחמיה יג) : היכי עביד. דקתני שוחט הוא ומחלקין ביניהן היכי עביד שידעו למחר כמה היתה שוה לפסוק דמיה : מביא. להם ביו"ט שתי בהמות שוות ויאמר ראו שזו כזו ולמחר שמין את הנותרת : הריני עמך. נמנה על בהמה זו בסלע והיינו כשמואל דאמר אין פוסקים לה דמים ביו"ט :

תוספות

ועל החלה שנטמאת לא יזיזנה ממקומה · פרש"י דלמאי חזי אי לאכילה הא טמאה היא אי להסקה תחת תבשילו אין שורפין קדשים בי"ט וכ"ת ירמינה לפני כלבו כדאמרינן בפסחים (דף לב· ושם) גבי תרומת חמץ ומרילה לפני כלבו וי"ל דנתינה לכלבו אע"ג דאין כאן שום טורח זהו ביעורו וכשם שאין שורפין כך אין מבערים דרחמנא אחשבה להבערתו אע"ג דהוי לצורך כדאמר אין מדליקין בשמן שרפה ביו"ט ואע"פ שהוא צורך יו"ט להדליק לצורך אכילה וקשה דהא דאין שורפין קדשים ביו"ט היינו טעמא משום טורח מלאכה לעשות אש ולעסוק בשריפתו אבל הכא כשנותן החלה לפני כלבו אין כאן שום טורח מלאכה לכן נ"ל דלכך אין נותנה לפני כלבו משום דמצותה בשרפה כדאמר בשבת (דף כה·) כשם שמצוה לשרוף הקדשים שנטמאו כך מצוה לשרוף את התרומה שנטמאת אבל גבי תרומת המן דקאמר מרילה לפני כלבו לא מיירי כשנטמאה אלא משום ביעור חמץ ולכך אינה צריכה שריפה וכן משמע בתמורה (דף לג:) דחשיב לה לתרומה טמאה בהדי הנשרפין וקאמר הנשרפין לא יקברו ומ"מ קשה דהיכי מדמה תרומה לקדשים למימר שאין שורפין תרומה ביו"ט אימא שאני שריפת קדשים דלית בהו צורך הדיוט כלל לכך אין שורפין אבל תרומה דצורך הדיוט להסיק תחת תבשילו אימא ישרפנו בי"ט תחת תבשילו דהא איכא צורך אוכל נפש ותירץ רבינו יצחק דתחת תבשילו הואיל ואית ביה נמי צורך גבוה בטל ליה צורך הדיוט אגב צורך גבוה והוי כאילו כולו של גבוה וראיה מדלעיל (דף יט·) דאמרינן נדרים ונדבות אין קרבין ביו"ט ואפילו שלמים ואמאי והא שלמים צורך הדיוט אית בהו אלא ודאי בטיל ליה חלקו אגב חלק גבוה והוי כאילו כולם לגבוה הכא נמי גבי תרומה נימא הכי וקשה לפי זה דא"כ נלייח פסחים היכי דחיא י"ט הא אית ביה צורך גבוה כי אם לגבי אש ואמאי לא בטיל ליה אגב מצות גבוה את מה שיש להדיוט אלא ודאי י"ל דאין קושיא מטעם זה דמצות גבוה לא בטלה חלק ההדיוט וגבי שלמים שאני דעיקר הקרבה בשביל גבוה וכהנים ובעלים משל גבוה קא זכו ומה שאין שורפין את התרומות היינו גזרה תרומה אטו קדשים* :

[**בבהמת** קדשים. ורבי טרפון שהיה מסופק דס"ד דשרי משום בזיון קדשים] : ת"י גריפת

עין משפט נר מצוה

כח א מיי' פ"ב מהלכות יו"ט הלכה ג טור ש"ע א"ח סי' תלח סעיף ט :

כט ב מיי' פ"ב מהל' בכורות הלכה ח טוש"ע יו"ד סי' שיג סעיף א :

ל ג מיי' פ"ב מהלכות יו"ט הלכה טז טוש"ע א"ח סי' תקיח סעיף ו :

לא ד ה מיי' שם :

לב ו מיי' שם טוש"ע שם :

לג ז ח מיי' פ"ד מהל' יו"ט הלכה יט סמג לאוין עה טוש"ע א"ח סי' תק סעיף א :

[שם בבכורות איתא אחד מום ואחד כל מום]

[נ"ל דתניא]

פסחים נו

שבת מה:

שבת קמח:

[ועי' תוס' שבת כד: ד"ה לפי ופסחים מו. ד"ה לא תקרא]

מסורת הש"ס

בכורות לג: [מנחות נו:] [שם בבכורות לד. איתא יתן וכ"א בשאלתות פ' בא סי' מד]

שבת קנו:

לעיל ב. ו: ע"ש שבת קנו: ע"ש

[שבת כג: כד]

[דרב וכ"א שם ובאמת צ"ל דרבא וכן הוגה שם]

[תוספ' פ"ג]

[עי' רש"י לקמן לז. ד"ה משום מקח וממכר]

גליון הש"ס

רש"י ד"ה אין פוסקין וכו'. עי' רש"י לקמן דף לז ע"א ד"ה משום מקח וממכר : בא"ד בספר עזרא. כליתא דש"ס סוכה דף לז ע"א וכן בעזרא וכו' וזהו בנחמיה ח' ועי' סנהד' דף לג ע"ב

רבינו חננאל

וכן רבה הוה חייף בעיו"ט ואייתו ליה בכור לבקרו דלי רישיה וחזא למומא ואמר ליה זיל האידנא ותא למחר אתא למחר א"ל איך נפל ביה האי מומא א"ל בכור חזי שערי דרמו מאחורי דהוצא הכניס ראשו בין הוצא לאכול שעורים פרטיה כלומר חתך הקוץ שפתו א"ל ודילמא את גרמת ליה א"ל לא ונרמא דאסור מנא לן דתניא מום לא יהיה בו . אין לי שלא יהיה בו מום אבל אם יש בו מותר לאוכלו במומו מניין שאסור לגרום לו מום שלא יביא בצק ויתן באזנו של גדי כדי שיבוא כלב ויטלנו ת"ל כל מום לא יהיה בו מעצמו מכאן שאסור לגרום לו : **מתני'** בהמה שמתה לא יזיזנה ממקומה כו'. משנה זו סתם היא וקתני לא יזיזנה ממקומה לימא תנן סתמא דלא כר' שמעון דתנן מחתכין את הדלועין לפני הבהמה ואת הנבלה לפני הכלבים ואמרינן אפי' תימא ר' שמעון מתניתין בשמתה ביו"ט ומודה ר' שמעון בשהיו בעיו"ט בחיים ומתו ביו"ט שאסורין לטלטלן *) (צריך למצוא מקומו) הניחא למר בר אמימר משמיה דרבא דאמר מודי ר' שמעון אלא למ"ד חלוק היה ר' שמעון אפילו בבעלי חיים שמתו ביו"ט שמותר לטלטלן וליתנם לפני הכלבים מאי איכא למימר. תרגמא זעירי למשנתנו בבהמת קדשים שטעונה קבורה ואסור להאכילה לכלבים לפיכך לא יזיזנה ממקומה ואמרי' מתני' נמי דוקא דבהמת קדשים היא דקתני עליה ועל החלה עליה דומיא דחלה מה חלה קדש אף בהמה קדש ודייקינן מינה טעמא דהיא בהמה קדשים הא בהמה דחולין שמתה פיו"ט מותר לטלטלה אליביה דר' שמעון הניחא למ"ד חלוק היה ר' שמעון בב"ח שמתו שמותר לטלטלן אלא למ"ד דמודה היה שאסורים מאי איכא למימר ואוקימנא במסוכנת מעיו"ט ומתה ביו"ט דכיון דמסוכנת**) מתה מאתמול ביו"ט היא ואפילו לר"י ומתניתין בבהמת קדשים ולפיכך לא יזיזנה הא דחולין דברי הכל שרי לטלטלה: **מתני'** אין נמנין על הבהמה בתחלה ביו"ט כו' אוקמ' רבה אין נמנין לפסוק לה דמים אבל נמנין עליה ואומר זו כמו זה שמכרה מערב ודמי אותה הבהמה ידועים ושוחטים ומחלקים בלא פסיקת דמים תניא נמי הכי לא יאמר אדם לחבירו הריני עמך בסלע הריני עמך בשתים שנמצא פוסק דמי

*) נראה שב' תיבות אלו סוף הג"ה מן הצד שכתב על מימרא דמר בר אמימר דצריך למצוא מקומו היכן אמר דבר זה וצ"ע . **) נראה דצ"ל דכיון דמסוכנת היתה מעיו"ט דעתיה עליה מאתמול וכ"ה ברי"ף כאן ע"ש

it on the day before[8] [27b] and on the day of the Festival he only asked how it [the blemish] had come about; just as a certain man[9] brought a firstling before Raba on the eve of a Festival towards evening. Raba was sitting and combing his head; he lifted up his eyes and looked at the blemish and said to him: Go now, and come to-morrow. When he came on the following day, he asked him: How did it happen? He replied: Barley was strewn on the one side of the hedge and it [the firstling] was on the other side. As it wanted to eat thereof, it stuck its head [through the hedge] and the hedge tore its lip.[10] Said he to him: Perhaps you caused this intentionally?—He replied to him: No. And whence do you know that the intentional causing [of a blemish] renders it for-
a bidden?—For it was taught: *There shall not be any blemish therein*,[1] I only know that no blemish may be therein.[2] Whence do I know that one may not indirectly cause [a blemish] to it through something, [for example] that he may not bring dough or pressed figs and put them on the ear in order that a dog may come and take it?[3] The text says: '*Not any blemish*'. It says '*blemish*' and it says '*any blemish*'.[4]

MISHNAH. IF A BEAST DIED [ON A FESTIVAL] IT MAY NOT BE MOVED FROM ITS PLACE. IT HAPPENED THEY ONCE ASKED R. ṬARFON CONCERNING THIS AND CONCERNING ḤALLAH[5] THAT BECAME DEFILED;[6] HE WENT INTO THE ACADEMY AND INQUIRED, AND THEY ANSWERED HIM: THEY MAY NOT BE MOVED FROM THEIR PLACE.

GEMARA. Shall it be said that we have learnt anonymously not as R. Simeon; for we have learnt: R. Simeon says: One may cut up gourds for cattle and a carcass[7] for dogs. R. Judah says: If the animal was not yet dead on the eve of the Sabbath it is forbidden.[8]—You can say it [the Mishnah] can even be as R. Simeon, [for] R. Simeon admits that living animals[9] that died [on the Sabbath] are forbidden.[10] This is all very well according to Mar b. Amemar in the name of Raba, who said: R. Simeon admits that living animals that died [on the Sabbath] are forbidden.[11] But according to Mar the son of R. Joseph in the name of Raba, who says: R. Simeon disputes even in the case of living animals which died [on the Sabbath, maintaining] that they are permitted, what is there to be said?—Ze'iri explained it with
b respect to a consecrated animal.[1] [Our Mishnah] also proves this; for it teaches CONCERNING THIS AND CONCERNING ḤALLAH THAT BECAME DEFILED; just as *ḥallah* is consecrated, so is the animal [one that is] consecrated. Then the reason is that it was consecrated; but if [the animal was] not consecrated it is permitted;[2] this is all very well according to Mar the son of R. Joseph in the name of Raba, who says: R. Simeon disputes even in the case of living animals which died [on the Sabbath, maintaining] that they are permitted. But according to Mar b. Amemar in the name of Raba who says: R. Simeon agrees that living animals which died [on the Sabbath] are forbidden, what is there to be said?[3]—It treats here of an [animal] that had been in a dangerous condition [on the eve of the Festival], and it is according to the opinion of all.[4]

MISHNAH. ONE MAY NOT ON THE FESTIVAL BE COUNTED IN AS HAVING A SHARE IN THE ANIMAL[5] AT THE OUTSET, BUT [PEOPLE] MAY BE COUNTED IN ON THE EVE OF THE FESTIVAL AS HAVING A SHARE IN THE ANIMAL, AND THEY SLAUGHTER IT[6] AND DIVIDE IT BETWEEN THEM.[7]

GEMARA. What means ONE MAY NOT BE COUNTED IN AS HAVING A SHARE?—Said Rab Judah in the name of Samuel: One may not on a Festival, at the outset, arrange about the price of
c an animal.[1] How should he do it?[2] Said Rab: Let him[3] bring two animals[4] and place them side by side and say: 'This one is like the other one'.[5] It was likewise taught:[6] One may not say to his neighbour: 'I want to go shares with you [in your animal] to the value of a *sela'*, I want to go shares with you to the value of two *sela's*'; but he may say. 'I want to go shares with you for a half or for a third or for a fourth'.

(8) The Festival to see whether the blemish was permanent. (9) A priest. (10) Which counts as a permanent blemish.

a (1) Lev. XXII, 21. (2) I.e., one may not make a blemish. (3) And injure its ear. (4) I.e., '*blemish*' alone would have sufficed; '*any*' (Heb. *kol*) is an extension and therefore includes even indirect action. (5) V. Glos. (6) Which may not even be used as fuel on a Festival. (7) I.e., an animal that died on the Sabbath. (8) V. *supra 6b*. (9) I.e., animals that were healthy and strong at the beginning of the Sabbath. (10) To be moved on the Sabbath. R. Simeon allows an animal to be cut up for dogs only if the same were in a dangerous condition on the eve of the Sabbath or Festival. (11) V. Shab. 45*b*.

b (1) Which is forbidden to be given to dogs, hence it may not be moved at all, since no use can be made of it. (2) To cut it up for dogs on Sabbath. (3) Whose opinion will our Mishnah represent. (4) Since the owner reckoned on it dying, he intended to give it to the dogs; therefore it was *mukan*. [Var. lec. omit: 'And it is according to . . . all'. I.e., the Mishnah which implies that the carcass of a non-consecrated animal that has been in a dangerous condition may be cut up on the Festival is in accordance with R. Simeon, v. Rashi. On the reading of cur. edd., the Mishnah can be also in accordance with R. Judah; for he would agree that, where it had been in a dangerous condition before the Festival, it may be cut up on the Festival, his dispute with R. Simeon concerning only an animal that had been ill but not dangerously so, v. R. Nissim.] (5) In doing so, it would be like transacting business on a Festival, because they would know its weight and market value. (6) On the Festival, leaving over the question of price etc. until after the Festival. (7) [Rashi: 'He (the butcher) slaughters it'].

c (1) As it savours of transacting business. V. *infra 37a*. (2) Referring to the second clause of the Mishnah. How do they divide it on a Festival so that they should know afterwards how much each received? (3) [On Rashi's reading (*supra* n. b 7): 'How should the butcher do to be able to fix the price after the festival']. (4) Of equal value, only one of which is to be slaughtered and shared. (5) And after the Festival they arrange the price of the one that was not slaughtered and pay their shares *pro rata* for the one that was slaughtered. (6) That no price may be fixed on a Festival.

MISHNAH. [28*a*] R. JUDAH SAYS: A MAN MAY WEIGH MEAT [ON A FESTIVAL] AGAINST A UTENSIL OR AGAINST A BUTCHER'S CHOPPER;[7] BUT THE SAGES SAY: ONE MAY NOT LOOK ON THE PAIR OF SCALES AT ALL.

GEMARA. What means [NOT] AT ALL?—Said Rab Judah in the name of Samuel: even to protect it [the flesh] from mice[8] Said R. Idi b. Abin: This only applies if it [the scales] hang on a hook.[9] Rab Judah in the name of Samuel further said: A skilled butcher may not weigh meat [on a Festival] even by hand.[10] Rab Judah in the name of Samuel further said: A skilled butcher may not weigh meat [on a Festival] in water.[11] Rab Ḥiyya b. Ashi
a said: One may not cut a handle in the meat.[1] Said Rabina: But with the hand[2] it is permitted [to make a handle]. R. Huna said: It is permitted to make a mark on the meat,[3] just as Raba son of R. Huna was wont to cut it [the meat] in a triangular shape.[4] R. Ḥiyya and R. Simeon b. Rabbi weighed one portion against [another] portion[5] on the Festival.[6] According to whom? It is neither according to R. Judah nor according to the Rabbis! For if according to R. Judah, surely he says: A MAN MAY WEIGH MEAT [ON A FESTIVAL] AGAINST A UTENSIL OR AGAINST A BUTCHER'S CHOPPER; only against a utensil but not against any other thing![7] And if according to the Rabbis, surely they say: ONE MAY NOT LOOK ON THE PAIR OF SCALES AT ALL!—They acted as R. Joshua. For it was taught: R. Joshua says: One may weigh one portion [against] another portion on a Festival. Said R. Joseph: The *halachah* is as R. Joshua, since we learnt in [Tractate] Bekoroth in accordance with his view. For we have learnt: As to consecrated animals that became disqualified, the benefit of them belongs to the Temple,[8] and one may weigh [the meat] portion against portion in the case of the firstling.[9] Said Abaye to him: Perhaps it is not so?[10] [Perhaps] R. Joshua says this[11] only here[12] where there is no disrespect to consecrated animals, but not there[13] where there is a disrespect to consecrated animals. Alternatively, [perhaps] the Rabbis said this[11] only there[13] because it does not
b appear as everyday practice,[1] but not here[2] which appears like an ordinary transaction.[3] Shall it be said that they[4] were very particular [with each other]; but there were seven fishes brought to the house of Rabbi and [although] five of them were found in the house of R. Ḥiyya, yet R. Simeon b. Rabbi did not mind?—Answered R. Papa: Link a [different] person with each of them;[5] either it was R. Ḥiyya and R. Ishmael son of R. Jose or it was R. Simeon b. Rabbi and Bar Ḳappara.

MISHNAH. ONE MAY NOT WHET A KNIFE ON A FESTIVAL,[6] BUT ONE MAY DRAW IT OVER ANOTHER KNIFE[7] [TO SHARPEN IT].

GEMARA. R. Huna said: They only taught this of a whet-stone, but it is permitted on a knife-board. Said Rab Judah in the name of Samuel: That which you say that on a [whet-]stone it is forbidden, applies only to sharpening it, but to remove its grease is permitted; whence it follows that on a knife-board even sharpening is permitted. Some taught this[8] on the concluding part: 'it is permitted on a [knife-]board'.—Said Rab Judah in the name of Samuel: That which you said that on a [knife-]board it is permitted, applies only to the removal of its grease, but to sharpen it is forbidden; whence it follows that on a whet-stone even to remove its grease is forbidden. Some taught this on our Mishnah: ONE MAY NOT WHET A KNIFE ON A FESTIVAL. Said Rab Judah in the name of Samuel: They only taught this with respect to sharpening it, but to remove its grease is permitted; whence it follows that to draw it over another knife is permitted even for the purpose of sharpening it. And others taught this on the concluding part [of our Mishnah]: BUT ONE MAY DRAW IT OVER ANOTHER KNIFE. Said Rab Judah in the name of Samuel: They only taught this with respect to removing its grease, but to sharpen it, is prohibited; whence it follows that on a whet-stone even to remove its grease is prohibited.

Who is the authority [of our Mishnah] that on a whet-stone it is forbidden? Said R. Ḥisda: It is not as R. Judah; for it was taught: The Festival is distinguished from the Sabbath only with respect to the preparing of food alone. R. Judah permits [on a
c Festival] even the preliminaries for the preparing of food.[1] Raba said to R. Ḥisda: May we lecture in your name that the *halachah* is as R. Judah?—He replied to him: May it be [God's] will that you lecture all good things of this sort in my name. R. Nehemiah the son of R. Joseph said: I was standing [on a Festival] before

(7) Putting the meat in one pan of the scale and the utensil in the other. But actual weights may not be used, as it would look like doing business. (8) Meat may not be put in scales even for that. (9) It is then prohibited because it appears as if the meat is being weighed. (10) Because he does the same during the week. (11) The water being placed in a graduated vessel used for weighing meat by observing the displacement of the water.

a (1) A hole by which it is handled. (2) By digging the fingers into the meat. (3) So that its ownership might not be mistaken. (4) When he sent it by a messenger, in order that his household might recognize it, because meat temporarily lost from sight is prohibited. V. B.M. (Sonc. ed.) 23*b* n. a5. (5) When they used to divide meat between them. (6) In the two pans of a scale. This is not an everyday practice, therefore they held it is permitted. (7) Such as one portion against another portion which he regards as an everyday practice. (8) And therefore they may be sold even by weight. (9) Though it may not be weighed with ordinary weights, because the benefit belongs not to the Temple but to the owner, yet weighing portion against portion is permitted. This proves that weighing portion against portion is not an everyday practice. (10) Perhaps the two cases are not analogous, as has been assumed. (11) That one may weigh portion against portion. (12) In the case of a Festival. (13) In the case of a firstling.

b (1) Because one does not usually *sell* meat by employing another piece of meat as the weight, and the law of disqualified sacred animals refers to the sale of their meat. (2) With respect to the division of the meat between the two Rabbis. (3) For it is not unusual for divisions to be made in this manner and therefore they would forbid this on a Festival. (4) R. Ḥiyya and R. Simeon b. Rabbi who divided the meat exactly between them. (5) Do not say it was these two who were particular about having an equal share, but bring in somebody else. (6) On a whet-stone. (7) Because such a method is different from the everyday practice. (8) Statement of Rab Judah.

c (1) And sharpening a knife is such a preliminary.

מתני' *ר' יהודה אומר שוקל אדם בשר כנגד הכלי או כנגד הקופיץ וחכ"א [א]אין משגיחין בכף מאזנים כל עיקר: **גמ'** מאי כל עיקר אמר רב יהודה אמר שמואל [ב]אפי' לשמרו מן העכברים אמר רב אידי בר אבין [ג]והוא דתליא בתריטא ואמר רב יהודה אמר שמואל [ד]טבח אומן אסור לשקול בשר ביד ואמר רב יהודה אמר שמואל [ה]טבח אומן אסור לשקול בשר במים ואמר רב חייא בר אשי [ו]אסור לעשות בית יד בבשר אמר רבינא [ז]ובידא שרי אמר רב הונא [ח]מותר לעשות סימן בבשר כי הא *דרבה בר רב הונא מחתך לה אתלת קרנתא ר' חייא ור"ש ברבי שוקלין מנה כנגד מנה ביום טוב כמאן לא כרבי יהודה ולא כרבנן אי כר' יהודה האמר שוקל אדם בשר כנגד הכלי או כנגד הקופיץ כנגד הכלי אין כנגד מידי אחרינא לא אי כרבנן הא אמרי אין משגיחין בכף מאזנים כל עיקר אינהו דעבוד כר' יהושע דתניא ר' יהושע אומר שוקלין מנה כנגד מנה ביום טוב אמר רב יוסף הלכה כר' יהושע הואיל ותנן בבכורות כותיה דתנן* [ט]פסולי המוקדשין הנאתן להקדש [י]ושוקלין מנה כנגד מנה בבכור א"ל אביי ודלמא לא היא עד כאן לא קאמר ר' יהושע הכא אלא דליכא בזיון קדשים אבל התם דאיכא בזיון קדשים לא אי נמי עד כאן לא קאמרי רבנן התם אלא משום דלא מחזי כעובדין דחול אבל הכא דמחזי כעובדין דחול לא למימרא דקפדי אהדדי והא הנהו שב בניתא דאתו לבי רבי ואשתכח חמש מנייהו בי ר' חייא ולא קפיד ר"ש ברבי אמר רב פפא שדי גברא בינייהו אי ר' חייא ור' ישמעאל בר' יוסי אי ר"ש ברבי ובר קפרא: **מתני'** [כ]אין משחיזין את הסכין ביום טוב אבל משיאה על גבי חברתה: **גמ'** אמר רב הונא לא שנו אלא במשחזת של אבן אבל במשחזת של עץ מותר אמר רב יהודה אמר שמואל הא דאמרת של אבן אסור לא אמרן אלא לחדדה אבל להעביר שמנוניתה מותר מכלל דבשל עץ אפילו לחדדה נמי מותר איכא דמתני לה אסיפא בשל עץ מותר אמר רב יהודה אמר שמואל הא דאמרת בשל עץ מותר לא אמרן אלא להעביר שמנוניתה אבל לחדדה אסור מכלל דבשל אבן אפילו להעביר שמנוניתה אסור איכא דמתני לה אמתניתין אין משחיזין את הסכין ביו"ט אמר רב יהודה אמר שמואל לא שנו אלא לחדדה אבל להעביר שמנוניתה מותר מכלל דע"ג חברתה אפילו לחדדה נמי מותר ואיכא דמתני לה אסיפא אבל משיאה על גבי חברתה אמר רב יהודה אמר שמואל לא שנו אלא להעביר שמנוניתה אבל לחדדה אסור מכלל דבמשחזת אפילו להעביר שמנוניתה אסור מאן תנא דבמשחזות אסור אמר רב חסדא דלא כר' יהודה (א) *דתניא אין בין יו"ט לשבת אלא אוכל נפש בלבד ר' *)יהודה מתיר אף מכשירי אוכל נפש א"ל רבא לרב חסדא דרשינן משמך הלכה כרבי יהודה אמר ליה **)יהא רעוא דכל כי הני מילי מעלייתא תדרשון משמאי אמר רב נחמיה בריה דרב יוסף הוה קאימנא קמיה דרבא והוה קא

*)[כן דר"י ליתא במשנה ולכן שפיר גרסינן דתניא] **)[יבמות פ. כתובות סח.]

מעבר

רש"י

מתני' ר' יהודה אומר שוקל אדם בשר · טבח המוכר בשר במשקל אע"פ שאסור לשקול בליטרא דהיינו מעשה חול מותר הוא לשקול כנגד הכלי וכנגד הקופיץ סכין גדול שקולצין בו בשר דליכא שנוי ולא הוי מעשה דחול: אין משגיחין · אין מעיינין: **גמ'** מאי כל עיקר · מאי אתא לרבויי האי כל עיקר נימא וחכמים אוסרין: אפי' לשמרו מן העכברים · אין נותנין אותו במאזנים התלויין ביתד גבוה: והוא דתליא בתריטא · בטבעת שתולין אותן בה כששוקלין דמחזי כנותנו לשם משקל: טבח אומן · שיודע לכוין משקל כנגד משקל בידיו: אסור לשקול בשר ביד · לאחוז הליטרא בידו אחת והבשר בידו אחרת ולכוין דבחול נמי כיון דאומן הוא בכך אורחיה הכי: במים · שיש לו שנתות וסימנים בכלי ונותנין בו מים והסימנים מודיעין אותו כמה המים עולין למעלה בשביל ליטרא בשר שכבר שיערו לכך: בית יד · נקב לאחוז בו: ובידא שרי · לנקוב באצבעו שרי דלאו דרך חול הוא אבל בסכין דרך חול הוא כשמוכר בשר עושה בו בית יד ונותנו ללוקח להוליכו לביתו וביו"ט צריך לשנות לעשות היכר שאין מקח וממכר מותר בו: סימן בבשר · שלא יחליפהו הנושאו: אתלת קרנתא · כשהיה משלח הבשר לביתו היה רגיל לעשות כל חתיכה כזה △ בעלת שלש קרנות* וכבר היו מכירין אנשי ביתו שזה היה סימן שלו: ר' חייא ורבי שמעון ברבי · כשהיו חולקין בשר ביניהם היו שוקלין אותה מנה כנגד מנה ביו"ט: כנגד כלי אין · דבחול לאו הכי אורחיה אבל מנה כנגד מנה כך דרך כל החולקין: הואיל ותנן בבכורות כותיה · דאסור לשקול ולמכור בכור בעל מום ששחטו כהן בליטרא שלא לעשות מעשה חול בקדשים דבזיון הוא וקתני דמנה כנגד מנה ויודע כמה משקל ראשונה ושוקל כנגדה מותר אלמא לאו עובדא דחול חשיב ליה: דתנן פסולי המוקדשין הנאתן להקדש ושוקלין מנה כנגד מנה בבכור · סיפא דמתני' נקט ורישא הכי איתא כל פסולי המוקדשין נמכרים באטליז ונשקלים בליטרא חוץ מן הבכור והמעשר שהנייתן לבעלים אבל פסולי המוקדשין הנייתן להקדש ושוקלין מנה כנגד מנה בבכור וכן פירושה כל קדשים בעלי מומים שנפדו במומן אף על פי שעדיין מקלת קדושה עליהן שאסרן הכתוב בגיזה ועבודה כדאמרינן בבכורות (דף טו.) תזבח ולא גיזה וכו' אפילו הכי נוהגין מעשה חולין בהן בזו שנשחטין באטליז ונמכרין באטליז בליטרא חוץ מן הבכור והמעשר שהניית מכירתן ביוקר אינה להקדש אלא לבעלים לפי שאין להם פדיון במומם להיות דמיהן נכנסין לקודשתן דבבכור נאמר לא תפדה ובמעשר נאמר לא יגאל (ויקרא כז) אלא נאכלין לבעלים במומן הלכך אין נוהגין בהן מעשה חולין במכירת בשרם כשנפל בהן מום ושחטום הבעלים בעלים דבכור כהן ובעלים דמעשר ישראל אבל שאר פסולי המוקדשים הניית מכירתן ביוקר להקדש היא ואע"פ שכבר נפדו קודם שחיטה דהא קודם פדייה אין נשחטין דבעי העמדה והערכה אפי' הכי הניית מכירתן ביוקר להקדש שלפי מה שיודע שהנאתו יפה הוא מוסיף פדיונו מתחלתו לפיכך מבזין אותו למוכרו באטליז שהכל פונים שם ליקח בשר: ושוקלין מנה כנגד מנה · כשמוכרו בתוך הבית אלמא כי האי גונא לאו משקל הוי: לא היא · לא סבירא להו לרבנן דבכורות כר' יהושע בי"ט ולא ר' יהושע ס"ל בבכור דשרי: ע"כ לא קאמרי רבנן התם אלא דלא עביד מעשה דחול · דהתם מכירה היא ואין דרך לשקול בשר הנמכר במנה כנגד מנה: אבל הכא · גבי רבי חייא ור"ש ברבי קא עבדי עובדין דחול דהא חלוקה היא וכן דרך כל החולקין ולא סבירא להו לרבנן דבכורות כר' יהושע: ומי קפדי אהדדי · ר' חייא ור"ש ברבי לחלוק בשר במשקל והלא מוותרין זה לזה ונוטלין זה משל זה משום חבה: דהנהו שב בניתא · שבעה דגים שבאו לרבי ונמצא שנטל רבי חייא חמש והוליכן לביתו: ולא קפיד רבי שמעון ברבי · לומר משל אבי הוא נזון יותר ממני: אי ר' חייא ור' ישמעאל בר' יוסי · היו אותן שחלקו שהן היו רגילין ליקח זה עם זה אי ר"ש ברבי ובר קפרא: **מתני'** אין משחיזין · אגוייזי"ר בלע"ז: אבל משיאה על גבי חברתה · דמשני מדרך חול: **גמ'** משחזת של אבן · דמתקנת ליה שפיר דמחזי כמתקן בחול: מכלל דבשל עץ כו' · גמרא קא דייק מדאוקי רב יהודה איסורא בשל אבן בלחדדה מכלל דבשל עץ אף לחדדה שרי דמאי דאסר רב הונא בשל אבן שרי דכוותה בשל עץ: איכא דמתני לה · להא דרב יהודה אסיפא · דמלתיה דרב הונא: איכא דמתני לה · להא דרב יהודה אמתני' ולאו אמלתיה דרב הונא: לחדדה · הוי תקון להעביר שמנונית אינו אלא כהדחה בעלמא: מתיר אף מכשירי אוכל נפש · וטעמא משום דדריש יעשה לכם לכל צרכיכם: דרשינן משמך · נדרוש משמך:

תוספות

ה"ג [...] [...] [ ] [...]

רבינו חננאל

דמים אלא אומר לו הריני למחצה או לשליש או לרביע: [מתני'] וחכ"א אין משגיחין בכף מאזנים כל עיקר. אמר שמואל אפילו לשומרו מן העכברים אל יתנהו בכף מאזנים והוא דתליא בתריטה שנראה כשוקל בשר אמר רב יהודה אמר שמואל טבח אומן אסור לשקול בשר ביד דנראה כאלו במאזנים הוא שוקל כיון דמשער בידיו כמה שיש בו והוא אומן בזה ודאי מכוון המשקל וכמאזנים חשוב: ירושלמי תני הטבח לא יהא שוקל בידו ויניח שידו כליטרא אלא חותך בידו בסכין ונותן לזה ולזה וכן (השוקל) [אסור לשקול] במים. אמר רב אסור לעשות בית יד בבשר פי' עושין לו מקום כדי שיהיה תולה אותו באותו המקום וכשרוצה לחתוך ממנו אוחז באותו המקום והוא נקרא בית יד שנראה כעושה כלי ביו"ט והני מילי בסכין אבל ביד שרי אמר רב הונא מותר לעשות סימן בבשר כרב הונא דהוה מחתך ליה אתלת קרנתא רבי חייא ורבי שמעון ב"ר היו שוקלין מנה כנגד מנה ביו"ט כשחולקין הבשר ביניהן למימרא דקפדי אהדדי שלא יטול אחד מהן יותר מחברו והא מוותרין להדדי דהא קנו שבע בוניתא ואשתכח בי ר' חייא חמשה מינייהו ולא קפיד ר' שמעון בר' ופרקינן ר' שמעון ור' חייא מוותרי להדדי והני או ר' חייא ור' ישמעאל בר"י או ר"ש ברבי ובר קפרא והא דשקלי מנה כנגד מנה כמאן לא כר' יהודה ולא כרבנן דמתניתין כו' ואמרינן אינהו דעבוד כר' יהושע דתניא ר' יהושע אומר שוקלין מנה כנגד מנה ביו"ט ואמר רב יוסף הלכתא כר' יהושע הואיל ותנן בבכורות כותיה דתנן פסולי המוקדשין הנאתן להקדש ושוקלין מנה כנגד מנה בבכור ודחה אביי ואמר ודילמא לא אמר ר' יהושע דשוקלין מנה כנגד מנה אלא ביו"ט אבל בבכור דאיכא בזיון קדשים אפילו מנה כנגד מנה אסור אי נמי עד כאן לא [...] רבנן מנה כנגד מנה בבכור אלא משום דלא עביד עובדין דחולין דבחולין שוקלין בליטרא ובבכור התירו מנה כנגד מנה אבל ביו"ט דשקיל במאזנים כעובדא דחול אסרי ונדחת דוקיא דרב יוסף: מתני' אין משחיזין את הסכין כו' ואסיקנא אבל משיאה ע"ג חברתה אמר שמואל ל"ש אלא להעביר שמנוניתא אבל לחדדה אסור והשחזה עצמה אפילו להעביר שמנוניתא אסור · מאן תנא אין משחיזין דלא כר' יהודה דתניא אין בין יו"ט לשבת אלא אוכל נפש בלבד הא כל דבר שאינו אוכל נפש שבת ויו"ט שוין ר' יהודה מתיר אף מכשירי אוכל נפש א"ל רבא לרב חסדא דרשינן משמך הלכה כרבי יהודה א"ל יהא רעוא דכל כי הני מילי מעלייתא תדרשון משמאי: ירושלמי רבי מנא ורבי יוסי בר בון אתפלגון חד אמר מיפוח בהמה ביו"ט שרי מיחבוש רבי חייא ור' שמעון חד אמר וחד [...] · תני רשבג"א אף מפיים אדם את עצמו בליטרא לידע מה הגיע לו כהדא דרשב"ג · תני הטבח לא יהא שוקל בידו ויניח שידו כליטרא היא אבל חותך בסכין ונותן לזה ולזה · תני אין מרגילין ביו"ט ולא בחול

עין משפט נר מצוה

לד א ב ג ד ה מיי' פ"ד מהלכות יו"ט הלכה כ סמג לאוין עה טוש"ע א"ח סימן תק סעיף ג:

לה ו ז ח מיי' פ"ג שם הלכה ו טוש"ע א"ח שם סעיף ג:

לו ט מיי' פ"א מהלכות איסורי מזבח הי"ב:

לז י מיי' פ"א מהלכות בכורות הלכה יח סמג לאוין שמג טוש"ע י"ד סימן שו סעיף ו:

לח כ מיי' פ"ד מהל' יו"ט הלכה ט סמג לאוין עה טוש"ע א"ח סימן תקט סעיף ג:

מסורת הש"ס

[לקמן כט.]

ב"מ כג: חולין לה:

בכורות לא.

לקמן לו: מגילה ז: שבת קכד: קלז: תוספ' מגילה פ"א

הגהות הב"ח

(א) גמ' דתנן אין בין יום טוב לשבת:

מעבר לסכינא אפומא דדקולא ואמרי ליה לחדדה קא עביד מר או להעביר שמנוניתה ואמר לי להעביר שמנוניתה וחזיתי לדעתיה דלחדדה קא עביד וקסבר הלכה ואין מורין כן ואמר אביי הוה קאימנא קמיה דמר והוה קא מעבר סכינא אשפתא דרחיא ואמרי ליה לחדדה קא בעי מר או להעביר שמנוניתה ואמר לי להעביר שמנוניתה וחזיתי לדעתיה דלחדדה קא עביד וקסבר הלכה ואין מורין כן: איבעיא להו מהו להראות סכין לחכם ביום טוב רב מרי בריה דרב ביזנא שרי ורבנן אסרי ורב יוסף אמר תלמיד חכם רואה לעצמו ומשאילה לאחרים ואמר רב יוסף סכין שעמדה מותר לחדדה ביום טוב והני מילי (א) הוא דפסקא אגב דוחקא דרש רב חסדא ואיתימא רב יוסף אחד סכין שנפגמה ואחד שפוד שנרצם ואחד גריפת תנור וכירים ביום טוב באנו למחלוקת ר' יהודה ורבנן דתניא אין בין יו"ט לשבת אלא אוכל נפש בלבד ר' יהודה מתיר אף מכשירי אוכל נפש מ"ט דת"ק אמר קרא הוא לבדו יעשה לכם הוא ולא מכשיריו ור' יהודה אמר קרא לכם לכם לכל צרכיכם ות"ק הא כתיב לכם אמר לך ההוא לכם ולא לנכרים ואידך נמי הא כתיב הוא אמר לך כתיב הוא וכתיב לכם ולא קשיא כאן במכשירין שאפשר לעשותן מערב יו"ט כאן במכשירין שאי אפשר לעשותן מערב יו"ט אמר רב יהודה אמר שמואל שפוד שנרצף אסור לתקנו ביו"ט פשיטא לא צריכא דאע"ג דמפשיט בידיה ואמר רב יהודה אמר שמואל שפוד שצלו בו בשר אסור לטלטלו ביו"ט (ב) רב [א] אדא בר אהבה אמר רב מלכיו שומטו ומניחו בקרן זוית אמר רב חייא בר אשי אמר רב הונא והוא שיש עליו כזית בשר רבינא אמר אף על פי שאין עליו בשר מותר לטלטלו מידי דהוה אקוץ ברשות הרבים אמר רב חיננא בריה דרב איקא שפוד שפחות וגומות רב מלכיו בלורית אפר מקלה וגבינה רב מלכיא רב פפא אמר מתניתין ומתניתא רב מלכיא שמעתתא רב מלכיו וסימניך מתניתין מלכתא מאי בינייהו איכא בינייהו שפחות: **מתני'** לא יאמר אדם לטבח שקול לי בדינר בשר אבל שוחט ומחלק ביניהם: **גמ'** היכי עביד כי הא דבסורא

רש"י

מעבר לסכינא אפומא דדקולא · משפשף סכין על פי הסל : הלכה · כרבי יהודה ומותר כל איש לעשות אבל אין מורין לרבים כן שלא יזלזלו אף בשאפשר לעשותו מבעוד יום דכל הני דשרינן כגון שנתקלקלו ביו"ט או שהיה אתמול טרוד כדאמרינן לקמן דלא התיר ר' יהודה אלא במכשירין שאי אפשר לעשותן מערב יו"ט : מהו להראות · הטבח סכין לחכם בי"ט לבדוק שהטילו חכמים *על הטבחים להראות סכין לחכם קודם שישחוט שום בהמה ומהו לעשות כן בי"ט מי מחזי כעובדא דחול דאוושא מלתא שדעתו למכור באטליז או לא מחזי : רואה לעצמו · בביתו סכין שלו דלא אוושא מלתא : שעמדה · מחריפות שלה שאינה חותכת יפה אבל לא נפגמה : מותר לחדדה ביו"ט · ואע"ג דמאתמול ומשלשום התחילה לקלקל ולינך דלא הוה ליה לאסוקי אדעתיה מאתמול דסבר לא צריכא אבל נפגמה מאתמול לא הוי שרי דמוכחא קלקול שלה והוה ליה למעבד מאתמול : והני מילי דפסקא אגב דוחקא · אבל אם אינה חותכת כלל אסור לחדדה דטרחא יתירא הוא : אחד סכין שנפגמה ואחד שפוד שנרצם · בי"ט אשפויינטי"ר בלע"ז שנשבר ראשו : ואחד גריפת תנור · שנפל לתוכו מן הטיח שלו ולא היה יודע מבעוד יום : באנו למחלוקת ר' יהודה ורבנן · נכנסנו בדבר זה למחלוקתן שממחלוקתן אנו יכולים ללמוד שאף אלו ממכשירי אוכל הן : שפוד שנרצף · נמעך שדרסו עליו ונעקם אבל לא נשבר : אסור לתקנו ביו"ט · שהרי יכול להשתמש בו כמו שהוא וטרחא דלא צריך הוא : ואע"ג דמפשיט בידיה · שמתפשט בידים ואינו צריך להכות עליו בפטיש : שפוד שצלו בו · בשר ביו"ט : אסור לטלטלו · מיד לאחר שנצלה הצלי לפי שנמאס ומוקצה וכבר נעשה לורך יו"ט : שומטו ומניחו בקרן זוית · שומטו מלפניו מהר בגרירא וטלטול מן הצד עד שיעבירו מלפניו לקרן זוית אבל לא טלטול גמור : שרי לטלטולי · בטלטול גמור ולסלקו שלא יוזקו בו אנשי ביתו : מידי דהוה אקוץ ברה"ר · דאמר בפרק כירה שהסיקוה (שבת דף מב.) דמותר להוליכה פחות פחות מד' אמות עד שמסלקנה לצדי רה"ר כדי שלא תזיק : שפוד שפחות וגומות רב מלכיו · אלו שלש הלכות רב מלכיו אמרן ולא רב מלכיא מפני שמועותיהן דומין זה לזה ויש שמחליפין שמועה של זה בשל זה נתנו בהם סימן לסדר השמועות שפוד הא דאמרן שפחות משנה היא בכתובות ר"א אומר אפי' הכניסה לו מאה שפחות כופה לעשות בצמר שהבטלה מביאה לידי זמה ואמר רב מלכיו הלכה כר"א גומות שמעתא היא ולא נאמרה על המשנה ולענין שתי שערות דאם נמצאו לה גומות של מקום שער אע"פ שאין שם שער גדולה היא (ג) וחולצת דאין גומא אא"כ היה בה שער אלא שנשרו : בלורית · במס' ע"ז ועל ברייתא נאמרה הא דרב מלכיא לפרושא לברייתא דת"ר כותי המספר מישראל כיון שהגיע לבלוריתו שומט את ידו מפני שהכותי כשהוא מספר מניחה לשם ע"ז ואמר עלה וכמה אמר רב מלכיא שלש אצבעות לכל רוח ורוח לכל סביבותיה לא יגע שאם יגלח וילך עד הבלוריה נמצא מניח לו בלוריתו והיקנה לו לשם ע"ז : אפר מקלה · שמעתא היא במסכת מכות אמר רב מלכיא לא יתן אדם אפר מקלה על גבי מכתו מפני שנראה ככתובת קעקע : גבינה · אפירושא דמתניתין אתמר במס' ע"ז* מפני מה אסרו גבינות במשנתנו ואמר רב מלכיא מפני שמחליקין פניה בשומן חזיר : מתניתין ומתניתא רב מלכיא · הסימנא דהתנא ברב מלכיא פליג רב פפא : שפחות · דמתניתין היא ומשוית ליה ברב מלכיו לאו דידיה היא דכל מתניתין ומתניתא דאית בהו רב מלכיא אמר פירושן אבל שמעתתא דאמרת ברב מלכיו כגון שפוד וגומות דידיה נינהו : **מתני'** שקול לי בדינר בשר · שאסור להזכיר שם דמים : אבל שוחט · הוא בלא פסוק דמים והן חולקין ביניהן : **גמ'** היכי עביד · כשהוא רוצה ליקח כל הבהמה ולא מחצה ולא שליש ולא רביע אלא בדינר או בשנים מה יאמר לו :

בכורא

תוספות

גריפת תנור וכירים · פרש"י (ד) אשווי גומות ולא נהירא דאם כן לא הוי דומיא דהני אחריני דחשיבי משום דהוי תקון כלי לכן נ"ל דמיירי בתנור חדש ועדיין יש בו אבנים ועפר שלא פיטו וכשיסיר אותם אבנים ועפר הויין כמו גמר מלאכתן וחייב משום מכה בפטיש דכל גמר מלאכה חייב משום מכה בפטיש ומכל מקום קשה דבלא טעמא דמשום מכה בפטיש תיפוק ליה דהוי אסור משום מוקצה דאפר ואבנים שבתוכו מוקצות הן ומכאן אומר ריצב"א דטלטול מוקצה התירו משום אוכל נפש ומכאן יש להביא ראיה למה דאמר בפ"ק (דף יב:*) : **רבינא** אמר וכו' מידי דהוה אקוץ ברשות הרבים · דשרי לטלטל אגדדים אע"ג דהוי מלאכה וקשה דמשמע הכא דרבינא אית ליה מוקצה מדקאמר מידי דהוה אקוץ ברה"ר דאי לאו הכי הוה אסור מטעם מוקצה ובפרק מי שהחשיך (שבת דף קנז.) משמע דאית ליה כר' שמעון דלית ליה מוקצה דפליגי התם רב אחא ורבינא חד אמר לקולא וחד אמר לחומרא ובכל מקום *רב אחא לחומרא ורבינא לקולא וי"ל דהכא קאמר רבינא אליבא דרב יהודה אמר שמואל דאסר שפוד לטלטלו אבל איהו ס"ל דשרי אבל קשה מדשמואל אדשמואל דהתם פרק מי שהחשיך אמר כר' שמעון דלית ליה מוקצה גבי כרכי דזוזי והכא משמע דאית ליה מוקצה וי"ל דשאני שפוד דלאחר מלאכתו אין כאן תורת כלי עליו ולהכי אוסר שמואל דיש עליו תורת *מוקצה ולעולם ס"ל כרבי שמעון : [גם אקושיא דרבינא יש לתרץ כך · ת"י] : **איכא** בינייהו שפחות · גבי משנה אתמר בכתובות (דף סא:) וא"ת א"כ נימא אפר מקלה דהיינו שמעתא במכות (דף כא:) דלרב פפא רב מלכיו אמרה ולרב חיננא רב מלכיא אמרה וי"ל דה"פ שפחות ושכנגדה פירוש האמצעית דהיינו אפר מקלה אי נמי ה"פ מתניתין ומתניתא דוקא רב מלכיא ולא רב מלכיו אבל שמעתתא יש מהם רב מלכיו ולעולם רב מלכיא אמרה אותה שמעתא דאפר מקלה ולכך אינו נותן סימן רק למתניתא :

שמואל

עין משפט נר מצוה

לט א ב מיי' פ"ד מהלכות יו"ט הל' ט סמג לאוין עה טוש"ע א"ח סימן תקט סעיף ב:

מ ג ד מיי' שם סמג שם טוש"ע א"ח סי' תלח סעיף א :

מא ה ו מיי' וסמג שם טוש"ע א"ח סימן תקט סעיף ב :

מב ז ח מיי' פ"א מהל' יו"ט הלכה ד ה סמג שם טוש"ע א"ח סימן תצה סעיף א :

[נ"ל ה. ושם ד"ה א"ר יהודה וע"ע תוס' לקמן לה: ד"ה א"ר זירא]

מג ט י מיי' פ"ד שם הלכה ח סמג שם טוש"ע א"ח סימן תקט סעיף א :

מד כ ל מ טוש"ע א"ח סימן תקיח סעיף ג :

[פסחים עד: חולין לג:]

מה נ מיי' שם הלכה כא סמג שם טוש"ע א"ח סימן תק סעיף א :

[עיין במוה"ש לובלין]

מסורת הש"ס

[חולין יז: יח.] · לקמן לג: · [מגילה ז: וש"נ] · [שם ע"ש] · שמות יב · [שם: סוכה מ: ב"ק קב: מכות יג.] · [ע"ז כט: ובע"ז] · [שבת מב.] · מכות כא. כתובות סא: ע"ז כט. נדה נב. · [לה:]

רבינו חננאל

בחול בבכור ולא בפסולי המוקדשין א"ר בון שלא יהא כעובד עבודה בחייו ועברי סכינא אפומא דדיקלא או אפומא דריחים לחדדה הלכה ואין מורין כן: להראות סכין לחכם ביו"ט · רב מרי בריה דרב ביסא שרי ורבנן אסרי אמר רב יוסף ת"ח רואין לעצמן ומשאילין לאחרים·סכין שעמדה אי פסק' אגב דוחקא שרי לחדורה בפומא דרחייא או בפומא דדיקולא או כיוצא בהן אבל במשחות לא· דרש רב חסדא סכין שנפגמה ושפוד שנרצם וגריפת תנור וכיריים מחלוקת ר' יהודה ורבנן דתניא אין בין יו"ט לשבת אלא אוכל נפש בלבד· ר' יהודה מתיר אף מכשירי אוכל נפש· ואסיקנא מ"ט דת"ק דייק אך אשר יאכל לכל נפש וגו' ולא תימא לכל נפש דאפילו נפש בהמה משמע כדכתב מכה נפש בהמה דהא כתב לכם למעט העובדי כוכבים והכלבים· ור' יהודה דייק לכם לכל צרכיכם ואפילו מכשירי אוכל נפש והני מילי מכשירין שאי אפשר לעשותן מעיו"ט· אבל מכשירין שאפשר לעשותן מעיו"ט אפילו ר' יהודה אוסר דאתא הוא לבדו ומיעטן: אמר רב יהודה אמר שמואל שפוד שנרצם אסור לתקנו ביו"ט ואע"ג דיכיל למיפשטיה בידיה וכן שפוד שצלה בו בשר אם הוציא הבשר ממנו אסור לטלטלו ביו"ט· רב מלכא ואיתימא רב אדא בר אהבה אמר שומטו ומניחו בקרן זוית כו' אמר רבינא אע"פ שאין בו בשר מותר לטלטלו מידי דהוה אקוץ ברה"ר הלא קוץ ברה"ר מטלטלין אותו ומניחין אותו בצידי רה"ר כדי שלא יוזקו בו רבים· גם זה השפוד לא גרע מקוץ: פי' שמועות של רב מלכא שפוד הא דאמרן שפחות בכתובות אפילו הכניסה לו ק' שפחות כופה לעשות בצמר גומות בנדה גומות אע"פ שאין שערות ואלו שמועות של רב מלכיה: בלורית וגבינה במס' ע"ז אפר מקלה במס' מכות ומי שאמר מתני' מלכתא אמר שפחות בלורית אפר מקלה וגבינה רב מלכיה: שאלו כולן מתני' נינהו אבל שפוד וגומות שמועות הן והן בלב' לרב מלכא איכא בינייהו שפחות רב פפא אמר שפחות רב מלכיה היא *) ורב אמר לך לרב מלכין היא: מתני' לא יאמר אדם לטבח מכור לי בדינר בשר אבל שוחט ומחלק

*) נראה דצ"ל ולר"ח בריה דרב איקא לרב מלכא הוא .

הגהות הב"ח

(א) גמ' והני מילי דפסקא כצ"ל ותיבת הוא נמחק : (ב) שם אמר רב מלכיו אמר רב אדא בר אהבה שומטו כצ"ל : (ג) רש"י ד"ה שפוד שפחות וכו' גדולה היא ואינה ממתנת דאין גומא : (ד) תוס' ד"ה גריפת וכו' פרש"י משום אשווי :

הגהות הגר"א

[א] גמרא רב אדא בר אהבה אמר רב מלכיו · נ"ב ט"ס הוא וצ"ל בהיפך רב מלכיו אמר רב אדא בר אהבה וכ"ה בכל המקומות (שבמסורת הש"ס) והרי"ף והרא"ש גרסי רב מלכיו ואיתימא רא"ב"א :

Raba who [28*b*] was stropping a knife on the edge of a basket and I asked him: Do you, Sir, want to sharpen it or do you want to remove its grease? And he replied to me: To remove its grease. But it was clear to me that he was engaged in sharpening, only he was of the opinion: Thus is the *halachah* but one does not teach it [publicly].[2]

Abaye also related: I was standing before the Master[3] who was stropping a knife on the edge of a mill and I asked him: Do you, Sir, want to sharpen it or do you want to remove its grease?—And he replied to me: To remove its grease. But it was clear to me that he was engaged in sharpening, but he was of the opinion, Thus is the *halachah* but one does not teach it [publicly]. The scholars asked: May one show a knife on a Festival to a sage?[4]—R. Mari the son of R. Bizna permits, and the Rabbis forbid [it]; but R. Joseph says: A scholar may examine [a knife] for himself[5] and lend it to another.

a R. Joseph further said: If a knife became blunt[1] it may be sharpened on a Festival; and this applies only in the case when it can cut with difficulty.[2] R. Ḥisda—some say, R. Joseph—lectured: With respect to a knife dented[3] and a spit with the point broken off[3] and the sweeping out of a stove and a pot range[4] on a Festival we come to the dispute between R. Judah and the Rabbis. For it was taught: The Festival is distinguished from the Sabbath only with respect to the preparing of food alone. R. Judah permits even the preliminaries for the preparing of food. What is the reason of the first Tanna?[5] Scripture says, *'that alone may be done for you,'*[6] [only] *'that'* but not the preliminaries [for the preparation]. And R. Judah?—The text says, *'for you'*, for you [means] for all your needs. And the first Tanna; surely it says *'for you'?*[7]—He will reply to you: That [text] *'for you'* [signifies] but not for a heathen. And the other;[8] surely it also says *'that [alone]'?*—He will reply to you: *'That'* is written and *'for you'* is written, yet there is no contradiction; the one applies to preliminaries which can be performed before the Festival,[9] and the other to preliminaries which cannot be performed before the Festival.[10] Rab Judah in the name of Samuel said: One may not repair a bent spit on a Festival. This is obvious!—It [the teaching] is necessary even when one can straighten it with the hand.[11]

Rab Judah in Samuel's name further said: A spit which was used for roasting meat may not be handled on the Festival.[12] R. Adda b. Ahabah said in the name of Malkio: He pulls it out [of the joint] and puts it in a corner.[13] Said R. Ḥiyya b. Ashi in R. Huna's name: Providing there is as much as an olive of meat on it. Rabina says: It [the spit] may be handled even though there is no meat on it at all, for it is analogous to the case of a thorn in a public

b ground.[1] R. Ḥanina[2] son of R. Ikka said: [The teachings on] a spit,[3] bondmaids,[4] and hair-pits[5] are by R. Malkio; whereas those on *belorith*-tresses,[6] wood-ashes[7] and cheese[8] are by R. Malkia.[9] R. Papa says: If referring to a Mishnah or a Baraitha[10] it is [by] R. Malkia, [but] independent teachings[11] are by R. Malkio; and as a mnemonic make use of: The Mishnah is queen.[12] Wherein do they differ? They differ in regard to bondmaids.[13]

MISHNAH. A MAN MAY NOT SAY TO A BUTCHER, 'WEIGH
c ME A DINAR'S WORTH OF MEAT',[1] BUT HE SLAUGHTERS [THE ANIMAL] AND SHARES IT AMONG THEM.[2]

(2) So that people might not treat Festivals lightly. (3) Rabbah. (4) Before slaughtering the animal, the knife must be examined by a sage or an expert to assure that it is free from the slightest notch. (5) At home.

a (1) But there was no sign before the Festival that the knife needed sharpening. (2) I.e., it was not badly blunt so that it would not require much sharpening; otherwise it is forbidden. (3) On the Festival. (4) I.e., sweeping out plaster which had fallen from its walls before the Festival, but which was only just noticed. (5) I.e., the Rabbis. (6) Ex. XII, 16. E.V. *'by you'*. (7) Signifying 'for all your needs'. (8) R. Judah. (9) Such are forbidden as implied in *'that'*. (10) Such are permitted as implied in *'for you'*. (11) Without beating it on an anvil. I might think that that does not constitute work. (12) I.e., it may not be taken out of the joint but the meat is carved from it on the spit; for the spit becomes *mukẓeh* on account of its unseemliness. (13) Thrust out of harm's way, but not taken there (Rashi).

b (1) Which one may remove on a Sabbath, to prevent danger to the public, by carrying it repeatedly short distances, each of which is to be less than four cubits. Similarly the spit may be taken to a place where it can do no harm. Cf. Shab. 42*a*. (2) In the parallel passage in Mak. 21*a*. it is R. Naḥman. (3) Quoted above, allowing the greasy spit to be put into a corner. (4) R. Eliezer says (in a Mishnah), even if a wife brought with her one hundred maids of her own, the husband can still insist on her doing work with wool on the ground that idleness is demoralizing. On this R. Malkio comments, the *halachah* is as R. Eliezer. V. Keth. 59*b* and 61*b*. (5) In Nid. 52*a* R. Huna says that the two hairs proving puberty must be set in pitlets. On this R. Malkio comments that the pitlets alone even without the hairs are sufficient indication of puberty. (6) In A.Z. 29*a* a Baraitha teaches that when an Israelite cuts the hair of a heathen, he should refrain from touching the top-tresses (or crown-lock) because these were usually consecrated to some deity. On this R. Malkia comments that the Israelite should begin to withdraw his hand at a distance of three fingers' breadth on every side. On *belorith* V. Krauss. *T.A.* I., 645. Cf. also Sanh., (Sonc. ed.) 21*a* n. c 5. (7) In Mak. 21*a*. R. Malkia says that it is prohibited to powder one's wound with burnt wood ash, because it gives the appearance of an incised imprint which is forbidden according to Lev. XIX, 28. (8) In A.Z. 35*b*, R. Malkia, in a discussion why the cheese of a heathen is forbidden (in the Mishnah) says that it is forbidden because its surface is smeared with lard. (9) The two names Malkio and Malkia can easily be interchanged, hence these two groups were given to assist the memory. (10) Heb. *Mathnitah*. (11) I.e., opinions and dicta heard from eminent teachers and reported by their disciples or visiting scholars as distinguished from what is taught in Mishnah and Baraitha. (12) The name of the one associated with a Mishnah (and Baraitha) is R. Malkia which name closely resembles the Aramaic word for *'queen'*—*malketha*. (13) According to R. Ḥanina it is attributed to R. Malkio, while according to R. Papa, since it has a reference to a Mishnah, it is attributed to R. Malkia.

c (1) The mentioning of money is disallowed. (2) Without mentioning money.

GEMARA What is he to do?[3]—As [29a] in Sura they say,[4] '[Give me] a *tirṭa*[5] or half a *tirṭa*'; in Naresh[6] they say, '[Give me] a *ḥelka*[5] or half a *ḥelka*; in Pumbeditha they say, '[Give me] an *uzya*[5] or half an *uzya*'; in Nehar Pekod[7] and in Matha Meḥasia[8] they say, ['Give me] a *rib'a*[5] or half a *rib'a*.

MISHNAH. A MAN MAY SAY [ON A FESTIVAL] TO HIS NEIGHBOUR, 'FILL ME THIS VESSEL', BUT NOT IN A MEASURE. R. JUDAH SAYS: IF IT WAS A MEASURING-VESSEL HE MAY NOT FILL IT. IT IS RELATED OF ABBA SAUL B. BATNITH THAT HE USED TO FILL UP HIS MEASURES ON THE EVE OF A FESTIVAL AND GIVE THEM TO HIS CUSTOMERS ON THE FESTIVAL. ABBA SAUL SAYS: HE USED TO DO SO DURING THE INTERMEDIARY DAYS OF A FESTIVAL[9] TOO, ON ACCOUNT OF THE CLEARNESS OF MEASURE;[10] BUT THE SAGES SAY: HE USED ALSO TO DO SO[11] ON AN ORDINARY DAY FOR THE SAKE OF THE DRAINING OF THE MEASURES.[12]

GEMARA. What means BUT NOT IN A MEASURE?—Said Rab Judah in Samuel's name, But not in a vessel set aside as a measure;
a but one may fill a vessel held in reserve[1] for measuring.[2] Whereupon R. Judah said: One may not fill even a vessel held in reserve as a measure. This proves that where the joy of the Festival is concerned R. Judah is stringent and the Rabbis are lenient; but we know of them to the contrary! For we have learnt: R. Judah says: A man may weigh meat [on a Festival] against a utensil or a butcher's chopper, but the Sages say: One may not look on the pair of scales at all;[3] which proves [that] R. Judah is lenient and the Rabbis are stringent! [Hence] there is a contradiction [in the rulings] of R. Judah and a contradiction [in the rulings] of the Rabbis!—R. Judah is not self-contradictory, [for] there[4] [it treats of a vessel] not held in reserve as a measure,[5] whereas here [it treats of a vessel] which is held in reserve as a measure. The Rabbis too are not self-contradictory, [for] there[4] he acts as one acts on an ordinary day,[6] [but] here he does not act as one acts on an ordinary day.[7] Raba says: What means BUT NOT IN A MEASURE? [It is] that he may not mention to him the name of the measure;[8] but one may fill a vessel appointed as a measure. Whereupon R. Judah said: One may not fill a vessel appointed as a measure. This proves that where the joy of the Festival is concerned R. Judah is stringent and the Rabbis are lenient, but we know of them to the contrary! For we have learnt: R. Judah says: A man may weigh meat [on a Festival] against a utensil or a butcher's chopper, but the Sages say: You may not look on the pair of scales at all, which [proves that] R. Judah is lenient and the Rabbis are stringent! [Hence] there is a contradiction [in the rulings] of R. Judah and a contradiction [in the rulings] of the Rabbis!—R. Judah is not self-contradictory, [for] there it is not appointed as a measure, [but] here it is appointed as a measure. The Rabbis too are not self-contradictory, [for] there he acts as one acts on an ordinary day, [but] here he does not act as one acts on an ordinary day; for people are accustomed to pass wine in a meas-
b uring-vessel and drink [therefrom].[1]

IT IS RELATED OF ABBA SAUL B. BATNITH. A Tanna taught: He also used to act thus during [the Intermediary Days of] a Festival on account of disturbing [study] in the Academy.[2] Our Rabbis taught: He collected three hundred jugs of wine from the foam of the measures,[3] and his associates collected three hundred jugs of oil from the drops of the measures,[4] and they brought them to the treasurers [of the Temple] in Jerusalem,[5] who said to them: There is no need for you to [do] this.[6] They replied to them: We too will have none of it. They said to them: Since you act so stringently with yourselves then apply it to public purposes; for it was taught: If one robbed and he does not know whom he robbed,[7] he must apply it to public purposes. What are such?—Said R. Ḥisda: Wells, ditches and grottos.[8] R. Ḥisda took Rabana Uḳba about and lectured:[9] A man may not measure barley on a Festival and give it to his animal, but he may scoop up [with his hand] a *ḳab*-full or two *ḳabs*-full and give it to his
c animal without fear.[1] And the baker may measure spices and put them in his pot so as not to spoil the dish.[2] R. Jeremiah b. Abba said in Rab's name: A woman may measure flour on a Festival and make it up into dough in order that she may separate *ḥallah*[3] generously, but Samuel says: It is forbidden. But the School of Samuel taught:[4] It is permitted!—Said Abaye: Now that Samuel says: It is forbidden, and the School of Samuel taught: It

(3) In order to get the quantity he desires. (4) When asking for meat on a Festival. (5) According to Rashi these terms are technical names of the pieces of meat which were carved for retailing. They had different names in different places. (6) Identical with Nahras or Nahr-sar, on the canal of the same name, on the east bank of the Euphrates. Obermeyer, p. 307. (7) West of Meḥuza, identical with Nehar Malka, situated on the canal of the same name on the west bank of the Tigris. Obermeyer, pp. 273, 275. (8) A suburb of Sura. V. Obermeyer, p. 297. (9) The second (or third) to the sixth days of Passover and the second (or third) to the seventh days of Tabernacles. (10) So that the froth might settle, thus assuring correct measure, or that the sediment might remain in the measuring vessel. [Var. lec. omit: ON ACCOUNT . . . MEASURE, v. Rashi.] (11) I.e., fill the measures a day before. (12) Lit., 'squeezing', 'wringing out'. He placed his measuring-vessels a-tilt over the vessels of the customers so that no drop should be left behind in the measuring-vessel.

a (1) העומד למדה Lit., 'which stands for measuring'. [MS.M. העומד על, i.e., a vessel which has the capacity of a certain measure but not intended to be used for measuring, v. *D.S.*] (2) In case the real measure is broken or lost; but as yet this reserve has never been used for the purpose. (3) *Supra* 28a. (4) In the case of weighing meat. (5) The utensil and the hatchet are not vessels serving as weights. (6) When the weights are not at hand the butcher often uses his implements as weights. (7) For the new vessel was not yet regarded as a measure (Rashi). [This is difficult: On the reading of MS.M. (*supra* n. 1): For the vessel is not intended for measuring.] (8) E.g., pints, quarts or gallons, but only 'fill this vessel'.

b (1) Therefore the filling of such a vessel has not at all the appearance of a sale. (2) He filled up the measures during the night in order that he may be free to lecture on the day of the Festival. [This might be taken as supplementing the reason stated in the Mishnah: He filled them during the night so that he should not have to wait for the froth to settle and be free to lecture, v. Rashi and *supra* n. 10.] (3) By not removing the froth he saved so much on each measure. In that way he found that he had saved three hundred jugs full. (4) By not leaving the measuring vessel to run out into the funnel. (5) They thought it belonged to their customers. For the whole story cf. Büchler, *Types*, p. 144. (6) I.e., to deliver this, since the purchasers have waived all claim thereto. (7) To whom he wishes to make restitution. (8) And thus provide water to the general public among whom the robbed person is to be found. Cf. B.Ḳ. 94*b*. (9) אדבריה. V. *supra* 21*b* n. b3.

c (1) That he is desecrating the Festival thereby. (2) Which might occur if he merely guessed at the measure. (3) V. Glos. (4) [Rashi: Like R. Ḥiyya and R. Oshaia, Samuel too had compiled a collection of Tannaitic teachings.]

דבסורא אמרי תרטא ופלגו תרטא בנרש אמרי חלקא ופלגו חלקא בפומבדיתא אמרי אוזיא ופלגו אוזיא בנהר פקוד ובמתא מחסיא אמרי רבעא ופלגו רבעא: **מתני'** באומר אדם לחברו מלא לי כלי זה אבל לא במדה ר' יהודה אומר אם היה כלי של מדה לא ימלאנו מעשה באבא שאול בן בטנית שהיה ממלא מדותיו מערב יו"ט ונותנן ללקוחות ביו"ט אבא שאול אומר אף במועד (א) עושה כן [א] מפני ברורי המדות וחכמים אומרים אף בחול עושה כן מפני מצוי המדות: **גמ'** מאי אבל לא במדה אמר רב יהודה אמר שמואל אבל לא בכלי המיוחד למדה אבל כלי העומד למדה ימלאנו ואתא ר' יהודה למימר אפילו כלי העומד למדה לא ימלאנו אלמא גבי שמחת יום טוב ר' יהודה לחומרא ורבנן לקולא והא אפכא שמעינן להו דתנן *רבי יהודה אומר שוקל אדם בשר כנגד הכלי וכנגד הקופיץ וחכמים אומרים אין משגיחין בכף מאזנים כל עיקר אלמא ר' יהודה לקולא ורבנן לחומרא קשיא דר' יהודה אדר' יהודה קשיא דרבנן אדרבנן דר' יהודה אדר' יהודה לא קשיא התם בשאינו עומד למדה הכא בעומד למדה דרבנן אדרבנן נמי לא קשיא התם קא עביד כדעבדין בחול הכא לא קא עביד כדעבדין בחול רבא אמר מאי אבל לא במדה גשלא יזכור לו שם מדה אבל כלי המיוחד למדה ימלאנו ואתא ר' יהודה למימר כלי המיוחד למדה לא ימלאנו אלמא גבי שמחת יום טוב רבי יהודה לחומרא ורבנן לקולא והא אפכא שמעינן להו דתנן רבי יהודה אומר שוקל אדם בשר כנגד הכלי וכנגד הקופיץ וחכמים אומרים אין משגיחין בכף מאזנים כל עיקר אלמא ר' יהודה לקולא ורבנן לחומרא קשיא דר' יהודה אדר' יהודה קשיא דרבנן אדרבנן דר' יהודה אדר' יהודה ל"ק התם בשאינו מיוחד למדה הכא מיוחד למדה דרבנן אדרבנן נמי לא קשיא התם קא עביד כדעבדין בחול הכא לא קעביד כדעבדין בחול דעבדי אינשי דמקרבי חמרא במנא דכילא ושתו: מעשה באבא שאול בן בטנית: תנא אף במועד עושה כן מפני בטול בית המדרש תנו רבנן הוא כנס שלש מאות גרבי יין מברורי המדות וחבריו כנסו שלש מאות גרבי שמן ממצוי המדות והביאום לפני הגזברים לירושלים אמרו להם אי אתם זקוקים לכך אמרו להם אף אנו אין רצוננו בכך אמרו להם הואיל והחמרתם על עצמכם עשו מהם צרכי רבים דתניא *גזל ואינו יודע למי גזל יעשה בהם צרכי רבים מאי נינהו אמר רב חסדא בורות שיחין ומערות אדבריה רב חסדא לרבנא עוקבא ודרש *דלא ימדוד אדם שעורים ויתן לפני בהמתו ביו"ט אבל קודר הוא קב או קבים ונותן לפני בהמתו ואינו חושש הוהנחתום מודד תבלין ונותן לתוך קדרתו כדי שלא יקדיח תבשילו אמר רב ירמיה בר אבא אמר רב מודדת אשה קמח ביו"ט ונותנת לתוך עיסתה כדי שתטול חלה בעין יפה ושמואל אמר ואסור והא תנא דבי שמואל מותר אמר אביי השתא דאמר שמואל אסור ותנא דבי שמואל מותר

שמואל

[לעיל כח.] [ב"ק צד:] [תוספתא פ"ג]

רש"י

בסורא אמרי · דרכן לומר לטבח תן לי תרטא או פלג תרטא ובנרש אמרי חלקא או פלג חלקא ובפומבדיתא אמרי אוזיא · כל הטבחין היו מנחין בהמותיהם בשוה כך וכך נתחים מן הבהמה ולאותן הנתחים קרו להו בסורא תרטא ובנרש חלקא ובפומבדיתא אוזיא ובנהר פקוד ובמחוזא רבעא: **מתני'** אבל לא במדה · בגמ' מפרש לה ומאי פלוגתייהו: שהיה ממלא מדותיו כו' · שאין מודדין ביו"ט: אף בחולו של מועד עושה כן · בגמ' מפרש טעמא ולא גרסינן במתני' מפני ברורי המדות ואית דגרס ליה והן העלאת הרתיחות ובגמרא מפרש: מפני מצוי המדות · כשהיה מוכר שמן היה לו מדות הרבה ומביאין הלקוחות כליהן ומודד לאיש ואיש במדה לעצמו ומתמצות והולכות לתוך כליהן כל הלילה: **גמ'** המיוחד למדה · שמודד ומוכר בו: העומד למדה · שכשיסבר זה בא זה תחתיו אבל עדיין לא מדד בו: ואתא רבי יהודה למימר · כיון דהוא עצמו מדה ולקנעסוי וכדי מדה מחזיק לא ימלאנו דמחזי שפיר כמודד ומוכר כעובדין דחול: כלי וקופיץ · אין עומדין לכך: כדעבדין בחול · במאזנים פעמים שאין הליטרא לפניו וכיון שיודע משקל כליו שוקל בו: לא קא עביד כעובדין דחול · דעדיין לא יצא טבעו של כלי זה למדה: שם מדה · רבעא או לוג אלא כך יאמר לו סתם כלי זה מלא לי: הכא לא קא עביד כדעבדין בחול · שדרך לקוחות לומר תן לי לוג ואין דרכן לומר כלי זה מלא לי בדרך מקח אלא בדרך הלואה או מתנה ואע"ג דמיוחד למדה: עבידי אינשי דמקרבי חמרא. לחבריהם: במנא דכילא · של מדה: תנא אף במועד עושה כן מפני בטול בית המדרש · שהיה חכם גדול ובאים רבים לשאול הימנו ובמועד רבים עוסקים בתורה שאין טרודים במלאכה והיה ממלאן בלילה שאין זמן בית המדרש כדי שיהא פנוי ביום ולמאן דגרס במתני' מפני ברורי המדות מפרש הכי מפני בטול בית המדרש של באי מועד לא יהיה פנוי לשהות ולברר מדותיו שלא ירתיחו לפיכך ממלאן בלילה: הוא כנס כו' · משכתן יין בחבית כך וכך לוגין במדה ומכר ממנה עד שמכר חשבונו נמלא כל הטותר בחבית על ידי ברורין שהרתיח היין כשמוליאו ומעלה אופיא אישקומ"א בלע"ז ואין המדה מלאה והן נקראין ברורין לפי שמבררין אותן מן היין כששותה אי נמי על דקליסי וזיגי ושמן יש בו מלוי מפני שמודבק בשולי המדה ובדפטותיה ויין שכיחי ברורין ולא בשמן: וחבריו כנסו כו' · כדפרישית בברורין: לפני הגזברים · של הקדש לעשות בהן לרכי הקדש אם ירצו והם לא הקדישוה כבבורין אין יכולין להקדיש שאינו שלהם אי נמי יכולין הוה ליה גזל בעולה: אמרו להם חכמים אין אתם זקוקין לכך · הואיל ומתחלה לא נתכונתם לגזול שהלקוחות מוחלין על ידי טרדן ומרוצתם שאינם יכולין לשהות עוד וידעי וקא מחלי: אף אנו אין רצוננו לכך · לזה ליהנות משל אחרים: אמרו להם · חכמים א"כ אין לכם לעשות הקדש אלא לעשות בהן צרכי רבים שהרי משל רבים היה ויהנו הבעלים מהן: ואין יודע למי גזל · שגזל אנשים הרבה: שיחין ומערות · שמתכנסין בהן מים ושותין מהן ובב"ק (דף נ:) מפרש מאי בור ומאי שיח ומאי מערה: אדבריה · הנהיגו ומטייל עמו במבואות העיר: לא ימדוד אדם קב שעורין · אפילו ליתן לבהמתו שנראה כמודד למכור: אבל קודר הוא · בקב עצמו נוקב בכרי וממלאו שלא כדרך מדה לתת בידו לתוכו: קודר · לשון נוקב: נחתום · מבשל קדרות נמי קרוי נחתום: יקדיח · ישרוף אורשי"ר בלע"ז: בעין יפה · שיעור חלה אחד מכ"ד לכהן וכשאינה יודעת מדת עיסתה היא מקמלת ואומרת אין כאן כל כך אבל כשיודעת מדת עיסתה יודעת מה תפריש ועינה יפה בה: תנא דבי שמואל · בתוספתא שסידר שמואל מתנאים שלפניו כמו שסדרו רבי חייא ורבי אושעיא וכמו שסידר רבי את המשנה: השתא דאמר שמואל אסור · והוא שנה במשנתו מותר שמואל בשמעתיה דאמר אסור הלכה למעשה אתא לאשמועינן שהבא לשאול הלכה לעשות מעשה מורין לו אסור ואי חזינן איניש דעביד לא מחינן בידיה דהלכה דמותר ואין מורין כן:

אין

עין משפט נר מצוה

מו א מיי' פ"א מהל' יו"ט הלכה כא סמג לאוין עה טוש"ע א"ח סימן תק סעיף א:

מז ב ג מיי' שם סמג שם טוש"ע א"ח סימן תקיז סעיף ג וסימן שכג סעיף א:

מח ד מיי' שם הלכה כב סמג שם טוש"ע א"ח סימן תקיז סעיף ד [וסימן שכד סעיף ב]

מט ה מיי' וסמג שם טוש"ע א"ח סימן תקד סעיף ד:

נ ו מיי' וסמג שם טוש"ע א"ח סימן תקו סעיף א:

רבינו חננאל

ומחלק ביניהן היכי עביד בסורא אמרי כי תרטא כו' פי' נותן לזה כי תרטא והוא דבר ידוע באותו מקום ולזה פלגו תרטא · ובנרש הוו אומרים כי חלקא ופלגו חלקא · וכן אוזיא וכן ריבעא כולן שם אותו כלי הידוע במקומם: [מתני'] אומר אדם לחבירו ביום טוב מלא לי כלי זה אבל לא במדה כו' אוקמה שמואל הא דתנן מלא לי כלי זה אע"פ שמכיל מדה ידועה כגון כלי שמכיל קפיזא והוא עשוי להשתמש בו בביתו · אבל לא במדה אבל לא בכלי המיוחד למדוד בו לבני אדם שאינו עשוי להשתמש בו אלא למדוד בלבד כגון קפיזא שהוא עשוי למדוד בו למכירה ולקנייה אלו דברי ת"ק ואתא רבי יהודה למימר אפילו כלי העשוי להשתמש בו כיון שמכיל מדה ידועה אסור למלאותו ולתת אותו לחברו ביו"ט שנמצא כאילו מודד ומוכר לו · ואקשינן וכי ר' יהודה מחמיר בשמחת יו"ט ורבנן[מקילין]והא אפכא שמעינן להו דתנן רבי יהודה אומר שוקל אדם בשר כנגד הכלי כו' ופרקינן דרבי יהודה אדרבי יהודה ל"ק התם בכלי שאינו עומד במשקל ידוע לפיכך מותר הכא למלאות ולתת לו בכלי העומד למדה ידוע אסור לרבנן נמי דאמרי אין משגיחין בכף מאזנים כל עיקר משום שעושה מעשה חול ושוקל במאזנים בשביל כך אסור אבל הכא פעמים שנותן אדם יין בכלי של מדה ושותה לפיכך מותר · רבה אמר ובלבד שלא יזכור לו סכום מדה · מעשה באבא שאול בן בוטנית שהיה ממלא מדותיו

הגהות הב"ח

(א) במשנה אף במועד עשה כן וכו' אף בחול עשה כן:

הגהות הגר"א

[א] במשנה מפני ברורי המדות: נמחק:

מעיו"ט כו' וחכ"א אף בחול עושין כן מפני מיצוי המדות · תנא הוא כינס ש' גרבי יין כו' ואסיקנא יעשה בהן צרכי צבור דתניא גזל ואינו יודע ממי גזל ילך ויעשה בהן צרכי צבור אלו הן צרכי צבור בורות שיחין ומערות: ירושלמי ר' אלעזר אמר לזעירא בר חמא מלא לי הדין מנא ולמחר אנן מכילין ליה · אדבריה רב חסדא לרבנא עוקבא ודרש לא ימדוד אדם שעורים ויתן לפני בהמתו אבל באומד *) קב או קביים ואינו חושש משום מדה · אמר רב מודדת אשה קמח ללוש בו דכיון דידעה דלישה חמשת רבעים ועוד **) מסכמת כדי שתיטול חלתה בעין יפה ושמואל אמר אסור ואסקה אביי

*) אולי צ"ל אבל ליטול באומד קב או קבים מותר ואינו חושש כו'. **) אינו מובן ואולי צ"ל ועוד היא מסכמת ליטול חלתה וכו'.

עין משפט
נר מצוה

א א ב ג מיי' פ"ג מהלכות יו"ט הלכה יד סמג לאוין עה טוש"ע א"ח סימן תקו סעיף ב :

ב ד ה ו ז מיי' פ"ד מהל' יו"ט הלכה כג· כד סמג לאוין שם טוש"ע א"ח סימן שכג סעיף ג ד וסימן תקיז סעיף א :

א ח מיי' פ"ה מהלכות יו"ט הלכה א סמג לאוין עה טוש"ע א"ח סימן שכג סעיף ה וסי' תקי סעיף ח :

שמואל *הלכה למעשה אתא לאשמועינן תנו רבנן [א]אין שונין קמח ביום טוב משום רבי פפיים ור' יהודה בן בתירא אמרו שונין ושוין שאם נפל לתוכן צרור או קיסם ששונין תני תנא קמיה דרבינא אין שונין קמח ביום טוב אבל נפל צרור או קיסם בורר בידו אמר ליה כ"ש דאסור דהוה ליה כבורר דרש רבא בר רב הונא זוטי אפתחא דנהרדעא שונין קמח ביום טוב אמר להו רב נחמן פוקו ואמרו ליה לאבא *שקילא טיבותך ושדי אחורי פוק חזי כמה מהולתא הדרן בנהרדעא דביתהו דרב יוסף נהלא קמחא [ב]אגבא דמהולתא אמר לה *חזי דאנא רפתא מעליתא בעינא דביתהו דרב אשי נהלא קמחא [ג]אגבא דפתורא אמר רב אשי הא דידן ברתיה דרמי בר חמא ורמי בר חמא *מרא דעובדא הוה ואי לאו דחזיא מבי נשא לא הוה עבדא : **מתני'** [ד]הולך אדם אצל חנוני הרגיל אצלו ואומר לו תן לי ביצים ואגוזים במנין שכן דרך בעל הבית להיות מונה בתוך ביתו : **גמ'** ת"ר *[ה]הולך אדם אצל רועה הרגיל אצלו ואומר לו תן לי גדי אחד או טלה אחד אצל טבח הרגיל אצלו ואומר לו תן לי כף אחת או ירך אחת אצל פטם הרגיל אצלו ואומר לו תן לי תור אחד או גוזל אחד אצל נחתום הרגיל אצלו ואומר לו תן לי ככר אחד או גלוסקא אחת ואצל חנוני הרגיל אצלו ואומר לו תן לי עשרים ביצים או חמשים אגוזים עשרה אפרסקין וחמשה רמונים ואתרוג אחד [ו]ובלבד שלא יזכיר לו סכום מדה ר' שמעון בן אלעזר אומר [ז]ובלבד שלא יזכיר לו סכום מקח :

הדרן עלך אין צדין

המביא [ח]כדי יין ממקום למקום לא יביאם בסל ובקופה אבל מביא הוא על כתפו *או לפניו וכן המוליך את התבן לא יפשיל את הקופה לאחוריו אבל מביאה הוא בידו *ומתחילין בערמת

אין שונין קמח · שרקדו מאתמול ובא לשנותו בנפה ליפותו אין שונין דאפשר לו מאתמול : שונין · דליכא טרחא ודבר הנראה הוא שזו היא פעם שניה ואין זה כמרקד לברור : תני תנא קמיה דרבינא אין שונין · ואפילו נפל לתוכן צרור או קיסם אלא בודק הקסמין והצרורות ובורן בידיו : כל שכן דאסור · דמחזי כבורר ובורר אב מלאכה היא כהרקדה והשונה אינו מרקד שהרי נראה שהכל יוצא ואין כאן סובין : לאבא · לחברי : שקילא טיבותיך · אין אנו מחזיקין לך טובה בכך נטולה היא טובתך ומוטלת על הקוצים. טיבותיך גרי"ר בלע"ז : מהולתא · נפות : הדרן בנהרדעא · שכולן יודעות שמותר : אגבא דמהולתא · באחורי הנפה כדי לשנות : רפתא מעליתא · אי את צריכה לשנות דשונין קמח ביום טוב : אגבא דפתורא · אחורי השלחן שיש לו תוך שקורין טורגרויי"א והיא היתה שונה הקמח על אחוריו משום שנוי : הא דידן · זו אשתי ברתיה דרמי בר חמא היא : מרא דעובדא · מדקדק במעשיו : רועה · זה המגדל בהמות ופעמים שמוכר מהן : הרגיל אצלו · שמתוך שרגיל אצלו מאמינו ונותנו לו בלא פסוק דמים : פטם · המפטם עופות לשון משמין : סכום מדה · קב או קבים : סכום מקח · דמים :

הדרן עלך אין צדין

המביא ממקום למקום · בתוך התחום או ע"י ערוב : לא יביאם בסל ובקופה · לתת שלש וארבע בתוך קופה וישאם משום דנראה כמעשה דחול לשאת משאות : אבל מביא על כתפו · אחת או שתים דמוכח דלצורך י"ט : או לפניו · בידו : וכן המוליך את התבן · להסק או לבהמה לא יפשיל קופה לאחריו דנראי' יו"ט(א) שנראה כמתכוין למלאכה רבה או להוליך למקום רחוק כדרך חול : ומתחילין

שמואל הלכה למעשה אתא לאשמועינן · פי' דאם יבא שום אדם לשאול לנו כיצד יעשה אומר' לו הוראה לאסור אבל אם אנו רואין שום אדם שנהג היתר בדבר אין אנו צריכין למחות בו ולפי זה לא פליג שמואל ארב דתרוייהו מודו לאסור למעשה מיהו בה"ג פירש ושמואל הלכה למעשה אתא לאשמועינן ופליג אברייתא ופליג ארב ויש שפוסקין כשמואל ואע"ג דהלכה כרב באסורי מ"מ מדאמר סתמא דהש"ס שמואל הלכה למעשה אתא לאשמועינן משמע דהלכה כותיה ויש פוסקין כרב משום דהלכה כרב באסורי וכ"ש הכא דהא תנא [דבי] שמואל כותיה דרב ואומר הר"ר שמואל מאייבר"א דאפי' למ"ד דהלכה כרב מ"מ אסור לנו בזמן הזה למדוד משום ליטול חלה בעין יפה דדוקא בימיהן שהיו מפרישין חלה אחת מכ"ד ונותנין לכהן שייך לומר דמותר משום עין יפה אבל אנו שאין מפרישין כי אם מעט אפילו מעיסה מרובה ואותו מעט נמי אינו נאכל אלא נשרף אין למדוד דלא שייכא סברא דקאמר הכא כדי שתטול חלה בעין יפה אלא יש לנו לשער מאומד שתהיה בריוח כשיעור משום הברכה וכן בפסח נמי יש ליזהר מלמדוד ביום טוב למצות וצריך לעשות פחות מכשיעור ולא ימדוד במדה שעשה למדוד בחול בצמצום אלא יפחות או יוסיף אם המדה קטנה :

אגבא דפתורא · פ"ה אחורי השלחן כמו אגבא דמהולתא ואפשר לפרש ע"ג השלחן ממש וחשיב שנוי לפי שדרך לרקד בעריבה ומ"מ אין להתיר תחלת הרקדה על ידי שנוי דהא אשונין דברייתא קאי ורשב"ם פירש דע"י שנוי אין לחלק ויש לסמוך עליו לענין להתיר לשפחה נכרית תחלת הרקדה ע"י שנוי אבל אנו לעצמנו אין לסמוך :

אצל חנוני הרגיל אצלו · בין הוא נכרי בין ישראל דאין לחלק רק היכא דאיכא חששא דמחובר או נולד:

שלא יזכיר לו סכום מדה · פי' רש"י קב או קבים וסכום מקח שלא יאמר לו תן לי אגוזים בדינר אחד או בשנים וקשה *דפשיטא דאסור ועוד אמאי קאמר סכום מדה ה"ל למימר ובלבד שלא יזכיר מדה ותו לא לכן נ"ל כר"ח דגרים סכום מנין וקאי אלעיל וה"פ אמרת דילך אדם אצל חנוני הרגיל אצלו ויאמר לו תן לי ה' אגוזים או י' אפרסקין ובלבד שלא יזכיר סכום מנין שלא יאמר לו תן לי י' אגוזים וכבר נתת לי ל' ואם כן אני חייב לך מ' בין הכל אבל רבי שמעון אומר ובלבד שלא יזכיר סכום מקח שלא יאמר *לו תן לי אגוזים בששה פשיטין וכבר נתת לי כך ואם כן אני חייב לך מכל י"ב פשיטין אבל סכום מנין שרי *וכן איתא בתוספתא ובה"ג מכאן יש ליזהר שלא להזכיר אפילו סכום מנין לפי שדומה למקח וממכר: הדרן עלך אין צדין

המביא כדי יין וכו' לא יביאם בסל · ותימה דאמרינן בשבת פ' מפנין (דף קכו: ושם) מפנין ד' קופות או ה' וכ"ש שיהא מותר בי"ט וי"ל דהתם מיירי (ב) שאינו יכול להוציא לחוץ ואין רואין אותו וע"כ מותר והכא מיירי ביו"ט שיכול להוציאו לחוץ ורואין אותו וע"כ יהא אסור שהרואה אותו אומר לצורך חול מביא אותם ולהכי אסור ומ"מ קשה דקאמר אבל הוא מביא על כתפו אלמא משמע דמרבה בהלוכה עדיף וקאמר התם במסכת שבת* למעוטי בהלוכה עדיף ויותר טוב להביאן בסל או בקופה בפעם אחת מלהביאן כל אחת בפני עצמה וי"ל דלמה דפי' ניחא דהתם מיירי בשבת דלא הוי כעובדי דחול שאין מטלטל כי אם מזוית לזוית בתוך בית ולכך קאמר למעוטי בהלוכה עדיף טפי משום טרחא יתירא אבל הכא מיירי ביו"ט משום טרחא יתירא לא קפדינא אלא משום דמחזי דעביד כעובדי דחול וא"כ עדיף טפי לאפושי בהלוכה ויעשה דרך שנוי כי היכי דלא לתחזי דעביד כעובדי דחול ופעמים נמי דאסור לאפושי בהלוכה אע"ג דממעט במשאוי כיון שאין משנה מדרך חול :

דדרו

וזה קשה לפי' רש"י דמחשיב זה למקח וממכר קשה פשיטא משא"כ לפי' ר"ח דלא נחשב למקח רק אם מזכיר סך הכל אבל אם אומר תן לי בדינר סתם לא נחשב למקח לא קשה פשיטא דהא קמ"ל דבסתם שרי ועי' רש"א ומהרש"א

רבינו חננאל

אביי ואמר השתא דתנא דבי שמואל שותר ואמר שמואל אסור שמואל הלכה למעשה אתא לאשמועינן ולאפוקי מתניתא הוא דאתא · דרש רבה בר רב הונא זוטי בנהרדעא הלכה שונין קמח כלומר פעם שניה ביו"ט אמר להו רב חמא אמרו ליה שקילא טיבותיך שדי אחורי כלומר שיתתה דבריך הטובים במקום קוצים · וכי להוראתך צריכין כבר צא וראה כמה כרות טבבות בנהרדעא כל אחת טוברת. בנפה ובכברה דביתהו דרב יוסף היתה כוברת באחורי הנפה כלומר בנפה מהופכת על פיה והקמח על גבה א"ל חזי דאנא ריפתא מעלייתא בעינא כלומר מותר לנפות כדרכו . ודביתהו דרב אשי הות נהלה אגבה דפתורא כלומר בשינוי ואמר רב אשי בתו של רמי בר אבא היא אילו לא ראתה בבית אביה לא היה עושה · אומר אדם לחנוני תן לי ביצים ואגוזים במנין שכן דרך בעל הבית להיות מונה בתוך ביתו : ת"ר הולך אדם אצל טבח הרגיל אצלו ואומר לו תן לי גב אחד או ירך אחת כו' וכן אצל נחתום ואומר לו תן לי ככר אחד או קלוסקא אחת כו' וכן אצל חנוני הרגיל אצלו ואומר תן לי כ' ביצים נ' אגוזים י' אפרסקין ב' רמונים אתרוג אחד ובלבד שלא יזכור לו סכום מקח פי' לא יאמר לו יש לך עלי *) נ' כסף תן לי בכסף אחר נעשה לך עלי ב' כספים זהו פי' סכום מקח סכום מנין יאמר לו יש לך נ' אגוזים תן לי עכשיו נ' אחרים הרי יש לך מאה : הדרן עלך אין צדין

המביא

*) נראה דצ"ל יש לך עלי כסף אחד תן לי בכסף אחר נעשה לך עלי כו'.

מסורת הש"ס

[ברכות כד. וש"נ]

[שבת סג: כתובות נג: ב"ק סג. ב"מ סג:]

[לקמן לב:]

[שבת לז: חולין קי.]

[תוספתא פ"ג ועיין תוספות דסכא ד"ה שלא יזכיר]

בירושל' נ"ג א

[שבת קמ.]

עי' בסה"ן דלא גרים ליה

[עי' תוס' שבת קמט. ד"ה בני תבורה ותוס' ב"מ עה. ד"ה בני וכו']

דף קכו.

הגהות הב"ח

(א) רש"י ד"ה וכן וכו' דנראי' יו"ט הוא שנראה : (ב) תוס' ד"ה המביא וכו' וי"ל דהתם מיירי בשבת שאינו יכול :

is permitted, [29b] then Samuel's purpose is to inform us the *halachah* for actual practice.[5] Our Rabbis taught: One may not [sift] flour a second time[6] on a Festival. In the name of R. Papeus and R. Judah b. Bathyra they said: One may [sift it] a second time;[7] but they agree that if a pebble or a splinter fell in, one may sift it again.

A tanna recited in the presence of Rabina: One may not [sift] flour a second time on a Festival, but if a pebble or a splinter fell in, he may pick it out with his hand. He said to him: All the more this is forbidden, because it is in the nature of selecting.[8] Raba[9] the son of R. Huna Zuṭi expounded at the gate of Nehardea: One may [sift] flour a second time on a Festival. R. Naḥman said to them [his disciples]: Go and say to Abba,[10] 'Take your favours and throw them on thorns';[11] come and see how many sieves are being used in Nehardea. The wife of R. Joseph sifted flour on an inverted sieve.[12] He said to her: Take notice that I want good bread.[13] The wife of R. Ashi sifted flour on the top side of the table. Said R. Ashi: This my [wife] is the daughter of Rami b. Ḥama, and Rami b. Ḥama was a man of [pious] deeds, and unless she had seen this in the home of her parents, she would not have done it.

MISHNAH. A MAN MAY GO TO A SHOPKEEPER WHOM HE
a GENERALLY PATRONIZES[1] AND SAY TO HIM: 'GIVE ME [SO MANY] EGGS AND NUTS, AND STATING THE NUMBER; FOR THIS IS THE WAY OF A HOUSEHOLDER TO RECKON IN HIS OWN HOME.[2]

GEMARA. Our Rabbis taught: A man may go to a cattle-dealer whom he generally patronizes and say to him: Give me one kid or one lamb; to a butcher whom he generally patronizes and say to him: Give me one shoulder or one leg; to a poultry breeder whom he generally patronizes and say to him: Give me one dove or one pigeon; to a baker whom he generally patronizes and say to him: Give me one loaf or one roll; and to a shopkeeper whom he generally patronizes and say to him: Give me twenty eggs, or fifty nuts, or ten peaches, or five pomegranates, or one *Ethrog;* provided that he does not mention any measure.[3] R. Simeon b. Eleazar says: Provided that he does not mention any sum of money.

CHAPTER IV

MISHNAH. WHEN ONE TAKES JARS OF WINE FROM PLACE TO PLACE, HE MAY NOT CARRY THEM IN A BASKET OR IN A
b HAMPER,[1] BUT HE MAY CARRY [THEM] ON HIS SHOULDER OR IN FRONT OF HIM. LIKEWISE, ONE WHO CARRIES STRAW MAY NOT LET THE BUNDLE [OF STRAW] HANG DOWN OVER HIS BACK, BUT MUST CARRY IT IN HIS HAND; AND ONE MAY

(5) Although theoretically it is permitted, still one should not decide accordingly. Cf. *supra* 28b. (6) For this could have been done before the Festival. (7) The sifting a second time is not considered work. (8) Which is forbidden on Sabbaths and Festivals. Cf. Shab. 73a. (9) Var. lec.: Rabbah. (10) I.e., to my colleague (Rashi). [Abba is a familiar appelation of Raba (Rabbah), whereby he could be addressed only by a colleague. As R. Naḥman could hardly have been his colleague, preference is to be given to MS.M. which reads R. Ḥama, the head of the Nehardea School at the time; v. Hyman, *Toledoth* p. 1074]. (11) All know without this that it is allowed. Cf. B.Ḳ. 83a; B.M. 63b. V. Keth., (Sonc. ed.) 53b n. 7. (12) In an unusual way. (13) You can therefore sift it in the usual way.

a (1) Who would trust him to settle the reckoning after the Festival. Lit., 'with whom he is often'. (2) Hence mentioning the number does not particularly give it the appearance of purchase. (3) E.g., pints, quarts or gallons.

b (1) For this is the usual way of carrying it.

START [USING] A HEAP OF STRAW,[2] [30a] BUT [ONE MAY] NOT [START USING WOOD] FROM A PENT-HOUSE.[3]

GEMARA. A Tanna taught: If it is impossible [to carry it] in an unusual way,[4] it is permitted [to carry in a basket or hamper]. Raba enacted in Meḥuza: Whatever [load] one [usually] carries with a great effort,[5] must be carried [on a Festival] on a carrying-pole;[6] whatever is [usually] carried on a carrying-pole is to be carried [on a Festival] by a yoke;[6] whatever is [usually] carried by a yoke, is to be carried [on a Festival] by a hand-barrow;[6] whatever is [usually] carried by a hand-barrow [on a Festival] a cloth is to be spread over it;[7] but if it is impossible [to vary the usual procedure] it is permitted, for a Master said: If it is impossible [to carry it] in an unusual way it is permitted. R. Ḥanan b. Raba[8] said to R. Ashi: Did the Rabbis say that on a Festival [every work] as far as possible should be done in an unusual way? But these [our] women fill their pitchers with water on a Festival without any alteration and we do not say anything to them!—He replied to him: Because it is impossible [in any other way]. [For] how should it be done? If [a woman], who usually draws water in a large pitcher, should have to draw in a small pitcher,
a then she would have to do more walking![1] If [a woman], who [usually] draws in a small pitcher, should have to draw in a large pitcher, then you would increase her burden! Should she cover the vessel with a [wooden] lid, it might fall off and she will have to carry it![2] Should she bind it fast, it might become unfastened and she would be caused to tie it up again![3] Should she spread a cloth over it,[4] it might become soaked in water and she be led to wring it out![5] Therefore, it is impossible [otherwise]. Raba son of R. Ḥanin said to Abaye: We have learnt: You may not clap the hands or slap the thighs or dance;[6] and yet we indeed see that [people] do this and we do not take them to task!—He replied to him: And according to your opinion, that which Rabbah said: A man may not sit down at the entrance of the *leḥi*[7] lest an object should roll away and he come to carry it [four cubits in a public thoroughfare];[8] yet there are these women who take their water-jugs and go and sit at the entrance of an alley and we do not say anything to them! But let Israel [go their way]: it is better that they should err in ignorance than presumptuously;[9] here also [I say], Let Israel go their way: it is better that they should err in ignorance than presumptuously. This, however, applies only to a Rabbinical [prohibition] but not to a Biblical [prohibition]. But it is not so; whether it [the prohibition] is Biblical or Rabbinical we do not tell them anything; for the additional time to the Day
b of Atonement is a Biblical injunction,[1] yet people eat and drink until dusk and we do not say anything to them.

AND ONE MAY START [USING] A HEAP OF STRAW. Said R. Kahana: This proves that one may start using [wood] for the first time from a store [on a Festival]. With whom does that agree? With R. Simeon who does not hold [the law of] *mukẓeh*. Then consider the last clause: BUT [ONE MAY] NOT [START USING STORED] WOOD FROM A PENT-HOUSE; this is in accordance with R. Judah who holds [the prohibition of] *mukẓeh*.—We treat here of cedar and cypress wood which are *mukẓeh* on account of monetary loss,[2] where even R. Simeon agrees. Some recite this in reference to the last clause [thus]: BUT NOT FROM WOOD FROM A PENT-HOUSE. Said R. Kahana: This proves that one may not start using [wood] for the first time from a store [on a Festival]. With whom does that agree? With R. Judah who holds the prohibition of *mukẓeh*. Then consider the first clause: ONE MAY START [USING] A HEAP OF STRAW; this is in in accordance with R. Simeon who does not hold *mukẓeh*!—There it speaks of rotted straw.[3] Rotted straw is indeed capable of being used for clay![4] —When there are thorns in it.[5]

(2) On a Festival even though he did not designate it before the Festival. (3) Lit., 'which is in the *mukẓeh* (stored away)'. The wood stored there is usually for building purposes and not for fuel, hence it is *mukẓeh*. (4) If e.g., he needs a great quantity. (5) On a hand-spike. (6) Commentators disagree about these terms. Cf. *D.S.* ad loc. (7) Some kind of deviation, so that what is being carried is not seen. (8) [R. Ḥanan b. Raba was no contemporary of R. Ashi and hence read with MS.M.: Raba b. Ḥanin said to Abaye.]

a (1) She would have to go several times to draw the water to the amount she requires. (2) [Var. lec.: It might break and she will carry the fragments, v. Ronsburg, Glosses]. (3) And it is forbidden to make a knot on a Festival, when the knot is in the nature of a repair. (4) V. *supra* 30a n. b7. (5) Which is forbidden. (6) These are forbidden on a Festival as a preventive measure lest he fit up instrumen[illegible] of [illegible]usic. V. *infra* 36b. (7) The post of an alley. (8) Carrying in the al[illegible] is permitted, the post converting it by a legal fiction into a private residence. But carrying in the public thoroughfare is of course forbidden. (9) And therefore we do not tell them this, since in any case they would go on doing the same thing.

b (1) The injunction against eating, etc. commences a little before evening, and in Yom. 81b (q.v.) it is deduced that this addition is required by Scriptural law. (2) They are too good to be used as fire-wood and are only intended for building purposes. (3) Which being unfit for fodder is automatically *intended* as fuel, and therefore is not *mukẓeh*. (4) For building; hence it cannot be regarded as automatically intended for fuel. (5) Which render it unfit for kneading into clay.

בערמת התבן אבל לא בעצים שבמוקצה:

גמ' תנא *אם אי אפשר לשנות מותר [א] אתקין רבא *במחוזא דדרו בדוחקא לדרו *ברגלא דדרו ברגלא לדרו באגרא דדרו באגרא לדרו באכפא דדרו באכפא נפרוס סודרא עליה ואם לא אפשר שרי דאמר מר אם א"א לשנות מותר *אמר ליה רב חנן בר רבא לרב אשי אמור רבנן *כמה דאפשר לשנויי משנינן ביומא טבא והא הני נשי דקא מליין חצביהו מיא ביומא טבא ולא קא משניין ולא אמרינן להו ולא מידי אמר ליה משום דלא אפשר היכא ליעבד דמליא בחצבא רבה תמלי בחצבא זוטא קא מפשא בהלוכא דמליא בחצבא זוטא תמלי בחצבא רבה קא מפשי במשוי [ב] תכסיה בנכתמא א) זמנין דנפיל ואתי *לאתויי תקטריה זמנין דמפסיק ואתי למקטריה תפרוס סודרא עלויה זמנין דמטמיש במיא ואתי לידי סחיטה הלכך לא אפשר א"ל רבא בר רב חנין לאביי *תנן אין מטפחין ואין מספקין ואין מרקדין והאידנא דקא חזינן דעבדן הכי ולא אמרינן להו ולא מידי אמר ליה ולטעמיך הא *דאמר (*רבא) ג'לא ליתיב איניש אפומא דלחיא דלמא מגנדר ליה חפץ ואתי לאתויי (ד' אמות ברה"ר) והא הני נשי דשקלן חצביהו ואזלן ויתבן אפומא דמבואה ולא אמרינן להו ולא מידי אלא *הנח להם לישראל *מוטב שיהיו שוגגין ואל יהיו מזידין הכא נמי הנח להם לישראל מוטב שיהיו שוגגין ואל יהיו מזידין *והני מילי בדרבנן אבל בדאורייתא לא ו'ולא היא לא שנא בדאורייתא ולא שנא בדרבנן לא אמרינן להו ולא מידי דהא תוספת יום הכפורים דאורייתא הוא ואכלי ושתו עד שחשכה ולא אמרינן להו ולא מידי:

ז'ומתחילין בערמת התבן: אמר רב כהנא זאת אומרת תחלה מני ר' שמעון היא דלית ליה מוקצה אימא סיפא *אבל לא בעצים שבמוקצה אתאן לר' יהודה דאית ליה מוקצה הכא *בארזי ואשוחי עסקינן דמוקצה מחמת חסרון כיס ואפילו רבי שמעון מודה איכא דמתני לה אסיפא אבל לא בעצים שבמוקצה אמר רב כהנא זאת אומרת ח'אין מתחילין באוצר תחלה מני רבי יהודה היא דאית ליה מוקצה אימא רישא מתחילין בערמת התבן אתאן לר"ש דלית ליה מוקצה ט'התם בתבנא סריא תבנא סריא הא חזי לטינא י'דאית ביה קוצים:

מתני'

רש"י

ומתחילין בערמת התבן · להסק ואע"פ שלא זמנה מבעו"י ולא היה רגיל להסיק ממנה והשתא משמע דלית ליה מוקצה: אבל לא בעצים שבמוקצה · רחבה שאחורי הבתים קרויה מוקצה על שם שהיא מוקצה לאחור ואין נכנסים ויוצאין בה תדיר וגם טוענין עצים וכל דבר שאין דעתו ליטול עד זמן מרובה ובגמרא פריך סיפא לרישא דהשתא משמע דאית ליה מוקצה: גמ' ואם אי אפשר לשנות · כגון שזמן אורחים הרבה וצריך להביא הרבה ביחד מותר: דדרו בדוחקא · משאוי שאדם יחיד נושא על כתפו בחול בטורח אם בא לשאת אותו בי"ט לצורך י"ט כגון חבית או שק מלא פירות ישאנו בי"ט ברגלא עתר שקורין פורק"א כדרכי נושאי מלח למכור מפני שצריך לשנות וכשהוא משנה ישנה להקל משאו ולא להרבות טורח בי"ט ועתר זה טוח הוא לשאת בו משא כבד וכשנושא בו חבית הנשאת בכתף משנה להקל הוא: דדרו ברגלא · משוי חבית גדולה שרגילין לשאת אותה ברגלא: לדרו באגרא · ישאוה בי"ט בשני בני אדם במוט על כתפיהם דהיינו נמי שנוי להקל: דדרו באגרא · במוט על כתפיהם לדרו בי"ט לאותו משוי באכפא במוט בידיהם משום שנוי ואע"פ שאינו להקל מ"מ שנוי הוא ואינו מרבה טורח בשנוי: נפרוס סודרא · קל הוא ואינו מכביד ושנוי (א) הוא בעלמא ולהכירא: ואם אי אפשר לשנות · שאין לו סודר לכסותו: מליין מיא · שואבות מים מן הנהר: תכסייה בנכתמא · כסוי של עץ הנעשה לכדין: זמנין דמפסיק · שצריך לקושרו שלא יפול בדרך וזמנין דמפסיק בהליכתו ואתי למקטריה וקשר העשוי להתקיים אב מלאכה הוא: דמטמיש במיא · שנשרה במים: אין מטפחין · משום שיר או משום אבל: מטפחין · ידיו זו לזו: מספקין · כף על ירך: מרקדין · ברגל וכולם נאסרו משום שבות גזרה שמא יתקן כלי שיר בפרק משילין (לקמן דף לו:): אפומא דלחיא · לחי המתיר במבוי בשבת: דלמא מגנדר ליה חפץ · ברה"ר חוץ ללחי: ואתי לאתויי · מתוך שאינו במבוי מקורה להכיר שזו רה"ר וזו רה"י ומביאו: והא מגנדר חצבייהו ומייתי להו לא גרסי': ולא אמרינן להו ולא מידי · ואע"ג דעבדן לדרבנן דאמור לא ליתיב ואיהו יתבן: הנח להם · בדבר שהרגילו בו ולא יחזרו בהם: מוטב שיעשו שוגגין ואל יעשו מזידין: לעבור כשידעו ולא יניחו בכך: והני מילי · דהנח להם לישראל: בדרבנן · היכא דהרגילו למעבר אדרבנן כי הנך דמטפחין והנך דיתבן אפומא דלחיא: תוספת יום הכפורים · שצריך להתחיל ולהתענות מבעוד יום דאורייתא היא דנפקא לן (יומא דף פא:) מועניתם את נפשותיכם בתשעה: ואכלי ושתו עד שחשכה · גרס ולא גרס משחשכה: באוצר · בדבר האוצר שהיה מוקצה לאוצרו לזמן ארוך כהאי גוונא דסתמא אוצרין אותו לבהמה: ארזי ואשוחי · אין אדם מסיק אותן דעומדין לבנין: אשוחי · ארז נקבה: דמוקצה מחמת חסרון כיס ניהו · שדמיה יקרין: דמתני לה · לדרב כהנא: תבנא סריא · נרקב ומסריח שאין ראוי למאכל בהמה וסתמיה לעצים ולא לאכילה והיינו *)לאוצר: לטינא · לטיט ללבון לבנים: דאית ביה קוצים · ואין יכול לגבלו בידיו וברגליו:

*) לאו לאוצר כצ"ל מהרש"ם.

תוספות

דדרו ברגלא · פי' בעתר שקורים פורק"א ועשוי כמין רגל לדרו באגרא בין שנים במוט על כתפיהם דהיינו שנוי והוי להקל כפ"ה וקשה דבסוף פ' האומנין (ב"מ דף פג.) משמע דמשאוי כבד נושאין בקל ברגלא מבאגרא אלא נראה דאפילו מכביד יותר מכל מקום לא חיישינן כיון דמשנה מדרך חול וכן נמי פירש הקונטרס גבי דדרו באגרא לדרו באכפא *ואפילו נמי אין להקל מכל מקום שנוי הוא:

דמליא בחצבא רבה תמלי בחצבא זוטא הא קא מפשא בהלוכא · וא"ת מאי פריך והא מפשא בהלוכא והא אמרינן לעיל דאפושי בהלוכא שפיר דמי כשעושה לדרך שנוי וי"ל דהתם מפיש בהלוכא ושנוי נמי איכא דבחול נמי עבדינן הכי:

זמנין דמטמיש בהו מיא ואתי לידי סחיטה · וא"ת והא אמר נפרוס סודרא עלויה ולא חיישינן לידי סחיטה וי"ל דלעיל מיירי בחבית שסתום כולו ופיו צר ולכך לא חיישינן לסחיטה ועי"ל דהכא מיירי בסחיטת מים דאסורה משום לבון וא"כ כי נפל (ב) בגווייה מיא אתי לידי סחיטה אבל התם מיירי ביין דסחיטה שלו אסורה משום דש וא"כ כי נפיל *לארעא הולך לאבוד ולא חיישינן לסחיטה:

אין מטפחין · פ"ה משום שיר או משום אבל ולא נהירא דתפוק ליה דלאסור משום לצער ואפי' בחול המועד כדאיתא בפ' ואלו מגלחין (מו"ק דף כח:) ולקמיה (דף לו.) מפרש שמא יתקן כלי שיר:

תנן אין מטפחין ואין מרקדין · פרש"י שמא יתקן כלי שיר ומיהו לדידן שרי דדוקא בימיהן שהיו בקיאין לעשות כלי שיר שייך למגזר אבל לדידן אין אנו בקיאין לעשות כלי שיר ולא שייך למגזר:

דהא תוספת יוה"כ דאורייתא היא ואכלי ושתו עד חשכה כו' · משמע דיש שיעור לתוספת יוה"כ מדצריך להפסיק מבעוד יום דהא ודאי לא היו אוכלים ממש עד חשכה *דעבדי איסורא מדאורייתא ואע"ג קאמר מוטב שיהיו ישראל שוגגין ואל יהיו *מזידין ובפי' התוספת לא הוברר השעור ולכך יש ליזהר ולהפסיק מבע"י:

התם בתבנא סריא דאית ביה קוצים · וגם אינו ראוי למאכל בהמה וקאי להסקה ואפילו רבי יהודה מודה וא"ת מאי שנא מעצים שבמוקצה דקא אסר רבי יהודה ואע"ג דחזיין להסקה וי"ל דלא דמי דדוקא גבי אוצר של תבן לא הקצה דעתו למה שראוי עתה דלא הקצה דעתו כי אם ממאכל בהמה ועתה הוא ראוי להסקה ומזה לא הקצה דעתו אבל אוצר של עצים הקצה דעתו ממה שראוי עתה:

רבינו חננאל

המביא כדי יין ממקום כו' לא יביאם בסל ובקופה אבל מביא הוא על כתפו לפניו. המוליך תבן לא ישליך הקופה לאחוריו אבל נוטלה בידו . תנא אם אי אפשר לו לשנות מותר לעשות כדרכו . התקין רבא במחוזא הכתפין הנושאים את הקנקנים בדוחקא יעמסו אותן בשינוי הוותה וכי אי אפשר לשנות מותר׃ א"ל רבה בר רב חנן לאביי [אמור רבנן] כל היכא דאפשר לשנויי משנינן והא הני נשי ממלאות מים בלא שנוי א"ל מי שדרכה למלאות בכלי גדול תמלא בקטן מרבה בשאיבה שצריכה לשאוב כמה פעמים כדי סיפוקה אם היתה שואבת בכלי הגדול פעם אחת מי שדרכה למלאות בקטן תמלא בגדול מרבה בכובד משאוי תכסהו פעמים שיפול הכיסוי וצריכה לעמסו תקשרהו פעמים שיתחוך וצריכא לקשר תכסהו בסודר פעמים שנשר [הסודר] במים ותסחיטהו ביו"ט הלכך לא אפשר ולפיכך שרי. תוב א"ל תנן אין מטפחין ואין מספקין ואין מרקדין פי' מספקין סיפוק שבא בחמתו כדכתיב ויספוק את כפיו ניפוח לרצונו והאידנא קא חזינן להו דקא עבדי ולא אמרי' להו ולא מידי א"ל ולטעמיך הא דאמר רבה לא ישב אדם בפי הלחי של מבוי דלמא מיגנדר ליה חפץ חוץ למבוי ואתי לאיתויי והאידנא חזינן דיתבי אפומא דליחיא ולא אמרינן להו ולא מידי אלא הנח להן לישראל שיהו שוגגין ואל יהו מזידין והני מילי בדרבנן אבל בדאורייתא לא שבקינן להו. נוסחא אחרינא ל"ש בדרבנן ול"ש בדאורייתא דהא תוספת יוה"כ דאורייתא הוא וקא אכלו וקא שתו עד חשיכה ולא אמרי להו ולא מידי׃מתחילין בערימת התבן אוקמה רב כהנא לר' שמעון דלית ליה מוקצה וסיפא דקתני אבל לא בעצים שבמוקצה. בארזי ואשוחי כלומר אלו העצים קורות הן ומוקצה מחמת כיס אפילו ר' שמעון מודה שאסור איכא דמתנו להא דרב כהנא אסיפא אבל לא בעצים שבמוקצה ואוקמה רב כהנא לר' יהודה דאית ליה מוקצה ורישא דקתני מתחילין בערימת התבן

עין משפט נר מצוה

ב א מיי' פ"ה מהל' יו"ט הל' ט סמג לאוין עה טוש"ע א"ח סי' שכב וסי' ג וסי' תקי סעיף ז:
ג ב מיי' שם הל' ב טוש"ע א"ח שם:
ד ג מיי' פ"ז מהלכות שבת טוש"ע א"ח סי' שסה סעיף ס:
ה ד מיי' פ"א מהלכות שביתת עשור הלכה ז סמג לאוין סה טוש"ע א"ח סי' תרח סעיף ב:
ו ה מיי' פ"ב מהלכות יו"ט הלכה יא טוש"ע א"ח סי' תקיח סעיף ז:
ז ו מיי' שם ופכ"ו מהלכות שבת הל' מו טוש"ע א"ח סי' שלג סעיף א:
ח ז ח מיי' פ"ב מהל' יו"ט הלכה יא טוש"ע א"ח סי' תקיח סעיף ז:

ואע"פ שאינו להקל כצ"ל
[גירסת הרי"ף ברגלא וכן הוא בערוך ערך רגל]
[עי' במהרש"ם לובלין]
נ"ל נגוזו. רש"ל
[נ"ל רבה וכו' ... גירסת רבא]
[עי' תוס' שבת נה. ד"ה ולא ותוס' ב"ב ס: ד"ה מוטב ותוס' ע"ז ו. ד"ה שסים]
שאינם יכולים לעמוד בעדי איסורא
מזידין ותוספת זו לא הוברר כצ"ל ועיין בהרא"ש פ' בתרא דיומא [סי' ח] מהרש"א
[ועי' תוס' ר"ה ט. ד"ה ורבי עקיבא כו']

מסורת הש"ס

[עירובין סג. ובפסחים ס: כתב רש"י ד"ה מחוזא עירו של רבא]
פי' שבת קמה.
שבת קמה: [וש"נ]
לקמן לו: שבת קמח.
שבת קמח. וקמח:
[ב"ב ס:]
[שבת קמח: ע"ש]

הגהות הב"ח

(א) רש"י ד"ה נפרוס וכו' ושנוי בעלמא הוא ולהכירא: (ב) תוס' ד"ה זמנין וכו' כי נפיל בגו מיא אתי:

הגהות הגר"א

[א] גמ' בדוחקא. נ"ב הרמב"ם פי' בדוחקא במוט. ברגלא על גבו מאחוריו. באגרא על כתף. באכפא בידו לפניו. וסערוך פי' בע"א:

[ב] שם תכסייה בנכתמא זמנין דמפסיק כו' כצ"ל (ועי' רש"א ומהרש"ם):

הגהות מהר"ב רנשבורג א] גמ' זמנין דנפיל ואתי לאתויי. כ"ב עיין מהרש"ם לובלין דלא גרס זה ועיין סיטה מקובנת דגריס זמנין דמתבר ואתי לאתויי ובכריס אשרין מגד טלטול ועיין במג"א סי' תקי ס"ק ט ז:

מתני' אין נוטלין עצים מן הסוכה · כגון בפסח או בעצרת ויושב בסוכה בגנה או בפרדס אין נוטלין עצים מן הסוכה אלא מן הסמוך לה השתא משמע אם הוא עב שנתנו קנים הרבה מותר ליטול מהם ובגמרא פריך הא סתר אהלא דכיון דבטליה לגבי סכך כל פורתא דשקיל מניה סתירה הוא :

תורה אור

מתני' **אין נוטלין עצים מן הסוכה אלא מן הסמוך לה : גמ' מאי שנא מן הסוכה דלא דקא סתר אהלא מן הסמוך לה נמי קא סתר אהלא אמר רב יהודה אמר שמואל במאי סמוך סמוך לדפנות רב מנשיא אמר אפילו תימא בשאין סמוך לדפנות כי תניא ההיא באסורייתא (א) *תניא ר' חייא בר יוסף קמיה דר' יוחנן אין נוטלין עצים מן הסוכה אלא מן הסמוך לה ור' שמעון מתיר ושוין בסוכת החג בחג שאסורה ואם התנה עליה הכל לפי תנאו ורבי שמעון מתיר והא קא סתר אהלא אמר רב נחמן בר יצחק הכא בסוכה נופלת עסקינן ור' שמעון לטעמיה דלית ליה מוקצה דתניא *מותר השמן שבנר ושבקערה אסור ורבי שמעון מתיר מי דמי התם אדם יושב ומצפה אימתי תכבה נרו הכא אדם יושב ומצפה אימתי תפול סוכתו אמר רב נחמן בר יצחק הכא בסוכה רעועה עסקינן דמאתמול דעתיה עלויה:ושוין בסוכת החג בחג שהיא אסורה ואם התנה עליה הכל לפי תנאו : ומי מהני בה תנאי *והאמר רב ששת משום ר' עקיבא מנין לעצי סוכה שאסורין כל שבעה שנאמר °חג הסוכות שבעת ימים לה' ותניא ר' יהודה בן בתירא אומר מנין שכשם שחל שם שמים על החגיגה כך חל שם שמים על הסוכה ת"ל חג הסוכות שבעת ימים לה' מה חג לה' אף סוכה לה' [א] אמר רב מנשיא (ב) בריה דרבא סיפא אתאן לסוכה דעלמא אבל סוכה דמצוה לא מהני בה תנאה וסוכה דמצוה לא *והתניא סככה כהלכתה ועטרה בקרמים ובסדינין המצויירין ותלה בה אגוזים שקדים אפרסקים ורמונים ופרכילי ענבים יינות שמנים וסלתות ועטרות שבלים אסור להסתפק מהן עד מוצאי יום טוב האחרון של חג ואם התנה עליהם הכל לפי תנאו אביי ורבא דאמרי תרוייהו באומר איני בודל מהם כל בין השמשות דלא חלה קדושה עלייהו אבל עצי סוכה דחלה קדושה עלייהו אתקצאי לשבעה ומאי שנא מהא דאתמר *הפריש שבעה אתרוגים לשבעת הימים אמר רב כל אחת ואחת יוצא בה ואוכלה לאלתר ורב אסי אמר כל אחת יוצא בה ואוכלה למחר התם *דמפסקו לילות מימים כל חד וחד יומא מצוה באפי נפשיה הוא הכא דלא מפסקו לילות מימים כולהו יומי כחדא יומא אריכתא דמי : מתני'

(שבת מה.) [שם מה.] שבת מד. מו: סוכה ט. ויקרא כג [סוכה מו:] שבת כב. מה. סוכה י. [תוספ' פ"א] [סוכה מו:] (סוכה מו:)

גמ' סמוך לדפנות · קנים הנזקפים סביבות לדפנות כיון שלא נארגו עם הדופן לא בטלי לגבי דופן ואינו דומה לסמוך לסכך שהסכך אינו ארוג לפיכך הכל שוה העליון כתחתון סכך הוא : אפילו תימא בשאין סמוך לדפנות · אלא סמוך לסכך : וכי תניא · מתניתין באסורייתא חבילות של קנים שנתנן על הסכך מדלא התיר אגדן לא בטלינהו לגבי סכך אלא להצניעם שם : בברייתא נמי גרסינן אלא מן הסמוך לה : ורבי שמעון מתיר · אפילו מן הסכך ולקמן פריך ליה והא סתר אהלא : שהיא אסורה · אפילו בחוה"מ כדיליף לקמן : ואם התנה עליה · לפני י"ט : נופלת · שנפלה בי"ט דליכא סתירת אהל וטעמא דת"ק משום מוקצה דהא בין השמשות היתה קיימת ומוקצה היא מחמת איסור סתירה אבל הסמוך לה לאו מוקצה הוא דלית ביה משום סתירה: מותר השמן שבנר ושבקערה· נר קרויזי"ל מותר השמן שנותן בנר או בקערה שמן הניתן להדלקת הנר של שבת וכבה המותר יש בה משום מוקצה ואסור : אדם יושב ומצפה אימתי תכבה נרו · שיודע שסופה לכבות הלכך בין השמשות דעתיה על המותר : הכא אדם יושב ומצפה כו' · בתמיה וכי נביא הוא ויודע שעתידה ליפול למחר: בסוכה רעועה· דמסיק אדעתיה דנפלה ולמחר נפלה הלכך לרבי שמעון מוקצה ליכא דאמרינן דעתיה מאתמול עלויה ולת"ק לא אמרינן דעתיה עלויה בשום מידי דלא חזי בין השמשות: לה' · משמע כל שבעה לה' הוא הקדש : על החגיגה · שלמי חגיגה ליאסר משהוקדשו : חג · חגיגה : סיפא · דקתני ואם התנה עליה לסוכה דעלמא קאי ורישא דברייתא קא מהדר דאיפלגו בה ת"ק ורבי שמעון דקתני אין נוטלין עצים מן הסוכה ואוקימנא בשנפלה ומשום מוקצה וקאמר אם התנה עליה מבעוד יום שאם תפול מחר יסתפק הכל לפי תנאו : ועטרה · יפה בסדינין ובקרמין המצויירין קרמין בגדי צבעונין שקורין אובריי"ץ סדינים לבנים של פשתן : יינות שמנים וסלתות · בכוסות של זכוכית לנוי : הכל לפי תנאו · מדקתני אסור להסתפק מהן ש"מ בטלי להו לגבי סוכה והוי להו כסוכה וקאמר דתנאי מהני : אביי ורבא דאמרי תרוייהו · דלא דמו לסוכה לענין תנאה ואע"ג דבטלי לגבה דכי מהני תנאה באומר איני בודל מהם מבעוד יום אלא מהיות כולי וזכותי בהם ליטלן כל שעה אורך של בין השמשות של ערב י"ט הלכך בשעת ביאת היום שהיתה קדושה צריכה לחול עליהם לא חלה לפיכך לא הוקצה אבל עצי [ב] סוכה שאינו יכול להתנות עליהם תנאי זה שהרי על כרחו יבדל מהם בין השמשות משום דסתר אהלא ובין השמשות ספק י"ט הוא חלה קדושה עליה ועל ידי קדושה זו הוקצה לשבעה: ומאי שנא מהא כו' · דלא אמר באתרוג דמשום בין השמשות קמא ליתקצי כל שבעה אלא לחד יומא מכי אתני עליה לחד יומא: דאתמר הפריש כו' יוצא בה · ביומה : ואוכלה לאלתר · קסבר למצותה אתקצאי והרי נעשית מצותה : ורב אסי אמר יוצא בה ואוכלה למחר · דכיון דאתקצאי לבין השמשות אתקצאי לכולי יומא והא עצי סוכה נמי כיון דלא אתני עלייהו ליהוו מותרין בחולו של מועד כשהפרישה ליום ראשון דמי ומשום דבין השמשות קמא דקדיש קא אמרת דאתקצאי לשבעה:דמפסקי לילות מימים · שאין מצותו בלילה:

מתני'

עד מוצאי י"ט האחרון · עד שיתחיל יום החול וא"ת התינח י"ט שמיני מוקצה הוא משום דהוי ספק שביעי וגם ביום תשיעי שם מוקצה עליו הואיל ואתקצאי לבין השמשות אתקצאי נמי לכולי יומא ושפיר אמרינן מוקצה מחמת יום שעבר במוקצה מחמת מצוה כגון הכא בעצי סוכה אבל נהגו העולם כשחל תשיעי של חג בע"ש שאין מסתפקין מהן בשבת שהוא עשירי ומאי טעמא אי משום סתירת אהל לא שייך בפירות ואי משום דאתקצאי בין השמשות דתשיעי תרי מגו כה"ג לא אמרינן דבתשיעי נמי לא נאסר אלא מטעם מגו וי"ל דהיינו טעמא משום הככה דהואיל ובע"ש היה אסור שהוא תשיעי והוא י"ט אם היה נאכל בשבת היה מכין י"ט לשבת והוי כעין נולד כיון שבא עתה ראויות שלו ולא בא בי"ט ומזה הטעם יש נזהרין כשחל שמחת תורה אחר השבת מלאכול האתרוג באותו יום דהואיל ובשבת היה אסור שהוא שמיני ועוד כי היה ראוי לברך בו אם אתי אליהו ואמר דעברו לאלול א"כ אם היה אוכל אותו בשמחת התורה כדאמרן הוי שבת מכין לי"ט : אמר רב מנשיא בריה דרבא סיפא אתאן לסוכה דעלמא וכו' · מצי נמי למפרך דלמאי דס"ל דהוי מוקצה מחמת איסור לא אשכחנא דמהני ביה תנאה אלא דלאו חושש למפרך משום דלאו נאסר במסקנא אלא נקט האמת : אבל עצי סוכה דחל קדושה עלייהו אתקצאי לשבעה · וקשה דמשמע הכא מה שעצי סוכה אסורין היינו מטעם מוקצה וכן (ג) משמע בשבת (דף מה: ושם) הואיל והוקצה למצותו הוקצה לאיסורו ולעיל קאמר מה חג לה' אף סוכה לה' אלמא דאסורין מדאורייתא ותירץ ר"ת דמה שאמר מה חג לשם אף סוכה לשם היינו לפי שיעור סוכה כגון ב' דפנות ושלישית אפי' טפח אבל אי עביד דפנות שלמות יותר משיעור סוכה לא נפיק מקרא ועל היותר קאמר שאסור מטעם מוקצה ור"י פירש דודאי כל זמן שהסוכה בעמידה שייך בה מה חג לה' אף סוכה לה' אבל כשנפלה לא שייך בה מה חג וכו' ואם כן היה יכול לתרוצי הכא מה שעצי סוכה אסורין מקרא דלעיל מה חג היינו כשהיו בעמידה אבל כשנפלו מותרין אלא נקט האמת דכשנפלו נמי אסורין מטעם מוקצה*): כל אחת ואחת יוצא בה ואוכלה לאלתר · לאו דוקא לאלתר דהא אתרוג של יום ראשון אסור כל היום עד למחר ולא פליג רב ורב אסי אלא בשאר ימים :

*) [וע"ע תוס' שבת כב. ד"ה סוכה]

ט א מיי' פ"ב מהלכות יו"ט הלכה יד ופ"ו מהל' סוכה הל' טו סמג עשין מג טוש"ע א"ח סי' תקיח סעיף א וסי' תרלח סעיף א :
י ב מיי' פ"ב מהלכות יו"ט שם טוש"ע א"ח סי' תקיח סעיף ח :
יא ג טור ש"ע שם בהג"ה :
יב ד מיי' פ"ה מהל' שבת הלכה יג ופכ"ה הלכה כב ופכ"ו הל' יד סמג לאוין סה טוש"ע א"ח סי' רסה סעיף ג וסי' רעט סעיף א :
יג ה מיי' פ"ו מהלכות סוכה הלכה טו סמג שם טוש"ע שם סי' תרלח סעיף א :
יד ו ז מיי' שם הל' טו טוש"ע שם סעיף ב :
טו ח מיי' שם הל' טו טוש"ע שם סעיף א בהג"ה :
טז ט מיי' פ"ז מהל' לולב הלכה כו כז סמג עשין מד טוש"ע שם סי' תרסה סעיף ב :

רבינו חננאל

התבן בתיבנא מריא דלא עבדו מיניה אוצר: [מתני'] אין נוטלין עצים מן הסוכה אלא מן הסמוך לה אוקמה שמואל דאין נוטלין לא מן הסוכה ולא מן הדפנות עצמן משום דסתר אוהלא אלא מן העצים הסמוכים לדפנות של סוכה זו ורב מנשה אוקמה באיסורייתא כלומר הדפנות הללו חבילות ע"ג חבילות היו שאינן עשויות לאהל ומותר להסתפק מהן · תני קמיה דר' יוחנן אין נוטלין עצים מן הסוכה *)אלא מן הסמוך לה ור' שמעון מתיר ואקשינן לר' שמעון והא סתר אהלא ופריק רב נחמן בסוכה שנפלה עסקינן ור"ש לטעמי' דלית ליה מוקצה דתניא מותר שמן שבנר ושבקערה להסתפק מהן ור"ש מתיר ואמרי' מי דמי התם כיון שסופו ליכבות עומד ומצפה אימתי תיכבה ויסתפק מן המותר הכא [וכי] היה יודע שתפול הסוכה ונתן בדעתו להסתפק מהן ופירק רב נחמן בר יצחק לא תימא בסוכה בריאה שנפלה אלא מתניתין בסוכה רעועה עסקינן דמאתמול דעתיה עילויה · ושוין ת"ק דברייתא ור' שמעון בסוכת החג בחג שאסורה ואם התנה עליה הכל לפי תנאו ואקשינן וכיון דחל איסורא עלה היכי מצי מתני עלה והא משמיה דר' עקיבא אמרו מניין לעצי סוכה שאסורין כל שבעה שנאמר חג הסוכות שבעת ימים לה' ותניא מנין שכשם שחל שם שמים על החגיגה כך חל שם שמים על הסוכה וכו' ופריק רב מנשיא (בריה דרבא) משמיה דשמואל סיפא דקתני ואם התנה עליה מותר אלא בסוכה בשאר ימים טובים ועלה אמר' הכל לפי תנאו. ואקשי' וסוכה דחג לא מהני בה תנאה והתניא סיככה כהלכתה ועיטרה בקרמין ובסדינין וכו' עד ואסור להסתפק מהן ואם התנה עליהם הכל לפי תנאו ופרקו לא אמר בהני עיטורין ואוכלה למחר אבל שבעה ימים כיומא חדא אריכא דמי :

הגהות הב"ח
(א) גמ' תני ר' חייא בר יוסף: (ב) שם אמר רב מנשיא אמר שמואל סיפא אתאן כצ"ל וכן בתוספות: (ג) תוס' ד"ה אבל וכו' וכן משמע דקאמר הואיל:

הגהות הגר"א
[א] גמ' אף סוכה לה'. ולא מהני תנאי בגופו כו' [ב] רש"י ד"ה אביי וכו' ושבעתיים מוקפים בעגולים ונ"ב

*) עי' בתוס' שבת מה: ד"ה ולא

[רב] חל שם שמים על הסוכה שנאמר חג הסוכות לה' חג לה' וסוכה לה' ופירק [רב] מנשיא (בריה דרבא) משמיה דשמואל סיפא דקתני ואם התנה עליה אינה בסוכת החג אלא בסוכה בשאר ימים טובים ועלה אמר' הכל לפי תנאו. ואקשי' וסוכה דחג לא מהני בה תנאה. והתניא סיככה כהלכתה ועיטרה בקרמין ובסדינין וכו' עד ואסור להסתפק מהן עד מוצאי יום טוב האחרון של חג ואם התנה עליהן הכל לפי תנאו ופרקו אביי ורבא תרוייהו באומר איני בודל מהן כל בין השמשות שלא חלה קדושה עליהן אבל עצי סוכה דמעיקרא קדושה חלה עליהו אתקצאי כל שבעה' וכי הכל לפי תנאו ואפי' לר' אסי לא אמר אלא יוצא בה היום ואוכלה למחר אבל בסוכה שחייב לישב בה בלילות כבימים כל שבעה ימים כיומא חדא אריכא דמי :

פרי"ח ל"ג לה: [ב] רש"י ד"ה אביי . אבל עצי כו' ג"ב אבל. הרי"ף מפרש דהמסקנא דאם התנה קאי לאתרוג סתם. ובאומר איני בודל ומ"ש אבל עצי סוכה דמיקלה קדושה כשלא דמי לאתרוג וכו' ועי' תוס' ד"ה אמר וכו' (ובמלחמות ומהרש"א)

*) עי' בתוס' שבת מה: ד"ה ולא

MISHNAH. [30b] ONE MAY NOT TAKE WOOD FROM A HUT BUT ONLY FROM [WHAT IS] ADJACENT TO IT.[6]

GEMARA. Why may he not [take wood] from the hut:[7] because he thereby demolishes a tent![8] Then [if he takes it] from
a what is adjacent thereto he likewise demolishes a tent![1]—Said Rab Judah in Samuel's name: By the term adjacent understand adjacent to the walls.[2] R. Menasiah says: You can even say that they are not adjacent to the walls,[3] but this was taught with respect to [tied] bundles.[4]

R. Ḥiyya son of Joseph recited in the presence of R. Joḥanan: One may not take wood [on a Festival] from a hut but only from what is adjacent to it, and R. Simeon permits it. They agree, however, with respect to a Tabernacle on the Feast of Tabernacles that it is forbidden;[5] but if he stipulated concerning it,[6] everything depends upon his reservation.

'And R. Simeon permits it;' but surely he is pulling down a tent!—Answered R. Naḥman b. Isaac: We treat here of a collapsed hut and R. Simeon follows his opinion, for he does not hold the prohibition of *mukẓeh*.[7] For it was taught: The oil left over in a lamp or in a dish[8] is forbidden [to be used on Sabbath], but R. Simeon permits it.[9] But what comparison is it? There the man sits and waits for the going out of the lamp,[10] but here does then a man sit and wait for his hut to collapse?—Said R. Naḥman b. Isaac: We treat here of a tottering hut, so that he had his mind
b set upon it since the day before.[1]

'They agree, however, with respect to a Tabernacle on the Feast of Tabernacles that it is forbidden; but if he stipulated concerning it everything depends upon his reservation.' Is then a stipulation concerning it of any avail? Surely R. Shesheth said on the authority of R. Akiba: Whence do we know that the wood of the Tabernacle is forbidden [for use] the entire seven days [of the Festival]? From the verse: [*On the fifteenth day of the seventh month is*] *the feast of Tabernacles for seven days unto the Lord.*[2] And it was taught: R. Judah b. Bathyra says: Whence do we know that just as the Festival offering bears the name of Heaven so also the *Sukkah* [Tabernacle] bears the name of Heaven: Because the text says '*the feast* [ḥag][3] *of tabernacles for seven days unto the Lord*',[2] just as the Festival offering is for the Lord[4] so is the *Sukkah* for the Lord![5] Said R. Menasiah the son of Raba:[6] The concluding clause[7] refers to an ordinary hut,[8] but the stipulation with respect to a Festival booth[9] is of no avail. Yet is it not [valid] in the case of a Festival booth? Surely it was taught: If one covered it [the Festal booth] according to law and decorated it with hand-made carpets and tapestries, and hung therein nuts, almonds, peaches, pomegranates and bunches of grapes, vines, oils,[10] and fine meal, and wreaths of ears of corn, it is forbidden to make use of them until the termination of the last day of the Festival; and if he stipulated thereon, everything depends upon his stipulation![11]—Abaye and Raba both say: This refers to one who says [before the Festival]
c 'I will not stand aloof from them[1] right through the period of twilight,' so that the sanctity [of the Festival] did not fall upon them;[2] but as to the wood of the Festival booth, since sanctity did fall upon it[3] it becomes *mukẓeh* for the entire seven days. But in what respect is this different from what was stated: If one set aside seven *Ethrogim*[4] for the seven days of the Festival,[5] Rab says, [After] fulfilling his obligation with each one [of them], they may be eaten immediately;[6] and R. Assi says: [After] fulfilling his obligation with each one [of them] they may be eaten on the morrow?[7]—There where the nights are separated from the days,[8] each day is a separate obligation; but here where the nights are not separated from the days,[9] all the [seven] days are regarded as one long day.

(6) The meaning of this is discussed in the Gemara. (7) I.e., from its roof. (8) Technically, removing part of a building is regarded as demolishing it.

a (1) I.e., to the roof lying on top of it. The removal of that too or of part thereof also constitutes demolishing. (2) But not built into and part of them; but the wood that lies on the roof, even though not built into the roof, is regarded as part of the covering of the roof. (3) But adjacent to the roof, i.e., lying on the roof. (4) Since they were not untied, we see that they were put there for storage, and not to form part of the roof. (5) Even during the Intermediary days of the Festival. (6) Before the Festival. (7) The hut collapsed on the Festival. Now since it was standing just during twilight, it was then regarded as *mukẓeh*, as it was forbidden then to remove part of it on account of the prohibition of demolishing. Hence the first Tanna holds that even when it collapses it remains forbidden as *mukẓeh*. R. Simeon, however, does not accept the prohibition of *mukẓeh* at all, hence it is permitted. (8) I.e., a dish of oil placed near a lamp to act as a feed thereto. (9) For while it was burning one might not remove any of the oil, as technically that constituted extinguishing. Hence the oil is regarded as *mukẓeh* on account of a prohibition and remains forbidden even after the light goes out. R. Simeon permits it, because he rejects the prohibition of *mukẓeh*. Shab. 44*a*. (10) Lit., 'when will his lamp go out'. He knows it will finally go out and therefore he intended to use the residue from the very beginning; hence R. Simeon does not regard it as *mukẓeh*.

b (1) I.e., He intended before the Festival that, should the hut collapse on the Festival, he would use its wood; hence it is quite analogous to the residue of the oil in the lamp or dish. (2) Lev. XXIII, 34. I.e., the entire seven days, it is consecrated '*unto the Lord*'. (3) The word חג is taken as חגיגה. (4) The animal becomes holy as soon as it was dedicated for a Festival offering. (5) And may not be used. Hence this is a Biblical prohibition: surely a stipulation cannot nullify such! (6) [Var. lec. Said R. Menasiah in the name of Samuel.] (7) 'If he stipulated, everything depends upon his reservation.' (8) Which has collapsed on a Festival. (9) Lit., 'a booth of a precept'—i.e., one erected in fulfilment of the scriptural law; v. Lev. XXIII, 42. (10) I.e., decanters containing wine and oil. (11) Here we see that the stipulation holds good.

c (1) I.e., I accept no interdict in respect of them. (2) Technically a Festival prohibition falls on an object at the immediately preceding twilight. Hence here he expressly stipulated that this should not happen; therefore it does not become *mukẓeh*. (3) The preceding stipulation would be of no avail here, since he could not take it at twilight on account of the prohibition of demolishing. (4) V. Glos. s.v. *Ethrog*. (5) One to be used for each day. (6) Without having to wait till the end of the day. Cf. Suk. 46*b*. He holds that it was made *mukẓeh* only in respect of that particular duty, and since that has been fulfilled, it is no longer *mukẓeh*. (7) Thus both agree that their prohibition does not extend to the entire Festival. (8) The command to take an *ethrog* (v. Lev. XXIII, 40) has reference only to the *day*. (9) Since the precept of dwelling in booths applies to the nights just as well as to the days.

MISHNAH. [31a] ONE MAY BRING IN FROM THE FIELD [FIRE-] WOOD THAT IS GATHERED TOGETHER,[10] AND FROM A ḲARPIF [AN ENCLOSURE] EVEN THOUGH IT IS SCATTERED ABOUT.[11] WHAT IS A ḲARPIF? ANY [ENCLOSURE] ADJOINING THE TOWN; THIS IS THE OPINION OF R. JUDAH. R. JOSE SAYS: ANY [ENCLOSURE] WHICH ONE ENTERS WITH A KEY,[12] EVEN IF IT IS [ONLY JUST] WITHIN A SABBATH TEḤUM.

GEMARA. Rab Judah said in Samuel's name: You may take wood only from a collected pile in an enclosure. But we have learnt: FROM AN ENCLOSURE EVEN THOUGH IT IS SCATTERED ABOUT!—Our Mishnah represents the opinion of an individual; for it was taught: R. Simeon b. Eleazar said: Beth Shammai and Beth Hillel do not differ [both agreeing] that one may not take in [wood] that was scattered in the field, and that one may take in [wood] that was piled up in an enclosure; they differ only with respect to scattered [wood] in an enclosure and collected [wood] in a field, when Beth Shammai say: He may not take thereof, and
a Beth Hillel say: He may take thereof.[1]

Said Raba: Leaves of shrubs and leaves of the vine-shoots even though they lie in a heap are forbidden, for since if a wind rises it scatters them, they are regarded as if they are scattered. But if he laid a garment over them the previous day,[2] it is well.[3]

WHAT IS A ḲARPIF etc.? The scholars asked: What does it mean? [Does it mean], 'Any [enclosure] adjoining the town', providing, however, it has a way of entering by a key; whereas R. Jose comes to teach: Since it has a way of entering by a key, even if [only just] within a Sabbath *teḥum*, it is still [a *ḳarpif*]; or this is perhaps what it means: 'Any [enclosure] adjoining the town' whether it has a way of entering by a key or not; and R. Jose comes to teach: Even if [only just] within a Sabbath *teḥum* [it is a *ḳarpif*] but only if it has a way of entering by a key; if, however, it has no way of entering by a key it is not [a *ḳarpif*] even though [the enclosure] adjoins the town?—Come and hear: Since it [the Mishnah] teaches: 'R. JOSE SAYS: ANY [ENCLOSURE] WHICH ONE ENTERS WITH A KEY, EVEN IF [ONLY JUST] WITHIN A SABBATH TEḤUM', understand therefrom that R. Jose teaches a twofold leniency.[4] R. Salla said in the name of Jeremiah: The *halachah* is as R. Jose in the direction of leniency.

MISHNAH. ONE MAY NOT CHOP UP FIREWOOD FROM BEAMS NOR FROM A BEAM WHICH WAS BROKEN ON A FES-
b TIVAL;[1] AND ONE MAY NOT CHOP EITHER WITH AN AXE OR WITH A SAW OR WITH A SICKLE BUT ONLY WITH A [BUTCHER'S] CHOPPER.

(10) The wood was piled up before the Festival for that purpose, so that strangers might not take it away. (11) For even then we may assume that he intended to use it, but did not trouble to collect it because it was enclosed and so guarded. (12) Lit., 'a padlocked entrance'.
a (1) But the majority of the Rabbis differ and hold that Beth Hillel forbids the taking of scattered wood even from an enclosure. (2) To keep the wind from scattering them. (3) For it shows that he intended before the Festival to use them for firewood. (4) If the enclosure is adjacent to the city there is no need to have an entrance by a key, and if it can be entered by means of a key it is regarded as a *ḳarpif* even though it is distant from the city to the extent of a *teḥum*.
b (1) V. *supra* 2b.

מתני' מביאין עצים מן השדה מן המכונס ומן הקרפף אפי' מן המפוזר איזהו קרפף כל שסמוך לעיר דברי ר' יהודה ר' יוסי אומר כל שנכנסין לו בפותחת ואפילו בתוך תחום שבת: גמ' אמר רב יהודה אמר שמואל *אין מביאין עצים אלא מן המכונסין שבקרפף והא אנן תנן מן הקרפף ואפילו מן המפוזרים מתניתין יחידאה היא דתניא *א"ר שמעון בן אלעזר לא נחלקו בית שמאי ובית הלל על המפוזרים שבשדות שאין מביאין ועל המכונסין שבקרפף שמביאין על מה נחלקו על המפוזרין שבקרפף ועל המכונסין שבשדות שבית שמאי אומרים לא יביא ובית הלל אומרים יביא אמר רבא [ב]עלי קנים ועלי גפנים אף על גב דמכנפי להו ומותבי כיון דאי מדלי זיקא מבדר להו כמפוזרים דמו ואסורין ואי אתנח מנא מאתמול עלייהו שפיר דמי: איזהו קרפף כל שסמוך וכו': אבעיא להו היכי קאמר כל שסמוך לעיר והוא דאית ליה פותחת ואתא ר' יוסי למימר כיון דאית ליה פותחת אפילו בתוך תחום שבת נמי או דלמא הכי קאמר כל שסמוך לעיר בין דאית ליה פותחת בין דלית ליה פותחת ואתא ר' יוסי למימר אפי' בתוך תחום שבת ודוקא דאית ליה פותחת אבל לית ליה פותחת אפילו סמוך לעיר נמי לא ת"ש מדקתני ר' יוסי אומר כל שנכנסין לו בפותחת ואפילו בתוך תחום שבת ש"מ רבי יוסי תרתי לקולא קאמר ש"מ אמר רב סלא אמר רבי ירמיה [ג]הלכה כרבי יוסי להקל: מתני' *אין מבקעין עצים לא מן הקורות ולא מן הקורה שנשברה ביו"ט ואין מבקעין לא בקרדום ולא במגרה ולא במגל אלא בקופיץ: גמ' והאמרת

רש"י

מתני' מביאין עצים· התלושים מן השדה שבתוך התחום ביו"ט: מן המכונס· אם כנסו מערב י"ט דגלי דעתיה דעלייהו סמיך ולאו מוקצה אבל המפוזרין מוקצין: ומן הקרפף· שהוא משתמר ומוקף סביב אפילו מפוזרים שבו לא הקצה מדעתו: סמוך לעיר· ממש: אפילו בתוך תחום שבת· בסופו:

גמ' יחידאה היא· רבי שמעון בן אלעזר קאמר לה דאמר בית הלל הכי שרו ופליגי רבנן עליה: כמפוזרין דמו· ואפילו לא פזרתן הרוח דמסתמא לא סמכה דעתיה סבר מבדר להו זיקא: ואי אתנח מנא עלייהו· להכבידן שפיר דמי דסמכה דעתיה: רבי יוסי לקולא או לחומרא קאמר לא גרסינן דהא מלתיה דרבי יהודה נמי מבעיא לן היכי אתמר וה"ג אבעיא להו היכי קאמר כל הסמוך לעיר והוא דאית ליה פותחת ואתא ר' יוסי למימר כיון דאית ליה פותחת אפי' בתוך תחום שבת נמי או דלמא ה"ק כל שסמוך לעיר בין דאית ליה פותחת בין דלית ליה פותחת ואתא רבי יוסי למימר אפי' בתוך תחום שבת ודוקא דאית ליה פותחת אבל דלית ליה פותחת אפילו סמוך לעיר נמי לא תא שמע מדקתני רבי יוסי אומר כל שנכנסין לו בפותחת ואפילו בתוך תחום שבת ש"מ רבי יוסי תרתי לקולא קאמר והכי פי' היכי קאמר מתני' כל שסמוך לעיר והוא דאית ליה פותחת מפתח שמשתמר והאי דלא תנא ליה בהדיא משום דקא סבר סתמן יש להן פותחת ואסתם קרפיפות אמרה למלתיה ואתא רבי יוסי למימר כיון דאית ליה פותחת לא בעינן סמוך וממילא דאי לית ליה פותחת בעינן סמוך ואשתרי בהכי מדתלא שריותא בשאין סמוך בפותחת מכלל דסמוך בלא פותחת נמי שרי ומיקל בתרתי דרבי יהודה בעי תרווייהו ורבי יוסי סבר בחדא סגי באיזו שתהא שם: או דלמא· כל שסמוך לעיר דקאמר ת"ק בהכי תלא טעמיה כיון דהוי סמוך בין דאית ליה פותחת בין דלית ליה ואתא רבי יוסי למימר הטעם תלוי בפותחת בין סמוך בין רחוק והכי קאמר כל שנכנסים לו בפותחת הוא דמותר ואפילו הוא בתוך תחום שבת דלא מתלי טעמא בסמיכה כלל: תרתי לקולא קאמר· כלומר מדרבי יוסי נשמע לרבי יהודה דלאו תרווייהו בעי ורבי יוסי בתרתי אקיל דמכשיר בסמוך בלא פותחת ובפותחת בלא סמוך דשמעינן לרבי יהודה דקאמר כל שסמוך לעיר בין דאית ליה פותחת בין דלית ליה פותחת וא"ל רבי יוסי כל שיש לו פותחת אפי' הוא בתוך התחום ואי סמוך לא בעי פותחת דאי רבי יוסי בפותחת תלא טעמא דאפילו הוא סמוך בעי פותחת לא הוה ליה לסיומי ואפילו בתוך תחום שבת אלא הכי הוה ליה למימר רבי יוסי אומר כל שנכנסין לה בפותחת דכיון דהוה תני כל הוה משמע דצריך פותחת סמוך או רחוק למה לי דסיים ואפילו בתוך תחום שבת אלא לאשמועינן דלא בעי פותחת אלא למשרי שאין סמוך ורבי יהודה דלא בעי תרתי נמי מרישא דרבי יוסי שמע מינה מדנקט כל שנכנסין לה בפותחת כיון דכולהו פותחת אית להו הכי אבעי' ליה למתני רבי יוסי אומר אפילו בתוך תחום שבת: מתני' אין מבקעין עצים לא מן הקורות כו'· לפי סוגיא של גמרא היא מתפרשת: לא בקרדום· סתם קרדום עשוי כמין כלי אומנות שעושין בו אוכפות וסרגות שקורין אייסי"ש ויש שעשוי כעין כלי האומן שקורין בירגוא"ה שראשו האחד דומה לקרדומות שלנו וראשו השני דומה לכלי אומני אוכפות וסרגות הסוסים: ולא במגרה· שיג"ה כעין סכין מלאה פגימות וממהר לקוץ בו עצים וכלי אומן הוא: מגל· דולויי"א או שרפ"א וכולן כלי אומן הן ונראה כעושה בו מלאכה לפיכך אסור: אלא בקופיץ· סתם קופיץ הוא סכין של קצבים דומה לקרדומות שלנו שאינן כלי אומן ויש שעושין בו שני ראשין והשני דומה קצת לקרדום האוכפות כדשמעינן מיניה בגמרא ומיהו סתמיה לאו למלאכת אומן הוא: גמ' והאמרת

תוספות

מן הקרפף ואפילו מן המפוזר· תימה הא הוי מעמר דהוא אב מלאכה· וי"ל דלא שייך עמור אלא במקום שגדילים שם כדמוכח בפרק כלל גדול (שבת דף עג:): איבעיא להו היכי קאמר כל שסמוך לעיר והוא דאית ליה פותחת וכו'· אבל לא גרס ר' יוסי לקולא או לחומרא דא"כ משמע דמספקא ליה דרבי יוסי שמא הוא מחמיר יותר מת"ק ולא היא דהא במלתיה דרבי יהודה נמי מספקא ליה היכי אתמר אלא ה"ג היכי קאמר וכו' והכי פי' כל שסמוך לעיר וגם אית ליה פותחת ובעי רבי יהודה תרתי לחומרא דאע"ג דסמוך בעי פותחת והא דלא פי' בדבריו פותחת משום דקסבר סתם קרפיפות יש להן פותחת ואתא רבי יוסי למימר הואיל ואית להו פותחת ואפילו רחוק מן העיר נמי וא"כ שמעינן מדתלי טעמא דאיט סמוך שרי בפותחת מכלל דסמוך שרי אפילו בלא פותחת ותרתי לקולא קאמר רבי יוסי בסמוך בלא פותחת או באינו סמוך בפותחת או דלמא ר' יהודה סבר כל שסמוך בין אית ליה פותחת בין לית ליה פותחת שרי דקס"ד השתא דסתם קרפיפות לית להו פותחת ואתא ר' יוסי למימר דבעי פותחת אפילו בסמוך כ"ש ברחוק אבל סמוכה בלא פותחת אינה מועלת כלום ע"כ פרש"י והקשה השר מקוצי כהי דר' יהודה תלי טעמא בסמוכה דוקא אבל פותחת אינה מועלת כלום מ"מ לרבי יוסי אמאי לא דייק כדפי' לעיל ללישנא קמא דמדתלי רבי יוסי טעמיה דשרי בפותחת באיט סמוך מכלל דבסמוך מועיל בלא פותחת דהשתא ללישנא קמא דרבי יהודה דבעי תרתי קאמר דלרבי יוסי סגי בחדא כ"ש להאי לישנא דקאמר השתא דלרבי יהודה סגי בחדא בסמוך בלא פותחת ותירץ דע"כ לא מלינן למימר דרבי יוסי תרתי לקולא אית ליה בהאי לישנא כדאמר ללישנא קמא דהואיל ולהאי לישנא ל"ל דרבי יהודה לא קפיד אפותחת ולא ס"ל דסתם קרפיפות אית להן פותחת אלא כל שסמוך בין אית ליה פותחת בין לית ליה פותחת אם כן לא היה לרבי יוסי למתני כל שנכנסים וכו' אלא הכי הוה ליה למתני רבי יוסי אומר אם יש לו פותחת אפילו אם היה בסוף התחום שרי הא אם סמוך שרי בלא פותחת ומדנקט כל משמע דיש קרפיפות דאין להן פותחת רבי יוסי ודאי תלי טעמיה בפותחת דוקא בין סמוך בין רחוק אבל ללישנא קמא ניחא דמלינא לפרושי דרבי יוסי תרתי לקולא אמר וניחא לשון כל שנכנסין דמאי אמרת הוה ליה למתני אם יש לו פותחת אדרבה אי הוה קאמר הכי הוה משמע דרבי יהודה לא קמיירי בפותחת וליתא דעל כרחך רבי יהודה בפותחת איירי אבל ללישנא דכל שנכנסין לו בפותחת משמע דמיירי בפותחת שאם תמצי לומר דלא מיירי רבי יהודה בפותחת אם כן רבי יוסי אי אמר תרתי לקולא קשיא ליה דמאי כל דמשמע דאיירי רבי יהודה בפותחת אדרבה רבי יהודה לא מיירי בפותחת אלא הוה ליה למתני אם יש לו פותחת *והכי משמע לקמן מתוך פירוש רש"י תא שמע מדקתני רבי יוסי וכו' דהכי משמע מדנקט רבי יוסי לישנא דכל הנכנסין ובסיפא דמלתיה אצטריך לסיים ואפילו בתוך תחום שבת ש"מ דרבי יוסי תרתי לקולא קאמר דאי רבי יוסי בפותחת תלי טעמיה דוקא ואפילו הוא סמוך בעי פותחת לא הוה ליה לסיומי ואפילו בתוך התחום אלא הכי הוה ליה למימר רבי יוסי אומר כל שנכנסין בה בפותחת דמאי אמרת דאצטריך לסיומי רבי יוסי אומר (א) בתוך תחום שבת לטעמיה להתיר בפותחת אפילו רחוק מלישנא דכל הנכנסין נפקא וכו' דהכי קאמר כל הנכנסין בפותחת שרי אפילו ברחוק אמאי מסיים בדבריו אפילו בתוך תחום שבת אלא ש"מ דלא בעי לרחוק אלא דוקא למשרי שאינו רחוק

יה"ק

רבינו חננאל

מתני' מביאין עצים מן השדה מן המכונס ומן הקרפף אפילו מן המפוזר· אמר רב יהודה אמר שמואל אין מביאין עצים אלא מן המכונסים שבקרפף ואקשינן עליה והא אנן [תנן] מן הקרפף ואפילו מן המפוזרים שבקרפף [מתני' יחידאה היא] דתניא א"ר שמעון בן אלעזר לא נחלקו ב"ש וב"ה על המפוזרים שבשדות כו' ור' נתן חולק עליו בתוספתא· אמר רבא עלי קנים ועלי גפנים שבקרפף אע"ג דמכנפי ומותבי כיון דאי אתי זיקא מדלי להו ומבדר להו כמפוזרין דמו ואסירי ואי אתנח עלייהו מנא דלא ליבדרינהו זיקא שרו. איבעיא להו ר' יוסי לקולא קאמר דשמע ליה לר' יהודה דאמר איזהו קרפף כל שסמוך לעיר והוא דאית ליה פותחת. ובעי ר' יהודה תרתי סמוך לעיר ופותחת וא"ל ר' יוסי בחדא סגי כל שיש לו פותחת אפילו אינו סמוך לעיר אלא ברחוק בתוך התחום שבת שרי והיינו לקולא או דלמא ר' יהודה חדא בעי סמוך לעיר בלבד וא"ל ר' יוסי בהוא שנכנסין לו ופותחת נמצא לר' יוסי דבעי תרתי סמוך לעיר ופותחת והיינו לחומרא ופשטינא מדוקיא דמתניתין דקתני כל שנכנסין לו בפותחת נמצא דר' יהודה בעי תרתי וא"ל ר' יוסי כל שנכנסין לו בפותחת לא חיישינן ליה ואפילו הוא רחוק שרי דאי ס"ד ר' יהודה סמוך לעיר בלבד בעי ור' יוסי הוא דבעי תרתי אי הכי והוא שנכנסין לו בפותחת הוה ליה למיתני אלא ש"מ לקולא ש"מ. אמר רב סלא א"ר זכאי הלכה כר' יוסי: [מתני'] אין מבקעין [עצים לא] מן הקורות כו'· וסיפא קתני אלא בקופיץ

עין משפט נר מצוה

יז א מיי' פ"ב מהלכות י"ט הלכה יד טוש"ע א"ח סי' תקא סעיף ג:

יח ב מיי' שם הלכה ט' טוש"ע שם סעיף ד:

יט ג מיי' שם הל' יד טוש"ע שם סעיף ג:

מסורת הש"ס

[תוספתא פ"ג]

לעיל ב: שבת קנו.

גי' רש"ל ולא משמע הכי

הגהות הב"ח

(א) תוס' ד"ה איבעיא להו וכו' ר' יוסי אומר ואפילו בתוך תחום שבת לטעמיה:

עין משפט נר מצוה

כ א מיי' פ"ב מהלכות יו"ט הלכה יב סמג לאוין עה טוש"ע א"ח סי' תקח סעיף א :
כא ב ג מיי' שם פ"ד הל' י' סמג שם טוש"ע שם :
כב ד מיי' פ"ב מהל' יו"ט הל' ט טוש"ע א"ח סי' תקיח סעיף ט :
כג ה מיי' פכ"ו מהל' שבת הל' ג טוש"ע א"ח סי' שח סעיף יז :
כד ו טוש"ע א"ח סי' שיד סעיף י :
כה ז שם סעיף ז :
כו ח טוש"ע שם סי' תקיט סעיף ג :

רבינו חננאל

מבקעין קשיא רישא אסיפא ותרצה שמואל אין מבקעין מן הקורות ולא מן הקורה שנשברה ביו"ט אבל מן הקורה שנשבר' מעיו"ט מבקעין וכשהן מבקעין אין מבקעין לא בקרדום ולא במגל ולא במגרה אלא בקופיץ. תניא נמי הכי אין מבקעין מן הסוור של קורות ולא מן הקורה שנשברה ביו"ט לפי שאינו מן המוכן· ולא בקרדום והני מילי בנקבות שלו והוא הפנימי הרחב אבל בזכרות שלו היוצא מן אחוריו מותר. נמצא זה הקרדום הצד הרחב אסור והצד הצר מותר ופשוטה היא: [מתני'] בית שהוא מלא פירות ונפחת נוטל ממקום הפחת ר"מ אומר אף פותח לכתחלה ונוטל אקשינן לר"מ אף פותח בתחלה ונוטל והא קא סתר אוהלא ופרקינן באוירא דליבני פי' לבנים סדורים אחד ע"ג חבירו ואינו בנין ואקשינן והאמר רב נחמן הני ליבני דאייתור מבניינא שרי לטלטולי בהו בשבת הואיל וחזיין למיזגא עלייהו שרגינהו ודאי אקצינהו ופריק ר' זירא תנא ביו"ט אמרו ולא בשבת כלומר לא אמר רב נחמן שרגינהו אקצינהו אלא בשבת. ור' מאיר לא שרי ואמר פותח כלומר נוטל אלין הלבנים דשרגינהו אלא ביו"ט תניא נמי הכי ר"מ אומר פותח לכתחלה ונוטל ביו"ט אמרו אבל לא בשבת. אמר שמואל חותמות שבקרקע כגון (חרותי') [הדות] וחביות טמונות בקרקע וכיוצא בהן ופיהן חתומין וצהורין מתיר אותן הקשרין שבהן החותמות קשורין וחתומים אבל לא מפקיע החותמות עצמן ולא חותך *) אחד בשבת ואחד יו"ט קתני מיהת חותמות שבקרקע ביו"ט מתיר וחותך קשיא לשמואל דאמר חותמות שבקרקע מתיר אבל לא מפקיע ולא חותך אחד שבת ואחד יו"ט ופריק שמואל הא ברייתא דקתני ביום טוב מפקיע וחותך לר' מאיר היא דאמר אף פותח לכתחלה ונוטל ומשוי הפקעת חותמות שבקרקע כמו פתיחת הבית כשם שמתיר בבית כך מתיר בחותמות להפקיעם ביו"ט ואנא דאמרי כרבנן דאסרי פתיחת הבית ואמרינן ומי פליגי רבנן עליה דר' מאיר בחותמות שבקרקע שבשבת מתיר אבל לא מפקיע ולא חותך ביו"ט

*) חסר כאן וצ"ל מיתיבי חותמות שבקרקע בשבת מתיר וכו' ביו"ט מתיר ומפקיע וחותך קתני מיהא וכו'.

תוספות

וה"ק כל הנכנסין וכו' היכא אמרינן דבעי פותחת היינו למשרי רחוק אבל סמוך שרי בלא פותחת ש"מ דר' יוסי תרתי אמר לקולא ומדרבי יוסי נשמע לרבי יהודה דבעי תרתי לחומרא דמדנקט בדבריו כל הנכנסין א"כ שמעי' לרבי יהודה דבעי תרתי דאל"כ ליסנא דכל קשה ומאי אמרת האי כל דקאמר לטפויי כל הקרפיפות דבעינן שיש להן פותחת הא ר' יוסי תרתי לקולא אמר א"כ הו"ל למיתני אם · כך פירש רבינו שמשון מקוצי :

והאמרת רישא אין מבקעין כלל · קסבר הש"ס דטעמא דמתני' משום דאע"פ דהוו מוכנים להסקה אין מבקעין מטעם מלאכה וטרחא יתירא והיינו זו ואין צריך לומר זו דאפי' עומדים להסק מערב יו"ט אסורין כל שכן קורה שנשברה ביו"ט עצמו והיינו הא דמותבי' והאמרת אין מבקעין וכו' כן פירש רש"י : **אבל** קרדום וקופיץ מדהאי גיסא שרי האי גיסא נמי שרי · ופירשו התוספות דאין אנו בקיאין בקרדום היאך הן נעשין ולכך יש לנו לאסור לבקע עצים רק ביד :

ונפחת נוטל ממקום הפחת · פרש"י נפחת מאליו וא"ת אמאי נוטל ממקום הפחת הא הוה מוקצה בין השמשות לאסור לפחתו ביו"ט מדרבנן ומגו דאתקצאי בין השמשות אתקצאי לכולי יומא ופירש בקונט' דכיון דאינו אסור (ב) אלא מדרבנן לפחות כדמוקים ליה בגמרא באוירא דלבני השתא דנפחת שרי למיכל מינייהו דבמוקצה דרבנן לא אמרינן מגו דאתקצאי לבין השמשות וכו' והכי אמר גבי טבל בשלהי פרקין שהוא מוכן אגל שבת הואיל ואם עבר ותקנו מתוקן דלא הוי מוקצה אלא מדרבנן ולא אמר מגו דאתקצאי וכו' ולא נהירא דאמר גבי שבת (דף מג·) גבי סל לפני האפרוחים מגו דאתקצאי אע"ג דאין שם מוקצה אלא מדרבנן וכן גבי גלגל מוכני שיש עליה מעות* ואומר הר"ר משה דלא אמרו אלא כשהמוקצה אינו מסתלק מן העולם כגון מעות שע"ג הכר שאף על פי שנטלם עדיין הן בעולם אבל בטבל מיד שתקנו הטבל מסתלק המוקצה מכל וכל וא"ת והא אמרינן בחולין (דף יד· ושם) השוחט בשבת אסור באכילה ליומא ונסבין חבריא למימר ר' יהודה היא דמגו דאתקצאי לבין השמשות שהיתה חיה אסורה ואע"ג דעכשיו כשנשחטה נסתלק המוקצה מן העולם וי"ל כיון דבין השמשות היתה מוקצה מחמת חסרון מלאכה דאורייתא אמרינן מגו אע"פ שהמוקצה נסתלק מן העולם ומ"מ קשה דהכא הפחת הוי בעולם דומיא דמוכני שיש עליה מעות דהוי המוקצה בעולם אף על פי שאין כאן שהוא במקום אחר ה"נ גבי הפחת הכי איתא לכ"ל דאתיא האי סתמא כרבי שמעון דלית ליה מוקצה וא"ת מאי קאמר לעיל בריש מכילתין (דף ב:) גבי יום טוב סתם לן תנא כרבי יהודה והא הכא סתם לן תנא כרבי שמעון ויש לומר דאין זה סתמא דסתמא הוי אם היה יכול לומר דברי רבי שמעון ולא קאמר אם כן הוה סתם לן תנא כוותיה אבל הכא לא היה יכול לומר דברי רבי שמעון דהא רישא קאמר טטל ממקום הפחת דמשמע דוקא בדיעבד אבל לכתחלה לא יפחות ולא מצי למימר דברי רבי שמעון *דהא סבירא ליה אף פותח לכתחילה אבל לעיל ניחא דקאמר גבי יו"ט סתם לן תנא כרבי יהודה דלא איירי אלא במוקצה וא"כ היה יכול למימר דברי רבי יהודה ומדלא קאמר א"כ כתם לן תנא כוותיה : **אמר** ר' זירא ביו"ט אמרו · פי' דהתירו מוקצה משום אוכל נפש אבל לא בשבת מכאן יש ראייה לריצב"א שפירש לעיל *) דטלטול מוקצה התירו ביו"ט משום אוכל נפש : אין

*) [דף כב: ד"ה גריפת]

גמרא

והאמרת רישא אין מבקעין כלל אמר רב יהודה אמר שמואל חסורי מחסרא והכי קתני [א]אין מבקעין (א) מן הסואר של קורות ולא מן הקורה שנשברה ביו"ט אבל מבקעין מן הקורה שנשברה מערב יו"ט [ב]וכשהן מבקעין אין מבקעין לא בקרדום ולא במגל ולא במגרה אלא בקופיץ תניא נמי הכי אין מבקעין עצים לא מן הסואר של קורות ולא מן הקורה שנשברה ביו"ט לפי שאינו מן המוכן : ולא בקרדום : אמר רב חיננא בר שלמיא משמיה דרב לא שנו אלא בנקבות שלו אבל בזכרות שלו מותר פשיטא בקופיץ תנן מהו דתימא ה"מ קופיץ לחודיה אבל קרדום וקופיץ אימא מגו דהאי גיסא אסור האי גיסא נמי אסור קמ"ל ואיכא דמתני לה אסיפא אלא בקופיץ אמר רב חיננא בר שלמיא משמיה דרב [ג]לא שנו אלא בזכרות שלו אבל בנקבות שלו אסור פשיטא ולא בקרדום תנן מהו דתימא ה"מ קרדום אבל קופיץ וקרדום אימא מגו דהאי גיסא שרי האי גיסא נמי שרי קמ"ל : **מתני'** *[ד]בית שהוא מלא פירות ונפחת נוטל ממקום הפחת ר' מאיר אומר אף פותח לכתחלה ונוטל : **גמ'** אמאי והא קא סתר אהלא *אמר רב נחומי בר אדא אמר שמואל באוירא דליבני איני *והאמר רב נחמן [ה]הני ליבני דאייתור מבנינא שרי לטלטולינהו בשבתא הואיל וחזו למזגא עלייהו שרגינהו ודאי אקצינהו אמר רבי זירא *ביו"ט אמרו אבל לא בשבת תניא נמי הכי רבי מאיר אומר אף פותח לכתחלה ונוטל ביו"ט אמרו אבל לא בשבת אמר שמואל [ו]חותמות שבקרקע מתיר אבל לא מפקיע ולא חותך *[ז]שבכלים מתיר ומפקיע וחותך [ח]אחד שבת ואחד יו"ט מיתיבי חותמות שבקרקע בשבת מתיר אבל לא מפקיע ולא חותך ביום טוב מתיר ומפקיע וחותך הא מני ר' מאיר היא דאמר אף פותח לכתחלה ונוטל ופליגי רבנן עליה ואנא דאמרי כרבנן ומי פליגי רבנן עליה בחותמות שבקרקע והתניא מודים חכמים לרבי מאיר בחותמות שבקרקע שבשבת מתיר אבל לא מפקיע ולא חותך ביום טוב מתיר ומפקיע וחותך הוא

[שם לה:]

רש"י

והאמרת רישא אין מבקעין כלל · *סברה דטעמא דמתני' לאו משום מוקצה תנא ברישא אין מבקעין עצים אלא משום מלאכה וטרחא והכי קאמר אין מבקעין עצים לא מן הקורות הנשברים מערב י"ט ועומדין להסק ולא מן הקורה כו' וזו ואין צריך לומר זו קתני והיינו דמותבי' והאמרת רישא אין מבקעין כלל והדר תני דבקופיץ שרי : חסורי מחסרא כו' · וטעמא דרישא משום מוקצה : סואר של קורות · המושכבות לארץ של בנין : ולא מן הקורה שנשברה ביו"ט · ואע"ג דהשתא להסקה קיימא בין השמשות לאו להכי קיימא : תניא נמי הכי · כשמואל דטעמא דמתניתין משום מוקצה : לא שנו אלא בנקבות שלו · בראש הרחב שקוצצין בו העץ נרחבו דדמי למלאכת אומן : אבל בזכרות שלו · בראש הקצר שמבקעין בו עצים מותר : פשיטא אלא בקופיץ תנן · וקופיץ כולה זכרות היא : ואיכא דמתני לה · להא דרב חיננא אסיפא דמתניתין ובאתריה דהא דמתני לה להא דרב חיננא אסיפא היו עושין לקופיץ זכרות ונקבות כמו שעשוי כלי אומן שקורין בידגוא"ה : פשיטא ולא בקרדום תנן· משום דכולו נקבות וממילא שמעינן דכי שרו קופיץ משום זכרות הוא דשריוה : מהו דתימא · ה"מ דאסר קרדום לחודיה דכוליה נקבות ואינו עשוי לבקע אלא לכלי אומן אבל מי שיש לו שני ראשין אחד זכרות כקופיץ ואחד נקבות כקרדום אימא דמוכחא מלתא דלבקע הוא וכי היכי דהאי גיסא שרי האי גיסא נמי שרי קמ"ל : **מתני'** ונפחת · מאליו : נוטל ממקום הפחת · ולא אמרי' מוקצין מחמת איסור הן דאין יכול לפחתו ביו"ט ואסח דעתו מינייהו דכיון דלא הוה פחיתתו איסורא דאורייתא כדמוקמינן לה באוירא דלבני לאו מוקצה נינהו כדאמר גבי טבל בשלהי פרקין (דף לד:) שהוא מוכן אגל שבת שאם עבר ותקנו מתוקן : אף פותח לכתחלה · כדמפרש טעמא בגמרא : **גמ'** באוירא דליבני · סדור של אבנים בלא טיט : דאייתור מבניינא · שנשתיירו לו לאחר שגמר בניינו : שרי לטלטולינהו · דמעתה לאו לבנין קיימי אלא למזגא עלייהו ותורת כלי עליהן : שרגינהו · סדרן זו על זו גלי דעתיה שמקצן לבנין ואסור לטלטולינהו ומתני' נמי כתסר מדרבנן שהרי מטלטלן : א"ר זירא ביו"ט · התיר ר"מ כיון דמדרבנן הוא דאסור ומשום שמחת יו"ט שרי שהרי מותר בו אוכל נפש אבל לא לשבת משום טלטול כרב נחמן : חותמות · פרמדורי"ש : חותמות שבקרקע · כגון דלתות פתחי בורות ומערה הסגורים בקשרי חבלים : מתיר · את הקשר דהא לאו קשר של קיימא הוא שהרי להתיר תמיד הוא עשוי : אבל לא מפקיע · החבל לסתור עבותו וגדילתו : ולא חותך · דהא סתירה היא ויש סתירה בבנין של קרקע : ושל כלים · כגון תיבה הנעולה ע"י קשר חבל מתיר ומפקיע וחותך דאין סתירה בכלים : מיתיבי חותמות שבקרקע כו' ביו"ט מתיר ומפקיע וחותך · אלמא חותמות הקשורים אין בהן משום סתירה מדאורייתא ובשבת מדרבנן הוא דאסור : הוא

מסורת הש"ס

[נ"ל סברה]
[עירובין לה:]
[שם ע"ש]
שבת קכה:
[עירובין לה:]
[עי' תוס' שבת קמו. ד"ה מתיר ותוס' עירובין לה. ד"ה כאי]

הגהות הב"ח

(א) גמ' אין מבקעין עצים לא מן הסואר של קורות : (ב) תוס' ד"ה ונפחת וכו' שאינו אסור לפחות אלא מדרבנן כדמוקי :

דדלמא ס"ל כר"מ דאף פותח לכתחלה כצ"ל וכ"ה בתוס' ישנים · מהרש"א

GEMARA. [31b] But you say [in] the first clause, ONE MAY NOT CHOP UP [WOOD] at all!—Answered Rab Judah in the name of Samuel: There is a lacuna and must be taught thus: ONE MAY NOT CHOP UP FIREWOOD FROM a layer of BEAMS[2] NOR FROM A BEAM WHICH WAS BROKEN ON A FESTIVAL; but one may chop up [firewood] from a beam which was broken before the Festival; and when one chops up, ONE MAY NOT CHOP EITHER WITH AN AXE OR WITH A SAW OR WITH A SICKLE BUT ONLY WITH A [BUTCHER'S] CHOPPER.

We have likewise learnt: One may not chop up firewood from a layer of beams nor from a beam which was broken on a Festival, because it was not *mukan*.

BUT NOT WITH AN AXE. R. Ḥinena b. Salmia said in Rab's name: They taught this only of its broad end; but with its narrow end[3] it is permitted. This is obvious: we have learnt: [BUT ONLY] WITH A [BUTCHER'S] CHOPPER![4]—You might say: This applies to a chopper only, but as for a combined axe and chopper,[5] I might say, Since this side is forbidden the other side too is forbidden, so he informs us [that it is not so].

Some teach this with respect to the latter clause: BUT ONLY WITH A [BUTCHER'S] CHOPPER. R. Ḥinena b. Salmia said in Rab's name: They taught this only of its narrow end, but with its broad end it is prohibited. This is obvious; we have learnt: ONE MAY NOT [CHOP] WITH AN AXE!—You might say: This applies only to an axe alone; but as for a combined chopper and axe, I might say: Since this end is permitted, the other end too is permitted, so he informs us [that it is not so].

MISHNAH. IF A [CLOSED] ROOM FULL OF PRODUCE WAS
a BURST OPEN[1] [ON A FESTIVAL] HE MAY TAKE [THE PRODUCE] OUT THROUGH THE BREACH.[2] R. MEIR SAYS: HE MAY MAKE A HOLE AT THE OUTSET AND BRING OUT [THE PRODUCE].

GEMARA. Why so? He is indeed pulling down a tent!—Said R. Naḥumi b. Adda in the name of Samuel: It treats here of a layer of bricks.[3] But it is not so, for R. Naḥman said: Bricks left over from a building may be moved on Sabbath, because they are fit for sitting on;[4] but if he put them in layers one upon the other, he has certainly determined them for something else!—Said R. Zera: They said this[5] with respect to a Festival but not with respect to Sabbath. We have likewise learnt: R. Meir says: He may make a hole at the outset and take out; they said this with respect to a Festival but not with respect to Sabbath. Samuel said: One may loosen the knots[6] in the ground[7] but one may not unravel nor cut[8] [the rope]; [the knots in the doors] of utensils, one may loosen and unravel and cut,[9] whether on a Sabbath or a Festival. They raised an objection: One may loosen the knots in the ground on the Sabbath but one may not unravel nor cut; but on a Festival one may loosen and unravel and cut!—This represents the view of R. Meir, who says: He may make a hole at the outset and bring out [the produce], but the Rabbis dispute with him, and I say this according to the Rabbis. Do then the Rabbis dispute with him with respect to knots in the ground? Surely it was taught: The Sages agree with R. Meir with respect to knots in the ground that on Sabbath one may loosen but one may not unravel nor cut, while on a Festival one may loosen and

(2) Because the beams were stored for building purposes and not for firewood. (3) Lit., 'its feminine side' . . . 'its masculine side'. (4) This usually has no broad, sharp side. (5) I.e., where one side is broad, like an axe, and the other narrow, like a butcher's chopper—presumably the choppers were made thus, not like ours nowadays.

a (1) I.e., some of the bricks fell out through the pressure. (2) The produce is not regarded as *mukẓeh* though he would not have been able to get at them had the room not burst open. (3) Lying loose one upon the other and not built in with mortar. (4) Hence rank as utensils.—An object not ranking as a utensil may not be handled on the Sabbath. (5) Viz., the law in our Mishnah. (6) Lit., 'seals'. (7) I.e., the knot in the cord which fastens the door to the rafter to keep it tight and which also points out the trap-door in the floor. (8) For this would be in the nature of pulling down. (9) For the law of pulling down does not apply to utensils.

a unravel and cut! [32a]—He[1] ruled as the following Tanna. For it was taught: One may loosen the knots in the ground, but one may not unravel nor cut, whether on a Sabbath or on a Festival; but as to those of utensils—on a Sabbath one may loosen but one may not unravel nor cut; on a Festival one may loosen and unravel and cut. You have justified the first clause; but there is a contradiction from the concluding clause![2]—This represents the opinion of R. Nehemiah who says: All utensils may not be handled except for their normal use.[3] If it is R. Nehemiah, why particularly the Sabbath; the same holds good even on a Festival! And if you say that R. Nehemiah makes a distinction between a *shebuth*[4] of the Sabbath and a *shebuth* of a Festival,[5] [I would object], Does he then make a distinction? For one [Baraitha] teaches: One may kindle a fire [on a Festival] with utensils,[6] but one may not kindle a fire with fragments of utensils;[7] and another [Baraitha] teaches: One may kindle a fire with both utensils and fragments of utensils; and [still] another [Baraitha] teaches: One may not kindle either with utensils or with broken pieces of utensils; and we explained, there is no contradiction: One is according to R. Judah, the other is according to R. Simeon, and the third is according to R. Nehemiah![8]—Two Tannaim dispute about the opinion of R. Nehemiah.[9]

b *MISHNAH*. ONE MAY NOT HOLLOW OUT A LAMP[1] [ON A FESTIVAL], BECAUSE HE WOULD BE MAKING A UTENSIL; AND ONE MAY NOT MAKE CHARCOAL[2] ON A FESTIVAL, NOR CUT A WICK IN TWO. R. JUDAH SAYS: ONE MAY SEVER IT WITH A FLAME.

GEMARA. Who teaches that the hollowing out of a lamp constitutes [making] a utensil?[3]—Said R. Joseph: It is R. Meir; for it was taught: When is a clay vessel susceptible to defilement? As soon as its form is finished;[4] this is the opinion of R. Meir. R. Joshua says: As soon as it is baked in the furnace. Said Abaye to him: Whence does this follow? Perhaps R. Meir is of this opinion only there, because they [the vessels] are fit for receiving things;[5] but here[6] for what is it fit?—For receiving copper coins.

Some say: Said R. Joseph: It is R. Eliezer son of R. Zadok: For we have learnt: Ironian[7] stewpots do not contract defilement when under the same roof as a corpse, but they become defiled if they are carried by one who has an issue.[8] R. Eliezer son of R. Zadok says: They are undefiled even if they are carried by one who has
c an issue, because they are not yet finished in the making.[1] Said Abaye to him: Perhaps R. Eliezer son of R. Zadok is of this opinion only there, because they [the stewpots] are fit for receiving things;[2] but here for what is it fit?—For receiving copper coins.

Our Rabbis taught: One may not hollow out a lamp and one may not make Ironian stewpots on a Festival. R. Simeon b. Gamaliel permits Ironian stewpots. What means Ironian?—Said Rab Judah: Provincial. What means 'provincial'?—Said Abaye: Peasants' trenchers.[3]

AND ONE MAY NOT MAKE CHARCOAL. This is obvious; for what is it fit?[4]—R. Ḥiyya taught: This is necessary to be taught only with respect to handing them over to the bath attendants on the same day.[5] Is it then permissible [for such use] on that day?[6]—As Raba explained [elsewhere]: Where it is for perspiring,[7] and before the prohibition,[8] so also here [it treats of a case] of perspiring and before the prohibition.

NOR CUT A WICK IN TWO [etc.]: Why not with a knife—[32b]

a (1) R. Samuel who forbids unravelling even on a Festival. (2) According to the concluding clause one may in the case of vessels only loosen on a Sabbath, whereas Samuel permits even unravelling and cutting too. (3) Hence, though the cutting is permitted in itself, a knife may not be handled for that purpose. But Samuel disagrees with R. Nehemiah in this. (4) V. Glos. (5) Treating the latter less rigorously than the former and consequently the said restriction does not apply to a Festival. (6) Since being utensils they may be handled, they may also be used for burning. (7) Being fragments, they may not be handled normally; and though fit for fuel (which under other circumstances would permit them to be handled), this is discounted, since they were not intended for this before the Festival. (8) R. Judah who holds the prohibition of *mukẓeh*, forbids fragments as fuel; R. Simeon who rejects this prohibition, permits them, while R. Nehemiah, holding that utensils may be handled for their normal use only, forbids even whole utensils This proves that R. Nehemiah's ruling applies to Festivals too. (9) One holding that he draws a distinction in respect of his ruling between the Sabbath and Festivals; the other, that he does not.

b (1) By pressing in the finger into a lump of clay. (2) This too is technically regarded as a utensil for goldsmiths. (3) Although the clay is not yet baked in the furnace. (4) I.e., hollowed out, even before it is hardened in the furnace. (5) I.e., dry objects, even though they were unfit for liquids. (6) Being unbaked, it cannot take oil for lighting, as it will soak into it; while it is too small for ordinary dry objects. (7) For V.L. cf. *D.S.* The correct reading as well as the exact meaning of this term is uncertain. The Talmud (*infra*) explains it in the sense of provincial, coarse and unfinished. V. 'Ed., Sonc. ed. p. 12, n. 9. According to the Commentaries, this stewpot was fashioned like a hollow ball and thus baked in the kiln and afterwards cut into two. Undivided it cannot become unclean through a dead body because the inner space is enclosed and a clay vessel must have a hollow before it can receive defilement. (Cf. Num. XIX, 15). (8) Cf. Lev. XV, 4 and 12, where a hollow in the vessel is not required.

c (1) Viz., their hollowing out, and are therefore not considered utensils. 'Ed. II, 5. Hence we see that the hollowing out constitutes the making of a utensil, and the same holds good in the Mishnah. (2) When they are hollowed out. (3) Which are coarse and unfinished. (4) They can only be used on the same day for manufacturing works which are forbidden on a Festival. (5) For the preparation of the bath water. (6) The Rabbis distinctly forbade taking baths both on Sabbath and Festivals. Cf. Shab. 38*b* (7) Not actually bathing. (8) Of such perspiring on Sabbath and Festivals. Cf. Shab. 40*a*.

עין משפט נר מצוה

כז א מיי' פ"ב מהלכות יו"ט הלכה יב סמג לאוין סה טוש"ע א"ח סי' תקא סעיף ו :
כח ב מיי' פ"ד מהלכות יו"ט הלכה ח סמג לאוין עה טוש"ע א"ח סי' תקיד סעיף ז :
כט ג מיי' שם הל' ז סמג שם טוש"ע שם סי' תקב סעיף א :
ל ד מיי' וסמג שם טוש"ע א"ח סי' תקיד סעיף ח :
לא ה מיי' פט"ו מהל' כלים הלכה א :

הוא דאמר כי האי תנא דתניא חותמות שבקרקע מתיר אבל לא מפקיע ולא חותך אחד שבת ואחד יו"ט ושבכלי בשבת מתיר אבל לא מפקיע ולא חותך ביום טוב מתיר ומפקיע וחותך תרצת לך רישא אלא סיפא קשיא הא מני ר' נחמיה היא *דאמר כל הכלים אין ניטלין אלא דרך תשמישן אי רבי נחמיה מאי איריא שבת אפילו יום טוב נמי וכי תימא שניא ליה לר' נחמיה בין שבות שבת לשבות יום טוב ומי שניא ליה והתניא חדא **מסיקין בכלים ואין מסיקין בשברי כלים ותניא אידך מסיקין בין בכלים בין בשברי כלים ותניא אידך אין מסיקין לא בכלים ולא בשברי כלים ומשני לא קשיא הא ר' יהודה הא ר"ש הא ר' נחמיה תרי תנאי ואליבא דר' נחמיה: מתני' אאין פוחתין את הנר מפני שהוא עושה כלי בואין עושין פחמין ביום טוב גואין חותכין את הפתילה ר' יהודה אומר חותכה באור: גמ' מאן תנא דפחיתת נר מנא הוא *אמר רב יוסף ר' מאיר היא דתניא *כלי חרס מאימתי מקבל טומאה משנגמרה מלאכתו דברי ר' מאיר ר' יהושע אומר משיצרפו בכבשן א"ל אביי ממאי דלמא עד כאן לא קאמר ר' מאיר התם אלא דחזי לקבולי ביה מידי אבל הכא למאי חזי לקבולי ביה פשיטי איכא דאמרי אמר רב יוסף ר' אליעזר בר' צדוק היא דתנן *אלפסין חרניות טהורות באהל המת וטמאות במשא הזב ר' אליעזר בר' צדוק אומר אף טהורות במשא הזב לפי שלא נגמרה מלאכתן א"ל אביי דלמא עד כאן לא קאמר רבי אליעזר ברבי צדוק התם אלא דחזי לקבולי ביה מידי אבל הכא למאי חזי לקבולי ביה פשיטי תנו רבנן אין פוחתין את הנר ואין עושין אלפסין חרניות ביום טוב רבן שמעון בן גמליאל מתיר באלפסין חרניות מאי חרניות אמר רב יהודה ערניות מאי ערניות אמר אביי צעי חקליתא ואין עושין פחמין פשיטא למאי חזי תני רבי חייא לא נצרכה אלא למוסרן לאוליירין לבו ביום ובו ביום מי שרי *כדאמר רבא להזיע וקודם גזרה הכא נמי להזיע וקודם גזרה: ואין חותכין את הפתילה לשנים מ"ש בסכין דלא דקמתקן

הוא דאמר כי האי תנא· שמואל דאמר לעיל דאפי' ביו"ט אינו מפקיע דאמר כי האי תנא דאמר נמי בחותמות שבקרקע דאפילו ביו"ט אין מפקיע: תרצת לך רישא · דמלתא דשמואל בחותמות שבקרקע דמסייע ליה האי תנא: סיפא קשיא · דאמר שמואל ושל כלים אפילו בשבת מתיר ומפקיע וחותך והאי תנא תני ושל כלים בשבת מתיר אבל לא מפקיע ולא חותך: הא מני רבי נחמיה היא · כלומר לעולם מותר להפקיע ולחתוך דאין בהם משום סתירה והאי תנא גופיה אם יכול להפקיע ולנתק בידו שרי והא דקאסר משום טלטול סכין קאסר ורבי נחמיה היא דאמר בערובין (דף לה·) אפי' תרווד ואפילו טלית אין ניטלין אלא לצורך תשמיש שהן מיוחדין לו וסכין לאוכלין הוא דמיוחד ולא לחותמות ובהא לא סבירא ליה לשמואל כוותיה: אי הכי· דרבי נחמיה היא: שבות שבת · דטלטול שבות הוא ולא החמיר בטלטול יום טוב כבשל שבת: מסיקין בכלים · דבני טלטול נמי ניהו ומטלטלן נמי להסיקן: אין מסיקין בשברי כלים · שנשברו בי"ט דהשתא לא חזי לטלטול ואי משום דחזו להסקה אתמול לא להכי קיימי: מסיקין בין בכלים כו' · דלית להו מוקצה: אין מסיקין לא בכלים · דאין ניטלין אלא לצורך תשמישן וכ"ש בשברי כלים דנולד הוא והא רבי נחמיה היא ומליעתא ר"ש וקמייתא רבי יהודה וש"מ ביו"ט א"ר נחמיה דהא הסקה ביו"ט קאי: תרי תנאי · חד אמר שני ליה שבות שבת משבות י"ט וחד אמר לא שני ליה: מתני' אין פוחתין את הנר · ליטול אחד מן הבילים של יוצר ולתחוב אגרופו לתוכו לחקוק נר קרוזי"ל בלעז מפני שעושה כלי: ואין עושין פחמין · דאיכהו נמי כלי ניכהו לצורפי זהב ופתילה נמי כלי היא להדלקה שצריכה עשייה ותקון: חותכה באור · בגמרא מפרש מאי שנא אור מסכין: גמ' דפחיתת נר מנא הוא · קודם שצרפו בכבשן: משנגמרה מלאכתן · חקיקתם: משיצרפו · משיחזקם ע"י צירוף האור בכבשן מצרף בלשון חכמים מחזק ומקשה כלי חרס וכלי מתכו' כדבר המחזקן בין (ביד) [במים] בין באור* : וממאי · דס"ל לר"מ בנר כשאר כלי חרס בשלמא שאר כלי חרס גדולים הם ואם אינן ראויין למים ולייו ולדבר לח מפני שממחן חזו מיהו לדבר יבש כגון פירות אבל נר קטן הוא וכי לא חזי למלתיה למאי חזי ומשני חזי לקבולי ביה פשיטי: איכא דאמרי אמר רב יוסף · מתני' דקתני פחיתת הנר מנא הוא ר"א ברבי צדוק היא דאמר לפני חקיקה לאו מנא הוא אבל חקיקה משוי ליה מנא: אלפסין חרניות · מפרש לקמן קערות של בני עיירות שאינן בני כרכים גדולים ואין מקפידין על כלים נאים ומשנפשטה הקערה של חרס אוכלין בה בשר ואין ממתינין עד שתתחקק ותצרף בכבשן: טהורות באהל המת · דלגבי אהל המת בעינן תוך לכלי חרס דכתיב וכל כלי פתוח (במדבר יט) משמע דיש לו פתח וכן לכל טומאת מגע: וטמאות במשא הזב · שהזב מטמא כלי חרס בהסטו דנפקא לן בתורת כהנים *מוכל כלי חרש אשר יגע בו הזב וגו' (ויקרא טו) ודרשינן התם זה הסטו וכיון דמטמי ליה הסט מאבראי לא בעי תוך וקסבר ת"ק כלי ניכהו הואיל ומשתמשין בהן כמות שהן הלכך מקבלין טומאה בדבר הראוי לטמאן: ר"א אומר · אין להם שום טומאה דלאו כלי ניכהו: לפי שלא נגמרה מלאכתן · חקיקתן הא נחקקו מטמאות מדאפלוג באלפסין אלמא לר"א חקיקה משויא להו מנא: דחזי לקבולי מידי · משנחקקו ומיהו קודם חקיקה לא דסופן ליחקק: לאוליירין · מחמי חמין ומרחצאות ואע"ג דלצורך י"ט הן עושין: מי שרי · להחם והלא גזרו על הרחיצה במסכת שבת (*ודף מ·) ואפילו הוחמו מבעוד יום וכל שכן להחם חמין לא הותר מעולם: להזיע · מכנים הפחמים לתוכו ובני אדם נכנסין ומזיעין וקודם שגזרו על הזיעה נשנית משנה זו :

אין פוחתין את הנר · פירש רש"י ליטול אחד מן הגולמים של יוצר ולתחוב אגרופו בתוכו ולחקוק נר שעושה כלי ותימה א"כ פשיטא דאסור דאפילו אין עושה כלי גמור מ"מ אסור להתחיל את הכלי וע"ק מאי קא אמר עלה בגמרא מאימתי מקבלין טומאה משעה שנגמרה מלאכתן הואיל והוי כלי והא כיון דהוי קודם אפייתו בתנור אם כן הוי כלי אדמה וכלי אדמה אין מקבלין טומאה לכן נראה לפרש דאין פוחתין את הנר שכך רגילין לשום באוירו קודם אפייתו קש או דבר אחר כדי לשמור האויר בשעת אפייה שלא יפלו המחיצות יחד ויסתום האויר ולאחר אפייתו קצת מסלקין אותו דבר שבתוכו ועל זה קאמר אין פוחתין את הנר כלומר שאין מסירין מה שבתוכו דהוי כמו גמר כלי ונגמרה מלאכתו ולפי שרגילין לאחר שסלקו מה שבתוכו שמחזירין אותו לתנור כדי לצרפו היטב קאמר בגמרא מאן תנא דפחיתת נר מנא הוא וקאמר ר"מ היא דקאמר דמקבלין טומאה כשסלק מה שמשימין בתוכו אע"פ שלא החזירו אותו עדיין לתנור אלמא דפחיתת נר היינו גמר כלי ורבי יהושע קאמר משיצרפו בכבשן דאינו כלי עד שיחזיר אותו לתנור כדי לצורפו אם כן לדידיה פחיתה הוה שריא :

אלפסין חרניות טהורות באהל המת · פי' רש"י קערות של עיירות ואין מקפידין על כלים נאים ומיד כשנפשט הכלי של חרס אוכלין בה ואין ממתינין עד שתתחקק ותצרף באש והן טהורין באהל המת שאין להם תוך ובעינן כלי פתוח וטמאות במשא הזב דהזב מטמא כלי חרס בהסט כדנפקא לן* מכלי חרס אשר יגע בו איזהו מגעו שהוא ככולו הוי אומר זה הסטו דלא בעינן תוך ותימה דהואיל דאין להם תוך היכי מטמא בהסט הא אמרינן *כל שאינו בא לכלל מגע אינו בא לכלל הסט לכך פי' ר"ת ערניות יש להן תוך אלא שמכוסות למעלה ועומדות ליפתח ואותם של כפרים אין מקפידין ואוכלין כך עליהן וטהורות באהל המת דהא כלי צמיד פתיל טהור באהל המת ומיהו טמאים בהסט הואיל ועומדין ליפתח כדאמרינן* גבי צמיד פתיל שמא תסיטם אשתו וקאמר נמי* כלי צמיד פתיל נצול באהל המת ואינו נצול במעת לעת שבנדה :
וקטמא

רבינו חננאל

ביו"ט מתיר ומפקיע וחותך הא דלא כשמואל דשמואל אמר חותמות שבכלים מתיר ומפקיע וחותך אחד יו"ט ואחד שבת ואוקמה שמואל לר"נ דאמר אפילו טלית ואפי' תרווד אינו ניטל בשבת אלא לצורך תשמישן לפיכך אסור בשבת ליטול סכין להפקיע או לחתוך בה ואליבא דהאי תנא דתני דשני ליה לר' נחמי' בין שבות דשבת לשבות דיו"ט אבל סיפא דהא מתניתא מסייע ליה לשמואל דקתני סיפא חותמות שבקרקע מתיר אבל לא מפקיע ולא חותך אחד שבת ואחד יו"ט כשמואל: אין פוחתין את הנר מפני שעושאו כלי ואמרינן מאן תנא דפחיתת הנר משוי ליה מנא אמר רב יוסף ר' מאיר היא דתנן כלי חרס מאימתי מקבל טומאה ר' מאיר אומר משתגמר מלאכתו וכיון שפחת לו מקום לצוק בתוכו שמן כבר נגמרה מלאכתו וחכ"א עד שיצרפנו בכבשן ויכשר להדליק בו ודחה אביי להא דרב יוסף ואמר דלמא עד כאן לא קאמר ר' מאיר התם משנגמרה מלאכתו הוי כלי ומקבל טומאה אלא משום דאע"ג דלא חזי למיכל ביה ולאשתמושי בגויה עד שיצרפנו בכבשן השתא מיהא חזי לאנוחי בגויה מידי הכא האי נר קודם שיצרפנו בכבשן למאי חזי ופרקינן הכא נמי כיון שעשה לו פתח חזי לקבולי ביה פשיטי רב אשי מתני' לה הכי אמר רב יוסף ר"א בר' צדוק [היא] דתנן אלפסין חרניות טהורות [באהל המת טמאות] במשא הזב ר' אלעזר בר' צדוק אומר אף טהורות במשא הזב לפי שלא נגמרה מלאכתן פירוש אילו אלפסין חרניות סתומות הן דתניא אין עושין אלפסין סתומים רשב"ג מתיר. גרסינן בירושלמי תני לפסין סתומין שעשאן מעיו"ט לא יפתחם ביו"ט מפני שהוא כמכשיר[כלי] ביו"ט ורשב"ג מתיר תמן תנינן ועל אלפסין חרוניות שהן טהורות כו' אתייה דר' יהודה כסתמא דתמן ודיחידאה דתמן כסתמא דהכא. וקי"ל כלי חרס סתום אינו מטמא באהל המת שנאמר וכל כלי פתוח אבל מטמא במשא הזב כי כלי הוא אע"פ שאין פתוח ור' אלעזר ב"ר צדוק אומר עד שיפתח ופתיחתו היא גמר מלאכתו צעי חקלייתא פירוש קדירות של בעלי כפרים: ירושלמי ר' בא בשם רב יהודה בקעת סומכה בכותל בשביל שלא תסכסך פירוש מלשון ליחכה נירו וסכסכה אבל אין מכבין את הבקעת בשביל לחוס עליה ואם בשביל שלא תעשן הבית או הקדירה מיתר א"ר חנינה בשאין שם אויר אבל יש שם אויר משליכה לאויר ודיו·אין עושין פחמין אפי' לאוליירין שצריכין לחמם בו ביום כדי להזיע שהיתה שניה קודם גזירה מותר: ירושלמי א"ר נסא ויאות כן אנן אמרין הדא קלוריתא שרי מושיף ומכחל מינה ביו"ט·א"ר מנא כאן לשימור כאן לרפואה: ואין חותכין הפתילה לשנים ביו"ט

בתורת כהנים עיין רש"י ויקרא טו יב

[חולין קכד: ועיין תוס' שבת פד: ד"ה שטהורים ותוס' סב ד"ה ודין ועוד רש"י ב"ק כה: ד"ס סכין]

[גיטין סא:]

[נדה דף ה:]

מסורת הש"ס

שבת קמו. עירובין לה. [תוספתא דשבת פט"ו]

[לקמן לג. שבת [כח: כט. קכד: קמג. ע"ש

גליון הש"ס
גמ' א"ר ר' מאיר היא. עיין ר"ש פ"ב מ"ד דכלים :

תוספתא דכלים פ"ג

עדיות פ"ב מ"ה ע"ש

ע' תוי"ט ספ"ד דכלים

ברכות כז:

[בקרא כתיב וכלי חרש]

[דף לח.]

לב א מיי' פ"ד מהל' יו"ט הל' ז טוש"ע א"ח סי' תקיד סעיף ח :
לג ב מיי' שם הלכה ג טוש"ע שם סעיף י :
לד ג ד מיי' שם הל' ז טוש"ע שם סעיף ט:
לה ה מיי' פ"ד מהל' יו"ט הלכה ח ופכ"ג מהלכות שבת הל' ו סמג לאוין עה טוש"ע א"ח סי' תקח סעיף א :
רש"ל ס"א לייריה ועיין בהרא"ש
[תוספתא פ"ג]
לו ו מיי' פ"ג מהלכות יו"ט הל' י טוש"ע א"ח סי' תקז סעיף ד :
לז ז מיי' שם פ"ד הלכה יא טוש"ע א"ח סי' תקב סעיף ג :
לח ח מיי' שם פ"ה הלכה ג סמג שם טוש"ע א"ח סי' תקכב סעיף ד :
לט ט מיי' שם פ"ג הלכה י טוש"ע א"ח סי' תקז סעיף ד :
מ י כ ל מיי' שם טוש"ע שם סעיף ז :
מא מ מיי' פ"ד שם הלכה יג :
מב נ מיי' שם הל' יד סמג שם טוש"ע א"ח סי' תקב סעיף א :
[וע"ע תוס' שבת דף קלח. ד"ה כסא]

דקמתקן מנא באור נמי קא מתקן מנא תני ר' חייא חותכה באור בפי שתי נרות אמר רב נתן בר אבא אמר רב *מוחטין את הפתילה ביום טוב מאי מוחטין אמר רב חנינא בר שלמיא (*משמיה דרב) לעדויי חושכא תני בר קפרא *ו' דברים נאמרו בפתילה ג' להחמיר וג' להקל להחמיר אין גודלין אותה לכתחלה ביו"ט ואין מהבהבין אותה באור ואין חותכין אותה לשנים להקל ממעכה ביד ושורה בשמן וחותכה באור בפי שתי נרות ואמר רב נתן בר אבא אמר רב עתירי בבל יורדי גיהנם הם כי הא דשבתאי בר מרינוס אקלע לבבל בעא מנייהו עסקא ולא יהבו ליה מזוני מיזן נמי לא זינוהו אמר הני מערב רב קא אתו דכתיב °ונתן לך רחמים ורחמך *כל המרחם על הבריות בידוע שהוא מזרעו של אברהם אבינו וכל מי שאינו מרחם על הבריות בידוע שאינו מזרעו של אברהם אבינו ואמר רב נתן בר אבא אמר רב כל המצפה על שלחן אחרים עולם חשך בעדו שנאמר °נודד הוא ללחם איה ידע כי נכון בידו יום חשך רב חסדא אמר אף חייו אינן חיים ת"ר *ג' חייהן אינם חיים ואלו הן המצפה לשלחן חבירו ומי שאשתו מושלת עליו ומי שיסורין מושלין בגופו ויש אומרים אף מי שאין לו אלא חלוק אחד ות"ק אפשר דמעיין במניה : **מתני'** אין שוברין את החרס ואין חותכין הנייר לצלות בו מליח ואין גורפין תנור וכירים אבל מכבשין ואין מקיפין שתי חביות לשפות עליהן את הקדרה *ואין סומכין את הקדרה בבקעת וכן בדלת ואין מנהיגין את הבהמה במקל ביום טוב ורבי אלעזר בר' שמעון מתיר : **גמ'** מ"ט משום דקא מתקן מנא ואין גורפין תנור וכירים תני רב חייא בר יוסף קמיה דרב נחמן °ואם אי אפשר לאפות אלא אם כן גורפו מותר דביתהו דר' חייא נפל לה אריחא בתנורא ביומא טבא אמר לה ר' חייא *חזי דאנא רפתא מעלייתא בעינא *)א"ל רבא לשמעיה טוי לי (א) בר אווזא ואזדהר מחרוכא א"ל רבינא לרב אשי אמר לן רב אחא מהוצל דמר שרקין ליה תנורא ביומא טבא אמר ליה אנן ארקתא דפרת סמכינן והנ"מ (ב) הוא דצייריה מאתמול אמר רבינא וקטמא שרי : ואין מקיפין שתי חביות : אמר רב נחמן °אבנים של בית הכסא מותר לצדדן ביום טוב איתיביה *רבה לרב נחמן אין מקיפין שתי חביות לשפות עליהן את הקדרה אמר ליה שאני התם משום דקא עביד אהלא א"ל רבה זוטא לרב אשי אלא מעתה בנה אצטבא ביו"ט דלא עביד אהלא הכי נמי דשרי א"ל התם בנין קבע אסרה תורה בנין עראי לא אסרה תורה וגזרו רבנן על בנין עראי משום בנין קבע והכא משום כבודו לא גזרו ביה רבנן א) אמר רב יהודה האי מדורתא מלמעלה למטה שרי מלמטה למעלה אסור וכן

א) עירובין קב.

רש"י

דקמתקן מנא · אחת היתה ועושה אותה שתים : בפי שתי נרות · נותן שני ראשיה בתוך שתי נרות אם צריך להדליקן כאחת ומדליק באמצע דלא מוכח דלתקוני מנא מכוין אלא להדלקה בעלמא : לעדויי חושכא · כשהיא נעשית בראשה פחם מעבירה : לעדויי · להסיר : חושכא. פחם המחשיך אורה : נאמרו בפתילה · ביו"ט : ממעכה ביד · תקון כלאחר יד הוא : יורדי גיהנם הן · שאינן מרחמים לעשות צדקה : עסקא · סחורה להשתכר למחצית שכר : מזוני · שאל מהם מזונות מיזן נמי לא זינוהו : ונתן לך רחמים · שתרחם על הבריות : כאשר נשבע לאבותיך · מי שיש לו רחמים מזרעו של אבות : בעדו · כנגדו כמו שכת בעדו (איוב א) כלומר חשך פרוס לפניו הכל עליו כחשך : נכון בידו · מזומן אצלו : מי שאין לו אלא חלוק אחד · אין יכול לכבסו וכנים מצערין אותו : דמעיין במניה · מפלה את כליו מן הכנים: **מתני'** אין שוברין את החרס · כשצולין דגים על האסכלא שקורין גראדיל"א בלע"ז חותכין קנים או קש שבלים או שוברין חרסים או חותכין נייר ושורין במים וסודרין הנייר על גב האסכלא מפני שהמתכת מתחמם ושורף את הדג : מליח. דג : ואין גורפין תנור וכירים · אם נפל לתוכו מן הטפל והטיח אין גורפין אותו דמתקן מנא הוא ואתיא כרבנן *דאמרי מכשירי אוכל נפש אסירי : מכבשין · משכיבין את האפר והעפר שיהא חלק משפילו ומשווהו שלא יגע בפת שמדובקים בדפנותיו ויש"רפו מכבשין פרימבר"א : מקיפין · מקרבין זו אצל זו כמו (*אין) מקיפין בריאה (חולין דף נ·) וכמו לתרום שלא מן המוקף (גטין דף ל:) היינו סמוך וכמו מקפת וקורא לה שם (נדה דף עא:) : לשפות עליהם קדרה · והאור בין שתי החביות : לשפות. להושיב כל הושבת קדרה על האור קרי שפיתה כשאין לו כלי ברזל שקורין טרפיי"ד או שאין לו כירה של חרס חלולה ואסר לה משום דדמי לבנין ומדרבנן משום דמתחזי כאהלא: ואין סומכין קדרה בבקעת · קסבר לא נתנו עצים אלא להסקה לפיכך מוקצין הן °אלא כל תשמיש : וכן בדלת · השתא משמע וכן אין סומכין קדרה בדלת ובגמרא פריך עלה: ואין מנהיגין את הבהמה במקל · ברשות הרבים השתא קס"ד משום דאין משתמשין בעצים שלא נעשו כלי מערב יום טוב דלא נתנו אלא להסקה : **גמ'** ואם אי אפשר לו כו' מותר · כר"י : אריחא · חצי לבינה ונתק מכותל התנור : רפתא מעלייתא בעינא · כלומר גרפי התנור : טוי לי אווזא · צלה לי אווז בתנור שתנוריהם היו קטנים ופיהן למעלה ותולה הצלי לתוכו וכותם פיו והוא נצלה : ואזדהר מחרוכא · שלא יתחרך כלומר גרוף את התנור שלא יהא בו בשוליו דבר גבוה כמו אריח או אבן שהוסק בתנור שנוגע בצלי ושורפו : דמר · רב אשי : שרקין ליה תנורא · עבדי אדוני טחין סביבות כסוי פי התנור בטיט שלא יצא חומו כשהצלי בתוכו שהרוח קשה לצלי ותימה לן מלאכה משום דגבול טיט תולדה דלישה הוא : ארקתא דפרת סמכינן · על שפתו של פרת אנו נסמכים בדבר שאין אנו צריכים לגבל טיט שספת פרת טיט מגובל הוא : והוא דלייריה מאתמול · עשה בו סימן ונתקו לצד אחר : וקטמא שרי · לגבלו ולטוח בו דלאו בר גבול הוא : אבנים של בית הכסא · אבנים גדולות שמלדדין אותן להיות כמין מושב חלול ויושבין עליהם בשדות במקום המיוחד לבית הכסא : דקא עביד אהלא · שיש לו גג אבל הכא ליכא גג : אצטבא · כסא של בנין לבנים וטיט : בנין עראי · שאינו להתקיים : והכא · גבי בית הכסא משום כבוד הבריות לא גזור : האי מדורתא · היסק גדול שעושין לפני שרים כדרך בנין עושין לו כתלים מד' רוחות וסודרין עצים למעלה ודומה לאהל : מלמטה למעלה · לסדר העצים של כתלים תחלה לעשות עליהם הגג אסורין שדרך בנין הוא : מלמעלה למטה · להתחיל תחלה מן הגג ואח"כ יסדרו תחתיו עצי הכתלים שרי : וכן

תורה אור
דברים יג
איוב טו

תוספות

וקטמא שרי · פרש"י לגבלו ולטוח בו דלאו בר גבול הוא ותימה דאמרינן בשבת (דף יח·) דאפילו בנתינת מים על (ג) העפר בעלמא הוא חייב משום מגבל דקאמר התם אחד נותן את האפר ואחד נותן את המים האחרון חייב וי"ל דהכא ר"ל קטמא שרי כלומר וקטמא שרי לסתום הסדקים של תנור שלא יוציא האור כמו שהוא יבש בלא נתינת מים עליו ועוד יש לומר דה"פ וקטמא שרי כגון שגבלו מערב יום טוב (ד) ושרי בלא [*גיבול] :

מלמטה למעלה אסור · משום דהוי דרך בנין וכן הוי טעמא דכולן וא"ת היכי מסדרין שלחן שאין לו רגלים על גבי ספסלים שלו דמתחלה משימין הספסלים ואח"כ משימין עליהם את השלחן י"ל דהואיל ואין להם מחיצות שרי וכל הני מיירי דאית להו מחיצות לצדדים המגיעות לארץ ותימה דאמר בשבת (דף לו: ושם) מחזירין קדרה על גבי כירה והתם (דף לח:) קאמר מאן דאית ליה מחזירין דאפילו בשבת מחזירין וי"ל דכל הנך אינן אסורין אלא היכא שמתקן האהל והמחיצות אבל אם עשה האהל בלא מחיצות שרי והתם גבי כירה המחיצות היו עשויות מתחלה וכן פר"ח גבי ביעתא כגון שיש בילים מכאן ובילים מכאן וא' על גביהן והאור תחת אוירן ולא כפי' רש"י שפי' בילים שמסדרין על גבי אסכלא דכיון דליכא מחיצות לא הוי כעין בנין אלא כרא' כדפרים *וגם פוריא לא מיירי כגון

רבינו חננאל

ביו"ם כו' ואוקימנה חותכה באור בפי שתי נרות ופי' כגון שהיתה פתילה ארוכה מכנים קצה הפתילה בפי הנר וקצתה האחרת בפי נר אחרת ומדליקה באמצע ומנתקת ונמצאו ב' נרות דולקין . מוחטין הפתילה ביו"ם עדוי חשכה פירוש המתעבה בקצה הפתילה כמין גחלת ומתעכב האורה מותר לחותכה: תני בר קפרא בפתילה ג' דברים להחמיר אין גודלין אותה לכתחלה ביו"ם . ואין מהבהבין אותה באור ואין חותכין אותה בשנים וג' דברים להקל ממעכה ביד ושורה בשמן וחותכה באור בפי ב' נרות: אמר רב עשירי בבל יורדין לגיהנם . כיהא דשבתי איקלע לבבל כו' ואמר נמי כל המצפה לשלחן חבירו עולם חשך בעדו שנאמר נודד הוא ללחם איה וגו': ת"ר ג' (דברים) שחייהן אינם חיים המצפה לשלחן חבירו ומי שאשתו מושלת עליו ומי שיסורין בגופו ופשוטין הן : אין שוברין חרס ואין חותכין נייר לצלות בו מליח ביו"ם משום דמתקן מנא ואין גורפין תנור וכירים ואם אי אפשר לו לאפות אא"כ גורפו מותר. שרקין ליה תנורא פירוש טחין פי התנור בטיט כאשר נותנין הפת או הצלי בתוכו א"ל רב אשי לרבינא אנן ארקתא דפרת סמכינן לה כלומר אין אנו גובלין טיט ביו"ם אלא נוטלין מן העפר המלוחלח אשר על שפת נהר שהוא כעין טיט ובו טחין פי התנור וזה הטיט שבשפת פרת מעיו"ם מכינין אותו. ואפר כירה מותר לגבל ולטוח בו שאינו בן גיבול: אין מקיפין ב' חביות אחת מיכן ואחת מיכן לשפות עליהן הקדירה : ירושלמי משום בונה שנמצא עושה כמין כירה ועליה הקדירה אהל אבל אבנים לבית הכסא מותר לצדדן אחת כנגד אחת אמר רב יהודה האי מדורתא ממטה למעלה (שרי) [אסור] פירוש דרך

הגהות הב"ח

(א) גמ' טוי לי אווזא כצ"ל ותיבת בר נמחק: (ב) שם והנ"מ דלייריה כצ"ל ותיבת הוא נמחק : (ג) תוס' ד"ה וקטמא וכו' על האפר בעלמא הוא : (ד) בא"ד שגבלו מעיו"ט ושריק בלא גבול :

[גי' הערוך מוהטין ועיין בשבת ל.]
[בהר"מ ליתא וכן בערוך ערך הט ליתא אלא הכי איתא מאי מוהטין עדויי חשוכי]
[שבת קנה. וע"ש תוס' גיר' רש"י]
[פסחים קיג: ע"ש וכתוס' שם]
[עיין תוי"ט דמוחק מלת אין]
שבת קכד.
[לעיל כט:] *שבת קמב:
[נסו' הגי' רבא]

גליון הש"ס רש"י ד"ה ואין סומכין וכו' אלא כל תשמיש. עיין לקמן דף לג ע"ב ברש"י ד"ה לא יטול :

because he thereby makes an article;[9] then by [severing it] with fire he is also making an article?—R. Ḥiyya taught: He may sever it with fire [when the wick is] in two lamps.[10]

Said R. Nathan b. Abba in the name of Rab: One may trim the wick on a Festival. What is meant by trimming? Said R. Ḥanina b. Salmia [in Rab's name]: To remove the snuff.

Bar Ḳappara taught: Six things have been taught with respect to a wick, three restrictions and three leniences. The restrictions are: One may not plait it at the outset on a Festival, and one may
a not singe it with fire,[1] and one may not cut it in two. Leniences: One may rub it by hand,[2] and one may soak it in oil, and one may sever it with fire when it is in two lamps.

R. Nathan b. Abba further said in the name of Rab: The rich men of Babylon will go down to Gehenna; for once Shabthai b. Marinus came to Babylon and entreated them to provide him with facilities for trading and they refused this to him; neither did they give him any food. He said: These are the descendants of the '*mixed multitude*',[3] for it is written, *And [He will] show thee mercy and have compassion upon thee,*[4] [teaching that] whoever is merciful to his fellow-men is certainly of the children of our father Abraham, and whosoever is not merciful to his fellow-men is certainly not of the children of our father Abraham.[5]

R. Nathan b. Abba further said in the name of Rab: He who is dependent on another's table, the world is dark to him, for it is said: *He wandereth abroad for bread. 'Where is it?' He knoweth that the day of darkness is ready at his hand.*[6] R. Ḥisda says: Also his life is no life.

Our Rabbis taught: There are three whose life is no life and they are: He who is dependent on the table of his neighbour; he whom his wife rules; and he whose body is subject to suffering. And some say: Also he who possesses only one shirt.[7] And the first Tanna?—It is possible to examine his garment.[8]

MISHNAH. ONE MAY NOT BREAK UP A POTSHERD OR CUT PAPER IN ORDER TO ROAST THEREON SALT-FISH;[9] NOR
b MAY ONE RAKE OUT AN OVEN OR A POT RANGE,[1] BUT ONE MAY PRESS [THE ASHES] DOWN;[2] NOR MAY ONE PLACE TWO JARS SIDE BY SIDE IN ORDER TO SET A SAUCEPAN ON THEM.[3] NOR MAY ONE PROP UP A POT WITH A WOODEN WEDGE AND THE SAME APPLIES TO A DOOR; NOR MAY ONE DRIVE CATTLE WITH A STAFF ON A FESTIVAL, BUT R. ELEAZAR SON OF R. SIMEON PERMITS IT.

GEMARA. What is the reason [that one may not break up a potsherd]?—Because he is making a [new] article.[4]

NOR MAY ONE RAKE OUT AN OVEN OR A POT RANGE. R. Ḥiyya b. Joseph recited in the presence of R. Naḥman: If it is impossible to bake unless it is raked out it is permitted. A brick fell down in R. Ḥiyya's wife's oven on a Festival. [So] R. Ḥiyya said to her: Take notice that I want good bread.[5] Raba said to his attendant: Roast a duck for me and mind it does not get burnt.[5] Rabina said to R. Ashi: R. Aḥa from Huẓal[6] told that they pasted up the oven[7] for you, Sir, on a Festival![8] He replied to him: We use[9] [the clay from] the bank of the Euphrates,[10] and even then only when one had marked out [the clay] on the previous day. Said Rabina: Ashes are permitted.[11]

NOR MAY ONE PLACE TWO JARS SIDE BY SIDE: Said R. Naḥman: It is permissible to arrange the stones of a privy side by
c side on a Festival.[1] Rabbah raised an objection to R. Naḥman: ONE MAY NOT PLACE TWO JARS SIDE BY SIDE AND ON THESE SET A SAUCEPAN!—He replied to him: It is different there, for he is making a tent.[2] Rabbah Zuṭa said to R. Ashi: Accordingly it should also be permitted to build a seat[3] on a Festival, since he is not making a tent!—He replied to him: There the Torah forbade a permanent building but not a temporary building, but the Rabbis forbade a temporary building on account of a permanent building; but here[4] the Rabbis did not enact this prohibition, for the sake of his dignity.

Rab Judah said: It is permitted [to build] a fireheap from above

(9) Out of one wick he makes two. (10) If the two ends of the wick are two lamps he may light it in the middle, since his purpose does not appear to be to divide it but rather to get a light.

a (1) To remove any threads or fibres. (2) To soften it. (3) Cf. Ex. XII, 38. (4) Deut. XIII, 18. (5) The verse ends: *as He hath sworn unto thy fathers.* Now he translates the part quoted thus: and He will give thee (the spirit of) mercy—i.e., to be merciful to others. Hence, of the person who possesses that, it can be said . . . '*unto thy fathers*', viz., the Patriarchs; but if one lacks it, '*Unto thy fathers*' cannot be said of him, and so he must be a descendant of the mixed multitude. (6) Job XV, 23. (7) Because he is distressed by vermin. (8) To cleanse it from vermin. (9) Which must not lie on the metal of the tripod, as it would be burnt.

b (1) If some of its plaster peeled and fell into it. It must not be raked out, as that would constitute the repairing of a utensil. (2) So that the dough which was pressed to the side of the oven (this was the ancient method of baking) should not come into contact with the old ashes or earth. (3) Because it looks like setting up a tripod and is in the nature of building. (4) The broken potsherd is now to serve as a utensil for preventing burning. (5) I.e., have the oven raked out. (6) A place between Nehardea and Sura; Obermeyer op. cit. p. 299. V. Keth. (Sonc. ed.) 111a n. d7. (7) I.e., they filled up the cracks in the oven making it airtight. (8) But surely mixing the cement for that purpose is forbidden, as a derivative of kneading. V. Shab. 73a. (9) Lit., 'we rely'. (10) The alluvial soil of the bank of the Euphrates is like clay and no further preparation is required. [R. Ashi's home was Matha Meḥasia on the right bank of the Euphrates.] (11) To be mixed with water and used for making the oven airtight, because 'kneading' does not apply to ashes.

c (1) Two large stones were put side by side, thus forming a kind of seat. (2) In a technical sense. (3) אצטבא is a solid seat standing on the ground. Since there is no empty space beneath its top, it does not constitute a tent. (4) In the case of a privy.

downwards but not from beneath upwards.[5] [33a] The same is true also of an egg, a pot, a bed and a jug.[6]

NOR MAY ONE PROP UP A POT WITH A WOODEN WEDGE AND LIKEWISE WITH A DOOR. Can you possibly mean WITH A DOOR.[7]—Say rather: And the same applies to a door.[8]

Our Rabbis taught: One may not prop up a pot with a wooden wedge and the same applies to a door, for wood is meant [as a rule] only for heating;[9] but R. Simeon permits it. Nor may one drive cattle with a staff on a Festival, but R. Eleazar son of R. Simeon permits it. Shall it be said that R. Eleazar son of R. Simeon agrees with his father in rejecting [the prohibition of] *mukẓeh?*
a —No; in this case even R. Simeon agrees,[1] for it looks as though he were going to market.[2]

Bamboo-cane, R. Naḥman forbids[3] and R. Shesheth permits. When it is moist none dispute that it is forbidden;[4] they [only] dispute when it is dry; he who forbids it says: Wood is made to serve only for kindling;[5] he who permits it says, It is one and the same thing whether roasting with it [used as a spit] or whether roasting with its coal.[6] Some say: When it is dry none dispute that it is permitted; they [only] dispute when it is moist; he who forbids [it,] it is because it is not fit for fuel,[7] and he who permits [it] says, It is fit for a big fire. And the law is: When it is dry it is permitted, when it is moist it is forbidden.

Raba lectured: A woman may not go into a wood-shed to fetch therefrom a brand;[8] and a log of wood that was broken [on a Festival] may not be burnt on the Festival, for one may heat with utensils but one may not heat with broken utensils. Shall it be said that Raba is of the same opinion as R. Judah who holds the rule of *mukẓeh?* But surely Raba said to his attendant: Roast me a duck and throw its inwards to the cat![9]—There [it is different]; since they [the inwards] turn putrid, he had intended them [for the cat] from the day before.[10]

MISHNAH. R. ELIEZER SAYS: A MAN MAY TAKE A CHIP
b FROM THAT WHICH IS LYING BEFORE HIM[1] TO PICK HIS TEETH WITH IT, AND HE MAY COLLECT [CHIPS] FROM THE COURT YARD AND MAKE A FIRE, FOR EVERYTHING IN A COURT IS MUKAN. BUT THE SAGES SAY: HE MAY COLLECT ONLY FROM THAT WHICH IS BEFORE HIM AND MAKE A FIRE. ONE MAY NOT PRODUCE FIRE EITHER FROM WOOD,[2] OR FROM STONES,[3] OR FROM EARTH,[4] OR FROM TILES,[5] OR FROM WATER;[6] NOR MAY ONE MAKE TILES RED-HOT IN ORDER TO ROAST ON THEM.

(5) I.e., one may not lay two logs of wood near one another and lay a third above it, since this resembles the building of a tent. He must therefore hold up one log and lay two underneath. (6) When an egg is to be placed on a tripod for baking, the tripod must not be placed on the fire and the egg on it, but it must be held in the hand, the egg placed on it, and then the whole on the fire.—A pot was placed on two barrels with a fire burning underneath. These barrels, however, must not be placed in position first, but the pot must be held in the air and then the barrels put underneath.—Folding beds are likewise: instead of the supports being placed first and then the canvas or skin overlay, as usual, the canvas must be stretched out first and the supports fitted in to it. Finally, when barrels are being stored away, one on top of two, the top one must be held and the other two pushed under it. In each case the *usual* mode of setting would constitute making a tent. (7) It was presumed that it means 'the door may not be used as a prop'. (8) Viz., a door may not be propped up with a chip. The Mishnah therefore must be translated: And it is likewise so in the case of a door. (9) Hence it is *mukẓeh* in respect of any other purpose.
a (1) That it is prohibited. (2) Lit., 'to a dance', so called because of the crowds assembled at the market. (3) To be used as a spit on a Festival, on account of *mukẓeh*, for it was not intended before the Festival to use it as a spit. (4) For it cannot then be used even for eating. (5) Hence it is *mukẓeh* in respect of any other purpose. (6) For it is permissible to burn it and use its charcoal for roasting. (7) Hence it cannot be handled for its natural purpose, and therefore it must not be handled for any other purpose either. (8) To be used for a poker. For wood can only be employed for kindling and cannot be used as a utensil unless it was so intended before the Festival. (9) Whereas according to R. Judah the inwards should be forbidden to be handled as *mukẓeh*. Cf. *supra* 2a, 27b. (10) Hence R. Judah would agree that the inwards are not *mukẓeh*.
b (1) I.e., in the house. (2) By rubbing two sticks together, because this would be bringing into existence something which was not already made. (3) By striking flint with steel. (4) Sulphur or phosphorus. (5) This clause is omitted in the Mishnayoth. (6) By using the water in a glass as a mirror to focus the rays of the sun.

וכן ביעתא *וכן קדרה וכן פוריא וכן חביתא ואין סומכין את הקדרה בבקעת וכן בדלת בדלת ס"ד אלא אימא וכן הדלת: תנו רבנן אין סומכין את הקדרה בבקעת וכן הדלת *לפי שלא נתנו עצים אלא להסקה ורבי שמעון מתיר ואין מנהיגין את הבהמה במקל ביו"ט ור' אלעזר בר' שמעון מתיר לימא ר' אלעזר בר' שמעון כאבוה סבירא ליה דלית ליה מוקצה לא בהא אפילו ר' שמעון מודה משום *דמחזי כמאן דאזיל לחנגא: חזרא רב נחמן אסר ורב ששת שרי ברטיבא כולי עלמא לא פליגי דאסור כי פליגי ביבשתא מאן דאסר אמר לך לא נתנו עצים אלא להסקה ומאן דשרי אמר לך מה לי לצלות בו מה לי לצלות בגחלתו איכא דאמרי ביבשתא כולי עלמא לא פליגי דשרי כי פליגי ברטיבתא מאן דאסר דלא חזי להסקה ומאן דשרי אמר לך הא חזי להיסק גדול *והלכתא יבשתא שרי רטיבתא אסור *דרש רבא *אשה לא תכנס לדיר העצים ליטול מהן אוד ואוד שנשבר אסור להסיקו ביו"ט *לפי שמסיקין בכלים ואין מסיקין בשברי כלים למימרא *דרבא כר' יהודה סבירא ליה דאית ליה מוקצה והא אמר ליה רבא לשמעיה טוי לי בר אווזא ושדי מעיה לשונרא התם כיון דמסרחי מאתמול דעתיה עלויה: **מתני'** ר' אליעזר אומר *נוטל אדם קיסם משלפניו לחצוץ בו שיניו ומגבב מן החצר ומדליק שכל מה שבחצר מוכן הוא וחכמים אומרים *מגבב משלפניו ומדליק *אין מוציאין את האור לא מן העצים ולא מן האבנים ולא מן (א)העפר **ולא מן הרעפים ולא מן המים *ואין מלבנין את הרעפים לצלות בהן: **גמ'** אמר רב יהודה אוכלי

רש"י

וכן ביעתא. בילים גבות הנתונות ע"פ כלי חלול כעין טרפי"ד או על האסכלא אין מושיבין את הכלי תחלה ואח"כ יסדר עליו אלא יאחזנו בידו ויושיב הבילה עליו ואח"כ יושיב הכלי על הגחלים שלא יעשנו כסדר בנין: וכן קדרה. שמושיבין על ג' חביות לא *יקיפנה [נ"ל יקיפם] תחלה ואח"כ יושיב הקדרה עליהם אלא העליונה יתלה באויר ויאחזנה בידו ויסדרו החביות תחתיה סביב: וכן פוריא. מטות השרים שפורקין אותן ומחזירין לא יזקוף הכרעים תחלה לתת הארוכות בכרעים [סוכה מ. נדרים סב: ב"ק קב.] ואח"כ יפרוס העור למטה שסוכבין עליו אלא פורס העור תחלה ויאחזוהו בני אדם בידיהם ואח"כ יביאו הארוכות ויקשרו הרצועות של עור בהן ואח"כ יזקפו הכרעים ויתנו הארוכות לתוכן: וכן חביתא. [שבת נד:] חביות שמסדרים באוצר ומושיבין אחת על גבי שתים: בדלת ס"ד. ומי זה הסומך קדרה בדלת והלא תשבר: אימא וכן הדלת. אין סומכין אותו בבקעת: ור"ש מתיר. דלית ליה מוקצה: בהא אפי' ר"ש מודה. כלומר הך פלוגתא לאו במוקצה היא ואפי' ר"ש מודה כת"ק דאסור ולא משום מוקצה אלא נראה כמוליכה ממקום למקום שהוא צריך להנהיגה הרבה כגון למכור בשוק: חנגא. [שבת קמג.] מחול ועל שם שבני אדם סובבים והולכים בשוק כעין סובבות במחולות קרו ליה חנגא: חזרא. ענף עץ שהוא חד כקוץ וראוי לתקעו בצלי [לעיל לב. וש"נ] [שבת קמב:] כמין שפוד ולצלות בו: ר"נ אסר. ביו"ט משום דמוקצה ניהו לטלטל שלא עשאו לכלי מבעוד יום: ברטיבא. שאינו ראוי לטלטלו אפי' להסקה דכ"ע לא פליגי דאסור: מה לי לצלות בו. לתחבו לתוכו: מה לי לצלות בגחלתו. [שבת פא:] הרי ראוי לטלטלו לעשותו גחלת וצולה בה: והלכתא כו'. הך הלכתא אליבא דמאן דאית ליה מוקצה אקבע אבל אנן כר"ש ס"ל בין במוקצה בין בדבר שאינו מתכוין וכר' יהודה במכשירי אוכל נפש וכולהו שרו בין חזרא בין סמיכת קדרות והקפת חביות ומדורתא וקדרה וכל האמוראים שאסרו את אלו למעלה תלמידי דרב הוו ורב סבר לה כרבי יהודה במוקצה ואנן קיימא לן כרבי שמעון: דרש רבא כו'. דכרבי יהודה ס"ל: לדיר. דיר עצים: אוד. עץ לעשות אוד לתנור פורגי"ן בלע"ז וטעמא משום דלא נתנו אלא להסיק אא"כ נעשה כלי מבעוד יום: ואוד שנשבר. ביו"ט: ושדי מעיה לשונרא. השלך בני מעים לחתול ולר' יהודה אסור לטלטלו ולתתו לחתול דמאתמול מוכן לאדם היה ולא לכלבים דקאמר אם לא היתה נבילה מע"ש אסורה: כיון דמסרחי. אם יניחם לצורך מחר והיום לא היה צריך להם מאתמול דעתיה עלוייהו להשליכם לחתול: **מתני'** נוטל אדם קיסם משלפניו. ממה שלפניו בבית: לחצוץ בו שיניו. ליטול בשר החוצץ בין שניו בורגיי"ר בלע"ז ומשלפניו לאו דוקא דלר"א אף מן החצר נמי דקאמר כל מה שבחצר מוכן הוא ורישא לא אתא לאשמועינן אלא היתר טלטול עצים אף שלא להסקה דאפלוג רבנן בה כדלקמן בברייתא בגמרא והא דנקט משלפניו משום רבנן דפליגי דאפילו משלפניו להדליק אין לחצוץ לא: מגבב. קסמין דקין וקשין מן החצר ומדליק בהן: וחכ"א מגבב משלפניו ומדליק. אבל מן החצר לא הואיל ודקין הן וטורח לקושטן מאתמול לאו להכי קיימי ודקאמרת נוטל קיסם *לחצוץ [מ"ל מלפניו] שניו (ב) (מאתמול) אנן אית לן דאף משלפניו לא יטול אלא להדליק דלא נתנו [אלא] להסקה ובתרתי פליגי: ואין מוציאין את האור. משום דמוליד: מן המים. נותנים מים בכלי זכוכית לבנה ונותנו בחמה כשהשמש חם מאד והזכוכית מוציאה שלהבת ומביאין נעורת ומגיעים בזכוכית והיא בוערת כך שמעתי *) בפיוט יוצר שיסד אחד מגאוני לומברדיא"ה: מן העפר. קרקע קשה כשחופרים אותה מוציאה אור כעין גרגישתא שלנו ממקום מחפורת סלה: רעפים. טייבלו"ש: אין מלבנין. באור ובגמרא מפרש טעמא: **גמ'** אוכלי

*) נ"ל בפירוש ספר יצירה. שכן נמצא מפורש בפי' לספר יצירה לר' שבתי דונולו הרופא מלומברדיא ז"ל.

תוספות

כגון מטה שלנו שאין לה מחילות אלא שיש לה מחילות אך תימה דאמר בשבת (דף קלט:) האי פרוונקא (*אפלגא) דכובא (ג) אסירא והתם המחילות היו עשויות כבר וי"ל דשאני התם הואיל ורחב הכובא יותר מדאי נעשה כאהל פרש"י דרב יהודה דהכא ס"ל כרבי יהודה דאוסר מוקצה ודבר שאין מתכוין אבל אנן ס"ל כר"ש ודבר שאין מתכוין מותר ודוחק הוא לומר דכל הני מילתא דלא כר"ש אלא נראה לומר דאפילו ר"ש מודה דהויא הכא אסור דהא דא"ר שמעון דבר שאין מתכוין מותר היינו כגון שעושה דבר שאין מתכוין לעשותו אבל הכא מתכוין לעשות מה שהוא עושה: **והלכתא** יבשתא שרי רטיבא אסור. פרש"י דהלכתא אקבע אליבא דמאן דאית ליה מוקצה ולא נתנו עצים אלא להסקה אבל אנו דקי"ל כר"ש שרי אפי' חזרא רטיבא ודוחק הוא לומר דר"ש פליג אמאי דפסיק הש"ס וי"ל דאפילו לר"ש דנהי דאית ליה שנתנו עצים שלא להסקה הייתו בדבר הראוי להסקה אבל רטיבא אין ראויין להסקה: **דרש** רבא וכו'. פירש רש"י דכר' יהודה ס"ל וע"כ לא תכנס ליטול אוד דלא נתנו עצים אלא להסקה °ודוחק הוא לומר דהש"ס קיימא דלא כהלכתא אלא ודאי דאפילו ר' שמעון מודה דאסור משום דהוי כתקוני מנא: **ושדי** מעיה לשונרא. פירש"י דלרבי יהודה הוה אסור לטלטלן ליתן לחתול דמאתמול מוכן לאדם הוה ולא לכלבים וא"ר יהודה דאם לא היתה נבלה מעיו"ט אסור ליתן לכלבים וגם אינו ראוי ליתן לאדם לפי שאין דרך בני אדם לאכול בני מעים ביו"ט דבלאו הכי יש להם הרבה לאכול וא"ת וכי משום שאינו אוכל מהן הוו מוקצין א"כ היכי מטלטלין בשר חי דחזיא לכוס במסכת שבת (דף קכח.) הא אינו אוכל מהן משום שיש לו הרבה לאכול וי"ל דמיירי שכבר הסריחו ולא הוי חזי לאדם ולר' יהודה היה אסור ומשני כיון דמסריחי כלומר כיון דודאי מסריחי דעתידין להסריח דעתו לכלבים: **רבי** אליעזר אומר נוטל אדם קיסם משלפניו. פירש"י לאו דוקא משלפניו דה"ה משלאחריו נמי דקתני כל מה שבחצר מוכן הוא אלא נקט משלפניו משום רבנן דפליגי אח"כ דשרו דוקא להדליק אבל לחצוץ בו שניו לא ותימה דהא משמע בפרק המוציא (שבת דף פא: ושם) דדוקא קתני דבעי התם אבנים של בית הכסא מהו להעלותן אחריו לגג וקא פשיט ליה דשריא ופריך מיתיבי ר"א אומר נוטל אדם קיסם משלפניו דדוקא משלפניו אבל בכל החצר לא ואת אמרת דיכול להעלות לגג וי"ל דהא"כ דודאי דוקא קאמר כדמשמע התם ואף על גב דקאמר כל מה שבחצר מוכן הוא הייתו דוקא גבי אכילה משום דאדם קובע לו מקום לאכילתו והיה לו להכין אבל גבי אש לא שייך דפעמים שאינו עושה מדורה ביו"ט וכן מחלק התם בין אבנים לקיסם: **וחכמים** אומרים מגבב משלפניו ומדליק. פרש"י דבתרתי פליגי דאפילו להדליק דוקא משלפניו ולחצוץ שניו אפילו משלפניו לא דעצים לא נתנו אלא להסקה וקשה לפירושו דחכמים סבירא להו דלא כהלכתא דפליגי בפלוגתא דרבי שמעון ורבי יהודה לכן נ"ל דטעמא דרבנן דלכך אסור לחצוץ שניו גזירה משום שמא יקטום וכן מסיק נמי בגמרא: פטור

עין משפט נר מצוה

מג א מיי' פ"ד מהל' יו"ט הל' טו טוש"ע א"ח סי' תקב סעיף א וסי' שטו סעיף ו:
מד ב מיי' פ"ב מהל' יו"ט הלכה יג טוש"ע שם סעיף ג בהג"ה:
מה ג מיי' פ"ד שם הלכה יא סמג לאוין עה טוש"ע א"ח סי' תקו סעיף ג:
מו ד מיי' פ"ב שם הלכה יד סמג שם טוש"ע או"ח סי' תקא סעיף ג:
מז ה מיי' פ"ד שם הלכה א' סמג שם טוש"ע או"ח סי' תקב סעיף א:
מח ו מיי' שם פ"ג הלכה יא טוש"ע א"ח סי' תקמ סעיף א:

רבינו חננאל

דרך בנין אבל אם אחז העץ למעלה ונתן אחר תחתיו ועוד אחר תחתיו עד שמגיע למטה בקרקע כיון שאינה דרך בנין מותר וכן אם מבקש לצלות ביצים בענין הזה הוא עושה אוחז העליונה ונותן אחרת תחתיה וכן אוחז את הקרשים ומניח את הרגלים: אין סומכין הקדרה שלא תפול בבקעת וכן אין סומכין דלת בבקעת שלא נתנו עצים אלא להסקה ור' שמעון מתיר ואסיקנא ר' שמעון אינו מתיר אלא כגון זה אבל להנהיג בהמה ביו"ט במקל אוסר משום שנראה כהולך לדרך רחוקה. פירוש חיורא ממיני קוצים מהו ליטול מהן עץ [כמין שפוד לצלות בו צלי ואסיקנא והלכתא יבישא שרי רטיבא אסור. דרש רבא לא תכנס אשה לבין העצים ליטול מהן עץ] להכינו אוד שנמצאת עושה כלי ואוד שנשבר ביו"ט אסור להסיק בו ביום. שמסיקין בכלים ואין מסיקין בשברי כלים. למימרא דרבא כר"י סבירא ליה באיסור שברי כלים והא רבא אמר לשמעיה טוי לי בר אווזא ושדי מעיה לשונרא דלא כר' יהודה דתנן ר' יהודה אומר אם לא היתה נבלה מע"ש אסורה לפי שאינה מן המוכן. ודחינן התם נמי מוכן הוא דכיון דמסרחי מאתמול הוה בדעתיה למשדינהו לשונרא: [מתני'] ר' אליעזר אומר נוטל אדם קיסם לחצות בו שיניו ומגבב מן החצר ומדליק וחכ"א מלפניו מגבב ומדליק: אמר רב יהודה

הגהות הב"ח

(א) במשנה ולא מן העפר ולא מן המים כצ"ל ותיבות ולא מן הרעפים נמחק: (ב) רש"י ד"ה וחכ"א כו' לחצוץ שניו אנן אית לן כצ"ל ותיבת מאתמול נמחק: (ג) תוס' ד"ה [illegible] וכו' האי פרוונקא אפלגא דכובא [illegible] כובא אסירא והתם:

גליון הש"ס

מתני' ולא מן הרעפים. [illegible]

אוכלי בהמה אין בהן משום תקון כלי איתיביה רב כהנא לרב יהודה *מטלטלין עצי בשמים להריח בהן ולהניף בהן לחולה ומוללו ומריח בו ולא יקטמנו להריח בו ואם קטמו פטור אבל אסור לחצוץ בו שיניו לא יקטמנו ואם קטמו חייב חטאת א"ל השתא פטור אבל אסור קא קשיא לי חייב חטאת מבעיא אלא כי תניא ההיא בקשין קשין בני מלילה נינהו חסורי מחסרא והכי קתני מוללו ומריח בו קוטמו ומריח בו בד"א ברכין אבל בקשין לא יקטמנו ואם קטמו פטור אבל אסור לחצוץ בו שיניו לא יקטמנו ואם קטמו חייב חטאת תני חדא קוטמו ומריח בו ותניא אידך לא יקטמנו להריח בו אמר רבי זירא אמר רב חסדא לא קשיא הא ברכין הא בקשין מתקיף לה רב אחא בר יעקב בקשין אמאי לא והא תנן* שובר אדם את החבית לאכול ממנה גרוגרות ובלבד שלא יתכוין לעשות כלי ועוד הא רבא בר רב אדא ורבין בר רב אדא דאמרי תרוייהו כי הוינן בי רב יהודה הוה מפשח ויהיב לן אלותא אלותא אע"ג דחזיא לקתתא דנרגי וחציני לא קשיא הא ר"א הא רבנן דתניא ר"א אומר נוטל אדם קיסם משלפניו לחצוץ בו שיניו וחכ"א לא יטול אלא מאבוס של בהמה ושוין שלא יקטמנו ואם קטמו לחצוץ בו שיניו ולפתוח בו הדלת בשוגג בשבת חייב חטאת במזיד ביו"ט סופג את הארבעים דברי ר"א וחכ"א אחד זה ואחד זה אינו אלא משום שבות ר"א דקאמר התם חייב חטאת הכא פטור אבל אסור רבנן דקא אמרי התם פטור אבל אסור הכא מותר לכתחלה ולית ליה לרבי אליעזר הא דתנן שובר אדם את החבית לאכול ממנה גרוגרות ובלבד שלא יתכוין לעשות כלי אמר רב אשי כי תניא ההיא במוסתקי: ומגבב מן החצר: ת"ר מגבב מן החצר ומדליק שכל מה שבחצר מוכן הוא ובלבד שלא יעשה צבורין צבורין ורבי שמעון מתיר במאי קא מפלגי מר סבר מחזי דקא מכניף למחר וליומא אחרינא ומ"ס קדרתו מוכחת עליו: אין מוציאין את האור וכו': מ"ט משום דקא מוליד ביום טוב: ואין מלבנין את הרעפים: מאי קא עביד אמר רבה בר בר חנה א"ר יוחנן הכא ברעפים חדשים עסקינן מפני שצריך

רש"י

אוכלי בהמה · כגון קש ועלי קנים אין בהם משום תקון כלי ומותר לקטום ולתקן קש של שבלין בשבת לחצוץ שניו: להניף. ווכטליי"ר משום הבלא: ומוללו · בין אצבעותיו להוציא ריחו: ולא יקטמנו להריח בו · שיהא מקום הקטימה לח וריחו נודף גזירה דלא ליתי לקוטמו לחצוץ בו שניו דהתם כלי משוי ליה ואיכא איסורא דאורייתא: פטור· דאיט לשם כלי: חייב חטאת. בשבת ויש עלי בשמים שהן אוכלי בהמה ואפ"ה חייב: א"ל. רב יהודה השתא פטור אבל אסור קא קשיא לי כלומר תשובה גדולה חזרת להשיבני אם מצאת ברייתא אומרת לחצוץ בו שניו פטור אבל אסור אף היא היתה תשובה לדברי שאני אומר מותר לכתחלה וכל שכן שהבאת לי חיוב חטאת אבל אינה תשובה דכי תניא ההיא בעצי בשמים קשין שאינן ראויין למאכל בהמה: קוטמו ומריח בו · ואפי' לכתחלה דהא אף לחצוץ בו שניו שרי אלא אורחא דמילתא נקט שאין דרך רכין לתקנן לחצוץ: בקשין אמאי לא · להריח בו מי גזור רבנן כשאין מתכוין לכלי אטו מתכוין: והתנן שובר אדם חבית · מגופה שיש בה גרוגרות ואוכל ובלבד שלא יתכוין ליפות השבירה להיות לה לפה שתהא עוד כלי: הוה מפשח. אייסברי"ר בלע"ז כשמסעף בידו ענפים מעץ גדול כמו ויפשחני (איכה ג) עשה לי גדר בסעיפות בענפי עצי היער סביבות דרכי כדי שלא אלך כדרך שעושין בני היערים שקורין פליישי"ץ: הוה מפשח. לן מן התלושין: אלותא · מקלות גדולים כמו ולא באלה ולא ברומח במסכת שבת (דף סג·): ואע"ג דחזיא לקתתא דנרגי וחציני · שהיא קשה וראוי לעשות ממנו בית יד לקרדום ולפסל שקורין· דולויי"ר והוא היה שוברה להריח: לא יטול אלא מן האבוס של בהמה · דדבר הראוי לאכילה מוכן לכל צורך אבל עצים הואיל ודרכן לדבר האסור כגון לעשות כלים לא התירו לטלטלן אלא להסקה: שלא יקטמנו · אקיסם קאי: אחד זה ואחד זה · אחד שבת ואחד יום טוב: אינו אלא משום שבות · דקטימה תקון כלאחר יד הוא ולא תקון מעליא הוא אלא א"כ מחתכו וממחקו בסכין והשתא קא מהדר לתרולי קושיא דלעיל הא דתני לעיל בקשין לא יקטמנו להריח ר' אליעזר דאמר בקוטם לכלי חייב חטאת הכא גבי קוטם להריח פטור אבל אסור גזירה שמא יקטמנו לכלי והא דרב יהודה דמפשח להריח כרבנן דאמרי בקוטם לכלי פטור אבל אסור הכא להריח מותר לכתחילה: ולית ליה לרבי אליעזר כו' · והא הכא דכי מתכוין לעשות כלי איכא חיובא דאורייתא וכי לא מתכוין לא גזור רבנן לכתחילה: כי תניא ההיא · דמותר: במוסתקי · חבית שבורה שמדבקין שבריה בשרף של עץ שקורין שף שעושין הימנו זפת וקורין אותו ריישינ"א וריחו דומה לריח לבונה ובלשון ערבי קורין אותו מוסתקי"י ומדבקין בו קערות חרס הנשברים כך אמר לי רבי שמואל המכונה חסיד מן ברבשט"א וכיון דרעועה היא ליכא למגזר בה שלא יתכוון לעשות כלי: שצריך

תוספות

פטור אבל אסור קא קשיא לי חייב חטאת מבעיא · פרש"י תשובה גדולה חזרת להשיבני דאפי' פטור אבל אסור קא קשיא לי כ"ש דחייב חטאת קא קשיא לי אבל לא קשיא כלל דהתם מיירי בקשין שאינן ראויין למאכל בהמה וקשה מאי מאריך בלשונו השתא פטור אבל אסור קא קשיא לי לשני ליה לאלתר התם מיירי בקשין וע"ק דמשמע דבקשין מתסר לרב יהודה ובסמוך מתיר רב יהודה אף להריח דאמר דמפשח ויהיב אלותא וכו' ואר"ת דגרסי' כגרסא דר"ח דגריס א"ל וה"פ דרב יהודה משיב לרב כהנא פשיטא דהברייתא נשנית בטעות דהא הא דקאמר פטור אבל אסור קא קשיא לי דאדרבה מותר לגמרי ואפי' לכתחלה חייב חטאת מבעיא כ"ש דנשנית בטעות כיון דקתני חייב חטאת וא"ל רב כהנא לרב יהודה מאי אית לך לשנויי לך דהברייתא מיירי בקשין שאין ראויין כלל למאכל בהמה ולכך זהו דלהריח פטור אבל אסור לחצוץ בו שניו חייב חטאת אבל לדידך קשה דבקשין כמי קא אמרת דמותר להריח כדקאמר מפשח ויהיב אלותא וכו' ומ"מ רב יהודה לא הוה מודה ליה דרב יהודה ס"ל דלחצוץ שניו פטור אבל אסור ולהריח. מותר אפי' לכתחלה אף על גב דקשין הן להריח מותר:

כי הוינן בי רב יהודה הוה מפשח לן כו' · ומיירי להריח כדמסיק דסבר כרבנן דאמרו התם גבי לחצוץ שניו פטור אבל אסור ולהריח מותר אפי' לכתחלה ולא גזרו שמא יקטום וא"ת למה נמנעו כשחל יו"ט במ"ש מלהריח בשמים משום שמא יקטום והא לא חיישינן כדמוכח הכא אליבא דרב יהודה דס"ל כרבנן וגם אין שייך לפרושי טעמא משום אם ניהגס שמתחיל לשרוף ולהסריח ולכך מברכינן בכל מ"ש דעלמא וכשחל יו"ט במ"ש אז אין האש מתחיל לשרוף ולהסריח ולכך לא מברכינן דהא גם ביו"ט שובת דא"כ גם במולאי יו"ט אמאי לא מברכינן אבשמים וגם אין לפרש דהא דמברכינן אבשמים במ"ש משום נפש יתירה שאבד ומריח הבשמים ומישב דעתו עליו וכשחל במ"ש אז אינו מפסיד נפש יתירה דביו"ט אית ליה נשמה יתירה דא"כ במולאי יו"ט אמאי לא מברכינן אבשמים ואי ליכא הגי טעמי א"כ מ"ט דמברכינן אבשמים במ"ש וי"ל דלעולם טעמא דמברכי' אבשמים במ"ש הוי משום נשמה יתירה וביו"ט ליכא נשמה יתירה א] וא"ת אמאי לא מברכין אבשמים כשחל יו"ט להיות במ"ש כיון דיש לו מאכלים חשובים וטובים מישב דעתו ממילא בלא ריח בשמים*):

כי תניא ההיא במוסתקי · מזופפת ורעועה פירש רש"י דלא חיישינן לתקון כלי דהואיל ורעועה הרבה יחוס עליה דשמא יקלקל החבית ועושה נקב לכל הפחות שיוכל וה"ר יצחק פירש במסכת ערובין (דף לד: ושם בד"ה ואמאי) דכיון שהם מדובקים בזפת ואין החתיכות שלמות לא הוי שום תקון כלי: הכא

*) [וע"ע תוס' פסחים קב: ד"ה רב]

רבינו חננאל

אוכלי בהמה אין בהן משום תיקון ומותבינן עליה מטלטלין עצי בשמים להריח ולהניף לחולה כו' ופרקינן כי תניא ההיא בקשין. קשין בני מלילה נינהו ואוקימנא הכי מוללו ומריח בו קוטמו ומריח בו בד"א ברכין אבל בקשין לא יקטמנו ואם קטמו פטור אבל אסור לחצות בו שיניו לא יקטמנו ואם קטמו חייב חטאת: תני חדא קוטמו ומריח בו ואוקימנא ברכין ותניא אידך לא יקטמנו ואוקימנא בקשין ואקשינן בקשין אמאי לא והא תנן שובר אדם חבית לאכול ממנה גרוגרות ובלבד שלא יתכוין לעשותה כלי ועוד הא רבא ורבין בני רב אדא אמרי דרב יהודה הוה מפשח ויהיב להו אלוותא פישחי פישחי פירוש עצי קציעות שמעשנין בהן ואע"ג דהוו קשין וחזו לקתתא דנגרי וחציני ופרקינן אלא לא קשיא הא דתני קוטמו רבנן והא דתני לא יקטמנו ר' אליעזר. דתניא ר' אליעזר אומר נוטל אדם קיסם משלפניו לחצות בו שיניו וחכ"א לא יטול אלא מן האבוס של בהמה ושוין שלא יקטמנו בין מה שנטל לפניו ובין מה שנטל של בהמה ואם קטמו לחצות בו שיניו ולפתוח בו דלת בשבת בשוגג חייב חטאת ביום טוב במזיד לוקה מדברי ר' אליעזר וחכ"א אחד זה ואחד זה בין ביו"ט בין בשבת אינו אלא משום שבות ר' אליעזר דקתני התם קטמו לחצות בו שיניו ולפתוח בו דלת חייב חטאת הכא לא יקטמנו לכתחלה להריח בו ואם קטמו פטור אבל אסור ורבנן דאמרי אפילו קטמו לחצות בו שיניו ולפתוח בו דלת אינו חייב אלא משום שבות הכא קוטמו להריח בו לכתחלה. פירוש במוסתקי כמו קציעות מידבקין בתוך חבית: פיסקא אין מוציאין אור לא מן העצים ולא מן האבנים ולא מן העפר ולא מן המים מ"ט דמוליד ביו"ט. ואין מלבנין הרעפין ופירוש אין מצרפין הקדרות באש ואוקמה ר' יוחנן דמתכוין לבודקן אם מקבלין הא כלומר

עין משפט נר מצוה

מט א מיי' פ"א מהל' שבת הלכה ח סמג לאוין סה טוש"ע א"ח סי' שכב סעיף ו' וסי' תקיט סעיף ד:

נ ב מיי' שם טוש"ע א"ח סי' שכב סעיף ה:

נא ג מיי' פכ"ג הל' ב שם סמג שם טוש"ע א"ח סי' שי"ד סעיף א:

נב ד מיי' פ"א שם הלכה ז סמג שם טוש"ע א"ח סי' שכב סעיף ד:

נג ה טוש"ע שם סי' שיד סעיף א:

מסורת הש"ס

[תוספתא שבת פי"ג]

גליון הש"ס גמ' הוה מפשח. בליקוטי דמ אילן שנפסק פ"ד מ"ו דשביעית: שם וחכ"א אחד זה ואחד זה. עיין דף קמו ע"א רש"י ד"ה שלא יקטמו

שבת קמו.

הגהות מהר"ב רנשבורג

א] תוס' ד"ה כי הוינן וכו' ליכא נשמה יתירה. נ"ב עיין רשב"ם בפסחים דף קב ע"ב בד"ה ואמר יהי' וכו' נכסי'

GEMARA. Rab Judah said: [33b] [The prohibition] of making a utensil does not apply to cattle fodder.[7] R. Kahana raised an objection to Rab Judah: One may carry about spice-wood for smelling or in order to fan a sick person with it; and he may rub it and smell it but he may not cut off [a piece] in order to smell it;[8] and if he did cut off [a piece] he is not culpable, although it is forbidden; he may not cut off [a piece] in order to pick his teeth, but if he did cut off he is liable to a sin-offering![9]—He replied to him: If [the Baraitha had taught that] 'he is not culpable, yet it is forbidden', even that would contradict me; how much more so when it states 'he is liable for a sin-offering'; but that [Baraitha] was taught with respect to hard [spice-wood].[10] But is hard [spice-wood] capable of being rubbed!—There is a lacuna and must be taught as follows: 'He may rub it and smell it and he may cut off [a piece] and smell it'. This only applies to soft spice-wood, but he may not cut hard [spice-wood], and if he does cut it, he is not culpable, although it is forbidden; he may not cut off [a piece] in order to pick his teeth, but if he does cut off he is liable to a sin-offering.

One [Baraitha] teaches: He may cut off [a piece] and smell it; and another [Baraitha] teaches: He may not cut off in order to smell thereof?—Said R. Zera in the name of R. Ḥisda: There is no contradiction; one refers to soft [spice-wood]; the other, to hard. To this R. Aḥa b. Jacob demurred: Why [may he] not
a [cut off] from hard [spice-wood]?[1] In what respect is this different from what we learnt: A man may break open a cask in order to eat of its dry figs, provided that he does not intend to make a utensil [of it].[2] And furthermore, Raba son of R. Adda and Rabin son of R. Adda have both related: When we were staying with Rab Judah he broke a branch off[3] and gave us each a piece of aloe-wood, although they were [so hard that they were] capable of being used as a handle for a bill or an axe![4]—There is no contradiction; the one is according to R. Eliezer, and the other is according to the Rabbis; for it was taught: R. Eliezer says: A man may take a chip from [wood] lying before him to pick his teeth with it, but the Sages say: He may take [it] only out of a cattle-crib;[5] but they both agree that he may not cut off [a piece], and if he did cut off to pick his teeth or to open a door with it,[6] if he did it unwittingly on a Sabbath, he is liable to a sin-offering, and if he did it deliberately on a Festival he is liable to receive forty lashes: this is the opinion of R. Eliezer. But the Sages say: Both the one and the other are forbidden only as a ***shebuth***.[7] [Now] R. Eliezer[8] who says there,[9] 'he is liable to a sin-offering', [will hold] here [that] he is not culpable, although it is forbidden; the Rabbis who say there, 'he is not culpable although it is forbidden' [maintain] here [that] it is permitted at the outset. But does not R. Eliezer accept the teaching, A man may break open a cask in order to eat of its dry figs provided that he does not intend to make a utensil?—Said R. Ashi: That was taught with respect to
b a barrel whose parts are stuck together with pitch.[1]

AND HE MAY COLLECT FROM THE COURT: Our Rabbis taught: He may collect from the court and make a fire, for everything in the court is ***mukan***, provided that he does not make many heaps; but R. Simeon permits [even this]. In what do they differ?—One is of the opinion: It looks as though he were gathering for the morrow and the day after;[2] and the other is of the opinion: His pot bears testimony for him.[3]

ONE MAY NOT PRODUCE FIRE. What is the reason? Because he is creating [something new] on a Festival.

NOR MAY ONE MAKE TILES RED-HOT. What does he do?[4]—Said Rabbah b. Bar Ḥana in the name of R. Joḥanan: We are dealing

(7) I.e., straw or stubble and the like may be used as a tooth-pick. (8) By cutting off a piece, he produces a new surface which yields greater fragrance. (9) Although some spice-wood can be used as fodder. This contradicts Rab Judah. (10) Which is unfit for fodder. Hence it does not contradict me at all.
a (1) In order to smell. Did then the Rabbis preventively forbid it lest he might cut it off as a utensil? (2) I.e., he must not break open the bung in such a way as to make a permanent mouth. Thus we see that no such preventative decree exists. (3) On a Sabbath in order to smell thereof. The branch was, of course, detached. (4) Cf. Shab. 146*a*. (5) Since it is definitely food, it can therefore be used for any purpose. (6) I.e., to use it as a latch. (7) V. Glos. (8) The explanation of there being no contradiction is now continued. (9) With respect to cutting spice-wood.
b (1) Therefore it cannot afterwards again be used as a vessel. Cf. Jast. s.v. מוסתקי. (2) Which is certainly forbidden. (3) I.e., it is quite obvious that he wants the fuel for the Festival. (4) What forbidden action is there in this?

here with new bricks [and the prohibition is] because [34a] he has yet to examine them.[5] Others explain it: Because he has yet to harden them.[6] We have learnt elsewhere:[7] If one trod upon it [poultry] or knocked it against a wall, or if cattle trampled over it and it still moves convulsively and continues alive for a full day of twenty-four hours, and he then slaughters it, it is ritually fit. Said R. Eleazar b. Jannai in the name of R. Eleazar b. Antigonos: It still has to be examined.[8] R. Jeremiah asked of R. Zera: May one slaughter it on a Festival? Should we assume an unsoundness on a Festival[9] or not? He replied to him: We have learnt it: NOR MAY ONE MAKE TILES RED-HOT IN ORDER TO ROAST ON THEM; and we raised the point: What does he do? And Rabbah b. Bar Ḥana in the name of R. Joḥanan said: We are dealing here with new bricks [and they must not be heated] because he has yet
a to examine them.[1] He said to him: We teach: Because he has yet to harden them.[2] It was taught: If one brings the fire [on a Sabbath] and another brings the wood and another puts the pot on the fire and another brings the water and another puts in the seasoning and another stirs, they are all liable.[3] But surely it was taught: The last one is liable and the rest are exempt!—There is no contradiction. The one speaks of a case where the fire was brought first; and the other, where the fire was brought last.[4] As for all the others, it is well, for they perform an action;[5] but he who puts the pot on the fire, what does he do?[6]—Said R. Simeon b. Lakish: We treat here of a new pot and they applied here the prohibition of making tiles red-hot. Our Rabbis taught: A new oven and a new pot range are like all other utensils which may be carried about in a court; but one may not smear them with oil or polish them with a rug or cool them with cold water in order to harden them; but if [it is done] for the purpose of baking,[7] it is permitted.

Our Rabbis taught: One may scald the head and the feet [of a fowl or animal] or singe them with fire; but one may not cover them with potter's clay or with earth or with lime,[8] nor may one cut off [their hair] with scissors; and one may not cut round vegetables with their [garden] shears,[9] but one may trim the artichoke and the cardoon;[10] one may heat and bake in a large oven[11] and one may warm up water in an
b antiki[1] vessel; but one may not bake in a new large oven lest it crack.[2]

Our Rabbis taught: One may not blow up [the fire] with bellows [on a Festival] but one may blow it up with a tube [reed]; one may not condition a spit nor may one sharpen it.

Our Rabbis taught: One may not split a reed in order to roast a salt fish thereon, but one may crack a nut in a rag and we do not apprehend lest it be torn.[3]

MISHNAH. R. ELIEZER FURTHER[4] SAID: A MAN MAY

(5) Whether they can stand burning, for if they crack they cannot be used and all his labour has been in vain. (6) By burning; hence when he makes them red-hot he completes their manufacture, and this may not be done on a Festival. (7) Ḥul. 56a and 56b. (8) Whether the injury did not make it *ṭrefa*. (9) I.e., on account of its stringency and therefore not kill it.

a (1) To see if they crack. Hence we see that we do assume an unsoundness on account of the stringency of the Festival. (2) So that this has no bearing on our problem. (3) For various breaches of the Sabbath. (4) In the former case all are liable, for all have committed a breach of the Sabbath; in the latter only the last person performed a culpable act. (5) As one carries the fire he creates a draught which fans it into a stronger blaze; hence his action technically constitutes kindling. Similarly, he who adds fuel. Pouring in the water and the condiments and stirring all constitute cooking. (6) He puts it on empty; hence he does not cook at all. (7) That the bread should not burn. (8) In order to remove the hair. (9) The shears with which they are cut from the soil. The prohibition is because one might suspect that the person had only on that day cut them from the ground. (10) These plants require a good deal of care in their preparation. (11) Though it involves much labour.

b (1) [אנטיכי A water-heating vessel with a fuel compartment (v. Shab. 41a). Though it retains its heat for a long time, extending even beyond the needs of the Festival day on which it is heated, it is nevertheless permitted, v. R. Nissim. The derivation of the word is obscure. Krauss *TA*, I p. 73 connects it with Grk, *χνδράκιον* v. op. cit. p. 411.] (2) And the whole labour will be in vain. Unnecessary labour is forbidden on a Festival. (3) For even if it does get torn it is of no consequence, for one is liable only if the tearing is for the purpose of sewing it up again. (4) Cf. *supra* p. 33a.

שצריך לבדקן ואמרי לה מפני שצריך
להסמן תנן התם דרסה או שטרפה בכותל
או שרצצתה בהמה ומפרכסת ושהתה מעת
לעת ושחטה כשרה *א"ר אלעזר בר ינאי
משום ר' אלעזר בן אנטיגנוס צריכה בדיקה
בעא מיניה ר' ירמיה מרבי זירא מהו לשחטה
ביום טוב מי מחזקינן רעותא ביום טוב
או לא אמר ליה תנינא אין מלבנין את
הרעפים לצלות בהן והוינן בה מאי קא עביד
ואמר רבה בר בר חנה א"ר יוחנן הכא
ברעפים חדשים עסקינן מפני שצריך לבדקן
אמר ליה אנן מפני שצריך לחסמן מתנינן
לה: תניא *אחד מביא את האור ואחד מביא
את העצים ואחד שופת את הקדרה ואחד
מביא את המים ואחד נותן בתוכו תבלין
ואחד מגיס כולן חייבין והתניא אחרון חייב
וכולן פטורין לא קשיא הא דאייתי אור
מעיקרא הא דאייתי אור לבסוף בשלמא
כולהו קא עבדי מעשה אלא שופת את
הקדרה מאי קא עביד אמר רבי שמעון בן
לקיש הכא בקדרה חדשה עסקינן ומשום
לבון רעפים נגעו בה: ת"ר *תנור וכירים
חדשים הרי הן ככל הכלים הנטלין בחצר
אבל אין סכין אותם שמן ואין טשין אותן
במטלית ואין מפיגין אותן בצונן כדי לחסמן
ואם בשביל לאפות הרי זה מותר: תנו רבנן
*מולגין את הראש ואת הרגלים ומהבהבין
אותן באור אבל אין טופלין אותם בחרסית
ולא באדמה ולא בסיד ואין גוזזין אותן
במספרים ואין גוזזין את הירק בתספורת שלו
אבל מתקנין את הקונדס ואת העכביות
ומסיקין ואופין בפורני ומחמין חמין באנטיכי
ואין אופין בפורני חדשה שמא תפחת: ת"ר
*אין נופחין במפוח אבל נופחין בשפופרת
ואין מתקנין את השפוד ואין מחדדין אותו
ת"ר *אין מפציעין את הקנה לצלות בו
מליח אבל מפציעין את האגוז במטלית
ואין חוששין שמא תקרע: **מתני'** ועוד
אמר רבי אליעזר עומד אדם על המוקצה
ערב

שצריך לבודקן · אם יוכלו לקבל *לבונה הלכך ביו"ט לא דלמא פקעי ואשתכח דטרח שלא לצורך: ואמרי לה שצריך לחסמן · להקשותם בהסק ראשון הם מתחזקין ומתקשים הלכך אע"ג דלצורך יו"ט נמי הוא דהא צולין עליהם מיהו כיון דבהסק זה נעשה כלי אסור: תנן התם · באלו טרפות: דרסה וטרפה בכותל · אדם שדרס על העוף או שזרקו וחבטו בכותל: או שרצצתה בהמה ומפרכס' · ואינה יכולה לעמוד: ושהתה מעת לעת · יום א' שלם ושחטה כשרה: ה"ג א"ר אלעזר בר' ינאי משום ר"א בן אנטיגנוס צריכה בדיקה · כי שהתה מעת לעת נמי צריכה בדיקה לאחר שחיטה שמא נשתברו רוב צלעותיה או נשברה השדרה ונפסק החוט שלה או אחד משאר מיני טרפות ושהייה דמעת לעת אצטריך דאי לא שהתה אע"פ שבדקה ולא מצא סימן טרפות טרפה שזו היא אחת משמנה עשרה טרפות ונקרא רסוקי אברים שאבריה מתפרקין כולן ואע"פ שאין רושם ניכר בה וזהו סימנה אם שהתה מעת לעת בידוע שלא נתרסקו אבריה דקים להו לרבנן מסיני דרסוק אברים אינה חיה מעת לעת אבל שאר מיני טרפה חיה כל שנים עשר חדש: מהו לשחטה ביו"ט · מי חיישינן הואיל וצריכה בדיקה ואיתיליד בה רעותא: מי מחזקינן רעותא · בגוה משום חשש איסור מלאכה ביו"ט דלמא משתכח טרפה ונמצא שוחטה שלא לצורך בשלמא שאר בהמות אע"ג דמחמרינן אנפשין ובדקינן מיהו סמכינן ארובא ורוב בהמות אינן טרפות הכא מאי: ביו"ט · כלומר משום חומר מלאכה ביו"ט: מפני שצריך לבדקן · וחיישינן דלמא פקעי אלמא מחזקינן רעותא משום חומר יו"ט שלא ללבנן: מפני שצריך לחסמן · ולא משום חשש פקיעה אלא דודאי משוי ליה מנא בהסק זה: שופת את הקדרה · מושיבה רקנית על האור: מגיס · מנער בכף שקורין קומיבר"א: כולן חייבין · מביא את האור משום מבעיר את הגחלת דכשהוא מוליכה היא מתלבנה מרוח הליכתו ומביא את העצים לאור משום מבעיר שופת קדרה לקמיה מפרש מאי עביד נותן מים ותבלין ומגיס משום מבשל שאף הוא אב מלאכה: דאייתי אור מעיקר' · כולהו עבדי מעשה כדפרישי': דאייתי אור לבסוף · איהו הוא דעבד והנך לא עבדי מידי: בקדירה חדשה עסקינן · שנותנין אותה רקנית על האור לחסמה: ומשום לבון רעפים נגעו בה · משום הך גזירה גופה שאסרו ללבן רעפים נגעו גם בזו: חדשים · וכ"ש ישנים: הרי הן ככל הכלים הנטלין · בשבת בחצר דחזו למיתב בגוייהו מידי: אין סכין אותן שמן · להחליקן ולצחצחן: טשין · שפין: ואין מפיגין אותן · לאחר הסקן אין מפיגין הסקן בצונן לחסמן שמתקשין ע"י הצונן וכולהו משום דמתקן מנא: ואם · להפיגה בשביל לאפות שהוסקו הרבה וחושש שלא תשרף הפת מותר: מולגין · ברותחין: אין טופלין אותם · בסיד להסיר שערן דהוי דרך העבדנין: ואין גוזזין אותן במספרים · דמחזי כצריך לשער: ואין גוזזין הירק · התלוש שיש בו ראשי עלין כרכבין וכמושין אין גוזזין אותן בתספורת שלו שגוזזין בה מן המחובר דמאן דחזי סבר שלקטן היום: קונדס ועכביות · מיני ירקות הן שיש טורח בתקונן: פורני · הן תנורים שלנו הגדולים ופיהם בצדם ולא חיישינן לטרחא אם יש לו אוכלין הרבה דלא סגי ליה בתנור: שמא תפחת · ע"י שחדשה היא ונמצא טורח שלא לצורך: אין נפחין במפוח · דמחזי כאומן עושה מלאכה: ואין מתקנין את השפוד · ודלא כר' יהודה *אי נמי בגרנס מערב י"ט ודברי הכל: אין מפצעין את הקנה · לתת קרומיותיו תחת המליח על האסכלא שעושה כלי דכל מידי דעביד להשתמש בו הוי תקון כלי: ואין חוששין שמא תקרע · ואפי' נקרעת לא אכפת לן *דאין זה קורע על מנת לתפור: **מתני'** ועוד אמר ר' אליעזר · משום דתנא אחת לקולא גבי מוקצה והדר אמר אחריתי קאמר ועוד וקשיא לי בגוה והא אפסקוה רבנן במילי טובא באין מוליאין את האור והנך דבהדיה והיינו מלתא אחריתי דלאו מלתיה ואמאי לא אותביניה בעירובין (דף כג·) גבי ועוד דר' יהודה בן בבא דאותביה מר"א דסוכה ושנינן לא אפסקוה אלא במלתיה ואלו אותבי' מהא לא הוה ליה לשנויי הכי ואומר אני שגרסת המשנה שלא כסדר: עומד אדם על המוקצה · הצריך הזמנה והזמנה מועלת לו כגון אחזי ולא אחזי דאמר באין צדין (לעיל דף כו:):
ערב

הכא בקדרה חדשה עסקינן · ומשום לבון רעפים נגעו בה ויש נזהרים שלא לבשל בתחלה בקדרה חדשה ולא היא דהכא בקדרה רקנית דלאו שייך בה לבון רעפים ששופתה קודם שמביא המים אבל כשמבשלין בה מאכל, לא שייך בה לבון רעפים:

מולגין הראש והרגלים · אבל כל גופו של גדי אסור הואיל ויכול בהפשט הקלה לעשות טפי:

ואין מפיגין אותן בצונן כדי לחסמן ואם בשביל לאפות הרי זה מותר · ותימה דאמר לעיל אסור לחסמן אע"פ שהוא עושה נמי כדי לצלות עליהם וי"ל דשאני בין רעפים לתנור דתנור (שאני) כיון דהוא עושה ע"י משקין שאני דאינו ודאי חוסמן:

ואין אופין בפורני חדשה שמא תפחת · וא"ת והא אמרינן לעיל ואם בשביל לאפות מותר וי"ל דהכא שאני בפורני שהוא גדול ויש לחוש יותר שמא תפחת:

אין נופחין במפוח כו' · פירש ר"י מדלא מפליג בין מפוח של אומנין ובין מפוח של בעל הבית כי היכי דמפליג בשל אומן בין מפוח לשפופרת משמע דכל המפוחין אסורים אפילו של בעל הבית נמי ויש ליזהר שלא לנפח בו כלל מיהו העולם נהגו בו היתר ע"י להפכו מלמעלה למטה ואומר מ"ו הר"ר פרץ נ"ע דיש לדחות מה שפיר' מדלא מפליג וכו' דשמא הא עדיפא ליה דכולי בשל אומן קא מיירי:

ועוד אמר ר' אליעזר עומד אדם כו' · פרש"י דמשום דקאמר ר"א חדא לעיל גבי נוטל אדם קיסם קאמר הכא ועוד אחריתי לקולא והקשה רש"י הא אפסקו במילי טובא באין מוליאין האור והיינו במלתא אחריתי דלא *אמרו בה רבי אליעזר ורבנן וא"כ לא שייך ביה למימר ועוד דהכי מוכח בעירובין (דף כג· ושם) דכל היכא דאפסקוה בדבר דלא איירו בה לא שייך למימר ועוד ע"כ נראה לפירוש רש"י דהגרסא מהמשנה משובשת היא בספרים והא דאמר ר' אליעזר עומד אדם כו' יש להיות קודם ההיא דאין מוליאין וכו' וקשה דא"כ גם סדר הגמ' אינו כמשפט ור"ת אומר דהיכא דהוו תרוייהו לקולא שפיר קאמר ועוד אע"ג דאפסקו במילי אחריני והא דאמרינן בעירובין דלא שייך למימר ועוד היינו היכא דהוו חדא לחומרא וחדא לקולא *והא דאפסקוה זהו לפי שרוצה לשנות מילי דאור גבי הדדי:
ואומר

נד א מיי' פ"ג מהל' י"ט הל' יא טוש"ע א"ח סי' תקח סעיף א:
נה ב ג מיי' פ"ט מהל' שחיטה הלכה כ סמג עשין סג טוש"ע י"ד סי' נח סעי' ב ג:
נו ד מיי' פ"ב מהל' י"ט הלכה ד סמג לאוין עה טוש"ע א"ח סי' תצה סעיף ח:
נז ה מיי' פ"ט מהל' שבת הלכה ד:
נח ו מיי' פ"ג מהלכות י"ט הל' יא סמג לאוין עה טוש"ע א"ח סי' תקז סעיף ה:
נט ז מיי' שם הלכ' ז סמג שם טוש"ע א"ח סי' תק סעיף ד:
ס ח ט מיי' וסמג שם טוש"ע א"ח סי' תקי סעיף ו ז:
סא י מיי' שם הלכ' יא טוש"ע שם סי' תקז סעיף א:
סב כ מיי' שם הלכ' טוש"ע א"ח שם:
סג ל מיי' פ"ד שם הלכה ז טוש"ע א"ח סי' תקב סעיף א:
סד מ מיי' שם הלכה ח טוש"ע א"ח סי' תקח סעיף א:
סה נ טור ש"ע שם סעיף ב:

[אולי צ"ל איירו]

[ועי' תוס' מגילה כח: ד"ה ועוד]

[illegible] ניבון | חולין דף כו· | [שם: וע"ש] | [תוספ' שבת פי"ב ע"ש] | [תוספ' פ"ג] | [תוספ' שם] | שם | שם | [לעיל כח:]

גליון הש"ס

רש"י ד"ה אין חוששין כו' דאין זה קורע ע"מ לתפור · קשה לי הא מ"מ אסור דרבנן ואמאי לא כתב רש"י כפשוטו דהא קיי"ל כר"ש דדבר שאין מתכוין מותר ופסיק רישיה לא הוי דהא הוי רק חשש שמא תקרע:

רבינו חננאל

כלומר אם נגמר' מלאכתן ולא יתבקעו ואמרי לה מפני שצריך לחסמן לסתום הנקבים · ובעינן למפשט מהא[בהא] דתנן דרסה או שטרפה בכותל או שרצצתה בהמה והיא מפרכסת ושהתה מעת לעת · ושחטה כשרה ותני עלה ר' אלעזר בן אנטיגנס אומר משום ר' אליעזר בן ינאי אפי' שהתה מעת לעת צריכה בדיקה וכיון שצריכה בדיקה לא שחטינן לה ביו"ט כשם שאין מלבנים הרעפים · משום דצריך לבודקן · ודחה ר' זירא ואמר אנן מפני שצריך לחסמן מתנינן לה · ת"ר אחד המביא את האור ואחד שופת קדירה חדשה בלא מים · ומשום ליבון נגעו בה · ואחד נתן בה מים ואחד נתן בה תבלין ואחד מגים בה כולן חייבין והוא שהיה אור מקודם לכן שכולן עשו מעשה הנותן עצים משום מדליק והנותן מים משום מחמם והנותן בשר משום מבשל כו' · ואם לא [illegible] אלא אחר כולן אינו חייב אלא הנותן האור בלבד : ת"ר תנור וכירים חדשים נטלין בחצר כשאר הכלים · אבל אין סכין אותן בשמן · ואין טשין אותו במטלית ואין מפיגין אותן [illegible] לתקנן ואם בשביל לאפות מותר · ת"ר (אין) מולגין את הראש ואת הרגלים · פירוש מרתיחין אותן בחמין להעביר השיער מעליהן ומהבהבין אותן באור אבל לא טופלין אותם [illegible] ואין גוזזין אותן במספרים ואין גוזזין הירק בתספורת שלו אבל מתקנין את הקונדס ואת העכביות · ומסיקין ואופין בפורני ומחמין חמין באנטיכי · פירוש אנטיכי כדתנן [illegible] אין שותין ממנה והני מילי בשבת אבל ביו"ט מותר · ואין אופין בפורני חדשה שמא תפחת : ת"ר אין נופחין באור במפוח אבל נופחין בשפופרת ואין מתקנין השפוד [illegible] אותו ואין פוצעין קנה לצלות בו מליח אבל פוצעין אגוזים במטלית ואין חוששין משום קריעה : אלו כולן פשוטות הן והלכה הן : מתני' א"ר אלעזר עומד אדם על [illegible]
ע"ש

עין משפט
נר מצוה

סו א מיי' פ"ב מהל' י"ט הלכה ט :
סז ב מיי' פ"ט מהל' מעשר הלכה כא :
[עי' לעיל ב: תוד"ה דלמא במפרשי הש"ס]
[זה וזה כצ"ל וכן אי' בירושלמי]
סח ג מיי' שם פרק ד הלכה יא :
סט ד מיי' פ"ג שם הלכה ג :
ע ה מיי' פכ"ג מהל' שבת הלכה טו ופכ"ה הלכה כה :
[שטמנו לאכול בשבת כצ"ל]
יש מוחקין תיבת כך וי"ג בצ"ל שהניחם שם כך ר"ל תחלה כשהניחם היה ע"מ שמה שירצו לאכול לא יהא מוקצה

ערב שבת בשביעית ואומר מכאן אני אוכל למחר וחכמים אומרים עד שירשום ויאמר מכאן ועד כאן : גמ' תנן התם *תינוקות שטמנו תאנים מערב שבת ושכחו ולא עשרו למוצאי שבת לא יאכלו אלא אם כן עשרו ותנן נמי *המעביר תאנים בחצרו לקצות בניו ובני ביתו אוכלין מהן *עראי ופטורים בעא מיניה רבא מרב נחמן שבת מהו שתקבע מוקצה למעשר בדבר שלא נגמרה מלאכתו מי אמרינן כיון דכתיב °וקראת לשבת עונג קבעה ואפילו בדבר שלא נגמרה מלאכתו או דלמא בדבר שנגמרה מלאכתו קבעה בדבר שלא נגמרה מלאכתו לא קבעה א"ל שבת קובעת בין בדבר שנגמרה מלאכתו בין בדבר שלא נגמרה מלאכתו א"ל ואימא שבת דומיא דחצר מה חצר אינה קובעת אלא בדבר שנגמרה מלאכתו °אף שבת לא תקבע אלא בדבר שנגמרה מלאכתו א"ל לימוד ערוך הוא בידינו שהשבת קובעת בין בדבר שנגמרה מלאכתו בין בדבר שלא נגמרה מלאכתו אמר מר זוטרא בריה דרב נחמן אף אנן נמי תנינא ועוד אמר רבי אליעזר עומד אדם על המוקצה ערב שבת בשביעית וכו' טעמא דשביעית דלאו בר עשורי הוא הא בשאר שני שבוע הכי נמי דאסור מ"ט לאו משום דשבת קבעה לא שאני התם כיון דאמר מכאן אני אוכל למחר קבע ליה עלויה אי הכי מאי אריא שבת אפילו בחול נמי הא קמ"ל דטבל *מוכן הוא אצל שבת *שאם עבר ותקנו מתוקן
והלא

ישעיה נח

ערב שבת בשביעית · שאין מעשר נוהג בה ואין מחוסר אלא הזמנה וה"ה במעושר ובשאר שני שבוע אלא אורחא דמלתא נקט דסתם מוקצה לאו מעושר הוא דגרוגרות ולמוקים הן סתם מוקצה ואין רגילין לעשר קודם גמר מלאכה : ואומר מכאן אני נוטל למחר · וסגי בהכי דיש ברירה : עד שירשום · בסימן דאין ברירה : גמ' תינוקות שטמנו תאנים · בשדה או בגנה לאכילת שבת ושכחו ולא עשרו כו' לא יאכלו ואף על גב דקי"ל אין הטבל מתחייב במעשר לאוכלו אכילת עראי עד שיראה פני הבית או פני החצר בב"מ בהשוכר את הפועלים (דף פח·) אכילת שבת חשובה ועראי שלה הרי הוא קבע והרי הוטמנו לאכילת שבת והוקבעו והאי דנקט תינוקות רבותא היא דאשמעינן דיש להם מחשבה ע"י מעשה המוכיח וכדאמרינן בהכל שוחטין (חולין דף יג·) ותאנים דבר שנגמרה מלאכתן הוא אא"כ חשב עליהן לקציעות או לגרוגרות ושמעינן מינה בדבר שנגמרה מלאכתו שבת קובעת למעשר בלא ראיית פני הבית ובדבר שלא נגמרה מלאכתו לא שמעינן אי קבעה אי לא קבעה : ותנן המעביר תאנים · השוטח תאנים בחצרו : לקצות · ליבשן לעשות מהן קציעות ולאחר שנעשו קציעות דורסן בעגול : בניו ובני ביתו אוכלין מהן עראי ופטורין · מלעשר דאין חצר קובעת בראיית פנים אלא בדבר שנגמרה מלאכתו ומבעיא ליה לרבא שבת מי הוה כחצר או עדיפא מיניה : מהו שתקבע מוקצה למעשר · מוקצה היינו לא נגמרה מלאכתו : בדבר שלא נגמרה מלאכתו · לישנא יתירא הוא והוא פי' של מוקצה ונכתב בספרים : כיון דכתיב וקראת לשבת עונג · כיון דאקרי אכילה דידיה עונג קבעה שאין בה עוד שם עראי אלא שם קבע : שבת קובעת · אם יחדה לשבת אסורה אף למוצאי שבת ואם לא יחדה לשבת בשבת אסור לכל שאכילתה לעולם קבע היא קרויה אבל למוצאי שבת מותר כדלקמן : על המוקצה · וסתמיה לא נגמרה מלאכתו עד עתה : שביעית · לאו בר עשורי היא נפקא לן במכילת' מואכלו אביוני עמך ויתרם תאכל חית השדה (שמות כג) מה חיה אוכלת שלא במעושר אף אדם אוכל שלא במעושר : הכי נמי דאסיר · לאכול למחר משום מעשר : מאי טעמא · בשאר שני שבוע לא הא בשאר שני שביעית לא קבע למעשר בלא ראיית פני הבית ואפי' בבית אינו נקבע אלא בכניסתו דרך שערים כדאמרינן בהשוכר את הפועלים (ב"מ דף פח·) וזה כשנכנס לא נקבע דהא לא נגמרה מלאכתו ואמר לעיל דאין חצר קובעת אלא בדנגמר ובית וחצר שוין כדאמרי' התם בהשוכר ואמאי נקט מתניתין שביעית למיסר שאר שנים לאו משום קביעות דשבת : שאני התם כו' · דאיהו אחשבה בדבורו שקראה אכילה : אי הכי · דטעמיה משום דבוריה הוא : מאי אריא שבת · מאי אריא דאשמעינן הך בשבת לשמעינן בחול ובסדר זרעים והכא ליפלגו בהכנה דגוזלות כדאפלגו ב"ש וב"ה בברירה : הא קמ"ל דטבל מוכן הוא כו' · להכי נקט גבי שבת לאשמועינן מלתא אחריתי אגב אורחיה דאצטריך לאפלוגי בהכנה תנא נמי הא בהדיה דבשאר שני שבוע אינו אסור משהזמינו אלא משום מעשר בלבד אבל הכנה איתא שאם בא אדם אחד ועבר ותקנו מתוקן ומותר לאכול ולא אמרינן לא מהניא ליה הזמנה כל זמן שלא נתקן דהא מוקצה מחמת אסור טבל הוא ואסחיה מדעתיה קמ"ל כיון דהגבהת תרומה ומעשר מדאורייתא בשבת שרי אין זה מוקצה מחמת איסור והכי שמעינן ליה ממתניתין מדקתני עומד אדם על המוקצה לכתחלה בשביעית ולא מני למידק מינה איסור בשאר שני שבוע אלא הכי קאמר הא בשאר שני שבוע לא יעמוד ויאמר כן דקבע ליה בדבוריה ומחייב במעשר ולמחר אכיל ליה בטבליה דאי ס"ל לתנא דאיסור מוקצה נמי לא פקע מיניה הכי הוה ליה למתני העומד על המוקצה ערב שבת בשביעית ואומר מכאן אני אוכל למחר הרי זה מן המוכן ודייקינן מיניה הא בשאר שני שבוע אינו מוכן אי נמי עומד אדם על המוקצה ע"ש בשביעית ואומר מכאן אני אוכל למחר והרי זה מן המוכן ודייקינן מיניה הא בשאר שני שבוע אינו מוכן אבל השתא לא שמעינן מדיוקא דנתסר משום מוקצה אלא משום מעשר :
והלא

תורה אור

ואומר מכאן אני נוטל · מקשה בירושלמי מחלפה שטתייהו דב"ש לעיל *קאמר לא יטול אא"כ נענע והכא קאמר דבאמירה בעלמא סגי דהא ר"א שמותי הוא [א] וי"ל דלא קשה דלא מחלפה שטתייהו דמוקצה דבעלי חיים *עדיף ומחמירין טפי אבל קשה דמחלפה שטתייהו דב"ה דלעיל קאמר דבאומר *מכאן אני נוטל למחר סגי והכא קאמר דבעי שירשום ויש לומר דשאני הכא דאקלייה בידים : תינוקות שטמנו וכו' · ואע"ג שיכולין לאכול אכילת עראי עד שיראו פני הבית או פני החצר מ"מ אכילת שבת חשובה ועראי שלו קבע וכיון שטמנו *בשבת לאכול הוקבעו אע"פ שעבר שבת ונקט תינוקות לרבותא אע"פ שאין להם מחשבה גרידא מעשה יש להם : בניו ובני ביתו אוכלין אכילת עראי · פי' בירושלמי דוקא בניו אבל איהו גופי' אקבעינהו דגלה בדעתו להניחם שם *כך : הא בשאר שני שבוע לא · דשבת אקבעינהו וכללא דשמעתין כל היכא דר"ל שקובע קובע בלא ראיית פני הבית כמו אם הכניסן דרך (שערים) [דרך גגות וקרפיפות] :רש"ל אי הכי מאי אריא שבת אפי' בחול נמי · אי הכי דטעמא משום דקבעי' בדבורו אפילו בחול נמי וכ"ת משום דאצטריך לאשמועינן הכנה ומכאן אני נוטל לפיכך נקט שבת והא מתני' קמשמע לן תרתי דדבורו קובע ואשמועינן דין הכנה דא"כ לשמעינן בחול דדבורו קובע דהוי רבותא טפי ופלוגתא דהכנה לשמעינן במקום אחר בפירות מתוקנים אם כנסן לאוצר(א) בצריך שירשום ולומר סגי לומר מכאן אני נוטל משמע מדנקט שבת לענין טבל דשבת קובע בטבל בשאר ימי שבוע א"כ ה"פ לשמעינן בחול דדבורו קובע ובהכנה לפלגו פלוגתא דב"ה וב"ש גבי גוזלות כדאיתא לעיל ולא נהירא כדפרישית לעיל דלא שייך פלוגתייהו בבעלי חיים : הא קמ"ל דטבל מוכן הוא אלא כו' · לכך נקטינהו לענין שבת דאגב אורחיה דהכנת שבת אשמועינן חדוש אחר דהיכא דהזמינו לשבת דאינו אסור אלא משום מעשר המעורב(ב) ואם בא אדם ותקנו מתוקן ולא אמרינן הואיל ונתקצה בשביל מעשר שבתוכו נתקצה לכל היום הואיל והגבהת תרומות ומעשרות לא הוי אלא מדרבנן והכי דייק ליה מדתני עומד אדם על המוקצה וכו' משמע הא בשאר שני שבוע לא יעמוד לכתחלה הא אם עבר ותקנו מתוקן אבל אי ס"ל לתנא דמשום איסור מוקצה לא תקנו כשעבר ותקנו הכי הל"ל העומד על המוקצה ע"ש בשביעית ואומר מכאן אני נוטל למחר הרי הוא מן המוכן ודייקינן מינה הא בשאר שני שבוע אינו מן המוכן :
והלא

רבינו חננאל

ע"ש כו' בעא מיניה רבא מרב נחמן דבר שלא נגמרה [מלאכתו] ועדיין פגין הן ולא נתחייבו במעשר· כדתנן (מעשרות פ"א) מאימתי הפירות חייבין במעשר התאנים משיבחילו כו' ונכנסה השבת ונכנסה לענגה לכל דבר הראוי לו לשבת · ואפילו אלו הפגין וכיוצא בהן וכגון הקשואין קודם שיפקסו והאבטיחין קודם שישלקו אע"פ שלא נתחייבו למעשר כיון דלענין עונג אוכל הן כמו שנגמרה מלאכתן לענין מעשר דמי וחייב לעשר או לא · א"ל שבת קובעת כי האי גוונא וחייב לעשר · ואקשינן עליה שבת קובעת וחצר קובעת כשם שהחצר אינה קובעת אלא בדבר שנגמרה מלאכתו דתנן במעשרות פרק ג' המעביר תאנים בחצירו לקצות בניו ובני ביתו אוכלין מהן עראי ופטורין כך שבת לא תקבע אלא בדבר שנגמרה מלאכתו· אמר (לך)[ליה] תלמוד ערוך הוא בידינו ששבת קובעת את המוקצה למעשר ואפילו בדבר שלא נגמרה מלאכתו · ואמרינן אף [אנן] נמי תנינא ועוד א"ר אליעזר עומד אדם על המוקצה ערב שבת כו' ודייקינן מדקתני בשביעית ש"מ משום דלאו בת עשורי היא ולפיכך שרי למיכל מיניה אפילו בשבת · הא בשאר שני שבועי אסור לאכול בשבת עד שיעשר משום דשבת קבעה · ופרקינן לאו משום דשבת קבעה אלא משום דפירש ואמר מיכן אני אוכל למחר · אמירתו היא שקבעתו דתלי דעתיה דנגמרה בהכי כמה שהוא עכשיו היא גמר מלאכתו והאי אפילו בחול אמירתו קובעתו למעשר ואמאי לא תני בחול אלא בע"ש קמ"ל דטבל מוכן הוא אצל שבת שאם עבר ותיקנו מתוקן · ולא מיבעיא בשביעית דלאו בת עשורי היא שרי אלא אפילו בשאר שני שבועי אם אמר במוקצה מיכן אני אוכל למחר מוכן הוא וחייב במעשר ואם עבר ותיקנו מותר לאכול ממנו בשבת ואקשינן

מסורת הש"ס

מעשרות פרק ד מ"ב
מעשרות פרק ג מ"א[לקמן לה:] [תיבת עראי ליתא במשנה]
[לקמן לה: שבת מג·]

הגהות הב"ח
(א) תוס' ד"ה אי הכי וכו' אם כנסן לאוצר למר צריך שירשום ולמר סגי לומר וכו' בפלוגתא דב"ה : (ב) ד"ה הא וכו' המעורב בו ואם בא :

הגהות הגר"א
[א] תוס' ד"ה ואומר כו' שמותי הוא ומשני דמוקצה דב"ח עדיף ומחמירין טפי ומקש' דמיחלפי שיטתייהו דב"ה דלעיל קאמרי באומר זה וזה אני נוטל למחר סגי והכא קאמר דבעי שירשום ומשני דשאני הכא דאקלי' בידים כצ"ל וכ"ב ואף שי"ל דהוא הוא הלשון לפי דברי רבה שם (דף י) מ"מ אין משמעות הלשון דבעי שירשום :

גליון הש"ס
גמ' אף שבת לא תקבע · עיין פסחים דף קה ע"א :

STAND NEAR HIS DRYING FIGS[5] [34b] ON THE EVE OF A SABBATH IN THE SABBATICAL YEAR[6] AND SAY: FROM THIS PART WILL I EAT TO-MORROW.[7] BUT THE SAGES SAY: ONLY IF HE MARKS IT OUT AND SAYS, 'FROM HERE UNTO THERE.'

GEMARA. We have learnt elsewhere:[8] If children put away figs[9] [in the field] on the eve of Sabbath [for the Sabbath] and they forgot and did not tithe them [before the Sabbath], they may not be eaten after the Sabbath until they have been tithed.[10] And we have also learnt:[11] If one was carrying figs through his
a court for drying,[1] his children and the members of his household may make a light meal of them and are exempt [from tithes].[2] Raba asked R. Naḥman: Does the Sabbath establish a liability to tithes in the case of drying figs,[3] seeing that they were not completely ready [for eating]?[4] Do we say, Since it is written, *And [thou shalt] call the Sabbath a delight,*[5] it [the Sabbath] establishes a liability even where the commodity is not completely ready [for tithing], or perhaps it [the Sabbath] establishes liability only where the commodity is completely ready [for tithing], but not where the commodity is not yet completely ready?—He replied to him: The Sabbath establishes liability whether the commodity is completely ready [for tithing] or not. He said to him: Say [perhaps] that the Sabbath is like a court? Just as a court establishes liability only where the commodity is completely ready [for tithing],[6] so also the Sabbath does not establish liability save where the commodity is completely ready?—He replied to him: We have a distinct teaching that the Sabbath establishes liability both where the commodity is completely ready and where the commodity is not completely ready [for tithing]. Mar Zuṭra son of R. Naḥman said: We have likewise learnt: R. Eliezer further said: A MAN MAY STAND NEAR HIS DRYING FIGS ON THE EVE OF A SABBATH IN THE SABBATICAL YEAR etc.: Thus it is only in the Sabbatical year, when it is free from tithe; but in the other years of the septennate it would be forbidden;[7] [and] for what reason? Is it not because the Sabbath establishes liability!— No, there it is different; since he says, FROM THIS PART WILL I EAT TO-MORROW, he established liability for himself.[8] If so, why particularly the Sabbath; this holds good even on a weekday?—This is what he informs us, [namely] that *ṭebel*[9] is regarded as *mukan*

(5) Heb. *mukẓeh*. Which require designation for the Sabbath. (6) V. Lev. XXV, 1-7. In the Sabbatical year fruit is tithe-free. (7) Such designation is sufficient for he holds the rule of 'retrospective selection', i.e., a selection made subsequently is of legal effect retrospectively, as though it were made earlier—here, as though he expressly designated the particular figs to-morrow. (8) Ma'as. IV, 2. (9) Which were ready for eating and therefore liable for tithing. (10) Although a light meal of untithed fruit is permitted before it has been brought into the house or the court (v. B.M. 88a), appointing these figs for the Sabbath marks the end of their ingathering and they become liable to tithe. (11) Ma'as. III, 1.
a (1) The preparation of which is not yet complete. (2) Although they have been brought into the court. (3) Heb. *mukẓeh*. (4) Lit., 'its work (of storing) is not finished'. This clause is explanatory of the word *mukẓeh*, Rashi. (5) Isa. LVIII, 13. (6) Cf. Mishnah, Ma'as. III, 1 cited *supra*. (7) To eat the fruit without tithing. (8) For he has shown that as far as he is concerned its preparation is completed and it is now quite ready for eating. (9) V. Glos.

[35a] with respect to Sabbath, so that if one transgressed and tithed
a it, it is fit for use.[1] But is not the remainder put back; and we know R. Eliezer to hold that whenever the remainder can be put back, it does not establish liability?[2] For we have learnt: If one took olives out of the vat he may dip them in salt one at a time and eat them [untithed]; but if he dipped ten[3] [in salt] and placed them before him he is liable.[4] R. Eliezer says: [If he takes them] from a clean vat he is liable; from an unclean vat, he is exempt, because he can put back what remains over.[5] And we argued on this: 'What is the difference between the first clause and the last clause?[6] And R. Abbahu answered: The first clause treats of a clean vat and an unclean person, so that he cannot put the remainder back;[7] the last clause treats of an unclean vat and an unclean person, so that he can put it back!—Our Mishnah too treats of clean drying figs and an unclean person who cannot put it back. But surely they are *de facto* put back?[8]—Rather said R. Simi b. Ashi:[9] You speak of R. Eliezer? R. Eliezer follows his opinion [expressed elsewhere]; for he says that [separating] *terumah*[10] establishes liability, how much more so the Sabbath.[11] For we have learnt: If *terumah* had been separated from fruits
b before they were completely ready [for tithing],[1] R. Eliezer forbids a light meal to be made of it, but the Sages permit.[2]

Come and hear [a support] from the second clause: BUT THE SAGES SAY: ONLY IF HE MARKS IT OUT AND SAYS: FROM HERE UNTO THERE. Thus it is only on the eve of a Sabbath in the Sabbatical year, when it is free from tithe; but in other years of the septennate, it would be forbidden. What is the reason? Surely because the Sabbath establishes liability?—No, there it is different; since he says, FROM HERE UNTO THERE WILL I EAT TO-MORROW, he made it liable for tithing. If so, why particularly of Sabbath: this holds good even on a weekday?—This is what he informs us, [namely] that *ṭebel* is *mukan* with respect to Sabbath, so that if one transgressed and separated the tithe, it is fit for use.

But the following contradicts this: If one was eating a cluster of grapes[3] and entered from the garden into the court,[4] R. Eliezer says: He may finish [eating it without tithing], [but] R. Joshua maintains: He may not finish. If it was getting dark towards the Sabbath,[5] R. Eliezer says: He may finish [eating the cluster of grapes], [but] R. Joshua maintains: He may not finish.[6]—There [it is different] as the passage is explained:[7] R. Nathan says: When R. Eliezer said, 'He may finish', he did not mean that he may finish [eating it] in the court, but he must leave the court and finish [it in his garden]; and when R. Eliezer said, 'He may finish', he did not [mean] that he may finish [it] on the Sabbath, but he waits until the termination of the Sabbath and finishes [it].

When Rabin came [from Palestine], he said in the name of R. Joḥanan: Neither the Sabbath nor [the separating of] *terumah* nor [bringing the fruit into the] court, nor [the act of] purchasing establish liability save where it was [otherwise] completely ready [for tithing]. 'The Sabbath', to reject the opinion of Hillel; for it
c was taught: If one carries fruit from one place to another[1] and the holiness of the [Sabbath] day came upon him, said R. Judah: Hillel

a (1) On the Sabbath, for the designation of the day before is valid; and the tithing too is valid, since the prohibition of the tithing on a Sabbath is only Rabbinical. (2) How much more so is it not liable for tithing when he merely said, 'From here will I eat to-morrow'. (3) 'Ten' is absent in the Mishnayoth: it thus means, if he dipped a fair number, etc. (4) By thus placing them all in front of him and not eating each as he dips it into the salt, he shows that he wishes to make a proper meal of them, not a mere snack, and a proper meal is forbidden before tithing. (5) Ma'as. IV, 3. When he can put the remainder back, even if he takes many he does not mean to make a proper meal, as he may eat a few only; hence he is not liable. But when he cannot put the remainder back, and he takes a number, he evidently intends to eat them all now, and this intention establishes liability to tithes because it will constitute a full and proper meal. (6) Even in a clean vat one can put back the fruit left over. (7) Because he renders what he touches unclean, and so this in turn will defile the olives in the vat if he puts it back. (8) Since they have never been taken out; he merely designated them by word of mouth. (9) In truth it is not his speech but the Sabbath that establishes liability; nevertheless our Mishnah does not support R. Nahman, because it only quotes the view of R. Eliezer, but the Sages differ. (10) V. Glos. (11) But the Sages who differ with respect to *terumah* differ also with respect to Sabbath.

b (1) I.e., before their preparation was complete and therefore not yet liable to tithe. (2) Ma'as. II, 4.—R. Eliezer holds that the separating of *terumah* though it was as yet unnecessary, has established a liability to tithes too, though it is not yet completely ready. But the Sages dispute this. (3) The grapes are tithe-free until they are brought within the owner's court. When yet in the vineyard, the owner may eat of them a slender meal, for their preparation for tithing is regarded complete only when made into wine. (4) Which makes the grapes liable to tithe, without which even a light meal is now forbidden. (5) When it is forbidden to tithe.—This is a separate case and does not refer to when he entered the court. (6) Ter. VIII, 3. Hence it is to be inferred that R. Eliezer does not hold that the Sabbath establishes liability for tithing. (7) In Tosef. Ter. VII.

c (1) This follows the text of the Tosefta, which is preferable to that of our edd. [The fruit was evidently taken for drying; v. Wilna Gaon Ma'as. III and cf. R. Ḥananel a.l. Assuming that לקציר 'to harvest' in cur. edd. is a scribal error for לקצות 'to dry', the reading of cur. edd. yields equally good sense.]

והלא מותרו חוזר ושמעינן ליה לרבי אליעזר דאמר כל היכא דמותרו חוזר לא קבע דתנן* *הנוטל זיתים מן המעטן טובל אחת אחת במלח ואוכל ואם טבל ונתן לפניו *עשרה חייב ר"א אומר מן המעטן טהור חייב מן המעטן טמא פטור מפני שהוא מחזיר את המותר והוינן בה מאי שנא רישא ומאי שנא סיפא וא"ר אבהו רישא במעטן טהור וגברא טמא דלא מצי מהדר ליה סיפא במעטן טמא וגברא טמא דמצי מהדר ליה מתניתין נמי במוקצה טהור וגברא טמא דלא מצי מהדר ליה והלא מוחזרין ועומדין הן אלא אמר רב שימי בר אשי ר"א קא אמרת רבי אליעזר לטעמיה דאמר תרומה קבעה וכ"ש שבת דתנן* פירות שתרמן עד שלא נגמרה מלאכתן ר"א אוסר לאכול מהן עראי וחכמים מתירין ת"ש מסיפא וחכ"א עד שירשום ויאמר מכאן ועד כאן טעמא דע"ש בשביעית דלאו בר עשורי הוא הא בשאר שני שבוע דבני עשורי נינהו אסורים מ"ט לאו משום דשבת קבעה לא שאני התם כיון דאמר מכאן ועד כאן אני אוכל למחר קבע ליה אי הכי מאי אריא שבת אפילו בחול נמי הא קמ"ל *דטבל מוכן הוא אצל שבת שאם עבר ותקנו מתוקן ורמינהי *היה אוכל באשכול ונכנס מגנה לחצר ר"א אומר יגמור רבי יהושע אומר לא יגמור חשכה בלילי שבת ר"א אומר יגמור ר' יהושע אומר לא יגמור *התם בדקתני טעמא ר' נתן אומר לא כשאמר ר"א יגמור בחצר יגמור אלא יוצא חוץ לחצר ויגמור ולא כשאמר (א)ר"א יגמור בשבת יגמור אלא ממתין למוצאי שבת ויגמור כי אתא רבין א"ר יוחנן *אחד שבת ואחד תרומה ואחד חצר ואחד מקח כולן אין קובעין אלא בדבר שנגמרה מלאכתו שבת לאפוקי מדהלל דתניא *המעמר פירות ממקום למקום לקצור וקדש עליהן היום א"ר יהודה הלל לעצמו אוסר חצר

הדרן עלך המביא

רש"י

והלא מותרו חוזר · היכי מצית למימר דקביעותא משום דבורא הוא והלא אפי' נוטל הרבה מן הטבל בחול ונותן לפניו דמחזי דקביע ליה באכילה מרובה אם דבר הראוי להחזיר המותר אחר אכילתו למקום שנטלו משם הא שמעינן ליה לרבי אליעזר דאמר לא קבע בנטילה קמייתא וכל שכן בדבורא בלא מעשה לא מקבע : מעטן · כלי גדול שטומנין בו את הזיתים כדי שיתחממו ויתבשל שמנן בתוכן ויהא נוח להוציאו בבית הבד : טובל אחת אחת במלח ואוכל · בלא מעשר ולא אמרינן טבולן במלח משוי ליה קבע הואיל ואחת אחת אוכלן מיד : מן המעטן טהור חייב · לעשר שאין ראוי להחזיר מותרו כדמוקי לה לקמיה בגברא טמא שנטמא במגעו וכשמחזירן מתערבין הטמאים עם הטהורים ומטמא השמן וכיון דאין ראוי להחזיר מותרן ודאי כי שקלינהו מעיקרא אדעתא למיכל לכולהו שקלינהו ושוייה אכילת קבע : מן המעטן טמא פטור · מפני שראוי להחזיר המותר וכי שקלינהו מעיקרא אדעתא למיכל פורתא ולהדורי מותר שקל : מאי שנא רישא · דאין יכול להחזיר משום דמעטן טהור והא אפשר להיות גם אם האדם טהור : וא"ר אבהו · כולה בגברא טמא מתוקמא רישא דמעטן טהור לא מצי למהדר וא"ת הרי נטמאו זיתי המעטן כשנטל מהן לא טמא אלא מקום מגעו ויכול לסלקן משם : ה"ג רישא במעטן טהור וגברא טמא דלא מצי למהדר סיפא בגברא טמא ומעטן טמא דמצי למהדר : ומשנינן מתני' נמי · דקבע בדבוריה במוקצה טהור וגברא טמא עסקינן דלא מצי למהדר מותרו : ופרכינן והלא מוחזרין ועומדין · והלא לא נטלן אלא דבורא בעלמא הוא וכיון דכי אפשר בחזרה מהניא ליה חזרה ולא מקבע כי לא אפשר בחזרה נמי ולא נטלן אלא דבורא בעלמא אין לך חזרה כזו דאפילו משקל נמי לא שקלינהו : ה"ג אלא אמר רב שימי בר אשי כו' · אלא לעולם שבת הוא דקבעה במתני' וכי מסלקת ליה למר זוטרא מסייעתיה דלא לסייעי' לאבוה ממתני' הכי תסלקיה : ר"א קא אמרת. מניה מייתית סייעתא דשבת קבעה אף בשלא נגמרה מלאכתן : ר"א לטעמיה דאמר תרומה קובעת · דבר שלא נגמרה מלאכתו שאם הגביה תרומתו נאסר לאכילת עראי עד שיפרים שאר מעשרות : וכ"ש שבת · דחשיבא אכילתה אבל רבנן אימא לך כי היכי דפליגי בתרומה פליגי בשבת : ת"ש מסיפא · דלא אפלוג רבנן עליה אלא לענין ברירה אבל מודו ליה דדוקא ע"ש בשביעית הא בשאר שני שבוע אסור משום מעשר : דטבל מוכן הוא כו' · כדפרי' והכא לא מצי למפרך והרי מותרו חוזר כדפריך לעיל אליבא דר"א משום דרבנן שמעינן להו דאפילו מותרו חוזר דחיילא עליה קביעותא הלכך איכא למתלי טעמייהו דרבנן במתני' נמי משום דאיהו קבעיה ולא משום שבת : ורמינהי · דר"א אדרבי אליעזר : היה אוכל באשכול · וסתם אשכול לאו גמר מלאכה היא דסתם ענבים לדריכה קיימי : ונכנס מגנה · שלקטם משם ובא לו לחצר : ר"א אומר יגמור · אם רצה לגמור בחצר יגמור אכילתו דאין חצר קובעת דבר שלא נגמרה מלאכתו : רבי יהושע אומר לא יגמור · קסבר חצר קובעת דבר שלא נגמרה מלאכתו : הכי גרסינן חשכה לילי שבת רבי אליעזר אומר יגמור · אם רצה לגמור כי היכי דאמר בחצר אמר בשבת יגמור אכילתו דאין שבת קובעת דבר שלא נגמרה מלאכתו ומתניתין אוקימנא טעמא דר"א דבשאר שני שבוע לא משום דשבת קבעה דמשום דבוריה לא מצינא למימר דהא לרבי אליעזר מותרו חוזר : הכי גרסינן רבי נתן אומר לא כשאמר רבי אליעזר יגמור בחצר יגמור אלא יצא חוץ לחצר ויגמור ולא כשאמר יגמור בשבת יגמור אלא ימתין כו' · ותרווייהו אדרבי אליעזר קאי דאית ליה לרבי אליעזר שבת קבעה ומיהו למוצאי שבת יגמור דלא דמיא לתינוקות שטמנו תאנים דתנן בהו לעיל למוצאי שבת לא יאכלו דהתם לאכילת שבת יחדום הלכך קבעה עלייהו אבל זו לא יחדה לשבת יש ספרים שהיא כתובה בהם בשבוש וכן גרסינן לה במשנה דמסכת מעשרות דרבי נתן בתוספתא דמעשרות הכי איתמר : ואחד מקח · אם מכרן לחבירו קודם גמר מלאכה לא אמרינן אחשביניהו בהכי ואצטריכא ליה לרבי יוחנן לאשמועינן משום דאיכא למאן דאמר קבעה כדלקמן : שבת · איצטריך לרבי יוחנן למימר : לאפוקי מדהלל · דלית הלכתא כותיה אלא כרבנן דפליגי עליה : הלל לעצמו · הלל לבדו אוסר משמע דכל דורו חלוקין עליו : חצר

תוספות

והלא מותרו חוזר · ולרבי אליעזר אפי' נטל הרבה מן הטבל בחול לא הוי קביעות כדמוכח בסמוך בדבר הראוי להחזיר מותר וכל שכן דדבורו אינו קובע :

רישא במעטן טהור וגברא טמא דלא מצי למהדר · וא"ת והרי נטמאו זיתי המעטן כשנטל מהן וי"ל דלא טמא אלא מקום מגעו ויכול לסלקו מלמעלה שלא יגע באחרים ומ"מ אינו ראוי להחזיר המותר לפי שמתערבים הטהורים עם הטמאים כך פ"ה אי נמי כגון שנטלו בפשוטי כלי עץ או שנתן לו חברו :

והלא הן מוחזרין ועומדין · דלא נטלן אלא בדבורא בעלמא ואין לך חזרה גדולה מזו דאפי' בראוי להחזיר לא מקבע כ"ש בלא נטל כלל :

אלא אמר רב שימי וכו' · ודאי לר' אליעזר קובע שבת אפילו בלא נגמרה מלאכתו כמו גבי תרומה אבל לרבנן דמתירין גבי תרומה לא ידעינן גבי שבת :

תא שמע מסיפא · דלא פליגי רבנן אלא דוקא בברירה :

[**שאני** התם כיון דאמר מכאן] · והכא לא שייך למפרך והלא מותרו חוזר דלרבנן לית להו הך סברא *דלעולם מותרו קובע :

(ג)**רבי** אליעזר אומר יגמור בשבת אלא כו' · וא"ת מ"ש מתינוקות שטמנו דלמוצאי שבת לא יאכלו ויש לומר דהתם יחדום לאכילת שבת אבל הכא לא יחדום לשבת כפי' רש"י אי נמי דהתם מיירי בתאנים דנגמרה מלאכתן אבל הכא מיירי באשכול שלא נגמרה מלאכתו :

אחד שבת (ג) אינו קובע וכו' אינו קובע אלא בדבר שנגמרה מלאכתו · ואם תאמר מאי נפקא מינה כיון דאינו קובע אלא בדבר שנגמרה מלאכתו וי"ל דנפקא מינה דקובע אפי' קודם ראיית פני הבית:

שבת לאפוקי מדהלל · ובדין הוא דהו"מ למנקט לאפוקי מדרבי אליעזר דאמר קובע אפי' בדבר שלא נגמרה מלאכתו ומשום הכי לא נקטיה משום דלאו רבותא הוא דבלאו הכי אין הלכה כמותו דשמותי הוא ומ"מ קאמר בסמוך תרומה לאפוקי מדרבי אליעזר דלא אשכח תנא דאמר תרומה קובעת במעשר בדבר שלא נגמרה מלאכתו אלא רבי אליעזר :

רבינו חננאל

ואקשינן אמאי מחייב ר' אליעזר בדבר שלא נגמרה מלאכתו והלא מה שמשייר מכדי אכילתו מחזירו אצל העיקר שנטלו ממנו עד שתגמר מלאכת הכל כאחת ושמעינן ליה לר' אליעזר דכי האי גוונא לא קבע · דתנן במעשרות פרק ד' הנוטל זיתים מן המעטן טמא פטור מפני שמחזיר את המותר · ואוקימנא לרישא במעטן טהור וגברא טמא דלא מצי לאהדורי מה שישאר לו מן הזיתים וסיפא במעטן טמא וגברא טמא דאכיל מאי דאכיל ומאי דאשתייר ליה מן זיתיא מהדר להו למעטן ולפיכך פטור • ופרקינן מתניתין נמי במעטן טהור וגברא טמא ואקשינן והלא מתניתין מוחזרין ועומדין הן כלומר עדיין לא נגע בהן כלל אלא דיבור בלבד אמר מיכן אני נוטל למחר · אמר רב שימי בר אשי ר' אליעזר לטעמיה [דאמר] אפילו תרומה קובעת וכל שכן כשאומר מיכן אני אוכל למחר דתנן במעשרות פרק ב' פירות שתרמן עד שלא נגמרה מלאכתן ר' אליעזר אוסר לאכול מהן עראי וחכמים מתירין · ת"ש מסיפא וחכ"א עד שירשום ויאמר כו' · כענין הראשון ופשוטה היא . הנה העמדנו טעמא דר' אליעזר משום דאמר מיכן אני אוכל למחר קבעה לה שבת עילווה · ורמי דר' אליעזר אד"ר אליעזר דתנן בתרומות פרק ח' היה אוכל באשכול ונכנס מגינה לחצר ר' אליעזר אומר יגמור ר' יהושע אומר לא יגמור · חשכה בלילי שבת ר' אליעזר אומר יגמור כו' הנה כיון שהיה אוכל באשכול מערב שבת וחשכה בלילי שבת כאילו אמר מיכן אני נוטל כיון שתופס בידו האוכל ואוכל וא"ר אליעזר יגמור ולא קבעה שבת ומשנינן התם כדתני ר' נתן בירושלמי *) דתני ר' נתן לא שאמר ר' אליעזר יגמור אלא משום שהתחיל באשכול בהיתר אלא שר' אליעזר אומר ימתין עד מוצאי שבת ויגמור. ש"מ · אבל בשבת לא משום דקבעה לה שבת כי האי גוונא · א"ר יוחנן אחד שבת ואחד חצר ואחד תרומה ואחד מקח כולן אין קובעין אלא בדבר שנגמרה מלאכתו . שבת לאפוקי מהלל דתניא המעביר פירות ממקום למקום וקדש עליהן היום א"ר יהודה הלל עצמו אוסר ומדקאמר וקדש עליהן היום שמע מינה דדבר שלא נגמרה מלאכתו מאי איריא קדשה שבת [ה"א] דאם נגמרה מלאכתו אפילו בחול נגמרה מלאכתו אסור · חצר

*) גם בפ"ח הלכה ב' והוא תוספתא דתרומות פ"ז .

עין משפט נר מצוה

עא א מיי' פ"ב מהל' מעשר הל' יח :
עב ב מיי' שם פ"ג הלכה ד :
עג ג מיי' פ"ד שם הלכה יז :
עד ד מיי' פ"ב שם הלכה כב :
עה ה מיי' פ"ג שם הלכה ג :

דלעולם אפי' מותרו חוזר קובע כצ"ל

מסורת הש"ס

מעשרות פ"ד מ"ג
[תיבת עשרה לית' במשנה]
מעשרות פ"ב מ"ד
[לעיל לד:וש"נ]
תרומות פ"ח מ"ג
[לא יגמור מתניתין רבי נתן דתניא ר' נתן אומר כו' כצ"ל מהר"ם]
תוספתא דמעשרות פ"ג [ושם איתא המעביר ע"ש]

הגהות הב"ח

(א) גמ' ר"א ולא כשאמר ר' אליעזר יגמור כצ"ל ותיבות ר' אליעזר נמחק : (ב) תוס' ד"ה ולא כשאמר ר' אליעזר יגמור בשבת יגמור אלא כו' כצ"ל : (ג) ד"ה אחד שבת וכו' אינו קובע אלא כצ"ל ותיבות אינו קובע נמחק :

חצר · אצטריך לאשמועינן לאפוקי מהאי תנא דקתני ר' יעקב מחייב דלית הלכתא כוותיה אלא כרבי יוסי ברבי יהודה דפוטר: ה"ג מקח כדתנן הלוקח תאנים כו' · אצטריך לאשמועינן דהלכתא כי הך ולא כאידך מתני' דפליגי עליה לקמיה: הלוקח תאנים מעם הארץ במקום שרוב בני אדם דורסין · שרוב בני המקום עושין תאניהם קציעות ודורסים אותם בעגולים הוו להו סתם תאנים דבר שלא נגמרה מלאכתו: אוכל מהן עראי · דאין מקח קובע בדבר שלא נגמרה מלאכתו והולכו כשלא ראו פני הבית קא מיירי: ומעשרן דמאי · כשבא לעשרן מעשרן דמאי כדין כל הלוקחים מעם הארץ שאין צריך להפריש תרומה דלא חשידי עלה ולא אמרינן הכי ודאי לא מעשרי דקודם גמר מלאכה לא עשריניהו עם הארץ דקסבר האי תנא יש שמעשרין קודם גמר מלאכה ומדה הנוהגת היא ותלינן ביה לקולא: רוב עמי הארץ מעשרין הן · מדאזלינן לקולא דקאמר מעשרן דמאי וחומרא בעלמא היא דאחמור לאפרושי מספיקא שאר מעשרות שנחשדו עליהן: ולאפוקי מהא דתנן · אדרבי יוחנן קאי רבי יוחנן דאמר לעיל מקח אינו קובע בדבר שלא נגמר מלאכתו אתא לאשמועינן דהלכתא כי הא דאמרי' לעיל ולאפוקי מהך: המחליף · הייט מקח לקצות · דהיינו לא נגמר: חייב · דמקח קבע אפי' בשלא נגמר: לאכול חייב · זה שדעתו לאכול חייב לדלידיה גמר מלאכה הוא:

הצר לאפוקי מדרבי יעקב דתנן* המעביר תאנים בחצרו לקצות בניו ובני ביתו אוכלין מהן עראי ופטורים מן המעשר ותני עלה רבי יעקב מחייב ור' יוסי בר' יהודה פוטר תרומה לאפוקי מדרבי אליעזר דתנן *פירות שתרמן עד שלא נגמרה מלאכתן ר"א אוסר לאכול מהן עראי וחכמים מתירין מקח (*כדתנן) הלוקח תאנים מעם הארץ במקום שרוב בני אדם דורסין אוכל מהן עראי ומעשרן דמאי שמע מינה תלת ש"מ מקח אינה קובעת אלא בדבר שנגמרה מלאכתו וש"מ *רוב עמי הארץ מעשרין הן וש"מ מעשרין דמאי מעמי הארץ אפי' בדבר שלא נגמרה מלאכתו ולאפוקי מהא דתנן* המחליף פירות עם חבירו זה לאכול וזה לאכול זה לקצות וזה לקצות זה לאכול וזה לקצות חייב רבי יהודה אומר לאכול חייב לקצות *פטור:

השחור והזוג של מספריים · פ"ה שחור תער שאין בית יד שלו מחובר ופורקין אותו לפעמים ואף על פי שנחלקו מקבלין טומאה שראוין למלאכתן כל אחד לעצמו וקשה דבית יד למאי חזי לעצמו ונראה דשחור נמי הוי מספריים אלא שהן קטנים וזוג של מספריים הוא גדול מן השחור ושני סכינים לזה ולזה והקטנים נקראים שחור על שם שמשחירין את השער אלמא לשון השפלה הוא:

מי שנשרו כליו בדרך · כאן משמע שהוא לשון נשירה מלשון פירות הנושרין ולא כמו שפירש רש"י בפרק *חבית (שבת דף קמו: ושם) לשון שרייה ומיהו לכך קאמר הכא [א"נ] כהא דתנן איזהו לקט זה הנושר בשעת קצירה דהאי איכא לדחויי ולפרושי לשון שרייה כדפירש הקונטרס* בדטיבלא:

הדרן עלך המביא

*משילין פירות דרך ארובה ביו"ט *אבל לא בשבת ומכסים פירות בכלים מפני הדלף וכן כדי יין וכדי שמן *ונותנין כלי תחת הדלף בשבת: **גמ'** אתמר רב יהודה ורב נתן חד תני משילין וחד תני משחילין אמר מר זוטרא מאן דתני משילין לא משתבש ומאן דתני משחילין לא משתבש מאן דתני משילין לא משתבש דכתיב °כי ישל זיתך ומאן דתני משחילין לא משתבש דתנן *השחול והכסול שחול שנשמטה ירכו כסול שאחד מירכותיו גבוהה מחברתה אמר רב נחמן בר יצחק מאן דתני משירין לא משתבש ומאן דתני משחירין לא משתבש ומאן דתני מנשירין לא משתבש מאן דתני משירין לא משתבש דתנן* רבי ישמעאל אומר נזיר לא יחוף ראשו באדמה מפני שמשיר את השער ומאן דתני משחירין לא משתבש דתנן *השחור והזוג של ספרים אע"פ שנחלקו טמאין ומאן דתני מנשירין לא משתבש דתנן *מי שנשרו כליו במים מהלך בהם ואינו חושש אי נמי מהא דתנן *איזהו לקט הנושר בשעת קצירה: תנן משילין פירות דרך ארובה ביו"ט עד כמה א"ר זירא א"ר אסי ואמרי לה אמר רבי אסי א"ר יוחנן כאותה ששנינו *מפנין ארבע וחמש קופות של תבן ושל תבואה מפני האורחים ומפני בטול בית המדרש ודלמא שאני התם דאיכא בטול בית המדרש אבל הכא דליכא בטול בית המדרש לא א"נ התם היינו טעמא דארבע וחמש קופות שרי משום שבת *דחמירא ולא אתי לזלזולי ביה אבל יו"ט דקיל ואתי לזלזולי ביה כלל כלל לא אי נמי לאידך גיסא התם היינו טעמא דליכא הפסד ממון אבל הכא דאיכא הפסד ממון אפילו טובא נמי התם

הדרן עלך המביא

משילין פירות דרך ארובה · מי שיש לו חטין ושעורין שטוחין על גגו להתיבש וראה גשמים ממשמשין ובאין התירו לו לטרוח ולהשליך דרך ארובה שבגג והן נופלין לארץ דליכא טרחא יתירה ודוקא ארובה דכל ארובה מלמעלה למטה היא בתקרת הגג אבל חלון כגון גג שמוקף מחיצה וחלון בכותל וצריך להגביהו עד החלון ולהשליכו לא טרחינן כדלקמן: ומכסין את הפירות · ולא אמרינן טורח שלא לצורך יום טוב הוא דשרו ליה רבנן משום הפסד ממון: דלף · גשמים הנוטפים מן הגג: וכן כדי יין · כמו מכסינן מפני הדלף: תחת הדלף · לקבלו בתוכו מפני טנוף הבית: **גמ'** לא משתבש · דכולהו לשון השפלה ניכהו: כי ישל זיתך · אילן זית יפיל את פירותיו ולא יגיעו לבשול: הכסול והשחול · מומין בבכור משום שרוע שאחד מאבריו גדול מחבירו: שנשמטה ירכו · אלמא לשון השפלה הוא: שאחד מירכותיו גבוהה · מקום חבורה בכסלים והוא בוקא דאטמא גבוה למעלה מן הכסלים וקרוב לגג הצלעה יותר מחבירו: אדמה · גלויש"א: מאן דתני · כלומר אי הוה תנא דתני הכי לא משתבש: השחור · תער על שם משחיר את השער אלמא לשון השפלה הוא: והזוג של מספריים · יש להן שני סכינין להכי מקרו זוג ויש להן חליות ופורקין אותן זה מזה: אע"פ שנחלקו · מקבלין טומאה שראוין למלאכה כל אחד לעצמו: שנשרו · נפלו במים: מהלך בהן · וכן מתעגבין והולכן ואינו חושש שיחשדוהו שכבסן: עד כמה · יהא בהן דלא אמרינן טרחא יתירה הוא: מפני האורחים · שזימן לאכול ואין מקום להסב: בטול בית המדרש · שאין לתלמידים מקום לישב: ודלמא · התם הוא דשרינן טולי האי דאיכא בטול בית המדרש והוא הדין לכבוד אורחים אבל משום הפסד ממון לא שרו רבנן טולי האי · יש לתת טעם לגל אחר שיתירו כאן יותר משם: *אי נמי לאידך גיסא · התם

רבינו חננאל

חצר לאפוקי מדר' דתנן המעביר תאנים בחצירו לקצות בניו ובני ביתו אוכלין מהן עראי ופטור שקציעתן היא גמר מלאכתן והואיל ועדיין לא עשאן קציעות אוכלין מהן עראי ופטורין. תני עלה ר' מחייב) ור' יוסי ב"ר יהודה פוטר. תרומה לאפוקי מדר' אליעזר דתנן פירות שתרם מהן תרומה עד שלא נגמרה מלאכתן ר' אליעזר אוסר לאכול מהן עראי מן הפירות שהרציא מהן תרומה כי התרומה קובעתם ואוסרתם וחכמים מתירין. מקח לאפוקי מדתניא הלוקח פירות מעם הארץ במקום שבני אדם דורסין אוכל מהן עראי. ומעשרן דמאי. שמע מינה תלת. שמע מינה מדקתני במקום שבני אדם דורסין לא נגמרה מלאכתו עדיין שהרי לא נדרסו **) וקתני אוכל מהן עראי ולא קבע מכלל שהמקח קובע אפילו בדבר שלא נגמרה מלאכתו [דגרס בהדיא בירושלמי במעשרות פ"ב ר' יוסי בשם ר' אילא אומר (כל מעשר שני) [אוכל מהן] עראי [משום] (מעשר שני) דבר שלא נגמרה מלאכתו ושמע מינה רוב עמי הארץ מעשרין הן. מדקתני מעשרן דמאי ואין מעשרן ודאי. ושמע מינה מעשרין עמי הארץ אפי' בדבר שלא נגמרה מלאכתו. ולא גזר בהך פירות הללו לא נגמרה מלאכתן לא מחייבינן ליה לעשורינהו ודאי אלא דמאי מספק. אי נמי הכי לאפוקי מדתנן זה לאכול וזה לקצות חייב הנה הלוקח לקצות לא נגמרה מלאכתו וקתני חייב שמע מינה דסבר דמקח מחייב אפילו בדבר שלא נגמרה מלאכתו: הדרן עלך המביא כדי יין

משילין פירות. אבל לא בשבת. פירוש משילין משלשלין מאן דתני משילין לא משתבש דכתיב כי ישל זיתך. משחילין דתנן השחול והכסול. שחול שנשמטה ירכו והכסול. וכן משירין ומשחירין כולם טעם אחד הוא מלשון הורדה ושלשול: ירושלמי תני היה שם חלון משילין דרך חלון משילין פירות כמה כאותה ששנינו אפילו ד' ה' קופות של תבן ושל תבואה כו' חבא

לעיל דף לד: מעשרות פ"ב מ"א ע"ש · [מעשרות פ"ב מ"ד] · [נ"ל כדתניא] · [שבת יג. כג. כתובות כד. גיטין סא. מנחות לא.] · בירושלמי ל"ג אבל לא בשבת · בכורות דף מ. · נזיר דף מב. · כלים פי"ג מ"א · שבת דף קמו: · פאה פ"ד מ"י · שבת קכו: · [לעיל ג: לקמן לו.] · [ע"י יש של שלמה] · מעשרות פ"ב מ"ח · דברים כח · [לקמן לו. שבת קכד.] · לקמן לו. שבת דף מג.

עו א מיי' פ"ה מהל' מעשר הלכה ד:
א ב מיי' פ"ה מהל' י"ט הל' ה טוש"ע א"ח סי' תקכא סעי' א:
ב ג טוש"ע שם סי' שלח סעיף ז:
ג ד מיי' פכ"ב מהל' שבת הלכה כג טוש"ע שם וסי' תקכא סעיף ב:
ד ה מיי' שם הל' כד טוש"ע א"ח סי' שלח סעיף ח וסי' תקכא סעיף ג:
ה ו מיי' פ"ז מהל' ביאת מקדש הלכה ט סמג לאוין שח:
ו ז מיי' פ"ה מהל' נזירות הל' יד:
ז ח מיי' פ"ח מהל' כלים הלכה ב:
ח ט מיי' פכ"ב מהל' שבת הלכה כ סמג לאוין סה טוש"ע א"ח סי' שא סעיף מה:
ט י מיי' פ"ד מהל' מתנות עניים הל' א:
[נ"ל כמה אשה ד' סה.]
י כ מיי' פכ"א מהל' שבת הלכה ב וסכ"ו הל' טו סמג לאוין סה טוש"ע א"ח סי' שלג סעיף א: וע' תוס' שבת קמו: ד"ה מי]

*) ג' רבינו רבי מחייב וכ"ה בירושלמי פ"ג דמעשרות ומיהו שם לא מיירי בהעברין לקצות ול"ע. **) אינו מובן ואולי דמספקינא י"ל דגי' רבינו היה שם אסור לאכול עראי וכ"ה בתוספתא פ"ב ובירושלמי שם ושפיר גרס רבינו לאפוקי מדקניא ויתיישב בזה קושית הסמ"ק כאן ומתיבות וקתני עד מע"ש שלא נגמרה מלאכתו היא הגהה מאיזה תלמיד שהיה בספרו סגי' דידן ודו"ק ·

alone forbids [it].[2] [35b] 'Court', to reject the opinion of R. Jacob, for we have learnt: If one was carrying figs into his court for drying, his children and the members of his household may eat of them a light meal and are exempt [from tithes]; and with respect to this, it was taught: R. Jacob makes him liable for tithing and R. Jose son of R. Judah exempts [him].

'Terumah', to reject the opinion of R. Eliezer; for we have learnt: If one separated *terumah* from fruits before they were completely ready [for tithing] R. Eliezer forbids a light meal to be made of it, but the Sages permit.[3]

'Purchasing', as it was taught: If one bought figs from an *'am ha-arez*[4] in a district where the majority of the people press [them], he may eat thereof a light meal and he tithes them as *demai*.[5] Infer from this three things; infer from this [that] 'purchasing' establishes liability only where it was completely ready [for tithing]; infer from this also [that] the majority of the *'amme ha-arez* do tithe [their produce]; and [further] infer from this [that] one should tithe the *demai* of an *'am ha-arez* even of a commodity whose preparation has not yet been completed. And it[6] is to reject that which we have learnt: If one exchanges fruit with his neighbour, the one intending to eat them [as they are] and the other intending to eat them, or the one intending to dry them and the other intending to dry them, or the one intending to eat them and the other
a intending to dry them, they are both liable.[1] R. Judah says: He who intends eating it is liable,[2] but he who intends drying it is exempt.[3]

CHAPTER V

b *MISHNAH.* ONE MAY LET DOWN FRUIT[1] THROUGH A TRAP-DOOR ON A FESTIVAL BUT NOT ON A SABBATH, AND COVER UP FRUIT WITH VESSELS ON ACCOUNT OF THE RAIN; AND LIKEWISE JARS OF WINE AND JARS OF OIL; AND [EVEN] ON A SABBATH ONE MAY PLACE A VESSEL BENEATH THE DROPS OF RAIN.

GEMARA. It was stated: Rab Judah and R. Nathan [dispute]; one recites MASHILLIN[2] and the other teaches MASHḤILLIN. Said Mar Zuṭra: The one that recites MASHILLIN does not teach wrongly and the other who recites MASHḤILLIN does not teach wrongly. The one that recites MASHILLIN does not teach wrongly for it is written, *For thine olives shall drop off*, [yishshal];[3] and the other who recites MASHḤILLIN does not teach wrongly for we have learnt: [If the firstling is a] *shaḥol* or a *kasol* [it may be slaughtered]; *'shaḥol'* [means an animal] whose hip has become dislocated[4] and *'kasol'* [means an animal] one of whose hips is higher than the other.[5] R. Naḥman b. Isaac said: The one that recites MASHIRIN does not teach wrongly and the one that recites MASHḤIRIN does not teach wrongly, and the one that recites MANSHIRIN does not teach wrongly. The one that recites MASHIRIN does not teach wrongly, for we have learnt: R. Ishmael says: A Nazirite may not shampoo his head with clay because it makes the hair fall out [*mashir*];[6] and the one that recites MASHḤIRIN does not teach wrongly, for we have learnt: The hair-clip [*shaḥor*] and the barber's scissors are susceptible to defilement even though they
c [the two parts] are separated;[1] and the one that recites MANSHIRIN does not teach wrongly, for we have learnt: If one's clothes fell [*nashru*] in the water [on a Sabbath], he may walk in them without fear.[2] Alternatively, from the following teaching: What is *leket*?[3] That which was let fall [*nashar*] at the time of harvesting.[4] We have learnt: YOU MAY LET DOWN FRUIT THROUGH A TRAP-DOOR ON A FESTIVAL. How much?[5]—Said R. Zera in the name of R. Assi—some say, R. Assi said in the name of R. Joḥanan: Like that which we have learnt: One may clear away [on Sabbath as much as] four or five bundles of straw or grain[6] on account of guests or to avoid disturbance of study.[7] But perhaps it is different there where study would [otherwise] be disturbed, but here where there is no disturbance of study it is not so![8] Or perhaps there [as many as] four or five bundles are allowed [to be cleared away] because the Sabbath is stringent and [people] will not come to treat it lightly, but on a Festival, which is less stringent and people might come to treat it lightly, he may not [move any at all]! Or [argue] in the reverse: There [only four or five are allowed] because no monetary loss is involved, but here where monetary loss

(2) But all the other scholars allow. (3) V. *supra* 35a. (4) The name given to an illiterate peasant who is under suspicion of not giving tithes from his produce. V. Glos. (5) 'Suspect Produce', i.e. produce regarding which it is not known whether the prescribed tithes have been duly set apart by the vendor before selling. (6) The statement of Rabin in the name of R. Joḥanan above.

a (1) For exchange is a purchase, and this Tanna holds that purchase establishes liability even when the commodity is not completely ready. (2) For it is ready as far as he is concerned. (3) For it is not ready for him, and R. Judah holds that purchase itself does not establish liability.

b (1) Spread out on the roof for drying. (2) This and all the following verbs have the significance of letting down. (3) Deut. XXVIII, 40. *Mashillin* is from the same root (*nashal*). (4) I.e., dropped, and *mashḥillin* therefore has the same sense. (5) Bek. 40a. (6) Naz. 42a. V. also Num. VI, 5.

c (1) Because each part can be used separately as an instrument for cutting. Kel. XIII, 1. Thus *'shaḥor'* has the sense 'to cause to fall'. (2) That he may be suspected of having washed them on the Sabbath. Shab. 146b. (3) Which belongs to the poor. (4) Pe'ah. IV, 10. (5) May he clear away that it should not be regarded as extra work? (6) But no more. (7) I.e., if one needs the space for guests or disciples. Shab. 126b. Lit., 'the disturbance of the House of learning'. (8) I.e., he may not take as many as four or five.

is involved[9] even more is allowed! [36a] [Moreover] we have learnt there:[10] But [one may] not [clear away] the store-house; and Samuel said: What means 'but [one may] not [clear away] the store-house'? [It means,] But one may not clear away the entire store[11] lest he come to level out hollows.[12] Now what is the law here?[13] [Do I say that] it is forbidden there, on the Sabbath, because it is stringent, but on a Festival which is less stringent it is permitted; or perhaps [I can argue], if there where there is disturbance of study, you say that it is forbidden, here where there is no disturbance of study how much the more? [Furthermore] we have learnt here: ONE MAY LET DOWN FRUIT THROUGH A TRAP-DOOR ON A FESTIVAL; and R. Naḥman said: They taught this only with respect to the same roof, but not from one roof to another. And it was likewise taught: One may not move [things] from one roof to another even when the roofs are level with each
a other.[1] Now how is it there [on the Sabbath]?[2] [Do I say that] here only it is forbidden, because a Festival is less stringent and [people] might come to treat it lightly, but on a Sabbath which is stringent and [people] will not come to treat it lightly, it is allowed; or perhaps [I can argue], if here, where loss of fruit is involved, you say that it is not [permitted], there, where no damage of fruit is involved, how much the more? [Again] it was taught here:[3] He may not let them [the bundles] down through windows with ropes, nor may he bring them down by means of ladders. How is it there?[4] [Do I say that] only here, on a Festival it is forbidden, because no disturbance of study is involved, but [there] on the Sabbath, where there is a disturbance of study, it is allowed: or perhaps [I can argue], if here where damage of fruit is involved, you say that it is forbidden, there where no damage of fruit is involved, how much the more? The questions remain undecided.

AND ONE MAY COVER UP FRUIT. 'Ulla said: Even a stack of loose bricks.[5] R. Isaac said: [Only] fruits which are useable [may be covered]. And R. Isaac follows his opinion [expressed elsewhere]; for R. Isaac said: A utensil may be handled [on Sabbath] only for the benefit of a thing which itself may be handled on the Sabbath.[6]

We have learnt: ONE MAY COVER UP FRUIT WITH VESSELS; only fruit but not a stack of loose bricks!—The same is true even of a stack of loose bricks; but because he teaches in the first part
b [of the Mishnah], ONE MAY LET DOWN FRUIT,[1] he teaches also in the concluding part, ONE MAY COVER UP FRUIT.

We have learnt: AND LIKEWISE JARS OF WINE AND JARS OF OIL![2]—We are dealing here with *ṭebel*.[3] This too is logical: for if you maintain [that we are dealing with] jars of wine and oil which are permitted, surely this he already teaches in the first clause, viz., FRUITS![4]—It is especially necessary to teach this with respect to jars of wine and oil; for I might have thought that the Rabbis took into consideration only a great loss,[5] but a small loss they did not take into consideration, so he informs us [that it is not so].

We have learnt: ON A SABBATH YOU MAY PLACE A VESSEL BENEATH THE DROPS OF RAIN![6]—[It deals here] with respect to rain fit for use.[7] Come and hear: One may spread a mat over bricks on a Sabbath![8]—[It treats of bricks] that were left over from a building and which are fit to sit on.

Come and hear: You may spread a mat over stones on a Sabbath![9]—[It treats] of smoothly pointed stones which are fit for a privy.

Come and hear: One may spread a mat over a beehive on a Sabbath,[10] in sunny weather on account of the sun and in rainy weather on account of the rain, provided that he does not intend to capture [the bees]!—There likewise [it treats of a case] where
c it contains honey.[1] R. Ukba of Meshan[2] said to R. Ashi: This is well in summer when there is honey [in the hive], but in winter how is it to be explained?—It is especially necessary to teach this with respect to the two honeycombs.[3] But these two honeycombs are *mukẓeh*![4]—We deal here with a case where he reserved them [for his use]. But what if he did not reserve them for his use? [It is] forbidden! Then instead of teaching, 'provided that he does not intend to capture [the bees]', he should teach a distinction with respect to [the first case] itself,[5] [viz.], This applies only when he has reserved them for his use, but if he did not reserve them for his use it is forbidden?—This is what he means to say; even though he has reserved them [for his use he may cover them with a mat] provided always that he does not intend to capture [the bees]. How have you explained it:[6] according to R. Judah who holds the law of *mukẓeh*?[7] But say the concluding part: provided that he does not intend to capture [the bees]: this is in accordance with R. Simeon, who says, An unintentional act is permitted![8]—Do you then think [the concluding clause] is according to R. Simeon? Surely Abaye and Raba both said: R. Simeon agrees [that it is forbidden] in the case of 'Cut off his head but let him not die'.[9]—In point of fact, the whole [Mishnah there] is according to R. Judah, and we are dealing here with a case where it [the beehive] has a little window;[10] and do not say, according to R. Judah, provided that he does not intend to capture

(9) The rain would spoil the fruit. (10) Shab. 126b. (11) I.e. if the store contained only four or five bundles he may not remove them all and thus clear the floor. (12) Found in the floor of the barn. (13) May one clear away the entire barn on a Festival?

(1) When no extra labour in lifting is incurred. (2) For the sake of guests or the study of the Law? (3) With respect to clearing bundles on a Festival. (4) On the Sabbath, may one remove for the sake of guests or the study of the Law? (5) May be covered up, even though the bricks themselves may not be moved. (6) Since the bricks may not be handled, nothing else (e.g., a tarpaulin) may be handled to cover them.

b (1) I.e. only that which is fit for use on the Sabbath or Festival and hence may be handled. (2) Implying, but *not bricks*. (3) Which, like the bricks, are not useable on a Festival and therefore may not be moved, yet they may be covered. Hence bricks are the same. (4) For obviously they are alike. (5) The rain can cause greater damage to fruit than to the jars of wine or oil. (6) The rain-drops are likewise not useable, and therefore may not be handled, and yet a vessel may be handled for receiving them. (7) I.e., ordinary rain-water which can be used for watering cattle. (8) To protect them from rain, although the bricks are for building purposes and may not be moved; cf. Shab. 43a. (9) Shab. 43a,—it is assumed that these too are not fit for use and therefore may not be handled. (10) To protect it from the rain, although the beehive itself may not be moved.

c (1) And the mat is to protect the honey, which may be handled. (2) Mesene, a district south-east of Babylon, on the path of the trade route to the Persian Gulf. V. Obermeyer, p 89ff; B.Ḳ. (Sonc. ed.) 97b n. 5. (3) Which are left behind as food for the bees, v. B.B. 80a. (4) For they are reserved for the bees, and may not be moved. (5) When he covered it solely to protect it from the rain. (6) This law about covering a beehive? (7) For otherwise you could have answered that it agrees with R. Simeon, who rejects the law of *mukẓeh*. (8) Provided that the act he is doing is permitted, he is not made to refrain because he may unintentionally also do something forbidden. V. R.H. 28b. Whereas R. Judah is of the opinion that an unintentional act is prohibited. (9) This is an idiom describing the *inevitable* result of an unintentional act; i.e., where an unintentional act must *inevitably* result in a forbidden act, R. Simeon agrees that it is forbidden. Here too, he inevitably captures the bees, so that even R. Simeon should forbid it. V. Keth. (Sonc. ed) 6a n. a8. (10) Through which the bees can escape.

מסורת השס

עין משפט נר מצוה

יא א מיי' פכ"א מהל' שבת הלכה ג ופכ"ו הלכה טו טוש"ע א"ח סימן שלג סעיף א:
יב ב ג מיי' פ"ה מהל' יו"ט הלכה ה טוש"ע א"ח סימן תקכא סעיף א:
יג ד מיי' פכ"ה מהל' שבת הלכה כג כה טוש"ע א"ח שם סעיף ב וסימן שלה סעיף ז:
יד ה ו מיי' פכ"ה מהלכות שבת הלכה כד כה טוש"ע א"ח סי' שלח סעיף ח וסימן תקכא סעיף ג:
טו ז ח מיי' פכ"ה שם הלכה כה טוש"ע א"ח סימן שעז סעיף ד:
טז ט מיי' פ"א שם הלכה ו טוש"ע א"ח סימן שלז סעיף א:

התם תנן *אבל לא את האוצר ואמר שמואל מאי אבל לא את האוצר אאבל לא יגמור את האוצר כולו דלמא אתי לאשויי גומות הכא מאי התם הוא בשבת דאסור משום דחמיר אבל יום טוב דקיל שפיר דמי או דלמא התם דאיכא בטול בית המדרש אמרת לא הכא דליכא בטול בית המדרש לא כל שכן והכא תנן משילין פירות דרך ארובה ביו"ט ואמר רב נחמן לא שנו אלא באותו הגג אבל מגג לגג לא ותניא נמי הכי באין מטלטלין מגג לגג אפי' כשגגותיהן שוין התם מאי (*כל שכן שבת דחמירא או דלמא) הכא הוא דאסור משום יום טוב דקיל ואתי לזלזולי ביה אבל *שבת דחמירא ולא אתי לזלזולי בה שפיר דמי או דלמא מה הכא דאיכא הפסד פירות אמרת לא התם דליכא הפסד פירות לא כל שכן הכא (*תנן) גלא ישלשלם בחבל בחלונות ולא יורידם דרך סולמות התם מאי הכא ביום טוב הוא דאסור דליכא בטול בית המדרש אבל שבת דאיכא בטול בית המדרש שפיר דמי או דלמא הכא דאיכא הפסד פירות אמרת לא התם דליכא הפסד פירות לא כל שכן תיקו: ומכסין את הפירות: אמר עולא דואפילו *אוירא דלבני ר' יצחק אמר פירות הראוין ואזדא ר' יצחק לטעמיה *דאמר ר' יצחק אין כלי ניטל אלא לדבר הניטל בשבת תנן מכסין את הפירות בכלים פירות אין אוירא דלבני לא הוא הדין דאפי' אוירא דלבני ואיידי דתנא רישא משילין פירות תנא סיפא נמי מכסין את הפירות תנן וכן כדי יין וכן כדי שמן הכא במאי עסקינן בטיבלא הכי נמי מסתברא דאי סלקא דעתך כדי יין וכדי שמן דהתירא הא תנא ליה רישא פירות כדי יין וכדי שמן אצטריכא ליה סלקא דעתך אמינא *להפסד מרובה חיישו להפסד מועט לא חיישו קמ"ל תנן *נותנין כלי תחת הדלף בשבת הבדלף הראוי תא שמע *פורסין מחצלת על גבי לבנים בשבת דאייתור מבנינא דחזי למזגא עלייהו תא שמע *פורסין מחצלת על גבי אבנים בשבת באבנים מקורזלות דחזיין לבית הכסא תא שמע ופורסין מחצלת על גבי כורת דבורים בשבת בחמה מפני החמה ובגשמים מפני הגשמים הובלבד שלא יתכוין לצוד התם נמי דאיכא דבש אמר ליה רב עוקבא ממישן לרב אשי התינח בימות החמה דאיכא דבש בימות הגשמים מאי איכא למימר לא נצרכא אלא לאותן שתי חלות שתי חלות מוקצות הן הכא במאי עסקינן שחשב עליהם אבל לא חשב עליהם מאי אסור אדתני ובלבד שלא יתכוין לצוד לפלוג ולתני בדידה במה דברים אמורים שחשב עליהן אבל לא חשב עליהם אסור הכי קאמר אע"פ שחשב עליהן ובלבד שלא יתכוין לצוד במאי אוקימתא כרבי יהודה דאית ליה מוקצה אימא סיפא ובלבד שלא יתכוין לצוד אתאן לרבי שמעון דאמר דבר שאין מתכוין מותר ותסברא דרבי שמעון והא אביי ורבא דאמרי תרוייהו *מודה רבי שמעון בפסיק רישיה ולא ימות לעולם כולה רבי יהודה היא והכא במאי עסקינן דאית ביה כוי ולא תימא לרבי יהודה ובלבד שלא יתכוין לצוד אלא

[רש"י]

התם תנן כו' · כלומר ועוד שאלה אחרת · אם לא היו שם אלא ארבע או חמש קופות שהתירו לו במקום שיש יותר כאן לא התירו לפנותן כולן ולגלות את הרצפה דלמא הוי בה גומא ומשוה לה: והכא תנן · כלומר ועוד יש לשאול: באותו הגג · שהארובה בגג שהפירות בו: אין מטלטלין · בפירות שבגג שבא להשילן מפני הגשמים קא איירי ואפילו בגגותיהן של שני בתים ששוין שאין זה גבוה מזה שיהא שם טורח עלייה וירידה: בחלונות · כגון אם מוקף מחיצה ואין בו ארובה אבל יש חלון במחיצה לחצר או לבית לא ישלשלם בשקין דרך החלון בחבל מפני שיש טורח להעלות מן הגג לחלון ומשם לארץ: סולמות · כל מדרגה קרי סולם ואף הכבשים שלנו: ואפילו אוירא דלבני · לבנים הסדורים ומוקצים לבנין וגשמים טופפים ומתירא שלא ימוחו מותר לטלטל כלים לצרכן ולכסותן ולא אמרינן הואיל והן עצמן אין נטלין אף הכלי לא ינטל לצרכן: ור' יצחק אמר · דוקא פירות הראוין לטלטול הוא דשרו רבנן לטלטל כלים לצרכן אבל מידי דלאו בר טלטול אין כלי ניטל לצרכו: אלא לדבר הניטל · לצורך דבר הניטל: ואיידי דתנא רישא · פירות הראוין דעל כרחך בדחזי לטלטול אצטריך למנקט שהרי מטלטל הן עצמן ומשילן נקט נמי לענין כסוי פירות הראוין ומיהו סיפא לאו דוקא והוא הדין ללבני: תנן וכן כדי יין · מכדי בהני לא איירי לעיל וכיון דתנן הכא ובא לאשמועינן דברים אחרים לבד פירות היה לו להשמיענו לבנים וכ"ש אלו: הכי גרסינן הכא במאי עסקינן בדטיבלא · כלומר לא בא להשמיעך כי אם כיוצא בלבנים (*וכדרך) דהנך כדי יין דקא מוסיף ותני בדטיבלא עסקינן שאסורים בטלטול דאשמועינן ברישא פירות הראוין דומיא דמשילין והדר נקט להנך לאשמועינן אף שאין ראוין: הפסד מועט · גשמים הנוטפין על יין הפסד מועט הוא עד שתחתך ויסלקם אבל הפירות מרקיבין: נותנין כלי תחת הדלף · הרי שהכלי ניטל לקבל בו מוקצה כי האי דלא חזי למידי: בדלף הראוי · שהן צלולין וראוין לבהמה: על גבי אבנים · שגנובין לבנין וכשהן מתלחלחין צריך לחזור ולנגבן שאינן מקבלות את הטיט יפה והבנין שוהה ליבש: מקורזלות · אגוד"ש: לבית הכסא · לקנח: שתי חלות · של לפיתות מניחין בכוורת כשרודין אותה ומהן פרנסה לדבורים כל ימות הגשמים אותן שתי חלות מותר לכסות כל דבש הכוורת עשוי עליות עליות של חלות: מוקצות נינהו · לדבורים: דחשב עלייהו · לאדם: אדתני ובלבד שלא יתכוין לצוד · משמע דלא ימצא לחלק את דבריו ולאסור עד שדלג מאיסור טלטול לאיסור צידה: לפלוג ולתני בדידה · באיסור טלטול גופיה יכול לחלק את דבריו ולמצוא לך איסור לדבר בדלא חשב עלייהו לא יטלטל המחצלת לצרכם: הכי קאמר אף על פי שחשב עליהם כו' · אף בשחשב בא ללמדך שיש לך איסור במתכוין לצוד ואף על גב דעיקר להצלה מפני הגשמים מכוין: במאי אוקימתא כרבי יהודה · כלומר מדהוה לך לתרוצי ארישא הא מני ר' שמעון דלית ליה מוקצה ומהדרת אשנויי דחיקי למימר משום שתי החלות כרבי יהודה בעית לאוקמא משום דרבי יצחק דמותבינן ליה הנך תיובתא אית ליה מוקצה כר' יהודה: ובלבד שלא יתכוין לצוד · ואף על פי שהוא צדן: דאית ביה כוי · חלונות יש בדפנותיה ואף על פי שמכסה את פיה אינן נצודין אם לא יכסה גם את החלונות ולא תימא ובלבד שלא יתכוין אלא בלבד שלא יעשנה מצודה שלא יסתום החלונות:
*פשיטא · כיון דאית ליה לרבי יהודה דבר שאין מתכוין אסור למה ליה למיתני ובלבד שלא יעשה מצודה דהא צידה אב מלאכה היא:

מהו

[תוספות]

בדטיבלא · וא"ת והא אמרי' לעיל בסוף המביא (דף לד:) דטבל מוכן הוא שאם עבר ותקנו מתוקן ובפרק כירה (שבת מג.) נמי לא חשבי ליה מבטל כלי מהיכנו כיון דחזו א"כ אכתי תקשי לן דטבל אין אוירא דלבני לא וי"ל דעולא יאמר לך דמ"מ חשיב ליה כדבר שאינו ניטל כיון דבשבת מיהא לא חזי כל כמה דלא תקנו דאסור לפנותו בשבת כדתנן בפרק מפנין (שם קכו:) אבל לא את הטבל: במאי אוקימתא · פרש"י דלא אשכחנא דמוקי לה כרבי יהודה בהדיא אלא מדדחיק נפשיה כי פריך והא מוקצות נינהו ולא קאמר רבי שמעון היא אלמא משמע ליה דאתיא כרבי יהודה:

ולא

רבינו חננאל

הכא אמר רב נחמן לא שנו אלא באותו הגג אבל מגג לגג אפילו גגותיהן שוין לא ותניא נמי הכי · ותוב הכא תניא לא ישלשלם בחבל בחלונות ולא יורידם דרך סולמות התם משום ביטול בית המדרש מאי שרי אי אסיר ולא איפשיט · מכסין פירות בכלים מפני הדלף ר' יצחק אמר פירות ממש שאין כלי ניטל אלא לדבר הניטל בשבת · עולא אמר אפילו אוירא דלבני. תנן וכן כדי יין וכדי שמן כלומר פירות אין לבנים לא ופרקינן אלו הכדות טבל הן שהן חשובין כלבנים שאינן ראוין לאכול מהן היום· ועוד אקשינן לר' יצחק נותנין כלי תחת הדלף הנה אינן פירות ופירק בדלף הראוי להשתמש בהן וכן פורסין מחצלת ע"ג כוורת דבורים בשבת בחמה מפני החמה ובגשמים כו' · ופירק כוורת נמי בדאיכא דבש בגווה שהן פירות. ובלבד שלא יתכוין לצוד כלומר כשפורש מחצלת על

[שבת קכו:]
רש"ל מ"ז
[לעיל ב: לה:]
שבת מג. [כל הסוגיא ע"ש כמה שינויים]
[שבת קכד: וש"נ]
[נ"ל וכדרך]
שבת עה. קג. קיא: קיז. קכ: קלג. קמג. סוכה לג: כתובות ו. בכורות כה.
[נ"ל תניא]
[ג' ערוך אארא]
לעיל לה: שבת מג.
שבת מג.
שם
לע"ג

עין משפט נר מצוה

יז א מיי׳ פכ״ס מהל׳ שבת הלכה כד סמג לאוין סה טוש״ע א״ח סימן שלח סעיף ח וסימן תקכא סעיף ג :

יח ב מיי׳ פכ״ו שם הלכה יג טוש״ע א״ח סימן שח סעיף לד וסימן תקיח סעיף ה :

יט ג טוש״ע שם סימן שח סעיף לה :

כ ד טוש״ע שם סעיף לד :

כא ה מיי׳ פ״א מהל׳ יו״ט הלכה יז :

כב ו מיי׳ פכ״א מהל׳ שבת הלכה ו סמג לאוין סה טוש״ע א״ח סימן שלו סעיף א וסימן תקכד סעיף א :

דלית בה פירי לא וי״ל כצ״ל

כג ז מיי׳ שם הלכה ט סמג שם טוש״ע א״ח סימן שלט סעיף א וסימן תקכד שם :

כד ח מיי׳ פכ״ג שם הלכה ה טוש״ע שם וסימן שלט סעיף ג ג :

כד [ח] מיי׳ שם הלכה יד טוש״ע או״ח סי׳ תקכד ס״א וסימן שלט סעיף ד :

אלא אימא ובלבד שלא יעשנה מצודה פשיטא מהו דתימא *במינו נצוד אסור שלא במינו נצוד מותר קמ״ל רב אשי אמר מי קתני בימות החמה ובימות הגשמים בחמה מפני החמה ובגשמים מפני הגשמים קתני ביומי ניסן וביומי תשרי דאיכא חמה ואיכא גשמים ואיכא דבש : ונותנין כלי תחת הדלף בשבת : *תנא אם נתמלא הכלי שופך ושונה ואינו נמנע בי רחיא דאביי דלוף אתא לקמיה דרבה אמר ליה זיל עייליה לפוריך להתם דלהוי כגרף של רעי ואפקיה יתיב אביי וקא קשיא ליה *וכי עושין גרף של רעי לכתחלה אדהכי נפל בי רחיא דאביי אמר תיתי לי דעברי אדמר אמר שמואל גרף של רעי ועביט של מימי רגלים מותר להוציאן לאשפה וכשהוא מחזירו נותן בו מים ומחזירו סבור מינה גרף של רעי אגב מנא אין בפני עצמו לא ת״ש *דההוא עכברתא דאשתכח בי אספרמקי דרב אשי אמר להו רב אשי נקטה בצוציתה ואפקוה : **מתני׳** כל שחייבין עליו משום שבות משום רשות משום מצוה בשבת חייבין עליו ביו״ט ואלו הן משום שבות לא עולין באילן ולא רוכבין על גבי בהמה ולא שטין על פני המים *ולא מטפחין ולא מספקין ולא מרקדין ואלו הן משום רשות [ח] לא דנין ולא מקדשין ולא חולצין ולא מיבמין ואלו הן משום מצוה *לא *מקדישין ולא מעריכין ולא מחרימין ולא מגביהין תרומה ומעשר כל אלו ביו״ט אמרו קל וחומר בשבת *אין בין יו״ט לשבת אלא אוכל נפש בלבד : **גמ׳** לא עולין באילן גזרה שמא יתלוש ולא רוכבין על גבי בהמה גזרה שמא יצא חוץ לתחום שמע מינה *תחומין *דאורייתא אלא גזרה שמא יחתוך זמורה ולא שטין על פני המים גזרה שמא יעשה חבית של שייטין : ולא מטפחין ולא מספקין ולא מרקדין : *גזרה שמא יתקן כלי שיר : ואלו הן משום רשות לא דנין : והא מצוה קעביד לא צריכא דאיכא דעדיף מיניה : ולא מקדשין : והא מצוה קעביד לא צריכא

דאית

רש״י

מהו דתימא דבר שבמינו נצוד · שדרך לצוד את בני מינו כגון חיה ועוף אסור אבל הא דאין במינו נצוד שרי קמ״ל : רב אשי אמר · לעולם כדשנינן מעיקרא דאיכא דבש למאכל אדם ודקשיא לך בימות הגשמים מי איכא דבש לא קשיא דמי קתני ימות החמה וימות הגשמים : שופך · לחוץ : ושונה · ויחזירנו למקומו תחת הדלף : ואינו נמנע · מלשפות כל היום אם צריך לכך : בי רחיא דאביי דלוף · הדלף היה נופל על הרחים שלו והיו עשוין בטיט ונמוחים מפני הגשמים ולא היה מספיק לכלים הצריכים לתת תחת הדלף : זיל עייליה לפוריך להתם · לבית שהוא שם דלהוי כגרף של רעי שיהו מאוסים הרחים לך להיות לפני מטתך ואתה מותר לטלטלן ולהוציאן לחוץ כדאמר לקמן דגרף של רעי מותר להוציאו לאשפה : וכי עושין גרף של רעי לכתחלה · וכי מותר לגרום שיהא הדבר מאוס לו כדי שיוציאנו : תיתי לי דעברי אדמר · תבואני זאת בשכרי שעברתי על דברי רבי : גרף ועביט כלי חרס הן אלא של רעי קרוי גרף ושל מימי רגלים קרוי עביט : נותן בו מים ומחזירו · דמוקצין מחמת מאוס הן ואי לאו אגב מיא לא מצי לטלטליהו ולהוציאו הוא דשרו ליה משום כבודו : סבור מינה · מדשמואל היו סבורים התלמידים דדוקא גרף נקט דאגב מנא שרי לטלטל את הרעי אבל בפני עצמו ליטול את הרעי או דבר מאוס ממש בידו ויוציאנו לא שרו ליה : באספרמקי · בשמים : בצוציתה · בזנבה : **מתני׳** כל שחייב עליו · מדברי סופרים שלא לעשותו בשבת משום שבות או משום רשות שיש בו קצת מצוה אבל לא מצוה גדולה וקרוב הוא להיות דבר הרשות ויש בו איסור מדברי סופרים : או משום מצוה · או שיש בו מצוה ממש ואסרוהו חכמים לעשות בשבת : חייבין עליו · שלא לעשותו ביו״ט : ואלו הן · דברים שאסורין משום שבות שהטילו עליו חכמים לשבות מהן ואין במשייתן שום מצוה : לא עולין באילן כו׳ · כולהו מפרש בגמרא אמאי גזור בהו רבנן : אין מטפחין · ביד : °ואין מספקין · על ירך : ואין מרקדין · ברגל וכולן לשמחה ולשיר ובגמרא מפרש גזרה שמא יתקן כנגדן כלי שיר דקא עביד מנא : ואלו הן משום רשות · כלומר שהיה לנו להתירן משום שהן קרובין למצוה ואסרום חכמים הואי דקרו ליה רשות משום הנך דבעי למתני בסיפא דהוו מצוה גמורה ולגביהן קרי להנך מליעי רשות ולהנך קמאי קרי שבות דאיסור שבות גמור יש בהן לפי שאין בהן צד לסלק גזירות חכמים מעליהן שאין בהן לחלוחית מצוה : לא דנין · דין : ולא מקדשין · אשה ובגמרא מפרש אמאי קרי ליה רשות (ומאי טעמא גזור עלייהו) : ולא מקדישין · הקדשות : מעריכין · ערכך עלי ונותן כפי שנים כמו שכתוב בפרשת ערכין (ויקרא כז) : ולא מחרימין · הרי בהמה זו חרם וכתם חרמים לבדק הבית : **גמ׳** שמא יעלה ויתלוש · דהוי אסורא מדאורייתא דהיינו קוצר שתולש מן המחובר : שמא יצא חוץ לתחום · מתוך שאינו מהלך ברגליו אינו רואה סימני התחומין : שמע מינה תחומין מדאורייתא · מדגזור רכיבה אטו תחומין דאי מדרבנן לא הוו אסרי מלתא אחריתא משום דידיה : שמא יחתוך זמורה · להכותה והוי קוצר מן המחובר : חבית של שייטין · כלי של גומא שאורגין אותו ועושין כמין חבית ארוכה ולמדין בו לשוט : הא מצוה קא עביד · ואמאי קרי ליה רשות : ולא מקדשין הא מצוה קא עביד · שנושא אשה לפרות ולרבות ואמאי קא קרי ליה רשות :

דאית

תוספות

אלא אימא ובלבד שלא יעשנה מצודה · פ״ה ובלבד שלא יכסה בו כל החלונות דלר׳ יהודה אסור ולר׳ שמעון מותר וגם מעיקרא כי בעי לאוקומי כר׳ שמעון משמע ליה דבכל ענין מיירי אפילו לעשות כעין מצודה לסתום כל החלונות ותימה דהא מודה ר״ש בפסיק רישיה ולא ימות והכא ודאי הן נצודות ופירש הר״ר משה מאייבר״א דלר״ש נמי מיירי שיש חור קטן בכוורת אך אינו נראה וא״כ לא הוי פסיק רישיה ולא ימות ולר״ש מותר ורבי יהודה דאסר אפילו דבר שאינו מתכוין בעי חור גדול שיהא נראה לדבורים לצאת מן הכוורת :

שופך ושונה · למה דס״ד דאיירי לעיל בדלף שאינו ראוי לו קשה היכי מטלטל ליה הא הוה ליה ככלכלה והאבן בתוכה דאמר בסוף כירה (שבת דף מז. ושם) דלית בה *פירי וי״ל דשרי משום דהוי כגרף של רעי וכן משמע מדמייתי ליה הכא:

תיתי לי דעברי אדמר · אע״ג דאמרינן לעיל פ׳ יו״ט (דף כח: ושם) דאין עושין גרף של רעי לכתחלה ס״ל לרבה דהכא שרי משום פסידא דבי רחיא או משום דלא מקרו לכתחלה כל כך הכא כיון שהיו הגשמים כבר מזלפין בבית אין כל כך לכתחלה כמו מזמנין נכרי :

שמא יעשה חבית של שייטין · פ״ה שלוקחין קנים ועושה כעין חבית ושט בהן וקשה דהא תנן *ואלו טהורין בכלי חרס טבלא שאין לה לבזבזין וחבית של שייטין אלמא דחרס הוא לכן נ״ל שהוא כלי חרס שאין לו פתח ומתוך כך אינו יכול להשתקע במים לפי שאין המים יכולין ליכנס לתוכו ולכך צף על פני המים :

והא מצוה קא עביד · פ״ה וה״ל למחשבינהו בהדי אינך דסיפא ממצוה ומשני לא צריכא דאיכא דעדיף מיניה ולכך אינו מצוה כל כך דומיא דהני דסיפא ולפי זה יכול להיות דגם בדליכא דעדיף מיניה אסור וכן פירש נמי גבי לא מקדשין הא מצוה קא עביד כו׳ ומשני דאית ליה אשה ובנים משמע אפילו אין לו אשה ובנים מ״מ אסור וקשה דאמר פרק דיני ממונות (סנהדרין דף לה.) לפיכך אין דנין לא בע״ש ולא בערב יו״ט דהיכי לעביד לדייניה במעלי שבתא ולקטליה בשבת אין רציחה דוחה שבת ולא משני משום דאין דנין משמע התם דבסנהדרין דבסתמא ליכא עדיף מנייהו שפיר דנין ויש ליישב דניחא ליה להש״ס למימר טעמא לאסור מן התורה ולא לאסור אלא מדרבנן ור״ת פי׳ דהא מצוה קא עביד ואמאי גזרו כו׳ ומשני לא צריכא דאית ליה אשה ובנים אבל אם אין לו אשה ובנים מותר לקדש דמצוה קא עביד וקשה דבפ״ק דיומא בירושלמי גבי כהן גדול מתקנין לו אשה אחרת פריך והרי קונין לו קנין בשבת ומשני אין שבות במקדש ולשני דשרי כיון דמצוה קא עביד דהא כיון שמתה אשתו מצוה לו לישא אשה אחרת ועוד קא עביד מצוה דכתיב וכפר בעדו ובעד ביתו (ויקרא טז) אלא ודאי י״ל כפירוש הקונטרס ולא קשיא מההיא דסנהדרין דהא קאמר הכא טעמא שמא יכתוב וכיון דישבו כבר בדין מערב יו״ט וכתבו דברי המזכין ודברי המחייבים מבעוד יום כדקאמר התם אם כן לא שייך למגזר ועוד י״ל כפירוש ר״ת ולא קשיא מההיא דכהן גדול דשמא חד מתרי טעמי נקט והדר מסיק התם בירושלמי דיומא אמר רבי מונא הדא אמר׳ הדין דכונסין ארמלין צריך לכונסן מבעוד יום שלא יהא כקונה קנין בשבת ואיתא נמי בריש כתובות בירושלמי ומפרש התם טעמא דעד שלא *קנה אינו זכאי במציאתה ולא במעשה ידיה ולא בהפרת נדריה משכנסה זכאי בכולם ונמצא כקונה קנין בשבת והוא כמי איכא לאוקמי בשיש לו אשה ובנים ומהאי טעמא דאין מקדשין לפי שנראה כקונה קנין אסור כמו כן לתת גט בשבת* :

משום

[ועי׳ תוספות לעיל יז. ד״ה מ״ע ותוספות עירובין עא. ד״ה ומקני ותוספות גיטין עז: ד״ה ותיזיל ותוספות ב״ב קנו: ד״ה קונין]

רבינו חננאל

הכוורת ירויחה למחצלת מעם מחוץ לנקב שנכנסין ויוצאין בו הדבורים · כי אם ישלשל המחצלת בדפני הכוורת במקום הנקב אין הדבורים יכולין לצאת ונמצא כצודה בשבת או ביו״ט ואע״פ שאין במיני דבורים ניצוד : נותנין כלי תחת הדלף בשבת תנא נתמלא הכלי שופך ושונה ואינו נמנע · ירושלמי א״ר חנינא עשו אותה כנהרות ומעינות שבאו מחוץ לתחום ותני כן נהרות ומעינות שבאו מחוץ לתחום ממלא מהן בשבת וא״צ ל ביו״ט · בי ריחייא דאביי דלוף א״ל רבה עייליה לפורייך התם כי היכי דליהוי האי דלף כגרף של רעי ועביט של מימי רגלים ואפקיה א״ל וכי עושין גרף של רעי לכתחלה אדשקלו וטרו נפל בי ריחייא דאביי אמר תיתי לי דעברי אדמר׳ אמר שמואל גרף של רעי ועביט של מימי רגלים מותר להוציאן לאשפה *) תניא נמי הכי · כשמחזיר הכלי נותן בו מים ומחזירו ואסיקנא דגרף של רעי מוציאין איתו אפילו בפני עצמו בלא כלי מההוא עכברתא דאשתכח באספרמקיא דרב אשי ואמר להו שקלוה בצוציתא מלשון ציצית הראש ואפקוה : **מתני׳** כל שחייבים עליו משום שבות ומשום רשות ומשום מצוה בשבת חייבין עליו ביו״ט אלו הן משום שבות לא עולין באילן גזרה שמא יתלוש : **ירושלמי** אין עולין לאילן בין לח בין יבש רבי אחא בשם רבי אמר אסור לדוש על גבי זמורה בשבת היא שורשי אילן היא קולסי כרוב בגבוהין ג׳ אבל אינן גבוהין כארץ הם מפני מה אין עולין באילן שמא ישכח ויאכל או שמא ישכח וירעיד · ולא רוכבין על גבי בהמה מפני שהוא מצווה על שביתת בהמתו כמוהו שנאמר למען ינוח שורך וחמורך וגו׳ · נמרא דידן לא רוכבין על גבי בהמה גזרה שמא יחתוך זמורה ולא שטין על פני המים גזרה שמא יעשה חבית של שייטין לא מספקין ולא מטפחין ולא מרקדין גזרה שמא יעשה כלי שיר : **ירושלמי** לא מספקין ספוק הבא מחמתו כדכתיב ויספוק את כפיו ולא מטפחין טיפוח שהוא לרצונו ר׳ יונה וחברייא חורינא אומר בין הכן בין הכן אסור ור׳ יונה אומר אחורי ידיהן שרי דהוה סבין ביומי והוו מטפחין אחורי ידייהו בשבתא בהלולא דר׳ שמעון בר׳ הוו מטפחין אחורי ידייהו בשבתא עבר רבי מאיר ושמע קלהון אמר רבותינו הותרה השבת שמע רבי קליה אמר מי הוא זה שבא לרדותינו בתוך ביתנו שמע רבי מאיר קליה דרבי וערק נפקין פריי בתריה סיפרי אפרה רוהא פקוליה מן על קרליה דרבי מאיר אוריק רבי מן טותא וחמא קדליה דר׳ מאיר מן אוחורי אמר לא זכיתי לתורה אלא על דחיטית קדליה דר׳ מאיר מן אוחוריי ר׳ יוחנן ור״ל תרוויהון אמרי לא זכינן לאורייתא אלא על דחזינן אצבעתיה דר׳ מן גילניקן דידיה · ולא מרקדין ריקוד עוקר רגל אחת ומניח אחת קיפוץ ב׳ רגליו כאחת

*) כ״ס סגי׳ ג״כ ברי״ף תני׳ נמי הכי גרף של רעי וכו׳ .

מסורת הש״ס

[שבת קה: קכז:]

לעיל כח: [שבת קמג.]

[שבת קכה:]

[כלים פ״ב מ״ג]

לעיל ג. שבת קמח:

פסחים סה: [שבת קכד. קמח:]

שבת כג: קכה. קנו: מגילה ז: לעיל כח. תוספתא דמגילה פ״א

[עירובין לה: סוטה ל:]

[עיין תוספות חגיגה ח. ד״ה משום]

[עיין תוספות חגיגה יז: ד״ה דכתיב]

[עיין תוספות לעיל ג. ד״ה תנן]

גליון הש״ס

רש״י ד״ה ואין מספקין על ירך · עיין מו״ק כז ע״ב תוד״ה אבל

[the bees] [36b] but say rather, provided that he does not make a it [the beehive] a trap.[1] [But] this is obvious!—You might say [that] catching is forbidden only in respect of a kind of creature which one usually catches, but with respect to the sort which one does not usually catch,[2] it is permitted; so he informs us [that it is not so]. R. Ashi says:[3] Does he then teach 'in summer and in winter'? He teaches 'in sunny weather on account of the sun and in rainy weather on account of the rain', [i.e.,] in the days of Nisan and in the days of Tishri[4] when there is both sun and rain as well as honey present.

ON SABBATH ONE MAY PLACE A VESSEL BENEATH THE DROPS OF RAIN. It was taught: If the vessel became full, he may keep on pouring it out as it fills and put it back again without restraint. In the mill-room of Abaye rain trickled through.[5] He came before Rabbah who said to him: Go, bring in your bed there, so that it [the mill] may be regarded by you like a commode[6] and [so] take it out. Abaye sat and put himself the question: May then one make of anything a commode at the outset?[7] In the meantime Abaye's mill fell to pieces. He said: I well deserve it, for I have transgressed the words of my Master.[8] Samuel said. The commode and the chamber-pot may be taken out to the dung-heap [for emptying], and when he brings them back, he is to pour water therein and [then] take them back.[9] From this they [the disciples] concluded that one may carry out [the contents of] the commode by means of the vessel but not the b ordure itself;[1] [but] come and hear [to the contrary]: Once a mouse was found in a scent-box belonging to R. Ashi. R. Ashi said to them: Take it by the tail and bring it out.[2]

MISHNAH. EVERY [ACT] THAT IS CULPABLE[3] ON A SABBATH AS A SHEBUTH,[4] [OR] AN OPTIONAL ACT [RESHUTH], [OR] A RELIGIOUS ACT,[5] IS ALSO CULPABLE ON A FESTIVAL. THE FOLLOWING ACTS ARE CULPABLE AS A SHEBUTH: ONE MAY NOT CLIMB A TREE, NOR RIDE A BEAST, NOR SWIM IN WATER, NOR CLAP THE HANDS, NOR SLAP [THE THIGHS], NOR DANCE. THE FOLLOWING ARE CULPABLE AS OPTIONAL SECULAR ACTS: ONE MAY NOT JUDGE,[6] NOR BETROTH A WIFE, NOR PERFORM ḤALIẒAH,[7] NOR PERFORM YIBBUM [CONSUMATE A LEVIRATE MARRIAGE].[8] THE FOLLOWING ARE CULPABLE AS RELIGIOUS ACTS: ONE MAY NOT DEDICATE [ANYTHING TO THE TEMPLE], NOR VOW A PERSONAL VALUATION,[9] NOR MAKE A VOW OF ḤEREM,[10] NOR SET ASIDE TERUMAH OR TITHES. ALL THESE THINGS THEY [THE RABBIS] PRESCRIBED [AS CULPABLE] ON A FESTIVAL, HOW MUCH MORE [ARE THEY CULPABLE] ON SABBATH. THE FESTIVAL DIFFERS FROM THE SABBATH ONLY IN RESPECT OF THE PREPARATION OF FOOD ALONE.

GEMARA. ONE MAY NOT CLIMB A TREE; it is a preventive measure lest he pluck [fruit].

NOR RIDE A BEAST; it is a preventive measure lest he might c go without the *teḥum*.[1] Then this proves that the law of *teḥum* is Biblical?[2]—Rather say, it is a preventive measure lest he cut off a switch.[3]

NOR SWIM IN WATER; it is a preventive measure lest he might make a swimming bladder.

NOR CLAP THE HANDS, NOR SLAP THE THIGHS, NOR DANCE; it is a preventive measure lest he might repair musical instruments.

THE FOLLOWING ARE CULPABLE AS OPTIONAL SECULAR ACTS: ONE MAY NOT JUDGE: But is he not discharging a religious act?[4]—This holds good only where a more capable person is available.[5]

NOR BETROTH A WIFE. Is he not discharging a religious obliga-

a (1) By closing also the small aperture. (2) Bees, as a rule, are not caught with a net. (3) The text treats of a case, as previously explained, when there is honey in the hive; and as for the question, in winter there is no honey! (4) Nisan is the first and Tishri the seventh month of the Jewish Calendar, corresponding to the months of March and September respectively. (5) The placing of vessels to catch the dripping rain would itself be insufficient to save the mill from damage, unless it were itself removed. (6) The mill was of clay and the rain would make it dirty and foul. (7) V. *supra* 21b. (8) By questioning his advice. (9) Since the vessel itself is considered *mukẓeh* on account of its filthiness and may not be carried about.

b (1) I.e., to take out the ordure by itself or anything filthy and obnoxious is forbidden. (2) Showing that it is the unclean thing itself that can be removed. (3) According to Rabbinical enactment. (4) V. Glos. The term is generally applied to an action which while not belonging to the category of forbidden labours (V. Shab. 73a) or their derivatives, was nevertheless forbidden either because it might lead to one of these or because it did not harmonize with the general spirit of the Sabbath. (5) I.e., actions which are normally secular and optional or even in the nature of religious observances, but which are nevertheless forbidden on the Sabbath. (6) In a lawsuit. (7) V. Deut. XXV, 9, and Glos. s.v. (8) The marriage with the wife of a deceased brother. V. Deut. XXV, 5-7. (9) V. Lev. XXVII, 1-8. (10) I.e., devote anything to the Lord; V. Lev. XXVII, 28.

c (1) V. Glos. (2) For it is a general rule that a preventive measure is enacted to safeguard a Biblical law only, but not a Rabbinical one. But actually there is a controversy whether the law of *teḥum* is Biblical or only Rabbinical, v. 'Er. 35. (3) To use as a whip. Cutting off anything that is growing is certainly prohibited by Biblical law. (4) To judge is a meritorious deed—hence it should be included in the third category. (5) So that as far as *this* person is concerned it is an optional act, though judging in general ranks as a religious obligation.

tion?[6]—It treats of one [37a] who [already] has a wife and children.[7]

NOR PERFORM ḤALIẒAH, NOR PERFORM YIBBUM. Is he not performing a religious act?—It treats of a case where there is an elder [brother] and it is a [prior] obligation for the elder [brother] to consummate a levirate marriage. And on account of what are all these [forbidden]?—It is a preventive measure lest he write.[8]

THE FOLLOWING ARE CULPABLE AS RELIGIOUS ACTS: ONE MAY NOT DEDICATE, NOR VOW A PERSONAL VALUATION, NOR MAKE A VOW OF ḤEREM; [they are forbidden] as preventive measures lest one transact business.[9]

NOR SET ASIDE TERUMAH OR TITHES. This is obvious![10]—R. Joseph taught: It is necessary [to teach this] even in the case
a of giving them to the priest on the same day [of the Festival].[1] This, however, applies only to produce which was *ṭebel*[2] since the day before; but with respect to produce which is only just now become *ṭebel*, as for example to set aside *ḥallah* from dough, he may set them [tithes] aside and give them to the priest. Are then these acts[3] culpable only as *reshuth* and not as *shebuth*?[4] And are those acts[5] culpable only as religious acts and not as *shebuth*?—Said R. Isaac: He proceeds to a climax;[6] not only is an act which is purely a *shebuth*[7] forbidden, but even a *shebuth* which partakes of an optional [meritorious] act[8] is also forbidden; and not only is a *shebuth* partaking of an optional [meritorious] act forbidden, but even a *shebuth* partaking of a religious obligation[9] is also forbidden.

ALL THESE THINGS THEY FORBADE ON A FESTIVAL [etc.]. But the following contradicts this. One may let down fruit through a trap-door on a Festival but not on a Sabbath![10]—Said R. Joseph: There is no contradiction: the one[11] is according to R. Eliezer, the other is according to R. Joshua. For it was taught: If it [an animal] and its young fell into a pit,[12] R. Eliezer says: He may bring up one of them in order to slaughter it and must slaughter it; and as for the other, he feeds it in the very place [it fell], so that it should not die. R. Joshua says: He brings up one in order to slaughter it but does not slaughter it, and he uses sub-
b tlety[1] and again brings up the second [animal]; and he may slaughter whichever he desires.[2] Abaye said to him: Whence [do you know that it is so]? Perhaps R. Eliezer said so only there where one can feed the animal,[3] but not here where no feeding is possible.[4] Or [perhaps] R. Joshua ruled thus only there, where one can make use of subtlety, but not here where it is not possible to make use of subtlety?[5]—Rather said R. Papa: There is no contradiction: the one[6] is according to Beth Shammai, the other is according to Beth Hillel. For we have learnt: Beth Shammai say: One may not carry out an infant or a *lulab* or a Scroll of the Law into public ground; but Beth Hillel permit it.[7] But perhaps it is not so! [Perhaps] Beth Shammai ruled thus only there, with respect to carrying out, but not with respect to handling?[8]—Is not handling needed for carrying out?[9]

MISHNAH. CATTLE AND UTENSILS ARE [RESTRICTED TO THE SAME LIMITS] AS THE FEET OF THE OWNERS.[10] IF ONE GIVES HIS COW OVER TO HIS SON OR TO A HERDSMAN [TO
c TEND], THEY[1] ARE [RESTRICTED TO THE SAME LIMITS] AS THE FEET OF THE OWNER. [ANY] UTENSILS WHICH HAVE BEEN SET APART FOR [THE USE OF] ONE OF THE BRETHREN IN A HOUSE, ARE [RESTRICTED TO THE SAME LIMITS] AS HIS FEET; BUT [THOSE UTENSILS] WHICH HAVE NOT BEEN SO SET APART, CAN BE TAKEN [ONLY] WHERE [ALL THE BRETHREN] MAY GO.[2] IF ONE BORROWS A VESSEL FROM HIS NEIGHBOUR ON THE EVE OF A FESTIVAL, [IT IS RESTRICTED TO THE SAME LIMITS] AS THE FEET OF THE BORROWER; [BUT IF HE BORROWED IT] ON THE FESTIVAL, IT IS AS THE FEET OF THE LENDER. LIKEWISE A WOMAN THAT BORROWED FROM HER NEIGHBOUR CONDIMENTS, WATER OR SALT FOR HER DOUGH, THESE ARE [RESTRICTED TO THE SAME LIMITS] AS THE FEET OF THEM BOTH.[3] R. JUDAH EXEMPTS IN THE CASE OF WATER,[4] BECAUSE IT IS NOT SUBSTANTIAL.[5]

(6) V. Gen. I, 28. (7) V. Mishnah. Yeb. 61*b*. (8) The betrothal or marriage contracts. (9) Since these partake somewhat of that nature. (10) [It is not quite obvious, and Rashi seems to omit the question as well as 'It is necessary' in the reply, reading, 'R. Joseph taught: Even in the case etc.'. V. *D.S.* a.l.]

a (1) Although it is not then evident that the setting aside of the tithes was for his own benefit; rather has it the appearance that he is doing it in the interest of the priest. (2) V. Glos. (3) Not judging, etc. (4) Surely they too are forbidden on account of *shebuth* for the reason stated *supra*. (5) Not dedicating, etc. (6) Lit., 'He says "it is unnecessary" etc.'. (7) Which have no semblance of religious merit in them, such as climbing a tree, etc. (8) Such as are enumerated in the middle list. (9) Such as are enumerated in the last list. (10) Whereas from the end of our Mishnah it is to be inferred that no difference exists between Sabbaths and Festivals except in the preparation of food alone. (11) Our Mishnah which teaches that every action forbidden on a Sabbath on account of *shebuth* is also forbidden on a Festival, implying even though it entails a monetary loss. (12) On a Festival, when one may bring up the animals for slaughtering only. On the other hand, it is forbidden to slaughter an animal together with its young on the same day. Lev. XXII, 28.

b (1) By preferring the other animal for slaughter. (2) V. Shab. 117*b*, 124*a*. (3) So that no monetary loss is incurred. (4) Perhaps in such a case even R. Eliezer would permit it on a Festival, and yet not on the Sabbath. (5) I.e., where it is impossible to give the pretence that the proposed action is entirely permissible in itself, even R. Joshua may forbid it. (6) Our Mishnah. (7) V. *supra* 12*a*. [It is assumed that just as Beth Shammai forbid carrying into the public ground anything not connected with preparation of food, so they would forbid the handling of such things even when money loss is involved]. (8) I.e., moving it from one part of the house to another. (9) Before an article can be carried out it must be moved and handled, and it was only on that account that handling is forbidden (Rashi). Hence where carrying out is forbidden, handling and moving are likewise. (10) They may be taken on a Festival only where the owner may go. [On Sabbath and Festivals it is permitted to walk within two thousand cubits in all directions from the boundaries of the town where one lives. Should one wish to walk beyond that limit, he can do so by depositing an *'erub* at the end of the two thousand cubits in the direction he wishes to go, from which point he may again walk another two thousand cubits. Having however gained the two thousand cubit limit in one direction, he forfeits his right of movement in the opposite direction outside the town boundary].

c (1) Such animals—the plural is used generically. (2) I.e., if each brother has a different Sabbath limit, their common utensils are restricted to the area common to them all. (3) The dough may only be brought to that place where both may go. (4) I.e., the ownership of the water does not affect the dough. (5) I.e., it is not noticeable as a separate ingredient and therefore does not affect the status of the dough.

דאית ליה אשה ובנים: לא חולצין ולא מיבמין: והא מצוה קא עביד לא צריכא דאיכא גדול *ומצוה בגדול ליבם וכלהו טעמא מאי גזרה שמא יכתוב: ואלו הן משום מצוה לא מקדישין ולא מעריכין ולא מחרימין: גזרה משום מקח וממכר: ולא מגביהין תרומות ומעשרות: פשיטא תני רב יוסף לא נצרכא אלא ליתנה לכהן בו ביום וה"מ פירי דטבילי מאתמול אבל פירי דטבילי האידנא כגון [ב]עיסה *לאפרושי מינה חלה מפרשינן ויהבינן לכהן והני משום רשות איכא משום שבות ליכא והני משום מצוה איכא משום שבות ליכא א"ר יצחק לא מבעיא קאמר לא מבעיא שבות גרידתא דאסור אלא אפי' שבות דרשות נמי אסור ולא מבעיא שבות דרשות דאסור אלא אפי' שבות דמצוה נמי אסור: כל אלו ביו"ט אמרו: ורמינהו *משילין *דרך ארובה ביו"ט אבל לא בשבת אמר רב יוסף לא קשיא הא ר"א הא ר' יהושע דתניא *אותו ואת בנו שנפלו לבור ר"א אומר מעלה את הראשון על מנת לשוחטו ושוחטו והשני עושה לו פרנסה במקומו כדי שלא ימות ר' יהושע אומר *[ג]מעלה את הראשון ע"מ לשוחטו ואינו שוחטו וחוזר ומערים ומעלה השני רצה זה שוחט רצה זה שוחט א"ל אביי *ממאי דילמא עד כאן לא קאמר ר"א התם אלא דאפשר בפרנסה אבל הכא דלא אפשר בפרנסה לא א"נ עד כאן לא קאמר ר' יהושע התם אלא דאפשר לאערומי אבל הכא דלא אפשר לאערומי לא אלא אמר רב פפא לא קשיא הא בית שמאי הא בית הלל דתנן* ב"ש אומרים אין מוציאין לא את הקטן ולא את הלולב ולא את ספר תורה לרה"ר וב"ה מתירין דלמא לא היא עד כאן לא קא אמרי בית שמאי התם אלא אהוצאה אבל אטלטול לא אטו טלטול לאו צורך הוצאה הוא: **מתני'** *[ד]הבהמה והכלים כרגלי הבעלים [ד] המוסר בהמתו לבנו או לרועה הרי אלו כרגלי הבעלים [ה]כלים המיוחדין לאחד מן האחין שבבית הרי אלו כרגליו ושאין מיוחדין הרי אלו כמקום שהולכין [ה] השואל כלי מחבירו מעיו"ט כרגלי השואל ביו"ט כרגלי המשאיל [ו]וכן האשה ששאלה מחברתה תבלין ומים ומלח לעיסתה הרי אלו כרגלי שתיהן *ר' יהודה פוטר במים מפני שאין בהן ממש: **גמ'** מתניתין דלא

רש"י

דאית ליה אשה ובנים · שני זכרים לב"ש או זכר ונקבה לב"ה ותו לא מיפקד כולי האי כדאמרינן ביבמות (דף סא:) ומיהא קצת מצוה איכא כדאמר *בבקר זרע את זרעך ולערב אל תנח ידך (קהלת יא): מצוה בגדול · האחים ליבם ונפקא לן מוהיה הבכור (דברים כה): שמא יכתוב · פסק דין לדינין ושטר אירוסין לקדושין ושטר חליצה לחולצת וכתובה ליבמה: משום מקח וממכר · דלמקח וממכר דמו שמוציא מרשותו לרשות הקדש ומקח וממכר *אסור מן המקרא דכתיב ממצוא חפצך ודבר דבר (ישעיה נח) אי נמי מקח וממכר אתי לידי כתיבה שטרי מכירה וא"ת הויא לה גזרה לגזרה *כולה חדא גזרה היא: תני רב יוסף אפי' ליתנם לכהן בו ביום · דאיכא למימר לאו מוכחא מלתא היא דלתקוני טבלא מכוין דאין ידוע שיהא הוא צריך לשיריים ורואים שמוליך תרומה לכהן ומחזי דכולה מלתא משום שמחת יו"ט דכהן שצריך לה הוא אפ"ה אסור: והני משום רשות איכא משום שבות ליכא · אמתניתא קאי דקאמר אלו הן משום רשות וכי אין בהן משום שבות והלא אסרום כדאמרינן כל שחייבין עליו אלמא כלהו לאסורא והני בתראי משום מצוה איכא בעשייתו ומשום שבות ליכא לאסרה בשבת בתמיה והלא אסרום והיכי פלגינהו תנא דמתני' דבקמאי אדכר שבות ובאמצעי ובתראי לא אדכר שבות: ה"ק לא מבעיא כו' · כלומר כולם משום שבות יש בהן והראשונים איסור יש בהן ואין בהן לחלוח מצוה והאמצעיים יש בהן שבות ואע"פ שיש בהן קצת מצוה והאחרונים מצוה גמורה הן ואעפ"כ גזרו עליהן שבות ולא זו אף זו קתני לא תימא קמאי הוא דאסירי דה"ל שבות גרידתא כלומר שעבר על השבות דאין עם עבירה זו שמץ מצוה אלא אפי' מצעי דה"ל שבות דאיכא רשות קרבות מצוה גבה נמי אסור: משילין פירות כו' · אלמא גזרו שבות על שבת שלא גזרו ביו"ט: הא ר' אליעזר · סיפא דקתני אין בין יו"ט לשבת דכל שבות דגזרו על שבת גזרו על יו"ט ואפי' בהפסד ממון ר"א היא שלא התיר להעלות אותו ואת בנו מפני הפסד ממון ורישא דקתני משילין ביו"ט מפני הפסד ממון ר' יהושע היא: אותו ואת בנו · שאינן מותרין לשחוט שניהן היום: דאפשר לאערומי · דלא מוכחא מילתא דלהצלת ממונו מכוין דהרואה אומר הראשון שהעלה כחוש הוא והשני יפה הימנו: אבל הכא לא אפשר לאערומי · דהכל יודעין שלא יניחם ואינו עושה אלא להציל ומזלזלין באיסור יו"ט: אין מוציאין את הקטן וכו' · דלא הותרה הוצאה שלא לצורך וגבי טלטול שלא לצורך נמי גזרינן ואפי' גבי הפסד ממון ולב"ה דאמרי הוצאה שלא לצורך מותרת מה"ת בטלטול נמי לא גזור רבנן: אטו טלטול לאו צורך הוצאה הוא · תחילת הוצאה ע"י טלטול היא וכל מה שגזרו אינו אלא משום הוצאה והאי דלא גזרו על טלטול כלים ואוכלים מפני שלא יוכלו לעמוד בהן לבטל עונג שבת ושמחת יו"ט: **מתני'** הבהמה והכלים כרגלי הבעלים · אין אדם יכול להוליכה ביו"ט אלא במקום שבעליה יכולין לילך ואם לא ערב יש לה אלפים לכל רוח העיר ואם ערב לצפון גם היא תלך לצפון ולא לדרום: ושאינן מיוחדין · לאחד מהן אלא לכולן: הרי אלו כמקום שהולכין · למקום שכולן יכולין לילך מותר להוליך את הכלים אבל אם ערב אחד מהם לסוף אלפים לצפון והאחר לא ערבו הוא מעכב על ידם מלהוליכם לדרום אפי' פסיעה אחת מפני חלקו והן מעכבין על ידו מלהוליכם לצפון אלא אלפים שהן מותרין בהן: הרי הוא כרגלי השואל · שהרי קנה שביתתו אצלו בין השמשות שהוא כניסת היום קונה שביתה: ביו"ט · ואם שאלו ביו"ט משחשכה: הרי הוא כרגלי המשאיל · לפי שקנה שביתה אצל בעליו: האשה ששאלה מחברתה תבלין ··לקדרתה: ומים ומלח לעיסתה הרי אלו · הקדרה והעיסה: כרגלי שתיהן · אין מוליכות אותם אלא למקום ששתיהן יכולות לילך דכיון דביו"ט שאלה קנו התבלין או המים והמלח שביתה אצל בעליהן: שאין בהן ממש · אין ניכרות לא בקדרה ולא בעיסה הלכך אין מעכבות הולכתן ובגמ' מוקי לה בתבשיל עבה שאין המים ניכרים בו ובמלח לא פליג דמוקמינן לה בגמ' במלח אסתרוקנית שהיא גסה וניכרת: **גמ'** מתני' · דקתני המוסר בהמתו לרועה ביו"ט הרי אלו כרגלי הבעלים ולא כרגלי הרועה דלא

תוספות

משום מקח וממכר · פרש"י דלמקח וממכר דמו שמוציאן מרשותו לרשות הקדש ומקח וממכר אסור מן המקרא דכתיב ממצוא חפצך ודבר דבר אי נמי מקח וממכר אתי לידי כתיבת שטרי מכירה ואם תאמר הוי לה גזרה לגזרה כולה חדא גזרה:

ורמינהו משילין פירות דרך ארובה וכו' · ותימה דאמרינן במגילה (דף ז:) אין בין יו"ט לשבת אלא אוכל נפש בלבד ואמאי לא פריך ליה ממשילין *וכו' וע"ק אמאי לא פריך לאלתר מב"ה דמתירין הוצאה ביו"ט שלא לצורך ובשבת אסור וי"ל דהתם לא פריך ממתני' משום שהיה יודע שהיה יכול לדחות דהא דקאמר התם אין בין יו"ט לשבת כו' ה"מ דברים שהן דאורייתא אבל מילי דרבנן איכא טובא בינייהו והכא מיירי בשבות דרבנן ולכך לא מייתי מהוצאה דאיסורא דאורייתא ומ"מ קאמר שפיר בסמוך הא ב"ש דהכי מדמה דכיון דב"ש מחמירין גבי הוצאה שלא לצורך כך הם מחמירים גבי טלטול דרבנן כדמסיק במסקנא דטלטול משום הוצאה הוא דאסור: ושמואל

פירות דרך ארובה כצ"ל

עין משפט נר מצוה

כה א מיי' פ"ב מהל' יבום וחליצה הל' ו סמג עשין נב טוש"ע אה"ע סי' קסא סעיף ד:

כו ב מיי' פ"ג מהלכות יו"ט הל' ח טוש"ע א"ח סי' תקו סעיף ג:

כז ג מיי' שם פ"ב הלכה ד טוש"ע א"ח סימן תקח סעיף י:

[עיין תוספות ב"ב יב. ד"ה אטו]

כח ד מיי' פ"ה מהלכו' יו"ט הל' ט טוש"ע א"ח סימן שצז סעיף ג:

כח [ד] מיי' שם הלכה יא טוש"ע שם סעיף ד:

כט ה טוש"ע שם ס"ח:

כט [ה] מיי' שם הלכה יז טוש"ע שם סעיף יא:

ל ו מיי' שם הלכה כ טוש"ע שם סעיף יב:

רבינו חננאל

כאחת א"ר אלעזר כל משמיעי קול אסורין בשבת ומסקנא אקושי אתרעא בשבתא לא: ואלו הן משום רשות לא דנין והא מצוה קעביד דאיכא דעדיף מיניה ולא מקדשין בדאית ליה אשה ובנים דלאו מצוה קעביד ולא חולצין ולא מיבמין בדאיכא אח גדול ממנו דאמרינן מצוה בגדול לייבם · וכולהו מאי טעמא לא גזרה שמא יכתוב: ירושלמי תני ר' חייא דנין דיני ממונות בע"ש ואין דנין דיני נפשות ואלו הן משום מצוה לא מקדישין ולא מעריכין מאי טעמא משום דמחזי כמקח וממכר ולא מגביהין תרומות ומעשרות הני מילי דטבילי מאתמול אבל דטבילי ביו"ט כגון הלש עיסה לאפרושי מינה חלה וכיוצא בה מפרשינן ויהבינן ליה לכהן הני משום רשות אין משום *) מצוה לא כו' ופריק ר' יצחק לא מיבעיא קאמר לא מיבעיא שבות גרידתא דאסור אלא אפילו שבות דמצוה אסור וכ"ש שבות דרשות תנא **) אין דנין ולא מקדשין ולא מגרשין ולא ממאנין ולא חולצין ולא מייבמין רשות לא מקדישין ולא מעריכין ולא מחרימין ולא מגביהין תרומה ומעשרות כל אלו ביו"ט ק"ו בשבת אין בין יו"ט לשבת אלא אוכל נפש בלבד וכולן שעשו ישראל בין אנוסין בין שוגגין בין מזידין בין מוטעים מה שעשה עשוי בשבת ואין צריך לומר ביו"ט: אין בין יו"ט לשבת אלא אוכל נפש בלבד והתנן משילין פירות כו' ופריק רב יוסף ולא קשיא מתניתין דהכא ר' אליעזר היא ומתניתין דמשילין ר' יהושע דתניא אותו ואת בנו שנפל לבור ר' אליעזר אומר מעלה את הראשון כו' ודחי אביי דלמא עד כאן לא קאמר ר' אליעזר גבי הבהמה שהיא בבור עושה לו פרנסה במקומה ואינו מעלה אותה משום דאפשר לה בפרנסה במקומה אבל גבי פירות שהן בגג אי אפשר שלא יפסידם אלא אם כן משילן הכי נמי דשרי אי נמי עד כאן לא קשרי ר' יהושע התם אלא בהערמה דמחזי כמעלהו לשוחטו אבל להשיל פירות בהדיא משום שלא יופסדו לא · ונדחה זה ושני רב פפא לא קשיא מתניתין דמשילין בית הלל דמתירין ומתני' דהכא בית שמאי היא דתנן אין מוציאין את הקטן ולא את הלולב ולא את ספר תורה לרשות הרבים ובית הלל מתירין · ושרינן לאוקמה למתניתין אפי' לבית שמאי דטלטול בעלמא הוא ונדחה. וכרב פפא ק"ל דהא דקתני אין בין יו"ט לשבת אלא אוכל נפש בלבד דברי בית שמאי הן ובית הלל פליגי עלייהו: ירושלמי אין בין יו"ט כו' והא סקילה בשבת ואין סקילה ביו"ט כרת בשבת ואין כרת ביו"ט מכות ביו"ט ואין מכות בשבת וא"ת בדברים שיש בהן אוכל נפש והא קתני משילין פירות ביו"ט כו' ועוד שוחקין עצי בשמים למילה ביו"ט אבל לא בשבת א"ר יוסי והוא שמל ותו התני מודים חכמים לר' מאיר בחותמות שבקרקע כו' מהו להדליק נר של

מסורת הש"ס

[יבמות סב:]

יבמות כד לט.

[עיין פרש"י לעיל כז: ד"ה אין פוסקין]

לעיל ט.

[לעיל לה:]

שבת קיז: קכד. [תוספתא פ"ג]

[לעיל כו.]

[שבת קכד. ע"ש]

שם קכד: לעיל יב.

עירובין לז:

שם

גליון הש"ס

רש"י ד"ה משום מקח וממכר וכו' אסור מן המקרא · עיין רש"י לעיל דף כז ע"ב ד"ה אין פוסקין:

*) אולי צ"ל משום שבות ליכא והני משום מצוה איכא משום רשות ליכא כו'. **) בתוספתא דמכילתין פ"ד ושם הגי' אלו הן משום רשות לא דנין וכו' ולא מיבמין ואלו הן משום מצוה לא מקדישין וכו' וכצ"ל -

דלא כר' דוסא דתניא ר' דוסא אומר ואמרי לה אבא שאול אומר הלוקח בהמה מחברו מערב יו"ט אע"פ שלא מסרה לו אלא ביו"ט הרי היא כרגלי הלוקח והמוסר בהמה לרועה אע"פ שלא מסרה לו אלא ביו"ט הרי היא כרגלי הרועה אפי' תימא ר' דוסא ולא קשיא כאן ברועה אחד כאן בשני רועים דיקא נמי דקתני לבנו או לרועה שמע מינה *אמר רבה בר בר חנה א"ר יוחנן הלכה כר' דוסא ומי אמר ר' יוחנן הכי והאמר ר' יוחנן *הלכה כסתם משנה *ותנן הבהמה והכלים כרגלי הבעלים ולאו אוקימנא כאן ברועה אחד כאן בשני רועים ת"ר שנים ששאלו חלוק אחד בשותפות זה לילך בו שחרית לבית המדרש וזה ליכנס בו ערבית לבית המשתה *זה ערב עליו לצפון וזה ערב עליו לדרום זה שערב עליו לצפון מהלך לצפון כרגלי מי שערב עליו לדרום וזה שערב עליו לדרום מהלך לדרום כרגלי מי שערב עליו לצפון ואם מצעו את התחום הרי זה לא יזיזנה ממקומה אתמר שנים שלקחו חבית ובהמה בשותפות רב אמר חבית מותרת ובהמה אסורה ושמואל אמר חבית נמי אסורה מאי קסבר רב אי קא סבר *יש ברירה אפי' בהמה תשתרי ואי קסבר אין ברירה אפילו חבית נמי אסורה לעולם קסבר יש ברירה ושניא בהמה דקא ינקי תחומין מהדדי אמרי ליה רב כהנא ורב אסי לרב לאיסור מוקצה לא חששו לאיסור תחומין חששו שתיק רב מאי הוי עלה ר' הושעיא אמר יש ברירה ור' יוחנן אמר אין ברירה וסבר ר' הושעיא יש ברירה והתנן *[ד] המת בבית ולו פתחים הרבה כולן טמאים נפתח אחד מהן הוא טמא וכולן טהורים חשב להוציאו באחד מהן או בחלון שיש בו ארבעה על ארבעה מצלת על הפתחים כולן ב"ש אומרים והוא שחשב עליו עד שלא ימות המת וב"ה אומרים אף משימות המת ואתמר עלה *אמר *ר' הושעיא לטהר את הפתחים מכאן ולהבא אין למפרע לא אפוך ר' הושעיא אמר אין ברירה ור' יוחנן אמר יש ברירה ומי אית ליה לר' יוחנן ברירה *והאמר רב *אסי א"ר יוחנן האחין שחלקו לקוחות הן ומחזירין זה לזה ביובל וכי תימא כי לית ליה לרבי יוחנן ברירה בדאורייתא אבל בדרבנן אית ליה ובדרבנן מי אית ליה *והתני איו ר' יהודה אומר אין אדם מתנה על שני דברים כאחד אלא אם בא חכם למזרח עירובו למערב ואילו לכאן ולכאן לא

והוינן

רש"י

דלא כר' דוסא : כאן ברועה אחד · שאין בעיר אלא רועה אחד כל בני העיר מעמידין בהמתם ברשותו ונקנית שביתתו הלכך בין מוכר בין לוקח דעתו שלא תקנה הבהמה שביתתו אצלו אלא בשביתת הרועה ומתני' בשני רועים דלא ידעינן להי מינייהו הויא לה דעת בעלים הלכך הרי הן כרגלי הבעלים אם אינם אצל הרועה מבעוד יום : דיקא נמי · דמתני' בשני רועים : שנים ששאלו חלוק · מבעוד יום להיות ברשות שניהם : זה לילך בו שחרית · של יו"ט לבית המדרש : וזה לילך בו ערבית · של יו"ט לבית המשתה : עליו לצפון · על מנת אותו חלוק להוליכו לצפון : זה שערב עליו לצפון מהלך · ומוליכו לצפון : כרגלי מי שערב לדרום · מה שרגליו של דרומי יכולין לילך לצפון מוליכו זה לצפון ולא יותר : וזה שערב עליו לדרום · מוליכו(א) זה לדרום כרגלי מי שערב עליו לצפון כמו שרגליו של צפוני מותרות לילך לדרום מוליכו זה ולא יותר מפני חלקו של צפוני כגון אם נתנו שניהם עירובן בסוף אלף אמה זה לצפון להיות לו שלשת אלפים לצפון ואלף לדרום שהרי ממקום ערובו יש לו אלפים אמה לכל רוח וזה לדרום לסוף אלף להיות לו שלשת אלפים לדרום ואלף לצפון אין יכולין להוליכן אלא אלף אמה לכל צד ששניהם מותרים בהם : ואם מצעו עליו את התחום · תחום שבת מצפון לדרום ארבעת אלפים שנים לצפון ושנים לדרום ואם נתנו עירובן זה לסוף אלפים לצפון וזה לסוף אלפים לדרום ונמצא תחום שלם ממוצע להפסיק בין שני עירוביהן לא יזוז ממקומו לא לצפון ולא לדרום שהצפוני אין לו לדרום אפילו פסיעה וכן הדרומי לצפון שממקום עירובו יש לו אלפים לכל רוח שהרי לכך ערב שתסתלק שביתתו ממקום לינתו ותקנה במקום עירובו: שנים שלקחו · מעיו"ט לחלקן ביו"ט : חבית מותרת · להוליך כל אחד חלקו למקום שערב : ובהמה אסורה · להוליך אלא למקום ששניהם הולכים : אפי' חבית אסורה · דאין ברירה וי"ל חלק שבא לזה היה ראוי לחברו ובין השמשות קנה חלק זה שביתת חברו : לעולם קסבר יש ברירה · הלכך חבית מותרת ושאני בהמה שהיתה בחייה בין השמשות וכל אבריה בחייה יונקים זה מזה ומשחשכה ינק כל אבר ואבר משל חברו ואין כאן לברור : יונקי תחומין · חלקי הבהמה שראוין לשני תחומין : לאיסור מוקצה לא חששו · אנן סהדי דכל חד מינייהו אקני דעתיה מחלקו של חברו ואם היו רוצים לאכלה כאן אינה אסורה עליהם משום מוקצה לומר כל חלק ינק מחבירו ויש כאן מוקצה ולהוליכה איש לתחומו אתה אוסר עליהם מפני יניקה זו אם יש לחוש צריך לחוש אף משום מוקצה : יש ברירה · וחבית ובהמה מותרין : אין ברירה · ושניהם אסורין : המת בבית כו' · מפורש בפרק קמא : ואתמר עלה א"ר אושעיא · הא דאמרי ב"ה אף משימות המת חשב מועלת לטהר כלים הבאים בפתחים ממחשבה ואילך הוא דקאמרי אבל כלים דמעיקרא לא דאין ברירה לומר הוברר דקודם שימות נמי דעתיה להאי פתחא : אפוך · קמייתא : לקוחות הן · ולא אמרינן הוברר לכל אחד חלק ירושתו וירושה אינה חוזרת ביובל אלא שמא חלק הבא לזה לא היה שלו והרי החליפו חלקיהם והוו להו לקוחות ומחזירין זה לזה ביובל : בדאורייתא · לעמוד כנגד דבר תורה כגון יובל לא סמכינן אברירה : אבל בדרבנן · לעמוד כנגד איסור תחומין דרבנן סמכינן אברירה הלכך חבית ובהמה מותרים : ובדרבנן מי אית ליה והתני איו · שם חכם : אין אדם מתנה על שני דברים כאחד · בעירובין תנן מתנה אדם על עירובו ומניח שני עירובין שמע שעתיד חכם לבא סמוך לעירו בתוך ד' אלפים לדרוש ברבים ואינו יודע אם למזרח אם למערב אומר אם בא חכם למזרח ערובי שבמזרח יקנה לי שביתה בא למערב ערובי שבמערב יקנה בא לכאן ולכאן אם יבאו שנים למקום שארצה אלך ואברור למחר יהא ערובי דבין השמשות קונה לאותו רוח למפרע ואי אפשר כן אלא ע"י ברירה דכי בורר למחר אומרים הוברר דבין השמשות נמי דעתיה לגבי האי ובא ר' יהודה לחלוק ולומר אינו מתנה על שני חכמים לומר למחר אברור דכי בורר למחר מי יימר דערוב של אותו רוח קנה לו בין השמשות והוברר למפרע לא אמרינן : אלא אם בא חכם כו' · על חכם אחד ואינו יודע לאיזה רוח יבא אפשר להתנות :

והוינן

תוספות

ושמואל אמר אף חבית אסורה · דלית ליה ברירה ותימה דבפרק מי שאחזו (גיטין דף עה:) דאמר דאתקין שמואל בגיטא דשכיב מרע אם ימות יהא גט ואם לא ימות לא יהא גט ולכי מיית הוי גיטא אלמא אית ליה ברירה דה"נ דייק בריש כל הגט (שם דף כה: ושם) וי"ל דהיינו דוקא תולה בדעת אחרים אבל תולה בדעת עצמו כי הכא לית ליה ברירה* :

לאיסור מוקצה לא חששו · אנן סהדי דכל אחד מנייהו אקני דעתיה מחלקו של חברו ואם היו רוצין לאכלה כאן אינה אסורה משום מוקצה לומר כל חלק וחלק יונק משל חברו ויש כאן מוקצה ולהוליכה איש לתחומו אתה אוסר עליהן מפני יניקה זאת אם יש לחוש צריך לחוש אף משום מוקצה כפ"ה וקשה מאי יניקת מוקצה יש כאן והלא חלק חברו מותר לו לאכול אם נתן לו חברו דאמר לעיל* משלחין ביו"ט בהמה חיה ועוף בין חיין בין שחוטין ומפרש רבינו שמואל לאיסור מוקצה שהבהמה גדלה ומוסיפה שמנונית ביום טוב ולא אסרת להו למיחש להכי אע"ג דסבירא ליה כרבי יהודה במוקצה לאיסור תחומין שחלק כל אחד יונק ומתגדל משל חברו חששת לאסרה בכך:

והוינן

עין משפט נר מצוה

לא א ב מיי' פ"ה מהלכות יו"ט הל' יא סמג עשין מד"ס א טוש"ע א"ח סימן שצז סעיף ה :

לב ג מיי' שם הלכה יח טוש"ע שם סע"ט:

[וע"ע תוספות יומא נו. ד"ה דברי ותוספות בכורות מה. ד"ה דכולי]

לג ד מיי' שם הלכה כ טוש"ע שם סעיף י :

לג [ד] מיי' פ"ו מהל' טומאת מת הל' ב :

לד ה מיי' פי"א מהל' שמטה ויובל הל' כ :

[דף יד:]

[לעיל י. ע"ש]

יש גורסין רב אשי עיין בסדר הדורות

מסורת הש"ס

[לקמן מ.]

[שבת מו. וש"נ] לקמן מ.

עירובין כ: ע"ש

[חולין קלה:]

עירובין סח. לעיל י. אהלות פ"ז מ"ג

[עי' תוספות עירובין סח. ד"ה אמר]

גיטין כה. מח. ב"ק סט: בכורות נב: נז.

עירובין לו: חולין יד: יומא נו:

הגהות הב"ח

(א) רש"י ד"ה וזה שעירב עליו לדרום מוליכו לדרום כצ"ל ותיבת זה נמחק :

רבינו חננאל

של בטלה א"ר אבינא תני בית שמאי אוסרים ובית הלל מתירים : הבהמה והכלים כרגלי הבעלים כו' · אוקימנא בב' רועים לפיכך כרגלי הבעלים אבל הא דתני ר' דוסא הלוקח בהמה מחבירו מעיו"ט אע"פ שלא נתנה לו אלא ביו"ט הרי היא כרגלי הרועה אוקימנא ברועה אחד א"ר יוחנן הלכה כרבי דוסא · המוסר בהמתו לבנו או לרועה הרי הוא כרגליו כלים המיוחדים לאחד מן האחים כרגליו ושאין מיוחדין למקום שכולן הולכין : ת"ר שנים ששאלו חלוק אחד זה לילך בו שחרית לבית המדרש וזה לילך בו ערבית לבית המשתה זה עירב עליו לצפון וזה עירב עליו לדרום זה שעירב לצפון מהלך כרגלי מי שעירב עליו לדרום וזה כו' *) אם יש בו אלפים אמה לכל רוח ואם יערב לצפון בסוף אלף מקיר העיר ותרצה יש לו רשות להלך לצפון ג' אלפים ובדרום אלף בלבד וזה פירושו כגון שעירב אחד מהן לצפון בסוף אלף והאחד בסוף אלף לדרום נשאר לזה שעירב לצפון אלף בדרום כלומר יש לו רשות להלך אלף בדרום שנשארו לו מן האלפים שבצפון וכן הדין בחבירו ואם מיצעו עליו את התחום הרי אלו לא יזיזהו ממקומו כלומר אם עירב האחד בדרום בסוף אלפים נמצא שהעתיק רשותו מן העיר ושבת בסוף אלפים אמה **) [להלך בדרום אמה] ואין לו בצפון אפילו אמה אחת וכן אם עירב חבירו לצפון בסוף אלפים העתיק אלפים שהיו לו בדרום לצפון ולא נשאר לו בדרום כלום וכיון שחלוק זה קנה שביתה כרגלי שניהן וזה אין לו בצפון כלום רשות להלך בו והאחר אין לו בדרום רשות להלך אפילו אמה אחת לא יזיזהו ממקומן וזה פירוש אם מיצעו עליו את התחום · איתמר שנים שלקחו חביות בשותפות ביו"ט וזה צריך לילך בדרום וזה צריך לילך בצפון אמר רב חבית מותרת לחלקה וליטול זה חציה בצפון וזה חציה בדרום אבל הבהמה אסורה ואע"ג (דאין) [דיש] ברירה וכיון שחלקו ונוטל זה חציה וזה חציה נתברר כי כל אחד מה שלקח הוא חלקו המגיעו מאתמול . ולמה אוסר רב משום דקא ינקי תחומין מהדדי פירוש הבהמה איבריה יונקין זה האבר אגב זה האבר ואי אפשר שלא נשאר מזה החצי לזה ומזה החצי לזה · ואקשו לרב [לאסור] מוקצה לא חששו כלומר הבהמה כולה אתמול מוקצה היתה ואנו שוחטין אותה ביו"ט לאיסור שינק זה החצי חששו שתיק רב ור' יוחנן אמר אפילו חבית נמי אסורה וקי"ל כר' יוחנן · איתמר רב אמר יש ברירה ור' יוחנן אמר אין ברירה · ואקשינן וסבר ר' (יוחנן) יש ברירה והתנן המת בבית ולו פתחים הרבה כולן טמאים נפתח אחד מהן כו' וכבר פירשנוהו למעלה ופירק אפיך רב אושעיא אמר אין ברירה ור' יוחנן אמר יש ברירה · ומי אית ליה לר' יוחנן ברירה והאמר ר' אסי א"ר יוחנן האחין שחלקו הרי הן כלקוחות ומחזירין זה לזה ביובל וא"ת יש ברירה למה מחזירין כיון שלקחו נתברר כי זהו חלקו המגיעו שהורישו אביו מתחלה · וא"ת שאני ירושה שהיא מן התורה ולפיכך אין לו ברירה אבל בדרבנן אית ליה ברירה ומי אית ליה ברירה כלל והתני [איו] ר' יהודה אומר אין אדם מתנה על ב' דברים כאחד

*) אולי צ"ל דאדם יש לו אלפים אמה וכו'. **) אולי צ"ל להלך בדרום עוד אלפים אמה.

GEMARA. Our Mishnah [37*b*] is not as R. Dosa, for it was taught: R. Dosa says—some say, Abba Saul says: If one buys a beast from his neighbour on the eve of the Festival, even though he did not deliver it to him until the Festival, it is [restricted to the same limits] as the feet of the purchaser; and if one handed over a beast to a herdsman, even though he did not deliver it to him until the Festival, it is [restricted to the same limits] as the feet of the herdsman!—You can even say, it is as R. Dosa, and there is no contradiction: Here it treats of one herdsman and there of two herdsmen.[6] This can also be proved; for it teaches
a TO HIS SON OR TO A HERDSMAN;[1] infer from this [that it is so]. Rabbah b. Bar Ḥana said in the name of R. Joḥanan: The *halachah* is as R. Dosa. Did then R. Joḥanan say thus? But surely R. Joḥanan has said: The *halachah* is as an anonymous Mishnah, and we have learnt: CATTLE AND UTENSILS ARE AS THE FEET OF THE OWNERS [etc.]!—Have we not already explained, here it treats of one herdsman and there of two herdsmen! Our Rabbis taught: If two people borrowed one garment jointly,[2] one to wear it[3] in the morning at the Academy and the other to wear it in the evening[4] at a banquet, the one setting an *'erub* on the north [side of the town] and the other on the south [side], [then] the one who set the *'erub* on the north [side] may walk in it to the north [side] only as far as the other who set his *'erub* on the south [side] is allowed to go; and the one who set the *'erub* on the south may wear it to the south only as far as the other who set the *'erub* on the north may go; and if they measured the Sabbath limit exactly,[5] then it [the garment] may not be moved from its place.[6] It was stated: If two [men] bought a barrel and an animal[7] in partnership, Rab says: The barrel is permitted[8] but the animal is forbidden;[9] Samuel, however, says: The barrel too is forbidden. What is Rab's opinion? If he holds that selection is retrospective,[10] then the animal too should be permitted; and if he holds that selection is not retrospective, then the barrel too should be forbidden!—In reality he holds that selection is retrospective, but the case of an animal is different, because the territories draw their vitality from one another.[11] R. Kahana and R. Assi said to Rab: They [the partners] do not take into account the prohibition of *mukẓeh*, but they do take into account the prohibition of boundary
b limits![1] Rab was silent. How does the law stand? R. Oshaia says, Selection is retrospective, and R. Joḥanan maintains: Selection is not retrospective. Does then R. Oshaia hold the law of *bererah?* But surely we have learnt:[2] If a corpse [lay] in a room which has many doors they are all unclean; if one of these [doors] was opened, it alone is unclean and all the others are clean. If he formed the intention to take it [the corpse] out through one of them, or through a window which [measures] four handbreadths square, this gives protection to all the other doors. Beth Shammai say: Providing that he had formed his intention to take it out before the person died; but Beth Hillel say: [It holds good] even [if his intention was formed] after the person died. And it was stated thereon: R. Oshaia said: [The statement of Beth Hillel is] with respect to the cleansing of the doors from now and onwards. Only 'from now and onwards' but not retrospectively!—Reverse [the authorities]; R. Oshaia says, selection is not retrospective and R. Joḥanan maintains: Selection is retrospective. Does then R. Joḥanan hold that selection is retrospective? Surely R. Assi said in the name of R. Joḥanan: Brothers who have divided [an inheritance] are considered as purchasers[3] and must restore [their shares] to one another in the year of Jubilee![4] And if you answer that R. Joḥanan does not hold that selection is retrospective in
c the case of a Biblical [law][1] but with respect to a Rabbinical [law][2] he does hold, [I would object] does he then hold in the case of a Rabbinical [law]? but Ayyo taught:[3] R. Judah says: A man cannot conditionally reserve for himself two contingencies simultaneously; but if a scholar comes to the East, his *'erub* to the East is valid: if to the West, his *'erub* to the West is valid.[4] However, he cannot [stipulate] when there are two scholars coming on different sides.

(6) If there are in the town several herdsmen, the owner cannot know which will take over the beast and therefore it is restricted to the feet of the owner. But if there is only one, it is tacitly assumed that it will be entrusted to him, and therefore it automatically takes his status.

a (1) Since the Mishnah states an alternative, we see that the circumstances are such that he is not restricted to one person only, and that is the same as where there are several herdsmen in the town. (2) Before the Festival. (3) Lit., 'to go out in it'. (4) Of the Festival. (5) I.e., if each set his *'erub* at the extreme limit of his boundary. (6) It may not be taken without the town at all (cf. *supra* 37*a* n. b10). (7) On the eve of the Festival to be divided on the Festival. (8) To be carried by each according to his territory limit. (9) To be carried save in the area where they may both go. (10) I.e., what each was to receive on the Festival is assumed as having been determined before the Festival. (11) I.e., the animal is one indivisible whole before it is killed, and the portion which subsequently falls to one could not at the beginning of the Festival be accounted as cut off from the other.

b (1) Rashi: We can see that each partner did not put the portion of his other partner so much out of his mind that his *own* should be forbidden because it drew vitality from his partner's, (for if he had put it out of mind, his partner's portion would be forbidden to him as *mukẓeh*, and his own too, on the present hypothesis, since it draws vitality from the other). Why then should we assume that he does take his partner's portion into account in respect of boundaries? Tosaf. explains this differently. (2) V. *supra* 10*a*, for notes. (3) I.e., the portion chosen by each brother for himself cannot be considered as having thus retrospectively become the very inheritance designated for him, v. B.Ḳ., Sonc. ed. p. 399 and notes. (4) Because there is no fictitious understanding that the father had given that part to one brother and the other part to the other. Purchased property returns in the year of Jubilee to the former owners. V. Lev. XXV, 8ff. V. B.Ḳ. 69*b*, Giṭ. 25*a* and 48*a*.

c (1) As for example the law of Jubilee. (2) As for example the law of *teḥum*. (3) In 'Er. 36*b* a Mishnah teaches that if two scholars were coming near to him, one to the East and one to the West, he may place two *'erubs* and on the Sabbath choose to which of these two he should go. R. Judah, according to Ayyo, disputes this. (4) I.e., if only one scholar was coming and it was not definite whether he would be coming to the East or to the West.

[38a] And we raised the question: Why is it that he cannot [stipulate] when there are two scholars coming on different sides? Because we do not hold that selection is retrospective; then even [if a scholar came] to the East or to the West we should likewise not maintain that selection is retrospective! And R. Johanan answered: It treats of a case where the scholar had already come.[5] Consequently [we see that] R. Johanan does not hold that selection is retrospective! But in reality do not reverse [the authorities]; but R. Oshaia does not hold that selection is retrospective [only] in respect of a Biblical [law], but in respect to a Rabbinical [law] he does hold it. Mar Zuṭra lectured: The *halachah* is as R. Oshaia. Samuel said: The ox of a cattle breeder is as the feet of all;[6] the ox of a herdsman is as the feet [of the people] of that town.[7]

IF ONE BORROWS A VESSEL FROM HIS NEIGHBOUR ON THE EVE OF THE FESTIVAL [etc.]. This is obvious!—This is necessary respecting the case when it was not delivered to him until the Festival; you might think that he [the owner] did not place it in his [the borrower's] possession, so he informs us [that it is not so]. This supports R. Johanan; for R. Johanan said: If one borrows a vessel from his neighbour on the eve of a Festival, even though he did not hand it over to him until the Festival, it is as the feet of the borrower.

BUT ON THE FESTIVAL IT IS AS THE FEET OF THE LENDER. This is obvious!—This is necessary respecting the case when he is wont to borrow frequently from him; you might think that he [tacitly] puts it into his [the borrower's] possession, so he informs
a us [that it is not so]; for he [the owner] might say,[1] he will probably find another person and go and borrow from him.

LIKEWISE A WOMAN THAT BORROWED FROM HER NEIGHBOUR: When R. Abba went up [to Palestine], he said: May it be the will [of God] that I may say something which is acceptable. When he came up [to Palestine] he met R. Johanan and R. Ḥanina b. Pappi and R. Zera—some say, R. Abbahu and R. Simeon b. Pazzi and R. Isaac the Smith; and they were sitting and saying: Why so? Let the water and the salt be nullified in relation to the

(5) So that the selection had already been made for him before Sabbath, though he was not aware where. (6) Since it may be bought by any man, it may go wherever the purchaser goes. (7) A cattle breeder sells to people of all districts, whereas a herdsman, though he does not generally sell, does so occasionally to people in the immediate vicinity.

a (1) Since he had not asked him.

והוינן בה מ"ש לכאן ולכאן דלא דאין ברירה מזרח ומערב נמי אין ברירה וא"ר יוחנן וכבר בא חכם אלמא לית ליה לר' יוחנן ברירה אלא לעולם לא תיפוך [א]וכי לית ליה לרבי אושעיא ברירה בדאורייתא אבל בדרבנן אית ליה דרש מר זוטרא הלכה כרבי אושעיא *אמר שמואל [ב]שור של פטם הרי הוא כרגלי כל אדם [ג]שור של רועה הרי הוא כרגלי אותה העיר : [ד]השואל כלי מחבירו מערב יו"ט : פשיטא [ה]לא צריכא שלא מסרו לו אלא ביו"ט מהו דתימא לאו ברשותיה אוקמיה קמ"ל מסייע ליה לר' יוחנן דא"ר יוחנן השואל כלי מחבירו מערב יום טוב אף על פי שלא נתנו לו אלא ביו"ט הרי הוא כרגלי השואל : [ו]ביו"ט כרגלי המשאיל : פשיטא [ז]לא צריכא דרגיל ושאיל מיניה מהו דתימא ברשותיה קא מוקים ליה קמ"ל מימר אמר דלמא משכה איניש אחרינא ואזיל ושאיל מיניה: וכן האשה ששאלה מחברתה: כי סליק רבי אבא אמר יהא רעוא דאימא מלתא דתתקבל כי סליק אשכחיה *לר' יוחנן ורבי חנינא בר פפי ור' זירא ואמרי לה ר' אבהו ור' שמעון בן פזי ור' יצחק נפחא ויתבי וקאמרי אמאי ולבטיל מים ומלח לגבי עיסה אמר להו ר' אבא

הרי

רש"י

והוינן בה כו'. דקא ס"ד זימנין דחכם לא בא עד לאחר בין השמשות כגון שחשכה לו בתוך התחום שבאותו מקום בית המדרש או בתוך ד' אלפים והוא מכיר אילן או גדר לסוף אלפים למקום שחשכה לו ואמר שביתתי תחתיו דיכול להלך משחשכה ד' אלפים אמות כדאמר בעירובין (דף מה:) הלכך היכא דבשעת קניית עירוב לא אתי חכם להוא אתרא והדר אתא מי יימר דקנה ההוא עירוב למפרע דלמא חכם בין השמשות לא היה דעתו לבא לכאן אי לא סמכינן אברירה לומר הוברר דלרוח זה היה חכם עתיד לבא וזה התנה דלמקום שיבא החכם יהא ערובו קונה למפרע : וא"ר יוחנן גרסינן : וכבר בא חכם. הא דאמר רבי יהודה אם בא חכם למזרח וכו' דעל חכם יכול להתנות בשכבר בא קודם בין השמשות עסקינן אך זה אינו יודע לאיזה רוח בא וקאמר לאותו רוח שבא לו יהא ערובי קונה דאין קייתו על ידי ברירה אלא קייה ודאית ולמחר גלוי מילתא בעלמא הוא דלרוח שישמע זה שהיה בו החכם קנה ערובו ומדאצטריך ר' יוחנן לאוקמה בשכבר בא חכם ש"מ לית ליה ברירה ואפי' בתחומין דרבנן : אלא לעולם לא תיפוך. ורבי אושעיא הוא דאמר יש ברירה ודקשיא לך לטהר את הפתחים מכאן ולהבא : בדאורייתא. כגון טומאת מת לית ליה ברירה ודרך יציאתה הלכה למשה מסיני כדאמרי' בסוכה (דף ו.) דהלכות טומאה הכי גמירי להו : אבל בדרבנן. כגון תחומין אית ליה : שור של פטם. שמפטם שוורים למכור : הרי הוא כרגלי כל אדם. אפי' בן עיר אחרת שבא לכאן ע"י עירוב מוליכו למקומו דכיון דאורחיה לזבוניה מאתמול אוקמיה ברשותיה דמאן דאתי למחר וזבין ליה : שור של רועה. אדם שמגדל בהמות שלו ופעמים שמוכר מהן לשכיניו ומכיריו : הרי הוא כרגלי אנשי אותה העיר. אלפים אמה לכל רוח ואפילו עירב רועה זה ד' אלפים אמה לרוח אחת אינו מעכב על אחד מבני אותה העיר שלקחו הימנו ביו"ט מלהוליכו לרוח שכנגדה אלפים דמאתמול אוקמיה ברשות בני העיר לפי שרגילין ליקח הימנו אבל כרגלי בני עיר אחרת לא דאין לרועה שם סוחר בהמות כמו פטם שיכירוהו בני עיר אחרת ליקח הימנו : פשיטא. דכי שאלו מבעוד יום ברשותיה קאי : קמ"ל כו'. והשואל דקא תני בדבורא בעלמא ולא משך מבעוד יום וקמ"ל כיון דאסמכיה ברשותי' אוקמיה : ביו"ט הרי הוא כרגלי המשאיל פשיטא. כיון דרישא בדבורא בעלמא מוקמינן וסיפא נמי הכי איתא דאפילו דבורא לא הוה אלא ביו"ט : מימר אמר. האי משאיל : דלמא. כיון דלא אתי ואמר לי איניש אחרינא אשכח : כי סליק רבי אבא. כשרצה לעלות או כשהיה בדרך אמר תפלה זו : יהא רעוא. כי אמטי להתם : אימא מילתא. דשמעתתא : דתתקבל. לחכמי המקום שלא אבוא : כי סליק. כלומר כי מטא להתם : אמאי. כרגלי שתיהן לבטל איסור תחומין דמים ומלח דזוטרי לגבי עיסה דנפישא : אמר להו רבי אבא. ומשום דחלקה של זו מועט בה יאבד שמה מלקרות על עיסה זו וכי מי שנתערב לו כו' יאכל הלה זה שהרוב שלו :

ואדי

תוספות

והוינן בה מ"ש כו' מזרח ומערב מי אין ברירה. פ"ה דס"ד דהחכם בא בשבת על ידי אילן או גדר ואמר שביתתי תחתיו מבעוד יום ועל ידי כך בא בשבת מחוץ לתחום וקשה דהאיך יכול לבא בשבת משני לדי העיר למזרח ולמערב כיון שיש יותר מד' אלפים בינתיים לכן נ"ל כדפ"ה בעירובין (דף נו: ושם*) דלעולם אינו יכול לבא בשבת רק מרוח אחת ומ"מ צריך ברירה דשמא לא יזוז ממקומו דהא קאמר ואם לאו שלא יבא הכם לא כאן ולא כאן הריני כבני עירי והא דקאמר למזרח ולמערב לאו דוקא דאם כן יהא משמע דצריך למזרח משום מערב ולמערב משום מזרח אלא רוצה לומר למזרח או למערב כמי אין ברירה דשמא לא יזוז ממקומו ועוד אמר הרר"ף דיכול להיות דהחכם בא משני לדדי העיר בשבת ואפילו בלא אילן וגדר כגון שהוא קרוב לשם אלפים של עיר מלפונה והוא רוצה להתקרב לתוך ד' אלפים של עיר לרוח מזרחית לפונית או לרוח מערבית לפונית מפני שיש שם מקום יפה לדרוש ואין נגד העיר ממש מקום פנוי לדרוש רק בשני מקומות אלו ואין האדם מניח ערובו למזרח ממש ולמערב ממש אלא מתקרב הוא לצד החכם כל מה שיכול ומניח ערובו לאלפים אמה של רוח מזרח לצד לפון וכן לאלפים אמה של רוח מערבי לצד לפון ונמצא שהוא יכול להתקרב עד תוך אלפים של מקום שביתת החכם שהוא מהלך כל אלכסון של ד' אלפים לצד לפון ע"י ערובו המניח למזרח או למערב והא דקאמר למזרח ולמערב ר"ל למזרח תחומי העיר או למזרחו של חכם וקל להבין : **ואמר** רבי יוחנן וכבר בא חכם אלמא לית ליה לר' יוחנן ברירה. וא"ת לישני ליה דיש חלוק בין תולה בדעת עצמו לתולה בדעת אחרים לכאן ולכאן לא משום דתולה בדעת עצמו אבל למזרח ולמערב דתולה בדעת החכם אית ליה ברירה וי"ל דר' יוחנן סבר דאין חלוק בין תולה בדעת עצמו לתולה בדעת אחרים והא דקאמר מ"ש היינו ר' יוחנן דקאמר הכי כדי לבא לתרץ שכבר בא חכם וכי האי גוונא אשכחנא (*בבבא בתרא) דקאמר וכמה אמר ר' יצחק וכו' והיינו מילתיה דר' יצחק וא"ת מאי פריך מדתני איו לרבי יוחנן הא ע"כ צ"ל דלרבי יוחנן אית ליה ברירה לר' יהודה דסבר ליה דאין חלוק בין תולה בדעת עצמו לתולה בדעת אחרים דהכי אמרינן בפרק בכל מערבין (עירובין דף לו: ושם) דקאמר התם מתנה אדם על שני דברים כו' ר' יהודה אומר אם היה אחד מהם רבו ילך אחר רבו ואם היו שניהם רבותיו למקום שירצה ילך דאית ליה ברירה וקאמר עלה בגמרא ליתא למתני' מדתני איו ופריך אדרבה ליתא לדאיו מקמיה מתני' דמתנה אדם על ערובו ומשני התם משום דתניא הלוקח יין מבין הכותים פי' מסייע ליה לדתנא איו כמי חדא מקמי תרתי כו' והקשה ר"י התם אדרבה ליתא לדאיו וההוא דהלוקח דלית להו ברירה משום דתנן בפרק מי שאחזו (גיטין דף עג.) מה היא באותן הימים הרי היא כאשת איש לכל דבריה ולכי מיית הוי גיטא [ודייקינן מינה דאית ליה לר"י ברירה] ותנן נמי בעה"ב שאמר מה שלקטו עניים היום יהא הפקר אלמא כולהו הני מתני' אית להו ברירה לר"י וא"כ סמי תרתי מקמי תלת ומשני לעולם איתא לדאיו דכולהו מתניתין איירי בתולה בדעת אחרים ומשום הכא אית להו ברירה אבל איו מיירי בתולה בדעת עצמו ואם כן לר' יוחנן דלית ליה הך חילוק על כרחך אית ליה דליתא לדאיו מקמי הך תלת מתני' מאי פריך לר' יוחנן מדתני איו ושמא משום דבעי לתרץ לעולם לא תיפוך הקשה קושיא קלה אע"ג דשמא לר' יוחנן לית ליה דאיו עוד תירץ הר"ר שמשון משא"נ דאפי' ליתא לדאיו הא' יהודה לא אמרה מ"מ חד תנא מעלמא אמרה ולכך מייתי ר' יוחנן הברייתא שכבר בא חכם כו' ואם כן פריך שפיר :

ולבטיל מים ומלח לגבי עיסה. פרש"י הואיל ועיסה דנפישא. ותימה הא הוי דבר שיש לו מתירין שאפי' באלף לא בטיל וי"ל דה"מ מין במינו אבל מין בשאינו מינו כי הכא בטל שפיר והכי מפרש בהדיא בירושלמי ועוד דלא דמי לשאר איסורים דהדבר תלוי בטעם אבל הכא איסור תחומין תלוי בשם בעלים על החפץ ובכאן שם בעל העיסה עליה ולא שם בעלת המים והמלח ולכך יש לו להתבטל אע"ג דיהיב טעמא ולא בטל בשאר איסורים ורבי אבא מהדר להו דאין שם בעלת המים והמלח בטל מכאן כמו שאין שם בטל הקב בעשרה קבין דנפישי :

סרי

[לקמן מ.]

[ב"ב נ:]

גירסת רש"ל אשכחיה לר' אבין

עין משפט נר מצוה

לה א מיי' פ"ה מהל' יו"ט הל' כ :

לו ב מיי' שם הל' טו טוש"ע או"ח סי' שלז סעי' ו :

לז ג מיי' שם טוש"ע שם סעיף ז :

ד"ה מזרח ומערב

לח דהוזו מיי' שם הל' יז טוש"ע שם סעי' יא :

רבינו חננאל

כאחד אלא אם בא חכם למזרח עירובו כו'. ומקשינן עלה מ"ש לכאן (מכאן) [ולכאן] דלא דאין ברירה למזרח ומערב נמי אין ברירה [ופריק ר' יוחנן לעולם אין ברירה] ולמה אם בא חכם למזרח עירובו למזרח משום שכבר בא חכם. וחזרנו לעולם לא תיפוך. ור' אושעיא הוא דאית ליה ברירה. וכי אית ליה ברירה בדרבנן אבל בדאורייתא לית ליה. דרש מר זוטרא הלכה כר' אושעיא. אמר שמואל שור של פטם ששחטו ביו"ם הרי הוא כרגלי כל אדם. משום דאית ליה קלא וכל איניש דעתיה עילויה [illegible]. אבל שור של רעי*) כרגלי אנשי אותה העיר: השואל כלי מחבירו מערב יו"ט. אע"פ שלא נתנו לו אלא ביו"ט הרי הוא כרגליו. אבל השואל ביו"ט הרי הוא כרגלי המשאיל ואע"ג דרגיל דשאיל מיניה תדיר ולא אמרינן כמאן דמשאיל ליה מעיו"ם דמי. **)וכולן ברשותא דמשאיל קנו שביתה הרי הן כרגלי המשאיל ואין רשות לשואל (להלך) [להוליך הכלי] אלא במקום שמותר למשאיל לילך : האשה ששאלה מחברתה תבלין ומים לעיסתה הרי הן כרגלי שתיהן. ר' יהודה פוטר במים. מפני שאין בהן ממש. אשכחינהו ר' אבא לרבנן דיתבי וקא הוו במתניתין וקאמרי וליבטלו מים ומלח לגבי העיסה כי היא הרוב אמר להו ר' אבא

*) נ"א רכינו שור של רעי הרי הוא כרגלי אותה העיר [וכ"ה הג"י בר' המאירי ז"ל כאן] והוא מלשון המקרא במלכים א' ה' ועשרים בקר רעי.

**) אולי צ"ל וכלו ברשותא דשואל קני שביתה קמ"ל דהכי הן כרגלי המשאיל וכו'.

לט א מיי' פט"ו מה' מ"א הלכה יב סמג לאוין קמא טוש"ע י"ד סי' לח סעיף ב וסי' קט סעיף א:
מ ב מיי' פי"ח מה' מכירה הל' יג סמג לאוין קע טוש"ע ח"מ סי' רכט סעיף ב:
מא ג מיי' פי"ו מה' מ"א הל' ב סמג לאוין קמא:

הרי שנתערב לו קב חטין בעשרה קבין חטין של חבירו יאכל הלה וחדי אחיכו עליה אמר להו גולתיכו שקלי הדור אחיכו עליה אמר רב אושעיא שפיר עבוד דאחיכו עליה מאי שנא חטין בשעורים דלא קאמר להו דהוה ליה מין בשאינו מינו ומין בשאינו מינו בטיל חטין בחיטין נמי נהי דלרבי יהודה לא בטיל לרבנן *מבטל בטיל אמר ליה רב ספרא *משה שפיר קאמרת ולא שמיע להו הא דאמר רבי חייא קטוספאה משמיה דרב *הבורר צרורות מגרנו של חברו חייב לשלם לו דמי חטים אלמא כילא חסריה הכא נמי כילא חסריה. א"ל אביי ולא שני ליה למר בין ממון שיש לו תובעין לממון שאין לו תובעין א"ל וליטעמיך הא דאמר רב חסדא *נבלה בטלה בשחוטה לפי שאי אפשר לשחוטה שתעשה נבלה שחוטה אינה בטל' בנבלה לפי שאפשר לנבלה שתעשה שחוט' הכי נמי דכי אית לה בעלים לא בטלה וכי תימא הכי נמי והא תניא א"ר יוחנן בן נורי *חפצי הפקר קונין שביתה אע"פ שאין להם בעלים דומין כמי שיש להם בעלים א"ל מי קא מדמית איסורא לממונא איסורא בטיל ממונא לא בטיל וטעמא מאי אביי אמר גזרה שמא תעשה עיסה בשותפות רבא אמר *תבלין לטעמ' עבידי וטעמ' לא בטיל ורב

תוספות

הרי שנתערב לו קב כו'. ואם תאמר האי פרכא אמאי המתין להקשות אותה עד כאן דהא בכל דוכתא דקאמר חד בתרי בטיל מצי למפרך הכי וי"ל דלא מצי למפרך בעלמא הכי דאין לדמות איסור לממונא אבל הכא במתני' ממונא אע"ג דאיכא איסור תחומים מ"מ איסור התחומים אינו בא אלא משום דעת הבעלים דבעלמא בשאר אסורי חד בתרי בטיל אבל הכא הכי פריך דודאי מי שנתערב לו קב חטין כו' משום בטול לא פקע שם בעלים ה"נ משום בטול לא פקע שם בעלים וקנו מים ומלח שביתה אצל בעלים ולא בטיל:

וחדי. וישמח לבו בדבר שלא עמל בו כך זו אין שמה בטל מכאן הואיל וקנו המים שביתה אצלם והא לא קשי' דמשום שהשאילתו לו [או נתנתה] במתנה יהא מותר דהא אמר ביו"ט הרי הוא כרגלי המשאיל דבתר בין השמשות אזלינן וכי קשיא להו משום מעוטא ורובה קשיא להו לשון הקונ':

נהי דלר' יהודה לא בטיל לרבנן מבטל בטיל. מכאן נראה דהלכה כרבנן מין במינו בטיל שפיר דהא סתמה דהש"ס קאמר הכי*:

הכי נמי דכי אית ליה בעלים לא בטיל. פרש"י אלא ודאי בטל וא"ת והא רב ספרא אתא לקיי' תירוץ דרבי אבא ור' אבא קאמר דאפילו אין לו תובעין לא בטיל כמו במתניתין כ"ש הכא שיש לו והיכי מייתי ראיה דאפילו יש לו תובעין בטל ואדרבה תקשי ליה לנפשיה וי"ל דבשלמא רב ספרא לא קשה ליה דשאני איסורא מממונא אע"ג דיש לו תובעין והכא מיירי באסור נבלה שנתערבה בשחוט' כו' לכך בטל אע"ג דיש לו תובעין ורב ספרא מייתי הכי אלמא מידי דשייך ביה ביטול יש לו תובעין אין מועיל כלל לומר הואיל ויש שם בעליו עליו אינו בטל אלא מבטל שפיר אלמא לא תליא מילתא כלל בתובעין אם כן מתניתין נמי אע"ג דאין לו תובעין כיון דלא שייך ביה בטול דממונא הוא ואסור תחומין בא על ידי הבעלים ושם בעליו עליו קנו שביתה אצלו ולא שייך בו בטול: **וכי** תימא הכי נמי דלא שייך והתני' רבי יוחנן בן נורי אומר חפצי הפקר כו'. אלמא אע"ג דאין לו תובעין קנו שביתה במקומן וא"ת מאי פריך מר' יוחנן בן נורי הא פליגי רבנן עליה דרבי יוחנן ואנן ס"ל כרבנן דאמרי לא קנו שביתה אלא כרגלי המולאן הואיל ולית להו תובעין הכי נמי במתני' נימא הכי וי"ל דהכי מייתי דעד כאן לא פליגי רבנן עליה דר' יוחנן בן נורי אלא היכא דאין שייכות הבעלים כלל כגון חפצי הפקר דקנו שביתה במקומן אבל היכא דיש להם שייכות הבעלים כגון במתני' אפי' רבנן מודו דאזלינן בתר בעלים אפי' היכא דליכא תובעין השתא ומדרבי יוחנן נשמע לרבנן דכי היכי דלרבי יוחנן חפצי הפקר קנו שביתה במקומן אע"ג דאין להן תובעין לרבנן נמי היכא דהוו להם תובעין אע"ג דהשתא לית להן קנו שביתה במקומן:

רבא אמר עבידי כו'. פ"ה דאביי יהיב טעמא לעיסה ורבא שני קדרה ולא פליגי ודוחק לכן נראה דאביי שני עיסה וה"ה קדרה שמא תעשה בשותפות ורבא שני קדרה והוא הדין עיסה דמלח יהיב טעמא בעיסה ומים חשיבי דעיקר העיסה נעשית ממים:
משום

רש"י

וחדי. וישמח בדבר שלא עמל בו כך זו אין שמה בטל מכאן הואיל וקנו המים שביתה אצלה דהא לא קשיא לן משום שהשאילתן לה או נתנתן במתנה יהא מותר דהא אמר ביו"ט הרי הוא כרגל המשאיל דבתר בין השמשות אזלינן וכי קשיא להו משום מעוטא ורובא קא קשיא להו: גולתיכו שקלי. מלבושכם לקחתי שאתם משחקים עלי: גולתא. תכריך נאה שמתעטף בו תחת טליתו וכשיושב מעביר טליתו וזה נראה: מאי שנא חטין בשעורים דלא קאמר להו. למי שנתערב לו קב חטין בי' קבין שעורין של חבירו יאכל הלה וחדי מכלל דסבירא ליה בה דודאי יאכל וחדי דכיון דשאינו מינו הוא בטל מועט במרובה: חטין בחטין נמי כו'. פלוגתא דרבי יהודה ורבנן במנחות בהקומץ רבה (דף כג.): אמר רב ספרא. לרב אושעי': משה. ביקרא דמשה קא משתבע*: שפיר קא אמרת. בתמיה כלומר אמאי קא מודית להו בחוכא ולאקשויי אמתני': ולא שמיע להו. להנך רבנן דמקשו אמתני' הא דאמר וכו': משלם לו דמי חטין. שאין דרך לבוררן והן נמכרין בתוך החטין: אלמא כילא חסריה. מפני שחסר מדתו מתחייב לו ואע"ג דלא מידי שוו וכ"ש מים ומלח דלא בטלי במעוטייהו דמידי דטעמיה הוא משום חיובא דממונא לא בטיל במיעוטה: אמר ליה אביי. לרב ספרא והיכא מתרצא מתניתין בהכי: ולא שני ליה כו'. ומתני' ממון שאין לו תובעין היום הוא דאושלתינהו ניהלה עד לאחר יו"ט ואין לה בעיסה זו אלא איסור שביתה משום ממונא המעורב בה וכיון דמעוטא ברובא הוא וממון שאין לו תובעין הוא לא חשיב ממונא ולבטל: אמר ליה. רב ספרא לאביי ומשום דאין לו תובעין פקע שם ממונא מיניה ונוח ליבטל וכי טעמא דבטול ברוב בבעלים ולא בעלים קאי: ולטעמיך הא דאמר רב חסדא נבלה בטלה בשחוטה. אליבא דר"י אמר' במנחות דאמר מין במינו לא בטיל מין בשאינו מינו בטיל ותני רבי חייא נבלה ושחוטה בטלות זו בזו לר"י ואשמעינן רבי חייא דכי אמר ר"י היכא דאפשר לו להיות כמותו אבל אי אפשר לו להיות כמותו מין בשאינו מינו הוה ובטל ופריש רב חסדא דהאי אפשר ולא אפשר דרבי חייא בתר המבטל דהוא רובא אזלינן דאם אפשר לו להיות כמועט בהלכותיו הוי מין במינו ואי לא הוי מין בשאין מינו הלכך כזית נבלה שנתערבה בהרבה זיתים של שחוטה בטלה כמי שאינה שם והנוגע בהן אין טמא דמין בשאין מינו הוא דאי אפשר לשחוטה שהוא המבטל להיות מטמא במגע ובמשא כנבלה אבל שחוטה שנתערבה בנבלה דרובה נבלה אין השחוטה בטלה להיות הנוגע בהן טמא ודאי לשרוף תרומה על מגעו לפי שאפשר לנבלה שהוא המבטל שתעשה טהורה כשחוטה דלכי מסרחה ואינה ראויה לגר שוב אין קרויה נבלה: הכי נמי. דאי הוו לה בעלים לא בטלה: וכ"ת הכי נמי והתני'. דמשום דלאו בעלים לא פקע חשיבותא דממונא: דאמר רבי יוחנן חפצי הפקר. הגמלאים קונין שביתה והמולאן מוליכן ממקום מציאתן אלפים לכל רוח ואינו מוליכן למקום שערב שם דיש להם שביתה לעצמן אלמא חשיבי בלא בעלים ושפיר תנן במתני' דאע"ג דאין לו תובעין לא לבטול: ר' יוחנן בן נורי אומר כו'. ולא בהדיא תנן לה הכי אלא מדבריו שמענוה בפ' מי שהוציאוהו (עירובין דף מה:): א"ל. אביי לרב ספרא אכתי מתני' לא מתרצא דאפי' יש לו תובעין איכא לאקשויי ליבטל מדמייתית על זה הבורר צרורות מי קא מדמית איסורא לאפסודי ממונא איסורא אמור רבנן לבטיל ברובא אבל ממונא לא בטיל מועט ברוב להיות קנוי ממון המועט לבעליו של מרובה ומתני' נמי לא קאמרי' דלפקע רוב ממונא אלא חברתה להפסיד אלא איסור תחומין שיש לה בה הוא דקשיא לן דלבטל: וטעמא מאי. הש"ס בעי לה דכיון דלאו תירוצא ניהו הנך שנויי טעמא דמתני' דלא בטיל מאי הוא: ה"ג אביי אמר כו' ורבא אמר כו' ולא פליגי אלא מר שני עיסה ומר קדרה: אביי אמר גזרה שמא תעשה עיסה בשותפות. אי אמרת מים ומלח לא אסרי עלה אתי למימר נמי בעיסת שותפות דיוליכוה כל אחת ואחת למקומה: ורבא אמר כו'. ולא פליג אדאביי אלא מר שני חדא ומר שני חדא:
שיש

[שבת קמא: וש"נ]
[כתובות לט. פרש"י משה גדול הדור וכחולין צג. פרש"י תלמיד חכם]
מנחות דף כג.
[בכורות כב. ע"ש]
עירובין ד' לח: מה: מו: דף מז:
[חולין ז.]
ב"ב דף מג: ע"ש
[ועי' תוס' פסחים ל. ד"ה אמר ותוס' חולין מז. ד"ה אמר רבא]

רבינו חננאל

אי הכי כי המעט בטל ברוב. מי שנתערב לו קב חטין בי' קבין של חבירו יאכל הלה וחדי. שחקו עליו. אמר להן וכי מלבושיכם לקחתי שתשחקו על דברי כו'. א"ר אושעיא שפיר עבוד דאחיכו עליה למה לא אמר חיטין שנתערבו בשעורין משום דהוו ליה מין בשאינו מינו (ולא בטיל)[ובטיל] חיטין בחיטין נמי *)לר' יהודה דם אין מבטל דם ולא בטיל הא לרבנן מין במינו בטל ברוב. אמר ליה רב ספרא לר' הושעיא משה שפיר קאמר להו לא שמיעא להו הא דאמר רבה ב"ר חייא קטוספאה משמיה דרב הבורר צרור מגרנו של חבירו משלם לו דמי חיטין כלומר כיון שהיה (מורח)[מוכר] כמו שהוא בצרורותיו ללוקח לא בישלו ולפיכך חייב לשלם לו. וכ"ש חיטין בחיטין כך אלו המים והמלח כיון שעתידה ללוש בהן העיסה וכי לא תתקיים לישה אלא במים ולא בישלתם ווח דומה לזה. א"ל אביי לרב ספרא ולא שני ליה למר בין ממון שיש לו תובעין לממון שאין לו תובעין. כגון מי שנתערב לו חיטין בחיטין או מי שבורר צרור מגרנו של חבירו דודאי לא בטל והאיך ידמו למי שכבר השאילם ואילו תובעין (לעולם)[ולעולם] דודאי בטל. ואקשינן אלא הא דאמר רב חסדא במסכת מנחות פרק ג' נבילה בטלה בשחוטה שאי אפשר לשחוטה שתיעשה נבילה. הא נבילה דכי אית לה תובעין למה בטלה. [פ]ריק איסורא בטיל וממונא לא בטיל. פירוש חתיכת בשר נבילה שנתערבה בחתיכות בשר שחוטה בטלה טומאת הנבילה (מן)[בין] החתיכות כולן ואינן מטמאה במגע **) ולא אפילו באחת מהן. כי לעולם לא יתכן להיות השחוטה כנבילה לטמא במגע ובמשא. וכי היכי כל היכא דלית ליה תובעין לעולם בטל. והא נכסי הפקר לית להו תובעין וא"ר יוחנן בן נורי דקנו שביתה. ופרקינן נהי דקנו שביתה מיבטל לא בטלי ברובה. אביי אמר לעולם מים ומלח בטלין לגבי עיסה ומתניתין גזירה היא שמא יעשו עיסה בשותפות כיון דידעי כי משאלת מים ומלח העיסה ההיא כרגלי שתיהן כ"ש העושה בשותפות. רבא אמר תבלין ומלח לטעמא עבידי וטעמא לא בטיל. כי הנה הוא בעצמו לא נתערב

*) נ"ל נהי דלר' יהודה אין דם מבטל דם ולא בטיל וכו'.
**) נראה דצ"ל ואפי' נוגע בכל אחת מהן.

dough![2]—R. Abba said to them: [38b] If one *kab* of wheat of one person got mixed up with ten *kabs* of wheat of another, should the latter eat and be happy?[3] They laughed at him. Said he to them: Have I taken away your coats [that you laugh at me]?[4] They again laughed at him. Said R. Oshaia: They were right in laughing at him. Why did he not tell them [for example] of a case of wheat that got mixed up with barley? Because they are of different kinds, and in a mixture of different kinds the rule of neutralization takes effect; then the same is true of wheat that got mixed up with wheat: granted that according to R. Judah it does not become neutralized, but according to the Rabbis it indeed becomes neutralized.[5] R. Safra said to him:[6] By Moses![7] Is it well
a what you say?[1] Did they not hear what R. Ḥiyya of Ktesifon[2] said in the name of Rab: If one picks out pebbles from his neighbour's threshing floor he must pay him the value of wheat.[3] Consequently [it is because] he lessened the measure [of his wheat];[4] likewise in this case he has lessened the quantity.[5] Said Abaye to him: Does not the Master make a distinction between money which is being claimed and money which is not being claimed?[6]—He replied to him: And according to your opinion, that which R. Ḥisda said: *Nebelah*[7] is neutralized in ritually slaughtered meat,[8] because the slaughtered cannot assume the character of *nebelah*;[9] but ritually slaughtered meat is not neutralized in *nebelah*, because *nebelah* can assume the character of ritually slaughtered meat.[10] Would you likewise [assume that], if it[11] has an owner, it does not become neutralized? And if you say it is even so, surely it was taught: R. Joḥanan b. Nuri said: Ownerless articles acquire their [Sabbath] rest;[12] although they had no owner, it is the same as if they had an owner![13]—He replied to him: [Still][14] can you compare the case of a ritual prohibition with a monetary case! In the case of a ritual prohibition, it [the less] is neutralized [in the majority]; but with respect to a monetary case, it is not
b neutralized [in the majority]. What is now the reason?[1] Abaye says: It is a preventive measure lest the dough be made in partnership.[2] Raba says: Condiments are used for seasoning and whatever is used for seasoning does not become neutralized.[3]

(2) Hence the dough would be permitted to be carried without reference to the ownership of the water and the salt! (3) Obviously not! Similarly, the salt and water do not lose their identity in spite of the greater value of the flour. (4) Surely I have said or done nothing absurd. (5) Cf. Men. 22a. Hence the very basis of his answer was incorrect. (6) To R. Oshaia (Rashi), cf. however *infra* n. 1. (7) So Rashi. Or, Moses, well hast thou spoken, 'Moses' being a title of honour, as one might say, 'O great scholar'.

a (1) [*Aliter* 'It is well what you say'; R. Safra addressing R. Abba.] (2) On the eastern bank of the Tigris. (3) Corresponding to the measure of the stones picked out, since these stones are measured up with the wheat for sale. (4) By taking out the pebbles. (5) Through the water the quantity of the dough is enlarged and without the water the measure of the dough would be less. Hence if the pebbles, which have no intrinsic value, can nevertheless not be disregarded, surely we cannot disregard the water and the salt. (6) The pebbles cannot be disregarded and retain their separate identity because their owner claims their value, since a loss has been inflicted upon him. In the Mishnah no such claim is made on the Festival, therefore owing to their lesser value the salt and the water may well be disregarded. (7) V. Glos. (8) If of three pieces of flesh, two are from a ritually slaughtered animal and one from a *nebelah*, then that which is touched by one of these three is not unclean, for we assume that contact has taken place with one of the pieces of the ritually slaughtered animal. (9) Hence there are two different kinds and the rule of majority prevails. (10) If the *nebelah* flesh putrefies, it loses the characteristic of *nebelah* flesh and does not defile. (11) The *nebelah*. (12) He who finds them may carry them two thousand cubits in every direction but not to the place for which he has set an *'erub*, for that would be beyond two thousand cubits. (13) This proves that the absence of an owner to claim a thing does not destroy the status of an object in regard to its movements on Sabbaths and Festivals. (14) Even granted that no distinction is made between objects that have an owner and such as have none, the difficulty presented by our Mishnah still remains.

b (1) For the teaching of our Mishnah that condiments, water, and salt do not become neutralized, seeing that here too we are concerned merely with a matter of ritual prohibition—moving beyond the *teḥum*. (2) And each carry it to his own limit, which is certainly forbidden. (3) By its very nature.

[39a] And R. Ashi says: Because it is an object which can become [otherwise] permitted;[4] and any object which can become [otherwise] permitted is not neutralized even in two thousand [times its quantity].[5]

R. JUDAH EXEMPTS IN THE CASE OF WATER. Only water and not the salt? But surely it was taught: R. Judah says: Water and salt become neutralized both in dough as well as in cooked food![6] —There is no difficulty; the one treats of salt of Sodom[7] and the other of salt of Istria.[8] But it was taught: R. Judah says: Water and salt become neutralized in dough but do not become neutralized in cooked food, because of its fluidity![9]—There is no difficulty; the one treats of a thick mass, the other of clear soup.

MISHNAH. A LIVE COAL IS [RESTRICTED TO THE SAME LIMITS] AS ITS OWNER, BUT A FLAME[10] CAN BE TAKEN ANYWHERE.[11] ONE INCURS A TRESPASS-OFFERING IN RESPECT
a OF A LIVE COAL OF HEKDESH;[1] BUT AS FOR A FLAME [OF HEKDESH], ONE MAY NEITHER BENEFIT FROM IT, NOR INCUR A TRESPASS-OFFERING.[2] IF ONE CARRIES OUT A LIVE COAL INTO PUBLIC GROUND [ON A SABBATH] HE IS CULPABLE, BUT [IF HE DOES THE SAME] WITH A FLAME HE IS EXEMPT.

GEMARA. Our Rabbis taught: Five things were said in respect to a live coal: A live coal is [restricted to the same limits] as its owner, but a flame can be taken anywhere; one incurs a trespass-offering in respect to a live coal of *hekdesh*, but with respect to a flame, one may not benefit from it, nor incur a trespass-offering. A live coal used in idolatrous service is forbidden but a flame is permitted; if one carries out a live coal into public ground [on a Sabbath] he is culpable, but [if he does the same] with a flame he is exempt; he who is under a vow not to benefit from his neighbour, may not make use of his coal but may make use of his flame. Now why is the flame used in idolatrous service permitted and that of *hekdesh* forbidden?—Idolatrous service is repugnant and people hold themselves very aloof from it, therefore the Rabbis have taken no measures against it; but as *hekdesh* is not repugnant and people do not hold themselves aloof from it, the Rabbis enacted a preventive measure on its account.[3]

IF ONE CARRIES OUT A LIVE COAL INTO PUBLIC GROUND [ON A SABBATH] HE IS CULPABLE, BUT [IF HE DOES THE SAME] WITH A FLAME HE IS EXEMPT. But it was taught:[4] He who takes out a flame of whatever size is culpable!—Answered R. Shesheth: This treats of a case when he brings it [the flame] out on a chip. Then he should be liable on account of the chip!—When it is less than the standard required; for we have learnt: He who carries out wood [is culpable only] if it is sufficient to cook therewith a small egg.[5] Abaye says: When he smears a vessel with oil and kindles it. Then he should be liable on account of the vessel!—[We are treating] of a potsherd. Then he should be liable on account of the potsherd!—When it is less than the standard required; for we have learnt: [He is culpable that takes out] a potsherd big
b enough to place between one board and another;[1] this is the opinion of R. Judah.[2] But that which we have learnt: 'If one carries out a flame [on a Sabbath] he is exempt', how can it occur?[3] —If, for example, he brandishes the object [that is burning so that the flame projected] into public ground.[4]

MISHNAH. [THE WATER FROM] A PRIVATE WELL IS [RESTRICTED TO THE SAME LIMITS] AS ITS OWNER;[5] AND [THE WATER FROM A WELL] BELONGING TO THE INHABITANTS OF THAT TOWN IS [RESTRICTED TO THE SAME LIMITS] AS THE PEOPLE OF THAT TOWN; AND [THE WATER FROM A WELL] BELONGING TO THOSE WHO RETURNED FROM BABYLON[6] IS [RESTRICTED TO THE SAME LIMITS] AS THE ONE THAT DRAWS.

GEMARA. Raba pointed out a contradiction to R. Naḥman: We have learnt: [The water from] a private well is [restricted to the same limits] as its owner; but the following contradicts this: Flowing streams and bubbling springs [have the same restrictions] as anyone![7]—Answered Rabbah: Our Mishnah treats of collected [water].[8] It was likewise stated: R. Ḥiyya b. Abin said in the name of Samuel: [It treats] of collected [water].

AND [THE WATER FROM A WELL] BELONGING TO THOSE WHO RETURNED FROM BABYLON IS AS THE ONE THAT DRAWS. It was stated: If one draws [water] and gives it to his neighbour, R. Naḥman says: [It is restricted to the same limits] as the one for whom it was drawn; [but] R. Shesheth maintains: As the one who drew. In what are they disputing?—One is of the opin-
c ion that the well is ownerless,[1] while the other is of the opinion that the well is held jointly.[2]

Raba raised the [following] objection to R. Naḥman: If one says to his neighbour, Behold, I am *ḥerem* to you,[3] he against

(4) After the Festival it can be taken anywhere. (5) This is a general rule; cf. *supra* 3b. (6) [Var. lec., 'R. Judah exempts in the case of water and salt'.] (7) The salt of Sodom was thick and hard. V. Krauss op. cit. I, 499ff. Hence it is not neutralized as its presence is always discernable. (8) A town in Pontus. (9) Whereas R. Judah's exemption in our Mishnah in the case of water applies also to cooked food with which the condiments mentioned are used. (10) I.e., if one for example lights a taper at another's flame. (11) Within the restricted areas belonging to those who carry it.

a (1) I.e., belonging to the Sanctuary. V. Lev. V, 14ff. (2) If one does benefit from it. (3) If people are permitted to use that, they will also put other articles of *hekdesh* to secular use, which is forbidden. (4) V. Ber. 53a. (5) I.e., the egg of a hen. Shab. 89b.

b (1) To keep boards rigid and to avoid warping (Rashi). (2) Shab. 82a. (3) For a flame must be carried in something else. (4) Lit., 'he throws', while retaining the thing to which the flame clings. (5) Like the individual. (6) The wells that were dug for the use of the Exiles who returned from Babylon and hence were regarded as the property of the whole nation. (7) I.e., one may take them wherever he himself may go. (8) I.e., a cistern.

c (1) The water accordingly belongs to the one that draws, on the principle that a man cannot act as agent to acquire ownerless property on behalf of another person; v. *infra* 39b n. a9. (2) I.e., it belongs to the whole nation, which includes him for whom the water was drawn, and the drawer of the water merely acts as his agent. (3) I.e., I am to you as a thing that is banned.

ורב אשי אמר *משום דהוי ליה דבר שיש לו מתירין וכל דבר שיש לו מתירין אפילו באלף לא בטיל: רבי יהודה פוטר במים: מים אין מלח לא [א] והא תניא ר' יהודה אומר *מים ומלח בטלין בין בעיסה בין בקדרה לא קשיא הא *במלח סדומית הא במלח אסתרוקנית והתניא ר' יהודה אומר *מים ומלח בטלין בעיסה ואין בטלין בקדרה מפני רוטבה לא קשיא הא בעבה הא ברכה: **מתני'** [א]הגחלת כרגלי הבעלים ושלהבת בכל מקום [ב]גחלת של הקדש מועלין בה ושלהבת לא נהנין ולא מועלין *המוציא גחלת לרה"ר חייב ושלהבת פטור: **גמ'** ת"ר *חמשה דברים נאמרו בגחלת הגחלת כרגלי הבעלים ושלהבת בכל מקום גחלת של הקדש מועלין בה ושלהבת לא נהנין ולא מועלין [ג]גחלת של ע"ז אסורה ושלהבת מותרת המוציא גחלת לרשות הרבים חייב ושלהבת פטור [ד]המודר הנאה מחבירו אסור בגחלתו ומותר בשלהבתו מאי שנא שלהבת ע"ז דשריא ומאי שנא דהקדש דאסירא ע"ז דמאיסה ובדילי אינשי מינה לא גזרו בה רבנן הקדש דלא מאיס ולא בדילי אינשי מיניה גזרו ביה רבנן: [ה]המוציא גחלת לרשות הרבים חייב ושלהבת פטור: והא תניא *המוציא שלהבת כל שהוא חייב אמר רב ששת כגון שהוציאו בקיסם ותיפוק ליה משום קיסם בדלית ליה שעורא דתנן* [ו]המוציא עצים כדי לבשל ביצה קלה אביי אמר כגון דשייפיה מנא משחא ואתלי ביה נורא ותיפוק ליה משום מנא בחספא ותיפוק ליה משום חספא בדלית ליה שעורא *דתנן חרס כדי ליתן בין פצים לחבירו דברי ר' יהודה אלא הא דתנן המוציא שלהבת פטור היכי משכחת לה כגון דאדייה אדויי לרה"ר: **מתני'** *[ז]בור של יחיד כרגלי היחיד ושל אנשי אותה העיר כרגלי אנשי אותה העיר ושל עולי בבל כרגלי הממלא: **גמ'** רמי ליה רבא לרב נחמן תנן בור של יחיד כרגלי היחיד ורמינהו *[ח]נהרות המושכין ומעינות הנובעין הרי הן כרגלי כל אדם אמר (*רבא) הכא במאי עסקינן *)במכונסין ואתמר [נדה נ"ג] נמי א"ר חייא בר אבין אמר שמואל במכונסין: ושל עולי בבל כרגלי הממלא: אתמר מילא ונתן לחבירו רב נחמן אמר כרגלי מי שנתמלאו לו רב ששת אמר [ט]כרגלי הממלא במאי קא מיפלגי מר סבר בירא דהפקרא הוא ומר סבר בירא דשותפי הוא איתיביה רבא לרב נחמן *[י]הריני עליך חרם המודר אסור הרי

*) [פי' שאינן נובעים]

משום דהוי דבר שיש לו מתירין וכל דבר שיש לו מתירין וכו' · ואם תאמר והא [פרישית] לעיל דלא שייך דבר שיש לו מתירין אלא במין במינו וי"ל דאין הכי כמי דלא אמרינן ליה אלא במין במינו והכא גבי תחומין שאני דחמירי כאילו הוי מין במינו בעלמא כיון דממונא הוא ועי"ל דכיון דהעיסה אינה נלושה אלא ע"י המים והקדרה נתקנה בשביל התבלין אם כן כשערב זה בזה הוי כאילו מין אחד:

הקדש דלא בדילי אינשי גזרו רבנן · וקשה דבפ"ק דפסחים (דף ו.) קאמר אם של הקדש הוא אין צריך לכסותו מפני שבדלים ממנו אלמא משמע דהקדש בדילי מיניה וי"ל דאין הכי כמי דלגבי חולין בדלין ממנו אבל לגבי ע"ז לא בדילי מיניה:

ותיפוק ליה משום מנא · וא"ת ולבטיל מנא אגב שלהבת דהכי אמר בשבת פרק המצניע (דף צג:) פחות מכשיעור בכלי פטור אף על הכלי דהוי הכלי בטל אגב האוכלין וי"ל דשאני הכא דליכא חשיבותא בשלהבת לבטל הכלי לגבה דלית בה ממש:

והתנן

שיש לו מתירין · למחר יוליכוה או היום יאכלוה כאן : סדומית · דקה היא מאד ובטלה ותדע שהסדומית דקה היא דאמרינן (חולין דף קה:) מפני מה אמרו מים אחרונים חובה מפני שמלח סדומית יש שמסמאת את העינים אלמא דקה היא מאד ונדבקת ביד ואינה ניכרת : ואין בטלין המים בקדרה מפני רוטבה · הניכר לעינים ומתניתין פוטר במים תנן לא שנא עיסה ולא שנא קדרה דמתניתין בתרתי איירי מדקתני תבלין דהיינו לקדרה : עבה · תבשיל עבה שאין רוטבו ניכר והוי כעיסה : **מתני'** ושלהבת · כגון הדליק נר בשלהבת חברו אינו מעכב באיסור תחומין : מועלין בה · הנהנה ממנה מביא אשם : ושלהבת לא נהנין · לכתחלה מדרבנן ואם נהנין לא מועלין אין חייבין קרבן מעילה דלית ביה ממשא : המוציא שלהבת פטור · מפרש בגמרא : **גמ'** גחלת של ע"ז · שנאמר ולא ידבק בידך מאומה מן החרם (דברים יג) אסור בגחלתו ומותר בשלהבתו : מאי שנא של ע"ז דשרי · לגמרי דאפילו מדרבנן לא גזור בה דקתני מותרת ובשל הקדש קתני לא נהנין : הקדש לא מאיס ולא בדילי אינשי מיניה · כולי האי כע"ז דבדיליתא דהקדש לאו משום מאיסותא אלא משום אסורא וכהי דבעלמא אמרינן לגבי חולין בדילי אינשי מהקדש אבל לגבי ע"ז לאו בדילותא היא: כל שהוא · בלא שיעור : הא דתני חייב כשהוציאו בקיסם · דכיון דיש לו דבר להדבק בו חשובה היא בכל שהוא ומתניתין דקתני פטור כדאוקימנא לקמן בדאדייה אדויי שהיתה דולקת ברשות היחיד סמוך לרשות הרבים ונפח בידו ונתק שלהבת והפריח' לרשות הרבים : ותיפוק ליה משום קיסם · אמאי תני המוציא שלהבת כל שהוא חייב בלאו שלהבת נמי חייב משום קיסם : בדלית בה שיעורא · להוצאת שבת : ביצה קלה · שהיא קלה לבשל מכל הביצים ושיערו חכמים זו ביצת תרנגולת : אביי אמר הא דתני חייב כגון דשייפיה למנא משחא כו' · ומשום דיש לה דבר להאחז בו היא חשובה אבל בקיסם לא סבירא ליה לאביי משום דמועט הוא וממהר לכבות אי נמי רבותא אשמעינן אביי ואפי' בחספא בעלמא נמי שאינה נאחזת כל כך חשיבא הוצאה : חרס · לענין הוצאת שבת : כדי ליתן בין פצים לחבירו · פצים כמו פצימי פתחים (סוכה דף יח.) ופצימי חלונות (ב"ב דף יב.) הקבועים בחומה והן של עץ וסודרין אותם למטה ולמעלה ומשתי רוחות ופעמים שהן קצרין ברוחב ומושיבין שנים זה בצד זה וצריך להושיבן בשוה שלא יהא זה נמוך מזה ולא יהו עקומים וכשהאחד נוטה נותן לתחתיו חרס או אבן להשוותו או בשאין די ברוחב שניהם מבדילן זה מזה מעט ונותן חרסים דקים ביניהם : אלא הא דתנן · מתני' פטור היכי משכחת לה : ומשני דאדייה אדויי · כמו וידו אבן בי (איכה ג) : **מתני'** כרגלי היחיד · אין מוליכין המים אלא כרגלי בעל הבור : כרגלי אותה העיר · אלפים לכל רוח חוץ לעבורי' : ושל עולי בבל · העשויין לעוברי דרכים באמצע הדרך ועשאום בני הגולה לשתות בעלותם : כרגלי הממלא · מפני שהוא הפקר והפקר נקנה בהגבהה ואם בא אחד ושאל לו ממימיו אינו מוליכן אלא כרגליו ולית ליה דרבי יוחנן דאמר חפצי הפקר קונים שביתה לעצמן במקומן וכ"ת א"כ הוה ליה למימר הרי הן כרגלי כל אדם ואמאי קתני כרגלי הממלא קסבר יש ברירה להחמיר ואמרינן הוברר דמאתמול כמי הוברר דלהאי גברא חזו וברשותיה קיימי ובעירובין (דף מה:) כמי דלא כרבי יוחנן בן נורי מתוקמא : **גמ'** נהרות המושכין · היינו סתם נהרות שיש להם משך להלאה ממקום מקור נביעתן : ומעינות הנובעין · ואין יוצאין מגומות נביעותן לימשך הלאה : הרי הן כרגלי כל אדם · אין להם שום שביתה לא במקומן ולא כרגלי הבעלים ולא כרגלי הממלא אלא כל אדם מוליכן ברגליו דכל מידי דנייד לית ליה שביתה והכי מפרש' בעירובין בפרק מי שהוציאוהו : מילא ונתן לחברו · וכגון שמילא לצורך חבירו דאי מלאו לעצמו הא תנן בהדיא כרגלי הממלא : כרגלי מי שנתמלאו לו · דנעשה זה שלוחו וקנה לו : רב ששת סבר בירא דהפקרא הוא · והמגביה מציאה לחברו לא קנה חברו כדאמרינן בבבא מציעא בשנים אוחזין (דף י.) דהוי תופס לבעל חוב במקום שחב לאחרים אלא המגביה קנה ורב נחמן סבר בירא דשותפי הוא לא הפקירוהו בני הגולה אלא נתנוהו לכל ישראל שיהיו שותפין בו וכשאמר זה לחבירו למלאות לו מחלקו והלך בשליחותו נעשה שלוחו ואין זה מגביה מציאה : המודר אסור · מי שהוטל עליו הנדר אסור ליהנות מזה שנדר הנדר דה"ק ממוני עליך הקדש :

הרי

לעיל ג: [יבמות פב. ב"מ נג.] | ר' יהודה פוטר בין במים בין במלח לא קשיא כצ"ל רש"ל | עירובין לז: | [תוספת' פ"ד] [ושם תשיב בהדי הנך מברכין על שלהבת ואין מברכין על גחלת ע"ש] | [ברכות נג. תוספתא שבת פ"י] | שבת פט: | שם פב. ב"ב כ: | עירובין מה. | [נדה מו. מח. שבת קכח: תוספתא פ"י] | [יומא] ה. מז:

גליון הש"ס
תוס' ד"ה משום וכו' · עיין [תוס'] ש פ"ו מ"ג שביעית :

עין משפט נר מצוה

מב א מיי' פ"ט מהל' יו"ט הלכה טז טוש"ע א"ח סימן תצז סעיף יג :

מג ב מיי' פ"ב מהלכות מעילה הלכה יג :

מד ג מיי' פ"ז מהלכות ע"ז הל' י טוש"ע יו"ד סימן קמב סעיף א :

מה ד מיי' פ"ו מהלכות נדרים הלכה יא טוש"ע יו"ד סימן רכא סעיף יב :

[שהוא קשה ולכך מלח לא בטל אבל מלח אסתרוקנית שהוא רפה בטלה ערוך ערך כן]

מו ה מיי' פי"ח מהל' שבת הלכה ה :

מז ו מיי' שם הלכה ד

מח ז מיי' פ"ה מהלכות יו"ט הל' יד טוש"ע א"ח סי' תצז סעיף יד :

ירושלמי ורי"ף ורא"ש ל"ג בבא זו דהמוציא וכו'

מט ח מיי' שם טוש"ע שם סעיף טו :

נ ט מיי' שם טוש"ע שם סעיף טז :

נא י מיי' פ"ה מהלכות נדרים הלכה א סמג לאוין רמב טוש"ע י"ד סימן רכד סעיף א ·

רבינו חננאל

רב אשי אמר זו העיסה מחר מותרת והויא לה דבר שיש לו מתירין ולא בטיל אפילו באלף ר' יהודה פוטר במים מפני שאין בהן ממש כלומר נבלעין הן · ואקשינן לר' יהודה מלח לא בטיל והתניא ר' יהודה אומר מים ומלח בטילין בין בעיסה בין בקדרה · ופרקינן לא קשיא מתניתין במלח סדומית שאינו נימוח במים אלא עד שישחק ברייתא במלח איסתרוקנית. והתני ר' יהודה אומר מים ומלח בטילין בעיסה ואין בטילין בקדרה מפני רוטבה כלומר בעיסה נבלעו ואינן ניכרין ולפיכך בטלו וברוטב הנה המים ניכרין · ופרקינן הא דתניא בטלין בקדרה ברוטב עבה והא דתניא אין בטלין ברכה: הגחלת כרגלי הבעלים · אבל שלהבת כגון המדליק מנר לנר וכיוצא בזה כרגלי כל אדם כלומר אין בה ממש לקנות שביתה: ת"ר ה' דברים נאמרו בגחלת גחלת כרגלי הבעלים גחלת של הקדש הנהנין ממנה מועלין בה וגחלת של ע"ז אסורה והמוציא גחלת לרה"ר חייב והמודר הנאה מחבירו אסור בגחלתו ומותר בשלהבת שלו כלומר מדליק מנרו וכיוצא בו מותר והרי הוא כרגלי כל אדם ואם היא של הקדש לא נהנין ולא מועלין ואם משל ע"ז היא מותרת והמוציא שלהבת ברה"ר כגון [...]ח בפיו וכיוצא בזה ודחה השלהבת מרשות היחיד לרשות הרבים פטור וזה פירוש דאדייה אדויי. אבל אם הוציא שלהבת בקיסם שהוא חתיכת עץ אע"פ דליכא בהאי עץ שיעור כדי לבשל ביצה קלה [...]שפא משחא בחספא פחות מסה שראוי לתתו בין פצים לחבירו או פתילה דולקת וכיוצא באלו חייב ואינו פטור בשלהבת אלא בזמן דאדייה אדויי כמו שפירשתי למעלה: מתני' בור של יחיד כרגליו. ורמינהי [...]ות המושכין ומעינות הנובעין כרגלי כל אדם והא סתמא קתני דאפי' [של] יחיד וקתני כרגלי כל אדם וא"ל רב נחמן לרבא מתניתין במכונסין כגון מי גשמים בדותיות וכיוצא בהן *) הנובעין כרגלי כל אדם [...] אנשי העיר כרגלי אנשי אותה העיר ושל עולי בבל כרגלי הממלא · איתמר מילא מים מבור של עולי בבל ונתנם לחבירו רב נחמן אומר כרגלי מי שנתמלאו לו קסבר בירא דשותפי נינהו ומחלקי נתן [...]רב ששת אמר כרגלי הממלא קסבר בירא דהפקירא הוא והממלא הוא הזוכה בהן · איתיביה רבא לרב נחמן מהא דתנן בנדרים פרק השותפין שנדרו הנאה זה מזה אמר ראובן לשמעון הריני עליך חרם שמעון

*) נ"ל אבל מים הנובעין כו' .

הגהות מהר"ב רנשבורג

[א] גמרא וכא תניא ר' יהודה אומר מים ומלח בטלים בין בעיסה בין בקדרה · נ"ל ר"י פוטר בין במים וכין במלח כך גרסת מהרש"ל וזו היתה גרסת רש"י בד"ה ואין בטלין וכו' · ודו"ק :

*הרי אתה עלי חרם הנודר אסור הריני עליך ואתה עלי שניהם אסורים זה בזה [א]ומותרין בשל עולי בבל ואסורין בשל אותה העיר ואלו הן דברים של עולי בבל הר הבית הלשכות והעזרות ובור של אמצע הדרך ואלו הן של אותה העיר (א) הרחוב ובית הכנסת ובית המרחץ ואי אמרת בירא דשותפי הוא אמאי מותר והתנן *[ב]השותפין שנדרו הנאה זה מזה אסורים ליכנס לחצר לרחוץ בבור (ב)לרחוץ ה"נ והכא במאי עסקינן למלאות מר מדידיה קא ממלא ומר מדידיה קא ממלא וסבר רב נחמן יש ברירה והתנן *[ג]האחין השותפין כשחייבין בקלבון פטורין ממעשר בהמה וכשחייבין במעשר בהמה פטורין מן הקלבון ואמר רב ענן לא שנו אלא שחלקו גדים כנגד טלאים וטלאים כנגד גדים אבל חלקו גדים כנגד גדים וטלאים כנגד טלאים אומר זהו חלקו המגיעו משעה ראשונה לכך ורב נחמן אמר [ד]אפילו חלקו גדים כנגד גדים וטלאים כנגד טלאים אין אומר זה חלקו המגיעו משעה ראשונה לכך אלא דכולי עלמא בירא דהפקרא היא (ג)אלא הכא *במגביה מציאה לחבירו קא מיפלגי מר סבר [ה]קנה ומר סבר לא קנה:

מתני' [ו]מי שהיו פירותיו בעיר אחרת וערבו בני אותה העיר (ד) להביא אצלו מפירותיו לא יביאו לו ואם ערב הוא פירותיו כמוהו

מי

הרי אתה עלי חרם · הכי קאמר ליה הרי ממונך עלי כסתם חרמים שהן לבדק הבית הלכך הנודר אסור ליהנות משל המודר דכתיב לא יחל דברו (במדבר ל) ורשאי הוא לאסור עצמו בממון חברו : ומותרין בדברים של עולי בבל · שעשו בני הגולה לפי שהפקירום לכל ישראל ונתנום להם ולא להיותם שותפין בו שיהא להם כח לאסור זה חלקו על זה : של אותה העיר · שהן דרין בה מפני שהן שותפין בהן וזה אוסר מפני חלקו של זה : הכא במאי עסקינן למלאות · הא דקתני ובור של אמצע הדרך מותרין לא לכל תשמיש הותרו כגון לירד ולרחוץ בתוכו דבירא דשותפין הוא וכשהתירו למלאות מימיו התירו דסמכינן אברירה ואמרי' מר מדידיה קא ממלא מים שעלו בכדו הן המבוררין מן השמים לחלקו : האחים השותפין · אחים שהן שותפין בירושת אביהן: כשחייבין בקלבון פטורין ממעשר בהמה וכשחייבין במעשר בהמה פטורים מן הקלבון · כל ישראל הוזקקו לתת מחצית השקל לקרבנות צבור והטילו חכמים עליהם להוסיף מעה קטנה להיות קלבון לפרוטרוט מפני שהן חצאי שקלים חתיכות דקות ועתין לאבד ופעמים שמחליפין אותן *במנים ונותנין הקלבון בחלוף ואף כשמצטרפין שנים לתת שקל שלם הטילו עליהם שני קלבוני' שלא לפחות מחבריהם ולמעט את ההקדש אבל האב שוקל בשביל שני בניו שקל שלם ופטור מקלבון שני : מעשר בהמה נוהג בכל שנה בולדות הנולדים ועדר של שותפין פטורים הולדות ממעשר כדתניא בבכורות (דף נו:) כל פטר שגר בהמה אשר יהיה לך (שמות יג) ולא של שותפות ופרכינן והא בבכור כתיב ומשנינן אם אינו ענין לבכור דאיתיה בשותפות דכתיב ובכורות בקרכם ובאנכם (דברים יב) תנהו ענין למעשר יכול אפי' קנו בתפיסת הבית כגון אחין שלא הספיקו לחלוק ירושתן עד שנולדו להם ולדות ת"ל יהיה הלכך אחים שהן שותפין שבשותפותן לאחר חלוקה כגון שחזרו ונשתתפו חייבין בקלבון כשאר שנים המתחברין לשקל שלם ופטורים ממעשר בהמה דשותפין בעלמא נינהו דבטלה לה תפיסת הבית וכשחייבים במעשר בהמה כגון שנשתתפו משנפלה להם הירושה דקיימא תפיסת הבית פטורין מן הקלבון כאילו היה אביהן קיים שממונן אחד ופוטרן יחד : ואמר רב ענן לא שנו · דבשביל חלוקה בטלה תפיסת הבית מנייהו : אלא כשחלקו · על פי שום בדמים גדים כנגד תישים זקנים או כנגד טלאים דבטלו מהן שם ירושה ונתנו בה תורת לקוחות וכי חזרו ונשתתפו הוו להו כלקח זה בשלו וזה בשלו מן השוק ונתערבו ואין כאן עוד שם תפיסת הבית אלא שם שותפות אבל חלקו טלאים כנגד טלאים וגדים כנגד גדים דזהו משפט ירושה לכל אחד חלק בכל מין ומין אומרים זה חלקו המגיעו דיש ברירה ועדיין שם יורשים עליהן וכשחזרו ונשתתפו חזרה תפיסת הבית למקומה ויש פותרים הטעם משום לקוחות דתנן הלוקח פטור ממעשר בהמה (בכורות דף נה:) וטעות הוא בידם דכשהולדות לקוחין הן פטורין מלהתעשר אבל הלוקח עשר בהמות וילדו חייבין במעשר והכא לגמרי פטר להו : אין אומרים כו' · ופטור אלמא אין ברירה אלא על כרחך לרב נחמן בירא דהפקרא הוא מדאסתרו ביה מודרי הנאה (ה) גבי מילא ונתן לחברו : במגביה מציאה לחבירו קא מפלגי · לא גרסינן במגביה מציאה קנה חברו קמפלגי ולא גרס מר סבר קנה חבירו כו' דאם כן קשיא דרב נחמן אדרב נחמן דאבעי לן לפרושי הכא דרב נחמן סבר קנה חברו דקאמר כרגלי מי שנתמלאו לו ובשנים אוחזין (ב"מ דף י.) אמרינן רב נחמן ורב חסדא דאמרי תרוייהו המגביה מציאה לחברו לא קנה חברו אלא ה"ג במגביה מציאה לחברו קא מפלגי ותו לא ופי' במגביה מציאה לחברו קא מפלגי ודכולי עלמא לא קנה חבירו בהגבהתו של זה אלא אם קנה המגביה אם לא קנה פליגי רב נחמן סבר לא קנה המגביה דלאו אדעתיה למקני אלא מי שנתמלאו לו קנאם במשיכה כשיקבלם כשבאו לרשותו ודעתו לקנות דכי אמר לא קנה חברו כל זמן שהוא ביד המגביה אמרינן דיכול לומר אני אזכה בה לעצמי אבל משנתנה לו קנה דתנן התם [דף ט:] ואם משנתנה לו אמר זכיתי בה תחלה לא אמר כלום ורב ששת סבר קנה המגביה תחלה ומידו קבלם זה הלכך כרגלי הממלא ואית דגרס כמו שכתוב בספרים ומפרשין הכי רב נחמן סבר קנה חבירו משנתן לו ורב ששת סבר לא קנה חברו אלא המגביה : **מתני'** לא יביאו · מפירותיו הואיל והוא לא ערב לשם דהכל כרגלי הבעלים : ואם ערב הוא · ללכת לשם : פירותיו כמוהו · ומותר להביאם :

מי

[**והתנן** השותפין · מגופיה הוי מצי למידק דאסר בה"כ ובית המרחץ מטעם שותפין אלא זאת פשוט יותר] : ת"י

הכא במגביה מציאה לחברו קנה חבירו קמפלגי · דרב נחמן אית ליה קנה חברו ולכך קאמר כרגלי מי שנתמלאו לו כו' והקשה רש"י דבהדיא קאמר רב נחמן בפ"ק דב"מ (דף י. ושם) דמגביה מציאה לחברו לא קנה חברו אלא נראה לרש"י דה"ג במגביה מציאה לחברו קמפלגי ותו לא וה"פ רב נחמן סבר לא קנה המגביה דלא היה בדעתו למקני והוי הפקר עד שבאו ליד מי שנתמלאו לו והוא קנאם במשיכה דדעתו היה לקנות ואע"ג דמגביה מציאה לחברו לא קנה חברו היינו כשעודה ביד המגביה לפי דמצי למימר אני זכיתי לעצמי אבל כשנטלה חברו זכה מן ההפקר כיון דמגביה לא הגביה לקנות לו כדתנן התם ואם משנתנה לו אמר אני זכיתי בה תחלה לא אמר כלום לכך הוי כרגלי מי שנתמלאו לו ורב ששת אמר מגביה מציאה לחברו קנה המגביה תחלה וזה קבלה מידו הלכך הוי כרגלי הממלא ודוחק הוא למחוק גרסת הספרים ועוד אין סברא לרב ששת שיקנה המגביה בלא מתכוין לכ"נ לרשב"ם לפרש שיש ליישב גרסת הספרי' ומה שהקשה רש"י לא קשה מידי דשאני התם דקאמר טעמא משום דהוי תופס לבעל חוב במקום שחב לאחרים דאחרים לא ימלאו המציאה אח"כ לפיכך קאמר רב נחמן דלא קנה אבל הכא אית ליה לרב נחמן שפיר דקנה מי שנתמלאו לו דלא הוי חב לאחרים דהא איכא הרבה מים דיכולים אחרים למלאות ועוד אומר ר"ת דיש לקיים גרסת הספרים וה"פ מר סבר המגביה מציאה לחברו קנה חבירו היינו רב ששת ולכך קאמר כרגלי הממלא דמאיזה טעם אמרינן המגביה מציאה לחברו קנה חברו דמגו דזכי לנפשיה זכי נמי לחבריה והואיל ואתי מכחו דין הוא שיהא כרגלי הממלא ור"נ ס"ל לא קנה חברו והשתא ניחא ההיא דב"מ דגם הוא לא קנה דלא נתכוון לקנות וא"כ הרי הן הפקר כל זמן שלא באו לידי מי שנתמלאו לו ולכשיבאו לידו יזכה בהן מן ההפקר לפיכך הן כרגליו (לישנא אחרינא במגביה מציאה לחברו קא מפלגי ולא גרסינן מר סבר קנה חברו וכו' דא"כ קשיא דר"נ אדר"נ דמבעיא לפרושי הכא ר"נ סבר קנה חברו דקאמר כרגלי מי שנתמלאו לו ובשנים אוחזין רב נחמן ורב חסדא אמרי תרוייהו המגביה מציאה לחברו לא קנה חברו בהגבהתו של זה ולא קנה המגביה דלאו אדעתיה למקני אלא מי שנתמלאו לו קנאן במשיכה כשיקבלו שיבאו לרשותו ודעתו לקנות דכי אמרינן לא קנה כל זמן שביד המגביה אמר דיכול לומר לו אני אזכה לעצמי בה תחלה אבל משנתנה לו קנה דתנן התם אם משנתנה לו אמר אני זכיתי בה תחלה לא אמר כלום ורב ששת סבר קנה המגביה ומידו קבלה זה הלכך כרגלי הממלא ואית דגרס כמו שכתוב בספרים ומפרש הכי רב נחמן סבר קנה חברו משנתן לו רב ששת סבר לא קנה חברו אלא המגביה לשון הקונטרס) :

אלא

עין משפט
נר מצוה

נב א מיי' פ"ז מהל' נדרים הלכה ב טוש"ע י"ד סימן רכד סעיף א :

נג ב מיי' שם הלכה ד סמג לאוין רמב טוש"ע י"ד סימן רכו סעיף א :

נד ג מיי' פ"ו מהלכות בכורות הלכה י ופ"ג מהלכות שקלים הלכה ד ה :

נה ד מיי' פ"ו מהלכות בכורות שם הל' י :

נו ה מיי' פי"ז מהל' גזילה ואבידה הלכה ג טוש"ע ח"מ סימן רסט סעיף א :

נז ו מיי' פ"ה מהלכות יו"ט הלכה יג טוש"ע א"ח סימן שצו סעיף יז :

רבינו חננאל

שמעון המודר אסור אם א"ל הרי אתה עלי חרם ראובן הנודר אסור הריני עליך ואתה עלי שניהן אסורין ושניהן מותרין בדבר של עולי בבל (ואסור) [ואסורין] בדבר של אותה העיר. אלו הן דברים של עולי בבל הר הבית הלשכות והעזרות והבאר שבאמצע הדרך אלו הן דברים של אותה העיר הרחבה ובה"כ ובית המרחץ והתיבה והספרים ואי אמרת האי בור של עולי בבל דשותפי הוא אמאי מותרין והתנן השותפין שנדרו זה מזה הנאה אסורין ליכנס לחצר ופריק רב נחמן לירד לרחץ בזה הבאר אסור דהא בכל הבאר הוא רוחץ ואסור אבל למלאות מים מתוכו אמרינן כל אחד מחלק שיש לו בתוכו כלומר משלו ממלא· ואקשינן וסבר רב נחמן שזה המים ששאב הן הן בעצמן חלקו וכי יש ברירה והתנן בשקלים סוף פרק ראשון [ובשחיטת חולין פרק ראשון] ובבכורות פרק אחרון האחין השותפין שחייבין בקולבון פטורין ממעשר בהמה והן שכבר חלקו כדתנן בבכורות פרק אחרון חלקו ולבסוף נשתתפו חייבין בקילבון ופטורין ממעשר בהמה פירוש חייבין בקילבון דכיון דחלקו נעשו כרחוקין ותנן השוקל על ידו ועל יד חבירו חייב בקולבון ופטור ממעשר דכיון דחלקו הרי הן כלקוחות ותנן הלקוח או שנותן לו במתנה פטור ממעשר בהמה · ושחייבין במעשר בהמה שעדיין לא חלקו וירשו בהמה או קנו ועדיין לא חלקו חייבין במעשר בהמה דתנן קנו בתפיסת הבית חייבין ואם לאו פטורין ופטורין מן הקולבון כי ממטון אחד הביאו הסלע כי עדיין לא חלקו כך היתה חובת קולבון אם היו אחים ולא חלקו וקנו מתפיסת הבית (או) [אם] הביאו שניהן סלע פטור מן הקולבון ואמרינן התם בבכורות פטורין בזה ובזה שחלקו בבהמה ולא חלקו בכספים *) אע"ג דחלקו בהמה גלו דעתיהו דלמיפלג קי וליחייבו בקילבון קמ"ל · ואמר רב ענן לא שנו [אם] חלקו האחין פטורין ממעשר בהמה אלא בזמן שחלקו גדיין כנגד טלאין כו' ורב נחמן אמר אפילו חלקו גדיים כנגד גדיים וטלאים כנגד טלאים אין א זה הוא חלקו המגיעו משעה ראשונה לכך · והנה רב נחמן לית ליה ברירה ופרקינן אלא דכ"ע באר של עולי בבל הפקירא הוא ובמגביה מציאה לחבירו פליגי רב נחמן סבר המגביה מציאה לחב כיון דבשעת הגבהה אדעתא דחבריה קמגבהה לה קנה חבירו וכן שמעתא סלקא בשנים אוחזין בטלית ורב ששת סבר לא קנה וקי"ל כרב נחמן · ת"ש מי שזימן לו אורחים כו' קתני מיהא אם זיכה להם יו עמהן

מסורת הש"ס

נדרים ס.

נדרים מה: ב"ק נה: ב"ב נז:

חולין כה: בכורות נו [שקלים פ"א]

[ב"מ ח.]

הגהות הב"ח

(א) גמ' אותה הע...

גליון הש"ס

תוס' ד"ה ...

---

*) נ"ל וקמ"ל דאע"ג דחלקו בבהמה סד"א דגלו דעתייהו וכו'

whom the vow is made is forbidden;[4] [39b] [if he said,] Behold, thou art *ḥerem* to me, the vower is forbidden;[5] [if he said,] Behold, I am [*ḥerem*] to thee, and thou to me, both are forbidden to benefit from one another; but [to both] is permitted the use of things that belong to them that came up from Babylon, but the use of things that belong to the citizens of that town is forbidden to both.[6] And the following are the things which belong to them that came up from Babylon: The Temple Mount, the [Temple] Chambers, the [Temple] Courts, and a well in the middle of the road.[7] The following belong to [the citizens of] that town: The market-square, the Synagogue, and the bath-house.[8] Now if you say that a well is held jointly, then why is it permitted? Surely we have learnt: Partners who vowed not to derive benefit from one another may not enter their [common] court-yard to bathe in the well![9]—To bathe in it is indeed [not allowed], but we are treating here of drawing [water]; the one draws of his own and the other draws of his own.[10] Does then R. Naḥman hold the rule of *bererah*, but we have learnt: Brothers who are [also] partners,[11]
a when they are liable to surcharge[1] they are exempt from cattle-tithe, and when they are liable to cattle-tithe[2] they are exempt from the surcharge.[3] And in this connection R. 'Anan said: This[4] was taught only in the case when they divided goats for lambs and lambs for goats;[5] but if they divided goats for goats and lambs for lambs,[6] we say, each receives his share which was designated for him at the very beginning.[7] While R. Naḥman said: Even if they divided goats for goats and lambs for lambs, we do not say each receives his share which was designated for him at the very beginning![8]—Rather, all agree that the well is ownerless, but they dispute here with respect to the case of one who picks up a lost article on behalf of his neighbour; one is of the opinion that he [the neighbour] acquires title [to it], and the other is of the opinion that he does not acquire [it].[9]

MISHNAH. IF ONE HAS HIS PRODUCE IN ANOTHER TOWN, THE INHABITANTS OF WHICH HAVE MADE AN 'ERUB IN ORDER TO BRING TO HIM SOME OF HIS PRODUCE, THEY MAY NOT
b BRING IT TO HIM;[1] BUT IF HE HIMSELF MADE AN 'ERUB, HIS

(4) To benefit from the vower. (5) To benefit from the other. (6) Because they are both shareholders therein. (7) Made for the exiles who returned from Babylon to Jerusalem. (8) Ned. 47b. (9) [V. Ned. 45b. The words 'to bathe in the well' do not occur there, and are omitted here in MS.M.] (10) I.e., what each draws is regarded as though it had retrospectively been assigned to him, so that the other never had any claim therein. This answer therefore assumes the law of *bererah*, v. Glos. (11) Partners are exempt from cattle-tithe (cf. Bek. 56b); brothers, on the other hand, who have come into the inheritance of their father, are liable to tithe those cattle that were born when their goods were still undivided.

a (1) Every Israelite had to give half a *shekel* annually to the Temple for the communal sacrifices; this was augmented by an agio, i.e., a kind of premium or surcharge to cover a possible deficiency in the value of the half *shekel*, since the value of coins depended on their weight. If two partners combine to pay a whole *shekel*, they still each have to pay the extra agio. On the other hand, a father can give a whole *shekel* for his two sons without any extra agio. If two brothers have come into the inheritance of their father, they are regarded as brothers, i.e., as successors of a property belonging to one individual, so that they would be liable for cattle-tithe and exempt from the agio, as their father would have been. If they divide the inheritance and afterwards become partners, they are regarded as partners both in respect of the cattle-tithe and of the agio. (2) I.e., if they have not yet divided the inheritance. (3) Sheḳ. I, 7; Ḥul. 25b; Bek. 56b. (4) I.e., the teaching 'when they are liable to surcharge they are exempt from cattle-tithe', indicating that by dividing the estate the brothers are no longer regarded as heirs. (5) When they deal with each other in a purely business manner, it is then that they are not regarded as heirs but as partners. (6) I.e., if they are not so strict about the exact monetary value. (7) I.e., the portion chosen by each brother for himself is considered as having thus retrospectively become the very inheritance designated for him, so that they are still regarded as heirs with respect to the estate though it had been divided. (8) And therefore by dividing the estate the brothers cease to be regarded any longer as heirs. Thus R. Naḥman rejects the law of *bererah*. (9) V. B.M. 10a. According to one opinion the water belongs to the one on whose behalf it was drawn, and according to the other opinion it belongs to the drawer. For since the well has the legal status of being ownerless, water drawn from it is like something found.

b (1) Because the produce, being his private property, lay under the same restrictions as the owner. BaḤ emends: whose inhabitants set an '*erub* in order to visit him, they must not bring him of his fruit.

PRODUCE IS LIKE HIMSELF.[2] [40a] IF ONE INVITED GUESTS TO HIS HOME, THEY MAY NOT TAKE AWAY WITH THEM [ANY] PORTIONS UNLESS HE [THE HOST] HAD ASSIGNED FOR THEM THEIR PORTIONS ON THE EVE OF THE FESTIVAL.

GEMARA. It was stated: If one deposits produce with his neighbour, Rab says: [The produce has the same restrictive limits] as the one with whom they were deposited; but Samuel says: [They have the same restrictive limits] as the one who deposited them. Shall it be said that Rab and Samuel follow their opinions [expressed elsewhere]? For we have learnt: If he brought in[3] with permission, the owner of the court-yard is liable. Rabbi says: He is liable only when the owner has undertaken to guard it.[4] And R. Huna said in Rab's name: The *halachah* is according to the opinion of the Sages; whereas Samuel said: The *halachah* is as Rabbi. Shall it be said that Rab is of the opinion of the Rabbis and Samuel is of the opinion of Rabbi?[5]—Rab will say to you: My opinion is even in accordance with Rabbi; for Rabbi holds his opinion there[6] because without an explicit declaration he does not undertake supervision,[7] but here[8] he definitely undertook to look after it. [Also] Samuel will reply [to you]: My opinion is even in accordance with the Rabbis; for the Rabbis hold their
a opinion there[1] because a man wishes it, that his ox should be in the possession of the owner of the court, so that if it does damage he should not be liable; but here,[2] does a man then wish that his produce should be in the possession of his neighbour![3] We have learnt: BUT IF HE HIMSELF MADE AN 'ERUB, HIS PRODUCE IS LIKE HIMSELF. Now if you say [that the produce has the same restrictive limits] as the one with whom it was deposited, even if he himself set an *'erub*, of what avail is it to him?[4]—R. Huna replied: In the Academy they declared [that it treats of a case] where he assigned a corner [of his house] to him.[5]

Come and hear: IF ONE INVITED GUESTS TO HIS HOME, THEY MAY NOT TAKE AWAY WITH THEM PORTIONS UNLESS HE HAD ASSIGNED FOR THEM THEIR PORTIONS ON THE EVE OF THE FESTIVAL. Now if you say [that the produce has the same restrictive limits] as the one with whom it was deposited, even if he assigned [the portions] for them through another person of what avail is it?—Here also, since he assigned [the portions] for them through another person, it is as if he assigned a corner [of his house] to them. Alternatively say: Assignment is different.[6] R. Ḥana b. Ḥanilai hung up meat[7] on the door-bolt.[8] He came before R. Huna who said to him: If you yourself hung it up, go and take it away; but if they[9] hung it up for you, you may not take it away.[10] And even if he himself hung it up, may he then take it away? Surely R. Huna was a disciple of Rab and Rab said: [The produce has the same restrictive limits] as the one with whom it was deposited!—It is different [when he himself hung it up
b on] the door-bolt, for it is as if he[1] assigned for him a corner [of the house]. R. Hillel said to R. Ashi: And if they hung it up for him, may he not take it away? Surely Samuel said: The ox of a cattle-breeder is as the feet of anyone![2] Rabina said to R. Ashi: And if they hung it up for him may he not take it away? Surely Rabbah the son of R. Ḥana said in the name of R. Joḥanan: The *halachah* is as R. Dosa![3] R. Ashi said to R. Kahana: And if they hung it up for him, may he not take it away? Surely we have learnt: Cattle and utensils have the same restrictive limits as the feet of the owners![4]—Rather it is different in the case of R. Ḥana b. Ḥanilai, for he was an important man[5] and was deeply occupied in his study, and he [R. Huna] said this to him: If you yourself hung it up, then you have an identification mark on it, and you did not let it out of your mind; therefore go and take it away; but if they hung it up for you, then you let it pass out of your mind and you may not take it away.[6]

MISHNAH. ONE MAY NOT GIVE DRINK AND SLAUGHTER PASTURE ANIMALS,[7] BUT ONE MAY GIVE DRINK AND SLAUGHTER HOUSEHOLD ANIMALS. THE FOLLOWING ARE HOUSEHOLD ANIMALS: THEY THAT PASS THE NIGHT IN TOWN. PASTURE ANIMALS ARE SUCH AS PASS THE NIGHT IN [MORE DISTANT] PASTURE GROUND.[8]

GEMARA. Why does he teach 'GIVE DRINK AND SLAUGHTER'?[9]—He incidentally informs us that a man should water his
c animal before slaughter on account of the adhesiveness of the skin.[1]

Our Rabbis taught: The following are pasture animals and the following are household animals. Pasture animals are such as are led out about [the time of] Passover[2] and graze in [more distant] meadows, and who are led in at the time of the first rainfall.[3] The following are household animals: Such as are led out and graze outside the city-border[4] but return and spend the night inside the city-border. Rabbi says: Both of these are household animals; but pasture animals are such as are led out and graze in [more distant] meadows and who do not return to the habitation of men either in summer or in winter. Does then Rabbi accept the prohibition of *mukẓeh*?[5] Surely R. Simeon b. Rabbi asked of Rabbi: What is the law, according to R. Simeon, with respect to dates which are set aside for ripening?[6] [And] he replied to

(2) I.e., he may bring his produce home, where his *'erub* permitted him to go to that town. (3) His ox or other objects through which damage was caused in a stranger's court-yard. (4) B.Ḳ. 47b. (5) I.e., in the present instance, Rab rules that the produce suffers the same restrictions as their *trustee*, because he holds as the Rabbis that it belongs to the trustee in respect of guardianship, and therefore it also belongs to him in respect of ritual restrictions. (6) In B.Ḳ. (7) He merely permitted him to bring in his ox, but did not undertake to guard it. (8) In the case of the produce.

a (1) In B.Ḳ. (2) In the case of the produce. (3) [MS.M. adds 'so that the use of them should be prohibited to him (on the Festival)'.] (4) Since the produce is still in the possession of his trustees in the other town. (5) I.e., the trustee lent him the corner of his house where the produce was kept; therefore it remained legally in his (the depositor's) possession. (6) Since its very purpose thereby is that the object so assigned should pass into the assignee's ownership. [MS.M. omits this last passage.] (7) Given to him by the butchers before the Festival. He was visiting the town on the Festival to deliver a discourse, and was returning to his own place after the lecture. (8) Of the house of his host. (9) The host's household. (10) The reason is soon explained.

b (1) His host with whom the meat was left. (2) Likewise here too, since the butchers naturally have in mind that it is to belong to any purchaser as from the eve of the Festival. (3) Cf. *supra* 37b. Similarly here the movements of the meat should be determined by his limits. (4) V. *supra* 37a. (5) I.e., a great scholar. (6) Because meat (temporarily) hidden from sight is forbidden unless it is recognized by an identification mark. [Such an identification mark would however have been noticed only by him himself, and not by the host's household who were not immediately concerned with the meat]. (7) On account of *mukẓeh*. (8) And so cannot come within the definition of 'what is set in readiness'. (9) Surely the whole question is only about slaughtering, since even pasture animals may be given drink on Festivals.

c (1) In order that the skin may more easily be flayed. (2) The month of Nisan, i.e., March-April. (3) October-November. (4) In the environs and suburbs of the town. (5) For the prohibition of slaughtering pasture animals on a Festival is due to *mukẓeh*, and therefore it is assumed that since Rabbi defines pasture animals, he accepts this prohibition. (6) Lit., 'burst dates'. May they be eaten on Festivals?

מי שזמן אצלו אורחים לא יוליכו בידם מנות אלא אם כן זכה להם מנותיהם מערב יו"ט: **גמ'** אתמר המפקיד פירות אצל חבירו רב אמר כרגלי מי שהפקידו לו ושמואל אמר כרגלי המפקיד לימא רב ושמואל דאזדו לטעמייהו דתנן* אם הכניס ברשות בעל החצר חייב רבי אומר לעולם אינו חייב עד שיקבל עליו בעל הבית לשמור ואמר רב הונא אמר רב הלכה כדברי חכמים ושמואל אמר הלכה כרבי לימא רב דאמר כרבנן ושמואל דאמר כרבי אמר לך רב אנא דאמרי אפי' לרבי עד כאן לא קאמר רבי התם אלא דבסתמא לא קביל עליה נטירותא אבל הכא הא קביל עליה נטירותא ושמואל אמר אנא דאמרי אפי' לרבנן עד כאן לא קאמרי רבנן התם אלא דניחא ליה לאיניש דניקום תוריה ברשותיה דבעל חצר דאי מזיק ליה לא מיחייב אבל הכא מי ניחא ליה לאיניש דליקום פיריה ברשותיה דחבריה תנן ואם ערב הוא פירותיו כמוהו ואי אמרת כרגלי מי שהפקידו אצלו כי ערב הוא מאי הוי אמר רב הונא אמרי בי רב כגון שיחד לו קרן זוית ת"ש מי שזמן אצלו אורחים לא יוליכו בידם מנות אא"כ זכה להם מנותיהם מערב יו"ט ואי אמרת כרגלי מי שהפקידו אצלו כי זכה להם ע"י אחר מאי הוי ה"נ כיון שזכה להם ע"י אחר כמי שיחד לו קרן זוית דמי ואיבעית אימא זכה שאני רב חנא בר חנילאי תלא בשרא בעברא דדשא אתא לקמיה דרב הונא א"ל אי את תלית זיל שקיל ואי אינהו תלו לך לא תשקול ואי איהו תלא מי שקיל והא *רב הונא תלמיד דרב הוה ואמר רב כרגלי מי שהפקידו אצלו שאני עברא דדשא דכמי שיחד לו קרן זוית דמי א"ל רב הלל לרב אשי ואי אינהו תלו ליה לא שקיל *והאמר שמואל שור של פטם הרי הוא כרגלי כל אדם א"ל רבינא לרב אשי ואי אינהו תלו ליה לא שקיל והאמר *רבה בר בר חנה א"ר יוחנן הלכה כר' דוסא א"ל רב אשי לרב כהנא ואי אינהו תלו ליה לא שקיל והתנן* הבהמה והכלים כרגלי הבעלים אלא שאני רב חנא בר חנילאי דגברא רבה הוא וטריד בשמעתיה וה"ק ליה אי את תלית אית לך סימנא בגוויה ולא מסחת דעתך מניה זיל שקול ואי אינהו תלו לך מסחת דעתך ולא תשקול: **מתני'** *אין משקין ושוחטין את המדבריות אבל משקין ושוחטין את הבייתות אלו הן בייתות הלנות בעיר מדבריות הלנות באפר: **גמ'** למה לי למימר משקין ושוחטין מילתא אגב אורחיה קמ"ל דלשקי איניש בהמתו והדר לשחוט משום סרכא דמשכא *ת"ר אלו הן מדבריות ואלו הן בייתות מדבריות כל שיוצאות בפסח ורועות באפר ונכנסות ברביעה ראשונה ואלו הן בייתות כל שיוצאות ורועות חוץ לתחום ובאות ולנות בתוך התחום רבי אומר אלו ואלו בייתות הן אלא אלו הן מדבריות כל שיוצאות ורועות באפר ואין נכנסות לישוב לא בימות החמה ולא בימות הגשמים ומי אית ליה לרבי מוקצה והא בעא מיניה ר' שמעון בר רבי מרבי *פצעילי תמרה לר"ש מהו א"ל אין מוקצה לר"ש אלא

הדרן עלך משילין וסליקא לה מסכת ביצה

רש"י

מי שזמן אצלו אורחים · מעיר אחרת ויבואו אצלו על ידי ערוב: לא יוליכו · לאחר סעודה מנות בידם לביתם לסעודת הלילה: אלא אם כן זכה להם · ע"י אחר: מנותיהם מערב יו"ט · שמסרם בעל הבית זה לאדם אחר במשיכה ואמר לו זכה במנות הללו לפלוני ולפלוני דזכין לו לאדם שלא בפניו והיו שלהם מבעוד יום וילך כרגליהם: **גמ'** אם הכניס ברשות · שורו וקדרותיו ופירותיו לחצר חברו בעל חצר חייב בנזקין ורישא דהך מתני' בבבא קמא דכי אמר ליה עול ואנטר קאמר ליה: לימא · הך פלוגתא דהכא כי הך אזלא משום דאמר רב הלכה כרבנן דקיימי ברשותיה לענין שמירה הוא הדין לתחומין: אמר לך רב · בהך אנא דאמרי אפי' לרבי דאילו רבי לא פליג אלא בדלא פריש אלא עול סתמא אמר ליה וסבר רבי עול ואנטר את קאמר ליה אבל מפקיד פירות דהכא לאו בסתמא עסקינן אלא בדקביל לנטירותא: ושמואל אמר אנא דאמרי · בהא אפי' לרבנן עד כאן לא קאמרי רבנן התם דקיימי ברשות בעל חצר אלא לענין שמירה דכיון דסבירא להו דמסתמא עול ואנטר לך קאמר ליה כ"ש דבעל השור מינח ניחא ליה דמוקי שורו ברשותו דבעל חצר לשמרו דאי מזיק האי שור לבעל חצר לא מיחייב עליה אבל הכא לענין תחומין מי ניחא ליה לאוקים כו': תנן ואם ערב הוא פירותיו כמוהו · אלמא כרגלי המפקיד נינהו: שיחד לו קרן זוית · דאושליה ביתא הלכך ברשות המפקיד הן אבל הכא דמשכן שומר וקבל עליו שמירתן הרי הן כרגליו: אא"כ זכה · וכי זכה מיהא מוליכין והרי בידו הופקדו לאחר זכיה וש"מ כרגלי המפקיד הן: זכה שאני · שהרי כל עצמו לא עשה אלא להוציאו מביתו ולהעמידו בשביתה שלהן וברשותן: תלא בשרא בעברא דדשא · בבית אושפיזכניה שנתנו לו טבחי העיר מבעוד יום והוא היה בן עיר אחרת שמערבין לו לבוא לכאן: ה"ג א"ל אם את תלית זיל שקיל ואי אינהו תלו לך · לצרכך לא תשקול להוליכן לעירך ולקמיה מפרש טעמא ואזיל: שאני עברא דדשא · כלומר שאני הכא דתלינהו איהו גופיה בעברא דדשא והם לא קבלוהו מידו לשמרו דכמי שיחד לו קרן זוית דמי: א"ל רב הלל לרב אשי ואי אינהו תלו ליה לא שקיל והאמר שמואל שור של פטם הרי הוא כרגלי כל אדם · אלמא כיון דאוקמיה במחשבתו ברשות כל מי שיקנהו מותר הקונה להוליכו למקומו והכא נמי הא ברשותיה אוקמיה במחשבתו ברשות כל מי שיקחנו: א"ל רבינא לרב אשי ואי אינהו תלו ליה לא שקיל והא"ר יוחנן הלכה כר' דוסא · דאמר הרי הוא כרגלי הרועה אלמא כיון דאין רועה בעיר אלא הוא ואנן סהדי דכל מי שיש לו בהמה דעתו שתהא כרגליו אמרינן בתריה אזלה וכל שכן הכא דאוקמוה בהדיא ברשותיה ואדעתא דידיה תלו ליה: כרגלי הבעלים · וכיון דלצרכו תלאוה שם הוה ליה איהו בעלים: אלא שאני רב חנא בר חנילאי כו' · וטעמא לאו משום תחומין אלא רב הונא דאורי ליה הכי תלמידיה דרב הוה ורב אמר בשחיטת חולין (חולין דף צה.) בשר כיון שנתעלם מן העין אסור ואפי' תלוי ביתד בבית ישראל ורב חנא אגב טרדא דשמעתיה מסח שאר עסקיו: וה"ק ליה · רב הונא: אי את תלית · מידי דעביד איניש בידיה לא מנשי ולא מסח דעתיה: ואי אינהו תלו לך · אתה לא היה דעתך לכך והם אינם זהירים בשלך ואסחו דעתייהו ולא תשקול לשון אחר משום מוקצה: **מתני'** אין משקין ושוחטין את המדבריות · משום מוקצה ובגמרא מפרש אמאי נקט משקין: **גמ'** מלתא אגב אורחיה · דתנא דה"ל לאורויי בבהמות מי מותרת ומי אסורה נקט אורחיה בלישנא דמשמע מינה מילתא חדתי בדרך ארץ: משום סרכא דמשכא · שתהא נוחה להפשיטה שהוא נדבק יותר מדאי בבשר: ונכנסות · לישוב: ברביעה · במרחשון: פצעילי תמרה · תמרים שאין מתבשלות באילן לעולם וגודרין אותן מהאילן ועושין להן חותלות הן כלי כפות תמרים וכונסין אותן לתוכן ומתבשלות: מהו · לאכול מהן ביום טוב: אלא

תוספות

ת"י [**אלא** אם כן זכה להן · תימה ל"ל זכה אפי' בירר חלק כל אחד ואחד נמי מידי דהוה אשואל דאמרינן לעיל (דף לח.) אע"פ שלא נתנו לו אלא ביו"ט וכו' וי"ל דשואל דעתיה טפי אכלי מאורחים על מנות]. [**תנן** ואם עירב הוא פירותיו כמוהו · מרישא דקתני ואם ערבו בני אותה עיר לא יביאו לא מצי למידק דאיכא למימר דלא ערבו הנפקדים]: **פצעילי** תמרה · פ"ה תמרים שאינם מתבשלין באילן לעולם וגודרין אותן מן הדקל ועושין להם חותלות וכונסין לתוכן ומתבשלות ומבעיא לר"ש מהו לאכול מהן ביו"ט ולא נהירא דפלעילי תמרה לא משמע הכי אלא פירושו דהוי פגי תמרה שסופן להיות נגמרין ומתוקין יפה יפה ועדיין לא נתבשלו ופולעין אותם אחת לשנים בסכין ומעלין אותן לגג ליבשן ולא הוו כגרוגרות ולמוקין דלא דחינהו בידים דלא היו ראוין מעולם:

רבינו חננאל

עמהן ופירק רב ששת זיכה שאני · מי שהיו לו פירותיו בעיר אחרת ועירבו בני אותה העיר לבוא אצלו לא יביאו לו מפירותיו ואם עירב פירותיו כמוהו: איתמר המפקיד פירות אצל חבירו רב אמר כרגלי המופקדין אצלו ושמואל כרגלי המפקיד · לימא אזדו לטעמייהו דתנן בב"ק בפרק שור שנגח את הפרה אם הכניס ברשות בעל חצר חייב רבי אומר בכולן אינו חייב עד שיקבל עליו בעל הבית לשמור · ואתמר אמר רב הונא אמר רב הלכה כחכמים ושמואל אמר הלכה כרבי אמר לך רב אנא דאמרי אפילו לר' עד כאן כו' וכבר פירשנוהו במקומו והא דתנן אם עירב פירותיו כמוהו דשמעינן מינה כרגלי המפקיד אוקמה רב בדיחד להן [קרן זוית] ולא קיבל להיות מופקדין אצלו לפיכך ברשות בעליו עומדין· רב חנא בר חנילאי תלא בישרא בעיברא דדשא והפקידו אצל בעל הבית בערב יו"ט ואתא ביו"ט לגבי רב הונא וא"ל מהו למישקליה ולמיזל היום בתחום שלי א"ל אי אנת תלית ליה בעיברא דדשא מוכחא מילתא דלא אפקדתיה לגבי מריה דביתא ואע"ג דאמר רב כרגלי המופקדים אצלו בכי האי גוונא מודי רב דהוא כרגלי המפקיד · ואי אנת אפקדתיה גביהו ואינהו תלו לא תשקול · ואקשינן וכי האי גוונא אי אינהו תלו והאמר שמואל שור של פטם כרגלי כל אדם דכיון דמכרזי עליה כל אדם דעתיה עילויה יכ"ש זה שכבר קנה א"ל רבינא לרב אשי א)ואי הוו איהו תלי שקיל והא"ר יוחנן הלכה כר' דוסא דאמר הלוקח בהמה מחבירו מעיו"ט אע"פ שלא נתנה לרועה אלא ביו"ט הרי הוא כרגלי הרועה ואוקימנא ברועה אחד א"ל רב אשי לרב כהנא ואי

עין משפט נר מצוה

נח א מיי' פ"ה מהל' יו"ט הלכה יב טוש"ע א"ח סימן תג סעיף יח:

נט ב מיי' פ"ג מהל' נזקי ממון הלכה יד סמג עשין סו טור ש"ע ח"מ סימן שצג סעיף א:

ס ג מיי' פ"ה מהלכות יו"ט הלכה יג טוש"ע א"ח סי' תג סעיף יז:

סא ד ה מיי' פ"ב מהלכות יו"ט הל' ב סמג לאוין עה טוש"ע א"ח סימן תצז סעיף ב וסימן תצח סעיף ג:

סב ו מיי' פכ"ו מהל' שבת הלכה יד סמג לאוין סה טוש"ע א"ח סימן שי סעיף ב:

מסורת הש"ס

ב"ק מז: נט: ב"מ פא: · [שבת קכח.] · לעיל לח. · [לעיל לז:] · לעיל יז: · שבת מה: קנז. · שבת מה: ותוספתא פ"ד

...נהו תלו לא שקיל והתנן השואל כלי מחבירו מערב יו"ט כרגלי השואל · הנה אע"פ שהן ברשות המשאיל כרגלי השואל הן ואסיקנא אלא רב הונא הכי קאמר רב חנא בר חנילאי גברא רבה וטריד בשמעתיה הוא אי איהו תלא גלי דעתיה דכי יהיב סימנא שקיל ליה ולא מסח דעתיה ואי אינהו תלו חייש דלמא מחלפי ליה ב) ומסח דעתיה מיניה: מי שזמן אצלו אורחין לא יביאו בידם מנות א"כ זיכה להן במנותיהן מערב יו"ט: [מתני'] אין משקין ושוחטין המדבריות אבל משקין ושוחטין את הבייתיות · למה לי למיתנא משקין ושוחטין מילתא אגב אורחיה קמ"ל דלישקי איניש והדר לישחוט מ"ט דכי איכא ...יכא משמטא · ג) ת"ר אלו הן מדבריות שיוצאות ורועות בפסח ונכנסות ברביעה [ראשונה] בייתיות שיוצאות ורועות חוץ לתחום ובאות ולנות בתוך התחום · ר' אומר אלו ואלו בייתיות הן · אלו הן מדבריות שיוצאות

א) נראה דצ"ל ואי אינהו תלו ליה לא שקיל. ב) נראה דרבינו ז"ל ס"ל דכיון דמסח דעתיה מיניה אסור משום התחומין וכן פי' הרב המאירי ז"ל בשם המפרשים ז"ל ואולי דכוון על רבינו ז"ל. ג) כ"ה ג...י"ף ז"ל ועי' בש"ך יו"ד סימן ל"ט ס"ק ל"ב.

אלא גרוגרות וצמוקין בלבד איבעית אימא הני נמי כגרוגרות וצמוקין דמי ואיבעית אימא לדבריו דר"ש קאמר וליה לא ס"ל ואיבעית אימא לדבריהם דרבנן קאמר להו לדידי אין מוקצה אלא לדידכו אודו לי מיהת היכא דיוצאות ורועות בפסח ונכנסות ברביעה ראשונה דבייתות הן ואמרו ליה רבנן לא מדבריות הן :

אלא בגרוגרות וצמוקין · שכן מתחלה ראויין לאכילה והוא דחה אותן בידים להעלותן ליבשן ושוב אינן ראויין עד שייבשו אבל אלו לא דחה אותן בידים ואיכא דאכיל מנייהו הכי קא סלקא דעתיה מדפרים ליה מילתיה דר"ש אלמא כר"ש ס"ל: איבעית אימא הני · מדבריות שאין נכנסות ליישוב כלל כגרוגרות וצמוקין דמיין שמקצה אותן מאלנו בידים : ואיבעית אימא · אין מוקצה לר"ש קאמר ליה אבל לדידי יש מוקצה:ואב"א· מתני' לדבריהם דרבנן דאית להו מוקצה קאמר להו :

שיוצאות ורועות באפר ואין נכנסות בישוב לא בימות החמה ולא בימות הגשמים ומקשינן ומי אית ליה לר' מוקצה כלל דקתני אלו הן מדבריות והא בעא מיניה ר' שמעון ב"ר מר' פצעילי תמרה לר' שמעון מהו ואמר ליה אין מוקצה לר' שמעון אלא גרוגרת וצימוקין בלבד איבעית אימא הני נמי כגרוגרות וצימוקין דמו ואיבעית אימא לדבריו דר' שמעון קאמר וליה לא סבירא ליה ואיבעית אימא לדבריהם דרבנן קאמר להו לדידי אין מוקצה לדידכו דאית לכו מוקצה אודו לי מיהא דהיכא דיוצאות בפסח ונכנסות ברביעה דבייתיות הן ואמרו לו לא מדבריות הן : תוספתא מי שזימן אצלו אורחים לא יוליכו בידם מנות אלא אם כן זיכה להן על ידי אחר מנותיהן מערב יום טוב מה הן מוציאין מבית המשתה חת'כה

הדרן עלך משילין פירות וסליקא מסכת ביצה

א) דקלוסתא וביצה מתובלת ר' שמעון בן גמליאל אומר מקום שנהגו לחלק אגוזים וקליות בעורלם יוליכו בניו ובני ביתו קטנים הולכין עמו לבית האבל ולבית המשתה למקום שנהגו ולא יתן מסנותיו לבנו ולבתו של בעל הבית מפני האיבה · אין חפין ואין מתגרדין ביום טוב ב) אבל מדיחין את הכלים בנתר ג) ושפין כלי כסף בקרקטין · אין חפין את הכלים בנתר ביום טוב · אבל מדיחין אותן במלח ובמורסן בשבת ואין צ"ל ביו"ט · אלו הן המדבריות היוצאות בפסח ונכנסות ברביעה בייתיות כל שלנים בתוך התחום · רבי אומר אלו ואלו היוצאות חוץ לתחום אע"פ שאין נכנסין לתוך התחום אלא משחשכה מותר לשוחטן ביום טוב · ואלו הן מדבריות הרועות באפר לעולם · מיהא שמעינן דכל מידי דחזי לאינש דעתיה עילויה ואפילו הא דאמר רב נחמן עז לחלבה ורחל לגיזתה ותרנגולת לביצתה ד) קיימא לן כרבי ותורי דרידיא ותמרי דעסקא באנו למחלוקת רבי יהודה ורבי שמעון הא בהדיא קיימא לן הלכתא כרבי שמעון ואף על פי דביום טוב קיימא לן כרבי יהודה הני מילי כגון נולד ומוקצה מחמת איסורו וכיוצא באלו אבל הני כולו שרי ביום טוב :

א) בתוספתא ספ"ד הגי' תתיכות וגלוסקמא ומלה מתובלת. ב) בתוספתא כאן הגי' ואין מדיחין את הכלים בנתר ביו"ט אבל מדיחין אותן במלח ובמורסן וכו' וע"ע בשבת דף נ' ע"א ובב"י או"ח ס"ס שכ"ג ודו"ק היטב. ג) בתוספתא ספ"ד איתא ואין שפין כלי כסף בקרקטין ומיהו רבינו אפשר דגריס בתוספתא דשפין כלי כסף וכו' וכ"ה בירושלמי ביצה פ"ד הלכה ג' ובירושלמי שם הגי' בקרטיקון כמש"כ רבינו וכ"ה במוסף הערוך בערך גרתיקון ובערך קרטס ע"ש. ד) נראה דצ"ל ותרנגולת לביצתה ותורא דרדיא ותמרי דעסקא באנו למחלוקת ר"י ור"ש קי"ל דשרי דהא בהדיא קי"ל וכו' ועי' ברי"ף שהביא לדעת רבינו ע"ש היטב.

הדרן עלך משילין פירות וסליקא לה מסכת ביצה

אחר השלמת המסכת יאמר זה וויעיל לשכחה בעזה"י

*) **הדרן** עלך מסכת ביצה והדרך עלן דעתן עלך מסכת ביצה ודעתך עלן לא נתנשי מינך מסכת ביצה ולא תתנשי מינן לא בעלמא הדין ולא בעלמא דאתי :

יאמר כן שלש פעמים ואחר כך יאמר זה :

יהי רצון מלפניך יי' אלהינו ואלהי אבותינו שתהא תורתך אומנותנו בעולם הזה ותהא עמנו לעולם הבא **) חנינא בר פפא רמי בר פפא נחמן בר פפא אחאי בר פפא אבא מרי בר פפא רפרם בר פפא רכיש בר פפא סורחב בר פפא אדא בר פפא דרו בר פפא :

הערב נא יי' אלהינו את דברי תורתך בפינו ובפיות עמך בית ישראל ונהיה כולנו אנחנו וצאצאינו וצאצאי עמך בית ישראל כולנו יודעי שמך ולומדי תורתך : מאויבי תחכמני מצותיך כי לעולם היא לי : יהי לבי תמים בחקיך למען לא אבוש : לעולם לא אשכח פקודיך כי בם חייתני : ברוך אתה יי' למדני חקיך : אמן אמן אמן סלה ועד :

מודים אנחנו לפניך ה' אלהינו ואלהי אבותינו ששמת חלקנו מיושבי בית המדרש ולא שמת חלקנו מיושבי קרנות שאנו משכימים והם משכימים אנו משכימים לדברי תורה והם משכימים לדברים בטלים אנו עמלים והם עמלים אנו עמלים ומקבלים שכר והם עמלים ואינן מקבלים שכר אנו רצים והם רצים אנו רצים לחיי העולם הבא והם רצים לבאר שחת שנאמר ואתה אלהים תורידם לבאר שחת אנשי דמים ומרמה לא יחצו ימיהם ואני אבטח בך :

יהי רצון מלפניך ה' אלהי כשם שעזרתני לסיים מסכת ביצה כן תעזרני להתחיל מסכתות וספרים אחרים ולסיימם ללמוד וללמד לשמור ולעשות ולקיים את כל דברי תלמוד תורתך באהבה וזכות כל התנאים ואמוראים ותלמידי חכמים יעמוד לי ולזרעי שלא תמוש התורה מפי ומפי זרעי וזרע זרעי עד עולם ויתקיים בי בהתהלכך תנחה אותך בשכבך תשמור עליך והקיצות היא תשיחך : כי בי ירבו ימיך ויוסיפו לך שנות חיים : אורך ימים בימינה בשמאלה עושר וכבוד : יי' עוז לעמו יתן יי' יברך את עמו בשלום :

יתגדל ויתקדש שמיה רבא בעלמא דהוא עתיד לאתחדתא ולאחיא מתיא ולאסקא לחיי עלמא ולמבני קרתא דירושלם ולשכלל היכליה בגוה ולמעקר פולחנא נוכראה מארעא ולאתבא פולחנא דשמיא לאתריה וימליך קודשא בריך הוא במלכותיה ויקריה בחייכון וביומיכון ובחיי דכל בית ישראל בעגלא ובזמן קריב ואמרו אמן : יהא שמיה רבא וכו' יתברך וכו' על ישראל וכו' יהא שלמא וכו' עושה שלום וכו' :

*) [פי' הגון על זה תמצא בס' החיים שחיבר אחי הגאון מהר"ל מפראג בס' זכיות ח"א פ"ג] **) [בסיומא וסוף תשובת הרמ"א ז"ל וכן בסוף יש"ש בב"ק כתוב רמזים על הזכרת שמות אלו] :

him: According to R. Simeon [40b] only dry figs and raisins[7] come under the category of *mukzeh!*—If you like, say: These[8] also are like dry figs and raisins. And if you like, say: He [Rabbi] answered him[9] according to the opinion of R. Simeon, but he himself is not of this opinion.[10] Alternatively, say: He [Rabbi] said this according to the opinion of the Rabbis. According to my view, there is [absolutely] no *mukzeh;* but even on your view, you should agree with me at all events that such [animals] as are led out and graze about the time of Passover and who are led in at the time of the first rainfall are household animals. And the Rabbis replied to him: No, such are pasture animals.

(7) Because they were formerly edible and have been set aside for drying. (8) Animals which shun the habitation of men. (9) His son. (10) He himself extended the law of *mukzeh* even to these.

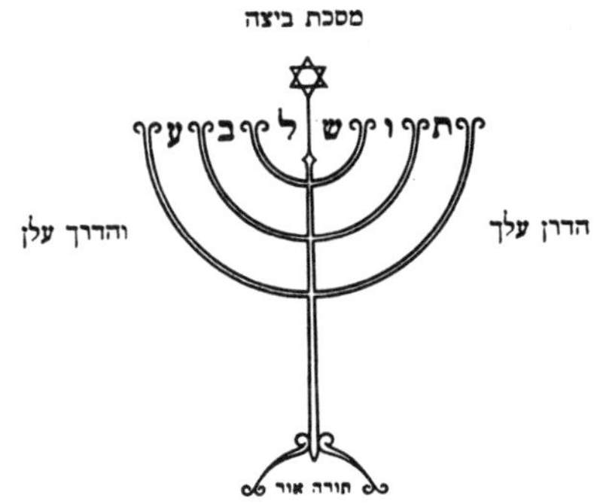

חידושי הגאון מוה"ר ר' משה פיינשטיין שליט"א

ביצה

דף כ"ז. ברש"י ד"ה הוה ליה ההוא בוכרא והיו לו בביתו כהנים סמוכין על שלחנו ואוכלין בכורות. ולכאורה תמוה, דבאופן זה שהכהנים סמוכים על שלחנו דר' יהודה נשיאה מסתבר שלא יצא ידי מצות נתינה לכהן אף שהכהנים יאכלו דהא הבכור נשאר שלו והכהנים נחשבים שאוכלים משלו. וגם הא עצם מצות נתינת הבכור לכהן הוא מחיים דאם שחטו הישראל הא הוא שינוי מעשה דפטור כמו צבעו דראשית הגז דתנן בחולין דף קל"ה דפטור ואיך היה ר' יהודה נשיאה שוחטם להבכורות ונותן להכהנים לאחר שחיטה. ואף שר"י נשיאה שחטו על מנת ליתן לכהנים ולא קנה בהשינוי שלא נפטר, מ"מ עיקר המצוה הוא ליתן מחיים ולמה שינה ליתן לאחר שחיטה. וצריך לומר שודאי היה נותן מחיים להכהן ולכן היה יכול ליתן אף לכהנים הסמוכים על שלחנו שעתה שיהיה להם הבכור יאכלו משל עצמן דכיון שיש להם לא יאכלו משל ר' יהודה נשיאה, ובא רש"י לתרץ מ"ט לא נתן להכהן כשהיה תמים והכהן יטפל בו, דהא חזינן שדבי נשיאה נטפלו בכל הבכורות דהרי אמי ורבינאה חזי בוכרא דבי נשיאה הוה הרי שהיה להם חכם מיוחד לראות הבכורות וא"כ א"א לפרש שנזדמן להם ספק בכור שהיה זה דבר שאינו מצוי ולא היו מייחדין ע"ז חכם מיוחד, ולכן תירץ שמחמת שהיו כהנים סמוכין על שלחנו נטפל הוא בהבכורות עד שהומם ואף אם היה נותן לו כשהוא תמים נמי היה רועה בעדרו שהרי סמוכים על שלחנו היו, ומאחר שבכל אופן היה בעדרו לא היה נותן להם עד שהומם מחמת דהכהנים אינם נאמנים והוא נאמן. ומתורץ בזה גם קושית הרש"ש מזה שבכור מותר שכהוא בע"מ גם לזרים עיי"ש.

בתוספות ד"ה אלא ופסק ר' דהלכה כר' יהודה דהלכה כר"מ בגזרותיו ולא בקנסותיו. אבל הרמב"ם פ"ג מבכורות

Novellae of HaGaon Rabbi Moshe Feinstein

Beẓah

27a — Rashi: Had a firstling—and there were *kohanim* in his house whom he supported, and they would eat firstlings.

Rashi's statement is astonishing, because if Rabbi Judah the Prince supported these *kohanim,* it is probable that, by feeding them the flesh of firstlings, he does not fulfill his duty of giving the animals to the *kohen.* Although the *kohanim* eat it, since the firstling remains his, and the *kohanim* are regarded as eating his, he has never given the firstling to the *kohen.* [I.e., the *kohanim* never acquired title to the animal; but were merely permitted to partake of the flesh at R. Judah's table.]

Moreover, the proper way to fulfill this mitzvah is by giving the live animal to the *kohen,* for, if the Israelite slaughters it, he acquires it for himself, just as a robber acquires the stolen article by effecting a change in it. We find an analogy in Ḥulin 135, that if one dyed the wool before giving it to the *kohen,* he becomes free from the precept of giving the first fleece to the *kohen.* Why, then, did R. Judah the Prince first slaughter the firstlings and then feed them to the *kohanim?* Although R. Judah slaughtered the firstlings with the intention of giving them to the *kohanim,* not to acquire them for himself, we still have no justification for his slaughtering them before giving them to the *kohanim,* instead of fulfilling the mitzvah in the preferable manner.

We must perforce conclude that he did, in fact, give the live animals to the *kohanim.* He could, therefore, give even to *kohanim* whom he supported, for now they would have their own meat and would not find it necessary to eat at his table. Rashi wishes to explain why R. Judah the Prince did not give the firstlings to the *kohanim* when the animals were still unblemished and let them raise them. Instead, we find that R. Judah the Prince always raised the firstlings, as we find in the *Gemara* that Ammi of Wardenai used to examine the firstlings in the household of the Prince. We see that he had a special rabbi appointed to examine his firstlings and to decide had a special rabbi appointed to examine his firstlings and to decide whether they were blemished and permissible to be slaughtered. We cannot account for this by assuming that these animals were dubious firstlings, and, therefore, not given to the *kohen,* because that is unusual, and a special rabbi would not be necessary to decide such cases.

Rashi, therefore, answers that these *kohanim* were supported by R. Judah the Prince. He, therefore, raised them until they became blemished. Even if he would give them to the *kohen* before it developed a blemish, it would graze in his pasture with his flocks, since he supported the *kohanim.* Since, in any case, the animals would graze with his flocks, he did not give them to the *kohanim* until they became blemished, because *kohanim* are suspected of lying about the blemishes of a firstlings, whereas, he, an Israelite, was not suspect.

With this explanation, we can resolve the difficulty posed by *Reshash,* that a blemished firstling is permissible even for non*kohanim.* Why does Rashi specify that the *kohanim* ate firstlings? [According to this explanation, it is resolved, because Rashi merely tells that Rabbi Judah the Prince gave the firstlings to the *kohanim* to eat for themselves, not that he fed them the flesh of the firstlings, for, had he owned such flesh, he could indeed feed it to Israelites as well.]

Tos. s.v. אלא Rabbi Isaac decided that the halachah is in accordance with R. Judah, since the *halachah* is as R. Meir in his preventive prohibitions but not in his penalties. Rambam

חידושי הגאון מוה"ר ר' משה פיינשטיין שליט"א

ה"ד והשו"ע סימן ש"י סעיף א' פסקו כר"מ משום דהלכה כר"מ בגזרותיו כדאיתא בכ"מ. ומחלקותם הוא משום דבגמרא אמר תחלה בקנסא פליגי ואח"כ אמר לשון גזרינן ולבסוף נמי אמר ש"מ קנסא הוא אם לשון קנסא לאו דוקא או לשון גזרה לאו דוקא, ומתורץ קושית הגר"א סק"א על הרא"ש בכורות דף כ"ח דהוכיח הרא"ש שהוא גזרה מלשון מפני המשתנין שבברייתא מי עדיף ממה שאמר בהדיא בגמרא לשון גזירה דהא כיון שאיכא ב' הלשונות אין לידע איזה לשון הוא העיקר לכן הביא מלשון מפני המשתנין שבברייתא שמזה ראיה דלשון קנסא לאו דוקא ומשמע כן לשון הרא"ש שזהו כוונתו עיי"ש. אבל הא תמוה על מה ששני הגמרא בלישניה ולא דייק בדבר שאפשר לטעות בו, ולכן אמינא שמזה הוא הוכחת רש"י ותוספות שקנסא הוא עיקר, אבל הוצרך הגמרא לגזרה מטעם שלא היה שייך לקנוס שלא לאכלו בלא טעם הגזרה דהיה זה כמו אם היו קונסין אותו שלא יאכל שור אחר בשביל שעשה איסור דמה לנו שור זה או שור אחר, ולכן אמר הגזירה שהוא טעם בבכור זה, ומטעם הגזרה לבד לא היה אפשר לאסור דהא התרת בכור לא מסור אלא לחכמים גדולים שנטלו רשות מבי נשיאה שלא אפשר שיבואו לטעות גם במשתנין לראות אחר שחיטה ולכן העיקר הוא לקנסא, והגזרה הועילה לחלק הבכור משור אחר שלא יתמהו אינשי מ"ש משאר שורים דיאמרו שהוא משום שאיכא שמשתנין, וכיון שעיקר הטעם הוא משום קנסא שפיר פסקו התוס' כר' יהודה, ושיטת הרמב"ם והרא"ש והש"ע תמוה, ואולי מפני שקנס זה הצרך לגזרה ג"כ סברי שהוא ג"כ בכלל הלכה כר"מ בגזרותיו ורק בקנסא לבד בלא שום ריח גזרה אין הלכה כר"מ כגון במעוברת חברו ומינקת חברו שר"מ קנס שלא יחזיר עולמית אין הלכה כר"מ אבל בקנס שהוצרך לגזרה הוא בכלל הלכה כר"מ בגזרותיו.

(hil. Bekoroth 3:4) and Shulchan Aruch 301:1, however, rule in accordance with R. Meir, since the halachah is as R. Meir in his preventive prohibitions, as we find in many places. The difference between Tosafoth and Rambam is based on the wording of the Talmud, which states first that the dispute between R. Meir and R. Judah is involved with a penalty, and later it states that it is involved with a preventive prohibition, and still later, the Talmud again uses the expression of penalty, by concluding: Conclude therefrom that [R. Meir merely] penalizes [him]. The question is whether the expression of penalty is not exact or whether the expression of preventive prohibition is not exact.

With this interpretation, we can reconcile the difficulty posed by the Gaon of Vilna (ibid. subparagraph 1) on Rosh (Bek. 28) who proves that the question involves a preventive prohibition from the wording of the Baraitha, "Because it changes." He questions why Rosh does not cite the wording of the Gemara, which states explicitly that it is a preventive prohibition. Rosh obviously does so since the wording of the Gemara, in which we find both expressions, is not conclusive. He, therefore, cites the wording of the Baraitha, "Because it changes," which is conclusive that the expression of penalty in the Gemara is not exact. From Rosh's wording, this appears to be his intention.

It is, however, difficult to understand why the Gemara does indeed change the wording in a case in which one can easily err. I, therefore, conclude that Rashi and Tosafoth deduce from this change that the Gemara's true intention is that it is a penalty. The Gemara mentions preventive prohibition, because otherwise it would be impossible to penalize, thereby prohibiting the flesh to be eaten, for this would be analogous to penalizing one by prohibiting him from eating the flesh of one animal because he committed a transgression with another animal. The Talmud, therefore, states that the preventive prohibition is a reason to prohibit this animal. The reason of preventive prohibition alone does not suffice, however, since the function of ruling on the blemishes of a firstling is delegated only to erudite sages who have been licensed by the Prince, who would not err by permitting blemishes that change after death. Hence, the main reason is that of a penalty, and the preventive prohibition is merely to distinguish between this animal and another. If people wonder why this animal is prohibited more than another, we will answer that some blemishes change after death. Since the principle reason is the penalty, and the reason of preventive prohibition is merely to distinguish between this animal and another, Tos. rules that this is considered a penalty and the halachah is as R. Judah. Rambam, Rosh,and Shulchan Aruch, however, rule that, since this penalty requires a preventive prohibition, it is included in the rule that the halachah is as R. Meir in his preventive prohibitions. Only in those penalties which are in no way related to preventive prohibition, is the halachah not decided as R. Meir, e.g. the case of one marrying a woman already pregnant from her previous husband, or one nursing a child she had by her previous husband, in which case R. Meir penalizes the one who married her ever to marry her again. In such cases, the halachah is not decided in accordance with R. Meir, but in the cases of penalties which necessitate preventive prohibitions, the halachah is indeed decided according to R. Meir just as other preventive prohibitions.

ABBREVIATIONS

Alfasi	R. Isaac b. Jacob Alfasi (1013-1103).
Aruk	Talmudic Dictionary by R. Nathan b. Jeḥiel of Rome (d. 1106).
Asheri	R. Asher b. Jeḥiel (1250-1327).
A.Z.	'Abodah Zarah.
b.	ben, bar: son of.
B.B.	Baba Bathra.
BaḤ.	Bayith Ḥadash, Glosses by R. Joel b. Samuel Sirkes (1561-1640).
Bek.	Bekoroth.
Ber.	Berakoth.
B.Ḳ.	Baba Ḳamma.
B.M.	Baba Meẓi'a.
Cur. ed(d).	Current edition(s).
D.S.	*Diḳduḳe Soferim* by R. Rabbinowicz.
'Ed.	'Eduyyoth.
E.J.	*Encyclopaedia Judaica.*
'Er.	'Erubin.
E.V.	English Version.
Giṭ.	Giṭṭin.
Glos.	Glossary.
Ḥag.	Ḥagigah.
Hor.	Horayoth.
Ḥul.	Ḥullin.
J.E.	*Jewish Encyclopedia.*
J.T.	Jerusalem Talmud.
Jast.	M. Jastrow's Dictionary of the Targumim, the Talmud Bible and Yerushalmi, and the Midrashic Literature.
Keth.	Kethuboth.
Ḳid.	Ḳiddushin.
Ma'as.	Ma'asroth.
Mak.	Makkoth.
Meg.	Megillah.
Men.	Menaḥoth.
MGWJ.	*Monatsschrift für Geschichte und Wissenschaft des Judentums.*
M.Sh.	Ma'aser Sheni.
MS.M.	Munich Codex of the Talmud.
Naz.	Nazir.
Ned.	Nedarim.
Nid.	Niddah.
Obermeyer	Obermeyer J., *Die Landschaft Babylonien.*
P.B.	*The authorised Daily Prayer Book*, S. Singer.
Pes.	Pesaḥim.
R.	Rab, Rabban, Rabbenu, Rabbi.
Rashal	Notes and Glosses on the Talmud by R. Solomon Luria (d. 1573).
Rashi	Commentary of R. Isaac Yiẓḥaḳi (d. 1105).
R.H.	Rosh Hashanah.
R.V.	Revised version of the Bible.
Sanh.	Sanhedrin.
Shab.	Shabbath.
Sheḳ.	Sheḳalim.
Sonc. ed.	English Translation of the Babylonian Talmud. Soncino Press, London.
Soṭ.	Soṭah.
Suk.	Sukkah.
T.A.	*Talmudische Archäologie*, by S. Krauss.
Ta'an.	Ta'anith.
Ter.	Terumoth.
Tosaf.	Tosafoth.
Tosef.	Tosefta.
Wilna Gaon	Notes by Elijah of Wilna (1720-1797) in the Wilna editions of the Talmud.
Yeb.	Yebamoth.
Zeb.	Zebaḥim.

TRANSLITERATION OF HEBREW LETTERS

א (in middle of word)	= '
ב	= b
ו	= w
ח	= ḥ
ט	= ṭ
כ	= k
ע	= '
פ	= f
צ	= ẓ
ק	= ḳ
ת	= th

Full particulars regarding the method and scope of the translation are given in the Editor's Introduction in the first Shabbath volume (Mo'ed, Vol. I).

GLOSSARY

AGGADAH (Lit., 'tale', 'lesson'); the name given to those sections of Rabbinic literature which contain homiletic expositions of the Bible, stories, legends, folk-lore, anecdotes or maxims. Opposed to *halachah*, q.v.

'AM HA-AREẒ pl. *'amme ha-areẓ*, (lit., 'people of the land', 'country people'); the name given in Rabbinic literature to (*a*) a person who through ignorance was careless in the observance of the laws of Levitical purity and of those relating to the priestly and Levitical gifts. In this sense opposed to *ḥaber*, q.v.; (*b*) an illiterate or uncultured man, as opposed to *talmid ḥakam*, q.v.

'AMIDAH (Lit., 'standing'); the Eighteen Benedictions (seven on Sabbaths and Festivals) which the worshipper always recites in a standing posture.

AMORA. 'Speaker', 'interpreter'; originally denoted the interpreter who attended upon the public preacher or lecturer for the purpose of expounding at length and in popular style the heads of the discourse given to him by the latter. Subsequently (pl. Amoraim) the name given to the Rabbinic authorities responsible for the Gemara, as opposed to the Mishnah or Baraitha (v. Tanna).

BARAITHA (Lit., 'outside'); a teaching or a tradition of the Tannaim that has been excluded from the Mishnah and incorporated in a later collection compiled by R. Ḥiyya and R. Oshaiah, generally introduced by 'Our Rabbis taught', or, 'It has been taught'.

BERERAH (Lit., 'choice'); the selection retrospectively of one object rather than another as having been designated by a term equally applicable to both.

BETH AB (*Beth* 'house' and *Ab* 'father') 'family', one of the six family divisions into which each of the eight major divisions of the priests and Levites (*mishmar*, q.v.) was subdivided for the purpose of the Temple service.

BETH DIN (Lit., 'house of law or judgment'); a gathering of three or more learned men acting as a Jewish court of law.

BINYAN AB (Lit., 'constructing of a family'); a norm of interpretation denoting that a certain Biblical passage is regarded as having laid the foundation of a family, because it *is* the *principal passage* from which is derived the explanation to passages which are similar to it.

DENAR. *Denarius*, a silver or gold coin, the former being worth one twenty-fourth (according to others one twenty-fifth) of the latter.

'ERUB (Lit., 'mixture'); a quantity of food, enough for two meals, placed (*a*) 2000 cubits from the town boundary, so as to extend the Sabbath limit by that distance; (*b*) in a room or in a courtyard to enable all the residents to carry to and fro in the courtyard on Sabbath.

'ERUB TABSHILIN (Lit., 'mixture of dishes'); a dish prepared on the eve of a Festival immediately preceding Sabbath enabling the preparing of food on the Festival for the Sabbath.

ETHROG. A fruit of the citrus family used with the palm leaves, myrtle and willows on the Festival of Tabernacles. Cf. Lev. XXIII, 40.

HABDALAH (Lit., 'separation'); the blessing (usually made over wine) by which the Sabbath or any other holy day is ushered out.

ḤABER. 'Fellow', 'associate', opp. to *'am ha-areẓ* (q.v.); one scrupulous in the observance of the law, particularly in relation to ritual cleanness and the separation of the priestly and Levitical dues.

HAKANAH. 'Preparation' for use on the Sabbath or Festival; used as a technical term with reference to והכינו Ex. XVI, 5.

HALACHAH (Lit., 'step', 'guidance'), (*a*) the final decision of the Rabbis, whether based on tradition or argument, on disputed rules of conduct; (*b*) those sections of Rabbinic literature which deal with legal questions, as opposed to the *Aggadah*.

ḤALIẒAH (Lit., 'drawing off'); the ceremony of taking off the shoe of the brother of a husband who has died childless. (V. Deut. XXV, 5-9.)

ḤALLAH. The portion of the dough which belongs to the priest (v. Num. XV, 20f); in the Diaspora this is not given to the priest but burnt.

ḤELEB. The portion of the fat of a permitted domestic animal which may not be eaten; in sacrifices that fat was burnt upon the altar.

KIL'AYIM (Lit., 'junction of diverse kinds'); the prohibition either (*a*) of seeds or plants for sowing; (*b*) of animals for propagation; and (*c*) of material containing wool and linen for wearing (v. Lev. XIX, 19; Deut. XXII, 9ff).

LULAB. The palm-branch used in the ceremony of the Feast of Tabernacles (v. Lev. XXIII, 40).

MA'AH. The smallest current silver coin, weighing sixteen barleycorns, equal in value to two *dupondia*, a sixth of the silver *denar* or *zuz*.

MIDRAS (Lit., 'treading', 'pressure'); denotes the degree of defilement communicated to an object by one having an issue (*Zab*, q.v.) sitting, standing or lying upon it, or leaning against it.

MINḤAH (Lit., 'meal-offering'); the afternoon service.

MISHMAR (rt. SHaMaR, 'to keep'), a guard of priests and Levites representing one of the eight divisions which carried on the Temple services in rotation. The *mishmar* again was subdivided into smaller groups each being designated *beth ab*, q.v.

MISHNAH (rt. SHaNaH, 'to learn', 'to repeat'); (*a*) the collection of the statements, discussions and Biblical interpretations of the Tannaim in the form edited by R. Judah the Patriarch c. 200; (*b*) similar minor collections by previous editors; (*c*) a single clause or paragraph the author of which was a Tanna.

MUKAN (Lit., 'prepared', 'set in readiness'); a term describing an object as being in a state of preparedness and fitness before a Festival for such use as may become desirable on the Festival.

MUKẒEH (Lit., 'set aside'); that which may not be used or handled on the Sabbath or Festivals, though its use does not constitute actual labour.

NEBELAH (pl. *nebeloth*); an animal slaughtered in any manner other than that prescribed by Jewish ritual law; the least deviation therefrom, e.g., if the knife has the slightest notch, renders the animal *nebelah*.

NIDDAH. A woman in the period of her menstruation.

NISAN. The first month of the year in the Jewish calendar, corresponding to March or April.

NOTHAR ('left over'); portions of sacrifices left over after the prescribed time within which they must be eaten.

PARASANG. A Persian mile, about 4000 yards.

SANHEDRIN (συνέδριον); the council of state and supreme tribunal of the Jewish people during the century or more preceding the fall of the Second Temple. It consisted of seventy-one members, and was presided over by the High Priest. A minor court (for judicial purposes only) consisting of twenty-three members was known as the 'Small Sanhedrin'.

SHEBUTH (Lit., 'cessation'); an act forbidden by the Rabbis to be performed on the Sabbath.

SHECHINAH (Lit., 'abiding [of God]', 'Divine presence'); the spirit of the Omnipresent as manifested on earth.

SHECHITAH. Ritual slaughter, without which an animal is not fit for food.

SHEḲEL. Coin or weight, equal to two *denarii* or ten *ma'ah* (q.v.). The sacred *sheḳel* was worth twenty *ma'ah* or *gerah* (cf. Ex. XXX, 13), twice the value of the common *sheḳel*.

TALMID ḤAKAM (Lit., 'disciple of the wise'); scholar, student of the Torah.

ṬEBEL. Produce, already at the stage of liability to the Levitical and priestly dues (v. *Terumah*), before these have been separated.

TEFILLIN. Phylacteries; small cases containing passages from the Scripture and affixed to the forehead and arm during the recital of morning prayers, in accordance with Deut. VI, 8.

TEḤUM. The boundary beyond which one must not walk on the Sabbath, which is 2.000 cubits without the town limits; this can be extended by another 2.000 cubits by means of an *'erub*, q.v.

TERUMAH. 'That which is lifted or separated'; the heave-offering given from the yields of the yearly harvests, from certain sacrifices, and from the *shekels* collected in a special chamber in the Temple (*terumath ha-lishkah*). *Terumah gedolah* (great offering): the first levy on the produce of the year given to the priest (v. Num. XVIII, 8ff). Its quantity varied according to the generosity of the owner, who could give one-fortieth, one-fiftieth, or one-sixtieth of his harvest. *Terumath ma'aser* (heave-offering of the tithe): the heave-offering given to the priest by the Levite from the tithes he receives (v. Num. XVIII, 25ff).

TISHRI. The seventh month of the Jewish calendar, corresponding to September or October.

TORAH (Lit., 'teaching', 'learning', 'instruction'); (*a*) the Pentateuch (Written Law); (*b*) the Mishnah (Oral Law); (*c*) the whole body of Jewish religious literature.

ṬREFA or ṬEREFA (Lit., 'torn'); (*a*) an animal torn by a wild beast; (*b*) any animal suffering from a serious organic disease, whose meat is forbidden even if it has been ritually slaughtered.

ZAB (fem. ZABAH). The biblical term for a person who has experienced seminal emission (Lev. XV, 2).

ZUZ. A coin of the value of a *denarius*, six *ma'ah*, or twelve *dupondia*.

CORRIGENDA

On page 2b line a1 for 'A hen and' read 'A hen kept for laying and'.

On page 2b line a2 for 'may be eaten' read 'Beth Shammai say: They may be eaten:'.

On page 8b line a14 for 'command![8]' read 'command! But here the infringement of the negative command precedes the fulfilment of the positive command![8].

On page 15a note c1 for 'Cf. A.Z. 70b;' read 'Cf. A.Z. (Sonc. ed.) 70a;'.

On page 17a note a5 for 'cf. *P.B.* p. 229.' read 'cf. *P.B.* (new ed.) p. 312.'.

On page 17a note a6 for 'v. *P.B.* p. 228.' read 'v. *P.B.* (new ed.) p. 311.'.

On page 17a note a12 for 'Cf. *P.B.* p. 50.' read 'Cf. *P.B.* (new ed.) p. 52.'.

On page 17a note b2 for '*P.B.* p. 51.' read '*P.B.* p. 51 (new ed.) p. 53.'.

On page 17a note b4 for 'cf. *P.B.* p. 233.' read 'cf. *P.B.* (new ed.) p. 318.'.

On page 21a note a9 for 'Cf. P.B. pp. 279–280.' read 'Cf. P.B. (new ed.) pp. 377–378.'.

On page 29a note b2 for 'that he may' read 'that he might'.

On page 32a note b7 for 'V. Ed., Sonc. ed. p. 12, n. 9.' read 'V. Ed. (Sonc. ed.) Mish. 5 n. 9.'.

תלמוד בבלי

מסכת

שקלים

תלמוד בבלי

מסכת
שקלים

עם פירוש רש״י ותוספות
ובצירוף תרגום ופירוש והערות באנגלית

על ידי
משה צבי סגל ז״ל

בעריכת
יחזקאל (איזידור) אפשטיין ז״ל

דפוס שונצין
שנת להחזיר העטרה ליושנה לפ״ק
לונדון

HEBREW-ENGLISH EDITION OF
THE BABYLONIAN TALMUD

SHEḲALIM

TRANSLATED INTO ENGLISH
WITH NOTES, GLOSSARY AND INDICES BY
RABBI M. H. SEGAL, M.A.
UNDER THE EDITORSHIP OF
RABBI DR I. EPSTEIN, B.A., PH.D., D.LITT.

LONDON
THE SONCINO PRESS
1983

PUBLISHERS' NOTE

This HEBREW-ENGLISH EDITION of THE SONCINO TALMUD is being published to facilitate the easier reference to the original text by scholars and students.

The Soncino Press is privileged to be able to include the Hebrew text of Tractate Shekalim from the Blackman Mishnayoth (© Copyright 1963 Judaica Press Ltd), and we wish to thank Judaica Press Ltd for their permission to include this.

The Publishers wish to express their sincere thanks to Rabbi Dr. A. Melinek, B.A., Ph. D., for his painstaking care in examining the texts and making the necessary corrections for the preparation of these Tractates.

INTRODUCTION

THE NAME OF THE TRACTATE AND ITS PLACE IN THE MISHNAH

The name Sheḳalim is derived from the principal subject dealt with in the Tractate, viz. the shekels paid by all adult Jews as an annual poll tax towards the upkeep of the Temple and its services. This tax is first mentioned in Exodus XXX, 11-16, in connection with a census of the Israelites. But as II Chronicles XXIV, 9 shows, the passage in Exodus was early interpreted as instituting a permanent Temple tax, independent of any formal census, but which might itself serve as indirect means of numbering the people. This interpretation is supported by the fact that the passage in Exodus forms part of the section devoted to a description of the building and the services of the Mosaic Sanctuary, the Tent of Meeting, which seems to imply that the tax was intended to form a regular source of revenue for the Sanctuary.

The Biblical law lays down that the amount of the tax was to be half of a Holy Shekel. According to Rabbinic tradition the Holy Shekel was double the value of an ordinary shekel, or equal to a *sela'*. Hence the Tractate always speaks of the tax as a shekel, and not as half a shekel.[1] In Nehemiah X, 33, we read that the people under Ezra bound themselves to pay a third of a shekel as an annual tax for the maintenance of the Temple service. No doubt this is the same tax as ordained in the Book of Exodus, but owing to the poverty of the Community in Ezra's time, or because of a change in the value of the shekel,[2] the denomination of the tax was then reduced from half a shekel to a third of a shekel.

Our Tractate follows immediately upon Pesaḥim, and precedes Yoma, because the collection of the shekel tax was connected with the Passover month, Nisan (cf. III, 1; I, 1, note 1). But from a question put to R. Sherira Gaon, and recorded in his *'Epistle'*,[1] it appears that in R. Sherira's time (10th century C.E.) there were texts of the Mishnah in which Sheḳalim followed Yoma. And so we find it in the Cambridge MS.[2]

CONTENTS OF THE TRACTATE

As already stated, the principal topic of the Tractate is the payment of the Shekel tax and the uses to which it was put in the Temple service. But true to the discursive style of the Mishnah, our Tractate is led by an association of ideas to digress from this main topic to the discussion of many other topics connected with the Temple and its service. The following is a brief summary of the contents of the Tractate.

CHAPTER I. The dates in the month of Adar of announcements respecting the payment of the Shekel tax, the treatment of Diverse Kinds, and other public matters (1-2). The collection of the tax. Who were bound legally to pay it? Of whom was the tax accepted as a voluntary gift? What sacrifices were accepted from the heathen and the Samaritans? (3-5). On the surcharge of the Shekel (6-7).

CHAPTER II. The transport of the Shekels to Jerusalem (1). Paying the tax by proxy or with consecrated money (2). Saving up coins for the tax and the application of any surplus (3-4). The application of other similar surpluses (5).

CHAPTER III. The appropriations from the Shekel fund; when and how were they made?

CHAPTER IV. The uses to which the various appropriations were put (1-2). What was done with the remainder of the Shekels, with the remainder of drink-offerings and of frankincense? (3-5). The treatment of property dedicated to the Temple (6-8). On contracts to supply flour and wine to the altar (9).

CHAPTER V. List of officers of the Temple (1-2). On the method of buying drink-offerings from the Temple officers (3-5). How gifts were made for the poor and the Temple fabric (6).

CHAPTER VI. On the thirteen prostrations, the thirteen tables, the thirteen chests in the Temple (1-5). On various gifts (6).

CHAPTER VII. On the treatment of lost money found in the Temple and in Jerusalem (1-2). On the treatment of flesh found in the Temple Court, of stray cattle found in Jerusalem and the vicinity (3-5). Seven enactments of the Court of Law (6).

CHAPTER VIII. The character of spittle found in Jerusalem, of utensils found in Jerusalem, of slaughtering tools found before the Passover (1-3). The treatment of the Veil when defiled, the workmanship of the Veil (4-5). The treatment of sacrificial flesh which had been defiled (6-7). Where were the limbs of the sacrifices deposited? The validity of the law of the Shekel tax, the law of tithes and firstlings after the destruction of the Temple (8).

THE HISTORICAL IMPORTANCE OF THE TRACTATE

Our Tractate is the only one in the Order of Mo'ed of which no Gemara has come down to us in the Babylonian Talmud.[1] It may be that the Tractate was not studied in the Babylonian Academies of the Amoraim with the intensity they bestowed upon most other tractates of the Mishnah. Or it may be that the redactors of the Babylonian Talmud, or perhaps its copyists,[2] did not consider it necessary to preserve for future generations the discussions and comments of the Amoraim on our Tractate. The reason may have been that, like most of the tractates in the Orders of Zera'im and Ṭoharoth, our Tractate deals exclusively with historical and archeological matters which had no bearing upon the practical problems of Talmudic and post-Talmudic Judaism. To the modern student, however, it is just this historical character of the Tractate which is of great interest. The Tractate furnishes us with valuable information respecting the organization of the Second Temple in the later stages of its existence, respecting its functionaries, its revenues and kindred matters. It thus forms a useful supplement to such Temple tractates as Middoth and Tamid.

M. H. SEGAL

The Indices of this Tractate have been compiled by Judah J. Slotki, M.A.

(1) So also Matt. XVII, 24, speaks of τὰ δίδραχμα = *Sheḳalim*, but the Septuagint in Ex. XXX, 13 has τὸ ἥμισυ τοῦ διδράχμου. (2) This is the view of Nachmanides (רמב"ן) in his commentary to Ex. XXX, 12; cf. also F. Benzinger, *Hebr. Archaeologie* § 29, and contrast *infra* II, 4. Ibn Ezra (in his commentary to Nehemiah ad loc.), and others hold that the third of a shekel in Nehemiah was in addition to the half of a shekel ordained in Exodus. But there is no indication in the text of Nehemiah that the third of a shekel was an additional tax. It may be added that the theory of modern critics (e.g. Kuenen-Wicksteed, *The Hexateuch*, p. 310; Robertson Smith, *The Old Testament in the Jewish Church* (2nd ed.), p. 51, and others) that the law in Exodus must be later than Nehemiah, because of this discrepancy in the amount of the tax, is baseless. If the law in Exodus had been dependent on Nehemiah, it would not have connected the tax with a census, and, moreover, it would have stated clearly that the tax was to be paid annually.

(1) He was asked among other things why Yoma preceded Sheḳalim; cf. Neubauer, *Mediaeval Jewish Chronicles*, vol. I, p. 3; B.M. Lewin, אגרת רשׁ"ג (Haifa, 1921), p. 6. (2) Edited by W. H. Lowe, Cambridge, 1883.

(1) The Palestinian Talmud has preserved a Gemara of our Tractate. (2) Cf. Weiss, *Dor*, III, p. 204.

PREFATORY NOTE BY THE EDITOR

The Editor desires to state that the translation of the several Tractates, and the notes thereon, are the work of the individual contributors and that he has not attempted to secure general uniformity in style or mode of rendering. He has, nevertheless, revised and supplemented, at his own discretion, their interpretation and elucidation of the original text, and has himself added the footnotes in square brackets containing alternative explanations and matter of historical and geographical interest.

ISIDORE EPSTEIN

SHEKALIM

CHAPTER I

פֶּרֶק א

MISHNAH 1. ON THE FIRST OF ADAR[1] PUBLIC ANNOUNCEMENT IS MADE[2] CONCERNING THE PAYMENT OF THE SHEKELS[3] AND CONCERNING THE DIVERSE KINDS.[4] ON THE FIFTEENTH[5] THEREOF THE SCROLL [OF ESTHER] IS READ IN WALLED CITIES, AND THE ROADS AND THE BROADWAYS[6] AND THE RITUAL WATER BATHS[7] ARE REPAIRED, AND ALL PUBLIC DUTIES[8] ARE PERFORMED, AND THE GRAVES ARE MARKED,[9] AND [MESSENGERS] GO FORTH ALSO CONCERNING THE DIVERSE KINDS.[10]

מִשְׁנָה א: בְּאֶחָד בַּאֲדָר מַשְׁמִיעִין עַל הַשְּׁקָלִים וְעַל הַכִּלְאָיִם. בַּחֲמִשָּׁה עָשָׂר בּוֹ קוֹרִין אֶת־הַמְּגִלָּה בִּכְרַכִּין וּמְתַקְּנִין אֶת־הַדְּרָכִים, וְאֶת־הָרְחוֹבוֹת, וְאֶת־מִקְוְאוֹת הַמַּיִם, וְעוֹשִׂין כָּל־צָרְכֵי הָרַבִּים, וּמְצַיְּנִין אֶת־הַקְּבָרוֹת, וְיוֹצְאִין אַף עַל הַכִּלְאָיִם.

(1) The twelfth month of the year. (2) Throughout the Land of Israel and the Diaspora. (3) The annual contribution towards the upkeep of the Temple and its services which was obligatory on every adult male Israelite. It was derived from the Mosaic institution described in Ex. XXX, 11-16 (cf. Introduction). The contribution had to be paid before the first of Nisan, the beginning of the religious year, and all public offerings brought during the new year had to come out of the new annual contributions. (4) Of seeds, prohibited in Lev. XIX, 19; Deut. XXII, 9. Warning was given for the removal from fields and vineyards of a portion of plants which were of a kind different from the main growth, so as to reduce these foreign plants to a quantity which did not fall under the prohibition; cf. Kil. II, 1. Warning was given on the first of Adar before the plants had had time to grow up and render the whole field forfeit. (5) The Purim of Shushan. V. Esther IX, 18-19 and cf. Meg. I, 1ff. (6) That had been damaged by the winter rains, for the benefit of the pilgrims who went up to Jerusalem for the Passover; or, according to Maimonides, for the benefit of fugitives to the Cities of Refuge; cf. Deut. XIX, 2ff and Mak. II, 5, Sonc. ed. p. 59. (7) For the immersion of the ritually unclean. The rains might have carried soil into the pools, and thus reduced their water to less than the prescribed quantity of forty *se'ahs*; cf. Mik. I, 7; 'Ed. I, 3, Sonc. ed. p. 2, n. 7. (8) That had not been fully performed during the rainy season. A list of these duties is given in the Palestinian Gemara and in the commentaries. (9) Afresh with lime (cf. M.Sh. V, 1), after the old marks had become obliterated by the rains. These marks served to warn priests and Nazirites against approaching them and becoming defiled; cf. Num. XIX, 16; VI, 6; also Ezek. XXXIX, 15. (10) To inspect the fields and do what is described in the following section.

MISHNAH 2. R. JUDAH SAID: AFORETIME THEY USED TO PLUCK UP [THE DIVERSE KINDS], AND CAST THEM BEFORE THE OWNERS.[1] [BUT] WHEN TRANSGRESSORS[2] INCREASED IN NUMBER, THEY USED TO PLUCK THEM UP AND CAST THEM ON THE ROADS.[3] [FINALLY],[4] THEY ORDAINED THAT THE WHOLE FIELD SHOULD BE DECLARED OWNERLESS PROPERTY.

מִשְׁנָה ב: אָמַר רַבִּי יְהוּדָה, בָּרִאשׁוֹנָה הָיוּ עוֹקְרִין וּמַשְׁלִיכִין לִפְנֵיהֶם. מִשֶּׁרַבּוּ עוֹבְרֵי עֲבֵירָה הָיוּ עוֹקְרִין וּמַשְׁלִיכִין עַל הַדְּרָכִים; הִתְקִינוּ שֶׁיְּהוּ מַפְקִירִין כָּל־הַשָּׂדֶה כּוּלָּהּ.

(1) In order to shame them. (2) Who fed their cattle on the uprooted plants. (3) This prevented the obnoxious plants being used by the owners for cattle food. (4) When even this failed to deter transgressors, since the uprooting saved them the labour of weeding their fields.

MISHNAH 3. ON THE FIFTEENTH THEREOF TABLES [OF MONEY CHANGERS][5] WERE SET UP IN THE PROVINCES.[6] ON THE TWENTY-FIFTH THEY WERE SET UP IN THE TEMPLE. WHEN [THE TABLES] WERE SET UP IN THE TEMPLE, THEY BEGAN TO DISTRAIN.[7] WHOM DID THEY DISTRAIN? LEVITES AND ISRAELITES,[8] PROSELYTES AND FREED SLAVES,[9] BUT NOT WOMEN OR SLAVES OR MINORS.[10] A MINOR ON WHOSE BEHALF HIS FATHER HAD BEGUN TO PAY THE SHEKEL, MAY NOT DISCONTINUE IT AGAIN. BUT NO DISTRAINT WAS LEVIED ON THE PRIESTS, IN ORDER TO PROMOTE PEACEFULNESS.[11]

מִשְׁנָה ג: בַּחֲמִשָּׁה עָשָׂר בּוֹ שׁוּלְחָנוֹת הָיוּ יוֹשְׁבִין בַּמְּדִינָה; בְּעֶשְׂרִים וַחֲמִשָּׁה יָשְׁבוּ בַמִּקְדָּשׁ; מִשֶּׁיָּשְׁבוּ בַמִּקְדָּשׁ הִתְחִילוּ לְמַשְׁכֵּן. אֶת־מִי מְמַשְׁכְּנִין? לְוִיִּם, וְיִשְׂרְאֵלִים, גֵּרִים, וַעֲבָדִים מְשׁוּחְרָרִים, אֲבָל לֹא נָשִׁים, וַעֲבָדִים, וּקְטַנִּים; כָּל־קָטָן שֶׁהִתְחִיל אָבִיו לִשְׁקֹל עַל יָדוֹ שׁוּב אֵינוֹ פוֹסֵק; וְאֵין מְמַשְׁכְּנִין אֶת־הַכֹּהֲנִים מִפְּנֵי דַרְכֵי שָׁלוֹם.

(5) For changing foreign coins of Jews from the Diaspora. (6) Outside Jerusalem. According to others, outside the Temple (cf. *infra* and II, 1), and including also Jerusalem. (7) The goods of those who had not yet paid their shekel. (8) I.e., Jews who were not priests or Levites. (9) These four classes were bound by law to pay the shekel. (10) With these the payment of the shekel was a voluntary act. (11) Lit., 'because of the ways of peace'. Because the priests contested their obligation to pay the shekel, as stated in the next section. The Palestinian Gemara seems to have read: 'Because of the respect due to them'.

MISHNAH 4. R. JUDAH SAID: BEN BUKRI TESTIFIED AT JABNEH THAT A PRIEST WHO PAID THE SHEKEL DID NOT COMMIT A SIN.[12] BUT RABBAN JOHANAN THE SON OF ZACCAI SAID TO HIM: NOT SO, BUT A PRIEST WHO DID NOT PAY THE SHEKEL WAS GUILTY OF A SIN. ONLY THE PRIESTS EXPOUNDED THIS VERSE [THUS] FOR THEIR OWN BENEFIT: AND EVERY MEAL-OFFERING OF THE PRIEST SHALL BE WHOLLY BURNT, IT SHALL NOT BE EATEN:[1] IF THEREFORE THE 'OMER[2] AND THE TWO LOAVES[3] AND THE SHEWBREAD[4] ARE [BROUGHT] FROM OUR [CONTRIBUTIONS], HOW CAN THEY BE EATEN?[5]

מִשְׁנָה ד: אָמַר רַבִּי יְהוּדָה, הֵעִיד בֶּן בּוּכְרִי בְּיַבְנֶה כָּל־כֹּהֵן שֶׁשּׁוֹקֵל אֵינוֹ חוֹטֵא. אָמַר לוֹ רַבִּי יוֹחָנָן בֶּן זַכַּאי, לֹא כִי אֶלָּא כָּל־כֹּהֵן שֶׁאֵינוֹ שׁוֹקֵל חוֹטֵא. אֶלָּא שֶׁהַכֹּהֲנִים דּוֹרְשִׁים מִקְרָא זֶה לְעַצְמָן, כָּל־מִנְחַת כֹּהֵן כָּלִיל תִּהְיֶה לֹא תֵאָכֵל, הוֹאִיל וְעוֹמֶר וּשְׁתֵּי הַלֶּחֶם וְלֶחֶם הַפָּנִים שֶׁלָּנוּ הֵיאַךְ נֶאֱכָלִים?

(12) I.e., he may pay it, but he was not bound to pay it.
(1) Lev. VI, 16. (2) The 'Sheaf of Waving', Lev. XXIII, 9ff; cf. Men. X, 1ff. (3) Ibid. 17; cf. Men. XI, 1ff. (4) Ex. XXV, 30; Lev. XXIV, 5ff. These three offerings were bought out of the Shekel fund (cf. *infra* IV, 1), but were consumed by the priests. (5) But in reality Lev. VI, 16 applied only to private meal-offerings, and not to public offerings such as the *'Omer*, the Two Loaves and the Shewbread.

MISHNAH 5. ALTHOUGH IT WAS SAID THAT NO DISTRAINT IS LEVIED ON WOMEN OR SLAVES OR MINORS, [YET] IF THESE PAID THE SHEKEL IT IS ACCEPTED OF THEM. IF A HEATHEN OR A CUTHEAN[6] PAID THE SHEKEL IT IS NOT ACCEPTED OF THEM. LIKEWISE BIRD-OFFERINGS OF MEN WHO HAD AN ISSUE,[7] AND BIRD-OFFERINGS OF WOMEN WHO HAD AN ISSUE,[7] AND BIRD-OFFERINGS OF WOMEN AFTER CHILDBIRTH,[7] AND SIN-OFFERINGS AND GUILT-OFFERINGS ARE NOT ACCEPTED OF THEM. BUT VOW-OFFERINGS[8] AND FREEWILL-OFFERINGS[9] ARE ACCEPTED OF THEM. THIS IS THE GENERAL RULE: ALL OFFERINGS WHICH CAN BE MADE AS A VOW-OFFERING OR A FREEWILL-OFFERING[10] ARE ACCEPTED OF THEM, BUT OFFERINGS THAT CANNOT BE MADE AS A VOW-OFFERING OR A FREEWILL-OFFERING[11] ARE NOT ACCEPTED OF THEM. AND THUS IT IS EXPLICITLY STATED IN [THE BOOK OF] EZRA, WHERE IT IS SAID: YE HAVE NOTHING TO DO WITH US TO BUILD A HOUSE UNTO OUR GOD.[12]

מִשְׁנָה ה: אַף עַל פִּי שֶׁאָמְרוּ אֵין מְמַשְׁכְּנִין נָשִׁים, וַעֲבָדִים, וּקְטַנִּים, אִם שָׁקְלוּ מְקַבְּלִין מִיָּדָן. הָעוֹבֵד כּוֹכָבִים וְהַכּוּתִי שֶׁשָּׁקְלוּ אֵין מְקַבְּלִין מִיָּדָן; וְאֵין מְקַבְּלִין מִיָּדָן קִינֵּי זָבִין, וְקִינֵּי זָבוֹת, וְקִינֵּי יוֹלְדוֹת, וְחַטָּאוֹת וַאֲשָׁמוֹת, אֲבָל נְדָרִים וּנְדָבוֹת מְקַבְּלִין מִיָּדָן. זֶה הַכְּלָל, כָּל־שֶׁנִּידַּר וְנִידַּב מְקַבְּלִין מִיָּדָן, כָּל־שֶׁאֵין נִידַּר וְנִידַּב אֵין מְקַבְּלִים מִיָּדָם; וְכֵן הוּא מְפוֹרָשׁ עַל יְדֵי עֶזְרָא, שֶׁנֶּאֱמַר, לֹא לָכֶם וְלָנוּ לִבְנוֹת אֶת־בֵּית אֱלֹהֵינוּ.

(6) A person from Cutha, i.e., a Samaritan. It is an opprobrious designation derived from II Kings XVII, 24. (7) Lit., 'nests', i.e. pairs of turtle-doves or young pigeons, of which one was a sin-offering and the other a burnt-offering; cf. Lev. XV, 14f, 25f; XII, 8. (8) An undertaking with an expression which binds the person (הרי עלי, *infra* VI, 6) to bring an offering. (9) An undertaking with an expression which dedicates a particular animal as an offering (הרי זו). In this case if the animal died or was lost the undertaking is considered as discharged; cf. Kin. I, 1. (10) To the altar, such as burnt-offerings and peace-offerings, fine flour, wine, frankincense, and wood. (11) To the altar. but only to the Repair of the Temple. (12) Ezra IV, 3.

MISHNAH 6. THE FOLLOWING ARE LIABLE [TO PAY] A SURCHARGE;[1] LEVITES AND ISRAELITES AND PROSELYTES AND FREED SLAVES;[2] BUT NOT PRIESTS OR WOMEN OR SLAVES OR MINORS.[3] IF A MAN PAID THE SHEKEL ON BEHALF OF A PRIEST, OR ON BEHALF OF A WOMAN, OR ON BEHALF OF A SLAVE, OR ON BEHALF OF A MINOR, HE IS EXEMPT.[4] IF A MAN PAID THE SHEKEL[5] ON HIS OWN BEHALF AND ON BEHALF OF HIS FELLOW HE IS LIABLE TO PAY BUT ONE SURCHARGE, R. MEIR SAYS: TWO SURCHARGES. IF ONE GAVE A SELA' AND RECEIVED A SHEKEL,[6] HE IS LIABLE TO PAY TWO SURCHARGES.

מִשְׁנָה ו: וְאֵלּוּ שֶׁחַיָּיבִין בְּקָלְבּוֹן, לְוִיִּם, וְיִשְׂרְאֵלִים, וְגֵרִים, וַעֲבָדִים מְשׁוּחְרָרִים, אֲבָל לֹא כֹּהֲנִים, וְנָשִׁים, וַעֲבָדִים, וּקְטַנִּים. הַשּׁוֹקֵל עַל יְדֵי כֹּהֵן, עַל יְדֵי אִשָּׁה, עַל יְדֵי עֶבֶד, עַל יְדֵי קָטָן, פָּטוּר. וְאִם שָׁקַל עַל יָדוֹ וְעַל יַד חֲבֵירוֹ חַיָּיב בְּקָלְבּוֹן אֶחָד; רַבִּי מֵאִיר אוֹמֵר ב׳ קָלְבּוֹנוֹת. הַנּוֹתֵן סֶלַע וְנוֹטֵל שֶׁקֶל חַיָּיב ב׳ קָלְבּוֹנוֹת.

(1) To compensate the Temple for any loss that might be incurred in changing the Shekel (half a *sela'*) into *sela's*; v. next section. (2) Who are bound by law to pay the Shekel. (3) Who are not bound to pay it; cf. *supra* p. 2; nn. 9 and 10. (4) Even if the payment of the Shekel was not a gift to them, but a loan which they promised to repay; cf. the next section. (5) In one coin, viz., a *sela'*. (6) As change.

MISHNAH 7. IF A MAN PAID THE SHEKEL[7] ON BEHALF OF A POOR MAN OR ON BEHALF OF HIS NEIGHBOUR OR ON BEHALF OF HIS FELLOW-TOWNSMAN, HE IS EXEMPT [FROM A SURCHARGE]. BUT IF HE DID IT AS A LOAN TO THEM HE IS LIABLE. BROTHERS, WHO ARE PARTNERS,[8] ARE EXEMPT FROM THE TITHE OF CATTLE[9] WHEN THEY ARE LIABLE TO A SURCHARGE.[10] BUT WHEN THEY ARE LIABLE TO THE TITHE OF CATTLE[11] THEY ARE EXEMPT FROM THE SURCHARGE.[12] AND HOW MUCH IS THE SURCHARGE? A SILVER MA'AH,[13] THUS R. MEIR. BUT THE SAGES SAY: HALF A MA'AH.

מִשְׁנָה ז: הַשּׁוֹקֵל עַל יְדֵי עָנִי, וְעַל יְדֵי שְׁכֵינוֹ, וְעַל יְדֵי בֶן עִירוֹ פָּטוּר; וְאִם הִלְוָם חַיָּב. הָאַחִין וְהַשּׁוּתָּפִין שֶׁחַיָּבִין בְּקָלְבּוֹן פְּטוּרִין מִמַּעְשַׂר בְּהֵמָה, וּכְשֶׁחַיָּבִין בְּמַעְשַׂר בְּהֵמָה פְּטוּרִין מִן־הַקָּלְבּוֹן. וְכַמָּה הוּא קָלְבּוֹן? מָעָה כֶסֶף, דִּבְרֵי רַבִּי מֵאִיר; וַחֲכָמִים אוֹמְרִים, חֵצִי.

(7) As a gift. (8) In the inheritance of their father. Cf. Ḥul. I, 7; Bek. IX, 3. (9) Of young born during their partnership. This tithe is a personal charge, and cattle held in partnership was exempt from it; cf. Bek. ibid. (10) I.e., when they had become partners again after they had already shared out the inheritance. (11) Viz., before they had shared out the inheritance, when the cattle is still considered as the property of their father. (12) If their Shekels were paid out of the inheritance. Their Shekels are then considered as a gift from their father, and a gift Shekel is exempt from the surcharge. (13) 1/24th of a *sela'*, or 1/12th of the Shekel.

CHAPTER II

פֶּרֶק ב

MISHNAH 1. SHEKELS MAY BE CHANGED[1] INTO DARICS[2] IN ORDER TO [LIGHTEN] THE LOAD OF THE JOURNEY.[3] JUST AS THERE WERE CHESTS[4] IN THE TEMPLE SO WERE THERE CHESTS IN THE PROVINCE.[5] IF THE PEOPLE OF A TOWN HAD SENT THEIR SHEKELS AND THEY WERE STOLEN OR LOST, THEN IF THE APPROPRIATION[6] HAD ALREADY BEEN MADE[7] [THE MESSENGERS] SWEAR THE OATH [OF ACQUITTAL][8] TO THE TREASURERS; BUT IF [THE APPROPRIATION HAD] NOT [YET BEEN MADE] THEY SWEAR TO THE TOWNSPEOPLE, AND THE TOWNSPEOPLE MUST PAY [FRESH] SHEKELS IN THE PLACE OF THE [LOST] SHEKELS. [IF THE LOST SHEKELS] WERE FOUND, OR IF THE THIEVES RESTORED THEM, THEN BOTH [THE FIRST SHEKELS AND THEIR SUBSTITUTES] ARE [ACCOUNTED SACRED] SHEKELS,[9] BUT THEY CANNOT BE CREDITED [TO THE ACCOUNT] OF THE COMING YEAR.[10]

מִשְׁנָה א: מְצָרְפִין שְׁקָלִים לְדַרְכּוֹנוֹת מִפְּנֵי מַשּׂוֹי הַדֶּרֶךְ. כְּשֵׁם שֶׁהָיוּ שׁוֹפָרוֹת בַּמִּקְדָּשׁ כָּךְ הָיוּ שׁוֹפָרוֹת בַּמְּדִינָה. בְּנֵי הָעִיר שֶׁשָּׁלְחוּ אֶת־שִׁקְלֵיהֶן, וְנִגְנְבוּ, אוֹ שֶׁאָבְדוּ, אִם נִתְרְמָה הַתְּרוּמָה נִשְׁבָּעִין לַגִּזְבָּרִים, וְאִם לָאו נִשְׁבָּעִין לִבְנֵי הָעִיר, וּבְנֵי הָעִיר שׁוֹקְלִין תַּחְתֵּיהֶן. נִמְצְאוּ, אוֹ שֶׁהֶחֱזִירוּם הַגַּנָּבִים, אֵלּוּ וְאֵלּוּ שְׁקָלִים, וְאֵין עוֹלִין לָהֶם לַשָּׁנָה הַבָּאָה.

(1) Lit., 'may be combined' (for purposes of exchange). (2) A Persian gold coin; cf. Ezra II, 69; VIII, 27. (3) Of the coins on the way up to the Temple. (4) Heb. *'Shoferoth'* (שופרות), horns of blowing. The chests were shaped like the *Shofar*, narrow at the top where the opening was, and widening lower down. This shape was chosen to prevent the theft of the contents. (5) Cf. p. 2 n. 6. (6) Lit., 'heave-offering' (תרומה). This term is usually applied to the offering 'heaved' from produce and given to the priest. Here it designates the portion of the shekels taken up periodically in the store-chamber for the current needs of the Temple, as described below, III, 1ff. (7) By making the appropriation all the shekels which are due to come to the Temple become the property of the Temple, the appropriation being made also in respect of those shekel payments which had not yet reached the Temple at the time of appropriation. V. B.M. 58*a*, Sonc. ed. p. 344. (8) The oath which acquits unpaid guardians of responsibility for the loss of goods entrusted to them; cf. B.M. 33*b*. (9) Both are the property of the Temple. (10) They have to pay the shekel afresh in the next year.

MISHNAH 2. IF A MAN GAVE HIS SHEKEL TO HIS FELLOW TO PAY IT ON HIS BEHALF, BUT [HIS FELLOW] PAID IT[1] ON BEHALF OF HIMSELF, THEN IF THE APPROPRIATION HAD ALREADY BEEN MADE[2] [HIS FELLOW] IS GUILTY OF SACRILEGE.[3] IF A MAN PAID HIS SHEKEL OUT OF MONEY BELONGING

מִשְׁנָה ב: הַנּוֹתֵן שִׁקְלוֹ לַחֲבֵירוֹ לִשְׁקוֹל עַל יָדוֹ, וּשְׁקָלוֹ עַל יְדֵי עַצְמוֹ, אִם נִתְרְמָה תְּרוּמָה מָעַל. הַשּׁוֹקֵל שִׁקְלוֹ

(1) By error. (2) By the appropriation the Temple had already secured possession of the shekel from the first man; cf. p. 5, n. 7. (3) In accordance with Lev. V, 15ff; since he used Temple property to discharge a debt. The authorities are divided as to whether in this case also, as in the following case, an animal has first to be offered out of the appropriation before he becomes guilty of sacrilege.

TO THE SANCTUARY, THEN IF THE APPROPRIATION HAD ALREADY BEEN MADE AND AN ANIMAL [BOUGHT OUT OF THE APPROPRIATION] HAD ALREADY BEEN OFFERED, HE IS GUILTY OF SACRILEGE.[4] [IF HE DID IT WITH MONEY WHICH WAS] THE VALUE OF SECOND TITHES[5] OR THE VALUE OF SEVENTH YEAR PRODUCE,[6] HE MUST CONSUME [FOOD TO] THE VALUE THEREOF.[7]

מִמְּעוֹת הֶקְדֵּשׁ, אִם נִתְרְמָה תְרוּמָה וְקָרְבָה הַבְּהֵמָה מָעַל. מִדְּמֵי מַעֲשֵׂר שֵׁנִי, מִדְּמֵי שְׁבִיעִית, יֹאכַל כְּנֶגְדָּן.

(4) But otherwise he does not incur guilt, since he has not used Temple money for any common purpose, but only transferred it from one hallowed denomination to another. (5) The First Tithe of produce was given to the Levites, Num. XVIII, 21. The Second Tithe had to be consumed itself, or its value in money, in Jerusalem. Cf. Deut. XIV, 24ff; 'Ed. I, 9ff, Sonc. ed. p. 4, n. 16. (6) Which is liable to the law of 'Removal' (ביעור), and must be consumed before the Passover; cf. M.Sh. V, 6. (7) He must take money equal to the value of the shekel and declare that this money shall be in place of the Second Tithes money or of the Seventh Year produce money that had been given away as a shekel, and then he must use up this money in accordance with the rules laid down for the consumption of Second Tithes (M. Sh. II, 1-4), or of Seventh Year produce (Sheb. VIII, 1-5; IX, 8).

MISHNAH 3. IF A MAN SAVED COINS AND SAID: LO, THESE ARE FOR MY SHEKEL, BETH SHAMMAI SAY: THE SURPLUS [OF THE COINS GOES TO THE CHESTS OF] FREEWILL-OFFERINGS.[8] BUT BETH HILLEL SAY: THE SURPLUS THEREOF IS COMMON PROPERTY.[9] [IF HE SAID: FROM THESE COINS] I SHALL OFFER MY SHEKEL, [BOTH SCHOOLS] AGREE THAT THE SURPLUS THEREOF IS COMMON PROPERTY. [IF HE SAID]: THESE [COINS] ARE FOR A SIN-OFFERING, [BOTH] AGREE[1] THAT THE SURPLUS [GOES TO THE CHESTS OF] FREEWILL-OFFERINGS. [IF HE SAID]: FROM THESE I SHALL OFFER A SIN-OFFERING, [BOTH SCHOOLS] AGREE THAT THE SURPLUS IS COMMON PROPERTY.

מִשְׁנָה ג: הַמְכַנֵּס מָעוֹת וְאָמַר, הֲרֵי אֵלּוּ לְשִׁקְלִי, בֵּית שַׁמַּאי אוֹמְרִים, מוֹתָרָן נְדָבָה, וּבֵית הִלֵּל אוֹמְרִים, מוֹתָרָן חוּלִּין. שֶׁאָבִיא מֵהֶן לְשִׁקְלִי, שָׁוִין שֶׁמּוֹתָרָן חוּלִּין. אֵלּוּ לְחַטָּאת, שָׁוִין שֶׁהַמּוֹתָר נְדָבָה. שֶׁאָבִיא מֵהֶן לְחַטָּאת, שָׁוִין שֶׁהַמּוֹתָר חוּלִּין.

(8) Cf. *infra* VI, 6. All the coins saved have become hallowed. (9) It may be expended by the owner at his will.
(1) For the reason stated by R. Simeon in the next section.

MISHNAH 4. R. SIMEON SAID: WHAT IS THE DIFFERENCE BETWEEN SHEKELS AND A SIN-OFFERING?[2] SHEKELS HAVE A FIXED VALUE, BUT A SIN-OFFERING HAS NO FIXED VALUE.[3] R. JUDAH SAYS: SHEKELS ALSO HAVE NO FIXED VALUE. FOR WHEN THE ISRAELITES CAME UP OUT OF THE CAPTIVITY[4] THEY USED TO PAY THE SHEKEL IN DARICS,[5] THEN THEY PAID THE SHEKEL IN SELA'S,[6] THEN AGAIN THEY PAID IT IN TIB'IN,[7] AND FINALLY THEY SOUGHT TO PAY IT IN DENARS.[8] BUT R. SIMEON SAID: NEVERTHELESS THE VALUE THEREOF REMAINED THE SAME FOR EVERYBODY, WHEREAS [IN THE CASE OF] A SIN-OFFERING ONE MAN MAY BRING IT OF THE VALUE OF ONE SELA', ANOTHER MAY BRING IT OF THE VALUE OF TWO SELA'S, AND AGAIN ANOTHER OF THREE SELA'S.

מִשְׁנָה ד: אָמַר רַבִּי שִׁמְעוֹן, מַה־בֵּין שְׁקָלִים לְחַטָּאת? שְׁקָלִים יֵשׁ לָהֶם קִצְבָה, וְחַטָּאת אֵין לָהּ קִצְבָה. רַבִּי יְהוּדָה אוֹמֵר, אַף לִשְׁקָלִים אֵין לָהֶן קִצְבָה; שֶׁכְּשֶׁעָלוּ יִשְׂרָאֵל מִן־הַגּוֹלָה, הָיוּ שׁוֹקְלִים דַּרְכּוֹנוֹת, חָזְרוּ לִשְׁקוֹל סְלָעִים, חָזְרוּ לִשְׁקוֹל טְבָעִין, וּבִקְּשׁוּ לִשְׁקוֹל דִּינָרִים. אָמַר רַבִּי שִׁמְעוֹן, אַף עַל פִּי כֵן יַד כּוּלָּן שָׁוָה, אֲבָל חַטָּאת זֶה מֵבִיא בְסֶלַע, וְזֶה מֵבִיא בִשְׁתַּיִם, וְזֶה מֵבִיא בְשָׁלשׁ.

(2) That in the case of a shekel Beth Hillel always hold the surplus of the coins to be common property, but in the case of a sin-offering they agree with Beth Shammai, that in the condition stated in the last section, the surplus falls to the chest of freewill-offerings? (3) Hence all the coins might have been used up for a sin-offering, therefore they are all hallowed. (4) In the days of Cyrus. (5) Viz., half a *daric*. (6) Half a *sela'*. (7) טבעין plural of טבע, minted shekel. (8) Half of the *tib'in*. Some texts add: 'But they were not accepted of them'.

MISHNAH 5. THE SURPLUS OF [MONEY SET ASIDE FOR] SHEKELS IS COMMON PROPERTY, BUT THE SURPLUS OF [MONEY SET ASIDE FOR THE] TENTH OF THE EPHAH,[9] AND

מִשְׁנָה ה: מוֹתַר שְׁקָלִים חוּלִּין. מוֹתַר עֲשִׂירִית הָאֵפָה,

(9) Lev. V, 11-13.

THE SURPLUS OF [MONEY SET ASIDE FOR] BIRD-OFFERINGS OF MEN WHO HAD AN ISSUE, FOR BIRD-OFFERINGS OF WOMEN WHO HAD AN ISSUE, FOR BIRD-OFFERINGS OF WOMEN AFTER CHILDBIRTH,[1] THEIR SURPLUS [GOES TO THE CHESTS OF] FREEWILL-OFFERINGS. THIS IS THE GENERAL RULE: OF ALL [MONIES SET ASIDE] FOR A SIN-OFFERING OR FOR A GUILT-OFFERING, THE SURPLUS [GOES TO THE CHESTS OF] FREEWILL-OFFERINGS. THE SURPLUS OF [MONEY SET ASIDE FOR] A BURNT-OFFERING [MUST BE USED] FOR A BURNT-OFFERING; THE SURPLUS OF [MONEY SET ASIDE FOR] A MEAL-OFFERING [MUST BE USED] FOR A MEAL-OFFERING; THE SURPLUS OF [MONEY SET ASIDE FOR] A PEACE-OFFERING [MUST BE USED] FOR A PEACE-OFFERING; THE SURPLUS OF [MONEY SET ASIDE FOR] A PASSOVER-OFFERING [MUST BE USED] FOR A PASSOVER-OFFERING; THE SURPLUS OF [MONEY RAISED FOR] THE OFFERINGS OF NAZIRITES[2] [MUST BE USED] FOR THE OFFERINGS OF OTHER NAZIRITES; THE SURPLUS OF [MONEY RAISED FOR] THE OFFERINGS OF A [PARTICULAR] NAZIRITE [MUST GO] TO THE [CHESTS OF] FREEWILL-OFFERINGS; THE SURPLUS OF [MONEY RAISED FOR] THE POOR [MUST BE USED] FOR [OTHER] POOR; THE SURPLUS OF [MONEY RAISED FOR] A [PARTICULAR] POOR PERSON[3] [MUST BE GIVEN] TO THAT [POOR PERSON];[4] THE SURPLUS OF [MONEY RAISED FOR THE RANSOM OF] CAPTIVES [MUST BE USED] FOR [THE RANSOM OF OTHER] CAPTIVES; THE SURPLUS OF [MONEY RAISED FOR THE RANSOM OF] A [PARTICULAR] CAPTIVE [MUST BE GIVEN] TO THAT CAPTIVE; THE SURPLUS OF [THE MONEY RAISED FOR THE BURIAL OF] THE DEAD [MUST BE USED] FOR [THE BURIAL OF OTHER] DEAD; THE SURPLUS OF [THE MONEY RAISED FOR THE BURIAL OF] A [PARTICULAR] DEAD PERSON [MUST BE GIVEN] TO HIS HEIRS. R. MEIR SAYS: THE SURPLUS OF [MONEY RAISED FOR THE BURIAL OF] A [PARTICULAR] DEAD PERSON MUST BE LAID ASIDE UNTIL ELIJAH COMES.[5] R. NATHAN SAYS: THE SURPLUS OF [MONEY RAISED FOR THE BURIAL OF] A [PARTICULAR] DEAD PERSON [MUST BE USED] FOR BUILDING A MONUMENT FOR HIM OVER HIS GRAVE.

מוֹתַר קִינֵי זָבִין, קִינֵי זָבוֹת, קִינֵי יוֹלְדוֹת, וְחַטָּאוֹת, וַאֲשָׁמוֹת, מוֹתְרֵיהֶן נְדָבָה. זֶה הַכְּלָל, כָּל־שֶׁהוּא בָא לְשֵׁם חַטָּאת, וּלְשֵׁם אָשָׁם מוֹתְרֵיהֶן נְדָבָה. מוֹתַר עוֹלָה לְעוֹלָה, מוֹתַר מִנְחָה לְמִנְחָה, מוֹתַר שְׁלָמִים לִשְׁלָמִים, מוֹתַר פֶּסַח לִשְׁלָמִים, מוֹתַר נְזִירִים לִנְזִירִים, מוֹתַר נָזִיר לִנְדָבָה, מוֹתַר עֲנִיִּים לַעֲנִיִּים, מוֹתַר עָנִי לְאוֹתוֹ עָנִי, מוֹתַר שְׁבוּיִים לִשְׁבוּיִים, מוֹתַר שָׁבוּי לְאוֹתוֹ שָׁבוּי, מוֹתַר הַמֵּתִים לְמֵתִים, מוֹתַר הַמֵּת לְיוֹרְשָׁיו. רַבִּי מֵאִיר אוֹמֵר, מוֹתַר הַמֵּת יְהֵא מוּנָח עַד שֶׁיָּבֹא אֵלִיָּהוּ. רַבִּי נָתָן אוֹמֵר, מוֹתַר הַמֵּת בּוֹנִין לוֹ נֶפֶשׁ עַל קִבְרוֹ.

(1) Cf. supra p. 3, n. 7. (2) Num. VI, 10ff, 14ff. (3) For a definite need. (4) For his other needs. (5) Who will solve the problem of what to do with it; cf.

B.M., Sonc. ed. p. 6, n. 2.

CHAPTER III

MISHNAH 1. AT THREE PERIODS OF THE YEAR WAS THE APPROPRIATION MADE [FROM THE SHEKELS] IN THE CHAMBER:[1] HALF A MONTH[2] BEFORE THE PASSOVER, HALF A MONTH BEFORE PENTECOST, AND HALF A MONTH BEFORE THE FEAST OF TABERNACLES. THESE ARE ALSO THE SEASONS[3] FOR THE TITHE OF CATTLE;[4] THUS R. AKIBA. BEN 'AZZAI SAYS: ON THE TWENTY-NINTH OF ADAR,[5] AND ON THE FIRST OF SIVAN,[6] AND ON THE TWENTY-NINTH OF AB.[7] R. ELEAZAR AND R. SIMEON SAY: ON THE FIRST OF NISAN,[5] ON THE FIRST OF SIVAN,[6] AND ON THE TWENTY-NINTH OF ELUL. WHEREFORE DID THEY SAY, ON THE TWENTY-NINTH OF ELUL AND NOT ON THE FIRST OF TISHRI?[8] BECAUSE THE FIRST OF TISHRI IS A FESTIVAL,[9] AND IT IS NOT PERMITTED TO TITHE ON A FESTIVAL, THEREFORE THEY ADVANCE IT TO THE TWENTY-NINTH OF ELUL.

פֶּרֶק ג

מִשְׁנָה א: בִּשְׁלֹשָׁה פְרָקִים בַּשָּׁנָה תּוֹרְמִין אֶת־הַלִּשְׁכָּה, בִּפְרוֹס הַפֶּסַח, בִּפְרוֹס עֲצֶרֶת, בִּפְרוֹס הֶחָג, וְהֵן גְּרָנוֹת לְמַעֲשַׂר בְּהֵמָה. דִּבְרֵי רַבִּי עֲקִיבָא. בֶּן עַזַּאי אוֹמֵר, בְּעֶשְׂרִים וְתִשְׁעָה בַאֲדָר, וּבְאֶחָד בְּסִיוָן, וּבְעֶשְׂרִים וְתִשְׁעָה בְּאָב; רַבִּי אֱלִיעֶזֶר וְרַבִּי שִׁמְעוֹן אוֹמְרִים, בְּאֶחָד בְּנִיסָן, בְּאֶחָד בְּסִיוָן, בְּעֶשְׂרִים וְתִשְׁעָה בֶאֱלוּל. מִפְּנֵי מָה אָמְרוּ, בְּעֶשְׂרִים וְתִשְׁעָה בֶאֱלוּל, וְלֹא אָמְרוּ, בְּאֶחָד בְּתִשְׁרֵי? מִפְּנֵי שֶׁהוּא יוֹם טוֹב, וְאִי אֶפְשָׁר לְעַשֵּׂר בְּיוֹם טוֹב; לְפִיכָךְ הִקְדִּימוּהוּ לְעֶשְׂרִים וְתִשְׁעָה בֶאֱלוּל.

(1) In the Temple which serves as the Treasury. (2) Lit., 'breaking (into two)' i.e., half the period of the preparation for the festival during which the laws of the festival are being expounded. (3) Lit., 'threshing floors' (גרנות), a term borrowed from the tithe of produce which becomes due when the produce reaches the threshing-floor. (4) Lev. XXVII, 32; cf. Bek. IX, 5-6. These dates were chosen to enable cattle dealers to sell their young animals after the tithing for the requirement of sacrifices on the three great Festivals of Pilgrimage.

(5) A more definite date than the one given by R. Akiba. (6) The supply of young animals was smaller before Pentecost, and the longer period of half a month given by R. Akiba might cause a scarcity of animals for sacrifices on Pentecost. (7) And not on or about the first of Tishri. Ben 'Azzai holds that animals born during the month of Elul had to be tithed by themselves, and could not be mixed up with those born before Elul; cf. Bek. IX, 5. (8) Like the dates which they gave for Nisan and Sivan. (9) The Festival of the New Year.

MISHNAH 2. THE APPROPRIATION IN THE CHAMBER WAS MADE WITH THREE BASKETS EACH OF [THE CAPACITY OF] THREE SE'AHS,[1] AND ON THEM WAS INSCRIBED [RESPECTIVELY][2] ALEPH, BETH, GIMEL. R. ISHMAEL SAYS: ON THEM WAS INSCRIBED IN GREEK, ALPHA, BETA, GAMLA.[3] HE WHO MADE THE APPROPRIATION DID NOT ENTER THE CHAMBER WEARING EITHER A BORDERED[4] CLOAK OR SHOES OR SANDALS OR TEFILLIN OR AN AMULET, LEST IF HE BECAME POOR PEOPLE MIGHT SAY THAT HE BECAME POOR BECAUSE OF AN INIQUITY COMMITTED IN THE CHAMBER, OR IF HE BECAME RICH PEOPLE MIGHT SAY THAT HE BECAME RICH FROM THE APPROPRIATION IN THE CHAMBER. FOR IT IS A MAN'S DUTY TO BE FREE OF BLAME[5] BEFORE MEN AS BEFORE GOD, AS IT IS SAID: AND BE GUILTLESS TOWARDS THE LORD AND TOWARDS ISRAEL,[6] AND AGAIN IT SAYS: SO SHALT THOU FIND FAVOUR AND GOOD UNDERSTANDING IN THE SIGHT OF GOD AND MAN.[7]

מִשְׁנָה ב: בְּשָׁלשׁ קוּפּוֹת שֶׁל שָׁלשׁ שָׁלשׁ סְאִין תּוֹרְמִין אֶת־הַלִּשְׁכָּה, וְכָתוּב בָּהֶן אָלֶ״ף בֵּי״ת גִּימֶ״ל; רַבִּי יִשְׁמָעֵאל אוֹמֵר, יְוָנִית כָּתוּב בָּהֶן אַלְפָ״א בֵּיתָ״א גַּמְלָ״א. אֵין הַתּוֹרֵם נִכְנָס לֹא בְפַרְגּוֹד חָפוּת, וְלֹא בְמִנְעָל, וְלֹא בְסַנְדָּל, וְלֹא בַתְּפִילִין, וְלֹא בְקָמֵיעַ, שֶׁמָּא יַעֲנִי וְיֹאמְרוּ, מֵעֲוֹן הַלִּשְׁכָּה הֶעֱנִי, אוֹ שֶׁמָּא יַעֲשִׁיר וְיֹאמְרוּ, מִתְּרוּמַת הַלִּשְׁכָּה הֶעֱשִׁיר, לְפִי שֶׁאָדָם צָרִיךְ לָצֵאת יְדֵי הַבְּרִיּוֹת, כְּדֶרֶךְ שֶׁצָּרִיךְ לָצֵאת יְדֵי הַמָּקוֹם, שֶׁנֶּאֱמַר, וִהְיִיתֶם נְקִיִּם מֵה׳ וּמִיִּשְׂרָאֵל, וְאוֹמֵר, וּמְצָא חֵן וְשֵׂכֶל טוֹב בְּעֵינֵי אֱלֹהִים וְאָדָם.

(1) Three se'ahs equal the Biblical *ephah*; cf. 'Ed., Sonc. ed. p. 2, nn. 3, 7. (2) To ensure that the contents of each basket would be expended in the order in which they had been taken up. (3) The J. Mishnah reads *Gamma*. (4) With a border folded up at the lower end of the cloak. *Aruch* explains it as a cloak with sleeves. The articles of apparel enumerated may serve as a receptacle for hiding a theft from the shekels. (5) I.e., to give no cause for suspicion. (6) Num. XXXII, 22. (7) Prov. III, 4.

MISHNAH 3. [MEMBERS] OF RABBAN GAMALIEL'S HOUSEHOLD USED TO ENTER [THE CHAMBER] WITH THEIR SHEKEL BETWEEN THEIR FINGERS, AND THROW IT IN FRONT OF HIM WHO MADE THE APPROPRIATION, WHILE HE WHO MADE THE APPROPRIATION PURPOSELY PRESSED IT INTO THE BASKET.[8] HE WHO MADE THE APPROPRIATION DID NOT MAKE IT UNLESS HE FIRST SAID TO THEM:[9] SHALL I MAKE THE APPROPRIATION? AND THEY SAID TO HIM THREE TIMES:[10] MAKE THE APPROPRIATION! MAKE THE APPROPRIATION! MAKE THE APPROPRIATION!

מִשְׁנָה ג: שֶׁל בֵּית רַבָּן גַּמְלִיאֵל הָיָה נִכְנָס וְשִׁקְלוֹ בֵּין אֶצְבְּעוֹתָיו, וְזוֹרְקוֹ לִפְנֵי הַתּוֹרֵם, וְהַתּוֹרֵם מִתְכַּוֵּן וְדוֹחֲקוֹ לַקּוּפָּה. אֵין הַתּוֹרֵם תּוֹרֵם עַד שֶׁיֹּאמַר לָהֶם, אֶתְרוֹם? וְהֵן אוֹמְרִים לוֹ, תְּרוֹם, תְּרוֹם, תְּרוֹם, שָׁלשׁ פְּעָמִים.

(8) To make sure that their shekels would be used for the purchase of the offerings enumerated *infra* IV, 1, and not be left in the residue, ibid. 4. (9) To those who stood outside the chamber; v. Maim. Yad. *Shekalim*, II, 5. (10) Cf. Men. X, 3.

MISHNAH 4. WHEN HE MADE THE FIRST APPROPRIATION[1] HE COVERED [WHAT WAS LEFT] WITH LEATHER SPREADS,[2] AND WHEN HE MADE THE SECOND APPROPRIATION[3] HE AGAIN COVERED [WHAT WAS LEFT] WITH LEATHER SPREADS,[2] BUT AFTER THE THIRD APPROPRIATION HE DID NOT COVER [WHAT WAS LEFT]. [HE COVERED AFTER THE FIRST TWO APPROPRIATIONS] LEST HE SHOULD FORGET AND MAKE A [FRESH] APPROPRIATION FROM SHEKELS FROM WHICH AN APPROPRIATION HAD ALREADY BEEN MADE. THE FIRST APPROPRIATION HE MADE ON BEHALF OF THE LAND OF ISRAEL, AND THE SECOND ON BEHALF OF THE CITIES NEAR THEREUNTO, AND THE THIRD ON BEHALF OF BABYLON AND ON BEHALF OF MEDIA AND ON BEHALF OF [OTHER] DISTANT COUNTRIES.

מִשְׁנָה ד: תָּרַם אֶת־הָרִאשׁוֹנָה, וּמְחַפֶּה בְקַטַבְלָאוֹת; שְׁנִיָּה, וּמְחַפֶּה בְקַטַבְלָאוֹת; שְׁלִישִׁית לֹא הָיָה מְחַפֶּה שֶׁמָּא יִשְׁכַּח וְיִתְרוֹם מִן־הַדָּבָר הַתָּרוּם. תָּרַם אֶת־הָרִאשׁוֹנָה לְשׁוּם אֶרֶץ יִשְׂרָאֵל, וּשְׁנִיָּה לְשׁוּם כְּרַכִּים הַמּוּקָּפִין לָהּ, וְהַשְּׁלִישִׁית לְשׁוּם בָּבֶל, וּלְשׁוּם מָדַי וּלְשׁוּם מְדִינוֹת הָרְחוֹקוֹת.

(1) The one taken before the Passover. (2) Κυταβοθή. On which were laid the shekels that arrived later. (3) The one taken before Pentecost.

CHAPTER IV

פֶּרֶק ד

MISHNAH 1. WHAT WAS DONE WITH THE APPROPRIATION? THEY BOUGHT THEREWITH THE DAILY BURNT-OFFERINGS[1] AND THE ADDITIONAL[2] BURNT-OFFERINGS AND THEIR DRINK-OFFERINGS, THE 'OMER AND THE TWO LOAVES AND THE SHEWBREAD[3] AND ALL THE OTHER PUBLIC OFFERINGS.[4] THOSE WHO WATCHED THE AFTERGROWTHS[5] IN THE SEVENTH YEAR[6] RECEIVED THEIR WAGES OUT OF THE APPROPRIATION FROM THE CHAMBER. R. JOSE SAYS: [IF A MAN WISHED] HE COULD VOLUNTEER TO WATCH WITHOUT PAYMENT. BUT THEY SAID TO HIM: THOU, TOO, DOST ADMIT THAT THEY[7] CAN ONLY BE OFFERED OUT OF PUBLIC FUNDS.[8]

מִשְׁנָה א: הַתְּרוּמָה מָה הָיוּ עוֹשִׂין בָּהּ? לוֹקְחִין בָּהּ תְּמִידִין וּמוּסָפִין, וְנִסְכֵּיהֶם, הָעוֹמֶר, וּשְׁתֵּי הַלֶּחֶם, וְלֶחֶם הַפָּנִים, וְכָל־קָרְבְּנוֹת הַצִּבּוּר. שׁוֹמְרֵי סְפִיחִים בַּשְּׁבִיעִית נוֹטְלִין שְׂכָרָן מִתְּרוּמַת הַלִּשְׁכָּה. רַבִּי יוֹסֵי אוֹמֵר, אַף הָרוֹצֶה מִתְנַדֵּב שׁוֹמֵר חִנָּם. אָמְרוּ לוֹ, אַף אַתָּה אוֹמֵר שֶׁאֵינָן בָּאִין אֶלָּא מִשֶּׁל צִבּוּר.

(1) Cf. Num. XXVIII, 1-8. (2) The special offerings for the Sabbath, the New Moon and the Festivals, enumerated in Num. XXVIII, 9-XXIX, 39. (3) Cf. *supra* p. 3, nn. 2-4. (4) E.g., frankincense and the drink-offerings ordained, *infra* VII, 6. (5) Growing without human labour; cf. Lev. XXV, 5, 11. (6) All produce of the Seventh Year was ownerless property and free to man and beast, Lev. ibid. 6-7. As the *'Omer* and the Two Loaves had to be offered out of the new produce of the year, therefore in the Seventh Year guardians were set over a special field to guard its aftergrowths for the use of the *'Omer* and the Two Loaves for that year, so that they might not be eaten by man or beast. (7) The *'Omer* and the Two Loaves. (8) But if the watcher is unpaid the aftergrowths become automatically his own private property and could not be offered up; v. B.M., Sonc. ed. pp. 671ff and notes.

MISHNAH 2. THE [RED] COW[9] AND THE SCAPEGOAT[10] AND THE STRIP OF SCARLET[11] CAME OUT OF THE APPROPRIATION OF THE CHAMBER. THE VIADUCT FOR THE [RED] COW[1] AND THE VIADUCT FOR THE SCAPEGOAT[2] AND THE STRIP OF SCARLET WHICH WAS BETWEEN ITS HORNS,[3] AND [THE MAINTENANCE OF] THE POOL OF WATER,[4] AND THE WALL OF THE CITY[5] AND THE TOWERS THEREOF AND ALL THE NEEDS OF THE CITY[6] CAME OUT OF THE REMAINDER[7] IN THE CHAMBER. ABBA SAUL SAYS: THE VIADUCT FOR THE [RED] COW THE HIGH PRIESTS MADE OUT OF THEIR OWN [MEANS].

מִשְׁנָה ב: פָּרָה, וְשָׂעִיר הַמִּשְׁתַּלֵּחַ, וְלָשׁוֹן שֶׁל זְהוֹרִית בָּאִין מִתְּרוּמַת הַלִּשְׁכָּה. כֶּבֶשׁ פָּרָה, וְכֶבֶשׁ שָׂעִיר הַמִּשְׁתַּלֵּחַ, וְלָשׁוֹן שֶׁבֵּין קַרְנָיו, וְאַמַּת הַמַּיִם, וְחוֹמַת הָעִיר וּמִגְדְּלוֹתֶיהָ, וְכָל־צָרְכֵי הָעִיר, בָּאִין מִשְּׁיָרֵי הַלִּשְׁכָּה. אַבָּא שָׁאוּל אוֹמֵר, כֶּבֶשׁ פָּרָה כֹּהֲנִים גְּדוֹלִים עוֹשִׂין אוֹתוֹ מִשֶּׁל עַצְמָן.

(9) Num. XIX, 1ff. (10) Lev. XVI, 10, 21f. (11) Which was thrown into the burning Red Cow, including also the accompanying cedar wood and hyssop, Num. XIX, 6. According to others, the strip of scarlet tied on the neck of the goat of the sin-offering in order to distinguish it from the scapegoat, Lev. XVI, 9; v. p. 13, n. 3.
(1) Across the valley which separated the Temple Mount from the Mount of Olives, over which the Red Cow was led by the priest. The viaduct was erected in order to protect the priest against defilement from the possible unsuspected presence of a grave in the valley; cf. Parah III, 6. (2) A private exit leading out of Jerusalem for the man who carried away the scapegoat, to prevent his being mobbed; cf. Yoma 66*a*. (3) Cf. Yoma 41*b*. (4) In the Temple Court. (5) Of Jerusalem. (6) The maintenance of the water supply, the streets and markets, etc. (7) What is left over from the shekels after the three appropriations had been made; v. *supra* III, 2, 4.

MISHNAH 3. WHAT WAS DONE WITH THE SURPLUS OF THE REMAINDER IN THE CHAMBER?[8] THEREWITH WERE BOUGHT WINES, OILS AND FINE FLOURS,[9] AND THE PROFIT BELONGED TO THE SANCTUARY; THUS R. ISHMAEL. R. AKIBA SAYS: ONE MAY NOT DEAL WITH THE PROPERTY OF THE SANCTUARY,[10] NOR WITH THE PROPERTY OF THE POOR.[11]

מִשְׁנָה ג: מוֹתַר שְׁיָרֵי הַלִּשְׁכָּה מָה הָיוּ עוֹשִׂין בָּהֶן? לוֹקְחִין בָּהֶן יֵינוֹת שְׁמָנִים וּסְלָתוֹת וְהַשָּׂכָר לְהֶקְדֵּשׁ. דִּבְרֵי רַבִּי יִשְׁמָעֵאל. רַבִּי עֲקִיבָא אוֹמֵר, אֵין מִשְׂתַּכְּרִין מִשֶּׁל הֶקְדֵּשׁ, וְלֹא מִשֶּׁל עֲנִיִּים.

(8) After the needs enumerated in the foregoing section (viaducts etc.) had been satisfied. (9) To be re-sold to those requiring them for their offerings. (10) (*a*) Such trafficking is unseemly for the Temple v. Keth. 106*b*. [(*b*) Because trafficking may involve loss as well as gain, T.J. a.l.]. (11) 'Because a poor man might come unexpectedly and there would be nothing to give him'. Keth. ibid.; cf. however preceding note (*b*).

MISHNAH 4. WHAT WAS DONE WITH THE SURPLUS OF THE APPROPRIATION?[12] [THEREOF WERE MADE] BEATEN PLATES OF GOLD FOR COVERING[13] THE INTERIOR OF THE HOLY OF HOLIES. R. ISHMAEL SAYS: THE SURPLUS [FROM THE SALE] OF THE PRODUCE[14] WAS USED FOR THE ALTAR'S 'DESSERT',[1] AND THE SURPLUS OF THE APPROPRIATION WAS USED FOR THE VESSELS OF MINISTRATION. R. AKIBA SAYS: THE SURPLUS OF THE APPROPRIATION WAS USED FOR THE ALTAR'S 'DESSERT', AND THE SURPLUS OF THE DRINK-OFFERINGS[2] WAS USED FOR THE VESSELS OF MINISTRATION. R. ḤANANIAH THE CHIEF OF THE PRIESTS[3] SAYS: THE SURPLUS OF THE DRINK-OFFERINGS WAS USED FOR THE ALTAR'S 'DESSERT', AND THE SURPLUS OF THE APPROPRIATION WAS USED FOR THE VESSELS OF MINISTRATION. NEITHER OF THESE [TWO SAGES] ALLOWED [A PROFIT FROM THE SALE] OF THE PRODUCE.[4]

מִשְׁנָה ד: מוֹתַר תְּרוּמָה מֶה הָיוּ עוֹשִׂין בָּהּ? רְקוּעֵי זָהָב צִפּוּי לְבֵית קָדְשֵׁי הַקֳּדָשִׁים. רַבִּי יִשְׁמָעֵאל אוֹמֵר, מוֹתַר הַפֵּירוֹת לְקַיִץ הַמִּזְבֵּחַ, וּמוֹתַר הַתְּרוּמָה לִכְלֵי שָׁרֵת. רַבִּי עֲקִיבָא אוֹמֵר, מוֹתַר הַתְּרוּמָה לְקַיִץ הַמִּזְבֵּחַ, וּמוֹתַר נְסָכִים לִכְלֵי שָׁרֵת. רַבִּי חֲנִינָא סְגַן הַכֹּהֲנִים אוֹמֵר, מוֹתַר נְסָכִים לְקַיִץ הַמִּזְבֵּחַ, וּמוֹתַר הַתְּרוּמָה לִכְלֵי שָׁרֵת. זֶה וָזֶה לֹא הָיוּ מוֹדִים בְּפֵירוֹת.

(12) After the needs enumerated in section 1 and the beginning of section 2 had been met. (13) Cf. Num. XVII, 3; I Kings VI, 20ff. (14) In accordance with his opinion in the last section.
(1) Lit., 'summer-fruit', eaten as dessert, a figurative name for the burnt-offerings which were offered after all the prescribed public and private offerings had been offered, to prevent the altar standing idle, v. Shebu., Sonc. ed. p. 50, n. 3. (2) Sold by the officers of the Temple in accordance with *infra* V, 4. (3) *Segan*, v. Sanh., Sonc. ed. p. 97, n. 1. (4) Against R. Ishmael, and in agreement with R. Akiba *supra* section 3.

MISHNAH 5. WHAT WAS DONE WITH THE SURPLUS OF THE FRANKINCENSE?[5] THEY SET APART THEREFROM[6] THE WAGES OF THE CRAFTSMEN,[7] AND WHEN THEY HAD EXCHANGED IT[8] FOR THE WAGES OF THE CRAFTSMEN, THEY GAVE IT TO THE CRAFTSMEN AS THEIR WAGES, AND THEN THEY BOUGHT IT BACK AGAIN OUT OF A NEW APPROPRIATION.[1] IF THE NEW ONE[2] HAD ARRIVED IN TIME THEY BOUGHT IT BACK AGAIN WITH THE NEW APPROPRIATION, BUT IF NOT, THEY BOUGHT IT BACK AGAIN WITH THE OLD ONE.

מִשְׁנָה ה: מוֹתַר הַקְּטֹרֶת מֶה הָיוּ עוֹשִׂין בָּהּ? מַפְרִישִׁין מִמֶּנָּה שְׂכַר הָאוּמָּנִין; וּמְחַלְּלִין אוֹתָהּ עַל שְׂכַר הָאוּמָּנִין, וְנוֹתְנִין אוֹתָהּ לְאוּמָּנִין בִּשְׂכָרָן, וְחוֹזְרִין וְלוֹקְחִין אוֹתָהּ מִתְּרוּמָה חֲדָשָׁה. אִם בָּא הֶחָדָשׁ בִּזְמַנּוֹ לוֹקְחִין אוֹתָהּ מִתְּרוּמָה חֲדָשָׁה; וְאִם לַאו מִן־הַיְשָׁנָה.

(5) In conformity with an ancient tradition, the incense was prepared for the whole year in advance in a quantity of 365 minas, corresponding to the number of days in the solar year, with an extra three *minas* for the Day of Atonement, of which one *mina* was offered daily, one half in the morning and one half in the afternoon (cf. Ex. XXX, 7-8; Ker. 6a). But as the calendar year in force was the lunar year which consists usually of 354 days (excepting the leap year which has 384 days), there was at the end of most years a surplus of eleven *minas*. This surplus could not be carried over for use in the next year, since all public offerings made from the first of Nisan onwards had to come out of the appropriation of the new shekels (cf. p. 12, n. 4).
Hence arose the problem how to enable the surplus from the old year to be used for the new year. (6) From the shekels in the chamber. So Maimonides and Bertinore. [*Aliter:* From the surplus of the frankincense (Barneth a.l.). Cf. next section, n. 5.] (7) Who compounded the incense, made the Shewbread, and guarded the aftergrowths in the Seventh Year; cf. *supra* section 1, and *infra* V, 1. (8) The surplus of the incense, thereby divesting it of its hallowed character and rendering it 'common'. This roundabout method was adopted, instead of selling it straightway, out of reverence for its hallowed character. (1) And it could be used for the new year. (2) The contribution of the new shekel.

MISHNAH 6. IF A MAN DEDICATED HIS POSSESSIONS TO THE SANCTUARY, AND THERE WAS AMONG THEM AUGHT THAT WAS FIT FOR PUBLIC OFFERINGS,[3] IT SHOULD BE GIVEN TO THE CRAFTSMEN AS THEIR WAGES; THUS R. AKIBA. BUT BEN 'AZZAI SAID TO HIM: THIS IS NOT IN ACCORDANCE WITH THE ESTABLISHED RULE.[4] NAY, RATHER, THEY SET APART THEREFROM[5] THE WAGES OF THE CRAFTSMEN, AND WHEN THEY HAD EXCHANGED IT FOR THE MONEY DUE TO THE CRAFTSMEN THEY GAVE IT TO THE CRAFTSMEN AS THEIR WAGES, AND THEN THEY BOUGHT IT BACK AGAIN OUT OF A NEW APPROPRIATION.

מִשְׁנָה ו: הַמַּקְדִּישׁ נְכָסָיו וְהָיוּ בָהֶן דְּבָרִים רְאוּיִן לְקָרְבְּנוֹת הַצִּבּוּר, יִנָּתְנוּ לָאוּמָּנִין בִּשְׂכָרָן. דִּבְרֵי רַבִּי עֲקִיבָא. אָמַר לוֹ בֶּן עַזַּאי, אֵינָהּ הִיא הַמִּדָּה, אֶלָּא מַפְרִישִׁין מֵהֶן שְׂכַר הָאוּמָּנִין וּמְחַלְּלִין אוֹתָן עַל מָעוֹת הָאוּמָּנִין, וְנוֹתְנִין אוֹתָן לָאוּמָּנִין בִּשְׂכָרָן, וְחוֹזְרִין וְלוֹקְחִין אוֹתָן מִתְּרוּמָה חֲדָשָׁה.

(3) Frankincense, wine, oil, or flour. (4) As laid down in the last section. (5) מהן evidently refers to the dedicated objects fit for public offerings; cf. previous section, n. 6.]

MISHNAH 7. IF A MAN DEDICATED HIS POSSESSIONS TO THE SANCTUARY AND THERE WERE AMONG THEM CATTLE FIT FOR THE ALTAR, MALES OR FEMALES, R. ELIEZER SAYS: MALES SHOULD BE SOLD[6] FOR THE USE OF BURNT-OFFERINGS AND FEMALES[7] SHOULD BE SOLD FOR THE USE OF PEACE-OFFERINGS, AND THE PRICE THEREOF TOGETHER WITH THE REST OF THE POSSESSIONS SHOULD GO TO THE REPAIR OF THE TEMPLE.[8] R. JOSHUA SAYS: THE MALES SHOULD THEMSELVES BE OFFERED UP AS BURNT-OFFERINGS[9] AND THE FEMALES SHOULD BE SOLD FOR THE USE OF PEACE-OFFERINGS, [AND FOR THE PRICE THEREOF BURNT-OFFERINGS SHOULD BE OFFERED],[1] AND THE OTHER POSSESSIONS SHOULD GO TO THE REPAIR OF THE TEMPLE. R. AKIBA SAYS: I PREFER THE OPINION OF R. ELIEZER ABOVE THE OPINION OF R. JOSHUA, FOR R. ELIEZER APPLIED A UNIFORM RULE,[2] BUT R. JOSHUA DIFFERENTIATED.[3] R. PAPIAS SAID: I HAVE HEARD A TRADITION IN ACCORDANCE WITH THE OPINIONS OF BOTH [SAGES]: THAT IF A MAN DEDICATED TO THE SANCTUARY IN DEFINITE TERMS[4] IT IS ACCORDING TO THE OPINION OF R. ELIEZER,[5] BUT IF HE DEDICATED TO THE SANCTUARY IN INDEFINITE TERMS[6] IT IS ACCORDING TO THE OPINION OF R. JOSHUA.[7]

מִשְׁנָה ז: הַמַּקְדִּישׁ נְכָסָיו וְהָיְתָה בָהֶן בְּהֵמָה רְאוּיָה לְגַבֵּי הַמִּזְבֵּחַ, זְכָרִים וּנְקֵבוֹת, רַבִּי אֱלִיעֶזֶר אוֹמֵר, זְכָרִים יִמָּכְרוּ לְצָרְכֵי עוֹלוֹת, וּנְקֵבוֹת יִמָּכְרוּ לְצָרְכֵי זִבְחֵי שְׁלָמִים, וּדְמֵיהֶן יִפְּלוּ עִם שְׁאָר נְכָסִים לְבֶדֶק הַבָּיִת. רַבִּי יְהוֹשֻׁעַ אוֹמֵר, זְכָרִים עַצְמָן יִקָּרְבוּ עוֹלוֹת, וּנְקֵבוֹת יִמָּכְרוּ לְצָרְכֵי זִבְחֵי שְׁלָמִים וְיָבִיא בִדְמֵיהֶן עוֹלוֹת, וּשְׁאָר נְכָסִים יִפְּלוּ לְבֶדֶק הַבָּיִת. רַבִּי עֲקִיבָא אוֹמֵר, רוֹאֶה אֲנִי אֶת־דִּבְרֵי רַבִּי אֱלִיעֶזֶר מִדִּבְרֵי רַבִּי יְהוֹשֻׁעַ, שֶׁרַבִּי אֱלִיעֶזֶר הִשְׁוָה אֶת־מִדָּתוֹ וְרַבִּי יְהוֹשֻׁעַ חָלַק. אָמַר רַבִּי פַפְּיָס, שָׁמַעְתִּי כְדִבְרֵי שְׁנֵיהֶן, שֶׁהַמַּקְדִּישׁ בְּפֵרוּשׁ כְּדִבְרֵי רַבִּי אֱלִיעֶזֶר וְהַמַּקְדִּישׁ סְתָם כְּדִבְרֵי רַבִּי יְהוֹשֻׁעַ.

(6) But they should not themselves be offered, as, according to the view of R. Eliezer, an ordinary dedication to the Temple belonged to the general Temple fund ('The Repair of the Temple'). (7) Females could not be used for burnt-offerings, but were good for peace-offerings; cf. Lev. I, 3, 10; III, 1, 6. (8) Cf. II Kings XII, 6ff. This was equivalent to the general Temple fund. (9) He holds that such was the intention of the dedication.

(1) But not as peace-offerings the flesh of which is eaten by the owner, it being assumed that his intention was to dedicate them exclusively to the altar. (2) For cattle and other possessions. (3) Between cattle and other possessions. (4) Making special mention of the cattle among his possessions. (5) That cattle should be treated in the same way as his other possessions. (6) Without mentioning the cattle. (7) That each is treated in the manner for which it is fit.

MISHNAH 8. IF A MAN DEDICATED HIS POSSESSIONS TO THE SANCTUARY AND THERE WERE AMONG THEM THINGS FIT FOR THE ALTAR [SUCH AS] WINES, OILS,[8] AND BIRDS,[9] R. ELIEZER SAYS: THEY SHOULD BE SOLD FOR THE USE OF [OFFERINGS BELONGING TO] EACH PARTICULAR KIND, AND FOR THE PRICE THEREOF BURNT-OFFERINGS[10] SHOULD BE OFFERED, WHILE THE OTHER POSSESSIONS SHOULD GO TO THE REPAIR OF THE TEMPLE.

מִשְׁנָה ח: הַמַּקְדִּישׁ נְכָסִים וְהָיוּ בָהֶן דְּבָרִים רְאוּיִין עַל גַּבֵּי הַמִּזְבֵּחַ, יֵינוֹת שְׁמָנִים וְעוֹפוֹת, רַבִּי אֱלִיעֶזֶר אוֹמֵר, יִמָּכְרוּ לְצָרְכֵי אוֹתוֹ הַמִּין, וְיָבִיא בִדְמֵיהֶן עוֹלוֹת, וּשְׁאָר נְכָסִים יִפְּלוּ לְבֶדֶק הַבָּיִת.

(8) For meal-offerings and drink-offerings; cf. Num. XXVIII, 5, 7, etc. (9) Pigeons and turtle-doves. (10) This is deduced from the wording of Lev. XXII, 18: *Of all their vows and freewill-offerings . . . for a burnt-offering*, v. T.J. a.l.

MISHNAH 9. ONCE IN THIRTY DAYS PRICES WERE FIXED [ON BEHALF OF] THE CHAMBER.[11] IF A MAN HAD UNDERTAKEN TO SUPPLY FINE FLOURS AT FOUR [SE'AHS FOR A SELA'] AND THEY NOW STOOD AT THREE [SE'AHS FOR A SELA'], HE MUST [STILL] SUPPLY AT FOUR [SE'AHS]. [IF HE HAD UNDERTAKEN TO SUPPLY] AT THREE [SE'AHS FOR A SELA'] AND THEY NOW STOOD AT FOUR, HE MUST [ALSO] SUPPLY AT FOUR, FOR THE SANCTUARY HAS THE UPPER HAND.[1] IF THE FINE FLOUR BECAME WORM-EATEN THE LOSS IS HIS; IF THE WINE BECAME SOUR THE LOSS IS HIS. FOR HE IS NOT ENTITLED TO HIS MONEY[2] EXCEPT AFTER THE ALTAR HAS ACCEPTED THE OFFERING.[3]

מִשְׁנָה ט: אַחַת לִשְׁלֹשִׁים יוֹם מְשַׁעֲרִין אֶת־הַלִּשְׁכָּה. כָּל־הַמְקַבֵּל עָלָיו לְסַפֵּק סְלָתוֹת מֵאַרְבָּעָה, עָמְדוּ מִשָּׁלֹשׁ, יְסַפֵּק מֵאַרְבָּעָה; מִשָּׁלֹשׁ, וְעָמְדוּ מֵאַרְבָּעָה, יְסַפֵּק מֵאַרְבָּעָה, שֶׁיַּד הֶקְדֵּשׁ עַל הָעֶלְיוֹנָה. וְאִם הִתְלִיעָה סֹלֶת הִתְלִיעָה לוֹ; וְאִם הֶחְמִיץ יַיִן הֶחְמִיץ לוֹ. וְאֵינוֹ מְקַבֵּל אֶת־מְעוֹתָיו עַד שֶׁיְּהֵא הַמִּזְבֵּחַ מְרַצֶּה.

(11) The treasury chamber where the shekels were deposited; III, 1.

(1) Cf. Kid. 29*a*. (2) Even if he had received it in advance. (3) As a valid one.

CHAPTER V

פֶּרֶק ה

MISHNAH 1. THESE WERE THE OFFICERS[1] IN THE TEMPLE: JOHANAN THE SON OF PHINEAS WAS OVER THE SEALS, AHIJAH OVER THE DRINK-OFFERINGS,[2] MATTITHIAH THE SON OF SAMUEL[3] OVER THE LOTS,[4] PETHAHIAH OVER THE BIRD-OFFERINGS (THIS SAME PETHAHIAH WAS MORDECAI. WHEREFORE WAS HIS NAME CALLED PETHAHIAH? BECAUSE HE 'OPENED'[5] MATTERS AND EXPOUNDED THEM, AND HE UNDERSTOOD THE SEVENTY TONGUES);[6] THE SON OF AHIJAH WAS OVER THE SICKNESS OF THE BOWELS,[7] NEHUNIAH WAS DIGGER OF DITCHES,[8] GEBINI WAS THE CRIER,[9] THE SON OF GEBER WAS OVER THE LOCKING OF THE GATES,[1] THE SON OF BEBAI WAS OVER THE STRIPS,[2] THE SON OF ARZA OVER THE CYMBAL,[3] HYGROS THE SON OF LEVI OVER THE SINGING,[4] THE HOUSE OF GARMU OVER THE MAKING OF THE SHEWBREAD,[5] THE HOUSE OF ABTINAS OVER THE PREPARING OF THE FRANKINCENSE,[5] ELEAZAR OVER THE VEIL,[6] AND PHINEAS OVER THE VESTMENTS.[7]

מִשְׁנָה א: אֵלּוּ הֵן הַמְּמוּנִּין שֶׁהָיוּ בַמִּקְדָּשׁ, יוֹחָנָן בֶּן פִּינְחָס עַל הַחוֹתָמוֹת, אֲחִיָּה עַל הַנְּסָכִים, מַתִּתְיָה בֶּן שְׁמוּאֵל עַל הַפְּיָיסוֹת, פְּתַחְיָה עַל הַקִּינִין, פְּתַחְיָה זֶה מָרְדְּכַי לָמָּה נִקְרָא שְׁמוֹ פְּתַחְיָה? שֶׁהָיָה פוֹתֵחַ בִּדְבָרִים וְדוֹרְשָׁן וְיוֹדֵעַ שִׁבְעִים לָשׁוֹן; בֶּן אֲחִיָּה עַל חוֹלֵי מֵעַיִם, נְחוּנְיָה חוֹפֵר שִׁיחִין, גְּבִינִי כָּרוֹז, בֶּן גֶּבֶר עַל נְעִילַת שְׁעָרִים, בֶּן בֵּבַי עַל הַפָּקִיעַ, בֶּן עַרְזָה עַל הַצִּלְצָל, הוּגְרַס בֶּן לֵוִי עַל הַשִּׁיר, בֵּית גַּרְמוּ עַל מַעֲשֵׂה לֶחֶם הַפָּנִים, בֵּית אַבְטִינָס עַל מַעֲשֵׂה הַקְּטֹרֶת, אֶלְעָזָר עַל הַפָּרֹכוֹת, וּפִנְחָס עַל הַמַּלְבּוּשׁ.

(1) According to an explanation in the Palestinian Gemara, the functionaries here enumerated were all contemporaries in a particular generation. Another, less likely, explanation given there is that these persons were the worthiest of all the occupants of the offices during the whole existence of the Second Temple. [According to Hoffmann (*Die Erste Mishnah* p. 17) the officers enumerated here date from the time of Agrippa. This is disputed by Graetz *MGWJ*, XXXIV, 195ff and Büchler, *Die Priester*, p. 134ff.] (2) Cf. *infra* 4. (3) A saying of his in connection with the Temple service is recorded in Yoma 28*a*. (4) By which the various labours connected with the service of the altar were distributed among the priests; v. Yoma II, 2ff. (5) I.e. *pathah* (פתח). This is an allusion to the various difficult problems in connection with bird-offerings discussed in the Tractate Kinnim; cf. also Aboth. III, 19. (6) The number of languages into which human speech was traditionally divided, corresponding to the seventy nations enumerated in Gen. X; cf. ibid. 5, 20, 31. Of Mordecai's skill in strange languages, cf. Meg. 13*b*. The whole bracketed passage is probably an interpolation. The Mordecai mentioned here is identified by the commentators with Mordecai Bilshan (בלשן from לשון, language) of Ezra II, 2. According to Rashi (Men. 64*b*, cf. Tosaf. ibid.) and Ibn Ezra (on Ezra loc. cit) this was the Mordecai of the Book of Esther. (7) To cure it. The Palestinian Gemara adds that the priests were specially subject to this sickness, because they went about barefooted, ate much meat, and drank much water. (8) To supply water to pilgrims to the Temple. Cf. B.Ḳ. Sonc. ed. p. 287. (9) Who summoned the priests to their labours every morning; cf. Tam. III, 8; Yoma 20*b*.

(1) To lock them in the evening and open them again in the morning. (2) Strips of cloth of which wicks were made for the lamps and torches of the Temple. So the Palestinian Gemara. The Babylonian Gemara (Yoma 23*a*) explains it as the straps with which Levites were scourged when found sleeping while on night duty as watchmen. But in Mid. I, 2 the sleeping watchman is beaten with a stick. (3) That accompanied the singing of the Levites, Tam. VII, 3. (4) Of the Levites, Tam. VII, 4; cf. Yoma 38*a*. [Whether Ben Arza was a priest or a Levite, v. Büchler op. cit. pp. 126f and 142f.] (5) V. Yoma 38*a*. (6) Over its manufacture, etc.; cf. *infra* VIII, 5. (7) Of the priests.

MISHNAH 2. THE TREASURERS WERE NOT LESS THAN THREE AND THE SUPERINTENDENTS NOT LESS THAN SEVEN, NOR MAY AUTHORITY BE EXERCISED IN MATTERS OF MONEY BY LESS THAN TWO [OFFICERS], EXCEPT [IN THE CASE] OF AHIJAH[8] WHO WAS OVER THE SICKNESS OF THE BOWELS AND ELEAZAR[8] WHO WAS OVER THE VEIL, FOR THESE HAD BEEN ACCEPTED BY THE MAJORITY OF[9] THE PUBLIC.

מִשְׁנָה ב: אֵין פּוֹחֲתִין מִשְּׁלֹשָׁה גִזְבָּרִין וּמִשִּׁבְעָה אֲמַרְכְּלִין, וְאֵין עוֹשִׂין שְׂרָרָה עַל הַצִּיבּוּר בְּמָמוֹן פָּחוֹת מִשְּׁנַיִם, חוּץ מִבֶּן אֲחִיָּה שֶׁעַל חוֹלֵי מֵעַיִם וְאֶלְעָזָר שֶׁעַל הַפָּרֹכוֹת, שֶׁאוֹתָן קִיבְּלוּ רוֹב הַצִּבּוּר עֲלֵיהֶן.

(8) Who also handled money for the purchase of medicines and of materials for the Veil. (9) Some texts omit 'the majority of'.

MISHNAH 3. THERE WERE FOUR SEALS IN THE TEMPLE, AND ON THEM WAS INSCRIBED [RESPECTIVELY] 'CALF', 'RAM',[10] 'KID', 'SINNER'.[11] BEN 'AZZAI SAYS: THERE WERE FIVE AND

מִשְׁנָה ג: אַרְבָּעָה חוֹתָמוֹת הָיוּ בַמִּקְדָּשׁ, וְכָתוּב עֲלֵיהֶן, עֵגֶל, זָכָר, גְּדִי, חוֹטֵא. בֶּן עַזַּאי אוֹמֵר, חֲמִשָּׁה הָיוּ

(10) Lit., 'male', the Aramaic name of the ram. (11) I.e., leper. Leprosy was considered a punishment for certain serious transgressions; cf. 'Ar. 16*a*.

ON THEM WAS INSCRIBED IN ARAMAIC [RESPECTIVELY] 'CALF', 'RAM', 'KID', 'POOR[12] SINNER', AND 'RICH[13] SINNER'. [THE SEAL INSCRIBED] 'CALF', SERVED FOR THE DRINK-OFFERINGS[14] OF KINE, BOTH GREAT AND SMALL, MALE AND FEMALE; [THE ONE INSCRIBED] 'KID' SERVED FOR THE DRINK-OFFERINGS OF FLOCKS, BOTH GREAT AND SMALL, MALE AND FEMALE, WITH THE EXCEPTION OF THOSE OF RAMS; [THE ONE INSCRIBED] 'RAM' SERVED FOR THE DRINK-OFFERINGS OF RAMS ALONE; [THE ONE INSCRIBED] 'SINNER' SERVED FOR THE DRINK-OFFERINGS OF THE THREE ANIMALS [OFFERED] BY LEPERS.[1]

וַאֲרָמִית כָּתוּב עֲלֵיהֶן, עגל, זכר, גדי, חוטא דל, וחוטא עשיר. עֵגֶל מְשַׁמֵּשׁ עִם נִסְכֵי בָקָר, גְּדוֹלִים וּקְטַנִּים, זְכָרִים וּנְקֵבוֹת; גְּדִי מְשַׁמֵּשׁ עִם נִסְכֵי צֹאן, גְּדוֹלִים וּקְטַנִּים, זְכָרִים וּנְקֵבוֹת, חוּץ מִשֶּׁל אֵילִים; זָכָר מְשַׁמֵּשׁ עִם נִסְכֵי אֵילִים בִּלְבָד; חוֹטֵא מְשַׁמֵּשׁ עִם נִסְכֵי שָׁלֹשׁ בְּהֵמוֹת שֶׁל מְצוֹרָעִין.

(12) Lev. XIV, 21ff. (13) I.e., a leper who is not poor. He has to offer the sacrifices prescribed, Lev. ibid. 10. (14) Including meal-offerings. These had to accompany every burnt-offering and peace-offering, but differed in their quantities according as the sacrifice was of kine, or of flocks, or a ram; cf. Num. XV, 3-10.

(1) As prescribed in Lev. XIV, 10, 21 respectively.

MISHNAH 4. IF A MAN REQUIRED DRINK-OFFERINGS HE WOULD GO TO JOHANAN WHO WAS THE OFFICER OVER THE SEALS, AND GIVE HIM MONEY AND RECEIVE FROM HIM A SEAL. THEN HE WOULD GO TO AHIJAH WHO WAS THE OFFICER OVER THE DRINK-OFFERINGS, AND GIVE HIM THE SEAL, AND RECEIVE FROM HIM DRINK-OFFERINGS. AND IN THE EVENING THESE TWO [OFFICERS] WOULD COME TOGETHER, AND AHIJAH WOULD BRING OUT THE SEALS AND RECEIVE MONEY FOR THEIR VALUE. AND IF THERE WAS MORE [THAN THEIR VALUE] THE SURPLUS BELONGED TO THE SANCTUARY,[2] BUT IF THERE WAS LESS [THAN THEIR VALUE] JOHANAN WOULD PAY [THE LOSS] OUT OF HIS OWN MEANS; FOR THE SANCTUARY HAS THE UPPER HAND.

מִשְׁנָה ד: מִי שֶׁהוּא מְבַקֵּשׁ נְסָכִים, הוֹלֵךְ לוֹ אֵצֶל יוֹחָנָן, שֶׁהוּא מְמוּנֶּה עַל הַחוֹתָמוֹת, נוֹתֵן לוֹ מָעוֹת וּמְקַבֵּל מִמֶּנּוּ חוֹתָם; בָּא לוֹ אֵצֶל אֲחִיָּה שֶׁהוּא מְמוּנֶּה עַל הַנְּסָכִים, וְנוֹתֵן לוֹ חוֹתָם וּמְקַבֵּל מִמֶּנּוּ נְסָכִים. וְלָעֶרֶב בָּאִין זֶה אֵצֶל זֶה, וַאֲחִיָּה מוֹצִיא אֶת־הַחוֹתָמוֹת וּמְקַבֵּל כְּנֶגְדָּן מָעוֹת; וְאִם הוֹתִירוּ, הוֹתִירוּ לְהֶקְדֵּשׁ, וְאִם פָּחֲתוּ, הָיָה מְשַׁלֵּם יוֹחָנָן מִבֵּיתוֹ, שֶׁיַּד הֶקְדֵּשׁ עַל הָעֶלְיוֹנָה.

(2) Johanan could not claim it as his own.

MISHNAH 5. IF A MAN LOST HIS SEAL HIS CASE WAS DEFERRED UNTIL THE EVENING.[3] IF THEN THEY FOUND [MONEY OVER] TO THE VALUE OF HIS LOST SEAL THEY GAVE [IT] TO HIM, BUT IF NOT HE HAD NOTHING. MOREOVER, ON THE SEALS WAS INSCRIBED THE NAME OF THE DAY [IN ORDER TO GUARD] AGAINST IMPOSTORS.[4]

מִשְׁנָה ה: מִי שֶׁאָבַד מִמֶּנּוּ חוֹתָמוֹ, מַמְתִּינִין לוֹ עַד הָעֶרֶב; אִם מוֹצְאִין לוֹ כְּדֵי חוֹתָמוֹ נוֹתְנִין לוֹ, וְאִם לָאו לֹא הָיָה לוֹ. וְשֵׁם הַיּוֹם כָּתוּב עֲלֵיהֶן מִפְּנֵי הָרַמָּאִין.

(3) When the two officers met together to settle the daily account. (4) Who might use for themselves seals lost by the officers or by the buyer, or who might buy seals when produce was cheap and use them in a time when produce became dear.

MISHNAH 6. THERE WERE TWO CHAMBERS IN THE TEMPLE, ONE THE CHAMBER OF SECRET GIFTS AND THE OTHER THE CHAMBER OF THE VESSELS. THE CHAMBER OF SECRET GIFTS—SIN-FEARING PERSONS[1] USED TO PUT THEIR GIFTS THEREIN IN SECRET, AND THE POOR WHO WERE DESCENDED

מִשְׁנָה ו: שְׁתֵּי לְשָׁכוֹת הָיוּ בַמִּקְדָּשׁ, אַחַת לִשְׁכַּת חֲשָׁאִים, וְאַחַת לִשְׁכַּת הַכֵּלִים. לִשְׁכַּת חֲשָׁאִים, יִרְאֵי חֵטְא נוֹתְנִים לְתוֹכָהּ בַּחֲשַׁאי, וַעֲנִיִּים בְּנֵי טוֹבִים מִתְפַּרְנְסִים

(1) Pious persons who sought to avoid publicity for their deeds of charity.

OF THE VIRTUOUS WERE SUPPORTED THEREFROM IN SECRET. THE CHAMBER OF THE VESSELS—WHOEVER OFFERED A VESSEL AS A GIFT USED TO THROW IT THEREIN, AND ONCE IN THIRTY DAYS THE TREASURERS OPENED IT; AND ANY VESSEL THEY FOUND THEREIN THAT WAS OF USE FOR THE REPAIR OF THE TEMPLE THEY LEFT THERE; BUT THE OTHERS WERE SOLD AND THEIR PRICE WENT TO THE CHAMBER OF THE REPAIR[2] OF THE TEMPLE.

מִתּוֹכָהּ בַּחֲשַׁאי. לִשְׁכַּת הַכֵּלִים, כָּל־מִי שֶׁהוּא מִתְנַדֵּב כְּלִי, זוֹרְקוֹ לְתוֹכָהּ, וְאֶחָד לִשְׁלשִׁים יוֹם גִּזְבָּרִין פּוֹתְחִין אוֹתָהּ, וְכָל־כְּלִי שֶׁמּוֹצְאִין בּוֹ צוֹרֶךְ לְבֶדֶק הַבַּיִת מַנִּיחִין אוֹתוֹ, וְהַשְּׁאָר נִמְכָּרִין בִּדְמֵיהֶן וְנוֹפְלִין לְלִשְׁכַּת בֶּדֶק הַבַּיִת.

(2) Cf. *supra* p. 15, n. 8.

CHAPTER VI

פֶּרֶק ו

MISHNAH 1. THERE WERE IN THE TEMPLE THIRTEEN CHESTS,[1] THIRTEEN TABLES AND THIRTEEN PROSTRATIONS. [MEMBERS] OF THE HOUSEHOLD OF RABBAN GAMALIEL AND OF R. ḤANANIAH THE CHIEF OF THE PRIESTS, USED TO PROSTRATE THEMSELVES FOURTEEN [TIMES]. AND WHERE WAS THE ADDITIONAL [PROSTRATION]? IN FRONT OF THE STORE OF WOOD[2], FOR THUS THEY HAD A TRADITION FROM THEIR FOREFATHERS THAT THE ARK WAS HIDDEN THERE.[3]

מִשְׁנָה א: שְׁלשָׁה עָשָׂר שׁוֹפָרוֹת, שְׁלשָׁה עָשָׂר שׁוּלְחָנוֹת, שְׁלשׁ עֶשְׂרֵה הִשְׁתַּחֲוָיוֹת הָיוּ בַּמִּקְדָּשׁ. שֶׁל בֵּית רַבָּן גַּמְלִיאֵל וְשֶׁל בֵּית רַבִּי חֲנַנְיָא סְגַן הַכֹּהֲנִים הָיוּ מִשְׁתַּחֲוִין אַרְבַּע עֶשְׂרֵה. וְהֵיכָן הָיְתָה יְתֵרָה? כְּנֶגֶד דִּיר הָעֵצִים, שֶׁכֵּן מְסוֹרֶת בְּיָדָם מֵאֲבוֹתֵיהֶם שֶׁשָּׁם הָאָרוֹן נִגְנַז.

(1) Cf. *supra* p. 5, n. 4. (2) V. Mid. II, 5. (3) According to one tradition, by King Josiah before the destruction of the First Temple, v. Yoma 53*b*.

MISHNAH 2. ONCE IT HAPPENED THAT A CERTAIN PRIEST WHO WAS BUSY[4] [THERE] NOTICED THAT THE PAVEMENT WAS DIFFERENT [THERE] FROM THE OTHERS. HE WENT AND TOLD [IT] TO HIS FELLOW, BUT BEFORE HE HAD TIME TO FINISH HIS WORDS HIS SOUL DEPARTED. THEN IT BECAME KNOWN OF A SURETY THAT THE ARK WAS HIDDEN THERE.

מִשְׁנָה ב: מַעֲשֶׂה בְּכֹהֵן אֶחָד שֶׁהָיָה מִתְעַסֵּק וְרָאָה רִצְפָּה שֶׁהִיא מְשׁוּנָּה מֵחֲבֵרוֹתֶיהָ. בָּא וְאָמַר לַחֲבֵרוֹ, לֹא הִסְפִּיק לִגְמוֹר אֶת־הַדָּבָר עַד שֶׁיָּצְתָה נִשְׁמָתוֹ. וְיָדְעוּ בְּיִחוּד שֶׁשָּׁם הָאָרוֹן נִגְנַז.

(4) He was engaged in picking the sound wood from the mouldy wood, as mouldy wood was unfit for the altar, Mid. ibid. Cf. also Yoma 54*a*.

MISHNAH 3. BUT WHERE DID THEY MAKE THE PROSTRATIONS? FOUR [TIMES] IN THE NORTH, FOUR [TIMES] IN THE SOUTH, THREE [TIMES] IN THE EAST, AND TWICE IN THE WEST, IN FRONT OF THE THIRTEEN GATES. THE SOUTHERN GATES CLOSE TO THE WEST[5] [SIDE WERE]: THE UPPER GATE,[6] THE GATE OF THE FUEL,[7] THE GATE OF THE FIRSTBORN

מִשְׁנָה ג: וְהֵיכָן הָיוּ מִשְׁתַּחֲוִים? אַרְבַּע בַּצָּפוֹן, וְאַרְבַּע בַּדָּרוֹם, שָׁלשׁ בַּמִּזְרָח, וּשְׁתַּיִם בַּמַּעֲרָב כְּנֶגֶד שְׁלשָׁה עָשָׂר שְׁעָרִים. שְׁעָרִים דְּרוֹמִים סְמוּכִין לַמַּעֲרָב, שַׁעַר הָעֶלְיוֹן, שַׁעַר הַדֶּלֶק, שַׁעַר הַבְּכוֹרוֹת, שַׁעַר הַמָּיִם. וְלָמָּה נִקְרָא

(5) I.e., in the direction from west to east; cf. Mid. II, 6. (6) [The western-most gate, so called on account of its elevated position, as the Temple court was situated on an incline rising from east to west. V. Hollis F. J., *The Archeology of Herod's Temple*, p. 297.] (7) Through it the wood for the altar was brought in.

[ANIMALS],[1] AND THE WATER GATE. WHEREFORE WAS ITS NAME CALLED THE WATER GATE? BECAUSE THROUGH IT WAS BROUGHT IN THE FLASK OF WATER FOR THE LIBATION ON THE FEAST OF TABERNACLES.[2] R. ELIEZER THE SON OF JACOB SAYS: THROUGH IT THE WATERS TRICKLED FORTH[3] AND IN THE HEREAFTER THEY WILL ISSUE OUT FROM UNDER THE THRESHOLD OF THE HOUSE.[3] OVER AGAINST THEM[4] IN THE NORTH CLOSE TO THE WEST WERE:[5] THE GATE OF JECHONIAH, THE GATE OF THE OFFERINGS[6] THE GATE OF THE WOMEN,[7] AND THE GATE OF SONG.[8] AND WHEREFORE WAS ITS NAME CALLED THE GATE OF JECHONIAH? BECAUSE THROUGH IT JECHONIAH WENT FORTH INTO HIS CAPTIVITY.[9] IN THE EAST WAS THE GATE OF NICANOR,[10] AND IT HAD TWO WICKETS,[11] ONE TO THE RIGHT AND ONE TO THE LEFT. THERE WERE ALSO TWO GATES IN THE WEST WHICH [HOWEVER] HAD NO NAME.[12]

שְׁמוֹ שַׁעַר הַמַּיִם? שֶׁבּוֹ מַכְנִיסִין צְלוֹחִית שֶׁל מַיִם שֶׁל נִסּוּךְ בֶּחָג. רַבִּי אֱלִיעֶזֶר בֶּן יַעֲקֹב אוֹמֵר, בּוֹ הַמַּיִם מְפַכִּים, וַעֲתִידִין לִהְיוֹת יוֹצְאִין מִתַּחַת מִפְתַּן הַבַּיִת. לְעוּמָתָן בַּצָּפוֹן סְמוּכִין לַמַּעֲרָב, שַׁעַר יְכָנְיָה, שַׁעַר קָרְבָּן, שַׁעַר נָשִׁים, שַׁעַר הַשִּׁיר. וְלָמָּה נִקְרָא שְׁמוֹ שַׁעַר יְכָנְיָה? שֶׁבּוֹ יָצָא יְכָנְיָה בְּגָלוּתוֹ. בַּמִּזְרָח שַׁעַר נִיקָנוֹר וּשְׁתֵּי פִשְׁפָּשִׁין הָיוּ לוֹ, אֶחָד בִּימִינוֹ וְאֶחָד בִּשְׂמֹאלוֹ. וּשְׁנַיִם בַּמַּעֲרָב שֶׁלֹּא הָיָה לָהֶם שֵׁם.

(1) Through it the firstlings were led in preparatory to sacrifice. (2) Cf. Suk. IV, 9. (3) Cf. Ezek. XLVII, 2. 1. (4) I.e., exactly opposite them. (5) V. p. 22, n. 5. (6) Through it the Most Holy sacrifices were brought in. (7) Women entered here to attend to their offerings. (8) Through it were brought in the musical instruments. (9) Cf. II Kings XXIV, 12ff. (10) Named after a man who fetched its doors from Egypt; cf. Yoma 38*a*. (11) [These probably gave access to the chambers situated on the north and south respectively of the Gate of Nicanor; cf. Mid. I, 4, v. Hollis op. cit. p. 302.] (12) [V. Tosaf. Yom Tob a.l. and Hollis pp. 139-53 where the question why these two gates were not named is discussed.]

MISHNAH 4. THERE WERE THIRTEEN TABLES IN THE TEMPLE, EIGHT OF MARBLE IN THE PLACE OF SLAUGHTERING ON WHICH THE ENTRAILS WERE RINSED, AND TWO TO THE WEST OF THE ASCENT[13] [TO THE ALTAR], ONE OF MARBLE AND ONE OF SILVER; ON THAT OF MARBLE WERE PLACED THE LIMBS[14] [OF THE OFFERINGS], AND ON THAT OF SILVER THE VESSELS OF MINISTRATION. THERE WERE TWO TABLES IN THE PORCH[15] WITHIN THE ENTRANCE OF THE HOUSE,[16] ONE OF MARBLE AND THE OTHER OF GOLD; ON THAT OF MARBLE[1] THE SHEWBREAD WAS PLACED WHEN IT WAS BROUGHT IN,[2] AND ON THAT OF GOLD [THE SHEWBREAD WAS PLACED] WHEN IT WAS TAKEN OUT,[3] BECAUSE THINGS SACRED MAY BE RAISED [IN HONOUR] BUT NOT LOWERED.[4] AND WITHIN THERE WAS ONE [TABLE] OF GOLD ON WHICH THE SHEWBREAD LAY CONTINUALLY.[5]

מִשְׁנָה ד: שְׁלֹשָׁה עָשָׂר שֻׁלְחָנוֹת הָיוּ בַּמִּקְדָּשׁ, שְׁמֹנָה שֶׁל שַׁיִשׁ בְּבֵית הַמִּטְבָּחַיִם שֶׁעֲלֵיהֶן מַדִּיחִין אֶת־הַקְּרָבַיִם, וּשְׁנַיִם בְּמַעֲרַב הַכֶּבֶשׁ, אֶחָד שֶׁל שַׁיִשׁ וְאֶחָד שֶׁל כֶּסֶף; עַל שֶׁל שַׁיִשׁ הָיוּ נוֹתְנִים אֶת־הָאֵבָרִים, עַל שֶׁל כֶּסֶף כְּלֵי שָׁרֵת. וּשְׁנַיִם בָּאוּלָם מִבִּפְנִים עַל פֶּתַח הַבַּיִת, אֶחָד שֶׁל שַׁיִשׁ וְאֶחָד שֶׁל זָהָב; עַל שֶׁל שַׁיִשׁ נוֹתְנִין לֶחֶם הַפָּנִים בִּכְנִיסָתוֹ, וְעַל שֶׁל זָהָב בִּיצִיאָתוֹ, שֶׁמַּעֲלִין בַּקּוֹדֶשׁ וְלֹא מוֹרִידִין. וְאֶחָד שֶׁל זָהָב מִבִּפְנִים שֶׁעָלָיו לֶחֶם הַפָּנִים תָּמִיד.

(13) The inclined plane by which the priests went up to the altar (cf. Ex. XX, 26). V. Mid. III, 3. (14) To keep them fresh. (15) *Ullam*, the hall leading to the interior of the Temple. (16) The Temple proper.
(1) To keep them fresh. (2) Waiting to be laid on the table of gold, cf. Ex. XXV, 30; Lev. XXIV, 6. (3) On the Sabbath, to make room for the new Shewbread (Lev. ibid. 8; Men. XI, 8), and before it was distributed among the priests. (4) Hence having rested for a week on a table of gold, the Shewbread could not now be laid again on any but another table of gold; cf. Men. VI, 7. (5) Ex. XXV, 30.

MISHNAH 5. THERE WERE THIRTEEN CHESTS[6] IN THE TEMPLE AND ON THEM WAS INSCRIBED [RESPECTIVELY] 'NEW SHEKELS',[7] 'OLD SHEKELS',[7] 'BIRD-OFFERINGS', 'YOUNG

מִשְׁנָה ה: שְׁלֹשָׁה עָשָׂר שׁוֹפָרוֹת הָיוּ בַּמִּקְדָּשׁ, וְכָתוּב עֲלֵיהֶם תִּקְלִין חַדְתִּין, וְתִקְלִין עַתִּיקִין, קִינִין, וְגוֹזְלֵי

(6) Which served as receptacles of money for the purposes denoted by the various inscriptions on them. (7) These are couched in Aramaic.

עולה, עצים, ולבונה, זהב לכפרת, שִׁשָּׁה לנדבה׃ תִּקְלִין חַדְתִּין? שֶׁבְּכָל שָׁנָה וְשָׁנָה. עַתִּיקִין? מִי שֶׁלֹּא שָׁקַל אֶשְׁתָּקַד שׁוֹקֵל לְשָׁנָה הַבָּאָה. קִינִין? הֵם תּוֹרִים. וְגוֹזָלֵי עוֹלָה? הֵן בְּנֵי יוֹנָה. וְכוּלָּן עוֹלוֹת; דִּבְרֵי רַבִּי יְהוּדָה. וַחֲכָמִים אוֹמְרִים, קִינִין אֶחָד חַטָּאת, וְאֶחָד עוֹלָה, וְגוֹזָלֵי עוֹלָה כּוּלָּן עוֹלוֹת.

PIGEONS FOR BURNT-OFFERINGS', 'WOOD', 'FRANKINCENSE', 'GOLD FOR THE MERCY-SEAT';[8] AND ON SIX [WAS INSCRIBED] 'FOR FREEWILL-OFFERINGS'. 'NEW SHEKELS'—THOSE FOR EACH YEAR; 'OLD SHEKELS'—WHOSOEVER HAS NOT PAID HIS SHEKEL IN THE PAST YEAR MAY PAY IT IN THE COMING YEAR; 'BIRD-OFFERINGS'—THESE ARE TURTLE-DOVES; 'YOUNG PIGEONS FOR BURNT-OFFERINGS'—THESE ARE YOUNG PIGEONS. BOTH [THESE TWO CHESTS] ARE FOR BURNT-OFFERINGS; THUS R. JUDAH. BUT THE SAGES SAY: [OF THE CHEST INSCRIBED] 'BIRD-OFFERINGS' ONE [HALF] IS FOR SIN-OFFERINGS AND THE OTHER [HALF] FOR BURNT-OFFERINGS,[9] BUT [OF THE CHEST INSCRIBED] 'YOUNG PIGEONS FOR BURNT-OFFERINGS' ALL GOES TO BURNT-OFFERINGS.[1]

(8) לכפרת, viz., for the Holy of Holies (Maimonides), as there was no Mercy-seat in the Second Temple. Others suggest the reading לכפורות, for basins; cf. Ezra I, 10; I Chron. XXVIII, 17. (9) Therefore a man who was obliged to offer bird-offerings (which had to consist of a pair, one a sin-offering and the other a burnt-offering; cf. *supra* p. 3, n. 7) could throw money into this chest, and thereby discharge his obligation, since the offerings bought with the money of this chest would be in accordance with his requirements.

(1) Therefore only freewill-offerings could be thrown into this chest, but not obligatory offerings.

מִשְׁנָה ו: הָאוֹמֵר, הֲרֵי עָלַי עֵצִים, לֹא יִפְחוֹת מִשְּׁנֵי גְזִירִין; לְבוֹנָה, לֹא יִפְחוֹת מִקּוֹמֶץ; זָהָב, לֹא יִפְחוֹת מִדִּינַר זָהָב. שִׁשָּׁה לִנְדָבָה, נְדָבָה, מָה הָיוּ עוֹשִׂין בָּהּ? לוֹקְחִין בָּהּ עוֹלוֹת, הַבָּשָׂר לַשֵּׁם, וְהָעוֹרוֹת לַכֹּהֲנִים. זֶה מִדְרָשׁ דָּרַשׁ יְהוֹיָדָע כֹּהֵן גָּדוֹל, אָשָׁם הוּא אָשֹׁם אָשַׁם לַה׳. זֶה הַכְּלָל, כָּל־שֶׁהוּא בָּא מִשּׁוּם חֵטְא וּמִשּׁוּם אַשְׁמָה יִלָּקַח בּוֹ עוֹלוֹת, הַבָּשָׂר לַשֵּׁם וְהָעוֹרוֹת לַכֹּהֲנִים. נִמְצְאוּ שְׁנֵי כְתוּבִים קַיָּמִים, אָשָׁם לַה׳ וְאָשָׁם לַכֹּהֲנִים. וְאוֹמֵר, כֶּסֶף אָשָׁם וְכֶסֶף חַטָּאת לֹא יוּבָא בֵּית ה׳, לַכֹּהֲנִים יִהְיוּ.

MISHNAH 6. IF A MAN SAYS: 'LO,[2] UPON ME [BE THE DUTY OF OFFERING] WOOD', HE MAY NOT OFFER LESS THAN TWO LOGS; [IF HE SAYS: 'LO, UPON ME BE THE DUTY OF OFFERING] FRANKINCENSE', HE MAY NOT OFFER LESS THAN A HANDFUL [THEREOF]; [IF HE SAYS: 'LO, UPON ME BE THE DUTY OF OFFERING] GOLD', HE MAY NOT OFFER LESS THAN A GOLD DENAR.

'ON SIX [WAS INSCRIBED] "FOR FREEWILL-OFFERINGS"'—WHAT WAS DONE WITH THE FREEWILL-OFFERINGS? THEY BOUGHT WITH THEM BURNT-OFFERINGS, THE FLESH [OF WHICH] WAS FOR THE DIVINE AND THE HIDES FOR THE PRIESTS. THE FOLLOWING IS THE EXPOSITION WHICH WAS EXPOUNDED BY JEHOIDA THE HIGH PRIEST: IT IS A GUILT-OFFERING; HE IS CERTAINLY GUILTY BEFORE THE LORD[3]—THIS IS THE GENERAL RULE: WITH WHAT IS [LEFT OVER OF MONEY] OFFERED FOR A SIN-OFFERING OR A GUILT-OFFERING BURNT-OFFERINGS SHOULD BE BOUGHT, [OF WHICH] THE FLESH GOES TO THE DIVINE AND THE HIDES TO THE PRIESTS. THUS THE TWO STATEMENTS OF SCRIPTURE ARE FULFILLED: HE IS CERTAINLY GUILTY UNTO THE LORD[4] AND IT IS A GUILT-OFFERING UNTO THE PRIESTS.[5] AND SO IT SAYS AGAIN:[6] THE MONEY[7] FOR THE GUILT-OFFERINGS AND THE MONEY FOR THE SIN-OFFERINGS WAS NOT BROUGHT INTO THE HOUSE[1] OF THE LORD; IT WAS THE PRIESTS'.[2]

(2) Cf. Men. XIII, 3. (3) Lev. V, 19. The phrase *'It is a guilt-offering'* implies that it is like any other guilt-offering of which the priests had a share, in accordance with Lev. VII, 6; on the other hand, the following phrase *'He is certainly guilty unto the Lord'* implies that the whole is offered unto the Lord and is consumed by the altar, without leaving a share to the priests, thus contradicting the previous phrase. This contradiction is overcome by assigning the surplus of money offered for a sin-offering or a guilt-offering to the purchase of burnt-offerings, of which part goes to the altar, the flesh, and part to the priests, the hides. (4) Viz., the flesh of the offering brought from the surplus of the money intended for a guilt-offering. (5) The priests take the hides. (6) II Kings XII, 17. (7) Viz., the surplus of money originally intended for a guilt-offering or for a sin-offering.

(1) This is interpreted as meaning 'for the Repair of the House of the Lord', cf. the preceding verses of the chapter. (2) This is interpreted to mean: It should be devoted to a sacrifice, of which the priests enjoy a share—the hides.

פֶּרֶק ז

CHAPTER VII

מִשְׁנָה א: מָעוֹת שֶׁנִּמְצְאוּ בֵּין הַשְּׁקָלִים לַנְּדָבָה, קָרוֹב לַשְּׁקָלִים יִפְּלוּ לַשְּׁקָלִים, לַנְּדָבָה יִפְּלוּ לַנְּדָבָה, מֶחֱצָה לְמֶחֱצָה יִפְּלוּ לַנְּדָבָה. בֵּין עֵצִים לַלְּבוֹנָה, קָרוֹב לָעֵצִים יִפְּלוּ לָעֵצִים, לַלְּבוֹנָה יִפְּלוּ לַלְּבוֹנָה, מֶחֱצָה לְמֶחֱצָה יִפְּלוּ לַלְּבוֹנָה. בֵּין קִינִּין לְגוֹזְלֵי עוֹלָה, קָרוֹב לַקִּינִּין, יִפְּלוּ לַקִּינִּין, לְגוֹזְלֵי עוֹלָה יִפְּלוּ לְגוֹזְלֵי עוֹלָה, מֶחֱצָה לְמֶחֱצָה יִפְּלוּ לְגוֹזְלֵי עוֹלָה; בֵּין חוּלִּין לְמַעֲשֵׂר שֵׁנִי, קָרוֹב לַחוּלִּין יִפְּלוּ לַחוּלִּין, לְמַעֲשֵׂר שֵׁנִי יִפְּלוּ לְמַעֲשֵׂר שֵׁנִי, מֶחֱצָה לְמֶחֱצָה יִפְּלוּ לְמַעֲשֵׂר שֵׁנִי. זֶה הַכְּלָל, הוֹלְכִין אַחַר הַקָּרוֹב לְהָקֵל, מֶחֱצָה לְמֶחֱצָה לְהַחֲמִיר.

MISHNAH 1. If money was found between the [chest inscribed] 'shekels'[1] and the [chests inscribed] 'for freewill-offerings, and it was nearer[2] to [the chest inscribed] 'shekels', it goes to the shekels; [if nearer to the chests inscribed] 'for freewill-offerings', it goes to freewill-offerings; if midway, it goes to freewill-offerings.[3] [If money was found] between [the chest inscribed] 'wood' and [the chest inscribed] 'frankincense' and it was nearer to [the chest inscribed] 'wood', it goes to the wood; [if nearer to the chest inscribed] 'frankincense', it goes to frankincense; if midway, it goes to frankincense.[4] [If it was found] between [the chest inscribed] 'bird-offerings' and [the chest inscribed] 'young pigeons for burnt-offerings' and it was nearer to [the chest inscribed] 'bird-offerings' it goes to bird-offerings; [if nearer to the chest inscribed] 'young pigeons for burnt-offerings', it goes to young pigeons for burnt-offerings; if midway, it goes to young pigeons for burnt-offerings.[5] [If it was found] between common [money] and [second] tithes [money][1] and it was nearer to the common [money], it is considered common [money]; if nearer to the [second] tithes [money], it is considered [second] tithes [money]; if midway, it is considered [second] tithes [money]. This is the general rule: such money is assigned to that which is nearer to it, even if it is thereby made less important; but if midway, it is assigned to that which is the more important.[2]

(1) Cf. *supra* VI, 5 (p. 24). (2) The presumption is that the money fell out of the chest nearest to it. This is deduced from Deut. XXI, 3; v. B.B. 23*a*. (3) According to the rule laid down below, when the probabilities are evenly balanced, the money should be assigned to the holier of the two, which in this case is the chest of freewill-offerings, since its contents were spent entirely on burnt-offerings for the altar (*supra* VI, 6), whereas the contents of the chest of shekels were spent also on such less holy objects as the needs of the city of Jerusalem (*supra* IV, 2). (4) Because frankincense, which was an offering for the altar, was holier than the wood which merely served as fuel for the altar. (5) Which is the holier of the two, since one of the pair of bird-offerings was a sin-offering (cf. *supra* p. 3, n. 7), the flesh of which was eaten by the priests (Lev. VI, 19), whereas the burnt-offerings were all consumed by the fire of the altar.

(1) Cf. *supra* p. 6, n. 5. (2) I.e., that which is holier.

מִשְׁנָה ב: מָעוֹת שֶׁנִּמְצְאוּ לִפְנֵי סוֹחֲרֵי בְהֵמָה לְעוֹלָם מַעֲשֵׂר; בְּהַר הַבַּיִת, חוּלִּין; בִּירוּשָׁלַיִם, בִּשְׁעַת הָרֶגֶל, מַעֲשֵׂר; וּבִשְׁאָר כָּל־יְמוֹת הַשָּׁנָה חוּלִּין.

MISHNAH 2. If money was found[3] in front of cattle dealers at any time of the year it is deemed to be [second] tithes [money];[4] [if it was found] in the Temple Mount it is deemed to be common money;[5] [but if it was found] in Jerusalem[6] during the season of festivals[7] it is deemed to be [second] tithes [money], but all the rest of the year it is deemed to be common [money].[8]

(3) In Jerusalem. (4) The presumption is that the money was lost by people who came to buy cattle for peace-offerings with their own second tithes money, or with the second tithes money left to them by their pilgrim friends when they returned home after the Festival. Here again the rule is followed that in case of doubt the money is to be assigned to the more hallowed object of the two. (5) Even during the Festival season. Though most of the money at the time is of second tithe, we assume that the money was lost before the Festival when common money is in ordinary circulation, v. n. 8. (6) Not in front of the cattle dealers. (7) When the city is full of pilgrims bringing second tithes money. (8) [Because the streets of Jersualem (as distinct from the Temple Mount, cf. n. 5) were swept daily, so that any second tithe money brought by the pilgrims would have been swept away, v. B.M. 26*a*.]

MISHNAH 3. IF FLESH WAS FOUND IN THE TEMPLE COURT [AND IT WAS CUT UP IN] LIMBS,[9] [IT MUST BE TREATED AS BELONGING TO] BURNT-OFFERINGS; [BUT IF CUT UP IN ORDINARY] PIECES [IT MUST BE TREATED AS BELONGING TO] SIN-OFFERINGS.[1] [IF FLESH WAS FOUND] IN JERUSALEM[2] [IT MUST BE TREATED AS BELONGING TO] PEACE-OFFERINGS.[3] IN EITHER CASE[4] IT MUST BE LEFT TO BECOME DISFIGURED[5] AND MUST THEN BE TAKEN AWAY TO THE PLACE OF BURNING. IF FOUND WITHIN THE BORDERS[6] [AND IT WAS CUT UP IN] LIMBS, [IT MUST BE TREATED AS] CARRION;[7] [BUT IF CUT UP IN ORDINARY] PIECES, IT IS FIT FOR [FOOD].[8] BUT [IF FOUND] DURING THE SEASON OF FESTIVALS, WHEN FLESH IS ABUNDANT,[9] IT IS FIT FOR [FOOD] EVEN WHEN CUT UP IN LIMBS.

מִשְׁנָה ג: בָּשָׂר שֶׁנִּמְצָא בָעֲזָרָה, אֵבָרִים עוֹלוֹת וַחֲתִיכוֹת חַטָּאוֹת. בִּירוּשָׁלַיִם, זִבְחֵי שְׁלָמִים. זֶה וָזֶה תְּעוּבַּר צוּרָתוֹ וְיֵצֵא לְבֵית הַשְּׂרֵפָה. נִמְצָא בַגְּבוּלִין, אֵבָרִים נְבֵלוֹת, חֲתִיכוֹת מוּתָּרוֹת; וּבִשְׁעַת הָרֶגֶל שֶׁהַבָּשָׂר מְרוּבֶּה אַף אֵבָרִים מוּתָּרִין.

(9) As prescribed for burnt-offerings in Tam. IV, 2 f.
(1) Which were so cut up and divided among the priests. (2) Outside the Temple Court. (3) For these were the most frequent of the Lesser Holy offerings (קדשים קלים) which could be eaten in the Holy City outside the Temple Court; cf. Zeb. V, 7. (4) Whether found in the Temple Court or in the city. It cannot be eaten because it may have suffered some defilement. (5) It must be left untouched until the third day when such sacrificial flesh becomes 'Remnant' (נותר), and must be burnt, Lev. VII, 17. Cf. also Pes. VII, 9. It cannot, however, be burnt immediately when found, since it may never have suffered any defilement, and it is forbidden to burn sacrificial flesh which is still fit to be eaten. (6) Of the Land of Israel, i.e., outside Jerusalem. It is of course assumed that the majority of the inhabitants are Jews. (7) For so it was customary to dismember animals unfit for food and leave them to the dogs to tear at them; cf. Deut. XIV, 21. (8) One would not take the cutting up an animal in small pieces for dogs. (9) And is cut up in limbs for the Festival.

MISHNAH 4. IF CATTLE WAS FOUND IN JERUSALEM AS FAR AS MIGDAL EDER,[10] AND WITHIN A LIKE DISTANCE ON ANY SIDE [OF JERUSALEM], MALES [MUST BE CONSIDERED AS BEING] BURNT-OFFERINGS, BUT FEMALES MUST BE CONSIDERED AS] PEACE-OFERINGS.[11] R. JUDAH SAYS: IF THEY WERE FIT FOR THE PASSOVER-OFFERING,[12] [THEY MUST BE CONSIDERED AS] PASSOVER-OFFERINGS [WHEN FOUND] WITHIN THIRTY DAYS BEFORE THE FEAST [OF PASSOVER].[13]

מִשְׁנָה ד: בְּהֵמָה שֶׁנִּמְצֵאת מִירוּשָׁלַיִם וְעַד מִגְדַּל עֵדֶר, וּכְמִדָּתָהּ לְכָל רוּחַ, זְכָרִים עוֹלוֹת, נְקֵיבוֹת זִבְחֵי שְׁלָמִים. רַבִּי יְהוּדָה אוֹמֵר, הָרָאוּי לִפְסָחִים פְּסָחִים, קוֹדֶם לָרֶגֶל שְׁלֹשִׁים יוֹם.

(10) Cf. Gen. XXXV, 21; Micah IV, 8. It is situated south of Jerusalem on the Hebron road. (11) The finder must offer them as such; cf. *supra* p. 15, n. 7. Most cattle in Jerusalem and the vicinity were intended for sacrifices. (12) A male of the sheep or of the goats and one year old; cf. Ex. XII, 5. (13) For during that period such animals were mostly intended for the Passover offering.

MISHNAH 5. AFORETIME THEY USED TO DISTRAIN[1] ANY ONE WHO HAD FOUND SUCH A [STRAY] ANIMAL, UNLESS HE ALSO OFFERED THE DRINK-OFFERINGS THEREOF. THEN MEN WOULD LEAVE THE ANIMAL AND RUN AWAY; SO THE COURT ORDAINED THAT THE DRINK-OFFERINGS THEREOF SHOULD BE OFFERED OUT OF PUBLIC FUNDS.

מִשְׁנָה ה: בָּרִאשׁוֹנָה הָיוּ מְמַשְׁכְּנִין אֶת־מוֹצְאֶיהָ עַד שֶׁהוּא מֵבִיא נְסָכֶיהָ; חָזְרוּ לִהְיוֹת מַנִּיחִין אוֹתָהּ וּבוֹרְחִין, הִתְקִינוּ בֵּית דִּין שֶׁיְּהוּ נְסָכֶיהָ בָאִין מִשֶּׁל צִבּוּר.

(1) His goods to pay for the necessary drink-offerings and meal-offerings; cf. *supra* p. 19, n. 4.

MISHNAH 6. R. SIMEON SAID: SEVEN THINGS THE COURT ORDAINED, AND THAT WAS ONE OF THEM. [THE OTHERS WERE THE FOLLOWING:] IF A HEATHEN SENT A BURNT-OFFERING FROM THE LANDS BEYOND THE SEA AND WITH IT HE SENT THE DRINK-OFFERINGS[2] THEREOF, THEY ARE OFFERED OUT OF HIS OWN MEANS; BUT IF [HE DID] NOT [SEND THE DRINK-

מִשְׁנָה ו: אָמַר רַבִּי שִׁמְעוֹן, שִׁבְעָה דְבָרִים הִתְקִינוּ בֵּית דִּין, וְזֶה אֶחָד מֵהֶן, עוֹבֵד כּוֹכָבִים שֶׁשָּׁלַח עוֹלָתוֹ מִמְּדִינַת הַיָּם וְשָׁלַח עִמָּהּ נְסָכִים, קְרֵיבִין מִשֶּׁלּוֹ, וְאִם

(2) Viz. money to pay for them. The drink-offering itself which came from abroad could not be used, because it was considered unclean.

לָאו קְרֵיבִין מִשֶּׁל צִבּוּר. וְכֵן גֵּר שֶׁמֵּת וְהִנִּיחַ זְבָחִים, אִם יֵשׁ לוֹ נְסָכִים קְרֵיבִין מִשֶּׁלּוֹ, וְאִם לָאו קְרֵיבִין מִשֶּׁל צִבּוּר. וּתְנַאי בֵּית דִּין הוּא עַל כֹּהֵן גָּדוֹל שֶׁמֵּת שֶׁתְּהֵא מִנְחָתוֹ קְרֵיבָה מִשֶּׁל צִבּוּר; רַבִּי יְהוּדָה אוֹמֵר, מִשֶּׁל יוֹרְשִׁין, וּשְׁלֵימָה הָיְתָה קְרֵיבָה.

OFFERINGS THEREOF], THEY SHOULD BE OFFERED OUT OF PUBLIC FUNDS.[3] THUS [ALSO IN THE CASE OF] A PROSELYTE[4] WHO HAD DIED AND LEFT SACRIFICES [TO BE OFFERED], THEN IF HE HAD ALSO LEFT THE DRINK-OFFERINGS THEREOF THEY ARE OFFERED OUT OF HIS OWN; BUT IF NOT, THEY SHOULD BE OFFERED OUT OF PUBLIC FUNDS.[3] IT WAS ALSO A CONDITION LAID DOWN BY THE COURT IN THE CASE OF A HIGH PRIEST WHO HAD DIED[5] THAT HIS MEAL-OFFERINGS[6] SHOULD BE OFFERED OUT OF PUBLIC FUNDS.[3] R. JUDAH SAYS: [IT WAS OFFERED OUT] OF THE PROPERTY OF HIS HEIRS, AND HAD TO BE OFFERED OF THE WHOLE[7] [TENTH].

(3) Out of the Shekel appropriation cf. p. 12, n. 4. (4) But in the case of an Israelite his heirs must pay for the drink-offerings. (5) And a successor had not yet been appointed. (6) The daily meal-offering, morning and evening, prescribed in Lev. VI, 12-16. (7) Whether it happened to be the morning or the evening meal-offering, the tenth of an *epha* was not to be divided as prescribed in Lev. ibid. 13.

מִשְׁנָה ז: עַל הַמֶּלַח וְעַל הָעֵצִים שֶׁיְּהוּ הַכֹּהֲנִים נֵאוֹתִין בָּהֶן, וְעַל הַפָּרָה שֶׁלֹּא יְהוּ מוֹעֲלִין בְּאֶפְרָהּ, וְעַל הַקִּינִין הַפְּסוּלוֹת שֶׁיְּהוּ בָאוֹת מִשֶּׁל צִבּוּר. רַבִּי יוֹסֵי אוֹמֵר, הַמְּסַפֵּק אֶת־הַקִּינִין מְסַפֵּק אֶת־הַפְּסוּלוֹת.

MISHNAH 7. [THEY FURTHER ORDAINED] CONCERNING THE SALT AND THE WOOD[8] THAT THE PRIESTS SHOULD MAKE USE THEREOF;[1] AND CONCERNING THE [RED] COW[2] THAT THE USE OF ITS ASHES SHOULD NOT INVOLVE THE GUILT OF SACRILEGE;[3] AND CONCERNING BIRD-OFFERINGS[4] WHICH HAD BECOME UNFIT [FOR SACRIFICE], THAT [OTHERS] SHOULD BE OFFERED [IN THEIR STEAD] OUT OF PUBLIC FUNDS. R. JOSE SAYS: [THE DEALER] WHO SUPPLIED THE BIRD-OFFERINGS WAS BOUND TO SUPPLY [AT HIS COST ALSO THOSE WHICH HAD TO BE OFFERED IN THE STEAD OF] THOSE WHICH HAD BECOME UNFIT.[5]

(8) That belong to the Sanctuary.
(1) In connection with their consumption of the flesh of sacrifices. (2) Cf. Num. XIX, 1ff. (3) Cf. Lev. V, 14-16. (4) Bought by the Temple out of the money placed in the chest for bird-offerings by those on whom such an offering was an obligation; cf. *supra* p. 24, n. 9. (5) Just as the dealer had to make good other similar losses; cf. *supra* IV, 9.

פֶּרֶק ח

CHAPTER VIII

מִשְׁנָה א: כָּל־הָרוֹקִין הַנִּמְצָאִים בִּירוּשָׁלַיִם טְהוֹרִין חוּץ מִשֶּׁל שׁוּק הָעֶלְיוֹן. דִּבְרֵי רַבִּי מֵאִיר. רַבִּי יוֹסֵי אוֹמֵר, בִּשְׁאָר יְמוֹת הַשָּׁנָה, שֶׁבָּאֶמְצַע טְמֵאִין וְשֶׁבַּצְּדָדִין טְהוֹרִין; וּבִשְׁעַת הָרֶגֶל, שֶׁבָּאֶמְצַע טְהוֹרִין וְשֶׁבַּצְּדָדִין טְמֵאִים, מִפְּנֵי שֶׁהֵן מוּעָטִים מִסְתַּלְּקִים לַצְּדָדִין.

MISHNAH 1. ANY SPITTLE FOUND IN JERUSALEM[1] IS CLEAN[2] EXCEPT THAT WHICH IS [FOUND] IN THE UPPER MARKET;[3] THUS R. MEIR. R. JOSE SAYS: AT OTHER TIMES OF THE YEAR[4] [SPITTLE FOUND] IN THE MIDDLE[5] [OF THE ROAD] IS UNCLEAN, WHILE [SPITTLE FOUND] AT THE SIDES[6] [OF THE ROAD] IS CLEAN; BUT IN THE SEASON OF FESTIVALS[7] [SPITTLE FOUND] IN THE MIDDLE [OF THE ROAD] IS CLEAN,[8] WHILE [THAT WHICH IS FOUND] AT THE SIDES [OF THE ROAD] IS UNCLEAN; FOR SINCE [PERSONS WHO HAVE AN ISSUE] ARE FEW IN NUMBER, THEY BETAKE THEMSELVES [IN THE SEASON OF FESTIVALS] TO THE SIDES OF THE ROAD.[9]

(1) Where people were usually scrupulous in matters of purity. But outside Jerusalem, where people were not so scrupulous, all spittle found anywhere was declared by a preventive enactment of the Rabbis to be suspect of defilement: cf. Ṭoh. IV, 5. (2) It need not be suspected of being the spittle of a person who had an issue (cf. Lev. XV, 8), since persons with an issue formed an insignificant minority of the population of Jerusalem. (3) This was frequented by heathen launderers and also by Jewish persons with an issue. (4) When persons with a defilement were numerous. (5) This was crowded by pedestrians. (6) These were frequented by persons who were scrupulous about their purity and who shunned contact with the crowds in the middle of the road. (7) When all who had a defilement sought to recover their purity, in order to be able to worship in the Temple. (8) The crowd walking in the middle of the road may then be presumed to consist of people who had become free of defilement. (9) So as not to cause a defilement to worshippers and pilgrims walking in the middle of the road.

MISHNAH 2. ALL VESSELS FOUND IN JERUSALEM[10] IN THE WAY OF GOING DOWN TO THE PLACE OF IMMERSION[11] ARE UNCLEAN, [BUT THOSE FOUND] IN THE WAY OF GOING UP [FROM THE PLACE OF IMMERSION] ARE CLEAN; FOR THEY ARE NOT IN THE SAME CONDITION WHEN ON THE WAY GOING DOWN[1] [TO THE PLACE OF IMMERSION] AS ON THE WAY GOING UP[2] [THEREFROM]; THUS R. MEIR. R. JOSE SAYS: THEY ARE ALL CLEAN,[3] EXCEPT THE BASKET AND THE SHOVEL AND THE BONE CRUSHER[4] WHICH ARE SPECIALLY CONNECTED WITH [WORK IN] BURIAL-PLACES.

מִשְׁנָה ב: כָּל־הַכֵּלִים הַנִּמְצָאִים בִּירוּשָׁלַיִם, דֶּרֶךְ יְרִידָה לְבֵית הַטְּבִילָה טְמֵאִין, דֶּרֶךְ עֲלִיָּה טְהוֹרִין, שֶׁלֹּא כְדֶרֶךְ יְרִידָתָן עֲלִיָּיתָן. דִּבְרֵי רַבִּי מֵאִיר. רַבִּי יוֹסֵי אוֹמֵר, כּוּלָּן טְהוֹרִין חוּץ מִן־הַסַּל וְהַמַּגְרֵיפָה וְהַמְּרִיצָה הַמְיוּחָדִין לִקְבָרוֹת.

(10) Outside Jerusalem all articles found anywhere were declared by a preventive enactment of the Rabbis to be suspect of defilement; cf. Ṭoh. IV, 5; and *supra* n. 1. (11) To be immersed for the purpose of purification; cf. Lev. XI, 32; XV, 17.
(1) When found on the way down they may be presumed to have been unclean vessels lost before immersion. (2) When found on the way up they may be presumed to have been lost after immersion. So according to Maimonides. According to Rashi (Pes. 19*b*) the passage should be rendered as follows: 'For their way of going down (to the place of immersion) is not the same as their way of going up (therefrom),' i.e. things going down to immersion and things going up from immersion went by different routes. (3) No suspicion need be entertained as to the purity of articles found in Jerusalem. (4) (מריצה), from the root (רצץ), an instrument for reducing the size of bones in order to get them into the basket for removal to the grave. So Maimonides. Others, after the T.J., a.l., explain it as some sort of conveyance or hand cart, from the root (רוץ).

MISHNAH 3. IF A [SLAUGHTERING] KNIFE WAS FOUND ON THE FOURTEENTH[5] [OF NISAN] IT MAY BE USED FORTHWITH FOR SLAUGHTERING.[6] [IF IT WAS FOUND] ON THE THIRTEENTH [OF NISAN] IT MUST BE IMMERSED AGAIN[7] [BEFORE USE]. BUT A CHOPPER,[8] WHETHER [FOUND] ON THE FOURTEENTH OR ON THE THIRTEENTH, MUST BE IMMERSED AGAIN [BEFORE USE]. IF THE FOURTEENTH FELL ON A SABBATH IT[9] MAY BE USED FOR SLAUGHTERING FORTHWITH;[1] [IF FOUND] ON THE FIFTEENTH[2] IT MAY ALSO BE USED FOR SLAUGHTERING FORTHWITH. IF [THE CHOPPER] WAS FOUND TIED TO A [SLAUGHTERING] KNIFE IT MAY BE TREATED AS THE KNIFE.[3]

מִשְׁנָה ג: סַכִּין שֶׁנִּמְצֵאת בְּאַרְבָּעָה עָשָׂר, שׁוֹחֵט בָּהּ מִיָּד; בִּשְׁלֹשָׁה עָשָׂר, שׁוֹנֶה וּמַטְבִּיל; וְקוֹפִיץ בֵּין בָּזֶה וּבֵין בָּזֶה, שׁוֹנֶה וּמַטְבִּיל. חָל אַרְבָּעָה עָשָׂר לִהְיוֹת בַּשַּׁבָּת, שׁוֹחֵט בָּהּ מִיָּד; בַּחֲמִשָּׁה עָשָׂר, שׁוֹחֵט בָּהּ מִיָּד. נִמְצֵאת קְשׁוּרָה לְסַכִּין, הֲרֵי זוּ כַסַּכִּין.

(5) The day of slaughtering of the Passover-offering; Ex. XII, 6. (6) It may be presumed to have been purified for the slaughtering of the Passover-offering. (7) Even though it may be presumed to have been immersed before by its previous owner. According to Maimonides it refers to the second sprinkling with the Ashes of Purification as prescribed in Num. XIX, 18-19, assuming that the previous owner had it sprinkled only once. (8) Κοπίς, a large knife which can be used for slaughtering but is primarily designed for breaking bones, consequently it could not have been intended for use with the Passover-offering, of which no bones must be broken; cf. Ex. XII, 46; Num. IX, 12. The probability, therefore, is that it had not been purified. (9) The chopper.
(1) For as it is not permitted to purify vessels on the Sabbath, even a chopper may be presumed to have been purified before the fourteenth of Nisan. (2) The Festival day, on which purification was not permitted, so it must be presumed to have been purified before the Festival. (3) It may be used for slaughtering straightway, even if found on the fourteenth and not on a Sabbath.

MISHNAH 4. IF THE VEIL[4] WAS DEFILED BY A DERIVED UNCLEANNESS,[5] IT IS IMMERSED WITHIN[6] [THE PRECINCTS OF THE TEMPLE] AND BROUGHT IN AGAIN FORTHWITH; BUT IF IT WAS DEFILED BY A PRINCIPAL UNCLEANNESS,[5] IT MUST BE IMMERSED OUTSIDE AND SPREAD OUT IN THE ḤEL.[7] IF IT WAS NEW IT WAS SPREAD OUT ON THE ROOF OF THE COLONNADE,[8] SO THAT THE PEOPLE MIGHT BEHOLD ITS FAIR WORKMANSHIP.

מִשְׁנָה ד: פָּרוֹכֶת שֶׁנִּטְמֵאת בִּוְלַד הַטּוּמְאָה, מַטְבִּילִין אוֹתָהּ בִּפְנִים וּמַכְנִיסִין אוֹתָהּ מִיָּד; וְאֶת־שֶׁנִּטְמָא בְּאַב הַטּוּמְאָה, מַטְבִּילִין אוֹתָהּ בַּחוּץ וְשׁוֹטְחִין אוֹתָהּ בַּחֵיל. וְאִם הָיְתָה חֲדָשָׁה, שׁוֹטְחִין אוֹתָהּ עַל גַּג הָאִיצְטַבָּא, כְּדֵי שֶׁיִּרְאוּ הָעָם אֶת־מְלַאכְתָּהּ שֶׁהִיא נָאָה.

(4) Of the Temple, Ex. XXVI, 13ff. (5) Such as an unclean liquid; cf. 'Ed., Sonc. ed. p. 9 nn. 3, 4. (6) In the 'Sea of Solomon'; cf. I Kings VII, 23ff. (7) Or 'The Rampart', in the space between the Temple Court and the 'Soreg', or latticed fortifications; cf. Mid. II, 3. Some texts add: 'Because it needs (to wait for) the setting of the sun', before it can recover its purity; cf. Lev. XI, 3. (8) On the Temple Mount. From the *Ḥel* it could not be seen so well.

MISHNAH 5. RABBAN SIMEON THE SON OF GAMALIEL SAYS IN THE NAME OF R. SIMEON THE SON OF THE CHIEF [OF THE PRIESTS]:[9] THE VEIL WAS A HANDBREADTH IN THICKNESS AND WAS WOVEN ON SEVENTY-FOUR CORDS, EACH CORD MADE UP OF TWENTY-TWO THREADS. IT WAS FORTY CUBITS LONG AND TWENTY CUBITS BROAD, AND WAS MADE UP OF EIGHTY-TWO TIMES TEN THOUSAND.[10] TWO VEILS WERE MADE EVERY YEAR, AND THREE HUNDRED PRIESTS WERE NEEDED TO IMMERSE IT.[11]

מִשְׁנָה ה: רַבָּן שִׁמְעוֹן בֶּן גַּמְלִיאֵל אוֹמֵר מִשּׁוּם רַבִּי שִׁמְעוֹן בֶּן הַסְּגָן, פָּרֹכֶת עָבְיָהּ טֶפַח וְעַל שִׁבְעִים וּשְׁנַיִם נִימִין נֶאֱרֶגֶת, וְעַל כָּל־נִימָא וְנִימָא אַרְבָּעָה וְעֶשְׂרִים חוּטִין. אָרְכָּהּ אַרְבָּעִים אַמָּה וְרָחְבָּהּ עֶשְׂרִים אַמָּה; וּמִשְּׁמוֹנִים וּשְׁתֵּי רִבּוֹא נַעֲשֵׂית; וּשְׁתַּיִם עוֹשִׂין בְּכָל שָׁנָה; וּשְׁלֹשׁ מֵאוֹת כֹּהֲנִים מַטְבִּילִין אוֹתָהּ.

(9) V. *supra* p. 14, n. 3.
(10) Threads, or according to others, denars in value. Another reading is (ריבות) 'damsels', instead of (ריבוא) 'ten thousand'; i.e., it was woven by eighty-two young damsels. (11) When new and before being hung up; cf. Hag. III, 2. The comment of T.J. a.l. on these figures is: 'An exaggeration!' So Maimonides.

MISHNAH 6. IF FLESH OF THE MOST HOLY OFFERINGS WAS DEFILED, WHETHER BY A PRINCIPAL UNCLEANNESS[1] OR BY A DERIVED UNCLEANNESS,[1] WHETHER INSIDE OR OUTSIDE [THE PRECINCTS OF THE TEMPLE], BETH SHAMMAI SAY: IT MUST ALL BE BURNT WITHIN,[2] EXCEPT WHEN DEFILED OUTSIDE BY A PRINCIPAL UNCLEANNESS. BUT BETH HILLEL SAY: IT MUST ALL BE BURNT OUTSIDE, EXCEPT THAT WHICH WAS DEFILED BY A DERIVED UNCLEANNESS WITHIN.

מִשְׁנָה ו: בְּשַׂר קָדְשֵׁי קָדָשִׁים שֶׁנִּטְמָא, בֵּין בְּאַב הַטּוּמְאָה בֵּין בְּוָלַד הַטּוּמְאָה, בֵּין בִּפְנִים בֵּין בַּחוּץ, בֵּית שַׁמַּאי אוֹמְרִים, הַכֹּל יִשָּׂרֵף בִּפְנִים, חוּץ מִשֶּׁנִּטְמָא בְּאַב הַטּוּמְאָה בַּחוּץ; וּבֵית הִלֵּל אוֹמְרִים, הַכֹּל יִשָּׂרֵף בַּחוּץ, חוּץ מִשֶּׁנִּטְמָא בְּוָלַד הַטּוּמְאָה בִּפְנִים.

(1) V. p. 34, n. 5. (2) Within the Temple Court in the Place of Ashes (בית הדשן), where the ashes of the altar were deposited; cf. Zeb. V, 2.

MISHNAH 7. R. ELIEZER SAYS: [FLESH][3] WHICH WAS DEFILED BY AN UNCLEANNESS, WHETHER INSIDE OR OUTSIDE [THE TEMPLE PRECINCTS], MUST BE BURNT WITHIN. R. AKIBA SAYS: WHERE IT WAS DEFILED THERE [ALSO] MUST IT BE BURNT.[4]

מִשְׁנָה ז: רַבִּי אֱלִיעֶזֶר אוֹמֵר, אֶת שֶׁנִּטְמָא בְּאַב הַטּוּמְאָה, בֵּין בִּפְנִים בֵּין בַּחוּץ, יִשָּׂרֵף בַּחוּץ; וְאֶת־שֶׁנִּטְמָא בְּוָלַד הַטּוּמְאָה, בֵּין בִּפְנִים בֵּין בַּחוּץ, יִשָּׂרֵף בִּפְנִים. רַבִּי עֲקִיבָא אוֹמֵר, מְקוֹם טוּמְאָתוֹ שָׁם שְׂרֵיפָתוֹ.

(3) Of Most Holy offerings. No other defiled flesh was permitted to be burnt within the Temple Court. (4) Irrespective of the character of the source of defilement.

MISHNAH 8. THE LIMBS OF THE DAILY[5] BURNT-OFFERING WERE PLACED ON THE HALF OF THE ASCENT[6] [TO THE ALTAR] DOWNWARDS ON THE WEST[7] SIDE, THOSE OF THE ADDITIONAL[8] BURNT-OFFERING WERE PLACED ON THE HALF OF THE ASCENT DOWNWARDS ON THE EAST SIDE,[9] WHILE THOSE OF THE NEW MOON[10] OFFERINGS WERE PLACED UNDER THE RIM[11] OF THE ALTAR DOWNWARDS.

מִשְׁנָה ח: אֵבְרֵי הַתָּמִיד נִתָּנִין מֵחֲצִי כֶבֶשׁ וּלְמַטָּה בַּמִּזְרָח וְשֶׁל מוּסָפִין נִתָּנִין מֵחֲצִי כֶבֶשׁ וּלְמַטָּה בַּמַּעֲרָב, וְשֶׁל רָאשֵׁי חֳדָשִׁים נִתָּנִין מִתַּחַת כַּרְכּוֹב הַמִּזְבֵּחַ מִלְּמַטָּה.

(5) Cf. Num. XXVIII, 1-8. The limbs of the daily burnt-offering were not taken up to the altar direct but were first deposited on the ascent by one party of priests, selected by lot, and then another lot was cast for a second party to take them up from the ascent to the top of the altar; v. Yoma 25*a* and 26*a*. (6) Cf. *supra* p. 23, n. 13. (7) Some texts read 'on the east'. (8) For the Sabbath and Festivals; cf. Num. ibid. 9-10, 16ff. (9) Some texts read 'on the west'. (10) Num. ibid. 11-15. (11) Cf. Ex. XXVII, 5. [The reference is not to the rim itself but to a line on the ascent in direct level with the rim, Var. lec. On the rim of the altar above. The 'rim' in this case does not denote the one running about the middle of the altar, but the space on the top of the altar on its four sides for the treading of the priests' feet, v. Mid. III, 1.]

הַשְּׁקָלִים וְהַבִּכּוּרִים אֵין נוֹהֲגִין אֶלָּא בִּפְנֵי הַבַּיִת; אֲבָל מַעְשַׂר דָּגָן וּמַעְשַׂר בְּהֵמָה וְהַבְּכוֹרוֹת, נוֹהֲגִין בֵּין בִּפְנֵי הַבַּיִת בֵּין שֶׁלֹּא בִּפְנֵי הַבַּיִת. הַמַּקְדִּישׁ שְׁקָלִים וּבִכּוּרִים הֲרֵי זֶה קֹדֶשׁ. רַבִּי שִׁמְעוֹן אוֹמֵר, הָאוֹמֵר, בִּכּוּרִים קֹדֶשׁ, אֵינָן קֹדֶשׁ.

[THE LAWS OF] THE SHEKELS AND OF THE FIRST-FRUIT[1] HAVE FORCE ONLY DURING THE TIME OF THE EXISTENCE OF THE TEMPLE, BUT [THE LAWS OF] THE TITHE OF CORN[2] AND OF THE TITHE OF CATTLE[3] AND OF THE FIRSTBORN[4] ARE IN FORCE BOTH DURING THE TIME OF THE EXISTENCE OF THE TEMPLE AND WHEN THERE IS NO TEMPLE IN EXISTENCE. IF A MAN DEDICATED TO THE SANCTUARY SHEKELS AND FIRST-FRUIT WHEN THERE WAS NO TEMPLE IN EXISTENCE, THEY BECOME HOLY. R. SIMEON SAYS: IF HE SAID: 'THE FIRST-FRUIT BE HOLY,'[5] THEY ARE NOT HOLY.[6]

מסכת שקלים

הדרן עלך והדרך עלן

הורד אור

(1) Ex. XXIII, 19; Deut. XXVI, 1ff. (2) Comprising First (Levite's) Tithes, Second Tithes (*supra* p. 6, n. 5). (3) Cf. *supra* p. 9, n. 4. (4) Cf. Num. XVIII, 15-18, etc. (5) I.e., he dedicated them to the Sanctuary (Maimonides). (6) [Because they are not his property to be dedicated to the Sanctuary, v. Tosaf. Yom Tob. *Aliter:* 'If he declares his fruit holy as first-fruit, they are not holy'. The reference is to present days when there is no Temple in existence, and when the words, *'thou shalt bring them to the house of the Lord'* (Ex. XXIII, 19) do not apply, Bertinoro.]

ABBREVIATIONS

Ab.	Aboth.
'Ar.	'Arakin.
Aruch	Talmudic Dictionary by R. Nathan b. Jeḥiel of Rome (d. 1106).
b.	ben, bar: son of.
B.B.	Baba Bathra.
Bek.	Bekoroth.
B.M.	Baba Meẓi'a.
Cur. ed(d).	Current edition(s).
'Ed.	'Eduyyoth.
E.V.	English Version.
Glos.	Glossary.
Ḥag.	Ḥagigah.
Ḥul.	Ḥullin.
Jast.	M. Jastrow's Dictionary of the Targumim, the Talmud Bible and Yerushalmi, and the Midrashic Literature.
Keth.	Kethuboth.
Ḳid.	Ḳiddushin.
Kil.	Kil'ayim.
Kin.	Kinnim.
Maim.	Moses Maimonides (1135-1204).
Mak.	Makkoth.
Meg.	Megillah.
Men.	Menaḥoth.
MGWJ.	*Monatsschrift für Geschichte und Wissenschaft des Judentums.*
Mid.	Middoth.
Miḳ.	Miḳwa'oth.
M.Sh.	Ma'aser Sheni.
MS.M.	Munich Codex of the Talmud.
P.B.	*The Authorised Daily Prayer Book*, S. Singer.
Pes.	Pesaḥim.
R.	Rab, Rabban, Rabbenu, Rabbi.
Rashi	Commentary of R. Isaac Yiẓḥaḳi (d. 1105).
R.V.	Revised version of the Bible.
Shebu.	Shebu'oth.
Sheḳ.	Sheḳalim.
Sonc. ed.	English Translation of the Babylonian Talmud. Soncino Press, London.
Suk.	Sukkah.
Tem.	Temura.
T.J.	Talmud Jerusalemi.
Ṭoh.	Ṭoharoth.
Tosaf.	Tosafoth.
Tosef.	Tosefta.
Zeb.	Zebaḥim.

TRANSLITERATION OF HEBREW LETTERS

א (in middle of word)	= '
ב	= b
ו	= w
ח	= ḥ
ט	= ṭ
כ	= k
ע	= '
פ	= f
צ	= ẓ
ק	= ḳ
ת	= th

Full particulars regarding the method and scope of the translation are given in the Editor's Introduction in the first Shabbath volume (Mo'ed, Vol. I).

GLOSSARY

AGGADAH (Lit., 'tale', 'lesson'); the name given to those sections of Rabbinic literature which contain homiletic expositions of the Bible, stories, legends, folk-lore, anecdotes or maxims. Opposed to *halachach*, q.v.

'AM HA-AREẒ pl. *'amme ha-areẓ*, (lit., 'people of the land', 'country people'); the name given in Rabbinic literature to (*a*) a person who through ignorance was careless in the observance of the laws of Levitical purity and of those relating to the priestly and Levitical gifts. In this sense opposed to *ḥaber*, q.v.; (*b*) an illiterate or uncultured man, as opposed to *talmid ḥakam*, q.v.

AMORA. 'Speaker', 'interpreter'; originally denoted the interpreter who attended upon the public preacher or lecturer for the purpose of expounding at length and in popular style the heads of the discourse given to him by the latter. Subsequently (pl. Amoraim) the name given to the Rabbinic authorities responsible for the Gemara, as opposed to the Mishnah or Baraitha (v. Tanna).

BARAITHA (Lit., 'outside'); a teaching or a tradition of the Tannaim that has been excluded from the Mishnah and incorporated in a later collection compiled by R. Ḥiyya and R. Oshaiah, generally introduced by 'Our Rabbis taught', or, 'It has been taught'.

BETH DIN (Lit 'house of law or judgment'); a gathering of three or more learned men acting as a Jewish court of law.

BETH HAMIDRASH. House of study; the college or academy where the study of the Torah was carried on under the guidance of a Rabbinical authority.

DENAR. *Denarius*, a silver or gold coin, the former being worth one twenty-fourth (according to others one twenty-fifth) of the latter.

DUPONDIUM. A Roman coin of the value of two *issars*.

GEZERAH SHAWAH (Lit., 'equal cut'); the application to one subject of a rule already known to apply to another, on the strength of a common expression used in connection with both in the Scriptures.

ḤABER. 'Fellow', 'associate', opp. to *'am ha-areẓ* (q.v.); one scrupulous in the observance of the law, particularly in relation to ritual cleanness and the separation of the priestly and Levitical dues.

HALACHAH (Lit., 'step', 'guidance'), (*a*) the final decision of the Rabbis, whether based on tradition or argument, on disputed rules of conduct; (*b*) those sections of Rabbinic literature which deal with legal questions, as opposed to the *Aggadah*.

ISSAR. A small Roman coin.

ḲAB. Measure of capacity equal to four *logs* or one-sixth of a *se'ah*.

KOR. A measure of capacity = thirty *se'ahs* (q.v.).

LOG. A liquid measure equal to a quarter of a *ḳab* q.v.; or the space occupied by six eggs, c. 549 cubic centimetres.

MA'AH. The smallest current silver coin, weighing sixteen barleycorns, equal in value to two *dupondia*, a sixth of the silver *denar* or *zuz*.

MANEH. One hundred *zuz*. The *maneh* was a weight in gold or silver equal to fifty holy, or a hundred common *shekels*.

MISHNAH (rt. SHaNaH, 'to learn', 'to repeat'), (*a*) the collection of the statements, discussions and Biblical interpretations of the Tannaim in the form edited by R. Judah the Patriarch c. 200; (*b*) similar minor collections by previous editors; (*c*) a single clause or paragraph the author of which was a Tanna.

NISAN. The first month of the year in the Jewish calendar, corresponding to March or April.

'OMER (Lit., 'sheaf'); the sheaf of barley offered on the sixteenth of Nisan, before which the new cereals of that year were forbidden for use (v. Lev. XXIII, 10).

PERUṬAH. The smallest copper coin, equal to one-eighth of an *issar* or one-sixteenth of a *dupondium*.

SANHEDRIN (συνέδριον); the council of state and supreme tribunal of the Jewish people during the century or more preceding the fall of the Second Temple. It consisted of seventy-one members, and was presided over by the High Priest. A minor court (for judicial purposes only) consisting of twenty-three members was known as the 'Small Sanhedrin'.

SE'AH. Measure of capacity, equal to six *ḳabs*.

SELA'. Coin, equal to four *denarii* (one sacred, or two common, *shekels*).

SHEKEL. Coin or weight, equal to two *denarii* or ten *ma'ah* (q.v.). The sacred *shekel* was worth twenty *ma'ah* or *gerah* (cf. Ex. XXX, 13), twice the value of the common *shekel*.

SHOFAR (Lit., 'ram's horn'); a horn used as a trumpet for military and religious purposes, particularly in the service of the New Year and at the conclusion of the Day of Atonement.

TALMID ḤAKAM (Lit., 'disciple of the wise'); scholar, student of the Torah.

TANNA (Lit., 'one who repeats' or 'teaches'); (*a*) a Rabbi quoted in the Mishnah or Baraitha (q.v.); (*b*) in the Amoraic period, a scholar whose special task was to memorize and recite Baraithas in the presence of expounding teachers.

TERUMAH. 'That which is lifted or separated'; the heave-offering given from the yields of the yearly harvests, from certain sacrifices, and from the *shekels* collected in a special chamber in the Temple (*terumath ha-lishkah*). *Terumah gedolah* (great offering): the first levy on the produce of the year given to the priest (v. Num. XVIII, 8ff). Its quantity varied according to the generosity of the owner, who could give one-fortieth, one-fiftieth, or one-sixtieth of his harvest. *Terumath ma'aser* (heave-offering of the tithe): the heave-offering given to the priest by the Levite from the tithes he receives (v. Num. XVIII, 25ff).

TISHRI. The seventh month of the Jewish calendar, corresponding to September or October.

TORAH (Lit., 'teaching', 'learning', 'instruction'); (*a*) the Pentateuch (Written Law); (*b*) the Mishnah (Oral Law); (*c*) the whole body of Jewish religious literature.

ZUZ. A coin of the value of a *denarius*, six *ma'ah*, or twelve *dupondia*.

מסכת
שקלים
מן
תלמוד ירושלמי

וסביבה

וסחאות ישנות הנמצאות במס׳ זו שנדפסה בתלמוד בבלי בוויניציאה שנת רפ״ב ובתלמוד ירושלמי שנדפס בפעם הראשונה ג״כ בוויניציאה :

וסחת הבבלי חלופי גרסאות השונות במסכת זו לפי הנוסחא שנדפסת עם תלמוד בבלי להגדפסת בתלמוד ירושלמי (וכאן נדפסה המסכת בנוסחתה שנדפסת בתלמוד ירושלמי) :

עם

) **פירוש המשניות** לרבינו משה בר מיימון ז״ל .

) (כ״י) **פירוש המשניות** לרבינו יהודה בר בנימין הרופא ז״ל ממשפחת הענוים.

הגהות הב״ח להג״מ יואל סירקיש ז״ל אבד״ק קראקא.

) **הגהות הגר״א** להג״מ אליהו ז״ל הגאון מווילנא. ונוספו עליהן לקוטים מעצם כ״י ק.

) **קרבן העדה** להג״מ דוד ז״ל אבד״ק דעסויא .

(כ״י) **הגהות הריעב״ץ** להג״מ יעקב עמדין ז״ל (בעהמ״ס שאלת יעבץ וכו׳) .

תקלין חדתין
) **משנת אליהו** } להג״מ ישראל ב״ר שמואל ז״ל מ״מ דק״ק שקלאב (תלמידו של הגר״א ז״ל).

ט) **עין משפט**
י) **מסורת הש״ס**
יא) **גליון הש״ס**
יב) **ציון ירושלים** } כל אלה חוברו ע״י הגאונים בעלי מפרשי הים ה״ה הג״מ מרדכי זאב הלוי איטינגא ז״ל וגיסו הג״מ יוסף שאול הלוי נאטאנזאהן ז״ל אבד״ק לבוב .

יג) **הגהות וחדושי הרש״ש** להג״מ שמואל שטראשון ז״ל מווילנא.

יד) (כ״י) **בן אריה** להג״מ זאב בן אריה ז״ל אבד״ק טעלז.

טו) (כ״י) **יפה עינים** להג״מ אריה ליב יעלין שליט״א אבד״ק בילסק (בעהמ״ס קול אריה וכו׳) .

וד נוספו עליהם מעלות רבות חדשות ומועילות. ומעולם לא נעטרה עוד המסכת הזאת בכל העטרות היקרות האל אשר נעטרה בהן עתה. והכל נדפס בהגה״ה מדוייקת ובכל פאר והידור .

דפוס שונצין
שנת להחזיר העטרה ליושנה לפ״ק
לונדון

הקדמה

לפירוש הגר"א ז"ל לסדר זרעים, מאת תלמידו אשר יצק מים ע"י ה"ה אדמו"ר הרב הגאון האמיתי ובקי בכל חדרי תורה נ"י ע"ה פ"ה כקש"ת מוהר"ר חיים נ"י האב"ד ור"מ דק"ק וולאזין (בעהמה"ס נפש החיים וכו')

ברוך אלהינו שבראנו לכבודו ותורת אמת נתן לנו כלי חמדה שבה נבראו עולמות גנוזות ועלומות אין מספר ואין חקר וחיי העולמים נטע בתוכנו לעשות פרי למעלה למעלה להפליא קדושתם ע"י תורת פינו והגיון לבנו בתורתו ית"ש והיא חיינו בהתהלכנו תנחנו ובשכבנו תשמרנו ובהקיצנו תעירני לחיותנו חיי עד בשלי אורותיה ליעור ולאור באור החיים עד העולם · זאת בריתו אתנו ברוך אשר בחר בנו · וסייג התורה ועיקרה היא המסורת הנמסרה לנו בע"פ ובשביל זאת התורה כרת הקב"ה בריתו אתנו כאמור כי ע"פ הדברים כרתי וגו' וכיון שגלו ישראל מלכה ושריה בגוים אין תורה ולא כהן מורה הן טענו אבדנו תורה שבע"פ ח"ו · לולא ה' צבאות הפליא הסדו עמנו גם בהיותנו בארץ לא לנו לא געלנו מימי רבי שסדר לנו שיתא סדרי משנה וברוח ה' אשר דבר בו כלל בה כל התת"ק סדרי משנה ששנו דורות הראשונים וכל הברייתות והתוספתות ליכא מידי מינייהו דלא רמיזי במתניתין ולא מאסנו בימי האמוראים שעקרו וטחנו עד אשר דק דקדקו ועמדו על רמיזות המשנה ע"פ רומיא דמתניתין אהדדי ואברייתות בשני התלמודים הירושלמי והבבלי וטרם נגנז האור עוד הורשו להתבונן ע"פ סברתם ולקבוע לנו הלכתא כמאן ולהוסיף לני מימרות עד ר"א ורבינא סוף הוראה · ומיום שנסתם ונחתם התלמוד הבבלי נסתם כל הזון מלחזות להבין ולהורות מדעתנו · רק כעורים נגשש דבר מה נראה בתלמוד הקדושה בה נחזי אנן לאורם נסע ונלך כל דברי קדשם הם המה נר לרגלינו ואור לנתיבתנו ומבלעדי אור תורתם כמתי עולם במחשכים הושבנו כי נגנז כל האור בתורה החתומה בידינו שם בללו וגנוז כל המאורות להתגלות לצדיקים הזוכים בכל דור ודור להנות מאורם · וגדולי המפרשים ז"ל עדיין היו משתמשים באור הגנוז הזה המה הפרוה כרוה חפשו מטמונים יגעו מצאו גנזי מחמדיה המה אכלו מפריה ושבעו והותירו גם לדורות הבאים להיות מפיהם ומפי כתבי קדשם אשר הניתו לנו ערוך השלחן · וגם אחרי כן גם חכמי הדורות האחרונים ז"ל מהם זכו ללקט אורות לדלותם מים התלמוד איש כפי יכלו לקטו אבל זעיר שם זעיר שם · כי רוב דבריהם דלה דלו לנו ע"פ חבל בחבל ונימא בנימא להתגלות במשמעות דברי הראשונים ז"ל :

והנה בס' זרעים חשך העולם בעדנו מכל וכל כי לתלמוד בבלי לא זכינו בו ותלמוד ירושלמי עמוק עמוק מי ימצא רב פניניו בלישנא קלילא דנקט · וגם באפס ידי הממששין בו ובתוספות נשתבשו מאד ונלאינו למצוא פתח לדבריהם להאיר לנו דרכם דרך הקודש · ינוהו אבהן דעלמא רבותינו הקדושים הרמב"ם ז"ל והר"ש ז"ל אשר עשו נתיבה בתוספתא וירושלמי למצוא דרך המשנה מס' זרעים · בפרט הר"ש ז"ל הפליא עצה להבין ולהורות מן התוספתא והירושלמי וקבעם במסמורות בפירושו · ומאז עד עתה החיבורים שנתחברו על משניות וחיבורים על חיבורים וחבורים עליהם · כולם נקבצו באורך ע"פ דקדוקיהם שדקדקו בדברי הר"מ והר"ש ז"ל וראתו בתרייהו · ולפלס מעגלי המשנה ע"פ התוספתא והירושלמי לא מצאנו חזון בדבריהם · הן עתה עלינו לבא ברוב ההודאות לשמו הגדול יתברך על כי עד כה הראנו ה' לראות בעינינו חסדי ה' כי לא תמנו להפר בריתו יומם ולילה אתנו · אשר גם ישבנו בחושך בדור האחרון שבאחרונים הזה · ה' האיר לנו ושלח לנו אור וקדיש מן שמיא הרב הדומה למלאך ה' צבאות רבינו הגדול אשר צדקתו ותורתו הכריזו עליו מסוף העולם עד סופו כבוד שם קדושתו ותורתו הגאון רבינו **אליהו** החסיד נ"ע מק"ק ווילנא תנוח נפשו בעדן אלהים מי האמין לשמועתנו שבדור העצב ונבזה הזה אשר אמרנו נגזרנו נתגלה לנו אור חדש בהיר הוא · אשר יחזו עיניכם בחיבור הנפלא הזה על סדר זרעים אשר זכינו לשים עין עליו והנה רובי שיטות חדשות אשר לא שערום חכמי הדורות שלפנינו מימי חתימת התלמוד כל מעיין האמתי יראה וישמח בעמקות מתיקות אמיתות דברי קדשו אמת אמת תפים :

עתה עתה הדור אתם ראו ותתענג בדשן נפשכם זיו תורתו אמת אשר היתה בפיהו ממתקים וכולו מחמדים · ושאבו בששון ורוו צמאונכם ממעיני החכמה אשר נבקעו ונתגלו לנו מים מתוקים שעלו על גב איש שהכל בו כי יותר שהיה רבינו הגדול נ"ע אשכול גדול שבגדולים יותר היה נמוך ושפל בדעתו מכל אדם אשר ע"פ האדמה ממש · על גביו ירדו מים עמוקים למקום עמוק עמוק ונמוך בדעתו גם הלם תראו גודל ענותנותו שמעולם לא הזכיר שם שום חכם שהשיג עליו ברובא דרובא רק כפי שיטתו היה יושב ודורש טוב לעמו כמפי הגבורה · למען לא יתכבד בקלון החכם המושג או המחבר ולזאת גם בסלתם אשר קלט לא נשא שמותם אבל מיעוטא דמיעוטא הוא ורובא דרובא תורה חדשה מאתו תצא ע"פ שיטתו בתלמוד בבלי וירושלמי · שימו נא לבבכם והביטו נא וראו מה נכבד היום בהגלות נגלות לנו כמה מאורות חמודות וגנוזות אחרי בלותנו בחשכת עינינו נפקחו עינים עורות ע"י מאור עינינו רבינו הגדול נ"ע המקום היה בעזרו שוכה לדברים הרבה על עסקו בתורה לשמה ובכל כוחו עבדה ושמרה · היינו עובד אלהים ששנה בפרקו כמה פעמים מאה ואחד ונתן נפשו ממש על כל דבר ודקדוק מן התורה ולא זז עינו ולבו מלהגות ולעיין בתורה חוץ לארבע אמותיו לא נסתכל מעידו · בלתי אל התורה נתן עיניו · ד"א בלא תורה ובלא תפילין לא הלך · טעם שינה כמעט לא טעם באילנא דהייי אחז אהוזת נחלה עד אשר ניתנה לו התורה במתנה ונחליאל ונעשה כמעין המתגבר מיום ליום ומשעה לשעה עד שנתגלו לו רובי חדרי תורה ושכייתיה וגנזי חמודי' אשר היו טמונים וגנוזים מימי קדם · ומשנתו היתה סדורה לו בפיו ובלבבו כל תלמוד בבלי וירושלמי ומכילתא וספרי ותוספתא וכל המדרשים והזוהר ור"מ וז"ח והתיקונים וס' היצירה ופרקי ר"א וכללו של דבר כל דברי התנאים והאמוראים הנמצא אתנו בנגלה ובנסתר · כולם נכונו יחדיו על שפתיו ערוכה בכל ושמורה בלבבו והוסיף לקח לספור אותיותיהם לשקול במאזני שכלו שכל הקודש · ולהכריע בשקול דעתו האמתי אינהו וכל אביזרייהו ותנא להו אבינייכו · וכל דבר גדול מעשה בראשית ומעשה מרכבה בכולן הוו נהירין ליה שבילי דרקיעי · והעולה על כלם כי ליכא מידי בשיטות הש"ס והמדרשים ורזי דרזין דלא הוי רמיז ליה באורייתא על כל קוץ וקוץ ותלי תלין כאשר בעינינו זכינו לראות הכל זכינו לשיחתו נאה ללקט תחת שלחנו מלא דשן פרפראותיו המשביעים ומדשנים נפש השומעת מפיו הקדוש פלאי פלאות :

וקצת מן הקצת מקצות דרכי תורתו יעידו עליו חיבוריו הקדושים הרבה אין קץ · בנגלה על מקרא ומשנה ועל הלכות ארבע ש"ע ועל אגדות ועל מכלתא וספרא וספרי ותוספתא וירושלמי והגהות הש"ס ומסכתות הקטנות ופרקי ר"א וסדר עולם רבא וזוטא · את כולם הגיה מאופל השיבושים אשר רבו · ובנסתר אשר אין אתנו יודע אם העת והשעה כדאי שיודפסו · על התיקונים ורעיא מהימנא והרבה מאמרי הזוהר ועל ספרא דצניעותא והיכלות וס' יצירה ועל אגדות שבש"ס פלאי פלאות ונוראות בלשון צדיק כסף נבחר מועט מחזיק מרובה וכל אחד נדמה לו בערך הבנתו והשגתו לאוקי כדמסיק תעלא מבי כרבא · זולת מאמרים סתומים וחתומים דלית להון פתר אשר בעינינו ראינו לכל החיבורים הנזכרים ביד בניו הרבנים המופלגים זרע ברך ה' המפורסמים נ"י :

ואף גם אם יזכו הדור שיתפשטו כל חיבוריו הקדושים · אפס מקצת מן המקצת מקצה תורתו וחכמתו תראו וכולם לא תראו ולא תוכלו לשערו אך תדעו ותאמינו כי אין חקר לתבונתו וחכמתו ודעתו הרחבה מני ים · וכערך טפה נגד ים הגדול כן ערך היבוריו נגד חכמתו המרובה · ואם אלף שנים יחיה אדם לא יספיק לכתוב כל חכמתו שנתגלה לו כמעין הנובע ממש · וכל פה ילאה לספר כל דרכי הסידותו ופרישותו מעוה"ז והפלאת קדושתו ומעשיו המרובים · אמנם מי יתן והיה לנו פה לאכול וחיך לטעום מקצת דבשו אשר הניח לנו ויאירו עינינו · והנה גם החיבורים שעל המשניות והירושלמי מסדר זרעים אינם מכתב ולשון רבינו הגדול נ"ע ונתחברו ונסדרו ע"פ תלמידיו ששמעו מפיו · אמנם החיבור שעל הירושלמי היה ביד רבינו הגדול נ"ע זה ה"י שנה ובאזנינו שמענו מפה קדוש רבינו הגדול נ"ע שהמסדרו כיון יפה לדעתו וגם בעינינו ראינו כי טוב ויפה סדרו וההיבור של המשניות ג"כ סדרו תלמידיו בחייו ועל פיו וכבר היה למראה עין הנבחר מבי דינא רבא דק"ק ווילנא יע"א לשים עיניו עליו ולסדרו כראוי לו · וכל מעיין יראה כי דבריו טובים ונכוהים וישרים למוצאי דעת וראויים למי שאמרם ואם באולי ימצא המעיין איזה מקומות שיהא איזה מקום לפקפק יתלה בחסרון ידיעה או באשגרת' דלישנא וכל אדם ישמור מאוד לנפשו לשמור פיו ולשונו מלדבר ח"ו עתק על הצדיק יסוד עולם רבינו הגדול והקדוש נ"ע וזכות תורתו וצדקתו יעמוד לנו ולכל ישראל וביחוד להנך דתני ומתני מתנייתי' דרבינו הגדול ויקוים בנו הבטחתו ית"ש גם כי יתנו בגוים עתה אקבצם במהרה בימינו אמן · ד"ה חד מן קמיא אשר מעט מן המעט זכיתי לעמוד ולשרת את רבינו הגדול ז"ל ועדיין יראת רוממות תורתו על פני מדי דברי בו מרתע כל גופא וידי נוטפין מר מקדושת תורתו הנפלאה :

נאום **חיים** באמ"ו מוהררי"ץ זלה"ה פה ק"ק **וואלאזין** יצ"ו

הקדמה לספר תקלין חדתין ומשנת אליהו מאת מחברו ז"ל

בתנחומא פ' יתרו · ארבעה אמרו ד' דברים · אלו אמרו אדם אחר היו שוחקין עליו לומר מנין הוא יודע · משה אמר הצור תמים פעלו כי כל דרכיו משפט · אלו אמרו אדם אחר היו אומרים מנין הוא יודע דרכיו של הקב"ה · אלא למשה נאה לומר דבר זה שכתוב בו יודיע דרכיו למשה · שלמה אמר את הכל עשה יפה בעתו · אלו אמר אדם אחר · היו שוחקין עליו ואומרים מי הודיעו לו מהו יפה ומה אינו יפה · אלא לשלמה נאה לומר שלא חסר משלחנו כלום כו' · נ"נ אמר כל דיירי ארעא כלא חשיבין · אלו אמרו א"א היו שוחקין עליו ואומרים שמא זה שלא שלט על ב' זבובים מימיו הוא אומר כל דיירי ארעא כו' · אלא לו נאה לומר שכתוב בו כו' · עכ"ל המדרש : **וככל** הדברים האלה אני אומר עלי · אם באתי לספר תמים פעלו ועוצם חסידותו וגוראות קדושתו של רבינו הגדול והקדוש רשכבה"ג הוא החסיד האמיתי מרנא ורבנא **אליהו** נ"ע מווילנא · ומשפט דרכיו בשיטותיו העמוקות · ויופי הגהותיו המאירים כשני המאורות הגדולים · וכל דיירי ארעא כלא חשיבין נגדו בעוצם בקיאותיו בכל דברי התנאים ואמוראים הנמצאים אתנו בחבוריהם הקדושים בנגלות ובנסתרות · אשר היו סדורים ופתוחים לפני עיניו אף לספור אותיותיהם · היו שוחקין עלי ואומרים מנין אני יודע תמים פעלו ואף כי משפט דרכיו של רבה"ג בזמן מועט אשר זכיתי לעמוד לפניו · ומי הודיעו לי מה יפה ומה אינו יפה · ושמא זה שלא שלמה עינו כ"א במסכת א' או ב' · יודע מי בקי או אינו בקי · ולמי נאה לספר בשבחו · אלא לבעלי הקדמות אשר קדמוני בהקדמתם להחבורים של רבה"ג אשר זכינו לאורם · ויותר לרואה השמש בגבורתו · ה"ה תלמידו המובהק פאר הדור עטרת הזמן הגאון האמיתי החסיד ועניו המפורסם הגדול בדורו בנגלה ובנסתר כקש"ת מוהר"ר **חיים** נ"י האב"ד ור"מ דק"ק וואלאזין · הוא יודע תמים פעלו ומשפט דרכיו · שבימים הרבים אשר עמד לפני רבה"ג · הודיע לו דרכיו והוא יודע מה יפה ומה אינו יפה כי לא חסר משלחנו כלום מהמעלות שמנו חכמים שהתורה ניקנית בהם · וכד הוה בר תרתין ועשרין שנין הוה גמירא ליה לכולא ש"ס וכל אביזרייהו · לו נאה לספר בשבח יקר תפארת גדולת רבה"ג · כאשר כן עשה בהקדמתו הנעימה והנפלאה לחיבורו של רבה"ג על ס' זרעים הנקרא **שנות אליהו** · שם העמיק הרחיב לספר קצות דרכי רבינו הגדול והקדוש ושם הראנו את אשו הגדולה היוקדת בלבו יקד כיקוד אש בלהבת יראת רוממות גדולת רבו הגדול והקדוש אותה לראש דבורי זה לעטרה שמתי · ולמען יעמוד לדור אחרון בנים יולדו יספרו לבניהם אחריהם מה עשה אלהים לנו בדור האחרון הזה · כי אלמלא הוא · כבר בטלה כבוד התורה והשקדנין והדרשנין וכל השנוין במשנה :

אמנם גם אנכי חלילה לי מחדול להודיע לרבים צערן של תלמידי מובהקים של רבינו הגדול גאוני גדולי הדור דמדינתנו · אשר ראו הגהות רבה"ג מבדרן בעלמא בש"ס שנדפס בווין · כי עם היות שרב טוב צפון וגנוז בהם למי שהוגה בהן ומוצא בהן טעם · **ואולם** כמו שהחכמים הראשונים אשר לא עמדו על ס"ד של שלמה ויחזקאל · בקשו לגנוז ספריהם : ולא חסו על רוב הטובה שבהם · מפני שדבריהם נראים סותרים זא"ז · או דברי ראשונים או ד"ת · אף שמוחזקים היו בעיני כל ישראל לחכמים וחסידים גדולים · והכל יודעים כי אין זה מגדר החכם לסתור דבריו בתכ"ד · ולא מגדר החסידים לסתור דברי ראשונים · ואף כי ד"ת · כי רוח ה' דיבר בם · כל זה לא הועילה להם · מפני ששקדו חכמים על כבודם של שלמה ויחזקאל אף כי הם בעצמם ידעו ערך הקדושים הללו · ובוודאי תלו החסרון בידיעתם כי קצרה · אבל יראו מפני הבאים אחריהם אשר לא ראו ואשר לא ידעו מחכמתם וחסידותם ולא ישמשו כל צרכם ויפגעו בכבודם של אבות העולם · ויטיל מום בקדושים · כמו כן בקשו גדולי הדור לגנוז הגהותיו של רבינו הגדול · כי מי שלא שמש כ"צ ביגיעה ושקידה רבה לחפש בדבריו ואשר לא צללו בים התלמודים ודאי ימצא כמה דברים אשר יהיו נראים כסותרים זא"ז · או דברי ראשונים ואף איזה גמרא ערוכה · ידמה לו לפי חסרון דעתו ושכלו הנמוכה · כי מרבינו הגדול זנוחה · והוא לא ידע ואשם כי הטעות אחריו כרוכה · כאשר כן קרה לט בחיבורו הקדוש על א"ח סי' קצ"ז ס"ק ב' עשאוהו המבוהלים כסותר דברי עצמו · כי ממקום שבא שם מוכח דכגרוגרת יותר מכזית · ולא היו רוצים להפך בזכותו לומר שטעות הדפוס הוא · וצ"ל והוא יותר מכזית · וטעות דמוכח הוא כי בסי' תפ"ו ס"ק א' כתב הוא בעצמו להדיא דכזית פחות מכגרוגרת ע"ש · ולשונו תיטיב דעת להבין קושיתו על המרדכי · מדנקט בגמ' ג"כ עלה של ירק · אלמא דנם בשיעורין לא קפיד שיהיו שוין : **גם** בסי' קפ"ג ס"ק כ"א · וכמו הלל ביחיד במקום שגומרין כו' ע"ש · התלמידים מהנדזין בדבר כי הוא סותר למ"ש בסי' תפ"ח ס"א דהלל במקום שגומרין דינה כק"ש · ולאו מילתא היא · עיין בשיטת תר"י בסוגי' דברכות י"ד א' כתבו דרבא ס"ל דבאמצע הפרק לעולם אינו פוסק אפילו מפני היראה כו' שאינו פוסק בשבחו של מקום כו' ע"ש · ומדמי לה לתפלה שהוא שבחו של מקום וכ"ה בס' א"ח בשם מ"ס ודינא דהכא דסתם הש"ע הוא סתמא דא"ח · ולפי שיטתו שפיר כתב רבינו וכמו הלל במקום שגומרין · ובסי' תפ"ח ס"ק ג' שכל את ידיו וכתב ברכות שם וכפי' הרא"ש · ור"ל לאפוקי שיטת תר"י וא"ח בשם מ"ס : **עוד** קא מצווחו עליה בבי מדרשא · בסי' שפ"ו ס"ק ט"ז ולא בכמהין ופטריות כו' · שחידש שם רבינו שיטה חדשה נפלאה נגד הרי"ף והרמב"ם ורש"י בקדושין ל"ד א' ד"ה האיכא · ומלבד שהאמת יורה דרכו וממקומו הוא מוכרע · עוד מצאתי ראיה ברורה לדבריו מירושלמי דעירובין בסוגיין ח"ל שם רפ"צ

הלכה א' תנינן תרין כללין ול"ד חד לחד בכל מערבין ומשתתפין בין כר"ע בין כר"י והכל ניקח בכסף מעשר כר"ע כו' · מה נפיק מביניהון דגים וחגבים כמהין ופטריות כו' כר"ע ניקחין בכ"מ כר"י אין נקחין ע"ש · הרי להדיא ס"ל להירושלמי דבכל מערבין אליבא דכ"ע וא"כ מערבין בכמהין ופטריות משא"כ לענין מעשר סתם ספרא דא"נ בכ"מ וכ"פ הרמב"ם דאין נקחין · ודברי התוס' שם ד"ה מאן דמתני צ"ע אכמ"ל · וכהנה רבות אתי בעז"ה אשר יגעתי ומצאתי כדי מדתי כוונות עמוקות בכל דבריו · והמה בכתובים אצלי על הסדר לפרש כל הדברים עמוקים לאנשים כערכי ולבני גילי · אלא שאין כ"מ בחיבור הזה · כי לזה צריך חיבור בפ"ע יותר ויותר מחבור הפ"ם על המגינים · וגם המעט אשר הבאתי הנה לא הבאתים כ"א למען הראות את האנשים אשר אין להם יד ושם בשני התלמודים ולא רצו לשמש כ"צ בשיטותיו ובדבריו · כ"א בסקירה אחת נבערו ונכסלו ועשאוהו כסותר דברי עצמו · וסותר דברי ראשונים · כאשר קרה לחכמים הראשונים בדברי אבות העולם · אלא שחכמים הראשונים מתוך שחסידים היו · מכירים היו ערכם לנגד הראשונים · וחשדו לנפשם · ומסרו עצמם לעיין בו' · ואשכחו טעמא או מצאו להם איש אחד קרוש ברם זכור הוא לטוב והעלו לו למאור ולמזונות כדי שיהיה פנוי מכל עסקיו אך לפרש שיהיו דברי הנביא קיימים :

ואולם עתה בעוה"ר בדור הזה · שהקטן בולע את הגדול · תמה אני אם יש בדור הזה שימסור נפשו לעלות לעליה לדרשן או אפי' להשים עיונו לאשכוחי טעמא · ולא אשום דברתי במתים החפשים מן התורה · אנשי בלי עול · המשמינים לבם לבל ירעו ויבינו אור חכמת הרב הדומה למלאך ה' צבאות · ובלתי לבזות רבנן קדישין עיניהם · עליהם הכתוב אומר זבובי מות יבאיש יביע שמן רוקח · דמה המבזים ת"ח לזבובי מות · כמו הזבובים שמוסרים עצמם לפול בהשמן רוקח המרותחים ואך להבאיש ולהביע השמן · כן המבזים ת"ח יודעים זה דרכם בין האפיקורסים שא"ל חלק לעוה"ב כדהשבי להו בפרק חלק · וכסל למו ומתירין עצמן למיתה ומבאישים ומבזים ת"ח · ושמחים אלי גיל ישישו כי ימצאו מקום בדברי רבה"ג לרדות בו ע"ד ונתתי מכשולים לפניו · ומדבריב עתק בגאוה ובוז על צדיקו של עולם · יתחרשון · ישתתקן · אלא אפילו היראים והשלמים שמענו וגם בעינינו ראינו · אשר הרימו ידם ללבוש נאות ועז לאמר כי השיגה ידם להשיג על דברי רבינו הגדול וממטו ליה בחד שיחה קלה · אשר בעודנו חי · לא היה להם פ"פ לפניו · וכל הנה ככופתא דחמרא לגביה · וב"ה כי שקלו למטרפסייהו · כי בכל אשר ראינו ושמענו השגתם · הן הם העידו על עצמם גבהות לבם כי כד ניימו ושכבו אמרו להא מילתא · ואינן כדאי להעלות על הכתב להראות טעותם כי ממקומו הוא מוכרע : **ואם** כך עלתה לנו בהשיטות משיטותיו אשר כמעט מפורשים המה · כ"א במעט עיון וחפוש משכחינן מרגניתא · ומה נעשה לשיטותיו החמורות בש"ע הצריכים עיון וחפוש רב · ומה גם להגהותיו העמוקים מני ים וסתומים והתומים המה · מי יצלל בעמקי תהום דעתו הרחבה וידלם לנו · ובפרט כי הגהותיו נרשמים בקצרה מאד מאד · לפעמים בחלוף תיבה אחת או אות אחת או מחק אח' ואפילו נקודה אחת · השלים כוונתו לפי עומק דעתו הרחבה · כי לא רשמם אלא לעצמו · כי הוא הבין דרכם שאין הדור ראוי להשתמש בהם · ע"כ היסב אשר דברו גדולי תלמידיו כי ראוי לגונזן · והנה כל זה אם היו נדולי המדינה ההיא מופלגי תורה והחרדים לדברי רבינו הגדול · להשים עיניהם על דרכי המדפיסים והמסדרים · למען לא ישלחו בעולתה ידיהם · ולא ינוח שבט הרשע על גורל הצדיקים · כראוי לאבנים יקרות כאלה למנות ריש טורינא · היודע לפרכס ולשמרן שלא יעלה אבק ענן רגל נאוה · והיודע ערך יקר אבנים טובות לשמרם שלא יפקד אפילו הדקה שבדקות · אך זו קשה מראשונה · כי הגהותיו הן הן גופי הלכות ונמסרו לע"ה ולטי מדפים :

הגהות היקרות עליכם אני קורא כל איכה יועם · אבני קודש · אשר היו עטרת תפארת ביד ארוניהן · ידי זרים שלטו בהם היו לאבני אופל · אבני ראמות וגביש לא ידע אנוש ערכם · חשך משחור תארם · לא נכרו בחוצות כי נתערבו בגוים והוסיפו ונרעו · כאשר ראו עיני : **ואציגה** נא אחת הנה · כי הנה בגמרא של רבינו הגדול והקדוש · ראיתי בכ"י עצמו הקרושה · בהגהותיו לר"ש במס' פאה פ"ק משנה ג' · שמביא שם הר"ש תוספתא · אר"ש מפני ארבעה דברים לא יתן אדם פאה אלא בסוף כו' שהרי אמרה תורה לא תכלה פאת כו' · ונרשם בכ"י רבינו מחק על ארבע וגם על תיבת שהרי · ונ"ב קודם ומפני הרמאים תיבת ומפני · ונמחק תיבת שהרי ונ"ב תי' ומפני המעיין בעינא פקיחא · יבין שכוונת רבינו להגיה שצ"ל אר"ש מפני ה' דברים כו' · שלכן מחק ארבע מתיבת ארבעה ונשאר ה' · ומש"ה מחק נמי תיבת שהרי וכתב בצדו ומפני שעם זה יהיה חמשה דברים · והמסדרים והמדפיסים שנו ברואה פקו פליאה נשגבה · והמה לא ידעו הבין מחק דתיבת ארבעה כ"א למוחקו כל עיקר · ולא הלך ללבם למישרים דברי התוספתא · ולכן העלימו הגהת תיבת ארבעה והניחו כמו שהוא · ותי' שהרי מחקו וכתבו בצדו ומפני : הכשרים שבדור · החפצים בהצדקו של רבינו הגדול · יראה הגהה זו ויאמר לא איכל צדקך · וישוב יתפלא מה עשה לנו האדון בזה · ואם כי תיבת שהרי אין לו הבנה · אבל בתיבת ומפני לא ידעתי מה תיקן · כי עוד יקשה לנו פתח בארבעה ומסיים בחמשה · ואפילו אם ימצא איש מתחסד ולא יפעור

פיו

פיו מפני היראה והבושה · עכ"פ סידי הרהור אחרי רבו ודאי לא יצא · וצדיק מה פעל · כוונתו ומעשיו רצוים · והמדפים והמסדר מעשיהם גרועים · ואפשר גם כוונתיהם אינם רצוים · ואם אמור יאמר האומר שכנגדו מוכיח דא"א למיגרס חמשה · דלא ליסתור סוגיא ערוכה דבבלי שבת כ"ג דנקט שם בהדיא ארבעה · הוא הדבר אשר דברתי שאם אין לו נפש היפה מי בקש זאת מידו כלל להדפיסה · והשתיקה היה הנאה לו והנאה לעולם · וכבוד רבה"ג במקומו היה עומד · או היה לו להציע לפני הגדולים אשר בארץ · הם יאמרו לו · כי סתירת נערים הוא · אבע"א גמרא ואבע"א סברא · אבע"א סברא ·כי בבבלי הגירסא אר"ש מפני ארבעה דברים אמרה תורה ליתן פאה בסוף כו' · וליכא למיחשב הך מפני שאמרה תורה ל"ת פאת כו' · אבל בתוספתא הגירסא אר"ש כו' לא יתן אדם פאה כו' · ועל אדם הנותן שפיר איכא למיחשב מפני שאמרה תורה ל"ת פאת כו' · ואבע"א גמרא דבירושלמי דפאה גרסי לה בהדיא בלישנא דתוספתא זו אר"ש מפני ה' דברים כו' ומפני שאמרה תורה כו' · ויש בזה אריכות דברים בטעמי חילוקי הגירסאות דבבלי וירושלמי · ואכמ"ל · ועכ"פ דברי רבינו נהירין · ודעת שפתיו ברור מללו · ומן התימה על גדולי המדינה אשר בהסכמה עלו · איך לא שמו פניהם למיגדר בעד המדפיסים · לבל יאפילו באופל השיבושים בדבריו הקדושים. אם לא בזאת נאות להם · כי קרה להם כאשר קרה להרחוקים מן הקוטב · אשר אינם ידעים הילוך השמש על מכונו במוצאיו ומובאיו · כן הם להיותם רחוקים מאור השמש אשר זרחה בגבולינו · לא ידעו דרכו והילוכו בקידש בהגהותיו ושיטותיו העמוקות הנעלמים · כ"א ליושבים לפניו יהיה סחרם לאכול אף לא לשבעה : ע"כ אמרתי מצוה וחובה עלי להודיע · ואל יחשדני הקורא כי גבה לבי לאמר · כי באתי עד תכונתו · כי הלא כבר הקדמתי · אשר אינני בזה אלא כשליח מתלמידיו המובהקים גאוני גדולי דורנו · ובכל עושה הקב"ה שליחותו אפילו ע"י יתוש כמוני : ואען ואומר כי רבינו הגדול לא על רוחב בינתו ושכלו העמוק בלבד סמך בהגהותיו אף כי היה ידיו רב לו בעומק שכלו · עמיק עמ"י למשקל ולמטרי בשמעתתא לאסוקי אליבא דהלכתא כאחד מן הגאונים הראשונים · אשר היו בכמה דורות לפניו · אשר לא יוכל איש לומר · כ"א ישתכחו הגהותיו · או ישתבשו אהדרינהו בפלפולי · עכ"ז העידו כל תלמידיו וגאוני וגדולי זמנינו · כי לא מלאו לבו לחדש איזה שיטה חדשה נגד הראשונים · או להגיה איזה הגהה חדשה · כ"א אחר אשר עמד בדבר אשר נתקשה בו כמה ימים וכמה לילות בגודל יגיעה ורב העמל עד אשר זהמתו חיתו לחם ולא דבר עם שום אדם בעולם וחשך משחו' תארו · והודיע צערו לרבים אשר לפניו · כי לא היה בוש לשאול אפי' ממאן דמנקים לביזריה ואחר אשר האיר ה' עיניו למצוא דרך סלולה · ע"פ שיטה חדשה או הגהה · עוד לא התברך בלבבו לאמר שלום יהי לי כ"א אחר רב הפשפוש ומשמוש ושקול דעתו הרחבה מני ים ובחיפוש אחר חיפוש בשני התלמודים ובכל דברי התנאים והאמוראים אשר היו סדורים לנגד עיניו אי אזלה שיטתו או הגהתו אליבייהו בדרך סלולה וכבושה בלי נטות אפי' כמלא נימא · ואם ברב תתירתו אשר חתר בה מצא בה נקב וסדק קטן כמלא מחט סדקית דקדוק אחד קל נגד ב' התלמודים · גודל חריפותו לא שחדתו · ועוצם עומק פלפולו מדרך האמת לא הסתו · ושלחה ויצאה מביתו · ועיניו לא חסו על רב העמל ויגיעתו לכחלה וליפותה · כי בלתי אל האמת היתה נתיבתו · ומסר נפשו על דקדוק אחד מרבותינו התנאים והאמוראים · עד אשר משמים חסו עליו · ונחה עליו רוח דעת ה' · אז קרן עור פניו · והיה לו לשמחת לבבו כמוצא שלל רב · או אז תחזקנה ידיו לעשות הגהה · או שיטה חדשה כאשר הראה לו משמיה מפענח נעלמים בכמה סוגיות הקשות · כאשר שמעתי מפי קדשו של תלמידו המובהק הגאון האמיתי מוהר"ר חיים נ"י הנ"ל · אשר קיבל מהודו ושמע מפה קודש הקדשים · כי כל שיטה או הגהה שקידש בנגלה לא קבעה עד אשר עלתה ארוכה ע"פ אותה הגהה או שיטה ללא פחות מט"ו עד עשרים סוגיות בכל דברי התנאים ואמוראים הנמצאים אתנו · ובנסתרות לא קבעה עד למאה והמשים טעמים ערוכים בכל ושמורים · ויש הגהות אשר כוונתו גנוזה דרך הנסתר · כמו הגהתו בפ"ב דשבת מאן דרחים כו' אשר שמעו מפיו הק' שהוא ע"ד האמת : ועתה יאמרו נא יראי ה' הנמצא כזה · אם נלך ונבקשנו הנמצא כמוהו · אמנם אין זה מן התימא כ"כ · כי לא לגבר אשר דרכו נסתרה ורק לאמונה גברה · היתה דברי עד הנה · כי מי לא ראה או לא ידע כי הי' כלי ראוי מחזיק ברכה ושלום · כי מי הקדים עצמו לקבל עול תורה בחסידות ופרישות וקדושה וטהרה כמוהו מיום התנוצץ בו הכרת שכלו עד השלים לו את נפשו הטהורה · נטל עליו עול התורה והעבודה בלי שום טירדה ועסק בעולם מעול צבור ועול ד"א · ברב עמל ויגיעה ומסירת נפש על כל דקדוק בתורתנו הק' · ואחרי הודיעו כל אלה במחתי בכל אשר יראת ה' מקשקש בקרבו · וחס על נפשו · ואוהב אמיתת התורה · ישמע חכם ויוסף לקח · ונבון תחבולות יקנה איך להנות מאור ההגהות המאירים כשני מאורות הגדולים · וכמרומה לי כי בהקדמה זו יהיה די גם לההגהות שנדפסו בווין · עתה אמרתי להודיע תוכן חבורי הלז : והנה מיום אשר זיכני השי"ת בחסדיו המרובים · לראות באור פני מלך חיים · בחיים חיותו · וזכיתי לשרת מע' מהמעט ·להיות כעבד לפני המלך · בטרם הלקח ארון אלהים השמימה · ונר אלהים טרם יכבה · לא זזה ידי לשרתו · וללמוד לפניו ולהתאבק בעפר רגליו ולשתות בצמא את דבריו · דברי אלהים חיים חם למוצאיהם דבריו הם היו נר לרגלי ואור לנתיבתי · ונתעוררתי בעזר הצור ית"ש · בראותי פעם ראשונה גמרא מסכת שקלים עם הגהות כ"י עצמו הקדושה · והמה נפלאים · אשר כל חכמי הזמן מכמה דורות · נלאו למצוא לזו המסכת · פתח פתוח לרווחה · ע"י השיבושים הרבים · שנפלו בה ע"י התלמידים טועים · ומעתיקים מבוהלים · עד אשר לא יכלו לראות האור מפני החשך · הטעיות רבות שנפלו בנוסחת הספרים · המה כיסו פניה חרולים וקמשונים · ורבותינו הקדמונים הקדושים נוחי נפש · הניחו מלבארה ומקום הניחו לו לרבינו · גאון עוזנו מרן ורבן של כל הגולה · אשר עשה דרך סלולה · בכל התורה כולה · ומרב חמלתו על קדושת התורה · הגיה גם זו המסכת הסדורה בש"ס בבלי ויושבת כבדד עטופה בשיבושים באין פנות אליה : אמנם הלא מראש הודעתי · ומלפנים אותם גליתי · כי גירסותיו המה בדרך קצרה · וארוכה היא לנו · שלא גילה שום טעם למקור שיטותיו · וזימנין סגיאין נעלם ביאור הסוגיא לפי הגהתי · ואינו ידוע מאין הוציא ני' החדשה ואבים בדברי מפרשים האחרונים בזמן · למס' זו · ואיי עיור לפי גרסותיו · כי דרכם לרחוק ולליישב נוסחות הספרים

ובראותי כי החכמים הגדולים טרודים בתורתם · בחלכות הנהגות להוראה הלכה למעשה · ורוב חכמת מסכת זו הלכתא למשיחא · וכתב בספר חסידים · ענין גדול ללמוד מסכת שהיא כמת מצוה · גרסה נפשי לתאבה ונתתי אל לבי להבין שמעתתי' דמבדרן במס' זו יגעתי ומצאתי בעז"ה לפי קט שכלי ועניות דעתי · לבאר השיטות חדשות לפי גירסת מרן · מהן יש מוסכמים לדברי הראשונים · ומאירים לפסקי הרמב"ם ז"ל · ובאיזהו מקומן יש דפליג עלייהו · כדרכו לשים עיניו על קדושת דברי הגמרא להכריע בהן · ורשמתי כתוב יושר דברי אמת נוסחת מרן · פנימה · וצירדה אורה ביאור' היוצאות והנכנסות בסוגיות בבלי וירושלמי ותוספתות · ואף כי ודאי לכל גירסא וגי' של רבינו הגדול · היה כמוס אתו טעמים הרבה · כאשר כתבתי למעלה · ומי אני ומה אני לגשת אל הקודש פנימה · ולהעריך טעמיה בהיכלי מלך · אמנם כך היא מדתו של הקב"ה שמקבל מנחת עני כמנחת עשיר ובשניהם נאמר ריח ניחוח כדאמרינן בשלהי מנחות · ואמינא נקום מיהא חרא בידך · ובמקומות שנמצאים הסוגיות בבבלי רשמתי מראה המקומות · והעתקתי לשון הזהב של מאירי פני התורה רש"י ותום' ז"ל · וגם כי לא היה באפשר תמיד להזכיר שמותן במקומותם · כבר ידוע אמרם ז"ל במכילתין פ"ב ה"ו אלעזר יושב ודורש והכל יודעים שהתורת שלך כו' · כן רבותינו הקדושים מפיהם אנו חיים · ומימיהם אנו שותים · אמנם רובא דרובא שיטות חדשות לפי גי' רבה"ג · ואיזה ענינים ארוכים · סידרתי מצידו · שלא לערב עיני המעיין · להראות לחץ המפרשים אחור נסוגותי · כי רק לפרש דברי מרן הגאון נ"ע באתי הנה · ובמאמרי האגדות במס' זו דרך קצרה סדרתי · ודרך ארוכה דלגתי · כי לא לדרשא קא אתינא · ונ"י בצדו העמדתי · כדי לידע ההבדל ביניהם · שיתרון לזה מזה כיתרון כו' וקראתי שם חיבור כרך הזה בשם תקלין חדתין · טעמו כמשמעו · כי הפנים הוא נוסחת מרן · פנים חדשות באו לה · לפי גירסותיו ומטילא גם החיבור במשקל חדש בעז"ה התונן דעת אף לעני ונבזה חדל אישים כמוני ויאמין לי המאמין כי אח"כ נתתי אל לבי לקיים אזהרת רבינו הגדול בעל הרקח שראוי לנו ללמוד מהראשונים שרמזו שמם בראשי חיבוריהם · באתי לחשבון ומצאתי כי ב' תיבות אלו · תקלין · חדתין · עולין ע"ה כמספר · נאם ישראל בן שמואל · ושמחתי על קיום ענין מאמר רז"ל ע"פ השם שמות כו'. אלא שמות כו' והגה רבים וכן שלשים הפצירוני לתת זה הספר להדפיס ונסוגותי אחור מכמה טעמים : לעת כזאת אשר אנכי בדרך נחני ה' · ראיתי הגהות הש"ס של מרן הגאון שנדפסו בווין · בלי שום טעם כ"א חתומים וסתומים כאשר היו בכתובים · ולא עוד אלא שנשתבשו הרבה מאד ובתוכם הגהות זו המסכת נתערבבו ונסתתמו באין מבין · ראיתי מעשה ונזכרתי הלכה · זה החיבור · ומצאתי את שאהבה נפשי · רחימין ידידין · המה הנגידים המפורסמים המופלאים ה"ה המופלג הנגיד מהו' אלעזר והמופלג הנגיד מהר"ז וואלף בני המנוח מ' אלי' ז"ל מק"ק מינסק · ועל טוב יזכר שם ידידי המפו' הנגיד מוהר"ר מרדכי במוהר"ם מאמשיסלעוו חתן הנגיד המפו' מהו' חיים בייליש מק"ק מינסק יצ"ו · המה הרהיבו לבבי : באמרם נפשנו ורצוננו להשתתף במצוה זו כי רבה היא · ולהלוות סך מסויים · להוציא זאת מכח אל הפועל · למען כבוד מרן הגאון נ"ע · ולהביאה אל מכבש הדפוס לזכות הרבים שיהיו יכולים ליהנות לאור המסכת הזו · וכאשר זכיתי לבוא בצל כבוד הוד הדרת אדמו"ר הגאון האמיתי אור העולם המפורסם בעולם כבוד קש"ת מוהר"ר חיים נ"י האב"ד דק"ק וואלאזין · וזכיתי למצוא חן בעיניו · וראיתי רב ענותנותו הנמצאת במקום גדולת קדושת תורתו · אמרתי מי כהחכם יודע ומבין · ומי כמוהו יועץ בעצת ד' אשר בקרבו · לא נסור מאמרי פי קדשו · אל כל אשר יסכים נעשה ונשמע · והנחתי בביתו נאוה קודש · כרך הלזה · שישים עיניו בזה ואחרי הביטו הסכימה דעתו להדפיסו כאשר יחזו עיני הרואה בדבריו הטהורים · לזאת גם כי טרוד גדול אנכי · ורבות נדדתי · ושבעתי נדודים יום יום · ואפס הפנאי להשגיח על הדפוס ברם זכור לטוב ידידת נפשי רב חביבי המופלג האמיתי החכם השלם ירא ה' מרבים כבוד מוה"רש זלמן במוהרמ"ם זללה"ה אשר מרב חשקת נפשו בגדולת קדושת כבוד מרן הגאון החסיד נ"ע · ואהבתנו אהבה רבה אהבת עולם כל תמום לנצח · הכניס עצמו בעול ההדפסה מרישא לסיפא · וגם בסדר הכתב באיזהו מקומן · בלשונו הצח · והוא הוציאה בעז"ה מכח אה"פ יישר חילו לאורייתא · ובאתי להפיל תחינתי · לפני כל מבין עם תלמיד · יביטו נא בעין החמלה · וברעה שקילה · בל יהיה חפצם רק לדעת האמת · ואם ימצא איזה שגיאה · הלא כבר אמר נעים זמירות ישראל שגיאות מי יבין · בפרט כי גולה אנכי טרוד ומטולטל בטלטולא דגברא הקשה · ואיני בזה החיבור אלא כתלמיד הדן לפני רבותיו ומבין לתלמידים אשר כבני גילי · להבין דברי רב רבנן וחכם החכמים · ואם יתעורר אחר לפרש פירוש היותר טוב · יברכהו ה' · ואי הוה חזינא דמעלי יתיר אמינא יישר כחך אריה ויגולגל זכות ע"י אשר העירותיו בדברי · ות"ו לתלות איזה נדנוד אבק דיבור על כבוד מרן האי סבא חסידא קדישא ומי ומי אשר לא יבין טעם גירסתו ושיטתו · ראוי לו להיות מתון עד ארבעין שנין כראוי למיקם אדעתיה דרב רבנן עטרת כל ישראל · אשר כל שיטותיו בנגלה היו אחוזים בשלשלת הקבלה וכל רז לא אנים ליה · כאשר שמעתי מאת אהבת נפשי הרב הגדול החסיד המקובל המפורסם מוהר"ם מענדל נ"י בהרב מוה' ב"ב ז"ל · ששמע מפיו הקדוש · בעת קיבל ממנו פירוש על סדר טהרות · כי כל שיטה ופירוש שחידש בטהרות · לא התחילשה עד שידע הפנים לפי הסוד · ומזה יתעוררו החכמים הגדולים לחפש בכל דבריו הקדושים בהגהות הש"ס למצוא טעמיו ונימוקיו · וילמדו ק"ו ממני אם מך ורש עני ונבזה כמוני זיכני הרחמן למצוא עכ"פ להבין דבריו כ"ש הגדולים וטובים ממני · עיני לשמיא נטלית בצלותא ובעותא · ישמרני הרחמן ממכשול ותקלה וישמחו בי חבירי ואשמח בהם ויזכני לשוב למקומי · ואמצא את א"א נ"י וכל ב"ב בחיים ושלום · ואזכה לישב במנוחה על התורה ועל העבודה ללמוד וללמד לשמור ולעשות · ולהבין עמקי תורתו הק' · ואזכה לדלות מים עמוקים מחכמת רבינו הקדוש · זכותי יעמוד לי ולכל דתני מתנייתא דרבינו הגדול · ונזכה שיקבצו כל אחב"י לארה"ק · וכיון שיקובץ נדחי ישראל מתרוממת קרן צדיקים · וכיון שתתרומם ק"צ ירושלים נבנית · וכיון שנבנית ירושלים משיח ב"ד בא · ויבנה בית המקדש · גדול יהיה כבוד הבית האחרון · ומלאה כל הארץ דעה ונגלה כבוד ה' לעולם ועד · כן יהי רצון אמן :

דברי הטרוד ונודד · כצפור נודדת מקנה · מתאבק בעפר רגלי חכמים · עיני ולבי שם כל הימים · עפר ארץ **ישראל** בלא"א כמוהר"ר **שמואל** נ"י · מה"צ · את"ל :

לקוטים מרבינו הגדול הגר"א מווילנא זצלה"ה על משניות מס' שקלים

נעתק מעצם כ"י הקדושה הנמצא בכרך ליקוטיו ומשם איזה לקוטים העתיק בעל המחבר תקלין חדתין וקבעם בספרו בשם רבינו ואת אשר לא הובא לשם ראינו להציג פה לזכות הרבים.

פ"א (ו) ואלו חייבין כו'. ודין הקלבון מפורש למטה : ר"מ אומר ב' קלבונות. פשטא דמתני' דודאי בנותן שקל של תורה א"צ קלבון שלכן לי"פ בשקל אחד אלא דטעם הקלבון הוא משום דההולך לשולחני לחלל סלע על ב' שקלים נותן לשולחני ב' קלבונות אבל הלוקח משוק בעד סלע או משלחני אינו נותן כלום שהוא שוה כמו ב' שקלים רק מפני החילוף הוא נותן ואם לוקח בעד שקל ונוטל שקל נותן קלבון אחד בעד השקל וזהו הוא מחלוקתם דת"ק ס"ל מה שנותן בעד עצמו אינו כלוקח כלום מן ההקדש אלא מה שנותן בעד חבירו שע"כ חבירו ישלם לו שקל דע"כ בהלוות איירי כמ"ש למטה במתני' ונשכר הוא קלבון ותשבינן למפרע כאלו הוא להקדש כיון שחייב להקדש וממשכנין אבל אם שקל ע"י וע"י אשה פטור כיון שאינה חייבת ומה שנוטל אח"כ ממנה אינו כשל הקדש וכן בכהן לחד גירסא כיון שאין ממשכנין אותו ור"מ ס"ל דכיון שממשכנין אותו בעד עצמו וחייב שקל להקדש חשבינן אף שקלו של עצמו כאילו נטל משולחני דהרי היה צריך להחליף. וברישא השוקל ע"י כהן מיירי בין ששוקל ע"י עצמו וכהן או שהכהן שוקל ע"י עצמו וע"י חבירו דלא רצה למתני במתני' ע"י וע"י כהן משום דהיא בפלוגתא דלר"מ מ"מ חייב בקלבון אחד בשביל עצמו : הנותן סלע כו'. זו סיום דברי ר"מ וכמו בפ"ב דף י"ע (בילה דף כא ע"ב) טושה [אדם] מדורה כו' :

פ"ד (ו) המקדיש כו' ותורין כו'. בגמרא (כריתות דף ו ע"א) קאמר דל"ג לה ודברי תוי"ט המוהין :
(ח) המקדיש נכסים כו' ייעות כו'. ר' אלעזר ס"ל כר' יהושע ויש"ע הן כנקבות כמ"ש בירושלמי והביאו הרע"ב ע"ש :

פ"ז (א) בין קיצין כו'. כדבנן (לעיל בפ"ו מתני' ס') : (ו) ושלימה היתה כו'. אתי ככ"ע (לאפוקי מלשון ראשון שברש"י מנחות דף נא ע"ב ד"ה שתהא כו' נראה שמפרש דמאי דקתני במתני' דשם וכאן ושלימה היתה קריבה הוא סיום דברי ר"י אבל ר"ש פליג גם בזה. וזהו שדקדק רש"י שם בלשון אחרון דבשלימה לא פליגי כו' מכלל שלפי לשון ראשון אינו כן. ובזה ניחא מאי דקאמר הגמ' במנחות שם ור"ש האי הותה מאי עביד ליה. מ"מ קשה מנ"ל להגמ' לעשות פלוגתא חדשה ולהקשות נימא דסיפא דמתני' אתיא לדברי הכל אלא ש"מ דלשון שני שברש"י עיקר. וכ"כ רש"ג בכי"ק במרמזי מקראות על המשנה דמנחות שם ע"ש) :

הגהות בן אריה על מסכת שקלים

מהג"מ **זאב בן אריה** ז"ל אבד"ק גאלדינגען וטעלז.

פרק ד משנה ה אם בא החדש בזמנו כו'. פירוש האמת בזה עי' בירושלמי ראש השנה פרק ראוהו ב"ד הלכה א' ובקרבן עדה שם ובמה שכתבתי שם בס"ד וע"ע בטורי אבן פ"ק דר"ה [דף ז ע"א ד"ה ואם הביא] שהאריך בזה [א"ה שם מבואר שפירוש המשנה אם בא החדש בזמנו. אם בא ר"ח ניסן בזמנו דהיינו שנתקדש החדש ביום שלשים (שהוא הנקרא ליל זמנו) כו' ע"ש] :

פרק ו משנה ג שער הדלק. כתב הרע"ב הוא שער של לשכת העץ שהיתה בדרום העזרה ועל שם שמכניסין דרך שם עצי המערכה שדולקים על המזבח נקרא שער הדלק עכ"ל וכתב ע"ז התוי"ט א"א לכוונו שהרי בריש פרק כתב בעצמו (על דיר העצים) שהלשכה (ששם היו אוצרים כל עצי המערכה) כיא היתה במקצוע מזרחית צפונית של עזרת נשים ועוד שאלו השערים בעזרת ישראל ולעיל פי' דהלשכה בעזרת נשים כו' ע"ש. ונראה פשוט דכוונת הרע"ב כאן על לשכת העץ שהיתה בעזרה [המוזכרת במס' מדות פרק חמישי. שאמר עליה שם ראב"י שכחתי מה היתה משמשת כו' ע"ש] ולעיל כוונת הרע"ב על לשכת העצים [שבה היו מונח העצים] שהיתה בעזרת נשים וגירסת הרע"ב כהגירסא שבסדר המשנה מדות פ"ב מ"ד שבדרום לשכת העץ כו'. וכן היא הגירסא במתני' שבגמ' ובציור המפרש שם. ועי' תוס' ישנים יומא [דף יט ע"א] שהעידו ג"כ שבסדר המתני' כן אלא שדחו אותה הגירסא מסוגיא דגמרא [יומא] שם וכמש"ש התוי"ט. ולפי פי' הרע"ב כאן ניחא השם שקראו לשכת העץ על שהי' אצל שער הדלק על שם שמכניס דרך שם עצים למערכה. ולשכת עצים שבעזרת נשים הי' לשכה שכונסין שם העצים וע"ש בתוי"ט מה שהאריך בביאור השם לשכת העץ ואזיל לשיטתו שם מ"ג שעיקר הגירסא הוא בהיפך כגירסת הרמב"ם שם וכדאיתא יומא [יט ע"א] אבל דעת הרע"ב פשוט וברור כמ"ש. ולזה כתב לעיל לשכת העצים וכאן לשכת העץ. ובעל קרבן עדה בביאורו לירושלמי העתיק בפירוש לשון הרע"ב וכתב כאן לשכת העצים ואינו מדוקדק :

פרק ז בירושלמי הלכה ה ר' יונה בעי מימר כו'. מביא שתים לחינוכו ואחת לחובת היום. נ"ל שכן צ"ל. וכן היא גירסת הרמב"ם. ופירושו שתים לחינוכו אחת לחינוך כהן הדיוט ואחת לחינוך כהן גדול וכמ"ש הרמב"ם וכן הוא בבבלי מנחות דף עח עמוד א' ובתוס' שם ד"ה אחת :

הלכה א מתני' באחד באדר משמיעין על השקלים · ב"ד שולחין בכל ערי ישראל ומכריזין שיביאו שקליהם ולמה באחד באדר מפרש בגמ' : ועל הכלאים . מכריזין שימעטו הזרע האחר עד שלא ישאר בו רובע קב לסאה : בט"ו בו קורין את המגילה בכרכים · המוקפין חומה מימות יהושע בן נון איידי דבעי למתני דבט"ו באדר שלחנות יושבים במדינה תני נמי כל מה שהיו עושין בו ביום ולהכי לא תני שבי"ד קורין את המגילה בשאר עיירות דלא חש למיתני מה שנעשה בכל החדש : ומתקנין את הדרכים ואת הרחובות · והשווקים שנתקלקלו בימות הגשמים בשביל עולי רגלים א"נ בשביל הרוצחים בשגגה כדכתיב תכין לך הדרך : ואת מקוות המים . אם נתרבה בהם טיט מנקין אותן ואם נחסר שיעורן ממשיכין להן מים וממלאין אותן : כל צרכי רבים . מפרש בגמרא : ומציינין את הקברות · שלא יאהילו עליהם הכהנים ועושי טהרות והציון הוא שממחים סיד ושופכין אותו סביב הקבר ובימות הגשמים היה הסיד נמוח וצריך לחזור ולציינו : **גמ'** בעונתן · בזמנן קודם ר"ח

באחד

באדר א) ^א^משמיעין על השקלים ^ב^ועל הכלאים ^ג^ובחמשה עשר בו קורין את המגילה בכרכים ומתקנין את הדרכים ואת הרחובות ואת מקוות המים ועושין כל צרכי הרבים ומציינין (על) [את] הקברות ^ד^ויוצאין אף על הכלאים: **גמ'** ולמה באחד באדר כדי שיביאו ישראל את שקליהן בעונתן ותיתרם תרומת הלשכה מן החדשה בזמנה ^ה^באחד בניסן ומר רבי שמואל בר רב יצחק תרומת ג) הלשכה (א) כתחלתה דכתיב °ויהי בחדש הראשון בשנה השנית באחד לחדש הוקם המשכן. ותני עלה ביום שהוקם המשכן בו ביום נתרמה התרומה (א) רבי טבי רבי יאשיה בשם כהנא ג) [א] נאמר כאן °חדשי ונאמר להלן °חדשי מה חדשי שנאמר להלן אין מונין אלא מניסן אף חדשי שנאמר כאן אין מונין אלא מניסן (ב) א"ר יונה שבק רבי טבי ראשה דמתניתא (ב) ואמר סופה [ב] דל כן כהדא דתני °זאת עולת חדש בחדשו יכול יהא תורם בכל חדש וחדש ת"ל בחדשו לחדשי (השנה) בחדש אחד הוא תורם לכל חדשי השנה יכול באיזה חדש שירצה [ג] נאמר (ג) כאן חדשי ונאמר להלן חדשי מה חדשי שנאמר להלן אין מונין אלא מניסן אף חדשי שנאמר כאן אין מונין אלא מניסן : מהו משמיעין' רב הונא אמר מכריזין היך מה דאת אמר (ד) °ויתנו קול ביהודה ובירושלם תמן תנינן אין ד) בין אדר הראשון לאדר השני אלא מקרא מגילה ומתנות לאביונים (ג) ר' סימון בשם ר' יהושע בן לוי אף שימוע שקלים וכלאים ביניהם [ד] רבי ה) חלבו ורב הונא (ד) רב בשם ר' חייא רבה הכל יוצאין בי"ד שהוא זמן קרייתה א"ר *יוסי ויאות ו) כלום אמרו משמיעין על השקלים לא כדי שיביאו ישראל את שקליהן בעונתן אם את אמר באדר הראשון עד כדון אית בשתא שיתין יומין (ה) כלום אמרו יוצאין אף על הכלאים לא כדי שיהיו הצמחין ניכרין (ה) אם אומר את באדר הראשון עד כדון אינון דקיקין רבי חזקיה שאל מעתה בני בבל משמיעין על השקלים מראשו של *(חודש) חורף [ה] (ו) לא כדי שיביאו ישראל שקליהן בעונתן ותיתרם תרומת הלשכה מן החדשה בזמנה באחד בניסן התיב ר' עולא קומי רבי מנא והא תנינן ז) ^ו^בשלשה פרקים בשנה תורמין את הלשכה בפרום הפסח (ז) בפרום העצרת בפרום החג אמר ליה (ח) (לא) נימר אילין דקריבין בפרום הפסח אילין דרחוקין בפרום העצרת ואילין דרחוקין מנהון בפרום החג

א"ל

ריבב"ן

פירוש רבינו יהודה בן בנימין הרופא זצוק"ל :

משנה א באחד באדר משמיעין על השקלים . לפי שצריך להביא בא' בניסן מתרומה חדשה כדאמר במגילה [דף כט:] זאת עולת חדש בחדשו חדש והבא קרבן מתרומה חדשה התמידין ומוספין הבאין בר"ח ניסן נקנין משקלים חדשים ולמה באחד באדר כדתניא דורשין בהלכות פסח קודם לפסח שלשים יום ואפי' לרשב"ג דאמר ב' שבתות הואיל ושולחנין יושבים במדינה בט"ו באדר מקדימין מא' באדר: משמיעין. מכריזין כמו ויעבירו קול ביהודה וכן וישמע שאול את העם ומכריזין [על הכלאים] לפי שצמחין ניכרין ואעפ"כ לא היו עוקרין ומפקירין לאחר תקנה עד ט"ו באדר שיהא גדול קלת שיוכל לעוקרו: בכרכין. המוקפין חומה מימות יהושע בן נון: ומתקנין את הדרכי'. לפי שנתקלקלו מחמת המים: ואת מקוות המים. שמא ירבו הנוטפין על הזוחלין והטובל שם לא עלתה [לו] טבילה כדתניא בספרא אך מעין ובור מקוה מים מעין מטהר בזוחלין ואין המקוה מטהר בזוחלין אלא באשבורן פי' נוטפין מי גשמים כדאמרי' בפ' במה אשה [שבת סה.] אבוה דשמואל

תורה אור

נוסחאות ישנות

משנת אליהו

תקלין חדתין

מסורת הש"ס

א) (מגילה י"ג: כ"ט. מו"ק ו.) : ב) ירושלמי ר"ה פ"א הל"א : ג) עי' ר"ה ז א : ד) מגילה ו: ירושלמי מגילה פ"א הל"ה : ה) ירושלמי מגילה פ"א הל"א והל"ג ופ"ב הל"ג : ו) ירושלמי שם פ"א הל"ה : ז) לקמן פ"ג משנה א :

עין משפט נר מצוה

א א מיי' פרק א משקלים הל"ט :

ב ב מיי' פרק ג מכלאים הלט"ו :

ג ג מיי' פרק א ממגילה הלכה ד טוש"ע או"ח סימן תרפח סעיף א :

ד ד מיי' פרק ג מכלאים הלט"ו :

ה ה מיי' פרק ג משקלים הל"ו :

ו ו מיי' שם ה ל"ס

נוסחת הבבלי

(א) ר' טבי כו' בשם רב כהנא: (ב) ואמר סיפא דלא כן כו' : (ג) רב סימון כו' : (ד) ורב בשם כו' : (ה) כלום אומרים שיוצאין על כו' אלא כדי כו' : (ו) מן תיבת לא כו' עד בא' בניסן מוקפין : (ז) בפרום החג בפרום עצרת : (ח) לא נאמר הלין הקרובין :

הגהות הב"ח

(א) גמ' כתחילתה שנאמר ויהי בחדש

הגהות הגר"א

שקליהן קודם החג : כולה כאחת היא באה . לצורך כל השלשה תרומות היו תורמין בר״ח ניסן ואף שלא היו בה ממקומות הרחוקים לית לן בה שתורמין על הנגבות : כדי לעשות פומבי לדבר . לפרסם ולהודיע כי בחג הפסח הובא להביא תרומה ממקום הקרוב לירושלם והרחוק במקצת בעצרת והרחוק ביותר בחג אבל בא משקלי הרחוקים : הן נקרא ולא נבעת . איך אפשר לקרות פסוקים אלו בלא בעיתה ורעדה : לטובה · לנדבת משכן לא הביאו כולם אלא כל נדיב לב הביא עגל כתיב ויתפרקו כל העם : לטובה · במתן תורה כתיב ויוצא משה את העם ולא יצאו מעצמן : לרעה · בשילוח מרגלים ותקרבון אלי מעצמן : אז ישיר משה

תורה אור · נוסחאות ישנות

*א״ל כולה כאחת היא באה ולמה אמרו בשלשה פרקים כדי לעשו׳ פומבי לדבר ר׳ יהודה ברפזי בשם רבי (א) הן נקרא ולא *נבעת. לטובה °כל נדיב לב לרעה °ויתפרקו כל העם וגו׳ לטובה °ויוצא משה את העם לרעה °ותקרבון אלי כלכם. לטובה °אז ישיר משה ובני ישראל לרעה °ותשא כל העדה וגו׳ אמר ר׳ חייא בר *אבא °אכן השכימו השחיתו וכל השחתה שהיו עושין בהשכמה היו עושין אותה (ב) א״ר א) *אבא בר אחא אין את יכול לעמוד על אופיא של אומה זו נתבעין לעגל ונותנין (א) נתבעין למשכן ונותנין. תנא ריב״ח הדא מתניתא °ועשית כפורת זהב טהור יבא זהב של כפורת ויכפר על זהב של עגל ר׳ חגי ב) בשם רשב״נ שלש תרומות נאמרו בפ׳ זאת תרומת אדנים ותרומת שקלים ותרומת המשכן °דבר אל בני ישראל ויקחו לי תרומה וגו׳ זו תרומת אדנים °מאת כל איש אשר ידבנו לבו תקחו את תרומתי זו תרומת שקלים °וזאת התרומה אשר תקחו מאתם זו תרומת המשכן תרומת המשכן למשכן [א] מה שירצו יעשו°) תרומת שקלים לקרבן מה שירצו יעשו כדי שיהא יד כולן שוה. תרומת אדנים לאדנים °העשיר לא ירבה והדל לא ימעיט. אמר רבי אבון אף בפרשה הזאת נאמר בה ג׳ תרומות °מחצית השקל תרומה לה׳ יתן תרומת ה׳ לתת את תרומת ה׳ : בט״ו בו קורין את המגילה בכרכים : (ג) לא ג) כן אמר רבי חלבו ר״ה רב בשם ר״ח רבה *הכל יוצאין בי״ד שהוא זמן קריאתה (א״ל) לא בא אלא ללמדך שכל המצות הנוהגו׳ באדר *שני אינן נוהגות באדר ראשון (ד) ר׳ יוסה ור׳ אחא הוון יתבין א״ר יוסה לר׳ אחא [ב] לא מסתברא אלא לשעבר אבל *לבא לא (ה) והא תני מקום שנהגו לקרותה שני ימים קורין אותה שני ימים א״ל אוף אנא סבר כן אמר רבי מנא ויאות אילו משקרייא בי״ד (ו) חוזר וקרייא בט״ו שמא אין שומעין לו אם את אומר כן נמצאת (ז) עוקר זמן כרכים בידך. תני ד) רשב״ג אומר מצות הנוהגות באדר שני אינן נוהגות בראשון *חוץ מהספד ותענית שהן שווין בזה ובזה (ח) ר׳ בא רבי ירמיה בשם רב ר׳ סימון בשם ריב״ל הלכה כרשב״ג (ט) רב הונא רבה דצפורין אמר הנהיג ר״ח בציפורין כהדא דרשב״ג לא אמר אלא הנהיג (אבל) הא להלכה לא ה) אבל לענין ה) שטרות (י) [ג] כותבין אדר ראשון ואדר שני ו) סתם ר״י אומר אדר ראשון סתם

°) עי׳ הגהות הגר״א ועי׳ ס״ק ועי׳ ברמב״ן פ׳ תשא.

מסורת הש״ס

א) עי׳ ספרי פרשת דברים וש״ר פ׳ כ״א: ב) עי׳ מגילה כט ב: ג) מגילה פ״ק הל״א וש״נ : ד) מגילה ו ב: ה) נדרים פ״ח הל״ו ומגילה פ״א הלכה ה ובבלי נדרים סג א : ו) בס״י הנוסחא אלא שכותבין אדר השני תיניין ר״א אדר השני כותבין ת״ו ודיו :

עין משפט נר מצוה

ז א מיי׳ פ״ב ממגילה הלכה יג טוש״ע או״ח סי׳ תרצז ס״א : ח ב טוש״ע אה״ע סימן קכו סעיף ז וטוש״ע חושן משפט סימן מג :

נוסחת הבבלי

(א) הנקרא כו׳ : (ב) א״ר ביבא כו׳ : (ג) לא כדין אמר ר״ח ור״ח ורב : (ד) ר׳ יוסי ורבי אחא כו׳ א״ל ר׳ יוסי לרבי אחא : (ה) והא מתני׳ מקום כו׳ : (ו) וחוזר וקראה בט״ו : (ז) אתה עוקרת זמן : (ח) ר׳ ברכיה בשם רב ורב סימון כו׳ : (ט) ר׳ חנא דציפורי אמר כו׳ : (י) כותבין אדר הראשון (ואדר השני אלא שכותבין אדר הראשון) ראשון ואדר השני סתם דר״מ ר״א כו׳ :

הגהות הב״ח

(א) גמ׳ נתבעין למשכן ונתנין ובימי ר׳ יוסי בר׳ חנינא סוס מתניתא כצ״ל :

הגהות הגר״א

[א] צ״ל מה שירצו יביאו וכו׳ לקרבן מה שירצו יביאו אבל יד כולם שוה העשיר לא ירבה ממחצית תרומת אדנים לאדנים וכו׳ וגירסת הספרים מה שירצו יעשו הוא שבוש דהעשיה לא היה כפי רצונם רק ההבאה בג׳ תרומות הנ״ל : [ב] ה״ג לא מסתברא לשעבר אלא להבא לא והא תני וכו׳ א״ר מני ויאות אילו בן ע״ו שקראה בי״ד ולא קראה בט״ו שמא שומעין לו אם אמרת וכו׳ . וה״ס

שהיא ראוי' לשתות: ומפרקין את המנעל מע"ג אימוס כו'. לאו לרבי רבים הוא אלא סיומא דתוספתא היא ראשי תיבות תניין ושני בזה: ומשקין את הסוטות. בודקין אם רצוי' לשתות: ומפרקין את המנעל מע"ג אימוס כו'. לאו לרבי רבים הוא אלא סיומא דתוספתא הוא ובחול המועד איירי למותר לפרק המנעל מע"ג הדפוס שאין זה מעשה אומן אבל אסור להחזירו שצריך אומן ואסור במועד: תמן תנינן. פ"ק דמו"ק: משקין בית השלחין ומציינין את הקברות ויוצאין אף על הכלאים במועד: ופריך לא כבר ציינו באדר. כדתנן במתני' ולמה צריך תו לציין במועד: ושטפו. לציון הראשון וצריך ציון אחר: לא כבר יצאו באדר. ולמה להו לצאת שנית במועד: ואין הצמחין. של הכלאים היו ניכרין כולן בט"ו באדר: מניין. רמז לציון הקברות מקרא: טומאה קוראה וכו'. כלומר עושים סימנים על הטומאה כדי שיהיה מרגיש ופורש:

ריבב"ן

משנה ב בראשונה היו עוקרין הכלאים ומשליכין לפני בהמתן משרבו עוברי עבירה שלא היו נמנעין לזרוע כלאים והיו שמחין שתי שמחות אחת שמנכשין שדותיהן ועוד שמשליכין לפני בהמתן התקינו שיהיו משליכין בדרכים ולא לפני בהמות ועדיין היו שמחין שמחה אחת שמנכשין שדותיהן התקינו שיהיו מפקירין את כל השדה והפקר ב"ד הפקר כדכתיב וכל אשר לא יבא לשלשת הימים יחרם

תקלין חדתין

הראשון הוא: ה"ג תמן תנינן. והיא ברים מ"ק ומהדר הכא לפרושי מתני' דהתם משום ב' דברים דקשיא להו מהכא להתם: ומפרקין המנעל כו'. בדיני חוה"מ חשיב לה בתוספתא דלפרק המנעל מע"ג הדפוס שאינו צריך אומן שרי משא"כ להחזיר דצריך אומן אסור: ולא כבר ציינו באדר. כדתנן במתני' דהכא ומציינין כו' ולמה צריך תו לציין במועד: תפתר. תריץ: ושטפו. וצריך ציון אחר: אפלה. שנה מאוחרת. כלומר שאיחרו הזרעים לצמוח ולא היו ניכרים עוד בט"ו באדר: מנין לציון. היכא רמיזא בקרא: קוראה לו פרוש. כלומר עושים ציונים על הטומאה לידע להפרים: וראה עצם אדם. האי קרא בנבואת יחזקאל כתי' ופשטי' דקרא אלעתיד שיעשו ישראל ציונים על עצמות הפגרים ליטול משם ולקברם בגיא המון גוג מ"מ רמז הוא שלא בא הכתוב אלא להזהיר וללמד שיהא עושה ציון שיפרשו מן הטומאה: על העצמות. אע"פ שנתעכל הבשר מ"מ מטמא באהל אי אית בהו רובע הקב: על השדרה כו'. אע"פ שאינן אלא עצם א': ע"ג אבן קבועה. על הקבר דהכי משמע לישנא דקרא ובנה שיהא מחובר כבנין לאפוקי אבן המתגלגל וכדמפרש ואזיל: במקום אחר. אשר תתגלגל לשם יאמרו ששם היא הטומאה ויטמאו טהרות שלא כדין: אצלו למקום טהרה. מדלא כתיב ובנה עליו אלא אצלו משמע שהציון ע"ג מקום טהרה שאצל הקבר מציינין ובבבלי מ"ק (ה' ב') מפרש שלא להפסיד את הטהרות שאם היה הציון על הקבר ממש לא היה מרגיש עד שבא פתאום על הציון ויטמאו הטהרות לכך עושין הציון סמוך לטומאה ברחוק קצת דכשבא על הציון מרגיש ואינו הולך על הטומאה: אע"פ שאין מקיימין כן. שהרי צריך להרחיק הציון מן הטומאה ואם עשה הציון על הטומאה ודאי אין מקיימין כן אלא צריך לתקן מטעמא דפרישית והכ"ל דכי מצא אבן א' מצויינת ודאי במקום טהרה עומדת מ"מ המאהיל עליה טמא: היו שנים. אבנים מצויינות וריוח ביניהן: המאהיל עליהן טהור. שאני אומר מפני הטומאה שביניהם ציינו על האבנים והם על מקום טהרה עומדים כדלעיל: אם היה חורש. המקום שבין האבנים חרוש דודאי אין חורשין מקום הטומאה וחיישינן שמא תחת כ"א מהאבנים יש טומאה ולכך ביניהם טהור וע"ג טמא: שמא נתעכל הבשר. עד פחות מכזית וטעמא כדמפרש לה ר' מני: למפרע. דהא כ"ז שלא נתעכל הבשר מטמא באהל ואי ליכא ציון והוא לא ידע ועבר עליו מפסיד טהרותיו: לשעה. עד שיתעכל: ואל יתקלקלו בו לעולם. דכשיעשו ציון יסברו לעולם שעדיין הטומאה שם וישרפו בתנם כל קדשים שיעברו עליהן בשוגג או בלילה וכשאין מציינין אין שורפין עליו אלא מחדש שלא חסר עדיין: מתני' היו עוקרין. הכלאים ומשליכים לפני בעל השדות כדי שיתביישו: משרבו ע"ע. מפ' בגמרא: גמ' שהיו מנכשין שדותיהן. דכשנוטלין הכלאים מאליו היה מתנכש: שהיו נהנין מן הכלאים. שמשליכין לפני בהמתם: יחרם כל רכושו. הרי שעזרא ובית דינו היה בידם להפקיר כל רכוש עובר על דבריהם: מנין שהיא פטורה מן המעשרות. דהפקר גמור שהפקירו בעליו ילפינן לה מקרא שהיא פטורה ממעשרות ומיבעיא ליה אי הוי הפקר ב"ד כמו שהפקירו בעליו להפקיע אף מן המעשרות דאף שכבר למדנו דלענין לזכות בה הוי הפקר ב"ד הפקר ויכול מי שרוצה לזכות בה דלמא להפקיע ממעשרות לא הוה הפקר דדעת ב"ד גופייהו אפשר לא הוי אלא להפקיע זכותא דידיה דהעובר אבל לא להפקיע זכותא דלוים דאינהו מאי עבידתייהו או דלמא כיון דהפקר ב"ד הוי הפקר לכל הרוצה לזכות בה שוב לא קרינן ביה כי אין לו חלק ונחלה עמך: לא בשביעית. לפי שמאריכין עלייהו איסור עבודת קרקע ולא ימצאו מאין להביא העומר ושתי הלחם: ולא במ"ש. בסמוך מפרש לה: וחדש א'. שנתוסף בעיבורו בשביעית וכי אינם פטורים הפירות ממעשרות באותו חדש ואם"ד הפקר ב"ד אינו פוטר ממעשרות למה יהא מעובר אם עיברוהו בשביעית: ניחא בשביעית. דאין מעברין כדפרישית: מ"ש מאי. כלומר מ"מ ואיידי דאייתי הך ברייתא מהדר לפרושי והדר פריך למאי דאיירינן לאוכוחי מהך ברייתא דהפקר ב"ד פוטר אף ממעשר: שלא לרבות כו'. לפי שהישן כבר כלה בשביעית ולא נמצא בשמינית כ"א חדש: ירק מח"ל לארץ. שחששו שמא יביא עמהן גוש מעפר ארץ העמים שמטמא במגע ובמשא ויטמא טהרות של א"י: אבל משהתיר כו' ירק. וה"ה תבואה: היא שביעית כו'. דלעולם מותר לעבר שהרי יכולים להביא תבואה מחו"ל וימצא להביא העומר ושתי הלחם מהספיחים: תני אין כו' עד מעוברת. ג"נ לה: שהיו השנים כתיקונן. שהיה התבואה ממהרת להתבשל בניסן כמ"ש בפ"ק דתענית יצא ניסן וירדו גשמים סימן קללה שנאמר הלא קציר חטים וגו' והיה ראוי לאכול מן החדש לכך אין מעברין במ"ש כדי שלא יעלבו במה שמאריכין להם איסור חדש משא"כ עכשיו שאין השנים כתיקונן ואין התבואה ממהרת להתבשל עד אחר ניסן: ה"ג היא מ"ש היא שאר שני שבוע. דלעולם מעברין דלא איכפת להם מה שמאריך איסור חדש דבלא"ה אינה ראויה עדיין לאכול: אין מן הדא כו'. אדלעיל מהדר לאקשויי אדר"ג בר"י שהוכיח מהך דמעברין בשביעית דהפקר ב"ד פוטר ממעשר וקאמר אי מזו הברייתא ליכא הוכחה כלל: שמרהו שיבוא בחידושו. וה"ק קרא שמור את חדש ניסן של חמה שהוא זמן אביב שיהא בחידושה של לבנה של ניסן ולפיכך היו מעברין כדי שיבא תמיד בחידושו וא"כ מדאורייתא צריך לעבר אלא דבשביעית דוחין העיבור אבל אם עיברוהו מעוברת כדינא דאורייתא הלכך ליכא למשמע מינה: והיידא אמר דא. אלא מהיכן מוכח דהפקר ב"ד פטור ממעשר: גדיש. של תבואה: שלא לוקט. הלקט של עניים: כל הנוגעות. השבלים הנוגעות

סתם אדר שני תניין: [א] מתקנין את הדרכים ואת הרחובות ואת מקוות המים ועושין כל צרכי הרבים: אלו א) אהן צרכי הרבים דנין דיני ממונות ודיני נפשות דיני מכות בופודין ערכין וחרמים והקדישות ומשקין את הסוטה (א) ושורפין את הפרה ועורפין עגלה ערופה ורוצעין עבד עברי ומטהרין את המצורע ומפרקין את המנעל מעל גבי המים* ואין מחזירים *אותן תמן ב) תנינן משקין בית השלחין ומציינין על הקברות (ב) לא כבר ציינו מאדר ותיפתר שירד שטף של ס) גשמים ושטפו: ויוצאין אף על הכלאים לא ג) כבר יצאו מאדר תיפתר דשהיתה השנה אפילה ואין הצמחין נכרים מניין ד) לציון (ג) ר' ברכיה ר' יעקב בר בת יעקב בשם ר' חונייא דברת חוורין ר' יוסה אמרי לה ר' יעקב בר אחא בשם ר' חונייא דברת חוורין ר' חזקי' ר' עוזיאל בריה דרב חונייא דבית חוורן בשם ר' חונייא דבית חוורן °וטמא טמא יקרא כדי ה) שתהא הטומאה קוראה לך בפיה ואומרת לך פרוש ר' אילא בשם ר' שמואל בר נחמן °ועברו העוברים בארץ וראה עצם אדם ובנה אצלו ציון עצם מיכן השמציינין על העצמות אדם מיכן שמציינין על השדרה והגלגולת ובנה מיכן שמציינין ו) על גבי אבן קבועה אם אומר את ע"ג אבן תלושה אף היא הולכת ומטמא במקום אחר אצלו (ד) למקום טהרה ציון מיכן לציון ומצא ז) ואבן אחת מצויינת אע"פ שאין מקיימין כן המאהיל עליה טמא אני אומר מת [ב] מצויין והיה נתון תחתיה היו שתים המאהיל עליהן טהור וביניהן טמא אם היה חורש בינתיים הרי הן כיחידיות בינידהן טהור וסביבותידהן (טהור) טמא תני ח) אין מציינין על הבשר שמא נתעכל הבשר (ה) ר' יוסטא בר שונם בעא קומי ר' מנא ולא נמצא מטמא טהרות למפרע א"ל מוטב ט) שיתקלקלו בו לשעה ואל יתקלקלו בו לעולם:

הלכה ב מתני' א"ר יהודה י) בראשונה היו עוקרין ומשליכין לפניהן משרבו עוברי עבירה (ו) היו משליכין לדרכים התקינו שיהו מפקירין (ז) את כל השדה: **גמ'** אמר רבי יהודה כו': תני אמר ר' יהודה *בראשונה היו עוקרין ומשליכין לפניהן והיו שמחים שתי שמחות אחת שהיו מנכשין שדותיהן וא' שהיו נהנין מן (ח) הכלאים משרבו עוברי עבירה היו משליכין על הדרכים אע"פ כן היו שמחים שהיו מנכשין שדותיהן התקינו שיהו מפקירין *כל השדה כולה. מניין כ) השהפקר בית דין הפקר דכתיב °וכל אשר לא יבא לשלשת הימים בעצת השרים והזקנים יחרם כל רכושו והוא יבדל מקהל הגולה מניין שהיא פטורה מן המעשרות (ט) רבי יונתן בריה דרב יצחק בר אחא שמע לה מן הדא טאין ל) מעברין את השנה לא בשביעית ולא במוצאי שביעית ואם עיברוה הרי זו מעוברת וחודש א' שהוא מוסיף לא פטור ממעשרות (י) הוא עד כדון שביעית מוצאי שביעית מאי א"ר *(אבהו) ר' בון שלא לרבות באיסור חדש ר' זעירא בשם ר' אלעזר (ר' אבהו) הדא מ) דאת אמר עד שלא התיר רבי להביא ירק מחוצה לארץ לארץ אבל משהתיר רבי להביא ירק מחוצה לארץ לארץ היא שביעית היא של שאר שני שבוע: [ג] תני אין מעברין וכו': א"ר מנא הדא דאת אמר בראשונה שהיו השנים כתקנן אבל עכשיו שאין השנים כתקנן היא [ד] שביעית היא שאר שני שבוע תני נ) של בית רבן גמליאל עיברוה במוצאי שביעית מיד א"ר אבון אין מן הדא לית את ש"מ כלום °שמור את חדש האביב שומרידהו ס) שיביאו בחידושו והיידא* אמר' דא בגדיש ע) שלא לוקט תחתיו כל הנוגעות בארץ הרי הן (זה) של עניים וא"ר אמי בשם

ס) גליון הש"ס עי' תוס' מו"ק ו' ע"א ד"ה והכלאים.

[margin notes beside the Gemara: ר"ל האימום; ר"ל אותן; ויקרא יג; יחזקאל לט; [מו"ק ו:]; את; עזרא י; אבון; דברים טז; דא הדא; ר"ל גדיש]

נוסחאות ישנות

תורה אור

סימנים על הטומאה כדי שיהיה מרגיש ופורש: ועברו העוברים וגו'. בנבואת יחזקאל כתיב שלעתיד יעשו ישראל ציונים על עצמות הפגרים המושלכין ופשטיה דקרא הציון הוא שיטלו אותו משם ויקברו בגיא המון גוג מ"מ רמז הוא שבא הכתוב להזהיר וללמד שיהא אדם עושה ציון שיפרישו מפני הטומאה: עצם. קדרים כולא קרא: על העצמות. אע"פ שנתעכל הבשר דאכתי מטמא באהל ואיירי בשיש בהן רובע הקב אע"פ שאינן לא רוב בנין ולא רוב מנין: על השדרה ועל הגלגולת. אע"פ שאינן אלא עצם אחד: ע"ג אבן קבועה. על הקבר לאפוקי אבן המתגלגל דהכי משמע לישנא דקרא ובנה שהוא מחובר בבנין: אף היא הולכת. ומתגלגלת למקום אחר ויאמרו שהטומאה היא שם ומטהרים טמאות ומטמאין טהרות שלא כדין: למקום טהרה. מדלא כתיב ובנה עליו ציון משמע שאפילו על מקום טהרה שאצלו מציינין דאל"כ אינו מרגיש עד שיבוא על הציון וכבר נטמאו הטהרות לכך מרחיקין מקצת כשיבוא על הציון מרגיש בטומאה שלפניו ואינו הולך לשם: מכאן לציון. שעושין סימן: ה"ג תני מצא אבן וכו' אע"פ שאינו רשאי. שהרי צריך להרחיק הציון מן הטומאה כל שהוא כדפרישית בסמוך וכשהטומאה תחת האבן הרי כל האבן מטמא באהל: ה"ג אני אומר מת קמצון והיה נתון תחתיה וכ"ה במו"ק. וה"פ מת שמרגלותיו מונחים אצל ראשו ונקבר שלא כדרכו ולא היה מחזיק מקומו יותר מן האבן הלזה ואפילו האבן קטן: קמצון. פי' שנקמץ ואינו מחזיק הרבה וחבירו בפסחים פ' כילד צולין דף פ"ו: היו שתים. אבנים מצויינות וריוח ביניהן: עליהן טהור. שאני אומר מפני הטומאה שביניהן ציינו עליהן: אם היה חורש בינתיים. המקום שבין שני האבנים היה חרוש: הרי הן כיחידות וביניהן טהור. דמסתמא לא היה שם טומאה שאין חורשין מקום הטמא: ה"ג ותחתיהן טמא: שמא נתעכל הבשר. נמצא מטמא טהרות שלא כדין: ולא נמצא מטמא טהרות למפרע. כל זמן שלא נתעכל והוא לא ידע ויעבור עליו ומפסיד טהרותיו: מוטב שיתקלקלו בו לשעה. עד שיתעכל: ואל יתקלקלו בו לעולם. דכשיעשו ציון יסברו לעולם שעדיין הטומאה שם וישרפו עליו קדשים שיעברו עליו בשוגג או בלילה:

הלכה ב מתני' משרבו עוברי עבירה. מפרש בגמרא: **גמ'** שהיו מנכשין שדותיהן. דכשנוטלין הכלאים מאליו היה מתנכש: שהיו נהנין מן הכלאים. שמשליכין לפני בהמתן: וכל אשר לא יבא. בעזרא כתיב: מנין שהיא פטורה מן המעשרות. שביד ב"ד להפקיר פדה שתהא פטורה מן המעשרות: לא בשביעית. לפי שמאריכין עליהן איסור עבודת קרקע ויד הכל שולטת על הספיחין ולא ימצאו לקרב העומר ושתי הלחם: ולא במוצאי שביעית. בגמרא לפי שכלה הישן ומאריכין עליהן איסור חדש וכדמפרש בסמוך: וחדש אחד. שחכמים מוסיפין בעיבורם בשביעית וכי אינו פוטרים הפירות ממעשרות ואם"ד הפקר ב"ד אינו פוטר ממעשרות למה יהא מעובר אם עיברוהו בשביעית: עד כדון שביעית. הניחא שביעית שאין מעברין משום שתי הלחם והעומר וכדפרישית: מוצאי שביעית. מאי טעמא אין מעברין ואיידי דאייתי להך ברייתא פירשה ולקמן מסיק פירכא לראיה זו דמייתי מינה דב"ד מפקירין: עד שלא התיר ר' להביא ירק מחו"ל לארץ. שחששו שמא יביא עמהן גוש מארץ העמים שמטמא במגע ובמשא ויטמא טהרות של א"י: אבל משהתיר ר' להביא ירק. וכ"ש תבואה: היא שביעית היא של שאר שני שבוע. דלעולם מותר לעבר שהרי לא יאכלו הספיחין שיוכלו להביא תבואה מח"ל: שהיו השנים כתיקנן. וישראל שרוין על אדמתן ובהמ"ק קיים אבל בזמן הזה שאין בהמ"ק קיים והארץ ביד נכרים אין חילוק בין שביעית לשאר שני שבוע דלעולם מעברין אפילו בשביעית: אין מן הדא וכו'. אדלעיל קאי דר' יונתן דייק דהפקר ב"ד פוטר מן המעשר וקאמר ר' אבון דמהא ליכא למשמע דמדאורייתא מוסיפין חדש העיבור אלא דבשביעי' מדחין אותו ואם עיברוהו עשו כדינא דאורייתא ועברו אתקנת חכמים: שמרהו. שיבא החדש הזה בחידושו ולולי תוספת החדש הזה היה חג פסח לפעמים בימות החמה ופעמים בימות הגשמים: והיידא אמר דא. והיכן אמר דבר זה דב"ד פוטרין מן המעשרות: גדיש שלא ליקט. מתני' הוא בריש פ"ה דפאה וה"פ מי שאסף והגדיש את העומרים למקום אחד בתוך השדה שעדיין לא לקטו שם העניים את הלקט: כל השבלים: הנוגעות בארץ

משנת אליהו

הלכה ב שהיו השנים כתיקונן. עי' רש"י תענית י"ד ב' ד"ה אימת וברש"י סנהדרין י"א ב' ד"ה ובזמן שאביב:

א) (מו"ק פ"א הל"ב) (תוספתא שם פ"ב) ועי' בבלי מו"ק ד ב: ב) מו"ק ב א: ג) שם ו א: ד) ירוש' סוטה פ"ט הלכה א ומו"ק פ"א הלכה ב ופ"ה ממעשר שני הל"א: ה) מו"ק ה א: ו) תוספתא פ"א: ז) ע"ש ו א: ח) תוספ' פ"א: ט) מו"ק ב: י) (מו"ק ו ב:) גיטין לו ב (פאה פרק ה הל"א) יבמות פט ב: ל) סנהדרין יב א: מ) ירושלמי שביעית פ"ו הל"ד ונדרים פ"ו הל"ח וסנהדרין פ"א הל"ב: נ) סנהדרין יב א: ס) שם יג ב: ע) פאה פ"ה מ"א:

עין משפט נר מצוה

ט א מיי' פ"ז מיו"ט הל"ט יב ופי"ג מסנהדרין הלכה ה:
י ב מיי' פרק ח מערכין הל"א:
יא ג מיי' פרק ח מטומאת מת הלכה ט:
יב ד מיי' פרק ג מכלאים הל"ז:
יג ה מיי' פרק ח מטומאת מת הלכה ט:
יד ו מיי' שם הל"ו:
טו ז מיי' פרק ג מכלאים הלכה ט:
טז ח מיי' פרק כד מסנהדרין הל"ו טוש"ע חו"מ סי' ב סעיף א בהג"ה:
יז ט מיי' פרק ד מקידוש החודש הלכה טו:
יח י מיי' שם הל"א:
יט כ מיי' פרק ד ממתנות עניים הלכה ו:

נוסחת הבבלי

(א) ועורפין עגלה ערופה ושורפין את הפרה: (ב) לא כבר ציינו באדר: (ג) ר' יעקב בריה דבת יעקב בשם ר' נחוניה דברת חורון ר' יוסי אמרי לה בשם ר' יעקב ברי' דרב אחא בשם דר' נחוניא דברת חורון ר' חזקי' עזיה ברי' דרב נחוניא דברת הדרן וטמא כו': (ד) למקום טהרה (אצל טהורים) ציון: (ה) ר' איסטי בר שונא: (ו) היו עוקרין ומשליכין כו': (ז) את כל השדה כולה: (ח) מן הכלאים התקינו שיהו משליכין כו': (ט) ר' נתן בר' יצחק ב"א משמע ליה: (י) הוא ניחא בשביעית במוצאי שביעית כו':

הגהות הגר"א

[א] ה"ג מתקנין את הדרכים תמן תנינן משקין בית השלחין וכו'. והיא בריש מו"ק ומהדר הכא לפרושי מתני' דהתם משום ב' דברים דקשיא להו מהכא להתם: [ב] מת מיה נתון: [ג] ל"ג תני אין מעברין וכו': [ד] ה"ג היא מוצאי שביעית היא שאר שני שבוע וה"פ דלעולם מעברין דלא איכפת להם מה שמאריך איסור חדש דבלא"ה אינה ראויה עדיין לאכול:

ציון ירושלים

ומפרקין את המנעל מע"ג המים. עי' פי' המשנה להרמב"ם. ובבי"ק גריס מעל גבי

א) בסיי איתא דב"ש היא ואו"ל ר' יוסי כו' משום קנס וכב"ה עניי' אוכלין ומעשרין
ב) (מגילה כט ב):
ג) (ערכין ד א) מנחו' כא ב מו ב: ד) עי' לקמן הלכה ד:
ה) יומא סב א:

עין משפט נר מצוה

כ א מיי' פרק א משקלים הלכה ט:
כא ב מיי' שם הל"ז:
כב ג מיי' שם הל"י:
כג ד מיי' שם הל"ז:
כד ה מיי' פרק ד מפסמ"ק הל"א:
כה ו מיי' פרק א משקלים הל"ז:
כו ז מיי' פרק ג ממעה"ק הל"ב:

נוסחת הבבלי

(א) מעשרין ואוכלין אמר ר"י: (ב) הא כן כשהביא כו' לא כהדא אין כו': (ג) מודה בו שאין כו': (ד) וקטנים אם וכו':

הגהות הגר"א

[א] נ"ל אין ממשכנין עד שיהא בן עשרים. וכ"ה שיטת רוקח הגדול בסימן רל"ב וכ"ה שיטת הרע"ב ומדברי הרמב"ם בפירושו נראה דגרים כגירסא הישנה ועשה

ציון ירושלים

האימוס. וכאמת שעיקר כפי' הק"ע וגירסתו שכן מצינו בפ"ק דביצה הל"ב אמרו בירושלמי תני אין מפרקין המגעל מע"ג האימוס ביו"ט אבל מפרקין בחה"מ ועי' שבת קמ"א ע"ב שומטין המגעל מע"ג האימוס בשבת. וכ"כ הרמב"ם בפ"ו משבת הי"ב וביאר שמרכבת המשנה שם בח"א דמדכתב בהלכו' שבת תיבת בשבת דהוא מיותר הכוונה דוקא בשבת אבל ביו"ט לא עכ"פ בחוה"מ מותר לפרק. והגה"א בינה פ"ק הביא ג"כ דאין מפרקין ביו"ט אבל בחוה"מ מפרקין והוא מהירושלמי הנז: (שייך לעמוד הקודם) מניין שהפקר ב"ד הפקר דכתיב אשר לא יבא. בבבלי ביבמו' דפ"ט ובכמה מקומו' הביא ג"כ דברי ר"א שיליף מאלה הנחלות וביש"ש פ"י דיבמות סימן י"ט כתב דהא דר"א עדיף דלא תימא דוקא שיכולים להפקיר ולא להחליט לחבירו קמ"ל כך דר"א לכך למד ר"א מאלה הנחלות ודבר זה היה בהעלם עין מהרב בעל ג"ש סימן קכ. וש"כ במקו"ח סימן תמ"ח שכתבו דאינו יכול להחליט לאחרי' וכל האחרוני' הלכו בעקבותיהם ולא ראו דברי היש"ש הנז וירושל' כאן לא נמצא רק דברי ר"י וז"ע. (ע"כ): הדא דתימר בשהביא שתי שערו'. עשעה"מ הל' שקלים ובקוה"ח סימן רל"ה ובאבני מלואים סימן כח ס"ק לג:

נליון הש"ס

[א] עי' בקי"ע וש"ק שהיא ג"י עד שיהי' בן כ' והגר"א ג"כ הגיה כן ע"ש אבל כפי' שמציות להרמב"ם

הרי הן של עניים· דספק לקט הן: ה"ג דבית שמאי היא ברס כבית הלל עניים מעשרין ואוכלין אמר רבי יוסי שמענו שהוא פטור מן המעשרות ד"ה משום קנס· וה"פ מתני' אתיא כב"ש דאמר הפקר לעניים הפקר ולפיכך פטורין מן המעשר אבל כבית הלל אין לו דין לקט וחייבין במעשרות ורבי יוסי אמר שמענו שאפילו כבית הלל אתיא מתני' דכיון דקנסו רבנן והפקירו השבלים שנוגעות בארץ הרי הוא כהפקר ב"ד ופטור מן המעשרות:

הלכה ג מתני' שולחנות· שם לשלחן שלפני השלחני שמקבל עליו וכן קורין החלפני שלחני בכל המשנה: במדינה· בירושלים וי"מ בכל ערי ישראל חוץ לירושלים והיו מחליפין מחלית השקל לכל מי שצריך: ישבו במקדש· לפי שהיה הזמן מתקרב היו יושבין במקדש כדי שימהרו להביא ולי"מ במקדש היינו בירושלים: התחילו למשכן· ומוציאין העבוט מביתו של מי שלא הביא שקלו: לוים· לאפוקי ממ"ד כל דעבר על פקודייא: אבל לא נשים· ונתנו איש כופר נפשו כתיב ולא אשה: ולא עבדים· דילפינן לה לה מאשה: וקטנים· אפילו הביא שתי שערות והוא פחות מבן עשרים: שוב אינו פוסק· אביו מלשקול בשבילו שאומרין לו מאחר שנתת עליו השנה שעברה והעמדת עליו זאת המצוה תן עליו תמיד עד שיגדל ולא תפסוק: ואין ממשכנין את הכהנים· אע"פ שחייבין במחלית השקל: מפני דרכי שלום· מפרש בגמ': כל כהן ששוקל אינו חוטא· ואע"פ שאינו חייב לשקול וסד"א אם שוקל נמצא קרבן לבור קרב משל יחיד קמ"ל דאינו חוטא לפי שהוא מוסרו לציבור לגמרי: לעצמן· להנאתן ולא היא דחייבין לשקול אלא שעומר ושתי הלחם לוקחין משקלי ישראל לבדן: **גמ'** הא לתבוע תובעין· מן הנשים ועבדים וקטנים דדוקא אין ממשכנין אותן: הדא דתימר· שתובעין מן הקטנים דוקא כשהביא שתי שערות אע"ג שלא הגיע לכלל שניו: אבל אם לא הביא שתי שערות· ולא הגיע לכלל שניו אפילו תובעין לא: ולמשכן אין ממשכנין עד שיביא שתי שערות· ויגדיל שיגיע לכלל שניו ל"א ה"ג ולמשכן אין ממשכנין עד שיהיה בן כ'· ולפ"ז ניחא הכל אף הסוגיא דלקמן (הלכה ד'): כיני מתניתא· כן צריך לפרש מתני' דדרכי שלום היינו מפני הכבוד לפי שעבודת הקרבנות עליהם וכי היכא דלא ליתי לאנלויי ולי נראה מפני הכבוד היינו שמחוייבים לנהוג בהם כבוד דכתיב וקדשת: ואיסורא ליכא דכיון דתנאי ב"ד הוא על העתיד לגבות הם מחלו להכהנים: י"ב שבטים יתנו· זה בגימטריא שנים עשר והכהנים והלויים בכלל: כן משיבין חכמים לר"י· דחכמים סוברים דלריב"ז מותר להביא משקלי הכהנים עומר ושתי הלחם שלא נאמר וכל מנחת כהן אלא במנחת כהן יחיד אבל לא במנחה שיש לו בשותפות עם הלבור: חטאת יחיד מתה וכו'· כמו דמצינו שיחיד חלוק מלבור שחטאת יחיד מתה ואין חטאת לבור מתה ה"נ איכא לחלק בין מנחת יחיד למנחת לבור: וקשיא וכו'· הש"ס לא סיים למילתיה דר' טבי ומקשי עליה א"כ הא דקאמר בסמוך והוא מותיב לון שינויא הוא וכאלו קאמר אלא: שאין חטאת וכו': מתני' היא בפ"ו דיומא: והוא משיב להן· וכי שקלים לאו נדבת יחיד הן ולמה יביא מהן עומר ושתי הלחם: כל דעבר בימא יתן· דהיינו כהנים ולויים וישראלים שכולן עברו בים סוף: על הפקודים· היינו בין אותן שנמנו לבדן בין אותן שנמנו עם ישראל יתנו תרומת ה' והא דכתיב בפרשת ואלה פקודי וכסף פקודי העדה מאת ככר וגו' דשמעינן דהכהנים ולויים לא נתנו היינו בתרומת האדנים אבל בתרומת שקלים לקרבנות לבור הושוו כולן: כל דעבר על פיקודייא· וכהנים ולויים לא עברו במנין לפני משה אלא הוא הלך לפתחי אהליהם ומנה אותן:

הלכה ד מתני' קני זבין וזבות· תורים ובני יונה שזבין וזבות מביאין ובכותיים איירי אבל בנכרים אין זבין וזבות: כל שהוא נידר ונידב מקבלין מידן· דכתיב איש איש לרבות נכרים שנודרים נדרים ונדבות כישראל: וכן מפורש ע"י עזרא.

נוסחאות ישנות · תורה אור

בשם ר"ש בן לקיש דב"ש א) היא דאי כב"ה עניים (א) אוכלים ומעשרין וא"ל ר' יוסי שמענו שהוא פטור ממעשר ד"ה משום קנסא:

הלכה ג מתני' *בחמשה ב) עשר בו שולחנות היו יושבין במדינה בכ"ה ישבו במקדש משישבו במקדש התחילו למשכן ב'את מי ממשכנין לוים וישראלים וגרים ועבדים משוחררים אבל לא נשים ועבדים וקטנים וכל קטן שהתחיל אביו לשקול על ידו שוב אינו פוסק ג'אין ממשכנין את הכהנים מפני דרכי שלום אמר ג) ר' יהודה העיד בן בוכרי ביבנה כל כהן ששוקל אינו חוטא אמר לו רבן יוחנן בן זכאי לא כי ד'אלא כל כהן שאינו שוקל חוטא אלא שהכהנים דורשים מקרא זה לעצמן °וכל מנחת כהן כליל תהיה לא תאכל (ויקרא ו) הואיל ועומר ושתי הלחם ולחם הפנים שלנו (הם) היאך נאכלין: **גמ'** אין ממשכנין את הקטנים: הא ד) לתבוע תובעין (ב) הדא דתימר בשהביא שתי שערות אבל אם לא הביא ב' שערות לא בדא [א] ולמשכן אין ממשכנין [א] (עד שיביא שתי שערות) אע"פ שהביא ב' שערות כיני *מתני' אין ממשכנין את הכהנים מפני דרך הכבוד: אמר ר' יהודה העיד כו': א"ר ברכיה טעמא דר' יוחנן בן זכאי °זה יתנו י"ב שבטים יתנו (שמות ל) ר' טבי בשם רב המנונא כן משיבין חכמים לר"י חטאת יחיד מתה ה'אין חטאת צבור מתה מנחת היחיד קריבה כליל ואין מנחת הצבור קריבה כליל וקשיא משיבין לאדם דבר שאינו (ג) מודה בו דתנן ה) שאין חטאת צבור מתה ר' יהודה אומר תמות והוא מותיב לן *זו לא נדבת יחיד היא ואינון מתיבין ליה *כיון שנמסרה לצבור כמי שהוא נדבת צבור כתיב °כל העובר על הפקודים (שם) ר' יהודה ור' נחמיה חד אמר כל דעבר בימא יתן וחרנא אמר כל דעבר על פיקודייא יתן מאן דאמר כל דעבר בימא יתן מסייע לריב"ז מ"ד כל דעבר על פיקודייא יתן מסייע לבן בוכרי:

הלכה ד מתני' אע"פ שאמרו אין ממשכנין נשים ועבדים (ד) וקטנים אבל אם שקלו מקבלין מידן ו'הנכרי והכותי ששקלו אין מקבלין *מהן ואין מקבלין מידם קני זבין וקני זבות וקני יולדות [ב] וחטאות ואשמות*) ז'זה הכלל כל *שנידר ונידב מקבלין מידן כל שאינו* נידר ונידב אין מקבלין מידן וכן *מפורש על ידי עזרא שנאמר °לא לכם ולנו לבנות בית לאלהינו (עזרא ד) ואלו

*) ס"א אבל מקבלין מהן נדרים ונדבות

ריבב"ן

כל רכושו: **משנה ג** בט"ו בו שולחנות יושבות במדינה. בכל מקומות ישראל להחליף מעותיהם לצורך השקלים: [בכ"ה] ישבו במקדש שבני הכפרין שהיו סמוכין לירושלים מחליפין שם: התחילו. הגבאין: למשכן. ליכנס לביתו וליקח משכון עד שיתן לו חצי השקל שהיו ממנין בכל עיר ועיר גבאין ממונין על כך ושופרות היו במדינה לקבץ שם הכסף כמו שהיו במקדש כדתנן לקמן: לוים וישראלים. אבל כהנים לא כדפרישית לקמן שלא היו רוצין ליתן משום שיר' העומר: ולא קטנים. משכון לא היו לוקחין אבל לתבוע תובעין ומפ' בירושלמי כשהביא ב' שערות הקטן אז תובעין ממנו אבל לא ממשכנין וכל קטן שהתחיל אביו לשקול על ידו אע"פ שלא היה מחויב אינו פוסק מעתה וממשכנין עליו: תניא בתוספתא פ"ק נתמשכנו ישראל על שקליהן כדי שיהיו קרבנות צבור מהן. משל למי שעלתה לו נימא ברגלו הרופא כופתו ומחתך בבשרו בשביל לרפאותו כך אמר הקב"ה יתמשכנו ישראל על שקליהן [כדי] שיהא קרבנות צבור קרבין מהן מפני שקרבנות מכפרין ומרצין בין ישראל לאביהן שבשמים שכן מצינו בתרומת שקלים ששקלו ישראל במדבר שנאמר ולקחת את כסף הכפורים: ואין ממשכנין את הכהנים מפני דרכי שלום. אבל לתבוע תובעין ור' יהודה מפרש למה אין ממשכנין לפי שהיו סבורין שאין חייבין בשקלים שכל כהן שאינו שוקל אינו חוטא וא"ל ריב"ז אם אינו שוקל חוטא אלא שהכהנים דורשין מקרא זה וטועין הם ומפרש בירושלמי אמר ר' טבי בשם רב המנונא משיבין חכמים לר' יהודה חטאת יחיד מתה אין חטאת צבור מתה. מנחת יחיד קריבה כליל ואין מנחת צבור קריבה כליל אע"ג דלרבי יהודה ס"ל חטאת צבור נמי מתה. ובהקומץ רבה פריך ולבן בוכרי כיון דלכתחלה לא מחייב להוי כי מייתי חוטא [הוא] דקא מייתי חולין בעזרה וה"ה דיש להקשות והלא אוכל שירי העומר ושתי הלחם ולחם הפנים ומתרץ דמייתי ומסרי להו לצבור ומנחת צבור אינה קריבה כליל ואין כאן חולין לעזרה. ירושלמי כתיב כל העובר על הפקודים ר' יודה ור' נחמי' ח"א כל דעבר בימא יתן וחרנא אמר כל דעבר על פקודיא יתן מ"ד כל דעבר בימא יתן מסייע לריב"ז ומ"ד כל דעבר על פקודיא יתן מסייע לבן בוכרי דכהנים לא נמנו במנין ישראל מבן כ' שנה ולמעלה: **משנה ד** אבל אם שקלו מקבלין מידם. ירושל' הא לתבוע אין תובעין הכא את אמר תובעין והכא את אמר אין תובעין כאן בשהביא ב' שערות כאן בשלא הביא ב' שערות: הנכרי והכותי ששקלו מקבלין מידן· ירושלמי תיפתר כמאן דאמר כותי כנכרי: ואין מקבלין מידן קני זבות וכו'. ירושלמי וכי יש קני זבין וזבות בנכרים אלא רישא בנכרים וסיפא בכותים· הא דתני אין מקבלין אכותים קאי ואצטריך לאשמעינן משום דכותים עומדין בין ישראל ומקיימין מקצת מן המצות אעפ"כ אין מקבלין מהן ואע"ג דרבנן גזור שיהיו כזבין לכל דבריהם כדי שיהיו ישראל פרושין מהן ואין מקבלין מהן אלא דבר הנידר והנידב דכתיב איש איש מלמד שהנכרים נודרים נדרים ונדבות כישראל: לא לכם ולנו. כלומר אין לכם עמנו

משנת אליהו

הלכה ג הא לתבוע כו' ואין ממשכנין עד שיהא בן עשרים. כך היא גירסת מרן הגאון נ"ע וכ"ה שיטת הרוקח הגדול בסימן רל"ב וכ"ה שיטת הרע"ב. ומדברי הרמב"ם בפירושו נראה דגרי' כגי' הישנה ועשה מתובעין וממשכנין חלוקה א'. וא"א להעמידה דהא מעיקרא דייק הדא דתימא בשהביא ב"ש וקאי על הא דתנן אין ממשכנין אלמא ס"ל דבהביא ב"ש לתבוע הוא דתובעין אותו אבל אין ממשכנין אותו ואיך יחזור בו ויאמר דאין ממשכנין עד שיביא ב"ש ומיהו משיביא ב"ש ממשכנין. אלא גירסת מרן הוא העיקר וא"ש עם סוגי' דגמ' לקמן הלכה ד' הא לתבוע כו' ועי' תוי"ט במתני' ד' ד"ה כל כהן כו' ולדברי הרב כו' אבל לא ידעתי מי הכריחו לכך כו' שהלך יפרש הירושלמי כו' ע"ש דבריו תמוהים מ"ש בשם הרע"ב שכתב דאינו שוקל עד בן כ'. לא כתב אלא דאין ממשכנין עד בן כ' אבל משהביא ב"ש תובעין נמי. ומ"ש ולפ"ז קרא תניין בתרומת אדנים וקרא קמא דלא כתיב מבן כ' איירי בתרומת הקרבנות תמוה וליטעמיה וכי בשביל דדריש גמ' ורמיז ג' תרומות בפ' שקלים כמ"ש אף בפ' זו נאמרו ג' תרומות כו'. נעקור למקרא המפורש גבי שקלים מבן עשרים דכל ההיא פרשתא פ' שקלים היא ונוקים על אדנים לחוד ולמימר דשקלים א"ל בן כ' הסיא דרשא ל"ק בגמ' אלא אגב שהזכיר לעיל מינה ג' תרומות וגם אסמכתא בעלמא הוא אבל עיקר דינא בשקלים הוא: **כך** משיבין חכמים. בבבלי מנחות (כ"א ב') הסוגיא בקצרה ולבן בוכרי כיון שלכתחילה מיחייב לאתויי כי מייתי נמי חוטא

תקלין חדתין

שנוגעות בארץ הן של עניים: דב"ש היא. דאמר הפקר לעניים הפקר ולפיכך יכול להוסיף ופטור מן המעשר אבל לב"ה אין רשאי להוסיף וליתן הנוגעות בארץ לעניים בתורת לקט ולפטור מן המעשר ולכן עניים מעשרים ואוכלים· ואיכא דגרסי עניים ועשירים אוכלים. כלומר בתמיה וכי גם עשירים אוכלים זה ולב"ה בעינן עד שיופקר אף לעשירים: כד"ה משום קנס. דכיון דקנסוהו רבנן והפקירו הנוגעות בארץ הרי הוא כהפקר ב"ד ופטור ממעשרות וש"מ דהפקר ב"ד פוטר מן המעשר: **מתני'** שלחנות· החלפנים: היו יושבים במדינה. בירושלים וי"מ בכל ערי ישראל להחליף מחלית השקל להמביאים מטבע מדינתם: ישבו במקדש. לפי שהיה הזמן מתקרב ישבו במקדש כדי שימהרו להביא: התחילו למשכן· לשאינם מביאים: לא נשים· דאיש כתיב ולא אשה: ולא עבדים· דהוקשו לאשה: וקטנים· אפי' הביא ב"ש אם הוא פחות מבן עשרים: שוב אינו פוסק· אביו מלשקול ע"י: הכהנים· אע"פ שחייבין במחלית השקל: מפני דרכי שלום· מפרש בגמ': **גמ'** הא לתבוע תובעין· מן הקטנים: לא בדא· אינו בדין זה דאף אין תובעין אותו: ולמשכן אין ממשכנין עד שיהא בן כ'· ושלא חילוקים בדבר· קטן שלא הביא ב' שערות אין תובעין אותו· הביא ב"ש תובעין אותו שנעשה בזה בר חיובא דרבנן אבל אין ממשכנין· נעשה בן עשרים דאז נעשה בר חיובא דאורייתא כדכתיב מבן עשרים שנה ולמעלה אף ממשכנין אותו: כיני מתני'· כמו תני: מפני דרך הכבוד· דאי ספמא דאין ממשכנין הכהנים מפני דרכי שלום א"כ ישראלים נמי לא למשכנו דגבייהו מצינו בכ"מ שתיקנו חכמים מפני דרכי שלום ואפי' נכרים כדתנן להו סוף פרק הנזקין אבל מפני הכבוד מצינו שחולקים להם כבוד לכהנים יותר מישראלים אי משום וקדשתו אי משום שעבודת הקרבנות עליהם: **מתני'** אינו חוטא· ואע"פ שאינו מחויב לשקול וסד"א דאם שוקל נמצא קרבן לבור קרב משל יחיד קמ"ל דאינו חוטא לפי שהוא מוסרו לצבור לגמרי: לעצמן· להנאתן א"כ לדפתם ורלונם דס"ל דהוא דרשה גמורה ולא היא וכדמפרש בגמרא: האיך נאכלים· דס"ל שהוא קרבן יחיד לפי שאינם רוצים ליתן אין מוסרין יפה: **גמ'** כך משיבין חכמים לר"י· דחכמים ס"ל כריב"ז והשיבו לר"י לסברתו דס"ל שאינו חייב א"כ למה קאמר דאינו חוטא הרי כמו שחלוק לבור מיחיד בחטאת ה"נ חלוקים במנחה שמנחת יחיד קריבה כליל וא"כ חוטא נמי במה שנאכלת: וקשיא משיבין כו'· התקשה לא שביק לאסוקי מילתא דר"ט ופריך האיך מזכירים בדבריהם לר"י דהא איהו פליג אף בחטאת ומשום לבור ליחיד ולא תם לתרוצי כיון דעכ"פ מנחת יחיד קריבה כליל א"כ חוטא נמי הוא: הוא מותיב לון· ר"י משיב לחכמים: זו לא נדבת יחיד היא· כלומר לא דמי האי נדבה דשקלים לשאר נדבות יחיד דכולהו נדבות יחיד לא מסרי להו כלל לצבור אבל הכא דמסרי לצבור נפיק להו מתורת נדבת יחיד אלא כיון דלא מחייבו בהו לא מסרי להו לצבור יפה לכך לא הוי ממש כקרבן לבור לכך ס"ע לכתחילה לא ישקלו אבל מ"מ חוטא נמי לא הוה כיון דמ"מ מסרי לצבור: כיון שנמסר· דס"ע דלא אזלינן בתר רצונם אלא דלמסרו ולכן ס"ע דכהן שאינו שוקל חוטא דכיון שישקול וימסור לצבור נעשה קרבן לבור ובמלה דעתם: כל דעבר בימא· וכהנים ולוים נמי עברו בים וה"ק קרא כל העובר אשר עברו בי"ם על הפקודים בין שנמנו לבדם ובין שנמנו עם ישראל כולם יתנו תרומת ה' והא דכתיב וכסף פקודי העדה וגו' והוא תמספר ב"י בלא לוים הסיא בתרומת אדנים הוא דכתיב דלכ"ע אין לכהנים ולוים חלק בהם אבל האי קרא בתרומת שקלים לקרבן איירי: כל דעבר על פקודייא· והיינו ישראלים לבדם הם שעברו על הפקודים לפני משה אבל כהנים ולוים לא עברו לפני משה אלא הוא הלך לפתחי אהליהם ומנה אותם: **מתני'** מקבלין מידן· ובלבד שימסרו לצבור לגמרי דלא ליהוי קרבן לבור קרב משל יחיד: קני זבין כו'. תורים וב"י: נידר ונידב· למזבח: מקבלין מידן. דתניא איש איש לרבות את הנכרים שנודרים נדרים ונדבות כישראל: וכל שאינו נידר ט'· למזבח אע"ג דנידר ונידב לבד"ה אין מקבלין מידם: וכן מפורש על ידי עזרא· כשרלו הכותים לסייעם ושלחו להם נבנה עמכם כי ככם נדרוש לאלהיכם והשיבום

[נליון הש"ס, המשך] כפי' סמגיות להרמב"ם מבואר כגירסא הישנה דאין ממשכנין עד שיביא ב"ש וכ"ס הרמב"ן פרשת כי תשא ועי' בתיו"ט אמנם לשון הירושלמי אינו מובן דמעיקרא נקט בהביא ב' שערות תובעין ואין ממשכנין ואח"כ סיים דבהביא ב"ש ממשכנין ונראה דהירושלמי דהוא כדי לגיטתו דס"ל בנדה דמ"ו תוך הזמן כלאח"ז ומעתה י"ל דזהו כונת הירושל' וג' חילוקים יש הדא דתימר בשהביא ב"ש היינו בתוך הזמן תובעין כיון דלר"י לאו שומא ניהו (ודלא כש"ק) אבל אם לא הביא ב"ש לא בדא דקטן גמור הוא ולמשכן היינו לאוציא ממון מחזקתו עד שיביא ב"ש היינו שיביאם אחר י"ג שנה דאז נעשה גדול גמור לכל דבר וזהו שדייק גבי ממשכנין עד שיביא אח"ז וזהו ג"כ כוונת הירושלמי בכל"ה וז"ב ומיושב בזה מה שלא הביא הרמב"ם ז"ל ענין תביעה כלל כיון דקי"ל הוך זמן כלפני זמן ולכך אין כאן רק ב' חילוקים ודו"ק: [ג] ועי' בכ"מ ולחם מבנה ממעה"ק ה"ב:

בשרצו הכותים לסייען ושלחו להם נבנה עמכם כי ככם נדרוש לאלהיכם השיבו להם לא לכם ולנו לבנות בית בשותפות לאלהינו ולכם אין חלק וצדקה וזכרון בירושלים: קולבון· כלומר דבר קל מועט שמוסיפים על מחצית השקל כשרוצין ליקח מן השלחני ב' חצאי שקלים בעד שקל שלם: השוקל ע"י אשה וכו' פטור· כגון שהלוה להם דכיון דפטורין הן לא מחייבי בקלבון ואי לא הלוה להם אלא שפורע בשבילם אפי' שוקל בשביל בר חיובא פטור מן הקלבון כדלקמן: ואם שקל על ידו וע"י חבירו· בשהלוהו איירי ושוקל שקל שלם מחצית השקל בשבילו ומחצית השקל שמלוה לחבירו חייב קולבון א' דסבר הנותן מחצית השקל הקצוב בתורה פטור מן הקלבון וב' ששקלו שקל שלם אין נותנין אלא קלבון אחד: רמ"א ב' קלבונות· דסובר ר"מ השוקל מחצית השקל חייב בקלבון הלכך שנים ששקלו שקל שלם חייב ב' קלבונות: הנותן סלע· דהיינו שקל שלם לשלחני של הקדש ונוטל ממנו מחציתו ושקל האמור כאן היינו מחצית השקל: נותן ב' קלבונות· מפרש בגמ':

ריבב"ן

לבנות בית אלא אנחנו לבד· גרסינן בערכין פ"ק תני חדא נכרי שהתנדב נדבה לבדק הבית מקבלין אותה ממנו ותניא אידך אין מקבלין אותה ממנו אמר ר' אילא אמר ר' יוחנן ל"ק הא לכתחלה הא לבסוף דאמר ר' אסי אמר רבי יוחנן בתחלה אפילו מים ומלח אין מקבלין מהם פירוש משום רפיון שמא יתכוונו לרפות ידי עושי המלאכה· לבסוף לאחר שנגמר בנין הבית דבר מסויים אין מקבלין מהן דבר שאינו מסויים מקבלין מהן היכי דמי דבר המסויים אמר רב יוסף כגון אמה כליא עורב פי' כל דבר הנראה למקדש אין מקבלין מהן לפי שלא יהיה להם חלק וזכרון בבית כדכתיב ולכם אין חלק וזכרון בירושלים: אלו חייבים בקלבון לוים וישראלים אבל כהנים לא [השוקל] ע"י העבד ע"י הקטן פטור הואיל שהן עצמן פטורין אם אחרים שקלו על ידיהן נמי פטורין אע"פ שבאו מיד אדם המחויב בקלבון לעצמו· על ידו ועל ידי חבירו חייב בקלבון אחד על עצמו ולא במה שנתן חצי שקל חבירו· ר"מ אומר ב' קולבנין: ירושלמי אע"פ שאין שקלו תורה קלבנו תורה כלומר אעפ"י שלא נתחייב ליתן השקל על חבירו הואיל שנותן גם הקלבון סבר (כר') [ר"מ] בנותן שקלו שלם שפטור מן הקלבון פי' אם נתן שקל שלם ולא נתן בתורת קלבון ההוספה אפי' הכי פטור בקלבון: אמר רבי מאיר כמין מטבע אש הוציא הקדוש ברוך הוא מתחת כסא הכבוד והראהו למשה ואמר זה יתנו כזה יתנו· נתן סלע ליטול שקל חייב ב' קולבנות· ירושלמי אמר ר' אלעזר דר' מאיר דאמר דאחד שקל שהוא נותן ואחד שקל שהוא נוטל רב אמר ד"ה היא· אחד שקל שהוא נוטל ואחד לדבר תורה· הנותן סלע פי' בינו ובין חבירו הואיל שחבירו ישלם לו חייב ב' קולבנות פ"א נתן סלע להקדש כדי ליטול שקל מן ההקדש: השוקל ע"י עני ע"י שכנו משלו שנותן לו מתנה פטור מקולבון אעפ"י שלא לירפו (נ"א שלירפו) עם שקלו ונתן סלע שלם אבל אם הלוון לו חייב דהוי כאילו הוא נתן לפי' יתחייב גם הוא בקולבון להלוות לו· ולת"ק דפליג לעיל על ר"מ אצטריך דאמרי לעיל על ידו וע"י חבירו חייב בקולבון אחד התם נתן לו מתנה אבל הכא שמלוהו חייב: האחין השותפין שחייבין בקולבון פטורין ממעשר בהמה אם חלקו ממון אביהם אע"פ שחזרו ונשתתפו חייבין כל אחד ואחד בקולבון אעפ"י שהיה אביהן שוקל על ידן

תורה אור

*ואלו שחייבין בקלבון לוים וישראלים וגרים ועבדים משוחררים אבל לא כהנים ונשים ועבדים וקטנים השוקל ע"י כהן ע"י האשה ע"י עבד ע"י קטן פטור ואם שקל על ידו וע"י חבירו חייב בקלבון א' ור"מ אומר ב' קולבנות הנותן סלע ונוטל שקל חייב שני קולבנות השוקל על יד עני ועל יד שכינו ועל יד בן עירו פטור ואם הלוון חייב האחין (א) השותפין שחייבין בקלבון פטורין ממעשר בהמה וכשחייבין במעשר בהמה פטורין מן הקלבון וכמה הוא קלבון מעה כסף דברי ר"מ וחכ"א חצי מעה: גמ' אע"פ שאמרו כו' הא לתבוע אין תובעין הכא את אמר תובעין והכא את אמר אין תובעין כאן בשהביא ב' שערות וכאן בשלא הביא ב' שערות: הנכרי והכותי כו'. א"ר בא (ביבא) תיפתר כמ"ד כותי כנכרי דאתפלגין (ג) כותי כנכרי דברי רבי רשב"ג אומר כותי כישראל לכל דבר (א) אמר ר' לעזר מתני' בנכרים הא בכותים לא ותני (ג) כן °אדם [א] לרבות (ויקר' א) את הגרים °מכם (שם) להוציא את המומרים מתני' פליגי על ר' אלעזר אין מקבלין מידם קני זבין וזבות קני יולדות וכי יש קני זבין וזבות בנכרים [א] אלא רישא בנכרים וסיפא בכותים [ב] (והא כיני) כן הוא רישא בנכרים וסיפא בכותים אמר (ד) ר' יוחנן בתחלה אין מקבלים מהן לא דבר מסוים ולא דבר שאינו מסוים ובסוף מקבלין מהן דבר שאינו מסוים ואין מקבלין מהן דבר מסוים רשב"ל אמר בין בתחילה בין בסוף אין מקבלין מהן לא דבר מסוים ולא דבר שאינו מסוים (ב) מתני' פליגי על רבי יוחנן אין (ה) אין מקבלין מהן הקדש ונדבה לבדק הבית פתר לה בין בתחלה בין בסוף [ג] ובלבד דבר *מסוים (נ"י פתר לה במסוים שאפילו מעותיו יוליכם לים המלח). רשב"ל אמר בין בתחלה ובין בסוף אין מקבלין מהם לא דבר מסוים וכו': מתני' פליגי על רשב"ל דתני הכל (ו) שוין שהן נודרין ונידרין פתר לה עולה [ב] ניחא נודרין עולה (ג) נידרין עולה (לא) [ד] אלא [ג] כשאמר ישראל הרי עלי עולה ושמע נכרי ואמר מה שאמר זה עלי: (ד) [ה] ואינו (ז) מביא עמו נסכים ומותר נסכים לא לכלי שרת אינון נמצא מביא דבר מסויים התיב רבי יוסי בר רבי בון והא תנינן ט נערכין ועורכין לא לבדק הבית אינון היך מה דאת אמר תמן לשמים הוא מתכוין ומאיליהן הן באין *לבדק הבית כן את אמר אף הכא לשמים הוא מתכוין ומאיליהן

(בגליון: *נ"א שאינו מסוים; *לכלי שרת)

נוסחאות ישנות

חייב בקלבון הלכך שנים ששקלו שקל שלם חייב ב' קלבונות: הנותן סלע· דהיינו שקל שלם לשלחני של הקדש ונוטל ממנו מחציתו ושקל האמור כאן היינו מחצית השקל: נותן ב' קלבונות· מפרש בגמ': גמ' הא לתבוע אין תובעין· מדקתני אם שקלו מקבלין מידן משמע אם שקלו מעצמן מקבלין אבל אין תובעין מהן וקשיא הכא אמרינן שאין תובעין וברישא תנן אין ממשכנין נשים ועבדים וקטנים דמשמע אבל תובעין מיהת: כאן· רישא איירי בקטן שהביא שתי שערות ותובעין וסיפא בקטן שלא הביא שתי שערות דאפי' תובעין נמי לא: תיפתר· תפרש דמתני' אתיא כמ"ד דכותי כנכרים לפיכך אין מקבלין ממנו: דאיתפלגון· דפליגי: מתני' בנכרים· דוקא הוא דאין מקבלין מידן אבל מכותיים מקבלין: ותני כן· ותניא נמי הכי: אדם· כי יקריב מכם קרבן ודרשינן אדם לרבות את הגרים וקשיא ל"ל קרא תיפוק ליה דלא גרע מנכרים דאיתרבו מאיש איש שנודרים נדרים ונדבות אלא לאשמועינן דהא דכתיב מכם למעט מומרים דוקא מומרים מישראל אבל מגרים אפי' ממומרים מקבלין וה"ק מכם בכם חילקתי אבל בגרים לא ואי לא כתיב אדם ה"א בכם חילקתי ולא באומות כדאיתא פרק קמא דחולין והשתא מכותים אע"פ שחזרו לסורם מקבלין מהן וא"ת הא אדם גבי נדבה כתיב וע"כ לומר דשקלים לנדבה דמיין א"כ למה אין מקבלין מנכרים דהא כתיב איש איש י"ל דכתיב גבייהו דבר אל בני ישראל ויקחו לי תרומה: ופריך מתני' פליגא וכו'· כלומר סיפא דמתני' קשיא לר"א: וכי יש קיני זבים בנכרים· הא בני ישראל כתיבי בפרשה אלא ודאי דסיפא בכותיים שהיו גרים וכיון שחזרו לסורם קמ"ל דאין מקבלין מהן וקשיא רישא בעכו"ם וסיפא בכותיים: ומשני והא כיני· כלומר יהי כן רישא בנכרים וסיפא בכותיים: בתחלה· בתחלת הבנין אין מקבלין מהן שום דבר דשמא לרפיון המלאכה מתכוונים: ובסוף· לחזק את בדקיו: ה"ג מקבלין מהן דבר שאינו מסויים ואין מקבלין מהם דבר מסוים· וה"פ דבר שאינו מסוים כגון מים ומלח ודבר מסוים דבר שנראה בעין אין מקבלין מהן דגנאי הוא ועוד שמתפארים בו: הקדש נדבה לבדק הבית· ולא מפליג בין תחלה לסוף ובין דבר מסוים לשאינו מסוים: ה"ג ובלבד דבר מסוים· וה"פ ברייתא איירי דוקא בדבר מסוים: מתני'· דפ"ק דערכין קשיא על רשב"ל: הכל שוין וכו' ברישא תנן נכרים רמ"א נערך אבל לא מעריך ר"י מעריך אבל לא נערך זה וזה מודים שנודרין ונידרין ונודרין היינו דמי פלוני עלי ונידרין דמי עצמו עלי או שאמרו אחרים דמי פלוני עלי והכל לבדק הבית שמעינן דמקבלין מהן: ומשני פתר לה· הא דנודרין ונידרין היינו עולות אבל לבדק הבית לא: ופריך הניחא נודרין· איכא לאוקומי בעולה אלא נידרין ליכא למימר בעולה דאם הישראל מדירו שיתן עולה מי ישמע לו הנכרי: ומשני לא בשאמר הישראל וכו'· וה"ז כאילו הישראל מדירו שהרי ע"י נדר הישראל הוא מתחייב: ופריך ואינו מביא· הנכרי עם העולה נסכים בתמיה וכיון שצריך להביא נסכים א"א שלא יהיה מותר ותנן לקמן מותר הנסכים לכלי שרת: ומשני נמצא מביא דבר מסויים· כלומר וליטעמך הא אף לר' יוחנן קשיא הרי מביא דבר מסויים דכלי שרת דבר מסויים הן: התיב ר"י בר בון· לתרוצי לרבי יוחנן: וערכין לא לבדק הבית אינון· בתמיה ותקשי לך מתני' גופא: היך מה וכו'· ע"כ לומר דהתם לא מיקרי דבר מסויים כיון דלבו לשמים כלומר לגבוה ואנן לבדק הבית יהבינן ליה ה"נ במותר הנסכים כיון שהוא נותן להקריבן לגבוה וממילא ניתותרו ויהבינן

משנת אליהו

הוא דקמעייל חולין לעזרה דמייתי ומסרן לצבור. וכאן האריך בסוגיא בלישנא יתירא וגי' הילקוט יותר מחוור כך משיבין חכמים לר"י מנחת יחיד קריבה כליל ואין מנחת צבור קריבה כליל. כיון שנמסרה לצבור כמה שהיא נדבת צבור ועי' לקמן רפ"ד ומש"ש: וסיפא בכותים. עיין ברמב"ם בפי' שכתב אין מקבלין קני זבים כו' ר"ל מיד הכותים אבל הנכרי אינו יודע בזה ואינו טורח לעולם

ופטור מן הקולבון אם היו קטנים פטורים דתנן לעיל על יד הקטן פטור ואם היו גדולים נמי פטור דתנן ע"י שכנו ע"י בן עירו פטור ובנו גדול כבן עירו דמי שלא היה אביו חייב עליו ואע"פ שעד עתה מתפוסת הבית לא פרע מהם אביהם קולבון עכשיו שחלקו חייב אע"פ שחזרו ונשתתפו לא אמרי' חזרה לתפוסת הבית כבתחלה. ופטורין ממעשר בהמה דת"ר בבכורות בפ' בתרא (דף נו:) יהיה לך ולא של שותפות יכול אפי' מתפוסת הבית ת"ל יהיה [פי' יכול] אפי' מתפוסת הבית יהיו פטורים ממעשר בהמה דכשותפות דמי ת"ל יהיה ופריך התם והא בבכור כתיב אם אינו ענין לבכור דאיתיה בשותפות דכתיב ובכורות בקרכם ולאנכם תנהו לענין מעשר בהמה· אמר ר' ירמיה פעמים שחייבין בזה ובזה ופעמים שפטורין בזה ובזה. פעמים שחייבין בקולבון ופטורים ממעשר ופעמים שחייבין במעשר ופטור מן הקולבון. חייבין בזה ובזה שחלקו בכספים ולא חלקו בבהמה פטורין בזה ובזה (פי' שם רש"י וחזרו ונשתתפו) ולא חלקו בכספים חייבין בקלבון ופטור ממעשר בהמה שחלקו בכספים וחלקו בבהמה חייבין במעשר בהמה ופטורין בקולבון (פי' שם שלא חלקו לא בזה ולא בזה)· שחלקו בכספים ולא חלקו בבהמה· ירושלמי אמר ר' מנא הדא דתימא בשלא היתה בהמה רוב אבל אם היתה בהמה רוב [illegible] נכסיו וחייבין בקולבון פי' רוב נכסיו הן בהמה· ר' אבון אמר ר' שמי בעי מפני שעשיתו כאדם אחד אלא מעשר בהמה את פוטרו מן [illegible] תפוסת הבית מחייבתן במעשר בהמה (כלומר) [כמו] שלא חלקו כלל אתה פוטרו מקולבון א"ל לא שניא היא שהוא נותן סלע אחת שלמה· משמע מהכא דפטורין

תקלין חדתין

[illegible] גמ' הא לתבוע כו'· מדייק מדקתני אם שקלו הקטנים מקבלין [illegible] מעלמם שקלו מקבלין אבל אין תובעין מהן וקשיא דהכא אמר אין [illegible] דקתני אין ממשכנין את הקטנים משמע הא לתבוע תובעין: כאן [illegible]· רישא דקתני אין ממשכנין את הקטנים הא לתבוע תובעין איירי [illegible] וסיפא דמשמע דאף לתבוע אין תובעין את הקטנים איירי כשלא [illegible] כמ"ד כותי כנכרי· כלומר הא דקתני בכולה מתני' בין בשקלים ובין [illegible] מקבלין מידם קאי נמי אכותים דאפילו מכותים נמי אין מקבלין [illegible] ואי קשיא לך אמאי אין מקבלין קרבנות מכותים תיפתר דאתיא [illegible]: דאתפלגון· דפליגי: כותי כנכרי דברי ר'· ואתיא מתני' כרבי: [illegible]· הא דקתני בסיפא ואין מקבלין מידם קיני זבים כו' לא קאי רק [illegible] מקבלין דבשקלים מוכח בהדיא מקרא דעזרא דאין מקבלין אף מכותים [illegible] מכותים ואתיא מתני' ככ"ע: אדם לרבות את הגרים· וכותים נמי גרי [illegible] פליגא אר"א· דע"כ מוכח מסיפא דמתני' דכותי כנכרי דהא קתני אין [illegible] כו' וקני זבים וזבות ליתא בנכרים שאינם יודעים ומוחים בזה [illegible] דליתני אין מקבלין וע"כ הא דקתני אין מקבלין אכותים קאי וש"מ [illegible] בנכרים כו'· כלומר בנכרי וכותי דקתני הנכרי והכותי ששקלו אין מקבלין [illegible] וסיפא קתני נמי אין מקבלין מידם ומוקמת לה בכותי לחודא א"א בשלמא [illegible] לה ר"א לא תקשי לך רישא בנכרי וכותי וסיפא בנכרי לחוד ולא תיירי

בכותי הנטפל לנכרים ברישא אבל למיגרע העיקר דהיינו נכרי דאתחיל ביה קשיא: כיני. כלומר אין רישא בנכרי וסיפא בכותי: א"ר יוחנן בתחלה· בתחלת הבנין דחיישינן שמא לרפיון הם מתכוונים כדכתיב ויהי עם הארץ מרפים וגו': לבסוף· לחזק את בדק הבית דאין לומר רפיון ידים: דבר מסויים· דבר חשוב שניכר ונראה בעין אין מקבלין מידם דגנאי הוא ועוד שמתפארים בו ובערכין (ו' א') מפרש מסויים כגון אמה כליא עורב ושאינו מסויים אפי' מים ומלח: אין מקבלין כו' לבד"ה· ס"ד דמיירי בין בתחלה בין בסוף: פתר לה בין כו'· כלומר אבע"א הברייתא מיירי בין בתחלה בין בסוף ומיירי בדבר המסויים דוקא ואבע"א דמיירי בתחלה ולכך לא מפלגינן בין דבר המסויים לשאינו מסויים שבתחלה אפילו אם התנדב מעות יוליכם לים המלח· ול"ג ורשב"ל אמר דכבר נקט ותני ליה לעיל: הכל שוין שנודרין ונידרין· משנה היא בערכין ולענין ערכין בנכרים פליגי התם ר"מ ור"י וקאמר ושוין שנודרין ונידרין ובכל גוונא דאיירי מתני' אם בתחלה אם בסוף אם בדבר המסויים או אינו מסויים מ"מ קשיא לר"ל דהא איהו קאמר דאין מקבלין מהן כלל: פתר לה עולה. הא דתנן נודרין ונידרין הייט עולות אבל לבד"ה לא ור"ל נמי לבד"ה קאמר דאין מקבלין: נידרין עולה מה· מי מצית לאוקמיה נידרין בעולה דאם הישראל מדירו שיתן עולה מי ישמע לו הנכרי: ה"ג כשאמר נכרי כו' מה שאמר זה עלי· והיינו נידרין שע"י הנכרי נידר: ופריך לא הביא עמה נסכים כו' נמצא מביא דבר שאינו מסויים· וקשיא לר"ל: ולא לכלי שרת· הכי אית ליה לר"ע: התיב ר"י בר בון· לתרוצי לר"ל: לא לבד"ה אינון· והוי דבר מסויים ואפ"ה מקבלין אע"כ מאי אית לך למימר כיון דאיהו לא נתכוין לבדק הבית אלא לשמים ומאליהן הן באין לבד"ה·

שם ולמסקנא דירושלמי כאן יש ליישב קושיית התוס' ועי' ברמב"ם פ"א מערכין הל"א נראה שהיה לו פירוש אחר בדברי הירושלמי ומקורו נסתר לו: [ג] עי' בהגר"א שהגיה. ועי' בירושלמי נזיר פ"ט הל"א נראה כגי' שלפנינו ע"ש:

מסורת הש"ס

[illegible]

עין משפט נר מצוה

[illegible]

נוסחת הבבלי

[illegible]

הגהות הגר"א

[illegible]

גליון הש"ס

[illegible]

נוסחאות ישנות | תורה אור

[א] ומאיליהן הן באין לבד"ה (לכלי שרת) [ב] מה עבד לה רשב"ל לפתר לה °לא לכם ולנו לבנות בית לאלהינו (עזרא ד) (חלקיה ר') *חזקיה א"ר סימון שאל מעתה *אין מקבלין מהן לאמת המים ולחומות העיר ומגדלותיה על שם (שנאמר) °ולכם אין חלק וגו' (נחמי' ב) (אלו חייבין בקלבון) תני [ג] אלו חייבין בקלבון אחד ר"מ אומר שני קולבנות מתניתא דר"מ דאמר ר"מ אע"פ שאין שקלו תורה קלבנו תורה סבר ר"מ במי ששקלו שלם שהוא פטור מהקלבון *דאמר) מתניתא דר"מ דאמר ר"מ כשם ששקלו תורה כך קלבנו תורה קסבר א) ר"מ בנותן שקלו שלם שהוא חייב בקלבון דאמר ב) רבי מאיר [א] כמין מטבע של אש הוציא הקב"ה מתחת כסא כבודו והראהו למשה ואמר לו °זה יתנו (שמות ל) כזה יתנו: (א) נתן סלע ליטול שקל חייב שני קולבונות א"ר אלעזר דר"מ היא [ד] (דר"מ אמר אחד שקל שהוא נותן ואחד סלע שהוא נוטל) דתניא אלו חייבין בקלבון כו' קלבון א' ור"מ אמר ב' קולבנות *ומר רב ד"ה היא דאמר רבי מאיר אחד שקל שהוא נותן ואחד שקל שהוא נוטל ואחד לדברי תורה [ה] על דעתיה דרב ג' קולבנות אינון אתא ר' ירמיה ר' שמואל בר רב יצחק בשם רב שלשה קולבנות אינון א' שקל שהוא נותן ואחד שקל שהוא נוטל ואחד לדבר תורה: האחין ג) והשותפין שחייבין בקלבון ופטורין ממעשר בהמה בשחלקו וחזרו ונשתתפו שחייבין במעשר בהמה ופטורים מן הקלבון בשלא חלקו אמר רבי ד) לעזר והן שחלקו גדיים כנגד תיישים ותיישים כנגד גדיים אבל אם חלקו גדיים כנגד גדיים ותיישים כנגד תיישים הוא חלקו משעה הראשונה א"ר יוחנן ב) אפילו חלקו גדיים נגד גדיים ותיישים נגד תיישים (ב) כלקוחות הן ופטורין מן המעשר כההוא דתנינן תמן הלקוח ה) ושניתן לו במתנה פטור ממעשר בהמה. ו) ר' חייא (ר' חזקיה) אמר רבי ירמי' בעי ולמה לית נן אמרין פעמים שהן חייבין בזה ובזה ופעמים

קרבן העדה

להו לבדק הבית לא מיקרי דבר מסוים : מה עבד לה רשב"ל. דערכין ומותר נסכים לדבר שאינו מסוים מיהא למיין דקאסר רשב"ל: לבנות בית וגו' · דוקא אבנין הבית קפיד קרא אבל אכלי שרת וה"ה שאר צרכי הבית לא קפיד קרא : מעתה · דקאמרת כיון דכתיב לבנות בית אבנין הבית קפיד קרא א"כ ה"ה לצרכי ירושלם אין מקבלין מהן כדכתיב שאין להם חלק בירושלם : מתני' . דתנן ואלו שחייבין בקלבון משמע דאין לך מי שחייב בשקל שלא יהא חייב בקלבון אתיא כר"מ : ה"ג דר"מ אמר כשם ששקלו תורה כך קלבנו תורה סבר ר"מ בנותן שקלו שלם שהוא חייב בקלבון · וה"פ דרמ"א לעולם חייב בקלבון מן התורה אפי' נותן מחצית שקלו : כזה יתנו · שהוא נקי מכל סיג שהרי מאש היה והלכך כל השקלים צריכין קלבון שיהא הכסף הנקי שבהם מחצית השקל: ה"ג אחד שקל שהוא נותן ואחד שקל שהוא נוטל · וה"פ הנזבר צריך ליקח ממנו שני קלבונות אחד בשביל השקל שהוא מחזיר לו ואחד בשביל השקל שהוא נוטל ממנו שהיה צריך ליתן להשלחני דברי הכל היא · אפילו לרבנן צריך ליתן שתי קולבונות אם נתן סלע ונטל שקל קלבון אחד מפני שלא שקל שקל האמור בתורה ואחד מהחלי' שקל שמקבל מהגזבר : ה"ג על דעתיה דרב ג' קולבונות אינון אחד שקל שהוא נותן וכו' ואחד לדבר תורה אתא ר' ירמיה וכו'· וה"פ לרב אליבא דר"מ בנתן סלע ונטל שקל חייב ג' קולבונות אחד לשקל שהוא נותן אילו היה נוטל מהשלחני ואחד לשקל שהוא נוטל שאם מחליפו נותנין לו חצי שקל וקלבון וא' לדבר תורה שהוא צריך להוסיף על חצי שקל של תורה · והרא"פ החליף הגרסאות והאריך בדברים ללא צורך והגירסא שלפנינו עיקר : והן שחלקו וכו'. והוא דהוה השותפות שלאחר חלוקת הירושה שותפו' להיפטר ממעשר בהמה דוקא שחלקו הירושה לפי שוויה ולא לקח כל אחד המחצה מן הבהמות שהיו בשעת מיתת אביהן דהשתא ליכא למימר דזהו חלקו דודאי בשעת מיתת אביהן היה מגיע לכל א' חצי הגדיים וחצי התיישים והשתא קנין הוא שקונה זה מזה והבהמות שישנן בשעת חלוקה פטורין ממעשר מטעם לקוח שהוא פטור והעתידין לבוא פטורין משום שותפות: היא חלקו משעה הראשונה· ושם ירושה עליהן וכשחזרו ונשתתפו הדרא לה שם תפיסת הבית כמעיקרא והבהמות שהיו בשעת חלוקה [אין] פטורין משום לקוח והעתידין לבוא חייבין דלאו כשותפין הן : כלקוחות הן . דאין ברירה והיו מעיקרא לקוחות והשתא שותפין: כהאי דתנינן תמן · בבכורות פרק ט : הלקוח . או שניתן לו במתנה : ופטורין ממעשר בהמה . איירי בשחלקו וכו' וכדפרישית במתני' : ולמה לית אנן אומרין · ארבעה דינים חלוקים בדבר : בזה ובזה ·

משנת אליהו

אמרו סיפא בכותים ולפיכך מקבלין מהן חטאות ואשמות כיון שנתכוין לכפרה אולי ישוב אבל הנכרים אין מקבלין מהן חטאות ואשמות לפי שאינו נדר ונדבה . ומ"ש ולפיכך מקבלין כו' כבר כתב התוי"ט דגירסתו במתני' וחטאות ואשמות ונדרים ונדבות מקבלין מהן וקאי אכותים כדמוקי לה הכא סיפא בכותים. ובעל קרבן העדה תמה על הרמב"ם הא שנכרים אינם חייבין בקרבנות אלו . ולא דק בכוונת הרמב"ם דהא קאמר אם נתנו מעצמן כמו כולה מתני' הנכרים כו' ששקלו אין מקבלין והן אינם חייבין בשקלים וכן גבי קני זבים כו' אף שאינם חייבין הוי אלי למיתני דאין מקבלין מהן אם נותנין ולכן כתב הרמב"ם אבל הנכרי אינו יודע כו' ושטתו בסוגיין דקאמר וכי יש קיני זבין כו' בנכרים היינו שאינם יודעים ואינם טורחים בזה בעולם שיעסקו בזה ויתנו קיני זבין דליתני אין מקבלין· ומ"ש דא"א ליישב דברי הרמב"ם לפני הירושלמי· נכוטים אחד דבריו כדפרישית: ס"ג מ"ט דר"מ כו' כמ"ש בפנים · כך היא גירסת רבינו הגאון וכדפרישית בקונטרס שיטתו מבואר מתוספתא ערוכה · והרמב"ם בפירושו לא הזכיר בדברי ר"מ קלבון מד"ת · ולדידיה בשוקל שקל בעדו פטור מקלבון גם לר"מ · וקשיא עליה מדתנינא בתוספתא· וגם צ"ל דגי' אחרת ה"ל בירושלמי · ובחיבורו פ"ג מהל' שקלים ה"א פסק דאינו חייב אלא כשוקלין ב' ביחד ואז נותנין קלבון א'· ובהלכה ו' שם פסק כרב דמתני' ד"ה היא ולכן בנותן סלע ונוטל שקל פסק דחייב ב' קלבונות · ולכן פסק בהלכה ז' שם דהקלבונות אינן כשקלים דלר"מ נופלין לשקלים דלטעמיה אזיל דקלבונות מדין שקלים אלא ס"ל מטעם חילוף להוד ולכן פסק כאינך דס"ל לשלחנים ולש"ד · והנה לרש"י שיטה אחרת בקלבונות · ובשני מקומות כוון לד"א · דבבכורות נ"ו ב' ד"ה האחין כו' כתב וז"ל · ואם שוקלין סלע שלם דהיינו ב' חצאי שקליהם ביחד חייבין לתת כ"א וא' מעה קטנה לקלבון דהא ב' ממונייס הם והרי הן כאחר ב"א שהשוקל שקלו נותן עמו קלבון דהוא קלבון להכרע ויי"א לחילוף שאין ב' חצאי סלע יוצאין בסלע בלא חילוף מועט והואיל ורוב ב"א נותנין כ"א מחצית הסלע וקלבונו עמו כי מצטרפי נמי שנים ויהבי סלע שלם יהבי נמי קלבון שני והכי אחין כו' כשאר שותפין דעלמא וחייבין בקלבון שני עכ"ל וגבי פטורין פי' דפטורין מקלבון שני וכן בביצה ל"ע ד"ה כשחייבין כ' וז"ל כל ישראל הוזקקו לתת מחצית השקל כו' והטילו חכמים עליהם להוסיף מעה קטנה להיות קלבון לפרוטרוט מפני שהן חצאי שקלים חתיכות דקות ונותין לאבד ופעמים שמחליפים אותן במעות ונותנין הקלבון בהילוף ואף כשמצטרפין שנים לתת שקל שלם הטילו עליהם ב' קלבונות שלא לפחות מחבריהם ולמעט את ההקדש אבל האב ששוקל בשביל ב' בניו שקל שלם פטור מקלבון שני עכ"ל · חזינן דס"ל לרש"י לר"מ לחצי שקל ג"כ חייב קלבון וטעמו מסתבר משום שהן חתיכות דקות ונוחין לאבד ופעמים שמחליפים ר"ל בסלע וצריך הכרע · והנה יפלא למה פירש הכי מתנייתא אליבא דר"מ ודלא כהלכתא ולכאורה משמע דהכרחו משום דניחא ליה לפרש פטורין מקלבון שני דפטורין לגמרי לא מסתבר טעמא מאי · אבל בספ"ק דחולין פירש ג"כ אליבא דר"מ ושם חזר ופירש פטורין מקלבון היינו לגמרי משום דהוי כשוקל ע"י בניו וס"ל כשוקל ע"י שכנו כו' וכן נמשך אחריו הרע"ב וזה תמוה דא"כ למה פי' אליבא דר"מ ומצאתי שתמה עליו התוי"ט בספ"ק דחולין במה שפי' אליבא דר"מ וטעמא דפי' פטורין לגמרי משום דמסתבר לי' לשיטתו דכשנותנין שקל שלם ביחד ליתא טעמא דנוחין לאבד אלא משום דה"ל ליתן כ"א בפ"ע משא"כ באב השוקל שכן היה ראוי ליתן שקל שלם בעדם שהוא הנותן לכן פטורין מקלבון לגמרי · והרמב"ם הסביר דלהכי פטורין לגמרי משום שהן כאדם א' · ונראה דשיטת רש"י היה לפסוק להלכה כר"מ מסוגיא דמנחות ק"ח א' כולם ככר פדה לא אמרי דס"ל דלשקלים אזלי והיינו מטעמא דס"ל דקלבונות מדינא דשקלים כמ"ש כשם ששקלו כו' וגם ליגנא דוסמעה קלבון ג"כ כר"מ דס"ל מעה בתוספתא ומדחזינן דהני אמוראי כולהו וסתמא דגמ' הכי ס"ל הלכתא כוותיה ולכן פי' כל הני משניות אליביה · והרמב"ם פסק הכל דלא כר"מ ולכן פסק·השקלים אינן נופלים לשקלים ונסתפק כמאן מאינך אחריני הלכתא ולכן פי' כל הני סוגיין אליבא דת"ק וסוגיא זו תיובתיה דס"ל בהדיא דלשקלים אזל וג"כ מעה הוי הקלבון כר"מ · ולשיטת רש"י ניחא לפרש מ"ש בגמרא כשם ששקלו תורה כך כו' · דזה תלי בזה כיון שהתורה חייבה שיתנו חצאי שקלים ממ"ש זה יתנו כזה יתנו והן נוחין לאבד וצריך פעמים להחליפם בסלע לכן צריך ליתן קלבון לחצי שקלו הכרע · (ודרך רמז י"ל אסמכתא דרך גימטריא זה יתנו עולה כמספר קלבן הכרע ע"ה) · וכן מצאתי בסמ"ג הל' שקלים שדבריו מורים כדפרישית שיטת רש"י להלכה כר"מ דכתב תחלה בפסקי הקלבונות דעת הרמב"ם ואח"כ כתב דעת רש"י דלכל חצי שקל חייב קלבון וב' ששקלו חייבין ב"ק ומביא ג"כ דעת רש"י דספ"ק דחולין באב השוקל ע"י בניו דפטור לגמרי ועי' בביאורי רש"ל שם · ודברי רש"י במנחות שם ד"ה והמעה קלבון אינם מובנים שכתב וז"ל שכל יחיד מביא מחצית השקל בהכרעה באדר ואם נתנו בין שניהם שקל שלם נותנין קלבון א' מעה קטנה מפני הכרעה שעכשיו לא נתנו שניהם אלא הכרע אחד ואילו הביאו כמשפטן היה שם ב' הכרעות לפיכך נותנין קלבון עכ"ל · ותמוה דתחילה מתחיל אליבא דר"מ ואח"כ כת"ק ומ"ש לפיכך כו' אין לו ביאור והתוס' הקשו עליו מטעם אחר וצ"ל דט"ס בדברי רש"י שם : הדרן עלך באחד באדר

ריבב"ן

מן הקולבון לגמרי דאפי' קולבון אחד אינו נותן · אלא מעתה אפילו חלקו וחזרו ונשתתפו שפטורין ממעשר בהמה פטורין מן הקולבון פי' יפטרו מן הקולבון דהא סלע שלמה נותן ר' בא בשם ר' אבא בר הונא היא שני אחין שירשו את אביהן היא שני גיסין שירשו את חמיהן פי' הואיל וחלקו בב' בני אדם שירשו ממון *) אדם אחר מעלמא דלא הוי תפוסת הבית חשיבא להו : כמה הוא קולבין מעה · ירושלמי להיכן הקולבין הולכין ר' מאיר אומר לשקלים כלומר יתערבו ר' אלעזר אומר לנדבה נדבת קיץ למזבח ר' שמעון שזורי אומר ריקועי זהב ליפוי לבית קודש הקדשים בן עזאי אומר שולחנין היו נוטלין אותן בשכרן וי"א להוצאת דרכים פי' לאותו שהיו מוליכין אותם מעירן למקדש ובתוספתא אינו מביא דברי י"א כלל :

תקלין חדתין

ואינו אסור לכ"י לקבל מהן אלא כשנותן להדיא לבד"ה ה"ג לרשב"ל : הן באין לכ"ש · ולא קאמר ר"ל דאין מקבלין אלא בשנכרי נותן מעצמו להדיא לבד"ה : רשב"ל פתר · כלומר הוכחתו מפשטא דקרא דקאמר לא לכם ולנו משמע דקאסר ליה שותפות כלל בין בתחלה ובין בסוף : ר"ח אר"ס שאל · פרישית ברים מכילתין ליטנא דשאל : מתני' ואלו חייבין בקלבון · כי כל אדם צריך ליתן מחצית השקל והשקל הנזכר בתורה הוא שקורין במשנה סלע שהוא שני חצאי שקלים ולפי שכולם היו נותנים לשקלים החצאים נקראו שקלים וכשהיה א' צריך להחליף סלע על ב' חצאים היו נותנים מטבע קטנה ונקרא קל בין כלומר דבר קל שמוסיפין בעד החילוף : אבל לא כהנים כו' נשים כו' · שהם אינם חייבים בשקלים אלא אם שקלו מקבלין מידם לכן פטורים מן הקלבון : השוקל ע"י כהן ע"י אשה כו' · שוקל סלע שלם ע"י כהן ואשה דבשוקל על ידי כהן חצי שקל ליכא לפרושי דא"כ אפי' בשוקל ע"י עצמו חצי שקל נמי פטור מקלבון לת"ק כדמפרש לקמן א"כ בשוקל ע"י וע"י כהן כו' והא דלא קתני בהדיא ע"י וע"י כהן כו' משום דהוא בפלוגתא דר"מ דלר"מ חייב מ"ת בשביל עצמו כדלקמן והטעם דפטור בשוקל ע"י כהן ואשה ועבד דאינהו פטורים ממחצית השקל ונתינתם אינו אלא מדת חסידות והוי האי מחצית השקל גופיה ריבוי וריוח להקדש ולכן פטורים מקלבון :

על ידו וע"י חבירו · דהיינו שיש להם שקל א' שלם ביחד ונותנים כן ביחד להקדש חייב בקלבון א' שכל א' היה צריך ליתן חצי שקל ונותנים להקדש הקלבון שהיו צריכים להוסיף בעד החילוף : רמ"א ב' קלבונות · מפרש בגמרא : הנותן סלע כו' · פליגי אמוראי בגמרא מאן קתני לה : גמ' ה"ג מ"ע דר"מ · דס"ל ב' קלבונות בשוקל ע"י ועי"ח אי מטעמא דחילוף א"ל אלא קלבון א' : סבר ר"מ השוקל שקלו שלם שהוא חייב ב' קלבונות · כלומר השוקל שקל שלם היינו שני מחצית בעדו ובעד חבירו שחייב ב"ק דס"ל לר"מ דלחצי שקל ג"כ צריך ליתן קלבון דהכי חייבה התורה ליתן להכרע לכל מחצית השקל קלבון דאמר ר"מ כשם ששקלו תורה כך קלבנו תורה : דתני ר"מ כזה יתנו · וס"ל מדקפיד האם והראה כמין מטבע של אש וא"ל כזה יתנו היינו שלא יוגרע לעולם ממחצית השקל שהיה בימי משה מדקאמר זה יתנו כזה יתנו לעולם הוא ולכן מן התורה חייב ליתן לכל חצי שקל מעה קטנה להכרע והכי תניא בתוספתא דפ"ק דמכילתין השוקל שקל חייב בקלבון דל"ת וחכמים השוקל שקל פטור ב' דינרין חייב · הרי דר"מ ס"ל חיוב מה"ת לחצי שקל וחכמים מטעם החילוף וכשנותן שקל ליכא מטעמא דחילוף אלא אם נותן ב' דינרין שהוא שקל חייב מטעם החילוף שהיה צריך ליתן חצי שקל ולא ס"ל דרשא דזה יתנו אלא אחריתא כדאמרינן לעיל : הנותן סלע ונוטל כו' · ה"ג אמר ר"א דר"מ הוא דאמר שקל שהוא נותן וא' שקל שהוא נוטל כלומר דר"מ מחייב ב"ק א' לשקל שנותן ובידו היה סלע אבל ההקדש וא' לד"ת ואע"ג דבשנים ששקלו שקל שלם לא חייב ר"מ אלא ב' כנ"ל ולא חייב קלבון דחילוף התם ה"מ כיון שנותנים שקל שלם בעד חיוב שניהם הוי כקונים תבואה מן השוק בעד סלע שאין מחשבין בעד החילוף משא"כ הכא שנותן רק שקל דידיה ומחליף גבי הקדש לא גרע כח הקדש מכח הדיוט וצריך ליתן לו בחילוף · אבל לת"ק דלא ס"ל בשנים ששקלו חיוב הקלבון אלא מטעם החילוף לדידיה אינו חייב אלא א' ואע"ג דלא פליגי במתני' פליגי בתוספתא דתנינן בהדיא בפ"ק דמכילתין הנותן סלע ונוטל שקל ר"מ מחייב ב"ק וחכ"א קלבון א' : ורב אמר ד"ה היא שהוא נותן וא' שקל שהוא נוטל · דס"ל דגם ת"ק מודה בזה דחייב ב' קלבונות לשוקל ע"י ועי"ח דאינו חייב אלא א' דהתם שניהם נותנים חיוב ב' שקליהם בסלע צריכים להחליף על ב' חצאי שקל לא היו נותנין אלא קלבון א' וכן להקדש בכה"ג מפסיד אין מחשבין בו · משא"כ הכא אילו היה צריך להחליף ולהשיג חצי סלע ליתן היה צריך ליתן קלבון · וכן כשהיה צריך להשיג ולימול שקל מסלע ג"כ היה צריך ליתן קלבון ולכן חייב ב"ק מטעם החילוף כמו אילו היה חייב שקל לשלחני ובעת זמן פרעון לא היה בידו שקל אלא סלע היה צריך ליתן לו קלבון א' · ואם היה מבקש ממנו שיתן לו שקל מסלע היה ג"כ צריך ליתן לו קלבון א' וה"נ לא יגרע כח הקדש מכח הדיוט ולא גרסינן כאן וא' לד"ת דלא ס"ל לת"ק לד"ת : ה"ג פ"ד דרב לר"מ ג' קלבונות הן · דזה לא מסתבר דר"מ יקל בקלבונות המחוייבים מטעם החילוף לת"ק רק בשוקל ע"י ועי"ח ה"פ כדפרישית לעיל ולכן לרב דאסברא דלת"ק חייב ב"ק מטעמא דחילוף ודאי ר"מ ס"ל ג"כ הכי ולא מסתבר שיפלגו בסברא הפוכה אי צריך ליתן א' או ב' בחילוף בכה"ג · ולכן לר"מ דס"ל א' מן התורה משכחת לה בכה"ג חיובא שלש ומביא סיוע לזה מהני אמוראי דאמרו הכי בהדיא בשם רב · וזה גם כן לא מסתבר שיפלוג רב על סברא דר"מ מחייב א' לד"ת דא"כ מ"ט ר"מ מחייב ב"ק בשוקל ע"י וע"י חבירו וגם כי הכי מפורש בהדיא בתוספתא · ולרב צ"ל דבמתני' לא חשיב אלא מה שלד"ה הוא ולכן נקט שנים שבזה גם ת"ק מודה וצ"ל לרב דסתם מתני' פליגא בזה עם התוספתא דתני שם דלחכמים דר"מ אינו חייב אלא א' דהא ע"כ פליגא מתני' אתוספתא לדידיה דלר"מ חייב ג' קלבונות בכה"ג ובתוספתא לא חשיב אלא ב' בדברי ר"מ · וסברת ר"א לאשווי מתני' ותוספתא אהדדי דלחכמים דר"מ אינו חייב אלא א' גם בכה"ג והייט משום שהוא נותן סלע ונוטל שקל בחד זימנא הוי כמחליף על ב' חצאי שקל דהו"ל אלא א' ולא עדיף משנים ששקלו לדידיה : מתני' השוקל ע"י עני ט' · השוקל סלע שלם ע"י עני וכן עירו פטור מקלבון כיון שאם לא היה נותן להם גם הם לא השיגה ידם ליתן ונמצא ע"י מרוית ההקדש לכך פטור והא דלא קתני פ"י וע"י עני משום דלר"מ הוי חייב עכ"פ בעד עצמו ובפלוגתא לא קמיירי : האחין השותפין· מפרש בגמ' : גמ' כשחלקו וחזרו ונשתתפו · אז הם חייבים בקלבון דכשחלקו ונותנין סלע שלם בשביל שניהם הוה כאילו לוין זה מזה ומתמעשר בהמה פטורים דפטר של שותפים פטור ממעשר בהמה דתניא בבכורות (נ"ו) כל פטר שגר בהמה אשר יהיה לך ולא של שותפות ואע"ג דהאי קרא בבכור הוא דכתיב התם פריך לה ומשני לה : כשלא חלקו · דקיימא בתפוסת בית חייבים במעשר בהמה דאמר התם יכול אפי' קנו בתפוסת הבית ת"ל יהיה ופטורים מן הקלבון דכ"ז שהן בתפוסת הבית לא חשיב כהלואה : והן שחלקו גדיים ט' · הוא דאמרי' דכשחלקו בטלה תפוסת הבית מינייהו דכשחלקו גדיים נגד תיישים בטלה מהן שם ירושה ע"פ שוה בדמים והוי כאילו לקח כ"א מן השוק ונתערבו ואין כאן שם תפוסת הבית אלא שם שותפות : אבל אם חלקו ט' · דזהו משפט ירושה לכ"א חלק בכל מין ומין אומרים זהו חלקו המגיע להם ברירה ועדיין שם יורשים עליהם וכשחזרו ונשתתפו חזרה תפוסת הבית למקומה :

*) אין בלשון מכוון ואולי דחסר איזה תיבות וצ"ל שירשו מאביהן דפטורי מקולבון כ"ה אם ירשו מאדם אחר דעלמא ג"כ תפוסת הבית חשיבה .

סיך

מסורת הש"ס

א) תוספתא פ"א : ב) במדבר רבה פי"ב : ג) ביצה לט ב חולין קה ב : ד) בכורות נו : ה) שם נה ב : ו) בס"י אי' כאן פיסקא האחין וכו' :

עין משפט נר מצוה

לו א מיי' פרק ח ממתנות עניים הלכה ח :
לז ב מיי' פרק ו מבכורות הל"י :

נוסחת הבבלי

(א) הנותן סלע ונוטל שקל : (ב) כלקוחות הן כדתנן הלוקח כו' :

הגהות הגר"א

לר"י לקבל מהן אלא כשנותן להדיא לבד"ה ס"ג לר"ל :
[א] ס"ג ומאליהן הן באין לכלי שרת וכו'. ולא קאמר ר"ל דאין מקבלין אלא כשנכרי נותן מעצמו להדיא לבד"ה : [ב] מלות מה עבד לה נמחק וצ"ל רשב"ל פתר לה וכו' . וה"ש רשב"ל הוכחתו מפשטא דקרא דקאמר לא לכם ולנו משמע דקאסר ליה שותפות כלל בין בתחלה בין בסוף : [ג] מן תני אלו חייבין וכו' עד פטור מהקלבון ל"ג וה"ג מאי טעמא דר"מ סבר ר"מ השוקל שקלו שלם שהוא חייב שני קלבונות דאר"מ כשם ששקלו תורה כך קלבנו תורה דתני רמ"א כמין מטבע של אש וכו' . ועי' בפי' ק"ס : [ד] ה"ג אר"א דר"מ היא דאמר אחד שקל שהוא נותן וא' לדברי תורה ורב אמר ד"ה היא אחד שקל שהוא נותן ואחד שקל שהוא נוטל . וצ"ג ואחד לדברי תורה . ועי' בספר תקלין חדתין ותמצא פי' מרווח ע"פ ההגה"ס הנ"ל : [ה] צ"ל ע"ד דרב לר"מ וכו' . ועיין בפי' ק"ס :

ציון ירושלים

והן שחלקו גדיים כנגד תיישים . עי' ש"ס דילן בכורות נו ועפ"ה דף כ"ס ע"ב ד"ה אתה חטים שבמקום פלוני ועי' בתוס' רי"ד קדושין יז ע"ב ודו"ק היטב ועי' עצמות יוסף שם:

גליון הש"ס

[א] עי' תוס' מנחות דף כט ע"א ד"ה שלשה :

נוסחאות ישנות

ופעמים שהם פטורים מזה ומזה היך עבידא (חלקו את הנכסים ואח"כ חלקו את הבהמה חייבין בזה ובזה חלקו את הבהמה ואח"כ חלקו את הנכסים פטורין מזה ומזה) [א] חלקו א) הנכסים ולא חלקו הבהמה חייבין בזה ובזה חלקו הבהמה ולא חלקו את הנכסים פטורים מזה ומזה א"ר מנא הדא דאת אמר בשלא היתה הבהמה רוב אבל אם היתה הבהמה רוב הן הן עיקר נכסים ר' אבין אמר ר' שמי בעי מפני שעשיתן כאדם אחד אצל מעשר בהמה את פוטרו מן הקלבון א"ל לא שניא היא שהוא נותן סלע א' שלימה מעתה אפילו חלקו [ב] וחזרו ונשתתפו חייבין במעשר בהמה ופטורים מן הקלבון ותנינן חייבין בקלבון ופטורין ממעשר בהמה: ר' בא בשם אבא בר רב הונא היא שני אחים שירשו את אביהן היא שני גיסין שירשו את חמיהן ב לאיכן ג) היו הקלבנות נופלין ר"מ אומר לשקלים רבי לעזר אומר לנדבה ר"ש שזורי אומר [א] (א) ריקוע זהב וצפוי לבית קודש הקדשים בן עזאי אומר שולחנין היו נוטלין אותן בשכרן ויש אומרים להוצאת דרכים :

הדרן עלך פרק באחד באדר

הלכה א מתני' ג מצרפין ג) שקלים לדרכונות

מפני משוי הדרך כשם שהיו שופרות במקדש ד כך היו שופרות במדינה בני ד) העיר ה ששלחו את שקליהן ונגנבו או שאבדו אם נתרמה התרומה נשבעין לגזברין ואם לאו נשבעין לבני העיר ובני העיר שוקלין תחתיהן נמצאו או שהחזירום הגנבים אלו ואלו שקלים ואין עולין להן לשנה הבאה: **גמ'** ויעשו אותן מרגליות שמא תזיל המרגליות ונמצא ההקדש מפסיד כההיא דתנינן תמן וכולן ה) ו נפדין בכסף ובשוה כסף חוץ משקלים אמר [ג] ואין פודין בכלים *וא"ר שמואל בר רב יצחק שמא יזילו הכלים ונמצא ההקדש מפסיד אוף הכא נמי שמא תזיל המרגליות ינמצא ההקדש מפסיד מתניתא בתקלין חדתין אבל בתקלין עתיקין לא בדא ותני כן ח עתיקין במקדש ואין עתיקין במדינה מתני' בש"ח אבל בשומר שכר לא בדא א"ר אבא ט ואפילו תימר בש"ש נגנבו ו) בלסטים מזויין אבדו (ב) כמי שטבעה ספינתו בים (ג) א"ר יוסטי ב"ר סימון אתיא כמ"ד תורמין ז) י על הגבוי ועל העתיד לגבות (ד) ברם כמ"ד אין תורמין לא על הגיבוי (ולא על הממושכן) ועל העתיד לגבות לא בדא : [ד] (א) בני העיר ששלחו את שקליהם כו' : א"ר אלעזר דר"ש היא דר"ש אומר קדשים שהוא חייב באחריותן כנכסיו הן א"ר יוחנן ד"ה היא משום שבועת תקנה. ע"ד דרבי יוחנן ניחא נשבעים לגזברים ואם לאו נשבעים לבני העיר ובני העיר שוקלים אחרים תחתיהן

בקלבון ובמעשר בהמה: היך עבידא · כמו היכי דמי : ה"ג חלקו את הנכסים ולא חלקו את הבהמה חייבין בזה ובזה חלקו את הבהמה ולא חלקו את הנכסים פטורין בזה ובזה. וכ"ה בבכורות פ"ט · והכי פירושו חלקו את הנכסים וחזרו ונשתתפו ולא חלקו בבהמה דגבי קלבון הוו כשאר שותפין וגבי בהמה הוו כתפוסת הבית : הן הן עיקר נכסיו · ואע"פ שחלקו את הנכסים ולא חלקו את הבהמה פטורין מקלבון : רבי שמי . פריך וכי מפני שעשיתן כאדם אחד אצל מעשר בהמה הואיל ולא חלקו נאמר שיהיו פטורין מן הקלבון אע"פ שלא נתנו שקליהן מן ירושת אביהן ואע"פ שהבהמות הן עיקר הנכסים אין לפטרן . כך למדתי ממגדל עוז בשם הר"מ מקולי ודלא כהרא"פ ודבריו תמוהין : לא שנייא היא · שאני הכא שהוא נותן סלע שלימה מאותן המעות שהיו מגיעין על חלקו הלכך הרי הוא כאילו לא חילקו : ופריך מעתה · לדבריך שעיקר הטעם שפטורים לפי שהוא נותן הסלע השלימה ממה שהוא מגיע על חלקו אפילו חלקו וחזרו ונשתתפו יהיו פטורין ואנן לא תנן הכי : היא שני אחין וכו' . כלומר אין חילוק כל שבא מכח ירושה הרי הוא כתפיסת הבית אע"ג שאינן בירושה דאורייתא ולא שקל החותן בשבילם ויש פירושים אחרים בשמועה זו וזו הנ"ל לפום פשטא דשמעתתא : שולחנין . שגבו השקלים במדינה כמ"ש הרמב"ם הן נטלו אותן בשכרן : להוצאת דרכים . להביא השקלים לירושלם : סליק פרק ראשון

הלכה א מתני' מצרפין שקלים לדרכונות . בני העיר שקבצו שקליהם יכולין להחליפן מדרכונות והוא מטבע של זהב להקל מעליהם משאוי הדרך : שופרות . תיבות שפיהן צר למעלה ומרחיב והולך כעין שופר כדי שלא יוכלו ליטול מהן כלום והיו עומדין בעזרה וכל אחד מביא שקלו ונותן בו : במדינה . בירושלם ולדברי הרמב"ם בשאר ערי ישראל : ששלחו את שקליהן · ביד שליח להוליכם ללשכה : אם נתרמה התרומה · שהיו רגילים לתרום מהקופות לצורך הקרבנות והיו תורמין על הגבוי ועל העתיד לגבות כדי שיהיה חלק בקרבנות אף לאותן שעדיין לא שקלו : נשבעין · שלוחים לגזברים דהואיל ונתרמה התרומה על המעות הללו קודם שנאבדו הרי נעשו כאילו היו ברשות הגזברים מטעם שנתרמה התרומה עליהן וכשנגנבו או אבדו ברשות הגזברים נגנבו או אבדו הלכך נשבעים השלוחים לגזברים ונפטרים ואע"ג דאין נשבעין על ההקדשות בגמ' מתרץ לה : ואם לאו · שבשעה שאבדו עדיין לא נתרמה התרומה ברשות הבעלים אבדו הלכך נשבעין לאנשי העיר : **גמ'** ופריך ויעשו אותן מרגליות · כלומר יקנו מרגליות בעד השקלים ולא יצטרכו להוצאת הדרכים: ומשני שמא תיזול המרגליות · ויפסיד ההקדש: כהאי דתנינן תמן · בכורות פ"ח : וכולן נפדין וכו' · כלומ' וכל הנפדין כגון בכור אדם והקדשות נפדין בכסף ובשוה כסף חוץ מן השקלים שהבא לשקול מחצית השקל צריך שיתן אותו כסף נקי מטבע מצוייר ולא שוה כסף ותני ושייר דאף מעשר שני והראיון אינן אלא בכסף ולא שוה כסף : ואין פודין · מעשר שני בכלים : מתניתא · דתנן שהיו שופרות במדינה דוקא לתקלין חדתין לשקלים של שנה הבאה אבל לשקלים הישנים מי שלא שקל אשתקד לא היה שופרות במדינה אלא צריך להביאן למקדש : ותני כן · ותניא נמי הכי : עתיקין במקדש · כדתנן לקמן פ"ו וגירסת הרמב"ם נראה ותני כן עתיקין במקדש ועתיקין במדינה ולשון קושיא היא וכי תק הכי : מתניתין · דתנן נגנבו או שאבדו נשבעין ופטורין מלשלם דוקא בשומר חנם איירי : אבל בשומר שכר · אינו בדין זה אלא משלם בגניבה ואבידה ואינו נשבע : ליסטים מזויין · גנב מזויין דאונס הוא ולשמירה זו לא קבלו עליהם : ברם כמ"ד וכו' . אבל למ"ד אין תורמין על הגבוי אפי' נתרמה התרומה נשבעין לבני העיר והן שוקלין אחרים תחתיהם : דר"ש היא. הא דתנן דהשומרים נשבעין אתיא כר"ש : דאר"ש · במסכת שבועות קדשים שהמפקיד חייב באחריותן כדידיה דמיין ה"נ כיון דחייבין בני העיר לשקול תחתיהן לאו כהקדשות נינהו אבל לחכמים אין כאן שבועה דאין נשבעין על ההקדשות: משום שבועת תקנה. מדאורייתא פטור לגמרי ורבנן הוא דתקון לה שלא יזלזלו בשמירת ההקדשות : ה"ג ע"ד דר"י ניחא נשבעין לגזברין ואם לאו נשבעין לבני העיר משום שבועת התקנה אלא לר"א נשבעין לבני העיר ובני העיר שוקלין אחרים תחתיהן הדא היא דר"ש אלא נשבעין לגזברין

משנת אליהו

הלכה א כשם שהיו שופרות במקדש כו'. עיין מ"ש בפי' כאן הוא לשון מרן הגאון שהיה שיטתו כן בזה בכוונת ש"ס דלא כהמפרשים והדבר מוכרע ממקומו ועי' תוי"ט פ"ק מתני' ג' ד"ה במדינה : **כההיא** דתנינן תמן כו' . ול"ג ואין פודין בכלים דלא אידכר שם והכל בכלל שוה כסף דאיך אחריני ודאי נפדין בהם חוץ משקלים וגרס שמא יזילו היינו השוה כסף וה"נ שמא תזיל המרגליות כו' : **ותני** כן עתיקין כו'. הרמב"ם רפ"ב דשקלים בחיבורו כתב דגם במדינה היו שנים וע"כ ג"' אחרת היה לו בירושלמי ועי' תוס' יו"ט : **מתני'** בשומר חנם כו' . דברי הרמב"ם בפירושו כאן ובחיבורו פ"ג דשקלים אינם מובנים כלל . שסידר בבא שלימה שם הלכה ח' דינא דבני העיר ששלחו ע"י שומר חנם דנשבע להם לעולם והן משלמין לעולם אף אם נתרמה התרומה קודם שנאבדו דאינו מחלק שם ובהלכה ט' סידר כל חלוקה דשומר שכר ומחלק בין נתרמה קודם לאחר כך · וכבר תמה מרן בכ"מ וכתב דמסברתו למד זאת . ואין זה דרכו של הרמב"ם לסתום בחיבורו מסברתו אם אינו סוגיא בגמ' . ובק"ע הניח בצע"ג ונראה לענ"ד בזה לפרש אליבי' דהרמב"ם כל סוגיא זו דירושלמי ודבבלי שהי' לו שיטה אחרת ואלו ג' ההלכות ממש ג' הסוגיות . בבא ראשונה סוגיין דירושל' . בבא שניה סוגיא דבבלי ולא פליגי אהדדי ולכן פסק כתרוייהו כדרכו בכ"מ. דבסוגיין סתמא דתלמודא מוקי בשומר חנם כדאמר מתני' בש"ח דבש"ש צריך לאוקמי בלסטים מזויין ופשטא דמתני' ניחא להו ור' אבא הוא דמלא גוונא לאוקמי גם בש"ש כמ"ש אפילו תימא כו' ואכתי לא סליק אדעתייהו לפרושי רומי' דאין נשבעין על ההקדשות . אר"א דר"ש הוא דרש"א קדשים שחייב באחריותן כנכסיו הן . ור"ל דאיירי בש"ח ואסתמא דסוגיא דגמ' קאי ודלא תקשי ממתני' דב"מ דאין נשבעין להקדש מוקים לה כר"ש . והכא חייב באחריותן אף בכה"ג דנתרמה קודם שנאבדו דבה"ע פשעו במסירתם לש"ח ולכן עכ"פ נשבעין וכן משלמין גם כן אף בנתרמה קודם שנאבדו וכמ"ש הרמב"ם בפירושו להדי' . ובמתני' לא חילק אלא אם נשבעין לגזברין או לבני העיר ונפקא מינה כדמפרש לקמן בסוגיא אבל משלמין בין כך ובין כך ובזה ניחא כסברת מרן הכ"מ דמ"ש ושוקלין אחרים כו' קאי גם ארישא ולכן לא פריך הכא כדפריך בבבלי שם לאוקימתא דהא מני ר"ש תינח עד שלא נתרמה כו' אבל משנתרמה קדשים שאין חייב באחריותן הוא . דסבירא ליה דבכה"ג שנתנו לש"ח אף בנתרמה חייב באחריותן וכדלקמן ורי"א ד"ה היא · דאף דבאמת דבכה"ג חייב באחריותן וכדאמר ר"י גופיה לקמן הפריש שקלו ואבד חייב באחריותן עד שימסור לגזבר רק גם שחייב

ריבב"ן

מתני' א' דרכונות. כמו דרכמוני זהב בספר עזרא: מפני משוי הדרך. להקל מעליהן. ירושלמי ויעשו אותן מרגלית כלומר מכל השקלים יקנו מרגלית ויקלו ממשואו' יותר. ושני שמא תזול המרגלית ונמצא ההקדש מפסיד אבל הדרכונות אין לחוש שמא יוזלו מהן המטבעות היוצאין בירושלים: מתניתא בתקלין חדתין אבל בתקלין עתיקין לא בדא כלומר בתקלין עתיקין מותר לקנות מרגלית ולא חיישינן שמא תזול שאין באין אלא לחומת העיר ומגדלותיה: בני העיר ששלחו את שקליהן אם נתרמה התרומה מן הכסף שבלשכה ונהגוהו בקופות דתניא בתוספתא פרק ב' תורמין על המשכון ועל הגבוי ועל העתיד לגבות נמצא שאותן השקלים ברשות הקודש איתינהו ונגנבו או נאבדו נשבעין לגזברין שההפסד לקדש ואם תאמר והתנן בשבועות אין נשבעין על ההקדשות דרעהו אמר רחמנא ולא הקדש אמרי' בפרק הזהב אמר שמואל הכא בנושא שכר עסקינן ונשבעין ליטול שכרן אי הכי נשבעין לגזברין נשבעין לבני העיר מבעי ליה אמר רבא נשבעין לבני העיר במעמד הגזברין כי היכי דלא ניחשדינהו שלא הפרישו שקלים אי נמי כי היכי דלא ניקרינהו פושעים והא נגנבו או אבדו קתני ושומר שכר חייב בגניבה ואבידה והכא נהי דלא משלמי דשומר שכר פטור לשלם להקדש דכי יתן איש אל רעהו כתיב ולא הקדש אגרייהו מיהא לפסוד אמר רבא שנגנבו בלסטים מזוין אבדו שטבעה ספינתו בים דהוי אונס ושומר שכר פטור באונסין ר' יוחנן אמר הא מני ר' שמעון היא דאמר קדשים שחייבין באחריותן נשבע עליהן בפרק מרובה אמר ר' שמעון קדשים שחייבין באחריותן חייב שאינו חייב באחריותן פטור לענין תשלומי כפל ומדחייב הגנב כפל כממוט דמי · הכי נמי לענין שבועה · התינח עד שלא נתרמה התרומה משנתרמה התרומה קדשים שאין חייב באחריותן נינהו דתנן תורמין על האבוד ועל הגבוי כו' אמר ר' אלעזר שבועה זו תקנת חכמים היא שלא יזלזלו בהקדשות פי' שלא יזלזלו בשמירתן נשבעין לבני העיר הואיל

תקלין חדתין

היך עבידא. היכי דמי : ה"ג חלקו את הבהמה ולא חלקו את הנכסים פטורים בזה ובזה · דכיון שחלקו בבהמה וחזרו ונשתתפו ה"ל לענין מעשר בהמה כשותפין ופטורין ממעשר ובנכסים שלא חילקו עדיין שם תפוסת הבית עליהן ופטורין מקלבון והא קמ"ל דסד"א דלא נקל כולי האי דכיון דחלקו בבהמה נזיל לחומרא ונימא גלו אדעתייהו דלמיפלג בנכסים נמי קיימי וליחייבו בקלבון קמ"ל הכי מפרש לה בבכורות (נו ב) חלקו את הנכסים וחזרו ונשתתפו דלגבי קלבון הו"ל כשותפין וחייבין ובבהמה דלא חלקו הו"ל עדיין שם תפוסת הבית על הבהמות וחייבין בזה ובזה : הדא דאמרת · דבשחלקו הנכסים לחוד דחייבין בקלבון שלא היתה הבהמה שוה יותר מהנכסים : הן הן עיקור נכסיו · ואפי' חלקו הנכסים ולא הבהמות פטורים מקלבון דבתר רובא אזלינן : ר"ש בעי · אמתניתין פריך דקאמר לא חלקו פטורים מן הקלבון : לא שניא הוא · כלומר וכי לא שניא הוא דכיון דלא חלקו נותן סלע א' שלימה דעדיין קיימא תפוסת הבית ולא חשיב כהלואה : אפילו חלקו ונשתתפו · דנותנין נמי סלע א' שלימה יהיו פטורין מן הקלבון ומשני ר' ביבי הוא שני אחין הוא שני גיסין כלומר כיון שחלקו אף שאח"כ נשתתפו הוו כאחרים לענין חיוב קלבון : כת"א לשקלים · ר"ת לטעמיה דאמר לעיל כשם ששקלו תורה כך קלבונו תורה : שולחנין · שגבו השקלים במדינה הן נוטלין אותן בשכרן : להוצאת דרכים · להביא השקלים לירושלים וי"מ להוצאות דרכים של השלחנים שהיו תחילה במדינה והולכים אח"כ למקדש : הדרן עלך באחד באדר

מתני' מצרפין שקלים לדרכונות . בני העיר שקבצו שקליהם יכולים להחליפן בדרכונות והוא מטבע של זהב להקל מעליהם משאוי הדרך: שופרות. תיבות שפיהן צר למעלה ומרחיב והולך כעין שופר כדי שלא יוכלו ליטול מהם כלום והיו עומדים בעזרה וכל א' מביא שקלו ונותן בו : במקדש · מקדש ממש ומדינה היינו בכל העיירות דבירושלים לא היו צריכין דהשופרות היו קבוץ להוליך למקדש : ששלחו את שקליהן · ביד שליח להוליכם ללשכה : אם נתרמה תרומה · מן הקופות שהיו תורמין לצורך הקרבנות על הגבוי ועל העתיד לגבות כדי שיהיה חלק הקרבנות אף לאותו שעדיין לא שקלו : נשבעין השלוחים לגזבר · דהואיל ונתרמה התרומה על המעות הללו קודם שנאבדו הרי נעשו כאילו היו ברשות הגזברים מטעם שנתרמה וברשותם נגנבו הלכך נשבעים לגזברים שבועות השומרים : ואם לאו · שבשעה שאבדו עדיין לא נתרמה התרומה ברשות הבעלים אבדו הלכך נשבעים לבני העיר ופטורים : שוקלין אחרים תחתיהן · ששקלים הראשונים ששקלו לא עלו להן : **גמ'** ויעשו אותן מרגליות · ארישא פריך אמאי אין מצרפין למרגליות שהוא קל יותר : תיזיל המרגליות · וכן לכל שוה כסף אבל טיבעא לא זייל : וכולן · לעיל קתני התם הדברים שצריך לפדותם כגון בכור אדם ודומיהן וקאמר וכולן נפדין וכו' : מתניתן · דקתני שהיו שופרות במדינה דוקא לתקלין חדתין דהיינו לשקלים של שנה הבאה אבל לתקלין עתיקין דהיינו למי שלא שקל אשתקד לא היו שופרות במדינה אלא צריך להביאן למקדש דוקא : מתני' · דקתני נגנבו ונאבדו נשבעים השלוחים ופטורים מלשלם : אבל בשומר שכר אינו בדין זה · דש"ש אינו נפטר בשבועה אלא חייב בגניבה ואבידה : בלסטים מזוין · דהוי אונס ובאונס אפילו ש"ש פטור אם נשבע שנאבדה : אתיא כמ"ד · מתני' דמחלק בין נתרמה קודם שנאבדה או לאחר שנאבדה : על הגבוי · שבני העיר גבו ומסרום ליד שליח : לא בדא · דלדידיה אפי' נתרמה התרומה קודם שנאבדה כיון דאין תורמין על הגבוי לאו נכנסו המעות הללו לרשות הגזבר וברשות בני העיר קיימא ונשבעין לבני העיר ובני העיר שוקלין אחרים תחתיהן : דר"ש היא · הא דתנן במתני' דהשומרים נשבעים דר"ש היא דאל"כ הא קי"ל אין נשבעין על ההקדשות : שבועות תקנה · כדי שלא יזלזלו השומרים בשמירת הקדש אבל מדאורייתא אה"כ

מסורת הש"ס

א) בכורות נו ב : ב) תוספתא פרק א' ועי' מנחות קח א : ג) בכורות נא א : ד) ב"מ דנ"ז ב יומא דס"ה א : ה) בכורות מט ב) : ו) עי' ב"מ נח א : ז) כתובות קח א :

עין משפט נר מצוה

לח א מיי' פ"ו מהל' בכורות הלכה יא ופרק ג משקלים הלכה ה ובהשגות :

לט ב מיי' פרק ג משקלים הל"ז ובהשגות :

א ג מיי' שם פ"ב הלכה ד :

ב ד מיי' שם הל"א :

ג ה מיי' שם פ"ג הלכה ח ט :

ד ו מיי' פרק יא מבכורים הלכה ו טוש"ע יו"ד סי' שה:

ה ז מיי' פרק א משקלים הל"א :

ו ח מיי' שם פרק ג הל"א (בהיפוך) :

ז ט מיי' שם פרק ג הלכה ט :

ח י מיי' שם פ"ב הלכה ט :

נוסחת הבבלי

(א) ריקועי פחים ציפוי כו' : (ב) במי ששקעהספינתו כו': (ג) א"ר איסטינ' בן סימון : (ד) ברם אית מאן דאמר אין כו' :

הגהות הב"ח

(א) בני העיר ששלחו את שקליהן :

הגהות הגר"א

[א] חלקו הנכסים וכו' . כצ"ל ועיין בק"ע : [ב] צ"ל אפי' חלקו ונשתתפו פטורים מן הקלבון והשאר נמחק . וה"פ אפילו חלקו ונשתתפו דנותנין נמי סלע א' שלימה יהי' פטורין מן הקלבון ומשני ר' ביבי וכו' : [ג] ואין פודין בכלים ל"ג : [ד] בני העיר וכו' ל"ג לה :

גליון הש"ס

[א] עי' בריטב"א שבועות דף י' ע"ב וברש"י שם :

נוסחאות ישנות · תורה אור

תחתיהן משום שבועת תקנה אלא לרבי לעזר נשבעים לבני העיר הדא היא דר׳ שמעון נשבעים לגזברים גזברים מאי עבידתייהו נשבעים לבני העיר במעמד גזברים כי היכי דלא לחשדינהו אי נמי דלא נשוו להו פושעים [א]אע״פ שקבלו בני העיר לשלם אין ההקדש יוצא בלא שבועה : הפריש שקלו ואבד ר׳ יוחנן א) אמר חייב באחריותו [א] עד שימסרנו לגזבר רבי שמעון בן לקיש אומר הקדש ברשות הגבוה בכל מקום שהוא מתניתא פליגא על ר״ש בן לקיש [א] נשבעין לבני העיר ובני העיר שוקלין תחתיהם [ב] לא עוד היא משום שבועת תקנה : (א) תני ב) הראשונים נופלים לתקלין חדתין והשניים נופלין לתקלין עתיקין . אלו הן הראשונים ואלו הן השניים רבי פנחס בי *ר׳ חייא (חנינא) ור׳ אבא מרי חד אמר אלו ששלחו בני העיר תחלה וחרנה אמר אלו שהגיעו לידי גזברין תחלה :

הלכה ב מתני׳

ג) הנותן שקלו לחבירו לשקול על ידו ושקלו על ידי עצמו אם נתרמה התרומה מעל ד) השוקל (ב) שקלו מן ההקדש ונתרמה התרומה וקרבה הבהמה מעל ממעשר שני ומדמי שביעית יאכל כנגדן :

גמ׳ השוקל כו׳ אנן ג) תנינן אם קרבה הבהמה ותני דבי ר׳ אם נתרמה התרומה (נ״א אנן תנינן אם נתרמה התרומה ותני דבית רבי אם קרבה הבהמה אמר ר׳ לעזר מאן תנא אם קרבה הבהמה ר״ש דר״ש אומר מיד וכו׳) מאן תנא אם נתרמה התרומה רבי שמעון היא דאמר ד) רבי שמעון [ג] מיד היה מקבל מעותיו והכהנים זריזים הן וקשיא אילו הגונב עולתו של חבירו ושחטו סתם סתמא לא לשם בעלים הראשונים מכפרת אמר ר׳ יודן תיפתר במסוים משל ה) בית רבן גמליאל שהיה מתכוין [ד] ודוחפו לתוך הקופה [ג] וחש לומר שמא לשיריים הן נופלין וכי יש מעילה בשירים אלא כרבי מאיר דרבי מאיר אומר ה) מועלין ו) בשיריים [ה] עוד היא במסוים *של בית רבן גמליאל [ו] שהיה מתכוין ותורמו לשמו : מה נהנה (ג) א״ר אבין בשם רבנן דתמן מכיון שב״ד ראוין למשכן ולא משכנו כמו שנהנה : ממעשר שני וכו׳ דכתיב °אך בכור אשר יבכר לה׳ בבהמה (ד) לא יקדיש איש אתו כל ז) שהוא קודש אין קדושה חלה [עליו] כיצד הוא עושה מביא סלע של חולין ואומר מעות מעשר שני (ה) בכל מקום שהן יהו מחוללין על סלע זו ואותה סלע נתפס לשם מעשר שני [ז] והשאר נעשו שקלים :

משל · ויקרא כז

קרבן העדה

גזברין מאי עבידתייהו . וה״פ לר״א כיון דאין הגזברין חייבין באחריות שקלים אלו א״כ הקדשות ניהו ואין נשבעין על ההקדשות כאילו ... במעמד הגזברין מפני שההפסד על ההקדש : אע״פ שקיבלו וכו׳ . אדר׳ יוחנן קאי דקאמר דשבועה זו תקנת חכמים היא שאין הקדש ... עליהן ואמרו הואיל ואנו משלמין אין רצוננו שישבע השליח שהוא נאמן לנו אין שומעין להן שאין הקדש יוצא בלא שבועה : חייב ב... שימסרנו לגזבר : הקדש ברשות גבוה בכל מקום שהוא . ואפילו קודש שנתרמה פטור : ובני העיר שוקלין תחתיהן . ואס״ד כי גזא ד... פטורין : ומשני לא עוד היא משום שבועת התקנה · אף זו מן התקנה שלא יזלזלו בהקדשות וישלחו אותן ע״י שליח אלא כל אחד יביא שקלו בעצמו לשם דמלוה בו יותר מבשלוחו : תני הראשונים וכו׳ . אנמלאו או שהחזירום הגנבים קאי דהשתא שניהם לפנינו: אלו ששלחו בני העיר תחלה. הן הראשונים: וחורנה אמר . ואידך אמר :

הלכה ב מתני׳ על ידו . בשבילו והלך השליח ושקלו בשביל עצמו : אם נתרמה התרומה · קודם ששקל בשביל עצמו : מעל . דמיד שנתרמה התרומה על העתיד לגבות היה זה השקל שנתן לו חבירו לשקול עליו ברשות הקדש וכשנתנו בשביל עצמו נהנה מן ההקדש ובגמרא מפרש מה נהנה : השוקל שקלו מן ההקדש . שהיו בידו מעות שהוקדשו לבדק הבית וכסבור שהן של חולין ושקל מהן שקלו ונתרמה התרומה וקנה בהמה באותה התרומה והקריבוה אז נתחייב השוקל קרבן מעילה אבל לא קודם לפי שאין מעילה אלא במוציא מן ההקדש לחולין אבל המוציא מהקדש להקדש אע״פ שנהנה אינו מועל אלא אחר שעשה מעשה בהקדש השני : יאכל כנגדן . בגמרא מפרש לה :

גמ׳ אנן תנינן · ברישא דמתניתין אם נתרמה התרומה ותנאי דבי רבי תנו אף ברישא וקרבה הבהמה ולא פליגי דתנא דידן סמיך אסיפא שמפרש ...

הלכה ג מתני' המכנס מעות. כונס מעט מעט פרוטה אחר פרוטה לשקלו ואמר כשהתחיל לכנס הרי אלו לשקלי וכשבא לחשוב מה שכנס מצא שהותירו על שקלו: מותרן נדבה. יפלו לשופרות שבמקדש שעומדין להקריב בדמיהן עולת קיץ למזבח וב"ש לטעמייהו דסברי הקדש בטעות שמיה הקדש: מותרן חולין. שלא נתכוין זה אלא עד כדי שקלו: שוין שהמותר חולין. דהוי כאומר בפירוש אם אכנים יותר משקל אביא מהן שקל והמותר יהיה חולין: אלו לחטאתי. אם כנס מעות ואמר הרי אלו לחטאתי מודו ב"ה שהמותר נדבה: מה בין שקלים לחטאת. מ"ש שקלים אם אמר על ידו מליאה מעות הרי אלו לשקלי שמותרן חולין ומ"ש חטאת דמותרן נדבה: שקלים יש להן קצבה. דכתיב העשיר לא ירבה והדל לא ימעיט ובודאי לא היתה כוונתו אלא לשקל אבל חטאת אין קצבה אם ירצה יביא בדמים מרובים ונתפסו הדמים אפילו הן מרובין ומותרן נדבה: דרכונות. מטבע של זהב ממדי ושויה סלע ומתחלה שאז היו צריכין הרבה לעבודת הבית ושקלו הרבה: חזרו לשקול סלעים. כמשמעו סלע שלם: טבעין. חצי סלע: דינרין. רביעית סלע: ולא קבלו מהן. דרשאין להוסיף על שקל דאורייתא כפי הצורך ולא לפחות ממנו: אעפ"כ יד כולם שוה. עני ועשיר שוקלין בשוה כפי אשר קבלו עליהן לשקול אבל חטאת לעולם אינו שוה שזה מביא בסלע וזה בשתים וזה בשלש: **גמ'** מה פליגין. כי פליגי: במכנס פרוטרוט. פרוטה פרוטה וכדפרישית במתני': אבל. אם נטל ידו מליאה מעות ואמר אלו לשקלי ויש בו מותר ד"ה מודים שהמותר נדבה: מה בין וכו'. וקס"ד דר"ש לכ"ע קאמר למלתיה: מה אנן קיימין. רבי שמעון אהי קאי דקאמר מה בין וכו': מה עביד וכו'. כלומר ור"י במאי מוקים מתניתין: פתר לה. למתני' דר"ש אמכנס פרוטרוט אליבא דב"ה קאי מ"ש קאמר מותרן חולין: ופריך והא תנינן בסוף פרקין מותר שקלים חולין. וקס"ד דמתניתין אתיא ככ"ע: נשמעינה מן הדא. כמו תא שמע: ה"ג אותה השניה רועה. עד שיסתאב ויפלו דמיה לנדבה: ה"ג אלו לנדבה. יפלו המותר מהן: היאך אתה אומר אלו. סתמא דש"ס פריך איך קאמרת דהשני לנדבה לא יהא אלא כנוטל הרבה מעות ואמר הרי אלו לשקלי דתנן לב"ה מותרן חולין ולר' ביבי אפילו לב"ש מותרן חולין כ"ש הכא שאמר בטעות הרי אלו לשקלי שמותרן חולין: כשמועו. כמשמען סלעים: קרטין. רביעית סלע: מן הדא. הא דאמרינן שבימי עזרא שקלו דרכון לשלש שמעינן מהך קרא: ג' פעמים בשנה. ודרכון הוא סלע וחצי שהן שלשה שקלים: מכאן שאין מטריחין. נדבות על הצבור יותר מג' פעמים בשנה: מכאן לג' סאין וכו'. דתנן בפרק ג' בג' קופות של ג' סאין היו תורמין את הלשכה ג' פעמים בשנה ילפינן מדאמר עזרא לשלש השקל ג"פ בשנה: לפי שחטאו. בעגל במחצית היום: והרנה אמר. ואידך אמר: גרמסין. שם מטבע שהיתה בימי משה: שעברו על י' הדברות. כשחטאו בעגל: בעשרים כסף. היינו דינרין דסלע ד' דינרין ופדיון בסר חמש סלעים: טבע הן שני דינרין חצי הסלע דבנימין לא היה עמהן:

תורה אור

נוסחאות ישנות

הלכה ג מתני' המכנס מעות ואמר הרי אלו לשקלי בית שמאי אומרין מותרן נדבה [א]ובית הלל אומרים מותרן חולין שאביא מהן שקלי שוין שהמותר חולין אלו לחטאתי שוין שהמותר נדבה [ב]שאביא מהן חטאתי שוין שהמותר חולין אמר רבי שמעון מה בין שקלים לחטאת אלא של שקלים יש להן קצבה ולחטאת אין לה קצבה ר' יהודה אומר אף לשקלים אין להן קצבה [ג]שכשעלו ישראל מן הגולה היו שוקלין דרכונות חזרו לשקול סלעים חזרו לשקול טבעין בקשו לשקול (א) דינרין ולא קבלו מהן א"ר שמעון אע"פ כן יד כולן שוה אבל חטאת זה מביא בסלע וזה מביא בשתים וזה מביא בשלש: **גמ'** המכנס וכו' ר' א) יוסי בשם ר' לעזר מה פליגין במכנס פרוטרוט אבל באומר אלו לשקלי כל עמא מודיי שהמותרן נדבה רבי חייא (חזקיה) ור' ביבא בשם ר' לעזר מה פליגין במכנס פרוטרוט [ד]אבל באומר אלו לשקלי כ"ע מודיי שהמותרן חולין א"ר חייא (חזקיה) מתניתא מסייעא לר' ביבי דתנן אמר ר"ש מה בין שקלים לחטאת אלא שהשקלים יש להן קצבה ולחטאת אין לה קצבה [א] מה אנן קיימין אם באומר שאביא מהן שקלי כל עמא מודיי שהמותרן חולין אם באומר שאביא מהן חטאתי כל עמא מודיי שהמותר *חולין אלא כן אנן קיימין באומר אלו לשקלי שקלים על ידי שקצבתן מן התורה מותרן חולין חטאת ע"י שאין קצבתן מן התורה מותרן נדבה מה עבד לה *רבי יוסי בשם רבי אליעזר פתר לה במכנס פרוטרוט וכבית הלל והא תנינן ג) [ה]מותר שקלים חולין (ב) פתר לה במכנס פרוטרוט וכבית הלל *(והא תנינן מותר עשירית האיפה חולין עוד הוא פתר לה במכנס פרוטרוט וכב"ה) המפריש שקלו וסבר שהוא חייב ונמצא שאינו חייב [ו]לא קדש [ז]המפריש שנים וסבר שהוא חייב שנים ונמצא (ג) שאינו חייב אלא אחד אותו השני מה *עביד ליה נשמענה מן הדא [ח]הפריש חטאתו וסבר שהוא חייב ונמצא שאינו חייב לא קדשה הפריש שתים וסבר שהוא חייב שתים ונמצא שאינו חייב אלא אחת [ב] אותה שניה מה את עבד לה אלא רועה הכי נמי אלו (ד) לנדבה וכא היאך אומר אתה אלו: רבי יודא אומר כו': [א] דרכונות דינרין חזרו לשקול סלעין כשמועון חזרו לשקול טבעין פלגי סלעין בקשו לשקול [ט]דינרין קרטין ולא קבלו עליהן מן הדא [י]והעמדנו עלינו (ה) מצות לתת שלישית השקל בשנה לעבודת בית אלהינו ר' חלקיה בשם ר' אחא (ו) מכאן ג) שצריך אדם לשלש שקלו ג' פעמים בשנה מכאן שאין מטריחין על הציבור יותר (ז) מג"פ בשנה אמר ר' אבין מכאן לג' סאין מכאן לשלש קופות מכאן לג' הפרשות [כ]כתיב [ל]זה יתנו כל העובר על הפקודים* (ח) ר' ד) יהודה ור' נחמיה חד אמר לפי שחטאו במחצית היום יתנו מחצית השקל *וחד אמר לפי (ט) שחטאו בשש שעות ביום יתנו מחצית השקל דעבד שיתא גרמסין ר' יהושע ב"ר נחמיה בשם ריב"ז לפי שעברו על עשרת הדברות יהיה נותן כל אחד ואחד עשרה גרה (י) ר' ברכיה ר' לוי בשם ר"ש בן לקיש לפי ה) שמכרו בכורה של רחל בעשרים כסף יהיה כאו"א פודה את בנו בכורו בעשרים כסף (כ) ר' פנחס בשם ר' לוי לפי שמכרו בכורה של רחל בעשרים כסף ונפל לכל אחד ואחד מהם טבעה לפיכך יהיה כאו"א נותן שקלו טבעה:

מתני'

ריבב"ן

מתני' המכנס מעות. בפרוטרוט מותרן נדבה לקיץ המזבח. אם אמר שאביא מהן שקלי לא הקדיש אלא מה שצריך לשקלו ירושל' לטעם דב"ה המפריש שקלו סבור שהוא חייב ונמצא שאינו חייב לא קידש המפריש שנים סבור שהוא חייב שנים ונמצא שאינו חייב אלא אחד אותו השני מה את עבד ליה נשמעיניה מן הדא המפריש חטאתו כסבור שהוא חייב ונמצא שאינו חייב*
*) מיכן מוכיח שאם פסק ליתן לדקה כסבור שלא כתן ונמצא שכתן אפי' אם נתן ליד הגבאי יכול ליקחם וה"ה אם סבור שנדר ב' זוזין והפריסן ואמרו לו שלא נדר אלא אחד יכול ליקחם מיד הגבאי: מה בין שקלים לחטאת. דבשקלים אמרו בית הלל מותרן חולין ובחטאת מודו דמותרן נדבה שקלים שלהם קצבה ולא הקדיש אלא מה שצריך לשקלו אבל חטאת אין לה קצבה בדמיה ודעתו היה בבהמה שמינה אפי' אם היו לו ה' בהמות הכל הקדיש: אף לשקלים אין להם קצבה כדמפרש: משעלו בני ישראל מן הגולה. מהדר לפרש שהשקלים אין להם קצבה שכשעלו שקלו דרכונות לפי שהעם מועט לא היה די חצי שקל ליקח מהן תמידין וכל דברים הבאים מתרומת הלשכה על כן שקלו דרכונות חזרו לאחר שנתרבה העם ושקלו סלע ועוד חזרו אחר שהעם רב יותר שקלו טבעים ומפרש בירושלמי פלגי סלעא בקשו לשקול דינרין לאחר שהעם רב מאד ולא קבלו מהן משום דכתיב והעמדנו עלינו מצוה לתת שלישית השקל ר' חלקיה בשם ר' אחא מכאן שאדם צריך לשלש שקלו ג' פעמים בשנה שאין מטריחין על הצבור יותר משלש פעמים בשנה מדהביאו תחלה דרכונות **) יכול להקדיש כבתחלה ונמצא שהכל הקדיש אעפ"כ יד כולן שוה ולא הקדיש יותר משאר העם:

תקלין חדתין

מתני' המכנס. כונס מעט מעט מעות ובשעה שהתחיל לכנס אמר הרי אלו לשקלי וכשבא לחשוב מה שכנס מצא שהותירו על שקלו: מותרן נדבה. יפלו לשופרות שבמקדש שעומדין להקריב בדמיהן עולת קיץ למזבח דסברי הקדש בטעות שמיה הקדש: מותרן חולין. שלא נתכוין זה אלא כדי שקלו: שוין שמותר חולין. דהוה כאילו אמר בפירוש אם אכנים יותר משקל שיקח מהן לשקלו והמותר יהא חולין: **גמ'** מה פליגין. כי פליגי: במכנס פרוטרוט. כדפרישית במתני' הוא דס"ל לב"ה דמותרן חולין דהוה בטעות: אבל באומר אלו לשקלי. אם נטל ידו מלאה מעות ואמר אלו לשקלי ויש בו מותר מודה ב"ה דמותר נדבה שאין כאן טעות דהא ידע כמה הן א"כ נתכוין לכולן שיהו לשקלים אלא שאין רשאי להרבות למחצית השקל לכך המותר נדבה: דמותרן חולין. הואיל ואין כאן טעות שיוכל לומר בהו שהקדש בטעות הן וכיון דאין בידו להרבות בשקלים המותר חולין: אר"ש מה בין כו'. וקס"ד דר"ש אליבא דכ"ע קאמר לה: במה אנן קיימין. ר"ש דקאמר מה בין אהיי קאי: בכולן מותרן חולין. בין בשקלים ובין בחטאת כדקתני מתני' ומה בין דקאמר: באומר אלו. והא קאמר ר"ש מה בין שקלים דמותרן חולין אליבא דכ"ע ומה בין חטאת דמותרן נדבה אליבא דכ"ע ואח"כ אליבא דר' ביבא דקאמר באומר אלו כ"ע מודים דמותרן חולין שפיר קאמר ר"ש מה בין אלא לר"י מה בין דקאמר ר"ש הא בשקלים נמי מותרן נדבה: כב"ה. ומשמא דב"ה מפרש ר"ש: מותרן חולין. וקס"ד דמתני' אתיא ככ"ע ובאומר אלו: נמצא שאינו חייב לא קדיש. כיון דהם שקל אינו אלא ככל פשיטא לן דלא קדשי כי קמבעיא לן היכא דהפריש שנים ונמצא שאינו חייב אלא א' כיון דע"כ שם שקל חלה על אחת מהן: **מתני'** שקלים יש להם קצבה. דכתיב העשיר לא ירבה וגו' אמרי' דודאי לא היתה כוונתו אלא עד כדי שקלו אבל חטאת אין קצבה אם רצה יביא בדמים מרובים ונתפסו הדמים אפי' הן מרובין ומותרן נדבה: דרכונות. בימי מלכות מדי היה להם מטבע זה והוא של זהב ולפי שאז היו צריכים הרבה לעבודת הבית ולפיכך שקלו מטבעות גדולות: חזרו לשקול סלעים. שנתבטלה המטבע של דרכון והיה המטבע היוצאה בהוצאה סלעים ושקלו למחצית השקל חצי סלע: לשקול טבעין. מפרש בגמרא שהוא חצי סלע שגם הסלע נתבטל והיה יוצאה בהוצאה חצי סלע שלם והביאו לשקליהן אותו החצי סלע שהוא מחצית השקל דאורייתא שהשקל שלם דאורייתא הוא סלע דמשנה: ובקשו לשקול דינרין. כלומר שלא נתבטלה המטבע אלא שהיו מבקשים להקל ולהביא לשקליהן מחצית מטבע היוצאה שהוא דינר שהיו סבורין כמו בשעה שהיה המטבע היוצאה מטבע גדולה כמו דרכון היו מביאין לשקליהן חצי ממנו לפי שהוא חצי מטבע היוצאה אף שהוא יותר ממחצית השקל האמור בתורה ה"ה נמי כשהמטבע היוצאה היא מטבע קטנה אם נתן ממנה חצי לשקלו יוצא למחצית השקל דאורייתא אף ממנה: יד כלן שוה. איזה מטבע שקבלו עליהם לשקול גדולה או קטנה היו כלם שוקלים בשוה בין עשיר בין דל כדכתיב: **גמ'** כמשמען. משמען סלעים: קרטין. בל"א קווארטין והוא רביעית סלע שהוא דינר: ולא קבלו עליהן מן הדא. מן המקרא הזה סמכו שלא לקבל מהן בפחות ממחצית השקל האמור בתורה: והעמדנו עלינו מצות. מדקאמר והעמדנו דמשמע שנחמיה וב"ד היו צריכים להעמיד הדבר וליכא למימר שהיו נמנעים לגמרי ממה שכתוב בתורה אע"כ שהיו רוצים להביא מחצית המטבע היוצאה אף שהיא פחותה ממחצית השקל דאורייתא והעמידום לתת שלישית השקל שהוא יו"ד גרה דהיינו מחצית השקל האמור בתורה: לשלש שקלו ג"פ בשנה. מדלא כתיב שליש שקל בשנה לכך דריש לה שיהא השקל משתלש בשנה ולאו לתרומת שקלים מיירי אלא בענין לדקה ודלא כר' אסי דאמר בפ"ק דב"ב ע' לעולם אל ימנע עצמו משלישית השקל בשנה דהיינו שליש אחד משקל לכל השנה: שאין מטריחין. נדבות על הצבור יותר מג"פ בשנה: מכאן לג' סאין לג' קופות וכו'. דתנן לקמן בג' פרקים בשנה היו תורמין את הלשכה בג' קופות של ג' סאין: לפי שחטאו בחצי היום. דכתיב כי בושש משה ודרשי' בפרק ר"ע בא שש: יתנו מחצית השקל. דס"ל אמחצית קפיד קרא ואפי' חצי דרכון ואידך ס"ל מטבע שיהא בו מספר שש קפיד קרא דהיינו מחצית השקל דקרא לכפר על מה שעבדו בשש: בכ' כסף. דינרין דהיינו ה' סלעים סלע ד' דינרין ונפל לכל או"א מן האחים שהיו עשרה שהרי ראובן ובנימין לא היו במכירה ויוסף ג"כ הי' הגורם ע"י הקנאה שבתחילה: טבעה. הוא

משנת אליהו

במתני' ולהכי מוקי כר"ש דכנכסיו דמי ושייכא שבועה דנאנסו בכדי שיפטרו לשלם בגניבה ואבידה בדינא דש"ש ופריך התינח כו' אבל נתרמה כו' ולא שייכא השבועה בכה"ג דנתרמה וע"ז משני במסקנא אלא אר"א כו' ר"ל דבש"ש עסקינן ולא במעמד גזברין וליטול שכרן ולא כר"י דר"ש הוא אלא שבועה זו תקנת חכמים ולא כרש"י שמפרש בדר"א דאיירי בש"ח שלא הוזכר כלל בסוגיא וזה שהזכיר הרמב"ם בהלכה ט' שלחו שקליהם ביד ש"ש כו' ובה"ע מה היה להם לעשות שהרי מסרו לש"ש כו' לרמוז הסברא דהלכה ח' וגם דבבלי אינו חולק עם הירושלמי דמדאוקי' בש"ש מוכח הא בש"ח פטעו בה"ע ובהלכה ט' לא נזכר הא דאם רצו בה"ע למחול השבועה כו' משום דבאמת בכה"ג דלא תרמה דמשלמין מדינא והשבועה לבה"ע אם אומרין נשלם ולא ישבעו שומעין להם ולכן לא הוזכר זה בבבלי דכל עיקר הקושיא הי' על נתרמה דנשבעין להקדש היכא מיתוקי' וקאמר ע"ז שבועת תקנה משא"כ בסיפא. ונתתי פנים בזה לגי' הספרים לשיטת הרמב"ם: ה"ג במסויים כהדה של בית ר"ג שהי' מתכוין ותורמין לשמי'. פי' כמו בבית ר"ג שהי' שוקלו בין אצבעותיו וכו' ה"נ מיירי במסויים ונתכוין לתרום לשמי' ול"ג דוחפן לקופה דא"כ לא הוי פריך ותם לומר כו' ולקמן על קושיא דוחק לומר שמא לשיריים כו' משני עוד היא תפתר כו' דוחפן לקופה. והמפרשים נדחקו בזה מאד. ועי' בק"ע ועי' ברמב"ם בפירושו שפי' דהאי וקרבה הבהמה לא קאי רק אהקדש וכדפרישית ודלא כהרע"ב ובק"ע נדחק בגי' הישנה: **בקשו** לשקול דינרים. מכוון לשון מתניתין בקשו לשיטת הרמב"ם שפירשתי במתני' שבכל זמן נתנו חצי המטבע שהי' בזמנם וז"ש חזרו כו' ופבעיה הוא פלגי סלע ומאז לא נשתנה המטבע אלא שרצו להקל לעצמם וליתן חצי המטבע דטבעין כמו שנתנו בכל פעם שנשתנה המטבע חצי' גם שהי' יותר ממחצית השקל כן יתנו ג"כ עכשיו חצי טבעה ולא קבלו ממ"ש והעמדנו וגו' שהיה הולך ונפחת והעמידו על עמדו שלא יתנו פחות ממטבעה ומדוקדק לשיטת הרמב"ן שהוא עשר גרה והוא כמחצית השקל דקרא. ולהרמב"ם שהיה ממחצית השקל דקרא כ' שלישי דינר שכ' ברפ"ב דרכון הוא ח' דינרין. ולדידיה ג"כ ניחא דהעמידו על שלישית השקל שהי' בימיהם דהיינו הדרכון דהוא קצת יותר ממחצית ושלא יופחת גדרו שיהיה קצת יותר: **לפי** שחטאו כו'. נראה דהני ג' טעמים קאי על ג' זמנים שנתנו המטבעות ומאז כוונה לכל הני. טעם הראשון רק מחצית עד מחצית היום. והיא למה ששקלו בתחילה חצי דרכון גם שהדרכון היה גדול רק שקיימו מחצית השקל דזמנם. וטעם השני קאי על מ"ש חזרו לשקול סלעים דהיינו חצי סלע שהוא מחצית השקל דקרא דעביד ו' גרמסין וח"ש לפי שחטאו בשש כו' ולששה

*) חסר כאן וצ"ל שניה מה את עביד לה אלא רועה הכא מאי עביד לה וכו' כמ"ד לחולין ה"נ לחולין מכאן מוכיח וכו'. **) אינו מובן ואולי דצ"ל יכול להקדיש יותר מחצי שקל ונמצא שהכל הקדיש דאלי התם דאעפ"כ יד כולן וכו'

א) נזיר פ"ה ירושלמי הל"א: ב) לקמן הל"ד: ג) עי' ב"ב ט א: ד) תנחומא וילקוט פ' כי תשא: ה) עי' ב"ר פרשה פד ובמ"ר פרשה ד:

עין משפט נר מצוה

טו א מיי' פרק ג משקלים הל"ג:
טז ב מיי' פרק ה מסהמ"ק הל"ח:
יז ג מיי' פרק א משקלים הלכה ו ובסמ"ג:
יח ד מיי' שם פ"ע הלכה יג:
יט ה מיי' שם וש"ס מסהמ"ק הל"ח:
כ ו מיי' שקלים שם הל"ע:
כא ז מיי' שם ובסמ"ג ונ"מ:
כב ח מיי' פרק ה מסהמ"ק הל"ט:

נוסחת הבבלי

(א) דינרין אר"ש כו': (ב) עד הוא במכנס כו': (ג) שאינו חייב אלא אחת את השני כו': (ד) לנדבה היאך אתה אומר אלו כו': (ה) מצוה לתת עלינו שלישית וכו': (ו) מיכן שאדם חייב לשלש כו': (ז) ולא בשנה (מיכן שאדם צריך בשלישית שקלו ג"פ בשנה) מיכן שאין מטריחין כו': (ח) ר"י ורב נחמן כו': (ט) שהוציאו בחצי היום כו': (י) ר"ב בשם רשב"ל כו': (כ) ר"פ בן לוי כו':

הגהות הגר"א

[א] ה"ג מה אנן קיימין אם באומר שאביא מהן כבולן מותרן חולין אלא כי אנן קיימין באומר אלו שקלים וכו' והשאר שיבוש נמחק. וה"ש אם אומר שאביא מהן כבולן מותרן חולין בין בשקלים ובין בחטאת כדקתני מתני' ומה בין דקאמר ר"ש בעומר אלו והא קאמר ר"ש מה בין שקלים דמותרן חולין אליבא דכ"ע ומה בין חטאת דמותרן נדבה אליבא דכ"ע ואח"כ אליבא דרב ביבא דקאמר באומר אלו כ"ע מודים דמותרן חולין שפיר קאמר ר"ש מה בין אלא לר"י מה בין דקאמר ר"ש הא בשקלים נמי מותרן נדבה: [ב] ה"ג אותה שניה רועה הכא מאי את עביד ליה כמ"ד אלו לנדבה כמ"ד לחולין ה"נ לחולין. והשאר שיבוש נמחק:

גליון הש"ס

[א] עי' בערוך ערך טבע וערך דנר. ועי' ברמב"ן פ' כי תשא:

הלכה ד מתני' מותר שקלים חולין · אם היתה ידו מלאה מעות ואמר אלו לשקלי מותרן חולין : עשירית האיפה · מפרש בגמ' : מותר עולה עולה · אם הפריש מעות לקנות עולה ונתותרו יביא באותן המעות עולה אחרת : מותר פסח שלמים · מפרש בגמרא : מותר נזירים · אם גבו מעות לקרבנות נזירים ונתותרו ישמרום עד שיקחו מהם קרבנות לנזירים אחרים ואם נזיר אחד הפריש מעות לקרבנותיו ונתותרו המותר לנדבה לקיץ המזבח: **גמ'** עד דאנא תמן · כשהייתי בבבל שמעתי ששאל ר"י לשמואל: הפריש שקלו ומת · מה יעשה בו : מותר עשירית האיפה שלו · של כהן גדול שניתותרו מה יעשה בו : יוליכם לים המלח · לא נהנין ולא מועלין בו : מה עביד לה ר"י · איך מתרץ למתניתין : של מנחת חוטא · שמקריב בדלי דלות מותרו לקיץ המזבח דבמקום חטאת הוא אבל עשירית האיפה של כהן גדול לא מיקרי חטאת לענין זה שיהא מותרו נדבה: על דא עליל אבא בר אבא · על הא דמייתי בסמוך הקשה לי אבוה דשמואל דאיהו אבא בר אבא : דאינון אמרין · שבני בבל אומרים : ואם מן הצאן קרבנו וכו' · לאו קרא יתירא קא דריש אלא משמעותא דקרא משמע ליה הכי ואם דבר הבא מן הצאן דהיינו פסח שאינו בא אלא מן הצאן היה קרבנו הרי הוא לזבח השלמי' ועל כרחך שלא בזמנו קאמר דאי בזמנו הא ילפינן לעיל דפסול א"כ מדכתב לעיל אם מן הבקר קרבנו מכלל דהכא בצאן מיירי וא"כ מן הצאן מיותר לדרשא : התיבון הרי עולה מן הצאן · מנ"ל דקרב דוקא שלמים דלמא קריב נמי עולה א"כ דלמא האי לזבח שלמים למותר עולה דקרב שלמים קאתי וזה נראה יותר : ומשני דבר שאינו בא אלא מן הצאן · מן הצאן קדריש : התיבון הרי אשם . דלמא האי מן הצאן במותר אשם כתיב דאשם נמי איל תמים מן הצאן הוא ואינו בא מן הבקר : דבר הבא מכל הצאן . בכבשים ובעזים כגון פסח לאפוקי אשם דאינו בא מן העזים אלא מן האילים בלבד : בכל אתר וכו' · בכ"מ אתה אומר מן למעט כגון מן הבהמה להוציא את הרובע והנרבע מן הבקר להוציא את הנעבד והכא אתה אומר לרבות פסח שהוא דבר הבא מכל הצאן: ה"ג· כי מוקמינן ליה בפסח מן להוציא הוא דלא אתי בן שתי שנים ולא אתי נקבה ומיהו הצאן מכל מין צאן משמע בין כבשים בין עזים ומיעוטא דמן לנקבות אתא ואי לאו ה"א דהצאן הוה מוקמינן ליה לאשם והוה ממעטים ממן שאינו בא אלא מן האילים בלבד : ואין משנין דבר שהוא לאכילה · כגון פסח לדבר שאינו לאכילה כגון עולה שהיא כולה כליל : ואין משנין קדשים קלים·דהיינו פסח לעולה שהיא קדשי קדשים : ה"ג אר"י על דא אמר רבי חנינא: אא"כ· עקרו בשחיטה ששחטו לשם שלמים אבל אם שחטו לשם עולה פסול : ואני אומר . דכל שלא לשמו בפסח כשר ואפילו שחטו לשם עולה : לזבח שלמים· קרא יתירא הוא דהוה מצי למכתב לשלמים : כל שהוא זבח · כלומר לכל זבח שיזבחנו לשלמים יהיה: ה"ג משתנה למחשבת פסול או לא . אם שחטו לשם עולה מיבעיא ליה אם אותה המחשבה הפוסלת בעולה פוסלת גם בו או לא : היאך עבידא . היכי דמי : מ"מ פסול הוא· דאף אם שחט שלמים לזרוק דמו למחר פסול : ה"ג שחטו ע"מ להקטיר מבשרו למחר אין תימר וכו' · וה"פ אם משתנה הוא למחשבת פסול אם חישב על העולה להקטיר בשרו למחר פגול ואם אינו משתנה ה"ל כחישב על בשר שלמים להקטיר מבשרו למחר דפסול הוא ולא פיגול : לשמו ושלא לשמו בשאר ימות השנה . מיבעיא ליה פסח ששחטו בשאר ימות השנה לשמו ושלא לשמו כשר הוא או פסול : מכיון שאין לו שם. דלפסח לאו זמניה הוא ולשלמים לא אקדשיה: נעשה כשוחטו · בשתיקה דתרווייהו לא מהני ואם שחטו בסתם כשר : א"ל וא"כ ואפילו שחטו · בשאר ימות השנה לשמו לזרוק דמו שלא לשמו יהא כשר דליהוי משעה ראשונה כשוחט לשמו ושלא לשמו דכשר: מאן אמר בשתיקה כשר וכו' . מעיקרא דדינא קשיא מנ"ל למימר דשחט בשתיקה כשר או נאמר בעינן

תורה אור · נוסחאות ישנות

הלכה ד מתני' ^אמותר א) שקלים חולין ^במותר עשירית האיפה* ^גמותר קני זבין

קני זבות וקני יולדות חטאות ואשמות מותרן נדבה זה הכלל כל שהוא בא (א) לשם חטאת ומשום אשמה מותרן נדבה מותר עולה לעולה מותר מנחה למנחה מותר שלמים לשלמים מותר הפסח לשלמים מותר נזירים לנזירים מותר נזיר לנדבה :

גמ' א"ר ב) יוסי עד דאנא תמן שמעית קל רב יהודה שאל לשמואל ^דהפריש שקלו ומת א"ל יפלו לנדבה מותר ג) ^העשירית האיפה שלו רבי יוחנן אמר יוליכם לים המלח רבי לעזר אמר יפלו לנדבה מתניתא פליגא על רבי יוחנן מותר שקלים חולין מותר עשירית האיפה מותר קני זבים וקני זבות מותר קני יולדות חטאות ואשמות מותרן נדבה [א] מה עבד לה רבי יוחנן פתר לה מותר עשירית האיפה של מנחת חוטא [ב] של כל ישראל רבי ד) יוסי (יוחנן) אמר עלדא עליל אבא בר בא [ג] דאינון אמרין מנין ^ושהפסח משתנה לשם שלמים תלמוד לומר (ויקר' ג) °ואם מן הצאן קרבנו לזבח שלמים כל שהוא מן הצאן בא שלמים היתיבון הרי עולה מן הצאן דבר שאינו בא אלא מן הצאן יצאת עולה שהיא באה אפי' מן הבקר היתיבון הרי אשם א"ר (ביבא) בון בר כהנא מן הצאן דבר שהוא בא מכל הצאן יצא אשם שאינו בא אלא מן [ד] האילים בלבד (התיב ר' בון) בכל אתר את אמר מן למעט וכאן את מר מן לרבות א"ר מנא (אבין) הכי נמי מן למעט מיעוט שאינו בא בן שתי שנים מיעוט שאינו בא נקיבה [ה] וגבי אשם נמי מן למעט הוא שאינו בא אלא מן האילים בלבד היתיבון והכתיב (שם א) °ואם מן הצאן קרבנו (ב) מן הכבשים או מן העזים לעולה מעתה מותר הפסח בא עולה אמר רבי אבון משנין דבר שהוא לאכילה לדבר שהוא לאכילה ואין משנין דבר שהוא לאכילה לדבר שאינו לאכילה א"ר יוסי בר רבי בון משנין קדשים קלים לשם קדשים קלים ואין משנין קדשים קלים לשם קדשי קדשי' רבי יוחנן אמר (ג) על דא עליל רבי חנינא דאינון אמרין אין הפסח משתנה לשם שלמים אא"כ שחטו לשם שלמים ואני אומר אפילו שחטו לשם עולה א"ר ה) אילא טעמא דרבי יוחנן אם מן הצאן קרבנו לזבח שלמים כל שהוא זבח בא שלמים ומשתנה למחשבת פסול היך עבידא שחטה לשם עולה על מנת לזרוק דמה למחר מכל מקום פסול הוא [א] אין תימר משתנה למחשבת פסול [ו] פיגול אין תימר אין משתנה למחשבת פסול פיגול (פסול) : לשמו ו) ושלא לשמו בשאר ימות השנה (ד) רבי בון בר (בשם) חייא בשם שמואל בר אבא [ז] מכיון שאין לו שם נעשה כשוחטו לשמו ושלא לשמו בשתיקה והוא (ה) כשר א"ל א"כ הוא אפילו שחטו לשמו ע"מ לזרוק דמו שלא לשמו יעשה משעה הראשונה כשוחטו לשמו [ח] ושלא לשמו בשתיקה ויהא כשר אמר רבי אבא מרי (אחוה דרבי יוסי) (מאן אמר) [ט] מה נאמר בשתיקה כשר או נאמר [נ] בשתיקה פסול : מותר נזיר לנדבה רב ז) חסדא אמר

ריבב"ן

מתני' מותר שקלים חולין . סתמא כב"ה א"כ שאמר שאביא מהן שקלי דלדברי הכל מותרן חולין: מותר עשירית האיפה של מנחת חוטא ישראל דל הרי כשאר מותרי חטאת דאזלי לנדבה אבל מותר עשירית האיפה של כהן [גדול] שמביא כל יום ויום אע"פ שבנדבה מביאה גם היא נקראת חטאת כדאמר בפ' ואלו מגלחין [דף טז] יקריב חטאתו זה עשירית האיפה שלו פליגי בירושלמי ר' יוחנן אמר ילכו לים המלח ור' אלעזר אמר יפלו לנדבה. וקשה דבפרק בתרא דמנחות [דף קח.] פליגי ר' יוחנן אמר יפלו לנדבה ור' אלעזר אמר תרקב : כל שהוא משום חטא ומשום אשמה המחייב חטאת או אשם והפריש מעות לחטאתו וניתותרו מהן או הפריש אשמו ונאבד והביא אחר ונמצא האבוד ירעה ויפלו דמיו לנדבה לגבי אשם לא תוכל לפרש שהפריש מעות וניתותרו שדמיו ב' שקלים ואם יוזלו האילים אין לו תקנה דבעי ר' אלעזר בסוף כריתות הוזלו טלאים בעולם מהו מבחר נדריך בעינן והאיכא או דלמא שתי שקלים בעינן וליכא ופשטו דאמר ר' יוחנן משום ר"ש בן יוחאי מפני מה לא נתנה תורה קצבה במחוסרי כפרה שמא יוזלו טלאים ואין להם תקנה לאכול בקדשים אלמא מחוייבי אשם שאינן מחוסרי כפרה כגון אשם גזלות אשם מעילו' אשם תלוי אשם שפחה חרופה אינן מתכפרים בפחות מב' שקלים : מותר עולה אם הפריש מעות לעולתו וניתותרו אם הן שיכול לקנות מהן תור או בן יונה לעולה יקנה ואם לאו יהו בידו עד שיביא עולה אחרת ויצרף המותר ויקנה בהמה שמינה וכן מותר מנחה למנחה מותר הפסח [לשלמים] ירושלמי דכתיב אם מן הצאן קרבנו לזבח שלמים דבר שהוא בא מן הצאן קרב שלמים התיבון הרי עולה באה מן הצאן דבר שאינו אלא מן הצאן יצאת עולה שבאה גם מן הבקר התיבון הרי אשם אמר ר' אבא בר כהנא דבר שבא מכל הצאן יצא אשם שאינו בא אלא מן האילים בכל אתר את אמר מן

תקלין חדתין

חצי סלע שהוא ב' דינרין : **מתני'** מותר שקלים · המכנס מעות ואמר הרי אלו לשקלי ומלא שהותירו המותר הוא חולין וסתמא כב"ה : מותר עשירית האיפה · מפרש בגמרא : מותר עולה לעולה · אם הפריש מעות לקנות עולה ונתותרו יביא באותן המעות עולה אחרת : מותר הפסח לשלמים · מפרש בגמרא : מותר נזירים · אם גבו מעות לקרבנות נזירים ונתותרו ישמרום עד שיקחו מהם קרבנות לנזירים אחרים ואם נזיר א' הפריש מעות לקרבנותיו ונתותרו המותר לנדבה לקיץ המזבח : גמ' דאנא תמן · בבבל : כשהייתי בבבל שמעתי ששאל ר"י לשמואל : ומת · מה יעשו בשקלו : מותר עשירית האיפה שלו · של כה"ג שניתותרו מה יעשה בו : לים המלח · לא נהנין ולא מועלין בו : מותר עשירית האיפה · וקס"ד דסתם מתני' מיירי גם בשל כהן גדול : של ישראל · שמקריב בדלי דלות מותרו לקיץ המזבח דבמקום חטאת היא אבל עשירית האיפה של כה"ג לא מיקרי חטאת לענין זה שיהא מותרו נדבה : על דא · על הא דמייתי בסמוך הקשה ליה אבוה דשמואל דאיהו אבא בר אבא כדאמרי' בברכו' (דף יח:): דאינון אמרי' · לא גרסי' ליה הכא ולקמן גרסינן ליה והכא ה"ג מנין שהפסח משתנה לשלמים פסח בשאר ימות השנה ששחטו שלא לשמו מנין שהוא משתנה לשלמים ת"ל ואם מן הצאן קרבנו לזבח שלמים· לאו קרא יתירא קא דריש אלא משמעותיה דקרא משמע ליה הכי ואם דבר הבא מן הצאן דהיינו פסח היה קרבנו הרי הוא לזבח שלמים וע"כ שלא בזמנו קאמר דאי בזמנו ילפי' ליה מקרא דפסול א"כ מיתורא קא דריש ליה ועיין תוס' זבחים ח' ב' : הרי עולה · דבא ג"כ מן הצאן וקתני במתני' מותר עולה לעולה : הרי אשם · דאינו בא נמי אלא מן הצאן וקתני מתני' דמותרן נדבה : ה"ג אלא מן הכבשים בלבד · דשני מינין יש בצאן כבשים ועזים כמ"ש ואם מן הצאן וגו' מן הכבשים או מן העזים : בכל אתר · בכל מקום אתה אומר מן למעט כהא דאמרי' בעלמא מן הבהמה להוציא את הרובע והכא אתה אומר מן לרבות דקאמר לרבות פסח שהוא בא מן כל הצאן : ה"נ · כי מוקמינן ליה בפסח מן להוציא הוא דלא מייתי בן ב' שנים ולא מייתי נקבה ומהו הצאן מכל מין צאן משמע בין כבשים ובין עזים : וגבי אשם כו' עד בלבד ל"ג ליה הכא : דבר שהוא לאכילה · פסח : לדבר שהוא לאכילה · שלמים דפסח זה מתחילה הוקדש לשם קרבן הנאכל : לדבר שאינו לאכילה · עולה שהיא כולה כליל : קדשים קלים · פסח ושלמים : קדשי קדשים · עולה : אא"כ שחטו לשם שלמים · דעקרו בשחיטה לשם שלמים אבל אם שחטו לשם עולה פסול : ואני אומר דכל שלא לשמו אפי' שחטו לשם עולה נמי מקרב שלמים : לזבח שלמים · קרא יתירא הוא דהות"ל לשלמים : משתנה למחשבת פסול · בעיא היא אם שחטו לשם עולה במחשבת פסול בעולה אם נשתנה לאותו פסול א"ד פסול דמחשבת קרבן אחר אינו פוסלו כשם שאינו משתנה להכשרו דעולה כך אינו משתנה לפסולה דעולה : ופריך היך עבידא · כמו היכי דמי : מ"מ פסול הוא· בין משתנה או לא כיון שחשב ע"מ לזרוק דמה למחר פסול גם בשלמים : ומשני א"ת משתנה למחשבת פסול פסול · כלומר נ"מ א"ת משתנה למחשבת פסול אינו אלא פסול ולא פגול כדאמרינן במנחות (ע"ז ב') כהרצאת כשר כך הרצאת פסול וכדאמרי' בפסחים (עח א) אם יש פסול אחר בקרבן אינו נקבע בפגול להתחייב כרת על אכילתו וה"נ כשחשב לשום עולה נפסל מהכשרו שוב אינו קובע לפגול : א"ת אין משתנה פגול · כיון דלגבי מחשבה פסול אין משתנה א"כ הוי כמחשב בקרבן כשר תון לזמנו והוי פגול : לשמו ושלא לשמו בשאר ימות השנה · דגבי פסח קי"ל דבזמנו דהיינו בערב פסח אחר חצות היום לשמו דהיינו לשם פסח כשר ושלא לשמו פסול ובשאר ימות השנה וכגון שהפרישו קודם לכן ימים רבים לשמו פסול דלאו זימניה ושלא לשמו כשר כדילפי' לה בפסחים (סב) וקמבעיא ליה היכא ששחטו קודם פסח לשמו ושלא לשמו מהו מי אמרי' אתי שלא לשמו ומפיק ליה מידי לשמו וכשר או לא : נעשה כשוחט בשתיקה ושלא לשמו · כלומר כשם ששוחט בשתיקה ושלא לשמו דהיינו שלא אמר בזימא לשמו ושלא לשמו אלא שחט שלא לשמו לחוד קי"ל דכשר ואע"ג דפסח כל קודם פסח לשמו קאי אפ"ה אמרי' אתי שלא לשמו ומפיק לי' מידי מסתמא דלשמו ה"נ אע"ג דאמר ברישא לשמו לא שנא ואתי שלא לשמו ומפיק ליה וכשר והכי פשיט ליה רבא בבבלי פסחים (ס ב) : ופריך א"כ · כיון דאמרת דל"ש היכא דלא אמר מהיכא דלא אמר דסתמא בשתיקה הוי כמו אמר א"כ ה"נ כששחטו לשמו דהיינו אמר לשמו ואמר לזרוק נמי שלא לשמו יעשה כשוחט משעה ראשונה דליהוי כמו שחט כולו בשתיקה וזרק באמירה דשלא לשמה דבזה פליג ר"י ור"ל בירושלמי דפסחים פ"ה ועי' תוס' ס' ע"א ד"ה אי בעתי כו' וי"ל כו' : ודאי מגלן בשתיקה דכשר בכה"ב דשתיקה כולו בשתיקה מנלן דכשר דהתם הוי בשתיקה אמירה דשל"ש משא"כ הכא בשתיקה עבודה שלימה כולו בשתיקה וסתמא דפסח לשמו ודאי דשלא לשמו דזריקה לא מהני אח"כ

משנת אליהו

מהדר לפרושי וטעם הג' על שחזרו לשקול טבעין שהוא לפי' הרמב"ן עשרה גרה וז"ש לפי שעברו על עשרת הדברות יתנו י' גרה ורשב"ל מייתי לה אגב דקאמר ר' פנחס בשם ר"ל לפי שמכרו כו' ונפל לכ"ח טבעה יתן כ"ח טבעה מפורש על זמן הג' : **מותר** עשירית האיפה שלו . בכל כ"ג איירי . ובבבלי מנחות ק"ח א' מובא הסוגי' זו בסדי' של כ"ג ובחילוף אתמר שם והיינו מטעמא דיוליכם לים המלח כדאמר במנחות ושם דרי"א נדבה ור"א אמר ירקב . וקאמר שם מסתברא דירקב מדתניא לא ישים עלי' שמן וגו' חטאת היא היא קרוי' חטאת ואין אחרת קרוי' חטאת לימד על עשירית האיפה של כ"ג שאינה קרוי' חטאת כו' ומדאינה קרוי' חטאת מותרת ירקב ולכאורה עשירית האיפה של כהן הדיוט קרוי' חטאת כדאמר במס' מו"ק (ט"ז ב') יקריב חטאתו זו עשירית האיפה שלו ופירש"י ותוס' שם דמיירי בכהן הדיוט דבכ"ג א"א דשם נאמר כ"א לאב ולאם כו' ואילו כ"ג לא יטמא לאביו ולאמו ועי' תוס' שם ד"ה אחר וברש"י ד"ה זו אבל במנחות שם נ"ל דחזרו רש"י ותוס' דפי' דגם מ"ש יקריב חטאתו בכ"ג איירי ואע"ג דאיקרי חטאת לאו דין חטאת אית לה דאימעיטא מהאי קרא . וא"כ נ"ל דמפרשי קרא דיחזקאל הנ"ל רישא בכ"ג וסיפא בכהן הדיוט וכדאמרינן בקדושין ע"ח ב' ואע"ג דבמו"ק שם לא ניחא להם לאוקמי הכי נ"ל דסוגיא זו הכי משמע להו וכאמת בקדושין שם קאמר דאורתי' דקרא כן כמ"ש נר אלהים וגו' ושמואל שוכב בהיכל ה' וגו' ומ"מ י"ל דשל כ"ה ג"כ אימעיטא מדקאמר ואין אחרת אך בתוס' שם ד"ה ומדאינה משמע דלא אתא קרא למעוטי אלא מה דקרוי' חטאת דאין מותרה קרוי חטאת מדלא אימעיט מותר מנחה דאינה קרוי' חטאת ואפ"ה לא תירקב ע"ש : **אלא** מן הכבשים לבד . נראה טעם רבינו הגדול דמחק ג' היינה מן האילים . הוא

מסורת הש"ס

א) (מנחות קח א) : ב) לקמן פ"ז הל"א וה"צ וירוש' עירובין פ"ז הל"א ונזיר פ"ד הל"ד : ג) עי' מנחו' קח א : ד) פסחים פ"ה הל"ב ובבלי זבחים ח ב : ה) זבחים שם : ו) פסחים ס ב: ז) נזיר פ"ד הל"ד :

עין משפט נר מצוה

כג א מיי' פרק ג משקלים הלי"ג :
כד ב מיי' פרק ה מפסמ"ק הל"ח :
כה ג מיי' [illegible] ופ"ט מנזירות הל"א :
כו ד מיי' פרק ג משקלים הלי"ב :
כז ה מיי' פרק ס' מפסמ"ק הל"ח :
כח ו מיי' פרק ד מק"פ הל"ז :

נוסחת הבבלי

(א) לשם חטא ולשם אשמה כו': (ב) מן הכשבים כו': (ג) על דא עייל ר"ח כו': (ד) ר' ביבין בשם ר' חייא כו':(ה)כשר א"כ הוא כו':

הגהות הגר"א

[א] מה עבד לה נמחק : [ב] של כל ישראל נ"ל של ישראל: [ג] דאיתן אמרין ל"ג ליה הכא ולקמן גרסי' ליה : [ד] נ"ל אלא מן כבשים בלבד . כתב הרב בעל ת"ח וז"ל נראה טעם דמחק רבינו הגדול גירסא היינה מן האילי' הוא ע"פ מ"ש הרמב"ם פ"א מהל' מעה"ק הל"י כאשם אינו בא אלא מזכרי כבשים בלבד יש אשם בא מגדולי מין זה ויש אשם בא מן הקטנים דהיינו אשם נזירות היה כבש בן שנה ואשם מצורע ואשם תלוי וגזילות בהם כתיב איל והוא בן שתי שנים הלכך ליכא למגרס הכא ואשם אינו בא אלא מן האילים דהא אשם נזיר היה בא כבש בן שנה אלא גרסי' אינו בא אלא מן הכבשים דממעט עזים דכתיב ואם מן הצאן קרבנו מן הכבשים או מן העזים . ובק"ע נדחק בסוגיא זו לפרש מ"ש הרי עולה וכו' הרי אשם כו' בדרך דחוק כתנם : [ה] מן וגבי אשם עד בלבד ל"ג ליה הכא : [ו] ה"ג א"ת משתנה למחשבת פסול פסול . כלומר כ"מ א"א משתנה למחשבת פסול אינו אלא פסול ולא פגול כדאמרינן במנחות (עז ב) כהרצאת כשר כך הרצאת פסול וכדאמרינן בפסחים (עח א) אם יש פסול אחר בקרבן אינו נקבע בפגול להתחייב כרת על אכילתו וה"נ כשחשב לשום עולה נפסל מהכשירו שוב אינו קובע לפגול : [ז] ה"ג מכיון שאמר שלא לשמו נעשה כשוחטו בשתיקה ושלא לשמו והוא כשר והשאר נמחק:[ח]ה"ג ושלא לשמו והוא כשר ומלת בשתיקה נמחק ועי' בס' ת"ח פי' על הגר"א הנ"ל : [ט]נ"ל מנ"ל בשתיקה כשר דילמא בשתיקה פסול:

גליון הש"ס

[א] עי' ק"ע ודבריו תמוהים דחישב על שלמים להקטיר בשר למחר כשר ועיין ברמב"ם פרק י"ד מפסמ"ק הל"ח והעיקר כהגהת הגר"א : [נ] היינו קודם הפסח אבל לאחר הפסח לא בעי עקירה ועי' בתוס' פסחים דף ס ע"ב :

עקירה משום פסח לכך בשתיקה פסול : והוא שקרבה וכו' · אמתניתין קאי הא דתנן מותר נזיר לנדבה דוקא שקרב החטאת לבסוף שהנזיר מביא ג' בהמות חטאת ועולה ושלמים וכשקרב החטאת לבסוף ה"ל מותר חטאת שהוא לנדבה : ה"ג אלו הן מעות סתומים כל שדמי חטאת · שמתו בעליהן היו מעורבות בהן ואפילו הפרישו הבעלים בחייהן דמי חטאת מתוכן אפ"ה ה"ל כמעות סתומין וכאילו עדיין הן מעורבין בתוכו וילכו ליס המלח לא נהנין ולא מועלין והיינו כרבי זעירא : ה"ג אלו לחטאת והשאר לשאר נזירות ומת דמי חטאת ילכו ליס המלח לא נהנין ולא מועלים והשאר רוצה להביא בהן עולה יביא שלמים יביא ומועלין בכולן ואין מועלין במקצתן כ"ה בתוספתא פ"ק דמעילה·וה"פ דאין מועלין במקצתן דלמא דמי שלמים נינהו ואין מועלין בשלמים : ולא

תורה אור נוסחאות ישנות

אמר והוא שקרבה חטאתו בסוף אבל אי קרבו שלמים בסוף מותרן שלמים א"ר זעירא אפילו קרבו שלמים לבסוף הלכה א) [א] אחת היא בנזיר שתהיה מותרה נדבה מתניתא מסייעא לדין ומתניתא מסייעא לדין מתניתא מסייע לרבי זעירא (אפילו) אלו הן מעות סתומין כל שדמי חטאת [ב] מיתות מעורבות בהן ואפי' הפריש דמי חטאת *מיתות מתוכה מעות סתומין הן מתניתא מסייעא לרב חסדא [ג] אלו ב) [א] לחטאתי והשאר לשאר נזירותי ומת מועלין בכולן ואין מועלין במקצתן ולא אמר אם מת יפלו לנדבה רב חסדא אמר מותר לחמו של נזיר יורקב א"ר יוסי ויאות להקריבו בפני עצמו אין את יכול שאין לך לחם קרב לעצמו להקריבו עם נזירות אחרת אין את יכול שאין לך נזירות באה בלא לחם לפום כן צריך מימר מותר לחמו של נזיר יורקב סברין מימר הוא לחמו הוא מותר נסכיו (א) אמר רבי יוסי בר רבי בון מותר נסכיו קדשי קדשים אינון ויפלו לנדבה [ד] על דעתיה דרבי יוסי (ב) בר רבי בון שמואל אליבא דרב חסדא במותר (ג) נסכים ורבי חייא (חסדא) ורבי אלעזר שלשתן אמרו דבר אחד רבי חייא (חסדא) אהן דאמרן שמואל דאמר רבי יוסי עד דאנא תמן שמעית קל רבי יהודה שאיל לשמואל הפריש שקלו ומת א"ל יפלו לנדבה [ה] רבי אלעזר אומר מותר עשירית האיפה שלו רבי יוחנן אמר יוליכם לים המלח רבי אלעזר אומר יפלו לנדבה :

הלכה ה מתני' מותר שבוים לשבוים מותר שבוי לאותו שבוי מותר עניים לעניים מותר עני לאותו עני מותר ג) המתים למתים מותר המת ליורשיו רמ"א מותר המת יהא מונח עד שיבא אליהו רבי נתן אומר מותר המת בונין לו נפש על קברו : **גמ'** [ג] גבו לו בחזקת שאין לו ונמצא שיש לו ר' ירמיה סבר מימר מותר המת ליורשיו אמר ליה רבי אידי דחוטרא הגע עצמך דלא כוונן אלא ליה אמר ליה אנא לא אמרית את מנן לך תני בשם רבי נתן מותר המת יבנה לו נפש על קברו ויעשה לו זילוף על גבי מטתו תני ד) אין פודין שבוי בשבוי ואין גובין טלית בטלית ואין ממחין ביד פרנסים לכך תני ה) רשב"ג אומר [ג] אין עושין נפשות לצדיקי' דבריהם הן הן זכרונן רבי ו) יוחנן הוה מסמיך (ד) ואזל עאל ר' חייא בר אבא והיה רבי אליעזר חמי ליה ומטמר ליה מקמיה ואמר הלין תרתי מלייהו הדין בבלאה עביד ביה חדא דלא שאיל בשלומיה וחדא מיטמר א"ל רבי יעקב בר אידי כך נהיגין גבהון דזעירא לא שאיל בשלומיה דרבה דאינון נהגון ומקיימין ראוני נערים ונחבאו וישישים קמו עמדו איוב כט אמר *להו מהו למיעבר (ה) קמי דאדורא צלמי א"ל מה את פליג ליה יקר עבור קמוהי וסמי עינוי א"ל יאות ר' אליעזר עביד דלא עבר קמך ועוד ז) עביד הא בבלאה דלא אמר שמעתא משמיה נכנסו לפניו רבי אמי ור' אסי אמרו לו ר' [ו] כך היה מעשה בבית הכנסת של טרסיים בנגר שיש בראשו גלוסטרא שנחלקו רבי

אמר אם מת יפלו לנדבה · כמותר חטאת והיינו כרב חסדא : שאין לך לחם וכו' · שלא מצינו שיהא לחם קרב בפני עצמו : שאין לך נזירות באה בלא לחם · דמתחלה כשקיבל נזירות על עצמו נתחייב להביא לחם משל עצמו : לפום כן · כמו לפיכך : סברין מימר · סברוה בני הישיבה למר הייט מותר לחמו הייט מותר נסכיו דשניהן ירקבו : קדשי קדשים אינון · וקדשי קדשים מותרן נדבה : אהן דאמרן · הא דאמרן דסובר ר"ח דמותר לחם דוקא הוא דירקב אבל מותר נסכים לא דקדשי קדשים הן : א"ל יפלו לנדבה · דשקלים לקדשי קדשים : ר"א אומר יפלו לנדבה · ועשירית האיפה קדשי קדשים היא דכתיב בה חטאת :

הלכה ה מתני' מותר שבוים · אם גבו לדקה לצורך פדיון שבוים וניתותר ישמרום עד שיפדו בהם שבוים אחרים אבל אם פירשו לשבוי זה זכה אותו השבוי במותר:מותר עני. אם גבו מעות לקנות לו מלבוש ונתותר נותנין המותר לאותו עני : מותר המתים . אם גבו מעות לצורך קבורת מת סתם המותר לקבורת מתים אחרים אבל למת זה המותר ליורשיו דאחולי אחיל המת זילותיה לגבי יורשיו : יהא מונח עד שיבוא אליהו · מספקא ליה אי מחיל המת זילותיה לגבי יורשיו או לא הלכך יהא מונח : בונין לו נפש על קברו · פשיטא ליה לר' נתן דלא מחיל הלכך בונים לו מצבה על קברו מאותו מותר שכבר זכה בו המת: **גמ'** גבו לו · לצרכי המת שסברו שאין לו לצרכי קבורה ונמצא שיש לו : מותר המת ליורשיו · ואף זה למותר המת דמיא והרי הוא ליורשיו : הגע עצמך · אמור לנפשך דלא דמיין שהנותנין לא כיונו אלא לזכות להמת וכיון שיש לו לא זכה בו המת מעולם ואיך יזכו יורשיו בו הלכך מחזירין אותו להנותנים אם אפשר או מניחין לצורך מתים אחרים: א"ל · ר' ירמיה בכעס על שהשיב על דבריו הלא אין אתה יודע אלא מה שאמרתי לך ודבר זה לא אמרתי לך ומנא לך להשיב : אין פודין שבוי בשבוי · אם גבו מעות לצורך שבוי זה אסור לשנותו לצורך שבוי אחר ואפילו השני עדיף מהראשון : ואין גובין טלית בטלית · אם גבו מעות לקנות בהן טלית זה אסור לשנותו לקנות בהן טלית אחר : ואין ממחין ביד פרנסין · והן הגבאין לעשות כך לשנות הצדקות למה שצריכין אותן ביותר דמעיקרא אדעתא דהכי ניתנו שאם יצטרכו שישנו אותן הגבאין : דבריהן · שאומרין דבר הלכה משמן זהו זכרונן : ר"י הוה מסמיך · לפי שבעל בשר היה הוצרך להשען על אדם אחר בהליכתו : ה"ג הוה מסמיך ואזיל על ר"ח בר אבא · והוה ר"א רואה ר' יוחנן עובר וטמן עצמו בפניו שלא יראנו : תרתין מילין וכו' · שני דברים רעים עשה ר"א זה שעלה מבבל במאי דטמן עצמו חדא שנראה שאין זה כבודו שישאל בשלומי ועוד גדולה מזו נראה שאיכני כדאי לדבר עמו לכך הוא מטמר עצמו : כך · המנהג בבבל שהקטן אינו שואל בשלום הגדול מפני כבודו של הגדול שהן מקיימין הך קרא ראוני נערים ונחבאו וגו' : א"ל ר' יעקב מהו למיעבר קמי. צלם ששמו אדורא: א"ל · ר"י מה אתה חולק ליה כבוד שאין אתה רוצה לעבור לפניו בלא תשורה אלא עבור לפניו וסמי עיניו : א"ל · רבי יעקב א"כ שפיר עביד ר"א דלא עבר לפניך כיון דנהיגין דאין הקטן שואל בשלום הגדול דין הוא שיסמר מפניו : ועוד עבד וכו' · א"ל רבי יוחנן לר' יעקב ועוד אחת עשה לי ר"א הבבלי הזה שאמר דבר הלכה ששמע ממני ולא אמרה משמי: בנגר שיש בראשו גלוסטרא· שראשו עב וראוי לשחיקת התומים ולשאר תשמיש ונחלקו בו אם מותר להשתמש בו בשבת לנעול בו הדלת ר"א אוסר ורבי יוסי מתיר

ריבב"ן

למעט והכא את אמר מן לרבות אמר ר' מנא הכא נמי מן למעט מיעוט שאינו בא בן ב' שנים מיעוט שאינו בא נקבה וגבי אשם נמי מן למעט הוא שאינו בא אלא מן האילים בלבד · התיבון והא כתיב ואם מן הצאן קרבנו מן הכשבים או מן העזים לעולה מעתה מותר הפסח בא עולה אמר ר' אבין משוין דבר שהוא לאכילה לדבר שהוא לאכילה ואין משוין דבר שהוא לאכילה לדבר שאינו לאכילה אמר ר' יוסי משוין קדשים קלים לשם קדשים קלים ואין משוין קדשים קלים לשם קדשי קדשים ובפ"ק דזבחים (דף ט.) אמר רב נחמן אמר רבה בר אבוה מנין למותר הפסח שקרב שלמים שנאמר וזבחת פסח לה' אלהיך צאן ובקר וכי פסח בא מן הבקר אלא מותרו בא לדבר הבא מן הבקר והיינו שלמים: מותר נזירים הפריש מעות לצורך תירין ולא פי' למי [מותר לנזירים]. מותר שבוים ולא פירש למי שיהא המותר לשבוין.[מותר שבוי] לאותו שבוי דלצרכו נדר אפי' אם ישארו . מותר המת לתכריכין ולהוצאת קבורתו ליורשיו בפרק נגמר הדין (ד' מח) אביי ורבא פירשו טעמייהו דהני תנאי אביי מתרץ לטעמיה דכ"ע הזמנה לאו מלתא היא ת"ק סבר כי מיבזו ליה יורשין אחיל זילותיה גבי יורשין ור"מ מספקא ליה אי מחיל אי לא הלכך יהא מונח עד שיבא אליהו ור' נתן פשיטא ליה דלא מחיל הלכך יעשה נפש על קברו נפש פי' מצבה על קברו לזכר פלוני · ירושלמי גבו בחזקת שאין לו ונמצא שיש לו סבר ר' ירמיה למימר מותר המת ליורשיו א"ל ר' אמי דחוטרי הגע עצמך דלא כוונן אלא ליה ואינו חייב ליתן ופטור מנדרו מיכן הוכיח אם נדר לדקה לאחד ונמצא שהוא רמאי ויש לו אינו חייב ליתן לו :

תקלין חדתין

ונס התם לא השתיקה מכשרת אלא אמירה דשל"מ אבל כל כמה דלא עקר ליה בשתיקה ודאי לשמו קאי כדאמר בפסחים : והוא שקרב חטאתו לבסוף · שהנזיר מביא ג' בהמות חטאת ועולה ושלמים וכשהקריב חטאתו לבסוף וכו' והוה מותר חטאת הוא דקאמר דמותרו נדבה ואמתני' קאי : אפילו קרב שלמים לבסוף · כיון שכולן קרבנות נזיר הן והלכה למשה מסיני שקרבנות נזיר מותרן נדבה וכן הוא בנזיר כ"ט ב' : ואפילו נפלה דמי חטאת מתוכו · כגון שנפרד כשיעור דמי חטאת : מעות סתומין הן · ויפלו לנדבה אלמא אע"ג שכבר הופרש מהן דמי חטאת כיון שהיה דמי חטאת מעורבין בהן כך נתקבלה ההלכה שיהא מותר נזיר נדבה בכל ענין שיהא מותר ה"נ אפילו קרב שלמים לבסוף שדמי חטאת כבר הופרש מהן מ"מ הוה מותר נדבה כיון שדמי חטאת היו מעורבין בהן שכך היתה ההלכה : והשאר יביא תני' לעולה כו' · אלמא אם הופרש מהן דמי חטאת ונשארו דמי שלמים לבסוף מותרן קרב שלמים והיינו כר"א : שאין לך לחם · שלא מצינו שיהא לחם קרב בפני עצמו : שאין לך נזירות בלא לחם · דמתחילה כשקיבל נזירות על עצמו נתחייב להביא לחם משל עצמו : סברין מימר · סברוה בני הישיבה לומר : הוא מותר נסכים דשניהן יקרבו : קדשי קדשים אינון · ומותרן נדבה : ע"ד דרבי יוסי בר בינין · דאמר בשם ר"ח דמותר נסכים יפלו לנדבה הואיל דקדשי קדשים הן : אמר ליה יפלו לנדבה · דשקלים לקדשי קדשים באין : עשירית האיפה · קדשי קדשים היא דכתיב בה חטאת : מתני' גבו לו בחזקת שאין לו · שסברו שאין לו כלל ונמצא שיש לו : ר' ירמיה סבר · למפשט הך בעיין ממתני' דקתני מותר המת ליורשיו דהך נמי למותר המת דמיא : דחטרי · שם מקום : הגע עצמך · כלומר תעיין בזה ותמצא דלא דמיין אהדדי : דלא כוונן אלא ליה · שהנותנים לא כוונו אלא ליה ולא ליורשיו והכא כיון שיש לו ולא יוקח מהם כלום לצרכו והיורשים יטלו הכל אדעתא דהכי ודאי לא התנדבו וכי קתני במתני' מותר המת ליורשיו היינו שנתותר ממעות נדבתם אחר שנעשה צרכי המת דאתדי' דעתייהו דהמתנדבים דאדעתא דהכי התנדבו בתחילה באם שיותר שיהא ליורשיו דא"א לנתלם : אנא לא אמר את מנ"ל · כדאמרינן בעלמא רבי לא שנה חייא מניין לו : יבנה לו נפש על קברו · כלומר בנין או ציון שיהא זכר לנפשו שמי"כ יוזכר נפשו והוא כבוד למת : וזילוף ביין ע"ג מטתו · לריח טוב : ר"י הוה מסמך · היה תומך ונשא עליו מפני שר"י היה בעל בשר כדאמרי' בברכות (י"ג ב') או מפני שהיה גבות עיניו ארוכות כדאמרי' בב"ק (קי"ז א') ולא היה יכול לראות הדרך ילך בה : א"ל מהו למעבר · ר' יעקב חזא בי' בר"י דעדיין לא קבל פיוס' דידי' ועוד נקיט ליה בלביה על ר' אליעזר השיאו לדבר אחר וגם מתוך תשובת בעיא זו ילמוד ר"י ממנו כי שפיר עביד שהטמין את עצמו כמו שמסיים יאות ר"א עביד כו' ועיין במפרשים : קמי דאדורי · לפני צלם ויש ספרים גורסין להדיא קמי דאלילים : מה את פליג יקר · כלומר מה כבוד תחלוק לה בעברך לפני כלומר בלא עשיית שום כבוד אין בהעברה לחוד שום כבוד וי"ת מה את פליג יקר למה אתה חולק כבוד לאלילים במה שאין אתה רוצה לעבור לפני' כאילו אתה ירא ממנה אדרבה עבור לפני' ובזה תראה כי אינך ירא מפני' וכיון שהשיב ליה ר"י דבמה שאינו עובר נראה כמתיירא ממנו לזה א"ל יאות עביד ר"א כו' : וסמי עינוי · התלוצץ ממנה כמ"ש עינים להם ולא יראו : נכנסו לפניו ר"א ור"א · לפייסו ולדבר על לבו שלא יכעוס על ר"א כדי שלא יצא מה שיצא מהך עובדא בבהכ"נ של טרסיים : נגר שיש בראשו גלוסטרא · שראשו אחד עב וראוי לשחוק בו
שוס

משנת אליהו

ע"פ מ"ש הרמב"ם פ"א מהל' מעה"ק הלכה עשירית האשם אין בא אלא מזכרי כבשים בלבד יש אשם בא מגדולי מין זה ויש אשם בא מן הקטנים דהיינו אשם נזירות היה כבש בן שנה ואשם מעילות ואשם תלוי וגזילות בהם כתיב איל והוא בן שתי שנים הילכך ליכא למיגרס הכא ואשם אינו בא אלא מן האילים דהא אשם נזיר היה בא כבש בן שנה אלא גרסינן אינו בא אלא מן הכבשים דממעט עזים דכתיב ואם מן הצאן קרבנו מן הכבשים או מן העזים · ובק"ע נדחק בסוגיא זו לפרש מ"ש הרי עולה כו' הרי אשם כו' בדרך דחוק בחנם : ה"ג אלו הן מעות סתומין כל שדמי חטאות מעורבין בהן אפי' נפלה ט' · עיין בנזיר כ"ו א' ועיין תוס' ד"ה אמר רבא וא"ת כו' והך ברייתא היא דלא כרבא בבבלי שם ובברייתא זו ליתא שם לא בתוספתא דנזיר ודמעילה שלפנינו : ה"ג אלו לחטאות כו' · עי' תוס' שם ד"ה תניא כו' : **הלכה ה** גבו לו בחזקת שא"ל ונמצא שיש לו ר' ירמיה כו' דלא כוונן אלא לי' · עיין בפירושי ועוד יש לפרש דצריך שיזכה הוא ואשר נותר אח"כ ממנו הוא משא"כ הכא דלא זכה כלל · ור"מ בין ב' הפי' שגבו לצורך עני או שבוי א' בעוד היה בחיים איזה משך אך שעדיין לא פדו ולא נתנו לו ואח"כ מת · דלה"ש דתליא בזכיה כבר זכה ומגיע ליורשים ולה"ש דלא כוונן אלא ליה והוא איננו בעולם ולא נעשית המצוה לא יותן ליורשים וזהו סברת תשובת הרא"ש כלל י"ב סי' ו' דדעת השואל יש לכוין כפי' הב' ודעת הרא"ש כפי' הא' וב' הדעות בטוש"ע יו"ד סי' רנ"ב ס"ז ורבינו הגאון ר"ע בביאורו שם ס"ק י"ד ע"ו ציין ב' הדעות וכתב תחילה לדעה דהם של יורשיו מטעם דמותר המת כו' והיינו ע"כ מטעמא דזכיה · וסברא הב' כתב ס' הרא"ש בקצרה דדוקא היכא שנעשית המצוה שנגבית הממון בשבילה והותר משא"כ כה"ג אמדינן דעתייהו דלהכי לא התנדבו וע"ז מביא כל הירושלמי ולא ניחא ליה לפרש ב' הדעות · דס' ראשונה ס"ל לפסוק כרבי ירמיה משום דמסיק א"ל אנא לא אמרית את מנן לך ודחה למ"ש הגע כו' וא"כ הלכה כר"י · משום דמשמע ליה הסוגיא דקאמר סבר ר' ירמיה כו' ואע"ג דדחי' וא"ל אנא כו' לא קפיד רק על שהשיב על דבריו כן והרא"ש שם לא הביא סוגיא זו על זה רק מ"ש ואין ממחין ביד הפרנסים בכך ורבינו שגדול הוא דאסבר לה בסוגיא זו ולכן לא הביא רבינו האי א"ל אנא כו' כצ"ל : דזעירא לא שאיל כו' וכך נהגין כו' דאינון נהגין ומקיימין כו' · והוא מגד החסידות לקיים ומורא רבך כו' נהגו כן אבל ע"פ דין שרי ומ"ש בברכות כ"ז ב' והנותן שלום לרבו כו' היינו שאינו אומר שלום עליך רבי ומורי כדפירש"י שם דהא נרפ"ד דנזיר ובב"ק ע"ג ב' אמרינן כדי שאילת תלמיד לרב · וכ"ה ברמב"ם פ"ה מהת"ת הלכה ה' ובטוש"ע י"ד

מסורת הש"ס

א) נזיר כה א : ב) עי' נזיר כו ב : ג) תוספתא פ"ב) סנהדרין מח א : ד) (סנהדרין מח א) תוספתא פ"א : ה) כ"ר פרשה פב : ו) ברכות פ"ב הלכה א מו"ק פ"ג הל"ז : ז) יבמות צ ב :

עין משפט נר מצוה

כט א מיי' פרק ט מנזירות הל"א:
ל ב מיי' שם הל"ז :
לא ג מיי' פרק ד ממעילה הל"ג :
לב ד מיי' פרק ה משקמ"ק הל"ח:
לג ה מיי' שם :
לד ו מיי' פרק ט ממ"ע הלכה יח והל"ז טוש"ע יו"ד סימן רנג סעיף ו וסימן שנו סעיף א :
לה ז מיי' שם טור שו"ע שם :
לו ח מיי' פרק ד מאבל הלכה ד :

נוסחת הבבלי

(א) אר"י בר בינין כו' : (ב) בר בינין אליבא דר"ח כו' : (ג) נסכים שמואל ורב חסדא ור"א שלשתן כו' רב חסדא הדא דהכא שמואל דאמר רב אסי כו' ר"א דתניא מותר כו': (ד) ואזיל על ר"ח כו' ר' אלעזר כו' שאיל בשלומי כו':(ה)קמי דארורא א"ל כו' :

הגהות הגר"א

[א] ס"ג הלכה היא בנזיר וכו' ומלת אחת מיותר: [ב] מלת מיתות מיותר וצ"ל כל שדמי חטאו' מעורבין בהן וכו' : [ג] ס"ג אלו לחטאות והשאר לשאר נזירו' ומת דמי הטאת ילכו לים המלח והשאר יביאו אליו עולה ואליו שלמים ומועלין בכולן ואין מועלין במקצתן וכ"ג גי' הרא"ש : [ד] ס"ג ע"ד דר' יוסי בר בון ושמואל ר"ח ור"א שלשתן אמרו דבר א' והשאר שבינתים נמחק : [ה] צ"ל ר"א דאיתמר : [ו] צ"ל לא כך היה המעשה :

ציון ירושלים

ואין ממחין ביד הפרנסים. עי' נמ"י פ"ק דב"ב ובשו"ת אא"ז ש"א סימן סו : **נהגין** גבן דזעירא לא שאל בשלמא דרבה . עיין שו"ת פמ"א ח"א בהקדמתו ובחיבורי יד שאול סימן רמב באורתי סדברים באורך :

גליון הש"ס

[א] עי' ק"ע ולא דק בלשני' וצ"ל יביא בחציו עולה וחציו שלמים וכן הוא בש"ס וברמב"ם ועי' בתוס' נזיר דף כס ע"א ד"ה יפלו ודף כו ע"ב ד"ה תניא : [ב] עי' בב"י יו"ד סימן רנג בשם שו"ת הרא"ש ול"ע . ועיין בבאורי הגר"א ביו"ד שם : [ג] עי' תוס' ערכין דף ננ ע"א ד"ה ונשים ועי' שו"ת הריב"ש סימן תכא :

רבי אליעזר ורבי יוסי עד שקרעו ס"ת בחמתן קרעו ס"ד אלא שנקרע ספר תורה והיה שם זקן א' ורבי יוסי בן קסמא שמו אמר תמיהני אם לא הוה בהכ"נ זה בית ע"ז וחזר ואמר הכדין מחבריה נכנס לפניו רבי יעקב בר זבדי א"ל כתיב °כאשר צוה ה' את משה עבדו כן צוה משה את יהושע וגו' וכי כל דיבור ודיבור שהיה יהושע יושב ודורש היה אומר כך אמר משה אלא יהושע יושב ודורש ויודעין הכל שהתורה של משה היא אף אתה אליעזר יושב ודורש והכל יודעין שהתורה שלך היא אמר להן מפני מה אין אתן יודעין לרצות כבן אידי חבירנו ורבי יוחנן מאי כולי האי דבעי דימרון שמעתא משמיה [א] דאף דוד ביקש עליה רחמים שנאמר °אגורה באהלך עולמים אחסה בסתר כנפיך סלה וכי עלתה על דעתו של דוד שיהא חי וקים לעולמים אלא כך אמר דוד לפני הקב"ה רבש"ע אזכה שיהו דברי נאמרין בבתי כנסיות ובבתי מדרשות שמעון בן נזירא בשם ר' יצחק אמר כל תלמיד חכם שאומרים דבר הלכה מפיו בעולם הזה שפתיו רוחשות עמו בקבר שנאמר °וחכך כיין הטוב וגו' דובב שפתי ישנים מה כומר של ענבים זה כיון שמניח אדם אצבעו עליו מיד דובב אף שפתותיהם של צדיקים כיון שאומרין דבר הלכה מפיהם של צדיקים שפתותיהן מרחשות עמהן בקבר מה הנאה לו בר נזירא אמר כהדין דשתי קונדיטון רבי יצחק אמר כהדין דשתי חמיר עתיק (אע"ג דלית ליה) אע"ג דשתי ליה טעמא בפומא. (א) רב א) גידל אמר האומר שמועה בשם אומרה יראה בעל שמועה כאילו עומד לנגדו שנאמר °אך בצלם יתהלך איש כתיב °רב אדם יקרא איש חסדו זה שאר כל אדם °ואיש אמונים מי ימצא זה רבי זעירא דא"ר זעירא *ליתנן צריכין חששין לשמעתיה דרב ששת דהוא גברא מפתחא אמר ליה ר' זעירא לרבי אסי חכים רבי לבר פתייא דאת אמר שמעתא משמיה אמר ליה ר"י אמרה משמיה א"ל ר' זעירא לר' אסי חכים ר' לרב דאת אמר שמעתתא משמיה א"ל ר' אדא בר אהבה אמרה משמיה אין דור שאין בו ליצנין בדורו של דוד מה היו פרוצי הדור עושין היו הולכין אצל חלונותיו של דוד אומרין לו דוד דוד אימתי יבנה בהמ"ק אימתי ביתה' נלך והיה דוד אומר אע"פ שמתכוונין להכעיסני יבא עלי אם לא הייתי שמח בדבריהם דכתיב °שמחתי באומרים לי בית ה' נלך [ב] *) °והיה כי ימלאו ימיך ושכבת את אבותיך אמר ג) לו הקב"ה לדוד ימים שלמים אני מונה לך ולא ימים חסרים כלום שלמה בנך יבנה בה"מ אלא להקריב [ג] קרבנות ציבור חביב ג) עלי צדקה ומשפט שאתה עושה יותר מן הקרבן שנא' °עשה צדקה ומשפט נבחר לה' מזבח:

הדרן עלך מצרפין שקלים

הלכה א מתני' ^א^בשלשה פרקים בשנה תורמין את הלשכה בפרוס הפסח

בפרוס העצרת בפרוס החג ^ד^והם ד) גרנות של של מעשר בהמה דברי ר"ע בן עזאי אומר בעשרים ותשעה באדר ובאחד בסיון ובעשרים ותשעה באב ר' לעזר ור"ש אומרים בא' בניסן בא' בסיון בכ"ט באלול ולמה אמרו בכ"ט באלול ולא אמרו באחד בתשרי מפני שהוא יו"ט ^ה^ואי אפשר לעשר ביו"ט לפיכך הקדימוהו בכ"ט באלול: **גמ'** א"ר אבהו כל הן דתנינן פרס פלגא (ב) פלגא דל' יום קודם למועד שדורשים בהלכותיו: והן גרנות וכו': א"ר יוחנן מפני שהן פרקי לידה ר' אחא (ג) ור' תנחום בר חייה בשם ריב"ל כדי ה) ^ו^שתהיה הבהמה מצויה לעולי רגלים א"ר יודן שלא יבא לידי בל תאחר א"ר יוסה כל [א] המשהה טבלו (ד) עובר בבל תאחר

*) מלת וכיה ליתא במקרא.

תמן

נוסחאות ישנות

תורה אור

ריבב"ן

משנת אליהו

עין משפט נר מצוה

נוסחת הבבלי

הגהות הגר"א

ציון ירושלים

גליון הש"ס

מסורת הש"ס

מפרש לעובר על בל תאחר היינו לפי שסוף משהה שבלו דמיד בפרקי לידה חייב לעשר ואע"ג דקודם הגורן מותר למכור ולשחוט כדתנן בבכורות פרק בתרא מ"מ משהגיע הגורן ויש לו הרבה בהמות ה"ל כשבל מדרבנן א"נ בלשון קושיא קאמר וכי המשהה שבל זה עובר והראשון נראה: תמן תנינן. בבכורות פרק מעשר בהמה: ה"ג ר"א ור"ש אומרים באחד בתשרי בן עזאי וכו': האלוליים. אותן שנולדו באלול אין מתעשרין לא עם בני תשרי ולא עם בני אב וטעמיה מפרש בסמוך: עד כאן. עד אלול נמשך שהאחרונות יולדות מן אותן שנתעברו קודם ניסן דבהמה דקה עיבורה חמשה חדשים: מכאן ואילך. לאחר אלול הן מאותן שנתעברו לאחר ניסן והוה להו חדשות: לבשו כרים הצאן. מקרא הוא בספר

ריבב"ן

להם זמן בפרקים הללו: מתני' וכתוב עליהן אל"ף בי"ת גימ"ל. מפרש ביומא בסוף הוציאו לו אמר ר' יוסי למה כתב עליהן אב"ג לידע איזה נתרמה ראשון שמצוה בראשון לקנות ממנה תמידין ומוספין ובתוספתא נמי תניא מפני שמתחילין ומוציאין מן הראשונה: אלפא ביתא גמ"א. לשון יונית לפי שלאחר שמלך אלכסנדרוס מלך יון על ירושלים הכירו ישראל בלשון יונית וכתבו באותו הלשון שלא יטעו בקופות איזו ראשונה *) ואין מסתפקים מן הראשונה קודם השניה ולא שניה קודם שלישית:

תקלין חדתין

שגם על מעשר בהמה עוברים על ב"ת כדדרשינן בר"ה (ה ב) לכך תקנו שיעשר סמוך לרגל ויביא לירושלים בעלותו לרגל: ר"ה. דאותן שיולדו קודם לכן אין נכנסין לדיר להתעשר עם אותן שיולדו מכאן ואילך משום דהוה חדש וישן: האלולים. אותן שנולדו באלול אין מתעשרין לא עם בני תשרי ולא עם בני אב כדמפרש טעמא לקמן: ע"כ מתמצות. עד אלול נמשך שיולדות האחרונות מהמעוברות קודם ניסן דעיבורה של בהמה דקה ה' חדשים: אלו הבכורות. שמתעברות באדר: אלו האפלות. דדריש יעטפו מלשון העטופים ללבן דהיינו האפלות שמתעטפות ומתאחרות מלקבל זכר עד ניסן: אלו ואלו כו'. דריש יתרועעו לשון רעים וישירו לשון מעשר כמו יעשירו שנעשו רעים לכנוס לדיר יחד להתעשר: הואיל ואלו. ר"מ אומר בא' באלול ור"א ור"ש אומרים בא' בתשרי: אין מצטרפין. האלולין לא עם הנולדים באב דלגבייהו הן חדש ולא עם ה' שבתשרי דלגבייהו הן ישן: ה' בתשרי וה' באב. כלומר באב שאחר תשרי מצטרפין אע"פ שיש גרנות בינתים ובבבלי שם פריך פשיטא ומשני מ"ד כי היכי דמפסקי שנים ה"נ מפסקי גרנות קמ"ל כדתנן וכו': ב"ע מכריע על דברי תלמידיו אתא. בתמיה דקס"ד דב"ע להכריע בין ר"מ ור"ש בא מדקאמר הואיל ואלו אומרים הואיל ואלו אומרים לכך מתמה וכי אפשר לומר שבא להכריע ביניהם והלא הם היו תלמידיו ודאי הוי מצי למיקם אטעמייהו והוה ליה למקבע הלכה כמאן דמסתבר טעמיה ולא להכריע. וכה"ג פריך בבבלי שלהי בכורות ומשני משום שנחלקו בזה אבות העולם ולא הוי מצי למיקם אטעמייהו ועל דבריהם של ר"י ור"ע אמר הואיל ואלו אומרים כך ואלו אומרים כך: דאמר לרביה הואיל ואלו אומרים כך. ולא אמר הואיל וכבי אומר כך: שמע לה מן הדא. שב"ע היה תלמיד וחבר לר"ע: שבאת. ולא הזכיר לשון רבי: מאחד בתשרי. אתאן לר"א ור"ש דאמרי באחד בתשרי ר"ה למעשר בהמה: לא כחנט. כפירות האילן דאזלינן בתר חנטה לזמן מעשר שלהם שאותם שחנטו קודם ט"ו בשבט מתעשר

תמן תנינן רמ"א א) באחד באלול ר"ה למעשר בהמה ר' אלעזר ור"ש אומרים א׳באחד בתשרי בן עזאי אומר האלוליים (הם) מתעשרין בפני עצמן א"ר *חונה טעמא דר"מ עד כאן הן מתמצות לילד מן הישנות מכאן ואילך הן מתחילות לילד מן החדשות ר' יוסה בר ר' בון בשם רב *חונה טעמא דר"א ור"ש °לבשו כרים הצאן אלו הבכירות ועמקי' יעטפו בר אלו האפילות יתרועעו אף ישירו אלו ואלו נכנסים לדיר להתעשר אמר ג) בן עזאי הואיל ואלו אומרים כך ואלו אומרים כך יהו האלוליים מתעשרין בפני עצמן הא כיצד נולד לו בה' באב וה' באלול וה' בתשרי אין מצטרפין נולד לו בה' בתשרי וה' באב הרי אלו מצטרפין ובן עזאי מכריע על דברי תלמידיו אתא ר' ירמיה ור' מיישא בשם ר' שמואל בר ר' יצחק שכן נחלקו עליה אבות העולם ומאן *נינהו (א) אבות עולם תנא ר' יונה קומי ר' ירמיה ר' ישמעאל ור"ע זאת אומרת בן עזאי חבר ותלמיד היה דר"ע אין תימר רביה אית בר נש אמר לרביה הואיל ואלו אמרו כך ואלו אמרו כך רבי אבון בשם ר' שמואל בר רב יצחק שמע לה מן הדא א"ל ג) בן עזאי על החלוקין אנו מצטערין אלא שבאת לחלוק עלינו את השווין זאת אומרת בן עזאי חבר ותלמיד הוה לר"ע אין תימר רביה אית בר נש אמר לרביה אלא שבאת לחלוק עלינו את השווין: תמן ד) תנינן ב׳כל הנולדין מאחד בתשרי עד כ"ט באלול הרי אלו מצטרפין חמשה לפני ראש השנה וה' לאחר ראש השנה אין מצטרפין ה' לפני הגורן וה' לאחר הגורן הרי אלו מצטרפין אמר רבי יוסה הדא אומרת מעשר בהמה לא עשו אותה לא כחנט ולא כשליש אין תימר כחנט ליתני כל המעוברים מאחד בתשרי עד עשרים ותשעה באלול אין תימר כשליש ליתני כל הנולדים עד עשרים ושנים באלול רבי שמאי בשם רבי *ביבי ברבי חייא [א] כשליש עשו אותה כרבי שמעון דאמר ר"ש מחוסר ה) זמן נכנס לדיר להתעשר קם רבי מנא עם רבי שמאי [ב] א"ל את אמרת חדא מילתא תמן תנינן בן עזאי אומר האלוליים מתעשרין לעצמן לא אפי' נולד עד עשרים ותשעה באלול [ג] אית לך מימר בן עזאי כרבי שמעון ולא ג׳כרבנן* כמה דאת אמר על דרבנן מניחן לשנה הבאה והן מתעשרין עם בני שנתן כן את אמר על דבן עזאי מניחן לגורן הבא והן מתעשרין עם בני אלולים ב) אמר רבי חייא (חונה) זאת ו) אומרת ימים שהבכור מחוסר זמן בהן עולין לו לתוך שנתו אמר רבי מנא אמר ר' יונה אבא שמע לה מן הדא °כל הבכור אשר יולד וגו' הזכר תקדיש הא כיצד משעת לידתו את מונה לו שנה:

הלכה ב מתני' ה׳בשלש ז) קופות של שלש שלש סאין תורמין את הלשכה וכתוב עליהן אל"ף בי"ת גימ"ל רבי ישמעאל אומר יונית כתוב עליהן אלפ"א בית"א גמ"א ז׳אין ח) התורם נכנס לא בפרגוד חפות ולא במנעל ולא בסנדל ולא בתפילין ולא בקמיע שמא יעני ויאמרו מעון הלשכה העני או שמא יעשיר ויאמרו מתרומת הלשכה העשיר שאדם צריך לצאת ידי הבריות כדרך שהוא צריך לצאת ידי המקום שנאמר °והייתם נקיים מה' ומישראל ואומר °ומצא חן ושכל טוב בעיני אלהים ואדם: **גמ'** (ג) תמן ט) תנינן מפנין אפילו ד' וחמש קופות ר' זעירא שאל את רבי *יאשיה כמה הוא שיעורן של* קופות אמר ליה נלמוד

מסורת הש"ס

א) ר"ה ז ב ירושלמי ר"ה פ"א הל"א : ב) שם : ג) ב"ב קנה ב : ד) בכורות נז ב: ה) שם כא ב : ו) עי' ר"ה ו ב : ז) יומא סב א מגילה כא ב: ח) יבמות קב ב: ט) ירושל' שבת פ"ח הל"א ופ"ח הלכה א ופסחים פ"י הל"א :

תהא מכילה הקופה : נלמד סתום מן המפורש · דבמתניתין תנן בקופות של ג' ג' סאין היו תורמין ה"ה קופות דמפנין בשל ג' סאין איירי : תני בג' קופות וכו' · על אותן קופות שתרמו בהן בראשונה מן הלשכה קאי וכדפרישית במתניתין וקאמר שהן היו של ט' סאין כל אחת ומהן היו תורמין ג' פעמים ג' קופות של ג' ג' סאין כפירוש הרמב"ם : לומר ליסתפק וכו' · כדפרישית במתניתין : תמן תנינן · בשבת פרק המוציא יין כמה הוא שיעורן של כוסות · כוס הנזכר במתניתין כמה שיעורו : ישנן רביעית של יין האיטלקי · דלכל כוס סגי ברובע רביעית יין כדי שימזגנו ויעמוד על רביעית דכל חמרא דלא דרי על [חד] תלת מיא לאו חמרא ה"ה טס דמתניתין בכוס של רובע רביעית איירי : מזוג בכמה ·

תורה אור · נוסחאות ישנות · ריבב"ן

נלמוד סתום מן המפורש (תני) דתניא בשלש קופות של שלש שלש סאין שהן תשעה סאין שהן עשרים ושבע סאין תורמין את הלשכה וכתוב עליהן אל"ף בי"ת גימ"ל מפני מה כתוב עליהן א' ב' ג' לומר *מסתפק מן הראשונה קודם לשניה ומן השניה קודם לשלישית תמן תנינן המוציא א) יין כדי מזיגת הכוס רבי זעירא שאל את רבי יאשיה (א) כמה שיעורן של כוס א"ל נלמד סתום מן המפורש דתני ר' חייא [א] ארבע ב) כוסות שאמרו ישנן רביעית של יין באיטלקי אמר רבי יוסי בר אבין משום רבי יוחנן דרבי יהודה היא דתני מים ג) כדי גמיע ר' יהודה אומר כדי לשוף בהן את הקילור (נ"א ר' יהודה אומר כדי מזיגת הכוס) יין כדי גמיע ר' יהודה אומר כדי מזיגת הכוס מזוג בכמה נשמעינה מן הדא מים כדי גמיע ר' יהודה אומר כדי לשוף בהן את הקילור (נ"א ר' יהודה אומר כדי מזיגת הכוס) יין כדי גמיע ר' יהודה אומר כדי מזיגת הכוס הדא אמרה מזוג כדי מזיגת הכוס כמה שיעורן של כוס רבי אבין אמר טיטרטון ורביע מהו לשתותן בכרך אחד (ב) מדאמר רבי מנא אמר רבי יוסי הלל ד) אם שמען בבית הכנסת יצא הדא אמרה אם שתאן בכרך אחד יצא מהו לשתותן בפיסקן*) [ב] כלום אמרו שישתה לא כדי שישתה ולא שישתכר אם שתה בפיסקן אף הוא אינו משתכר מהו לצאת ביין של שביעית תני רב אושעיא יוצאין ביין של שביעית מהו לצאת בקונדיטין מדתני בר קפרא קונדיטין כיין הדא אמרה יוצאין בייןקונדיטין מהו לצאת ביין מזוגין מדתני ה) רב חייא ארבעה כוסות שאמרו יוצאין בהן בין חיין ובין מזוגין ובלבד שיהא בהן טעם ומראה יין אמר רבי ירמיה מצוה ו) לצאת ביין אדום שנאמר אל תרא יין כי יתאדם כי יתן בכוס עינו וגו' [ג] תאני ז) מבושל כמתובל מהו לצאת ביין מבושל אמר רבי יונה יוצאין ביין מבושל רבי יונה לטעמיה דרבי יונה כד הוה שתי ארבע כסי דפסחא הוה חזיק רישא עד חגא חמיתיה ח) חדא מטרוניתא אפוי נהירין אמרה סבא סבא חדא מהני תלת מלין אית בך או דשתוי חמרא את או דמלוי בריבית את או דמגדל חזירי את א"ל תיפח רוחא דההיא איתתא דחדא מאלין תלת מיליא לית בי אלא אולפני שכיח לי דהכי כתיב חכמת אדם תאיר פניו ר' אבהו אתי לטבריא חמוניה תלמידוי דר' יוחנן אפוי נהירין אמרון *תלמידים לרבי יוחנן אשכח רבי אבהו סימא אתא לגביה אמר ליה מאי אורייתא חדתא שמעת א"ל תוספתא עתיקא קרא עליה חכמת אדם תאיר פניו א"ר חנין לוגא ט) דאורייתא תמונתא עתיקא דמורייסא דציפורי א"ר יונה וחכמנא לה (דב"ש) דבית רבי ינאי הוה מכילין בה דבש [ד] תני חצי שמינית טברנית הישנה

*) מהו לשתותן בפוסקין . פוסקין הוא שם כלי המחזיק כמה רביעית וכן הוא בהדיא בילקוט אסתר (בשם מדרש אבא גוריון) על פסוק והשתיה כדת וז"ל א"ר לוי כך היה תכסיס של אנשי פרס היה להם כוס גדול מחזיק ארבעים שמניות והוא נקרא פוסקא והם משקין בו לכל אחד ואחד כו' עכ"ל הילקוט. (עקרי דינים סי' י"ע בשם מקום שמואל סימן ס ו אות כ"ט) :

עין משפט נר מצוה

נוסחת הבבלי

הגהות הגר"א

תקלין חדתין

משנת אליהו

הדא דידן הוות · מדה שהיתה לנו מקדמית : ה"ג ולמה לא קרי לה עתיקתא · שהרי בזמן ההוא לא היתה המדה ההיא וכבר עברה והל"ל הדא עתיקתא כדאמר ר"ח דאף ר"י היה במקומו של ר"ח : ומשני בגין דהוות ביומוי · אע"ג דכבר עברה מ"מ אין לקרותה ישנה כיון שהיתה בימיו : ה"ג אית דאמרי דהוות זעירא ורבת וזערת ולא זערת כמה דהוות · וה"פ בא לתרץ ולמה אמר ר"ח עתיקתא משום שנפחתה מרביעית ואח"כ הוסיפו עליה ואוקמוה ארביעית ואח"כ פחתו אותה ולא פחתו אותה כבראשונה וזה היה בימי ר"י הלכך לא מצי למימר עתיקתא דס"ד אמידה הפחותה קאמר ואי הוי הפחת בפעם שני כמו בראשונה שפיר המ"ל עתיקתא דאין לטעות דאמידה שנפחתה קאמר דא"כ הל"ל הא דאית לן השתא היא מדה רביעית וע"כ היינו מפרשין דאמידה גדולה קאמר אבל השתא דהמדה קטנה שבימיו לא היתה בשוה להמדה הקטנה שהיתה בראשונה ודאי איכא למטעי דעל הראשונה הפחותה נאמר עתיקתא לכך קאמר הדא

ריבב"ן

מתני' זורקו לפני התורם. השקלי' שלהן והתורס מתכוין ודחפו לקופה שיהא שקלו בתרומה והגחת רוח הוא לפי שלא יהא מתקרב אלא משלהן תחלה : תרם את הראשונה באחד מן הקופות וחיפה בקטבלאות מכסה הקופות בעור לסימן. השלישית לא היה צריך לכסות שכבר נתרמו האחרות ולמה היה מכסה הראשונה שמא ישכח ויתרום מן הכסף שבקופה ויניח בקופה האחרת אבל אם היה מכוסה אין לחוש. תניא בתוספתא פ"ב תרם את הראשונה לשם ארץ ישראל ועל כל ישראל וחיפה בקטבליות מפני שבני סוריא באין ושוקלין עליה. תרם את השניה ואמר הרי זה לשם עמון ומואב פי' ישראל שדרים בעמון ומואב ומכרכין המוקפין לארץ ישראל וחיפה בקטבליות מפני שאנשי בבל באין ושוקלין עליה. תרם את השלישית ואמר הרי זו מבבל וממדינות הרחוקות ועל כל ישראל ולא היה מחפה וזו היתה

תקלין חדתין

ולמה קרי ליה עתיקא · מאחר שזוכרה שמדדו בה בימיו : ה"ג מן בגין כו' כמה דהוה · והיינו עתיקא

תורה אור נוסחאות ישנות

הישנה אמר רבי יוחנן *הדין דידן (הות) הוא ולמה קרי ליה עתיקה [א] מן בגין דהוה ביומי אית דאמרי דהות זעירא ורבתא ואית דאמרי דאזעירא *ולא אזעירא כמה דהות [ב] ^א כמה הוא שיעור של כוס רבי יוסי בשם ר' יוסי בן פזי ור' יוסי בר בִיבִי בשם ר' שמואל אצבעיים על אצבעיים על רום אצבע ומחצה ושליש אצבע. ^ב(תני א) יבש כזית דברי רבי נתן) רבנן דקיסרי (א) ורבי יוסי בר ביבי בשם שמואל אתיא דר' נתן [ג] כר"ש כמה דר"ש אמר ברביעית כן אמר ר' נתן ברביעית לכשיקרש ויהא בו כזית רבי סימון בשם ריב"ל מעשה ג) בפרדת רבי שמתה וטהרו את דמה משום נבילה ושאל (ב) רבי אליעזר את ר' סימון עד כמה ולא אשגח ביה ושאל לריב"ל וא"ל עד רביעית טהור יותר מרביעית טמא *ובאש לר"א על (עד) דלא חזר ליה ר' סימון שמועתא רב בִיבִי הוה יתיב מתני הדין עובדא א"ל רבי יצחק (ג) בר (ביסנא) כהנה עד רביעית טהור יותר מכאן טמא ובעט ביה אמר ליה רבי זריקא בגין דשאיל לך את בעט ביה א"ל בגין דלא הות דעתי בי בעיטנא ביה דאמר רבי חנן °והיו חייך תלואים לך מנגד זה שלוקח חטים לשנה ופחדת ג) לילה ויומם זה הלוקח מן *הסדקי ולא תאמין בחייך זה הלוקח מן הפלטור ואנא סמיכנא אפלטור [ד] ומהו כדון העיד ד) ר' יהושע בן פתורה על דם נבילה שהוא טהור מהו טהור טהור מלהכשיר אבל לטמות מטמא תמן ה) תנינן ^ג דם השרץ כבשרו מטמא ואינו מכשיר ואין לנו [ה] כיוצא בו ושיעור טומאתו שדמו מטמא כבשרו אמר רבי יוסי פליגי בה תרין אמוראין חד אמר טמא וחד אמר טהור מאן דאמר טמא כרבי יהודה ומ"ד טהור כר' יהושע בן פתורה (נ"א רב אבוה דאימן אחתיה דר' יהודה וכו') אמר ליה רב אבדומה דמן נחותה ויאות ו) דרבי יהודה מוריינא דבי נשיאה הוה: שמא יעני ויאמרו כו' : תני רבי ישמעאל ^ד קווץ לא יתרום מפני החשד תני הגזברין היו מפספסין בקילקין תני ז) מדברין היו עמו משעה שהוא נכנס עד שעה שהוא יוצא וימלא פומיה מוי א"ר תנחומא [א] מפני הברכה (ד) רבי שמואל בר נחמן בשם רבי יונתן בתורה ובנביאים ובכתובים מצאנו שאדם צריך לצאת ידי הבריות כדרך שהוא צריך לצאת ידי המקום בתורה מנין דכתיב °והייתם נקיים מה' ומישראל בנביאים מנין דכתיב °אל אלהים ה' וגו' וישראל הוא ידע בכתובים מנין דכתיב °ומצא חן ושכל טוב בעיני אלהים ואדם גמליאל זוגא (ה) שאל לרבי יוסי בר רבי בון איזהו המחוור שבכולם אמר ליה והייתם נקיים מה' ומישראל :

הלכה ג מתני'

של בית רבן גמליאל היה נכנס ושקלו בין אצבעותיו וזרקו לפני התורם והתורם מתכוין (ו) ודחפו לתוך הקופה ^ה אין התורם תורם עד שהוא אומר להם אתרום והן אומרין לו תרום תרום תרום שלש פעמים ^ו תרם את הראשונה וחיפה בקטבליאות השניה וחיפה בקטבליאות השלישית (ז) לא היה מחפה ולמה היה מחפה שמא ישכח ויתרום מן הדבר התרום תרם את הראשונה לשם ארץ ישראל והשניה לשם כרכים המוקפין לה והשלישית לשם בבל ולשם מדי ולשם מדינות

מסורת הש"ס

א) שבת פ א :
ב) מנחו' קג ב ולקמן פ"ח הל"א : ג) ברכו' כד א מנחו' קג: ד) שם י עדיות פ"ה מ"א :
ה) מכשירין פ"ו מ"ה:
ו) מנחות קד א :
ז) תוספתא פ"ב :

נוסחאות ישנות · תורה אור

מדינות הרחוקות : **גמ'** של בית ר"ג וכו' אילו היו שני כריים ותרם מאחד מהן על חבירו שמא לא פטר חבירו [א] הנחת רוח היא להם שלא יהא קרבן מתקרב אלא משלהן תחלה. *תני שמט את הקטבליאות נעשו כולן שיריים תני א) שלישית היא היתה עשירה שבכולן שהיו בה (איצטלי) אסטריאות (א) של זהב ודרכונות של זהב תני תרם את הראשונ' לשם ארץ ישראל ולשם כל ישראל שניה לשם כרכים המוקפים ולשם כל ישראל והשלישית לשם בבל ומדי ולשם מדינות הרחוקות ולשם כ"י תני (ב) נטל מן הראשונה אע"פ שיש בראשונה נוטל מן השניה נטל מן השניה אע"פ שיש בשניה נוטל מן השלישית שלמה שלישית חוזר לשניה שלמה שניה חוזר לראשונה שלמו שלשתן [א] חוזר ושוקל (ג) ר"מ ב) אומר חוזר לשיריים שהיה ר"מ אומר [ב] מועלים בשיריים שמא יצטרכו להן בסוף וכן ג) היה רבי פנחס בן יאיר אומר [ג] זריזות מביאה לידי נקיות נקיות מביאה לידי טהרה טהרה מביאה לידי קדושה קדושה מביאה לידי ענוה ענוה מביאה לידי יראת חטא יראת חטא מביאה לידי חסידות חסידות מביאה לידי רוח הקודש רוח הקודש מביאה לידי תחיית המתים תה"מ מביאה לידי אליהו זכור לטוב. זריזות מביאה לידי נקיות דכתיב °וכלה מכפר נקיות מביאה לידי טהרה דכתיב °וכפר עליה הכהן וטהרה טהרה מביאה לידי קדושה דכתיב °וטהרו וקדשו קדושה מביאה לידי ענוה דכתיב °כי כה אמר רם ונשא שוכן עד וקדוש שמו מרום וקדוש אשכון ואת דכא ושפל רוח ענוה מביאה לידי יראת חטא דכתיב °עקב ענוה יראת ה' יראת חטא מביאה לידי חסידות דכתיב °וחסד ה' מעולם ועד עולם על יראיו חסידות מביאה לידי רוח הקדש דכתיב °אז דברת בחזון לחסידיך רוח הקדש מביאה לידי תחיית המתים דכתיב °ונתתי רוחי בכם וחייתם תחיית המתים מביאה (ד) לידי אליהו זכור לטוב דכתיב °הנה אנכי שולח לכם את אליה הנביא לפני בא יום ה' הגדול והנורא תנא בשם ר"מ (אומר) כל מי שקבוע בארץ ישראל ומדבר בלשון הקודש ואוכל פירותיו בטהרה וקורא ק"ש בבוקר ובערב יהא מבושר שבן עולם הבא הוא :

ויקרא טז · שם יב · שם טו · ישעיה נז · משלי כב · תהלים קג · שם פט · יחזקאל לז · מלאכי ג

הדרן עלך פרק בשלשה פרקים

הלכה א מתני' התרומה מה היו עושין בה ד) לוקחין בה תמידין ומוספין ונסכיהם העומר ושתי לחם ולחם הפנים וכל קרבנו' הציבור ה) שומרי ד) ספיחין בשביעית נוטלין שכרן מתרומת הלשכה רבי יוסי אומר אף הרוצה מתנדב שומר חנם ו) אמרו לו אף אתה אומר שאין באין אלא משל

קרבן העדה

הרחוקות על לבן וישלחו שקליהן : **גמ'** ופריך אילו · מי שהיו מונחים לפניו שני כריים של תבואה ותרם מאחד על חבירו מי לא פטר גם השני א"כ ה"נ מאי נפקא לכו לדבית ר"ג אם הוא תורם של חצי שקל שלהן או לא : ומשני הנחת רוח הוא להן · שיהא הקרבן קרב מממונם ראשונה ולא יהא לשירי הלשכה : שמט את הקטבליות · מכולן נעשה הכל שיריים : איצטלא · בגדים וחמש חליפות שמלות מתרגמין וחמש איצטלון : אע"פ שיש בראשונה נוטל מן השניה · אקופות הגדולות קאי שאינו נוטל מן הראשונה כל הג' קופות קטנות בפרוס הפסח אלא מכל אחת מהן נטל קופה אחת וכדפירש' במתניתין : שלמה שלישית · שהוציאו כל המעות שבקופה שלישית לצורך הקרבנות : שלמו שלשתן · שאין בקופות גדולות מעות צריכין כל ישראל לשקול מחדש שקלים אחרים שהמעות שנשאר בלשכה ולא נכנס לתוך קופות הגדולות הוא שיריים ואינן כשרין שוב ליקח מהן קרבנות : מועלין בשיריים · שנשארו בלשכה שמא יצטרכו להן בסוף כשיכלה כל המעות שבתוך הקופות : וכן היה ר"פ וכו' · אהא דקאמר ר"מ דמועלין בשיריים שמא יצטרכו להן בסוף מייתי הא דר"פ שצריך האדם להיות זהיר וזריז שלא יבא לידי חטא : זריזות · הזריז במצות לעשותן כהוגן ומרחיק מעצמו כל דבר שיכול לבא ע"י לעבירה מביא את האדם שהוא נקי בעשיותיו ומעבירות שבידו : טהרה · שאף עונותיו הראשונים יתלבנו ויוטהר נשמתו : קדושה · קדושת הלב והמחשבה : לידי ענוה · שכל מי שיש בו רוח קדושה חפץ להיות יותר קדוש גם כי יפלס מעגלי צדק של שאר בני אדם ושאין דרכיו מבוררים כל הצורך וזה הוא עיקר ענוה שמכיר פחיתת ערכו : לידי יראת חטא · שלא יאמר אני אלך בשוק של זונות ולא אחטא וכמו שאמר שלמה המלך ע"ה שכיון שהוא עניו ויאמר שהוא שפל אנשים יהיה ירא חטא : לידי חסידות · והיינו שיעשה דברים שהם לפנים משורת הדין כדי שלא יבא לידי שום חטא : לידי רוח הקודש · שכיון שהוא עושה לפנים משורת הדין עושין עמו מן השמים דברים שהן חוץ מהטבע ומודיעין לו רזי התורה : לידי תחיית המתים · שע"י שישרה רוח קדושה על עצמות יחיו וכמפורש ביחזקאל : לידי אליהו · שקודם התחיה האחרונה יבא אליהו : וכלה מכפר את הקדש · ולשון וכלה משמע זריזות מלשון כלוי ומשמע זהירות דהייט זריזות וכתיב קרא אחרינא וכפר בעדו ובעד העם הוא הכפרה הכוללת לכולם אלמא ע"י זריזות בא הנקיה הגמורה : וכפר עליה הכהן וטהרה · מן הטבועה שנטבעה כשכרעה לילד ואף שוגגת היא צריכה טהרה : וטהרו וקידשו · לבתר טהרה אתיא קדושה : כי כה אמר רם ונשא · מדכתיב מרום וקדוש אשכון דהיינו שעם היותו מרום ישכון עם הקדוש והדר קאמר שישכון את דכא ושפל רוח שהוא העניו משמע דמקדושה יבוא האיש להיות עניו ולהכי קאמר שיהיה ה' עם הקדוש ויהיה עם דכא ושפל רוח : ה"ג דכתיב עקב ענוה · בעבור ובשכר ענוה יבא לידי יראת ה' : אז דברת · אין הקב"ה מדבר בחזון אלא לחסידיו : רוה"ק מביא לידי תחיית המתים · דכתיב ונתתי רוחי והוא רוה"ק וחייתם אח"כ : ה"ג לידי אליהו זכור לטוב דכתיב הנה אנכי שולח לכם את אליה הנביא לפני בא יום ה' הגדול והנורא והשיב לב אבות על בנים ולב בנים על אבותם : כל מי שהוא קבוע וכו' · פי' שהוא דר בקביעות בא"י שהיא מכפרת עון כדכתיב העם היושב בה נשוא עון : ואוכל פירותיו בטהרה · שגורם טהרת הגוף : ומדבר בלשון הקודש · שגורם טהרת הנפש : וקורא ק"ש בבוקר ובערב · שמקיים והגית בו יומם ולילה שהתורה עיקר טהרת נשמה : מובטח לו שהוא בן עוה"ב . אפילו גופו יזדכך ויזכה לחיים נצחים והם חיי עולם הבא אי נמי בלא דין ויסורין יזכה לעוה"ב : סליק פרק ג'

הלכה א מתני' התרומה מה היו עושין בה · מה שנתנו לתוך הקופות מה היו עושין בהן : וכל קרבנות הצבור · לאתויי קטרת : ספיחים · תבואה העולה מאליה ממה שנשר בקציר ונותנים שכר לשומרים שימנעו רגלי בהמה משם ויודיעו לבני אדם שהם לצורך העומר ושתי הלחם שאינן באין אלא מן החדש ומן הארץ ונותנין שכרן מן התרומה דלצורך קרבן כקרבן דמי : שומר חנם · ואף אם קנה אותן מן ההפקר כששמרן חנם סבר ר"י דקרבן יחיד משתנה לקרבן צבור : אף אתה אומר וכו' · כלומר אי אתה מודה שאינן באין אלא משל צבור ואם שמרן חנם וזכה בהם נמצא שאינן באין משל צבור ולשיטתם השיבו דסברי

ריבב"ן

עשירה שבכולן שהיו בה דרכונות של זהב סתמא כר' יהודה דאמר לעיל בפ"ב אף לשקלים אין להם קצבה. ירושלמי נטל את הראשונה אע"פ שיש בראשונה נוטל מן השניה נטל מן השניה אע"פ שיש בשניה נוטל מן השלישית שלמה השלישית חוזר לשניה שלמה שניה חוזר לראשונה שלמו שלשתן חוזר ושוקל ר' מאיר אומר חוזר לשירים פי' לוקחין תמידין מכסף הנשאר בלשכה לאחר שתרם בקופות ור' מאיר לטעמיה דאמר מועלין לשירים שמא יצטרכו להם בסוף :

משנה א התרומה שנתרמה בקופות שומרי ספיחית בשביעית לפי שכל השדות היו מופקרין בשביעית ביהודה היו שומרים במקום אחד הספיחין להביא מהן העומר ושתי הלחם ולא היו מביאין לכתחלה אלא ביהודה משום דכתיב כרמל ואם הי' מביאין מרחוק היה הרוח מיבשו ולא היה כרמל ואם לא מצא מן הקרוב לירושלים מביאין מן הרחוק ודוקא מא"י דס"ל להאי תנא אין עומר ושתי הלחם באין מחוץ לארץ ודלא כר' יוסי בר יהודה דאמר במנחות בפרק כל קרבנות (דף פד) עומר בא מחוץ לארץ מאי טעמא דמאן דאמר אינה באה מחוץ לארץ דכתיב ממושבותיכם ולא מחו"ל ור' יוסי בר יהודה האי ממושבותיכם דריש ליה בכל מקום שאתם יושבים דחדש נוהג בחו"ל. ועוד אמרינן בפרק כל קרבנות רמי ליה רמי בר חמא לרב חסדא תנן שומרי ספיחים נוטלין שכרן מתרומת הלשכה אלמא עומר בא מהן בשביעית והכתיב והיתה שבת הארץ לכם לאכלה לאכלה ולא לשריפה וקומץ העומר מתירו אמר ליה רחמנא אמר לדורותיכם ואת אמרת

תקלין חדתין

הרחוקות · שלא היו מביאין אלא בפ' הג' : **גמ' אילו** היו שני כו' שמא לא פטר את חבירו · בתמיה **והכי** נמי למה לבית ר"ג להדר שיבוא דמיהן לקופה **כיון** שיתרמו גם על שלהם : ומשני נחת רוח כו' תחלה · זריזות מצוה שיהא משלהן ובתחלה ולא ישאר בשירים: תני · תוספתא פ"ב דשקלים : שמט הקטבלאות נתערבו השירים · והתם תני דמ"מ לא יערבו בשל אמתקד : אנטלית של זהב ודרכונות כו' · שהיו מביאין ממדינות רחוקות והיו מצרפין על דרכונות כדלעיל רפ"ב : נוטל מן הראשונה · מפרש שבג' הקופות שתורם היה כתוב עליהן אב"ג מפני זה וכ"ה בתוספתא בהדיא ובפרקין לעיל למה היה כתוב עליהן כו' ותחלה נוטל מראשונה שמלוה בראשון להסתפק ממנה תחלה · אבל אינו מריקה לגמרי שצריך לספק מכל הג' דאסמכוה אקרא לקמן תוהעמדנו עלינו לתת שלישית השקל · ואם היה מסתפק מהראשונה מכל וכל לא יבוא קודם עצרת לספק מהשלישית : שלמה שלישית · משום הכי הצריכו לגמור השלישית קודם לשניה דבכך לא ימעו לספק מקופה ראשונה מכל וכל קודם לשניה : שוקל · תקלין חדתין והיינו היכא דהיו קרבנות מרובים והוציאו כל הג' קודם הפרק הב' ולא ר"ל ליקח מהשירים שאין דינם כשקלים : מועלין בשיריים · ודינן כשקלים : וכן היה ר"פ ב"י אומר זריזות · איידי דאמרי בג' פרקים וצריך להיות נקי מהבריות כמו מידי שמים וצריך להיות זריז כמו של בית ר"ג שיהיה שלהם תחילה תפרש לכולהו מדות דרפב"י : זריזות מביאה לידי נקיות · זריזות הוא היפוך העצלות וע"י שאחוז במדת הזריזות מביאתו לידי נקיות הן בכה"ג דנקיים מבריות דאיירינן במתניתין כשרואין זריזותו בדבר בשלימות לא יחשדוהו · והן בידי שמים · כשהוא זריז במצוה המצוה מזורזת ומלובנת מזבובי מות וכן אמרו ת"ח שעבר עבירה כו' ודאי עשה תשובה תיכף · והוא ע"י זריזותו נקי מחטא : נקיות מביאה לידי טהרה · טהרת הגוף בטבילה צריך שיהא נקי משום לכלוך חלילה ובלא זה אינו טהור · וכן ע"י נקיות הגוף מאבק חטא בא לטהרת הנשמה שאינה טהורה רק בכלי נקי כמו נפש נקי ולדיק : טהרה מביאה לידי קדושה · כמו באכילת קדשים וחולין שנעשו על טהרת הקדש וליכנס לקדש הכל על ידי טהרה וכל הנכנסין לעזרה צריכין טבילה · אי נמי כדאמרינן בברכות (כב א) גדר גדול גדרו בה מעשה בא' שתבע לדבר עבירה א"ל יש לך מ' סאה שאתה טובל פירש ואמרו כ"מ שנאמר בו קדושה הוא פרישה מן העריות כמ"ש קדושים תהיו · וזהו טהרה מביאה לידי קדושה : קדושה מביאה לידי ענוה · ע"י שהולך ומתקדש בדרכי הקדושה כקדושים העומדים לפני ה' תמיד מבין גדולות הש"ת ורב נולאותיו ונעשה שפל ונבזה בעיניו מתה שאינו יכול לעבדו ית"ש כדבעי למיעבד לפני ממ"ה הקדוש ב"ה וכן קדושה ע"י פרישתו מהנשים דאמרו שאלגיות הן בעלי גאוה ועי"ז בא לידי ענוה : ענוה מביאה לידי יראת חטא · ע"י ענוותנותו שהוא נבזה בעיניו נמאס מתיירא וחרד שנבזה ושפל כמותו יחטא לפני קדוש ונורא וכל שהוא נמוך ושפל בעיניו מתרומם כבוד שמים בעיניו ויודע כמה החטא פוגם בכל העולמות · ודוד מלך ישראל ע"י שהיה ענוו גדול כמ"ש ואנכי תולעת ולא איש אמר אשמרה דרכי מחטוא וכן אם ח"ו נכשל באיזה דבר חרד ויירא מהחטא וחטאתו לנגד עיניו תמיד : ויראת חטא מביאה לידי חסידות · חסידות הוא דרגא עילאה לפנים משורת הדין כמ"ש בגמרא ולאו משנת חסידים כו' ואמרו כל שיראתו קודמת לחכמתו חכמתו מתקיימת ואמרו ולא ע"ה חסיד וע"י יראת חטא שהוא אוצר החכמה בא לעשות לפנים משורת הדין וכן ע"י שהוא ירא חטא עושה גדרים כדאמרינן לך אמרי' נזירא סחור סחור והוא לפנים משורת הדין ועיקר החסידות שלא יתביים מבני אדם במילי דשמיא כמ"ש בריש ברכות ע"פ שמרה נפשי כי חסיד אני לא חסיד אני כו' ולא בושתי כו' ואז כשעולה במדרגה עליונה לעשות כל מה שמוטל עליו ומה שביכלתו להשיג אז על השאר ה' בעזרו ויערה עליו רוח ממרום וזוכה לרוח הקודש ואמרו בירושלמי שלשי סוכה שמחת בית השואבה שהיו שואבין רוה"ק ושם היו חסידים ואנשי מעשה והוא ע"י שמחים במעשיהם ואין השכינה שורה אלא מתוך שמחה כמו שהיה בדוד וז"ש אז דברת בחזון וגו' וזהו חסידות מביאה לידי רוה"ק : ורוה"ק לידי תחיית המתים · כי על ידי שיזכו הרוחות ויערה עליהם רוח ממרום רוח קדושה וטהרה אז יעורו לרוחות השמים שיתגם ה' בהם ויחיו כמ"ש ונתתי רוחי בכם וחייתם · ואמרו בפרק ו' דפסחים עתידים לדיקים שיחיו את המתים כו' : דכתיב וכלה מכפר · סמיך להו בקראי ודרשו בזבחים (מ') אם כלה כפר וכלה הוא זריזות · כפר נקיות כמו לכפורי ידיה בההוא גברא · והוא נקיות מחטא : וכפר עליה וטהרה · נקיות וטהרה : כי כה אמר וגו' וקדוש שמו · ואת דכא ושפל רוח · שע"י שכרתו לקדושת שמו בא לשפלות כנ"ל : לידי אליהו ז"ל דכתיב הנה אנכי שולח לכם את אליה לפני בוא יום הגדול וגו' והוא אחר שתחיה יום הדין הגדול וקודם ליום הגדול ישלחהו להשיב לב אבות על בנים גו' : כל מי שקבוע בארץ ישראל · נגד תיקון שלימת הגוף והוא נגד יסוד העפר כי עפר אתה וקשור לישיבת אה"ק מוקף בקדושת הארץ תמיד וההולך ד"א עליה זוכה לעוה"ב ומוחלין לו עונותיו כמ"ש העם היושב עליה נשוא עון וכמ"ש בשלהי כתובות : ומדבר בלשון הקודש · תיקון שלימות הרוח שממנו יסוד הדיבור ולשון הקדש פנימיות קדושה יש בו : פירותיו בטהרה · נגד נפש הצומחת : ק"ש בבקר ובערב · נגד תיקון הנשמה שהיא מאתון דאורייתא ואחז"ל כל הקורא ק"ש בבקר ובערב וגו' והגית בו וגו' וגם דק"ב מוסר ומייחד נשמתו ומתקנה בקבלת עמ"ש · ונתקנו כל ד' חלקי האדם גוף ונר"ן נגד דצח"ם ואמר"ע · יהא מבושר שבן עולם הבא הוא · על ידי תיקון שלמותו הוא בן עולם הבא : **הדרן עלך פרק שלישי**

הלכה א התרומה מה היו עושין כו' · כל מה שתרמו מהלשכה : ספיחין · הצומחין מאליהן ממה שנשרו בקציר ונתנו שכר לשומר שימנע רגלי בהמות משם שנצרכים לעומר וב' הלחם שאינן באין אלא מן החדש ומן הארץ ולפי שצריך קרבן הוא וקרבן דמי לכן נתנו שכרן מתרומת הלשכה : שומר חנם · ואף שקנה אותם מן ההפקר כשמרן חנם סבר דקרבן יחיד מתנה לשל צבור : אף אתה כו' · כלומר א"א מודה דבאין משל צבור ובכה"ג דשמרן חנם זכה בהם נמצא שאינם באים משל צבור דס"ל דאין קרבן יחיד מתנה לשל צבור

משנת אליהו

תני שלישית היתה עשירה שבכולן שהיה בה אנטלית של זהב ודרכונות של זהב · וקשיא דהא בריש פ"ב מסיק דאף מרגליות אסור לצרף משקלים שמא תיזל המרגליות ונמצא הקדש מפסיד ואיך אמר אנטלי של זהב שהוא שוה כסף וי"ל שהביאו לכבוד שהיו הדרכונות של זהב כרוכים בהם לשמירה מדרכם הרחוקה:

הדרן עלך פרק שלישי

א) תוספתא פרק ב : ב) קדושין כד א : ג) סוטה מט א ע"ז כ וירושלמי שבת פרק א הל"ג : ד) ב"מ קיח א מנחות פ"ד א :

עין משפט נר מצוה

כה א מיי' פרק ב משקלים הל"ח :

כו ב מיי' שם הל"ז :

כז ג מיי' פרק ט"ז מטומאת אוכלין הלכה יב :

א ד מיי' פרק ד משקלים הל"א :

ב ה מיי' שם הל"ב :

ג ו מיי' שם הל"ו :

נוסחת הבבלי

(א) של זהב דרכמוני זהב : (ב) נוטל מן הראשונה כו' חוזר כו' חוזר ותורם כו' : (ג) ר"מ אומר יחזור לשיריים כו' : (ד) לידי אליהו ז"ל דכתיב אז תבין יראת ה' ודעת אלהים תמצא :

הגהות הגר"א

[א] צ"ל נחת רוח וכו' :

גליון הש"ס

[א] עי' ק"ע ועיין תוס' קדושין נד ע"א ד"ה מועלין : [ב] עי' ש"ק ועי' ברמב"ם פ"ו ממעילה הל"ג ועי' בפעס"מ פ"ע משקלים ול"ע : [ג] עי' ירושלמי שבת מ"ש שם על הגליון :

קרבן יחיד אינו משתנה לשל צבור : גמ' מה ראו וכו' · מתני' דפ"ד דתענית ... והעם תשעה וקשיא ליה מה ראו להימנות הא אפי' כל
יחיד יכול לנדב עצים כדתנן לקמן פ"ו : אלא בשעה וכו' · וקמ"ל שהעצים שלהן קודמין ... שביניהן · שהיו באותו הדור כגון חגי זכריה ומלאכי ועזרא
ונחמיה : אלא משלהן · מעצים שהתנדבו כן : דר"י היא · הא דאמרינן שעצים לקרבנות ... יוסי דמתני' : דברי הכל היא · ואפילו כרבנן דע"כ לא
פליגי רבנן ור"י אלא בגופו של קרבן : אבל במכשירי קרבן · כגון עצים לקרבנות ... כתונת לבנה · הכהן לשרת בו בקדש : צריכה למסור לצבור ·
מיהו אם מסרה מותר לעבוד בו : במכשירי קרבן · כגון כתונת : ה"ג מתני' מסייעא לר' יוסי · וה"פ מהך ברייתא דמגילת תענית מוכח כדאמר ר' יוסי בשם ר' אילא דד"ה היא : בשעת הקרבן · בזמן שבהמ"ק קיים: רי"א אין נוהגין אלא בשעת הקרבן· ש"מ דרבנן דפליגי עליה דר"י סוברים דנוהג אפי' שלא בשעת הקרבן ופשיטא שמודים שהיו זמנים להבאת העצים וכמתניתין דתענית : והיינו מתענין ולא משלימין· מפני שיו"ט שלהן היה שבני סנאה בן בנימן הקריבו עצים בעשרה באב כדתנן בתענית פ"ד וזה היה ודאי אחר החורבן דבזמן הבית אינלוס בט' באב ואם"ד דלא היו העצים אלו אלא לצורך קרבנות יחיד ודינו כקרבן יחיד למה יהיה להן יו"ט אף שלא בשעת קרבן בשלמא בשעת קרבן ניחא דאף יחיד שמביא קרבן הוה ליה כיו"ט כדאמרינן בריש פרק מקום שנהגו אלא לאחר החורבן מ"מ אלא ודאי דאף לקרבנות צבור התנדבו אלו ונשאר היו"ט לדורו' ומסתמא לא פליגי רבנן למתני' עליה דראב"צ דקי"ל מעשה רב : מתני' · דתנן שומרי ספיחים בשביעית וכו' ש"מ דאין העומר ושתי הלחם באין אלא מארץ וכדפרישית במתני' ואתיא כר"י דאמר שאין העומר בא מח"ל דאי כר"י בר' יהודה דאמר העומר בא מח"ל ל"ל שומרי ספיחים תיפוק ליה שאפשר להביאו מח"ל : אין העומר בא מן הסוריא · רבותא קמ"ל דאפילו מן הסוריא דדמיא לא"י במקצת אינו בא וכ"ש מחו"ל ממש : תמן תנינן · מנחות פ"ט : שאין באין אלא מן החדש · דכתיב מנחה חדשה : ומן הארץ · דגבי שתי לחם כתיב ממושבותיכם וגבי עומר כתיב וקצרתם את קצירה ולא קציר של ח"ל: תמן תנינן· בפ"ק דכלים : והביכורים· דכתיב ולקחת מראשית כל פרי האדמה אשר תביא מארצך : תמן תנינן · בפ"ק דשביעית : מה חריש רשות · דכתיב בחריש ובקציר תשבות ודרשינן מה חריש דהוא דוקא רשות שהרי אין לך חריש שיהרוש לשם מצוה דאפילו גבי עומר אם מצא הרוש אינו חורש אף קציר נמי שהוא רשות הוא דאסור בשבת אבל קציר של מצוה כגון קציר העומר שמצוה לקצור לשם העומר דוחה שבת : ה"ג ר"י כדעתיה דאמר אין העומר בא מסוריא · וכ"ה במס' שביעית וה"פ ר"י לשיטתיה דסובר שאין העומר בא אלא מן הארץ ואפילו בשביעית קוצרין אותו בארץ דקציר דידיה דוחה שביעית מפני שהוא מצוה וה"ה דדוחה שבת : ד"ה היא · ומתני' איירי בשנת בצורת ולא מצאו תבואה בחו"ל וצריכין להביא מספיחי א"י : ההן עומר וכו' · האי עומר אם אין שם ספיחים מהו שיזרע לצרכו לכתחילה בשביעית : לא כמצא · אם נזרע בשביעית כקומץ על שיריים שאינן נאכלין שהרי השיריים אסורין באכילה וקומץ שאינו מתיר שיריים לאכילה אינו קומץ : נעשה כחמשה דברים וכו' · דתנן בפרק כיצד צולין חמשה דברים באין בטומאה ואינן נאכלין בטומאה העומר ושתי הלחם וכו' וה"נ עומר שנזרע בשביעית אין שיריו נאכל כאילו בא בטומאה: כיצד הוא עושה · אמתני' קאי דתנן שומרי ספיחין בשביעית נוטלין שכרן מתרומת הלשכה וקשיא איך הקדש יוצא בלא חילול לכך קאמר שמתחילה לא היו הקוצרין והשומרין מקבלין שכר מהלשכה אלא משלחני ממעות חולין ואח"כ קודם הקרבה מחללין ממעות הלשכה : ופריך וטבות כן · וכי טוב הוא לעשות כן הרי כשפודה אותו אינו שוה כל כך כמה שהוציאו עליו לשומרין שהרי צריך לגופו ומשתייר ממנו הרבה וגם עומר אחד אינו שוה מעות אלו : כל מה שיתן · הגזבר הן הן דמיו משעה הראשונה וה"ז כאילו הם נתנו מעות השומרין : אף בפתחי אבנים כן · המסתתין האבנים לצורך בנין הבית לא היו מקבלין המעות מן הגזברים ...

ריבב"ן

תיבטל אמר ליה ומי קאמינא [אנא] תיבטל ליתי משל הפקר בעינא כרמל וליכא שכבר יבש וליתי כרמל משל הפקר בעינן כרמל בשעת הקרבה וליכא דר' יוחנן אמר [כרמל] תקריב ור' אלעזר אמר ראשית קצירך ולא סוף קצירך בשעה הבאתה תהא תחלת קצירה שלאותה תבואה שבאתה ולא סוף קצירך [ואם מייתי] מדאשהקד הויא לה שעת הבאתה סוף קצירך כך פירש רבינו שלמה · ר' יוסי אמר אף הרוצה מתנדב ושומר חנם אמרו לו אם אתה אומר כן אינן באין משל צבור בפ' הבית והעליה (דף קיח) מפרש טעמייהו ומסיק דכ"ע הבטה בהפקר לא קני פי' מה שאדם שומר בראייה בעלמא בלא זכייה אחרת או חזקה לא קני והכא בחוששין לבעלי זרועות קמפלגי ת"ק סבר תקינו רבנן ד' זוזי למיתב להו מלשכה כי היכי דלא ליתו בעלי זרועות ולשקלו מינייהו ור' יוסי סבר לא חיישינן לבעלי זרועות ומאי אתה אומר הכי קאמרי ליה מדבריך שאתה אומר מתנדב ושומר חנם לדברינו דחיישי' לבעלי זרועות אין תמידין ומוספין באין משל צבור דאחר גם כן יכול לידור תמידין ומוספין א"כ אותן ד' זוזי שהיינו נותנין לשומרין אנו קונין תמידין ונמצא שהן של שומרים :

תקלין חדתין

צבור ולשיטתם השיבוהו : גמ' ה"ג תמן תנינן · בתענית (כ"ו א') : תשעה · באלו הט' זמנים היו הכהנים והעם מתנדבים להביא עצים והיו מקריבים קרבן אותו היום ואפילו היו עצים הרבה למערכה היו אלו מתנדבים ומקריבין באלו ט' זמנים : מה ראו · למה הוצרכו לימנות אלו זמנים מיוחדים דכל יחיד יכול להביא נדבה עצים כדלקמן פ"ו : עמדו אלו כו' · ולהכי הוצרכו לימנות משום הואיל התקנה דעביד להו הני נביאים כי היכי דלא לידחינהו מתרייהו : ומסרום לצבור . ביאה של צבור וזהו דאמר והקריבו מהן קרבנות צבור : מלאה עצים · של צבור : משל עצמן · ביאה קרבן נדבתם כדתנן לקמן פ"ו האומר הרי עלי עצים כו' : משלהן תחלה · מעצים שהתנדבו ובבבלי שם קמיך לה בקרא דנחמיה נאמר והגורלות הפלנו על קרבן העצים הכהנים הלוים והעם להביא לבית אלהינו לבית אבותינו לעתים מזומנים שנה בשנה לבער על מזבח ה' אלהינו ככתוב בתורה : דר"י היא · הא דאמר שעצים דיחיד קרבים לשל צבור הואיל ומסרי לצבור כדקאמר ומסרום לצבור דאילו לרבנן לא מהני גבי שומר חנם אף במוסר לצבור : במכשירי קרבן · כגון עצים לקרבנות : תני האשה כו' · בתוספתא ספ"ק דיומא : ה"ג כשרה ובלבד שתמסרנה כו' · ובגמרא דיומא (ל"ה ב') פריך פשיטא ומשני ת"ד ניחוש שמא לא תמסרנה יפה קמ"ל : ה"ג מתניתא פליגא על רבי אחא : אותן הימים · ברייתא שנויה במגילת תענית הובאה בתענית (י"ב) ובעירובין (מ"א) : נוהגין · בשעת קרבן יו"ט דקרבן עצים : מבני סנאה · הכי גרסי לה התוספתא שם : בן בנימין · משבט זה : התעניני ולא כו' · ובבבלי שם מסיים מפני שיו"ט שלנו היה · והתם רבנן הוא דאמרי לה דפליגי אר' יוסי וראב"צ בשעת רבנן קאמר לה דס"ל אף שלא בזמן קרבן דהא איהו היה לאחר החורבן מדהזכיר ט"ב ע"כ ולרבי אחא הא לא היה לרבנן קרבן יחיד עצים דאיהו לא מחלק בין מכשירין לגופו של קרבן · ובברייתא מוכח דהיה קלבן עצים דיחידים כדקאמר ראב"צ אנו היינו כו' החזיקו אותו יום טוב דקרבן עצים דיחידים שלהם ליו"ט : תמן תנינן · מנחות ... ג ב' : מסוריא · דהיא מקצת א"י כ"ש מכל חו"ל ... : תמן תנינן · פ"ק דכלים : ה"ג דתנן ר"י אומר מה חריש כו' · והוא בפ"ק דמ"ק (ג' ב' ד' ...) ובמנחות ע"ב א' פ"ג ב' ור"ה ט' א') דת"ק ... ליה באם אינו ענין לשבת תנהו לשביעית ולאסור קצירה במוצאי שביעית ור"י מתיר הקצירה במוצאי שביעית ודריש לקרא אשבת וע"כ ס"ל דאסור להביא מסוריא דאי מותר להביא מסוריא למה התיר לקצור שביעית : ר"י היא · דס"ל אין העומר בא מסוריא ... כן הוצרכו לשמור הספיחים : לא מצאו מסוריא · וגם לרבנן צריכים לשמור הספיחין שבא"י שמא ... יתלאו בסוריא ויצטרכו לספיחין דא"י : מהו לזרוע בתחלה · כשאין ספיחין אם מותר לזרוע בשביעית לצורך העומר : כקומץ על השיריים כו' · דקומץ ... והכא נמי יהיו השירים אסורין כשיזרע בשביעית ... (ע"ו ב') ועומר וב' הלחם מיחשב שם והתם ... עומר כשר ה"ג הכא ושפיר תיבעיא להו : כיצד הוא עושה ... לשומרי ספיחין דמלשכה א"א להוציא הקדש לחולין ... עומר שמרוהו ונעשו המעות חולין ומסלקין אותן לשולחני ... מעות הלשכה על העומר דהא מן העומר ילך הרבה לאיבוד ... הן דמיו כו' · מה שיאמר מתנו לעומר הן דמיו ...

משל צבור : גמ' [א] מה א) ראה זמן עצי כהנים והעם להימנות אלא בשעה שעלו ישראל מן הגולה ולא מצאו עצים בלשכה ועמדו אלו ונתנדבו עצים משל עצמן ומסרום לצבור וקרבו מהן קרבנות צבור והתנו עמהן נביאים שביניהן שאפי' לשכה מליאה עצים ועמדו אלו ונתנדבו עצים משל עצמן שלא יהא קרבן מתקרב אלא משלהן תחילה אמר רבי אחא דרבי יוסה היא דרבי יוסה אומר אף הרוצה מתנדב שומר חנם ר' יוסי (אסי) בשם רבי אילא דברי הכל היא מה פליגין בגופו של קרבן אבל במכשירי קרבן כל עמא מודיי שהוא משתנה קרבן יחיד לקרבן צבור תני ב) אשה שעשתה כתונת לבנה (צריכה למסור) כשירה ובלבד שתמסרנה לצבור אמר רבי אחא דרבי יוסי היא דרבי יוסי אומר אף הרוצה מתנדב שומר חנם רבי יוסי (אסי) בשם ר' אילא דברי הכל היא מה פליגין בגופו של קרבן אבל במכשירי קרבן כל עמא מודיי שהוא משתנה קרבן יחיד לקרבן צבור [ב] מתני' פליגי על רבי יוסי אותן ג) הימים נוהגין בשעת קרבן ושלא בשעת קרבן רבי יוסי אומר אינן נוהגין אלא בשעת קרבן בלבד [ג] ועוד מן הדא דתניא (א) אמר ד) רבי אליעזר בי רבי צדוק אנו היינו מבני סנאה בן בנימין וחל תשעה באב להיות בשבת ודחינו אותו למוצאי שבת והיינו מתענין ולא משלימין: [ד] העומר ושתי הלחם ולחם הפנים וכל קרבנות הצבור : (מתניתא דר' ישמעאל דר' ישמעאל אמר אין העומר בא מן הסוריא) תמן ה) תנינן כל קרבנות היחיד והצבור באין מן הארץ ומן חוצה לארץ מן החדש ומן הישן חוץ מן העומר ושתי הלחם שאין באין אלא מן החדש ומן הארץ (ב) רב חונה בשם רבי ירמיה דרבי ישמעאל היא דרבי ישמעאל אומר אין העומר בא מן הסוריא תמן ו) תנינן עשר קדושות הן ארץ ישראל מקודשת מכל הארצות ומה היא קדושתה שמביאין ממנה העומר והביכורים ושתי לחם מה שאין מביאין כן מכל הארצות (ג) ר' חייא (חונה) בשם רבי ירמיה דרבי ישמעאל היא דרבי ישמעאל אמר אין העומר בא מן הסוריא תמן ז) תנינן ר' ישמעאל אומר מה חריש רשות אף קציר רשות [ה] ח) יצא קציר העומר שהוא מצוה (ד) ר' ישמעאל כדעתיה דר' ישמעאל דאמר אין העומר בא מן הסוריא כדעתיה דאמר יצא קציר העומר שהוא מצוה מאן תנא שומרי ספיחית בשביעית נוטלין שכרן מתרומת הלשכה ר' ישמעאל היא א"ר יוסה דברי הכל היא לא מצאו בסוריא מביאין אותן מספיחין שבארץ ישראל ההן עומר (ה) מהו שיזרע בתחילה ר' חייא בר אדא בעי קומי רבי מנא לא נמצא ט) כקומץ על השיריים שאינן נאכלין [א] א"ל נעשה כחמשה דברים שהן באין בטומאה ואין נאכלין בטומאה כיצד הוא עושה נוטל מעות מן השולחני (ו) ונותן לקוצרין ולשומרין עד שלא יקרב העומר ומביא מעות מתרומת הלשכה ומחללין עליו (ז) וטבות כן (ר' יוסי בשם) רבי אחא בשם רבי בא בר כל ח) מה שיתן הן הן דמיו משעה הראשונה תנא ט) אף בפתחי אבנים כן כיצד הוא עושה (ח) נוטל מעות משולחני ונותן לחוצבין ולסתתין עד שלא תינתן על גבי הדימוס ומשניתן על הדימוס מביא מעות מתרומת הלשכה ומחללין עליה וטבות כן ר' יוסי (בשם רבי אחא) בי רבי בון בשם שמואל [ג] כל מה שיתן הן הן דמיה משעה הראשונה :

א) תענית פ"ד הל"ד מגילה פ"ק הל"ד ובבלי תענית כח א: ב) עי' יומא לה ב ולקמן הל"ב: ג) ר"ה יט ב: ד) תענית יב א: ה) מנחות פג ב: ו) כלים פ"א מ"ו : ז) ירושלמי שביעית פ"א הל"ב : ח) עי' תוספתא מנחות פ"י: ט) ע' מעילה יד א ב:

עין משפט נר מצוה

ד א מיי' פ"ו מהל' המקדש הל"ם :
ה ב מיי' שם פ"ח הל"ז :
ו ג מיי' שם פרק ו הלכה ט :
ז ד מיי' פרק ו מאיסורי מזבח הלכה טו :
ח ה מיי' שם ופ"ז מתמידין הל"ה :
ט ו מיי' פרק ח מתמידין הל"ב:
י ז מיי' פ"ז מבית הבחירה הל"ב :
יא ח מיי' פרק ז מתמידין הל"ד :
יב ט מיי' פרק י"א מפס"מ ה"ב :
יג י מיי' פרק ח ממעילה הל"ג ד:

נוסחת הבבלי

(א) א"ר אלעזר בר צדוק אנו היינו מבני סנאב כו' ודחינוהו לאחר השבת והתענינו ולא השלמנו : (ב) רב הונא בשם ר"י דר"י היא דאמר כו' : (ג) רב הונא בשם ר"י דר' ישמעאל היא דאמר כו' : (ד) ר"י כדעתיה דאמר כו' מסוריא מאן תנא כו' : (ה) מהו לזרוע לכתחילה כו' בעא קדם ר' מני כו' : (ו) ונותן לקוצרין (ולעומרין) ולשומרין עד כו' : (ז) ומבות כן ר' יוסי בשם ר' אחא כל כו': (ח) מביא מעו' מן השולחני ונותן לחוצבין כו' הדימוס אח"כ מביא כו' ר' יוסי בשם ר' אחא כל כו' :

הגהות הגר"א

[א] צ"ל תמן תנינן זמן עצי כהנים וכו'. והוא בתענית (כו:): [ב] ה"ג מתני' פליגא על ר' אחא: [ג] מלות ועוד מן הדא דתניא צ"ג דהא הדא מתני' היא ...

הלכה ב מתני' פרה אדומה ושעיר המשתלח לעזאזל באין מתרומת הלשכה · אע"ג דפרה אינה נשחטת בעזרה באה מתרומת הלשכה דחטאת קרייא רחמנא ושעיר המשתלח לפי שצריך ליקח שני שעירים ואין ידוע על איזה מהם יעלה הגורל לה' : ולשון של זהורית · שני תולעת שמשליכין אל תוך שריפת הפרה וה"ה לעץ ארז ואזוב אלא נקט לשון של זהורית לבד לחלק בין לשון של זהורית זה ללשון של שעיר המשתלח : כבש פרה · שהיו עושין שני גשרים זה ע"ג זה מפני קבר התהום מהר הבית להר המשחה ועליהן היו מוציאין את הפרה : וכבש שעיר · שהיו עושין כמין גשר ועליו היה הולך המשלח את השעיר מפני הבבליים שהיו תולשים בשערו ואומרין טול וצא שלא תשהה עונותינו : ולשון שבין קרניו · לידע אם הלבין ונתכפרו עונותיהן של ישראל והני אינן צורך קרבן לפיכך אינן באין מתרומה שהופרשה לשם קרבנות אלא ממה שנשתייר בלשכה אחר ספרשת התרומה : ואמת המים · העוברת בעזרה אם צריכין תיקון : וכל צרכי העיר · לחפור בורות שיחין ומערות ותיקון רחובותיה ושווקיה ושמירת העיר : מותר שירי הלשכה · מה שנשאר אחר שנעשה מהן תיקון צרכי העיר : לוקחין מהן יינות שמנים וסלתות · ומוכרין אותן למי שצריך יין לנסכים ושמנים למנחות : אין משתכרין בשל הקדש · שאין עניות במקום עשירות ונגאי הוא להקדש : ואף לא בשל עניים · דלמא מתרמי עני וליכא למיתב ליה : מותר התרומה · היינו מה שנשאר בקופות בר"ח ניסן שאז מביאין קרבנות מתרומה חדשה : לפוי לבית קדשי קדשים · לרצפה ולכותלים : מותר הפירות · מפרש בגמ' : קיץ למזבח · כשהמזבח בטל מביאים מהן עולות כמו שדרך בני אדם להעלות מיני מתיקה על השלחן בגמר סעודתם כך אחר שגמרו להביא חובת היום מביאין עולות הללו כשאין נדרים ונדבות והמזבח בטל : מותר תרומה לקיץ המזבח · שלצורך קרבנות הופרשה : מותר הנסכים · מפרש בגמ' : מותר נסכים לקיץ המזבח · שהנסכים כליל והעולה כליל : זה וזה · ר"ע ור"ח : **גמ'** של שעיר המשתלח · דבעי הלוקה כדתנן ביומא מה היה עושה חליו קשר בסלע וחליו קשר בקרניו לפיכך היה משקלו סלע : ושל מצורע · דלא צריך הלוקה די לו בשקל : ושל פרה · דבעי כובד ליפול אל תוך שריפת הפרה בעיא משקל שני סלעים: ואית דמפקין לישנא · כלומר יש אומרים בלשון אחר של פרה בי' זוזין והיינו הך דסלע ד' זוזין ושני סלעין ומחצה הן י' זוזין : מבקרי מומי קדשים נוטלין שכרן מתרומת הלשכה · דאילו ליטול שכר מכל בהמה בפני עצמה אסור דתנן הנוטל שכר להיות רואה בכורות אין שוחטין על פיו הלכך נוטל מתרומת הלשכה תהיה הבהמה תמימה או בעלת מום אין לו תועלת : שני דייני גזלות · שבירושלם : האורגות בפרכות · שבין היכל לקדשי הקדשים: מה פליג · במאי פליגי : ר"י גרוגרות · כך שמו : מזבח הזהב · כלי הוא ולא בנין שאינו מחובר לאדמה ויכולין לטלטלו לפיכך נידון ככלי: ממותרי הנסכים · לקמן פ"ה מפורש מה מותר נסכים: מזבח העולה · שהוא בנין : חוץ לעזרות · כל מה שהוא חוץ לעזרת ישראל כגון עזרת נשים והחיל וחומת העיר ומגדלותיה : מועלין בהן · ואס"ד דמשירי הלשכה הן באין קשיא וכי יש מעילה בשירים : ומשני אלא כר"מ · אתיא הך ברייתא : אמר ר' חיננא · אפי' כר"מ לא מצי אתיא : אלא בתוך שנתו · הוא דמועלין בשיריים דשמא יצטרכו לקנות מהן קרבנות צבור וכדאמרינן לעיל פ"ג ה"ד : והכא חוץ לשנתו אנן קיימין · דבתוך שנתו אסור להוציאן לצורך דברים אחרים דשמא יצטרכו לקרבנות צבור : מעכבין את הקרבן · שאסור להקריב קרבן אם אין אלו במקומן ויותר נראה שאסור להקריב עליהן קרבן כגון לחם הפנים על השולחן ונרות במנורה וקרבנות על המזבחות וזריקת הדם על הפרוכת וריחוץ ידים ורגלים בכיור : כל הן · כל היכא דכתיב נכח כגון במנורה דכתיב ואת המנורה (תתן) נוכח השלחן : צלע אינו מעכב · כגון בשלחן

נוסחאות ישנות

הלכה ב מתני' *פרה ושעיר המשתלח ולשון של זהורית באין מתרומת

הלשכה ב)כבש פרה וכבש שעיר המשתלח ולשון שבין קרניו ואמת המים וחומות א) העיר ומגדלותיה וכל צרכי העיר באין משירי הלשכה אבא שאול אומר כבש פרה כהנים גדולים עושין משל עצמן מותר ג) שירי לשכה מה היו עושין בהן לוקחין בהן יינות שמנים וסלתות והשכר להקדש דברי רבי ישמעאל רבי עקיבא אומר אין משתכרין בשל הקדש ג)אף לא משל עניים מותר התרומה מה היו עושין בה רקועי זהב ציפוי לבית קודש הקדשים רבי ישמעאל אומר מותר הפירות קיץ המזבח מותר תרומה לכלי שרת רבי עקיבא אומר ד)מותר תרומה לקיץ המזבח מותר נסכים לכלי שרת רבי חנניה סגן הכהנים אומר ד)מותר נסכים ג) קיץ המזבח מותר התרומה לכלי שרת זה וזה לא היו מודים בפירות:

גמ' כבש פרה כו' (א) ר' ישמעאל בר נחמן בשם רבי יונתן (נתן) ג' לשונות הן של ד) שעיר בסלע ושל מצורע בשקל ז)של פרה בשתי סלעים (ב) רבי חוניה דברת חוורין רבי בא בר זבדא בשם רבי שמעון בן חלפתא של פרה בשתי סלעים ומחצה ואית דמפקין לישנא בעשרה זוז (מותר שירי לשכה כו') (ג) ר' ה) יהודה בשם ר' שמואל ד)תלמידי חכמי' המלמדין את הכהנים הלכות שחיטה הלכות קבלה הלכות זריקה נוטלין שכרן מתרומת הלישכה (ד) רבי יצחק בר רדיפה בשם רבי אימי מבקרי מומי קדשים נוטלין שכרן מתרומת הלישכה רבי אחא ר' תנחום בר חייא בשם ר' שמלאי ס)מגיהי *ספר העזרה [א] נוטלין שכרן מתרומת הלשכה (ה) גידל ו) בר בנימין בשם ר' אסי שני דייני גזילות נוטלין שכרן מתרומת הלשכה שמואל ז) אמר נשים האורגות בפרוכת נוטלין שכרן מתרומת (ו) הלשכה רבי חונה אמר מתרומת בדק הבית מה פליג שמואל [א] עבד לה [ב] כקרבן רב *הונא עבד לה כבנין אמר רבי חזקיה תנא ר' יהודה (גרוגרות) גדגדות הקטרת ח) וכל קרבנות הצבור כבאין מתרומת הלשכה מזבח הזהב וכל כלי שרת לבאין ממותר נסכים מ)מזבח העולה וההיכל והעזרות [ג] באין משירי הלשכה חוץ לעזרות באין מלשכת בדק הבית והא תני אבני [ד] המזבח ההיכל והעזרות מועלין בהן וכי יש מעילה בשיריים [ה] אלא כר"מ דר' ט) מאיר אמר מועלין (ז) בשיריים א"ר חייא (חיננא) כלום אמר ר"מ אלא בתוך שנתו והכא חוץ לשנתו אנן קיימין א"ר חזקיה (ח) תנא רבי יהודה* גדגניות השלחן והמנורה והמזבחות והפרוכת מעכבים את הקרבנות דברי ר' מאיר וחכמים אומרים [ו] אין לך מעכב את הקרבן אלא [ז] הכיור והכן בלבד ולא כן א"ר *אליעזר ור' יוסי בן חנינה תרידהון אמרין כל הן דכתיב נכח מעכב צלע אינו מעכב ואמר רבי שמואל בר נחמן בשם רבי יונתן ואפילו צלע מעכב (ט) וא"ר אילא בשם ר'

ריבב"ן

מתני' ב פרה אדומה ושעיר המשתלח. פרה אדומה על שנקראת חטאת באה מתרומת הלשכה ושעיר המשתלח ממקום שבא שעיר הנעשה בפנים כדהניא בפ' שני שעירי (דף סב) ולקח את שני השעירים שיהיו שניהן שוין במראה ובקומה [ובדמים] ולקיחתן כאחת. ולשון של זהורית בעוד שהיה מלבין ונוהגין אותו באולם כדאמר ביומא בפ' שני שעירי [דף סז] כבש פרה שהיו עושין מירושלים להר המשחה כיפה מול אוטם מפני קבר התהום כדאמר במסכת פרה פ"ג וכבש שעיר המשתלח דתנן ביומא בפ' שני שעירי עזים וכבש היו עושים מפני הבבליים שהיו מתלשין בשערו ואומרים לו טול וצא ולשון שבין קרניו לאחר שמת שמעון הצדיק שראו שלפעמים היה מלבין ופעם לא היה מלבין התקינו שהיו מניחין בין קרניו ובסלע כל הראוי לפנים ואף פרה אדומה ושעיר המשתלח באין מתרומת הלשכה אבל כבש השעיר אע"פ שהיה בפנים הואיל שלא הוצרך לעשותו אלא מפני הבבליים לא היה בא מתרומת הלשכה וכל שהוא צורך חוץ נעשה משירי הלשכה לפי שלא היה בו מעילה לר' יהודה אבל לר' מאיר יש מעילה גם בשירי הלשכה לפי שלפעמים כשהיה נחסר תרומת הלשכה לקנות קרבנות צבור מביאין לו מן השירים: **מתני' ג** שירי לשכה. הכסף שנשאר שם שלא בא בקופות לוקחין בהן יינות כדי להשתכר : אין משתכרין בשל הקדש. מפרש במסכת כתובות בפרק בתרא (דף קו) לפי שאין עניות במקום עשירות ואף לא בשל עניים מפני שפעמים היו צריכין מעות לעניים ואין בידם : **מתני' ד** מותר תרומת הכסף שנשאר בקופות מותר פירות ר' ישמעאל לטעמי' דאמר לעיל שהיו לוקחין יינות ושמנים וסלתות להשתכר קיץ המזבח בשעה שהמזבח בטל שאין בו מה להקריב לוקחין עולות ומקריבין ונקראין קיץ המזבח כאדם שאוכל פירות בקינוח סעודה כדאמרי' בשבועות פ"ק [יב] כבנות שבע לאדם : לכלי שרת דס"ל להאי תנא מכשירי קרבן כקרבן לפיכך באין ממקום שהקרבנות באין ובכתובות פ' בתרא מפרש טעמא דכתיב את שאר הכסף איזהו כסף שיש בו שירים הוי אומר זו תרומה ואימא שירים גופייהו כדאמר רבא העולה עולה ראשונה ה"נ הכסף כסף ראשון : מותר נסכים מפרש במנחות פרק שתי מדות ר' חייא בר יוסף אמר בירוצי המדות פי' שהיה הגזבר לוקח סולת ויין ושמן במדה טפופה וגדושה ומחזיר לקונין ממנו לצורך מזבח במדה מחוקה ר' יוחנן אמר כאותה ששנינו המספק סלתות מארבע ועמדו משלש יספק מארבע דמעות קונות דכתב רחמנא ונתן הכסף וקם לו קיבל משלש ועמדו מארבע יספק מארבע שיד הקדש על העליונה ולא יהיה כח הדיוט חמור מן ההקדש דהדיוט כל זמן שלא משך יכול לחזור בו וזה וזה לא היו

משנת אליהו

ה"ג ספר העזרה · ועי' רש"י בכתובות ק"ו א' ד"ה מגיהי ספרים של כל אדם ואדם · שאסור להשהות ספר שאינו מוגה משום אל תשכן באהליך עולה וראו ב"ד שהיו מתעצלין בדבר והפקירו תרומת הלשכה לכך · עכ"ל · ולשנא דספרים דקאמר שם דייק · ועי' מ"ק י"ח ב' אפי' בספר עזרה שפירש"י שהיה להם ס"ת שממנו מגיהים שאר ס"ת · והריטב"א פי' שם ס"ת שהיה כ"ג קורא בעזרה ביוה"כ · ועי' רמב"ם וכ"י שם · וגי' עזרא ע"ש כאן דשל עזרא ודאי א"צ להגיה שהיה כל התורה עוברת על פיו וכל סדר כתיבת התורה ממנו קבלנו · והרמב"ם בשקלים נקט לשון סוגיא דבבלי ספרים שבירושלים ודעתו כפי' רש"י ודמי לגוזרי גזירות בסמוך לזה שהיו נוטלים שכרן מתרומת הלשכה דהטעם כמ"ש התוס' שם ק"ה א' ד"ה גוזרי כו' לפי שכל שעה היו יושבין בדין ולא היו עוסקין בשום מלאכה ולא היה להם במה להתפרנס והיה מוטל על הצבור לפרנסם וה"נ מגיהי ספרים שבירושלים תמיד היו עסוקין בזה והיה מוטל על הצבור לפרנסם ועיין תוספות בשבועות י' ע"ב ד"ה קדושה כו' דייני גזירות וכן מגיהי ספרים דלב ב"ד מתנה עליהן וכק"ע אשתמיטתיה דברי התוספות דשבועות ופסק הרמב"ם דשקלים ותוספות דמעילה י"ד א' ד"ה בונין ע"ש: **עבוד** לה כבנין · לפי שלא קדשו קדושת הגוף · ובבבלי שם פריך עליה מברייתא דתניא נשים האורגות בפרכת כו' נוטלים שכרן מתרומת הלשכה · ומשני לה דבבי דברייתא מיירי בפרכת דעבידי לצניעותא נגד הפתחים ואינן פחת בנין · ועי"כ ר"ה דהכא הכי ס"ל דלא תקשי עליה מברייתא · ושמואל פליג גם בפרכת המבדיל בין היכל לק"ק דג"כ מתרומת הלשכה דודאי כחד גוונא פליגי וכ"ש דבפרכת דפתחים ס"ל לשמואל דמתרומת הלשכה ולדידיה ההיא ברייתא איירי בכל גוונא אף בפרכת דפתח הבנין : **ה"ג** מזבח העולה והיכל והעזרות באין מבד"ה וכ"ה בבבלי שם בברייתא להדיא והרמב"ם בפ"ד דשקלים ה"ח כתב על מזבח כו' משירי לשכה והוא נגד סוגיא דבבלי דגרס בירושלמי כגי' הישנה ג"כ תמיה וכבר תמה הכ"מ עליו : **חוץ** לעזרות · בבבלי הגי' חוץ לחומת העזרה ודייק רש"י דקאי על עזרת ישראל אבל עז"נ והחיל כו' · אבל כאן דנקט חוץ לעזרות לא קאי אלא על חומת העיר ומגדלותיה וכ"מ ברמב"ם שם דלא נקט אלא חומת העיר כו' וכן היה מפרש בבבלי דעז"נ בכלל עזרה : **ה"ג** אלא קרן וכרכוב. וטעם רבינו הגאון · מסוגיא דזבחים ס"ב א' ת"ר קרן כו' ותניא איזהו כרכב רבי אומר

תקלין חדתין

מתני' פרה. פרה אדומה אע"ג דאינה נשחטת בעזרה באה מתרומת הלשכה דחטאת קרייה רחמנא : שעיר המשתלח · לפי שצריך ליקח ב' שעירים וא"י על איזה יעלה הגורל לה' : ולשון של זהורית · שני תולעת שמשליכין אל תוך שריפת הפרה וה"ה עץ ארז ואזוב אלא נקט לשון של זהורית לחלק בינו ובין לשון של שעיר המשתלח: כבש פרה· הגשר שהיו עושין א' ע"ג שלמטה הימנו מפני קבר התהום מהר הבית להר המשחה ועליהן היו מוציאין הפרה : וכבש שעיר · שהיו עושין גשר שעליו יוליך המשלח את השעיר מפני הבבליים שהיו תולשין בשערו ואומרים טול וצא שלא תשהה עונותינו : ולשון שבין קרניו · לידע אם הלבין והני אינן צורך קרבן לכן אינן באין מתרומת הלשכה שהופרשה לשם קרבנות אלא משירי הלשכה : ואמת המים · העוברת בעזרה אם צריכה תיקון : וכל צרכי העיר · לחפור בורות שיחין ומערות ותקון רחובותיה : **גמ'** בסלע · שצריך לחלקו כדאמרינן ביומא חליו קושר בסלע וחליו בין קרניו : בשקל · דלא בעי חלוקה די בשקל · בב' סלעים · דכתיב והשליך אל תוך שריפת הפרה דבעינן קצת כובד ליפול לתוך שריפת הפרה ובעינן יותר : ואית דמפקין · לשנא אחרינא : בעשר זוז · חדא מימרא הוא דהסלע ד' דינרין : מומי קדשים של קרבנות שנתקדשו · דליטול מכל בהמה בפ"ע אסור דהא תנן הנוטל שכר לראות בכורות אין שוחטין על פיו אבל כשנותנין לו מתרומת הלשכה ש"ד דאין לו תועלת אם תהיה תמימה או בעלת מום : ספר העזרה גרסינן · ספר שבעזרה : בפרכת · כגון אותן פרוכת שתחת בנין דהיינו פרכת המבדילין בין היכל לק"ק שהיו במקדש שני במקום אמה טרקסין שעשה שלמה בבנין ראשון ואנשי הגולה עשו את הבנין גובה מאד ולא יכול בנין בעובי החומה להתקיים בגובה כזה ולהרחיבו לא יוכלו לפי שמקצרין את ההיכל ואת ק"ק ועשו ב' פרכת וביניהן אמה ואותן פרכת ס"ל לרב הונא דבאין מב"ה : ה"ג עביד לה ככלים · דתנא דבי ר"י כלי שרת באים מתרומת הלשכה ול"ג כקרבן דלכלים מסתבר לדמותן יותר מלקרבן אע"ג דקרבן נמי אתי מתרומת הלשכה : כבנין · הואיל ועשויות תחת בנין : ר"י בר גרוגרות · שם אדם : הקטורת כו' · ברייתא זו הובאה בבבלי לכתובות (ק"ו ב') וה"ג לה נמי הכא : מזבח הזהב . שהוא כלי ולא בנין שיוכל להטלטל לכן נידון ככלי : מזבח העולה · שהוא בנין · בא מקדשי ב"ה : חוץ לעזרות · כגון חומות העיר ומגדלותיה באין משירים הנותרים בלשכה : ה"ג והתני אבני ירושלים מועלין בהן · וזה ודאי חוץ לעזרות וקשה וכי יש מעילה בשירים : ה"ג כר"מ דר"מ אמר כו' · ול"ג אלא דתירוצא קמא הוא דקאמר לה וגם דמיפרך ולא אסיק לה הכי : בתוך שנתו · כדאמר לעיל שמא יצטרכו לקנות בהן קרבנות ואבני ירושלים ודאי חוץ לשנתה קיימי ואמאי מועלין בהן : מעכבין את הקרבן · שאם אינן במקומן ואינן שלמין אסור להקריב : ה"ג אלא כרכוב וקרן · כרכוב אית דסבר זהו הסובב וכתיב ביה המזבח לפכב דסכי משמע המזבח זהו המזבח העשוי כן · ורבנן ס"ל זהו הכיור · וקרן נמי כתיב ביה על קרנות המזבח. והכי אמרי' בזבחים פ' קדשי קדשים (ס"ב א'): נכח. דכתיב ואת המנורה נכח השלחן על צלע המשכן תימנה והשלחן תתן על צלע צפון. וא"כ נכח היינו מנורה. צלע· היינו שלחן:

א) כתובות קו ע"ב קדו' מד ב: ב) כהיגות ש א: ג) מנחות נא: ד) יומא מב א ויגו' שם פ"ד הלכה ב : ה) כתובות קו א : ו) ע"ש קה א: ז) שם קו א : ח) שם ע"ב : ט) לעיל פ"ב :

עין משפט נר מצוה

יד א מיי' פרק ד משקלים הל"א :
טו ב מיי' שם הל"ח :
טז ג טור שו"ע יו"ד סימן רנט סעיף א בהג"ה :
יז ד מיי' שם הל"ט:
יח ה מיי' פ"ז מכלי המקדש הל' י"ג ובהגהות וכ"מ :
יט ו מיי' פרק י"א מטומאת צרעת הלכה א :
כ ז מיי' פרק ג מפרה הל"ב :
כא ח מיי' פרק ד משקלים הל"ד :
כב ט מיי' שם הל"ז:
כג י מיי' שם הל"ב :
כד כ מיי' שם הל"א:
כה ל מיי' שם הל"ב :
כו מ מיי' שם הל"ח:

נוסחת הבבלי

(א) רב שמואל בר נחמני בשם ר' נתן ג' לשונות כו' שעיר משתלח בסלע כו': (ב) ר' ביבא בר זבדא בשם ר"ש בר תחליפא של כו' : (ג) א"ר הונא בשם ר' שמעון ת"ח כו' : (ד) ר"י בר רדיפא אמר מבקרי כו' : (ה) גידול בר מניומי בשם ר' אסי אמר שני דייני גזירות כו' : (ו) הלשכה רב הונא אמר מתרומת ב"ה כו':(ז) בשיריי' א"ר (היתנא) כלום כו' : (ח) תני ר"י גדגדות השלחן כו': (ט) ור' אילא בשם ר' נחמני אפי' כו' שבחוץ א"ר חנין כו' :

הגהות הגר"א

[א] ספר העזרה כצ"ל ועי' רש"י כתובות (קו .) ד"ה מגיהי ספרים של כל אדם ואדם ועי' במ"ק (יח:) אפילו בספר עזרה פירש"י שהיה להם ס"ת שממנו מגיהים שאר ס"ת . והריטב"א פי' שם ס"ת שהיה כ"ג קורא בעזרה ביוה"כ. ועי' רמב"ם וכ"י שם. וגי' עזרא ס"ס הוא דשל עזרא ודאי א"צ להגיה שהי' כל התור' עוברת על פיו וכל סדר כתיבת התורה ממנו קבלנו : [ב] צ"ל עבד ליה ככלים . כי כן תנא דבי ר"י כלי שרת באין מתרומת הלשכה ול"ג כקרבן דלכלים מסתבר לדמותן יותר מלקרבן אע"ג דקרבן נמי אתי מתרומת הלשכה : [ג] ה"ג מזבח העולה כו' באין מבדק הבית חוץ לעזרות באין משירי הלשכה. וכ"ה בבבלי שם בברייתא להדיא ועי' ברמב"ם פ"ד דשקלים הל"ח מה שתמה הכ"מ עליו : [ד] ה"ג והא תני אבני ירושלים מועלין בהן כו' וזה ודאי חוץ לעזרות : [ה] ה"ג כר"מ דר"מ אמר כו' ול"ג אלא דתירוצא קמא הוא דקאמר לה וגם דמיפרך ולא אסיק לה הכי : [ו] ה"ג אין לך מעכב את הקרבן אלא כרכוב וקרן בלבד . וטעם הגאון הנ"ל בהג"ה א מסוגיא דזבחים (ס"ב.) ת"ר קרן כו' אלא

גליון הש"ס [א] הגר"א הגיה ועי' במדרש חזית ובמ"ר פרשה י"א : [ב] הגר"א הגיה שצ"ל כרכוב וקרן . ול"ע דהכי ביומא פ"ד הנ"ה אמרו ג"כ כיור והכן מעכבין ושם א"א להגיה ע"ש ועי' בקונטרס מים חיים להפר"ח ע"ב

א) עי' תוספתא פ"ב: ב) עי' ב"מ ע א: ג) עי' מנחות ל א: ד) לעיל הלכה א: ה) מנחות עט א: ו) כריתו' ו א. [שבועו' יב מעילה יד ב]: ז) עי' מעילה שם:

נוסחאות ישנות

ר' שמואל בר נחמן ואפי' שימה מעכב א"ר *חנינא חנניה [א] כאן בעבודות שבפני' כאן בעבודות שבחוץ אמר רבי חנינא שחצית גדולה היתה בבני כהנים גדולים שיותר א) משישים ככרי זהב (ס"א כסף) היו מוציאין בה שהיה כבשה של פרה עומד ולא היה אחד מהן מוציא פרתו בכבשו של חבירו אלא סותרו ובונה אותו משלו התיב רבי עולא קומי ר' מנא והא תני שמעון הצדיק שתי פרות עשה לא בכבש שהוציא את זו הוציא את זו אית לך למימר שמעון הצדיק שחץ היה מאי כדון על שם מעלה היא בפרה סלסול היא בפרה תני זיזין וכתלים היו יוצאין מכאן ומכאן כדי [ג] שלא [יציאו ו] יציצו הכהנים ויטמאו: ר' עקיבא אומר אין משתכרין כו': אלא אם רצה יהי' ההפסד שלו והשכר להקדש מותר כהדא בר זמינא איתפקד (א) גבי' מדל דיתמין אתא ושאל לרבי מנא אמר ליה אין ב) בעית די ההפסדה דידך ואגרה דתרויכון *שרי רבי חייה בר אדא איתפקד גבי' מדל דיתמין ועביד כן: מותר פירות כו': (כולה דר' ישמעאל היא) מתני' דר' ישמעאל היא *דרבי חייה בר יוסף פתר מתניתא רבי מותר ג) פירות שכר להקדש מותר נסכים זו סאה רביעית רבי יוחנן פתר מתניתא מותר פירות זו סאה רביעית מותר נסכים לבירוצין ולית ליה לרבי חייה בר יוסף לבירוצין אמר רבי חזקיה מה דנפל לסאה רביעית *נפל לבירוצין על דעתיה דרבי חייה בר יוסף ניחא אין משתכרין בשל הקדש אף לא בשל עניים לפיכך זה וזה לא היו מודין בפירות על דעתיה דרבי יוחנן קשיא והא תנינן *עמדו מג' יספק מד' ותנינן זה וזה לא היו מודים בפירות לא היו מודים בפירות בקיץ למזבח אבל מודין היו בכלי שרת [א] עד כדון בירוצי צבור ואפילו בירוצי יחיד ולא נמצאו כלי שרת באין משל יחיד כהדא דתנינן ד) אשה שעשתה (ב) כתונת לבנה כשרה ובלבד שתמסרנה לציבור עד כדון בירוצי לח ואפילו בירוצי יבש [ג] כההיא דתנינן ה) תמן [ב] הנסכים *שקדשו בכלי ונמצא הזבח [פסול] אם יש שם זבח אחר יקרבו עמו ואם [לאו] לנו יופסלו בלינה:

הלכה ג מתני'

*מותר ו) הקטורת מה היו עושין בה מפרישין ממנה שכר האומנין ומחללין אותה (ג) על (שכר) מעות האומנין ונותני' אותה לאומנין בשכרן וחוזרין ולוקחין אותה מתרומ' חדשה [ואם בא חדש בזמנו לוקחין אותה מתרומה חדשה] ואם לאו מן הישנה: **גמ'** ולא נמצא הקדש מתחלל על ההקדש כיצד הוא עושה אמר ז) (ד) רבי שמעון בר *ביסנא ברסנא מביא מעות ומחללן על הבנין ומביא

מן האומנין נותנין להן בעד הבנין ובעד השבח יחד: אותן המעות. שחיללו בו הקטורת והיא ברחשונה לצורך האומנין מה יעשו בהן: ינתנו לבית גרמו וכו׳. שמקבלין שכרן מתרומת הלשכה: והן וכו׳. והוא שיהו חייבין להן לבית גרמו מעות משנה שעברה דאי משנה הבאה אף שכרן באה מתרומה חדשה: בעי. שאל אם לא היו וכו׳ מה יעשו במעות הראשונות: תמן צריכא ליה. מעיקרא מיבעיא ליה והשתא פשיטא ליה דר׳ בא בשם ר׳ חייא בר בא אמר למילתייהו: ומשני הן צריכא ליה. הא דקמבעיא ליה אם הן באין לכלי שרת כשירי הלשכה או דהוו להו כמותר תרומת הלשכה אבל לקיץ המזבח ודאי באין דאף מותר תרומת הלשכה לקיץ המזבח באה: דאיתפלגון. דפליגי ר״י

ה) ירושלמי יומא פ״ס הל״א: ב) כריתות ו א: ג) לקמן הל״ד: ד) עי׳ שבועות יא א: ה) שבועות י ב: ו) ע״ש יב א: ז) שם ע״ב:

עין משפט נר מצוה

לב א מיי׳ פרק ד משקלים הל״ב:

לג ב מיי׳ פרק ב מכלי המקדש הלכה ו:

לד ג מיי׳ פרק ד משקלים הל״א:

נוסחת הבבלי

(א) ר׳ חייא כו׳ אתא ר׳ ביבא ור׳ חייא בשם ר׳ יוחנן מקייצין כו׳ חביבא בר כהן שאיל לר׳ יוסי מחלפתא כו׳: (ב) ר״י בר׳ חנינא כו׳ כשירה הוא דעתיה דר׳ יוסי בר׳ חנינא קודש היא כדי שתהא הוייתה בקדש (שעשו) דעתיה דריב״ל קד״ש היא כו׳ הלשכה אתיא דר׳ יוסי בר׳ חנינא כשמואל אתיא דריב״ל כר״י דהא תנינא המקדיש כו׳: (ג) א״ר יוסי דר׳ אבין אמר ר׳ זעירא קמיה דרב הונא דבר שהוא קדוש בכ״ש נפדה כו׳: (ד) נפדית כל שכן חטאת כו׳ שמואל בר יצחק כו׳ א״ר חנינא תנאי כו׳:

ומביא קטורת ומחלל עליהן ונותנים אותה לאומנין בשכרן [א] אותן המעות מה יעשה בהן רבי אומר אומר אני ינתנו לבית גרמו ולבית אבטינס שהיו בקיאין בפיטום הקטורת ובמעשה לחם הפנים א״ר שמואל בר רב יצחק ודהן שיהו חייבין [ב] להן מעות משעה ראשונה (א) רבי חייה בר בא בעי לא היו חייבין להן מעות משעה הראשונה [ג] אתא רבי (ביבי) בא בשם ר׳ חייה בשם ר׳ יוסי (יוחנן) מקייצין בהן את המזבח ר׳ בא בר כהן בעי קומי ר׳ יוסה מחלפא שיטתי׳ דר׳ חייא בר בא [ד] תמן צריכה ליה וכה פשיטא ליה הא דצריכה ליה בכלי שרת הא דפשיטא ליה בקיץ למזבח דאיתפלגון פיטמה ה) בחולין (ב) ר׳ יוסי בי רבי חנינה אמר פסולה רבי יהושע בן לוי אמר כשירה ג) מה טעמא דרבי יוסי בי רבי חנינה קודש היא שתהא הוייתה בקודש מה טעמא דרבי יהושע בן לוי קודש היא שתהא באה מתרומת הלשכה (ג) אמר רבי יוסי בי רבי בון אתיא דרבי יוסי בן חנינה כשמואל ודרבי יהושע בן לוי כר׳ יוחנן דתנינן ג) המקדיש נכסיו והיו בהן דברים ראוין לקרבנות צבור רבי יוחנן אמר קטורת אמר רבי הושעיה תיפתר באומן משל בית אבטינס שהיה נוטל בשכרו קטורת ודרבי יוסי בי ר׳ חנינה כשמואל דאמר רב הונא בשם שמואל מכתשת ד) עשו אותה ככלי שרת לקדש א״ר יוסי בי רבי בון אמרה (ר׳ זעירא קמיה) רבי חונא קומי רבי יוסי דבר שקדש בכלי שרת נפדה א״ל ולא דשמואל היא דשמואל אמר קל הוא במותר דאיתפלגון הותירו ה) תמימים שמואל אמר נפדין כתמימים ורבי יוחנן אמר נפדין כפסולי המוקדשים הותירו ו) שעירים על דעתיה דשמואל אם עולה (ד) נפדית לא כ״ש חטאת על דעתיה דר׳ יוחנן א״ר זעירא ירעו אמר רבי שמואל בר רב יצחק מקייצין בהן את המזבח וקשיא יש חטאת שקריבה עולה אמר ר׳ יוסה [א] שנייא ז) היא שאין קרבנות צבור נקבעין אלא בשחיטה אמר רבי חייא (חנינה) תנאי ב״ד הוא על המותר שיקרבו עולות:

תקלין חדתין

כלומר כשהן בונין בבדק הבית היו קונין כל צרכי הבנין ממעות חולין כו׳ ולאחר שנגמר היו מקדישין אותו כן שהיו מביאין מעות של הקדש כשיעור דמי כל הבנין והשבח שהשביחו האומנין בבנין ושכר

הגהות הגר״א

[א] מלות אותן המעות מה יעשה בהן ל״ג וה״פ ומביא קטרת ומחלל עליהן ונותנים לאומנין

משנת אליהו

גליון הש״ס

הלכה ד מתני' המקדיש נכסיו. וסתם הקדש לבדק הבית: והיו בהם דברים הראוים לקרבנות צבור. היינו קטורת: ינתנו לאומנין בשכרן. ויוצאין לחולין אע"פ שאין דבר אחר נכנס תחתיו דקסבר הקדש מתחלל על המלאכה דכתיב ועשו לי מקדש שתהיה המלאכה נעשית מן ההקדש: אינה מן המדה. כלומר אין מדה זו שאתה אומר כמדה האמורה לעיל בקטורת ואין ראוי אלא שתשוה מדותיך הלכך מפרישין מהן שכר האומנין וכו' כדאמרינן לעיל גבי מותר הקטורת שאין הקדש מתחלל על המלאכה: ודמיהן יפלו וכו' לבדק הבית. דסבר סתם הקדש לבדק הבית ואפי' במידי דחזי למזבח אבל הראוי למזבח אינו יוצא מידי מזבח שהמקדיש תמימי' לבדק הבית אין נפדים אלא למזבח והדמים יפלו לבד"ה: ויביא בדמיהן עולות. קסבר מידי דחזי למזבח מסתמא למזבח אקדשינהו הלכך זכרים עצמן יקרבו עולות אבל נקבות אין קרבות שלמים דדעתיה דמקדיש שיהיו כולן לגבוה הלכך ימכרו לצרכי זבחי שלמי' דכיון דראוין' למזבח חלה עלייהו קדושת המזבח ויביא בדמיהן עולות: המקדיש בפי'. שאמר בהמה ונכסי להקדש דכיון שהפרישן והבדילן זו מזו ואעפ"כ לא אמר בהמה למזבח ונכסי לבדק הבית שמעינן שדעתו שהכל ילך אל מקום א' לבדק הבית אבל המקדיש סתם כל נכסיו אמרינן שדעתו להקדיש כל דבר למה שהוא ראוי: יינות שמנים וסלתות. שהן ראויין למנחות ולנסכים: ועופות. תורים ובני יונה: ר' ליעזר וכו'. טעמו מפרש בגמ': **גמ'** קטורת. היינו דברים הראוין לקרבנות צבור דבהמה ויינות ושמנים וסלתות כבר תני להו וקסבר יחיד מתנדב קטורת ור' הושעיא פליג כדפי' לעיל: תמן תנינן. בתמורה פ"ז: ומועלין בגידוליהן. שהמקדיש בהמה לבדק הבית מועלין בחלבה: ואין בהן הנאה לכהנים. משא"כ בקדשי מזבח הבשר או העור לכהנים: דר"א היא. הא דתנן סתם הקדשות לבד"ה דמשמע אפילו על בהמה אתיא כר"א: מה אנן קיימין. במאי איירי הך קרא אם במקדיש בית ממש: ה"ג כי פליגי במקדיש נכסיו. וה"פ דוקא במקדיש נכסיו הוא דאר"א שאף דמי הבהמות יפלו לבדק הבית שאין אדם חולק נדרו ומדשאר נכסיו לבדק הבית אף בהמה נמי: אבל במקדיש עדרו. כלומר במקדיש בהמות לחוד אף ר"א מודה שהן למזבח כיון שראויין למזבח: כל עמא מודיי. אפי' ר"י מודה שהוא לבדק הבית שאין אדם חולק נדרו: בהמה לא למזבח היא. בתמיה וכיון דבהמה למזבח נימא הכל למזבח אפי' שאר נכסיו שאין אדם חולק נדרו וספיקא לחומרא: ומשני בהמה. ודאי למזבח היא אלא הכא אזלינן לקולא ואמרינן לבדק הבית הוא מדסתם המקדיש הזה ולא פי' שמקדיש בהמות אלא אמר נכסיו ה"ל כאומר בפירוש שיהו לבדק הבית: לא שנייא וכו'. ל"ש המקדיש נכסיו ול"ש המקדיש עדר בתרוייהו פליגי ר"א ור"י: שפודין תמימים. כגון שעבר והקדיש תמימי' לבדק הבית כשהן נפדין בעוד שהן תמימים יוצאין לחולין: *) (מתני'. דחולין פ' הזרוע נמי דייקא): מתניתא אמרה כן. בתמיה הא לא תנן אלא ולדן והלבן של בעל מום שנפדו של בעל מום קבוע הוא דמותרין לאחר פדיונן אבל של

*) כ"ה בכל דפוסים הקודמין והוא נעתק מפירוש מהרא"פ כי לפירוש הק"ע האי מתני' הוא קושיא ולא סייעתא. ודו"ק:

תורה אור

הלכה ד מתני' המקדיש א) נכסיו והיו בהן דברים ראויין לקרבנות הצבור א ינתנו לאומנין בשכרן דברי ר"ע אמר לו בן עזאי אינה היא המדה אלא מפרישין מהן שכר האומנים ומחללין אותן על מעות האומנין ונותנים אותן לאומנין בשכרן וחוזרין ולוקחים *אותה מתרומה חדשה המקדיש ב) נכסיו והיה בהן בהמה ראויה על גבי מזבח זכרים ונקבות רבי אליעזר אומר ב זכרים ימכרו *לצרכי עולות ונקבות ימכרו לצרכי זבחי שלמים ודמיהן יפלו עם שאר נכסיו לבדק הבית רבי יהושע אומר זכרים עצמן יקרבו עולות ונקבות ימכרו לצרכי זבחי שלמים ויביא בדמיהן עולות ישאר נכסים יפלו לבדק הבית אמר ר"ע רואה אני את דברי ר' אליעזר מדברי רבי יהושע שר' אליעזר (א) השוה את מדותיו ור' יהושע חלק א"ר פפיים שמעתי את דברי שניהן המקדיש בפירוש כדברי ר' אליעזר והמקדיש סתם כדברי ר' יהושע (ב) המקדיש ג) נכסיו והיו בהן דברים ראוים לגבי מזבח יינות ושמנים ועופות ר' אליעזר אומר ג ימכרו לצרכי אותו המין ויביא בדמיהן עולות ושאר נכסים יפלו לבדק הבית:

גמ' המקדיש וכו' לקרבנות צבור: ר' ד) יוחנן אמר (ג) קטורת אמר רבי הושעיה תיפתר באומן משל בית אבטינס שהיה נוטל בשכרו קטורת מה טעמא דבן עזאי שאין ההקדש מתחלל על המלאכה אלא על המעות: תמן ה) תנינן יש בקדשי בדק הבית ד שסתם הקדשות לבדק הבית הקדש בדק הבית ה חל על הכל ו ומועלין בגידוליהן ואין בהן הנייה לכהנים אמר רבי חנניה דר' ליעזר היא דתנינן המקדיש נכסיו והיתה בהן בהמה ראויה ע"ג מזבח זכרים ונקבות רבי ליעזר אומר זכרים ימכרו לצרכי עולות ונקיבות ימכרו לצרכי זבחי שלמים ודמיהן יפלו עם שאר נכסים לבדק הבית אמר רבי יוחנן טעמא דרבי ליעזר ואיש כי יקדיש (ויקרא כז) את ביתו קודש לה' במה אנן קיימין אם בבית דירה (ד) כבר כתיב ואם המקדיש יגאל את ביתו (שם) אלא כי אנן קיימין במקדיש נכסיו [א] מכן שסתם הקדשות לבדק הבית אמר ו) רבי זעירא רב חונה בשם רב במה פליגין במקדיש נכסיו אבל במקדיש עדרו כל עמא מודיי שהוא למזבח רבי בא רב חונה בשם רב מה פליגין במקדיש עדרו אבל במקדיש נכסיו כל עמא מודיי שהוא לבד"ה (ה) על דעתיה דרבי זעירא ניחא וקשיא על דרבי בא בהמה לא למזבח היא [ב] בהמה למזבח היא [א] ולמה סתם האיש הזה שהוא כאומר לא יהיה אלא לבד"ה רבי יוחנן אמר לא שנייא היא המקדיש נכסיו היא המקדיש עדרו היא המחלוקת (רבי אבא בשם רבי אבהו בשם ר' אחא) רב חונה בשם רב רבי אבהו בש' רבי יוחנן קדשי בד"ה שפודאן תמימין יצאו לחולין מתני' ז) אמרה כנולדן והחלבן מותר לאחר פדיונן

רב

(בגליון: אותן; ויביא בדמיהן עולות ושאר נכסים יפלו וכו')

ריבב"ן

מתני' ראויין לקרבנות צבור מפרש בירושלמי קטורת ינתנו לאומנין בשכרן לאומני בית אבטינס בן עזאי לא סבירא ליה ליתן הקטורת לאומנין וטעמא מפרש בתוספתא ובירושלמי לפי שאין ההקדש מתחלל על המלאכה ומתני' דלעיל סתמא כבן עזאי: **מתני'** המקדיש נכסיו שהם זכרים ימכרו לצרכי עולות אע"פ שאין פודין תמימין דוקא קדשי מזבח אבל קדשי בדק הבית נפדין תמימין דקי"ל בתמורה המתפיס תמימים לבדק הבית כשהן נפדין אינן נפדין אלא למזבח שכל הראוי למזבח אינו יוצא מידי מזבח לעולם וכן מפרש בירושלמי ר' חזקיה בשם ר' יוסי קדשי בדק הבית נפדין תמימין יצאו לחולין אין תימר לא יצאו לחולין היאך קדשי מזבח הלין על קדשי בדק הבית דס"ל לר' אליעזר דסתם הקדשות לבדק הבית ואין אדם חולק הקדשו לקדשי מזבח ולקדשי בדק הבית והכי מוכח בזבחים בפרק טבול יום דר' אליעזר סבר אין אדם חולק הקדשו *) דלא שביק היכא קדשי מזבח ועביד קדשי בדק הבית: ירושלמי אמר ר' יוחנן מ"ט דר' אליעזר ואיש כי יקדיש את ביתו קדש לה' מה אנן קיימין אם בבית דירה כבר כתב אם המקדיש יגאל את ביתו אלא כך אנן קיימין במקדיש נכסיו (כל עמא מודו) [מכאן שסתם הקדשות] שהוא לבדק הבית ר' זעירא בשם רב מה פליגן במקדיש נכסיו אבל במקדיש עדרו כל עמא מודו דלמזבח ר' בא בר הונא בשם רב מה פליגן במקדיש עדרו אבל במקדיש נכסיו כל עמא מודו לבדק הבית ר' יוחנן אמר היא המקדיש נכסיו היא המקדיש עדרו היא המחלוקת: **מתני'** נקבות ימכרו לצרכי זבח שלמי' טעמא דר' יהושע לפי (שאין אדם)[שהאדם] חולק הקדשו ולא שביק קדשי מזבח ועביד קדשי בדק הבית להכי זכרים הן עצמן יקרבו עולות אבל נקבות אינו יכול הוא להקריבן שיאכל הבשר והעור שלו כשאר שלמים שהכל הקדש לפיכך ימכרו והם יקריבום (ודמיהן לבד"ה) **) וגם עור הזכרים שהן עולות לבד"ה והכי מסיק בפ' טבול יום הג"מ בשר דלא תפיס לקדשי בדק הבית אבל עור תפיס אע"ג דאמר ר' יהושע אדם חולק הקדשו מה שראוי למזבח ושאינו ראוי למזבח לבדק הבית לא שיהו כשאר קדשי מזבח שעורותיהן לכהנים דמודה הוא שהעור לבדק הבית כשאר נכסים אפי' עור העולה וכך פירש רבינו שלמה ז"ל: ירושלמי אמר ריש לקיש טעמא דר' יהושע דכתיב דבר אל אהרן ואל בניו וגו' אשר יקריב לה' לעולה הכל קרב עולה. לרצונכם תמים זכר מנין אפילו נקבות ת"ל בבקר לרבות את הנקבות ובתמורה פ"ג [דף כ] א"ל ר' חייא בר אבא לר' יוחנן לר' יהושע דאמר זכרים עצמן יקרבו עולות ש"מ דקדושת הגוף אקדשינהו נקבות היכי קרבי שלמים האי מכה קדושה דחוייא אהיין פי' דהא אינו ראוי להקריבן הוא אלא דמיהן כבעי רעייה א"ל ר' יהושע ס"ל כר' שמעון דאמר כל מילי דלא חזו להקרבה לא נחתא קדושה לגופיה דתנן התם המפריש נקבה לאשם תרעה עד שתסתאב ותמכר ויביא בדמיה אשם אם קרב אשמו יפלו דמיו לנדבה ר"ש אומר תמכר שלא במום אלמא לא קדוש אלא דמיה: **מתני'** השווה את מדתו הכל לבדק הבית ואינו חולק הקדישו ור' [יהושע] חלק הקדישו לקדשי מזבח ולבדק הבית: בפירוש. שפירש לבדק הבית: **מתני'** ר' אליעזר אומר ימכרו לצרכי אותו המין ויביא בדמיהן עולות ירושלמי אמר ר' אבהו בשם ריש לקיש טעמא דר' אליעזר דכתיב דבר אל אהרן ואל בניו וגו' אשר יקריב לה' לעולה. הכל קרב לעולה בבקר ולא עופות פי' אין מקריבין הן עצמן. להקריבו אין את יכול דכתיב בבקר ולא בעופות לפדותו אין את יכול שאין לעוף פדיון לפום כן צריך למימר לא קדשה אלא קדושת דמים ועוף דאין לו פדיון מנא לן דתניא בפרק המנחות והנסכים העופות והעצים והלבונה וכלי שרת אין להם פדיון שלא נאמר אלא בבהמה כדכתיב אם בבהמה הטמאה ופדה בערכך ובבהמה בעלת מום משתעי קרא:

*) הדבר צ"ע דלר"א ס"ל דאין אדם חולק הקדישו א"כ ע"כ דלא ס"ל כן סברא דלא שביק איניש וכו' ואולי צ"ל ולא אמרינן דלא שביק וכו'. **) הדבר צ"ע דהא בהדיא תנן דמביא בדמיהן עולות ואולי דטס"ה וצ"ל ויביא בדמיהן עולות ועור הזכרים וכו'.

משנת אליהו

פליגא ר"ש בר"י דהכא אמה דבבבלי מביא בשם ר"ש בר"י גופיה דבבעירים ירעו דהתם אליבא דר"י לר"ש קאמר לה ורבי חנינא קאמר תנאי ב"ד על המותרות שיקרבו עולות ג"כ אליבא דרבנן דר"ש ל"ל תנאי ב"ד ומלשון דקאמר שאין קרבנות צבור נקבעין כו' משמע דעיקר כפי' הערוך שמביא התוס' שם י"ב ב' ד"ה ואף ולא כפירש"י: מתני' אמרה כן וולדן והחלבן מותר לאחר פדיונן. עיין מה שכתבתי בקונטרס. ועיין במסכת תמורה ל"ב ב' ברש"י ד"ה וד"ה ועוד כו' דבקדשי ב"ה לא שני לן בין בעל מום מעיקרא לתם ונעשה בעל מום שהרי על עצים ואבנים קן הלין ושם ל"ג א' ד"ה ואמר רחמנא כו' דאי בר"ה תמימה נמי מיפרקא דמאי איכפת להו אי תם אי בעל מום ואפשר ליישב סייעתא דר"י בשם רב חסדא ממתני' דתמורה גם על תמימין לפי אוקימתא דגמרא בבכורות י"ד א' אף לדיחוייא דתפתר כו' והכי משמע הסוגיא דאמר רבי חזקיה בשם רבי יוסי קדשי בד"ה תמימין שפדאן יצאו לחולין כו' ואין להאריך:

תקלין חדתין

והכי תמצא שיקרבו עולות אבל עיקר הקרבן אינו משתנה: **מתני'** המקדיש נכסיו. וסתם הקדש לבד"ה: לקרבנות צבור. מפרש בגמ': ינתנו לאומנין בשכרן. ויוצאין לחולין אע"פ דאין דבר אחר נכנס תחתיו דקסבר הקדש מתחלל על המלאכה דכתיב ועשו לי מקדש שתהיה המלאכה נעשית מן ההקדש: אינה מן המדה. לאו מדה שוה היא לדתנינא לעיל אלא מפרישין כו' כמו גבי קטורת דלמעלה: גמ' המקדיש כו' רי"א קטרת. היינו ראוין לקרבנות צבור דבהמה ואחרי דברים הא קתני לה וס"ל יחיד מנדב קטרת: ר"ה אמר תפתר באומן שהיה נוטל כו'. ועד שלא לקחו מתנו הקדישה ובבבלי במסכת כריתות ו' ע"א פריך עלה למה לא כי הכי וחוזר ולוקחין כו' אע"כ דהכא מיירי בסממני קטורת שעדיין לא נתפטמה כלל: מתני' המקדיש כו' ודמיהן יפלו כו' לבד"ה. דסבר סתם הקדשות לבד"ה ואפי' במידי דחזי למזבח אבל הראוי למזבח אינו יוצא מידי מזבח שהמקדיש תמימים לבד"ה אינן נפדין אלא למזבח והדמים יפלו לבדק הבית: ויביא בדמיהן עולות. ס"ל מידי דחזי למזבח מסתמא למזבח אקדשינהו הלכך זכרים עצמן יקרבו עולות אבל נקבות אין קריבות שלמים דדעתיה דמקדיש שיהיו כולן לגבוה הלכך ימכרו לצרכי זבחי שלמים דכיון דראויות למזבח חלה עלייהו קדושת מזבח ויביא בדמיהן עולות: המקדיש בפירוש. שאמר בהמה ונכסי להקדש דכיון שהפרישן והבדילן זו מזו ואעפ"כ לא אמר בהמה למזבח ונכסי לבד"ה שמעי' שדעתו שהכל ילך אל מקום אחד לבד"ה אבל המקדיש סתם כל נכסיו אמרינן דעתו להקדיש כ"ד למה שהוא ראוי: גמ' תמן תנינן. במסכת תמורה (ל"א ב'): שסתם ההקדשות. היכא שלא פירש כשהקדיש כדלקמן: בגידוליהן. תרנגולת בביצתה ובהמה בחלבה נקרא גידוליהן: לכהנים. דבקדשי מזבח הבשר או העור לכהנים: דר"א. הא דתני שסתם הקדשות לבד"ה אתי כר"א דס"ל הכי: טעמא דר"א דס"ל הכי: מה תנן קיימין. היכא איירי האי קרא: במקדיש את נכסיו. דהיינו בכה"ג דתניא דר"א: ה"ג קודש לה'. שסתם הקדשות לבד"ה. דהקדש סתמא כתוב והכל לה' ומקדש לה' הוא דקמוכח לה: במקדיש נכסיו. סתמא התם פליג ר"א וס"ל דאף הבהמות לבד"ה כמו שאר נכסיו שהן לבד"ה: עדרו. שהן בהמות ראויות למזבח אף ר"א מודה שהן למזבח: אבל מקדיש נכסיו כו' לבדק הבית. לפי שאין אדם חולק נדרו. ולדידיה צ"ל דלא תני עם שאר נכסים במתניתין דהאי מוקי בכה"ג דליכא שאר נכסים פליגי והכי מתרץ לה בתמורה שם: ע"ד דר' בא קשיא. למה פליג ר"א במקדיש עדר שיהיה לבד"ה והא בהמה שייכי למזבח ומשני. ה"ג המקדיש בהמה למזבח כו' מפרש שהוא למזבח ומדסתם האיש הזה ש"מ שכוונתו לבד"ה: ר"י ל"ש כו'. דבשתיהן פליגי במקדיש נכסיו ודאי ניחא כדלעיל ובמקדיש עדרו טעמא דר"א מדסתם כו' כוונתו לבד"ה ור"י פליג: הקדש בד"ה שפדאן תמימים. איירי בהקדיש כגון בכה"ג דמתני': מתני' אמרה כן וולדן והחלבן מותר אחר פדיונן. מתניתין היא בחולין (ק"ל א') ובבכורות (י"ד א') וקשיא טובא דהא התם איירי בקדם מום קבוע להקדשן כדתני שם. בהדיא כל שקדם מום קבוע להקדשן כו' והיאך מביא סייעתא לדהכא דאיירי בתמימין. ויש לפרש דבבכורות שם מהדר גמרא לפרושי מה דתני במתני' שם כל שקדם מום קבוע להקדשן ונפדו כו' יוצאין לחולין ליגזז ולעבד וולדן וחלבן כו'. טעמא דנפדו הא לא נפדו אסורין בגיזה ועבודה מסייע לר"א דאמר קדשי בד"ה אסורין בגיזה ועבודה (ופי' רש"י שם) והכי כקדשי בד"ה דמי דהם עצמם לא הוקדשו מתחלה אלא לדמיהן ודחי שם. אמרי לא קדושת דמים הוא דמיחלפא בקדושת הגוף למזבח גזרו רבנן אבל קדשי בד"ה לא.(שם) לא תקייעיה מהכא דקדושת דמים למזבח הוא דהוקדשו לשם כן שיהיו הדמים קריבים למזבח ולכן אסור בגיזה ועבודה משום דמתחלפא בקדושת הגוף למזבח (ובתוס' ד"ה כל כו') לאו בקדשי בד"ה איירי אלא בהקדשן למזבח לדמיהן כו' חזינן דלמסקנא דגמרא

מסורת הש"ס

א) כריתות ו ע"א: ב) ב"ב קנא א זבחים קג א תמורה כ א ודף לא ב: ג) ב"ב שם זבחים שם: ד) כריתות ו א ולעיל הל"ג: ה) תמורה לא ב: ו) שם: ז) חולין קל א:

עין משפט נר מצוה

לה א מיי' פרק ה מערכין הל"ו

לו ב מיי' שם הל"ז

לז ג מיי' שם הל"ח

לח ד מיי' שם הל"ז ופ"ו הל"ג

לט ה מיי' שם פ"ו הלכה ח

מ ו מיי' פרק ה ממעילה הל"ג

מא ז מיי' פרק ה מערכין הל"ז

נוסחת הבבלי

(א) השוה את מדותיו כו' שמעתי כדברי שניהן כו': (ב) המקדיש נכסים כו' ר' אלעזר כו': (ג) קטורת ר' הושעיא אמר כו' לבד"ה וחלין על הכל כו' אמר ר' חנינא דר' אליעזר כו' ר' אליעזר כו' ימכרו לזבחי שלמים כו': (ד) כבר נאמר כו' בטה אנן קיימין במקדיש את נכסיו מיכאן כו' רב הונא כו' אבל המקדיש עדרו כו' ר' בא א' הונא כו': (ה) על דעתיה דר' יוחנן לא שניא כו' ר"א בשם ר' אבהו בשם ר' אחא קדשי כו':

הגהות הגר"א

בכירוכי יבש דע"ש שכן חול דלאי לקין המזבח והכל מספקא ליה. ומשני הא דפשיטא ליה בכלי שרת דשם בירושלמי יבש עכ"פ הן בכלי שרת. ומה שבפנים קדש רק דבירוני ס"ל לר"ע דלא קדים לבו וג"כ דין קודם לכן דאם יש זבח וכו' ונפסלו בלינה ובכלי לקין המזבח מש"כ הכא לחד מ"ד פסולה היא ולכן מספקא לי' ומה דלגירסא לי' היינו בכה"ג שנתפטמו הקטרת כחול דפליגי בזה אי כשרה אי פסולה ומספקא ליה בדמים אי אתי לקין המזבח או לא. ולכך גריס לעיל בעי ר"ח בר בא. ועי' שבועי (יא.) ד"ה אלא מעתה וכו'. ובמנחו' (ג:) ואם לנו נפסלו כו': [א] ה"ג אלא במה אנן קיימין במקדיש את נכסיו קדש לה' שסתם הקדשות לבדק הבית. דהא הקדש סתמא כתיב והכל לה' ומקדש לה' הוא דקמוכח לה: [ב] ה"ג ע"ד דר' בא קשיא בהמה לא למזבח היא המקדיש בהמה לא למזבח אומר למזבח ולמה סתם האיש הזה וכו' כצ"ל:

גליון הש"ס

[א] היינו מדלא פי' לעולה או לשלמים ע"כ דלא לקרבן מכוין אלא לבד"ה ודלא כפי' מהרא"פ ועיין שנדחק ולפי' היו אלא זכרי' דסתמא

א) תמורה כ א: ב) שם ע"ב: ג) שם יט ב: ד) פ"ט כ א:

תמימים אפילו לאחר פדיונן אסור : תיפתר · הא דקאמר ר' יוחנן שפודין תמימין ואח"כ הוממו יוצאין לחולין וקמ"ל אע"ג דבשעת פדיון תמימין היו יוצאין לחולין ופי' הרא"פ בזה אינו מחוור כלל : מתניתא · דפ"ז דתמורה אמרה כן דתנן התם יש בקדשי מזבח וולדן וחלבן אסור לאחר פדיונן משא"כ בקדשי בדק הבית והיינו בשקדם הקדשן למומן ה"נ אם נפדו תמימים והוממו יוצאין לחולין : אין תימר וכו'· דאם נאמר לא יצאו לחולין א"כ לעולם בקדושת בדק הבית קיימין איך תנן במתני' לר"א זכרים שהוקדשו לבד"ה ימכרו לצרכי זבחי עולות : בעלי מומין · המקדיש בעלי מומין למזבח אע"ג שהוא עובר משום המשה שמות מ"מ קדושת מזבח חל עליהן : ליידה מילה · לאיזה דבר חל עליהן קדושת המזבח :

עין משפט נר מצוה

תורה אור

(א) רב חזקיה בשם רב חסדא: תיפתר [א] שפדאן תמימין והוממו רבי יוסה בשם רב חסדא מתני' אמרה כן ולדן וחלבן אסור לאחר פדיונין [ב] רבי חזקיה בשם רבי יוסה קדשי בדק הבית שפדאן תמימין יצאו לחולין (ב) אין תימר לא יצאו לחולין היאך קדשי מזבח חלין על קדשי בדק הבית בעלי מומין קדשי מזבח חלה עליהן ליידה מילה [ג] לגיזה ולעבודה הפריש א) נקבה לעולתו ולפסחו ולאשמו עושה תמורה ר"ש אומר לעולתו עושה התמורה לפסחו ולאשמו. אינו עושה תמורה רבי ג) שמעון בן יהודה אומר משום ר"ש לעולתו ולפסחו ולאשמו אינו עושה תמורה אמר רבי יוחנן מזעמא דר"ש שכן מצינו נקבה בעוף כשירה לבא עולה וא"ר יוחנן טעמא דר"ש בן יהודה אם מין במינו הוא חלוק עליו כ"ש מין בשאינו מינו איזהו מין במינו שהוא חלוק עליו כהדא (ג) דתני ג) [ד] אשם בן שנה והביא בן שתים (יצא) בן שתים והביא בן שלש לא יצא (רבי שמעון אומר ב כל עצמן אינן קדושים) א"ר ד) יוחנן ר"ש ור' יהושע שניהם אמרו דבר אחד כמה דר' יהושע אמר נקבה לעולה לא קידשה אלא הקדש דמים כן ר"ש אמר נקבה לעולה לא קידשה אלא הקדש דמים אין תימר קדשה קדושת הגוף ירעו אמר ר' אני רואה את דברי ר"ש בפסח (שמא הקדיש) שהמותר פסח בא שלמים ולימא אין אני רואה דברי ר"ש באשם (שמא הקדיש) שהמותר אשם בא עולה אמר רבי אבין אם הקדיש פסח בא שלמים גופו קרב שלמים אם הקדיש אשם בא עולה אין גופו קרב עולה [ה] מהו כדון ההין אמר הקדיש דמים (קדוש) הקדיש וההן אמר הקדיש גופו (קדוש) הקדיש : [ו] ר' זעירא בשם ר"ש בן לקיש טעמא דרבי יהושע °דבר אל אהרן ואל בניו ואל כל בני ישראל ואמרת אליהם איש איש מבית ישראל וגו' אשר יקריב לה' לעולה הכל קרב לעולה לרצונכם תמים זכר מנין אפילו נקבות ת"ל °בבקר לרבות את נקבות רבי יצחק בי ר"א שאל כתיב זכר ואת אמרת בבקר לרבות את הנקבות ודכוות' כתיב תמים ואת אמרת בבקר לרבות בעלי מומין מה ביניהון (ד) רב אמר שבטא דכדכדא ביניהן : ר"א אומר ימכרו כו' המין : ר' אבהו בשם ר"ש בן לקיש טעמא דר"א °דבר אל אהרן ואל בניו וגו' אשר יקריבו לה' לעולה הכל קרב עולה לרצונכם תמים זכר יכול אפילו עופות ת"ל ג בבקר ולא עופות רבי ירמיה ור' (ה) בון בר חייה הוון יתיבון ואמרין תמן אמר ר' יוחנן טעמא דר' שמעון שכן נקבה שבעוף כשירה לבא עולה וכא אמר הכין א"ר

ויקרא כב

שם

שם

תקלין חדתין

נוסחת הבבלי

הגהות הגר"א

גליון הש"ס

קיימתיה · טעמא דר"א דמתני' כדר' שמואל: לא היא · עלמה: ולא דמיה. ע"י פדיון כשנפל בה מום: אלא הקדש דמים · דהיינו קדושת בדק הבית: ואמרת יאות. ושפיר קאמרת שעופות לגד"ה: להקריבו · לעולה לקיין המזבח א"א דכתיב בבקר: שאין לעוף פדיון · אף שנפל בו מום כדאיתא בתו"כ: לפום כן וכו' · לפיכך לריך לומר דעופות לא קדש מתחילה אלא קדושת דמים: טעמא דהין תניא · טעמו דהך תנא דאמר אליבא דר"ש המפרים נקבה לעולה ולאשם ולפסח אינו עושה תמורה: אלא אפי' טמאה באותו השם · שלא קרא עליו שם קרבן הראוי לו: וקשיא בדא כתיב והעמיד והעריך · בתמיה וכי קרבן כזה שהוא תם בעי העמדה והערכה דהא בסיפא דהך קרא כתיב והעמיד והעריך וכאן ממ"נ לא בעי העמדה והערכה או שאינו קדוש כלל או שהוא עלמו קרב למזבח: ה"ג יצאה נקבה שבעולה · וה"פ אם הקדיש נקבה לעולה הרי היא ראויה למזבח לשם שלמים: הרי הרובע והנרבע · דתני בתוספתא פ"ק דתמורה דעושין תמורה ואינה ראויה להקרבה כלל: אלא · דומיא דטמאה ממש שאין במינה קרבן לאפוקי עולת נקבה שיש במינה קרבן: ה"ג בהדא כתיב והעמיד והעריך · סיומא דתירולא דר"ז הוא כיון דקרא איירי בטמאה ממש לריכה העמדה והערכה:

הלכה ה מתני' משערין את הלשכה · נותנין שיעור לייגות ושמנים וסלתות שיעמ"ד זה השער לשלשים יום ולוקחין מהם הגיזברין מה שלריכין באותו סכום שפסקו ואם נתייקר המקח אין מוסיפין דמים ואם הוזל לוקחין לפי הזול: המקבל עליו לספק סלתות · בימות קליר הסים ובלירת ענבים ומסיקת זתים היו הגזברים מקדימין מעות לחנוני והיה החנוני מקבל עליו לספק ייגות ושמנים וסלתות כל השנה ואם היו אז נמכרים ד' סאין בסלע והוקרו ועמדו ג' סאין לריך ליתן ד' סאין דהקדש קונה בכסף דכתיב ונתן הכסף וקם לו ואם קיבל לספק ג' סאין בסלע והוזלו ועמדו ד' בסלע נותן ד' בסלע דלא גרע מהדיוט דלא קני אלא במשיכה: התליעה לו · ואפילו משך הגזבר ונתן מעות אחריותם על החנוני: אינו מקבל מעותיו · כלומר אין נחשבין מעותיו של חנוני ולא זכה בהם אע"פ שקבלום מהגזבר: עד שיהיה המזבח מרלה · שיעלה לרלון על המזבח הלכך אם התליעה הסולת או שהחמיץ היין אחריותם על החנוני: גמ' מיד היו מקבלין את מעותיהן · דלא חיישינן שיפסלו שהכהנים זריזין הן:

הדרן עלך פרק התרומה

הלכה א מתני' על החותמות · ועל הסלתות כדמפרש לקמן במתני': על הפייסות · להורות סדר הגורל מי יזכה בעבודה זו ומי בזו כמפורש במס' יומא: על הקינים · מחוסרי כפרה כגון זב וזבה ויולדת שמביאין קני חובה דהיינו תורים ובני יונה נותנים מעותיהם לשופרות שבמקדש והממונים על השופרות לוקחים המעות ומביאין בהן הקנים והיה לריך שיתמנה על זה חכם גדול ובקי כדאמרינן במסכת אבות קנים ופתחי נדה הן הן גופי הלכות: שהיה פותח דברים וכו' · והוא מרדכי בלשן שעלה מן הגולה ונקרא כן שהיה בולל לשונות הרבה כדמפרש בגמרא: על חולי מעיים · מפרש בגמרא: חופר שיחין · היה בקי בחפירות שיחין כדמפרש בגמרא והיה ממונה לחפור שיחין כדי שיהיו מים מלויין לעולי רגלים: גביני · כך שמו של האיש המכריז כדמפרש בגמרא: על נעילת שערים · לנעול השערים בערב ולפתחן בבקר: על הפקיע · מפרש בגמ': ללצל · כלי שיר שיש לו קול גדול לשון תצלינה אזניו צימב"ל בלע"ז וכשהיו שומעין קולו היו הלוים מתחילין בשיר: על השיר · להתחיל את השיר וכשהיה מסיים היו כולן מסיימין: בית גרמו וכו' · כולה מפרש בגמרא: גמ' כשירי דור ודור בא למנות · שאי אפשר שאלו הנזכרים היו ממונים בכל זמן הבית דבכל דור דור היו משתנים הממונים לכן פירש דאותן הכשרים שבכל מינוי ומינוי מנה התנא במשנתנו: מי שהיה באותו הדור · כשעלו ישראל מן הגולה מנה אותן שהיו בדורו ולא כל הממונים שהיו בזמן הבית: על כולן הוא אומר וכו'.

ריבב"ן

מתני' משערין את הלשכה לפרוע את חובת ההקדש כדתניא בתוספתא אחת לל' יום משערין את הלשכה. כל מי שמכר להן ייגות ושמנים וסלתות ואמר תנו לי מעותי אין שומעין לו *) אלא הולך אצל גזבר וגזבר מעמידו אצל שולחני: שיד ההקדש על העליונה אם נתיקרו אינו מפסיד ההקדש שהמעות קונות כדכתיב ונתן הכסף וקם לו. הוזלו אין ההפסד להקדש לפי שאין כח הדיוט חמור מן ההקדש שאינה קונה אלא במשיכה · התליעה סולת התליעה לו למוכר ואסור למזבח דתנו רבנן במנחות בפרק כל קרבנות סולת שהתליעה רובה פסולה חטין שהתליעו רובן פסולות וכן אם נספך היין נספך למוכר כדתניא בתוספתא פ"ב אינו מקבל את מעותיו עד שיהא המזבח מרלה · ירושלמי תני ר' שמעון אומר מיד היה מקבל מעותיו והכהנים זריזין הן:

מתני' אלו הן הממונים · ירושלמי רבי חזקיה ורבנן חד אמר כשירי כל דור ודור בא למנות והרנא אמר מי שהיה באותו הדור מנה מה שבדורו. על החותמות שהיה נותן חותם למי שרולה סולת ויין ושמן מן הגזבר דדמיהן ידועין לכל ומי שבא לקנות מן ההקדש נותן מעות ליוחנן והוא נותן לו חותם והיה כתוב בו דמי נסכי כבש או איל או פר כדמפרש לקמן וכתב בו שם היום ושם המשמר ואחיה היה נותן לו הסולת והיין והשמן: על הפייסות כדמפרש ביומא פ"ב כשהיו באין להפיס זקן ויושב במערבה בלשכה חליה בנויה בקודש וחליה בנויה בחול ומלמד להם דרך הפייס א"נ הוא היה נוטל מלנפת מראשו של א' מהן וממנו היה מתחיל המנין כדמפרש התם: פתחיה זה מרדכי בלשן ולמה נקרא שמו פתחיה שהיה פותח דברים ודורשן ויודע בשבעים לשון היכי דמי פותח דברים ודורשן כדאמר במנחות בפרק ר' ישמעאל (דף סד:) מעשה שבא העומר מגגות לריפין ושתי הלחם מבקעת עין סוכר מטא עומר לא הוו ידעי מהיכא לייתויי אכרוז אתא ההוא חרשא אותיב חדא ידיה אאיגרא וחדא ידיה אליפא אמר להו מרדכי מי איכא דוכתא דשמיה גגות לריפין או לריפין גגות בדוק ואשכח מטא לאהויי שתי הלחם לא הוו ידעי מהיכא לייתויי מפרש בירושלמי לפי שכל התבואות נשדפו באותה שנה בארץ ישראל הכרוז אתא ההוא חרשא אותיב חדא ידיה אעיניה וחדא ידיה אסכרא אמר להו מרדכי מי איכא דוכתיה דשמיה עין סוכר או סוכר עין בדוק ואשכח הנהו ג' נשים דאייתין ג' קנין חדא אמרה לזיבתי וחדא אמרה לימתי וחדא אמרה לעינתי · סבור זיבתי זיבה ממש לימתי שספעה כים לעינתי שופעת כמעין דכלהו חדא לחטאת וחדא לעולה אמר להו מרדכי שמא בזוב סיכנה בים סיכנה בעינא סיכנה וכולן עולות דבנדר הביאום בדוק ואשכח הייגו דתנן פתחיה על הקנין שהיה עומד לפרש כילד מביאות הנשים קיניהם: **מתני'** על חולי מעיים · ירושלמי על ידי שהכהנים הולכין יחפין על

תורה אור

א"ר יוסי קיימתיה כהא דא"ר שמואל בשם ר' זעירא כל שאינה יכולה ליקרב לא היא ולא דמיה לא קדשה אלא הקדש דמים ואת אמרת יאות להקריבו אין את יכול דכתיב בבקר ולא עופות לפדותו אין את יכול [א]שאין לעוף פדיון לפום כן צריך מימר לא קדשה אלא קדושת דמים חברייא בשם רבי יוחנן ר' אייבו בר נגרי אמר קומי רבי אילא בשם רבי יוחנן טעמא דהין תניא °ואם כל בהמה טמאה (ויקרא כז) אשר לא יקריבו ממנה קרבן לה' מה ת"ל טמאה אלא אפילו טמאה באותו השם וקשיא בדא כתיב °והעמיד והעריך (שם) ר' זעירא בשם ר"א לא אמר כן אלא °ואם כל בהמה טמאה אשר לא יקריבו ממנה (שם) קרבן לה' כל שאינה ראוי ליקרב לא כאן ולא במקום אחר אינו עושה תמורה יצאת נקבה (שבעוף) לעולה אע"פ שאינה ראויה ליקרב כאן ראוי ליקרב במקום אחר (א) רבי אבון ורבי בון בעון קומי רבי זעירא הרי [ב]הרובע והנרבע שאינן ראוין ליקרב לא כאן ולא במקום אחר והרי הן עושין תמורה אמר לון אף אני לא אמרתי אלא טמאה ממש (ס"א ממום) וקשיא בדא כתיב °והעמיד והעריך: (שם)

הלכה ה מתני' [ג]אחת לל' יום משערין את הלשכה כל א) המקבל עליו לספק סלתות מארבע עמדו משלש יספק מד' משלש ועמדו מד' יספק מד' שיד הקדש על העליונ' אם התליעה סולת התליעה לו ואם החמיץ יין החמיץ לו אינו מקבל מעותיו עד שיהא המזבח מרצה: **גמ'** תני ב) בשם ר"ש מיד היו מקבלין את מעותיהן והכהנים זריזין הן:

הדרן עלך פרק התרומה

הלכה א מתני' [ד]אלו הן הממונים שהיו במקדש יוחנן בן פנחס על החותמות אחיה על הנסכים (ב) מתיה בן שמואל על הפייסות פתחיה ג) על הקנין פתחיה זהו מרדכי ולמה נקרא שמו פתחיה שהיה פותח דברים ודורשן ויודע בשבעים לשון. בן אחיה על חולי מעיים נחוניה חופר שיחין גביני כרוז בן גבר על נעילת שערים בן ד) בבי ממונה על הפקיע בן ארזא על הצלצל הוגרס בן לוי על השיר בית גרמו על מעשה לחם הפנים בית אבטינס על מעשה הקטורת ואלעזר על הפרוכת ופנחס המלביש ה): **גמ'** ר' ו) הזקיה א"ר סימון ורבנן חד אמר כשירי דור ודור בא למנות עליהן וחרנה אמר מי שהיה באותו דור מנה מה שבדורו [א] (מאן דאמר כשירי כל דור ודור בא למנות על כולן הוא אומר °זכר צדיק לברכה (משלי י) מאן דאמר מי שהיה באותו דור מנה מה שבדורו על כולן הוא אומר °ושם רשעים ירקב ועל מי (שם) נאמר זכר צדיק לברכה על בן קטין וחביריו) אמר

אהא דתנן בפ"ג דיומא בית גרמו לא רצו ללמד על מעשה לחם הפנים בית אבטינס לא רצו ללמד וכו' הוגרס בן לוי היה יודע פרק בשיר ולא רצה ללמדו בן קמצר לא רצה ללמד על מעשה הכתב על הראשונים הוא אומר זכר צדיק לברכה ועל האחרונים הוא אומר שם רשעים ירקב וקאמר דלמ"ד דכשרים מנה התנא א"כ ע"כ לומר דאף בית גרמו ובית אבטינס היו כשרים שהרי מנה התנא אותם כאן ושם רשעים ירקב אבן קמצר לחודיה קאי: על כולן הוא אומר שם רשעים ירקב · אפילו על בית גרמו: על בן קטין וחביריו ·

תקלין חדתין

יוחנן גופיה דדריש טמאה לאותו השם שאינה ראויה לעולה · וכמי דידיה אדידיה דכיון דאמר סברא דיליה שכן כשרה כו' א"כ אינה טמאה לאותו השם ואיך מפרש טעמיה דרשב"י מטעם זה ולהכי גרסינן למימרא דחברייא סמוך לעיל מינה וגירסת הספרים שיבוש הוא דהיך פריך מר' יוחנן אדר"ל וגם דכל שקלא וטריא שייכא לעיל דעסקינן בטעמייהו דר"ש: א"ר יוסא קיימתיה כההיא דאמר שמואל כל שאינה קריבה כו' · רבי יוסא אמר שהוא קיים דבריו דלא ליסתור כל כך דמה שאמר טמאה מאותו השם היינו דבהקדיש סתם כמו המקדיש נכסיו והיו בהן עופות אינה קדשה לא היא ולא דמיה היינו בין תמימה דהא בבקר כתיב ולא עופות · ודמיה היינו כשנפלה בה מום ג"כ לא קדשה שאין לעוף פדיון אף בנפל בה מום כדתניא בספרא ולכן נקרא טמאה לאותו השם דאינה ראויה בכולה שם עולה ולכן דריש לה בקרא הכי טמאה באותו השם וכו' והעמיד לאורויי דאינו עושה תמורה ולעיל גבי טעמא דר"ש הכי פריש לה הואיל ופעם בהקדיש עוף תמימה בפירוש לעולה קדשה קדושת הגוף ולהכי אלה הכא גבי נקבה קדושת הגוף לענין לעשות תמורה ולהכי נמר בהדר השקלא וטריא ותירולי דר"י אדר"י עד דאמר טעמא דר"א דמפורש בבקר ולא עופות:
מתני' משערין את הלשכה · קובעין שער לייגות ושמנים כו' על ל' יום והגזברין לוקחין מהם מה שלריכין באותו הזמן ואם נתייקר המקח אין מוסיפין דמים ואם הוזל לוקחים כפי הזול: המקבל כו' · בימות הקליר והבליר היו לוקחים מעות אצל הגזברין והיו מקבלין עליהם להספיק סלתות ושמנים כל השנה ואם היה אז נמכרים ד' סאין בסלע והוקרו עד שעמדו ג' סאין בסלע לריכים ליתן ד' דהקדש קונה בכסף דכתיב ונתן הכסף וקם לו וכן אם הוזלו טהן כשער שהוזל דלא גרע מהדיוט שאינו קונה אלא במשיכה: התליעה לו · ואפי' משך הגזבר ונתן מעות אחריותם על החנוני: אינו מקבל מעותיו · אינם נחשבים מעותיו של חנוני ולא זכה בהם אע"פ שקבלם מהגזבר: עד שיהיה המזבח מרלה · שיעלה לרלון על המזבח הלכך אם התליעה הסולת או שהחמיץ היין אחריותם על החנוני: גמ' תני בשם ר"ש מיד ט' · דלא חיישי' שיפסלו שהכהנים זריזין הן: **הדרן עלך התרומה פרק רביעי**
מתני' אלו הן הממונים כו' · לשון רבינו הגאון · כולם נקראו ע"ש הראשון וכן במלכים פרעה ואבימלך ומלכי לדק וכמ"ש במנחות במרדכי · ובירושלמי בפנחס המלביש: הפייסות · להורות סדר הגורלות מי יזכה בעבודה זו ומי באחרת: הקנים · כגון זב וזבה ויולדת שמביאין קני חובה נותנים מעותיהם לשופרות שבמקדש והממונים על השופרות לוקחים המעות ומביאין בהן קנין והיה לריך שיתמנה על זה חכם גדול ובקי כדתנן קנין ופתחי נדה הן הן גופי הלכות: ויודע בשבעים לשון · הוא סיומא דמילתא דלהכי מינוהו לזה לפי שכל הנשים שמביאין הקינים לשונם משונים לארצותם ללשונותם ומשובש ג"כ והוא היה מבין כל ע' לשון ומתוך הבין כל שיבושי אותן הלשונות וכמפרש בגמרא על אחת שאמרה לזיבתי ופירש הוא כוונתה שבא זאב ליטול את בנה: על חולי מעים · מפרש בגמרא: תופר שיחין · כדי שיהא מים מצוין לעולי רגלים: גביני · שם אדם המכריז: צלצל · צימב"ל בלע"ז וכשהיו שומעין קולו היו מתחילין הלוים בשיר: בן לוי · משבט לוי על השיר להתחיל ובסיומו היו כולן מקיימין: גמ' כשרי כל דור ודור · שלא מנה רק הכשרים המיוחדים · ולכן מנה אלו בלבד אע"פ שהיו עוד בדורות אחרים ממונים אחרים לא מנה אלא המעולים כמ"ש לאיתי בני עליה והמה מועטים במספר: מי שהיה באותו הדור כו' · ולאו דוקא משום שהן כשרי כל דור אלא המונה מנה אלו שהיה בדורו: ה"ג תמן תנינן · ביומא פרק ג': עליהן הוא אומר זכר כו' · דאיהו ס"ל שכל המנויין כאן היו כשרים וא"כ לדידיה לריך לפרושי מ"ש ביומא על הראשונים נאמר ז"ל על כולם גם אבית גרמו ובית אבטינס אף שמזכירים שם במשנה לגנאי · אך דבברייתא אמרו שמצאו תשובה לדבריהם וכ"ה בקוביין ולכן נאמר גם עליהם ז"ל ועל בן קמצר שלא מצא תשובה לדבריו נאמר ושם רשעים כו': מ"ד מי שהיה כו' · ול"ד כשרים א"כ מתני' דיומא כפשטיה דעל הראשונים קאי על בן קטין וחבריו דחשיב שם ברישא דמתני' דמזכירין לשבח עליהן קאי מ"ש ז"ל וגירסת הספרים

*) עי' בתוספתא פ"ב דליתא שם כהך ליטנא ונראה שחסר כאן בהעתקה לשון התוספתא וע"ש היטיב.

א) בבא מציעא נז ב מנחות ל א:
ב) לעיל פ"ב הל"ב:
ג) מנחות סה א:
ד) יומא כג א:
ה) בש"ס בבלי איתא על המלבוש:
ו) ירושלמי יומא פ"ג הלכה ט:

עין משפט נר מצוה

מה א מיי' פרק ו מאיסורי מזבח הלכה ד:
מו ב מיי' פרק א מתמורה הלי"ח:
מז ג מיי' פ"ז מהל' המקדש הל"ג ובהשגות:
א ד מיי' שם הל"א:

נוסחת הבבלי

(א) רבין ורבי בון כו' והנרבע הרי אינן ראויין כו':
(ב) מתתיה בן שמואל כו':

הגהות הגר"א

[א] ה"ג תמן תנינן על הראשונים נאמר זכר לדיק לברכה ועל אלו נאמר שם רשעי' ירקב מ"ד כשירי דור ודור בא למנות עליהן הוא אומר זצ"ל מ"ד מי שהיה באותו דור מנה מה שבדורו על מי נאמר זצ"ל על בן קטין וחביריו כצ"ל. והוא ביומא פ"ג וגי' הספרים משובשת ועי' בס' ת"ח טעם מרווח ועיין בק"ע שהביא הגמרא דיומא שם:

ציון ירושלים

הוגרס בן לוי על השיר. עי' תוספות יו"ט מ"ש בזה ועי' שו"ת אא"ז סימן טו בהגהת בנו הרב שם:

ה) שבת קיב ב ויומ' דמאי פ"א הל"ג: ב) ירושלמי שב וב"ר פ' ס' ועי' חולין ז ב: ג) דמאי פ"א מ"ג: ד) עי' סנהדרין יז ב: ה) מנחות סד ב:

השנויים שם ברישא דמתני': לכן אחלק לו ברבים ואת עצומים יחלק שלל תחת אשר הערה נפשו למות: שהתקין מדרש וכו' · שדורשין אותן ברבים ואף זה שמוסר נפשו לה' יהיה לו חלק בתורת ה' כר"ע: ה"ג ואת עצומים אלו אנשי כנסת הגדולה שהתקינו כללין ופרטין בתורה: מה ת"ל סופרים · מאי רבותייהו דשבחינהו קראי בהכי: ספורות ספורות · שקבלו בחכמתן כל החלוקות שבדינין ושמו להן מספר ככל הנך דמייתי: חמשה לא יתרומו · בריש מסכת תרומות: ה' דברים חייבין בחלה · ריש פ"ק דחלה: ט"ו נשים · רפ"ק דיבמות: ל"ו כריתות · ריש כריתות: י"ג דבר וכו' · ריש טהרות: ד' אבות נזיקין · ריש בבא קמא: ל"ט אבות מלאכות · שבת פרק כלל גדול: מה ת"ל סופר · דכתיב לעזרא הכהן סופר: סופר דברי מצות ה' וסופר בתרא נ"ל: אלא כשם שהיה סופר בדברי תורה · שמנה כל האותיות שבתורה שבכתב ועשה המסורת: כך היה סופר בדברי חכמים · למנות ההלכות: הראשונים חרשו כו' · איידי דמייתי שהראשונים עשו ספורות להקל על המעיינים מייתי נמי הא דר' חגי: ואנו אין לנו מה לאכול · כלומר אף על פי שהראשונים עשו כל הפעולות להקל עלינו עדיין קשה עלינו להבין ד"ת על בוריין: אין הוון וכו' · אם היו הראשונים מלאכים אנו בני אדם אבל אם היו הן בני אדם אנחנו כחמורים לרוב פחיתותינו: א"ר מנא · באותה שעה אמרו אפי' לחמורו של ר"פ בן יאיר לא דמיין: חמרתא דר"פ בן יאיר · נגנבה לסטים בלילה והיתה טמונה אצלם שלשה ימים ולא טעמה כלום: בתר שלשה ימים · נמלכו להחזירה אמרו הוציאוה מכאן שלא תמות אצלינו ויהיה ניכר הגניבה: אפקונה · הוציאו אותה והלכה מעצמה ועמדה על פתח ביתו של ר"פ והתחילה לנעוק: א"ל ר' פנחס · פתחו הדלת לעניה זו דהא שלשה ימים שלא אכלה כלום: פתחן לה · ונכנסה: אמר להן · ר"פ תנו לה לאכול ונתנו לפניה שעורים ולא רצתה לאכול: אמר לון · ר"פ וכי מתוקנים הם השעורים שאין בהם פסולת: וארימתון דמיין · הפרשתן מהם דמאי: אמרון ליה · לא כך למדתנו רבינו הלוקח פירות מעם הארץ לזרע או להאכילן לבהמה פטורין מן הדמאי דכיון דרוב עמי הארץ מעשרין הן לא גזרו באלו כיון שאינו אוכל מהן בעצמו: קמח לעורת · לעבדן ושמן לנר פטור מן הדמאי וזו נמי למה אינה אוכלת: אמר לון · ר"פ מה נעשה לעניה זו שהיא מחמרת על עצמה הרבה והפרישו דמאי ואכלה: שיודעין לדבר · בשבעים לשון וכו' ראויין לשמוע שהן מבינין שבעים לשון אע"פ שאינן יודעין להשיב: ה"ז ראויין לסנהדרין · וכשרה על צד הדוחק: שלשה · שיודעין לדבר: ארבעה · שידעום לדבר ה"ז מעולה: יבשה א"י · שלא ירדו הגשמים ולא ידעו מאין להביא העומר: והוה תמן . שם: חד אלם · שאינו שומע ואינו מדבר: צריפין · הוא סוכה שאין לה גג אלא חדה מלמעלה ועשויה מערבה: אייתוני' וכו' · הביאוהו לפני פתחיה להבין ממנו באיזה מקום הוא: א"ל · מי איכא מקום בא"י ששמו גגות צריפין או צריפין גגות והלכו לשם ומצאו: נשדף · נלקה בשדפון: סוכרא · חור שבמזוזת הדלת שבו תוחבים הבריח לנעול: שופעת דמים כמעיין · ומביאה קן אחד חובה א' חטאת ואחד עולה כדין זבה: בעינה סיכנה · וזו קן נדבה וכולן עולות: בים סכנה · בעברה תוך הים היתה בסכנה וזו לנדרה ועולות הן: זאב בא ליטול את בנה · ונדרה קן אחד להצלת בנה: ע"י שהיו הכהנים וכו' והיו באין לידי חולי מעיים · לכך היו צריכין לרופא לרפאותן והלכך אף הוא נחשב מהממונים שהיו במקדש שאף הוא נטל שכרו מתרומת הלשכה דצרכי קרבן הוא שיאכלו הכהנים בשר קרבנות השמנים ולא יבוא לידי נותר: ושותין מים · שאסורים לשתות יין בעזרה: והוה ידע · בן אחיה איזה יין יפה למעיים לעצרן ואיזה יין טוב לרפאותן שע"י הצינה המעיים מתרפאין או נתעצרים יותר מדאי: והוה ידע · איזה סלע מוציא מים צוננים ואיזהו מים חמים

משנת אליהו

שנים שיודעין לדבר · עיין סנהדרין י"ד ועיין תוספות מנחות ס"ה א' ד"ה ויודעים בשבעים לשון כו':

אחת אומרת לעיני כו' · בבבלי מנחות ס"ד ב' מוכח זו הסוגיא וכתוב בגמ' והדא אמרה לעונתי סבור מינה זיבתי זבה ממש לימתי ממש לעונתי לעונתה ממש ופרש"י שם על ימתה שופעת כים ועל לעונתה פי' לעונת קרבן זיבה ליום ח' שלה והיינו משום דהגי' לעונתי ולפי סוגיא דירושלמי הגירסא לעינתי ואפשר דכן צ"ל בבבלי וס"ל שופעת כמעין כמ"ש בירושלמי דלפ"ז הוי א"ש טפי מה דפתר שמה בעינה סיכנה משא"כ אי גרסינן לעונתי לא משמע על עינה · ועל מ"ש שם שמא בזוב סיכנה פירש רש"י ג"כ שהיתה שופעת דם יותר ונסתכנה למות ונדבה לקונה להביא כו'. ובירושל' מפור' זאב בא ליטול את בנה והיה צריך להגיה בבבלי שם שמא בזאב סיכנה וממש כירושלמי דשובדא חדא הוי ולא מסתבר שיפלוגו בזה התלמודים:

עין משפט נר מצוה

ב א מיי' פרק י"ג ממעשר הלי"ד:

ג ב מיי' פרק א מסנהדרין הל"ו:

ד ג מיי' פ"ז מכלי המקדש הלי"ד:

ה ד מיי' שם הלט"ו:

נוסחת הבבלי

(א) זה ר"ע שהתקין משנה ומדרש והלכות וכו': (ב) כתיב ומשפחות סופרים כו' סופרים שעשו כו' אמר רב אחא כתיב כו' סופר כשם כו' ר"ש בר נחמני כו' ר"א בר מנה בשם כו' (ג) כלום אמרו אפקנא מהכא כו' דמרה שריא מיתאנחת אמר ליה ר' פנחס בן יאיר פתחו לעלובה כו' ועיילה יהבון קמה שעורין ולא אכלת אמרו לי' ר' לא בעית למיכל אמר להון מתקנון אינון אמר ליה אין ארומתון דמאי א"ל לא כדין אלפינן הנותן זרע לבהמה פטור מן הדמאי אמר מה ניעבד לה דהיא מחמרא על נפשה ארומה דמאי ואכלת: (ד) תני פתחיה זה מרדכי בא וראה כמה גדול כחו של אותו האיש שפותח בדברים כו' סנהדרין שהיו בה שנים יודעין לדבר כו' זומא ור' אליעזר בן מתתיה וחנניה בן חנילאי פ"א כו' ולא היו יודעין להביא כו' א"ר יוסי בר ביבין פ"א נשדפה א"י ולא ידעו כו' יהיב חדא ידיה כו' וחדא על סוכרא אייתיניה קמיה דפתחיה אמר להו אית כו': (ה) ג' נשים הביאו שלש קינין כו':

תורה אור

ישעיה נג אמר רבי יונה כתיב לכן אחלק לו ברבים ואת עצומים יחלק שלל (א) זה ר"ע שהתקין מדרש ההלכות והגדות ויש אומרים אלו אנשי כנסת הגדולה תיקנו אלא מה תיקן זה כללות ופרטות

דה"א ב אמר ר' אבהו (ב) כתיב משפחות סופרים יושבי יעבץ מה ת"ל סופרים אלא שעשו את התורה [א] ספורות ספורות חמשה לא יתרומו תרומה ה' דברים חייבין בחלה חמש עשרה נשים פוטרות צרותיהן שלשים ושש כריתות בתורה שלש עשרה דבר נאמרו בנבלת העוף הטהור ד' אבות נזיקין אבות מלאכות ארבעים חסר אחת אמר רבי (אחא)

עזרא ז אליעזר כתיב לעזרא הכהן הסופר מה ת"ל סופר אלא כשם שהיה סופר בדברי תורה כך היה סופר בדברי חכמים ר' חגי בשם ר' שמואל בר נחמן הראשונים חרשו וזרעו ניכשו כיסחו עדרו קצרו עמרו דשו זרו בררו טחנו הרקידו לשו קיטפו ואפו ואנו אין לנו [א] מה לאכול ר' אבא בר (יונה) זמינא בשם ר' זעירא אין א) הוון קדמאין מלאכין אנן בני אנש ואין הוון בני אנש אנן חמרין א"ר מנא בההיא שעתא אמרין אפילו כחמרתיה דר' פנחס בן יאיר לא אידמינון חמרתיה ג) דר"פ בן יאיר גנבתה ליסטאי בליליא עבדת טמירא גבון תלתא יומין ולא טעמא (ג) כלום בתר תלתא יומין אימלכון מחזרתה אמרי אפקינון מן הכא דלא תימות גבן אפקונה אזלת וקמת לה על תרעא דמרה שריית מנהקת אמר לון פתחון להדא עלובתא דאית לה תלת יומין דלא טעמא כלום פתחין לה ועלת לה אמר לון יהבו לה כלום תיכול יהבון קומה שעורין ולא בעית למיכל אמרין ליה רבי לא בעית למיכל אמר לון מתקנין אינון אמרו ליה אין אמר לון וארימתון דמיין אמרון ליה לא כן אלפון רבי הלוקח ג) זרע לבהמה קמח לעורות שמן לאור פטור מן הדמאי אמר לון [ב] מה נעבד לה להדא עלובתא דהיא מחמרה על גרמה סגין וארימן דמיין ואכלת: פתחיה על הקינין: (ד) בא וראה מה גדול הוא כחו של אותו האיש פותח דברים ודורשן: יודע בע' לשון: תני ד) סנהדרין שיש בה שנים שיכולין לדבר וכולן ראוין לשמוע הרי זו ראויה לסנהדרין ג' הרי זו בינונית ד' הרי זו חכמה וביבנה היו בה ד' בן עזאי ובן זומא ובן חכינאי ור"א בן מתיה (נ"א חנניה בן חנילאי) א"ר ה) חסדא פעם אחת יבשה א"י ולא ידעו מהיכן להביא עומר והוה תמן חד אלם דהוה יהיב חד ידיה על גגות וחד ידיה על צריפים אייתוניה קמיה דפתחיה אמר להו אית אתר דמתקריא גגות צריפין או צריפין גגות אזלין לתמן ואשכחן א"ר יוסה (ביבן) בי רבי בון פעם אחת [ג] נשדף כל העולם כולו ולא היו יודעין מהיכן להביא העומר והוה תמן חד אילם דהוה יהיב ידיה על עיניה וידיה על סוכרא אייתוניה לגבי פתחיה אמר לון אית אתר דמיתקריא עין סוכר או סוכר עין ואזלון תמן ואשכחון (ה) ג' נשים הביאו קיניהן אחת אומרת לעינתי ואחת אומרת לימתי ואחת אומרת לזיבתי זו שאומרת לעינתי סברין מימר שופעת כמעין אמר לון בעיינא סבנת זו שאומרת לימתי סברין מימר שופעת כים אמר לון בימה סבנת זו שאומרת לזיבתי סברין מימר זבה ממש אמר לון זאב בא ליטול את בנה: בן אחיה וכו': על ידי שהיו הכהנים מהלכין יחפים על הרצפה והיו אוכלין בשר ושותין מים היו באין לידי חולי המעים והוה ידע האי דין חמר טב למעייא והאי דין חמר סמם למעייא: נחוניא חופר שיחין: שהיה חופר שיחין ומערות והוה ידע האי

ריבב"ן

על הרצפה ואוכלין בשר ושותין מים שאסורין לשתות יין כדכתיב יין ושכר אל תשת וכו' הוו באין לידי חולי מעיים והוו ידע הידין חמר טב למעיא: נחוניא חופר שיחין שיהיו מלויין מים לעולי רגלים: גביני כרוז היה משכים ואומר עמדו הכהנים לעבודתם כו' כדאיתא ביומא פרק א' (דף כ:). ממונה על הפקיע · ירושלמי שהיה מזויג את הפתילות כדתנן מבלאי מכנסי כהנים ומהמיניהן היו מפקיעין ובהן היו מדליקין לשמחת בית השואבה וקשה דבבבלי ביומא [דף כג] מפרש מאי פקיע אמר רב יהודה *) מרעתא מאי מרעתא אמר רב פפא דהירקא דטייעי דפסיק רישיה כדתניא ולא עוד אלא שלוקה מן הממונה בפקיע: הצלצל מלשון בצלצלי שמע כלי שיר על השיר נעימה יתירה היה יודע אמרו עליו על הוגרוס בן לוי שהיה מנעים את קולו בזמר וכשהיה נותן גודלו לתוך פיו היה מוציא כמה מיני זמר והיו אחיו הכהנים נזקרין בבת ראש: על מעשה לחם הפנים שאין אדם יודע לרדות כמותם כדאמר ביומא פ"ג. ובית אבטינס על מעשה הקטורת שאין אדם יודע כמותן שיהא מתמר ועולה כמקל. על הפרוכת שהיה ממונה על אורגי פרוכת · פינחס המלביש שהיה מלביש בגדי כהונה גדולה לכהן גדול בשעת עבודה · ירושלמי מעשה בכהן אחד שהלבים לסרדיוט אחד ונתן לו ח' זהובים ותיקנו שיהיה נאמן ממונה עליהן שלא יהא כהן רשאי להלבישן לאחר ויש מפרשים שהיה מלבישן לכהן גדול ומתקן שיעמדו נאין לו ואינו נ"ל:

תקלין חדתין

חסרה ומשובשת: אר"י כתיב כו' · איידי דנקט מעלות המוזכרין לשבח וגם מעלת החכמים שהנו הכל נקט לה הכא: אחלק לו ברבים · זה ר"ע · שרבים היו תלמידיו כמ"ש בריש מגילה וכולהו סתימתאי אליבא דר"ע ואמרינן בגמ' והיה העולם שמם עד שבא ר"ע אצל רבותינו כו' · והעמיד תלמידים הרבה ולכן דרים עליו אחלק לו ברבים חלק עולם הבא לו ותלמידיו וסיפיה דקרא ואת עצומים קאי לפ"ז על הרוגי לוד שנתעלמו למסור נפשם על קידוש ה' · יחלק שלל שלל האויבים כמ"ש תחת רבי עקיבא וחביריו מה הן מביאין כו' וזהו שנאמר תחת אשר הערה למות נפשו שמסר נפשו למיתה וכמו שאמר בכל יום היה מצטער לקיים ואהבת כו' בכל נפשך וזה שאמר נפשו וזהו לישנא דקאמר והערה שעורר עליו שהיה מקהיל קהלות ואת פושעים נמנה · כמ"ש אוי לי כו' כמחללי שבתות כו': אנשי כנה"ג תיקנו · שהמשנה והמדרש היה מקובל מידם מימי אנשי כה"ג כמ"ש הגאונים: כללים ופרטים · כללים כמו כלל אר"ע וכלהו סתימתאי כללי הלכות ופרטות שהיה דורש על כל קוץ וקוץ תלי תלים של הלכות שהיה אחיזתו מתגין דאורייתא מענין שהיה בן גרים: מה ת"ל סופרים · דכבר נקט משפחתו מפורש וכולי קרא לדרשא: סופרים כו' ספורות · כדי שיהיו נגד עיני העוסקים בה זכור ושמור: חמשה לא יתרמו כו' · והא דלא חשיב אלא הני דברים לחודייהו ואי משום סמכא בעלמא ניחשבו ב' או ג' אלא דהוא כולל כל הש"ס ומתחיל בסדר הראשון ונקט כסדר המספר אלא דסמיך קדשים לטהרות ואבות לאבות: לעזרא הכהן הסופר מה ת"ל סופר · דכתיב שם אשר נתן המלך ארתחשסתא לעזרא הכהן הסופר סופר דברי מצות ה' וחקיו וכיון דכתיב הסופר קמא מה ת"ל סופר בתרא: כשם שהיה סופר בדברי תורה כך היה סופר בדברי חכמים · וסיפא דקרא דברי מצות ה' · הוא תורה שבכתב כמש"ש והוא סופר מהיר בתורת ה' · וחקיו על ישראל · זהו תורת שבע"פ · שהתורה שבכתב גם לאומות נכתבה באר היטב בשבעים לשון וכמ"ש לעתיד תביא הקדוש ברוך הוא ספר תורה בחיקו כו' כלום יש בכם מגיד זאת דקאי על תורה שבעל פה: הראשונים · אגב שזכר מעלת הראשונים הזכיר החילוק ביניהם לבינינו: חרשו כו' · חשיב ע"ו מלאכות הפת לפי שהתורה נקראת לחם כמ"ש לכו לחמו בלחמי ועיין בחידושי על אגדות ענין הע"ו מלאכות בארוכה:

אין לנו פה לאכול · כמ"ש בפ"ה דערובין לתת האבן אם מעים אדם לחיו כאבן הזה שאינה נמחית וכמ"ש פתח פומך קרי כו' תני כו' שנאמר כי חיים הם למוצאיהם בפה · ואנחנו מתעללים בזה: אין קדמאין מלאכים · שהאדם חציו מלאך מצד הנשמה וחציו בהמה מצד הגוף כידוע וכמה שהאריך הסמ"ג בהקדמתו לחלק עשין והראשונים הגבירו כח המלאך לעשות רצון קונם: בני אנש · כמ"ש בן חכם ישמח אביו וגו' וכמ"ש רבינו הגאון שחלק אביו גורם חכמתו וכן אמרו קדשים תהיו המקדש עצמו כו' וכמ"ש בזוהר ווי למאן דבני בגיינא כו' וכמ"ש במ"ר ע"פ כי אבי ואמי עזבוני רק שבכח האדם להתגבר ולהרגיז יצר טוב על יצר הרע כמ"ש דוד הרגו כו' וז"ש בני אנש: ואי הוו ב"א · ואפ"ה זכו למדרגתם הנפלאה: אנן חמרין · שנגבר החמר בגלות התורה ומצות שאין לנו הרמ"ח ללחם כי נגרעו רובי מצות בגלות וכן כתיב מלכה ושריה בגוים אין תורה: חמרתיה דרפב"י גנבוהו לסטים. עבידת היתה אצלם ג' ימים ולא טעמה כלום: מחזרתה · שנמלכו להחזירה: אפקנא · נוציאה מכאן שלא תמות: תרעא · שער של רפב"י: מתקנין איטון · בלא פסולת: ארימתון · אם נתתם דמאי: לא כן אלפן · וכי לא למדתנו רבינו שהלוקח לבהמה פטור מדמאי לפי שרוב עמי הארץ מעשרין הן ולא גזרו כשאינו אוכל בעצמו: מחמרה על נפשה · שיקחו דמאי. בוא וראה כו' · לפי שמינויו היו על הקינין שהן גופי תורה ונותן טעם למה שנקרא פתחיה שהיה פותח דברים הנסתרים וסגורים: שיודעין לדבר · בשבעים לשון: לשמוע · להבין אע"פ שאי' להשיב: חד אלם · שאינו שומע ואינו מדבר: צריפין · היא סוכה שאין לה גג וחדה מלמעלה: גגות צריפין · לפי שהניח ידו תחלה על גגות אמר תחלה גגות צריפין: סוכרא · חור שבמזוזות הדלת שבו תוחבים הבריח לנעול: עין סוכר כו' · כדפרישית: שופעת כמעיין · דמים ומביאה ב' קינין א' חטאת וא' עולה כדין זבה: בעינא · בימא · וכן לנדרה ועולות הן: זאב בא ליטול כו' · ונדרה קן א' להצלת בנה ומייתי לה שמתוך שהיה חכם גדול ויודע טיב הלשונות הבין דבר זה ואחר היה נכשל בזה: מים · שאסורין לשתות יין בעזרה: והוה ידע כו' · [illegible] ומתים ומזיק ולא ישתו ממנו ותדאמר תחלה דין חמר טב למעייא משמע דממשמש רע למעיים ולא כיב מפרשים

*) לפנינו ביומא שם איתא א"ר מרעתא מאי מרעתא אמר רב פפא מערקי דטייעי וכו'.

הגהות הגר"א

[א] נ"ל אנו אין לנו פה לאכול. וכ"ה בעירובין פ"ה לתת האבן אם מעים אדם לחיו כאבן הזה שאינו נימח וכמ"ש פתח פומך קרי וכו' תני וכו'. שנא' כי חיים הם למוצאיהם למוציאיהם בפה ואנחנו מתעללים בזה:

גליון הש"ס

[א] עי' תוספות קדושין ל ע"א ד"ה נקראו: [ב] עיין תוס' חולין דף ז ע"ב ד"ה הא: [ג] עי' תוס' מנחות דף סד ע"ב ד"ה ועל ותוס' ב"ק דף פב ע"ב ד"ה ועל:

האי דין כיף מקורר מיא והאי דין כיף אית ביה שרברובי ועד היכן שרברובותיה מטי' א"ר אליעזר (אחא) ומת בנו בצמא אמר א) רבי חנינא מאן דאמר רחמנא וותרן יתוותרן בני מעויי אלא מאריך רוחיה וגבי דידיה א"ר אחא כתיב °וסביביו נשערה מאוד מדקדק עמהן כחוט השערה א"ר יוסי (בר אבין) לא מטעם הזה אלא מן מה דכתיב °ונורא הוא על כל סביביו מוראו על הקרובים יותר מן הרחוקים רבי חגיי בשם רבי שמואל בר נחמן מעשה ב) בחסיד אחד שהיה חופר בורות שיחין ומערות לעוברים ושבים פעם אחת היתה בתו עוברת להנשא ושטפה נהר והוון כל עמא עללין לגבי בעון מנחמתיה ולא קיבל עלוי מתנחמא עאל רבי פנחס בן יאיר לגביה בעי מנחמתיה ולא קיבל עלוי מתנחמא אמר לון דין הוא חסידכון אמרו ליה רבי כך וכך היה עושה כך וכך אירע ליה אמר אפשר שהיה מכבד את בוראו במים והוא מקפחו במים מיד נפלה הברה בעיר באת בתו של אותו האיש אית דאמרי בסוכתא איתערית ואית דאמרי מלאך ירד כדמות ר' פנחס בן יאיר והצילה: גביני כרוז: שהיה ג) מכריז בבית המקדש *מה היה אומר עמדו הכהנים לעבודה ולויים לדוכנן וישראל למעמדן אגריפס המלך שמע קולו עד ח' פרסאות ונתן לו מתנות הרבה: בן גבר על נעילת שערים: תירגם ד) רב קומי דבית ר' שילא קרא גברא אבריז כרוזא *אמר ליה אמור קרא תרנגולא א"ל והתנינן בן גבר אית לך למימר בר תרנגולא: ב) בן בבי על הפקיע: [א] שהיה (מזווג) מזייג פתילות ר' ה) יוסי (אסי) עאל לכופרה בעו ממנייא עליהון פרנסים ולא קיבלון מינהן (א) עאל ואמר קומיהון בן בבי על הפקיע ומה אם זה שנתמנה על הפתילות זכה להימנות עם גדולי הדור אתם שאתם נתמנין על חיי נפשות לכ"ש: בן ארזה על הצלצל: כי הא דתנינן ו) תמן ג) הניף הסגן בסודרין והקיש בן ארזה על הצלצל: הוגרס בן לוי על השיר: (ב) אמר ז) ר' אחא נעימה יתירה היה יודע ואמרו עליו על הוגרס בן לוי שהיה מנעים את קולו בזמר וכשהיה נועץ גודלו בתוך פיו היה מוציא כמה מיני זמר והיו כל אחיו הכהנים נזקרין לו בבת ראש: בית ח) גרמו על מעשה לחם הפנים: בית גרמו היו בקיאין במעשה לחם הפנים וברדייתו ולא רצו ללמד שלחו חכמים והביאו אומנים (ג) מאלכסנדריאה שהיו בקיאין במעשה לחם הפנים וברדייתו לא היו בקיאין בית (ד) גרמו [א] היו מסיקין מבפנים ורודין מבחוץ ולא היתה מתעפשת ואלו היו מסיקין מבפנים ורודין מבפנים והיתה מתעפשת כיון שידעו חכמים בדבר הזה אמרו כל מה שברא הקב"ה לכבודו ברא שנאמר °כל פעל ה' למענהו שלחו אחריהם ולא רצו לבא עד שכפלו להם שכרן י"ב מנה היו נוטלים ונתנו להם כ"ד ר' יהודה אומר כ"ד היו נוטלים ונתנו להן מ"ח אמרו להן מפני מה אין אתם רוצים ללמד אמרו להן מסורת היא בידינו מאבותינו שהבית הזה עתיד ליחרב שלא ילמדו אחרים ויעשו לפני ע"ז שלהן בדברים הללו מזכירין אותן לשבח שלא יצא ביד בניהם פת נקיה מעולם שלא יהו אומרים ממעשה לחם הפנים הן אוכלים: בית אבטינס על מעשה הקטורת: של בית אבטינס היו בקיאין על מעשי פיטום הקטורת ובמעלה העשן ולא רצו ללמד (ה) שלחו והביאו אומנין מאלכסנדריאה של מצרים והיו בקיאין בפיטום הקטורת ובמעלה עשן לא היו בקיאין של בית אבטינס היתה מתמרת ועולה כמקל ופוסה ויורדת ושל אלו היתה פוסה מיד כיון שידעו חכמים בדבר אמרו כל מה שברא הקב"ה לכבודו ברא שנאמר °כל הנקרא בשמי לכבודי בראתיו וגו' (נ"א כל מה שפעל הקב"ה לא פעל אלא למענהו שנאמר כל פעל ה' למענהו) שלחו אחריהם ולא רצו לבא עד שכפלו להן שכרן י"ב מנה היו נוטלין ונתנו להן כ"ד רבי יהודה אומר כ"ד היו נוטלין ונתנו להן מ"ח אמרו להן מפני מה אין אתם רוצין ללמד אמרו להן מסורת היא בידינו מאבותינו שהבית הזה עתיד ליחרב שלא ילמדו אחרים ויהיו עושין כן לפני ע"ז שלהן בדברים הללו מזכירין אותן לשבח שלא יצאת אשה משל אחד מהן מבושמת מעולם ולא עוד אלא כשהיה אחד מהן נושא אשה ממקום אחר היה פוסק עמה ע"מ שלא תתבשם שלא יהו אומרים ממעשה פיטום הקטורת הן מתבשמות לקיים מה שנאמר °והייתם נקיים מה' ומישראל [ב] א"ר יוסי פעם אחת הייתי עומד בירושלם ומצאתי תינוק אחד משל בית אבטינס אמרתי לו בני מאיזו משפחה את אמר לי ממשפחת פלוני אמרתי לו בני אבותיך לפי שנתכוונו לרבות כבודן ולמעט כבוד שמים לפיכך כבודם נתמעט וכבוד שמים נתרבה אמר ר"ע שח לי שמעון בן לוגא מלקט הייתי עשבים אני ותינוק אחד משל בית אבטינס וראיתי אותו שבכה וראיתי אותו ששחק אמרתי לו בני למה בכיתה אמר לי על כבוד של בית אבא שנתמעט ולמה שחקתה אמר לי על הכבוד המתוקן לצדיקים לעתיד לבא ומה ראית מעלה עשן לנגדי נומיתי לו בני הראהו לי אמר לי רבי מסורת בידי מאבותי שלא להראותו לברייה א"ר יוחנן בן נורי (מלקט הייתי עשבים אני וזקן א') פגע בי זקן א' משל בית אבטינס ומגילת סמנים בידו אמר לי רבי לשעבר היו בית אבא צנועין והיו

מוסרין

ועד היכן מגיע תמימותיה: וותרן · לעבור על כל פשעם: יתוותרון בני מעוי · יוותרו קשרי בני מעיו ויצאו בתחלואים · נ"א יהיו לו בני מעים יתירים שהוא מורה לבריות לחטוא שסומכין שימחול להם המקום ואינו כן אלא כל דרכיו משפט: אלא · שמאריך אפו וגובה חובו אע"ג שאינו גובה אותו מיד: וסביביו · לדיקים הנדבקים בו: נשערה מאוד · לשון חוט השערה: ונורא על כל סביביו · מטיל אימת משפטיו עליהם יותר מן הרחוקים: והוון כל עמא · והיה כל העם נכנסין אצל החסיד לנחמו ולא רצה לקבל תנחומין: אמר · להן זהו חסידכם בתמיה הרי בוטח במידת הדין: והוא מקפחו במים · בתמיה וקיפוח הוא לשון חיתוך וקילור: מיד נפלה · קול בעיר: בסוכתא איתערית · בענף אחד אחזה ע'מה ועלתה: קרא גברא · הא דתנן בפ"ק דיומא בכל יום תורמין את המזבח בקריאת הגבר מהו קריאת הגבר שהכריז הכרוזה והיינו שקרא גביני כרוז: אמרון ליה · דבית ר' שילא שיתרגם קרא התרנגול שהוא נקרא גבר: אית לך מימר בר תרנגולא · בתמיה אלא שם אדם ששמו גבר ה"נ קריאת הגבר אדם קאי: ה"ג שהיה מזווג את הפתילות · וכ"ה ביומא וה"פ שגדלן וקלען: בעי וכו' · רצה למנות עליהן פרנסים ולא רצו לקבל על עצמן להיות פרנסים על הצבור שאין זה כבודן: זכה להימנות עם גדולי הדור · עם הממונין החשובין שבישראל: כהאי דתנינן תמן · תמיד פ' בתרא: נזקרין לו בבת ראש · נרתעין מהברת קול: וברדייתו · ולרדות' מן התנור: היו מסיקין מבפנים · בתוך התנור ורודה מבחוץ לדפוס שהיה בתנור שכך שנינו במנחות ג' דפוסין היו שם נותנו לדפוס ועדיין הוא בצק כמין דפוס היה לה בתנור וכו' יהיה הלחם דבוק מבחוץ לדפוס והיה נאפה יפה שחום התנור שולט בו: ואלו · אנשי אלכסנדריא לא היו בקיאין לרדותה מן התנור אם הוא דבוק חוץ לדפוס והיו דובקין אותן בתוך הדפוס ולא היה נאפה כל צרכו מפני שעובי הדפוס מפסיק בין הבצק לתנור ונתעפש: למענהו' לכבודו שלא יהא לחם שולחנו מגואל בעיפוש: י"ב מנה היו נוטלים · כל יום מתרומת הלשכה: שלא יהיו אומרים ממעשה וכו' · וכתיב והייתם נקיים מה' ומישראל: היתה מתמרת ועולה · היה העשן עולה זקוף כתמר ומתפשט בשמי קורה ואח"כ יורד: היתה · מתפשטת מיד למטה בתחילת עליית העשן: ממקום אחר · שלא ידעה מנהגם: היה פוסק עמה שלא תתבשם · דהמדיר את אשתו שלא תתקשט בא' מכל המינין יוציא ויתן כתובה לכך התנו עמה קודם הנישואין: לרבות כבודם · שלא ימצאו בקיאין זולתם: נתמעט כבודם · בחורבן הבית: וכבוד שמים נתרבה · שאמרו העשרת שבטים הא אלהינו הא קשוט דאפי' לביתיה לא נסיב אפיה וגם האומות אמרו כן: על הכבוד המתוקן לצדיקים · בבנין דלעתיד: הרי מעלה עשן לנגדי · ונזכרתי ע"י כן חורבן הבית וגם בכבוד הצדיקים שנאמר בישעיה ועל כל מקראיה ענן יומם ועשן וגו' ועשן זה ע"כ היה כמעלה עשן דאל"כ האיך ישבו בחופה מפני העשן אלא ודאי שהיה העשן מתפשט למעלה

תקלין חדתין

מפרשים ממשמש ג"כ לטובה לרפותן: כיף · סלע: מקרר . מוליא מים קרים: שרבבוב · תמימות ועד היכן התמימות מגיע: ומת בנו בצמא · כי במדה שאדם זהיר בה מאוד אם הוא פוגם קצת בזה נענש עליו ביותר כדמלינו בפ"ז דב"ת פ"ד ג' בר"א בר"ש יומא חד חזאי דקא נפיק ריתחא תאוייה חלשה דעתאי כו' א"ל יומא חד שמעי בזילותא דרבנן ולא מחאי כדבעי ליה כו' · והיינו לפי שהיה נזהר הרבה בזה כדאמרינן במסכת מכות כ"ד א' שם אוטם אזנו משמוע דמים כגון ראב"ש דלא שמיע ליה בזילותא דרבנן ושתיק וכדפי' רש"י שם ולכן אמר הכא בב"מ ולא מחאי כדאבעי לי והכא נמי שהיה אוחז במדה טובה זו להמציא מים לרבים וכשאירע לו דלא נזהר כמה דבעי נענש בזה הענין גופיה: מ"ד רחמנא וותרן · מוותר על עבירות דלא איכפת ליה: יתוותרן בני מעיה · דאמרינן בפ"ב דחולין ע"פ הוא עשך ויכוננך מלמד שעשה הקב"ה כוננות באדם שאם נהפך א' מהם אינו יכול לחיות והוא בני המעיים כמ"ש הערוך מלשון הדורא דכנתא ולאיה לדבריו דסמיך לה בסוגיא עובדא דההוא גברא דנפל מאיגרא ונפיק מעייניה כו' וכמו שכל עיקר חיות האדם תלוי במעיו כדקאמר שאם נהפך כו' · כן כל העולמות תלויים במעשי ב"א לבנותם או להרסם וז"ש שמי שאומר שמותר הש"י על עבירה יתוותרן כמו ויתר לבי כו' · שלא ישמש פעולתו ואז היה נחרב העולם הקטן: מאריך רוחיה · הן מלאכיו כמ"ש עושה מלאכיו רוחות ממיני הפורעניות והם רצים אף והוא רחום יכפר וגו' והרבה להשיב אפו מלאך האף: וגבי דיליה · כמ"ש צור ילדך תשי שמתישין כח פמליא של מעלה שהאדם נבנה מכולם כמ"ש כי בצלם אלהים עשה וגו' ובז לדבר יחבל לו בכל כח פוגם שרשו וכל אחד גבי דיליה: כחוט השערה · כי יעקב איש חלק ועשו איש שעיר ולדיקים הם יסודי עולם כוללים הרבה ופגם קטן שלהן עושה רושם והן נשפטין במדת אמת ולכן היו יראים לדיקים הראשונים שמא יגרום החטא אף חטא כל דהו ומדקדק עמהם בעוה"ז כדי שלא יכנסו כלל לפתח חטאת רובץ: לעוברים ושבים · לזכות הרבים: ולא מקבל עליה תנחומין · שעל המת נגזר להשתכח מן הלב מאח"כ על החי כמ"ש וימאן להתנחם והיא היתה בחיים: אפשר הוה מכבד בוראו במים · אם היה מכבד הכל בזהירות וכבוד לבם שמים ולא פגם כלל והוא מקפחו במים בתמיה אלא ודאי תעלה: עלתה · שנזדמן לה נס שאחזה בענף אחד ועלתה: אגריפס המלך שמע קולו בשמנה פרסאות · אף דקולו של כ"ג היו שומעין עשרה פרסאות כמ"ש מיריחו היו שומעין קולו של גביני כרוז (תמיד ג' ע"ב) מ"מ היא עובדא הוה בסמוך שמנה פרסאות ושמע המלך שהיה שם אז: קרא גברא · היה מפרש מ"ש בפ"ק דיומא ולא היתה קריאת הגבר מגעת כו' · היינו שקרא גברא ואכריז כרוזא הארוך בלשונו דלא ליטעי שכוונתו תרנגולא וגם הטמין כוונתו לראיה מדאמר גביני כרוז מה היה אומר וז"ש אכריז כרוזא ובבבלי מסייע ליה מזה: א"ל קרא תרנגולא · משום דמלא ברייתא היוצא לדרך קודם קריאת הגבר כו' בתרנגול ביטוני כו' כדאמר ביומא (כ"א): והתנן בן גבר על כו' · אית לך למימר כו' אלא ע"כ גבר שניהם במשמע ואינו ראיה מה שנמלא פעם גבר על תרנגול ואידך ע"כ ס"ל דהכא ליכא למיטעי אבל התם אי הוי שם אדם ה"ל למינקט מפורש דלא ליטעי בתרנגולא אלא מ"מ קריאת הגבר באמת תרנגולא ועובדא דגביני כרוז מלתא אחריתי ומה דאמר ולא היה קריאת הגבר מגעת קאי על תרנגול וכ"ת בזמן: מזווג · רואה שיהא שוין משום הידור: ולא קבלון מיניה · משום ושנא את הרבנות · ורצו לגלות מן הכבוד · א"נ חרדו שלא יכשלו במ"ש פרנס המטיל אימה כו': חיי נפשות עאכ"ו · שדוחה הכל והמצוה רבה ולאוי להכנים א"ע בזה: דתנינן תמן · פרק בתרא דתמיד: נזקרין · נרתעין מהכרעת הקול: של אלו · של אלכסנדריא: ה"ג מבחוץ ואופין מבחוץ · וכ"ה בבבלי שם ופי' רש"י הללו שבאו מאלכסנדריא לפי שלא היו יודעים לרדות מן התנור שלא יהא נשבר לפי שהוא עשוי כמין תיבה פרוצה כמין ספינה והיו יראים לדבקם מבפנים לתנור ואופין אותו מבחוץ · ובגירסת הספרים משובש בתוספתא והכא נמי האי שבשבת כיון דעל על: שכפלו להן · מתרומת הלשכה: בפטום · לכתוש הסממנין ולערבם יפה כמו שאמר ממולח: ובמעלה עשן · שלא היו מכירין בעשב שהוא מעלה עשן זוקף ומתמר כמקל: לשוק · כלומר שלא היו מתבסמין כלל ובבבלי אמר לא יצאה כלה מבושמת מבתיהן · והכא נמי קאמר ולא עוד כו: א"ר ישמעאל גרסינן: ונתרבה כבוד שמים: ובבבלי אמר כבוד המקום במקומו ומיעט כבודן: המתוקן לצדיקים לע"ל · והיינו שעתיד הקב"ה להחזיר לנו לע"ל ובבבלי הלשון שעתיד הקב"ה להחזיר לנו: מעלה עשן עומד לנגדי · עשב שמעלה עומד כנגדי וראיתיו ונזכרתי: הראהו לי · לי בלבדי שאני בודאי אהיה זהיר שלא יגיע לע"ז וליכא טעמא שמא יעשה לע"ז: מסורת בידי · ובבבלי שבועה: לבריה · לשום אדם משום גדר בדבר: רבי יוחנן ובבבלי גרסינן ר"י בן נורי ורבי ישמעאל בן לוגא במקום שמעון ב"ל לעיל:

נאמנין

משנת אליהו

א"ל אפשר הוה מכבד בוראו · עיין מה שפירשתי בקונטרס ובזה מתורץ קושיית תוס' ב"ק דהא גבי נחוניא מת בנו בצמא דהתם היה לו איזה נדנוד חטא שנענש עבורו כמו דמייתי עלה בסוגיא מ"ד רחמנא ותרן כו' והקב"ה מדקדק עם הצדיקים כחוט השערה וכ"מ בסוגיא דב"ק שם וכאן ה"ק אפשר הוה מכבד בוראו הכל בכבוד בלי פגם בההוא חסידא ויקפחנו במים אלא בודאי תנצל ע"י נס וכן הוה: **אגריפס** המלך שמע קולו ברחוק ח' פרסה כו' · עמ"ש ולא סתרא הא לדתנן בתמיד שקולו היו שומעין מיריחו דבאמת הוא כן רק דעובדא דאגריפס שהיה אז רחוק ח' פרסה ושמע ונתחבב לו לדבר נפלא ונתן לו מתנות אבל סוגיא דבבלי יומא כ' ע"ב קשה דקאמר והיה קולו נשמע בג' פרסאות דמשמע תמיד לא יותר וכן מצאתי בת"י דיומא שם שדחו בזה תירץ הרב יוסף בר"מ וגם תירץ התוס' דחו ע"ש ומסקי דפליגי הסוגיות ומ"ש התוי"ט דבתמיד מייתי לא קול של כ"ג רק של העם דוחק רב ותימה שלא הזכיר כלל לדברי התוספות דיומא:

מסורת הש"ס

א) בבלי ב"ק נ א ירושלמי ביצה פ"ג הל"ח ותענית פ"ב הל"א: ב) ב"ק דף נ א יבמות קכא ב וירושלמי דמאי פ"א הל"ג: ג) יומא כ ב: ד) יומא כ ב וירושל' סוכה פ"ה הל"ה: ה) ירושלמי יומא פ"ב הל"ב ירושלמי פאה פ"ח הלכה ו: ו) תמיד פרק ז: ז) יומא לח ב: ח) יומא לח א וירו' שם פ"ג הל"ט:

עין משפט נר מצוה

ו א מיי' פ"ז מכלי המקדש הל"ב: ז ב שם הלכה ז ובהשגות וכ"מ: ח ג מיי' שם הל"א ופ"ו מתמידין הל"ז:

נוסחת הבבלי

(א) פתח ואמר קמיהון כו' ומה זה שלא נתמנה אלא על הפתילו' זכה למנו' כו': (ב) א"ר אחיא נעימה יתירה היתה לו אמרו כו' נזקרין בבת ראש: (ג) מאלכסנדריא של מצרים שהיו כו' ורדייתן לא היו כו': (ד) בית גרמו היו מסיקין את התנור מבפנים כו' כיון ששמעו חכמי' כו' ולא רצו לחזור כו' לשבח אמרו לא נמצאת מעולם פת נקיה ביד בניהן כדי שלא יאמרו מלחם הפנים היו אוכלין: (ה) שלחו חכמים והביאו כו' כיון ששמעו חכמי' כו' ולא רצו לחזור עד כו' מעולם לא יצתה אשה מהם כשהיתה מתבסמת לשוק ולא עוד אלא כשהיו נושאין ממקום אחר פוסקין עמה ע"מ שלא תתבסם כדי שלא יהו אומרין כו' תינוק א' (ממשפחת פלוני) ואמרתי לו בני של מי אתה א"ל ממשפחת של בית אבטינס אני אמרתי לו ע"י שאבותיך בקשו להרבות בכבודם ולמעט בכבודו של מקום עכשיו נתמעט כבודם ונתרבה כבוד שמים א"ר כו':

הגהות הגר"א

[א] ה"ג היו מסיקין את התנור מבפנים ואופין מבפנים ולא היתה מתעפשת של אלו היו מסיקין מבחוץ ואופין מבחוץ והיתה מתעפשת כצ"ל וכ"ה בבבלי שם ופי' רש"י הללו שבאו מאלכסנדריא לפי שלא היו יודעים לרדות מן התנור שלא יהא נשבר לפי שהיה עשוי כמין תיבה פרוצה כמין ספינה והיו יראים לדבקם מבפנים לתנור ואופין אותו מבחוץ. וגירסת הספרים משובש בתוספתא והכא נמי שבשבת כיון דעל על: [ב] אמר ר' ישמעאל גרסינן:

גליון הש"ס

[א] ע' מוהרלי"ח ומדברי התוס' מנחות דף פט ע"א ד"ה ושיעור מוכח כפי' הק"ע דקאי על עושי הפתילה לקדשים ועי' ירושלמי יומא פ"ב ועי' בת"י יומא עז ד"ה מן ובריטב"א שם.

א) תמיד כו: ב) בבא בתרא ח ב: ג) שם: ד) נדרים לח א ה) ויקרא רבה פ' לב: ו) בבלי קדושין לג ב ירושלמי בכורים פ"ג הל"ג ועי' ש"ר פ' נא: ז) מנחות צב א: ח) מנחות נא ב:

חוץ לנסכך: המגילה הזאת · שכתובים בה סמני הקטורת איך להכירם וסדר פיטומו: מעתה · אין להזכירם לגנאי שהרי ניכר שכוונתם היתה לשמים שהרי עכשיו מסרה להגון אע"פ שאינו ממשפחתו: שהיה מלביש בגדי כ"ג · שיהיו נאין ומהודרין: לאי סטרטיאות · שר משרי החיילות:

הלכה ב מתני' גזברים · הם שממון הקדש תחת ידם והם פודין ערכין וחרמין וכל מלאכת ההקדש נעשה על ידם: אמרכלין · למעלה מן הגזברים והוא נוטריקון אמר על כלו ובגמ' יליף לה הממונים אלו מקרא: **גמ'** כתיליקין · והוא שררה למעלה מן האמרכל: גזברין · אע"ג דבקרא לא כתיב גזברין מסברא ידעינן שהיו גזברין ג' דהא פסקו שכר ולקות ופדויית ערכין וחרמי' צריכין ג' דהיינו דין וכיון דקרא ממטה למעלה קחשיב ש"מ שהראשונים מן הגזברין שהן למטה מהאמרכלין והא דקחשיב בקרא כה"ג לסוף אע"ג דהמלך גדול ממנו היינו כדי לסיים נגיד בית האלהים שיהיה השם בתר כולם שהוא למעלה על כל: כשהוא חותם · הלשכה שהמעות בתוכו דהאי קרא בשמירת האוצרות איירי וילפינן מיניה דלכך כתיבי כולהו ללמד דכולם חותמין האוצרות וכדמסיק: והם יקחו את הזהב · מיעוט רבים שנים: שתהא הפסולת שלך · והלוחות של סנפירינון היו: מחצב · מקום שחוצבין ממנו: חמון שקין וכו' · ראו השוקים ראו הכרעיים ראו בשרו וכל זה ממה שהוא אוכל ושותה מן היהודים וכל רכושו מן היהודים: מיחמי לדיקא וכו' · כדי לזכות בראיית הצדיק הביטו אחריו דזכות גדול הוא שזכה לראותו:

הלכה ג מתני' ד' חותמות היו במקדש · ג' לג' נסכים חלוקין של בהמות חותם ראשון לנסכי בקר והן ג' עשרונים סולת בלול בחצי הין שמן ויין לנסך חצי ההין וחותמו עגל והב' זכר לנסכי איל שתרגום איל דכרא ונסכיו שתי עשרונים סולת בלול בשמן שלישית ההין ויין לנסך שלישית ההין והג' גדי לנסכי כבש בן שנתו והן עשרון סולת בלול ברביעית ההין שמן ויין לנסך רביעית ההין והד' חוטא והם נסכיו של מצורע עשיר שמביא ג' בהמות וצריך עשרה לוגין שמן תשעה לשלשה כבשים ואחד למתן תנוך ובהונות וקרי ליה חוטא משום דעל שבע עבירות נגעים באין: ה' היו · ב' חותמות היו למצורע: חוטא דל וחוטא עשיר · לפי שמצורע עני אינו מביא אלא בהמה אחת ואם לא היה למצורע אלא חותם אחד היו נותנים למצורע עני עשר לוגין ות"ק סבר למצורע עני נותנין חותם גדי ולוג רביעית היה מביא מביתו: וארמית כתוב עליהן · שרוב דבורם היה בלשון ארמי: זכרים ונקבות · בין לנסכי עולות שאינן באות אלא זכרים בין נסכי שלמים שבאין זכרים ונקבות ועולה ושלמים טעונין נסכים דכתיב עולה או זבח: נותן לו מעות · כפי הנסכים שהוא צריך: בא לו אצל אחיה · שהיה ממונה לקנות יינות ושמנים וסלתות שלא יהא כל מביא קרבן צריך לחזור אחר נסכים העשויין על טהרת הקדש: ואם הותירו הותירו להקדש · ולא אמרינן שמא מעותיו של יוחנן הם שנתערבו במעות של נסכים: ממתינים לו עד הערב · שיזדווגו יחד יוחנן ואחיה אם נמצאו מעות יתירים ביד יוחנן כנגד החותם שאמר זה שנאבד ממנו נותנים לו: ושם היום כתוב · על החותם יום פלוני בשבת: מפני הרמאין · שמא מצא חותם שנפל מחבירו או מאחיה או מיוחנן ובא עכשיו ליקח וביום שמוליאו אינו רשאי להוליאו שהאובד מחזר אחריו ועוד יש לחוש שמא לקח חותם בשער הזול והלניעו עד שער היוקר: **גמ'** ופריך ולבן עזאי חוטא דל למה ליה חותם בפני עצמו היה לו להביא חותם גדי: ומשני היה מביא לוגו עמו · כדי שיביא גם לוג שמן שצריך המצורע למתן תנוך ובהונות והמותר נאכל לכהנים כדין קדשי קדשים וצריך שיהיה על טהרת הקדש לפיכך נתנו לו חותם בפני עצמו שהוא נסכי גדי וד' לוג שמן: ברם כרבנן · אבל לרבנן לא היו נותנין לחוטא דל אלא חותם של גדי ולוג שמן למתן בהונותיו היה מביא מביתו קשיא א"כ אף לחוטא עשיר לא היו צריכין לתקן חותם בפני עצמו שיכולין ליתן לו ג' חותמות גדי: נסכי רחל · בכמה שאינן נזכרים במתני': ומשני מן מה דתני במתני' גדי משמש וכו' · שמעינן דנסכי רחל כנסכי גדי: שהיה בדין · שיהא חילוק בין נסכי עגל לנסכי שור:

עין משפט נר מצוה

ט א מיי' פ"ז מכלי המקדש הלט"ז:

י ב מיי' שם הל"כ:

יא ג מיי' שם פ"ד הלכה יח:

יב ד מיי' פרק ט ממ"ע הלכה ה:

יג ה מיי' פ"ד מכלי המקדש הל"ז:

יד ו מיי' פ"ז שם הלי"א:

טו ז מיי' שם הל"ו:

טז ח מיי' שם הלי"ב והשגות:

יז ט מיי' פרק ג ממעשה"ק הל"ד:

נוסחת הבבלי

(א) נאמנין הא לך זו כו' מעתה אין אנו רשאין לספר בגנותן של אלו: (ב) שררה על הצבור בממון פחות מב' כו' ואלעזר שעל הפרוכת כו': (ג) למלך המלך רואה כו': (ד) חמו קופריה אכיל כו' לשבח הלואי מחמי צדיקא כו':

הגהות הגר"א

[א] נ"ב ולבן עזאי חוטא דל למה מפני שמביא לוגו עמו כרם כרבנן וכו'. ועי' בק"ע שמפרש גם כן על דרך סגנים זו:

תורה אור

מוסרין את המגילה הזאת אלו לאלו ועכשיו שאינן בית אבא (א) נאמנים הילך את המגילה והזהר בה וכשבאתי והרציתי הדברים לפני ר"ע זלגו עיניו דמעות ואמר מעתה אין אנו צריכין (רשאין) להזכירן לגנאי: אלעזר על הפרוכת: שהיה ממונה על אורגי פרוכת: פנחס המלביש: שהיה מלביש בגדי כהונה גדולה מעשה בכהן א' שהלבישו לאיסטרטיות א' ונתן לו שמונה זהובים ואית דאמרין תרי עשרי יהב ליה:

הלכה ב מתני' אין א) פותחין משבעה אמרכולין ושלשה גזברין ואין ב) עושין שררה על (ב) הצבור פחות משנים חוץ מבן אחיה שעל חולי מעיים ואלעזר שעל הפרוכת שאותן קיבלו רוב הצבור עליהן: **גמ'** אין פותחין מג' גזברין ומז' אמרכולין תני משני כתליקין הדא הוא דכתיב ויחיאל ועזיזהו ונחת (דה"ב לא) גזברין ועשאל וירימות ויזבד ואליאל ויסמכיהו ומחת ובניהו אמרכולין פקידים מיד כוננידו ושמעי אחיו קתליקין במפקד יחזקיהו המלך ועזריהו נגיד בית אלהים המלך וכ"ג כשהוא חותם הגזבר חותם ונותנו (ג) לאמרכול אמרכל חותם ונותנו לקתליקין קתליקין חותם ונותנו לכהן גדול כ"ג חותם ונותנו למלך וכשהוא מתיר המלך רואה חותמו ומתיר כ"ג רואה חותמו ומתיר קתליקין רואה חותמו ומתיר אמרכל רואה חותמו ומתיר גזבר רואה חותמו ומתיר: אין עושין שררה על הצבור בממון פחות משנים: רב ג) נחמן בשם רבי מנא על שם והם יקחו את הזהב ואת התכלת ואת הארגמן (שמות כח) אמר ר' (נחמיה) חמא בי רבי חנינא מפסולת של לוחות העשיר משה הדא הוא דכתיב פסל לך (שם לד) שני לוחות אבנים פסל ד) לך שתהא הפסולת שלך אמר ה) ר' חנין מחצב של אבנים טובות ומרגליות (גילה) ברא לו הקב"ה מתוך אהלו וממנו העשיר משה כתיב והביטו אחרי משה עד בואו האוהלה (שם לג) תרין ו) אמוראין ח"א לגנאי וח"א לשבח מ"ד לגנאי חמון שקין חמון כרעין (ד) חמון קופד אכיל מן דיהודאי ושתי מן דיהודאי כל מדליה מן דיהודאי ומ"ד לשבח מחמי צדיקיא ומזכי טוביא דזכת למיחמי יתיה:

הלכה ג מתני' ד' חותמות היו במקדש וכתוב עליהן עגל זכר גדי וחוטא בן עזאי אומר ה' היו וארמית כתוב עליהן עגל דכר גדי חוטא דל וחוטא עשיר עגל ז) משמש עם נסכי בקר גדולים וקטנים זכרים ונקבות גדי משמש עם נסכי הצאן גדולים וקטנים זכרים ונקבות חוץ משל אילים איל משמש עם נסכי אילים בלבד חוטא משמש עם נסכי שלש בהמות של מצורע מי שהוא מבקש נסכים הולך לו אצל יוחנן שהוא ממונה על החותמות ונותן לו מעות ומקבל ממנו חותם בא לו אצל אחיה שהוא ממונה על הנסכים ונותן לו חותם ומקבל ממנו נסכים לערב באין זה אצל זה ואחיי' מוציא את החותמות ומקבל כנגדן מעות ח) אם פחתו פחתו לו וישלם יוחנן מביתו ואם הותירו הותירו להקדש שיד הקדש על העליונה מי שאבד חותמו ממתינין לו עד הערב ואם מצאו לו כדי חותמו נותנין לו ואם לאו לא היו נותנין לו ושם היום כתוב עליהן מפני הרמאין:

גמ' [א] וכבן עזאי חוטא דל למה היה מביא לוגו עמו ברם כרבנן מביא גדי נסכי רחל מה מן מה דתנינן גדי משמש ט) נסכי צאן גדולים וקטנים זכרים ונקבות הדא אמרי נסכי רחל כנסכי גדי דכתיב ככה יעשה לשור האחד או לאיל האחד או לשה בכבשים או בעזים (במדבר טו) לשור ח) האחד למה נאמר מגיד שלא חלק בין נסכי עגל לנסכי שור שהיה בדין בן הצאן טעון נסכים ובן הבקר טעון נסכים אם מצאנו שחלק בין נסכי כבש לנסכי איל לכך

ריבב"ן

מתני' מז' מרכולין הגיא בתוספתא פ"ב גזברין מה הן עושין פודין את הערכין ואת החרמין ואת ההקדשות וכל מלאכות הקדש בידן מרכולין מה הן עושין ז' מפתחות עזרה בידן רצה אחד מהן לפתוח אינו יכול עד שיכנסו כולן מרכולין פותחין וגזברין נכנסין ויוצאין ולפי כבוד הנכנסין היו יוצאין אמר ר' יהודה למה נקרא שמו מרכול מפני שהוא מר על הכל פי' מר אדון לשון מרות ירושלמי הגא אין פותחין מב' כתילקין הדא הוא דכתיב ויחיאל ועוזיהו ונחת גזברין ועשהאל וירימות ויוזבד ואליאל ויסמכיהו ומחת ובניהו מרכולין פקידים מיד כנניהו ושמעי אחיו כתילקין כשהוא חותם הגזבר נותנו לאמרכל מרכול חותם ונותנו לקתלקוס וקתלקוס לכ"ג וכ"ג למלך ואין נעשין שררה פחות משנים מפורש בבבא בתרא פרק א' דכתיב והם יקחו את הזהב:

מתני' ד' חותמות וכתוב עליהן עגל זכר גדי חוטא מפרש ואיל למה הולרכו לפי שנסכיהן חלוקין זה מזה: ארמית · לפי שמלומדין בלשון כשדים בגלות בבל: חוטא דל וחוטא עשיר מצורע עני מצורע עשיר והגן בערכין על ז' דברים הנגעים באין לפיכך נקרא חוטא · עני מביא תורין או בני יונה אחד לעולה ואחד לחטאת ואשם זה הכבש שהיה צריך לנסכים אבל מצורע עשיר מביא ג' בהמות חטאת ועולה ואשם ואין חטאת ואשם טעונין נסכים אלא חטאתו ואשמו של מצורע לפי שאינן באין על חטא דבנגעיה איכפר ליה חטאיה והקרבנות אינן באין אלא להכשירו בקדשים: גדולים וקטנים שאין חילוק בנסכים בין עגל לשור ולמה היה חותם לאשם ולחטאת של מצורע והלא נסכיהן כשאר כבשין שבאין נדבה דשניהן היו כבשים שאשם מצורע כבש הוא אלא לפי שאשם מצורע טעון לוג שמן ליתן לבהונות לבד שמן שבא מן הנסכים:

מתני' לערב באין זה אצל זה יוחנן אצל אחיה וכנגד החותמות שקיבל אחיה נותן [לו] יוחנן מעות אם פחתו פחתו ליוחנן אם הותירו הותירו להקדש: **מתני'** מי שאבד חותמו ממתינין לו עד הערב שיבוא יוחנן אצל אחיה ויראה אם מלאו מעות יתירין כדי חותמו של זה שאבד נותן לו הנסכים ושם של היום פי' שם של היום היה כתוב ביום פ' נעשה חותם זה. מפני הרמאין שמא ימלאנו אדם אחר זמן וילך אצל אחיה ויתן לו סולת: ירושלמי הגע עלמך שזיוג אותו היום שם המשמר היה כתוב עליו הגע עלמך שזיוג אותו המשמר שם היום שם שבת שם חדש כתוב עליהן:

תקלין חדתין

נאמנין כו' אלו נאלו · ולא היה בא ליד אחר שאינו הגון: שאינן נאמנין · ויראה אנכי שלא יגיע ליד אדם שאינו הגון: הא לך · שאתה נאמן ותיזהר בהם: בגנותן. שהרי מעתה אתה שעכשיו שהיה צריך למסור מסר. ובבבלי כ"ז שהיו בית אבא קיימין כו': מתני' אין פותחין וכו' · גזברין הן שממון הקדש בידם והם פודין ערכין וחרמין וכל מלאכות הקודש נעשה על ידם: אמרכלין · למעלה מהגזברין אמר על כולא: ואין עושין שררה כו'. לשון הגאון דכל הממונים היו עמהן אחרים דמתני' חשב ראש הממונים לבד אלו השנים שהיו יחידים: גמ' תנא ברייתא מוספת שאין פותחין מב' ממונים למעלה מן האמרכלין: הדא הוא דכתיב · מסמיך בכתוב: ויחיאל וגו' שם מיירי בתרומות הלשכה וקדשים כו' וזה יחיאל ועוזיהו ונחת אלו ג' גזברין שעסקו בערכין וחרמין שצריכין ודאי ג' ואח"כ חשיב ז' אמרכלין מן ועשהאל וגו' עד ובניהו וכנניהו ושמעי אחיו נקראו פקידים והן ב' כתלקין: במפקד כו' · המלך וכ"ג שנגיד בית אלהים הוא כ"ג: כשהוא חותם. כשרוצה לחתום

סתמון בלשכה: והם יקחו · לשון רבים ואין פחות משנים: א"ר חמא מפסולת כו' · מייתי לה הכא להטעים דצריכים שנים שלא יבואו לידי חשד שהרי דורו של משה דיברו עליו כ"ש על אחרים בדורות אחרים: מחצב של אבנים כו' · לבד הלוחות ולא ס"ל מפסולת הלוחות: שקים · השוקים: קופריה · גידל בשרו: ומדליה · ממונו: הלואי מיזכי · הלואי שנזכה לראותו לדיקא טוב שזכיתי לראותו: מתני' ארבע חותמות כו' · ג' לג' נסכין חלוקין של בהמות חותם ראשון לנסכי בקר והן ג' עשרונים סולת בלול בחצי ההין שמן ויין לנסך חצי ההין וחותמין עגל והב' זכר לנסכי איל שתרגום איל דכרא ונסכיו ב' עשרונים סלת בלול בשמן שלישית ההין ויין לנסך שלישית ההין והג' גדי לנסכי כבש בן שנתו והן עשרון סלת בלול ברביעית ההין שמן ויין לנסך רביעית ההין והד' חוטא והם נסכיו של מצורע עשיר שמביא ג' בהמות וצריך י' לוגים שמן ט' לג' כבשים וא' למתן תנוך ובהונות וקרי ליה חוטא משום דאמרינן בערכין על ז' דברים נגעים באים: חמשה היו · ב' חותמות היו למצורע: חוטא דל כו' · בגמ' מפרש במאי פליגי: וארמית · שכן היה רוב דיבורם: זכרים ונקבות · בין לנסכי עולות שאינן באות אלא זכרים בין לנסכי שלמים שבאים זכרים או נקבות ועולות ושלמים הן שטעונין נסכים כדכתיב עולה או זבח (לשון הרע"ב) חסר עוד קצת מפי' המתני': גמ' ה"ג ולבן עזאי חוטא דל למה · כלומר דלמה צריך לבן עזאי חוטא דל חותם בפ"ע ולא לת"ק: מפני שמביא לוגו עמו · דהכי תניא בתוספתא פרק ב' דשקלים ד' חותמות היו במקדש חוטא היה מביא לוגו עמו חוטא דל כדברי בן עזאי היה מביא לוגו עמו ונראה דפליגי בהא דת"ק ס"ל דחוטא עשיר הוא שהביא הלוג יחידי לבהונות עם כל קרבנו אבל חוטא דל לא היה מביא הלוג עם העשרון שלו וטעם אפשר דת"ק ס"ל כיון דחוטא עשיר צריך ליקח מהממונה ג' עשרונות ושמן לזה ט' לוג אזי יקח עוד לוג עד עשר כיון שלוקח כל כך משא"כ מצורע עני שא"צ אלא עשרון א' בלול בשמן · א"כ הלוג לבהונות אינו לוקח אלא מהממונה להביא עם העשרון וליתן ליד הקדש כשער היוקר דיד הקדש על העליונה אלא מביא בעצמו מביתו משא"כ בעשיר לא מסתבר שיקמץ משום דבר מועט אלא דלך עשירות יקח כל העשר לוגין אלא הממונה ובזה תליא פלוגתתם דכיון דב"ע ס"ל שמביא גם החוטא דל לוג יחידי עם העשרון וקונהו מיד הממונה משום דלא פלוג בין עשיר לעני א"כ צריך חותם בפ"ע ולא סגי בחותם גדי שהרי צריך לוג שמן משא"כ בחותם גדי: ברם כרבנן מביא גדי · חוטא דל דהלוג מביא בעצמו מביתו לקמץ הריות מועט שיקנה בעצמו בזול והוא דלא כגי' ופי' התוספות יום טוב והמפרשים שנדחקו מאד: נסכי רחל בכמה · כמה יין היא צריכה ואם יש הפרש בין זכר לנקבה ע"א בין רחלה לכבשה: הד"א כו' · שמאותו חותם שכתוב עליו גדי היינו לוקחין נסכים לקרבן לאו בין גדולים בין קטנים בין זכרים ונקבות דהיינו נמי לכבשה ורחלה דכולן נסכיהן שוין חוץ משל אילים שלא היו נוטלין משם לצרך נסכי אילים שאין נסכיהן שוין ודנסכי כבש רביעית ההין לעשרון א' משא"כ לאיל: דכתיב כו' · מוכיח מקרא כן ככה יעשה וגו' (במדבר ט"ו) מה ת"ל ולהלן ככה נאמר שם והקריב על בן הבקר מנחה וגו': מגיד שלא כו' · כבויה דקרא אתי לאשמועינן שלא נחלק בין עגל קטן לשור גדול: שהיה בדין כו' · שחלק ככתוב

תורה אור

לכך נחלוק בין נסכי עגל לנסכי שור ת"ל ככה יעשה לשור האחד מגיד שלא חלק בין נסכי עגל לנסכי שור או לאיל למה נאמר שהיה בדין אם מצאנו שחלק בין נסכי בן שנה לנסכי בן שנתיים לכך נחלוק בין נסכי שנתיים לנסכי שלש ת"ל °או לאיל האחד או לשה בכבשים למה נאמר שהיה בדין אם מצאנו שחלק בין ניסכי כבש לנסכי איל לכך נחלוק בין נסכי כשבה לנסכי רחל ת"ל או לשה בכבשים או בעזים למה נאמר שהיה בדין אם מצאנו שחלק בין ניסכי כבש לנסכי איל לכך נחלוק בין נסכי גדי לנסכי תיש ת"ל או בעזים הקיש קטן שבעזים לגדול שבתישים מה זה בשלשת לוגין אף זה בשלשת לוגין: ושם היום כתוב כו': (א) הגע בעצמך שזייג אותו היום שם משמר היה כתוב עליו הגע בעצמך שזייג אותו המשמר שם היום שם שבת שם חודש היה כתוב עליהן אפילו רוצה לזייג אין מצוי לזייג:

הלכה ד מתני'

שתי לשכות היו במקדש אחת לשכת חשאין ואחת לשכת הכלים לשכת חשאין יראי חטא נותנין לתוכה בחשאי ועניים בני טובים מתפרנסין מתוכה בחשאי לשכת הכלים כל מי שהוא מתנדב כלי זורקו לתוכה ואחת לשלשים יום הגזברין פותחין אותה וכל כלי שמצאו בו צורך לבדק הבית מניחין אותו והשאר (ב) נמכרין ודמיהן נופלין (ללשכת) לבדק הבית: **גמ'** ר' א) יעקב בר אידי ור' יצחק בר נחמן הוון פרנסים והוון יהבין לר' חמא אבוי (ג) דר' יהושעיה דינר והוא יהיב ליה לחורנין רבי זכריה חתניה דר' לוי היו הכל מליזין עליו אמרין דלא צריך והוא נסב מן דדמך בדקין ואשכחין דהוה מפליג ליה לחורנין רבי חיננא בר פפא הוה מפליג מצוה בליליא חד זמן פגע ביה רבהון דרוחייא א"ל לא כן אלפן ר' °לא תסיג גבול רעך א"ל ולא כן כתיב °מתן בסתר יכפה אף והוה מסתפי מיניה וערקמן קומוי אמר ג) רבי יונה אשרי נותן לדל אין כתיב כאן אלא °אשרי משכיל אל דל זה שהוא מסתכל במצוה היאך לעשותה כיצד היה רבי (יוחנן) יונה עושה כשהיה רואה עני בן טובים שירד מנכסיו היה אומר לו בני בשביל ששמעתי שנפלה לך ירושה ממקום אחר טול ואת פורע מן דהוה נסיב הוה א"ל מתנה היא לך חייא בר אדא אית הוה סבין ביומינון מאן דהוה היב להון מבין ריש שתא לצומא רבא הוון נסבין מן בתר כן לא הוון נסבין אמרין [א] דשתן גבן נחמיה ג) איש שיחין פגע בו ירושלמי א' א"ל זכה עמי חדא תרנגולתא א"ל הא לך (ד) טומיתיה דקופד וזבין קופד ואכיל ומית והיה צווח ואמר בואו וספדו להרוגו של נחמיה נחום ד) איש גם זו היה מוליך דורון לבית חמיו פגע בו מוכה שחין א' א"ל זכה עמי ממה דאית גבך אמר ליה מיחזור חזר ואשכחיה מית והוה אמר לקיבליה עינייא דחמינך ולא *יסבון לך יסתמיין ידיה דלא פשטן מיתן לך יתקטעון רגלייא דלא רהטן למיתן לך יתברון ומטתיה כן סליק לגביה ר' עקיבא אמר ליה אי לי שאני רואה אותך בכך אמר ליה אי לי שאין אני רואה אותך בכך אמר ליה מה את מקללני אמר ליה ומה את מבעט ביסורין רבי הושעיה רבה הוה רביה דבריה חד סגי נהורא והוה יליף אכול עימיה בכל יום חד זמן הוה ליה אורחין ולא מטא מיכול עימיה ברמשא סליק לגביה א"ל לא יכעוס מרי עלי בגין דהוה לי אורחין יומא דין דאמרית דלא ליבזוי ביקרא דמרי יומא דין בגין כן לא אכלית עם מרי יומא דין א"ל אתה פייסתה למאן דמתחמי ולא חמי דין דחמי ולא מתחמיים יקבל פיוסך א"ל הדא מנא לך א"ל מר"א בן יעקב דר"א בן יעקב עאל חד דסגי נהורא לקרתיה יתב ליה ר"א בן יעקב לרע מיניה דיימרון דאילולי דהוה בר נשא רבא לא יתב ליה ר"א בן יעקב לרע מיניה עבדין ליה פרנסה דאיקר אמר לון מהו הכין אמרון ליה ר"א בן יעקב יתב לרע מינך וצלוי עלוי הדא צלותא אתה גמלתה חסד למאן דמתחמי ולא חמי דין דחמי ולא מתחמי יגמול יתך חסד: (דלמא) רבי חמא בר חנינה ורבי הושעיא (רבה) הוו מטיילין באילין כנישתא דלוד א"ר חמא בר חנינא לר' הושעיא כמה ממון שיקעו אבותי כאן אמר ליה כמה נפשות שיקעו אבותיך כאן ב'לא הוה אית בני נש דילעון באורייתא רבי אבון עבד אילין תרעייה

א) עי' תמורה לב א: ב) מדות פ"ב מ"ג: ג) יומא נב א: ד) תוספתא פרק ב ויומא נג ב: ה) שם נב א: ו) ירושלמי סוטה פ"ח הלכה ג ותוספתא סוטה פ"ז: ז) ספרי פ' בהעלותך:

עין משפט נר מצוה

כ א מיי' פרק ב מערכין הלכה יג ובהשגות ופרק ד משקלים הל"י ובכ"מ ולח"מ:

א ב מיי' פרק ב משקלים הל"ב:

ב ג מיי' שם הל"א:

ג ד מיי' פ"ד מבית הבחירה הל"א:

נוסחת הבבלי

(א) מקדשי בד"ה (א"ר חייא כן הוא מתניתא קדשי מזבח מוציאין את הראוי להן לקדשי בד"ה) אין קדשי בדה"ב כו': (ב) הבדים מן הקודש על פני הדביר כו' מסייע ליה לר"י בר אילעאי כו':

קרבן העדה

הפתחים של בהמ"ד הגדול: חמי מה דעבדית · היה משבח עצמו ראה מה שעשיתי: וישכח ישראל וכו' · טוב הוא ליתן לעניי תורה שעושין מצות בכל עת משיבנו בניינים והיכלות: מוציאין את הראוי להן מקדשי בדק הבית · כגון אם הקדיש בהמה או אבנים לבדק הבית וצריכין אותן למזבח נוטלין אותן למזבח אבל הקדיש בהמה אפי' בעלי מומים או אבנים למזבח אין מוציאין אותן לבדק הבית אלא ימכרו ודמיהן נופלין לבדק הבית: כלי שמצאו בו צורך לבד"ה מניחין אותו · הא ראוי למזבח מוכרין אותו שמעינן דקדשי בדק הבית אף ע"פ שראוין למזבח אין מוציאין מקדשי בדק הבית: כיני מתניתא · כן היא משנתנו כלי שמצאו בו צורך והיינו לצורך המזבח או לבד"ה ללשכת בד"ה מניחין אותו ומשם נוטלין אותו למה שצריכין אותו:

הדרן עלך פרק אלו הן הממונין

הלכה א מתני' שלשה עשר שופרות. תיבות צרות מלמעלה ורחבות מלמטה עקומות כעין שופר מפני הרמאים שלא יתנו ידן לתוכן להראות כאילו נותנין לתוכו ויטלו מתוכן ולקמן מפרש למה י"ג שופרות וי"ג שולחנות ובאיזה מקום מונחין: י"ג השתחויות · לקמן מפרש היכן היו: כנגד דיר העצים · לשכה שבה היו נותנין כל עצי המערכה והיא היתה במקצוע מזרחית צפונית של עזרת נשים: ששם ארון נגנז · ע"י יאשיהו כדמפרש בגמרא: שהיה מתעסק. במלאכתו מתליע את העצים שאין לבעלי מומין מלאכה במקדש כי אם להכין עצים למערכה דכל עץ שנמצא בו תולעת פסול למזבח: שהיא משונה. שלא היתה האבן שוה לשאר אבני הרצפה והבין שנסתלק משם והוחזרה: ביחוד. בבירור: גמ' ה"ג אלא הדברות שבתוכו: ולא יראו החוצה · סיפא דקרא ויהיו שם עד היום הזה: כתיב · ברישא ויראו וכתיב בסיפא ולא יראו וקשיא אהדדי: בולטין · ודוחקין בפרוכת ונראין כשני דדי אשה שבולטין מתחת חלוקה: ומפלע · ומבקע: ביחוד · בבירור: הקיש עליה בקורנס · על המקום ההוא ויצא אש ושרפו: התורה · ולוחות שניות מונחים בתוכו: לא משו וכו'. ואס"ד דהארון ההוא הוא שהיה הולך לפניהם במלחמה מסתמא גם המעפילים היו נוטלים אותו עמהם במלחמה: היה נכנס ויוצא עמהן. כשנסעו במדבר נסע לפניהם כדכתיב וארון ברית ה' נוסע לפניהם: ה"ג ופעמים הוא מתראה עמהן במלחמה. וי"ס דל"ג ליה והוא הנכון וכן הוא במס' סוטה: מילה דלא חמון וכו' · דבר שלא ראו מימיהם ואס"ד שהיה יוצא עמהן תמיד במלחמה מאי יום מיומיים שהיו מתייראין עתה: והלא ארון בקרית יערים היה · עד שבא דוד והעלוהו משם: ומשני הגישה אלי הציץ. והארון הזה לאו ארון ברית ה' אלא הארון שהיה בו החשן והאפוד והאורים והתומים וזכר הציץ לפי שאסור לשאול באורים כי אם בלבישת

משנת אליהו

ה"ג תני קדשי מזבח כו' · ועיין רמב"ם פ"ד מהלכות שקלים הלכה י' והראב"ד השיג עליו ועיין כ"מ שנדחק וכתב שהירושלמי הזה צריך לימוד ורבינו הגדול אמהרי"נהו לעיינן בגירסתו ממש כשיטת הרמב"ם דתני קדשי מזבח מוציאין הראוי להן מקדשי בדק הבית ומפרש בכה"ג שלא הספיקו שקלים לקרבנות כו' ול"ק קושית הראב"ד דמתני' דמביא מלשכת כלים ומחלק בינייא דלגירסת רבינו מה דפריך גמרא ממתני' דלשכת הכלים קאי אמ"ש ולא קדשי בדק הבית מקדשי בד"ה וכדפרישית ובבבא דקדשי בד"ה מבד"ה ג"כ לא הוא שיטת הרמב"ם בפירושו ודלא כרש"י שם אלא דפירושו כפשטא כמו בקדשי מזבח מקדושה לקדושה בדידי' קאי ה"נ בקדשי בד"ה ומינה דלפעמים מקדשי בד"ה מוציאין הראוי לאן לקדשי מזבח כסוגיא דמעלין בקודש כו' וכדתניא בתוספתא המתפים תמימים לבד"ה כו' רק דהילוק דבקדשי מזבח אין משנין אף לקדושה חמורה משום בזיוי אכילתו משא"כ בקדשי בד"ה לקדושה קלה הוא דאין משנין משא"כ לקדושה חמורה הימנו ולפ"ז מתורץ פסק הרמב"ם בפ"ד מהלכו' תמורה הלכ' י"א כיצד אם הקדיש לבדק היכל לא ישנה לבדק המזבח וכן כל כיוצא בזה וכל מה שהשיג עליו הראב"ד ל"ק כלל דפסק כשיטתו בפירושו וכגירסתו ולא קדשי בדק הבית מקדשי בד"ה והיינו היכא דהקדיש בהדיא לבדק ההיכל לא ישנה לבדק המזבח וכפירושו במתני' דתמורה (ל"ב א') ומדפריך עלה ממתני' דסוף פ"ה דשקלים ומשני כיני ללשכת בד"ה שכיון שאין צורך לבד"ה וטפלין ללשכה חזרו ונתערבו כמחדש ורשאי לשנות לבד"ה אחר משא"כ לשנות מזה לזה אסור ומה שהקשה הראב"ד ממתני' דשקלים לשכות ועזרות באין מקדשי בד"ה אלמא דאין חילוק בין קדשי היכל לשאר עזרות לק"מ דהתם מסתמא דקדשי בד"ה והרמב"ם מיירי בהקדיש בהדיא לבדק ההיכל לכן אין משנין והוא דומיא דהקדיש כלי לבד"ה בזמן שיש צורך וגם כשאין צורך דוקא ללשכה הוא דנופלין · והא דהקשה הראב"ד דהרי מודה הרמב"ם דמשנין קדשי בד"ה ל"ק דזאו כללא דמעלין בקודש כו' רק בקדשי מזבח אף להעלות אסור משום בזיוי אכילתן משא"כ בקדשי בדק הבית מעלין ולא מורידין ומפרשי הירושלמי בק"ע והרא"פ נלחמו יחד בדחוקים רבים: ה"ג תני ר"י בר אלעאי שני ארונות היו מהלכין כו' אחד שהיו הלוחות נתונין לתוכו ואחד שהיו שברי לוחות כו' כ"ה גי' רבינו הגדול וגי' הספרים באחד ס"ת מונח וכן בתוספתא פרק ז' דסוטה תני בזה שיצא למלחמה ס"ת כו' ונראה הא דל"ג רבינו משום דלקמן בסוגיא מוכח דלר"י לא היה ס"ת מונח כלל בארון אלא מצד הארון וסתם ר"י הוא ר"י ב"א בר פלוגתיה דר"מ וע"ש בתוספתא ר"י בן לקיש ועיין תוספות דסוטה (מ"ב א') שכתב בזה שיצא למלחמה ושברי לוחות כו' ומש"ש ר"ל ע"ש וצ"ל ר"י ב"א ועיין תוס' ביומא נ"ג ב' ד"ה תנן כו' ומוכח מדבריהם דגירסתם ר"י בר אלעאי דהוא סתם ר"י וכולה סוגיא במדת הלוחות הכל מייתי דלוחות ושברי לוחות מונחין בו כו' · ונראה דר"י בר אלעאי דלעיל דס"ל ארון במקומו נגנז לטעמיה אזיל דס"ל הכא שני ארונות היו וזה שהיה באהל מועד עם הלוחות וס"ת מלדו כשיטתיה נגנז במקומו והשני שהיו בו שברי לוחות ונכנס למלחמה זה גלה לבבל ולא קשיא עליה מקראי דר"א דכתיב ויבאהו בבלה עם כלי חמדת בית ה' דקאי על השני ולפ"ז צ"ל דתרי רבנן הוא רבנן דאמרי בלשכת דיר העצים לאו היינו רבנן דס"ל ארון אחד אלא ר"א דהתם ס"ל כרבנן דהכא דאמרי ארון אחד היה אך דבסוגיא דהכא קאמר במדת הארון גם לר"י לוחות ושברי לוחות וצ"ל ע"כ לדידיה דבזה שהיה יוצא למלחמה לא היו מניחין השברי לוחות רק בשעה שהיה יוצא למלחמה ובל"ז היה גם השברי לוחות בארון שאם הלוחות אבל בבבלי ביומא (נג ב) לא משמע הכי מדקאמר מאחר שר"א מלמדנו כו' אלא צ"ל דלא ס"ל דרשה דחמדת כו' וגם דהדרה כו' שהן

ריבב"ן

מתני' י"ג שופרות י"ג שולחנות כלהו מפרש למאי אצטריכו: כנגד דיר העצים מקום שהיו העצים לצורך המזבח: ששם הארון נגנז שגנזו יאשיהו המלך כדאיתא ביומא(פ"ד)[פ"ה] (ד' נג) דכתיב (דה"ב לה) ויאמר ללוים המבינים לכל ישראל הקדושים לה' תנו את ארון הקודש בבית אשר בנה שלמה בן דוד מלך ישראל אין לכם משא בכתף · ירושלמי אמר להם אם גולה הוא עמכם לבבל אין עוד אתם מחזירין אותו למקומו אלא עבדו את ה' אלהיכם ואת עמו ישראל · תניא בתוספתא ר' יהודה אומר י"ג השתחויות כנגד י"ג פרצות · ירושלמי מתני' אבא יוסי בר חנין היא דאמר[אבא] יוסי בר חנין כנגד י"ג שערים ברם לרבנן ז' שערים הם בעזרה · על דעתיהון דרבנן היכן היו השתחויות הללו כהדא דתנינן י"ג פרצות היו בו שפרצום מלכי יון וחזרו וגדרום וכנגדן גזרו י"ג השתחויות: מתני' שהיה מתעסק. מפרש ביומא פ' הוציאו לו(ד' נד) מאי הוה עביד אמר ר' חלבו מתעסק בקרדומו הוה · תנא דר"י כהנים בעלי מומין היו מתליעין בעצים ונשמטה קרדומו של א' מהן וילאתה האש ואכלתו ותנן במס' מדות(פ"ב מ"ה)ואיתא בפ"ק דיומא (דף טז)ופ' כל קרבנות(דף פה) כל עץ שנמצא בו תולעת פסול ומפרש(שם)בפ' כל קרבנות ל"ש אלא לח אבל יבש גורדו וכשר: משונה מחברותי'. שהיתה גבוהה הותה טבלא של שיש שהיתה ברצפה והארון תחתיה ומת לפי שלא היה לו להראותו מקום הארון שמא ירגישו האומות: ביחוד בבירור כדאי' בבילה פ"ב גבי אין אופין פת עבה ביו"ט:

תקלין חדתין

תרעייהו · שערי בהמ"ד הגדול: חמי מאי עבדית · המה עשיתי זה השער והיה משבח עצמו: ה"ג תני קדשי מזבח כו' ·מוציאין את הראוי להן מקדשי בד"ה· כמ"ש בפרק ד' המקדיש נכסיו והיו בהן דברים הראוים למזבח כו' יקרבו עולות אע"ג דסתם הקדשות לבדק הבית ותניא בתוספתא פ"ק דתמורה המקדיש תמימים לבד"ה אין פודין אותן אלא למזבח וז"ש את הראוי להן: אין קדשי בד"ה מוציאין את הראוי להן מקדשי מזבח דמקדושה חמורה לקדושה קלה אף בקדשי מזבח גופיה אסור לשנות כדתנן בתמורה (לב א): ה"ג ולא קדשי בד"ה מקדשי בדק הבית · מתניתין היא בתמורה (לב א) א' קדשי מזבח וא' קדשי בד"ה אין משנין אותן מקדושה לקדושה ופירשה הרמב"ם ז"ל כמו שאין משנין בקדשי מזבח גופיה משלמים לעולה וכן להיפך כן אין משנין בבדק הבית מקדושה לקדושה · ופריך והא תנינן כו' והשאר נמכרין ודמיהן נופלין לבד"ה · הרי דמשנין בבד"ה שנמכרין ולוקחין לבד"ה מזה ומשני כיני מתני' ללשכת בד"ה · וה"ק יהשאר מה שאין צורך למה שהוקדשה כעת נמכרין ודמיהן נופלין ללשכת בד"ה ומ"ש ולאקדשי בד"ה מקדשי בד"ה היינו דומיא דאינך שישנה מזה לבדק הבית אבל ללשכה הוא אחר כך כמו דבר חדש כיון שאין צורך בזה כלל לבדק הבית וגירסת הספרים חסרה ומשובשת:

הדרן עלך פרק אלו הן הממונין

שלשה עשר שופרות· תיבות צרות מלמעלה ורחבות מלמטה ועקומות · כשופר וכדמפרש בגמ': י"ג השתחויות · ומפרש בגמרא היכן היו: כנגד דיר העצים · לשכה שבה היו נותנין כל עצי המערכה והיא היתה במקצוע מזרחית צפונית של עזרת נשים: ששם ארון נגנז · על ידי יאשיהו כדמפרש בגמרא: שהיה מתעסק · בקרדומות במלאכתו מתליע את העצים: שהיא משונה · שהיה גבוה אבן אחת משאר אבני הרצפה והבין שנסתלקה משם והוחזרה: ביחוד · בבירור: גמ' מפני הרמאים · שלא יהיו הרמאים עושים את עצמם כמטילים לתוכם ויקחו מהם בנחת: תני בשם ר"א וכו' אין דבר כו' · דהא תחלה נאמר כל אשר בביתך והכל בכלל ולמה ליה למימר ולא יותר דבר אלא דקאי על הארון: וכן הוא אומר ולתשובת וגו' בבלה · בתוספתא שם נקט לה בשם ר"ש בפ"ע והכא מביא לראיה דמקרא קמא אפשר לומר דנתבטלה הגזירה מרעה לטובה כמ"ש שאני גוזר גזירה ולדיק מבטלה ודקרא תניין מפורש ויביאהו בבלה · ולכן נקט לה בתוספתא מהאי קרא: ה"ג וכתיב ויהיו וגו' עד היום הזה · דמשמע במקומו נגנז · וכ"ה הגירסא בתוספתא: כתיב ויראו כו' ולא יראו · איידי דמייתי קרא דולא יראו דריש ליה: בדיר העצים · הוא דעת חכמים דיומא שם: בעל מום · שאינו ראוי לעבודה אחרת: מפליל · בודק מתולעת ובבבלי גרסינן מתליע כדתנן כל עץ שיש בו תולעת פסול לעבודה: בלשכת דיר העצים וראה את כו' · מסייע לרבנן: משונה מחברותיה · א' מן הטבלאות של שיש שברצפה ראה גבוה מחברתה והבין שסילקוה מאחר שנסדרה שם: בקורנס · בבבלי הגירסא מתעסק בקרדומו: באהל מועד · ול"ג שנאמר והארון וגו' דזה הפסוק במעפילים כתיב שלא ראה ה' בהליכתם: ה"ג ויוצא עמהן · ול"ג ופעמים היה מתראה כו' דנכנס כו' משמע כל זמן שהיו במלחמה: דלא חמון כו' · שלא ראו מימיהם ופעם אחד זה בלבד הוא שיצא וכרבנן: בקרית יערים · היה אז עד שהעלוהו דוד משם ומאי הגישה דמשמע שהיה שם אע"כ ב' ארונות היו ועל ארון שהיה עמהם במלחמה אמר הגישה: מאי עבדו ליה רבנן הגישה אלי הציץ · יש מפרשים דהארון

הגהות הגר"א

[א] ה"ג תנן התם קדשי מזבח מוציאין את הראוי להם מקדשי בד"ה אין קדשי בדה"ב מוציאין את הראוי להן מקדשי מזבח ולא קדשי בדק הבית מקדשי בד"ה והא תנינן כלי שמצאו בו כו' א"ר חזקיה כיני מתני' ללשכת בדה"ב וכ"ה בתמורה (לב.) א' קדשי מזבח ואחד קדשי בדה"ב אין משנין אותן מקדושה לקדושה ופירשה הרמב"ם ז"ל כמו שאין משנין בקדשי מזבח גופיה משלמי' לעולה וכן להיפוך כן אין משנין בבדה"ב מקדושה לקדושה. ופריך והא תנינא וכו' והשאר נמכרין ודמיהן נופלין לבדק הבית הרי דמשנין בבדה"ב שנמכרין ולוקחין לבדה"ב מזה ומשני כיני מתני' ללשכת בדה"ב וה"ק והשאר מה שאין צורך למה שהוקדשה כעת נמכרין ודמיהן נופלין ללשכת בדה"ב ומ"ש ולא קדשי בדה"ב מקדשי בדה"ב היינו דומיא דאינך שישנה מזה לבדק הבית אבל ללשכ' הוא אח"כ כמו דבר חדש כיון שאין צורך בזה כלל לבדק הבית. וגי' הספרים חסרה ומשובשת:

[ב] ה"ג ויאריכו הבדים וגו' ולא יראו החוצה וכתיב ויהיו שם עד היום הזה. וכ"ה בתוספתא ועי' בפירוש מהרא"פ:

[ג] ה"ג אחד שהיו לוחות נתונות לתוכו ואחד שהיו שברי לוחות נתונות לתוכו זה שהיו לוחות וכו' זה שהיו שברי לוחות נתונות לתוכו היה נכנס ויוצא עמהן ע"כ. ולא גרסינן ופעמי' שהי' מתראה עמהן ועי' בק"ע. וז"ל הרב בעל תקלין חדתין בתוספתא פ"ז דסוטה הגירסא א' שהיתה התורה נתונה בתוכה כמו בספרים שלנו. ונראה הא דלא גרס רבינו הגדול מהר"א ווילנא זצ"ל כמו בתוספתא משום דלקמן בסוגיא דלר"י לא היה ס"ת מונח כלל בארון אלא מצד הארון וסתם ר"י הוא ר"י ב"א בר פלוגתיה דר"מ וע"ש בתוספתא ר"י בן לקיש ועי' תוס' דסוטה (מב.) שכתב בזה שיצא למלחמה ושברי לוחות וכו' ומ"ש שם ר"ל ע"ס וצ"ל ר"י ב"א ועי' תוס' יומא (נג:) ד"ה תנן וכו' ומוכח מדבריהם דגירסתם ר"י ב"א דהוא סתם ר"י וכולה סוגיא במדת הלוחות הכל מייתי דלוחות ושברי לוחות מונחין בו וכו'. ועי' במס' שקלים עם פי' תקלין חדתין בנדפס מקרוב ותמצא דבריו ביאר ביאור:

גמרא

תורה אור

דסדרא רבא אתא ר' מנא לגביה אמר ליה חמי מאי עבדית א"ל °וישכח ישראל את עושהו ויבן היכלות [הושע ח] לא הוה בנינש [א] דילעון באורייתא א) [א] תני קדשי המזבח מוציאין את הראוי להן מקדישי (א) בדק הבית אין קדשי בדק הבית מוציאין את הראוי להן מקדשי מזבח והא תנינן כלי שמצאו בו צורך לבדק הבית מניחין אותו והשאר נמכרין ודמיהן נופלין לבדק הבית א"ר חזקיה כיני מתני' (לצורך) ללשכת בדק הבית:

הדרן עלך פרק אלו הן הממונין

הלכה א מתני'

ב שלשה עשר שופרות שלשה עשר שולחנות שלש ג) עשרה השתחוויות היו במקדש של בית ר"ג ושל בית רבי חנניה סגן הכהנים היו משתחוים בארבע עשרה והיכן היתה יתירה כנגד דיר העצים שכן מסורת בידן מאבותיהן ששם הארון נגנז מעשה ג) בכהן א' שהיה מתעסק וראה את הרצפה שהיא משונה מחברותיה בא ואמר לחבירו לא הספיק לגמור את הדבר עד שיצתה נשמתו וידעו בייחוד ששם הארון גנוז: גמ' תני ד השופרות הללו עקומות היו צרות מלמעלן ורחבות מלמטה מפני הרמאין תני ד) בשם ר"א הארון גלה עמהן לבבל מ"ט °לא [מ"ב כ] יותר דבר אמר ה' אין דבר אלא שהדיברות לתוכו וכן הוא אומר °ולתשובת השנה שלח המלך [ד"ה ב לו] נבוכדנצר ויביאהו בבלה עם כלי חמדת בית ה' איזהו כלי חמדת בית ה' זה הארון (תני ר"י בר אילעי) ה רבי שמעון בן לקיש אומר במקומו היה הארון נגנז הדא הוא דכתיב °ויאריכו הבדים ויראו [מ"א ח] ראשי (ב) הבדים אל הקדש אל פני הדביר ולא יראו החוצה [ב] כתיב ה) ויראו ואת אמרת ולא יראו אלא נראין ולא נראין בולטין ויוצאין כשני דדי האשה ורבנן אמרי בלשכת דיר העצים היה הארון גנוז מעשה בכהן אחד בעל מום שהיה עומד ומפציל עצים בלשכת דיר העצים וראה את הרצפה שהיא משתנה מחברותיה בא ואמר לחבירו בא וראה את הרצפה הזאת שהיא משתנה מחברותיה לא הספיק לגמור את הדבר עד שיצתה נשמתו וידעו בייחוד ששם הארון גנוז: תני (משום) ר' הושעיא הקיש עליה בקורנס ויצאת אש ושרפתו תני ו) רבי יהודה (בר אילעי) בן לקיש אמר [ג] ב' ארונות היו מהלכין עם ישראל במדבר [ג] אחד שהיתה התורה נתונה בתוכו ואחר שהיו שברי לוחות נתונין בתוכו זה שהיתה התורה נתונה בתוכו היה מונח באהל מועד הדא הוא דכתיב °וארון ברית ה' ומשה לא משו [במדבר יד] מקרב המחנה זה ז) שהיו שברי לוחות נתונין בתוכו היה נכנס ויוצא עמהן ופעמים שהיה מתראה עמהן ורבנן אמרי ארון א' היה ופעם אחת יצא בימי עלי ונשבה קרייא מסייע להו לרבנן °אוי לנו מי [ש"א ד] יצילנו מיד האלהים האדירים האלה מילה דלא חמון מן יומיהון קרייא מסייע לר' יודה בן לקיש °ויאמר שאול לאחיה הגישה ארון האלהים והלא [שם יד] ארון בקרית יערים היה מה עבדון ליה רבנן הגישה אלי הציץ קרייא מסייע לר' יודא (בר אילעי) בן לקיש °הארון וישראל ויהודה יושבין בסוכות [ש"ב יא] והלא

תקלין חדתין

תורה אור

והלא ארון בציון היה מה עבדין ליה רבנן סבך שהוא [א] כקירוי שעדיין לא נבנה בית הבחירה משנגנז א) הארון אנגנז עמו צנצנת המן וצלוחית שמן המשחה ומקלו של אהרן ופרחיו ושקדיו וארגז שהשיבו פלשתים אשם לאלהי ישראל מי גנזו יאשיהו גנזו כיון שראה שכתוב °יולך ה' אותך ואת מלכך אשר תקים עליך אל גוי אשר לא ידעת אתה ואבותיך עמד וגנזו הדא הוא דכתיב °ויאמר ללוים המבינים ולכל ישראל הקדושים לה' תנו את ארון הקדש בבית אשר בנה שלמה בן דוד מלך ישראל אין לכם משא בכתף אמר להם אם גולה הוא עמכם לבבל [א] אין אתם מחזירין אותו עוד למקומו אלא °עתה עבדו את ה' אלהיכם ואת עמו ישראל: [ב] פטום שמן המשחה °ואתה קח לך וגו' וקידה חמש מאות וגו' שהן אלף וחמש מאות מנים: שמן זית הין שנים ב) עשר לוג שבו שולקין את העיקרין [ג] דברי ר"מ רבי יהודה אומר בשולקן היה במים ונותן שמן על גביהן משהיה קולט את הריח היה מעבירו כדרך שהפטמין עושין הדא הוא דכתיב °שמן משחת קדש וגו' תניג) רבי יהודה בי רבי אילעי שמן המשחה שעשה משה במדבר מעשה נסים נעשה בו מתחלה ועד סוף שמתחלה לא היה בו אלא שנים עשר לוג שנאמר שמן זית הין אם לסוך בו את העיקרין לא היה בו ספק על אחת כמה וכמה שהאור בולע והעצים בולעים והיורה בולעת וממנו נמשחו המשכן וכל כליו השולחן וכל כליו המנורה וכל כליה וממנו נמשחו אהרן כהן גדול ובניו כל שבעת ימי המלואי' וממנו נמשחו כהנים גדולים ומלכים מלך בתחלה טעון משיחה [ד] מלך בן מלך דאין טעון משיחה °קום משחהו כי זה הוא זה טעון משיחה ואין בנו טעון משיחה אבל דכ"ג בן כ"ג אפי' עד עשרה דורות טעון משיחה וכולו קיים לעתיד לבא הה"ד °שמן משחת קודש יהיה זה לי לדורותיכם: אין ד) מושחין המלכים האלא ע"ג המעיין שנא' °והרכבתם את שלמה בני על הפרדה אשר לי והורדתם אותו אל גיחון ומשח אותו שם צדוק הכהן ונתן הנביא למלך על ישראל אין ה) מושחין מלך בן מלך אלא [ה] מפני המחלוקת מפני מה נמשח שלמה מפני מחלוקתו של אדוניהו יואש מפני עתליהו יהואחז מפני יהויקים אחיו שהיה גדול ממנו ב' שנים יהוא מפני יורם לא כן כתיב °קום משחהו כי זה הוא זה טעון משיחה ואין מלכי ישראל טעונין משיחה [ו] אלא יהואחז מפני יהויקים אחיו שהיה גדול ממנו שתי שנים ולא יאשיהו גנזו הדא אמרה ובאפרסמון נמשח: אין מושחין המלכים אלא מן הקרן שאולו) ויהוא נמשחו מן הפך היתה מלכותן מלכות עוברת דוד ושלמה נמשחו מן הקרן היתה מלכותן מלכות קיימת: [ז] אין מושחין כהנים מלכים אמר רבי (יונה אמר ר' אבי) יודה ענתונדרייא על שם °לא יסור שבט מיהודה אמר ר' חייא בר אדא °למען יאריך ימים על ממלכתו הוא ובניו בקרב ישראל מה כתיב בתריה לא יהיה לכהנים הלוים א"רז) יוחנן הוא יוחנן הוא יהואחז והא כתיב °הבכור יוחנן בכור למלכות א"ר יוחנן הוא שלום הוא צדקיהו והכתיב הג' צדקיהו והרביעי שלום ג' לתולדות ד' למלכות צדקיהו שצידק עליו מדת הדין שלום שבימיו שלמה מלכות בית דוד (ריש לקיש אמר) לא שלום הוה שמיה ולא צדקיהו הוה שמיה אלא מתניה הדא הוא דכתיב °וימלך מלך בבל את מתניה דודו תחתיו ויסב את שמו צדקיהו: א"ר ח) יוחנן [ג] באמה של ששה טפחים היה הארון עשוי מאן תנא באמה של ששה טפחים ר' מאיר היא דתנן ט) ר' מאיר אומר כל האמות היו בבינונית ר' יהודה אומר אמות הבנין ששה של כלים חמשה

על י) דעתיה דר"מ דו אמר באמה של ו' טפחים היה הארון עשוי אורכו של ארון ט"ו טפחים דכתיב °אמתים וחצי ארכו אמתא אשיתא ואמתא אשיתא ופלגות אמתא תלתא וארבעהכ) לוחות היו בו שנים שלמים ושנים שבורים דכתיב *) אשר שברת ושמתם בארון הלוחות היו כל אחד וא' ארכו ו' טפחים [ד] רחבו [ו] (שלשה) ששה ותן ארכן של לוחות לאורכו של ארון נשתייר שם שלשה טפחים תן

*) דברים י

משנת אליהו

עין משפט נר מצוה

הגהות הגר"א

ציון ירושלים

על סתירה פרשה ויחי ע"ש לא יסור שבט מיהודה ובתשובה בזה כתבתי דבר נחמד על ינאי המלך בקידושין ל"ו שאמרו רב לך כתר מלכים כו' והיינו שבאמת אין מושחין כהנים למלכים ואם כן אם יש לך כתר מלכות כו' והם רמזו לו שמלכד זאת אינו ראוי לכהונה כי אינו מזרעו של אהרן. ויגעתי בה הרבה קושיות ועי' במקנה שם:

גליון הש"ס [א] עי' ק"ע ועי' ברמב"ם ורמב"ן בספר המצות מצוה לד: [ב] עי' ק"ע. ועי' ברמב"ן על התורה פ' ויחי: [ג] מכאן יש סמך למה שפסק הרמב"ם בה"מ לגבי ר"י ועי' בב"מ פ"י מתמידין שם משום דר' יוחנן סובר כר"מ: [ד] עי' תוספות מנחות דף נז ע"א ד"ה מלמד:

א) יומא עב ב : ב) מדרש חזית פ׳ תורי זהב : ג) מדרש חזית פ׳ ידיו גלילי זהב : ד) שם פ׳ ראשו כתם פז : ה) מדות פ״ב מ״ו :

תן מהם חצי טפח לכל כותל. שהרי מבחוץ נמדד אמתיים וחצי ארכו : ה״ג תן רחבן של לוחות לרחבו של ארון : ה״ג חצי טפח מכאן וחצי טפח מכאן לכותל נשתיירו שני טפחים לשילוט · וס״פ לשילוט שתהא ס״ת נכנסת ויוצאת בריוח לפי שהיתה מונחת אורכה לרוחב הארון דהיינו באותן שני טפחים שנשתיירו באורך הארון וס״ת עביה שני טפחים וארכה ששה טפחים והיתה מונחת בדוחק באותן שני טפחים שבאורך לכך היה הארון רוחב יותר ב״ט לשילוט וליטלה כרצונו: והכן ארון. והאי ארון נמי כלי הוא שהרי מיטלטל בשעת הנסיעה: ה״ג ורחבן שלשה תן ארכן של לוחות לארכו של ארון: אצבע לכתלים מכאן·שהטפח ד׳ אצבעות: חצי טפח מכאן וכו׳ לשילוט·ליטול הלוחות מן הארון לעת הצורך: נתן של זהב·הפנימית בשל

נוסחאות ישנות · תורה אור

תן מהם חצי טפח לכל כותל נשתייר שני טפחים לספר תורה רחבו של ארון תשעה טפחים דכתיב °אמה וחצי רחבו אמתא אשיתא ופלגות אמתא תלתא [א] וארבעה לוחות היו בו שנים שלימים ושנים שבורים דכתיב °אשר שברת ושמתם בארון הלוחות היו כל אחד ואחד ארכן ששה טפחים ורחבן ששה טפחים [ב] תן רחבן של לוחות לרוחבו של ארון נשתייר שם שלשה טפחים חצי טפח מכאן לכותל זה וחצי טפח מכאן לכותל זה וטפחיים לשילוט מקום שספר תורה (א) מונח ר״ש בן לקיש אמר באמה בת חמשה טפחים היה הארון עשוי מאן תנא באמה בת חמשה טפחים ר׳ יהודה דתנינן תמן ר׳ יהודה אומר אמת הבנין ששה* של הכלים חמשה והכן ארון כלי הוא על דעתיה דרבי יהודה דו אמר באמה של חמשה טפחים היה אורכו* עשוי שנים עשר טפח ומחצה דכתיב °אמתים וחצי ארכו אמתא חמשא ואמתא ה׳ ופלגות אמתא תרי ופליג וד׳ לוחות היו בו שנים שלימים ושנים שבורים דכתיב °אשר שברת ושמתם בארון והלוחות היה כל אחד ואחד ארכן ששה טפחים ורחבן [ג] ששה טפחים תן (רחבן) ארכן של לוחות לארכו של ארון ונשתייר שם חצי טפח אצבע לכותל מכאן ואצבע לכותל מכאן רוחבו של ארון שבעה טפחים ומחצה דכתיב אמה וחצי רחבו אמתא חמשה ופלגות אמתא תרי ופליג [ד] וד׳ לוחות היו בו שנים שלימים ושנים שבורים דכתיב °אשר שברת ושמתם בארון הלוחות היה כל אחד ואחד ארכן ששה טפחים ורחבן ששה טפחים תן רחבן (ארכן) לרוחבו של ארון ונשתייר שם טפח ומחצה אצבע לכותל מכאן ואצבע לכותל מכאן חצי טפח מכאן וחצי טפח מכאן לשילוט כיצד ה) עשה בצלאל את הארון [ה] ר״ח (בן גמליאל) אמר שלש תיבות עשאו שתים של זהב ואחת של עץ נתן של זהב בשל עץ ושל עץ בשל זהב וציפהו דכתיב °וצפית אותו זהב טהור מבית ומחוץ מת״ל תצפנו להביא שפתו העליונה רשב״ל ג) אמר תיבה אחת עשאו וציפהו דכתיב וצפית אותו זהב טהור מבית ומחוץ מת״ל תצפנו א״ר פנחס להביא בין נסר לנסר [א] כיצד היו הלוחות כתובים [ו] ר׳ ג) (ב) חנינה (בן אחיהר׳ יהודה) בן גמליאל אומר חמשה על לוח זה וחמשה על לוח זה הה״ד [ז] °ויכתבם על שני לוחות אבנים חמשה על לוח זה וחמשה על לוח זה ורבנן אמרי עשרה על לוח זה ועשרה על לוח זה [ח] הה״ד °ויגד לכם את בריתו אשר צוה אתכם לעשות עשרת הדברים עשרה על לוח זה ועשרה על לוח זה ר״ש בן יוחאי אומר עשרים על לוח זה ועשרים על לוח זה [ט] דכתיב ויכתבם על שני לוחות אבנים עשרים על לוח זה ועשרים על לוח זה רבי סימאי אמר ארבעים על לוח זה וארבעים על לוח זה דכתיב °מזה ומזה הם כתובים טטרוגה חנניה בן אחי רבי יהושע אומר בין כל דבור ודבור דקדוקיה ואותיותיה של תורה דכתיב °ממולאים בתרשיש כימא רבא ר״ש בן לקיש כד הוה מטי הדין קרייה הוה אמר יפה למדני חנניה בן אחי רבי יהושע מה הים הזה בין גל גדול לגל גדול גלים קטנים כך בין כל דבור ודבור דקדוקיה ואותיותיה של תורה אמר ר׳ תנחומא [י] איתקשיית קומי רבי פנחס אתיא כר׳ יהודה ולא אתיא כר״מ מ״ט דר׳ יהודה דכתיב °לקוח את ספר התורה הזה ושמתם אותו מצד ארון ברית ה׳ וגו׳ [כ] על דעתיה דר׳ יהודה דו אמר היכן היה ספר תורה נתון כמין גלוסקיי׳ עשוי לו מבחוץ והיה ספר תורה נתון בתוכו מ״ט דר״מ דכתיב °ונתת את הכפורת על הארון מלמעלה ואל הארון תתן את העדות אשר אתן אליך על דעתיה [ל] דר״מ דו אמר אין מוקדם ומאוחר בתורה אלא ואל הארון תתן את העדות אשר אתן אליך ואח״כ ונתת את הכפורת על הארון מלמעלה רבי פנחס (ג) בשם רשב״ל [מ] התורה ד) שנתן לו הקב״ה למשה נתנה לו אש לבנה חרותה באש שחורה היא אש מובללת באש חצובה מאש ונתונה מאש *דכתיב °מימינו אש דת למו :

הלכה ב מתני׳ (ד) היכן היו השתחויות האלו ארבע בצפון וארבע בדרום שלש במזרח וב׳ במערב כנגד ה) שלשה עשר שערים דרומיים סמוכים למערב שער העליון שער הדלק שער הבכורות שער המים ולמה נקרא שמו שער המים שבו מכניסין צלוחית של

ריבב״ן

מתני׳ *) (עד ד׳) לצלוחית. שלימה שהיתה מחזקת ג׳ לוגין כדאמר בסוכה בפ׳ בתרא שהיו מנסכין בתמיד של שחר בחג בשעת ניסוך היין שהוא רביעית ההין דהיינו ג׳

תקלין חדתין

טפחים : חצי טפח לכל כותל · לעובי הכתלים שהרי מבחוץ נמדד אמתים וחצי ארכו : לס״ת · שכתב משה כמ״ש ויכתוב משה את התורה וגו׳ : חצי טפח · דד׳ לוחות כתבן י״ב : לשילוט · היינו שיהיה ריוח קצת ללוחות דיתבי י״ב בי״ב וכמו דפריך בבבלי תרי בתרי היכא יתיב : כיצד כו׳ · איידי דמביא סדר הלוחות בארון מפרש למעשה הארון : ה״ג ר״ח ול״ג בן גמליאל ונשתבש מסוגיא דלקמן והכא הוא בר פלוגתיה דר״ל והוא סתם ר״ח : שלש תיבות כו׳ · שנאמר מבית ומחוץ תצפנו ושל עץ באמצע והושיבו בתוך של זהב וחזר ונתן של זהב שני בתוך של עץ וחיפה שפתו העליונה בזהב נמצא מחופה מבית ומבחוץ : של זהב · ראשון : בשל עץ · ושל עץ הוא

נוסחת הבבלי

(א) שס״ת מונח בתוכה ריש לקיש כו׳ אצבע (ומחצה) לכתלים כו׳ ואצבע (ומחצה) לכתלי׳ כו׳ אצבע לכל כותל נשתייר חצי טפח מיכן וחצי טפח מיכן לשלוט מקום שס״ת מונח : (ב) חנניה בן אחי ר׳ יהושע אומר כו׳ : (ג) ר״פ אמר בשם ר״ש תורה שנתן הקב״ה לו למשה אש לבנה כו׳ היא מאש חצובה

שער הסמוך למערב שהוא שער העליון ואחריו שער הדלק שהוא הדלקה של לשכת טלאים שהיתה בעזרה ודרך שם היו מכניסים עצי המערכה שדולקים ע״ג המזבח : שער הבכורות · שמכניסים שם הבכורות שנשחטים

*) נראה דצ״ל עד שער המים שבו מכניסין צלוחית וכו׳.

המים מפכים · מפרש בגמ׳ : שער הקרבן · שם מכניסין קדשי קדשים ששחיטתן בצפון : שער הנשים · שבו הנשים נכנסות לסמוך על קרבנן א״נ לעמוד על קרבנן : שער השיר · דרך שם היו מכניסין כלי שיר : שבו יצא יכניה בגלותו · שנכנס לבית המקדש להשתחות וליטול רשות כשהלך לגולה לבבל ויצא דרך אותו השער : שער נקנור . מפרש בפרק א״ל הממונה: פשפשין. שערים קטנים בתוך שערים גדולים ואף הם ממנין שלשה עשר שערים ואע״ג דגם לשער בית המוקד היה לו פשפש לא חשיב ליה לפי שהיה קטן ביותר:
גמ׳ מתני׳. אתיא כאבא יוסי בן יוחנן דאמר י״ג שערים היו במקדש אבל לרבנן דאמרי שבעה שערים היו במקדש קשיא היכן היו משתחוים דקים להו שהיו משתחוים י״ג השתחויות :

ריבב״ן

לוגין : מים מפכין עתידין להיות יוצאין מבית קדש הקדשים כדאיתא ביומא פרק בתרא אמר ר׳ מנחם משום ר׳ הנא ליפורא מעין היוצא מבית קדש הקדשים בתחלה דומה לקרני חגבים עד שמגיע לפתח ההיכל כיון שמגיע לפתח ההיכל נעשה כחוט של שתי עד שמגיע לפתח האולם נעשה כחוט של ערב עד שמגיע לפתח העזרה כפי פך קטן היינו דתנן ר׳ אליעזר בן יעקב אומר מים מפכין עתידין להיות יוצאין מתחת מפתן הבית מפכים לשון פך : מתני׳ שער נקנור . על שם נקנור שנעשו נסים לדלתותיו

תקלין חדתין

הגמחטים בדרום : המים מפכים · בגמ׳ מפרש : שער הקרבן · שם מכניסים ק״ק ששחיטתן בצפון : שער הנשים · שבו נכנסות לסמוך על קרבנן : שער השיר · דרך שם היו מכניסין כלי שיר : שבו יצא יכניה בגלותו · שנכנס לבהמ״ק שם להפטר מלפני המלך מלכי המלכים וליטול רשות כשהלך בגולה ויצא

תורה אור

של ניסוך המים בחג רבי אליעזר בן יעקב אומר בו המים מפכים ועתידין להיות יוצאין מתחת מפתן הבית לעומתן א) בצפון סמוכים במערב שער יכניה שער הקרבן שער הנשים שער השיר ולמה ג) נקרא שמו שער יכניה שבו יצא יכניה בגלותו שבמזרח שער נקנור ושני פשפשין היו לו אחד מימינו ואחד משמאלו ושנים במערב ולא היה להן שם :

גמ׳ מתניתין אבא יוסה בן (חנן) יוחנן היא דאמר כנגד י״ג שערים ברם כרבנן ^א^שבעה שערים היו בעזרה ע״ד דרבנן היכן ג) היו השתחוואות הללו כי ההיא דתנינן תמן י״ג פרצות היו בו שפרצום מלכי יון (א) וחזרו וגדרום בני חשמונאי וגזרו כנגדן זכריה יד (ב) השתחוואות כתיב °והיה ביום ההוא יצאו מים חיים מירושלים וגו׳ תני ד) מבית ק״ק עד הפרוכת כקרני סילי וכיליי מן פרוכת עד מזבח הזהב כקרני חגבים [א] ממזבח הזהב עד עזרות כחוט של שתי מן העזרות עד מפתן הבית כחוט של ערב מיכן יחזקאל מז ואילך כמפי הפך כתיב °והנה מים מפכים מן הכתף הימנית בצאת האיש קדים וקו בידו וימד אלף שם באמה ויעבירני במים מי אפסים עד קרסולה °וימד אלף ויעבירני במים מי ברכים עד ברכייה וימד אלף ויעבירני מי מתנים עד מתנייא מכאן ואילך וימד אלף נחל אשר לא אוכל לעבור אפי׳ לבירנין ישעיה לג גדולה אינה יכולה לעבור בו מ״ט °וצי אדיר לא יעברנו מפני מה כי גאו המים מי שחו מהו מי שחו מלשוט (ג) אמר רב חונה (הונא) באתרין קרו שם כה לשייטא שחונא [ב] °ופרש ידיו בקרבו כאשר יפרש השוחה לשחות מהו [ג] לשחות אמר רבי יוסי בי ר׳ זכריה יג בון (ביבן) מיין דמתמללין בעלמא כתיב °ביום ההוא יהיה מקור נפתח לבית דויד וליושבי ירושלם לחטאת ולנידה ר׳ שמואל בר נחמן בשם ר׳ (נתן) יונתן מבית דוד ועד יושבי ירושלם כשרים לנדה ולחטאת מכאן ואילך מי הערובות הם כשרים לנדה ^ב^ופסולים למי חטאת אר״א (ר״מ אומר) מבית דוד ועד יושבי ירושלם כשרים לנידה ולחטאת מכאן ואילך [א] מי קטפריסות הן ^ג^פסולין לנדה ולחטאת יחזקאל מז כתיב ה) °ויאמר אלי המים האלה יוצאים אל הגלילה הקדמונה זה ו) ים של סמכו (סיבוכא) וירדו אל הערבה זה ים של טבריא ובאו הימה זה ים המלח אל הימה המוצאים זה הים הגדול ולמה נקרא שמו מוצאים כנגד שתי פעמים שיצא אחד בדור אנוש ואחד בדור הפלגה רבי ז) לעזר בשם רבי חנינה בראשונה יצא עד קלבריאה ובשניה יצא עד כיפי ברבריאה רבי אחא בשם ר׳ חנינה בראשונה יצא עד כיפי ברבריאה ובשניה יצא עד איוב לח עכו ועד יפו °עד פה תבא ולא תוסיף עד עכו תבא ולא תוסיף ופה ישית בגאון גליך עד יפו אשית גאון גליך ניחא ימא רבא וימא דמילחא בשביל למיתקן ימא דטבריא ימא [ד] דסמכו לרבות דגתם יחזקאל מז דכתיב ביה °למינה תהיה דגתם למיני מינים תהיה דגתם תני אמר רשב״ג מעשה שהלכתי לציידן והביאו לפני יותר משלש מאות מיני דגים בתמחוי שם א׳ °ונרפאו המים בצאתיו וגבאיו ולא ירפאו למלח ניתנו כתיב ונרפאו המים ואת אמרת ולא (ד) ירפאו שם המים מקום הוא ושמו ולא ירפאו כתיב °ועל הנחל יעלה על שפתו מזה ומזה כל עץ מאכל לא יבול עלהו ולא יתם פריו לחדשיו יבכר תני ח) אמר רבי יהודה לפי שבעולם הזה תבואה עושה לששה חודשים ואילן עושה לשנים עשר חודש אבל לעתיד לבא התבואה עושה לחדש אחד ואילן עושה לשני חדשים מ״ט לחדשיו יבכר אמר ט) רבי יוסי לפי שבעולם הזה התבואה עושה לששה חדשים ואילן עושה לי״ב חדש אבל לעתיד לבא התבואה עושה לט״ו יום ואילן עושה לחדש אחד שכן י) מצינו שעשת התבואה בימי יואל לחמשה עשר יום וקרב יואל ב ממנה העומר מ״ט °ובני ציון גילו ושמחו בה׳ אלהיכם כי נתן לכם את המורה לצדקה ויורד לכם גשם מורה ומלקיש בראשון ומה מקיים רבי יוסי לחדשיו יבכר בכל חודש וחודש יהיה יחזקאל מז מבכר °ועלהו לתרופה רבי יוחנן אמר תרפיה מציץ עליה ותרף מזונה רב כ) ושמואל חד שם אמר להתיר פה שלמעלן וחד [א] אמר להתיר פה שלמטן ר׳ חנינה ור׳ יהושע בן לוי ח״א להתיר פה עקרות וח״א [ב] להתיר פה אלמים ולעומתן בצפון וכו׳ את ל) מוצא בשעה שעלה נבוכדנאצר לכאן בא וישב לו בדופני של אנטוכיא ויצאה סנהדרין גדולה לקראתו ואמרה לו הגיע זמן הבית הזה ליחרב אמר להן אותו (ה) שהמלכתי עליכם תנוהו ליואני הולך באו ואמרו ליהויכין מלך יהודה נבוכדנאצר בעי לך כיון ששמע מהן כך נטל מ) מפתחות של בה״מ עלה לגגו של היכל אמר לפניו רבש״ע לשעבר היינו נאמנים לך והיו מפתחותיך מסורין לנו עכשיו שאין אנו נאמנים הרי מפתחותיך מסורין לך תרין אמוראין חד אמר זרקן ועוד לא ירדו וח״א [ג] באה כמין יד ונטלתן מידו כיון שראו כל חורי

שסורוקיט קלול ועדו מאן טרקן ועוד לא ירדו · להראות שמן השמים מסכימים על זה : ונטלתן מידו · כמו שאין חפץ בשימושו : כיון שראו

מסורת הש״ס
א) מדות פ״ב מ״ו : ב) שם : ג) שם מ״ג : ד) עי׳ יומא עז ב : ה) עי׳ תוספתא סוכה פ״ג : ו) עי׳ ב״ב עד ב : ז) ב״ר פ׳ כג : ח) ירוש׳ תענית פ״א הל״ב : ט) עיין תוספתא שם פ״א : י) עי׳ תענית הל״א : כ) סנהדרין קא א ע״ש מנחות לה א : ל) ויקרא רבה פי״ט : מ) עי׳ תענית כט א:

עין משפט נר מצוה

יא א מיי׳ פרק ה מבית הבחירה הלכה ד :

יב ב מיי׳ פרק מפרה הלכה יג :

יג ג מיי׳ פרק ט ממקואות הלט״ז:

נוסחת הבבלי

(א) וחזרו ונדרום וחזרו כו׳ : (ב) השתחואות תני כו׳ : (ג) א״ר הונא כו׳ מאי מי שחו אר״י בר ביבין מיא כו׳ ר״ש בר נחמני בשם ר׳ נתן מבית דוד ויושבי כו׳ רמ״א כו׳ זה ימא סיבוכא כו׳

נוסחאות ישנות א] וחורנא . ב] וחורנא אמר . ג] וחורנא אמר ראה .

תורה אור

חורי יהודה כן עלו לראש גגותיהן ונפלו ומתו הדא הוא דכתיב °משא גיא חזיון מה לך אפוא כי עלית כולך לגגות תשואות מלאה עיר הומיה וגו':

הלכה ג מתני' א) י"ג שולחנות היו במקדש ח' של שייש בבית המטבחיים שעליהן מדיחין את הקרביים ב'וב' במערב הכבש אחד של שייש ואחד של כסף על של שייש נותנין את האברים ועל של כסף כלי שרת ב'וב' באולם (מבחוץ) מבפנים על פתח הבית א' של שייש וא' של זהב על של שייש נותנין לחם הפנים בכניסתו ד'ועל של זהב ביציאתו שמעלין בקודש ולא מורידין אחד של זהב מבפנים שעליו לחם הפנים תמיד:

גמ' תני על של (א) כסף (ר' אחי ור' מיישא ומטו בשם רב שמואל בר רב יצחק) ר' יוסי בשם ר' שמואל בר רב יצחק ר' חנניה מטי בה בשם ר' יוחנן [א]לית ג) כאן של כסף מפני שהוא [א] מרתיח לא כן תני זה ג) אחד מן הנסים שנעשו בבית המקדש שכשם שהיו מניחין אותו חום כך היו מוציאין אותו חום שנאמר °לישום לחם חם ביום הלקחו רבי יהושע בן לוי אמר אין ד) מזכירין מעשה נסים בעון קומי רבי (לוי) אילא לא היה שם לחם ה'מהו להניחו לשבת הבאה אמר לון כתיב °ונתת על השולחן לחם פנים לפני תמיד לחם פנים [ב] אפילו פסול עשרה ה) שלחנות עשה שלמה דכתיב °ויעש שולחנות עשרה וינח בהיכל חמשה מימין וה' משמאל אין תימר חמשה בדרום וה' בצפון והלא אין השלחן כשר אלא בצפון שנאמר °ואת השלחן תתן על צלע צפון מה ת"ל חמשה מימין וחמשה משמאל אלא חמשה מימין שלחנו של משה וחמשה משמאלו אעפ"כ ו) לא היה מסדר אלא בשל משה בלבד שנאמר °את השלחן אשר עליו לחם הפנים (ב) רבי יוסי בי רבי יהודה אומר על כולן היה מסדר שנאמר °את השולחנות ועליהם לחם הפנים: תני ז) [ג] מזרח ומערב היו נתונין דברי רבי ר"א בי רבי שמעון אומר צפון ודרום היו נתונין מ"ד מזרח ומערב ניחא [ג] כולהן ראוין לשירות מ"ד צפון ודרום נמצא שלחן בדרום ומנורה

משנת אליהו

ריבב"ן

תקלין חדתין

עין משפט נר מצוה

יד א מיי' פ"ה מבית הבחירה הל"ד:

טו ב מיי' שם פ"ג הלכה טו:

טז ג מיי' שם פ"ג הלכה טז:

יז ד מיי' שם הלכה יב:

יח ה מיי' פרק ו ממרים הל"ג:

נוסחת הבבלי

(א) כסף והיו ר"א כו' לית כו': (ב) ר' בר' יהודה כו' ד"ר (אלעזר) ר"א בר"ש כו' ודרום כו':

הגהות הגר"א

[א] ס"ג לית כאן של שיש מפני שהוא מקרר וה"ס שהוא מפרש למה לא תני בברייתא של שיש כמו במתני' והיינו לפי ששיש מקרר כדאיתא בפס"ק דיומא ...

גליון הש"ס

[א] עי' סגהות סבר"א ...

*) ועי' בתוס' שם עמוד ב' ד"ה אחד דכתבו כן בשם סקונטרס.

בדרום : ומנורה בצפון . ל"ג : משוך מן הכותל בשתי אמות כלפי צפון . שיהיו שני כהנים הנושאים ב' סדרים הולכין זה בצד זה ותוס' גורסין משוך ב' אמות ומחצה : באמצע הבית . היינו באמצע ההיכל כשלא נחשב בית קדשי קדשים עמו ההיכל ארכו ארבעים ובית קדשי קדשים ארכו עשרים אמה והמזבח היה עומד בתחלת עשרים אמה של ההיכל המערביים : משליש הבית . של צד מזרח : ולפנים . לצד מערב והיינו כשנחשב בית קדשי קדשים עמו : הוא מכלות הזהב . פסוק הוא בד"ה וקמפרש מהו מכלות הזהב וקאמר שהן כולו של זהב סגור שהיה לשלמה שהרי עשר מנורות עשה ולכל אחת היה צריך אלף ככר כדמסיק: לקיים מה שנאמר. במנורת משה ככר זהב טהור וגו' : ה"ג מעשה

ריבב"ן

מתני' י"ג שופרות היו במקדש וכולן פיהן צר כדי שלא יוכל אדם להכניס ידו בפנים ולגנוב מן הכסף וכולהו מפרש למאי אצטריכו. עצים ולבונה גרסי' וברוב ספרים כתוב ללבונה וטעות הוא דהא כל אחד ואחד יש לו שופר בפני עצמו ולבונה לבד ועצים לבד כדתני ואזיל. וזהב לכפורת לשון כפורי זהב פי' מזרקים ולמה נקרא שמם כפורי ע"ש שמקנחין ידיהם מן הדם כדאמרי' בגיטין [דף ט] בענין*) כבוזרא דין בעי לכפורי ידיה בההוא גברא. ששה לנדבה לקיץ המזבח : מתני' קינין הן תורין גוזלי עולה הן בני יונה אבל שופר לקיני חובה לא בעי ר' יהודה והטעם כדאיתא בפ' הוציאו לו (דף נה) דשמא ימות א'. מהן נמצאו כל המעות שבשופר הולכות לים המלח כי היכי דאמרינן בחטאת שמתו בעליה דאזלא למיתה הכי נמי מעות שהופרשו לחטאת ומתו בעליהן הולכות לים המלח ופריך התם וכברור ד' זוזי וכשדי במיא והנך לישתרו ר' יהודה לטעמיה דלית ליה ברירה כדאמר בעירובין [דף לז] מדתני אין : וחכ"א קינין הן קיני חובה אחד לעולה ואחד לחטאת ורבנן לא חיישי למיתה . גוזלי עולה בין תורין בין בני יונה כולן עולות נדבה . שני גזירין מפורש ביומא פ"ב (דף כו) תניא ר"ש בן יוחאי אומר מנין לתמיד של בין הערבים שטעון שני גזרי עצים בשני כהנים שנאמר וערכו עצים על האש וערכו שנים אם אינו ענין לתמיד של שחר שהרי כבר נאמר ובער עליה הכהן עצים בבקר הגהו ענין לתמיד של בין הערבים ואמרינן

תורה אור

ומנורה בצפון והא תני השלחן (א) היה נתון מחצי הבית ולפנים משוך (א) מן הכותל ב' אמות ומחצה כלפי הצפון ומנורה כנגדו בדרום מזבח הזהב היה נתון [א] באמצע הבית חולק את הבית מחציו ולפנים [א] משוך קימעא כלפי (צפון) חוץ וכולהן היה (ג) נתון משליש הבית ולפנים עשר מנורות עשה שלמה שנאמר ויעש את מנורת הזהב עשר כמשפטו ויתן בהיכל ה' מימין וה' משמאל אין תימר חמש בצפון וחמש בדרום והלא אין המנורה כשירה אלא בדרום שנאמר ואת המנורה נוכח השלחן על ירך המשכן תימנה מה ת"ל חמש מימין וחמש משמאל אלא חמש מימין מנורתו של משה וחמש משמאלה אעפ"כ (ג) לא היה מבעיר אלא של משה בלבד שנאמר ומנורת הזהב ונרותיה לבער בערב בערב ר' יוסה בי ר' יהודה אומר על כולן היה מבעיר שנא' ואת המנורות ונרותיהם לבערם כמשפט לפני הדביר זהב סגור והפרח והנרות והמלקחים זהב הוא מכלות זהב הן (ד) כילו זהבו של משה תני רב יהודה בשם אסי היה שלמה נוטל אלף ככרי זהב ומכניסן לכור ומוציאן עד שהוא מעמידן על א' לקיים מה שנאמר ככר זהב טהור עשה אותה וגו' (ה) תניא אמר רבי יוסי בי רבי יהודה מעשה במנורת זהב שעשה משה במדבר והיתה יתירה דינר זהב והכניסוה לכור שמונים פעם [ב] ולא חסרה כלום ויאות עד דלא יקום על ברריה הוה חסר סגין מן דו קיים על ברריה לא חסר כלום :

הלכה ד מתני'

שלשה (ו) עשר שופרות היו במקדש וכתוב עליהן תקלין חדתין ותקלין עתיקין קנין וגוזלי עולה עצים לבונה זהב לכפורת ששה (ז) לנדבה תקלין חדתין שבכל שנה ושנה ועתיקין מי (ב) שלא הביא אשתקד שוקל לשנה הבאה קנין הן תורין וגוזלי עולה הן בני יונה כולן עולות דברי ר' יהודה וחכ"א קנין אחד חטאת וא' עולה גוזלי עולה כולן עולות האומר (ח) הרי עלי עצים לא יפחות משני גזירין לבונה לא יפחות מקומץ זהב לא יפחות מדינר זהב ששה לנדבה נדבה מה היו עושין בה לוקחים בה עולות הבשר לשם ועורות לכהנים זה (ט) מדרש דרש יהוידע כהן גדול אשם הוא אשום אשם לה' זה הכלל כל שהוא בא משום חטאת ומשום אשמה ילקח בהן עולות הבשר לשם והעורות לכהנים נמצאו שני כתובין קיימין אשם לה' ואשם לכהן ואומר כסף אשם וכסף חטאת לא יובא בית ה' לכהנים יהיו : גמ' תניא (י) אמר ר' יהודה לא היה שופר של קינין בירושלם מפני התערובות שמא תמות אחת* ונמצאו דמי חטאות מיתות מעורבות בהן והתניא (כ) האשה שאמרה הרי עלי קן (ג) מביאה דמי קן ונותנתו בשופר ואוכלת

הקינין קלובין היו : ואוכלת בקדשים. לערב : ואינה חוששת שמא נתעגל בהן. דחזקה על ב״ד של כהנים שאינן עומדים משם עד שיכלו כל מעות של אותו שופר כדי שלא יאכלו מחוסרי כפרה בקדשים: ואין הכהן חושש וכו'. ולא פליג ר״י משמע דכ״ע מודים דלא חיישינן שמא מתה אחת מהן : ומשני כי קאמרינן לר״י דחיש לתערובת היינו שיוודע לן שבוודאי מת א' מהנותנין לתוך השופר נמצא שהן מעורבות:ופריך ואי אמרי' כו'.כלומר אמאי ונברור ד' זוזי דמי החטאת ונאמר דאלו הן דמי החטאת שמתו בעליהן והשאר יקרבו ודקאמר ד' זוזי היינו זוזי פשיטי שח' מהן הוא דינר צורי והן דמי פרידה אחת דתנן בו ביום עמדו קינין ברבעתים פי' פרידה אחת והרובע הוא חצי דינר צורי שהוא ד' זוזי מדינה א״נ אורחיה דש״ס למתני ד': לית ליה ברירה. לא סמכינן אברירה למשרי איסורא:

נוסחאות ישנות תורה אור

ואוכלת בקדשים [א]ואינה חוששת שמא נתעצל בהן [א] ואין הכהן חושש שמא דמי חטאות מיתות מעורבות בהן כי א)קאמרינן בחטאות שמתו בעליהן ודאי ואי אמרינן [ב] נברור ד' זוזי ונישדי בנהרא ואידך לישתרו הא אמרינן בעלמא ר' יהודה לית ליה ברירה: רבי ב) יוסה בי ר' בון (ביבא) א״ר בא בר ממל בעי אמר [א] הרי עלי עץ [ב]מביא גיזר אחד א״ר לעזר מתניתא אמרה כן שזה קרבן בפני עצמו וזה קרבן בפני עצמו כהאי דתנינן ג) תמן שנים בידם שני גזרי עצים [ג] קרבן ד) לרבות את העצים ריב״ל אמר עוביין ה) אמה [ג]באמה שוחקת וארכן באמה גדומה ר' חוני בשם ר' אמי כמין טורטני א״ר שמואל בר רב יצחק לפי ו) [ד]שלא היה מקום המערכה אלא אמה על אמה לפיכך לא היה בו אלא אמה גדומה ותני כן [ד] אמה היסוד אמה סובב אמה כרכוב ואמה קרנות ואמה מערכה : לבונה לא יפחות מקומץ [ג] נאמר ז) כאן אזכרה ונאמר להלן אזכרה מה אזכרה האמור להלן מלא קומץ אף אזכרה האמור כאן מלא קומץ אי מה אזכרה האמורה להלן [ה]שני קומצין אף אזכרה האמורה כאן שני קומצין [ה] אמר רבי אילא כלום למדו לקומץ (א) אלא (מלחם הפנים) ממנחת חוטא מה להלן קומץ החסר פסול אף כאן קומץ החסר [ג] פסול אמר רבי יוסה מילתא דרבי אילא אמרה המתנדב (מנחה) לבונה מביאה בקומצו [ד] של [ו]כהן (גדול) (ר' אלעי בשם ר״א) רבי חזקיה בשם רבי ירמיה ואפילו בקומץ הבעלים : זהב לא יפחות כו' : אמר ח) [ז]ר״א והוא שהזכיר צורה אבל אם לא הזכיר צורה מביא אפי' צינורה : ששה לנדבה. (ב) (רב אמר) חזקיה ט) אמר כנגד ששה בתי אבות בר פדיה אמר כנגד שש בהמות פר ועגל ושעיר איל גדי וטלה שמואל י) אמר כנגד ששה קרבנות (קני זבים וקני זבות קני יולדות) [ו] חטאות ואשמות המנחות ועשירית האיפה א״ר יוחנן ע״י הגהה שהנדב' מרובה ריבו לה שופרות הרבה [ח]*כתיב כ) °וככלותם הביאו לפני המלך ויהוידע וגו' (ג) ר״ש כד בר נחמן בשם רבי יונתן אמר שתי נדבות עשה תני

בעי אם אמר הרי עלי עץ · ולא אמר עלים שלא נתכוין אלא לעץ אחד מהו שיביא א' או שנים : מתניתא אמרה כן. שאף גיזר א' הוה קרבן ונדרו נדר : כהאי דתנינן תמן · ביומא פ״ב : ושנים שני כהנים בידם שני גזרי עלים . ביד כל א' גיזר א' ש״מ שכל א' קרבן בפני עלמו : ה״ג קרבן לרבות את העלים · וה״פ כתיב כי תקריב קרבן מנחה ומלינו לעלים שנקראו קרבן דכתיב והגורלות הפלנו על קרבן העלים : באמה שוחקת · פי' באמה גדולה : גדומה . פחותה : כמין טורטני · קנה מאזנים ול״נ דאעוביו קאי שלא היתה עוביו אלא כטורטני והוא כמחק גודש סאה השנוי בבבלי : אלא אמה על אמה · ואמתא באמתא היכי יתיב וכתיב על העלים אשר על המזבח שלא יהו העלים יוצאין מן המזבח לפיכך לא היו העלים אלא אמה גדומה : ותני כן · ותניא נמי הכי שמקום המערכה לא היה אלא אמה על אמה : נאמר כאן · גבי לבונה דלחם הפנים אזכרה דכתיב ונתת על המערכה לבונה זכה והיתה ללחם לאזכרה : ונאמר להלן . גבי מנחה וקמץ משם מלא קמצו מסלתה ומשמנה על כל לבונתה והקטיר הכהן את אזכרתה: אף כאן קומץ · לכל מערכה וכי היכי דסתם מנחה מלא קומץ אף סתם נדבת לבונה מלא קומץ: ה״ג אי מה להלן שני קומצין . וה״פ אי מה להלן בלחם הפנים ב' קומצין כדאמרינן לעיל על כל מערכה קומץ אף סתם נדבת לבונה ב' קומצין : כלום למדו לקומץ · לבונה אלא מלחם הפנים והתם בעינן שיהא כל קומץ בפני עצמו מלא ואם חסר ממנה פסול ש״מ אע״ג דבהצטרפות יש שני קומצין כגון שהשני יתר אפ״ה פסול כדילפי' ממנחת חוטא ש״מ דכל קומץ קרבן בפני עצמו : מילתא דרבי אילא אמרה · מדברי ר' אילא שמעינן : ה״ג המתנדב לבונה מביאה בקומצו של כה״ג · וה״פ מדיליף לה מלחם הפנים ובפיים נעשה ולא ידעינן הי כהן דמתרמי וצריך שיהיה הרבה שיקמוץ ממנו גדול שבכהנים : ואפי' בקומץ הבעלים · ממנחה ילפינן ויכול ליתן אותה לכל כהן שירצה שבאותו משמר : והוא שהזכיר צורה. דאמר מטבע : צינורא · שיעורו מזלג קטן : כנגד ששה בתי אבות · הכהנים שתקנו להם חכמים שיהא כל משמר חלוק לששה בתי אבות כנגד ששת ימי השבוע שיעבוד כל אחד ביומו ובשבת כולן שוין שיהא שלום ביניהן שעורות של בהמות הנקחות מן השופרות היו לכהנים שמקריבין העולות וכל זמן שאין המזבח בטל לא היו לוקחין מן השופרות ואם לא היה להם אלא שופר אחד אתי לאנצויי דשמא באותו יום של בית אב הראשון או השני יביאו נדרים ונדבות הרבה ולא יטול הבית אב מן השופר כלום ובשאר ימות השבוע לא יבואו נדרים ונדבות הרבה נמצא אותן בתי אבות מקריבין מן השופר שלא יהא המזבח בטל והוו עורות שלהם ומגלו הנך קמאי בהדי הנך ואמרי יש לכם עורות ואנו אין לנו כלום ואי משום הנך עולות שהביאו יחידים במשמרות שלנו מזלנו גרם א״נ פעמים שמקריבים שלמים והעורות לבעלים הלכך תקינו ששה שופרות שלא יטול זה משופרו של זה וכשהמעו' באות נותנין אותו לו' שופרות : כנגד פר וכו'·שהמתנדב פר ועולה מביא ונותן לשופר שכתוב עליו פר מנה כדאמרי' יביא במנה והמתנדב עגל מביא ה' סלעי' ונותן לשופר שכתוב עליו עגל וכן כולם והכהנים מקריבין מכל שופר קרבן הכתוב עליו ומתני' רבי היא דאמר קטן והביא גדול לא יצא : קני זבים וקני זבות · בחד ניתנו דשם זב אחד הוא : וחטאת ואשמות . בתרין הוו : המנחות · היינו מותר מנחת חוטא דלנדבה אזיל דאילו מותר מנחת יחיד הוסיף משלו ומביא מנחה אחרת : ועשירית האיפה · שכה״ג מקריב בכל יום ואם הפריש לעשירית האיפה של יום וניתותרו שוב אין יכול לגרפו לשם מחר אלא תפול לנדבת לבור וכדר״א לעיל בפ״ב דף ח' ורש״י במנחות פרק האומר עלי יש לו גירסא אחרת ע״ש : ריבו לה שופרות הרבה · כדי שלא יתעפשו המעות : ה״ג כתיב וככלותם וכו' : שתי נדבות עשה · דבמלכים כתיב ויקח יהוידע הכהן ארון אחד ויקוב חור בדלתו ויתן אותו אצל המזבח בימין וגו' ובד״ה כתיב ויאמר המלך ויעשו ארון ויתנהו בשער בית ה' החוצה משמע דב' ארונות עשה א' בפנים וא' בחוץ

ריבב״ן

אשם מלורע ומותר מנחת חוטא ומותר עשירית האיפה של כ״ג שגם היא נקראת חטאת שנאמר יביא חטאתו זו עשירית האיפה.ר' הושעיא אמר כנגד מותר חטאת ומותר אשם ומותר אשם נזיר ומותר אשם מלורע ומותר קינין אלו קיני חובה ומותר מנחת חוטא מכל אלו לוקחין עולות הבשר לשם והעורות לכהנים כשאר עולות שנאמר עור העולה אשר הקריב לכהן לו יהיה. כתוב אחד אומר אשם הוא אשום אשם לה' וכתיב בפרשת נשא האשם המושב לה' לכהן הא כילד כל שהוא בא משום חטא ומשום אשמה שהיה חייב אשם כגון אשם גזלות אשם מעילות אשם תלוי אשם שפחה חרופה אשם נזיר אשם מלורע אם הפריש אשמו ונאבד והביא אחר תחתיו ונמלא הראשון ירעה עד שיסתאב וימכר ויפלו דמיו לנדבה . מותר חטאת מי שהפריש חטאתו ואבדה והביא אחרת תחתיה ונמלאת הראשונה לרבנן דפליגי עליה דר' בתמורה פ״ד תרעה עד שתסתאב ויפלו דמיה לנדבה דלא אזלא למיתה אלא אם נמלאת לאחר כפרה ולר' דאמר אפילו נמלאת לאחר הפרשה אזלא למיתה משכחת לה כגון שהפריש שתי בהמות לאחריות ואחת תרעה . ולר' שמעון דאמר כל אבודין מתין אפילו הפרישן לאחריות לא משכחת לה אלא כדאמר ר' אמי הפריש שני לבורי מעות מתכפר באחד מהן והשני יפלו לנדבה ומוקי לה בתמורה פ״ד אליבא דר' שמעון . א״נ הפריש מעות לכל אלו ונותרו מותרן נדבה :

תקלין חדתין

כך הוא דינה שמביא דמיהן של שני התורים ונותנת בשופר שכתוב עליה קינין שבם נותנין מעות קיני חובה: ואוכלת בקדשים·שם גרם וטובלת כדתנן חגיגה (כ״א) האונן והמחוסר כיפורים לריכים טבילה לקודש : שמא יתעלל בהן · דחזקה כהנים עושין שליחותן כדאמרינן במנחות (כ״ז ב') : ה״ג ואינו חושש שמא דמי חטאות מתות מעורבות בהן מדאמרי' שמטיל בשופר זה ולא פליג עליה רבי יהודה : כי קאמרינן בחטאת שמתו בעליה ודאי · דחיישינן שמא יתודע בבירור שמתה א' ונמלא כולן אזלי לאיבוד אבל למיחש שמא תמות לא חיישינן : ואי אמרינן ברירה כו' ד' זוזי · שיעור דמי פרידה אחת כדתנן בקינין עמדו קינין ברבעתים : ר״י ל״ע ברירה · ואנן לר״י קיימינן : בעי · שאל מה שאמר אב יקכימו כן כדפריסית בפרק קמא : מביא גזיר א' · דחשיב קרבן בפ״ע שזה קרבן בפ״ע . כ״א מהגיזרין : בידם · ביד כל אחד גזיר א' ש״מ דכל אחד קרבן בפ״ע ולכן היה כהן לכל אחד : שוחקת · רווחת וגדולה · ועוביין של כל אחד וא' כדאמר שכל א' קרבן בפ״ע ולכן קאי אכ״א בפ״ע דלא כרא״פ : גדומה · פחותה : טורטני · קנה מאזנים ואפי' כ״ש בעוביה · א״נ שיהיו שוין בהיקש אורכן כעוביין כקנה מאזנים שוין · כך למדתי ממשמעות פי' הרמב״ם במתני' · א״נ כמחק גודש קאה כמ״ש בבבלי זבחים (ס״ב ב') : לפי שלא היה כו' · דבעינן עלים ע״ג המזבח שלא ילאו העלים מן המזבח לפיכך לא היו העלים אלא אמה גדומה : ותני כן · שלא היה מקום המערכה אלא אמה : ה״ג אמה כרכוב אמה קרנות אמה מערכה · דאמה שבין הקרנות ומקום הילוך ממעטין בו אמתים לכל לד פש ליה אמה על אמה · וזה הביא ראיה דאמה כרכוב ואמה קרנות א״כ לא נשאר רק אמה מערכה : לבונה לא יפחות מקומץ נאמר כאן כו' · הכא במתני' בלבונה הבאה בפני עלמה איירי ולא אשכחן קומץ אחד רק בלבונה הבאה עם המנחה וכלל עמה לבונה דבפני עלמה בשיעורן ומפני שרולה לפרש משנתינו התחיל לפרש לבונה הבאה עם המנחה שממנה יתפרש לבונה בפ״ע דמתני' : נאמר כאן · היינו בלבונה הבאה עם המנחה כתיב ואת כל הלבונה וגו' אזכרתה לה' ומשמע להו דאת כל הלבונה דקאמר היינו כל שם הקטרת לבונה אף הבאה בפני עלמו וכדמשמע בבבלי מנחות (ק״ו ב') : ונאמר להלן · בלחם הפנים ונתת על המערכת לבונה זכה וגו' לאזכרה : מה להלן מלא קומץ · למערכה וכדתנן במתני' דמנחות (ק״ו ב') ואם חסר ממלא קומץ פסול כדאמר שם בהדיא : אף כאן מלא קומץ · וחסר פסול : ה״ג אי מה להלן ב' קמלים · בלחם הפנים כמ״ש במתני' ב' בזיכין ב' קומלין לכל מערכה קומץ א' ה״כ הכא : כלום למדו לקומץ מלחם הפנים אלא ממנחה למדו · ר' אילא בא לסתור מה דהתחיל ללמוד מלחם הפנים ואמר כלום למדו לקומץ מלחם הפנים וכי שיעורא דקומץ לבונה הן הבאה עם המנחה הן בפני עלמה למדו מלחם הפנים אלא ממנחה למדו כדאמרינן במנחות (ק״ו ב') דכתיב והרים ממנו בקומלו מסלת המנחה ומשמנה ואת כל הלבונה מקיש לבונה להרמה דמנחה מה הרמה דמנחה קומץ אף לבונה נ״כ קומץ ומינה מה להלן קימוץ החסר כשר אף כאן קימוץ החסר כשר להאי סוגיא נ״ל דרב אילא ס״ל בלבונה הבאה עם המנחה כר״ש ור״י דאפליגו במנחות (י״א ב') גבי חיסר לבונתה וס״ל דכשר וגם ס״ל כחד מהני אמוראי ר' אמי ור״י נפקא דס״ל כמחלוקת בלבונה הבאה עם המנחה הכי נמי בלבונה בפני עלמו ס״ל לר״ש ור״י דקומץ החסר כשר מפא״כ בקמלין דבזיכין דלחם הפנים לדברי הכל חסר פסול כדאמר התם : מילתיה דר״א אמרה · מדבריו מוכח : ה״ג המתנדב לבונה מביאה בקומלו של כהן · דהואיל דלמד ממנחה ודינו כלבונה הבאה עם המנחה אף לקולא אם כן לכולא מילתא נשויה דמשערינן בשיעור קומלו של יד הכהן : אפילו בקומץ בעלים · דמ״מ נדבה בפני עלמו היא : לורה · מטבע כמ״ש בגמרא אלורתא דזוזי : לינורא · מזלג קטן : כנגד ו' בתי כו' · שכל משמר חלוק לו' בתי אבות כנגד ו' ימי השבוע זה עובד יומו וזה יומו ובשבת כולן שוין ולכן תקנו ו' שופרות שלא יטול זה משופרו של זה ולא אתי לאינלויי כדאיתא בבבלי מנחות (ק״ו) וע״ש : ששה בהמות פר . שהמתנדב פר לעולה מביא ונותן לשופר ששמו פר במנה אחד דפר במנה אחד : ועגל · המתנדבו מביא ה' סלעים ונותן לשופר ששמו עגל וכן כולם והכהנים נוקחים משופר ששמו פר ומקריבים פר ויקרבו מאותו שופר פרים עד שיכלו המעות ולהכי נקט ששה בהמות שאין עולה באה אלא מששה בהמות אלו : כנגד ששה קרבנות · המנויין בפ״ב מתני' ה' : שופרות הרבה · כדי שלא יתעפשו המעות והתם מפרש מ״ט דמר דלא אמר כמר: ה״ג וככלותם גו' כמ״ש בפנים· ואגב דמזכיר במתניתין מדרש יהוידע לא יובא בית ה' דריש להני קראי ורמי קראי אהדדי הכי גרסי' בבבלי כתובות (קו ב) ומשני

משנת אליהו

גירסאות לתלמודים בהא דתני ר״י בר״י : תני כן אמה כרכוב כו'. מרן לא גרס אמה יסוד ואמה סובב וטעמו מסוגיא דזבחים (ס״ב א') וע״ש ובפי' רש״י וז״ש כאן להביא ראיה שמקום המערכה אמה על אמה דאמה היה כרכוב ואמה קרנות וממילא רק אמה מערכה ועי' מנחות (נ״ז ב') בסוגיא : נאמר כאן כו' . עי' רש״י במנחות (ק״ו ב') ד״ה מנ״ל דסתם כו' ושם (י״א ב') ד״ה לבונה כו' הבאה בפ״ע כגון האומר הרי עלי כו' . וכדפרישית לגירסת רבינו דרצה לאוכוחי דלבונה הבאה בפ״ע קומץ א' ומתהיל בלימוד לבונה הבאה עם מנחה דקומץ א' ג״כ אינו מפורש בהדיא ולמד מלחה״פ לחומרא רק דמשם הקשה דאימא ב' קומלין ודחה כלום למדו קומץ כל עיקרא דקומץ ממנחה למדו וגדולה מזו אף קומץ דלחה״פ למד בספרא ג״כ ממנחה בספרא פ' אמור פרשה י״ג הלכה ז' לאזכרה ר״ש אומר נאמרה כאן אזכרה ונאמרה להלן (במנחה) אזכרה מה אזכרה האמור להלן מלא הקומץ אף כאן מלא קומץ מלמד שהיא טעונה ב' קמלין מלא הקומץ לסדר זה ומלא הקומץ לסדר זה עכ״ל ועי' תוס' דמנחות (י״א ב') ד״ה קומץ כו' וגיר' הספרים ופירושי המפרשים אין הדעת סובלתן: ה״ג מביאה בקומלו של כהן . עי' תוס' דמנחות (ק״ו ב') ד״ה לא יפחות כו' והבק״ע לא ראה דברי התוס' ונדחק מאד לפרש כהן גדול הגדול שבכהנים ושגה מאוד :

הדרן עלך שלשה עשר שופרות

עין משפט נר מצוה

כד א מיי' פרק ח' ממחוסרי כפרה הלכה יג:
כה ב מיי' פרק ט״ו ממעה״ק הל״ע:
כו ג מיי' פרק ז מאיסורי מזבח הלכה ג:
כז ד מיי' פרק ב מבית הבחירה הלכה יז:
כח ה מיי' פרק ה מתמידין הל״ב:
כט ו מיי' פרק ב מערכין הל״ח:

א) יומא נח ב: ב) ירושלמי שבועות פ״ט הלכה ה: ג) שם כו ב: ד) עי' מנחות קו ב: ה) זבחים סב ב: ו) ע״ש ע״א: ז) תורת כהנים פ' אמור פי״ג ועיין תוספתא מנחות פי״א וש״ס מנחות קו ב: ח) מנחות קו א: ט) שם ע״ב: י) ע״ש קה א: כ) עי' כתובות קו ב:

נוסחת הבבלי

(א) אלא ממנחת חוטא כו' אמרה (הא דתני) המתנדב מנחה מביאה כו' ר' אלעי בשם ר״א בשם ר' כו': (ב) רב אמר כנגד כו' ור' חזקיה אמר כנגד כו' מרובה לפיכך הרבו לה כו': (ג) ר״ש בר' נחמני בשם ר' נתן כו' ויתנהו בשער בית ה' כו' רבהונא אמר מפני כו' רב הונא בשם ר' יוסי כו':

הגהות הגר״א

[א] נ״ל ואין חושש ומלת כהן נמחק : [ב] ואי אמרי' ברירה נברור ד' זוזי וכו'. כצ״ל : [ג] מלות קרבן לרבות את העצי' ל״ג : [ד] ה״ג אמה כרכוב אמה קרנות אמה מערכה כצ״ל . וז״ל בעל ת״ח מרן לא גרס אמה יסוד ואמה סובב וטעמו מסוגיא דזבחים (סב.) וע״ש וכפרש״י וז״ש להביא ראי' שמקום המערכה אמה על אמה דאמה היה כרכוב ואמה קרנות וממילא רק אמה מערכה ועיין במנחו' (נז :)בסוגיא: [ה] ה״ג א״ר אילא כלום למדו לקומץ מלחם הפנים אלא ממנחה למדו מה להלן קימוץ החסר כשר אף כאן קימוץ החסר כשר כצ״ל . וה״פ אילא בא לסתור מה דהתחיל ללמוד מלחם הפנים ואמר כלום למדו לקומץ מלחם הפנים וכי שיעורא דקומץ לבונה הן הבאה עם המנחה הן בפ״ע למדו מלה״פ אלא ממנחה למדו כדאמרינן במנחות (קו :) דכתיב והרים ממנו בקומצו מסלת המנחה ומשמנה ואת כל הלבונה מקיש לבונה להרמה דמנחה מה הרמה דמנחה קומץ אף לבונה ג״כ קומץ ומינה מה להלן קימוץ החסר כשר אף כאן קימוץ החסר כשר להאי סוגיא נ״ל דר' אילא ס״ל בלבונה הבאה עם המנחה כר״ש ור״י דאיפלגו במנחות (יא :) גבי חיסר לבונתה וס״ל דכשר וגם ס״ל כחד מהני אמוראי ר' חמי ור״י נפקא דס״ל כמחלוקת בלבונה הבאה עם המנחה ה״נ בלבונה בפ״ע ס״ל לר״ש ור״י דקומץ החסר כשר מפא״כ בקמצין דבזיכין דלהה״פ לד״ה חסר פסול כדאמר התם כנ״ל הפירוש בסוגיא זו וגי' הספרים ופירושי המפרשים אין הדעת סובלתן. כ״ז הועתק מס' ת״ח ע״ש : [ו] נ״ל מביאה בקומצו של כהן ול״ג כ״ג . ועי' תוספות מנחות (קו :) ד״ה לא יפחות וכו'. והבק״ע לא ראה דברי תוס' ונדחק מאוד לפרש כהן גדול שבכהנים ועי' בספר ת״ח : [ז] ס״ג חטאות ואשמות ועשירית האיפה כצ״ל : [ח] ה״ג כתיב וככלותם הביאו לפני המלך ויהוידע את שאר הכסף ויעשהו כלים לבית ה' כלי שרת וכתיב אך לא יעשה בבית ה' וכו' . ר״ש

גליון הש״ס

[א] עי' תוספות מנחות דף קו ע״ב ד״ה לא : [ב] עי' תוספות מנחות דף יא ע״ב ד״ה קומץ : [ג] הגר״א הגיה כשר ועי' ברמב״ם פי״א מפהמ״ק הלכה ח פסק דחיסר לבונתה כשר ועי' בכ״מ שם ואפשר שסמך על הירושלמי לפי גירסת הגר״א : [ד] עי' תוס' מנחות דף קו ע״ב ד״ה לא :

ציון ירושלים

חזקיה אמר כנגד ששה בתי אבות . עי' רש״י פסחים דף נ״ז ד״ה לערב שכתב שמשמר נתחלק לששה בתים אבל בתענית דף ע״ו ע״ב ד״ה אנשי כתב לשבעה וכ״כ הריטב״א בתענית וברטנורה פ״א ממדות ופ״א מתמיד כתב לשבעה וכ״כ הברטנורה פ״ב דתענית מ״ו והארכתי בזה הרבה והראיתי כמה מקומות בש״ס שגם בשבת היו משמרות

ומסתמא לשני מינין נדבות עשה אותן: מפני הטמאין · לעולם נדבה א' היתה אלא שיהוידע נתנו בפנים אבל המלך אמר שיתנהו בחוץ כדי שיוכלו גם הטמאים דהיינו טמאי מת ושרץ ליתן לתוכו שהם מותרים לבא במחנה לויה: על שם וכו' · כלומר ע"כ לומר דשתי נדבות היו דבמלכים כתיב אך לא יעשה בית ה' ספות מזמרות וכו' מן הכסף המובא בית ה' ובד"ה כתיב וככלותם וגו' את שאר הכסף ויעשוהו כלי שרת אלא ודאי דשתי נדבות היו ומן הכסף המובא בית ה' והיינו הנדבה הכתובה במלכים לא נעשו כלי שרת אבל מנדבה הכתובה בד"ה והיא ניתנה חוץ לבית ה' ממנה עשו כלי שרת: ה"ג ספות כסף וכו' . מן כסף המובא בית ה'.: הדרן עלך פרק שלשה עשר שופרות

תורה אור

נוסחאות ישנות

(מ"ב יב) (ד"ה כד) (מ"ב יב)

יתני דבי ר' ישמעאל נדבה אחת דכתיב °ויאמר א) המלך ויעשו ארון אחד ויתנהו בהיכל בית ה' ויקב חור בדלתו והא דכתיב °ויאמר המלך ויעשו ארון אחד ויתנהו בשער בית ה' חוצה אמר רב חונא מפני הטמאים ר"ח בשם ר' יוסף (על שם) °אך לא יעשה בית ה' ספות כסף מזמרות וגו':

הדרן עלך פרק י"ג שופרות

הלכה א מתני'

[א]מעות שנמצאו בין השקלים לנדבה קרוב לשקלים יפלו לשקלים לנדבה יפלו לנדבה מחצה למחצה יפלו לנדבה [ב]בין עצים ללבונה קרוב לעצים יפלו לעצים ללבונה יפלו ללבונה מחצה למחצה יפלו ללבונה בין קינין לגוזלי עולה קרוב לקנין יפלו (א) לקינין קרוב לגוזלי עולה יפלו לגוזלי עולה מחצה למחצה יפלו לגוזלי עולה [ג]בין חולין למעשר שני קרוב לחולין יפלו לחולין למעשר שני יפלו למעשר שני מחצה למחצה יפלו למעשר שני זה הכלל הולכין אחר הקרוב להקל מחצה למחצה להחמיר: **גמ'** לא הוצרכה דלא בין שקלים לקינים ר' אבון בשם ר' פנחס (ג) כמין בוכלייאר היו עשוין מחצה למחצה יפלו לנדבה [א](לא צורכה דלא מחצה למחצה יפלו לשקלים) אית דבעי מימר שמא יפלו לשירי הלשכה אית דבעי מימר מחצה למחצה כמי שמת א"ר ג) יסא עד דאנא תמן שמעית קל רב יהודה שאל לשמואל [ד]הפריש שקלו ומת אמר ליה יפלו לנדבה (מותר) עשירית האיפה שלו רבי יוחנן אמר יוליכם לים המלח רבי לעזר אמר יפלו לנדבה וקשיא ויש חטאת קריבה עולה *חזקיה (אחי) בשם רבי רבי שמעון בן לקיש תנאי בית דין הוא על המותרות שיקרבו עולות האשה הזאת במה היא מתכפרת אמר ג) ר' יצחק [ה] תנאי ב"ד הוא [ה]המספק את הקינין הוא מספק את [ב] הפסולות לא צורכה [ג] דלא בין קטורת לעצים ללבונה לזהב לכפורת ותניתה בסופה זה הכלל הולכין אחר הקרוב מחצה למחצה להחמיר:

הלכה ב מתני'

[ו]מעות ד) שנמצאו לפני סוחרי בהמה לעולם מעשר ובהר הבית חולין (ג) [ח]ובירושלם בשאר כל ימות השנה חולין ובשעת הרגל הכל מעשר [ט]בשר שנמצא בעזרה איברים עולות וחתיכות חטאות ובירושלם זבחי שלמים זה וזה תעובר צורתו ויצא לבית השריפה נמצא ה) בגבולין אברים נבילות וחתיכות מותרות ובשעת

הלכה א מתני' יפלו לשקלים · דבתר קרוב אזלינן כדכתיב והיתה העיר הקרובה אל החלל: מחצה על מחצה יפלו לנדבה . בגמ' מפרש טעמא: מחצה על מחצה יפלו ללבונה · דלבונה היא עצמה קרבן ועצים מכשירי קרבן: מחצה על מחצה יפלו לגוזלי עולה . מפרש בגמ': **גמ'** ופריך לא צורכה · לא היה לו לתנא לשנות אלא מעות שנמצאו בין שקלים לקיני' שהרי שופר של שקלים היה סמוך לקינים כפי סדר השנוי בפ' דלעיל ולא לנדבה שהנדבה בסוף ושקלים בראש: ומשני כמין כובליים · פי' בעיגול סביב היו עומדין והיו השקלים סמוך לנדבה מצד א': ופריך לא צורכה · לא הל"ל אלא מחצה למחצה יפלו לשקלים שמביאין מהן קרבנות צבור הקבועים משא"כ נדבה שאינן אלא לקיץ המזבח: ומשני אית דבעי וכו'. יש שרצו לתרץ דהיינו טעמא דלא יפלו לשקלים דלפעמים יותרו השקלים ושירי שקלים לחומת העיר ולא לקרבנות באין נמצא שהנדבה חמורה ממנה: מחצה למחצה · שקלים שנמצאו במחצה למחצה ה"ל כשקל שמתו בעליו שנופל לנדבה כדמסיק: עד דאנא תמן · כשהייתי בבבל שמעתי ששאל ר"י לשמואל הפריש שקלו ומת מה יעשה בו: מותר עשירית האיפה שלו . של כה"ג מה יעשה בו: יוליכם לים המלח לא נהנין ולא מועלין בו · וקשיא ויש חטאת וכו' · אמתני' פריך דתני בין קינין וכו' מחצה למחצה יפלו לגוזל עולה בשלמא קרוב לגוזלי עולה כיון דמדאורייתא אזלינן בתר קורבה הוה כאילו הן ודאי גוזלי עולה אלא מחצה על מחצה דמספיקא שדינן להו לגוזלי עולה קשיא וכי חטאת יכול להקריב עולה מספק: ומשני תנאי ב"ד הוא על המותרות שיקרבו עולות · אע"ג דמותרות חטאת הן ה"נ תנאי בית דין הוא שיקרבו עולות: ופריך האשה הזאת שהביאה המעות הללו במה תתכפר · כלומר שמא מקיני חובה נפלו ובמה תתכפר שהרי לא הקריבה חטאתה: ומשני תנאי ב"ד הוא המספק את הקינין מספק את הפסולות · ואף זו מן הפסולות היא וצריך המספק קינין ליתן קינין כפי המעות הנמצאים ושוחטן חטאת על הספק דחטאת העוף באה על הספק ואינה נאכלת: ופריך לא צורכה · וכי לא היה צריך לתנא לשנות נמי בין קטורת לעצים ובין לבונה לזהב לכפורת מה דינם: ומשני ותניתה בסיפה · כבר תנא בסיפא זה הכלל הולכין אחר הקרוב וכו' ומרבינן הכל בזה הכלל ומיהו הנך דתני איצטריך לאשמעי' שום חידוש כדשנין:

הלכה ב מתני' לעולם מעשר · אפי' כל השנה כולה לפי שעולי רגלים אין מספיקין להוציא כל מעשר שני שלהם ברגלים ומניחין אותן לקרוביהם או לאהוביהן במתנה הנאה והן אוכלין אותן בקדושתן ועיקר אכילת מעות מעשר שלמים היו מביאין מהן הלכך לוקחין מהן בהמות ואע"ג דאיכא למימר שמא מן המוכרין נפלו ונתחללו כבר כיון דלוקחין הוי רובא שהרי כמה אנשים לוקחים מתגר א' אמרי דלוקחין הן ולא נתחללו והרי הן מעשר: בהר הבית חולין · ואפילו ברגל שרוב מעות שביד בני אדם אז הן של מעשר אפ"ה הוי חולין דאזלינן בתר רובא דשתא ואימור מקמי רגל נפיל: בירושלם · שלא בשוק הבהמות: בשעת הרגל הכל מעשר. ולא אזלינן בתר רוב שתא לפי ששוקי ירושלם עשוי להתכבד בכל יום ואי נפל מקודם כבר נמצאו אבל הר הבית לא היה עשוי להתכבד לפי שהוא גבוה והרוח מכבד ומסיר כל האבק וגם אין אדם רשאי ליכנס להר הבית באבק שברגליו לפיכך אין אבק מצוי שם: איברים עולות · כיון שמנותח כדרך הניתוח המפורש בעולות בידוע שהן של עולות: וחתיכות חטאות · דאין אוכלין בעזרה אלא חטאות ואשמות: בירושלם זבחי שלמים. דרוב בשר הנאכל בירושלם הוי שלמים: זה וזה. בין שנמצא בעזרה בין שנמצא בירושלים תעובר צורתן לפי שנפסל בהיסח הדעת אסורין באכילה ואין לזלזל בהן ולשרפן עד שיפסלו בודאי הלכך טעונין עיבור צורה והיינו שיפסלו בנותר ועבור צורה דשלמים עד יום השלישי: נמצאו בגבולין · בערי ישראל: איברים נבילות. שכן דרך שחותכין הנבילות לאיברים ומשליכן ברחובות שיאכלוהו הכלבים: חתיכות מותרין · שאין דרך לחתוך

ריבב"ן

מתני' מעות שנמצאו בין שופר שקלים לשופר נדבה הולכין אחר הקרוב בין להקל בין להחמיר מחצה על מחצה יפלו לנדבה דנדבה חמורה דכולה עולה אבל שקלים שיריהן קילי קדושתייהו דניתנין לחומת העיר ומגדלותיה. לבונה חמירא דלבונה היא עצמה קריבה אבל עצים הן מכשירי קרבן. בין קינין לגוזלי עולה יפלו לגוזלי עולה שהמן כרבנן דקיני חובה הן ואחד לעולה וא' לחטאת וחטאת הבשר נאכל לכהנים ומיד שיש לו שעת היתר לכהנים אין בו מעילה והעולה כליל וחמירא טפי. בין חולין למעשר שני לאו במקדש עסקינן אלא אם היו שני צבורי מעות בתיבתו מחלה למחלה יפלו למע"ש ויאכלם בירושלים כגון שאשתמש בהן כאחד דאי לא הוה אזלינן בהר בתרא כדמוכח בפסחים בפ"ק (דף ז):

מתני' מעות שנמצאו לפני סוחרי בהמה בירושלים לעולם מעשר שני לפי שרוב מעות מעשר שני לשלמים אזלא דאתיא שם שם כתיב הכא ואכלת לפני ה' אלהיך מעשר דגנך ותירושך וגו' עד ואכלה ששוגו' והתם [כתיב] וזבחת שלמים ואכלת שם [דברים כז] לא שאינו רשאי לאוכלן בתורת חולין כלל אפילו בירושלים דאפילו בהתפסה לשלמים לא תפסי דאמרינן בפרק התודה א"ר אמי המתפים מעות מעשר לשלמים לא קנו שלמים ואם רצה ליקח בהן חטין או דבר אחר רשאי והגיא התם הלוקח חיה לזבחי שלמים ובהמה לבשר תאוה לא יצא העור לחולין כגון שלקחה ממעות מעשר שני ומפרש דאפילו העור אינו בתורת לצאת העור לחולין כשאר שלמים שהעור לחולין ואפילו של מע"ש דאמרינן בעירובין פ"ג בבקר מלמד שלוקחין בקר אגב עורו דפשיטא שהעור חולין גמור: ובהר הבית חולין. ירושלמי אמר רבא בר חייא בשם ר' יוחנן חזקה שאין כהן מוליא מעות מן הלשכה עד שמחללת על הבהמה: [ובירושלים] בשאר כל ימות השנה חולין ובשעת הרגל מעשר מפרש בפסחים פ"ק אמר רב שמעיה בר זירא מ"ט הואיל ושוקי ירושלים עשוין להתכבד בכל יום וקמאי קמאי אזלו להו: מתני' דלא כר' יוסי דתניא [תוספתא פ"ג] א"ר יוסי אלו דברי בית שמאי אבל ב"ה אומרים לעולם מעשר חוץ מהנמלאין בהר הבית בשאר ימות השנה שהן חולין: **מתני'** אברין עולות ודווקא שמנותחין כמפורש במס' יומא פ"ב וחתיכות חטאות וה"ה דאיכא לספוקי באשם אבל חטאת שכיחא טפי מ"מ אכילתן שוה ליום ולילה ודוקא בעזרה איכא לספוקי בחטאת אבל בירושלים לא דאינה נאכלת חוץ לעזרה בירושלים בין אברין בין חתיכות זבחי שלמים ומעשר בהמה ומידי דשכיחא נקט: זה וזה תעובר צורתו ויצא לבית השרפה. ירושלמי אמר ר' יוסי יאות לאוכלו אי את יכול שמא נתקלקלה צורתו פי' שמא הוא נותר לשורפו אי את יכול שמא לא נתקלקלה צורתו כלומר שמא עדיין לא בא לידי נותר לפום כן צריך מימר העובר למחר ויצא לבית השרפה ולזבחי שלמים צריך אתה לפרש העובר צורתו עד יום ג' שמא היום נשחט ואינו נותר עד יום ג' לשחיטתו: **מתני'** אברין נבלות והאוכלן לוקה לפי שנתנבלה השליכוה אברין · חתיכות מותרות ירושלמי חתיכות מותרות לא ממש מותרות אלא מותרות משום נבילה שאין

תקלין חדתין

דשב"כ ב' נדבות היו ובד"ה מיירי נדבה אחרת היא לא לבד"ה ודריש את שאר הכסף היינו נדבה אחרת ובמלכים דבד"ה הוא: נדבה אחת מאי ככלותם · כלומר הך קרא דככלותם דכתיב ביה ויעשהו כלים לבית ה': לאחר שהותירו · ודריש שאר הכסף המותר ממה שנגבו לבדק הבית עשו כלי שרת דלב ב"ד מתנה עליהן והוא כאוקימתא דבבלי שם: וקשיא על דר"י . דאמר נדבה אחת: בשער בית ה' חוצה · משמע דשני ארונות היו אחד עמס בחוץ ואחד בפנים אלמא דשני נדבות היו: ומשני דלעולם א' היתה והשני היה מפני הטמאים שאסורין ליכנס ולכן נתנו להארון חוצה שיתנו שם: הדרן עלך שלשה עשר שופרות

מתני' מעות שנמצאו כו': יפלו לשקלים · דבתר קרוב אזלינן: לנדבה · מפרש בגמרא: ללבונה · דלבונה עצמה קרבן ועצים מכשירי קרבן: **גמ'** לא צריכה דלא כו' · קושיא היא דפריך וכי לא היה צריך למיתני בין שקלים לקינין שהיו סמוכין זה לזה כדתנן בפ"ו מתני' ה' ושופר נדבה היה בסוף: קובלייס · משני דבעיגול היו נתונים והיו השקלים סמוכים לנדבה מצד א': ה"ג מחצה על מחצה יפלו לנדבה אית כו' שמא יפלו לשירי לשכה · שמהם לוקחים לחומת העיר ולא לקרבן ולכן יפלו לנדבה שיביאו ממנה קיץ המזבח עולות: כמי שמת · כמי שהפרים שקלו ומת דאף זה הוא בלא בעלים כמו במת ובמת דינן דיפלו לנדבה כדאמר בסמוך: הפריש שקלו כו' · פרישנא בפרק ב': וקשיא יש חטאת כו' · אשמלא בין קינין לגוזלי עולה פריך דקתני במתני' יפלו לגוזלי עולה והא בקינין הוי אחד חטאת כו': ה"ג תנאי ב"ד על המותרות · דהיינו כהאי גוונא שנתותרו על ידי שנאבדו ואי אפשר להביאם לידי קינין הוי ליה כמותר חטאת דתנן בפ"ב ומותריהן נדבה והן עולות לקיץ המזבח: אם כן דתנאי ב"ד שיקרבו עולות לבד ולא יבא זאת לחטאת במה מתכפרת שצריכה א' לכפרה והוא החטאת וכאן לא יקריבו אלא עולות שאינן לכפרה דהיכא דקרוב לגוזלי עולה ניחא כיון דמדאורייתא אזלינן בתר קרוב אמרינן ודאי של גוזלי עולה מה שאין כן הכא דאמרינן משום חומרא דספיקא הא לא תתכפר בחטאת: ה"ג המספק את הפיטג מספק את הפסולות ואת האובדות ואם כן בכהאי גוונא יספיק המספק להקריב חטאת לכפרתה: ה"ג לא צריכה דלא בין קינין כו' · וכי לא היה צריך למיתני בכמלא בין קינין לעצים וכן בין לבונה לזהב דחשיב במתני' דשופרות לעיל ומשני תנינא זה הכלל דכלל מה דשייך והא דתני בין מעשר לאשמועינן דל"ד בשופרות אלא ה"ה בעלמא ובאלו השלשה דחשיב קמ"ל טעמא כדאמר בגמרא אית דבעי כו' ודכמין כובלייא · ובלבונה קמ"ל דלקרבן עדיף מעצים דמכשירי קרבן הן וקמ"ל דיש חילוק ביניהם וכסוגיא דלעיל ולא כמ"ד דמשנה אותם ובגוזלי עולה סברא דתנאי ב"ד ולכן פריש הכי: **מתני'** מעות שנמצאו כו' · רוב אוכלי בשר בירושלים כל השנה ממעות מעשר שני הן לפי שלא היו מספיקין לאכול כל מעות מעשר שני שלהן ברגל ונותנין אותן לבני העיר במתנה והן אוכלין אותן בקדושתן ועיקר אכילת מעות מעשר שלמים היו מביאים כדקי"ל במנחות פרק ב' ולהכי לוקחין מהן בהמות דכל זמן שיש לו מעות מעשר אינו מוציא מעות חולין ואע"ג דאיכא למימר שמא מיד המוכר נפלו ומעות חולין הן ספק איסורא לחומרא א"נ משום דלוקחין הוו רובא דכמה ב"א עומדין על בהמה אחת לקנות: בהר הבית לעולם חולין ואפילו בשעת הרגל שיש מעות מעשר מרובין בירושלים ממעות חולין לא מספקינן להו במעשר דאזלינן בתר רובא דשתא ואמרינן לאו האידנא נפול אלא קודם הרגל: ובירושלים · בשאר ימות השנה חולין דרוב מעות העיר חולין ובשעת הרגל מעשר כדמפרש טעמא בפסחים (ז' א')

משנת אליהו

ה"ג מחצה על מחצה יפלו לנדבה אית דבעי מימר כו' . הרמב"ם ז"ל פירש במתני' דלכך יפלו לנדבה משום דחמירא משקלים דבנדבה כולן עולות משא"כ בשקלים שמביאים מהם פעמים חטאת שנאכלים לכהנים וכ"פ הרע"ב וגיר' רבינו מכוונת לשיטתו דל"ג לא צריכה דלא כו' יפלו לשקלים כנוסחי אחרינא וכמו שדחק בק"ע דלשקלים עדיפא שהוא לחטאת לקרבן צבור ומפני זה נשאר בקושיא על הרמב"ם והרע"ב אבל ברור דגי' בגמ' ככ"ל דקאי לפרושי מ"ש במתני' יפלו לשקלים ודעת הרמב"ם ז"ל דפשטא דמתני' בכולי בבא דמחצה על מחצה הולכין להחמיר כדמסיים מחצה ע"מ להחמיר וה"נ דלבונה וגוזלי עולה וא"כ ה"נ בנדבה ודאי חמירא דכולן עולות וכדחזינן גבי גוזלי עולות דמחמרינן שיפלו לגוזלי עולות אע"ג דהתם צריכה האשה להתכפר עד דפריך גמ' ומשני אלא דבגמרא קאמר דאית דבעי מימר טעמא משום שמא יפלו לשירי לשכה ולא יביא כלל לקרבנות וניחא יותר וכן

שמונים על הקינין לוקחין משל צבור כפי אותן מעות שנמצאו ומקינין אותן לבעל המעות וכו' ע"ש נראה שהיה לו גרסא אחרת כאן ובאמת שלפי מה דקי"ל כר"י דהמספק את הקינין מספק את הפסולות שהרי הרע"ב
מ"ז קשה אמאי כתב כאן דכא משל צבור ונראה כיון דטעמו דר"י משום דאינו מקבל מעותיו עד שיהא המזבח מרצה כמ"ש הרע"ב שם א"כ זה דוקא בנפסלו אבל כאן במע"מ דיקרבו הקינין לגוזלי עולה יש כאן ריצוי מזבח

מסורת הש"ס

א) א"ה ע רכו מקראות יש כאן כי רישא דקרא ויאמר המלך ויעשו ארון א' וגו' הוא בד"ה ב' כ"ד וסיפא דקרא ויקב חור בדלתו הוא במלכים ב יב: ב) לעיל פ"ב הל"ד וש"נ: ג) לקמן הל"ג: ד) ב"מ כו א פסחים ז א: ה) חולין צה א:

עין משפט נר מצוה

א א מיי' פרק ג משקלים הל"ד:
ב ב מיי' שם הל"ט:
ג ג מיי' פ"ו ממעשר שני הלכה יב:
ד ד מיי' פרק ג משקלים הל"ב:
ה ה מיי' פרק ה מפסה"ק הל"ח:
ו ו מיי' פ"ו מהל' המקדש הל"ט:
ז ז מיי' פ"ו ממעשר שני הלכה י:
ח ח מיי' שם הל"ט:
ט ט מיי' פרק י"ט מפסה"ק הל"ד:

נוסחת הבבלי

(א) לקינין לגוזלי כו': (ב) כמין קובליים כו' יפלו לשקלים אית כו' שמת (אביה) א"ר אסי כו' ומת מהו א"ל כו' עולה רבי חזקי' אמר בשם ר"ל תנאי ב"ד כו' עולות אם כן האשה כו': (ג) בירושלם בשעת הרגל מעשר ובשאר כל ימו' השנה חולין:

הגהות הגר"א

בר נחמני בשם ר' נתן אמר ב' נדבות עשה ותנא דבי ר"י נדבה אחת מאי ככלותם לאחר שהותירו וקשיא על דר"י כתיב ויקח יהוידע הכהן ארון אחד ויקב חור בדלתו ויתן אותו אצל המזבח וגו' וכתיב ויאמר המלך ויעשו ארון אחד ויתנהו בשער בית ה' חוצה רב הונא אמר מפני הטמאים כו' [א] השורה הסמוכה כאן ל"ג לא צריכה כו' [ב] צ"ל המספק את הפסולות ואת האובדות: [ג] צ"ל דלא בין קינין לעצים בין לבונה לזהב לכפורת כו':

ציון ירושלים

משמרות ועי' ימות דף ק' ר"ש כל שבתות שם כתב ... אבל בגמ' שם ... תנאי ב"ד הוא המספק את הקינין מספק את הפסולות: עש"ך

גליון הש"ס

[א] עיין ק"ע ... ברע"ב כתב בשם ירושלמי דבית דין ...

לחתיכות קטנות אלא הכשרוה למכרן או לתת אותן לקדרה: שהבשר מרובה · ואין חותכין הבשר לחתיכות קטנות אלא מבשלים אותו איברים: גמ׳ ופריך לא צורכה. לא ה״ל לתנא למתני אלא בהר הבית קדש דודאי מתרומת הלשכה נפל שהרי אין אדם רשאי לכנוס לשם במעות צרורין בסדינן: הזקה שאין הכהן. הגזבר אין מוציא מעות מן הלשכה אלא אם כן נתחלל הלכך כל הנמצא בהר הבית חולין: הסיע דעת. היסח הדעת מן הקדשים אע״ג דפסולין טעונין עיבור צורה קודם שריפתו: מתניתא אמרה כן. כלומר מתני׳ נמי דייקי: ויאות. בתמיה וכי שפיר קאמרת דלמא במתני׳ אין הטעם משום היסח הדעת דכל שהוא בעזרה לא מיקרי היסח הדעת דליכא למיחש לשום טומאה והכא היינו טעמא דפסול שמא כבר נתעברה צורתו לפיכך טעון עיבור צורה ודאי אבל כל שנפסל בהיסח הדעת בודאי אפי׳ עיבור צורה אין צריך: לוקין עליה משום נבלה · דודאי נבלה היא: חתיכות מותרות לא ממש. דמותרות לאכול ה״נ איברים נבלות נבלות ממש דלוקין עלייהו: אם היו מחרוזות · קשורות זו בזו מותרות דודאי נפלו מיד אדם בשוגג: נתחלפו לו · אינו יודע איזו היא: חושש. ומספיקא אסורות כולן אבל אין לוקין עליו דכל קבוע כמחצה על מחצה דמי: ולנמצאת הולכין אחר הרוב · דכל דפריש מרובא פריש וכודאי טריפה הוא ולוקין עליו וכן אם הרוב כשירות אם פריש מותר אפילו באכילה: הנמצא ביד נכרי · בשר הנמצא ביד נכרי כאילו נמצא ברה״ר אם רוב טבחי ישראל מותר: הוה מסמך. היה סמוך על רבי מנא וראה נכרי א׳ חותך בשר מן הסוס ויוצא לחוץ: א״ל הא דאר״י הנמצא ביד נכרי כנמצא ברה״ר. ומותר אמאי ניחוש דלמא מן בהמתו חתך ואפי׳ מקולין וטבחי ישראל ניהו יש להוסרו: א״ל. הכי אר״י רבי והוא שראו הנכרי יוצא מן המקולין של ישראל אז סמכינן להתירו: חד בר נש וכו׳. אדם אחד בציפורי הלך ליקח בשר מן הטבח ולא נתן לו: א״ל. לחד נכרי שיקח לו והביא לו: א״ל. הרי בר נש לטבח לא לקחתי בע״כ ממך שהנכרי הביא לי: אמר. הטבח ולאו בשר נבילה מכרתי לנכרי: מעשה זה בא לפני רבי · ושאל לו אם נאמן הטבח לאסרו: ואמר · רבי לאו כל כמיניה לאסור מקולין דציפורי וכיון שלא הכריזו טריפה בו ביום הבשר מותר: רב. ירד לבבל ראה אותן שהן מקילין באיסור בשר להניחו ביד נכרי והחמיר עלייהו ואסר כל בשר שנתעלם מן העין וכלמסיק:

תורה אור

ובשעת הרגל שהבשר מרובה אף איברים מותרות: **גמ׳** לא צורכה דלא בהר הבית קודש (א) רבי בא ר׳ חייה בשם רבי יוחנן חזקה שאין הכהן מוציא מן הלשכה מעות עד שהוא מחללן על הבהמה: בשר שנמצא כו׳: רבי א) לעזר בשם ר׳ הושעיא [א] הסיע דעת טעון עיבור צורה א״ר הושעיה [א] מתני׳ אמרה כן תעובר צורתו ויצא לבית השריפה א״ר [ב] יוסי ויאות לאכלו אין את יכול שמא נתקלקל צורתו לפום כן צריך מימר תעובר צורתו ויצא לבית השריפה: נמצא בגבולין כו׳: רבי קריספא בשם (ב) רבי יוסי ברבי חנינה איברים נבילות לוקין עליהן משום נבילה מתניתא אמרה כן איברי נבילות וחתיכות מותרות חתיכות מותרות [ב] לא ממש ודכוותה איברים נבילות לוקין עליהן משום נבילה רבי קריספא בשם רבי יוסי ברבי חנינה אם ג) היו מחרוזות מותרות תשע חנויות [ג] מוכרות בשר נבילה ואחת מוכרת בשר שחוטה נתחלפו לו חושש ולנמצאת הולכין אחר הרוב תשע ג) חנויות מוכרות בשר שחוטה ואחת מוכרת בשר נבילה נתחלפו לו חושש ולנמצאת הולכין אחר הרוב א״ר יוחנן הנמצא ביד נכרי כנמצא בפלטיא (ג) רבי לעזר בי רבי חגיי הוה מסמך לר׳ מנא חמא לחד ארמאי מקטע מן סוסיה ומפיק לברא א״ל [ג] הדא היא דאמר רבי יוחנן הנמצאה ביד נכרי כנמצא בפלטיא א״ל כן א״ר יוסי [ד] ר׳ יוחנן שראו אותו יוצא ממקולין של ישראל חד בר נש בציפורין אזיל בעי מיזבון קופד מן טבחא ולא יהב ליה אמר ליה לחד רומיי ואייתי ליה א״ל לא נסבית על כרחיה א״ל ולאו בשר דנבילה יהבית ליה רבי ירמיה בשם ר׳ חנינה מעשה ד) בא לפני ר׳ ואמר לא כולא מיניה מיסר מקולין דציפורין רב נחת לתמן חמרתון מקילין וחמר עליהן חד בר נש אזיל בעי

ריבב״ן

שאין לוקין עליהן אבל אסור באכילה אברין נבילות ולוקין עליהן משום נבילות. ובשעת הרגל שהבשר מרובה אפילו אברין מותרין ודוקא מותר משום נבילה אבל באכילה אסור ואע״ג דאמרינן ט׳ חנויות כולן מוכרות בשר שחוטה וא׳ בשר נבילה ולקח מאחד מהן ואינו יודע איזו לקח ספיקו אסור ובנמצא הלך אחר הרוב ומותר באכילה. התם חתיכות ולא הרגיש כשנפל אבל אברין שמא נתגלה והשליכוה ולא נפלה מידו דמתוך כובדה היה מרגיש לפיכך השליכוה לאברין: בהמה שנמצאת וכו׳ בפ״ב דקדושין מייתי להא זכרים עולות ופריך זכרים עולות הוא דהוו ושלמים לא הוו אמר ר׳ הושעיא בבא לחוב בדמיה עסקינן וה״ק חיישינן שמא עולות נינהו ור״מ היא דאמר הקדש במזיד

תקלין חדתין

תה שהם בשעת הרגל מעשר ולא אמרינן קודם הרגל נפלו כדאמרינן בנמצאין בהר הבית הואיל ושוקי ירושלים עשויין להתכבד בכל יום מפני הטיט ולאו נפול קודם הרגל הוי משתכחי בשעת כיבוד אבל הר הבית מתוך שהוא משופע והרוח מכבדתו משפרו ועוד שאין אדם נכנס באבק שעל גבי רגליו ואינו עשוי להתכבד: גמ׳ לא צריכא כו׳ · פריך על מ״ש בהר הבית לעולם חולין · וכי לא צריכא שלא יהיה בהר הבית אלא קודש דמתרומת הלשכה נקחין שם המעות והן קודש דמחוץ אסור להביא שם מעות כדתניא בתוספתא פ״ו דברכות ולא יכנס במעות הצרורין לו בסדינו א״כ אע״ג דנימא דדוקא דרך בזיון אסור להביא לשם מעות בפרהסיא כמו בסדינו שנראה שהוא דרך גנאי כהולך לסחורה אבל בצנעה שרי מ״מ למה לעולם חולין והלא שם מעות קדש מצויין ומשני: חזקה שאין כו׳ עד שהוא מחללן על הבהמה תחלה · וכל המעות הנמצאים שם חולין ולפי׳ השני נ״ל אף על גב דברגל אפשר שיובא לשם מעות מעשר גם כן מכל מקום כיון דמעות דמקומן רק חולין ומחוזה לה בפרהסיא אסור רק בצנעא ה״ל חולין רובא ולכן הכל חולין: מתני׳ איברים עולות · שכן דרך העולות שכולן כליל ואין חותכין אותן חתיכות ודי להן לעשותן איברים איברים מה שאין כן חטאות שנאכלין חותכין אותן לחתיכות:

משנת אליהו

לאידך טעמא: לא צריכא דלא בהר הבית קדש. בפסחים ז׳ א׳ בתוס׳ ד״ה בהר הבית הקשו בשם ר״י היאך נמצאו שם הא אמר פ׳ הרואה לא יכנס בהר הבית במעות הצרורין בסדינו ותירצו דדוקא בסדינו בפרהסיא דגנאי הוא כמו כולך לסחורה אבל בצנעה שרי והתוי״ט הביא הקושי׳ א דוקא לפי׳ הא׳ של הרע״ב בפ׳ בתרא דברכות דאפונדתו הוא אזור חלול ששמים בו מעות ודבריו מוכיחים דלפי׳ הב׳ שהוא פי׳ הרמב״ם שהוא בגד הזיעה א״כ ל״ק דשרי לילך במעות כיון דבמתני׳ לא איירי באיסור לילך שם עם מעות ושגגה היא דהא הרמב״ם גופי׳ בחבורו פ״ז מהל׳ ב״ה הלכה ב׳ פוסק דאסור ליכנס במעות צרורין בסדינו ולא באפונדתו ומוא נראה שהוא משום דתוספתא ערוכה היא בפ״ו דברכות לא יכנס להר הבית במעות צרורין בסדינו כו׳ ולא באפונדתו התגורה לו מבחוץ משום שנאמר שמור רגליך כו׳ שלא ככ״מ שציין למתני׳ ולשון התוס׳ מעות שבסדינו כו׳ וכ״ה בתוס׳ ב״מ כ״ו א׳ ואפשר דבאפונדתו ס״ל כפי׳ הרמב״ם מדלא הקשו ממתני׳ דעדיפא להקשויי מינה אם לא משום דבתוספתא מפורש מעות הקשו ממנה ואפשר דלשון התוספתא משמע דאפונדתו התגורה מבחוץ בלא מעות ג״כ אסור משום בזיון כדקאמר משום שנאמר כו׳ וכה״ג פי׳ מ״ש במתני׳ אפונדהו ושיטת רש״י דמתוספת׳ משמע דשניכם במעות איירי אלא דזה בסדינו וזה באפונדתו התגורה מבחוץ ורגילין לשום בה מעות ולכן פירש גם במתני׳ כן ולדעת הרמב״ם אי הי׳ גירסתו ג״כ מבחוץ בתוספתא צ״ל דבמתני׳ חשיב לה למילתא אחריתא דהא פירושו בגד הזיעה מלבוש שנותן תחת בגדיו לקבל הזיעה ואין רגילין לילך בו כ״א בבגד עליון עליו וא״כ לא שייך התגורה מבחוץ אלא דמילתא אחריתי הוא ותרוייהו אסירי משום בזיון ומזה הפירוש דפליגי רש״י ותוס׳ עם הרמב״ם נראה דנתחלקו ונפרדו שיטתם בסוגי׳ דפסחים במעות הנמצאות כו׳ דרש״י פי׳ דעיקר טעמא דהואיל ושוקי ירושלים עשויין להתכבד לא קאי רק להסביר דלמה בירושלים בשעת הרגל מעשר ולא חולין כמו בהר הבית דשם לעולם חולין אע״ג דיש לתלות בירושלים ממעות שקודם הרגל נפול כמו בהר הבית והיינו מטעם דשוקי ירושלים עשויין להתכבד אבל לא הר הבית דמשופע והיינו משום דלחילוקם בהר הבית היו יכולים לבוא עם מעות שלא כדרך בזיון וא״כ הא דבהר הבית אף בשעת הרגל חולין ע״כ משום דאמרינן קודם הרגל נפול ממה שהביאו לשם מעות חולין דבשעת הרגל גם מה שהביאו הוא מעשר וא״כ למה לא נימא הכי גבי ירושלים דקודם הרגל נפול אע״כ משום דעשויין להתכבד כו׳. אבל הרמב״ם דשיטתו דלהר הבית אסור לבוא עם מעות בכל ענין כדסתם בחבורו בה״פ מהל׳ ב״ה. וטעמא דבהר הבית חולין מפרש הרמב״ם במתני׳ כמו דמסיק בירושלמי שהגזברין מחללין המעות על הבהמה והמעות נעשו חולין ולא ימצא בהר הבית רק חולין לכן שיטתו בסוגי׳ דפסחים שם דטעמא דהואיל ושוקי ירושלים לא קאי אשינוי דהר הבית מירושלים בדינא דשעת הרגל. כדפירש במתני׳ טעמא דשעת הרגל משום שכל ישראל יש להם או מעות מעשר בבואם לעלות לרגל וכן בהר הבית ג״כ מטעמא דירושל׳ שאין שם רק חולין אלא מפרש דקאי אירושלים ובשאר ימות השנה ולכן סתם הרמב״ם ז״ל בהלכות מ״ש וכ״ר פרק ו׳ הלכה ט׳ י׳ מעות הנמצאות בירושלים כו׳ הרי אלו חולין הואיל ושוקי ירושלים מתכבדין בכל יום כו׳ בד״א בשאר ימות השנה אבל ברגל הכל מעשר מעות הנמצאות לפני סוחרי כו׳ והנמצאות בהר הבית לעולם חולין שהזקתן מתרומת הלשכה שחללום הגזברין על הבהמה. נראין דבריו לחדיא דטעמא דהואיל לא קאי רק אשאר ימות השנה. רק שצ״ע למה לן טעמא על שאר ימות השנה בירושלים שרוב העיר חולין א״ל משום סמוך לרגל מאחריו ועי׳ בשיטה מקובצת לר׳ בצלאל בב״מ שם שכתב בשם הראב״ד דהטעם קאי על שאר ימות השנה בלבד דנימא מעשר הרגל נשארו שם וגם צ״ע למה השמיט הרי״ף והרמב״ם כל סוגי׳ דפת שעיפשה וכן אוקימתות דאוקמוהו אמוראי בתיבה של חולין כו׳ ופסק הרמב״ם שם הלכה י״א כסתמא דברייתא תיבה של חולין כו׳ דאזלינן בתר רובא וצ״ע ולשון התוס׳ שהקשו היאך נמצאו שם בהר הבית חולין תמוה שהוא נגד סוגי׳ דירושלמי שהגזברין היו מחללין ולשיטתם הי׳ להם להקשות אמאי בהר הבית אף ברגל חולין הא מביאין שם מעות מעשר ג״כ לשיטתם שאינו אסור להביא מעות לשם רק דרך בזיון וכ״ה שיטת רש״י וברש״י שברי״ף מפורש משום בזיון ע״ש ול״ע בדעת הרמב״ם הנ״ל: ה״ג היסח הדעת פסול וטעון עיבור צורה כו׳ כמ״ש בפנים. ועי׳ מה שפי׳ בקונטרס וכן נראה לי ברור שזהו טעם דרבינו הגדול משום דבפסחים (ל״ה א׳) פליגי בזה ר״ל ור״י ורבי יוחנן ס״ל דפסול טומאה הוי ור״י ורבי הושעיא דהכא בשיטתא חדא קיימין דר״י תלמידיה הוה וטעם הכרת רבינו כדפרישית בקונטרס דבעזרה מספיקא דטומאה טהור כדאמרינן בפסחים (י״ט ב׳) עזרה רה״י היא וספק ברה״ר טהור וכן הנמצא בירושלים ג״כ טהור מספק טומאה דמסקינן בעירובין (ק״א א׳) דירושלים רה״ר היא אחר שפרצו בה פרצות וכן מוכח סוגיא דפסחים (ס״ו א׳) ועי׳ תוס׳ שם ד״ה תותב כו׳ דיש איסור רה״ר בירושלים כו׳ לאחר שנפרצו בה פרצות ועיין שם בי׳ דאיסורא דאורייתא כו׳ וכ״פ הרמב״ם בפ״ח מהל׳ ק״פ הל׳ י״ח ואף את״ל דירושלים כרמלית היא בחילוק הסוגיות והמסקנות אינו ענין לדינא דידן דהא פסק הרמב״ם בפרק כ׳ מהל׳ אבות הטומאה הל׳ ב׳ דכל שהוא כרמלית לענין שבת הוי רה״ר לענין טומאה והוא בפ״ו דטהרות וא״כ אף דאיכא למיחש לטומאה ספק טומאה טהור בנידון דידן אלא משום דכה״ג דמתני׳ שנמצאו איכא למיחש שמא נתקלקלה צורתה ונפסלו בנותר וזהו דאמר ויאות כו׳ וגרסינן לשרפה כו׳ שמא לא כו׳ וזהו דוקא למ״ד היסח הדעת פסול טומאה הוי משא״כ למ״ד פסול הגוף הוי אפשר לשריפה תיכף דהא לדידיה אפי׳ יבוא אליהו ויאמר טהורה היא אין שומעין לו ולא עדיף נמצא בעזרה וירושלים מאם בא אליהו כו׳ ודוחק לאוקמי׳ בדחויא דחיקא כיחידאה ודלא כהלכתא כדדחיק בבבלי שם (ל״ד ב׳) כאי תנא ס״ל דאפי׳ פגול טעון עיבור צורה ושם אליבא אידך מ״ד דחיק לשנויי כן דהיא דעה דחויה לד״ה וכ״ס הרמב״ם שם הלכה ב׳ קרבן שנתפגל או נפסל ישרף מיד וכל שפסולו מספק תעובר צורתו ומה מתוק לפ״ז פסק הרמב״ם בהל׳ פסולי המוקדשין פרק י״ט הלכה ד׳ בשר הנמצא בעזרה איברים עולות כו׳ והנמצא בירושלים הכל תעובר צורתן ויצא לבית השריפה שמא נותר הוא כתב טעמא שמא נותר הוא כסוגיין דירושלמי זו דמספק טומאה ליכא למימר בב׳ מקומות אלו לא בעזרה ולא בירושלים כדכתיבנא והגאון בעל משנה למלך כתב שם שלא מצא דין זה אבל רבינו אם פסק כמ״ד היסח הדעת פסול טומאה או פסול הגוף וציין למ״ש הרע״ב במתני׳ זו וכייט שכתב דלאכלה א״א משום שכבר נפסל בהיסח הדעת ובשאר כצ״ע ולפי מאי דפרישית דברי הרמב״ם בזה הדין גופא מפורש הוא דאי הוה פסק דהיסח הדעת טומאת הגוף הוי היה לו לפסוק בכה״ג דישרף מיד ולא לומר שמא נותר כו׳ דאיהו גופי׳ פסק בפסול הגוף כמו פגול ושאר פסול דישרף מיד כדלעיל אלא ודאי ברור דס״ל כר״ל וז״ש שמא נותר כו׳ וכן בפירושו למתני׳ זו וכתב ג״כ שמא נותר הוא וכסוגיין דירושלמי והוא דלא כהרע״ב והתוי״ט הביא פי׳ הרמב״ם ולא הרגיש בטעמו ובק״ע שגג בכאן ולא עיין בכמה סוגיות ונדחק מאד: **חתיכות** מותרות לא ממש. ובחולין בבבלי (צ״ה א׳) פלוגתא דרב ס״ל מותרות משום נבילה ולוי ס״ל מותרות באכילה דסתמא דסוגיין כלוי: א״ל לחד רומאי ואייתי לי׳. בבבלי שם הכא טבחא דהוי א״ל לחברי׳ אי הוי פייס׳ מינאי מי לא ספית לך מסור של פטם דעבדי אתמול א״ל הכלי משופרי שופרי א״ל מנא לך א״ל דזבן פלוני

בירושלים זבחי שלמים · כי שלמים נאכלים בכל ירושלים ולפיכך חושפין בבשר הנמצא שם שמא הוא שלמים ולכן דינן כשלמים: זה וזה · בין שנמצא בעזרה בין שנמצא בירושלים: תעובר צורתן · שיפסלו ודאי בנותר וכדמפרש בגמרא ומה שיש תועלת בין אם יהיה הבשר עולה או שלמים · היינו אם עבר אדם ואכלו חתיכות הנמצאות בירושלים או כהן לחתיכות הנמצאות בעזרה אינם חייבים כלום שהן שלמים משא״כ איברים הנמצאים בעזרה אם אכלן חייב שהן עולה שכולה כליל: בגבולין · בשאר מקומות: איברים נבלות · דחיישינן שמא נבילה הוא וחתכו להאכיל לחיות או למכור ואם הוא חתיכות לא חיישינן להכי דאין דרך לחתוך חתיכות אלא מה שאוכלין אותו בני אדם ואם כן בשר שחוטה הוא ומותר באכילה והיינו דוקא בעיר שכולה ישראל אבל בעיר נכרים אסור מחמת בשר שנתעלם מן העין: בשעת הרגל שהבשר מרובה · אבל בני אדם אין צריכין לחתכן חתיכות אלא שמבשלין אותן איברים ולפיכך אף איברים מותרים: גמ׳ ה״ג ר״א בשם רבי הושעיא היסח הדעת פסול וטעון עיבור צורה · כלומר דאיכא למ״ד דס״ל היסח הדעת פסול הגוף הוי שהוא מעלה בקדשים שנפסלין בכך ואפי׳ יבוא אליהו ויאמר שלא נטמאו כל אותן הימים שהסיח דעתו מהן אין שומעין לו ולהך מ״ד לא בעי עיבור צורה בפסול דהיסח הדעת ורבי הושעיא ס״ל כאידך מ״ד דהיסח הדעת פסול טומאה הוי מחשש שמא נטמא וכיון דלא חזינא ליה שנטמא אלא חששא בעלמא לכן א״א לשרפו בלא עיבור צורה שמא לא נטמא וזהו דאמר פסול וטעון עיבור צורה: מתני׳ אמרה כן תעובר צורתו ויצא לבית השריפה · ואי ס״ד פסול הגוף הוה ל״ל עיבור צורה: ויאות · מפרש טעמא דמתניתין דמצריך עיבור צורה לשרוף והא בנידון דידן דליכא בהא מילתא אלא ספק טומאה ומתני׳ איירי בעזרה וקי״ל בפסחים (י״ט ב׳) דעזרה רה״ר לטומאה וכן ירושלים ג״כ קי״ל דהוי רה״ר כדאמרינן בעירובין (ק״א א׳) וקי״ל דכל ספק ברה״ר טהור ולמה יצטרך עיבור צורה ולשרפו לדידיה דס״ל דפסול טומאה הוי: דלאכלו אי אפשר · גם דמתחשש טומאה הוי טהור בכה״ג אבל יש לחוש שמא הוא נותר דהא בנמצא איירי מתני׳ וזהו שמא נתקלקלה צורתו לשורפו אי את יכול שמא לא נתקלקלה צורתו ולכן אי אפשר כי אם שתעובר צורתו ויצא לבית השריפה: נמצא בגבולין כו׳ רבי קריספא כו׳ איברי נבלות לוקין כו׳ · דלאו לאיסור אכילה בלחוד משום חששא אלא דודאי נבילה ולוקין על אכילתה דאיברין מוכיחים דודאי נבילה היא ונחתכה להאכילן לחיות או למכרן לנכרים או לזרקן לאשפה: חתיכות מותרות · וכי לא ממש מותרות משום שאין דרך נבילות לחתכן לחתיכות רק לבשר שחוטה ה״נ באיברים נבילות ממש: מחרוזות מותרות · קשורות בחוט לפי שאין דרך להרוז נבילות ולכן אף איברים מותרים בגבולין · ולי נראה דגם ארישא קאי בנמצא בעזרה וכדתניא בתוספתא פרק בתרא דמכילתין בשר שנמצא בעזרה מחרוזות מותרות שאין עושין בשר הקודש מחרוזות אע״ג אשפה בכל מקום אסור: נתחלפו לו. היינו שלקח ואינו יודע מאיזה מהן לקח ספיקו אסור דכל קבוע כמחצה על מחצה דמי וספק איסורא לחומרא: ובנמצא · בשר הנמצא בקרקע בין החנויות: אחר הרוב · דכל דפריש מרובא פריש דכיון דפריש אין כאן קבוע: הנמצא ביד נכרי כנמצא בפלטיא · והולכין אחר הרוב וקמ״ל דאף בידי נכרי מותר והוא שרוב טבחי העיר ישראל: מסמיך לרבי מנא · שר׳ מנא היה נסמך עליו: מקטע מן סוסיה · מחתך מן סוס שלו ונשאו לחוץ: ה״ג לית הדא כו׳ · כלומר שנדחה דברי רבי יוחנן שהתיר נמצא ביד נכרי דהא ראינו שנכרי מוציא בשר נבילה: והוא שראהו יוצא · שם התיר ר״י ובהסיא עובדא שראינו לא יצא הנכרי ממקולין של ישראל: קופד · בשר: ולא מימן ליה · שהיו שונאים זה לזה: לחד ארמאי · לנכרי אחד שלקח מהטבח הזה בשר כמו שהיו רגילין הטבחי ישראל ליתן לנכרי בשר שימכור במקולין להשתכר בו ולטריפה ליכא למיחש דבתר רוב טבחי העיר שהם ישראל אזלינן: ולא נסבית ע״כ · שלא ברצונך לקחתי מבשר שלך: לא בשר נבילה כו׳ · שנתתי לנכרי: לא כולא מינה כו׳. אינו נאמן זה הטבח לאסור מקולין של העיר וכי בשביל שזה הטבח הטעה את חבירו ותכר טרפה לנכרי למכרה במקולין וחבירו לקח מהנכרי נאסור בשביל זה ליקח בשר היום מן הנכרי במקולין הואיל ורוב טבחי העיר ישראל · וככי איתא הסוגיא בפרק גיד הנשה בבבלי (צה א): נחת לתמן · לבבל וראה אותן מקילין

מסורת הש״ס

א) עי׳ פסחים לד א: ב) תוספתא פ״ג: ג) פסחים ע ב וש״נ: ד) עי׳ חולין לה א:

עין משפט נר מצוה

י א מיי׳ פרק י״ח ממ״א הל״א טור שו״ע יו״ד סימן קי סעיף ג:

יא ב מיי׳ שם הלכה יב טור שו״ע שם סימן סג:

נוסחת הבבלי

(א) א״ר חייא בשם ר״י כו׳: (ב) ר״י בר חנינא כו׳ ר״י בר חנינא כו׳: (ג) ר״א בר׳ חנינא כו׳ ומפיק לשוקיה א״ל כו׳ מזבין קפר גבי טבחא · כו׳ בר נש נחית משתי בשר איסקופתיה גו נהרא אינשיתא וסליק לי׳ כו׳ בשוקא טעין קפר כו׳:

הגהות הגר״א

[א] ה״ג היסח הדעת פסול וטעון עיבור צורה. וה״פ דהא איכא למ״ד דס״ל היסח הדעת פסול הגוף הוי שהוא מעלה בקדשים שנפסלין בכך ואפילו יבוא אליהו ויאמר שלא נטמא כל אותן הימים שהסיח דעתו מהן אין שומעין לו ולהך מ״ד לא בעי עיבור צורה בפסול דהיסח הדעת ור׳ הושעיא ס״ל כאידך מ״ד דהיסח הדעת פסול טומאה הוי מחשש שמא נטמא וכיון דלא חזינא ליה שנטמא אלא חששא בעלמא לכן א״א לשרפו בלא עיבור צורה שמא לא נטמא וזהו דאמר פסול וטעון עיבור צורה: [ב] א״ר יוסי ויאות לאכלו אין את יכול כו׳ לשריפה אין את יכול שמא לא נתקלקל׳ צורתו לפום כן כו׳ כצ״ל: [ג] צ״ל א״ל לית הדא היא דא״ר יוחנן כו׳. כלומר מדחו דברי ר׳ יוחנן שהתיר נמצא ביד נכרי דהא ראינו שנכרי מוציא בשר נבילה: [ד] תיבת ר׳ נמחק:

ציון ירושלים

ח״מ סי׳ קכח ובתומי׳ וקצות החושן ובשובב [נתיבות] ודוק היטב: **הסיע** דעת טעון עיבור צורה. עיין תוס׳ חגיגה דף כא מ״ש בזה בשם רבינו אלחנן ודבריהם תמוהין וכבר האריך בזה בס׳ שית יצחק על חגיגה ועי׳ מל״מ פי״ט מפהמ״ק הל״ד שלא נזכר מדברי הירושלמי הלז ועיין צל״ח פסחים דל״ד:

גליון הש״ס

יפסיד המספק את הקנין ומש״ה תקינו דבא מבל נכור ודוק: [א] עי׳ פסחים דף נ״ד ע״א וצ״ע אמאי מקשה שם מברייתא ולא ממתני׳ דהכא ועי׳ ק״ע ד״ה ויאות וקשה א״כ אמאי בעי עיבור צורה בנמצא בירושלים הא הוי היסח הדעת: [ב] עי׳ ק״ע ועי׳ בחולין דף לה וברש״י שם מבואר להיפך דלרב כחתיכו׳ אסורות באכילה ואיברים נבלות ולקי עלייהו ע״ש וא״כ גם כאן פי׳ מותרות לא ממש היינו שאינן מותרות לגמרי ודכוותה איברים נבלות היינו דאף לוקין עליהן ודוק: [ג] עי׳ כתובות דף טו ע״א מג״ל לר״ז וכו׳ כתם להומרה ע״ש ול״ע דמבואר כאן בתשע חנויות מוכרות נבלה דאמרינן כל

בעי משיזגה אסקיפתיה בגו נהרא ואינשתה ואזיל ליה חזר בעי מיסבינא אמר ליה רב אסור לך דנא אמר ההיא שטף נהרא [א] ואייתי חירי דנבילה תחתוי חד א) בר נש הוה מהלך בשוקא טעין קופד (א) אתא דייתא וחטפתיה מיניה וטלקתיה חזר בעי מיסבינא [ב] א"ל רב אסור לך דנא אמר בשר דנבילה הוות טעינא וטלקתיה ונסבא ההוא אוחרנא גינאי שטף זיקין אתא עובדא קומי ר' יצחק בר"א ואמר יתחכמון שפייא קיטרהון נקוניקה אשתכח בכנישתא דבולי אתא עובדא קומי רבי ירמיה אמר יתחכמון סקוריי' עבידתהון גדי ב) צלי אשתכח באסרטי דגופתא והתירוהו משום שני דברים משום מציאה ומשום רוב מהלכי דרכים משום מציאה דתני ג) אהמציל מיד הארי מיד הגיים משונת הים ומשונת הנהר ומאיסרטיא גדולה ומפלטיא גדולה הרי אלו שלו מפני שהבעלים מתייאשין מהן משום רוב מהלכי דרכים משום שחיטת נכרי ואישתכח מן דבית רבי עיגול דגובנא אישתכח בפונדקא דלוי והתירוהו משום שני דברים משום מציאה בומשום רוב מהלכי דרכים משום מציאה דתני המציל מיד הגיים מיד הארי משונת הים ומשונת הנהר מאיסרטיא גדולה ומפלטיא גדולה הרי אלו שלו מפני שהבעלים מתייאשין מהן משום רוב מהלכי דרכים משום גבינת נכרי ואישתכח מן דר"א בר' יוסי א"ר מנא קומי ר' יוסי ואנן חמיין רבנן מבריזין א"ל את אין הוויתה משכח לא נסבת רבי יונה אבוך לא אמר כן אלא אמר הלואי כד נשכח נשכח מן פיוסא ולגוא אפילו כן אשכח ולא נסיב :

הלכה ג מתני'

גבהמה ד) שנמצאת מירושלם ועד מגדל עדר וכמדתה לכל רוח זכרים עולות נקבות זבחי שלמים רבי יהודה אומר הראוי לפסחים [ג] לפסחים קודם לרגל ל' יום בראשונה היו ממשכנין את מוצאיה עד שהוא (ב) מביא (עמה) נסכיה חזרו להיות מניחין אותה ובורחין התקינו ב"ד שיהו נסכיה באין משל צבור אר"ש ה) ז' דברים התקינו ב"ד וזה אחד מהן דנכרי ששלח עולתו ממדינת הים ושלח עמה נסכים קריבין משלו ואם לאו קריבין משל צבור וכן הגר שמת והניח זבחים אם יש לו נסכים קריבין משלו ואם לאו קריבין משל צבור ותנאי ב"ד הוא על כה"ג שמת שתהא מנחתו קריבה משל צבור רבי יהודה אומר ומשל יורשין ושלימה היתה קריבה זעל המלח ועל העצים שיהו הכהנים נאותין בהן חועל הפרה שלא יהו מועלין באפרה ועל הקינין הפסולות שיהו באות משל צבור טר' יוסי אומר המספק את הקינין הוא מספק את הפסולות : גמ' [א] ר' הושעיא רבה אמר לבא ו) בדמיהן שנו א"ל רבי יוחנן אומרים לו לאדם צא ומעול בקדשים אלא הילכו בהן אחר הרוב אם רוב זכרים עולות אם רוב נקבות זבחי שלמים ואין השלמים באין מן הזכרים ומן הנקבות כיצד הוא עושה מוציאן לחולין וחוזר ועושה אותן עולות

ריבב"ן

תקלין חדתין

משנת אליהו

עין משפט נר מצוה

נוסחת הבבלי

הגהות הגר"א

ציון ירושלים

גליון הש"ס

הוא וכו' ול"ק לר"י : כמה דאת אמר תמן · בריש פרקין : תנאי ב"ד הוא על האובדות שיקריבו עולות הלכך לא חיישינן דלמא שלמים הן : אין זה מזיד · בתמיה וכי אין זה כמהלל מזיד שלמים על עולות: מכיון שתנאי ב"ד הוא· עקרו לשם שלמים מיניה וכאילו לא נתקדש מעולם לשם שלמים ואין זה מהלל במזיד : עד דאנא תמן · כשהייתי בבבל שמעתי ששאל ר"י לשמואל הפריש שקלו ומת מה יעשה בו : מותר עשירית האיפה של כה"ג· כגון שהפריש מעות לעשירית האיפה של היום וניתותר שאינו ראוי למחר מה יעשה בו: יוליכם לים המלח - לא נהנין ולא מועלין בו: חוצה אותה ואח"כ מקדשה· אבל הכלי שמודדין בו העשרון לא היה קודש : מקדשה. כל העשרון בעשרון : ה"ג מקריב מחצה ומחצה אבד · כ"ה במנחות פרק התכלת : ואיירי כגון שנטמא מחצה של בין הערבים שמביא עשרון שלם וחוצהו ומקריב מחצה ומחצה אבד שמעינן דאינה קדושה להצאין אלא כולו בבת אחת וכיון דלא צריך למחצה השני שכבר נתקדש הרי הוא אבד וקשיא לר"י : שכן אפי' מעות · שנתותר מעשירית האיפה סובר ר"י שילכו לים המלח דה"ל מותר עשירית האיפה וכדאמר ר"י בסמוך וכ"ש הסולת שניתותר : ה"ג מתניתא פליגא על ר"י נמצאו וכו' : נמצאו ב' חציין וכו' · קאי אכה"ג שהקריב מחצה שחרית ומינו אחר תחתיו מביא עשרון שלם וחוצהו ומקריב ומחצה אבד נמצאו ב' חצאין אובדין וב' חצאים קריבין : תעובר צורתו · ויפסול בלינה וקשיא לר"י למה ליה עיבור צורה ולמה יוצא לבית השריפה הא לא נתקדש מעולם ואי משום מותר עשירית האיפה יוליכם לים המלח אבל שריפה לא צריך : פתר לה. למתני' כר"י דאמר עשרון מקדש וכיון שצריך ליתנו לתוך העשרון כדי לחצותו דלכ"ע למצוה צריך להביא עשרון שלם מביתו כדי לחצותו א"כ כבר נתקדש ויוצא לבית השריפה : כשהכהן מתקרב תחלה לעבודה · והיינו יום חנוכו צריך להביא עשירית האיפה משלו שנאמר זה קרבן אהרן ובניו אשר יקריבו לה' ביום המשח אותו עשירית האיפה וגו' ובניו היינו כהנים הדיוטים : ועובד בידו. הוא עצמו מקריבה : בו ביום נתקרב בתחלה לעבודה· כהן שלא עבד כל ימיו ונתמנה להיות כהן גדול : מביא שתים · שתי מנחות מעשירית האיפה : אחת לחנוכו. ככהן הדיוט : ואחת לחובת היום · שהוא הביתי כ"ג שמקריב בכל יום : תופיני · כתיב מרבכת תביאנה תופיני וקדריש בשעת הבאה אז תאפנה אבל לא בלילה שלפניו : ואין בשחרית תופיני · היינו קודם עלות השחר לא יאפו אותן : ופריך והא הנינן · בתמיד פ"ק העמידו עושי חביתין בשחרית קודם עלות השחר לעשותו חביתין · ושמעינן שבלילה היתה נאפית : ומשני לעשות המין לרככה· העמידוהו אז אבל לאפות לא היו אופין עד עלות השחר (ודברי הר' אליהו פולדא בסוגיא זו אינן מחוורים): מטגנה . במחבת ואח"כ אופה אותה בתנור : תאפנה נא · בשעת אפייהה בתנור תהא נא כמו אל תאכלו ממנה נא כלומר תהא מבושלת קצת ולא כל צרכה והיינו טגון דבהא מודו כ"ע דתרווייהו בעינן דכתיב על מחבת בשמן וכתב תופיני : תיאפנה רכה · אפיות הרבה אופה ומטגנה ואופה : תיאפנה נוי · בשעת אפייתה בתנור תהא נאה ואם מטגנה תחלה הרי היא שחורה מן השמן ומן המחבת : אתיין אילין פלגוותא וכו' · כלומר פלוגתא דאמוראי אתיין בפלוגתא דהנך תנאי וכדמסיק : לא סוף דבר שמת · לאו דוקא שמת כה"ג מביא השני עשרון שלם מביתו אלא אפי' נטמא הכה"ג נמי הדין כן : ואפי' נדחה ממום . בעיי' היא אם נדחה הכה"ג מחמת מום אם קרב מחליתו או משל שני ופשוט מהא דתני ר"י ב"פ מברדליה דאפי' נדחה ממום מביא השני עשרון שלם מביתו : ת"ל והכהן המשיח תחתיו מבניו יעשה אותה. דמשל יורשים קריבה עד שיעמוד אחר : יכול יקריבו · היורשים להצאין כמו שהיה אביהן עושה : אותה כולה . וה"ק כשאחד מבניו יקריב לאחר שמת אביו יעשה אותה כולה ולא חציה : ממי שהבריות שלו · ממי שהעולם שלו וקס"ד דהיינו מתרומת הלשכה שכבר הקדישו הצבור לשמים : כליל להקטרה · שלא יעשו ממנה שירים לאכילה. ל"א שיקטירו שלימה ולא להצאין כל זמן שהיא קריבה משל צבור דקריבה שלימה לא פליגי בה ר"י ור"ש:תמן הוא אומר משל יורשין· במתני' קאמר דתנאי ב"ד הוא שיבא משל צבור משמע מדאורייתא באה משל יורשין: והכא.

נוסחאות ישנות · תורה אור

עולות א"ר זעירא כמה דאת אמר תמן (א)תנאי ב"ד הוא על המותרות (האובדות) שיקרבו עולות כן את מר אוף הכא תנאי ב"ד הוא על האובדות שיקרבו עולות א"ר יוסי לרבי יעקב בר אחא אין זה מזיד א"ל מכיון שהוא תנאי ב"ד אין זה מזיד: א"ר א) יסא עד דאנא תמן שמעית קל רב יהודה שאל לשמואל הפריש שקלו ומת א"ל יפלו לנדבה ומותר עשירית האיפה שלו רבי יוחנן אמר ב'יוליכם לים המלח ר"א אמר יפלו לנדבה עשירית ג) האיפה של כ"נ רבי יוחנן אמר חוצה אותה ואח"כ מקדשה רשב"ל אמר ג'מקדשה ואח"כ חוצה אותה מתניתא פליגי על רבי יוחנן מקריב ג) מחצה ומחצה אבד פתר לה שכן אפי' מעות ילכו לים המלח מתניתא פליגי על [א] ר"ש בן לקיש נמצאו שני חצאין קריבין ושני חצאין אבודין ותני עלה מחצה ראשון ד'ומחצה שני תעובר צורתן ויצאו לבית השריפה פתר לה [ב] [א] (ב) כר' ישמעאל דאמר ה'עשרון מקדש כשהכהן ד) מתקרב תחילה לעבודה מביא עשירית (ג) האיפה שלו [ג] ועובדה בידו י'א' כה"ג ואחד כהן הדיוט שעבדו עד שלא הביאו עשירית האיפה שלהם [ד] עבודתן כשירה רבי ה) מנא בעי מימר ז'בו ביום שנתקרב תחילה לעבודה בו ביום נתמנה להיות כהן גדול מביא שתים אחת לחינוכו ואחת לחובת היום °תופיני [ג] בשעת הבאה תופיני ואין בשחרית תופיני והא תנינן ו) ח'העמידו עושה חביתין לעשות חביתין א"ר חייא בר *אחא לעשות חמין *לרבוכה תופיני רבי ז) יסא בשם ר' חנינה מטגנה ואח"כ אופה אותה רבי אחא בשם ר' חנינה ט'אופה אותה ואח"כ מטגנה [ה]תופיני תאפינה נא רבי אומר תאפינה *נאה רבי דוסא אומר תאפינה *ריבה אתיין אלין פלגוותא כהינין פלגוותא מ"ד תאפינה נאה כמ"ד *אופה ואח"כ מטגנ' ומ"ד תאפינ' נא כמ"ד* מטגנה ואח"כ אופה [ו] לא סוף דבר שמת אלא כ'אפילו נטמא ואפילו נדחה ממום תני (ד) (ר' יוסי בן עזי) ר' יהודה בר פזי דבר דליה ואפילו נדחה ממום מנין ח) לכהן גדול שמת ולא מינו *אחר תחתיו שתהא מנחתו קריבה משל יורשים ת"ל מבניו יעשה אותה יכול יביאנה לחציים ת"ל אותה כולה אמרתי דברי רבי יהודה ר"ש אומר אינה באה אלא משל צבור [ז] שנאמר °חק עולם (ממי שהבריות שלו) מי שהברית כרותה לו כליל הקטר כליל להקטרה : כהן גדול שמת וכו' : רבי בא בר ממל בעי מחלפה ט) שיטתיה דר"ש [ח] תמן אמר משל יורשין והכא אמר משל צבור (ה) א"ר חייה בר

ריבב"ן

דבעזרה אסור דאין יכול להביא חולין בעזרה והעפ"י שבאכילת חולין לצורך אכילת קדשים אך מלח של הקדש לא יאכל עמהן: ועל הפרה שלא יהיו מועלין בהפרה . בפ' התכלת פריך וכי תקנה דרבנן היא מדאורייתא היא דכתיב חטאת היא מלמד שמועלין בה. בה מועלין ולא בהפרה אמר רב אשי שתי תקנות הוו דאורייתא בה מועלין בהפרה אין מועלין כיון דחזו דקא מזלזלין וקא עבדי מינה למכהן גזרו בה מעילה כיון דקא חזו דקא פרשו מספק הזאה אוקמוה אדאורייתא: ועל הקינין הפסולות . קיני חובה שנפסלו והיא אינה יודעת ואוכלת בקדשים

תקלין חדתין

הוקדשו לשלמים שנקבות נ"כ כשרין ולא לעולות וכולן זבחי שלמים: אמר רבי זעירא כמה דאת אמר כו' · רבי זעירא פריך לה לקושיא קמא דאימא זכרים הוי לשלמים והיאך מקריב עולות· דלא קשיא כלל דהא לעיל גבי קינין וגוזלי עולה דפריך ויש חטאת קריבה עולה ואמרי' תנאי ב"ד הוא על האובדות שיקריבו עולות ה"נ תנאי ב"ד הוא על האובדות שיקריבו עולות אע"ג דחזי לשלמים ולא צריך לאוקימתא דרבי הושעיא ודרבי יוחנן:הפריש שקלו פרישנא לעיל ונקט לה הכא איידי דאיירי במתני' בכ"ג שמת והכא נמי תניא פלוגתא דר"י ורשב"ל בעשירית האיפה: עשירית האיפה של כ"ג · שמקריבין בכל יום והן הנקראים חביתין כמ"ש ועל מחבת בשמן תעשה ותנן במנחות (נ' ע"ב) חביתי כ"ג לא היו באין חצאין אלא מביא עשרון שלם וחוצהו ומקריב מחצה בבקר ומחצה בין הערבים כו' והטעם דכתי' מחציתה בבקר וגו' מחצה משלם הוא מקריב וס"ל לר' יוחנן דכשמביא העשרון שלם תחילה חוצה לחצאין ואחר כך מקדש החצי דבקר כו' וטעמיה שיוקדש אליה כדין : ור"ל אמר מקדשה כו' · דכתיב מנחה מחציתה שקודם שיחצה יהיה בקדושת מנחה : מתניתין פליגא מקריב מחצה כו' · הוא מתניהין במנחות שם בכ"ג שהביא מחצה בבקר ומת ומינו אחר תחתיו לא יביא חצי עשרון מביתו וחצי של ראשון אלא מביא עשרון שלם וחוציה מקריב מחצה ומחצה אבד וקשיא לרבי יוחנן דס"ל חוצה תחלה א"כ למה מחצה אבד הא לא נתקדש חצי השני : ומשני שכן אפילו מעות כו' · שזה נקרא מותר עשירית האיפה והוא ס"ל לעיל אפי' במעות דמותר עשירית האיפה יוליכם לים המלח : ה"ג מתני' פליגא על ר"י נמצאו ב' חצאין כו' · במתניתין הנ"ל והיינו מחצה שנשאר מכ"ג שמת ומחצה שישאר ממנו ותני עלה שם (נ' ע"ב) תני תנא קמיה דר"נ וכ"ה בתוספתא פ"ז דמנחות : ראשון · שנשאר מכהן ראשון : צורתן · יפסלו בלינה וקשיא לרבי יוחנן דלדידיה מעיקרא לאיבוד אזלי ודינן כדין מותר עשירית האיפה ל"צ עיבור צורה וגם מה זה שריפה כדין קדשים : פתר לה כו' עשרון מקדשו · כלי העשרון ולכן בעי עיבור צורה ושריפה דע"כ מביא עשרון שלם : כשהכהן מתקרב כו' · כמ"ש זה קרבן אהרן וגו' ביום המשח אותו עשירית האיפה וגו' והוא לשון הספרא פרשת צו פ' ג' : ה"ג ועובדה בידו כו' · והכי גרסינן בספרא שם ובתוספתא סוף שקלים כהן הדיוט אין נכנס לעזרה אא"כ הביא עשירית האיפה משלו ועובדה בידו כו':

אחד כהן גדול ואחד כהן הדיוט · דתניא במנחות (נ"א ב') זה קרבן אהרן ובניו אשר יקריבו לה' ביום המשח אותו יכול יהיו אהרן ובניו מקריבין קרבן אחד ת"ל אשר יקריבו לה' אהרן בפני עצמו ובניו בפני עצמם בניו אלו כהני הדיוטות : ה"ג עבודתן פסולה · דעשירית האיפה מעכבת בכהונת כהנים גם לדורות : בעי מימר בו ביום נתקרב תחלה כו' · שנתקרב ראשון לעבודה שלא עבד מימיו כלל ובו ביום נתמנה להיות כהן גדול מביא שנים אחד לחינוכו שנתחנך לכהן גדול ואחד לחובת היום שצריך בכל יום ומה שאמר בעי מימר משום דרלה לומר שיהיה עולה חינוך דכהן גדול גם כן לתחלת עבודה ובאמת אינו כן כדמסיק בהדיא בבבלי מנחות (ע"ח א') שצריך בכהן גדול שלש : תופיני · הא דכתיב בפרשת עשירית האיפה מורבכת תביאנה תופיני כו' דריש תביאנה למטה אתופיני שבשעת הבאה תאפה ולא בשחרית : העמידו עושי חביתין · קודם היום לעשות חביתין וקס"ד לאפות אלמא דקודם היום נאפו : לעשות המין לרבוכה · אבל לא לאפות : אופה אותה כו' · אופה בתנור תחלה ואחר כך מטגנה במחבת : תאפינה נא · בשעת אפייתה בתנור תהא נא כמו אל תאכלו ממנו נא כלומר תהא מבושלת קצהו ואינה מבושלת כל צרכו והיינו טיגון דבהא כ"ע מודו דתרווייהו בעינן כדכתיב על מחבת בשמן וכתיב תופיני אלא דסבירא ליה להך מאן דאמר תחילה טיגון ואחר כך אופה : תאופינה נאה · בשעת אפייתה בתנור תהא נאה ואם מטגנה בתחילה הרי היא שחורה מן השמן ומן המחבת והוא כמ"ד אופה ואחר כך מטגן : רבה · אפיות הרבה אופה ומטגנה ואופה · ומפרש לה במנחות (נ' ב') דאית ליה תרווייהו אית ליה נא מש"ה אופה אחר הטיגון ואית ליה נאה משום הכי אופה תחילה וברש"י מנחות שם מייתי עוד לישנא אחריני : לא ס"ד שמת · אמתני' דמנחות שם קאי דקתני כהן שהביא מחצה שחרית ומת ומינו כהן אחר תחתיו לא יביא כו' וחצי עשרון של ראשון ומפרש דלאו דוקא מת : אפילו נטמא כו' · בעיא היא דקאמרת דל"ד מת אם אפילו נטמא נמי ס"ל דדינא הכי שהכהן השני אשר יתמנה תחתיו לא יביא חצי עשרונו של ראשון או נדחה ממום דוקא קאמרת וה"ק לא סוף דבר שמת אלא אפילו נדחה ממום נמי דינא הכי אבל נטמא כיון דהדר חזי לא דמי למת ופשיט ליה מדרבי יוסי בן עזי מברדילא דנדחה ממום קאמר : מנין לכהן גדול שמת ולא מינו אחר · הא נמי אמתני' דמנחות (נ"א ב') קאי ולפרושי טעמא דר"י דקאמר התם לא מינו אחר תחתיו כו' רי"א משל יורשין קאמר הכא מנין להא דר"י ומייתי לה הכא כדי לאסוקי טעמא דר' שמעון ולמרמא דידיה אדידיה : ת"ל מבניו יעשה אותה · משל יורשים קריבה עד יעמוד אחר : יכול יקריבו לחצאין · כמו שהיה אביהן עושה : כל ל בהקטרה · שלא יעשה ממנה שירים לאכילה · עיין שם ברש"י עוד ל"א : ה"ג תמן אמר משל צבור ד"ת · הייט

א) לעיל פ"ב הל"ד וש"נ: ב) עי' מנחות ה א: ג) שם נ כ: ד) תו"כ פ' צו פ"ג: ה) עי' מנחות עה א: ו) תמיד כח א: ז) מנחות נ ב: ח) שם נא ב: ט) ע"ש:

עין משפט נר מציה

כא א מיי' פרק ג משקלים הל"ב:
כב ב מיי' פרק ה מפסמ"ק הל"ה:
כג ג מיי' פרק י"ג ממטר"ק הל"ג:
כד ד מיי' פרק ג מתמידין הלכ"ח:
כה ה מיי' פרק א מכלי המקדש הלכה יט:
כו ו מיי' שם פ"ה הלכה טז:
כז ז מיי' שם הל"ז:
כח ח מיי' פרק ח מבית הבחירה הלכה יא:
כט ט מיי' פרק י"ג ממעה"ק הל"ג:
ל י מיי' פרק ג' מתמידין הל"ח:
לא כ מיי' פרק ג מתמידין הל"כ:

נוסחת הבבלי

(א) תנאי ב"ד על האובדות כו' א"ר אסי כו' א"ר אסי כו' : (ב) כר"ש דאמר ר"ש עשרון כו' : (ג) האיפה ושברה כו' ואחת לעבודת היום כו' חביתין א"ר יוסי לעשות כו' אותה ר"ח בשם ר"ח כו' רבי אמר תופיני ריבה ר' דוסא אומר תופיני נויי אתיון כו' מ"ד הופיני נויי כו' : (ד) ר"י ב"ע דברדיליה כו' : (ה) אמר חייא בר אבא כו' :

הגהות הגר"א

[א] נ"ל מתניתין פליגא על ר' יוחנן נמצאו וכו' וכ"כ גי' הק"ע : [ב] גירסת הגאון ז"ל פתר לה כר"ש ועי' מנחו' (כו. ושם נ.) : [ג] נ"ל ועובדה בידו . וכ"ה בספרא ובתוספתא סוף שקלים כהן הדיוט אין נכנס לעזרה אא"כ הביא עשירית האיפה משלו ועובדה בידו וכו' : [ד] נ"ל עבודתן פסולה דעשירית האיפה מעכבת בכהונת כהנים גם לדורות וז"ל הרב בעל ת"ח גי' הספרי' עבודתן כשירה וכ"ה בהוספ' דסוף שקלים ודפ"ב דחגיגה וכ"ס הרמב"ם פ"ה מהל' כה"מ הלט"ז אמנם בספרא פ' צו הגי' פסולה ועי' בק"א שם ועי"פ אותו הספרא מחק רבינו מלת כשירה וכתב פסולה וכ"ה בהדיא בירושל' ריש יומא ר"י ב"ח אמר עשירית האיפה ומכנסיים מעכבין וכ"ה בילקוט פ' צו סימן תפו וכן משמע בש"ס דילן יומא (ה.) צ"ש . ועי' בכ' ת"ח כי הוא נותן טעם לשבח לגי' הגאון ז"ל: [ה] חלוף גרסאות יש כאן וה"ג אתי הלין פלגות' כהלין פלגות' תופיני תאפינה נא ר' אומר תופיני נאה ר' יוסי רבה אמר תופיני רבה מ"ד תופיני נא כמ"ד מטגנה ואח"כ אופה מ"ד תופיני נאה כמ"ד אופה אותה ואח"כ מטגנה ועי' מנחות (נ:) וברש"י מנחות שם מייתי עוד ליגנא אחרינא : [ו] ה"ג לא סוף דבר שמת אפילו נטמא ואפילו נדחה ממום ר' יוסי בן עזי וכו'. ול"ג אלא וז"ל הרב בעל ת"ח נראה טעם דמחק רבינו מלת אלא דכיון דגרס אה"כ מסתמא דסוגיין פשיטא הוא כמו מת ומה מבעיא בנדחה ממום למה יהיה נדחה ממום ינטמא נשאר בבעי' והרמב"ם דפסק כפ"ג מהלכות תמידין הל"כ כהן שהקריב מחצה ומת או נטמא או נולד בו מום וכו' פסט הבעיא לחומרא ודלא כמ"ש בק"ע: [ז] ה"ג שנאמר חק עולם משל עולם כליל הקטר כליל להקטרה רבי בא בר ממל וכו' כנ"ל והשאר שבינהים נמחק : [ח] ה"ג תמן הוא אומר משל צבור דבר תורה והכא אמר מתנאי ב"ד ה"ג

משנת אליהו

בדמיכן עולות וכר' יהושע דפ"ד הלכה ז' ועי' בסוגיא שם : עשירית האיפה של כ"ג . עי' מ"ש בפי' ובעל קרבן עדה פירש בנטמא מחצה של בין הערבים ודבריו תמוהים דהגיא מתני' מפורשת דשם ומביא מברייתא : פתר לה כר"ש . ובנוסחאות הירושלמי כר' ישמעאל ועי' מנחות (כ"ו א') ושם (נ' ע"א) : ה"ג כשהכהן מתקרב כו' עבודתן פסולה . וגיר' הספרים כשרה וכן הוא בהוספתא דסוף שקלים ודפ"ב דחגיגה וכ"ס הרמב"ם פ"ה הל' כה"מ הל' ט"ז ובספרא פ' צו הגיר' פסולה ועי' בק"א שם ועי"פ אותו הספרא מחק רבינו הגדול מהספרים וגרס פסולה וכן הוא בהדי' בירושלמי ריש יומא ר"י ב"ח אמר עשירית האיפה ומכנסיים מעכבין וכ"ה בילקוט פ' צו סי' תפ"ו וכן משמע בש"ס דילן ביומא (ה' א') דמפרשי אמוראי שהם מאי ביניהו דמ"ד כל המעכב לדורות מעכב וכין מ"ד כל הכתוב בכן מעכב ולא אישתמיט אמורא למימר דעשירית האיפה א"כ דלמ"ד כל הכתוב בכן מעכב עה"א נמי מעכב דהא עשירית האיפה נמי כתוב בכן כדאמרי' התם (כ' ב') דגמרי' זה זה מזה קרבן אהרן . וכן הוא בירושלמי דלעיל . ומ"ד כל המעכב לדורות אינו מעכב הע"כ דלכ"ע מעכבה לדורות ומה שהביא הגאון בעל משנה למלך ראיה לגירי' הישנה . אני אומר וכי מפני שאנו דנין נעשה מעשה לשבש הספרים ולדחות הסוגיות דלעיל המפורשות דעשירית האיפה מעכב וגם ראייתו אינה חזקה כ"כ ואדרבה משם ראי' דעכ"פ חינוך מעכב מדפריך במה מחנכין והולך לדחוק עבודתו מהנכתו וה"ה חינוך אינו מעכב למה לא משני בפשיטות טפי היכא דלא אפשר שאני וכדמהרן בדוכתי טובא בש"ס אלא ודאי חינוך מעכב ומשום דפשיטא לי' לש"ס אע"ג דבכל השנה עשירית האיפה מעכב להביאין מ"מ ביוה"כ א"א להנכו בזה משום דמ"מ הוה קרבן יחיד ואינו דוחה יוה"כ כמ"ש הוס' מנחות (ע"א) ומש"ה מהרן הגמ' עבודתו מהנכתו הבל היכא דאפשר אין דנין מש"א ועשירית האיפה מעכב וכ"ה בקיצור ספרא של רבינו הגדול על התומש : בעי מימר כו'. הרמב"ם בסוף פ"ה מהל' כה"מ פסק דבעי שלש והוא כמסקנא דבבלי מנחות (ע"ח א') ובכ"מ ציין לירושלמי וכתב ומ"ש אח"כ מביא שלישית פשוט הוא והמוה דהא סוגיא ערוכה היא דמביא ג' ומירושלמי לא ברירא מילתא : ה"ג לא סוף דבר שמת אפילו נטמא ואפילו כו'. נראה טעם רבינו שמחק תיבת אלא דכיון דגרס אלא א"כ מסתמא דסוגיין פשיטא דנטמא הוא כמו מת ומה מבעי' לי' בנדחה ממום למה יהיה נדחה ממום דלא חזי לעולם עדיף מנטמא דנדחה ונראה אלא דהאבעי' קאי אשניהם ולא מנא בברייתא אלא נדחה

גליון הש"ס

[א] לא ידעתי לו מקום והגר"א הגיה כר"ש גם זה לא מצאנו. ואולי צ"ל ר"י והוא ר' יוסי עי' מנחות נא או ר"מ והוא הת"ק שם אפשר לקיים הגי' הישנה והוא כר' יהשיה אליבא דרבי ישמעאל עי' מנחות נז ע"ב : [ב] נראה דלדרשה זו כוון ברמב"ם פ"ג מתמידין הל"ח תופיני וכו' ולא תאפה מבערב שגם זה נדרש מתופיני ומיושב קושית הלח"מ שם ודוק:

ציון ירושלים

הרמב"ם פ"ד ממחוסרי כפרה הל"ב דכל שאפשר לעמוד על קרבנם בוודאי צריכין לעמוד וע"כ דהיו הכוונה גם על הקרבת יחיד . ועי' שבת נה מהוך שבהו את קיניהן שלא הלכו אצל בעליהן משמע דהיו עומדין שם שיודעין היו שהכהנים מתרשלים בדבר . ועי' עירובין דף לב הזקה על ב"ד משמע דלא היה שם וצ"ע :

בר בא ולא יאות הוא מקשה אתא רבי יעקב בר אחא רבי אבהו בשם רבי יוחנן דבר תורה הוא שתהא בא מן הצבור (כיון דחזי דקא מידחקא לשכה) הייתי אומר יגבו לה (מן היורשין) (כיון דחזי דפשעי בה) התקינו שתהא באה מתרומת הלשכה [א].רבי יוסה אמר ר' יוחנן בעי מהו א) [א]שלימה בשחרית ושלימה בין הערבים או ב) שלימה בשחרית ובטילה בין הערבים כד תהא פשיטא ליה דכתיב מנחת תמיד שלשת לוגין מה הן שלשת לוגין שחרית ושלשת לוגין בין הערבים או [ב]לוג ומחצה שחרית ולוג ומחצה בין הערבים אמר רבי חזקיה אוף הדא צריכה ליה שני ג) קומצין מה הן שני קומצין בשחרית ושני קומצין בין הערבים או קומץ אחת בשחרית וקומץ אחת בין הערבים א"ר יוסה כלום למדו לקומץ לא ממנחת חוטא מה להלן שני (א) קומצין אף כאן שני קומצין (מה תמן צריכה ליה אף הכא צריכה ליה) אמר רבי חזקיה כלום למדו שלשת לוגין לא מתמיד של בין הערבים מה להלן שלשת לוגין אף כאן שלשת לוגין ומה תמן צריכה ליה אף כאן צריכה ליה: שלא יהיה כו':

(ב) ר"ש בר נחמן בשם ר' יונתן בדין היה שימעלו בה והן גזרו שלא ימעלו בה והא ד) תני חטאת מלמד שמועלין בה בה מועלין ואין מועלין באפרה אמר רבי אבהו בראשונה היו משתקשקין בה ונותנין אותה ע"ג מכותיהן וגזרו שימעלו בה כיון שנגדרו גזרו שלא ימעלו בה: ועל הקינין כו': [ב] האשה ה) הזאת במה היא מתכפרת אמר רבי יצחק תנאי ב"ד הוא המספק את הקינין הוא מספק את הפסולות ואת האובדות:

הדרן עלך פרק מעות שנמצאו

הלכה א מתני'

כל הרוקין ו) הנמצאין בירושלים טהורין חוץ משל שוק העליון דברי ר"מ (ג) רבי יוסי אומר [ג]בשאר כל ימות השנה שבאמצע טמאין שבצדדין טהורין ובשעת הרגל שבאמצע טהורין שבצדדין טמאין מפני שהמעוטין מסתלקין לצדדין כל ז) הכלים הנמצאין בירושלם דרך ירידה לבית הטבילה טמאין ודרך עליה טהורין שלא כירידתן עלייתן דברי ר"מ ר' יוסי אומר [ד]כולן טהורין חוץ מן הסל והמגריפה והמריצה המיוחדין לקברות סכין ח) [ה]שנמצאת בי"ד שוחט בה מיד [ו]בשלשה עשר שונה ומטביל (ד) קופיץ [א] בזה ובזה שונה ומטביל חל ארבעה עשר להיות בשבת שוחט בה מיד בט"ו

בברייתא דריש מקרא דמשל צבור : ולא יאות הוא מקשה · בתמיה דודאי שפיר קא מקשי א"כ בניותא דלאו שפיר מקשה דידע ר"ח בר בא דשני תקנות הוו : הייתי אומר · שיגבו מכל ישראל לצורך עשירית האיפה ותנאי ב"ד הוא שתבא מתרומת הלשכה אבל לעולם מן התורה משל צבור : בעי · הא דתני במתני' ושלימה היתה קריבה מי אמרינן שלימה שחרית ושלימה בין הערבים : ה"נ ושלימה בין הערבים או שלימה שחרית ובטילה בין הערבים. וכ"ה בהתכלת: כד תהא פשיטא ליה · כלומר את"ל דשלימה שחרית ושלימה בין הערבים : ג' לוגין מה הן · דלעשירית האיפה היה הכה"ג מביא ג' לוגין וקמבעיא ליה כשמת כה"ג והיתה המנחה כפולה בסולת אם היתה כפולה גם בשמן או לא : אוף הדא צריכה ליה · גם זה מבעיא ליה : ב' קמצין מה הן . דס"ל לחזקיה כתנא יוסי בן דוסתאי שסובר בהתכלת דבכל יום היה כה"ג מביא ב' קמצין לבונה ומקריב אחד מהן בשחרית וא' בין הערבים ואמר רבי יוחנן התם דהלכתא כתנא יוסי וקמיבעיא ליה כשהוא מביאה שלימה בשחרית ושלימה בין הערבים אם מביא כל פעם ב' קומצין או דלמא בקומץ אחד סגי : כלום למדו לקומץ · כלומר דלבונה בעי קומץ למדו ממנחת חוטא כדתניא בפרק דלעיל : מה להלן ב' קמצין · לכל עשרון קומץ לבונה דס"ל כי היכי דבעינן שעור שמן לכל עשרון אפי' נעשו הרבה עשרונות בכלי אחד כדתנן בפ' שתי מדות ה"נ בעינן קומץ לבונה לכל עשרון ה"ה כאן דכופל הסולת כופל נמי הקומצין : ומשני מה תמן צריכה ליה . כי היכי דמיבעיא ליה גבי חביתי כה"ג אם כופל הקומצין ה"נ מיבעיא ליה במביא מנחות הרבה בכלי אחד אם צריך קומץ לבונה לכל אחד או סגי ליה בקומץ אחד יהיו המנחות שתים או אחד וגיר' הירושלמי שבבבלי לא גרסי' כאן מה תמן צריכה ליה : כלום למדו שלשה לוגין · דחביתין בעינן ג' לוגין אלא מתמיד שנאמר גבי חביתין מנחת תמיד הרי היא לו כמנחת תמיד מה להלן שלשה לוגין לעשרון אף כאן ג' לוגין לעשרון : ומשני מה תמן צריכה ליה · כי היכא דקמבעיא ליה בחביתין ה"נ מבעיא ליה בתמיד כגון שלא הקריב מנחה בבקר שהביאה אפילו בערב דכתיב ומנחתם ונסכיהם בלילה או למחר אם צריך ג' לוגין לכל אחת או דסגי להו בג' לוגין א"כ ומה תמן וכו' מדברי רבי חזקיה הוא דקאמר לרבי יוסה שהשיב על דבריו דקאמר דלא קמבעיא ליה לר' יוחנן אקומץ דדומיא דמנחת חוטא הוא וקאמר"ס א"כ מאי קמבעיא ליה לר"י מג' לוגין נילף מתמיד אלא ודאי מאי דגלי גלי מאי דלא גלי לא גלי א"כ ה"ה לענין קמצין והראשון נ"ל עיקר : בדין היה שימעלו · באפר פרה אלא שתנאי ב"ד הוא שאין מועלין באפרה : ופריך והא תני חטאת היא. דכתיב בפרה ללמדך שמועלין בה כשאר חטאות עד שלא היתה לכן שעת היתר לכהנים : ה"נ היא בה מועלין ואין מועלין באפרה : משתקשקין בה . באפרה היו מתרפאין ונותנים אותה ע"ג מכותיהן דאפר מרפא מכה : כיון שנגדרו · ופרשו מספק הזאות אם נטמאו בספק טומאת המת לא היו מזין עליו שלא ימעלו בה : האשה הזאת במה היא מתכפרת · ל"נ ליה הכא ואגב גררא דר"פ מייתי ליה לכאן: ואת האובדות · שנאבד המעות בין שקלים לנדבה וכדאמרי' לעיל בר"פ דאל"כ האשה הזאת במה מתכפרת :

הדרן עלך פרק מעות שנמצאו

הלכה א מתני' כל הרוקין הנמצאין בירושלים טהורין · ולא מחזקינן להו ברוקו של זב וזבה שהן מטמאין אדם וכלים משום דאזלינן בתר רובא : חוץ משל שוק העליון · בגמרא מפרש טעמא : שבאמצע טמאים . משום דזבין וזבות שכיחי ומהלכים באמצע הדרכים והטהורים מסתלקין לצידי הדרכים מקום שאין דריסת הרגל מצוי' ומזהירין לכל טמא שלא יגע בהן אבל בשעת הרגל שרוב ישראל טהורין הטמאים מסתלקין לצדדים שלא יטמאו את העם והטהורים הולכין באמצע הדרכים הלכך בשעת הרגל רוקין הנמצאים באמצע טהורין ושבצדדין טמאין: דרך ירידה לבית הטבילה · ב' דרכים היו למקוה בא' יורדים ובאחד עולים שלא יגעו הטמאין בטהורין ושל דרך ירידה ודאי טמאין לפי שנפלו מיד המביאין לטבילה : שלא כירידתן עלייתן · דבירידתן ודאי טמאין היו לכך היו מורידין לבית הטבילה ובעלייתן טהרו לאחר שהטבילן : ר' יוסי אומר כולן טהורין · דלא גזרו על ספק כלים בירושלים : מגריפה · כלי שגורפין וכונסים בו עצמות המתים כשהם מפוזרין : מרילה · מפרש בגמרא: שוחט בו מיד · דודאי הטבילוה בעלים מאתמול כדי שיהיה לה הערב שמש ותהא ראויה לשחוט בה היום בערב פסח : בי"ג שונה ומטביל . כלומר אע"ג דאיכא למימר כבר הטבילוה בעלים צריך המוצאה להטבילה שנית דשמא לא הטבילוה בעלים דהוה לה שהות להמתין עד סמוך לחשיכה ואע"פ שלא גזרו על ספק כלים אפ"ה גבי קדשים הצריכוה טבילה : קופיץ · סכין גדול רובן עשויין לחתוך בשר ולשבר בו עצמות : בזה ובזה · בי"ג ובי"ד שונה ומטביל לפי שעיקרה לחגיגה שבירת העצם מותר בה ואיירי כגון שהיו הכהנים טמאי מתים בספק וחל שביעי שלהן בע"פ דאין מביאין עמו חגיגה דהוה ליה כפסח הבאה בטומאה וחגיגת ט"ו יעשו בטהרה ואין הכהנים שהן טבולי יום מטמאין הסכין שאין טבול יום אפי' דמת מטמא כלים : חל י"ד להיות בשבת שוחט בה מיד . ולא אמרינן כיון דשבת הוא לא נשחט בה מספיקא שמא טמאה היא ומגלה הפסח טמא ומחלל את השבת שלא במקום מצוה וי"מ שוחט בה מיד בקופיץ קאמר דאף על גב דאין חגיגה בשבת מ"מ חזקה שהטבילוה מערב שבת לצורך חגיגת י"ד:

ריבב"ן

לערב והיא מחוסרת כפרה ובכרת היא תיקנו ב"ד שיהו באות משל צבור: המספק את הקינין שהגזבר לוקח את הקינין מאחד בדמים קטנין וקלבה שלהן כדמפורש בסוף פרק קמא דכריתות אמר רשב"ג המעון הזה אם אלין בלילה עד שיהא בדינרין נכנס ודרש ולימד האשה שיש עליה חמש לידות ודאות מביאה קרבן ואוכלת בזבחים ואין השאר עליהן חובה ועמדו קינין בו ביום ברבעתים ומייתי לה נמי בב"ב פרק בתרא (דקס"ו) וה"נ אמרינן בכריתות בפ' ב' נכרי שנתגייר בזמן הזה צריך שיפרים רובע *) שקל לקינו דהיינו דינר:

מתני' כל הרוקין הנמצאין בירושלים טהורין ומוקי בפסחים פ"ק ואע"ג דאתחזק זב התם משום דלא גזרו על ספק הרוקין בירושלים חוץ משל שוק העליון שכל זב נפנה לשם: בשאר כל ימות השנה שבאמצע טמאין . ירושלמי ר' אבין בשם ר' יהושע בן לוי קלרן של נכרים היה שם בשאר ימות השנה הטמאין מהלכין שיבולת פי' באמצע הדרך לשון שביל והטהורין הולכין מן הצד והטהורין הולכין סתם והטמאין אומרים להם פרושו בשעת הרגל הטהורים הולכין שיבולת והטמאין הולכין מן הצד והטמאין הולכין סתם והטהורין אומרים להם פרושו : מתני' כל הכלים הנמצאים בירושלים דרך ירידה לבית הטבילה טמאין בפסחים בסוף פ"ק פריך רישא לסיפא דרך ירידה לבית הטבילה טמאין הא דעלמא טהורין אימא סיפא דרך עליה טהורין הא דעלמא טמאין אלא רישא דוקא הא בעלמא טהורין לפי שלא גזרו על ספק כלים וסיפא לאפוקי גזייתא ופרש"י ז"ל מבואות קטנים שהיו סמוכין לדרך הירידה ועליה ופעמים שהיו יורדין דרך אותן מבואות ופעמים היו עולין בהנהו מבואות טמאים מספק שהרי תחלתן טמאין היו ספק נפלו בירידה ספק נפלו בעליה ומספיקא לא נפקי מטומאתן אבל שאר כלים דספק נטמאו ספק לא נטמאו לא גזרו עליהן מספק : שלא כירידתן עלייתן שבדרך אחד היו יורדין לבית הטבילה ובדרך אחר היו עולין: והמרילה המיוחדין לקברות פי' כלי ברזל שבראשו חד וראוי לחפור בו ארץ קשה ובלע"ז סובולוכ"י ובירושלמי קורא אותה לפורן שדומה לצפורן מאן דאמר מרילה שהיא מרילה את האבן :

מתני' סכין שנמצאת בי"ד בניסן שוחט בה מיד. הפסח שהטבילוהו בעלים בי"ג שיהא לה הערב שמש בי"ג שונה ומטביל שמא לא הטבילה בעלים עדיין קופיץ בין בזה ובין בזה בין בי"ג ובין בי"ד שונה ומטביל שמא עדיין לא הטבילוה בעלים אפילו מלאה בי"ד שמא אין דעתו לעשות חגיגה בי"ד שבא במרובה ואפי' בחול וכ"ש בשבת ובטומאה דלא עבדינן חגיגה כלל: חל י"ד להיות בשבת אפי' קופיץ שוחט בה מיד לפי שהטבילה בי"ג שאין מטבילים כלים בשבת כדאיתא בביצה פ"ב לפי שנראה כמתקן כלי א"כ גזרה שמא ישהה ועל כרחו הטבילה בע"ש שצריך לו לטבילת ט"ו שהוא יו"ט: נמלאת קשורה

תקלין חדתין

במתני' דמנחות כדקאמר מחק עולם והכא במתניתין דידן אמר מתנאי ב"ד : ד"ת משל צבור הייתי אומר יגבו לה. כלומר הא ודאי פשיטא דמשל צבור דבר תורה מקרא דחק עולם אבל הייתי אומר שלא ליקחה מתרומת הלשכה אלא לגבות מכל יחיד ויחיד דהכי משמע קרא דחק עולם משל עולם והתנו ב"ד שיהא באה מתרומת הלשכה ואיזה תלמיד טועה נסתבך בתירוצא דבבלי שם והרכיב לה בתירוצא דהכא דירושלמי ולא נהיר ולא בהיר ולא לביר דסוגיא דירושלמי ס"ל דלא הוה אלא חדא תקנה וכדפרישית ובבבלי משני ב' תקנות הוו : ר"י בעי שלימה בשחרית כו' . אמתניתין קאי דקתני בר"י ושלימה היתה קריבה ומבעיא ליה או שלימה בין הערבים ג"כ או דילמא בין הערבים בטילה : ודא צריכה ליה · הא מבעיא ליה : ג' לוגין מהו · כלומר אלו הג' לוגין שהיה מביא הכהן גדול ותולהו לוג ומחצה בבוקר ולוג ומחצה בין הערבים ועכשיו כשמת והוכפלה הסולת כדקתני לה בברייתא דלעיל שלמה בבוקר כו' ומספקא ליה אם הוכפלה גם כן השמן או דילמא סולת דגלי קרא דאותה לר"י ולר"ש מתקשר גלי אבל בשמן לא גלי קרא : קומץ בשחרית · אי אמרי' הואיל והוכפלה סולתה הוכפלה לבונתו או דילמא מאי דגלי גלי : אמר רבי יוסי · מהדר למפשט בעיא שניה : כלום למדו לקומץ דלבונה לא מלחם הפנים · דהא גבי חביתין לא כתיב קומץ כלל ועל כרחך מלחם הפנים למדו לקומץ דחביתין או מגזרה שוה דחק עולם דבתרוייהו כתיב או דס"ל כסוגיא דלעיל פרק ו' דלמד לשיטורא דקומץ מלחם הפנים לכל המנחות : מה להלן ב' קמצים אף כאן ב' קמצים ותיבת בחסר ליתא בנוסח הירושל' ואי גרסי' לה נ"ל דה"ק בהפחות איט פחות מב' קומצין דבלחם הפנים חסר לבונתה פסול כדאמרינן מנחות (י"א ב') הכא נמי ב' קומצין קומץ אחד בבוקר וכו' והוא אליבא דרבנן דפליגי אתנא יוסי בן דוסתאי בבבלי מנחות (כ"ב) : א"ר"ס · מהדר למפשט קמייתא : כלום למדו לג' לוגין לא מתמיד . הכי מפורש בספרא פרשה ט פרשה ד' פסקא ה' וכ"ה במנחות (נ"א א') ר"י בנו של רבי יוחנן בן ברוקא אומר סלת מנחה תמיד ה"ה כמנחת תמידין מה תמידין ג' לוגין וכו' וגי' הספרים והמפרשים נשתבשו מאד : בדין הוא שימעלו באפר פרה אלא שתנאי כו': והכי תניא מלמד כו' בה מועלין ואין מועלין באפרה · הכי פריך דאמר תנאי ב"ד דאין מועלין הא בברייתא תני דמדאורייתא אין מועלין באפרה והכי פריך בבבלי במנחות שם : ומשני במתלה היו מקקשין לשון זילותא דקשקוש לשון זילותא הוא וטתנין אותה על גבי מכותיהן וגזרו שימעלו בה וכיון שנגדרו גזרו שלא ימעלו בה וניחא מה שאמר שהוא תנאי ב"ד ובבבלי קאמר כיון דחזו דפרשי מספק הזאות אוקמוה אדאורייתא ודלא כהמפרשים : האשה הזאת במה מתכפרת · כיון דיפלו לעולה והיא צריכה חטאת לכפרתה ותנאי תנאי ב"ד כו' וכדפרישים בריש פרקין : סליק פרק שביעי

כל הרוקין כו' טהורין · ולא גזרינן שמא של טמאים הם שכן מטמאין אדם וכלים משום דחזלינן בתר רובא : של שוק העליון · בגמרא מפרש : שבאמצע שבצדדין · בגמרא מפרש טמאה מאי : כל הכלים כו' דרך ירידה כו' · שהיו ב' דרכים אחד שהיו טמאין הכלים למובגן והוא דרך ירידם והב' דרך עלייתן מהטבילה : שלא כדרך ירידתן · דבירידתן ודאי טמאים הוו תמא"כ בעלייתן : טהורים · דלא גזרו על ספק הכלים שבירושלים : מגריפה · כלי שמתקבלים בו עצמות המתים : שוחט בה מיד . פסחו וא"צ לטבילה זו המוצאה דמסתמא הטבילה בטלה אם מתמה היתה הטבילה בי"ג כדי שיהא הערב שמש ומהא מסורה בי"ד : בי"ג שונה ומטביל · כלומר אע"פ שספק שמא הטבילוה הבעלים זה שונה ומטבילה מספק שמא עדיין לא הטבילוה שהיה לכן שהות ביום להטבילה ולהעריב שמשה : קופיץ · סכין גדול הוא ורובן אינן למחיכה אלא למיחוך בשר ולשבירת עצמות : בין בזה כו' · אפילו נמצאת בי"ד : שונה כו' · דמתוך שאין שבירת העצם בפסח הבעלים אין צריכים לה כל י"ד עד למחר וי"ל לא הטבילה שהיה לו שהות ביום להטבילה סמוך לבין השמשות : חל י"ד בשבת שוחט בקופיץ זה מיד ומ"ש

*) [נראה דכן היה גורס שם בגמ' רובע שקל אבל לפנינו הגי' שם רובע סתמא ופירש"י רבע הדינר ועי' היטב בתוס' ב"ב ד' קמו: ד"ה ליבפתים :]

משנת אליהו

ממוס ונטמא נשאר בבעי' והרמב"ם דפסק בפ"ג מהל' תמידין הל' כ' כהן שהקריב מחצה ומת או נטמא או נולד בו מום כו' פשט הבעי' לחומרא ודלא כמ"ש בקי"ע :

מסורת הש"ס

א) מנחות נב א: ב) בס"א או מחצה בשחרית ומחצה בין הערבים: ג) מנחות נא ב: ד) שם נא ב: ה) לעיל ה"א: ו) פסחים יט ב: ז) שם: ח) שם ע א:

עין משפט נר מצוה

לב א מיי' פ"ג מהמידין וכל' כב:
לג ב מיי' שם:
א ג מיי' פרק י"ג מאה"ט הל"ח:
ב ד מיי' שם הל"ט:
ג ה מיי' שם וכסמ"ג:
ד ו מיי' שם הל"ו:

נוסחת הבבלי

(א) קומצין (בחסר) כו' קומצין בחסר כו' אר"ח כו': (ב) ר"ש בר נחמן בשם ר' יוחנן כו' היו מקשקשין בה כו': (ג) וה"א בשאר ימות כו': (ד) וקופיץ בין בזה ובין בזה כו':

הגהות הגר"א

חייא בר אבא יאות הוא מקשה אתא ר' יעקב ב"א ר' אבהו בשם ר"י ד"ת הוא שתהא באה משל צבור הייתי אומר יגבו לה התקינו שתהא באה מתרומת הלשכה כצ"ל. וה"פ תמן הייתו במתני' דמנחות אמר משל צבור כדקאמר מחק עולם והכא במתני' דידן אמר מתנאי ב"ד דבר תורה משל צבור הייתי אומר יגבו לה כלומר הא ודאי פשיטא דמש"ה ד"ת מקרא דחק עולם אבל הייתי אומר שלא ליקח אותה מתרומת הלשכ' אלא לגבות מכל יחיד ויחיד דהכי משמע קרא דחק עולם משל עול' והתנו ב"ד שיהא בא מתרומת הלשכה ואיזה תלמיד טועה נסתבך בתירוצא דבבלי שם והרכיב לה בתירוצא דהכא דירו' ולא נהיר ילא בהיר דסוגיא דירושל' ס"ל דלא הוה אלא חדא תקנה ובבבלי משני ב' תקנות הוו: [א] מכאן עד הפסק ר"ש בר נחמן וכו' מבולבלת מאוד וגי' הגאון ז"ל מלובנת ומחוורת. וה"ג ר"א א"ר יוחנן בעי מה שלימה שלימה בשחרית ושלימה בין הערבים או שלימה שחרית ובטלה בין הערבים הדר פשיטא ליה שלימה בשחרית שלימה בין הערבים ודא צריכה ליה שלשת לוגין מהו שלשת לוגין בשחרית ושלשת לוגין בין הערבים או לוג ומחצה שחרי' ולוג ומחצה בין הערבים א"ר חזקיה אף הדא צריכה ליה קומץ בשחרית וקומץ בין הערבים או חצי קומץ בשחרית וחצי קומץ בין הערבים א"ר יוסי כלום למדו לקומץ לא מלחם הפנים מה להלן שני קמצים אף כאן שני קמצים בחסר א"ר חזקיה ולכלום למדו לג' לוגין לא מתמיד מה להלן שלשת לוגין אף כאן ג' לוגין כצ"ל. והיכי' מה תמן צריכה ליה אף כאן צריכה ליה שלא יפה' וכו'. ומתקה: [ב] חסר כאן הענין מהלה למחצה יפלו לנוזלי עולה כלשה אלא וכו':

גליון הש"ס [א] פי' קיע וש"ך רלה לפרש פי' חדש והוא פלאי דא"כ בחל י"ד בשבת אמאי שוחט בה מיד הא כיון דאין הזאה דוחה שבת ואף בספק טומאה אין מזין בשבת עי' יומא דף ח ע"ב ומ"ב בא ספטם הטומאה אליו

בפ"ו שוחט בה מיד · לפי שכל העם יודעין שהזאה וטבילה אסורה ביו"ט ומטבילין את הכל מעיו"ט : נמצאה קשורה לסכין · בגמ' מפרש : גמ' קצרן של נכרים · כובס של נכרים היה שם בשוק העליון וחכמים גזרו על הנכרים שיהו כזבים לכל דבריהם ורוקו טמא: ערודות· ערודי היער היו נוחרין לצורך אריות של מלך : ר"ש בר אבא בשם ר"ח קצרן של נכרים היה שם . ל"ג ליה הכא : וטהרו את דמיה משום נבילה . כל הסוגיא פירשתי לעיל פ"ג הל"ב : לא כן וכו' · אמתני' פריך לא גזרו על הרוקין שבירושלים ולמה גזרו על הרוקין שבשוק העליון: שיבולת· היינו באמצע: ופריך לא כן וכו' · ובמתני' תנן חוץ מדרך ירידתן לבית הטבילה : ומשני מכיון וכו' נעשו הוכיח . יש הוכחה שהן טמאין ודאי ולא משום גזרה :

תורה אור

בפ"ו שוחט בה מיד נמצאה קשורה לסכין הרי היא כסכין: גמ' ר' אבין בשם ר' יהושע בן לוי (א) קצרן (זבין) של נכרים היה שם אמר ר' חנינה ערודות. א) [א] היו נוחרין בירושלים והיו עולי רגלים משתקעין בדם עד ארכובותיהן ובאו לפני חכמים ולא אמרו להן דבר (ר"ש בר אבא (ב) בשם ר"ח קצרן של נכרים היה שם) רבי סימון בשם רבי יהושע בן לוי מעשה ג) בפרדה משל בית רבי שמתה וטהרו את דמיה משום נבילה ר"א שאיל לרבי סימון עד כמה ולא אגיביה שאיל לרבי יהושע בן לוי א"ל עד רביעית טהור יותר מיכן טמא ובאש לרבי לעזר דלא חזר ליה ר' סימון שמועתא רב ביבי הוה יתיב מתני הדין עובדא א"ל רבי יצחק בר ביסנא עד כמה א"ל עד רביעית טהור יותר מיכן טמא ובעט ביה א"ל ר' זריקא בגין דהוה שאיל לך את בעיט ביה א"ל בגין דלא הוות דעתי בי דאמר ר' חנין °והיו חייך תלואים לך מנגד זה שהוא לוקח לו חטין לשנה °ופחדת לילה ויומם זה שהוא לוקח מן הסדקי °ולא תאמין בחייך זה שהוא לוקח מן הפלטור ואנא סמיך אפלטירא מאי כדון ג) העיד רבי יהושע בן פתורה על דם נבילות שהוא טהור מהו טהור טהור מלהכשיר הא ליטמות מטמא תמן ד) תנינן דם השרץ מטמא כבשרו מטמא ואינו מכשיר ואין לנו כיוצא בו ואין לנו כיוצא בו כשיעור טומאתו אבל דמו מטמא כבשרו א"ר יוסי פליגי בה תרין אמוראין חד אמר טמא וחד אמר טהור מ"ד טמא כר' יהודה ומ"ד טהור כר' יהושע בן פתורה א"ל רב אבדומה דמן נחותה ויאות דרבי יהודה מוריינה דבי נשיאה הוה: כל הרוקין וכו' : לא כן אמר רבי אבהו בשם ר' יוסי בן חנינה לא ה) גזרו על הרוקין שבירושלים הא איתמר עליה רבי אבין בשם ריב"ל קצרן של נכרים היה שם: בשאר ימות השנה הטמאין מהלכין שיבולת והטהורין מהלכין מן הצד [ב] והטהורין מהלכין סתם והטמאים אומרין להן פרושו בשעת הרגל הטהורים מהלכין שיבולת והטמאין מהלכין מן הצד הטמאין מהלכין סתם והטהורין אומרים להן פרושו : וכל הכלים הנמצאים כו' : לא כן א"ר אבהו בשם ר' יוחנן לא ו) גזרו על הכלים שבירושלם מכיון שנמצאו דרך ירידה לבית הטבילה נעשו הוכיח אבא שאול היה קורא אותן ציפורין שהיה הומה לציפורין מ"ד ציפורין מ"ד מריצה שמריצה את האבן לבית הקברות : קופיץ וכו' : תני הסכין קשורה לה הרי זו כמותה :

הלכה ב מתני' פרוכת שנטמאת בולד הטומאה מטבילין אותה בפנים ומכניסין אותה מיד ושנטמאת באב הטומאה מטבילין אותה בחוץ ושוטחין אותה (ג) בחיל מפני שהיא צריכה הערב שמש אם היתה חדשה שוטחין אותה על גג האיצטבא כדי שיראה העם את מלאכתה שהיא נאה רשב"ג ז) אומר משום ר"ש בן הסגן פרוכת עוביה טפח על שבעים ושתים נימים נארגת על כל נימה ונימה כ"ד חוטין ארכה מ' אמה ורחבה כ' ומשמונים ושתים רבוא היתה נעשית ושתים עושין בכל שנה ושלש מאות כהנים מטבילין אותה: גמ' אילו אמר חוט א' כפול לשנים שזור לשלשה משזר לששה ארבע מכאן הא ה) עשרים וארבעה תני שלשים ושתים אילו אמר חוט א' כפול לשנים שזור לארבע משזר לשמונה ארבע מכאן הא תלתין ותרין תנא ארבעים ושמונה אילו אמר חוט אחד כפול לשנים קליעה לשלשה שזור לששה משזר לשנים עשר ארבעה מיכן הא ארבעים ותמניא כתוב אחד אומר °מעשה רוקם וכתוב א' אומר °מעשה חושב מעשה ס) רוקם °פרצוף אחד מעשה חושב שני פרצופות רבי יהודה ורבי נחמיה [ג] חד אמר מעשה רוקם [ד] ארי מכאן וארי מכאן מעשה חושב ארי מכאן וחלק מכאן וחרנה אמר מעשה רוקם ארי מכאן וחלק מכאן מעשה חושב ארי מכאן ונשר מכאן : בשמונים ושתים רבוא היתה נעשית וכו' : ר' י) יצחק בר ביזנא בשם שמואל גוזמא תמן (ד) תנינן פעמים היה עליה כשלש מאות כור רבי יוסי בי רבי בון בשם שמואל גוזמא :

הלכה ג מתני' בשר קדשי קדשים שנטמא בין באב הטומאה בין בולד הטומאה בין בפנים בין בחוץ בש"א הכל ישרף בפנים חוץ משנטמא באב הטומאה בחוץ בית הלל אומרים הכל ישרף בחוץ חוץ משנטמא בולד הטומאה בפנים ר"א

שהיא דומה לצפורן . שעשויה כדמות לצפורן של אדם: תני הסכין קשורה לו· אם נמצא הסכין קשור בקופיץ הרי זה כקופיץ ובזה ובזה שוחט ומטביל ופליג אמתני' ויותר נ"ל דברייתא לפרושי למתני' קאתי דה"ק נמצאת סכין סתמא קשורה עם סכין אחרת ידועה הרי הוא כסכין ידועה אם טמאה טמאה ואם טהורה טהורה וכן פי' הרמב"ם בפי' המשנה :

הלכה ב מתני' פרוכת שנטמאה בולד הטומאה · שנגעה במשקין טמאין שחכמים גזרו על המשקין שמטמאין כלים גזרה משום משקה דזב וזבה : מטבילין אותה בפנים · ואינה טעונה שילוח חוץ למחנה שכינה כיון שלא נטמאת אלא בולד הטומאה ומכניסין אותה מיד שאינה טעונה הערב שמש : מטבילין אותה בחוץ · דטעונה שילוח : ושוטחין אותה בחיל . חוץ לעזרה: נימין · ליצ"ם בלע"ז : כ"ד חוטין · מפרש בגמ' : ארכה ארבעים ורחבה עשרים· כמדת פתח האולם שהיה גובהו ארבעים ורחבו עשרים : פ"ב רבוא . דינרי זהב נעשית : גמ' אילו אמר חוט · גבי מלאכת הפרוכת הייתי אומר שיהא כל חוט כפול לשנים: שזור · אילו נאמר חוט שזור הייתי אומר שיהא חוטין כפול לשלשה השתא דכתיב משזר ילפי' מיניה דבעינן חוטין כפול ששה דהיינו כפל משזר : ארבעה · כלומר וארבעה מינין היו בו תכלת וארגמן ותולעת שני ושש משזר כל אחד חוטין כפול ששה הרי שהיה כפול כ"ד : מעשה רוקם · גבי מסך הפתח כתיב וגבי פרכת כתיב מעשה חושב ופליגי בייהו· ר"י ור' נחמיה פליגי. איך היו מעשה חושב ומעשה רוקם והיאך היו שני פרצופין:גוזמא. מילתא בעלמא ולאו דוקא : תמן תנינן · במסכת תמיד פ"ב שהיו מעלין באפר ע"ג תפוח ותפוח היה באמצע המזבח ולפעמים היה עליו כשלש מאות כור אפר:

הלכה ג מתני' הכל ישרף בפנים . בבית הדשן הגדול שבעזרה ששם שורפין פסולי קדשים שכל שפסולו בקדש שורפין אותו בקודש : חוץ משנטמא בולד הטומאה בפנים·

משנת אליהו

קצרין של נכרים היו שם.עיין רש"י בפסחים (יט ע"ב) ד"ה של שוק העליון שם היו מתקבצים טמאים שלא לטמא את הטהורים ותמוה, למה לא פירש טעמא דגמרא דכולה סוגיא ס"ל כן : סליקא לה מסכת שקלים

ריבב"ן

הקופיץ בסכין אפילו נמצאת בחול בי"ד אינו צריך להטבילה הואיל דהיא קשורה עמו הטבילן יחד והסכין צריך לו בי"ד לשחוט הפסח והטבילה בי"ג שיהא להם הערב שמש: מתני' בולד הטומאה ראשון לטומאה [מטבילין אותה] אפילו בפנים לפי שאין טומאתה מדאורי' שאין אדם וכלים מקבלין טומאה אלא מאב הטומאה ואם הטבילוה בחוץ מכניסין אותה מיד שאינה צריכה הערב שמש דטומאתן מדרבנן ושנטמאת באב הטומאה מטבילין אותה בחוץ לפי שאסור להשהותה בפנים וחייב להוציאה בחוץ הואיל דטומאתה מדאורייתא דאמרינן בעירובין בפרק בתרא מזכר עד נקבה תשלחו פרט לכלי חרס דברי ר' יוסי הגלילי ומפרש טעמא לפי שאין לו טהרה במקוה א"כ לפי שאינו נעשה אב הטומאה אבל הפרכת יש לה טהרה במקוה ונעשית אב הטומאה חייב לשלחה ולהוציאה בחוץ ושוטחין אותה בחיל דברים במקום שנקרא חיל לפנים מהר הבית ומקודש כד ממנו כדאיתא בריש מסכת כלים אם היתה שם חדשה ונטמאת מטבילין אותה בחיל ושוטחין שם אותה שם כדי לנוגבה ובין כך ובין כך יראו העם מלאכה שהיא נאה : מתני' על כל נימה ונימה כ"ד חוטין כדאיתא ביומא פרק בא לו הפרכת כ"ד חוטין ארכה מ' ורחבה כ' כנגד פתח האולם כדאיתא במסכת מדות ומשמונים ושתים ריבוא חוטין נארגה ויש גורסין ריבות פירוש נערות האורגות בפרוכת ושלש מאות כהנים מטבילין אותה: אמרינן בחולין פרק גיד הנשה אמר רבא גוזמא דלא צריכי ש"כ כהנים להטבילה והמריך התם בג' מקומות דברו חכמים בלשון הבאי גפן תפוח ופרוכת ומפורשים התם : מתני' בשר שנטמא בין באב הטומאה וכו' ב"ש אומר ישרף בפנים הכל [ואינו] חייב להוציאו מיד לחוץ (ליכא) כדפרישית לעיל דכל שאין לו טהרה במקוה ואינו נעשה אב הטומאה אין חייבין עליו והוכלין ומשקין לא מלינו להם טהרה במקוה כלל אלא לגיס דרך זריעה וגם אינן נעשין אב הטומאה דכתיב וכל אשר יגע בו הטמא יטמא וכתיב לעיל מיניה

תקלין חדתין

להטביל דאפ"ג דשמא בעלים היה להן סכין לשחוט ולא היתה קופיץ זו להן אלא לשבירת עצמות והיום אין שבירת העצם בשבת אפילו הכי כיון דצריכה להם ביו"ט אחר שבת ככר הטבילה מערב שבת דהא בשבת לא מצו להטבילה כמ"ש במסכת ביצה (י"ז ע"ב) הא יו"ט אחר השבת כו' מלפני השבת: ובפ"ו · אם מצאה ביו"ט עצמו : שוחט בה · שלמים מיד דודאי הטבילוה בעלים מאתמול : הרי היא כסכין · ואפילו נמצאת בי"ד שחל להיות בחול שוחט בה מיד דודאי הוטבלה עם הסכין בי"ג הואיל וקשורה עמו · לשון רש"י וכן פי' רבינו הגאון דקאי הכל אקופיץ : גמ' קצרין של נכרים · להכי בשוק העליון טמאים לפי שהיה שם כובסים של נכרים והן כזבים לכל דבריהם ולכן הרוקין דשם טמאים: ערודות.חיות שמתן ערוד ולהכי טמאין הרוקין דשם משם היו נכרים נוחרין הערודות: אריב"ל מעשה כו' · מייתי לה כל הסוגיא אגב שאמר ערודות היו כו' וכל הסוגיא פירשתי בפ' ג': לא כן א"ר אבהו כו' לא גזרו על הרוקין שבירושלים · אשוק העליון פריך ולא שמיעא להו סוגיא דרבי אבין ומשני הא אתמר עלה כו' : שיבולת כו' · מפרש טעמא דרבי יוסי ושיבולת הוא באמצע והטהורים מהלכים מן הצד שהיו מרחיקין עצמן לצדדין והטמאים מהלכים סתם שאינם מזהירים לפרוש מהם : והטהורים אומרים להם פרושו · שהיו מזהירין להטמאים שיפרשו מלטמאן לכן הרוק הנמצא בצדדין טהורין ובאמצע טמא : ובשעת הרגל · כי כל ישראל חברים ברגל שנאמר (שופטים כ') ויאסף כל איש ישראל אל העיר כאיש אחד חברים וכולם טהורים כי החיוב על כל ישראל לטהר עצמם ברגל וכל טמא שאינו יכול ליטהר יפרוש עצמו לצדדים ויתרחקו בני אדם ממנו כדי שלא יטמאו כי כל העדה כולם טהורים וזהו דאמר וטהורין מהלכים סתם וטמאים מזהירים להן שיפרשו דלפעמים המוטעים הולכין בצדדין והן המזהירין · וגירסא זו כגירסת הרמב"ם בפירושו : לא כן אמר ר"י · ולמאי אמר במתני' דרך ירידה טמאים : נעשו הוכיח · שמוכח שבירידתן לטבילה נפלו והן טמאים : אבא שאול · שהיה קובר מתים כדאמרינן בפרק ג' דנדה והיה רגיל בכלים הללו והיה קורא אותה לצפורן לתגריפה דמתני' : מריצה · שהיא מריצה את האבן לבית הקברות כשחופרין ומזדמן אבן מריצה · וגירסת הרמב"ם שהיא מריצה את העם · ופי' דהכי קאמר שהיה כלי שהיו מכתתין ומרצצים בו העצמות כדי שיכנסו בסל להוליך אותו ממקום למקום וזה השם מגזרת ותרץ את גלגלתו ולחוזק טומאתן היו בחזקת טומאה : תני הסכין קשורה לו ה"ז כמותה . ברייתא פליגא אמתני' וס"ל דאם נמצא הסכין קשור בקופיץ הרי זה כקופיץ ובזה ובזה שוחט ומטביל : מתני' פרכת · בולד הטומאה · שנגעה במשקים טמאים דרבנן גזרו על המשקים שמטמאים כלים גזירה משום משקה זב וזבה כגון רוקו ומ"ז שהן אבות הטומאה ומטמאים אדם וכלים מדאורייתא ופרכת אי כלי דכשנוטלין אותו ממקומו נותן הכלים לתוכה ויש תורת כלי עליה לקבל טומאה : בפנים · ואינה טעונה שילוח חוץ למחנה שכינה כיון שלא נטמא אלא בולד הטומאה : מיד · לשון הגאון בולד הטומאה דאין צריך הערב שמש כד"ס כמ"ש בפ"א דטהרות ועי' ר"ש שם : באה"ט · בשרץ או נבילה : בחוץ · דטעונה שילוח כמ"ש בסוף עירובין : בחיל · חוץ לעזרה : כ"ד חוטין · מפרש בגמ' : ארכה מ' כו' · כפתח האולם שהיה גבוה מ' ורחבו כ' : ומשמונים ושתים רבוא · לשון הגאון · ר"ל דינרים דאי אפשר לומר על הנימין דאם כן הל"ל קודם שאמר ארכה מ' גו' : היו מטבילין · דכלים הנגמרים אע"פ שנגמרים בטהרה צריכים טבילה לקדש כמ"ש בחגיגה : גמ' אילו נאמר חוט אחד כלומר אילו היה נאמר חוט הייתי מפרש אחד כלישנא דחוט יסידי · ואילו היה נאמר כפול הייתי אומר לשנים כלישנא דכפל : שזור לשלשה · משזר לששה · ד' שהיו ד' מינין תכלת וארגמן תולעת שני ושש הרי ד' פעמים ו' הא כ"ד : תני · בברייתא ל"ב שהיו החוטין כולן ל"ב : משזר לח' · דמשזר משמע כפול דשזור וד' פעמים ח' הא ל"ב : קליע · הוא קלוע ג' יחד : שזור כפול דקליע · ומשזר י"ב וד' פעמים י"ב הא מ"ח : מעשה רוקם כו' · אידי דנקט דרשא דפרכת נקט נמי הכי דרשא דמעשה חשב ומעשה רקם דכתיבי בפרכת : ה"ג חד אמר ארי מכאן וחלק כו' · מעשה חושב כו' ואריי מכאן דהייט ב' פרצופות : ואוחרנא כו' · מעשה רוקם ב' פרצופות שוות לשון רוקם שנרקם צורה בב' הצדדין : גוזמא · קאי [illegible]

ר"א אומר שנטמא באב הטומאה בין בפנים בין בחוץ ישרף בחוץ שנטמא בולד הטומאה בין בחוץ בין בפנים ישרף בפנים ר"ע אומר [א]מקום טומאתו שם שריפתו: **גמ'** בר א) קפרא אמר אב הטומאה דבר תורה וולד הטומאה מדבריהם ר' יוחנן אמר בין זה בין זה דבר תורה וקושיא דר' יוחנן על דבית שמאי דבית שמאי אומרים הכל ישרף בפנים חוץ משנטמא באב הטומאה בחוץ מה בין אב הטומאה בחוץ מה בין ולד הטומאה בחוץ זה וזה לא דבר תורה הוא ואפילו על דבית הלל לא מקשייא דב"ה אמר הכל ישרף בחוץ חוץ מה שנטמא בולד הטומאה בפנים מה בין ולד הטומאה בפנים מה בין אב הטומאה בפנים זה וזה לא דבר תורה הוא לא הוו בה רבנן אלא על דבר קפרא וקשיא דבר קפרא על דבית שמאי דבית שמאי אומרים הכל ישרף בפנים חוץ משנטמא באב הטומאה בחוץ מה בין אב הטומאה בין בחוץ בין בפנים זה וזה לא ד"ת הוא (א) בגין דר"ע אמר מקום טומאתו שם תהא שריפתו ואפילו על דבית הילל לא מקשייא דב"ה אמר הכל ישרף בחוץ חוץ משנטמא בולד הטומאה בפנים מה בין ולד הטומאה בין בפנים בין בחוץ זה וזה לא מדבריהם הוא בגין דר"ש אמר [א] מאכלו ומשקו של מצורע משתלחין חוץ לשלש מחנות:

הלכה ד מתני' [ב]איברי ג) התמיד ניתנין מחצי כבש ולמטה (ב) (במזרח) במערב של מוספין ניתנין מחצי כבש ולמטה (במערב) במזרח של ראשי חדשים ניתנין על כרכוב המזבח (למטה) מלמעלן [ג]השקלים [ד]והביכורים אינן נוהגין אלא בפני הבית אבל ג) [ה]מעשר דגן [ו]ומעשר בהמה [ז]ובכורות נוהגין בין בפני הבית ובין שלא בפני הבית המקדיש שקלים וביכורים הרי זה קודש ר"ש אומר האומר ביכורים קודש אינן קודש:

גמ' [א] איזהו ד) כרכוב המזבח [ח]אמה בין קרן לקרן מקום הילוך רגלי כהנים מוספי ה) שבת מוספי ר"ח מי קודם ר' ירמיה סבר (ג) מימר מוספי שבת ומוספי ר"ח מוספי ר"ח קודמין חייליה דר' ירמיה מן הדא שירו ו) של שבת ושירו של ר"ח [ט]שירו של ר"ח קודם א"ר יוסה שנייא היא תמן דאמר ר' חייא בשם רבי יוחנן כדי לפרסמו ולהודיע שהוא ר"ח [ב] כיצד היה עושה שוחט מוספי שבת ואומר עליהן שירו של ר"ח ברם הכא מוספי שבת ומוספי ר"ח [י]מוספי שבת קודמין על שם כל התדיר מחבירו קודם את חבירו: [ג] שקלים וביכורים וכו': הא שקלים קדשו רבי שמעון בן יהודה משום רבי שמעון בין אלו ובין אלו לא קדשו תני ז) [כ]גר בזמן הזה צריך להביא קינו ריבעית כסף אר"ש ביטלה ר' יוחנן בן זכאי מפני התקלה מהו מפני התקלה כהדה דתני ח) אין מקדישין ולא מעריכין ולא מחרימין [ד] ולא מגביהין תרומות ומעשרות בזמן הזה ואם הקדיש או העריך או החרים [ה] או הגביה הכסות תישרף הבהמה תיעקר כיצד נועל בפניה הדלת והיא מתה מאיליה והמעות ילכו לים המלח: עבר והקדיש מן מה דאמר ר"ש ביטלה רבן יוחנן בן זכאי מפני התקלה הדא (ד) אמרה עבר והקדיש קדשו רבי יודה ענתודרייא בעי קומי רבי יוסי הכא את אמר

קרבן העדה

דלית ביה תרתי טומאתו בפנים וקילא טומאתו אבל נטמא באב הטומאה אין להשהותו עד שתשרף אלא יוציאנה מיד וישרפנה בחוץ: ישרף בפנים. דכיון דטהור מדאורייתא אפי' נטמא בחוץ יש לקיים בו שריפתו בקדש: **גמ'** ולד הטומאה. היינו שנטמא בטומאה דרבנן: זה וזה לא דבר תורה. בתמיה וכיון דמדאורייתא טמא אין להכניסו לעזרה הואיל ולא היה פסולו בקודש: לא הוו רבנן. לא פלפלו חכמים בדברי ר' יוחנן דלר' יוחנן ל"ק דאב הטומאה חמירא אבל מולד הטומאה הקילו בה א"כ לא פלפלו חכמים בדברי ר"י דודאי קשיא אלא בדברי בר קפרא דקדקו: ומשני בגין דר"ע. בשביל טעמו של ר"ע דקאמר מקום טומאתו שם שריפתו ה"נ קאמרי ב"ש באב הטומאה ישרף בחוץ אבל בולד הטומאה ישרף בפנים כיון דמדבריהם הוא ישרף בפנים ששריפתו בקדש: בגין דר"ש וכו'. בשביל הא דאמר ר' שמעון דמשלחין אפי' אוכלין טמאין לחוץ הלכך כל מה שנטמא בחוץ אין מביאין אותו לפנים:

הלכה ד מתני' מחצי הכבש ולמטה במערב. כהנים הזוכים בפיים באברי התמיד להעלותם לא היו מעלים אותם בפעם אחת אלא נותנים אותם על הכבש והולכים ללשכת הגזית לקרות את שמע ואח"כ חוזרין ומקריבין האברים ע"ג המזבח הכבש ארוך ל"ב אמה ומחציו ולמטה נותנין אותן ורוחב הכבש ט"ז אמה ובחציו של צד מערב היו נותנים אותן: ושל ראש חדש על כרכוב המזבח. בגמרא מפרש: אינן נוהגין אלא בפני הבית. שקלים משום לצורך קרבן ניניהו וכיון שאין קרבן אין שקלים וביכורים דכתיב ראשית בכורי אדמתך תביא בית ה' אלהיך בזמן שיש בית יש ביכורים אין בית אין ביכורים: אבל מעשר דגן וכו'. נוהגין בפני הבית דקדושת הארץ לא בטלה: מעשר בהמה. צריך להפריש העשירי: המקדיש שקלים וביכורים. בזמן הזה: ביכורים אינן קדש. דכתיב בהו בהדיא תביא בית ה' אין שם ביכורים חל עליהן שלא בפני הבית: **גמ'** מי קודם. בהקרבתן אם שתיהן לפניו: חייליה דרבי ירמיה. כלומר כוחו וראייתו דר"י מהא: שירו של ר"ח קודם. וסבר ר"י דס"ה קרבן ר"ח קודם: א"ר יוסי. שאני התם דלכך שיר של ר"ח קודם כדי לפרסם שהוא ר"ח אבל קרבן שבת קודם לר"ח: הא שקלים קדשי. מודה ר"ש אם אומר ביכורים קדש שהן קדש: הגר בזמן הזה. אע"ג דליכא מקדש צריך שיפריש רובע דינר לקינו דלכשיבנה ב"ה יביא קן דגר צריך קרבן ובפחות מרובע לא מצי להפריש דאין מצוי קן בפחות מרובע: מפני התקלה. שמא יהנה ממנו: ואין מחרימין. דחרם סוא ק"ק דכתיב כל חרם קדש וגו': הבהמה תעקר. דלא ליתי בה לידי תקלה: והיא מתה מאיליה. ברעב: עבר והקדיש. מהו שיהיה קדש: הכא. גבי קן של גר את אמר אם עבר וקדשו קדש והכא גבי שקלים

ריבב"ן

וחטאו ביום השביעי כל היכא דקרינא ביה וחטאו דראוי לחיטוי (מי שראוי לחיטוי ראוי *)לטבילה וקרינן ביה והנפש הנוגעת בו תטמא וכל היכא דלא קרינן ביה וחטאו לא קרינן ביה והנפש הנוגעת יטמא לאפוקי כלי חרס ואוכלין ומשקין הואיל ואין להם טהרה במקוה אינן נעשין אב הטומאה כפירש"י בסוף עירובין: ישרף בפנים במקום ששורפין שאר פסולי ק"ק דתניא בפסחים פ"ב [דף כד] ר"ש אומר בקדש באש תשרף לימד על חטאת ששריפתה בקדש אין לי אלא זו בלבד שאר פסולי ק"ק ואימורי קדשים קלים מנין ת"ל כל בקדש באש תשרף ואמרינן בפרק טבול יום ת"ר ג' בית הדשנין הן א' בעזרה ששם שורפין פסולי ק"ק ואימורי קדשים קלים וכו': חוץ משנטמאת באב הטומאה בחוץ. שלא ישרפום בפנים דהואיל ויצא יצא. ב"ה אומרים ישרף הכל בחוץ. והא דתניא לעיל פסולי קדשי קדשים נשרפין בפנים בשאר פסולין כגון הלן והיוצא והנשחט חוץ לזמנו וחוץ למקומו וכיוצא בו אבל פסול טומאה לא ובירושלמי מקשה בין לב"ש בין לב"ה אידי ואידי לא דבר תורה הוא פי' בין שנטמאה באב הטומאה בין שנטמאה בולד הטומאה טומאתו לאו דאורייתא ואמאי מחלקין בין נטמא באב הטומאה לנטמא בולד הטומאה: **מתני'** ר' אליעזר אומר באב הטומאה דחמירא טומאתו ישרף בחוץ בולד הטומאה דקילא טומאתו מכניסה בפנים ושורפה ור' עקיבא סבר מקום טומאתו שם תהא שריפתו בין שנטמא באב הטומאה בין שנטמא בולד הטומאה ישרף בפנים: **מתני'** אברי תמיד נתנין מחצי כבש ולמטה במערב כשמוליכין אברים מבית המטבחיים מניחין האברים בכבש כדתנן בפ"ב דיומא הפיים השני מי שוחט מי זורק מי מעלה אברים לכבש ותניא בסיפא הפיים הרביעי מי מעלה אברים מן הכבש למזבח ושל מוספין ניתנין מחצי כבש ולמטה במזרח להיכרא בעלמא ושל ראשי חדשים ניתנין על כרכוב המזבח ומפרש במסכת סוכה [דף נה] א"ר יוחנן לידע שהוקבע ר"ח בזמנו: השקלים והבכורים אין נוהגין אלא בפני הבית לפי שהשקלין נעשין לצורך תמידין ומוספין ובכורין בעו הנחה לפני המזבח כדכתיב והניחו לפני מזבח ה' ועכשיו אין מזבח מעשר דגן דהייט מעשר שני נוהגין אפילו בזמן הזה וצריך להעלות לירושלים כדאיתא בבילה פ"ק במעשה דר' אליעזר שהיה [לו] כרם רבעי והפקירו לעניים מפני שלא היה יכול לעלות הוא ונתנו לעניים כדי שיוליכוהו שם וכרם רבעי ומעשר שני דינן שוה דילפינן קודש קודש ממעשר ומתני' דלא כר' ישמעאל דתניא בתמורה בפ"ג ר' ישמעאל אומר יכול יעלה אדם מעשר שני בזמן הזה לירושלים ויאכלנו הוא בכור טעון הבאת מקום וכו' ומעשר בהמה ובכורות ימתין עד שיוממו ובכורות נותנין לכהנים ויאכלום במומן והמעשר יאכלוהו בעלים: המקדיש שקלים ובכורים הרי זה קודש בכורים ירקבו ושקלים יגנזו ר"ש אומר האומר בכורים קודש אינם קודש: ירושלמי הא שקלים קדש ר"ש בן יהודה אומר משום ר"ש בין אלו ובין אלו לא קדשו. תניא בתוספתא בפ' בתרא קינו של גר אינה נוהגת אלא בפני הבית ר' שמעון אומר אינו צריך להביא מפני התקלה מפני מה אמרו שקלים אינם נוהגים אלא בפני הבית לפי שאין תורמין מן הישנה מפני מה אמרו ביכורין אינן נוהגין אלא בפני הבית משום שנאמר ראשית בכורי אדמתך תביא בית ה' אלהיך כל זמן שיש לך בית יש לך בכורין אין בית אין בכורים: ירושלמי תני הגר בזמן הזה צריך להביא קינו ריבעת כסף אמר ר' שמעון ריב"ז בטלה מפני התקלה פי' הגר שנתגייר בזמן הבית היה צריך להביא קרבן דוקא קינין ושתיהן עולות ותניא בפ"ב דכריתות ר' אומר ככם כגר כאבותיכם מה אבותיכם לא נכנסו לברית אלא במילה וטבילה והרצאת דמים כך הם לא יכנסו לברית אלא במילה וטבילה והרצאת דמים והאי דאמר רובע שקל הייט דינר כדפרישית לעיל עמדו בו ביום

*) נ"ל והיינו שיש לו טהרה בטבילה קרינן ביה והנפש וכו' וכ"ה בפירש"י ז"ל שם.

תקלין חדתין

באה"ם אין להשהות הטומאה בפנים עד שתשרף אלא יוציאנה מיד וישרפנו בחוץ: ישרף בפנים. דכיון דטהור מדאורייתא אפי' נטמא בחוץ יש לקיים שריפתו בקדש: **גמ'** בר קפרא אומר ד"ת אב הטומאה וולד הטומאה מדבריהם. דמוקי מה דאמר במתני' אה"ם ודאי דאורייתא אבל ולד הטומאה היינו בדרבנן כגון שנגע במשקין דמדאורייתא אין אוכלין ומשקין מטמאין כלי שאין אוכל נעשה אב הטומאה ורבנן גזרו שיהא משקין מטמאין כלי משום משקה זב וזבה שהן אב הטומאה כגון רוקו ומימי רגליו וזה הבשר נגע בולד הטומאה דרבנן זה דמדאורייתא לא הוי אפילו ולד הטומאה דאין כלי נטמא ממשקין כנ"ל. והא דנקט אב הטומאה דאורייתא היינו דכל אב הטומאה דאורייתא. א"נ משום דאיכא אב הטומאה דרבנן כגון מעת לעת שבנדה ובית הפרס וארץ העמים: בין בזה כו'. דולד הטומאה היינו שנגע הבשר בכלי שנגע במשקה זב וזבה שהוא ולד הטומאה דאורייתא והוי הבשר שני שהכלי שהוא ראשון לטומאה אם נגע באוכל עשהו שני: זה וזה לא ד"ת הוא. בתמיה הא לר"י גם ולד הטומאה ד"ת היא ומ"ש לב"ש אה"ם מולד הטומאה: ופריך ואפילו על דבית הלל מי לא קשיא לר"י: לא הוו בה רבנן. לא שקלי וטרי רבנן אלא לפרושי מתני' אליבא דבר קפרא: מה בין אה"ם בין בחוץ כו'. וקשיא לבר קפרא: בגין דר"ע. דר"א קושטא דקאמר בסיפא בין בפנים כי קשיין אבל ר"ע ס"ל מקום טומאתו שם שריפתו. וטעמיה דולד הטומאה משום דהוי טהור מדאורייתא דולד הטומאה דרבנן איירי כאן ולכך ישרף בפנים מקום טומאתו: בגין דר"ש ה"ג דר"ש אמר אוכלין ומשקין של מצורע אין מביאין לג' מחנות. ולהכי מה שנטמא בחוץ אף בולד הטומאה דרבנן אין מביאין לפנים. ור"ש זה לא מצאתי מקומו. ונראה דר"ש לטעמיה אזיל דבספ"ק דכלים בתוספתא ר"ש אומר כשם שאין זבות ונדות ויולדות נכנסין להר הבית כך משכבן ומושבן כיוצא בהן. והכי נמי במצורע אוכלין ומשקין שלו שנטמאו ממנו. וגירסת הספרים משתלחין שיבושא דהא כן אף בולד הטומאה בפנים ישרף בחוץ מה"ט ועוד שילוח אוכלין ומשקין מאן שמעת ליה: **מתני'** מחצי כבש ולמטה במערב. כהנים הזוכים בפיים באיברי התמיד להעלותם לא היו מעלים אותן בפעם אחת אלא נותנים אותן על הכבש ומחציו ולמטה נותנין אותן שרוחב הכבש ט"ז אמה ובחציו שלצד מערב היו נותנין אותן: ושל ר"ח על כרכוב המזבח. בגמ' מפרש: השקלים כו' בפני הבית. שקלים משום דלצורך קרבן נינהו וכשאין קרבן אין שקלים: וביכורים. דכתיב ראשית בכורי אדמתך תביא בית ה' אלהיך בזמן שיש לך בית יש לך ביכורים כו': מעשר דגן כו'. דקדושת הארץ לא בטלה: מעשר בהמה. בריש פרק בתרא דבכורות אמר: שביטלוהו מפני התקלה: המקדיש שקלים וביכורים. דאינם נוהגים אלא בפני הבית אם הפרישן שלא בפני הבית קדשי. לשון רבינו הגאון נראה כפירוש ראשון של הרע"ב דמפרש קאמר מדלא נקט אלא הני תרתי: ביכורים קדש אינן קדש. כיון דבהדיא כתיב בהו תביא בית ה' אלהיך אפי' הפרישן בדיעבד לא קדשי ואין שם ביכורים חל עליהן שלא בפני הבית: **גמ'** איזהו כרכוב המזבח. פרישית לעיל פרק ו' הלכה ה': מוספי שבת כו'. קאי אמתני' שהזכיר מוספי שבת ור"ח. ושואל איזה מהן קודם להקרבה כשחל ר"ח בשבת: חיליה דר"י. ראייתו: כדי לפרסמו כו'. הכי מתרץ לה ר"י בבבלי סוכה דהאי חשיבותא עבדינן להיכרא שיכירו הכל דפשיטא להו לב"ד שקדשוהו כהלכתו ולא יתעצבו לב אדם עליו דרוב בני אדם לא ראו חידוש הלבנה והוא דוקא בשיר משא"כ לענין הקרבה כו' כל התדיר כו' כיצד הוא עושה כו' שיר ראש חודש קודם שיר שבת וגירסת הספרים שיבוש דמוכח: הא שקלים קדשי ראב"י אומר משום ר"ש כו' פליג אתנא דמתני' בשם ר"ש: תני. במסכת כריתות (פ' א') : רביעית כסף. רובע דינר דלכשיבנה בהמ"ק יביא קן דאמריק דצריך קרבן וקרבן בפחות מרובע לא אפשר להפריש דאין מצוי קן בפחות מרובע כדאמרינן במתניתין ועמדו קינין בארבעתים אבל פחות לא אפשר: מפני התקלה. שלא יהנה ממנו: אין מקדישין ואין מחרימין. דחרם הוי קדש כהקדש דכתיב כל חרם קדשי קדשים: תעקר. דלא ליתו בה לידי תקלה: לים המלח. משום דבעי שחיקה באלו נהרות וביס המלח תמיל בעיניה לכן אמר ים המלח: עבר והקדיש. גבי רביעית כסף דגר אם עבר והקדיש לאחר שבטלה ריב"ז: מהו. אם קדש בדיעבד ודינו כדין הקדש והכא דתנן המעות יוליכו לים המלח או לא חל שם הקדש עלייהו: מן מה דאמר מפני התקלה. משמע דלא בטלה אלא מפני התקלה אבל בדיעבד קדשה: ענתודריא. שם מקומו: הכא את

מסורת הש"ס
א) ירושלמי מע"ש פ"ג הל"ה ועי' פסחי' פ"א הל"ו : ב) סוכה נד : ג) בכורות נג : ד) תוספתא פרק ג : ה) ירושלמי סוכה פ"ה הל"ו : ו) סוכה נד : ז) כריתות ט א : ח) יומא סו א ע"ש:

עין משפט נר מצוה

יב א מיי' פרק י"ט מפסה"ק הל"ו :
יג ב מיי' פרק ו מתמידין הל"ג :
יד ג מיי' פרק א משקלים הל"ח :
טו ד מיי' פרק ג מבכורים הל"א :
טז ה מיי' פרק א מתרומות הל"א:
יז ו מיי' פרק ו מבכורות הל"ב :
יח ז מיי' שם פ"א הלכה ה :
יט ח מיי' פרק ו מתמידין הל"ג :
כ ט מיי' שם הל"ו:
כא י מיי' שם פ"ט הלכה ג :
כב כ מיי' פרק י"ג מאיסורי ביאה הלכה ה :

נוסחת הבבלי

עליו ג' מאות כור ר"י בר אבין בשם שמואל נוטמא : (א) בגין דר"ע דר"ע אמר כו' בגין דר"ש דר"ש אמר כו' : (ב) במזרח של מוספין כו' במערב ושל ר"ח כו' ניתנין מתחת כרכוב כו' מלמטה כו' : (ג) מימר מוספי ר"ח קודם כו' : (ד) אמרה הקדש עבר כו' קומי ר"י בר' בון הכא כו' ישנה היא אבל לגבי כו' הל' כר"ש:

הגהות הגר"א

מכאן וחלק מכאן מעשה חושב ארי מכאן וארי מכאן וחרנה אמר מעשה רוקם ארי מכאן וארי מכאן מעשה חושב ארי מכאן ונשר מכאן. כצ"ל: [א] ה"ג מאכלו ומשקו של מצורע אין מביאין לג' מחנות. וה"פ בגין דאר"ש אוכלין ומשקין של מצורע אין מביאין לג' מחנות ולהכי מה שנטמא בחוץ אף בולד הטומאה דרבנן אין מביאין לפנים ור"ש זה לא מצאתי מקומו ונראה דר"ש לטעמיה אזיל דבספ"ק דכלים בתוספתא ר"ש אומר כשם שאין זבות ונדו' ויולדות נכנסין להר הבית כך משכבן ומושבן כיוצא בהן. וה"נ במצורע אוכלין שלו שנטמאו ממנו. וגי' הספרי' משתלחין שבושא הוא דא"כ אף בולד הטומאה בפנים ישרף בחוץ מה"ט ועוד שילוח אוכלין ומשקין מאן שמעת ליה : [ב] מן כיצד הוא עושה וכו' עד ברם הכא ל"ג כאן רק לקמן קודם הפסקת שקלים וכו' : [ג] כאן גרסי' כיצד הוא עושה שוחט מוספי שבת ואומר עליהן שיר ר"ח וגי' הספרי' שבוש דמוכח : [ד] ולא מגביהין תרומות ומעשרות לא גרסינן : [ה] או הגביה ל"ג :

גליון הש"ס [א] עי' במלמ"ל פ"ז ממעש"ק הלכה ד' :

ציון ירושלים דר"ש אמר מאכלו ומשקו של מצורע משתלחין חוץ לשלש מחנות. לא ראיתי מוזכר זאת אבל בהגהת הגאון מהרא"י הגיה בזה ע"ש : סליק

כג א מיי׳ פרק ח מערכין הל״ח ט:

כד ב מיי׳ שם פ״ו הלכה טז:

הגהות הגר״א

[א] ה״ג א״ל תמן אין מקדש ויניח עד שיבנה בה״מ שמא יבנה הבית בראשון ותתרם תרומת הלשכ׳ מן החדש בזמנה בא׳ בניסן והכא מאי אית לך רב המנונא ורב אדא בר אהבה בשם רב הלכה כר׳ שמעון כצ״ל והשאר שבינתי׳ נמחק וה״פ תמן אין מקדש ולהכי בשקלים לא קדשי דעיקר טעם דאין להקדיש שקלים בזמן הזה משום שאין מקדש ולא חל שם הקדש עליו כלל דאף אם יבנה בהמ״ק חיישינן שלא יבואו להקדש וזהו דקאמר ויניח עד וכו׳ שמא יבנה הבית בראשון היינו בחדש ניסן בתחלתה כמ״ש ויהי בחדש הראשון וכו׳ הוקם המשכן ותתרם תרומת הלשכה מן החדש ולא יהיה ראוי שקליו שהקדיש כלל דהוי לה ישנה ולא משום תקלה דאף אם יבנה בהמ״ק בכה״ג לא יקדש ולכן לא חל והכי איתא בתוספתא פ׳ בתרא דמכילתין טעמא דאין שקלים נוהגים בזמן הזה משום תרומה ישנה משא״כ הכא ברביעית כסף דבר דהקדש חל עליה דכשיבנה בהמ״ק ראוי רובע דינר שלו לקרבן רק דבטלה ריב״ז מפני התקלה להקדישו לכתחלה ולא אתי טעמא דתקלה ומפקיע לשם הקדש ממנו. וגירסת הספרים משובשים והקדשות אחרים מאן דכר שמייהו הכא: סליק

אמר קדשו והכא את אמר לא קדשו א״ל [א] תמן לכך אין אמקדישין לכתחלה לפי שמצוה להקריב מתרומה חדשה והיאך ה״ל ישנה והכא מאי אית לך למימר האי ישנה היא *לגבי הקדשות אחרים אבל וקינו של גר אינו צריך חדשה ואם הקדיש קדוש ויניחנה עד שיבנה בית המקדש שמא יבנה הבית כבראשונה ותתרם תרומת הלשכה מן החדשה בזמנה באחד בניסן והכא מאי אית לך רב המנונא ורב אדא בר אהבה בשם רב בהלכה כר״ש (רב אדא ורב המנונא רב אדא בר אחוה בשם רב הלכה כר״ש):

נוסחאות ישנות

הדרן עלך פרק כל הרוקין וסליקא לה מסכת שקלים

שקלים את אמר לא קדשו ור״ש בן יהודה לעיל פריך: א״ל תמן · גבי שקלים אין מקדישין לכתחלה דה״ל מתרומה ישנה שמא יעבור השנה ומתקנת חכמים דאפי׳ בדיעבד לא קדשי: ה״ג האי ישנה היא לגבי הקדשות אחרים וקינו של גר א״נ שיהיה מן החדש · הלכך אם הקדיש קדוש בדיעבד: ופריך ויניח עד שיבנה בהמ״ק · גם בשקלים יניח עד בנין בהמ״ק ותהיה חדשה ומשני שמא יבנה הבית כבראשונה. בניסן ותתרם התרומה אז ומה שנדר כבר ה״ל ישנה: והכא. גבי קינו של גר מה אית לך למימר הלכך קדוש:

הדרן עלך פרק כל הרוקין
וסליקא לה מסכת שקלים

ברבעתים ושקל היינו סלע וסלע ד׳ דינרין. פי׳ אחר רובע דינר כדאמרינן לעיל: ירושלמי עבר והקדיש מן מה דאמר ר׳ שמעון ריב״ז בטלה הדא אמרה עבר והקדיש קדשו ר׳ יודן בעא קומי ר׳ יוסי הכא את אמר קדשו פי ברובע שקל של גר והכא את אמר לא קדשו פי׳ בשקלים ובכורים אמר ליה תמן שמא יבנה בית המקדש ותתרם תרומת הלשכה בזמנה באחד בניסן והכא מה אית לך רב אדא ורב המנונא בשם רב אמרי הלכה כר׳ שמעון:

סליקא לה מסכת שקלים בס״ד

תקלין חדתין

אמר קדשו · היינו ברביעית כסף דגר כדאמר הכא: והכא את אמר לא קדשו · היינו בשקלים לר״ש בן יהודה איליבא דר״ש דגם בשקלי׳ ס״ל דלא קדשו אף בדיעבד ומביכורים לא קשיא משום דאימעיטא לה מקרא דלא חל עליה שם ביכורים כלל אבל שקלים ס״ד דמשום תקלה גם כן דומיא דרביעית של גר ואם כן אמאי לא קדשו בדיעבד כמו רביעית של גר: ה״ג תמן אין מקדש · להכי בשקלים לא קדשי דעיקר טעם דאין להקדיש שקלים בזמן הזה משום שאין מקדש ולא חל שם הקדש עליה כלל דאף אם יבנה בית המקדש חיישינן שלא יבואו להקדש וזהו דקאמר ויניח עד כו׳ שמא יבנה הבית בראשון היינו בחודש ניסן כתחלתה כמ״ש ויהי בחדש הראשון כו׳ הוקם המשכן ותתרם תרומת הלשכה מן החדש ולא יהיה ראוי שקליו שהקדיש כלל דהוי לה ישנה ולא משום תקלה דאף אם יבנה בית המקדש בכה״ג לא יקדש ולכן לא חל והכי איתא בתוספתא פרק בתרא דמכילתין טעמא דאין שקלים נוהגים בזמן הזה משום תרומה ישנה משא״כ הכא ברביעית כסף דגר דהקדש חל עליה דכשיבנה בית המקדש ראוי רובע דינר שלו לקרבן רק דבטלה רבי יוחנן בן זכאי מפני תקלה להקדישו לכתחלה ולא אתי טעמא דתקלה ומפקיע לשם הקדש ממנו · וגירסת הספרים משובשים והקדשות אחרים מאן דכר שמייהו הכא: הלכה כרבי שמעון · דמתני׳ דביכורים לא קדשי ושקלים קדשי וכן קינו של גר קדשו:

סליק לה מסכת שקלים בעזר המרחם על אומללים:

פירוש המשניות להרמב״ם ממסכת שקלים

פ״א באחד באדר משמיעין על השקלים כו׳:
שקלים הם אותן שאמר הכתוב עליהן זה יתנו כל העובר על הפקודים וכו׳ ופירוש משמיעין מכריזין עליהם כדי שיכין כל אחד ואחד שקלו כדי שתהא תרומת הלשכה בעונתה ר״ל בראש חדש ניסן כאשר היתה בתחלה ר״ל בימי המדבר שהיתה התרומה הראשונה בר״ח ניסן הוא שאמרו חכמים בו ביום הוקם המשכן בו ביום נתרמה התרומה ואמר הכתוב בהקמת המשכן ויהי בחדש הראשון בשנה השנית באחד לחדש הוקם המשכן: ומכריזין עוד על הכלאים ענינו שיבקרו כל העם גנותיהם וכרמיהם ועוקרין מה שצמח עם התנאי שבארנו במס׳ כלאים: ואמרו בט״ו בו קורין את המגילה עוד יתבאר במס׳ מגילה כי יושבי הערים המוקפות חומה מימות יהושע בן נון קורין בט״ו: ואמרם ומתקנין הדרכים הוא תקון הדרכים והרחובות להשוות אותם וליישר אותם ולעשות הגשרים על הנהרות כדי שאם יעום מכה נפש בשגגה שלא ימצא מניעה שתמנע אותו מלנוס והשיגו גואל הדם והכהו נפש וזהו ענין אמרו תכין לך הדרך · ואמרם את מקוואות המים הוא שכל מקוה שימצאו שם פחות מארבעים סאה מביאין שם מים שאובין להשלים הארבעים סאה שהם שיעור מי מקוה ועוד יתבאר זה הענין וזולתו במסכת מקוואות · ואמרם לרכי הרבים ביארם בירושל׳ ואמרו אלו הן צרכי רבים דנין דיני ממונות דיני נפשות ודיני מכות ופודין ערכין וחרמין והקדשות ומשקין מי סוטה ושורפין את הפרה ורוצעין עבד עברי ומטהרין את המצורע ועורפין עגלה ערופה ופורקין את המנעול מע״ג המים ואין מחזירין אותו ר״ל שמפקירין הגבים שהמים מכונסים בהם לבני אדם *בכלל שיתחו מהם בימות החמה והכוונה כי כל מה שהיה מאלו הדברים תלוי ומסוגר ולא נתעסקו בו שמזרזין וממהרין להשלימו ולהגיעו לתכליתו מחצי חדש אדר. ואמרם ומציינין על הקברות הוא שמבקרין אותן ואותן שהיו מוצאין שמיחה אותם המים ר״ל שנמחה הציון הבנוי על הקבר היו משימין בו סימן ומחדשין אותו כדי שיהא מקום הטומאה ניכר וידוע ויפרשו ממנו הכהנים וכבר נתבאר לך במסכת מעשר שני שציון קברות הוא בסיד: ואמרו ויוצאין אף על הכלאים שיוצאין הממונין ומבקרין השדות הזרועות והכרמים ולא היו סומכין על ההכרזה בלבד:

אמר רבי יהודה בראשונה כו׳:
זה מבואר ואמת וכבר בארנוהו בפ׳ שני מכלאים:

בט״ו בו שולחנות היו יושבין כו׳:
שולחן הם לשולחן שלפני השולחני שמקבל עליו מעות וכן קורין החלפני שולחני בכל המשנה: ומדינה הם לכל ערי ישראל מלבד ירושלם וכבר בארנו זה במס׳ מעשר שני: פירוש למשכן שממשכנין מי שאינו שוקל כלומר שמוציאין העבוט מביתו תרגום אם חבול תחבול אם משכונא תסב: וקטן שלא הביא שתי שערות אין ממשכנין אותו אלא שמניחין אותו ואם נתן מקבלין מידו אמרו אין ממשכנין עד שיביא שתי שערות ואם אביו נתן בעבורו והוא קטן אומרין לו מאחר שנתת עליו השנה שעברה והעמדת עליו זאת המצוה תן עליו תמיד עד *שיגיע ולא תפסוק וזהו ענין אמרם כל קטן שהתחיל אביו לשקול על ידו אינו פוסק:

אמר ר׳ יהודה העיד בן בוכרי כו׳:
א״ר יוחנן בן זכאי כי הדעת נותן שכל ישראל חייבין לשקול לפי שהוא כופר נפש ועל דרך לחות המלילה אמר כי מה שאמר השם יתברך זה יתנו זה בגימטריא י״ב ר״ל כי השבטים עשר שבטים כולם הם חייבין לשקול אבל לפי שתרומת הלשכה יעשו ממנה העומר ושתי הלחם ולחם הפנים והם מנחות ואוכליהן הם הכהנים כמו שפירש הכתוב והש״י אמר כל מנחת כהן כליל תהיה לא תאכל אלו היו נותנין שקליהם בתרומות הלשכה לא היה מותר להם לאכול שיורי העומר ושתי הלחם ולחם הפנים והכ״א כי אמרו וכל מנחת כהן נאמר במנחות היחיד והוא אמרם מנחת יחיד קריבה כליל ואין מנחת צבור קריבה כליל ולפיכך אם רצו לתת שקליהם מותר כמו שהעיד עליו בן בוכרי:

אע״פ שאמרו אין ממשכנין כו׳:
אמרו אין מקבלין מידם קני זבין וקני זבות וקני יולדות ר״ל מיד הכותיים אבל הנכרי אינו יודע בזה ואינו טורח בהם לעולם אמרו סיפא בכותי ולפיכך מקבלין מהם חטאות ואשמות לפי שהוא כיון שנתכוין בכפרה אולי ישוב אבל הנכרים אין מקבלין מהם חטאות ואשמות לפי שאינו נדר ונדבה וכבר ידעת כי אנו לא נפריש היום בין כותי ונכרי כאשר הודעתיך זה הטעם במס׳ ברכות באמרם גזרו עליהם שיהיו כנכרים לכל דבריהם ולפיכך תבחין מה שראוי ליקח מהם בזה הכלל שנתן לך בכאן ופסק ההלכה שאין מקבלין מן הנכרים קרבן אלא עולה הבאה בנדר ובנדבה בלבד: ואמרם בהם״ם אין מקבלין מהם לא לאמת המים ולא לחומת העיר ולמגדלותיה ר״ל ירושלם לפי שאמרו להם הזקנים לא לכם ולנו לבנות בית לאלהינו וכתיב לכם אין חלק וצדקה וזכרון בירושלם:

ואלו שחייבין בקלבון כו׳:
כבר ידעת כי חובת כל אדם הוא מחצית השקל והשקל הנזכר בתורה הוא שקורין אותו במשנה סלע והסלע שני שקלים והיו חצאי השקלים המטבעים לצורך בני אדם אליהם והיו נותנין בין השקל השלם ובין השני חצאין מעט מכסף והיו קורין אותו קלבון וכשבאו שנים ונתנו שקל א׳ בעבורם נאמר להם שיתנו להקדש קלבון א׳ שיש בין ערך השקל ובין מחצית השקל ורבי מאיר אומר שהם חייבים בשני קולבנות כי כל אחד מהם אילו היה רוצה לקחת שני מחציות שקל בשקל היו לו להוסיף קלבון ומאחר שלא יגיע למשקל חצי שקל אלא אחר נתינת קלבון יש לו על כל אחד משניהם לתת קלבון על כל פנים ואם שקל אדם שקל בשבילו ובשביל מי שאינו חייב בשקל כגון כהנים והעבדים שנתינת אותו חצי שקל חסידות לא חובה אינו חייב בקלבון והכל מודים שאם נתן סלע כדי ליקח מן האדם המקבל השקלים שקל ויחשוב לו בשקל בשביל אדם שהוא חייב בשקלים שיתן שני קולבנות האחד המחויב לשקל שלקח בסלע והשני המחויב עליו באותו שנתן בשבילו או בשביל חבירו ואין הלכה כר״מ:

השוקל על ידי עני וע״י שכנו וכו׳:
מעשר בהמה הוא חייב בו מי שנולד אצלו אבל הלוקח מזולתו בהמה אינו חייב להוציא המעשר והשותפין והאחים בהיותם שותפין בנכסי אביהם אינן חייבים בקלבון לפי שהם כמו אדם אחד והם חייבין להוציא מעשר בהמה ממה שיולדות צאנם ובקרם כאשר יתבאר וכשיפרדו איש מעל אחיו ויחלקו ממונם יהיה כל אחד מהם כאלו קנה מחבירו החלק המגיע לו ולא יתחייב במעשר בהמה מאותן הולדות שחלקו ואם נתנו שקל בשבילם אחר החלוקה אז יתחייבו בקלבון ומעה כסף הוא חצי שתות מחצית השקל והוא חלק מארבעה ועשרים מן הסלע ומשקלו שש עשרה שעורות מכסף וחכמים אומרים חצי ר״ל חצי מעה והוא משקל שמנה שעורות כסף והלכה כחכמים:

פ״ב מצרפין שקלים לדרכונות כו׳:
דרכון היה בו שני סלעים ואמר שמצטרפין אותן השקלים שהם מכסף בדינרי זהב כדי שיקל משאם· ושופרות תיבות כצורת שופרות היו נותנין בהם הזהב שהיו כונסין ועוד נבאר מפני מה היו כזאת הצורה: ואמר נשבעין ר״ל השלוחין המוליכין השקלים ופסק התלמוד כי אלו השלוחין שומרי שכר ומעיקרי הדינין כי שומרי שכר חייבין בגניבה ובאבידה כאשר נתבאר במקומו אלא אם היה שם אונס ולפיכך אמרו נגנבו בליסטין מזויין ענינו שיצאו עליהם ליסטין מזויינין בברזל שאין אונס גדול מזה ואבדו כשטבעה ספינתו בים שהוא ג״כ אונס ולפיכך אינם חייבין אלא שבועה: וענין נתרמה התרומה כאשר אספר לך והוא כי מעות השקלים כשכונסין אותן נותנין אותן בלשכה ידוע וכשהיה שם הממון לוקחין ממנו בשלש קופות קלת ומוציאין אותן במה שצריכין בצורך הקרבנות עד שיכלה אותו הקלת שהוציאו ומוציאין שנית קלת אחר וכשמוציאין אותו הקלת שמוציאין מן השקלים המכונסים מתכוונים להוציאו בקרבנות על הגבוי ועל העתיד לגבות כדי שלא יהיו הקרבנות מאותן השקלים ממון מי ששקל בלבד וישארו אותן שלא נתנו שקליהם ערומים מאותן הקרבנות וזהו ענין אמרם תורמין על הגבוי ועל העתיד לגבות א״כ כל מקום שתשמע נתרמה תרומה ענינו שלקחו מן השקלים קלת והוציאוהו להסתפק בקרבנות ולא נתרמה תרומת ענינו שהשקלים המכונסין לא הוציאו מהם דבר ואמר בכאן אם נתרמה תרומה ואח״כ אבד הממון נשבעין השלוחין לגזברים לפי שמאחר שנתרמה תרומה ברשות הגזברים יחשב ואפילו מה שלא הגיע לידם כי העיקר אצלנו מה שהודעתיך בו תורמין על העתיד לגבות ואם לא הוציאו מן הממון דבר ולא נסתפקו ממנו נשבעין השלוחין לאנשי העיר שנאבד באונס ושוקלין פעם שנית לפי שלא נתרמה תרומה עליהם וכששקלו שקליהם ע״י שומר חנם נתחייבו לשלם על כל פנים לפי שהם פשעו בהם ועל השלוחין להשבע על כל פנים בהכרח ואפילו אמרו אנשי העיר נשלם פעם שנית ולא נשביע אותם אין שומעין להם לפי שתקנת חכמים אין הקדש יוצא בלא שבועה:

הנותן שקלו לחבירו לשקול על ידו כו׳:
אם נתרמה תרומה מעל השוקל לפי העקרים שהקדמתי לך כי כשהוא תורם תורם על הגבוי ועל העתיד לגבות ואותו השקל כשנתנו לחבירו מיד קנאו ההקדש כשתרם וכשנתנו על עצמו נהנה מן ההקדש ונתחייב קרבן מעילה וההנאה שהוא נהנה היא שלא ימשכנו אותו וכבר קדם לך כי כל מי שאינו שוקל שממשכנין אותו וזו היא ההנאה שבסבתה נתחייב מעילה דלהשלים המצוה העיקר אצלנו מצות לאו ליהנות ניתנו וכששקל שקלו ממעות שהיו אצלו הקדש ונתנו אחר שנתרמה תרומה ואחר שנתן קנו מאותה התרומה בהמה והקריבוה אז יתחייב מעילה לפי שזה ההקדש הקדש הוא בכל מקום שהוא ולא נשתנה וכשהקריבו הבהמה והוא נתכוון שהוא ממעות כל מי שנתן דבר בתרומת הלשכה כאילו קנה באותן מעות של הקדש בהמה והקריבה ונפטר מחיוב המשכון כאשר זכרנו ונהנה ויתחייב מעילה ואם נתנו ממעות מעשר שני יאכל כנגדו בירושלם כדין מעשר שני כאשר זכרנו ואם היה מדמי שביעית יאכל ג״כ כנגדו בקדושת שביעית כאשר בארנו במקומו:

המכנס מעות ואמר הרי אלו לשקלי כו׳:
הכל מודים כי מי שהוציא מעות בידו ואמר הרי אלו לשקלי כי הוא צריך שיפרע מהם שקלו שהוא חייב בו כמו שביארנו במה שקדם: והמותר נדבה ר״ל שיקריב מהם עולות נדבה כאשר יתבאר ומה שחלקו בית שמאי ובית הלל במי שכונס מעט מעט ואמר כשמתחיל לכנס הרי אלו לשקלי אומרים ב״ה שמותרן כל מה שהותירו על השקל שהן חולין וב״ש אומרים נדבה וזה הוא מה שאמרו בירושלמי במאי פליגי במכנס פרוטרוט פירושו פרוטה פרוטה:

אמר רבי שמעון מה בין שקלים לחטאת כו׳:
רבי שמעון נותן טעם לדברי ב״ה שאמרו במכנס פרוטרוט לשקלו מותרן לחולין ואמרו במכנס פרוטרוט לחטאת מותרן נדבה. ואמר כי השקלים יש להם קצבה קצובה וכן אמר יתברך העשיר לא ירבה וגו׳ ולפיכך המותר חולין והחטאת קונין אותו בדינר או באלף ולפיכך כל מה שהכניס חלה קדושה עליו ויקנה מהן חטאת במה שיוכל והמותר עולת נדבה וחלק ר׳ יהודה על רבי שמעון ורצה לבטל טעמו ואמר לו אף לשקלים אין להם קצבה כי כבר שקלו העם שיעור גדול ושיעור קטן כי כשעלו מן הגולה היו שוקלין דרכונות ר״ל שהיה המטבע שלהם דרכונות כפל הסלע והיה שוקל אדם במחצית השקל סלע חזרו לשקול סלעים והיה שוקל אדם שקל ר״ל מחצית הסלע חזרו לשקול טבעי׳ ר״ל שחזר המטבע שלהם חצי סלע והוא שקל וכן אמרו טבעין פלגות הסלעים והיה אדם שוקל במחצית השקל שקל שלם שהוא מחצית השקל של תורה כי סלע הוא שקל של תורה ואין מותר לשקול בשום פנים פחות מן השיעור הכתוב בתורה אבל שוקל יותר כפי שינוי המטבעות · בקשו לשקול דינרין הוא רביעית הסלע כי הסלע ארבעה דינרין א״כ יהיה מחצית השקל החייב על כל אדם דינר וזה הוא שש מעה כסף כאשר ביארנו ולא הודו העם בזה והוא הבין מאלו השקלים שאין להם משקל ידוע אלא שהם חצי דינר מאיזה מטבע שיהיה והשיבו ר׳ שמעון אעפ״כ יד כולם שוה כי בזמן שהיו נותנין סלעים סלע סלע היה נותן כל אחד ואחד ולא היה נותן אחד סלע ואחד פחות ואחד

ואחד יותר · וכמו כן בזמן נתינת השקלים שקל שקל היה נותן כל אחד ואחד ולא היה אדם מרבה על חבירו בזמן מן הזמנים והחטאת אינה כן והטעם שנתן רבי שמעון אמת :

מותר שקלים חולין כו' :

מותר שקלים חולין זהו דעת ב"ה ועל הפנים שספרנו : ועשירית האיפה הוא החטאת שמקריב העני כשלא תשיג ידו לקרבן העוף וזה בשבועת ביטוי וחברותיה והוא אמרו אם לא תשיג ידו לשתי תורים וגו' וכשספרים מעות לקנות עשירית האיפה או לשתי תורים ובני יונה שנתחייבו הזבים והזבות והיולדות או לקנות חטאת ואשם ונשאר מהם מותר אותו המותר קונין בו עולת נדבה ועל זה הדרך ילך אמרם מותר עולה עולה מותר פסח לשלמים לפי שכולם קדשים קלים מותר נזירים לנזירים מותר הקרבנות שמקריבין אותן הנזירים והם שלש בהמות כאשר נתבאר וכשנשתתפו חבורות נזירים וקרבנותיהם כאשר יתבאר במסכת נזירות והותירו יוליאו אותו המותר נזירים בקרבנותיהם :

מותר שבויים לשבויים כו' :

מותר מתים למתים . פירושו כשכונסין מעות להוליאם בקבורת המתים ותכריכיהן : ואמר מותר המת ליורשיו . הוא דבר אמתי : ונפש הוא הבנין שעושין על הקבר והוא נקרא ליון בלשון הקדש ובנה אללו ליון : וממה שראוי שתדע כי גבאי לדקה כשרואין מדרך התיקון ובתנאי שיהא זה תיקון אנשי העיר שצריכין לשנות אלו המותרות ויעשו מהם רלונם כגון שיוליאו מותר שבויים לעניים או מותר מתים לשבויים והדומה לזה שהרשות בידם והבחירה וכן נראה מגמרתינו ובירושלמי אמרו ג"כ בזה המקום אין ממחין ביד פרנסים בכך וכל הדברים האלו הן הנוהגים כסדר הזה כשאין שם לורך הכרחי ולא הסכימו הזקנים ואנשי המדינה אל הפך זה אבל אם הסכימו עושין כפי הסכמתם :

פ"ג בשלשה פרקים בשנה תורמין את הלשכה כו' :

פירשו בגמרא ואמרו כולה כאחד היתה באה ר"ל כי בזמן פסח היו כונסים כולם ומפני זה סדרו להוליא מהם בשלשה פרקים כדי לפרסם הדבר ר"ל שמפרסמין ומודיעין כי בחג הפסח חובה להביא תרומת המקום הקרוב ואשר הוא רחוק ממנו בעלרת ואשר הוא יותר רחוק בחג הסוכות והוא אמרם הלין דקריבין בפרוס פסח והלין דרחיקין בפרוס עלרת והלין דרחיקין מנהון בפרוס החג . ענין פרס חלי מועד וכן אמר כל מה דתנינא פרס פלגא עניינו חלי חדש ובתוספתא איזה הוא פרס אין פחות מחמשה עשר יום קודם לרגל : וענין תורמין כבר בארנוה ואני אשנה אותו והוא שמכניסין הממון כולו המכונס מן השקלים ונותנין אותו בלשכה ולוקחין מאותו הממון שבלשכה ג' קופות גדולות שמחזיקות כלל גדול מן הממון המכונס ואין לו שיעור ידוע במשנה ועליו אמרו בירושלמי כמה הוא שיעורן של קופות ובאה התשובה נלמוד סתום מן המפורש עניינו שנלמוד זה השיעור מן ההלכות שלאחר אלו כאשר נבאר לפנים והיו נותנין הג' קופות בלשכה מן הלשכות תחת מפתח ומנעול ואח"כ היו מוליאין מאלו הג' קופות ממון באלו הג' מועדים בכל מועד ומועד שיעור ידוע והיו מסתפקין ממנו לקרבנות כמו שיתבאר בזו המסכת ועל נטילת ממון מן הקופות שנתנו בהם אומר בג' פרקים תורמין את הלשכה : ומחלוקת ר"ע וחביריו הוא בזמני המעשרות ר"ל מעשר בהמה ועוד יתבארו אלו הדינים בפרט בפרק האחרון ממס' בכורות והלכה כר"ע :

בשלש קופות של שלש שלש כו' :

כבר הודעתיך בהלכה הקודמת כי הממון כולו היו מכניסין בלשכה אחת וממלאין ממנו שלש קופות ומוליאין מהם בכל מועד מהג' מועדות ואמר בזאת ההלכה כי מה שמוליאין מהם בכל מועד הוא שלש קופות של שלש שלש סאין וכתוב על אלו השלשה קופות שמחזקת כל אחד מהם שלש סאין אלף בית גימל וזה כדי שיספקו מן הראשונה עד שתכלה ואח"כ מתחילין מן השניה עד שתכלה ואח"כ מן השלישית עד שתכלה ואח"כ ממלאין אותם פעם שנית בפרוס העלרת ואח"כ ממלאים אותם פעם שלישית בפרוס החג וא"כ יהיה שיעור מה שמוליאים באלו השלשה זמנים שבעה ועשרים סאה לפי שתשעה סאין מוליאין בכל פעם ונדע מזה כי הג' קופות הגדולות שבהן היו הממון המכונס ומהן יולא בכל מועד ומועד שמחזיקות שבעה ועשרים סאה כל קופה מהם מחזקת תשעה סאין וזה ענין אמרם שם בידיעת שיעורם ילמוד סתום מן המפורש של שלש שלש סאין וכו' ואם היה הממון יותר ממה שמחזיקות אותן השלש קופות אותו המותר נקרא שירי הלשכה וכבר ידעת כי התורם הוא הממלא אלו השלש קופות המחזיקות ג' סאין : ואמרם שאין נכנסין ללשכה שאם הממון לא בבגד שיוכל להחביא ולא במנעל ולא בסנדל ולא בתפילין ולא בקמיע כדי שלא יחשדוהו שגנב מן הממון בכניסתו והחביאו שם :

של בית רבן גמליאל היה נכנס כו' :

אמרם של בית רבן גמליאל עניינו כי כל אחד מהם היה מתן שקלו בזה הענין והיתה כוונתו כדי שיכנס שקלו בתוך הקופה ויסתפקו בו בקרבנות לפי שהיה מתיירא שמא ישאר בכלל השירים הנשארים מן הממון :

תרם את הראשונה כו' :

השלש קופות הגדולות שבכן כל הממון שבארנו שהן מחזיקות שבעה ועשרים סאה היו מכוסות בשלשה מטפחות והיה נכנס התורם בשלש קופות הקטנות המחזיקות תשעה סאין כמו שבארנו והיה ממלא הקופה הכתוב עליה א' מאחת מהשלש קופות גדולות ואח"כ מכסה אותה במטפחת שלה ואח"כ היה מגלה הקופה השניה מן הקופות הגדולות וממלא ממנה הקופה הכתוב עליה ב' ומכסה אותה ומניחה ואח"כ מגלה הקופה השלישית וממלא ממנה הקופה שכתוב עליה ג' ולא היה מכסה אותה שאילו היה מכסה אותה היה מוליא בפעם השנית בתחלה מאותה הקופה הגדולה שהתחיל בה בפעם ראשונה וזהו ענין אמרם שמא יתרום מן התרום וכשמניחה מגולה תהיה נכרת וכשיכנס בפעם השנית לתרום יתחיל ממנה וגמלא מוליא מכל קופה וקופה מן הג' קופות הכתוב עליהם אלף בית גימל עד שתהיה כל קופה מהן הקרב ממנו על כל ישראל כי כל קופה מן השלש קטנות מתכוונין עליה על קלת מישראל הוא אמרם תרם את הראשונה לשם א"י וזאת התרומה הוא שיתכוין בה התורם כשיתרום על הגבוי ועל העתיד לגבות כאשר אמרנו במה שקדם :

פ"ד התרומה מה היו עושין בה וכו' :

הצמחים של שנה שביעית נקראים ספיח לפי שאין זורעין בו דבר והלומח בה הוא ממה שנזרע בשנה שעברה כלומר השנה הששית וקלרו אותו והוא נקרא ספיח כמו שפירשתי בשביעית וידוע כי כל מה שתוליא אותה שנה הוא הפקר ואוכלין אותו כל העם בשוה ואנו לריכין בכל שנה עומר התנופה ושתי הלחם מן החדש כמו שהוא עיקר אללנו במנחות והוא אמרם כל קרבנות לבור והיחיד באים מן הארץ ומהולה לארץ מן החדש ומן הישן חוץ מן העומר ושתי הלחם שאינן באין אלא מן החדש ומן הארץ ולפיכך נלטרך לשכור שומרים לשמור קלת הספיחים כדי שלא ישלחו בני אדם ידם בהם בשנת השמטה ולא נמלא ממה שנביא עומר ושתי הלחם ואותן המעות שנותנין להם בשכרם הוא כאילו היו קונין בו העומר ושתי הלחם וא"ר יוסי כי מי שהתנדב לשמור בחנם שהעומר ושתי הלחם שלו בלי ספק לפי שהם הפקר והוא שומרם בלא שכירות והביאן שמותר להקריבן והליבור יולאין בהם ידי חובתן א"כ הוא סובר שמשתנה קרבן יחיד לקרבן לבור והלכו עליו חכמים בזה ואמרו אי אתה מודה כי העומר ושתי הלחם אינן באין אלא משל לבור ואיך יתנדב אותן יחיד כיון שאין להם בשנה שביעית דמים אלא לשמירתן וזו הקושיא היא כפי סברתם שהיו אומרים קרבן יחיד אינו משתנה לקרבן לבור ואין הלכה כרבי יוסי :

פרה ושעיר המשתלח כו' :

הרומת הלשכה הוא הממון המכונס בשלש קופות הגדולות שזכרנו אותם פעמים והמותר הנשאר בלשכה עושין ממנו כבש של עץ בלורת התבנית שקורין אותו בעלי התשבורת בלשון ערבי אלמכבור ועולין עליו כמו סולם אלא שאין בו מעלות והוא על זו הלורה ועוד יתבאר במקומו : ואמרם כבש פרה עניינו הכבש שמוליאין עליו הפרה אדומה מהר הבית להר המשחה כמו שיתבאר במסכת פרה : וכבש שעיר המשתלח ג"כ כבש שהיו מוליאין עליו שעיר המשתלח מן העזרה להוץ המקדש כאשר יתבאר ביומא ושם יתבאר עוד כי לשון של זהורית קושרין בראש שעיר המשתלח ואין הלכה כאבא שאול:

מותר שירי לשכה כו' :

ר"ל כל מה שמשתכר בהן בין מקחן לממכרן לאותן שמקריבין הקרבנות משאר העם להקדש ור"ע אומר אין משתכרין בממון של הקדש ולא בממון עניים והלכה כר"ע :

מותר התרומה מה היו עושין כו' :

כבר קדם לך כי ר' ישמעאל סבר כי מותר שירי הלשכה שלוקחין בהן ייטות שמנים וסלתות ויהיה שכרם להקדש אותו השכר הוא שקוראין אותו מותר פי' ר"ל כי אותו הדבר שהרויח בהן ניתוסף על דמיו ועוד נבאר לך בפרק שלאחר זה כי הנסכים היה הקדש משתכר בהם והיה מתקבץ ממנו דמים יתירים והם הנקראין מותר נסכים . וקיץ שם לימות החמה . בקיץ ובחורף . ופירות הקיץ ר"ל התאנים והענבים ששוטחין ומייבשין אותם ואוכלין אותם בני אדם תוספת על סעודתו ומפני זה נקראו הקרבנות שקרבין על המזבח יותר על החיוב קיץ המזבח והם טלם עולות נדבה והן משל לבור : ואמרם זה וזה לא היו מודין בפירות ר"ל ר"ע ור' חנינא לא היו מודים לו בשכר ייטות שמנים וסלתות לפי שהם אומרים אין משתכרים בשל הקדש כאשר קדם ופסק ההלכה בכל זה אמרם תנאי ב"ד על המותרות שיקריבו עולות :

מותר הקטורת מה היו עושין כו' :

אין ספק כי הקטורת שעושין לוקחין אותה מתרומת הלשכה וזה נכלל מדבריהם שאמרו בראש הפרק וכל קרבנות הלבור וכשישאר ממנה מותר יותר על מה שאנו לריכים לשארית שנתנו כי ידוע הוא הסך שמקריבין ממנו בכל יום כמו שנבאר בתחלת כריתות (אי) נקח מתרומת הלשכה כמו שכר האומן העושה הקטורת כמו שאמרו : ואמרם מתרומת הלשכה היו מפרישין ממנה שכר האומנין ומיד יחזור אותו השכר חולין בלא ספק ואח"כ מחללין המותר שנשאר מן הקטורת על שכר האומנין שחזר חולין ויחזור אותו השכר קדש ומחזירין אותן לתרומת הלשכה והמותר שנשאר מן הקטורת חולין ותנתן להם בשכרן וחוזרין ולוקחין אותו מהם בסוף השנה מתרומה חדשה ומסתפקים ממנה בשנה הבאה ובתוספתא דמעילה שאין הקדש מתחלל על המלאכה אלא על המעות כילד הן עושין מפרישין שכר האומנין וכו' ואם כלתה השנה ולא נתקבלה תרומה חדשה ונלטרך לקטורת נקח אותו הקטורת מהם בתרומה ישנה ומקטירין אותו :

המקדיש נכסיו והיו בהן דברים ראויין כו' :

בן עזאי אומר אין הקדש מתחלל על המלאכה ולפיכך יאמר שיקחו מאותן הנכסים שכר האומנים שעשו הקטורת וזולתו ויחזרו חולין אותן הנכסים ואח"כ מחללין עליהם דברים הראוים לקרבנות לבור ואז תנתן אותה הבהמה [ס"א הקטורת] לאומנין בשכרן ויקנו אותה מהן מתרומה חדשה כמשפט שעשו בקטורת והוא מאמר בן עזאי אינה היא המדה עניינו כי אין זה שוה לדין שנדין בקטורת ואינו הולך באותו דרך נמאמר בן עזאי שוה למאמר הנקדס בקטורת לפיכך אני אומר הלכה כבן עזאי :

המקדיש נכסיו והיתה בהן בהמה ראויה כו' :

ר"א סובר סתם הקדשות לבדק הבית ור' יהושע אומר שהוא כן אלא מה שאמר כי מה שאפשר להקדיש בעינו להקריבו במזבח שיקריב והיה כלו כליל והיא העולה וראה ר"ע דברי ר"א על דברי רבי יהושע כי רבי יהושע חלק דברו ונתן סתם הקדשות קלתו לבדק הבית ומקלתו למזבח וא"ר פפיים כי מי שהקדיש לבדק הבית בפירוש שהדין בו כדברי ר"א ומי שהקדיש סתם כר' יהושע ולא חלק ר' פפיים על ר"ע והלכה כר"ע :

המקדיש נכסיו והיו בהן דברים ראויין כו' :

מה שחייבנו לומר בייטות שמנים וסלתות ועופות שיביא בדמיהם עולות על כל פנים ואמרנו בבהמות שיפלו דמיהם לבדק הבית לפי שהבהמות יש להם פדיון וייטות שמנים וסלתות ועופות אין להם פדיון כמו שהוא עיקר בת"כ ולפיכך מקריבין דמיהם ע"ג המזבח בהכרח והלכה כר"א :

אחת לשלשים יום משערין את הלשכה כו' :

משערין מלה עברית כמו שער בנפשו ועניינו שנותנין שיעור לאותו דבר וכן בכאן פירושו שפוסקין הדמים לאותן הדברים הנמכרים ופוסקין עם מוכרי הסולת והיין לקרבנות בדמים ידועים וקונין מהם בכל יום ויום מה שהיו לריכין לקרבנות אם נתייקר הדבר הנמכר אין הגזבר מוסיף להם כלום על הסך שהסכים עמהם עליו בתחלת השלשים יום ואם הוזל הדבר הנמכר לוקח מהם בשער הזול מוכרין לו כמו שמוכרין לשאר בני אדם שיד הקדש על העליונה עניינו שלוקח החלק היפה לעלמו וקנה לתועלתו וענין לספק שימכור לנו כדי לרכנו וספוק הוא השלמת הלורך תרגום ומלא להן היספקון להון ועברי ממש אם יספק עפר שומרון במלאת ספקו ואם הוא בשין וענין מארבע סאין בסלע מסך ארבע סאין בסלע ושיעור הסאה והסלע כבר פרשנוה פעמים רבות בסדר זרעים וממה שאני לריך להזכירך בסוף זה הפרק אמרם בהתלמוד בהעלם דבר ושעירי ע"ז בתחלה נובין להן ואינן באין מתרומת הלשכה :

פ"ה אלו הן הממונים כו' :

אלו החמשה עשר מעלות מנויים שזכר הם תמיד במקדש וראוי למנות ממונה על כל מדרגה מהם והיה עליהן בלי ספק מוקדמים בכל דור ודור ומונה בכאן האנשים החסידים הידועים וזכר אחד מכל מדרגה וזכר החסיד יותר שהיה באותם הממונים אפילו שלא היו בזמן אחד והוא אמרם כשרי כל דור ודור בא למנות : ומה שאמר על החותמות עוד יתבאר מה הן החותמות בזה הפרק : ופייסות גורלות היו שמפייסין הכהנים על העבודות כאשר יתבאר במס' יומא ובמס' תמיד : ופתחיה הוא מרדכי בלשן שעלה מבבל ששמו ידוע : ואמר בן אחיה על חולי מעים כי הכהנים היו מהלכין על הרלפה כל היום והיו משתמשין במים ולא היה עליהם אלא בגד אחד בכל הזמנים כי אסור להם לעבוד אלא בד' בגדים כתונת ומכנסים ומלנפת ואבנט לא פחות ולא יותר ואוכלין הבשר ומפני זאת ההנהגה היה מתרפה טבעם והיה כחות אבריהם הפנימים חלושים ובן אחיה הנזכר היה ממונה על רפואתם ולזה נתכוונו באמרם על חולי מעים : נחוניה חופר שיחים . כוונתו היתה להמליא מים לעם בישוב ובמדבר והיה ממונה על חפירות הבורות והמעיינות והנגבים וכנוסי המים : גביני כרוז תרגום ויעבירו קול ועברו כרוז והיה גביני מכריז בשעת הקרבנות עמדו כהנים לעבודה לוים לדוכן ישראל למעמד : בן גבר היה מכריז בבא השמש לנעילת שערים והיו נועלין שערי המקדש : בן בבי על הפקיע כלומר על ההלקאה ברלועה ועוד יתבאר לך במסכת מדות כי הכהנים והלוים היו שומרים סביבות המקדש ומקיפין אותו והיא מלוה ואע"פ שאין שם פחד והיה מחזיר עליהם כל הלילה ומי שנמלא ישן היו מלקין אותו ושורפין את בגדיו והיה בן בבי ממונה על זה המעשה : על הלללל שהיה מכה בו כי הלללל לריך היה במקדש בהכרח והיו מנגנין ומכין אותו בכל יום בשעת הקרבת התמידין כאשר יתבאר במסכת תמיד וכמו כן השיר בכל יום בנגון בשעת הקרבת הקרבן והיה זה האיש ממונה ושר על המשוררים בדור מן הדורות : על הפרוכת היה עושה הפרוכת הלריכות במקדש ומתעסק במלאכתן . ופנחס המלביש היה מלביש הכהנים בגדיהם והיה מתעסק בהלנעתן ובעשייתן :

אין פוחתין מג' גזברין ומז' אמרכולין כו' :

כבר מלאו אזניך כי גזברים הם נקראים אותן האנשים הממונים על המקדש והם מתעסקים בממון הקדש ובכל ההקדשות אמרו בתוספתא דשקלים ג' גזברים מה הם עושין פודין את הערכים ואת החרמים ואת ההקדשות ומעשר שני וכל מלאכת הקדש בהן נעשית · ואמרכול מעלתו גדולה מן הגזבר הרגום ונשיא נשיאי הלוי ואמרכלא דממנא על רברבי לואי ויש שם מעלה למעלה ממעלת האמרכל · ונקרא מי שהוא בזו המעלה קתילק ולא יהיו בזו המעלה פחות משנים נמלא הסגן תחת נשיאות כ"ג והקתילוקין תחת נשיאות הסגן והאמרכולין תחת נשיאות הקתילוקין והגזברין תחת נשיאות האמרכולין ואמרו שבעה אמרכולין מה הן עושין שבעה מפתחות העזרה בידם רלה אחד מהם לפתוח אינו יכול עד שיכנסו כל האמרכולין ופותחין וגזברין נכנסין והביאו ראיה שלא יהיו פחות מאלו מימים קדמונים בדורות הנביאים ולא היו פחות ממה שהתנה בכאן והביאו אסמכתא שלא יהיו ממונין על ממון הקהל פחות משנים מפסוק והם יקחו את הזהב ומישום כל לשון רבים שנים :

ד' חותמות היו במקדש כו' :

הנסכים כולם שלש המינים והוא כי קרבנות האלו שהם כוללים ב' מינים הכבשים והעזים יתחייב כל בהמה מהם כשהיא עולה או שלמים (או) נסכים עשרון בלול ברביעית ההין שמן ויין לנסך רביעית ההין ובמנין בהמות העולות והשלמים נופלין אלו השיעורין העזים הכל שוה לגדול ולקטן והכבשים אינם כן כי נסכי כבש בן שנתו או פחות נסכיו כאשר זכרנו כמו נסכי עז ונסכי איל והוא בן שנתים הם סולת שני עשרונים בלולה בשמן שלישית ההין ויין לנסך שלישית ההין וכן לכל איל ואיל וזה היה המין השני מן הנסכים והמין השלישי הוא נסכי בקר וכל אחד מן הבקר בין גדול ובין קטן שוים הם בנסכים המחוייבים בהם סולת שלשה עשרונים בלולה בשמן חלי ההין ויין לנסך חלי ההין וכן לכל עולה או לכל שלמים ושלמים והחטאת והאשם אינן טעונין נסכים אלא חטאת מלורע ואשמו בלבד כמו שנבאר כל זה ועקריו בתחלת מנחות ואם היה המלורע עשיר יקריב ג' בהמות ב' כבשים וכבשה והם עולה וחטאת ושלמים ונסכיהם שלשה עשרונים בלולה בשמן ולוג שמן זהו מין הרביעי של נסכים ואם הוא עני יביא כבש אחד ועשרון סולת ושתי תורים או שני בני יונה וכל זה לשון התורה דכרין תרגום ואיל אחד ודכרא חד ולפיכך היו כותבין בחותמות האיל זכר . ונקרא המלורע חוטא לפי שבעונותיו אירעו מה שאירעו כמו שסוף

שהוא העיקר אצלנו. וחכ"א כי אין אנו צריכים חותם כהוב בו חוטא דל כי חוטא דל אינו צריך מן הנסכים אלא עשרון אחד כמו שאמרנו כיון שזה כמו זה מתנין לו חותם שיש בו גדי שהוא משמש עשרון אחד כמו שאמרנו · ואמרו זכרים ונקבות ענינו נסכי עולות שאינן באות אלא מן הזכרים מכל מין או נסכי שלמים הבאין מן הנקבות כי נסכי עולה ונסכי שלמים שוין כמו שהודעתיך ולשון התורה בנסכים עולה או זבח :

מי שהוא מבקש נסכים כו' :

כל זה מבואר כי אסיה היה מוציא החותם שהוא בכתב יד יוחנן ושואל מיוחנן המעות שקבל אם הותירו אצלו הותירו להקדש ולזה המותר רמז בפרק הנקדם באמרו מותר נסכים :

מי שאבד ממנו חותמו כו' :

אם מצאו לו כדי תאמנו פירושו שימצאו במעות שביד יוחנן יותר כמו החותם שהוא אומר שאבד לו בלי תוספת וגירעון. ואמר מפני הרמאים כדי שלא ימצא חותם שנפל קודם לכן לבעליו או לאחים או ליוחנן ויגנבה בו או יקח חותם אמת ויניחנו אצלו עד שאוקר השער ויגנבה בו :

שתי לשכות היו כו' :

חשאי הוא הסוד והסתר וכל הענין מבואר אינו צריך פירוש אחר :

פ"ו שלשה עשר שופרות כו' :

כבר אמרנו כי שופרות הם התיבות שמכניסין בהם המעות כשלוקחין אותם ועוד יתבאר בזה הפ' מה היה בכל תיבה ותיבה מהם וקראו אותן שופרות לפי שהיו בצורת שופר עגולות עקומות רחבות מלמטה צרות מלמעלה כל מה שהיו עולות למעלה היו נקצרות כדי שלא יוכל אדם להוציא מהם מעות אלא בקושי אחר שמהפכין אותן על פניהם · והיו מטילין שם המעות ולא היה אפשר לשלוח יד בהם להוציאם משם וכן אמרו עקומות היו צרין למעלה ורחבין מלמטה מפני הרמאין ענינו כדי שלא יכטם אדם רמאי ויעשה כמי שמטיל באחת מהן והוא נוטל משם כי כן היה מנהג קצתם שיטיל בהם כל מי שרוצה איזה שיעור שירצה כאשר יתבאר בזה הפרק: והוא יבאר לאחר זה היכן היו משתחוים אותן ההשתחויות והיכן היה מקום אותם השולחנות ובשנצייר המקדש בכללות במס' מדות יתבאר לך מקומות השערים מהלשכות כולם ויתבאר לך איזו היתה לשכת העצים :

מעשה בכהן אחד שהיה מתעסק כו' :

מתעסק ידוע כמו עושה מלאכתו בכאן לא אמר עובד לפי שזה הכהן שאירע לו זה הדבר היה בעל מום והיה בורר עצים בלשכת העצים למערכה כי אין לבעלי מומין מלאכה במקדש אלא הכנת העצים למערכה כאשר יתבאר במסכת תמיד :

והיכן היו משתחוים כו' שלשה עשר שולחנות היו במקדש וכו' :

פשפשין דלתות קטנות שעושין בבתי הגדולים בעצם דלתות השערים הגדולים כדי שיהיו נוחין לפתוח בכל עת שירצו וזה התנא שאמר כי שלש עשרה שערים היו בעזרה הוא אבא יוסי בן יוחנן כך נתבאר בירושלמי אבל חכמים אומרים שבעה שערים היו בעזרה כמו שנזכר במדות ואלו השלש עשרה השתחויות היו משתחוים אותן אליבא דחכמים כנגד שלש עשרה פרצות שפרצום מלכי יון בעזרה וחזרו בני חשמונאי וגדרום כאשר יתבאר במדות וכשהיה אדם מגיע למקום פרצה מן הפרצות היה משתחוה על דרך הודאה · כל זה מבואר ומצורת המקדש שאצייר במדות תבין אלו המקומות וכל מה שהיה בתוכו :

י"ג שופרות היו במקדש כו' :

השופר הראשון כתוב עליו תקלין חדתין וכל מה שהיו כונסין משקלי אותה השנה היו מטילין אותם שם : והשופר השני כתוב עליו תקלין עתיקין ומה שהיו כונסין מן השקלים שנשארו לגבות משנה של אשתקד היו מטילין אותם שם ותרגום ישן נושן עתיקא דעתיקא · והשופר השלישי כתוב עליו קינים · והרביעי כתוב עליו גוזלי עולה : ואמר רבי יהודה כי כל מי שיש עליו עולה מן התורים יטיל דמיה בשלישי וכל מי שיש עליו עולה מבני היונה יטיל דמיה ברביעי ולדעתו שמקריבין הכל עולות אבל מה שהוא בשלישי תורים ומה שהוא ברביעי בני יונה . וחכ"א כי כל מי שיש עליו חטאת ועולה מן העוף יטיל דמיהן בשלישי וכל מי שיש עליו עולה בלבד יטיל דמיה ברביעי ולפיכך כל הנמצא בשלישי יקריב מחצה עולות ומחצה חטאות וכל הנמצא ברביעי הכל עולות ואין הפרש ביניהם בין תורים או בני יונה והשופר החמישי כתוב עליו עצים וכל מי שיתנדב דבר לקנות בו עצים למערכה יטיל אותו שם והששי כתוב עליו לבונה וכל המתנדב לקנות לבונה מטיל אותו שם והשביעי כתוב עליו זהב לכפורת וכל מי שהתנדב זהב לעשות בכפורת וקדשי הקדשים מטילין אותו שם והששה הנותרות הם נדבה אחד מהם כתוב עליו מותר חטאת וכל מי שהפרישו מעות לחטאתו ונשארו מהם מותר יטיל אותו שם והשני מטילין שם מותר אשם והשלישי למותר קני זבין וזבות ויולדות והרביעי למותר קרבנות נזיר והחמישי למותר אשם מצורע וכבר קדם לך מאמר תנאי ב"ד על המותרות שיקריבו עולות ולפיכך מקריבין כולן עולות נדבה כמו שפירש לקמן ולפיכך אמר ששה לנדבה והששי כתוב עליו נדבה סתם וכל מי שהתנדב דבר למזבח יטיל אותו שם והלכה כחכמים :

האומר הרי עלי עצים כו' :

לפי שקדם המאמר כי היה שם שופר שהרשות ביד כל אדם להטיל בו כמו שהיה רוצה ואפילו הטיל בשופר של זהב בדרך הדמיון משקל שעורה של זהב או שהטיל בשופר של לבונה שוה שעורה אחת של לבונה אמר בכאן כי זה הרשות הוא כשלא פרש דבר מסוים בענין אבל אם אמר הרי עלי עצים לא יפחות משני גזירין שיהיה באורך כל אחד אמה ועביו דומה לאורכו בדרך הסקם וכן אם אמר הרי עלי לבונה לא יפחות מן הקומץ ואם אמר הרי עלי זהב ר"ל מטבע שהוא מסוים כמו לבונה ועצים לא יפחות מדינר זהב וכן באר התלמוד ואלו הששה שופרות כבר בארנו שהן מותר חטאות ואשמות והביא ראיה על כל שהוא בא משום חטא ומשום אשמה שישתתפו בו הכהנים והמזבח כדי שיתקיים הכתוב אשם לה' ואשם לכהן כמו שכתוב כסף אשם וכסף חטאות לא יובא בית ה' וגו' :

פ"ז מעות שנמצאו בין השקלים כו' :

לפי שזכר הספק הנולד בין השופרות זכר ג"כ כשנפל כיוצא בו לאדם בין מעות חולין ובין מעות מעשר שני באיזה מקום שיהיה וכבר נתן לך עיקר בסוף דבריו ומה שאמרנו שנדבה תמורה מן השקלים לפי שהמעות נדבה כולם עולות למזבח כמו שנתבאר ומעות שקלים מסתפקין מהם בקרבנות צבור מהם עולות ומהם חטאות אוכלים אותן הכהנים ולזה הטעם עוד אמרנו באותן מעות הנמצאות בין קינים לגוזלי עולה מחצה למחצה שכן כולם עולות והקדמנו ג"כ הלבונה על העצים כי הלבונה קרבן והעצים מכשירי קרבן :

מעות שנמצאו לפני סוחרי בהמה כו' :

מעות שנמצאו לפני סוחרי בהמה ר"ל בירושלם לפי שבני אדם עולין שם במעות מעשר שני לקנות בהם הבהמות על הרוב כמו שבארנו במס' מעשר שני וכל מה שימצא לפני סוחרי הבהמות בקר ולא נאמר שמא ממעות מעשר שני נפלו מיד הקונה ואמרו בירושלם ר"ל בכל השוקים ובשעת הרגל לפי שכל ישראל עולין לרגל וכל מי שיש אצלו מעות מעשר שני מעלה אותן עמו ומה שחייב שיהיה מה שימצא בהר הבית חולין אמרם חזקה אין הכהן מוציא מעות מתרומת הלשכה עד שהוא מחללן על הבהמה וכל מה שיפול ממנו חולין הוא לפי שכבר נתחלל ואח"כ הוציאוהו מן הלשכה :

בשר שנמצא בעזרה כו' :

העולה היא כולה כליל לאישים ולפיכך אין חותכין אותה חתיכות ודי לה לעשותה אברים כמו שבארנו במסכת תמיד וכבר ידעת כי שלמים נאכלים בכל ירושלם ולפיכך נחוש בבשר הנמצא שם שמא הוא שלמים ונתן אותו טלו כמו שלמים כמו שנתננו בכל הנמצא בעזרה מחותך חתיכות חטאות : ואמר זה וזה ר"ל בשר הנמצא בעזרה ובשר הנמצא בירושלם תעובר צורתו ענינו שיניחוהו עד שיפסד וישרף מפני הספק שמא עבר זמנו והוא טהר נמצא שבדברינו תועלת כי אם הבשר עולה או חטאת או שלמים ועבר אדם ואכלו אם אכל מה שנמצא בירושלם אינו חייב כלום לפי שהוא שלמים ואם אכל כהן חתיכות הנמצא בעזרה אינו חייב כלום לפי שהוא חטאת ואח"כ חזר לדין מהר דומה לזה ואמר בשר הנמצא בגבולים ענינו בשאר מקומות אם הוא אברים נחוש שמא נבלה הוא ונתכו להאכיל לחיות או למכור ואם הוא חתיכות לא נחוש כי אין חותכין חתיכות אלא מה שאוכלין אותו בני אדם א"כ הבשר שחוטה הוא ומותר באכילה וזה בעיר שרובה ישראל אבל כשיש בעיר נכרי אסור לאוכלו כי העיקר אצלנו בשר שנתעלם מן העין אסור ובשעת הרגל שהבשר מרובה אבל בני אדם אין צריכין לחתכו חתיכות אלא שמבשלין אותו אברים ולפיכך אף אברים מותרים :

בהמה שנמצאת מירושלם כו' :

כבר ידעת כי עולת בהמה אינה באה אלא מן הזכרים ותמצא בזה הענין כמה כתובים בתורה לפיכך אומר ר' יהודה כי אם נמצא קודם הפסח שלשים יום והיה הזכר הנמצא בן שנה מן הכבשים או מן העזים שהוא ראוי לפסח שאין מקריבין אותו עולה אבל מותר להקריבו פסח כי ברור שנאבד לאחד מעולי רגלים שהיה מעלה אותו לפסחו וזה הנקרב שלמים ויאכל אותו המוצאו לפי שהוא ממונו על עקרי דיניו ואם יבא במקרה שיכיר בעליו אחר כן יתן לו דמיו כמו שהיה שוה בשעה שהקריבו שלמים ואין הלכה כר' יהודה :

בראשונה היו ממשכנים כו' :

ממשכנים את מוצאיה ענינו שהיו ממשכנים מוצא הטולה עד שיביא נסכים המחויבים לאותו המין :

ז' דברים התקינו ב"ד כו' :

מנחת כ"ג היא מה שאמר הכתוב בה זה קרבן אהרן ובניו אשר יקריבו לה' ביום המשח אותו עשירית האיפה סלת למנחה מחציתה בבקר ומחציתה בערב ואין הלכה כרבי יהודה :

על המלח ועל העצים כו' :

דין התורה אין מועלין באפר הפרה אמר בספרי חטאת היא מלמד שמועלין בה ואין מועלין באפרה אבל לפי שהיו הכהנים משתמשין באפרה בחבורותיהן גזרו שיהיו מועלין באפר וכשנסתלקה הסכנה ופרשו מהן בני אדם החזירו הדבר לעקרו והתקינו שלא יהו מועלין באפרה : ואמרו על הקנים הפסולות ענינו אצלי כי מה שנאבד ונמצא מן הקנים פסולות שיביא משל צבור כיון שהבעלים נתנו הדמים והנחנו לקחנו אותם מהם : וא"ר יוסי כי מוכר הקנים כיון שפסק דמים עם הגזברים שהוא חייב להמיר כל מי שנמצא בהם פסול כמו שאמרנו בפרק רביעי במוכרי נסכים שאינו מקבל את מעותיו עד שיסא המזבח מרצה ואפילו נפסד היין או הסולת ברשות הגזבר אחר שלקחו ממנו שהמוכר חייב לקבלו ולהמירו כמו כן בכאן אפילו נפסל העוף אחר לקיחתו על הגזבר להחזירו למוכר ועל המוכר לקבלו ומאמר רבי יוסי אמת אמרו תנאי ב"ד הוא המספק את הקנים הוא מספק את הפסולות ובכל מקום שאומר משל צבור הכוונה בו שיביא מתרומת הלשכה :

פ"ח כל הרוקין הנמצאין בירושלם כו' :

לשון תורה הוא ברוק הזב שהוא טמא אמר השם יתברך וכי ירוק הזב בטהור וגו' ועוד יתבאר לך במסכת טבול יום כי משקים היוצאים מן הטמא שהן כמו המשקים שהוא נוגע בהם ולפיכך הוה רוק כל הטמאים טמא והעובדי כוכבים אצלנו כמו זבים אמר גזרו עליהם שיהו כזבים לכל דבריהם והיה בשוק העליון של ירושלם עובדי כוכבים שוכנים שם ור' יוסי אומר כי הטמאים בכל השנה היו מהלכים באמצע הדרכים והאדם הטהור היה מרחיק אותם ומפריש עצמו לצדדין והיה מצוה לבני אדם שיפרשו מהם כדי שלא יטמאו ומפני זה הרוק הנמצא בצדדין טהור והנמצא באמצע הדרך טמא ובשעת הרגל הדבר להפך כי העיקר אצלנו כל ישראל חברים ברגל שנאמר ויאסף כל ישראל כאיש אחד חברים וכולם טהורים כאשר נצטוינו חייב אדם לטהר עצמו ברגל וכל מי שנשאר טמא ולא יכול ליטהר יפריש עצמו לצדדים ויתרחקו בני אדם ממנו כדי שלא יטמאו כי כל העדה כולם טהורים והלכה כרבי יוסי :

כל הכלים הנמצאין כו' :

שלא כירידתן עלייתן לפי שהם כשמורידין אותן לטבילה הם טמאים וכשמעלין אותן הם טהורים ויתבאר לך זה ממקום הכלי ותכונתו אם נפל בשעת הירידה או בשעת העלייה : ומגריפה כלי שמקבלים בו עצמות המתים · ומרילה הוא כלי שהיו מכתתין ומרצצים בו העצמות כדי שיכנסו בסל להוליך אותן ממקום למקום וזה השם מגזרת ותרץ את גלגלתו ולחוזק טומאתן היו בחזקת טומאה והלכה כרבי יוסי כי העיקר אצלנו לא גזרו על הכלים בירושלם אבל חוץ לירושלם כל הכלים הנמצאים בחזקת טומאה שמא הם מדרס הזב או טמאים במת וזו גזירה מדבריהם :

סכין שנמצאת בארבעה עשר כו' :

יום י"ד מניסן הוא יום שחיטת הפסח וחזקת כל הסכינין שטהרו לשחיטה ולפיכך שוחט בה מיד ואם מצאה יום שלשה עשר מזה עליה מי נדה ומטבילה ותשאר עד הערב השמש ושוחט כי אפשר שהוציאוהו לטהר : ואמרם שונה לפי שאנו נותנים אותה ביום שלשה עשר כאילו הוא יום שביעי לטומאתה שהיא צריכה הזייה שניה כמו שאמר הכתוב בטומאת מת והזה הטהור על הטמא ביום השלישי וגו' וכן כשיחול יום ארבעה עשר בשבת שמא יעלה על הדעת שלא נחוש בשבת מספק לפי שאפשר שהסכין טמאה והשחיטה נפסדת הודיענו בכאן שלא נאמר זה אלא שוחט בה מיד לפי שהוא יום טוב ולפי שהעם יודעים כי אסור בו הזאה וטבילת כלים כמו שיתבאר במסכת ביצה טהרו אותה מלפני יו"ט ואם נמצאת זו הסכין קשורה עם סכין ידוע אצלו הרי הוא כמו אותה הידועה אם טמאה טמאה אם טהורה טהורה ומה שחייב שנאמר סכין שנמצא בארבעה עשר טהורה ונאמר שטהרה יום שלשה עשר והעריב שמשה ולא נאמר זה בקופיץ אבל נאמר ואפילו יום ארבעה עשר שמא הוציאוהו לטהר ולא נטהר יום שלשה עשר והוא מה שביארוהו במס' פסחים והוא כי הסכין הוא צריך לשחיטת הפסח על כל פנים כי שחיטת הפסח צריכה בהכרח בין בטומאה בין בטהרה והקופיץ אינו צריך אלא לחתוך הבשר והעצמות ואינו ראוי אלא לחגיגת ארבעה עשר שמותר בו שבירת העצם וחגיגת י"ד אינה קריבה על כל פנים כי אם בא פסח בטומאה או במרובה אינה באה כמו שביארנו בפרק שני מפסחים ועל אלו העקרים נתקיימה זו המשנה כשהיה הנשיא נוסם בשלשה עשר שהכל מטמאין לו ולפי שהדבר חד ספיקא שהרי אפשר שימות ויבא הפסח בטומאה ולא נצרך טהרת סכינין ואפשר שלא ימות ויבא בטהרה ונצרך לטהרת סכינין יטהרו העם סכיניהם בשלשה עשר ויהיו מוכנים ולפיכך כשנמצא בארבעה עשר שוחט בה מיד אבל קופיץ לא נתעסקו לטהרו יום שלשה עשר כיון שהיה להם סכין ושמא ימות הנשיא כיון שהוא נוסם ויבא הפסח בטומאה ולא תהיה שם חגיגה ולא נצרך לקופיץ לפי שהוא אינו צריך אלא לחגיגה או נאמר שלא ימות ויבא הפסח בטהרה שמא יבא במרובה ולא תהיה שם חגיגה ולא נצרך קופיץ ומפני זה חזקתו שלא נטהר בארבעה עשר וכשנמצא ביום י"ד שונה ומטביל וזהו ענין אמרם גבי סכין דחד ספיקא מטביל לה קופיץ דתרי ספיקי לא מטביל ליה והבן זה וכבר קדם לך לא גזרו על הכלים בירושלם והוצרכנו זה הסכין טבילה כשנמצא יום שלשה עשר משום חומרא דקדשים :

פרוכת שנטמאת כו' :

בתחילת סדר טהרות נבאר לך האבות והתולדות נקראות ולד הטומאה ובמסכת פרה תמצא זה הלשון אמר כי כל ולד הטומאות אינו מטמא כלים אלא משקה א"כ אינה נטמאת זאת הפרוכת מולד שהוא כלי טולד הטומאה אלא במשקה ועוד יתבאר לך בתחלת כלים כי הכלים המטמאים במשקין אין צריכין הערב השמש אלא אם נטמאו באב הטומאה :

רשב"ג אומר משום ר"ש בן הסגן כו' :

שמונים ושהי רבוא שמנה מאות אלף ועשרים אלף דינר ומלאכת הפרוכת היא מלאכת התשבץ וכל מה שנזכר בזה הפרוכת הכל לשון הנאי וכן בארו בגמ"ס :

בשר קדשים כו' :

בית שמאי אומרים הכל ישרף בפנים אלא מה שנטמא טומאה חמורה בחוץ וב"ה אומרים לא ישרף בפנים אלא מה שנטמא טומאה קלה בפנים :

רבי עקיבא אומר מקום טומאתו כו' :

ר' עקיבא אינו חושש למין הטומאה לא קלה ולא חמורה אבל הוא חושש למקום והלכה כרבי עקיבא :

אברי התמיד ניתנין מחצי כבש כו' :

הכרכוב הנזכר בכאן הוא לענין נתינת מוספי ראש חדש אמרו שהוא אמה בין קרן לקרן מקום הלוך רגלי הכהנים וכשנצייר המזבח יתבאר לך זה המקום ועשו זה כדי לפרסמו ענין ראש חדש וכן אמר כדי לפרסמו שהוא ר"ח ואמרו המקדיש שקלים וביכורים הוא שיתן אותם הקדש לבדק הבית והלכה כר"ש :

סליק פירוש המשניות להרמב"ם ממסכת שקלים